Kommentar
zu den
Zivilprozeßgesetzen

in vier Bänden

von

em. o. Univ.-Prof. **DDr. Dr. h. c. Hans W. Fasching**

1. Band
EGJN, JN samt EuGVÜ/LGVÜ

herausgegeben von

em. o. Univ.-Prof. **DDr. Dr. h. c. Hans W. Fasching**

unter Mitwirkung von

Univ.-Prof. **Dr. Andreas Konecny**

bearbeitet von

Univ.-Prof. **Dr. Ena-Marlis Bajons,** Wien
Univ.-Prof. **Dr. Oskar J. Ballon,** Salzburg
em. o. Univ.-Prof. **DDr. Dr. h. c. Hans W. Fasching,** Wien
Richter des OLG Wien **Dr. Robert Fucik,** Wien
Richter des OLG Linz **Dr. Edwin Gitschthaler,** Linz/Salzburg
öff. Notar i. R. em. o. Univ.-Prof. **Dr. Winfried Kralik,** Wien
em. o. Univ.-Prof. **DDr. Franz Matscher,** Salzburg
ao. Univ.-Prof. **Dr. Norbert A. Schoibl,** Salzburg
o. Univ.-Prof. **Mag. rer. soc. oec. Dr. iur. Daphne-Ariane Simotta,** Graz

2., völlig neubearbeitete Auflage

Wien 2000
Manzsche Verlags- und Universitätsbuchhandlung

Zitiervorschlag: *Bearbeiter* in *Fasching*[2] I [Art] EGJN [Rz] bzw
[§] JN [Rz]

Bearbeiter dieses Bandes:

Dr. Ena-Marlis Bajons:	§ 36 Rz 6–8, §§ 38–40, Anh zu §§ 38–40
Dr. Oskar J. Ballon:	§§ 1–27, 29–35, 36 Rz 1–5, §§ 37, 40 a–48
DDr. Hans W. Fasching:	Einleitung, EGJN (mit Ausnahme von Art IX)
Dr. Robert Fucik:	§§ 104 a, 109–122
Dr. Edwin Gitschthaler:	§§ 54–64
Dr. Winfried Kralik:	§§ 105–108
DDr. Franz Matscher:	Art IX EGJN, §§ 27 a, 28
Dr. Norbert A. Schoibl:	Anh zu § 42
Dr. Daphne-Ariane Simotta:	§§ 49–53, 65–104, 114, 114 a

Die Deutsche Bibliothek – CIP-Einheitsaufnahme

Kommentar zu den Zivilprozeßgesetzen / hrsg. von Hans W. Fasching, unter Mitw. von Andreas Konecny, bearb. von Ena-Marlis Bajons .... – [Ausg.] in 4 Bd.. – Wien : Manz
Bd. 1. EGJN, JN samt EuGVÜ / LGVÜ. – 2., völlig neubearb. Aufl.. – 2000
ISBN 3-214-04397-8

Printed in Austria

A-1014 Wien, Kohlmarkt 16
Telefon: (01) 531 61-0
eMail: verlag@MANZ.at
World Wide Web: www.MANZ.at
Datenkonvertierung, Satzherstellung und Druck: MANZ, Wien 3
Digitale Bogenmontage mit STRIP IT®

Vorwort

Als ich es vor mehr als dreißig Jahren unternahm, im Alleingang einen mehrbändigen Kommentar zu den Zivilprozeßgesetzen zu verfassen, war es ungewiß, ob das zu schaffen war und wie das Werk aufgenommen würde. Beides ist in positivem Sinn erfolgt. In den vergangenen Jahrzehnten fand der Kommentar in Wissenschaft und Praxis entsprechend großen Widerhall.

In der Zwischenzeit war aber auch der Gesetzgeber in steigendem Ausmaß damit beschäftigt, das Zivilprozeßrecht laufenden Veränderungen zu unterwerfen. Darüber hinaus erhielt auch das Internationale Zivilverfahrensrecht zunehmend praktische Bedeutung. Es erscheint daher zweckmäßig, den Kommentar neu bearbeitet in zweiter Auflage erscheinen zu lassen. Mein fortschreitendes Alter und die durch meine Emeritierung verursachten geänderten Arbeitsbedingungen wurden zur Veranlassung dafür, eine Anzahl von Mitarbeitern um die Kommentierung großer Teile des Stoffgebietes zu ersuchen. Wenn damit vielleicht die Gefahr von (auch in der ersten Auflage wegen des Umfanges des Werkes kaum vermeidbaren, wenn auch recht seltenen) differenten Auffassungen verbunden sein könnte, so ist doch der Meinungsvielfalt mehr Raum gegeben. Um die Kontinuität des Werkes zu sichern, habe ich Herrn Univ.-Prof. Dr. *Andreas Konecny* gebeten, als Mitherausgeber tätig zu werden.

Gegenüber der ersten Auflage hat sich der Umfang des ersten Bandes mehr als verdoppelt. Das hat seine Ursache nicht nur in der Vervielfachung der inzwischen ergangenen Entscheidungen und ihrer Fundstellen sowie in der fast exponentiellen Vermehrung des Schrifttums zum Zivilprozeßrecht (Lehrbücher, Grundrisse, Einführungen, Monographien und Einzelabhandlungen; Kurzkommentar, Gesetzesausgaben). Vielmehr wurde auch der Gegenstand des ersten Bandes selbst, die Jurisdiktionsnorm, von den laufenden Gesetzesänderungen am meisten betroffen. Ihre Neubearbeitung wurde mit der nun dringlich gewordenen Kommentierung der meisten Bereiche des Internationalen Zivilverfahrensrechtes (Inländische Gerichtsbarkeit, Rechtshilfe, EuGVÜ/LGVÜ) verbunden. Demgegenüber werden sich die Änderungen und Erweiterungen in den Folgebänden in engeren Grenzen halten können.

Verschiedene nicht in der Person der Herausgeber oder des Verlages gelegene Umstände haben dazu geführt, daß die Drucklegung dieses Bandes längere Zeit in Anspruch nahm. Die Manuskripte wurden mit dem Stand vom 31. 5. 1999 abgeschlossen. Soweit es noch möglich war, wurden spätere Entscheidungen und Abhandlungen berücksichtigt. Das wissenschaftliche Schrifttum wurde, soweit es für die behandelten Fragen noch von Bedeutung ist, bei den jeweiligen Literaturnachweisen angeführt.

Zum Abschluß habe ich dafür zu danken, daß es mir möglich wurde, eine zweite Auflage des Kommentars zu unternehmen. Mein Dank gilt vor allem Herrn Univ.-Prof. Dr. *Andreas Konecny,* der mich bei der Herausgabe selbstlos und immer hilfsbereit unterstützte, und von dem ich hoffe, daß er das Werk weiter betreuen wird. Ihm zur Seite standen mit großem Fleiß seine Assistentinnen Frau Dr. *Romana Weber* und Frau Dr. *Katharina Widhalm.* Ebenso danke ich sehr allen Mitarbeitern an diesem Band, die mit ihren wertvollen Beiträgen – und manche auch mit viel Geduld – zum Gelingen beigetragen haben. Für die ausgezeichnete Betreuung des Bandes im Lektorat danke ich Frau Dr. *Susanne Bomze-de Barba.* Nicht zuletzt aber gilt mein Dank dem Verlag, und hier besonders Herrn Dkfm. *Franz Stein,* der mir auch bei dieser zweiten Auflage stets verständnisvoll, freundschaftlich und sehr geduldig entgegengekommen ist.

Wien, im Feber 2000 *Hans W. Fasching*

Inhaltsverzeichnis

Dritter Teil. Von der Gerichtsbarkeit in Geschäften außer Streitsachen (§§ 104a–122)

Abkürzungsverzeichnis

Die Abkürzungen erfolgen, soweit sie hier nicht wiedergegeben sind, nach *Friedl/Loebenstein,* Abkürzungs- und Zitierregeln der österreichischen Rechtssprache und europarechtlicher Rechtsquellen[4] (1996).

A	= Ausdehnung (des Geltungsbereichs des Übereinkommens)
ABl	= Amtsblatt (der EG)
AdV	= Archiv des Völkerrechts
Afr J Int Comp L	= African Journal of International and Comparative Law
All E R	= All England Law Reports
AllÜbkPrivImmER	= Allgemeines Übereinkommen über die Privilegien und Immunitäten des Europarates BGBl 1957/127
Anglo American Law Rev	= Anglo-American Law Review
ASA	= (Amts)sitzabkommen
AuslEG 1965	= BVG über die Entsendung österr Einheiten zur Hilfeleistung in das Ausland über Ersuchen von Internationalen Organisationen BGBl 1965/173 – aufgehoben durch KSE-BVG 1997
B	= Beitritt
BerDGesVÖR	= Berichte der Deutschen Gesellschaft für Völkerrecht
BGHSt	= Entscheidungen des Bundesgerichtshofs in Strafsachen
1. BRBG	= Erstes Bundesrechtsbereinigungsgesetz BGBl I 1999/191
BVerfG	= Bundesverfassungsgericht
CA	= Court of Appeal
CA-BV	= Creditanstalt-Bankverein
Cahiers dr europ	= Cahiers de droit européen
Cass	= Cour de Cassation; Corte di Cassazione
ChD	= Chancery Division, High Court of Justice
CISG	= United Nations Convention on Contracts for the International Sale of Goods (UN-Kaufrecht)
Civ Just Q	= Civil Justice Quarterly
Clunet	= Journal du droit international
Comm	= Tribunal de Commerce
Cornell L Rev	= Cornell Law Review
cpc	= Codice di procedura civile
CS	= Cour Supérieure pour les Restitutions (Rastatt)
CSFR	= Tschechische und Slowakische Föderative Republik
CSSR	= Tschechoslowakische Republik
D S	= Recueil Dalloz Sirey
D	= Recueil Dalloz
D.P.R.	= Dekret des Präsidenten der Republik
DGVG	= (deutsches) GerichtsverfassungsG
Dir com int	= Diritto del commercio internazionale
EAG	= Gesetz betreffend die Anlegung von Eisenbahnbüchern, die Wirkung der an einer Eisenbahn eingeräumten Hypothekarrechte und die bücherliche Sicherung der Pfandrechte der Besitzer von Eisenbahn-Prioritätsobligationen RGBl 1874/70
EEG	= Eingetragene Erwerbsgesellschaft

EinzG	= Gesetz über die Einziehung gerichtlicher Verwahrnisse BGBl 1963/281
ER	= Europarat, Satzung in BGBl 1956/121 idF BGBl 1990/745
Europ L Rev	= European Law Review
Europ	= Europäisch
EuÜbkStI	= Europäisches Übereinkommen über Staatenimmunität, samt ZusatzProt BGBl 1976/432
EZÜ	= Zustellübereinkommen der EU 26. 5. 1997
FamGG	= Gesetz mit dem Bestimmungen über die Zuständigkeit der Gerichte in Familienangelegenheiten geändert werden BGBl 1985/70
FVRJ	= Föderative Volksrepublik Jugoslawien
GARG	= Gesetz 17. 3. 1897 BGBl 77 (Tirol) und 1. 3. 1900 BGBl 44 (Vorarlberg), womit für den Fall der Einführung der Grundbücher in Tirol/Vorarlberg einige grundbuchsrechtliche Sonderbestimmungen und erleichternde Gebührenvorschriften erlassen und Beschränkungen der Teilung von Gebäuden nach materiellen Anteilen eingeführt werden (abgedruckt bei *Dittrich/Angst/Auer,* Grundbuchsrecht[4], 1021 ff und 1082 ff)
GenVerschmG	= Genossenschaftsverschmelzungsgesetz BGBl 1980/223
gr	= griechisch (vor einer anderen Abkürzung)
GZ	= 1. Geschäftszahl 2. Gerichtszeitung
H R	= Hoge Raad (Niederlande)
HBÜ	= Haager Beweisübereinkommen
HD	= Hofdekret
HZÜ	= Haager Zustellungsübereinkommen
ICEM	= International Committee for European Migration
ILA	= International Law Association
ILC	= International Law Commission
INFAS	= Informationen aus dem Arbeits- und Sozialrecht
Int Comp L Q	= The International and Comparative Law Quarterly
IO	= Internationale Organisation(en)
IPRE	= Österreichische Entscheidungen zum internationalen Privat- und Verfahrensrecht
itIPRG	= Legge sulla riforma del sistema italiano di diritto internazionale
itZPO	= Codice di procedura civile
IZPR	= Internationales Zivilprozeßrecht
IZVR	= Internationales Zivilverfahrensrecht
J B L	= The Journal of Business Law
Jur comm Belg	= Jurisprudence commerciale de Belgique
K	= Konvention
KA	= Konferenzabkommen
KSE-BVG 1997	= BVG über Kooperation und Solidarität bei der Entsendung von Einheiten und Einzelpersonen in das Ausland BGBl I 1997/38
L Q Rev	= The Law Quarterly Review
LEC	= Ley de enjuiciamiento civil
LGVÜ	= Übereinkommen über die gerichtliche Zuständigkeit und die Vollstreckung gerichtlicher Entscheidungen in Zivil- und Handelssachen, geschlossen in Lugano am 16. 9. 1988
LOPJ	= Ley orgánica del poder judicial
LTG	= Liegenschaftsteilungsgesetz BGBl 1930/3

M	= Mitteilung
MinroG	= Mineralrohstoffgesetz BGBl I 1999/38
MjSchÜbk	= Haager MinderjährigenschutzÜbK BGBl 1975/446
MSA	= Haager Minderjährigenschutzabkommen
N J	= Nederlandse Jurisprudentie
NV	= Die Neue Verwaltung
NCPC	= Nouveau Code de Procédure Civile
Neth Int L Rev	= Netherlands International Law Review
NJW-RR	= NJW-Rechtsprechungs-Report, Beilage zur NJW
Nord T Int R	= Nordisk Tidsskrift for International Ret
Nuova giur civ comm	= La Nuova giurisprudenza civile commentata
NW	= Notenwechsel
OLGZ	= Entscheidungen der Oberlandesgerichte in Zivilsachen einschließlich der freiwilligen Gerichtsbarkeit
Ord	= Order
ÖZöRV	= Österreichische Zeitschrift für öffentliches Recht und Völkerrecht
PolBefEG	= Polizeibefugnis-Entschädigungsgesetz BGBl 1988/735
ProtPrivImmEG	= Protokoll über die Vorrechte und Befreiungen der EG 1965, dBGBl II 1965, 1482, idF des ÄnderungsProt 1992, ABl 1992, 86
r	= rules
R.S.C.	= Rules of the Supreme Court
RdC	= Recueil des Cours
REDOK	= Rechtsprechungsdokumentation (Nummer)
Rev crit	= Revue critique de droit international privé
Rev dr com belge	= Revue de droit commercial belge
Rev dr int dr comp	= Revue de droit international et de droit comparé
Rev Instituc Eur	= Revista de Instituciones Europeas
Rev trim dr europ	= Revue trimestrielle de droit européen
Riv comm	= Rivista del diritto commerciale e del diritto generale delle obbligazioni
Riv dir europea	= Rivista di diritto europea
Riv dir int priv proc	= Rivista di diritto internazionale privato e processuale
Riv dir int	= Rivista di diritto internazionale
Riv trim dir proc civ	= Rivista trimestrale di diritto e procedura civile
S L T	= Scots Law Times
S	= 1. Seite; 2. Satzung, Statut 3. Sitzung (des NR oder BR)
Sbg JWO	= Salzburger Kinder- und Jugendwohlfahrtsordnung 1992 LGBl 83
SFVRJ	= Sozialistische Föderative Volksrepublik Jugoslawien
SortSchG	= Sortenschutzgesetz BGBl 1993/108
StudheimG	= Studentenheimgesetz BGBl 1986/291
SZIER	= Schweizerische Zeitschrift für internationales und europäisches Recht
T P R	= Tijdschrift voor privaatrecht
TKG	= Telekommunikationsgesetz BGBl I 1997/100
Trib	= Tribunal (d'instance; de première instance); Tribunale
Übk	= Übereinkommen
ÜbkPrivImmSpezO	= Übereinkommen über die Privilegien und Immunitäten der Spezialorganisationen (der VN), kundgemacht als Anhang zu VO, BGBl 1950/248

ÜbkPrivImmVN	= Übereinkommen über die Privilegien und Immunititäten der Vereinten Nationen BGBl 1957/126
ÜbkSpezMiss	= Übereinkommen über Spezialmissionen BGBl 1985/380
UdSSR	= Union der Sozialistischen Sowjetrepubliken
V	= 1. Vorbehalt 2. Vertrag
VaSt	= Verfahren außer Streitsachen
W L R	= Weekly Law Reports
WA	= Weiteranwendung (nach dem 1. oder 2. Weltkrieg)
WDK	= Wiener Konvention über Diplomatische Beziehungen BGBl 1966/66
WKK	= Wiener Konvention über Konsularische Beziehungen BGBl 1969/318
WKVIO	= Wiener Konvention über die Vertretung von Staaten in ihren Beziehungen zu Internationalen Organisationen mit universellem Charakter, VN-Dok A/CONF 67/16 v 14. 3. 75
WPNR	= Weekblad voor privaatrecht, notariaat en registratie
WU	= Weiteranwendung (weil Erlangung der Unabhängigkeit)
YCA	= Yearbook Commercial Arbitration
ZEuP	= Zeitschrift für Europäisches Privatrecht
ZZPInt	= Zeitschrift für Zivilprozess International

Verzeichnis der abgekürzt zitierten Literatur

Das Verzeichnis der abgekürzt zitierten Literatur enthält Werke, in denen das österreichische Zivilverfahrensrecht sowie für Prozesse wichtige Rechtsbereiche bearbeitet wurden. Aus Beschränkungsgründen wurden im wesentlichen Gesamtbearbeitungen berücksichtigt (also Kommentare, Systeme, Lehrbücher udgl) sowie ausgewählte Monographien. Diese Werke werden in den einzelnen Bänden nur mehr mit der hier in der Folge aufgelisteten Kurzbezeichnung zitiert werden, wobei allerdings die Bearbeiter die jeweils aktuelle Auflage verwenden und ausweisen werden. Die für einzelne Paragraphen bzw deren Kommentierung wesentliche Spezialliteratur (also Beiträge in Zeitschriften oder Sammelwerken, hier nicht aufgezählte Monographien usw) wird jeweils im Anschluß an den Gesetzestext angeführt sein.

Adamovich, Handbuch des österreichischen Verfassungsrechts[6] (1971) – *Adamovich,* Verfassungsrecht[6]

Adamovich/Funk, Österreichisches Verfassungsrecht[4] (1996) – *Adamovich/Funk,* Verfassungsrecht[4]

–, Allgemeines Verwaltungsrecht[3] (1987) – *Adamovich/Funk,* Verwaltungsrecht[3]

Almeida Cruz/Desantes Real/Jenard, Bericht zu dem Übereinkommen über den Beitritt Spaniens und Portugals zum Übereinkommen über die gerichtliche Zuständigkeit und die Vollstreckung gerichtlicher Entscheidungen in Zivil- und Handelssachen, ABl 1990 Nr C 189, 35 – *Almeida Cruz/Desantes Real/Jenard,* Bericht

Angst/Jakusch/Pimmer, Exekutionsordnung[13] (1995) – *Angst/Jakusch/Pimmer,* EO[13]

–, Exekutionsordnung[12] (Manz-Taschenausgabe) (1995) – *Angst/Jakusch/Pimmer,* MTAEO[12]

Antoniolli/Koja, Allgemeines Verwaltungsrecht[3] (1996) – *Antoniolli/Koja,* Verwaltungsrecht[3]

Arens/Lüke, Zivilprozeßrecht[7] (1999) – *Arens/Lüke,* Zivilprozeßrecht[7]

Avancini/Iro/Koziol, Bankvertragsrecht I (1987), II (1993) – *Avancini/Iro/Koziol,* Bankvertragsrecht I, II

Bajons, Zivilverfahren. Grundlehren des Prozesses und der Exekution (1991) – *Bajons,* Zivilverfahren

Bajons/Mayr/Zeiler, Die Übereinkommen von Brüssel und Lugano – *Bajons/Mayr/Zeiler,* Übereinkommen

Ballon, Einführung in das österreichische Zivilprozeßrecht – Streitiges Verfahren[8, 9] (1999) – *Ballon,* Zivilprozeßrecht[8, 9]

–, Die Zulässigkeit des Rechtswegs (1980) – *Ballon,* Zulässigkeit

Bartsch/Heil, Grundriß des Insolvenzrechts[4] (1983) – *Bartsch/Heil,* Insolvenzrecht[4]

Bartsch/Pollak, Konkurs-, Ausgleichs-, Anfechtungsordnung, Einführungsverordnung und Geschäftsaufsichtsgesetz[3] I, II (1937) – *Bartsch/Pollak*[3] I, II

Basedow, Handbuch des internationalen Zivilverfahrensrechts I (1982) – *Basedow,* IZVR I

Baumann, Grundbegriffe und Verfahrensprinzipien des Zivilprozeßrechts[2] (1979) – *Baumann,* Grundbegriffe[2]

Baumbach/Hefermehl, Wettbewerbsrecht[21] (1999) – *Baumbach/Hefermehl,* UWG[21]

Baumbach/Hopt, Handelsgesetzbuch[29] (1995) – *Baumbach/Hopt,* HGB[29]

Baumbach/Lauterbach/Albers/Hartmann, Zivilprozeßordnung mit Gerichtsverfassungsgesetz und anderen Nebengesetzen[55] (1997) – *Baumbach/Lauterbach/Albers/Hartmann,* ZPO[55]

Baumgärtel/Prütting, Einführung in das Zivilprozeßrecht[8] (1994) – *Baumgärtel/Prütting,* Zivilprozeßrecht[8]

Baur/Grunsky, Zivilprozeßrecht[8] (1994) – *Baur/Grunsky,* Zivilprozeßrecht[8]

Berger, Einführung in das österreichische Arbeits- und Sozialrecht[5] (1993) – *Berger,* Einführung[5]

Blomeyer, Zivilprozeßrecht, Erkenntnisverfahren[2] (1985) – *Blomeyer,* Zivilprozeßrecht[2]

Böhm, Unterlassungsanspruch und Unterlassungsklage (1979) – *Böhm,* Unterlassungsanspruch

Bosina/Schneider, Das neue Mahnverfahren und die ADV-Drittschuldneranfrage (1987) – *Bosina/Schneider,* Mahnverfahren

–, Die elektronische Klage (1990) – *Bosina/Schneider,* Klage

Bruns, Zivilprozeßrecht[2] (1979) – *Bruns,* Zivilprozeßrecht[2]

Buchegger bzw *Buchegger/Holzhammer,* Beiträge zum Zivilprozeßrecht I (1982), II (1986), III (1989), IV (1991), V (1995) – (Autor), BeitrZPR I bis V

Buchegger/Deixler-Hübner/Holzhammer, Praktisches Zivilprozeßrecht I[6] (1998) – *Autor,* PraktZPR I[6]

Bülow/Böckstiegel, Internationaler Rechtsverkehr in Zivil- und Handelssachen (1997) – *Bülow/Böckstiegel,* Rechtsverkehr (ab 19. Ergänzungsauflage mit Rz zitiert Art 1–16 LGVÜ)

Burgstaller, Internationales Zivilverfahrensrecht (2000) – (Autor) in *Burgstaller,* IZVR

Burgstaller/Deixler-Hübner, Exekutionsordnung 3 Bde (ab 1999) – (Autor) in *Burgstaller/Deixler-Hübner,* EO I bis III

Burgstaller/Deixler-Hübner/Dolinar, Praktisches Zivilprozeßrecht II[5] (1997) – (Autor), PraktZPR II[5]

Bydlinski F., Juristische Methodenlehre und Rechtsbegriff[2] (1991) – *F. Bydlinski,* Methodenlehre[2]

Bydlinski M., Der Kostenersatz im Zivilprozeß (1992) – *M. Bydlinski,* Kostenersatz

Capelle/Canaris, Handelsrecht[22] (1995) – *Capelle/Canaris,* Handelsrecht[22]

Chalupsky/Ennöckl/Holzapfel, Handbuch des österreichischen Insolvenzrechts (1986) – *Chalupsky/Ennöckl/Holzapfel,* Insolvenzrecht

Coester-Waltjen, Internationales Beweisrecht (1983) – *Coester-Waltjen,* Beweisrecht

Craushaar v., Zivilprozeß und Zwangsvollstreckung (1979) – *v. Craushaar,* Zivilprozeß

Czernich/Tiefenthaler, Die Übereinkommen von Lugano und Brüssel (1997) – *Czernich/Tiefenthaler,* LGVÜ/EuGVÜ

Danzl, Das neue Firmenbuch (1991) – *Danzl,* Firmenbuch

–, Kommentar zur Geschäftsordnung für die Gerichte I. und II. Instanz (Geo.) (ab 1993) – *Danzl,* Geo

Deixler-Hübner, Die Nebenintervention im Zivilprozeß (1993) – *Deixler-Hübner,* Nebenintervention

–, Privatkonkurs[2] (1996) – *Deixler-Hübner,* Privatkonkurs[2]

Deixler-Hübner/Roth, Der Zivilprozeß in der Praxis[3] (1999) – *Deixler-Hübner/Roth,* Zivilprozeß[3]

Demelius, Der neue Civilproceß (1902) – *Demelius,* Civilproceß

Denkschrift zur Einführung einer Konkursordnung, einer Ausgleichsordnung und einer Anfechtungsordnung (1914) – Denkschrift

Dittrich/Angst/Auer, Grundbuchsrecht[4] (1991) – *Dittrich/Angst/Auer,* Grundbuchsrecht[4]

Dittrich/Tades, Das Allgemeine bürgerliche Gesetzbuch[35] (1999) – *Dittrich/Tades,* AGBG[35]

Dohr/Weiss/Pollirer, Datenschutzgesetz (1988) – *Dohr/Weiss/Pollirer,* DSG

Dolinar, Österreichisches Außerstreitverfahrensrecht (1982) – *Dolinar,* Außerstreitverfahrensrecht

–, Ruhen des Verfahrens und Rechtsschutzbedürfnis (1974) – *Dolinar,* Ruhen

Duchek/Schütz/Tarko, Zwischenstaatlicher Rechtsverkehr in Zivilrechtssachen[2] (1998) – *Duchek/Schütz/Tarko,* Rechtsverkehr[2]

Edlbacher, Verfahren außer Streitsachen[2] (1984 ff) – *Edlbacher,* Außerstreitverfahren[2]

Ehrenzweig, System des österreichischen allgemeinen Privatrechts[2] I/1 (1951), I/2 (1957), II/1 (1928), II/2 (1937) – *Ehrenzweig,* System[2] I/1 bis II/2

Ehrenzweig/Kralik, System des österreichischen allgemeinen Privatrechts[3] IV (Das Erbrecht) (1983) – *Ehrenzweig/Kralik,* Erbrecht[3]

Ehrenzweig/Mayrhofer, System des österreichischen allgemeinen Privatrechts[3] II/1 (Das Recht der Schuldverhältnisse) (1986) – *Ehrenzweig/Mayrhofer,* Schuldverhältnisse[3]

Fasching, Verfassungsmäßige Gerichtsorganisation, Gutachten zum 10. Österreichischen Juristentag I/3 (1988) – *Fasching,* Gerichtsorganisation
–, Kommentar zu den Zivilprozeßgesetzen[1] I (1959), II (1962), III (1966), IV (1971), Ergänzungsband (1974) – *Fasching*[1] I bis IV, ErgBd
–, Lehrbuch des österreichischen Zivilprozeßrechts[2] (1990) – *Fasching,* Lehrbuch[2]
–, Schiedsgericht und Schiedsverfahren im österreichischen und im internationalen Recht (1973) – *Fasching,* Schiedsverfahren
–, Das Verfahren zur Feststellung der ehelichen und unehelichen Abstammung (1955) – *Fasching,* Abstammungsverfahren
Faseth/Markel, Richterdienstgesetz[2] (1995) – *Faseth/Markel,* RDG[2]
Feil, Ausgleichsordnung[2] (1998) – *Feil,* AO[2]
–, Exekutionsordnung[4] (1996) – *Feil,* EO[4]
–, Jurisdiktionsnorm (1987) – *Feil,* JN
–, Konkursordnung[1, 2] (1994, 1999) – *Feil,* KO[1, 2]
Feitzinger/Tades, Arbeits- und Sozialgerichtsgesetz[2] (1996) – *Feitzinger/Tades,* ASGG[2]
Fink, Arbeits- und Sozialgerichtsgesetz (1994) – *Fink,* ASGG
–, Die sukzessive Zuständigkeit im Verfahren in Sozialrechtssachen (1995) – *Fink,* Zuständigkeit
Fischer/Köck, Europarecht[3] (1997) – *Fischer/Köck,* Europarecht[3]
–, Allgemeines Völkerrecht[4] (1994) – *Fischer/Köck,* Völkerrecht[4]
Floretta/Spielbüchler/Strasser, Arbeitsrecht[3] I (1988), II (1990) – *Floretta/Spielbüchler/Strasser,* Arbeitsrecht[3] I, II
Floretta/Strasser, Kommentar zum Arbeitsverfassungsgesetz[2] (1988) – *Floretta/Strasser,* ArbVG[2]
Foregger/Fabrizy, Strafgesetzbuch[7] (1999) – *Foregger/Fabrizy,* StGB[7]
Foregger/Kodek, Strafgesetzbuch[6] (1997) – *Foregger/Kodek,* StGB[6]
–, Die österreichische Strafprozeßordnung[7] (1997) – *Foregger/Kodek,* StPO[7]

Geimer, Internationales Zivilprozeßrecht3 (1997) – *Geimer,* IZPR[3]
Geimer/Schütze, Internationale Urteilsanerkennung I/1 (1983) – *Geimer/Schütze,* Urteilsanerkennung I/1
–, Europäisches Zivilverfahrensrecht (1997) – *Geimer/Schütze,* Zivilverfahrensrecht
Goldschmidt, Zivilprozeßrecht[2] (1922) – *Goldschmidt,* Zivilprozeßrecht[2]
Grillberger, Österreichisches Sozialrecht[4] (1998) – *Grillberger,* Sozialrecht[4]
Grunsky, Grundlagen des Verfahrensrechts[2] (1974) – *Grunsky,* Grundlagen[2]
Gschnitzer/Faistenberger, Österreichisches Erbrecht[2] (1984) – *Gschnitzer,* Erbrecht[2]
–, Österreichisches Familienrecht[2] (1979) – *Gschnitzer,* Familienrecht[2]
Gschnitzer/Faistenberger/Barta (ua; IPR von *Mänhardt*), Allgemeiner Teil des bürgerlichen Rechts[2] (1992) – *Gschnitzer,* Allgemeiner Teil[2]
Gschnitzer/Faistenberger/Barta/Call/Eccher, Österreichisches Sachenrecht[2] (1985) – *Gschnitzer,* Sachenrecht[2]
Gschnitzer/Faistenberger/Barta/Eccher, Österreichisches Schuldrecht – Allgemeiner Teil[2] (1985) – *Gschnitzer,* Schuldrecht AT[2]
–, Österreichisches Schuldrecht – Besonderer Teil und Schadenersatz[2] (1988) – *Gschnitzer,* Schuldrecht BT[2]

Hagen, Hauptprobleme des österreichischen Bestandverfahrens (1971) – *Hagen,* Bestandverfahren
Hämmerle/Wünsch, Handelsrecht I[4] (1990), II[3 bzw 4] (1978 bzw 1993), III[3] (1979) – *Hämmerle/Wünsch,* Handelsrecht[4 bzw 3] I bis III
Heller/Berger/Stix, Kommentar zur Exekutionsordnung[4] I (1969), II (1971), III (1976) – *Heller/Berger/Stix*[4] I bis III
Hellwig, Lehrbuch des Deutschen Zivilprozeßrechts (1903) – *Hellwig,* Zivilprozeßrecht
Holzhammer, Allgemeines Handelsrecht und Wertpapierrecht[8] (1998) – *Holzhammer,* Handelsrecht[8]
–, Österreichisches Insolvenzrecht[5] (1996) – *Holzhammer,* Insolvenzrecht[5]
–, Parteihäufung und einheitliche Streitpartei (1966) – *Holzhammer,* Parteihäufung
–, Österreichisches Zivilprozeßrecht[2] (1976) – *Holzhammer,* Zivilprozeßrecht[2]

–, Österreichisches Zwangsvollstreckungsrecht[4] (1993) – *Holzhammer,* Zwangsvollstreckungsrecht[4]

Holzhammer/Roth, Konkursrecht (1999) – *Holzhammer/Roth,* Konkursrecht

Horten, Die Jurisdiktionsnorm und ihr Einführungsgesetz (1898) – *Horten,* JN

Horten, Österreichische Zivilprozeßordnung (1908) – *Horten,* ZPO

Jabornegg, Kommentar zum HGB (1997) – *Jabornegg,* HGB

Jauernig, Zivilprozeßrecht[25] (1998) – *Jauernig,* Zivilprozeßrecht[25]

Jelinek, Zwangsvollstreckung zur Erwirkung von Unterlassungen (1974) – *Jelinek,* Zwangsvollstreckung

Jenard, Bericht über das Brüsseler Übereinkommen, ABl 1979 Nr C 59, 1 ff = 34 BlgNR 20. GP 51 ff – *Jenard*-Bericht

Jenard/Möller, Bericht über das Luganer Übereinkommen, ABl 1990 Nr C 189, 57 ff = 34 BlgNR 20. GP 211 ff – *Jenard/Möller*-Bericht

Kastner/Doralt/Nowotny, Grundriß des österreichischen Gesellschaftsrechts[6] (1997) – *Kastner/Doralt/Nowotny,* Grundriß[6]

Kegel, Internationales Privatrecht[7] (1990) – *Kegel,* IPR[7]

Keinert, Genossenschaftsrecht (1988) – *Keinert,* Genossenschaftsrecht

Klang/Gschnitzer, Kommentar zum Allgemeinen bürgerlichen Gesetzbuch[2] I/1 (1964), I/2 (1962), II (1950), III (1952), IV/1 (1968), IV/2 (1978), V (1954), VI (1951), Ergänzungsband (1977) – *Klang*[2] I/1 bis VI, ErgBd

Klecatsky/Morscher, Das österreichische Bundesverfassungsrecht[9] (1999) – *Klecatsky/Morscher,* Bundesverfassungsrecht[9]

Klein, Vorlesungen über die Praxis des Civilprozesses (1900) – *Klein,* Vorlesungen

Klein/Engel, Der Zivilprozeß Österreichs (1927) – *Klein/Engel,* Zivilprozeß

Klicka, Die Beweislastverteilung im Zivilverfahrensrecht (1995) – *Klicka,* Beweislastverteilung

Klicka/Oberhammer, Außerstreitverfahren[2, 3] (1997, 2000) – *Klicka/Oberhammer,* Außerstreitverfahren[2, 3]

Konecny/Schubert, Kommentar zu den Insolvenzgesetzen (Teillieferungen ab 1997) – (Bearbeiter) in *Konecny/Schubert,* KO

König, Konformität, Aktenwidrigkeit und offenbare Gesetzwidrigkeit im zivilgerichtlichen Verfahren (1975) – *König,* Konformität

–, Einstweilige Verfügungen im Zivilverfahren (1994) – *König,* Verfügungen

Koppensteiner, GmbH-Gesetz[2] (1999) – *Koppensteiner,* GmbHG[2]

–, Österreichisches und europäisches Wettbewerbsrecht: Wettbewerbsbeschränkungen, unlauterer Wettbewerb[3] (1997) – *Koppensteiner,* Wettbewerbsrecht[3]

Koziol, Österreichisches Haftpflichtrecht I[3] (1997), II[2] (1984) – *Koziol,* Haftpflichtrecht[3 bzw 2] I, II

Koziol/Welser, Grundriß des bürgerlichen Rechts[10] I (1995), II (1996) – *Koziol/Welser,* Grundriß I, II[10]

Kralik, Die Vorfrage im Verfahrensrecht (1953) – *Kralik,* Vorfrage

Krejci, Grundriß des Handelsrechts (1995) – *Krejci,* Handelsrecht

Kropholler, Europäisches Zivilprozeßrecht[5, 6] (1996, 1998) – *Kropholler,* Zivilprozeßrecht[5, 6]

Kucsko, Urheberrecht[4] (1996) – *Kucsko,* Urheberrecht[4]

–, Österreichisches und europäisches Wettbewerbs-, Marken-, Muster- und Patentrecht[4] (1995) – *Kucsko,* Wettbewerbsrecht[4]

Kuderna, Arbeits- und Sozialgerichtsgesetz[2] (1996) – *Kuderna,* ASGG[2]

Larenz, Allgemeiner Teil des deutschen bürgerlichen Rechts[7] (1989) – *Larenz,* Allgemeiner Teil[7]

–, Lehrbuch des Schuldrechts I – Allgemeiner Teil[14] (1987), II/1 – Besonderer Teil[13] (1986) – *Larenz,* Schuldrecht[14 bzw 13] I, II/1

–, Methodenlehre der Rechtswissenschaft[6] (1991) – *Larenz,* Methodenlehre[6]

Larenz/Canaris, Lehrbuch des Schuldrechts II/2 – Besonderer Teil[13] (1994) – *Larenz/Canaris,* Schuldrecht[13] II/2

Lechner/Mayr, Das Übereinkommen von Lugano (1996) – *Lechner/Mayr,* LGVÜ

Leukauf/Steininger, Kommentar zum Strafgesetzbuch[3] (1992) – *Leukauf/Steininger,* Strafgesetzbuch[3]

Linke, Internationales Zivilprozeßrecht[2] (1995) – *Linke,* IZPR[2]

Loewe, Zwischenstaatlicher Rechtsverkehr in Zivilrechtssachen (1984), Ergänzungsband (1987) – *Loewe,* Rechtsverkehr, Rechtsverkehr-ErgBd

Lüke/Schütze, Zivilprozeßordnung und Nebengesetze[3] (1999) – *Lüke/Schütze,* ZPO[3]

Lüke/Walchshöfer, Münchener Kommentar zur Zivilprozeßordnung I, II, III (1992) – (Bearbeiter), MünchKommZPO I bis III

Mänhardt, Das internationale Personen- und Familienrecht Österreichs (1971) – *Mänhardt,* Personenrecht

Martinek/Schwarz/Schwarz, Angestelltengesetz[7] (1991) – *Martinek/Schwarz/Schwarz,* AngG[7]

Materialien zu den neuen österreichischen Civilprozeßgesetzen I, II (1897) – Materialien I, II

Matscher, Zuständigkeitsvereinbarungen im österreichischen und im internationalen Zivilprozeßrecht (1967) – *Matscher,* Zuständigkeitsvereinbarungen

Matzka, Datenschutzrecht für die Praxis (1986) – *Matzka,* Datenschutzrecht

Mayer, Das österreichische Bundes-Verfassungsrecht[2] (1997) – *Mayer,* Bundes-Verfassungsrecht[2]

Mayer-Maly/Marhold, Österreichisches Arbeitsrecht[2] I (1987), II (1999) – *Mayer-Maly/Marhold,* Arbeitsrecht[2] I, II

Mayr, Rechtsschutzalternativen in der österreichischen Rechtsentwicklung (1995) – *Mayr,* Rechtsschutzalternativen

Meier, Internationales Zivilprozeßrecht (1994) – *Meier,* IZPR

Michlmayr/Stohanzl, ZPO[13] – *Michlmayr/Stohanzl,* ZPO[13]

Mohr, Die Konkurs-, Ausgleichs- und Anfechtungsordnung[8] (1995) – *Mohr,* KO[8]

Mohr, Privatkonkurs (1994) – *Mohr,* Privatkonkurs

Nagel, Internationales Zivilprozeßrecht[3] (1991) – *Nagel,* IZPR[3]

Nagel/Gottwald, Internationales Zivilprozeßrecht[4] (1997) – *Nagel/Gottwald,* IZPR[4]

Neuhold/Hummer, Österreichisches Handbuch des Völkerrechts[3] I, II (1997) – *Neuhold/Hummer,* Völkerrecht[3] I, II

Neumann, Kommentar zu den Zivilprozeßgesetzen[4] I (1927), II (1928) – *Neumann,* Kommentar[4] I, II

Novak, Die Amtswegigkeit im österreichischen Eheverfahren und ihre Grenzen (1949) – *Novak,* Amtswegigkeit

Oberhammer, Die Offene Handelsgesellschaft im Zivilprozeß (1998) – *Oberhammer,* OHG

–, Richterliche Rechtsgestaltung und rechtliches Gehör (1994) – *Oberhammer,* Rechtsgestaltung

Öhlinger, Verfassungsrecht[4] (1999) – *Öhlinger,* Verfassungsrecht[4]

Ott, Geschichte und Grundlagen des österreichischen Rechtsfürsorgeverfahrens (1906) – *Ott,* Rechtsfürsorgeverfahren

Palandt, Bürgerliches Gesetzbuch[59] (2000) – *Palandt,* BGB[59]

Petsch/Reckenzaun/Bertl/Isola, Praxishandbuch Konkursabwicklung (1997) – *Petsch/Reckenzaun/Bertl/Isola,* Praxishandbuch

Petschek, Zivilprozeßrechtliche Streitfragen (1938) – *Petschek,* Streitfragen

Petschek/Hämmerle/Ludwig, Das österreichische Zwangsvollstreckungsrecht (1968) – *Petschek/Hämmerle/Ludwig,* Zwangsvollstreckungsrecht

Petschek/Reimer/Schiemer, Das österreichische Insolvenzrecht (1973) – *Petschek/Reimer/Schiemer,* Insolvenzrecht

Petschek/Stagel, Der österreichische Zivilprozeß (1963) – *Petschek/Stagel,* Zivilprozeß

Pisko, Staubs Kommentar zum Allgemeinen Deutschen Handelsgesetzbuch, Ausgabe für Österreich I[3] (1935), II[3] (1937) – *Pisko,* HGB[3] I und II

Pollak, System des österreichischen Zivilprozeßrechtes mit Einschluß des Exekutionsrechtes[2] (1932) – *Pollak,* System[2]

Rainer, Handbuch des Miet- und Wohnrechts I (1995) II (1998) – *Rainer,* Handbuch I, II

Raschauer, Besonderes Verwaltungsrecht (1994) – *Raschauer,* Verwaltungsrecht

Rebmann/Säcker, Münchener Kommentar zum Bürgerlichen Gesetzbuch[2] 7 Bde (ab 1984; 3. Aufl ab 1992) – (Bearbeiter), MünchKommBGB[2 bzw 3] I bis VII

Rechberger, Die fehlerhafte Exekution (1978) – *Rechberger,* Exekution

–, Kommentar zur Jurisdiktionsnorm und Zivilprozeßordnung samt Einführungsgesetzen[1, 2] (1994, 2000) – *Rechberger,* ZPO[(2)]

Rechberger/Oberhammer, Exekutionsrecht[2] (1999) – *Rechberger/Oberhammer,* Exekutionsrecht[2]

Rechberger/Simotta, Exekutionsverfahren[2] (1992) – *Rechberger/Simotta,* Exekutionsverfahren[2]

–, Grundriß des österreichischen Zivilprozeßrechts[4, 5] (1994, 2000) – *Rechberger/Simotta,* Zivilprozeßrecht[4, 5]

Reich-Rohrwig, Das österreichische GmbH-Recht I[2] (1997) – *Reich-Rohrwig,* GmbH-Recht I[2]

Reiterer, Die Aufrechnung (1976) – *Reiterer,* Aufrechnung

Riezler, Internationales Zivilprozeßrecht und prozessuales Fremdenrecht (1971) – *Riezler,* IZPR

Rintelen, Grundriß des Verfahrens außer Streitsachen (1914) – *Rintelen,* Außerstreitverfahren

Rosenberg, Lehrbuch des deutschen Zivilprozeßrechts[9] (1961) – *Rosenberg,* Lehrbuch[9]

Rosenberg/Schwab/Gottwald, Zivilprozeßrecht[15] (1993) – *Rosenberg/Schwab/Gottwald,* Zivilprozeßrecht[15]

Roth G., Grundriß des österreichischen Wertpapierrechts[2] (1999) – *G. Roth,* Wertpapierrecht[2]

–, Handels- und Gesellschaftsrecht[4] (1994) – *Roth,* Handelsrecht[4]

Roth M., Individualleistung und Geldersatz im Rahmen der Interessenklage (1993) – *M. Roth,* Individualleistung

Rummel, Kommentar zum Allgemeinen bürgerlichen Gesetzbuch[2] I (1990), II (1992) – (Bearbeiter) in *Rummel,* ABGB[2] I, II

Schack, Internationales Zivilverfahrensrecht[2] (1996) – *Schack,* IZVR[2]

Schauer, Das österreichische Versicherungsvertragsrecht[3] (1995) – *Schauer,* Versicherungsvertragsrecht[3]

Schellhammer, Zivilprozeß[6] (1994) – *Schellhammer,* Zivilprozeß[6]

Schiemer/Jabornegg/Strasser, Kommentar zum Aktiengesetz[3] (1993) – *Schiemer/Jabornegg/Strasser,* AktG[3]

Schilken, Gerichtsverfassungsrecht[2] (1994) – *Schilken,* Gerichtsverfasssung[2]

–, Zivilprozeßrecht[2] (1994) – *Schilken,* Zivilprozeßrecht[2]

Schimkowsky, Vertragsmuster und Beispiele für Eingaben[7] I (1992), II (1993) – *Schimkowsky,* Vertragsmuster[7]

Schlosser, Bericht über das 1. Beitrittsübereinkommen vom 9. 10. 1978, ABl 1979 Nr C 59, 71 ff = 34 BlgNR 20. GP 131 – *Schlosser*-Bericht

–, EuGVÜ (1996) – *Schlosser,* EuGVÜ

–, Zivilprozeßrecht I, Erkenntnisverfahren[2] (1991) – *Schlosser,* Zivilprozeßrecht[2]

Schmidt K., Münchener Kommentar zum HGB 7 Bde (1996); Ergänzungsband (1999) – (Bearbeiter), MünchKommHGB I bis VII

Schneider/Frank/Kirschbichler/Moravec/Roth, Der elektronische Rechtsverkehr mit den Gerichten (ERV) (1999) – *Schneider* ua, ERV

Schönherr/Wiltschek, UWG[6] (1994)

Schragel, Kommentar zum Amtshaftungsgesetz[2] (1985), Ergänzungsheft (1990) – *Schragel,* AHG[2,] AHG-ErgH

Schrutka v Rechtenstamm, Grundriß des Zivilprozeßrechts[2] (1917) – *Schrutka,* Zivilprozeßrecht[2]

Schuppich/Tades, Rechtsanwaltsordnung[6] (1999) – *Schuppich/Tades,* RAO[6]

Schütze, Internationales Zivilprozeßrecht[2] (1998) – *Schütze,* IZPR[2]

Schwab/Walter, Schiedsgerichtsbarkeit[5] (1995) – *Schwab/Walter,* Schiedsgerichtsbarkeit[5]

Schwarz/Löschnigg, Arbeitsrecht^{7} (1999) – *Schwarz/Löschnigg,* Arbeitsrecht^{7}
Schweitzer/Hummer, Europarecht^{5} (1996) – *Schweitzer/Hummer,* Europarecht^{5}
Schwimann, Internationales Zivilverfahrensrecht (1979) – *Schwimann,* IZVR
–, Praxiskommentar zum Allgemeinen Bürgerlichen Gesetzbuch I^{2} (1997) II (1987), III^{2} (1997), IV (1988), V (1987) – *Schwimann,* ABGB$^{(2)}$ I bis V (bzw – in 2. Aufl – bis VIII)
Schwind, Internationales Privatrecht (1990) – *Schwind,* IPR
Seidl-Hohenveldern, Völkerrecht^{9} (1997) – *Seidl-Hohenveldern,* Völkerrecht^{9}
Seiler, Strafprozeßrecht^{2} (1999)
Skedl, Das österreichische Civilprozeßrecht I (1900) – *Skedl,* Civilprozeßrecht
Soergel/Siebert, Bürgerliches Gesetzbuch^{11} 9 Bde (ab 1978; 12. Aufl ab 1987) – *Soergel/Siebert,* BGB$^{11 \text{ bzw } 12}$ I bis IX
Spehar/Jesionek/Fellner, Richterdienstgesetz^{2} (1995) – *Spehar/Jesionek/Fellner,* RDG^{2}
Sperl, Lehrbuch der bürgerlichen Rechtspflege (1925 – 1930) – *Sperl,* Lehrbuch
Sprung, Konkurrenz von Rechtsbehelfen im zivilgerichtlichen Verfahren (1966) – *Sprung,* Konkurrenz
Staub, Großkommentar zum HGB^{4} (ab 1983) – *Staub,* HGB^{4}
Staudinger, Kommentar zum bürgerlichen Gesetzbuch^{12} (ab 1978; 13. Aufl ab 1993) – *Staudinger,* BGB$^{12 \text{ bzw } 13}$
Stein/Jonas, Zivilprozeßordnung^{21} 6 Bde (ab 1993) – *Stein/Jonas,* ZPO^{21} I bis VI
Stohanzl, Jurisdiktionsnorm und Zivilprozeßordnung^{14} (1990) – *Stohanzl,* ZPO^{14}
Straube, Kommentar zum Handelsgesetzbuch I^{2} (1995), II (1994) – *Straube,* HGB$^{(2)}$ I, II

Thomas/Putzo, Zivilprozeßordnung und Gerichtsverfassungsgesetz^{22} (1999) – *Thomas/Putzo,* Zivilprozeßordnung^{22}
Tomandl, Arbeitsrecht 1^{3} (1993), Arbeitsrecht 2^{3} (1995) – *Tomandl,* Arbeitsrecht 1^{3}, Arbeitsrecht 2^{3}
–, Grundriß des österreichischen Sozialrechts^{4} (1988, Nachtrag 1989) – *Tomandl,* Sozialrecht^{4}
–, System des österreichischen Sozialversicherungsrechts (Loseblattausgabe, ab 1978) – *Tomandl,* System
Trutter, Das österreichische Civilprocessrecht in systematischer Darstellung (1897) – *Trutter,* Civilprocessrecht

Verdroß/Simma, Universelles Völkerrecht^{3} (1984) – *Verdroß/Simma,* Völkerrecht^{3}
Vrba/Zechner, Kommentar zum Amtshaftungsrecht (1983) – *Vrba/Zechner,* Amtshaftungsrecht

Wagner, Notariatsordnung, Notariatsaktsgesetz und Gerichtskommissärsgesetz^{4} (1995) *Wagner,* NO^{4}
Walder/Bohner, Zivilprozeßrecht^{4} (1996) – *Walder/Bohner,* Zivilprozeßrecht^{4}
Walker, Österreichisches Exekutionsrecht^{4} (1932) – *Walker,* Exekutionsrecht
–, Streitfragen aus dem internationalen Zivilprozeßrecht (1897) – *Walker,* IZPR
Walter G., Der Prozeß in Familiensachen – Das Familiengericht und sein Verfahren (1985) – *G. Walter,* Prozeß
Walter, Österreichisches Bundesverfassungsrecht (1972) –*Walter,* Bundesverfassungsrecht
–, Verfassung und Gerichtsbarkeit (1966) – *Walter,* Verfassung
Walter/Mayer, Grundriß des österreichischen Bundesverfassungsrechts^{8} (1996) – *Walter/Mayer,* Bundesverfassungsrecht^{8}
–, Grundriß des besonderen Verwaltungsrechts^{2} (1987) – *Walter/Mayer,* Verwaltungsrecht^{2}
–, Grundriß des österreichischen Verwaltungsverfahrensrechts^{7} (1999) – *Walter/Mayer,* Verwaltungsverfahrensrechts^{7}
Walter/Thienel, Verwaltungsverfahren^{2} I (1998) – *Walter/Thienel,* Verwaltungsverfahren^{2}
Wegan, Österreichisches Insolvenzrecht (1973) – *Wegan,* Insolvenzrecht
Wieczorek/Schütze, Zivilprozeßordnung und Nebengesetze^{3} (ab 1994) – *Wieczorek/Schütze,* ZPO^{3} (Bd)
Wiltschek, UWG – Gesetz gegen den unlauteren Wettbewerb (2000) – *Wiltschek,* UWG
Wolff, Grundriß des österreichischen Zivilprozeßrechts^{2} (1947) – *Wolff,* Zivilprozeßrecht^{2}
Wresounig, Arbeits- und Sozialgerichtsgesetz (1986) – *Wresounig,* ASGG

Würth/Zingher, Miet- und Wohnrecht[20] (1997) – *Würth/Zingher,* Mietrecht[20]
–, Wohnrecht '99 (1999) – *Würth/Zingher,* Wohnrecht '99

Zeiss, Zivilprozeßrecht[9] (1997) – *Zeiss,* Zivilprozeßrecht[9]
Zimmermann, Zivilprozeßordnung[4] (1995) – *Zimmermann,* Zivilprozeßordnung[4]
Zöller, Zivilprozeßordnung[20] (1997) – *Zöller,* ZPO[20]

Einleitung

Übersicht:

I. Die Zivilprozeßgesetze

A. Die Hauptrechtsquellen

Lit: *Bähr*, Die neuen österreichischen Zivilprozeßgesetzentwürfe, ZZP 19 (1894) 79; *v. Canstein*, Die rationellen Grundlagen des Zivilprozesses und deren Durchführung in den neuesten Zivilprozeßentwürfen Österreichs und Deutschlands (1877); *Damrau*, Die Entwicklung einzelner Prozeßmaximen seit der Reichszivilprozeßordnung von 1877; *Hofmeister*, Forschungsband *Franz Klein* (1988; dort insb *W. Krulik*, Die Verwirklichung der Ideen Franz Kleins in der Zivilprozeßordnung von 1895, 89); *Klein*, Die neuen österreichischen Zivilprozeßgesetzentwürfe, ZZP 19 (1894) 1, 197; *Schoibl*, Die Entwicklung des österreichischen Zivilverfahrensrechtes (1987); *Sprung*, Die Grundlagen des österreichischen Zivilprozeßrechts, ZZP 90 (1977) 380; *ders*, Zielsetzungen für eine Zivilprozeßreform, JBl 1981, 337.

Die Hauptrechtsquellen des geltenden österr Zivilprozeßrechts sind im Rahmen der großen Reform des Zivilprozeß- und Exekutionsrechts der Jahre 1895/96 Gesetz geworden (dazu *Fasching*, Lehrbuch² Rz 35 f; *Schoibl*, Entwicklung 1 ff; *Sprung*, ZZP 90, 382) und seither vielfach novelliert und durch Zusatzvorschriften ergänzt worden (*Fasching* in *Hofmeister*, Forschungsband 97 ff; *ders*, Lehrbuch² Rz 36 ff): 1

1. G v 1. 8. 1895 RGBl 111 über die Ausübung der Gerichtsbarkeit und die Zuständigkeit der ordentlichen Gerichte in bürgerlichen Rechtssachen **(Jurisdiktionsnorm)** samt EinführungsG v 1. 8. 1895 RGBl 110 **(EGJN);**

2. G v 1. 8. 1895 RGBl 113 über das gerichtliche Verfahren in bürgerlichen Rechtssachen **(Zivilprozeßordnung)** samt EinführungsG v 1. 8. 1895 RGBl 112 **(EGZPO);**

3. G v 27. 5. 1896 RGBl 79 über das Exekutions- und Sicherungsverfahren **(Exekutionsordnung)** samt EinführungsG v 27. 5. 1896 RGBl 78 **(EGEO);**

4. **GerichtsorganisationsG** v 27. 11. 1896 RGBl 217 **(GOG).**

Diese Vorschriften traten am 1. 1. 1898 in Kraft.

Dazu kommen die in diesem Kommentar nicht umfassend zu erläuternden Vorschriften auf dem Gebiet des Zwangsvollstreckungs-(Exekutions-)verfahrens, des Insolvenz-(Ausgleichs- und Konkurs-)verfahrens und des Verfahrens außer Streitsachen.

B. Änderungen des Zivilverfahrensrechts zwischen 1898 und 1945

Lit: *Ballon*, Die Novellierungen des Zivilprozeßrechts – Verbesserter Zugang zum Recht, Kralik-FS (1986) 37; *Fasching*, Lehrbuch[2] Rz 36ff; *ders*, Die Weiterentwicklung des Zivilprozeßrechts im Lichte der Ideen Franz Kleins, in *Hofmeister*, Forschungsband Franz Klein (1988) 97; *ders*, Die Zivilverfahrens-Novelle 1981, JBl 1982, 68, 120; *Petrag*, Überblick über die Zivilverfahrens-Novelle 1983, RZ 1983, 105; *Petrasch*, Die Zivilverfahrens-Novelle 1983 in der Rechtsprechung des Obersten Gerichtshofs, ÖJZ 1985, 257, 291; *Pimmer*, Zur Anwendung der Zivilverfahrens-Novelle 1983 in der Praxis der Gerichte erster und zweiter Instanz, AnwBl 1984, 464; vgl ferner die bei *Fasching*, Lehrbuch[2] vor Rz 37 angegebene weitere Literatur.

1. Die Zeit zwischen 1898 und 1938

2 Eine erste tiefgreifende Veränderung brachte die 1. GEN v 1. 6. 1914 RGBl 118 durch die Einführung des Einzelrichters als selbständigen Spruchkörper für einen erheblichen Teil der vor die Gerichtshöfe erster Instanz gehörenden Rechtssachen. Weitere geringfügigere Reformen erfolgten in den nächsten Jahrzehnten infolge des ersten Weltkrieges und in der darauffolgenden Zeit der Inflation und der Wirtschaftskrisen. Hier wurden mehrfach Änderungen der Wertgrenzen vorgenommen, aber auch kleinere Abänderungen der Zuständigkeitsregeln, der Rechtsmittelzulässigkeit und des Bagatellverfahrens. Im einzelnen erfolgten diese Änderungen durch die KaisV RGBl 1914/208, die 2. GEN StGBl 1920/116, das G StGBl 1920/136, die 3. GEN BGBl 1921/743, die 4. GEN BGBl 1922/532, die 2. Streitwertnovelle BGBl 1924/19, die 5. GEN BGBl 1925/183, die 6. GEN BGBl 1929/222, die 7. GEN BGBl 1932/6, die 8. GEN BGBl 1933/346 und das sie ergänzende BG BGBl 1933/554.

2. Die Zeit zwischen 1938 und 1945

3 Diese Zeit überdauerten die Zivilprozeßgesetze im wesentlichen unverändert. Nur die durch Änderungen des materiellen Rechtes erforderlichen Verfahrensänderungen hatten Bestand, so insb einige für das Eheverfahren heute noch geltenden Vorschriften des G zur Vereinheitlichung des Rechtes der Eheschließung und der Ehescheidung (EheG) v 6. 7. 1938 dRGBl I 807 und der zur Durchführung dieses Gesetzes erlassenen Verordnung (1. DVzEheG) v 27. 7. 1938 dRGBl I 923, GBlÖ 302); und für das Abstammungsverfahren die Sondervorschriften der Verordnung zur Angleichung familienrechtlicher Vorschriften (FamRAnglV) v 6. 2. 1943 dRGBl I S 80. Durch den Zweiten Weltkrieg beding-

te Kriegsmaßnahmen wurden durch das G über Maßnahmen zur Wiederherstellung der österr Rechtspflege StGBl 1945/188 und durch § 1 GOG 1945 StGBl 47 wieder beseitigt.

C. Die Entwicklung der Zivilprozeßgesetze seit 1945

Die Zeit nach dem Ende des zweiten Weltkrieges bis in die Gegenwart läßt mehrere verschiedene Entwicklungsphasen erkennen: **4**

1. Die Wiederherstellung der österreichischen Rechtspflege

In den Jahren 1945 und 1946 erfolgten die gesetzlichen Maßnahmen zur Wiederherstellung der Gerichtsorganisation und die Beseitigung bzw Anpassung der Kriegsmaßnahmen durch die bereits erwähnten Gesetze.

2. Geringfügige Änderungen bis 1973

Danach beschränkte sich die Gesetzgebung auf anpassende Korrekturen und Ergänzungen. Hier sind zu nennen: **5**

- das BG BGBl 1948/1 über die Gebühren der Zeugen und Sachverständigen;
- die Wertgrenzen-Novelle 1947 BGBl 1948/26;
- die Zivilprozeß-Novelle 1955 BGBl 282, durch die einige Fristen vereinheitlicht und die Zustellung neu geregelt wurde;
- das BG BGBl 1957/257, betreffend die Kündigungs- und Räumungstermine im Bestandverfahren;
- das BG BGBl 1963/176 (Wertgrenzenänderung);
- das BG BGBl 1967/193 (Gerichtsdienst an Sonn- und Feiertagen);
- das BG über den Obersten Gerichtshof (OGHG) BGBl 1968/328;
- das BG BGBl 1971/291 betreffend weitere Revisionsbeschränkungen;
- das BG BGBl 1973/108 (Änderung der Geschäftsfähigkeit und der Ehemündigkeit).

3. Verstärkte Teilreformen seit 1973

Die Reformwelle, die bereits das materielle Recht erfaßt hatte, ergriff seit 1973 zunehmend auch das Verfahrensrecht, das damit immer stärkeren Änderungen unterworfen wurde: **6**

- Mit dem BG BGBl 1973/121 über die Verwendung von Schallträgern im zivilgerichtlichen Verfahren wurden erste Schritte zu einer Rationalisierung des Zivilprozesses mit Mitteln moderner Technik unternommen.
- Das VerfahrenshilfeG BGBl 1973/569 beseitigte den „diskriminierenden“ Begriff „Armenrecht“ und erleichterte die Voraussetzungen für die Erlangung der in Inhalt und Funktion dem Armenrecht entsprechenden Verfahrenshilfe.
- Das BG BGBl 1974/283 beseitigte den bisherigen § 76 Abs 2 JN und erweiterte dadurch die Möglichkeit, ausländische Eheentscheidungen im Inland anzuerkennen.
- Das BG BGBl 1974/499 paßte die Vorschriften über die Wiederaufnahmsklage im Zivilprozeß den durch die Neukodifikation des Strafrechts im StGB (BGBl 1974/60) neu formulierten Straftatbeständen an.
- Grundlegende Änderungen des Ehe- und Familienrechts wurden zum Anlaß genommen, im EherechtsänderungsG BGBl 1978/280 die Zuständigkeit in Ehe- und Abstammungssachen auf neu geschaffene familienrechtliche Abteilungen bei bestimmten Bezirksgerichten zu übertragen. Die dadurch hervorgerufene zusätzliche Unübersichtlichkeit der Zuständigkeitsordnung führte allerdings

dazu, daß diese durch das BG BGBl 1985/70 wieder beseitigt und die ehe- und familienrechtlichen Streitsachen ganz allgemein den BG zugewiesen wurden.

• Im Rahmen des KonsumentenschutzG (KSchG) BGBl 1979/140 wurde der bisher dem österr Zivilprozeß fremde Widerspruch gegen Versäumungsurteile eingeführt, die Wiederaufnahmsklage auch gegen prozeßbeendende Beschlüsse zugelassen und die Eventualmaxime im Mandats-, Wechselmandats- und Bestandverfahren beseitigt.

• Die Erlassung eines ZustellG BGBl 1982/200 über die Zustellung behördlicher Schriftstücke hatte das Ziel, für alle Behörden und Gerichte einheitliche Zustellvorschriften zu schaffen. Die dadurch erfolgte Anpassung der in der ZPO aufrecht erhaltenen Zustellvorschriften erfolgte durch das ZustellrechtsanpassungsG BGBl 1982/201. Durch beide Gesetze wurde das bisher bereits durch die BG BGBl 1974/283 bzw 499, 1976/91 bzw 1977/403 partiell novellierte Zustellrecht der ZPO tiefgreifend verändert.

D. Die Zivilverfahrens-Novelle 1983

7 Seit längerer Zeit geäußerte Wünsche nach einer Überholung des Zivilprozeßrechts führten nach mehrjährigen Beratungen in einer Arbeitsgruppe des BMJ zu verschiedenen Entwürfen des BMJ und der Interessenvertretungen der Rechtsberufe. Diese mündeten schließlich in der Zivilverfahrens-Novelle 1983 BGBl 135. Mit ihr erfolgte zwar keine grundsätzliche Neugestaltung des Zivilprozeßrechts, aber dieses wurde doch mehr als durch alle bisherigen Novellierungen verändert. Die wesentlichsten Neuregelungen erfolgten im Bereich des Zuständigkeitsrechtes (und bewirkten dort vor allem die Heilbarkeit jeder Unzuständigkeit); brachten die Einführungen des obligatorischen Mahnverfahrens vor den BG; die Lockerung des Formzwanges durch Erweiterung der Verbesserungsmöglichkeiten und der Pflicht zur Erteilung von Verbesserungsaufträgen; die Änderung des Rechtsmittelrechtes und insb die grundsätzliche Neugestaltung der Revision; die Verlängerung der Rechtsmittelfristen; die Erweiterung der Widerspruchs- und Wiedereinsetzungsmöglichkeit; schließlich erfolgten Neuregelungen auf dem Gebiet des internationalen Prozeßrechts.

E. Die Zeit der laufenden Verfahrensänderungen

8 Seit der ZVN 1983 ist das zivilgerichtliche Verfahren einem dauernden Reformprozeß unterworfen, der allmählich die Übersicht beeinträchtigen und die Anwendungssicherheit gefährden könnte. Einzelne Änderungen dienten zum Teil der Korrektur von Reformschritten, die sich nicht bewährten, teilweise auch der verfahrensrechtlichen Anpassung an die Bedürfnisse des einer ständigen Reform unterworfenen materiellen Rechtes, und zu einem Teil auch der Lösung von offen gebliebenen Problemen und der Fortführung von Reformschritten, die in den vorangegangenen Novellen angebahnt wurden. Die Änderungen der Zivilprozeßgesetze seit der ZVN 1983 sind im einzelnen:

• Das G über die Änderung des Personen-, Ehe- und Kindschaftsrechts BGBl 1983/566 brachte die längst fällige Sichtung und Vereinfachung des Eheverfahrens und dessen Einbau in die ZPO.

• Das GerichtsgebührenG (GGG) BGBl 1984/501 änderte und vereinfachte die Gerichtsgebührenvorschriften.

• Das Arbeits- und SozialgerichtsG (ASGG) BGBl 1985/104 gliederte die Arbeits- und Sozialgerichtsbarkeit in den Bereich der ordentlichen Gerichtsbarkeit ein und regelte das diesbezügliche Verfahren.

• In der Folge wurde die Organisation und Sprengeleinteilung der (Bezirks-) Gerichte in Wien – als Folge des Ausbaues einzelner Bezirksgerichte zu Vollgerichten – gesetzlich geregelt und seither mehrfach verändert (BGBl 1985/203, 1988/291, 1990/260, 1992/756, 1996/761).

• Das RechtspflegerG (RPflG) BGBl 1985/560 regelte die Ausbildung und den Aufgabenbereich dieser Rechtsprechungsorgane neu.

• Die Zivilverfahrens-Novelle 1986 BGBl 71 klärte Unstimmigkeiten, die durch die ZVN 1983 auf dem Gebiet der Rekursbeschränkungen und der Streitwertbestimmung entstanden waren und betraf das automationsgestützte Mahnverfahren.

• Durch das BG BGBl 1988/233 wurden dem LG St. Pölten Zuständigkeiten für das Land Niederösterreich übertragen, die bisher beim LGZ Wien bzw beim HG Wien lagen.

• Die Erweiterte Wertgrenzen-Novelle 1989 (WGN 1989) BGBl 343 brachte (entgegen dem durch seine Beschränkung irreführenden Titel) nicht nur Änderungen hinsichtlich der Streitwertgrenzen. Sie enthielt ursprünglich eine Erweiterung des Entscheidungsbereiches der BG und damit auch des obligatorischen und automationsgestützten Mahnverfahrens sowie die Grundlagen für elektronische Eingaben und Erledigungen. Darüber hinaus wurden im Zuge des Gesetzgebungsverfahrens (im JA) weitere, die ZPO wesentlich verändernde Neuerungen eingebaut: die Einführung eines Urteils- und Protokollsvermerks bei mündlich verkündeten Urteilen; wesentliche Begründungserleichterungen bei Rechtsmittelentscheidungen; die absolute „Anwaltspflicht" auch im bezirksgerichtlichen Verfahren bei höheren Streitwerten; eine generelle Beschränkung der Anrufung des OGH (durch Revision und Revisionsrekurs) iS eines Zulässigkeits-(Grundsatz-)rechtsmittels; Neueinführung eines Fristsetzungsantrags als Rechtsbehelf gegen Verfahrensverzögerungen.

• Durch das Erkenntnis des VfGH 12. 10. 1990, G 73/89-11 wurde § 268 ZPO und damit die gesetzliche Bindung des Zivilrichters an verurteilende Erkenntnisse des Strafgerichtes aufgehoben und beseitigt (BGBl 1990/706).

• Im Rahmen der Exekutionsordnungs-Novelle 1991 BGBl 628 wurde durch Neufassung des § 27 Abs 2 ZPO klargestellt, daß in Rechtssachen, die in die Eigenzuständigkeit des BG fallen, keinerlei absolute Anwaltspflicht besteht. Gleichzeitig wurden die Kostenbestimmungen durch einen neuen Abs 2 zu § 50 ZPO ergänzt.

• Durch den Beitritt Österreichs zur Europäischen Gemeinschaft und zum LGVÜ wurde es notwendig, Vorschriften für den Ablauf der Verfahren inländischer Gerichte zu treffen, sobald diese einen Antrag auf Vorabentscheidung bzw auf Entscheidung durch den EuGH stellen. Dies geschah durch das BG BGBl 1993/92, das den § 90a GOG einführte. Diese Vorschrift wurde danach durch die BG BGBl 1995/349 und BGBl 1996/761 geändert.

• Durch das BG BGBl 1992/756 wurde unter Streichung des Begriffs „Kreisgerichte" für die Gerichtshöfe erster Instanz die einheitliche Benennung „Landesgericht" eingeführt (ausgenommen für das Handelsgericht Wien bzw das Arbeits- und Sozialgericht Wien).

• Im Zusammenhang mit der ASGG-Nov 1994 BGBl 624 wurde durch § 321 Abs 1 Z 4a ZPO ein neuer Aussageverweigerungsgrund für Zeugen geschaffen.

• Die EO-Nov 1995 BGBl 519 ergänzte die Vorschriften des § 236 ZPO über den Zwischenantrag auf Feststellung durch einen Abs 3, demzufolge solche Anträge auch auf Feststellung der Anerkennung von Akten und Urkunden, die im Ausland errichtet wurden, gestellt werden können.

• Das BG BGBl 1996/760 regelte durch Änderung und Ergänzung der § 171 Abs 2 und 3, § 132 Abs 3 ZPO den Kreis der Teilnehmer an Tagsatzungen und der Zuhörer bei öffentlichen Verhandlungen.

• Durch das BG BGBl 1996/761 wurde § 453 ZPO betreffend das ADV-Mahnverfahren geändert.

• Das BG BGBl I 1997/22 verlängerte die in den §§ 562, 567 ZPO geregelte Frist zur Erhebung von Einwendungen im Bestandverfahren auf vier Wochen.

• Zeitlich verstreut wurden neue und zum Teil singuläre Zuständigkeitsvorschriften geschaffen bzw bestehende abgeändert:

Durch das FirmenbuchG BGBl 1991/10 wurde in §§ 120f JN die Zuständigkeit für die Führung von Firmenbüchern und in gesellschaftsrechtlichen Angelegenheiten festgelegt.

Durch die BG BGBl 1993/458 und 1996/304 wurde § 120 JN durch Zuständigkeitsregelungen betreffend Zweigniederlassungen, neue Gesellschaften nach Gesellschaftsspaltung und Nachfolgerechtsträger nach Umwandlungen sowie bezüglich der sachlichen Zuständigkeit des Firmenbuches ergänzt.

Mit dem FortpflanzungsmedizinG BGBl 1992/275 wurden das BG für die Beratung und Protokollierung der Zustimmungs- und Einwilligungserklärungen nach diesem BG zuständig gemacht (§ 121a JN).

Mit dem BG BGBl 1992/756 wurden die Z 8a und 8b des § 51 JN für Streitigkeiten nach dem ProdukthaftungsG und nach § 1330 ABGB (bei Medienveröffentlichung) eingefügt.

• Die jüngste sehr einschneidende Veränderung brachte die Erweiterte Wertgrenzen-Novelle 1997 BGBl I 1997/140. Mit diesem Gesetz wurden nicht nur die einzelnen Wertgrenzen in der JN, der ZPO, dem AußStrG sowie in diversen anderen Gesetzen wieder angehoben und dabei dem Berechnungsmaßstab der künftigen europäischen Einheitswährung angenähert, sondern vor allem die Vorschriften über die inländische Gerichtsbarkeit und ihre Wahrnehmung im Verfahren neu geregelt (insb Art IX EGJN, die §§ 27a, 28, 29, 42, 43 und 104 JN sowie die korrespondierenden Vorschriften der ZPO). Daneben finden sich weitere sinnvolle Änderungen zur Verfahrensstraffung durch Präklusion von Sachvorbringen und Beweismitteln, die der Verschleppung dienen, und zur stärkeren Sicherung der Unmittelbarkeit im Verfahren erster Instanz und im Berufungsverfahren. Schließlich erfolgte eine weitere Veränderung und Komplizierung der Vorschriften über die Zulässigkeit bzw die Zulassung der Rechtsmittel an den OGH, durch die diesem in einem weiten Bereich die Prüfung der Zulässigkeitsvoraussetzung „Erheblichkeit der Rechtsfrage" abgenommen und auf das Berufungsgericht abgewälzt wurde; gegen dessen Unzulässigkeitsausspruch kann ein Abänderungsantrag an dieses selbe Gericht gestellt werden, sein (Un-)Zulässigkeitsausspruch ist dann aber endgültig.

• Das BörsefondsüberleitungsG BGBl I 1998/11 enthielt Änderungen der Art XIII ff EGZPO betreffend die Börsenschiedsgerichte (die SchiedsgerichtsgebührenV ist im BGBl II 1998/178 zu finden).

• Das BG BGBl I 1999/21 änderte den § 185 ZPO; insb hat das Gericht nun nötigenfalls einen Dolmetsch für die Gebärdensprache beizuziehen.

• Das EheRÄG 1999 BGBl I 1999/125 brachte mit § 320 Z 4 ZPO neu ein Vernehmungsverbot betreffend Mediatoren sowie Änderungen bei den besonderen Bestimmungen für das Verfahren in Ehesachen gem § 460 ZPO.

II. Begriff und Aufgabe des Zivilprozeßrechts

A. Begriff

Das zivilgerichtliche Verfahrensrecht umfaßt alle Rechtsvorschriften für die Tätigkeit der ordentlichen Gerichte (s dazu bei § 1 JN) in bürgerlichen Rechtsangelegenheiten, also für das in der Zivilprozeßordnung geregelte Verfahren (streitiges Erkenntnisverfahren), das Zwangsvollstreckungs-(Exekutions-) und Sicherungsverfahren, das Verfahren außer Streitsachen und das Insolvenzverfahren in allen seinen Erscheinungsformen, insb als Konkurs- und Ausgleichsverfahren. **9**

Der Zivilprozeß ist das in der ZPO geregelte Verfahren der staatlichen Rechtspflege vor den ordentlichen Zivilgerichten. Ihm obliegt die Durchsetzung, Feststellung und Gestaltung (und teilweise auch die Schlichtung) von Privatrechten. Doch findet er nicht auf alle „bürgerlichen Rechtssachen" Anwendung; diese sind zum Teil in den Bereich des Außerstreitverfahrens (bzw zu einem sehr geringen Teil auch ins Zwangsvollstreckungs- oder Insolvenzverfahren) und in wenigen Ausnahmsfällen sogar ins Verwaltungsverfahren verwiesen.

Zum Begriff der bürgerlichen Rechtssache und zur Abgrenzung von den Angelegenheiten des öffentlichen Rechts s bei § 1 JN. Zu den verfassungsrechtlichen Schranken bei der Zuweisung einzelner Materien zu den bürgerlichen Rechtssachen s Einl Rz 30.

B. Teilgebiete

Somit sind vier Teilgebiete des zivilgerichtlichen Verfahrens zu unterscheiden: **10**

1. Der Zivilprozeß (geregelt in der ZPO) als durch Klage einzuleitendes Verfahren mit der Aufgabe der abschließenden Rechtsentscheidung über die Berechtigung der geltend gemachten Ansprüche **(streitiges Erkenntnisverfahren),** das deren Durchsetzung, Feststellung oder Gestaltung zum Gegenstand hat, bis zu dessen Abschluß durch Urteil (auch durch Beschluß, Vergleich oder Klagsrücknahme);

2. das Exekutions-(Zwangsvollstreckungs-)verfahren, das die zwangsweise Durchsetzung vollstreckbarer Titel mit den Mitteln des staatlichen Vollzuges regelt; und das Sicherungsverfahren, das die künftige Vollstreckung sichern oder diese vor dem Eintritt der Vollstreckbarkeit ansatzweise ermöglichen soll;

3. die Insolvenzverfahren (Ausgleich, Konkurs ua), welche die mit der Zahlungsunfähigkeit bzw Überschuldung) eines Schuldners mehrerer Gläubiger verbundenen Rechtsfolgen und Verfahrensabläufe regeln (Rechtsdurchsetzung zugunsten der „Gläubigergemeinschaft");

4. das Außerstreitverfahren (Verfahren außer Streitsachen), das der Rechtsdurchsetzung oder Gestaltung derjenigen Privatrechte dient, zu deren Durchsetzung weder der Zivilprozeß noch (ausnahmsweise) der Verwaltungsweg zulässig ist.

Der Zivilprozeß selbst gliedert sich in das **allgemeine Verfahren** (Gerichtshofverfahren und bezirksgerichtliches Verfahren) und in die **besonderen Verfahrensarten** (in der ZPO geregelt: Ehe-, Mandats-, Wechselmandats- und Bestandverfahren; in anderen Gesetzen finden sich Sonderregelungen für das Abstammungsverfahren und das Verfahren in Arbeits- und Sozialrechtssachen). Eine Sonderstellung nimmt das **schiedsgerichtliche Verfahren** ein, das ein Erkenntnisverfahren vor Entscheidungskörpern ist, die nicht mit Berufsrichtern besetzt sind, und bei dem die staatlichen Gerichte nur überprüfend oder helfend tätig werden.

C. Zwecke des Zivilprozesses

Lit: *Bajons*, Außergerichtliche Güteverfahren als Mittel der Prozeßvermeidung und Konfliktlösung, ÖJZ 1984, 368; *Böhm*, Bewegliches System und Prozeßzwecke, in *Bydlinski/Schilcher/Steininger*, Das bewegliche System im geltenden und künftigen Recht (1986) 211; *ders*, Die österreichischen Justizgesetze von 1895/96, in *Hofmeister*, Kodifikation als Mittel der Politik (1986); *Fasching*, Lehrbuch[2] Rz 45 ff; *Jelinek*, Die Verbandsklage – §§ 28–30 KSchG, in *Krejci*, Handbuch zum Konsumentschutzgesetz (1981) 785; *Klein*, Reden, Aufsätze, Briefe I (1927) 117 f; *ders*, Zeit- und Geistesströmungen im Prozesse (1901); *Kosesnik-Wehrle*, Verbandsklage, WR 1986/14, 16; *Krejci*, Recht ohne Gerichte, in Kontinuität und Wandel 251 ff; *Novak*, Die Stellung des Zivilprozeßrechts in unserer Gesamtrechtsordnung, JBl 1961, 64; *Schoibl*, Der Prozeß als soziale Institution, Rechtstheorie 1984 Beiheft 6, 287; *ders*, Die Verbandsklage zur Wahrung öffentlicher oder „überindividueller" Interessen im österreichischen Zivilverfahrensrecht, ZfRV 1990, 3; *Sprung*, ZZP 90 (1977) 393.

Gaul, Zur Frage nach dem Zweck des Zivilprozesses, AcP 168, 27; *Gottwald*, ZZP 98 (1985) 113; *Henckel*, Vom Gerechtigkeitswert verfahrensrechtlicher Normen (1966); *ders*, Prozeßrecht und materielles Recht (1970) 48 ff; *Jauernig*, Materielles Recht und Prozeßrecht, JuS 1971, 329; *Luhmann*, Legitimation durch Verfahren (1989); *Pawlowski*, Die Aufgabe des Zivilprozesses, ZZP 80 (1967) 345.

1. Rechtsschutzmonopol und Rechtsverwirklichung

11 Da die Rechtsordnung es nur ganz ausnahmsweise dem einzelnen gestattet, selbst seine Rechte gegen andere mit Zwang durchzusetzen (Selbsthilfe; §§ 19, 344, 1321 ABGB ua), muß der Staat seine Gerichte und gesetzlichen Verfahrensvorschriften zur Verfügung stellen, um dem Bürger die Durchsetzung seiner subjektiven Rechte mit den Mitteln der Rechtsordnung zu ermöglichen (s dazu unten in Einl Rz 58 ff). Der Zivilprozeß dient also vordringlich der Durchsetzung der subjektiven Rechte des Bürgers und soll die vom materiellen Recht geforderte Lage herstellen (zu Alternativen zur gerichtlichen Durchsetzung *Bajons*, ÖJZ 1984, 368; *Krejci*, Kontinuität 251 ff). Wenn er auch insoweit der Rechtsverwirklichung dient (*Schumann* in *Stein/Jonas,* ZPO[20] Einl Rz 4) und auf diese Weise über die Regelung des rein technischen Verfahrensablaufs hinaus auch den Gerechtigkeitswert verfahrensrechtlicher Normen manifestiert (*Henckel*, Gerechtigkeitswert 25), so erschöpft sich sein Zweck darin keineswegs. Gerade aus der staatlichen Rechtsschutzverpflichtung, dem Einsatz der staatlichen Machtmittel und der inzwischen wohl unbestrittenen Sozialfunktion des Staates ergibt sich ein weit über das konkrete Rechtsverwirklichungsinteresse des einzelnen hinausreichender Verfahrenszweck. Freilich lassen sich der subjektive Prozeßzweck und der in der Rechtsordnung durch die Mitwirkung des Staates objektivierte Zweck des Zivilprozesses als solcher nicht voneinander trennen. Die Frage kann nur sein, wie man die einzelnen Komponenten gewichtet. Jede Prozeßzwecktheorie ist sehr stark von den jeweiligen Zeit- und Geistesströmungen (*Klein,* Reden I 117 f) und der jeweiligen Gesellschaftsordnung abhängig, sowie davon, welche Grundanschauung über das Verhältnis des einzelnen zur Gemeinschaft ihnen zugrundeliegt.

2. Prozeßzwecktheorien

12 Dementsprechend ist eine ganze Reihe von Prozeßzwecktheorien zeit- und gesellschaftsgebunden entwickelt worden. Die liberalistische Prozeßtheorie legt das ausschließliche oder (in der gegenwärtigen Erscheinungsform) hauptsächliche – allgemein *Jauernig*, JuS 1971, 329 – Gewicht auf den Zweck, Individualinteressen durchzusetzen. Eine soziologische Prozeßzwecktheorie von *Luhmann* (Legitimation) erblickt den Zweck des Zivilprozesses in der Legitimation durch

Einhaltung der Verfahrensregeln (zutreffend abgelehnt von *Schumann* in *Stein/ Jonas,* ZPO[20] Einl Rz 23). Am anderen Ende des Spektrums der Prozeßzwecktheorien stehen jene besonders ideologisch gekennzeichneten Auffassungen, die den Zweck des Prozesses ausschließlich darin sehen, im Rahmen und in den Grenzen des Gemeinschaftsinteresses tätig zu werden.

Besondere Bedeutung für Österreich erlangte die von *Franz Klein* entwikkelte Prozeßzwecktheorie von der Sozialfunktion des Zivilprozesses, die in jedem Rechtsstreit ein soziales Übel erblickt, dem der Prozeß als Heilungsmittel zu begegnen habe, wobei jeder ungerechtfertigte Aufwand von Arbeitskraft, Zeit und Geld zu vermeiden sei (*Böhm* in *Hofmeister*, Kodifikation 69 f; *Klein*, Zeit- und Geistesströmungen 24; *Sprung*, ZZP 90 [1977] 393 mwN). Diese Auffassung, der Zivilprozeß sei ein Instrument der sozialen Konfliktlösung und erfülle damit eine staatliche Wohlfahrtsaufgabe, wird in der österr Rechtslehre durchgehend vertreten (*Bajons*, Zivilverfahren Rz 6; *Ballon*, Zivilprozeßrecht[8] Rz 5 ff; *Böhm*, Ius commune VIII 1978, 136; *Fasching*, Lehrbuch[2] Rz 45; *Holzhammer*, Zivilprozeßrecht[2], 2; *Schoibl,* Rechtstheorie 1984 Beiheft 6, 287 uva).

3. Eigene Auffassung

Soll die Frage nach dem Prozeßzweck fruchtbar werden und konkrete Ergebnisse zeitigen, dann muß primär von den aus dem Gesetz selbst hervorleuchtenden Aufgabenzuweisungen ausgegangen werden: **13**

a) Die ZPO läßt klar erkennen, daß sie neben der Zweckbestimmung, die Individualinteressen durchzusetzen (klar erkennbar aus dem Dispositionsgrundsatz: §§ 226, 405 ZPO), mindestens gleichrangig einen gemeinschaftsbezogenen Prozeßzweck anerkennt und schützt.

Danach soll der Zivilprozeß nicht nur die Rechtsordnung als solche bewähren, sondern vor allem **Rechtsfrieden** und **Rechtssicherheit** schaffen, wobei die Prozeßordnung diese Zwecke dahin determiniert, daß dadurch bestmöglicher Schutz der Privatrechte des einzelnen durch Schlichtung und Entscheidung der Rechtsstreitigkeiten beabsichtigt, Zufälle und Willkür durch Voraussehbarkeit der Entscheidung ausgeschaltet und das Ergebnis unter voll verantwortlicher Beteiligung der Parteien möglichst einfach und ökonomisch angestrebt werden soll.

b) Die Frage nach dem Prozeßzweck und damit nach der relevanten Prozeßzwecktheorie wird für den Einzelfall nur dort von Bedeutung, wo der Prozeßzweck – eher selten – als Auslegungshilfe für die Anwendung prozeßrechtlicher Normen herangezogen wird (s Rz 92, 103 f). Wohl aber ist der Prozeßzweck vom Gesetzgeber zu beachten, um eine funktionsfähige Zivilgerichtsbarkeit zu gewährleisten, die über die rein technische Regelung des Verfahrensablaufes hinaus den Anforderungen entspricht, welche die Gesellschaft an sie zu stellen berechtigt ist. **14**

c) Das moderne und insb auch das österr Zivilprozeßrecht mißt dem Rechtsfriedenszweck eine hervorragende Bedeutung zu. Das zeigt sich in dessen institutioneller Sicherung, vor allem durch die Rechtskraft und die den prozeßbeendenden und streitausräumenden Prozeßhandlungen verliehene Sperrwirkung. Diese können nur ganz ausnahmsweise dann beseitigt bzw durchbrochen werden, wenn die Aufrechterhaltung gegen die Grundprinzipien geordneter Rechtspflege verstoßen und so zu einer stärkeren Gefährdung des Ordnungszwecks führen würde als die Neuaufrollung des Rechtsstreites. In gleicher Weise dienen die Garantien einheitlicher Rechtsanwendung für gleichgelagerte Fälle (§ 502 Abs 1 ZPO, § 8 OGHG) und die damit – hypothetisch – gesicherte Vorhersehbarkeit der Entscheidung der Rechtssicherheit und präventiv auch dem **15**

Rechtsfrieden. Mittel zur Erreichung dieses Zieles müssen die Eindeutigkeit, Raschheit und Billigkeit des Verfahrens und die verantwortliche Mitwirkung der Parteien durch garantiertes rechtliches Gehör sein. Letztlich dient auch der freie Zugang zu Gericht für jedermann (Art 6 EMRK; Verfahrenshilfe) nicht nur dem Individualinteresse, sondern besonders auch der Rechtssicherheit der Rechtsgemeinschaft (Näheres bei *Fasching*, Lehrbuch[2] Rz 47 ff).

16 d) Die Regeln der ZPO weisen – ungeachtet des mit dem Prozeß wesensmäßig verknüpften über die konkrete Rechtsverfolgung hinausreichenden Prozeßzwecks – dem seine subjektiven Individualinteressen verfolgenden Rechtsansprecher die Parteirolle als Kläger zu. Daher haben auch die Verfahrensvorschriften im technischen Sinn nur den „Individualkläger" im Auge.

17 e) Die modernen Lebensumstände lassen aber zunehmend **überindividuelle Interessen** iS von Gruppeninteressen entstehen, die letztlich in einem Zwischenfeld zwischen den Individualinteressen und dem „öffentlichen Interesse" als Interesse der Gesamtgemeinschaft liegen. Es handelt sich dabei teilweise um Interessen eines „partiellen Gemeinwohls" (*Korinek*, Selbstverwaltung 21) von Personen, zu deren Schutz bestimmte Berufsverbände bestimmt sind. Das Gesetz hat verschiedentlich diesen Berufsverbänden (als gesetzlichen oder freiwilligen Interessenvertretungen) selbständige Klagebefugnis eingeräumt **(„Verbandsklage")** so in § 14 UWG, § 12 Abs 1 RabattG, §§ 28 f KSchG, § 54 Abs 1 ASGG, § 6 Abs 3 GleichbehandlungsG (dazu allgemein *Bajons*, Zivilverfahren Rz 77 mwN; *Fasching*, Rz 338, 642; *Jelinek*, in *Krejci*, Handbuch 788 f; *Kosesnik-Wehrle*, Verbandsklage, WR 1986/14, 16; *Schoibl*, ZfRV 1990, 3; vgl auch *Schumann* in *Stein/Jonas,* ZPO[20] Einl Rz 527 mwN zur dL). Auch hier bleibt das Einzelrechtsverfolgungsmodell des Zivilprozesses formell aufrecht, wenngleich sich dadurch Bruchlinien und größere Probleme bezüglich des personellen Umfanges der Rechtskraft und auch bezüglich der Streitanhängigkeit bei gleichzeitiger paralleler Einzelrechsverfolgung von „Verbandszugehörigen" ergeben. Daß der Gesetzgeber zunehmend auch zur Durchsetzung von kollektiven Interessen den Zivilprozeß vorsieht, ist eine zusätzliche Bestätigung dafür, daß der Zweck des Zivilprozesses über die Verfolgung und Verwirklichung subjektiver Individualrechte hinausreicht (vgl *Schoibl*, ZfRV 1990, 5) und auch ganz wesentlich den Rechtssicherheits- und Rechtsfriedenszweck in sich begreift. Das wird dort besonders deutlich, wo ein solcher Verband die Klagebefugnis auch dann erhält, wenn die Individualbetroffenen keine Mitglieder oder Kammerzugehörigen sind (so etwa im § 29 KSchG und im geplanten Umwelthaftungsrecht). Daran ändert es auch nichts, wenn man die Geltendmachung der Kollektivinteressen in die Form eines dem Verband selbst zustehenden Klagsanspruchs kleidet (so *Fasching,* Lehrbuch[2] Rz 642 mwN).

III. Zivilverfahrensrecht und Verfassung

A. Die Zivilgerichtsbarkeit als Staatsgewalt im Rahmen des B-VG

Lit: *Adamovich*, Verfassungsgerichtsbarkeit und ordentliche Gerichtsbarkeit, Loebenstein-FS (1991) 1; *Kadecka* Gedanken über die Rechtssprechung und ihre staatspolitische Funktion, ÖJZ 1977, 57; *Mayer*, Funktion und Grenzen der Gerichtsbarkeit im Rechtsstaat, 11. ÖJT I/1 (1991); *Walter*, Die Gerichtsbarkeit, in *Schambeck*, Das österreichische Verfassungsgesetz und seine Entwicklung (1980) 443; *ders*, Verfassung und Gerichtsbarkeit (1960).

18 Die Zivilgerichtsbarkeit beruht auf der Verfassung und hat mit ihr in vollem Einklang zu stehen. Die zur Anwendung der Zivilverfahrensgesetze berufene Gerichtsbarkeit gehört als ein Bereich der Gerichtsbarkeit in den Bereich der vollziehenden Staatsgewalt. Im Unterschied zu den Verfassungen vieler anderer Staaten sind die in der österr Bundesverfassung (B-VG BGBl 1930/1, vielfach geändert und ergänzt, zuletzt durch BGBl I 1999/148) enthaltenen Vorschriften über die Gerichtsbarkeit (Art 10 Abs 1 BV-G: Bundeskompetenz; Art 82 bis 94 B-VG) keineswegs systematisch, erschöpfend oder befriedigend. Sie sind im wesentlichen reine Organisationsvorschriften. Die Aufgabenzuweisung ist weitgehend offen, also dem einfachen Gesetzgeber überlassen. Dementsprechend standen verfassungsmäßige Wertaspekte lange Jahre nur am Rande. Erst spät wurde die Gerichtsbarkeit auch unter diesen Gesichtspunkten untersucht (bahnbrechend *Walter*, Verfassung und Gerichtsbarkeit). Das Inkrafttreten der Europäischen Menschenrechtskonvention (EMRK) im Verfassungsrang (BGBl 1958/210) änderte die Verfassungsrechtslage für die Gerichtsbarkeit grundlegend, weil sie in ihrem Art 6 Aussagen über den Bereich der Gerichtsbarkeit enthält und Grundsatzgebote für das Verfahren vor den Gerichten verfassungsmäßig verankert.

B. Gerichtsbarkeit und Gesetzgebung

Lit: *Ringhofer*, Prüfung und Anfechtung von Gesetzen und Verordnungen durch die Gerichte: in Verfassung/Verwaltung/Gerichtsbarkeit (1977) 100.

1. Bindung der Gerichte an gehörig kundgemachte Rechtsvorschriften

Die Gerichte sind bei ihrer rechtsprechenden (und auch bei ihrer verwal- **19**
tenden) Tätigkeit an die Gesetze gebunden. Ihr Recht, die Gesetze und Verordnungen auf ihre formale und inhaltliche Geltung zu überprüfen, ist sehr beschränkt. Sie haben das Recht, selbständig zu prüfen, ob eine Rechtsvorschrift gehörig kundgemacht wurde; nicht gehörig kundgemachte Rechtsvorschriften dürfen sie nicht anwenden (VwGH ZVR 1977/146 = JBl 1977, 660 [*Morscher*]; VfSlg 2793 [1954]; *Walter/Mayer,* Bundesverfassungsrecht[8] Rz 1104). Sie haben auch zu prüfen, ob ein gehörig kundgemachtes Gesetz noch in Geltung steht oder ob es formal (durch ausdrücklich ordnungsgemäß kundgemachte Vorschrift) oder inhaltlich (durch den Inhalt einer durch ein späteres ordnungsgemäß kundgemachtes Gesetz erfolgten Neuregelung) außer Kraft gesetzt (ob ihm derogiert) wurde.

2. Das Normenprüfungsmonopol des VfGH

Die Gerichte dürfen aber die Anwendung gehörig kundgemachter Gesetze **20**
und Verordnungen nicht deshalb verweigern, weil sie mit der Verfassung (oder bei Verordnungen: mit einem Gesetz) in Widerspruch stehen oder durch diese nicht gedeckt sind. Die Entscheidung über die Gesetzmäßigkeit von Verordnungen (Art 139 B-VG) und über die Verfassungsmäßigkeit von Gesetzen (Art 140 B-VG) steht **ausschließlich dem VfGH** zu; ebenso die Prüfung, ob bei der Wiederverlautbarung von Rechtsvorschriften die Ermächtigung überschritten wurde (Art 139 a B-VG) und ob abgeschlossene Staatsverträge rechtswidrig sind (Art 140 a B-VG). Der VfGH entscheidet (ungeachtet der Regelung für andere Antragsteller) auf Antrag des Gerichtes, welches die entsprechende Rechtsvorschrift im konkreten Fall anzuwenden hat, wenn dieses gegen die Gesetzmäßigkeit einer Verordnung bzw – bei eingeschränktem Kreis antragsberechtigter Gerichte – gegen die Verfassungsmäßigkeit des anzuwendenden Gesetzes Bedenken hat.

3. Bedenken des Gerichtes gegen die Rechtmäßigkeit einer Norm

21 **Bedenken** sind „relevante Gründe, die gegen eine Gesetzmäßigkeit der Verordnung (gem Art 140 B-VG gegen die Verfassungsmäßigkeit eines Gesetzes) sprechen" (*Walter/Mayer,* Bundesverfassungsrecht[8] Rz 1111); es ist keineswegs eine offenbare Gesetz- oder Verfassungswidrigkeit erforderlich (JBl 1981, 423). Solche Bedenken setzen aber schon voraus, daß das Gericht wenigstens summarisch die gesetzliche Grundlage der Verordnung (bzw gem Art 140 B-VG die Verfassungsmäßigkeit des Gesetzes) beurteilt. Dies geht auch aus den §§ 57, 62 VfGG hervor, die vom antragstellenden Gericht ausdrücklich verlangen, die Gründe für die Bedenken im einzelnen darzulegen (bei sonstiger Zurückweisung des Antrages durch den VfGH: VfSlg 8889 [1980]; 8863 [1980]; 7592 [1975]); das schließt notwendigerweise verfassungsrechtliche Ausführungen mit ein. Die Parteien eines Zivilgerichtsverfahrens haben keinen verfahrensrechtlichen Anspruch gegen das Gericht, die Überprüfung einer Rechtsnorm durch den VfGH zu beantragen, und das Gericht ist nicht verpflichtet, den Parteien gegenüber zu begründen, warum es (keine) Bedenken hat. Findet das Gericht die Rechtsnorm für unbedenklich, dann kann die Partei selbst keinen Überprüfungsantrag an den VfGH stellen: Sie kann lediglich dann, wenn sie durch die gerichtliche Sachentscheidung (formell) beschwert und der Instanzenzug noch offen ist, in einem Rechtsmittel die Bedenken gegen die Rechtmäßigkeit der Vorschrift ausführen und so versuchen, beim Rechtsmittelgericht Bedenken hervorzurufen, damit dieses von Amts wegen die Überprüfung der Rechtsvorschrift durch den VfGH beantragt. Anders als bei Kompetenzkonflikten steht den Parteien kein subsidiäres Individualantragsrecht an den VfGH zu, wenn die Gerichte die Antragstellung ablehnen oder diesbezüglich untätig bleiben. Hat ein Gericht beschlossen, einen Antrag auf Normenprüfung durch den VfGH zu stellen, dann kann im Instanzenzug der ordentlichen Gerichte die Berechtigung der Bedenken gegen die Rechtmäßigkeit der anzuwendenden Norm nicht überprüft werden.

4. Die Prüfung der Gesetzmäßigkeit einer Verordnung

22 a) **Antragsberechtigt** für die Überprüfung einer Verordnung ist (außer den anderen in Art 139 B-VG genannten Antragstellern) **jedes Gericht,** das diese Verordnung in einer bei ihm anhängigen Rechtssache **unmittelbar anzuwenden hätte (Präjudizialität),** also auch die erstinstanzlichen Gerichte in Ausübung der rechtsprechenden Tätigkeit (nicht aber als Justizverwaltungsbehörde: VfSlg 5018 [1965] ua). Die Präjudizialität ist aber nicht mehr gegeben, wenn das Gericht in der konkreten Rechtssache diese Verordnung bereits angewendet hat (VfSlg 2187 [1951]) oder die Frage der Gesetzmäßigkeit der Verordnung nur mittelbar die Vorfrage für die Entscheidung der Rechtssache bildet (VfSlg 3213 [1957]; 2408 [1952]).

23 b) Der **Beschluß des Gerichtes,** einen Überprüfungsantrag zu stellen, wird mit der Gerichtsbesetzung gefaßt, die für das Verfahren und die Entscheidung in der Hauptsache vorgeschrieben ist (VfSlg 3992 [1961]; s auch *Werner*, JBl 1962, 113 ff). Der Antrag muß nicht in mündlicher Verhandlung beschlossen und die Parteien müssen dazu nicht gehört werden. Gem § 10 VfGG ist der Antrag schriftlich zu stellen und muß gem § 57 VfGG darauf gerichtet sein, entweder die Verordnung ihrem ganzen Inhalt nach oder bestimmte Stellen der Verordnung als gesetzwidrig aufzuheben. Im Antrag sind die gegen die Gesetzmäßigkeit der Verordnung sprechenden Bedenken im einzelnen darzulegen (bei sonstiger Zurückweisung des Antrags durch den VfGH: VfSlg 8889 [1980]; 8863 [1980]; 8308

[1978] ua). Verweisungen auf den Inhalt eines in einem anderen Verfahren eingebrachten Schriftsatzes sind unzulässig (VfSlg 8602 [1979]; 8241 [1978]). Die Antragstellung an den VfGH hat zwar **keine Unterbrechung** des Verfahrens vor dem Zivilgericht zur Folge, doch darf dieses gem § 57 Abs 3 VfGG in der Anlaßrechtssache bis zur Verkündung oder Zustellung des Erkenntnisses des VfGH nur solche gerichtliche Handlungen vornehmen oder nur solche Entscheidungen oder Verfügungen treffen, die durch das Erkenntnis des VfGH nicht beeinflußt werden können oder die Frage nicht abschließend regeln und keinen Aufschub gestatten. Dazu gehören zB Entscheidungen über die Ablehnung von Richtern, über die Verfahrenshilfe und vor allem die Erledigung von Beweissicherungsanträgen und Anträgen auf Erlassung oder Aufhebung von einstweiligen Verfügungen. Ohne die Voraussetzung für ein Beweissicherungsverfahren dürfen Beweise nur über solche Tatsachen aufgenommen werden, die ohne Rücksicht auf die Geltung der Verordnung entscheidungsrelevant sind. Die Parteien können auch während der Dauer des Normprüfungsverfahrens beim VfGH die Klage zurücknehmen, auf den Klagsanspruch verzichten oder diesen anerkennen bzw einen Vergleich in der Anlaßsache treffen; in diesen Fällen hat das Gericht den Überprüfungsantrag gem § 57 Abs 4 VfGG unverzüglich zurückzuziehen. Gleiches gilt dann, wenn das Gericht im Anlaßfall wegen des inzwischen erfolgten oder erst jetzt bekanntgewordenen Fortfalles einer von Amts wegen zu berücksichtigenden Prozeßvoraussetzung die Klage (den Sachantrag) als unzulässig zurückzuweisen hat. Eine während des Normprüfungsverfahren eintretende Unterbrechung des Anlaßverfahrens (§§ 155 ff ZPO ua) berührt dagegen das Verfahren vor dem VfGH nicht.

c) **Verfahren vor dem VfGH:** Über den Antrag hat der VfGH mündlich zu verhandeln und hiezu außer der obersten Verwaltungsbehörde des Bundes oder Landes die verordnungserlassende Behörde, das antragstellende Gericht und die Parteien des zivilgerichtlichen Verfahrens zu laden (§ 58 Abs 1 VfGG). Der VfGH entscheidet über den Antrag, soferne er nicht wegen des Fehlens der Antragsvoraussetzungen (Präjudizialität, Inhalt, sonstige Antragsvoraussetzungen) zurückzuweisen war, mit Erkenntnis, das bei Verneinung der Gesetzwidrigkeit den Antrag abweist. Ist die Verordnung gesetzwidrig, dann ist im Erkenntnis auszusprechen, ob der ganze Inhalt oder nur bestimmte Teile als gesetzwidrig aufgehoben werden (§ 60 Abs 1 VfGG). Die Aufhebung muß durch die oberste Behörde des Bundes oder Landes unverzüglich gehörig kundgemacht werden. An diesen Ausspruch sind alle Gerichte und Verwaltungsbehörden gebunden. Auf den gerichtlichen Anlaßfall ist die Verordnung selbst dann nicht mehr anzuwenden, wenn der VfGH gem Art 139 Abs 5 B-VG eine Frist für deren Außerkrafttreten bestimmt (s Näheres in Art 139 Abs 4 bis 6 B-VG). Gem § 60 Abs 1 VfGG erster Satz hat das antragstellende Gericht nach der unverzüglich an dieses zu erfolgenden Zustellung das Anlaßverfahren von Amts wegen ohne weitere Einschränkung fortzuführen. 24

d) Die Vorschriften über die Anträge des Gerichtes auf Verordnungsprüfung sind entsprechend auch dann anzuwenden, wenn das Gericht bei **Anwendung einer wiederverlautbarten Rechtsvorschrift** Bedenken hat, daß bei der Wiederverlautbarung die Grenzen der erteilten Ermächtigung überschritten wurden (Art 139 a B-VG). 25

5. Die Prüfung der Verfassungsmäßigkeit eines Gesetzes

Antragsberechtigt zur Überprüfung der Verfassungsmäßigkeit eines Gesetzes sind (neben den anderen in Art 140 B-VG genannten Antragsberechtigten) 26 nur der **OGH und die zur Entscheidung in zweiter Instanz berufenen Gerichte** (die Landesgerichte und die Oberlandesgerichte als Berufungs- und Rekursgerichte). Damit steht in allen den Zivilgerichten zugewiesenen Rechtssachen der Weg zur Gesetzesprüfung durch den VfGH offen; Voraussetzung ist nur, daß die Sache vor ein Rechtsmittelgericht gebracht wurde und dieses Bedenken gegen die Verfassungsmäßigkeit des im konkreten Fall anzuwendenden Gesetzes hat. Zum Begriff Bedenken, zur Notwendigkeit, das Gesetz im konkreten Fall anwenden zu müssen, und zum fehlenden Antragsrecht der Parteien gilt das in Rz 21 und 22 Ausgeführte; zur Beschlußfassung des VfGH das in Rz 23 Gesagte. Der Antrag auf Gesetzesüberprüfung entspricht inhaltlich vollkommen dem Antrag auf Verordnungsprüfung (§ 62 VfGG), so auch das Verfahren vor dem VfGH (§ 63 VfGG); ebenso die Pflicht zur Verlautbarung und die Wirkungen des Erkenntnisses (Art 140 Abs 5 bis 7 B-VG). Da das VfGG keine ausdrückliche Regelung für die Behandlung des Anlaßfalles während der Dauer des Gesetzesprüfungsverfahrens (und auch keine Verweisung) enthält, sind zur Füllung dieser Gesetzeslücke die Vorschriften des § 57 Abs 3 und 4 VfGG analog anzuwenden (s Rz 22).

6. Die Prüfung der Rechtswidrigkeit von Staatsverträgen

27 Antragsberechtigt für die Überprüfung der Rechtswidrigkeit von Staatsverträgen (Art 140a B-VG), die mit Genehmigung des Nationalrats (Art 50 B-VG) geschlossen wurden, sind von den ordentlichen Gerichten nur der **OGH und die zur Entscheidung in zweiter Instanz berufenen Gerichte** (zu Art 50 B-VG vor allem *Walter/Mayer*, Bundesverfassungsrecht[8] Rz 226: bundespolitische, gesetzesändernde und gesetzesergänzende Staatsverträge). Die Vorschriften über die Überprüfung der Verfassungsmäßigkeit von Gesetzen finden volle Anwendung (s Rz 26). Soweit die Staatsverträge gem Art 50 B-VG keiner Genehmigung durch den Nationalrat bedürfen, erfolgt ihre Prüfung wegen Rechtswidrigkeit auf Antrag eines jeden Gerichts und nach den Regeln für die Verordnungsprüfung (Art 139 B-VG).

7. Keine Überprüfung von Verfassungsgesetzen

28 Verfassungsgesetze können nach der herrschenden Lehre und nach der Rsp des VfGH nicht auf ihre Übereinstimmung mit den Grundwerten unserer Rechts- und Verfassungsordnung oder mit anderen Verfassungsnormen überprüft werden (vgl aber Art 44 Abs 2 B-VG; dazu *Walter/Mayer*, Bundesverfassungsrecht[8] Rz 146). Daher steht **keinem Gericht** ein diesbezügliches Antragsrecht an den VfGH oder ein eigenes Überprüfungsrecht zu.

C. Gerichtsbarkeit und Verwaltung

1. Unterscheidung der Vollzugszweige

29 Das B-VG unterscheidet die beiden Vollzugszweige rein formal nach der Stellung der Organwalter *(Walter/Mayer,* Bundesverfassungsrecht[8] Rz 757; VfSlg 7938 [1976] uam). Gerichtsbarkeit ist der Vollzugsbereich, in dem die „unabsetzbaren und unversetzbaren" Richter (und im Rahmen des Art 87a B-VG auch die Rechtspfleger) als unabhängige Organe die Gesetze vollziehen. Die Verwaltung dagegen ist der Bereich, in dem unter der Leitung der obersten Organe des Bundes oder der Länder (oder der sonstigen Rechtsträger des öffentlichen Rechts) Organe tätig werden, die an die Weisungen der übergeordneten Organe gebunden sind.

2. *Verfassungsregeln über den Umfang der Gerichtsbarkeit*

Lit: *Mayer*, Zivilrechtsbegriff und Gerichtszuständigkeit, ZfV 1988, 473; *ders*, Die unabhängigen Verwaltungssenate, in Rechtssystem Teil I: Verfassungsrechtliche Grundlagen, ÖJZ 1991, 257; *Messiner*, Wie „unabhängig" werden die Verwaltungssenate in den Ländern sein? ZVR 1990, 131; *Schäffer*, Privatrecht und Gerichtsbarkeit, JBl 1965, 502; *ders*, Der Zivilrechtsbegriff der Menschenrechtskonvention, ÖJZ 1965, 511.

Das B-VG legt keinen bestimmten Zuständigkeitsbereich der Gerichte in **30** Zivilsachen fest. Es stände danach dem Gesetzgeber frei, durch einfaches Gesetz bestimmte Materien der Gerichtsbarkeit oder der Verwaltung zum Vollzug zuzuweisen (solange wenigstens ein Restbestand vorhanden bliebe, der die gem Art 92 Abs 1 B-VG verfassungsmäßig verankerte Kompetenz des OGH in Zivilsachen aufrecht hielte). Erst durch Art 6 EMRK ist nunmehr auch verfassungsrechtlich gesichert, daß Zivil-(und Straf-)sachen durch unabhängige Gerichte entschieden werden müssen. Daher müssen alle nach österr positiven Recht und nach der Systematik der österr Rechtsordnung zum bürgerlichen Recht (Zivilrecht, Privatrecht) gehörenden Ansprüche vom Gesetzgeber in den Vollzugsbereich der ordentlichen Gerichtsbarkeit verwiesen werden (nähere Abgrenzung s bei § 1 JN). Die konventionsautonome Auslegung des Zivilrechtsbegriffes („civil rights") des Art 6 EMRK durch den Gerichtshof für Menschenrechte in Straßburg geht aber über diesen Bereich hinaus (*Mayer*, ZfV 1988, 474; *Schäffer*, JBl 1965, 502 ff und ÖJZ 1965, 511 uva); ebenso ist der Begriff „Gericht" nicht mit dem Begriff des Gerichtes iSd B-VG gleichzusetzen (*Walter/Mayer*, Bundesverfassungsrecht[8] Rz 1480 mwN). Daher weisen die Gesetze aus letzter Zeit Angelegenheiten, die nach österr Auffassung Verwaltungsangelegenheiten sind, nach der extensiven Interpretation des Straßburger Gerichtshofes aber unter die „civil rights" fallen, im Rechtsmittelzug den Unabhängigen Verwaltungssenaten in den Bundesländern (UVS: BGBl 1988/685) zu, die nach Auffassung des Verfassungsgesetzgebers die Voraussetzungen des Begriffes „tribunal" erfüllen (Näheres bei *Messiner*, ZVR 1990, 131; *Mayer,* ÖJZ 1991, 257).

3. *Zuständigkeitsstreitigkeiten (Kompetenzkonflikte)*

Lit: *Walter*, Probleme der Kompetenzgerichtsbarkeit des Verfassungsgerichtshofes bei Entscheidung von Kompetenzkonflikten zwischen Gerichten und Verwaltungsbehörden, ÖJZ 1963, 421.

a) Allgemeines

Die Verteilung der Kompetenzen auf verschiedene Vollzugszweige und **31** Staatsorgane hat notwendigerweise Zuständigkeitsstreitigkeiten zur Folge. Ein Zuständigkeitsstreit (Kompetenzkonflikt) liegt nur dann vor, **wenn konkurrierende Staatsorgane in derselben Sache die Entscheidung in der Hauptsache beanspruchen oder sie ablehnen.** Besteht zwischen ihnen kein Streit über die Zuständigkeit, dann liegt kein Kompetenzkonflikt vor; so insb dann, wenn Unvereinbarkeit der beiden Entscheidungen behauptet wird oder gegeben ist; oder wenn beide angerufenen Staatsorgane zurecht ihre Zuständigkeit ablehnen (VfSlg 6046 [1969], 4554 [1963]), zB weil nach ihrer Auffassung ein drittes Staatsorgan zur Erledigung berufen ist.

Der Begriff (in der) **„Sache"** ist ein prozessualer Begriff. ISd JN und der ZPO ist als Hauptsache der Gegenstand des Entscheidungsantrages (Urteilsantrages) und damit der Sachentscheidung (VfSlg 1341 [1930]) anzusehen; gleiches gilt für Verwaltungsverfahren, die durch einen Parteiantrag eingeleitet werden.

Bei amtswegig eingeleiteten Verwaltungsverfahren und amtswegig eingeleiteten Außerstreitverfahren ist als Hauptsache der angestrebte selbständige Rechtsausspruch anzusehen.

„Dieselbe Sache“ liegt dann vor, wenn der Sachverhalt so weit ident ist, daß er die Anwendung derselben Rechtsnormen voraussetzt (vgl *Walter/Mayer,* Bundesverfassungsrecht[8] Rz 1080), bei einem Kompetenzkonflikt zwischen Zivilgerichten dann, wenn die Streitgegenstände ident sind (Näheres bei Einl zu Band II und III). Kein Kompetenzkonflikt liegt dann vor, wenn eine idente Rechts- und Sachfrage im Verfahren vor dem einen Staatsorgan den Gegenstand der (Haupt-)Sachentscheidung bildet, im Verfahren vor dem anderen Staatsorgan dagegen nur die Vorfrage für eine – andere – Sachentscheidung ist, für diese also nur präjudiziell ist. Dann kann es nur darum gehen, ob die in dem einen Verfahren die Frage als Hauptsache erledigende Entscheidung für das andere Staatsorgan als Vorfrageentscheidung bindend ist (bzw ob die andere Behörde diese nicht in ihren Hauptsachkompetenzbereich fallende Vorfrage überhaupt lösen darf). Hält sich dieses Staatsorgan bei Lösung der Vorfrage nicht durch die Hauptsachentscheidung der anderen Behörde für gebunden – und zwar auch dann, weil es die Zuständigkeit der Vorfragebehörde verneint –, dann liegt ein **Bindungskonflikt** vor (Näheres unten bei Rz 40ff).

b) Positive und negative Kompetenzkonflikte

32 Ein Kompetenzkonflikt kann entweder dadurch entstehen, daß zwei (oder mehrere) Staatsorgane die Zuständigkeit für sich in Anspruch nehmen (**positiver Kompetenzkonflikt;** VfSlg 3039 [1956] uva), oder dadurch, daß jedes von mehreren angerufenen oder zur Entscheidung in Frage kommenden Staatsorganen sich für unzuständig erklärt **(negativer Kompetenzkonflikt).** Ein positiver Kompetenzkonflikt liegt erst dann vor, wenn jedes der Gerichte seine Zuständigkeit bereits endgültig als gegeben erachtet, also die Zuständigkeitsfrage keinem Rechtszug mehr unterliegt. Bei Kompetenzkonflikten zwischen Staatsorganen verschiedener Vollzugszweige erlaubt der VfGH eine Antragstellung zur Entscheidung von Kompetenzkonflikten gem Art 138 B-VG auch vor Eintritt der Rechtskraft der Zuständigkeitsentscheidungen (VfSlg 3483 [1958]; 2856 [1955]; 2687 [1954]). Ein negativer Kompetenzkonflikt zwischen ordentlichen Gerichten entsteht erst, wenn beide (oder mehrere) hiefür in Frage kommenden Gerichte ihre Zuständigkeit ausdrücklich abgelehnt haben und der Rechtszug gegen die ablehnenden Entscheidungen ausgeschöpft ist; anders auch hier für Kompetenzkonflikte zwischen Staatsorganen verschiedener Vollzugszweige gem § 42 VfGG (VfSlg 3483 [1958]; 2687 [1954]). Unerheblich dagegen ist, ob die Ablehnung der Tätigkeit der konkurrierenden Staatsorgane unter ausdrücklichem Hinweis auf die mangelnde Zuständigkeit oder auf die Verneinung der für die Zuständigkeit erforderlichen Sachvoraussetzungen gestützt wird (VfSlg 1869 [1949]).

Eine dem positiven Kompetenzkonflikt zwischen Gerichten äußerlich gleichartige Situation entsteht dann, wenn bezüglich einer identen Streitsache, die bei zwei Gerichten anhängig gemacht wurde, im selben Zeitpunkt Streitanhängigkeit eintritt (*Holzhammer*, Zivilprozeßrecht[2], 191 spricht hier von einem positiven Kompetenzkonflikt, zu dessen Lösung § 47 JN anzuwenden sei; dagegen *Fasching,* Lehrbuch[2] Rz 1185).

Bloßes Untätigwerden der angerufenen Behörden schafft noch keinen negativen Kompetenzkonflikt. Hier hat der Rechtssuchende die Rechtsbehelfe zu ergreifen, welche das B-VG (Art 130 Abs 1 lit b: Säumnisbeschwerde), das AVG (§ 73: Devolutionsantrag) und die gerichtlichen Verfahrensgesetze (§ 91

GOG: Fristsetzungsantrag; § 78 GOG: Aufsichtsbeschwerde) gegen Untätigkeit bzw Säumigkeit der Vollzugsorgane vorsehen.

c) Die Entscheidung von Kompetenzkonflikten durch den VfGH

Zuständigkeitsstreitigkeiten zwischen Gerichten und Verwaltungsbehörden und solche zwischen ordentlichen Gerichten und „anderen" Gerichten oder dem VwGH entscheidet der VfGH (Art 138 B-VG). **33**

aa) **Zuständigkeitsstreitigkeiten zwischen Gerichten und Verwaltungsbehörden** (Art 138 Abs 1 B-VG): Beim Entstehen eines **positiven Kompetenzkonfliktes** steht das Antragsrecht **nur der obersten Verwaltungsbehörde** des Bundes oder Landes zu. Das Gericht führt das bei ihm anhängige Verfahren weiter, auch wenn es von den Parteien oder der konkurrierenden Verwaltungsbehörde Kenntnis vom Kompetenzkonflikt erlangt. Die konkurrierende Verwaltungsbehörde dagegen hat ihr Verfahren bei Kenntnis des Konfliktes zu unterbrechen und der obersten Administrativbehörde des Bundes oder Landes zu berichten, die innerhalb von 4 Wochen nach amtlicher Kenntnis den Antrag an den VfGH auf Entscheidung des Kompetenzkonfliktes zu stellen hat (§ 42 Abs 2 VfGG). Dieser verständigt das Gericht hievon. Das Einlangen dieser Mitteilung unterbricht ex lege das gerichtliche Verfahren (§ 42 Abs 4 und 5 VfGG; zur Unterbrechung s Vorbemerkungen vor § 163 ZPO und bei § 164 ZPO). **34**

Der Antrag der obersten Verwaltungsbehörde kann nur bis zum Eintritt der Rechtskraft der gerichtlichen Sachentscheidung gestellt werden. Lehnt die oberste Verwaltungsbehörde die Antragstellung ab, dann steht den betroffenen **Parteien** selbst binnen 4 Wochen ab Verständigung von der Ablehnung das Recht auf selbständige Antragstellung zu (§ 48 VfGG), soweit bis dahin nicht bereits die gerichtliche Sachentscheidung rechtskräftig geworden ist. Liegt aber bereits eine rechtskräftige Sachentscheidung des Gerichtes vor, dann kann die oberste Verwaltungsbehörde beim OGH gem § 42 Abs 2 JN (Näheres s dort) einen Antrag auf Aufhebung der gerichtlichen Entscheidung und Nichtigerklärung des gerichtlichen Verfahrens und auf Zurückweisung der Klage wegen Unzulässigkeit des Rechtsweges stellen.

Umgekehrt kann aber dann, wenn die Entscheidung der konkurrierenden Verwaltungsbehörde inzwischen in Rechtskraft erwachsen ist, vom Gericht (insb vom OGH) kein entsprechender Antrag an die oberste Verwaltungsbehörde auf Aufhebung der verwaltungsbehördlichen Entscheidung und des ihr zugrundeliegenden Verfahrens gestellt werden. Wohl aber kann nach der Rechtsprechung des OGH ein solcher Bescheid, zu dessen Erlassung die Verwaltungsbehörde die Grenzen des Verwaltungsrechtswegs überschritten hat, als absolut nichtiger Verwaltungsakt keine bindende Wirkung für die Gerichte äußern (Näheres dazu unten in Rz 44 f).

Die Entscheidung des VfGH über einen Kompetenzkonflikt bindet die konkurrierenden Staatsorgane. Erachtet er einen positiven Kompetenzkonflikt für gegeben und verneint er die Zuständigkeit des Gerichtes, dann hat er selbst in seinem Erkenntnis die diesem Erkenntnis entgegenstehenden Akte (also das gerichtliche Verfahren) aufzuheben (§ 51 VfGG). Soweit dies nicht geschehen sein sollte, hat das Gericht selbst in der bei ihm anhängigen Rechtssache das bisherige Verfahren mit allen darin ergangenen Entscheidungen aufzuheben und die Klage (bzw den verfahrensleitenden Antrag) wegen Unzulässigkeit des Rechtswegs zurückzuweisen. Hat der VfGH auf Grund eines Parteiantrages des Beklagten die Zuständigkeit des Gerichtes verneint, dann sind bei einer auf § 51

Abs 1 VfGG gestützten Entscheidung dem Beklagten auch – bisher nicht zugesprochene – Kosten des Verfahrens vor dem VfGH zu ersetzen.

Bejaht dagegen der VfGH die Zuständigkeit des Gerichtes, dann ist das unterbrochene Verfahren gem § 164 ZPO auf Antrag einer Partei fortzusetzen. Hier sind dem in der Hauptsache siegreichen Kläger, wenn er beim VfGH als Antragsteller aufgetreten ist, soweit ihm nicht bereits vom VfGH gem § 52 VfGG Kosten zugesprochen wurden, die Kosten des Verfahrens vor dem VfGH als zur Rechtsverfolgung notwendige Kosten gem § 41 ZPO zuzuerkennen.

35 Bei einem **negativen Kompetenzkonflikt** kann der Antrag **nur von einer beteiligten Partei** gestellt werden (§ 46 Abs 1 VfGG). Ein Erkenntnis, mit dem der VfGH die Zuständigkeit der ordentlichen Gerichte bejaht, bindet diese auch dann, wenn der VfGH in seinem Erkenntnis die zuständigkeitsverneinenden Entscheidungen der Gerichte nicht ausdrücklich im Spruche des Erkenntnisses aufgehoben hat. Die Gerichte können eine neuerliche und unverändert eingebrachte Klage nicht mehr wegen Unzulässigkeit des Rechtsweges (und noch weniger wegen Bindung an den früher ergangenen Zurückweisungsbeschluß) zurückweisen. Auch beim negativen Kompetenzkonflikt können, soweit der VfGH nicht bereits diesbezüglich gem § 52 VfGG Kostenersatz zugesprochen hat, die Kosten des Verfahrens vor dem VfGH dem in der Hauptsache siegreichen Kläger gem § 41 ZPO zuerkannt werden.

36 bb) **Zuständigkeitsstreitigkeiten zwischen ordentlichen Gerichten und anderen Gerichten oder dem VwGH** (Art 138 Abs 1 lit b B-VG): Als „andere Gerichte“ können nur solche Gerichte verstanden werden, welche nicht „ordentliche Gerichte“ iSd § 1 JN und des § 2 ASGG sind (Gerichte zur Entscheidung in bürgerlichen Rechtssachen und in Arbeits- und Sozialrechtssachen). Im Bereich der Zivilgerichtsbarkeit können es nur solche Gerichte sein, die auf der verfassungsrechtlichen Grundlage der Art 82 ff B-VG beruhen und deren Zuständigkeit und Tätigkeit durch Gesetz geregelt ist. Daher gehören weder private noch institutionelle Schiedsgerichte (auch nicht die Börsenschiedsgerichte) hierher; deren Zuständigkeit wird von den ordentlichen Gerichten geprüft und wahrgenommen (§ 595 ZPO; Art XXIII EGZPO). Nach der derzeitigen Rechtslage kommen als „andere Gerichte“ nur das Kartellgericht und das Kartellobergericht in Betracht.

Bei einem Kompetenzkonflikt zwischen den ordentlichen Gerichten und dem VfGH (etwa bei einem Streit über Ansprüche, die dem Art 137 B-VG unterstellt werden könnten), entscheidet der VfGH selbst über den Zuständigkeitsstreit (VfSlg 3384 [1958]).

Bei den in Art 138 Abs 1 lit b B-VG genannten Kompetenzkonflikten entscheidet der VfGH gem § 43 Abs 3 B-VG „von Amts wegen“, sobald ihm dieser durch Anzeige eines der konkurrierenden Gerichte, der beteiligten Behörden bzw der Parteien oder durch den Inhalt der eigenen Akten bekannt geworden ist. Die Gerichte und die beteiligten Behörden sind zur Anzeige verpflichtet. Unterbleibt die Anzeige, dann haben die Parteien innerhalb von 4 Wochen das Recht zur Antragstellung an den VfGH (so wie bei den in Rz 35 erwähnten Kompetenzkonflikten). Die Mitteilung des VfGH von der Einleitung des Verfahrens unterbricht auch hier ex lege das gerichtliche Verfahren.

d) Zuständigkeitsstreitigkeiten zwischen ordentlichen Gerichten

37 Zuständigkeitsstreitigkeiten zwischen ordentlichen Gerichten gehören in den Bereich der Rechtsprechung der ordentlichen Gerichte und werden von dem zunächst übergeordneten gemeinsamen höheren Gericht entschieden (§ 47 JN;

Näheres s dort). Das gilt auch für Zuständigkeitsstreitigkeiten zwischen Zivil- und Strafgerichten, zB bei Maßnahmen nach dem JGG. Das Gesetz enthält dafür zwar keine ausdrückliche Regelung; man könnte daher auch die Auffassung vertreten, es handle sich hier primär um eine Frage der Zulässigkeit des (streitigen Zivil-)Rechtsweges, die nach den dafür vorgesehenen Regeln (§ 42 JN, § 240 Abs 3 ZPO) zu erledigen ist und über die letztlich der OGH entscheidet; doch scheint hier die analoge Anwendung des § 47 JN wesentlich verfahrensökonomischer. Ein Zuständigkeitsstreit zwischen dem OGH und einem anderen ordentlichen Gericht entscheidet der OGH selbst (SZ 55/107 [1982] = JBl 1983, 264 = EvBl 1983/20).

4. Bindung der Gerichte an Vorfrageentscheidungen anderer Gerichte und Behörden

Lit: *Albrecht*, § 268 ZPO und Wiederaufnahmsklage, ÖJZ 1994, 41; *Bauerreiss*, Noch ein Wort zur Bindung der Gerichte an verwaltungsbehördliche Bescheide, JBl 1977, 581; *Eypeltauer*, Die rückwirkende Geltung des besonderen Kündigungsschutzes begünstigter Behinderter, DRdA 1989, 185; *Fasching*, Sind die Gerichte an präjudizielle Bescheide der Verwaltungsbehörden gebunden? JBl 1976, 557; *ders*, Zivilgerichte und Verwaltungsbehörden, Vorfragebeurteilung und Bindung, JBl 1963, 173; *Fink*, Ist § 268 ZPO verfassungswidrig? ZVR 1989, 321; *Kerschner*, Nachbarrecht im Spannungsfeld zwischen Privatrecht und öffentlichem Recht, JBl 1994, 781; *Klicka*, Die Bindungswirkung bei Nebenintervention und Streitverkündung, JBl 1997, 61; *Konecny*, Versicherungen im Zivilprozeß nicht mehr an verurteilende Straferkenntnisse gebunden, ecolex 1990, 737; *W. Kralik*, Die Bindung der Gerichte an Entscheidungen der Verwaltungsbehörden, JBl 1975, 309; *ders*, Die Vorfrage im Verfahrensrecht (1953); *Loebenstein*, Die Verwaltungsgerichtsbarkeit im Spannungsfeld zwischen Verwaltung und Gerichtsbarkeit, JBl 1978, 225, 290; *Morscher*, Bindung und Bundesverfassung, JBl 1991, 86; *Musger*, Verfahrensrechtliche Bindungswirkungen und Art 6 MRK, JBl 1991, 420, 499; *Pfersmann*, Bemerkenswertes aus der SZ 70/I, ÖJZ 1999, 281; *Pichler*, Der Bindungskonflikt – Stand und Weiterführung der Diskussion, ÖJZ 1978, 267; *ders*, Neues über die Bindungswirkung der Demolierungsbescheide, JBl 1966, 553; *ders*, Binden Demolierungsbescheide die Gerichte? JBl 1965, 494; *Schima*, Aufhebung von Verwaltungsbescheiden und rechtskräftiges Zivilurteil, JBl 1956, 353; *Simotta*, Die Bedeutung einer strafgerichtlichen Verurteilung für den Zivilprozeß nach Aufhebung des § 268 ZPO, NZ 1991, 75; *Steininger*, Matscher-FS (1993) 477; *Walter*, Die Bindung der Zivilgerichte an rechtskräftige präjudizielle Bescheide nach AVG im Rahmen der Zivilprozeßordnung im Vorfragenbereich, ÖJZ 1996, 601.

a) Zuständigkeitsaufspaltung und Divergenzproblem

Die steigende Anzahl von Staatsaufgaben und die starke Differenzierung des Vollzuges führt auch zu immer unterschiedlicheren und spezialisierteren Vollzugsbehörden. Da die zu beurteilenden Sachverhalte nach verschiedener Richtung hin Rechtsfolgen auslösen können, sind Zuständigkeitsüberschneidungen nicht auszuschalten. Noch häufiger ergeben sich aber inhaltliche Divergenzen bei der Lösung von Vorfragen: Hier geht es um die Beurteilung eines Rechtsverhältnisses oder Rechts, von dessen Bestehen oder Nichtbestehen die Entscheidung in der Hauptsache ganz oder zum Teil abhängt, welches dann, wenn es Gegenstand einer selbständigen Entscheidung wäre, durch ein anderes Staatsorgan entschieden werden müßte. Eine solche Frage ist für die Entscheidung in der Hauptsache nur dann beachtlich, wenn die Entscheidung in der Hauptsache nicht ohne vorgängige Beurteilung der Vorfrage möglich ist. Ob dies der Fall ist, kann immer nur von dem in der Hauptsache entscheidenden Staatsorgan (Gericht) beurteilt werden. Vorfragen sind – wie angeführt – nicht Gegenstand einer eigenen spruchmäßigen Entscheidung, sondern sie werden nur **38**

„beurteilt", dh daß nur in den Entscheidungsgründen (der Begründung) ausgeführt wird, wie das die Vorfrage bildende Rechtsverhältnis von dem in der Hauptsache entscheidenden Staatsorgan beurteilt wird, also ob sein gänzliches oder teilweises Bestehen bejaht oder verneint wird. Das wird häufig auch von strittigen Tatsachen abhängen. Soweit zur Lösung einer Vorfrage Tatsachenfeststellungen erforderlich sind, müssen sie – nach Beweisaufnahme – von der „Hauptsachebehörde" getroffen und der Vorfragebeurteilung zugrundegelegt werden (hier können Unterschiede zwischen einem selbständigen Verfahren vor der „Vorfragebehörde" und dem von der „Hauptsachebehörde" anzuwendenden Verfahren bereits in abstracto zu erheblichen Qualitätsunterschieden führen).

Widersprüche zwischen der Vorfragebeurteilung und der Spruchpraxis des zur selbständigen Beurteilung des Rechtsverhältnisses berufenen Staatsorganes sollen im Interesse der Rechtssicherheit und der Gleichbehandlung vermieden werden. Die Fiktion eines „einheitlichen Staatswillens" kann hier aber nicht weiterhelfen, denn eine vom Staat gewollte und bewußt immer komplizierter gestaltete Aufgabenteilung nimmt wissentlich in Kauf, daß damit Beurteilungsdivergenzen verbunden sein müssen. Das Verfahrensrecht kann hier nur helfen, diese Divergenzen zu mindern. Zur Verfassungslage s auch eingehend bei § 190 ZPO.

b) Koordinationsregeln – Verfahrensunterbrechung – Bindung an Vorfrageentscheidungen?

39 Die von der ZPO vorgesehenen Möglichkeiten beschränken sich auf die Koordinierung von Vorfrageverfahren und Verfahren in der Hauptsache:

- Solange noch kein Verfahren bei der zur selbständigen Entscheidung über das im Zivilprozeß die Vorfrage bildende Rechtsverhältnis anhängig ist, hat das Zivilgericht selbständig auch alle Vorfragen zu beurteilen, für die es – als Hauptsache gesehen – nicht entscheidungsberechtigt ist; das gilt auch für straf- und verwaltungsrechtliche Vorfragen.
- Ist dagegen bei der „Vorfragebehörde" (bzw dem „Vorfragegericht") ein Verfahren zur Entscheidung über die Vorfrage anhängig, dann **kann** das Gericht auf Antrag oder von Amts wegen sein Verfahren bis zum rechtskräftigen Abschluß des Verfahrens vor der „Vorfragebehörde" unterbrechen (§ 190 ZPO; Näheres s dort).
- In bestimmten vom Gesetz genau bezeichneten Ausnahmsfällen **muß** das Gericht sein Verfahren unterbrechen und die Entscheidung der „Vorfragebehörde" abwarten; in einigen Fällen muß es sogar die Einleitung eines Verfahrens vor dieser Behörde veranlassen (zB § 539 Abs 1 ZPO; § 11 AHG; § 74 Abs 1 ASGG).

Die Koordination der Verfahren durch Unterbrechung schränkt die Gefahr von Divergenzen zwischen der Vorfragebeurteilung des Gerichts und der Spruchpraxis der „Vorfragebehörde" nur teilweise ein und versagt dort, wo kein Unterbrechungszwang besteht und auch kein Verfahren vor der Vorfragebehörde anhängig ist. Eine weitergehende Koordinationsmöglichkeit liegt in einer Bindung an Vorfrageentscheidungen.

c) Zur Bindung der Gerichte an Vorfrageentscheidungen anderer Gerichte und Behörden

aa) Erkenntnisse des VfGH, VwGH und der patentrechtlichen Behörden

40 Dazu s bei § 190 ZPO.

bb) Vorfrageentscheidungen anderer Zivilgerichte

Die Gerichte sind an Vorfrageentscheidungen anderer Zivilgerichte dann gebunden, wenn die materielle Rechtskraft (s bei § 411 ZPO) der über die Vorfrage ergangenen spruchmäßigen Entscheidung auch die Parteien des „Hauptsache-Prozesses" erfaßt. Das ist entweder bei Parteienidentität (bzw Rechtsnachfolge in die Parteistellung: s vor § 1 ZPO, vor § 155 ZPO und bei § 411 ZPO) oder dann der Fall, wenn die Parteien des Hauptsacheprozesses zu dem Kreis der Personen gehören, die von einer vom Gesetz verfügten Rechtskrafterstrekkung der „Vorfrageentscheidung" erfaßt werden (zutreffend *Musger*, JBl 1991, 422, 500). Ist die Vorfrageentscheidung rechtsgestaltend, dann richtet sich die Bindung nach den Regeln der Rechtsgestaltungswirkung von Urteilen (Näheres bei § 411 ZPO). Neben dieser personellen Identität muß auch die sachliche Präjudizialität gegeben sein: Die Bindung tritt nur so weit ein, als das Vorfragegericht im Spruch seiner Entscheidung selbst über den Bestand des Vorfrageverhältnisses abgesprochen hat; Ausführungen, die nur in den Entscheidungsgründen enthalten sind, binden den in der Hauptsache entscheidenden Zivilrichter nicht. Maßgeblich ist, ob die Entscheidung des Vorfragegerichts als solche der materiellen Rechtskraft teilhaft werden konnte; daher können auch Entscheidungen im Außerstreitverfahren den Streitrichter binden. (Siehe dazu bei § 190 ZPO.) 41

Entgegen der bisher überwiegenden Lehre nimmt der OGH nunmehr auch eine bindende Wirkung eines zivilgerichtlichen Urteils auf den einfachen Nebenintervenienten und auf denjenigen an, der sich trotz Streitverkündung nicht am Verfahren beteiligte (SZ 70/60 = JBl 1997, 368 = ecolex 1997, 422 [*Oberhammer*]; *Klicka*, JBl 1997, 611). Näheres s §§ 17, 20, 21 ZPO.

cc) Vorfrageentscheidungen der Strafgerichte

Ob die Entscheidungen des Strafgerichts den Zivilrichter binden, ist nach der Aufhebung der ausdrücklichen Bindungsvorschrift des § 268 ZPO durch den VfGH (Kdm BGBl 1990/706) sehr umstritten. Die Lehrmeinungen reichen von der Beseitigung jeglicher Bindung über eine partielle Bindung bis zu der Auffassung, daß die Strafurteile in gleichem Umfang wie die Zivilurteile (s Rz 40) binden. Von einem Teil der Lehre wird das Strafurteil als öffentliche Urkunde mit bindender Beweiskraft angesehen, während andere deren Würdigung dem Zivilrichter freistellen. Vgl dazu *Albrecht*, ÖJZ 1994, 41; *Fink*, ZVR 1989, 321; *Graff*, Anm zu AnwBl 1990, 734; *Konecny*, ecolex 1990, 737; *Simotta*, NZ 1991, 75; *Steininger*, Matscher-FS 477. Siehe dazu auch bei § 191 ZPO. Der OGH hat durch einen verstärkten Senat ausgesprochen, daß dann, wenn die materielle Rechtskraft einer strafgerichtlichen Verurteilung gegen den Verurteilten und dessen Rechtskreis wirkt, sich niemand in einem nachfolgenden Rechtsstreit einer anderen Partei gegenüber darauf berufen kann, daß er eine Tat, deretwegen er strafgerichtlich verurteilt wurde, nicht begangen habe, gleichviel, ob der andere am Strafverfahren beteiligt war oder in welcher verfahrensrechtlichen Stellung er dort aufgetreten ist (JBl 1996, 117 = AnwBl 1995/6067 [= *Strigl*] = JAP 1995/96, 124). Zufolge SZ 70/49 trete die Bindungswirkung einer strafgerichtlichen Verurteilung des Lenkers gegenüber dem Halter des Fahrzeuges und dem Haftpflichtversicherer aber nicht ein (dazu *Klicka,* Anm zu JBl 1998, 584; *Oberhammer,* Anm zu ecolex 1998, 759; *Pfersmann,* ÖJZ 1999, 292 f). 42

dd) Bindung der Gerichte an Bescheide der Verwaltungsbehörden

43 Von entscheidender Bedeutung für die Stellung der Zivilgerichtsbarkeit im Rahmen des staatlichen Vollzuges ist die Frage der Bindung der Zivilgerichte an verwaltungsbehördliche Bescheide. Hier ist vieles strittig. Siehe dazu auch eingehend *Schragel* in *Fasching*[2] II zu § 190.

Historisch bedeutsam wurde diese Frage im Rahmen des Bindungskonfliktes (dazu *Fasching* 1 II 913). In der **Literatur** reichen die Meinungen von weitestgehender Bejahung uneingeschränkter Bindung der Gerichte an Verwaltungsbescheide über die inhaltliche und persönliche Begrenzung dieser Bindung bis zu deren grundsätzlicher Ablehnung:

Ursprünglich wurde die Bindung als Konsequenz der Fiktion eines „einheitlichen Staatswillens" und damit begründet, daß der gesetzlichen Kompetenzordnung der Gedanke zugrunde liege, daß jedes Entscheidungsorgan die Entscheidungen anderer Staatsorgane zu respektieren habe (VwSlg 1668 [1977] spricht von einem Grundsatz der gegenseitigen Bindung der Behörden an ihre Entscheidungen). Beide Argumente vermögen nicht zu überzeugen und müssen jedenfalls dort versagen, wo die Rechtsschutzqualität des Verfahrens vor der „Vorfragebehörde" nicht den von Art 6 EMRK geforderten Mindeststandard eines gerichtlichen Verfahrens besitzt. Weiters wurde die Bindung aus Art 94 B-VG abgeleitet, demzufolge die Justiz von der Verwaltung in allen Instanzen getrennt ist. Diese Verfassungsbestimmung ist aber eine reine Organisationsvorschrift und vermag eine Bindung für sich allein nicht zu rechtfertigen. Dementsprechend hat der VfGH ausgesprochen, daß es kein verfassungsmäßig gewährleistetes Recht auf gegenseitige Bindung der Gerichte und Verwaltungsbehörden an ihre rechtskräftigen Akte gibt (VfSlg 3524 [1959]).

In der zivilprozessualen Literatur wurde die Bindung vornehmlich aus § 190 ZPO und aus dem Recht des Gerichtes abgeleitet, das Verfahren in der Hauptsache solange zu unterbrechen, bis das bereits anhängige Vorfrageverfahren rechtskräftig entschieden ist. Dies setze zwingend voraus, daß dann der die Vorfrage entscheidende Bescheid das Gericht binde. Ebenso jetzt *Walter*, ÖJZ 1996, 602, der aus der in § 190 ZPO enthaltenen Befugnis, das gerichtliche Verfahren bis zur rechtskräftigen Erledigung des präjudiziellen Verwaltungsverfahrens zu unterbrechen, schließt, daß ab Rechtskraft der Entscheidung im Vorfragenbereich eine besondere Bedeutung, nämlich die Verbindlichkeit, zukomme; und daß es daher auf der Hand liege, daß dies auch dann gelte, wenn die verwaltungsrechtliche Vorfrage bereits vor der Unterbrechung entschieden worden sei (dies auch mit Verweis auf *Horten*, Zivilprozeßordnung 754). *Walters* Schluß ist aber keineswegs zwingend und vermag das Fehlen einer ausdrücklichen Regel über die Beschränkung der richterlichen Kognitionsbefugnis nicht zu erklären, zumal eine solche schon bei Gesetzwerdung der ZPO im vergleichbaren Parallelfall des Vorliegens eines Strafurteils im (inzwischen aufgehobenen) § 268 bestand. Die ZPO spricht aber nirgends von einer Bindung an Verwaltungsentscheidungen; das Abwarten eines Bescheides kann mit gleicher oder sogar größerer Berechtigung den Zweck haben, dem Gericht die tatsächlichen Feststellungen und Verfahrensergebnisse des Verwaltungsverfahrens nutzbar zu machen, ohne es an deren Rechtsmeinung zu binden. Dementsprechend enthält die ZPO – anders als bei den anderen Bindungsfällen (Entscheidungen eines anderen Zivilgerichts oder Strafgerichts) – keine Regel für die Wiederaufnahme (oder Aufhebung) des Zivilverfahrens bei nachträglichem Wegfall des „bindenden" Vorfragebescheides und hatte daher wohl auch keine Bindung im Auge. (Dem versucht der OGH seit kurzem durch eine erweiterte Auslegung des § 530

Abs 1 Z 5 ZPO zu begegnen: SZ 60/144 [1987] = JBl 1988, 471; JBl 1987, 398 = Arb 10.584 [1987] = DRdA 1989, 210; dazu *Eypeltauer*, DRdA 1989, 185. Bis dahin hatte er dies abgelehnt und den nachträglichen Fortfall des Bescheides nur als Grund für eine Oppositions- oder Feststellungsklage anerkannt: Spr 45 neu = SZ 29/27 [1956] = EvBl 1956/141 = JBl 1956, 293, zutreffend abgelehnt von *Schima*, JBl 1956, 353.)

Während die ältere Lehre des öffentlichen Rechts eine Bindung der Gerichte ohne weiters als selbstverständlich zu betrachten schien, wendet ein Teil der neueren Lehre diesem Problem verstärkte Aufmerksamkeit zu und begründet die bindende Wirkung der Bescheide für die Gerichte aus deren „normativer Qualität" *(Walter/Mayer*, Verwaltungsverfahrensrecht[6] Rz 470 – daher keine Bindung an Nicht-Bescheide und Schein-Bescheide: Rz 451 f; absolute Nichtigkeit von Bescheiden wird bejaht bei mangelnder Behördenqualität der erlassenden Stelle, bei mangelnder Ermächtigung der den Akt genehmigenden Person, für die Behörde tätig zu werden, bei Fehlen eines Spruchs des Bescheides oder eines Adressaten oder der ordnungsgemäßen Unterfertigung: *Walter/Mayer,* Verwaltungsverfahrensrecht[6] Rz 440). Da sich die Wirkungen des Bescheides im Regelfall nur auf die Parteien des Verwaltungsverfahrens beziehen, könne die Bindung der Gerichte auch nur gegenüber den Personen wirksam werden, die bereits Parteien des Verwaltungsverfahrens gewesen seien *(Walter*, Anm zu JBl 1970, 325; *ders*, Bundesverfassungsrecht[8] Rz 722 f; *Walter/Mayer*, Verwaltungsverfahrensrecht[6] Rz 470). Zum gleichen Ergebnis gelangen aus dem Blickpunkt des rechtlichen Gehörs *F. Bydlinski* (Anm zu JBl 1971, 251), *W. Kralik* (vgl Vorfrage 128), *Musger* (JBl 1991, 420) und *Pichler* (JBl 1966, 553). Sie bejahen die Bindung der Gerichte, schränken sie aber auf solche Rechtsstreitigkeiten ein, in denen die Parteien des gerichtlichen Verfahrens im Verfahren vor der Verwaltungsbehörde Partei- oder Beteiligtenstellung und damit rechtliches Gehör hatten. (Der OGH lehnt diese Einschränkung des Kreises der von der Bindung Betroffenen in stRsp ab: so noch Arb 8696 [1970] = EvBl 1970/193 = JBl 1970, 325 [*Walter*]; EvBl 1983/76 = MietSlg 34.242/3 [1953].)

Fasching (JBl 1976, 557; *ders*, Lehrbuch[2] Rz 96; *ders*[1] IV 507 f in Abänderung seiner ursprünglichen Auffassung im Kommentar[1] II 904 f) verweist dagegen darauf, daß die ZPO keine die Bindung rechtfertigende Vorschrift enthält und daß gegenüber dem fiktiven „einheitlichen Staatswillen" das Grundrecht auf Unabhängigkeit des entscheidenden Gerichtes (Art 6 EMRK) den Vorrang hat. Das schließt eine Bindung schon deshalb aus, weil die Verwaltungsbehörden weisungsgebunden sind und wegen des Offizialverfahrens die Stellung als Partei (im öffentlichen Interesse und Auftrag) und als Entscheidungsorgan in sich vereinen, und weil damit das Verwaltungsverfahren keine dem Art 6 EMRK entsprechende Rechtsschutzqualität aufweist. Nur bei Bescheiden von Verwaltungsbehörden, die eine neue Rechtslage schaffen, also rechtsgestaltend wirken, bindet die neue Rechtslage (nicht aber der Bescheid als solcher, der nur Beweismittel für die neugeschaffene Lage ist) die Gerichte *(Musger,* JBl 1991, 420 läßt sogar einen rechtsgestaltenden Bescheid nur dann wirksam sein, wenn die Parteien des Zivilprozesses am Verwaltungsverfahren teilgenommen haben).

Walter, ÖJZ 1996, 601 f – von seinem Standpunkt ausgehend, aus § 190 ZPO ergebe sich eine positivrechtliche Bindung an Vorfragebescheide – lehnt die auf die mangelnde Rechtsschutzqualität gestützte Verneinung der Bindung als bloß rechtspolitische Argumentation ab. Dem ist zu entgegnen, daß bei Fehlen ausdrücklicher Regelungen sehr wohl Überlegungen anzustellen sind, ob und wie die offengebliebene Frage in Einklang mit den Grundprinzipien geordneter und qualitativ hochstehender Rechtspflege in concreto zu lösen sind. Andererseits greift *Walter* zutreffend die Frage auf, ob und inwieweit die Bindung des Zivilrichters an Verwaltungsbescheide dem Art 6 EMRK widerspricht. Er hält dies nur dann für möglich, wenn die Vorfrage selbst innerhalb des von Art 6 EMRK erfaßten Bereichs der Zivil- bzw Strafsachen liegt und in einem (Verwaltungs-)Verfahren entschieden wurde, das nicht von einem UVS oder einer entsprechenden Kollegialbehörde mit richterlichem Einschlag (Art 133 Z 4 B-VG) überprüfbar sein kann. *Walter* klammert in seinen Ausführungen die Bindung des Zivilrichters durch die Tatbestands- und Rechtsgestaltungswirkung von Bescheiden ausdrücklich aus seiner Untersuchung aus und führt zutreffend aus, daß diese Wirkungen von den aus der materiellen Rechtskraft erfließenden Bindungswirkungen zu unterscheiden seien und jeweils einer besonderen Begründung bedürften.

In der übrigen jüngeren österr Prozeßrechtslehre reichen die Meinungen von einer allgemeinen Bejahung der Bindung der Gerichte an rechtskräftige Verwaltungsbescheide (*Holzhammer*, Zivilprozeßrecht², 15) über die Annahme einer nur eingeschränkten Bindung (*W. Kralik*, JBl 1975, 39: keine Bindung bei – rechtskräftigen – Bescheiden, die gem § 68 Abs 2 bis 4 AVG aufhebbar sind – dagegen *Ballon*, Zivilprozeßrecht⁸ Rz 292; *Walter*, ÖJZ 1996, 604; *Rechberger/Simotta*, Zivilprozeßrecht⁴ Rz 711) bis zur Anlehnung an die Judikatur (*Bajons*, Zivilverfahren Rz 16; *Fucik* in *Rechberger,* ZPO § 190 Rz 5).

44 Die **Höchstgerichte** bejahen übereinstimmend die bindende Wirkung rechtskräftiger Verwaltungsbescheide. Der OGH lehnt sie aber im Gegensatz zum VfGH (VfSlg 7607 [1975]; 6277 [1970]; 1681 [1948]) und zum VwGH (VwSlg A 9403 [1977]; 1239 [1950] ua), die die absolute Nichtigkeit von Verwaltungsakten im österr Rechtsbereich verneinen, bei absolut nichtigen Bescheiden ab. Lediglich eine vereinzelte E eines Strafsenates aus jüngerer Zeit – RZ 1986/33 – hat sich der Rechtsansicht der Höchstgerichte des öffentlichen Rechts angeschlossen, ohne sich mit dem Problem näher zu befassen und ohne offenbar auch nur von der umfassenden gegenteiligen Judikatur der Zivilsenate Kenntnis genommen zu haben. Die praktische Bedeutung der Judikaturdifferenz zwischen dem OGH und den Höchstgerichten des öffentlichen Rechts verringert sich aber in dem Maße, in dem die Lehre und Judikatur des öffentlichen Rechts den Bereich des Nicht-Bescheides präzisieren und erweitern und damit auch die meisten Fälle erfassen, die vom OGH als absolut nichtige Bescheide angesehen werden.

Eine eingehende Darstellung der Auffassung der Judikatur darüber, ob und inwieweit die Gerichte an Entscheidungen der Verwaltungsbehörden gebunden sind, s bei § 190 ZPO. Vgl auch die kritische Judikaturübersicht bei *Walter*, ÖJZ 1996, 608f.

D. Die Verfassungsregeln über die Gerichtsbarkeit

1. Träger der Gerichtsbarkeit

45 Die Gerichtsbarkeit geht ausschließlich vom Bund aus (Art 82 Abs 1 B-VG). Die Gerichte sind immer Organe des Bundes; es gibt keine Ländergerichte, und auch die Einrichtung von Gerichten durch Selbstverwaltungskörper ist ausgeschlossen (VfSlg 3151 [1957]). Die Gerichte sind auch dann als Bundesorgane tätig, wenn sie in einem konkreten Fall Landesgesetze (dann sind sie nur funktionell, nicht aber organisatorisch Landesorgane) oder autonome Rechtsvorschriften von Selbstverwaltungskörpern anzuwenden haben.

2. Trennung von Justiz und Verwaltung

Die Justiz ist von der Verwaltung in allen Instanzen getrennt (Art 94 B-VG). **46**
Daraus folgt das Verbot, ein und dieselbe Behörde gleichzeitig als Gericht und als Verwaltungsbehörde einzurichten und tätig werden zu lassen (Ausnahme Art 87 Abs 2 B-VG: Tätigkeit der Gerichte in Justizverwaltungssachen); ebenso ist es unzulässig, einen Instanzenzug von einem Gericht an eine Verwaltungsbehörde (oder umgekehrt) einzurichten oder ein Weisungsverhältnis zwischen Organen der beiden Vollzugsbereiche zu schaffen.

Nach Auffassung des VfGH verstößt jedoch die Schaffung einer **sukzessiven Zuständigkeit** nicht gegen Art 94 B-VG (VfSlg 4359 [1963]; 3226 [1957]; ebenso der OGH: SZ 46/74 [1973]; s ausführlich zur Entwicklung *Fink*, Zuständigkeit 12 ff mwN), bei der durch Anrufung des Gerichtes ex lege ein über idente Ansprüche ergangener Verwaltungsbescheid außer Kraft tritt und das Gericht im vollen Umfang der Anrufung völlig neu entscheidet (so § 71 ASGG in Sozialrechtssachen; dazu *Fasching*, Gutachten zum 10. ÖJT I/3, 15 mwN; *Fink*, Zuständigkeit, insb 387 ff; *Oberndorfer* in *Tomandl*, System², 6.1.4).

Obwohl Art 94 B-VG nach herrschender Auffassung eine reine Organisationsvorschrift ist und keine materielle Gewaltentrennung bringt (VfSlg 4455 [1963] ua), wird er immer wieder zur Begründung für die Annahme einer Bindung der Gerichte an verwaltungbehördliche Bescheide herangezogen (s Rz 41).

3. Oberster Gerichtshof

Oberste Instanz in Zivil- und Strafsachen ist der Oberste Gerichtshof **47**
(Art 92 Abs 1 B-VG). Seine Organisation wird durch das BG BGBl 1968/328 über den Obersten Gerichtshof (OGHG) geregelt. Zu seiner Funktion in Zivilsachen s Art XI EGJN, § 8 JN, Einl zum Band IV, und Vorbemerkungen vor den §§ 502 ff ZPO. Art 92 Abs 1 B-VG enthält keine Aussage über den Begriff „Zivilsachen" und gibt diesbezüglich keine inhaltliche Kompetenzzuweisungspflicht zu den Gerichten (s Rz 30); ebensowenig ergibt sich daraus das zwingende Gebot, daß in jeder Zivil- oder Strafsache der Rechtszug bis zum OGH eröffnet sein müsse.

4. Gerichtsverfassung und Zuständigkeit

Lit: *Wresounig*, Gedanken zu den Entwicklungstendenzen im Organisationsgefüge der Gerichtsbarkeit in Niederösterreich und Wien, RZ 1994, 2, 26; *ders*, Verfassungsrechtliche Probleme in der österreichischen Gerichtsorganisation, RZ 1979, 237.

Die Gerichtsverfassung und die Zuständigkeit der Gerichte wird durch **48**
(einfaches) Bundesgesetz festgelegt (Art 83 Abs 1 B-VG).

Für die Festlegung von Gerichtssprengeln setzt § 8 Abs 5 VerfUG 1920 idF BGBl 1925/368 Schranken. Danach dürfen sich die Grenzen der Gerichtsbezirke nicht mit den Grenzen der politischen Bezirke (der autonomen Bezirke) und der Ortsgemeinden schneiden. Änderungen der Grenzen von Ortsgemeinden, durch die die Grenzen der Gerichtsbezirke geändert werden, bedürfen jedenfalls der Zustimmung der Bundesregierung. Im Rahmen des § 8 Abs 5 lit d erster Satz VerfÜG 1920 erfolgt die Errichtung, Auflassung und Zusammenlegung von Bezirksgerichten, soweit damit eine Sprengeländerung verbunden ist, durch Verordnung der Bundesregierung mit Zustimmung der Landesregierung (VfSlg 5977 [1969]; dazu *Fasching*, Gutachten zum 10. ÖJT I/3, 33 ff mwN; vgl zuletzt *Wresounig*, RZ 1994, 3).

Als Zuständigkeit iSd Art 83 Abs 1 B-VG sind nicht nur die örtliche (Einteilung der Gerichtssprengel und Anknüpfung an diese) und die sachliche Zuständigkeit (Zuteilung der Materien an die Gerichtstypen), sondern auch die Zuweisung der Materien auf den Rechtsweg und letztlich auch die Entscheidungsbefugnis im Verhältnis zu anderen Staaten (inländische Gerichtsbarkeit, „internationale Zuständigkeit") zu verstehen. Schranken für die Unzulässigkeit des Rechtsweges ergeben sich hypothetisch aus Art 92 Abs 1 B-VG (Verbleiben einer Restkompetenz beim OGH), vor allem aber durch Art 6 EMRK (s oben Rz 30), bezüglich der inländischen Gerichtsbarkeit aus allgemein anerkannten Regeln des Völkerrechts und aus völkerrechtlichem Vertragsrecht.

5. *Verfassungsregeln für die Rechtsprechungsorgane*

Lit: *Ballon*, Der Einfluß der Verfassung auf das Zivilprozeßrecht, ZZP 96 (1983) 409; *Böhm*, Zur Mitwirkung von Laienrichtern an der Zivilgerichtsbarkeit, in Österreichische Landesreferate zum X. Int. Kongreß für Rechtsvergleichung (1978) 33; *Hanke*, Die zweite Seite der Unabhängigkeit, RZ 1982, 260; *Heller/Kocian/Schubert*, Das österreichische Justizverwaltungsrecht (1969); *Klecatsky*, Die Rechtsstellung der Rechtspfleger in Österreich, dRpfl 1967, 259; *Kremzow*, Der Rekurs gegen Entscheidungen des Rechtspflegers, NZ 1972, 215; *Kuderna*, Die verfassungsrechtliche Stellung der in der Zivilgerichtsbarkeit tätigen Laienrichter, DRdA 1966, 149; *Merkl*, Allgemeines Verwaltungsrecht (1927) 34; *Schoibl*, Aspekte der Laiengerichtsbarkeit im österreichischen zivilgerichtlichen Verfahren, ZÖR 1987, 333; *Walter*, Die verfassungsrechtliche Stellung des Richters und das Richterdienstgesetz, ÖJZ 1962, 225; *ders*, Trennung von Justiz und Verwaltung und Justizverwaltung, JBl 1957, 255; *ders*, Verfassung und Gerichtsbarkeit (1960).

Cappelletti, Laienrichter heute, Baur-FS (1981) 313; *Gilles*, Richterliche Unabhängigkeit und parteipolitische Bindung von Richtern, DRZ 1983, 41.

a) Richter

49 Richter sind Vollzugsorgane des Bundes, die zur Ausübung der Rechtsprechung in Zivil- und Strafsachen (und bei den Höchstgerichten des öffentlichen Rechts) berufen sind. Ihre Rechtsstellung ist in den Art 86 bis 88 B-VG und im RichterdienstG BGBl 1961/305 (zgd BGBl I 2000/6) geregelt.

Das B-VG selbst hat offenbar ausschließlich den **Berufsrichter** („Richterliche Beamte") im Auge. Diesem stellt es im Art 91 Abs 1 B-VG die „Mitwirkenden aus dem Volke" gegenüber. Daher war die Stellung der **fachmännischen Laienrichter** (§ 7 Abs 2, § 8 Abs 1 JN) nicht unumstritten (dazu *Ballon*, ZZP 96, 458 ff; *Böhm*, Landesreferate 33 ff; *Fasching*, Gutachten zum 10. ÖJT I/3, 72; *Walter*, Verfassung 549). Im ASGG wurde den in der bisherigen Diskussion teilweise vertretenen Forderungen, die fachkundigen Laienrichter als Mitwirkende aus dem Volk demokratisch zu wählen, durch deren Wahl durch die Berufskörperschaften in nicht unkomplizierter Weise Rechnung getragen.

50 aa) **Ernennung und Amtsdauer:** Die (Berufs-)Richter werden gem Art 86 B-VG vom Bundespräsidenten – oder auf Grund einer Ermächtigung vom Bundesminister für Justiz – auf Grund von Besetzungsvorschlägen (§§ 32 f RDG) ernannt, die vom Personalsenat zu erstatten sind (§§ 36 ff RDG). Die Voraussetzungen für die Befähigung zum Richteramt regelt § 2 RDG; s auch das Berufsprüfungs-AnrechnungsG BGBl 1987/523. Gem Art 88 Abs 1 B-VG und § 99 RDG tritt der Richter (ex lege) mit Ende des Kalenderjahres, in welchem er das 65. Lebensjahr vollendet hat, in den Ruhestand.

51 bb) **Unabhängigkeit:** Die Verfassung garantiert dem Richter in Ausübung seines richterlichen Amtes die institutionelle Unabhängigkeit. Er ist hiebei nur an das Gesetz, aber an keinerlei Weisungen gebunden (Art 87 Abs 1 B-VG).

• In **Ausübung seines richterlichen Amtes** befindet sich der Richter gem Art 87 Abs 2 BVG bei Besorgung der ihm nach dem Gesetz und der Geschäftsordnung zugewiesenen Geschäfte (Rechtsprechung) und der Justizverwaltungssachen, die gesetzlich durch Senate oder Kommissionen zu erledigen sind. Weisungsgebunden ist der Richter nur bei Vollzug der monokratischen Justizverwaltung. 52

• **Justizverwaltung** ist die gesamte für die Einrichtung und Funktion der Justiz erforderliche Verwaltungstätigkeit. Sie teilt sich in Justizverwaltung zur 53

• Sicherung des Personalbedarfs,
• Sicherung des Sachaufwandes und
• Erledigung der durch Gesetze der Justiz ausdrücklich zugewiesenen Verwaltungsaufgaben.

Sie wird regelmäßig monokratisch durch den Behördenleiter (Präsident des Gerichts, Gerichtsvorsteher) geführt, der dabei weisungsgebunden ist. Nur soweit ihre Besorgung durch das Gesetz ausdrücklich Senaten oder Kommissionen übertragen ist, sind deren Mitglieder bei ihrer Tätigkeit weisungsfrei und unabhängig; es handelt sich dabei insb um alle Aufgaben, die die Unabsetzbarkeit und Unversetzbarkeit der Richter berühren, so vor allem die Erstellung der Geschäftsverteilung, der Besetzungsvorschläge und der Dienstbeschreibungen.

cc) **Absetzbarkeit und Versetzbarkeit:** Zur Sicherung der institutionellen Unabhängigkeit verfügt das Gesetz eine sehr starke Beschränkung der Absetzbarkeit und der Versetzbarkeit der Richter. 54

• **Absetzbar** ist der Richter nur durch ein förmliches richterliches Erkenntnis eines Strafgerichts oder eines ordentlichen Gerichts als Disziplinargericht (Art 88 Abs 2 B-VG; § 104 Abs 1 lit f RDG, § 27 Abs 1 StGB) oder als Dienstgericht (§ 93 RDG: bei unfreiwilliger Versetzung auf einen anderen Dienstposten, bei unfreiwilliger Versetzung in den zeitlichen oder dauernden Ruhestand oder anläßlich der Enthebung). Siehe ferner Art 88 Abs 2 B-VG, zweiter Satz für die ausnahmsweisen Personalmaßnahmen anläßlich der Änderung der Gerichtsverfassung.

• Der Richter wird auf einen festen Dienstposten ernannt, auf dem er bis zu der auf seine Bewerbung hin erfolgten Ernennung auf einen anderen Dienstposten verbleibt. **Gegen seinen Willen versetzbar** ist er nur unter den auch für die Absetzbarkeit vorgeschriebenen Voraussetzungen.

Diese Bindung an feste Dienstposten führt in vielen Fällen bei Ausfall wegen Krankheit usw, unvorhersehbarer Steigerung des Geschäftsanfalles und längerer Vakanz von Dienstposten zu Engpässen. Dem soll § 77 Abs 3 RDG durch vorübergehende Zuweisung von bei einem Gerichtshof ernannten Richtern durch den Personalsenat vorbeugen (dazu *Fasching*, Gutachten zum 10. ÖJT I/3, 51 ff).

Das Gebot der festen Geschäftsverteilung (Art 87 Abs 3 B-VG) dient nicht nur der Unabhängigkeit, sondern im mindest gleichen Maß dem Schutz der Parteien vor Willkür und Beeinflußung (s Rz 65).

b) Rechtspfleger

aa) **Bestellung und Aufgabenkreis:** Rechtspfleger sind besonders ausgebildete nichtrichterliche Justizangestellte, denen durch Gesetz die Besorgung einzelner, genau zu bezeichnender Arten von Angelegenheiten der Gerichtsbarkeit erster Instanz in Zivilsachen übertragen werden (Art 87 a Abs 1 B-VG; zur verfassungsrechtlichen Problematik *Fasching*, Gutachten zum 10. ÖJT I/3, 65). Sie erhalten die Rechtspflegerbefugnis durch den BMJ. Die näheren Vorschriften 55 für die Ausbildung, Bestellung und den Aufgabenkreis der Rechtspfleger sind im RechtspflegerG BGBl 1985/560 zgd BGBl I 1997/140 enthalten.

Art 87 a B-VG selbst begrenzt die Möglichkeit, durch einfaches Gesetz weitere Angelegenheiten dem Rechtspfleger zu übertragen, auf „einzelne, genau zu bezeichnende Arten von Geschäften der Gerichtsbarkeit erster Instanz". Damit bleibt (wohl auch verfassungsrechtlich gefordert, aber nur im RpflG verankert) nur ein Kernbereich der Rechtsprechung immer dem Richter vorbehalten: die Fällung von Urteilen in Zivil- und Strafsachen (und zufolge des Unmittelbarkeitsgrundsatzes auch die diesen Urteilen zugrundeliegenden mündlichen Verhandlungen und Beweisaufnahmen), die Anordnung und Abnahme von Eiden, die Anordnung der Haft, die Umwandlung von Geldstrafen in Haft und die Fällung von Entscheidungen, in denen ausländisches Recht anzuwenden ist: § 14 Abs 2 RpflG; Näheres bei *Fasching*, Gutachten zum 10. ÖJT I/3, 66 f, insb zu der de lege lata erfolgten Zuweisung von Sachentscheidungen im Außerstreitverfahren an den Rechtspfleger unter dem Gesichtspunkt des Art 7 B-VG.

Der Wirkungskreis des Rechtspflegers in Zivilsachen umfaßt die in den §§ 16, 17 RpflG genannten Angelegenheiten.

56 bb) **Entscheidungen des Rechtspflegers** sind, soweit nach den anzuwendenden Vorschriften der Rekurs zulässig ist, mit diesem anzufechten. Der Richter kann dem Rekurs selbst stattgeben, wenn er ihn **zur Gänze** als berechtigt erachtet (Kostenersatz gem § 50 ZPO; § 11 Abs 3 RpflG), andernfalls ist er dem Rekursgericht vorzulegen. Gegen die nicht mit Rekurs anfechtbaren Entscheidungen des Rechtspflegers ist gem § 12 RpflG das nicht aufsteigende Rechtsmittel der **Vorstellung** an den Richter zulässig, der darüber endgültig mit Beschluß entscheidet.

Entscheidungen eines Rechtspflegers in einem dem Richter vorbehaltenen Bereich sind wegen nicht gehöriger Besetzung des Gerichtes nichtig (s bei § 477 Abs 1 Z 2 ZPO). Ausschließung und Ablehnung von Rechtspflegern erfolgt nach den für Richter geltenden Regeln (§§ 19, 20 JN); die Entscheidung darüber trifft der Gerichtsvorsteher endgültig.

c) Laienrichter

57 Laienrichter wirken in Handelssachen in erster und in zweiter Instanz und im arbeits- und sozialgerichtlichen Verfahren in allen Instanzen mit. Sie sind in Ausübung ihres Amtes unabhängig (§ 16 ASGG), sind unversetzbar und können nur aus wichtigen Gründen und nur durch ein Strafurteil oder ein richterliches Erkenntnis des OLG bzw des OGH als Disziplinar- bzw Dienstgericht (§ 21 Abs 2 GOG, § 14 JMV RGBl 1897/129; § 30 Abs 4 ASGG) abgesetzt werden. Nur die Amtsenthebung auf eigenes Ersuchen (§ 30 Abs 4 ASGG) des fachkundigen Laienrichters erfolgt durch den Präsidenten des ASG bzw des Gerichtshofes. Das passive Wahlrecht ist im § 24 ASGG geregelt.

Die fachmännischen Laienrichter aus dem Handelsstand werden gem § 1 JMV 1897/129 vom BMJ im Einvernehmen mit dem BMwA auf Grund gutachtlicher Vorschläge der Bundeswirtschaftskammer auf die Dauer von je drei Jahren zu einem bestimmten Gerichtshof ernannt. Die fachkundigen Laienrichter in Arbeits- und Sozialrechtssachen werden auf die Dauer von fünf Jahren durch die Wahlkörper der Arbeitgeber (§ 20 ASGG) und der Arbeitnehmer (§ 21 ASGG) gewählt bzw von den Gebietskörperschaften als Arbeitgeber entsendet (§ 25 ASGG). Die Ernennungsvoraussetzungen finden sich in den §§ 5 ff JMV 1897/129.

Zur verfassungsrechtlichen Problematik der Laienrichter s die Literatur bei Rz 49.

E. Verfassungsregeln für den Rechtsschutz und das Verfahren („Verfahrensrechtliche Grundrechte")

1. Der Justizgewährungsanspruch

Lit: *Anderluh*, Der Zivilprozeß als Rechtsschutzeinrichtung, NZ 1971, 129; *Böhm*, Die Lehre vom Rechtsschutzbedürfnis, JBl 1974, 1; *Dolinar*, Ruhen des Verfahrens und Rechtsschutzbedürfnis (1974); *Fasching*, Rechtsschutzverzichtsverträge im österreichischen Prozeßrecht, ÖJZ 1975, 431; *W. Kralik*, Das ewige Ruhen des Verfahrens, BeitrZPR IV 31; *Matscher,* Die Verfahrensgarantien der EMRK in Zivilrechtssachen, ZÖR 1980, 1.

Goldschmidt, Materielles Justizrecht, Kübler-FG (1905; Sonder-Abdruck 1905); *Hellwig,* Klagrecht und Klagemöglichkeit (1905); *Pohle,* Zum Rechtsschutzanspruch, Segni-FS IV (1967) 93; *Schmidt*, Prozeßrecht und Staatsrecht (1904); *Stein*, Die Voraussetzungen des Rechtsschutzes, Fitting-FS (1903) 333; *Wach*, Der Rechtsschutzanspruch, ZZP 32 (1904) 1.

a) Rechtsschutzmonopol und Rechtsschutzpflicht

Die Selbsthilfe stellt eine eminente Gefahr für Rechtssicherheit und Rechtsfrieden dar und ist daher weitestgehend verboten. Das führt zu einem Streitentscheidungsmonopol des Staates. Dieser seiner Berechtigung entspricht notwendigerweise eine Rechtsschutzpflicht, die nicht nur in § 19 ABGB zum Ausdruck kommt, sondern auch in Art 6 EMRK verfassungsrechtlich verankert ist. Dadurch wird dem einzelnen Bürger ein verfassungsrechtlich garantierter öffentlich-rechtlicher Anspruch auf Inanspruchnahme der staatlichen Gerichte und auf verfahrensmäßige Erledigung seines Rechtsschutzgesuches eingeräumt. 58

Gem Art 6 Abs 1 EMRK hat jedermann den „Anspruch darauf, daß seine Sache in billiger Weise öffentlich und innerhalb angemessener Frist gehört wird, und zwar von einem unabhängigen und unparteiischen, auf Gesetz beruhenden Gericht, das über zivilrechtliche Ansprüche und Verpflichtungen . . . zu entscheiden hat".

b) Die Lehre vom Rechtsschutzanspruch

Der **Justizgewährungsanspruch** (auch Rechtspflegeanspruch; von *Holzhammer*, Zivilprozeßrecht², 3 als formeller Rechtsschutzanspruch bezeichnet; ebenso *Ballon*, Einführung⁷ Rz 31) ist das subjektive öffentliche Recht gegen den Staat auf Tätigwerden der Gerichte. Wie weit dieser Anspruch inhaltlich reicht, ist teilweise umstritten. Heute wird überwiegend die Lehre vom **Rechtsschutzanspruch** abgelehnt, nach der dem Rechtsuchenden nicht nur ein Anspruch auf Tätigwerden der Gerichte, sondern darüber hinaus (bei Vorliegen der rechtsmotorischen Tatsachen) auch ein Anspruch auf eine ihm günstige Sachentscheidung zustehe (*Bajons*, Zivilverfahren Rz 25; *Ballon*, Zivilprozeßrecht⁸ Rz 31; *Fasching*, Lehrbuch² Rz 9; *Holzhammer*, Zivilprozeßrecht², 3; *Rechberger/Simotta*, Zivilprozeßrecht⁴ Rz 13; anders die ältere österr L: *Petschek/Stagel*, Zivilprozeß 237; *Pollak*, System², 3 ff; den Rechtsschutzanspruch auch bejahend *W. Kralik*, wiedergegeben bei *Rechberger/Simotta*³ Rz 11). Dieser findet in der gegenwärtigen Rechtslage keine positive Grundlage (Näheres bei *Fasching*, Lehrbuch² Rz 7). Auch in seiner gegenwärtigen Modifikation (zB *Pohle* in *Stein/Jonas,* ZPO¹⁹ Einl I 3; kritisch dagegen *Schumann* in *Stein/Jonas,* ZPO²⁰ Einl Rz 225) vermag die Lehre vom Rechtsschutzanspruch nicht zu überzeugen. Sie schafft 59 mit dem Begriff der Rechtsschutzvoraussetzungen (dazu zählt sie die Klage, die Voraussetzungen für das Entstehen des Anspruches, seine Rechtsschutzfähigkeit und ein Rechtsschutzinteresse der Partei – und nach *W. Kralik* die Beweisbarkeit) eine neue Kategorie von Begriffen, die die klare Trennung der dem Prozeßrecht entstammenden Prozeßvoraussetzungen von den dem materiellen Recht entspringenden Erfolgsvoraussetzungen verwischt und so mit der für das österr Prozeßrecht charakteristischen grundlegenden Trennung der Prozeßentscheidungen (Beschlüsse) von den Entscheidungen in der Hauptsache (Urteilen) nicht in Einklang zu bringen ist. Ein solcher Rechtsschutzanspruch könnte wohl erst mit der Klage entstanden und alle Voraussetzungen für seine Erfüllung würden erst bei Entscheidungsreife gegeben sein (*Schumann* in *Stein/Jonas,* ZPO[20] Einl Rz 217). Als vorprozessualer Anspruch könnte er wohl erst nach Konkretisierung der Parteien und (auf seiten des potentiellen Beklagten erst nach Rechtsberühmung durch einen individualisierten Gegner) überhaupt faßbar sein.

c) Die Lehre vom materiellen Justizrecht

60 Die Lehre vom materiellen Justizrecht (entwickelt von *Goldschmidt*, Zivilprozeßrecht[2], 1 ff) kommt auf anderem Wege zu einem gleichen Ergebnis wie die Lehre vom Rechtsschutzanspruch. Sie lehrt, daß die einzelne Norm des Privatrechtes gleichzeitig auch normativ zwischen dem einzelnen und dem Staate wirke und dem Rechtsansprecher somit nicht nur gegenüber dem Rechtsgenossen materiellrechtliche Befugnisse schaffe, sondern auch gegenüber dem Staate den Anspruch auf gerichtliche Herstellung dieses Zustandes begründe. Die gegenwärtige österr Rechtslage bietet für eine solche „doppelfunktionelle" Deutung der materiellrechtlichen Normen keinen Ansatzpunkt.

d) Unverzichtbarkeit des Justizgewährungsanspruches

61 Der Justizgewährungsanspruch als verfassungsrechtlich gewährtes Grundrecht ist unverzichtbar. Es kann zwar (in aller Regel) auf den materiellrechtlichen Anspruch verzichtet werden, nicht aber auf die Durchsetzbarkeit des Anspruches durch ein justizmäßiges Verfahren (ZVR 1984/182; *Bajons*, Zivilverfahren Rz 25; bzgl eines Rechtsschutzverzichts im voraus s *W. Kralik*, BeitrZPR IV 43 f; aA *Buchegger/Deixler-Hübner/Holzhammer,* PraktZPR[6] I 189, 190 f; *Dolinar*, Ruhen 61 ff; *Holzhammer*, Zivilprozeßrecht[2], 3). Die freiwillige Unterwerfung unter ein „privates" Schiedsgericht widerspricht dem Art 6 EMRK solange nicht, als das schiedsgerichtliche Verfahren und das Schiedsgericht die für das gerichtliche Verfahren in Art 6 EMRK geforderten Grundbedingungen erfüllen (Unabhängigkeit und Objektivität des Schiedsgerichtes, rechtliches Gehör und „faires" Verfahren vor dem Schiedsgericht so *Matscher*, Nagel-FS 227). Im Abschluß einer Schiedsvereinbarung liegt kein endgültiger Verzicht auf staatlichen Rechtsschutz, weil der Schiedsspruch zufolge der gegen ihn eingeräumten Rechtsbehelfe letztlich einer staatlichen Kontrolle unterliegt (§ 595 ZPO, Art XXIV, XXV EGZPO) und damit auch keine Durchbrechung des staatlichen Rechtsprechungsmonopols ist (aM *Holzhammer*, Zivilprozeßrecht[2], 3).

e) Justizgewährungsanspruch und Art 6 EMRK

62 Art 6 EMRK gewährt somit ein Recht auf ein rechtsstaatliches Verfahren (EGM in EGRZ 1975, 9 f). Der EGM meint zwar, daß sich aus dieser Vorschrift selbst weder ein Recht auf Rechtsmittel (EGM 17. 1. 1970 – *Delcourt;* ferner die bei *Klecatsky/Morscher*, Bundes-Verfassungsgesetz[3], 1096 unter Nr 8 bis 12 wie-

dergegebenen E) noch auch ein grundsätzliches Recht auf Verfahrenshilfe (EGM in EGRZ 1979, 626ff – *Airey*) ergebe, doch ist seine so sehr einschränkende Meinung wohl nur im Hinblick auf die Verschiedenartigkeit der Rechtssysteme der Konventionsstaaten und die Rücksicht auf deren Eigenart verständlich. Nach der in Österreich einheitlich vertretenen Auffassung von den Grunderfordernissen eines rechtsstaatlichen Verfahrens gehört zu einem solchen auch die Überprüfbarkeit der über den Rechtsschutzantrag ergehenden Sachentscheidung (somit ein **Recht auf ein Rechtsmittel gegen die Sachentscheidung des Gerichtes erster Instanz**). Aus dem auch durch Art 7 B-VG gewährleisteten Grundsatz der (Waffen-)Gleichheit der Parteien ergibt sich für Österreich jedenfalls im Zusammenhang mit Art 6 EMRK das **Recht auf ungehinderten Zugang zu Gericht** und damit dann, wenn die Vermögenslage des Rechtssuchenden diesen Zugang erschweren oder ausschließen würde, auch das **Recht auf Verfahrenshilfe** (§§ 63ff ZPO).

Der Justizgewährungsanspruch umfaßt

- das Recht zur Klagserhebung (Antragstellung) und
- das Recht auf dessen verfahrensmäßige Erledigung durch das Gericht;

ein Anspruch auf Sachentscheidung besteht nur bei Vorliegen aller erforderlichen Prozeßvoraussetzungen.

f) Verletzung des Justizgewährungsanspruches

Verletzt wird der Justizgewährungsanspruch durch die ungerechtfertigte 63
Weigerung, ein Verfahren einzuleiten, oder durch die Untätigkeit des Gerichtes. Dementsprechend sind die **verfahrensrechtlichen Möglichkeiten zur Durchsetzung des Justizanspruches** verschieden.

Die ungerechtfertigte Weigerung, ein Verfahren einzuleiten, erfolgt mit Beschluß auf Zurückweisung der Klage (des Antrages); gegen diesen steht der Partei der Rekurs offen (s hiezu die ausnahmsweise erweiterte Revisionsrekursmöglichkeit im § 528 Abs 2 Z 2 ZPO). Verweigert das Gericht die Einleitung des Verfahrens ohne ausdrückliche Beschlußfassung, dann ist dies der Untätigkeit des Gerichtes gleichzuhalten. Hier greifen der Fristsetzungsantrag gem § 91 GOG (s Einl zu Band IV vor den §§ 461ff) und allenfalls die Dienstaufsichtsbeschwerde gem § 78 GOG ein. Die Einleitung erster Verfahrensschritte (oder die Zurückweisung der Klage bzw des Antrages) ist dem Gericht regelmäßig sehr rasch möglich, sodaß die in Art 6 EMRK geforderte „angemessene Frist" für die Verfahrenseinleitung kurz ist und die Untätigkeit schon sehr bald zu einer Verfahrensverweigerung wird. Ist diese schuldhaft, dann begründet dies einen Amtshaftungsanspruch gegen den Staat (der allerdings einen vorherigen Fristsetzungantrag voraussetzt).

Der VfGH kann bei Verfahrensverweigerung durch das Gericht nur dann angerufen werden, wenn diese im Zusammenhang mit einem negativen Kompetenzkonflikt erfolgt (Art 138 B-VG; s oben Rz 31, 35). Liegt ein solcher nicht vor, dann kann der VfGH gegen die Untätigkeit der Gerichte keine Abhilfe schaffen, da das B-VG ihm keine Zuständigkeit zur Entscheidung über die Verletzung verfassungsmäßig gewährleisteter Rechte durch die rechtsprechende Gewalt einräumt (s Art 144 B-VG). Die Anrufung des EGM in Straßburg ist möglich; die Abstellung der Rechtsverweigerung obliegt im Falle eines Erfolges dieser Beschwerde der Republik Österreich.

Ein **Rechtsverweigerungsverbot,** das den Justizgewährungsanspruch sinnvoll sichern könnte, läßt sich nicht aus der Verfassung ableiten, sondern ergibt sich nur schlüssig aus den Verfahrensgesetzen. Es verpflichtet den Richter, alle rechtlichen Zweifel des Streitfalles zu klären und alle hiefür methodisch gebotenen Mittel bei der Rechtsanwendung einzusetzen. Dem Richter wird dadurch verboten, bei der rechtlichen Beurteilung zu einem **non liquet** zu kommen.

2. Das Recht auf den gesetzlichen Richter

a) Inhalt

64 Das in Art 83 Abs 2 B-VG enthaltene Gebot („Niemand darf seinem gesetzlichen Richter entzogen werden") ergänzt das Gebot des Art 83 Abs 1 BVG, gesetzliche Grundlagen für die Gerichtsverfassung und die Bestellung der Richter zu schaffen und die Zuständigkeit der Gerichte durch Gesetz festzulegen. Dementsprechend wird das Recht auf den gesetzlichen Richter nicht nur durch gesetzwidrige Verneinung der Zulässigkeit des Rechtsweges oder durch gesetzwidrige Verneinung der örtlichen oder sachlichen Zuständigkeit verletzt, sondern auch durch gesetzwidrige Verneinung der Parteifähigkeit oder der Parteistellung (VfSlg 6746 [1972] uva). In diesen Fällen wird zweifellos auch der Justizgewährungsanspruch verletzt. Die Verletzung des Grundrechts auf den gesetzlichen Richter durch ein Gericht kann den VfGH nur dann befassen, wenn diese Grundrechtsverletzung in der Form eines Kompetenzkonflikts gem Art 138 B-VG in Erscheinung tritt.

b) Grundsatz der festen Geschäftsverteilung

Lit: *Ballon*, Verfassungswidrigkeiten in der Zivilgerichtsbarkeit und ihre Anfechtung, ÖJZ 1983, 225; *Bröll*, Das Prinzip der festen Geschäftsverteilung nach Art 87 Abs 3 B-VG, RZ 1988, 230; *Graff*, Verstoß gegen die Geschäftsverteilung bleibt nicht ohne Sanktion, RZ 1988, 240; *Lechle*, Die Prinzipien der Geschäftsverteilung und das Rotationssystem, RZ 1985, 98; *Pichler*, Bleibt ein Verstoß gegen die Geschäftsverteilung nunmehr ohne Sanktion? RZ 1988, 181; *Piska*, Das Prinzip der festen Geschäftsverteilung in der ordentlichen Gerichtsbarkeit, 1995; *Walter*, Die Geschäftsverteilung und das Recht auf das Verfahren vor dem gesetzlichen Richter, JBl 1964, 173; *ders*, Verfassung und Gerichtsbarkeit (1960).

65 Der Hauptschwerpunkt des Rechtes auf den gesetzlichen Richter im Zivilverfahren wird durch Art 87 Abs 3 B-VG erkennbar, der das aus Art 83 Abs 2 B-VG abzuleitende Gebot, durch generell-abstrakte Zuordnungsregeln von vornherein den Tätigkeitsbereich der Gerichte festzulegen, auch auf die Zuordnung des Tätigkeitsbereiches der einzelnen Richter eines (mit mehreren Richter besetzten) Gerichtes erstreckt. Zufolge des Gebotes der festen Geschäftsverteilung sind die Geschäfte unter die Richter eines Gerichtes für die in der Gerichtsverfassung bestimmte Zeit im voraus zu verteilen (§ 32 GOG; § 4 der GVNov 1921 idF BGBl 1965/117; § 13 OGHG; § 77 RDG; dazu *Walter*, ÖJZ 1964, 94 = JBl 1964, 173). Eine zufolge dieser Einteilung einem Richter zufallende Sache darf ihm durch Verfügung der Justizverwaltung nur im Falle der Behinderung abgenommen werden.

Das Gebot der festen Geschäftsverteilung soll im gerichtlichen Verfahren primär das subjektive Grundrecht der Parteien auf den gesetzlichen Richter (und dessen Unparteilichkeit) schützen, dient aber ebenso dem allgemeinen Interesse an der Objektivität der Rechtspflege. Darüber hinaus soll es den einzelnen Richter in seiner Unabhängigkeit sichern und die Grundlage für eine möglichst gleichmäßige Belastung der Richter eines Gerichtes bilden (Näheres bei *Fasching,* Gutachten zum 10. ÖJT I/3, 68).

Im Zivilverfahren verleiht das Gesetz den Parteiinteressen deutliches Gewicht. Das Tätigwerden und die Entscheidung durch einen nach der Geschäftsverteilung nicht berufenen Richter stellt zwar den **Nichtigkeitsgrund der nicht gehörigen Besetzung des Gerichtes** (§ 477 Abs 1 Z 2 ZPO) her, doch darf dieser Verstoß nicht mehr berücksichtigt werden, wenn sich beide Parteien in die mündliche Streitverhandlung (oder eine abgesonderte Verhandlung über Prozeßeinreden) eingelassen haben, ohne diesen Umstand geltend zu machen (§ 260 Abs 4 ZPO). Die „Heilung" dieses Nichtigkeitsgrundes tritt selbst dann ein, wenn der Partei die geschäftsordnungswidrige Besetzung nicht bekannt oder nicht bewußt war; den Richter trifft auch für die unvertretene Partei keine Hinweispflicht (das kann streitig sein; man könnte eine solche in Analogie zu § 104 Abs 3 JN für erforderlich erachten). Im arbeits- und sozialrechtlichen Verfahren tritt die Heilung gem § 260 Abs 4 ZPO nur dann ein, wenn die Parteien zur Zeit des Verstoßes durch qualifizierte Personen (§ 40 Abs 1 ASGG) vertreten waren (§ 37 Abs 1 ASGG).

3. Das Recht auf ein rechtsstaatliches Verfahren

Lit: *Buchegger*, Das „fair hearing" – der Anspruch auf gerichtsförmige Behandlung privater Rechtssachen im Völkerrecht und seine Auswirkungen auf das innerstattliche Zivilprozeßrecht, BeitrZPR I (1982) 1; *Ermacora* in *Ermacora/Nowak/Tretter*, Die Europäische Menschenrechtskonvention in der Rechtsprechung der österreichischen Höchstgerichte (1983) 329ff; *Fasching*, Die Bedeutung des Gleichheitssatzes für das zivilgerichtliche Verfahren, in *BMfJ*, Grund- und Freiheitsrechte in der gerichtlichen Praxis (1993) 339 = Fasching-FG (1993) 3; *Matscher*, Zum Problem der überlangen Verfahrensdauer in Zivilrechtssachen; Art 6 Abs 1 EMRK und das österreichische Zivilgerichtliche Verfahren, Fasching-FS (1988) 351; *ders*, Die Verfahrensgarantien der EMRK in Zivilrechtssachen, ZÖR 1980, 1; *Nowak/Schweighofer*, Das Recht auf öffentliche Urteilsverkündung in Österreich, EuGRZ 1985, 725; *Rechberger/Oberhammer*, Das Recht auf Mitwirkung im österreichischen Zivilverfahren im Lichte von Art 6 EMRK, ZZP 106 (1993) 347; *Schoibl*, Die überlange Dauer von Zivilverfahren im Lichte des Artikels 6 Abs 1 EMRK, RZ 1993, 58, 82.

Henckel, Das Recht auf Entscheidung in angemessener Frist und der Anspruch auf rechtliches Gehör – Art 6 Abs 1 Satz 1 EMRK und das deutsche zivilgerichtliche Verfahren, Matscher-FS (1993) 185.

Der Anspruch auf ein rechtsstaatliches Verfahren umfaßt das Recht auf ein Verfahren, das vor einem **auf Gesetz gegründeten** (s Rz 45 bis 57), **unabhängigen** (s Rz 51 ff) und **unparteiischen Gericht** stattfindet. **66**

Zur Sicherung der **persönlichen Objektivität** dienen die Vorschriften über die Ablehnung bei Ausgeschlossenheit und Befangenheit (§§ 19ff JN; im Verletzungsfall Nichtigkeit: § 477 Abs 1 Z 1, § 529 Abs 1 Z 1 ZPO); wobei es nach Auffassung des EGM nicht genügt, daß die Objektivität real vorhanden war, sondern sie muß den Parteien sichtbar vermittelt werden (EuGRZ 1985, 336 *Sramek*; EuGRZ 1986, 214; vgl auch VfGH JBl 1987, 511). **67**

Die Rechtsstaatlichkeit des Verfahrens verlangt weiters, daß **beide Parteien zur Sache gehört werden.** Das Gebot des beiderseitigen rechtlichen Gehörs zur Sache (nicht aber notwendigerweise auch zu bloß verfahrensleitenden Verfügungen) ist ein besonders tragendes prozessuales Grundrecht der Parteien; es ist im Zivilprozeß weitestgehend verwirklicht (*Rechberger*, Matscher-FS 373; *Rechberger/Oberhammer*, ZZP 106, 347) und wird dort als **tragender Prozeßgrundsatz** anerkannt (*Bajons*, Zivilverfahren Rz 9, 24; *Fasching*, Lehrbuch² Rz 692ff; *Rechberger/Simotta*, Zivilprozeßrecht⁴ Rz 290). Seine Verletzung bildet einen Nichtigkeitsgrund gem § 477 Abs 1 Z 4 ZPO (s dort). **68**

Nicht in vollem Umfang ist das rechtliche Gehör im Zwangsvollstreckungs- und im Außerstreitverfahren gesichert.

69 Gehör und Entscheidung müssen **in angemessener Frist** erfolgen (und zwar auch im Zivilprozeß *(Fasching*, Fasching-FG 18; *Henckel*, Matscher-FS 185; *Matscher*, Fasching-FS 355 ff; *Schoibl,* RZ 1993, 58). Die Partei kann ihren Anspruch auf Erledigung in angemessener Frist mit dem Fristsetzungsantrag gem § 91 GOG als Rechtsbehelf im Rahmen des Rechtsstreits selbst und nach dessen Erfolglosigkeit mit Beschwerde beim EMG in Straßburg geltend machen (allenfalls ist auch eine Aufsichtsbeschwerde gem § 78 GOG zielführend). Der VfGH kann hingegen nicht angerufen werden.

70 Die Entscheidung muß **auf Gesetzen** (in materiellem Sinn) **beruhen,** die umfassend und methodisch einwandfrei anzuwenden sind.

71 Durch Erfüllung dieser oben genannten Voraussetzungen soll das Verfahren **nicht nur rechtsstaatlich, sondern auch gerecht (= fair)** sein (EGM 17. 10. 1970 – *Delcourt*). Dagegen ist die **Öffentlichkeit** des Verfahrens zwar auch durch Art 6 EMRK grundsätzlich gewährleistet (s *Nowak/Schwaighofer*, EuGRZ 1985, 725), gehört aber nicht zu den Unabdingbarkeiten eines fairen Verfahrens, da es dem staatlichen Gesetzgeber ermöglicht ist, Ausnahmen hievon anzuordnen, und weil letztlich auch die Interessenlage der Parteien hier keineswegs eindeutig für die Öffentlichkeit spricht.

4. Das Gebot zur Gleichbehandlung im zivilgerichtlichen Verfahren

Lit: *Berchtold*, Der Gleichheitssatz in der Krise? Ermacora-FS (1988) 327; *Fasching*, Die Bedeutung des Gleichheitssatzes für das zivilgerichtliche Verfahren, in *BMfJ*, Grund- und Freiheitsrechte in der gerichtlichen Praxis (1993) 339 = Fasching-FG (1993) 3.

72 a) Der **Gleichheitssatz** (das Gebot zur Gleichbehandlung) ist ein Ausfluß der Gerechtigkeit *(Pollak*, System², 470) und verbietet jede Ungleichheit, die nicht ihre Berechtigung in entscheidenden Erwägungen allgemeinen Charakters und in der Natur der Beziehungen findet, die das Gesetz zu regeln hat (*Pollak*, System², 2; zum Folgenden eingehend *Fasching* in *BMfJ,* Grundrechte 339 = Fasching-FG 3). Im österr Zivilverfahrensrecht ist der Gleichheitssatz weitgehend verankert (bezüglich eines wesentlichen Teilaspekts s auch beim Prozeßgrundsatz der Waffengleichheit der Parteien: Einl zu Band II) und seit langem unabhängig von der verfassungsrechtlichen Diskussion in einem differenzierten System der Verfahrensvorschriften entwickelt worden, das durch ein faires Verfahren gleiche Möglichkeiten zur Rechtsdurchsetzung und zur Rechtsverteidigung bietet. Im Zivilverfahren erlangt der Gleichheitssatz in dreifacher Hinsicht Bedeutung: als Gleichheit des Zuganges zu Gericht, als Gleichheit vor dem Richter und als Gleichheit der Rechtsanwendung.

73 b) **Gleichheit des Zuganges zu Gericht:** Hindernisse für dessen Verwirklichung sind zugangshindernde Regelungen der Gerichtsorganisation (wie zB die sachlich nicht gerechtfertigte Verschiedenheit der Rechtswegzulässigkeit für Unterhaltsansprüche für minderjährige und für volljährige Kinder). Rechtsmittelbeschränkungen sind an sich notwendig, dürfen aber Gleichartiges nicht ungleich behandeln (daher bedenklich die erweiterten Rechtsmittelmöglichkeiten im ASGG; zur Zulässigerklärung des Rekurses gem § 519 ZPO *Fasching* in *BMfJ*, Grundrechte 353 f = Fasching-FG 14; vgl aber OGH 3 Ob 41, 42/93: Dem Gesetzgeber ist es nicht verwehrt, die Zulässigkeit von Rechtsmitteln an den OGH in verschiedenen Verfahrensarten unterschiedlich zu regeln – dies aber doch wohl nur, wenn dies sachlich gerechtfertigt ist). Verfahrenshilfe ist ein Instrument zur Verwirklichung des Gleichheitssatzes, kann aber in manchen Fällen die nicht in ihrem Genuß stehende Gegenpartei einseitig belasten. Der Gleichheitssatz gebietet, bei der Parteienvernehmung von Personen, die der Verhandlungs-

sprache nicht mächtig sind, die amtswegige Zuziehung von Dolmetschern nicht nur in Verfahren mit Untersuchungsgrundsatz. Eine im Vergleich zur Durchschnittsdauer gleichartiger Prozesse überlange Verfahrensdauer bei bestimmten Gerichten oder Richtern beeinträchtigt gleichheitswidrig den Zugang zu Gericht.

c) **Gleichheit vor dem Richter** äußert sich vor allem im Gebot des gleichen 74
rechtlichen Gehörs (dazu oben Rz 70 und beim Prozeßgrundsatz des rechtlichen Gehörs: Einl zu Band II). Sie wird nicht nur durch mangelnde Objektivität des Richters, sondern auch durch eine einseitige überschießende Anleitungs- und Belehrungspflicht des Richters verletzt (bedenklich daher § 39 Abs 2 Z 1 ASGG).

d) **Gleichheit bei der Rechtsanwendung:** Die Unabhängigkeit des Richters 75
bei der Rechtsanwendung, verschiedene Möglichkeiten der Gesetzesauslegung und die freie Beweiswürdigung eröffnen dem Gericht eine (zulässige) Bandbreite für die Entscheidung, die durch den Gleichheitssatz nicht berührt werden kann. Dieser erschöpft sich bei der Rechtsanwendung in drei Geboten:

- Der Richter darf in keinem Einzelfall von zwingenden Rechtsvorschriften abweichen.
- Alle Parteien haben – bei Vorliegen der Tatbestandsvoraussetzungen – das Recht auf Anwendung der sie betreffenden Rechtsnorm.
- Alle Parteien haben ein Recht auf fehlerfreien Ermessensgebrauch.

Der Gleichheit der Rechtsanwendung dienen die beim OGH bestehenden 76
Einrichtungen der Entscheidung durch den verstärkten Senat (§ 8 OGHG) und der Entscheidung über einen Feststellungsantrag gem § 54 Abs 2 ASGG. Das Gebot gleicher Rechtsanwendung hindert keineswegs ein Abgehen von einer bisherigen (und sogar ständigen) Judikatur (VfSlg 8725 [1980] uva, insbes 1721 [1948]); und zwar auch dann nicht, wenn sie überraschend erfolgt (außer es liegt offensichtliche Willkür oder erkennbar mangelnde Objektivität zugrunde). Die Änderung einer ständigen Judikatur bedarf keiner vorherigen Ankündigung in „Warnentscheidungen" oder obiter dicta (anders ein Teil der deutschen Verfassungslehre: so *Maunz/Dürig/Herzog*, Grundgesetz 183, 405 zu Art 3 GG und 112 zu Art 105 GG mwN).

Eine Verletzung des Gleichheitssatzes durch die Akte und Entscheidungen der rechtsprechenden Gewalt ermöglicht keine Beschwerde an den VfGH.

5. Öffentlichkeit des Verfahrens

Lit: *Matscher*, Die Verfahrensgarantien der EMRK in Zivilrechtssachen, ZÖR 1980, 1; *Lienbacher*, Der Öffentlichkeitsgrundsatz des Zivil- und Strafverfahrens im österreichischen Verfassungsrecht, ÖJZ 1990, 425, 515; *Nowak/Schwaighofer*, Das Recht auf öffentliche Urteilsverkündung in Österreich, EuGRZ 1985, 725; *Simotta*, Einige Probleme des Datenschutzes im Zivilverfahren, ÖJZ 1993, 793, 838.

a) **Das Öffentlichkeitsgebot des Art 6 EMRK:** Das Verfassungsgebot der 77
Öffentlichkeit nach Art 6 EMRK erfaßt die mündliche Verhandlung vor dem erkennenden Gericht und die Verkündung der Entscheidung, und es läßt Ausnahmen in zwei Gruppen von Fällen zu: im Interesse der Sittlichkeit, der öffentlichen Ordnung oder der nationalen Sicherheit in einem demokratischen Staat, wenn die Interessen von Jugendlichen oder der Schutz des Privatlebens der Parteien es verlangen; und wenn unter besonderen Umständen die öffentliche Verhandlung die Interessen der Rechtspflege beeinträchtigen würde.

Öffentlichkeit gem Art 90 Abs 1 B-VG und nach den Regeln der ZPO: 78
Schon vor dem Inkrafttreten des Art 6 EMRK war die Öffentlichkeit des Ver-

fahrens durch Art 90 Abs 1 B-VG verfassungsrechtlich geboten; dies aber nur für die mündliche Verhandlung vor dem erkennenden Gericht, wobei die Statuierung von Ausnahmen dem einfachen Gesetzgeber überlassen blieb. Art 90 Abs 1 B-VG steht mit den bereits vorher geschaffenen einfachgesetzlichen Regelungen der Prozeßgesetze (§§ 171 ff ZPO; §§ 228 ff StPO ua) in vollem Einklang, während sich zu Art 6 EMRK Diskrepanzen sowohl bezüglich der Öffentlichkeit der Entscheidungsverkündung als auch bezüglich der erlaubten Ausnahmen ergaben (dazu eingehend *Nowak/Schweighofer*, EuGRZ 1985, 725), da nach der EMRK jedenfalls die „Erörterung von Kunst- und Geschäftsgeheimnissen" nicht zum Ausschluß der Öffentlichkeit berechtigen würde. (Zum Spannungsverhältnis zwischen Öffentlichkeit des Zivilprozesses und Datenschutz *Simotta*, ÖJZ 1993, 793, 838.)

Art 90 Abs 1 B-VG hat ebenso wie Art 6 Abs 1 EMRK nur die **Volksöffentlichkeit** im Auge; die Parteiöffentlichkeit wird durch das Gebot des fairen Verfahrens und der Gleichbehandlung verfassungsrechtlich geschützt. Eine Verletzung des Öffentlichkeitsgebotes ist schon im Zivilprozeß selbst (eingeschränkt) als Nichtigkeitsgrund gem § 477 Abs 1 Z 7 ZPO zu beachten. Nach erfolglos gebliebener Geltendmachung durch Rechtsmittel ist keine Beschwerde an den VfGH möglich, sondern allenfalls eine an den EMG in Straßburg.

IV. Das Prozeßrecht

Lit: *Bajons*, Prozeßentscheidung als Verfahrensverstoß? JBl 1981, 638; *Buchegger*, Der Rechtsmittelgrund der unrichtigen rechtlichen Beurteilung, ÖJZ 1983, 645; *Strigl*, Die ZPO – ein Leitfaden zur Prozeßverschleppung, AnwBl 1983, 239.

Bülow, Dispositives Zivilprozeßrecht und die verbindliche Kraft der Rechtsordnung, AcP 64 (1881) 1.

A. Rechtsnatur

1. Öffentliches Recht

79 Das Zivilprozeßrecht ist **öffentliches Recht.** Dies gilt für die Regelung der Rechtsbeziehungen zwischen den Parteien und dem Gericht (dem sie als dem Träger der rechtsprechenden Gewalt untergeordnet sind) ebenso wie für die Regelung der prozessualen Beziehungen der Parteien untereinander (weil diese kraft ihrer gemeinsamen prozessualen Unterwerfung unter die rechtsprechende Gewalt des Gerichtes entstehen: *Schumann* in *Stein/Jonas,* ZPO[20] Einl Rz 95). Die Besonderheit des Zivilprozeßrechts liegt aber darin, daß es die Durchsetzung des Privatrechts bezweckt und daher auf die wesentlichen Eigenarten des zugrundeliegenden Anspruches Bedacht nehmen muß. Aus seiner Eigenschaft als öffentliches Recht als solcher ergeben sich noch keine Folgerungen für seine Anwendung und Auslegung (insb läßt sich daraus auch kein Analogieverbot ableiten; EvBl 1971/168 und *Strigl*, AnwBl 1983, 239).

2. Verfahrensrecht und materielles Recht

a) Abgrenzung

80 Eine – vorerst befriedigende – Abgrenzung zwischen Prozeßrecht und materiellem Recht scheint sich aus deren Aufgaben zu ergeben. Das Prozeßrecht regelt das Verfahren vor dem Gericht, während das materielle Recht im Regelfall den Inhalt der gerichtlichen Entscheidung bestimmt. Dabei wird aber nicht genügend berücksichtigt, daß es auch Sachentscheidungen gibt, in denen aus-

schließlich über prozessuale Normen erkannt wird (zB bei Wiederaufnahms- und Nichtigkeitsklagen; dazu eingehend *Bajons*, JBl 1981, 638). Auch eine formale Abgrenzung danach, ob es sich um eine in einem Verfahrensgesetz enthaltene Norm handelt oder ob die Regelung in einem dem materiellen Recht zuzuordnenden Gesetz enthalten ist, scheitert. In der ZPO sind auch Regeln des materiellen Rechts enthalten (zB in § 333 Abs 3, § 354 Abs 3, § 408, § 560 ZPO), ebenso im ABGB auch prozessuale Regeln (zB § 931 ABGB). Die Abgrenzung kann nur anhand der Aufgabe der einzelnen konkreten Rechtsnorm erfolgen. Maßgeblich ist, ob der Regelungszweck primär auf das gerichtliche Verfahren gerichtet ist oder ob die Norm die Beziehungen zwischen den Normbetroffenen regelt.

b) Rückgriff auf das materielle Recht

Das Prozeßrecht greift wiederholt auf das materielle Recht zurück, sei es, **81**
daß es ausdrücklich auf eine materiellrechtliche Vorschrift Bezug nimmt (so zB in § 1 ZPO; bei den Regeln über die gesetzliche und über die gewillkürte Vertretung; bei den besonderen Gerichtsständen wie überhaupt bei der Formulierung der Zuständigkeitstatbestände; bei der Aufkündigung von Bestandverträgen), sei es, daß die Anwendung allgemeiner Grundsätze des Privatrechts auch im Prozeßrecht vorausgesetzt wird (zB Treu und Glauben, Verschulden ua).

c) Bedeutung der Abgrenzung im Rechtsmittelrecht

Dort kann mit dem Rechtsmittelgrund der Mangelhaftigkeit des Verfahrens **82**
nur eine Verletzung von Verfahrensvorschriften geltend gemacht werden; umgekehrt fällt unter den Rechtsmittel-(Revisions-)grund des § 503 Z 4 ZPO aber nicht nur eine Verletzung des materiellen Rechts (so aber die überwiegende Rsp von GlUNF 7337 [1915] an bis EFSlg 8964 [1967] uva), sondern auch die Verletzung einer prozeßrechtlichen Norm, wenn sie den Gegenstand der Hauptsache der angefochtenen Entscheidung bildet (EvBl 1951/438; *Bajons*, JBl 1981, 638; *Fasching*, Lehrbuch[2] Rz 1917); und zwar nicht nur dann, wenn ein verfahrensrechtlicher Irrtum zur falschen Beurteilung des den Gegenstand der Entscheidung bildenden Meritums führte (SZ 45/4 [1972] = EvBl 1972/321; vgl hiezu *Buchegger*, ÖJZ 1983, 645). Auch für das IZVR wird die Abgrenzung wesentlich, denn im Regelfall gilt für Prozeßnormen die lex fori, während die Anwendung des materiellen Rechts durch die Kollisionsnormen des IPR geregelt wird.

3. Aufgabe des Prozeßrechts innerhalb des Verfahrens

Prozeßrechtssätze haben im Rahmen eines Rechtsstreites zwei verschie- **83**
dene Aufgaben. Entweder regeln sie das Verhalten der Prozeßbeteiligten und sind so **Befolgungsnormen,** oder sie dienen der Prüfung prozeßrelevanter Tatsachen und Vorgänge auf ihre Rechtswirksamkeit als **Beurteilungsnormen** (so vor allem im Rechtsmittelverfahren, aber auch bei Kostenentscheidungen, bei der Prüfung der Prozeßvoraussetzungen ua). Inhaltlich sind zwei Bereiche zu unterscheiden:

- Rechtsnormen, die das Verhältnis zwischen Gericht und Parteien regeln und die Voraussetzungen für das Verfahren und dessen Gang betreffen;
- Rechtsnormen, die das Verhältnis der Parteien in Ansehung des gerichtlich geltend gemachten Anspruches betreffen. Das wird bedeutungsvoll für die Frage, inwieweit das Prozeßrecht zwingendes Recht ist.

B. Zwingendes und nachgiebiges Recht

Lit: *Holzhammer*, Das zivilrichterliche Ermessen, Fasching-FS (1988) 227.

Alexy, Ermessensfehler, JZ 96, 701; *Behrens*, Die Nachprüfbarkeit zivilgerichtlicher Ermessensentscheidungen (1979); *Schiffczyk*, Das „freie Ermessen" des Richters im Zivilprozeßrecht (1979).

84 Aus der Tatsache, daß das Prozeßrecht öffentliches Recht ist, ergibt sich noch nicht, daß es auch immer zwingendes Recht ist. Es kommt vielmehr auf die Funktion der Norm im Einzelfall und vor allem auch darauf an, an wen sie gerichtet ist.

1. An das Gericht gerichtete Normen

85 Für das Gericht sind alle Prozeßrechtsnormen als solche **zwingend** und gleichermaßen anzuwenden. Für die Gestaltung des Verfahrens bleibt dem Gericht trotzdem ein Spielraum, weil viele Normen **inhaltlich** dem Richter ausdrücklich einen solchen **Gestaltungsraum** einräumen. Auch dort, wo das Gesetz – dessen Terminologie häufig weder einfach noch eindeutig ist – sagt, „der Richter kann..." oder „der Richter darf...", gibt es in aller Regel dem Gericht keine freie Hand dafür, ob es überhaupt eine bestimmte Handlung setzen oder eine bestimmte Entscheidung treffen will. Das „Können" und das „Dürfen" bezieht sich immer auf den Inhalt der konkreten Entscheidung (zB § 235 Abs 3 ZPO: Zulassung einer Klagsänderung), nicht aber darauf, ob das Gericht hier überhaupt entscheiden will.

86 a) **Vollständige Normen** befehlen dem Gericht unbedingt, daß und wie es zu handeln (oder zu beurteilen) hat, während **Ermessensnormen** vom Gericht verlangen, in jedem einzelnen Fall zu prüfen, ob und in welchem Umfang sie zur Anwendung gelangen (*Pollak*, System², 95f). Aber auch bei Ermessensnormen ist es dem Gericht verwehrt, sich der Prüfung ihrer Anwendungvoraussetzungen zu entziehen oder den durch das Gesetz gezogenen Rahmen zu überschreiten. Dadurch unterscheiden sie sich von den disponiblen Normen, denn das Prozeßrecht stellt es niemals in das Belieben des Gerichtes, bestimmte Verfahrensvorschriften a priori von ihrer Anwendung auszuschließen.

Die Ermessensnormen des Zivilprozeßrechts räumen dem Richter somit (nach anderer Terminologie) grundsätzlich Entscheidungsermessen ein; ein Handlungsermessen ist dagegen jedenfalls durch die Pflicht zur Prüfung beschränkt, ob im konkreten Fall die Ermessensnorm überhaupt Platz greifen darf. *Holzhammer* (Fasching-FS 227) unterscheidet zwischen Verfahrensermessen und Entscheidungsermessen, wobei letzteres durch die Billigkeit, das erste durch die Zweckmäßigkeit gerechtfertigt und bestimmt wird.

Die Verletzung einer vollständigen Norm bewirkt, soweit es sich nicht um eine instruktionelle Vorschrift handelt, stets die im Rechtsmittelverfahren überprüfbare Fehlerhaftigkeit des normwidrigen Vorganges. Aber auch die Verletzung von Ermessensnormen ist bekämpfbar und überprüfbar; soweit von ihnen zu Unrecht kein Gebrauch gemacht wird oder sie zu Unrecht angewendet werden, ist das selbstverständlich, ebenso auch, wenn vom Ermessen über das vom Gesetz eingeräumte Ausmaß hinaus Gebrauch gemacht wurde. Zweifel können nur auftreten, wenn das Gericht innerhalb des vom Gesetz eingeräumten Ermessensrahmens vorgegangen ist; doch wird auch hier schon aus rechtsstaatlichen Gründen eine Überprüfung (soweit sie vom Gesetz nicht ausdrücklich durch Versagung eines Rechtsmittels ausgeschlossen wird) grundsätzlich zu bejahen sein, gehören doch auch die „Gerechtigkeit" und die Zweckmäßigkeit zu den

Beurteilungskriterien eines „fairen" Verfahrens, ebenso auch das Gebot der Verhältnismäßigkeit – Übermaßverbot – und der Gleichbehandlungsgrundsatz des Art 7 B-VG (*Holzhammer,* Fasching-FS 235f).

b) **Vollwirksame und instruktionelle Normen:** Anhand der an die Einhaltung der Prozeßvorschriften geknüpften Folgen ist zwischen vollwirksamen und instruktionellen Normen zu unterscheiden, je nachdem, ob die Normverletzung die Unwirksamkeit (Aufhebbarkeit) der fehlerhaften Handlung zur Folge hat oder nicht. Auch wenn das Gericht bei den instruktionellen Normen durch keine Verletzungsfolgen betroffen wird, so sind diese doch zwingend anzuwenden; sie sind nur im prozessualen Nachprüfungsweg nicht erzwingbar (doch kann ihre vorsätzliche und in Schädigungsabsicht erfolgende Nicht- oder Fehlanwendung einen Amtshaftungsanspruch begründen). **87**

2. An die Parteien gerichtete Normen

Für die **Parteien** gibt es im Verhältnis zum Gericht und zum Gegner **sowohl zwingendes als auch nachgiebiges** (dispositives) **Recht.** Welchen Charakter die einzelne Norm hat, muß durch Auslegung ermittelt werden, die dabei besonders die Funktion dieser Norm im Rahmen der Zielsetzung des Verfahrens und der rechtsstaatlichen Verfahrensgarantien zu beachten hat. Soweit es die letzteren betrifft, werden die sie berührenden Normen regelmäßig zwingend sein (so bezüglich der Prozeßvoraussetzungen und der Rechtsmittelvoraussetzungen), während die den Gang des Verfahrens regelnden Normen in nicht unerheblichem Maße den Parteien Gestaltungsmöglichkeiten einräumen und insoweit dispositive Regelungen enthalten. Da die Privatrechte, die im Prozeß durchzusetzen sind, weitgehend der Verfügungsfreiheit der Parteien unterliegen, können diese im Regelfall auch noch während des Prozesses über sie verfügen. Zum wichtigsten Bereich des disponiblen Prozeßrechts gehören daher die Regeln über die Verfügungsmacht der Parteien über den geltend gemachten Anspruch (Anerkenntnis, Verzicht, Vergleich, Klags- und Rechtsmittelrücknahme); diese Dispositionsmöglichkeit schlägt sogar in beschränktem Ausmaß auf das Verfahren durch (vereinbartes Ruhen, Präklusionsanträge und Anträge auf Fortsetzung unterbrochener oder ruhender Verfahren). **88**

C. Anwendung und Auslegung des Prozeßrechts

Lit: *Bajons*, Beweiswiederholung und Verfahrensergänzung in der Berufungsinstanz, Fasching-FS (1988) 19; *Buchegger*, Zur Verbesserung mangelhafter Schriftsätze, BeitrZPR I (1982) 27; *F. Bydlinski*, Die normativen Prämissen der Rechtsgewinnung, Rechtstheorie (1985) 1; *Ertl*, Der Wiedereinsetzungswerber und seine Gehilfen, RZ 1998, 3; *Fasching*, Zur Auslegung der Zivilverfahrensgesetze, JBl 1990, 749 = Fasching-FG (1993) 25; *Hule*, Zur Konkurrenz von Rechtsbehelfen im zivilgerichtlichen Verfahren, ÖJZ 1968, 590; *Konecny*, Zur Erweiterung der Verbesserungsvorschriften durch die Zivilverfahrens-Novelle 1983, JBl 1984, 13, 61; *Rechberger*, Probleme bei der Bekämpfung des Versäumungsurteils nach § 396 ZPO, JBl 1981, 179; *ders*, Gehördefizite im österreichischen Rechtsmittelverfahren, Matscher-FS (1993) 373; *Steininger*, Die Auslegung im Zivilrecht und in der gesamten Rechtsordnung, JBl 1971, 217; *Strasser*, Rechtsdogmatik, Rechtstheorie, und juristische Methodologie, DRdA 1983, 240; *Strigl*, Die ZPO – ein Leitfaden zur Prozeßverschleppung, AnwBl 1983, 239.

Alexy, Theorie der juristischen Argumentation[2] (1991); *Buhmann*, Formalismus und Zivilprozeß, JW 1922, 706; *Esser*, Grundsatz und Norm in der richterlichen Fortbildung des Privatrechts[3] (1974); *Fischer*, Formalismus und Zivilprozeß, JW 1921, 258; *Heck*, Gesetzesauslegung und Interessenjurisprudenz, AcP 112 (1914) 1; *Merz*, Lückenfüllung und Normberichtigung, AcP 163 (1963) 305; *Vollkommer*, Formstrenge und prozessuale Billigkeit (1973).

1. Allgemeine Grundsätze

89 Auch für das Prozeßrecht gelten grundsätzlich die allgemeinen, in den §§ 6, 7 ABGB verankerten und von der Rechtslehre weiterentwickelten Auslegungsmethoden (*Fasching,* JBl 1990, 760). Da die Verfahrensgesetze aber eine andere Aufgabe erfüllen als das materielle Recht, sind insb bei der teleologischen (und auch bei der historisch-systematischen) Auslegung die dem Verfahrensrecht innewohnenden Eigengesetzlichkeiten zu berücksichtigen. Daß das Zivilverfahrensrecht öffentliches Recht ist, bleibt hingegen für seine Auslegung weitgehend bedeutungslos.

In der Prozeßliteratur findet sich wenig Allgemeines zur Auslegung des Verfahrensrechtes (hiezu *Fasching*, JBl 1990, 749). Eingehende Darstellungen fehlen. Soweit besondere Auslegungskriterien genannt werden, erscheinen sie als Wertungskriterien in das allgemeine Schema eingefügt, so zB bei *Sperl* (Lehrbuch 23 ff) der objektive Verfahrenszweck, das materielle Recht zu verwirklichen, und die prozessuale Ökonomie; bei *Steininger* (JBl 1971, 217) die unterschiedliche Zielrichtung der einzelnen Normen; bei *Holzhammer* (Zivilprozeßrecht^{2}, 10) der Rückbezug auf andere Verfahrensgesetze; bei *Ballon* (Zivilprozeßrecht^{8} Rz 318) die soziale Komponente des Verfahrensrechts.

2. Methodische Grundpositionen

90 Die Methode zur Anwendung des Prozeßrechts hat ihren Rahmen im Platz der allgemeinen Methodenlehre des Rechts. Die ursprünglich überwiegend vertretene Methode und Technik der **Begriffsjurisprudenz** gilt zwar als überholt, wird aber immer wieder besonders von der Rechtsprechung angewandt und ist tatsächlich dort sinnvoll, wo Rechtssicherheit nach zweifelsfreien und leicht verständlichen Ergebnissen verlangt und wo die Beteiligten auf dem ihnen schon vom (juristischen) Sprachgebrauch leicht erkennbaren Sinn vertrauen. Allerdings führt die reine Begriffsjurisprudenz oft zu einem rein „sprachformalen" Denken und läßt dabei sehr häufig den Zweck und die Wertungen des Gesetzes außer acht.

Dem gegenüber steht die **Interessenjurisprudenz.** Ihr liegt die Vorstellung zugrunde, daß die Rechtssätze der Lösung von Interessengegensätzen dienen. Ihre Anwendung setzt die Kenntnis der vom Recht geschützten Interessen und deren rechtliche Wertung voraus (vgl zB ausdrücklich § 524 ZPO) und ist im Prozeßrecht durchaus gebräuchlich.

Schon aus der allgemeinen Auslegungsregel der §§ 6, 7 ABGB ergibt sich auch die **teleologische Rechtsanwendungsmethode,** die vor allem für das Verfahrensrecht geeignet erscheint und die den Zweck der Rechtsnorm für deren Anwendung maßgeblich werden läßt. Allerdings zeigen sich bald die Grenzen und Unzulänglichkeiten bloßer Teleologie. Denn die meisten Rechtsnormen dienen nicht nur einem einzigen Zweck. Wo mehrere Zwecke einer Norm feststellbar sind, muß letztlich eine Abwägung der Normzwecke erfolgen, um einem von ihnen den Vorzug zu geben. Dabei wird gerade im Verfahrensrecht weniger der Wert an sich (**„Wertungsjurisprudenz";** diese unterscheidet zwischen den menschlichen Interessen und den Beurteilungsmaßstäben: *Bydlinski* in *Rummel,* ABGB^{2} I § 6 Rz 9) als die Mittel, die zu ihrer Verwirklichung anzuwenden sind, und die Aussichten, die für ihre Realisierung bestehen, ausschlaggebend sein. So endet jede Zweckbetrachtung notwendig in einer Interessen- oder Wertungsjurisprudenz (*Schumann* in *Stein/Jonas,* ZPO^{20} Einl Rz 51).

3. Auslegung des Prozeßrechts

91 a) **Die Wortauslegung (grammatikalische Auslegung):** Grundlage jeder Auslegung ist der **Wortlaut** jeder Rechtsvorschrift. Dabei ist aber zu beachten, daß die Worte in den Zivilprozeßgesetzen nicht immer eindeutig und mit derselben Bedeutung verwendet werden (so zB „können" als „müssen" oder „dürfen") und daß öfter auch verschiedene Ausdrücke in gleicher Bedeutung verwendet werden (zB „Anspruch", Begehren, Klagebegehren, Streitgegenstand). Durch die wiederholten Novellierungen bedingt stammen die Ausdrücke aus verschiedenen Zeiten; daher ist auch bei der Wortauslegung der Entstehungszeitpunkt der Vorschrift zu berücksichtigen, um den Wortsinn im Rahmen des damaligen Sprachgebrauchs zu ermitteln und die dafür in der heutigen Rechtssprache verwendeten Formulierungen zugrundelegen zu können. Die grammatikalische Auslegung des Prozeßrechts unterscheidet sich ihrem Wesen nach nicht von der entsprechenden Auslegung des materiellen Rechts. Sie bedient sich der gesamten sprachlichen Erfahrung und insb der grammatikalischen Regeln und des allgemeinen Sprachgebrauchs (allenfalls unter Zuhilfenahme von Wörterbüchern, Lexika oder Fachliteratur). Werden bei der grammatikalischen Auslegung von Rechtsvorschriften die Sprachgesetze unrichtig angewendet und wird so ein den Sprachregeln widersprechendes Auslegungsergebnis gewonnen, dann bildet dies den Rechtsmittelgrund der unrichtigen rechtlichen Beurteilung *(Fasching,* Lehrbuch^2 Rz 1920).

92 b) **Logisch-systematische Auslegung:** Die Wortauslegung einer Rechtsvorschrift läßt sich nur schwer von der logisch-systematischen Auslegung trennen, kann doch schon der Wortsinn selbst häufig nur im Zusammenhang und unter Zuhilfenahme logischer Erwägungen ermittelt werden. Dennoch geht die logisch-systematische Auslegung über die bloße Sinndeutung des Wortlautes der einzelnen Rechtsvorschrift hinaus, weil sie den Wortlaut der konkret anzuwendenden Vorschrift nicht aus dieser allein zu gewinnen sucht, sondern berücksichtigt, daß sie nicht isoliert existiert, sondern in einem Normenkomplex steht, der nach bestimmten Ordnungs- und Sinnprinzipien aufgebaut ist. Die Rechtsvorschriften zeigen sich in einem „System", das die Bedeutung der auszulegenden Norm in einem größeren Zusammenhang erkennen läßt. Dies eröffnet auch den Blick auf vergleichbare Systeme und die dort getroffenen Regelungen. Im Prozeßrecht führt die logisch-systematische Auslegung zur Bedachtnahme auf vergleichbare Normen innerhalb der Prozeßgesetze selbst, aber auch zur vergleichenden Berücksichtigung entsprechender Regeln der anderen Verfahrensgesetze und deren Auslegung (so des AußStrG, der EO, KO und AO; ein Blick auf Verfahrensgesetze außerhalb des Zivilverfahrens wird aber immer deren unterschiedliche Verfahrensgrundsätze und Zweckbestimmungen berücksichtigen müssen).

Die logisch-systematische Auslegung setzt voraus, daß sich der Gesetzgeber auch ständig an eine von ihm selbst entwickelte und/oder von der Lehre mitentwickelte Systematik hält sowie, daß er Gleiches legistisch nicht nur inhaltlich gleich, sondern terminologisch einheitlich regelt. Da dies vielfach aber nicht der Fall ist, kann eine logisch-systematische Auslegung oft fehl am Platz sein oder versagen. Sie verführt den Rechtsanwender allzuleicht, in Gesetze eine Systematik hineinzuinterpretieren, die entweder gar nicht oder nur in nicht tragfähigen Ansätzen vorhanden ist (so die stRsp des OGH, daß Mängel des Verfahrens erster Instanz in der Revision nicht mehr gerügt werden können – s dazu *Fasching*, Lehrbuch^2 Rz 1909 mwN; oder daß die Revision keine Rechtsrüge enthalten dürfe, wenn sie nicht in der Berufung erhoben worden sei – s *Fasching*, Lehrbuch[2] Rz 1930 mwN).

93 c) **Historische Auslegung:** Diese versucht gem § 6 Satz 2 ABGB, mit Mitteln der historischen Forschung den dem Wortlaut des Gesetzes nicht eindeutig zu entnehmenden Inhalt der Norm zu ermitteln, und zieht dazu die Vorstellungen, Werte und Zwecke heran, die für seine Entstehung maßgebend waren. Dabei gehen bei der praktischen Anwendung dieser Auslegungsmethode die subjektive Theorie, die den historisch gegebenen Willen des Gesetzgebers nach dem damaligen konkreten Stand für maßgeblich hält, und die objektive Theorie, welche dem historischen Gesetzgeber auch die Mitberücksichtigung der gegenwärtigen Interessenlage und damit auch teleologische Zukunftsprognosen unterstellt, meist ineinander über. Eine nur auf die Entstehungszeit und die damals im Gesetzgebungsprozeß verantwortlichen Personen fixierte historische Auslegung übersieht sehr häufig die gewandelten Bedürfnisse und Aufgaben der Gegenwart und die damit verbundenen Änderungen des Gesetzeszwecks. Daher sind die Zivilprozesse keineswegs nur auf dem Boden der Schriften *Franz Kleins* (und noch weniger die nachfolgenden Gesetze nur anhand der von Legislativreferenten verfaßten Referentenkommentare und Abhandlungen) auszulegen. Die Materialien des Gesetzgebers (Regierungsvorlagen und erläuternde Bemerkungen hiezu, Anträge und Berichte des Justizausschusses, Initiativanträge und deren Begründung, Ausschuß- und Sitzungsprotokolle der gesetzgebenden Körperschaften) können zur Auslegung hilfreich sein, sind aber keine authentische Interpretation und binden den Rechtsanwender nicht. Die Praxis verwendet sie allzuoft unkritisch; gegenüber klaren Ergebnissen der grammatikalischen und der logisch-systematischen Interpretation können widersprechende Äußerungen der Materialien nicht durchschlagen. Die politische Praxis des Gesetzgebers führt bei Gesetzen, die das Ergebnis eines politischen Kompromisses sind, oft dazu, bestimmte Regelungen zu unterlassen oder zu allgemein zu formulieren, und nur in den erläuternden Bemerkungen zum Gesetz auszuführen, wie das – legistisch bewußt offengelassene – Problem zu lösen sei; solche „Materialien" sind rechtlich bedeutungslos und sind bei der Rechtsanwendung außer acht zu lassen (dazu *Fasching*, JBl 1990, 752).

94 d) **Die teleologische Auslegung:** Hier wird nach dem Zweck der Rechtsnorm gefragt. Dies geschieht im Regelfall unter dem Aspekt, welchen Zweck die Menschen im allgemeinen in solchen Situationen verfolgen (objektiv-teleologische Auslegung), und muß daher versuchen, untypische Zwecke auszuschließen, was letztlich nicht ohne Bedachtnahme auf Ordnungskriterien möglich ist (teleologisch-systematische Auslegung: *Bydlinski* in *Rummel*, ABGB[2] I § 6 Rz 21). Dabei ist primär davon auszugehen, daß ein Gesetz den Zweck hat, praktisch angewendet zu werden, und daß der Gesetzgeber beabsichtigte, vernünftig zu handeln. In der teleologischen Auslegung liegt der Schwerpunkt in der **Berücksichtigung der besonderen Zwecke und damit der Eigenart des Verfahrensrechts.** Die auslegungsrelevanten Besonderheiten des Verfahrensrechtes als Rechtsdurchsetzungsrecht liegen in seiner besonderen Bindung an das Verfassungsrecht, in seiner Aufgabe, materiellen Rechtsschutz zu gewähren, in einem besonderen System von Verfahrensgrundsätzen, in der Berücksichtigung der Schranken, die der Rechtsverwirklichung gesetzt sind, und in dem Gebot, möglichst effektiven Rechtsschutz mit möglichst geringem Sachaufwand zu erreichen.

95 aa) **Verfassungskonforme (auch völkerrechts- und gemeinschaftsrechtskonforme) Auslegung:** Verfassungskonforme Auslegung ist nur eine Folgewir-

kung des Grundsatzes, daß die Auslegung von Rechtsvorschriften **kein höherrangiges Recht verletzen** darf. Dazu zählt nicht nur das Verfassungsrecht, sondern auch das **Völkerrecht,** soweit es ausdrücklich durch Transformation oder gem Art 9 B-VG zum innerstaatlichen Recht geworden ist; dazu gehören auch die gem Art 50 Abs 3 B-VG der Genehmigung durch den Nationalrat bedürfenden Staatsverträge, insb seit dem Beitritt zur Europäischen Union die Vorschriften der Unionsverträge. Ob darüber hinaus eine **völkerrechtsfreundliche** (bzw gemeinschaftsfreundliche) Auslegung geboten ist, kann wegen des Fehlens eines ausdrücklichen gesetzlichen Gebotes im österr Rechtsbestand schon im Hinblick auf die überwiegende Praxis in den meisten anderen Staaten durchaus bezweifelt werden; sie bestünde darin, unter mehreren dem Völkerrecht nicht widersprechenden Auslegungsmöglichkeiten diejenige zu wählen, welche dem Zweck einer Völkerrechts- oder Gemeinschaftsrechtsregelung am besten entspricht.

Verfassungskonforme Auslegung verlangt insb: 96

• die Berücksichtigung des **Gleichheitssatzes** in allen seinen verfahrensrechtlichen Auswirkungen: so insb im Bereich des gleichen Rechtszuganges (zu den Voraussetzungen für die Verfahrenshilfe EFSlg 41.659 [1982]; 36.693 [1980]; ggt EFSlg 36.694 [1980]; 4403 [1965] – auch für die Beigabe eines Rechtsanwalts zur Verfahrenshilfe GlUNF 5176 [1910]); des Kostenersatzes (WR 31 [1983]; AnwBl 1970, 242: Ersatz vorprozessualer Sachverständigengebühren; ZVR 1980/143: Kostenersatz bei Teilabweisung; EFSlg 39.564 [1981]: kein Kostenersatz im Außerstreitverfahren); den Rechtsmittelbeschränkungen (3 Ob 41, 42/93: zu § 528 Abs 1 Z 2 ZPO; VfSlg 9138 [1981]); der Einseitigkeit oder Zweiseitigkeit von Rechtsmitteln *(Rechberger*, Matscher-FS 375; anders OGH JBl 1975, 379 = RZ 1975, 178 *[Morscher)*; und insb für das rechtliche Gehör (s aber die gehörverletzende Rsp bei der Bindung an Bescheide: Rz 42 bis 44; grundsätzlich VfGH JBl 1991, 104 = AnwBl 1990, 734: Aufhebung des § 268 ZPO). Besonderes Gewicht enthält der Gleichheitssatz als Verfahrensgrundsatz der Waffengleichheit der Parteien (s Bd II Einl).

• Zu beachten ist das **Willkürverbot,** das vom VfGH in stRsp aus dem Gleichheitssatz abgeleitet und von der Lehre gebilligt wurde (Begründungspflicht, Beachtung der Ermessensgrenzen, kein Ermessensmißbrauch zum Nachteil einer Partei). 97

• Auch das **Übermaßverbot** findet im österr Recht als **Verhältnismäßigkeitsgrundsatz** seine Grundlage. Verfassungskonforme Auslegung muß im Zweifel dazu führen, jeden durch den Rechtsdurchsetzungszweck nicht gedeckten oder das Ziel überschreitenden Eingriff in die Grundrechte der Parteien auszuschließen (bei Beurteilung der Entscheidungswirkungen auf Dritte, für die Angemessenheit von Ordnungs- und Mutwillensstrafen, Sicherheitsleistungen und exorbitanten Kostenvorschüssen sowie bei der Verhängung und Ausmessung der Zwangs- und Beugemittel). 98

• Das Gebot des Art 6 EMRK, den Parteien ein **faires Verfahren vor Gericht** zu sichern, geht über die ausdrücklich erwähnte Einhaltung des rechtlichen Gehörs, der Öffentlichkeit des Verfahrens und der Anhörung innerhalb angemessener Frist hinaus. Die Auslegung prozeßrechtlicher Vorschriften hat im Zweifel so zu erfolgen, daß sie nicht nur die verfahrensrechtliche Gleichheit sichert, sondern daß auch ausgeschlossen wird, daß bewußt und vorsätzlich eine unverschuldete Unkenntnis der Partei oder ein entschuldbarer (und noch behebbarer) Fehler der Parteien zu deren Nachteil verwendet werden, solange es möglich ist, durch rechtzeitigen und angemessenen Hinweis die Partei zu veranlassen, solche Unkenntnis oder solche Fehler in einer auch dem Gegner zumutbaren 99

Weise zu beheben (Unzulässigkeit der bewußten Herbeiführung einer Säumnis zum Nachteil des Säumigen; der vorsätzlichen Schaffung von Prozeßlagen, die die Rechtsverfolgung erschweren oder unzumutbar machen).

Überhaupt hat im Verfahrensrecht insb dort, wo Verfahrensnormen als Beurteilungsnormen für Parteiverhalten auszulegen sind, dies so zu geschehen, daß das Ergebnis nicht **Treu und Glauben** widerspricht. Es darf weder die Vorstellungen verletzen, die allgemein mit der redlichen Rechtsdurchsetzung oder Verteidigung unter Ausnützung und Kenntnis des Verfahrensrechtes verbunden werden, noch das Resultat bewußter Irreführung oder vorsätzlicher Ausnützung einer absichtlich hervorgerufenen prozessualen Fehlreaktion der Parteien sein (allgemein zu Treu und Glauben im Prozeßrecht Rz 141 bis 145). Letztlich hat das Fairneßgebot auch das ungehinderte Eindringen der subjektiven (wirtschaftlichen, persönlichen und Prestige-)Interessen der im Prozeß beruflich Tätigen abzuwehren und damit Nachteile für die Personen zu verhindern, die auf die Wirksamkeit der Rechtsordnung vertrauen.

100 bb) **Sacherledigungsfreundliche Auslegung:**

● Es ist im Zweifel jene Auslegung vorzuziehen, die der Sacherledigung des Rechtsschutzbegehrens dienlicher ist. In keinem anderen Rechtsgebiet kann man mit Mitteln des (Verfahrens-)Rechtes die Durchsetzung des materiellen Rechtes so evident verzögern und verweigern. Die Normen des Verfahrensrechts bilden ein System, das in sehr vielen Fällen ebenso zur Rechtsverweigerung benützt werden kann wie zur Rechtsdurchsetzung. Auch können nirgendwo die in der Rechtspflege tätigen Personen mit Mitteln rechtlicher Art ihre Unzulänglichkeit oder Untätigkeit als Staatsorgane besser verdecken als im Verfahrensrecht. Es bedarf daher eines Auslegungsgrundsatzes, der dem entgegenwirkt und die Sachentscheidung favorisiert.

In der deutschen Prozeßrechtslehre wird vom Interpretationsgrundsatz materiellrechtsfreundlicher Anwendung des Verfahrensrechtes gesprochen (so *Schumann* in *Stein/Jonas,* ZPO[20] Einl Rz 68), der diejenige Auslegung fordere, die dem materiellen Recht am besten entspreche. Wenn mit „materiellem Recht" das Meritum (die Hauptsache) gemeint ist, dann ist dem zuzustimmen, denn der Rechtsschutzantrag kann ja in der Hauptsache auch Prozeßrechtsnormen zum Gegenstand haben. Die einseitige Betonung der Materiellrechtsfreundlichkeit könnte unter Umständen allerdings eine Unterbewertung unabdingbarer prozessualer Schranken befürchten lassen.

101 ● **Der prozessuale Formalismus:** Sacherledigungsfreundliche Auslegung muß sich notwendigerweise mit dem prozessualen Formalismus auseinandersetzen. Das Prozeßrecht ist mehr als viele andere Rechtsbereiche durch Formvorschriften gekennzeichnet. Der **prozessuale Formalismus ist aber kein Selbstzweck** (eingehend *Vollkommer*, Formstrenge), sondern dient der Eindeutigkeit und Evidenz der Erklärungen und Prozeßhandlungen und damit der Rechtssicherheit. Er dient auch der Überprüfbarkeit, der Rationalisierung des Verfahrens und damit der Prozeßökonomie. Ist die Gültigkeit von gerichtlichen Prozeßhandlungen oder von Parteiprozeßhandlungen von der Einhaltung von Formvorschriften abhängig, dann sind diese – soweit das Gesetz nicht ausdrücklich anderes verfügt – so auszulegen, daß der Zweck, dem sie dienen, entscheidet. Daß die Formvorschriften nicht Selbstzweck sind, sondern primär der „Sicherheit" und Praktikabilität des Verfahrens dienen, zeigt das Gesetz selbst durch die umfassenden Möglichkeiten zur Berichtigung von Entscheidungen (§§ 419, 430 ZPO) und die Pflicht zur Erteilung von Verbesserungsaufträgen bei fehlerhaften Parteihandlungen (§ 84f ZPO; diese besteht sogar bei fehlenden Inhaltserfordernissen:

dazu *Konecny*, JBl 1984, 13, 61; einschränkender *Buchegger*, BeitrZPR I 27). Die Verletzung von Formvorschriften, die nur der Prozeßökonomie dienen, hat im Zweifel keine Unwirksamkeit des formwidrigen Akts zur Folge (eine unzulässig zu Protokoll gegebene Rechtsmittelschrift ist nicht zurückzuweisen: JBl 1953, 187; SSV 5/27 [1965]). Das gilt auch für die **Zustellungsvorschriften;** sie sollen das vom Gesetz besonders geschützte rechtliche Gehör sichern und sind insoweit von besonderer Bedeutung. Beschneidet ihre Verletzung die Gehörmöglichkeit, dann bewirkt sie Nichtigtkeit; erlangt die Partei vom Schriftstück trotz Verletzung einer Zustellvorschrift rechtzeitig Kenntnis, dann bleibt der Formverstoß bei der Zustellung unbeachtlich (das Gesetz konstruiert dies als „Heilung"). **Fristvorschriften** sind nur teilweise prozessuale Ordnungsvorschriften mit Formalcharakter. Häufig dienen sie der Schaffung neuer Prozeßlagen (so die Klage- und Rechtsmittelfristen), durch die sich die Rechtslage auch für den Gegner ändert. Das Gesetz selbst unterscheidet klar. Bei der Auslegung der Vorschriften für reine Ordnungsfristen und institutionelle Fristen ist worthaftende fristenstrenge Auslegung fehl am Platz; hier sind Ordnungszweck und Rechtsverlust für den Säumigen wertend abzuwägen. Bei Notfristen bleibt dagegen wenig Raum für „säumnisfreundliche" Auslegung; dies am ehesten noch dort, wo die Säumnis den Ausschluß des rechtlichen Gehörs für solche Parteien nach sich zieht, die der Verfahrenshilfe bedürfen. Im übrigen muß sich die sacherledigungsfreundliche Auslegung in das Wiedereinsetzungsverfahren (in dem sich trotz der Milderung der Wiedereinsetzungsvoraussetzungen des § 146 ZPO durch die ZVN 1983 weithin rein formalbegriffliche Auslegung erkennen läßt: s bei § 146 ZPO; dazu *Ertl*, RZ 1998, 4 ff) verlagern.

Prozessualer Formalismus ist im Vordringen bei maschineller Verfahrensgestaltung **(automationsunterstützte Datenverarbeitung – ADV).** Dort bedarf es schematischer Verfahrensvorgänge und typisierter Partei- und Gerichtshandlungen, die durch die Verwendung von nicht immer leicht verständlichen **Formblättern** bzw Eingabeprogrammen erreicht werden muß. All dies dient aber letztlich bloß der Verfahrensökonomie. Die diesbezüglichen Formvorschriften sind auch hier nicht Selbstzweck. Werden sie verletzt, dann ist von den Belehrungspflichten und Verbesserungsmöglichkeiten großzügigst Gebrauch zu machen. Bleibt das ergebnislos, dann darf die Verletzung solcher Formvorschriften niemals zur Verweigerung einer Sachentscheidung führen, sondern muß immer die Einleitung des (nicht automationsgestützten) ordentlichen Verfahrens zur Folge haben.

• Ein besonders wichtiges Instrument zur Durchsetzung des Vorranges der **102**
Sachentscheidung ist die **materielle Prozeßleitung.** Die ZPO hat die Verantwortung für die Vollständigkeit und Richtigkeit der Entscheidung auf Gericht und Parteien verteilt. Daher dürfen die Verfahrensvorschriften nicht iS einer Verhandlungsmaxime ausgelegt und die Regeln der §§ 182 ff, 432 ZPO nicht weitgehend ignoriert oder einschränkend interpretiert werden (so aber RZ 1967, 105; richtig dagegen JBl 1964, 208 und SZ 21/123 [1948]). Die §§ 182 f, 432 ZPO sind schon wegen des Rechtsdurchsetzungszwecks des Prozeßrechts so auszulegen, daß die richterliche Anleitungspflicht, soweit sie sich auf den Stoff und die Voraussetzungen für die Sachentscheidung bezieht, auch bei rechtsanwaltlich vertretenen Parteien eingreift; dies selbst dann, wenn die Aufklärungspflicht zu einer Verlängerung des Rechtsstreites führt und damit vordergründiger „Prozeßökonomie" widerstreitet. Dagegen findet sie ihre unüberschreitbare Grenze dort, wo der Eindruck der Parteilichkeit entstehen kann (daher bedenklich § 39 Abs 2 Z 1 ASGG).

103 cc) **Prozeßgrundsätze als Auslegungskriterien:** Prozeßgrundsätze sind als Auslegungshilfe heranzuziehen (so schon GlU 6700 [1877], 2835 [1867]). Als Substrat jahrhundertealter Erfahrung der Rechtspflege verstanden, wird ihr Auslegungsnutzen eher gering sein, zumal sie der Gesetzgeber selbst meist positiv berücksichtigt hat. Als Prozeßdogmen und Prozeßmodellvorstellungen verstanden sind sie ergiebiger. Es besteht aber die Gefahr, daß sie gegenüber den positiv existierenden Verfahrensvorschriften überbewertet werden und zu einer dem Wortlaut und Zweck der Vorschrift widersprechenden Auslegung führen können. In den österr Prozeßgesetzen ist – mit Ausnahme des Dispositionsgrundsatzes – kein Prozeßgrundsatz in reiner Form verwirklicht, sondern in Kombination mit seinen Antagonisten berücksichtigt und meist durch prozeßökonomische Überlegungen beschränkt verwirklicht. Daher sind die Prozeßgrundätze nur in dem Ausmaß als Auslegungshilfe heranzuziehen, als es der Zweck der auszulegenden Norm tatsächlich rechtfertigt (zB beim Spannungsverhältnis zwischen den §§ 281 a, 412, 488 ZPO und dem Unmittelbarkeitsgrundsatz: dazu *Bajons*, Fasching-FS 19 ff; *Fasching*, Lehrbuch[2] Rz 674, 677; *Rechberger/Simotta*, Zivilprozeßrecht[4] Rz 868).

104 dd) **Prozeßökonomie als Auslegungshilfe:** Prozeßökonomie bewirkt durch die Minimierung des persönlichen und sachlichen Aufwandes im Verhältnis zum erreichbaren Ergebnis im Zivilprozeß das Funktionieren der Rechtsordnung und die Begrenzung des Rechtsstreites auf das geringstmögliche Ausmaß. Daher ist bei den einzelnen Prozeßvorschriften auch zu überlegen, welche Auslegung zu ihrer möglichst nutzbringenden und doch möglichst zeit- und kostensparenden Anwendung gelangen kann. Wenn diese Überlegungen mit anderen Auslegungskriterien in Kollision geraten, dann haben die grammatikalische und die logisch-systematische Auslegung den Vorrang, soweit sie zu eindeutigen Ergebnissen führen. Im Rahmen teleologischer Auslegung steht die prozeßökonomische Interpretation hinter der verfassungskonformen Auslegung zurück, ebenso auch hinter dem Auslegungsgrundsatz des Vorranges der Sachentscheidung. Dagegen kommt es bei einer Kollision mit den Prozeßgrundsätzen als Auslegungskriterien durchaus auf die Einzelvorschrift an, wobei beachtet werden soll, daß die Zivilverfahrensgesetze selbst schon nach ihrem Grundkonzept der Praktikabilität und der Prozeßökonomie einen hohen Stellenwert einräumen. Kollisionsprobleme treten hier besonders mit den einzelnen Ausformungen des rechtlichen Gehörs auf (so bei der Konkurrenz von Rechtsbehelfen, wo dann, wenn mehrere Rechtsbehelfsarten in gleicher Weise das Gehör eröffnen, die Verfahrensökonomie entscheiden kann: *Fasching*, Lehrbuch[2] Rz 1689; *Holzhammer*, Zivilprozeßrecht[2], 315; *Hule*, ÖJZ 1968, 590; *Rechberger*, JBl 1981, 179; vgl *Sprung*, Konkurrenz 48; OGH JBl 1974, 46; jede Konkurrenz ablehnend: SZ 46/32 [1973] = JBl 1973, 426 = RZ 1973/163).

105 ee) **Weitere mögliche Auslegungskriterien:** Die hier erwähnten Auslegungskriterien sind nicht notwendigerweise erschöpfend:

- So könnte auch die Auffassung vertreten werden, daß die Verfahrensrechtsnormen „iSd Sozialstaatsprinzips“ auszulegen seien. Das ist überall dort selbstverständlich, wo die Verfahrensgesetze ausdrückliche Spezialregelungen mit Schutzfunktion für sozial Schwächere treffen (zB Verfahrenshilfe, Vertretung gem § 40 ASGG ua). Ein darüber hinausgehendes allgemeines Sozialstaatsprinzip iSd Wahrnehmung besonderer Schutzbedürftigkeit aller sozial Schwächeren oder in dem Sinne, daß jede Verfahrensvorschrift im Zweifel zugunsten des sozial Schwächeren auszulegen ist, gibt es im österr Verfahrensrecht nicht, zumal dieses seiner Grundstruktur nach ohnedies die – objektiv verstandene – Sozialfunktion des Zivilverfahrensrechtes besonders erkannt hat.

106 • Aus dem Verfahrensrecht institutionell unmittelbar entspringende Auslegungsgrundsätze können – wie bereits erwähnt – bei der teleologischen Auslegung mitberücksichtigt werden. Dazu gehört, daß der Zivilprozeß **dynamisch und final** ist (*Schumann* in *Stein/Jonas,* ZPO[20] Einl Rz 88). Bei der Interpretation muß daher beachtet werden, daß und inwieweit jede Prozeßsituation in den Gesamtablauf des Prozesses eingebettet ist und wie das durch Auslegung gewonnene Ergebnis auf den weiteren Ablauf des Verfahrens wirkt, das seiner Natur nach zielgerichtet (final) ist. Darüber hinaus muß besonders berücksichtigt werden, daß die Stufe, die bereits erreicht ist, regelmäßig erhalten bleibt (Ausnahme zB § 179 ZPO), während die anzuwendende Norm durch die Auslegung davon unabhängig verschiedene Möglichkeiten eröffnen kann (soweit sie nicht ausnahmsweise kassatorischer Natur ist und zur Aufhebung der vorangegangenen Verfahrensschritte führen muß). Bei der Auslegung ist auch stets zu berücksichtigen, daß das Ergebnis vorhersehbar sein soll. Dadurch soll das Verfahren berechenbar, sicher und klar sein. Außerdem beschränkt das Verfahrensrecht die Auslegungsmöglichkeiten auch faktisch dadurch, daß sie zu keinen anderen Ergebnissen führen dürfen als denen, die das Prozeßrecht als Schritte und Mittel der Rechtsdurchsetzung und Rechtsverteidigung kennt **(„prozessualer Typenzwang“).**

107 ff) **Zusammentreffen verschiedener Auslegungskriterien:** Die dargestellten teleologischen Auslegungskriterien können zu durchaus verschiedenen Ergebnissen führen. Sie sind auch von verschiedenem Gewicht und unterschiedlicher Überzeugungskraft. Daher bleibt jede rechtswissenschaftliche Methode und jedes Auslegungssystem letztlich nur ein Hilfsmittel, das die Überprüfbarkeit der Entscheidung ermöglichen oder erleichtern soll und schrankenlose Willkür fernhält. Keineswegs vermag ihre Anwendung aber in jedem Einzelfall zu einem logischen und vom Ergebnis her voll befriedigenden Resultat zu führen. Um ein solches zu gewährleisten, bedarf es in vielen Einzelfällen auch noch einer besonderen Fähigkeit und Weitsicht des Entscheidungsorgans; wie *Petschek* (*Petschek/Stagel,* Zivilprozeß 30) zutreffend formuliert, ist die Gesetzesauslegung letztlich eine Kunst, die sich nicht nach methodischen Regeln voll erschöpfen läßt.

4. Auslegungsoperationen

a) Logische Schlüsse

108 Die Auslegungsoperationen des Verfahrensrechts weichen nicht von den allgemeinen ab; daher werden auch hier vornehmlich die Größenschlüsse eingesetzt. Der Umkehrschluß, der allzuhäufig (und oft unzulässig) verwendet wird, ist nur dann zulässig, wenn sein Ergebnis aus der Systematik und dem Rechtsschutzzweck gerechtfertigt ist; er setzt stets eine Lücke des Gesetzes voraus und ist jedenfalls unzulässig, wenn das Gesetz, das seine Basis bildet, klar erkennen läßt, daß damit keine abschließende Sonderregelung beabsichtigt ist. Erweiternde Auslegung ist auch bei Ausnahmevorschriften zulässig, wenn der Ausnahmezweck dies fordert, also insb dann, wenn der zu beurteilende Sachverhalt gleich zu bewertende Ausnahmekriterien aufweist (so zB SZ 47/113 [1974] = DRdA 1976, 79 [*Jabornegg*]; EvBl 1963/11).

b) Analogie

109 Analoge Anwendung von Verfahrensvorschriften ist in gleichem Umfang möglich wie im materiellen Recht (aA *Strigl,* AnwBl 1983, 239 und EvBl

1971/168). Sie setzt stets eine **Lücke des Gesetzes** voraus, die regelmäßig ungewollt bzw nicht vorbedacht sein soll. (Allerdings läßt der Gesetzgeber zunehmend auch Lücken offen – und deklariert dies sogar in den Materialien – und „überläßt es der Rechtsprechung, diese Frage zu lösen". Auch dann wird Lükkenfüllung durch Analogie zulässig sein, wenn sich aus den übrigen Vorschriften des Gesetzes logisch-systematisch zweifelsfrei ableiten läßt, wie die – meist aus koalitionspolitischen Erwägungen – unterlassene Formulierung einer Detailvorschrift zu lauten gehabt hätte.) Eine Lücke im Gesetz bleibt trotzdem ungewollt oder nicht vorbedacht, wenn der Gesetzgeber bei einer späteren Novellierung des Gesamtgesetzes sie nicht erkannt oder berücksichtigt hat (aA NZ 1983, 105).

Die Lückenfüllung kann durch Erweiterung des Anwendungsgebietes einer bestimmten Vorschrift (Gesetzesanalogie) oder der Grundgedanken eines bestimmten Rechtsbereiches auf einen anderen verwandten Bereich (Rechtsanalogie) erfolgen, oder durch Einengung des Anwendungsbereiches eines Gesetzes **(Restriktion, teleologische Reduktion).** Beides setzt systematisch-zweckgerichtete Überlegungen voraus, denn sowohl die per analogiam erfolgte Erweiterung des Anwendungsbereichs einer Norm als auch die Einschränkung ihres (allgemeiner gefaßten) Wirkungsbereichs ist nur zulässig, wenn nicht nur der Wortlaut der analog zu beurteilenden Norm, sondern auch ihr Zweck und die zugrundeliegende Wertung des Gesetzgebers dies verlangen. Insb die teleologische Reduktion, durch die ein durch den Wortlaut der Norm gedeckter Sachverhalt von deren Anwendung ausgeschlossen wird, ist sowohl nach Lehre wie nach der Rechtsprechung nur ganz ausnahmsweise zulässig (JBl 1994, 264), und zwar dann, wenn durch die Anwendung der Norm willkürlich eine Ungleichheit (*Bydlinski*, Methodenlehre^2, 480) oder dadurch eine offenbare Ungerechtigkeit hervorgerufen würde (*Larenz*, Methodenlehre^5, 400), bzw wenn eine andere Gesetzesanwendung unerträglich, weil ungerecht, sittenwidrig oder nicht konfliktbewältigend wäre (*Gschnitzer,* Allgemeiner Teil^2, 67. Beispiele für erweiternde Auslegung: SZ 29/17 [1956] = EvBl 1956/111: Klagsrücknahme; SZ 58/182 [1985] = JBl 1986, 669 = RZ 1988/45: Wiederaufnahmsklage gegen Zurückverweisungsbeschlüsse gem § 519 Abs 1 Z 2 ZPO; Beispiele für eine durch Gesetz und System nicht gerechtfertigte einschränkende Gesetzesanwendung = teleologische Reduktion: stRsp zu § 503 Z 2 ZPO, wonach Mängel des Verfahrens erster Instanz nicht als Revisionsgrund geltend gemacht werden können).

c) Richterliche Rechtsfortbildung

110 Wenn fehlende oder unbefriedigende gesetzliche Regelungen weder durch Auslegung noch durch Auslegungsoperationen beseitigt werden können, muß notwendigerweise Rechtsfortbildung durch den Richter so wie in den anderen Rechtsgebieten auch im Verfahrensrecht eingreifen (abl RZ 1973/1; SZ 45/41 [1972] uva). Diese Rechtsschöpfung ist aber sehr eingeschränkt *(Walter/Mayer*, Bundesverfassungsrecht^8 Rz 6) und in ihrer Wirkung auch durch § 12 ABGB begrenzt (dazu *Bydlinski* in *Rummel,* ABGB^2 I § 12 Rz 1 ff). Soweit der Richter im Verfahrensrecht rechtsfortbildend wirkt, ist er an das Verfahrensrecht gebunden und muß sich an die in den positiven Verfahrensgesetzen vorgegebenen Wertungen halten. Er darf daher in das Zivilverfahrensrecht keine Gedanken und Leitideen hineintragen, die darin nicht enthalten sind (allgemein zur richterlichen Rechtsfortbildung SZ 54/120 [1981]; EvBl 1981/237 uva). Unter Beachtung dieser Schranken bedarf es aber gerade auch im Verfahrensrecht der richterlichen Rechtsfortbildung; dabei ist besonders in der Praxis oft schwer abzugrenzen, wo die analoge Rechtsanwendung endet und die richterliche Rechtsfortbildung beginnt.

Der Gesetzgeber gibt – meist aus koalitionspolitischen Gründen – der richterlichen Rechtsfortbildung oft dadurch Raum, daß er manche Spezialregelungen bewußt unterläßt (und dies oft in den EB ausweist), um dies der Rechtsprechung zu überlassen. Das ist aber nur dann verfassungskonform, wenn dem Gesetz selbst genügend konkretisierte Wertungen und Leitideen zu entnehmen sind, so daß sie für sich allein zur Füllung der Lücke durch die Rechtsprechung ausreichen.

D. Anwendungsgrenzen für die Prozeßgesetze

Lit: *Kuderna*, Erfahrungen mit dem ASGG aus der Sicht des OGH, DRdA 1989, 173; *Mazal*, Sind „alte" Schiedsvereinbarungen in Arbeitsrechtssachen wirklich nicht tot? RdW 1988, 453.

1. Räumliche Anwendungsgrenzen

Die staatliche Rechtspflege ist als Hoheitstätigkeit an den Territorialbereich des Staates gebunden (die österr Prozeßgesetze daher gem Art X EGJN und Art XXIX EGZPO an das Gebiet der Republik Österreich). Österr Gerichte haben grundsätzlich österr Verfahrensrecht anzuwenden; dies auch dann, wenn nach den Regeln des IPRG die Entscheidung in der Sache selbst ausländischem materiellen Recht unterliegt (s auch bei Rz 121). Die organisationsrechtliche Zuordnung eines Gerichtes zu einem bestimmten Staat bestimmt auch das Verfahrensrecht (lex fori) ohne Rücksicht darauf, ob die Parteien „Staatsangehörige" des Verfahrensstaates sind. Dieses Territorialitätsprinzip ermöglicht es den Gerichten und den Parteien, ohne weitwendige Rechtssuche und mit Vermeidung schwieriger Streitfragen alle oft dringlichen Verfahrensschritte zu setzen. Es dient so der Rechtssicherheit, der Rechtsklarheit und der Praktikabilität des Verfahrens. In Einzelfällen verweist das österr Verfahrensrecht dann, wenn Anknüpfungspunkte dies verlangen, auf ausländisches Verfahrensrecht, so zB bei der Prozeßfähigkeit von Ausländern (§ 3 ZPO; s dort) und sehr eingeschränkt bei der Rechtshilfe auf Ersuchen eines ausländischen Gerichtes (§ 39 Abs 2 JN). **111**

2. Zeitlicher Geltungsbereich

Die Zivilverfahrensgesetze sind am 1. 1. 1898 in Kraft getreten und seither auf alle Zivilgerichtsverfahren anzuwenden ohne Rücksicht darauf, ob der den Gegenstand des Rechtsstreites bildende Sachverhalt vor oder nach diesem Zeitpunkt entstanden ist. Ähnliches gilt für die **Änderung von Rechtsvorschriften:** Primär sind die diesbezüglichen Übergangsvorschriften maßgebend, ab wann die geänderten oder neu eingeführten Rechtsvorschriften anzuwenden sind und ob und inwieweit sie auch in bereits laufende Verfahren eingreifen. (Da neu eingeführte oder geänderte Rechtsvorschriften regelmäßig auch in laufende Verfahren eingreifen, die sich in den verschiedensten Stadien befinden, sind diese **Übergangsvorschriften** oft sehr umfangreich und kompliziert; sie werfen nicht selten Zweifelsfragen auf, welche die Judikatur temporär belasten: s etwa die Übergangsvorschriften in der ZVN 1983). Fehlen Übergangsvorschriften, dann sind die geänderten oder neu eingeführten Vorschriften vom Tag des Inkrafttretens des Gesetzes an anzuwenden (§ 3 ABGB, § 4 BGBlG 1996 BGBl 660). Eine **Rückwirkung** kann nur innerhalb eines noch nicht abgeschlossenen Verfahrens **112** und überhaupt nur dann eintreten, wenn das neue Verfahrensgesetz dies ausdrücklich anordnet. In allen anderen Fällen ist das Verfahren nach den neuen Verfahrensvorschriften fortzusetzen und zu beenden; die noch während der Geltung der früher geltenden Verfahrensvorschriften gesetzten Prozeßhandlungen sind dem Verfahren zugrunde zu legen und bezüglich ihrer Wirksamkeit nach den Vorschriften zu beurteilen, die in dem Zeitpunkt, in dem sie gesetzt wurden, gegolten haben (es sei denn, daß eine frühere Ungültigkeit, die noch nicht wahrgenommen wurde, durch die geänderten Rechtsvorschriften konvalidiert wird).

So sind Schiedsvereinbarungen in Arbeitsrechtssachen, die vor Inkrafttreten des § 9 Abs 2 ASGG am 1. 1. 1987 abgeschlossen wurden, mangels rückwirkender Übergangsvorschriften auch nach diesem Zeitpunkt weiterhin gültig geblieben (JBl 1989, 333 = RdW 1989, 73; aA *Kuderna*, DRdA 1989, 175 und wohl auch *Mazal*, RdW 1988, 453).

3. Persönlicher Geltungsbereich (auch „parlamentarische Immunität")

Lit: *Berchtold*, Die Neuordnung der Immunität, ÖJZ 1979, 505; *Funk*, Die Immunität als Einrichtung des Verfassungsrechts; *Kopetzki*, Grenzen der außerberuflichen Immunität der Abgeordneten, ZÖR 1986, 101; *ders*, Berufliche Immunität und zivilrechtliche Haftung, Winkler-FS (1989) 91; *Ortner/Wielinger*, Die Immunität von Abgeordneten – Wohltat oder Plage? (1990).

113 a) Die österr Zivilverfahrensgesetze gelten für alle Personen, die Parteien eines vor einem österr Gericht geführten Zivilverfahrens sind oder die in einem solchen Verfahren als Vertreter, Beteiligte, „Beweispersonen" oder im Rahmen der Volksöffentlichkeit als „Zuseher" teilnehmen, gleichgültig, ob sie Inländer, Ausländer oder Staatenlose sind.

114 b) Persönlich ausgenommen sind nur Personen (und fremde Staaten), soweit ihnen **kraft Völkerrecht Immunität** zukommt (s dazu bei Art IX EGJN).

115 c) Die kraft Art 57 Abs 1 B-VG (und den LandesVerfG) eingeräumte **Immunität der Mitglieder der gesetzgebenden Körperschaften** könnte im Bereich des zivilgerichtlichen Verfahrens nirgends zu einer „Exemption" der Abgeordneten von den Zivilverfahrensgesetzen führen (diese gänzlich mit beachtlichen Gründen abl OLG Wien in JBl 1989, 521 und 1988, 43), sondern könnte als berufliche Immunität nur den Rechtsweg für bestimmte Ansprüche und deren zwangsweise Durchsetzung ausschließen, die mit ihrer Abstimmungsfreiheit, der parlamentarischen Redefreiheit und der Freiheit ihrer schriftlichen Meinungsäußerung unvereinbar sind (so OGH in EvBl 1988/79 – JBl 1989, 245 [*Schmoller*]). Daher sind zivilgerichtliche Klagen unzulässig, mit denen wegen der durch diese Freiheiten gedeckten Äußerungen Schadenersatz-, Widerrufs- oder Unterlassungsansprüche (§ 1330 ABGB, § 7 UWG) geltend gemacht werden. Zur Sicherung solcher Ansprüche sind keine einstweiligen Verfügungen zulässig; die Zwangsvollstreckung von Urteilen, mit denen unter Außerachtlassung der „parlamentarischen Immunität" solche Ansprüche gegen Abgeordnete zuerkannt werden, ist unzulässig. Bereits rechtskräftige Urteile sind analog § 42 JN in dessen Rahmen durch Antrag des Präsidenten der gesetzgebenden Körperschaft vom OGH als nichtig aufzuheben und die Klage zurückzuweisen.

Allerdings schützt diese Immunität den Abgeordneten nur vor Ansprüchen aus Handlungen oder Unterlassungen, die in den Rahmen seiner parlamentarischen Aufgaben fallen, nicht aber dann, wenn er außerhalb dieser im Interesse von Privatpersonen oder aus Eigeninteresse rechtsmotorisches Verhalten gesetzt hat (zB bei Pressekonferenzen, mögen sie auch im Parlamentsgebäude erfolgen: JBl 1989, 246 = EvBl 1988/79; oder wenn er eine durch seine parlamentarische

Tätigkeit gedeckte Äußerung außerhalb der gesetzgebenden Körperschaft wiederholt: SZ 50/111 [1977]; s auch *Reischauer* in *Rummel*, ABGB² II § 1330 Rz 32).

Die durchaus streitig bleibende Annahme einer beruflichen Immunität der Abgeordneten im Bereiche des Zivilrechts wird vom OGH mit dem Wortlaut des Art 57 Abs 1 B-VG begründet, der zweifelsfrei ergebe, daß der Abgeordnete wegen der „in diesem Berufe gemachten mündlichen oder schriftlichen Äußerungen nur vom Nationalrat verantwortlich gemacht werden" könne; dies schließe auch ein zivilgerichtliches Verfahren aus. Das ist nicht zwingend, weil das B-VG und das NRGOG offensichtlich nur eine „Verantwortlichmachung" durch eine **Behörde** im Auge haben. Daß das Zivilverfahren ein „hoheitsrechtlicher staatlicher Rechtsschutzmechanismus" sei (so *Kopetzki*, Winkler-FS 91 ff) und deshalb durch die Immunität miteinbegriffen werde, ist ein bloß formales Argument, das die Wertung der Schutzfunktion weit überzeichnet. Mit ebensogroßer oder wohl noch größerer Berechtigung kann angenommen werden, daß die berufliche Immunität den zivilgerichtlichen Bereich nicht erfaßt, aber bei schädigenden Handlungen eines Abgeordneten im Rahmen seiner parlamentarischen Tätigkeit die Rechtswidrigkeit fehlt. Jedenfalls ist aber einschränkende Auslegung geboten (*Reischauer* in *Rummel*, ABGB² II § 1330 Rz 32).

Die außerberufliche Immunität der Mitglieder gesetzgebender Körperschaften erstreckt sich nicht auf zivilgerichtliche Verfahren, schützt daher auch nicht vor der Verhängung von Ordnungs- und Beugemitteln durch die Zivilgerichte (so auch *Kopetzki*, ZÖR 1986, 101), befreit nicht von der Zeugnispflicht und steht dem Zeugniszwang nicht entgegen (JBl 1984, 679 [*Liebscher*] = RZ 1985/9; Gutachten des OGH JMVBl 1896, 130; einschränkend bei Zwang *Winkler*, BT 1967/1062, 2).

E. Internationales Zivilverfahrensrecht (IZVR)

Lit: *Böhm*, Die Rechtsschutzformen im Spannungsfeld von lex fori und lex causae, Fasching-FS (1988) 107;
Gottwald, Grenzen zivilgerichtlicher Maßnahmen mit Auslandswirkung, Habscheid-FS (1989) 118; *Grunsky*, Lex fori und Verfahrensrecht, ZZP 89 (1976), 241; *Neuhaus*, Internationales Zivilprozeßrecht und Internationales Privatrecht, RabelsZ 1955, 201.

1. Gesetzliche Grundlagen

Ungeachtet des Territorialprinzips im Verfahrensrecht (s Rz 111) sind innerstaatliche Vorschriften erforderlich, die auf Verfahren mit internationaler Beziehung Bedacht nehmen. Österreich hat kein eigenes Gesetz über internationales Zivilverfahrensrecht, und auch das IPRG enthält diesbezüglich keine umfassenden Regeln, ebensowenig die Zivilverfahrensgesetze selbst. Diese normieren fallweise an einzelnen Stellen, wie vorzugehen ist, wenn Prozeßhandlungen zu setzen oder Entscheidungen zu treffen sind, bei denen im Einzelfall Auslandsanknüpfungen in Betracht kommen. Wichtige weitere Rechtsquellen des österr internationalen Zivilverfahrensrechts sind die von Österreich abgeschlossenen zwei- oder mehrseitigen Staatsverträge. Dementsprechend sind in diesem Kommentar die Probleme des Internationalen Zivilverfahrensrechts jeweils bei den betreffenden Gesetzesstellen (bzw in Anhängen dazu die diesbezüglichen staatsvertraglichen Regelungen) behandelt. Hier ist nur die Aufgabe und der Begriff des Internationalen Zivilverfahrensrechts (IZVR) und seine Besonderheit darzustellen. **116**

2. Begriff

117 Internationales Zivilverfahrensrecht ist die Gesamtheit der innerstaatlichen prozessualen Regeln, welche verfahrensrechtliche Tatbestände mit internationalem Bezug betreffen.

Das IZVR ist ein Teil des innerstaatlichen Prozeßrechts. Es hat seinen – etwas irreführenden – Namen vom Regelungsgegenstand, nicht aber davon, daß es von einem „internationalen Gesetzgeber" erlassen worden wäre. Auch wenn das IZVR in zunehmendem Maße in internationalen Übereinkommen enthalten ist, wird es – ausgenommen bestimmtes Staatengemeinschaftsrecht, wie die Verordnungen und Richtlinien der EU, für deren Umsetzung die EU-Anpassungsgesetze sorgen – auch hier erst wirksam und verbindlich, wenn es durch Ratifikation nach den Regeln des österr B-VG zu innerstaatlichem Recht geworden ist (Art 50, 65 B-VG). Die rechtsbildende Kraft der Staatengemeinschaft kann für das österr IZVR nur dann rechtlich wirksam werden, wenn es sich um allgemein anerkannte Regeln des Völkerrechts handelt (Art 9 Abs 1 B-VG). Gerade solches wird im Bereich des Zivilverfahrensrechtes wohl nur dann zu bejahen sein, wenn bestimmte Regelungen in den meisten einzelstaatlichen Rechtsordnungen (bzw Staatsverträgen) inhaltlich übereinstimmen. **Völkergewohnheitsrechtliche Regelungen im IZVR** sind etwa der allgemeine Grundsatz, daß Verträge einzuhalten sind, daß Ausländer beim Zugang zu Gericht nicht unsachlich unterschiedlich behandelt werden dürfen, daß die den einzelnen Staaten zukommende Souveränität und Territorialhoheit auch ihre Gerichtsbarkeit umfaßt und fremdstaatliche Zwangseingriffe unzulässig macht sowie zahlreiche auf Völkergewohnheitsrecht beruhende Immunitäten (s dazu bei Art IX EGJN).

3. Verfahrensrechtliche Tatbestände mit internationalem Bezug

118 Diesbezügliche Tatbestände, die nach einer besonderen Regelung und Beurteilung verlangen, ergeben sich aus:

- **örtlichen Beziehungen** der Streitsache oder der Parteien zum Ausland: so der Wohnsitz (§ 66 JN), der gewöhnliche (§ 66 Abs 2 JN) oder der jeweilige Aufenthalt einer oder beider Parteien (bzw deren gemeinsamer oder letzter gemeinsamer gewöhnlicher Aufenthalt: § 76 Abs 2 JN); der Ort der gelegenen Sache (§§ 81, 83, 91 JN) oder des belegenen Rechts (§ 99 Abs 2 JN); der Ort, an dem ein schädigendes Verhalten gesetzt wurde (§ 92a JN) oder an dem der Schaden eingetreten ist (§ 83c Abs 3 JN); bei Streitigkeiten aus Verträgen der Abschlußort oder der Erfüllungsort (§ 88 JN); der Sitz juristischer Personen (§§ 74, 75, 83b, 92b JN) oder der Ort ihrer Zweigniederlassung (§§ 87, 99 Abs 3 JN); der Gerichtsort, an dem bereits Streitigkeiten zwischen den Parteien oder zwischen einer von ihnen mit einem Dritten anhängig sind oder waren (§§ 93, 94, 96 JN);
- **persönlichen Eigenschaften** der Parteien, wie deren Staatsangehörigkeit (§ 76 Abs 2 Z 1; § 76b, § 76c JN), Parteifähigkeit und Prozeßfähigkeit (§ 3 ZPO), Postulationsfähigkeit, Immunität (Art IX EGJN), Mittellosigkeit;
- prozessual erheblichen **Willenserklärungen** der Parteien, so insb die Vereinbarungen über die inländische Gerichtsbarkeit (§ 104 Abs 1 Z 1 JN), Zuständigkeits- und Schiedsvereinbarungen und Beweisverträge;
- **Wirkungen von Verfahrensakten und Entscheidungen:** so die Anerkennung und Vollstreckung ausländischer Entscheidungen, Vergleiche und Schiedssprüche; Wirkungen der Streitanhängigkeit im Ausland auf inländische Verfahren;

• **Wirkungen für die Prozeßkostentragung:** Kostenersatzpflicht, Sicherheitsleistungspflicht, Verfahrenshilfe;
• **grenzüberschreitender Rechtshilfe** einschließlich der Beweisaufnahme, Aktenübersendung und Zustellung;
• **Ermittlung und Anwendung fremden Rechts** im Inland (§ 271 ZPO; §§ 3, 4 IPRG).

4. Die lex fori

Anders als beim IPR hat im Verfahrensrecht grundsätzlich die lex fori Vorrang. Die Gerichte haben also das Verfahrensrecht des eigenen Landes anzuwenden. Abweichende Regelungen für Tatbestände mit internationalem Bezug sind nur ganz ausnahmsweise vorgesehen und müssen ausdrücklich und inhaltlich determiniert sein. Nur selten enthält das IZVR Kollisionsnormen (so zB für die Prozeßfähigkeit von Ausländern in § 3 ZPO). **119**

a) Der weitgehende Vorrang des innerstaatlichen Verfahrensrechtes ist ein Gebot der praktischen Vernunft und der Rechtssicherheit für Gericht und Parteien (eingehend *Geimer*, IZPR² Rz 320 ff). Die Verfahrensrechte sind nicht ohne weiteres austauschbar (dazu *Coester-Waltjen*, Beweisrecht 114), insb nicht in Ansehung einzelner Verfahrensschritte und Prozeßhandlungen (wegen deren logischer Endbezogenheit), **120**

b) Die Lehre hat die ursprünglich sehr geringen Ausnahmen vom Grundsatz der lex fori teilweise auszudehnen versucht (vgl *Geimer*, IZPR² Rz 323) und dazu das **„Gleichlaufprinzip"** in den Raum gestellt, demzufolge stets das Verfahrensrecht desjenigen Staates angewendet werden solle, dessen materielles Recht der Entscheidung zugrunde zu legen ist. Das Gleichlaufprinzip ist nirgends verfügt, und auch die prozessualen Staatsverträge (insb über die Anerkennung und Vollstreckung zivilgerichtlicher Entscheidungen) haben es nirgends in Betracht gezogen. Die Anwendung größerer Teile fremden Verfahrensrechtes wäre kaum praktikabel und brächte zudem Abgrenzungsschwierigkeiten (*Schwimann*, Zivilprozeßrecht 28 f). Es ist zuzugeben, daß die Anwendung der lex fori in manchen Fällen schwer lösbare Probleme aufwirft und zu unzulänglichen Ergebnissen führen kann. Dies ist vor allem in jenem Grenzbereich des Verfahrensrechtes der Fall, wo prozessuale Vorschriften zugleich auch materiellrechtliche Auswirkungen haben und auf eine Spezialnorm des materiellen Rechtes ausgerichtet sind, die in dem fremden Staate fehlt, dessen materielles Recht anzuwenden ist; oder wenn über ausländisches materielles Recht zu entscheiden ist, zu dessen Durchsetzung das ausländische Recht notwendigerweise spezielle Verfahrensregeln zur Verfügung stellen mußte, die im Verfahrensrecht des Entscheidungsstaates unbekannt sind (so zB bei besonderen Rechtsschutzformen; dazu eingehend *Böhm*, Fasching-FS 107). Diese Schwierigkeiten können nur zum Teil durch die Qualifikation (s Rz 122) gelöst werden, und auch Lückenfüllung durch Analogie ist oft nicht möglich. In schwerwiegenden Einzelfällen wird darum zu überlegen sein, ob hier nicht eine Ausnahme von der lex fori anzunehmen ist, die jedenfalls dann gerechtfertigt ist, wenn sonst die Möglichkeit, das Recht überhaupt durchsetzen zu können, rechtlich (oder wohl auch faktisch) gänzlich ausgeschlossen wäre, aber andererseits die Verwendung der die Durchsetzung ermöglichenden ausländischen gleichlaufenden Verfahrensvorschrift für das inländische Gericht unschwer möglich (praktikabel) und zumutbar wäre (und dem außerdem auch der inländische ordre public nicht entgegenstünde). **121**

c) Die lex fori gilt primär nur für das Verfahrensrecht. Daher hängt ihre Anwendung davon ab, ob die zu beurteilende Frage dem Verfahrensrecht zuge- **122** hört oder dem Meritum der Entscheidung. Diese **Zuordnungsprüfung (Qualifikation)** erfolgt ihrerseits ebenfalls nach der lex fori, dh daß der österr Richter nach österr Rechtsverständnis festzustellen hat, ob die zu beurteilende Frage prozessualer Natur ist (zB ist die Verjährung nach österr Recht eine Frage des materiellen Rechts, nach angelsächsischem Verständnis dagegen eine Frage des Prozeßrechts).

123 d) Eine Konsequenz des Vorrangs der lex fori im Verfahrensrecht ist, daß die **Parteien keine Vereinbarungen darüber treffen können, ob inländisches oder ausländisches Verfahrensrecht anzuwenden ist.** Verfahrensrechtliche Vereinbarungen anderer Art sind nur insoweit zulässig, als sie das Verfahrensrecht der lex fori kennt und erlaubt.

Mittelbar haben die Parteien die Möglichkeit, durch eine zulässige Gerichtsstandsvereinbarung auf ein Gericht desjenigen Staates auszuweichen, dessen Verfahrensrecht sie angewendet wissen wollen; wie weit dies möglich ist, wird dann durch die jeweiligen Regeln über die inländische Gerichtsbarkeit (bzw internationale Zuständigkeit) des Forum-Staates bestimmt.

124 e) Wo internationale Abkommen oder ausnahmsweise auch inländische Verfahrensvorschriften dies ausdrücklich anordnen, ist ausländisches Verfahrensrecht anzuwenden; dies aber nur so weit, als es nicht gegen den **inländischen ordre public** verstößt. Es darf also im Inland nicht einen gegen die Grundwertungen der österr Gesamtrechtsordnung und insb des österr Verfahrensrechtes verstoßenden Erfolg herbeizuführen geeignet sein (so zB unmittelbarer körperlicher Zwang gegen die Parteien oder Zwang iSd pretrial discovery; gänzlicher Ausschluß des rechtlichen Gehörs; einseitige Einflußmöglichkeiten einer Partei auf Gericht und Verfahren; Verletzung der „Waffengleichheit" der Parteien im Verfahren). Ist eine vom ausländischen Verfahrensrecht vorgesehene Verfahrenshandlung dem inländischen Recht unbekannt, verfolgt sie aber einen von ihm gebilligten Zweck, ohne ein grundlegendes Schutzprinzip zu verletzen, dann liegt in ihrer Anwendung kein Verstoß gegen den inländischen ordre public.

5. Der Grundsatz der Gegenseitigkeit

125 Dieser Grundsatz war für das IZVR ursprünglich charakteristisch und dominant, ist aber in letzter Zeit in den Hintergrund getreten. Er soll dem Schutz der eigenen Staatsbürger dienen. Das wurde in den letzten Jahrzehnten immer mehr bezweifelt und wird ohnedies bedeutungsloser, weil die durch diesen Grundsatz betroffenen Bereiche des IZVR in immer größerem Ausmaß durch Staatsverträge positiv geregelt werden. Die Forderung nach Gegenseitigkeit kann im internationalen Rechtsverkehr partiell Rechtsunsicherheit schaffen und verkehrshindernd wirken. Im österr Prozeßrecht ist Gegenseitigkeit nur mehr für die erhöhte Beweiskraft ausländischer öffentlicher Urkunden (§ 293 Abs 2 ZPO; s dort) und für die Anerkennung und Vollstreckung ausländischer Entscheidungen im Inland (soweit keine Staatsverträge dies regeln, sind die §§ 79ff EO anzuwenden, die qualifizierte Gegenseitigkeit fordern) erforderlich. Vgl auch § 23 Abs 2 AußStrG.

Formelle Gegenseitigkeit besteht dann, wenn der ausländische Staat den Inländer (Österreicher) vor seinen Gerichten genauso behandelt wie seine eigenen Staatsbürger. Daher müssen unter dem Aspekt formeller Gegenseitigkeit die inländischen Gerichte die Staatsbürger des ausländischen Staates wie Inländer behandeln.

Materielle Gegenseitigkeit liegt dann vor, wenn der Ausländer von den österr Gerichten inhaltlich genau so zu behandeln ist wie der Inländer (Österreicher) vor den Gerichten des Heimatstaates des Ausländers. (Müßten zB vor den Gerichten eines bestimmten Staates Österreicher stets ausnahmslos unter Eid vernommen werden, dann dürfte – falls materielle Gegenseitigkeit anzuwenden wäre – der Angehörige dieses Staates in Österreich ebenfalls immer nur eidlich vernommen werden.)

Qualifizierte Gegenseitigkeit muß in einer bestimmten Form festgestellt sein, um angewendet werden zu können (so zB § 79 EO: durch Staatsvertrag oder Verordnung); damit ist aber noch nichts darüber ausgesagt, ob sie formell, materiell oder besonders geregelt ist.

6. Die Hauptbereiche des Internationalen Zivilverfahrensrechts

Das IZVR umfaßt folgende Bereiche: **126**

a) Hierher gehören die Regeln über den **Umfang der inländischen Gerichtsbarkeit** (s bei Art IX EGJN und bei den §§ 27 a, 28 JN) und ihrer durch allgemeine Grundsätze des Völkerrechts, Völkervertragsrechts (insb Immunität; aber auch des „Gemeinschaftsrechts"), innerstaatliche Regelungen und allgemeine Rechtsgrundsätze gegebenen Grenzen.

Dazu gehören auch die Regeln über die „internationale Zuständigkeit", soweit die jeweilige Rechtsordnung zwischen dieser und der inländischen Gerichtsbarkeit unterscheidet (s bei Art IX EGJN und bei den §§ 27 a, 28 JN), und über die Zulässigkeit von Parteivereinbarungen zur Begründung und Ausschließung inländischer Zuständigkeiten, soweit dabei ein Tatbestand mit internationaler Anknüpfung geschaffen wird oder betroffen ist.

b) Zum IZVR zählen weiters die Regeln über die Rechtsstellung von Aus- **127**
ländern im zivilgerichtlichen Verfahren vor inländischen Gerichten **(prozessuales Fremdenrecht);** besonders über den Umfang des Justizgewährungsanspruches für Ausländer (Art und Umfang bestimmt die lex fori: *Fasching*, Lehrbuch[2] Rz 2404; *Geimer* in *Zöller*, Zivilprozeßordnung[17] Einl-IZPR Rz 8); deren Parteifähigkeit (s vor § 1 ZPO), Prozeßfähigkeit (s bei § 3 ZPO) und Postulationsfähigkeit (für die Anwaltspflicht gilt die lex fori; ebenso für die Verhandlungsfähigkeit; bei Unkenntnis der deutschen Sprache als Amtssprache ist entsprechend dem Art 6 Abs 1 EMRK zur Gewährung eines „fairen Verfahrens" dem Mittellosen im Rahmen der Verfahrenshilfe Übersetzungshilfe zu bieten – § 64 Abs 1 Z 1 lit c ZPO); die gewillkürte Vertretung der Parteien (lex fori: vor österr Gerichten dürfen nur Rechtsanwälte iSd § 1 RAO und des EWR-RAG 1992 auftreten; vgl auch bei § 31 ZPO), die „Prozeßführungsbefugnis" (s vor § 1 ZPO; Verbandsklagebefugnis: § 14 UWG, § 54 ASGG ua; s Rz 17); die Form, den Inhalt und den prozessualen Wirkungsbereich der Prozeßvollmacht (stets lex fori; anders bei einer nur für bestimmte Prozeßhandlungen erteilten Vollmacht gem § 33 Abs 2 ZPO; bezüglich Gültigkeit und Umfang untersteht sie insoweit der lex causae, als dem nicht ausdrückliche Normen der lex fori entgegenstehen: *Fasching,* Lehrbuch[2] Rz 2403); und über die Verfahrenshilfe (s vor §§ 63 ff ZPO) sowie die Prozeßkostensicherheitspflicht (s Vor §§ 56 ff ZPO).

c) Zum IZVR gehört die Regelung der **Rechtshilfe an ausländische Gerich-** **128**
te und durch diese (§§ 38 ff JN; § 283 ZPO) einschließlich der Zustellung (§ 121 ZPO; § 11 ZustellG) und der Aktenübersendung.

d) Das IZVR umfaßt **Sondernormen des Beweisrechtes** (zB betreffend **129**
ausländische Urkunden: § 293 Abs 2 ZPO). Grundsätzlich gilt für die Zulässigkeit von Beweismitteln und für die Art der Beweisaufnahme die lex fori (vgl aber *Neuhaus*, RabelsZ 1955, 238 und *Riezler*, Zivilprozeßrecht 469 ff). Auch die Beweiswürdigung richtet sich nach der lex fori, sodaß vor österr Gerichten im-

mer und unabdingbar der Grundsatz der freien Beweiswürdigung herrscht. Da die herrschende österr L und Rsp die Beweislastregeln dem für den Entscheidungsgegenstand maßgeblichen Rechtsgebiet zuordnen, findet die lex fori auf sie nur dann Anwendung, wenn auch das Sachrecht der lex fori unterliegt.

In verschiedenen ausländischen Rechtsordnungen ist das Beweisrecht eng mit dem materiellen Recht verknüpft (eingehend *Coester-Waltjen*, Beweisrecht 114 ff, 302; *Nagel/Gottwald,* IZPR[4] Rz 320), sodaß hier durch die Anwendung der lex fori Disharmonien entstehen können (s Rz 120).

130 e) Das IZVR regelt die **Ermittlung ausländischen Rechts** und seine Anwendung in inländischen Zivilgerichtsverfahren (§§ 4, 5 IPRG; § 271 ZPO). Ausländisches Recht ist im Rechtsmittelverfahren (auch in der Revisionsinstanz) ohne Einschränkung überprüfbar.

131 f) Zum IZVR gehören Bestimmungen betreffend die **Anerkennung und Vollstreckung ausländischer Entscheidungen im Inland** (s nach § 411 ZPO) sowie überhaupt über die Wirkung ausländischer gerichtlicher Verfahren und Verfahrensakte auf inländische Zivilgerichtsverfahren (vor allem die Wirkung der Streitanhängigkeit einer Sache vor einem ausländischen Gericht auf ein im Inland bezüglich derselben Sache anhängig gemachtes Verfahren – dazu bei den §§ 233, 236 Abs 3 ZPO und nach § 411 ZPO).

132 g) Schließlich ist die **internationale Schiedsgerichtsbarkeit** einschließlich der Regeln über die Anerkennung und Vollstreckung ausländischer Schiedssprüche Teil des IZVR (s dazu nach § 411 ZPO und nach § 599 ZPO).

V. Das Prozeßrechtsverhältnis

Lit: *Andexlinger*, Schadenersatz wegen Prozeßführung, RdW 1986, 248; *F. Bydlinski*, Schadenersatz wegen materiell rechtswidriger Verfahrenshandlungen, JBl 1986, 626; *Fasching*, Die Bedachtnahme auf Treu und Glauben im österreichischen Zivilprozeß, Schwab-FS (1990) 101 = Fasching-FG (1993) 45; *Novak*, Treu und Glauben im Zivilprozeß, ÖJZ 1949, 338.

Baumgärtel, Treu und Glauben, gute Sitten und Schikaneverbot im Erkenntnisverfahren, ZZP 69 (1956) 89; *ders*, Treu und Glauben im Zivilprozeß, ZZP 86 (1973) 353; *Dölle*, Pflicht zur redlichen Prozeßführung? Riese-FS (1964) 279; *Goldschmidt,* Der Prozeß als Rechtslage (1925); *Henckel*, Prozeßrecht und materielles Recht (1970); *Konzen*, Rechtsverhältnisse zwischen Prozeßparteien (1976) 55 ff; *Stürner*, Prozeßrechtsverhältnis und Verfassung, Mitsopoulos-FS II (1994) 141.

A. Begriff

133 Im Prozeß entstehen durch das Zusammenwirken des Gerichtes mit den Parteien zwischen diesen und zwischen ihnen und dem Gericht viele rechtliche Beziehungen, die insgesamt als Prozeßrechtsverhältnis verstanden werden. Es handelt sich hier nicht um die Abfolge faktischer Situationen (Prozeßlagen: so *Goldschmidt*, Prozeß 146 ff), sondern um ein echtes Rechtsverhältnis öffentlichrechtlicher Natur. Zu seiner Begründung und Beendigung bedarf es keiner rechtsgeschäftlichen Erklärungen, sondern Entstehen und Beendigung des Prozeßrechtsverhältnisses sind an die in der Prozeßordnung hiefür vorgesehenen Tatbestände geknüpft. Es entsteht unabhängig vom Vorliegen der Prozeßvoraussetzungen; deren Fehlen führt aber zu seiner Beendigung. Seiner Natur nach ist das Prozeßrechtsverhältnis ein Dauerrechtsverhältnis, das sich von anderen Dauerrechtsverhältnissen dadurch unterscheidet, daß es normalerweise einer ständigen Veränderung durch den Wechsel der einzelnen Prozeßstadien unterworfen ist (Dynamik des Prozeßrechtsverhältnisses), die ihrerseits zielgerichtet einem bestimmten Enderfolg zustreben (Finalität).

B. Entstehung und Beteiligte

Das Prozeßrechtsverhältnis **entsteht** durch Einbringung eines auf Rechts- **134**
schutz in der Sache gerichteten Entscheidungsantrags (Klagseinbringung) und wird vorerst zweiseitig zwischen Antragsteller (Kläger) und Gericht begründet; wird der Antrag (die Klage) sofort zurückgenommen oder a limine vom Gericht zurückgewiesen, bleibt es zweiseitig. Mit der Zustellung des Antrags (der Klage, des Zahlungsbefehls, Zahlungsauftrags, der Aufkündigung) an den Gegner (Beklagten) wird auch dieser in das Prozeßrechtsverhältnis einbezogen, sodaß es nunmehr dreiseitig ist. Eine Personenmehrheit auf der Kläger- oder/und Beklagtenseite ändert nichts an der Dreiseitigkeit, ebenso auch nicht der Beitritt von Nebenintervenienten. Zeugen und Sachverständige werden nicht in das Prozeßrechtsverhältnis einbezogen, sie stehen nur zum Gericht in einem öffentlichrechtlichen Pflichtverhältnis.

Beendet wird das Prozeßverhältnis durch die Klagsrücknahme, durch Klagszurückweisung durch das Gericht, durch Vergleich oder durch rechtskräftige Erledigung des gesamten Streitgegenstandes durch Sachentscheidung. Als einziges und einheitliches Rechtsverhältnis bleibt es trotz Parteiwechsel oder Parteibeitritt oder Vergrößerung bzw Verkleinerung des Beteiligtenkreises, trotz Änderung des Entscheidungsgegenstandes während des Verfahrens oder trotz Änderung des Gerichtes (Übergang an die Rechtsmittelinstanz, Überweisung gem den §§ 230 a, 261 Abs 6 ZPO) in seinem Bestand unberührt.

Die einzelnen Stadien des Prozesses **(Prozeßlagen)** haben keine selbstän- **135**
dige Bedeutung und sind keine isolierbaren Rechtsverhältnisse. Als Glied des dynamischen Prozeßrechtsverhältnisses baut jede Prozeßlage auf der vorhergehenden zwangsläufig auf. Nach Ende des Prozeßrechtsverhältnisses sind einzelne Prozeßlagen nur insoweit von Bedeutung, als sie in der abschließenden Entscheidung zu deren bedingenden Inhalt geworden sind.

C. Inhalt des Prozeßrechtsverhältnisses

1. Rechtsbeziehungen zwischen den Parteien

Diese werden entweder direkt begründet: so durch Anerkenntnis, Verzicht, **136**
Prozeßvergleich, Ruhensvereinbarung, wohl auch – mittelbar – durch Vollmachtserteilung, -beschränkung, -kündigung und -widerruf; dies auch dann, wenn diese Beziehung durch eine dem Gericht gegenüber abgegebene Erklärung entsteht (so zB auch durch übereinstimmenden Verzicht auf bereits vom Gericht beschlossene Beweise gem § 345 ZPO oder durch übereinstimmenden Widerspruch beider Parteien gegen die Beweisaufnahme durch amtswegig stellig gemachte Zeugen oder Urkunden gem § 183 Abs 2 ZPO).

2. Rechtsbeziehungen zwischen dem Gericht und den Parteien

a) Pflichten des Gerichtes

Das Verhältnis des Gerichtes zu den Parteien ist ein öffentlichrechtliches **137**
Pflichtverhältnis. Das Gericht ist von Amts wegen verpflichtet, die Verfahrensvorschriften anzuwenden (insofern sind sie für das Gericht zwingendes Recht: Näheres s Rz 85) und den Vorschriften gemäß zu handeln **(gerichtliche Handlungspflichten).** Dem korrespondiert der Justizgewährungsanspruch der Parteien

und ihr Anspruch auf ein dem Art 6 EMRK voll entsprechendes Verfahren. Verletzungen der gerichtlichen Amtspflicht zur korrekten Anwendung der Verfahrensgesetze sind bei Vorliegen der entsprechenden Tatbestandsvoraussetzungen gem § 302 StGB als Amtsmißbrauch strafbar und begründen, wenn sie schuldhaft erfolgten, einen Amtshaftungsanspruch gegen den Staat.

b) Allgemeine prozessuale Pflichten für jedermann

138 Nicht dem Prozeßrechtsverhältnis entspringen die allgemeinen prozessualen Pflichten. Sie sind unabhängig von diesem und treffen jeden, der sich im territorialen Wirkungsbereich der österr Zivilprozeßgesetze befindet (soferne es keine ausdrückliche Ausnahmeregel gibt: zB für Immune), also auch die Parteien. Dazu gehört die Zeugnispflicht (§§ 320 ff, 371 ff ZPO: *Fasching*, Lehrbuch[2] Rz 976 ff) und im Abstammungsverfahren auch die Pflicht zur Duldung abstammungskundlicher Untersuchungen (§ 7 FamRAnglV).

Daß es sich bei den im konkreten Prozeß von diesen Pflichten betroffenen Personen um keine Subjekte des Prozeßrechtsverhältnisses handelt, ist nicht unbestritten. Man kann sie auch als solche betrachten und dann folgerichtig die Auffassung vertreten, daß sie andere Rechte und Pflichten als die Parteien haben (so *Stürner*, Mitsopoulos-FS II 141 ff).

c) Pflichten der Parteien im Verfahren

139 aa) **Pflichten – Lasten:** Da das Ziel des Prozesses die Entscheidung über Sachanträge der Parteien ist, mit denen sie – meist – ihrer eigenen Verfügungsgewalt unterliegende Privatrechte durchsetzen (bzw ihre Durchsetzung verhindern) wollen, hat die ZPO ursprünglich erzwingbare Partei**pflichten** bei der Prozeßführung in den Hintergrund gedrängt und den Parteien vornehmlich **prozessuale Lasten** auferlegt. Durch diese bleibt es dem Belieben der Parteien überlassen, ob sie einer prozessualen Vorschrift (oder einer richterlichen Anordnung) nachkommen wollen oder ob sie die nachteiligen Folgen, die das Gesetz an das Nichtbefolgen (die Untätigkeit bzw unzulängliche Tätigkeit) knüpft, auf sich nehmen. Daher spricht *Schumann* in *Stein/Jonas,* ZPO[20] Einl Rz 234 von einer „prozessualen Aussicht", wenn das Gebot erfüllt wird. Im Regelfall kommt das Zivilprozeßrecht auch heute noch mit Regeln über prozessuale Lasten aus, wenngleich im modernen Prozeß mit Sozialfunktion **echte prozessuale Pflichten** jedenfalls in verstärktem Maße unabdingbar werden und auch häufiger im Gesetz ihren Niederschlag finden; auch läßt sich aus dieser Sicht manche Regel, die bisher nur als Last aufgefaßt wurde, als echte Handlungspflicht deuten.

140 bb) **Echte Handlungspflichten:** Dazu gehört vor allem die Wahrheitspflicht (§ 178 ZPO: Pflicht der Parteien zu wahrem und vollständigem Vorbringen), die Pflicht zu sorgsamer, fördernder Prozeßführung (§ 530 Abs 2, § 146 Abs 1 letzter Satz ZPO), im Ehe- und im Abstammungsverfahren die Pflicht zum persönlichen Erscheinen der Parteien (§ 460 Z 1 ZPO, § 6 Abs 1 Z 2 FamRAnglV, Art V Z 6 UeKG). Anders als die letztgenannten Erscheinens- und Duldungspflichten, die durch Beugemittel erzwungen werden können, liegt die Sanktion für die Wahrheits- und Sorgfaltspflicht in prozessualen Folgen (insb in Kosten- und Präklusionsfolgen): Das Prozeßrecht schafft aber keine Pflichten der Partei gegenüber dem Gegner zur Erleichterung seiner Rechtsdurchsetzung oder Verteidigung; es können aber materiellrechtliche Nebenverpflichtungen bedeutsam werden (so zB gem § 304 Z 2 und § 308 ZPO die bürgerlichrechtliche Verpflichtung zur Herausgabe einer Urkunde).

cc) **Unterlassungspflichten der Parteien:** Diese ergänzen die Handlungspflichten. Die wichtigsten davon sind die Verpflichtung, **Prozeßverschleppung zu vermeiden** (sie wird durch die Zurückweisung von offenbar in Verschleppungsabsicht vorgebrachtem Vorbringen sanktioniert: § 179 Abs 1 Satz 2 ZPO, ferner die §§ 275, 279 ZPO; ebenso durch Kostenfolgen: § 48 ZPO) und die ganz allgemeine Verpflichtung, arglistiges und gegen Treu und Glauben verstoßendes Verhalten im Prozeß zu unterlassen. **141**

3. *Prozeßverhalten nach Treu und Glauben*

a) **Allgemeines:** Im älteren österr Schrifttum wurde teilweise ein allgemeines Gebot, im Prozeß nicht wider Treu und Glauben handeln zu dürfen, verneint (*Pollak*, System[2], 368) und dieses Problem auch im übrigen nur sehr kursorisch behandelt. Doch muß zumindest seit Wirksamwerden des Art 6 EMRK (Pflicht zu einem „fairen" Verfahren) im Zusammenhang mit neuen, diesem Grundsatz Rechnung tragenden Spezialvorschriften der ZPO (besonders in der ZVN 1983) davon ausgegangen werden, daß im Zivilprozeßrecht eine ganz **allgemeine Verpflichtung für Gericht und Parteien besteht, arglistiges und gegen Treu und Glauben verstoßendes Prozeßverhalten zu unterlassen** (dazu *Fasching,* Schwab-FS 101 = Fasching-FG 45). Spezialvorschriften der ZPO, teilweise schon seit deren Inkrafttreten, versuchen, punktuell dem Grundsatz von Treu und Glauben Rechnung zu tragen; so die §§ 63, 68 (Verweigerung und Entziehung der Verfahrenshilfe wegen mutwilliger Prozeßführung oder Erschleichung), § 45 (Kostenersatzpflicht des Klägers bei mutwillig veranlaßter Klage), § 48 (Kostenersatzpflicht für die durch Verschulden einer Partei verursachten Kosten des Gegners), § 73 Abs 3 (keine Fristunterbrechung durch neuerlichen Antrag auf Beigabe eines Rechtsanwalts zur Verfahrenshilfe nach rechtskräftiger Verweigerung einer solchen Beigabe); § 85 Abs 2 letzter Satz (keine Fristunterbrechung bei neuerlichem Antrag auf Beigabe eines Rechtsanwalts zur Verfahrenshilfe nach rechtskräftiger Abweisung eines solchen Antrages aus Anlaß eines Verbesserungsauftrages); § 408 (Schadenersatz wegen mutwilliger Prozeßführung), § 530 Abs 1 Z 1, 2 und 3 (Wiederaufnahme wegen strafgesetzwidrigen Verhaltens einer Partei) § 530 Abs 2 (Unzulässigkeit einer auf neue Tatsachen und Beweismittel gestützten Wiederaufnahmsklage, wenn diese aus Verschulden im Hauptprozeß nicht vorgebracht wurden). Diese Spezialregelungen haben den Vorrang (so zB beim Widerruf eines Geständnisses: § 266 Abs 2, § 267 Abs 3 ZPO). In diesen Fällen ist es nicht notwendig, auf den allgemeinen Grundsatz von Treu und Glauben zurückzugreifen, zumal das Gericht das Gesamtverhalten der Partei frei würdigen kann (§ 272 ZPO). **142**

b) **Inhalt des Gebots:** Das Gebot zu Treu und Glauben bei der Rechtsausübung ist ein Grundelement der Rechtsordnung und konkretisiert sich in einer allgemeinen Redlichkeitspflicht für die Beteiligten und in einem prozessualen Mißbrauchsverbot. Gegen Treu und Glauben handelt die **Partei,** die vor oder in einem Rechtstreit die der Durchführung und Sicherung des Rechtsverfahrens dienenden Einrichtungen und Handlungen bewußt zur Vereitelung oder Verzögerung der Rechtsdurchsetzung (bzw der Rechtsverteidigung) oder zur Herstellung einer Rechtslage verwendet, auf die sie nach eigener Überzeugung keinen Anspruch hat. Das **Gericht** handelt dann treuwidrig, wenn es ohne Rechtsgrundlage das Verfahren verweigert oder verzögert, wenn es bewußt die Parteien in ihren Verfahrens- oder Entscheidungsgrundlagen beschneidet, wenn es von den ihm eingeräumten Verfahrensbefugnissen in einer Weise Gebrauch macht, die seine Pflicht zur Unparteilichkeit verletzt, oder wenn es bewußt überraschend **143** eine Rechts- oder Verfahrenslage schafft, mit der die Parteien auch bei sorgfältigster Prüfung des Streitstandes nicht rechnen konnten.

144 c) **Typische Erscheinungsformen treuwidrigen Verhaltens** sind:

• der **Mißbrauch prozessualer Befugnisse** (so SZ 58/17 [1985] = JBl 1985, 684 = AnwBl 1985, 547: trotz Belehrung erfolgte Einbringung eines Schriftsatzes im Anwaltsprozeß ohne Anwaltsunterschrift, um durch den Verbesserungsauftrag eine Fristverlängerung zu erreichen – s auch EvBl 1985/29 = RZ 1985, 87), zB um durch provozierte Verbesserungsaufträge oder mutwillig gestellte Anträge auf Beigabe eines Rechtsanwalts zur Verfahrenshilfe die faktische Verlängerung unverlängerbarer Fristen zu erreichen (s nunmehr ausdrücklich den durch die WGN 1997 neugeschaffenen § 73 Abs 3 ZPO); die Zusammenrechnung des tatsächlichen Klagsanspruches mit nicht bestehenden Forderungen, um eine sonst nicht gegebene sachliche Zuständigkeit eines Gerichtshofes zu erschleichen; oder die absichtliche Hervorrufung von Zustellungsmängeln, um einen Nichtigkeitsgrund zu schaffen; oder die Erschleichung von Versäumungsentscheidungen;

• prozessuales Verhalten, das **im Widerspruch zum eigenen vorangegangenen Verhalten** steht (venire contra factum proprium), ist nur ganz ausnahmsweise treuwidrig, wenn bereits durch das frühere Verhalten eine Prozeßlage geschaffen wurde, auf die der Gegner vertrauen durfte, und das konträre Verhalten in einem Zeitpunkt gesetzt wird, in dem es für den Gegner nicht mehr vorhersehbar war und in dem er auf die geänderte Lage nicht mehr reagieren kann; oder wenn es arglistig ist. Im allgemeinen wird aus dem Grundgedanken des § 179 ZPO ein – auch völlig konträres – Zuwiderhandeln gegen früheres Verhalten nicht als treuwidrig angesehen werden können.

145 d) **Die Abhilfe gegen treuwidriges Verhalten des Gerichtes** kann während der mündlichen Verhandlung nur durch Anträge der Parteien an das Gericht, das Ergebnis dieses Verhaltens abzuändern, erfolgen (eine die Objektivität des Gerichts verletzende Treuwidrigkeit des Gerichts bildet einen Ablehnungsgrund). Ist das Verhalten bereits Gegenstand einer Entscheidung geworden oder ist die Entscheidung selbst treuwidrig, dann kann dies nur mit Rechtsmitteln bekämpft werden. Unter den Voraussetzungen des § 1 AHG kann treuwidriges Verhalten des Gerichtes – nach Ausschöpfung aller „Rechtsmittel“ – einen Amtshaftungsanspruch gegen den Staat begründen.

Treuwidriges Verhalten der Parteien ist von Amts wegen wahrzunehmen. Das Gericht hat arglistige oder gegen Treu und Glauben verstoßende Prozeßhandlungen zurückzuweisen und dort, wo das Verhalten der Partei arglistig oder treuwidrig die Hilfeleistung des Gerichtes auslösen soll, diese zu verweigern (zB bei vorsätzlich fehlerbelasteten Parteihandlungen die Erteilung von Verbesserungsaufträgen abzulehnen).

Daß treuwidrige Prozeßhandlungen auch häufig ein mangelndes Rechtsschutzbedürfnis erkennen lassen, rechtfertigt es nicht, sie mit dieser Begründung zurückzuweisen, denn letztlich könnte der Mangel des Rechtsschutzbedürfnisses ja wieder nur damit begründet werden, daß die Partei wider Treu und Glauben handelt.

4. Schadenersatz wegen prozessualen Verhaltens

146 Aus dem Prozeßrechtsverhältnis – und der damit verbundenen Verpflichtung zu einem Treu und Glauben nicht widerstreitendem Verhalten – kann sich auch eine **Schadenersatzpflicht wegen materiell rechtswidriger Prozeßführung** ergeben. Das Prozeßrecht steckt den rechtlichen Rahmen für Rechtsdurchset-

zung und Rechtsverteidigung ab; daher kann eine Schadenersatzpflicht wegen mutwilliger Prozeßführung nur dann entstehen, wenn der Partei die Aussichtslosigkeit oder Mutwilligkeit ihres Rechtsstandpunktes bekannt ist oder doch unter Berücksichtigung der prozessualen Sorgfaltspflicht hätte erkennbar sein müssen (SZ 57/128 [1984] = EvBl 1985, 56; JBl 1955, 278; ZBl 1936/91; SZ 14/193 [1932]), Das gilt nicht nur für die Prozeßführung als Ganzes, sondern auch für einzelne Verfahrenshandlungen. Da die Rechtsordnung jedem Rechtssuchenden das Recht einräumt, behördliche Hilfe in Anspruch zu nehmen und sich dazu auch an die Gerichte zu wenden, darf kein strenger Maßstab an die Verantwortlichkeit des Prozeßführenden gelegt werden (*Bydlinski*, JBl 1986, 626; *Reischauer* in *Rummel,* ABGB^2 II § 1305 Rz 1; SZ 59/159 [1986]; 57/128 [1984]; 51/172 [1978]). Besteht ein Schadenersatzanspruch, so ist jedenfalls eine Rettungspflicht des Gegners in Rechnung zu stellen; dieser muß alle ihm zustehenden und zumutbaren prozessualen Abwehrmittel gegen die rechtswidrigen Handlungen des Gegners ausschöpfen (durch Sachvortrag, Bestreitung, Rechtsbehelfe und Rechtsmittel).

§ 408 ZPO eröffnet der obsiegenden Partei die Möglichkeit, bereits im Rechtsstreit den Zuspruch eines Entschädigungsbeitrages zu beantragen, wenn der Unterliegende den Prozeß offenbar mutwillig führt. Dieser Entschädigungsanspruch ist an das Vorliegen der Voraussetzungen für den Schadenersatz nach den §§ 1393 ff ABGB gebunden. Unstrittig ist, daß § 408 ZPO nur auf die bis zum Schluß der mündlichen Verhandlung erster Instanz entstandenen Schäden anwendbar ist und daß die durch diese Vorschrift nicht erfaßten Schäden aus Prozeßführung jedenfalls mit selbständiger Klage geltend gemacht werden müssen. Strittig dagegen ist, ob für die unter § 408 ZPO fallenden Schäden eine selbständige Einklagung (und damit der selbständige Rechtsweg) ausgeschlossen ist oder ob auch diese Schäden klageweise geltend gemacht werden können (für die ausschließliche Geltendmachung gem § 408 ZPO im Rechtsstreit selbst: *Fasching*^{1} III 670; *ders*, Lehrbuch^2 Rz 1481; OGH JBl 1972, 144 = EvBl 1971/138 = MietSlg 22.617 [1970]; AnwZ 1935, 424; dagegen für ein Wahlrecht zwischen Antrag gem § 408 ZPO und selbständiger Klagsführung *Holzhammer*, Zivilprozeßrecht^2, 154; *Reischauer* in *Rummel*, ABGB^2 II § 1305 Rz 1; *Sprung*, Konkurrenz 31; *ders*, JBl 1972, 343 mwN). Für die erstgenannte Auffassung sprechen nicht nur prozeßökonomische Erwägungen (insb auch der Umstand, daß der erkennende Richter des [Haupt-]Prozesses das Verhalten der Parteien im Rechtsstreit besser kennt als ein späterer Richter, und daß er daher auch aus dem Gesamtverhalten des Ersatzpflichtigen besser beurteilen kann, ob dieser die Mutwilligkeit seiner Prozeßführung erkennen konnte), sondern auch die Überlegung, daß mit dem Urteil in der Hauptsache auch weitestmöglich alle damit verbundenen Ansprüche abschließend erledigt sein sollen.

Eine weitergehende Schadenersatzpflicht besteht bei unberechtigter Exekutionsführung zur Sicherstellung (§ 376 Abs 2 EO) und bei unberechtigten einstweiligen Verfügungen (§ 394 Abs 1 EO).

D. Praktische Bedeutung der Rechtsfigur „Prozeßrechtsverhältnis"

Die Figur des Prozeßrechtsverhältnisses ermöglicht zwar eine großzügige **147**
Gesamtbetrachtung des Prozesses und seiner Rechtsbeziehungen zwischen den Beteiligten, ist aber kein universaler Lösungsschlüssel. Es vermag in großen Linien bei den Prozeßhandlungen hilfreich zu sein; dagegen ist es für die Prozeßvoraussetzungen wenig ergiebig. Nützlich wird die Sicht des Prozeßrechtsver-

hältnisses als einheitliche Gesamtrechtsbeziehung zwischen Gericht und Parteien für das Verständnis der Rechtsnachfolge in den Prozeß und für die Abgrenzung von einfacher Streitgenossenschaft und einheitlicher Streitpartei.

VI. Die Prozeßvoraussetzungen

Lit: *Ballon*, Klagbarkeit von Ansprüchen, JBl 1978, 10; *Buchegger*, Zur „Einstellung des Verfahrens" (§ 239 Abs 3 ZPO), BeitrZPR II (1986) 19; *Jelinek*, § 53a Ausgleichsordnung – Bedeutung und Wirkungen, ÖJZ 1970, 5, 34; *Klicka*, Die Beweislastverteilung im Zivilverfahrensrecht (1995); *W. Kralik*, Die internationale Zuständigkeit, ZZP 74 (1961) 2; *Lenz*, Zur Reichweite des Prozeßhindernisses einer unter Anspruchsverzicht erfolgten Klagsrücknahme, DRdA 1981, 67; *Pichler*, Einige Probleme des § 261 ZPO, ÖJZ 1967, 37.

Bülow, Die Lehre von den Processeinreden und die Processvoraussetzungen (1886); *Jauernig*, Zum Prüfungs- und Entscheidungsvorrang von Prozeßvoraussetzungen, Schiedermair-FS (1976) 289; *Rimmelspacher*, Zur Prüfung von Amtswegen im Zivilprozeß (1966); *Sauer*, Die Reihenfolge der Prüfung von Zulässigkeit und Begründetheit einer Klage im Zivilprozeß (1974); *Schumann*, Sachabweisung ohne Prüfung des Feststellungsinteresses, Michelakis-GS (1973) 553; *Schwab*, Die Entscheidung über prozeßhindernde Einreden, Weber-FS (1975) 413.

A. Begriff

148 Die Prozeßvoraussetzungen sind verfahrensrechtliche Voraussetzungen für die Zulässigkeit der Sachverhandlung und Sachentscheidung. Sie stellen eine Mindestgarantie für die ordnungsgemäße Durchführung der Rechtspflege dar und haben so nicht nur Ordnungs-, sondern auch Gerechtigkeitswert. So sichern sie im weitesten Sinn die verfassungsrechtlich geschützten Rechte der Parteien auf den gesetzlichen Richter, das rechtliche Gehör sowie ein „faires" Verfahren und dienen auch dem Schutz der Allgemeinheit vor Mißbrauch bzw Überlastung der Rechtspflegeeinrichtungen, dem Vertrauen in die Rechtsprechung und der Effektivität des Rechtsschutzes.

Der in Lehre und Rechtsprechung verwendete Begriff „Prozeßvoraussetzungen" ist allgemein gebräuchlich, aber irreführend, denn dem strengen Wortsinn nach dürfte bei Fehlen der Prozeßvoraussetzungen überhaupt kein Verfahren stattfinden. Das ist aber unrichtig, weil auch zur Feststellung ihres Fehlens ein gerichtliches Verfahren notwendig ist. Korrekt wäre daher von „Sachverhandlungsvoraussetzungen" zu sprechen. Der Begriff „Sachurteilsvoraussetzungen" ist hingegen zu eng, weil im österr Zivilprozeß nicht alle Sachentscheidungen in Urteilsform ergehen.

Die ZPO verwendet die Begriffe „Prozeßvoraussetzungen" und „Prozeßhindernisse" nicht (daher verneint sie *Pollak*, System², 108f für das österr Verfahrensrecht, das nur Nichtigkeitsgründe kenne), regelt aber die einzelnen Voraussetzungen für die Zulässigkeit der Sachentscheidung in einer Weise, die eine systematische Zusammenfassung unter einen Sammelbegriff rechtfertigt.

B. Einteilungskriterien

1. Allgemeine und besondere Prozeßvoraussetzungen

149 Eine erste Unterscheidung ist nach dem **Wirkungsbereich** zu treffen: **Allgemeine** Prozeßvoraussetzungen gelten in jedem Prozeß, während **besondere** Prozeßvoraussetzungen nur für bestimmte Rechtsschutzformen (zB das Feststellungsinteresse für Feststellungsklagen (§ 226 ZPO) und Zwischenanträge auf Feststellung (§§ 236, 259 Abs 2 ZPO), besondere Verfahrensarten (zB für Mandats- oder Bestandverfahren) oder bestimmte Verfahrensstadien (zB für das Rechtsmittelverfahren das Vorliegen eines statthaften und rechtzeitigen Rechtsmittels) vorgeschrieben sind.

2. Positive und negative Prozeßvoraussetzungen

Bezüglich ihrer **Wirkung** unterscheiden sich die **positiven** Prozeßvoraussetzungen, die vorliegen müssen, damit eine Sachverhandlung und -entscheidung erfolgen kann, von den **negativen** Prozeßvoraussetzungen, deren Vorliegen die Sachentscheidung verhindert (folgerichtig daher auch **Prozeßhindernisse** genannt). Die meisten allgemeinen Prozeßvoraussetzungen sind positive Prozeßvoraussetzungen. Nur die Streitanhängigkeit sowie das Vorliegen einer bereits rechtskräftigen Entscheidung in derselben Sache (oder eine ihr gleichzuhaltende Enderledigung) sind negative Prozeßvoraussetzungen. **150**

Da alle allgemeinen Prozeßvoraussetzungen zumindest bei Verfahrenseinleitung von Amts wegen wahrzunehmen sind, wird die Unterscheidung zwischen positiven und negativen Prozeßvoraussetzungen, die vor allem historische Ursachen hat und auf einen ursprünglichen Einredecharakter hinweist, nur mehr für die Beweislast relevant, die hier aber wenig praktische Bedeutung erlangt.

3. Der Regelungsgegenstand der einzelnen Prozeßvoraussetzungen

a) Prozeßvoraussetzungen, die das Gericht betreffen

Dazu gehören die inländische Gerichtsbarkeit (Art IX EGJN, §§ 27 a, 28, 42, 104 Abs 3 JN; s dort), die Zulässigkeit des Rechtsweges (§§ 1, 42 JN) und die Zuständigkeit des Gerichts (§ 104 Abs 3 JN, § 240 Abs 2 ZPO). **151**

Dagegen ist die Mitwirkung eines weder abgelehnten noch ausgeschlossenen Richters keine Sachverhandlungsvoraussetzung, sondern eine Prozeßvoraussetzung im strengsten Wortsinn, weil andernfalls dem Richter (Ausnahme in § 25 JN vor Erledigung eines Ablehnungsantrages) jegliche Gerichtstätigkeit striktest verwehrt ist. Für die nicht gehörige Besetzung des Gerichtes gilt dies nur sehr eingeschränkt, weil das Fehlen dieser Voraussetzung durch rügelose Einlassung in die Verhandlung geheilt wird (§ 260 Abs 4 ZPO) und dadurch in die Nähe einer relativen Prozeßvoraussetzung (s Rz 154) rückt.

Die inländische Gerichtsbarkeit kann allerdings auch durch die – eine Partei als „persönliche Prozeßvoraussetzung" betreffende – Immunität (Art IX EGJN) ausgeschlossen sein.

b) Prozeßvoraussetzungen, die die Parteien betreffen („persönliche" Prozeßvoraussetzungen)

Hierher zählen die Parteiexistenz und Parteifähigkeit (s vor § 1 ZPO), die Prozeßfähigkeit (s § 1 ZPO), im Falle ihres Fehlens die Vertretung durch einen gesetzlichen Vertreter (s § 6 ZPO) und gegebenenfalls eine vom Gesetz geforderte besondere Ermächtigung desselben zur Prozeßführung; bei gewillkürter Vertretung das Vorliegen einer Vollmacht für den gewillkürten Vertreter (s § 37 Abs 1 ZPO). **152**

Dagegen ist die Postulationsfähigkeit (sowohl als Verhandlungsfähigkeit als auch als anwaltliche Vertretung bei Anwaltspflicht) keine Prozeßvoraussetzung. Ihr Fehlen hat nur Säumnisfolgen, hindert aber die Sachentscheidung nicht.

c) Den Gegenstand des Rechtsstreits betreffende Prozeßvoraussetzungen

153 Den Verfahrensgegenstand betreffen das Vorliegen einer Klage mit dem notwendigen Klagsinhalt (s § 226 ZPO); die fehlende Streitanhängigkeit (s §§ 232f ZPO); das Nichtvorliegen einer rechtskräftigen Entscheidung über dieselbe Sache (Rechtskraft: s bei § 411 ZPO) oder einer Klagsrücknahme mit Anspruchsverzicht bezüglich einer denselben Streitgegenstand betreffenden Vorklage (s § 237 Abs 4 ZPO).

Die **Klagbarkeit** eines Anspruchs ist nur dann eine Prozeßvoraussetzung (bzw wird ihr Fehlen zu einer negativen Prozeßvoraussetzung), wenn das Gesetz ausdrücklich nur die Rückforderung durch Klage und damit die Inanspruchnahme des gerichtlichen Rechtsschutzes ausschließt; diese **gesetzliche Unklagbarkeit** kommt ihrem Wesen nach der Unzulässigkeit des Rechtsweges gleich (dazu *Ballon*, JBl 1978, 10ff). Wird die Unklagbarkeit aus dem materiellen Recht hergeleitet (zB aus den §§ 1174, 1271, 1432 ABGB), dann ist eine trotzdem eingebrachte Klage sachlich zu erledigen und mit Urteil abzuweisen. Das gilt auch dann, wenn eine – prozessual unwirksame – **Vereinbarung der Unklagbarkeit** (pactum de non petendo) in einen materiellrechtlichen Verzicht umgedeutet werden kann (SZ 49/40 [1976]). Ist so eine Umdeutung nicht möglich, dann ist die Vereinbarung, die nur den gerichtlichen Rechtsschutz ausschließen sollte, als unzulässiger Verzicht auf den Rechtsschutzanspruch und auf den gesetzlichen Richter unwirksam (s dazu oben Rz 61). Zur Klagbarkeit der die Immunität genießenden Mitglieder gesetzgebender Körperschaften s Rz 115.

d) Unterscheidung bezüglich der Wahrnehmbarkeit

154 Diesbezüglich ist zwischen **absoluten und relativen Prozeßvoraussetzungen** zu trennen, je nachdem, ob sie von Amts wegen wahrzunehmen sind oder nur auf Grund rechtzeitiger Einrede aufgegriffen werden können (daher entspricht die relative Unzuständigkeit in ihrer reinen Form den früheren prozeßhindernden Einreden). Die meisten Prozeßvoraussetzungen sind in diesem Sinn absolut.

Die prorogable Unzuständigkeit (und der Mangel der inländischen Gerichtsbarkeit, soweit dieser nicht gem § 104 Abs 5 JN und Art IX EGJN unheilbar ist) wird erst nach der ersten Verfügung des Gerichts über die Klage zu einer bloß relativen Prozeßvoraussetzung (§ 43 Abs 1 JN; § 240 Abs 2, § 441 ZPO). Ähnliches gilt für die nicht gehörige Besetzung des Gerichtes und die Führung des Verfahrens durch einen nicht nach der Geschäftsverteilung hiezu berufenen Richter (§ 260 Abs 4, § 477 Abs 1 Z 2 und Abs 3 ZPO); die amtswegige Wahrnehmung dieser Verstöße nach Beginn der mündlichen Streitverhandlung ist von einer spätestens zu deren Beginn erhobenen Einrede abhängig.

Aus der teilweise beschränkten Wahrnehmbarkeit ergibt sich die **Heilbarkeit des Fehlens bestimmter Prozeßvoraussetzungen:** Dazu gehören die Unzuständigkeit als solche, bei der auch die unprorogable Unzuständigkeit bei Vorliegen der Voraussetzungen des § 104 Abs 3 JN heilt; der nicht auf einer auf dem Völkerrecht beruhenden Immunität fußende Mangel der inländischen Gerichtsbarkeit (ebenfalls bei Vorliegen der Voraussetzungen des § 104 Abs 3 bis 5 JN); die gegen die §§ 7, 8 JN verstoßende Gerichtsbesetzung (§ 260 Abs 4 ZPO) und die Beteiligung eines nach der Geschäftsverteilung nicht berufenen Richters am Verfahren. Eine faktische Heilung durch Nichtwahrnehmbarkeit statuieren auch § 42 Abs 3 JN und § 7 Abs 2 ZPO.

C. Die Ermittlung der Prozeßvoraussetzungen

1. Amtswegigkeit

Die Ermittlung der Prozeßvoraussetzungen und der für ihre Feststellung erforderlichen Tatsachen erfolgt von Amts wegen (wobei bei der ersten vorläufigen Prüfung gem § 41 Abs 2 JN von den Angaben der Klage auszugehen ist, soweit sie dem Gericht nicht bereits als unrichtig bekannt sind). **155**

a) Erhebungen des Gerichts

Das Gericht hat nur dann Erhebungen einzuleiten und durchzuführen, wenn der zu beurteilende Sachverhalt – bzw ein dahin zielendes Parteivorbringen – Anhaltspunkte dafür gibt, daß eine Prozeßvoraussetzung fehlt oder ein Prozeßhindernis vorliegen könnte. Dabei kommt der Untersuchungsgrundsatz zur Anwendung. Das Gericht ist (etwas eingeschränkt im Fall des § 41 Abs 2 JN) nicht an Tatsachenbehauptungen oder Geständnisse der Parteien gebunden. Soweit es nicht kraft Gesetzes (nur bei den vom Beklagten erhobenen Einreden des Fehlens der inländischen Gerichtsbarkeit, der Unzulässigkeit des Rechtswegs, der Unzuständigkeit, der Streitanhängigkeit und der Rechtskraft gem § 261 Abs 1 ZPO) verpflichtet ist, diesbezüglich eine mündliche Verhandlung durchzuführen hat, oder selbst eine solche von Amts wegen anordnet (§ 261 Abs 5 ZPO), ist es bei der Beweisaufnahme nicht auf deren in der ZPO in den §§ 292 ff geregelte Formen beschränkt; es ist auch – abgesehen von den Fällen des § 261 Abs 1 ZPO – nicht verpflichtet, vorgängig mündlich zu verhandeln (§§ 42, 43 JN; § 240 Abs 3, §§ 411, 471 ZPO). Siehe auch die Zuständigkeitsprüfung nach Art 19, 20 EuGVÜ/LGVÜ (Anh zu § 42 JN). **156**

b) Die Beweislast für das Vorliegen der Prozeßvoraussetzungen

Kann das Gericht im Rahmen amtswegiger Erhebungspflicht die für die Beurteilung einer Prozeßvoraussetzung erforderlichen Tatsachen nicht (oder nicht zur Gänze) ermitteln, dann kann dies nicht schon automatisch zur Anwendung der subjektiven Beweislast nach der Normentheorie führen (s vor den §§ 266 ff ZPO), sondern muß der allgemeinen Rechtsschutzpflicht des Staates entsprechend dem Grundsatz folgen, daß im Zweifel die für die Rechtsdurchsetzung günstigere Lösung den Vorrang hat. Sind positive Prozeßvoraussetzungen streitig und lassen sich die für ihr Vorliegen erforderlichen Tatsachen nicht oder nicht vollständig ermitteln, dann ist von ihrem Vorliegen auszugehen (soweit nicht überwiegende Tatsachen erwiesen sind, die gegen ihr Vorliegen sprechen) und die Klage als zulässig zu behandeln. Bleibt der Sachverhalt zur Beurteilung einer negativen Prozeßvoraussetzung – im gleichen Maße – ungeklärt, dann gilt dasselbe (s auch *Klicka*, Beweislastverteilung 89 ff). **157**

Die bei *Fasching*, Lehrbuch[2] Rz 728, 882 mit dem überwiegenden Schrifttum (vgl *Schumann* in *Stein/Jonas,* ZPO[20] Einl Rz 323 mwN) vertretene Auffassung, daß die Beweislast für das Vorliegen der Prozeßvoraussetzungen der Kläger, die für das Vorliegen von Prozeßhindernissen der Beklagte zu tragen habe, geht zu sehr von materiellen Beweislastregeln aus und fingiert offenbar eine Parteiverantwortlichkeit auch für den Bereich der staatlichen Rechtsschutzpflicht.

Nur dort, wo das Gesetz durch ausdrückliche Regeln einer Partei die Verpflichtung auferlegt, die Tatsachen vorzutragen, aus denen sie eine bestimmte Prozeßvoraussetzung ableitet, ist sie für diese beweisbelastet (so bei der Zuständigkeit: § 226 Abs 2 ZPO, insb bei den besonderen Gerichtsständen; für die Bevollmächtigung des gewillkürten Vertreters: § 30 ZPO; für die Klagsermächtigung des gesetzlichen Vertreters: § 4 ZPO); wobei aber (außer bei einer Prüfung gem § 42 Abs 1 JN) vor einer Klagszurückweisung regelmäßig eine Verbesserungsmöglichkeit iSd § 84 ZPO zu geben ist.

2. Einrede des Beklagten

158 Der Beklagte kann auch das Fehlen der Prozeßvoraussetzungen mit Einrede geltend machen. Er hat dann einen verfahrensrechtlichen Anspruch auf deren Prüfung durch amtswegige Ermittlung des maßgeblichen Sachverhalts und auf Entscheidung über seine Einrede. Damit wird die amtswegige Prüfung auf eine breitere Basis gestellt, denn der Beklagte wird, wenn er mit seiner Einrede Erfolg haben will, jedenfalls auch Tatsachenbehauptungen aufstellen, die dem Gericht bei seiner bisherigen Prüfung nicht evident waren, zumal das Gericht bei Anwendung des § 41 Abs 2 JN auf die Angaben des Klägers angewiesen ist, soferne ihm diese nicht bereits als unrichtig bekannt sind.

3. Maßgeblicher Zeitpunkt für das Vorliegen der Prozeßvoraussetzungen

159 Alle Prozeßvoraussetzungen müssen – soweit ihr Fehlen nicht bereits vorher von Amts wegen oder auf Einrede aufgegriffen worden ist – spätestens **im Zeitpunkt des Schlusses der mündlichen Verhandlung erster Instanz** vorgelegen sein, da ihr Fehlen eine gültige Sachentscheidung ausschließt. Allerdings kann das Fehlen der persönlichen Prozeßvoraussetzungen noch im Rechtsmittelverfahren durch nachträgliche Genehmigung der Prozeßführung durch den nunmehr partei- oder prozeßfähig gewordenen oder durch den gesetzlichen Vertreter eines Prozeßunfähigen (und wohl auch durch die nachträglich erfolgte Beibringung der Klagsermächtigung für diesen) geheilt werden (gleiches gilt für die nachträgliche Beibringung der Vollmacht des als gewillkürter Vertreter Tätigen); sodaß hier die Lage im Zeitpunkt der Rechtsmittelentscheidung maßgeblich ist. Gleiches gilt auch dann, wenn nach dem Schluß der mündlichen Verhandlung erster Instanz das Prozeßhindernis der Rechtskraft einer anderen Entscheidung in derselben Sache entstanden ist (s bei § 411 ZPO). Da der Zeitpunkt des Schlusses der mündlichen Verhandlung bzw der vorangegangenen Entscheidung über die Prozeßvoraussetzungen für deren Vorliegen maßgeblich ist, muß ihr Fortfall auch dann, wenn er erst nach Klagseinbringung erfolgte, bei der Entscheidung aufgegriffen werden. Eine Ausnahme besteht nur für die Zuständigkeit (§ 29 JN); und für die inländische Gerichtsbarkeit, soweit ihr nicht eine völkerrechtliche Immunität entgegensteht (§ 29 JN Satz 2); danach ist für sie der Zeitpunkt der Klagseinbringung maßgebend, und der nachträgliche Fortfall der Zuständigkeitsvoraussetzungen und der Voraussetzungen für die inländische Gerichtsbarkeit, soweit ihr nicht eine völkerrechtliche Immunität entgegensteht, berührt die bei Klagseinbringung rite begründete Zuständigkeit nicht mehr. Aber auch hier gilt, daß dann, wenn das Gericht im Zeitpunkt der Klagseinbringung unzuständig war, aber bis zum Schluß der mündlichen Verhandlung (bzw der Entscheidung über die Unzuständigkeitseinrede) ein nachträglich entstandener zuständigkeitsbegründender oder gerichtsbarkeitsbegründender Sachverhalt vorliegt, die inländische Gerichtsbarkeit bzw die Zuständigkeit zu bejahen ist (SZ 47/97 [1974] = ZfRV 1977, 230 [so dort auch schon nach der damaligen Rechtslage *Hoyer*]).

D. Die Wahrnehmung der Prozeßvoraussetzungen

160 Diese erfolgt bei den absoluten Prozeßvoraussetzungen in jeder Lage des Verfahrens, bei den Prozeßvoraussetzungen, die durch Heilbarkeit den relativen

Prozeßvoraussetzungen angenähert sind (§ 104 Abs 3 JN; § 260 Abs 4 ZPO ua) bis zum Zeitpunkt der Sanierung.

1. **Bei Einlangen der Klage** (§§ 41, 43 JN; § 230 Abs 2, § 240 Abs 3, § 411 ZPO) ist bei Fehlen auch nur einer allgemeinen Prozeßvoraussetzung die Klage von Amts wegen ohne mündliche Verhandlung zurückzuweisen. Bei Fehlen des notwendigen Klagsinhaltes ist vorher ein Verbesserungsauftrag gem § 84 ZPO zu erteilen; fehlt die Prozeßfähigkeit, die gesetzliche Vertretung für einen Prozeßunfähigen oder eine für diesen vom Gesetz geforderte besondere Klagsermächtigung (§ 4 ZPO) und ist dieser Mangel behebbar, dann muß vor der Klagszurückweisung ein Sanierungsversuch unternommen werden (§ 6 Abs 2 ZPO). Wird die Klage sofort bei Einlangen zurückgewiesen, dann ist der Beklagte hievon nicht zu verständigen. 161

2. **Während des Verfahrens erster Instanz** erfolgt die Wahrnehmung von Amts wegen oder auf Einrede des Beklagten. Es ist zweckmäßig, aber nicht vom Gesetz geboten, das Fehlen der Prozeßvoraussetzungen vor Eingehen in die Verhandlung über die Hauptsache zu klären. Erleichtert wird diese „Vorabentscheidung“ durch die erste Tagsatzung (s bei § 239 ZPO) und die Möglichkeit einer abgesonderten Verhandlung über die Prozeßvoraussetzungen (§§ 239, 240, 260f ZPO). Ob das Gericht hievon Gebrauch macht, liegt in seinem Ermessen. Nur dann, wenn die persönlichen Prozeßvoraussetzungen (auch die Immunität) zweifelhaft oder Gegenstand einer Einrede sind, muß das Gericht sofort vorweg ihr Vorliegen überprüfen, bevor es in die Sachverhandlung eintritt (§ 239 Abs 3 ZPO). Auch wenn es das Vorliegen einer Prozeßvoraussetzung vorweg gesondert prüft, kann es die Entscheidung über ihr Vorliegen der Entscheidung in der Hauptsache vorbehalten. Der Beklagte ist in keinem dieser Fälle berechtigt, die Einlassung und die Verhandlung in der Hauptsache bis zur Klärung der Prozeßvoraussetzungen zu verweigern. Die **amtswegige** Prüfung der Prozeßvoraussetzungen kann auch außerhalb der mündlichen Verhandlung erfolgen. Das gilt auch dann, wenn der Beklagte deren Fehlen mit **Einrede** geltend gemacht und dabei keine Tatsachen vorgebracht hat, die eine Beweisaufnahme verlangen. Ausgenommen sind nur die Einreden des Mangels der inländischen Gerichtsbarkeit, der Unzuständigkeit, der Unzulässigkeit des Rechtswegs, der Streitanhängigkeit und der Rechtskraft (§ 261 Abs 1 ZPO) und solche Einreden bezüglich anderer Prozeßvoraussetzungen, soweit darin Tatsachen vorgebracht werden, deren Feststellung nur nach Beweisaufnahme möglich ist; über alle diese Einreden muß mündlich verhandelt werden. 162

3. **Im Rechtsmittelverfahren** erfolgt die Wahrnehmung von Amts wegen oder auf Grund ausdrücklicher Rechtsmittelrüge, jedoch immer nur auf Grund eines zulässigen Rechtsmittels. Das Fehlen der Prozeßvoraussetzungen behandelt das Gesetz als Nichtigkeitsgründe (§ 42 Abs 1 JN; § 37 Abs 1, § 233 Abs 1, § 240 Abs 3, §§ 411, 477, 503 Abs 1, § 514 Abs 2 ZPO), welche die Entscheidung nicht ipso iure ungültig machen, sondern deren Aufhebung durch das Rechtsmittelgericht bewirken. Die Wahrnehmung ist aber dann nicht mehr möglich, wenn sie bereits geheilt (§ 104 Abs 3 JN) oder ihre Wahrnehmung durch Zeitbegrenzung präkludiert ist (§ 260 Abs 4 ZPO), oder wenn bereits eine rechtskräftige gerichtliche Entscheidung vorliegt, mit der das Vorliegen der Prozeßvoraussetzung bejaht wird (§ 42 Abs 3 JN; §§ 6a, 7 Abs 2 ZPO; vom OGH auf alle allgemeinen Prozeßvoraussetzungen erweitert: RZ 1988/61; SZ 47/97 [1974] = ZfRV 1977, 230 [*Hoyer*]; bis zurück zu JB 63 neu = SZ 28/265 [1955] = JBl 1956, 126 = EvBl 1956/88); der OGH nimmt überwiegend eine solche Bindung zu Unrecht auch dann an, wenn die Bejahung der Prozeßvoraussetzung nur in den 163

Gründen der Entscheidung erfolgt (RZ 1988/61; SZ 54/190 [1981] = RZ 1982/55 uva seit SZ 31/74 [1958]) während sie richtig eine spruchmäßige Entscheidung voraussetzt (so die Mindermeinung in der Rsp des OGH: Arb 8786 [1970], 8761 [1970]; JBl 1965, 469 = RZ 1965, 28 uva; dazu *Fasching*[1] I 273; s ferner bei § 42 Abs 3).

164 4. **Nach Eintritt der Rechtskraft der Sachentscheidung** kann nur mehr das Fehlen bestimmter absoluter Prozeßvoraussetzungen wahrgenommen werden, und dies auch nur mehr **auf Antrag (Klage):** Dazu gehören der auf einer völkerrechtlichen Immunität beruhende Mangel der inländischen Gerichtsbarkeit und die Unzulässigkeit des Rechtsweges durch unbefristeten Antrag der Obersten Verwaltungsbehörde an den OGH durch diesen (§ 42 Abs 2 JN); der Mangel der Partei- und Prozeßfähigkeit bzw der gesetzlichen Vertretung eines Prozeßunfähigen durch fristgebundene Nichtigkeitsklage gem § 529 Abs 1 Z 2 ZPO; das Vorliegen einer rechtskräftigen Entscheidung über dieselbe Sache durch fristgebundene Wiederaufnahmsklage gem § 530 Abs 1 Z 6 ZPO.

165 5. **Wahrnehmung der besonderen Prozeßvoraussetzungen:** Hier ist zu unterscheiden: Soweit diese Voraussetzungen für die Anwendung einer besonderen Verfahrensart erforderlich sind (zB für die Anwendung des Mandats- oder Wechselmandatsverfahrens), ist bei ihrem Fehlen von Amts wegen das allgemeine Verfahren einzuleiten und anzuwenden (§ 554 ZPO). Das Fehlen der besonderen Prozeßvoraussetzungen für das Rechtsmittelverfahren dagegen führt zur amtswegigen Zurückweisung des Rechtsmittels; dasselbe gilt bei Rechtsbehelfen, Sachanträgen und auch dann, wenn die für eine bestimmte Klagsart vorgeschriebene besondere Prozeßvoraussetzung fehlt (so das rechtliche Interesse bei Feststellungsklagen – anders die Judikatur, s bei § 228 ZPO; die Präjudizialität von Zwischenanträgen auf Feststellung; das Vorliegen einer Exekutionsbewilligung für die Klagen gem den §§ 35 bis 37 EO; Klagefrist und gesetzlicher Klagegrund bei Nichtigkeits- und Wiederaufnahmsklagen ua).

E. Rangordnung der Prozeßvoraussetzungen

1. Gleichrangigkeit?

166 Sind in einem Verfahren mehrere Prozeßvoraussetzungen zweifelhaft, dann fragt sich, ob bei ihrer Prüfung und Wahrnehmung eine bestimmte Reihenfolge zu beachten ist. Das Gesetz enthält keine umfassende Regelung der Rangordnung. Daher könnte auch vertreten werden, alle Prozeßvoraussetzungen als gleichrangig zu betrachten oder die Frage einer Rangordnung überhaupt offenzulassen und zu meinen, daß das Gericht aus praktischen Gründen diejenige Prozeßvoraussetzung zuerst prüfen solle, deren Mangel sich im Einzelfall am leichtesten feststellen läßt (so *Holzhammer*, Zivilprozeßrecht[2], 164 mwN).

2. Rangordnung

167 Die Prozeßvoraussetzungen sind aber **nicht gleichrangig,** weil sich sowohl bezüglich des Schutzzwecks als auch der Dauer ihrer Wahrnehmbarkeit und ihrer funktionellen und zeitlichen Relevanz innerhalb des dynamischen Prozeßablaufs deutlich erkennbare Unterschiede ergeben. Daraus ergibt sich folgende Rangordnung für die Prüfung und Wahrnehmung:

168 a) Vorweg ist **die ordnungsgemäße Klagserhebung** zu prüfen, denn nur diese kann einen Zivilprozeß überhaupt in Gang setzen.

169 b) Dann folgen die **persönlichen Prozeßvoraussetzungen** (Vorliegen einer völkerrechtlichen Immunität gem Art IX EGJN, Parteiexistenz und Parteifähig-

keit, Prozeßfähigkeit, im Falle ihres Fehlens die gesetzliche Vertretung und das Vorliegen einer allenfalls erforderlichen besonderen Ermächtigung zur Prozeßführung; bei Einschreiten eines gewillkürten Vertreters dessen Bevollmächtigung; für alle diese Voraussetzungen räumt § 239 Abs 3 ZPO einen Entscheidungsvorrang ein; vgl auch § 529 Abs 1 Z 2 ZPO, weil schon bei Beginn des Verfahrens geklärt sein muß, ob mit den auftretenden bzw angegeben „Personen" überhaupt ein rechtswirksames Verfahren durchgeführt werden kann.

c) Danach folgen **die das Gericht betreffenden Prozeßvoraussetzungen** (die **170** Zulässigkeit des Rechtswegs, die nicht auf einer völkerrechtlichen Immunität beruhende inländische Gerichtsbarkeit und die Zuständigkeit) in dieser durch § 28, § 42 Abs 1 und 2, § 104 Abs 3 JN vorgegebenen Reihenfolge.

d) Danach kommen erst die **den Streitgegenstand betreffenden Prozeßvoraussetzungen:** **171** zuerst die Rechtskraft einer über denselben Gegenstand zwischen „identen" Parteien bereits ergangenen Sachentscheidung (bzw das der Rechtskraft gleichgestellte Prozeßhindernis der Klagsrücknahme mit Anspruchsverzicht bezüglich einer identen Vorklage: s bei § 237 Abs 4 ZPO), dann die Streitanhängigkeit und letztlich eine vom Gesetz ausnahmsweise ausdrücklich als Prozeßhindernis gestaltete Unklagbarkeit (s oben Rz 151).

e) Zuletzt sind etwaige **besondere Prozeßvoraussetzungen** zu prüfen. **172**

f) **Folgerungen aus der Rangordnung:** Zufolge dieser Rangordnung darf **173** das Gericht die Klage nicht wegen einer nachrangigen Prozeßvoraussetzung zurückweisen, solange es Bedenken gegen das Vorliegen einer vorrangigen Prozeßvoraussetzung und diese nicht geprüft und erledigt hat.

F. Verbot der Sachentscheidung

174 Da das Fehlen der Prozeßvoraussetzungen bzw das Vorliegen von Prozeßhindernissen die Sachentscheidung unzulässig macht, darf das Gericht keine Sachentscheidung fällen, ohne vorher etwa vorhandene Zweifel über ihr Fehlen bzw Vorliegen geklärt zu haben. Es darf daher auch keine Sachentscheidung gefällt werden, in der es das Gericht „dahingestellt sein läßt", ob eine Prozeßvoraussetzung vorliegt. So darf es die Klage nicht mit Urteil abweisen und deren Zulässigkeit zB wegen behaupteten Vorliegens einer Streitanhängigkeit dahingestellt sein lassen, selbst wenn eine solche Vorgangsweise im Einzelfall zeitsparender und ökonomischer wäre.

G. Das Rechtsschutzbedürfnis

Lit: *Böhm*, Die Lehre vom Rechtsschutzbedürfnis, JBl 1974, 1; *Fasching*, Rechtsschutzverzichtsverträge im österreichischen Prozeßrecht, ÖJZ 1975, 431; *Hoyer*, Rechtfertigt Rechtsvergleichung die Übernahme ganzer Rechtsinstitute aus ausländischem Recht? ZfRV 1975, 192; *Konecny*, Übergreifende Ansprüche in Wettbewerbsverfahren, RdW 1986, 36; *ders*, Der Anwendungsbereich der einstweiligen Verfügungen (1992); *W. Kralik*, Das ewige Ruhen des Verfahrens, BeitrZPR IV (1993) 33; *Novak*, Einige Probleme des Zivilprozeßrechts, JBl 1964, 1, 57; *Petschek*, Zivilprozeßrechtliche Streitfragen (1933) 12ff; *Swoboda*, Nur keine Beschwer – oder doch etwas mehr? ÖJZ 1994, 308.

Allorio, Rechtsschutzbedürfnis? ZZP 67 (1954) 321; *Kahlke*, Zur Funktion von Beschwer und Rechtsschutzbedürfnis im Rechtsmittelverfahren, ZZP 94 (1981) 423; *Pohle*, Die Lehre vom Rechtsschutzbedürfnis, Lent-FS (1957) 195; *Schönke*, Das Rechtsschutzbedürfnis, AcP 150 (1949) 216; *ders*, Das Rechtsschutzbedürfnis, Studien zu einem zivilprozessualen Grundbegriff (1950); *Schumann*, „Kein Bedürfnis für das Rechtsschutzbedürfnis" – Zur Fragwürdigkeit des Rechtsschutzbedürfnisses als allgemeine Prozessvoraussetzung, Fasching-FS (1988) 439.

1. Begriff

175 Aus der – heute weitgehend abgelehnten – Lehre vom Rechtsschutzanspruch (s Rz 59) abgeleitet, wurde zuerst in Deutschland (schon von *Wach*, ZZP 32, 1 als „Rechtsschutzvoraussetzung“, dann von *Schönke* Rechtsschutzbedürfnis; vgl auch *Allorio*, ZZP 67, 321; abgeschwächt *Pohle*, Lent-FS 195; s aber *Schumann*, Fasching-FS 438), aber später teilweise auch in Österreich (*Ballon*, Zivilprozeßrecht[8] Rz 31; *Holzhammer*, Zivilprozeßrecht[2], 167; *W. Kralik*, BeitrZPR IV 45; *Novak*, ÖJZ 1952, 127; *Sprung*, Konkurrenz 53), die Meinung vertreten, das Rechtsschutzbedürfnis sei eine allgemeine Prozeßvoraussetzung und die Gerichte dürfen nur dann tätig werden, wenn die Partei ein Bedürfnis nach Rechtsschutz habe.

Die Terminologie ist schwankend. Neben dem Begriff „Rechtsschutzbedürfnis“ wird häufig der Begriff „Rechtsschutzinteresse“ verwendet, der zweifellos einen weiteren und nur unscharf abgrenzbaren Bereich umfassen würde; immerhin entspricht dieser Ausdruck den von der ZPO gebrauchten Formulierungen (gegen eine Differenzierung dieser Begriffe *Ballon*, Zivilprozeßrecht[8] Rz 31).

2. Gesetzliche Verankerung?

176 Dieses Postulat ist in dieser allgemeinen Form aber (weder) in der österr (noch in der deutschen) ZPO verankert und insb das Rechtsschutzbedürfnis nirgends als allgemeine Prozeßvoraussetzung normiert (daher für Österreich *Bajons*, Zivilverfahren Rz 85; *Böhm*, JBl 1974, 1; *Fasching*, Lehrbuch[2] Rz 740f; *Rechberger/Simotta*, Zivilprozeßrecht[4] Rz 16/2; ebenso grundsätzlich der OGH in 3 Ob 505/94).

Die ZPO enthält eine Reihe von Spezialregelungen, durch die sie das Gericht vor zweckloser Befassung schützt. Damit werden die meisten Fälle des mangelnden Rechtsschutzbedürfnisses ohnedies erfaßt; dies geschieht vor allem durch die Sperrwirkung der materiellen Rechtskraft (s bei § 411 ZPO), der Streitanhängigkeit (s bei § 233 Abs 2 ZPO) und der Klagsrücknahme mit Anspruchsverzicht (s bei § 237 Abs 4 ZPO). Außerdem dienen die meisten anderen Prozeßvoraussetzungen auch dazu, Gerichtstätigkeit nur dann zu gewähren, wenn sie von rechtlicher Bedeutung für die Parteien werden kann (so die Parteiexistenz, Parteifähigkeit und die Prozeßfähigkeit bzw bei ihrem Fehlen die gesetzliche Vertretung; aber auch die inländische Gerichtsbarkeit und die Zulässigkeit des Rechtswegs). Und schließlich fordert das Gesetz für einzelne Verfahrenshandlungen ausdrücklich ausnahmsweise auch das Vorliegen eines rechtlichen Interesses des Antragstellers als Zulässigkeitsvoraussetzung; so vor allem bei der Feststellungsklage (s bei § 228 ZPO), beim Zwischenantrag auf Feststellung (s bei den §§ 236, 259 Abs 2 ZPO), bei der Nebenintervention (s bei § 17 ZPO); beim Antrag auf Beweissicherung zur Feststellung des gegenwärtigen Zustands einer Sache (s bei § 384 Abs 2 ZPO) und bei der Gewährung der Akteneinsicht durch Dritte (§ 219 Abs 2 ZPO). Von Lehre und Rechtsprechung anerkannt ist die **Beschwer** als eine Sonderform des Rechtsschutzbedürfnisses im Rechtsmittelverfahren (nunmehr auch in der Kostenvorschrift des § 50 Abs 2 ZPO als „Rechtsschutzinteresse“ erwähnt). Die herrschende Rsp und ein Teil der Lehre betrachten sie als besondere Prozeßvoraussetzung für das Rechtsmittelverfahren, deren Fehlen zur Zurückweisung des Rechtsmittels führt (*Ballon*, Zivilprozeßrecht[8] Rz 353; *Holzhammer*, Zivilprozeßrecht[2], 321; *Matscher*, Anm zu JBl 1969, 398 und JBl 1968, 574; *Rechberger/Simotta*, Zivilprozeßrecht[4] Rz 818;

Sprung, Konkurrenz 45; dagegen ist sie nach *Böhm*, JBl 1974, 1 [s aber *ders*, Unterlassungsanspruch 62 f]; *Fasching*[1] IV 14 und *ders,* Lehrbuch[2] Rz 1712 Erfolgsvoraussetzung, deren Fehlen zur Abweisung des Rechtsmittels führt; nach *Bajons,* Zivilverfahren, Rz 195 ist sie Zulässigkeitsvoraussetzung, deren Fehlen zwar eine Sachentscheidung, nicht aber die amtswegige Wahrnehmung von Nichtigkeitsgründen ausschließe). Eingehend zur Beschwer s Bd IV Einl.

Dagegen wird im § 97 Abs 3 ZPO das rechtliche Interesse nur als Entscheidungskriterium bei der Bestellung eines gemeinsamen Zustellungsbevollmächtigten erwähnt. Die **Gefährdung** könnte bei der Sicherstellungsexekution und bei den einstweiligen Verfügungen ebenfalls als eine qualifizierte Form des rechtlichen Interesses und damit als Zulässigkeitsvoraussetzung verstanden werden (*Holzhammer*, Zwangsvollstreckungsrecht[4], 423: „Verfügungsinteresse"; *ders*, Zivilprozeßrecht[2], 168; s auch *Ballon*, Zivilprozeßrecht[8] Rz 30; *Rechberger/ Simotta*, Exekutionsverfahren[2] Rz 881), doch ist sie im Sicherungsverfahren zweifellos eine Anspruchsvoraussetzung, bei deren Fehlen Anträge auf Exekution zur Sicherstellung oder auf Erlassung einstweiliger Verfügungen abzuweisen sind (*Fasching*, Lehrbuch[2] Rz 740; *Konecny*, Anwendungsbereich 203 mwN; *König*, Verfügungen Rz 40; ebenso die überwiegende Rsp); dasselbe gilt auch für die „Notwendigkeit" der Sicherstellung als Grund für einen Anspruch auf Sicherstellung von Rechtsansprüchen wegen Tötung, Körperverletzung oder Freiheitsentzug gem § 407 ZPO (aA *Holzhammer*, Zivilprozeßrecht[2], 168).

Über die hier genannten Einzelfälle hinaus wird vom Gesetz nirgends ein rechtliches Interesse oder ein Rechtsschutzbedürfnis verlangt. Dessen bedurfte es auch gar nicht. Einerseits decken die meisten Prozeßvoraussetzungen den größten Bereich mangelnden Rechtsschutzbedürfnisses ab; und andererseits sind die einzelnen Spezialfälle sowohl vom Anlaß als auch von den Wirkungen her so unterschiedlich, daß daraus die Ableitung eines Rechtsschutzbedürfnisses im Wege einer Gesamtanalogie (so *Dolinar*, Ruhen 109) nicht möglich ist (s *Bajons*, Zivilverfahren Rz 85; eingehend *Böhm*, JBl 1974, 21 ff). Auch der im Rahmen der EO-Nov 1991 BGBl 628 neu eingeführte § 50 Abs 2 ZPO ist nur eine Spezialregelung für das Rechtsmittelverfahren, die sich schon wegen der Beschränkung auf den Kostenersatz nicht verallgemeinern läßt und die nur die von der Rechtsprechung längst akzeptierte Beschwer anerkennt, ohne aber erkennen zu lassen, ob diese als Zulässigkeits- oder Erfolgsvoraussetzung des Rechtsmittels zu beachten ist. Im österr Zivilprozeßrecht wäre es auch verfehlt, das Rechtsschutzbedürfnis als eine kraft Gewohnheitsrecht begründete allgemeine Prozeßvoraussetzung anzusehen, weil sich hier weder in der Lehre noch in der Rechtsprechung eine einheitliche Rechtsauffassung und Rechtsübung gebildet hat.

3. Das Rechtsschutzbedürfnis im Lichte der Rechtsprechung

Die Rechtsprechung verneint weitgehend das Rechtsschutzbedürfnis als **177**
allgemeine Prozeßvoraussetzung (so ausdrücklich SZ 66/173 [1994] = JBl 1994, 624 mwN). Es wird nur dort anerkannt, wo es auf Grund besonderer gesetzlicher Regeln für bestimmte Prozeßhandlungen gefordert wird (so überwiegend im Rechtsmittelverfahren als Beschwer: s Bd IV Einl). Soweit für Klagen ein rechtliches Interesse gefordert wird, also bei Feststellungsklagen (s bei § 228 ZPO), behandelt sie dieses als Anspruchsvoraussetzung und weist bei seinem Fehlen die Klage mit Urteil ab (stRsp, zB SZ 54/126 [1981] = JBl 1983, 435 = EvBl 1982/184). Bei Leistungs- und Rechtsgestaltungsklagen geht sie davon aus, daß der Kläger in aller Regel ein Rechtsschutzbedürfnis hat und dieses daher nicht besonders zu behaupten und nachzuweisen habe (EFSlg 39.168 [1981] =

JBl 1981, 656 uva; für echte Unterlassungsklagen: MietSlg 34.725 [1982] uva). Offen geblieben ist, ob das Fehlen des Rechtsschutzinteresses ebenso wie das Fehlen des Feststellungsinteresses gem § 228 ZPO von Amts wegen wahrzunehmen ist; das würde – sofern man es als allgemeine Voraussetzung ansehen würde – zu bejahen sein, weil sonst der Zweck, unnötige Prozesse zu vermeiden, nur auf Grund entsprechender Behauptungen des Beklagten verwirklicht werden könnte. Die überwiegende Judikatur weist bei fehlendem Rechtsschutzbedürfnis die Klage mit Urteil ab (EvBl 1976/95; würde es als Prozeßvoraussetzung angesehen, dann müßte die Klage mit Beschluß zurückgewiesen werden: so LGZ Wien EFSlg 36.711 [1980]; MietSlg 17.027 [1951]).

4. *Fallgruppen fehlenden Rechtsschutzbedürfnisses*

178 Da das Fehlen des Rechtsschutzbedürfnisses zur Rechtfertigung vielfältigster Verfahrensentscheidungen bemüht wurde, hat die Lehre versucht, durch Bildung einzelner Fallgruppen (zB bei *Böhm*, JBl 1974, 4; *Fasching*, Lehrbuch[2] Rz 742; *Rosenberg/Schwab/Gottwald*, Zivilprozeßrecht[15], 515 ff) systematisch zu prüfen, ob und inwieweit überhaupt die Notwendigkeit einer allgemeinen Prozeßvoraussetzung „Rechtsschutzbedürfnis" besteht.

a) Rechtsschutz wurde bereits gewährt

179 Soweit dies durch gerichtliche Entscheidung bereits erfolgt ist, wird eine neue Klage durch deren Rechtskraft (und bis zu deren Eintritt durch das Prozeßhindernis der Streitanhängigkeit) ausgeschlossen. Bei Festellungs- und Rechtsgestaltungsklagen ist dieser Schutz umfassend. Bei **Leistungsansprüchen** kann der Rechtsschutz aber bereits durch einen gerichtlichen Titel, der aber keine Entscheidung ist (gerichtlicher Vergleich, gerichtliches Anerkenntnis der Vaterschaft, unbestrittene Aufnahme einer Forderung ins Anmeldungsverzeichnis im Konkurs- oder Ausgleichsverfahren), oder durch einen nichtgerichtlichen Titel (Schiedsspruch, vollstreckbarer Notariatsakt) gewährt worden sein **(Problem des Doppeltitels).** Bei einem gerichtlichen Doppeltitel gibt es klare Regelungen: Ein vollstreckbarer gerichtlicher Vergleich hindert nach herrschender Auffassung der Rechtsprechung (und dem überwiegenden Teil der Lehre: s bei § 204 ZPO) die neuerliche Einklagung des verglichenen Anspruches nicht, führt aber auf Grund der Einrede der verglichenen Rechtssache zur Klagsabweisung (s auch bei §§ 204 ff ZPO). Forderungen, die im Konkurs- oder Ausgleichsverfahren durch unbestrittene Eintragung ins Anmeldungsverzeichnis vollstreckbar geworden sind, können dessen ungeachtet noch einmal eingeklagt werden (§§ 60, 156 a KO; § 54 Abs 4 AO), doch sind dann, wenn der Kläger kein Urteil benötigte, dem unterlegenen Beklagten die Kosten zu ersetzen, und auch die Vollstreckung ist nur zugunsten eines der beiden Titel zu bewilligen. Diese Regel ist analogiefähig für alle Fälle, in denen trotz vorhandenem Titel eine Klage zulässig ist (*Rechberger/Simotta*, Zivilprozeßrecht[4] Rz 22; vgl auch *Böhm*, JBl 1974, 4 und *Pollak*, System[2], 19). Das Anerkenntnis der Vaterschaft ist durch § 163 b ABGB weitestgehend der Vaterschaftsfeststellung durch Urteil gleichgestellt; es wird ihm daher eine rechtskraftgleiche Sperrwirkung zuzubilligen sein, die im Hinblick auf Art V Z 7 UeKG eine spätere Vaterschaftsfeststellungsklage zwischen Kind und Anerkennendem ausschließt. Ein bereits ergangener Schiedsspruch hat eine rechtskraftgleiche Sperrwirkung (s bei § 594 ZPO); vor seiner Vollstreckbarkeit hindert die Schiedshängigkeit mit einer der Streitanhängigkeit gleichen Sperrwirkung die spätere Klage beim Gericht. Für die Einklagung eines Anspruches, für den bereits ein vollstreckbarer Notariatsakt errichtet wurde, gilt dasselbe wie für den gerichtlichen Vergleich: Es ist trotzdem eine neue Klage zulässig, aber auf Einrede abzuweisen, soweit mit dieser Klage nicht erfolgreich die Unwirksamkeit oder Unzulässigkeit des vollstreckbaren Notariatsaktes dargetan wird.

Für die Fälle des „Doppeltitels" bedarf es keines Rückgriffs auf eine allgemeine Prozeßvoraussetzung „Rechtsschutzbedürfnis".

b) Gesetzlicher oder vertraglicher Ausschluß des Rechtsschutzes

Soweit das **Gesetz** einen Anspruch für unklagbar erklärt, ist dies im Regelfall materiellrechtlich beachtlich und führt zur Klagsabweisung (JBl 1975, 484; s Rz 151). Nur bei einem ausdrücklichen prozessualen Durchsetzungsverbot ist dies entsprechend der Unzulässigkeit des Rechtswegs zu behandeln (s auch *Ballon*, JBl 1978, 10 ff). Die ZPO kennt als gesetzliche Form des Rechtsschutzverzichtes – und nur für einen bereits anhängigen Rechtsstreit – die Klagsrücknahme mit Anspruchsverzicht, der das Gesetz ausdrücklich (§ 237 Abs 4 ZPO) die rechtskraftgleiche Sperrwirkung zuerkennt, und den vor Gericht erklärten Verzicht des Klägers als Grundlage eines Verzichtsurteils. Die Vereinbarung des „ewigen Ruhens" ist der ZPO fremd *(Fasching*, Lehrbuch[2] Rz 742 mwN; *W. Kralik*, BeitrZPR IV 33 ff; aA *Dolinar,* Ruhen 52); sie kann nur ein mit der Mindestzeit begrenztes Ruhen bewirken (SZ 61/197 (1988) = EvBl 1988/60) und könnte nur im Zusammenhang mit dem materiellrechtlichen Gehalt der Vereinbarung in eine Klagsrücknahme umgedeutet werden (EvBl 1963/232; vgl auch Ind 1976/6/14). **Rechtsschutzverzichtsverträge** (pacta de non petendo) sind unwirksam und unzulässig (s Rz 61) und daher nicht geeignet, ein Rechtsschutzbedürfnis auszuschließen. Eine Schiedsvereinbarung schließlich bewirkt nur die sachliche Unzuständigkeit des ordentlichen Gerichts in dieser Rechtssache. 180

Insgesamt kann auch in dieser Fallgruppe keine Konstellation gefunden werden, zu deren Lösung man auf eine allgemeine Prozeßvoraussetzung „Rechtsschutzbedürfnis" zurückgreifen müßte.

c) Unökonomische, aussichtslose oder zweckentfremdete Rechtsverfolgung

aa) Bei der **Konkurrenz von Rechtsschutzformen** (insb bei Rechtsmitteln und Rechtsbehelfen) hat die Partei die Wahl, gleichgültig, ob diese Konkurrenz vom Gesetzgeber bewußt gewollt war oder ungewollt ermöglicht wurde (*Holzhammer*, Zivilprozeßrecht[2], 169 und *Sprung*, Konkurrenz 53 erachten nur den einfacheren Rechtsbehelf für zulässig und wollen den unökonomischeren oder komplizierteren Rechtsbehelf mangels Rechtsschutzbedürfnisses zurückweisen lassen). Wählt sich die Partei die unökonomischere und aufwendigere Rechtsschutzform, so ist sie dennoch zulässig; es sind ihr aber im Falle ihres Obsiegens nur die Prozeßkosten zu ersetzen, die ihr durch den einfacheren Rechtsschutzantrag notwendigerweise entstanden wären. Überhaupt ist die Sonderregelung der Kostenersatzpflicht der einzige adäquate Weg zur Korrektur unökonomischer Rechtsschutzwahl. Eine Zurückweisung wegen der Wahl einer unökonomischeren Rechtsschutzform widerspricht der verfassungsgesetzlichen Aufgabe der Gerichte, Rechtsschutz zu gewähren: *Jauernig*, Zivilprozeßrecht[24], 130. 181

bb) **Aussichtslose Rechtsschutzbegehren** dürfen nicht wegen mangelndem Rechtsschutzbedürfnis zurückgewiesen werden. Das widerspräche nicht nur dem Grundsatz des Parteiengehörs, sondern gäbe es auch in die Hand des Gerichts, im Rahmen einer Zulässigkeitsprüfung abschließend (wenn auch im scheinbaren 182

Gewand einer prozessualen „Vorfrage") über die Erfolgsaussichten und damit über die Sache selbst abzusprechen. Die ZPO schließt solches aus, zumal sie selbst bei **offenbarer** Aussichtslosigkeit die Durchführung des Verfahrens aufträgt und nur die kostenmäßige Erleichterung der Verfahrenshilfe verweigert oder entzieht.

183 cc) Dasselbe gilt grundsätzlich auch dann, wenn der **Rechtsschutz zweckentfremdet mißbraucht** werden sollte. Auch hier sieht die ZPO lediglich die Verweigerung oder Entziehung der Verfahrenshilfe (s bei den §§ 63, 69 ZPO), Mutwillensstrafen (s bei § 220 ZPO) oder Schadenersatz wegen mutwilliger Prozeßführung vor (dazu oben Rz 146 und bei § 408 ZPO), erlaubt aber nicht, das Verfahren als solches für unzulässig zu erklären.

184 dd) Völlig ungeeignet für die Rechtsschutzverweigerung ist auch die **Geringfügigkeit der Sache.** Sie würde mangels näherer Bestimmung der richterlichen Willkür („Arbeitsentlastung") den Weg freigeben und kaum objektivierbar sein.

5. *Ablehnung einer allgemeinen Prozeßvoraussetzung „Rechtsschutzbedürfnis"*

185 Insgesamt besteht im österr Prozeßrecht nicht nur kein Bedürfnis nach einer allgemeinen Prozeßvoraussetzung „Rechtsschutzbedürfnis", sondern eine solche ist ausdrücklich abzulehnen, weil sie keine Deckung im Gesetz findet; weil sie als Prozeßvoraussetzung verschiedene und vielgestaltige Erscheinungsformen unzulässigerweise uniformieren und generalisieren würde und wenig präzise wäre; weil sie dem immanenten Bestreben aller staatlichen Vollzugsträger, an Stelle von Sachentscheidungen bloße Verfahrensentscheidungen zu setzen und der Verhandlung und Entscheidung komplizierter Sachfragen auszuweichen, Vorschub leisten würde; weil sie die Verweigerung des verfassungsmäßig garantierten Grundrechts auf rechtliches Gehör (Art 6 EMRK) erleichtert, ohne verfassungsrechtliche Deckung zu haben; und weil sie außerrechtlichen Wertungen Tür und Tor öffnen, damit die Rechtsschutzpflicht relativieren würde (so durch Begriffe wie „Zweckentfremdung" oder „Geringfügigkeit") und so wirtschaftlichen, politischen und ideologischen Wertvorstellungen Eingang verschaffen würde.

Vorbemerkungen zum EGJN

1 Das Einführungsgesetz zur Jurisdiktionsnorm (EGJN) enthält die Bestimmungen über die Aufhebung bzw Aufrechterhaltung der vor Inkrafttreten der JN in Geltung gestandenen gesetzlichen Vorschriften über die Gerichtsbarkeit und Zuständigkeit in bürgerlichen Rechtssachen. Insbesondere werden alle diejenigen Zuständigkeitsregelungen erwähnt, die in besonderen Gesetzen enthalten waren und durch die Bestimmungen der JN außer Kraft gesetzt wurden oder ausdrücklich aufrechterhalten blieben.

So enthalten die Art III bis IX EGJN diejenigen Vorschriften, die ausdrücklich aufrechterhalten bleiben, während Art II EGJN jene Bestimmungen aufzählt, die ausdrücklich aufgehoben wurden. Aus der Formulierung des Art II EGJN „insbesondere verlieren ihre Wirksamkeit . . .“ ergibt sich klar, daß diese Aufzählung nur eine beispielsweise ist und bloß zur Erläuterung der allgemeinen Aufhebungsbestimmungen des Art I Abs 2 EGJN dient. Maßgebend sind nur diese, und es muß davon ausgegangen werden, daß alle Bestimmungen früherer Gesetze, die ebenfalls die in der JN gleich oder auf andere Weise behandelten Gegenstände regeln, aufgehoben wurden, soweit sie nicht ausdrücklich im EGJN oder in der JN aufrechterhalten wurden; dies selbst dann, wenn die Aufhebung nicht ausdrücklich in diesen Gesetzen ausgesprochen wurde (Materialien I 604).

Nachträgliche Änderungen der Bestimmungen, die in den Zivilprozeßgesetzen enthalten sind, wurden durch einfaches Gesetz möglich, da es sich bei den Zivilprozeßgesetzen nicht um Verfassungsgesetze handelt. Daher wurden durch spätere Gesetze neue Gerichtsstände geschaffen, so zB § 14 KSchG; § 9 AHG; § 20 EKHG; ebenso durch Novellierung der JN: §§ 76 a, 76 b, 76 c, 83 a, 83 b, 83 c, 86 a, 87 a, 91 Abs 3, §§ 92 a, 92 b, 104 a, 109, 113, 113 a, 114, 114 a, 118, 120, 120 a JN.

2 Die Art X bis XVIII EGJN enthalten einzelne nähere Ausführungsbestimmungen, Anpassungen und Erläuterungen verschiedener Normen, die in der JN enthalten sind, während die Art XIX bis XXIV EGJN die Übergangsbestimmungen im technischen Sinne festlegen.

3 Es ergibt sich aus dem Einführungs- und Überleitungszweck der meisten Normen des Gesetzes, daß sie für das heutige Zivilprozeßrecht mit Ausnahme obiger Bestimmungen faktisch bedeutungslos geworden sind, obwohl sie formell nicht aufgehoben wurden; sie finden aber praktisch entweder deshalb keine Anwendung, weil die im Gesetze erwähnten Rechtseinrichtungen nicht mehr existieren und durch die faktische, rechtliche oder staatspolitische Entwicklung überholt sind, oder weil die Überleitung der nach den vorherigen Rechtsvorschriften anhängig gemachten Rechtsstreitigkeiten längst erfolgt ist und keine Rechtsfälle mehr existieren, bei denen die Frage der Gerichtsbarkeit oder Zuständigkeit nach den vorher in Geltung gestandenen Vorschriften aufgeworfen werden könnte.

Bedeutungsvoll geblieben ist Art IX EGJN, der die Grenzen der österreichischen Gerichtsbarkeit im Falle der **Immunität** eines der Streitteile festlegt; ferner Art XIV EGJN, der das Verfahren für bezirksgerichtliche Rechtssachen regelt, die zulässigerweise bei Gerichtshöfen erster Instanz anhängig werden; und Art XVIII EGJN über die Zuständigkeit zur Empfangnahme eines gerichtlichen Erlages.

Die übrigen Bestimmungen dieses Gesetzes werden im einzelnen nur so weit erörtert, als sie noch heute praktisch von Bedeutung sind oder insoweit die dort erwähnten Vorschriften durch neue Normen ersetzt wurden.

Gesetz vom 1. August 1895 RGBl 110, betreffend die Einführung des Gesetzes über die Ausübung der Gerichtsbarkeit und die Zuständigkeit der ordentlichen Gerichte in bürgerlichen Rechtssachen (Jurisdiktionsnorm)

Art. I. (1) Das Gesetz über die Ausübung der Gerichtsbarkeit und die Zuständigkeit der ordentlichen Gerichte in bürgerlichen Rechtssachen (Jurisdiktionsnorm) tritt [in den im Reichsrate vertretenen Königreichen und Ländern] gleichzeitig mit dem Gesetze über das gerichtliche Verfahren in bürgerlichen Rechtsstreitigkeiten (Zivilprozeßordnung) in Wirksamkeit.

(2) Mit demselben Tage verlieren, soweit dieses Gesetz oder die Jurisdiktionsnorm nicht eine Ausnahme enthält, alle in anderen gesetzlichen Vorschriften enthaltenen Bestimmungen über Gegenstände, welche in der Jurisdiktionsnorm geregelt sind, ihre Wirksamkeit.

Stammfassung

Lit: *Schima,* Die Wiederherstellung der österreichischen Rechtspflege, JBl 1946, 10.

Durch die Auflösung der Donaumonarchie und die Gründung der Republik Österreich bedingt, wurde durch § 16 des Beschlusses der Provisorischen Nationalversammlung 30. 10. 1918 StGBl 1, die ausdrückliche Weitergeltung der JN (und der ZPO) für das Gebiet der Republik Österreich verfügt. Im Zuge des Anschlusses Österreichs an das Großdeutsche Reich durch G 13. 3. 1938 dRGBl I 237 (Kdm im GBlÖ 27) wurden diese Rechtsvorschriften in Geltung belassen. Nach der Wiederherstellung Österreichs wurde die Weitergeltung der Zivilprozeßnormen durch das RÜG 1. 5. 1945 StGBl 6 (§§ 1 und 2), und durch Art I des Gesetzes über Maßnahmen zur Wiederherstellung der österreichischen bürgerlichen Rechtspflege 3. 10. 1945 StGBl 188, festgelegt (hiezu *Schima,* JBl 1946, 10 ff). Durch das RÜG war verfügt worden, daß alle jene Gesetze aus der Zeit der nationalsozialistischen Herrschaft, die mit dem Bestand eines freien und unabhängigen Österreich oder mit den Grundzügen einer echten Demokratie unvereinbar sind, die dem Rechtsempfinden des österreichischen Volks widersprechen oder typisches Gedankengut des Nationalsozialismus enthalten, aufgehoben seien. Da derartige Vorschriften im Bereiche der Gerichtsbarkeit in bürgerlichen Rechtssachen sehr gering waren, konnte sich das bereits zitierte Gesetz über Maßnahmen zur Wiederherstellung der österreichischen Rechtspflege vor allem auf den Wiederaufbau der österreichischen Gerichtsbarkeit in organisatorischer Hinsicht beschränken, wobei besonders die Wiedererrichtung des OGH (dessen Funktionen zwischen 1938 und 1945 das Reichsgericht in Leipzig übernommen hatte) zu erwähnen ist. 1

Da das Gebiet des heutigen **Burgenlandes** zur Zeit der Erlassung der Zivilprozeßgesetze zur ungarischen Reichshälfte gehörte, auf die das Gesetz keine Anwendung zu finden hatte, wurden die Zivilprozeßgesetze erst anläßlich des Anschlusses des Burgenlandes an Österreich durch § 5 der V 29. 5. 1922 BGBl 315 2 für dieses eingeführt. Daß gem § 9 Abs 2 dieser Verordnung die Vorschriften für das Eheverfahren und Eherecht erst zu einem späteren Zeitpunkt in Kraft treten sollten, ist durch die Einführung des Ehegesetzes und der 1. DVEheG im Jahre 1938 endgültig bedeutungslos geworden.

3 Durch den korrespondierenden Art I EGZPO wurde die ZPO am gleichen Tag eingeführt und trat ebenso am 1. 1. 1898 in Kraft. (Zur heute bedeutungslos gewordenen Frage des vorzeitigen Inkrafttretens verschiedener Artikel des EGJN vgl *Neumann,* Kommentar[4] I 3.)

4 Die Vorschriften des ersten Teiles der JN (§§ 1 bis 47) finden auf alle Verfahren vor den Zivilgerichten Anwendung (Verfahren nach der ZPO, EO, KO, AO und dem AußStrG). Die Vorschriften der ZPO finden auf das Verfahren vor den Arbeits- und Sozialgerichten (ASGG; soweit dieses keine abweichenden Regelungen enthält) und subsidiär auch auf das Konkurs- und Ausgleichsverfahren (§ 171 KO; § 76 AO) und im Exekutionsverfahren (§ 78 EO) Anwendung.

5 Die Zivilprozeßgesetze wurden am 1. 8. 1895 beschlossen, am 9. 8. 1895 im RGBl 110, 111, 112 und 113 kundgemacht und traten gemeinsam am 1. 1. 1898 in Kraft.

6 Durch Abs 2 ist klargestellt, daß alle anderen gesetzlichen Vorschriften über die Gerichtsbarkeit und die Zuständigkeit in bürgerlichen Rechtssachen am 1. 1. 1898 außer Kraft getreten sind, soweit nicht ausdrücklich dieses Gesetz oder die JN Ausnahmen vorgesehen haben. Ein Großteil dieser Ausnahmebestimmungen – die zum größten Teil in den folgenden Artikeln des EGJN aufgezählt waren – sind entweder ausdrücklich aufgehoben oder durch spätere Änderung der Rechtslage gegenstandslos geworden. Sie betrafen vor allem die Zuständigkeit des VfGH; die Rechte, die einzelnen Gesellschaften, Anstalten und Vereinen aufgrund ihrer gesetzlich festgestellten oder gerichtlich genehmigten Satzungen in bezug auf die gerichtliche Zuständigkeit und das gerichtliche Verfahren als ausnahmsweise Begünstigungen eingeräumt wurden (Art V EGJN); die Regeln über die inländische Gerichtsbarkeit und die Zuständigkeit der Gerichte in besonders geregelten außerstreitigen Rechtssachen (Art VIII EGJN). An die Stelle dieser teilweise aufgehobenen oder gegenstandslos gewordenen Vorschriften sind später neugeschaffene Vorschriften der JN getreten (so zB die §§ 109 ff über die Zuständigkeit in Vormundschafts- und Sachwalterschaftsangelegenheiten; die §§ 113 bis 114 a in außerstreitigen Ehe- und Kindschaftssachen; § 118 für die Anlegung und Führung der öffentlichen Bücher; und die §§ 120, 120 a für Angelegenheiten der Führung der Firmenbücher und für gesellschaftsrechtliche Angelegenheiten).

7 Durch Art I Abs 2 EGJN ist vor allem die JN 20. 11. 1852 RGBl 251, die bis dahin die Grundlage der Zivilgerichtsbarkeit war, außer Kraft getreten. Die Fülle besonderer Normen in einzelnen materiellrechtlichen Gesetzen, die bereits zu einer immer größer werdenden Unübersichtlichkeit führte, zwang zu einer Neuregelung der Gerichtsbarkeit in bürgerlichen Rechtssachen und zu einer neuen Ordnung der Zuständigkeiten (die allerdings noch immer viel zu kompliziert geblieben ist, um als zweckmäßig zu gelten und der Vereinfachung der Rechtsverfolgung dienen zu können).

Art. II. Insbesondere verlieren ihre Wirksamkeit:

1. Die Vorschriften der §§ 200 und 282 ABGB, soweit es sich um den Gerichtsstand für Rechtsstreitigkeiten aus einer gerichtlich angeordneten Verwaltung handelt;

2. [Die Vorschriften der §§ 10 und 11 des Gesetzes vom 20. Mai 1869 RGBl 78, betreffend den Wirkungskreis der Militärgerichte.]

Stammfassung

Die in diesem Artikel erwähnten aufgehobenen Bestimmungen sind, wie eingangs dargestellt, nicht erschöpfend genannt, sondern nur insoweit angeführt, als sich im weiteren Zweifel an der Aufrechterhaltung dieser Bestimmungen praktisch ergeben konnten. **1**

Die Regelung des § 200 ABGB, wonach der Vormund in Rücksicht auf alle der Vormundschaft zugehörigen Handlungen und Angelegenheiten der „vormundschaftlichen Behörde" unterworfen ist, hat hier nur insoweit Bedeutung, als damit die Zuständigkeitsbestimmung eines besonderen Gerichtsstandes für Streitigkeiten aus einer gerichtlich angeordneten Verwaltung von Mündelgut aufgehoben wurde.

Ebenso war bezüglich § 282 ABGB für Kuratoren nach den Bestimmungen der früher geltenden JN ein besonderer Gerichtsstand für Streitigkeiten aus der gerichtlich angeordneten Verwaltung des Gutes der Kuranden vorgesehen, der durch Art II Z 1 EGJN aufgehoben wurde.

Bezüglich des Gerichtsstandes der durch einen Vormund bzw Kurator als gesetzlichen Vertreter vertretenen Mündel bzw Pflegebefohlenen s § 71 JN; bei Streitigkeiten aus der Vormundschaft (§§ 264, 282 ABGB) vgl § 65 JN.

Die Bestimmungen über die Militärgerichtsbarkeit wurden durch § 18 Z 1 G 15. 7. 1920 StGBl 321 (2. StPNov 1920) aufgehoben. Die Heeresangehörigen des aktiven Dienstes haben gem § 68 JN ihren allgemeinen Gerichtsstand am Ort der Garnison. Im Außerstreitverfahren finden die allgemeinen Zuständigkeitsvorschriften Anwendung (§§ 105, 109 ff JN).

Art. III *(gegenstandslos)*

Durch Art III EGJN wurde die Ausübung der Gerichtsbarkeit durch das Obersthofmarschallamt trotz Inkrafttretens der JN aufrechterhalten. Diese Bestimmung wurde zwar nicht ausdrücklich, aber ihrem Inhalte nach durch § 1 Abs 1 des G 5. 2. 1919 StGBl 87 über die Übertragung der dem Obersthofmarschallamte vorbehalten gewesenen Gerichtsbarkeit an die ordentlichen Gerichte aufgehoben. Damit wurde die Gerichtsbarkeit über die Mitglieder des kaiserlichen Hauses (vgl § 1 Abs 1 des G 3. 4. 1919 StGBl 209), über die anderen Personen, die der Gerichtsbarkeit des Obersthofmarschallamtes unterstanden, und über die Exterritorialen, die sich ausdrücklich der Gerichtsbarkeit des Obersthofmarschallamtes unterwarfen (vgl Art IX EGJN), den ordentlichen Gerichten übertragen, die diese nach den für sie geltenden Vorschriften des ordentlichen zivilgerichtlichen Verfahrens auszuüben hatten. **1**

Art. IV *(gegenstandslos)*

Dieser Artikel betraf die Aufrechterhaltung der Konsulargerichtsbarkeit und das in ihr anzuwendende Verfahren. Diese Vorschriften wurden zwar nicht ausdrücklich aufgehoben, sind aber inhaltlich durch die Art 86, 95, 96, 113 des Staatsvertrages von St. Germain 10. 9. 1919 StGBl 1920/303 aufgehoben worden, durch die die Republik Österreich ausdrücklich auf alle Rechte, Interessen und Vorrechte außerhalb der Staatsgrenzen, insb in der Türkei, Bulgarien, Marokko und China, verzichtete. Damit wurde auch die Verlängerung des G 30. 8. 1891 RGBl 136, die durch G 23. 12. 1917 bis zum 31. 12. 1927 erfolgt war, gegenstandslos. **1**

Art. V. Die einzelnen Gesellschaften, Anstalten und Vereinen auf Grund ihrer gesetzlich festgestellten oder staatlich genehmigten Statuten in Bezug auf die gerichtliche Zu-

ständigkeit und das gerichtliche Verfahren als ausnahmsweise Begünstigungen eingeräumten Rechte bleiben unberührt.

Stammfassung

1 Die hier erwähnten Privilegien beschränken sich auf besondere Zuständigkeits- und Verfahrensbestimmungen, während die Sonderbegünstigungen des Vollstreckungsverfahrens in den Art IV und V des EGEO näher umschrieben und aufgezählt werden.

Für das Erkenntnisverfahren ordnete ursprünglich der Art IX EGZPO an, daß die in den Art II und IV lit a und e der MinV 28. 10. 1865 RGBl 110, den Anstalten, die Kreditgeschäfte betreiben, zukommenden Ausnahmen von den allgemeinen Justizgesetzen aufrechterhalten bleiben, doch ist diese Ausnahme durch die ausdrückliche Aufhebung dieser Verordnung durch Art 13 Abs 2 Z 3 EVHGB 24. 12. 1938 dRGBl I 1999 (K GBlÖ 1939/86) beseitigt worden.

Es bestehen daher keine aus der Zeit vor Inkrafttreten der JN zugestandene Privilegien, die durch diesen Artikel als fortbestehend angesehen werden müßten. Nachher einzelnen Gesellschaften, Anstalten und Vereinen eingeräumte Sonderprivilegien sind, soweit sie auf einem Gesetz beruhen, als die Zivilprozeßgesetze ändernde Vorschriften verbindlich. Verordnungen (soweit sie nicht als gesetzesändernde Verordnungen in der Zeit von 1938 bis 1945 angesehen werden müssen, denen Gesetzeskraft zukommt) führen ebenso wie Privilegien, die durch einzelne Hoheitsakte verliehen werden, keine Änderung der Verfahrensvorschriften herbei.

Art V ist daher gegenstandslos geworden.

Art. VI. Unberührt bleiben:

1. die Vorschriften über den Wirkungskreis des Reichsgerichtes und über die Entscheidung von Kompetenzkonflikten zwischen dem Verwaltungsgerichtshofe und den ordentlichen Gerichten;

2.–5. *(außer Kraft)*

Stammfassung

1 Mit dem Ende der österreichisch-ungarischen Monarchie hat das Reichsgericht zu bestehen aufgehört. Der durch B-VG eingerichtete **Verfassungsgerichtshof** hat einige für die **Zivilgerichtsbarkeit** bedeutungsvolle Aufgaben. Ihm obliegt die Entscheidung

- über Kompetenzkonflikte zwischen Gerichten und Verwaltungsbehörden (Näheres s Einl Rz 33 ff) und über
- Kompetenzkonflikte zwischen ordentlichen Gerichten und anderen Gerichten bzw dem Verwaltungsgerichtshof (Art 138 B-VG; Näheres s Einl Rz 36);
- über die Gesetzwidrigkeit von Verordnungen einer Bundes- oder Ländesbehörde (Art 139 B-VG; Näheres hiezu in Einl Rz 22);
- ob bei der Wiederverlautbarung von Rechtsvorschriften die Grenzen der erteilten Ermächtigung überschritten wurden (Art 139a B-VG; Näheres s Einl Rz 25);
- über die Verfassungswidrigkeit eines Bundes- oder Landesgesetzes (Art 140 B-VG; s Einl Rz 26)
- über die Rechtswidrigkeit von Staatsverträgen (Art 140a B-VG; s Einl Rz 27).

2 **Art VI 2 EGJN** betraf die Aufrechterhaltung der Vorschriften des § 3 G 5. 3. 1869 RGBl 27, betreffend die Haftung der Eisenbahnunternehmungen für die durch Ereignisse auf den Eisenbahnen herbeigeführten körperlichen Verlet-

zungen oder Tötungen von Menschen. Dieses Gesetz wurde durch Art VI der V zur Einführung des RHPflG (7. 6. 1871 dRGBl 207) 3. 5. 1940 dRGBl I 713 aufgehoben. Jetzt ist nach § 20 EKHG 21. 1. 1959 BGBl 48 (welches in diesem Bereich die Bestimmungen des RHPflG aufgehoben hat) wahlweise neben dem allgemeinen Gerichtsstand auch dasjenige Gericht zuständig, in dessen Sprengel sich der Unfall ereignet hat. Vgl hiezu die Ausführungen Vor § 76 JN.

Art VI 3 EGJN betraf die Aufrechterhaltung der Gerichtsbarkeit in Elbe- 3
Schiffahrtsangelegenheiten und ist durch die Änderungen des Staatsgebietes seit 1918 gegenstandslos geworden.

Art VI 4 EGJN betraf die Aufrechterhaltung der §§ 8 und 17 des Syndi- 4
katsG (G 12. 7. 1872 RGBl 112, womit zur Durchführung des Art 9 des StGG 21. 12. 1867 RGBl 144 über die richterliche Gewalt das Klagerecht der Parteien wegen der von richterlichen Beamten in Ausübung ihrer amtlichen Wirksamkeit zugefügten Rechtsverletzungen geregelt wird). Da dieses Gesetz und auch die gegenständliche Z 4 des Art VI EGJN durch § 15 AHG 18. 12. 1948 BGBl 1949/20 aufgehoben wurden und die Vorschriften dieses Gesetzes an dessen Stelle getreten sind, ist nunmehr lediglich die in § 9 AHG getroffene Zuständigkeitsregelung maßgebend.

Art VI 5 EGJN: Der durch Art 315 des durch die EVHGB 24. 12. 1938 5
dRGBl I 1999 (K GBlÖ 1939/86) außer Kraft gesetzten AHGB 17. 12. 1862 RGBl 1863/1 vorgesehene Gerichtsstand für Klagen auf Verkauf zurückgehaltener Gegenstände ist nunmehr durch § 371 Abs 4 HGB idF des Art 8/16 EVHGB ersetzt worden. Danach kann die Klage auf Gestattung der Befriedigung aus dem zurückbehaltenen Gegenstand bei dem Gericht, in dessen Bezirk der Gläubiger seinen allgemeinen Gerichtsstand oder den Gerichtsstand der Niederlassung hat, erhoben werden (Klage zur Realisierung des kaufmännischen Zurückbehaltungsrechtes).

Art VI 6 EGJN betraf die Vorschriften des JME 21. 8. 1856 RGBl 150 über 6
den Gerichtsstand der unehelichen Findelkinder nach ihrem Austritte aus der Versorgung durch eine öffentliche Anstalt. Diese Regel ist spätestens durch die Neufassung des § 71 JN durch Art VIII Z 1 BGBl 1977/403 gegenstandslos geworden.

Art. VII *(gegenstandslos)*

Art VII betraf die Aufrechterhaltung der in der damals in Geltung stehen- 1
den Konkursordnung 25. 12. 1868 RGBl 1869/1 enthaltenen Vorschriften über die Gerichtsbarkeit im Konkurse und über die Zuständigkeiten für die damit im Zusammenhang stehenden Klagen.

Die **Konkursordnung 1914** änderte mehrfach die Zuständigkeitsvorschriften der JN und ergänzte sie. In ihrer gegenwärtigen, insb durch das IRÄG 1982 BGBl 370, die KO-Nov 1993 BGBl 974, das IRÄG 1994 BGBl 153 und das IRÄG 1997 BGBl I 1997/114 geänderten Fassung ist in § 63 KO die örtliche und sachliche Zuständigkeit des Gerichtshofes für die Einleitung von Konkursverfahren gegen Gemeinschuldner, die juristische Personen sind oder ein Unternehmen betreiben, festgelegt, in Wien das HG Wien. Ist der Gemeinschuldner eine physische Person und betreibt er kein Unternehmen, dann ist Konkursgericht das zur Zeit der Verfahrenseröffnung örtlich zuständige Bezirksgericht (§ 182 KO). Siehe auch § 65 KO für den Konkurs einer Personenhandelsgesellschaft und den Konkurs über das Privatvermögen eines persönlich haftenden Gesellschafters. § 162 KO regelt die Zuständigkeit für Streitigkeiten aus einem im Konkurs abgeschlossenen Zwangsausgleich und setzt auch hier die ausschließliche Zuständigkeit des Konkursgerichts fest. § 178 KO schafft eine Wahlzuständigkeit des Konkursgerichts für Klagen über Ansprüche auf Aussonderung und Absonderung, über Masseforderungen, über Ersatzansprüche wegen pflichtwidrigen Verhaltens von Konkursorganen und über Ansprüche aus Haftungserklärungen Dritter bei Unternehmensfortführung. Vgl auch § 43 Abs 5, § 111 KO.

Die gleichzeitig erlassene **Ausgleichsordnung** idF IRÄG 1982 BGBl 370, IRÄG 1994 BGBl 153 und IRÄG 1997 BGBl I 1997/114 ergänzte und änderte die Bestimmungen der JN wie folgt ab: Die in § 1 AO geregelte örtliche Zuständigkeit des Gerichtshofes erster Instanz als Ausgleichsgericht entspricht der Zuständigkeitsregelung der KO für Konkurse von Gemeinschuldnern, die juristische Personen sind oder die ein Unternehmen betreiben. Für Klagen auf Nichtigkeit und Unwirksamerklärung des Ausgleiches wird in § 72 AO die ausschließliche Zuständigkeit des Ausgleichsgerichts festgelegt, wobei durch § 76 Abs 2 AO ausdrücklich die Bestimmungen der §§ 172 bis 177 KO für das Ausgleichsverfahren anzuwenden sind. Da § 172 Abs 2 KO ausdrücklich bestimmt, daß Zuständigkeitsvereinbarungen für das Konkursverfahren (und gem § 76 Abs 2 AO auch für das Ausgleichsverfahren) unwirksam sind, ergibt sich, daß **die Gerichtsstände für die Durchführung eines Insolvenzverfahrens Zwangsgerichtsstände sind** (anders § 178 KO für die dort genannten Anhangprozesse).

Art. VIII. Desgleichen bleiben unberührt:

1. Das dem deutschen Ritterorden mit Patent vom 28. Juni 1840, JGS Nr. 451, eingeräumte Abhandlungsrecht über das frei eigene Vermögen des Hoch- und Deutschmeisters, der Ordensritter und Ordenspriester;

2. *(aufgehoben)*

3. die Vorschriften über die Gerichtsbarkeit der inländischen Gerichte in Ansehung der Nachlässe von Ausländern, insbesondere die Vorschriften der §§ 22 bis 25 und 140 [bis 144] des kaiserlichen Patentes vom 9. August 1854, RGBl. Nr. 208, ferner die über die Zuständigkeit in Vormundschafts- und Kuratelangelegenheiten der Ausländer [im § 183 des kaiserlichen Patentes vom 9. August 1854 RGBl. Nr. 208], und in anderen Vorschriften enthaltenen Bestimmungen, sowie die in Staatsverträgen enthaltenen Bestimmungen über das Verlassenschafts- und Pflegschaftswesen;

4. die Vorschriften des Gesetzes vom 18. Februar 1878 RGBl. Nr. 30, über die Zuständigkeit der Gerichte in Fällen der Enteignung zum Zwecke der Herstellung und des Betriebes von Eisenbahnen;

5. die Vorschriften über die Führung des Firmenbuchs;

6. die Vorschriften [über die Aufnahme von Wechselprotesten] und über die Mitwirkung der Gerichte in Angelegenheiten des Notariatswesens;

7. die Vorschriften des Gesetzes vom 16. Februar 1883 RGBl. Nr. 20, über die Zuständigkeit für das Verfahren zum Zwecke der Todeserklärung oder der Beweisführung des Todes.

Stammfassung

Lit: *Eiselsberg/Schenk/Weissmann,* Firmenbuchgesetz (1991); *Pimmer,* WechselG und ScheckG (1992); *Sprung,* Abhandlungsbefugnis des Deutschen Ordens, JBl 1962, 78.

1 Selbst wenn man mit *Sprung,* JBl 1962, 78 übereinstimmt, daß das dem Deutschen Ritterorden mit Pat 28. 6. 1840, JGS 451 eingeräumte Abhandlungsrecht nicht von den Aufhebungsvorschriften des § 1 des G 3. 4. 1919 StGBl 210 miterfaßt wurde, ist diese Ausnahmevorschrift infolge kirchenrechtlicher Ver-

pflichtung der Professen zur Übertragung des Vermögens nach staatlichem Recht gegenstandslos geworden (dazu *Sprung,* JBl 1962, 78).

Z 2 betraf die durch Art I BGBl 1932/6 aufgehobene Kompetenz des Handelsgerichts zur Abhandlungspflege nach protokollierten Kaufleuten und Fabrikanten. **2**

Die in Z 3 ausdrücklich aufrechterhaltenen Bestimmungen betreffen die Gerichtsbarkeit über Ausländer in außerstreitigen Angelegenheiten nach dem AußStrG 9. 8. 1854 RGBl 208. **3**

Die in den §§ 22 bis 25 dieses Gesetzes enthaltenen Vorschriften über die Gerichtszuständigkeit bei Verlassenschaften der Ausländer legen im einzelnen das Abhandlungsrecht inländischer Gerichte für unbewegliche Güter ausländischer Erblasser im vollen Umfange fest. Für bewegliche Güter wird die grundsätzliche Abhandlungsbefugnis der ausländischen Behörde angeordnet, insofern der Ausländer nicht im Inland seinen ständigen Wohnsitz hatte und die Gegenseitigkeit mit dem Heimatstaate mangelt, oder sofern sich nicht auch die ausländischen Beteiligten ausdrücklich mit der Abhandlung im Inland einverstanden erklären. Bezüglich der Staatenlosen ist vor den inländischen Gerichten abzuhandeln. Im Falle der Abhandlung durch die ausländische Behörde hat sich die inländische Gerichtstätigkeit auf die Sicherung des Nachlasses zu beschränken.

Die Vorschrift des § 140 AußStrG betrifft die praktische Durchführung der in den §§ 23, 24 AußStrG enthaltenen Grundsätze über die Behandlung des beweglichen Nachlasses von Ausländern, während die §§ 141 bis 144 durch Art 10 des Staatsvertrages mit der Türkei 28. 1. 1924 BGBl 392 gegenstandslos geworden sind; sie enthielten besondere Vorschriften über die Verlassenschaften türkischer Untertanen. **4**

§ 183 AußStrG wurde durch § 25 4. DVEheG 25. 10. 1941 dRGBl I 654 aufgehoben. An seine Stelle traten die §§ 14 bis 18 dieser Verordnung, die ihrerseits wieder durch Art XVII § 3 Z 4 des BG BGBl 1983/135 – betreffend den § 14 der 4. DVEheG – und § 51 Abs 2 Z 8 IPRG – betreffend die §§ 15 bis 18 der 4. DVEheG – außer Kraft gesetzt wurde. Sie regelten die Vormundschaft und Pflegschaft über Ausländer und das darauf anzuwendende Recht. **5**

Die Zuständigkeit der Gerichte in den Fällen der **Enteignung** zum Zwecke der Herstellung und des Betriebes von Eisenbahnen richtet sich nunmehr nach den Vorschriften des EisenbEntG 1954 in der K 9. 2. 1954 BGBl 71. Hiedurch sind die Vorschriften des EisenbEntG 18. 2. 1878 RGBl 30 idF des Art 52 des VerwaltungsentlastungsG 1925 wiederverlautbart worden. Danach fällt die Feststellung des Gegenstandes und Umfanges der Enteignung nach den §§ 11 bis 21 des Gesetzes gem § 17 in die Kompetenz des Landeshauptmannes und hat im Verwaltungsverfahren zu erfolgen. Die Feststellung der Entschädigung hat nach § 22 des Gesetzes durch das Gericht zu erfolgen, sofern keine Einigung zwischen den Beteiligten zustande kam. Nach § 23 Abs 2 des Gesetzes ist für die Feststellung der Entschädigung das Bezirksgericht zuständig, in dessen Sprengel die Enteignung zu vollziehen ist, wobei nach § 24 Abs 1 das außerstreitige Verfahren zur Anwendung kommt. Im wiederverlautbarten § 30 ist nunmehr die abweichende Regelung des Instanzenzuges in diesem Verfahren beseitigt und es besteht auch nach dem Wortlaut des Gesetzes kein Zweifel mehr, daß in zweiter Instanz die Landesgerichte einzuschreiten haben. (Nach der ursprünglichen Fassung des § 30 des Gesetzes waren die Rekurse den Oberlandesgerichten zur Entscheidung vorzulegen.) Nach § 41 kann auch der Entschädiger beim zuständigen Bezirksgericht um die Einleitung des Entschädigungsverfahrens nachsuchen. **6**

Auch die meisten anderen Gesetze, die eine Enteignung vorsehen, folgen dem im EisenbEntG vorgesehenen Verfahren. Hier sind vor allem das BStG 1971 BGBl 286 idF BG BGBl 1975/239, 381 und 416, 1978/294, 1983/63 und 273, 1986/165, 1990/159, 1992/420, 1994/33, 1995/297 (StruktAG), 1997/31; ferner einzelne LandesstraßenG (s § 1 JN), die meisten ROG der Länder (ausgenommen das NÖ ROG LGBl 1977/13) und das BodenbeschaffungsG (BGBl 1974/288) zu nennen: weitere Enteignungsvorschriften bei *Dittrich/Tades,* ABGB[35] § 365 IV; ebendort auch umfassender Schrifttumsnachweis.

Eine besondere Form der Enteignung, die auch den Umfang und die Feststellung der Enteignung in die Hände des Gerichtes legt, ist durch das NotwegeG 7. 7. 1896 RGBl 140 (§ 9 Abs 2) vorgesehen.

Den Grundsätzen des Entschädigungsverfahrens nach dem EisenbEntG folgen ferner die bei § 1 JN wiedergegebenen Vorschriften über die Enteigung zu Zwecken der Energiewirtschaft, des Bergbaues, der einzelnen Landes-Bauordnungen, der einzelnen Naturschutzgesetze, des Heil- und Kurortewesens, des Luftverkehrs, der Nachrichtenverbindungen und der landwirtschaftlichen Nutzwege, wobei zwischen den einzelnen Gesetzen verschiedene Abweichungen bestehen, die am gegebenen Ort zur Darstellung gelangen (§ 1 JN).

Einen grundsätzlich anderen Weg der Enteigung geht das WRG 1959 BGBl 215, das sowohl Enteignung als auch Feststellung der Entschädigung ausschließlich in die Hände der Verwaltungsbehörde legt.

7 Die bisher durch Art VIII Z 6 EGJN ursprünglich aufrechterhaltenen Vorschriften über die **Führung der Handels- und Genossenschaftsregister** (V RGBl 1863/27, V RGBl 1873/71 und V RGBl 1895/74) wurden, soweit sie nicht durch die zufolge der EVHGB dRGBl 1938 I 1999 (K GBlÖ 1939/86 an ihre Stelle getretenen Vorschriften) bereits ersetzt worden waren, samt diesen durch Art XXIV Abs 2 des Firmenbuchgesetzes (FBG BGBl 1991/10) ebenso aufgehoben wie die Vorschriften über die Führung der Genossenschaftsregister und anderer handelsrechtlicher Spezialregister. Durch das FBG wurden alle handelsrechtlichen Register vereinheitlicht, erschöpfend geregelt und auf ADV umgestellt (s dazu *Eiselsberg/Schenk/Weissmann,* Firmenbuchgesetz).

Bezüglich der Schiffsregister vgl §§ 119 ff des G 20. 5. 1898 dRGBl I 868 (K GBlÖ 1939, 1454), die Schiffsregisterordnung dRGBl 1940 I 1591, die Schiffsregisterverfügung 23. 12. 1940 DJ 1941, 42, AusfV 27. 12. 1940 DJ 1941, 63 und AusfV 25. 3. 1941 DJ 1941, 428. Das Seeschiffsregister wird laut AusfV 15. 4. 1943 DJ 1943, 249 für seinen Bezirk vom BG Innere Stadt Wien geführt, während sich die Zuständigkeit zur Führung des Binnenschiffsregisters nach AusfV 18. 12. 1939 DJ 1939, 1902 und des Schiffsbauregisters nach AusfV 11. 1. 1941 DJ 1941, 132 richtet. Gem § 35 Abs 4 Geo sind die Geschäfte der Schiffsregister bei den Gerichten mit den übrigen Registersachen in einer Geschäftsabteilung zu vereinigen (s auch §§ 136, 170 Abs 5, § 447 Geo).

8 Die zur Zeit des Inkrafttretens des EGJN geltenden Vorschriften über die Aufnahme von **Wechselprotesten,** und zwar Art 87 WO und § 56 Abs 2 GOG, ferner das G 9. 3. 1903 RGBl 60, und die JMV 31. 12. 1905 RGBl 1906/5 sind beseitigt worden. In ihre Stelle traten zuerst das WG 18. 8. 1932 BGBl 290, dann das deutsche WG 21. 6. 1933 dRGBl I 399, idF des Art 2 des Gesetzes über Proteste von Wechseln und Schecks 5. 7. 1934 dRGBl I 571, das mit V 21. 4. 1938 dRGBl I 421 GBlÖ 1938 114 eingeführt wurde, endlich das WG 1955 16. 2. 1955 BGBl 49, insb dessen Art 79 bis 88, die nun an Stelle der aufgehobenen Vorschriften gelten. Die Bestimmungen der V 29. 12. 1933 BGBl 606, betreffend die Festsetzung der Feiertage, wurden in den Art 72 des WG 1955 eingebaut und

damit auch dieses Gesetz zufolge der allgemeinen Aufhebungsbestimmung des Art 99 WG aufgehoben.

Maßgebend für den Umfang der Gerichtsbarkeit ist lediglich Art 79 WG 1955, der die Protestaufnahme durch einen Notar oder Gerichtsbeamten anordnet (vgl dazu § 89 NO; die Vorschriften über die Vornahme des Wechselprotestes durch einen Postbeamten – der „Postprotest"– sind in Österreich mangels eines Bedürfnisses danach niemals eingeführt worden). Die weiteren Artikel sind dem Inhalte, der Form, der Zeit des Protestes, der Zahlung anläßlich des Protestes und dem Protest bei mehreren Wechselverpflichteten sowie der Verantwortlichkeit des Protestbeamten gewidmet. Für die Durchführung des Wechselprotestes durch Gerichtsbeamte s § 476 Geo (Näheres bei *Pimmer,* WechselG und ScheckG).

Die aufrechterhaltenen (oder inzwischen ergänzten oder erneuerten) Vorschriften über die Mitwirkung der Gerichte in Angelegenheiten des **Notariatswesens** finden sich in der NO 25. 7. 1871 RGBl 75 idF der G 31. 7. 1945 StGBl 104 (NO 1945) in der geltenden Fassung (BGBl I 1999/72), und zwar in den §§ 11, 12, 15 bis 17, 19, 42, 62, 119f, 122, 138, 144 Abs 2, §§ 146, 152 bis 154, 169, 178, 180, 183ff, für das Disziplinarverfahren in den §§ 155, 171ff. **9**

An Stelle der in Z 7 genannten Bestimmungen sind die Zuständigkeits- und Verfahrensbestimmungen der §§ 13, 14, 16, 21 Abs 1, §§ 23 und 24 des TEG 1950 getreten. Dieses Gesetz ist das mit der K 5. 12. 1950 BGBl 1951/23 unter Einbeziehung der Bestimmungen des Gesetzes über die Verschollenheit, die **Todeserklärung** und die Feststellung der Todeszeit 4. 7. 1939 dRGBl I 1186 wiederverlautbarte G 16. 2. 1883 RGBl 20. **10**

§ 13 legt die sachliche Zuständigkeit des Gerichtshofes erster Instanz fest, wobei örtlich der Gerichtsstand des letzten Aufenthaltes maßgebend ist. Gem § 14 ist generell das Verfahren außer Streitsachen angeordnet. Die Entscheidung ist dem Einzelrichter übertragen. Durch § 16 ist im Fall von Beweisschwierigkeiten die Antragstellung an das Bezirksgericht zur Vornahme der in seinem Sprengel erforderlichen Tatsachenfeststellungen für zulässig erklärt (Beweissicherung), während § 21 Abs 1 für das Verfahren zur Beweisführung die gleichen Zuständigkeitsvorschriften wie für die Todeserklärung enthält. § 23 regelt für das Todeserklärungsverfahren und § 24 für das Verfahren zum Beweise des Todes, daß das über den Todeserklärungsantrag usw entscheidende Gericht auch für die Aufhebung oder Berichtigung dieses Beschlusses zuständig ist.

Vor Art IX EGJN: Allgemeines zur (inländischen) Gerichtsbarkeit und zum IZVR

Inl Lit zum Begriff der Gerichtsbarkeit iSd Völkerrechts – I; und des innerstaatlichen Rechts (inländische Gerichtsbarkeit) – II:

Bajons, Zur Nationalität internationaler Schiedssachen, Kralik-FS (1986) 3; *dies,* Ein österreichisches System der internationalen Zuständigkeit, ZfRV 1972, 91; *Ballon,* Die Zulässigkeit des Rechtswegs (1980) 83ff; *Fasching,* Die „internationale Zuständigkeit" der Arbeits- und Sozialgerichte in Österreich, in: Law in East and West/Recht in Ost und West (1988) 839; *Franzen,* Zuständigkeit, Klagerücknahme und Leistungsverweigerung des Arbeitnehmers im grenzüberschreitenden Fall, IPRax 1995, 257; *Geimer* in *Kralik/Rechberger,* Symposium Außerstreitverfahren (1992) 93; *ders,* Verfassung, Völkerrecht und internationales Zivilverfahrensrecht, ZfRV 1992, 321, 401; *ders,* Verfassungsrechtliche Vorgaben bei der Normierung der internationalen Zuständigkeit, Schwind-FS (1993) 17; *Gitschthaler,* Die Erstanhörung nach dem Sachwaltergesetz, NZ 1990, 265; *H. Hoyer,* Die Neuregelung des IZVR in Österreich, ZZP 1982, 151; *ders,* Eine Richtungsänderung im österreichischen IZVR? ZfRV 1983, 59; *Fischer/Köck,* Allgemeines Völkerrecht[4] (1994) 93ff; *Kralik,* Die internationale Zuständigkeit, ZZP 1961, 2; *Loewe,* Erneuerung des österreichischen IZVR,

ZfRV 1983, 180; *Lorenz,* Internationale Zuständigkeit österreichischer Gerichte für Klagen gegen ausländische Produzenten, IPRax 1993, 193; *Mänhardt,* Feststellungsgerichtsbarkeit bei inländischen Schiedsverfahren - Eine Regelungslücke? AnwBl 1989, 397; *Matscher,* Zur Abgrenzung der inländischen Gerichtsbarkeit, vornehmlich in Vermögenssachen, JBl 1983, 505; *ders,* Zur Bedeutung von staatsvertraglichen Regelungen über die inländische Gerichtsbarkeit (internationale Zuständigkeit), IPRax 1985, 299; *ders,* Die internationalrechtlichen Bestimmungen der Zivilverfahrensnovelle 1983, in *BMfJ,* SchR 18 (Richterwoche Badgastein 1983) 205 ff; *ders,* Einwirkungen der EMRK auf das internationale Privat- und zivilprozessuale Verfahrensrecht, Schwind-FS (1993) 79; *ders,* Étude des règles de compétence judiciaire dans certaines conventions internationales, RdC 1978/III 127; *ders,* Über die Grenzen der territorialen Souveränität, deren Verletzung und deren befugte Überschreitung, ZÖR 28 (1977), 131; *ders,* Die Indikationentheorie an der Schwelle der Integration des österreichischen in das europäische Zivilprozeßrecht, JBl 1996, 277; *ders,* Die Neuregelung der inländischen Gerichtsbarkeit durch die ZVN 1997, JBl 1998, 488; *ders,* Überlegungen über einen einheitlichen Begriff der inländischen Gerichtsbarkeit in Zivilrechtssachen, Verosta-FS (1980) 299; *ders,* die Verfahrensgarantien der EMRK in Zivilrechtssachen, ZÖR 31 (1980), 1; *ders,* Der Vorbehalt ausschließlicher Zuständigkeit im österreichischen Recht – Systemfragen der Anerkennung ausländischer Entscheidungen, JBl 1979, 182; *ders,* Vollstreckung im Auslandsverkehr von vorläufig vollstreckbaren Entscheidungen und von Maßnahmen des provisorischen Rechtsschutzes, ZZP 1982, 220; *ders,* Zur Zuständigkeit der österreichischen Gerichte für Rechtsstreitigkeiten aus Gastaufnahme- und Beherbergungsverträgen mit ausländischen Gästen, IPRax 1984, 223; *ders,* Zuständigkeitsvereinbarungen im österreichischen und im internationalen Zivilprozeßrecht (1967) 35 ff; *Mayr,* Praxisprobleme der Zuständigkeit und der inländischen Gerichtsbarkeit, ÖJZ 1995, 329; *Müller-Graf,* Institutionelle und materielle Reformen in der Zusammenarbeit Justiz und Inneres, in *Hummer,* Die Europäische Union nach dem Vertrag von Amsterdam (1998) 259; *Neuner,* Internationale Zuständigkeit (1929); *Okresek,* Hoheitsakte auf fremdem Staatsgebiet, ZÖR 1985, 325; *Pfersmann,* Bemerkenswertes aus der SZ 57, ÖJZ 1987, 106; *ders,* Bemerkenswertes aus der SZ 60, ÖJZ 1991, 122; *Rechberger,* Gibt es eine „Internationale Zuständigkeit" der österreichischen Gerichte? Nagel-FS (1987) 294; *Satter,* Zum Problem der internationalen Zuständigkeit, ZBl 1930, 161; *Schönherr,* Der Haager Entwurf eines internationalen Abkommens über den Leistungsschutz, ÖBl 1960, 61; *ders,* Zuständigkeit der Gerichte in Angelegenheiten des gewerblichen Rechtsschutzes; Vollstreckung von im Schutzland ergangenen Urteilen im Lande des Wohnsitzes des Beklagten, ÖBl 1958, 5; *Schwimann,* Zur Abgrenzung der inländischen Gerichtsbarkeit bei Fehlen ausdrücklicher Vorschriften, JBl 1984, 9; *ders,* Inländische Gerichtsbarkeit für Personenrechts-, Familienrechts- und Unterhaltssachen, JBl 1990, 760; *ders,* § 28 JN und die Grenzen der inländischen Ziviljurisdiktion in Vermögens- und Wirtschaftsstreitigkeiten, ÖZW 1984, 97 ff; *ders,* Streitfragen der inländischen Ziviljurisdiktion, Floretta-FS (1983) 109; *ders,* Örtliche Zuständigkeit und „inländische Gerichtsbarkeit", RdW 1985, 332; *Schwind,* IPR-Lehr- und Handbuch (1990); *Seber,* Der Umfang der österreichischen inländischen Gerichtsbarkeit für Klagen im gewerblichen Rechtsschutz und Urheberrecht, ZfRV 1983, 270; *Seidl-Hohenveldern,* Völkerrecht[9] (1997), Rz 631 f; *ders* in *Neuhold/Hummer/Schreuer,* Österreichisches Handbuch des Völkerrechts[3] I (1997) Rz 732 ff; *Sperl,* Eine internationale Zuständigkeitsordnung in bürgerlichen Rechtssachen (1926; Sonderdruck aus NiemeyersZ Bd V [1925]); *Verdroß/Simma,* Universelles Völkerrecht[3] (1984) Rz 1019–1028; *Verschraegen,* Voraussetzungen der Ordination gem § 28 JN, ZfRV 1981, 15; *Zeiler,* Europäisches Sicherungsverfahren, JBl 1996, 635; *ders,* Internationales Sicherungsverfahren (1996).

Lit zur inländischen Gerichtsbarkeit im Exekutionsverfahren: *Rechberger/Simotta,* Exekutionsverfahren[2] (1992) Rz 40–42;

im außerstreitigen Verfahren: *Dolinar,* Österreichisches Außerstreitverfahrensrecht – Allgemeiner Teil (1982) 44 ff; *Klicka/Oberhammer,* Außerstreitverfahren[2] (1997) Rz 10–17 mwN; *Mayr/Fucik,* Verfahren außer Streitsachen (1998) zu § 2 Rz 7;

im Insolvenzverfahren: *Deixler/Hübner,* Privatkonkurs[2] (1996) Rz 9; *Heil,* Insolvenzrecht (1989) Rz 79–81, 210, 344; *Holzhammer,* Österreichisches Insolvenzrecht[5] (1996) 12; *Keppelmüller,* Österreichisches internationales Konkursrecht (1997) insb 20 ff; *Mohr,* Privatkonkurs (1994) 9.

Ausl Lit *Bertele,* Souveränität und Verfahrensrecht (1998); *Ch. De Visscher,* Le déni de justice en droit international, RdC 1935/II, 395; *Dormann Besenich,* Der ausländische Staat als Kläger (1994); *Dorsel,* Forum non conveniens – Richterliche Beschränkung der Wahl des Gerichtsstandes im deutschen und amerikanischen Recht (1996); *Frank,* Öffentlichrechtliche Ansprüche fremder Staaten vor inländischen Gerichten, RabelsZ 1970, 56; *Franzen,* Zuständigkeit, Klagerücknahme und Leistungsverweigerung des Arbeitnehmers im grenzüberschreitenden Fall, IPRax 1995, 257; *Geimer* in *Zöller,* ZPO[21] (1999), IZPR Rz 36–95a; *ders,* Verfassungsrechtliche Vorgaben bei der Normierung der internationalen Zuständigkeit, Schwind-FS (1993) 17; *Gottwald,* Grenzen zivilgerichtlicher Maßnahmen mit Auslandswirkung, Habscheid-FS (1989) 121; *ders,* Die internationale Zwangsvollstreckung, IPRax 1991, 285; *Grothe* „Exorbitante" Gerichtszuständigkeiten im Rechtsverkehr zwischen Deutschland und den USA; *Habscheid,* Der Justizkonflikt mit den Vereinigten Staaten von Amerika (1986); *Habscheid/Rudolf,* Territoriale Grenzen der staatlichen Rechtssetzung, Ber 11 (1973) 7, 47; *Hau,* Positive Kompetenzkonflikte im IZPR (1996); *Heini,* Jurisdiktion und Jurisdiktionsgrenzen im IPR, SJIR 41 (1985) 93; *Heldrich,* Die Frage der internationalen Zuständigkeit im Bereich der freiwilligen Gerichtsbarkeit, Ber 10 (1971) 97; *ders,* Internationale Zuständigkeit und anwendbares Recht (1969); *v. Hoffmann,* Gegenwartsprobleme internationaler Zuständigkeit, IPRax 1982, 217; *Kaiser/von Münch,* Internationale und nationale Zuständigkeit im Völkerrecht der Gegenwart Ber 7 (1967) 1, 27; *Kleinstück,* Due-Process-Beschränkungen des Vermögensgerichtstandes durch hinreichenden Inlandsbezug und Minimum-Contacts (1994) (dazu *Lurger,* Inlandsbezug von Vermögensgerichtsständen, Bemerkungen aus Anlaß einer Neuerscheinung, ZfRV 1995, 61); *Koch,* Eintreibung von Steuerforderungen im Ausland: Kann der Fiskus im Ausland vollstrecken? IPRax 1993, 1992; *Kropholler* in Handbuch IZVR I Kap III: Internationale Zuständigkeit (1982); *Leipold,* Lex fori, Souveränität, Discovery – Grundfragen des internationalen Zivilprozeßrechts (1989); *Lindacher,* Internationale Zuständigkeit in Wettbewerbssachen, Nakamura-FS (1996) 321; *Mann,* The Doctrine of Jurisdiction in International Law, RdC 1964/I; *ders,* The doctrine of jurisdiction revised after twenty years, RdC 1984/III; *Meesen,* (ed.) Extraterritorial Jurisdiction in Theory and Practice (1996); *ders,* Völkerrechtliche Grundsätze des internationalen Kartellrechts (1975) 15ff; *von Mehren,* Jurisdiction to Adjudicate: Reflections on the Rôle and Scope of Specific Jurisdiction, Lalive-FS (1993) 557; *Meng,* Extraterritoriale Jurisdiktion im öffentlichen Wirtschaftsrecht (1994); *Miaja de la Muela,* Les principes directeurs des règles de compétence territoriale des tribunaux internes en matière de litiges comportant un élément international, RdC 1972/I 31ff; *Moussé,* Le contentieux des organisations internationales (1997); *Pfeiffer,* Internationale Zuständigkeit und prozessuale Gerechtigkeit (1995); *ders,* Falscher vorauseilender Gehorsam in die richtige Richtung – Zur „Luganofreundlichen" Auslegung des autonomen österreichischen Zuständigkeitsrechts, IPRax 1996, 205; *Reu,* Die staatliche Zuständigkeit im IPR (1938); *Riezler,* IZPR (1949); *ders,* Zur sachlichen Unzuständigkeit, Rosenberg-FG (1949) 199; *Rigaux,* La compétence extraterritoriale des Etats, Annuaire de l'Institut de Droit International Vol 68/I (1999); *Roggenbuck,* US-amerikanische Discovery im deutschen Zivilprozeß? IPRax 1997, 76; *H. Roth,* Inländische Gerichtsbarkeit, ZVglRWiss 90 (1991) 298; *Schack,* Jurisdictional minimum contacts scrutinized (1983); *Schlosser,* Jurisdiction in international litigation – an issue of Human Rights, Denti-FS (1994) I, 581; *ders,* Der Justizkonflikt zwischen den USA und Europa (1985); *Schröder,* Internationale Zuständigkeit (1971); *Schwarze,* Die Jurisdiktionsabgrenzung im Völkerrecht (1994); *Stauder,* Gerichtliche Zuständigkeit für Klagen aus ausländischen Patenten, Ulmer-FS (1973) 509; *Tepaß,* Extraterritoriale Anwendung nationalen Kartellrechts und Möglichkeiten zur Lösung zwischenstaatlicher Jurisdiktionskonflikte (1992); *Troller,* IPR und IZPR im gewerblichen Rechtsschutz und Urheberrecht (1952); *Walchshöfer,* Die deutsche internationale Zuständigkeit, ZZP 1967, 165; *Walder,* Einführung in das IZPR der Schweiz (1989); *Weigel,* Gerichtsbarkeit, internationale Zuständigkeit und Territorialitätsprinzip im deutschen gewerblichen Rechtsschutz (1973); *Welp,* Internationale Zuständigkeit über auswärtige Gesellschaften mit Inlandstöchtern im US-amerikanischen Zivilprozeß (1982); *Wengler,* Jurisdiction to prescribe or prohibition to resort to specific reactions? Ago-FS IV (1987) 411; *ders,* Völkerrechtliche Schranken der Gebietshoheit, IRD 1972, 263; *Wildhaber,* Jurisdiktionsgrundsätze und Jurisdiktionsgrenzen im Völkerrecht, SJIR 41 (1985) 99.

Lit zu allgemeinen Fragen des IZVR – III:

Böhm, Die Rechtsschutzformen im Spannungsfeld von lex fori und lex causae, Fasching-FS (1988) 107; *Fasching,* Lehrbuch[2] Rz 129 und 2400; *Schwimann,* Internationales Zivilverfahrensrecht – Schwerpunkte in der Praxis (1979) 27 ff; *ders,* Internationale Zuständigkeit in Abhängigkeit von der lex causae? – Bemerkungen zur „Gleichlauftheorie", RabelsZ 1970, 203.

Coester-Waltjen, Internationales Beweisrecht (1983); *Geimer* in *Zöller,* ZPO[21] (1999), IZPR Rz 1 bis 35; *ders,* IZVR[3] Rz 312 bis 370; *Gilles,* Transnationales Zivilverfahrensrecht (1995); *Grunsky,* Lex fori und Verfahrensrecht, ZZP 1976, 241; *Jaeckel,* Die Reichweite der lex fori im IZPR (1995); *Linke,* Internationales Zivilprozeßrecht (1990) Rz 30 bis 64; *Martiny,* Autonome und einheitliche Auslegung im Europäischen Internationalen Zivilprozeßrecht, RabelsZ 1981, 427; *Nagel/Gottwald,* IZPR[4] (1997) Rz 11 bis 13; *Neuhaus,* Internationales Zivilprozeßrecht und internationales Privatrecht – eine Skizze, RabelsZ 1955, 201; *Niederländer,* Materielles Recht und Verfahrensrecht im IPR, RabelsZ 1955, 1; *Riezler,* IZPR (1949) 79 ff; *Rohe,* Schadensfälle durch Zivilprozeß – fließende Grenzen zwischen IPR und IZPR, IPRax 1997, 14; *Schack,* Zur Qualifikation des Anspruchs auf Rechnungslegung im internationalen Urheberrecht (OGH 18. 9. 1990, 4 Ob 139/90) IPRax 1991, 347; *ders,* IZVR[2] (1996) Rz 39 bis 52; *Schumann* in *Stein/Jonas*[20] Einl Rz 737 ff; *Schütze,* Deutsches Internationales Zivilprozeßrecht (1985) 13 ff; *Walder,* Einführung 29 ff; *G. Walter,* Internationales Zivilprozeßrecht der Schweiz[2] (1995) 52 ff.

Übersicht:

I. Gerichtsbarkeit im völkerrechtlichen Sinn

A. Zum Begriff und zu den Grenzen der inländischen Gerichtsbarkeit

1 Gerichtsbarkeit – als ein Aspekt der Hoheitsgewalt (iurisdictio, facultas iurisdictionis) – iSd allgemeinen Völkerrechts ist die Befugnis, auf dem eigenen Staatsgebiet Hoheitsakte zu setzen, insb Gerichtstätigkeit auszuüben, auch Sachverhalte betreffend, die sich im Ausland zugetragen haben, oder gegenüber Per-

sonen oder im Verhältnis zu Sachen, die sich dort befinden (hier ist allein von der Zivilgerichtsbarkeit die Rede). Sie umfaßt die Entscheidungs-, die Anordnungs- und die Durchsetzungskompetenz. Gerichtsbarkeit idS ist – wie sich der StIG im Lotus-Fall (Urteil 7. 9. 1927 PCIJ Series A Nr 10, 18 ff) ausgedrückt hat – nach allgemeinem Völkerrecht ein Attribut der Souveränität, leitet sich aus dieser ab und bedarf keiner positiven Ermächtigung.

Zur Territorialität als allg anerkannte Regel des Völkerrechts (Art 9 B-VG) s auch SZ 69/286 = ZPRV 1997/24; SZ 68/81 = ZfRV 1995, 258 = RdW 1995, 469 = JUS-Z 1995/1794.

Die Gerichtsbarkeit im so verstandenen Sinn kann daher keine ausschließliche, konkurrierende, dispositive oder fakultative sein; eine solche Einteilung setzt eine „Verteilung" oder „Zuweisung" von Gerichtsbarkeit(en) voraus, die das allgemeine Völkerrecht nicht vorsieht. Lediglich in gewissen völkerrechtlichen Verträgen werden „Zuweisungen" – mit den entsprechenden Geboten oder Verboten der Ausübung – von Gerichtsbarkeit vorgenommen und nur in diesem Rahmen können die oben angeführten Kategorien zum Tragen kommen (zu Art IX EGJN Rz 49–59). 2

Überhaupt sei bereits hier auf die überragende Bedeutung hingewiesen, die im Zuge der europäischen Integration den Regelungen der inländischen Gerichtsbarkeit (bzw der örtlichen Zuständigkeit) in regionalen völkerrechtlichen Übereinkommen, auch für Österreich, bereits zukommt bzw weiterhin zukommen wird; das sind das Parallelübereinkommen von Lugano 1988 (LGVÜ) und das Brüsseler Übereinkommen 1968 (EuGVÜ): Das eine steht für Österreich seit 1. 9. 1996, das andere seit 1. 12 1998 in Geltung. Im Rahmen der Anwendbarkeit dieser Übereinkommen werden die autonomen Regelungen über die inländische Gerichtsbarkeit in Vermögenssachen weitgehend verdrängt (Art IX EGJN Rz 333, 334). 3

Die Gerichtsbarkeit kann vom Völkerrecht allerdings eingeschränkt werden. Solche Einschränkungen sehen das allgemeine und das vertragliche Völkerrecht in vieler Hinsicht vor, wobei im Zuge der Kodifikation des ersteren dieses in immer weiterem Ausmaß in Völkervertragsrecht übergeht (dazu später, Art IX EGJN Rz 52 und 53, 115 ff). 4

Strittig ist, ob das allgemeine Völkerrecht – wie von der Lehre vielfach behauptet – eine Nahebeziehung zum Streitgegenstand oder zu den Parteien verlangt, damit ein Staat Gerichtsbarkeit erlaubterweise ausübt (dazu Rz 25 ff). Eine entsprechende völkerrechtliche Norm ist allerdings nicht nachweisbar, und es gibt auch keine einschlägige völkerrechtliche Jud oder diplomatische Staatenpraxis; bei diesem Befund sind (einzelne) Lehrmeinungen (Art 38 Abs 1 lit d Statut des IGH) aber kein Nachweis für den Bestand einer entsprechenden Völkerrechtsnorm (*Verdroß/Simma,* Völkerrecht[3] §§ 517 und 623, 624). Vielmehr gilt auch hier – wie der StIG im Lotus-Fall ausgeführt hat (oben Rz 1) – der Grundsatz, daß Beschränkungen der staatlichen Souveränität – und damit der Gerichtsbarkeit – mangels einer entgegenstehenden Einschränkungs- oder Ausschlußnorm nicht zu vermuten sind; bei der Ausübung von Gerichtsbarkeit überläßt das Völkerrecht den Staaten vielmehr einen weiten Ermessensspielraum – von dessen Grenzen zu Recht gesagt wurde (*J. Schröder,* Zuständigkeit 766), sie verliefen „irgendwo im Nebel praktischer Unbrauchbarkeit"; kritisch dazu, im Ergebnis weitgehend zustimmend, *Bredel,* Souveränität 325 ff) – wofür auch die große Vielfalt der von den staatlichen Rechtsordnungen gewählten Anknüpfungspunkte spricht und denen gegenüber – auch nicht gegenüber jenen, die Ausdruck einer bloß minimalen Nahebeziehung sind (die sogenannten „interna- 5 tional unerwünschten" oder „exorbitanten" Gerichtsstände) – es nie ernstliche Einwendungen seitens anderer Staaten gegeben hat (vgl etwa die aktuellen Fälle der von US-Anwälten gegen deutsche, österr oder schweiz Unternehmen bei US-Gerichten eingebrachten [oder angedrohten] Klagen auf Rückgabe entzogenen Vermögens oder auf Schadensersatz iZm vom NS-Regime in Europa gesetzten Handlungen; vgl auch Art IX EGJN Rz 181 und 206).

Jedenfalls kann davon ausgegangen werden, daß die im österr Recht – in der JN und in den anderen Verfahrensgesetzen – vorgesehenen Gerichtsstände Ausdruck einer ausreichenden Nahebeziehung der Rechtssache zum inländischen Rechtsbereich und idS völkerrechtskonform sind (Rz 25).

Daß gewisse exorbitante Gerichtsstände in völkerrechtlichen Verträgen ausgeschlossen werden können (vgl etwa Art 3 LGVÜ; Art 3 EuGVÜ s Art IX EGJN Rz 342) oder daß die Anerkennung und Vollstreckung der Entscheidungen von Gerichten, deren Zuständigkeit sich allein auf einen dieser Gerichtsstände gestützt hat, im autonomen und im konventionalen Recht vielfach nicht gewährleistet ist, liegt auf einer anderen Ebene.

6 Das Verbot einer Ausübung von Gerichtsbarkeit bei Fehlen jeglicher Nahebeziehung kann für Extremsituationen – aber nur dort – allerdings im Recht des internationalen Menschenrechtsschutzes geortet werden. Klare Aussagen dazu gibt es in der Jud der Menschenrechtsschutzorgane jedoch nicht; dieser kann höchstens entnommen werden, daß bei Fehlen jeglicher Beziehung zwischen der Streitsache und einem bestimmten Staat über einen dort nicht wohnhaften oder niedergelassenen Ausländer gegen dessen Willen – eine wohl eher unwahrscheinliche Hypothese – Gerichtsbarkeit nicht ausgeübt werden dürfe (Verstoß gegen das Gebot des fairen Verfahrens, etwa nach Art 6 Abs 1 EMRK); sie besagt aber keineswegs, daß nur vor einem „forum conveniens" (zum Begriff s Rz 42, 45) zulässigerweise geklagt werden darf. Es kann ferner angenommen werden, daß gewisse, in Menschenrechtsschutzinstrumenten normierte Grundsätze im Begriffe sind, Bestandteil des allgemeinen Völkerrechts zu werden; bei dessen dzt Stand bieten diese Grundsätze aber keine praktisch brauchbaren Anhaltspunkte für eine Abgrenzung der Ziviljurisdiktion der einzelnen Staaten (s auch OLG Linz EvBl 1987/180), und klare „europäische Standards" (so *Böhm,* Anm zu JBl 1988, 389 und *Rechberger/Simotta,* Zivilprozeßrecht[4] Rz 70) haben sich **hier** bislang nicht herauskristallisiert.

Theoretisch wäre eine Ausübung von Gerichtsbarkeit unter Verletzung etwa des Art 6 Abs 1 EMRK völkerrechtswidrig, und es müßten gegebenenfalls die prozessualen Regeln über die fehlende inländische Gerichtsbarkeit (Art IX EGJN Rz 12 ff) zum Tragen kommen; im Hinblick auf den unbestimmten Charakter der entsprechenden menschenrechtlichen Normen ist die Frage bisher aber nie aktuell geworden.

7 Zur Frage der – gleichfalls den Zugang zu Gericht ausschließenden bzw einschränkenden – völkerrechtlichen und parlamentarischen Immunitäten s Art IX EGJN Rz 187–189.

B. Verpflichtung zur Ausübung von Gerichtsbarkeit

8 Umgekehrt normiert das allgemeine Völkerrecht auch keine Verpflichtung für den Staat, Gerichtsbarkeit auszuüben. Eine solche kann – bei Vorliegen einer entsprechenden Nahebeziehung – allerdings im völkerrechtlichen Verbot der Rechtsverweigerung (déni de justice) und in dem in Menschenrechtsschutzinstrumenten verankerten Recht auf Zugang zu Gericht (vgl va Art 6 Abs 1 EMRK; ausführlich dazu zu § 28 JN Rz 40) erblickt werden.

Zahlreiche Verpflichtungen zur Ausübung von Gerichtstätigkeit sind jedoch im Völkervertragsrecht normiert (dazu später, bei Art IX EGJN Rz 49ff, 356 und bei § 28 JN Rz 2 und 23ff; s ferner Art IX EGJN Rz 187, 188).

C. Zur territorialen Begrenzung der Gerichtsbarkeit

1. Allgemeines

Klar ist das völkerrechtliche Verbot einer Ausübung von Gerichtsbarkeit auf fremdem Staatsgebiet. Hiezu gibt es nur wenige Ausnahmen im Völkervertragsrecht (die wichtigste, die Konsulargerichtsbarkeit betreffend, auf die auch der inzwischen weitestgehend obsolet gewordene § 2 EO Bezug nimmt, gehört der Vergangenheit an). **9**

Formen vertraglich vereinbarter, formlos gestatteter oder bloß geduldeter Ausübung von Hoheitsgewalt auf fremdem Staatsgebiet stellen die Übertragung gewisser Hoheitsrechte an fremde Staaten bzw deren Organe in Zollausschluß- (oder Zolleinschluß-)gebieten, auf Grenzbahnhöfen, an gemeinsamen Grenzkontrollstellen, im Durchgangsverkehr, oder im Rahmen internationaler Rechtshilfe dar; sie betreffen – mit Ausnahme der letzteren (vgl etwa Art 15 HPÜ BGBl 1957/91; dazu auch mehrere bilaterale Zusatzverträge, zB Art 6 Vereinbarung mit BRD BGBl 1960/27; vgl ferner Art 8 und Art 15–22 des [von Österreich bislang nicht unterzeichneten] Haager Übk über die Beweisaufnahme im Ausland in Zivil- oder Handelssachen 18. 3. 1970 dBGBl 1977 II, 1472 sowie Art 12–14 des ZustellÜbk der EU 26. 5. 1997 [EZÜ], Text in IPRax 1997, 459 (dazu *Meyer,* 401) – aber kaum die Zivilgerichtsbarkeit (dazu *Matscher,* ZÖR 28 [1977], 131; *Okresek,* ZÖR 35 [1985], 325; *Geimer,* IZVR^3 Rz 442ff; s auch zu Art IX EGJN Rz 85aff). Weitere Formen der justiziellen Zusammenarbeit – und in diesem Rahmen auch der Ausübung von Hoheitsgewalt – zwischen den europäischen Staaten wird es im Zuge der europäischen Integration geben (Art 61 lit e, Art 65 EGV idF des Vertrags von Amsterdam); dazu *Müller-Graf* in *Hummer,* Europäische Union 259 mwN; s auch Rz 314a. **10**

In der Neufassung des § 33 JN – s dort – (betreffend die Zulässigkeit von Amtshandlungen außerhalb der eigenen Sprengelgrenzen) durch die ZVN 1983 wurde zwar aus der Stammfassung die Wendung „immer nur innerhalb der Staatsgrenzen" gestrichen. Der JAB (1337 BlgNR 15. GP 3) führt dazu aus, daß völkerrechtliche Regelungen eine Tätigkeit des Richters auch außerhalb der Staatsgrenzen gestatten können. Das ist im Grunde richtig, im zivilgerichtlichen Verfahren (anders im Strafverfahren; s auch § 51 ARHV BGBl 1980/219) für Österreich bisher offensichtlich aber kaum aktuell geworden; s aber jüngst 1 Ob 305/98d: (Erst-)Anhörung gem § 237 Abs 3 AußG durch den Richter in den Räumen einer österr Vertretungsbehörde im Ausland nicht nur zulässig, sondern uU sogar geboten – dazu *Gitschthaler,* NZ 1990, 268f (die völkerrechtliche Zulässigkeit einer solchen Vorgangsweise ist gewiß gegeben; mißverständlich, wenn dazu ausgeführt wird, die Räumlichkeiten einer Vertretungsbehörde im Ausland unterstünden der Jurisdiktion des Sendestaats – s dazu Art IX EGJN Rz 116, 117). **11**

2. Setzung von Hoheitsakten im Inland mit Auswirkungen im Ausland

Von der Ausübung von Gerichtsbarkeit, die, als Setzung von Hoheitsakten – von Ausnahmen (Rz 9–11) abgesehen – auf das Inland beschränkt bleibt, verschieden ist die Frage, in welchem Ausmaß im Inland Hoheitsakte – einschließlich solcher der Gerichtsbarkeit – gesetzt werden dürfen, die sich auf das Aus- **12** land auswirken. Daß die Zwangsmittel eines Staats grundsätzlich nur für sein Staatsgebiet wirksam sind (RdW 1990, 313 = ecolex 1990, 235 = IPRE 3/166; EvBl 1972/288 = ZfRV 1972, 301 [*H. Hoyer*]), dh, daß unmittelbar nur auf Personen oder auf Rechtsgüter gegriffen werden darf, die sich im Staatsgebiet befinden (diese unterstehen – soweit keine völkerrechtlichen Ausschlußnormen [Art IX EGJN Rz 116 ff] zum Tragen kommen – der inländischen Gerichtsbarkeit; s dazu *Fasching,* Lehrbuch² Rz 56), ist klar; damit ist die aufgeworfene Frage aber noch nicht beantwortet.

13 Vom völkerrechtlichen Standpunkt ist gegen eine Verurteilung zur Leistung oder Unterlassung im Ausland – gleich, ob in einem Erkenntnis-, Exekutions- oder Provisorialverfahren (Näheres darüber in Rz 69 ff) – bzw gegen die Erlassung eines entsprechenden Gebots oder Verbots generell nichts einzuwenden (str; s auch Rz 15, 71, 72); es gibt dazu auch eine relativ reiche Jud, vornehmlich deutscher Gerichte (Nachweise bei *Geimer,* IZVR³ Rz 396 ff). Die österr Judikatur ist gespalten: dagegen ua SZ 55/98; IPRE 3/200, 201 (der Vollzug eines entsprechenden Gebots oder Verbots würde zu einer „grenzüberschreitenden Willensbeugung" führen); s auch *Fasching,* Lehrbuch² Rz 56; abweichend, iSd Zulässigkeit, ua JBl 1988, 459 (krit *Böhm*) = EvBl 1988/118 = RdW 1988, 165 = ZÖR 39 (1988/89), 360 (die drei letztzitierten E betrafen Begehren auf Unterlassung im Ausland iZm der Errichtung und/oder dem Betrieb von Kernenergieanlagen – unten Rz 19 und Art IX EGJN Rz 227). Mit einer Verurteilung zur Leistung oder Unterlassung im Ausland wird nämlich nicht in fremde Souveränität eingegriffen, denn die Anerkennung und Vollstreckung eines inländischen Urteils oder eines sonstigen Leistungs- oder Unterlassungsbefehls steht im Belieben des ausländischen Staats bzw sie richtet sich nach dessen Recht (allenfalls nach einem bestehenden Vertrag). Zum Problem insgesamt s die eingehend begründete und ausführlich dokumentierte SZ 68/81 = ZfRV 1995, 258 = JUS-Z 1995/1794 = RdW 1995, 469.

14 Voraussetzung für das Tätigwerden eines inländischen Gerichts ist allerdings auch hier das Vorliegen von inländischer Gerichtsbarkeit (diese darf insb nicht aus Gründen des allgemeinen Völkerrechts [etwa wegen Immunität des Beklagten oder Antragsgegners – Art IX EGJN Rz 122] oder des Völkervertragsrechts [Art IX EGJN Rz 52; betr EuGVÜ/LGVÜ s Art IX EGJN Rz 364 ff] ausgeschlossen sein) bzw eines gem § 27 a JN inländische Gerichtsbarkeit implizierenden Gerichtsstands (EvBl 1962/328); ZfRV 1999, 80 = JUS-Z 1999, 2643 [s auch § 27 a JN Rz 6]). Ob bei Fehlen eines Gerichtsstands ordiniert werden kann, hängt davon ab, ob die Voraussetzungen des § 28 Abs 1 JN (s dazu § 28 JN Rz 100 ff und 104 ff) gegeben sind. Keine Voraussetzung für das Tätigwerden eines inländischen Gerichts ist die Vollstreckbarkeit der inländischen Entscheidung oder Verfügung im Ausland (s auch Rz 72 und Art IX EGJN Rz 33).

15 Auch die Erzwingung eines Handelns oder Unterlassens im Ausland, durch Zwang im Inland, ist grundsätzlich nicht völkerrechtswidrig (*Geimer,* IZVR³ Rz 400 ff, 1221), es sei denn, der Verpflichtete würde zu einem Tun angehalten werden, das im betreffenden Staat rechtswidrig ist (idS *Gottwald,* Habscheid-FS 121; *ders,* IPRax 1991, 291 zu FN 90; *Verdroß/Simma,* Völkerrecht³ § 1189; jüngst auch SZ 68/81 = ZfRV 1995, 258 = JUS-Z 1995/1794). Enger OLG Wien (als Rekursgericht zu 1 R 201/88 = MR 89, 135 [*M. Walter*] = WBl 1989, 315 = ÖBl 1990, 40): „Es darf nur nicht etwas verboten werden, was nach den im Ausland geltenden Gesetzen erlaubt ist". Umso weniger ist gegen die Ausübung von Zwang im Inland gegen einen Verpflichteten mit (Wohn)sitz im Ausland, zwecks Vollstreckung eines Titels auf Unterlassung im Inland etwas einzuwenden (RdW

1990, 313 = ecolex 1990, 235 = IPRE 3/166). Zur Territorialhoheit des Staats gehört nämlich auch die Möglichkeit der Durchsetzung von Geboten oder von Verboten, die ein inländisches Rechtsgut schützen sollen (*Walter/Mayer,* Bundesverfassungsrecht[8] Rz 174–176).

Ob die örtliche Zuständigkeit inländische Gerichte zur Bewilligung und zum Vollzug einer Exekution nach § 355 oder einer EV nach § 387 EO gegeben ist, bestimmt sich allein nach inländischem Recht (die Zuständigkeit zum Vollzug richtet sich nach der Zustellung des Bewilligungsbeschlusses an den Verpflichteten [*Heller/Berger/Stix*[4] I 320, III 2584f; RdW 1990, 313; EvBl 1979/26; 1976/159]); gegebenenfalls Ordination. **16**

Umgekehrt sind von einem ausländischen Gericht erlassene Gebote oder Verbote – mangels deren Anerkennung – im Inland unwirksam (EvBl 1972/288 = ZfRV 1972, 301 [*H. Hoyer*]). Zum Eingreifen des Art 16 Z 5 LGVÜ und EuGVÜ s *Geimer,* IZVR[3] Rz 1222. **17**

Das Problem hat in den letzten Jahrzehnten – va im Rahmen des Kartell-, des Wettbewerbs- und des Steuerrechts, aber auch in dem des „klassischen" Zivilprozeßrechts („discovery" = gerichtlicher Auftrag zur Offenlegung bzw zur Herbeischaffung von Beweismaterial aus dem Ausland, zwecks Verwertung in Verfahren vor inländischen Gerichten) – neue Dimensionen angenommen und zu den sogenannten „Jurisdiktionskonflikten", vornehmlich zwischen den USA und europäischen Staaten, geführt. Ein Charakteristikum der neuen Wirtschaftsbeziehungen ist nämlich deren weltweite Verflechtung („Globalisierung" iS eines modernen Ausdrucks). Unter diesen Umständen würde eine Beschränkung der (direkten) Durchsetzungskompetenz auf das Inland wenig nützen, wenn durch die Entscheidungs- und Anordnungskompetenz Vorgänge erfaßt werden, die sich ganz oder zum Teil im Ausland zugetragen haben, die entsprechenden inländischen Anordnungen mittels Sanktionen – etwa auf das im Inland gelegene Vermögen oder durch Beugemittel gegenüber im Inland sich aufhaltenden Personen – zwar direkt nur im Inland, mittelbar aber mit Auslandswirkung, durchgesetzt werden können. Mag auch dagegen – wie oben ausgeführt – vom Standpunkt des geltenden Völkerrechts grundsätzlich nichts einzuwenden sein, ist die Situation, rechtspolitisch gesehen, unbefriedigend und bedürfte – über die bisher punktuell unternommenen Lösungsversuche hinaus – einer umfassenderen völkervertragsrechtlichen Regelung; umfassend zum Problem *Rigaux,* Annuaire de l'Institut de Droit International Vol 68/I (1999). **18**

Ähnlich gelagerte Probleme, wenngleich bei anderer Ausgangslage, sind jüngst iZm Unterlassungsklagen gegen fremde Staaten wegen der Errichtung und des Betriebs von Kernenergieanlagen – im Hinblick auf deren grenzüberschreitende Auswirkungen – zutage getreten (s dazu Art IX EGJN Rz 227). **19**

Zum Problem der Bewilligung einer EV mit Wirkung auf das Ausland s auch Rz 69 ff. **20**

Zur internationalen Forderungspfändung (Pfändung von Forderungen gegen Drittschuldner mit [Wohn]sitz im Ausland) s die ältere Jud und Lit bei *V. Hoyer* in *Heller/Berger/Stix*[4] III 2136 ff; s auch noch ZfRV 1993/26. Zur grundsätzlichen Zulässigkeit der Zustellung eines Zahlungsverbots im Ausland und zum Vollstreckungsinteresse des betr Gläubigers s nunmehr, mit ausführlicher Begründung und unter ausdrücklichem Abgehen von der älteren Jud, SZ 69/286 = ZfRV 1997/24; deutsche Lit und Jud bei *Geimer,* IZVR[3] Rz 408. **21**

Ist eine örtliche Zuständigkeit nach der EO (§§ 18, 82, 387) gegeben, dann liegt iSv § 27a JN auch inländische (Exekutions)gerichtsbarkeit vor (ZfRV 1999/58); angedeutet bereits in 4 Ob/98 m (JBl 1999, 126 nur Leitsatz). **21a**

II. Inländische Gerichtsbarkeit

A. Zum Begriff und zur prozessualen Behandlung der inländischen Gerichtsbarkeit

22 Gerichtsbarkeit im innerstaatlichen Sinn („inländische Gerichtsbarkeit", wie sich die JN ausdrückt) ist der von den Normen des Prozeßrechts und von den anwendbaren Normen des Völkerrechts (Völkergewohnheits- und Völkervertragsrechts) abgegrenzte Tätigkeitsbereich der inländischen Gerichte gegenüber dem Ausland. Insofern hat jede Prozeßordnung ihren eigenen Gerichtsbarkeitsbegriff.

23 Das autonome österr Recht kannte – vornehmlich in Vermögenssachen – bis in die jüngste Zeit keine klare, umfassende Abgrenzung des Tätigkeitsbereichs der inländischen Gerichte in Zivilrechtssachen; lediglich für (streitige und außerstreitige) Angelegenheiten des Personen- und Familienrechts hat der Novellengesetzgeber sukzessive eine fast geschlossene Abgrenzung vorgenommen (für die Verlassenschaftsabhandlung hat bereits das AußStrG 1854 eine solche vorgesehen) – s Art IX EGJN Rz 40 ff.

Erst der durch die WGN 1997 eingeführte § 27 a JN brachte eine solche Abgrenzung auch für Vermögenssachen – s § 27 a JN Rz 5.

24 Was die prozessuale Behandlung anbelangt, ist seit der WGN 1997 zwischen der (fehlenden) inländischen Gerichtsbarkeit wegen Vorliegens von völkergewohnheitsrechtlicher oder völkervertragsrechtlicher Immunität einerseits und der inländischen Gerichtsbarkeit auf Grund anderer völkervertragsrechtlicher Normen oder auf Grund autonomer Normen andererseits zu unterscheiden, sodaß es heute für das österr Recht keinen einheitlichen Begriff der inländischen Gerichtsbarkeit (iS von *Matscher,* Verosta-FS 299) mehr gibt.

Zum heute maßgeblichen gespaltenen Begriff der inländischen Gerichtsbarkeit s Rz 88, Art IX EGJN Rz 12 ff und § 27 a JN Rz 11.

B. Zum Erfordernis einer Nahebeziehung des Rechtsstreits zum inländischen Rechtsbereich

1. Einführung

25 Da die Gerichtsstände der JN und der übrigen Verfahrensgesetze jenes Minimum an Nahebeziehung der Streitsache zum österr Staat implizieren, das nach den oben (Rz 5) angesprochenen, nur vagen Grundsätzen des allgemeinen Völkerrechts und der internationalen Menschenrechtsschutzinstrumente zur Ausübung von Gerichtsbarkeit gefordert wird (Rz 6), konnten Lehre und Jud zu Recht davon ausgehen, daß – außerhalb des durch autonome Normen ausdrücklich geregelten Bereichs (Rz 23), also vornehmlich in Vermögenssachen – bei Vorliegen eines Gerichtsstands (und mangels Eingreifens einer völkerrechtlichen Ausschlußnorm) inländische Gerichtsbarkeit auch iSd österr Rechts stets gegeben ist. Diese Auffassung fand eine dogmatische Grundlegung in der Universalitätstheorie, die ab SZ 23/293 = EvBl 1950/516 = RabelsZ 1953, 699 *(Matthies)* für mehr als zwei Jahrzehnte (vgl etwa noch SZ 47/64 = JBl 1974, 521) die Rsp beherrscht hat; sie war völkerrechtskonform, was in mehreren E des OGH (vgl etwa ZfRV 1981, 49; JBl 1981, 437 [*Pfersmann*]; ZfRV 1979, 277 [*H. Hoyer*]; SZ 51/34 = EvBl 1978/131 = JBl 1978, 653 [*Pfersmann*]) ausdrücklich betont wurde und mit dem System des österr Verfahrensrechts vereinbar und praktikabel.

26 Die Universalitätstheorie besagt nun keineswegs, daß ein Staat im Rahmen des völkerrechtlich Zulässigen – und von staatsvertraglichen Gebotsnormen sowie vom Verbot einer Rechtsverweigerung abgesehen (Rz 8) – Zivilgerichtsbarkeit stets ausüben muß (= potentielle Universalität); er wird es vielmehr nur dann tun, wenn er ein Bedürfnis nach Rechtsschutzgewährung im Inland bzw eine ausreichende Inlandsbeziehung des Streitge-

genstands und/oder der Parteien als gegeben annimmt (richtig erkannt ua vom OGH IPRax 1984, 214).

27 Das war auch die Vorgangsweise des österr Gesetzgebers. Er hat eine breite – vielleicht zu breite – Palette von Gerichtsständen geschaffen, die alle Ausdruck einer Nahebeziehung der von ihr erfaßten Materien zum inländischen Rechtsbereich sind; einige davon (§§ 67, 87 a, 99, 100 JN) wurden spezifisch zur „Erleichterung der Rechtsverfolgung gegenüber dem Auslande" – so *Pollak,* System[2], 223 – eingerichtet; darüber hinaus wurde durch die Einrichtung der Ordination (§ 28 JN) dafür vorgesorgt, daß auch für jene Fälle, für die ein Gerichtsstand im Inland nicht gegeben war, wo aber trotzdem eine Notwendigkeit oder ein Bedürfnis nach Rechtsschutzgewährung im Inland bestand, eine Klagemöglichkeit vor inländischen Gerichten eröffnet wird. Zu einer Zeit, in der einer Rechtsverfolgung im Ausland noch größere technische und rechtliche Schwierigkeiten entgegenstanden als heute, war das nicht nur sinnvoll, sondern, im Interesse einer umfassenden Justizgewährung, zu welcher der Staat verpflichtet ist, auch notwendig. Wenn der Gesetzgeber dabei auch primär an die Justizgewährung für Inländer dachte, so war das insofern verständlich, als damals „Inländer" weitgehend mit „Personen mit Wohnsitz im Inland" gleichgestellt werden konnten. Ähnlich war die Rechtslage in den meisten anderen Staaten.

28 In der Folge hat der Gesetzgeber den geänderten Verhältnissen Rechnung getragen ua durch die Abschaffung des Gerichtsstands der Gegenseitigkeit nach § 101 JN, die Redimensionierung des Vermögensgerichtsstands nach § 99 JN, durch die einschränkende Präzisierung der Ordinationsmöglichkeiten nach § 28 JN – alles durch die ZVN 1983.

2. *Zur Entstehung und zur Begründung der Indikationentheorie*

29 Schwierigkeiten – weil hier zT falsch verstanden (vgl die zu § 28 JN Rz 6 zit E) – verursachte die Universalitätstheorie lediglich bei der Handhabung der Ordination nach § 28 JN; mit Hilfe einer teleologischen Reduktion hätten sie problemlos gemeistert werden können. Nach der – wenngleich nicht in jeder Hinsicht geglückten – Neufassung des § 28 JN durch die ZVN 1983 hätten sie jedenfalls als überwunden betrachtet werden müssen.

30 An diese Schwierigkeiten anknüpfend, hatte inzwischen aber die Lehre – von der Jud im unterschiedlichen Ausmaß gefolgt – begonnen, nach einer umfassenden, positiven Abgrenzung der inländischen Gerichtsbarkeit zu suchen. Dabei hatte sie, außerhalb der vom Völkervertragsrecht und vom autonomen Recht ausdrücklich vorgenommenen Abgrenzung, eine Lücke geortet, die es auszufüllen gelten würde: „Grundnorm" für die inländische Gerichtsbarkeit sei stets die Nahebeziehung zum inländischen Rechtsbereich bzw ein ausreichender Inlandsbezug. Die verschiedenen, in den Verfahrensgesetzen vorgezeichneten Gerichtsstände, deren alleinige Aufgabe es sei, eine Zuständigkeitsabgrenzung zwischen den einzelnen inländischen Gerichten vorzunehmen, würden nur prima facie die Annahme des Bestands einer solchen Nahebeziehung rechtfertigen; sie seien also bloß ein Indiz dafür – und somit für die inländische Gerichtsbarkeit (Indikationentheorie) –, keinesfalls könne ihnen aber die Funktion zukommen, sie zu normieren (= Ablehnung einer „Doppelfunktionalität" der Gerichtsstandsbestimmungen; s auch nunmehr zu § 27 a JN Rz 5). Bei der Mehrzahl der Gerichtsstände sei diese „Indikationswirkung" durchaus zu bejahen; lediglich bei einzelnen müsse geprüft werden, ob die für die Annahme inländischer Gerichtsbarkeit erforderliche Nahebeziehung im Anlaßfall tatsächlich gegeben ist. Zu diesem Zweck werden uU zusätzliche Sachverhaltselemente in die Erwägungen miteinbezogen (wie etwa beim Gerichtsstand des Erfüllungsorts, ob die Leistung tatsächlich im Inland erbracht worden ist; beim vereinbarten Gerichtsstand, ob eine der Parteien ihren Wohnsitz im Inland hat), die kein Tatbestandselement der entsprechenden Gerichtsstandsnormen sind. Liegt idS eine ausreichende Nahebeziehung (und somit inländische Gerichtsbarkeit) vor, fehlt es aber an einem Gerichtsstand im Inland, hätte eine Ordination Platz zu greifen.

31 Die Indikationentheorie verkannte das Wesen des Begriffs der (lediglich) potentiellen Universalität der inländischen Gerichtsbarkeit (oben Rz 26), weil sie von der – mE falschen – Prämisse ausging, daß bei Vorliegen von inländischer Gerichtsbarkeit immer auch die Möglichkeit bestehen müsse, vor einem inländischen Gericht zu klagen, maW, inländische Gerichtsbarkeit sei gleichbedeutend mit effektiver Klagemöglichkeit im Inland. Die Annahme klebte zu sehr am umgangssprachlichen Sinn des Terminus „Gerichtsbarkeit", verkannte dabei aber deren Wesen als Prozeßvoraussetzung, die zwar eine notwendige,

keinesfalls aber eine ausreichende Bedingung für eine Klagemöglichkeit im Inland darstellt (daher spricht *Loewe,* ZfRV 1983, 184, treffend von einer „Befaßbarkeit der österr Gerichte"); eine solche setzt zusätzlich das Bestehen eines gesetzlichen, eines gewillkürten (Prorogation) oder eines angeordneten (Ordination) Gerichtsstands im Inland voraus (ebensowenig wie „Prozeßfähigkeit" in allen Fällen die Fähigkeit zu selbsttätigem/selbständigem Handeln im Prozeß bedeutet; zu dieser muß die Postulationsfähigkeit und gegebenenfalls die Prozeßführungsbefugnis hinzukommen).

32 Gewiß, iZm der Ordination (welche, als solche, den Bestand der inländischen Gerichtsbarkeit voraussetzt) kann die Nahebeziehung zum inländischen Rechtsbereich durchaus eine Rolle spielen, weil die in § 28 Abs 1 Z 2 JN (idF der ZVN 1983) normierte Bedingung der Unmöglichkeit oder Unzumutbarkeit einer Rechtsverfolgung im Ausland (unausgesprochen) ein Bedürfnis nach Rechtsschutzgewährung im Inland voraussetzt und ein solches Bedürfnis nur bei Vorliegen einer „besonders engen" (wie sich die Rsp ausdrückt) Nahebeziehung zum Inland bejaht werden kann; das gilt im Ergebnis auch für die Neufassung der entsprechenden Bestimmung durch die WGN 1997 (Näheres bei § 28 JN Rz 40ff und 60ff). Das ist aber etwas anderes, als die von der Indikationentheorie, auch bei Vorliegen eines Gerichtsstands im Inland, geforderte, anscheinend „weniger intensive" Nahebeziehung. Damit wurde hier ein Begriff der „Nahebeziehung" mit, je nach Anlaß, verschiedener Tragweite kreiert, was zu weiterer Unsicherheit im Zuständigkeitsrecht geführt hat (s dazu unten Rz 40, 42 und Art IX EGJN Rz 47).

33 Gelegentlich wurde zusätzlich ins Treffen geführt, daß – vornehmlich iZm Prorogationen auf das Inland und mit Schiedsverfahren – kein staatliches Interesse daran bestünde, die inländischen Gerichte mit Rechtsstreitigkeiten zu be- oder zu überlasten, die keinen ausreichenden Inlandsbezug aufweisen, und daß eine Überdehnung der inländischen Zivilgerichtsbarkeit zu Retorsionsmaßnahmen des Auslands führen könnte (*Bajons,* Kralik-FS 11 FN 29, 21 FN 55; *Pfersmann,* JBl 1978, 656; *Schwimann,* IZVR 1979, 24 FN 32; *ders,* JBl 1984, 12; *Verschraegen,* ZfRV 1981, 22; SZ 65/141 = EvBl 1993/93 = ZfRV 1993/43 = JBl 1993, 666 [zust *Pfersmann*]; 1 Ob 2034/96s; WBl 1995, 165 = ZfRV 1995/16; 1995/15; 1994/46; JBl 1994, 343 = ZfRV 1994, 124). Ähnliche Gedanken wurden iZm § 28 JN geäußert (zu § 28 JN Rz 43).

Beide Argumente waren wirklichkeitsfremd und Ausdruck eines kleinlichen Geistes: Wenn in Einzelfällen Parteien ein besonderes Vertrauen in die österr Zivil- oder Schiedsgerichtsbarkeit haben, sollte eine solche Einstellung honoriert werden (die ZVN 1983 hat das durch die Neufassung des § 582 Abs 1 ZPO zum Ausdruck gebracht, womit die Verbringung von internationalen Schiedsgerichten nach Österreich erleichtert werden sollte; das wird in der RV 669 BlgNR 16. GP 61 ausdrücklich als rechtspolitisches Ziel der Neufassung angeführt; idS auch *Mänhardt,* AnwBl 1989, 399), weil – ganz abgesehen davon, daß Justizgewährung, als Serviceleistung, eine Kulturaufgabe des modernen Staats bildet – der für das Ansehen Österreichs daraus resultierende Gewinn weit höher zu bewerten ist als eine nicht ins Gewicht fallende Mehrbelastung der inländischen Gerichte. Das Horrorbeispiel der zwei in Japan ansässigen Japaner, die für einen Mietrechtsstreit um eine in Japan gelegene Wohnung die Zuständigkeit eines österr BG vereinbaren [*Pfersmann,* ÖJZ 1987, 107, wiederholt in ÖJZ 1991, 124, sowie in JBl 1992, 333 und 1993, 669], dürfte wohl – gelinde gesagt – nicht gerade aktuell sein, und sollte es alle 10 Jahre tatsächlich einmal Wirklichkeit werden – ob die Parteien ein „vernünftiges Interesse" an einer Prozeßführung in Österreich haben, sollte doch deren Beurteilung überlassen bleiben – wird unsere Gerichtsorganisation es mühelos verkraften (so richtig *Loewe,* ZfRV 1983, 185), es sei denn, sie sieht es als ihr erstrangiges Ziel an, auf sie zukommende Aufgaben generell, und (wegen der mit der Behandlung von Auslandssachen uU verbundenen Schwierigkeiten) „lästige" Sachen im besonderen, nach Möglichkeit abzuschieben. In anderem, aber ähnlichem Zusammenhang (Ablehnung von Ordinationsanträgen wegen angeblich vorhandener Möglichkeit und Zumutbarkeit einer Rechtsverfolgung im Ausland – dazu § 28 JN Rz 75) wirft *Schwimann* dem OGH zu Recht „blanken Zynismus" vor (Anm zu IPRE 3/196, 197, 198). Ich glaube nun nicht, daß das die Grundeinstellung der österr Gerichte ist, obwohl man aus den idZ kritisierten E einzelner Senate des OGH den Eindruck gewinnt, Überlegungen dieser Art seien diesen nicht fremd gewesen. (Es sei idZ daran erinnert, daß andere Prozeßgesetze – im Interesse der Gerichtskosten und der Anwaltshonorare – einen gegenteiligen Weg eingeschlagen haben; so dürfen von Gerichten des US-Bundesstaats New York, seit 1984, Klagen mit einem Streitwert von über 1,000.000 USD aus Forum-non-conveniens-Gründen [unten Rz 42,43] nicht mehr zurückgewiesen werden [*Geimer,* IVZR[3] Rz 1093 a]). Was das zweite Argument anbelangt, wird heute wohl kein Staat der Welt seine Zuständigkeitsordnung nach den Zuständigkeitsbestimmungen des österr Rechts ausrichten (so hat auch die ZVN 1983 den längst obsolet gewordenen „Gerichtsstand der Gegenseitigkeit" nach § 101 JN beseitigt).

3. Kritik an der Indikationentheorie

Generell *Matscher,* JBl 1996, 277.

Die Vereinbarkeit der Indikationentheorie mit den geltenden Verfahrensgesetzen war mehr als zweifelhaft (ganz abgesehen davon, daß sie auch im Licht des verfassungsgesetzlichen Grundsatzes des „gesetzlichen Richters" – Art 83 B-VG – mehr als problematisch war). Sie verkannte va, daß jeder gesetzlich vorgesehene Gerichtsstand – auch diejenigen, deren „absolute Indikationswirkung" in Frage gestellt wurde – Ausdruck einer ausreichenden Nahebeziehung zum inländischen Rechtsbereich ist (was gerade die Schaffung der von *Pollak,* System[2], 323, treffend so genannten „Gerichtsstände zur Erleichterung der Rechtsverfolgung gegenüber dem Auslande" evident gemacht hat; oben Rz 27) und die Prozeßgesetze nie eine Handhabe dafür geboten haben, in dieser Hinsicht zwischen den einzelnen Gerichtsständen zu differenzieren (SZ 57/143 = EvBl 1985/23 = RdW 1985, 340 = IPRE 2/205 = ZfRV 1986, 42 [krit dazu *H. Hoyer;* krit auch *Pfersmann,* ÖJZ 1987, 107], oder, wie es *Fasching,* Lehrbuch[2] Rz 742 in anderem Zusammenhang ausdrückt: „Es ist weder Aufgabe des Gerichts noch der Prozeßrechtslehre, vom Gesetzgeber eröffnete Wege des Rechtsschutzes contra legem einzuschränken oder zu versperren." Es sei idZ an eine in mehreren E des OGH (EvBl 1984/133; SZ 47/65; 45/41) wiederholte Aussage erinnert, daß ein Rechtssatz, der im Gesetz nicht einmal angedeutet ist, auch nicht im Wege der Auslegung Geltung erlangen kann, bzw daß es nicht Aufgabe der Gerichte ist, im Wege der Rechtsfortbildung Gedanken in ein Gesetz zu tragen, die darin nicht enthalten sind. **34**

Vollkommen abwegig – und das wohl selbst iSd Indikationentheorie – war es, bei der Beurteilung des Vorliegens der inländischen Gerichtsbarkeit, auch soweit eine Ordination gar nicht zur Diskussion stand, die Frage nach der Möglichkeit und Zumutbarkeit einer Rechtsverfolgung im Ausland aufzuwerfen (so aber ÖBl 1986, 97); hier hätte auch die Indikationentheorie lediglich nach der ausreichenden Nahebeziehung zum Inland fragen und daher gegebenenfalls Anleihen bei § 28 JN iSd neueren Auslegung (zu § 28 JN Rz 46) machen dürfen (SZ 65/141 = EvBl 1993/93 = JBl 1993, 666 [zust *Pfersmann*] = ZfRV 1993/43). **35**

Zu Recht wurde daher auch in der Jud (vgl zuletzt etwa JBl 1995, 595) hervorgehoben, daß den Normen über die örtliche Zuständigkeit grundsätzlich gerichtsbarkeitsbegründende Funktion zuzuerkennen sei, „weil in ihnen die Wertung des Gesetzgebers zum Ausdruck kommt, daß durch sie eine hinreichend enge Nahebeziehung zum Inland besteht"; idS auch *Fasching,* Lehrbuch[2] Rz 76. **36**

Anderes könnte nur bei der reinen Präklusion (ohne Streiteinlassung) gelten, da es sich hier um keinen echten Gerichtsstand, sondern lediglich um eine – zwar zuständigkeitsbegründende – prozeßökonomische Regelung handelt (idS *Fasching,* Lehrbuch[2] Rz 78; *Loewe,* ZfRV 1983, 185; *Matscher,* JBl 1983, 513; *Mayr,* ÖJZ 1995, 339 ff; verschieden ist die Situation im Falle einer Streiteinlassung (s die Klarstellung in § 43 Abs 1, § 104 Abs 3, § 240 Abs 3 ZPO idF WGN 1997). **37**

Die Fragwürdigkeit der Indikationentheorie wird evident, wenn man bedenkt, daß einzelne Gerichtsstände, deren „unbedingte Indikationswirkung" von der hier abgelehnten Lehre bezweifelt wurde, in Staatsverträgen ausdrücklich vorgesehen sind und Österreich, bei Vorliegen eines der erwähnten Gerichtsstände, sogar völkerrechtlich verpflichtet ist (!), Gerichtsbarkeit auszuüben (s Art IX EGJN Rz 49 ff und Rz 355), ohne daß dabei nach dem Vorhandensein einer weiteren Nahebeziehung der Streitsache zum Inland gefragt werden darf. Das trifft etwa für den Gerichtsstand des Ortes der Übernahme oder der vorgesehenen Ablieferung eines (transportierten) Gutes (die in den österr Verfahrensgesetzen gar nicht vorkommen) oder den vereinbarten Gerichtsstand nach Art 31 Abs 1 CMR (zu Art IX EGJN Rz 63) zu. Entsprechendes gilt für das LGVÜ und für das EuGVÜ (s Art IX **38**

EGJN Rz 355), welche eine Reihe von Gerichtsständen vorsehen, deren „unbedingte Indikationswirkung" gleichfalls angezweifelt wurde, so ua die Gerichtsstände des Erfüllungsorts (Art 5 Z 1 LGVÜ und EuGVÜ), des Ortes der Schadenszufügung bzw des Schadenseintritts (Art 5 Z 3 LGVÜ und EuGVÜ), der Streitgenossenschaft (Art 6 Z 1 LGVÜ und EuGVÜ), der (konnexen) Widerklage (Art 6 Z 3 LGVÜ und EuGVÜ) oder der Vereinbarung (Art 17 LGVÜ und EuGVÜ), der Streiteinlassung (Art 18 LGVÜ und EuGVÜ), worauf jüngst auch der OGH zu Recht hingewiesen hat (JBl 1994, 343 = ZfRV 1994, 124). Zum völkerrechtlichen Gebot, im Rahmen der Anwendbarkeit der Zuständigkeitsbestimmungen des EuGVÜ Gerichtsbarkeit auszuüben, ohne idZ irgendwelche Opportunitätserwägungen anzustellen, s *Geimer* in *Geimer/Schütze,* Urteilsanerkennung I/1, 287; *Geimer/Schütze,* Zivilprozeßrecht Art 1 Rz 42–46; *Kropholler,* Handbuch IZVR I (1982) Kap III Rz 642. Das LGVÜ, va das EuGVÜ, werden aber das Gros der Prozeßrechtsbeziehungen zum Ausland in fast allen Vermögenssachen (Näheres s Art IX EGJN Rz 333) regeln.

39 Es mutet schließlich sonderbar an, daß verschiedene Gerichtsstände, deren „unbedingte Indikationswirkung" in Frage gestellt wurde, in den bezüglich des Erfordernisses der Nahebeziehung der entschiedenen Rechtssache zum Gerichtsstand eher anspruchsvollen Vollstreckungsverträgen – Analoges gilt für § 80 Z 1 EO – als zur Begründung dieser Nahebeziehung durchwegs ausreichend befunden werden (kurz angesprochen wurde dieses Argument bereits in SZ 55/95 = JBl 1983, 541 = EvBl 1983/13 = ZfRV 1983, 147).

40 Im Lichte der Indikationentheorie wurden in jüngsten E gerade gewisse Aktivgerichtsstände (§ 87 a, § 88 Abs 1 und 2, § 99, § 104 Abs 1 und 3 JN; § 4 Abs 1 Z 1 lit a [und d] ASGG; § 43 Abs 5 KO) unter die Lupe genommen. Die Rsp dazu ist kasuistisch geblieben. Nach teilweise langwierigen Erwägungen über das Bestehen einer ausreichenden Nahebeziehung hat sie diese in der überwiegenden Mehrzahl der Fälle als gegeben angenommen und nur in ganz wenigen – und dort mit einer mehr als problematischen Begründung (vgl etwa SZ 65/141 = EvBl 1993/93 = JBl 1993, 666 [zust *Pfersmann*] = ZfRV 1993/43; ZfRV 1993/70) – verneint.

4. Zusammenfassung

41 Wenn in Vermögenssachen ein Gerichtsstand im Inland gegeben ist, kann – soweit nicht eine völkerrechtliche Ausschlußnorm (Art IX EGJN Rz 52 und 115) greift – Gerichtstätigkeit ausgeübt werden, und es liegt auch die Prozeßvoraussetzung „inländische Gerichtsbarkeit" vor; das hat die WGN 1997 im neu geschaffenen § 27 a JN (s dort) klargestellt. Unter welchen Bedingungen bei Fehlen eines Gerichtsstands im Inland ordiniert werden kann, bestimmt § 28 JN (s dort).

Insofern tritt die inländische Gerichtsbarkeit praktisch auch weniger als positive Voraussetzung, sondern vielmehr negativ, von ihren Schranken her, in Erscheinung, idS daß dann, wenn eine der vom Völkerrecht oder vom autonomen inländischen Recht gesetzten Schranken überschritten wird, die von den Prozeßgesetzen dafür vorgesehenen Sanktionen ausgelöst werden; (s Art IX EGJN).

42 Es lag somit auch in Vermögenssachen keine vom Gesetz offengelassene „riesige Lücke" (*Schwimann,* RdW 1985, 333) vor (was – bei weitgehend identer Rechtslage – auch im deutschen Recht verneint wird; vgl etwa *Franzen,* IPRax 1995, 257 mwN), die es mit Hilfe der Indikationentheorie auszufüllen gegolten hätte. Diese Theorie lief im Ergebnis auf eine, in dem auf ganz anderen Konzeptionen aufbauenden englischen und amerikanischen Recht entwickelte und ansatzweise auch ins deutsche Recht übernommene, verschwommene „Forum-(non)-conveniens"-Doktrin hinaus, derzufolge – in ihrer negativen Ausprägung – die vom Gesetz auf Grund generalisierender Wertvorstellungen geschaffenen Zuständigkeitstatbestände dann nicht zum Tragen kommen sollten, wenn es im Einzelfall, vereinfachend ausgedrückt, unangemessen wäre. Zu solchen Differenzierungsversuchen bieten die österr Verfahrensgesetze aber keinen Anhaltspunkt (dazu mwN *Matscher,* JBl 1983, 505).

Daß die Rsp zur Indikationentheorie kasuistisch geblieben ist und daher zur Rechtsunsicherheit geführt hat, wurde bereits aufgezeigt (oben Rz 32); einer solchen vorzubeugen war auch eines der Motive der Schaffung des § 27 a JN (RV 898 BlgNR 20. GP 32).

43 Die ganze Diskussion über dieses Thema ist überhaupt rein akademisch: Ohne ein Minimum an Nahebeziehung wird kein Staat Gerichtsbarkeit ausüben, andererseits wird jeder der von den verschiedenen Rechtsordnungen vorgesehenen – meinetwegen auch „beziehungsarmen" – Anknüpfungspunkte an die inländische Zivilgerichtsbarkeit (Gerichtsstände), mögen diese auch Ausdruck eines nicht mehr zu unterbietenden Minimums an Nahebeziehung sein, in den zwischenstaatlichen Beziehungen zur Kenntnis genommen, und keiner davon wird in der Staatenpraxis als völkerrechtswidrig angesehen (Rz 5; eingehend idS *Schröder,* Internationale Zuständigkeit 766f; zuletzt *Grothe,* RabelsZ 1994, 691f).

Der intellektuelle Aufwand der Konstruktion der Indikationentheorie war groß, der praktische Effekt aber gering, weil, wie bereits aufgezeigt wurde (oben Rz 40 und Art IX EGJN Rz 47), die Prüfung der Indikationswirkung, auch der „fraglichen", Gerichtsstände – mit ganz wenigen Ausnahmen – fast durchwegs positiv ausgefallen ist. **44**

Geimer, IZVR[3] Rz 974, spricht iZm ähnlichen, in der BRD vertretenen Lehrmeinungen von einer „unergiebigen Diskussion über Scheinprobleme", und er hält der österr Indikationentheorie – die auch er zu Recht als Ausprägung der „Forum-(non)-conveniens"-Doktrin einordnet – vor, sie habe keine klaren Konturen und sie hätte nur nutzlose Zuständigkeitsstreitigkeiten heraufbeschworen (Rz 1094); das Ganze führe zu „amerikanischen Zuständen", weil es auf der Tatbestandsseite im Belieben des Richters steht, ob er einen „hinreichender Inlandsbezug" als gegeben annehmen will (Rz 1077a); nach *Schlosser,* IPRax 1992, 142, ist mit der Einführung des Begriffs des hinreichenden Inlandsbezugs des Rechtsstreits „zum ersten Mal in das deutsche Zuständigkeitsrecht ein Begriff von generalklauselartiger Unbestimmtheit eingedrungen", und *Pfeiffer,* IPRax 1996, 208, spricht treffend von einer „De-Normativierung" des Zuständigkeitsrechts (wenngleich er im Ergebnis die Tendenz der österr Rsp begrüßt). Zur einschlägigen Diskussion in der BRD s *Franzen,* IPRax 1995, 257f. Nicht viel mehr ist von einem anderen Lösungsansatz zu halten, der an das „Due-Process-Prinzip" nach Sect 1 des XIV. Amendment (1868) zur US-Verfassung anknüpft und zusätzlich glaubt, operationell brauchbare Elemente in Art 6 Abs 1 EMRK (dazu Rz 6) zu finden; s *Kleinstück,* Due-Process-Beschränkungen, dazu *Lurger,* ZfRV 1995, 61. **45**

Im übrigen ist durch den in Anpassung an das LGVÜ und das EuGVÜ geschaffenen § 27a JN (s dort Rz 5) die Indikationentheorie obsolet geworden. **46**

C. „Sachliche staatliche Unzuständigkeit"

Schon bevor die Indikationentheorie geboren wurde, hat die Lehre (vornehmlich in der BRD) eine Reihe von Situationen geortet, wo – trotz Vorliegens eines Gerichtsstands im Inland – mit Rücksicht auf die Eigenart des Streitgegenstands die Ausübung von Gerichtstätigkeit unzulässig sein soll, wobei es offengeblieben ist, ob hier die inländische Gerichtsbarkeit im völkerrechtlichen Sinn oder nur die „internationale Zuständigkeit" fehlen würde (s va *Riezler,* IZPR 230ff; *ders,* Rosenberg-FG 199). Andere (so zB *Heldrich,* Ber 10, 117ff) sprechen von „wesenseigener (Un)zuständigkeit". Der Grund der Unzulässigkeit oder Unmöglichkeit einer Entfaltung inländischer Gerichtstätigkeit soll einmal darin liegen, daß sie einen Eingriff in fremde Hoheitsrechte darstellen oder daß der Streit Rechte oder Rechtseinrichtungen mit territorial beschränkter Reichweite zum Gegenstand haben würde; in anderen Fallgruppen soll das Hindernis in der „Wesensfremdheit" (iSd inländischen Rechts) des geltendgemachten Anspruchs liegen. **47**

ME lassen sich die oben angesprochenen Situationen weitestgehend mit den „klassischen" Kategorien der inländischen Gerichtsbarkeit, der Rechtswegszulässigkeit oder der örtlichen Zuständigkeit lösen; teilweise liegt das Problem auch in der mangelnden Begründetheit des Anspruchs nach inländischem Recht.

Folgende Beispiele werden ua angeführt:

• Ausländische öffentlich-rechtliche (oder mit öffentlichem Recht in Zusammenhang stehende) Ansprüche (dazu *Frank,* RabelsZ 1970, 56; *Seidl-Hohenveldern,* ZÖR 54 (1999) 292 [Buchbesprechung]). Aber auch bezüglich der in diese Kategorie fallenden Ansprüche wäre zu differenzieren: **48**

49 Handelt es sich um die Einforderung ausländischer Steuer-, Zoll- oder Gebührenansprüche oder um die Rückforderung von zu viel bezahlten Abgaben, würde es an der Zulässigkeit des Rechtswegs iS von § 1 JN (gegebenenfalls auch an der inländischen Gerichtsbarkeit, wegen der völkerrechtlichen Immunität der beklagten ausländischen Gebietskörperschaft) mangeln; zT werden Fragen dieser Art auch in Vereinbarungen über die Zusammenarbeit in Abgabensachen geregelt (vgl etwa die Verträge mit der BRD über Rechtsschutz und Rechtshilfe in Abgabensachen, BGBl 1955/249 und über Rechts- und Amtshilfe in Zoll-, Verbrauchersteuer- und Monopolangelegenheiten, BGBl 1971/430 idF BGBl 1981/126; dazu IPRax 1993, 186 = ZfRV 1992/44 und ZfRV 1989, 215 [*H. Hoyer*]; s auch *Koch,* IPRax 1993, 192).

50 Gleichfalls an der Zulässigkeit des Rechtswegs würde es für die Geltendmachung ausländischer öffentlich-rechtlicher Sozialrechtsansprüche (Leistungssachen gem § 354 Z 1 ASVG – arg § 65 iVm § 1 ASGG und § 1 JN) oder für die Einforderung von Beiträgen einer ausländischen öffentlich-rechtlichen Sozialversicherungsanstalt (Verwaltungssachen gem § 355 Z 3 ASVG – arg § 65 iVm § 1 ASGG und § 1 JN) mangeln. Hingegen sind Streitigkeiten aus Abschn IV des Fünften Teils des ASVG (Schadenersatz und Haftung, Legalzession, etwa gem § 332 ASVG) – in sinngemäßer Anwendung der entsprechenden Bestimmungen auf das anwendbare (ausländische) Sachrecht – als „normale" Vermögenssachen zu beurteilen; der Rechtsweg (zu den ordentlichen Gerichten der allgemeinen Gerichtsbarkeit [ZfRV 1990, 286 = ZVR 1989, 241]) ist für sie grundsätzlich zulässig, und die inländische Gerichtsbarkeit richtet sich nach den für Vermögenssachen geltenden allgemeinen Prinzipien. Analoges müßte für Streitigkeiten betreffend den Rückersatz einer zu Unrecht empfangenen ausländischen öffentlich-rechtlichen Versicherungsleistung (iS von § 354 Z 2 ASVG, s auch § 65 Abs 1 Z 2 ASGG) und betreffend Ersatzansprüche ausländischer Träger von Sozialhilfe (iS von § 354 Z 3 ASVG, s auch § 65 Abs 1 Z 3 ASGG) gelten. Im übrigen bilden auch Fragen dieser Art weitgehend den Gegenstand von Sozialversicherungsabkommen (dazu *Tomandl,* System, Abschnitt 7).

51 Für die Geltendmachung von Unterhaltsvorschüssen (iSd UVG) gegen eine ausländische öffentlich-rechtliche Institution würde es an der Zulässigkeit des Rechtswegs (§ 10 iVm § 1 UVG, § 1 JN) – gegebenenfalls auch an der inländischen Gerichtsbarkeit – mangeln. Hingegen sind Streitigkeiten betreffend Ansprüche einer ausländischen öffentlich-rechtlichen Institution auf Rückzahlung von zu Unrecht gewährten Vorschüssen (§ 22 UVG) oder von Beträgen, die vom Unterhaltsschuldner hereingebracht wurden (§ 26 UVG), sowie betreffend die Durchsetzung von Unterhaltsansprüchen oder betreffend die Rückforderung von Unterhaltsleistungen, für welche Vorschüsse getätigt worden waren (§ 9 Abs 2, §§ 30 und 31 UVG) – alle diese Bestimmungen in sinngemäßer Anwendung –, als „normale" Vermögenssachen zu beurteilen, für welche der ordentliche Rechtsweg (im streitigen Verfahren) nicht ausgeschlossen ist und sich die inländische Gerichtsbarkeit nach den allgemeinen für Vermögenssachen geltenden Prinzipien (zu Art IX EGJN Rz 45, 48) richtet.

52 Werden Schadenersatzansprüche wegen eines pflichtwidrigen Handelns fremder diplomatischer oder konsularischer Vertreter oder sonstiger Organe eines fremden Staats geltend gemacht, läge ein Fall von staatlicher Immunität vor, weil hoheitlich handelnde Organe des fremden Staats an dessen Immunität partizipieren (s Art IX EGJN Rz 198). Ist das Handeln eines ausländischen Organs nicht als hoheitlich zu qualifizieren, ist inländische Gerichtsbarkeit im Rahmen der für Vermögenssachen geltenden allgemeinen Grundsätze – und soweit das

Organ, etwa als Diplomat oder sonstwie völkerrechtlich privilegierte Person nicht persönliche oder funktionelle Immunität genießt (Näheres darüber in Art IX EGJN Rz 248 ff), gegeben; zum anwendbaren Sachrecht s § 48 IPRG.

Wohl unterfallen dem inländischen Recht und der inländischen Gerichtsbarkeit Amtshaftungsansprüche, betreffend von österr Organen im Ausland gesetzte Handlungen (zu § 28 JN Rz 82), s ferner die auf einer Fiktion aufbauenden (die Handlung wird so behandelt, wie wenn sie im Inland gesetzt worden wäre) Regelungen betreffend die Amtshaftung im Grenzverkehr (Beispiele in: Art IX EGJN Rz 92, 96, 98, 99, 102, 104).

• Für Klagen aus Dienstverhältnissen mit einem fremden Staat s Art IX EGJN Rz 222 bis 225. In bezug auf Internationale Organisationen wird üblicherweise in deren Statuten oder in Amtssitzabkommen (Art IX EGJN Rz 291) spezifisch vorgesorgt; s dazu *Bleckmann,* Schrz Völkerrecht 68; *Moussé,* Le contentieux; *Schreuer,* ZÖR 1982, 299; *Seidl-Hohenveldern,* Schrz Völkerrecht 71; *ders,* Schlochauer-FS 615; *ders,* Matscher-FS 441. 53

• Im übrigen richtet sich die inländische Gerichtsbarkeit in Arbeits- und in Sozialrechtssachen nach den für Vermögenssachen geltenden Grundsätzen (Art IX EGJN Rz 45 bis 48). Inländische **Arbeits**gerichtsbarkeit („sachliche Zuständigkeit der Arbeitsgerichte") für Individualarbeitsrechtssachen (§ 50 Abs 1 ASGG) ist aber nur bei Vorliegen eines Anknüpfungspunktes nach §§ 4 bis 6 und § 9 ASGG, zu denen bei Rechtsstreitigkeiten nach § 50 Abs 1 Z 1 bis 3 ASGG (arg „auch" in § 4 Abs 1 Z 1 ASGG) wahlweise auch die Gerichtsstände der JN kommen, gegeben (SZ 59/91 = EvBl 1986/178 = JBl 1987, 196 = ZAS 1987, 50 [*Beck-Managetta* und *Mayer-Maly*] = RdW 1987, 59 = Arb 10.537 = DRdA 1988, 55 [*Kerschner*] = IPRE 2/67; EvBl 1960/208 = Arb 7332; DRdA 1980, 330 = ZAS 1981/8 [*H. Hoyer*] = Arb 9724 = RdA 1978, 147); sonst Zuständigkeit der ordentlichen Gerichte (der „allgemeinen" Gerichtsbarkeit), gegebenenfalls Ordination: ZfRV 1985, 221 *(Holeschofsky)* = RdA 1985, 417 = IPRE 2/208; SZ 47/101 = JBl 1975, 385 = EvBl 1975/165 = Arb 9246; 9154; 6585; 6216; 5818; 5764. 54

Siehe auch zu § 28 JN Rz 85, 86.

Für betriebsverfassungsrechtliche Streitigkeiten (§ 50 Abs 2 ASGG) ist inländische Arbeitsgerichtsbarkeit nur gegeben, wenn das streitrelevante Unternehmen (ein Unternehmen des Konzerns) seinen Sitz im Inland hat, wenn der Betrieb im Inland gelegen ist oder sich dort eine Zweigniederlassung des Unternehmens befindet (§§ 5, 5 a, 5 b [s die ausdrückliche Bestimmung über die inländische Gerichtsbarkeit in Abs 2], § 6 ASGG). Gelegentlich wird idZ vom „Territorialitätsprinzip" gesprochen, idS, daß die Zuständigkeitstatbestände nicht an die Person der Beteiligten, sondern allein an den Sitz des Unternehmens, die Lage eines Betriebs oder einer Zweigniederlassung im Inland anknüpfen. 55

In Rechtssachen betreffend Leistungen aus einer österr Sozialversicherung gem § 65 ASGG besteht – im Hinblick auf die sukzessive Zuständigkeit – (inländische) Sozialgerichtsbarkeit nur im Rahmen der §§ 67 bis 70 ASGG. 56

Zur inländischen Arbeitsgerichtsbarkeit s auch *Fasching,* Lehrbuch[2] Rz 2256/1; *ders,* Law in East and West/Recht in Ost und West 839; *Kuderna,* ASGG[2], 76 f. 57

• Für die Geltendmachung von sonstigen vermögensrechtlichen öffentlichrechtlichen Ansprüchen (iS von Art 137 B-VG) an fremde Gebietskörperschaften richtet sich die inländische (ordentliche) Gerichtsbarkeit nach allgemeinen Prinzipien (Art IX EGJN Rz 45 bis 48), soweit sie nicht aus Gründen der Immunität des Beklagten (Art IX EGJN Rz 196, 197) ausgeschlossen ist. 58

59 • Ansprüche mit territorial beschränkter Wirkung, wie Patente, Marken, Muster: Für Klagen auf Feststellung des Bestehens, auf Nichtigerklärung, Aberkennung, Löschung usw eines in einem ausländischen Register eingetragenen Immaterialgüterrechts würde es iS von § 57 PatG; § 35 MarkSchG; § 26 MuSchG iVm § 1 JN an der Rechtswegszulässigkeit mangeln. Eine Inanspruchnahme von inländischer Gerichtsbarkeit wäre aber nicht völkerrechtswidrig, idS *Geimer,* IZVR[3] Rz 1002–1007 und *Geimer/Schütze,* Europäisches Zivilverfahrensrecht, Art 16 Rz 3; *Troller,* IPR 239 ff, 252, 256, 260, nimmt eine konkurrierende Zuständigkeit des Schutzstaates, neben der des Wohnstaats des Inhabers des geschützten Rechts, an; ähnlich *Stauder,* Ulmer-FS 509.

Siehe auch die Regelung über die ausschließliche Zuständigkeit des Registerstaats gem Art 16 Z 3 LGVÜ und EuGVÜ.

Zur inländischen Gerichtsbarkeit (und Rechtswegszulässigkeit) betreffend Klagen wegen Verletzung solcher in inländischen Registern eingetragener Rechte (auf Unterlassung, Beseitigung, angemessenes Entgelt, Schadenersatz [gem § 147 ff PatG; § 56 MarkSchG bzw § 9 Abs 3 UWG; § 34 MuSchG – in sinngemäßer Anwendung]) bzw betreffend Klagen aus Patentlizenzverträgen (gem § 35 PatG) vgl *Schönherr,* ÖBl 1958, 5; *ders,* ÖBl 1960, 64; *Seber,* ZfRV 1983, insb 283 ff mwN.

Siehe ferner § 28 JN Rz 93 ff.

60 • (Außerstreitige) inländische Kartellgerichtsbarkeit ist nur im Anwendungsbereich des KartG (§ 6) gegeben. Hingegen richtet sich die inländische Gerichtsbarkeit für Streitigkeiten aus in- oder ausländischen Kartellen (iS von § 122 KartG) nach den für Vermögenssachen geltenden allgemeinen Prinzipien (Art IX EGJN Rz 45 bis 48).

61 • Daß die inländische Gerichtsbarkeit für Streitigkeiten betreffend dingliche Rechte (einschließlich Bestandsrechte) an ausländischen Immobilien, mögen sie dort auch in öffentlichen Büchern eingetragen sein – mangels einer entgegenstehenden völkergewohnheitsrechtlichen Norm –, nicht grundsätzlich ausgeschlossen ist, wird heute weitestgehend anerkannt; vgl *Geimer,* IZVR[3] Rz 878 ff; *Geimer/Schütze,* Zivilverfahrensrecht, Art 16 Rz 1, 2; *Schumann* in *Stein/Jonas*[20] Einl Rz 772; idS auch SZ 59/205 = ZfRV 1988, 134 = IPRax 1988, 246 (*H. Hoyer,* 255); EvBl 1985/140; SZ 9/53 = JBl 1927/155. ZT aM (primär aus rechtspolitischen Erwägungen) *Kropholler,* Handbuch IZVR I Kap III Rz 156, 421–423; für das österr Recht zweifelnd (eher verneinend) *Fasching,* Lehrbuch[2] Rz 76.

Es handelt sich hier um einen Anwendungsfall des allgemeinen Problems, daß eine bestehende (oder auch nur aus einem Umkehrschluß von den inländischen Normen über die ausschließliche Zuständigkeit abgeleitete) ausländische ausschließliche Zuständigkeit für sich allein keinen Ausschluß der inländischen Gerichtsbarkeit bedingt.

Siehe Art IX EGJN Rz 28 bis 32.

62 • Ansprüche, die nach dem gemäß den inländischen Kollisionsnormen anwendbaren fremden Sachrecht begründet sein mögen, die aber dem inländischen Recht „institutionell" fremd sind. Das klassische Beispiel ist die Klage auf Trennung von Tisch und Bett unter Aufrechterhaltung des Ehebandes; eine solche Klage wäre nicht wegen mangelnder inländischer Gerichtsbarkeit (soweit diese gem § 76 Abs 2 JN gegeben ist) zurückzuweisen, sondern als unbegründet abzuweisen, weil zu Recht dahingehend argumentiert werden kann, daß das inländische Recht nur die Nichtigerklärung, die Feststellung des Bestehens oder Nichtbestehens, die Aufhebung und die (streitige oder außerstreitige) Scheidung einer Ehe kennt, andere Formen staatlichen Eingriffs in ein bestehendes Eheband –

trotz der Erwähnung der Scheidung von Tisch und Bett in § 24 Abs 1 4. DVzEheG – mit dem inländischen ordre public aber nicht vereinbar wären (str).

Als Ersatzlösung käme allenfalls eine gesonderte Wohnsitznahme gem § 92 Abs 2 ABGB, deren Rechtmäßigkeit vom Außerstreitrichter gem § 92 Abs 3 festgestellt werden kann, in Betracht. Die inländische Gerichtsbarkeit bzw die örtliche Zuständigkeit zu einem Einschreiten des Gerichts richten sich nach § 114 a Abs 4 bzw Abs 1 JN. **63**

Da die gesonderte Wohnsitznahme einen nicht vermögensrechtlichen Aspekt der persönlichen Ehewirkungen darstellt, würde sich zwar die Anwendbarkeit des § 92 ABGB in Auslandsfällen nach § 18 IPRG bestimmen; da aber auch § 92 ABGB eine „provisorische Konfliktregelung" zum Gegenstand hat, spricht seine funktionale Ähnlichkeit mit den in der Folge (Rz 69 ff) zu erörternden Maßnahmen nach der EO gleichfalls für eine Beurteilung der sachlichen Voraussetzungen seiner Anwendung nach inländischem Recht. Gegebenenfalls käme auch ein Antrag nach § 382 Abs 1 Z 8 lit b oder auch nach Abs 2 EO in Frage, wobei hier inländische Gerichtsbarkeit vorliegt, soweit eine örtliche Zuständigkeit nach § 387 Abs 1 oder Abs 2 EO gegeben ist, während die materiellrechtlichen Voraussetzungen für den Erlaß der EV (als „vorläufige Prozeßregelung") allein nach inländischem (Exekutions)recht zu beurteilen sind (Rz 69 ff; idS OLG Wien EFSlg 46.864 (1984) und 18.316 (1972); s dazu auch *Schoibl* in *Harrer/Zitta,* Familie und Recht 439, insb 470 f, 473 f.

Hier – wie in anderen ähnlichen Fällen – sollte nach Möglichkeit mit dem Institut der „Anpassung" (dazu *Schwimann,* IZVR 45 ff; *Schwind,* IPR-Lehr- und Handbuch Rz 94) operiert werden, um dem IPR nach Möglichkeit zum Durchbruch zu verhelfen; Schwierigkeiten bei der Anwendung ausländischen Sachrechts sollen aber kein Hindernis sein, diesem auszuweichen oder die inländische Gerichtsbarkeit zu verneinen (auch in nichtvermögensrechtlichen Angelegenheiten besteht kein notwendiger Parallelismus [„Gleichlauf"; s dazu *Geimer,* IZVR³, 1041 ff; *Heldrich,* Zuständigkeit 223 ff; *Kropholler,* IPR³ (1997), 510 ff; *Schwimann,* RabelsZ 1970, 201 (weitgehend ident in IZVR 27 ff)] zwischen anwendbarem Sachrecht und inländischer Gerichtsbarkeit); s auch Art IX EGJN Rz 34. **64**

Zu (weiteren) Fragen im Bereich des außerstreitigen Verfahrens s *Geimer* in *Kralik/Rechberger,* Symposion Außerstreitverfahren 93 ff mwN.

● Auch zur E über Fragen des Namensrechts (einschließlich des Rechts auf Führung eines bestimmten [Familien]namens, der Untersagung der Namensführung) von Ausländern (bei Anwendbarkeit ausländischen Sachrechts gem § 13 Abs 1 IPRG) ist die inländische Gerichtsbarkeit (bzw die Zuständigkeit inländischer Verwaltungsbehörden) nach dem PStG nicht ausgeschlossen; ob sie gegeben ist, richtet sich – mangels einer Spezialregelung (§ 114 a JN ausgenommen) – nach allgemeinen Grundsätzen (idS muß die gegenteilige E GlUNF 1267 aE [1901] wohl als überholt betrachtet werden). Entsprechendes gilt umso mehr für Fragen des Namensschutzes (Klagen auf Unterlassung, Schadenersatz, Feststellung) gem § 13 Abs 2 IPRG, die mit Ansprüchen aus unerlaubter Handlung vergleichbar sind. **65**

● Von sachlicher internationaler Unzuständigkeit oder von „Unzuständigkeit ratione materiae" (so *Seidl-Hohenveldern,* Schlochauer-FS 1981, 633) ist auch iZm der Immunität von Internationalen Organisationen für deren Amtsakte (Art IX EGJN Rz 290), aber auch der Immunität fremder Staaten (Art IX EGJN Rz 203) und, generell, bei der (behauptetermaßen) fehlenden Befugnis, **66** auf fremdem staatlichen öffentlichen Recht beruhende Streitigkeiten zu entscheiden (oben Rz 47 ff) die Rede. IdS *Wenckstern,* Handbuch IZVR II/1 Rz 993 ff; dazu *Geimer,* ZAÖRV 57 (1997) 800 f, und *Seidl-Hohenveldern,* ZÖR 52 (1997) 157.

Darüber hinaus ist die Beurteilung von Hoheitsrechten fremder Staaten oder Internationaler Organisationen, als Vorfrage, völkerrechtlich nicht verboten (Art IX EGJN Rz 9); sie kann nur in den nationalen Rechtsordnungen, so in denen des anglo-amerikanischene Rechtskreises, unter der sog Act-of-State-Doktrin, Bedenken begegnen, dazu *Verdroß/Simma,* Völkerrecht[3] § 1178 ff; BVerfG EuGRZ 1997, 436.

67 Generell läßt sich sagen, daß die Lehre von der „sachlichen (oder wesenseigenen) staatlichen (Un)zuständigkeit" viel von ihrer ursprünglichen Faszination verloren hat und heute kaum mehr vertreten wird (s noch einen Anklang daran bei *Böhm,* JBl 1988, 461, zit und erörtert zu Art IX EGJN Rz 227).

D. Zur prozessualen Behandlung einer zu Unrecht erfolgten Verneinung der inländischen Gerichtsbarkeit

68 Wird das Vorliegen der inländischen Gerichtsbarkeit zu Unrecht verneint – was gegebenenfalls sogar die Verletzung einer völkerrechtlichen Verpflichtung zur Ausübung von Gerichtsbarkeit implizieren kann (Zurückweisung einer Klage oder eines Ordinationsantrags wegen angenommenen Fehlens der inländischen Gerichtsbarkeit), so kann der entsprechende Beschluß (soweit er nicht in Rechtskraft erwachsen ist) mit Rekurs oder, wenn der Ausspruch darüber in das Urteil aufgenommen worden ist, mit Berufung (§ 471 Z 6, § 475 Abs 1 ZPO) bekämpft werden, s auch Art IX EGJN Rz 24. Lediglich ein – gleich aus welchen Gründen – (zu Unrecht) abgelehnter Ordinationsantrag ist unanfechtbar (zur Tragweite der Ordinationsentscheidung s bei § 28 JN Rz 177). Eine analoge Heranziehung der prozessualen Regeln über die Behandlung der fehlenden inländischen Gerichtsbarkeit (va § 42 JN; § 240 Abs 3, § 477 Abs 1 Z 3 ZPO) drängt sich auf; eine solche Vorgangsweise würde im geltenden Recht aber keine Deckung finden, da die entsprechenden verfahrensrechtlichen Regelungen nur negativ konzipiert sind. Es kommt diesbezüglich auch das Neuerungsverbot zum Tragen, da dieses lediglich in bezug auf Tatsachen, aus denen hervorgeht, daß die Rechtssache der inländischen Gerichtsbarkeit entzogen ist, nicht gilt, und nur auf diesen Umstand gem § 42 Abs 1 JN in jeder Lage des Verfahrens von Amts wegen Bedacht zu nehmen ist (vgl ZfRV 1997/60; ZfRV 1996/1 = RZ 1996/25; ZfRV 1995/48; SZ 52/43 – EvBl 1979/174; s auch JBl 1996, 795 [*Matscher*]). Die Frage könnte iZm dem LGVÜ und dem EuGVÜ (Art IX EGJN Rz 355, 356) Aktualität gewinnen.

E. Inländische Gerichtsbarkeit zur Bewilligung und zum Vollzug einer einstweiligen Verfügung

69 Keiner einheitlichen Beantwortung zugänglich ist die Frage, inwieweit, trotz (möglicherweise) fehlender inländischer Gerichtsbarkeit zur Sachentscheidung, Gerichtsbarkeit zur Setzung vorläufiger Maßnahmen gegeben ist.

70 Im Bereich des autonomen Rechts richtet sich die Zuständigkeit zur Bewilligung und zum Vollzug einer EV nach § 387 EO. Ist insb iSd Abs 1 ein Zuständigkeitstatbestand gegeben, dann ist (s auch § 27 a JN) – gleich, ob das Gebot bzw das Verbot im Inland oder im Ausland (Rz 13) zu beachten ist und vom

Vorliegen einer Ausschlußnorm (darüber später Rz 76, 77) abgesehen – auch die inländische Gerichtsbarkeit grundsätzlich zu bejahen (ZfRV 1996/30), ohne daß das Erfordernis einer Nahebeziehung der Rechtssache zum inländischen Rechtsbereich (Rz 41) zu prüfen wäre, zumal davon ausgegangen werden kann, daß eine solche ohnehin gegeben ist, soweit die EV dem Schutz eines inländischen Rechtsgutes dient (idS SZ 68/81 = RdW 1995, 469 = JUS Z 1995/1794 = ZfRV 1995, 258). Im übrigen ergibt sich die Zulässigkeit einer EV in dieser Hinsicht schon aus deren Funktion, einen raschen vorläufigen Rechtsschutz, ohne Präjudizierung der Hauptfrage, zu gewähren (dazu *Kropholler* in Handbuch IZVR I Kap III Rz 193).

Ob bei Fehlen eines Gerichtsstands im Inland ordiniert werden kann, hängt davon ab, ob die Voraussetzungen des § 28 JN – s dort (Rz 104 ff) – gegeben sind.

In mehreren E des OGH (IPRax 1996, 345; RdW 1995, 57; ZfRV 1994/65 = **71**
ecolex 1994, 673; ZfRV 1990, 290 = WBl 1989, 318 = RdW 1989, 300 = ÖBA 1989, 1134; SZ 61/39 = RdW 1988, 320 = ÖBA 1988, 609; SZ 59/128 = JBl 1987, 115 = RdW 1986, 341 [dazu *H. Schumacher,* RdW 1986, 329] = ÖBA 1986, 486 [*Koziol*] = IPRax 1988, 33 [dazu *Moschner* 41]) wird ausgeführt, Voraussetzung für den Erlaß einer EV sei es, daß die Verfügung im Inland vollzogen und damit die Gefahr durch Maßnahmen im Inland gebannt werden könne; ob das zutrifft, richte sich – im aktuellen Fall einer EV auf Unterlassung oder Duldung – danach, ob Zwangsmittel nach § 355 EO im Inland ergriffen werden können, zumal der Vollzug einer inländischen EV im Ausland (gleich wie der einer ausländischen im Inland; vgl dazu Rz 17) – vorbehaltlich spezifischer staatsvertraglicher Regelungen – grundsätzlich nicht möglich ist (dazu *Heller/Berger/Stix*[4] III 2822; RdW 1990, 313 = ecolex 1990, 235 = IPRE 3/166; EvBl 1972/288 = ZfRV 1972, 301 [*H. Hoyer*]; SZ 55/98; EvBl 1962/328), eine von vornherein zwecklose EV, mangels Rechtsschutzinteresses, aber nicht zu bewilligen sei. Ähnliches wird auch für Klagen auf Unterlassung im Ausland (Rz 13) – die häufig mit Anträgen auf Erlaß entsprechender EV verbunden sind – behauptet.

Diese Aussagen sind in ihrer Allgemeinheit zumindest irreführend: Sind **72**
nämlich inländische Gerichtsbarkeit und Zuständigkeit eines inländischen Gerichts gegeben, hat dieses – ebenso wie es eine Klage anzunehmen hat, unabhängig davon, ob das zu erwirkende Urteil im Inland oder im Ausland (dazu oben Rz 14 und Art IX EGJN Rz 33) tatsächlich vollstreckt werden kann – auch einem Antrag auf EV stattzugeben, ohne zu prüfen, ob sie ihren Zweck tatsächlich erreichen wird, zumal es nicht ausgeschlossen ist, daß der Gegner sich freiwillig an das Gebot oder Verbot hält (idS JBl 1990, 328 = RdW 1990, 44 = ÖBA 1990, 304 [*Konecny*] = IPRE 3/165; MR 1988, 208 [*Korn*] = RZ 1990/16 = WBl 1989, 123; OPM ÖBl 1989, 74; SZ 57/169 = ÖBl 1985, 94 = RdW 1985, 275; ÖBl 1983, 70; SZ 52/100 = ÖBl 1980, 124; s auch JBl 1991, 800 = EvBl 1991/54 = RdW 1991, 79 = GRURInt 1991, 384 = IPRE 3/182; [auch eine zwangsweise Durchsetzung des Titels im Inland ist nicht von vornherein oder auf Dauer ausgeschlossen]). Im übrigen kann ein Interesse am Erwerb eines inländischen Titels (zB Interessenklage nach § 368 EO) auch dann gegeben sein, wenn dieser im Ausland nicht vollstreckbar ist (EvBl 1985/117; s auch *Konecny,* ÖBA 1988, 1184 und RdW 1990, 313 = ecolex 1990, 235 = IPRE 3/166 [hier Vollzug im Inland aber möglich]; SZ 61/39 = RdW 1988, 320 = ÖBA 1988, 609 [*P. Doralt*]; s auch SZ 69/286 = ZfRV 1997/24 [dazu Rz 21]). Richtig ist lediglich – und das scheint der OGH in einzelnen der oben (Rz 71) krit referierten E auch gemeint zu haben –, daß bei Aussichtslosigkeit einer Rechtsverwirklichung das für eine Ordination nach § 28

Abs 1 Z 2 JN geforderte besondere Rechtsschutzbedürfnis nicht gegeben ist (vgl zu § 28 JN Rz 71, 110).

73 Zum Problem bei Prozeßführung (Hauptsache) im Ausland s *Heller/Berger/Stix*[4] III 2821 und 2850 zu FN 5; vgl ferner ZfRV 1993/48.

74 Für dringende Maßnahmen im Rahmen der Vormundschaft und Sachwalterschaft (Kuratel) wird die inländische Gerichtsbarkeit in § 110 Abs 1 Z 2 JN ausdrücklich und speziell normiert; s ferner die entsprechenden Regelungen in verschiedenen Verträgen (Art IX EGJN Rz 69 und Rz 105 bis 107).

75 Bezüglich der Nachlaßsicherung s §§ 137 bis 139 AußStrG; s ferner die entsprechenden Regelungen in Verträgen (Art IX EGJN Rz 109 bis 111).

76 Liegt der Mangel der inländischen Gerichtsbarkeit in der Immunität des Antragsgegners, erstreckt sich diese auch auf die Exemtion von vorläufigen Maßnahmen (Art IX EGJN Rz 122).

77 Zweifelhaft erscheint es, ob sich staatsvertragliche Abgrenzungen der Gerichtsbarkeit (Art IX EGJN Rz 53) auch auf die (Un)zulässigkeit der Setzung vorläufiger Maßnahmen beziehen; mE kann die Frage nur aus den betreffenden Abkommen heraus – und differenziert – beantwortet werden; einzelne Abkommen sehen diesbezüglich Sonderregelungen vor (vgl etwa Art 18 Abs 3 COTIF; Übk BGBl 1985/225 – dazu zu Art IX EGJN Rz 65; vgl ferner die generelle Regelung der Art 24 LGVÜ und EuGVÜ [Art IX EGJN Rz 358]).

Zum Problem insgesamt *Matscher,* ZZP 1982, 220 ff; *Zeiler,* Sicherungsverfahren; *ders,* JBl 1996, 635.

Die hier aufgeworfene Frage hat eine gewisse Ähnlichkeit mit derjenigen – grundsätzlich zu bejahenden – nach der Zuständigkeit der staatlichen Gerichte zur Bewilligung einer EV trotz Vorliegens einer gültigen Schiedsabrede betreffend die Hauptsache; dazu Art IX EGJN Rz 82.

F. Einheitlicher oder gespaltener Begriff der inländischen Gerichtsbarkeit

78 Die Bildung von Rechtsbegriffen ist nur insofern sinnvoll, als ein Tatbestand, deren Element sie bilden, spezifische Rechtsfolgen auslöst. Das gilt auch für verfahrensrechtliche Begriffe, deren Bildung also nur insoweit gerechtfertigt ist, als sie eine bestimmte prozessuale Behandlung erfahren, und somit auch für den Begriff der inländischen Gerichtsbarkeit, mit dem der Tätigkeitsbereich der inländischen Gerichte gegenüber dem Ausland abgegrenzt wird: Die Verfahrensgesetze sehen hiefür eine bestimmte Art der Prüfung und spezifische Sanktionen bei deren Fehlen vor, und sie regeln die Rechtsfolgen ihres Wegfalls.

79 So wie es sinnvoll war, die inländische Gerichtsbarkeit als einen Aspekt des weiteren Begriffs der Rechtswegzulässigkeit zu betrachten – weil die prozessualen Konsequenzen, welche die eine und die andere ausgelöst haben, in beiden Fällen (die Regelung des § 40 a JN betreffend den letzteren ausgenommen) die gleichen waren (*Ballon,* Zulässigkeit 101 f) –, so wenig erschien es angebracht, unter dem Begriff der inländischen Gerichtsbarkeit (oder der internationalen Zuständigkeit; beide Begriffe wurden teilweise auch promiscue oder synonym verwendet, vgl etwa SZ 60/277 = JBl 1989, 49; JBl 1994, 343 = ZfRV 1994, 124 [*H. Hoyer*]) Tatbestände zu subsumieren, die prozessual verschiedene Rechtsfolgen auslösten, wie es ein Teil der Lehre in unterschiedlicher Weise getan hat (vgl etwa *Bajons,* ZfRV 1972, 104 ff, 128; *Buchegger,* PraktZPR[4], 1, 2; *Dolinar,* Außerstreitverfahrensrecht 44 FN 105; *Holzhammer,* Zivilprozeßrecht[2], 28, 29; *H. Hoyer,* ZfRV 1979, 279; *ders,* ZZP 1982, 158 f).

80 Insofern war es in der Zeit vor der WGN 1997 rechtsdogmatisch richtig, von einem einheitlichen Begriff der inländischen Gerichtsbarkeit zu sprechen: Gleich, ob diese auf Völkergewohnheitsrecht, auf Völkervertragsrecht oder auf autonome Bestimmungen inländischen Rechts beruhte, war die prozessuale Behandlung in allen Fällen die gleiche; hingegen galten für die prozessuale Behandlung der von der Lehre als Fälle von internationaler Zuständigkeit bezeichneten Tatbestände – soweit darin nicht auch die inländische Gerichtsbarkeit im oben verstandenen Sinn einbezogen wurde – die „normalen" Regelungen der (örtlichen) Zuständigkeit. Ein Begriff der internationalen Zuständigkeit, der keine eigenständigen Rechtsfolgen auslöst, war daher abzulehnen.

Die Konzeption, die auf einem einheitlichen Begriff der inländischen Gerichtsbarkeit aufgebaut hat, war aus einer Zeit heraus verständlich, in der fehlende inländische Gerichtsbarkeit praktisch mit den Immunitäten und den wenigen sonstigen völkervertragsrechtlichen Ausschlußnormen gleichzusetzen war, und die wenigen vorhandenen autonomen Regelungen der inländischen Gerichtsbarkeit der gleichen prozessualen Behandlung wie die ersteren unterstellt werden konnten. **81**

Was die prozessuale Behandlung der völkerrechtlich normierten inländischen Gerichtsbarkeit anbelangt, sei folgendes vorausgeschickt: Wie im allgemeinen, so überläßt das Völkerrecht auch hier – im Prinzip ohne Differenzierung zwischen Gewohnheitsrecht und Vertragsrecht – die Modalitäten seiner Vollziehung im innerstaatlichen Recht dem letzteren; auch hinsichtlich der Rechtsfolgen einer Verletzung unterscheidet es nicht zwischen dem einen und dem anderen. Dem innerstaatlichen Recht bleibt es somit grundsätzlich freigestellt, wie es die Völkerrechtsnormen über inländische Gerichtsbarkeit prozessual behandelt. Nur gelegentlich gibt ein Abkommen detaillierte Anweisungen hinsichtlich der Art seiner Durchführung (so zB Art 19 und 20 LGVÜ und EuGVÜ); Analoges gilt für verfahrensrechtliche Regelungen betreffend die Beachtung einer ausländischen Streitanhängigkeit, welche als den gerichtsbarkeitsausschließende Normen gleichwertig zu betrachten sind; so zB Art 14 Abs 1 des Vertrags mit Frankreich, BGBl 1967/288; Art 12 des Vertrags mit Italien, BGBl 1974/521; s ferner Art 19 EuÜbkStI; Art 21 bis 23 LGVÜ und EuGVÜ; dazu *Matscher,* JBl 1979, 249 FN 137 – s auch Art IX EGJN Rz 37. **82**

Die Prozeßrechtsvergleichung zeigt uns eine große Bandbreite von Spielarten der prozessualen Behandlung fehlender inländischer Gerichtsbarkeit. Als einziger generalisierungsfähiger Gedanke kann ihr entnommen werden, daß die inländische Gerichtsbarkeit strenger geprüft und deren Fehlen mit schärferen prozessualen Mitteln geahndet wird als die „reine" Zuständigkeit bzw Unzuständigkeit; im Detail besteht aber eine große, auf keinen gemeinsamen Nenner zu bringende Multiplizität. **83**

Ob es – nach der Entstehung einer großen Vielfalt von völkervertragsrechtlichen Regelungen der inländischen Gerichtsbarkeit und seit der Einführung zahlreicher einschlägiger autonomer Normen – noch angebracht war, alle Erscheinungsformen der inländischen Gerichtsbarkeit in jeder Hinsicht prozessual gleich zu behandeln und va die scharfen Sanktionen des § 29, 2. Satz und des § 42 Abs 2 JN bei deren Wegfall bzw bei deren Fehlen greifen zu lassen – und damit weiterhin von einem einheitlichen Begriff der inländischen Gerichtsbarkeit auszugehen –, erscheint fraglich (s die von *Matscher,* Zuständigkeitsvereinbarungen 127 ff bereits vor 30 Jahren angestellten rechtspolitischen Erwägungen), zumal die erwähnten Bestimmungen ieL eine Handhabe dafür bieten sollten, Völkerrechtsverletzungen gerade im sensiblen Bereich der Immunitäten wiedergutzumachen bzw solchen vorzubeugen (s dazu, mit teilweiser anderer Wertung, *Sperl,* Lehrbuch 91; vgl ferner zu Art IX EGJN Rz 119). Im übrigen **84** betrachtet auch das Völkerrecht Verletzungen von vertraglichen, Privatrechtssachen betreffenden Gerichtsbarkeitsregelungen als weniger gravierend als Verletzungen von Immunitätsnormen.

85 Die hier aufgezeigte Problematik wird umso evidenter, wenn man berücksichtigt, daß im Rahmen der Anwendbarkeit des LGVÜ und des EuGVÜ, im Bereich des Vermögensrechts wohl das Gros des Privat- und Prozeßrechtsverkehrs Österreichs mit dem Ausland unter die von diesen Übk vorgenommenen Abgrenzungen der inländischen Gerichtsbarkeit fallen (s Art IX EGJN Rz 333). Hier würde eine Anwendung der oben angesprochenen „scharfen" Sanktionen eindeutig unangemessen erscheinen (s aber Art IX EGJN Rz 27).

86 Den völkerrechtlichen Interessen an einer Nichtüberschreitung der Grenzen inländischer Gerichtsbarkeit in diesem Bereich wird aber durch die prozessuale Behandlung iS von § 29, 1. Satz, § 41 Abs 1, § 42 Abs 1 und 3 JN; § 230 Abs 2, § 239 Abs 2, 1. Satz, § 240 Abs 3, § 243 Abs 2, 3. Satz, § 260 Abs 3, § 261, § 471 Z 6, § 473 Abs 2, § 475 Abs 1, § 477 Abs 1 Z 3, § 478 Abs 1, § 494, § 510 Abs 2 ZPO Genüge getan; Entsprechendes gilt in bezug auf die autonome Abgrenzung der inländischen Gerichtsbarkeit.

87 Ob rein innerstaatliche Ordnungsinteressen die Beibehaltung der Sanktionen des § 29, 2. Satz und des § 42 Abs 2 JN für den Fall der Verletzung von Normen über die Rechtswegszulässigkeit gebieten, kann dahingestellt bleiben; dabei ist allerdings zu berücksichtigen, daß hier Fragen der Gewaltenteilung angesprochen sein können.

88 Die WGN 1997 hat daher – rechtspolitisch korrekt – den bisher einheitlichen Begriff der inländischen Gerichtsbarkeit aufgespalten: Anwendung der „scharfen" Sanktionen des § 29, 2. Satz und des § 42 Abs 2 JN sowie die Vorgangsweise nach Art IX Abs 3 EGJN nur gegenüber völkergewohnheitsrechtlichen oder völkervertragsrechtlichen Immunitäten; für die sonstigen Fälle von inländischer Gerichtsbarkeit auf Grund Völkervertragsrecht oder auf Grund autonomer Normen des inländischen Rechts (zu denen auch § 27 a JN gehört), nur mehr die spezifische prozessuale Behandlung gem den oben (Rz 86) aufgezählten Normen (die auch bei der erstgenannten Fallgruppe zur Anwendung kommen). Eingehend dazu in Art IX EGJN Rz 12 ff.

89 Für die zweitgenannte Fallgruppe erscheint es erwägenswert – im Hinblick auf die dafür vorgesehene einheitliche prozessuale Behandlung – den Begriff der „internationalen Zuständigkeit" einzuführen (Art IX EGJN Rz 13 und § 27 a JN Rz 5).

III. Allgemeine Fragen des internationalen Zivilverfahrensrechts

A. Die Territorialität des Prozeßrechts

90 Für das Zivilprozeßrecht gilt der Grundsatz der Territorialität (zum völkerrechtlichen Territorialitätsprinzip s auch Rz 1), dh der im Prinzip ausschließlichen Anwendbarkeit der prozessualen lex fori – der autonomen oder der gegebenenfalls staatsvertraglich geregelten – auch auf Sachverhalte mit ausländischen Elementen, die gegebenenfalls nach fremdem materiellen Recht zu beurteilen sind; darin liegt der wesentliche methodische Unterschied des IZVR zum IPR – s auch Einl Rz 119.

Vgl ferner die Ausführungen (oben Rz 64) über den fehlenden Parallelismus („Gleichklang") zwischen inländischer Gerichtsbarkeit und anwendbarem materiellen Recht, die auch auf das Verhältnis von zu befolgenden Verfahrensvorschriften zum anwendbaren materiellen Recht übertragen werden können.

Ausschließliche Anwendbarkeit der inländischen prozessualen lex fori, wenn ein Vertrag – wie etwa das Haager UnterhaltsstatusÜbk, BGBl 1961/293 – nur das anwendbare Sachrecht, nicht aber das Verfahrensrecht, regelt (ZfRV 1966, 200 [*H. Hoyer*]).

Die Territorialität des Prozeßrechts hat zwei Aspekte: Der räumliche Anwendungsbereich der inländischen Prozeßgesetze (und damit die Setzung von auf inländischem Prozeßrecht beruhenden Akten der Gerichtsbarkeit – dazu Rz 9 bis 11) ist auf das Inland beschränkt; andererseits erheischen diese im Inland ausschließliche Anwendung (und sie untersagen die Setzung von auf ausländischem Prozeßrecht beruhenden Akten der Gerichtsbarkeit im Inland). Insofern erscheint auch die inländische Gerichtsbarkeit allein durch die inländischen Prozeßgesetze und durch die im Inland anwendbaren Normen des Völkergewohnheitsrechts und des Völkervertragsrechts geregelt. **91**

Freilich handelt es sich beim Grundsatz der Territorialität des Prozeßrechts um kein starres Dogma, sondern vielmehr um ein Konstruktionsprinzip, nach dem die meisten Prozeßordnungen ausgerichtet sind und welches Ausnahmen zuläßt. So ist etwa bei der Erledigung des Rechtshilfeersuchens eines ausländischen Gerichts nach dessen Recht vorzugehen, soweit ausdrücklich darum ersucht wurde und inländisches Verfahrensrecht dem nicht entgegensteht (vgl etwa § 39 Abs 2 JN, Art 14 Abs 2 HPÜ; Art 9 Abs 2 des [von Österreich bislang nicht unterzeichneten] Haager Übk über die Beweisaufnahme im Ausland in Zivil- und Handelssachen 18. 3. 1970 dBGBl 1977 II, 1472; dazu zu § 39 Abs 2 JN). **92**

Nicht als „prozessuale Kollisionsnorm" muß § 3 ZPO – s dort – aufgefaßt werden (str): Die ZPO knüpft die Prozeßfähigkeit (von Sondernormen abgesehen) unmittelbar an die Geschäftsfähigkeit (§ 1); diese richtet sich nach dem Personalstatut (§§ 9, 10 IPRG); in diesem Rahmen können §§ 5 und 7 – und gegebenenfalls § 6 – IPRG zum Tragen kommen; als alleinige normative Aussage des § 3 ZPO bleibt somit das „Günstigkeitsprinzip" (eingehend dazu *Kralik,* ZfRV 1970, 161). Entsprechendes gilt für die Parteifähigkeit. **93**

Keine unmittelbare Anwendung ausländischen Verfahrensrechts – und damit keine echte Ausnahme vom Prinzip der Territorialität des Prozeßrechts – liegt ferner vor, wenn das inländische Prozeßrecht bezüglich einzelner Tatbestandselemente einer Prozeßrechtsnorm auf ausländisches (Prozeß)recht verweist; das ist etwa bei § 290 ZPO – siehe dort – oder bei § 79 EO (Vollstreckung von im Ausland errichteten Akten und Urkunden, die „nach den Bestimmungen des Staates, in dem sie errichtet wurden, vollstreckbar sind") der Fall. **94**

B. Die Qualifikation (und die Auslegung) der verfahrensrechtlichen Begriffe

Ob eine bestimmte Frage dem Verfahrensrecht (oder dem materiellen Recht) zuzuordnen ist, bestimmt das inländische Recht **(Qualifikation lege fori).** Ist sie dem Verfahrensrecht zuzuordnen (wie etwa nach österr Recht die Zulässigkeit einer bestimmten Rechtsschutzform oder eines bestimmten Beweismittels; die Verfahrensart; die Frage, welche Angaben eine in Österreich eingebrachte Klage enthalten muß; die Zulässigkeit vorläufigen Rechtsschutzes), kommt allein dieses zur Anwendung (vgl etwa ZfRV 1997, 129; Jus-extra 1995 Nr 129/1866; JBl 1988, 322 [*Pfersmann*] = EvBl 1988/52 = ZfRV 1988, 47 = MR 1993, 148 = IPRE 2/224; s auch IPRE 2/5 = EFSlg 49.199; OLG Innsbruck EvBl 1987/32 = IPRE 2/94; ZfRV 1988, 41 [*H. Hoyer*] = IPRE 2/32; IPRE 2/12; ZfRV **95**

1987, 68 = ÖStA 1987, 69 = ÖA 1988, 44 = IPRE 2/147); ist sie hingegen materiellrechtlich einzuordnen (zB nach österr Recht die Klagbarkeit oder die Verjährung eines Anspruchs; die Umkehr der Beweislast bei Vorliegen einer gesetzlichen Vermutung; der Umfang des Schadenersatzanspruchs im Amtshaftungsprozeß wegen des von einem österr Staatsorgan im Ausland verursachten Schadens [dazu JBl 1983, 260]), gelangt das entsprechende inländische oder ausländische Sachrecht – das allerdings vom inländischen ordre public (§ 6 IPRG) ganz oder teilweise verdrängt werden kann – zur Anwendung – s auch Einl Rz 122.

Eingehend zum Problem, mit einer kritischen Auseinandersetzung mit den von einem Teil der neueren Lehre (weniger von der Rsp) vertretenen „Aufweichungstendenzen", *Geimer,* IZVR^3 Rz 319 ff.

96 Diese prima facie einfach klingende Aussage kann bei ihrer konkreten Anwendung aber dennoch eine Reihe diffiziler Probleme aufwerfen, die nicht näher zu behandeln sind, zumal sie bei der hier primär abgehandelten Frage der vom innerstaatlichen Recht vorgenommenen Abgrenzung der inländischen Gerichtsbarkeit keine Rolle spielen (dort sind alle relevanten Rechtsbegriffe [vgl etwa zu den Begriffen des Inlands bzw des Auslands, des Inländers bzw des Ausländers, Art X EGJN, Art XXIX EGZPO, Art XX EGEO] allein nach inländischem Prozeßrecht zu beurteilen **[Qualifikation iwS]**).

97 Hingegen sind die bei einer vom Völkerrecht, insb vom Völkervertragsrecht, vorgenommenen Abgrenzung verwendeten Rechtsbegriffe – soweit hiefür nicht überhaupt Legaldefinitionen vorgesehen sind (wie zB nach Art 1 WDK) – in einer Weise auszulegen, die dem allgemeinen Völkerrecht (zB: Was ist ein Immunität genießender ausländischer Staat?) bzw der gemeinsamen Rechtsauffassung aller Vertragsparteien – und damit dem Sinn und Zweck des Vertrags (Art 31 WVK) – entspricht. Auf diesem Weg gelangt man zu einer vertragsautonomen Auslegung der vom Vertrag verwendeten Rechtsbegriffe; eine solche ist allerdings nur dann voll durchsetzbar, wenn es, wie etwa beim EuGVÜ, eine mit verbindlicher Wirkung ihrer E ausgestattete supranationale Auslegungsinstanz (Vorlage an den EuGH nach dem AuslegungsProt 1971 idgF) gibt. Geringer ist der Vereinheitlichungseffekt, der von der in Prot Nr 2 vom 25. 11. 1988 über die einheitliche Auslegung des LGVÜ vorgesehenen Kompromißlösung ausgeht (dazu Art IX EGJN Rz 362, 363). Siehe dazu auch ZfRV 1998, 39. Vgl auch die vom Ministerkomitee des Europarats angenommene Res 72 (I) vom 18. 1. 1972 zur Vereinheitlichung der Rechtsgrundbegriffe „Wohnsitz" und „Aufenthalt".

Art. IX. (1) Die Vorschriften der Jurisdiktionsnorm haben auch auf bürgerliche Rechtssachen Anwendung zu finden, welche nach Völkerrecht der inländischen Gerichtsbarkeit unterstellt und nicht durch gesetzliche Vorschriften der Gerichtsbarkeit der ordentlichen Gerichte entzogen sind.

(2) Die inländische Gerichtsbarkeit erstreckt sich auf Personen, die nach Völkerrecht Immunität genießen, wenn und insofern sie sich den inländischen Gerichten freiwillig unterwerfen oder die Rechtssache ihre im Inland gelegenen unbeweglichen Güter oder ihre dinglichen Rechte an inländischen Liegenschaften anderer Personen zum Gegenstand hat.

(3) Wenn es zweifelhaft ist, ob die inländische Gerichtsbarkeit über eine Immunität genießende Person begründet oder die Immunität zugunsten einer Person anerkannt ist, hat das Gericht hierüber die Erklärung des Bundesministeriums für Justiz einzuholen.

IdF der WGN 1997 BGBl I 1997/140

Lit:

1. Zur inländischen Gerichtsbarkeit im allgemeinen s die Literaturangaben Vor Art IX und zusätzlich: *Dauses,* Das Vorabentscheidungsverfahren nach Art 177 EG-Vertrag[2] (1995); *Gamerith,* Das Vorabentscheidungsverfahren und Art 177 EGV in Wettbewerbssachen, ÖBl 1995, 51; *Geimer,* Gegen Meritorisches im Kompetenzrecht. Für eine klare Trennlinie zwischen Forum und Jus, IPrax 1997, 236; *Hakenberg,* Das Vorabentscheidungsverfahren vor dem EuGH. Hinweise für die Praxis in Österreich, JRP 1995, 195; *Hakenberg/Stix-Hackl,* Handbuch zum Verfahren vor dem EuGH (1996); *G. Kohlegger,* Einwirkungen des „Vorabentscheidungsverfahrens" auf das österreichische Zivilverfahren, ÖJZ 1995, 261; *Matscher,* Die Anerkennung und Vollstreckung gerichtlicher Entscheidungen im Verhältnis zwischen Österreich und Großbritannien, JBl 1963, 229, 285; *ders,* Zur Entwicklung der Rechtsbeziehungen mit der Schweiz auf dem Gebiet des Privat- und Prozeßrechts, JBl 1962, 360; *ders,* Die Neuregelung der Rechtsbeziehungen zwischen Österreich und Italien auf dem Gebiete des Privat- und des Prozeßrechts, JBl 1977, 113, 180; *ders,* Probleme der Schiedsgerichtsbarkeit im österreichischen Recht, JBl 1975, 412, 452; *ders,* Der neue österreichisch-deutsche Vertrag über die Anerkennung und Vollstreckung von gerichtlichen Entscheidungen im Lichte der allgemeinen Lehren des Internationalen Zivilprozeßrechts, JBl 1960, 268; *Mayr/Blum/Minichmayr,* Die Zusammenarbeit der Kommission mit den nationalen Zivilgerichten, ÖJZ 1998, 481; *Niedermühlbichler,* Verfahren vor den EuoG und EuGH (1998); *Oberhammer,* Zur internationalen Zuständigkeit für die Mitwirkung österreichischer Gerichte bei der Anerkennung der Vaterschaft, ZfRV 1994, 103 mwN; *Reichelt,* Vorabentscheidungsverfahren vor dem EuGH (1998); *B. Schima,* Das Vorabentscheidungsverfahren vor dem EuGH (1997); *Schoibl,* Der Umfang der Vorlagepflicht nationaler Gerichte an den EuGH nach Art 177 EG-V, WBl 1996, 10; *Walker,* Streitfragen aus dem internationalen Civilprocessrechte (1897).

2. Zu den staatsvertraglichen Regelungen der inländischen Gerichtsbarkeit: *Duchek/Schütz/Tarko,* Zwischenstaatlicher Rechtsverkehr in Zivilrechtssachen[2] (1998; s dort auch die Lit und Judikaturangaben und Anmerkungen [insb zum Geltungsbereich] – Stand 1. 11. 1997 – zu den einzelnen Abk); *Matscher,* Étude des règles de compétence judiciaire dans certaines conventions internationales, RdC 1978/III 127.

3. Zur Gerichtsbarkeit über fremde Staaten: *Albert,* Arrestverfahren gegen ausländische staatliche Unternehmen am Vermögensgerichtsstand, IPRax 1983, 55; *E. Bucher,* Vollstreckbarkeit schweizerischer Schiedssprüche und Staatenimmunität im Vollstreckungsverfahren, IPRax 1982, 161; *Consard,* La soumission des États aux tribunaux internes (Face à la théorie des immunités des États [1996]); *Dahm,* Völkerrechtliche Grenzen der inländischen Gerichtsbarkeit gegenüber ausländischen Staaten, Nikisch-FS (1958) 153; *Damian,* Staatenimmunität und Gerichtszwang (1985); *Esser,* Klagen gegen ausländische Staaten (1989); *Fischer,* Staatsunternehmen im Völkerrecht, Ber 25 (1984) 7; *Garnett,* State Imunity in employment malters, JCLQ 46 (1997) 81; *Grabinski,* Staatenimmunität im Erkenntnisverfahren – Die französische Rechtsprechung im internationalen und deutschen Vergleich, IPRax 1992, 55; *Gramlich,* Staatliche Immunität für Zentralbanken? RabelsZ 1981, 545; *Habscheid,* Die Immunität ausländischer Staaten nach deutschem Zivilprozeßrecht, Ber 8 (1968) 159; *ders,* Die Staatenimmunität im Erkenntnis- und Vollstreckungsverfahren, Giger-FS (1989) 213; *Hausmann,* Zur Prüfung der Gerichtsbarkeit New Yorker Gerichte über ein iranisches Staatsunternehmen im inländischen Arrestverfahren, IPRax 1982, 51; *Herndl,* Zur Frage der Staatenimmunität, JBl 1962, 15; *ders,* Zur Problematik der Gerichtsbarkeit über fremde Staaten, Verdroß-FS (1990) 421; *Hess,* Der Kläger im Schnittpunkt von zivilgerichtlichem und völkerrechtlichem Rechtsschutz (1992); *ders,* Probleme der Staatenimmunität bei grenzüberschreitenden Unterlassungsklagen, JBl 1989, 285; *ders,* Staatenimmunität bei Distanzdelikten (1992); *ders,* Zur Zustellung von Klagen gegen fremde Staaten, RiW 1989, 254; *ders,* Staatenimmunität bei Menschenrechtsverletzungen, Schütze-FS (1999) 268; *v. Hoffmann,* Staatsunternehmen im IPR, Ber 25 (1984) 35; *Kronke,* Europäisches Übereinkommen über die Staatenimmunität – Element der Kodifizierung des deutschen internationalen Zivilverfahrensrechts, IPRax 1991, 141; *Karczewski,* Das Europäische Übereinkommen über die Staatenimmunität, RabelsZ 1990, 533; *Moreis/Bourloyamis-Vrailas,* The Work of the Sixth committee at the fourty-ninth Session of the UN, AJIL 1995, 607, 617; *v. Münch,* Immunität fremder Staaten in der deutschen Rsp bis zu den Beschlüssen des BVfG v 30. 10. 1962 und v 30. 4. 1963, ZAÖRV 24 (1964), 265; *Pingel/Lenuzza,* Les immunités des Etats en droit international (1997); *Rensmann,* Staatenimmunität und völkerrechtswidrige Hoheitsakte (House of Lords), IPRax 1998, 44; *Ress,* Entwicklungstendenzen der Immunität ausländischer Staaten, ZAÖRV 1980, 217; *ders,* Final Report on Developments in the Field of State Imunity and Proposals for a Revised Droit convention on state Imunity, ILA-Reports 1994, 453; *Riedinger,* Staatenimmunität gegenüber Zwangsgewalt, RabelsZ 1981, 448; *Schaumann,* Die Immunität ausländischer Staaten nach Völkerrecht, Ber 8 (1968) 1; *v. Schönfeld,* Die Durchsetzung zivilrechtlicher Ansprüche gegen ausländische Staaten, ÖJZ 1991, 41; *ders,* Die Immunität ausländischer Staaten vor deutschen Gerichten, NJW 1986, 2980; *ders,* Zur Zulässigkeit von Vollstreckungsmaßnahmen in Bankkonten ausländischer Staaten, Neumayer-FS (1985) 521; *Schreuer,* Neue Entwicklungen zur Immunität ausländischer Staaten vor englischen Gerichten, RiW 1979, 156; *Seidl-Hohenveldern,* Neue Entwicklungen im Recht der Staatenimmunität, Beitzke-FS (1979) 1081; *ders,* Staatenimmunität bei Kriegshandlungen, IPRax 1996, 52; *Sonnenberger,* Inländische Gerichtsbarkeit über ausländische Staaten und sonstige öffentlich-rechtliche Rechtsträger, AcP 1963, 485; *Stein,* Zur Immunität fremder Staaten und ihrer im Ausland unterhaltenen Bankkonten, IPRax 1984, 179; *Steinberger,* Zu neueren Entwicklungen im Bereich der völkerrechtlichen Staatenimmunität, FG-Ges für Rechtspolitik (1984) 405; *Strebel,* Staatenimmunität – Die Europaratskonvention und die neuen Gesetze der Vereinigten Staaten und Großbritanniens, RabelsZ 1980, 66; *P. F. Walter,* Gibt es eine Beweislastverteilung bei der Immunität von Staaten? RIW 1984, 9.

4. Zu den sonstigen Immunitäten (Diplomaten, Konsuln, Internationalen Organisationen und deren Funktionäre): *Balekjian,* Der Rechtsstatus permanenter Missionen von Nichtmitgliedstaaten bei Internationalen Organisationen, ZÖR 27 (1976) 67; *R. Bindschedler,* Die Wiener Konferenz über die diplomatischen Beziehungen, SJIR 18 (1963) 29; *Bleckmann,* Internationale Beamtenstreitigkeiten vor staatlichen Gerichten, Schrz Völkerrecht 68 (1981); *Dominicé,* L'immunité de juridiction et d'exécution des organisations internationales, RdC 1984-IV 145; *Do Nascimento e Silva,* Privileges and Immunities of Permanent Missions, GYIL 21 (1978) 9; *Habscheid,* Die Immunität internationaler Organisationen im Zivilprozeß, ZZP 1997, 269; *Herdegen,* The Abuse of Diplomatic Privileges and Countermeasures not Covered by the Vienna Convention on Diplomatic Relations, ZAÖRV 46 (1986) 734; *Herndl,* Die Wiener Konsularische Konferenz 1963 AdV 11 (1963/1964) 417; *Hildner,* Die Unterworfenheit des ausländischen Diplomaten unter die Verwaltungshoheit des Empfangsstaats (1992); *Köck/Fischer,* Das Recht der Internationalen Organisationen³ (1997) 551 ff, 574 ff; *Lang,* Das Wiener Übereinkommen über die Vertretung von Staaten in ihren Beziehungen zu Internationalen Organisationen universellen Charakters, ZAÖRV 37 (1977) 43; *O'Keefe,* Privileges and Immunities of the Diplomatic Family, ICLQ 1976, 329; *Quasch,* Die völkerrechtliche Immunität der Sondermissionen (1996); *Richtsteig,* Wiener Übereinkommen über diplomatische und konsularische Beziehungen (1994); *Scabbie/Abdullah El Erian,* in *R. J. Dupuy,* A Handbook on International Organisations – Manuel sur les Organisations Internationales² (1998) 831 ff; *Schermers,* Diplomatic Immunity in Modern International Law, de Waart-FS (1997) 156; *Schreuer* in *Neuhold/Hummer/Schreuer,* Staatliche Gerichtsbarkeit und internationale Beamtenstreitigkeiten, ZÖR 33, (1982) 299; *ders,* Österreichisches Handbuch des Völkerrechts I (1997) Rz 901 ff, 927; *Seidenberger,* Die diplomatischen und konsularischen Immunitäten und Privilegien (1994); *Seidl-Hohenveldern,* Die internationalen Beamten und ihr Recht auf den gesetzlichen Richter, Matscher-FS (1993) 441; *ders,* Die Immunität internationaler Organisationen in Dienstrechtsstreitigkeiten Schrz Völkerrecht 71 (1981); *ders,* Zur Immunität der EWG, ecolex 1990, 264; *ders,* Dienstrechtliche Klagen gegen internationale Organisationen, Schlochauer-FS (1981) 615; *ders,* Immunität der Arabischen Liga im Arbeitsstreit mit örtlich rekrutierten Bediensteten, IPRax 1999, 273; *Seidl-Hohenveldern/Loibl,* Das Recht der Internationalen Organisationen, einschließlich der Supranationalen Gemeinschaften⁶ (1996) Rz 1901 ff, 1917 ff; *Staehelin,* Die Wiener Konferenz über die Vertretung von Staaten in ihren Beziehungen zu Internationalen Organisationen, SJIR 31 (1975) 52; *Suy,* La Convention de Vienne sur les Relations diplomatiques, ZÖR 12 (1962/63) 86; *ders,* The Status of Observers in International Organisations, RdC 1978/II 75; *Verdroß/Simma,* Universelles Völkerrecht³ (1984) §§ 276 ff; *Wenckstern,* Die Immunität internationaler Organisationen, in Handbuch IZVR II/1 (1994); *Zemanek,* Die Wiener diplomatische Konferenz 1961, AdV 9 (1961/62) 398.

Übersicht:

I. Allgemeines zur Abgrenzung der inländischen Gerichtsbarkeit

A. Generelles zu Art IX EGJN

1 Art IX Abs 1 EGJN nimmt nur eine lückenhafte Umschreibung der Prozeßvoraussetzung „inländische Gerichtsbarkeit" vor. Der Wortlaut ist unklar und unvollständig, und die Bestimmung scheint auf einem dogmatisch wenig durchdachten Konzept aufzubauen; auch die Materialien (I, 613f; II, 222) geben über die Tragweite der Bestimmung keinen klaren Aufschluß (von historischem Interesse immer noch *Walker,* Streitfragen, insb 99ff).

2 Ihrem Wortlaut nach, der erst im Zuge der parlamentarischen Behandlung die dann schließlich Gesetz gewordene Fassung erhalten hat – diejenige der RV wäre verständlicher gewesen –, scheint Art IX EGJN ausdrücken zu wollen, daß die Vorschriften der JN auf bürgerliche Rechtssachen (Inlandsfälle betreffend?) generell Anwendung zu finden haben (= der inländischen Gerichtsbarkeit unterliegen), soweit ein Gerichtsstand im Inland gegeben ist, daß darüber hinaus (arg „auch") nach Völkerrecht („durch Staatsverträge oder nach völkerrechtlichen Grundsätzen", wie es in der Urfassung hieß) eine „Erweiterung" der inländischen Gerichtsbarkeit (auf Fälle mit Auslandsbezug?) vorgenommen werden kann. Abgesehen von der rechtsdogmatischen Unklarheit der Begriffe „Inlandsfälle" und „Fälle mit Auslandsbezug" wäre zu bemerken, daß es positive Zuweisungen von Gerichtsbarkeit kraft völkerrechtlicher Grundsätze nach damaligem Stand des Völkerrechts nicht gegeben hat (und es heute ebensowenig gibt), mit Ausnahme des Satzes über die umfassende Jurisdiktionsbefugnis auf eigenem Staatsgebiet, als Attribut der territorialen Souveränität (Vor Art IX EGJN Rz 1), sodaß, trotz der positiven Formulierung, eher eine Abgrenzung bezüglich der Immunität genießenden Personen (der „Exterritorialen") zum Ausdruck gebracht werden sollte, die besser negativ (inländische Gerichtsbarkeit ist nicht gegeben, soweit ihr eine Immunität bzw Exterritorialität entgegensteht) zu formulieren gewesen wäre. „Zuweisungen von Gerichtsbarkeit durch Staatsverträge" (über die Tragweite des Begriffs s Rz 49ff) gab es in Einzelfällen allerdings bereits damals. Im Ergebnis spricht also nichts dafür, daß Art IX Abs 1 EGJN eine Unterscheidung zwischen Inlandsfällen, welche generell der inländischen Gerichtsbarkeit unterliegen, und solchen mit Auslandsbezug, welche ihr nur unterstellt werden können, vornehmen wollte, zumal, was die Fälle mit Auslandsbezug anbelangt, die JN bereits autonom in mannigfacher (zB §§ 67, 68 Abs 3, §§ 69, 99, 100 alt, 101 alt [lt *Pollak,* System[2], 323ff: „Gerichtsstände zur Erleichterung der Rechtsverfolgung gegenüber dem Auslande"]) – wenngleich nicht in abschließender – Weise vorgesorgt hat, ohne sich dabei auf Staatsverträge oder völkerrechtliche Grundsätze zu stützen, womit die oben angesprochene Unterscheidung unterlaufen erscheint.

3 Wenn es in Art IX Abs 1 EGJN schließlich heißt, daß bürgerliche Rechtssachen durch gesetzliche Vorschriften den ordentlichen Gerichten entzogen werden können, so werden damit (und das scheint ziemlich klar zu sein) die Grenzen der Zulässigkeit des ordentlichen Rechtswegs (gegenüber der Sondergerichtsbarkeit, der Verwaltung) angesprochen. Im übrigen hat es positive Normen inländischen Rechts, durch welche die inländische Gerichtsbarkeit in Streitsachen abgegrenzt worden wäre, damals nicht gegeben.

4 Dieser Versuch einer historischen Exegese des Wortlauts des Art IX Abs 1 EGJN bestätigt den oben vorweggenommenen Befund über den in gegenwärtiger Sicht nur beschränkten Aussagewert der Bestimmung. Daran haben auch die durch die WGN 1997 vorgenommenen sprachlichen Verbesserungen nichts geändert. Eine Abgrenzung der inländischen Gerichtsbarkeit muß daher den anderen, heute in weitem Ausmaß vorhandenen Normen des autonomen Rechts (Rz 40 ff und 45 ff) sowie den gem Art 9 B-VG generell transformierten Regeln des Völkerrechts und den – wie auch immer inkorporierten – Regelungen völkerrechtlicher Verträge (Rz 50 ff, 115) entnommen werden.

5 Art IX Abs 2 EGJN bezieht sich – auch nur umrißhaft – auf die inländische Gerichtsbarkeit für den Fall eines Verzichts auf die Immunität (Rz 135 ff) und betreffend dingliche Rechte an inländischen Liegenschaften (Rz 126 ff); aber auch diese Regelung bleibt unvollständig.

6 Art IX Abs 3 EGJN regelt sodann die Vorgangsweise der Gerichte bei Zweifeln über den Bestand der Immunität (Rz 190 ff).

7 Zur Tragweite des Art IX EGJN in bezug auf die Immunitäten s auch Rz 130.

B. Grobe Umschreibung des Begriffs der inländischen Gerichtsbarkeit nach österreichischem Recht

8 Inländische Gerichtsbarkeit ist dann gegeben, wenn sie staatsvertraglich vorgesehen (Rz 49 ff) oder durch die Verfahrensgesetze positiv angeordnet (Rz 40 ff) ist, ferner, iSv § 27 a JN, wenn ein gesetzlicher oder ein gem § 104 Abs 1 Z 2 JN vereinbarter Gerichtsstand im Inland vorhanden oder eine Heilung gem § 104 Abs 3 JN eingetreten ist, wenn die inländische Gerichtsbarkeit gem § 104 Abs 1 Z 1 JN vereinbart worden ist (im Rahmen der Zulässigkeit einer Vereinbarung bzw der Wirksamkeit einer Unterwerfung gem § 104 Abs 4 und 5 JN), schließlich wenn eine Ordination gem § 28 Abs 1 Z 2 oder Z 3 JN vorgenommen worden ist, da auch eine solche einen Gerichtsstand im Inland schafft (zu § 28 JN Rz 16 ff) und – das gilt für alle der oben angeführten Fälle – die inländische Gerichtsbarkeit nicht auf Grund innerstaatlicher (Rz 40 ff) oder völkerrechtlicher (Rz 52, 115 ff) Normen ausgeschlossen ist. Diese va für das streitige Verfahren entwickelten Grundsätze gelten auch für das Verfahren außer Streitsachen, jedenfalls insoweit, als die Zuständigkeitsordnung auf den allgemeinen Gerichtsstand des Antragsgegners abstellt (EvBl 1987/25 = NZ 1988, 41 = IPRE 2/209; SZ 49/78).

9 Die vorfragenweise Beurteilung von Rechtsfragen steht den inländischen Gerichten jedenfalls auch dann zu, wenn für deren E als Hauptfrage inländische Gerichtsbarkeit – gleich aus welchen Gründen – nicht gegeben wäre (wohl unbestr; s idS nunmehr ausdrücklich Art 6 des neuen ital IPRG 1995).

10 Gelegentlich (so in *Fasching,* Lehrbuch[2] Rz 65, 69, 73; *Verschraegen,* ZfRV 1981, 19; ZfRV 1970, 136; EvBl 1976/110 = JBl 1976, 267 = RZ 1976/19; SZ 23/293 = EvBl 1950/516) werden, als weiteres Abgrenzungskriterium, „allgemeine Rechtsgrundsätze“ genannt. Was damit gemeint sein soll, bleibt unklar;

sollten hier Grundsätze des Völkerrechts (auf die Art IX Abs 1 EGJN aF – dazu Rz 2 – Bezug genommen hatte) angesprochen sein, dürfte es sich wohl um die Normen des Völkergewohnheitsrechts iSv Art 38 Abs 1 lit b IGH-Statut handeln, zumal allgemein anerkannte Rechtsgrundsätze iSv Art 38 Abs 1 lit c IGH-Statut (abgesehen von den Schwierigkeiten, die einen von den anderen zu unterscheiden), die hier zum Tragen kommen, nicht nachweisbar sind und die Bedeutung der ersteren zur Abgrenzung der inländischen Gerichtsbarkeit bereits oben (Rz 2) klargestellt wurde.

Mit den oben angesprochenen „allgemeinen Rechtsgrundsätzen" scheinen auch die aus dem Vorliegen von Gerichtsständen im Inland und aus der Regelung des § 28 Abs 1 Z 2 JN aF – beide als Ausdruck einer Nahebeziehung zum Inland – ableitbaren Grundsätze bzw Wertvorstellungen des Gesetzgebers gemeint gewesen zu sein; seit der WGN 1997 ist eine Berufung auf diese zur Abgrenzung der inländischen Gerichtsbarkeit in Vermögenssachen aber hinfällig geworden (Vor Art IX EGJN Rz 40, 46).

Abzulehnen ist die Einführung anderer Ausdrücke für die Abgrenzung der inländischen Gerichtsbarkeit, wie etwa „Gerichtsbarkeit" iSv facultas iurisdictionis (*Holzhammer,* Zivilprozeßrecht^2, 26), oder von „inländischer (Zivil)jurisdiktion" (etwa IPRE 2/219; SZ 23/293 = EvBl 1950/516 = RabelsZ 1953, 699 [*Matthies*]; *Schwimann,* ua in IZVR 1979, 13 ff). Wenn *Matscher* (ua in JBl 1979, 183; 1977, 180; 1960, 274 f) von „Jurisdiktion des Erststaats" spricht, so bezieht sich das auf eine Voraussetzung der Anerkennung und Vollstreckung ausländischer E nach autonomem Recht (§ 80 Z 1 EO) oder nach völkerrechtlichen Verträgen („Beurteilungsregeln" – dazu Rz 60), die mit der Abgrenzung des Tätigkeitsbereichs der inländischen Gerichte (= mit der inländischen Gerichtsbarkeit) für das Erkenntnisverfahren nichts zu tun hat. **11**

Zum Begriff der „internationalen Zuständigkeit" s Vor Art IX EGJN Rz 89, unten Rz 13 sowie zu § 27 a JN Rz 5.

Diese, die inländische Gerichtsbarkeit bestimmenden (und abgrenzenden) Kriterien werden in der Folge im einzelnen untersucht werden.

C. Zur prozessualen Behandlung der inländischen Gerichtsbarkeit (im besonderen)

Die WGN 1997 hat einen gespaltenen Begriff der inländischen Gerichtsbarkeit eingeführt (Vor Art IX EGJN Rz 88 und zu § 27 a JN Rz 11): **12**

1. Inländische Gerichtsbarkeit auf Grund völkervertragsrechtlicher Normen sowie auf Grund autonomer Normen (vgl etwa § 76 Abs 2 JN – dazu Rz 40), zu denen auch § 27 a JN gehört (dazu Rz 48 und zu § 27 a JN Rz 6); hier ist es angebracht, von internationaler Zuständigkeit zu sprechen (Vor Art IX EGJN Rz 89 und zu § 27 a JN Rz 5). **13**

Aber auch bei dieser Gruppe muß zwischen prorogabler und unprorogabler inländischer Gerichtsbarkeit unterschieden werden.

a) Prorogabel ist die inländische Gerichtsbarkeit, die auf völkervertraglichen Normen beruht, soweit der Vertrag eine Prorogation gestattet bzw eine Streiteinlassung als wirksam gelten läßt (die sog dispositive Gerichtsbarkeit – dazu Rz 52, 59); den aktuellsten Anlaßfall bieten Art 17 und 18 LGVÜ und EuGVÜ Rz 349 bis 351, sowie die inländische Gerichtsbarkeit iSv § 27 a JN (s dort).

b) Unprorogabel ist sie in bezug auf Verträge, die keine Dispositionsmöglichkeit vorsehen (die sog ausschließliche oder konkurrierende Gerichtsbarkeit –

dazu Rz 52, 59; vgl etwa Art 16 LGVÜ und EuGVÜ – Rz 343), sowie in bezug auf die durch spezielle innerstaatliche Normen – die „besonderen gesetzlichen Anordnungen“ iSv § 28 Abs 3, § 104 Abs 5 JN – (vgl etwa § 76 Abs 2 JN – Rz 41) geregelte inländische Gerichtsbarkeit; unprorogabel bzw beschränkt prorogabel ist die inländische Gerichtsbarkeit ferner in den Fällen der §§ 81, 83, 83 b, 92 b JN (gem § 104 Abs 4 JN), §§ 35, 36, 37 EO (gem § 38 Abs 2 EO), § 9 Abs 1 a ASGG, § 14 Abs 1 KSchG, § 15 b Abs 1 VersVG (alle diese Bestimmungen vorbehaltlich abweichender völkervertragsrechtlicher oder autonomer Normen).

Zur (Un)zulässigkeit einer Ordination in diesem Bereich s bei § 28 JN Rz 56, 57.

14 2. Inländische Gerichtsbarkeit, deren Grenzen durch völkergewohnheitsrechtliche oder völkervertragsrechtliche Regeln über Immunitäten bestimmt werden (Rz 115).

15 Für beide Arten der inländischen Gerichtsbarkeit bestehen im wesentlichen klare gesetzliche Regelungen über deren prozessuale Behandlung:

16 • Das Vorliegen inländischer Gerichtsbarkeit ist – als rechtslogische Voraussetzung (*Matscher,* Zuständigkeitsvereinbarungen 9, 31 ff) – vor der örtlichen Zuständigkeit (in den Fällen des § 27 a JN, gemeinsam mit dieser – zu § 27 a JN Rz 13) zu prüfen (stRsp; vgl etwa ZfRV 1996/84; JBl 1988, 386 [*Böhm*]).

17 • Da das Vorliegen der inländischen Gerichtsbarkeit eine absolute (bei der Fallgruppe 1 a aber eine relative) Prozeßvoraussetzung ist und deren Fehlen einen Nichtigkeitsgrund gem § 477 Abs 1 Z 3 ZPO darstellt (daher auch kein Neuerungsverbot; das gilt aber nur für Tatsachen, aus denen hervorgeht, daß die Rechtssache der inländischen Gerichtsbarkeit entzogen ist [ZfRV 1997/60; 1996/1 = RZ 1996/25; 1995/48; s auch JBl 1996, 795 [*Matscher*] betreffend die Tragweite des Neuerungsverbots; s auch zu Vor Art IX EGJN Rz 68]), Prüfung von Amts wegen gem § 41 Abs 1 JN und, bei Verneinung der inländischen Gerichtsbarkeit, in jeder Lage des Verfahrens (also bis zur Rechtskraft der E), Zurückweisung der Klage und gegebenenfalls Ausspruch über die Nichtigkeit des vorangegangenen Verfahrens durch Beschluß, gem § 42 Abs 1 JN (gem 1. Satz 2. Halbsatz vorbehaltlich einer Heilung nach § 104 JN bei der Fallgruppe 1.a; s auch § 38 Abs 1, 1. Satz ASGG und § 14 Abs 2, 1. Halbsatz KSchG. Das ist stRsp; vgl RdW 1997, 75; ZfRV 1994, 166; JBl 1994, 343 = ZfRV 1994, 124; EvBl 1992/161 = ZVR 1993/20; JBl 1992, 331; SZ 63/206 = Arb 10.884 = DRiZ 1991, 455; SZ 62/101; SZ 60/277 = JBl 1989, 48 [*Schwimann*] = RdW 1989, 67 = IPRE 2/216; JBl 1988, 386 [*Böhm*] = IPRE 2/215; IPRE 2/202).

18 • Der Nichtigkeitsgrund der mangelnden inländischen Gerichtsbarkeit kann vom Rechtsmittelgericht aber nur aus Anlaß eines zulässigen Rechtsmittels aufgegriffen werden (ZfRV 1996/84; 4 Ob 59/82; EvBl 1963/55), wobei es auf den Umfang der Anfechtungserklärung nicht ankommt (ZfRV 1996/35).

19 • Über das Vorliegen der inländischen Gerichtsbarkeit sind gegebenenfalls Erhebungen von Amts wegen anzustellen (materielle Prüfung bzw Untersuchungsgrundsatz); vgl etwa RdW 1993, 111 = WBl 1993, 194 = ZfRV 1993/55 = AnwBl 1993, 703; SZ 60/277 = JBl 1989, 48 *(Schwimann)* = RdW 1989, 67 = IPRE 2/216; solche amtswegige Ermittlungen sind aber nur dann vorzunehmen, wenn konkrete Anhaltspunkte für das Fehlen der inländischen Gerichtsbarkeit vorliegen, nicht aber stets, ohne ersichtlichen Anlaß (HG Wien WR 397; s auch *Fasching,* Lehrbuch^2 Rz 227, 663, 728; zum Ausmaß dieser Ermittlungen im Fall der prorogablen inländischen Gerichtsbarkeit (Fallgruppe 1.a) s bei § 27 a JN Rz 11, 13.

20 • Maßgebend ist die Sachlage im Zeitpunkt der E über die inländische Gerichtsbarkeit (EvBl 1985/110 = IPRE 2/178; EvBl 1975/63).

• Anders, betreffend den für das Vorliegen der inländischen Gerichtsbarkeit maßgeblichen Zeitpunkt die Rsp zum Haager MinderjährigenschutzÜbk (Rz 69), wo nach dessen besonderer Konstruktion und Zweckrichtung die inländische Gerichtsbarkeit im Zeitpunkt der Erlassung der Schutzmaßnahmen durch das Gericht 1. Instanz gegeben sein mußte und ein Wegfall der inländischen Gerichtsbarkeit während des Rechtsmittelverfahrens an der Wirksamkeit der getroffenen Sachentscheidung des Erstgerichts zur Zeit ihrer Fällung nichts ändert (ÖA 1990, 19; SZ 60/212 = IPRE 2/164 = ÖA 1988, 51; IPRax 1986, 385 [*Henrich* 364] = EFSlg 49.226, 49.231 = IPRE 2/163; JBl 1984, 153 [*Schwimann*] = IPRax 1984, 159 [*H. Hoyer* 164] = ÖA 1984, 19 = ZfRV 1984, 308 [*Verschraegen*]; angedeutet auch in 2 Ob 536/95; IPRax 1992, 176 [*Mottl* 178]). **21**

• Gemäß § 42 Abs 3 JN, kein Aufgreifen des Nichtigkeitsgrundes der fehlenden inländischen Gerichtsbarkeit, wenn dem eine von demselben oder von einem anderen Gericht gefällte noch bindende (rechtskräftige) E entgegensteht bzw die E darüber sonstwie (wegen Unanfechtbarkeit) in Rechtskraft erwachsen ist (stRsp, vgl etwa ZfRV 1997, 122 und 1997, 157; 1996/70; IPRax 1993, 185). **22**

Gemäß SZ 50/59 geht diese Bindungswirkung insofern weiter als die der Streitanhängigkeit oder der Rechtskraft, als sie bei Identität der Parteien und des rechtserheblichen Sachverhalts auch Verfahren erfaßt, von denen andere Klageansprüche abgeleitet werden (hier läge keine Streitanhängigkeit oder Rechtskraft bedingende „Identität des Anspruchs" vor; dazu *Fasching,* Lehrbuch² Rz 1187); das liegt auf der Linie des weiten Verfahrensgegenstandsbegriffs des Art 21 LGVÜ/EuGVÜ nach der Rsp des EuGH (vgl *Geimer/Schütze,* Zivilverfahrensrecht, zu Art 21 Rz 27 ff; *Lechner/Mayr,* LGVÜ 107 f; aber keine Bindungswirkung einer die inländische Gerichtsbarkeit rechtskräftig verneinenden E im Verhältnis zu einer neuen Klage, die – bei gleichem Sachverhalt – auf einen anderen Rechtsgrund gestützt wird (ZfRV 1996/37).

Str ist, ob – um Bindungswirkung zu entfalten – die E über die inländische Gerichtsbarkeit im Spruch aufgenommen worden sein muß = ausdrückliche E darüber (s auch *Ballon,* Zulässigkeit 153; *Fasching,* Lehrbuch² Rz 735), oder ob es genügt, daß sich das Gericht mit der Frage auseinandergesetzt hat und sich seine E darüber – implizit – aus den Gründen ergibt (so nunmehr bejahend die stRsp, zuletzt etwa ZfRV 1997/72; SZ 54/90; JBl 1993, 790; 1990, 592. In der (alleinigen) Verneinung der örtlichen Zuständigkeit und Überweisung der Klage an ein anderes Gericht gem § 261 Abs 6 ZPO ist aber noch keine (auch keine implizite) E über die Frage der inländischen Gerichtsbarkeit zu erblicken (ZfRV 1996/84; 4 Ob 59/82; EvBl 1963/55). **22 a**

• Zur Anwendung gelangen ferner § 42 Abs 1, § 43 Abs 1, 2. Satz Z 2 JN (in beiden Fällen, vorbehaltlich einer Heilung gem § 104 JN in der Fallgruppe 1.a), § 230 Abs 2, § 239 Abs 2, 1. Satz, § 240 Abs 3 ZPO (vorbehaltlich einer Heilung gem § 104 JN in der Fallgruppe 1.a Rz 13), § 243 Abs 2, 3. Satz, § 260 Abs 3, § 261 ZPO (problematisch die zu undifferenzierte Regelungen des Abs 6 letzter Satz, die nur für die Fallgruppe 1.a gelten kann, was auch gemeint sein dürfte [wofür die Zit des § 104 JN spricht], es sei denn, man würde – entgegen der oben (Rz 22 a) von der Rsp vertretenen Auffassung – in der (alleinigen) Verneinung der örtlichen Zuständigkeit und Überweisung der Klage an ein anderes Gericht eine implizite E über die inländische Gerichtsbarkeit erblicken), § 471 Z 6, § 473 Abs 2, § 475 Abs 1, § 477 Abs 1 Z 3 ZPO (auch hier vorbehaltlich einer Heilung gem § 104 JN in der Fallgruppe 1.a), § 478 Abs 1, § 494 ZPO. **23**

Zur prozessualen Behandlung einer zu Unrecht erfolgten Verneinung der inländischen Gerichtsbarkeit s Vor Art IX EGZPO Rz 68. **24**

25 Nur für 1:

• Es gilt § 29, 1. Satz JN (perpetuatio fori et jurisdictionis).

• Der Mangel der inländischen Gerichtsbarkeit heilt jedenfalls mit Rechtskraft der E.

Allein für 1.a: Es gelangen zur Anwendung § 182 Abs 2, 3. Satz, § 261 Abs 6 letzter Satz sowie – für den Fall einer Heilung gem § 104 JN – auch § 42 Abs 1, 1. Satz 2. Halbsatz, § 43 Abs 1, 2. Satz Z 2 JN, und § 477 Abs 1 Z 3 ZPO; s auch § 38 Abs 1, 2. Satz ASGG und § 14 Abs 2, 2. Halbsatz KSchG.

26 Nur für 2: Es gelten § 29, 2. Satz JN (keine perpetuatio jurisdictionis) und § 42 Abs 2 JN (Wahrnehmbarkeit des Mangels der inländischen Gerichtsbarkeit auch nach Rechtskraft der E, soweit dem keine gem § 42 Abs 3 JN noch bindende E entgegensteht; s darüber oben Rz 22, 22a) sowie Art IX Abs 3 JN (im Zweifelsfall Einholung einer Erklärung des BMJ – dazu Rz 190ff).

Näheres darüber bei § 41 und § 42 JN.

27 Über Art und Ausmaß der Prüfung der inländischen Gerichtsbarkeit für den Fall, daß ein Staatsvertrag – wie etwa Art 19, 20 LGVÜ/EuGVÜ – hierfür besondere Bestimmungen vorsieht, s bei § 28 JN Rz 158, 159.

D. Einzelfragen

1. Ausschließliche (örtliche) Zuständigkeit und inländische Gerichtsbarkeit

28 Ausschließliche örtliche Zuständigkeit und inländische Gerichtsbarkeit liegen auf verschiedenen Ebenen und dürfen nicht miteinander vermengt werden. Die Ausgestaltung von Gerichtsständen als ausschließliche regelt deren Relation zum allgemeinen Gerichtsstand und zu den Wahlgerichtsständen des Inlands, sie trifft aber keine Aussage zur inländischen Gerichtsbarkeit.

29 Aber auch eine bestehende (oder bloß aus einem Umkehrschluß von den entsprechenden inländischen Normen gewonnene) ausländische ausschließliche Zuständigkeit bedingt, für sich allein, keinen Ausschluß der inländischen Gerichtsbarkeit; es schließen daher etwa die §§ 81–83 JN den allgemeinen Gerichtsstand nur dann aus, wenn das unbewegliche Gut (die Bestandsache) im Inland gelegen ist; liegt es im Ausland, kann etwa beim allgemeinen Gerichtsstand des Beklagten im Inland geklagt werden (LGZ Wien ZBl 1934/90; SZ 59/205 = ZfRV 1988, 134 = IPRax 1988, 246 [*H. Hoyer* 255]; LGZ Wien MietSlg 40.736 [1988]; 39.723 [1987]; EvBl 1985/140; MietSlg 27.625 [1976]; 27.607; SZ 9/53 = ZBl 1927/155).

30 Gegen die hier vertretene Auffassung spricht auch nicht die in Anpassung an Art 16 Z 1 LGVÜ und EuGVÜ durch die WGN 1997 in § 104 Abs 4 JN eingeführte (generelle) Regelung, derzufolge hier weder eine Prorogation zulässig noch eine Streiteinlassung wirksam und im Anwendungsbereich völkerrechtlicher Verträge (va des LGVÜ und des EuGVÜ) gem § 27a Abs 2 JN die inländische Gerichtsbarkeit ausgeschlossen ist, sowie gem § 28 Abs 3 JN eine Ordination nicht in Frage kommt. Außerhalb des Anwendungsbereichs der genannten Vertragswerke würde das Vorliegen eines (anderen) Gerichtsstands inländische Gerichtsbarkeit iSv § 27a Abs 1 JN implizieren, und es wäre (entgegen der – zu undifferenzierten – Annahme der RV 898 BlgNR 20. GP 34) wohl auch eine Ordination nach § 28 Abs 1 Z 2 JN nicht ausgeschlossen.

Siehe auch zu § 28 JN Rz 56, 57.

31 Weder das allgemeine Völkerrecht noch das autonome inländische Recht gebieten hier einen „Gleichklang" oder eine „spiegelgleiche Regelung" (Vor

Art IX EGJN Rz 61). Daß eine unter Mißachtung einer ausschließlichen Zuständigkeit des Auslands ergangene inländische Entscheidung im betreffenden Auslandsstaat (und eine in Mißachtung einer inländischen ausschließlichen Zuständigkeit ergangene ausländische Entscheidung im Inland) in aller Regel weder anerkannt noch vollstreckt werden wird, ist gleichfalls ein aliud; s auch Rz 33. Die Frage bildet üblicherweise den Gegenstand spezifischer Regelungen in einfachen Anerkennungs- und Vollstreckungsverträgen. Vgl dazu *Matscher,* JBl 1979, 182. Im Interesse einer Harmonisierung des zwischenstaatlichen Privat- und Prozeßrechtsverkehrs sollte die Herstellung des oben angesprochenen Gleichklangs aber ein rechtspolitisches Anliegen sein. Durch die neuen Verträge mit „Befolgungsregeln" – vgl etwa LGVÜ und EuGVÜ (dazu Rz 336, 359) – wird dieser Gleichklang staatsvertraglich hergestellt.

Zum Begriff der ausschließlichen Gerichtsbarkeit iS völkerrechtlicher Verträge s Rz 52, 59, 60. **32**

2. Inländische Gerichtsbarkeit und Entscheidungsanerkennung

Die inländische Gerichtsbarkeit ist unabhängig von der Anerkennbarkeit der zu erwartenden inländischen E im Ausland; das ist im Grunde unbestritten (vgl etwa SZ 66/183 = ZfRV 1994/26; JBl 1991, 800 = EvBl 1991/54 = RdW 1991, 79 = GRURInt 1991, 334 = IPRE 3/182; EvBl 1985/117; SZ 57/143 = RdW 1985, 340 = ZfRV 1986, 42 [*H. Hoyer*] = IPRE 2/205; JBl 1976, 267 = EvBl 1976/110 = RZ 1976/19; SZ 47/64 = JBl 1974, 521); s auch Vor Art IX EGJN Rz 13, 72. Zu den möglichen Auswirkungen der mangelnden Anerkennung einer inländischen E im Ausland oder einer ausländischen E im Inland auf eine Ordination gem § 28 Abs 1 Z 2 JN s § 28 JN Rz 69ff. **33**

3. Inländische Gerichtsbarkeit und anwendbares Recht

Inländische Gerichtsbarkeit und anwendbares Recht stehen nicht im Verhältnis eines Bedingungszusammenhangs, dh die inländische Gerichtsbarkeit ist vom anwendbaren Recht unabhängig (idS LGZ Wien EFSlg 66.907 [1991]; s auch 4 Nd 506/82; idS s bereits SZ 15/107); das ist eine Prämisse des IZVR (s auch Vor Art IX EGJN Rz 90). Ebensowenig kann von der alleinigen Vereinbarung der inländischen Gerichtsbarkeit oder der Zuständigkeit eines inländischen Gerichts eine schlüssige Wahl inländischen Sachrechts gem § 35 IPRG abgeleitet werden (str, zuletzt verneinend ZfRV 1997, 122). Keinen Einfluß auf die inländische Gerichtsbarkeit haben auch staatsvertragliche Regelungen, die, wie etwa das Haager UnterhaltsstatutsÜbk BGBl 1961/293, allein das anwendbare Sachrecht bestimmen (ZfRV 1996, 200 [*H. Hoyer*]). Daher beeinträchtigt die möglicherweise falsche Anwendung inländischen, statt ausländischen Sachrechts nicht die inländische Gerichtsbarkeit (ZfRV 1970, 50 [*Mänhardt*]). **34**

Zur Bedeutung der Vereinbarung (oder der sonstigen Anwendbarkeit) inländischen Rechts als Kriterium für eine Ordination vgl etwa RdW 1989, 66 = IPRE 3/195; IPRE 3/194. **35**

Kein Kriterium für eine konkludente Unterwerfung unter die inländische Gerichtsbarkeit durch eine Immunität genießende Person stellt die alleinige Vereinbarung der Anwendbarkeit inländischen Rechts dar (Rz 176).

4. Zuständigkeitsnormen in Anerkennungs- und Vollstreckungsverträgen

Dazu vgl Rz 60. **36**

5. Sperrwirkung ausländischer Streitanhängigkeit und ausländischer Rechtskraft

37 Die prozessuale Behandlung der Sperrwirkungen einer zu berücksichtigenden ausländischen Streitanhängigkeit und einer anzuerkennenden ausländischen Rechtskraft bleibt im autonomen Recht diesem überlassen; s zu § 233 Abs 1, § 240 Abs 3, § 411 ZPO.

Im Bereich völkerrechtlicher Verträge wirken diese Sperrwirkungen ähnlich einer fehlenden (ausgeschlossenen) inländischen Gerichtsbarkeit (Rz 52 und Rz 115 ff). Soweit ein solcher Vertrag aber keine Sonderregelung vorsieht (wie etwa Art 17 Vertrag mit Deutschland BGBl 1960/105; Art 8 Vertrag mit der Schweiz BGBl 1962/125 [dazu SZ 66/183 = ZfRV 1994/26]; Art 14 Vertrag mit Frankreich BGBl 1967/288 [dazu EvBl 1983/160]; Art 31 Abs 2 CMR; Art 12 Vertrag mit Italien BGBl 1974/521 [dazu JBl 1991, 800]; Art 19 EuÜbkStI; Art 21 und 23 LGVÜ und EuGVÜ), bleibt ihre prozessuale Behandlung auch hier dem innerstaatlichen Recht vorbehalten; vgl dazu *Matscher,* JBl 1979, 249 FN 137.

38 Die Einholung einer Vorabentscheidung des EuGH gem Art 177 EGV bzw nach dem AuslegungsProt 1971 zum EuGVÜ löst keine Sperrwirkung im obigen Sinn aus; gem § 90 a GOG ist sie einer Antragstellung an den VfGH gem Art 89 Abs 2 B-VG (§ 57 Abs 3 und § 62 Abs 3 VfGG) ähnlich zu behandeln („Aussetzung des Verfahrens"); auf das Provisorialverfahren ist § 90 a GOG aber nicht anwendbar, ZfRV 1997/36. Dazu *Gamerith,* ÖBl 1995, 51; *Hakenberg,* JRP 1995, 195; *Kohlegger,* Anh zu §§ 190–192 ZPO; *ders,* ÖJZ 1995, 761, 811; *Reichelt,* Vorabentscheidungsverfahren vor dem EuGH (1998).

Zur Unanfechtbarkeit des Vorlagebeschlusses, auch eines zur Vorlage nicht verpflichteten (nicht letztinstanzlichen) Gerichts s SZ 69/274; zust *Frauenberger-Pfeiler,* ecolex 1997, 173; *Pfersmann,* ÖJZ 1998, 813.

Zu Art 85 und 86 EGV (Art 81 und 82 idF des Vertrags von Amsterdam) iVm der Bekanntmachung ABl C 39 v 13. 2. 1993, 6 s *K. Mayr/Blum/Minichmayr,* ÖJZ 1998, 481.

E. Abgrenzung des Themas

39 Die inländische Gerichtsbarkeit wird hier vornehmlich für die streitige und für die außerstreitige Zivilgerichtsbarkeit behandelt. Auf das entsprechende Problem im Bereich des Exekutions- und des Insolvenzverfahrens wird nur am Rande eingegangen werden.

Siehe auch die Literaturangaben Vor Art IX EGJN.

II. Zur Abgrenzung der inländischen Gerichtsbarkeit im besonderen

A. Autonome Regelungen über die inländische Gerichtsbarkeit

1. Streitige und außerstreitige Angelegenheiten des Personen- und Familienrechts; Nachlaßabhandlung, streitige Verlassenschaftsangelegenheiten

40 Im Bereich des Personen- und des Familienrechts (Statussachen) kennt das österr Recht heute eine wohl abschließende Abgrenzung der streitigen inländischen Gerichtsbarkeit; die entsprechenden Regelungen knüpfen die inländische Gerichtsbarkeit stets an das Vorhandensein eines Zuständigkeitstatbestands im Inland (§ 76 Abs 2 [dazu ZfRV 1996/39], § 76 a iVm § 76 Abs 2 [dazu ZfRV 1994/61], § 76 b Abs 2, § 76 c Abs 3 JN [dazu IPRE 3/136]); die genannten Materien betreffend bestehen Abgrenzungsnormen ferner für das außerstreitige Ver-

fahren (§ 110 [vgl dazu ua ÖA 1990, 111; ZfRV 1988, 41 [*H. Hoyer*]; JBl 1989, 394 = RZ 1989/90 = IPRax 1990, 59 = EFSlg 60.664; EFSlg 57.686 = ZfRV 1988, 223; ÖA 1987, 136; EFSlg 49.221 [1985]; EFSlg 49.264 = IPRE 2/184; IPRE 2/183; sowie die in IPRE 2/185, 186, 187, 188, 189, 191, 192, 193, 194 zit E des LGZ Wien; ferner SZ 69/67; LG Linz IPRE 3/170], § 113 b, § 114 JN [dazu mwN *Mayr* in *Rechberger,* ZPO § 114 JN Rz 3; s ferner *Oberhammer,* ZfRV 1994, 103 mwN], § 114 a Abs 4 JN; § 12 TEG); Entsprechendes gilt für die Nachlaßabhandlung (§§ 21–25 AußStrG; vgl etwa ZfRV 1998/16; 9 Nd/501/98; 1997, 35 [*H. Hoyer*]; 1994/1; 1994/20; 1993/61; 1993/47; 1992/47; 1992/20; JBl 1991, 727 = IPRE 3/171; ZfRV 1988, 132 = IPRax 1988, 36 [*Schwind* 45]; NZ 1984, 195; IPRE 3/173) und für die damit in Zusammenhang stehenden Sicherungsmaßnahmen (§§ 137–140 iVm § 23 Abs 2 AußStrG, vgl LGZ Wien IPRE 3/174).

Soweit hier die inländische Gerichtsbarkeit positiv bestimmt wird, ist der **41** Umkehrschluß gestattet, daß sie bei Fehlen der entsprechenden Voraussetzungen nicht gegeben ist (und auch nicht durch Prorogation, Streiteinlassung oder durch Ordination – zu § 28 JN Rz 56 – herbeigeführt werden kann; zur Ordinationsmöglichkeit in Randfragen s zu § 28 JN Rz 77 ff), so etwa für die streitige Scheidung von Ausländern, soweit der Beklagte seinen gewöhnlichen Aufenthalt nicht im Inland hat oder nur der Kläger ihn im Inland hat, die Ehegatten ihren letzten gemeinsamen gewöhnlichen Aufenthalt aber nicht im Inland gehabt haben, oder der Kläger nicht staatenlos oder zur Zeit der Eheschließung nicht Inländer gewesen ist (§ 76 Abs 2 Z 3 JN; vgl dazu VwGH JUS 1995/125, 2088).

Einen Sonderfall stellt § 77 JN dar: Die §§ 21–25 AußStrG normieren die **42** inländische Gerichtsbarkeit für die (außerstreitige) Nachlaßabhandlung; § 77 JN knüpft die ausschließliche örtliche Zuständigkeit für (streitige) Verlassenschaftsangelegenheiten – Erbrechtsklagen iwS, Nachlaßklagen, Erbteilungsklagen – an diejenige für die Nachlaßabhandlung (§§ 105–108 JN) an, und zwar für die ersten beiden Fälle bis zur Einantwortung, für den letzteren zeitlich unbegrenzt. Durch diese enge Verknüpfung der örtlichen Zuständigkeit für streitige Verlassenschaftsangelegenheiten an diejenige für die Nachlaßabhandlung – welche ihrerseits die inländische Abhandlungsgerichtsbarkeit voraussetzt – trifft § 77 JN gleichzeitig auch eine – wenngleich interpretationsbedürftige Regelung über die inländische Gerichtsbarkeit für streitige Verlassenschaftsangelegenheiten: Soweit inländische Abhandlungsgerichtsbarkeit vorliegt, ist diese jedenfalls auch für streitige Verlassenschaftsangelegenheiten gegeben; bei sinngemäßer Anwendung der Gerichtsstandsregelung des § 77 wäre es aber überlegenswert gewesen, soweit inländische Abhandlungsgerichtsbarkeit nicht vorliegt, eine solche auch für streitige Verlassenschaftsangelegenheiten (etwa für eine Erbrechtsklage, während der Anhängigkeit einer Nachlaßabhandlung im Ausland) als nicht gegeben anzusehen, und eine örtliche Zuständigkeit hätte dann weder durch Prorogation oder Streiteinlassung gem § 104 JN noch durch Ordination gem § 28 JN herbeigeführt werden können.

Für Situationen außerhalb des Anwendungsbereichs der Gerichtsstandsregelung des § 77 JN (etwa für Klagen nach § 77 Abs 1 JN nach Einantwortung, für Erbschaftsklagen nach § 823 ABGB usw) beurteilt sich das Vorliegen der inländischen Gerichtsbarkeit nach allgemeinen Grundsätzen; vgl SZ 59/205 = ZfRV 1988, 134 = IPRax 1988, 246 (*H. Hoyer* 255).

Uneinheitlich ist die Jud im Falle der Nachlaßspaltung; vgl etwa ZfRV **43** 1987, 275 (*Zemen* 283) = EFSlg 40.989; ZfRV 1987, 278 (*Zemen* 283) = IPRax 1988, 37 (*Schwind* 45) = RZ 1986/76 = IPRE 2/170; EvBl 1987/95 = ZfRV 1987, 280 (*Zemen* 283) = IPRax 1988, 35 (*Schwind* 45): Zuständigkeit der österr Gerichte für Pflichtteilsklagen nur hinsichtlich jener Nachlaßteile, welche der inländischen Abhandlungsgerichtsbarkeit unterliegen; das bedeutet aber nicht, daß das Schicksal des nicht im Inland abzuhandelnden Nachlasses für die Berechnung eines den im Inland abzuhandelnden Nachlaß betreffenden Pflichtteils unbeachtlich sei; JBl 1992, 460 = ZfRV 1993, 35 (krit *Zemen*) = IPRax 1992, 328 (*Schwind* 333): inländische Gerichtsbarkeit am allgemeinen Gerichtsstand des Beklagten im Inland zur E über streitige Pflichtteilsansprüche auch betreffend jene Verlassenschaftsteile, die nicht der inländischen Abhandlungsgerichtsbarkeit unterliegen.

Zu den staatsvertraglichen Regelungen über eine Abgrenzung der inländischen Gerichtsbarkeit in Nachlaßsachen s Rz 108 ff und betreffend Diplomaten (und diesen gleichgestellte Personen) gem Art 31 Abs 1 lit b WDK s Rz 250.

44 Diesbezüglich ist mE auch durch die WGN 1997 keine Änderung der Rechtslage eingetreten, obwohl gem § 27 a JN das Vorliegen eines Gerichtsstands im Inland – etwa des allgemeinen Gerichtsstands des Beklagten – inländische Gerichtsbarkeit impliziert. Wegen des engen Zusammenhangs zwischen einer (im Inland oder im Ausland) anhängigen Nachlaßabhandlung und einer streitigen Verlassenschaftsangelegenheit erschiene es mir aber angebracht, unter den „besonderen gesetzlichen Anordnungen" iSv § 27 a Abs 2, § 28 Abs 3, § 104 Abs 5 JN auch § 77 JN zu subsumieren, mit der Folge, daß streitige inländische Gerichtsbarkeit für Verlassenschaftsangelegenheiten iSv § 77 JN nur dann gegeben ist, wenn die Tatbestandsvoraussetzungen der genannten Bestimmung im Inland erfüllt sind.

2. Angelegenheiten des Vermögensrechts

45 Abgesehen von den Statussachen und von der Nachlaßabhandlung sowie von den Verlassenschaftsangelegenheiten (darüber Rz 42, 43), also für allgemeine Vermögenssachen, fehlte es im autonomen österr zivilgerichtlichen Verfahrensrecht genau ein Jahrhundert lang an einer ausdrücklichen Abgrenzung der inländischen Gerichtsbarkeit, sodaß *Pollak* (System[1] [1903] 242; gleichsinnig System[2], 249), wenige Jahre nach der Prozeßrechtsreform der Jahrhundertwende zu Recht sagen konnte, daß „die Grenzen der österr Entscheidungsgewalt (...) in den §§ 28, 42 JN zwar als abgesteckt vorausgesetzt, aber nirgends ausdrücklich abgesteckt" sind. Die RV zur ZVN 1983 (669 BlgNR 15. GP 26) hatte zwar eine solche Abgrenzung in Aussicht gestellt, tatsächlich aber nicht verwirklicht; das ist auch durch die Neufassung des § 28 JN (s dort Rz 7, 16) nicht geschehen. Die Vornahme der Abgrenzung blieb daher der Jud und der Lehre vorbehalten.

46 Zu der in diesem Zusammenhang entwickelten „Universalitätstheorie" s Vor Art IX EGJN Rz 25, 26 und zu § 27 a JN Rz 3, 5.

47 Zu der in den 70er Jahren von der Lehre entwickelten und – wenngleich weitestgehend nur als Lippenbekenntnis – von der Jud übernommen „Indikationentheorie" als Versuch einer Abgrenzung der inländischen Gerichtsbarkeit in Vermögenssachen s Vor Art IX EGJN Rz 25 ff und *Matscher,* JBl 1996, 277; sie ist durch die WGN 1997 obsolet geworden, sodaß es sich erübrigt, auf die einschlägige Judikatur und die dazu vorgebrachten Lehrmeinungen einzugehen.

48 Eine umfassende Abgrenzung der inländischen Gerichtsbarkeit in Vermögenssachen hat die WGN 1997, vornehmlich in § 27 a JN, gebracht: Ist gem Abs 1 ein gesetzlicher Gerichtsstand im Inland gegeben – das gilt auch für den Fall der Prorogation nach § 104 Abs 1 und der Streiteinlassung nach § 104 Abs 3 JN, da durch beide (im Rahmen ihrer Zulässigkeit und Gültigkeit) ein Gerichtsstand geschaffen wird, sowie für den Fall einer Ordination gem § 28 JN, die gleichfalls einen Gerichtsstand schafft –, so liegt, vorbehaltlich des Abs 2, auch inländische Gerichtsbarkeit vor. Das Vorhandensein einer ausreichenden Nahebeziehung zum inländischen Rechtsbereich – wie von der Indikationentheorie gefordert – ist, nach dem klaren Wortlaut („ohne daß eine sonstige Voraussetzung erfüllt sein muß") kein Tatbestandselement des § 27a Abs 1 JN.

B. Staatsvertragliche Zuweisungen von Gerichtsbarkeit

1. Allgemeines

a) Arten und Wirkungen staatsvertraglicher Zuweisungen von Gerichtsbarkeit

Geht man davon aus, daß der Staat, kraft seiner Souveränität, auf seinem Hoheitsgebiet Gerichtsbarkeit immer dann ausüben darf, wenn keine völkergewohnheits- oder völkervertragsrechtlichen Schranken dem entgegenstehen, (potentielle Universalität der inländischen Gerichtsbarkeit Vor Art IX EGJN Rz 26), er, abgesehen vom Verbot der Rechtsschutzverweigerung (Vor Art IX EGJN Rz 8), völkerrechtlich dazu aber nicht verpflichtet ist – er wird Gerichtsbarkeit ausüben, soweit er ein Bedürfnis nach Rechtsschutzgewährung im Inland als gegeben annimmt (positiviert durch die Zurverfügungstellung eines gesetzlichen Gerichtsstands oder durch die Ordinationsmöglichkeit) –, können staatsvertragliche Zuweisungen von Gerichtsbarkeit nur den Sinn haben, in den von der Vertragsnorm anvisierten Fällen den Staat zur Ausübung von Gerichtsbarkeit zu verpflichten; insofern ist es unzutreffend, in diesem Zusammenhang von einer „Erweiterung" der inländischen Gerichtsbarkeit durch Vertrag zu sprechen. **49**

Solche Zuweisungen von streitiger und von außerstreitiger (Zivil-)Gerichtsbarkeit kennt das Völkervertragsrecht, namentlich im Bereich des Verkehrsrechts, für gewisse Statussachen, aber auch in anderen Materien. **50**

Wenn Verträge generell von „Zuständigkeit", gegebenenfalls auch von „ausschließlicher Zuständigkeit", der Gerichte oder speziell von derjenigen eines bestimmten Gerichts eines Vertragsstaats sprechen, normieren sie damit in erster Linie die Gerichtsbarkeit des betreffenden Staates. Im Falle spezieller Normierung bezieht sich zwar die völkerrechtliche Verpflichtung des Vertragsstaats auf die Ausübung von Gerichtsbarkeit durch dasjenige Gericht, auf das die im Vertrag vorgesehenen Zuständigkeitskriterien hinweisen, aber ohne daß es deshalb dem Staat an Gerichtsbarkeit im völkerrechtlichen Sinn mangeln würde, wenn von einem anderen Gericht desselben Staats entschieden wird (mag eine solche Vorgangsweise auch nicht vertragskonform sein); die Frage kann auch für die Bestimmung des zu ordinierenden Gerichts von Bedeutung sein – zu § 28 JN Rz 176; über die Auswirkungen auf die Urteilsanerkennung s Rz 54; für das österr Recht kämen hier daher gegebenenfalls die verfahrensrechtlichen Regeln über die örtliche (Un)zuständigkeit und nicht diejenigen über die (mangelnde) inländische Gerichtsbarkeit zum Tragen. Es sei allerdings bemerkt, daß die – insb in multilateralen Verträgen – verwendeten Ausdrucksweisen, die (ohne ersichtlichen Grund) formal auf eine generelle oder eine spezielle Zuweisung von Gerichtsbarkeit abzustellen scheinen – und gelegentlich in ein und demselben Vertrag variieren (s zB Art 31 Abs 1 und Art 39 Abs 2 CMR; Art 52 Abs 1 CIM und Art 60 § 1 CIV, Art 63 § 1 CIM – Rz 63, 65) – nicht immer bewußt gewählt worden zu sein scheinen (vgl ferner zu § 28 JN Rz 26); vieles spricht dafür, daß hier im allgemeinen generelle Gerichtsbarkeit gemeint ist. **51**

Zu den entsprechenden Regelungen nach LGVÜ und EuGVÜ s Rz 336ff.

52 Staatsvertragliche Zuweisungen von Gerichtsbarkeit können ferner als ausschließliche, konkurrierende (relativ ausschließliche), dispositive oder fakultative Normierungen konzipiert sein. In den drei erstgenannten Fällen verpflichten sie den Vertragsstaat, die Ausübung von Gerichtsbarkeit durch die Schaffung einer örtlichen Zuständigkeit (gegebenenfalls durch Ordination; das ist der von § 28 Abs 1 Z 1 JN – s dort – anvisierte Fall) zu ermöglichen. Soweit die genannten Zuweisungen als ausschließliche gestaltet sind, schließen sie die Gerichtsbarkeit anderer Vertragsstaaten aus (und wirken idS wie die unter Rz 115, 196 ff zu erörternden völkerrechtlichen Ausschlußnormen bzw Immunitätsregeln [vorbehaltlich einer unterschiedlichen prozessualen Behandlung – Rz 26]); aber auch soweit sie als konkurrierende, dispositive oder fakultative konzipiert sind, schließen sie die Gerichtsbarkeit derjenigen Vertragsstaaten aus, auf die keiner der in der Zuweisungsnorm enthaltenen Gerichtsbarkeitstatbestände hinweist.

53 Staatsvertragliche Regelungen, welche die Gerichtsbarkeit eines Staats für das Erkenntnisverfahren ausschließen, lassen im Zweifel dessen Gerichtsbarkeit zur Setzung vorläufiger Maßnahmen aufrecht (*Matscher,* ZZP 1982, 221; s auch Vor Art IX EGJN Rz 77 und Art IX EGJN Rz 82); das gilt in aller Regel aber nicht im Falle völkergewohnheits- oder völkervertraglicher Immunitäten (*Matscher,* ZZP 1982, 222 zu FN 204; s auch Rz 76).

54 Staatsvertragliche Zuweisungen von Gerichtsbarkeit wirken insofern auch auf die Anerkennung und Vollstreckung ausländischer Entscheidungen, als die Jurisdiktion des Erststaats, der kraft einer solchen Zuweisungsnorm Gerichtsbarkeit besitzt, als gegeben angenommen werden muß, während sie bei Entscheidungen in Verletzung einer völkerrechtlichen Ausschlußnorm zu verneinen ist; zum Sonderfall der Immunität s Rz 186. Liegt eine spezielle Zuweisung von Gerichtsbarkeit vor, hat aber ein anderes Gericht des von der Zuweisungsnorm anvisierten Staats entschieden, hängt die Anerkennbarkeit der Entscheidung von der Konstruktion des Erfordernisses der Jurisdiktion des Erststaats nach dem Recht des Zweitstaats bzw nach dem anwendbaren Vollstreckungsvertrag ab (dazu *Matscher,* JBl 1962, 363; *ders,* JBl 1977, 184; *ders,* JBl 1963, 292).

55 Staatsverträge der hier beschriebenen Art führen, in den vom Vertrag erfaßten (Spezial)materien, zu einer Abgrenzung der (Zivil)gerichtsbarkeit der Vertragsstaaten untereinander (idS EvBl 1988/120 = ZÖR 39 [1988/89], 345; vgl ferner EvBl 1990/63 = IPRE 3/177: abschließende Regelung der inländischen Gerichtsbarkeit).

Umfassende, auch die Anerkennung und Vollstreckung von gerichtlichen E einbeziehende (darüber unten Rz 61), Abgrenzungen nehmen neuere multilaterale Verträge, so insb das LGVÜ und das EuGVÜ (Rz 336, 359), vor. Solche Verträge führen zur Schaffung einer „internationalen Zuständigkeitsordnung" im Verhältnis der Vertragsstaaten untereinander (iSv *Sperl,* Zuständigkeitsordnung).

56 In der Lehre wird die dogmatische und praktische Bedeutung der staatsvertraglichen Regelungen von Gerichtsbarkeit weitgehend verkannt. Sie tendiert überhaupt dazu, völkerrechtliche Normierungen von Gerichtsbarkeit mit den Immunitäten gleichzusetzen. Erst seit dem Bestehen des EuGVÜ und des LGVÜ hat sie begonnen (im wesentlichen aber auf die beiden genannten Übk beschränkt), näher darauf einzugehen. Der rechtsdogmatischen (prozessualen) Tragweite der entsprechenden Regelungen hat sie bisher aber nur geringe Aufmerksamkeit geschenkt.

57 Ein Fall von positiver Zuweisung von Gerichtsbarkeit durch das Völkerrecht kann auch in der Verpflichtung zur Ausübung von Gerichtsbarkeit, zwecks

Vermeidung eines déni de justice (darüber Vor Art IX EGJN Rz 8), erblickt werden.

Als leges speciales verdrängen staatsvertragliche Regelungen der Gerichtsbarkeit diejenigen des autonomen Rechts. Sie sind in aller Regel self executing, dh unmittelbar anzuwenden, und sie gestatten nicht, daß das autonome Recht für deren Anwendung weitere Voraussetzungen aufstellt (wie zB eine ausreichende Nahebeziehung zum inländischen Rechtsbereich), die im Tatbestand der staatsvertraglichen Norm nicht enthalten sind (s dazu Vor Art IX EGJN Rz 38 und Rz 355). **58**

Zu den Begriffen der generellen oder speziellen, der ausschließlichen, konkurrierenden (relativ ausschließlichen), dispositiven oder fakultativen Gerichtsbarkeit und zur Auswirkung der entsprechenden Normierungen auf die Anerkennung und Vollstreckung ausländischer Entscheidungen s *Matscher,* Zuständigkeitsvereinbarungen 58 ff; *ders,* JBl 1979, 242; *ders,* Étude 161 ff (was in den beiden erstgenannten Arbeiten als „fakultative" Gerichtsbarkeit bezeichnet wurde, ist hier, iSd letztgenannten, als „dispositive" Gerichtsbarkeit zu verstehen); s auch Rz 52. **59**

b) Zuständigkeitsnormen in Anerkennungs- und Vollstreckungsverträgen

In einfachen Anerkennungs- und Vollstreckungsverträgen (conventions simples) normierte „Zuständigkeiten" regeln nur eine der Voraussetzungen für die Anerkennung und Vollstreckung ausländischer Entscheidungen („Beurteilungsregeln", compétence indirecte), sie beziehen sich aber nicht auf die inländische Gerichtsbarkeit (sie sind also keine „Befolgungsregeln", compétence directe; anders noch AnwBl 1969, 49 = ZfRV 1968, 300 [unter rechtsirriger Berufung auf Art 3 Z 2 Haager UnterhaltsvollstreckungsÜbk BGBl 1961/294] mit abl Anm *Kropholler* und – zumindest mißverständlich – SZ 42/189 = EvBl 1970/209 = RZ 1970, 100 = NZ 1971, 127 = ZfRV 1971, 120 [krit *H. Hoyer*]; ZfRV 1979, 277 [krit Anm *H. Hoyer*]). Das steht heute außer Streit (vgl *V. Hoyer/Loewe* in *Heller/Berger/Stix*[4] I 775; vgl ferner SZ 66/183 = ZfRV 1994/26; JBl 1991, 800 = EvBl 1988/54 = RdW 1991, 79 = GRURInt 1991, 384 = IPRE 3/182; SZ 60/164; SZ 57/151 = RdW 1985, 340 = RZ 1985/19 = IPRax 1985, 295 [dazu *Matscher* 299] = ZfRV 1985, 127 [*H. Hoyer*]; SZ 55/95). Dieser Befund schließt es aber nicht aus, daß solche staatsvertraglich vereinbarten „Beurteilungsregeln" – bei Vorliegen der Voraussetzung des § 28 Abs 1 Z 2 JN – Ausdruck einer gegebenenfalls eine Ordination rechtfertigenden Nahebeziehung zum inländischen Rechtsbereich sein können (s § 28 JN Rz 62, 69 ff); sie statuieren aber keine staatsvertragliche Verpflichtung zur Ausübung von Gerichtsbarkeit iSv § 28 Abs 1 Z 1 JN (ZfRV 1996, 200 [*H. Hoyer*]); s § 28 JN Rz 23. **60**

Anderes gilt für neue Verträge (conventions doubles) mit echten Befolgungs- und gleichzeitigen Beurteilungsregeln; s zB LGVÜ und EuGVÜ; dazu Rz 336, 359. **61**

2. Zuweisungen von Gerichtsbarkeit in multi- und bilateralen Staatsverträgen

Die Titel der Abk bzw Verträge oder Übk werden hier in Kurzform wiedergegeben. Deren wesentliche Bestimmungen (mit Angabe des Geltungsbereichs der multilateralen Verträge [Stand: 1. 11. 1997] sowie ausgewählte Literatur- und vereinzelte Judikaturangaben und weitere Anm finden sich bei *Duchek/Schütz/Tarko,* Rechtsverkehr[2], 35. Ergänzende Angaben hier, bei den einzelnen Verträgen. Die szt mit der UdSSR, mit Jugoslawien und mit der Tschechoslowakei **62** geschlossenen multilateralen Übk gelten nunmehr im Verhältnis zu den Nachfolgestaaten (die zT ausdrückliche Kontinuitätserklärungen abgegeben haben). Bezüglich der bilateralen Abk s bei diesen; mit einzelnen Nachfolgestaaten sind noch Verhandlungen über die Weiter- oder Wiederanwendung in Gange.

LGVÜ und **EuGVÜ** werden wegen ihrer überragenden Bedeutung für die Zivilgerichtsbarkeit (Vor Art IX EGJN Rz 3) in einem separaten Kap (III) behandelt werden.

a) Multilaterale Übereinkommen

aa) Bereich des Verkehrsrechts

63 **CMR** BGBl 1961/138 idF Prot BGBl 1981/192.

Lit: *Braun,* Prozessuale Probleme im Bereich des CMR, VersR 1988, 652; *Demuth* in *Thume,* CMR-Kommentar 1995) zu Art 31, 705 ff; *Csoklich,* CMR gilt nun auch für innerösterreichische Straßengütertransporte, RdW 1990, 369; *ders,* Einführung in das Transportrecht (1990) 294 ff; *Fremuth,* Gerichtsstände im grenzüberschreitenden Speditions- und Landfrachtrecht, TR 1983, 35; *Glöckner,* Leitfaden zur CMR[7] (1991) zu Art 31, 33, 39, 41; *Herber/Piper,* CMR-Kommentar (1996) zu Art 31, 461 ff; *Koller,* Transportrecht[3] (1995) zu Art 31 CMR, 788 ff; *Loewe,* Die Bestimmungen des CMR über Reklamationen und Klagen (Art 30–33 CMR), TR 1988, 311 ff; *Schoibl,* Gerichtsstandsfragen im österreichischen Straßengüterbeförderungsrecht, ZVR 1992, 258; *ders,* Die inländische Niederlassung als Anknüpfungspunkt im österreichischen IZPR, in *Schumacher/Gruber,* Rechtsfragen der Zweigniederlassung (1993) 385 ff mwN; *P. Schütz* in *Straube,* HGB[2] I Anh I CMR zu Art 31, 33, 39, 41; *Wiesbauer/Zetter,* Transporthaftung (1984) 278 ff.

Jud: SZ 63/176 = EvBl 1991/46 = RdW 1991, 206 = IPRE 3/176; ZfRV 1998/65.

Art 31 Abs 1 CMR: Wegen aller Streitigkeiten aus einer dem Übk unterliegenden Beförderung (gem Art 1: entgeltliche Beförderung von Gütern auf der Straße mittels Fahrzeugen, wenn der im Beförderungsvertrag angegebene Ort der Übernahme und der der Ablieferung in zwei verschiedenen Staaten liegen, von denen mindestens einer ein Vertragsstaat ist [vorbehaltlich gewisser Ausnahmen]), ausschließliche Zuständigkeit der Gerichte eines Staats, auf dessen Gebiet der Beklagte seinen gewöhnlichen Aufenthalt, seine Haupt- oder eine Zweigniederlassung oder Geschäftsstelle hat, durch deren Vermittlung der Beförderungsvertrag abgeschlossen worden ist; ferner, Zuständigkeit der Gerichte des Staats, in dem der Ort der Übernahme oder der für die Ablieferung vorgesehene Ort liegt (generelle konkurrierende Gerichtsbarkeit); darüber hinaus, Gerichtsbarkeit eines Vertragsstaats, wenn die Parteien die Zuständigkeit eines von dessen Gerichten (nur die Schaffung von Wahlgerichtsständen ist zulässig) vereinbart haben (dispositive Gerichtsbarkeit). Ist iSd Übk inländische Gerichtsbarkeit gegeben, fehlt es aber an einem örtlich zuständigen Gericht im Inland, ist gem § 28 Abs 1 Z 1 JN – s dort Rz 29 – vorzugehen (daher – auch für Deutschland – unrichtig BGHZ 79, 332 = MDR 1981, 629 = NJW 1981, 1902 [krit *Kropholler*]).

Art 33: Zulässigkeit der Vereinbarung eines Schiedsgerichts, unter der Bedingung, daß dieses die (materiellen) Bestimmungen des Übk anzuwenden hat.

Art 39 Abs 2: Rückgriffsklagen von Frachtführern können vor dem zuständigen Gericht des Staats geltend gemacht werden, in dem einer der beteiligten Frachtführer seinen gewöhnlichen Aufenthalt, seine Haupt- oder eine Zweigniederlassung oder Geschäftsstelle hat, durch deren Vermittlung der Beförderungsvertrag abgeschlossen wurde (trotz der Variation im Wortlaut im Verhältnis zu Art 31 Abs 1 ist wohl auch hier generelle konkurrierende Gerichtsbarkeit gemeint). Ein und dieselbe Rückgriffsklage kann gegen alle beteiligten Frachtführer gerichtet werden (Gerichtsstand der Streitgenossenschaft gem § 93 Abs 1 JN); s auch SZ 63/176 = EvBl 1991/46 = RdW 1991, 206.

Art 41 Abs 1: Nichtigkeit abweichender Vereinbarungen (unbeschadet der beschränkten Zulässigkeit von Gerichtsstandsvereinbarungen gem 1. Fall in Art 31 Abs 1 und von Schiedsvereinbarungen gem Art 33).

Art 28 Abs 1 und Art 32 **Warschauer Abk** BGBl 1961/286 idF des Haager Prot BGBl 1971/161 sowie Art VIII und Art IX Abs 3 ZusatzAbk von Guadalajara BGBl 1966/46. **64**

Weitere Lit: *Csoklich,* Transportrecht 300ff; *Koller,* Transportrecht[3] (1995), 962ff; 1009f; *Schoibl* in *Schuhmacher/Gruber,* Zweigniederlassung 393ff mwN; ferner *P. Schütz* in *Straube,* HGB[2] I Anh II Warschauer Abk zu Art 28, 32 (Art VIII, IX Abs 3 Guadalajara); *Wiesbauer/Zetter,* Transporthaftung 908ff.

Jud: EvBl 1990/63 = IPRE 3/177.

Für Klagen auf Schadenersatz (gem Art 17, 18, 19 des Abk) aus einer entgeltlichen internationalen Beförderung von Personen, Reisegepäck oder Gütern durch Luftfahrzeuge (gem Art 1 und 2; Ausnahmeregelungen in Art 34) gegen den vertraglichen oder/und gegen den ausführenden Luftfrachtführer (Möglichkeit einer Klage gegen beide als Solidarschuldner), nach Wahl des Klägers, Zuständigkeit des Gerichts (immer nur eines Vertragsstaats) des Ortes, wo der vertragliche Luftfrachtführer seinen Wohnsitz (Sitz) hat oder wo sich seine Hauptbetriebsleitung oder diejenige seiner Geschäftsstellen befindet, durch die der Vertrag abgeschlossen worden ist, bzw wo der ausführende Luftfrachtführer seinen Wohnsitz (Sitz) hat oder wo sich seine Hauptbetriebsleitung befindet oder des Gerichts des Bestimmungsortes; auch hier, gegebenenfalls (str, eher zu verneinen) Ordination nach § 28 Abs 1 Z 1 JN – s dort Rz 31 (spezielle konkurrierende Gerichtsbarkeit). Nach Eintritt des Schadensfalls ist die Vereinbarung der Zuständigkeit anderer Gerichte (von Vertrags- oder Drittstaaten) zulässig (dispositive Gerichtsbarkeit); betreffend die Güterbeförderung, Zulässigkeit von Schiedsvereinbarungen auch vor Eintritt des Schadensfalls, vorausgesetzt, daß das Verfahren im Bezirk eines der in Art 28 Abs 1 Warschauer Abk bzw Art VIII ZusatzAbk bezeichneten Gerichte stattfinden soll (nach Eintritt des Schadensfalls sind Gerichtsstands- und Schiedsvereinbarungen betreffend alle vom Abk bzw vom ZusatzAbk erfaßten Luftbeförderungen unbeschränkt zulässig); s auch EvBl 1990/63 mwN.

CIV/CIM, beide (heute) Anh A und B zum Übk über den internationalen Eisenbahnverkehr (COTIF) BGBl 1985/225 idF der Teilrevisionen BGBl 1991/1 und des ÄnderungsProt 1990 BGBl 1996/607. *Csoklich,* Transportrecht 298ff; *Schoibl* in *Schuhmacher/Gruber,* Zweigniederlassung 392f mwN. **65**

Soweit in Staatsverträgen oder (vgl etwa die unten Rz 86, 87, 97, 100 angeführten Abk) Konzessionen nichts anderes bestimmt ist, ist zur Geltendmachung von Ansprüchen aus der Haftung der Eisenbahn bei Tötung oder Verletzung von Reisenden das Gericht des Staats zuständig, auf dessen Gebiet der Unfall sich ereignet hat (Art 52 § 1 CIV); zur Geltendmachung anderer, sich auf das Übk stützender Ansprüche (aus dem Beförderungs- bzw Frachtvertrag) sind die Gerichte des Staats zuständig, dem die in Anspruch genommene Eisenbahn angehört (Art 52 § 2 Abs 1 CIV, Art 56 Abs 1 CIM); betreibt eine Eisenbahn mehrere selbständige Netze in verschiedenen Staaten, wird jedes dieser Netze als gesonderte Eisenbahn angesehen (Art 52 § 2 Abs 2 CIV, Art 56 Abs 2 CIM); hat der Kläger die Wahl zwischen mehreren Eisenbahnen (so etwa nach Art 51 §§ 1–3 CIV; Art 55 §§ 1 und 3 CIM), ist sein Wahlrecht mit der Einbringung der

Klage gegen eine dieser Eisenbahnen konsumiert (mag auch eine Solidarhaftung bestehen, können die haftenden Bahnen nicht als Streitgenossen geklagt werden) (Art 51 § 4 CIV, Art 55 § 4 CIM) (generelle ausschließliche bzw konkurrierende Gerichtsbarkeit).

Für Rückgriffsklagen, ausschließliche Zuständigkeit des Gerichts des Sitzes der in Anspruch genommenen Eisenbahn (spezielle ausschließliche Gerichtsbarkeit) (Art 60 § 1 CIV, Art 63 § 1 CIM); ist die Rückgriffsklage gegen mehrere Eisenbahnen zu richten, hat die klagende Bahn die Wahl unter den zuständigen Gerichten (spezielle – oder generelle? [s oben zu Art 39 Abs 2 CMR] – konkurrierende Gerichtsbarkeit); hier müssen die in Betracht kommenden Bahnen als Streitgenossen geklagt werden (Art 60 § 2 iVm Art 59 § 2 CIV; Art 63 § 2 iVm Art 62 § 2 CIM).

Gem Art 18 § 3 COTIF beschränkte Zulässigkeit der Setzung von Pfändungs- oder Sicherungsmaßnahmen betreffend Eisenbahnmaterial, das einer ausländischen Eisenbahn (einem ausländischen Eigentümer) gehört.

Streitigkeiten zwischen Beförderungsunternehmen, zwischen Beförderungsunternehmen und Benützern oder zwischen Benützern, die nicht einem nach CIV oder CIM zuständigen Gericht unterbreitet worden sind, können gem Art 12 COTIF einem Schiedsgericht unterbreitet werden (Zulässigkeit einer Schiedsvereinbarung offensichtlich also erst nach Entstehung eines Streitfalls).

Ob im Anwendungsbereich des CIV/CIM Anlaß zu einer Ordination gegeben sein kann, ist str (s zu § 28 JN Rz 34).

66 **Übk über die Eintragung von Binnenschiffen** samt Prot Nr 2 über die Sicherungsbeschlagnahme und die Zwangsvollstreckung betreffend Binnenschiffe BGBl 1982/278 (iZm § 41 Abs 2 Schiffsregisterordnung dBGBl 1940 I 1951 idF BGBl 1982/279), Art 4 des Prot Nr 2.

Ausschließliche (generelle) Gerichtsbarkeit des Staats, in dem sich das Binnenschiff befindet, zur Setzung von Zwangsmaßnahmen (Sicherungsbeschlagnahme [einstweilige Verfügung], Beschlagnahme im Vollstreckungsverfahren [Pfändung], Zwangsversteigerung).

67 **Europäisches Übk über die obligatorische Haftpflichtversicherung für Kraftfahrzeuge** BGBl 1972/236.

Gem Art 7 unterwirft sich der Staat der Zuständigkeit der Gerichte des Durchfahrtsstaats für Schadenersatzklagen wegen eines durch ein ihm gehörendes (iSd Übk von der obligatorischen Haftpflichtversicherung befreites) Kraftfahrzeug verursachten Verkehrsunfalls (die vom Übk nicht berührte Gerichtsbarkeit des Eigentümerstaats bleibt daneben aufrecht). Durch die weitergehende Regelung, daß der Eigentümerstaat für die Erfüllung einer von einem Gericht des Durchfahrtsstaats ausgesprochenen Leistungsverpflichtung bürgt, wird zwar keine Befreiung von der Vollstreckungsgerichtsbarkeit des Durchfahrtsstaats ausgesprochen, eine solche aber weitestgehend vermieden (s auch Art 20–23 EuÜbkStI; dazu später Rz 235) (generelle konkurrierende Gerichtsbarkeit), s auch *Loewe*, ZVR 1962, 1.

bb) Bereich des Personen- und Familienrechts

68 Insoweit, als hier die Zuständigkeiten der Gerichte der in Frage kommenden Staaten nicht immer scharf gegeneinander abgegrenzt sind, ist eine Unterscheidung zwischen ausschließlicher und konkurrierender Gerichtsbarkeit nicht klar vorzunehmen; eine dispositive Gerichtsbarkeit scheidet mangels Prorogationsmöglichkeit in dem hier behandelten Bereich aus.

69 **Haager MinderjährigenschutzÜbk** (MSA) BGBl 1975/446.

An neuerer Jud s va ZfRV 1998/56; 1998/58; 1998/34; 1997/72; 1997/53; 1997/41; 1996/75; 1996/38; 1994/35; 1993/67; 1993/27; 1993/9; 1993/4; IPRax 1993, 415 (*Mottl* 417) = EFSlg 63.859, 63.869; ZfRV 1992/48; EvBl 1991/74 = ZfRV 1991, 310 *(Seidl-Hohenveldern)* = ÖA 1992, 126 = IPRax 1992, 104 (*Andrae,* 117) = EFSlg 63.817, 63.850, 63.871 f; SZ 63/204 = ZfRV 1991, 476 *(Pichler)* = IPRax 1992, 106 (*Zemen* 121) = EFSlg 63.868; EFSlg 63.869 (1990); IPRax 1992, 176 (*Mottl* 178) = EFSlg 60.652 (1989), 60.655–60.660; EvBl 1990/35 = EFSlg 60.656; RZ 1988/41 = EFSlg 57.642 (1988), 57.646 = IPRax 1989, 245 *(Siehr),* 253; EvBl 1988/120 = ÖA 1990, 19 = EFSlg 57.641, 57.643–57.645, 57.647 = ZÖR 39 (1988/89); IPRE 3/144; IPRE 3/148; LGZ Wien 49.229; SZ 60/234; SZ 60/212 = ÖA 1988, 51; IPRE 2/160, 161, 183; EFSlg 49.215 (1985); ÖA 1988, 24; EFSlg 57.640 (1988), 57.648 f; LGZ Wien EFSlg 49.227 (entgegen EvBl 1981/85); IPRax 1986, 385 (*Henrich,* 364) = EFSlg 49.226, 49.231; JBl 1984, 153 *(Schwimann)* = IPRax 1984, 159 (*H. Hoyer* 164) = IPRE 2/150; ZfRV 1984, 308 *(Verschraegen);* EvBl 1984/131; ZfRV 1999/23.

Gem Art 1 kommt die Gerichtsbarkeit zur Setzung von Maßnahmen zum Schutz der Person und des Vermögens eines Mj primär den Behörden (Gerichten) des Vertragsstaats zu, in dem der Mj seinen gewöhnlichen Aufenthalt hat; gem Art 4 besteht daneben – nach Verständigung der Behörden des Aufenthaltsstaats – eine subsidiäre Gerichtsbarkeit des Heimatstaats des Mj, der seinen gewöhnlichen Aufenthalt im Ausland hat; gem Art 5, bei Verlegung des gewöhnlichen Aufenthalts von einem Vertragsstaat in einen anderen, Gerichtsbarkeit des neuen Aufenthaltsstaats zur Ersetzung oder Aufhebung der vom ersteren getroffenen Maßnahmen, allerdings erst nach dessen Verständigung (vom Heimatstaat – gem Art 1 oder 4 – getroffene Maßnahmen bleiben allerdings in Kraft); gem Art 6 Möglichkeit der Übertragung der Durchführung vormundschaftsbehördlicher Maßnahmen; gem Art 8, 9 und 10 Notzuständigkeit für dringende Maßnahmen zum Schutz der Person oder des Vermögens eines Mj, „nach Möglichkeit" erst, nachdem sie einen „Meinungsaustausch" mit den Behörden des Vertragsstaats, dessen Entscheidungen noch wirksam sind, gepflogen haben.

Im Anwendungsbereich des Abk wird dem § 110 JN derogiert.

Eine revidierte Neufassung des Haager MinderjährigenschutzÜbk wurde von der Haager Privatrechtskonferenz 1996 angenommen (noch nicht in Kraft, Text in Rev crit 1996, 813).

Haager AdoptionsÜbk BGBl 1978/581: Gem Art 3 Gerichtsbarkeit des 70
Staats, in dem der Annehmende, im Fall einer Annahme durch Ehegatten beide, ihren gewöhnlichen (nicht notwendigerweise gemeinsamen) Aufenthalt haben oder des Staats, dem der Annehmende, im Falle einer Annahme durch Ehegatten beide, angehören, wobei die Voraussetzungen des gewöhnlichen Aufenthalts bzw der Staatsangehörigkeit sowohl im Zeitpunkt der Antragstellung als auch in dem der Entscheidung gegeben sein müssen; gem Art 7 für die Nichtigerklärung oder Aufhebung einer Annahme an Kindes Statt (Widerruf der Bewilligung gem § 184 ABGB; Aufhebung der Wahlkindschaft gem § 184 a ABGB) Gerichtsbarkeit des Vertragsstaats, in dem am Tag der Antragstellung das angenommene Kind, der Annehmende, im Falle der Annahme durch Ehegatten beide, ihren gewöhnlichen Aufenthalt haben, oder des Vertragsstaats, dessen Behörden (Gerichte) über die Annahme entschieden haben (generelle konkurrierende Gerichtsbarkeit).

Im Anwendungsbereich des Abk wird dem § 113 b JN derogiert.

Genfer FlüchtlingsK BGBl 1955/55 idF des Prot BGBl 1974/78: **Jud:** EFSlg 71
63.838 (1990).

Gem Art 16 wird ein Konventionsflüchtling (Begriffsbestimmung in Art 1), der in einem Vertragsstaat seinen gewöhnlichen Aufenthalt hat, in bezug auf die „Zulassung zu den Gerichten" Inländern gleichgestellt; ein Flüchtling, der im Inland keinen gewöhnlichen Aufenthalt hat, wird dort wie ein Staatsangehöriger des Landes, in dem er seinen gewöhnlichen Aufenthalt hat, behandelt. Das kann für diejenigen Statussachen (und wohl auch für Nachlaßsachen) von Bedeutung sein, für die die inländische Gerichtsbarkeit (Rz 40 ff) auf die Staatsangehörigkeit abstellt.

Zur sonstigen Tragweite des Art 16 s Rz 114.

cc) Andere Materien

72 Art VIII Abs 2 lit b **Abk über den Internationalen Währungsfonds** BGBl 1949/105 idF BGBl 1993/152 (in *Duchek/Schütz/Tarko,* Rechtsverkehr[2] nicht wiedergegeben).

Devisenverträge, welche die Währung irgendeines Mitgliedstaats berühren und mit den von diesem in Übereinstimmung mit dem Abk erlassenen Devisen-Kontrollbestimmungen im Widerspruch stehen, sind auf dem Gebiet keines Mitgliedstaats rechtlich erzwingbar bzw einklagbar (unenforceable). Damit dürfte wohl eher eine materiellrechtliche Unklagbarkeit als eine Unzulässigkeit des Rechtswegs (mangelnde Gerichtsbarkeit) gemeint sein, auch wenn das Abk auf Konzeptionen des angloamerikanischen Rechts aufbaut, denen zufolge die Unklagbarkeit in aller Regel prozessual konstruiert wird. Mag auch die innerstaatlich-prozessuale Behandlung im einen und im anderen Fall eine unterschiedliche sein, so ist das praktische Ergebnis das gleiche: Der Mitgliedstaat, dessen Gerichte eine entsprechende Klage zulassen oder ihr stattgeben, verletzt das Abk (s auch EvBl 1993/110 = WBl 1993, 25 = ZfRV 1993/40 und BGH IPRax 1995, 110 [*Fuchs* 82]).

73 Art VII Abs 3 des **WeltbankAbk** BGBl 1949/105 und Annex VI zum Übk über die Privilegien und Immunitäten der Spezialorganisationen, kundgemacht als Bestandteil der V BGBl 1950/248 (bei *Duchek/Schütz/Tarko,* Rechtsverkehr[2] nicht wiedergegeben).

Klagen gegen die (Welt-)Bank können nur im Gebiet eines Mitgliedstaats eingebracht werden, in welchem diese eine Amtsstelle unterhält, einen Vertreter zur Entgegennahme von Klagen ernannt oder Sicherheitspapiere ausgegeben oder garantiert hat (generelle, konkurrierende Gerichtsbarkeit).

Vor der Endgültigkeit eines Urteils gegen die Bank Unzulässigkeit jeglicher Form von Beschlagnahme oder Zwangsvollstreckung (für Österreich: keine vorläufige Vollstreckung gem § 505 Abs 3, 2. Satz ZPO, Exekution zur Sicherstellung gem § 370 ff EO oder EV gem § 378 ff EO) in Eigentum und Vermögenswerte der Bank, wo immer sie gelegen sein mögen oder wer immer über sie verfügen mag; daher nach Endgültigkeit (formeller Rechtskraft) eines Titels gegen die Bank Zulässigkeit einer Zwangsvollstreckung (zur Befriedigung) in deren Vermögen (s auch Rz 290).

74 **AnerkennungsProt zum Europ PatentÜbk** BGBl 1979/350 (bei *Duchek/Schütz/Tarko,* Rechtsverkehr[2] nicht wiedergegeben).

Inländische Gerichtsbarkeit für Klagen gegen den Anmelder, mit denen der Anspruch auf Erteilung eines europ Patents geltend gemacht wird. Österreich hat gem Art 167 Abs 2 lit d des Übk gegen das AnerkennungsProt einen Vorbehalt angemeldet, des Inhalts, daß dieses für Österreich nicht verbindlich ist.

dd) Schiedsgerichtsbarkeit und Gerichtsstandsvereinbarung

Lit: *Bajons,* Zur Nationalität internationaler Schiedssachen, Kralik-FS (1986) 19ff; *Lachet,* Schiedsgerichtsbarkeit und einstweiliger Rechtsschutz, ZZP 1986, 271; *Matscher,* Probleme der Schiedsgerichtsbarkeit im österreichischen Recht, JBl 1975, 460; *ders,* Zur Funktion und Tragweite der Bestimmung des § 28 JN, Schwind-FS (1978) 191ff; *Schlosser,* Einstweiliger Rechtsschutz durch staatliche Gerichte im Dienste der Schiedsgerichtsbarkeit, ZZP 1986, 241.

Staatsvertragliche Regelungen über die Anerkennung von Schieds- und von Gerichtsstandsvereinbarungen berühren gleichfalls die inländische Gerichtsbarkeit idS, daß sie, bei Vorliegen einer gültigen Schieds- oder einer (ausschließlich konzipierten) Gerichtsstandsvereinbarung – und im Rahmen der Anwendbarkeit der entsprechenden staatsvertraglichen Regelungen –, die Gerichtsbarkeit staatlicher Gerichte bzw die der anderen Vertragsstaaten ausschließen (negative Wirkung), wobei Zulässigkeit und Gültigkeit der Vereinbarung einerseits vom Schiedsgericht nach dem auf das Schiedsverfahren anwendbaren Recht bzw vom prorogierten Gericht nach dessen Recht, andererseits von dem entgegen einer Schiedsvereinbarung angerufenen staatlichen Gericht bzw vom derogierten Gericht nach dessen lex fori – beides unter Einbeziehung allfälliger, vom Vertrag vorgesehener Kriterien – zu beurteilen sind. **75**

Bei der staatsvertraglich normierten Gerichtsstandsvereinbarung liegt ihre positive Wirkung darin, daß sie – deren Zulässigkeit und Gültigkeit vorausgesetzt – zur Ausübung von Gerichtsbarkeit (ohne Prüfung des Vorliegens einer sonstigen Nahebeziehung der Rechtssache zum Inland – Vor Art IX EGJN Rz 38) verpflichtet (daher im Falle des § 104 Abs 1 Z 1 JN Ordination; s zu § 28 JN Rz 35). **76**

Seit der Neufassung des § 104 Abs 1 JN durch die WGN 1997, wo in Z 1 die (generelle) Vereinbarung der inländischen Gerichtsbarkeit ausdrücklich vorgesehen ist, hat die Diskussion über die Tragweiten der in einzelnen Verträgen vorhandenen – anscheinend nicht beabsichtigten – Unterschiedlichkeit der Terminologie (Vereinbarung der Zuständigkeit „der Gerichte" oder „eines Gerichts" der Vertragsstaaten) ihre Aktualität verloren, s Rz 51, 89, 91.

Vgl zu Art 17 LGVÜ und EuGVÜ Rz 351 und bei § 28 JN Rz 37, 38.

Bezüglich der positiven Wirkung staatsvertraglicher Regelungen über die Schiedsgerichtsbarkeit – auch hier die Zulässigkeit und Gültigkeit der Schiedsvereinbarung vorausgesetzt – ist zu differenzieren: In aller Regel gehen diese von der Prämisse aus, daß für gewisse Formen der Mitwirkung staatlicher Gerichte an der Schiedsgerichtsbarkeit (vgl etwa § 582 Abs 1, §§ 583, 591 Abs 2, § 596 Abs 1 ZPO) – und soweit für gewisse Aspekte der Gestaltung des schiedsgerichtlichen Verfahrens nicht in einer Partei-, Schiedsrichter- oder vorgegebenen Verfahrensordnung (va durch Unterwerfung unter ein institutionelles Schiedsgericht – Schiedsgericht der IHK, Internationales Schiedsgericht der Wirtschaftskammer Österreich; s auch UNCITRAL-Schiedsgerichtsordnung; zu diesen Begriffen *Matscher,* JBl 1975, 460f), oder im Rahmen der Dispositionsmöglichkeit der Parteien der Schiedsvereinbarung anderweitig Vorsorge getroffen wurde – im innerstaatlichen Recht vorgesorgt ist, auch wenn die Verpflichtung zu einer solchen Mitwirkung selten ausdrücklich normiert wird (vgl etwa Art V Abs 1 lit e und Art VI New YorkerÜbk BGBl 1961/200; Art VI, IX ECE-Übk BGBl 1964/107; anders Art IV Abs 2–7 ECE-Übk und Art 1 der dazu geschlossenen Vereinbarung BGBl 1965/19, welche eine entsprechende Verpflichtung der staatlichen Gerichte [oder sonstiger Behörden] ausdrücklich statuieren. Aber auch dort, wo eine entsprechende Verpflichtung im Vertrag nicht aus- **77** drücklich normiert ist, kann – soweit es sich um ein von der staatsvertraglichen Regelung erfaßtes inländisches Schiedsverfahren handelt (zum Begriff s *Fasching, Lehrbuch*[2] Rz 2235; *ders,* Schiedsgericht 178 ff; *Matscher,* Schwind-FS 191 f; *ders,* JBl 1975, 468; *Rechberger/Simotta,* Grundriß[4] Rz 966; s auch arg § 582 Abs 1, 3. Satz ZPO: „sofern das Schiedsgericht nach der Schiedsvereinbarung im Inland tagen soll") – eine entsprechende Verpflichtung aus der ratio dieser Vereinbarung abgeleitet werden; teils anders zur Tragweite der einschlägigen staatsvertraglichen Regelungen *Bajons,* Kralik-FS 19 ff.

Siehe auch zu § 28 JN Rz 114 ff.

78 Regelungen der hier angesprochenen Art gewährleisten ferner (falls kein weiterer Versagungsgrund vorliegt) die Anerkennung ausländischer Schiedssprüche bzw der vom prorogierten Gericht gefällten Entscheidungen.

79 Vorstehendes gilt va für das Genfer Prot über die Schiedsklauseln BGBl 1928/57 (iVm dem Genfer Abk betreffend die Vollstreckung ausländischer Schiedssprüche BGBl 1930/343); ferner für das New YorkerÜbk über die Anerkennung und Vollstreckung ausländischer Schiedssprüche BGBl 1961/200; für das ECE-Übk über die internationale Handelsschiedsgerichtsbarkeit BGBl 1964/107 und für die Vereinbarung über die Anwendung der ECE-Übk BGBl 1965/19; für das Übk zur Beilegung von Investitionsstreitigkeiten (WeltbankÜbk) BGBl 1971/357 und für in Investitionsschutzverträgen vorgesehene Schiedsgerichtsvereinbarungen; es würde auch für die (nicht in Kraft getretenen) Haager Übk 15. 4. 1958 und 25. 11. 1965 über den vereinbarten Gerichtsstand gelten.

80 Es gilt gleichfalls, wenn multilaterale oder bilaterale Verträge – neben der Normierung ausschließlicher oder konkurrierender Gerichtsbarkeit – die Möglichkeit von (abweichenden) Gerichtsstands- oder Schiedsvereinbarungen vorsehen, wodurch eine dispositive Gerichtsbarkeit (zu diesen Begriffen s Rz 52, 59) normiert wird (vgl etwa Art 31 Abs 1 und Art 33 CMR; Art 32 Warschauer Abk und Art IX Abs 3 ZusatzAbk von Guadalajara – Rz 63, 64; Art 15 Abs 1, 3. Satz Abk mit Deutschland BGBl 1957/241; Art 13 Abs 2 Abk mit Deutschland BGBl 1967/340; Art 31 Abs 1, 3. Satz Abk mit Deutschland BGBl 1967/341 – Rz 89, 91; Art 11 Handelsvertrag mit der UdSSR BGBl 1956/193 [dort ist der Ausschluß der staatlichen Gerichtsbarkeit bei Vorliegen einer Schiedsvereinbarung ausdrücklich normiert; zur Weiteranwendung des Handelsvertrags s Rz 264]). Das ergibt sich aus der ratio der genannten Verträge, betreffend die von ihnen erfaßten Materien eine abschließende (ausschließliche, konkurrierende oder dispositive) Abgrenzung der Gerichtsbarkeit der Vertragsstaaten im Verhältnis zueinander vorzunehmen und nicht nur die Wirksamkeit von Schieds- und Gerichtsstandsvereinbarungen zu fördern.

81 Wenn ein solcher Vertrag (vgl etwa die Abk mit Deutschland BGBl 1957/239, 1957/242, 1974/331, 1974/559) – neben der Normierung der ausschließlichen Gerichtsbarkeit eines Vertragsstaats (oder der konkurrierenden Gerichtsbarkeit der Vertragsstaaten) – keine Dispositionsmöglichkeit der Parteien vorsieht, ist die Verbringung einer Streitsache in einer vom Vertrag erfaßten Materie vor ein Gericht eines anderen Staats (und wohl auch vor ein Schiedsgericht) unzulässig; dem betreffenden Staat würde es, falls er ein Vertragsstaat ist, an Gerichtsbarkeit mangeln.

82 Trotz Vorliegens einer die staatliche Gerichtsbarkeit ausschließenden Schiedsvereinbarung oder einer ausschließlichen Prorogation ausländischer Gerichte bleibt im Zweifelsfall die Gerichtsbarkeit zur Setzung vorläufiger Maßnahmen grundsätzlich aufrecht (vgl etwa Art VI Abs 4 ECE-Übk über die internationale Handelsschiedsgerichtsbarkeit BGBl 1964/107; s ferner Art 24 LGVÜ und EuGVÜ; zum Problem generell *Lachet,* ZZP 1986, 271; *Matscher,* ZZP 1982, 233 FN 235; *Schlosser,* ZZP 1986, 241; s auch Vor Art IX EGJN Rz 77 und oben Rz 53).

Außerhalb des Bereichs staatsvertraglich normierter Abgrenzung der Gerichtsbarkeit und soweit keine staatsvertragliche Verpflichtung zur Anerkennung von Schieds- oder von Gerichtsstandsvereinbarungen besteht, berühren solche Vereinbarungen nicht die inländische Gerichtsbarkeit im völkerrechtlichen Sinn (*Matscher,* Zuständigkeitsvereinbarungen 35, 57 ff); sie bewegen sich vielmehr allein auf der Ebene der inländischen Gerichtsbarkeit iSv § 27 a JN (s dort Rz 6) oder örtlichen Zuständigkeit (s aber Rz 176 und Rz 180). **83**

ee) Rechtshilfe

Da die Gewährung von Rechtshilfe an ausländische Gerichte gem § 38 JN, in multilateralen (HPÜ BGBl 1957/91) oder bilateralen Rechtshilfeverträgen einen Akt der Gerichtsbarkeit darstellt, wird durch die Normierung der Verpflichtung zur Rechtshilfeleistung gleichzeitig die dazu erforderliche (generelle) Gerichtsbarkeit des ersuchten Staats ausgesprochen. Zur Rechtshilfe an (in- und an ausländische) Schiedsgerichte s Art XIII EGJN (s dort). **84**

Entsprechendes gilt, wenn in Spezialverträgen – unabhängig von der Natur der ersuchenden Behörde oder von der Art der Antragstellung – die Verpflichtung zur Setzung gewisser Akte (Rechtshilfe iwS) normiert wird, deren Vornahme nach dem Recht des ersuchten (des in Frage kommenden) Staats in die Zuständigkeit der Gerichte fällt; in diesem Zusammenhang wären zu erwähnen:

- New Yorker UnterhaltsschutzÜbk BGBl 1969/316 und DG BGBl 1969/317 idF BGBl 1986/377 (§§ 2, 6);
- Europ AdoptionsÜbk BGBl 1980/314 (Art 14);
- Europ SorgerechtsÜbk BGBl 1985/321 und DG BGBl 1985/322 (§§ 2, 5);
- HaagerÜbk über die zivilrechtlichen Aspekte internationaler Kindesentführung BGBl 1988/512 und DG BGBl 1988/513 (§§ 2, 5);
- Europ VerfahrenshilfeÜbk BGBl 1982/190 und DG BGBl 1982/191 (§§ 1, 5).

ff) Abgrenzung der inländischen Gerichtsbarkeit im Verhältnis zur Zuständigkeit des EuGH

Die Zuständigkeit des EuGH erstreckt sich auch auf einzelne Bereiche der Zivilgerichtsbarkeit; im Bereich der ausschließlichen Zuständigkeit des EuGH ist inländische Gerichtsbarkeit der EU-Staaten nicht gegeben (Art 183 EGV e contrario). Näheres darüber bei *Schumann* in *Stein/Jonas,* ZPO[20] Einl Rz 683; *Rosenberg/Schwab/Gottwald,* Zivilprozeßrecht[15], 81 ff. **85**

Zum Vorabentscheidungsverfahren s Rz 38.

b) Bilaterale Abkommen Österreichs

aa) Eisenbahn- und Straßendurchgangsverkehr, Grenzbahnhöfe, Grenzabfertigung, andere (wirtschaftliche) Materien

Damit in Zusammenhang stehende Amtshaftungssachen und sonstige Schadenersatzsachen; sonstige Materien betreffend Rechtsverhältnisse im Grenzbereich.

- **mit Deutschland:**

Abk betreffend den Grenzübergang der Eisenbahnen BGBl 1957/239. **86**

Art 16 Abs 8: Für Klagen aus der Haftung für Schäden iZm dem Betrieb der Eisenbahn im Anschlußverkehr (gem Art 2 lit e) ausschließliche Zuständigkeit der Gerichte des Staats der in Anspruch genommenen Bahnverwaltung (generelle ausschließliche Gerichtsbarkeit);

Art 16 Abs 7: Haftet sowohl die anschlußgebende als auch die anschlußnehmende Verwaltung, kann der Geschädigte die Klage nach seiner Wahl gegen eine von beiden erheben; sein Wahlrecht erlischt mit der Klagseinbringung; die Klage kann somit nicht gegen beide Eisenbahnverwaltungen als Streitgenossen gerichtet werden (generelle konkurrierende Gerichtsbarkeit); Sonderregelungen gem CIM/CIV (Rz 65) bleiben unberührt.

87 Abk betreffend den erleichterten Eisenbahndurchgangsverkehr auf den Strecken Mittenwald (Grenze)–Griesen (Grenze) und Ehrwald (Grenze)–Vils (Grenze) BGBl 1957/242.

Art 15 Abs 8: Für Klagen aus der Haftung für Schäden, die iZm dem Betrieb einer Eisenbahn im Durchgangsverkehr (Art 15 Abs 1 bis 3, 6, 10) entstehen, ausschließliche Zuständigkeit der Gerichte des Staats der in Anspruch genommenen Eisenbahnverwaltung; im übrigen wie Art 16 Abs 7 Abk BGBl 1957/239 (oben Rz 86); Sonderregelungen gem CIM/CIV (Rz 65) bleiben gleichfalls vorbehalten.

88 Abk betreffend den Eisenbahndurchgangsverkehr im Bahnverschluß auf Strecken der DB BGBl 1974/331.

Art 17 Abs 8: Für Klagen aus der Haftung der ÖBB bzw der DB betreffend Schäden, die im Eisenbahndurchgangsverkehr (näher spezifiziert in Art 1) entstanden sind, ausschließliche Zuständigkeit der Gerichte des Staats der in Anspruch genommenen Eisenbahn (generelle ausschließliche Gerichtsbarkeit).

89 Abk betreffend den Straßendurchgangsverkehr zwischen Salzburg und Lofer und zwischen Garmisch-Partenkirchen und Pfronten/Füssen BGBl 1957/241.

Art 15 Abs 1: Für Klagen über Ansprüche aus Schadensfällen, die sich im Durchgangsverkehr (gem Art 1–4) ereignen, gem 1. Satz ausschließliche Zuständigkeit der Gerichte des Durchgangsstaats; gem 2. Satz subsidiäre Zuständigkeit des Gerichts, in dessen Sprengel der Schadensfall sich ereignet hat (§ 92a JN, § 20 EKHG; § 32 dZPO); gem 3. Satz bleibt das Recht der Parteien, die Zuständigkeit der Gerichte des Ausgangsstaats oder eines Drittstaats zu vereinbaren (§ 104 JN; § 38 dZPO; s auch § 28 JN Rz 36), unberührt (generelle bzw spezielle, ausschließliche bzw dispositive Gerichtsbarkeit). Gem 4. Satz gelten die Regelungen des 1. und 2. Satzes nicht für den Fall, daß weder der Ersatzberechtigte noch der Ersatzpflichtige seinen Wohnsitz, Sitz oder gewöhnlichen Aufenthalt im Durchgangsstaat hat (diesbezüglich enthält das Abk keine Regelung hinsichtlich der Gerichtsbarkeit oder der örtlichen Zuständigkeit – abweichend vom Art 13 Abs 1 letzter Satz Vertrag BGBl 1967/340 [unten Rz 90]).

Art 15 Abs 4: Ist am Schadensfall ein Fahrzeug beteiligt, dessen Halter der Ausgangsstaat (und wohl auch eine Gebietskörperschaft) oder ein Sondervermögen des Ausgangsstaats ist, und ist ein Gericht des Durchgangsstaats zuständig, unterwirft sich der Ausgangsstaat hinsichtlich der Ansprüche aus dem Schadensfall der Gerichtsbarkeit des Durchgangsstaats (Unterwerfung und die Zwangsvollstreckungsgerichtsbarkeit hier nicht ausdrücklich erwähnt, wohl aber in Art 13 Abs 3 des später abgeschlossenen [sonst ähnlichen] Vertrags BGBl 1967/340 [unten Rz 90]; s auch Übk BGBl 1972/236 Rz 67 und Art 20 und 23 EuÜbkStI Rz 235.

90 Vertrag betreffend den Durchgangsverkehr auf der Roßfeldstraße BGBl 1967/340.

Art 13 Abs 1: Für Klagen über Ansprüche aus Schadensfällen, die sich auf der Scheitelstrecke ereignen, unbeschadet eines anderen Gerichtsstands, Zuständigkeit des österr oder des deutschen Gerichts, durch dessen Sprengel die Scheitelstrecke führt (für Österreich: LG Salzburg, BG Hallein); Wahlrecht des Klägers, ohne Rücksicht darauf, ob sich die Unfallstelle auf österr oder auf deutschem Hoheitsgebiet befindet; haben jedoch der Ersatzberechtigte und der Ersatzpflichtige ihren Wohnsitz, Sitz oder gewöhnlichen Aufenthalt in demselben Vertragsstaat oder sind beide Angehörige dieses Staats, ist die Zuständigkeit der Gerichte des anderen Vertragsstaats, durch den die Scheitelstrecke führt, nicht gegeben; Abs 2: Möglichkeit der Vereinbarung der Zuständigkeit eines Gerichts eines der beiden Vertragsstaaten oder eines Drittstaats (§ 104 JN; § 38 dZPO; s auch § 28 JN Rz 36; generelle bzw spezielle, konkurrierende bzw dispositive Gerichtsbarkeit).

Zu Abs 3: Für Schadensfälle mit Beteiligung eines Fahrzeugs, dessen Halter ein Vertragsstaat oder ein Sondervermögen dieses Staats ist, s Art 15 Abs 4 Abk BGBl 1957/241 (oben Rz 89), hier dahingehend erweitert, daß sich die Unterwerfung ausdrücklich auch auf die Zwangsvollstreckung bezieht.

Vertrag betreffend den Durchgangsverkehr auf den Straßen an der Walchen Ache und am Pittenbach sowie zum Bächen- und Rißtal im österr-deutschen Grenzgebiet BGBl 1967/341. **91**

Art 3 Abs 8: für Schadenersatzklagen gegen das Land Tirol nach § 12 des Tiroler StraßenG (Tir LGBl 1952/11 idgF [betr die Haftung des Landes als Straßenerhalter]) ausschließliche Zuständigkeit der österr Gerichte (generelle ausschließliche Gerichtsbarkeit).

Art 31 Abs 1 (betreffend Schäden im Durchgangsverkehr: wie Art 15 Abs 1 Abk BGBl 1957/241 (oben Rz 89).

Art 31 Abs 2 (Beteiligung am Schadensfall eines Fahrzeugs des Ausgangsstaats): wie Art 13 Abs 3 Abk BGBl 1967/340 (oben Rz 90).

Abk betreffend die Regelung der Amtshaftung aus Handlungen von Organen des einen im grenznahen Gebiet des anderen Staats BGBl 1957/245. **92**

Art 1: Für Amtshandlungen der Organe des Nachbarstaats im Rahmen der in der Präambel aufgezählten Abk über Grenzübergangs- und Durchgangsverkehr haftet der Gebietsstaat; Art 2 statuiert Ausnahmen von der Anwendbarkeit des Abk. Gem Art 4 ist zur Entscheidung über die Klage des Geschädigten und über eine Regreßklage gegen das schuldtragende Organ in Österreich das mit der Ausübung der Gerichtsbarkeit in Amtshaftungssachen betraute LG zuständig, in dessen Sprengel die dem schuldtragenden Organ unmittelbar vorgesetzte Behörde oder Dienststelle ihren Sitz hat (spezielle ausschließliche Gerichtsbarkeit); das sind – in formaler Abweichung von § 9 Abs 1 AHG, der auf den Ort der Rechtsverletzung abzielt, aber faktisch mit gleichem Ergebnis – die LG Feldkirch, Innsbruck, Salzburg, Ried/Innkreis oder Linz. Gem § 9 Abs 2 AHG richtet sich die sachliche und örtliche Zuständigkeit für Regreßklagen allerdings nach §§ 3, 4 ASGG).

Art 7 normiert einen völkerrechtlichen Regreßanspruch des Gebietsstaats gegen den Nachbarstaat für iSd Abk getätigte Leistungen.

Siehe auch den Vertrag über den Durchgangsverkehr von Exekutivorganen und über die Durchführung von Häftlingen BGBl III 1998/58.

Vertrag über Auswirkungen der Anlage und des Betriebs des Flughafens Salzburg auf deutsches Gebiet BGBl 1974/559. **93**

Art 4 Abs 3: Zur Entscheidung von Streitigkeiten über Ansprüche, auf die sich der Vertrag bezieht, besteht ausschließliche Zuständigkeit der deutschen Gerichte (generelle ausschließliche Gerichtsbarkeit). Nach dem System des Vertrags hat zunächst Deutschland Entschädigung zu leisten, kann aber dann von Österreich die getätigten Aufwendungen zurückfordern (völkerrechtlicher Regreßanspruch von Deutschland gegen Österreich); s auch LG Traunstein ZLR 1975, 160; dazu *Seidl-Hohenveldern,* Die Regelung internationaler Umweltschutzprobleme im Falle des Salzburger Flughafens, Meyer-GS (1990) 205.

Abk mit dem Freistaat Bayern über die Anwendung der Salinenkonvention BGBl 1958/197. **94**

Teil I § 5 des Abk und § 31 Salinenkonvention 1892 idF 1957 (BGBl 1958/197): Für Streitigkeiten, die sich auf den Gegenstand der Salinenkonvention beziehen, erfolgt Ausübung der österr Gerichtsbarkeit erst, nachdem Vergleichsverhandlungen (nach längstens drei bzw sechs Monaten) ergebnislos verlaufen sind (zeitweilige Hemmung der Ausübbarkeit der im Abk – an sich generell und ausschließlich – normierten österr Gerichtsbarkeit, in Analogie zur Hemmung der Rechtswegszulässigkeit gem § 8 alt AHG [vor der Neufassung durch das BG BGBl 1989/343] in der von der Jud und Lit vorgenommenen Auslegung).

• mit Italien:

95 Übk betreffend den Straßendurchgangsverkehr zwischen Nord- und Osttirol über ital Gebiet BGBl 1949/227.

Gem Art 9 Abs 3: Zuständigkeit der ital Zivilgerichte zur E von Streitigkeiten aus Vorfällen während der Durchfahrt (im Prinzip Brenner – Innichen – Sillian, s Art 1 bis 5), ohne Rücksicht auf die Staatsangehörigkeit oder den Wohnsitz der beteiligten Parteien (generelle ausschließliche ital Gerichtsbarkeit), außer es handelt sich um Rechtsstreitigkeiten zwischen österr Staatsangehörigen mit Wohnsitz in Österreich (dafür trifft das Übk keine Regelung).

96 Abk betreffend die Grenzabfertigung (Eisenbahn, Straße, Rohrleitungen) BGBl 1976/472.

Gem Art 11 Abs 2: Zur E über Amtshaftungsansprüche betreffend in der „Zone" (das ist der Bereich des Vertragsstaats, in dem die Organe des Nachbarstaats zur Vornahme von Grenzabfertigungen berechtigt sind [Art 1 Z 4, näher ausgeführt in den Vereinbarungen BGBl 1985/468, 469, 470, 471, 472)] verursachte Schäden Zuständigkeit der Gerichte des Nachbarstaats, dem das handelnde Organ angehört (generelle ausschließliche Gerichtsbarkeit); für Österreich: örtliche Zuständigkeit der LG Innsbruck oder Klagenfurt (wegen der Fiktion des Art 11 Abs 2 [„als ob die schädigende Handlung im Nachbarstaat gesetzt worden wäre"]) nach § 9 Abs 1 AHG, sodaß sich eine Ordination nach § 28 Abs 1 Z 1 JN erübrigt. Betreffend die Zuständigkeit für Regreßklagen s Abk mit Deutschland BGBl 1957/245 (oben Rz 92). Siehe auch (eine Strafsache betreffend) ZfRV 1999, 118.

97 Abk betreffend den Grenzübergang der Eisenbahnen BGBl 1976/473.

Art 13 Abs 8: Für unter das Abk fallende Schadenersatzklagen (Schäden, die iZm dem Betrieb der Eisenbahn in einem Gemeinschaftsbahnhof, auf einer Anschlußstrecke oder iZm der Ausübung des Grenzübergangsdienstes entstanden sind) besteht ausschließliche Zuständigkeit der Gerichte des Staats, dem die in Anspruch genommene Eisenbahn angehört; haften sowohl die ÖBB als auch die FS, hat gem Abs 7 der Geschädigte die Klage nach Wahl gegen eine von ihnen zu erheben; das Wahlrecht erlischt mit der Klagseinbringung; es können also nicht beide Eisenbahnen als Streitgenossen geklagt werden (ausschließliche bzw konkurrierende generelle Gerichtsbarkeit).

• mit der Schweiz:

98 Abk betreffend die Grenzabfertigung (Eisenbahn, Straße, Schiffahrt) samt SchlußProt BGBl 1965/10.

Art 10 Abs 2: Gerichtsbarkeit des Nachbarstaats für die Geltendmachung von Amtshaftungsansprüchen betreffend die von Bediensteten dieses Staats im Rahmen der Grenzabfertigung in der „Zone" (Art 2 Z 3; s auch Z 4 des SchlußProt sowie die Regierungsvereinbarung BGBl 1971/53) zugefügten Schäden, gleich wie wenn die schädigende Handlung in der Gemeinde des Nachbarstaats stattgefunden hätte, der die Grenzabfertigungsstelle zugeordnet ist (generelle ausschließliche Gerichtsbarkeit); für Österreich: örtliche Zuständigkeit des LG Feldkirch gem § 9 Abs 1 AHG (gleich wie im Abk mit Italien BGBl 1976/472 – oben Rz 96). Betreffend die Zuständigkeit für Regreßklagen s Abk mit Deutschland BGBl 1957/245 (oben Rz 92).

Siehe auch das Prot zwischen Österreich, Liechtenstein und der Schweiz BGBl 1965/11; ferner die Regierungsvereinbarung zwischen Österreich und der Schweiz BGBl 1971/53.

• mit Ungarn:

99 Abk betreffend die Grenzabfertigung im Eisenbahnverkehr BGBl 1992/134 samt Vereinbarung BGBl 1993/327.

Art 9 Abs 2: Gerichtsbarkeit des Nachbarstaats für die Geltendmachung von Amtshaftungsansprüchen betreffend die von Bediensteten dieses Staats im Rahmen der Grenzabfertigung in der „Zone" (Art 1 Z 4 und Art 3) zugefügten Schäden, als ob die schädigende Handlung im Nachbarstaat stattgefunden hätte (generelle ausschließliche Gerichtsbarkeit); für Österreich: gem § 9 Abs 1 AHG (gleich wie im Abk mit Italien BGBl 1976/472 – oben Rz 96) örtliche Zuständigkeit des LG Eisenstadt und des LGZ Graz. Betreffend die Zuständigkeit für Regreßklagen s Abk mit Deutschland BGBl 1957/245 (oben Rz 92).

Art 13 Abs 2: Zur Geltendmachung von Ansprüchen betreffend die von einem Bediensteten des Nachbarstaats in Ausübung seines Dienstes oder in Beziehung auf diesen im Gebietsstaat erlittenen Schäden – (unausgesprochen) neben der Zuständigkeit der Gerichte des Gebietsstaats – Zuständigkeit auch des Gerichts eines der Vertragsstaaten, in dessen Sprengel der Anspruchsberechtigte seinen allgemeinen Gerichtsstand hat (generelle bzw spezielle konkurrierende Gerichtsbarkeit).

Abs 4: Obige Regelung gilt sinngemäß auch für die Geltendmachung von Schäden, die ein Bediensteter des Nachbarstaats während seines dienstlichen Aufenthalts im Gebietsstaat, jedoch nicht in Ausübung seines Dienstes, zugefügt hat (für Amtshaftungsansprüche s Art 8 Abs 2).

Siehe auch das Abk [über den Eisenbahndurchgangsverkehr des österr-ung Industrieparks in der Umgebung der Stadt Szentgotthárd] BGBl III 1999/127. **99a**

Abk über den Eisenbahndurchgangsverkehr über Sopron BGBl 1982/197. **100**

Art 5 Abs 3: Österr Gerichtsbarkeit besteht zur Geltendmachung von Amtshaftungsansprüchen für Schäden, die österr Begleitorgane im Eisenbahndurchgangsverkehr zufügen, als ob die schädigende Handlung in Österreich stattgefunden hätte (generelle ausschließliche Gerichtsbarkeit); örtliche Zuständigkeit des LG Eisenstadt gem § 9 Abs 1 AHG (gleich wie im Abk mit Italien BGBl 1976/472 – oben Rz 96). Betreffend die Zuständigkeit für Regreßklagen s Abk mit Deutschland BGBl 1957/245 (oben Rz 92).

Art 18 Abs 7: Für die Geltendmachung von Ansprüchen für Personen- und Sachschäden eines Reisenden und für die Beförderung von Gütern im Eisenbahndurchgangsverkehr ausschließliche Zuständigkeit der Gerichte des Staats derjenigen Eisenbahn, der gegenüber der Schadenersatzanspruch geltend gemacht wird (generelle konkurrierende Gerichtsbarkeit dieses Staats); Analoges gilt gem Abs 3 für die Geltendmachung von Ansprüchen betreffend die von einem österr Bediensteten im Eisenbahndurchgangsverkehr erlittenen Schäden (allerdings nur Haftung der ÖBB; daher auch nur Klage vor österr Gerichten [generelle ausschließliche österr Gerichtsbarkeit]).

Abk über die Grenzabfertigung im Straßen- und Schiffsverkehr BGBl 1992/794 samt mehreren Vereinbarungen über die Errichtung von Grenzabfertigungsstellen. **101**

Zur „Zone“: Art 1 Z 4 und Art 3; Art 10 Abs 2 (betreffend die Geltendmachung von Amtshaftungsansprüchen): wie Art 9 Abs 2 BGBl 1992/134 (oben Rz 99); Art 14 Abs 2 (Geltendmachung sonstiger Schäden): wie Art 13 Abs 2; Art 14 Abs 4: wie Art 13 Abs 4 BGBl 1992/134 (oben Rz 99).

- **mit Jugoslawien (Slowenien):**

(Gem Notenwechsel BGBl 1993/714 im Verhältnis zu Slowenien in Kraft.)

Abk über die Grenzabfertigung im Eisenbahnverkehr BGBl 1968/169 idF BGBl 1970/82 und 1975/462. **102**

Art 7 Abs 2: Zuständigkeit der Gerichte des Nachbarstaats für die Geltendmachung von Amtshaftungsansprüchen betreffend von Bediensteten des Nachbarstaats bei der Grenzabfertigung im Gebietsstaat (Art 2 Z 2) zugefügte Schäden, gleich wie wenn die schädigende Handlung an dem Ort des Nachbarstaats stattgefunden hätte, an dem die Grenzabfertigungsstelle liegt, in deren Auftrag der Bedienstete tätig war (generelle ausschließliche Gerichtsbarkeit); für Österreich: örtliche Zuständigkeit der LG Klagenfurt oder Graz gem § 9 Abs 1 AHG (gleich wie in Abk mit Italien BGBl 1976/472 – oben Rz 96). Betreffend die Zuständigkeit für Regreßklagen s Abk mit Deutschland BGBl 1957/245 (oben Rz 92).

Vertrag über den Karawankentunnel BGBl 1978/441 idF BGBl 1983/256. **103**

Art 24 Abs 2: Gerichtsbarkeit des Nachbarstaats für die Geltendmachung von Amtshaftungsansprüchen betreffend von Organen des Nachbarstaats bei der Grenzabfertigung im Gebietsstaat (in der „Zone“ [Art 17]) zugefügte Schäden, als ob die schädigende Handlung im Nachbarstaat gesetzt worden wäre; für Österreich: örtliche Zuständigkeit des LG Klagenfurt iSd § 9 Abs 1 AHG iVm § 17 Abs 3 des Vertrags (generelle ausschließliche Gerichtsbarkeit).

• mit der Tschechoslowakei (mit Tschechien, mit der Slowakei):

104 Abk betreffend die Grenzabfertigung im Eisenbahn- Straßen- und Schiffsverkehr BGBl 1992/561 (mit Notenwechsel BGBl 1994/1046 im Verhältnis zur Slowakei in Kraft gesetzt; gem BGBl III 1997/123 im Verhältnis zu Tschechien weiter angewandt); zahlreiche Vereinbarungen über die Errichtung von Grenzübergängen.

Art 10 Abs 3: Gerichtsbarkeit des Nachbarstaats für die Entscheidung über Amtshaftungsansprüche betreffend die von Bediensteten des Nachbarstaats im Rahmen der Grenzabfertigung in der Zone (Art 1 Z 4 und Art 3) verursachten Schäden (generelle, ausschließliche Gerichtsbarkeit); für Österreich gem § 9 Abs 1 AHG iVm Art 4 Abs 2 des Abk örtliche Zuständigkeit des LG Eisenstadt, Korneuburg, Krems, Linz, Ried/Innkreis (gleich wie im Abk mit Italien BGBl 1976/462 [oben Rz 96]). Betreffend die Zuständigkeit für Regreßklagen s Abk mit Deutschland BGBl 1957/245 (oben Rz 92).

Art 12 Abs 2: Zur Entscheidung über Schadenersatzansprüche betreffend die von einem Bediensteten des Nachbarstaats in Ausübung seines Dienstes oder in Beziehung auf diesen im Gebietsstaat erlittenen Schäden Zuständigkeit der Gerichte jenes Vertragsstaats, in dem das den Schaden verursachende Verhalten gesetzt worden ist oder in dem der Schädiger seinen gewöhnlichen Aufenthalt hat, oder das Gericht, in dessen Sprengel der Kläger seinen gewöhnlichen Aufenthalt hat (generelle bzw spezielle konkurrierende Gerichtsbarkeit).

bb) Angelegenheiten des Personen- und Familienrechts

105 VormundschaftsAbk mit Deutschland BGBl 1927/269 (durch das Inkrafttreten des Haager MinderjährigenschutzÜbk [oben Rz 69] – s dessen Art 18 Abs 2 – unberührt geblieben); gleich wie das Haager MinderjährigenschutzÜbk gilt es nur für die Vormundschaft „im technischen Sinn").

Art 1: Vormundschaftsgerichtsbarkeit des Aufenthaltsstaats über einen mj Angehörigen des anderen Staats mit gewöhnlichem Aufenthalt im erstgenannten Staat; die Behörden des Heimatstaats können vom Aufenthaltsstaat jederzeit die Aufhebung der Vormundschaft verlangen.

Art 2: Verlegt ein Mj, über den im Heimatstaat eine Vormundschaft geführt wird, seinen gewöhnlichen Aufenthalt in den anderen Vertragsstaat, ist über Verlangen des Heimatstaats die Vormundschaft vom Aufenthaltsstaat (weiter)zuführen.

Art 3: Die Vormundschaft erstreckt sich auf die Person und das gesamte Vermögen des Mj, gleich wo er sich befindet, mit Ausnahme der Grundstücke, für die eine „besondere Güterordnung" (etwa geschlossene Höfe nach dem Tiroler LG LGBl 1900/47 idF LGBl 1928/16 und 1934/38) besteht (generelle ausschließliche Gerichtsbarkeit).

Art 5: Notzuständigkeit der „Ortsbehörden" in dringlichen Fällen (ähnlich wie § 110 Abs 1 Z 2, 2. Fall JN).

Im Anwendungsbereich des Abk wird dem § 110 JN derogiert; s auch RZ 1978/46; ZfRV 1993/27.

106 Rechtshilfevertrag mit Liechtenstein samt ZusatzProt BGBl 1956/213 idF BGBl 1968/99.

Art 14: Zuständigkeit der Gerichte (Behörden) des Aufenthaltsstaats zur Führung der vormundschaft- oder pflegschaftbehördlichen Geschäfte für Angehörige des anderen Staats, die dort ihren ständigen (= gewöhnlichen, iSd § 66 Abs 2 JN) Aufenthalt haben; Abtretung an den Heimatstaat auf dessen Verlangen (generelle ausschließliche Gerichtsbarkeit).

Im Anwendungsbereich des Vertrags wird dem § 110 JN derogiert.

Art 15: Zuständigkeit der Behörden (der Gerichte) des Aufenthaltsstaats zu vorläufigen Maßnahmen, auch wenn der Betreffende dort nur (schlichten) Aufenthalt hat (ähnlich wie § 110 Abs 1 Z 2, 2. Fall JN).

107 Rechtshilfevertrag mit Polen idF des ZusatzProt BGBl 1974/79.

Art 31–35: Vormundschaftsgerichtsbarkeit (betreffend Mj) des Aufenthaltsstaats betreffend Angehörige des anderen Staats; subsidiäre Gerichtsbarkeit des Heimatstaats; bei Verlegung des gewöhnlichen Aufenthalts in den anderen Staat Übergang der Vormundschaftsgerichtsbarkeit auf diesen; Notzuständigkeit für dringende Maßnahmen; auch Möglichkeit einer Übertragung der Vormundschaftsgerichtsbarkeit an den anderen Vertragsstaat (entspricht im wesentlichen den Art 1, 4, 5, 6, 8, 10 Haager-MinderjährigenschutzÜbk – oben Rz 69); s auch ZfRV 1998/56; 1994/36; LG Linz IPRE 3/170.

cc) Nachlaßsachen

Additionalartikel zum Handels- und Schiffahrtstraktate 1835 mit Griechenland RGBl 1856/169. **108**

Einziger Artikel: Die Nachlaßabhandlung und die Entscheidung aller streitigen Erbrechtsansprüche, hinsichtlich des in einem Staat vorhandenen beweglichen Vermögens eines Angehörigen des anderen Staats, wird den Gerichten des Heimatstaats des Verstorbenen überlassen; das bedeutet ausschließliche Gerichtsbarkeit des Heimatstaats; Recht (und Pflicht) des Gebietsstaats zu Sicherungsmaßnahmen. Damit wird in bezug auf in Österreich gelegenes bewegliches Nachlaßvermögen den § 23 Abs 2–4, §§ 24 und 140 AußStrG (und somit [soweit es sich um Erbrechtsstreitigkeiten iwS handelt] auch dem § 77 JN – s dazu Rz 42) betreffend bewegliche Nachlässe griechischer Staatsangehöriger derogiert.

Rechtshilfevertrag mit Polen idF des ZusatzProt BGBl 1974/79. **109**

Art 39 Abs 1: In bezug auf das unbewegliche Vermögen Abhandlungsgerichtsbarkeit des Lagestaats (generelle ausschließliche Gerichtsbarkeit gem § 22 AußStrG).

Art 40 Abs 1: In bezug auf das bewegliche Vermögen im Prinzip Abhandlungsgerichtsbarkeit des Heimatstaats des Erblassers (generelle ausschließliche Gerichtsbarkeit); gem Art 40 Abs 2: Abhandlungsgerichtsbarkeit des Wohnsitzstaats des Erblassers über Antrag der dort wohnhaften Erben, Noterben oder Vermächtnisnehmer, mangels Widerspruchs (ähnlich wie § 24 AußStrG) (generelle konkurrierende Gerichtsbarkeit).

Art 40 Abs 3: Abhandlungsgerichtsbarkeit des Wohnsitzstaats (soweit dieser ein Vertragsstaat ist) in bezug auf das bewegliche Nachlaßvermögen von Doppelbürgern (generelle, ausschließliche Gerichtsbarkeit).

Art 41 Abs 1: Gerichtsbarkeit zur Entscheidung über streitige Erb-, Pflichtteils- oder Vermächtnisansprüche (Erbrechtssachen iwS) des Staats, dem die Abhandlungsgerichtsbarkeit zukommt, sofern diese Streitigkeiten vor Beendigung der Nachlaßabhandlung eingeleitet wurden (s auch § 77 Abs 1 JN – Rz 42) (generelle ausschließliche Gerichtsbarkeit).

Art 44: Zuständigkeit der Gerichte des Staats der gelegenen Sache zu Sicherungsmaßnahmen (entspricht im wesentlichen den §§ 137–139 AußStrG).

Art 46: keine Abhandlungsgerichtsbarkeit (somit Ausfolgepflicht) in bezug auf das bei einem vorübergehenden Aufenthalt (bei einer Reise) mitgeführte bewegliche Vermögen.

Vertrag mit Ungarn über Nachlaßangelegenheiten BGBl 1967/306. **110**

Art 5 (Zuständigkeit zur Abhandlung unbeweglichen Vermögens), Art 6 (Zuständigkeit zur Abhandlung beweglichen Vermögens), Art 7 (Zuständigkeit für Nachlaßstreitigkeiten), Art 9 (Zuständigkeit für Sicherungsmaßnahmen): wie Art 39 Abs 1, Art 40 Abs 1–3, Art 41 Abs 1, Art 44 Abs 1 Rechtshilfevertrag mit Polen BGBl 1974/79 (oben Rz 109).

Art 13: Ersatzzuständigkeit der Gerichte des Staats des gelegenen Nachlaßvermögens, wenn eine von den Gerichten des Heimatstaats getroffene E im ersteren nicht anerkannt und vollstreckt werden kann.

Rechtshilfevertrag mit Jugoslawien samt Schlußprot BGBl 1955/224 (mit Notenwechsel BGBl 1993/714 im Verhältnis zu Slowenien in Kraft gesetzt, gem BGBl 1996/474 Anwendbarkeit im Verhältnis zu Kroatien, gem BGBl III 1997/92 im Verhältnis zu Mazedonien festgestellt; mit Bosnien und Herzegowina sowie **111** mit BR Jugoslawien Verhandlungen über die Feststellung der Anwendbarkeit im Gange; bis dahin in pragmatischer Weise weiter angewandt).

Art 30 (Zuständigkeit zur Abhandlung unbeweglichen Vermögens und für Nachlaßstreitigkeiten darüber), Art 31 Abs 1, 1. Satz (Zuständigkeit zur Abhandlung beweglichen Vermögens und für Nachlaßstreitigkeiten darüber), Art 33 (Zuständigkeit für Sicherungsmaßnahmen), Art 36 (konkurrierende Zuständigkeit des Wohnsitzstaats des Erblassers über Antrag dort wohnhafter Berechtigter), Art 37 (keine Abhandlungsgerichtsbarkeit, sondern Ausfolgungspflicht betreffend das bei vorübergehendem Aufenthalt mitgeführte bewegliche Vermögen): entsprechen im wesentlichen den Art 39 Abs 1, Art 40 Abs 1 jeweils iVm Art 41 Abs 1, Art 44, Art 40 Abs 2, Art 46 Rechtshilfevertrag mit Polen BGBl 1974/79 (oben Rz 109); keine dessen Art 40 Abs 3 entsprechende Regelung betreffend Doppelbürger.

Art 31 Abs 1, 2. Satz (Ersatzzuständigkeit der Gerichte des Heimatstaats): ähnlich Art 13 Vertrag mit Ungarn BGBl 1967/306 (oben Rz 110).

112 Von den Bestimmungen des AußStrG teilweise abweichende Regelungen über die Zuständigkeit zur Setzung gewisser Maßnahmen betreffend Nachlaßvermögen sehen zT die in Rz 285 erwähnten Konsularkonventionen vor.

dd) Andere Materien

113 Amtssitzabkommen mit den VN BGBl III 1998/99; Art II Abs 9 und mit der IAEO BGBl 1981/366, Art XI:

Haben die VN bzw hat die IAEO einen Versicherungsvertrag abgeschlossen, um ihre Haftung für vom Amtssitzbereich ausgehenden Schäden zu decken, die juristische oder physische Personen, welche nicht Angestellte der VN bzw der IAEO sind, erleiden, können Ansprüche betreffend die Haftung der VN bzw der IAEO unmittelbar gegen den Versicherer (gleich, ob dieser seinen Sitz im Inland oder im Ausland hat) vor österr Gerichten geltend gemacht werden (in Analogie zu § 26 KHVG 1994); dies ist im Versicherungsvertrag vorzusehen (damit Prorogation der inländischen Gerichte). Dadurch wird (generelle dispositive) inländische Gerichtsbarkeit begründet; gegebenenfalls wäre zu ordinieren (zu § 28 JN Rz 35).

ee) Zusicherung des „freien und ungehinderten Zugangs zu den Gerichten“

114 In Abweichung von der Flüchtlingskonvention (Rz 71) berühren die Regelungen über den „freien und ungehinderten Zugang zu den Gerichten“ (mit Inländergleichstellung oder Meistbegünstigung) in Freundschafts-, Handels- oder Rechtshilfeverträgen (vgl etwa Art 1 Vertrag mit den Niederlanden BGBl 1930/299; Art 1 Vertrag mit Polen BGBl 1974/79 oben Rz 109 uva) nicht die inländische Gerichtsbarkeit in Statussachen (oder in Nachlaßsachen), soweit diese auf die (inländische) Staatsangehörigkeit abstellt (auch aus dem Diskriminierungsverbot aus Gründen der Staatsangehörigkeit nach Art 12 EGV idF des Vertrags von Amsterdam, das sich nur auf die Regelungsmaterien des Vertrags bezieht [vgl *Schweitzer/Hummer,* Europarecht[4], 245 f], läßt sich – nach dem dzt [allerdings in Entwicklung begriffenen] Stand des Gemeinschaftsrechts – nichts Gegenteiliges ableiten). Die genannten Regelungen beziehen sich vielmehr auf die Befreiung von der Sicherheitsleistung für Prozeßkosten (§ 57 ZPO) und auf die Gewährung von Verfahrenshilfe (§ 63 ff ZPO [letzteres seit der Streichung des Abs 3 in § 63 ZPO durch die ZVN 1983 für Österreich obsolet geworden]) sowie auf die – heute kein Problem mehr darstellende – „generelle Zugänglichkeit“ der inländischen Gerichte, auch für Ausländer, deren Gewährleistung auch ein Gebot des Art 6 Abs 1 EMRK ist (Vor Art IX EGJN Rz 8); das ergibt sich aus der ratio dieser Vereinbarung (zur Tragweite der Klausel s *Geimer,* IZVR[3] Rz 1919–1922; *Riezler,* IZPR 216 f, 437; s auch SZ 23/293).

C. Völkerrechtliche Ausschlußnormen (Immunitäten)

1. Allgemeines über die völkerrechtlichen Ausschlußnormen (Immunitäten)

a) Völkerrechtliche Gebote (und Verbote)

Verschiedene Normen des Völkergewohnheitsrechts und – neuerdings immer mehr – des Völkervertragsrechts (durch die fortschreitende Kodifikation des Völkergewohnheitsrechts geht dieses zunehmend in Völkervertragsrecht über) untersagen die Ausübung auch von Zivilgerichtsbarkeit – auf die allein hier einzugehen ist – gegenüber gewissen natürlichen und juristischen Personen (Mitglieder diplomatischer Missionen und konsularischer Vertretungen, von Spezialmissionen, von Vertretern bei Internationalen Organisationen, von Funktionären der Internationalen Organisationen, fremde Staatsoberhäupter und Regierungsmitglieder, [Organe des völkerrechtlichen Verkehrs], fremde Staaten, Internationale Organisationen) und sonstigen völkerrechtlichen „Gebilden" oder „Ausgliederungen", mögen sie auch keine juristischen Personen im Rechtssinn, wohl aber solchen (Staaten, Internationalen Organisationen) zuzurechnen sein (fremde Kriegsschiffe, Truppenkörper, Staatsflugzeuge, Büros von Internationalen Organisationen und internationalen Konferenzen). **115**

Auf die Grenzen der Ausübung von Gerichtsbarkeit im Bereich der völkerrechtlichen Immunitäten nehmen auch verschiedene Normen des innerstaatlichen Rechts Bezug (vgl zB § 1 StGBl 1919/210, Art IX Abs 2 und 3 EGJN, § 38 ABGB, § 61 StPO; s dazu, aus der älteren Jud etwa EvBl 1950/570; SSt 8/133). Da diese Immunitäten heute weitestgehend den Gegenstand staatsvertraglicher Regelungen bilden, kommt den den ersteren nachgeordneten einschlägigen Normen des innerstaatlichen Rechts nur mehr beschränkte Bedeutung zu (soweit sie von Relevanz sind, wird an den betreffenden Stellen darauf eingegangen werden). Bedeutsam sind aber weiterhin verschiedene innerstaatliche Normen über die Modalitäten der Ausübung von Gerichtsbarkeit im Bereich der Immunitäten, wie zB § 32 Abs 3 und 4 JN, § 11 Abs 2 ZustG, § 31 Abs 1 EO, §§ 32–36 RHEZ 1997; §§ 55–61 ARHV BGBl 1980/219.

Den Immunitätsregeln gleich wirken auch sonstige völkervertragsrechtliche Ausschlußnormen (Rz 52, 196ff).

b) Innerstaatliche Auswirkungen

Die oben (Rz 115) genannten Rechtssubjekte und -objekte genießen kraft Völkerrechts Immunität oder Exemtion; den früher (so auch in den älteren österr Prozeßgesetzen [vgl etwa Art IX Abs 2 und 3 EGJN; § 32 Abs 3 und 4 sowie § 85 JN; § 119 alt ZPO; § 31 Abs 1 EO; im Text des § 31 EO hat man bei der Neufassung im Rahmen der EO-Nov 1995 den überholten Ausdruck zwar eliminiert, ihn in der Marginalrubrik aber beibehalten]) verwendeten Begriff der „Exterritorialität", der auf eine Fiktion zurückgeht, mit deren Hilfe man die Ausnahme der genannten Rechtssubjekte von der inländischen Gerichtsbarkeit zu erklären versucht hat (s auch va *Grotius:* – das Areal einer fremden Vertretungsbehörde befinde sich „quasi extra territorium" des Empfangsstaats), hat man durch den der „Immunität" ersetzt (so etwa in Art IX Abs 2 und 3 EGJN; in § 29, 2. Satz JN, § 32 Abs 3 und 4 JN, § 42 Abs 2 JN [idF der WGN 1997], § 11 Abs 2 ZustG und im V. Teil des RHEZ 1997). Unverständlicherweise wird der antiquierte Ausdruck „Exterritorialität" von einem Teil der Lehre weiter verwendet. Zum Begriff in einzelnen Amtssitzabkommen s Rz 317, 318. **116**

Auch immune Rechtssubjekte oder -objekte sind grundsätzlich der inländischen Rechtsordnung unterworfen; sie sind nur – im Rahmen der Immunität – **117** von der Vollziehung ausgenommen. Vorbehaltlich Sondernormen des Völkergewohnheits- und des Völkervertragsrechts oder auch des innerstaatlichen Rechts (Rz 318), gelten für sie auch die inländischen Gesetze (dieser Aspekt braucht hier nicht untersucht zu werden). Zur Terminologie der Amtssitzabkommen s Rz 317, 318.

118 Ob gegebenenfalls Immunität besteht, ist von Amts wegen zu prüfen, wobei die Sachlage zum Zeitpunkt der E maßgebend ist und gegebenenfalls Erhebungen darüber zu pflegen sind (Rz 17, 19); zur amtswegigen Prüfung als völkerrechtliches Gebot s Art 15, 2. Halbsatz EuÜbkStI – Rz 235; betreffend die Wirkungen einer Streiteinlassung, ohne von der Immunität Kenntnis gehabt zu haben, gem Art 3 Abs 1, 2. Satz EuÜbkStI s Rz 235). Die Beweislast etwa dafür, daß ein fremder Staat hoheitlich gehandelt hat, daß eine Tätigkeit in Ausübung einer Amtsfunktion vorgenommen, daß ein Gegenstand hoheitlichen Zwecken dient oder daß kein ausdrücklicher oder konkludenter Verzicht (Rz 135 ff) erfolgt ist, trifft uU den sich auf die Immunität berufenden Beklagten (oder Antragsgegner) (vgl *Geimer,* IZVR[3] Rz 527); s auch Rz 190 ff, 203 ff und Rz 219.

119 Die Ausübung von Gerichtsbarkeit gegenüber einem immunen Rechtssubjekt (oder -objekt) wäre völkerrechtswidrig und würde ein völkerrechtliches Unrecht darstellen; der Antrag auf Nichtigerklärung eines bereits rechtskräftig abgeschlossenen Verfahrens gem § 42 Abs 2 JN (s dort) – ein Relikt einer früher auch für den Zivilprozeß bestehenden Nichtigkeitsbeschwerde zur Wahrung des Gesetzes – dient ua dem Zweck, die Folgen eines solchen völkerrechtlichen Unrechts nachträglich zu beseitigen (ZÖR 42, 472 [1991] = JUS 1990/401; SZ 37/94; EvBl 1962/272 = JBl 1962, 271 = ZVR 1962/156 – s auch Vor Art IX EGJN Rz 84 und oben Rz 27).

120 Die Immunität schließt aber nicht aus, daß ein immunes Rechtssubjekt als Kläger oder Antragsteller vor einem inländischem Gericht auftritt bzw es sich sonstwie der inländischen Gerichtsbarkeit freiwillig unterwirft (Art IX Abs 2, 1. Fall EGJN [dazu Rz 135 ff].

121 Die Regeln über die Immunität haben lediglich eine negative, die inländische Gerichtsbarkeit ausschließende Funktion; sie besagen nicht, wer zur Ausübung von Gerichtsbarkeit gegenüber immunen Rechtssubjekten befugt – und gegebenenfalls verpflichtet – ist (s die Ersatzregelung des § 68 Abs 3 und § 69 JN – s dort, sowie Rz 187, 188; s ferner ua Art 31 Abs 4 WDK; angesprochen wurde dieses Problem auch in ZAS 1981/8 [*H. Hoyer*]).

122 Die in Rz 115 genannten Rechtssubjekte und -objekte sind – soweit sie Immunität (generell oder im konkreten Fall) genießen – insofern der inländischen Gerichtsbarkeit entzogen, als sie im Prinzip nicht Beklagte – auch nicht als Streitgenossen Mitbeklagte –, Antragsgegner oder sonstwie Adressaten oder Gegenstand staatlicher Gerichtstätigkeit sein können (persönliche, sachliche Immunität); dazu zählen auch Ladungen oder sonstige Zustellungen, mit denen verbindliche Aufträge erteilt oder Zwangsfolgen angedroht werden, zB Auftrag zur Urkundenedition gem § 308 ZPO, Drittverbot gem § 294 EO (soweit der Immune zur Entgegennahme nicht freiwillig bereit ist: LGZ Wien EFSlg 54.914 [1987]; LGZ Wien EvBl 1953/18; s auch LG Bonn MDR 1966, 935); Auftrag zur Abgabe der Drittschuldnererklärung gem § 301 EO (anders OLG Wien ZÖR 30, 340 [1979], wo auch die Zulässigkeit einer Klage gem § 308 EO des Überweisungsgläubigers bejaht wird [es handelte sich allerdings um einen ausländischen Staat als Drittschuldner, der als privatrechtlicher Dienstgeber des Verpflichteten keine Immunität genießt – Rz 222]); ausgeschlossen ist natürlich die unmittelbare Androhung oder Setzung von Zwangsmitteln (einschließlich Beugemitteln, und von einstweiligen Maßnahmen [die praktisch immer eine Androhung und/oder Setzung von Zwangsmitteln beinhalten]; dazu Vor Art IX EGJN Rz 76) gegenüber immunen Personen oder Sachen. Nicht von der Immunität erfaßt ist das nicht hoheitlichen Zwecken dienende Vermögen eines Staats; in dieses kann – allerdings ohne Zwang gegen immune Personen und ohne Verletzung geschützter Areale oder Räume – Exekution geführt werden (Rz 218). Auch in Verfahren, die nicht von der Immunität erfaßt werden (vgl Art 18 EuÜbkStI), ist die Androhung und Anwendung von Beugemitteln gegen immune Personen grundsätzlich nicht gestattet; dort auch nur beschränkte Zulässigkeit der Setzung von Vollstreckungsmaßnahmen (vgl etwa Art 31 Abs 3 WDK). Bezüglich des Wegfalls der Immunität durch Verzicht s Rz 138 ff. Zur Immunität insb von der Zwangsvollstreckung und zur Vornahme einer zulässigen Zwangsvollstreckung in bezug auf ein Immunität genießendes Rechtssubjekt oder -objekt s *Heller/Berger/Stix*[4] I 349 ff.

Völkerrechtlich zulässig ist jedoch eine „einfache" **Zustellung** (etwa einer Klage) oder Ladung (zu einer Tagsatzung, als Zeuge, Partei oder Auskunftsperson) – trotz grundsätzlicher Befreiung von der Gerichtsbarkeit bzw von der Zeugnispflicht für diplomatisches oder diesem gleichgestelltes Personal, einschließlich der Immunität genießenden Funktionäre der Internationalen Organisationen; bei immunen juristischen Personen (Staaten, Internationalen Organisationen) gilt die Befreiung von der Zeugnispflicht für deren Amtsträger (s auch Rz 251) – da uU ja erst aus der Reaktion der Adressaten entnommen werden kann, ob diese Immunität genießen, ob sie gegebenenfalls darauf verzichten bzw bereit sind, einer Zeugenladung Folge zu leisten; aus dem letztgenannten Grund muß eine solche Zustellung oder Ladung auch zulässig sein, wenn der Bestand der Immunität zweifelsfrei feststeht (arg Art 16 EuÜbkStI); die Frage ist allerdings str (Nachweise bei *Geimer,* IZVR[3] Rz 485, 486). Der Justizgewährungsanspruch des Klägers oder Antragstellers (dazu Vor Art IX EGJN Rz 8 und unten Rz 187, 188) gebietet sogar, die Vornahme einer solchen Zustellung bzw die Einholung einer entsprechenden Verzichts- oder Bereitschaftserklärung (§§ 33, 35 RHEZ 1997). 123

Zulässig ist auch die Vornahme einer Streitverkündung nach § 21 ZPO gegenüber einer immunen Person; die Frage ist jedoch gleichfalls str (Nachweise bei *Geimer,* IZVR[3] Rz 639). 124

Zur Vorgangsweise bei der Zustellung an immune Personen und Ladungen von diesen, zur Ausführung von solche Personen betreffenden gerichtlichen Verfügungen und zur Vornahme von gerichtlichen Amtshandlungen in deren Wohnungen (generell zum Verkehr mit ausländischen Vertretungsbehörden und mit Internationalen Organisationen) s § 32 Abs 3 und 4 JN; § 11 Abs 2 ZustG; § 12 Abs 2 und 3, § 34 Abs 1 und 3 RHEZ 1997 (Vorlage an das BMJ, Vermittlung des BMAA); gem § 34 Abs 2 RHEZ 1997, unmittelbare Zustellung an den Prozeß- oder Zustellungsbevollmächtigten, falls ein solcher bestellt ist. Zur Zustellung von gegen fremde Staaten gerichteten Klagen an die diplomatische Vertretung dieses Staats im Inland s Rz 201, 202. 125

c) Grenzen der Immunität betreffend dingliche Rechte an inländischen Liegenschaften

Gem Art IX Abs 2, 2. Fall EGJN erstreckt sich die Immunität nicht auf Rechtsstreitigkeiten betreffend im Inland gelegene unbewegliche Güter und dingliche Rechte an inländischen Liegenschaften anderer Personen. Die Bestimmung verweist primär auf § 81, nicht aber auf § 91, ferner wohl aber (trotz 126 der Aufhebung des § 85 JN durch die WGN 1997) auf § 82 und (beschränkt – s Rz 127) auf § 83 JN. IdS entspricht Art IX Abs 2, 2. Fall EGJN dem Völkergewohnheits- (betreffend die Staatenimmunität s Rz 199) und -vertragsrecht (s zB Art 31 Abs 1 lit a WDK Rz 250 und gleichsinnig Art 31 Abs 2 lit a ÜbkSpezMiss sowie Art 30 Abs 1 lit a WKVIO Rz 265 ff; s aber die abweichende Normierung in den Amtssitzabkommen – Rz 319 – welche das Eigentum der Organisation „von jeglicher Jurisdiktion" des Sitzstaats ausnehmen); zur nur beschränkten Zulässigkeit einer Zwangsvollstreckung in solches Vermögen s Rz 218, 249, 250, 276.

127 Bezüglich der in § 83 JN angesprochenen Bestandstreitigkeiten ist die Regelung auf intabulierte Bestandrechte eingeschränkt zu sehen (OLG Wien EvBl 1947/12), während die inländische Gerichtsbarkeit betreffend sonstige Streitigkeiten aus Bestandverträgen (§ 49 Abs 2 Z 5 JN) nach den (unterschiedlichen) völkerrechtlichen Regelungen über die Immunitäten zu beurteilen ist (so ist sie zwar nicht etwa gegenüber einem Diplomaten – Rz 250 – s dazu LGZ Wien MietSlg 36.716 [1984], 26.439 [1974], wohl aber gegenüber einem fremden Staat im Rahmen seines Handelns iure gestionis – Rz 203 ff, 215 – gegeben).

128 Zu einer Berufung auf § 81 JN (zwar nicht iS einer Ausnahme von der Immunität) zur Begründung der inländischen Gerichtsbarkeit bzw als Indikator für diese betreffend eine quasinegatorische Eigentumsklage s Rz 227.

d) Ausmaß der Immunität

129 Das Ausmaß der Befreiung von der inländischen Gerichtsbarkeit ist nicht bezüglich aller immunen Rechtssubjekte und -objekte das gleiche; es muß vielmehr den im Einzelfall die Immunität regelnden Normen des Völkergewohnheitsrechts und des Völkervertragsrechts – wobei die letzteren nur zT generalisierungsfähige, dh über den unmittelbaren Anwendungsbereich des entsprechenden Vertrags hinausgehende Ansätze enthalten (soweit das der Fall ist, wurde bzw wird in der Folge darauf eingegangen) – entnommen werden.

Auf die zwischen der Staatenimmunität und der diplomatischen Immunität bestehenden Unterschiede hat unlängst das BVfG 10. 6. 1997 EuGRZ 1997, 436 hingewiesen.

130 Der Wortlaut des Art IX EGJN gibt (ebenso wie der des § 38 ABGB) zum Ausmaß der Befreiung von der inländischen Gerichtsbarkeit nicht viel her; diese Bestimmung, welche überhaupt nur die persönliche Immunität – der dort verwendete Ausdruck „Personen" ist jedenfalls mit „Rechtssubjekten", also mit natürlichen und juristischen Personen oder sonstigen völkerrechtlichen „Gebilden", gleichzusetzen (aM die auch in anderer Hinsicht überholte E SZ 10/177) – anzusprechen scheint (und auch hier bezüglich des Ausmaßes der Immunität nicht differenziert) und erweiternd auch auf die sachliche Immunität auszudehnen ist, bleibt vielmehr unvollständig (s auch Rz 4).

131 Die Völkerrechtslehre unterscheidet zwischen der persönlichen Immunität (ratione personae) natürlicher und juristischer Personen (und sonstiger „Gebilde" – Rz 115) und der sachlichen Immunität (ratione materiae), mit der das Nicht-Unterworfensein gewisser, Immunen zuzurechnender Vermögenswerte unter die Zwangsvollstreckung angesprochen wird (vgl Rz 218).

Ferner ist allen einschlägigen völkerrechtlichen Regelungen, in bezug auf die Immunität natürlicher Personen, die Unterscheidung zwischen der Immunität (auch) für Privatakte (auch absolute Immunität genannt [der Ausdruck wird allerdings auch in anderem Zusammenhang gebraucht – Rz 203]) und derjenigen für Akte iZm der amtlichen Tätigkeit (funktionelle Immunität, auch Amtsimmunität genannt) eigen, wobei die letztere auch nach Beendigung der Funktion aufrecht bleibt; im übrigen gilt die Immunität (mit Ausnahme derjenigen der Funktionäre von Internationalen Organisationen, s Rz 300) nicht gegenüber dem Sendestaat.

Die Grenzen der funktionellen Immunität sind nicht immer leicht zu ziehen. **132** Das gilt insb iZm dem aktuellen Fall der Beteiligung am Straßenverkehr. Hier können Anleihen beim Amtshaftungsrecht genommen werden, wo die Auffassung vertreten wird, daß die Teilnahme am öffentlichen Verkehr eine hoheitliche Tätigkeit nicht ausschließe, wenn die Fahrt hoheitliche Tätigkeiten vorbereite oder abschließe oder sonst im Dienst der Erreichung einer hoheitlichen Zielsetzung stehe und einen hinreichend engeren inneren oder äußeren Zusammenhang mit der hoheitlichen Tätigkeit aufweise (SZ 48/17; 43/10; s auch *Schragel,* AHG² Rz 117, 303; idS ZfRV 1987, 72 = ZÖR 37 [1986/87], 398; JBl 1986, 728; zu einem engeren Begriff der funktionellen Immunität (Amtshandlungsimmunität) iSd Art 71 Abs 1 WKK – Rz 282, oder der Art 24 der Amtssitzabkommen mit der OPEC und der dazugehörenden Notenwechsel BGBl 1974/382 und 1982/248 – Rz 321, 322. Vgl ferner IPRax 1997, 345 (dazu *Seidl-Hohenveldern* 360) iZm BVG BGBl 1965/173 und BG BGBl 1965/233.

Die einschlägigen Völkerrechtsnormen differenzieren nur zum Teil zwi- **133** schen der Immunität von der Straf- (einschließlich der Verwaltungsstraf-) und von der Zivilgerichtsbarkeit (und gegenüber sonstigem Verwaltungshandeln). In der Folge (Rz 274, 282) zit E, die direkt nur Anwendungsfälle der ersteren betreffen, können aber Kriterien zur Abgrenzung auch der letzteren bilden (wird daher zB eine Strafsache [oder Verwaltungsstrafsache] als nicht von der funktionellen Immunität erfaßt beurteilt, würde das auch für einen daraus abgeleiteten zivilrechtlichen Entschädigungsanspruch gelten). Das Umgekehrte trifft aber nicht generell zu: Die Mißachtung etwa eines an sich zulässigen Verwaltungsgebots (zB eines Bauverbots) könnte nicht durch Verwaltungsstrafen sanktioniert werden, wenn der Betroffene Immunität von Straf- oder sonstigen Zwangsmaßnahmen genießt.

Natürlichen Personen werden Immunitäten nicht im Interesse der Begün- **134** stigten, sondern um diesen „die wirksame Wahrnehmung ihrer Aufgaben" (vgl Abs 4 der Präambel der WDK; ähnliche Passagen finden sich in anderen Instrumenten, welche ua Immunitäten zum Gerichtsstand haben) zu ermöglichen („ne impediatur legatio"), gewährt (s auch Rz 188); im übrigen gibt dieser Grundsatz ein Kriterium auch zur Abgrenzung der staatlichen Immunität im Bereich der acta iure gestionis ab (s auch Rz 203 ff, 219, 222 ff).

2. *Verzicht auf die Immunität*

a) Verzichtserklärung; Aufhebung der Immunität

Auf die Immunität kann verzichtet werden (freiwillige Unterwerfung unter **135** die Gerichtsbarkeit des Forumstaats; vgl Art IX Abs 2, 1. Fall EGJN).

Zuständig zur Abgabe der Verzichtserklärung ist, bei der staatlichen Immunität, dasjenige Organ, dem die Vertretung des Staats im völkerrechtlichen Verkehr obliegt (Staatsoberhaupt, Regierungschef, Außenminister; die Bestimmung des Art 7 Abs 2 lit a WVK scheint hier entsprechend anwendbar zu sein; „im Auftrag" kann die Verzichtserklärung auch durch den diplomatischen Vertreter im Empfangsstaat abgegeben werden (arg Art 7 Abs 2 lit b WVK, Art 3 Abs 1 lit a WDK). Verzichte auf die Immunität, die sich auf ein hoheitliches Handeln des Staats beziehen (ähnliches gilt für den Verzicht auf die funktionelle

Immunität sonstiger Immunitätsträger), sind allerdings selten und hinsichtlich des Bereichs privatrechtsgeschäftlicher Tätigkeiten des Staats haben sie lediglich insofern deklarative Bedeutung, als sie das Gericht der Qualifikationsfrage entheben (s Rz 118, 208 ff).

136 Auf die Immunität des Staatsoberhaupts kann nur dieses selbst verzichten; auf die von Regierungsmitgliedern die Regierung des betreffenden Staats.

137 Auf die diplomatische Immunität (betreffend den Missionschef selbst, das diplomatische und sonstige Personal der Mission, deren Familienangehörige und deren privates Hauspersonal [soweit deren Immunität reicht]) kann – völkerrechtlich und prozessual gültig – (str) der Missionschef verzichten. Art 32 Abs 1 WDK spricht zwar von einem Verzichtsrecht des Sendestaats; in diesem Zusammenhang wird auch die Ansicht vertreten (*Fasching,* Lehrbuch[2] Rz 62; *Stohanzl,* ZPO[14] Anm 2 zu Art IX EGJN; LGZ Wien ZfRV 1995, 162 [*Seidl-Hohenveldern*], daß insofern dem Art IX Abs 2 EGJN, demzufolge die immune Person selbst auf ihre Immunität verzichten kann, materiell derogiert worden sei); mE muß aber auch hier (arg Art 7 Abs 2 lit b WVK und Art 3 Abs 1 lit a WDK) die Verzichtserklärung des Missionschefs als gültig angesehen werden (LGZ Wien MietSlg 36.716 [1984], 26.439 [1974], machen allerdings die Einschränkung, daß der Missionschef [erkennbar?] im Namen des Sendestaats gehandelt haben muß). Für die Beachtlichkeit einer Verzichtserklärung des Missionschefs spricht auch der Grundsatz des Vertrauensschutzes (Rz 156), was insb dann evident wird, wenn infolge einer solchen Verzichtserklärung ein Gerichtsverfahren bereits eingeleitet wurde. Daß auf Grund verschiedener interner Dienstvorschriften ein Diplomat vor Erklärung eines Verzichts die Weisung seiner Zentrale einholen muß (so auch Handbuch des Auswärtigen Dienstes § 130 Abs 2 – s dazu Rz 160), liegt auf einer anderen Ebene; s auch Rz 177.

138 Entsprechendes gilt bezüglich eines Verzichts auf die – den diplomatischen Immunitäten ähnlich zu behandelnde – Immunität der Mitglieder ständiger Vertretungen bei Internationalen Organisationen (Art 31 Abs 1 WKVIO) und der Mitglieder von Spezialmissionen (Art 41 Abs 1 ÜbkSpezMiss) sowie bezüglich eines Verzichts auf eine – soweit überhaupt gegebene – konsularische Immunität (Art 45 Abs 1 WKK) durch den Chef der diplomatischen Mission im Empfangsstaat; nicht aber gilt es für den Amtsleiter eines Konsulats (da für diesen das Arg des Art 7 Abs 2 lit b WVK bzw Art 3 Abs 1 lit a WDK nicht herangezogen werden kann).

139 Die aus Anlaß des Abschlusses der Wiener Konferenz der VN über die diplomatischen Beziehungen am 14. 4. 1961 angenommene 2. Res (A/Conf 20/10 Add 1) empfiehlt den Staaten, wenn immer möglich, auf die Immunität der Mitglieder ihrer Missionen für im Empfangsstaat gegen sie eingebrachte Klagen zu verzichten. Art IV Abschn 14 und Art V Abschn 20 ÜbkPrivImmVN sprechen sogar von einer Verpflichtung der Mitgliedstaaten, die Immunität ihrer Vertreter in den Organen oder auf Konferenzen der Organisation aufzuheben, bzw von einer Verpflichtung der Organisation, auf die Immunität ihrer Beamten zu verzichten, soweit diese „den Lauf der Gerechtigkeit" hindern würde und eine Aufhebung ohne Nachteile für den Zweck, zu dem sie gewährt wurde, geschehen kann; gleichsinnig Art V Abschn 16 und Art VI Abschn 22 ÜbkPrivImmSpezO; Art 11 und Art 19 AllgÜbPrivImmER; Art 18 ProtPrivImmEG; s ferner die Empfehlung R (97) 10 v 12. 6. 1997 des Ministerkomitees des Europarats.

140 Für andere einem Staat zuzurechnende, Immunität genießende Gebilde (Rz 115, 197) ist zur Abgabe der Verzichtserklärung dieser (bzw das zu dessen Vertretung im völkerrechtlichen Verkehr zuständige Organ) zuständig.

In bezug auf eine Internationale Organisation als solche kann nur diese selbst (= das zu ihrer Vertretung nach außen zuständige Organ) auf die Immunität verzichten (Art II Abschn 2 ÜbkPrivImmVN; Art III Abschn 4 ÜbkPrivImmSpezO; Art 3 AllgÜbPrivImmER – das Ministerkomitee) und bezüglich der Vertreter in ihren Organen, der Sendestaat (Art IV Abschn 14 ÜbkPrivImmUN; Art V Abschn 16 ÜbkPrivImmSpezO; Art 61 Abs 1 WKVIO; Art 11 AllgÜbkPrivImmER – betreffend die Vertreter im Ministerkomitee, Art 15 – betreffend die Vertreter in der Parlamentarischen Versammlung: das entsendende nationale Parlament oder die Parlamentarische Versammlung selbst). 141

Bei den Beamten einer Internationalen Organisation und den in ihrem Auftrag handelnden Experten steht die Abgabe einer Verzichtserklärung dem Generalsekretär (oder einem von ihm bevollmächtigten Vertreter) – nicht aber dem Heimatstaat (Entsendestaat) des betreffenden Funktionärs – zu (Art V Abschn 20 ÜbkPrivImmVN; Art VI Abschn 22 ÜbkPrivImmSpezO – die Zuständigkeit des „Obersten Exekutionsorgans" iSv Art I Abschn 1 Z VII ist dort nicht ausdrücklich normiert, sie ergibt sich aber aus der Praxis dieser Internationalen Organisationen; Art 19 AllÜbkPrivImmER; Art 18 ProtPrivImmEG: Zuständigkeit des jeweiligen Organs); für den Generalsekretär der VN ist zur Abgabe der Verzichtserklärung der Sicherheitsrat (Art V Abschn 20 letzter Satz ÜbkPrivImmVN) und für den Generalsekretär sowie den Stellv Generalsekretär des Europarats das Ministerkomitee (Art 19 letzter Satz AllgÜbkPrivImmER) berufen (bei Spezialorganisationen ist die Zuständigkeit zur Abgabe der Verzichtserklärung betreffend die „Obersten Exekutivorgane" in Art VI Abschn 22 ÜbkPrivImmSpezO nicht ausdrücklich geregelt).

Siehe auch die entsprechenden Regelungen in anderen Übk über Privilegien und Immunitäten von Internationalen Organisationen – Rz 298 –, in Spezial-Abk – Rz 309 ff –, in den Amtssitzabkommen – Rz 315 ff – sowie in den Konferenzabkommen – Rz 326.

Erwähnt sei, daß die einschlägigen internationalen Instrumente – mit im Ergebnis gleicher Rechtsfolge – promiscue von der Aufhebung der Immunität bzw vom Verzicht auf die Immunität sprechen; bezeichnenderweise verwenden die englischsprachigen Texte auch durchwegs den Ausdruck „waiver" (vgl etwa Art II Abschn 2, Art IV Abschn 14, Art V Abschn 20 ÜbkPrivImmVN). Man könnte höchstens sagen, daß der „Titulär" auf seine Immunität nur verzichten kann, während es bei der abgeleiteten Immunität der „Untergebenen" gleichwertig ist, ob man von einer Aufhebung der oder von einem Verzicht auf die (letztlich auch dem „Titulär" zukommende) Immunität spricht. 142

Eine **besondere Form** ist (wie allgemein im Völkerrecht) für die Abgabe einer Verzichtserklärung nicht vorgesehen; es sind daher auch mündliche Erklärungen völkerrechtlich wirksam (lediglich Art 45 Abs 2 WKK normiert – ohne einsichtigen Grund –, daß ein Verzicht dem Empfangsstaat schriftlich mitzuteilen sei; desgleichen sieht Art 23 EuÜbkStI vor, daß ein Verzicht auf die Immunität von der Zwangsvollstreckung in Schriftform ergehen muß); s auch Art 2 EuÜbkStI: Unterwerfungserklärung (Verzicht auf die Immunität) durch internationale Vereinbarung, ausdrückliche Bestimmung in einem schriftlichen Vertrag, ausdrückliche Zustimmungserklärung nach Entstehen der Streitigkeit. 143

Der **Verzicht muß (eindeutig sein und) „stets" ausdrücklich** erklärt werden (Art 32 Abs 2 WDK; Art 45 Abs 2 WKK; Art 31 Abs 2 und Art 61 Abs 2 WKVIO; Art 41 Abs 2 ÜbkSpezMiss; Art 2 lit d EuÜbkStI; Art II Abschn 2 ÜbkPrivImmVN; Art III Abschn 4 ÜbkPrivImmSO; Art 3 AllgÜbkPrivImmER; Art VIII Abschn 19 Amtssitzabkommen-IAEO); das bedeutet aber wenig, da 144 auch Verzicht durch konkludentes Handeln völkerrechtlich anerkannt und mehrfach spezifisch normiert ist (s Rz 156 ff); lediglich in Art 45 Abs 2 WKK wird der konkludente Verzicht expressis verbis als Ausnahme vom Gebot der Ausdrücklichkeit angesprochen. Ein rein passives Verhalten (Entgegennahme einer Klage, einer Ladung, Nichterscheinen bei einer Tagsatzung; s dazu auch unten Rz 169) kann aber nicht als konkludenter Verzicht gewertet werden; der Forumstaat hat vielmehr den Mangel seiner Gerichtsbarkeit von Amts wegen wahrzunehmen (arg Art 15, 2. Halbsatz EuÜbkStI).

145 Das Gebot der Ausdrücklichkeit wird dahingehend verstanden, daß ein Verzicht auf die Immunität nicht vermutet und im Zweifel einschränkend auszulegen ist; es gilt aber auch im Völkerrecht der (allgemeine) Rechtsgrundsatz des Vertrauensschutzes (Rz 156), nicht nur im Verhältnis der Völkerrechtssubjekte untereinander, sondern auch zugunsten eines Privaten, der sich in ein Rechtsgeschäft (oder in ein Verfahren) mit einer allenfalls Immunität genießenden Rechtsperson eingelassen hat.

146 Der Verzicht kann **einseitig erklärt** werden (einseitiges, empfangsbedürftiges völkerrechtliches Rechtsgeschäft; innerstaatlich gesehen, eine Prozeßerklärung); jedenfalls nach Einleitung eines Gerichtsverfahren (arg Art 3 Abs 1, 1. Satz EuÜbkStI) ist er aber nicht mehr widerrufbar (SZ 38/10 = RZ 1965, 146). Das gilt sowohl für den ausdrücklich erklärten als auch für einen konkludenten (Rz 156 ff) Verzicht; auch ein solcher wird durch eine einseitige Zurücknahme des den Verzicht bewirkenden Handelns nach Anhängigkeit des Verfahrens und bereits erfolgter Einbeziehung des Gegners (etwa Zustellung der Klage [Streitanhängigkeit] oder des verfahrenseinleitenden Antrags – also abweichend von § 237 Abs 1 ZPO) nicht hinfällig. Wurde die (konkludenten Verzicht implizierende – Rz 158) Klage gem § 237 Abs 1 zurückgenommen, unterliegt der Immune jedenfalls der gerichtlichen Geltendmachung des Kostenersatzanspruchs gem § 237 Abs 3 ZPO und auch einer inzwischen bereits gerichtshängig gewordenen Widerklage (§ 29, 2. Satz JN kommt nicht zum Tragen); s auch EvBl 1977/220 = ZÖR 28, 304 (1977).

147 Der Verzicht kann mit dem Forumstaat **vertraglich vereinbart** werden (dürfte wohl nur iZm der Immunität von Staaten [vgl etwa Art 2 lit a und b EuÜbkStI] oder von Internationalen Organisationen eine Rolle spielen) – oben Rz 143.

148 Zur Frage, ob eine (einseitige) schriftliche **Erklärung des Unterworfenseins unter die „Gesetzgebung"** auch Unterwerfung unter die inländische Gerichtsbarkeit impliziert, s ZfRV 1990, 300 (vom OLG Innsbruck bejaht, vom OGH offengelassen). Gem Erl Bericht des Europarats zum EuÜbkStI, Nr 24 zu Art 2 (870 BlgNR 13. GP 40), stellt die Angabe der Anwendbarkeit des Rechts eines bestimmten Staats an sich noch keine Unterwerfung unter dessen Gerichtsbarkeit dar (analog der Regelung betreffend die Prorogation; dazu *Matscher,* Zuständigkeitsvereinbarungen 70, 111 ff).

149 Nicht als Verzicht auf die Immunität kann jedenfalls die alleinige Tatsache gewertet werden, daß eine Person eine **inländische Haftpflichtversicherung** abgeschlossen hat oder im Inland eine wirtschaftliche Tätigkeit entfaltet, soweit sich der Anlaßfall nicht auf diese bezieht (SZ 37/94 = JBl 1964, 567 = RZ 1964, 201).

150 Gültig und völkerrechtlich wirksam kann auch eine **Verzichtserklärung gegenüber einem Privaten** sein. Solche privatrechtlichen Verzichtserklärungen sind im Verkehr mit Banken (im Rahmen einer Kreditaufnahme) oder auch bei der Vermietung von Räumlichkeiten an diplomatische Missionen, an konsularische

Vertretungen, an Internationale Organisationen und an deren Personal nicht selten; sie sind einer – ebenfalls einen Verzicht auf die Immunität implizierenden Gerichtsstandsvereinbarung (darüber Rz 176) – gleichzustellen, soweit sie nicht überhaupt mit einer solchen verbunden sind. Es ist allerdings darauf zu achten, daß der Verzicht von einem dazu Befugten (s oben) abgegeben wird.

Die Verzichtserklärung kann sich, was ihren **Umfang** anbelangt – ähnlich einer Prorogation nach § 104 JN – auf einen individualisierten Rechtsstreit oder auf einen abgegrenzten Bereich von Rechtsstreitigkeiten beziehen; jedenfalls bindet sie nur für den Fall, für den sie abgegeben wurde (keine extensive Auslegung: SZ 37/94 = JBl 1964, 567 = RZ 1964, 201); desgleichen kann der Verzicht sowohl **vor als auch nach Entstehung des Rechtsstreits** oder **während der Anhängigkeit eines Gerichtsverfahrens** erklärt werden (im letzteren Fall heilt er einen vom Gericht irrtümlich nicht wahrgenommenen Mangel der inländischen Gerichtsbarkeit). **151**

Ein für ein bestimmtes Verfahren erklärter (oder durch konkludentes Handeln wirksam gewordener) Verzicht erstreckt sich im Zweifel **nicht auf eine geänderte Klage,** es sei denn, der Beklagte hat der Klagsänderung gem § 235 Abs 2 ZPO zugestimmt. **152**

Ein für das Erkenntnisverfahren getätigter Verzicht umfaßt **nicht das Vollstreckungsverfahren;** hiezu ist ein (weiterer) besonderer Verzicht erforderlich; das ist unbestritten (vgl Art 32 Abs 4 WDK; Art 45 Abs 4 WKK; Art 31 Abs 4 und Art 61 Abs 4 WKVIO; Art 41 Abs 4 ÜbkSpezMiss); idS jüngst auch LGZ Wien ZfRV 1995, 162 *(Seidl-Hohenveldern).* Nach dem Wortlaut von Art II Abschn 2 letzter Satz ÜbkPrivImmVN, Art III Abschn 4 Abs 2 ÜbkPrivImmSpezO, Art 3 letzter Satz AllÜbkPrivImmER, Art VIII Abschn 19 letzter Satz Amtssitzabkommen-IAEO scheinen Internationale Organisationen (für sich selbst) auf die Immunität von Zwangs- und Vollstreckungsmaßnahmen (überhaupt) nicht verzichten zu können; die Tragweite dieser Bestimmung (bzw ihrer Formulierung) ist allerdings nicht klar. **153**

Die Unterfertigung eines **vollstreckbaren Notariatsakts** (§ 3 NO) bewirkt Unterwerfung unter eine sich darauf stützende Exekution (*Heller/Berger/Stix*[4] I 354). **154**

Der Verzicht auf die Immunität (= die Unterwerfung unter die Gerichtsbarkeit des Forumstaats) ähnelt in mancher Hinsicht der (zuständigkeitsbegründenden) Prorogation; rechtsdogmatisch stellt er aber eine Disposition über die Gerichtsbarkeit dar (s auch Rz 176; s ferner zu § 28 JN Rz 38 und Rz 127). **155**

b) Konkludenter Verzicht

Auf die Immunität kann auch durch konkludentes Handeln verzichtet werden. Das ist ein Gebot des auch im Völkerrecht geltenden Vertrauensschutzes (Verbot bzw Unbeachtlichkeit eines venire contra factum proprium, estoppel); aus diesem Grund kann es hier auch nicht darauf ankommen, ob der Immune im Einvernehmen mit bzw mit Zustimmung des zur allfälligen Abgabe einer Verzichtserklärung Berechtigten (str, s Rz 135 ff) gehandelt hat (EvBl 1977/220 = ZÖR 28, 304). **156**

Das einen Verzicht auf die Immunität implizierende Handeln kann vom Immunen selbst oder von dessen Bevollmächtigtem gesetzt werden (arg § 34 ZPO), und es kommen für im Zuge eines anhängigen Verfahrens bzw für dem Gericht gegenüber abgegebene Verzichtserklärungen wohl auch die Regelungen über den Anwaltszwang zum Tragen. **157**

Als Ausdrucksformen konkludenten Verzichts auf die Immunität sind völkerrechtlich anerkannt:

aa) Klagseinbringung (Anhängigmachung eines Verfahrens)

158 Durch die Einbringung einer Klage – gleich, ob es sich um eine Feststellungs-, eine Leistungs- oder eine Rechtsgestaltungklage handelt – oder durch eine sonstige Antragstellung (näheres dazu später) in der Hauptsache unterwirft sich der Immune jedenfalls einer (soweit in Frage kommend) mit der Hauptklage im unmittelbaren Zusammenhang stehenden **Widerklage,** wobei auch dieser Begriff „untechnisch" zu verstehen ist und Gegenanträge, etwa in einem außerstreitigen Sorgerechtsverfahren (EvBl 1977/220 = ZÖR 28, 304) oder einen Antrag auf Feststellung des Mitverschuldens gem § 60 Abs 3 EheG, einschließt.

Art 32 Abs 3 WDK – und, diesem nachgebildet, Art 45 Abs 3 WKK, Art 31 Abs 3 und Art 61 Abs 3 WKVIO sowie Art 41 Abs 3 ÜbkSpezMiss – sprechen vom Erfordernis eines „unmittelbaren Zusammenhangs" zwischen der Widerklage und der Hauptklage; s auch Art 1 Abs 2 lit a EuÜbkStI („rechtlicher oder tatsächlicher Zusammenhang"; dazu ital Kassationshof 12. 11. 1997 Nr 11150, RivDirInt PrivProc 1998, 836).

159 Dem vom Völkerrecht aufgestellten Erfordernis des unmittelbaren Zusammenhangs würde eine aus den Gründen der Konnexität oder auch der Präjudizialität iSd § 96 Abs 1 JN erhobene Widerklage entsprechen, eine auf die Kompensabilität sich stützende Widerklage wohl nur quoad summam litis (daher gegebenenfalls Notwendigkeit einer Einschränkung des Widerklage-Begehrens auf den Betrag der Hauptklage; aus den unten [bei der Aufrechnung] angegebenen Gründen aber gleich, ob die durch Widerklage geltend gemachte Gegenforderung mit der Hauptforderung im rechtlichen Zusammenhang steht [§ 391 Abs 3 ZPO regelt nur die Zulässigkeit eines Teilurteils im Falle einer Kompensationseinrede, bezieht sich aber nicht auf die Zulässigkeit einer Kompensationseinrede, oder einer aus dem Grund der Kompensabilität erhobenen Widerklage]). Im übrigen richtet sich die Zulässigkeit einer Widerklage allein nach der lex fori.

In den sonstigen Übk über Privilegien und Immunitäten wird die Klageerhebung als konkludenter Verzicht auf die Immunität gegenüber einer Widerklage nicht ausdrücklich erwähnt; kraft allgemeinen Völkerrechts gilt das Gleiche aber auch dort.

160 Einzelne Autoren vertreten die Ansicht, ein Diplomat dürfe **nur mit Zustimmung des Sendestaats** im Empfangsstaat **klagen,** wohl um sich nicht einer Widerklage auszusetzen; sie sehen das iZm der Regelung, daß auf die diplomatische Immunität nur der Sendestaat verzichten könne (Rz 137). Das entspricht aber nicht der Staatenpraxis (vgl etwa LGZ Wien ZfRV 1995, 162; EvBl 1977/220 = ZÖR 28, 304; BG E 110 II 255 = SJIR 41, 172 [*Monnier* 235]; s auch *Seidl-Hohenveldern,* ZfRV 1995, 164 mwN).

Allerdings ordnen verschiedene Staaten – so auch Österreich (Handbuch des Auswärtigen Dienstes § 130 Abs 2 [genau genommen, besagt diese Vorschrift lediglich, daß vor einem Immunitätsverzicht die Weisung des BMAA einzuholen ist; daraus wird aber indirekt geschlossen, daß eine solche Weisung auch vor einer Klagseinbringung – wegen des damit verbundenen, impliziten Immunitätsverzichts – einzuholen wäre]) – für ihre Auslandsvertreter entsprechendes an; dabei handelt es sich aber nur um interne Dienstvorschriften, welche die prozessuale Zulässigkeit und Wirksamkeit einer ohne eine solche Zustimmung eingebrachten Klage nicht berühren.

Mit der Erhebung einer Klage unterwirft sich der Immune auch einer **prozessualen Aufrechnung** (und einer auf die Kompensabilität sich stützenden Widerklage; s dazu Rz 158) quoad summam litis, unabhängig davon, ob die compensando geltendgemachte Gegenforderung mit der Hauptforderung in einem rechtlichen Zusammenhang steht (die Zulässigkeit einer prozessualen Aufrechnung bestimmt sich allein nach der lex fori, die bezüglich der materiellrechtlichen Voraussetzungen einer Kompensation auf das anwendbare Sachrecht verweist). Das folgt aus der Natur der prozessualen Aufrechnung als Prozeßeinrede (analoges gilt für die entsprechende Widerklage – s oben), deren Ergreifung als Verteidigungsmittel auch gegenüber einem Immunen nicht eingeschränkt werden darf (Gebot des fairen Verfahrens bzw der Waffengleichheit gem Art 6 Abs 1 EMRK). 161

Erhebung einer **Widerklage bewirkt Unterwerfung auch für die Hauptklage** (vgl Art 1 Abs 3 EuÜbkStI); entsprechendes gilt für die Erhebung einer **Aufrechnungseinrede** (*Fasching,* Lehrbuch^2 Rz 62); das könnte von Bedeutung sein, wenn für die Hauptklage die inländische Gerichtsbarkeit irrtümlich angenommen worden war (durch die Erhebung einer Widerklage [einer Aufrechnungseinrede] würde somit der entsprechende Mangel geheilt werden). 162

Klagseinbringung bedingt ferner Unterwerfung unter vom Gegner eingebrachte **Rechtsmittel** und **Rechtsbehelfe** einschließlich einer **Rechtsmittelklage** (§§ 529, 530 ZPO). 163

Aber auch jede andere Form der **„Anhängigmachung eines Verfahrens“** (Art 1 Abs 1 EuÜbkStI) oder „Anstrengung eines Gerichtsverfahrens“ (Art 32 Abs 3 WDK, Art 45 Abs 3 WKK, Art 31 Abs 3 und Art 61 Abs 3 WKVIO, Art 41 Abs 3 ÜbkSpezMiss) bewirkt Verzicht auf die Immunität für dieses Verfahren; zu denken wäre etwa an den Antrag auf Erlassung eines Zahlungsauftrags (§ 548 ZPO), an eine gerichtliche Aufkündigung (§ 561 ZPO); an die verschiedenen, in außerstreitigen Verfahren einzubringenden Anträge in Ehesachen, in Kindschaftssachen, in Sorgerechtssachen (so EvBl 1977/220 = ZÖR 28 [1977], 304), an den Antrag an den BMJ nach § 24 der 4. DVEheG (unten Rz 184); an einen Antrag nach § 37 (und § 39) MRG, wohl auch an die Einleitung eines Beweissicherungsverfahrens (§ 384 ZPO), an die Stellung eines Exekutionsantrags oder eines Antrags auf Vollstreckbarerklärung eines ausländischen Titels (§ 79 EO) (damit unterwirft sich der betreibende Gläubiger den dagegen vorgesehenen Rechtsmitteln und Rechtsbehelfen [Rekurs gem § 65 EO, Rekurs oder Widerspruch gem § 84 EO] sowie einer Oppositions- [§ 35 EO], einer Impugnations- [§ 36 EO] und einer Exszindierungsklage [§ 37 EO]), an die Beteiligung als Mitbieter an einer Zwangsversteierung (damit unterwirft sich dieser, als gegebenenfalls säumiger Ersteher, einer Wiederversteigerung auf dessen Kosten und Gefahren [§ 154 EO] einschließlich des Verfalls des Vadiums [§ 149 Abs 3 EO] und der Geltendmachung seiner Haftung für den Ausfall am Meistbot [§ 155 EO]; aber keine Exekution in anderes, dem säumigen Ersteher gehörendes Vermögen, wegen seiner Haftung, soweit diesbezüglich auf die Immunität von der Zwangsvollstreckung nicht verzichtet worden war – Rz 153); idS LGZ Wien ZfRV 1995, 162 *(Seidl-Hohenveldern);* mE ist ferner davon auszugehen, daß auch die Einleitung eines Besitzstörungsverfahrens (§ 454 ZPO) Unterwerfung für ein denselben Gegenstand betreffendes Petitorium und die Beantragung einer EV (§ 378 EO) Unterwerfung für eine Klage auf Aberkennung des durch die EV zu sichernden oder zu regelnden Anspruchs bewirkt. 164

Keine Unterwerfung unter die inländische Gerichtsbarkeit (und gegebenenfalls keine Streiteinlassung) bedingt das alleinige **Stellen von (vor)prozessualen** 165

Anträgen, wie etwa auf Ordination (§ 28 Abs 4 JN), auf Delegation (§ 31 JN), auf Verfahrenshilfe (§ 65 ZPO), auf Kuratorenbestellung (§ 8, § 9 Abs 3, § 116 ZPO) – soweit diese Anträge nicht mit der Klage verbunden werden; fraglich, ob dies auch für Anträge auf Richterablehnung (§ 19 JN), auf Sicherheitsleistung für Prozeßkosten (§ 57 ZPO), auf Festsetzung des Streitwerts (§§ 7, 8 RAT), auf Fristerstreckung, etwa für eine gem § 243 Abs 4 ZPO aufgetragene Klagebeantwortung; auf Erstreckung einer Tagsatzung (§ 135 ZPO); etwa der ersten oder der ersten zur mündlichen Streitverhandlung bestimmten gilt; für den Wiedereinsetzungsantrag (§ 146 ZPO). Sicherlich bedingen keine Unterwerfung der Einspruch gegen einen Zahlungsbefehl (§ 451 ZPO) oder der Antrag auf prätorische Ladung (§ 433 ZPO).

166 Schließlich bewirkt die „Anhängigmachung" eines Verfahrens **Unterwerfung unter die gerichtliche Geltendmachung aller aus diesem Verfahren für den Gegner resultierenden Ansprüche** (Kostenersatzansprüche des obsiegenden Beklagten nach § 41 ZPO [so Art 17 letzter Satz EuÜbkStI]; Entschädigungsbetrag wegen mutwilliger Prozeßführung nach § 408 ZPO, Kosten- und Schadenersatzansprüche nach § 376 Abs 2 und § 394 Abs 1 EO [aber trotz des Wortlauts des letzten Satzes, keine Exekution in das Vermögen der gefährdeten Partei, soweit diesbezüglich auf die Immunität von der Zwangsvollstreckung nicht verzichtet worden war – Rz 153] usw). Klagseinbringung durch ein immunes Rechtssubjekt bedingt zwar Unterwerfung unter alle im Verfahren ergehenden Aufträge (etwa auf Verbesserung von Schriftsätzen gem § 84 ZPO, auf Urkundenedition gem § 183 Abs 1 Z 2, §§ 303 ff ZPO, auf Sicherheitsleistung für Prozeßkosten gem § 57 ZPO [s auch Art 17 letzter Satz EuÜbkStI], auf Erlag von Kostenvorschüssen gem §§ 332, 365, 368 Abs 3 ZPO, auf Erlag von Gerichtsgebühren; s auch die verschiedenen in Exekutionsverfahren vorgesehenen Aufträge zu Kostenvorschüssen und Sicherheitsleistungen), nicht aber unter die Ordnungs- und Mutwillensstrafen, deren Verhängung in der ZPO und in der EO vorgesehen ist; ebensowenig sind Beugemittel zulässig (vgl Art 18 EuÜbkStI).

167 Soweit ein Rechtsstreit nicht von der Immunität erfaßt ist oder eine Partei auf die Immunität (ausdrücklich oder konkludent) verzichtet hat, kann gegen diese (gleich in welcher Parteirolle sie auftritt) – unter den normalen gesetzlichen Voraussetzungen (besondere Voraussetzungen normiert Art 16 Abs 7 EuÜbkStI) – ein **Versäumnisurteil** ergehen.

bb) Streiteinlassung

168 **Streiteinlassung,** ohne die Immunität = die mangelnde Gerichtsbarkeit einzuwenden, stellt eine völkerrechtlich anerkannte Modalität konkludenten Verzichts auf die Immunität dar. Zum Begriff der Streiteinlassung s *Fasching,* Lehrbuch[2] Rz 1279–1281; s ferner *Mayr,* ÖJZ 1995, 330 ff. Streiteinlassung meint auch § 104 Abs 3 JN, wenn dort (sinngemäß) vom „Vorbringen zur Sache (§ 74 ZPO) oder vom mündlichen Verhandeln ohne Erhebung der Einrede des Fehlens der inländischen Gerichtsbarkeit oder der sachlichen oder örtlichen Zuständigkeit" die Rede ist (fraglich, ob auch für die Wirksamkeit eines Immunitätsverzichts eine „qualifizierte" Einlassung erforderlich ist; gem ErläutRV 898 BlgNR 20. GP 37 soll § 104 Abs 3 JN zwar generell auch für die Heilung des Fehlens der inländischen Gerichtsbarkeit gelten, soweit nicht nach Völkerrecht – vgl etwa Art 18 LGVÜ und EuGVÜ – [s auch § 104 Abs 5 JN] eine „einfache" rügelose Einlassung genügt, was nach völkerrechtlicher Praxis wohl auch für den Verzicht auf Immunität zutreffen dürfte); gleichsinnig Art 3 Abs 1 EuÜbkStI, der von „Einlassung zur Hauptsache" spricht.

Die **Präklusion** der Unzuständigkeitseinrede nach § 43 Abs 1, 2. Satz JN bewirkt jedoch nicht Unterwerfung unter die inländische Gerichtsbarkeit (s auch (Vor Art IX EGJN Rz 37). **169**

Wenn gem Art 3 Abs 1, 1. Satz EuÜbkStI (sinngemäß) eine Einlassung nach Geltendmachung der Immunität und gem Art 3 Abs 2 das Auftreten vor einem Gericht des Forumstaats, um Immunität zu beanspruchen, nicht als Verzicht auf diese gelten, so erinnert das an die in verschiedenen Anerkennungs- und Vollstreckungsverträgen (vgl etwa Art 2 Z 4 lit b Vertrag mit Deutschland BGBl 1960/105; Art 2 Z 1 Vertrag mit der Schweiz BGBl 1962/125; Art IV Abs 1 lit d Vertrag mit Großbritannien BGBl 1962/224 idF des Prot BGBl 1971/521 Art 5 Z 6 Vertrag mit Italien BGBl 1974/521) spezifisch normierte „exceptio incompetentiae internationalis" (Einlassung nur in bezug auf das im Erststaat gelegene Vermögen), die gleichfalls keine die Jurisdiktion des Erststaatsbegründende Einlassung darstellt (s auch § 104 Abs 3 JN und Art 18, 2. Satz LGVÜ und EuGVÜ). Die Ausdrucksweise des EuÜbkStI ist aber insofern zu eng, als nicht nur die Einrede der fehlenden Gerichtsbarkeit des Forumstaats, sondern auch die der Unzuständigkeit des Gerichts keine einen Verzicht auf die Immunität bedingende Einlassung darstellen. Das gilt generell für den Bereich der völkerrechtlichen Immunität. **170**

Im übrigen besitzt der in Anerkennungs- und Vollstreckungsverträgen verwendete Begriff der „(vorbehaltlosen oder freiwilligen) Einlassung" – wegen seiner andersgearteten Funktion – eine von der einen Verzicht auf die Immunität darstellenden Streiteinlassung verschiedene Tragweite; s dazu *Matscher,* JBl 1977, 184 (zum Vertrag mit Italien); *ders,* JBl 1963, 292f (zum Vertrag mit Großbritannien); *ders,* JBl 1962, 362 (zum Vertrag mit der Schweiz); *ders,* JBl 1960, 275f (zum Vertrag mit Deutschland).

Völlig unpraktisch – gerade im Fall der Staatenimmunität – erscheint die Regelung des Art 3 Abs 1, 2. Satz EuÜbkStI – Rz 235, derzufolge der Staat, der sich in ein Gerichtsverfahren eingelassen hat, die Immunität noch beanspruchen kann, wenn er nachweist, von den die Immunität begründenden Tatsachen erst nachträglich Kenntnis erhalten zu haben, und er diese Tatsachen sobald als möglich geltend macht; im Fall der Immunität von Mitgliedern (oder von deren Angehörigen) von diplomatischen Missionen und von Funktionären (und deren Angehörigen) der Internationalen Organisationen mag dieser Regelung aber eine gewisse Bedeutung zukommen. **171**

Streiteinlassung stellt die Abgabe der **Beitrittserklärung als Nebenintervenient** (gleich, ob als einfacher oder als streitgenössischer, s auch EB des Europarats zu Art 3 EuÜbkStI, RV 870 BlgNR 13. GP 40), der **Parteibeitritt** (*Fasching,* Lehrbuch^2 Rz 390) oder der Eintritt als Hauptpartei (§ 234 ZPO) dar (vgl Art 1 Abs 1 EuÜbkStI). **172**

Die gegen den Willen eines Immunen (oder ohne dessen Zustimmung) erfolgte Einbeziehung als notwendiger Streitgenosse (§ 14 ZPO) in einen Rechtsstreit – auf Kläger- oder Beklagtenseite – impliziert, für sich allein, keine Unterwerfung der betreffenden Person für diesen Rechtsstreit; problematisch sind dann allerdings die Urteilswirkungen. **173**

Streiteinlassung ist nicht nur jedes Sachvorbringen (zwecks Abwehr der Klage), sondern auch die Klagebeantwortung, die Einlegung eines Rechtsmittels – das eine und das andere, soweit es sich nicht auf die Bekämpfung der inländischen Gerichtsbarkeit oder der Zuständigkeit beschränkt –, der Widerspruch gegen ein Versäumungsurteil, die Erhebung von Einwendungen gegen einen Zahlungsauftrag (§ 550 Abs 2 ZPO) oder gegen eine gerichtliche Aufkündigung **174**

(§ 562 Abs 2 ZPO), der Zwischenantrag auf Feststellung (§ 259 Abs 2 ZPO), die Erhebung einer Aufrechnungseinrede; nicht aber die Benennung des Auktors (§ 22 Abs 1 ZPO: „sich aber in den Rechtsstreit nicht einlassen will, ...“), wohl aber der Eintritt des Auktors (§ 23 ZPO), die Einwilligungserklärung zu einer Klagsänderung (§ 235 Abs 2 ZPO), die Zustimmungserklärung zu einer Klagsrücknahme (§ 237 Abs 1 ZPO), nicht aber die Folgeleistung einer prätorischen Ladung (§ 433 ZPO), wohl aber die Einlassung in ein Verfahren nach § 37 und 39 MRG oder die Einlassung in einen Versöhnungsversuch (§ 460 Z 7 ZPO).

175 Weitere Fälle von (eine oder keine) Streiteinlassung bedingenden Parteihandlungen sind bei Rz 165, 168 ff angeführt.

cc) Gerichtsstandsvereinbarung

176 **Prorogation** eines inländischen Gerichts nach § 104 Abs 1 JN, zumindest soweit sie als eine ausschließliche anzusprechen ist, wohl aber auch eine bloß fakultativ intendierte – s zu § 104 JN – (nicht aber die alleinige Vereinbarung der Anwendung inländischen Rechts im Rahmen der internationalprivatrechtlichen Rechtswahl; [idS *Geimer,* IZVR³ Rz 521, 716; dazu auch Rz 35]) bedingt Unterwerfung unter die inländische Gerichtsbarkeit (s aber Rz 148); das ist in der Lehre allerdings str (bejahend *Geimer,* IZVR³ Rz 521, 715, *Matscher,* Zuständigkeitsvereinbarungen 39 ff; beide mwN; s auch LG Wien EvBl 1949/358), es kann bei einer Prorogation nach § 104 Abs 1 Z 1 JN aber wohl nicht verneint werden (zur Ordination in diesem Fall s zu § 28 JN Rz 38 und Rz 127.

177 Auch hier ist darauf zu achten, daß die Setzung eines Unterwerfung unter die Gerichtsbarkeit bedingenden Aktes von einem dazu Befugten geschieht, wobei davon ausgegangen werden kann, daß eine vom Titulär der Immunität zum Abschluß eines Vertrags ermächtigte Person auch befugt ist, eine – einen wirksamen Verzicht auf die Immunität implizierende – Gerichtsstandsvereinbarung abzuschließen (dazu *Geimer,* IZVR³ Rz 509, 716; anders offensichtlich LGZ Wien MietSlg 26.439 [1974]); s dazu auch Rz 135 ff.

dd) Vereinbarung eines Erfüllungsorts

178 ME zu bejahen, wenngleich str, ist die Frage, ob eine – gleichfalls gerichtsstandsbegründende – Vereinbarung eines **(inländischen) Erfüllungsorts** nach § 88 Abs 1 JN – s dort – einen Verzicht auf die Immunität impliziert (unter gewissen Bedingungen bejahend Art 4 EuÜbkStI [s auch Art 5 betreffend die Gerichtsbarkeit des Forumstaats, in dem der Beschäftigungsort liegt]; dazu *Geimer,* IZVR³ Rz 717 ff).

179 Der **Fakturengerichtsstand** nach § 88 Abs 2 JN – s dort – könnte nur bei privatrechtsgeschäftlichem Handeln des Staats (dazu Rz 203 ff) oder dann zum Tragen kommen, wenn etwa ein Diplomat einen freien Beruf oder eine gewerbliche Tätigkeit ausübt (Art 31 Abs 1 lit c WDK); in beiden Fällen liegt aber von vornherein keine Immunität vor. In den übrigen Fällen würde die Entgegennahme einer Rechnung mit Fakturenklausel kein Unterwerfen unter die inländische Gerichtsbarkeit auslösen.

ee) Schiedsvereinbarung

180 Ähnlich wie bei einer Prorogation unterwirft sich ein immunes Rechtssubjekt auch durch den Abschluß eines **Schiedsvertrags** der Gerichtsbarkeit des Staats, nach dessen Recht oder auf dessen Hoheitsgebiet ein Schiedsverfahren stattgefunden hat oder stattfinden soll, betreffend die Mitwirkung staatlicher

Gerichte an einem Schiedsverfahren (vgl Art 12 Abs 1 EuÜbkStI); die Frage ist allerdings str, wenngleich zumindest rechtspolitisch zu bejahen; s dazu auch *Geimer,* IZVR[3] Rz 521, 752, 753, 3854, 3855; *Matscher,* Zuständigkeitsvereinbarungen 41 FN 107; *ders,* JBl 1975, 467). Allfällige Zweifel an der Wirksamkeit der Unterwerfung beseitigen von einem Immunen an das Gericht gestellte Anträge nach §§ 582, 583 oder eine von ihm eingebrachte Klage nach § 596 ZPO.

Inwiefern eine Schiedsvereinbarung Unterwerfung auch unter die **Zwangsvollstreckung** impliziert, ist durch Auslegung der Schiedsklausel zu klären; idS *E. Bucher,* IPRax 1982, 164 (zu BGE 106 I a 142).

3. Einzelfragen

a) Völkerrechtswidrige Hoheitsakte fremder Staaten

Der inländischen Gerichtsbarkeit entzogen sind auch völkerrechtswidrige Hoheitsakte eines fremden Staats oder seiner Organe (zB keine inländische Gerichtsbarkeit für eine Schadenersatzklage, wenn der Schaden durch eine die Souveränität des Inlands oder eines Drittstaats verletzende, auf inländischem oder auch auf drittstaatlichem Gebiet gesetzte oder sich dort auswirkende militärische, polizeiliche oder geheimdienstliche Aktion entstanden ist; s auch Rz 198, 206 a, 215. Trotzdem wurde in letzter Zeit verschiedentlich versucht, die Bundesrepublik Deutschland wegen durch die Deutsche Wehrmacht während des Zweiten Weltkriegs unternommenen völkerrechtswidrigen militärischen Operationen vor ausländischen Gerichten auf Schadenersatz zu klagen. Vgl ferner *Rensmann,* IPRax 1998, 44. **181**

Entsprechendes müßte für völkerrechtswidrige Akte von Internationalen Organisationen gelten.

Eine völkerrechtlich zulässige **Repressalie** könnte auch in der Nichtbeachtung einer an sich völkerrechtlich gebotenen Immunitätsregel bestehen, etwa falls der fremde Staat eine solche dem Forumstaat gegenüber verletzt hat (*Geimer,* IZVR[3] Rz 648). Die Ergreifung von Sanktionsmaßnahmen obliegt aber nicht den Gerichten; s auch Art 47 Abs 2 lit a WDK (dazu *Seidl-Hohenveldern,* IPRax 1993, 191), Art 72 Abs 2 lit a WKK, Art 49 Abs 2 lit a ÜbkSpezM, welche die Zulässigkeit (als Ausnahme von dem an sich geltenden Diskriminierungsverbot) einer einschränkenden Anwendung der Bestimmungen der Konvention – einschließlich derjenigen über die Immunitäten (aber nicht unterhalb des völkerrechtlich gebotenen Minimums, s dazu *Seidl-Hohenveldern,* IPRax 1993, 191) – als **Retorsionsmaßnahme** ansprechen; aber auch eine solche bedürfte einer normativen Grundlage (vgl § 24 dEGZPO und, in anderem Zusammenhang, § 7 AHG). **182**

Zu Repressalie und Retorsion als Akte erlaubter Selbsthilfe bzw als Sanktionen s *Seidl-Hohenveldern,* Völkerrecht[9] (1997) Rz 1775 ff; *Verdroß/Simma,* Völkerrecht[3] (1984) §§ 1335, 1342 ff; *Zemanek* in *Neuhold/Hummer/Schreuer,* Handbuch[3] I (1997) Rz 2536, 2540 ff; *Fischer/Köck,* Völkerrecht[4] (1994) 272 ff

b) Zur Drittwirkung der Immunität

Der Immunität kommt insofern eine gewisse Drittwirkung zu, als in einem Verfahren zwischen Privaten eine Partei nicht zu einem Verhalten verpflichtet werden darf, durch das in ein durch die Immunität geschütztes Recht eingegriffen werden würde; Beispiel: Klage auf Herausgabe einer hoheitlichen Zwecken dienenden Sache, die der Beklagte für ein immunes Rechtssubjekt verwahrt. **183**

c) Immunität und Anerkennung ausländischer Entscheidungen

184 Die Immunität im Inland steht einer Ex-lege-Anerkennung – und ebensowenig einer inzidenten Prüfung der Anerkennung in einem inländischen Verfahren – einer im Ausland ergangenen Entscheidung nicht entgegen (zur Vollstreckbarerklärung einer ausländischen Entscheidung s aber Rz 185). Statthaft ist auch ein Feststellungsverfahren nach § 24 DVEheG gegenüber einem im Inland Immunität genießenden Ehegatten; diesem kommt im Anerkennungsverfahren zwar Partei- bzw Beteiligtenstellung zu; er ist aber lediglich berechtigt – jedoch nicht verpflichtet – die daraus resultierenden Rechte (Abgabe einer Stellungnahme im Anerkennungsverfahren vor dem BMJ, Beschwerde an den VwGH gegen den Bescheid des BMJ) auszuüben (str, s *Geimer,* IZVR[3] Rz 541, 542).

d) Exekutionsbewilligung gegenüber einem immunen Rechtssubjekt

185 Nicht gestattet – im Rahmen der Immunität – ist gegenüber einem immunen Rechtssubjekt bereits die Erteilung einer Exekutionsbewilligung (und die Vollstreckbarerklärung eines ausländischen Titels gem § 79 EO) und nicht nur die Durchführung eines Exekutionsverfahrens. Darauf nehmen einzelne von Großbritannien abgeschlossene Vollstreckungsverträge ausdrücklich Bezug (vgl etwa Art III Abs 1 lit a Z 5 Vertrag Österreich-Großbritannien BGBl 1962/224 idF des Prot BGBl 1971/153; das gilt aber generell bereits auf Grund des völkergewohnheitsrechtlichen und des völkervertragsrechtlichen Immunitätsrechts; dazu *Matscher,* JBl 1963, 295).

e) Zur Nichtanerkennung einer unter Mißachtung der Immunität ergangenen ausländischen Entscheidung

186 Auf einer anderen Ebene liegt es, daß eine im Ausland unter Mißachtung der völkerrechtlich gebotenen Immunität ergangene Entscheidung im Inland weder anerkannt noch vollstreckt werden kann, unabhängig davon, ob derjenige, dem gegenüber die Anerkennung dieser Entscheidung geltend gemacht oder vollstreckt werden soll, im Inland Immunität genießt oder nicht. Auch das wird nur in den von Großbritannien abgeschlossenen Vollstreckungsverträgen ausdrücklich ausgesprochen (vgl Art III Abs 1 lit a Z 4 Vertrag Österreich – Großbritannien). Aber selbst wenn dieser Versagungsgrund nicht ausdrücklich statuiert wird – ob er gegebenenfalls vorliegt, beurteilt sich nach inländischem Recht –, ist er dem Recht der Urteilsanerkennung und -vollstreckung immanent, gleich, ob man ihn als einen (unausgesprochen geltenden) Mangel der Jurisdiktion des Erststaats oder als besonderen Anwendungsfall des verfahrensrechtlichen ordre public betrachtet; dazu *Matscher,* JBl 1963, 295; s auch OLG Frankfurt/M IPRax 1982, 71 und Cour d'appel de Rouen 12. 7. 1933 (AJIL 28 [1934], hier: Versagung der Anerkennung in Frankreich eines gegen den in Österreich akkreditierten US-Botschafter ergangenen Urteils eines österr Gerichts, wegen dessen diplomatischer Immunität). Dabei kann die – umstrittene (Nachweise bei *Geimer,* IZVR[3] Rz 537) – Frage offenbleiben, ob eine generelle völkerrechtliche Pflicht besteht, völkerrechtswidrige fremde Hoheitsakte nicht zu beachten.

f) Völkerrechtliche Immunitäten und Recht auf Zugang zu den Gerichten (Art 6 Abs 1 EMRK)

187 Die vom allgemeinen Völkerrecht und vom Völkervertragsrecht normierten Ausschlußnormen sind mit dem Recht auf Zugang zu einem Gericht gem

Art 6 Abs 1 EMRK (als Anwendungsfälle der für diesen Zugang anerkannten impliziten Schranken; dazu *Bellet/F* 4. 12. 1995 A/333-A § 31; *Ashingdane/GB* 28. 5. 1985 A/93 = EuGRZ 1986, 8, S 57; *Golder/GB* 21. 2. 1975 A/18 = EuGRZ 1975, 91 §§ 38, 39) grundsätzlich vereinbar; dazu *Matscher,* Die Verfahrensgarantien der EMRK in Zivilrechtssachen, ZÖR 31 (1980) 20; *Wenckstern,* Die Immunität Rz 180–186. Die Zurverfügungstellung von Ersatzgerichtsständen, im Sendestaat (§ 68 Abs 3, § 69 JN) bzw generell, die Ermöglichung einer Rechtsverfolgung im „Heimatstaat" betreffend Rechtssubjekte, die im Ausland Immunität genießen, kann unter dem Blickwinkel des Verbots der Rechtsverweigerung bzw der Gewährleistung des Rechts auf Zugang zu einem Gericht als völkerrechtlich geboten angesehen werden (Vor Art IX EGJN Rz 8 und oben Rz 121).

Generell wird in letzter Zeit immer mehr die Meinung vertreten, daß die **188**
Aufrechterhaltung der persönlichen Immunität von der Zivilgerichtsbarkeit nur insoweit vertretbar ist, als Rechtsschutz-Ersatzmöglichkeiten – unter denen auch ein Entschädigungsanspruch gegen den Empfangsstaat (oder Sitzstaat der Internationalen Organisation) genannt werden – zur Verfügung stehen; idS *Espósito Massicci/Garcimartín Alférez,* Grundrechte und Immunität der Angehörigen ausländischer diplomatischer Missionen, IPRax 1997, 129; *Herdegen,* The Abuse 734; *Leipold,* Immunität versus Rechtsschutzgarantie, Lüke-FS (1997) 353; *Schermers,* Diplomatic Immunity 156; idS auch die jüngsten Urteile des EGMR vom 18. 2. 1999 in den beiden (gleichgelagerten) Fällen *Beer* und *Regan/D* sowie *Waite* und *Kennedy/G.* Der EGMR hatte in der Tatsache, daß die Klagen der Beschwerdeführer gegen die Europäische Raumfahrtbehörde (ESA), für die sie als Leiharbeitnehmer tätig waren, von den deutschen Arbeitsgerichten wegen der Immunität der ESA nicht angenommen worden waren – im Hinblick darauf, daß den Beschwerdeführern im organisationsinternen Bereich angemessene Rechtsschutzmöglichkeiten zur Verfügung gestanden waren –, einstimmig keine Verletzung des Art 6 Abs 1 EMRK festgestellt.

Daß die Aufrechterhaltung der persönlichen Immunität von der Zivilgerichtsbarkeit (verschieden ist die Situation bei der Strafgerichtsbarkeit) betreffend gewisse Organe des völkerrechtlichen Verkehrs (Diplomaten, diesen gleichgestellte Personen, wie etwa gewisse Beamte von Internationalen Organisationen), auch für deren privates Handeln heute rechtspolitisch nicht mehr vertretbar ist, liegt auf einer anderen Ebene. Auch das Vorbeugen gegen eine mögliche Behinderung bei der Erfüllung der Amtsaufgaben stellt nur ein bedingt einsichtiges Motiv dar (skeptisch dazu *Seidl-Hohenveldern,* ZfRV 1995, 164); s auch die – sarkastischen, aber zutreffenden – Bemerkungen in SZ 44/56. Neuere internationale Instrumente legen daher den Titulären der Immunität nahe, auf diese nach Möglichkeit zu verzichten bzw diese aufzuheben, soweit deren Aufrechterhaltung zur Erfüllung ihres Zwecks nicht erforderlich ist; s dazu Rz 134 und 139).

g) Parlamentarische Immunitäten

Etwas von den völkerrechtlichen Immunitäten verschiedenes sind die (funk- **189**
tionellen) parlamentarischen Immunitäten (etwa die berufliche Immunität der Mitglieder des Nationalrats nach Art 57 Abs 1 B-VG). Soweit sie auch im Bereich der Zivilgerichtsbarkeit zum Tragen kommen (darüber *Fasching,* Lehrbuch² Rz 131/1; ferner Einl Rz 115), berühren sie die Unzulässigkeit des Rechtswegs; es ist allerdings str, ob auch § 42 Abs 2 JN auf sie anwendbar ist. Auch der Bestand solcher Immunitäten verstößt (als Ausfluß eines allgemeinen Grundsat-

zes des öffentlichen Rechts) nicht gegen Art 6 Abs 1 EMRK; dazu *Matscher,* ZÖR 31 (1980), 20; *Wenckstern,* Rz 180–186. Zu den anders einzuordnenden (und anders zu beurteilenden) Immunitäten der Vertreter in parlamentarischen Gremien von Internationalen Organisationen s Rz 305.

4. Zweifel am Bestand der Immunität

190 Ist es zweifelhaft, ob – und in welchem Ausmaß – ein bestimmtes Rechtssubjekt Immunität von der inländischen Gerichtsbarkeit genießt (zu den idZ auftauchenden Beweislastfragen s Rz 118), hat das Gericht hierüber die Erklärung des BMJ einzuholen (Art IX Abs 3 JN; s auch §§ 32, 36 Abs 2 RHEZ 1997 – die von einem Ersuchen um Auskunft sprechen, was im Ergebnis auf das gleiche hinausläuft); dieses wird gegebenenfalls im BMAA rückfragen (s etwa die in Rz 242, 250, 271, 275, 276, 282 zit Stellungnahmen des Völkerrechtsbüros). Ist die Immunität für das Gericht zweifelsfrei nachgewiesen (etwa durch die Bestätigung einer Internationalen Organisation betreffend einen ihren Beamten, durch eine Legitimationskarte), erübrigt sich natürlich eine Rückfrage (EvBl 1977/220 = ZÖR 28 (1977) 304). Es besteht mE auch in diesem Zusammenhang (s Rz 130) kein Anlaß, Art IX Abs 3 EGJN eng – nur auf die Immunität natürlicher Personen bezogen – auszulegen; Anfragen über Bestand und Ausmaß der Immunität können in allen Fällen (auch in bezug auf fremde Staaten) an das BMJ gerichtet werden, mag auch die Praxis von dieser Möglichkeit heute nur selten Gebrauch machen (so noch SZ 3/32; JBl 1962, 43 sieht von einer Rückfrage, mangels Zweifel, ausdrücklich ab).

191 Parteien können eine entsprechende Rückfrage zwar anregen, nicht aber formell beantragen (Analogie zu Art 89 Abs 2 B-VG, aber keine Verfahrensunterbrechung nach § 190 ZPO); die (nicht in Beschlußform ergehende) Entscheidung darüber, ob rückgefragt werden soll, obliegt allein dem Gericht (eine Rückfrage könnte auch von der Rechtsmittelinstanz, im Rahmen der Überprüfung der Prozeßvoraussetzung der inländischen Gerichtsbarkeit, vorgenommen werden).

192 Die Erklärung des BMJ ist (seit der Neufassung des Art IX Abs 3 EGJN durch das BG BGBl 1971/217 [ausgelöst durch die Aufhebung der Art IX Abs 3 alt durch den VfGH, infolge eines Antrags des OGH nach Art 89 Abs 2, 2. Satz B-VG – s SZ 44/56] und den Wegfall der analogen Bestimmung in § 2 des BG BGBl 1954/74, das durch das BG BGBl 1977/677 ersetzt wurde) für das Gericht nicht (mehr) bindend. Dadurch wird auch die Frage entschärft, wann der Bestand (oder das Ausmaß) der Immunität als „zweifelhaft" anzusehen und eine Rückfrage an das BMJ darüber geboten ist bzw ob eine Rückfragemöglichkeit oder -pflicht etwa auch dann besteht, wenn es lediglich offen ist, ob eine ausreichende Unterwerfung unter die inländische Gerichtsbarkeit eines an sich zweifelsfrei immunen Rechtssubjekts vorliegt, ob eine Staatstätigkeit als hoheitlich oder ob das Handeln einer Person als von deren funktioneller Immunität gedeckt einzustufen ist, ob ein Gegenstand oder ein Vermögenswert der inländischen Zwangsvollstreckung unterliegt usw (zur früheren Rechtslage *Matscher,* Zuständigkeitsvereinbarungen 40 FN 104 letzter Abs mwN). In allen diesen Fällen kann – und soll – das Gericht die unverbindliche Wohlmeinung (Erklärung, Auskunft) des BMJ einholen (s auch *Seidl-Hohenveldern,* IPRax 1993, 190 [Anm zu OGH dortselbst, 185], der zu Recht darauf aufmerksam macht, daß gelegentlich zu voreilig eine zweifelsfreie Rechtslage angenommen wird), mag es sich hiebei auch um Fragen der Rsp handeln, die das Gericht in eigener Verantwortung letztlich selbst zu beantworten hat.

Eine **faktische Bindung** an die Erklärung des BMJ besteht mE aber hinsichtlich der für die Beurteilung des Vorliegens einer immunitätsrelevanten Vorfrage – etwa ob eine Person dem Immunität genießenden Personenkreis (diplomatischer Vertreter, Mitglied einer Spezialmission, Funktionär oder Experte einer Internationalen Organisation, Staatenvertreter bei einer Tagung oder sonstwie mit einer amtlichen Mission bei einer Internationalen Organisation betraute Person usw) zuzurechnen ist – insofern, als darüber nur das BMAA eine verbindliche Auskunft erteilen kann; die Praxis scheint sich aber gelegentlich darüber hinwegzusetzen (zum Fall *Soummak* s Rz 271). Entgegen einer weit verbreiteten Meinung sei in diesem Zusammenhang aber festgehalten, daß die Tatsache, daß jemand Inhaber eines Diplomatenpasses ist, für sich allein keinen Nachweis darüber darstellt, daß die betreffende Person im Forumstaat diplomatische Immunität genießt (s auch 3 Ob 258/98 g). **193**

Ratio der Regelung des Art IX Abs 3 EGJN ist die Überlegung, daß die Beurteilung von uU diffizilen Fragen des Völkerrechts – deren falsche Beantwortung eine Völkerrechtsverletzung darstellen kann – nicht den dazu vielfach nicht entsprechend ausgestatteten Gerichten überantwortet werden soll. Aber auch die falsche Auslegung anderer staatsvertraglich normierter Ausschlüsse von der inländischen Gerichtsbarkeit, dh abgesehen von den (persönlichen) Immunitäten (Rz 52), könnte gleichfalls zu einer Völkerrechtsverletzung führen (die WGN 1997 hat jedoch eine unterschiedliche Bewertung [und prozessuale Behandlung] der Verletzung von Immunitätsregeln einerseits und von anderen die inländische Gerichtsbarkeit ausschließenden Normen andererseits vorgenommen; s Vor Art IX EGJN Rz 88, Art IX EGJN Rz 14); allerdings sind die entsprechenden Verträge im BGBl kundgemacht und den Gerichten damit zugänglich. Diesbezüglich wäre eine Rückfrage an das BMJ vom Wortlaut des Art IX Abs 3 EGJN nicht gedeckt; trotzdem wäre mE auch hier gegen eine unverbindliche Rückfrage nichts einzuwenden (die Ähnlichkeit mit der in § 4 Abs 1 IPRG geregelten Situation [Anfragen über ausländisches Recht] drängt sich – trotz der entgegenstehenden Bestimmung des § 41 Abs 3 RHEZ – auf; schließlich sind auch die von Art IX Abs 3 EGJN angesprochenen völkerrechtlichen Immunitäten heute weitestgehend staatsvertraglich geregelt). **194**

In der BRD besteht gleichfalls die – gesetzlich nicht ausdrücklich geregelte – Möglichkeit einer formlosen Rückfrage im Auswärtigen Amt (zu einer unterschiedlichen Bewertung der Auskunft s den Fall *Tabatabai* [Rz 270]); bei ernstlichen objektiven Zweifeln über eine entscheidungserhebliche Frage der Immunität – weitgehend aber nur, soweit es sich um eine solche des Völkergewohnheitsrechts handelt (dazu *Maunz* in *Maunz/Dürig,* GG Art 100 Rz 41 ff; s auch BVfGE 6, 309 (362 ff) – hat das Gericht die – dann allerdings bindende – Entscheidung des BVfG gem Art 100 Abs 2 GG einzuholen (so haben die in Rz 129, 199, 215, 219, 248 zit E des BVfG solche Anfragen zum Gegenstand); s dazu auch *Geimer,* RabelsZ 1993, 750 f (Buchbesprechung). **195**

Keinesfalls kann aber die Frage der Anwendbarkeit inländischer Rechtsnormen auf Rechtsverhältnisse von Dienstnehmern eines fremden Staats (Angestellte einer Vertretungsbehörde im Inland) Gegenstand einer (formellen) Rückfrage beim BMJ sein (SZ 63/206 = Arb 10.884 = DRdA 1991, 455).

Auf einer anderen Ebene liegt es, daß bezüglich des Bestandes und des Ausmaßes einer Immunität gelegentlich auch Strafgerichte oder Verwaltungsbehörden beim BMAA rückfragen (s auch Rz 193).

5. *Die besonderen Ausschlußnormen*

a) Fremde Staaten

aa) Die völkergewohnheitsrechtliche Grundregel und ihre Tragweite

196 Kraft allgemeinen Völkerrechts sind fremde Staaten von der inländischen Gerichtsbarkeit weitgehend (über die Grenzen der staatlichen Immunität s Rz 203 ff) ausgenommen. Was als ein Staat anzusehen ist, regelt das Völkerrecht (s dazu *Verdroß/Simma,* Völkerrecht[3] § 378 ff; *Seidl-Hohenveldern,* Völkerrecht[9] Rz 622 ff; *ders* in *Neuhold/Hummer/Schreuer,* Handbuch[3] Rz 668 ff; *Fischer/Köck,* Völkerrecht[4], 69 ff) und ist daher nach diesem zu bestimmen; die Beurteilung obliegt dem Gericht, mag es gem Art IX Abs 3 EGJN auch beim BMJ rückfragen (Rz 192). Auf die diplomatische Anerkennung kommt es nicht an (str); vgl dazu 1 Ob 2313/96 w.

197 Auch territoriale Untergliederungen eines (Bundes)staats (Länder, Regionen, Gemeinden usw) fallen darunter; insofern spielt in diesem Zusammenhang die für das Völkervertragsrecht bedeutsame Frage nach der partikulären Völkerrechtsfähigkeit keine Rolle: Soweit sie hoheitlich handeln (darüber Rz 203), partizipieren sie an der Immunität des Staates selbst, und bezüglich eines nicht hoheitlichen Handelns genießt auch dieser nach dem neueren Völkerrecht keine Immunität (so im Ergebnis auch Art 27, 28 EuÜbkStI); zur Gerichtsbarkeit über einen schweiz Kanton, s ital Kassationshof 2. 4. 1993 Nr 3966, RivDirIntPrivProc 1994, 372. Die Staatenpraxis ist allerdings nicht einheitlich, und die Lehrmeinungen divergieren.

198 An der Immunität des Staates partizipieren auch die für diesen hoheitlich handelnden Organe, gleich, ob sie als Organe des Völkerrechtsverkehrs ieS (Staatsoberhäupter – Rz 242 –, Regierungsmitglieder und sonstige hohe Funktionäre – Rz 245, 246 –, Diplomaten – Rz 250 – und diesen gleichgestellte Personen – Rz 254, 259 ff, 265 –, Konsuln – Rz 274 ff) anzusprechen sind oder nicht. Die Gerichte in Deutschland haben daher zu Recht eine Klage gegen den Leiter des New Scotland Yard wegen der Übersendung eines Interpol-Berichts an das Bundeskriminalamt Wiesbaden, wegen Fehlens der deutschen Gerichtsbarkeit Großbritannien gegenüber (als dessen Organ der Beklagte gehandelt hatte), zurückgewiesen; s BGH NJW 1979, 1101 = MDR 1979, 483 = IPRspr 78/133; s auch Rz 181, 215; s generell *Verdroß/Simma,* Völkerrecht[3] Rz 1177.

199 Keine Immunität genießt der fremde Staat in bezug auf dingliche Klagen inländische Liegenschaften oder dingliche Rechte an solchen Liegenschaften betreffend (so auch Art 9 EuÜbkStI). Das ist völkerrechtlich anerkannt (s auch Art IX Abs 2, 2. Fall EGJN – Rz 126), daher Zulässigkeit einer Klage auf Bezahlung von Zinsen und Annuitäten aus einer für eine einem fremden Staat gehörende Liegenschaft eingetragenen Hypothekarforderung (OLG Wien EvBl 1946/358), auf Rückstellung einer in seinem bücherlichen Eigentum stehenden Liegenschaft (JBl 1947, 517); auf Grundbuchberichtigung hinsichtlich des Eigentums an einem im Inland befindlichen Missionsgebäude (BVfGE 15, 25 = NJW 1963, 435 [*Wengler*]); wie in Rz 127 ausgeführt, aber auch generelle Zulässigkeit von Kündigungs-, Räumungs- und Mietzinsklagen gegen einen fremden Staat. Den aktuellsten einschlägigen Anlaßfall dürften zur Unterhaltung einer diplomatischen Mission oder einer konsularischen Vertretung dienende Liegenschaften darstellen; zur (Un)zulässigkeit einer Zwangsvollstreckung s Rz 218. Inländische Gerichtsbarkeit ist ferner (in Analogie zu Art 31 Abs 1 lit b WDK – Rz 250) auch betreffend den Erbanfall an im Inland gelegenem Immobiliar-, aber auch

Mobiliarvermögen gegeben (Einbeziehung in eine inländische Nachlaßabhandlung gem §§ 21–25 AußStrG); Zulässigkeit von Klagen nach § 77 JN – Rz 42.

Wer in Privatrechtssachen zur Vertretung des Staats vor ausländischen (hier: vor inländischen) Gerichten befugt ist, bestimmt grundsätzlich – unbeschadet der Regelungen betreffend den Anwaltszwang – das Recht dieses Staats (OLG Koblenz IPRspr 1974/1 a); s auch Rz 168, 202. **200**

Zur Zustellung von Klagen an immune Rechtssubjekte im allgemeinen s Rz 123. Die im Inland befindliche diplomatische Mission des fremden Staats ist zwar grundsätzlich kein tauglicher Zustelladressat für Klagen (oder für andere, klageähnliche Anträge [Anfechtung einer Kündigung beim Einigungsamt]) gegen diesen (VwSlg 11.757/A [1985] = ZÖR 37, 395 = ÖJZ 1986, 189 A/100 = DRdA 1986, 147; s ferner OLG Köln RIW/AWD 1988, 301 = IPRax 1987, 233 dazu *Mansel* IPRax 1987, 210; *Hess,* RIW 1989, 254); sie ist jedoch zur freiwilligen Empfangnahme und Weiterleitung einer Klage an den beklagten Sendestaat berechtigt (mit der unbeanstandeten Empfangnahme des Schriftstücks gilt die Zustellung jedenfalls als gültig vollzogen – vgl § 9 Abs 1, 2. Satz ZustG), mag auch der korrektere Weg (§ 11 RHZE) der über die österr diplomatische Vertretung im fremden Staat sein; s auch Art 16 Abs 2 EuÜbkStI (Zustellung im diplomatischen Weg an den Außenminister des beklagten Staats). Zur Anwendbarkeit des HPÜ 1954 BGBl 1957/91 – insb zur Nichtheranziehbarkeit von dessen Art 4 (der einen anderen Sachverhalt betrifft) für Fälle der hier beschriebenen Art – s OLG Koblenz IPRspr 1974/1 a. Zur Zurückweisung einer Klage bzw einer gerichtlichen Kündigung gegen die Vertretung eines fremden Staats wegen deren mangelnden Rechtsfähigkeit s RZ 1964, 96; aus dem gleichen Grund ist auch deren Beitritt als Nebenintervenient in einem inländischen zivilgerichtlichen Verfahren unzulässig (2 Ob 424, 461/53, zit in RZ 1964, 96). **201**

Im übrigen ist der im Inland akkreditierte Missionschef sowohl zur Einbringung einer Klage namens des Sendestaats als auch zu dessen Vertretung im Verfahren (als Kläger und als Beklagter, als Nebenintervenient) kraft seiner völkerrechtlichen Funktion (Art 3 Abs 1 lit a und b WDK) ermächtigt, ohne einen spezifischen Auftrag oder eine entsprechende Vollmacht – auch hier, unbeschadet der Regelungen betreffend den Anwaltszwang – nachweisen zu müssen; idS ital Kassationshof 5. 12. 1992 Nr 12951, RevDirIntPrivProc 1994, 97; s auch ZfRV 1995/45. Anderes gilt für Leiter konsularischer Vertretungen; idS hat ZfRV 1993/23 die Befugnis eines im Inland zugelassenen Generalkonsuls zur Vertretung des Sendestaats in einer Liegenschaftseigentum desselben betreffenden Grundbuchssache zu Recht in Frage gestellt (weil – abgesehen von einem spezifischen Auftrag oder einer entsprechenden Ermächtigung gem Art 5 lit m WVK [und abweichend von dem, was für den Leiter einer diplomatischen Mission gilt – s oben] die Vertretung des Sendestaats im Empfangsstaat nicht zu den konsularischen Aufgaben nach Art 5 WVK gehört). Dazu kam, daß die Rechtsstellung des Sendestaats (ehem Jugoslawien) und von dessen Eigentum in Österreich im fraglichen Zeitpunkt ungeklärt waren. **202**

bb) Grenzen der staatlichen Immunität

Nach älterem Völkerrecht war die staatliche Immunität – Realklagen (Rz 126) und freiwilliger Verzicht (Rz 135 ff) ausgenommen – eine absolute (par in parem non habet iurisdictionem, Prinzip der Unteilbarkeit der staatlichen Souveränität). Nachdem aber die Staaten – iSd geänderten Staatsaufgaben – immer mehr dazu übergegangen waren, sich auch wirtschaftlich zu betätigen (Errichtung von Staatsbetrieben, die in unterschiedlicher rechtlicher Beziehung **203** zum Staat als Hoheitsträger stehen), setzte sich ab dem Beginn des 20. Jahrhunderts im Völkerrecht eine Differenzierung zwischen Akten iure imperii (Hoheitsakte) und Akten iure gestionis (privatrechtsgeschäftliche Akte) durch: Immunität wird dem Staat nur für den erstgenannten Bereich zuerkannt (Prinzip der eingeschränkten oder relativen Immunität; dazu sehr eingehend SZ 23/143 [SpR 28] = EvBl 1950/356). Als rechtspolitisches Motiv für den Übergang zum Prinzip der relativen Immunität wird gerade in der neueren ital Rsp der Schutz der Rechte von Privatpersonen angeführt, der es gebietet, die Immunität fremder Staaten auf das für die ungestörte Erfüllung ihrer Aufgaben im engeren Sinn notwendige Ausmaß zu reduzieren (s auch Rz 188).

204 Hat ein Staat im Rahmen eines völkerrechtlichen Vertrags gehandelt (etwa über Bevölkerungsaustausch und Entschädigung bzw Ablöse), liegt jedenfalls hoheitliches Handeln vor (SZ 36/26 = EvBl 1963/210).

205 Einen Hoheitsakt stellt die von einem fremden Staat im Ausland vorgenommene Vermögenskonfiskation dar; für die Geltendmachung von Ansprüchen wegen dieser Konfiskation – unbeschadet der Frage ihrer Anerkennung, falls sie im Inland gelegenes Vermögen betraf – mangelt es gleichfalls an der inländischen Gerichtsbarkeit (EvBl 1984/148 = IPRE 2/176).

206 Zur eigenwilligen Beurteilung der staatlichen Immunität iZm durch fremde Staaten hoheitlich begangenem Unrecht durch US-Zivilgerichte s *Reimann,* IPRax 1995, 123; *Scheffler,* Zivilgerichte; s auch Rz 181.

206a Der Einsatz militärischer Mittel – gleich, ob er völkerrechtswidrig (Rz 181) oder völkerrechtskonform war – ist jedenfalls als Hoheitsakt zu beurteilen = keine inländische Gerichtsbarkeit für eine entsprechende Schadenersatzklage (OGH IPRax 1996, 41; dazu *Seidl-Hohenveldern,* 52).

207 Vor allem die ehemaligen sozialistischen Staaten (auch Japan) standen bzw stehen weiterhin auf dem Standpunkt der absoluten Immunität; über die Praxis der neuen Reformstaaten ist noch wenig bekannt.

208 Zur Beurteilung, ob ein Akt als hoheitlich oder privatrechtsgeschäftlich zu qualifizieren ist, wird heute in erster Linie nicht mehr von der Zweckrichtung des staatlichen Handelns (funktionale Betrachtungsweise), sondern – unabhängig von dieser – von der Natur des Aktes ausgegangen: Als privatrechtsgeschäftlich, und daher als nicht von der Immunität erfaßt, sind alle jene Akte anzusehen, die auch ein Privatrechtssubjekt vornehmen könnte; dabei handelt der Staat im Prinzip auch nach den Rechtsformen des Privatrechts. Welcher Einrichtungen oder Organisationsformen er sich bei der Erfüllung hoheitlicher oder privatrechtsgeschäftlicher Aufgaben bedient, ist aber irrelevant; handelt er durch juristische Personen des Privatrechts, ist das allerdings ein starkes Indiz für privatrechtsgeschäftliches Handeln (OLG Frankfurt/M IPRax 1982, 71; OLG Frankfurt/M RIW 1982, 439 = IPRax 1983, 68; dazu *Albert,* 55; vgl auch Art 27 EuÜbkStI). Nach st ital Jud ist staatliches Handeln nach den Rechtsformen des Privatrechts überhaupt Ausdruck eines privatrechtsgeschäftlichen Handelns, zuletzt Kassationshof (vereinigte Senate) 6. 5. 1997 Nr 3957, RivDirInt 1997, 1163.

209 Das so an Vorstellungen des innerstaatlichen Rechts des Forumstaats orientierte Verständnis von der „Natur des Aktes“ – ein unbestimmter Rechtsbegriff – gibt aber nur einen ersten Anhaltspunkt: Unter funktionaler Betrachtungsweise (der bei der Bestimmung der Grenzen staatlicher Immunität nie ganz entraten werden kann – vgl Rz 218, 219 und Rz 222; vgl ferner Rz 290, betreffend die Immunität von Internationalen Organisationen) gibt es Fallkonstellationen, wo der Bezug einer Tätigkeit zum „Kernbereich der Staatsgewalt“ – was dazu gehört, ist nach der überwiegenden, allerdings in stetem Wandel begriffenen Staatenpraxis zu beurteilen – ein so enger sein kann, daß eine Tätigkeit unter dem Schutz der Immunität stehen muß. Aus diesen Ausführungen erhellt, daß die Qualifikation eines Aktes nach seiner „Natur" letztlich im Lichte des Völkerrechts vorzunehmen ist (EvBl 1988/118 = JBl 1988, 459 = RdW 1988, 165): zur Qualifikationsfrage im IZVR s Vor Art IX EGJN Rz 95–97).

Die Trennlinie zwischen hoheitlichem und nicht hoheitlichem Handeln ist **210** nicht immer eindeutig zu ziehen (zu den in diesem Zusammenhang auftauchenden Beweislastfragen s auch Rz 118 und Rz 219). Abschließend kann dazu nur bemerkt werden, daß nach heute herrschender Auffassung und Praxis für – zivilprozessual relevantes – „echt" hoheitliches, von der Immunität geschütztes Staatshandeln nicht mehr viel übrig bleibt.

In diesem Sinn hat die Unterscheidung zwischen hoheitlichen und privatge- **211** schäftlichen Akten bei der Staatenimmunität eine gewisse Ähnlichkeit mit derjenigen zwischen Amtsakten und Privatakten bei der Immunität von physischen Personen; nur ist die erstere im Ergebnis insofern enger, als bei ihr – anders als bei der zweiten – im allgemeinen eben nicht nach dem Zweck, sondern nach der Natur des Aktes gefragt wird (eine weitergehende Annäherung besteht aber bei der eingeschränkten funktionellen Immunität – Rz 132 und 282; s dazu auch die Ausführungen in ZfRV 1987, 72 = ZÖR 37 (1986/87) 398; SZ 59/83 = JBl 1986, 728 = IPRE 2/177).

Zu ähnlichen Tendenzen betreffend die Immunität von Internationalen Organisationen s Rz 290.

Inzwischen hat eine Reihe von Staaten – vornehmlich aus dem angloameri- **212** kanischen Rechtskreis (vgl etwa Foreign Sovereign Immunities Act 1976/77 [USA], State Immunity Act 1978 [GB]) – eigene Immunitätsgesetze erlassen, welche die Ausnahmen von der Immunität nach Fallgruppen bestimmen und als Abgrenzungskriterien nicht nur die Unterscheidung zwischen Akten iure imperii und iure gestionis und die „Natur" des Aktes, sondern auch die Enge des Bezugs des Streitgegenstands zum Forumstaat vorsehen. Im Ergebnis interpretieren diese Gesetze die staatliche Immunität weiter, als es iSd obigen Ausführungen völkerrechtlich geboten wäre; andererseits kann auf diese Weise eher eine Anerkennung und Vollstreckung inländischer Entscheidungen im belangten Staat und in Drittstaaten gewährleistet werden.

Ähnliche Wege gehen verschiedene Kodifikationsentwürfe zur Staatenim- **213** munität (vgl etwa die Entwürfe der ILA [1982], der OAS [1982], der ILC [1991]; s ferner die Res des Institut de Droit International, Ann 64/II (1992), 388; zum EuÜbkStI s Rz 235.

Zu erwähnen wäre schließlich, daß nach der Praxis des Schweizer Bundes- **214** gerichts (vgl BGE 106 I a 142 = IPRax 1982, 155; BGE 104 I a 370 = SJIR 35 [1979], 147 mwN; dazu *E. Bucher,* IPRax 1982, 16) auch bei Vorliegen von Akten iure gestionis schweiz Gerichtsbarkeit (vornehmlich Arrest- und Vollstreckungsgerichtsbarkeit) gegenüber fremden Staaten nur dann ausgeübt wird, wenn das streitige Rechtsverhältnis eine Nahebeziehung zur Schweiz aufweist, weil nur dann ein Bedürfnis nach Rechtsschutzgewährung im Inland bestehen würde (und weil man sich – im Hinblick auf die umstrittene Tragweite des Begriffs der acta iure gestionis – nicht dem Risiko von diplomatischen Verwicklungen aussetzen will, wenn kein schweiz Interesse an der Entfaltung von Gerichtstätigkeit angenommen wird); das ist allerdings eine über das völkerrechtlich Gebotene hinausgehende Ausdehnung der Immunität!

Beispiele für als privatrechtsgeschäftlich (bzw als hoheitsrechtlich) einge- **215** stuftes Handeln:

• (Maklervertrag betr) Rüstungseinkäufe (BGH IPRspr 1974/1 b); Warenkäufe durch das Verteidigungsministerium, möglicherweise für Rüstungszwecke (LG Frankfurt/M NJW 1976, 1044);

• Verkehrsunfall, veranlaßt vom Dienstwagen einer fremden Botschaft auf einer Dienstfahrt (JBl 1962, 43 = ZVR 1961/320; dazu *Herndl,* JBl 1962, 15);

• (anders noch – überholt – bezüglich deliktischer Haftung SZ 10/177: keine inländische Gerichtsbarkeit gegenüber einem ausländischen Staat betreffend Ersatzansprüche wegen in seinem Gesandtschaftsgebäude erlittener Schäden).

• Ob eine aus Art 11 EuÜbkStI ableitbare allgemeine Immunitätsausnahme für Klagen wegen des Ersatzes von Personen- oder Sachschäden, wenn das schädigende Ereignis im Forumstaat oder in einem Drittstaat eingetreten ist – auch wenn es sich um einen (gegebenenfalls völkerrechtswidrigen) Hoheitsakt (zB eine geheimdienstliche Tätigkeit) gehandelt hat – allgemeinem Völkerrecht entspricht, ist str und mE eher zu verneinen (s auch Rz 181, 198; idS IPRax 1995, 41 (dazu *Seidl-Hohenveldern,* IPRax 1996, 52); s auch ZfRV 1993/34 = RdW 1993, 75 (keine inländische Gerichtsbarkeit gegen einen fremden Staat, in dessen mutmaßlichem Auftrag ein politischer Mord im Inland verübt worden war [Fall *Ghassemlou*]; hier konkret allerdings nur als ein Element der Begründung für die Ablehnung eines Amtshaftungsanspruchs gegen die Republik Österreich, dessen Organe den Attentätern die Flucht in das Ausland ermöglicht hatten); wohl aber [Straf]gerichtsbarkeit gegen Ausländer, die im Inland [Deutschland] einen politischen Mord begangen haben, mögen sie auch im Auftrag der politischen Führung eines fremden Staats gehandelt haben [*Mykonos*-Fall, 1992]; zT anders die US-Gerichte im Fall Letelier (dazu *Hess,* IPRax 1993, 110). Siehe ferner den Fall *Bouchiki* (irrtümliche Ermordung eines marokkanischen Staatsangehörigen in Oslo durch den israelischen Geheimdienst Mossad; dazu „Die Presse" 4. 1. 1996).

• Handlungen im Rahmen militärischer Operationen, insb wenn sie nicht im Forumstaat durchgeführt worden sind, stellen jedenfalls acta iure imperii dar und unterliegen nicht der inländischen Gerichtsbarkeit (Rz 206 a).

• Was den aktuellen Anlaßfall der Verursachung eines Verkehrsunfalls durch einen Dienstwagen eines fremden Staats anbelangt, wurde bereits ausgeführt, daß hier kein hoheitliches Handeln vorliegt, also keine Immunität gegeben ist. Der Staat handelt auch nicht völkerrechtswidrig, wenn er die Zulassung eines oder die Einreise mit einem einem fremden Staat gehörenden Kfz vom Abschluß einer Haftpflichtversicherung abhängig macht (entsprechendes gilt für Fahrzeuge von Diplomaten, von Konsuln, von Internationalen Organisationen und deren Funktionären usw); (ausdrücklich normiert ua in Art 56 WKK, Art 78 WKIO), das ergibt sich aus der allgemeinen Verpflichtung, auch immuner Personen – unbeschadet der Immunität (s auch Rz 117) – die Gesetze und anderen Rechtsvorschriften des Empfangs-(Gast-)staats zu beachten (vgl etwa Art 41 Abs 1 WDK, Art 55 Abs 1 WKK, Art 47 Abs 1 ÜbkSpezMiss, Art 77 Abs 1 WKIO; vgl ferner etwa Art XV [40] lit b ASA-IAEO; BGBl 1958/82). Liegt eine solche Haftpflichtversicherung vor, kann (gem § 22 Abs 1 KHVG 1987) im Schadensfall jedenfalls der Versicherer geklagt werden. Verschiedene völkerrechtliche Instrumente (vgl Art 7 Europ Übk BGBl 1972/236 – Rz 67; Art 15 Abs 4 und Art 13 Abs 3 Abk mit Deutschland BGBl 1957/241 bzw BGBl 1967/340 – Rz 89, 90) haben für die Regelung solcher Haftungsfälle vorgesorgt.

• Schadenersatzansprüche aus einem wegen einer mangelhaften Anbringung von Straßenverkehrszeichen resultierenden Verkehrsunfall (ital Kassationshof 2. 4. 1993 Nr 3966, RivDirIntPrivProc 1994, 372).

• Bauarbeiten in einem Gesandtschaftsgebäude (SZ 2/1) bzw Abschluß eines entsprechenden Architektenvertrags (ZfRV 1999/6); Reparaturarbeiten an der Heizungsanlage in einem Botschaftsgebäude (BVfGE 16, 27 = NJW 1963, 1732); überholt OLG Wien EvBl 1947/12: keine inländische Gerichtsbarkeit zur Einklagung vereinbarter Instandsetzungkosten, ein einem fremden Staat gehörendes Gebäude betreffend.

• Kauf eines Grundstücks (Maklergebühr) für ein Konsulatsgebäude (OLG München MDR 1975, 411 = RIW 1977, 49).

• Miete eines Botschaftsgebäudes (eines Konsulargebäudes, der Residenz des Missionschefs oder der Dienstwohnung eines sonstigen Mitglieds einer diplomatischen Mission oder einer konsularischen Vertretung) – einschließlich gerichtlicher Aufkündigungs- und

Übergabeaufträge (zur Unzulässigkeit einer Zwangsvollstreckung s Rz 218, 219) – (LGZ Wien MietSlg 36.715 [1984], 37.712; Stellungnahme des Völkerrechtsbüros, ZÖR 35, 378 [1984/85]; gleichsinnig die schweiz [BGE 110 II, 255] und die ital Rsp [vgl etwa Kassationshof 18. 10. 1993 Nr 10294, RivDirIntPrivProc 1994, 620; 18. 5. 1992 Nr 5937, RivDirIntPrivProc 1993, 397; 30. 5. 1990 Nr 5091, RivDirIntPrivProc 1991, 450]).

- Der Betrieb von Rundfunkanstalten – mögen diese nach innerstaatlichem Recht (vgl § 2 RFG) ua auch Staatsaufgaben wahrnehmen – ist keine hoheitliche Tätigkeit (Kündigungsstreit betreffend eine Angestellte des ARD-Studios in Rom vor den ital Gerichten; dazu *Kronke,* IPRax 1989, 176).
- Betrieb eines Reisebusdienstes im Ausland durch die Staatsbahnen (LG Kiel NJW 1953, 1718). Unterhaltung von Büros einer staatlichen Fluggesellschaft (ital Kassationshof 15. 7. 1987 Nr 6171, RivDirIntPrivProc 1989, 106); Betrieb eines Fremdenverkehrsamtes (LG Frankfurt/M RIW 1977, 720) oder einer Public-Relations-Institution (LG Hamburg RIW/AWD 1981, 712).
- Verträge über Pipelines und Gasleitungen, OLG Frankfurt/M RIW 1982, 439 = IPRax 1983, 68 (*Albert* 55).
- Betrieb eines Kernkraftwerks (dazu Rz 227).
- Unterhaltung von Konten im Inland durch eine ausländische Staatsbank für bankengeschäftliche Operationen (ital Kassationshof 19. 10. 1984 Nr 5275 RivDirIntPrivProc 1985, 635 – bezüglich der Zwangsvollstreckung in solche Konten s Rz 219).
- Generelle Betätigung im internationalen Handel (ZÖR 38 [1987/88], 318).

Es kann davon ausgegangen werden, daß die oben beispielhaft angeführten **216**
Entscheidungen österr, deutscher und anderer Gerichte völkerrechtskonform sind.

Die Immunität der fremden Staaten wird aber in den verschiedenen Rechtsordnungen unterschiedlich behandelt; einzelne Staaten haben, wie oben erwähnt, in letzter Zeit eigene Immunitätsgesetze erlassen; zur Praxis der Schweiz s Rz 214.

Soweit die inländische Gerichtsbarkeit einem fremden Staat gegenüber völ- **217**
kerrechtlich nicht ausgeschlossen ist, stellt sich allerdings die weitere Frage, ob sie auch für den inländischen Rechtsbereich zu bejahen ist; dazu Vor Art IX EGJN Rz 8, 26 und zu § 27 a JN Rz 3, 6.

cc) Staatenimmunität und Zwangsvollstreckung

Die obigen Ausführungen zur Staatenimmunität beziehen sich in erster Li- **218**
nie auf das Erkenntnisverfahren. Anderes gilt für das Unterworfensein ausländischen Staatsvermögens unter die inländische Vollstreckungsgerichtsbarkeit, wo auf die Zweckrichtung abgestellt wird (OGH 6 Ob 126/58, gekürzt wiedergegeben bei *Neuhold/Hummer/Schreuer,* Handbuch II^3 [1997] Dok 96; OLG Frankfurt/M NJW 1981, 2650 [*Gramlich* 2618]); die Staatenpraxis ist uneinheitlich (s die Analyse in BVfGE 46, 1 = IPRax 1984, 196). Mag also auch der Titel über ein nicht hoheitliches Handeln des Staats ergangen sein, etwa betreffend den Kauf von Rüstungsmaterial, ist eine Zwangsvollstreckung in hoheitlichen Zwekken dienende fremde Rüstungsgegenstände, die sich (noch) im Inland befinden, unzulässig (str; richtig ist allerdings, daß ein Objekt, das ursprünglich als nicht hoheitlichen Zwecken dienend zu qualifizieren war [die Frage stellt sich insb iZm Bankguthaben – darüber später], nicht durch spätere Zweckwidmung seitens des fremden Staats in dessen hoheitlichen Bereich überstellt und damit der Gerichtsbarkeit des Forumstaats entzogen werden kann); zulässig ist hingegen eine Zwangsvollstreckung in nicht hoheitlichen Zwecken dienende Vermögenswerte (im Inland zur Abwicklung von Handelsgeschäften oder zum Betrieb einer Public Relations-Institution [LG Hamburg RIW/AWD 1977, 712] errichtete

Bankkonten, Guthaben aus Wertpapieren, Räume, die für Zwecke einer nationalen Fluggesellschaft [deren Betrieb nicht als hoheitliche Tätigkeit zu qualifizieren ist] unterhalten werden [ital Kassationshof 13. 5. 1993 Nr 5425, RivDirIntPrivProc 1994, 645] usw). Unzulässig ist eine Zwangsvollstreckung (zB eine zwangsweise Räumung) in zum Betrieb einer diplomatischen Mission oder einer konsularischen Vertretung dienende Vermögenswerte (Botschaftsgebäude und Einrichtungsgegenstände, Dienstautos (OLG Wien EvBl 1988/76; LGZ Wien MietSlg 36.715 [1984]; SZ 3/32); diese stehen auch unter dem Schutz der Art 22 Abs 3 WDK, Art 25 Abs 3 ÜbkSpezMiss, Art 23 Abs 3 WKVIO, Art 31 WKK – s Rz 249, Rz 266, Rz 275); auch keine Exekution zur Sicherstellung durch Vormerkung des Pfandrechts auf ein Gesandtschaftsgebäude (SZ 3/32). Da nach der neueren Rsp (vgl EvBl 1988/76) nur exekutiv verwertbare Vermögenswerte „Vermögen" iSd § 99 Abs 1 JN darstellen, sind von der Immunität gedeckte Vermögenswerte eines fremden Staats (etwa das Botschaftsareal) keine taugliche Grundlage zur Begründung des Gerichtsstands des Vermögens; s auch Rz 227; vgl ferner OLG Frankfurt/M IPRax 1983, 68; dazu *Albert* 55.

219 Zu den unter diesem Titel vor einer Zwangsvollstreckung geschützten Vermögenswerten können, wie bereits oben erwähnt, auch Bankkonten zählen; aber gerade was diese anbelangt, ist eine dahingehende Differenzierung, ob ein Konto allein hoheitlichen (etwa den Betrieb einer diplomatischen Mission) oder (auch) privatrechtsgeschäftlichen Zwecken (Abwicklung von Handelsgeschäften) dient, mitunter schwierig. In die letztgenannte Kategorie wären auch Guthaben einzuordnen, die sich bei Konten im Forumstaat befinden und die zur Überweisung an die Zentralbank eines fremden Staats zur generellen Deckung von dessen Haushaltsaufgaben bestimmt sind; in aller Regel anders, wenn das Konto von vornherein währungspolitischen Zwecken dient – hier wäre wohl eine hoheitliche Zweckbestimmung anzunehmen (idS BVfGE 64, 1 = IPRax 1984, 196; dazu *Stein* 179; zur Qualifikationsfrage s dortselbst, sowie Rz 208 und generell Vor Art IX EGJN Rz 95). Gem BVfGE 46, 342 (394 f) = NJW 1978, 485, (*Bleckmann* 1092) = RIW 1978, 122 *(Seidl-Hohenveldern)* verbiete es das Völkerrecht, dem fremden Staat die nähere Darlegung des Verwendungszwecks eines von ihm unterhaltenen Bankkontos anzusinnen; er sei lediglich gehalten, gehörig glaubhaft zu machen, daß es sich um ein Konto handelt, das der Aufrechterhaltung der Funktionen seiner diplomatischen bzw konsularischen Missionen oder auch anderen hoheitlichen Zwecken diene. Gem SZ 59/76 = JBl 1986, 733 = RdW 1986, 274 – RZ 1987/1 – ZÖR 37 (1986/87), 390 (krit dazu *Seidl-Hohenveldern,* ZfRV 1990, 305 zu FN 23) unterliegt das Bankkonto einer Vertretungsbehörde nur dann der Exekution, wenn es ausschließlich privatrechtlichen Zwecken dient. Wegen der Schwierigkeiten einer Abgrenzung nach dem Verwendungszweck genügt somit – unter ausdrücklichem Abgehen von einer älteren E (6 Ob 126/58 – s oben) – für die Annahme der Immunität, daß das Konto auch zur Deckung der Ausgaben einer Vertretungsbehörde dient (idS SZ 59/76). Der Grundsatz des ne impediatur legatio (mag es sich auch nur um eine „abstrakte" Gefährdung der Tätigkeit einer Vertretungsbehörde handeln), der in den Präambeln aller einschlägigen Konventionen ausgesprochen wird und in verschiedenen ihrer Detailbestimmungen zur Geltung kommt, hat im Zweifel Vorrang.

220 Auch bei einer Zentralbank ist zu differenzieren, ob sie hoheitlich tätig ist oder am allgemeinen Banken- und Wirtschaftsverkehr teilnimmt; im letzteren Fall genießt sie keine Immunität, daher auch nicht hinsichtlich der Eröffnung eines bankengeschäftlichen Dokumentenakkreditivs, mag die Bank auch auf Anweisung einer Regierungsstelle ihres Staats gehandelt haben (LG Frankfurt/M

NJW 1976, 1044); idS auch BGE 104 I a 370 = SJIR 35, 147 (1979); *Stein,* IPRax 1984, 179. Zur Zulässigkeit einer Klage, einer EV oder einer Exekution betreffend im Inland unterhaltener Konten einer ausländischen Nationalbank s 1 Ob 2313/96w, s ferner Vor Art IX EGJN Rz 76.

Str ist, inwiefern ein fremder Staat als Drittschuldner Vollstreckungsimmunität genießt; die Zustellung eines Drittverbots zuzüglich Pfändungs- und Überweisungsbeschluß ist aber zulässig, soweit der fremde Staat die Zustellung annimmt und sich freiwillig dem Drittverbot unterwirft bzw diesem gemäß handelt (LG Bonn MDR 1966, 935; s auch Rz 122). Die Setzung von Zwangsakten ist jedenfalls unzulässig. **221**

dd) Der ausländische Staat als Dienstgeber

Gegenüber Klagen aus einem öffentlich-rechtlich zu qualifizierenden Dienstverhältnis genießt der fremde Staat Immunität, da es sich hier um acta iure imperii handelt. Ist das Dienstverhältnis hingegen privatrechtlich zu beurteilen, gleich, ob es mit dem Staat selbst oder – als dessen „verlängerter Arm" – mit einer seiner diplomatischen oder konsularischen Vertretungsbehörden geschlossen wurde (in aller Regel wird es sich um sog surplace-Personal handeln), ist inländische (Arbeits)gerichtsbarkeit grundsätzlich gegeben, da hier der Staat als Privatrechts subjekt gehandelt hat und demgemäß keine Immunität genießt. Das ist zweifellos richtig, soweit es sich um bloße Hilfsdienste, zB Botschaftschauffeur, Botschaftskoch – „dienstliches Hauspersonal" nach Art 1 lit g WDK – Rz 260; Art 1 Abs 1 lit f WKK – Rz 274 (OLG Wien ZÖR 30 [1979], 340; ital Kassationshof 18. 5. 1992 Nr 5941, 17. 10. 1988 Nr 5628, RivDirIntPrivProc 1993, 399 und 1990, 705), oder auch um untergeordnete Bürodienste, zB Fotolaborant, Telegraphist, Dolmetscher/Übersetzer – „Verwaltungs- oder technisches Personal", nach Art 1 lit f WDK – Rz 259; Art 1 Abs 1 lit e WKK – Rz 274 (SZ 63/206 [1990] = Arb 10.884 = DRdA 1991, 455; VwSlg 11.757/A = DRdA 1986, 147 = ZÖR 37 [1986/87], 394; s auch BGE 110 II 255), handelt. Bei den Personen der letztgenannten Kategorie wird es aber kritisch, wenn der Betreffende Hoheitsfunktionen ausübt; entsprechendes gilt, wenn der belangte Staat im arbeitsgerichtlichen Verfahren genötigt wäre, Amtsgeheimnisse oder auch Interna der Organisations- und Arbeitsweise der Vertretungsbehörde offenzulegen. Dennoch haben österr Gerichte die inländische Gerichtsbarkeit auch in solchen Fällen bejaht: **222**

IPRax 1993, 185 (entlassene Botschaftsangestellte als behauptetes Sicherheitsrisiko) und SZ 62/111 = Arb 10.789 = JBl 1989, 799 = ZÖR 41 [1990], 188 = WBl 1990, 376 = DRdA 1990/73 = ZfRV 1990, 300 = IPRE 3/159 (Leiterin der Visa-Abteilung), beide mit krit Anm samt beispielhafter Wiedergabe der einschlägigen Staatenpraxis, *Seidl-Hohenveldern,* ZfRV 1990, 302 bzw IPRax 1993, 190; er macht im wesentlichen zu Recht geltend, die inländischen Gerichte hätten sich allein auf die Einstufung des Dienstverhältnisses als privatrechtlich gestützt, dabei aber die Unterscheidung zwischen Akten iure imperii und iure gestionis verkannt und nicht ausreichend geprüft, ob die Tätigkeit eines bestimmten Botschafts- bzw Konsulatsangestellten nicht hoheitlich einzustufen sei; träfe dies zu, wäre trotz des privatrechtlich zu qualifizierenden Dienstverhältnisses Immunität anzunehmen, da wir uns hier im „Kernbereich der Staatsgewalt" (Rz 209) befänden; auch der Grundsatz des „ne impediatur legatio", der allen Regelungen über diplomatische, ähnliche und konsularische Immunitäten – und dem „Betrieb" einer Vertretungsbehörde insgesamt – zugrunde liege (Rz 134; vgl ferner Art 32 EuÜbkStI), sei nicht ausreichend beachtet worden. Siehe auch Art 5 EuÜbkStI (Rz 235).

223 Uneinheitlich ist die ital Jud. Ältere E (betreffend Angestellte in höherwertiger Verwendung, wie zB Betrauung mit Konzeptaufgaben oder mit Leitungsfunktionen [Kassationshof 19. 5. 1988 Nr 3468, RivDirIntPrivProc 1990, 704], auch eine Sekretärin, die eng und unmittelbar mit diplomatischem Personal zusammenarbeitet [Kassationshof 15. 3. 1989 Nr 1282, RivDirIntPrivProc 1991, 474]) waren eher immunitätsfreundlich. Nach neuerer Rsp unterliegen allerdings auch Klagen von Dienstnehmern (Vertragsbediensteten), die höherwertige, hoheitlich einzustufende Aufgaben wahrnehmen, der inländischen Arbeitsgerichtsbarkeit, soweit Streitgegenstand allein finanzielle Fragen (Lohnforderungen) sind (Kassationshof 24. 9. 1993 Nr 9675, RivDirIntPrivProc 1994, 648). In einer späteren, eingehend begründeten und rechtsvergleichend dokumentierten E (Kassationshof 8. 6. 1994 Nr 5565, RivDirIntPrivProc 1995, 402) wird aber einer Internationalen Organisation Immunität in einer Dienstrechtsstreitigkeit (Widerruf der Kündigung, Gehaltsnachzahlung, Schadenersatz) mit einem leitenden Funktionär (Leiter des Dokumentationszentrums) zuerkannt: Eine Beurteilung der Rechtmäßigkeit der Kündigung würde eine Einmischung in Organisationsinterna darstellen; die finanziellen Aspekte könnten aber ohne Klärung der ersteren Frage nicht beurteilt und entschieden werden (s auch Rz 291); s auch Kassationshof 25. 5. 1999 Nr 313, RivDirIntPrivProc 1999, 628 (eine Konsulatsangestellte betreffend). Analoges muß für Bedienstete staatlicher Stellen angenommen werden; idS ital Kassationshof 9. 9. 1997 Nr 8768, RivDirIntPrivProc 1998, 816.

224 Hingegen sind Klagen gegen Diplomaten und diesen gleichgestellte Personen – als Dienstgeber (bezüglich ihrer Privatangestellten) – im Hinblick auf deren volle Immunität nicht zulässig (Rz 250), wohl aber gegenüber Konsuln, soweit diese (wie üblich) nur funktionelle Immunität genießen (Rz 274).

225 Dienstverhältnisse mit einer (sonstigen) Außenstelle eines fremden Staats, die nicht dessen diplomatischen oder konsularischen Vertretungen zuzuordnen sind, insb soweit sie eigene Rechtspersönlichkeit besitzen (Büros von Schiffahrts- und Luftfahrtslinien, von Staatsbahnen, Außenhandelsstellen, Fremdenverkehrsstellen, Beschaffungsstellen, Presse- und Rundfunkagenturen, Kulturinstitute), mögen sie zT auch mit der Wahrnehmung von seiten des „Sendestaats" als hoheitlich qualifizierten Aufgaben betraut sein (s auch Rz 198), sind im Zweifel als privatrechtlich einzustufen; der Dienstgeber unterliegt demnach der inländischen (Arbeits)gerichtsbarkeit (s auch Art 27 EuÜbkStI).

Siehe auch Vor Art IX EGJN Rz 52.

226 Aufgrund von Arbeitnehmerüberlassungsverträgen für eine Internationale Organisation (Analoges müßte für Staaten bzw für staatliche Dienststellen gelten) tätige Personen sind keine Dienstnehmer der Organisation. In mehreren Fällen wurden Dienstrechtsklagen solcher Personen gegen die Organisation, im Hinblick auf deren Immunität, zurückgewiesen. In Wirklichkeit ging es dabei mehr um die Passivlegitimationen der Beklagten. Wäre diese zu bejahen, müßte die Frage nach der Immunität der Organisation (des Staats) nach den oben Rz 222, 223 und unten Rz 291 dargestellten Grundsätzen beurteilt werden (vgl ua BAG IPRax 1995, 33; dazu *Seidl-Hohenveldern,* Leiharbeitnehmer keine Bediensteten Internationaler Organisationen 14). Siehe auch die in Rz 188 zit Beschwerdefälle.

ee) Betrieb eines Kernkraftwerks

Lit: *Böhm,* Atomhaftung und Betrieb von Kernenergieanlagen im Ausland. Inländische Gerichtsbarkeit, in: Umweltbundesamt, Atomare Risiken – wirtschaftliche und rechtliche Aspekte (1997) 60; *Gündling,* Rechtsschutz nach Tschernobyl, IPRax 1987, 210; *Hess,* Probleme der Staatenimmunität bei grenzüberschreitenden Unterlassungsklagen, JBl 1989, 285; *ders,* Staatenimmunität bei Distanzdelikten – Der Kläger im Schnittpunkt von zivilgerichtlichem und völkerrechtlichem Rechtsschutz (1992); *ders,* Zur Zustellung von Klagen gegen fremde Staaten, RIW 1989, 254; *Mansel,* Zustellung einer Klage in Sachen „Tschernobyl", IPRax 1987, 210.

In Zusammenhang mit der Errichtung und dem Betrieb von Kernenergieanlagen im benachbarten Ausland und deren (aktuellen oder potentiellen) Auswirkungen auf österr Staatsgebiet hat es im vergangenen Jahrzehnt eine reichhaltige Jud zur Frage der inländischen Gerichtsbarkeit für Klagen auf Unterlassung und/oder auf Schadenersatz gegen die ausländischen Betreiber der Anlage (fremde Staaten, Staatsbetriebe ode beliehene Unternehmen) gegeben. Die einschlägige Jud war nicht kohärent; in der Mehrzahl der Fälle war die inländische Gerichtsbarkeit mit nicht immer einsichtigen Motiven verneint worden. Teilweise ging es dabei – neben der Frage der inländischen Gerichtsbarkeit oder mit dieser kombiniert – auch um die Frage nach der örtlichen Zuständigkeit (§§ 81, 92 a, 99 JN) und um die Möglichkeit der Durchsetzung einer im Ausland gebotenen Unterlassung im Inland (§ 355 EO; dazu Vor Art IX EGJN Rz 12 ff) sowie um die Voraussetzungen einer Ordination (§ 28 JN Rz 75). **227**

JBl 1988, 323 = ZÖR 39 (1988/89), 352 = IPRE 3/196; ZÖR 39 (1988/89), 364 = IPRE 3/197; IPRE 3/198; OLG Innsbruck EvBl 1987/62 = IPRE 2/217; OLG Wien IPRE 3/185 und EvBl 1998/7 = IPRE 2/218 (Tschernobyl); EvBl 1988/118 = RdW 1988, 165 = JBl 1988, 459 (krit *Böhm*) = ZÖR 39 (1988/89), 360 = IPRE 3/199 (Mochovce); SZ 61/278 = JBl 1989, 239 (*Wilhelm*) = EvBl 1989/89 (Wackersdorf); IPRE 3/200 und 3/201; OLG Linz JBl 1990, 260 = IPRE 3/202 (Temelin).

Das AtomG 1999 BGBl I 1998/170 hat in § 22 Abs 2 (auch) die Zuständigkeit des LG, in dessen Sprengel der Schaden verursacht worden oder eingetreten ist – und damit gem § 27 a JN (s dort) gleichfalls die inländische Gerichtsbarkeit –, für Klagen und für den Erlaß von EV eingeführt. Die in den oben (Rz 227) zit E umstritten gewesene Frage nach dem Bestand der inländischen Gerichtsbarkeit stellt sich in diesem Zusammenhang nicht mehr. Für Situationen dieser Art Abhilfe zu schaffen war laut RV mit ein Grund der Neuregelung, auch wenn die Durchsetzung der entsprechenden inländischen Entscheidungen im Ausland nicht gesichert ist (1357 BlgNR 20. GP 11 f und 33 f). **228**

Rz 229 bis 234 Entfallen.

ff) Das Europäische Übereinkommen über die Staatenimmunität

Das EuÜbkStI BGBl 1976/432 geht von einem anderen Ansatz aus; einzelnen staatlichen Immunitätsgesetzen und Kodifikationsentwürfen ähnlich (dazu Rz 212, 213), unterscheidet es nicht zwischen Hoheitsakten und privatrechtsgeschäftlichen Akten, sondern zählt in Art 1–14 in kasuistischer Weise diejenigen Situationen auf, derentwegen ein Mitgliedstaat keine Immunität in Anspruch nehmen kann; gem Art 15 besteht Immunität in allen übrigen Fällen, es sei denn, ein Staat hat die Fakultativerklärung nach Art 24 abgegeben, des Inhalts, daß, betreffend nichthoheitliche Akte, seine Gerichte gegen einen anderen Vertragsstaat im selben Ausmaß wie im Verhältnis zu Nicht-Vertragsstaaten entscheiden können. Die Regelung erscheint wenig sinnvoll; Österreich hat die entsprechende Fakultativerklärung nicht abgegeben. Das Übk enthält in Art 16–19 Verfahrensvorschriften, nach denen bei iSd Übk zulässigen Klagen gegen Vertragsstaaten vorzugehen ist, sowie in Art 20–23 Vorschriften über die Wirkung (Aner- **235** kennung und Vollstreckung) gerichtlicher Entscheidungen eines Vertragsstaats gegenüber einem anderen Vertragsstaat.

236 Das ZusatzProt regelt die Beilegung von Streitigkeiten aus Anlaß der Anwendung des Übk: Es können zu diesem Zweck, bei Meinungsverschiedenheiten über die Verpflichtung zur Erfüllung einer Entscheidung, ein nach Art 21 des Übk zuständiges Gericht des belangten Staats (das ist iSd DG BGBl 1976/433 das LGZ Wien), darüber hinaus das Europ Gericht für Staatenimmunität, welches aus Mitgliedern des EGMR besteht, angerufen werden.

237 Das Übk hat kaum praktische Bedeutung erlangt; es umfaßt acht Staaten (Belgien, Deutschland, Luxemburg, Niederlande, Österreich, Schweiz, Großbritannien und Zypern). Es scheint in der österr Gerichtspraxis auch noch nie unmittelbar angewandt worden zu sein; wohl aber wird gelegentlich darauf Bezug genommen (vgl etwa IPRax 1993, 185 [dazu *Seidl-Hohenveldern,* Staatenimmunität gegenüber Dienstnehmerklagen von Botschaftspersonal, 190]; SZ 62/111 = Arb 10.789 = ZfRV 1990, 300 [dazu *Seidl-Hohenveldern*] = JBl 1989, 799 = Wbl 1990, 376 = DRdA 1990/73 = ZÖR 41 (1990), 188 = IPRE 3/159; IPRax 1993, 185; VwSlg 11.757/A = DRdA 1986, 147 = ZÖR 37, [1986/87] 394). Vgl *Kronke,* IPRax 1991, 141.

238 Im übrigen können die vom Übk getroffenen Regelungen nur zum Teil als Enuntiationen allgemein anerkannter Normen des Völkerrechts angesehen werden, mögen sie auch als „Ausdruck moderner westeuropäischer Rechtsauffassungen" angesprochen worden sein (BGE 104 I a 370 = SJIR 35, 147 [1979]; BGE 110 II 255); dazu auch *Seidl-Hohenveldern,* IPRax 1993, 190 und ZfRV 1990, 303.

b) Staatsschiffe, Staatsflugzeuge, Truppenkörper

Lit: *Bender,* Zur Immunität der NATO als Internationale Organisation im Zivilprozeß, IPRax 1998, 1; *Schwenk,* Die zivilprozessualen Bestimmungen des NATO-Truppenstatus und der Zusatzvereinbarung, NJW 1976, 1562; *Primosch/Siess-Scherz,* Auslands-Entsenderecht (KSE-BVG) (1997).

239 Volle Immunität von der Gerichtsbarkeit des Forumstaats genießen hoheitlichen Zwecken dienende Schiffe eines fremden Staats (**„Staatsschiffe",** zB Kriegsschiffe, Polizeischiffe usw); s darüber das für Österreich nicht in Geltung stehende Internationale Abk zur einheitlichen Festlegung von Regeln über die Immunität der Staatsschiffe 10. 4. 1926 dRGBl 1927/II, 484 samt ZusatzProt 1934. Analoges gilt für **„Staatsflugzeuge".**

240 Nach allgemeinem Völkerrecht genießen **fremde Okkupanten** bzw **Besatzungstruppen** – übrigens auch einzelne Soldaten, soweit sie iVm ihrer Einheit auftreten – volle Immunität von der Gerichtsbarkeit des besetzten Landes; das ist in der Haager Landkriegsordnung 1907 RGBl 1913/180 zwar nicht ausdrücklich normiert, es wird aber (auch) aus der Regelung des Art 42, derzufolge im militärisch besetzten Gebiet die Staatsgewalt auf den Okkupanten übergeht, abgeleitet (ital Verfassungsgerichtshof 14. 7. 1982 Nr 133, RivDirInt 1983, 183; vgl, szt für Österreich, Art 8 des 2. KontrollAbk v 28. 6. 1946 (Text in *Verosta,* Die internationale Stellung Österreichs 1938–1947 [1947] 104); dazu LGZ Wien EvBl 1949/358; LGZ Wien Arb 6106).

241 Die Rechtsstellung bezüglich der im Einvernehmen mit dem Forumstaat dort stationierten **Truppen fremder Staaten, internationaler Verteidigungsbündnisse** oder der **VN** wird üblicherweise in Stationierungsverträgen geregelt. Diese lassen im allgemeinen die Zivilgerichtsbarkeit des Stationierungslandes für

außerdienstliches Verhalten stationierter Truppenangehöriger unberührt und sehen Sonderregelungen für Stationierungsschäden vor. (Vgl etwa NATO-Truppenstatut 19. 6. 1951, samt ZusatzAbk 3. 8. 1959 und AusfG 18. 8. 1961, dBGBl 1961 II, 1183, 1190, 1218; s dazu *Bender,* IPRax 1998, 1; *Schwenk,* NJW 1976, 1562; vgl ferner die Regelungen betreffend die Immunitäten, auch im Bereich der Zivilgerichtsbarkeit, etwa im Notenwechsel 21. 2. 1966, zwischen der österr Bundesregierung und den VN über die Entsendung österr Kontingente zu friedenserhaltenden Operationen im Rahmen der VN in Zypern [s insb Pkt 12 und 38 des als Anhang beigeschlossenen Briefwechsels zwischen den VN und der Regierung von Zypern 31. 3. 1964] BGBl 1966/60.) Siehe ferner die Abk betr die Rechtsstellung der Truppen im Rahmen der NATO BGBl III 1998/135, 136, 137.

Siehe auch KSE-BVG 1997; dazu *Primosch/Siess-Scherz,* Auslands-Entsenderecht; vgl ferner jüngst IPRax 1997, 345 (dazu *Seidl-Hohenveldern,* Ende einer Dienstfahrt auf den Golan-Höhen 360).

c) Staatsoberhäupter

Fremde Staatsoberhäupter – wer Staatsoberhaupt ist, bestimmt die Verfassung des betreffenden Staats – (einschließlich der im gemeinsamen Haushalt mit ihnen lebenden Familienangehörigen, sowie – bei auch privaten Auslandsreisen – ihr Gefolge) genießen kraft Völkergewohnheitsrecht absolute Immunität, also auch in bezug auf ihre privaten Akte (SZ 37/94 = JBl 1964, 567 = RZ 1964, 201; zur Abgrenzung des Personenkreises s ferner die Stellungnahme des Völkerrechtsbüros, ZÖR 44, 328 [1992/93]); sie sind insofern den Leitern diplomatischer Missionen (Art 1 lit a WDK) faktisch gleichgestellt (Rz 250); die einschlägigen Regelungen der WDK sind somit auch auf Staatsoberhäupter analog anwendbar; dementsprechend genießen sie keine Immunität bezüglich dinglicher Klagen betreffend im Forumstaat gelegenes unbewegliches Vermögen, in Nachlaßsachen sowie für Klagen iZm der Ausübung eines freien Berufs oder einer gewerblichen Tätigkeit (Art 31 Abs 1 WDK); sie sind von der Zeugnispflicht befreit (Art 31 Abs 2 WDK), genießen volle Immunität gegen Vollstreckungsmaßnahmen (Art 31 Abs 3 WDK); sie können auf ihre Immunität verzichten – ausdrücklich oder durch konkludentes Handeln – (Art 32 WDK); zum Verzicht auf die Immunität s Rz 136. **242**

Die funktionelle Immunität fremder Staatsoberhäupter bleibt auch nach dem Ende ihrer Amtszeit aufrecht (Art 39 Abs 2 letzter Satz WDK); für privates Handeln – auch für solches, das sie während ihrer Amtszeit gesetzt haben – können sie dann aber gerichtlich belangt werden (Fall des ägyptischen Ex-Königs *Farouk,* Int Law Reports 1957, 228). Was die selektiv/opportunistische Staatenpraxis bezüglich der strafrechtlichen Immunität für sogenannte „Verbrechen gegen die Menschlichkeit" anbelangt, s jüngst den Fall *Pinochet*; dazu *Rensmann,* Internationale Verbrechen und Befreiung von der staatlichen Gerichtsbarkeit, IPRax 1999, 268; siehe ferner Statut des Internationalen Strafgerichtshofs, Art 27 (Text in EuGRZ 1998, 618). Vgl des weiteren die Behandlung des Vermögens des ehem philippinischen Staatsoberhaupts *Marcos* und seiner Familie durch die Gerichte der USA, der Schweiz und anderer Staaten. **243**

Soweit fremde Staatsoberhäupter als Leiter einer Spezialmission bzw einer Delegation des Sendestaats in einem Organ oder auf einer Konferenz einer Internationalen Organisation in Erscheinung treten, sind Art 21 Abs 1 ÜbkSpezMiss und Abs 50 Abs 1 WKVIO (Rz 265 ff) anwendbar. **244**

d) Regierungsmitglieder

245 **Regierungsmitglieder** genießen nur funktionelle Immunität, es sei denn, sie sind Mitglieder einer Spezialmission bzw einer Delegation des Sendestaats in einem Organ oder auf einer Konferenz einer Internationalen Organisation; dann genießen sie die Immunitäten der Mitglieder von solchen; vgl Art 21 Abs 2 ÜbkSpezMiss; Art 50 Abs 2 WKVIO (Rz 265 ff).

246 Entsprechendes gilt für „andere Persönlichkeiten hohen Rangs", soweit sie als Mitglieder von Spezialmissionen oder Delegierte in einem Organ oder auf einer Konferenz einer Internationalen Organisation tätig sind.

Zum Verzicht auf die Immunität s Rz 136.

247 Bezüglich der Behandlung von Staatsoberhäuptern und von Regierungsmitgliedern nicht (noch nicht, nicht mehr) anerkannter Staaten oder Regierungen (De-facto-Regime, Exilregierungen) gibt es keine allgemein anerkannten Völkerrechtsregeln, und die Staatenpraxis ist uneinheitlich.

e) Diplomatische Missionen

aa) Die Wiener Diplomatenkonvention (WDK BGBl 1966/66)

248 Die diplomatischen Immunitäten sind in der WDK geregelt; da diese fast weltweit in Geltung stehende K eine Kodifikation – und nur im geringen Ausmaß eine Weiterentwicklung und Präzisierung – des Völkergewohnheitsrechts darstellt, wird sie auch im Verhältnis zu den (wenigen) Nicht-Vertragsstaaten angewandt (so ausdrücklich § 18, 2. Satz dGVG); ob das einem völkerrechtlichen Gebot entspricht, ist str (vgl dazu BVfG 10. 6. 1997 EuGRZ 1997, 436. Das hat aber nichts mit einer Ergaomnes-Wirkung zu tun, da die von der WDK (und vom Völkergewohnheitsrecht) normierten Immunitäten grundsätzlich nur im Empfangsstaat wirken (BVfG, wie oben).

Die WDK geht – als lex posterior oder lex specialis – jedenfalls dem innerstaatlichen Recht vor und hat entgegenstehenden Normen des innerstaatlichen Rechts (vgl etwa, zu Art IX Abs 2 EGJN, Rz 5 und oben Rz 115) materiell derogiert. Für die in der WDK nicht ausdrücklich geregelten Fragen bleiben die völkergewohnheitsrechtlichen Grundsätze aufrecht (Abs 5 der Präambel).

bb) Die Räumlichkeiten der Mission

249 Die **Räumlichkeiten der Mission** (Art 1 lit i) – das sind die Areale, Gebäude, Büroetagen –, ihre Einrichtung sowie die sonstigen darin befindlichen Gegenstände, die Beförderungsmittel – gleich, ob sie sich im Eigentum des Sendestaats befinden oder von diesem bloß gemietet oder geleast sind, einschließlich der **Residenz des Missionschefs** (arg Art 23 Abs 1) – sind „unverletzlich" und dürfen – außer in Katastrophenfällen (s Art 25 Abs 1 WKVIO – Rz 266; Art 31 Abs 2 WKK – Rz 283) – ohne Zustimmung des Missionschefs von Organen des Sendestaats nicht betreten werden; sie genießen volle Immunität gegenüber Zwangsmaßnahmen (Durchsuchung, Augenschein, Beschlagnahme, Pfändung [auch kein Bestandgeberpfandrecht nach § 1101 ABGB], Vollstreckung) des Empfangsstaats (Art 22); entsprechendes gilt für die Archive und Schriftstücke der Mission „wo immer sie sich befinden" (Art 24).

Für die Zulässigkeit dinglicher Klagen s Rz 126, 199.

cc) Die Diplomaten

250 Diplomaten – das sind der Missionschef und die Mitglieder des diplomatischen Personals der Mission (Art 1 lit e) – genießen **volle Immunität** von der

Zivilgerichtsbarkeit des Empfangsstaats, auch für privates Handeln (Art 31 Abs 1; JBl 1962, 271 = EvBl 1962/272 = ZVR 1962/156 [noch unter Berufung auf das allgemeine Völkerrecht]), mit Ausnahme von dinglichen Klagen (dazu zählt auch eine Besitzstörungsklage; idS LGZ Wien 45 R 148, 149/73) betreffend privates, im Inland gelegenes unbewegliches Vermögen. Die Immunität erstreckt sich aber auf eine Räumungsklage (idS LGZ Wien MietSlg 26.439 [1974]), auf eine Mietzinsklage (LGZ Wien MietSlg 36.716 [1984]) oder auf eine sonstige obligatorische Klage aus einem Mietverhältnis (LGZ Wien MietSlg 30.637 [1978] [40]; Stellungnahme des Völkerrechtsbüros ZÖR 35 [1984/85], 378), es sei denn, das Objekt wird im Auftrag des Sendestaats für Zwecke der Mission (zB Anmietung als Büro oder als Residenz; in diesen Fällen wäre die Klage gegebenenfalls gegen den Sendestaat, der diesbezüglich der inländischen Gerichtsbarkeit unterliegt, zu richten; dazu Rz 201) gehalten, betreffend Nachlaßsachen (s dazu auch Art 39 Abs 4; im Rahmen der §§ 22–24 AußStrG, auch Zulässigkeit einer Nachlaßabhandlung; idS LGZ Wien IPRE 2/198 sowie WR-Judikaturbeilage, 1987) und für Klagen iZm einer freien privaten oder gewerblichen Tätigkeit (Art 31 Abs 1 lit a–c; [zu letzterer s aber Art 42]); nur in diesem Rahmen sind auch Vollstreckungsmaßnahmen zulässig (dazu Stellungnahme des Völkerrechtsbüros ZÖR 33 [1982], 372), soweit dadurch die Unverletzlichkeit der Person und der Wohnung des Diplomaten nicht beeinträchtigt werden (Art 31 Abs 3).

Es besteht **keine Zeugnispflicht** (Art 31 Abs 2; dazu ZÖR 44 [1992/93], 254; 251
s auch § 35 RHEZ), wobei dieser Begriff weit – jede Auskunftspflicht umfassend, also etwa auch als Auskunftsperson im Außerstreitverfahren, als Partei gem § 183 Abs 1 Z 1 oder § 371 ZPO – auszulegen ist (soweit der Diplomat nicht bereit ist, sich nach einer der in § 35 Abs 2 RHEZ erwähnten Varianten zu richten, werden allerdings die Regelungen der § 272 Abs 2 und § 381 ZPO über die freie Beweiswürdigung sinngemäß ihm gegenüber zur Anwendung gelangen).

Den ausdrücklichen (und konkludenten) Verzicht auf die Immunität regelt Art 32 (s Rz 137).

Die entsprechenden Immunitäten genießen der Diplomat sowie die ge- 252
meinsam mit oder getrennt von ihm reisenden Familienmitglieder auch bei der **Durchreise durch Drittstaaten** (auf dem Weg zum Empfangsstaat und umgekehrt, s Art 40 Abs 1).

Gem Art 30 genießt die **Privatwohnung** des Diplomaten – und nicht nur die 253
Residenz des Missionschefs (gem Art 1 lit i) –, einschließlich ihrer Einrichtungs- und der Beförderungsmittel, die gleichen Immunitäten wie die Räumlichkeiten der Mission (Rz 249); zur Privatwohnung gehören auch eine Ferienwohnung und, während der Zeit der Benützung, auch ein Hotelzimmer.

Die zum Haushalt eines Diplomaten gehörenden **Familienmitglieder** genie- 254
ßen – soweit sie nicht Angehörige des Empfangsstaats sind – die gleichen Immunitäten wie der Diplomat selbst (Art 37 Abs 1). Wie weit der Kreis der „Familienmitglieder“ zu ziehen ist, ist nicht geklärt; er dürfte wohl eher weit zu verstehen sein und auch entferntere Verwandte einschließen, sofern sie zum (ständigen) Haushalt des Diplomaten gehören; str, ob auch ein Lebensgefährte dazu zählt (nach heutigem Stand der gesellschaftlichen Entwicklung eher zu bejahen). Ein nach der Scheidung bei der (allenfalls wiederverheirateten) Mutter lebendes mj Kind eines Diplomaten mag zwar weiterhin zu dessen Familienmitgliedern zählen, gehört aber nicht (mehr) zu dessen Haushalt; Art 37 Abs 1 WDK ist auf dieses Kind also nicht anwendbar. Nach dem Wortlaut und nach der Entstehungsgeschichte des Art 37 Abs 1 WDK bezieht sich diese Bestim-

mung auch nicht auf Kinder der Ehefrau eines Diplomaten (ae Kinder, Kinder aus einer früheren Ehe), mögen sie auch zum Haushalt des Diplomatenstatus genießenden Stiefvaters gehören (sicher anders, wenn sie von diesem adoptiert wurden), was – gerade im Licht des von der Rsp des EGMR entwickelten weiten Begriffs der „Familie" iSd Art 8 EMRK (*Baumgartner,* Welche Formen des Zusammenlebens schützt die Verfassung? ÖJZ 1998, 761 ff) – problematisch erscheint (so aber EvBl 1977/220 = ZÖR 28 [1977], 304, unter Berufung auf *O'Keefe,* ICLQ 1976, 329); s ferner EFSlg 57.640; 57.648 f (1988): Die Diplomateneigenschaft des das Besuchsrecht beanspruchenden ehelichen Vaters steht nach der WDK einem österr Pflegschaftsverfahren über die Besuchsregelung nicht entgegen (Anwendbarkeit des Haager MinderjährigenschutzÜbk – Rz 69).

255 Im übrigen ist die Praxis bezüglich des Begriffs der **„Haushaltszugehörigkeit"** eher großzügig: So werden etwa im Sendestaat lebende, auch großjährige Kinder, die nur während der Ferien in den Empfangsstaat reisen, als zum Haushalt des Diplomaten gehörend behandelt; desgleichen der (aus beruflichen oder sonstigen Gründen) im Sendestaat wohnhaft gebliebene Ehegatte, der nur zwischendurch in den Empfangsstaat kommt (zweifelhaft mag es aber sein, ob das Kind eines Diplomaten, das im Empfangsstaat eine ständige, separate Wohnung benützt, als zum Haushalt des ersteren gehörend anzusehen ist). Nicht zum gemeinsamen Haushalt des Diplomaten zählen aber sonstige Familienangehörige, die nur zu Besuchszwecken in den Empfangsstaat reisen.

Aus Courtoisiegründen ist die Praxis hier überhaupt liberaler, als es völkerrechtlich geboten wäre; die Rechtskonformität (innerstaatlich gesehen) einer solchen Praxis erscheint allerdings zweifelhaft (s auch SZ 44/56).

256 Die Immunität beginnt mit der Einreise in den Empfangsstaat (mit der Notifikation über die erfolgte Ernennung, falls sich der Diplomat bereits im Empfangsstaat befindet); sie endet mit der Ausreise aus dem Empfangsstaat (nach Ablauf einer angemessenen Frist für die Ausreise, für den Fall, daß die Tätigkeit vorher beendet wurde); sie dauert nach dem Tod des Diplomaten, während einer angemessenen Frist zur Ausreise, auch für die Familienmitglieder an (Art 39 Abs 1–3).

Die funktionelle Immunität bleibt in jedem Fall weiterhin aufrecht (Art 39 Abs 2 letzter Satz); sie gilt auch in Drittstaaten.

257 Soweit der Empfangsstaat keine zusätzlichen Vorrechte gewährt (das österr Recht kennt diesbezüglich keine Sonderregelungen), genießt der Diplomat, der Angehöriger des Empfangsstaats („régnicole", gem Art 8 Abs 2 eher eine Ausnahme) oder in diesem ständig ansässig ist, nach Art 38 Abs 1 Immunität und Unverletzlichkeit in bezug auf seine amtliche Tätigkeit (funktionelle Immunität, s dazu Stellungnahme des Völkerrechtsbüros, ZÖR 44 [1992/93], 322); bei Doppelbürgern dürfte die Regelung des § 9 Abs 1, 2. Satz IPRG sinngemäß heranzuziehen sein.

258 Zur Stellung der Diplomaten (und der übrigen im Empfangsstaat Immunität genießenden Personen) im Sendestaat s Art 31 Abs 4 WDK u § 69 JN – Rz 121.

dd) Das Verwaltungs- und technische Personal

259 Die Mitglieder des Verwaltungs- und technischen Personals der Mission (Art 1 lit f) sowie die zu deren Haushalt gehörenden Familienangehörigen, soweit sie weder Angehörige des Empfangsstaats noch in demselben ständig ansässig sind, genießen in bezug auf die Zivilgerichtsbarkeit des Empfangsstaats lediglich funktionelle Immunität (Art 37 Abs 2, 1. Satz 2. Halbsatz); da Art 37 Abs 2 aber keine Ausnahme hinsichtlich des Art 31 Abs 3 vorsieht, verfügen auch diese Personen über Vollstreckungsimmunität wie Diplomaten (vgl Stellungnahme des Völkerrechtsbüros, ZÖR 33 [1982], 372); desgleichen genießt auch deren Privatwohnung Unverletzlichkeit (Verweis auf Art 30 in Art 37 Abs 2) es gilt ferner Befreiung von der Zeugnispflicht (gem Art 31 Abs 2). Soweit sie Angehörige des Empfangsstaats oder dort ständig ansässig sind, genießen sie nach Art 38 Abs 2 Immunität nur in dem vom Empfangsstaat zugelassenen Umfang (das österr Recht kennt diesbezüglich keine Sonderregelungen). Der Empfangsstaat darf seine Hoheitsgewalt diesen Personen gegenüber aber nur so ausüben, daß die Mission bei der Wahrnehmung ihrer Aufgaben nicht ungebührlich behindert wird; die Durchreise durch Drittstaaten darf nicht behindert werden (Art 40 Abs 2).

ee) Das dienstliche Hauspersonal

Die Mitglieder des dienstlichen Hauspersonals der Mission (Art 1 lit g), die weder Angehörige des Empfangsstaats noch in demselben ständig ansässig sind, genießen funktionelle Immunität (Art 37 Abs 3; Art 38 Abs 2 gilt auch für sie). **260**

ff) Die privaten Hausangestellten

Privaten Hausangestellten von Mitgliedern der Mission (Art 1 lit h), die weder Angehörige des Empfangsstaats noch in diesem ständig ansässig sind, steht Immunität nur in dem vom Empfangsstaat zugelassenen Umfang zu (Art 37 Abs 4; Art 38 Abs 2 gilt auch für sie). In bezug auf privatrechtliche Verpflichtungen unterliegen sie – unabhängig von der Staatsangehörigkeit bzw vom Wohnsitz – voll der inländischen Gerichtsbarkeit; idS SZ 44/56 = EvBl 1971/331 = JBl 1972, 48 = RZ 1971, 143 (Hinweis auf die Aufhebung älterer HD durch § 1 Abs 1 G StGBl 1919/210). **261**

gg) Die Notifizierung der Immunität genießenden Personen und Räume

Um die von der WDK normierten Immunitäten zu genießen, müssen die Mitglieder der Mission (Art 1 lit b) ihre Familienangehörigen und das private Hauspersonal dem Außenamt des Empfangsstaats notifiziert werden (Art 10). Entsprechendes gilt für die von der Immunität erfaßten Räumlichkeiten der Mission (Art 22 – Rz 249) und von Diplomaten (Art 30 – Rz 253); das wird zwar nur in Art 11 Abs 1 lit f ÜbkSpezMiss ausdrücklich erwähnt, ist aber auch hier sinngemäß anwendbar. **262**

hh) Die diplomatischen Kuriere, das Kuriergepäck

Der **diplomatische Kurier,** der durch ein mitgeführtes amtliches Schriftstück als solcher ausgewiesen ist, genießt persönliche Unverletzlichkeit und darf in keiner Weise festgenommen werden (Art 27 Abs 5); das schließt Immunität von der Zivilgerichtsbarkeit nicht ein; eine funktionelle Immunität muß ihm aber im gleichen Ausmaß wie den Mitgliedern des Verwaltungs- und technischen Personal der Mission (Rz 259) zuerkannt werden. **263**

Entsprechendes gilt für **Ad-hoc-Kuriere,** bis sie das ihnen anvertraute Kuriergepäck dem Empfänger ausgehändigt haben (Art 27 Abs 6).

Die **amtliche Korrespondenz** und das **Kuriergepäck** sind unverletzlich (Art 27 Abs 2–4).

ii) Rechtsstellung der Handelsvertretung der (ehemaligen) Sowjetunion

Zur Rechtsstellung der Handelsvertretung der (ehem) Sowjetunion s Beilage zum Handelsvertrag BGBl 1956/193, Art 2–4 (soll gem Notenwechsel BGBl **264**

1994/257 im Verhältnis zur Russischen Föderation bis auf weiteres „in pragmatischer Weise“ weiter angewendet werden).

f) Spezialmissionen; Ständige Vertretungen bei Internationalen Organisationen und Delegationen auf internationalen Konferenzen (ÜbkSpezMiss BGBl 1985/380; WKVIO, UN-Dok A/CONF 67/16 v 14. 3. 1975)

aa) Immunitätsträger, Ausmaß der Immunität

265 Die Immunitäten von Spezialmissionen, ihrer Mitglieder, ihres sonstigen Personals und ihrer Familienangehörigen nach dem ÜbkSpezMiss sowie die Immunitäten der Ständigen Vertretungen (einschließlich der Beobachtermissionen) bei und der Delegationen in Organen und zu Konferenzen von Internationalen Organisationen nach der (nicht in Kraft getretenen, als Ausdruck allgemeinen Völkerrechts aber faktisch angewandten) WKVIO, sind denen diplomatischer Missionen nachgebildet (nach der WKVIO sind sie allerdings beschränkter als nach der WDK). Für Fragen, welche nicht im ÜbkSpezMiss bzw in der WKVIO geregelt sind, gelten subsidiär die Regelungen des Völkergewohnheitsrechts (Abs 8 der jeweiligen Präambeln). Im Verhältnis zu den Regelungen der WKVIO bleiben diejenigen, die im Recht der Organisation (Rz 287) vorgesehen sind, aufrecht und bilden jene der Amtssitzabkommen und der Konferenzabkommen (Rz 315 ff, 326) leges speciales (Art 3, 4 WKVIO).

266 Die Räumlichkeiten (einschließlich der Residenzen) einer Spezialmission (Art 25 ÜbkSpezMiss) und die einer Ständigen Vertretung bzw einer Delegation (Art 23, Art 29, Art 59 WKVIO) genießen Unverletzlichkeit, desgleichen deren Archive (Art 26 WKVIO; Art 25, Art 55 ÜbkSpezMiss) und deren Kuriergepäck (Art 28 WKVIO; Art 27 und Art 57 ÜbkSpezMiss).

267 Die persönlichen Immunitäten der Vertreter des Sendestaats in einer Spezialmission und der Mitglieder ihres diplomatischen Personals erstrecken sich aber nicht auf Schadenersatzklagen wegen eines von ihnen außerhalb der amtlichen Tätigkeit benützten Fahrzeugs (Art 31 Abs 2 lit d ÜbkSpezMiss).

268 Der Leiter und die anderen Mitglieder mit Diplomatenstatus einer Delegation des Sendestaats in Organen oder zu Konferenzen Internationaler Organisationen genießen in bezug auf die Zivilgerichtsbarkeit des Empfangsstaats nur funktionelle Immunität (Art 60 Abs 1 WKVIO); Zwangsmaßnahmen können gegen sie aber nur ergriffen werden, soweit das ohne Verletzung ihrer Person und ihrer privaten Wohnung geschehen kann (Art 60 Abs 2 WKVIO); von der Zeugnispflicht sind sie befreit (Art 60 Abs 3 WKIO); es besteht für sie keine Immunität von der Zivilgerichtsbarkeit für Schäden wegen eines ihnen gehörenden oder von ihnen (zu amtlichen oder privaten Zwecken) benützten Fahrzeugs, soweit entsprechende Schadenersatzansprüche nicht von einer bestehenden Versicherung hereingebracht werden können (Art 60 Abs 4 WKVIO).

Zum Verzicht auf die Immunität s Art 41 ÜbkSpezMiss und Art 31, Art 61 WKVIO – s auch Rz 138.

269 Die WKVIO bezieht sich nur auf die Vertretungen bzw die Vertreter von Staaten (Ständige Vertretungen, Beobachtermissionen, Delegationen in Organen und zu Konferenzen) im Verhältnis zu Internationalen Organisationen universellen Charakters; das sind in erster Linie die VN selbst und ihre Spezialorganisationen; die in der WKVIO vorgesehenen Regelungen, die weitgehend Ausdruck allgemeinen Völkerrechts sind, werden entsprechend auch auf die Vertretung von Staaten im Verhältnis zu anderen Internationalen Organisationen angewandt.

bb) Notifikation der Mitglieder einer Spezialmission

Damit eine Person und die von ihr zu entfaltende Tätigkeit den Charakter (des Mitglieds) einer Spezialmission besitzt und die von der ÜbkSpezMiss normierten Immunitäten genießt, müssen die Entsendung der Spezialmission und ihre Aufgaben zwischen dem Sendestaat und dem Empfangsstaat vereinbart (Art 1 lit a, Art 2, Art 3 ÜbkSpezMiss) und deren Mitglieder – nach einer Vorausinformation gem Art 8 – dem Empfangsstaat notifiziert werden (Art 11); Erfordernis einer ausdrücklichen Zustimmung des Gaststaates – im Rahmen allenfalls vereinbarter spezieller Bedingungen –, wenn sich Spezialmissionen anderer Staaten auf seinem Gebiet (als neutraler Ort einer Begegnung) treffen (Art 18); Notifikationspflicht auch an den und Widerspruchsrecht des Transitstaats (Art 42 Abs 4). An der erforderlichen Zustimmung des Empfangs- bzw Gast- oder Transitstaats lassen die ErläutRV 702 BlgNR 14. GP (s die Bem zu den einzelnen Art, so insb zu Art 1, 2) keinen Zweifel. Uneinheitlich die deutsche Praxis im Fall *Tabatabai* (betreffend die Immunität von der Strafgerichtsbarkeit): LG Düsseldorf 24. 2. 1983, EuGRZ 1983, 159 (Haftbefehl), OLG Düsseldorf 7. 3. 1983, EuGRZ 1983, 160 (*Zuck* – Aufhebung des Haftbefehls wegen angenommener Immunität); LG Düsseldorf 10. 3. 1983, EuGRZ 1983, 440 (strafgerichtliche Verurteilung wegen nicht anerkannter Immunität); dazu *Wolf,* Immunität 401; Aufhebung der Verurteilung durch BGHSt 32, 275 = NJW 1984, 2048 (*Bocklaff* 2742); neuerliche Verurteilung durch OLG Düsseldorf 20. 3. 1986, NJW 1986, 2204. Die befaßten Gerichte haben Auskünfte des Auswärtigen Amtes über eine Immunität des „Sonderbotschafters" *Tabatabai* unterschiedlich gewertet; einzelnen der zit E war eine Reihe – divergierender – Gutachten namhafter deutscher Völkerrechtler zugrunde gelegt worden. 270

Siehe auch den ominösen Fall *Soummak* (auch eine Straf- bzw Auslieferungssache betreffend), wo das OLG Wien – Pressemeldungen („Die Presse" 25. 11. und 26. 11. 1994) zufolge – anscheinend entgegen der Meinung des BMJ und iS einer ambivalenten Stellungnahme des Völkerrechtsbüros, aber entgegen einer offiziellen Erklärung der UNIDO dem Betroffenen (wohl unter Berufung auf Art 23 des [alten] Amtssitzabkommens BGBl 1967/245 [heute Art XI Abs 33 BGBl III 1998/100 – s Rz 316]) „im Zweifel" Immunität zuerkannt und seiner Enthaftung zugestimmt hat (s auch Rz 193). 271

cc) Sonderbotschafter

Eine ähnliche Stellung wie Mitglieder einer Spezialmission haben Sonderbotschafter, auch soweit deren Tätigkeit nicht unter die Begriffsbestimmung einer Spezialmission ieS (Art 1 lit a ÜbkSpezMiss) fällt (s auch Rz 265 ff). 272

g) Konsularische Vertretungen (WKK BGBl 1969/318)

aa) Die Wiener Konsularkonvention

Die Rechtsstellung der konsularischen Vertretungen (und Vertreter) ist in der WKK geregelt, welche einen ähnlich weltweiten Anwendungsbereich hat wie die WDK; weit mehr als diese stellt die WKK aber eine Weiterentwicklung des Völkergewohnheitsrechts dar; dennoch wird sie in aller Regel auch im Verhältnis zu den (wenigen) Nicht-Vertragsstaaten angewandt (so ausdrücklich § 19, 2. Satz dGVG). Für die in der WKK nicht ausdrücklich geregelten Fragen bleiben die Regelungen des Völkergewohnheitsrechts aufrecht (Abs 6 der Präambel). 273

Im Verhältnis zu den Immunitäten der Diplomaten und des sonstigen Personals einer diplomatischen Mission sind diejenigen der Konsuln und des Personals eines Konsulats wesentlich beschränkter; in einem gewissen Ausmaß unterscheidet die WKK auch zwischen Berufs- und Honorarkonsuln.

Zur Notifikationspflicht s Art 24 WKK.

bb) Berufskonsuln, konsularisches Personal; Ausmaß der Immunität

274 Gem Art 43 Abs 1 WKK genießen Konsuln (Art 1 Abs 1 lit d WKK) sowie Bedienstete des Verwaltungs- oder technischen Personals (Art 1 Abs 1 lit e WKK) nur funktionelle Immunität (= „in bezug auf die in Wahrnehmung konsularischer Aufgaben gesetzten Handlungen" [zum Begriff s auch Rz 131, 132]; was dazu gehört, ergibt sich aus Art 5 WKK; dazu zählen im Zweifel auch Tätigkeiten im Rahmen der außenwirtschaftlichen Beziehungen des Sendestaats [LG Hamburg NJW 1986, 3034 = RIW 1988, 478]) von der Zivilgerichtsbarkeit des Empfangsstaats; gem Abs 2 lit a WKK ist aber auch diese nicht gegeben für Klagen aus einem Vertrag, der ohne ausdrücklichen oder sonst erkennbaren Hinweis, im Auftrag des Sendestaats zu handeln, geschlossen wurde (im Zweifel wird ein Handeln im Auftrag des Sendestaats anzunehmen sein; passiv legitimiert ist dann der letztere – zu dessen Immunität s Rz 203 ff [BGH NJW-RR 1986, 484 = JZ 1985, 951 = MDR 1985, 1001]) und gem Art 2 lit b WKK (ähnlich Art 60 Abs 4 WKVIO – Rz 268); ebensowenig besteht Immunität für Schadenersatzklagen wegen eines Verkehrsunfalls (also auch aus Anlaß einer Dienstfahrt [OLG Hamburg NJW 1988, 2191, eine Strafsache betreffend, für welche gem Art 43 Abs 1 an sich funktionelle Immunität besteht, hat diese für eine Privatfahrt verneint]; insofern sind hier die Grenzen der Immunität enger gezogen als nach Art 31 Abs 2 lit d ÜbkSpezMiss – Rz 267 –, wo nur für Privatfahrten keine Immunität für Schadenersatzklagen besteht). Soweit im Empfangsstaat eine obligatorische Haftpflichtversicherung für Kfz besteht, gilt diese auch für (sämtliche) Mitglieder der konsularischen Vertretung (Art 56 WKK).

Der vom Entwurf der ILC vorgesehen gewesene Einschluß in den Kreis der begünstigten Personen, auch des dienstlichen Hauspersonals (Art 1 Abs 1 lit f WKK), wurde nicht in die WKK aufgenommen. Auch Mitglieder des Privatpersonals (Art 1 Abs 1 lit i WKK) genießen gem WKK keine Immunität; keine Immunität genießen ferner die Familienangehörigen der Mitglieder einer konsularischen Vertretung (s aber Art 71 Abs 2 WKK – Rz 282: die dort beschriebene Regelung muß [arg a minori ad maius] auch für den hier beschriebenen Personenkreis gelten).

275 Desgleichen genießt die Privatwohnung (einschließlich der Einrichtungsgegenstände und Beförderungsmittel) eines Berufskonsuls (abweichend von der Privatwohnung eines Diplomaten – Art 30 WDK, Rz 253) keine Unverletzlichkeit. Aus den im folgenden Abs näher erläuterten, auf Art 40 und 41 WKK gestützten Gedanken kann aber auf gewisse Schranken in bezug auf Amtshandlungen von Organen des Empfangsstaats in der Privatwohnung eines Berufskonsuls geschlossen werden; daher (allerdings iSd Art 15 Abs 4 Konsularvertrag mit Jugoslawien BGBl 1968/378 [gem BGBl III 1997/156 im Verhältnis zur BR Jugoslawien weiter angewandt]) Unzulässigkeit einer pfandweisen Beschreibung von in der Wohnung eines Berufskonsuls befindlichen Gegenständen gem § 1101 ABGB (idS Stellungnahme des Völkerrechtsbüros, ZÖR 33 [1982], 377).

276 Eine Befreiung von der **Zwangsvollstreckung** ist in der WKK nicht ausdrücklich vorgesehen (auch diesbezüglich wurde die weitergehende Regelung des ILC-Entwurfs nicht in die WKK aufgenommen); die Rechtslage ist unklar: Aus Art 45 Abs 4 WKK, der von einem Verzicht auf die Immunität in bezug auf die Zwangsvollstreckung spricht, sowie aus den Regelungen des Art 40 WKK betreffend die Behandlung der Konsuln „mit gebührender Achtung“ und des Art 41 WKK über die Unverletzlichkeit der Person des Konsuls und der nur beschränkten Zulässigkeit einer Anhaltung kann auf Schranken hinsichtlich der Zulässigkeit einer Zwangsvollstreckung geschlossen werden (generell bejaht wird die Zulässigkeit einer Exekution, Verpflichtungen betreffend, die außerhalb der amtlichen Funktion entstanden sind [konkret: Kirchenbeiträge] in einer Stellungnahme des Völkerrechtsbüros, ZÖR 33 [1982], 372). Im übrigen gilt auch hier der Grundsatz (Abs 5 der Präambel), daß konsularische Vertretungen bei der Wahrnehmung ihrer dienstlichen Aufgaben nicht behindert werden dürfen.

Keine Zwangsvollstreckung ist zulässig in die Vermögenswerte, die der Konsul für Zwecke der konsularischen Vertretung (zB Geldbeträge für den Personal- und Sachaufwand) besitzt.

Konsuln können als **Zeugen** geladen werden, haben aber ein Aussageverweigerungsrecht; Zwangsmaßnahmen oder Beugemittel sind unzulässig. Der Konsul darf bei der Wahrnehmung seiner Aufgaben jedenfalls nicht behindert werden (Art 44 Abs 2 WKK). Im übrigen ist kein Mitglied einer konsularischen Vertretung (Art 1 Abs 1 lit g WKK), unabhängig von seiner Staatsangehörigkeit (Art 71 Abs 1 WKK – Rz 282) und gleich, ob es an einem Berufs- oder an einem Honorarkonsulat (Rz 282) tätig ist – das ergibt sich bereits auf Grund allgemeinen Völkerrechts –, zu einer Auskunft (idS Stellungnahme des Völkerrechtsbüros, ZÖR 29 [1978], 310), zu einer Zeugenaussage oder zur Vorlage von amtlichen Schriftstücken, dienstliche Angelegenheiten betreffend, oder zu einer Aussage als Sachverständiger über das Recht des Empfangsstaats (s auch § 4 Abs 1 IPRG und EuropÜbk betreffend Auskünfte über ausländisches Recht BGBl 1971/417) verpflichtet (Art 44 Abs 3 WKK). 277

Da Berufskonsuln im Empfangsstaat keine auf persönlichen Gewinn ausgerichtete berufliche oder gewerbliche Tätigkeit ausüben dürfen (Art 57 Abs 1 WKK), besteht iZm einer solchen keine wie immer geartete Immunität; keine Immunität auch bezüglich der Bediensteten des Verwaltungs- oder technischen Personals, des dienstlichen Hauspersonals, des Privatpersonals und ihrer Familienangehörigen (der Familienangehörigen aller Mitglieder einer konsularischen Vertretung), die im Empfangsstaat eine private Erwerbstätigkeit ausüben (Art 57 Abs 2 WKK). 278

Zum Verzicht auf die Immunität s Art 45 WKK und Rz 138.

Bezüglich des Beginns und des Endes der konsularischen Immunitäten s Art 53 WKK.

Zur Rechtsstellung in Drittstaaten bei der Durchreise s Art 54 Abs 1 (betreffend Konsuln) und Art 54 Abs 2 WKK (betreffend die übrigen Mitglieder der konsularischen Vertretungen) 279

Die Mitglieder einer diplomatischen Mission, die konsularische Aufgaben wahrnehmen, genießen die Immunitäten nach der WDK (Art 70 Abs 4 WKK). 280

cc) Honorarkonsuln

Von den für die Immunität in bezug auf die Zivilgerichtsbarkeit relevanten Bestimmungen der WKK gelten lediglich Art 43 (funktionelle Immunität), Art 44 Abs 3 (keine Zeugnispflicht betreffend dienstliche Wahrnehmungen), Art 45 (Verzicht auf die Immunität) auch für Honorarkonsuln (Art 58 Abs 2); es besteht darüber hinaus keine wie immer geartete Immunität für Familienangehörige eines Honorarkonsuls und für das Personal eines Honorarkonsulats. 281

dd) Die beschränkte Immunität der Konsuln als Angehörige des Empfangsstaats

282 Soweit der Empfangsstaat nicht zusätzliche Vorrechte gewährt (das österr Recht kennt hier keine Sonderregelungen), genießen Konsuln, die Angehörige des Empfangsstaats oder dort ständig ansässig sind (gem Art 22 WKK ein Ausnahmefall; es wird sich dabei in aller Regel um Honorarkonsuln handeln), funktionelle Immunität lediglich „in bezug auf ihre in Wahrnehmung ihrer Aufgaben vorgenommenen **Amtshandlungen**" (das ist – auch iS einer Stellungnahme des Völkerrechtsbüros, ZÖR 33, [1982], 380 – ein engerer Begriff als die in Art 43 Abs 1 [in bezug auf Berufskonsuln; s Rz 274] verwendete Umschreibung; idS SZ 59/83 = JBl 1986, 728 = ZfRV 1987, 72 = ZÖR 37 (1986/87), 398 = IPRE 2/177; VwGH ZVR 1984/104; VwSlg 10.767/A = ÖJZ 1983 A/80 [188] = ZVR 1983/352 = ZÖR 34 [1983/84], 394; s ferner Rz 131, 132) und Befreiung von der Zeugnispflicht betreffend dienstliche Wahrnehmungen (Art 71 Abs 1 WKK, der auf Art 44 Abs 3 WKK verweist); desgleichen steht anderen Mitgliedern der konsularischen Vertretung, den Familienangehörigen und den Mitgliedern des Privatpersonals, die Angehörige des Empfangsstaats oder dort ständig ansässig sind, Immunität nur in dem vom Empfangsstaat zugelassenen Umfang zu (das österr Recht kennt hier keine Sonderregelungen); dabei darf aber die Wahrnehmung der Aufgaben der konsularischen Vertretung nicht ungebührlich behindert werden (Art 71 Abs 2 WKK).

ee) Die konsularischen Räumlichkeiten, konsularische Kuriere und Kuriergepäck

283 Auch die **Räumlichkeiten eines Berufskonsulats** sind unverletzlich (Art 31 Abs 1 WKK) und dürfen – soweit sie ausschließlich für dienstliche Zwecke benützt werden –, außer in Katastrophenfällen, nur mit Zustimmung eines befugten Funktionärs des Sendestaats von Organen des Empfangsstaats betreten werden (Art 31 Abs 2 WKK), was eine Setzung von Zwangsmaßnahmen, diese Räume und deren Einrichtung betreffend, iP ausschließt; die Schranken der Unzulässigkeit von Zwangsmaßnahmen sind (Art 31 Abs 4 WKK) aber enger gezogen als bezüglich der Räumlichkeiten einer diplomatischen Mission (Art 22 WDK); s auch Art 55 Abs 3 WKK.

Die Regelung betreffend die Unverletzlichkeit der **Archive** und Schriftstükke (Art 33 WKK) entspricht derjenigen der diplomatischen Archive und Schriftstücke (Art 24 WDK).

Die Regelung betreffend die Unverletzlichkeit der konsularischen **Kuriere** (Art 35 Abs 3–7 WKK) und des **Kuriergepäcks** entspricht im wesentlichen derjenigen der diplomatischen Kuriere (Art 27 Abs 3–7 WDK).

284 Die **Räumlichkeiten eines Honorarkonsulats** genießen keine sich auf eine auch nur beschränkte Zulässigkeit von **Zwangsmaßnahmen** auswirkende Unverletzlichkeit (Art 59 WKK, abweichend von Art 31 WKK betreffend die Räumlichkeiten eines Berufskonsulats); eine solche genießen lediglich die **Archive** eines Honorarkonsulats (Art 61 WKK).

ff) Bilaterale Konsularkonventionen

285 Zum Teil weitergehende Immunitäten sehen bilaterale Konsularkonventionen vor (mit Großbritannien BGBl 1964/19 idF des Notenwechsels BGBl 1980/416; mit Jugoslawien BGBl 1968/378 [gem K BGBl III 1997/156 wiederanwendbar im Verhältnis zur BR Jugoslawien]; mit Rumänien BGBl 1972/317; mit

Polen BGBl 1975/383; mit der Sowjetunion BGBl 1975/459 [soll gem Notenwechsel BGBl 1994/257 im Verhältnis zur Russischen Föderation bis auf weiteres „in pragmatischer Weise" weiter angewendet werden]; mit Belgien BGBl 1976/342; mit Ungarn BGBl 1977/146; mit der Tschechoslowakei BGBl 1980/526 [gem Notenwechsel BGBl 1994/1046 im Verhältnis zur Slowakei in Kraft gesetzt und gem K BGBl III 1997/123 im Verhältnis zu Tschechien weiter anwendbar]) sowie in anderen bilateralen Verträgen eingebaute Bestimmungen über die konsularischen Beziehungen: Art XIX Handelsvertrag mit Dänemark BGBl 1929/42; Art XIII Abs 2, XIV Abs 3, XVI Abs 2 und 3 Freundschafts-, Handels- und Konsularvertrag mit USA BGBl 1931/192; Art 14 Abs 2 Handels- und Schiffahrtsvertrag mit Schweden BGBl I 1934/208 [iP Meistbegünstigungsklauseln]).

Gem Art 73 WKK gehen die Regelungen bilateraler Konsularkonventionen vor.

gg) Die Konsularkonvention des Europarats

Die im Rahmen des Europarats ausgearbeitete, am 11. 12. 1967 zur Unterzeichnung aufgelegte (auch von Österreich unterzeichnete) Europ Konsularkonvention (ETS Nr 61) ist nicht in Kraft getreten. **286**

h) Internationale Organisationen

aa) Allgemeines über die Immunität der Internationalen Organisationen

Internationale Organisationen sind juristische Personen öffentlichen Rechts. Ihre auch privatrechtliche Rechts- und Parteifähigkeit, Geschäfts- und Prozeßfähigkeit – in dem zur Wahrung der Aufgaben und zur Verwirklichung der Ziele der Organisation erforderlichen Ausmaß – wird in den Gründungsstatuten erwähnt (vgl Art 104 VN-Satzung; Art XV Abs A IAEO-Statuten BGBl 1957/216; Art 281, 282, EGV idF des Vertrages von Amsterdam) oder bloß vorausgesetzt (etwa beim Europarat), da sie bereits auf Grund allgemeinen Völkerrechts gegeben ist. De iure ist deren Rechtspersönlichkeit auf das Hoheitsgebiet der Mitgliedstaaten beschränkt, de facto – insb die VN und ihre Spezialorganisationen betreffend – aber weltweit anerkannt. Die Internationalen Organisationen handeln durch ihre statutarisch zur Vertretung nach außen bestellten Organe; das sind in erster Linie der Generalsekretär (der Generaldirektor) oder die von ihm generell oder ad hoc bevollmächtigten Vertreter (stellvertretende Generalsekretäre, andere hohe Funktionäre der Organisation). **287**

Immunität genießen Internationale Organisationen (und deren Funktionäre) de iure nur im Hoheitsgebiet ihrer Mitgliedstaaten; de facto wird sie ihnen aber gleichfalls weltweit zuerkannt, wobei es auch hier dahingestellt bleiben kann, ob es sich dabei bereits um eine Regel des allgemeinen Völkerrechts handelt. **288**

Die Immunitäten der Internationalen Organisationen, ihrer Funktionäre sowie der Vertreter der Mitgliedstaaten in ihren Organen und bei ihren Konferenzen werden in den Gründungsstatuten angesprochen (vgl Art 105 VN-Satzung; Art 40 Satzung des Europarats; Art 291 EGV idF des Vertrags von Amsterdam]; Art XV IAEO-Satzung); die weitere Ausgestaltung bleibt besonderen multilateralen Übk und/oder bilateralen Amtssitz- oder Konferenzabkommen vorbehalten. **289**

Gleich wie die Rechtspersönlichkeit sind auch die Immunitäten von Internationalen Organisationen auf deren Funktion bezogen, wobei – im Gegensatz zur staatlichen Immunität (Rz 203) – zwischen Akten iure imperii und iure ge- **290** stionis nicht unterschieden wird; ihre Immunität ist daher – im Rahmen des sehr weit verstandenen „Funktionsbegriffs" (EvBl 1992/161 = ZfRV 1993/20) – eine absolute (ein Teil der Lehre betrachtet sie als einen Fall von „sachlicher staatlicher Unzuständigkeit"; dazu Vor Art IX EGJN Rz 47 ff). Das hat seinen Grund darin, daß – wegen der beschränkten Rechtspersönlichkeit der Internationalen Organisationen – jede ihrer Tätigkeiten so eng mit ihrem Zweck verbunden ist, daß eine Ausklammerung der wenigen, sicherlich auch vorhandenen bzw denkbaren privatgeschäftlichen Akte nach dzt Stand der Entwicklung des Völkerrechts im allgemeinen nicht sinnvoll erscheint (s auch LGZ Wien EFSlg 54.914). Anders bei Internationalen Organisationen, deren Aufgabe es ist, sich am internationalen Wirtschaftsleben zu beteiligen; so kann etwa die Weltbank wegen einer von ihr entfalteten wirtschaftlichen Tätigkeit (Bankoperationen) geklagt, und es kann Zwangsvollstreckung in ihr Vermögen geführt werden (Art VII Abs 3 WeltbankÜbk BGBl 1949/105 und Annex VI zum ÜbkPrivImmSpezO; s auch Rz 73; s auch *Seidl-Hohenveldern,* ecolex 1990, 264 (das erinnert an die an sich absolute Immunität der Diplomaten, die gem Art 31 Abs 1 lit c auch nicht gegeben ist, wenn der Betreffende im Empfangsstaat einen freien Beruf oder eine gewerbliche Tätigkeit ausübt – s Rz 250). Vor allem in der ital Rsp gibt es Tendenzen, auch die Immunität von Internationalen Organisationen nicht nach deren Zweck, sondern nach der Natur des streitgegenständlichen Aktes zu beurteilen (vgl Kassationshof 18. 10. 1982 Nr 5399, RivDirInt 1983, 187; dagegen ua *Wenckstern,* Rz 196 ff und ihm zustimmend *Seidl-Hohenveldern,* ZÖR 52 [1997], 156). Die Entwicklung läuft somit in eine ähnliche Richtung wie bei der Immunität der Staaten (Rz 203).

291 Für Dienstrechtsstreitigkeiten zwischen der Organisation und ihren Dienstnehmern sind in den Statuten der Internationalen Organisationen und/oder in Amtssitzabkommen üblicherweise (unterschiedlich benannte) organisationseigene Verwaltungsgerichte vorgesehen – s auch Vor Art IX EGJN Rz 53; in deren Zuständigkeitsbereich ist die staatliche (Arbeits)gerichtsbarkeit ausgeschlossen (vgl etwa Art 179 EGV; s ferner franz Cour de cassation 14. 11. 1995 Rev crit de droit int privé 1996, 337 [*Muir Watt*]: im Hinblick auf die Immunität der Internationalen Organisationen – soweit auf diese nicht verzichtet wurde – ist die Gerichtsbarkeit der staatlichen Gerichte, zumindest für arbeitsrechtliche Ansprüche leitender Funktionäre [stellv Generalsekretär der WEU] jedenfalls ausgeschlossen). Im übrigen gelten die iZm fremden Staaten als Dienstgeber dargestellten Grundsätze (Rz 222, 223) – Sonderregelungen ausgenommen (Rz 318) – sinngemäß auch für Internationale Organisationen als Dienstgeber.

292 Von der Vielzahl an Internationalen Organisationen (von einem sehr weiten Begriff der Internationalen Organisationen ausgehend, zählt das Yearbook of International Organisations 1984/85, 18.393 auf; *Wenckstern* behandelt in seinem Handbuch über die Immunität immerhin noch über 100) wird hier nur auf diejenigen eingegangen, die für die österr (Zivil)gerichtsbarkeit von aktuellerer Bedeutung sind.

293 Diese hier zu den Immunitäten von Internationalen Organisationen im allgemeinen getroffenen Aussagen gelten auch für die Amtssitzabkommen (Rz 318 ff), soweit dort keine Sonderregelungen getroffen werden.

bb) Die geltenden allgemeinen Abkommen über Immunitäten

294 Für Österreich stehen dzt die folgenden multilateralen Übk über Privilegien und Immunitäten von Internationalen Organisationen in Kraft:

Übk über die Privilegien und Immunitäten der Vereinten Nationen (ÜbkPrivImmVN BGBl 1957/126).

Übk über die Privilegien und Immunitäten der Spezialorganisationen (ÜbkPrivImmSpezO; was unter dem Begriff der „Spezialorganisation" zu verstehen ist, wird in Art I Abschn 1 Abs II ausgeführt), samt Annexen I–X, kundgemacht als Anlage zur V BGBl 1950/248; die geänderte Fassung der Annexe VII und IX und Annex XI in BGBl 1955/40; zu Annex V s auch Art IX des Übk über den IMF BGBl 1978/189.

Allgemeine Abk über die Privilegien und Immunitäten des Europarats (AllÜbkPrivImmER BGBl 1957/127) samt mehreren ZP; s auch ZusatzAbk BGBl III 1998/153 betr das Europäische Zentrum für lebende Sprachen in Graz.

Prot über die Vorrechte und Befreiungen der EG (EU) 1965 idF des ÄnderungsProt 1992 (ProtPrivImmEU, Amtsblatt der EG (EU) 1992, 86).

Abk mit der Weltraumorganisation BGBl 1987/95 (Regelung über Immunitäten in Art XV sowie in Anlage I).

Diese Übk sind alle weitestgehend nach einem einheitlichen Schema aufgebaut, wobei bezüglich der Spezialorganisationen das ÜbkPrivImmSpezO die für alle diese Organisationen geltenden Bestimmungen („Standardklauseln") enthält, während die (sich aus der jeweiligen Aufgabe ergebenden) Besonderheiten jeder einzelnen Organisation in den Annexen geregelt werden. 295

cc) Die Immunität der Internationalen Organisationen

Die Rechtspersönlichkeit der Organisation, ihre Geschäftsfähigkeit, einschließlich des zT ausdrücklich erwähnten Rechts, gerichtliche Verfahren einzuleiten, wird bekräftigt (Art I Abs 1 ÜbkPrivImmVN; Art II Abs 3 ÜbkPrivImmSpezO; Art 1 Abs 1 AllÜbkPrivImmER). 296

Die Organisation selbst, ihr Eigentum, ihre Kapitalien und Vermögenswerte, wo immer sie gelegen sind und in wessen Händen sie sich befinden, sind von der (Zivil)gerichtsbarkeit befreit (abweichend von den für sonstige immune Rechtssubjekte geltenden Normen, also auch keine dinglichen Klagen zulässig) und unterliegen keinerlei Vollstreckungsmaßnahmen (Art II Abs 2, 3 ÜbkPrivImmVN; Art III Abs 4, 5 ÜbkPrivImmSpezO; Art 3, 4 AllÜbkPrivImmER; Art 240 EGV idF des Vertrags von Amsterdam [soweit eine Zuständigkeit des EuGH vorgesehen ist]; Art 1 ProtPrivImmEU erwähnt die Unverletzlichkeit [Befreiung von Zwangsmaßnahmen] der Räumlichkeiten und Gebäude der Gemeinschaften; ihre Vermögenswerte und Guthaben dürfen nur mit Zustimmung des EuGH Gegenstand von Zwangsmaßnahmen seitens staatlicher Behörden sein); entsprechendes gilt für die Archive der Organisation (Art II Abs 4 ÜbkPrivImmVN; Art III Abs 6 ÜbkPrivImmSpezO; Art 5 AllÜbkPrivImmER; Art 2 ProtPrivImmEU). Kuriere und Kuriergepäck der Organisation genießen die gleichen Immunitäten wie diplomatische Kuriere und Kuriergepäck – Art 27 WDK (Art III Abs 10 ÜbkPrivImmVN; Art IV Abs 12 ÜbkPrivImmSpezO; Art 8 AllÜbkPrivImmER; s auch Art 6 Abs 1 ProtPrivImmEG). 297

Zum Verzicht auf die Immunität, die sich jedoch nicht auf die Zwangsvollstreckung erstrecken kann, s Art II Abs 2 ÜbkPrivImmVN; Art III Abs 4 ÜbkPrivImmSpezO; Art 3 AllÜbkPrivImmER und Rz 141; bezüglich der EU ist hinsichtlich des Erkenntnisverfahrens kein Immunitätsverzicht vorgesehen; s aber Art 1 ProtPrivImmEU (oben) hinsichtlich Zwangsmaßnahmen. 298

dd) Die Immunität der Bediensteten Internationaler Organisationen

Die Beamten der Organisation genießen funktionelle Immunität (Art V Abs 18 lit a ÜbkPrivImmVN; Art VI Abs 19 lit a ÜbkPrivImmSpezO; Art 18 lit a AllÜbkPrivImmER; Art 12 lit a ProtPrivImmEG: die Beamten und sonsti- 299 gen Bediensteten [gem Art 20, einschließlich der Mitglieder der Kommission]; gem Art 21, einschließlich der Richter, Generalanwälte, des Kanzlers und der Hilfsberichterstatter des EuGH – dazu s auch Rz 311]; zum Begriff der funktionellen Immunität s Rz 131, 132); nur in diesem Rahmen besteht Befreiung von der Zeugnispflicht (idS LGZ Wien EFSlg 52.060 [1986]). Zwangsvollstreckung in ihr Privatvermögen ist zulässig (aber nicht zur Hereinbringung einer Forderung, deren gerichtliche Geltendmachung auf Grund der funktionellen Immunität ausgeschlossen ist; (s dazu auch die Stellungnahme des Völkerrechtsbüros, ZÖR 33, [1982], 372). Die Privatwohnung genießt keine Unverletzlichkeit; keine Immunität genießen die Familienangehörigen und das private Dienstpersonal.

300 Diese funktionelle Immunität bleibt auch nach dem Ausscheiden aus dem Amt aufrecht; im Gegensatz zu der diplomatischen Immunität (vgl Art 31 Abs 4 WDK) gilt sie aber auch gegenüber dem Heimatstaat.

301 Die Kategorien der begünstigten Beamten werden vom Generalsekretär bestimmt und die Namen der betreffenden Personen „von Zeit zu Zeit" den Regierungen der Mitgliedstaaten bekanntgegeben (Art V Abs 17 ÜbkPrivImmVN; Art VI Abs 18 ÜbkPrivImmSpezO; Art 17 AllÜbkPrivImmER).

Art 16 ProtPrivImmEG: Die Gruppen von Beamten und sonstigen Bediensteten, denen Immunitäten zustehen, werden vom Rat bestimmt und den Regierungen des Mitgliedstaates in regelmäßigen Zeitabständen mitgeteilt.

302 Darüber hinaus genießen der Generalsekretär (Generaldirektor, Exekutivdirektor), die stellvertretenden Generalsekretäre (zT nur, soweit sie den Generalsekretär tatsächlich vertreten) – die „Obersten Exekutivorgane" der Organisation (gem Art I Abschn 1 Abs VII ÜbkPrivImmSpezO) –, ihre Gattinnen und ihre mj Kinder (also enger als die „zum Haushalt gehörenden Familienmitglieder", andererseits aber unabhängig von der Staatsangehörigkeit, iSv Art 37 Abs 1 WDK) die volle diplomatische Immunität (die der „diplomatischen Gesandten"), somit auch private Akte betreffend – Art 31 WDK; soweit die anwendbaren Übk keine Sonderbestimmungen vorsehen, gelten also für sie die Regelungen des WDK, dh, diese sind auf den genannten Personenkreis entsprechend anwendbar (das betrifft ua auch die Einschränkungen der Immunität gem Art 31 Abs 1 und 3 WDK, die Befreiung von der Zeugnispflicht gem Art 31 Abs 2 WDK, die Modalitäten eines Verzichts auf die Immunität gem Art 32 WDK) – Art V Abs 19 ÜbkPrivImmVN; Art VI Abs 21 ÜbkPrivImmSpezO; Art 16 AllÜbkPrivImmER. Ob diese diplomatische Immunität auch gegenüber dem Heimatstaat gilt, ist str, mE aber eher zu bejahen; gegen allfällige Mißbräuche schützt die Verpflichtung der Organisation, in solchen Fällen die Immunität aufzuheben (Rz 139). Keine Immunität genießt das Privatpersonal.

Keine Sonderregelung bezüglich der obersten Exekutivorgane (Mitglieder der Kommission) sieht das ProtPrivImmEU vor.

303 Experten der Organisation genießen funktionelle Immunität, soweit es für die Ausübung ihrer Funktion erforderlich ist, während der Dauer ihrer Aufgabe, einschließlich der Reisezeiten; so ausdrücklich Art VI Abs 22 ÜbkPrivImmVN; entsprechendes gilt – auch ohne ausdrückliche Erwähnung – für die Experten der Spezialorganisationen, des Europarats und der EU; s auch *Blokker/Schermers,* Mission impossible? On the Immunities of Staff Members of International Organisations on Mission, Seidl-Hohenveldern-FS (1998) 37;

304 Zum Verzicht auf die (zur Aufhebung der) Immunität s Art V Abs 20 ÜbkPrivImmVN; Art VI Abs 22 PrivImmSpezO; Art 19 AllÜbkPrivImmER; Art 18 ProtPrivImmEU und Rz 141.

ee) Die Immunität der Vertreter der Mitgliedstaaten in Organen und auf Konferenzen Internationaler Organisationen

Vertreter der Mitgliedstaaten in den Organen oder bei den von der Organisation einberufenen Konferenzen (zur Begriffsbestimmung des „Vertreters" s Art IV Abs 16 ÜbkPrivImmVN; Art I Abschn 1 Abs V ÜbkPrivImmSpezO; Art 12 lit b AllÜbkPrivImmER) genießen, während der Ausübung ihrer Aufgabe und auf ihren Reisen zur oder von der Organisation oder Konferenz, Schutz vor Verhaftung, vor Beschlagnahme oder Zurückhaltung ihres persönlichen Gepäcks (in diesem Rahmen Unzulässigkeit einer Zwangsvollstreckung) und funktionelle Immunität von der Zivilgerichtsbarkeit in bezug auf ihre schriftlichen und mündlichen Äußerungen sowie auf alle Handlungen, die sie in ihrer Eigenschaft als Vertreter setzen; diese Immunität bleibt auch nach Beendigung der Aufgabe aufrecht; alle ihre Schriftstücke und Urkunden sind unverletzlich (Art IV Abs 11 lit a, b, g, Abs 12 ÜbkPrivImmVN; Art V Abs 13 lit a, b, f, Abs 14 ÜbkPrivImmSpezO; AllÜbkPrivImmER: Art 9 lit a, b, Art 10 [betreffend Vertreter im Ministerkomitee], Art 14, 15 [betreffend Vertreter in der Parlamentarischen Versammlung: im eigenen Land parlamentarische Immunität; in anderen Mitgliedstaaten Schutz vor Verhaftung und gerichtlicher Verfolgung]; analog Art 9, 10 ProtPrivImmEU); gem Art 11 ProtPrivImmEU stehen den Vertretern der Mitgliedstaaten, die an Sitzungen bei Organen der EU teilnehmen, sowie ihren Beratern und Sachverständigen „die üblichen Immunitäten" zu. **305**

Zur Aufhebung der Immunität s Art IV Abs 14 ÜbkPrivImmVN; Art V Abs 16 ÜbkPrivImmSpezO; Art 11, Art 15 Abs 2 AllÜbkPrivImmER und Rz 141, 268. **306**

Keine Immunität genießt der Vertreter gegenüber dem Staat, dessen Staatsangehöriger er ist oder dessen Vertreter er ist oder war (Art IV Abs 15 ÜbkPrivImmVN; Art V Abs 17 ÜbkPrivImmSpezO; Art 12 lit a AllÜbkPrivImmER).

ff) Die Immunität der Ständigen Vertretungen

Zur Rechtsstellung der Ständigen, bei einer Internationalen Organisation akkreditierten Vertretungen – deren Leiter vielfach auch als Vertreter der Mitgliedstaaten in Organen der Organisationen fungieren – (einschließlich der Beobachtermissionen) und ihres Personals s Rz 265. Bezüglich der EU s Art 17 ProtPrivImmEU („die üblichen diplomatischen Vorrechte und Befreiungen"). **307**

gg) Spezialabkommen und -regelungen über Immunitäten

EuropÜbk über die an **Verfahren vor dem EGMR teilnehmenden Personen** v 5. 3. 1996 – von Österreich noch nicht ratifiziert (Art 2: Befreiung von der Gerichtsbarkeit in bezug auf mündliche oder schriftliche Erklärungen gegenüber dem EGMR); 6. ZP zum AllÜbkPrivImmER betreffend die **Richter** (s auch Art 51 EMRK idF des Protokolls Nr 11), den **Kanzler** und die **Stellv Kanzler** des **EGMR** BGBl III 1998/140 (Art 1: Immunitäten der diplomatischen Vertreter; Art 3: die funktionelle Immunität bleibt auch nach Beendigung des Mandats aufrecht; Art 4, Art 5 Abs 3: Aufhebung der Immunität durch die Vollversammlung des EGMR; Art 5 Abs 2: für das übrige Personal der Gerichtskanzlei, funktionelle Immunität, die gem Abs 4 vom Generalsekretär des Europarats im Einvernehmen mit dem Präsidenten des EGMR aufgehoben werden kann). **308**

Die **Richter des IGH** genießen bei der Wahrnehmung ihres Amtes diplomatische (also nicht nur funktionelle) Immunität (Art 19 IGHS); Parteienvertre- **309** ter und -berater genießen die zur unabhängigen Wahrnehmung ihrer Aufgaben erforderlichen Immunitäten (Art 42 Abs 3 IGHS).

310 Gem Art 46 Abs 4 des I. Übk der II. Haager Friedenskonferenz (18. 10. 1907) RGBl 1913/177 genießen die **Mitglieder des Schiedsgerichts** (in Verfahren des Ständigen Haager Schiedshofs) während der Ausübung ihres Amtes und außerhalb ihres Heimatstaats diplomatische Immunität (also enger als IGHS).

311 Die **Richter** und die **Generalanwälte** des **EuGH,** einschließlich der Richter des EuG, sind keiner staatlichen Gerichtsbarkeit unterworfen (also volle Immunität). Ihre funktionelle Immunität (Art 21 ProtPrivImmEU) bleibt nach Ablauf ihrer Amtstätigkeit aufrecht. Die Immunität kann durch Plenarentscheidung des EuGH aufgehoben werden (Art 3, 8, 44 EuGHS 1957 idF 1988). Die **Bevollmächtigten** der Staaten oder der Organe sowie die **Beistände** und **Anwälte,** die vor dem EuGH, vor dem EuG oder vor einem von diesen um Rechtshilfe ersuchten staatlichen Gericht auftreten, genießen Immunität bezüglich ihrer mündlichen und schriftlichen Äußerungen, die sich auf die Rechtssache oder auf die Parteien beziehen; Unverletzlichkeit ihrer Dokumente, die sich auf das Verfahren beziehen; Möglichkeit einer Aufhebung ihrer Immunität durch den EuGH bzw durch das EuG (Art 32–36 VerfOEuGH 1991 idF 1992; Art 38–42 VerfO [1991] EuG).

311a Zu den Vorrechten und Immunitäten des **Internationalen Strafgerichtshofs,** der Richter, Ankläger, des Kanzlers und des Personals s Art 48 des Statuts des IntStrafGH (Text in EuGRZ 1998, 618).

312 Das Prot über **Vorrechte und Immunitäten der Europ Patentorganisation,** Anlage zum EuropPatentÜbk BGBl 1979/350 regelt die Rechtsstellung des Europ Patentamts (München), der Vertreter der Mitgliedstaaten, der Berater und Sachverständigen bei Tagungen des Europ Patentamts, der Bediensteten des Europ Patentamts (im wesentlichen nach dem Muster der Übk über Privilegien und Immunitäten von Internationalen Organisationen: nur funktionelle Immunität, mit Ausnahme des Präsidenten des Europ Patentamts, der diplomatische Immunität nach der WDK genießt; als Neuerung wäre anzumerken, daß weder die funktionelle Immunität der Vertreter, Bediensteten usw noch die diplomatische Immunität des Präsidenten im Falle eines Verstoßes gegen die Straßenverkehrsvorschriften oder im Falle eines von einem Kfz verursachten Schadens gilt.

313 **Konvention über die Regelung der Schiffahrt auf der Donau** BGBl 1960/40:

Die **Kommission** besitzt Rechtspersönlichkeit nach der Gesetzgebung des Sitzstaats (Art 14), die **Mitglieder der Kommission** (Sitz in Budapest) und die von ihr beauftragten Funktionäre genießen diplomatische Immunität (Art 16); sämtliche Amtsräume und Dokumente sind unverletzlich; die **Funktionäre der Kommission** und das **übrige Personal** genießen in Ausübung ihrer amtlichen Funktion Bewegungsfreiheit auf dem Strom und in den Häfen (Art 19 Abs 2). Für das (ständige) Sekretariat (Sitz in Budapest) sind in der Konvention selbst keine Immunitäten vorgesehen (wohl aber im Amtssitzabkommen mit der ungarischen Regierung v 27. 5. 1964).

314 **Prot über die Vorrechte und Immunitäten der COTIF** (betreffend den zwischenstaatlichen Eisenbahnverkehr) BGBl 1985/225 idF der Teilrevisionen des COTIF BGBl 1991/1 und des ÄnderungsProt 1990 BGBl 1996/607.

Die Organisation genießt im Rahmen ihrer amtlichen Tätigkeit Immunität von der Gerichtsbarkeit und Vollstreckung, außer im Falle des Verzichts, im Falle einer konnexen Widerklage oder einer Schadenersatzklage wegen eines von einem ihr gehörenden oder von ihr betriebenen Kfz oder im Falle einer gerichtlich angeordneten Gehaltspfändung gegen ein Mitglied ihres Personals

(Art 1). Die Vertreter der Mitgliedstaaten genießen in allen Mitgliedstaaten funktionelle Immunität, außer im Falle einer Schadenersatzklage wegen eines Verkehrsunfalls, Immunität von der Beschlagnahme des privaten Gepäcks und Unverletzlichkeit aller amtlichen Dokumente (Art 3). Gleiche funktionelle Immunität genießen ferner die Mitglieder des Personals der Organisation und die von ihr berufenen Sachverständigen (Art 4, 5).

Den Verzicht auf die (Aufhebung der) Immunität regelt Art 6. Art 8 ermöglicht Beschränkungen der Immunität für eigene Staatsangehörige und für Personen, die im betreffenden Staat ihren ständigen Aufenthalt haben.

EuropolÜbk BGBl III 1998/123 und Prot über die Privilegien und Immunitäten BGBl III 1999/131. **314a**

Nach Art 26 EuropolÜbk besitzt **Europol** (das Europäische Polizeiamt in Den Haag) Rechtspersönlichkeit; gem Art 41 genießen Europol, die Mitglieder der Organe und die Bediensteten funktionelle Immunität nach Maßgabe des Protokolls.

Laut Protokoll genießt Europol volle Immunität in bezug auf die Haftung für unzulässige oder unrichtige Datenverarbeitung (Art 2 Abs 1; gem Art 38 Abs 1 EuropolÜbk haftet für derartige Fälle der Mitgliedstaat, in dessen Staatsgebiet der Schadensfall eingetreten ist – sa Rz 188); Befreiung der Liegenschaften, Vermögensgegenstände und Guthaben von jeglicher Zwangsmaßnahme (Art 2 Abs 2); Unverletzlichkeit der Archive (Art 3), der Kuriere und des Kuriergepäcks (Art 6).

Die Mitglieder der **Organe** und das **Personal** genießen funktionelle Immunität, die auch nach Beendigung der Tätigkeit aufrecht bleibt; Unverletzlichkeit ihrer amtlichen Papiere und ihres anderen amtlichen Materials (Art 8); die funktionelle Immunität besteht nicht für zivilgerichtliche Verfahren aus Anlaß eines Schadens aus einem Verkehrsunfall (Art 9). Aufhebung der Immunität (Art 12).

hh) Amtssitzabkommen

Mit dem Staat – sei er ein Mitgliedstaat der Organisation oder ein Drittstaat –, auf dessen Gebiet eine Internationale Organisation ihren Sitz nimmt, werden üblicherweise Amtssitzabkommen geschlossen. Diese regeln – als leges speciales – die spezifischen Fragen (auch die inländische Gerichtsbarkeit betreffend), die sich aus der Tatsache der Niederlassung der Organisation ergeben; daneben bleiben die Regelungen der (allgemeinen) Übk über die Privilegien und Immunitäten der Organisation aufrecht; auch diejenigen der WKVIO (betreffend die Delegierten zu Organen oder auf Konferenzen der Organisation) können herangezogen werden. **315**

Es stehen für Österreich derzeit die folgenden Amtssitzabkommen in Geltung: **316**

betreffend die VN BGBl III 1998/99;
betreffend die UNIDO BGBl III 1998/100;

Durch diese beiden Abk werden die vorangegangenen Amtssitzabkommen teils ersetzt, teils übernommen, teils ergänzt.

betreffend die IAEO BGBl 1958/82, idF BGBl 1971/413, 1979/463, 1979/465, 1981/363, 1981/366;

betreffend die OPEC (den OPEC-Fonds) BGBl 1974/382 (samt Notenwechsel) und 1982/248 (samt Notenwechsel), 1983/274, 1984/231, 1985/379, III 1998/75;

betreffend die Errichtung sowie die Privilegien und Immunitäten der Delegation der EU-Kommission BGBl 1988/37;

betreffend die Dienststelle Wien des Europ Patentamts BGBl 1990/671, 672 (samt Notenwechsel);

betreffend die Ansiedlung des internationalen Registers audiovisueller Werke in Klosterneuburg BGBl 1990/674 (samt Notenwechsel);

betreffend das Joint Vienna Institute BGBl III 1997/187;

betreffend die Vorbereitende Kommission für die Organisation des Vertrages über das umfassende Verbot von Nuklearwaffen (CTBTO) BGBl III 1997/188.

Alle diese Abkommen sind weitgehend nach einem einheitlichen Schema aufgebaut (wobei in der Folge auf wesentliche Sonderregelungen in einzelnen Amtssitzabkommen hingewiesen werden wird).

317 Die österr Bundesregierung anerkennt die Rechtspersönlichkeit der Organisation einschließlich des Rechts, gerichtliche Verfahren anhängig zu machen, sowie die in einzelnen Abk (zB mit der IAEO BGBl 1958/82 idF BGBl 1971/413, Art III Abs 7 lit a und mit der OPEC BGBl 1974/382 und 1982/248, jeweils Art 3 Abs 1) noch sogenannte „Exterritorialität" des (in den Amtssitzabkommen näher umschriebenen und in beigeschlossenen Karten genau bezeichneten) Amtssitzbereichs; in neueren Abk (zB mit den VN BGBl III 1998/99, Art III Abs 15 lit a; gleichlautend mit der UNIDO BGBl III 1998/100 Art III Abs 15 lit a) wird der Begriff durch den der „Unverletzlichkeit" ersetzt.

318 Zum Begriff der Exterritorialität s Rz 116; er hat auch hier – soweit er noch verwendet wird – keinen besonderen Aussagewert, weil gem im wesentlichen gleichlautenden Bestimmungen in den Amtssitzabkommen (zB mit den VN BGBl III 1998/99 Art III Abs 15 lit b und c; mit der UNIDO BGBl III 1998/100 Art III Abs 15 lit b und c) auch im Amtssitzbereich – vorbehaltlich abweichender Regelungen (Sondernormen kann auch das österr Recht vorsehen; so ist gem § 1 Abs 1, 2. Satz BEinstG dieses auf Internationale Organisationen iSd PrivilegienG [dazu Rz 328] – dabei wird es sich praktisch um solche handeln, die ihren Sitz in Österreich haben – nicht anwendbar [SZ 63/206 = Arb 10.884 = DRdA 1991, 455]) – die österr Gesetze gelten und die dort gesetzten Handlungen und vorgenommenen Rechtsgeschäfte „der Jurisdiktion der Gerichte oder der sonst zuständigen Organe der Republik Österreich" unterworfen sind.

319 Das **Eigentum der Organisation,** wo immer es liegt und in wessen Händen es sich befindet, ist von jeglicher Jurisdiktion und Zwangsmaßnahme befreit (EvBl 1992/161 = ZfRV 1993/20), es sei denn, die Organisation hat ausdrücklich auf die Immunität verzichtet, wobei sich ein solcher Verzicht nicht auf die Zwangsvollstreckung erstrecken kann; die Archive der Organisation sind unverletzlich.

320 Der **Generalsekretär (Generaldirektor, Exekutivdirektor)** und seine **Stellvertreter** (zT nur, soweit sie den Generalsekretär tatsächlich vertreten) genießen die Immunität der Leiter diplomatischer Missionen; die übrigen **hohen Funktionäre der Organisation** (sie sind der Regierung zu notifizieren) haben Anspruch auf die gleichen Immunitäten wie die Mitglieder vergleichbaren Rangs diplomatischer Missionen (JUS-Z 1990/401 = ZÖR 42 [1991], 472). Die Amtssitzabkommen erwähnen nicht immer – und, soweit sie es tun, mit unterschiedlicher Formulierung – als Begünstigte auch die Familienangehörigen; die Ausdehnung der entsprechenden Immunitäten auch auf diese ergibt sich aber aus der Gewährung diplomatischer Immunitäten an die Genannten; es kommt für sie also Art 37 Abs 1 WDK zum Tragen, der den Kreis der Begünstigten weiter umschreibt (zum Haushalt des Diplomaten gehörende Familienmitglieder – s Rz 254, 255); soweit es sich um Spezialorganisationen handelt, kann die Immunität der Genannten auch aus Art VI Abs 21 ÜbkPrivImmSpezO – Rz 299 ff – abgeleitet

werden (so EvBl 1977/220 = ZÖR 48, 304 [1977], wo die Frage allerdings offengelassen blieb).

Die **sonstigen Angestellten der Organisation** genießen funktionelle Immunität von der Gerichtsbarkeit (zum Begriff s Rz 131, 132); diese dauert auch nach Beendigung der Funktion an; analoges gilt für Experten der Organisation (in Art 24 der beiden Amtssitzabkommen mit der OPEC BGBl 1974/382 und BGBl 1982/248 enger umschrieben, gleich wie bei den Angestellten der Organisation mit österr Staatsbürgerschaft oder ständigem Aufenthalt in Österreich – s Rz 322); s auch LGZ Wien MietSlg 36.717. **321**

Zur Aufhebung der Immunität der Angestellten s Rz 141.

Angestellte der Organisation – gleich welchen Ranges – und Mitglieder Ständiger Vertretungen bei der Organisation, die **österr Staatsbürger oder Staatenlose** mit Wohnsitz (ständigem Aufenthalt) in Österreich sind, genießen jedenfalls nur funktionelle Immunität (diese wird in den Notenwechseln zu den Amtssitzabkommen mit der OPEC BGBl 1974/382 und BGBl 1982/248 [vgl auch Art 71 Abs 1 WKK – Rz 282] noch enger umschrieben: „... in bezug auf alle von ihnen **in unmittelbarer Verbindung mit ihren amtlichen Obliegenheiten** gesetzten Handlungen“); s auch Rz 132. **322**

Die **ständigen Vertretungen** bei der Organisation – deren Leiter zT auch als Vertreter in Organen der Organisation (etwa als Gouverneure) fungieren – (einschließlich der Beobachtermissionen) und deren Personal genießen die Immunitäten einer diplomatischen Mission (des Personals einer solchen). **323**

Vertreter zu Tagungen der Organisation genießen jedenfalls funktionelle Immunität; den Vertretungen angehörendem Kanzlei- und Hilfspersonal werden die gleichen Immunitäten eingeräumt wie vergleichbarem Personal einer diplomatischen Vertretung. Diese Immunitäten bestehen auch nach Beendigung der Funktion weiter. **324**

Zur Aufhebung der Immunität der Ständigen und der sonstigen Vertreter s Rz 138, 141. **325**

ii) Konferenzabkommen

Aus Anlaß internationaler Konferenzen unter der Ägide der VN oder anderer internationaler Gremien werden gelegentlich Konferenzabkommen geschlossen (vgl etwa die Abk mit den VN BGBl 1961/44 betreffend die Wiener Diplomatenkonferenz; betreffend die Wiener Konsularkonferenz BGBl 1963/25; betreffend die Vertragsrechtskonferenz BGBl 1968/100; betreffend die Konferenz über die Ständigen Vertretungen bei Internationalen Organisationen BGBl 1975/66; betreffend die Konferenz über die Staatennachfolge in Verträgen BGBl 1977/227 und BGBl 1978/467; betreffend die 10. Tagung der Kommission der VN für internationales Handelsrecht (UNCITRAL) BGBl 1977/302; betreffend die UNISPACE-Konferenz BGBl 1982/384; betreffend die Konferenz über die Staatennachfolge in Staatseigentum, Archive und Schulden BGBl 1983/157; betreffend die VN-Weltkonferenzen für Menschenrechte BGBl 1993/401). Solche Konferenzabkommen erklären in der Regel das ÜbkPrivImmVN auf die Konferenz anwendbar und verweisen gelegentlich auf die sinngemäße Anwendung von Bestimmungen geltender Amtssitzabkommen; Regierungsvertretern, die an der Konferenz teilnehmen, und Beamten der VN, die mit der Konferenz befaßt sind, werden die in den Amtssitzabkommen für Regierungsvertreter bei der Organisation und Angestellte der Organisation ähnlichen Ranges vorgesehenen Immunitäten eingeräumt. **326**

327 Gelegentlich werden Privilegien und Immunitäten an Konferenzen auch durch V der Bundesregierung iSd § 1 Abs 3 des G BGBl 1977/677 sowie im Wege sonstiger autonomer Regelungen (Rz 328) eingeräumt (vgl etwa die V iZm dem KSZE-Forum für Sicherheitskooperation BGBl 1992/526).

jj) Einräumung von Privilegien und Immunitäten an Internationale Organisationen auf Grund des PrivilegienG BGBl 1977/677 und sonstiger autonomer Regelungen

328 Das BG BGBl 1977/677 bildet die innerstaatliche Rechtsgrundlage zum Abschluß von Amtssitzabkommen (oben Rz 315) und von Konferenzabkommen (oben Rz 326) in der Form von RegÜbk bzw zur Gewährung der erforderlichen Privilegien und Immunitäten durch V der Bundesregierung; mit Ausnahme der Konferenzabkommen (bzw der entsprechenden V) bedarf es dazu des Einvernehmens mit dem Hauptausschuß des NR (§ 1 Abs 4). Das G ermächtigt in § 1 die Bundesregierung, durch V oder in RegÜbk den in Abs 7 genannten Internationalen Organisationen, den in Abs 9 erwähnten Ständigen Vertretungen (einschließlich der Ständigen Beobachtermissionen) und den in Abs 10 genannten Personen (Vertreter von Mitgliedstaaten oder Nichtmitgliedstaaten sowie Beobachter, die an Tagungen [oder Konferenzen] einer Internationalen Organisation teilnehmen oder die bei diesen in anderer amtlicher Funktion tätig werden, Mitglieder der Ständigen Vertretungen oder Beobachtermissionen, Bedienstete und im Auftrag der Organisation tätige Sachverständige) die im Gesetz vorgesehenen Privilegien und Immunitäten einzuräumen.

329 Ständigen Vertretungen und Beobachtermissionen und deren Personal, den im gemeinsamen Haushalt lebenden Familienangehörigen sowie Vertretern zu Tagungen der Organisation können die Immunitäten nach der WDK eingeräumt werden (§§ 6, 7). Bediensteten einer Internationalen Organisation (nicht aber deren Familienangehörigen) kann funktionelle Immunität gewährt werden; diese bleibt nach Beendigung der Tätigkeit aufrecht; ferner genießen sie Schutz vor Beschlagnahme ihres privaten und ihres Dienstgepäcks (diesbezüglich also auch keine Exekution oder Sicherungsmaßnahme zulässig) und Schutz vor Durchsuchung des Dienstgepäcks (§ 8); darüber hinaus können leitenden Funktionären der Organisation die Immunitäten nach der WDK eingeräumt werden (§ 9).

330 Trotz des Bestrebens nach einer gewissen Vereinheitlichung gestattet § 2 Abs 1 Differenzierungen nach dem Sitz der Organisation im Inland oder im Ausland, nach ihrer Zusammensetzung, nach ihrer Rechtsnatur, nach ihren Aufgaben und nach ihrer internationalen Bedeutung und, was die Personen anbelangt – in Anlehnung an die Amtssitzabkommen – nach deren Funktion und Rang, nach der Inländer- oder Ausländereigenschaft und nach der Dauer ihres Aufenthalts im Inland.

331 V iSd § 1 wurden ua erlassen:

– betreffend die Ständigen Beobachtermissionen bei den in Österreich niedergelassenen Internationalen Organisationen, BGBl 1978/614: Unverletzlichkeit der Räumlichkeiten und der Schriftstücke; für die Mitglieder der Missionen sind in der V keine funktionellen Immunitäten von der Zivilgerichtsbarkeit vorgesehen (wohl aber gem WKVIO – Rz 265);

– betreffend die bei einer Internationalen Organisation mit Sitz in Wien akkreditierte Beobachtermission der EG(EU)-Kommission BGBl 1979/277: für die Mission bestehen die gleichen Immunitäten wie für die Ständigen Vertretungen bei Internationalen Organisationen; für ihre Mitglieder die gleichen Immunitäten wie für Mitglieder vergleichbaren Ranges einer Ständigen Vertretung (neuer Status seit dem Beitritt Österreichs zur EU [1. 1. 1995]; vgl auch ProtPrivImmEG – Rz 294);

– betreffend die ICEM (jetzt IOM) BGBl 1980/530: Immunitäten nach dem ÜbkPrivImmSpezO; für den Leiter des Verbindungsbüros die Immunitäten eines diplomatischen Missionschefs;

– betreffend die Bediensteten von im Wiener Internationalen Zentrum untergebrachten Büros von Spezialorganisationen der VN BGBl 1982/624: Immunitäten wie vergleichbare Bedienstete der VN nach dem ÜbkPrivImmVN bzw nach dem ÜbkPrivImmSpezO oder nach bestehenden Amtssitzabkommen;

– betreffend die vorbereitende Atomtestverbots-Kommission BGBl II 1997/63.

Weitere V betreffen die Einräumung von Privilegien und Immunitäten an internationalen Konferenzen (s Rz 326).

An sonstigen autonomen Regelungen betreffend Privilegien und Immunitäten von Internationalen Organisationen bzw von deren Einrichtungen und von internationalen Konferenzen wären zu erwähnen: **332**

– BG BGBl 1993/511 über die Rechtsstellung von Einrichtungen der KSZE (jetzt OSZE) in Österreich;

– BG BGBl 1995/501 über das vorläufige Sekretariat des DonauschutzÜbk.

III. Das österreichische IZVR im Rahmen der europäischen Integration

Lit: Die Lit zum EuGVÜ ist umfangreich und inzwischen beinahe unüberblickbar geworden; an umfassenden Darstellungen sei verwiesen auf *Basedow* in Handbuch IZVR I (1982) Kap II: Europäisches Zivilprozeßrecht – Allgemeine Fragen des EuGVÜ; *Geimer,* IZVR[3] (1997) Rz 1877, 1222, 3138; *Geimer/Schütze,* Internationale Urteilsanerkennung I/1 – Das EuGVÜ (1983); *dies,* Europäisches Zivilverfahrensrecht (1997); *Kropholler,* Europäisches Zivilprozeßrecht[8] (1998); *ders* in Handbuch IZVR I (1982) Kap III: Internationale Zuständigkeit, §§ 4, 5; *Martiny* in Handbuch IZVR III/2 (1984) Kap II: Anerkennung nach multilateralen Staatsverträgen, § 1 EuGVÜ; *Schlosser,* EuGVÜ (1996).

Siehe ferner die Erl Berichte von *Jenard* (zum EuGVÜ 1968 in der ursprünglichen Fassung), ABl 1979 C 59, 1, und von *Schlosser* (zum 1. BeitrittsÜbk 1978), ABl 1979 C 59, 71, beide abgedruckt in den ErläutRV 34 BlgNR 20. GP 51, 131.

Auch das jüngere LGVÜ hat bereits einen Niederschlag in der Lit in Form von meist darstellenden, es mit dem EuGVÜ vergleichenden bzw dessen Besonderheiten hervorhebenden Publikationen gefunden: s etwa *Bajons,* Das Luganer-Parallelübereinkommen zum EuGVÜ, ZfRV 1993, 45; *Bajons/Mayr/Zeller,* Die Übereinkommen von Brüssel und Lugano (1997); *Czernich,* Vermögensgerichtsstand und Europäisches Zivilprozeßrecht, AnwBl 1996, 286; *Czernich/Tiefenthaler,* Die Übereinkommen von Lugano und Brüssel (1997); *dies,* Neue Aspekte im internationalen Verfahrensrecht durch den Beitritt Österreichs zum EuGVÜ, JBl 1998, 745; *Duintjes Tebbens,* Die einheitliche Auslegung des Lugano-Übereinkommens, in *Reichelt,* Europäisches Kollisionsrecht (1993) 49; *Fucik,* Die Zuständigkeit nach dem LGVÜ, RZ 1996, 241; *Gaedke,* Konkurrenz inländischer und ausländischer Verfahren – Tatbestand und Rechtsfolgen der internationalen Streitanhängigkeit nach dem LGVÜ, ÖJZ 1997, 286; *Hahnkamper,* Teilnahme am „freien Urteilsverkehr", AnwBl 1996, 581; *H. Hoyer,* Das Parallelübereinkommen der EFTA-Staaten mit der EG über Gerichtsstand und Vollstreckung, NZ 1989, 238; *Jametti-Greiner,* Überblick zum Lugano-Übereinkommen über die gerichtliche Zuständigkeit und die Vollstreckung gerichtlicher Entscheidungen in Zivil- und Handelssachen, ZBernJurV 1992, 42; *Kohlegger,* Ein Vergleich zwischen EuGVÜ und LGVÜ, ÖJZ 1999, 41; *Kohler,* Anpassung und Entwicklung des EuGVÜ nach dem Beitritt Österreichs, Finnlands und Schwedens zur EU, NIPR Special 1996, 1; *König,* Das österreichische Zivilverfahrensrecht und die EU, in *Reichert-Facilides,* Recht und Europa (1997) 99; *Lechner/Mayr,* Das Übereinkommen von Lugano (1996); *Mänhardt,* Das Lugano-Übereinkommen und Österreich, in *Reichelt,* Europäisches Kollisionsrecht (1993) 81; *Mayr,* Ab wann ist das Luganer Übereinkommen anzuwenden? WBl 1996, 381; *ders,* Das „Europäische Zivilprozeßrecht" und Österreich, ÖJZ 1997, 847; *Mayr/Lechner,* Das Zuständigkeits- und Vollstreckungsübereinkommen von Lugano, LJZ 1997, 17; *Musger,* Das Übereinkommen von Lugano: IZVR für den Europäischen Wirtschaftsraum, RZ 1993, 192; *Pfeiler,* Das „Lugano-Abkommen" – die Einbindung Österreichs in das gesamteuropäische Zivilverfahrenssystem, JAP 1994, 227; *Reichelt,* „Lugano" und Österreich – Österreich vor der Ratifikation des Parallelübereinkommens zum EuGVÜ, in *Jayme,* Ein internationales Zivilverfahrensrecht für Gesamteuropa (1992) 273; *Schoibl,* Die Zuständigkeit für Verbrauchersachen nach Europäischem Zivilprozeßrecht (EuGVÜ/LGVÜ), JBl 1998, 700, 767; *ders,* Die Prüfung der internationalen Zuständigkeit und der Zulässigkeit des Verfahrens nach dem Brüsseler und dem Luganer Übereinkommen, Schütze-FS (1999) 772; *Schwander,* Das Lugano-Übereinkommen (1990); *Scordamaglia,* Die Gerichtsstandsregelung im Gemeinschaftspatentübereinkommen und das Vollstrekkungsübereinkommen von Lugano, GRUR 1980, 777; *Tiefenthaler,* Die Streitanhängigkeit nach Art 21 Lugano-Übereinkommen, ZfRV 1997, 67; *ders,* LGVÜ: Gerichtstand am „Erfüllungsort des Bereicherungsanspruches"?, ÖJZ 1998, 544; *Volken,* Das Lugano-Übereinkommen vom 16. 9. 1988 über die gerichtliche Zuständigkeit und die Vollstreckung gerichtlicher Entscheidungen in Zivil- und Handelssachen, SJIR 44 (1988) 561; *ders,* Die Rechtsprechung zum LGVÜ (1996), SZIER 1997, 335; *Zeiler,* Europäisches Sicherungsverfahren: Die Regelungen der Europäischen Gerichtsstands- und Vollstreckungsübereinkommen über einstweilige Maßnahmen, JBl 1996, 635; *ders,* Internationales Sicherungsverfahren (1966).

Siehe ferner *Klauser,* EuGVÜ und EVÜ (1999); *Mayr* in *Rechberger,* ZPO, § 28 JN Rz 9ff; *Rechberger/Simotta,* Grundriß[4] Rz 76ff; s ferner den Erl Bericht von *Jenard/Möller,* ABl 1990 C 189, 57, abgedruckt in den ErläutRV 34 BlgNR 20. GP 211. Im Hinblick auf die weitgehende Übereinstimmung von EuGVÜ und LGVÜ sei auch für das letztere auf die Lit zum ersteren (oben) verwiesen.

A. Einleitung

333 Durch den Beitritt zum LGVÜ BGBl 1996/448 (für Österreich seit 1. 9. 1996 in Kraft) und zum EuGVÜ-BeitrittsÜbk BGBl III 1998/167; Text des EuGVÜ idgF kundgemacht im BGBl III 1998/209 (für Österreich seit 1. 12. 1998 in Kraft) – im übrigen befindet sich eine Gesamtrevision des EuGVÜ in Vorbereitung (die voraussichtlich als Rechtsakt des Rates im Verfahren nach Art 65 und 67 EGV idF des Vertrags von Amsterdam erlassen werden wird) – werden wesentliche Teile des österr IZVR auf eine neue, staatsvertragliche Grundlage gestellt. Auf dieser wird in Vermögenssachen das Gros der prozeßrechtlichen Beziehungen zum Europäischen Ausland – und damit wohl 90% dieser Beziehungen überhaupt – abgewickelt werden. Zum LGVÜ gibt es – abgesehen von derjenigen der älteren Mitgliedstaaten – bereits eine relativ reiche österr höchstgerichtliche Jud. In nächster Zeit wird sie rasch anwachsen. Hingegen ist die Jud zum EuGVÜ – die des EuGH (im Rahmen des Vorabentscheidungsverfahrens nach dem AuslegungsProt 1971 idgF, dazu Vor Art IX EGJN Rz 97 und unten Rz 362) und die nationalen Gerichte – inzwischen sehr umfangreich geworden (Hinweise mit Fundstellenangeben ua in der oben zum EuGVÜ zit Lit sowie bei *Lechner/Mayr,* Das Übereinkommen).

334 Die neuen Vertragswerke des LGVÜ und des EuGVÜ verdrängen in den von ihnen geregelten Materien (gem Art 1 der beiden Vertragswerke: Zivil- und Handelssachen [einschließlich individueller Arbeitsrechtssachen, Unterhaltssachen], ausgenommenen Personenstand, Rechts- und Handlungsfähigkeit, gesetzliche Vertretung von natürlichen Personen, ehelicher Güterstand, Erbrecht, Insolvenzrecht, soziale Sicherheit, Schiedsgerichtsbarkeit; ausgenommen ferner die öffentlich-rechtlichen Streitigkeiten; zur näheren Abgrenzung s *Geimer/Schütze,* Zivilverfahrensrecht, Art 1 EuGVÜ; *Kropholler,* Zivilprozeßrecht[8] Art 1 EuGVÜ, Rz 1–47), und im Prinzip, soweit der Beklagte seinen Wohnsitz bzw Sitz in einem Vertragsstaat hat (Art 52, 53 der beiden Übk), im Verhältnis zu den Vertragspartnern das autonome Recht – va JN, ZPO, EO (samt EinfG), AußStrG und NebenG – und dasjenige bilateraler und multilateraler Verträge (ausgenommen in Spezialmaterien; vgl Art 57 EuGVÜ und LGVÜ), va betreffend die Regelungen über die inländische Gerichtsbarkeit sowie die Anerkennung und Vollstreckung ausländischer Entscheidungen. Außerhalb des Anwendungsbereichs der beiden Übk bleiben die Regelungen des nationalen Rechts und der Staatsverträge aufrecht.

Texte des LGVÜ und des EuGVÜ samt Protokollen und Erklärungen auch in *Duchek/Schütz/Tarko,* Rechtsverkehr², 414, 465; *Mayr/Broll,* Zivilverfahrensrecht² (1999) 949, 989 (Auszug); Kodex, Zivilverfahrensrecht¹² (1999) 739, 765; Manz Texte, Zivilverfahren⁵ (1999) 150 (nur EuGVÜ).

Zur bevorstehenden Reform der beiden Vertragswerke s *Wagner,* Die geplante Reform des Brüsseler und des Lugano-Übereinkommens, IPRax 1998, 241.

B. Kurzdarstellung

Das System des LGVÜ und des EuGVÜ kann hier nicht im Detail dargestellt werden; diesbezüglich sei auf die Literaturangaben, insb auf die zusammenfassende Kurzdarstellung von *Mayr,* ÖJZ 1997, 847, verwiesen. Nur einzelne, für die beiden Vertragswerke charakteristische, vom System des österr zivilgerichtlichen Verfahrensrechts abweichende Besonderheiten sollen kurz aufgezeigt werden. **335**

1. LGVÜ und EuGVÜ regeln im II. Titel die – primär von Amts wegen zu prüfende – inländische Gerichtsbarkeit, die in den beiden Vertragswerken „internationale Zuständigkeit" (Abs 2 der Präambel zum LGVÜ und Abs 3 der Präambel zum EuGVÜ) oder einfach „Zuständigkeit" genannt wird, für das Erkenntnis- und das Provisorialverfahren. Die sachliche und die örtliche Zuständigkeit – und deren verfahrensmäßige Behandlung – richten sich aber weiterhin nach dem nationalen Recht (für Österreich also in erster Linie nach der JN, nach der ZPO und den einschlägigen NebenG), die letztere allerdings nur so weit, als LGVÜ und EuGVÜ – neben der internationalen – nicht auch örtliche Zuständigkeit (unten Rz 338) normieren. **336**

Die Regelung der internationalen Zuständigkeit iSd Übk ist insofern eine abschließende, als dann, wenn deren Vorliegen zu verneinen ist, sie nicht auf Bestimmungen des nationalen Rechts (etwa auf § 27a JN) gestützt werden kann. **337**

LGVÜ und EuGVÜ haben nämlich nicht nur in Art 3 Abs 2 gewisse exorbitante Gerichtsstände (Vor Art IX EGJN Rz 5) ausgeschlossen (für Österreich: namentlich § 99 JN), sondern auch eine Reihe weiterer, in verschiedenen Vertragsstaaten bestehende Gerichtsstände nicht rezipiert, so für Österreich etwa die Gerichtsstände nach §§ 87a, 88 Abs 2, § 97 JN.

Die Regelungen der internationalen Zuständigkeit sind primär als generelle konzipiert (vgl etwa Art 2, 3, 8 Abs 1 Z 1, Art 11 Abs 1, Art 14, 16 LGVÜ/EuGVÜ – generelle Normierung der internationalen Zuständigkeit); teilweise bestimmen sie auch die konkrete Zuständigkeit des anzurufenden Gerichts (vgl etwa Art 5, 6, 8 Abs 1 Z 2 und 3, Art 9 LGVÜ/EuGVÜ – spezielle Normierung der internationalen Zuständigkeit); zu diesen Begriffen s Rz 51. **338**

Die internationale Zuständigkeit iSd Übk ist ferner eine ausschließliche (Art 16 LGVÜ/EuGVÜ), eine konkurrierende (in den meisten anderen Fällen, dh, soweit Gerichtsstände der Übk in mehreren Vertragsstaaten zur Verfügung stehen und keine ausschließliche Zuständigkeit vorliegt) oder eine dispositive (Art 17, 18 LGVÜ/EuGVÜ); zu den Begriffen s Rz 52, 59. **339**

2. Die internationale Zuständigkeit nach LGVÜ und EuGVÜ baut in erster Linie auf dem (Wohn)sitz des Beklagten auf (Wohnsitzprinzip). **340**

Gem Art 53 Abs 1, 1. Satz LGVÜ/EuGVÜ steht der Sitz einer juristischen Person oder eines anderen parteifähigen Gebildes iSd Übk dem Wohnsitz gleich.

Nach Art 2 LGVÜ/EuGVÜ muß eine Person mit Wohnsitz in einem Vertragsstaat – unabhängig von ihrer Staatsangehörigkeit – grundsätzlich (s auch Art 3 Abs 1 LGVÜ und EuGVÜ) vor den Gerichten dieses Staats „verklagt" – wie es in den offiziellen deutschsprachigen Fassungen der Übk lautet – werden. Vor den Gerichten eines anderen Staats darf eine solche Person nur dann verklagt werden, wenn sich dessen Zuständigkeit auf eine der besonderen Bestimmungen der Art 5 bis 18 LGVÜ/EuGVÜ stützen kann.

341 Andererseits können iSd Prot Nr 1 Art V zum LGVÜ und Prot Art V zum EuGVÜ die in Art 6 Z 2 und Art 10 LGVÜ und EuGVÜ vorgesehenen Gerichtsstände für eine Gewährleistungs- oder Interventionsklage ua in Österreich nicht geltend gemacht werden; jede Person, die ihren Wohnsitz in einem anderen Vertragsstaat hat, kann aber in Österreich nach § 21 ZPO, der für die Streitverkündung gilt, vor Gericht geladen werden.

Die an einem der obgenannten Gerichtsstände ergangene E von Gerichten anderer Vertragsstaaten sind gem Titel III LGVÜ und EuGVÜ (unten Rz 359, 360) anzuerkennen und zu vollstrecken.

In sich geschlossene Sonderregelungen sehen LGVÜ und EuGVÜ für (privatrechtliche) Versicherungssachen (Art 7 ff LGVÜ/EuGVÜ) und für Verbrauchersachen (Art 13 ff LGVÜ/EuGVÜ) vor.

342 3. Hat die beklagte Partei keinen Wohnsitz in einem Vertragsstaat, gelangen die Zuständigkeitsbestimmungen von LGVÜ und EuGVÜ grundsätzlich nicht zur Anwendung, es sei denn, es liegt eine ausschließliche Zuständigkeit nach Art 16 vor (unten Rz 343). Die internationale Zuständigkeit sowie die sachliche und örtliche Zuständigkeit richten sich dann nach dem innerstaatlichen Recht dieses Vertragsstaats (Art 4 LGVÜ/EuGVÜ); in diesem Fall können von Personen, die ihren Wohnsitz in einem Vertragsstaat haben, auch die von Art 3 Abs 2 LGVÜ/EuGVÜ gegenüber Personen mit Wohnsitz in einem Vertragsstaat ausgeschlossenen exorbitanten Gerichtsstände (Vor Art IX EGJN Rz 5) – für Österreich der Gerichtsstand des Vermögens nach § 99 JN – in Anspruch genommen werden (s auch oben Rz 337).

343 4. „Ausschließliche Zuständigkeit" iSd beiden Vertragswerke (Art 16 LGVÜ/EuGVÜ) entspricht in etwa den Zwangsgerichtsständen iSd österr Rechts; es gibt hier weder Prorogation (Art 17 Abs 3 LGVÜ/EuGVÜ) noch Heilung durch Einlassung (Art 18, 2. Satz 2. Halbsatz LGVÜ/EuGVÜ). Das angerufene Gericht eines anderen Vertragsstaats hat sich von Amts wegen für unzuständig zu erklären (Art 19 LGVÜ/EuGVÜ); Näheres über Art und Ausmaß dieser Prüfung bei § 28 JN Rz 158, 159. Ausschließliche Zuständigkeit iSd Art 16 LGVÜ/EuGVÜ liegt vor: im Staat des forum rei sitae für dingliche Klagen betreffend unbewegliche Sachen, einschließlich Miete und Pacht, mit Ausnahme für Kurzverträge (Z 1); im Staat des Sitzes der Gesellschaft für Klagen aus dem Verbandsverhältnis (Z 2); im Staat, in dem das Register geführt wird, für Registersachen (Z 3); im Staat, in dem die Registrierung beantragt oder vorgenommen wurde oder iS eines zwischenstaatlichen Übk als vorgenommen gilt, für Streitigkeiten betreffend die Eintragung oder Löschung gewerblicher Schutzrechte (Z 4); im Staat, in dem das Exekutionsgericht liegt, für exekutionsrechtliche Klagen (Z 5).

344 5. Hat der (säumige) Beklagte einen Wohnsitz in einem Vertragsstaat, hat sich das angerufene Gericht gleichfalls von Amts wegen (s auch dazu bei § 28 JN Rz 158, 159) für unzuständig zu erklären, soweit sich der Beklagte auf das Ver-

fahren nicht einläßt, es sei denn, die Zuständigkeit des angerufenen Gerichts ist auf Grund einer (anderen) Bestimmung von LGVÜ oder EuGVÜ gegeben; bis zur Klärung der Frage der Rechtzeitigkeit bzw Ordnungsgemäßheit der Zustellung, gegebenenfalls Aussetzung des Verfahrens (Art 20 LGVÜ/EuGVÜ); vor Fällung eines Versäumungsurteils (§§ 396, 398 Abs 1, § 442 ZPO), Vornahme der in Art 20 LGVÜ/EuGVÜ festgelegten Überprüfung.

6. Reine „Binnenfälle" (Wohnsitz aller Parteien in einem Vertragsstaat **345** und keine ausschließliche Zuständigkeit [darüber oben Rz 343] in einem anderen Vertragsstaat) sind zwar von der Anwendbarkeit von LGVÜ und EuGVÜ an sich nicht ausgeschlossen, deren Normen spielen für die Regelung der internationalen Zuständigkeit iSd beiden Übk hier aber insofern keine Rolle, als alle Anknüpfungspunkte auf den einen Vertragsstaat hinweisen.

7. Entgegen dem österr Recht (§ 66 JN) knüpfen LGVÜ und EuGVÜ al- **346** lein auf den Wohnsitz, nicht auch auf den gewöhnlichen Aufenthalt (§ 66 Abs 2 JN) an; sie meinen damit aber wohl den allgemeinen Gerichtsstand iSd Allgemeinen Verfahrenslehre; das ist allerdings str, dagegen spricht auch, daß LGVÜ und EuGVÜ (nur) in Art 5 Z 2, in Art 12 Z 3 und Art 15 Z 3 den gewöhnlichen Aufenthalt dem Wohnsitz gleichstellen. ME ist aber nichts dagegen einzuwenden, daß österr Gerichte, in Anwendung des Art 52 Abs 1 LGVÜ/EuGVÜ, in den Wohnsitzbegriff der Übk den gewöhnlichen Aufenthalt iSd österr Rechts – dies auch im Hinblick auf die in der Wirklichkeit verschwommenen Grenzen zwischen den beiden Begriffen (*Fasching,* Lehrbuch² Rz 273, 274) – einbeziehen (gilt aber nicht für den subsidiären allgemeinen Gerichtsstand des § 67 JN). Gem Art 52 Abs 1 LGVÜ/EuGVÜ bestimmt sich nämlich der Wohnsitz nach der lex fori des angerufenen Gerichts, wenn zu entscheiden ist, ob eine Partei im Hoheitsgebiet des Vertragsstaats, dessen Gerichte angerufen werden, einen Wohnsitz hat.

Hat eine Partei keinen Wohnsitz in dem Staat, dessen Gerichte angerufen **347** werden, so wendet das Gericht, wenn es zu entscheiden hat, ob die Partei einen Wohnsitz in einem anderen Vertragsstaat hat, das Recht dieses Staats an (Art 52 Abs 2 LGVÜ/EuGVÜ).

Nachdem die Regelung des Art 52 Abs 3 alt EuGVÜ über den fiktiven bzw den abgeleiteten Wohnsitz (für Österreich: §§ 68, 69, 71 JN) in das LGVÜ nicht übernommen und in der Folge auch aus dem ersteren gestrichen wurde, beurteilt sich die Frage, ob ein abgeleiteter Wohnsitz vorliegt, nach der lex fori, gegebenenfalls nach deren Kollisionsnormen (für Österreich: § 9 IPRG) bzw, für den Fall, daß eine Partei keinen Wohnsitz im Staat des angerufenen Gerichts hat, wenn zu beurteilen ist, ob diese Partei einen Wohnsitz in einem anderen Vertragsstaat hat, nach dessen Recht, gegebenenfalls nach dessen Kollisionsnormen.

Gem Art 53 Abs 1, 2. Satz LGVÜ/EuGVÜ richtet sich die Frage, wo sich **348** der Sitz einer juristischen Person oder eines anderen parteifähigen Gebildes befindet, nach dem Recht (für Österreich: § 75 JN) bzw nach den Kollisionsnormen des Staats des angerufenen Gerichts (für Österreich: § 10 IPRG).

8. Art 17 LGVÜ und EuGVÜ regeln die Zulässigkeit und die Formerfor- **349** dernisse für Gerichtsstandsvereinbarungen zwischen Personen, von denen mindestens eine ihren Wohnsitz in einem Vertragsstaat hat, in einer von § 104 JN zT abweichenden Weise: gem Abs 3 beschränkte Zulässigkeit von Gerichtsstandsvereinbarungen in Versicherungssachen (Art 12), in Verbrauchersachen (Art 15) und gem Abs 5 für individuelle Arbeitsrechtsstreitigkeiten; ferner gem Abs 3 Unzulässigkeit von Gerichtsstandsvereinbarungen bei Vorliegen einer ausschließlichen Zuständigkeit nach Art 16 (oben Rz 343).

Liegt eine Gerichtsstandsvereinbarung zwischen Parteien vor, von denen keine ihren Wohnsitz in einem Vertragsstaat hat, können die Gerichte der anderen Vertragsstaaten nur entscheiden, wenn sich das vereinbarte Gericht bzw die vereinbarten Gerichte rechtskräftig für unzuständig erklärt haben.

350 Die Gerichtsstandsvereinbarung gilt iP als eine ausschließliche (Art 17 Abs 1, 1. Satz LGVÜ/EuGVÜ), es sei denn, sie wurde nur zugunsten einer Partei getroffen; diese behält dann das Recht, jedes andere nach den Übk zuständige Gericht anzurufen (Art 17 Abs 4 LGVÜ/EuGVÜ).

351 Abweichend von § 104 Abs 1 (alt JN; s nunmehr auch § 104 Abs 1 Z 1 idF der WGN 1997) JN, der das Erfordernis der Bestimmtheit (der Bestimmbarkeit) des vereinbarten Gerichts aufstellte, sieht Art 17 LGVÜ/EuGVÜ die Zulässigkeit auch von generellen Gerichtsstandsvereinbarungen auf die Gerichte eines Vertragsstaats in ihrer Gesamtheit vor. In einem solchen Fall ist das speziell anzurufende Gericht gem § 28 JN zu bestimmen (zu § 28 JN Rz 32 und Rz 121 ff).

352 9. Nach Art 18 LGVÜ/EuGVÜ schafft Einlassung internationale Zuständigkeit des angerufenen Gerichts, es sei denn, es liegt die ausschließliche Zuständigkeit eines anderen Gerichts gem Art 16 LGVÜ/EuGVÜ (oben Rz 343) vor; hilfsweise Sacheinlassung, neben dem Bestreiten der Zuständigkeit, bewirkt nicht Einlassung iSd Art 18 LGVÜ/EuGVÜ.

Zum Anwendungsbereich von Art 17, 18 LGVÜ sa OGH ecolex 1998, 694 (*Oberhammer*).

353 10. Streitanhängigkeit bei einem Gericht eines Vertragsstaats führt zur amtswegigen Aussetzung des vor dem Gericht eines anderen Vertragsstaats später anhängig gemachten Verfahrens. Sobald die Zuständigkeit des zuerst angerufenen Gerichts festgestellt ist, erklärt sich das später angerufene Gericht für unzuständig (Art 21 LGVÜ/EuGVÜ; zum weiten Verfahrensgegenstandsbegriff nach der Rsp des EuGH s Rz 22). Ist ausschließliche Zuständigkeit mehrerer Vertragsstaaten gegeben, hat sich das zuletzt angerufene Gericht zugunsten des ersteren für unzuständig zu erklären (Art 23 LGVÜ/EuGVÜ).

354 11. Stehen bei Gerichten verschiedener Vertragsstaaten anhängig gemachte Klagen in so engem Zusammenhang, daß eine gemeinsame Verhandlung und Entscheidung geboten ist, kann das später angerufene Gericht das Verfahren aussetzen, so lange beide Klagen in erster Instanz (im „ersten Rechtszug", wie sich Art 22 LGVÜ/EuGVÜ ausdrückt) anhängig sind. Das später angerufene Gericht kann sich auf Antrag einer Partei auch für unzuständig erklären, wenn die Verbindung im Zusammenhang stehender Verfahren nach seinem Recht zulässig und das zuerst angerufene Gericht für beide Klagen zuständig ist.

355 12. Liegt internationale Zuständigkeit iSd Übk vor, besteht eine völkerrechtliche Verpflichtung des Vertragsstaats, dessen Gerichte angerufen werden, zur Ausübung von Gerichtsbarkeit (Vor Art IX EGJN Rz 8; und oben Rz 49), ohne daß das Vorhandensein einer von der Indikationentheorie geforderten weiteren Nahebeziehung zum Inland zu prüfen wäre (Vor Art IX EGJN Rz 38 und oben Rz 58).

356 Ist internationale Zuständigkeit iSd Übk gegeben, mangelt es aber an einem Gerichtsstand im Inland, hat für Österreich eine Ordination gem § 28 Abs 1 Z 1 JN Platz zu greifen (soweit man die entsprechenden Gerichtsstandsbestimmungen der beiden Übk nicht als self executing [zu § 28 JN Rz 26, 32] ansieht, was der hM entspricht). Das könnte für Österreich etwa in den Fällen der Art 5 Z 1 LGVÜ/EuGVÜ (Gerichtsstand des – auch faktischen – Erfüllungsortes, der über § 88 Abs 1 JN hinausgeht); Art 5 Z 2 LGVÜ/EuGVÜ (Aktivgerichtsstand des volljährigen Unterhaltsberechtigten, für den Fall, daß etwa die Zuständig-

keitsbestimmung des § 76a JN versagt); Art 5 Z 3 und 4 LGVÜ/EuGVÜ (Gerichtsstand des Ortes der Schadenszufügung für Schadenersatzklagen aus deliktischen Ansprüchen, der weiter gefaßt ist als § 92a JN und auch Ansprüche aus Produkthaftung, aus Verletzung von Immaterialgüterrechten, aus unerlaubtem Wettbewerb, aus kartellrechtlichen Absprachen einschließt; darunter fallen auch Persönlichkeitsverletzungen oder Schäden aus grenzüberschreitenden Emissionen); Art 8 LGVÜ/EuGVÜ (Aktivgerichtsstand des Versicherungsnehmers); Art 14 LGVÜ/EuGVÜ (Aktivgerichtsstand des Verbrauchers [dazu jüngst SZ 69/227 = AnwBl 1997, 218 *(Lechner)* = RZ 1997/67 = ZfRV 1997/6; 4 Nd 514/97]) von Bedeutung sein.

13. Im Anwendungsbereich der beiden Übk kann von der Unmöglichkeit oder Unzumutbarkeit einer Rechtsverfolgung im Ausland iS von § 28 Abs 1 Z 2 JN nicht gesprochen werden; eine Ordination gem dieser Bestimmung hat hier daher nicht mehr Platz zu greifen (zu § 28 JN Rz 58). **357**

14. LGVÜ und EuGVÜ regeln nicht direkt die internationale Zuständigkeit zum Erlaß von EV. Gem Art 24 können vom Recht eines Vertragsstaats vorgesehene einstweilige Maßnahmen (problematisch bei Befriedigungsverfügungen, etwa nach § 382 Abs 1 Z 8, § 382a EO) vielmehr auch dann erlassen werden, wenn für die Entscheidung in der Hauptsache das Gericht eines anderen Vertragsstaats international zuständig wäre oder dort auch bereits ein Verfahren anhängig ist (s auch Vor Art IX EGJN Rz 77). Diese Regelung gilt – convention non distinguente – auch für den Fall, daß den Gerichten eines anderen Vertragsstaats gem Art 16 LGVÜ/EuGVÜ für die Hauptsache ausschließliche Zuständigkeit (oben Rz 343) zukäme; s auch *Hess,* Die begrenzte Freizügigkeit einstweiliger Maßnahmen nach Art 24 EuGVÜ, IPRax 1999, 220. **358**

15. LGVÜ und EuGVÜ regeln die vereinfachte Anerkennung und Vollstreckung der in einem Vertragsstaat ergangenen Entscheidungen (Art 26ff). Die Jurisdiktion des Erststaats ist als gegeben anzunehmen (s auch Rz 54) und darf nicht geprüft werden, es sei denn, die Ausübung seiner Zuständigkeit durch das Erstgericht hat gegen die besonderen Zuständigkeiten betreffend Versicherungssachen (Art 7ff LGVÜ/EuGVÜ), Verbrauchersachen (Art 13ff LGVÜ/EuGVÜ) und wohl auch betreffend individuelle Arbeitsrechtsstreitigkeiten oder gegen eine ausschließliche Zuständigkeit (Art 16 LGVÜ/EuGVÜ) verstoßen, oder es liegt ein Fall des Art 59 LGVÜ/EuGVÜ (abweichende staatsvertragliche Regelung über die Anerkennung und Vollstreckung von E mit einem Drittstaat) vor; die Vorschriften über die Zuständigkeit gehören nicht zur öffentlichen Ordnung iSd Art 27 Z 1 LGVÜ/EuGVÜ; das Gericht des Zweitstaats ist an die tatsächlichen Feststellungen gebunden, auf die das Gericht des Erststaats seine Zuständigkeit gegründet hat (Art 28 Abs 3 LGVÜ/EuGVÜ). **359**

16. Die in einem Vertragsstaat ergangenen Entscheidungen sind in den anderen Vertragsstaaten anzuerkennen (Art 26 LGVÜ/EuGVÜ) und zu vollstrecken (Art 31 LGVÜ/EuGVÜ). Die Jurisdiktion des Erststaats ist als gegeben anzunehmen und vom Zweitstaat nicht zu prüfen (oben Rz 359). **360**

17. Art 57 und 59 der beiden Übk normieren die Kollisionen zwischen LGVÜ und EuGVÜ mit den Bestimmungen anderer einschlägiger Verträge; so bleiben insb in Spezialverträgen enthaltene Zuständigkeitsregelungen, wie etwa Art 31 CMR (dazu Rz 63), unberührt (7 Nd 515/96). **361**

18. Nach dem AuslegungsProt 1971 idgF zum EuGVÜ können die Gerichte von Vertragsstaaten strittige Fragen der Auslegung dieses Übk dem EuGH vorlegen (Einholung einer Vorabentscheidung); die letztinstanzlichen Gerichte **362**

sind in einem solchen Fall zur Vorlage verpflichtet (Vor Art IX EGJN Rz 97 und oben Rz 38).

363 Das Prot Nr 2 zum LGVÜ sieht ein Vorlageverfahren nicht vor; die Gerichte jedes Vertragsstaats tragen aber bei der Anwendung und Auslegung der Bestimmungen dieses Übk den in den einschlägigen E der Gerichte anderer Vertragsstaaten dazu entwickelten Auslegungsgrundsätzen gebührend Rechnung (Art 1 des Prot). Der Erzielung einer möglichst einheitlichen Auslegung dient auch ein Austausch maßgeblicher Informationen zwischen den Vertragsstaaten (Art 2 des Prot).

Einer möglichst übereinstimmenden Auslegung von LGVÜ und EuGVÜ dienen ferner zwei dem LGVÜ angeschlossene Erklärungen.

C. Ausblick

364 1. LGVÜ und EuGVÜ normieren die „internationale Zuständigkeit" = die inländische Gerichtsbarkeit der Vertragsstaaten (Rz 336). Ihre prozessuale Behandlung erfolgt – von zwei vertragseigenen Normen (Art 19 – dazu oben Rz 343; Art 20 – dazu oben Rz 344) abgesehen – nach den für das angerufene Gericht des Vertragsstaats vorgesehenen Regelungen; s Rz 12 ff: je nachdem, ob es sich um eine prorogable oder um eine unprorogable inländische Gerichtsbarkeit handelt, kommen die Regelungen für die eine oder für die andere zum Tragen. Festgehalten sei, daß § 29, 2. Satz und § 42 Abs 2 keinesfalls zur Anwendung gelangen.

In Entsprechung der für LGVÜ und EuGVÜ eingeführten Terminologie (oben Rz 336) und iSd hier (Vor Art IX EGJN Rz 89 und oben Rz 13 sowie zu § 27 a JN Rz 5) gemachten Anregung empfiehlt es sich, iZm LGVÜ und EuGVÜ von internationaler Zuständigkeit zu sprechen.

365 2. LGVÜ und EuGVÜ werden im Bereich des Vermögensrechts wohl 90% des Privat- und Prozeßrechtsverkehrs mit dem Ausland erfassen. Daß im Anwendungsbereich der beiden Übk die Indikationstheorie obsolet geworden ist, wurde gleichfalls bereits dargestellt (Vor Art IX EGJN Rz 46; zu Art 27 a JN Rz 5; oben Rz 355).

Schon mit dem Inkrafttreten des LGVÜ konnte man sich fragen, ob diese für das österr Recht fremde und erst durch Lehre und Rsp der letzten beiden Jahrzehnte errichtete Konstruktion (Vor Art IX EGJN Rz 30, 42 ff und oben Rz 47) für die Restfälle überhaupt noch aufrechterhalten werden soll (bejahend *Pfersmann,* ÖJZ 1997, 64; offengelassen von *Fucik,* RZ 1996, 242; verneinend *Mayr,* ÖJZ 1997, 856 f). Dank dem neuen § 27 a JN, der der Indikationentheorie insgesamt eine klare Absage erteilt hat (s § 27 a JN Rz 5, 7), stellt sich die Frage nicht mehr.

367 Ganz allgemein ist zu erwarten, daß selbst außerhalb des unmittelbaren Anwendungsbereichs von LGVÜ und EuGVÜ auch die österr Jud zu Fragen des zivilgerichtlichen Verfahrensrechts die Rechtsentwicklung in den anderen Mitgliedstaaten der beiden Übk und die Rsp des EuGH zum Gemeinschaftsrecht (s auch Rz 363) in verstärktem Maße mitberücksichtigt wird. Das wird zu einer gewissen „Europäisierung" des gesamten zivilgerichtlichen Verfahrensrechts, mit noch gar nicht zur Gänze absehbaren Auswirkungen, führen; dazu *Oberhammer,* ecolex 1997, 422 und 1998, 694.

Art. X. Als Inland im Sinne der Jurisdiktionsnorm gilt das Gebiet [der im Reichsrate vertretenen Königreiche und Länder]. Personen, welche in diesem Gebiete das

Staatsbürgerrecht nicht genießen, sind in bezug auf die Vorschriften der Jurisdiktionsnorm als Ausländer anzusehen.

Stammfassung

Lit: *Weis,* Nationality und Stateless (1956).

Das Bundesgebiet ist nunmehr durch die Art 2 und 3 B-VG bezeichnet. Von Bedeutung ist die Abgrenzung des **Inlandes** vom Ausland vor allem bei der Übertragung des Vollzuges von Amtshandlungen an ein anderes Gericht (§ 38 JN), bei Rechtshilfeleistung (§§ 37 bis 40 JN), bei der Prüfung der inländischen Gerichtsbarkeit (§ 42 JN), für den allgemeinen Gerichtsstand einer Person (§ 67 JN), für die örtliche Zuständigkeit und inländische Gerichtsbarkeit in Ehesachen (§ 76 Abs 2 JN), bei Streitigkeiten über die Vaterschaft (§§ 76b, 76c JN), bei Streitigkeiten aus gewerblichem Rechtsschutz und Urheberrecht sowie Verbandsklagen (§ 83c JN), für den Gerichtsstand der Streitgenossenschaft (§ 93 Abs 1 JN), für den Vermögensgerichtsstand (§ 99 JN), für die Zuständigkeit der Gerichte zur Verlassenschaftsabhandlung nach Inländern, die im Auslande verstorben sind und nach Ausländern bezüglich ihres im Inland gelegenen unbeweglichen Gutes (§§ 106, 107, 108 JN), zur Führung von Vormundschafts- und Sachwalterschaftsangelegenheiten (§§ 109, 110 JN), für die inländische Gerichtsbarkeit zur Bewilligung der Annahme an Kindesstatt (§ 113b JN), für die Anerkennung der Vaterschaft (§ 114 JN), für Eheangelegenheiten (§ 114a Abs 4 JN) und für die Führung des Firmenbuches sowie für gesellschaftsrechtliche Angelegenheiten (§ 120 JN). 1

Wer **inländischer Staatsbürger** ist, regeln das StbG 1985 BGBl 311 idF BGBl I 1998/124 (dazu die StbV BGBl 1985/329 idF BGBl 1994/ 982). 2

Staatenlose (und Angehörige fremder Staaten), die im Sinne der **Konvention über die Rechtsstellung der Flüchtlinge** BGBl 1955/55 als Flüchtlinge gem Art I anerkannt sind und auf dem Gebiet der Republik Österreich ihren Wohnsitz oder Aufenthalt haben, sind im zivilgerichtlichen Verfahren Inländern gleichgestellt (LGZ Wien ÖA 1987, 139; JBl 1991, 399). Dasselbe gilt auch für alle **anderen Staatenlosen** (s dazu das UN-Übereinkommen 30. 8. 1961 BGBl 1974/538), soweit für den von ihnen oder gegen sie geführten Rechtsstreit die inländische Gerichtsbarkeit gegeben ist (s zB § 76 Abs 2 JN) und die Zivilprozeßgesetze für sie nicht ausdrückliche Sonderregelungen treffen (**prozessuales Fremdenrecht;** dieses ist in der österreichischen ZPO vor allem in den letzten Jahren weitgehend zurückgedrängt oder beseitigt worden). Fehlen solche Sonderregelungen, dann werden Staatenlose, die ihren Wohnsitz oder gewöhnlichen Aufenthalt im Ausland haben, wie Angehörige ihres Wohnsitz- oder Aufenthaltsstaates zu behandeln sein, haben sie ihren Wohnsitz oder gewöhnlichen Aufenthalt (s bei § 66 JN) im Inland, dann wie Inländer. (Vgl § 9 Abs 2 IPRG. Allgemein zur Stellung von Staatenlosen *Weis,* Nationality und Stateless.) 3

Juristische Personen werden entsprechend dem § 10 IPRG auch in den Zivilverfahrensgesetzen, soweit keine Spezialregeln bestehen (s auch bei § 74 JN) dem Staate zuzurechnen sein, in dem sie den Sitz ihrer Hauptverwaltung haben. Dasselbe gilt auch für andere parteifähige Gebilde (s bei § 1 ZPO). 4

Doppelstaatsbürger mit österreichischer Staatsbürgerschaft sind im Sinne des Art X EGJN Inländer (ZfRV 1993, 61 = NZ 1993, 107 = IPRax 1994, 222). 5

Art. XI. Der Oberste Gerichtshof hat bis zum Inkrafttreten neuer gesetzlicher Bestimmungen über seinen Wirkungskreis, über die Bildung der Senate und über die innere Geschäftsbehandlung die Gerichtsbarkeit in bürgerlichen Rechtssachen, sofern nicht in der

Jurisdiktionsnorm, in der Zivilprozeßordnung und in der Exekutionsordnung etwas anderes angeordnet ist, nach den Vorschriften des kaiserlichen Patentes vom 7. August 1850 RGBl. Nr. 325, auszuüben.

Stammfassung

1 Aufbau, Organisation und Gliederung des Obersten Gerichtshofes sind nunmehr durch das **BG über den Obersten Gerichtshof (OGHG)** 19. 6. 1968 BGBl 328 idF der BG BGBl 1983/135, 1985/104, 1990/542 und 1991/20 geregelt, durch das alle mit diesem Gesetz in Widerspruch stehenden oder denselben Gegenstand betreffenden Vorschriften aufgehoben wurden (zum OGHG s insb § 8 JN und Einl IV sowie die §§ 502 ff ZPO).

Auf Grund des G 25. 1. 1919 StGBl 41 wurde der OGH für das Gebiet der Republik Österreich errichtet, wobei das Statut des Obersten Gerichtshofes (KaisPat 7. 8. 1850 RGBl 325) mit den Änderungen des G 24. 2. 1907 RGBl 41 wieder in Kraft gesetzt wurde, doch wurden die Bestimmungen über die Verkündung der Urteile im Namen der Republik und über die Amtssiegel den gegenwärtigen Verhältnissen angepaßt.

Da nach der Angliederung Österreichs an das Großdeutsche Reich die Geschäfte des OGH auf das Reichsgericht in Leipzig übergegangen waren, wurden durch § 69 des BehÜG 20. 7. 1945 StGBl 94 die Wiedererrichtung des OGH angeordnet und durch § 3 Z 4 bis 6 GOG 1945 die vorbezeichneten Vorschriften wieder in Geltung gesetzt.

Durch die Wiederinkraftsetzung des Gesetzes über die Ausübung der Gerichtsbarkeit bei den Oberlandesgerichten und beim OGH 24. 2. 1907 RGBl 41 waren damals gem § 5 Abs 4 dieses Gesetzes auch alle Vorschriften, die zur Aufrechterhaltung der einheitlichen Rechtsprechung beim OGH bestanden, wiedereingeführt worden, so vor allem die AhE 3. 10. 1854 betreffend die Einführung eines **Ziviljudikatenbuches** und die Instruktion 7. 8. 1872 betreffend die Anlegung eines **Spruchrepertoriums** (Näheres bei § 9 JN). An die Stelle dieser der Sicherung der einheitlichen Rechtsprechung dienenden Einrichtungen ist jetzt die Zuständigkeit des verstärkten Senats gem § 8 OGHG getreten.

2 Verfassungsmäßig ist der OGH in Art 92 B-VG verankert. Der in den Zivilprozeßgesetzen festgelegte **Aufgabenkreis** des OGH ist in der JN wie folgt festgelegt: Der OGH ist Rechtsmittelgericht in dritter Instanz bei Anfechtung von Beschlüssen und Urteilen der Bezirksgerichte (§ 3 Abs 2 JN) und der Gerichtshöfe erster Instanz (§ 4 JN), entscheidet in bestimmten Ausnahmsfällen bei Ablehnungen von Richtern (§§ 23, 24 JN), bestimmt ein sachlich zuständiges Gericht bei Fehlen einer örtlichen Zuständigkeit (Ordination nach § 28 JN), delegiert von Amts wegen oder über Antrag (§§ 30, 31 JN; § 9 Abs 4 AHG), erklärt auf Antrag der höchsten Verwaltungsbehörde gem § 42 Abs 2 JN bereits rechtskräftige Gerichtsentscheidungen wegen des Mangels der inländischen Gerichtsbarkeit oder wegen Unzulässigkeit des Rechtsweges als nichtig, entscheidet über Zuständigkeitsstreitigkeiten inländischer Gerichte (§ 47 Abs 1 JN) und über die Weigerung der Übernahme einer Vormundschafts- oder Pflegschaftssache durch das zur Übernahme angesprochene Gericht (§ 111 Abs 2 JN).

In der ZPO (und entsprechend auch im Exekutions-, Konkurs- und Ausgleichsverfahren) ist der Wirkungskreis des OGH sachlich festgelegt. Er schreitet als Revisionsgericht (§§ 502 bis 513 ZPO), im Rekursverfahren zur Entscheidung über Rekurse gegen berufsgerichtliche Beschlüsse (§ 519 ZPO), über Revisionsrekurse (§§ 527, 528 ZPO) und als Erstgericht zur Entscheidung über Wiederaufnahms- und Nichtigkeitsklagen bei Vorliegen der Voraussetzungen des § 532 ZPO ein.

In der außerstreitigen Gerichtsbarkeit entscheidet der OGH nach den §§ 14 bis 16 AußStrG als Rechtsmittelgericht über Revisionsrekurse.

Nach § 11 ASGG ist der OGH in Arbeits- und Sozialrechtssachen als dritte Instanz mit besonderer Besetzung des einfachen Senates (3 Berufsrichter, 2 fachkundige Laienrichter) und des verstärkten Senates (7 Berufsrichter, 4 fachkundige Laienrichter) tätig. Gem § 54 Abs 2 bis 4 ASGG entscheidet der OGH in erster (und einziger) Instanz über die in § 54 Abs 2 ASGG genannten besonderen Feststellungsanträge von kollektivvertragsfähigen Körperschaften.

Die Zuständigkeit des OGH in Strafsachen ist in der StPO geregelt. Er schreitet dort vor allem zur Entscheidung von Nichtigkeitsbeschwerden (§§ 280, 344 StPO), damit verbundenen Berufungen, Beschwerden (§ 290 StPO) und Einsprüchen gegen Abwesenheitsurteile der Schöffengerichte (§ 427 StPO) ein und erkennt in Delegierungs- und Kompetenzstreitigkeiten (§§ 63, 64 StPO), hat weitgehende Befugnisse bei der Wiederaufnahme (§§ 362, 363 StPO) und entscheidet über Grundrechtsbeschwerden wegen Verletzung des Grundrechts auf persönliche Freiheit durch eine strafgerichtliche Entscheidung gem § 1 GRBG BGBl 1992/864.

Schließlich ist auch noch auf die Tätigkeit des OGH als Dienstgericht und als Disziplinargericht für Richter nach dem RDG BGBl 1961/305 und als Beschwerde- und Berufungsgericht in Disziplinarangelegenheiten der Notare und Notariatskandidaten gem den §§ 170, 171, 181 der NO idF BGBl I 1999/72 zu verweisen. Die Disziplinargerichtsbarkeit über Rechtsanwälte ist dem OGH durch BG BGBl 1956/159 abgenommen worden.

Art. XII. (1) *(aufgehoben)*;

(2) Die zur Einführung der Vollstreckungsbeamten, zur Regelung ihrer Bezüge und zur Einrichtung ihres Dienstes erforderlichen Vorschriften sind im Verordnungswege zu erlassen.

Stammfassung

Abs 1 legte fest, daß die Vollstreckungsbeamten richterliche Beamte iSd SyndikatsG seien und der Staat danach für ihre Amtspflichtverletzungen schadenersatzpflichtig sei. Durch § 15 AHG wurden das SyndikatsG (RGBl 1972/112) und Art XII Abs 1 EGJN ausdrücklich aufgehoben. Nach dem AHG haftet der Bund für alle seine Organe, somit auch für Richter, Rechtspfleger und Vollstrekkungsbeamte, soweit sie beim Vollzug der Gesetze jemandem vorsätzlich oder fahrlässig Schaden zufügen. 1

Vollstreckungsbeamte: §§ 17f JN (Bestellung), § 26 JN (Ablehnung), § 16 EO (Exekutionsvollzug), § 24 EO (Vollstreckungsorgane), §§ 25f EO (Tätigkeit und Befugnisse); s auch §§ 551, 553 Geo, ferner das Dienstbuch für Vollstrecker (Erl BMJ 7. 5. 1952 JABl 10 idF Erl 30. 6. 1958 JABl 9). 2

Art. XIII. Die ordentlichen Gerichte haben den [Gewerbe- und den] Schiedsgerichten, sowie den zur Entscheidung eines einzelnen Rechtsstreites bestellten Schiedsrichtern auf Ersuchen Rechtshilfe zu leisten, insofern das Ersuchen im Gesetze begründet, die vorzunehmende Amtshandlung gesetzlich zulässig und das ersuchte Gericht zu derselben zuständig ist (§ 37, Absatz 2 und 3 der Jurisdiktionsnorm). Auf solche Ersuchen um Rechtshilfe haben überdies die Bestimmungen des § 40 der Jurisdiktionsnorm sinngemäß Anwendung zu finden.

Stammfassung

1 Art XIII EGJN bringt eine Erweiterung der in § 37 Abs 1 JN enthaltenen Verpflichtung der Gerichte, einander gegenseitig **Rechtshilfe** zu leisten. Die Erwähnung der Gewerbe-(und späteren Arbeits-)Gerichte ist gegenstandslos, weil nunmehr für Arbeits- und Sozialrechtssachen gem § 2 Abs 1 und 2 ASGG die ordentlichen Gerichte (in Wien das Arbeits- und Sozialgericht Wien) zuständig sind; die wechselseitige Rechtshilfepflicht ergibt sich daher schon aus § 37 Abs 1 JN. Die ordentlichen Gerichte müssen gem Art XIII EGJN Rechtshilfeersuchen der **Schiedsgerichte,** und zwar nicht nur öffentlicher und gesetzlich statuierter Schiedsgerichte, sondern auch privater Schiedsgerichte und einzelner Schiedsrichter (§§ 577 ff ZPO), erledigen.

Während aber bei Rechtshilfeersuchen ordentlicher Gerichte das ersuchte Gericht die Vornahme der ersuchten Handlung lediglich wegen örtlicher Unzuständigkeit ablehnen darf (§ 37 Abs 3 JN), ist in den vorliegenden Fällen das Gericht befugt und verpflichtet zu überprüfen, ob das **Rechtshilfegesuch im Gesetz begründet** und ob die vorzunehmende **Amtshandlung gesetzlich zulässig ist** (unzulässig wäre unter anderem das Ersuchen um Vollzug einer von einem Schiedsgericht erlassenen einstweiligen Verfügung oder das Ersuchen um Abnahme bestimmter Urkunden und Beweisunterlagen).

Verweigert das angerufene Gericht die Rechtshilfe, dann hat § 40 JN sinngemäß zur Anwendung zu kommen, ebenso, wenn in bezug auf die Ausführung oder in anderer Hinsicht Meinungsverschiedenheiten zwischen der ersuchenden Stelle und dem ersuchten Gericht auftreten. Nach § 40 JN hat über Ersuchen der um Rechtshilfe einkommenden (ausländischen) Behörde bzw des ersuchenden Schiedsgerichts das **dem ersuchten Gericht vorgesetzte Oberlandesgericht** ohne mündliche Verhandlung über die Meinungsverschiedenheiten oder die Rechtmäßigkeit der Weigerung **zu entscheiden.**

Auch **ausländischen privaten Schiedsgerichten** ist im Rahmen des Art XIII EGJN Rechtshilfe zu leisten. (Die eher ablehnende Auffassung in *Fasching*[1] I 32 ist im Hinblick auf die Ratifikation des UN-Übereinkommens über die Anerkennung und Vollstreckung ausländischer Schiedssprüche BGBl 1961/200 und die dadurch und in der Folge bewirkte weitgehende Anerkennung und Gleichstellung der Schiedsgerichtsbarkeit überholt.) Der RHEZiv 1997 (24. 10. 1997 JABl 40) regelt allerdings nur die Rechtshilfe auf Ersuchen ausländischer **Behörden,** doch werden die §§ 15 bis 20 RHE sinngemäß anzuwenden sein.

Art. XIV. Die bezirksgerichtlichen Rechtssachen, die zufolge § 79 der Jurisdiktionsnorm bei einem Gerichtshofe erster Instanz angebracht werden müssen oder gemäß § 94 Absatz 2 der Jurisdiktionsnorm angebracht werden können, sind nach den für das Verfahren vor den Gerichtshöfen erster Instanz geltenden Bestimmungen zu erledigen. Es bleiben jedoch für die Verhandlung und Entscheidung die §§ 448 bis 459 ZPO maßgebend; die Verhandlung und Entscheidung ist vom Personalsenat einem Mitglied des Gerichtshofs als Einzelrichter zu übertragen; die Parteien sind nicht verpflichtet, sich bei dieser Verhandlung durch Rechtsanwälte vertreten zu lassen.

IdF Art III der 1. GEN RGBl 1914/118 und Art I ZVN 1983 BGBl 135.

Lit: *Trammer,* Zu § 79 JN JBl 1905, 269.

1 § 79 JN regelt die Zuständigkeit der Gerichte für **Klagen von und gegen Richter(n)** eines Bezirksgerichtes, das sonst zur Entscheidung der Klage örtlich und sachlich zuständig wäre, sowie vom und gegen den Präsidenten eines Gerichtshofes erster Instanz, wenn dieser Gerichtshof oder eines der Bezirksgerichte in dessen Sprengel sachlich und örtlich zuständig wäre. Sachlich zuständig ist

in diesen Fällen ohne Rücksicht auf den Streitwert ein Gerichtshof erster Instanz (Näheres bei § 79 JN).

Darüber hinaus können auch Klagen, die dem Streitwerte nach vor das Bezirksgericht gehören, vor dem Gerichtshof erhoben werden, wenn bei diesem der **Hauptprozeß** anhängig war und die Prozeß- bzw Zustellungsbevollmächtigten wegen ihrer Gebühren und Auslagen im Hauptprozeß Klage erheben (§ 94 Abs 2 JN). 2

Für beide Fälle muß nun eine Regelung getroffen werden, inwieweit vor den Gerichtshöfen die an sich vor die Bezirksgerichte gehörenden Streitsachen nach den umständlicheren, langwierigeren und kostspieligeren Vorschriften des Gerichtshofverfahrens zu verhandeln und zu entscheiden sind. Durch Art XIV EGJN wird angeordnet, daß **grundsätzlich das Gerichtshofverfahren** Anwendung zu finden hat; nur dort werden **Ausnahmen** statuiert, wo die Möglichkeit eines Mahnverfahrens oder die notwendige Schnelligkeit der Entscheidung (Besitzstörungsverfahren) eine Sonderregelung gebietet. Diese Ausnahmebestimmungen dürfen nicht ausdehnend ausgelegt werden (ZBl 1923/271; GlUNF 7563 [1915]; GH 1914, 279). Es müssen daher auch Bestandstreitigkeiten von und gegen Richter(n) vor dem Gerichtshof nach den Vorschriften des Gerichtshofverfahrens abgewickelt werden, wobei freilich streitig sein kann, ob bereits die Kündigung beim Gerichtshof einzubringen ist. § 79 JN spricht nur von Klagen. Da aber die gerichtliche Kündigung ebenso zum Sachantrag im streitigen Bestandverfahren wird und es außerdem mehr als unzweckmäßig wäre, die Kündigung wohl beim Bezirksgerichte einzubringen, aber bereits die Einwendungen und das folgende Verfahren vor dem Gerichtshof abzuwickeln (so *Pollak*[2], 727), muß auch für Kündigungen, Übergabs- und Übernahmsaufträge im Bestandverfahren von oder gegen Richter(n) die sachliche Zuständigkeit des Gerichtshofes angenommen werden (so *Neumann,* Kommentar[4] I 196; *Trammer,* JBl 1905, 269). 3

Dagegen sind die **Sondervorschriften des Eheverfahrens (§ 460 ZPO) und des Abstammungsverfahrens** anzuwenden, wenn gem § 79 JN ausnahmsweise der Gerichtshof erster Instanz zuständig ist. Das ergibt sich zwar nicht unmittelbar aus Art XIV EGJN, doch ist die Regelungslücke offensichtlich ungewollt. **Mandatsverfahren** sind zulässig; diesbezüglich bedurfte es keiner besonderen Regelung.

Begehrt der Kläger einen 130.000 S nicht übersteigenden Geldbetrag, dann finden bei den in Art XIV EGJN genannten Streitigkeiten die **Vorschriften des Mahnverfahrens** (§§ 448 ff ZPO) Anwendung. Soweit nicht die Ausnahmen des § 448 Abs 2 ZPO Platz greifen, **muß** der Einzelrichter des Gerichtshofes einen bedingten Zahlungsbefehl erlassen, der vom Beklagten nur durch einen rechtzeitigen Einspruch außer Kraft gesetzt wird; in diesem Falle ist sofort die mündliche Streitverhandlung anzuordnen; eine erste Tagsatzung findet nicht statt, und es ist auch keine Frist zur Klagebeantwortung zu erteilen. 4

Da bei den Gerichtshöfen erster Instanz (mit Ausnahme des ASG Wien) das automationsgestützte Mahnverfahren nicht stattfindet, weil die technischen Voraussetzungen dafür fehlen und auch in absehbarer Zeit nicht vorgesehen sind, ist § 453 ZPO ebensowenig anwendbar wie die Vorschriften der AFV BGBl 1995/560; daher besteht für Geldklagen im Rahmen des Art XIV EGJN kein Formularzwang (vgl dazu *Bosina/Schneider,* Mahnverfahren Rz 58 ff).

Die **Besitzstörungsstreitigkeiten** der Richter sind ebenfalls ausnahmsweise vor dem Gerichtshof nach den Vorschriften des bezirksgerichtlichen Verfahrens in Besitzstörungsstreitigkeiten zu erledigen. Hiebei haben die Bestimmungen der 5

§§ 454 ff ZPO zur Anwendung zu gelangen, insb die beschleunigte Erledigung, die Zulässigkeit einstweiliger Vorkehrungen, die Einschränkung der Verhandlung auf die Erörterung des letzten ruhigen Besitzstandes und der Störung sowie vor allem die Erlassung der Entscheidung in Form eines Endbeschlusses mit der Möglichkeit der richterlichen Festsetzung der Leistungsfrist. Auch hier ist die Anfechtungsmöglichkeit (durch Rekurs an das OLG) durch § 518 ZPO bedeutend eingeschränkt und die Anrufung des OGH überhaupt ausgeschlossen (§ 528 ZPO).

6 Gemeinsam ist für beide Sonderverfahren, daß auch dann, wenn sie vor dem Gerichtshof stattfinden, die Verhandlung vor dem **Einzelrichter** erfolgt. Dieser wird durch den Personalsenat (§ 36 RDG) bestimmt, doch hat die Bestimmung nicht erst ad hoc für den anhängig gewordenen Fall zu erfolgen, sondern muß im Hinblick auf Art 87 Abs 3 B-VG schon in der Geschäftsverteilung geregelt sein (vgl dazu §§ 32, 34 GOG).

7 Die **Befreiung von der** im Gerichtshofverfahren bestehenden **Anwaltspflicht** gilt nur insoweit, als sie im bezirksgerichtlichen Verfahren besteht (§ 27 ZPO). Auch das ist zwar aus dem Gesetzeswortlaut nicht ohne Schwierigkeit abzuleiten, doch muß der letzte Teilsatz des Art XIV EGJN einschränkend ausgelegt werden, weil sich sonst ein Widerspruch zu § 27 ZPO ergäbe. Daraus folgt, daß bei einer Streitsache mit einem 52.000 S nicht übersteigenden Wert überhaupt keine Anwaltspflicht besteht und die Parteien daher auch selbst verhandeln oder sich durch eine andere verhandlungsfähige Person (§ 185 ZPO) vertreten lassen können; dasselbe gilt für Besitzstörungsklagen von und gegen Richter(n) ohne Rücksicht auf den Streitwert. Für alle anderen Klagen gem Art XIV EGJN, deren Streitwert 52.000 S übersteigt, besteht absolute Anwaltspflicht (OLG Wien Redok 1985/1398: Verfahrensunterbrechung durch Tod des Anwaltes). Für Klagserweiterungen, durch die die Wertgrenze von 52.000 S überschritten wird, gilt § 27 Abs 3 ZPO.

8 Art XIV EGJN ist seiner ratio nach dort unanwendbar, wo das Gesetz von vornherein die sachliche Zuständigkeit des Gerichtshofes ohne Rücksicht auf den Streitwert anordnet (s Näheres bei § 50 JN und bei § 51 Abs 2 JN).

Ordnet das Gesetz zwar die sachliche Zuständigkeit des Gerichtshofes an, verfügt aber ausdrücklich, daß die Vorschriften des bezirksgerichtlichen Verfahrens anzuwenden sind, dann sind die entsprechenden Ausführungen der Rz 4 und 7 (Mahnverfahren und eingeschränkte Anwaltspflicht) sinngemäß anzuwenden. Das gilt vor allem für die **Prüfungsprozesse im Konkursverfahren** gem den §§ 111, 179 Z 2 KO, bei denen allerdings für ein Mahnverfahren begrifflich kein Raum ist. Für das **arbeits- und sozialgerichtliche Verfahren** bestehen Sondervorschriften für die Vertretung (§ 40 ASGG) sowie für das Verfahren selbst, das dadurch besonders bei den Arbeitsrechtssachen weitgehend dem bezirksgerichtlichen Verfahren angenähert wird (§§ 39, 56, 59 ASGG).

Art. XV. Wenn in Gesetzen und Verordnungen, die durch das Inkrafttreten der Jurisdiktionsnorm nicht berührt werden, auf Rechtssachen der Realgerichtsbarkeit Bezug genommen wird, so ist dies auf die in den §§ 81, 83 und 117 der Jurisdiktionsnorm bezeichneten Angelegenheiten zu beziehen.

Stammfassung

1 Da in verschiedenen nach Erlassung der JN noch weiter in Geltung stehenden Gesetzen der Begriff „**Realgerichtsbarkeit**" bedeutsam ist, war es notwendig zu erläutern, welche Zuständigkeitsvorschriften der JN in diesem Zusammenhang Anwendung zu finden haben. Es sind dies der Gerichtsstand für Streitigkeiten um unbewegliches Gut, also nach § 81 JN das Gericht, in dessen Sprengel das unbewegliche Gut liegt, bezüglich dessen Teilungs-, Grenzberichtigungs- und Besitzstörungsklagen, Dienstbarkeits- und Eigentumsfreiheitsklagen angebracht werden; ferner der Gerichtsstand für Bestandstreitigkeiten, also nach § 83 JN das Gericht, in dessen Sprengel der (unbewegliche) Bestandgegenstand liegt; nach § 91 JN der Gerichtsstand der gelegenen Sache für die Geltendmachung der pfandgesicherten Forderung oder von rückständigen Leistungen aus einer Reallast oder von Ansprüchen aus Verträgen über die Übergabe unbeweglichen Gutes; nach § 117 JN der Gerichtsstand für Realangelegenheiten des außerstreitigen Verfahrens, unter anderem für Inventur, Schätzung und Feilbietung; und nach § 118 die Zuständigkeit zur Führung der öffentlichen Bücher.

Art. XVI *(aufgehoben durch Art III BGBl 1970/342 – UeKG)*

Lit: *Edelbacher,* Gilt der Art XVI Abs 1 EGJN noch? ÖJZ 1960, 288; *Schwimann,* Die Bestreitung (Anfechtung) der Legitimation durch nachfolgende Ehe, JBl 1957, 392.

Art XVI EGJN regelte das Verfahren zur Feststellung der Vaterschaft zu einem unehelichen Kind zwecks Legitimation durch nachfolgende Eheschließung nach dem Tode des Vaters und zur Feststellung der nachträglichen Behebung oder der schuldlosen Unwissenheit des Ehehindernisses zwecks Legitimation des in der Ehe geborenen Kindes. Diese Vorschrift war schon vor ihrer Aufhebung durch die Änderung des zugrundeliegenden materiellen Rechts gegenstandslos geworden (dazu *Edelbacher,* ÖJZ 1960, 288; *Schwimann,* JBl 1957, 392). 1

Art. XVII *(aufgehoben durch Art I ZPNov 1955 BGBl 282)*

Art. XVIII. Die Empfangnahme eines nach den Bestimmungen des bürgerlichen Rechtes gemachten gerichtlichen Erlages kann von keinem ordentlichen Gerichte aus dem Grunde der Unzuständigkeit zurückgewiesen werden.

Stammfassung

Lit: *Pimmer,* WechselG und ScheckG (1992).

Ein **gerichtlicher Erlag** ist nach den Bestimmungen des bürgerlichen Rechtes (also nicht des öffentlichen Rechts, zB eine Abgabenschuld: EvBl 1989/107) erfolgt, wenn er entweder nach § 1425 ABGB vorgenommen wurde oder wenn für den Erlag Art 42 WechselG maßgebend war. Nach § 1425 ABGB kann der Schuldner dann, wenn der Gläubiger unbekannt oder abwesend, wenn er mit dem Angebotenen unzufrieden ist oder wenn aus anderen wichtigen Gründen nicht bezahlt werden kann, die geschuldete Leistung bei Gericht erlegen (dazu eingehend *Reischauer* in *Rummel,* ABGB[2] II § 1425 Rz 1 bis 11). Ebenso hat nach Art 42 WechselG der Schuldner das Recht, die Wechselsumme dann, wenn ihm der Wechsel nicht fristgemäß zur Zahlung vorgelegt wurde, bei Gericht zu erlegen (wobei ein Erlag bei einem anderen Gericht als dem des Zahlungsortes nicht schuldbefreiend wirkt: SZ 35/1 = JBl 1962, 562; s *Pimmer,* WechselG 121 f). 1

Die verfahrensrechtlichen Bestimmungen über das Gerichtserlagswesen finden sich in den §§ 284 bis 358 Geo.

Da im allgemeinen für den Gerichtserlag eine besondere Eignung eines bestimmten Gerichtes nicht erforderlich ist und durch das Erlagsverfahren keine allzu große Belastung der Gerichte entstehen kann, ordnet Art XVIII EGJN an, daß kein Gericht die Annahme eines Gerichtserlages wegen **Unzuständigkeit** 2 verweigern kann (Mat I 618, 619). Die Zuständigkeitsbestimmung für die Bestellung eines Abwesenheitskurators nach § 276 ABGB für den Erlagsgegner wird allerdings durch Art XVIII EGJN nicht berührt (GlUNF 3835 [1907]; vgl ferner SZ 21/98 [1949]; LGZ Wien EvBl 1948/292). **Zuständig** für die Empfangnahme ist jedes ordentliche Gericht erster Instanz, das sind also alle Bezirksgerichte und Gerichtshöfe erster Instanz (auch als Arbeits- und Sozialgerichte: OLG Wien EvBl 1989/156), nicht aber der OGH (anders noch *Fasching*[1] I 36) oder die OLG (SZ 55/107 [1982]). Art XVIII EGJN regelt nur die Zuständigkeit für das Erlagsverfahren, nicht aber die tatsächliche Durchführung des Erlages, die dann auf Anordnung des **Erlags-(Verwahrschafts)gerichts** gem den Vorschriften der Geo entweder bei diesem Gericht selbst (§ 302 Geo), bei der Verwahrungsabteilung des OLG (§ 285 Geo), bei der Postsparkasse (§ 287 Geo) oder bei einem vom Gericht bestellten Verwahrer erfolgt.

3 Das **Erlagsverfahren** gem Art XVIII EGJN ist ein **außerstreitiges Verfahren.** In diesem hat das Verwahrschaftsgericht nur zu prüfen, ob ein Hinterlegungsgrund gem § 1425 ABGB oder Art 42 WG behauptet wurde (NZ 1965, 123) und in abstracto überhaupt als solcher gegeben sein kann (OLG Wien EvBl 1989/156; SZ 13/228 [1931]; nur dies ist gegebenenfalls zu bescheinigen: vgl LGZ Wien MietSlg 33.245 [1953] ua). Dagegen hat das Verwahrschaftsgericht nicht zu prüfen, ob der angegebene und abstrakt taugliche Hinterlegungsgrund im konkreten Fall wirklich gegeben ist (stRsp, insb NZ 1986, 41 und 1989, 16; SZ 39/123 [1966]). Ob der Erlag nach den Vorschriften des bürgerlichen Rechtes rechtmäßig war, ist im streitigen Rechtsweg zu klären (stRsp: so RZ 1991/56; SZ 27/213 [1954] = EvBl 1954/373).

4 **Parteistellung im Erlagsverfahren** hat der Erleger, nicht aber der Erlagsgegner (stRsp: insb EvBl 1991/91; SZ 40/8 [1967] = EvBl 1967/284); außer es wurde im Annahmebeschluß auch unzulässig über die sachliche Berechtigung des Erlags entschieden. Im **Ausfolgungsverfahren** hat auch der **Erlagsgegner Parteistellung** (SZ 52/49 [1979] = EvBl 1979/199; vgl aber SZ 53/86 [1980] und SZ 40/8 [1967] = EvBl 1967/284. Das Gericht hat von der Annahme des Erlages die ihm bekannten Erlagsgegner (Gläubiger) gem § 307 Abs 2 Geo zu verständigen (SZ 51/42 [1978] = JBl 1978, 598; SZ 40/8 [1967] = EvBl 1967/284; SZ 27/59 [1954]). Bis zur Verständigung des Gläubigers ist der Erlag widerruflich (eingehend *Reischauer* in *Rummel,* ABGB[2] II § 1425 Rz 30; NZ 1989, 16; SZ 40/8 [1967] = EvBl 1967/284), darüber hinaus nur, wenn der Erlag mit dem Vorbehalt des Widerrufs erfolgte.

5 Die Bestimmung, daß kein Gericht die Annahme eines Erlages wegen seiner Unzuständigkeit ablehnen könne, gilt, wie ersichtlich, nur für Erläge, die auf Grund der Bestimmungen des bürgerlichen Rechtes getätigt werden, nicht aber für Erläge aus anderen Gründen.

Der **Erlag** von Geldbeträgen **auf Grund verfahrensrechtlicher Bestimmungen,** also etwa der Erlag von Vorschüssen für Sachverständige und Zeugen oder der verschiedenen Sicherheitsleistungen im Erkenntnis-, Vollstreckungs- und Sicherungsverfahren, kann nur bei dem Gerichte erfolgen, das hiefür nach den Bestimmungen des Verfahrensrechtes zuständig ist, in der Regel also nur bei dem den Erlagsauftrag erteilenden Gericht.

Art. XIX bis XXIII. *(gegenstandslos gewordene Übergangsbestimmungen)*

Art. XXIV. (1) Mit dem Vollzuge dieses Gesetzes ist der [Justizminister] beauftragt.

(2) Derselbe hat alle zur Einführung und Durchführung des gegenwärtigen Gesetzes und der Jurisdiktionsnorm erforderlichen Anordnungen, und zwar insoweit dieselben den Wirkungskreis anderer Minister berühren, im Einvernehmen mit diesen zu erlassen.

Stammfassung

Vorbemerkungen zur Jurisdiktionsnorm

Die Jurisdiktionsnorm (JN) ist das erste der drei großen im Rahmen der Zivilprozeßreform 1895/96 erlassenen **Zivilprozeßgesetze.** (Zu deren Entstehung s *Fasching,* Lehrbuch[2] Rz 35 mit Literaturnachweisen vor Rz 25.) Sie ersetzte ihre Vorgängerin, die JN 20. 11. 1852 RGBl 251 (Gesetz über den Wirkungskreis und die Zuständigkeit der Gerichte in bürgerlichen Rechtssachen) und trat zusammen mit dem EGJN, dem EGZPO, der ZPO und der EO (und dem GOG) am 1. 1. 1898 in Kraft. Soweit frühere Vorschriften aufrechterhalten oder angepaßt wurden, erfolgte dies durch das EGJN 1. 8. 1895 RGBl 110, das vorangehend erläutert wurde. 1

Da Österreich kein eigenes Gerichtsverfassungsgesetz kennt, sind die Vorschriften über Aufbau, Besetzung und Instanzenzug der Gerichte in Zivilsachen in der JN, in Strafsachen in der Strafprozeßordnung geregelt. Das GOG enthält lediglich Ergänzungsvorschriften für beide Bereiche.

Die JN ist in drei Teile gegliedert. Der **erste Teil** (Von der Gerichtsbarkeit im Allgemeinen: §§ 1 bis 47) **gilt für alle ordentlichen Gerichte in Zivilsachen** – soweit nicht ausdrückliche Ausnahmen vorgesehen sind – **und für alle vor diesen durchgeführten zivilgerichtlichen Verfahren** (Zivilprozesse, Exekutions-, Insolvenz- und Außerstreitverfahren). Es regelt Gerichtstypen, Instanzenaufbau, Gerichtsbesetzung und gerichtliche Organe; die Ausschließung und Ablehnung von Richtern und anderen gerichtlichen Organen; sowie die Grundlagen der Zuständigkeit (Sprengel, Ordination und Delegierung, Rechtshilfe; Wahrnehmung der inländischen Gerichtsbarkeit und der Zulässigkeit des Rechtsweges; die Prüfung der Zuständigkeit sowie Zuständigkeitsstreitigkeiten zwischen den Gerichten). Der **zweite Teil** (Von der Gerichtsbarkeit in Streitsachen: §§ 49 bis 104) enthält **nur** Vorschriften über die **sachliche und die örtliche Zuständigkeit** der ordentlichen Gerichte **in streitigen Rechtssachen** (Zivilprozesse). Der **dritte Teil** (Von der Gerichtsbarkeit in Geschäften außer Streitsachen: §§ 104a bis 122) **betrifft ausschließlich das Außerstreitverfahren.** 2

Die JN wurde seit ihrem Inkrafttreten wiederholt und an vielen Stellen geändert. Insb wurden die Vorschriften über die Wahrnehmung der Unzuständigkeit geändert, die – in ihrer Vielfalt und Komplexität einmaligen – Zuständigkeitsvorschriften in Streitsachen noch weiter ausgebaut sowie die Zuständigkeitsvorschriften für die Außerstreitsachen modernisiert und der geänderten materiellrechtlichen Lage angepaßt. Die heutige Fassung der JN beruht auf den gesetzlichen Änderungen durch die G RGBl 1914/208; StGBl 1919/311, 1920/116; BGBl 1921/422 und 743, 1922/532, 1929/222; 1932/6, 1933/346 und 554; DRGBl 1941 I 654; StGBl 1945/188; BGBl 1949/20, 1960/58, 1970/342, 1973/108, 1974/283, 1976/91, 1977/403, 1978/280, 1982/201, 1983/135, 1985/70 und 203, 1986/71, 1988/233 und 291, 1989/343, 1991/10, 1992/275 und 756, 1993/91 und 458 sowie I 1997/140. 3

Die wesentlichsten Änderungen erfolgten durch die 1. GEN 1. 6. 1914 RGBl 118 durch die Einführung des Einzelrichters in weiten Bereichen des Gerichtshofverfahrens, durch die ZVN 1983 BGBl 135, mit der die Heilbarkeit jeder Unzuständigkeit ermöglicht wurde, bzw die WGN 1997 BGBl I 1997/140, mit der die Regeln über die inländische Gerichtsbarkeit grundlegend erneuert wurden. Eine Reihe von oben nicht genannten Änderungen wurde inzwischen wieder rückgängig gemacht (so zB die Sonderzuständigkeiten der familienrechtlichen Abteilungen bei bestimmten BG, die als § 49a JN durch Art IV Z 4 BGBl 1978/280 eingeführt und durch Art I Z 2 BGBl 1985/70 wieder aufgehoben wurden), durch andere Neuregelungen ersetzt oder war nur – durch Überholung – zeitlich begrenzt wirksam (so die meisten Vorschriften über Wertgrenzen).

Die Zuständigkeitsvorschriften sind in der JN nicht erschöpfend enthalten. Eine Reihe von Sondergesetzen (insb das ASGG, AHG, EKHG, KSchG) haben besondere Gerichtsstände und Zuständigkeitsvorschriften geschaffen, die jeweils bei den Gerichtsstandtypen der JN, zu denen sie systematisch gehören, miterläutert werden. Rechtspolitisch scheint eine Vereinfachung der Zuständigkeitsordnung durch Reduzierung der Gerichtsstände geboten; dies nicht nur wegen der damit verbundenen Erleichterung des Zuganges zu Gericht durch Reduzierung des Unzuständigkeitsrisikos, sondern auch zur Anpassung an die international übliche Standardisierung, wie sie im EuGVÜ/LGVÜ zum Ausdruck kommt.

Gesetz vom 1. 8. 1895 BGBl 111 über die Ausübung der Gerichtsbarkeit und die Zuständigkeit der ordentlichen Gerichte in bürgelichen Rechtssachen (Jurisdiktionsnorm)

Erster Teil

Von der Gerichtsbarkeit im allgemeinen

Erster Abschnitt

Gerichte und gerichtliche Organe

Ordentliche Gerichte

§ 1. Die Gerichtsbarkeit in bürgerlichen Rechtssachen wird, soweit dieselben nicht durch besondere Gesetze vor andere Behörden oder Organe verwiesen sind, durch Bezirksgerichte, Bezirksgerichte für Handelssachen, Landesgerichte, Handelsgerichte, durch Oberlandesgerichte und durch den Obersten Gerichtshof (ordentliche Gerichte) ausgeübt.

IdF Art II Z 1 ZVN BGBl 1983/135 und BG BGBl 1993/91

Übersicht:

I. Gerichtsbarkeit

Lit: *Adamovich,* Einwirkungen der Verfassung auf die Rechtsprechung, RZ 1993, 7; *Aichlreiter,* Verfahrensrechtliche oder materiellrechtliche Frist am Beispiel des § 117 Abs 4 WRG, AnwBl 1995, 865; *ders,* Kartellobergericht und Art 133 Z 4 B-VG, WBl 1993, 81;

Bajons, Außergerichtliche Güteverfahren als Mittel zur Prozeßvermeidung und Konfliktlösung, ÖJZ 1984, 368; *Ballon,* Der Einfluß der Verfassung auf das Zivilprozeßrecht, ZZP 96 (1983) 409; *ders,* Die Gerichtsorganisation der Arbeits- und Sozialgerichtsbarkeit, JBl 1987, 349; *ders,* Einige Probleme der richterlichen Rechtsfortbildung, JBl 1972, 598; *ders,* Das Rechtsstaatsprinzip in der Zwangsvollstreckung in *Beys,* Grundrechtsverletzungen bei der Zwangsvollstreckung (1996) 253; *ders,* Verfassungswidrigkeiten in der Zivilgerichtsbarkeit und ihre Anfechtung, ÖJZ 1983, 227; *ders,* Die Zulässigkeit des Rechtswegs (1980); *Berchtold,* Das Recht auf ein Verfahren vor dem gesetzlichen Richter, in *Machacek/Pahr/Stadler,* 40 Jahre EMRK II (1992) 711; BM für Justiz, Gesamtreform der Justiz (1969); *Buchegger,* Das „fair hearing" – der Anspruch auf gerichtsförmige Behandlung privater Rechtssachen im Völkerrecht und seine Auswirkungen auf das innerstaatliche Zivilprozeßrecht, BeitrZPR I (1982) 13; *Dach,* Grundrechtsschutz im gerichtlichen Verfahren (1994); *Dolinar,* Ruhen des Verfahrens und Rechtsschutzbedürfnis (1974) 70; *Ermacora,* Artikel 6 MRK (OGH), in *Ermacora/Nowak/Tretter,* Die Europäische Menschenrechtskonvention in der Rechtsprechung der österreichischen Höchstgerichte (1983) 329ff; *ders,* Grundriß der Menschenrechte in Österreich (1988) Rz 496ff; *ders,* Der Verfassungsgerichtshof (1956); *Fasching,* Die Aufgaben der internationalen und übernationalen Gerichtsbarkeit, ZÖR 1959/60, 169; *Fiedler,* Zur österreichischen Gerichtsorganisation, Österreichisches Jahrbuch für Politik 1982 (1983) 143; *Funk,* Einführung in das österreichische Verfassungsrecht[9] (1996) Rz 112ff, 340ff; *Geuder,* Baurecht und Civil Rights, ÖJZ 1990, 265; *Harbich,* Auskunftspflicht der Justizverwaltung, RZ 1992, 162; *Hagen,* Allgemeine Verfahrenslehre und verfassungsgerichtliches Verfahren (1971); *Hermann,* Supranationale und Internationale Gerichte, in Handbuch des internationalen Zivilverfahrensrechts I (1982); *Huber,* Eine Stellungnahme zur Abhandlung „Ist das einheitliche Erstgericht eine Utopie?", RZ 1980, 54; *ders,* Verjährungsunterbrechung durch Privatbeteiligung? NZ 1985, 163; *Kerschner,* Art 6 MRK und Zivilrecht, JBl 1999, 689; *Kopetzki,* Neue Aspekte des Art 6 MRK für Österreich, JBl 1981, 470; *ders,* Berufliche Immunität und zivilrechtliche Haftung, in *Raschauer,* Beiträge zum Verfassungs- und Wirtschaftsrecht, Winkler-FS (1989) 91; *Krejci,* Recht ohne Gerichte. Einige Grundsatzfragen zur außergerichtlichen Streitbeilegung, Kastner-FS (1992) 251; *Laurer,* Der Grundsatz des fair trial (Art 6 MRK) in den von der Zivilprozeßordnung beherrschten Verfahrenssystemen, Adamovich-FS (1992) 314, *Lebitsch,* Verfassungsrechtliche Aspekte der Organisation der Bezirksgerichte, RZ 1994, 258; *Lienbacher,* Der Öffentlichkeitsgrundsatz des Zivil- und Strafverfahrens im österreichischen Verfassungsrecht, ÖJZ 1990, 425; *Matscher,* Der Einfluß der EMRK auf den Zivilprozeß, Henckel-FS (1995) 593; *ders,* Der Gerichtsbegriff der EMRK, Baumgärtel-FS (1990) 363; *ders,* Schiedsgerichtsbarkeit und EMRK, Nagel-FS (1987) 227; *ders,* Die Verfahrensgarantien der EMRK in Zivilrechtssachen, ZÖR 1980, 1; *ders,* Probleme der Schiedsgerichtsbarkeit im österreichischen Recht, JBl 1975, 412; *Mayer,* Funktion und Grenzen der Gerichtsbarkeit im Rechtsstaat, Gutachten 11. ÖJT 1991, I/1; *ders,* Zivilrechtsbegriff und Gerichtszuständigkeit, ZfV 1988, 473; *ders,* Die Zuständigkeit der Verwaltungsbehörden im Vollstreckungsverfahren (1974); *Mayer-Maly,* Verfassungsrechtliche Probleme des Rechtsschutzes in der Sozialversicherung, Versicherungsrundschau 1959, 87; *Mayr,* Rechtsschutzalternativen in der österreichischen Rechtsentwicklung (1995); *ders,* Die Schlichtungstätigkeit der Kammern der freien Berufe, WBl 1995, 269; *ders,* Schlichtungsverfahren zwischen Wirtschaftstreuhändern als Prozeßvoraussetzungen, RdW 1988, 159; *ders,* Streitschlichtung durch Gemeindevermittlungsämter, ÖGZ 1993/7, 9; *ders,* Die Tätigkeit der Schlichtungsstellen der Gemeinden, ImmZ 1987, 347; *Mayr/Schmidt,* Gesetzlich geregelte Alternativen innerhalb und außerhalb des Zivilprozesses in Österreich, ZVglRWiss 1987, 227; *dies,* Schieds- und Schlichtungsstellen in Tirol, in *BMUJF,* Verbraucherrecht, Verbraucherpolitik II: Probleme, Lösungen, Entscheidungen 1986–1987 (1988) 27; *Meisl,* Die Grenzen der Justizaufsicht und die richterliche Unabhängigkeit, RZ 1982, 41; *Melichar,* Die verfassungrechtlichen Grundlagen der Gerichtsorganisation, in Österreichische Landesreferate zum X. Internationalen Kongreß für Rechtsvergleichung in Budapest 1978 (1979) 53; *Moritz,* Zur kompetenzrechtlichen Bedeutung des Art 15 Abs 9 B-VG, JBl 1989, 72; *Novak,* Einige Probleme des Zivilprozeßrechts (Sonderabdruck aus JBl 1964); *Nowak,* Weitreichende Konsequenzen des 1. VfGH-Erkenntnisses zum Rundfunkgesetz (insb für den Justizverwaltungsbegriff), JBl 1976, 529; *Pernthaler,* Rechtsweg als Menschenrecht – Zur neueren Auslegung des Art 6 MRK als Rechtsweggarantie für „civil rights", Klecatsky-FS (1990) 221; *Piegler,* Ist das einheitliche Erstgericht eine Utopie? RZ 1980, 21; *Piska,* Das Prinzip der festen Geschäftsverteilung in der ordentlichen Gerichtsbarkeit (1995) 63 ff; *Rath-Kathrein,* Neuere Entwicklung zum civil-rights-Begriff, in *Pernthaler,* Unabhängige Verwaltungssenate und Verwaltungsgerichtsbarkeit (1993) 45; *Rebhahn,* Sind die Kartellgerichte verfassungskonform organisiert? WBl 1991, 369; *Reindl,* Zur Abgrenzung der Wiederaufnahmsklage von der Oppositionsklage, ÖJZ 1956, 539; *Rill,* Die Artikel 5 und 6 der Europäischen Menschenrechtskonvention, die Praxis der Straßburger Organe und des Verfassungsgerichtshofes und das österreichischen Verfassungssystem, Winkler-FS (1989) 13; *ders,* Feststellungsverfahren gemäß § 54 Abs 2 ASGG verfassungswidrig? RdW 1995, 345; *Schambeck,* Demokratie und Gerichtsbarkeit, RZ 1992, 219; *Schima,* Aufhebung von Verwaltungsbescheiden und rechtskräftiges Zivilurteil, JBl 1956, 353; *ders,* Wandlungen in den Beziehungen von Justiz und Verwaltung, ÖJZ 1955, 526; *ders,* Die österreichische Zivilprozeßordnung im Lichte neuerer Prozeßtheorie, ZPO-FS (1948) 278; *Simotta,* Gedanken zu einer Reform der Wiederaufnahmsklage, JBl 1980, 12; *Sinzinger,* Die Zuständigkeit in privatrechtlichen Schiffahrtssachen, JBl 1975, 172; *Walter,* Die Funktion der Höchstinstanzen im Rechtsstaat Österreich, RZ 1999, 58; *ders,* Die Gerichtsbarkeit, in *Schambeck,* Das österreichische Bundesverfassungsgesetz und seine Entwicklung (1980) 443; *ders,* Die Gerichtsorganisation in verfassungsrechtlicher Sicht, in BM für Justiz, Verfassung – Verwaltung – Gerichtsbarkeit. Österreichische Richterwoche 1977 (1978) 69; *ders,* Die Geschäftsverteilung und das Verfahren vor dem gesetzlichen Richter, JBl 1964, 173; *Wresounig,* Gedanken zu den Entwicklungstendenzen im Organisationsgefüge der Gerichtsbarkeit in Niederösterreich und Wien, RZ 1994, 2, 26; *ders,* Verfassungsrechtliche Probleme in der österreichischen Gerichtsorganisation, RZ 1979, 237.

1. Begriffsbestimmung

a) Verfassungsrechtliche Ebene

1 Die **österreichische Bundesverfassung** regelt die Gerichtsbarkeit als einen Teil der vollziehenden Gewalt. Unter Gerichtsbarkeit ist jene vollziehende Staatsgewalt zu verstehen, die durch Richter (in erster Linie Berufsrichter, aber auch Laienrichter) und andere Rechtspflegeorgane (Rechtspfleger, Justizbeamte wie zB Vollstrecker) ausgeübt wird. Gerichte iS des B-VG sind jene durch Bundesgesetz eingerichteten Behörden, in denen die genannten Organe tätig werden. Ein Kennzeichen der Gerichtsbarkeit ist – im Gegensatz zur Verwaltung als zweiter vollziehender Staatsgewalt – die grundsätzliche Unabhängigkeit (Weisungsfreiheit) der genannten Organe, va der Richter.

2 **Auf verfassungsrechtlicher Ebene** ist die Gerichtsbarkeit geregelt in den Art 82 bis 94 B-VG sowie in Art 6 EMRK.

Die Art 82 bis 94 BVG lauten:

Art 82. (1) Alle Gerichtsbarkeit geht vom Bund aus.

(2) Die Urteile und Erkenntnisse werden im Namen der Republik verkündet und ausgefertigt.

Art 83. (1) Die Verfassung und Zuständigkeit der Gerichte wird durch Bundesgesetz festgestellt.

(2) Niemand darf seinem gesetzlichen Richter entzogen werden.

Art 84. Die Militärgerichtsbarkeit ist – außer für Kriegszeiten – aufgehoben.

Art 85. Die Todesstrafe ist abgeschafft.

Art 86. (1) Die Richter werden, sofern nicht in diesem Gesetz anderes bestimmt ist, gemäß dem Antrag der Bundesregierung vom Bundespräsidenten oder auf Grund seiner Ermächtigung vom zuständigen Bundesminister ernannt; die Bundesregierung oder der Bundesminister hat Besetzungsvorschläge der durch die Gerichtsverfassung hiezu berufenen Senate einzuholen.

(2) Der dem zuständigen Bundesminister vorzulegende und der von ihm an die Bundesregierung zu leitende Besetzungsvorschlag hat, wenn genügend Bewerber vorhanden

sind, mindestens drei Personen, wenn aber mehr als eine Stelle zu besetzen ist, mindestens doppelt so viele Personen zu umfassen, als Richter zu ernennen sind.

Art 87. (1) Die Richter sind in Ausübung ihres richterlichen Amtes unabhängig.

(2) In Ausübung seines richterlichen Amtes befindet sich ein Richter bei Besorgung aller ihm nach dem Gesetz und der Geschäftsverteilung zustehenden gerichtlichen Geschäfte, mit Ausschluß der Justizverwaltungssachen, die nicht nach Vorschrift des Gesetzes durch Senate oder Kommissionen zu erledigen sind.

(3) Die Geschäfte sind unter die Richter eines Gerichtes für die in der Gerichtsverfassung bestimmte Zeit im voraus zu verteilen. Eine nach dieser Geschäftsverteilung einem Richter zufallende Sache darf ihm nur durch Verfügung des durch die Gerichtsverfassung hiezu berufenen Senates und nur im Fall seiner Verhinderung oder dann abgenommen werden, wenn er wegen des Umfangs seiner Aufgaben an deren Erledigung innerhalb einer angemessenen Frist gehindert ist.

Art 87a. (1) Durch Bundesgesetz kann die Besorgung einzelner, genau zu bezeichnender Arten von Geschäften der Gerichtsbarkeit erster Instanz in Zivilrechtssachen besonders ausgebildeten nichtrichterlichen Bundesangestellten übertragen werden.

(2) Der nach der Geschäftsverteilung zuständige Richter kann jedoch jederzeit die Erledigung solcher Geschäfte sich vorbehalten oder an sich ziehen.

(3) Bei der Besorgung der im Absatz 1 bezeichneten Geschäfte sind die nichtrichterlichen Bundesangestellten nur an die Weisungen des nach der Geschäftsverteilung zuständigen Richters gebunden. Artikel 20 Absatz 1 dritter Satz ist anzuwenden.

Art 88. (1) In der Gerichtsverfassung wird eine Altersgrenze bestimmt, nach deren Erreichung die Richter in den dauernden Ruhestand zu versetzen sind.

(2) Im übrigen dürfen Richter nur in den vom Gesetz vorgeschriebenen Fällen und Formen und auf Grund eines förmlichen richterlichen Erkenntnisses ihres Amtes entsetzt oder wider ihren Willen an eine andere Stelle oder in den Ruhestand versetzt werden. Diese Bestimmungen finden jedoch auf Übersetzungen und Versetzungen in den Ruhestand keine Anwendung, die durch Veränderungen in der Verfassung der Gerichte nötig werden. In einem solchen Fall wird durch das Gesetz festgestellt, innerhalb welchen Zeitraumes Richter ohne die sonst vorgeschriebenen Förmlichkeiten übersetzt und in den Ruhestand versetzt werden können.

(3) Die zeitweise Enthebung der Richter vom Amt darf nur durch Verfügung des Gerichtsvorstandes oder der höheren Gerichtsbehörde bei gleichzeitiger Verweisung der Sache an das zuständige Gericht stattfinden.

Art 88a. Die Gerichtsverfassung kann bestimmen, daß bei einem übergeordneten Gericht Stellen für Sprengelrichter vorgesehen werden können. Die Zahl der Sprengelrichterstellen darf 2 vH der bei den nachgeordneten Gerichten bestehenden Richterstellen nicht übersteigen. Die Verwendung der Sprengelrichter bei den nachgeordneten Gerichten wird von dem durch die Gerichtsverfassung hiezu berufenen Senat des übergeordneten Gerichtes bestimmt. Sprengelrichter dürfen nur mit der Vertretung von Richtern nachgeordneter Gerichte und nur im Falle der Verhinderung dieser Richter oder dann betraut werden, wenn diese Richter wegen des Umfangs ihrer Aufgaben an deren Erledigung innerhalb einer angemessenen Frist gehindert sind.

Art 89. (1) Die Prüfung der Gültigkeit gehörig kundgemachter Gesetze, Verordnungen und Staatsverträge steht, soweit in diesem Artikel nicht anderes bestimmt wird, den Gerichten nicht zu.

(2) Hat ein Gericht gegen die Anwendung einer Verordnung aus dem Grund der Gesetzwidrigkeit Bedenken, so hat es den Antrag auf Aufhebung dieser Verordnung beim Verfassungsgerichtshof zu stellen. Hat der Oberste Gerichtshof oder ein zur Entscheidung in zweiter Instanz zuständiges Gericht gegen die Anwendung eines Gesetzes aus dem Grund der Verfassungswidrigkeit Bedenken, so hat es den Antrag auf Aufhebung dieses Gesetzes beim Verfassungsgerichtshof zu stellen.

(3) Ist die vom Gericht anzuwendende Rechtsvorschrift bereits außer Kraft getreten, so hat der Antrag des Gerichtes an den Verfassungsgerichtshof die Entscheidung zu begehren, daß die Rechtsvorschrift gesetzwidrig oder verfassungswidrig war.

(4) Absatz 2 und Absatz 3 gelten sinngemäß für Staatsverträge nach Maßgabe des Artikels 140a.

(5) Durch Bundesgesetz ist zu bestimmen, welche Wirkungen ein Antrag gemäß Absatz 2, Absatz 3 oder Absatz 4 für das beim Gericht anhängige Verfahren hat.

Art 90. (1) Die Verhandlungen in Zivil- und Strafrechtssachen vor dem erkennenden Gericht sind mündlich und öffentlich. Ausnahmen bestimmt das Gesetz.

(2) Im Strafverfahren gilt der Anklageprozeß.

Art 91. (1) Das Volk hat an der Rechtsprechung mitzuwirken.

(2) Bei den mit schweren Strafen bedrohten Verbrechen, die das Gesetz zu bezeichnen hat, sowie bei allen politischen Verbrechen und Vergehen entscheiden Geschworene über die Schuld des Angeklagten.

(3) Im Strafverfahren wegen anderer strafbarer Handlungen nehmen Schöffen an der Rechtsprechung teil, wenn die zu verhängende Strafe ein vom Gesetz zu bestimmendes Maß überschreitet.

Art 92. (1) Oberste Instanz in Zivil- und Strafrechtssachen ist der Oberste Gerichtshof.

(2) Dem Obersten Gerichtshof können Mitglieder der Bundesregierung, einer Landesregierung oder eines allgemeinen Vertretungskörpers nicht angehören; für Mitglieder der allgemeinen Vertretungskörper, die auf eine bestimmte Gesetzgebungs- oder Funktionsperiode gewählt wurden, dauert die Unvereinbarkeit auch bei vorzeitigem Verzicht auf das Mandat bis zum Ablauf der Gesetzgebungs- oder Funktionsperiode fort. Zum Präsidenten oder Vizepräsidenten des Obersten Gerichtshofes kann nicht bestellt werden, wer eine der eben erwähnten Funktionen in den letzten vier Jahren bekleidet hat.

Art 93. Amnestien wegen gerichtlich strafbarer Handlungen werden durch Bundesgesetz erteilt.

Art 94. Die Justiz ist von der Verwaltung in allen Instanzen getrennt.

Art 6 Abs 1 EMRK lautet:

(1) Jedermann hat Anspruch darauf, daß seine Sache in billiger Weise öffentlich und innerhalb einer angemessenen Frist gehört wird, und zwar von einem unabhängigen und unparteiischen, auf Gesetz beruhenden Gericht, das über zivilrechtliche Ansprüche und Verpflichtungen oder über die Stichhaltigkeit der gegen ihn erhobenen strafrechtlichen Anklage zu entscheiden hat. Das Urteil muß öffentlich verkündet werden, jedoch kann die Presse und die Öffentlichkeit während der gesamten Verhandlung oder eines Teiles derselben im Interesse der Sittlichkeit, der öffentlichen Ordnung oder der nationalen Sicherheit in einem demokratischen Staat ausgeschlossen werden, oder wenn die Interessen von Jugendlichen oder der Schutz des Privatlebens der Prozeßparteien es verlangen, oder, und zwar unter besonderen Umständen, wenn die öffentliche Verhandlung die Interessen der Rechtspflege beeinträchtigen würde, in diesem Fall jedoch nur in dem nach Auffassung des Gerichts erforderlichen Umfang.

b) Gerichtsbegriff nach B-VG und Art 6 EMRK

3 Der **Gerichtsbegriff** in diesen Verfassungsvorschriften ist nicht ident: Nach dem B-VG sind, wie erwähnt, unter Gerichten jene durch Bundesgesetz errichteten Behörden zu verstehen, in denen Richter oder andere Rechtspflegeorgane tätig werden und die grundsätzlich durch ihre Unabhängigkeit gekennzeichnet sind. Nach Art 6 Abs 1 EMRK sind Gerichte („tribunal") auf Gesetz beruhende Entscheidungsgremien, die unabhängig und unparteiisch sind; diesen Anforderungen entsprechen auch Verwaltungsbehörden, sofern sie völlig weisungsfrei gestellt sind (zB Behörden nach Art 133 Z 4 B-VG wie etwa die Grundverkehrskommissionen; Unabhängige Verwaltungssenate; der unabhängige Bundesasylsenat [UBASG, BGBl I 1997/77]; der unabhängige Umweltsenat) oder sie – sollten sie weisungsgebunden sein – der Kontrolle einer unabhängigen (weisungsfreien) Instanz unterliegen (die Überprüfbarkeit durch den VfGH und den VwGH genügt wegen deren beschränkten Überprüfungsmöglichkeit nach der neueren Judikatur des VfGH nicht; anders hingegen die jüngste Rechtsprechung des EGMR, wonach im Einzelfall die nachprüfende Kontrolle des VwGH aus-

reichend ist, soweit er auf alle Beschwerdepunkte eingegangen ist; Nachweise bei *Ballon,* Zivilprozeßrecht[9] Rz 37; s dazu auch *Kerschner,* JBl 1999, 689). Auch das Modell der „sukzessiven Zuständigkeit" (besser: sukzessive Kompetenz, dazu s Rz 12 ff) steht mit Art 6 Abs 1 EMRK in Einklang. Danach ist zunächst die Kompetenz einer (weisungsgebundenen) Verwaltungsbehörde gegeben; deren Entscheidung kann vor Gericht bekämpft werden, wodurch der Bescheid der Verwaltungsbehörde ex lege außer Kraft tritt (zB Ersatzansprüche von Jagd- und Wildschäden gem §§ 70 und 77 OöJagdG, 1 Ob 506/95; Sozialversicherungsansprüche gem §§ 65 ff ASGG, s *Fink,* Zuständigkeit 75 mwN).

c) Zuweisung der Materie durch Gesetz

4 **Ob eine Sache in den Kompetenzbereich der Gerichte oder der Verwaltungsbehörden fällt, entscheidet in jedem Einzelfall das Gesetz.** Nach dem Wortlaut des B-VG können durch einfaches Bundesgesetz Gebiete des Zivilrechts an die Verwaltungsbehörden übertragen werden und umgekehrt (*Fasching,* Lehrbuch[2] Rz 81). Eine grundlegende Einschränkung verfügt allerdings Art 6 Abs 1 EMRK, wonach über zivilrechtliche Ansprüche nur von einem Gericht iS der EMRK (also von einem tribunal, das aber nicht unbedingt dem Gericht iS des B-VG entsprechen muß) entschieden werden darf; dem widersprechende Bestimmungen sind verfassungswidrig. Unbedenklich ist hingegen die Zuweisung von öffentlich-rechtlichen Angelegenheiten (zB Sozialversicherungsansprüche [umstritten, s *Fink,* Zuständigkeit 66], Angelegenheiten der Arbeitsverfassung) an Gerichte (iS des B-VG oder auch nach Art 6 Abs 1 EMRK). Im Zweifel müssen bürgerliche Rechtssachen gem § 1 JN mangels anderer ausdrücklicher Anordnung durch Gerichte iS des B-VG entschieden werden. Jede Ausnahme von der Zuständigkeit (richtig: Kompetenz) der Gerichte zur Entscheidung über bürgerliche Rechtssachen muß in einem hiefür erforderlichen „besonderen Gesetz" klar und unzweideutig zum Ausdruck gebracht werden (JBl 1998, 177). Es besteht somit für alle bürgerlichen Rechtssachen eine Generalklausel zugunsten der Gerichte nach Art 82 ff B-VG.

d) Gerichtsverfassung und Zuständigkeit

5 Nach Art 82 Abs 1, 83 Abs 1 B-VG geht alle Gerichtsbarkeit vom Bund aus, und **die Verfassung und Zuständigkeit der Gerichte kann nur durch Bundesgesetz geregelt werden;** es gibt daher keine Gerichtsbarkeit der Länder, sodaß alle Gerichte Bundesbehörden sind (ungeachtet dessen, daß die Gerichte im Einzelfall auch Landesrecht anzuwenden haben, zB Landesgrundverkehrsgesetze, *Fasching,* Lehrbuch[2] Rz 81). Hingegen können Gerichte („tribunal") iS des Art 6 Abs 1 EMRK auch durch Landesgesetze geregelt werden (zB die unabhängigen Verwaltungssenate der Länder; Grundverkehrskommissionen).

e) Gesetzlicher Richter

6 Aus Art 83 Abs 2 B-VG, Art 6 Abs 1 EMRK und § 1 StGG 1862 ergibt sich der zwingende Grundsatz, daß niemand seinem **gesetzlichen Richter** entzogen werden darf. Dies bedeutet, daß im Rahmen der bestehenden Gesetze jeder Anspruch darauf hat, seine gesetzlich anerkannten Rechtsschutzansprüche vor die durch Gesetz, Verordnung und Geschäftsverteilung bestimmte Behörde (bzw deren Organwalter) zu bringen. Zunächst muß festgelegt sein, ob über eine Rechtssache im Verwaltungsweg oder von den Gerichten entschieden wird, wobei über zivilrechtliche Ansprüche nur von einem Gericht iS des Art 6 Abs 1

EMRK entschieden werden darf. Steht fest, daß eine Rechtssache in den Bereich der Gerichtsbarkeit (iS des B-VG) fällt, dann wird unter gesetzlichem Richter der gesetzlich vorgesehene Verfahrensbereich (etwa streitiges oder außerstreitiges Verfahren) sowie der im vorhinein festgelegte Spruchkörper (Senat, Einzelrichter, Rechtspfleger) verstanden. Festgelegt wird der gesetzliche Richter im Rahmen der Gerichtsbarkeit durch Vorschriften über die Zulässigkeit des Rechtswegs, die Zuständigkeit, die Besetzung, die Geschäftsverteilung sowie durch das RechtspflegerG. Die Vereinbarung eines Schiedsgerichts wird ebensowenig ausgeschlossen wie die Zuständigkeitsvereinbarung; ebenso kann eine Delegation oder eine Übertragung nach § 111 JN stattfinden, da alle diese gesetzlichen Regelungen den Begriff des gesetzlichen Richters hinsichtlich seiner Kompetenz erweitert haben. Der Grundsatz des Art 83 Abs 2 B-VG gilt auch für Verwaltungsbehörden, da unter „Richter" idS ganz allgemein jede staatliche Behörde zu verstehen ist (s im einzelnen *Walter/Mayer,* Bundesverfassungsrecht[8] Rz 1405).

7 Im Zusammenhang mit dem gesetzlichen Richter muß auf den in Art 18 Abs 1 B-VG normierten **Legalitätsgrundsatz** Bedacht genommen werden. Er bestimmt, daß die gesamte staatliche Verwaltung nur auf Grund der Gesetze ausgeübt werden darf. Wenngleich die Gerichtsbarkeit nicht ausdrücklich erwähnt ist, besteht kein Zweifel, daß Art 18 Abs 1 B-VG auch für die Gerichtsbarkeit gilt (*Walter/Mayer,* Bundesverfassungsrecht[8] Rz 572). Rechtsvorschriften müssen inhaltlich relativ bestimmt sein, dh sie haben bestimmte, objektiv faßbare Bedingungen bzw Kriterien für den Vollzug auf der nächst niederen Stufe zu enthalten (s dazu im einzelnen *Walter,* Bundesverfassungsrecht 113; *Walter/Mayer,* Bundesverfassungsrecht[8] Rz 569 ff). Das (einfache) Gesetz hat daher in relativer Bestimmtheit, dh mit ausreichender Exaktheit, den gesetzlichen Richter für den konkreten Fall festzulegen. Dem nicht entsprechende gesetzliche Regelungen sind daher verfassungswidrig. § 3 Abs 2 AbgEO überläßt es dem völlig freien Ermessen der Finanzbehörde, ob bestimmte Exekutionen durch die Verwaltung oder durch die Gerichte zu erfolgen haben, ohne für die Zuweisung irgendwie geartete Voraussetzungen vorzuschreiben. Diese Bestimmung ist daher wegen Verstoßes gegen Art 18 Abs 1 B-VG iVm Art 83 Abs 2 B-VG verfassungswidrig (*Ballon* in *Beys,* Grundrechtsverletzungen 262; *Mayer,* Zuständigkeit 111; idS auch VfSlg 2909 [1955]).

8 Kennzeichnend für die Unterscheidung der Gerichte (iS des B-VG) von den anderen staatlichen Behörden (Verwaltungsbehörden) ist die in Art 87 B-VG ausgesprochene **Unabhängigkeit der Richter** (Rechtspfleger und richterliche Hilfsorgane unterliegen nur den Weisungen des vorgesetzten Richters bzw Senats), die sich jedoch nur auf seine Tätigkeit in Ausübung der Rechtspflege bezieht; sie ergreift jedoch nicht den Bereich der Justizverwaltung, soweit diese nicht durch Senate und Kommissionen ausgeübt wird (im einzelnen s Rz 17 ff). Zu beachten ist jedoch, daß es auch Verwaltungsbehörden gibt, die weisungsfrei sind (Art 20 Abs 2, Art 133 Z 4 B-VG).

Die in Art 88 B-VG zur Absicherung der richterlichen Unabhängigkeit festgelegte Unabsetzbarkeit und Unversetzbarkeit der Richter (Ausnahme von der Unversetzbarkeit beim Sprengelrichter gem Art 88 a B-VG iVm § 65 Abs 2 RDG) sind die weiteren hervorstechenden Merkmale der Gerichte.

f) Gerichtsbarkeit – Verwaltung

9 Die **Gerichtsbarkeit** unterscheidet sich von der Verwaltung auch dadurch, daß sie in **Vollziehung der Normen nur individuelle Akte** (Urteile, Beschlüsse)

setzen kann, während die Verwaltung sowohl individuelle (Bescheide) als auch generelle Akte (Verordnungen) erlassen kann; letzteres allerdings nur dann, wenn sie dazu ausdrücklich verfassungsrechtlich berufen ist (*Ballon,* ZZP 1983, 429; *Walter,* Bundesverfassungsrecht 413).

Gerichtsbarkeit ist also – zusammenfassend ausgedrückt – jener Bereich der staatlichen Vollziehung, der durch Gerichte (iS des B-VG), also durch staatliche Behörden, die mit unabhängigen, unabsetzbaren und unversetzbaren Richtern (oder Rechtspflegern) besetzt sind, ausgeübt wird (s *Antoniolli/Koja,* Verwaltungsrecht[3], 62; *Funk,* Verfassungsrecht[9] Rz 340). Inhaltlich wird man die Gerichtsbarkeit dadurch von dem übrigen Bereich der staatlichen Vollziehung unterscheiden können, daß bei der Gerichtsbarkeit die Schaffung einer wertbestimmten Ordnung im Vordergrund steht (ebenso *Rechberger/Simotta,* Zivilprozeßrecht[4] Rz 27), während die außerhalb der Gerichtsbarkeit liegenden Bereiche der Schaffung und Erhaltung einer Ordnung an sich dienen, deren Wertmaßstäbe vornehmlich nur durch die Staatsinteressen bestimmt sind. 10

Durch Art 94 B-VG ist die **Trennung der Gerichtsbarkeit von der Verwaltung** in allen Instanzen angeordnet, um die richterlichen Garantien zu gewährleisten. Dies bedeutet, daß als Vollziehungsbehörden entweder nur Gerichte oder nur Verwaltungsbehörden berufen werden dürfen, nicht aber Behörden, die teils als Justiz-, teils als Verwaltungsbehörde organisiert sind (solche Behörden waren zuletzt die sog gemischten Bezirksämter, die bis 1868 bestanden und sowohl gerichtliche als auch verwaltungsbehördliche Agenden erster Instanz führten). Auch ein Instanzenzug von einer Verwaltungsbehörde an ein Gericht oder umgekehrt wird – da dies eine organisatorische Verschränkung von Justiz und Verwaltung darstellt – ausgeschlossen. Aus den gleichen Gründen darf es ein Weisungsverhältnis zwischen Organen verschiedenen Typs nicht geben. Die Aufgaben der Vollziehung müssen strikt entweder der Gerichtsbarkeit oder der Verwaltung zugewiesen werden. Eine materielle Aufteilung der Kompetenzen ergibt sich aus Art 94 B-VG nicht (*Antoniolli/Koja,* Verwaltungsrecht[3], 55; *Ballon,* ZZP 1983, 412; *Funk,* Verfassungsrecht[9] Rz 114; *Öhlinger,* Verfassungsrecht[3], 241; *Walter,* Bundesverfassungsrecht 389; *Walter/Mayer,* Verfassungsrecht[8] Rz 163, 548, 556, 758). 11

Fälle, in denen ein Verstoß gegen Art 94 B-VG angenommen wurde, s bei *Mayer,* Bundes Verfassungsrecht[2], 275 f.

g) Sukzessive Kompetenz

Das **System der sog „sukzessiven Kompetenz“** (sukzessive Zuständigkeit) ist mit dem Gewaltentrennungsgrundsatz des Art 94 B-VG vereinbar (*Ballon,* ZZP 1983, 430; *Fasching,* Lehrbuch[2] Rz 85; *Fink,* Zuständigkeit 49 (ausdrücklich für das sozialgerichtliche Verfahren hinsichtlich § 71 Abs 1 ASGG); VfSlg 6537 [1971], 4359 [1963], 3424, [1958], 3236 [1957]; 1 Ob 506/95; aM *Mayer-Maly,* VersRdSch 1959, 93; *Walter,* Verfassung 117). Das Wesen der sukzessiven Kompetenz besteht darin, daß sowohl Verwaltungsbehörden als auch Gerichte zur Entscheidung über eine Rechtssache berufen sind, und zwar dergestalt, daß nach Abschluß eines Verwaltungsverfahrens das Gericht angerufen werden kann. Diese Anrufung des Gerichts bewirkt, daß die Entscheidung der Verwaltungsbehörde außer Kraft tritt und ein völlig neues Verfahren vor dem Gericht beginnt (vereinzelt ist vor der Anrufung des Gerichts die Erhebung eines Rechtsbehelfs iwS gegen die Entscheidung der Verwaltungsbehörde, zB ein Einspruch, erforderlich, wodurch die Entscheidung der Verwaltungsbehörde außer Kraft tritt: § 78 Krnt JagdG). 12

13 Die **sukzessive Kompetenz,** also ein vorgeschaltetes Verwaltungsverfahren, **ist vorgesehen:**

- im Leistungsstreitverfahren der Sozialversicherung (§§ 67 ff ASGG),
- in einigen Jagdgesetzen (zB § 78 Krnt JagdG; §§ 70, 77 Oö JagdG),
- nach dem MRG (§§ 39 f MRG) in den Angelegenheiten des § 37 MRG, wenn in einer Gemeinde eine „Schlichtungsstelle" eingerichtet ist (s dazu *Mayr,* Rechtsschutzalternativen 320 mwN),
- bei der Festsetzung bzw der Neufestsetzung des Nutzwertes nach § 3 WEG, wenn in einer Gemeinde eine „Schlichtungsstelle" nach §§ 39 f MRG eingerichtet ist (§ 26 Abs 3 WEG),
- nach dem WGG in den Angelegenheiten des § 22 Abs 1 WGG, wenn in einer Gemeinde eine „Schlichtungsstelle" nach §§ 39 f MRG eingerichtet ist (§ 22 Abs 4 WGG),
- in Streitigkeiten aus dem Benützungsvertrag nach § 18 StudheimG, ausgenommen die Kündigung oder Räumung des Heimplatzes (§ 19 StudheimG),
- über die Höhe der Enteignungsentschädigung nach § 19 Abs 5 StadterneuerungsG, § 16 Abs 5 BodenbeschaffungsG, § 20 Abs 3 BStG und über die Höhe von Entschädigungen, Kosten, Beiträgen und Ersätzen nach § 117 WRG.

14 **Keine sukzessive Kompetenz** liegt aber vor, wenn die Berufsordnungen der freien Beruf bei Streitigkeiten zwischen Berufskollegen vor der Anrufung des Gerichts eine Schlichtungstätigkeit der jeweiligen Kammer vorsehen; die unterlassene Befassung der Kammer hindert die Anrufung des Gerichts nicht (es liegt daher keine Unzulässigkeit des Rechtswegs vor (*Mayr* in *Rechberger,* ZPO Rz 11 vor § 1 JN; *ders,* WBl 1995, 271, jeweils mwN), ein solches Vorgehen ist lediglich disziplinär zu ahnden (*Mayr,* WBl 1995, 271).

15 Sieht eine gesetzliche Regelung ein vorgeschaltetes Verwaltungsverfahren, also eine sukzessive Kompetenz, zwingend vor und wird vor Einleitung des Verwaltungsverfahrens sofort das Gericht angerufen, dann ist **Unzulässigkeit des Rechtswegs** (dazu s ausführlich Rz 89 ff) die Folge (ausdrücklich für das Leistungsstreitverfahren nach dem ASGG *Kuderna,* ASGG², 444, 475).

Ist in einem Gesetz für die Entscheidung über einen Anspruch die sukzessive Kompetenz von Verwaltungsbehörden und Gerichten vorgesehen, so ist die für die Anrufung des Gerichts bestimmte **Frist** – sofern sich aus diesem Gesetz nichts Gegenteiliges ergibt – eine verfahrensrechtliche Frist (1 Ob 72/97 p; verst-Senat, JBl 1997, 179 = ecolex 1997, 20 [*Oberhammer*] = RdW 1997, 338 = SZ 69/224 [1996]; idS auch *Aichlreiter,* AnwBl 1995, 865. Gegenteilig noch SZ 67/209 [1995] = JBl 1995, 533 [*Fink*] = EvBl 1995/48).

h) Art 94 B-VG

16 Aus Art 94 B-VG läßt sich, wie oben erwähnt, keine **inhaltliche Kompetenzverteilung zwischen Gerichten und Verwaltungsbehörden** entnehmen; eine solche sieht jedoch auf verfassungsrechtlicher Ebene Art 6 Abs 1 EMRK vor, wonach über zivilrechtliche Ansprüche („civil rights") ein unabhängiges und unparteiisches Gericht („tribunal") zu entscheiden hat (zum Begriff des Gerichts s Rz 3; zum Begriff der Zivilrechtssachen s ausführlich Rz 61 ff).

Zum Problem der materiellen Gewaltenteilung s *Antoniolli/Koja,* Verwaltungsrecht³, 58; *Funk,* Verfassungsrecht⁹ Rz 343; *Öhlinger,* Verfassungsrecht³, 242; *Walter/Mayer,* Verfassungsrecht⁸ Rz 759).

2. *Justizverwaltung*

a) Begriffsbestimmung

Den **Gerichten obliegt** außer ihrer Tätigkeit zur Ausübung der Rechtspflege (Rechtsprechung) auch **die Besorgung der Justizverwaltung.** Justizverwaltung ist die gesamte für die Einrichtung und die Funktion der Justiz erforderliche Verwaltungstätigkeit (*Fasching,* Lehrbuch[2] Rz 148; *Mayer,* Bundes-Verfassungsrecht[2], 263; VfSlg 8158 [1977], 7376 [1974]). Während in der Regel die Justiz (Gerichtsbarkeit) von der Verwaltung in allen Instanzen getrennt zu sein hat (Art 94 B-VG), gilt für die Justizverwaltung besonderes: Art 87 Abs 2 B-VG sieht die Besorgung von Justizverwaltungssachen durch Richter vor und gestattet damit die Besorgung gewisser Verwaltungsagenden durch Gerichte. Mit Justizverwaltung ist ein materiell umgrenzter Verwaltungsbereich gemeint, der aber schwer abzugrenzen ist. Er wird durch Abstellen auf den historischen, bis zur Erlassung des B-VG herausgebildeten Umfang der Justizverwaltung zu erfassen sein (Versteinerungstheorie; *Antoniolli/Koja,* Verwaltungsrecht[3], 69; *Rill,* RdW 1995, 345; *Walter,* Verfassung und Gerichtsbarkeit 19 [29]; *Walter/Mayer,* Bundesverfassungsrecht[8] Rz 765; VfSlg 7376 [1974]). 17

b) Form der Justizverwaltung

Aus der Formulierung des Art 87 Abs 2 B-VG ergibt sich, daß Justizverwaltung sowohl **in Form der Verwaltung** wie auch **in Form der Justiz (Gerichtsbarkeit)** ausgeübt werden kann. Nach der genannten Bestimmung sind Richter dann in Ausübung ihres richterlichen Amtes – also im Rahmen der Justiz – tätig, wenn sie Justizverwaltungssachen behandeln, die nach Vorschrift des Gesetzes in Senaten oder Kommissionen zu erledigen sind; Justizverwaltung kann daher insofern nicht Verwaltung sein (so ist die Beschlußfassung über die Geschäftsverteilung durch die Personalkommission keine Verordnung, sondern ein Akt der Gerichtsbarkeit und kann daher von den Parteien nicht beim Verfassungsgerichtshof bekämpft werden (*Fasching,* Gerichtsorganisation 69, *Mayer,* Bundes-Verfassungsrecht[2], 264; VfGH ZfVB 1993/945; JBl 1991, 732; 9 Ob 1720/91; SZ 63/24 [1990]; ZfVB 1988/2345; Slg 11.714 [1988]; ZfVB 1978/392; Slg 5426 [1966], 2422 [1952]; aM allerdings JBl 1990, 54, wonach es sich bei der Geschäftsverteilung nicht um einen Akt der Gerichtsbarkeit handelt). Da es andererseits auch eine Vollziehung der Justizverwaltung durch einzelne Richter gibt, die dabei nicht in Ausübung ihres richterlichen Amtes, also weisungsgebunden, handeln, kann Justizverwaltung auch Verwaltung sein (*Walter,* Verfassung 21; JBl 1991, 732). 18

Justizverwaltung kann daher in zwei Formen ausgeübt werden: zum einen **durch Senate oder Kommissionen** (kollegiale Justizverwaltung); diese – weisungsfreie – Justizverwaltung ist Gerichtsbarkeit. Zum anderen **durch Einzelrichter,** allenfalls durch andere Organe wie zB den Kostenbeamten (s VfSlg 3858 [1960]) (monokratische Justizverwaltung); diese – weisungsgebundene – Justizverwaltung ist Verwaltung (Justizverwaltung im formellen Sinn, s *Harbich,* RZ 1992, 163 mwN; SZ 70/260 [1997]). Welche Aufgaben der monokratischen und welche der kollegialen Justizverwaltung zuzuteilen sind, bestimmt der einfache Gesetzgeber. Gewisse Aufgaben sind durch die Bundesverfassung selbst den kollegialen Verwaltungsbehörden zugewiesen, nämlich alle Aufgaben, die die Unabhängigkeit, Unabsetzbarkeit und Unversetzbarkeit der Richter betreffen (so vor allem die Geschäftsverteilung und die Ernennungsvorschläge, wohl auch die Personalbeschreibung); fehlt es an einer ausdrücklichen oder aus dem Zu- 19 sammenhang der Verfassung erschließbaren Norm, dann ist die Justizverwaltungssache im monokratischen Weg zu erledigen (*Fasching,* Lehrbuch[2] Rz 150; s auch §§ 31, 42 GOG; s dazu auch Jus-Extra, 1997/2324).

c) Monokratische Justizverwaltung, Behörden

20 Bei der **monokratischen** (weisungsgebundenen) **Justizverwaltung** gibt es folgende Justizverwaltungsbehörden:

- Kostenbeamte (für die Bestimmung von Zeugengebühren, § 20 GebAG; für die Einbringung der in § 1 GEG genannten Gebühren, § 6 GEG; zum Rechtsmittelzug s im einzelnen § 22 GebAG, § 7 GEG),
- jeder Richter als Leiter einer Gerichtsabteilung (in diesem Bereich ist er an die Weisungen des Vorstehers des Bezirksgerichts bzw des Gerichtshofpräsidenten gebunden, § 57 Abs 2 RDG, §§ 63, 76 GOG; *Faseth/Markel,* Richterdienstgesetz[2], 290 und 294; ErläutRV 1597 BlgNR 18. GP 27, 31),
- Vorsteher des Bezirksgerichts (§ 25 GOG),
- Präsident und Vizepräsidenten des Gerichtshofs erster Instanz im Rahmen der vom Präsidenten zu erlassenden Geschäftseinteilung für Justizverwaltungssachen; mit ihrer Zustimmung (ErläutRV 1597 BlgNR 18. GP 31) können auch andere Richter für Justizverwaltungsangelegenheiten herangezogen werden (§ 31 GOG),
- Präsident und Vizepräsident des Oberlandesgerichts im Rahmen der vom Präsidenten zu erlassenden Geschäftseinteilung für Justizverwaltungssachen; mit ihrer Zustimmung können auch andere Richter herangezogen werden (§ 43 GOG),
- Bundesminister für Justiz (§§ 73 ff GOG),
- in Justizverwaltungsangelegenheiten des Obersten Gerichtshofs dessen Präsident (§ 3 OGHG) und (in zweiter Instanz) der BM für Justiz.

In der monokratischen Justizverwaltung ist die Anrufung des VfGH und des VwGH zulässig.

d) Kollegiale Justizverwaltung, Instanzenzug

21 In der **kollegialen** (weisungsfreien) **Justizverwaltung** geht der Instanzenzug vom Justizverwaltungssenat des Gerichtshofs (Justizverwaltung in Senaten wird nur durch Gerichtshöfe, nicht durch Bezirksgerichte ausgeübt) an den Justizverwaltungssenat des übergeordneten Gerichtshofs (gegebenenfalls auch an den Justizverwaltungssenat des OGH), nicht jedoch an den BM für Justiz (*Fasching,* Lehrbuch[2] Rz 150).

Ein **Rechtsmittelzug** von der weisungsgebundenen Justizverwaltung (die also als Verwaltungsorgan einschreitet) zur weisungsfreien Justizverwaltung (die als Gericht anzusehen ist) und umgekehrt ist ausgeschlossen, da dies dem Gewaltentrennungsgrundsatz widerspricht und auch nicht von Art 87 Abs 2 B-VG gedeckt ist; sollte über eine Berufung gegen die Entscheidung eines Vorstehers des Bezirksgerichts (also im Rahmen der weisungsgebundenen monokratischen Justizverwaltung) ein Justizverwaltungssenat des übergeordneten Gerichtshofs entscheiden (richtigerweise hätte der Präsident des übergeordneten Gerichtshofs als zweite Instanz zu entscheiden), dann wird dieser ebenfalls als Verwaltungsorgan – und nicht als Gericht – tätig (JBl 1991, 732; EvBl 1969/251; SZ 40/41 [1967] = JBl 1968, 87 = EvBl 1967/405).

e) Auskunftspflicht

22 Die **Auskunftspflicht nach dem AuskunftspflichtG** erstreckt sich nur auf die monokratische, weisungsgebundene Justizverwaltung (zB im Rahmen der Dienstaufsicht, JBl 1991, 732; *Harbich,* RZ 1992, 173).

f) Aufgaben der Justizverwaltung

23 Die **Angelegenheiten der Justizverwaltung** werden in § 73 GOG allgemein umschrieben und in § 11 Geo im einzelnen (wenn auch nicht taxativ) aufgezählt. Nach § 73 GOG haben die Justizverwaltungorgane die personellen und sachlichen Voraussetzungen für den Gerichtsbetrieb zu gewährleisten und die Dienstaufsicht, insb in Form der inneren Revision (§ 78a GOG), auszuüben. Die Justizverwaltung kann gem § 73 GOG iVm § 11 Geo in folgende Bereiche eingeteilt werden:

- Sicherung des Personalbedarfs: Darunter fallen die Ausbildung des richterlichen Nachwuchses, die dienstrechtliche Behandlung des richterlichen und nichtrichterlichen Personals, die Besoldung, Personalangelegenheiten der fachmännischen Laienrichter, Sachverständigen und Dolmetscher sowie (durch die Personalsenate) die Erlassung der Geschäftsverteilung, die Erstattung von Besetzungsvorschlägen und die Dienstbeurteilung der Richter.
- Sicherung des Sachaufwands: Bau und Erhaltung von Gerichtsgebäuden, Beistellung der erforderlichen Einrichtungen, Büromittel und Geräte, Sachaufwand für den Strafvollzug, Bibliothek.
- Dienstaufsicht über das richterliche und nichtrichterliche Personal, auch in Form der inneren Revision.
- Weitere Justizverwaltungsaufgaben sind: Die Bestimmung der Zeugengebühren (§ 20 GebAG) und die Einbringung der in § 1 GEG genannten Gebühren (§ 6 GEG) durch den Kostenbeamten; die Anerkennung ausländischer Ehescheidungen durch das BM für Justiz (§ 24 der 4. DVzEheG); die (neben der Notariatskammer subsidiäre, *Wagner,* Notariatsordnung[4], 504) Aufsicht über das Notariatswesen durch die Gerichtshofspräsidenten erster und zweiter Instanz sowie durch den BM für Justiz (§ 143 NO; zum Rechtsmittelzug s § 138 NO).

Siehe dazu, insb zur Geschäftsverteilung, auch § 5 JN Rz 30 ff.

B. Ordentliche Gerichte und Sondergerichte

1. Ordentliche Zivilgerichte

a) Vorbemerkung, Ordentliche Gerichte und Sondergerichte

24 Nach hA sind nur die **in § 1 JN** genannten Gerichte **ordentliche Gerichte,** also die BG, BG für Handelssachen (nur in Wien), die LG, die HG (nur in Wien), die OLG und der OGH; zu den ordentlichen Gerichten zählt darüber hinaus **das ASG Wien** (§ 2 ASGG). Alle übrigen Gerichte werden als Sondergerichte qualifiziert (*Fasching,* Lehrbuch[2] Rz 102; *Mayr* in *Rechberger,* ZPO § 1 JN Rz 2; *Rechberger/Simotta,* Zivilprozeßrecht[4] Rz 31 und 91). Kennzeichen der ordentlichen Gerichte ist nach hL, daß ihnen im Gegensatz zu den Sondergerichten die volle Gerichtsgewalt zukommt. Diese Gerichtsgewalt besteht vor allem aus der Erkenntnisgewalt (der Befugnis, Rechtsstreitigeiten in der Sache abschließend und bindend entscheiden zu können) und der Vollstreckungsgewalt (der Befugnis, die zwangsweise Durchsetzung der gefällten Erkenntnisse anordnen zu dürfen, also die Exekutionsbewilligung zu erteilen; daß diese Gerichte die Vollstreckung tatsächlich durchführen, ist nicht notwendig); hinzu kommt noch die

Ordnungsgewalt (die Befugnis, zur Erfüllung ihrer Aufgaben Zwangsmittel gegen beteiligte Personen und Zuhörer ergreifen zu dürfen; Disziplinargewalt, Sitzungspolizei) (*Fasching,* Lehrbuch[2] Rz 103; *Mayr* in *Rechberger,* ZPO § 1 JN Rz 2; *Rechberger/Simotta,* Zivilprozeßrecht[4] Rz 31).

25 Zu den **Sondergerichten** zählen nach hM die institutionellen (statutarischen) und privaten Schiedsgerichte, das Kartellgericht und das Kartellobergericht; weiters in bestimmten Fällen der VfGH und der VwGH (*Fasching,* Lehrbuch[2] Rz 105; *Mayr* in *Rechberger,* ZPO § 1 JN Rz 3; *Rechberger/Simotta,* Zivilprozeßrecht[4] Rz 91; teilw aM *Holzhammer,* Zivilprozeßrecht[2], 26, der die privaten Schiedsgerichte offenbar nicht als Sondergerichte ansieht).

26 Dieser Ansicht kann spätestens seit der EO-Nov 1995 nicht mehr gefolgt werden. Die Vollstreckungsgewalt steht nunmehr ausschließlich (auch in Form der Exekutionsbewilligung) den Bezirksgerichten zu, sie fehlt also – im Gegensatz zur früheren Regelung – den Gerichtshöfen erster Instanz (§ 4 EO). Damit wird die Vollstreckungsgewalt als Unterscheidungsmerkmal weitgehend untauglich; als **Abgrenzungskriterium** verbleibt dann nur noch **die Ordnungsgewalt.**

27 Zielführender erscheint ein anderes **Unterscheidungsmerkmal.** § 1 JN ist in Zusammenhang mit § 42 Abs 1 und 2 JN zu entnehmen, daß alle Gerichte, die nicht von § 1 JN (ordentliche Gerichte) umfaßt sind, Sondergerichte darstellen und zu den ordentlichen Gerichten im Verhältnis der Zulässigkeit des Rechtswegs stehen („den ordentlichen Gerichten entzogen"). Da der Rechtsweg durch Parteivereinbarung nicht abgeändert werden kann, impliziert dies die Zwangskompetenz von Sondergerichten. Nun gibt es außerhalb des von § 1 JN (bzw § 2 ASGG) umschriebenen Kreises Gerichte, deren Verhältnis zu den dort genannten expressis verbis unter dem Gesichtspunkt der Zuständigkeit geregelt ist oder die einer **Parteivereinbarung** zugänglich sind. Da sie von den in § 1 JN genannten Gerichten nicht durch die Schranke der Unzulässigkeit des Rechtswegs getrennt sind, kann es sich bei diesen Gerichten auch nicht um Sondergerichte handeln; sie sind als ordentliche Gerichte zu qualifizieren. Damit ergibt sich, daß die Aufzählung der ordentlichen Gerichte in § 1 JN (bzw § 2 ASGG) nicht taxativ ist. Entscheidendes Abgrenzungskriterium ist daher, ob dieses andere Gericht zu den in § 1 JN genannten im Verhältnis der Unzuständigkeit steht bzw einer Parteivereinbarung zugänglich ist (dann handelt es sich um ein ordentliches Gericht) oder nicht (dann handelt es sich um eine Frage der Zulässigkeit des Rechtswegs, und dieses andere Gericht ist als Sondergericht anzusprechen) (*Ballon,* Zivilprozeßrecht[9] Rz 46; ausführlich *ders,* Zulässigkeit 70; *Matscher,* JBl 1975, 418 FN 34). Nochmals sei aber darauf hingewiesen, daß der Gerichtsbegriff nach dem B-VG bzw der JN (als ordentliches Gericht oder als Sondergericht) und der nach der EMRK („tribunal") nicht ident ist.

b) Im einzelnen

28 Zu den in § 1 JN ausdrücklich genannten Gerichten s die Ausführungen zu §§ 2 ff JN.

aa) Schiedsgerichte

29 Unter Schiedsgerichten werden nach hA (*Mayr* in *Rechberger,* ZPO § 1 JN Rz 4 ua) folgende Gerichte verstanden:

- **Statutarische (institutionelle) Schiedsgerichte:** Sie werden auf der Grundlage besonderer Gesetze durch Statuten verschiedener Institutionen errichtet; innerhalb dieser Gruppe ist wiederum zu unterscheiden:

– **Schiedsgerichte mit Zwangskompetenz,** bei denen die Entscheidungsbefugnis (der Ausdruck Zuständigkeit sollte besser vermieden werden) der in § 1 JN (bzw § 2 ASGG) genannten Gerichte zwingend ausgeschlossen ist. Es handelt sich dabei um das Schiedsgericht der Oesterreichischen Nationalbank (§§ 41 und 46 NationalbankG) um das Schiedsgericht nach § 12 JournalistenG (beide sind totes Recht, *Mayr/Schmidt,* ZfVglRWiss 1987, 249) und um das Schiedsgericht der Wiener Wertpapierbörse (§ 27 Abs 4 BörseG). 30

– **Schiedsgerichte ohne Zwangskompetenz** (fakultative Schiedsgerichte), denen sich die Parteien freiwillig unterwerfen. Hiezu zählen die Börsenschiedsgerichte (Art XIII a ff EGZPO, das Ständige Schiedsgericht der Wirtschaftskammer [§ 5 f HandelskammerG], die in den Satzungen [Statuten] von Gesellschaften wie AG, GmbH, OEG, Genossenschaften ua vorgesehenen Schiedsgerichte [§ 599 Abs 1 ZPO, s *Fasching,* Schiedsgericht 50]) sowie die Vereinsschiedsgerichte (§ 599 Abs 2 ZPO, § 4 VereinsG). 31

• **Private Schiedsgerichte** (Gelegenheitsschiedsgerichte); sie werden durch ausdrückliche (prozeßrechtliche) Vereinbarung der Parteien in Form eines Schiedsvertrags oder von Schiedsklauseln errichtet (§§ 577 ff ZPO). 32

bb) Schiedsgerichte als Sondergerichte?

Von der hM werden alle diese genannten Gerichte als **Sondergerichte** angesehen (*Fasching,* Lehrbuch² Rz 107; *Mayr* in *Rechberger,* ZPO § 1 JN Rz 4; *Rechberger/Simotta,* Zivilprozeßrecht⁴ Rz 92); ihr Verhältnis zu den in § 1 JN (und § 2 ASGG) genannten Gerichten wird aber durchaus unterschiedlich betrachtet. Schiedsgerichte mit Zwangskompetenz stehen im Verhältnis der Unzulässigkeit des Rechtswegs zu den in § 1 JN aufgezählten Gerichten, (fakultative) Schiedsgerichte ohne Zwangskompetenz und private Schiedsgerichte in jenem der prorogablen sachlichen Unzuständigkeit (*Mayr* in *Rechberger,* ZPO § 42 JN Rz 5; *Rechberger/Simotta,* Zivilprozeßrecht⁴ Rz 93; JBl 1989, 594 = RZ 1989/67; SZ 55/89 [1982]. Nach *Holzhammer,* Zivilprozeßrecht², 26 stehen sämtliche Sondergerichte zu den ordentlichen Gerichten im Verhältnis der sachlichen Eigenzuständigkeit, wobei die privaten Schiedsgerichte aber offenbar nicht als Sondergerichte angesehen werden). 33

Wie oben (Rz 26 f) ausgeführt, ist das Charakteristikum eines Sondergerichts, daß es zu den anderen Gerichten im Verhältnis der Unzulässigkeit des Rechtswegs steht (und daher einer Parteivereinbarung, sei es in Form eines Schiedsvertrags oder einer Prorogation, nicht zugänglich ist). Auf Grund dieser Begriffsbestimmung sind daher **nur die Schiedsgerichte mit Zwangskompetenz als Sondergerichte** zu qualifizieren, alle übrigen Schiedsgerichte (da sie einer Parteivereinbarung zugänglich sind) hingegen als ordentliche Gerichte (ausführlich *Ballon,* Zulässigkeit des Rechtswegs 70; idS auch *Matscher,* JBl 1975, 418 FN 34).

Schiedsgerichtsbarkeit iS der **privaten** (Gelegenheits-)**Schiedsgerichtsbarkeit** ist staatlich geordnete Rechtsverfolgung vor nichtstaatlichen Einrichtungen, den Schiedsgerichten; diese sind Rechtsschutzeinrichtungen, die kraft gesetzlicher Ermächtigung bei Vorliegen eines ausdrücklichen und formgerechten Schiedsvertrags (bzw einer letztwilligen oder sonst zulässigerweise ausnahmsweise auch einseitig verfügten Schiedsklausel) anstelle der in § 1 JN genannten Gerichte die Entscheidung über Privatrechtsstreitigkeiten übernehmen (*Fasching,* Lehrbuch² Rz 2164). Private Schiedsgerichte sind – entgegen dieser gebräuchlichen Bezeichnung – aber keine „privaten Gerichte" (so *Holzhammer,* Zivilprozeßrecht², 363), denn ihre Entscheidungen sind mit den Wirkungen eines Hoheitsaktes, 34 nämlich der Rechtskraft und der Vollstreckbarkeit, ausgestattet; außerdem hat das Verfahrensrecht die Schiedsgerichte in das öffentlich-rechtliche gerichtliche Rechtsschutzsystem eingebaut (*Fasching,* Lehrbuch² Rz 2164). Wie unter Rz 26f, 33 ausgeführt, sind entgegen der hM private Schiedsgerichte aber nicht als Sondergerichte anzusehen.

Den privaten Schiedsgerichten fehlt die Vollstreckungsgewalt. Ihre Erkenntnisse sind nach § 1 Z 16 EO Exekutionstitel, wenn sie zumindest von der Mehrheit der Schiedsrichter unterzeichnet sind (im einzelnen s § 592 ZPO) und ihre Rechtskraft und Vollstreckbarkeit vom Obmann bestätigt wird (§ 594 Abs 2 ZPO).

35 Rechtssachen, die trotz Vorliegens eines gültigen Schiedsvertrags vor ein anderes Gericht gebracht werden, sind wegen **prorogabler (verzichtbarer) Unzuständigkeit** zurückzuweisen (*Ballon,* Zivilprozeßrecht⁹ Rz 492; *Fasching,* Lehrbuch² Rz 2184; *ders,* Schiedsgericht 34; *Mayr* in *Rechberger,* ZPO § 42 JN Rz 5; *Rechberger* in *Rechberger,* ZPO § 577 Rz 15; *Rechberger/Simotta,* Zivilprozeßrecht⁴ Rz 93; JBl 1989, 594 = RZ 1989/67; MietSlg 33.693/11 [1981]). Daher kann die Unzuständigkeit einer vor dem staatlichen Gericht erhobenen Klage von Amts wegen nur bei Einlangen (im Rahmen der formellen Klagsprüfung), sonst aber nur infolge rechtzeitiger Einrede des Beklagten (beim Gerichtshof in der ersten Tagsatzung oder, wenn von ihr Abstand genommen wurde, in der Klagebeantwortung, beim BG in der ersten Tagsatzung, sonst zu Beginn der mündlichen Streitverhandlung) wahrgenommen werden (*Fasching,* Lehrbuch² Rz 2184; *ders,* Schiedsgericht 34). (Nach aA hat der Beklagte die Einrede des Schiedsvertrags zu erheben, die aber weitgehend gleich zu behandeln ist wie die der prorogablen Unzuständigkeit; das Vorliegen eines Schiedsvertrags ist allerdings nur über Einrede, nicht aber von Amts wegen bei Einlangen der Klage wahrzunehmen, *Matscher,* JBl 1975, 418. Eine weitere Meinung vertritt die Auffassung, daß ein Schiedsvertrag zum Wegfall des rechtlichen Interesses an der Prozeßführung vor dem staatlichen Gericht führt; die Einrede des Schiedsvertrags kann nur bis zur Streiteinlassung erhoben werden, *Holzhammer,* Zivilprozeßrecht², 363; *Dolinar,* Ruhen 70.)

Da Schiedsgerichte zu den in § 1 JN genannten Gerichten im Verhältnis der (prorogablen) sachlichen Unzuständigkeit stehen, kann der Kläger einen Überweisungsantrag gem §§ 230a, 261 ZPO an das Schiedsgericht stellen (idS auch *Dolinar,* PraktZPR⁶ I 513; aM *Matscher,* JBl 1975, 418; *Mayr* in *Rechberger,* ZPO § 42 JN Rz 5; OLG Wien ZBl 1934/21 [abl *Petschek*])

cc) Schiedsfähigkeit der Rechtssache

36 Gem § 577 Abs 1 ZPO ist die Möglichkeit der **Vereinbarung eines Schiedsgerichts** auf jene Rechtssachen **beschränkt,** über die die Parteien wirksam einen **Vergleich** abschließen können (objektive Schiedsfähigkeit, *Rechberger* in *Rechberger,* ZPO § 577 Rz 5). Voraussetzung ist, daß der Rechtsanspruch überhaupt vor die in § 1 JN genannten Gerichte gehört (SZ 11/215 [1929]). Gem § 577 Abs 1 ZPO können Schiedsgerichte daher nicht über die Scheidung, Aufhebung oder Nichtigerklärung einer Ehe entscheiden, auch nicht über die Feststellung der außerehelichen Vaterschaft, über die Bestreitung der ehelichen Geburt und die Anfechtung eines Vaterschaftsanerkenntnisses (*Fasching,* Schiedsgericht 17; *Rechberger* in *Rechberger,* ZPO § 577 Rz 5). Zulässig sind jedoch Vergleiche und damit Schiedsvereinbarungen über Unterhaltsansprüche der Ehegatten bei aufrechter Ehe aus Anlaß der Eheauflösung und über andere vermögensrechtliche

Ansprüche zwischen Ehegatten während und nach Auflösung der Ehe; gleiches gilt für Unterhaltsansprüche der Kinder (s *Fasching,* Schiedsgericht 17). Kein Schiedsgericht kann vereinbart werden für Nichtigkeits- und Wiederaufnahmsklagen, über Ersatzansprüche gegen Geschäftsführer einer GmbH und über die Einzahlung von Stammeinlagen in eine GmbH gem § 10 GmbHG, über die exekutionsrechtlichen Klagen nach §§ 35, 36, 37, 233, 258 EO, über zur Einziehung überwiesene Forderungen gem § 308 EO und – soweit das richterliche Gestaltungsrecht reicht – über Streitigkeiten aus Landpachtverhältnissen (§ 2 LPG; SZ 59/88 [1986]) (*Rechberger* in *Rechberger,* ZPO § 577 Rz 5). Zulässig ist hingegen eine Schiedsvereinbarung über eine Nichtigerklärung des Beschlusses einer Generalversammlung nach §§ 41 ff GmbHG (*Fasching,* Lehrbuch^2 Rz 2176; *Rechberger* in *Rechberger,* ZPO § 577 Rz 5; SZ 23/184 [1950]; OLG Innsbruck EvBl 1989/159). Unwirksam ist eine Schiedsvereinbarung für Arbeitsrechtssachen aus der Betriebsverfassung (§ 50 Abs 2 ASGG) und für Sozialrechtsangelegenheiten; für privatrechtliche Arbeitsrechtssachen gem § 50 Abs 1 ASGG kann ein Schiedsgericht nur für bereits entstandene Streitigkeiten vereinbart werden (§ 9 Abs 2 ASGG; gem § 50 Satz 2 SchauspielerG, BG BGBl 1922/441 idF ASGG-Nov 1994 BGBl 624 findet § 9 Abs 2 Halbsatz 2 ASGG auf Bühnendienstverträge allerdings keine Anwendung, sodaß in diesem Bereich ein Schiedsgericht auch vor Entstehen einer Rechtsstreitigkeit wirksam vereinbart werden kann [s auch ErläutRV 1654 BlgNR 18. GP 33]). Alle Vorverfahren (Auftragsverfahren) zur Erlassung von Zahlungsbefehlen, Zahlungsaufträgen, Kündigungen oder Übergabe- bzw Übernahmeaufträgen können deshalb nicht vor ein Schiedsgericht gebracht werden, weil § 587 ZPO vor der Fällung eines Schiedsspruchs die Anhörung beider Parteien verlangt (*Rechberger* in *Rechberger,* ZPO § 577 Rz 7; teilw aM *Fasching*^{1} I 54). Wird daher vor einem Schiedsgericht ein Wechsel- oder Scheckanspruch geltend gemacht, muß darüber ein normales schiedsgerichtliches Verfahren abgeführt werden (*Fasching,* Lehrbuch^2 Rz 2175; *Rechberger* in *Rechberger,* ZPO § 577 Rz 7; aM die Rechtsprechung, Rsp 1924, 66 [abl *Wahle*] und Rsp 1931/76 [krit *Sperl*], wonach Schiedsvereinbarungen für Wechselsachen grundsätzlich unzulässig sind). Ein Schiedsgericht kann nicht über einen Kündigungsstreit entscheiden, wenn eine gerichtliche Kündigung erfolgen muß (LGZ Wien EvBl 1947/402 = JBl 1947, 400; EvBl 1946/121), wohl aber über ein auf § 1118 ABGB gestütztes Räumungsbegehren (SZ 21/66 [1948]; *Rechberger* in *Rechberger,* ZPO § 577 Rz 7). Außerstreitsachen sind dann schiedsfähig, wenn sich die Parteien wie im streitigen Prozeß kontradiktorisch gegenüberstehen und über den Anspruch eine Vereinbarung treffen können (*Fasching,* Lehrbuch^2 Rz 2178 [aM *ders* aber noch in Kommentar^1 I 54, wonach Angelegenheiten des Außerstreitrechts nicht vor Schiedsgerichte gebracht werden können; ebenso *Holzhammer,* Zivilprozeßrecht^2, 363; SZ 18/22 (1936)]; *Rechberger* in *Rechberger,* ZPO § 577 Rz 9). Unwirksam muß auch jede schiedsgerichtliche Entscheidung über öffentlich-rechtliche Ansprüche sein, etwa die Festsetzung von Verfahrenskosten eines Verfahrens vor Gerichten oder Behörden.

Diesen vorbezeichneten Bereich kann also die Schiedsgerichtsbarkeit gültig umfassen; eine Überschreitung dieser Grenzen bewirkt nach § 595 Abs 1 Z 1 ZPO die Unwirksamkeit des Schiedsspruchs.

Zu den fakultativen Schiedsgerichten ohne Zwangskompetenz, also Bör- **37**
senschiedsgerichte, das ständige Schiedsgericht der Bundeswirtschaftskammer, die in Satzungen (Statuten) von Gesellschaften und Vereinen vorgesehenen Schiedsgerichte s die Ausführungen zu Art XIII a ff EGZPO, § 599 ZPO.

2. *Strafgerichte*

a) Vorbemerkung

38 Im Gegensatz zu den Zivilgerichten stehen die Strafgerichte. Eine **Trennung zwischen Zivil- und Strafgerichten** ist **durch keine gesetzliche Bestimmung verfügt.** Es sind lediglich Zweckmäßigkeitsgründe, die in Wien und in Graz die Errichtung eigener Strafgerichte herbeigeführt haben, während im übrigen die Strafgerichtsbarkeit als eine von mehreren Funktionen der staatlichen Gerichte organisiert ist (vgl für den OGH die einheitliche Regelung der Bundesverfassung in Art 92 Abs 1 B-VG).

b) Aufgabe

39 Die Strafgerichte schreiten zur Verfolgung und Entscheidung strafbarer Handlungen ein. Nach den Bestimmungen der StPO werden sie tätig als Geschworenen- oder Schöffengerichte sowie durch Einzelrichter, je nach Art des Delikts und nach der Höhe der angedrohten Strafe.

c) Überschneidung mit Zivilgericht?

40 Eine **Überschneidung mit der Tätigkeit der ordentlichen Zivilgerichte** (dh der in § 1 JN genannten Gerichte) kann naturgemäß nur dort eintreten, wo beide Gerichte (bzw beide Funktionen eines Gerichts) in die Lage kommen, über die gleichen Ansprüche zu erkennen. Da Zivilgerichte niemals zur Verfolgung strafbarer Handlungen einschreiten (*Fasching,* Lehrbuch[2] Rz 118), ergibt sich eine Überschneidung der Aufgabengebiete der Zivil- und Strafgerichtsbarkeit nur bei der Entscheidung über Schadenersatzansprüche auf Grund von strafbaren Handlungen, zu deren Verfolgung das Strafgericht eingeschritten ist und bei deren Verhandlung das Strafgericht auch eine Entscheidung über die Privatrechtsansprüche des durch die strafbare Handlung Geschädigten (Privatbeteiligten) gefällt hat oder fällen könnte. Dieses Anschlußverfahren oder Adhäsionsverfahren verpflichtet gem § 366 StPO die Strafgerichte, über Privatrechtsansprüche zu entscheiden. Das Strafgericht soll, muß aber nicht, über den privatrechtlichen Ersatzanspruch im Strafurteil mitentscheiden; es kann, und dies ist in der Praxis der Regelfall, den Geschädigten (Privatbeteiligten) auf den Zivilrechtsweg verweisen. Es muß dies tun, wenn es den Beschuldigten (Angeklagten) freispricht oder wenn es den Schadenersatzanspruch als nicht begründet erachtet. Die Einleitung eines Anschlußverfahrens hindert die selbständige (gleichzeitige oder spätere) Einklagung des Ersatzbetrages vor dem Zivilgericht nicht und begründet auch keine Streitanhängigkeit zwischen beiden Verfahren. Ebenso kann sich der Geschädigte auch noch bei anhängiger Zivilklage wegen desselben Ersatzanspruchs als Privatbeteiligter dem Strafverfahren anschließen. Dagegen wirkt die materielle Rechtskraft auch im Verhältnis zwischen zivilgerichtlichem Verfahren und Adhäsionsverfahren im Strafprozeß. Hat das Strafgericht den Ersatzanspruch zugesprochen, so ist eine Anhängigmachung und Entscheidung über diesen Anspruch – soweit er vom Strafgericht positiv erledigt wurde (nicht aber, wenn zB ein später entstandener weiterer Schaden oder ein zusätzliches Schmerzengeld begehrt werden) – vor dem Zivilgericht wegen rechtskräftig entschiedener Streitsache unzulässig. Ebenso darf das Strafgericht nicht über einen vom Zivilgericht bereits rechtskräftig erledigten Anschlußanspruch entscheiden (*Fasching,* Lehrbuch[2] Rz 120; *Mayr* in *Rechberger,* ZPO § 1 JN Rz 14; s EvBl 1985/95). Wird der Privatbeteiligte auf den Zivilrechtsweg verwiesen, dann hat er die Kosten seiner Beteiligung im Strafprozeß als Prozeßkosten des Zivilverfahrens geltend zu ma-

chen und erhält sie dort nach Maßgabe seines Prozeßerfolgs vom Gegner ersetzt (*Fasching,* Lehrbuch[2] Rz 120). Im einzelnen s Rz 222 ff.

3. *Sondergerichte*

a) Vorbemerkung

41 **Sondergerichte** sind **entweder zur Entscheidung von Privatrechtsansprüchen** eingerichtet **oder** werden **im Bereich des öffentlichen Rechts** tätig. Zu den ordentlichen Gerichten stehen sie im Verhältnis der Zulässigkeit des Rechtswegs.

b) Sondergerichte des Privatrechts

42 Ausgehend von der unter Rz 26 f, 33 ff dargestellten Begriffsbestimmung sind entgegen der hA nur folgende Gerichte als Sondergerichte anzusprechen:

aa) Schiedsgerichte mit Zwangskompetenz

43 Dazu zählen das Schiedsgericht der Oesterreichischen Nationalbank gem §§ 41 und 46 NationalbankG, das Schiedsgericht nach § 12 JournalistenG (beide sind totes Recht, *Mayr/Schmidt,* ZfVglRWiss 1987, 249) und das Schiedsgericht der Wiener Wertpapierbörse nach § 27 Abs 4 BörseG.

bb) Das Kartellgericht beim OLG Wien und das Kartellobergericht beim OGH (§§ 88 ff KartG)

44 Durch die KartG-Nov 1993 (BGBl 693) ist nunmehr klargestellt, daß es sich um Gerichte und nicht um Verwaltungsbehörden handelt (*Mayr* in *Rechberger,* ZPO § 1 JN Rz 4; *Ballon,* Zivilprozeßrecht[9] Rz 46. Zur Rechtslage vor der zit Nov und zum Erk des VfGH (JBl 1993, 231 = ecolex 1993, 62 = ÖBl 1992, 199 = ÖZW 1993, 26 = WBl 1993, 62) s *Gutknecht,* ÖZW 1993, 26 (Entscheidungsbespr); *Aichlreiter,* WBl 1993, 81). Das Kartellgericht und als Rechtsmittelinstanz das Kartellobergericht entscheiden in Fünfersenaten im außerstreitigen Verfahren (§§ 43 ff KartG) über die Genehmigung von Kartellen, deren Widerruf und die anderen im KartG erwähnten Maßnahmen, insb auch deren Eintragung und Löschung in das beim Kartellgericht geführte Kartellregister; über Ansprüche aus einem Kartell entscheiden dagegen die ordentlichen Gerichte (*Fasching,* Lehrbuch[2] Rz 107). Die Bestimmungen des § 42 Abs 4 JN und des § 40 a JN werden nicht zur Anwendung kommen, da sie sich nur auf das außerstreitige Verfahren bzw auf die Verfahrensart innerhalb der ordentlichen Gerichte beziehen (s *Ballon,* Zulässigkeit 79).

c) Sondergerichte des öffentlichen Rechts

aa) Verfassungsgerichtshof (Art 137 ff B-VG)

45 Der VfGH kann in mehrfacher Hinsicht als Sondergericht tätig werden, nämlich in seiner Funktion nach Art 137, 138 und 143 B-VG iVm § 79 VerfGG.

Näheres s Einl Rz 20 ff, 33 ff.

46 Die Kompetenz des VfGH als **Kausalgerichtshof** gem Art 137 B-VG über vermögensrechtliche Ansprüche gegen Bund und Länder wird auch als „zivilprozessualer Sondergerichtsstand" bezeichnet, um die besondere Nähe zum zivilgerichtlichen Verfahren auszudrücken (*Hagen,* Allgemeine Verfahrenslehre 57; *Novak,* Probleme 25; *Pollak,* System[2], 211; *Wolff,* Grundriß[2], 74); dabei handelt es sich um eine subsidiäre Kompetenz gegenüber der Verwaltung und der

ordentlichen Gerichtsbarkeit. Der Verfahrenszweck dieser kausalen Verfassungsgerichtsbarkeit besteht in der Entscheidung streitiger Ansprüche und läßt sich somit dem Ziel des zivilprozessualen Erkenntnisverfahrens, nämlich der Streiterledigung, unterordnen (*Ballon,* Zulässigkeit 72). Daran ändert auch nichts, daß die Ansprüche nach Art 137 B-VG im öffentlichen Recht verankert sind, was lediglich Verfahrensabweichungen, wie es sie auch in besonderen Verfahrensarten des Zivilprozesses gibt (etwa in sozialgerichtlichen Angelegenheiten oder in arbeitsgerichtlichen Verfahren aus der Betriebsverfassung), zur Folge hat (vgl *Hagen,* Verfahrenslehre 57). Unter Art 137 B-VG fallen Ansprüche auf Auszahlung eines bescheidmäßig zuerkannten, auf einem öffentlich-rechtlichen Dienstverhältnis beruhenden Geldbetrags (nicht aber ein Anspruch auf Zuerkennung eines Honorars, VfSlg 7470 [1975], 7471 [1975]) oder auf Rückzahlung von Geldstrafen nach Aufhebung eines Straferkenntnisses (grundsätzlich dazu *Ermacora,* Verfassungsgerichtshof 93; *Walter,* Bundesverfassungsrecht 719; *Mayer,* Bundes-Verfassungsrecht², 377; *Walter/Mayer,* Bundesverfassungsrecht⁸ Rz 1075 ff).

47 Gem Art 138 B-VG entscheidet der VfGH als **Kompetenzgerichtshof;** s dazu ausführlich Rz 31 ff Einl zu § 1 JN.

48 Wird der VfGH als **Sonderstrafgericht** nach Art 143 B-VG tätig, kann er über mit dem Strafverfahren verbundene Schadenersatzansprüche erkennen (§ 79 Abs 1 VfGG). Im Fall einer Verurteilung kann sich das Erkenntnis gem § 79 Abs 2 VfGG aber auch darauf beschränken, die Verpflichtung zur Ersatzleistung nur dem Grunde nach auszusprechen und die ziffernmäßige Festsetzung den ordentlichen Gerichten im Zivilverfahren zu überlassen.

49 Darüber hinaus sind für die Zivilgerichtsbarkeit die Kompetenzen des VfGH hinsichtlich der **Gesetzes-, Verordnungs- und Staatsvertragsüberprüfung** (Art 139 ff B-VG) von Bedeutung.

Näheres s Einl Rz 20 ff.

50 Außerdem kann der VfGH (wie auch der VwGH, *Fasching,* Lehrbuch² Rz 105) **zivilrechtliche Vorfragen** selbst beurteilen, soweit diese nicht bereits rechtskräftig von den ordentlichen Gerichten entschieden sind.

bb) Verwaltungsgerichtshof (Art 129 ff B-VG)

51 Die Aufgabe der Verwaltungsgerichtsbarkeit, in Art 129 ff B-VG festgelegt, ist die **Sicherung der Gesetzmäßigkeit der Verwaltung.** Kompetenzbereich und Besetzung sind in großen Umrissen durch die Bundesverfassung in den Art 129 bis 136 geregelt. Danach erkennt der VwGH in Fragen des öffentlichen Rechts, und zwar über die behauptete Rechtswidrigkeit von Bescheiden oder über die behauptete Verletzung der Entscheidungspflicht der Verwaltungsbehörden (Art 130 B-VG). Grundsätzlich ist der VwGH in allen Angelegenheiten des öffentlichen Rechts – der Bundes- oder Länderverwaltung – zuständig, soweit es sich nicht um Angelegenheiten handelt, die zur Zuständigkeit des VfGH gehören, um Disziplinarangelegenheiten der öffentlichen Angestellten, um Angelegenheiten des Patentwesens oder um Angelegenheiten, über die in oberster Instanz eine Kollegialbehörde entschieden hat, die nicht weisungsgebunden ist und bei der kraft gesetzlicher Bestimmung wenigstens ein Richter mitgewirkt hat (sofern nicht das Gesetz auch in einem solchen Fall die Anrufung des VwGH ausdrücklich zuläßt, Art 133 B-VG).

52 **Zwischen den ordentlichen Gerichten und dem VwGH ist ein Kompetenzstreit** überall dort **denkbar,** wo ein solcher zwischen Gerichten und Verwaltungsbehörden auftreten kann. In einem solchen Fall entscheidet der VfGH bindend

(Art 138 B-VG). Solange ein rechtskräftiges Erkenntnis eines Gerichts in der Hauptsache noch nicht vorliegt, hat das Gericht oder der VwGH dem VfGH Anzeige vom bejahenden Kompetenzkonflikt zu machen und bis zu dessen Entscheidung das Verfahren zu unterbrechen (§ 43 VfGG).

Der VwGH kann als **(zivilprozessuales) Sondergericht** in Erscheinung treten, wenn in Verwaltungsstrafsachen gem § 57 VStG auch über privatrechtliche Ansprüche erkannt wurde und der VwGH die Rechtmäßigkeit des Strafbescheids zu überprüfen hat. Zudem kann er zivilrechtliche Vorfragen selbst beurteilen, sofern darüber nicht bereits eine rechtskräftige Entscheidung der Zivilgerichte vorliegt (*Fasching,* Lehrbuch² Rz 105). **53**

Für den Fall, daß ein Gericht eine Sachentscheidung gefällt hat, die nach dem Gesetz nur dem VwGH zusteht, kann über Antrag der obersten Verwaltungsbehörde nach § 42 Abs 2 JN auch nach Rechtskraft der gerichtlichen Entscheidung diese durch den Ausspruch des OGH als nichtig behoben werden.

Da die Anrufung des VwGH kein ordentliches Rechtsmittel im Verwaltungsverfahren darstellt, hat die Rechtsprechung der Gerichte die Anwendung des § 190 ZPO (Unterbrechung eines gerichtlichen Verfahrens bis zur rechtskräftigen Entscheidung einer öffentlich-rechtlichen Vorfrage durch die Verwaltungsbehörden) abgelehnt (JBl 1953, 572). Hingegen ist die Aufschiebung einer Exekution gem § 42 EO dann zu bewilligen, wenn der VwGH-Beschwerde aufschiebende Wirkung zuerkannt wurde (OGH EvBl 1953/275; Rsp 1931/77; gleiches gilt für eine Beschwerde an den VfGH; RZ 1990/100; SZ 55/120 [1982]). **54**

cc) Nachträgliche Aufhebung eines Bescheides

Die nachträgliche Aufhebung eines präjudiziellen Bescheides durch die Verwaltungsbehörde stellt analog zu § 530 Abs 1 Z 5 ZPO und zu § 69 AVG einen Wiederaufnahmsklagegrund dar (*Ballon,* Zivilprozeßrecht⁹ Rz 418; *Fasching,* Lehrbuch² Rz 2058; *Rechberger/Simotta,* Zivilprozeßrecht⁴ Rz 912; *Simotta,* JBl 1980, 18; ausdrücklich für den Fall, daß die Lösung einer Vorfrage zwingend den Verwaltungsbehörden zugewiesen ist, *Kodek* in *Rechberger,* ZPO § 530 Rz 4; SZ 60/144 [1987] = JBl 1988, 471; JBl 1987, 398 = RdW 1987, 204 = DRdA 1989, 210 (*Eypeltauer,* DRdA 1989, 185) = Arb 10.584 [1987]. Die ältere Rechtsprechung hat hingegen die nachträgliche Aufhebung eines präjudiziellen Verwaltungsaktes nicht als Wiederaufnahmsklagegrund anerkannt, sondern nur eine Feststellungsklage bzw eine Oppositionsklage zugelassen (SZ 29/27 [1956] = RZ 1956, 110 = JBl 1956, 293 = EvBl 1956/141; RZ 1955, 46; SZ 22/139 [1949] = JBl 1950, 556. Gegen diese Ansicht zu Recht bereits *Reindl,* ÖJZ 1956, 539; *Schima,* JBl 1956, 353; *ders,* ÖJZ 1955, 526; *ders* in ZPO-FS 278). **55**

dd) Oberster Patent- und Markensenat (§ 74 PatG)

Der Oberste Patent- und Markensenat ist als weisungsfreie Kollegialbehörde gem Art 133 Z 4 B-VG zu qualifizieren (*Walter,* Bundesverfassungsrecht 670; *Walter/Mayer,* Bundesverfassungsrecht⁸ Rz 951). Er entscheidet über Berufungen gegen Entscheidungen der Nichtigkeitsabteilung des Patentamtes in Patent- und Markensachen. Der Oberste Patent- und Markensenat besteht aus einem Präsidenten oder Senatspräsidenten des OGH als Vorsitzendem sowie zwei rechtskundigen und zwei fachtechnischen Mitgliedern (§ 74 PatG). Da die Nichtigkeitsabteilung nur über Anträge auf Rücknahme, Nichtigerklärung, Aberkennung, Nennung als Erfinder und Abhängigerklärung von Patenten ua zu entscheiden hat (§ 60 Abs 3 PatG), ist damit auch der sachliche Entscheidungsbe- **56** reich des Obersten Patent- und Markensenats gegeben. Für die Entscheidung über diese Anträge ist der Rechtsweg unzulässig; ebenso in Markensachen, über die die Nichtigkeitsabteilung erkannt hat.

57 Dagegen entscheiden die ordentlichen Gerichte, und zwar in erster Instanz das HG Wien (§ 162 PatG), über Klagen und einstweilige Verfügungen hinsichtlich von Patenteingriffen. Der Anspruch des Verletzten auf Anerkennung seines Patentrechts durch den Verletzer, auf Unterlassung fernerer Eingriffshandlungen, Beseitigung der Eingriffsgegenstände, Umgestaltung der Eingriffsmittel und Entschädigung oder Herausgabe der Bereicherung ist ein privatrechtlicher. Über diese Ansprüche kann der Oberste Patent- und Markensenat nicht entscheiden; eine gesetzwidrig ergangene Entscheidung könnte die Geltendmachung dieser Ansprüche vor dem HG Wien nicht hindern.

C. Internationale und supranationale Gerichte

1. Begriff

58 Neben der innerstaatlichen Gerichtsbarkeit, die sich auf die innerstaatlichen Verfassungsbestimmungen stützt, steht der weite Bereich der internationalen Gerichtsbarkeit. Sie zeigt die vielfältigsten Erscheinungsformen, denen insgesamt gemeinsam ist, daß sich jede Form der internationalen Gerichtsbarkeit aus zwischenstaatlichen Vereinbarungen ableitet. Die internationalen Rechtsprechungsorgane können entweder nur zur Lösung eines bestimmten Einzelfalls vorgesehen (die internationale Schiedsgerichtsbarkeit ieS) oder aber, wie die Gerichtsbehörden des staatlichen Rechtsbereichs, institutionell zur Entscheidung einer ganzen Gruppe bestimmter Rechtsstreitigkeiten geschaffen sein.

2. Erscheinungsformen

59 Die zweite Gruppe an internationalen Gerichten wird unterteilt in die **internationalen Gerichte** (ieS) und – als deren besondere Erscheinungsform – in die **supranationalen (übernationalen) Gerichte.** In Anlehnung an *Fasching,* ZÖR 1959/60, 169) wird unter einem internationalen Gericht eine ständige Einrichtung verstanden, die von Völkerrechtssubjekten durch einen zwischenstaatlichen Vertrag zur Erledigung von Rechtsstreitigkeiten, vorwiegend solchen unter Völkerrechtssubjekten, geschaffen worden ist; unter einem supranationalen Gericht ist ein ständiges Organ einer Gemeinschaft zu verstehen, deren Mitgliedstaaten die Entscheidung von Rechtsstreitigkeiten aus dem Gemeinschaftsrecht auf dieses Organ übertragen haben (*Hermann,* Handbuch I Rz 7). Ein wesentlicher Unterschied zwischen diesen beiden Erscheinungsformen liegt somit im Klagerecht: Bei den internationalen Gerichten (ieS) kommt nur den Vertragspartnern oder den im Vertrag selbst ausdrücklich zugelassenen Völkerrechtssubjekten Parteifähigkeit und Klagebefugnis zu. Bei der überstaatlichen Gerichtsbarkeit folgt hingegen aus dem Inhalt des Gemeinschaftsvertrags auch die Ausscheidung der dort geregelten Sachbereiche aus der innerstaatlichen Gerichtsbarkeit. Soll daher der einzelne Staatsangehörige des Vertragsstaates wirksamen Rechtsschutz für sich in diesen Bereichen beanspruchen können, dann muß er unmittelbar vor dem Gericht der Gemeinschaftsorganisation auftreten können; dementsprechend kommt vor den supranationalen Gerichten nicht nur den Vertragsstaaten, sondern auch den einzelnen Staatsangehörigen Parteifähigkeit und Klagerecht zu (dazu und zu weiteren Unterscheidungsmerkmalen *Fasching,* ZÖR 1959/60, 173).

3. Gegenwärtige Teilnahme Österreichs

Im gegenwärtigen Zeitpunkt hat Österreich die Gerichtsbarkeit der nachstehenden internationalen bzw supranationalen Gerichte anerkannt bzw sich ihr unterworfen: **60**

- **des Internationalen Gerichtshofs** als richterliches Organ der Vereinten Nationen; er ist – da nur Völkerrechtssubjekte vor ihm auftreten können – als internationales Gericht zu qualifizieren (im einzelnen s *Hermann,* Handbuch I Rz 278; *Fasching,* ZÖR 1959/60, 179).
- **des Europäischen Gerichtshofs für Menschenrechte;** seit Inkrafttreten des 9. ZP zur EMRK am 1. 10. 1994 (BGBl 593) ist er als supranationales Gericht anzusehen, da nunmehr auch der einzelne Staatsangehörige gem Art 48 Abs 1 lit e EMRK ein Verfahren vor dem EGMR anhängig machen kann.
- **des Europäischen Gerichtshofs als richterliches Organ der EU;** er ist, da auch der einzelne Parteistellung genießt, als supranationales Gericht anzusprechen (*Hermann,* Handbuch I Rz 10; *Fasching*[1] I 61; *ders,* ZÖR 1959/60, 205);
- des Schiedsgerichts auf Grund des Vertrags zwischen Deutschland und Österreich zur Regelung vermögensrechtlicher Beziehungen (BGBl 1958/119) und des Schiedsgerichtshofs auf Grund des Abkommens über deutsche Auslandsschulden (BGBl 1958/203); beide Gerichte – die zZ wohl völlig bedeutungslos sind – werden als internationale Gerichte eingestuft (*Fasching,* ZÖR 1959/60, 198).

Im einzelnen s dazu Art IX EGJN, § 27 a JN und bei § 28 JN.

II. Bürgerliche Rechtssachen

Lit: *Aichlreiter,* Verfahrensrechtliche oder materiellrechtliche Frist am Beispiel des § 117 Abs 4 WRG, AnwBl 1995, 865; *Antoniolli/Koja,* Allgemeines Verwaltungsrecht[3] (1996) 57 ff; *Ballon,* Die Beachtung des rechtlichen Gehörs iSd Art 6 MRK durch die Rechtsmittelgerichte, JBl 1995, 623; *ders,* Der Einfluß der Verfassung auf das Zivilprozeßrecht, ZZP 1983, 409; *ders,* Klagbarkeit von Ansprüchen, JBl 1978, 10; *ders,* Einige Probleme der richterlichen Rechtsfortbildung, JBl 1972, 598; *Bauerreiss,* Noch ein Wort zur Bindung der Gerichte an verwaltungsbehördliche Bescheide, JBl 1977, 581; *Buchegger,* Das „fair hearing" – der Anspruch auf gerichtsförmige Behandlung privater Rechtssachen im Völkerrecht und seine Auswirkungen auf das innerstaatliche Zivilprozeßrecht, BeitrZPR I 13; *Ermacora,* Artikel 6 MRK (OGH) in *Ermacora/Nowak/Tretter,* Die Europäische Menschenrechtskonvention in der Rechtsprechung der österreichischen Höchstgerichte (1983) 329 ff; *ders,* Grundriß der Menschenrechte in Österreich (1988) Rz 496 ff; *Fasching,* Sind die Gerichte an präjudizielle Bescheide der Verwaltungsbehörden gebunden? JBl 1976, 557; *ders,* Urteilsmäßige Rechtsgestaltung im Zivilprozeß, JBl 1975, 505; *Fink,* Sukzessive Zuständigkeit im Verfahren in Sozialrechtssachen (1995); *Folz,* Die europäische MRK in der neueren Rechtsprechung des VfGH, Verosta-FS (1980) 212; *Frowein/Peukert,* EMRK-Kommentar[2] (1996); *Funk,* Einführung in das österreichische Verfassungsrecht[9] (1996) Rz 434 ff; *Geuder,* Baurecht und Civil Rights, ÖJZ 1990, 265; *Kerschner,* Art 6 MRK und Zivilrecht, JBl 1999, 689; *Kopetzki,* Artikel 5 und 6 MRK (VfGH), in *Ermacora/Nowak/Tretter,* Die europäische Menschenrechtskonvention in der Rechtsprechung der österreichischen Höchstgerichte (1983) 207; *ders,* Neue Aspekte des Art 6 für Österreich, JBl 1981, 470; *Liedermann,* Die Privatwirtschaftsverwaltung und ihr Verfahren, RZ 1969, 175; *Loebenstein,* Die Verwaltungsgerichtsbarkeit im Spannungsfeld zwischen Verwaltung und Gerichtsbarkeit, JBl 1978, 225, 290; *Matscher,* Der Einfluß der EMRK auf den Zivilprozeß, Henckel-FS (1995) 593; *ders,* Der Gerichtsbegriff der EMRK, Baumgärtel-FS (1990) 363; *ders,* Schiedsgerichtsbarkeit und EMRK, Nagel-FS (1987) 227; *ders,* Die Verfahrensgarantien der EMRK in Zivilrechtssachen, ZÖR 1980, 1; *Pernthaler,* Rechtsweg als Menschenrecht – Zur neueren Auslegung des Art 6 MRK als Rechtswegsgarantie für „civil rights", Klecatsky-FS (1990) 221; *Mayer,* Zivilrechtsbegriff und Gerichtszuständigkeit,

ZfV 1988, 473; *Mayr,* Rechtsschutzalternativen in der österreichischen Rechtsentwicklung (1995); *Rath-Kathrein,* Neuere Entwicklungen zum civil-rights-Begriff, in *Pernthaler,* Unabhängige Verwaltungssenate und Verwaltungsgerichtsbarkeit (1993) 45; *Rechberger,* Gehördefizite im österreichischen Rechtsmittelverfahren, Matscher-FS (1993) 373; *Schäffer,* Der Zivilrechtsbegriff der Menschenrechtskonvention, ÖJZ 1965, 511; *Thienel,* Das Nachprüfungsverfahren nach dem Bundesvergabegesetz, WBl 1993, 373; *Walter,* Probleme der Kompetenzgerichtsbarkeit des Verfassungsgerichtshofes bei der Entscheidung von Kompetenzkonflikten zwischen Gerichten und Verwaltungsbehörden, ÖJZ 1963, 421; *Welan,* Die Lehre von der Gewaltentrennung und das B-VG, ÖJZ 1979, 449.

Siehe auch das Literaturverzeichnis vor Rz 1.

A. Begriffsbestimmung

1. Vorbemerkung

61 **Ob die Zivilgerichte zur Entscheidung berufen sind,** ob also der Rechtsweg (= Gerichtsweg) gegeben ist, **hängt davon ab, ob es sich um eine bürgerliche Rechtssache handelt** und, falls ein bürgerlich-rechtlicher Anspruch geltend gemacht wird, ob dieser nicht durch Gesetz ausdrücklich vor eine andere Behörde verwiesen wurde. An dieser Stelle ist die grundsätzliche Abgrenzung zwischen Gerichtsbarkeit und Verwaltung, also die Frage der **Zulässigkeit des Rechtswegs** (iwS), zu behandeln. Ob eine Rechtssache vor ein Gericht oder eine Verwaltungsbehörde gehört, richtet sich in erster Linie nach der positiven Anordnung des Gesetzgebers; ihm sind aber **gem Art 6 Abs 1 EMRK verfassungsrechtliche Schranken** dahin gesetzt, daß er „zivilrechtliche Ansprüche" vor die Gerichte („tribunal" iS des Art 6 Abs 1 EMRK, dazu s Rz 3) verweisen muß. Fehlt es an einer ausdrücklichen gesetzlichen Verweisung, dann stellt sich Art 6 EMRK jedenfalls als Generalklausel dar, die zivilrechtliche Ansprüche dem Gericht zuweist (*Fasching,* Lehrbuch² Rz 98). Damit steht auch § 1 JN in vollem Einklang, der verfügt, daß „die Gerichtsbarkeit in bürgerlichen Rechtssachen", soweit dieselben nicht vor andere Behörden oder Organe verwiesen sind, durch die „ordentlichen Gerichte" ausgeübt wird. Entscheidend ist daher, ob es sich um einen zivilrechtlichen Anspruch = bürgerliche Rechtssache = Streitigkeit des Privatrechts handelt. Eine gesetzliche Verweisung solcher Ansprüche durch einfaches Gesetz vor Behörden, denen keine Tribunal-Qualität iS des Art 6 Abs 1 EMRK zukommt, ist aber dennoch wirksam, solange diese Kompetenzvorschrift nicht durch den VfGH aufgehoben worden ist (*Fasching,* Lehrbuch² Rz 98; *Mayr* in *Rechberger,* ZPO § 1 JN Rz 4). Unbestritten ist, daß nichtzivilrechtliche (= öffentlich-rechtliche) Ansprüche durch einfaches Gesetz den Gerichten übertragen werden können (zB Sozialversicherungsangelegenheiten, Streitigkeiten aus der Betriebsverfassung) (*Walter/Mayer,* Bundesverfassungsrecht⁸ Rz 759).

62 Weder das B-VG, die EMRK noch ein anderes Gesetz definieren die **Begriffe „Zivilrecht" und „Öffentliches Recht".** Dies zu umschreiben und abzugrenzen blieb Lehre und Rechtsprechung vorbehalten. Dabei ist zunächst zu unterscheiden zwischen der Auslegung durch die Menschenrechtsorgane in Straßburg (EKMR, EGMR) und der österreichischen Lehre bzw Rechtsprechung.

2. Auslegung durch die Organe der EMRK

63 Bis heute herrscht keine volle Klarheit über den Zivilrechtsbegriff (*Rechberger,* Matscher-FS 374). Gesichert ist nur, daß er nicht allein nach dem innerstaatlichen Recht der einzelnen Mitgliedstaaten zu ermitteln ist, sondern bis zu einem gewissen Grad einen eigenständigen Begriff der EMRK darstellt

(s dazu ausführlich *Peukert* in *Frowein/Peukert,* EMRK-Kommentar², Art 6 Rz 5ff, inbes Rz 15ff; EGMR EuGRZ 1980, 667; EGMR EuGRZ 1978, 406; s dazu auch *Kopetzki,* in *Ermacora/Nowak/Tretter,* Menschenrechtskonvention 248; *Matscher,* ÖJZ 1984, 15 [Vortragsbericht]; *ders,* ZÖR 1980, 7; *Schäffer,* ÖJZ 1965, 511). Die Konventionsorgane qualifizieren, ausgehend vom österreichischen Fall Ringeisen (EGMR JBl 1972, 488), „jedes Verfahren, dessen Ausgang für Rechte und Verpflichtungen privatrechtlicher Natur bestimmend ist", als Zivilrechtssache iS des Art 6 Abs 1 EMRK (ebenso in den Fällen König [EGMR EuGRZ 1978, 415], Le Compte [EGMR EuGRZ 1981, 551], Bentham [EGMR EuGRZ 1986, 229] uva). Dieser weite Zivilrechtsbegriff der Konventionsorgane umfaßt vieles, was nach österreichischer Rechtssystematik und Auslegung als Verwaltungssache oder Disziplinarangelegenheit angesprochen wird (s dazu im folgenden Rz 64f). Die extensive Interpretation der Straßburger Organe ist zu Recht wegen ihrer Unbestimmtheit auf Kritik gestoßen (*Matscher,* ÖJZ 1984, 15; *ders,* ZÖR 1980, 7; offenbar auch *Rechberger,* Matscher-FS 374).

3. Auslegung durch die österreichische Lehre

Die **österreichische Lehre** geht von einem wesentlich engeren Zivilrechts- **64**
begriff aus und hat dabei eine Reihe von Theorien entwickelt, wovon drei größere Bedeutung erlangt haben (*Bydlinski* in *Rummel,* ABGB² I § 1 Rz 7; *Fasching,* Lehrbuch² Rz 99; *Koziol/Welser,* Grundriß¹⁰ I 6; *Mayr* in *Rechberger,* ZPO § 1 JN Rz 5; *Posch* in *Schwimann,* ABGB² I § 1 Rz 4ff):

- die Subjektstheorie, die darauf abstellt, ob der Träger des Rechts in den Kreis der öffentlich-rechtlichen oder privatrechtlichen Rechtssubjekte gehört;
- die Unterwerfungstheorie (Subjektionstheorie), bei der es bei der Abgrenzung darauf ankommt, ob die Partner des Rechtsverhältnisses einander gleichberechtigt gegenüberstehen (Privatrecht) oder in einem Über- und Unterordnungsverhältnis stehen (öffentliches Recht);
- die Interessentheorie, die zur Abgrenzung die Interessenlage heranzieht, je nachdem, ob das öffentliche Interesse überwiegt oder nicht. Gegen sie spricht, daß die Interessenwertung ein zu mehrdeutiges und unzuverlässiges Kriterium für die Rechtsschutzzulässigkeit ist und die Interessen außerdem nicht immer klar zuzuordnen sind (zB im Eherecht).

Die befriedigendste Lösung zeitigt die Unterwerfungstheorie unter Bedachtnahme auf die durch die Subjektstheorie gebotenen Einschränkungen. Danach ist eine Rechtssache zum Privatrecht zu zählen, wenn die Parteien einander grundsätzlich gleichberechtigt gegenüberstehen (ausgenommen den Fall, sie sind beide als Hoheitsträger tätig, zB bei öffentlich-rechtlichen Verträgen); dagegen liegt ein Rechtsverhältnis des öffentlichen Rechts dann vor, wenn eine Partei der anderen zufolge der dieser zukommenden Hoheitsgewalt untergeordnet ist. Die bloße Über- oder Unterordnung allein reicht aber nicht aus, sie muß ihre Wurzeln in der Hoheitsgewalt eines Partners haben; daher bleibt das Arbeitsverhältnis trotz Weisungsrecht des Dienstgebers privatrechtlich, ebenso wie die elterliche Gewalt (*Fasching,* Lehrbuch² Rz 100; *Mayr* in *Rechberger,* ZPO § 1 JN Rz 5). Andererseits ist die Tatsache, daß an dem Rechtsverhältnis ein öffentlich-rechtlicher Rechtsträger beteiligt ist, noch kein zwingendes Zuordnungsmerkmal zum öffentlichen Recht; so ist zB der Kauf eines Autos durch eine Gebietskörperschaft ein privatrechtlicher Vertrag (*Fasching,* Lehrbuch² Rz 100). Diese Theorie ist derzeit herrschend. Im Zweifel wird man letzten Endes eine bürgerliche Rechtssache auch aus der Überlegung heraus anzunehmen haben, daß der Rechtsschutz in der Gerichtsbarkeit wegen des idR dreistufigen (unabhängigen)

Instanzenzug stärker ausgebaut ist als in der Verwaltung, wo es nur eine unabhängige Kontrollinstanz (idR den VwGH) gibt (*Ballon,* Zivilprozeßrecht[9] Rz 37; *ders,* JBl 1995, 626; idS auch JBl 1993, 790; EvBl 1992/105). Dieser durch die Kombination von Subjekts- und Unterwerfungstheorie ermittelte „Kernbereich" der Privatrechtssachen (wobei im Zweifel eine bürgerliche Rechtssache anzunehmen ist) ist somit – wie erwähnt – weniger umfassend als der von den Menschenrechtsorganen verwendete Begriff der Zivilrechtssachen.

4. Auslegung durch die österreichische Rechtsprechung

65 Die **österreichische Rechtsprechung** geht ebenfalls von der Unterwerfungstheorie in Zusammenhang mit der Subjektstheorie aus. So stellt der VfGH unter ausdrücklicher Ablehnung der oben (Rz 63) erwähnten Rsp des EGMR ausdrücklich darauf ab, ob es um die Rechte und Pflichten der Bürger unter sich geht, und nimmt somit eine Interpretation iS des „klassischen Zivilrechts" und des „Kernbereichs des Begriffs civil right" vor (VfGH ÖJZ 1994/9; ÖJZ 1993/13; Slg 11.500 [1987]; s auch *Kerschner,* JBl 1999, 689). Ebenso zieht der OGH in stRsp das Kriterium der Gleichberechtigung der Rechtssubjekte für die Qualifikation als Zivilrechtssache ab (JBl 1994, 169; 1993, 790; EvBl 1993/194).

5. Entscheidungskompetenz der Gerichte

66 Über Zivilrechtsansprüche (iS des klassischen Zivilrechts bzw des Kernbereichs der civil rights) müssen nach neuester hL und Rsp Gerichte iS des Art 6 Abs 1 EMRK, also Behörden mit Tribunalcharakter, entscheiden. **Es ist** daher **verfassungswidrig,** die so bestimmten **Zivilsachen durch einfachgesetzliche Regelung an** (weisungsgebundene) **Verwaltungsbehörden zu übertragen,** auch wenn deren Entscheidungen durch VwGH und VfGH überprüft werden können (Nachweise bei *Ballon,* Zivilprozeßrecht[9] Rz 37 und bei *Mayr* in *Rechberger,* ZPO § 1 JN Rz 4); die Kontrolle durch die Gerichtshöfe des öffentlichen Rechts bietet nicht denselben Rechtsschutz wie ein gerichtliches Verfahren. Privatrechtssachen dürfen durch Gesetz nur dann einer Verwaltungsbehörde übertragen werden, wenn diese weisungsfrei, also unabhängig ist und somit dem „tribunal" des Art 6 Abs 1 EMRK entspricht (zB Grundverkehrskommission).

67 Eine ausdehnende Interpretation von Vorschriften, die die Kompetenz einer Verwaltungsbehörde festlegen, ist unzulässig (JBl 1994, 422; 1993, 790; 1992, 108 = SZ 64/57 [1991]; JBl 1991, 53; 1990, 450; s auch oben Rz 4).

Zu Einzelfragen bei der Abgrenzung Gericht – Verwaltung s Rz 95 ff.

B. Zulässigkeit des Rechtswegs für die Sachentscheidung

1. Allgemeines, Begriff

68 Zulässigkeit des Rechtswegs bedeutet zunächst ganz allgemein (Rechtswegsbegriff im weiteren Sinn), daß eine Rechtssache zum Kompetenzbereich einer bestimmten Behörde (Gericht, Verwaltung) gehört und in einem bestimmten Verfahrenstyp (Strafverfahren; Zivilverfahren, das wiederum als streitiges, außerstreitiges, Insolvenz- oder Exekutionsverfahren gestaltet sein kann) zu erledigen ist (*Ballon,* Zivilprozeßrecht[9] Rz 44; idS auch *Mayr* in *Rechberger,* ZPO § 1 JN Rz 1).

Im einzelnen sind folgende Erscheinungsformen der Rechtswegszulässigkeit zu unterscheiden: Die Zulässigkeit des Rechtswegs im eigentlichen Sinn (Gerichtsweg) ist die Zugehörigkeit der Rechtssache zum Entscheidungsbereich eines Gerichts (iS des B-VG) und grenzt diesen vom Entscheidungsbereich der

Verwaltungsbehörden ab. Die Zulässigkeit des ordentlichen Rechtswegs dagegen trennt den Entscheidungsbereich der ordentlichen Gerichte von jenem der Sondergerichte (dazu s oben Rz 41 ff), während schließlich die Zulässigkeit des streitigen Rechtswegs darüber abspricht, daß eine vor die ordentlichen Zivilgerichte gehörende Rechtssache im Prozeßweg und nicht etwa an einer anderen Verfahrensform (Exekutions-, Ausgleichs-, Konkurs- oder Außerstreitverfahren) zu erledigen ist (*Ballon,* Zivilprozeßrecht[9] Rz 44; *Fasching,* Lehrbuch[2] Rz 97; *Holzhammer,* Zivilprozeßrecht[2], 13; *Mayr* in *Rechberger,* ZPO § 1 JN Rz 1; *Rechberger/Simotta,* Zivilprozeßrecht[4] Rz 85).

a) Zu berücksichtigende Fragen

Im einzelnen betrifft die Zulässigkeit des Rechtswegs **folgende Fragen:** 69

- ob eine Rechtssache in die **Kompetenz der Gerichte** (Gerichtsweg, Rechtsweg im eigentlichen Sinn) oder der Verwaltungsbehörden (Verwaltungsweg) fällt;
- ob eine Rechtssache innerhalb der Gerichtsbarkeit zur Kompetenz der **ordentlichen Gerichte oder von Sondergerichten** gehört;
- ob eine Rechtssache innerhalb der ordentlichen Gerichtsbarkeit **im Strafverfahren oder im Zivilverfahren und** hier **wiederum, ob sie im streitigen, im außerstreitigen, im Exekutions- oder im Insolvenzverfahren zu erledigen ist;**
- ob ein Anspruch nach besonderen Regelungen gegen eine bestimmte Person durchgesetzt werden kann (Art 57 ff B-VG: **Immunität von Abgeordneten;** § 9 AHG: eine Amtshaftungsklage kann nicht gegen das Organ, sondern nur gegen den Rechtsträger eingebracht werden);
- ob bestimmte, nach **besonderen Regeln vorgesehene Voraussetzungen für die Zulässigkeit des Rechtswegs** gegeben sind (§ 67 Abs 1 ASGG, §§ 39 f MRG, § 26 WEG, § 22 WGG, § 20 BStG, § 19 StadterneuerungG, § 16 BodenbeschaffungsG, § 7 OrgHG, § 70 ASGG, § 190 FinStrG: vorgeschaltetes Verwaltungsverfahren bzw Aufforderungsverfahren; § 67 Abs 2 ASGG: Fristeinhaltung);
- die **Klagbarkeit** kann als Teilaspekt der Rechtswegszulässigkeit betrachtet werden, sodaß bei Unklagbarkeit eines Anspruchs (zB aus Spiel und Wette) die Klage wegen Unzulässigkeit des Rechtswegs zurückzuweisen ist (*Ballon,* Zulässigkeit 103 [119]; *ders,* JBl 1978, 10; aA die hM, wonach idR eine derartige Klage wegen Unbegründetheit abzuweisen ist [*Fasching*[1] III 8; *ders,* JBl 1975, 505; s dazu mwN *Ballon,* Zulässigkeit 108]).

b) „Weiter Rechtswegsbegriff"

Die **Zulässigkeit des ordentlichen streitigen Rechtswegs** stellt eine Erschei- 70
nungsform des oben genannten (Rz 68) weiten Rechtswegsbegriffs dar; sie kann umschrieben werden als die Zugehörigkeit einer Sache zur inländischen ordentlichen streitigen Zivilgerichtsbarkeit. Wenn üblicherweise (ungenau) von Zulässigkeit des Rechtswegs gesprochen wird, dann ist darunter meist die Rechtswegszulässigkeit iS von Gerichtsweg zu verstehen.

c) „Entscheidung"

Da unter **„Entscheidung"** iS der Bundesverfassung und der Prozeßgesetze 71
idR nur die Endentscheidung, also die Entscheidung des Streitfalls selbst, das Erkenntnis über den Anspruch, gemeint sein kann (denn nur eine solche Entscheidung wird vom Antragsteller begehrt), muß sich auch die Abgrenzung der Kompetenzen bzw des Verfahrenstyps ausschließlich auf die Sachentscheidung

beziehen. Da aber der Sachantrag des Klägers das in der Sache gestellte Begehren ist, dieses aber, insb wenn es sich um eine Geldleistung handelt, nicht immer erkennen läßt, um welche Sache es sich handelt, ergibt sich der Streitgegenstand im Zivilprozeß nur aus dem dem zugrundeliegenden Sachverhalt abgeleiteten Klagebegehren (zweigliedriger Streitgegenstand, s § 226 ZPO). Nur aus Klagsantrag (Klagebegehren) und Sachverhalt läßt sich auch der zugrundeliegende materielle Rechtsanspruch einwandfrei ableiten. Es muß daher immer festgestellt werden, auf welche Sachgrundlagen sich die Entscheidung über die Zulässigkeit des Rechtswegs zu beziehen hat.

2. *Sachgrundlagen für die Entscheidung über die Zulässigkeit des Rechtswegs*

a) Wortlaut und Vorbringen im Antrag

72 Für die Zulässigkeit des Rechtswegs (in allen seinen oben unter Rz 68 f dargestellten Erscheinungsformen und unabhängig von den Begriffsbestimmungen) ist zunächst der **Wortlaut des Klagebegehrens** (bzw des Antrags) **und der behauptete Sachverhalt** in der Klage (Klagserzählung, Klagsgrund) bzw im Antrag maßgebend (EvBl 1999/179; JBl 1998, 177; JBl 1994, 169; ÖBl 1993, 8; SZ 64/ 57 [1991] = JBl 1992, 108; ÖBl 1991, 127 = MR 1991, 66; SZ 63/96 [1990] = JBl 1991, 514; SZ 62/108 [1989]; SZ 61/88 [1988] = JBl 1988, 594 uva). Gem § 40 a JN ist auch die Bezeichnung des Verfahrens durch die Partei als Klage bzw als Antrag unerheblich, weil nur das Begehren und der vorgebrachte Sachverhalt zu berücksichtigen sind (*Fasching,* Lehrbuch[2] Rz 101; s im einzelnen § 40 a JN Rz 3).

b) Einrede der Unzulässigkeit des Rechtswegs

73 Ist also idR die Zulässigkeit des Rechtswegs bei der ursprünglichen Prüfung der Klage nach dem Inhalt des Klagebegehrens und nach dem vorgetragenen Sachverhalt zu beurteilen, so kann doch im Lauf des Rechtsstreits dann, wenn sich weder aus dem Begehren noch aus dem vorgebrachten Sachverhalt die Natur des Anspruchs als privatrechtlicher Anspruch eindeutig erschließen läßt, **über Einrede der Unzulässigkeit des Rechtswegs** durch den Beklagten auch das Beklagtenvorbringen gem § 239 Abs 2, § 240 Abs 3 ZPO eine erweiterte Grundlage zur Beurteilung der Zulässigkeit des Rechtswegs ergeben. Gem § 240 Abs 3 ZPO kann das Gericht auch von Amts wegen in jeder Lage des Verfahrens (jedoch dann nicht mehr, wenn bereits eine rechtskräftige Entscheidung über die Zulässigkeit des Rechtswegs vorliegt (*Ballon,* Zivilprozeßrecht[9] Rz 297; *Fasching,* Lehrbuch[2] Rz 101, 735, 1905; SZ 28/265 [1955] = JBl 1956, 126 = EvBl 1956/88 = RZ 1956/126; vgl auch JBl 1990, 592, RZ 1988/1; OGH EvBl 1985/117 = ZfRV 1986, 226), über die Zulässigkeit des Rechtswegs entscheiden; es hat dann auch das Beklagtenvorbringen und den bisherigen Prozeßstoff zur Entscheidungsgrundlage zu nehmen (*Fasching,* Lehrbuch[2] Rz 101 und die ältere Rsp, ZBl 1935/318; diese Ansicht wird auch dadurch gestützt, daß bei der Ermittlung der Zulässigkeit des Rechtswegs als absolute Prozeßvoraussetzung der Untersuchungsgrundsatz gilt, s *Ballon,* Zulässigkeit des Rechtswegs 147. AA die neuere Rsp: JBl 1994, 169; ZVR 1987/42; SZ 58/156 [1985], 50/18 [1977] uva sowie unter Berufung auf diese Rsp *Mayr* in *Rechberger,* ZPO Rz 6 vor § 1 JN, wonach es für die Zulässigkeit des Rechtswegs ohne Bedeutung ist, was der Beklagte einwendet). Eine **Berücksichtigung des Beklagtenvorbringens** kann aber nur insoweit erfolgen, als aus dem Vorbringen des Beklagten der noch nicht erkennbare Rechtsgrund der Klagsforderung ersichtlich wird. Die Einwendung des Beklagten, der einen eindeutig privatrechtlichen Klagsanspruch durch die Behauptung

eines ihm zustehenden Anspruchs des öffentlichen Rechts abwenden will, begründet nicht die Unzulässigkeit des Rechtswegs (SZ 58/156 [1985] = JBl 1986, 803 = DRdA 1986, 228; RZ 1984/18 = MietSlg 35.724 [1983]); die Entscheidungsbefugnis des Zivilrichters wird ganz allgemein nicht dadurch ausgeschlossen, daß Vorfragen geprüft werden müssen, zu deren selbständiger Entscheidung er nicht berufen ist (SZ 58/156 [1985] = JBl 1986, 803 = DRdA 1986, 228 = Arb 10.479 [1986]). So bleiben die ordentlichen Gerichte zur Entscheidung eines vom Kläger behaupteten privatrechtlichen Herausgabeanspruchs auch dann berufen, wenn der Beklagte die Herausgabe unter Hinweis auf eine öffentlich-rechtliche Zurückbehaltungsverpflichtung abwehren will (Rsp 1937/189). Desgleichen entscheiden die Zivilgerichte über eine Räumungsklage auch dann, wenn der Beklagte sich auf einen Verwaltungsakt, etwa auf einen öffentlich-rechtlichen Benützungstitel, beruft (JBl 1948, 17); daß die Verwaltungsbehörde auf Grund eines Erkenntnisses des VfGH zur Erlassung eines Räumungsbescheids verpflichtet ist, schließt die Zulässigkeit des Rechtswegs für eine Räumungsklage nicht aus (VfSlg 1615 [1948]). Die Entscheidung über einen Anspruch auf Aufwandersatz nach § 1042 ABGB steht nur den Gerichten zu, selbst wenn die Entscheidung von der Lösung von Vorfragen abhängt, die nicht privatrechtlicher Natur sind (SZ 24/59 [1951]; 19/144 [1937]; 14/230 [1932]); dasselbe gilt für einen Anspruch auf Grund eines Anerkenntnisses (SZ 8/97 [1926]).

c) Beklagtenvorbringen

Die Frage, inwieweit im Zug des Rechtsstreits auch das Vorbringen des Beklagten zur Entscheidung über die Zulässigkeit des Rechtswegs heranzuziehen ist, muß daher zusammenfassend dahin beantwortet werden: Das **Beklagtenvorbringen** kann nur insoweit für die Entscheidung über die Zulässigkeit des Rechtswegs herangezogen werden, als dadurch **das Klagsvorbringen verdeutlicht wird,** wenn es noch nicht zur Beurteilung des geltend gemachten Anspruchs geeignet ist, also nicht erkennen läßt, ob ein privatrechtlicher Anspruch vorliegt. Das Beklagtenvorbringen muß sich auf die Qualifikation des Klagsanpruchs beziehen. Sobald sich das Vorbringen des Beklagten lediglich auf die Abwehr dieses Anspruchs bezieht, kann es zur Beurteilung der Zulässigkeit des Rechtswegs nicht herangezogen werden. 74

d) Zulässigkeit des Rechtswegs – Sachlegitimation

Immer aber muß streng unterschieden werden zwischen der **Zulässigkeit des Rechtswegs** und der **Sachlegitimation.** Wenn der behauptete privatrechtliche Anspruch dem Kläger nicht zusteht, wohl aber ein öffentlich-rechtlicher Anspruch, dann ist die Klage sachlich mit Urteil abzuweisen, kann aber niemals wegen Unzulässigkeit des Rechtswegs zurückgewiesen werden (vgl EvBl 1953/489). Es ist daher unerheblich, ob der behauptete Anspruch berechtigt ist, weil hierüber erst in der Sachentscheidung abzusprechen ist (*Mayr* in *Rechberger,* ZPO Rz 6 vor § 1 JN; JBl 1994, 169; SZ 51/41 [1978]). Die Rechtwegszulässigkeit richtet sich nur nach der Hauptforderung, bloße Nebenforderungen bleiben unberücksichtigt (*Mayr* in *Rechberger,* ZPO Rz 6 vor § 1 JN; SZ 62/96 [1989] = JBl 1989, 600 = EvBl 1989/151 = SSV-NF 3/66 [1989]). 75

e) Vertraglicher Ausschluß des Rechtswegs

Der **absolute Ausschluß des Rechtswegs durch Vertrag** (also der Ausschluß eines Schiedsgerichts und der ordentlichen Gerichte) für einen privatrechtlichen 76

Anspruch ist **unzulässig** und unbeachtlich (*Bajons,* Zivilverfahren Rz 25; *Ballon,* Zulässigkeit 120; *ders,* ZZP 1983, 464; *Fasching,* Lehrbuch² Rz 5; *Matscher* in Nagel-FS 229; *Mayr* in *Rechberger,* ZPO Rz 13 vor § 1 JN mwN; ZVR 1984/182; SZ 49/40 [1976] = JBl 1976, 541 = EvBl 1976/273; aM *Holzhammer,* Zivilprozeßrecht², 3; *ders,* PraktZPR⁶ I 189); darüber hinaus würde ein gänzlicher Ausschluß des Rechtswegs sowohl einen Verstoß gegen Art 83 Abs 2 B-VG, nämlich eine Verletzung des gesetzlichen Richters, als auch gegen Art 6 Abs 1 EMRK (sofern sich der Ausschluß auch auf ein „tribunal" iS des Art 6 EMRK bezieht) darstellen. Zu prüfen ist allerdings, ob nicht ein materiellrechtlicher Verzicht vorliegt, der dann zur Klagsabweisung mit Urteil führt (*Ballon,* ZZP 1983, 464; *Mayr* in *Rechberger,* ZPO Rz 13 vor § 1 JN). Die regelmäßig in Preisausschreiben vorkommende Klausel „unter Ausschluß des Rechtswegs" hat somit keine verfahrensrechtliche Bedeutung. Bei Wettbewerben, bei denen die Preiszuerkennung von der Entscheidung eines Preisgerichts („jury") abhängt, ist sie regelmäßig so auszulegen, daß nur die Bewertung der Preiswürdigkeit durch das Preisgericht unüberprüfbar ist, daß die versprochene Leistung aber eingeklagt werden kann (*Fasching,* Lehrbuch² Rz 2240; *Mayr* in *Rechberger,* ZPO Rz 13 vor § 1 JN; vgl SZ 54/130 [1981]). Die Vereinbarung einer Konventionalstrafe gegen die mißbräuchliche Beschreitung des Rechtswegs ist zulässig (SZ 8/167 [1926]) und erscheint schon durch § 1305 ABGB gedeckt.

77 **Unzulässig** ist hingegen die **Vereinbarung,** einen Anspruch durch die **Verwaltungsbehörde** entscheiden zu lassen, obwohl er vor die **ordentlichen Gerichte** gehört (vgl AmtlSlg 1911 [1918]). Ein im Verwaltungsverfahren geschlossenes Entschädigungsübereinkommen bzw ein beiderseitiger Verzicht auf die Anrufung des Gerichts begründet keine Unzulässigkeit des Rechtswegs (begründet aber den Mangel des rechtlichen Interesses, EvBl 1989/12). Wurde aber durch ein Gesetz die Entscheidungsbefugnis einer Verwaltungsbehörde übertragen, ist das Gericht auch dann nicht entscheidungsbefugt, wenn der Rechtsstreit auf einen dem Gesetz zeitlich vorangehenden bürgerlich-rechtlichen Vertrag zurückgeht (JBl 1987, 791). Zum Problem der doppelten Rechtsdurchsetzungsmöglichkeit – nämlich vor den Gerichten und vor den Verwaltungsbehörden – s Rz 95.

78 **Unzulässig** ist weiters eine **Vereinbarung,** den **Streitfall dem Außerstreitrichter zur Entscheidung zu übertragen** (JBl 1950, 384). Generell sind Vereinbarungen, die den Rechtsweg ausschließen oder ihn verschieben, unzulässig und unbeachtlich, weil der Rechtsweg als absolute Prozeßvoraussetzung einer Parteivereinbarung nicht zugänglich sein kann (vgl *Ballon,* Zulässigkeit 120; *ders,* ZZP 1983, 464).

79 Die **Zulässigkeit des Rechtswegs ist eine allgemeine, absolute Prozeßvoraussetzung,** die jederzeit auf Antrag oder von Amts wegen wahrzunehmen ist. Ihr Mangel führt zur Aufhebung des Verfahrens wegen Nichtigkeit und zur Zurückweisung der Klage (§ 42 JN; § 240 Abs 3, § 477 Abs 1 Z 6 ZPO). Lediglich bei Verletzung des streitigen bzw außerstreitigen Rechtswegs ist die Klage bzw der Antrag nicht zurückzuweisen, sondern gem § 40a JN in der richtigen Verfahrensart zu verhandeln und damit auf einen anderen Rechtsweg zu verweisen; eine weitere Möglichkeit der Überweisung vom streitigen in den außerstreitigen Rechtsweg sehen § 235 AußStrG und Art V Z 7 UeKindG in den dort genannten Fällen vor (Näheres bei § 40a JN). Nach Rechtskraft der Entscheidung kann die fehlende Rechtswegszulässigkeit (wenn die Rechtssache den ordentlichen Gerichten entzogen war) ausnahmsweise noch auf Grund eines Antrags nach § 42 Abs 2 JN aufgegriffen werden (s § 42 JN Rz 14ff).

f) Einschränkung der Prüfung durch rechtskräftige Entscheidung

Eingeschränkt ist die Prüfung der Zulässigkeit des Rechtswegs dann, wenn **bereits rechtskräftig** über die Zulässigkeit des Rechtswegs **abgesprochen wurde** (SZ 28/265 [1955] = JBl 1956, 126 = EvBl 1956/88 = RZ 1956, 126). Diese Bindungswirkung tritt allerdings nur dann ein, wenn das Vorliegen des Rechtswegs ausdrücklich (*Fasching,* Lehrbuch[2] Rz 101), und zwar im Spruch der Entscheidung selbst, bejaht wurde; eine Bezugnahme lediglich in den Entscheidungsgründen genügt nicht, sie vermag die Bindungswirkung nicht hervorzurufen (*Ballon,* Zulässigkeit 153; *Fasching*[1] I 273; JBl 1962, 315 [zust *Novak*]; aM 4 Ob 293/98m; RZ 1976/111; EvBl 1973/266; SZ 31/74 [1958]). **80**

g) Rechtsweg für Gegenforderungen

Gegenforderungen, deren Entscheidung nicht vor die ordentlichen Gerichte gehört, können nur dann im Rechtsweg (Gerichtsweg) geltend gemacht werden, wenn die Gegenforderung von der zuständigen Behörde rechtskräftig festgestellt wurde (SZ 22/50 [1949]; unter Berufung auf diese Rsp auch *Rechberger* in *Rechberger,* ZPO §§ 391 f Rz 12). Hingegen können Gegenforderungen, für die ein Schiedsgericht vereinbart wurde, mit Aufrechnungseinrede geltend gemacht werden; vereinbarte Schiedsgerichte stehen zu den staatlichen Gerichten im Verhältnis der prorogablen Unzuständigkeit und nicht in dem der Unzulässigkeit des Rechtswegs (EvBl 1991/44; *Ballon,* Zivilprozeßrecht[9] Rz 287 mwN). **81**

h) Kompetenzkonflikte

Über **Kompetenzkonflikte** zwischen Verwaltungsbehörden und Gerichten sowie zwischen ordentlichen Gerichten und Sondergerichten (Zulässigkeit des Rechtswegs hinsichtlich der entscheidungbefugten Behörde) entscheidet der VfGH (Art 138 B-VG, §§ 42 ff VfGG), über Streitigkeiten über die anzuwendende Verfahrensart (Zulässigkeit des Rechtswegs hinsichtlich des Verfahrenstyps, insb im Verhältnis streitiges – außerstreitiges Verfahren) die Gerichte im Instanzenzug (§ 40 a JN); zum Kompetenzkonflikt s im einzelnen Einl Rz 31 ff). **82**

C. Vorfrage und Verwaltungsvorverfahren

1. Vorfrageentscheidung

a) Allgemeines

Die Kompetenznormen regeln immer die Befugnis zur Sachentscheidung. Vom **Kompetenzkonflikt** zu unterscheiden ist der **Bindungskonflikt,** der dann entsteht, wenn eine Behörde die Bindung an die rechtskräftige Entscheidung einer Vorfrage durch die andere Behörde ablehnt (dazu s die Erl zu § 190 ZPO). Die immer stärkere Differenzierung des Vollzugs und der Vollzugsbehörden führt zu immer mehr speziellen und spezialisierten Behördentypen. Je mehr spezielle Rechtsvorschriften entstehen, desto mehr bedarf es klarer Regeln über das Zusammenwirken und die Harmonisierung der Behördentätigkeit und ihrer Entscheidungen. Dabei ist jedoch auf möglichst wirksamen Rechtsschutz für die betroffenen Parteien abzustellen; das Streben nach Entscheidungseinklang darf nicht zur Benachteiligung der Rechtsschutzmöglichkeiten des einzelnen dienen (*Fasching,* Lehrbuch[2] Rz 92). **83**

Die Gerichte haben in sehr vielen Fällen und in steigendem Maß bei ihrer Entscheidung Vorfragen (Präjudizialfragen) zu lösen, die – selbständig gesehen –

in den Entscheidungsbereich der Verwaltungsbehörden fallen würden (ebenso auch umgekehrt). Eine Vorfrage führt zur Prüfung eines Rechtsverhältnisses, von dem die Entscheidung in der Hauptsache ganz oder zum Teil abhängt (Beispiel: Schadenersatz wegen Abgasbelästigung – Vorfrage: verwaltungsbehördliche Genehmigung der Abgasanlage; s dazu auch die unten unter Rz 87 genannten Beispiele aus der Rechtsprechung).

b) Lösungsmodelle

84 Wenn die **Vorfrage für eine gerichtliche Entscheidung in den Kompetenzbereich einer Verwaltungsbehörde fällt,** sind drei **Lösungsmodelle** denkbar:

- Dem Gericht ist die Entscheidung in der Vorfrage verboten; es muß unterbrechen und die Entscheidung der Verwaltungsbehörde abwarten (Vorteil: Entscheidung durch Spezialbehörde – Nachteil: Verfahrensverzögerung und Beschränkung der richterlichen Erkenntnisgewalt).
- Das Gericht entscheidet auch alle verwaltungsbehördlichen Vorfragen (Vorteil: einheitliche und rasche Entscheidung unter richterlicher Eigenverantwortung – Nachteil: mögliche Entscheidungsdivergenz mit der Verwaltungsbehörde).
- Das Gericht kann aus Zweckmäßigkeit dann unterbrechen, wenn bereits ein Verwaltungsverfahren anhängig ist (Vorteil: elastische, ökonomische Lösung – Nachteil: mögliche Entscheidungsdivergenz) (*Fasching,* Lehrbuch^2 Rz 93).

c) Lösung der ZPO

85 Die **ZPO** hat den **dritten Weg** vorgesehen, wobei in Sondergesetzen Ausnahmen normiert sind. Gem § 190 ZPO kann das Gericht dann, wenn zur Entscheidung die Lösung einer verwaltungsbehördlichen Vorfrage erforderlich und das Verfahren bei der Verwaltungsbehörde anhängig ist, das zivilgerichtliche Verfahren bis zur Rechtskraft des Verwaltungsbescheides unterbrechen. Ist das Verwaltungsverfahren noch nicht anhängig, dann muß das Gericht die verwaltungsrechtliche Vorfrage selbst beurteilen (SZ 20/8 [1938]; außer in Spezialgesetzen ist dem Gericht die Lösung bestimmter Vorfragen verwehrt; es muß in einem solchen Fall die Entscheidung der Präjudizialbehörde einholen und ist dann auch an die Entscheidung gebunden) (*Fasching,* Lehrbuch^2 Rz 94).

d) Vorfragebeurteilung durch das Gericht

86 Das Gericht kann eine verwaltungsrechtliche **Vorfrage nur in den Entscheidungsgründen beurteilen;** diese Beurteilung wird nicht rechtskräftig und kann daher auch keine Bindungswirkung für andere Behörden entfalten (nur über privatrechtliche Vorfragen kann das Gericht im Urteilsspruch bindend entscheiden, allerdings auch nur dann, wenn dies mit Zwischenfeststellungantrag oder mit Widerklage begehrt wurde).

e) Rechtsprechung zur Vorfragekompetenz der Gerichte

87 Nach der Rsp können bzw **müssen die Gerichte** im einzelnen folgende **verwaltungsbehördliche Vorfragen lösen:**

a) Generell sind die Gerichte zur Prüfung öffentlich-rechtlicher Vorfragen berufen, sofern nicht besondere gesetzliche Bestimmungen entgegenstehen (JBl 1962, 261 = ZVR 1962/27; JBl 1958, 180; SZ 10/89 [1928]; GlUNF 5541 [1911]; 4483 [1909]; ZBl 1903/62).

b) Insbesondere:

• Das Gericht ist zur Entscheidung über eine Klage nach § 1042 ABGB auch dann berufen, wenn der gesetzliche Aufwand öffentlich-rechtlicher Natur ist (SZ 24/59 [1951]);

• oder wenn die Klage auf ein Anerkenntnis gestützt wird, wenngleich dieses sich auf einen Anspruch nichtprivatrechtlicher Natur bezogen hat (SZ 8/97 [1926]);

• auch die Entscheidung, ob ein rechtskräftiger öffentlicher Benützungstitel vorliegt, der eine privatrechtlich gestützte Räumungsklage abwehrt, obliegt den Gerichten als Vorfragebeurteilung (JBl 1948, 17);

• die Beurteilung der Vorfrage, ob ein öffentlicher Weg vorliegt (JBl 1962, 261 = ZVR 1962/27; JBl 1951, 291);

• hinsichtlich des Gemeingebrauchs einer Straße (RZ 1973/196);

• ob ein Rechtsgeschäft einer grundverkehrsbehördlichen Genehmigung bedarf (SZ 9/209 [1927]);

• ob eine Wettbewerbshandlung gegen eine Verwaltungsvorschrift verstoßen hat (EvBl 1983/49 = ÖBl 1983, 40);

• ob die Ausschließung aus einem Verein gerechtfertigt war (RZ 1938, 25);

• die Lösung verwaltungsrechtlicher Vorfragen, wenn die Gerichte die Richtigkeit einer von einer Verwaltungsbehörde erteilten Beurkundung gem § 292 Abs 2 ZPO zu untersuchen haben (SZ 24/128 [1951] = JBl 1952, 37);

• die Beurteilung, ob überhaupt ein gültiger Verwaltungsakt vorliegt (das Gericht ist aber andererseits gebunden, wenn die zuständige Verwaltungsbehörde bereits darüber entschieden hat, ob ein gültiger Verwaltungsakt vorliegt, VfSlg 1733 [1948]; MietSlg 8510 [1961]; keine Bindung an sog absolut nichtige Verwaltungsakte, JBl 1951, 462);

• hingegen: das Gericht kann aber nicht eine in das Ermessen der Verwaltungsbehörde gestellte Verfügung als Vorfrage selbst beurteilen (JBl 1970, 423).

Nach der Rsp können bzw **müssen die Gerichte** im einzelnen folgende **privatrechtliche Vorfragen,** die vor andere Gerichte gehören oder die in einem anderen Verfahrenstyp zu entscheiden sind, **beurteilen:** 88

• im Rahmen einer Verwendungsklage der Mutter nach § 1042 ABGB wegen des von ihr für ihr ue Kind geleisteten Unterhalts kann die Frage der Vaterschaft als Vorfrage gelöst werden (EvBl 1961/400);

• ob ein begehrter Erhaltungsbeitrag nach § 45 MRG dem Gesetz entspricht, ist – soweit nicht § 41 MRG anzuwenden ist – als Vorfrage zu prüfen (SZ 56/88 [1983] = EvBl 1984/28);

• hingegen: ein Unterhaltsprozeß ist zu unterbrechen, wenn die Ehe mit Teilurteil aus dem Verschulden eines Eheteils rechtskräftig geschieden wurde, aber noch offen ist, ob und in welchem Umfang den anderen Teil ein Mitverschulden trifft (JBl 1989, 320 = RZ 1989/13).

Zu den Fällen, in denen das Gericht eine Vorfrage nicht selbst beurteilen kann bzw muß, sondern das Verfahren bis zur rechtskräftigen Entscheidung durch die dafür vorgesehene Behörde zu unterbrechen hat, s bei § 190 ZPO.

Zum Bindungskonflikt (Bindung an Vorfragenentscheidungen) s Einl Rz 39 ff und bei § 190 ZPO.

2. Verwaltungsvorverfahren

a) Allgemeines

In einzelnen Gesetzen wird die Zulässigkeit des Rechtswegs von einem vorangegangenen Verwaltungsverfahren abhängig gemacht. Sinn dieses **Verwal-** 89

tungsvorverfahrens ist eine schnelle und komplikationslose Lösung von Rechtsstreitigkeiten. In diesen Fällen ordnet das Gesetz die vorherige Geltendmachung des Anspruchs idR gegen den öffentlichen Rechtsträger bei einer bestimmten Behörde an. Falls diese nicht innerhalb einer bestimmten Frist entscheidet oder den geltend gemachten Anspruch teilweise oder zur Gänze ablehnt, ist der Rechtsweg vor den Gerichten zulässig; andernfalls ist die Klage wegen Unzulässigkeit des Rechtswegs mit Beschluß zurückzuweisen.

90 Bei den **zwingend vorgeschalteten Verwaltungsverfahren** kann es sich handeln um

• **Verwaltungsvorverfahren ieS,** ds Verfahren, die im wesentlichen nach den Regelungen des AVG ablaufen und die mit förmlichem Bescheid abgeschlossen werden; oder um

• **Aufforderungsverfahren,** bei denen eine bestimmte Person (idR ein öffentlich-rechtlicher Rechtsträger) zur Anerkennung eines Anspruchs ohne förmliches Verfahren aufgefordert wird, wobei über diese Aufforderung nicht mit Bescheid erkannt wird.

b) Verwaltungsvorverfahren ieS („sukzessive Kompetenz")

91 Dazu s auch oben Rz 12 ff und *Feitzinger/Tades,* ASGG², 115; *Fink,* Zuständigkeit; *Kuderna,* ASGG², 444).

Der (streitige oder außerstreitige) Rechtsweg ist erst zulässig, wenn die vorgesehene Behörde durch Bescheid entschieden bzw innerhalb einer bestimmten Frist nicht erkannt hat; im ersten Fall tritt durch die Klagseinbringung bzw Antragstellung der Bescheid zur Gänze oder zum Teil außer Kraft:

• im Leistungsstreitverfahren der Sozialversicherung (§§ 67 ff ASGG);

• in einigen JagdG (zB § 78 Krnt JagdG; §§ 70, 77 Oö JagdG);

• nach dem MRG (§§ 39 f MRG) in den Angelegenheiten des § 37 MRG, wenn in einer Gemeinde eine „Schlichtungsstelle" eingerichtet ist (s dazu *Mayr,* Rechtsschutzalternativen 320 mwN);

• bei der Festsetzung bzw der Neufestsetzung des Nutzwertes nach § 3 WEG, wenn in einer Gemeinde eine „Schlichtungsstelle" nach §§ 39 f MRG eingerichtet ist (§ 26 Abs 3 WEG);

• nach dem WGG in den Angelegenheiten des § 22 Abs 1 WGG, wenn in einer Gemeinde eine „Schlichtungsstelle" nach §§ 39 f MRG eingerichtet ist (§ 22 Abs 4 WGG);

• in Streitigkeiten aus dem Benützungsvertrag nach § 18 StudheimG, ausgenommen die Kündigung oder Räumung des Heimplatzes (§ 19 StudheimG);

• über die Höhe der Enteignungsentschädigung nach § 19 Abs 5 StadterneuerungsG, § 16 Abs 5 BodenbeschaffungsG, § 20 Abs 3 BStG und über die Höhe von Entschädigungen, Kosten, Beiträgen und Ersätzen nach § 117 WRG.

Ein im Verwaltungsverfahren geschlossenes Entschädigungsübereinkommen bzw ein beiderseitiger Verzicht auf die Anrufung des Gerichts begründet keine Unzulässigkeit des Rechtswegs, bewirkt aber den Mangel des rechtlichen Interesses (EvBl 1989/12).

Ist in einem Gesetz für die Entscheidung über einen Anspruch die sukzessive Kompetenz von Verwaltungsbehörden und Gerichten vorgesehen, so ist die für die Anrufung des Gerichts bestimmte **Frist** – sofern sich aus diesem Gesetz nichts Gegenteiliges ergibt – eine verfahrensrechtliche Frist (1 Ob 72/97 p; verst Senat JBl 1997, 179 = ecolex 1997, 20 [*Oberhammer*] = RdW 1997, 338; idS auch *Aichlreiter,* AnwBl 1995, 865. Gegenteilig noch SZ 67/209 [1995] = JBl 1995, 533 [*Fink*] = EvBl 1995/48).

c) Aufforderungsverfahren

92 Auch hier ist der Rechtsweg erst zulässig, wenn der Aufgeforderte den Anspruch zur Gänze oder teilweise abgelehnt oder sich binnen einer bestimmten Frist nicht geäußert hat:

- Organhaftpflichtverfahren gem § 7 OrgHG;
- bestimmte Angelegenheiten in Sozialrechtssachen nach § 70 ASGG;
- Angelegenheiten gem § 190 FinStrG;
- nach § 102 Abs 2 BVergabeG ist eine Schadenersatzklage nur dann zulässig, wenn zuvor eine Feststellung des Bundesvergabeamtes nach § 91 erfolgt ist (s *Mayr* in *Rechberger,* ZPO § 1 JN Rz 10; *Thienel,* WBl 1993, 373);
- die obligatorischen Aufforderungsverfahren als Voraussetzung für die Zulässigkeit des Rechtswegs nach dem AHG, dem StEG und dem TKG sind nicht mehr vorgesehen.

3. Schlichtungsverfahren

93 Zu den nach einigen Berufsordnungen vorgesehen **Schlichtungsverfahren** s oben Rz 14 (das Unterbleiben solcher Schlichtungsverfahren bewirkt keine Unzulässigkeit des Rechtswegs, *Mayr* in *Rechberger,* ZPO § 1 JN Rz 11).

D. Berufliche (parlamentarische) Immunität von Abgeordneten

94 Dazu s Einl Rz 115.

III. Zivilgerichte und Verwaltungsbehörden

Lit: Siehe dazu die Literaturverzeichnisse vor Rz 1 und Rz 61; die für die gegenständlichen Abgrenzungsfragen wesentliche Spezialliteratur wird im folgenden bei den einzelnen Kapiteln angeführt.

A. Vorbemerkung

95 **Konkurrierende Kompetenz:** Nach der Rsp kann in Einzelfällen dieselbe Streitsache sowohl im gerichtlichen wie auch im verwaltungsbehördlichen Verfahren ausgetragen werden (JBl 1994, 169; SZ 51/41 [1978]; 50/109 [1977]; 49/7 [1976]; 46/82 [1973]; VfSlg 1615 [1948]). So wird die Zulässigkeit des Rechtswegs für eine Räumungsklage nicht dadurch ausgeschlossen, daß die Verwaltungsbehörde auf Grund eines Erkenntnisses des VfGH zur Erlassung eines Räumungsbescheids verpflichtet ist; der zweifachen Möglichkeit einer Abhilfe entspricht in Fällen dieser Art die konkurrierende Zuständigkeit der Verwaltungsbehörde und des Gerichts (VfSlg 1615 [1948]). Dies trifft auch zu in jenen Fällen, in denen sich ein Grundeigentümer oder ein Wassernutzungsberechtigter durch eine eigenmächtige Handlung (zB durch eine Wasserentnahme) eines Dritten für beschwert erachtet: er kann durch entsprechende Antragstellung bei der Verwaltungsbehörde Abhilfe suchen (etwa nach §§ 137 f WRG), er kann aber auch eine auf das Privatrecht gestützte Klage (zB eine Unterlassungsklage) erheben; für die auf die Abwehr von Eingriffen in das Eigentum oder eine Dienstbarkeit gerichtete Klage steht dem Beschwerten daher der Rechtsweg offen (JBl 1994, 169).

96 **Kompetenzkonflikt:** Dazu s Einl Rz 31 ff.

97 Die folgende Darstellung der **Abgrenzung zwischen den Aufgabengebieten** (der Kompetenz) **der Gerichte und der Verwaltungsbehörden** beschränkt sich

auf jene **Grenzgebiete,** in denen sich die Bereiche überschneiden und kraft gesetzlicher Regelung, analoger Anwendung gleichgelagerter Vorschriften oder unter Zugrundelegung der hA hinsichtlich der Auslegung Privatrecht – öffentliches Recht (s oben Rz 64f) durch die Rechtsprechung eine Abgrenzung vorgenommen wurde.

B. Dienstrecht, Arbeitsrecht, Sozialversicherungsrecht

Wichtigste Rechtsquellen: Arbeits- und SozialgerichtsG (ASGG, BGBl 1985/104); ArbeitsverfassungsG (ArbVG, BGBl 1974/22); BeamtendienstrechtsG 1979 (BDG 1979, BGBl 333) und LandesG; SozialversicherungsG, insb Allgemeines SozialversicherungsG (ASVG, BGBl 1955/189); VertragsbedienstetenG (VBG, BGBl 1948/86) und LandesG.

Lit: *Fink,* Die sukzessive Zuständigkeit im Verfahren in Sozialrechtssachen (1995); *Oberndorfer,* Grundprobleme des Verwaltungsverfahrens in der österreichischen Sozialversicherung, ZAS 1973, 203.

1. Dienstverhältnis

a) Öffentlich-rechtliches Dienstverhältnis

aa) Dienstrechtliche Beziehungen der Beamten

98 **Dienstrechtliche Beziehungen der Beamten** zu ihrem Dienstgeber (Bund, Länder, Gemeinden) sind öffentlich-rechtlicher Art (vgl § 1 BDG 1979 bzw die verschiedenen LandesbeamtenG – zB das Salzburger LandesbeamtenG 1987 – und verschiedene GemeindebeamtenG – zB das Salzburger GemeindebeamtenG 1968); daher ist für daraus resultierende Streitigkeiten der Rechtsweg (Gerichtsweg) unzulässig (*Kuderna,* ASGG[2], 301), da es sich um keine bürgerlichen Arbeitsrechtssachen iS des § 50 Abs 1 ASGG handelt. Die in diesem Zusammenhang entstehenden Streitigkeiten sind vor den Verwaltungsbehörden auszutragen bzw, falls dies nicht vorgesehen ist, mittels Klage gem Art 137 B-VG vor dem VfGH durchzusetzen (nach dem – soweit ersichtlich – immer noch in Geltung stehenden Hofdekret 16. 8. 1841, JGS 555 sind besoldungsrechtliche Ansprüche der öffentlich-rechtlichen Bediensteten – auch die der Länder und Gemeinden –, im administrativen Weg geltend zu machen, s *Fasching*[1] I 69; Arb 10.749 [1989]; SZ 26/273 [1953]).

bb) Öffentlich-rechtliches Dienstverhältnis

99 Ein **öffentlich-rechtliches Dienstverhältnis** liegt vor, wenn ein Verleihungsakt (nunmehr Ernennung, worunter die bescheidmäßige Verleihung einer Planstelle zu verstehen ist, § 3 Abs 1 BDG) auf Grund gesetzlich umschriebener, für alle Bewerber gleich wirkender Vorschriften (BDG, LandesbeamtenG) erfolgt ist (VwSlg 539 [1948]; VfSlg 1602 [1947]; SZ 10/278 [1928]), wobei maßgebend einerseits die Person des Dienstgebers, andererseits die Form der Begründung des Dienstverhältnisses (Ernennung, s § 3 Abs 1 BDG) ist (RZ 1937, 404). Ein öffentlich-rechtliches Dienstverhältnis liegt vor, wenn der Beamte eine behördliche Tätigkeit zu entfalten hat und das Dienstverhältnis durch eine Dienstordnung (nunmehr va BDG) geregelt ist (ZBl 1927/298). Wenn das Dienstverhältnis öffentlich-rechtlicher Natur war, dann ist auch für Streitigkeiten über Ruhe- und Versorgungsgenüsse der Rechtsweg unzulässig (VfSlg 953 [1928]; VfSlg 442 [1925]). Die Unzulässigkeit des Rechtswegs bezieht sich aber nur auf Ansprüche, welche auf der öffentlich-rechtlichen Stellung des Beamten zu der Gebietskörperschaft beruhen; andere Ansprüche kann der Beamte im Rechtsweg geltend

machen (s im folgenden Rz 102). Rechtsstreitigkeiten von Vertragsbediensteten der Gebietskörperschaften sind bürgerliche Rechtssachen (Arbeitsrechtssachen), weil deren Arbeitsverhältnis nicht – wie bei den öffentlich-rechtlichen Beamten – auf einem Hoheitsakt (Ernennung), sondern auf einem privatrechtlichen Arbeitsvertrag beruht (*Kuderna,* ASGG², 300). Ebenso ist das Dienstverhältnis von „Beamten" der Kammern der gewerblichen Wirtschaft ein privatrechtliches (VwSlg 807 A [1949]).

cc) Angelegenheiten im Verwaltungsverfahren

Angelegenheiten, die im Verwaltungsverfahren vor der Dienstbehörde **auszutragen sind,** bei denen somit Unzulässigkeit des Rechtswegs vorliegt: 100

• Rechtsunwirksamkeit einer Versetzung (9 ObA 108/93);

• Feststellung, ob dem Beamten eine bestimmte Verwendungszulage oder Mehrleistungszulage zusteht (VfGH A 17/94; A 13/93), ebenso, ob dem Beamten eine Präsidialzulage gebührt (VfSlg 9045 [1981];

• Herausgabe einer Urkunde vom Vorgesetzten, die ein Lehrer bei einer dienstlichen Unterredung übergeben hat (SZ 44/65 [1971] = JBl 1971, 482 = EvBl 1971/295);

• Feststellung, ob einem Beamten das Recht auf kostenloses Abstellen seines PKW im Amtsgebäude zusteht (sofern der Anspruch nicht auf einen privatrechtlichen Titel gestützt wird, Arb 11.020 [1992]).

dd) Klage gem Art 137 B-VG beim VfGH

Angelegenheiten, die mittels Klage gem Art 137 B-VG beim VfGH durchgesetzt werden können und für die daher ebenfalls der Rechtsweg unzulässig ist: Liquidierung (der „technische Vorgang der Auszahlung") von bescheidmäßig zuerkannten oder zumindest nach dem Gesetz feststehenden Ansprüchen aus öffentlich-rechtlichen Dienstverhältnissen (VwGH ZfVB 1994/956, 1994/951; VfSlg 12.024 [1989], 11.395 [1987]; ZfVB 1985/522; VfSlg 10.266 [1984], 7846 [1976]). Eine Klage nach Art 137 B-VG ist jedoch unzulässig, wenn damit die Gewährung einer Zulage durchgesetzt werden soll; über deren „Gebührlichkeit" hat die Verwaltungsbehörde (Dienstbehörde) mit Feststellungsbescheid zu erkennen (VfGH A 17/94; A 13/93; VfSlg 9045 [1981]). 101

ee) Rechtssachen des ordentlichen Rechtswegs

Angelegenheiten, für die der Rechtsweg zulässig ist: 102

• Geltendmachung von Ansprüchen zivilrechtlicher Natur durch oder gegen Beamte, etwa auf Schadenersatz nach dem OrgHG oder Rückgriffsansprüche nach dem AHG (s §§ 94f ASGG; *Kuderna,* ASGG², 300);

• Rechtsstreitigkeiten privatrechtlicher Natur zwischen öffentlich-rechtlichen Bediensteten und ihren Dienstgebern in jenen Fällen, in denen öffentlich-rechtliche Bedienstete bei Besorgung von Geschäften der Privatwirtschaftsverwaltung nicht in Vollziehung der Gesetze tätig werden (*Kuderna,* ASGG², 300);

• Anspruch auf Entschädigung für die Benützung einer zugunsten des Beamten patentierten Erfindung (RG ZBl 1911/375);

• auf Schadenersatz wegen einer durch die gefährliche Beschaffenheit des Amtslokals verursachten Beschädigung (GlUNF 5291 [1907]);

• auf Ersatz des durch Entwendung aus einer ihm zugewiesenen Garderobe entstandenen Schadens (SZ 5/18 [1923]);

• auf Aufwandersatz (SZ 26/273 [1953]);

• Vergütung nach § 3 Abs 2 DHG (SZ 41/126 [1968]);

• das auf eine privatrechtliche Vereinbarung und § 1014 ABGB gestützte Begehren auf Ersatz des Schadens an einem privateigenen Kraftfahrzeug (WBl 1989, 195);

• Klage eines Beamten auf Feststellung der Wertigkeit seiner Tätigkeit in einem dem öffentlich-rechtlichen Dienstverhältnis vorangegangenen Vertragsbedienstetenverhältnis (SZ 35/2 [1962]);

• Klage eines Vertragsbediensteten einer Gebietskörperschaft, der behördliche Aufgaben zu besorgen hat, auf Einstufung in eine höhere Entlohnungsgruppe (SZ 36/53 [1963] = JBl 1963, 580 = EvBl 1963/397 = Arb 7734 [1963]);

• Räumungsklage, wenn der Beamte seine Benützungsrechte an einer Dienstwohnung selbst aufgegeben hat (RZ 1958, 138);

• Räumungsklage wegen titelloser Benützung einer Dienst- oder Naturalwohnung, mögen auch öffentlich-rechtliche Vorfragen zu beurteilen sein (EvBl 1964/10);

• Streitigkeiten eines Beamten mit der Genossenschaft, die die Naturalwohnung zur Verfügung gestellt hat (MietSlg 27.539 [1975]);

• Klage der Republik Österreich aus der von einem zeitverpflichteten Soldaten übernommenen Verpflichtung zur Rückzahlung von Ausbildungskosten für die Reifeprüfung bei vorzeitigem Ausscheiden aus dem Bundesheer (EvBl 1983/105).

b) Privatrechtliches Dienstverhältnis

103 Aus dem Vorhandensein einer Dienstordnung und anderer grundsätzlicher Voraussetzungen für öffentlich-rechtliche Dienstverhältnisse kann nicht immer auf eine öffentlich-rechtliche Anstellung geschlossen werden (SZ 16/99 [1934]).

Durch das VertragsbedienstetenG, BGBl 1948/86, werden die Dienstverhältnisse geregelt, die auf privatrechtlichen Verträgen mit dem Bund beruhen; die privatrechtlichen Dienstverhältnisse zu den Ländern und Gemeinden sind in den entsprechenden LandesG geregelt (zB Sbg Landes-VertragsbedienstetenG 1987, Sbg GemeindevertragsbedienstetenG 1968). Für Streitigkeiten zwischen solchen Dienstnehmern und dem Bund, dem Land oder der Gemeinde sind die ordentlichen Gerichte (als Arbeits- und Sozialgerichte) entscheidungsbefugt.

104 Das Dienstverhältnis der Bundesbahnbediensteten war bereits vor der „Privatisierung" der ÖBB privatrechtlicher Natur (SZ 24/165 [1951] = EvBl 1951/391; VwSlg 1939 A [1951]; VfSlg 1948 Anhang 8 [1948]; ebenso dasjenige der Magazinarbeiter der Bundesbahn, VwSlg 1939 A [1951]); privatrechtliches Dienstverhältnis des künstlerischen Personals der Wiener Staatsoper (VwSlg 1472 [1950]); der Chorsänger (VwSlg 645 A [1948]); der Schauspieler an den Bundestheatern (VwSlg 1588 A [1950]) und der Pensionisten nach dem BundestheaterG (bezogen auf die BundestheaterpensionsV 1926 VwSlg 1511 [1950]); der ständigen Bediensteten der österreichischen Staatsdruckerei (VwSlg 1872 A [1951]); die Anstellung als Vertragsbeamter in einem erwerbswirtschaftlichen Betrieb einer Gemeinde ist trotz des Vorhandenseins einer Dienstordnung privatrechtlich (SZ 7/214 [1925]; VfSlg 374 [1924]); das Dienstverhältnis der Bediensteten der Sozialversicherungsträger ist privatrechtlich (VfSlg 2095 [1951]); auch dasjenige eines Krankenkassenarztes (LG Wien Arb 4978 [1948]); ebenso das Dienstverhältnis der Beamten der Kammern der gewerblichen Wirtschaft

(VwSlg 807A [1949] = ÖJZ 1950/8) und der Landwirtschaftskammern (VwSlg 662 [1949]).

2. *Arbeitsrecht*

a) Kompetenz der ordentlichen Gerichte (als Arbeits- und Sozialgerichte)

Die den ordentlichen Gerichten zugewiesenen Rechtssachen (Arbeitsrechtssachen) sind **in § 50 ASGG** aufgezählt. Es handelt sich dabei um jene bürgerlichen Rechtsstreitigkeiten, die früher von den Arbeitsgerichten zu behandeln waren (§ 50 Abs 1 ASGG), sowie um jene Streitigkeiten aus der Arbeitsverfassung, die vordem in die Kompetenz der Einigungsämter gefallen sind (sog rechtsprechende Tätigkeit der Einigungsämter, § 50 Abs 2 ASGG). Das ASGG hat die Lösung arbeitsrechtlicher Konflikte grundsätzlich in die ordentliche Gerichtsbarkeit integriert; dennoch sind manche Angelegenheiten arbeitsrechtlicher Natur in einem Verwaltungsverfahren geltend zu machen. Diese Materien – für die somit der Rechtsweg (iS von Gerichtsweg) unzulässig ist –, sollen im folgenden genannt werden. **105**

Nicht auf den Rechtsweg gehören im einzelnen: **106**

• Die dem Bundeseinigungsamt bzw den Schlichtungsstellen nach dem ArbVG übertragenen Angelegenheiten.

• Streitigkeiten nach dem LAG (BGBl 1984/287): Sie gehören gem § 228 LAG vor die Einigungskommissionen, gegen deren Entscheidung kein Rechtsmittel zulässig ist (§ 227 LAG). Darüber hinaus sind in bestimmten Fällen land- und forstwirtschaftliche Schlichtungsstellen einzurichten (§ 231 LAG). Lediglich die Anfechtung von Entlassungen und von Kündigungen ist vor den ordentlichen Gerichten im arbeitsgerichtlichen Verfahren vorzunehmen, sodaß dafür die Zulässigkeit des Rechtswegs gegeben ist (§ 212a LAG); im einzelnen s §§ 212a, 226ff LAG.

• Die Zustimmung zur Kündigung eines Behinderten nach dem BehinderteneinstellungG, BGBl 1970/22 ist nicht durch das ordentliche Gericht, sondern durch den Behindertenausschuß zu erteilen (§§ 8, 12 BehEinstG).

• Die Bewilligung zur Kündigung bzw die Erlassung der Weiterverwendung von Lehrlingen gem § 18 BAG, BGBl 1969/142 ist von der Landeskammer der gewerblichen Wirtschaft, allenfalls von der Bezirksverwaltungsbehörde, zu erteilen.

• Streitigkeiten über die Gewährung von Arbeitslosengeld sind vor der regionalen Geschäftsstelle des Arbeitsmarktservice auszutragen (Berufung gegen deren Bescheid an die Landesgeschäftsstelle, §§ 44, 56 AlVG, BGBl 1977/609); Streitigkeiten über die Arbeitslosenversicherungspflicht oder über Beiträge zur Arbeitslosenversicherung sind in dem für die gesetzliche Krankenkasse geltenden Verfahren (Verwaltungsverfahren, §§ 409ff ASVG) zu entscheiden (§ 45 AlVG).

• Anspruch des Dienstnehmers auf Ausstellung einer Arbeitsbescheinigung nach dem AlVG (RdW 1989, 370 = WBl 1989, 219; ebenso LG Wien Arb 7090 [1959] zur alten Rechtslage).

• Streitigkeiten nach § 25 BUAG, BGBl 1987/618; der Arbeitnehmer kann den Arbeitgeber zur Leistung der Lohnzuschläge an die Bauarbeiter-Urlaubs- und Abfertigungskasse nicht auf den Zivilrechtsweg verhalten; für die Einhebung der Zuschläge ist die Verwaltungsbehörde (gem § 25 Abs BUAG die Bezirksverwaltungsbehörde) zuständig (SZ 63/17 [1990] = Arb 10.853 [1990] = NRsp 1990/136).

• Anmeldung des Arbeitnehmers durch den Arbeitgeber bei der Krankenkasse und Bezahlung der entsprechenden Beträge (*Kuderna,* ASGG², 301).

• Streitigkeiten zwischen Arbeitgeber und Arbeitnehmer über die Berechnung, Anrechnung, Erstattung und Ersatz von Sozialversicherungsbeiträgen, es sei denn, der Arbeitgeber hat einen derartigen Anspruch konstitutiv anerkannt oder sich für deren Zahlung verbürgt (OGH Arb 8606 = VersRdSch 1956, 62).

107 Der **Rechtsweg** (arbeitsgerichtliches Verfahren) **ist** hingegen **zulässig:**

• Einholung der Zustimmung des Gerichts zur Kündigung nach § 10 MuttSchG 1979 BGBl 221;

• Einholung der Zustimmung des Gerichts zur Kündigung oder Entlassung nach § 12 APSG, BGBl 1991/683;

• Begehren auf Feststellung der Dauer eines bereits beendeten Arbeitsverhältnisses; das rechtliche Interesse an einer solchen Feststellung ist zu bejahen, wenn sie für sozialversicherungsrechtliche Belange maßgeblich ist (EvBl 1993/43).

b) Bundeseinigungsamt, Schlichtungsstellen und sonstige Verwaltungsbehörden nach dem ArbVG

aa) Bundeseinigungsamt (§§ 141 ff ArbVG)

108 Das Bundeseinigungsamt ist beim Bundesministerium für soziale Verwaltung eingerichtet. Es besteht aus einem Vorsitzenden und nach Bedarf aus einem oder mehreren Stellvertretern sowie aus der erforderlichen Anzahl von Mitgliedern, die aus den Gruppen der Arbeitgeber und der Arbeitnehmer vom Bundesminister für soziale Verwaltung für fünf Jahre bestellt werden. Es verhandelt und entscheidet in Senaten; Verhandlungs- und Beschlußfähigkeit liegen vor, wenn außer dem Vorsitzenden oder dessen Stellvertreter je zwei Mitglieder von Arbeitgeber- und Arbeitnehmerseite anwesend sind.

In die Kompetenz des Bundeseinigungsamts fallen (§§ 153 ff ArbVG):

• Mitwirkung bei Verhandlungen über den Abschluß oder die Änderungen von Kollektivverträgen, wenn ein Antrag von einer der beteiligten Vertragsparteien gestellt wird;

• Einleitung von Einigungsverhandlungen und Vermittlung bei Streitigkeiten über den Abschluß oder die Änderung eines Kollektivvertrags über Antrag einer der beteiligten Parteien;

• Fällung von Schiedssprüchen zur Beilegung von Streitigkeiten in Zusammenhang mit Kollektivverträgen, wenn die Streitteile vorher eine schriftliche Unterwerfungserklärung abgeben;

• Entscheidung über die Zuerkennung oder Aberkennung der Kollektivvertragsfähigkeit gem § 5 ArbVG.

Weitere Kompetenzen s § 158 ArbVG.

Gegen die Entscheidung des Bundeseinigungsamts ist eine Berufung nicht zulässig (§ 158 Abs 2 ArbVG), jedoch kann Beschwerde an den VwGH erhoben werden; im Fall der Verletzung eines verfassungsrechtlich gewährleisteten Rechts (etwa des Gleichheitssatzes) ist die Anrufung des VfGH möglich (s *Schwarz/Löschnigg,* Arbeitsrecht⁶, 987).

bb) Schlichtungsstellen (§§ 144 ff ArbVG)

109 Zur Entscheidung von Streitigkeiten über den Abschluß, die Änderung oder die Aufhebung von Betriebsvereinbarungen in Angelegenheiten, in denen das Gesetz die Entscheidung durch Schlichtungsstellen vorsieht, ist über Antrag eines der Streitteile eine Schlichtungsstelle am Sitz des LG (ASG Wien) zu errichten. Die Schlichtungsstelle besteht aus einem Vorsitzenden und vier Beisitzern. Der Vorsitzende ist vom Präsidenten des Gerichtshofs auf einvernehmlichen Antrag der Streitteile zu bestellen; jeder der Streitteile hat zwei Beisitzer namhaft zu machen. Die Schlichtungsstelle ist grundsätzlich dann verhandlungs- und beschlußfähig, wenn sowohl der Vorsitzende als auch von jedem der Streitteile zwei Beisitzer anwesend sind.

In die Kompetenz der Schlichtungsstellen fallen Angelegenheiten, die den Abschluß, die Änderung oder die Aufhebung von Betriebsvereinbarungen betreffen, nämlich gem § 97 ArbVG (zB allgemeine Ordnungsvorschriften, die das Verhalten der Arbeitnehmer im Betrieb regeln; generelle Festsetzung des Beginns und des Endes der täglichen Arbeitszeit), § 109 ArbVG (Betriebsänderungen wie zB Einführung neuer Arbeitsmethoden, Verlegung des Betriebs oder von Betriebsteilen), § 164 ArbVG; s auch § 32 ArbVG.

Die Entscheidung der Schlichtungsstelle gilt als Betriebsvereinbarung (§ 146 ArbVG); ein Rechtsmittel gegen die Entscheidung ist nicht möglich (s *Schwarz/Löschnigg,* Arbeitsrecht[6], 989).

cc) Sonstige Verwaltungsbehörden nach dem ArbVG

In Zusammenhang mit dem Einspruchsrecht des Betriebsrats gegen die Wirtschaftsführung (§ 111 ArbVG) hat das ArbVG weitere Schlichtungskompetenzen eingeführt. So kennt § 111 Abs 3 ArbVG die sog Schlichtungskommission, die von den zuständigen kollektivvertragsfähigen Körperschaften paritätisch besetzt ist. Das Verfahren vor der Schlichtungskommission ist freiwilliger Natur; die Schlichtungskommission kann einen Schiedsspruch nur fällen, wenn die beiden Streitteile vorher schriftlich erklären, daß sie sich dem Schiedsspruch unterwerfen. **110**

Als weiteres Schlichtungsverfahren kann das Verfahren gem § 112 ArbVG vor der Staatlichen Wirtschaftskommission bezeichnet werden; diese stellt in Form von Gutachten fest, ob der Einspruch des Betriebsrats gegen die Wirtschaftsführung berechtigt ist (*Schwarz/Löschnigg,* Arbeitsrecht[6], 986).

c) Einigungskommissionen, Obereinigungskommissionen und Schlichtungsstellen nach dem LAG

Nach dem LAG, BGBl 1984/287, sind diese Verwaltungsbehorden einzurichten: **111**

- die Einigungskommissionen (in jedem Bundesland mindestens eine) für die in § 228 LAG genannten Angelegenheiten;
- die Obereinigungskommissionen (bei jeder Landesregierung) für die in § 230 LAG genannten Rechtssachen;
- die land- und forstwirtschaftliche Schlichtungsstellen (bei jeder Obereinigungskommission) für die in § 231 LAG genannten Angelegenheiten.

d) Heimarbeitskommissionen nach dem HeimarbeitsG

Im HeimarbeitsG, BGBl 1961/105, sind Heimarbeitskommissionen vorgesehen, denen die in § 29 HeimarbeitsG genannten Agenden zukommen, wie zB Heimarbeitstarife zu erlassen oder die Katasterführung der von ihnen erlassenen Heimarbeitstarife und der hinterlegten Heimarbeitsgesamtverträge. Leistungsansprüche aus Heimarbeitsverträgen und Feststellungsansprüche gehören, so- **112** weit sie nicht durch § 29 HeimarbeitsG den Heimarbeitskommssionen zugewiesen sind, vor die ordentlichen Gerichte (s auch § 51 Abs 3 Z 1 ASGG).

3. Sozialversicherungsrecht

a) Allgemeines

113 Nach dem ASVG ist für die darin geregelten Materien deren Durchsetzung in vier verschiedenen Verfahren vorgesehen. Von diesen vier Aufgabenbereichen, nämlich den **Leistungssachen** (Sozialrechtssachen, System der sukzessiven Kompetenz), den **Verwaltungssachen,** den von den ordentlichen Gerichten im allgemeinen bzw im arbeitsgerichtlichen Verfahren zu erledigenden Angelegenheiten sowie den vor die Schiedskommissionen nach dem ASVG gehörenden Rechtssachen, kommt den Leistungssachen (Sozialrechtssachen) und den Verwaltungssachen besondere Bedeutung zu. Dieses System wurde auch von den anderen SozialversicherungsG beibehalten.

b) Verwaltungsverfahren (Verwaltungssachen)

114 Den **Sozialversicherungsträgern als Verwaltungsbehörden** sind die gem § 355 ASVG als Verwaltungssachen zugewiesenen Gebiete überantwortet. Es sind dies alle nicht gem § 354 ASVG (iVm mit § 65 ASGG) als Leistungssachen geltenden Angelegenheiten; für sie ist der Rechtsweg ausgeschlossen. Hierher gehören insb die Feststellung der Versicherungspflicht, der Versicherungsberechtigung sowie des Beginns und Endes der Versicherung; der Versicherungszugehörigkeit und -zuständigkeit; Angelegenheiten der Beiträge des Versicherten und ihrer Dienstgeber; Angelegenheiten der Überweisung der Pensionsversicherung bei Aufnahme in ein pensionsrechtliches Dienstverhältnis oder bei Ausscheiden aus einem solchen; Streitigkeiten zwischen Versicherungsträgern oder Verbänden aus der Durchführung des ASVG. Der Versicherungsträger entscheidet in einem Verwaltungsverfahren, wobei Teile des AVG anwendbar sind; der Bescheid des Versicherungsträgers kann mit Einspruch beim Landeshauptmann angefochten werden (§ 412 ASVG), gegen dessen Entscheidung in bestimmten Fällen die Berufung an das BM für Arbeit, Gesundheit und Soziales zulässig ist (§ 415 ASVG).

115 Im einzelnen handelt es sich bei folgenden Angelegenheiten um Verwaltungssachen, für die somit der Rechtsweg unzulässig ist:

- Auszahlung einer vom Sozialversicherungsträger rechtskräftig zuerkannten Leistung (SSV-NF 1/42 [1987] = SZ 60/215 [1987]; SSV-NF 1/55 [1987]);
- Streitigkeiten (im Rahmen einer Drittschuldnerklage) über die Höhe des unpfändbaren Teils einer gepfändeten und überwiesenen Pension aus der gesetzlichen Sozialversicherung, da es sich um Auszahlungsmodalitäten eines bereits zuerkannten öffentlich-rechtlichen Anspruchs handelt (RZ 1990/77; SZ 62/108 [1989];
- Begehren auf Rückzahlung von Sozialversicherungsbeiträgen (OGH SSV 10/41 [1970]; JBl 1951, 160; SZ 13/105 [1931]), und zwar auch dann, wenn es auf den Rechtsgrund der ungerechtfertigten Bereicherung gestützt wird (wird der Anspruch aber auf ein konstitutives Anerkenntnis gestützt, dann liegt ein neuer privatrechtlicher Rechtsgrund vor, für den der Rechtsweg zulässig ist, OLG Innsbruck EvBl 1990/48);
- Streitigkeiten zwischen Arbeitgeber und Arbeitnehmer über Berechnung, Anrechnung, Erstattung und Ersatz von Sozialversicherungsbeiträgen (VersRdSch 1956, 62);

• Überprüfung der Richtigkeit (Berechnung) einer zuerkannten Pension (AnwBl 1992/4251);

• Rückforderung einer einem Mitglied eines Verwaltungskörpers eines Sozialversicherungsträgers zu Unrecht ausbezahlten Entschädigung (SZ 56/33 [1983]);

• Streitigkeiten über den Grund und die Höhe der von einer Pensionsleistung einbehaltenen Lohnsteuer (SSV 13/11 [1973]);

• Streitigkeiten über die Berechtigung zum Abzug von Beiträgen zur Krankenversicherung und deren Höhe (SSV 13/6 [1973]; SSV 13/11 [1973]);

• Genehmigung eines Auslandsaufenthalts iS des § 89 Abs 3 Z 2 ASVG (SSV 22/6 [1982]);

• Streitigkeit über eine Rentenabfertigung (SSV 22/24 [1982]);

• Streitigkeit über die Berechnung der Bevorschussung einer Leistung (SSV 7/123 [1967]);

• Zahlung von Verzugszinsen wegen verspäteter Erbringung der Leistung (SSV 16/83 [1976]);

• Frage, ob Beitragsrückstände auf eine Pensionsnachzahlung aufgerechnet werden dürfen (SSV 21/107 [1981]);

• Gewährung von Hauspflege und erweiterter Heilbehandlung (SSV 12/53 [1972]);

• Vorliegen der Angehörigeneigenschaft nach § 123 ASVG (SSV 12/56 [1972]);

• Überprüfung der Auszahlung zuerkannter Leistungen (SSV 12/14 [1972]);

• Freiwillige Leistungen, deren Gewährung im Ermessen des Versicherungsträgers liegt (etwa die Genehmigung eines Erholungsheimaufenthalts, vorbeugende Maßnahmen nach § 188a ASVG) (*Kuderna,* ASGG², 429; SSV-NF 1/13 [1987]; SSV 22/24 [1982]; 15/29 [1975]; 4/139 [1964]; der Versicherungsträger hat über Anträge auf Gewährung einer freiwilligen, in seinem Ermessen stehenden Leistung nicht mit Bescheid abzusprechen, OLG Wien SVSlg 24.841 [1976]; aM *Oberndorfer,* ZAS 1973, 215).

c) Leistungsstreitverfahren (Sozialrechtssachen)

Gem § 65 ASGG sind die dort genannten Rechtssachen im sozialgerichtlichen Verfahren (Leistungsstreitverfahren) von den ordentlichen Gerichten (als Arbeits- und Sozialgerichte, ASG Wien) zu entscheiden. Für diese Angelegenheiten ist daher die Zulässigkeit des Rechtswegs gegeben, wobei die in § 65 ASGG vorgenommene Aufzählung nicht vollständig ist; soweit bis zum Inkrafttreten des ASGG über Angelegenheiten, die im § 65 ASGG nicht genannt sind, von den Schiedsgerichten der Sozialversicherung zu erkennen war, sind diese nunmehr als Sozialrechtssachen anzusehen (*Kuderna,* ASGG², 427). 116

Als Sozialrechtssachen sind insb anzusehen: Die in § 354 ASGG (bzw in den entsprechenden Bestimmungen der anderen SozialversicherungsG) enthaltenen Angelegenheiten (Leistungssachen) wie va Streitigkeiten über den Bestand, den Umfang oder das Ruhen eines Anspruchs auf Versicherungs- oder Pflegegeldleistung; Streitigkeiten über den Rückersatz einer zu Unrecht erlangten Leistung; Streitigkeiten über Ersatzansprüche der Träger der Sozialhilfe. Zu den weiteren ausdrücklich genannten Sozialrechtssachen s § 65 ASGG.

Gem der Verweisungsbestimmung des § 100 ASGG gelten weiter als Sozialrechtssachen: Ersatzansprüche zwischen den Trägern der Krankenversicherung und dem Bund aus der Gewährung der Heilfürsorge nach § 30 KOVG bzw § 13 117

HVG; Streitigkeiten über die Gewährung der Heilfürsorge, soweit sie durch die Träger der Krankenversicherung erfolgt, zwischen diesen und den (Kriegs-) Beschädigten gem § 30 KOVG bzw § 13 HVG (mit Ausnahme der Frage, ob die Erkrankung mit der Dienstbeschädigung zusammenhängt); Leistungen aus der Krankenversicherung der (Kriegs-)Hinterbliebenen nach den §§ 68 ff KOVG bzw den §§ 47 ff HVG zwischen diesen und den Gebietskrankenkassen ; ferner infolge der in § 12 OFG angeordneten Gleichstellung der dort genannten Personen mit den in der Krankenversicherung Versicherten bei einem Streit über die Leistungen der Krankenversicherung für solche Personen (*Kuderna,* ASGG², 427).

d) Schiedskommissionen nach dem ASVG

118 Über Streitigkeiten aus Einzel- und Gesamtverträgen zwischen den Sozialversicherungsträgern einerseits und den Ärzten, Dentisten, Hebammen und Apotheken bzw deren gesetzlichen Interessensvertretungen andererseits entscheiden Schiedskommissionen gem §§ 344 ff ASVG; für diese Angelegenheiten ist der Rechtsweg unzulässig. Vorgesehen sind für Streitigkeiten aus Einzelverträgen der Ärzte, Dentisten und Hebammen (nicht aber Apotheker) in erster Instanz die paritätischen Schiedskommissionen, in zweiter Instanz die Landesberufungskommissionen (§§ 345 f, 351 ASVG). Vor diese Verwaltungsbehörden gehören etwa Honorarforderungen eines Vertragsarztes gegen den Versicherungsträger (EvBl 1995/89 = ÖJZ-LSK 1995/72) oder die Feststellungsklage eines Arztes, daß ein unbefristeter Einzelvertrag mit dem Sozialversicherungsträger besteht (SZ 63/11 [1990]). Die Landesberufungskommission ist als Oberste Verwaltungsbehörde iS des § 42 Abs 2 JN zu qualifizieren (EvBl 1995/89 = ÖJZ-LSK 1995/72). Über Streitigkeiten aus Gesamtverträgen der Ärzte, Dentisten und Hebammen entscheidet ist erster Instanz die Landesschiedskommission (§ 345 a ASVG), in zweiter Instanz die Bundesschiedskommission (§ 346 ASVG). Streitigkeiten aus Gesamtverträgen der Apotheker mit dem Sozialversicherungsträger entscheidet die Bundesschiedskommission; für Streitigkeiten aus Einzelverträgen der Apotheker ist ein Schlichtungsausschuß vorgesehen, dessen Entscheidung – allerdings eingeschränkt – bei der Bundesschiedskommission angefochten werden kann.

119 Auf andere als die genannten Vertragspartner der Sozialversicherungsträger wie zB auf Optiker, Orthopädietechniker usw, ferner auf Krankenanstalten sind die Bestimmungen der §§ 344 ff ASVG nicht anzuwenden; Streitigkeiten aus Verträgen mit solchen Vertragspartnern fallen in die Kompetenz der ordentlichen Gerichte, sodaß dafür die Zulässigkeit des Rechtswegs gegeben ist.

Zum KAG s weiters Rz 134 ff.

e) Angelegenheiten, die von den ordentlichen Gerichten im allgemeinen bzw im arbeitsgerichtlichen Verfahren zu erledigen sind

120 Es handelt sich um folgende Materien:

• Streitigkeiten aus privatrechtlichen Verträgen (Werkverträge, Bestandverträge usw, allgemeine Gerichtsbarkeit); so ist der Rechtsweg (allgemeine Gerichtsbarkeit) zulässig für eine Klage des Sozialversicherungsträgers gegen den Dienstnehmer, der sich als Bürge und Zahler zur Bezahlung von Sozialversicherungsschulden des Dienstgebers verpflichtet hat (SZ 42/36 [1969]; SZ 38/109 [1965]);

• Streitigkeiten aus Verträgen zwischen den Sozialversicherungsträgern und ihren Vertragspartnern, sofern diese nicht Ärzte, Dentisten, Hebammen oder Apotheker sind (s oben Rz 118);

• Streitigkeiten aus dem Abschnitt IV des Fünften Teils des ASVG, betreffend Schadenersatz und Haftung (§ 356 ASVG, allgemeine oder Arbeitsgerichtsbarkeit). Es handelt sich hier um die Entscheidung über die durch die Legalzession nach § 332 ASVG auf den Sozialversicherungsträger übergegangenen Ansprüche des Versicherten gegen den Schädiger. Soweit dieser der Dienstgeber des Geschädigten war, ist darüber im arbeitsgerichtlichen Verfahren zu erkennen (JBl 1957, 527 = EvBl 1957/418 zur alten Rechtslage, wonach derartige Ansprüche in die ausschließliche Zuständigkeit der Arbeitsgerichte gefallen sind);

• Geltendmachung eines gesetzlichen Unterhaltsanspruch durch den Sozialhilfeträger, auf den der Unterhaltsanspruch durch Legalzession übergegangen ist (familienrechtliche Streitigkeit, RZ 1995/77);

• Streitigkeiten aus Dienstverträgen mit den Angestellten des Sozialversicherungsträgers (arbeitsgerichtliches Verfahren), da das Dienstverhältnis der Bediensteten der Sozialversicherungsträger privatrechtlicher Natur ist (VfSlg 2095 [1951]).

• Für Streitigkeiten aus Gesamtverträgen, die nicht zwischen den Parteien des Gesamtvertrages ausgetragen werden (hier: Klage eines Arztes gegen Hauptverband der Sozialversicherungsträger und Ärztekammer auf Unwirksamkeit gewisser Leistungspositionen), ist der Rechtsweg zulässig (SZ 70/37 [1997]).

f) Kleinrentnerkommission

Durch § 10 KleinrentnerG, BGBl 1929/251, wurde beim BM für Arbeit, Gesundheit und Soziales eine Kleinrentnerkommission eingerichtet, die über bestimmte Leistungen aus dem Kleinrentnerfonds entscheidet. **121**

C. Sozialwesen

1. Sozialhilfe

Wichtigste Rechtsquellen: SozialhilfeG der Länder.

Lit: *Pfeil,* Sozialhilferecht (1989).

a) Allgemeines

Nach 1945 wurden die bestehenden deutschen Vorschriften (insb die FürsorgepflichtV, eingeführt durch die V GBlfdLÖ 1938/397) materiell übernommen; das deutsche Fürsorgerecht behielt auf Grund des Rechts-Überleitungsgesetzes (StGBl 1945/6) zunächst als bundesrechtliche Regelung seine Wirksamkeit. Nachdem der Bund die Dreijahresfrist zur Erlassung eines GrundsatzG ungenützt hatte verstreichen lassen, waren die Länder in ihrer Regelungsbefugnis frei und ordneten die Weitergeltung des (deutschen) Fürsorgerechts als Landesrecht an. Der Bund erklärte mit Erlaß des BMI 13. 12. 1968, GZ 208.673-31/68, von seiner Grundsatzgesetzgebungskompetenz keinen Gebrauch zu machen, und stellte es den Ländern frei, neue LandesfürsorgeG ohne Rücksicht auf ein GrundsatzG zu erlassen. In den siebziger Jahren erließen die Länder die auf einem Musterentwurf 1971 aufbauenden **Landes-SozialhilfeG** (*Pfeil,* Sozialhilferecht 37). **122**

b) Arten der Sozialhilfe

123 Alle SozialhilfeG kennen **drei Arten von Sozialhilfe,** deren Bereiche in den einzelnen Ländern allerdings nicht immer ident sind (s *Grillberger,* Sozialrecht[4], 136; *Pfeil,* Sozialhilferecht 370). Es handelt sich dabei um:

• Hilfe zur **Sicherung des Lebensbedarfs** bzw Hilfe zum Lebensunterhalt; dieser Bereich umfaßt iw Lebensunterhalt, Pflege, Krankenhilfe ua (s etwa §§ 6ff Sbg SozialhilfeG). Auf alle in diesem Bereich vorgesehenen Leistungen besteht bei Erfüllung der Voraussetzungen ein Rechtsanspruch, der im Verwaltungsverfahren durchzusetzen ist.

• **Hilfe in besonderen Lebenslagen;** auf diese Leistungen besteht kein Rechtsanspruch, da sie vom jeweiligen Sozialhilfeträger nur als Träger von Privatrechten gewährt werden.

• **Soziale Dienste;** auch dieser Bereich ist privatwirtschaftlich organisiert, auf die Erbringung der betreffenden Leistung besteht kein Rechtsanspruch.

c) Träger der Sozialhilfe

124 **Rechtsträger der Sozialhilfe** sind in erster Linie das Land, in bestimmten Fällen auch die Gemeinden bzw Gemeindeverbände (etwa für die Unterbringung in Altenheimen, Pflegeheimen und Pflegestationen (§ 28 Sbg SozialhilfeG). Für die Vollziehung im behördlichen (hoheitlichen) Bereich ist grundsätzlich die Bezirksverwaltungsbehörde zuständig, für die Vollziehung im privatwirtschaftlichen Bereich die Landesregierung, die in bestimmten Fällen die Bezirksverwaltungsbehörde ermächtigen oder beauftragen kann (§§ 29, 31 Sbg SozialhilfeG).

d) Zulässigkeit des Rechtswegs

125 Die **Entscheidungsgewalt der Gerichte** (Zulässigkeit des ordentlichen Rechtswegs) ist in folgenden Fällen gegeben:

• Die Entscheidungkompetenz für Streitigkeiten über Ersatzansprüche des Sozialhilfeträgers gegen den Ersatzpflichtigen ist, wenn die Hilfe auf Grund eines Rechtsanspruchs (also im Verwaltungsweg) gewährt wurde, in den einzelnen SozialhilfeG unterschiedlich geregelt. So ist in der Steiermark die Entscheidung aller dieser Ersatzansprüche im Verwaltungsweg auszutragen, in Salzburg (§ 46 Sbg SozialhilfeG) und Kärnten hingegen im Gerichtsweg; in den anderen Ländern sind bestimmte Ersatzansprüche den Verwaltungsbehörden, andere den Gerichten zugewiesen (s im einzelnen *Pfeil,* Sozialhilferecht 531).

• Die Entscheidungkompetenz für Streitigkeiten über Ersatzansprüche des Sozialhilfeträgers gegen den Ersatzpflichtigen liegt, wenn die Hilfe ohne Rechtsanspruch (also im Rahmen der Privatwirtschaftsverwaltung) gewährt wurde, bei den ordentlichen Gerichten (so *Pfeil,* Sozialhilferecht 551; s auch § 46 Sbg SozialhilfeG).

• Unterhaltsansprüche gegen Angehörige und sonstige Rechtsansprüche des Sozialhilfeempfängers gegen Dritte gehen für die Dauer der Sozialhilfe auf den Sozialhilfeträger über, sobald dieser dem Dritten gegenüber schriftlich Anzeige erstattet (s etwa § 44 Sbg SozialhilfeG, § 27 Wr SozialhilfeG). Streitigkeiten über derartige Ersatzansprüche des Sozialhilfeträgers gegenüber den Angehörigen oder anderen Dritten sind vor den ordentlichen Gerichten auszutragen. Gehen Unterhaltsansprüche gegen einen Angehörigen auf den Sozialhilfeträger über und macht der Sozialhilfeträger diesen Ersatzanspruch gerichtlich geltend, dann liegt eine familienrechtliche Streitigkeit vor, für die die Bezirksgerichte sachlich zuständig sind (RZ 1995/77 zu § 27 Wr SozialhilfeG).

• Hingegen sind Ersatzansprüche Dritter (der eine dem Sozialhilfeträger obliegende Leistung erbracht hat) gegen den Sozialhilfeträger nach allen SozialhilfeG im Verwaltungsweg auszutragen (*Pfeil,* Sozialhilferecht 543).

2. *Pflegevorsorge*

Wichtigste Rechtsquellen: BundespflegegeldG (BPGG, BGBl 1993/110) Vereinbarung des Bundes mit den Ländern (BPGG, BGBl 1993/866) PflegegeldG der Länder; §§ 65ff ASGG.

Lit: *Fink,* Die sukzessive Zuständigkeit im Verfahren in Sozialrechtssachen (1995) insb 122ff; *Gruber/Pallinger,* Kommentar zum BPGG (1994); *Pfeil,* Bundespflegegeldgesetz (1996).

a) Allgemeines

Am 1. 7. 1993 ist durch das **BPGG** und durch die gleichzeitig in Kraft getretenen **LandespflegegeldG** eine umfassende und bundesweit praktisch einheitliche Neuregelung der Vergabe von Geldleistungen an pflegebedürftige Personen erfolgt, wobei auch die erforderlichen Sach-(Dienst-)Leistungsstrukturen durch den Ausbau der Pflegestrukturen zur Verfügung gestellt wurden. **126**

Für den Bereich der Geldleistungen sind sowohl der Bund als auch die Länder zuständig. In Wahrnehmung dieser Zuständigkeit hat der Bund durch das BPGG für jene Personen Pflegegeld vorgesehen, die auf Grund bundesgesetzlicher Vorschriften schon bisher Anspruch auf eine pflegebezogene Geldleistung hatten, also im wesentlichen für die Bezieher von Pensionen und Renten sowie vergleichbarer Leistungen nach den Sozialversicherungs- und VersorgungsG. Die Länder haben durch weitgehend gleichartige LandespflegegeldG für die übrigen pflegebedürftigen Personen – ds im wesentlichen die Angehörigen von Versicherten, Sozialhilfeempfänger, im Beruf stehende Behinderte sowie Landes- und Gemeindepensionisten – die Grundlage für die Gewährung von dem BPGG entsprechenden Pflegegeldern geschaffen. Die Verpflichtung, für einen Mindeststandard an flächendeckenden ambulanten, teilstationären und stationären Diensten zu sorgen, also den Sachleistungsbereich abzudecken, haben die Länder übernommen (*Gruber/Pallinger,* Kommentar 5; *Pfeil,* Bundespflegegeldgesetz 23).

b) Anspruch auf Pflegegeld

Über **Ansprüche auf Pflegegeld** ist grundsätzlich mit schriftlichem Bescheid zu erkennen (§ 27 BPGG, alle LandespflegeldG, zB § 21 Sbg PflegeldG; dazu und zu den Ausnahmen s *Gruber/Pallinger,* Kommentar § 27 Rz 3; *Pfeil,* Bundespflegegeldgesetz 240, 249). Zur Bescheiderlassung nach dem BPGG sind die in § 22 BPGG genannten Rechtsträger (das G spricht von „Entscheidungsträgern"), in aller Regel die Sozialversicherungsträger, berufen; über Ansprüche nach den LandespflegegeldG entscheidet in der Mehrzahl der Länder die Landesregierung (zB gem §§ 17f Sbg PflegeldG), in den übrigen Ländern die Bezirksverwaltungsbehörde (im einzelnen s *Pfeil,* Bundespflegegeldgesetz 206, 209). **127**

c) Bescheid des Rechtsträgers – Klage

Der **Bescheid des Rechtsträgers** kann nur mit Klage (also nicht mit Rechtsmitteln beim Rechtsträger bzw der Verwaltungsbehörde) **beim LG als** **128**

Arbeits- und Sozialgericht (bzw beim ASG Wien) bekämpft werden (§ 65 ASGG, §§ 24, 27 BPGG, zB § 18 Sbg PflegegeldG). Es handelt sich daher um Sozialrechtssachen, auf die die Verfahrensbestimmungen des ASGG Anwendung zu finden haben; dazu zählen gem § 65 Abs 1 ASGG im einzelnen Rechtsstreitigkeiten über Bestand, Umfang oder Ruhen eines Anspruchs auf Pflgegeldleistung, über die Pflicht zum Ersatz zu Unrecht empfangenen Pflegegeldes, über Ansprüche von Sozialhilfeträgern (s *Fink,* Zuständigkeit 122; *Gruber/Pallinger,* Kommentar § 24 Rz 14; *Pfeil,* Bundespflegegeldgesetz 242).

d) Schadenersatzansprüche gegen Dritte

129 Die Entscheidungskompetenz der (ordentlichen) Gerichte (dh im Rahmen der allgemeinen Gerichtsbarkeit, s *Pfeil,* Bundespflegeldgesetz 178) ist auch für jene **Schadenersatzansprüche gegen Dritte** (ausgenommen Schmerzengeldansprüche) gegeben, die ex lege vom Pflegeberechtigten auf den Rechtsträger übergegangen sind (§ 16 BPGG, zB § 13 Sbg PflegegeldG).

3. Öffentliche Jugendwohlfahrt (Jugendfürsorge)

Wichtigste Rechtsquellen: JugendwohlfahrtsG (JWG, BGBl 1989/161); JugendwohlfahrtsG der Länder.

a) Aufgabe

130 Der öffentlichen Jugendwohlfahrt kommt die **allgemeine Aufgabe** zu, die Familie bei der Erfüllung ihrer Aufgaben in der Pflege und Erziehung Minderjähriger zu beraten und zu unterstützen; sie ist zu gewähren, wenn und insoweit die Erziehungsberechtigten das Wohl des Minderjährigen nicht gewährleisten (§ 2 JWG). Gem § 1 JWG hat die öffentliche Jugendwohlfahrt für die Betreuung der Mütter, der werdenden Mütter und ihrer Leibesfrucht sowie von Säuglingen und deren Eltern vorzusorgen (Mutterschafts- und Säuglingsfürsorge) und die Entwicklung Minderjähriger durch Anbot von Hilfen zur Pflege und Erziehung zu fördern und durch Gewährung von Erziehungsmaßnahmen zu sichern (Jugendfürsorge). Im einzelnen umfasssen die Leistungen der Jugendwohlfahrt folgende Leistungen (§§ 11 ff JWG): Einrichtung und Zurverfügungstellung sozialer Dienste; die Vermittlung von Pflegeplätzen und die Erteilung der Pflegebewilligung; Bewilligung und Aufsicht von Heimen und sonstigen Einrichtungen für Minderjährige; Vermittlung der Annahme an Kindes Statt (die Bewilligung ist jedoch dem Außerstreitgericht (Vormundschafts- und Pflegschaftsgericht) gem §§ 257 ff AußStrG, §§ 113 a ff JN vorbehalten; Hilfen zur Erziehung.

b) Träger der öffentlichen Jugendwohlfahrt

131 **Träger der öffentlichen Jugendwohlfahrt ist das Land** (Jugendwohlfahrtsträger), wobei die Landesgesetzgebung bestimmt, welche Organisationseinheiten die Aufgabe der öffentlichen Jugendwohlfahrt zu besorgen haben (§ 4 JWG).

c) Kompetenz der Gerichte

132 Im Rahmen der Jugendwohlfahrt fallen folgende Angelegenheiten in die **Kompetenz der Gerichte:**

- die Bewilligung der Annahme an Kindes Statt im Außerstreitverfahren (§§ 179 ff ABGB; §§ 257 ff AußStrG; §§ 133 a ff JN);
- die Entziehung oder Einschränkung der Obsorge und die Übertragung der Obsorge an den Jugendwohlfahrtsträger (§§ 176 ff ABGB);

● Vormundschaftsangelegenheiten (§§ 187 ff ABGB; §§ 181 ff AußStrG; §§ 109 ff JN);

● Streitigkeiten über das Tragen und den Ersatz von Erziehungskosten; diese sind im außerstreitigen Verfahren vor dem Vormundschafts- bzw Pflegschaftsgericht auszutragen (§§ 33, 40 JWG; § 45 Sbg JWO);

● Unterhaltsforderungen des Minderjährigen, die gem § 34 JWG auf den Jugendwohlfahrtsträger übergehen, sind von diesem wohl ebenfalls im außerstreitigen Verfahren durchzusetzen (auch ohne Legalzession hätte der Minderjährige seinen – gesetzlichen – Unterhaltsanspruch nach stRsp im Außerstreitverfahren geltend zu machen, SZ 62/149 [1989] = EvBl 1990/2 uva; der Jugendwohlfahrtsträger kann seinen Ersatzanspruch der Erziehungskosten gegen den Unterhaltspflichtigen auf zwei Rechtsgrundlagen stützen: zum einen auf § 33 JWG, der allgemein einen Ersatzanspruch des Rechtsträgers vorsieht; zum anderen auf § 34 JWG, der eine Legalzession der Unterhaltsforderung des Minderjährigen bis zur Höhe der Erziehungskosten auf den Rechtsträger normiert).

d) Einzelfragen

Zwar ist über den Ersatz der Kosten der vollen Erziehung im Verfahren außer Streitsachen zu entscheiden (§ 40 JWG); allein daraus ergibt sich noch keineswegs die Anwendbarkeit des § 185 Abs 3 AußStrG; das Wohl des Minderjährigen wird durch die dringende Erledigung des Ersatzantrags nicht gefördert (4 Ob 505/92; idS auch *Fucik,* AußStrG², 165 bezüglich des Ersatzes von Heimkosten unter Berufung auf die Rsp, ÖA 1992, 163; LGZ Wien EfSlg 64.856 [1990]). **133**

Eine analoge Anwendung des § 382 a EO auf den Fall, daß der Unterhaltsanspruch des Minderjährigen im Weg der Legalzession (§ 34 JWG) auf den Jugendwohlfahrtsträger überging, kommt nicht in Betracht (7 Ob 522/96).

D. Gesundheitswesen

1. Krankenanstalten

Wichtigste Rechtsquellen: KrankenanstaltenG (KAG, BGBl 1957/1); KrankenanstaltenG der Länder.

Lit: *Radner/Haslinger/Reinberg,* Krankenanstaltenrecht (Loseblattausgabe).

a) Allgemeines

Der Begriff **Krankenanstaltenwesen** umfaßt alle Maßnahmen, die mit der Errichtung, Führung, Verpachtung, Umgestaltung, Erweiterung und Schließung von Krankenanstalten sowie mit der sanitären und wirtschaftlichen Aufsicht über Krankenanstalten zusammenhängen. Das Krankenanstaltenrecht soll sicherstellen, daß eine einwandfreie und ausreichende medizinische Versorgung in Krankenanstalten, die ordnungsgemäß errichtet und betrieben werden, erfolgt; weiters ist auch die Finanzierung der Krankenanstalten (Pflegegebühren, Pflegegebührenersätze der Sozialversichrungsträger ua) Regelungsgegenstand (s *Walter/Mayer,* Verwaltungsrecht², 584). **134**

Für die **Bewilligung von Krankenanstalten** und die **wirtschaftliche Aufsicht** ist die Landesregierung, für die sanitäre Aufsicht die Bezirksverwaltungsbehörde zuständig; über Verträge zwischen Sozialversicherungsträgern und den Krankenanstalten entscheiden grundsätzlich (zu den Ausnahmen s unten Rz 142) Schiedskommissionen (*Walter/Mayer,* Verwaltungsrecht², 584). **135**

136 Das KAG kennt verschiedene Arten von Krankenanstalten, ua **öffentliche und private Krankenanstalten.** Öffentliche Krankenanstalten sind solche, denen das Öffentlichkeitsrecht verliehen worden ist (§ 14 KAG, § 26 Sbg KAG); sie müssen gemeinnützig sein. Alle Krankenanstalten, denen das Öffentlichkeitsrecht nicht verliehen worden ist, sind private Krankenanstalten (§ 39 KAG, § 54 Sbg KAG). Die Unterscheidung ist wegen der verschiedenen rechtlichen Stellungen (Pflichten, Befugnisse) wesentlich; ua ist die Durchsetzung von Pflegegebühren unterschiedlich geregelt: Pflegegebühren von öffentlichen Krankenanstalten sind im Verwaltungsweg, diejenigen von privaten Krankenanstalten im Zivilrechtsweg durchzusetzen (s dazu im folgenden Rz 137 f).

b) Einbringung der Verpflegsgebühren

137 **Öffentliche Krankenanstalten:** Gem § 30 KAG sind die Vorschriften über die Einbringung von Pflege-(Sonder-)Gebühren und Kostenbeiträgen der öffentlichen Krankenanstalten gegenüber dem Patienten bzw dritten Personen durch die Landesgesetzgebung zu erlassen; dabei hat der Landesgesetzgeber festzulegen, daß die Hereinbringung auf Grund von Rückstandsausweisen im Verwaltungsweg jedenfalls zulässig ist (s dazu die Bestimmungen der einzelnen LandesG, die zu einer sukzessiven Kompetenz führen können, wie etwa nach § 46 Sbg KAG, LGBl 1975/97: Danach ist grundsätzlich die Hereinbringung „im Gerichtsweg" geltend zu machen, jedoch wird die Einbringung im Verwaltungsweg gewährt. Bestreitet der Verpflichtete im Zug der Verwaltungsexekution die Forderung, dann ist das Verwaltungsvollstreckungsverfahren einzustellen, und der Rechtsträger der öffentlichen Krankenanstalt kann den Anspruch im Zivilrechtsweg geltend machen; hier liegt ein spezieller Fall der sukzessiven Kompetenz vor). Pflegegebührenforderungen öffentlicher Krankenanstalten gegen den Patienten selbst – auch wenn dieser Ausländer ist – sind öffentlich-rechtlicher Natur und gehören daher nicht auf den ordentlichen Rechtsweg (RZ 1983/32; VfSlg 6337 [1970], 2388 [1952]; *Radner/Haslinger/Reinberg,* Krankenanstaltenrecht 61; *Walter/Mayer,* Verwaltungsrecht², 592). Hingegen sind für das Begehren des Rechtsträgers der Krankenanstalt gegen den Sozialversicherungsträger auf Zahlung von (konkreten) Pflegegbührenersätzen die ordentlichen Gerichte entscheidungsbefugt, da hier ein privatrechtlicher Anspruch vorliegt (RZ 1982/12; VfSlg 7889 [1976]; *Walter/Mayer,* Verwaltungsrecht², 595). Handelt es sich jedoch um Streitigkeiten aus einem zwischen dem Rechtsträger der Krankenanstalt und dem Sozialversicherungsträger abgeschlossenen (privatrechtlichen) Vertrag über Pflegegebührenersätze (denen kein konkretes Leistungsbegehren zugrunde liegt), dann haben Schiedskommissionen gem § 28 a KAG nach dem AVG zu entscheiden (*Walter/Mayer,* Verwaltungsrecht², 595; RZ 1982/12).

138 **Private Krankenanstalten:** Die Rechte und Pflichten, die sich aus der Aufnahme in eine private Krankenanstalt ergeben, sind nach den Bestimmungen des bürgerlichen Rechts zu beurteilen (§ 39 KAG, § 54 Sbg KAG); für die Eintreibung der Pflegegebühren ist daher der Zivilrechtsweg zu beschreiten (*Walter/Mayer,* Verwaltungsrecht², 593).

c) Haftung von Krankenanstalten

139 **Öffentliche Krankenanstalten:** Die gesamte Tätigkeit öffentlicher Krankenanstalten hinsichtlich der Beziehungen zu den Patienten bei Aufnahme, Behandlung und Pflege erfolgt nicht im Rahmen der Hoheitsverwaltung, sondern der Privatwirtschaftsverwaltung. Die Träger der Krankenanstalt haften daher nicht nach dem AHG, sondern nach den allgemeinen privatrechtlichen Bestimmungen

im Rahmen der Erfüllungsgehilfenhaftung (*Schragel,* AHG², 105; stRsp, 1 Ob 4/94; 1 Ob 24/93; JBl 1989, 113; SZ 61/8 [1988] ua. AM, wonach Hoheitsverwaltung vorliegt, *Vrba/Zechner,* AHG 132). Es können daher aus einer verfehlten Behandlung oder aus einer vorsätzlichen Zufügung von Verletzungen anläßlich der Behandlung keine Amtshaftungsansprüche begründet werden (1 Ob 24/93).

Anders ist die Rechtslage aber dann, wenn die **Aufnahme eines Patienten** in die öffentliche Krankenanstalt **zwangsweise** erfolgt. Diese Patienten stehen in keinem privatrechtlichen Verhältnis zur Krankenanstalt und zu den sie betreuenden Ärzten und zum Pflegepersonal; in diesem Fall handelt es sich um Hoheitsverwaltung. Schadenersatzansprüche sind daher nach dem AHG geltend zu machen (*Radner/Haslinger/Reinberg,* Krankenanstaltenrecht 13; *Schragel,* AHG², 105; stRsp, zB 1 Ob 24/93; SZ 61/8 [1988] ua). Auch die Eintreibung der Pflegegebühren erfolgt im Rahmen der Hoheitsverwaltung idR im Verwaltungsverfahren mittels Rückstandsausweis (s oben Rz 137). **140**

Private Krankenanstalten: Privatkrankenanstalten haften immer nach den Grundsätzen des allgemeinen bürgerlichen Rechts (s § 39 KAG, § 54 Sbg KAG). **141**

d) Streitigkeiten zwischen Krankenanstalten und Sozialversicherungsträgern

Das Ausmaß der von den Trägern der Sozialversicherung an die Krankenanstalt zu entrichtenden Pflegegebühren (**„Pflegegebührenersätze"**) ist durch privatrechtliche Verträge zu regeln (§ 28 KAG). Über Streitigkeiten aus einem solchen Vertrag entscheiden **Schiedskommissionen** gem § 28a KAG nach den Regeln des AVG. Handelt es sich aber um ein konkretes Leistungsbegehren, dann ist dieses im Zivilrechtsweg geltend zu machen (*Walter/Mayer,* Verwaltungsrecht², 595; RZ 1982/12; VfSlg 7889 [1976]). **142**

e) Einzelfragen

§ 48 KAG normiert eine Legalzession, derzufolge der einem Patienten (Pflegling) aus dem Versicherungsfall entstandene, sich auf die Heilungskosten beziehende Schadenersatzanspruch gegen den Schädiger bis zur Höhe der noch unbeglichenen Pflegegebühren auf die öffentliche Krankenanstalt übergeht; dies schließt jedoch eine Klage gem § 1042 ABGB gegen den Unterhaltspflichtigen nicht aus; die öffentliche Krankenanstalt hat daher die Wahlmöglichkeit, ob sie den schuldtragenden Schädiger gem § 48 KAG oder den Unterhaltspflichtigen gem § 1042 ABGB zum Kostenersatz heranziehen will (SZ 41/39 [1968] = EvBl 1968/401). **143**

Die in § 48 KAG vorgesehene Legalzession räumt dem Krankenanstaltenträger eine vom Bestand der Pflegegebührenforderung gegen den Pflegling unabhängige (allenfalls, nach Maßgabe des betreffenden LandesausführungsG, auch wahlweise in Anspruch zu nehmende) Sicherung ein, und zwar in der Höhe des im Zeitpunkt der Entstehung des Pflegegebührenanspruchs (zB mangels Vorauszahlungen) noch unbeglichenen Pflegegebührenrückstands (VwGH 93/11/0240, 81/08/0131).

Für Streitigkeiten über die Erhaltung und den Betrieb eines Tir Bezirkskrankenhauses zwischen dem Gemeindeverband und einer Gemeinde ist der Rechtsweg unzulässig, auch wenn darüber zunächst ein Vertrag geschlossen worden war, der zunächst als privatrechtliche Vereinbarung beurteilt werden konnte (JBl 1987, 791).

Der Honoraranspruch eines Arztes in einer Tir Krankenanstalt gegen einen Patienten der Sonderklasse ist im Rechtsweg durchzusetzen (KRSlg 687 [1982]).

2. *Ärzte, sonstige Heilberufe und Apotheken*

144 Dazu s oben Rz 118.

E. Kultuswesen und Stiftungen

1. Kultuswesen

a) Religionsgemeinschaften

Wichtigste Rechtsquellen: G betreffend die gesetzliche Anerkennung von Religionsgemeinschaften (RGBl 1874/68); G über die Erhebung von Kirchenbeiträgen im Lande Österreich (KirchenbeitragsG, GBlfÖ 1939/543). – Religiöse Bekenntnisgemeinschaften: BG über die Rechtspersönlichkeit von religiösen Bekenntnisgemeinschaften (BGBl I 1998/19).

Lit: *Kalb/Potz/Schinkele,* Religionsgemeinschaftenrecht (1998).

aa) Kirchenbeiträge

145 Nach § 3 KirchenbeitragsG sind die katholische Kirche, die evangelische Kirche (Helvetisches und Augsburger Bekenntnis) sowie die altkatholische Kirche berechtigt, nach Maßgabe der von ihnen erlassenen Kirchenbeitragsordnungen Kirchenbeiträge zu erheben. Für die Geltendmachung des Anspruchs auf Kirchenbeiträge ist der Rechtsweg zulässig (§ 3 Abs 1 KirchenbeitragsG); es sind also Streitigkeiten über die Einhebung der Kirchenbeiträge, die Verpflichtungen zivilrechtlicher Natur sind, den ordentliche Gerichten vorbehalten (VfSlg 9199 [1981] = EvBl 1982, 305; SZ 47/40 [1974]; VfSlg 5007 [1965] = EvBl 1964/379; JBl 1961, 471 = EvBl 1961/249).

Hingegen ist durch das G betreffend die Regelung der äußeren Rechtsverhältnisse der **israelitischen Religionsgesellschaft,** RGBl 1890/57, dieser gem § 22 leg cit zur Hereinbringung der statutenmäßig auferlegten Leistungen für israelitische Kultuszwecke die **Verwaltungsexekution** gewährt. Die Geltendmachung der statutenmäßigen Beiträge zur israelitischen Kultusgemeinde kann daher nicht im Rechtsweg erfolgen.

bb) Einzelfragen

146 Ansprüche eines Weltpriesters gegen einen katholischen Laien auf Unterlassung und Widerruf eines in einem Brief an einen Kurienkardinal erhobenen Vorwurfs gehören auf den Rechtsweg (SZ 60/138 [1987] = EvBl 1988/32 = MR 1987, 71).

Für Streitigkeiten aus einem privatrechtlichen Dienstverhältnis zwischen einem Amtsträger und einer gesetzlich anerkannten Kirche oder Religionsgemeinschaft ist der Rechtsweg zulässig (SZ 60/173 [1987] = JBl 1988, 259; SZ 47/135 [1974] = ZAS 1976/15 [*Gampl*] = JBl 1976, 329 = EvBl 1975/186 = Arb 9286 [1975]; JBl 1962, 315).

Der Anspruch einer (katholischen) Pfarre gegen die Verwaltungsbehörde auf Ausfolgung eines während des Gottesdienstes gefundenen und bei der Verwaltungsbehörde hinterlegten Geldbetrags ist zivilrechtlicher Natur und im Rechtsweg durchzusetzen (VwGH ÖAKR 1990, 429).

Der Rechtsweg ist für Ansprüche eines römisch-katholischen Pfarrers auf Ersatz von Wohnungskosten und einer Zulage, soweit sie aus dem geistlichen Amt und dem kanonischen Recht abgeleitet werden, unzulässig; soweit diese Ansprüche aber auf eine davon unabhängige Zusage von vertretungsbefugten Organen der Diözese gegründet werden, hingegen zulässig (SZ 69/53 [1996]).

b) Friedhofswesen

Rechtsquellen: Landesrechtliche Vorschriften.

Das Recht auf Benützung einer Grabstätte ist – außer bei ausdrücklicher gesetzlicher Regelung als öffentlich-rechtliches Verhältnis – ein im Rechtsweg durchzusetzender privatrechtlicher Anspruch, und zwar selbst dann, wenn dieses Recht von der Friedhofsverwaltung „verliehen“, also durch einseitigen Akt gewährt wurde (VwGH EFSlg 34.275 [1979]; SZ 47/40 [1974] = JBl 1974, 483 = EvBl 1974/237 = RZ 1974/74; SZ 27/143 [1954]; VfSlg 2727 [1954] = JBl 1955, 65). 147

Einzelfragen: 148

• Für die Besitzstörungsklage, welche aus dem Grund erhoben wird, weil die Gemeinde in Ausübung der Gesundheitspolizei den kirchlichen Friedhof gesperrt hat, ist der Rechtsweg unzulässig (GlUNF 2689 [1904]).

• Für Streitigkeiten über Grabsteine ist der Rechtsweg zulässig (OLG Wien EvBl 1936/323; SZ 16/229 [1934]), so etwa für eine Klage auf Entfernung einer Aufschrift auf einem Grabstein (EvBl 1966/470).

• Der Rechtsweg ist zulässig für eine Klage, wem das Recht auf Umbettung eines Leichnams zukommt (LGZ Wien EFSlg 22.485 [1974]), ebenso für eine Klage auf Zustimmung zur Enterdigung (SZ 13/127 [1931]).

2. Stiftungswesen

Wichtigste Rechtsquellen: Bundes-Stiftungs- und FondsG (BStFG, BGBl 1975/11); Stiftungs- und FondsG der Länder; PrivatstiftungsG (PSG, BGBl 1993/694).

Lit: *Bruckner/Fries/Fries,* Familienstiftung (1994); *Cerha/Eiselsberg/Kirschner/Knirsch,* Privatstiftungsgesetz (1994); *Csoklich* ua, Handbuch zum Privatstiftungsgesetz (1994); *Doralt/Nowotny/Kalss,* Privatstiftungsgesetz (1995); *Feil,* Privatstiftungsgesetz (1994).

a) Allgemeines

Stiftungen sind durch die Anordnung eines Stifters einem bestimmten Zweck gewidmete **Vermögen mit Rechtspersönlickeit.** Sie sind keine Personenvereinigungen und haben keine Mitglieder, sondern nur Nutznießer (*Koziol/Welser,* Grundriß[10] I 70). Es sind zwei Arten von Stiftungen zu unterscheiden: Stiftungen nach dem BStFG (bzw den LandesG) und Stiftungen nach dem PSG. 149

b) Stiftungen nach dem Bundes-Stiftungs- und FondsG (BStFG, BGBl 1975/11) bzw nach den Stiftungs- und FondsG der Länder

Stiftungen nach dem BStFG sind juristische Personen; sie entstehen durch die („private“) dauernde Widmung eines Vermögens, dessen Erträgnisse gemeinnützigen oder mildtätigen Zwecken dienen soll, und durch die behördliche Entscheidung, daß die Errichtung der Stiftung zulässig ist (*Walter/Mayer,* Verwaltungsrecht[2], 90). Der Zweck der Stiftung muß über den Interessenbereich eines Bundeslandes hinausgehen; andere gemeinnützige Stiftungen unterliegen der landesgesetzlichen Regelung. Die Stiftung unterliegt der öffentlich-rechtlichen Aufsicht der Stiftungsbehörde. 150

Stiftungsbehörde in erster Instanz ist der Landeshauptmann oder – bei Stiftungen, die nach ihren Satzungen von Bundesministerien verwaltet werden – der sachlich zuständige Bundesminister. Der BM für Inneres hat für alle Stiftungen ein Stiftungsregister zu führen. Das AVG ist anzuwenden.

Gem § 12 BStFG sind Ansprüche der Stiftung auf Grund der Stiftungserklärung sowie Ansprüche gegen die Stiftung auf Grund der Stiftungserklärung oder der -satzung gleich anderen privatrechtlichen Ansprüchen gegen die Stiftung vor den Gerichten im ordentlichen streitigen Rechtsweg geltend zu machen. Auch ausländische Stiftungen können in Stiftungsstreitigkeiten vor den (inländischen) Gerichten geklagt werden (SZ 23/35 [1950] zur alten Rechtslage).

Im einzelnen hat die Rsp (nach der insoweit vergleichbaren Rechtslage [Hofdekret 21. 5. 1841 JGS 541] vor Inkrafttreten des BStFG) die Entscheidungskompetenz der Gerichte in folgenden Fällen bejaht bzw folgende Fragen behandelt:

- im Fall der Erbeinsetzung der erst zu errichtenden Stiftung wird diese trotz der Genehmigungserklärung der Stiftungsbehörde nicht als juristische Person existent, wenn im Testament ein Stiftungszweck nicht genannt wird (RG DREvBl 1942/291);
- ob der Holzerlös aus einem der Stiftung gehörenden Wald Stiftungskapital oder Stiftungsertrag ist, entscheiden die Gerichte (GlUNF 1800 [1902]);
- für Streitigkeiten über Ansprüche auf den Genuß einer Stiftung, wenn dieser aus einer durch Parteiwillen entstandenen Stiftungsanordnung abgeleitet wird, ist der Rechtsweg gegeben (RGE Hye 1669 [1909]).

c) Stiftungen nach dem PrivatstiftungsG (PSG, BGBl 1993/694)

151 Eine Stiftung iS des PSG („Privatstiftung") ist ein Rechtsträger, dem vom Stifter ein Vermögen gewidmet ist (dzt mindestens 1 Million S), um durch dessen Nutzung, Verwaltung und Verwertung der Erfüllung eines vom Stifter bestimmten, erlaubten Zwecks zu dienen; sie genießt Rechtspersönlichkeit und kann auch auf bestimmte Zeit errichtet werden. Der Zweck der Privatstiftung kann, muß aber nicht gemeinnützig sein, er kann sogar ausschließlich eigennützige Zwecke verfolgen (zB die Erträgnisse Verwandten zukommen zu lassen, für die der Stifter sorgen muß; *Koziol/Welser,* Grundriß[10] I 71); oft wird eine – nicht ausschließlich gemeinnützige – Förderung von Wissenschaft und Kunst oder die Erhaltung von Unternehmen ua bezweckt. Die Privatstiftung wird ähnlich wie eine Handelsgesellschaft errichtet; vertreten und verwaltet wird sie vom Stiftungsvorstand, für den ähnliche Regelungen wie für die Geschäftsführungsorgane von Handelsgesellschaften gelten.

Privatstiftungen entstehen durch Eintragung ins Firmenbuch; sie unterliegen nicht der verwaltungsbehördlichen Aufsicht und Kontrolle (*Koziol/Welser,* Grundriß[10] I 72).

§ 40 PSG (nachgebildet § 14 AktG, § 102 GmbHG, § 276 HGB) regelt – in nicht allzu glücklicher, weil unpräziser Weise – die **Zuständigkeit der Gerichte** sowie das anzuwendende Verfahren. Zunächst ist davon auszugehen, daß es sich bei Angelegenheiten nach dem PSG (anders als bei Stiftungen nach dem BStFG) ausschließlich um solche privatrechtlicher Natur handelt, die somit von den ordentlichen Gerichten zu behandeln sind. Zuständig ist der zur Ausübung der Gerichtsbarkeit in Handelssachen berufene Gerichtshof erster Instanz, in dessen Sprengel sich der Sitz der Privatstiftung befindet; die Zuständigkeit ist zwingend, Parteivereinbarungen sind unwirksam (*Riel* in *Doralt/Nowotny/Kalss,* Privatstiftungsgesetz Rz 2 zu § 40). Aus dem Zusammenhang mit § 120 JN ergibt sich, daß dieses Gericht ident mit dem Firmenbuchgericht ist. § 40 PSG ordnet weiter an, daß grundsätzlich das Verfahren außer Streitsachen anzuwenden ist (ausgenommen es handelt sich um Angelegenheiten, „die dem Prozeßgericht zugewiesen sind"; diese Frage läßt das Gesetz allerdings offen; für die dem Prozeßgericht zugewiesenen Rechtssachen kann die Zuständigkeit eines Schiedsgerichts vereinbart werden [*Cerha/Eiselsberg/Kirschner/Knirsch,* Privatstiftungsgesetz 88]).

152 Zu den im **außerstreitigen Verfahren** (und zwar vom Einzelrichter, s *Mayr* in *Rechberger,* ZPO § 120 JN Rz 3) zu erledigenden Angelegenheiten zählen etwa: die Bestellung und Enthebung von Stiftungsorganen, Festsetzung von Vergütungen, Entscheidung über Meinungsverschiedenheiten von Stiftungsorganen, Entscheidung über einen Auskunftsanspruch ua (s im einzelnen die ausführliche Darstellung bei *Riel* in *Doralt/Nowotny/Kalss,* Privatstiftungsgesetz Rz 6 zu § 40). Für das außerstreitige Verfahren sind mangels besonderer Vorschriften die allgemeinen Bestimmungen des AußStrG heranzuziehen; lediglich die mit der Eintragung ins Firmenbuch verbundenen Angelegenheiten sind nach den §§ 15 ff FBG zu behandeln (*Riel* in *Doralt/Nowotny/Kalss,* Privatstiftungsgesetz Rz 4 und 9 zu § 40 mwN von zT aA).

Ins **streitige Verfahren** vor das nach den allgemeinen Zuständigkeitsregeln zuständige Gericht gehören vor allem die Streitigkeiten zwischen Begünstigten und der Stiftung über die Frage der Begünstigtenstellung und allfällige Ausschüttungen (*Riel* in *Doralt/Nowotny/Kalss,* Privatstiftunggesetz Rz 10 zu § 40; *Bruckner/Fries/Fries,* Familienstiftung 56).

F. Datenschutz

Wichtigste Rechtsquellen: DatenschutzG 2000 (DSG 2000, BGBl I 1999/165).

Lit: *Mayer-Schönberger/Brandl,* Datenschutzgesetz 2000 (1999). – Zum DatenschutzG 1978 (DSG, BGBl 1978/565): *Dohr/Weiss/Pollirer,* Datenschutzgesetz (1988 mit Ergänzungsheft 1995).

1. Allgemeines

153 Grundgedanke des Datenschutzes ist es, die Persönlichkeitssphäre des Menschen zu wahren und ihm **Rechtsschutz gegen die ungerechtfertigte Verwendung seiner Daten zu ermöglichen.** Der Schutz personenbezogener Daten soll nicht nur im öffentlichen Bereich (also gegen den Bund, die Länder usw) gewährt werden, sondern auch im privaten Bereich (somit gegen private Datenverwender; *Walter/Mayer,* Verwaltungsrecht², 117; ErläutRV 1024 BlgNR 14. GP 1; s auch *Raschauer,* Besonderes Verwaltungsrecht³, 50, jeweils zum DSG 1978). Das DSG 2000, das anstelle des DSG 1978 getreten ist, hat eine Anpassung des Datenschutzrechts an die EG-Richtlinie 95/46/EG vorgenommen. Dabei wurde ua die bisherige Trennung in einen öffentlichen und in einen privaten Bereich weitgehend aufgegeben, sodaß nunmehr – von Ausnahmen abgesehen – für beide Bereiche die gleichen Regelungen gelten (ErläutRV 1613 BlgNR 20. GP 30; *Mayer-Schönberger/Brandl,* Datenschutzgesetz 2000, 11).

Eine dieser Ausnahmen betrifft – wie bisher – den Rechtsschutz von Betroffenen: Die Einhaltung der Bestimmungen des DSG 2000 ist **zT im Verwaltungsweg** („öffentlicher Bereich"), **zT im ordentlichen streitigen Zivilrechtsweg** („privater Bereich") durchzusetzen (§§ 1, 5, 30 ff DSG 2000; ErläutRV 1613 BlgNR 20. GP 31; *Mayer-Schönberger/Brandl,* Datenschutzgesetz 2000, 23, 37). Als Verwaltungsbehörde ist die Datenschutzkommission (Behörde gem Art 133 Z 4 B-VG, ErläutRV 1613 BlgNR 20. GP 48) eingerichtet (§§ 35 ff DSG 2000; der Datenschutzrat gem §§ 41 ff DSG 2000 hat im wesentlichen nur beratende Funktion).

Datenanwendungen sind dem privaten Bereich zuzurechnen, wenn der Auftraggeber privatrechtlich organisiert ist, in allen anderen Fällen dem öffentlichen Bereich (eine Ausnahme besteht für jene privatrechtlich eingerichteten Auftraggeber, die hoheitliche Aufgaben wahrnehmen (§ 5 DSG 2000; s *Mayer-Schönberger/Brandl,* Datenschutzgesetz 2000, 23).

2. *Zivilrechtsweg*

154 Gemäß § 32 DSG 2000 sind Ansprüche gegen Auftraggeber des privaten Bereichs wegen Verletzung des Betroffenen auf Geheimhaltung, auf Richtigstellung oder auf Löschung auf dem streitigen Zivilrechtsweg geltend zu machen; sind Daten gesetzwidrig verwendet worden, so hat der Betroffene Anspruch auf Unterlassung und Beseitigung. Ebenso sind Schadenersatzansprüche im privaten Bereich im Streitverfahren durchzusetzen (§ 33 DSG 2000); Schadenersatzansprüche, die durch Auftraggeber im öffentlichen Bereich entstanden sind, sind nach den Regeln des Amtshaftungsrechts geltend zu machen (*Mayer-Schönberger/Brandl,* Datenschutzgesetz 2000, 38).

155 Neu gegenüber der bisherigen Regelung ist die Möglichkeit, daß die Datenschutzkommission bei schwerwiegenden Verstößen gegen das DSG 2000 eine Feststellungsklage gegen den Auftraggeber des privaten Bereichs einbringen kann (§ 32 Abs 5 DSG 2000; mißverständlich *Mayer-Schönberger/Brandl,* Datenschutzgesetz 2000, 37, wonach der Betroffene klagslegitimiert ist).

Verletzungen des Auskunftsrechts sind immer – sowohl im öffentlichen als auch im privaten Bereich – im Verwaltungsweg vor der Datenschutzkommission durchzusetzen (im einzelnen und zu den Ausnahmen s §§ 26, 31 DSG 2000).

3. *Verfahrensrechtliche Besonderheiten*

156 Für die im streitigen Zivilrechtsweg durchzusetzenden Ansprüche nach §§ 32f DSG 2000 ist gem § 32 Abs 4 DSG 2000 das LG zuständig (sachliche Eigenzuständigkeit), in dessen Sprengel der Betroffene seinen gewöhnlichen Aufenthalt oder Sitz hat (ausschließlicher Gerichtsstand). Klagen des Betroffenen können aber auch bei dem LG erhoben werden, in dessen Sprengel der Auftraggeber oder der Dienstleister seinen gewöhnlichen Aufenthalt oder Sitz hat (Wahlgerichtsstand). Zuständigkeitsvereinbarungen im Rahmen des § 104 JN sind zulässig (*Dohr/Weiss/Pollirer,* Datenschutzgesetz 121 zum insofern wortgleichen § 29 DSG 1978).

Nach § 32 Abs 6 DSG 2000 hat die Datenschutzkommission, wenn es ein Betroffener verlangt und es zur Wahrung geschützter Interessen des Datenschutzes und einer größeren Anzahl von Betroffenen geboten ist, auf seiten des Betroffenen als Nebenintervenient beizutreten. In diesem Fall hat die Datenschutzkommission die Stellung eines einfachen Nebenintervenienten, wobei ein Interventionsinteresse weder behauptet noch bescheinigt werden muß (so *Dohr/Weiss/Pollirer,* Datenschutzgesetz 123 zum insofern wortgleichen § 29 DSG 1978).

Für die Erlassung einer einstweiligen Verfügung ist gem § 32 Abs 3 DSG 2000 eine Gefährdung iSd § 381 EO nicht erforderlich.

Die Datenschutzkommission hat eine Feststellungsklage gem § 32 Abs 5 DSG 2000 bei dem LG einzubringen, in dessen Sprengel der Auftraggeber oder Dienstleister seinen gewöhnlichen Aufenthalt oder Sitz hat.

G. *Wohnbauförderung*

Wichtigste Rechtsquellen: WohnbauförderungsG (BGBl 1984/482); WohnhaussanierungsG (BGBl 1984/483); beide G sind nur mehr in wenigen Bestimmungen in Kraft; WohnbauförderungsG der Länder.

157 Alle zit G sehen eine Wohnbauförderung grundsätzlich nur im Rahmen der Privatwirtschaftsverwaltung vor, sodaß kein Anspruch auf Gewährung einer Förderung besteht (vgl *Walter/Mayer,* Verwaltungsrecht^2, 526; ein Rechtsan-

spruch besteht zB auf Wohnbeihilfe gem § 1 Abs 2 Krnt WohnbauförderungsG, LGBl 1993/19). Ein im ordentlichen Rechtsweg durchsetzbarer Anspruch entsteht erst mit Zustandekommen eines privatrechtlichen Vertrags (so ausdrücklich § 6 Abs 1 Oö WohnbauförderungsG, LGBl 1993/6, wonach mit Annahme der Förderungszusicherung ein im ordentlichen Rechtsweg durchsetzbarer Rechtsanspruch entsteht).

H. Vereine, Genossenschaften und Gesellschaften

1. Vereinswesen

Wichtigste Rechtsquellen: VereinsG 1951 (BGBl 233).

Lit: *Bric,* Vereinsfreiheit (1998); *Fessler/Keller,* Österreichisches Vereinsrecht[7] (1990); *Ginzinger* in *Bachmann ua,* Besonderes Verwaltungsrecht[2] (1998) 29ff; *Höhne/Jöchl/Lummerstorfer,* Das Recht der Vereine (1997); *Keinert,* Zur prinzipiellen Funktion statutarischer Vereinsschiedsgerichte, Frotz-FS (1993) 783; *Liehr/Stöberl,* Der Verein[3] (1996); *Rechberger/Frauenberger,* Der Verein als „Richter", ecolex 1994, 5; *Rummel,* Privates Vereinsrecht im Konflikt zwischen Autonomie und rechtlicher Kontrolle, Strasser-FS (1983) 813; *Scherhak/Szirba,* Das österreichische Vereinsrecht (1999).

a) Allgemeines

Nach Art 12 StGG und Art 11 EMRK haben alle Menschen das verfassungsgesetzlich gewährleistete Recht, Vereine zu bilden **(„Vereinsfreiheit")**. Das auf das Jahr 1867 zurückgehende VereinsG soll die „Ausübung" des Vereinsrechts regeln. Die Behörde soll aus sicherheitspolizeilichen Gründen von Vereinsbildungen Kenntnis erlangen, um gegen unzulässige Vereinsbildungen und verbotene Vereinstätigkeiten einschreiten zu können (*Walter/Mayer,* Verwaltungsrecht[2], 47). **158**

Hinsichtlich der Behörden wird im Vereinsrecht zwischen der Vereinsbildungsbehörde (diese ist zuständig für alle Akte, welche die rechtliche Existenz eine Vereins zum Gegenstand haben) und der Vereinsaufsichtsbehörde (diese übt die Kontrollrechte des VereinsG aus) unterschieden. Vereinsbildungbehörde ist – entgegen dem Gesetzeswortlaut – nicht der Landeshauptmann, sondern die Sicherheitsdirektion; Vereinsaufsichtsbehörde ist die Bezirksverwaltungsbehörde bzw die Bundespolizeidirektion (s dazu *Ginzinger* in *Bachmann ua,* Besonderes Verwaltungsrecht[2], 42).

b) Vereinsschiedsgerichte (§ 4 Abs 2 VereinsG, § 599 Abs 2 ZPO)

§ 4 Abs 2 VereinsG ordnet zwingend an, daß die Vereinsstatuten Bestimmungen über die Art der Schlichtung von Streitigkeiten aus dem Vereinsverhältnis enthalten müssen. In der Praxis wird hiefür meist ein eigenes Vereinsorgan, das Schiedsgericht, bestimmt. Das Vereinsschiedsgericht ist kein Schiedsgericht iS der §§ 577ff ZPO. § 599 Abs 2 ZPO verfügt lapidar, daß diese zur Schlichtung von Streitigkeiten aus dem Vereinsverhältnis errichteten Schiedsgerichte den Bestimmungen „dieses Abschnittes" (also dem schiedsgerichtlichen Verfahren) nicht unterworfen sind. § 599 Abs 2 ZPO wurde häufig mißdeutet, besagt aber nichts anderes, als daß eben die Spezialnormen der §§ 577 bis 598 ZPO für Vereinsschiedsgerichte unanwendbar sind; hingegen ist damit nichts darüber ausgesagt, ob und inwieweit damit für Streitigkeiten aus dem Vereinsverhältnis die gerichtliche Rechtsverfolgung an sich beschränkt wurde (*Fasching,* Schiedsgericht 51). Das führt zu folgendem Ergebnis: **159**

Da die §§ 577 bis 599 Abs 1 ZPO eindeutig eine Beschränkung und einen partiellen Ausschluß der gerichtlichen Rechtsverfolgung enthalten, ist diese Beschränkung durch § 599 Abs 2 ZPO für die Vereinsschiedsgerichte weggefallen. Das bedeutet also, daß **Streitigkeiten zwischen Vereinsmitgliedern und dem Verein** innerhalb der allgemeinen Grenzen der Zulässigkeit des Rechtswegs **vor den ordentlichen Gerichten** anhängig gemacht und von diesen entschieden werden können. Soweit Fragen öffentlich-rechtlichen Vereinsrechts (insb Fragen der Vereinsaufsicht, des Verhältnisses der Vereinsmitglieder oder Proponenten zur Vereinsbehörde, der gesetzlich fixierten inneren Ordnung des Vereins uä) strittig sind, obliegt deren Entscheidung den Verwaltungsbehörden. Für die Entscheidungsbefugnis der ordentlichen Gerichte ist damit ausschließlich maßgebend, ob der Streit in den Bereich des Privatrechts fällt, ob also die strittigen Beziehungen zwischen Vereinsmitgliedern und dem Verein privatrechtlicher Natur sind oder nicht. Ein statutenmäßig festgesetztes Vereinsschiedsgericht stellt also keinerlei Hindernis für die Anrufung des ordentlichen Gerichts zur Entscheidung von privatrechtlich zu beurteilenden Streitigkeiten aus dem Vereinsverhältnis dar. Der Passus, wonach das Schiedsgericht „unter Ausschluß des Rechtswegs" entscheidet, ist gesetzwidrig und unwirksam (*Fasching,* Lehrbuch[2] Rz 2239; *Fessler/Keller,* Vereinsrecht[7], 54, 85; *Rechberger/Frauenberger,* ecolex 1994, 5; aM aber offenbar VfSlg 4044/61 [1961], wonach die angesprochene Passage nicht zu beanstanden ist).

160 Umstritten ist freilich, ob vor der Klagserhebung ein **vereinsinterner Instanzenzug** ausgeschöpft werden muß (bejahend die Rsp: 7 Ob 197/97 i; JBl 1994, 833; EvBl 1975/266 [nach der jüngsten Rsp kann jedoch das Vereinsmitglied bei Vorliegen besonders beachtenswerter Ausnahmefälle, die im Einzelfall die Anrufung des Vereinsschiedsgerichts unzumutbar machen, die ordentlichen Gerichte anrufen, ohne vorher den vereinsinternen Instanzenzug auszuschöpfen, s SZ 70/206 [1997] = JBl 1998, 258 = RZ 1999/4; 9 Ob 501/96; ebenso *Höhne/Jöchl/Lummerstorfer,* Recht 139; aM noch 8 Ob 566/93] und *Fessler/Keller,* Vereinsrecht[7], 85; ausdrücklich dagegen *Rechberger* in *Rechberger,* ZPO § 599 Rz 2 und *Rechberger/Frauenberger,* ecolex 1994, 5; s dazu die Einl zu § 599 ZPO). Es ist jedoch weiters zulässig und wirksam, unter Einhaltung der Formvorschriften der §§ 577 ff ZPO für diese Streitigkeiten dieses Vereinsschiedsgericht zu vereinbaren; dies ist aber dann ausschließlich nach den §§ 577 ff ZPO zu beurteilen (die schriftliche Beitrittserklärung des Mitglieds reicht nicht aus, *Höhne/Jöchl/Lummerstorfer,* Recht 139; *Rechberger* in *Rechberger,* ZPO § 599 Rz 2; *Rechberger/Frauenberger,* ecolex 1994, 5; *Rummel,* Strasser-FS 834; s dazu aber auch JBl 1995, 596, wonach es zum wirksamen Zustandekommen einer Schiedsvereinbarung zwischen Genossenschaft und Mitglied genügt, wenn sowohl das die Schiedsklausel enthaltende Statut als auch die Beitrittserklärung schriftlich sind und wechselseitig zugesandt wurden [idS auch *Höhne/Jöchl/Lummerstorfer,* Recht 139]). Die Parteien können unter diesen Voraussetzungen das Schiedsgericht eines Vereins auch dann rechtswirksam vereinbaren, wenn eine von ihnen oder beide dem Verein nicht als Mitglieder angehören (SZ 20/147 [1938]).

161 Die Abgrenzung zwischen privatrechtlich zu beurteilenden und öffentlich-rechtlich einzustufenden Beziehungen aus dem Vereinsverhältnis ist nicht immer leicht, führt aber zu folgendem Ergebnis: Grundsätzlich hat sich das Vereinsrecht als öffentliches Recht im VereinsG auf die Staatsaufsicht bei Gründung, Tätigkeit und Auflösung des Vereins beschränkt. Die Rechtsbeziehungen zwischen Verein und Vereinsmitgliedern wurden dadurch nicht geregelt. Sie sind, wie in den übrigen Fällen der Rechtsbeziehungen zwischen einer juristischen

Person und ihren „Mitgliedern" (s vor allem bei Genossenschaften, Aktiengesellschaften, Gesellschaften mit beschränkter Haftung usw), privatrechtlicher Natur. Soweit der Verein oder seine Organe für die Mitglieder Entscheidungen und Verfügungen treffen, tun sie dies nicht in Ausübung hoheitlicher Befugnisse, sondern im Rahmen des durch Vereinsstatut und Beitrittserklärung begründeten Rechtsverhältnisses zwischen Verein und Mitgliedern (*Fasching,* Schiedsgericht 51; *Fessler/Keller,* Vereinsrecht[7], 54; s dazu auch *Höhne/Jöchl/Lummerstorfer,* Recht 137; *Raschauer,* Besonderes Verwaltungsrecht[3], 77. Nach *Rummel,* Strasser-FS 836 ist die Unterscheidung zwischen privatrechtlichen und körperschaftsrechtlichen Streitigkeiten undurchführbar; alle aus der Vereinsmitgliedschaft, welche ein rein privatrechtliches Verhältnis begründet, erfließenden Rechte sind privatrechtlicher Natur und unterliegen daher der Entscheidungsbefugnis der ordentlichen Gerichte).

Das öffentliche Recht räumt den Vereinen keinerlei autonome Disziplinarstrafgewalt gegen seine Mitglieder ein. Trotzdem auferlegte Disziplinarstrafen (Vereinsstrafen) sind als Folgen und Nebenwirkungen der Mitgliedschaft zu beurteilen, über deren Berechtigung und Ausmaß die ordentlichen Gerichte entscheiden können; diese dürfen nicht nur die Berechtigung der Vereinsstrafe, sondern auch deren Höhe überprüfen (*Fasching,* Lehrbuch[2] Rz 2239; ebenso *Fessler/Keller,* Vereinsrecht[7], 84; s dazu auch ausführlich *Höhne/Jöchl/Lummerstorfer,* Recht 140; und *Rechberger/Frauenberger,* ecolex 1994, 5; SZ 51/154 [1978] = JBl 1981, 212 [zust *F. Bydlinski*] = EvBl 1979/85).

Vereinsstreitigkeiten, für die das Vereinsschiedsgericht zuständig wäre, **162**
können **einverständlich vor die ordentlichen Gerichte** gebracht werden (*Fessler/Keller,* Vereinsrecht[7], 85; SZ 13/3 [1931]; 6/122 [1924]; 2/41 [1920]). Die Einwendung, daß nicht das Gericht, sondern das Vereinsschiedsgericht zuständig ist, ist eine solche der prorogablen sachlichen Unzuständigkeit (s *Fessler/Keller,* Vereinsrecht[7], 85; SZ 13/3 [1931]).

Ein **Vereinsschiedsgericht** ist **kein Schiedsgericht iS der §§ 577 bis 599** **163**
Abs 1 ZPO; zu den durch § 599 Abs 2 ZPO verfolgten Zwecken gehört ua gerade auch, eine Bildung der Richterbank nach den Bestimmungen der ZPO zu verhindern. In einem solchen Fall fehlt es an der Grundlage für eine Schiedsrichterbestellung durch das ordentliche Gericht (SZ 37/31 [1964] = EvBl 1964/365; JBl 1963, 574 = EvBl 1963/323).

Entscheidungen (Schiedssprüche) von Vereinsschiedsgerichten können nicht mit Aufhebungsklage nach § 595 ZPO angefochten werden (JBl 1937, 189; SZ 18/34 [1936]; 7/179 [1925]); jedoch ist die Prüfung der Entscheidung eines Vereinsschiedsgerichts im ordentlichen Rechtsweg darauf zulässig, ob sie nicht zwingende Rechtsvorschriften verletzt oder Bestimmungen der Satzung über die Zusammensetzung des Schiedsgerichts und das einzuhaltende Verfahren außer acht gelassen hat (*Fessler/Keller,* Vereinsrecht[7], 87; idS auch *Höhne/Jöchl/Lummerstorfer,* Recht 138, wonach die volle Überprüfbarkeit der Entscheidung des Vereinsschiedsgerichts durch die ordentlichen Gerichte gegeben ist; SZ 20/71 [1938]; 18/168 [1936]).

c) Einzelfragen (s dazu auch die Übersicht bei *Fessler/Keller,* Vereinsrecht[7], 80)

aa) Kompetenz der Verwaltungsbehörden

• Über Fragen der ordentlichen Vereinsadministration entscheidet die **164**
Verwaltungsbehörde (EvBl 1968/380).

• Wenn Vereinsstreitigkeiten die Tätigkeit des Vereins längere Zeit lahmlegen, kann dies für die Behörde ein Anlaß sein zu prüfen, ob dieser Umstand einen Grund für eine behördliche Vereinsauflösung darstellt (*Fessler/Keller,* Vereinsrecht[7], 87).

• Vereinsmitglieder können ihr – anzuerkennendes – Interesse auf eine ordentliche Vereinsadministration, zu der die Verwendung des satzungsgemäßen Vereinsnamens ebenso gehört wie statutengemäße personelle Zusammensetzung der Führung des Vereins und die Verwaltung des Vereinsvermögens, nicht bei den Gerichten verfolgen. Abhilfe gegen Interessenverletzungen der beschriebenen Art ist vielmehr bei der politischen Behörde zu suchen; dieser obliegt es, die Vereinsstatuten zur Kenntnis zu nehmen oder zu bescheinigen, und die Vereinsbehörde ist im Rahmen ihrer Aufsichtspflicht berufen, für eine den Statuten gemäße Betätigung des Vereins zu sorgen (6 Ob 255/70; EvBl 1968/263 = MietSlg 19.503 [1967]). Gleiches gilt auch für die Beurteilung der Vertretungsbefugnis von Vereinsorganen zur Erhebung der Subsidiaranklage (RZ 1970, 145).

bb) Kompetenz der Vereinsschiedsgerichte

165 Vor die Vereinsschiedsgerichte gehören nur Streitigkeiten, die nicht die Schädigung eines Privatrechts, sondern die Schädigung eines das Vereinsleben bzw die Führung des Vereins betreffenden Interesses bedeuten; hierher gehören zB Streitigkeiten zwischen Mitgliedern des Vereins untereinander oder mit der Vereinsleitung über den Umfang der Vereinspflichten, über den Aufgabenkreis des Vorstands, über die Geldgebarung des Vereins (*Fessler/Keller,* Vereinsrecht[7], 80; EvBl 1964/365; EvBl 1963/323; s aber auch Rz 166).

cc) Kompetenz der ordentlichen Gerichte

166 • Die subjektiven, aus dem Vereinsverhältnis entspringenden Rechte des einzelnen Vereinsmitglieds können im ordentlichen Rechtsweg geltend gemacht werden, zB die Feststellung der Mitgliedschaft zu einem Verein, die Bestreitung der Zugehörigkeit, die Unwirksamkeit der Ausschließung aus dem Verein und die Nichtigerklärung eines von der Generalversammlung gefaßten Beschlusses auf Satzungsänderung (stRsp, JBl 1994, 833; EvBl 1993/117; SZ 51/154 [1978] = JBl 1981, 212; SZ 34/152 [1961] uva; zuletzt 7 Ob 2314/96m; 10 Ob 2014/96s; 1 Ob 45/94).

• Umstritten ist, ob vor der Klagserhebung ein vereinsinterner Instanzenzug ausgeschöpft werden muß (bejahend die Rsp, 7 Ob 197/97i; JBl 1994, 833; SZ 51/154 [1978]; EvBl 1975/266 und *Fessler/Keller,* Vereinsrecht[7], 85; ausdrücklich dagegen *Rechberger* in *Rechberger,* ZPO § 599 Rz 2 und *Rechberger/Frauenberger,* ecolex 1994, 5; differenzierend SZ 70/206 [1997] = JBl 1998, 258 = Rz 1999/4; s dazu im einzelnen auch Rz 160).

• Streitigkeiten wegen Bezahlung von Mitgliedsbeiträgen gehören nicht vor die Vereinsschiedsgerichte (SZ 37/31 [1964] = EvBl 1964/365; LGZ Wien WR 100 [1984]); ebenso nicht Streitigkeiten wegen vermögensrechtlicher Ansprüche der Vereinsmitglieder aus dem Vereinsverhältnis (zB Zahlung statutenmäßiger Krankenunterstützung, SZ 10/285 [1928]).

• Der Anspruch der Vereinsmitglieder auf statutenmäßige Betätigung des Vereins ist dann im ordentlichen Rechtsweg geltend zu machen, wenn sie in ihren subjektiven Rechten aus dem Vereinsverhältnis beeinträchtigt sind (SZ 59/80 [1986]; EvBl 1968/263 = MietSlg 19.503 [1967]).

• Ein Vereinsmitglied kann Entscheidungen der Vereinsorgane wegen Statutenwidrigkeit auf dem Rechtsweg bekämpfen (JBl 1968, 432).

• Die Entscheidungen von Organen politischer Parteien, so auch der Parteigerichte, die privatrechtliche Ansprüche der Parteimitglieder betreffen (Ausübung der Mitgliedsrechte, Parteiausschluß), unterliegen – nach Ausschöpfung des nach den Parteistatuten vorgesehenen Instanzenzugs – der gerichtlichen Überprüfung im ordentlichen Rechtsweg (SZ 51/154 [1978] = JBl 1981, 212 [*F. Bydlinski*]; ÖBl 1983, 169).

• Die gerichtliche Prüfung der Wirksamkeit des Ausschlusses hat hinsichtlich der formellen und materiellen Voraussetzungen zu erfolgen (EvBl 1978/182; SZ 51/154 [1978] = JBl 1981, 212; SZ 46/71 [1973]).

• Der gerichtlichen Überprüfung unterliegt auch die Mitwirkung an der Willensbildung des Vereins (GesRZ 1986, 155).

• Entscheidungen (Schiedssprüche) von Vereinsschiedsgerichten können nicht mit Aufhebungsklage nach § 595 ZPO angefochten werden (JBl 1937, 189; SZ 18/34 [1936]; 7/179 [1925]); jedoch ist die Prüfung der Entscheidung eines Vereinsschiedsgerichts im ordentlichen Rechtsweg darauf zulässig, ob sie nicht zwingende Rechtsvorschriften verletzt oder Bestimmungen der Satzung über die Zusammensetzung des Schiedsgerichts und das einzuhaltende Verfahren außer acht gelassen hat (*Fessler/Keller,* Vereinsrecht[7], 87; SZ 20/71 [1938]; 18/168 [1936]).

2. *Genossenschaften und Gesellschaften*

a) *Genossenschaften* (GenossenschaftsG, RGBl 1873/70)

Der **ordentliche Rechtsweg** ist in folgenden Angelegenheiten **gegeben:** 167

• Das Gericht hat über die Rechtmäßigkeit des Ausschlusses eines Genossenschafters zu entscheiden, und zwar sowohl über das Vorliegen des Ausschließungsgrundes als auch darüber, ob die Verfahrensbestimmungen der Statuten eingehalten wurden (SZ 34/55 [1961] = JBl 1961, 599 = EvBl 1961/385; JBl 1947, 111; RZ 1933, 192; RGE Hye 1144 [1902]).

• Der Ausschluß aus der Genossenschaft steht dabei im besonderen auch unter dem Grundsatz von Treu und Glauben (SZ 63/7 [1990]; SZ 59/120 [1986] = EvBl 1987/102 = WBl 1987, 15; RZ 1975/25; 1 Ob 164/63; 1 Ob 120/57).

• Die Überprüfung des Ausschlusses aus der Genossenschaft durch das Gericht ist allerdings erst nach Ausschöpfung des im Statut vorgesehenen Instanzenzugs möglich (EvBl 1975/266; RZ 1975/25; MietSlg 24.497 [1972]; SZ 42/163 [1969] = MietSlg 21.747 [1969]); daß vor Anrufung der ordentlichen Gerichte der statutarische Instanzenzug ausgeschöpft sein muß, ist eine Einwendung aus den dem Privatrecht zuzurechnenden Rechtsbeziehungen zwischen dem Verein und seinen Mitgliedern, die erst mit der Entscheidung in der Sache selbst zu erledigen ist (6 Ob 577/86).

• Die Verhängung einer Genossenschaftsstrafe unterliegt grundsätzlich der vollen gerichtlichen Überprüfung, allerdings erst nach Erschöpfung des internen Instanzenzugs (54/16 [1981] = JBl 1982, 41 = EvBl 1981/129 = RZ 1981/37 = GesRZ 1981, 119).

• Für den Anspruch des Revisionsverbandes auf Verbandsbeiträge und Prüfungsgebühren gem GenRevG (RGBl 1903/133) ist das Gericht zuständig (SZ 37/174 [1964] = JBl 1965, 270).

• Zur Entscheidung über die Berechtigung des Ausschlusses eines Genossenschaftsmitglieds ist das Handelsgericht zuständig (JBl 1947, 111).

• Vollversammlungsbeschlüsse einer Genossenschaft können, auch wenn sie ins Genossenschaftsregister eingetragen wurden, im Rechtsweg angefochten werden (SZ 11/260 [1929]).

168 Der **ordentliche Rechtsweg** ist in folgenden Fällen **unzulässig:**

• Die Geltendmachung eines Anspruch gegen die Genossenschafter einer im Ausgleich befindlichen GenmbH auf Zahlung von Deckungsbeiträgen auf Grund der V RGBl 1918/105 vor den Zivilgerichten ist ausgeschlossen (SZ 9/191 [1927]).

• Ebenso ist der Rechtsweg ausgeschlossen für den Anspruch gegen einen Verband iS der §§ 2ff GenRevG (RGBl 1903/133) auf Vornahme der Revision einer ihm angehörenden Erwerbs- und Wirtschaftsgenossenschaft (SZ 7/61 [1925]).

b) Gesellschaften

169 Dazu s Rz 319ff.

I. Straßenrecht

Wichtigste Rechtsquellen: BundesstraßenG 1971, BGBl 286; LandesG.

Lit: *Lebitsch* in *Bachmann ua,* Besonderes Verwaltungsrecht² (1998) 273ff; *ders,* Probleme des Gemeingebrauchs am Beispiel der Benützung von Straßen als Forum der öffentlichen Kommunikation, JBl 1983, 68; *Merli,* Öffentliche Nutzungsrechte und Gemeingebrauch (1995).

1. Allgemeines

170 Primärer Regelungszweck des Straßenrechts ist es, Art und Verlauf von Straßen, die Pflichten zum Bau und zur Erhaltung, die Haftung und die Pflichten der Anrainer und anderer Personen in bezug auf die Straßen festzulegen (*Lebitsch* in *Bachmann ua,* Besonderes Verwaltungsrecht 259). Das Straßenrecht unterteilt die Straßen in Bundes- und Landesstraßen, wobei die landesgesetzlichen Regelungen neben Landesstraßen auch verschiedene Kategorien örtlicher und zwischenörtlicher Straßen sowie Privatstraßen kennen (im einzelnen *Lebitsch* in *Bachmann ua,* Besonderes Verwaltungsrecht², 276).

Das Straßenrecht ist ein charakteristisches Beispiel für die sog „Doppelgeleisigkeit der Verwaltung“, nämlich die Führung der Verwaltungsaufgaben je nach gesetzlicher Grundlage als Hoheitsverwaltung oder als Privatwirtschaftsverwaltung. Der Unterschied kommt in den Gesetzen zumeist durch eine relativ klare terminologische Unterscheidung zum Ausdruck: Beispielsweise wird im BStG durchgehend zwischen der Bundesstraßenbehörde und der Bundesstraßenverwaltung (Bund als Privatrechtsträger) unterschieden. Je nachdem handelt es sich um Hoheitsverwaltung oder um Privatwirtschaftsverwaltung (*Lebitsch* in *Bachmann ua,* Besonderes Verwaltungsrecht², 276; s auch *Walter/Mayer,* Verwaltungsrecht², 533).

Straßenrechtsbehörde erster Instanz ist im Bundesstraßenrecht regelmäßig der Landeshauptmann, zweite Instanz idR der BM für wirtschaftliche Angelegenheiten; nach dem Landesstraßenrecht ist Straßenrechtsbehörde erster Instanz im Regelfall die Bezirksverwaltungsbehörde, in zweiter Instanz idR die Landesregierung (bei Gemeindestraßen die jeweils zuständigen Gemeindeorgane) (*Lebitsch* in *Bachmann ua,* Besonderes Verwaltungsrecht², 282).

Der Bau und die Erhaltung von Straßen sind – sowohl im Bundes- wie im Landesbereich – Angelegenheiten der Privatwirtschaftsverwaltung (*Harrer* in *Schwimann,* ABGB² VII § 1319a Rz 11; *Lebitsch* in *Bachmann ua,* Besonderes Verwaltungsrecht², 278; *Reischauer* in *Rummel,* ABGB² II § 1319a Rz 9; *Walter/*

Mayer, Verwaltungsrecht², 535; ZVR 1989/113; VfSlg 5900 [1969]; 5886 [1969]; 4329 [1962]; SZ 10/138 [1928]); zur Vorbereitung des Baus und zur Erleichterung der Erhaltung können allerdings hoheitliche Akte erforderlich sein (zB Enteignung, Erklärung zum Bundesstraßengebiet, s *Lebitsch* in *Bachmann ua,* Besonderes Verwaltungsrecht², 278; *Walter/Mayer,* Verwaltungsrecht², 535). Die Entscheidung hingegen, ob und wie Straßenverkehrszeichen aufzustellen sind, trifft die Behörde in Ausübung der Hoheitsverwaltung; sie haftet daher in diesem Bereich nach dem AHG (s *Harrer* in *Schwimann,* ABGB² VII § 1319a Rz 31).

Über Grenzen des Gemeingebrauchs öffentlicher Wege sowie über Störungen und Eingriffe entscheiden die Verwaltungsbehörden unter Ausschluß des Rechtswegs, auch wenn der Grund im Privateigentum steht (7 Ob 2253/96a; 1 Ob 24/91; RZ 1984/18; SZ 53/16 [1980] = ZVR 1981, 370; EvBl 1975/76; SZ 37/4 [1964] = ZVR 1964/142 = ÖA 1965, 27; VfSlg 836 [1927] ua); wer im Gemeingebrauch an einem Weg gestört wird, kann daher – auch gegen einen Privaten – Abhilfe nur von der Verwaltungsbehörde verlangen (EvBl 1975/76; EvBl 1966/516 = ZVR 1967/66. Zum Gemeingebrauch s ausführlich *Lebitsch,* JBl 1983, 68; *Merli,* Öffentliche Nutzungsrechte, insb 228).

Gem § 1319a ABGB haftet der Halter eines Weges – und somit auch die öffentliche Hand – den Benützern, wenn durch seinen mangelhaften Zustand ein Schaden herbeigeführt wird und dem Halter selbst oder seinen Leuten grobe Fahrlässigkeit oder Vorsatz vorzuwerfen ist; diese Bestimmung betrifft damit einen der wichtigsten Fälle der Verletzung von Verkehrssicherungspflichten (s dazu im einzelnen *Harrer* in *Schwimann,* ABGB² VII § 1319a Rz 1 ff; *Koziol/Welser,* Grundriß¹⁰ I 479; *Walter/Mayer,* Verwaltungsrecht², 539 mwN; s auch Rz 171). Die Haftung der Gebietskörperschaften für die Instandhaltung von Straßen und Brücken ist im Rechtsweg geltend zu machen (ZVR 1964/181; 1961/179; 1960/174). Ansprüche nach § 1319a ABGB und Amtshaftungsansprüche schließen einander nicht aus (im einzelnen s *Harrer* in *Schwimann,* ABGB² VII § 1319a Rz 31; *Reischauer* in *Rummel,* ABGB² II § 1319a Rz 7). Zur Haftung von Straßensondergesellschaften gem § 15 des BG, BGBl 1992/826 s *Harrer* in *Schwimann,* ABGB² VII § 1319a Rz 32.

2. Einzelfragen

Die Rechtsprechung ist kasuistisch und zT widersprüchlich. **171**

a) Die **Zulässigkeit des (streitigen) Rechtswegs** ist in folgenden Angelegenheiten gegeben:

- Vereinbarungen über die Verpflichtung zur Erhaltung von Straßen sind privatwirtschaftliche Verträge, bezüglich derer Streitigkeiten im ordentlichen Rechtsweg ausgetragen werden müssen (7 Ob 593/95; ZVR 1989/113).
- Wenn eine Gebietskörperschaft zur Erfüllung der Aufgaben der Erhaltung der öffentlichen Wege Beiträge einhebt oder die Grenzen des Gemeingebrauchs bestimmt, handelt sie als Behörde. Wenn sie aber den Bau einer Straße vergibt, für Zwecke des Baues oder der Instandhaltung Material und Werkzeuge kauft, Arbeitsverträge abschließt und dergleichen, begibt sie sich auf privatrechtliches Gebiet; hat sie den Weg der öffentlichen Benützung übergeben, dann ist sie den privatrechtlichen zum Schutz der Personen und des Eigentums bestehenden Vorschriften unterworfen (SZ 10/138 [1928]).
- Die Bewilligung der Einmündung einer Privatstraße in eine öffentliche Straße kann im Rechtsweg durchgesetzt werden (SZ 44/138 [1971]).
- Ein Streit um die Benützung eines Privatwegs gehört vor die Gerichte und nicht vor die Verwaltungsbehörden (7 Ob 22/63).

● Der Rechtsweg ist zulässig für eine Schadenersatzklage wegen mangelhafter Kennzeichnung einer gefährlichen Straßenstelle oder wegen Unterlassung der Kenntlichmachung der Straßenbegrenzung nach Schneefall (in beiden Fällen ist kein Anspruch aus einer hoheitlichen Tätigkeit, dh kein Amtshaftungsanspruch, sondern ein Schadenersatzanspruch aus privatwirtschaftlicher Tätigkeit gegeben; EvBl 1964/444 = ZVR 1965/67; JBl 1959, 454; RZ 1958, 171 = ZVR 1959/177).

● Nach dem unzweideutigen Inhalt des (alten) § 42 Abs 1 Krnt StraßenG 1978 hat die Verwaltungsbehörde bloß über die Voraussetzungen und die Höhe der dem Grundeigentümer bzw Nutzungsberechtigten Entschädigung zu befinden, soweit er durch die Herstellung von Ableitungsgräben und Sickerungsgräben und dergleichen im Zusammenhang mit dem Abfluß des Wassers von der Straße und dem Abräumen des Schnees von der Fahrbahn im Liegenschaftsertrag eine empfindliche Einbuße erleidet; soll die unmittelbare Zuleitung von Wasser, damit es nicht von einem Hang auf die Straße gelangt, unterlassen werden, ist der Rechtsweg zulässig (JBl 1990, 450).

● Wird im Zug eines Verwaltungsverfahrens zwischen den Parteien ein gütliches Übereinkommen getroffen, dann stellt dieses einen Privatrechtstitel dar; zur Entscheidung aller mit diesem Übereinkommen in Zusammenhang stehenden Fragen sind die Gerichte und nicht die Verwaltungsbehörden berufen (SZ 56/167 [1983] = EvBl 1985/50; JBl 1979, 547). Die Aufnahme solcher Vereinbarungen in die Protokolle oder Bescheide der Verwaltungsbehörde bedeutet nur eine Beurkundung (JBl 1979, 547).

● Die Entschädigung für mittelbare Einwirkung vom Straßengrund auf das Nachbargrundstück iSd § 364 ABGB ist im Rechtsweg geltend zu machen (SZ 54/137 [1981]; SZ 52/79 [1979]; JBl 1973, 87; EvBl 1970/226; JBl 1969, 442 = EvBl 1969/154).

● Die Zulässigkeit des Rechtswegs ist gegeben für ein Begehren, am Rand einer neu angelegten Straße einen Wasserableitungsgraben anzulegen (EvBl 1967/136). Siehe aber SZ 51/100 [1978] = JBl 1979, 317, wonach das Eigentum kein ausreichender Privatrechtstitel ist, um im Rechtsweg die Anlage eines Wassergrabens außerhalb (entlang) eines Grundstücks (beim Straßenbau) zu untersagen oder die Herstellung einer Zufahrt zur Liegenschaft zu verlangen; Anliegerrechte können als subjektiv öffentliche Rechte nur den Behörden gegenüber geltend gemacht werden (3 Ob 2125/96p; 10 Ob 507/94; SZ 51/100 [1978] = JBl 1979, 317).

● Den Gerichten obliegt die Entscheidung über Eigentumsansprüche oder über Privatrechte an den als öffentliches Gut erklärten oder als solches benützten Grundstücken (8 Ob 583/93; SZ 39/85 [1966] = JBl 1967, 88 = EvBl 1966/379 = ZVR 1967/46; SZ 23/331 [1950]).

● Die Einwendung des Beklagten gegen die actio negatoria, er benütze den Fahrweg nur in Ausübung des Gemeingebrauchs, entzieht die Sache nicht dem ordentlichen Rechtsweg (2 Ob 513/92; RZ 1984/18; SZ 39/85 [1966]; JBl 1962, 261; RZ 1962, 173; EvBl 1961/291 = RZ 1961, 120).

● Wenn die Klage gegen angeblich unberechtigte Eingriffe in die Freiheit des Eigentums gerichtet ist, ist der Rechtsweg zulässig; gerade für die Abwehr von behaupteten Eingriffen in das Eigentum steht dem Beschwerten im allgemeinen der Rechtsweg offen (1 Ob 2344/96d).

● Im Verhältnis zwischen Grundstückseigentümer und der Straßenerhalterin ist der Rechtsweg sowohl für Schadenersatzansprüche als auch für auf dem Nachbarrecht beruhende Ansprüche zulässig (JBl 1958, 448 = ZVR 1958/149; SZ 24/312 [1951]).

• Das Gericht hat in einem Negatorienstreit, wenn die beklagte Partei einwendet, daß ein Weg öffentlich sei oder Gemeingebrauch hieran bestehe, diese Frage als Vorfrage ohne Rechtskraft zu lösen, falls hierüber noch keine rechtskräftige Verwaltungsentscheidung vorliegt (RZ 1984/18; JBl 1973, 263 = EvBl 1973/52; SZ 20/8 [1938]).

• Daß eine Gemeinde die Öffentlichkeit eines Weges im Verwaltungsverfahren feststellen lassen könnte, ändert nichts an der Zulässigkeit des Rechtswegs für eine ausschließlich auf das Bestehen einer Dienstbarkeit gestützte Klage (JBl 1982, 32).

• Wegen Verletzung der Anliegerrechte oder des Gemeingebrauchs an öffentlichem Straßengrund kann eine auf § 523 ABGB gestützte Unterlassungsklage erhoben werden (JBl 1968, 150; abl *Krzizek,* JBl 1968, 138).

• Die Bewilligung der Benutzung einer Bundesstraße für einen anderen als ihren bestimmungsgemäßen Zweck ist eine Angelegenheit der Privatwirtschaftsverwaltung des Bundes (VfSlg 5395 [1966] = ÖJZ 1967, 499 = ZVR 1967/244; SZ 38/95 [1965] = ZVR 1965/292; VfGH JBl 1958, 119 = ZVR 1958/34).

b) Vor die **Verwaltungsbehörden** gehören folgende Angelegenheiten:

• Soweit eine Straße mit öffentlichem Verkehr vorliegt, besitzt der Grundeigentümer und Straßenerhalter keinen privatrechtlich durchsetzbaren Anspruch, gegen Verstöße gegen die StVO einzuschreiten (SZ 55/142 [1982] = JBl 1982, 149 = ZVR 1982/89).

• Die Erlassung einer zugesicherten Verkehrsbeschränkung kann nicht im Rechtsweg erzwungen werden (ZVR 1960/9).

• Beim Verkehr auf einer Bundesstraße durch Lärm, Geruch, Staub usw auftretende Schäden können nicht im Rechtsweg als Immissionsschäden geltend gemacht werden (EvBl 1982/152).

• Für Schadenersatzansprüche wegen Bannlegung eines Waldes zum Zweck der Herstellung, Erhaltung und Neugestaltung von Bundesstraßen ist der Rechtsweg unzulässig (SZ 33/21 [1960] = JBl 1960, 559).

• Über die Ausgestaltung einer dem Gemeingebrauch dienenden Verkehrsfläche entscheiden die Verwaltungsbehörden; der Grundeigentümer kann eine Änderung des bestehenden Zustands nicht unter Berufung auf sein Grundeigentum im Rechtsweg erzwingen oder verhindern (SZ 53/16 [1980]).

• Das Eigentum ist kein ausreichender Privatrechtstitel, um im Rechtsweg die Anlage eines Wassergrabens außerhalb (entlang) eines Grundstücks (hier: beim Straßenbau) zu untersagen oder die Herstellung einer Zufahrt zur Liegenschaft zu verlangen (SZ 51/100 [1978] = JBl 1979, 317; s aber EvBl 1967/136, wonach für das Begehren, am Rand einer neu angelegten Straße einen Wasserableitungsgraben anzulegen, der Rechtsweg zulässig ist). Anliegerrechte können als subjektiv öffentliche Rechte nur den Behörden gegenüber geltend gemacht werden (3 Ob 2125/96p; 10 Ob 507/94; SZ 51/100 [1978] = JBl 1979, 317).

J. Land- und Forstwirtschaft (Bodenreform), Jagd- und Fischereirecht

1. Land- und Forstwirtschaft (Bodenreform)

a) Bodenreform

Wichtigste Rechtsquellen: AgrarbehördenG 1950 (BGBl 1951/1) und LandesG; FlurverfassungsgrundsatzG 1951 (BGBl 103) und LandesG; Wald- und Weidenutzungs-GrundsatzG (BGBl 1951/103) und LandesG; Landwirtschaftliches Siedlungsrechte-

GrundsatzG (BGBl 1967/79) und LandesG; Güter- und Seilwege-GrundsatzG 1967 (BGBl 198) und LandesG.

aa) Allgemeines

172 Die Vorschriften der Bodenreform zielen im wesentlichen auf eine Verbesserung der Agrarstruktur ab. Dies soll insb durch eine Neuordnung ziviler Rechtsverhältnisse erreicht werden; dabei kann als Grundsatz angesehen werden, daß jeder durch eine Maßnahme der Neuordnung eintretende Rechtsverlust (zB Enteignung) primär durch Zuteilung anderer Grundstücke ausgeglichen werden soll und daß eine Geldabfindung nur ausnahmsweise zulässig ist (*Walter/Mayer,* Verwaltungsrecht[2], 268; s auch *Mayer,* Bundes-Verfassungsrecht[2], 69). Auf Grund des engen Zusammenhang mit dem Zivilrecht ergeben sich vielfach Abgrenzungsprobleme zwischen dem Zivilrechts- und dem Verwaltungsweg.

Zur Vollziehung der Bodenreform sind (im Verwaltungsbereich) eigene Verwaltungsbehörden vorgesehen (Art 12 Abs 2 B-VG) und durch das AgrarbehördenG eingerichtet; es sind dies in erster Instanz die Agrarbezirksbehörden, in zweiter Instanz die Landesagrarsenate bei den Ämtern der Landesregierungen und in oberster Instanz der Oberste Agrarsenat beim BM für Land- und Forstwirtschaft. Auf die verfassungsrechtliche Problematik der Agrarbehörden im Zusammenhang mit Art 6 Abs 1 EMRK – die vielfach über zivilrechtliche Ansprüche zu entscheiden haben – sei an dieser Stelle nur hingewiesen (s dazu etwa EvBl 1991/111).

bb) Die wichtigsten Bereiche der Bodenreform im einzelnen

173 • Die Zusammenlegung („Kommassierung") land- und forstwirtschaftlicher Grundstücke, in vereinfachter Form in bestimmten Fällen in Form des Flurbereinigungsverfahrens (FlurverfassungsG und LandesG);

• die Neuordnung der Wald- und Weideservituten sowie bestimmter Felddienstbarkeiten (Wald- und Weidenutzungs-GrundsatzG und LandesG);

• die verkehrsmäßige Erschließung von land- und forstwirtschaftlichem Boden über fremden Grund („Bringungsrechte", Güter- und Seilwege-GrundsatzG und LandesG).

cc) Einzelfragen

174 **Im Zivilrechtsweg sind zu entscheiden:**

• Zur Entscheidung über den Anspruch auf Einräumung eines Notwegerechts sind die ordentlichen Gerichte berufen (VfGH ZfVB 1995/1626).

• Ein auf das Eigentum an dem Grundstück, über das ein landwirtschaftlicher und forstwirtschaftlicher Bringungsweg führt, gestütztes Unterlassungsbegehren unterliegt nicht der Kompetenz der Agrarbehörden nach § 13 GSGG, sofern es dabei um die gewerbliche Nutzung dieses Weges geht (6 Ob 610/95; JBl 1994, 422 = Jus Extra, OGH-Z 1994/1622; 4 Ob 524/93; vgl idS auch RZ 1991/40).

• Für eine Eigentumsfreiheitsklage gem § 523 ABGB ist der Rechtsweg zulässig, auch wenn sich der Gegner auf einen öffentlich-rechtlichen Eingriffstitel (hier: ein Weiderecht) beruft (NZ 1996, 142; RZ 1994/32; idS auch RZ 1991/40; anders aber RZ 1991/11; RZ 1994/31, s unter Rz 175).

• Streitigkeiten aus der Verpachtung einer Liegenschaft – insb über den Pachtzins und mit diesem zusammenhängende Gegenforderungen – fallen nur hinsichtlich der in ein Flurbereinigungsverfahren einbezogenen Grundstücke in die Zuständigkeit der Agrarbehörde; hinsichtlich der übrigen Liegenschaftsteile ist auf dem Rechtsweg zu entscheiden (EvBl 1990/101).

• Die Zuständigkeit der Agrarbehörden für sonst den Gerichten vorbehaltene Verfahren wird erst durch die Erlassung eines formellen Bescheides über die Einleitung des agrarbehördlichen Verfahrens begründet (SZ 35/21 [1962]).

• Die Agrarbehörde ist aber nicht zur Entscheidung zuständig, ob über ein Grundstück ein Kaufvertrag zustande gekommen ist (VfSlg 7800 [1976]).

• Streitigkeiten zwischen einem Anteilsberechtigten oder einem Mitglied einer Agrargemeinschaft und der die Verwaltung führenden Gemeinde über die Verwaltung und daraus abgeleitete Schadenersatzansprüche gehören auf den Rechtsweg (EvBl 1985/100).

• Ebenso das Begehren einer Agrargemeinschaft gegen ein Mitglied, Eingriffe in das Eigentum zu unterlassen und deren Folgen zu beseitigen (VfSlg 7799 [1976]).

• Für den Anspruch eines Genossenschafters gegen die Genossenschaft auf Ersatz von bei der Anlegung eines Güterweges schuldhaft zugefügter Schäden ist der Rechtsweg zulässig (SZ 35/86 [1962]).

• Ebenso für Schadenersatzansprüche wegen unbefugter Holzbringung (EvBl 1970/180 = JBl 1971, 94 = SZ 43/22 [1970]); SZ 31/51 [1958]).

• Zur Entscheidung über die im § 6 Güter- und Seilwege-GrundsatzG 1951 bezeichneten Entschädigungsansprüche sind die Gerichte berufen, wenn diese Ansprüche aus privatrechtlichen Vereinbarungen abgeleitet werden (SZ 34/183 [1961]).

• Nach § 72 Abs 5 lit a Tir FLG 1978 erstreckt sich die Zuständigkeit der Agrarbehörde von der Einleitung eines Zusammenlegungsverfahrens an bis zu dessen Abschluß. War das in Rede stehende Grundstück in das Zusammenlegungsverfahren einbezogen, aber ist zwischenzeitlich nicht nur der Zusammenlegungsplan rechtskräftig und vollstreckbar geworden, sondern hat das Amt der Tiroler Landesregierung als Agrarbehörde I. Instanz mit Verordnung, „die Zusammenlegungsgemeinschaft als aufgelöst erklärt", so ist die Zulässigkeit des ordentlichen Rechtsweges zu bejahen (5 Ob 2086/96 t; 1 Ob 134/98 g).

Im Verwaltungsweg (von den Agrarbehörden) **sind zu entscheiden:** **175**

• Bei Weiderechten handelt es sich um Rechtsverhältnisse öffentlichrechtlicher Natur, denen ohne Eintragung in das Grundbuch absolute Wirkung zukommt und deren Ausübung und Ausübbarkeit unabhängig vom Willen der Berechtigten durch die Behörde überwacht wird. Streitigkeiten aus solchen Weiderechten, die das Entfernen von Stacheldrahtzäunen zum Schutz des Weideviehs betreffen, sind von den Agrarbehörden unter Ausschluß des Rechtswegs zu entscheiden (EvBl 1991/111; idS auch RZ 1994/31; anders aber NZ 1996, 142; RZ 1994/32; RZ 1991/40, s Rz 174).

• Solange ein Grundstück in ein Flurbereinigungsverfahren einbezogen ist, hat über sämtliche das Eigentum und die Benützung dieses Grundstücks entstehenden Streitigkeiten die Agrarbehörde zu entscheiden (7 Ob 558/92).

• Streitigkeiten aus der Verpachtung einer Liegenschaft – insb über den Pachtzins und mit diesem zusammenhängende Gegenforderungen – fallen nur hinsichtlich der in ein Flurbereinigungsverfahren einbezogenen Grundstücke in die Zuständigkeit der Agrarbehörde; hinsichtlich der übrigen Liegenschaftsteile ist auf dem Rechtsweg zu entscheiden (EvBl 1990/101).

• Für das Begehren, den Schotterabbau, mit dem eine Beeinträchtigung von Einforstungsrechten verbunden ist, zu unterlassen, ist der Rechtsweg unzulässig (sofern es sich dabei um ein petitorisches Rechtsschutzbegehren handelt; lediglich für Besitzstörungsklagen ist der Zivilrechtsweg gegeben, RZ 1994/31).

• Die Zuständigkeit der Agrarbehörden für sonst den Gerichten vorbehaltene Verfahren wird erst durch die Erlassung eines formellen Bescheides über die Einleitung des agrarbehördlichen Verfahrens begründet (SZ 35/21 [1962]).

• Die Agrarbehörden sind für Streitigkeiten über Eigentum und Besitz an in ein Zusammenlegungsverfahren einbezogenen Grundstücken zuständig (SZ 49/128 [1976]).

• So für Streitigkeiten über das Ausmaß des Eigentumsrechtes oder dessen Beschränkungen (SZ 59/107 [1986] = RZ 1987/17).

• Ebenso für Streitigkeiten wegen Feststellung des Nichtbestehens einer Dienstbarkeit und Einwilligung in die bücherliche Löschung (OLG Innsbruck EvBl 1985/162).

• Während eines Zusammenlegungsverfahrens ist der Rechtsweg für eine Klage auf Einwilligung in die Einverleibung eines Geh- und Fahrrechtes und für eine einstweilige Verfügung durch Erlassung eines Veräußerungs- und Belastungsverbotes ausgeschlossen (EvBl 1988/74).

• Über den Räumungsanspruch desjenigen, dem ein Ablösungsgrundstück zugewiesen wurde, ist von der Agrarbehörde zu entscheiden (NRsp 1988/260).

• Ebenso über das Begehren auf Zahlung des Pachtzinses für ein in das Zusammenlegungsverfahren einbezogenes Grundstück (VfSlg 3798 [1960] = JBl 1961, 412).

• Ansprüche wegen Besitzstörung und Eigentumsbeeinträchtigung gehören – ungeachtet, ob der Rechtsstreit im Zusammenhang mit dem Zusammenlegungsverfahren steht – vor die Agrarbehörde (SZ 59/212 [1986] = JBl 1987, 239).

• Der Rechtsweg ist für das Feststellungsbegehren unzulässig, ob ein rechtsgültiger Beschluß einer Agrargemeinschaft über die Zustimmung zum Erwerb von Anteilsrechten durch ein Nichtmitglied zustande gekommen ist (SZ 56/61 [1983]).

• Für eine Klage, mit der die Unrichtigkeit der Grenze im Grenzkataster eingetragener Grundstücke behauptet wird, ist der Rechtsweg unzulässig (NRsp 1988/33).

b) Forstrecht

Wichtigste Rechtquellen: ForstG 1975 (BGBl 440) und LandesG.

Lit: *Bobek/Plattner/Reindl,* Forstgesetz² (1995); *Giese* in *Bachmann ua,* Besonderes Verwaltungsrecht² (1998) 207 ff; *Jäger/Blauensteiner,* Forstrecht² (1997); *Kalss,* Forstrecht (1990).

aa) Allgemeines

176 Dem gesamten Forstrecht liegt der Grundsatz der Walderhaltung (§ 12 ForstG) zugrunde. Danach ist der Wald flächenmäßig zu erhalten und die Produktionskraft des Bodens sowie die Nutz-, Schutz-, Wohlfahrts- und Erholungswirkungen des Waldes den nachfolgenden Generationen nachhaltig zu sichern (*Giese* in *Bachmann ua,* Besonderes Verwaltungsrecht², 212). Im Verwaltungsbereich sind in erster Instanz regelmäßig die Bezirksverwaltungsbehörden zuständig, in bestimmten Fällen der Landeshauptmann bzw der BM für Land- und Forstwirtschaft (§ 170 ForstG); letztere sind auch Oberbehörden.

Für **Entschädigungsansprüche,** zB im Zug einer „Bannlegung" des Waldes gem § 31 ForstG oder im Zusammenhang mit Bringungsrechten und Bringungsanlagen nach § 66a ForstG, ist ein System der sukzessiven Kompetenz vorgesehen: Der Entschädigungsbescheid tritt außer Kraft, wenn innerhalb einer bestimmten Frist eine gerichtliche Festsetzung (im außerstreitigen Verfahren) beantragt wird; das EisenbahnenteignungsG, BGBl 1954/71, ist dabei sinngemäß anzuwenden.

bb) Einzelfragen

• Die Forstbehörde ist nicht zur Entscheidung über zivilrechtliche Gegen- **177**
forderungen zuständig, die ein Genossenschafter gegen den Anspruch der Bringungsgemeinschaft auf Zahlung ihm nach § 73 Abs 2 ForstG vorgeschriebener Beiträge geltend macht (VwSlg 10.917 A [1982]).

• Aus § 172 ForstG kann nicht abgeleitet werden, daß die Forstbehörde über das Bestehen einer Dienstbarkeit oder den Umfang von Eigentumsrechten zu entscheiden hätte (SZ 50/70 [1977]).

• Über die Schadloshaltung bei Bannlegung eines Waldes zum Zweck der Herstellung, Erhaltung und Umgestaltung vom Bundesstraßen gem § 1 BStG hat das Gericht im Außerstreitverfahren zu entscheiden; die von der Verwaltungsbehörde ausgesprochene Verweisung der Parteien bezüglich ihrer Entschädigungsansprüche auf den Zivilrechtsweg (ordentlichen Rechtsweg) ist für das Gericht nicht bindend (SZ 33/21 [1960] = JBl 1960, 559 zum alten ForstG 1852).

• § 172 ForstG enthält keine Entscheidungskompetenz der Forstbehörde für Streitigkeiten über die Erfüllung einer privatrechtlichen, den Wald eines Vertragspartners betreffenden Vereinbarung (1 Ob 302/97 m).

2. Bäuerliche Schlichtungsstellen

Auf Grund des BG BGBl 1947/85 entscheidet eine bäuerliche Schlichtungs- **178**
stelle über Streitigkeiten aus Versorgungsrechten von Angehörigen ehemaliger Erbhöfe, über die Entschädigung weichender Erben und über die Rückübertragung des durch die nationalsozialistischen Maßnahmen entzogenen bäuerlichen Eigentums. Diese (noch immer in Geltung stehenden) Rechtsvorschriften haben heute keine Bedeutung mehr (s zu dieser Frage 3 Ob 678/54; 3 Ob 308/54; 3 Ob 162/54).

3. Jagd und Fischerei

a) Jagdrecht

Wichtigste Rechtsquellen: LandesG.

Lit: *Binder,* Jagdrecht (1992).

aa) Allgemeines

Die LandesjagdG regeln die Ausübung des Jagdrechts in jagdwirtschaftli- **179**
cher und jagdpolizeilicher Hinsicht; es soll ein Ausgleich zwischen den Interessen der Land- und Forstwirtschaft (Wildschäden) einerseits und dem Interesse nach Erhaltung eines den jeweiligen natürlichen Verhältnissen angepaßten Wildbestandes andererseits gefunden werden (*Walter/Mayer,* Verwaltungsrecht², 701).

Im Verwaltungsbereich ist die Bezirksverwaltungsbehörde regelmäßig erste Instanz; Oberbehörde und zweite Instanz ist die Landesregierung. Besondere und unterschiedliche Regelungen enthalten die einzelnen LandesG für die Durchsetzung von Jagd- und Wildschäden.

bb) Jagd- und Wildschäden

180 Wildschäden sind die vom Wild an Grund und Boden, an noch nicht eingebrachten Erzeugnissen und an Haustieren verursachten Schäden; Jagdschäden sind die anläßlich der Jagd an diesen Gegenständen verursachten Schäden (*Walter/Mayer,* Verwaltungsrecht², 706). Diese Ersatzansprüche sind als „zivile Rechte iS des § 6 Abs 1 EMRK" zu qualifizieren (*Raschauer,* Besonderes Verwaltungsrecht³, 175; VfSlg 5100 [1965]; s auch VfSlg 11.646 [1988]).

Zur Entscheidung über derartige Schäden sind immer die ordentlichen Gerichte berufen, wenn die Ersatzpflicht vertraglich geregelt ist (*Walter/Mayer,* Verwaltungsrecht², 706). Liegt eine vertragliche Regelung nicht vor, dann sind diese Ansprüche je nach dem in Frage kommenden LandesG in unterschiedlicher Weise durchzusetzen: zT direkt im streitigen Rechtsweg (Tirol; Oberösterreich [OGH 7 Ob 554/92]); zT sind besondere Behörden vorgesehen, die als „Kommissionen", Schiedskommissionen", „Schiedsgericht", „Schlichter" bezeichnet werden. In manchen Ländern ist ein System der sukzessiven Kompetenz eingerichtet (Salzburg, Vorarlberg, Kärnten). Siehe dazu auch *Ballon,* Zulässigkeit 77 zur allerdings heute zT überholten Rechtslage. Es ist daher besondere Sorgfalt bei der Beachtung der landesgesetzlichen Regelungen geboten.

cc) Einzelfragen

181 • Die Aufhebung der Abs 2 und 3 des § 70 des Oö JagdG 1964 bewirkte rückwirkend, daß keine Verwaltungsbehörde mit der Entscheidung über den Ersatz von Jagdschäden und Wildschäden berufen werden durfte; aus § 1 JN ergibt sich, daß somit zur Entscheidung in derartigen „bürgerlichen Rechtssachen" ausschließlich die ordentlichen Gerichte zuständig sind (7 Ob 554/92).

• Für Streitigkeiten aus einer Jagdpachtung, für welche nicht durch ausdrückliche Vorschriften die Zuständigkeit der Verwaltungsbehörden begründet ist, sind die Gerichte zuständig (MietSlg 25.501 [1973]; LG Eisenstadt MietSlg 9213 [1961]; VwSlg 15.045 A [1927]; SZ 5/204 [1923]).

• Die Gerichte sind zuständig für die Klage auf Auflösung eines Pachtvertrags wegen nicht rechtzeitiger Pachtzahlung (JBl 1913, 490; GlUNF 2624 [1904]).

b) Fischereirecht

Wichtigste Rechtsquellen: LandesG.

aa) Allgemeines

182 Die FischereiG regeln insb die Ausübung des Fischfangs und der Fischgehege in fischereiwirtschaftlicher und -polizeilicher Hinsicht; es soll die Erhaltung eines angemessenen Fischbestandes gesichert werden (*Walter/Mayer,* Verwaltungsrecht², 707). Das Recht zu fischen wird als vermögenswertes Privatrecht iS des Art 5 StGG betrachtet (VfSlg 7292 [1974]; 5709 [1968]).

Im Verwaltungsbereich ist regelmäßig die Bezirksverwaltungsbehörde erste Instanz; Oberbehörde und zweite Instanz ist die Landesregierung.

bb) Einzelfragen

183 • Das Fischereirecht ist dort, wo es vom Eigentum abgesondert in Erscheinung tritt, ein selbständiges dingliches Recht; Ansprüche zur Erhaltung und Sicherung solcher Rechte sind mangels Verweisung an andere Behörden oder Organe bürgerliche Rechtssachen iS des § 1 JN und daher von den ordentlichen

Gerichten zu entscheiden (stRsp, SZ 68/41 [1995]; 66/177 [1993]; 59/200 [1986]; SZ 56/11 [1983] = JBl 1985, 32; SZ 51/160 [1978]; SZ 48/74 [1975] = JBl 1976, 266 = EvBl 1976/64; SZ 47/59 [1974] = JBl 1974, 619 = EvBl 1974/272; SZ 46/82 [1973] = EvBl 1974/69; JBl 1959, 318 ua).

• Beim Fischereirecht handelt es sich um ein Privatrecht, über dessen Besitz und Erwerb im Streitfall der Richter zu entscheiden hat (1 Ob 2003/96g; 1 Ob 44/95; JBl 1974, 619 = EvBl 1974/272 ua).

• Zur Entscheidung von Streitigkeiten über den Bestand eines Fischereirechts an einer künstlich geschaffenen Wasserspeicheranlage sind die Gerichte zuständig (VwSlg 5824 A [1962]).

• Für Unterlassungsansprüche gegen den Grundeigentümer zur Sicherung des Fischereirechts als eines dinglichen Rechts ist der Rechtsweg zulässig (EvBl 1961/170; SZ 31/137 [1958]).

• Bei einer negativen Feststellungsklage eines nicht verbücherten Fischereiberechtigten auf Freiheit des öffentlichen Gutes von einem verbücherten Fischereirecht des Beklagten liegt eine Streitigkeit um unbewegliches Gut vor (SZ 70/87 [1997]).

K. Wasserrecht

Wichtigste Rechtsquellen: WasserrechtsG (WRG, BGBl 1959/215).

Lit: *Aichlreiter,* Verfahrensrechtliche oder materiellrechtliche Frist am Beispiel des § 117 Abs 4 WRG, AnwBl 1995, 865; *ders,* Zur Wasserrechtsnovelle 1988, AnwBl 1989, 595; *Feil,* Wasserrechtsgesetz 1959 (1987); *Lebitsch* in *Bachmann ua,* Besonderes Verwaltungsrecht[2] (1998) 179ff; *Raschauer,* Kommentar zum Wasserrecht (1993); *Rossmann,* Das österreichische Wasserrechtsgesetz[3] (1993).

1. Allgemeines

Das heutige Wasserrecht hat sich auf der Grundlage des zivilrechtlichen Sa- **184**
chenrechts entwickelt und setzt dieses voraus. Die historische Entwicklung zeigt eine zunehmende öffentlich-rechtliche Beschränkung der zivilrechtlich begründeten Sachnutzungsbefugnis. Das WGR enthält va **Vorschriften zum Schutz des Wassers** (Gewässerschutz) und zum **Schutz vor dem Wasser** (Wasserabwehr). Kriterien der Bewilligungsfähigkeit eines Vorhabens sind regelmäßig berührte öffentliche Interessen und/oder fremde Rechte. Das Recht, daß in Zivil- und Strafsachen Gerichte („tribunale“) zuständig sein müssen (Art 6 EMRK), verpflichtet den Gesetzgeber dazu, daß über die Festlegung der Entschädigung bei Eigentumseingriffen ein Gericht entscheidet (*Lebitsch* in *Bachmann ua,* Besonderes Verwaltungsrecht[2], 182).

Das WRG unterscheidet zwischen **öffentlichen** und **privaten Gewässern** (§ 1 WRG; zur Begriffsbestimmung s §§ 2 und 3 WRG); diese Unterscheidung ist insb für die Benützungsbefugnis von Bedeutung.

Wasserrechtsbehörden sind die Bezirksverwaltungsbehörde, der Landeshauptmann und der BM für Land- und Forstwirtschaft, uU auch der Bürgermeister (§ 98ff WRG). Durch den engen Zusammenhang des Wasserrechts mit dem Privatrecht – was ua in den §§ 18, 26, 98, 111, 113 und 117 WRG zum Ausdruck kommt – ist die Abgrenzung zur Entscheidungsbefugnis der Gerichte oft schwierig.

Zur Problematik, ob die Wasserrechtsbehörden – die ja auch über „civil rights“ iS der EMRK entscheiden – den Anforderungen des Art 6 Abs 1 EMRK entsprechen, s *Raschauer,* Wasserrecht Rz 1 zu § 98.

2. Entscheidungsbefugnis der Gerichte

a) Schadenersatz und Entschädigung (§§ 26, 117 WRG)

185 Das WRG enthält in § 26 besondere Regelungen über die Schadenshaftung iS der §§ 1293ff ABGB für bestimmte Wasserbauten; die Entscheidung über diese Ansprüche obliegt den ordentlichen Gerichten im streitigen Verfahren.

Demgegenüber enthält § 117 WRG allgemeine Bestimmungen über jene Entscheidungen über finanzielle Ansprüche (Entschädigungen), die im WRG den Wasserrechtsbehörden zur Entscheidung zugewiesen sind. Die Entscheidung der Wasserrechtsbehörde gem § 117 WRG ist unanfechtbar; allerdings besteht eine „sukzessive Zuständigkeit" der ordentlichen Gerichte. Die Partei hat die Möglichkeit, binnen zwei Monaten ab Rechtskraft die Entscheidung des Bezirksgerichts im außerstreitigen Verfahren zu beantragen; diese **Frist** ist verfahrensrechtlicher Natur (*Aichlreiter,* AnwBl 1995, 865; *ders,* AnwBl 1989, 599; *Raschauer,* Wasserrecht § 117 Rz 9 WRG; ausdrücklich nunmehr 1 Ob 72/97p; idS auch verstSenat, JBl 1997, 179 = ecolex 1997, 20 [*Oberhammer*] = RdW 1997, 338 = SZ 69/224 [1996]. Gegenteilig noch SZ 67/209 [1995] = JBl 1995, 533 [*Fink*] = EvBl 1995/48). Durch die Antragstellung tritt der Bescheid ex lege außer Kraft. In allen anderen Fällen, wie zB Entschädigung für kostenlose Wassernutzung, für unvorhergesehene Schäden aus dem Betrieb einer Wasseranlage, Entschädigungen aus Billigkeitsgründen, sind die Wasserrechtsbehörden nicht zur Entscheidung berufen (*Raschauer,* Wasserrecht Rz 1 zu § 117; VfSlg 6858 [1972], 6214 [1970]; VwGH ZfV 1981/1483; im einzelnen s dazu *Lebitsch* in *Bachmann ua,* Besonderes Verwaltungsrecht², 200).

b) Sonstige gerichtliche Kompetenzen (§§ 18, 98, 111, 113 WRG)

186 Den Gerichten sind weiters zugewiesen Angelegenheiten nach § 111 WRG (Streitigkeiten über alle im Zug eines Wasserrechtsverfahrens getroffenen Übereinkommen [auch Entschädigungsübereinkommen]; diese sind unter sinngemäßer Anwendung des § 117 WRG im außerstreitigen Verfahren auszutragen), nach § 113 WRG (privatrechtliche Einwendungen in einem Wasserrechtsverfahren wie zB der Bestand dinglicher oder obligatorischer Nutzungsrechte, über die keine Einigung erzielt wird; die Fälle sind im streitigen Verfahren [Verweisung auf den Zivilrechtsweg] auszutragen), nach § 98 WRG (Entscheidung darüber, ob ein Gewässer ein öffentliches oder ein Privatgewässer ist, auf Grund eines behaupteten Privatrechtstitels; die Entscheidung erfolgt im streitigen Verfahren, JBl 1966, 41 = EvBl 1965/384) sowie nach § 18 WRG (Entschädigungsansprüche gem leg cit; die Entscheidung erfolgt durch das Bezirksgericht im außerstreitigen Verfahren). Im übrigen s die Übersicht bei *Raschauer,* Wasserrecht Rz 10 zu § 98.

3. Einzelfragen

a) Kompetenz der Gerichte

187 • Zur Entscheidung über das Begehren auf Ersatz des Aufwandes, der einem Dritten dadurch entstand, daß er im Auftrag der Wasserrechtsbehörde Arbeiten durchführte, welche die durch einstweilige Verfügung dieser Behörde hiezu Verpflichteten unterließen, sind die ordentlichen Gerichte (im streitigen Verfahren) berufen (1 Ob 41/93; RZ 1972, 51).

• Für ein Begehren auf Unterlassung des Aufstauens des vom Grundstück des Klägers talwärts fließenden Wassers steht der (streitige) Rechtsweg offen, obwohl dagegen auch Abhilfe durch die Wasserrechtsbehörde begehrt werden kann (ecolex 1992, 630).

• Zur Entscheidung der Frage, ob ein Gewässer ein öffentliches oder ein privates ist, sind im allgemeinen die Wasserrechtsbehörden, die Gerichte aber dann zuständig, wenn die private Eigenschaft des Gewässers auf Grund eines Privatrechtstitels behauptet wird (JBl 1966, 41 = EvBl 1965/384).

• Zur Feststellung der Voraussetzungen eines Eigentumserwerbes an bei der Regulierung eines öffentlichen Gewässers gewonnenem Grund und Boden sind die Gerichte zuständig (VfSlg 7977 [1977] = ÖJZ 1978, 359).

• Eine Eigentumsfreiheitsklage gehört auch dann auf den Rechtsweg, wenn sich der Beklagte auf einen im öffentlichen Recht wurzelnden Gemeingebrauch an dem Wasserbett eines Gewässers beruft (SZ 53/38 [1980] = EvBl 1980/201).

• Für Negatorien- und Schadenersatzklagen wegen unbefugter Wasserableitung ist der Rechtsweg zulässig, mag auch Anlaß zu Einschreiten der Wasserrechtsbehörde bestehen (SZ 36/164 [1963] = EvBl 1964/227).

• Dagegen ist für ein auf das Nachbarrecht gestütztes Begehren, die Zuleitung von Wasser auf ein Grundstück zu unterlassen, der Rechtsweg zulässig (SZ 51/41 [1978]).

• Ebenso für das Begehren auf Beseitigung eines künstlichen Gerinnes zur Ableitung von Niederschlagswasser (MietSlg 34.655 [1982]; SZ 25/4 [1952]).

• Ebenso für den Anspruch auf Unterlassung von Überflutungen im Zuge eines Kraftwerksbaues, bevor die Wasserrechtsbehörde eine einstweilige Verfügung erlassen hat (SZ 39/147 [1966]).

• Zum Schutz von Baulichkeiten gegen eine Änderung des natürlichen Abflusses von Gewässern ist der Rechtsweg zulässig (SZ 26/151 [1953]).

• Ein Schadenersatzanspruch, der auf die Verletzung der gesetzlichen Instandhaltungspflicht des Wasserberechtigten gestützt wird, ist auch dann kein Amtshaftungsanspruch, wenn er sich gegen eine Körperschaft öffentlichen Rechtes richtet. Die Instandhaltungspflicht gehört zur Wirtschaftsverwaltung (SZ 39/61 [1966] = EvBl 1966/338 = JBl 1967, 266).

• Für das Begehren auf Wiederherstellung einer von der Wasserrechtsbehörde genehmigten Anlage aus dem Titel des Schadenersatzes ist der Rechtsweg zulässig (SZ 50/109 [1977]).

• Auf ein schuldhaftes Verhalten des Wasserberechtigten gestützte Schadenersatzansprüche des Fischereiberechtigten sind auch dann im Rechtsweg geltend zu machen, wenn im Bewilligungsverfahren ein Übereinkommen über einen Entschädigungsbetrag getroffen wurde (SZ 51/183 [1978]).

• Der Rechtsweg ist für Ansprüche auf Unterlassung der Störung des Fischereirechtes an einem öffentlichen Gewässer zulässig, nicht aber für Streitigkeiten wegen Ausübung eines von der Wasserrechtsbehörde bewilligten Wasserbenutzungsrechtes (SZ 46/82 [1973] = EvBl 1974/69).

• Der Anspruch des Fischereiberechtigten auf Unterlassung der Schottereinbringung und auf Entfernung eingebrachten Schotters gehört auf den Rechtsweg (SZ 44/88 [1971]).

• Ebenso der Anspruch des Fischereiberechtigten gegen den Grundeigentümer auf Unterlassung der Räumung eines Bachbettes mittels einer motorischen Schubraupe (SZ 31/137 [1958]).

• Ebenso der Entschädigungsanspruch wegen nach § 38 Abs 1 WRG zu bewilligenden Einbauten in ein stehendes öffentliches Gewässer (JBl 1970, 320).

• Ebenso der verschuldensunabhängige Ersatzanspruch des durch die Einbringung von Industrieabwässer geschädigten Fischereiberechtigten gegen den Wasserberechtigten (SZ 59/129 [1986]).

• Ebenso Schadenersatzansprüche des Fischereiberechtigten wegen Ablagerung von Schotter- und Gesteinsmassen im Flußbett (EvBl 1963/362 = JBl 1964, 155).

• Zur Auferlegung einer Leistungsverbindlichkeit in einem Streit über die Rechtswirkungen eines Übereinkommens nach § 111 Abs 3 Satz 2 WRG ist die Wasserrechtsbehörde nicht zuständig (VwSlg 9559 A [1978]).

• Für eine Löschungsklage, die auf die Behauptung gestützt wird, im Zuge eines wasserrechtlichen Verfahrens sei ein Übereinkommen nicht getroffen worden, ist der Rechtsweg zulässig (SZ 47/108 [1974]).

• Ebenso für einen Rückzahlungsanspruch auf Grund der stillschweigenden Aufhebung einer von der Wasserrechtsbehörde genehmigten Vereinbarung (SZ 35/36 [1962]).

• Der Rechtsweg ist für die Rückforderung einer gem § 118 WRG geleisteten Entschädigung zulässig, wenn der sie festsetzende Bescheid vom VwGH wegen Unzuständigkeit der Verwaltungsbehörden aufgehoben wurde (SZ 60/178 [1987]).

• Wasserbenutzungsansprüche, die sich auf einen Privatrechtstitel stützen, sind nicht Angelegenheiten einer Entscheidung der Wasserrechtsbehörden. Zu ihrer Kompetenz gehören nur nach dem WRG entstandene und zu beurteilende Wasserrechte, nicht aber nach den Normen des ABGB zu beurteilende Privatrechte (SZ 50/8 [1977], Mitbenützung eines Privatgewässers; SZ 49/7 [1976] = EvBl 1977/36 = JBl 1976, 655, Klage nach § 364 Abs 2 ABGB; VwSlg 8270 A [1972], Bestand und Umfang eines Quellnutzungsrechtes; RZ 1972, 51, Ersatzanspruch eines Dritten, der im Auftrag der Wasserrechtsbehörde vom Verpflichteten unterlassene Arbeiten durchführte; SZ 36/79 [1963] = EvBl 1964/31 = JBl 1964, 213 = RZ 1964, 60, Bestehen und Umfang eines vertraglich eingeräumten Wasserleitungs- und Wasserbezugsrechtes; EvBl 1958/307, Ersitzung; SZ 26/287 [1953] = EvBl 1954/47, Vereinbarung über künstliche Veränderungen eines Wasserlaufes; SZ 14/198 [1932], Ansprüche aus dem Miteigentumsverhältnis an einem Privatgewässer; GH 1913, 673, AmtlSlgNF 1890; SZ 13/216 [1931], Dienstbarkeit; GlUNF 2372 [1903], 3875 [1907], Ersitzung; GlU 15.088 [1894], Abfuhr von Schotter; GlU 11.843 [1887], Eisgewinnung).

• Während die Entscheidung, ob und wieviel Wasser aus einem Gerinne entnommen werden darf, der Wasserrechtsbehörde obliegt, gehört die Entscheidung der Frage des Bestandes einer Dienstbarkeit der Wasserleitung, also auch des Rechtes, einen Zuleitungsgraben uneingeschränkt zu benutzen, zur Zuständigkeit der Gerichte (GlUNF 7651 [1915]).

• Die Ausdehnung des Wasserbezuges durch einen Miteigentümer durch eigenmächtigen Anschluß an eine Wasserleitung auf einer im Miteigentum stehenden Liegenschaft ist im Rechtsweg zu bekämpfen (SZ 34/148 [1961]).

• Zur Entscheidung über die Frage, wer die Kosten einer Abänderung der Wasseranlage zu tragen hat, sind die Gerichte zuständig, obwohl über die Zulässigkeit der Änderung selbst die Wasserrechtsbehörden zu erkennen haben (VwSlg 15.048 [1927]).

• Ansprüche aus einer gütlichen Übereinkunft Wasserberechtigter über die Aufteilung der Instandhaltungskosten einer Wasserbenutzungsanlage sind im Rechtsweg durchzusetzen (SZ 48/77 [1975] = EvBl 1976/93).

● Ebenso haben die Gerichte über Klagen auf Ersatz der Instandhaltungskosten einer den Parteien gemeinsamen Wehranlage zu entscheiden (OLG Wien EvBl 1951/290).

● Zur Entscheidung über das Begehren eines Wasserbezugsberechtigten, die Mitbeteiligten wegen Gefährdung seines Wasserbezuges aus deren Quelle zur Entfernung eines von ihnen angelegten Brunnens zu verpflichten, sind die Gerichte zuständig (VfGH JUS 47/14).

● Über den Anspruch auf Unterlassung der Verunreinigung des Grundwassers durch Abwässer des Nachbarn haben die Gerichte zu entscheiden (SZ 37/181 [1964] = EvBl 1965/202).

● Die Wasserrechtsbehörde ist zur Entscheidung über den Ersatz von durch eigenmächtige Neuerungen oder Unterlassungen entstandenen Schäden unzuständig (VwSlg 7970 A [1971]).

● Für das Begehren auf Ersatz von Schäden durch eine Regulierung oder den Betrieb einer Wasserbenutzungsanlage ist der Rechtsweg nur zulässig, wenn die Wasserrechtsbehörde mit dem Eintritt schädlicher Wirkungen nicht gerechnet hat (SZ 53/76 [1980]; SZ 53/11 [1980] = EvBl 1981/9; SZ 50/65 [1977]; 29/61 [1956]).

● Der Ersatz der Kosten einer auf behördliche Anordnungen beseitigten Gefahr einer Gewässerverunreinigung kann vom Verursacher im Rechtsweg begehrt werden (SZ 59/111 [1986]; ZVR 1982/135).

● Der Ausgleich im Innenverhältnis der Verursacher erfolgt im streitigen Verfahren (SZ 70/159 [1997]).

b) Kompetenz der Wasserrechtsbehörden

● Angelegenheiten, in Ansehung welcher nach Maßgabe des WRG die Amtshandlung der Wasserrechtsbehörden vorgeschrieben ist, sind vom Rechtsweg ausgeschlossen (SZ 6/75 [1924]). **188**

● Dies gilt auch dann, wenn die Parteien im Zuge einer wasserrechtlichen Verhandlung einen Vergleich über die Erhaltung der wasserrechtlichen Schutzbauten geschlossen haben (OLG Wien EvBl 1951/314); oder über die Eintragung bereits bestehender Wasserbezugsrechte aus einem Privatgewässer (EvBl 1963/340).

● Streitigkeiten, welche die Regelung der natürlichen Abflußverhältnisse hinsichtlich der auf dem Grundstück sich ansammelnden oder darüber fließenden Gewässer betreffen, sind nicht von den Gerichten, sondern von den Wasserrechtsbehörden zu entscheiden. Ein natürlicher Wasserablauf kann daher nicht Inhalt der Servitut des Wasserleitungsrechtes sein (SZ 21/74 [1948]).

● Für die Klage auf Beseitigung oder Unterlassung einer willkürlichen Änderung des natürlichen Abflusses eines Gewässers zum Nachteil des unteren Grundstückes ist der Rechtsweg unzulässig (JBl 1951, 134; LG Wien EvBl 1947/682). Dies gilt auch dann, wenn der Eigentümer des unteren Grundes nicht von seinem Grund aus, sondern von einer anderen Stelle den natürlichen Ablauf des Regenwassers durch eine Wasserstauung verhindert (SZ 21/61 [1948]).

● Über einen Streit über die Auslegung und die Rechtswirkungen eines Entschädigungsübereinkommens wegen Beeinträchtigung von Fischereirechten hat die Wasserrechtsbehörde zu entscheiden, wenn den Gegenstand des Übereinkommens Rechtsverhältnisse bilden, zu deren Regelung sie in Ermangelung eines Übereinkommens zuständig gewesen wäre (EvBl 1978/54).

● Durch die Beurkundung eines im Bewilligungsverfahren getroffenen Übereinkommens im Bewilligungsbescheid stellt die Wasserrechtsbehörde aber abschließend und die Gerichte bindend fest, daß im Streitfall nur sie über die Auslegung und die Rechtswirkungen des Übereinkommens zu entscheiden hat (SZ 55/162 [1982]).

• Für einen Streit zwischen Funktionären einer Wassergenossenschaft aus dem Genossenschaftsverhältnis ist der Rechtsweg unzulässig (SZ 36/150 [1963] = EvBl 1964/84).

• Über Streitigkeiten aus dem Genossenschaftsverhältnis entscheidet die Wasserrechtsbehörde auch dann, wenn die Kostenaufteilung in Form eines privatrechtlichen Vertrages geregelt wurde (SZ 37/46 [1964] = EvBl 1964/446).

c) Sonstiges

189 • Wer nach den Bestimmungen des § 34 Abs 1 bis 3 WRG – ua – seine Grundstücke und Anlagen nicht auf die Art oder in dem Umfang nutzen kann, wie es ihm auf Grund bestehender Rechte zusteht, ist dafür gem § 34 Abs 4 WRG vom Wasserberechtigten (durch das Außerstreitgericht) angemessen zu entschädigen (SZ 67/27 [1994]; s dazu auch *Pfersmann,* ÖJZ 1997, 65).

• Seit der Neufassung des § 117 WRG 1959 durch die WRGNov 1988 und 1990 ergänzen einander diese Bestimmung und § 26 WRG 1959 derart, daß Lükken der wasserrechtsbehördlichen Entscheidungskompetenz, die § 26 WRG 1959 als Auffangnorm zu füllen habe, nicht mehr in Betracht kommen. War es bis dahin in Fällen, in welchen die Wasserrechtsbehörde einen Entschädigungsanspruch verneinte, immer noch denkbar, daß das Gericht unabhängig davon auf der Grundlage des § 26 WRG 1959 Schadenersatz zuerkannte, so darf es in den von § 117 Abs 1 WRG 1959 umfaßten Fällen nur mehr nach einer wasserrechtsbehördlichen Entscheidung unter den im § 117 Abs 2 WRG 1959 umschriebenen Voraussetzungen angerufen werden. Hat allerdings die Wasserrechtsbehörde Entschädigungsanträge mangels Entscheidungskompetenz zurückgewiesen oder den Antragsteller auf den Zivilrechtsweg verwiesen, so hat über dieses Begehren das Streitgericht im streitigen Rechtsweg zu befinden (§ 26 WRG 1959) (SZ 67/25 [1994] = EvBl 1994/111).

• Das Verhältnis der „Entschädigungsansprüche“ zu den „Schadenersatzansprüchen“ geht weitgehend mit der Abgrenzung zwischen der primär verwaltungsbehördlichen Zuständigkeit (§ 117 WRG 1959) und der gerichtlichen Zuständigkeit (§ 26 WRG 1959) einher (SZ 67/25 [1994] = EvBl 1994/111).

• Die Bestimmung des § 111 Abs 4 WRG verfolgt den Zweck, in Fällen geringfügiger Beeinträchtigung Rechtssicherheit auch dann zu schaffen, wenn bei der wasserrechtlichen Verhandlung über die Beeinträchtigung fremder Rechte hinweggegangen wurde. Auf diese Weise will der Gesetzgeber verhindern, daß geringfügige Verletzungen des Grundeigentums die Nichtigkeit des Bescheids bewirken oder zu einem im Rechtsweg zu verfolgenden Schadenersatz führen. Hat der Betroffene jedoch bei der Verhandlung entsprechende Einwendungen erhoben, so kann diese Bestimmung nicht zur Anwendung kommen (JBl 1993, 721).

• Gerichte können in Fällen, in denen im Zuge eines wasserrechtlichen Verfahrens ein Übereinkommen über nach bürgerlichem Recht zu beurteilende Verhältnisse geschlossen wurde, unterschiedlich zur Entscheidung berufen sein: Ist der Umfang und Inhalt solcher bürgerlichen Rechte strittig, die von der Behörde auch zwangsweise hätten eingeräumt werden können oder die von Amts wegen als eingeräumt gelten, ist vorerst die Wasserrechtsbehörde, anschließend kraft sukzessiver Zuständigkeit das Gericht zuständig; über die Höhe von Entschädigungen nach § 117 WRG ist sofort die Zuständigkeit des Gerichtes gegeben, in beiden Fällen entscheidet das Gericht im Verfahren außer Streitsachen; über andere aus dem Übereinkommen abgeleitete zivilrechtliche Ansprüche ist der streitige Rechtsweg zu beschreiten (SZ 67/6 [1994]).

• Derselbe Streitfall kann Anlaß sowohl eines gerichtlichen wie auch eines verwaltungsbehördlichen Verfahrens sein, und zwar gerade in Fällen, in welchen sich ein Grundeigentümer oder ein Wasserbenutzungsberechtigter durch eine eigenmächtige Neuerung beschwert erachtet (JBl 1994, 169).

• Soweit im Bereich des Wasserrechtsgesetzes nichts anderes verfügt ist, sind für seine wasserrechtlichen Bestimmungen aber die Gerichte bzw die nach den einschlägigen Bestimmungen berufenen Behörden zuständig; dabei kann ein und derselbe Konflikt auch Gegenstand eines wasserrechtlichen und eines gerichtlichen Verfahrens sein. – Das Recht zum Betreten und Benützen fremder Grundstücke nach § 72 Abs 1 WRG ist ein aktives öffentliches Wasserrecht, das kein Enteignungsfall, sondern eine Eigentumsbeschränkung – eine sog Legalservitut – ist; sie gewährt dem Berechtigten die Sacheinwendung gegen die Eigentumsfreiheitsklage des Grundeigentümers (EvBl 1993/194).

• Der Antragsgegner hat auf Grund der Einseitigkeit der Kostenersatzpflicht nach § 117 Abs 6 WRG in Verbindung mit § 44 EisenbEntG keinen Anspruch auf Kostenersatz (SZ 68/192 [1995]; 68/41 [1995]; 67/25 [1994]; 66/37 [1993]).

L. Enteignung

Wichtigste Rechtsquellen: EisenbahnenteignungsG (BGBl 1954/277); VerwaltungsentlastungsG (BGBl 1925/277); bundes- und landesgesetzliche Vorschriften.

Lit: *Aichlreiter,* Verfahrensrechtliche oder materiellrechtliche Frist am Beispiel des § 117 Abs 4 WRG, AnwBl 1995, 865; *Korinek/Pauger/Rummel,* Handbuch des Enteignungsrechts (1994); *Kühne/Hofmann/Nugent/Roth,* Eisenbahnenteignungsgesetz (1982); *Lebitsch* in *Bachmann ua,* Besonderes Verwaltungsrecht[2] (1998) 273 ff; *Lienbacher* in *Bachmann ua,* Besonderes Verwaltungsrecht[2] (1998) 299 ff; *Postl,* Eigentum und Enteignung (1996).

1. Allgemeines

Enteignung ist die gänzliche oder teilweise Entziehung des Eigentums im öffentlichen Interesse (*Koziol/Welser,* Grundriß[10] II 89; VfGH, JBl 1981, 304); dabei kann durch einfaches (Bundes- oder Landes-)Gesetz entweder unmittelbar eine Enteignung verfügt (Legalenteignung) oder eine Enteignung durch Verwaltungsakt vorgesehen werden (s dazu *Dolinar,* PraktZPR II[5], 176 ff; *Pauger* in *Korinek/Pauger/Rummel,* Handbuch 63 ff; *Spielbüchler* in *Rummel,* ABGB[2] § 365 Rz 1 ff; *Walter/Mayer,* Bundesverfassungsrecht[8] Rz 1372 ff). **190**

Die gerichtliche Kompetenz in Enteignungssachen beschränkt sich auf die Feststellung der Entschädigung (zur Entschädigung und deren Bemessung s *Rummel* in *Korinek/Pauger/Rummel,* Handbuch 191 ff). Hier sind mehrere Möglichkeiten in den einzelnen Gesetzen verwirklicht:

• Entweder erkennt über die Entschädigung ausschließlich das Gericht im außerstreitigen Verfahren, wobei der Verwaltungsbehörde höchstens die Erzielung einer gütlichen Einigung obliegt, während sie kein Erkenntnis über die Höhe der Entschädigung fällen kann (zB EisenbEntG).

• In der überwiegenden Anzahl der Fälle erkennt die Verwaltungsbehörde in ihrem Enteignungsbescheid auch über die Höhe der Entschädigung, wobei jede der Parteien, wenn sie sich mit dem Erkenntnis nicht zufrieden geben will, innerhalb einer bestimmten Frist das Gericht zur Festsetzung der Entschädigung anrufen kann (durch die Anrufung des Gerichts tritt der Bescheid bezüglich der Entschädigung außer Kraft, sukzessive Kompetenz der Gerichte, zB WRG; insofern auf Grund der geänderten Gesetzeslage überholt *Kühne/Hofmann/Nugent/Roth,* Eisenbahnenteignungsgesetz 136). Ist in einem Gesetz für die Entscheidung über einen Anspruch die sukzessive Kompetenz von Verwaltungsbehörden und Gerichten vorgesehen, so ist die für die Anrufung des Gerichts bestimmte Frist – sofern sich aus diesem Gesetz nichts Gegenteiliges ergibt – eine verfahrensrechtliche Frist (1 Ob 72/97 p; verstSenat JBl 1997, 179 = ecolex 1997, 20 [*Oberhammer*] = RdW 1997, 338 = SZ 69/224 [1996]; in diesem Sinne auch *Aichlreiter,* AnwBl 1995, 865. Gegenteilig noch SZ 67/209 [1995] = JBl 1995, 533 [*Fink*] = EvBl 1995/48).

• Die Verwaltungsbehörde entscheidet auch über die Höhe der Entscheidung endgültig, ohne daß eine Anrufung der Gerichte zulässig wäre. Dabei ist zu beachten, daß die Entscheidung über Ansprüche auf Enteignungsentschädigung zivilrechtliche Ansprüche iSd Art 6 Abs 1 EMRK betrifft; daher muß darüber eine Behörde erkennen, die den Anforderungen eines „tribunal" gem Art 6 Abs 1 entspricht (s dazu *Pauger* in *Korinek/Pauger/Rummel,* Handbuch 81 ff, 99 ff; VfGH ÖJZ 1989, 631). Daher ist das in § 19 niederösterreichisches AbfallswirtschaftsG vorgesehene System, wonach zunächst eine Verwaltungsbehörde über Gegenstand und Umfang der Enteignung sowie über die Entschädigung der Enteignung entscheidet und dagegen eine Berufung an den unabhängigen UVS erhoben werden kann, unbedenklich (*Dolinar,* PraktZPR II^{5}, 183). Gleiches gilt für Entschädigungen nach dem Tiroler ROG (s *Lienbacher* in *Bachmann ua,* Besonderes Verwaltungsrecht^{2} 320).

Der für die Regelung der Enteignung zuständige (Bundes- oder Landes-) Gesetzgeber ist auch für die Regelung des Enteignungsverfahrens (und damit des Entschädigungsverfahrens) zuständig. Sehen die Enteignungsgesetze kein besonderes Verfahren vor, dann sind gem Art 13 Verwaltungs-EntlastungsG, BGBl 1925/277, die Bestimmungen des EisenbEntG (Rz 191) singgemäß anzuwenden (SZ 56/87 [1983] = JBl 1984, 34 ua).

2. Entschädigungsverfahren nach dem EisenbEntG (BGBl 1954/71)

191 Nach § 22 EisenbEntG ist die Entschädigung, sofern sie nicht durch ein zulässiges Übereinkommen zwischen den Parteien einvernehmlich festgelegt wird, gerichtlich festzustellen, wobei das Bezirksgericht, in dessen Sprengel die Enteignung zu vollziehen ist, im außerstreitigen Verfahren einschreitet; der streitige Zivilrechtsweg ist daher für Ansprüche, für die das Entschädigungsverfahren vorgesehen ist, unzulässig (Streitigkeiten in Zusammenhang mit einem zwischen den Parteien geschlossenem Übereinkommen sind dagegen im Streitverfahren auszutragen). Der zwangsweise Vollzug des Enteignungserkenntnisses obliegt den Bezirksverwaltungsbehörden (einer Klage des Enteigners auf Räumung der enteigneten Liegenschaft steht daher die Unzulässigkeit des Rechtswegs entgegen, SZ 57/23 [1984]; 51/159 [1978]; 48/3 [1975]); rechtskräftige Entschädigungsbeschlüsse (bzw gerichtliche Vergleiche) können nach den Bestimmungen der EO vollstreckt werden (so *Dolinar,* PraktZPR II^{5}, 188).

Eine Einigung der Parteien kann jederzeit vor oder während eines Enteignungsverfahrens in jeder privatrechtlich möglichen Weise (insb Vertrag, Schiedsvereinbarung, gerichtlicher Vergleich) erfolgen (s *Kühne/Hofmann/Nugent/Roth,* Eisenbahnenteignungsgesetz 122). Streitigkeiten über ein abgeschlossenes Übereinkommen sowie über geleistete Entschädigungen sind im streitigen Verfahren durchzusetzen (*Kühne/Hofmann/Nugent/Roth,* Eisenbahnenteignungsgesetz 123; s dazu auch ausführlich *Spielbüchler* in *Rummel,* ABGB² § 365 Rz 12).

3. Einzelfragen

• Wird ein Anspruch auf Enteignungsentschädigung aus einer Legalenteignung abgeleitet, kann nach der Judikatur des VfGH auch ohne Vorliegen eines Enteignungsbescheids unmittelbar das Gericht angerufen werden, das dann allerdings ua auch zu prüfen hat, ob überhaupt eine Enteignung vorliegt und die sonstigen Voraussetzungen für die Gewährung einer Entschädigung bestehen (SZ 56/87 [1983] = JBl 1984, 34; EvBl 1976/124 = RZ 1977/123 = MietSlg 27.245 [1975]). **192**

• Die Zulässigkeit des Rechtswegs ist für einen Anspruch des Enteigneten gegen den Enteigner auf Unterlassung des Betretens der enteigneten Liegenschaft gegeben, auch wenn der Enteignete gegen den Enteignungsbescheid VfGH-Beschwerde ergriffen und der VfGH ihr aufschiebende Wirkung zuerkannt hat (SZ 47/152 [1974]).

• Wird im Zug eines Verwaltungsverfahrens zwischen den Parteien ein gütliches Übereinkommen getroffen, dann stellt dieses einen Privatrechtstitel dar; zur Entscheidung aller mit diesem Übereinkommen im Zusammenhang stehenden Fragen sind die Gerichte und nicht die Verwaltungsbehörden berufen (SZ 56/167 [1983] = EvBl 1985/50; JBl 1979, 547); die Aufnahme solcher Vereinbarungen in die Protokolle oder Bescheide der Verwaltungsbehörden bedeutet nur eine Beurkundung (JBl 1979, 547; 6 Ob 534/77).

• Über den Anspruch auf eine Leistung, die vom Enteigner auf Grund einer Vereinbarung neben der Enteignungsentschädigung zu erbringen ist, ist im Rechtsweg zu entscheiden (JBl 1950, 343).

• Ein Schaden, der nicht als Folge der Enteignung, sondern nur als Folge der Säumnis der schuldtragenden Gemeinde bei Auszahlung der Entschädigung eintritt, ist privatrechtlicher Natur (Vermögensschaden) und gehört auf den Rechtsweg (SZ 42/63 [1969] = EvBl 1969/373 = JBl 1970, 480 = RZ 1969, 131).

• Für Entschädigungsbegehren nach dem 2. VerstaatlichungsG sind die ordentlichen Gerichte berufen (VwSlgNF 11.973 A [1985] = ÖJZ 1986, 598 = ÖZW 1986, 88).

• Die ordentlichen Gerichte entscheiden über Entschädigungsansprüche aus enteignungsähnlichen Auswirkungen des Vermögensübergangs auf die Republik Österreich auf Grund des Staatsvertrags 1955 (EvBl 1968/87).

• Über die Zulässigkeit einer öffentlich-rechtlichen Eigentumsbeschränkung (Einbeziehung eines Grundstücks in den „Wald- und Wiesengürtel") und die Frage des Anspruchs auf Ersatzleistung für eine solche Eigentumsbeschränkung hat die Verwaltungsbehörde zu entscheiden (VfSlg 773 [1927]).

• Erging trotz eines zwischen dem Enteigneten und dem Enteigner geschlossenen gütlichen Übereinkommens ein Enteignungsbescheid, so ist dieser maßgebend und nur im Verwaltungsweg bekämpfbar (SZ 42/30 [1969] = EvBl 1969/306).

• Für die Rückforderung einer irrtümlich geleisteten Enteignungsentschädigung ist der Rechtsweg zulässig (VfSlg 8065 [1977] = JBl 1979, 84 = ÖZW 1980, 22 [*Aicher*]).

• Im Entschädigungsverfahren fällt die Feststellung, ob der Zahlungspflicht des Enteigners bereits geleistete Zahlungen entgegenstehen, nicht in den Aufgabenkreis des für die Festsetzung der Entschädigung zuständigen Außerstreitrichters (RZ 1958, 92 = ZVR 1958/150).

• Die Frage, ob auch die Entscheidung über die Entschädigung dem Grunde nach im gerichtlichen Verfahren zu treffen ist, ist durch die übereinstimmende Rechtsprechung aller Höchstgerichte dahin geklärt, daß etwa dann, wenn die Verwaltungsbehörde die Entschädigung dem Grunde nach verweigert, das Gericht angerufen werden kann (*Lebitsch* in *Bachmann,* Besonderes Verwaltungsrecht 268 iZ mit dem Straßenrecht; 6 Ob 529/95 iZ mit landesrechtlichen RaumordnungsG sowie 6 Ob 507/91 iZ mit dem Sbg RaumordnungsG. AM aber 2 Ob 569/91 iZ mit dem oö NaturschutzG; VwGH JBl 1990, 739 iZ mit dem Krnt NaturschutzG; VfSlg 7431 [1974] iZ mit dem BundesstraßenG).

• Über die Schadloshaltung bei Bannlegung eines Waldes zum Zweck der Herstellung ua von Bundesstraßen gem § 1 BundesstraßenG hat nach Art 13 VerwaltungsentlastungsG das Gericht im Außerstreitverfahren zu entscheiden; die von der Verwaltungsbehörde ausgesprochene Verweisung der Parteien bezüglich ihrer Entschädigungsansprüche auf den Zivilrechtsweg (ordentlicher Rechtsweg) ist für das Gericht nicht bindend (SZ 33/21 [1960] = JBl 1960, 559).

• Ob eine Gemeinde zur Einlösung von Grundstücken oder Grundstücksteilen verpflichtet ist, ist im Verwaltungsweg zu klären; nur bei Festsetzung einer Entschädigung durch die Baubehörde kann das Gericht zwecks Neufestsetzung angerufen werden (1 Ob 502/95).

• Das Leitungsrecht eines Elektrizitätsunternehmens, das aus einem privatrechtlichen Vertrag abgeleitet wird, kann im Prozeßweg durchgesetzt werden (RZ 1961, 63).

• Wird eine gem § 118 WRG auf Grund eines Bescheids des BM für Land- und Forstwirtschaft geleistete Entschädigung deshalb zurückgefordert, weil der sie festsetzende Bescheid vom VwGH aufgehoben wurde, ist der Rechtsweg zulässig (SZ 60/178 [1987]).

4. Enteignungsbestimmungen in ausgewählten gesetzlichen Regelungen

193 Siehe dazu im einzelnen *Kühne/Hofmann/Nugent/Roth,* EisenbahnenteignungsG 166 ff (teilw überholt); *Pauger* in *Korinek/Pauger/Rummel,* Handbuch 106 ff.

a) Das außergerichtliche Entschädigungsverfahren ist vorgesehen, sofern keine Einigung der Parteien erzielt werden kann (analoge Anwendung des EisenbEntG) im Fall des § 99 LuftfahrtG, BGBl 1957/253.

b) Die Verwaltungsbehörde entscheidet über die Enteignungsentschädigung, wobei eine sukzessive Kompetenz des Außerstreitgerichts gegeben ist:

- § 20 BundesstraßenG 1971, BGBl 286;
- § 149 MinroG, BGBl I 1999/38;
- § 31 ForstG 1975, BGBl 440;
- § 117 WRG, BGBl 1959/215;
- § 20 StarkstromwegeG 1968, BGBl 70;
- § 28 RohrleitungsG, BGBl 1975/411;
- § 19 StadterneuerungsG, BGBl 1974/287;
- § 16 BodenbeschaffungsG, BGBl 1974/288;
- § 44 Wr BauO, LGBl 1930/11.
- RaumordnungsG der Länder (ausgenommen Tirol, wo eine Anfechtung an den UVS vorgesehen ist, s *Lienbacher* in *Bachmann ua,* Besonderes Verwaltungsrecht², 320).

c) Die Verwaltungsbehörde erkennt unter Ausschluß des Gerichts (keine sukzessive Kompetenz) über die Entschädigung (s dazu auch Rz 190):

– § 19 Nö AbfallwirtschaftsG 1992 (s dazu *Dolinar* in PraktZPR II[5], 183; *Pauger* in *Korinek/Pauger/Rummel,* Handbuch 185).
– Tir ROG (s dazu *Lienbacher* in *Bachmann ua,* Besonderes Verwaltungsrecht[2], 320).

M. Baurecht

Wichtigste Rechtsquellen: LandesG.

Lit: *Hauer,* Der Nachbar im Baurecht[4] (1995); *Jahnel* in *Bachmann ua,* Besonderes Verwaltungsrecht[2] (1998) 323 ff.

1. Allgemeines

Den traditionellen Kernbereich des Baurechts bilden die Regelungen, die **194**
die Sicherheit und einwandfreie Beschaffenheit von Bauwerken in technischer, sanitärer und hygienischer Hinsicht gewährleisten sollen. Die Vorschriften gehen verschiedentlich über diese Zwecke hinaus und schreiben einen gewissen kulturellen Standard vor (s auch im einzelnen *Jahnel* in *Bachmann ua,* Besonderes Verwaltungsrecht[2], 325; *Walter/Mayer,* Verwaltungsrecht[2], 771).

Die Vollziehung des Baurechts fällt überwiegend in den eigenen Wirkungsbereich der Gemeinden; idR ist somit erste Instanz der Bürgermeister, zweite und letzte Instanz der Gemeinderat (im einzelnen s dazu und zu abweichenden Regelungen *Jahnel* in *Bachmann ua,* Besonderes Verwaltungsrecht[2], 327; *Walter/Mayer,* Verwaltungsrecht[2], 771).

In einzelnen BauO ist für Bauten und Anlagen, die öffentlichen Zwecken dienen, die Möglichkeit der Enteignung von Grundstücken vorgesehen; die Enteignung darf dabei nur gegen Entschädigung durchgeführt werden. Daneben ist in den BauO regelmäßig eine unentgeltliche Grundabtretung für öffentliche Verkehrsflächen vorgesehen (s dazu 1 Ob 502/95, wonach im Verwaltungsweg zu klären ist, ob eine Gemeinde zur Einlösung von Grundstücken oder Grundstücksteilen verpflichtet und wonach nur bei Festsetzung einer Entschädigung durch die Baubehörde das Gericht zwecks Neufestsetzung angerufen werden kann; s auch VwSlg 14.950 A [1996], wonach der unter Berufung auf eine Baukonsensbedingung gestellte Anspruch der Gemeinde Wien auf unentgeltliche Grundabtretung zur Straßenerweiterung vor die ordentlichen Gerichte gehört).

Die Geltendmachung von Nachbarrechten (meist) im Baubewilligungsverfahren erfolgt durch Einwendungen (zum Nachbarrecht s auch *Hauer,* Der Nachbar im Baurecht[4]; dazu s umfassend *Jahnel* in *Bachmann ua,* Besonderes Verwaltungsrecht[2], 340). Wird die Verletzung eines subjektiven Rechts behauptet, das im Privatrecht begründet ist (privatrechtliche Einwendungen, zB das Bestehen einer Dienstbarkeit oder einer vertraglichen Vereinbarung), so hat die Behörde zunächst eine Einigung zu versuchen, die in der Verhandlungsschrift zu beurkunden ist. Kommt keine Einigung zustande, so ist der Beteiligte mit seinen privatrechtlichen Einwendungen auf den Zivilrechtsweg zu verweisen, seine Einwendungen sind im Spruch des Baubewilligungsbescheides ausdrücklich anzuführen (*Jahnel* in *Bachmann ua,* Besonderes Verwaltungsrecht[2], 340). Die Baubehörde ist nicht berufen, über Privatrechte zu entscheiden; eine erteilte Baubewilligung als eine öffentlich-rechtliche Zulässigerklärung kann niemals privatrechtliche Einwendungen präjudizieren (RZ 1993/72). Für eine Klage gegen den Nachbarn wegen Verletzung öffentlich-rechtlicher Bestimmungen einer BauO ist der Rechtsweg hingegen unzulässig (EvBl 1968/10; LG Eisenstadt MietSlg 32.599 [1980]).

Über Schadenersatzansprüche im Zug eines Bauverfahrens entscheiden die Gerichte (VwSlg 2891 A [1953], 17.811 A [1933]; VfSlg 2579 [1953]; ebenso – zumindest für den Geltungsbereich der nö BauO – SZ 64/57 [1991] = JBl 1992, 108).

Zur Frage der Verfahrensgarantien nach Art 6 Abs 1 EMRK in Zusammenhang mit dem Baurecht und „civil rights" s *Jahnel* in *Bachmann ua,* Besonderes Verwaltungsrecht², 329.

2. *Einzelfragen*

195 • Über die privatrechtliche Bedeutung von bei einer Bauverhandlung abgegebenen Parteierklärungen haben die Gerichte zu entscheiden (RG Hye 1360 [1905], 1133 [1902]).

• Wegen Verletzung der Bestimmungen einer BauO über den Mindestabstand eines Bauwerks von der Grundgrenze besteht kein privatrechtlicher, im Rechtsweg durchsetzbarer Unterlassungs- oder Wiederherstellungsanspruch (EvBl 1968/10).

• Der Rechtsweg ist unzulässig, wenn der Anspruch auf Entfernung einer Trennmauer und Errichtung eines Grenzzaunes ausschließlich auf öffentliches Recht gestützt wird (SZ 44/40 [1971]; idS auch 6 Ob 234/77).

• Über den Umfang der in einer Bauordnung vorgesehenen Verpflichtung des Eigentümers des Nachbargrundstücks bei einer Bauführung entscheidet die Verwaltungsbehörde (RZ 1971, 32).

• Daraus abgeleitete Schadenersatzansprüche sind jedoch im Rechtsweg geltend zu machen (VwSlg 2891 A [1952], 17.811 A [1933]).

• Ebenso Schadenersatzansprüche aus einer von der Baubehörde angeordneten Sprengung des Nachbarhauses (VfSlg 2679 [1954]).

• Für die Klage auf Duldung des Betretens des Nachbargrundstücks zur Vornahme notwendiger Instandsetzungsarbeiten an einem Grenzbauwerk ist der Rechtsweg zulässig, wenn die Bauordnung dies als privatrechtlichen Anspruch normiert (SZ 45/95 [1972] = EvBl 1973/5).

• Ansprüche einer Gemeinde aus einer Ersatzvornahme können nicht im Rechtsweg durchgesetzt werden (SZ 27/61 [1954]; 26/35 [1953]).

• Ob eine Gemeinde zur Einlösung von Grundstücken oder Grundstücksteilen verpflichtet ist, ist im Verwaltungsweg zu klären; nur bei Festsetzung einer Entschädigung durch die Baubehörde kann das Gericht zwecks Neufestsetzung angerufen werden (1 Ob 502/95).

• Ansprüche gegen Grundnachbarn auf Benützungsentgelt und Schadenersatz wegen eigenmächtiger Benützung und Beschädigung der Nachbarliegenschaft im Zug einer Bauführung sind im Geltungsbereich der nö BauO nicht vor der Verwaltungsbehörde, sondern vor Gericht geltend zu machen (SZ 64/57 [1991] = JBl 1992, 108).

N. Bergrecht

Wichtigste Rechtsquellen: MineralrohstoffG (MinroG, BGBl I 1999/38)

Lit: *Rossmann,* Mineralrohstoffgesetz (MinroG) (1999).

196 Das MinroG (das das BergG 1975 abgelöst hat) bezweckt im wesentlichen unter Bedachtnahme auf einen wirtschaftlich notwendigen Abbau mineralischer Rohstoffe, die Bedeutung der inländischen Lagerstätten für die Sicherung der Versorgung mit mineralischen Rohstoffen dadurch anzuheben, daß alle für die Volkswirtschaft wichtigen mineralischen Rohstoffe dem Geltungsbereich dieses

Gesetzes unterstellt werden. Das MinroG verfolgt auch das Ziel einer Stärkung der Parteirechte in jenen Verfahren, die mit der Ausübung einer Bergbautätigkeit verbunden sind (ErläutRV 1428 BlgNR 20. GP 73).

Die Vollziehung erfolgt – anders als nach dem BergG 1975 – in mittelbarer Bundesverwaltung, wobei erste Instanz die Bezirksverwaltungsbehörde, zweite Instanz der Landeshauptmann ist; in bestimmten Fällen schreitet allerdings der Landeshauptmann bzw der Bundesminister für wirtschaftliche Angelegenheiten ein (§§ 170 ff).

Die Regelungen hinsichtlich von Bergschäden und von Entschädigungsansprüchen entsprechen weitgehend jenen des BergG 1975.

Über Entschädigungsansprüche nach § 111 (Hilfeleistung bei Unglücksfällen), nach §§ 147 ff (Benützung bzw zwangsweise Grundüberlassung) und nach § 159 (für Vermögensnachteile nach Beendigung der Bergbautätigkeit) entscheiden mangels Einigung die Behörden. Das Bezirksgericht kann jedoch innerhalb von drei Monaten um Festsetzung der Entschädigung angerufen werden; die Entscheidung erfolgt im Verfahren außer Streitsachen (sukzessive Kompetenz; im einzelnen s § 149 Abs 6; 4 Ob 586/73 zu § 59 des alten BergG 1954, der im wesentlichen dem § 176 BergG 1975 bzw nunmehr § 149 MinroG entspricht).

Schadenersatzansprüche aus Bergschäden (§§ 160 ff) sind im ordentlichen Rechtsweg durchzusetzen (s dazu OGH, JBl 1998, 177, insb auch zur Abgrenzung von Entschädigungsansprüchen nach § 182 BergG 1975 und Schadenersatzansprüchen gem §§ 183 ff BergG 1975 bzw nunmehr § 159 und §§ 160 ff MinroG).

O. Finanz- und Abgabenwesen

Wichtigste Rechtsquellen: BundesabgabenO (BAO, BGBl 1961/194); AbgabenexekutionsO (AbgEO, BGBl 1949/104).

Lit: *Stoll,* Bundesabgabenordnung (BAO-Kommentar, 1994); *ders,* Bundesabgabenordnung (1980); *Reeger/Stoll,* Die Abgabenexekutionsordnung (1963).

1. Allgemeines

Die Aufgaben der Finanzverwaltung sind derart vielfältiger Natur, daß von einer kurzen Zielbeschreibung Abstand genommen wird (vgl dazu *Walter/Mayer,* Verwaltungsrecht², 365). Die folgenden Ausführungen konzentrieren sich auf das Abgabenrecht. **197**

Das Abgabenwesen ist Hoheitsverwaltung und wird – im Bereich der Bundesabgaben – in aller Regel in erster Instanz durch die Finanzämter, in zweiter Instanz durch die Finanzlandesdirektionen vollzogen.

Rechte oder Rechtsverhältnisse, für deren Durchsetzung der Rechtsweg unzulässig ist, können auch im Weg der Feststellung nicht vor die ordentlichen Gerichte gebracht werden. Mangels ausdrücklicher Zulassung des ordentlichen Rechtswegs gilt dies für alle Rechtsverhältnisse des öffentlichen Rechts, also auch hinsichtlich des Übergangs der Zahlungsverpflichtung eines Abgabenanspruchs gegenüber dem Erblasser auf die Verlassenschaft (8 Ob 544/92; JBl 1977, 600 = NZ 1978, 11).

2. Einzelfragen

a) Die **Zulässigkeit des Rechtswegs** ist in folgenden Fällen gegeben: **198**

• Anerkennt der Dienstgeber die dem öffentlichen Recht angehörende Verpflichtung zur Auszahlung der Familienbeihilfe, so ist zum echten Anerkenntnis ein neuer, auf privatrechtlicher Grundlage beruhender Rechtsgrund getreten (SZ 46/60 [1973] = JBl 1973, 587 = EvBl 1973/296 = Arb 9124 [1973] = RZ 1974/5); jedoch ist in dem Umstand, daß der Arbeitgeber in die Familienbeihilfenkarte die Auszahlung der Familienbeihilfe für einen bestimmten Zeitraum eingetragen hat, ein Anerkenntnis nicht zu erblicken (ÖA 1988, 49).

● Ein Schadenersatzanspruch gegen den Arbeitgeber wegen schuldhaft unrichtiger Berechnung der Lohnsteuer gehört auf den Rechtsweg (SZ 58/156 [1985] = JBl 1986, 803 = DRdA 1986, 228 = Arb 10.479 [1986]).

● Der Rechtsweg ist zulässig, wenn gegen eine Gemeinde ein Schadenersatzanspruch wegen Verletzung einer privatrechtlichen Vereinbarung durch Einführung einer Gemeindeabgabe geltend gemacht wird (SZ 10/52 [1928]).

● Hat eine Gemeinde zur Abdeckung ihrer Forderung auf Zahlung einer Abgabe unter deren Quittierung in einem Kaufvertrag mit dem Schuldner eine belastete Liegenschaft übernommen, so ist ihr Anspruch auf Lastenfreistellung privatrechtlicher Natur (ZBl 1934/279).

● Eine Bank, die auf Grund einer vermeintlichen, jedoch nicht bestehenden Anweisung die Abgabenschuld eines Dritten an das Finanzamt gezahlt hat, hat gegen die Republik Österreich einen im Rechtsweg durchzusetzenden privatrechtlichen Rückforderungsanspruch (JBl 1985, 240 = RdW 1985, 10).

● Der Rechtsweg ist für Klagen auf Feststellung der Qualität einer Umsatzsteuerforderung als Masse- oder Konkursforderung zulässig, nicht aber für eine Bereicherungsklage des Masseverwalters gegen die Republik Österreich wegen behaupteter rechtsirrtümlicher Zahlung einer Masseforderung (OLG Wien EvBl 1986/67).

● Die sich aus § 11 UStG für den liefernden Unternehmer ergebende Verpflichtung zur Ausstellung einer Rechnung hat zivilrechtlichen Charakter (6 Ob 4/97 z; 2 Ob 524/90; SZ 59/140 [1986]; SZ 55/87 [1982] = MietSlg 34.954(21) [1982] = MietSlg 34.729 [1982]).

● Der Anspruch auf Auszahlung von einbehaltenen Ruhegenußbestandteilen kann vom Beamten im Verfahren gem Art 137 B-VG geltend gemacht werden; der Rückforderungsanspruch des öffentlich-rechtlichen Dienstgebers des Beamten aus von ihm vom Finanzamt nachgeforderter Lohnsteuer ist ein privatrechtlicher, über den zu entscheiden daher den Gerichten obliegt (VwGH Jus-Extra, VwGH-F 1997/1113).

199 b) **Unzulässigkeit des Rechtswegs** liegt in folgenden Fällen vor:

● Eine Fehleintragung in der Familienbeihilfenkarte ändert an der Unzulässigkeit des Rechtswegs nichts; entstehen über die Richtigkeit der Eintragung Streitigkeiten, entscheidet das zuständige Finanzamt (10 ObS 48/89; RdW 1988, 323 = ÖA 1988, 49).

● Die Frage, ob eine „steuerpflichtige Lieferung" ausgeführt wird und wer „Lieferant" und wer „Empfänger" der Lieferung ist, muß ausschließlich nach steuerrechtlichen Gesichtspunkten unter Beachtung einer wirtschaftlichen Betrachtungsweise (§ 21 BAO) beantwortet werden; die Prüfung und Entscheidung der Frage, ob ein Vorsteuerabzug vorgenommen werden darf, fällt daher grundsätzlich in die Zuständigkeit der Abgabenbehörden (2 Ob 524/90; SZ 59/140 [1986]; SZ 55/87 [1982] = MietSlg 34.954 (21) [1982] = MietSlg 34.729 [1982]).

● Unzulässigkeit des Rechtswegs ist gegeben bei der Geltendmachung rückständiger Familienbeihilfen (9 ObA 154/91; RdW 1988, 232 = ÖA 1988,

49; SZ 46/60 [1973] = JBl 1973, 587 = EvBl 1973/296 = RZ 1974/5; Arb 8901 [1972]).

• Unzulässigkeit des Rechtswegs liegt vor für die Feststellung, daß eine im Konkurs angemeldete Grundsteuerforderung nicht zu Recht bestehe (3 Ob 323/55).

• Die Rückforderung zu Unrecht geleisteter öffentlicher Abgaben gehört nicht auf den ordentlichen Rechtsweg (7 Ob 621/94; SZ 51/161 [1978] = JBl 1979, 605; 3 Ob 423/53; SZ 12/296 [1930]; JBl 1951, 160; JBl 1952, 17 = EvBl 1951/265); jedoch kann die Anrufung der Zivilgerichte im Verhältnis zwischen dem Zahlenden und einer öffentlich-rechtlichen Körperschaft, an welche die Abgabe zu entrichten war, bei Vorliegen eines Privatrechtstitels durchaus begründet sein (7 Ob 621/94).

• Die Anfechtung der materiellen Gültigkeit eines Rückstandsausweises kann nicht im ordentlichen Rechtsweg erfolgen (AnwBl 1989, 758; 1 Ob 596/88; SZ 13/42 [1931]).

• Über den Bestand der für öffentliche Abgaben erworbenen Absonderungsrechte entscheidet ausschließlich die Finanzbehörde (SZ 36/70 [1963]).

• Der öffentlich-rechtliche Charakter einer Abgabenforderung wird durch Legalzession nach § 1358 ABGB in seinem Wesen nicht geändert (SZ 51/141 [1978]).

• Die Einverleibungsgebühr nach § 57 Abs 7 HKG ist eine öffentliche Abgabe, die im Verwaltungsweg einzutreiben ist (SZ 24/209 [1951]).

P. Gesetzliche Berufsvertretung (Kammern)

Das Rechtsverhältnis zwischen den gesetzlichen Berufsvertretungen und ihren Berufsangehörigen ist öffentlich-rechtlicher Natur. Ansprüche aus diesen Rechtsverhältnissen können nicht von den ordentlichen Gerichten entschieden werden (*Fasching*[1] I 106). **200**

Sieht ein BerufsvertretungsG die Anrufung der gesetzlichen Berufsvertretung bei Streitigkeiten zwischen Berufsangehörigen zwingend vor, so wird dadurch bei Unterlassung der vorherigen Anrufung der Berufsvertretung der Rechtsweg nicht ausgeschlossen (zB Anrufung der Dentisten-, Ärzte-, Anwalts- und anderer Kammern), da eine derartige Bestimmung nur eine interne Güteregelung darstellt (s auch *Mayr* in *Rechberger,* ZPO Rz 11 vor § 1 JN).

Im einzelnen gilt folgendes:

• Für die Eintreibung und Rückforderung irrtümlich bezahlter Beiträge zu den gesetzlichen Berufsvertretungen ist der Rechtsweg unzulässig, da sie öffentliche Abgaben sind; so für die Beiträge nach § 57 HKG oder für Arbeiterkammerbeiträge (SZ 51/161 [1978] = JBl 1979, 605; 1 Ob 454/54; 1 Ob 153/54).

• Die Österreichische Hochschülerschaft kann nicht als „berufliche Vertretung" iSd der Art 10 Abs 1 Z 8, Art 11 Abs 1 Z 2, Art 141 Abs 1 lit a B-VG anerkannt werden, weil darunter nur Vertretungen von Personen zu verstehen sind, die selbständig oder unselbständig eine auf Erwerb ausgerichtete Tätigkeit ausüben (4 Ob 552/75).

• Kein Ausschluß des Rechtswegs wegen Unterlassung der vorherigen Anrufung der Dentistenkammer bei einem Streit zwischen zwei Dentisten oder bei mangelnder Befassung der Ingenieurkammer (SZ 28/174 [1955]; 6 Ob 11/60; s dazu auch *Mayr* in *Rechberger,* ZPO Rz 11 vor § 1 JN).

Q. Straßen- und Feuerpolizeirecht

1. Straßenpolizeirecht

Wichtigste Rechtsquellen: StraßenverkehrsO (StVO, BGBl 1960/159).

Lit: *Dittrich/Stolzlechner,* Straßenverkehrsordnung (Loseblattausgabe); *Grubmann,* StVO (1999); *Messiner,* Straßenverkehrsordnung[9] (1995); *Kostal* in *Bachmann ua,* Besonderes Verwaltungsrecht[2] (1998) 255ff.

a) Allgemeines

201 Das Straßenpolizeirecht regelt das möglichst konfliktfreie Nebeneinander der unterschiedlichen Verkehrsteilnehmer; darunter fallen Bestimmungen, die der Sicherheit, Leichtigkeit und Flüssigkeit des Verkehrs dienen. Dazu gehören insb auch Vorschriften, die die Erfordernisse der Verkehrsregelung und der Verkehrssicherheit betreffen (*Kostal* in *Bachmann ua,* Besonderes Verwaltungsrecht[2], 256f; s auch *Walter/Mayer,* Verwaltungsrecht[2], 497).

Die Straßenpolizei ist Hoheitsverwaltung im Vollzugsbereich der Länder, damit auch die Verkehrsregelung (s im einzelnen *Mader* in *Schwimann,* ABGB[2] VIII § 1 AHG Rz 39; s auch *Harrer* in *Schwimann,* ABGB[2] VII § 1319a Rz 31, jeweils mwN); hingegen zählen Bau und Instandhaltung von öffentlichen Straßen und Wegen zur Privatwirtschaftsverwaltung (dazu s im einzelnen Rz 170f).

Verwaltungsbehörde erster Instanz ist in aller Regel die Bezirksverwaltungsbehörde bzw die Bundespolizeidirektion, in zweiter Instanz ist die Landesregierung zuständig (im einzelnen und zur Zuständigkeit des BM für Wissenschaft und Verkehr bzw der Gemeinden s *Kostal* in *Bachmann ua,* Besonderes Verwaltungsrecht[2], 269ff).

Da alle Verfügungen im Bereich der Straßenpolizei als Maßnahmen der Hoheitsverwaltung getroffen werden, ist ihre Überprüfung im Rechtsweg und die Geltendmachung von Ansprüchen wegen dieser Maßnahmen vor den ordentlichen Gerichten nur im Rahmen der Amtshaftung möglich. Die StVO sieht nur in einem Fall die Kompetenz des Gerichts, und zwar in Form des außerstreitigen Rechtswegs, vor: Ist eine Anbringung von Verkehrseinrichtungen (zB Verkehrsampeln, Verkehrszeichen ua) auf dem Straßengrund nicht zweckentsprechend oder nicht möglich, sind sie auf Liegenschaften neben der Straße anzubringen. Die Grundeigentümer können mit Bescheid verpflichtet werden, die Anbringung zu dulden; eine Entschädigungspflicht besteht, wenn die Verwendung der Liegenschaft durch die Anbringung der Einrichtung erheblich beeinträchtigt wird. Werden Ersatzansprüche nicht innerhalb von sechs Monaten ab Kenntnis der Anbringung anerkannt, hat auf Antrag des Liegenschaftseigentümers das Gericht im Verfahren außer Streitsachen zu entscheiden (§ 33 StVO; sukzessive Kompetenz; s *Kostal* in *Bachmann ua,* Besonderes Verwaltungsrecht[2], 266).

b) Einzelfragen

202 Die **Zulässigkeit des Rechtswegs** ist in folgenden Angelegenheiten gegeben:

• Wer den Ersatz des Schadens geltend macht, den er als Eigentümer einer Liegenschaft dadurch erleidet, daß ein anderer auf seinem Grund und Boden Büsche und Bäume fällt sowie einen Zaun beschädigt, macht damit einen aus dem Privatrecht abgeleiteten Schadenersatzanspruch geltend, über den die ordentlichen Gerichte zu erkennen haben. Ob sich der andere zur Abwehr dieses Anspruch darauf berufen kann, daß er „im Interesse der Wegegenossenschaft" gehandelt und damit dem Beschädigten die Erfüllung der in § 26 stmk LStVG

1964 normierten Verpflichtung zum Abholzen bzw Auslichten verkehrsbehindernden Baumbestände und Buschbestände „erspart“ habe, ist keine Frage der Zulässigkeit des Rechtswegs, sondern eine solche der sachlichen Berechtigung des eingeklagten Schadenersatzanspruchs (4 Ob 502/82).

● Die Zulässigkeit des Rechtswegs ist gegeben für Klagen gegen eine Tiroler straßenerhaltungspflichtige Gemeinde, womit die Unterlassung schädigender Eingriffe bezüglich der Einschotterung einer Wegparzelle begehrt wird (JBl 1958, 448 = ZVR 1958/149).

● Eine Vorschrift, daß dann, wenn Grundstücksteile ohne Enteignungsverfahren zu Straßenzwecken herangezogen werden, der Anspruch auf Schadenersatz im Außerstreitverfahren geltend zu machen ist, besteht nicht; solche Ansprüche sind im Prozeßweg zu verfolgen (LiegTeilG; 7 Ob 113/65; SZ 26/220 [1953]).

● Ist eine Klage ausdrücklich als Besitzstörungsklage gegen eine Gemeinde eingebracht worden, dann beeinflußt die Frage, ob die Gemeinde in Ausübung ihrer Amtsgewalt gehandelt hat und nur zum Schutz vermeintlicher Rechte Dritter eingegeriffen hat, lediglich die Frage der Eigenmächtigkeit und daher der Sachentscheidung (GlUNF 1556 [1901]). So ist der Rechtsweg für eine Besitzstörungsklage gegeben, die gegen Beseitigung eines Privatzauns gerichtet ist, trotz der Einwendung, daß der Zaun auf öffentlichem Grund steht und in behördlichem Auftrag beseitigt wurde (RGE Hye 701 [1895]). Siehe aber die neueren Entscheidungen, wonach für Klagen wegen Behinderung und Störung in der Benützung öffentlicher Wege der Rechtsweg ausgeschlossen ist (7 Ob 52/74 [1979]; JBl 1962, 261 = ZVR 1962/27).

Der **Rechtsweg** ist in folgenden Fällen **unzulässig:** 203

● Die Erlassung einer zugesicherten Verkehrsbeschränkung kann nicht im Rechtsweg erzwungen werden (ZVR 1959/9).

● Der Rechtsweg ist unzulässig zur Durchsetzung der dem Eigentümer einer Nachbarparzelle gem § 53 Wr BauO von der Verwaltungsbehörde auferlegten Verpflichtung, die für eine Privatstraße notwendigen Flächen straßenmäßig herzustellen und zu erhalten und die Durchfahrt auf den die Privatstraße bildenden Teilen dieser Grundfläche zu dulden (3 Ob 569/55).

● Für Klagen wegen Behinderung und Störung in der Benützung öffentlicher Wege ist der Rechtsweg ausgeschlossen. Die Überwachung der bestimmungsgemäßen Benützung von Gemeinde- und Interessentenwegen steht der Bezirksverwaltungsbehörde zu (EvBl 1975/76; JBl 1962, 261 = ZVR 1962/27; 2 Ob 36/53; s auch LGZ Wien EvBl 1937/702). Siehe aber die ältere Rechtsprechung, wonach für Besitzstörungsklagen gegen eine Gemeinde wegen der Beseitigung eines Privatzaunes der Rechtsweg zulässig ist (RGE Hye 701 [1895]; GlUNF 1556 [1901]).

2. Feuerpolizeirecht

Wichtigste Rechtsquellen: Landesrechtliche Vorschriften.

a) Allgemeines

Unter Feuerpolizei sind alle Regelungen zu verstehen, die die Verhütung von Bränden, die Vorkehrungen für die Brandbekämpfung und die Durchführung der Brandbekämpfung sowie nachfolgende Sicherungs- und Erhebungsmaßnahmen regeln, soweit es sich um Brände handelt, die nicht nach besonderen Regelungen (zB über Waldbrände, über Brände im Bergbau) zu bekämpfen 204 sind; es handelt sich um typische Verwaltungspolizei (*Walter/Mayer,* Verwaltungsrecht², 653).

Die Aufgabe der Feuerpolizei ist den Gemeinden (insb dem Bürgermeister) im selbständigen Wirkungsbereich zugewiesen (im einzelnen s *Walter/Mayer,* Verwaltungsrecht², 652).

Nach der OÖ FeuerpolizeiO, LGBl 1953/8, ersetzt die Gemeinde ihren Organen den Schaden, den sie in Durchführung dieser FeuerpolizeiO an ihrem Leben und an ihrer Gesundheit erleiden. Die Gemeinde haftet also zivilrechtlich für den Personenschaden in Ausübung der Feuerlöschtätigkeit. Wer ohne hinreichenden Grund schuldhaft das Ausrücken einer Feuerwehr veranlaßt, hat die dadurch entstandenen Kosten zu ersetzen. Ebenso hat derjenige, der vorsätzlich oder grob fahrlässig einen Umstand herbeiführt, der den Einsatz einer Feuerwehr bedingt, die Kosten des Einsatzes und die dabei entstandenen Schäden zu ersetzen, ebenso derjenige, der für den Eintritt eines solchen Umstands auf Grund der bestehenden Gesetze einem Dritten ohne Rücksicht auf ein Verschulden haftpflichtig ist (s dazu auch *Walter/Mayer,* Verwaltungsrecht², 659). Über alle diese Ansprüche erkennen die ordentlichen Gerichte.

b) Einzelfragen

205 • Die Verwaltungsbehörden entscheiden über die Ersatzpflicht desjenigen, für dessen Rechnung eine Gemeinde in Ausübung der Feuerpolizei eine ihm obliegende Leistung durch Dritte vollziehen läßt (AmtlSlg 1515 [1912]); ebenso über den Anspruch der Gemeinde Wien auf Zahlung der Beistellung einer Feuerwache in einem Theater; hingegen kann die Feuermelder-Jahresgebühr bei Gericht eingeklagt werden, da es sich im letzteren Fall um ein Privatrechtsverhältnis handelt (ZBl 1936/109).

• Für die Einforderung der Bergekosten einer Feuerwehr (für die Freimachung einer Straße nach einem Verkehrsunfall) ist der ordentliche Rechtsweg zulässig (ZVR 1982/136; SZ 49/115 [1976]; JBl 1953, 571).

R. Gemeindewesen

1. Gemeinden im Rechtsverkehr

206 Sobald eine Gemeinde bei Erfüllung ihrer öffentlichen Aufgaben einen privatrechtlichen Vertrag eingeht, ist ihre Zahlungspflicht nach privatrechtlichen und nicht nach öffentlich-rechtlichen Grundsätzen zu beurteilen (SZ 23/39 [1950] = JBl 1950, 290).

Im einzelnen gilt folgendes:

• Der Rechtsweg ist zulässig für die Klage einer Gruppe von Gemeindeangehörigen auf Rechnungslegung gegen die Gemeinde in einer diese Gruppe betreffenden Angelegenheit, etwa der Haltung von Tieren (RGE Hye 1150 [1902]).

• Der Rechtsweg ist auch zulässig für die Klage einer Gemeinde aus einem Vertrag, den sie als Trägerin von Vermögensrechten und als selbständiges Rechtssubjekt mit einer Wassergesellschaft zugunsten der Gemeindemitglieder abgeschlossen hat (GlUNF 653 [1899]).

• Ebenso ist der Rechtsweg gegeben für eine Klage auf Erfüllung der in einem Kaufvertrag über ein Restaurant übernommenen Nebenverpflichtung, Dritten auf dem Pachtgrund die Ausübung einer bestimmten Gewerbeberechtigung nicht zu gestatten (MietSlg 27.599 [1975]).

● Die Gemeinde wird als Trägerin von Privatrechten tätig, wenn sie anläßlich einer Delogierung Möbel in Verwahrung nimmt (MietSlg 6.800 [1958]; ZBl 1930/181; SZ 10/138 [1928]; 9/235 [1927]; OLG Wien EvBl 1936/570).

● Der Rechtsweg ist zulässig für die Eigentumsklage an Grundstücken, hinsichtlich derer ihre Zugehörigkeit zum öffentlichen Gut strittig ist (GlUNF 5030 [1910]; 383 [1898]).

● Die Zulässigkeit des Rechtswegs ist gegeben für die Geltendmachung von Ansprüchen einer Pfarrpfründe gegen eine Gemeinde aus einem Urbarialvergleich betreffend Holzschlägerung (SZ 28/26 [1955]).

● Streitigkeiten über den Mitgenuß am Gemeindevermögen sind von den Verwaltungsbehörden zu entscheiden (RGE Hye 1382 [1905]; RGE Hye 2238 [1916]; GlUNF 2324 [1903]); ebenso Streitigkeiten über die Beitragspflicht zu den Kosten einer im öffentlichen Interesse errichteten Anlage (GlU 11. 657 [1887]).

● Ebenso hat die Verwaltungsbehörde über die Ersatzpflicht desjenigen zu entscheiden, für dessen Rechnung eine Gemeinde in Ausübung der Feuerpolizei eine ihm obliegende Leistung durch Dritte vollziehen ließ (AmtlSlgNF 1515 [1912]).

● Für einen auf das Nachbarrecht gestützten Anspruch auf Unterlassung hoheitlichen Handelns ist der Rechtsweg ausgeschlossen (JBl 1988, 594 = RdW 1988, 321; zur Besitzstörungsklage gegen eine in Ausübung ihrer Hoheitsgewalt tätig werdenden Gemeinde s LGZ Wien EvBl 1937/702; GlUNF 2689 [1904] [Rechtsweg ist unzulässig] und 2091 [1902]; anders: GlUNF 1556 [1901] [Rechtsweg ist zulässig]).

● Der Rechtsweg ist unzulässig für das Begehren des Finders auf Herausgabe der gefundenen Sache zur Benützung nach § 392 ABGB, ebenso für das Herausgabebegehren des sein Recht gehörig dartuenden Eigentümers der Sache nach § 391 ABGB; selbst im Fall des gerichtlichen Erlags des Fundgegenstands oder des aus seiner Feilbietung erzielten Erlöses steht die Verfügung hierüber der Ortsobrigkeit zu (SZ 31/36 [1958] = EvBl 1958/217. Der Rechtsweg ist auch nicht gegeben für das gegen die Fundbehörde gerichtete Herausgabebegehren des Finders (SZ 53/179 [1980] = EvBl 1981/90).

● Unzulässigkeit des Rechtswegs liegt vor zur Erlassung einer einstweiligen Verfügung, womit die Ausführung eines von einer Gemeinde als Trägerin öffentlichen Rechts erlassenen Bescheides betreffend die Entfernung von Gegenständen auf einem Weg verboten werden soll (EvBl 1954/378).

2. Gemeinden und deren Organe

● Für den Anspruch des Gemeindevorstehers auf den Ersatz eines von ihm für die Gemeinde gemachten Aufwands sind die Gerichte entscheidungsbefugt (GlUNF 175 [1898]). **207**

● Ebenso ist für die Klage der Gemeinde gegen den früheren Gemeindevorsteher auf Rechnungslegung (GlU 13.824 [1891]) und für die Klage des früheren Gemeindevorstehers auf Genehmigung der gelegten Rechnungen der Rechtsweg zulässig (GlU 7935 [1880]).

● Auf Grund der geprüften Rechnungen ist für die Klage der Gemeinde gegen den früheren Gemeindevorsteher auf Ersatzleistung der Rechtsweg zulässig (GlU 15.069 [1894]).

● Zur Prüfung der vom Gemeindevorsteher gelegten Rechnungen auf ihre materielle Richtigkeit ist die Verwaltungsbehörde berufen (GlU 11.729 [1887]).

3. *Gemeinden, Bund und Länder*

208 • Für einen Streit zwischen zwei Schulerhaltern wegen Feststellung der Eigentumsverhältnisse an einem Schulgebäude ist der Rechtsweg zulässig (EvBl 1963/450).

• Für den Anspruch des Bundes gegen eine Gemeinde auf Ersatz der Kosten des in der Gemeinde abgehaltenen Gerichtstags, zu dessen Ersatz sich die Gemeinde freiwillig verpflichtet hat, ist der Rechtsweg zulässig (ZBl 1930/15).

• Hingegen ist der Rechtsweg unzulässig für den Anspruch einer Gemeinde auf Ersatz von Aufwendungen für die Erhaltung einer Wasserleitung, wenn sie aus Gründen öffentlichen Rechts zur Vornahme der Arbeiten gezwungen war (ZBl 1930/17).

S. Schadenersatzansprüche gegen öffentlich-rechtliche Rechtsträger aus hoheitlichem Handeln, insb Amtshaftungsrecht

1. Vorbemerkung

209 Die zivilrechtliche Haftung der Rechtsträger und der Organe (Organwalter) für rechtswidrige Schädigung ist ein Element des Rechtsstaates (Rechtsschutzstaat). Art 23 B-VG trifft die grundsätzlichen Regelungen über die **Haftung der Träger der hoheitlichen Vollziehung** gegenüber den von der Vollziehung rechtswidrig Geschädigten sowie über die Haftung der Organe (Organwalter) gegenüber dem Träger der hoheitlichen Vollziehung im Fall der Schadenersatzleistung; weiters Regelungen über die Haftung von Organen (Organwaltern), die einem Rechtsträger im Rahmen hoheitlicher Vollziehung unmittelbar Schaden zugefügt haben. Zur Erlassung der näheren Bestimmungen ist der Bundesgesetzgeber berufen (*Walter/Mayer,* Bundesverfassungsrecht[8] Rz 1281). In Durchführung des Art 23 B-VG sind zahlreiche Bundesgesetze ergangen, von denen die wichtigsten das AHG, das OrgHG und das PolBefEG sind (weiters etwa das SPG, das PostG bzw das PoststrukturG, das StEG ua; s dazu die Übersicht bei *Mader* in *Schwimann,* ABGB[2] VIII Vorbem § 1 AHG Rz 4ff).

2. Amtshaftung

Rechtsquellen: Art 23 B-VG; AmtshaftungsG (AHG, BGBl 1949/20).

Lit: *Aicher,* Die Haftung für staatliche Fehlleistungen im Wirtschaftsleben (1988); *Matscher,* Zur sogenannten Subsidiarität der Amtshaftung, JBl 1974, 545; *Schwimann,* Internationale Zuständigkeit und anzuwendendes Recht in Amtshaftungssachen, JBl 1959, 585; *Vrba/Zechner,* Zum Begriff des Rechtsmittels nach § 2 Abs 2 AHG, ÖJZ 1981, 589.

a) Allgemeines

210 Nach § 1 AHG haften der Bund, die Länder, die Bezirke (die aber nicht als juristische Personen eingerichtet sind), die Gemeinden, sonstige Körperschaften öffentlichen Rechts und die Träger der Sozialversicherung nach den Bestimmungen des bürgerlichen Rechts für den Schaden am Vermögen oder an der Person, den die als ihre Organe handelnden Personen in Vollziehung der Gesetze durch ein rechtswidriges Verhalten wem immer schuldhaft zugefügt haben; sie haben einen solchen Schaden in Geld zu ersetzen.

Mit der Wendung, daß für ein Verhalten „in Vollziehung der Gesetze" (Art 23 Abs 1 B-VG, § 1 Abs 1 AHG) gehaftet wird, ist einerseits gemeint, daß es keine Amtshaftung für den Bereich der Gesetzgebung, sondern nur für den der Vollziehung (in Form der Gerichtsbarkeit oder Verwaltung) gibt, und weiters, daß nur auf dem Gebiet der hoheitlichen Vollziehung Amtshaftung besteht; keine Amtshaftung besteht im Bereich der Privatwirtschaftsverwaltung, hier gelten die Vorschriften des Zivilrechts (zur Abgrenzung Hoheitsverwaltung – Privatwirtschaftsverwaltung s ausführlich *Adamovich/Funk,* Verwaltungsrecht³, 143 ff; *Antoniolli/Koja,* Verwaltungsrecht³, 21 ff; *Mader* in *Schwimann,* ABGB² VIII § 1 AHG Rz 177 ff; *Mayer,* Bundes-Verfassungsrecht², 145 ff; *Schragel/Loebenstein/Kaniak,* AHG² Rz 72 ff; *Vrba/Zechner,* AHG 60 ff; *Walter/Mayer,* Bundesverfassungsrecht⁸ Rz 560). Die Judikatur des OGH faßt den Bereich der „Vollziehung" weit und unterwirft auch solche Tätigkeiten den Regelungen der Amtshaftung, die nach ihrer Form zur Privatwirtschaftsverwaltung zu zählen sind, die aber mit einer hoheitlichen Tätigkeit in einem unmittelbaren Zusammenhang stehen (zB Halten eines Gendarmeriehundes, SZ 62/40 [1989]; EvBl 1990/27; SZ 60/156 [1987]; JBl 1983, 260; von einem Diplomaten bei einer „offiziellen" Jagdgesellschaft verursachter Jagdunfall, SZ 41/2 [1968]) (*Walter/Mayer,* Bundesverfassungsrecht⁸ Rz 1286).

Der Ersatzanspruch nach dem AHG besteht dann nicht, wenn der Geschädigte den Schaden durch Rechtsmittel (dazu s *Matscher,* JBl 1974, 605; *Vrba/Zechner,* ÖJZ 1981, 589; *Walter/Mayer,* Bundesverfassungsrecht⁸ Rz 1294; SZ 64/126 [1991] = JBl 1992, 327 = EvBl 1992/14; JBl 1980, 539; 1980, 458) oder durch Beschwerde an den VwGH hätte abwenden können; weiters dann nicht, wenn der Schaden aus einem Erkenntnis des VfGH, des VwGH oder des OGH abgeleitet wird (§ 2 AHG) oder der Anspruch verjährt ist (§ 6 AHG).

Der Geschädigte soll den Rechtsträger schriftlich auffordern, binnen drei Monaten zu erklären, ob er den Anspruch anerkennt. Hat er den Rechtsträger nicht (oder nicht hinreichend deutlich) aufgefordert oder die Klage vor Ablauf von drei Monaten erhoben, so steht dem Rechtsträger, soweit er den Anspruch anerkennt oder erfüllt, Kostenersatz nach § 45 ZPO zu (zu den Einzelheiten s § 8 AHG). Das früher vorgeschriebene obligatorische Aufforderungsverfahren an den Rechtsträger (bei dessen Nichtbeachtung eine Amtshaftungsklage wegen Unzulässigkeit des Rechtswegs zurückzuweisen war, s dazu *Ballon,* Zulässigkeit 128; *Schragel/Loebenstein/Kaniak,* AHG² Rz 239 ff; *Vrba/Zechner,* AHG 223) ist durch die WGN 1989 beseitigt worden (ein obligatorisches Aufforderungsverfahren ist aber nach wie vor gem § 7 OrgHG vorgesehen, s dazu Rz 214).

Für Amtshaftungsklagen ist das Landesgericht (Eigenzuständigkeit), in dessen Sprengel die Rechtsverletzung begangen wurde, ausschließlich zuständig (§ 9 AHG).

Zum Verhältnis des AHG zu anderen Haftungsgrundlagen aus hoheitlichem Handeln (auch auf der Ebene des Europarechts) s *Mader* in *Schwimann,* ABGB² VIII Vorbem § 1 AHG Rz 4 ff, 18 ff.

b) Klage gegen das Organ (§ 9 Abs 5 AHG)

§ 1 Abs 2 AHG enthält eine Legaldefinition des Organbegriffs. Danach **211**
sind Organe (Organwalter) iSd Gesetzes alle pyhsischen Personen, die für den genannten Rechtsträger in Vollziehung der Gesetze handeln. Organ iSd § 1 Abs 2 AHG ist auch eine private (physische oder juristische) Person, die mit hoheitlichen Aufgaben betraut wird; auch Privatunternehmer, die vom Träger der Hoheitsgewalt zur Erfüllung ihrer Aufgaben herangezogen werden, können damit Organ sein (zB Werkvertrag zur Postbeförderung, SZ 36/115 [1963]; Begutachtung gem § 57 a KFG, JBl 1991, 180). Bei Übertragung einer hoheitlichen Aufgabe auf eine juristische Person des Privatrechts ist als Organ iSd § 1 Abs 1

AHG jene physische Person, die für die juristische Person gehandelt hat, anzusehen (s dazu ausführlich *Mader* in *Schwimann,* ABGB² VIII § 1 AHG Rz 4 ff).

212 Die Klage auf Schadenersatz nach dem AHG ist gegen den Rechtsträger zu richten; für Amtshaftungsansprüche gegen das Organ ist der Rechtsweg ausgeschlossen (§ 9 Abs 5 AHG), sodaß eine gegen das Organ gerichtete Klage nach § 1 AHG wegen Unzulässigkeit des Rechtswegs zurückzuweisen ist. Der Rechtsweg gegen das Organ ist nur dann zulässig, wenn ein Rechtsgrund durch entsprechende Tatsachen vorgetragen wird, der eine Inanspruchnahme des Organs ungeachtet der Bestimmungen der §§ 1 und 9 Abs 5 AHG zuläßt; maßgebend ist insofern nicht eine entsprechende Rechtsbehauptung der klagenden Partei, sondern der geltend gemachte und allein durch das Gericht zu beurteilende Streitgegenstand. Es ist somit bei der gem § 9 Abs 5 AHG erforderlichen Beurteilung der Zulässigkeit des Rechtswegs gegen ein Organ jeweils zu untersuchen, ob die klagende Partei die beklagte Partei inhaltlich aus einem Hoheitsakt in Anspruch nimmt (1 Ob 1/96). Daher ist Unzulässigkeit des Rechtswegs nicht nur gegeben, wenn der Kläger seine Ersatzansprüche gegen das Organ auf das AHG stützt; sie liegt auch dann vor, wenn die Ersatzansprüche aus dem allgemeinen bürgerlichen Recht abgeleitet werden, sich aber der Klagsgrund unmißverständlich auf einen hoheitlichen Akt bezieht (1 Ob 117/97 f; 1 Ob 2093/96 t; 1 Ob 6/96; SZ 68/220 [1995]). Für die prozessualen Konsequenzen der Bejahung der in § 9 Abs 5 AHG geregelten absoluten Prozeßvoraussetzung der Zulässigkeit des Rechtswegs ist es unmaßgeblich, ob es sich bereits aus der Klagserzählung ergibt oder erst im Lauf des Verfahrens offenkundig wird (1 Ob 117/97 f; 1 Ob 8/96; SZ 68/220 [1995] unter ausdrücklicher Ablehnung der früheren Rsp SZ 63/25 [1990]). In allen genannten Fällen ist daher eine gegen das Organ gerichtete Klage wegen Unzulässigkeit des Rechtswegs mit Beschluß zurückzuweisen und nicht wegen Unbegründetheit mit Urteil abzuweisen (s auch Rz 213; *Rechberger/Simotta,* Zivilprozeßrecht⁴ Rz 1035; *Zechner,* JBl 1996, 48 [Entscheidungsbespr]; 1 Ob 117/97 f. AM *Schragel/Loebenstein/Kaniak,* AHG² Rz 262 und die ältere Rsp, 1 Ob 38/94; ÖBl 1991, 127; SZ 63/25 [1990]; 1 Ob 11/79 ua , wonach die Klage wegen Unzulässigkeit des Rechtswegs nur dann zurückzuweisen ist, wenn das Begehren eindeutig auf hoheitliches Handeln gestützt wird; mit Abweisung durch Urteil ist hingegen vorzugehen, wenn sich im Verfahren über einen unzweifelhaft nicht auf das AHG gestützten Schadenersatzanspruch gegen das Organ ergibt, daß hoheitliches Handeln gegeben war; s dazu auch *Mader* in *Schwimann,* ABGB² VIII § 9 AHG Rz 9. Zur Frage des § 9 Abs 5 AHG aus dogmatischer Sicht s allgemein *Ballon,* Zulässigkeit 130 f).

Zu Amtshaftungsfragen in Zusammenhang mit dem StEG s ausführlich Rz 234 ff.

c) Einzelfragen

213 Zur Abgrenzung von Hoheitsverwaltung (Amtshaftung) und Privatwirtschaftsverwaltung (Haftung nach den allgemeinen bürgerlichen Haftungsregelungen) s va *Mader* in *Schwimann,* ABGB² VIII § 1 AHG Rz 24 ff); im folgenden werden sonstige spezielle Probleme dargestellt.

- Zur Frage, ob eine gegen das Organ gerichtete Klage immer wegen Unzulässigkeit des Rechtswegs mit Beschluß zurückzuweisen oder uU auch mit Urteil abzuweisen ist, s Rz 212.
- Ungeachtet der vom Organ dem Geschädigten gegenüber abgegebenen Erklärung, sich zum Ersatz des Schadens zu verpflichten, bleibt dem Geschädigten der Rechtsweg gegen das Organ verschlossen (1 Ob 2047/96 b; 1 Ob 1/96;

1 Ob 50/95; SZ 39/150 [1966]; SZ 36/115 [1963] = JBl 1964, 372 = EvBl 1964/105 = ZVR 1964/159).

• Nur in dem Fall, daß eine physische Person als Organ in Anspruch genommen wird, ist gem § 9 Abs 5 AHG der Rechtsweg unzulässig; wird jedoch nicht die physische Person, sondern das beliehene Unternehmen vom Geschädigten in Anspruch genommen, so stellt sich nicht die Frage nach der Rechtswegszulässigkeit, sondern jene nach der Passivlegitimation (1 Ob 2047/96 b).

• Wenn auch ein privater Unternehmer bei Erteilung der Begutachtungsplakette gem § 57 a KFG in hoheitlicher Funktion tätig wird, so trifft dies keinesfalls auch für den Verkauf des begutachteten Fahrzeugs zu; soweit Ansprüche aus dem Kaufvertrag geltend gemacht werden, steht ihnen Unzulässigkeit des Rechtswegs nicht entgegen (1 Ob 3/82).

• Die formelle und materielle Rechtskraft des Feststellungsurteils (über die Schadenersatzpflicht des Organs) hindert nicht die Wahrnehmung der Unzulässigkeit des Rechtswegs im anschließenden Leistungsprozeß, wenn weder im Spruch noch in den Gründen des Feststellungsurteils auf die Prozeßvoraussetzung eingegangen wurde (SZ 63/128 [1990]).

• Der Rechtsweg ist ausgeschlossen, wenn zwar ein nachbarrechtlicher Eingriff behauptet wird, das dem Nachbarrecht nicht entsprechende Begehren auf Unterlassung der Stationierung von Flugzeugen des Bundesheeres aber zeigt, daß in Wahrheit der beklagten Republik Österreich hoheitliches Handeln untersagt werden soll (JBl 1992, 532 = GRURInt 1992, 930; SZ 61/88 [1988] = JBl 1988, 594); einem solchen Begehren steht der Grundsatz der Trennung der Verwaltung von der Justiz entgegen (SZ 69/59 [1996]; 1 Ob 27/92).

• Der örtliche Geltungsbereich des AHG ist nicht auf das Gebiet der Republik Österreich beschränkt; der Rechtsträger haftet auch für hoheitliches Organhandeln im Ausland (1 Ob 1/96; 1 Nd 5/95; JBl 1959, 599, s dazu *Schwimann*, JBl 1959, 585).

• Bei Amtspflichtverletzungen, die österreichische Organe (des auswärtigen Dienstes) im Ausland begangen haben, hat der OGH ein örtlich zuständiges Gericht zu bestimmen (1 Nd 5/95; JBl 1959, 599).

• Ist die Klage gegen das Organ nach dem AHG ausgeschlossen, kann dieses auch nicht nach dem ABGB in Anspruch genommen werden (SZ 47/120 [1974]).

• Der durch ein Offizialdelikt eines Beamten Verletzte kann sich dem Strafverfahren als Privatbeteiligter anschließen, der Zuspruch eines Ersatzbetrags ist aber trotz Anerkenntnis unzulässig (EvBl 1972/293; SSt 37/29 [1966]).

• Die Verfahrensbestimmungen des AHG sind nicht anzuwenden, wenn der Amtshaftungsanspruch aufrechnungsweise geltend gemacht wird (SZ 55/18 [1982] = EvBl 1982/103 = RZ 1983/6).

• Stört ein Verwaltungsbeamter durch einen Hoheitsakt den Besitz eines Privaten (durch Abstellen eines im kriminalpolizeilichen Beratungsdienst verwendeten Dienstfahrzeuges auf einem gemieteten Parkplatz in einer Hausgarage), steht der Verfolgung von Besitzstörungsansprüchen die Unzulässigkeit des Rechtsweg entgegen. Außer Ersatzansprüchen nach dem AHG können keine anderen zivilrechtlichen Ansprüche, welcher Art immer, aus hoheitlichem Handeln abgeleitet werden, wenn es dafür an einer besonderen verfassungsrechtlichen Grundlage fehlt (LGZ Wien JBl 1996, 46 [zust *Zechner*]).

3. Organhaftpflicht

Rechtsquellen: Art 23 B-VG; OrganhaftpflichtG (OrgHG, BGBl 1967/181).

214 In Ausführung von Art 23 B-VG normiert § 1 OrgHG, daß Personen, die als Organe des Bundes, eines Landes, eines Bezirkes (diese sind nicht als juristische Personen eingerichtet), eines Gemeindeverbands, einer Gemeinde, eines Trägers der Sozialversicherung oder einer sonstigen Körperschaft oder Anstalt des öffentlichen Rechts (Rechtsträger) handeln, nach den Bestimmungen des bürgerlichen Rechts für den Schaden am Vermögen, den sie dem Rechtsträger, als dessen Organ sie gehandelt haben, in Vollziehung der Gesetze durch ein schuldhaftes und rechtswidriges Verhalten unmittelbar zugefügt haben, haften.

Das Verfahren richtet sich im wesentlichen nach den Bestimmungen des AHG; die durch die WGN 1989 erfolgte Änderung im Aufforderungsverfahren des § 8 AHG ist jedoch im OrgHG nicht übernommen worden. Nach § 7 OrgHG hat daher der Rechtsträger das Organ zunächst schriftlich zur Anerkennung des Ersatzanspruchs aufzufordern (allenfalls in Verbindung mit einer Aufrechnungserklärung nach § 6 OrgHG). Anders als nunmehr im Bereich des AHG ist die Aufforderung nach § 7 OrgHG nach wie vor obligatorisch, ihre Unterlassung führt zur Zurückweisung der Klage wegen Unzulässigkeit des Rechtswegs (im einzelnen s *Mader* in *Schwimann,* ABGB^2 VIII § 7 OrgHG Rz 1 ff; s auch *Rechberger/Simotta,* Zivilprozeßrecht^4 Rz 1037, wonach diese Regelung des OrgHG gleichheitswidrig ist).

4. Weitere Rechtsvorschriften

215 In Ausführung zu Art 23 B-VG sind neben dem AHG und dem OrgHG zahlreiche weitere Gesetze erlassen worden, die eine Haftung des Rechtsträgers für hoheitliches Handeln vorsehen (zB GrundbuchsumstellungsG, BGBl 1980/550; SicherheitspolizeiG, BGBl 1991/566; Polizeibefugnis-EntschädigungsG, BGBl 1988/735; s dazu die Übersicht und zu den Abgrenzungsfragen zum AHG ausführlich *Mader* in *Schwimann,* ABGB^2 VIII Vorbem § 1 AHG Rz 7 ff).

Hervorzuheben sind die Ersatzansprüche des Geschädigten nach dem Polizeibefugnis-EntschädigungsG und dem SicherheitspolizeiG: In beiden Vorschriften ist eine sukzessive Kompetenz der Gerichte vorgesehen. Zunächst entscheidet die Verwaltungsbehörde (der BMI) mit Bescheid über den Anspruch; dieser Bescheid kann mit Klage angefochten und damit automatisch außer Kraft gesetzt werden (§§ 7 ff Polizeibefugnis-EntschädigungsG, § 92 SicherheitspolizeiG durch Verweisung auf das Polizeibefugnis-EntschädigungsG); im übrigen sind in beiden Verfahren die §§ 9, 10, 12 Abs 1 und § 14 AHG sinngemäß anzuwenden.

T. Verwaltungsverfahren

Wichtigste Rechtsquellen: Allgemeines VerwaltungsverfahrensG (AVG BGBl 1991/51), VerwaltungsvollstreckungsG (VVG BGBl 1991/53), VerwaltungsstrafG (VStG BGBl 1991/52), BundesabgabenO (BAO BGBl 1961/194), AbgabenexekutionsO (AbgEO BGBl 1949/104).

Lit: *Ballon,* Das Rechtsstaatsprinzip in der Zwangsvollstreckung in *Beys,* Grundrechtsverletzungen bei der Zwangsvollstreckung (1996) 253; *Hauer/Leukauf,* Handbuch des österreichischen Verwaltungsverfahrens^5 (1996 mit Ergänzungsband 1999); *Walter/Thienel,* Verwaltungsverfahren^{13} (1998); *dies,* Verwaltungsverfahren^2 (1998 mit Ergänzungsband 1998).

1. Vorbemerkung

216 Grundsätzlich sind schuldrechtliche Ansprüche aus dem Verwaltungsverfahren gegenüber dem Gegner in diesem Verfahren selbst geltend zu machen.

Handelt es sich hingegen um einen Vergleich über privatrechtliche Ansprüche, der im Verwaltungsverfahren abgeschlossen wurde, dann ist für seine Anfechtung oder Auslegung der Rechtsweg zulässig (JBl 1979, 547; 6 Ob 17/70; VfSlg 5473 [1967]; SZ 19/218 [1937]).

2. Ersatz der Kosten des Verwaltungsverfahrens

Nach der Rechtsprechung kann der Ersatz der Kosten des Verwaltungsverfahrens nicht im Zivilrechtsweg begehrt werden (3 Ob 551/94; SZ 26/26 [1953] = EvBl 1953/143; SZ 18/41 [1936]; JBl 1936, 193; SZ 15/12 [1933]). Für das Verwaltungsstrafverfahren hingegen wurde in sinngemäßer Anwendung des § 393 Abs 4 (nunmehr § 393 Abs 5) StPO die selbständige Geltendmachung der Kosten des auf den Rechtsweg verwiesenen Privatbeteiligten des Verwaltungsstrafverfahrens im Rechtsweg dann anerkannt, wenn der Hauptanspruch bereits befriedigt wurde (SZ 18/140 [1936]). **217**

Nach *Fasching*[1] I 113, spricht gegen die Meinung des OGH, daß die selbständige Geltendmachung der Kosten des Verwaltungsverfahrens unzulässig ist, daß damit auch schikanösen und vorsätzlich schädigenden Anträgen auf Einleitung von Verwaltungsverfahren, zu deren Durchführung die Behörde schon auf Grund der Entscheidungspflicht nach § 73 AVG gezwungen ist, Tür und Tor geöffnet ist. Darüber hinaus läßt sich weder aus dem Wortlaut noch aus der Stellung des § 74 AVG erkennen, daß der Gesetzgeber damit auch die schadenersatzweise Geltendmachung der Kosten als erlittenen Vermögensschaden ausschließen wollte. Wenn der Ersatz der Kosten des Verwaltungsverfahrens ausdrücklich als Schadenersatzanspruch geltend gemacht wird, dann muß jedenfalls (schon nach der Auslegung des § 1338 ABGB durch den VfGH, s Slg 2154 [1951]) der Rechtsweg zulässig sein. Bezüglich der Geltendmachung der Kosten als Ersatzanspruch aus der Übertretung einer privatrechtlichen Vereinbarung, etwa der Kosten einer VwGH-Beschwerde, die nach Abschluß eines Generalvergleichs entstanden sind, hat der OGH die klageweise Geltendmachung im Rechtsweg anerkannt (SZ 27/77 [1954] = JBl 1954, 568 [*Michlmayr*]).

3. Verwaltungsvollstreckung

a) Allgemeines

Die Vollstreckung verwaltungsrechtlicher Titel kann erfolgen durch die Gerichte nach der EO (gerichtliche Exekution) oder durch die Verwaltungsbehörden selbst, nämlich nach dem VVG (verwaltungsbehördliche oder politische Exekution) oder nach der AbgEO (finanzbehördliche Exekution); im einzelnen s dazu *Rechberger/Oberhammer,* Exekutionsrecht[2] Rz 4; *Rechberger/Simotta,* Exekutionsverfahren[2] Rz 10; *Walter/Mayer,* Verwaltungsverfahren[7] Rz 972). Im folgenden wird nur auf die gerichtliche Exekution von Verwaltungstiteln eingegangen. **218**

Die Gültigkeit eines verwaltungsbehördlichen Titels, der durch die Gerichte zu vollstrecken ist, kann weder durch Oppositionsklage nach § 35 EO (s auch § 12 AbgEO) noch durch Impugnationsklage gem § 36 Abs 1 Z 1 EO (s auch § 13 AbgEO) im Rechtsweg angefochten werden (SZ 60/279 [1987] = JBl 1988, 795; SZ 16/104 [1934] = ZBl 1934/331; SZ 13/42 [1931]. AM *Holzhammer,* Zwangsvollstreckungsrecht[4], 160 und *Deixler-Hübner,* PraktZPR II[5], 287, wonach Einwendungen nach § 36 EO immer mittels Klage beim Gericht einzubringen sind; idS auch SZ 27/70 [1954]; EvBl 1951/475). Für eine Impugnationsklage, die auf andere Tatbestände des § 36 EO gestützt wird, ist hingegen der Rechtsweg zulässig (EvBl 1993/167 = RdW 1993, 367; AnwBl 1989, 758; SZ 60/279 [1987] = JBl 1988, 795; idS auch *Rechberger/Oberhammmer,* Exekutionsrecht Rz 216; *Rechberger/Simotta,* Exekutionsverfahren² Rz 364. AM ZBl 1934/331, wonach die Prüfung der materiellen Gesetzmäßigkeit und Richtigkeit eines verwaltungsbehördlichen Bescheids dem Verwaltungsweg vorbehalten ist; gegen die auf Grund eines solchen Exekutionstitels bewilligte Exekutionen sind daher Klagen gem § 36 Abs 1 Z 1 EO nach dieser E nicht zulässig). Im einzelnen s Rz 219.

Zur verfassungsrechtlichen Problematik einer Zwangsvollstreckung nach § 3 Abs 2 AbgEO, wonach es in bestimmten Fällen im Ermessen der Verwaltungsbehörde steht, ob eine finanzbehördliche oder eine gerichtliche Exekution durchgeführt wird, s *Ballon* in *Beys,* Grundrechtsverletzungen 253.

b) Einzelfragen

219 • Für Einwendungen gegen die Exekutionsbewilligung iSd § 36 Abs 1 Z 1 EO ist bei einem Exekutionstitel gem § 1 Z 12 EO der Rechtsweg unzulässig, wenn es um die sachliche Überprüfung des verwaltungsbehördlichen Titels oder um die Richtigkeit der von der Verwaltungsbehörde ausgestellten Bestätigung der Vollstreckbarkeit geht (*Rechberger/Oberhammer,* Exekutionsrecht² Rz 216; *Rechberger/Simotta,* Exekutionsverfahren² Rz 364; SZ 60/279 [1987] = JBl 1988, 795. AM *Deixler-Hübner,* PraktZPR II⁵, 287; *Holzhammer,* Zwangsvollstrekkungsrecht⁴, 160; SZ 27/70 [1954]; EvBl 1951/475).

• Gegen eine Exekutionsbewilligung auf Grund eines von der Verwaltungsbehörde stammenden Exekutionstitels steht der Rechtsweg für eine Impugnationsklage (nur) offen, wenn die Vollstreckbarkeit von einer nach § 7 Abs 2 EO zu beweisenden Tatsache abhängt, wenn die iSd § 9 EO angenommene Rechtsnachfolge strittig ist oder wenn eine Exekutionsstundung oder ein Exekutionsverzicht geltend gemacht wird (*Rechberger/Oberhammer,* Exekutionsrecht Rz 216; *Rechberger/Simotta,* Exekutionsverfahren² Rz 364; EvBl 1993/167 = RdW 1993, 367; SZ 60/279 [1987] = JBl 1988, 795).

• Zur Entscheidung, ob hinsichtlich der im Exekutionstitel verhängten Verwaltungs-(Geld-)Strafe Verjährung iSd § 31 Abs 3 VStG eingetreten ist, ist die Verwaltungsbehörde berufen; der Rechtsweg ist unzulässig (EvBl 1993/167; SZ 55/42 [1982]).

• Der Rechtsweg ist unzulässig, wenn eine Aufrechnungseinwendung gegen einen öffentlich-rechtlichen Titel geltend gemacht wird (LGZ Wien EvBl 1935/1155).

• Das Gericht ist entscheidungsbefugt für die Feststellung der Identität des Verpflichteten im Exekutionsverfahren mit dem aus dem Verwaltungstitel zur Leistung Verpflichteten (GlUNF 4094 [1908]).

• Erfolgt eine Störungshandlung auf Grund eines hoheitlichen Auftrags, dann ist der Rechtsweg für eine Besitzstörungsklage unzulässig (LGZ Wien EvBl 1949/159).

• Eigentumsansprüche dritter Personen sind im Rechtsweg geltend zu machen, wenn sie sich auf einen von der verwaltungsbehördlichen Vollstreckung betroffenen Gegenstand beziehen (VwSlg 503 A [1948]).

• Der Rechtsweg ist ebenso zulässig für die Geltendmachung stärkerer Pfandrechte Dritter gegenüber dem im Verwaltungsvollstreckungsverfahren erworbenen Pfandrecht (SZ 19/154 [1937] = EvBl 1937/520).

4. Anschlußverfahren im Verwaltungsstrafverfahren

Nach § 57 VStG ist der Anspruchsberechtigte dann, wenn die Verwaltungsbehörde auch über die aus einer Verwaltungsübertretung abgeleiteten privatrechtlichen Ansprüche zu entscheiden hat, Partei iSd § 8 AVG. Es steht ihm gegen die Entscheidung über seine Privatrechtsansprüche kein Rechtsmittel im Verwaltungsstrafverfahren zu; er kann jedoch den ordentlichen Rechtsweg beschreiten, soweit ihm die Ansprüche nicht bereits im Verwaltungsstrafverfahren zuerkannt worden sind. Eine Zuerkennung schließt den Rechtsweg für die zugesprochenen Beträge aus. Der Beschuldigte kann die verwaltungsbehördliche Entscheidung über die privatrechtlichen Ansprüche nur mit dem gegen das Straferkenntnis zulässigen Rechtsmittel anfechten (zur verfassungsrechtlichen Problematik des § 57 VStG in Zusammenhang mit den privatrechtlichen Ansprüchen s *Walter/Mayer,* Verwaltungsverfahren[7] Rz 909, die diese Bestimmung wegen Art 6 Abs 1 EMRK für verfassungswidrig halten). Ob eine Verweisung (Überweisung) des Privatbeteiligten durch die Verwaltungsbehörde auf den Zivilrechtsweg zulässig ist oder ob die Verwaltungsbehörde über den Zivilanspruch entscheiden muß, ist umstritten (s dazu und zu weiteren Fragen *Hauer/Leukauf,* Handbuch[5], 1121; *Walter/Mayer,* Verwaltungsverfahren[7] Rz 913 ff mwN). 220

Anschlußverfahren (Adhäsionsverfahren) sind – zusätzlich zu § 57 VStG – in zahlreichen verwaltungsrechtlichen Vorschriften geregelt (zB § 100 StVO, § 174 ForstG, § 75 TierseuchenG, § 61 Nö FischereiG, s *Walter/Mayer,* Verwaltungsverfahren[7] Rz 909).

U. Einzelfälle aus Spezialmaterien

Die Rsp hat in Zusammenhang mit der Abgrenzung von gerichtlichem Verfahren und Verwaltungsverfahren weiters noch folgende Entscheidungen gefällt: 221

- Die Regelung, ob und in welcher Weise ein Rechtsobjekt (richtig wohl Rechtssubjekt) Ansprüche mit staatlicher Hilfe durchsetzen kann, gehört zum öffentlichen Recht (vgl *Fasching,* Lehrbuch[2] Rz 13; *Fasching*[1] III 9). Die Frage, ob die Beklagte berechtigt ist, zur Durchsetzung eines Anspruchs gegen den Kläger den Rechtsweg zu beschreiten, ist eine prozessuale Frage, die in einem solchen Prozeß nach den Bestimmungen des Verfahrensrechts (das zum öffentlichen Recht gehört) zu lösen ist; der Kläger kann aber nicht aus dem Privatrecht einen Anspruch darauf ableiten, daß die Beklagte den Rechtsweg gar nicht beschreitet (oder sonst den Staat zu Hilfe ruft, 4 Ob 2103/96 k).

- Wurde über Anträge um Zuerkennung einer Unterstützung (hier: nach dem StickereiförderungsG) mit Bescheid abgesprochen, so betrifft dies einen öffentlich-rechtlichen Anspruch; für den Auszahlungsanspruch ist der Rechtsweg nicht zulässig (8 Ob 639/92).

- Nach nunmehr hA fällt nicht jeder Bereicherungsanspruch unter den Begriff der bürgerlichen Rechtssache iSd § 1 JN. Bereicherungsansprüche gehören dann nicht auf den Rechtsweg, wenn das zugrundeliegende Rechtsverhältnis als öffentlich-rechtliches zu qualifizieren ist, weil ein Teil als Träger hoheitlicher Gewalt auftrat (6 Ob 584/93; SZ 65/35 [1992] = JBl 1992, 596). Dies gilt nicht nur im Verhältnis zwischen einem Hoheitsträger und einem Privaten, sondern auch im Verhältnis zwischen Hoheitsträgern als solchen; auch bei diesen muß zwischen ihren öffentlich-rechtlichen und ihren privat-rechtlichen Beziehungen unterschieden werden (SZ 65/35 [1992] = JBl 1992, 596).

• Die Rückforderung des angeblich ohne Rechtsgrund Geleisteten ist, wenn das zugrundeliegende Rechtsverhältnis ein öffentlich-rechtliches ist, kein privatrechtlicher Anspruch (1 Ob 640/95; SZ 62/105 [1989] = JBl 1990, 245 [*Kerschner*] = EvBl 1989/158; 7 Ob 649/86 [Blindenbeihilfe]; SZ 56/33 [1983]; 52/79 [1979]).

• Für den Anspruch eines Strafgefangenen auf Leistung einer angemessenen Vergütung von Arbeiten, die ihm im Rahmen des Strafvollzugs zugewiesen wurden, ist der Rechtsweg auch dann unzulässig, wenn das Klagebegehren ausdrücklich auf den Rechtsgrund der Bereicherung gestützt wird (SZ 62/105 [1989] = JBl 1990, 245 [*Kerschner*] = EvBl 1989/158).

• Der Gesetzgeber entscheidet, ob ein Bereich der Daseinsvorsorge (hier: Wasserversorgung) hoheitlich oder im Rahmen der Privatwirtschaftsverwaltung zu vollziehen ist; dem Gesetzgeber steht es frei, einen Teil der Materie etwa durch Anordnung des Anschlußzwangs hoheitlich zu regeln, einen anderen wie den freiwilligen Ausschluß dem Privatrecht zu unterstellen (EvBl 1992/105).

• Durch eine an den Angewiesenen erfolgte Anweisung des Anweisenden, an ein Finanzamt (Anweisungsempfänger) Zahlung zu leisten, sind zwischen Anweisendem und Angewiesenem einerseits (Deckungsverhältnis) privatrechtliche Rechtsverhältnisse entstanden, weil insofern zwischen diesen Personen keine Überordnung oder Unterordnung kraft Hoheitsgewalt einer der beteiligten Personen bestanden hat; an diesem zivilrechtlichen Charakter vermag es auch nichts zu ändern, daß es sich bei der Forderung des Anweisungsempfängers gegenüber dem Anweisenden um eine Forderung auf Grund eines öffentlich-rechtlichen Titels handelt (JBl 1985, 240 = RdW 1985, 10).

• Den an einem öffentlich-rechtlichen Dienstverhältnis beteiligten Rechtssubjekten kann es nicht verwehrt sein, über Gegenstände und Leistungen außerhalb der gesetzlich abgesteckten dienstrechtlichen Beziehungen Verträge abzuschließen (1 Ob 625/87; EvBl 1983/105); über Streitigkeiten hieraus haben die ordentlichen Gerichte zu entscheiden (EvBl 1983/105).

• Der Anspruch auf Rückzahlung von Ausbildungskosten für den Fall des Ausscheidens aus einem bestimmten öffentlich-rechtlichen Dienstverhältnis auf Grund einer „Verpflichtungserklärung" ist ein Anspruch des privaten Rechts, zu dessen Durchsetzung der Rechtsweg (hier: kein arbeitsgerichtliches Verfahren) offensteht (EvBl 1983/105).

• Für die Beurteilung des Einlösungsanspruchs des Eigentümers eines unter Naturschutz gestellten Grundstücks nach § 32 Abs 7 Tir NaturschutzG ist die Zuständigkeit der ordentlichen Gerichte nicht gegeben (JBl 1997, 402).

• Das BM für Landesverteidigung wird bei Entziehung des Militär-Luftfahrtpersonalausweises ebenso wie bei der Stellungnahme zur Ausstellung eines Berufspilotenscheins gem § 30 Abs 2 LuftfahrtG als Militärluftfahrtbehörde im Rahmen der Hoheitsverwaltung tätig; für ein auf Beseitigung dieser Handlungen und ihrer Folgen gerichtetes Sicherungsbegehren ist der Rechtsweg unzulässig (SZ 69/140 [1996]).

• Im Hinblick auf Art 94 B-VG kann ein Gericht einer Verwaltungsbehörde nicht mit einstweiliger Verfügung auftragen, Verwaltungsangelegenheiten in bestimmter Weise zu behandeln und zu entscheiden, noch verbieten, in eigenen Angelegenheiten tätig zu werden (SZ 69/59 [1996]).

• Da § 18 NÖ VergG die Überprüfung sämtlicher Entscheidungen des Auftraggebers bis zum Zeitpunkt des erfolgten Zuschlags dem UVS zuordnet, gilt dies auch für die Entscheidung, wer in den Vorschlag für den Zuschlag aufgenommen und ob dieser ausgesetzt wird; da insoweit eine Entscheidungskompetenz des UVS besteht und diesem gem § 20 NÖ VergG auch die Erlassung einstweiliger Verfügungen obliegt, besteht keine Zuständigkeit der ordentlichen Gerichte (OLG Wien WBl 1997, 524).

IV. Abgrenzung des streitigen zivilgerichtlichen Verfahrens von den anderen Gebieten der Rechtspflege

A. Zivilrechtsweg und Strafverfahren

Lit: *Bertel,* Grundriß des österreichischen Strafprozeßrechts[5] (1997) Rz 248 ff, 1065 ff; *Jelinek,* Privatbeteiligung im Strafverfahren gegen den Gemeinschuldner, GesRZ 1983, 169 und 1984, 19; *Lebitsch,* Einige Gedanken zur Neuordnung des Rechts auf persönliche Freiheit, JBl 1992, 438; *Moos,* Reformbedürftigkeit des Strafrechtlichen Entschädigungsgesetzes? RZ 1997, 122; *Platzgummer,* Grundzüge des österreichischen Strafverfahrens[8] (1997) 55 ff, 246 ff; *Sprung/Fink,* Privatbeteiligung des Konkursgläubigers in einem Strafverfahren gegen den Gemeinschuldner und „konkursrechtliches Titelerwerbsverbot", Fasching-FS (1988) 491.

1. Die Entscheidung über privatrechtliche Ansprüche im Strafverfahren (Anschlußverfahren, Adhäsionsverfahren)

a) Vorbemerkung

Strafgerichte entscheiden im Strafprozeß über Strafsachen, ds Anträge eines berechtigten Anklägers (Staatsanwalt als öffentlicher Ankläger, Privatankläger) auf Verhängung und Vollstreckung einer durch das Strafgesetz für ein bestimmtes Verhalten des Beschuldigten (Angeklagten) angedrohten Strafe. Der **Strafanspruch** ist öffentlich-rechtlich (*Fasching,* Lehrbuch[2] Rz 117). 222

Da ein bestimmtes Verhalten nicht nur den Strafanspruch des Staates begründet, sondern auch privatrechtliche Folgen auslösen kann, können Strafanspruch und privatrechtlicher (Ersatz-)Anspruch miteinander konkurrieren. Hier gilt, daß beide Ansprüche grundsätzlich voneinander unabhängig sind und eine solche Kumulierung keine Veränderung der ordentlichen Rechtswegszulässigkeit nach sich zieht. Die Entscheidung über einen Strafanspruch kann niemals auf ein Zivilgericht übergehen. Wenn auch bestimmte Maßnahmen eines Zivilgerichts einen Strafcharakter im weiteren Sinn haben – so etwa die Ordnungs- und Mutwillensstrafen und die Zwangs- und Beugemittel des Exekutionsrechts –, so handelt es sich doch niemals um den Strafanspruch des Staates im eigentlichen Sinn, sondern nur um Mittel zur Herstellung der erforderlichen Ordnung im Verfahren oder zur Erzwingung des vom Urteil geforderten Rechtszustandes. Auch die Geldbuße im Wettbewerbsrecht ist trotz ihres Pönalcharakters ein zivilrechtlicher Ersatzanspruch (*Fasching,* Lehrbuch[2] Rz 118 mwN).

Gründe der Raschheit und Billigkeit der Entscheidung und des Entscheidungseinklangs legen es nahe, dem **Strafgericht** auch die **Entscheidung über die aus der strafbaren Handlung abgeleiteten Zivilansprüche** zu übertragen, wenn der durch die strafbare Handlung Geschädigte es beantragt (und die Beweise im Strafprozeß ohne weitwendige Ergänzung auch zur Entscheidung der Zivilansprüche ausreichen). 223

Daher gibt es im Strafprozeß die Möglichkeit des **Anschlußverfahrens** (**Adhäsionsverfahren** gem §§ 365 ff StPO). Der formfreie Anschlußantrag des Geschädigten ersetzt die Klage. Er hat im Strafprozeß die Stellung des **Privatbeteiligten,** der an der Seite des Anklägers auftritt und das Recht zur selbständigen Stellung von Sach- und Beweisanträgen und zu einer abschließenden Antragstellung in der Hauptverhandlung hat. Nimmt der öffentliche Ankläger von der weiteren Verfolgung des Beschuldigten Abstand, kann der Privatbeteiligte sogar an seiner Stelle den Strafanspruch geltend machen (als Subsidiarankläger). Das Strafgericht soll, muß aber nicht über den privatrechtlichen Ersatzanspruch im Strafurteil mitentscheiden; es kann (und dies ist in der Praxis der Regelfall) den Privatbeteiligten auf den Zivilrechtsweg verweisen. Es muß dies tun, wenn es den Beschuldigten (Angeklagten) freispricht oder wenn es den Ersatzanspruch als nicht begründet erachtet (*Fasching,* Lehrbuch[2] Rz 119; zur Privatbeteiligung im Strafverfahren gegen den Gemeinschuldner s *Jelinek,* GesRZ 1983, 169 und 1984, 19; *Sprung/Fink,* Fasching-FS 491).

b) Anschlußverfahren (Adhäsionsverfahren) gem §§ 4, 47, 366 StPO

224 **Privatrechtliche Ansprüche aus strafbaren Handlungen** sind auf Antrag des Geschädigten im Strafverfahren mitzuerledigen, wenn nicht die Notwendigkeit weiterer Ausführung eine Verweisung vor die Zivilgerichte als unerläßlich erscheinen läßt (§ 4 StPO); jeder durch eine solche Handlung Verletzte kann sich wegen seiner privatrechlichen Ansprüche dem Strafverfahren als Privatbeteiligter anschließen (§ 47 Abs 1 StPO).

Gegenstand des Strafverfahrens ist zunächst der Anspruch auf Bestrafung eines Rechtsbrechers. Aus der Verübung einer strafbaren Handlung können aber auch privatrechtliche Ansprüche entstehen, deren Geltendmachung vor die Zivilgerichte gehören würde. Da jedoch mitunter auch schon im Strafverfahren genügend Grundlagen vorhanden sind, um ganz oder teilweise auch über einen solchen privatrechtlichen (nicht auch öffentlich-rechtlichen Anspruch: LSK 1981/195) Anspruch entscheiden zu können, ist aus prozeßökonomischen Gründen bestimmt, daß ein solcher Anspruch auch vor dem Strafrichter geltend gemacht werden kann, wodurch ein Zivilprozeß vermieden wird. Durch das **Anschlußverfahren** kommt der Verletzte schneller und billiger zu seinem Recht, und die Wirkung eines Schuldspruchs wird noch gesteigert, wenn durch Entschädigung des Verletzten im Strafverfahren alle Wirkungen eines Rechtsbruchs, soweit dies möglich ist, behoben werden (*Foregger/Kodek,* StPO[7], 99).

225 Der **Privatbeteiligte** muß einen vermögensrechtlichen Schaden (teilw abweichend, nämlich bei Rufschädigung, LSK 1981/77; 1977/234; EvBl 1975/243; SSt 33/6 [1962]) erlitten haben, der unmittelbar oder mittelbar durch die strafbare, von Amts wegen zu verfolgende Handlung entstanden ist; die Verletzung bloß individueller Interessen genügt nicht (*Foregger/Kodek,* StPO[7], 100 mwN und Beispielen).

Dabei ist der Privatbeteiligte im Strafverfahren auch zuzulassen, wenn er seine Ansprüche nicht beziffert; für die Zulassung genügt nämlich die bloße Behauptung eines privatrechtlichen Schadens (SSt 6/136 [1926]). Es reicht dabei aus, wenn schlüssig das Bestehen eines aus der Straftat entstandenen, im Zivilrechtsweg geltend zu machenden Anspruchs behauptet wird und sich ein Zusammenhang zwischen Tat und Anspruch ableiten läßt (LSK 1977/234). Es muß allerdings erkennbar sein, weswegen der Privatbeteiligte Ersatz verlangt (*Foregger/Kodek,* StPO[7], 100 mwN; krit dazu *Bertel,* Strafprozeßrecht[5] Rz 252).

226 Das Gericht hat im Strafverfahren über die vom Privatbeteiligten geltend gemachten Zivilansprüche zu entscheiden; allerdings fordert das Strafgericht den Privatbeteiligten in folgenden Fällen auf, seine Ansprüche vor dem Zivilgericht einzuklagen (**Verweisung auf den ordentlichen streitigen Zivilrechtsweg;** *Bertel,* Strafprozeßrecht[5] Rz 258):

- Der Antrag fehlt oder ist unbestimmt.

- Der Beschuldigte wird nicht verurteilt.
- Die Verfahrensergebnisse reichen nicht aus.
- Die Ansprüche bestehen nicht oder sie richten sich nach dem AHG (nicht gegen den Beschuldigten, sondern gegen den Rechtsträger).

Ein Urteil im Adhäsionsprozeß hindert vor seiner Rechtskraft nicht die Geltendmachung des zivilrechtlichen Anspruchs auf dem Zivilrechtsweg (OLG Linz 4 R 83/96 w zit in 6 Ob 37/97 b; LG Innsbruck ZBl 1931/305).

Das **Rechtsinstitut der Privatbeteiligung** (und damit des Adhäsionsverfahrens) dient dazu, Ersatzansprüche durchzusetzen, nicht aber Verurteilungen herbeizuführen, mag auch eine Verurteilung des Angeklagten Voraussetzung für jeden Zuspruch an den Privatbeteiligten sein. Wer für seine privatrechtlichen Ansprüche bereits einen rechtskräftigen zivilrechtlichen Exekutionstitel erlangt hat – sei es auch zufolge Anerkennung einer Forderung im Konkurs durch den Masseverwalter (LSK 1984/139) –, kann daher nicht mehr als Privatbeteiligter auftreten (SSt 29/10 [1958]; 28/52 [1957]; 21/62 [1950]; 7/53 [1927]). Solange aber noch keine rechtskräftige Entscheidung des Zivilrichters ergangen ist, kann der Ersatzanspruch im Anschlußverfahren vor dem Strafgericht geltend gemacht werden (SZ 21/62 [1948]; EvBl 1964/378; 1981/178 ua), mag auch ein Verfahren vor dem Zivilgericht anhängig sein. Auch die außergerichtliche Schadensgutmachung beseitigt die Voraussetzungen für den Verfahrensanschluß; der Anschluß bleibt aber zulässig, wenn der Geschädigte einen höheren Schaden behauptet (EvBl 1985/95; *Foregger/Kodek,* StPO[7], 101; *Fasching,* Lehrbuch[2] Rz 120). 227

Soweit der Privatbeteiligte zulässigerweise mit seinen Ansprüchen auf den Zivilrechtsweg verwiesen wurde, kann er die zur zweckentsprechenden Geltendmachung seiner Ansprüche **im Strafverfahren aufgewendeten Vertretungskosten** nicht nach § 395 StPO geltend machen, sondern ist insoweit auf den Zivilrechtsweg zu verweisen (OGH 1 Ob 640/94; im einzelnen und zu den Ausnahmen s ebenfalls diese E und Rz 241 ff [Kosten des Strafverfahrens]). 228

c) WucherG 1949 BGBl 271

Nach **§ 8 Abs 1 WucherG** hat das Strafgericht auf Begehren des Verletzten ein Geschäft, auf Grund dessen eine Verurteilung wegen Wuchers erfolgt, als nichtig zu erklären, und wenn die Ergebnisse des Strafverfahrens ausreichen, gleichzeitig über die Rechtsfolgen der Nichtigkeit zu erkennen. Reichen die Ergebnisse jedoch nicht aus, eine solche Entscheidung zu fällen, dann hat das Strafgericht die Beteiligten unter gleichzeitiger Aufrechterhaltung der bisherigen Sicherstellungen auf den Rechtsweg zu verweisen. Auf Ersuchen des Strafrichters hat das bei den Zivilgerichten anhängige privatrechtliche Wucherverfahren innegehalten zu werden. Ergibt sich im Zug eines Zivilverfahrens der Verdacht des Wuchers, dann kann der Zivilrichter das Verfahren oder die Exekution unterbrechen. Nach Ermessen der Zivilgerichte kann während der Unterbrechung die Bewilligung einer einstweiligen Verfügung oder einer Exekution zur Sicherstellung erfolgen. 229

d) Gewerblicher Rechtsschutz

aa) Nach dem **PatG 1970** BGBl 259, hat bei Verurteilung wegen eines Delikts nach § 150 PatG das Strafgericht auf Verlangen des Verletzten (Privatbeteiligten) neben der Strafe entweder ein angemessenes Entgelt oder (bei schuldhafter Verletzung) Schadenersatz einschließlich des entgangenen Gewinns oder Herausgabe des Gewinns zuzusprechen. Der Anspruch auf angemessenes Ent- 230 gelt ist ein aus § 1041 ABGB erwachsener Vergütungsanspruch für die ungerechtfertigte Verwendung (*Koppensteiner,* Wettbewerbsrecht³, 887; *Kucsko,* Wettbewerbsrecht⁴, 109; 4 Ob 58/90; 4 Ob 403/82; SZ 55/145 [1982] = ÖBl 1983, 8; ÖBl 1982, 24). Zur Möglichkeit einer richterlichen Schadensfestsetzung gem § 273 ZPO s *Koppensteiner,* Wettbewerbsrecht³, 888.

Für die Geltendmachung dieser Ansprüche verweist § 160 PatG ausdrücklich auf das **Anschlußverfahren** nach den §§ 365 ff StPO. Die Gerichtsbarkeit in Strafsachen (und damit für das Adhäsionsverfahren) obliegt nach § 162 PatG dem LG für Strafsachen Wien.

Gegen den Ausspruch des Strafgerichts über die Entschädigung steht beiden Teilen die Möglichkeit der Berufung offen (§ 160 PatG); diese Möglichkeit besteht gem § 366 Abs 3 auch dann, wenn das Gericht im Zug des Strafverfahrens die Verweisung auf den Zivilrechtsweg ausspricht.

Daß im Strafverfahren dem Verletzten eine Entschädigung zuerkannt wurde, schließt die Geltendmachung eines weitergehenden Entschädigungsanspruchs vor den Zivilgerichten nicht aus (*Fasching*¹ I 116).

231 bb) Nach § 41 **GebrauchsmusterG** (BGBl 1994/211) hat der Verletzte Anspruch auf Unterlassung, Beseitigung, Urteilsveröffentlichung, angemessenes Entgelt, Schadenersatz, Herausgabe des Gewinnes ua; auf Grund des ausdrücklichen Verweises in § 41 Abs 4 GebrauchsmusterG auf § 160 PatG kann darüber auch das Strafgericht im Anschlußverfahren (§§ 365 ff StPO) entscheiden.

Gleiches gilt gem §§ 34 f MusterschutzG 1990 (BGBl 497) für die dort geregelten Materien.

232 cc) Für die Geltendmachung eines nach dem **MarkenschutzG 1970** (BGBl 260) Verletzten auf angemessenes Entgelt, Schadenersatz und die Herausgabe der Bereicherung gelten va die Vorschriften des § 150 PatG, nicht aber jene des § 160 PatG (der auf das Anschlußverfahren gem §§ 365 StPO verweist); dennoch ist nach den allgemeineren Regelungen der §§ 4, 47, 365 ff StPO auch in diesen Fällen das Adhäsionsverfahren der StPO anzuwenden.

233 dd) Nach § 16 Abs 2 **UWG** (BGBl 1984/448) kann das Zivilgericht dann, wenn dies in den besonderen Umständen des Falls begründet ist, einen angemessenen Betrag als Vergütung für erlittene Kränkungen oder andere persönliche Nachteile zusprechen. Diese Geldbuße ist trotz ihres Pönalcharakters allerdings ein zivilrechtlicher Ersatzanspruch (*Fasching,* Lehrbuch² Rz 118).

2. *Ansprüche aus der Strafrechtspflege*

a) Strafrechtliche Entschädigung, Haftkaution, Beschlagnahme

234 aa) Der Einsatz der staatlichen Zwangsmittel kann sich nachträglich als nicht gerechtfertigt erweisen. Das gleiche gilt für einen Schuldspruch mit seinen oft weitreichenden Folgen. In solchen Fällen wird das „Opfer der Justiz" vom Bund zumindest für seine vermögensrechtlichen Nachteile entschädigt. Das StEG (BGBl 1969/270) berücksichtigt die Fälle der **gesetzwidrigen Anhaltung** und der **ungerechtfertigten Anhaltung und Verurteilung.** § 39 MedienG gewährt Entschädigung für eine ungerechtfertigte Beschlagnahme. Weiterreichende Ersatzansprüche, die sich aus dem AHG ergeben, bleiben durch solche Bestimmungen unberührt (*Platzgummer,* Strafverfahren⁸, 249).

Der Bund ersetzt die vermögensrechtlichen Nachteile, die durch eine strafgerichtliche Anhaltung oder Verurteilung entstanden sind, bei einer gesetzwidrigen Anhaltung, bei einer ungerechtfertigten Anhaltung und bei einer ungerechtfertigten Verurteilung (im einzelnen s *Bertel,* Strafprozeßrecht⁵ Rz 1088 ff;

Platzgummer, Strafverfahren[8], 250; SSt 56/8 [1985]; zur Problematik des StEG s zuletzt *Moos,* RZ 1997, 122). Der Bund ersetzt nur vermögensrechtliche Nachteile; Schmerzensgeld steht allenfalls nach dem AHG zu. Das gleiche gilt für den Ersatz von vermögensrechtlichen Nachteilen, die durch einen auf die Verurteilung gegründeten Ausspruch über privatrechtliche Schadenersatzansprüche verursacht worden sind (*Platzgummer,* Strafverfahren[8], 251).

Das **Entschädigungsverfahren** nach dem StEG gliedert sich in zwei Abschnitte: Über die Feststellung des Anspruchs dem Grunde nach entscheiden die Strafgerichte (§ 6f StEG); über die Höhe des vom Strafgericht dem Grunde nach bejahten Anspruchs entscheiden die Zivilgerichte im ordentlichen Rechtsweg, wobei die Bestimmung des § 8 AHG anzuwenden ist (zur Zuständigkeit der Zivilgerichte s § 8 StEG). Der Beschluß des Strafgerichts ist mit Beschwerde an die nächsthöhere Instanz anfechtbar (§ 6 StEG). Das Zivilgericht ist gem § 6 Abs 7 StEG an die rechtskräftige Entscheidung des Strafgerichts gebunden (s dazu aber die offenbar abweichende Meinung der Rsp: § 6 Abs 7 StEG schließt auch für den Fall einer negativen Entscheidung des Strafgerichts ein weiteres Verfahren vor dem Zivilgericht nicht aus; einer ungeachtet einer negativen Entscheidung des Strafgerichts gem § 8 StEG eingebrachten Klage steht daher der Rechtsweg offen, SZ 60/117 [1987]; JBl 1986, 441 [zust *Schantl*] = RZ 1984/78). 235

Schadenersatzklagen, die auf die Behauptung eines **beim Strafvollzug erlittenen Schadens** gestützt werden, sind nach den Vorschriften des AHG geltend zu machen; so etwa Klagen des Strafgefangenen für die durch unsachgemäße Behandlung des Anstaltsarztes behaupteten Gesundheitsschädigungen (s 1 Ob 84/53; 3 Ob 474/50; die ärztliche Behandlung von Untersuchungsgefangenen ist eine öffentlich-rechtliche Aufgabe der Justizverwaltung, 1 Ob 22/90). 236

Neben dem StEG sind in Zusammenhang mit staatlichen Zwangsmaßnahmen zwei weitere Entschädigungsverfahren vorgesehen, nämlich nach dem **PolBefEntschG** (BGBl 1988/735) und nach dem **PersFrG** (BVG, BGBl 1988/684; s dazu im einzelnen *Bertel,* Strafprozeßrecht[5] Rz 1102ff; *Lebitsch,* JBl 1992, 438). Ansprüche nach dem PolBefEntschG sind in einem dem AHG ähnlichen Verfahren (§§ 7ff PolBefEntschG), solche nach dem PersFrG nach den Bestimmungen des AHG (*Bertel,* Strafprozeßrecht[5] Rz 1105) durchzusetzen. 237

bb) Für die **Klage** des durch die strafbare Handlung Geschädigten gegen die Republik **auf Zahlung seiner Entschädigungsansprüche** aus der verfallenen Haftkaution steht der Rechtsweg offen; ein vorgängiges Verwaltungsverfahren ist nicht vorgesehen (EvBl 1971/112, SZ 43/23 [1970] = EvBl 1970/244; 2 Ob 235/54; SZ 26/41 [1953]; 6/321 [1924]). Hingegen ist der Rechtsweg unzulässig für den Anspruch des Beschuldigten auf Rückstellung der Haftkaution (EvBl 1951/363). 238

cc) Die **Herausgabe einer Sache,** die durch Verwaltungsakt oder im Zug eines Strafverfahrens in die **Verwahrung einer Verwaltungsbehörde** gelangte, kann im Rechtsweg aus dem Titel des Eigentums verlangt werden (JBl 1952, 160), und zwar auch im Fall einer Beschlagnahme (SZ 69/16 [1996]; JBl 1964, 266; SZ 24/97 [1951]). Ebenso kann die Herausgabe von dritter Seite für den Verhafteten übergebenen Sachen, die in gerichtliche Verwahrung genommen wurden, im Rechtsweg geltend gemacht werden (JBl 1917, 611). Weiters ist der Rechtsweg zulässig für die Feststellung des Eigentums an Gegenständen, bezüglich derer die Strafgerichte das Ediktalverfahren eingeleitet und ausgesprochen haben, daß die Rechtmäßigkeit des Besitzes des Beschuldigten nicht glaubwürdig sei (§ 378 StPO; SZ 6/77 [1924]). 239

Dem Zivilgericht ist es aber versagt, die von der Ratskammer des Strafgerichts mit aufrechter einstweiliger Verfügung nach § 144a StPO angeordnete **Kontosperre** zufolge Klage des Kontoinhabers im Zivilrechtsweg zu beseitigen, sind doch für den Vollzug der Maßnahmen nach § 143 StPO und im besonderen nach § 144a StPO ausschließlich die (hoheitlich tätigen) Strafgerichte berufen; insoweit ist der Rechtsweg nicht zulässig (SZ 69/16 [1996]).

b) Gefangenenwesen

240 Schadenersatzklagen, die auf die Behauptung eines **beim Strafvollzug erlittenen Schadens** gestützt werden, sind nach den Vorschriften des AHG geltend zu machen; so etwa Klagen des Strafgefangenen für die durch unsachgemäße Behandlung des Anstaltsarztes behaupteten Gesundheitsschädigungen (die ärztliche Behandlung von Untersuchungsgefangenen ist eine öffentlich-rechtliche Aufgabe der Justizverwaltung, 1 Ob 22/90; s 1 Ob 84/53; 3 Ob 474/50).

Für den Anspruch eines Strafgefangenen auf Leistung einer angemessenen Vergütung von Arbeiten, die ihm im Rahmen des Strafvollzugs zugewiesen wurden, ist der Rechtsweg auch dann unzulässig, wenn das Klagebegehren ausdrücklich auf den Rechtsgrund der Bereicherung gestützt wird (SZ 62/105 [1989] = JBl 1990, 245 [*Kerschner*] = EvBl 1989/158). Ebenso ist für das Begehren auf Rückzahlung der vom Strafgericht freigegebenen Haftkaution der Rechtsweg unzulässig (EvBl 1951/363).

Die Republik Österreich kann durch eine vorsätzliche Selbstbeschädigung eines Strafgefangenen erforderlich gewordene Aufwendungen – soweit sie eine einbringliche Geldbuße nach § 113 StVG übersteigen – im Rechtsweg ersetzt verlangen (SZ 53/89 [1980]).

c) Kosten des Strafverfahrens

aa) Allgemeines

241 Gem §§ 389 bis 395 StPO hat das Strafgericht über die **Kosten** des Strafverfahrens zu erkennen. Da es sich hier um **verfahrensrechtliche Nebenansprüche** handelt, die öffentlich-rechtlicher Natur sind, kann ihre Geltendmachung grundsätzlich nur im Strafverfahren selbst erfolgen. Nur dort, wo infolge des Fehlens einer strafgerichtlichen Hauptentscheidung die Geltendmachung der Kosten des Strafverfahrens nicht möglich ist, stellen sich diese als ein Vermögensschaden dar, dessen selbständige Einklagung möglich sein muß. Weiters wird über die Honorare frei gewählter Verteidiger oder Vertreter im Zivilrechtsweg entschieden (§ 394 StPO; s *Foregger/Kodek,* StPO[7], 583). Das Gesetz schränkt die selbständige Geltendmachung in zwei Fällen ein, indem es nach § 390 Abs 4 StPO dem wissentlich falsch Angezeigten einen verfahrensrechtlichen Kostenersatzanspruch im Strafverfahren zuerkennt, über den nach § 393 Abs 4 StPO die Strafgerichte zu entscheiden haben; und indem durch § 393 Abs 5 StPO angeordnet wird, daß der Privatbeteiligte, der auf den Zivilrechtsweg verwiesen wurde, die Kosten des Strafverfahrens als einen Teil der Kosten des Zivilrechtsstreits geltend zu machen hat (im einzelnen s *Bertel,* Strafverfahren[5] Rz 1065 ff und *Platzgummer,* Strafverfahren[8], 247 f). Im einzelnen wird die Durchsetzung der Kosten des Strafverfahrens wie folgt geregelt:

bb) Kosten des Privatanklägers

242 Der **Kostenersatzanspruch des Privatanklägers** wird in § 390 StPO den Strafgerichten zur ausschließlichen Entscheidung übertragen. Sie haben die Verpflichtung des Beschuldigten zum Kostenersatz festzulegen und die Höhe der Kosten zu bestimmen (der Privatankläger kann die Kosten seiner Vertretung auch nach Zurückziehung der Privatanklage im Zivilrechtsweg geltend machen, LGZ Wien EvBl 1936/165). Der Kostenersatzanspruch ist in § 381 StPO geregelt. Da § 381 StPO eine – von § 32 StVG abgesehen – erschöpfende Aufzählung der Kosten des Strafverfahrens enthält (*Foregger/Kodek,* StPO[7], 567), fallen Aufwendungen des Privatanklägers durch Beschäftigung eines Detektivinstituts für die Vorbereitung eines Strafverfahrens nicht darunter; der Ersatz solcher Aufwendungen kann daher im Zivilrechtsweg vom Angeklagten begehrt werden (JBl 1972, 210; EvBl 1970/309; RZ 1970, 82; SZ 35/26 [1962] = EvBl 1962/247; EvBl 1961/501; RZ 1961, 121; SZ 23/345 [1950]. AM offenbar *Foregger/Kodek,* StPO[7], 579 unter Berufung auf EvBl 1955/45, SZ 27/289 [1954] und SZ 26/26 [1953], wonach vorprozessuale Kosten wie für die Inanspruchnahme eines Detektivbüros oder für die Erstellung eines Privatgutachtens nie ersetzt werden und auch nicht einklagbar sind; ebenso auch SZ 22/171 [1949]).

Wenn das Strafgericht die ihm in einem Vergleich über eine Privatanklage vorbehaltene Kostenbestimmung unter Berufung auf § 390 StPO ablehnt, ist der Zivilrechtsweg zulässig (JBl 1930, 39). Der Zivilrechtsweg ist weiters zulässig für den Schadenersatzanspruch des kostenersatzpflichtigen Privatanklägers gegen ein dritte Person, die durch ein rechtswidriges schuldhaftes Verhalten die Erhebung der erfolglosen Privatanklage und damit die Kostenersatzpflicht des Privatanklägers verursacht hat (6 Ob 11/58).

cc) Kosten des Beschuldigten bzw Angeklagten

Wenn der Beschuldigte **von einer Offizialanklage freigesprochen** wird, muß er für die Kosten seiner Verteidigung selbst aufkommen, da der Bund nicht kostenersatzpflichtig ist; der Bund leistet lediglich einen Kostenbeitrag für die Verteidigung. Endet das über Privat- oder Subsidiaranklage eingeleitete Strafverfahren mit Einstellung, Freispruch oder Unzuständigkeitsurteil, dann wird der Privat- oder Subsidiarankläger kostenersatzpflichtig (im einzelnen s *Bertel,* Strafprozeßrecht[5] Rz 1066); darüber hat das Strafgericht zu befinden. **243**

Die Kosten der Vertretung (Verteidigung) im Strafverfahren können (gegen den Privat- oder Subsidiarankläger) nicht abgesondert im Zivilrechtsweg geltend gemacht werden (EvBl 1962/273; RZ 1957, 106; JBl 1954, 493 uva). Das gilt jedoch dann nicht, wenn die Verteidigerkosten aus dem Rechtsgrund des Schadenersatzes geltend gemacht werden (SZ 53/17 [1980] = EvBl 1980/194; SZ 46/65 [1973]); so kann der in einem Strafverfahren wegen eines Verkehrsunfalls Freigesprochene von dem an diesem Unfall Schuldtragenden den Ersatz der Verteidigerkosten im Rechtsweg begehren (JBl 1957, 457 = EvBl 1957/165; EvBl 1956/218 = ZVR 1956/139; SZ 25/53 [1952]; idS auch 6 Ob 84/70). Wurde das Strafurteil infolge Nichtigkeitsbeschwerde zur Wahrung des Gesetzes aufgehoben, dann kann die Rückforderung der im Strafverfahren dem Privatankläger ersetzten Kosten mittels Klage vor den Zivilgerichten begehrt werden (GlUNF 891 [1900]).

dd) Kosten des Privatbeteiligten

Der **Privatbeteiligte** hat eine Sonderstellung; er kann – sofern er nicht als Subsidiarankläger einschreitet – **nicht kostenpflichtig werden** (*Seiler,* Strafprozeßrecht[3], Rz 1178; *Foregger/Kodek,* StPO[7], 572), hat aber Anspruch auf Ersatz der Kosten, wenn das Strafgericht seinem Antrag, über die privatrechtlichen An- **244** sprüche zu entscheiden, wenigstens teilweise stattgibt (*Foregger/Kodek,* StPO[7], 579). Wenn das Strafgericht den Privatbeteiligten auf den Zivilrechtsweg verweist, kann er die Kosten, die im Strafverfahren entstanden und nach Strafprozeßrecht ersetzbar sind, vor dem Zivilgericht geltend machen: als Kosten in dem Zivilprozeß, in dem über seine Ansprüche entschieden wird (§ 393 Abs 5 StPO), oder, wenn es zu einem solchen Prozeß nicht kommt, in einer selbständigen Klage (SZ 12/68 [1930]; im einzelnen s *Bertel,* Strafprozeßrecht[5] Rz 1068).

Der Privatbeteiligte hat die ihm im Strafverfahren aufgelaufenen Kosten (gem § 393 Abs 5 StPO die Kosten des Vertreters nur, soweit sie zur zweckentsprechenden Durchsetzung seiner Ansprüche notwendig waren; im einzelnen s dazu *Bertel,* Strafprozeßrecht[5] Rz 1068; s auch OLG Linz ZVR 1989/98; RZ 1978/121; SZ 39/5 [1966]; OLG Graz ZVR 1962/24; LGZ Wien EvBl 1937/348) dann, wenn er mit seinen Privatrechtsansprüchen auf den Zivilrechtsweg verwiesen wurde, als Teil der Kosten des Zivilverfahrens in seiner Kostennote geltend zu machen (SZ 17/38 [1935]; SZ 16/76 [1934]). Wurden seine Ansprüche im Strafverfahren befriedigt, dann hat das Strafgericht auch sofort seine Kosten zu bestimmen und ihm zuzusprechen.

245 Die Verweisung des Privatbeteiligten auf den Zivilrechtsweg erfolgt auch bei einem Freispruch; daher kann nach § 393 Abs 5 StPO der **Privatbeteiligte** im Strafverfahren seine Verfahrenskosten als **Kosten** des anschließenden Zivilverfahrens auch geltend machen, **wenn der Beschuldigte im Strafverfahren freigesprochen wurde** (SZ 39/44 [1966] = ZVR 1966/342; LGZ Wien EvBl 1935/1142; aM OLG Wien EvBl 1936/373); dies gilt auch dann, wenn das freisprechende Strafurteil versehentlich keinen Ausspruch über die Verweisung des Privatbeteiligten auf den Zivilrechtsweg enthält (EvBl 1964/78 = JBl 1964, 327 = RZ 1964, 76 = ZVR 1964/103; aM OLG Wien EvBl 1936/373). Für den Fall der Einstellung des Strafverfahrens mangels eines strafbaren Tatbestands (wohl aber nicht für die Einstellung aus anderen Gründen) allerdings kann dies nicht gelten, weil hier keiner der Fälle des § 366 StPO vorliegt (OLG Wien EvBl 1936/1057, aM LGZ Wien DREvBl 1939/424) und keiner der Beteiligten hier auf den Rechtsweg verwiesen werden kann; um ein Urteil zu erreichen, ist dem Privatbeteiligten die Möglichkeit der Subsidiaranklage eingeräumt.

246 Der mit seinen Ansprüchen auf den Zivilrechtsweg verwiesene Privatbeteiligte kann **mit selbständiger Klage** im Zivilverfahren den Ersatz der ihm im Strafverfahren aufgelaufenen Kosten begehren, wenn er vorher in der Hauptsache befriedigt wurde (EvBl 1981/178; JBl 1978, 313 = RZ 1978/42; SZ 47/107 [1974] = VersRdSch 1976, 28 [*Baumann*] = EvBl 1975/188; JBl 1971, 365; JBl 1957, 457 = EvBl 1957/165; EvBl 1957/251 ua); dasselbe müßte wohl gelten, wenn der Privatbeteiligte auf seinen Hauptanspruch unter Vorbehalt auf Ersatz der Kosten seiner Beteiligung am Strafverfahren verzichtet hätte (EvBl 1966/500). Ebenso ist der Zivilrechtsweg für die gesonderte Geltendmachung der Kosten des Privatbeteiligten zulässig, wenn ein Adhäsionsanspruch nicht erhoben wurde und die Kosten nicht Neben-, sondern Hauptanspruch sind (SZ 9/141 [1927]), und zwar auch schon vor rechtskräftiger Verurteilung des Angeklagten (JBl 1971, 365).

Gewinnt der mit seinen Ansprüchen auf den Zivilrechtsweg verwiesene Privatbeteiligte den Zivilprozeß nur zum Teil, dann sind die Kosten der Privatbeteiligung im selben Verhältnis zu ersetzen wie die übrigen Verfahrenskosten (OLG Wien WR 58 [1983]; OLG Wien ZBl 1935/255); gliedert sich ein Verfahren in mehrere Abschnitte, so ist vom Mittel des Prozeßerfolgs in den verschiedenen Abschnitten auszugehen (OLG Wien WR 206 [1985]. AM allerdings LGZ

Wien EvBl 1935/827, wonach dem Kläger die Kosten der Privatbeteiligung zur Gänze zuzusprechen sind, gleichgültig, mit welchem Betrag er im Zivilprozeß obsiegt).

Kosten einer Privatbeteiligung an einem Verwaltungsstrafverfahren nach § 4 StVO sind nicht zuzusprechen, weil ein Anschluß als Privatbeteiligter gar nicht zulässig war (LGZ Wien 5 [1988]). **247**

ee) Kosten des wissentlich falsch Angezeigten

Wurde das Strafverfahren durch eine **wissentlich falsche Anzeige** veranlaßt, so hat gem § 390 Abs 4 StPO der Anzeiger die Kosten zu ersetzen. Liegen die Voraussetzungen für die Anwendung des § 390 Abs 4 StPO vor, hat über den Ersatz der **Verteidigerkosten** des wissentlich falsch Angezeigten durch den Anzeiger als Kostenregelung des Strafverfahrens ausschließlich das **Strafgericht** (§ 260 Abs 1 Z 5 StPO und mangels Parteienübereinkunft § 395 StPO) im Verfahren gegen den Anzeiger zu entscheiden. Den wissentlich falsch Angezeigten nach § 366 Abs 2 StPO als Privatbeteiligten mit seinen Verteidingungskosten auf den Zivilrechtsweg zu verweisen, ist insoweit unzulässig und führt auch nicht zur Begründung einer zivilgerichtlichen Kompetenz. Solche nach § 390 Abs 4 StPO gehören nicht zu den in § 393 Abs 4 aF StPO (jetzt: § 393 Abs 5 StPO) genannten „privatrechtlichen Ansprüchen"; die Regelung des § 393 Abs 4 aF StPO (jetzt: § 393 Abs 5 StPO) geht insoweit der speziellen Norm des § 393 Abs 3 aF StPO (jetzt: § 393 Abs 4 StPO) nach und findet somit nur dann Anwendung, wenn es nicht allein um die Verteidigerkosten des wissentlich falsch Angezeigten geht, die gem § 393 Abs 3 aF StPO (jetzt: § 393 Abs 4 StPO) ausschließlich vom Strafgericht in dem gegen den Anzeiger geführten Strafprozeß zu bestimmen sind (SZ 68/62 [1995]; idS auch EvBl 1962/273; JBl 1954, 493; SZ 25/53 [1952]). **248**

Gem § 260 Abs 1 Z 5 und § 395 StPO hat das Strafgericht von Amts wegen die Kostenentscheidung zu fällen; hat es eine derartige Entscheidung im Urteil unterlassen, dann kann der Angezeigte jederzeit gem § 270 StPO die Ergänzung des Strafurteils begehren, die auch von Amts wegen zu erfolgen hat (*Fasching*[1] I 119; diese Frage wie auch diejenige, ob für andere Vermögensnachteile des wissentlich falsch Angezeigten der Rechtsweg zulässig ist, wird von der vorhin zit SZ 68/62 [1995] ausdrücklich offengelassen). **249**

Für den Ersatz der Strafverfahrenskosten des wissentlich falsch Angezeigten ist somit der Zivilrechtsweg unzulässig, dies auch dann, wenn das Strafgericht in seinem Urteil einen Kostenersatzausspruch unterlassen hat (EvBl 1962/273; RZ 1957, 106; JBl 1954, 493). Dies gilt aber nur dann, wenn die Erstattung einer wissentlich falschen Anzeige durch das Strafgericht festgestellt wurde, nicht aber dann, wenn es infolge Einstellung des Strafverfahrens zu einer solchen Feststellung nicht gekommen ist (SZ 53/17 [1980] = EvBl 1980/194; SZ 46/65 [1973] und wohl auch SZ 68/62 [1995]).

ff) Privatanklage und Zivilrechtsweg

Da die Rechte des Privatanklägers und das Prozeßrechtsverhältnis im Anklageverfahren ausschließlich nach den Bestimmungen der StPO geregelt sind, kann kein daraus resultierender Anspruch bei den Zivilgerichten geltend gemacht werden. So ist die Klage auf Zurückziehung einer Privatanklage (2 Ob 947/52) oder auf Zuhaltung der zwischen den Parteien vereinbarten Zurückziehung der Privatanklage durch den Privatankläger wegen Unzulässigkeit des Rechtswegs zurückzuweisen. **250**

Ebenso gehört der Anspruch auf Ausstellung einer Bestätigung über das Verlangen um Aufnahme einer Entgegnung nach dem alten PresseG (jetzt: Gegendarstellung nach § 9 MedienG, BGBl 1981/314) nicht auf den Rechtsweg (1 Ob 710/79; SZ 31/74 [1958] = JBl 1959, 37).

gg) Sonstiges

251 Die strafrechtliche Regelung des Kostenersatzes gegenüber der bürgerlichrechtlichen Schadenersatzregelung ist eine die letztere ausschließende Sonderregelung abschließender Natur, womit eine Anspruchskonkurrenz zu verneinen ist (SZ 68/62 [1995]).

Die Kosten des Amtsverteidigers sind im Strafverfahren geltend zu machen, sodaß für eine Klage des Amtsverteidigers gegen den von ihm Vertretenen der (Zivil-)Rechtsweg nicht gegeben ist (6 Ob 2141/96 p).

B. Zivilprozeß und Exekutionsverfahren

Lit: *Böhm,* Widerspruch gegen die Verteilung (§ 213 EO) und Klage aus dem besseren Recht (§ 231 Abs 4 EO), ÖJZ 1974, 533.

1. Allgemeines

252 Das Verfahren zur Vollstreckung urkundlich festgestellter Ansprüche (§§ 1 f, 79 EO; Exekutionsverfahren, Zwangsvollstreckung) ist den ordentlichen Zivilgerichten übertragen. Auch hier handelt es sich um eine Form des Rechtswegs, die Zulässigkeit des Exekutionswegs. Für die Wahrnehmung der Abgrenzung zwischen streitigem Rechtsweg und Exekutionsweg gelten dieselben Regeln wie für das Verhältnis zwischen streitigem und außerstreitigem Rechtsweg (*Fasching,* Lehrbuch[2] Rz 116).

Entscheidet der Streitrichter in einem in das Exekutionsverfahren gehörenden Fall, dann liegt ein Nichtigkeitsgrund nach § 477 ZPO vor (1 Ob 546/92; 1 Ob 654/80; SZ 49/126 [1976] = EvBl 1977/130); das trifft auch dann zu, wenn das Exektionsverfahren wegen eines Konkurses unterbrochen wurde (10 Ob 517/87).

Wiederholt müssen bestimmte **exekutionsrechtliche Fragen im Weg eines Zivilrechtsstreits,** also auf dem streitigen Rechtsweg, ausgetragen werden. Dabei geht es einerseits um die Frage nach der Reichweite des Exekutionsverfahrens (zB Ansprüche des oder gegen den Zwangsverwalter, s JBl 1955, 368) oder andererseits um die Entscheidung darüber, ob gewisse, für das Exekutionsverfahren präjudizielle Fragen noch in diesem Verfahren gelöst werden können oder ein streitiges Verfahren erfordern (etwa Klagen bzw Anträge nach §§ 35, 36 und 40 EO) (so *Fucik/Rechberger* in *Rechberger,* ZPO Art I EGZPO Rz 16 mwN). Für die Abgrenzung beider Gebiete herrschen im wesentlichen folgende Grundsätze:

253 **Dem Streitverfahren vorbehalten** sind:

- Die Anfechtung, Abänderung und Außerkraftsetzung der Grundlage des Exekutionsverfahrens, des zivilprozessualen Leistungserkenntnisses und die Behauptung seiner mangelnden Vollstreckbarkeit (§§ 35, 36, 10 EO).
- Die Geltendmachung behaupteter Rechte Dritter gegen die Parteien des Exekutionsverfahrens oder der Parteien gegen Dritte – im Weg der Forderungsüberweisung (§§ 37, 258, 308 EO).

• Die Entscheidung über Streitigkeiten Dritter, die konkurrierende Rechte beanspruchen (zB gem §§ 128, 231 EO, wenn wegen streitiger Tatumstände eine Verweisung auf den streitigen Rechtsweg erfolgt).

Dem Exekutions- und Sicherungsverfahren vorbehalten ist:

• die Entscheidung über alle Maßnahmen der Durchsetzung des Leistungserkenntnisses, soweit Rechte Dritter nicht berührt oder durch diese Dritte nicht ausdrücklich der Vornahme der Maßnahmen widersprochen wird;

• die Durchführung von Sicherungsmaßnahmen und die Schaffung diesbezüglicher Exekutionstitel;

• die Entscheidung über Kostenansprüche einschließlich des Ersatzanspruchs wegen ungerechtfertigter einstweiliger Verfügungen (§ 394 EO; JBl 1957, 564).

2. *Einzelfragen*

a) Streitiger Rechtsweg

• Eine gegen die Exekutionsführung gerichtete Klage ist nur dann wegen **254**
Unzulässigkeit des Prozeßweges unstatthaft, wenn das Gesetz die betreffende Einwendung in ein besonderes Verfahren außerhalb des Zivilprozesses verweist. Ein Streit darüber, ob trotz Erfüllung der durch eine einstweilige Verfügung zur Sicherung des Hauptanspruches auferlegten Verbindlichkeiten Exekution geführt wurde, ist im Prozeßweg auszutragen (EvBl 1970/11).

• Über den Anspruch des betreibenden Gläubiger auf Ersatz des ihm durch Aufschiebung der Exekution entstandenen Schadens ist im Prozeßweg zu entscheiden, ebenso über die Heranziehung der vom Verpflichteten geleisteten Sicherheit zum Ersatz des Schadens (JBl 1967, 41; LGZ Wien EvBl 1938/116; SZ 16/77 [1934] = ZBl 1934/289; SZ 12/66 [1930]).

• Der Prozeßweg ist zulässig für eine Schadenersatzklage, die sich darauf gründet, daß der Beklagte eine Klage auf Unzulässigerklärung einer vom Kläger gegen einen Dritten geführten Exekution einbrachte, wodurch der Kläger infolge Aufschiebung der Exekution einen Schaden erlitt (SZ 7/85 [1925]).

• Eine vertragliche Regelung über Exekutionskosten kann im Prozeßweg durchgesetzt werden (LGZ Wien MietSlg 32.604 [1980]; MietSlg 30.646 [1978]. Gegenteilig aber: Exekutionskosten sind auch dann nicht selbständig einklagbar, wenn sich der Schuldner in einem vollstreckbaren Notariatsakt zum Ersatz der Kosten der zwangsweisen Eintreibung der Darlehensforderung verpflichtete [EvBl 1963/235]).

• Der Zwangsverwalter kann den Lohn für außerhalb der Verwaltertätigkeit geleistete manuelle Arbeiten einklagen. Entlohnungsansprüche gegen von der Zwangsverwaltung nicht betroffene Miteigentümer sind auf jeden Fall im Prozeßweg geltend zu machen (JBl 1955, 368).

• Wenn der Verpflichtete eine der Zwangsverwaltung unterliegende Forderung einhebt, so ist über den Bereicherungsanspruch gegen ihn im Prozeßweg zu entscheiden (SZ 16/140 [1934]).

• Über die Unwirksamkeit eines verbücherten Veräußerungs- und Belastungsverbotes ist nicht im Exekutionsverfahren, sondern im Prozeßweg zu entscheiden (RZ 1959, 18).

• Ebenso darüber, ob in der Zustimmung des aus einem Veräußerungsverbot Berechtigten zur Verpfändung auch die Zustimmung zur Zwangsversteigerung gelegen ist (SZ 49/151 [1976]).

• Über § 155 EO hinausgehende durch die Saumsal des Erstehers verursachte Schäden müssen im Prozeßweg geltend gemacht werden (SZ 59/58 [1986]; SZ 37/149 [1964] = EvBl 1965/150 = JBl 1965, 93; EvBl 1967/459).

• Gegen Dritte muß der Ersteher den Anspruch auf Übergabe der Liegenschaft im Prozeßweg geltend machen (SZ 57/54 [1984]).

• Der betreibende Gläubiger, dem die Tilgung einer Hypothek nicht bekannt war, kann bei unterbliebenem Widerspruch den Verteilungsbeschluß nicht bekämpfen, sondern vom bereicherten Gläubiger nur im Prozeßweg Ersatz verlangen (EvBl 1968/283).

• Ein Dritter, in dessen Gewahrsame sich eine Pfandsache befindet, kann auf Zustimmung zur Pfändung geklagt werden (SZ 34/101 [1961]).

• Die Kosten einer über eine Aufbewahrung von angemessener Dauer hinausgehenden Lagerung von Delogierungsgut sind im Prozeßweg geltend zu machen (LGZ Wien MietSlg 16.708 [1964], 15.684 [1963]); solange der Gläubiger aber zum Ersatz der im Zuge einer Räumungsexekution entstandenen Verwahrungskosten nicht den Verkauf der verwahrten Sachen beim Exekutionsgericht begehrt hat, ist die klagsweise Geltendmachung unzulässig (LGZ Wien ImmZ 1969, 151).

• Über Bestand und Höhe des fingierten Anspruches gegen den Drittschuldner kann nur der Prozeßrichter im Drittschuldnerprozeß entscheiden (SZ 34/141 [1961]; EvBl 1968/129 (betreffend die alte Regelung des § 10 Abs 2 LPfG).

• Bei Exekution nach § 353 EO steht gegen Übergriffe des zur Vornahme der Handlung Ermächtigten nicht der Antrag nach § 68 EO, sondern nur der Prozeßweg offen (SZ 32/162 [1959] = EvBl 1960/54).

• Ein Vorschuß nach § 353 Abs 2 EO ist im streitigen Verfahren rückforderbar, wenn feststeht, daß es nicht mehr zur Ersatzvornahme kommen kann (SZ 46/1 [1973] = EvBl 1973/117).

• Der Anspruch des betreibenden Gläubigers auf Ersatz des ihm durch die Aufschiebung einer Exekution entstandenen Schadens ist im Rechtsweg geltend zu machen (SZ 16/77 [1934]; 12/66 [1930]; 7/85 [1925]).

• Für Exszindierungsbegehren gegen eine gerichtliche Exekution ist immer der Rechtsweg zulässig, auch wenn das Recht, auf das die Klage gestützt wird, an sich vor einer Verwaltungsbehörde geltend zu machen wäre (3 Ob 70/52; SZ 19/154 [1937]).

• Die Zulässigkeit des Rechtswegs ist gegeben für eine Klage des Dienstnehmers (Verpflichteten) gegen den Dienstgeber (Drittschuldner) wegen Zahlung rückständiger Bezüge, deren Pfändbarkeit vom Dienstgeber behauptet wird und die daher im Zug einer Gehaltsexekution zurückbehalten wurden (Arb 7039 [1959]).

• Im Verteilungsverfahren kann nicht einmal als Vorfrage entschieden werden, ob die gepfändete Forderung dem Verpflichteten oder anderen teilweise oder gänzlich zustand; vielmehr ist dann grundsätzlich erst zu verteilen, wenn zwischen allen Erlagsgegnern Einverständnis erzielt oder urteilsmäßig festgestellt wurde, daß die überwiesene Forderung teilweise oder gänzlich dem Verpflichteten zustand; im Rechtsstreit darf bloß geklärt werden, ob und inwieweit die gepfändete Forderung nicht dem Verpflichteten, sondern einem Dritten zustand, nicht aber dürfen die Ansprüche der Pfandgläubiger nach Verteilungsgrundsätzen geprüft und festgestellt werden (SZ 67/178 [1994]; 3 Ob 558/92; JBl 1987, 326; SZ 48/94 [1975] = EvBl 1976/71 = Arb 9419 [1975] = ZAS 1976, 56; EvBl 1975/109).

• Für einen Anspruch auf Abrechnung zwischen dem Ersteher einer Liegenschaft und dem von ihm mit deren Bewirtschaftung auf seine Rechnung vertraglich betrauten Personen ist jedenfalls der Rechtsweg zulässig (5 Ob 506/78).

• Übernimmt der Ersteher das Ausgedinge in Anrechnung auf das Meistbot, kann der Ausgedingeberechtigte seine ihm vertraglich zustehenden Rechte im streitigen Rechtsweg durchsetzen (SZ 57/127 [1984] = JBl 1985, 300).

• Die Kosten eines Abwesenheitskurators, der in einem Zwangsversteigerungsverfahren für denjenigen eingeschritten ist, zu dessen Gunsten auf der Liegenschaft ein Bestandrecht einverleibt ist, sind vom Betreibenden, der diese Kuratorkosten beglichen hat, gegenüber dem bücherlichen Bestandnehmer nicht im Exekutionsverfahren selbst, sondern vielmehr auf dem Rechtsweg geltend zu machen (RZ 1993/86).

b) Exekutionsweg

• Der Verpflichtete kann bei Erlöschen eines Zwangspfandrechtes nur die Einstellung des Exekutionsverfahrens analog § 39 Abs 1 Z 2 EO beantragen, nicht aber eine Klage nach § 36 Abs 1 Z 3 EO erheben (SZ 46/42 [1973] = EvBl 1973/183). **255**

• Für Ansprüche gegen den Zwangsverwalter, die nach § 118 EO hereinzubringen sind, ist der Prozeßweg ausgeschlossen (SZ 20/197 [1938]).

• Ebenso für die Geltendmachung von Schadenersatzansprüchen gegen den Zwangsverwalter wegen angeblicher Mängel seiner Geschäftsführung (RZ 1970, 62).

• Ob ein Gegenstand Zubehör einer in Exekution gezogenen Liegenschaft ist, ist – außer im Fall eines Exszindierungsanspruches – im Exekutionsverfahren zu entscheiden (EvBl 1960/379; JBl 1979, 437).

• Die vom Verpflichteten verbotswidrig in Empfang genommenen Einkünfte der zwangsversteigerten Liegenschaft können ihm vom Exekutionsgericht abgefordert und mit den Mitteln des Exekutionsverfahrens abgenommen werden; hat er sie nicht mehr in seinem Besitz, gehört der Bereicherungsanspruch gegen ihn auf den Prozeßweg (ZBl 1935/36).

• Der Anspruch des Erstehers auf Übergabe der Liegenschaft durch den Verpflichteten kann nicht im Prozeßweg durchgesetzt werden (SZ 50/13 [1977] = MietSlg 29.697 [1977]; SZ 49/126 [1976] = EvBl 1977/130; SZ 8/252 [1926]).

• Der Anspruch des betreibenden Gläubigers gegen den Verpflichteten auf Ersatz des einem Freihandkäufer als Auslagenersatz gezahlten Betrages kann nicht im Prozeßweg geltend gemacht werden (EvBl 1965/266 = JBl 1965, 475).

• Räumungskosten, die im Exekutionsverfahren nicht mehr geltend gemacht werden konnten, können nicht im streitigen Verfahren begehrt werden (LGZ Wien MietSlg 32.603 [1980]).

• Die Äußerungspflicht des Drittschuldners kann nicht im Klageweg erzwungen werden (EvBl 1958/29; SZ 13/238 [1931]).

• Bei Verstoß gegen ein mit einstweiliger Verfügung ausgesprochenes Verbot, Gegenstände aus einer Wohnung zu entfernen, kann nur nach § 384 Abs 1 EO, nicht aber mit Klage vorgegangen werden (RZ 1960, 144).

• Für Ersatzansprüche nach § 394 EO ist der Prozeßweg unzulässig (JBl 1957, 564).

• Gem § 394 EO ist zur Entscheidung über Ersatzleistungen auf Grund einer ungerechtfertigten einstweiligen Verfügung das Sicherungsgericht zuständig; wird ein Anspruch mit Klage geltend gemacht, der im Verfahren nach der EO durchzusetzen ist, liegt Unzulässigkeit des (streitigen) Rechtswegs vor (JBl 1997, 116).

C. *Zivilprozeß und Insolvenzverfahren*

Lit: *Fink,* Neue Streitfragen um § 54 AO, JBl 1986, 80; *Jelinek,* Privatbeteiligung im Strafverfahren gegen den Gemeinschuldner, GesRZ 1983, 169; *Sprung/Fink,* Privatbeteiligung des Konkursgläubigers in einem Strafverfahren gegen den Gemeinschuldner und „konkursrechtliches Titelverbot", Fasching-FS (1988) 491; *Welser,* Sachverständigenhaftung und Insolvenzverfahren, in *Jelinek,* Insolvenz- und Wirtschaftsstrafrecht (1987) 25.

1. *Allgemeines*

256 Die für das Exekutionsverfahren entwickelten Grundsätze der Abgrenzung zum Zivilprozeß gelten entsprechend auch für das Insolvenzverfahren. Die Zuordnung des Insolvenzverfahrens ist umstritten (Konkurs als Generalexekution: *Holzhammer,* Insolvenzrecht[5], 3; Konkurs als Universalexekution: *Wegan,* Insolvenzrecht 3; Konkurs als Außerstreitverfahren: *Bartsch/Heil,* Insolvenzrecht[4] Rz 33). Die typisch rechtsfürsorgend-rechtsgestaltende Tätigkeit des Gerichts reiht das Insolvenzverfahren aber in die außerstreitige Gerichtsbarkeit in weiterem Sinn ein (*Fasching,* Lehrbuch[2] Rz 116). **Das Insolvenzverfahren ist** ebenfalls **weitgehend mit dem Anwendungsbereich des Prozeßrechts verknüpft.** Auch hier gilt der Grundsatz, daß dem streitigen Verfahren die Überprüfung jener bestrittenen Rechtsverhältnisse obliegt, die nicht mit den Mitteln des Insolvenzverfahrens geregelt werden können; dem Streitverfahren obliegt demnach die Geltendmachung aller Ansprüche aus dem materiellen Insolvenzrecht, sofern nicht die Prozeß- (und Vollstreckungs-)Sperre entgegensteht. Streitige Rechte konkurrierender Gläubiger müssen im Prozeßrecht geprüft und entschieden werden.

Dem Insolvenzverfahren selbst sind alle Entscheidungen anläßlich der Abwicklung des Verfahrens, soweit sie das Verhältnis zwischen Schuldner und Masse- bzw Ausgleichsverwalter (und wohl auch dem Reorganisationsprüfer nach dem IRÄG 1997) betreffen oder sich auf das Verhältnis zwischen Gericht, Organen und Masse beziehen, vorbehalten.

Der Einklagung einer Konkursforderung steht die Unzulässigkeit des Rechtswegs entgegen (DRdA 1983, 169 [krit *Kramer*]; s dazu auch *Ballon,* Zulässigkeit 55).

2. *Einzelfragen*

a) Streitiges Verfahren

257 • Die nicht bestrittene Eintragung in das Anmeldungsverzeichnis hindert nicht die gesonderte Einklagung (§ 60 Abs 2 KO, § 54 Abs 4 AO; *Fasching,* Lehrbuch[2] Rz 1508; *Fink,* JBl 1986, 80; *Fucik/Rechberger* in *Rechberger,* ZPO Art I EGZPO Rz 17; JBl 1986, 126; SZ 57/138 [1984] = EvBl 1985/61. Siehe aber auch unten LGZ Wien WR 76 [1984]).

• Der Prozeßweg ist für eine Klage gegen den Masseverwalter oder den Ausgleichsverwalter jedenfalls zulässig, soweit sie ohne gerichtliche Weisungen handelten (SZ 36/57 [1963] = EvBl 1963/348 = JBl 1964, 42).

• Über geltend gemachte Ansprüche gegen den Masseverwalter aus der pflichtwidrigen Führung seines Amtes bezüglich eines den Befriedigungsfonds aller Konkursgläubiger zugefügten Vermögensnachteils ist vor Beendigung des Konkursverfahrens vom Konkursgericht im Rahmen des Rechnungslegungsverfahrens nach den §§ 121 ff KO zu entscheiden; nach der Beendigung des Konkursverfahrens oder nach rechtskräftiger Enthebung des Masseverwalters (auch vor Beendigung des Konkursverfahrens) unterliegt der Masseverwalter, dessen

Amt bereits sein Ende gefunden hat, nicht mehr der Kognition des Konkursgerichts und steht zur Geltendmachung der gegen ihn gerichteten Ansprüche, wie der OGH bereits ausgesprochen hat (SZ 17/144 [1935]), der Rechtsweg offen (1 Ob 503/94; 7 Ob 583/93; 9 ObA 106/92; ecolex 1990, 21; SZ 60/58 [1987] = RdW 1987, 292 = AnwBl 1988, 58; EvBl 1966/99; 1965/31).

● Handelt es sich nach dem Klagsvorbringen aber um keinen Anspruch wegen eines durch pflichtwidrige Führung seines Amts dem gemeinsamen Befriedigungsfonds aller Gläubiger zugefügten Vermögensnachteils, sondern um einen Individualanspruch gegen den Masseverwalter, ist dieser auch während des Konkursverfahrens im streitigen Rechtsweg geltend zu machen (RdW 1992/317 = EvBl 1992/86 = Arb 10.978 [1992] = ecolex 1992, 256).

● Der Ersatz des dem Gemeinschuldner vom Masseverwalter durch pflichtwidrige Führung seines Amtes zugefügten Schadens ist im Prozeßweg geltend zu machen (SZ 17/144 [1935]).

● Eine grundlose Bereicherung der Konkursmasse ist im Prozeßweg geltend zu machen (SZ 44/165 [1971]).

● Nach Bestätigung eines Ausgleiches ist der Rechtsweg nur im Umfang des Wiederauflebens einer Forderung zulässig (LGZ Wien WR 76 [1984]).

● Die Bestimmung des § 130 Abs 3 KO über den Ausschluß des Rechtswegs gilt nur für die Durchführung des Verteilungsbeschlusses (EvBl 1959/117 = RZ 1959, 142).

b) Insolvenzverfahren

● Während des Konkursverfahrens ist der Gemeinschuldner nicht berechtigt, die vom Masseverwalter vorgenommene Veräußerung von Liegenschaften aus der Konkursmasse selbständig mit Klage anzufechten (SZ 39/126 [1966] = EvBl 1966/503). **258**

● Für den Anspruch eines Gesellschafters bürgerlichen Rechtes, der an dem Geschäftslokal des Gemeinschuldners mitberechtigt zu sein behauptet, gegen die Konkursmasse auf Einwilligung in die Aufhebung der Sperre ist der Prozeßweg unzulässig (SZ 8/198 [1926]).

● Für das Begehren des Gemeinschuldners auf Ausscheidung angeblich exekuktionsfreier Gegenstände ist der Prozeßweg unzulässig (EvBl 1959/177 = JBl 1959, 214);

● ebenso für die Sicherstellung bedingter Forderungen iS des § 16 KO (SZ 33/14 [1960]).

● Die Feststellung des Zurechtbestehens einer Forderung im Anmeldungsverzeichnis im Konkurs schließt eine Feststellungsklage zufolge einer Bestreitung der Forderung durch den Gemeinschuldner aus (EvBl 1969/106 = JBl 1969, 552 [Sprung]).

● Im Konkurs einer Genossenschaft sind die bereits fälligen aushaftenden Geschäftsanteile eines Genossenschafters im Konkursverfahren und nicht im Prozeßweg geltend zu machen (SZ 30/20 [1957]).

● Für die Klage des Ausgleichsschuldners gegen den Sachwalter auf Ausfolgung angeblich unberechtigt zurückgehaltener Beträge ist der Prozeßweg unzulässig (SZ 29/75 [1956] = EvBl 1957/47).

● Die Auskunftspflicht des Dritten, welche nicht auf einem Recht des Gemeinschuldners gegen ihn beruht, ist eine Verpflichtung des öffentlichen Rechts, weshalb auf ihre Erfüllung nicht geklagt werden kann (1 Ob 2370/96 b; 6 Ob 2296/96 g; SZ 59/143 [1986] = RdW 1987, 55; 4 Ob 603/74 [mwN]).

● Die Bestimmung des § 130 Abs 3 KO über den Ausschluß des Rechtswegs gilt nur für die Durchführung des Verteilungsbeschlusses (EvBl 1959/117 = RZ 1959, 142).

● Über geltend gemachte Ansprüche gegen den Masseverwalter aus der pflichtwidrigen Führung seines Amtes bezüglich eines den Befriedigungsfonds aller Konkursgläubiger zugefügten Vermögensnachteils ist vor Beendigung des Konkursverfahrens vom Konkursgericht im Rahmen des Rechnungslegungsverfahrens nach den §§ 121 ff KO zu entscheiden; nach der Beendigung des Konkursverfahrens oder nach rechtskräftiger Enthebung des Masseverwalters (auch vor Beendigung des Konkursverfahrens) unterliegt der Masseverwalter, dessen Amt bereits sein Ende gefunden hat, nicht mehr der Kognition des Konkursgerichts und steht zur Geltendmachung der gegen ihn gerichteten Ansprüche, wie der OGH bereits ausgesprochen hat (SZ 17/144 [1935]), der Rechtsweg offen (1 Ob 503/94; 7 Ob 583/93; 9 ObA 106/92; ecolex 1990, 21; SZ 60/58 [1987] = RdW 1987, 292 = AnwBl 1988, 58; EvBl 1966/99; 1965/31).

● Die Wiederaufnahme des infolge der Konkurseröffnung unterbrochenen Verfahrens ist ausgeschlossen, solange eine Anmeldung der Forderung im Konkurs nicht erfolgt ist; das aufgrund eines Wiederaufnahmsantrags des Masseverwalters dennoch durchgeführte Verfahren ist wegen Unzulässigkeit des Rechtswegs gem § 240 Abs 3 ZPO für nichtig zu erklären (ÖJZ-LSK 1998/188).

D. Zivilprozeß und Außerstreitverfahren

Lit: *Konecny,* Wiederaufnahme im Außerstreitverfahren, JBl 1983, 20; *Simotta,* Das Vergreifen in der Verfahrensart und seine Folgen, Fasching-FS (1988) 463.

Die für die gegenständlichen Abgrenzungsfragen wesentliche Spezialliteratur wird im folgenden bei den einzelnen Kapiteln angeführt.

1. Vorbemerkung

259 Ein großer Teil der bürgerlichen Rechtssachen ist zwar durch die ordentlichen Zivilgerichte, aber nicht im Prozeßweg zu erledigen. Dieser Zweig der Zivilgerichtsbarkeit ist die **außerstreitige Gerichtsbarkeit** (gelegentlich nach deutscher Terminologie auch freiwillige Gerichtsbarkeit genannt). Dabei sagen die Namen „streitig“, „außerstreitig“ und „freiwillig“ nichts über die tatsächliche Heftigkeit des Rechtsstreits und dessen Hartnäckigkeit aus; es wird in vielen Bereichen der außerstreitigen Gerichtsbarkeit mindestens so erbittert gekämpft wie im Prozeß (zB bei der Unterhaltsbemessung, bei Streitigkeiten über die Erziehung der Kinder usw), während andererseits ein „streitiges Verfahren“ durch Anerkenntnis, Verzicht, Vergleich oder Säumnis ohne tatsächlichen Streit zu Ende gehen kann. „Außerstreitig“ bedeutet also nur, daß nicht das streitige Verfahren selbst, also nicht der Prozeß, stattzufinden hat (*Fasching,* Lehrbuch[2] Rz 111).

260 Da auch die **Außerstreitsachen bürgerliche Rechtssachen sind** und das Gesetz keine generelle Abgrenzung verfügt, ist die Grenzziehung zwischen streitiger und außerstreitiger Gerichtsbarkeit oft schwierig. Entscheidend ist, ob das Gesetz die einzelnen Rechtssachen entweder ausdrücklich oder doch aus dem inneren Zusammenhang her unmißverständlich dem Außerstreitrichter zuweist oder nicht (vgl § 1 AußStrG; *Mayr/Fucik,* Verfahren außer Streitsachen 13; *Mayr* in *Rechberger,* ZPO § 1 JN Rz 15; 5 Ob 497/97t; WoBl 1991, 190; EFSlg 57.711 [1988]). Bei dieser Abgrenzung bestehen für den Gesetzgeber – soweit die Grundsätze des Art 6 EMRK gewahrt bleiben – keine verfassungsrechtlichen Schranken (*Mayr/Fucik,* Verfahren außer Streitsachen 14; *Mayr* in *Rechberger,* ZPO § 1 JN Rz 15; EvBl 1983/31 = EFSlg 41.636 [1982]). Fehlt eine solche Zuweisung ins Außerstreitverfahren, dann ist im Zweifel das streitige Verfahren anzuwenden, das durch seine Formenstrenge und seine detaillierte Regelung der Parteienrechte dem einzelnen mehr Rechtsschutzgarantien bietet als das formfreiere und nur sehr dürftig geregelte Außerstreitverfahren (*Fasching,* Lehrbuch[2] Rz 112; *Mayr/ Fucik,* Verfahren außer Streitsachen 13; s aber die weitergehende Ansicht des OGH [verst Senat] SZ 44/181 [1971] = JBl 1972, 263 = RZ 1972, 69 = EFSlg 14.819/6 [1971], wonach bereits dort, wo es untunlich erscheint, das Verfahren an die strengen Formen des Zivilprozesses zu binden, auch ohne gesetzliche Anordnung im Außerstreitverfahren zu entscheiden ist).

An und für sich sind die meisten Außerstreitgebiete durch eine **rechtsfürsorgende Präventivtätigkeit** des Gerichts gekennzeichnet, die vor allem rechtsgestaltender Natur ist. Der ursprüngliche Bereich der Außerstreitgerichtsbarkeit war durch das Außerstreitpatent von 1854 auf das Verfahren über Verlassenschaftsabhandlungen, das Vormundschaftsverfahren, die Beglaubigung von Urkunden und Unterschriften sowie auf die freiwillige Schätzung und Feilbietung beschränkt. Im Lauf der Zeit wurde der Bereich immer mehr ausgeweitet, sodaß jetzt ua das gesamte Grundbuchswesen, die Führung des Firmenbuchs, die Bestellung von Sachwaltern, die Todeserklärung, die Kraftloserklärung von Urkunden, Regelungsstreitigkeiten nach dem MRG und dem WEG sowie die Scheidung im Einvernehmen usw dazugekommen sind (*Fasching,* Lehrbuch[2] Rz 112). **261**

Der **Gesetzgeber hat** in immer stärkerem Maß **auch echte streitige Ansprüche** (zB Vermögensteilung nach der Scheidung, Bemessung von Enteignungsentschädigungen, Unterhaltsansprüche, Einräumung von Notwegerechten) zur Gänze oder in bestimmten Fällen **vor den Außerstreitrichter verwiesen.** Die Motive der Verweisung solcher Rechtssachen in das außerstreitige Verfahren (sie werden auch als Regelungs- und Streitentscheidungsverfahren bezeichnet) sind vielfältig: Häufig spielt die größere Flexibilität des Außerstreitverfahrens eine Rolle; immer öfter gibt jedoch die grundsätzlich mangelnde Kostenersatzpflicht der unterlegenen Partei den Ausschlag. Gerade letzteres Motiv ist aber äußerst zweifelhaft, da zwar die mangelnde Kostenersatzpflicht das Risiko der Verfahrensführung minimiert und damit eine bedeutende soziale Hemmschwelle für den „Zugang zum Recht" abbaut, umgekehrt aber auch denjenigen, der „im Unrecht" war, schützt, während die Partei, deren Anspruch als zu Recht bestehend anerkannt wurde, auf ihren Kosten „sitzen bleibt" (*Klicka/Oberhammer,* Außerstreitverfahren[3] Rz 5). **262**

Es lassen sich daher heute zwei Gruppen des außerstreitigen Bereichs unterscheiden, für die auch verschiedene Maßstäbe anzulegen sind; dabei ist eine inhaltliche Unterscheidung der im streitigen und im außerstreitigen Verfahren zu behandelnden Rechtssachen nicht (mehr) möglich (so *Mayr* in *Rechberger,* ZPO § 1 JN Rz 15): **263**

- Die **„echten" Außerstreitsachen;**
- die **„streitigen Sachen der außerstreitigen Gerichtsbarkeit"** (*Ballon,* Zulässigkeit 7; *Dolinar,* Außerstreitverfahrensrecht 8; *Fasching,* Lehrbuch[2] Rz 112; s dazu auch *Klicka/Oberhammer,* Außerstreitverfahren[3] Rz 4ff; *Konecny,* JBl 1983, 24).

Im Gesetz hat diese Trennung bisher noch keinen generellen Ausdruck gefunden.

Obwohl die außerstreitige Gerichtsbarkeit ebenfalls von ordentlichen Gerichten ausgeübt wird, die häufig sogar dieselben (auch sogar derselbe Richter) **264** sind wie für das streitige Verfahren, bezeichnet sie das Gesetz doch als selbständigen Zweig der Gerichtsbarkeit. Es grenzen sich somit beide Bereiche zufolge der positiven Vorschrift des Gesetzes (§ 42 Abs 4 JN) durch die Zulässigkeit der Grenze der Zulässigkeit des streitigen Rechtswegs ab (*Holzhammer,* Zivilprozeßrecht², 19, hat – allerdings zur Rechtslage vor der ZVN 1983 – auch die Möglichkeit im Auge, die Zugehörigkeit zum Außerstreitrichter als Frage der sachlichen Eigenzuständigkeit zu beurteilen, und bejaht dies für den Fall, daß man die Außerstreitgerichtsbarkeit als Teil der ordentlichen Gerichtsbarkeit betrachtet. Daß sie dies ist, daran besteht kein Zweifel. Die Zulässigkeit des streitigen Rechtswegs ist aber eine die Art der Rechtsdurchsetzung betreffende Frage (§ 40a JN) und nicht die Zuordnung einer Sache zu einem bestimmten Gerichtstyp (*Fasching,* Lehrbuch² Rz 113).

265 Eine **Verletzung der Grenzen des streitigen Rechtswegs bewirkt Nichtigkeit** des verfehlten Verfahrens und der verfehlten Entscheidung. Die Zulässigkeit des streitigen (außerstreitigen) Verfahrens ist in jeder Lage des Verfahrens bis zur Rechtskraft von Amts wegen wahrzunehmen. Nach Rechtskraft der Sachentscheidung kann dieser Verstoß jedoch nicht mehr aufgegriffen werden (vgl auch § 42 Abs 4 JN). Die Grenzen zwischen streitiger und außerstreitiger Gerichtsbarkeit sind zwingend und können durch Parteivereinbarung nicht verschoben werden (EvBl 1955/330; JBl 1950, 384). Ob eine Rechtssache ins streitige oder außerstreitige Verfahren gehört, entscheidet das angerufene Gericht bindend; eine amtswegige Überweisung ist nur dort ausnahmsweise zulässig, wo das Gesetz dies ausdrücklich ermöglicht (§ 235 AußStrG, Art V UeKindG; gem § 2 Abs 2 Z 7 AußStrG kann der Außerstreitrichter – anders als der Streitrichter – die Parteien mit einer bei ihm anhängig gemachten Rechtssache dann auf den Rechtsweg (= Prozeßweg) verweisen, wenn die Entscheidung von streitigen Umständen abhängt, die sich nur in einem förmlichen Beweisverfahren klären lassen (*Fasching,* Lehrbuch² Rz 113).

266 **Bei der Prüfung,** welche Art des zivilgerichtlichen Verfahrens anzuwenden ist, **kommt es nicht auf die von der Partei bezeichneten Verfahrensart an.** Maßgeblich ist vielmehr der Inhalt des von der Partei gestellten Entscheidungsbegehrens und ihr Sachvorbringen (§ 40a JN). Ergibt sich daraus, daß die von der Partei gewählte Verfahrensart unzulässig ist, dann muß das Gericht die Sache der nach dem objektiven Inhalt von Begehren und Sachvorbringen hiefür vorgeschriebenen richtigen Rechtsdurchsetzungsart zuführen. Das gilt auch dann, wenn das Fehlgreifen in der Verfahrensart erst in einem späteren Verfahrensstadium offenbar wird (*Simotta,* Fasching-FS 473). Das Risiko einer unrichtigen Wahl des Verfahrenswegs darf nicht zu Lasten der antragstellenden Partei gehen, wenn der Sachantrag (die Klage) den erforderlichen Mindestinhalt aufweist (*Fasching,* Lehrbuch² Rz 114; s dazu ausführlich die Erl zu § 40a JN).

267 **Übersicht über die wichtigsten Außerstreitmaterien** (*Fucik,* AußStrG², 2; s auch die Übersicht bei *Mayr/Fucik,* Verfahren außer Streitsachen 14):

A. Personen-, Ehe- und Kindschaftsrecht:

1. Vormundschafts- und Kuratelsangelegenheiten (§§ 181ff);
2. Unterhaltsansprüche minderjähriger Kinder (§§ 140ff ABGB);
3. Streitigkeiten über gesetzliches Heiratsgut (§§ 1218 ABGB);
4. Unterhaltsvorschußrecht (UVG);
5. Streitigkeiten über religiöse Kindererziehung (BGBl 1985/155);
6. Verfahren zur Bestellung eines Sachwalters für behinderte Personen (§§ 236ff);
7. Verfahren zur Unterbringung psychisch Kranker in Krankenanstalten (UbG), Anhaltung Tuberkulosekranker (§ 15 TuberkuloseG);

8. Verlängerung und Verkürzung der Minderjährigkeit (§ 266);
9. Erklärung der Ehemündigkeit (§ 266a);
10. Adoption (§§ 257ff);
11. Anerkennung der Vaterschaft (§§ 261ff);
12. Legitimation eines unehelichen Kindes (§§ 263ff);
13. Einvernehmliche Scheidung (§§ 220ff; § 55a EheG);
14. sonstige außerstreitige Eheangelegenheiten

a) Abgeltung der Mitwirkung eines Ehegatten im Erwerb des anderen (§§ 229ff; § 98 ABGB);

b) Aufteilung des ehelichen Gebrauchsvermögens und der ehelichen Ersparnisse (§§ 229ff; §§ 81ff EheG);

c) Verfahren über gesonderte Wohnungsnahme (§ 92 Abs 3 ABGB);

d) Untersagung der Namensführung durch den geschiedenen Ehegatten (§ 65 EheG);

e) Umwandlung einer Scheidung von Tisch und Bett in eine Scheidung iS des EheG (§ 115 EheG, § 2 des 4. DVEheG);

15. Todeserklärung (§ 14 TEG);

B. Verlassenschaftsverfahren (§§ 20ff);

C. Sachen- und wohnrechtliche Verfahren:

1. Erneuerung und Berichtigung von Grenzen (§§ 850ff ABGB);
2. Enteignungsentschädigung (zB § 24 EisbEG);
3. Miteigentumsstreitigkeiten (§§ 832ff ABGB);
4. Entscheidungen über Anträge gem § 26 WEG 1975;
5. Einräumung von Notwegen (§ 9 Abs 3 NotwegeG);
6. Freiwillige Schätzung und Feilbietung (§§ 207ff);
7. Entscheidungen über Anträge

a) gem § 37 Abs 1 MRG;
b) gem § 22 WGG 1979;
c) gem § 12 LPG;
d) gem § 14 KleingartenG;

D. Urkundenwesen:

1. Führung des Grundbuchs (GBG);
2. Führung des Firmenbuchs (FBG);
3. Ausstellung gerichtlicher Zeugnisse, Vidimierung von Abschriften, Beglaubigung von Urkunden (§§ 281ff);
4. Rechtsbelehrungen, zB nach § 121a JN, § 7 FortpflanzungsmedizinG oder nach § 92 ASGG;
5. Kraftloserklärung von Urkunden (KEG);

E. Handelssachen iwS:

1. Verfahren vor dem Kartell- und Kartellobergericht (§ 43 KartG 1988);
2. Bucheinsicht:

a) Des Handelsvertreters (§ 16 HVertrG 1993);
b) Des Gesellschafters (§§ 118, 166, 183 HGB; § 22 Abs 4 GmbHG);

3. Verfahren nach §§ 14, 135 AktG, § 102 GmbHG;
4. Verfahren nach NVG;
5. Wechselprotest, Scheckprotest, Scheckstrafverfahren (Art 44 WG; Art 40f, 67 SchG);

F. Sonstige Verfahren:

1. Gerichtliche Hinterlegung (§ 1425 ABGB);
2. Einziehung gerichtlicher Verwahrnisse (§ 4 EinzG);
3. Freiwillige Vermögensangabe (Art XLII EGZPO).

In der Folge werden jedoch nur die bezüglich der Abgrenzung in Lit und Rsp relevanten Materien näher erläutert.

2. *Rechtsverhältnisse zwischen Ehegatten*

Lit: *Deixler-Hübner,* Scheidung, Ehe und Lebensgemeinschaft[5] (1999); *Schoibl,* Der Auftrag zum Verlassen der Wohnung und die Bewilligung des abgesonderten Wohnsitzes, in *Harrer/Zitta,* Recht und Familie (1992) 439; *Schwimann,* Unterhaltsrecht[2] (1998); *Schwind,* Eherecht[2], 87.

a) Rechtsverhältnisse bei aufrechter Ehe

aa) Allgemeines

268 Die Rechte und Pflichten der Ehegatten sind in den §§ 89 ff ABGB geregelt. Der rechtliche Schutz subjektiver Berechtigungen aus der ehelichen Lebensgemeinschaft ist unterschiedlich. Gerichtlich erzwingbar sind alle vermögensrechtlichen Ansprüche (LGZ Wien EFSlg 64.883 [1991], 61.719 [1990]; SZ 60/34 [1987]; 54/37 [1981]) gem §§ 94, 97 ff ABGB, ferner der Auftrag zum Verlassen der ehelichen Wohnung oder der Unterlassung außerhäuslichen Kontakts in Form der einstweiligen Verfügung nach §§ 382 ff EO oder das Verbot, die Geschäftsräume des anderen Ehepartners zu betreten (EvBl 1988/64; 1 Ob 276/61); ferner kann nach § 92 Abs 3 ABGB die (außerstreitgerichtliche) Feststellung des rechtmäßigen Wohnsitzverhaltens begehrt werden. Für alle übrigen rein persönlichen (= nicht vermögensrechtlichen) Ehebeziehungen ist eine selbständige gerichtliche Geltendmachung und damit eine Erzwingung ausgeschlossen (ÖA 1993, 103; LGZ Wien EFSlg 64.883 [1991], 61.719 [1990]; JBl 1983, 89 = SZ 54/37 [1981]; im einzelnen s *Koziol/Welser,* Grundriß[10] II 201; *Schwimann* in *Schwimann,* ABGB[2] I § 90 Rz 13).

Die neuere Rsp schützt den mit der Wohn- und Haushaltsgemeinschaft verbundenen (Mit-)Besitzstand der Ehegatten durch Zulassung der Besitzstörungsklage zwischen den Ehegatten (*Schwimann* in *Schwimann,* ABGB[2] I § 90 Rz 14 mwN). Zusätzlichen Rechtsschutz bieten auch Schadenersatzansprüche aus Verletzung ehelicher Verhaltenspflichten oder Rechtsgüter (*Schwimann* in *Schwimann,* ABGB[2] I § 90 Rz 15 mwN).

bb) Im einzelnen

269 Auf den **streitigen Zivilrechtsweg** gehören folgende Angelegenheiten:

- Unterhaltsansprüche von Ehegatten gem § 94 ABGB (LGZ Wien EFSlg 37.103 [1980]; RZ 1935, 207; SZ 6/140 [1924]; JB 253 [1918] = AmtSlgNF 1819 [1918] ua); Unterhaltsansprüche können in Zusammenhang mit einem Unterhalts-, Ehescheidungs-, Eheaufhebungs- oder Ehenichtigkeitsprozeß auch als einstweiliger Unterhalt durch Antrag auf einstweilige Verfügung gem § 382 EO gefordert werden (s dazu ausführlich *Pichler* in *Rummel,* ABGB[2] I § 94 Rz 11; *Schwimann* in *Schwimann,* ABGB[2] I § 94 Rz 63 ff mwN).
- Ansprüche auf Wohnungserhaltung gem § 97 ABGB sind im Streitverfahren (JBl 1982, 593), allenfalls im Exekutions- oder Sicherungsweg (s dazu EvBl 1987/174; 1981/95; SZ 52/190 [1979]; 50/105 [1977] ua) geltend zu machen (ausführlich dazu *Pichler* in *Rummel,* ABGB[2] I § 97 Rz 3 a ff, 9; *Schwimann* in *Schwimann,* ABGB[2] I § 97 Rz 16); Zutritt zur Ehewohnung (LGZ Wien EFSlg 47.521 [1985]; LGZ Wien EFSlg 36.672 [1980]); Übergabe eines Wohnungsschlüssels bzw Austausch des Wohnungsschlosses (SZ 54/29 [1981] = EFSlg 37.634 [1981]).
- Vertragliche Ansprüche eines Ehegatten an den anderen aus einem Mit- oder Zusammenwirken im Erwerb nach § 100 ABGB (dazu *Pichler* in *Rummel,* ABGB[2] I § 99 Rz 4; *Schwimann* in *Schwimann,* ABGB[2] I § 100 Rz 2).

• Streitigkeiten über eheliche Ersparnisse (LGZ Wien EFSlg 41.637 [1981], 37.106 [1980]) und über das Eigentum an Gegenständen der Wohnungsausstattung (EFSlg 29.949 [1977]).

• Anspruch auf Zivilteilung einer im gemeinsamen Eigentum der Ehegatten stehenden Liegenschaft (OLG Wien MietSlg 33.577 [1981]).

• Streitigkeiten über die Aufhebung der gemeinsamen Mietrechte an der Ehewohnung (EFSlg 25.268 [1975] = MietSlg 27.521 [1975]).

• Begehren eines Ehegatten auf Zuweisung der Ehewohnung und von Hausrat (JBl 1983, 652).

• Ein Herausgabeanspruch hinsichtlich von in das Aufteilungsverfahren nicht einzubeziehenden Sachen ist (auch vor Rechtskraft der Scheidung) im streitigen Verfahren geltend zu machen (LGZ Wien WR 109 [1984]).

• Das Verbot, die Geschäftsräume des anderen Ehepartners zu betreten (EvBl 1988/64; aM – nämlich Durchsetzung im außerstreitigen Verfahren – noch 1 Ob 276/61).

• Zu den Schadenersatz- und Besitzstörungsklagen s *Schwimann* in *Schwimann,* ABGB[2] I § 90 Rz 14f.

Im **außerstreitigen Verfahren** sind folgende Angelegenheiten zu erledigen: 270

• Ansprüche auf Verlegung bzw Beibehaltung der Wohnung gem § 92 ABGB; die Entscheidung hat nur feststellenden Charakter ohne Leistungsauftrag und ohne Zwangsfolgen, bindet aber im Rahmen der materiellen Rechtskraft alle Behörden, daher auch das Scheidungsgericht (EFSlg 52.983 [1987]; LGZ Wien EFSlg 52.986 [1987]; SZ 51/168 [1978]; *Schoibl* in *Harrer/Zitta,* Recht und Familie 476; *Pichler* in *Rummel,* ABGB[2] I § 92 Rz 6; *Schwimann* in *Schwimann,* ABGB[2] I § 92 Rz 12. Zur Möglichkeit einer einstweiligen Verfügung gem § 382 EO s ausführlich *Schoibl* in *Harrer/Zitta,* Recht und Familie 439.

• Anspruch auf Abgeltung der Mitwirkung im Erwerb gem § 98 ABGB (§§ 229ff AußStrG; wird der Anspruch im streitigen Verfahren geltend gemacht, dann hat das Prozeßgericht gem § 235 AußStrG die Unzulässigkeit des Rechtswegs auszusprechen und die Rechtssache an das Außerstreitgericht zu überweisen). Siehe dazu *Pichler* in *Rummel,* ABGB[2] I § 99 Rz 4 mwN; *Schwimann* in *Schwimann,* ABGB[2] I § 98 Rz 8 mwN; *Schwind,* Eherecht[2], 87.

b) Rechtsverhältnisse nach Scheidung der Ehe

aa) Allgemeines, Auflösung der Ehe

Die **Auflösung der Ehe** erfolgt auf Grund einer erfolgreichen Ehenichtigkeits-, Eheaufhebungs- oder Ehescheidungsklage im streitigen Verfahren (§§ 20ff EheG, §§ 460, 483a, 502 ZPO) oder auf Grund eines gemeinsamen Scheidungsantrags im außerstreitigen Verfahren (einvernehmliche Scheidung, § 55a EheG, §§ 229ff AußStrG). 271

Voraussetzung für die einvernehmliche Ehescheidung ist die Einigung der Ehegatten über die Scheidungsfolgen (ua über die vermögensrechtlichen Verhältnisse), die dem Gericht schriftlich vorzulegen bzw vor ihm zu erklären ist (Scheidungsvergleich); diese Vereinbarung stellt einen gerichtlichen Vergleich dar (*Deixler-Hübner,* Scheidung[5] Rz 147; *Klicka/Oberhammer,* Außerstreitverfahren[3] Rz 88f), der nach den Bestimmungen der EO bzw des AußStrG vollstreckbar ist (s im einzelnen *Deixler-Hübner,* Scheidung[5] Rz 147). Sollte der Scheidungsvergleich mit Erfolg (im streitigen Verfahren) angefochten werden (etwa wegen Geschäftsunfähigkeit oder wegen Irrtums), dann sind die jeweiligen Ansprüche nach den allgemeinen Grundsätzen (s Rz 272ff) durchzusetzen: Unterhaltsansprüche im streitigen Verfahren, Abgeltungsansprüche nach § 98 ABGB sowie Aufteilungsansprüche gem § 81 EheG im außerstreitigen Verfahren (s *Koziol/Welser,* Grundriß[10] II 232, 235); gleiches gilt auch, wenn der Scheidungsvergleich versehentlich unvollständig war (*Bernat* in *Schwimann,* ABGB[2] I § 85 EheG Rz 4; *Koziol/Welser,* Grundriß[10] II 235; SZ 57/139 [1984]). Siehe dazu Rz 272 ff.

bb) Unterhalt

272 **Unterhaltsansprüche der Ehegatten** sind im streitigen Verfahren geltend zu machen (*Deixler-Hübner,* Scheidung[5] Rz 166; *Fasching,* Lehrbuch[2] Rz 243; *Zankl* in *Schwimann,* ABGB[2] I § 66 EheG Rz 7; GlUNF 7110 [1914]), ebenso der Anspruch auf Erhöhung (bzw auf Herabsetzung) der Unterhaltsleistung (hingegen sind Unterhaltsansprüche minderjähriger Kinder im außerstreitigen Verfahren, jene von großjährigen Kindern im Prozeßweg durchzusetzen, s im einzelnen Rz 281 ff).

cc) Abgeltungsansprüche gem § 98 ABGB und Aufteilungsansprüche gem §§ 81 ff EheG

273 **Abgeltungsansprüche gem § 98 ABGB** sowie Aufteilungsansprüche gem §§ 81 ff EheG (letztere innerhalb eines Jahres ab Rechtskraft der Eheauflösung, s § 95 EheG) sind im Außerstreitverfahren durchzusetzen. Wird der Anspruch auf eine vertragliche Vereinbarung gestützt, dann ist er im Streitverfahren geltend zu machen (*Bernat* in *Schwimann,* ABGB[2] I § 97 EheG Rz 9; *Deixler-Hübner,* Scheidung[5] Rz 197; *Fucik/Rechberger* in *Rechberger,* ZPO Art I EGZPO Rz 8; *Pichler* in *Rummel,* ABGB[2] II § 97 EheG Rz 4; EvBl 1990/153; SZ 53/150 [1980] = JBl 1981, 483 ua. Zur Geltendmachung eines Aufteilungsanspruch nach einem Jahr im streitigen Verfahren s *Koziol/Welser,* Grundriß[10] II 246 mwN). Ebenso sind Streitigkeiten über Sachen, die nicht das eheliche Gebrauchsvermögen betreffen, im streitigen Verfahren einzuklagen (SZ 53/153 [1980] = EvBl 1981/75; SZ 53/150 [1980] = JBl 1981, 483 ua). Zum Abgeltungs- und Aufteilungsverfahren s *Deixler-Hübner,* Scheidung[5] Rz 180 ff, Rz 191 ff; *Koziol/Welser,* Grundriß[10] II 234 ff.

274 Wurde eine **falsche Verfahrenart** gewählt, also der unrichtige Rechtsweg beschritten, so hat das Gericht die Unzulässigkeit des Rechtswegs auszusprechen, das bisherige Verfahren – abgesehen von der Verfahrenseinleitung – für nichtig zu erklären und die Rechtssache in die richtige Verfahrensart bzw an das zuständige Gericht zu überweisen. Das spricht § 235 AußStrG ausdrücklich für den Fall aus, daß die Rechtssache unzulässigerweise im streitigen Rechtsweg geltend gemacht wurde; gleiches muß aber gem § 40 a JN auch im umgekehrten Fall gelten (idS auch *Deixler-Hübner,* Scheidung[5] Rz 197; *Pichler* in *Rummel,* ABGB[2] I § 100 Rz 4; aM SZ 65/65 [1992]; 58/37 [1985]; EvBl 1985/121; EFSlg 42.068 [1982]). Die Überweisungregelung des § 235 AußStrG ist ein (an sich überflüssiger) Sonderfall des § 40 a JN (s *Mayr/Fucik,* Verfahren außer Streitsachen 116). Nach der letztgenannten Bestimmung kommt es für den richtigen Verfahrensweg nicht auf die Bezeichnung (als streitige Klage oder als außerstreitiger Antrag) durch die Partei an, sondern auf den Inhalt des Begehrens und des Vorbringens der Partei. Die Klage (der Antrag) ist nicht zurückzuweisen, sondern es ist in der richtigen Verfahrensart, dh im richtigen Rechtsweg von neuem zu erkennen; wird durch die Umdeutung der Klage (des Antrags) ein anderes Gericht zuständig, dann hat das Erstgericht die Klage (den Antrag) an das zustän-

dige Gericht von Amts wegen zu überweisen (*Ballon,* Zivilprozeßrecht[9] Rz 50; *Fasching,* Lehrbuch[2] Rz 114; aM *Klicka/Oberhammer,* Außerstreitverfahren[3] Rz 9; *Rechberger/Simotta,* Zivilprozeßrecht[4] Rz 96; s dazu ausführlich die Erl zu § 40 a JN). Es ist kein Grund ersichtlich, warum diese Vorgangsweise im Fall der Durchsetzung von Aufteilungs- und Abgeltungsansprüchen (Geltendmachung im außerstreitigen Verfahren anstatt im Prozeßweg und umgekehrt) nicht angewendet werden sollte (idS auch *Deixler-Hübner,* Scheidung[4] Rz 197; *Pichler* in *Rummel,* ABGB[2] I § 100 Rz 4; aM SZ 65/65 [1992]; EvBl 1985/121; 7 Ob 685/85).

Im **streitigen Zivilrechtsweg** sind zu entscheiden: **275**

• Bei der Berufung auf eine Aufteilungsvereinbarung ist der streitige Rechtsweg zu beschreiten (*Bernat* in *Schwimann,* ABGB[2] I § 85 EheG Rz 4; *Fucik/Rechberger* in *Rechberger,* ZPO Art I EGZPO Rz 8; *Pichler* in *Rummel,* ABGB[2] II § 85 EheG Rz 1; 2 Ob 2094/96 x; SZ 65/65 [1992]; EvBl 1990/153; SZ 53/150 [1980] = JBl 1981, 483; SZ 53/153 [1980] = EvBl 1981/75 ua. Gegenteilig JBl 1980, 538 = EvBl 1980/61, wonach trotz eines im Zusammenhang mit einem Scheidungsverfahren geschlossenen nicht vollstreckbaren außergerichtlichen Vergleichs ein Antrag auf Aufteilung beim Außerstreitrichter gestellt werden kann), ebenso bei einer Anfechtung solcher Vereinbarungen (4 Ob 512/95; 7 Ob 2199/96 z; SZ 53/150 [1980] = JBl 1981, 483). Anderes gilt nur dann, wenn die Einigung der Ehegatten über die Aufteilung auf Grund der Bestimmung des § 97 EheG nicht rechtswirksam geworden ist (EvBl 1990/153).

• Es besteht keine Möglichkeit, einen im Aufteilungsverfahren geschlossenen Vergleich mit den Mitteln des außerstreitigen Verfahrens an geänderte Verhältnisse anzupassen (4 Ob 560/91; EvBl 1982/160 = RZ 1983/43).

• Die Aufkündigung einer Wohnung gegenüber der Verlassenschaft nach einem verstorbenen Ehegatten durch den Bestandgeber ist schon begrifflich nicht als Aufteilungsanspruch iS der Bestimmungen der §§ 81 ff EheG anzusehen, sodaß die nur zur Durchsetzung solcher Ansprüche geschaffene Zulässigkeit des Außerstreitverfahrens nicht gegeben ist (2 Ob 626/87).

• In das streitige Verfahren gehören Herausgabeansprüche von Sachen, für die eine Ausnahme nach § 82 EheG geltend gemacht wird (*Bernat* in *Schwimann,* ABGB[2] I § 82 EheG Rz 18; *Deixler/Hübner,* Scheidung[5] Rz 197; *Fucik/Rechberger* in *Rechberger,* ZPO Art I EGZPO Rz 8; SZ 58/37 [1985] = EFSlg 48.917 [1985]); EFSlg 49.295 [1985]; SZ 53/52 [1980] = JBl 1980, 594 = EvBl 1980/156; JBl 1980, 538 = EvBl 1980/61 ua); so hinsichtlich einer in die Ehe eingebrachten Liegenschaft, die einem Ehegatten von seiner Familie als Heiratsgut zugekommen ist (SZ 58/37 [1985] – EFSlg 48.917 [1985]).

• Der geschiedenen Ehefrau abgetretene Ansprüche ihrer Angehörigen aus der Mitarbeit am Bau eines Hauses sind im Prozeßweg durchzusetzen (EFSlg 34.347 [1979] = MietSlg 31.615/33 [1979]).

• Im streitigen Verfahren kann eine Feststellungsklage erhoben werden, daß eine bestimmte Wohnung nicht Ehewohnung ist (SZ 54/126 [1981] = JBl 1983, 435 = EvBl 1982/184 = EFSlg 39.920/5 [1981] = MietSlg 33.710/8 [1981]).

• Ein Teilungsstreit hinsichtlich einer Betriebsliegenschaft geschiedener Ehegatten gehört vor den Streitrichter, hinsichtlich einer darauf befindlichen Ehewohnung jedoch in das Außerstreitverfahren (EvBl 1986/6 = MietSlg 37.807/14 [1985]).

Im **Außerstreitverfahren** sind zu erledigen: **276**

• Ansprüche nach § 85 EheG und die im § 235 Abs 1 AußStrG genannten Ansprüche sind auch dann im Außerstreitverfahren zu behandeln, wenn nach Entstehen der Ansprüche über das Vermögen eines Ehegatten der Konkurs eröffnet wurde (EvBl 1987/20 = RdW 1987, 15 = MietSlg 38.700/21 [1986]). Der Konkurs über das Vermögen steht der Durchführung des Aufteilungsverfahrens dann nicht entgegen, wenn die Scheidung erst nach der Konkurseröffnung erfolgt ist; wird der Konkurs aber erst nach der gerichtlichen Geltendmachung des Aufteilungsanspruchs eröffnet, so unterbricht die Konkurseröffnung das anhängige Aufteilungsverfahren (*Deixler-Hübner,* Scheidung[5] Rz 191; JBl 1994, 764).

• Ein Aufteilungsanspruch nach §§ 81 ff EheG kann nach dem Tod des anderen Ehegatten gegen dessen Verlassenschaft im außerstreitigen Verfahren geltend gemacht werden (2 Ob 553/88; SZ 54/166 [1981] = EFSlg 38.856 [1981]).

• Von der aus § 235 Abs 1 AußStrG abzuleitenden Unzulässigkeit des streitigen Rechtswegs sind nicht nur Leistungsklagen, sondern auch Feststellungsklagen betroffen, soweit das festzustellende Recht oder Rechtsverhältnis einer Rechtsgestaltung im Zug der noch ausstehenden nachehelichen Aufteilung unterworfen ist (SZ 54/126 [1981] = JBl 1983, 435 = EvBl 1982/184); dies gilt auch für (Zivil-)Teilungsklagen (1 Ob 35/97 x; 7 Ob 2199/96 z; 1 Ob 767/83).

• Die Sonderregelung der §§ 229 ff AußStrG schließt einen auf denselben Sachverhalt gegründeten Anspruch und dessen Geltendmachung im Prozeßweg aus (SZ 52/129 [1979] = EFSlg 34.110 [1979] = MietSlg 31.615 1979]).

277 **Überweisung:**

• Nach der Rsp und einem Teil der Lehre (s Rz 274) sind Ansprüche, die unzulässigerweise im Außerstreitverfahren geltend gemacht wurden, nicht an das zuständige Prozeßgericht zu überweisen, sondern zurückzuweisen (SZ 58/37 [1985]; 53/52 [1980] ua). Andererseits hat die Rsp auch folgende Meinung vertreten: Muß über den Mangel an den Voraussetzungen für eine rechtsgestaltende Billigkeitsentscheidung des Außerstreitrichters nach Erörterung mit den Beteiligten und nach entsprechender Sachverhaltsermittlung eine Entscheidung getroffen werden, ist bei Verneinung der Voraussetzungen für eine gerichtliche Aufteilungsentscheidung, weil es sich gleichzeitig um ein Element der Zulässigkeit des Außerstreitverfahrens als auch um ein Element der materiellen Antragsberechtigung handelt, eine antragsabweisende Entscheidung zu fällen (7 Ob 685/85; EvBl 1985/121); mangels einer spiegelbildlichen Regelung zu § 235 AußStrG ist eine Überweisung an das zuständige Prozeßgericht nicht zulässig (3 Ob 521/85). Begehrt etwa ein Ehegatte eine Aufteilung und behauptete der andere Ehegatte den Abschluß einer zulässigen Aufteilungsvereinbarung, so hat der Außerstreitrichter zu prüfen, ob eine solche Vereinbarung abgeschlossen wurde, und bejahendenfalls das Begehren abzuweisen (EFSlg 42.068 [1982]; SZ 53/150 [1980]; aM zu Recht *Deixler-Hübner,* Scheidung[5] Rz 197, wonach das Begehren an den Prozeßrichter zu überweisen ist). Dazu mwN und zur Kritik an dieser Ansicht s Rz 274.

c) Exkurs: Lebensgemeinschaft

278 Lebensgefährten können ihre Ansprüche nur im streitigen Rechtsweg durchsetzen (*Deixler-Hübner,* Scheidung[5] Rz 253; *Fucik/Rechberger* in *Rechberger,* ZPO Art I EGZPO Rz 8; EFSlg 41.014 [1982] = MietSlg 34.654 [1982]).

3. Rechtsverhältnisse zwischen Eltern und Kindern

Lit: *Feil,* Rechtsverhältnisse zwischen Eltern und Kindern nach dem KindRÄG (1989); *Schwimann,* Unterhaltsrecht[2] (1998); *ders,* Inländische Gerichtsbarkeit für Personenrechts-, Familienrechts- und Unterhaltssachen, JBl 1990, 760.

a) Eheliche Kinder

aa) Allgemeines

Die allgemeinen Rechte und Pflichten zwischen Eltern und Kindern umschreibt § 137 ABGB. Danach haben die Eltern für die Erziehung ihrer minderjährigen Kinder zu sorgen und überhaupt ihr Wohl zu fördern. Es trifft sie daher die Pflicht zur Leistung des Unterhalts (§§ 140ff ABGB) und zur Obsorge (§§ 144ff ABGB), die sowohl die Pflege und Erziehung als auch die Verwaltung des Vermögens und die Vertretung des Kindes umfaßt (*Koziol/Welser,* Grundriß[10] II 253). **279**

bb) Familienstand und Abstammung

Die **Vermutung der Ehelichkeit** ist nur im Prozeßweg durch Bestreitungsklage nach § 156 ABGB zu beseitigen. Lediglich nach dem Tod des Kindes erfolgt die Bestreitung der Ehelichkeit durch den Staatsanwalt gem § 159 Abs 2 ABGB im außerstreitigen Verfahren (SZ 22/214 [1949]). Die Wirkungen einer durch die nachfolgende Eheschließung der Eltern eingetretenen Legitimation (§ 161 ABGB) treten nur auf Grund einer gerichtlichen Entscheidung außer Kraft, die in einem für die Beseitigung der Feststellung der Vaterschaft vorgesehenen Verfahren erfolgt (s dazu ausführlich *Schwimann* in *Schwimann,* ABGB[2] I § 161 Rz 5). Die Feststellung der Mutterschaft ist dem Prozeßverfahren vorbehalten (RG DREvBl 1943/112). Die Bestreitung der Mutterschaft der Gebärerin ist unzulässig, auch wenn die Eizelle nicht von ihr gestammt haben sollte; eine fälschlich behauptete oder falsch festgestellte (eingetragene) Mutterschaft einer anderen Frau als Gebärerin kann wie bisher bestritten oder berichtigt werden (*Schwimann* in *Schwimann,* ABGB[2] I § 137b Rz 2). **280**

Für das auf Adoptionsvertrag und Adoptionsbewilligungsbeschluß (Erlöschen der familienrechtlichen Beziehungen zwischen Wahlkind und leiblichen Eltern) gestützte Begehren der Wahlmutter, der leibliche Vater habe jegliche Kontaktaufnahme mit dem Wahlkind zu unterlassen, ist der Prozeßweg zulässig (JBl 1973, 583 = EvBl 1973/54 = RZ 1973/10).

cc) Unterhaltsansprüche

Fur **Unterhaltsansprüche minderjähriger ehelicher** (wie auch bei festgestellter Vaterschaft unehelicher) **Kinder** gegen ihre Eltern und Großeltern ist das Außerstreitverfahren vorgesehen, während eigenberechtigte Kinder ihre Ansprüche im Prozeßweg erheben müssen (stRsp, RZ 1990/117 = ÖA 1991/136; SZ 62/149 [1989] = EvBl 1990/2; 1 Ob 642/87; SZ 50/133 [1977]; 44/161 [1971] uva; s dazu im einzelnen *Pichler* in *Rummel,* ABGB[2] I § 140 Rz 16; *Schwimann* in *Schwimann,* ABGB[2] I § 140 Rz 114ff). Über die Verpflichtung des ehelichen Vaters zur Ausfolgung der Familienbeihilfe oder einer Schülerbeihilfe entscheidet der Außerstreitrichter (SZ 50/17 [1977]; EvBl 1953/142; idS auch JBl 1985, 53). Für Ansprüche minderjähriger Kinder ist das Außerstreitverfahren auch dann vorgesehen, wenn der Vater die Unterhaltspflicht gegen seine minderjährigen Kinder durch einen Vertrag anerkannt hat (GlUNF 6595 [1913]) oder die Unterhaltsverpflichtung im Scheidungsvergleich festgelegt wurde (SZ 1/46 [1919]). Vertragliche Unterhaltsansprüche sind im Streitverfahren durchzusetzen (LGZ Wien EFSlg 63.978 [1990], 36.673 [1980] ua), so etwa ein vertraglicher Anspruch auf rückständigen Unterhalt (SZ 32/172 [1959] = EvBl 1960/68) oder der auf eine Vereinbarung gestützte Anspruch auf Herausgabe der Kinderbeihilfe ([nunmehr: Familienbeihilfe] JBl 1968, 628 = EFSlg 10.482 [1968]). **281**

282 **Österreichische Kinder im Ausland** haben gegen den im Inland lebenden ehelichen Vater ihre Unterhaltsansprüche im Außerstreitverfahren geltend zu machen (SZ 18/119 [1936]; s auch SZ 50/165 [1977], wonach für – außereheliche – minderjährige Österreicher im Ausland die inländische Gerichtsbarkeit gegeben und immer ein Vormundschaftsgericht vorhanden ist, sodaß Unterhaltsansprüche immer im außerstreitigen Verfahren durchzusetzen sind). Unterhaltsansprüche minderjähriger ausländischer Kinder sind dann, wenn im Inland kein Vormundschafts- oder Pflegschaftsgericht vorhanden ist, im streitigen Verfahren durchzusetzen (RZ 1989/90 = JBl 1989, 394; LGZ Wien EFSlg 57.712 [1988] uva; SZ 47/51 [1974] = RZ 1974/87; SZ 23/37 [1950] = JBl 1950, 243; aM *Schwimann* in *Schwimann,* ABGB² I § 140 Rz 114 mwN; *ders,* JBl 1990, 766; ist nach § 14 der 4. DVEheG ein österreichisches Gericht als Vormundschaftsgericht eingeschritten, dann sind die Alimentationsansprüche des ehelichen ausländischen Kindes im außerstreitigen Verfahren geltend zu machen (1 Ob 735/55).

Beachte: die vorstehenden Ausführungen beziehen sich auf die Rechtslage vor der WGN 1997.

283 Die **Herabsetzung, das Erlöschen oder das Nichtbestehen der Unterhaltspflicht** ist im außerstreitigen Rechtsweg geltend zu machen (selbst wenn sie nur für einen Zeitraum vor der Antragstellung gestellt werden, allerdings nur bis zur Exekutionsbewilligung, *Fucik/Rechberger* in *Rechberger,* ZPO Art I EGZPO Rz 7; SZ 62/149 [1989] = EvBl 1990/2 = EFSlg 61.177 [1989]; aM die ältere Rsp, wonach die Unterhaltsverpflichtung im außerstreitigen Verfahren nur mit Wirksamkeit für die Zeit nach der Antragstellung herabgesetzt oder aufgehoben werden kann, wogegen über die in der Vergangenheit liegende Leistungsverpflichtung nur im Prozeßweg – bei Exekutionsführung über eine Exekutionsführung gem § 35 EO, sonst über eine negative Feststellungsklage – abgesprochen werden kann, 2 Ob 594/85; SZ 38/159 [1965]; EvBl 1965/370). Begehren, die vor Erreichen der Volljährigkeit gestellt wurden, sind auch nach deren Erreichen noch im außerstreitigen Verfahren zu entscheiden (1 Ob 2233/96f; ÖA 1994, 25; RZ 1990/117; SZ 63/81 [1990] = ÖA 1991, 100; SZ 57/84 [1984] = JBl 1985, 162; EFSlg 61.179 [1989]; RZ 1985/26 = ÖA 1986, 78 = EFSlg 46.934 [1984]; diese Rechtsprechung kann allerdings nicht auf einen vor Eintritt der Volljährigkeit gestellten Antrag auf Genehmigung eines Rechtsgeschäfts ausgedehnt werden, 3 Ob 625/85). Das Begehren des Vaters auf Feststellung, daß der Unterhaltsanspruch des ehelichen Kindes nach Eintritt der Großjährigkeit erlischt, kann nach Eintritt der Großjährigkeit nicht mehr im außerstreitigen Verfahren geltend gemacht werden (SZ 47/105 [1974]; SZ 39/13 [1966] = JBl 1966, 480; SZ 16/142 [1934]). Wurde im Außerstreitverfahren eine Wertsicherung auferlegt, kann das Begehren auf Bezahlung der Wertsicherungsbeträge nur im Prozeßweg durchgesetzt werden (1 Ob 588/82).

284 **Im Exekutionsstadium** ist das gänzliche oder teilweise Erlöschen des vollstreckbaren Unterhaltsanspruchs der minderjährigen Kinder infolge Änderung der Erwerbsverhältnisse des Berechtigten oder Verpflichteten nur im Weg der Oppositionsklage geltend zu machen; für die Zukunft wirkt jedoch das Oppositionsurteil lediglich vorbehaltlich einer neuen Festsetzung im außerstreitigen Verfahren (EvBl 1965/370; SZ 16/17 [1934]; s dazu auch Rz 283).

Der Außerstreitrichter ist entscheidungsbefugt, wenn ein Kind noch vor Erreichen der Volljährigkeit im Zusammenhang mit der Berufswahl das Wiederaufleben der Unterhaltspflicht geltend macht (EvBl 1975/143 = ÖA 1976, 33).

Zum einstweiligen bzw vorläufigen Unterhalt sowie zum Unterhaltsvorschuß nach dem UVG s *Schwimann* in *Schwimann,* ABGB² I § 140 Rz 119f.

Der Anspruch der Eltern oder Großeltern auf Unterhaltsleistung gegen ihre ehelichen Kinder bzw Enkel gem § 143 ABGB ist im streitigen Rechtsweg geltend zu machen (*Pichler* in *Rummel,* ABGB² I § 143 Rz 10; *Schwimann* in *Schwimann,* ABGB² I § 143 Rz 10; GlU 15.142 [1894]).

Nicht ins Verfahren außer Streitsachen gehören Ansprüche auf vertraglichen Unterhalt (LGZ Wien EFSlg 63.978 [1990] ua), Titelergänzungsklagen (LGZ Wien EFSlg 46.631 [1984]) oder Klagen auf Anfechtung eines Unterhaltsvergleichs (LGZ Wien EFSlg 18.479 [1972]), Ansprüche zwischen Unterhaltspflichtigen (LGZ Wien EFSlg 34.350 [1979]), Rückforderung zu Unrecht bezahlter Beträge (LGZ Wien EFSlg 66.911 [1991], 36.676 [1980]; nicht aber Ansprüche nach § 29 UVG, LGZ Wien EFSlg 61.188 [1989]; s *Fucik/Rechberger* in *Rechberger,* ZPO Art I EGZPO Rz 7).

dd) Heiratsgut und Ausstattung

Über einen **auf das Gesetz gestützten Heiratsgutanspruch** der Tochter oder 285
der Enkelin (oder den Ausstattungsanspruch eines Kindes oder Enkels) ist im außerstreitigen Verfahren zu entscheiden (EvBl 1987/25 = NZ 1988, 41 = IPRE 2/209; SZ 17/109 [1935]; 7/60 [1925]; 7/147 [1925]); dies auch dann, wenn der Antrag vom Zessionar gestellt (SZ 19/35 [1937]) oder wenn das Begehren erst nach der Heirat erhoben wird (GlUNF 6402 [1913]; 2966 [1905]; LGZ Wien EvBl 1937/29).

Über den Anspruch ist aber dann im streitigen Rechtsweg zu erkennen, wenn er auf ein Rechtsgeschäft (Ausstattungszusage) gestützt wird (DREvBl 1939/178; *Fucik/Rechberger* in *Rechberger,* ZPO Art I EGZPO Rz 9 mwN).

Der Außerstreitrichter ist zur Entscheidung berufen, wenn der Anspruch gegen die Verlassenschaft des Bestellungspflichtigen (GlUNF 3576 [1906]) geltend gemacht wird oder wenn er vom Rechtsnachfolger (auch dem Zessionar des Berechtigten) erhoben wird (SZ 19/35 [1937]). Selbst wenn die Tochter gegen den Willen ihrer Eltern geheiratet hat, ist über ihren Anspruch im außerstreitigen Verfahren zu erkennen (SZ 7/147 [1925]; GlUNF 7687 [1915]).

Über den Anspruch auf Sicherstellung eines Heiratsguts ist im Prozeßweg, über die Art der Sicherstellung und deren Höhe ist im Verfahren außer Streitsachen zu entscheiden (SZ 7/399 [1925]).

ee) Verschiedene Ansprüche bezüglich ehelicher Kinder

Die aus Anlaß einer Unterhaltsvereinbarung vom Vater gegebene Zusiche- 286
rung, seinem minderjährigen Kind bei gewissen Gelegenheiten Geschenke zu machen und hierüber auf Verlangen Rechnung zu legen, ist kein Schenkungsversprechen, sondern ein Unterhaltsversprechen, auf dessen Einhaltung im Außerstreitverfahren zu dringen ist (JBl 1959, 208).

Ein Herausgabeanspruch eines minderjährigen Kindes gegen einen Elternteil hinsichtlich in seinem Eigentum stehender oder ihm zur Benützung überlassener Gegenstände ist im Außerstreitverfahren durchzusetzen (8 Ob 522/93; EvBl 1989/32 = RZ 1988/57; dies gilt dann, wenn die Rechte des Minderjährigen nicht strittig sind, sodaß der gesetzliche Vertreter keine sein Verhalten rechtfertigenden Befugnisse ins Treffen führen kann, SZ 67/129 [1994]). Dagegen gehört der Anspruch auf Herausgabe eines Sparbuchs in das streitige Verfahren (LGZ Wien EFSlg 43.990 [1983]), ebenso der Anspruch auf Herausgabe des Realisats eines Bausparvertrages (LGZ Wien EFSlg 49.291 [1985], 34.352 [1979]).

Streitigkeiten zwischen mehreren Gläubigern über den internen Ausgleich bei einer Gesamtforderung gehören auch dann auf den streitigen Rechtsweg, wenn es sich um die Aufteilung der Zuwendung nach § 7 WHG zwischen der Witwe und gesetzlichen Vertreterin und ihren minderjährigen Kindern handelt (SZ 67/129 [1994]).

Über den Anspruch des ehelichen Vaters auf Entfernung seines minderjährigen Kindes (wegen erreichter Selbsterhaltungsfähigkeit) aus der väterlichen Wohnung ist im Außerstreitverfahren zu entscheiden (SZ 10/372 [1928] = ZBl 1929/46 [abl *Petschek*]). Hingegen ist über das Begehren des Vaters, den großjährigen Sohn zum Verlassen des elterlichen Hauses zu verhalten, im streitigen Rechtsweg zu entscheiden (EvBl 1956/348; SZ 8/7 [1926]).

Das Pflegschaftsgericht kann im außerstreitigen Verfahren den Vater zur Zahlung der Kosten der Berufsausbildung des ehelichen Kindes auch für die Zeit nach Erreichen der Großjährigkeit verpflichten (SZ 3/125 [1921]).

Für die Entscheidung über die Verpflichtung der Eltern, die Kosten der amtlichen Untersuchung des Geisteszustandes ihrer Kinder (auch wenn sie großjährig sind) gegenüber der öffentlichen Hand zu tragen, ist der Außerstreitrichter berufen (GlUNF 4658 [1909]).

Die Herausgabe ausländischer Kinder muß im Prozeßweg begehrt werden (ZfRV 1965, 209 = EFSlg 5494 [1965]). Ebenso gehört in das streitige Verfahren das Begehren der Wahlmutter, dem leiblichen Vater jede Kontaktaufnahme mit dem Wahlkind zu untersagen (JBl 1973, 583 = EvBl 1973/54 = RZ 1973/10 = EFSlg 18.913 [1972]).

b) Uneheliche Kinder

287 Durch die außereheliche Geburt entsteht zwischen dem Kind und dessen Eltern ein Rechtsverhältnis, das seit dem KindRÄG 1989 im wesentlichen jenem zwischen ehelichen Verwandten entspricht; das gilt insb auch für Unterhalt und Obsorge (*Koziol/Welser,* Grundriß[10] II 267).

Es darf daher, sofern nicht im folgenden Besonderheiten angeführt sind, auf Rz 279 ff verwiesen werden.

Die **außereheliche Vaterschaft** wird durch Urteil oder durch Anerkenntnis festgestellt (§ 163 b ABGB). Die Rechtsunwirksamkeit des Anerkenntnisses kann im außerstreitigen und im streitigen Verfahren festgestellt werden: im Verfahren außer Streitsachen auf Grund eines Widerspruchs gem § 163 d ABGB oder von Amts wegen gem § 164 ABGB; im streitigen Rechtsweg kann der Anerkennende nach § 164 b ABGB die Unwirksamkeit des Anerkenntnisses wegen Willensmängel feststellen lassen (im einzelnen s *Pichler* in *Rummel,* ABGB[2] I §§ 163 d, 164, 164 b; *Schwimann* in *Schwimann,* ABGB[2] I §§ 163 d, 164, 164 b).

Unterhaltsansprüche können, wenn sie mit der Vaterschaftsfeststellungsklage verbunden sind, nur im streitigen Rechtsweg durchgesetzt werden (§ 76 c Abs 1 JN). Ist die Vaterschaft durch Urteil oder Anerkenntnis festgestellt, dann sind Unterhaltsansprüche des Minderjährigen im außerstreitigen Weg geltend zu machen (1 Ob 645/85; SZ 50/133 [1977]). Volljährige Kinder haben ihre Unterhaltsforderungen im streitigen Verfahren durchzusetzen (s *Schwimann* in *Schwimann,* ABGB[2] I § 140 Rz 114).

Die **Zuerkennung der Obsorge** an beide Elternteile nach § 167 ABGB erfolgt durch den Außerstreitrichter (*Schwimann* in *Schwimann,* ABGB[2] I § 167 Rz 2). Der Anspruch der Mutter auf Unterhalt und Ersatz der Entbindungskosten gem § 168 ABGB ist im Streitverfahren durchzusetzen (*Pichler* in *Rummel,* ABGB[2] I § 168 Rz 4; *Schwimann* in *Schwimann,* ABGB[2] I § 168 Rz 6; LGZ Wien EFSlg 41.639 [1982]).

Die **Heranziehung der Erben des unehelichen Vaters zur Unterhaltsleistung** für das uneheliche Kind kann nur im Prozeßweg erfolgen (SZ 23/43 [1950]; 10/170 [1928]; aM ZBl 1932/71). Der nach § 1 USchG, BGBl 1985/452, gegen den Dritten als Bürgen und Zahler zustehende Anspruch auf Leistung des Unterhalts ist im Streitverfahren geltend zu machen (*Schwimann* in *Schwimann,* ABGB[2] I § 1 USchG Rz 14; LGZ Wien EFSlg 49.292 [1985]; SZ 27/133 [1954]; 7/358 [1925]).

Im übrigen s die Ausführungen unter Rz 279 ff.

4. Vormundschaft und Pflegschaft (Sachwalterschaft)

Lit: *Feil,* Sachwalterrecht (1991); *Maurer/Tschugguel,* Das österreichische Sachwalterrecht in der Praxis[2] (1997).

a) Vormundschaft

aa) Allgemeines

288 Das **Vormundschaftsverfahren** ist gem §§ 181 bis 219 AußStrG dem außerstreitigen Verfahren überwiesen. So sind insb die Entscheidung der sich aus der Vermögensverwaltung ergebenden Ansprüche des Mündels gegen den Vormund und dessen Erben, wenn sie vor Erledigung der Schlußrechnung geltend gemacht werden (GlUNF 3953 [1907]), die Prüfung der Vormundschaftsrechnung sowie die Erledigung der Schlußrechung des Vormunds dem Außerstreitverfahren vorbehalten; ebenso ist die Übergabe des Vermögens im außerstreitigen Verfahren durchzusetzen (s dazu *Pichler* in *Rummel,* ABGB[2] I § 263 Rz 2; *Schlemmer* in *Schwimann,* ABGB[2] I § 262 Rz 1, § 263 Rz 1 ff).

Nach Legung der Schlußrechung erhobene Schadenersatzansprüche des Mündels gegen den Vormund sowie andere vermögensrechtliche Ansprüche, die es nach erreichter Großjährigkeit gegen seinen Vormund erhebt, sind im Prozeßweg geltend zu machen (s *Pichler* in *Rummel,* ABGB[2] I §§ 261 ff Rz 2).

Die **Festsetzung von Entgelt-, Belohnungs- und Aufwandersatzansprüchen** erfolgt durch den Außerstreitrichter (*Pichler* in *Rummel,* ABGB[2] I § 267 Rz 4; *Schlemmer* in *Schwimann,* ABGB[2] I § 266 Rz 4); das Außerstreitgericht darf auch einen Exekutionstitel (etwa in Form eines Zahlungsbefehls) erlassen (*Pichler* in *Rummel,* ABGB[2] I § 267 Rz 4; *Schlemmer* in *Schwimann,* ABGB[2] I § 266 Rz 4; LG Salzburg EvBl 1994/33; LGZ Wien NZ 1991, 15; EvBl 1962/180. AM – bezuglich der Kuratel – allerdings 4 Ob 580/81; 6 Ob 275/58: Dem Außerstreitrichter obliegt die ziffernmäßige Festsetzung der Entlohnung für Mühewaltung des von ihm bestellten Kurators, nicht aber die Schaffung eines Exekutionstitels; dem Kurator bleibt es überlassen, seinen Anspruch gegen den Zahlungspflichtigen mittels Klage selbst geltend zu machen; der Rechtsweg ist aber erst nach rechtskräftiger Beendigung der Kuratel und rechtskräftiger Genehmigung der Schlußrechnung offen, zu welcher auch Ansprüche auf Entlohnung des Kurators gehören; idS auch 4 Ob 580/81).

bb) Einzelfragen

289 • Wenn ein Vormund aus eigenem ohne Ermächtigung durch das Vormundschaftsgericht Aufwendungen machte, also als Geschäftsführer ohne Auftrag handelte, können solche Ansprüche keinesfalls im Rahmen der Festsetzung einer Entlohnung nach § 266 ABGB zuerkannt werden; vielmehr muß der Vormund hier ausnahmslos den Rechtsweg beschreiten (1 Ob 674/87; 3 Ob 625/85).

• Hat ein Vormund mangels eines ihm zur Verwaltung anvertrauten Vermögens des Minderjährigen aus eigenem Vermögen Auslagen im Interesse des Minderjährigen getätigt, so muß der Vormund für solche Aufwendungen selbst dann den Rechtsweg beschreiten, wenn die Tätigkeit mit Ermächtigung des Vormundschaftsgerichts entfaltet wurde. Dem Vormundsschaftsgericht obliegt in diesem Fall bezüglich des Ersatzanspruchs des Vormunds gegen sein Mündel nicht die Schaffung eines Exekutionstitels (3 Ob 625/85).

• Über die Herausgabe von Mündelvermögen, das sich in der Gewahrsame eines Dritten befindet, ist im Prozeßweg zu entscheiden (LGZ Wien EFSlg 49.290 [1985]; GlU 7050 [1878]).

b) Pflegschaft bzw Sachwalterschaft

aa) Allgemeines

290 Auch das Verfahren in Kuratels- bzw Sachwalterschaftsangelegenheiten ist in den §§ 181 ff AußStrG geregelt. Die für die Vormundschaft geltenden Bestimmungen sind grundsätzlich in diesen Bereichen anzuwenden (§ 219 AußStrG, § 282 ABGB).

bb) Einzelfragen

291 • Bezieht sich eine Streitigkeit auf Ansprüche aus Kuratelsgeschäften, kann vor gelegter Schlußrechnung im Rechtsweg kein Ersatz verlangt werden. Wenn ein Kurator hingegen aus eigenem ohne Ermächtigung des Kuratelgerichts Aufwendungen macht, Darlehen im eigenen Namen aufnimmt usw, so macht er dies nicht in seiner Eigenschaft als Kurator, sondern als negotiorum gestor, da er ohne Rechtsgrund Aufwendungen für einen Dritten macht. Diese Ansprüche können auch ohne vorhergehende außergerichtliche Bestimmung im Prozeßweg geltend gemacht werden (3 Ob 625/85; 6 Ob 154/71; SZ 25/270 [1952] ua).

• Dem Außerstreitrichter obliegt die ziffernmäßige Festsetzung der Entlohnung für Mühewaltung des von ihm bestellten Kurators, nicht aber die Schaffung eines Exekutionstitels. Dem Kurator bleibt es überlassen, seinen Anspruch gegen den Zahlungspflichtigen mittels Klage selbst geltend zu machen. Der Rechtsweg ist aber erst nach rechtskräftiger Beendigung der Kuratel und rechtskräftiger Genehmigung der Schlußrechnung offen, zu welcher auch Ansprüche auf Entlohnung des Kurators gehören (4 Ob 580/81; 6 Ob 275/58. Siehe aber die gegenteilige hA hinsichtlich des Vormunds, wonach der Außerstreitrichter bei diesbezüglichen Ansprüchen einen Vollstreckungstitel erlassen kann, Rz 288).

• Für ein gegen einen früheren Kurator gerichtetes Begehren auf Ersatz des Schadens, den er durch Erschleichung einer ihm nicht gebührenden Belohnung im Pflegschaftsverfahren angerichtet haben soll, ist der Rechtsweg zulässig (1 Ob 82/66).

5. Abhandlungsverfahren

Lit: *Haunschmidt/Haunschmidt,* Erbschaft und Testament[2] (1996).

a) Allgemeines

292 Die **Abgrenzung von Verlassenschaftsabhandlung und Zivilprozeß** interessiert in zweifacher Hinsicht. Es geht einerseits um die Frage nach der Reichweite des Verlassenschaftsverfahrens (etwa zur Stellung der Legatare und Noterben oder zu Streitigkeiten zwischen verwaltenden Miterben), andererseits um die

Entscheidung darüber, ob gewisse für die Einantwortung präjudizielle Rechtsfragen noch im Verlassenschaftsverfahren selbst gelöst werden können oder ein streitiges Verfahren erfordern (*Fucik/Rechberger* in *Rechberger,* ZPO Art I EGZPO Rz 10).

b) Erbrecht

Bei **widerstreitenden Erbserklärungen** hat das Verlassenschaftsgericht die Erbserklärungen anzunehmen. Die Entscheidung über das stärkere Erbrecht (genauer: Feststellung des fehlenden Erbrechts des Beklagten) ist (auf Grund einer negativen Feststellungsklage [*Deixler-Hübner,* PraktZPR[5] II 40; *Klicka/Oberhammer,* Außerstreitverfahren[3] Rz 84; EvBl 1983/99; SZ 56/186 (1983); 25/26 (1952) ua], der Erbrechtsklage) im streitigen Verfahren zu treffen, in welches der Abhandlungsrichter gem § 125 AußStrG zu verweisen hat; das Abhandlungsgericht darf auch dann nicht selbst entscheiden, wenn die Entscheidung nur von der Lösung einer Rechtsfrage abhängt (JBl 1986, 120). Die der Verlassenschaftsabhandlung zukommende Aufgabe besteht in der Feststellung der Rechtsnachfolge und nicht in der Austragung von Streitigkeiten zwischen Erben, Vermächtnisnehmern und Gläubigern (1 Ob 648/80; SZ 42/69 [1969]). Im Verlassenschaftsverfahren ist nur zu klären, ob eine letztwillige Verfügung unter Einhaltung der äußeren Formvorschriften nach Maßgabe des Gesetzes vorliegt (4 Ob 2256/96 k; NZ 1984, 178; 3 Ob 200/53). Eine Zurückweisung der Erbserklärung kommt nur dann in Betracht, wenn von vornherein zweifelsfrei feststeht, daß ein Erbrecht des Bewerbers nicht besteht (*Koziol/Welser,* Grundriß[10] II 398; *Haunschmidt/Haunschmidt,* Erbschaft Rz 103; NZ 1992, 296 ua). In allen anderen Fällen hat die Entscheidung über widerstreitende Erbrechte im Rechtsweg zu erfolgen. Darüber, ob die Testamentszeugen zur Zeugenschaft aufgefordert wurden, ob die Äußerung des Erblassers nur im Zug eines Gesprächs erfolgt ist und ob dieser den ernsten Willen hatte, ein Testament zu errichten, welche Umstände den Inhalt des Testaments und nicht die äußeren Umstände betreffen, muß im Rechtsweg entschieden werden (4 Ob 2256/96 k; NZ 1984, 178; 3 Ob 200/53 ua); ebenso darüber, ob ein Zeuge ein tauglicher Testamentszeuge ist (NZ 1937, 143). Ob eine Erbserklärung oder eine Erbsausschlagung frei oder unter Zwang erfolgt ist, kann nur im streitigen Verfahren entschieden werden (SZ 22/30 [1949]; JBl 1954, 174); eine (positive) Erbserklärung ist bis zur Rechtskraft der Einantwortung zuzulassen, auch wenn zunächst eine (unwiderrufliche) Erbsausschlagung abgegeben wurde (*Deixler-Hübner,* PraktZPR[5] II 36; 7 Ob 2398/96 i; 4 Ob 52/97 v; 4 Ob 574/84; NZ 1973, 118; SZ 44/72 [1971]). Die Auslegung eines letzten Willens hat im Rechtsweg zu erfolgen (EFSlg 21.431 [1973]; KG Krems EFSlg 21.432 [1973]; GlUNF 6273 [1913]), ebenso ist der Inhalt eines abhanden gekommenen Testaments und der Zufall der Vernichtung im streitigen Verfahren nachzuweisen (EvBl 1958/18 = NZ 1958, 61). Die Anfechtung eines Erbverzichts gehört auf den Rechtsweg (1 Ob 177/72). Im übrigen s ausführlich *Deixler-Hübner,* PraktZPR[5] II 35 ff; *Eccher* in *Schwimann,* ABGB[2] III § 799 Rz 1 ff; *Haunschmidt/Haunschmidt,* Erbschaft Rz 103 ff; *Koziol/Welser,* Grundriß[10] II 396 ff; *Welser* in *Rummel,* ABGB[2] I § 800 Rz 23 ff). **293**

Wenn der, der die Erbschaft angenommen hat, sein Erbrecht ausweist, ist ihm auf seinen Antrag schon vor der Einantwortung die Verwaltung der Erbschaft zu überlassen. Mehreren Erben ist die Verwaltung gemeinsam zu übertragen. Ist in Einzelfragen zwischen ihnen kein Einvernehmen herzustellen, so hat das Verlassenschaftsgericht in sinngemäßer Anwendung des § 835 ABGB im außerstreitigen Verfahren (s Rz 298 ff) zu entscheiden; Anträge auf Genehmigung **294** einer Maßnahme können auch von der Minderheit gestellt werden (JBl 1991, 112; SZ 48/96 [1975]). Bei widersprechenden Erbserklärungen ist das Erbrecht nicht hinreichend ausgewiesen, sodaß ein Kurator zu bestellen ist; gleiches gilt für den Fall, daß sich Miterben über die Verwaltung nicht einigen (*Koziol/Welser,* Grundriß[10] II 400 ff; s auch weiters *Deixler-Hübner,* PraktZPR[5] II 41; *Haunschmidt/Haunschmidt,* Erbschaft Rz 109 ff). Der Streit der Miterben über die Verwaltung des Nachlasses ist daher vor der Einantwortung im Außerstreitverfahren zu erledigen (SZ 23/75 [1950]; 8/5 [1926]), während das Begehren der gesetzlichen Erben auf Überlassung des Nachlasses dann im Rechtsweg zu entscheiden ist, wenn sich nach rechtskräftiger Einantwortung an den Testamtentserben herausstellt, daß das Testament unwirksam ist, etwa weil der Testamentserbe bereits vor dem Erblasser verstorben ist; eine derartige Klage ist erst nach Einantwortung möglich (*Fasching*[1] I 141). Eine Wiedereröffnung des Verlassenschaftsverfahrens zum Zweck der Einantwortung an den berufenen Erben ist nicht möglich (SZ 5/10 [1923]). Wird eine Klage auf Überlassung des Nachlasses vor dessen Einantwortung erhoben, dann ist für sie der (streitige) Rechtsweg unzulässig, da vor der Einantwortung die Entscheidung über die Zuteilung des Nachlasses ausschließlich in den Händen des Abhandlungsgerichts ruht (*Fasching*[1] I 141). Ein Miterbe, dem die Verwaltung des Nachlasses nicht überlassen wurde, der jedoch tatsächlich Erträgnisse des Unternehmens des Erblassers eingenommen hat, kann nur im Prozeßweg zur Herausgabe verpflichtet werden (SZ 19/287 [1937]). Eigenberechtigte Noterben können das Recht auf Rechnungslegung nur mit Klage geltend machen (SZ 27/252 [1954]); auch ein Minderjähriger muß den Rechnungslegungsanspruch aus einem Erbübereinkommen im streitigen Verfahren durchsetzen (EvBl 1955/330).

Der Prozeßrichter ist idR bei Nachlaßprozessen und Erbschaftsstreitigkeiten an die Feststellungen des Außerstreitrichters gebunden (*Fasching*[1] I 141).

c) Ansprüche der Pflichtteilsberechtigten

295 Pflichtteilsansprüche erwachsener Noterben können nur im Rechtsweg geltend gemacht werden (10 Ob 34/97 s; SZ 68/126 [1995]; 67/53 [1994]; SZ 60/225 [1987] = RZ 1988/21; SZ 54/122 [1981] = JBl 1982, 646 = EFSlg 38.479/2 [1981]; JBl 1966, 258; SZ 45/36 [1972] = EvBl 1972/316 = NZ 1973, 186; SZ 23/232 [1950]).

Die Pflichtteilsansprüche minderjähriger Noterben sind insofern im Abhandlungsverfahren zu berücksichtigen (§ 162 AußStrG), als der Erbe vor der Einantwortung die Pflichtteilsausweisung für minderjährige oder pflegebefohlene Pflichtteilsberechtigte vorzulegen hat; über die Berechnung des Pflichtteils hat das Abhandlungsgericht zu entscheiden (s dazu *Koziol/Welser,* Grundriß[10] II 393; GlU 13.770 [1891]). Den Erlag des Pflichtteils kann das Verlassenschaftsgericht jedoch nicht auftragen, auch wenn es vor dem Erlag nicht einantworten darf (*Fasching*[1] I 141). Geltend gemacht werden kann der Anspruch auf Zahlung des Pflichtteils, auch eines minderjährigen Pflichtteilsberechtigten, nur im Rechtsweg (NZ 1932, 147 = ZBl 1932/254).

Im übrigen s dazu *Eccher* in *Schwimann,* ABGB[2] III § 764 Rz 9 f; *Haunschmidt/Haunschmidt,* Erbschaft Rz 26 ff; *Koziol/Welser,* Grundriß[10] II 393; *Welser* in *Rummel,* ABGB[2] I § 764 Rz 1 ff).

d) Nachlaß, Vermächtnisse usw

296 Ob ein Vermögen **in den Nachlaß einzubeziehen** ist, ist im Außerstreitverfahren zu entscheiden (RZ 1960, 14; EvBl 1958/86; DREvBl 1938/109); ebenso

die Frage, ob sich eine Sache im Zeitpunkt des Todes im Besitz des Erblassers befand (NZ 1969, 75; SZ 26/225 [1953]; JBl 1932, 315). Da aber die Einbeziehung von Gegenständen in das Nachlaßinventar keine Wirkung auf die Eigentumsansprüche dritter Personen hat, sind diese im Prozeßweg geltend zu machen. Strittige Eigentumsfragen sind daher im streitigen Verfahren zu lösen (SZ 42/109 [1969] = EvBl 1970/68 = NZ 1970, 93; EvBl 1967/187; SZ 26/225 [1953]; 23/246 [1950]); so der Streit über den Bestand von Rechten, die von einem Dritten an in das Verlassenschaftsverfahren einbezogenen Gegenständen behauptet werden (EvBl 1958/86). Siehe weiters im einzelnen *Eccher* in *Schwimann,* ABGB[2] III § 531 Rz 2, § 799 Rz 30 ff.

Für die **gerichtliche Schätzung** von Nachlaßgegenständen, die sich in der Gewahrsame eines Dritten befinden (ZBl 1925/143), ist ebenso wie für die Anfechtung der inventarischen Schätzung durch den Vermächtnisnehmer das außerstreitige Verfahren unzulässig (SZ 4/13 [1922]).

Über die **Sicherstellung eines Vermächtnisses** ist vor der Einantwortung des Nachlasses im außerstreitigen Verfahren zu entscheiden, außer das Vermächtnis ist bezüglich Gültigkeit und Umfang bestritten (SZ 25/326 [1952]); nach der Einantwortung ist ein Sicherstellungsanspruch des Legatars im Prozeßweg geltend zu machen (*Eccher* in *Schwimann,* ABGB[2] III § 817 Rz 11; SZ 28/165 [1955]; aM noch *Fasching*[1] I 142 und offenbar auch SZ 45/118 [1972]).

e) Einzelfragen

- Die Ausschließung vom Erbrecht nach § 542 ABGB tritt kraft Gesetzes ein; über ihr Vorhandensein kann nur im Prozeßweg entschieden werden (SZ 37/85 [1964] = EvBl 1964/443). **297**
- Über streitige Fragen der Erbteilung, so die Anrechnung von Vorausempfängen eigenberechtigter Erben, ist im streitigen Verfahren zu erkennen (SZ 14/158 [1932]); ebenso muß in einem solchen Fall der minderjährige Erbe die Erbteilungsklage einbringen (6 Ob 5/92; SZ 32/8 [1959] = EvBl 1959/118).
- Der Entgeltanspruch des Testamentsvollstreckers ist im Streitverfahren durchzusetzen (EvBl 1990/20; SZ 43/58 [1970] = EvBl 1970/293 = NZ 1971, 12 (s dazu *Stölzle,* AnwBl 1973, 34); SZ 27/258 [1954] = EvBl 1955/92).
- Die Frage, ob ein Testament in Analogie zu § 778 ABGB durch nachfolgende Adoption entkräftet wurde, ist im Prozeßweg zu klären (LGZ Wien EFSlg 31.436 [1978]); ebenso die Frage, ob eine letztwillige Verfügung als Anordnung einer Nacherbschaft oder eines Nachvermächtnisses oder als unverbindlicher Wunsch auszulegen ist (EvBl 1980/60 = NZ 1980, 146); dem Abhandlungsrichter steht auch die Auslegung einer Testamentsbestimmung dahin, welche Vermächtnisse gebühren, nicht zu (JBl 1972, 621 = EvBl 1972/324; SZ 42/69 [1969]).
- Über die Auslegung eines letzten Willens hinsichtlich einer fideikommissarischen Substitution ist im Prozeßweg zu entscheiden; ebenso ein Streit darüber, wer als Substitut in Betracht kommt (JBl 1957, 55); auch die Ungültigkeit einer Substitution kann nur im Prozeßweg geklärt werden (EvBl 1973/293).
- Der behauptete Mangel einer gehörigen Berufung des Testamentszeugen betrifft nicht die Form, sondern die Gültigkeit der letztwilligen Anordnung; über diese hat in dem einzuleitenden Erbrechtsstreit der Streitrichter zu entscheiden (NZ 1936, 190).
- Über den Bestand einer vom Noterben bestrittenen Forderung des Erben gegen die Verlassenschaft kann nur im Prozeßweg entschieden werden (JBl 1957, 192).

● Die Anordnung eines verhältnismäßigen Abzugs von Vermächtnissen nach § 692 ABGB kann nur im Streitverfahren erfolgen (NZ 1968, 123 = EFSlg 8334 [1967]; GlUNF 7706 [1915]).

● Ein Streit zwischen Erben und Pflichtteilsberechtigten darüber, ob eine Minderung des Nachlasses aus zwingender Notwendigkeit oder aus Verschulden des Erben eingetreten ist, kann nur im Prozeßweg entschieden werden (LGZ Wien EFSlg 16.620 [1971]).

● Die Einantwortung wirkt für die Frage der Erfüllung von Vermächtnissen nicht präjudiziell; ein Streit über die Gültigkeit oder Ungültigkeit von Vermächtnissen ist im streitigen Verfahren auszutragen (JBl 1976, 367 = NZ 1977, 136).

● Der Legatar muß seinen Anspruch im Prozeßweg durchsetzen, wenn der Erbe die Gültigkeit der letztwilligen Anordnung bestreitet (EFSlg 54.986 [1987]; EvBl 1966/266).

● Die Entscheidung über ein streitiges Vorausvermächtnis nach § 758 ABGB gehört in das streitige Verfahren (AmtlSlgNF 1863 [1917]).

● Über das Aufgriffsrecht ist nicht im Abhandlungsverfahren, sondern im Prozeßweg zu entscheiden (EvBl 1956/167 = RZ 1956, 124).

● Zur Feststellung des Wertes des von unsicheren Rechten gebührenden Pflichtteils kann eine Wertermittlung im Prozeßweg vorgenommen werden (NZ 1974, 91).

● Ein Streit um die Legatserfüllung gehört in das Streitverfahren (EvBl 1961/127).

● Die Beurteilung der Zulässigkeit von Verfügungen des Vorerben bei einer Substitution auf den Überrest gehört in das streitige Verfahren (NZ 1977, 90).

● Die Herausgabe des die Verlassenschaft bildenden Gegenstands als vermeintliche Substitutionsmasse ist im Prozeßweg geltend zu machen (SZ 38/211 [1965]).

● Die Republik Österreich kann ihre Ansprüche auf Herausgabe von Nachlaßgegenständen, die dem Erblasser seinerzeit eingeantwortet wurden, obwohl die Voraussetzungen für eine Erbloserklärung vorgelegen waren, nur im Klageweg gegen die Erben geltend machen (EvBl 1963/137).

● Verpflichtet sich ein Noterbe dem erbserklärten Erben gegenüber, bei Vorliegen gewisser Bedingungen einen von ihm gestellten Antrag auf Inventarisierung des Nachlasses zurückzuziehen, so kann die Beurteilung der Frage, ob diese Bedingungen eingetreten sind, nur im streitigen Rechtsweg geklärt werden (3 Ob 107/97z).

● Die Prüfung des vom Vorerben gelegten Endausweises obliegt dem Abhandlungsgericht (SZ 27/266 [1954]).

● Über den Antrag eines Erben auf Löschung eines Substitutionsbandes auf einer ihm als Vorausvermächtnis zugefallenen Liegenschaft ist im Außerstreitverfahren zu entscheiden (EvBl 1963/366 = NZ 1964, 24).

● Fideikommissarische Versorgungsansprüche können nicht im streitigen Rechtsweg geltend gemacht werden (SZ 50/148 [1977] = EvBl 1978/122).

● Über den Anspruch eines Dritten, dem eine Sache im Abhandlungsverfahren als in den Nachlaß gehörig abgenommen wurde, auf Wiedereinräumung des Besitzes hat das Abhandlungsgericht zu entscheiden (SZ 23/246 [1950]).

6. Rechtsverhältnisse zwischen Miteigentümern gem §§ 833 ff ABGB („schlichtes Miteigentum")

Lit: *Kerzendorfer,* Die Abgrenzung der Kompetenzbereiche der Streit- und Außerstreitgerichte in Miteigentumssachen, BeitrZPR III (1989) 169; *Ziehensack,* Die Aufhebung der Eigentumsgemeinschaft (1998).

a) Ausübung der Gemeinschaftsrechte; Streitigkeiten zwischen Miteigentümern

aa) Allgemeines

Auszugehen ist von der materiellrechtlichen Regelung der §§ 833 f ABGB. **298** Danach entscheidet bei **Maßnahmen der ordentlichen Verwaltung des Gemeinschaftsguts** die Mehrheit der Miteigentümer, während bei **außerordentlichen Maßnahmen** (wichtigen Veränderungen) oder bei Stimmengleichheit (letztendlich) **der Richter** im Außerstreitverfahren (s MietSlg 5508 [1957]; EvBl 1955/323; JBl 1951, 265 ua) erkennt (zur Abgrenzung der ordentlichen Verwaltung von wichtigen Veränderungen s *Koziol/Welser,* Grundriß[10] II 53; *Egglmeier* in *Schwimann,* ABGB[2] III § 833 Rz 7 ff; *Gamerith* in *Rummel,* ABGB[2] I § 833 Rz 4 ff).

Bei der **Abgrenzung zwischen streitigem und außerstreitigem Verfahren** **299** kann in diesem Bereich weitestgehend auf die ursprüngliche Abgrenzung der Aufgaben von Prozeß und Außerstreitverfahren zurückgegriffen werden, wonach es also im streitigen Verfahren um die Entscheidung über subjektive Ansprüche geht, während im Verfahren außer Streitsachen die Gedanken der präventiven und rechtsfürsorgenden Rechtsgestaltung verwirklicht werden (*Fucik/Rechberger* in *Rechberger,* ZPO Art I EGZPO Rz 11 mwN). Maßgebend ist dabei, ob es um eine rechtsgestaltende Regelung geht (außerstreitiges Verfahren) oder ob die Einhaltung einer getroffenen Vereinbarung oder die Beseitigung einer eigenmächtigen widerrechtlichen Maßnahme begehrt wird (streitiges Verfahren); der Außerstreitrichter darf daher nur die sich aus dem Miteigentum selbst nach dem Gesetz ergebenden Rechte regeln (*Gamerith* in *Rummel,* ABGB[2] I § 835 Rz 11 mwN; s auch *Hofmeister/Egglmeier* in *Schwimann,* ABGB[2] III § 835 Rz 32 ff mwN; JBl 1999, 657; 1 Ob 2108/96 y; 1 Ob 1649/95; WoBl 1990, 80 [*Call*]; MietSlg 33.575 [1981]; SZ 54/55 [1981]; JBl 1980, 31 = EvBl 1979/187; MietSlg 30.638 [1978]; 28.050 [1976]; 26.440 [1974]; EvBl 1979/124; JBl 1970, 528 uva); im einzelnen s Rz 300 ff.

Die für das schlichte Miteigentum entwickelten Abgrenzungskriterien sind bei der Auslegung des § 26 WEG (s dazu Rz 312 ff) heranzuziehen (*Gamerith* in *Rummel,* ABGB[2] I § 835 Rz 13 a; EvBl 1982/61).

Es kommt dabei **gem § 40 a JN auf den Inhalt des Begehrens** (Behauptun- **300** gen des Klägers bzw des Antragstellers), nicht aber darauf an, ob dieses begründet ist; macht der Antragsteller nach seinen Behauptungen den Anspruch zu Recht im Außerstreitverfahren geltend, treffen diese Voraussetzungen aber nicht zu, so ist der Antrag nicht zurück-, sondern abzuweisen (*Gamerith* in *Rummel,* ABGB[2] I § 835 Rz 11; *Hofmeister/Egglmeier* in *Schwimann,* ABGB[2] III § 835 Rz 35; 4 Ob 141/97 g; 4 Ob 2227/96 w; 10 Ob 1515/96; 8 Ob 513/95; ImmZ 1980/185; EvBl 1979/172; MietSlg 25.058 [1973]; SZ 19/199 [1937] ua). Eine Verweisung auf den streitigen Rechtsweg in der Hauptsache ist unzulässig, nicht aber zur Klärung einer Vorfrage (*Gamerith* in *Rummel,* ABGB[2] I § 835 Rz 11; *Hofmeister/Egglmeier* in *Schwimann,* ABGB[2] III § 835 Rz 36; s auch MietSlg 31.772 [1979]; SZ 41/30 [1968]; 25/21 [1952]; 23/81 [1950]; 19/199 [1937]).

bb) Benützungsregelung, Benützungsentgelt

301 Die rechtsgestaltende **Neuregelung der Benützung einer gemeinschaftlichen Sache** ist immer im außerstreitigen Verfahren vorzunehmen, allerdings nur dann, wenn keine bindende Vereinbarung entgegensteht; die Rechte aus einer Benützungsvereinbarung sind im streitigen Rechtsweg durchzusetzen (*Fucik/Rechberger* in *Rechberger,* ZPO Art I EGZPO Rz 11; *Gamerith* in *Rummel,* ABGB² I § 835 Rz 5; *Hofmeister/Egglmeier* in *Schwimann,* ABGB² III § 835 Rz 37f; JBl 1999, 657; 9 Ob 336/98x; MietSlg 30.094 [1978]; 30.095 [1978]; JBl 1953, 16). Begehren auf Feststellung des Bestehens einer Benützungsvereinbarung sind im Prozeßweg durchzusetzen (*Fucik/Rechberger* in *Rechberger,* ZPO Art I EGZPO Rz 11; SZ 51/5 [1978]; EvBl 1964/263; SZ 17/141 [1935]). Eine Änderung der vereinbarten Regelung der Benützung der gemeinsamen Sache kann nur erfolgen, wenn die Vereinbarung auf dem streitigen Rechtsweg beseitigt wurde (*Gamerith* in *Rummel,* ABGB² I § 835 Rz 5; *Koziol/Welser,* Grundriß¹⁰ II 54; 5 Ob 1026/92; 6 Ob 654/87; SZ 51/5 [1978] = JBl 1978, 541; SZ 17/141 [1935]; MietSlg 34.098 [1982]; MietSlg 24.055 [1972]; aA aber MietSlg 39.717 [1987]; 39.055 [1987]; 37.057 [1985]; 34.652 [1982]; SZ 53/24 [1980] = JBl 1980, 651 ua, wonach trotz einer außergerichtlichen Benützungsregelung eine neue Benützungsregelung im Außerstreitverfahren zulässig ist, wenn sie aus einem wichtigen Grund gelöst wurde oder ihren Sinn verloren hat, weil sich die objektiven Gebrauchsmöglichkeiten wesentlich verschoben haben); zu dieser Problematik s ausführlich *Gamerith* in *Rummel,* ABGB² I § 835 Rz 5.

Die **Festsetzung eines künftigen Benützungsentgelts** hat im Verfahren außer Streitsachen zu erfolgen (*Fucik/Rechberger* in *Rechberger,* ZPO Art I EGZPO Rz 11; *Gamerith* in *Rummel,* ABGB² I § 835 Rz 8; MietSlg 38.059 [1986]; 37.059 [1985]; 30.645 [1978]; EvBl 1961/2; EvBl 1959/201 uva), vorausgesetzt, daß keine Vereinbarung über das Benützungsentgelt vorliegt. Ansprüche aus einer Entgeltvereinbarung sind im Prozeßweg geltend zu machen (s *Hofmeister/Egglmeier* in *Schwimann,* ABGB² III § 835 Rz 38); der Außerstreitrichter kann daher keine Erhöhung eines vereinbarten Benützungsentgelts vornehmen (RZ 1973/129 = MietSlg 25.055 [1973]). Ein Begehren auf Benützungsentgelt für die Vergangenheit gehört in das streitige Verfahren (MietSlg 33.576 [1981]; LGZ Wien MietSlg 31.613 [1979]; im einzelnen s dazu *Gamerith* in *Rummel,* ABGB² I § 835 Rz 8).

Benützungsregelungsstreitigkeiten unter Miteigentümern, die auch **Wohnungseigentümer** sind, sind nach § 26 WEG (s Rz 312 ff) zu behandeln (*Gamerith* in *Rummel,* ABGB² I § 835 Rz 6a; NZ 1987/154; MietSlg 37.057 [1985]; 28.504 [1976]).

cc) Durchsetzung von Verwaltungsmaßnahmen

302 Die Mehrheit muß, wenn sie **wichtige Veränderungen** iSd § 834 ABGB **gegen den Willen der Minderheit** durchführen will und diese nicht beabsichtigt, aus der Gemeinschaft auszutreten, die Zustimmung des Außerstreitrichters erwirken (*Gamerith* in *Rummel,* ABGB² I § 835 Rz 11; *Hofmeister/Egglmeier* in *Schwimann,* ABGB² III § 835 Rz 37; *Koziol/Welser,* Grundriß¹⁰ II 54; SZ 49/52 [1976]; JBl 1951, 340 = EvBl 1951/37; SZ 23/208 [1950] ua). Die Durchsetzung von derart im außerstreitigen Verfahren genehmigten wichtigen Veränderungen hat im Prozeßweg zu erfolgen (SZ 35/72 [1962] = EvBl 1962/470), sofern die Genehmigung nicht selbst einen Exekutionstitel darstellt (*Gamerith* in *Rummel,* ABGB² I § 835 Rz 13). Führt die Mehrheit der Miteigentümer eigenmächtig – also ohne

Genehmigung des Außerstreitgerichts – wichtige Veränderungen durch, dann kann die Minderheit im streitigen Verfahren die Beseitigung dieser Maßnahmen begehren (*Gamerith* in *Rummel,* ABGB² I § 835 Rz 13; *Hofmeister/Egglmeier* in *Schwimann,* ABGB² III § 835 Rz 38; MietSlg 31.558 [1979]; EvBl 1979/124; SZ 49/52 [1976]; SZ 23/327 [1950] = JBl 1951, 265 ua).

Liegt ein rechtswirksamer Mehrheitsbeschluß vor, weil es sich um eine Angelegenheit der ordentlichen Verwaltung handelt, so bedarf es keiner Genehmigung durch den Außerstreitrichter; bei **Weigerung der Überstimmten,** die beschlossenen Handlungen zu setzen, ist der streitige Rechtsweg zu beschreiten (*Fucik/Rechberger* in *Rechberger,* ZPO Art I EGZPO Rz 11; *Gamerith* in *Rummel,* ABGB² I § 835 Rz 13; EvBl 1994/142 = WoBl 1994, 31 [*Call, Strobl*]; MietSlg 27.078 [1975]; MietSlg 20.047 [1968]; JBl 1964, 206; EvBl 1957/186 = ImmZ 1957, 192; SZ 37/53 [1964] = EvBl 1965/310). Bei Stimmengleichheit im Rahmen der ordentlichen Verwaltung kann der Außerstreitrichter analog zu § 835 ABGB angerufen werden (*Gamerith* in *Rummel,* ABGB² I § 833 Rz 11; *Koziol/Welser,* Grundriß¹⁰ II 54; EvBl 1993/186; SZ 59/149 [1986]; JBl 1967, 149; EvBl 1957/234 ua).

dd) Vereinbarungen

Bei **Streitigkeiten,** die die **Miteigentümer aus gültigen Verträgen gegeneinander** ableiten, ist der streitige Rechtsweg zu beschreiten (*Gamerith* in *Rummel,* ABGB² I § 835 Rz 11 f; *Hofmeister/Egglmeier* in *Schwimann,* ABGB² III § 835 Rz 38; JBl 1999, 657; 10 Ob 1515/96; SZ 68/169 [1995]; 8 Ob 513/95; MietSlg 31.074 [1979]; SZ 51/5 [1978] = JBl 1978, 541; SZ 37/45 b [1964] uva). Siehe auch die Übersicht bei *Gamerith* in *Rummel,* ABGB² I § 835 Rz 12. 303

Eine vertragliche Vereinbarung zwischen den Miteigentümern ist aber nur dann anzunehmen, wenn dadurch nach der Parteiabsicht das Benützungsverhältnis dauernd oder für eine bestimmte Zeit geregelt werden sollte (10 Ob 1515/96; EvBl 1955/307 = MietSlg 4825/4 [1955]); im Zweifel ist anzunehmen, daß die Miteigentümer keine solche weitgehende Bindung beabsichtigten (EvBl 1955/307 = MietSlg 4825/4 [1955]).

ee) Veräußerung und Teilung

Die **Veräußerung der gemeinschaftlichen Sache** oder eines erheblichen Teiles gehört nicht zu den wichtigen Veränderungen nach § 834 ABGB. Es kann daher hier nicht der Außerstreitrichter entscheiden; es ist vielmehr die Zustimmung aller Miteigentümer erforderlich (JBl 1951, 486). 304

Eine **Teilungsklage** nach § 830 ABGB setzt keine Entscheidung des Außerstreitrichters voraus. Der Teilungsanspruch ist ausschließlich im Streitverfahren geltend zu machen und steht grundsätzlich jedem Teilgenossen ohne Rücksicht auf seine Anteilsverhältnisse zu (s dazu *Koziol/Welser,* Grundriß¹⁰ II 55 mwN).

Die Teilung des Ertrags einer im Gemeinschaftseigentum stehenden Sache ist im streitigen Rechtsweg zu begehren (SZ 39/165 [1966]; JBl 1950, 435), und zwar auch von einem minderjährigen Miteigentümer (LGZ Wien MietSlg 20.661 [1968] = EFSlg 10.799 [1968]).

ff) Besitzstörung und Schadenersatz

Für **Besitzstörungsklagen gegen Miteigentümer,** die die geltende Gebrauchsordnung stören, ist der Rechtsweg zulässig, da der Außerstreitrichter nur über Änderungen der Gebrauchsordnung (Benützungsregelung), nicht aber über 305

Streitigkeiten aus einer eigenmächtigen Störung entscheidet (LGZ Wien EvBl 1949/276, 1946/113).

Auch **Schadenersatzansprüche zwischen Miteigentümern** wegen schuldhafter Vereitelung der gemeinsamen Benützung gehören auf den Prozeßweg (MietSlg 5421 [1956]).

gg) Einzelfragen

306 • Das (im streitigen Verfahren geltend zu machende) Begehren gegen den Miteigentümer, die von ihm benützten Teile der gemeinsamen Sache aufzugeben und zu räumen, setzt mangels einer Einigung eine vorangegangene Entscheidung über das Benützungsrecht im außerstreitigen Verfahren voraus (SZ 23/83 [1950]); ein Räumungsbegehren auf Grund einer Vereinbarung ist im Prozeßweg durchzusetzen (MietSlg 5420 [1956]; 4249 [1954]).

• Ein Dachbodenausbau ist eine wichtige Veränderung iSd § 834 ABGB, die der Minderheitseigentümer – wenn sein Begehren durch eine entsprechende Vereinbarung mit den übrigen Miteigentümern gedeckt ist – nur im streitigen Rechtsweg oder – in Durchsetzung eines vorangegangenen Mehrheitsbeschlusses – im außerstreitigen Verfahren geltend machen kann (5 Ob 2435/96 s).

• Wenn in einem Verfahren über den Antrag zur Regelung der Benützungsrechte an der gemeinsamen Sache strittig ist, ob diese Sache (Haus) nicht als Betriebsvermögen quo ad usum in eine zwischen den Miteigentümern bestehende OHG eingebracht wurde (und es sich somit bei der Benützung um eine Frage der Geschäftsführung der OHG handelt), hat der Außerstreitrichter zur Klärung dieser Vorfrage die Parteien auf den Rechtsweg zu verweisen. Das außerstreitige Verfahren zur Benützungsregelung ist bis zur Entscheidung des Streitrichters innezuhalten. Der Antrag ist, wenn die gemeinschaftliche Sache tatsächlich Betriebsvermögen der OHG ist, meritorisch abzuweisen (EvBl 1957/263 = ImmZ 1957, 292; idS auch 1 Ob 527/93).

• Auf das Verhältnis zwischen dem Fruchtnießer eines Liegenschaftsanteils und den Eigentümern der nicht belasteten Liegenschaftsanteile sind die Vorschriften über die Eigentumsgemeinschaft entsprechend anzuwenden (JBl 1968, 35 = EvBl 1967/450 = MietSlg 19.045 [1967]; SZ 25/233 [1952]).

• Das Begehren auf Ersatz von Aufwendungen für die gemeinsame Sache gehört auf den Prozeßweg (LGZ Wien MietSlg 20.663 [1968]).

• Für die Klage eines Fruchtnießers an physischen Teilen eines Hauses gegen einen anderen auf Unterlassung der Einhebung von Bestandzinsen ist der Rechtsweg zulässig (SZ 23/287 [1950]).

• Streitigkeiten zwischen Miteigentümern, von denen einem das Fruchtgenußrecht an der Hälfte des anderen zusteht, über die dem anderen Miteigentümer während der Dauer der Fruchtnießung zustehenden Rechte gehören auf den Rechtsweg (SZ 24/84 [1951]); ebenso Streitigkeiten über die Benützungsregelung zwischen Eigentümer und Fruchtnießer (SZ 25/21 [1952]).

• Enthält der über einen Benützungsregelungsantrag ergangene Ausspruch, mit dessen Rechtskraft die eine Vereinbarung der Miteigentümer ersetzende Gestaltungswirkung eintrat, keinen Leistungsbefehl, sind die aus der Gestaltung entspringenden Rechte mit Klage durchzusetzen (3 Ob 565/86).

• Das Begehren auf Unterfertigung eines Einreichplans durch die Miteigentümer zwecks Genehmigung der schon durchgeführten Arbeiten gehört ins streitige Verfahren, wenn der Kläger das Begehren auf die Behauptung stützt, der Umbau des Hauses sei vereinbart (7 Ob 552/83).

● Ein Räumungsanspruch wegen titelloser Benützung von Räumen durch den Miteigentümer ist im Rechtsweg zu verfolgen (MietSlg 31.612 [1979]; 4905 [1956]).

● Zulässigkeit des streitigen Rechtsweg ist gegeben bei einem Räumungsbegehren gegen einen Miteigentümer nach Widerruf einer Bittleihe (MietSlg 34.650 [1982]).

● Die Grundsätze der Benützungsregelung zwischen Miteigentümern sind auf **Streitigkeiten zwischen Mitmietern** entsprechend anzuwenden; für Streitigkeiten der Mitmieter über die Benützung der gemieteten Sachen ist der Außerstreitrichter zuständig (SZ 68/169 [1995]; MietSlg 21.155 [1969]; 18.072 [1966]; SZ 23/371 [1950] = EvBl 1951/57).

● Das Begehren auf Zustimmung zum Ausbau eines Dachbodens und diesbezügliche Planunterfertigung durch die Antragsgegner ist eine Angelegenheit, die unter schlichten Miteigentümern nach den Bestimmungen des 16. Hauptstücks des zweiten Teiles des ABGB, und zwar im Verfahren außer Streitsachen, zu entscheiden ist (ImmZ 1993, 210 = WoBl 1993, 231 [*Call*]).

● Da im Verhältnis streitiges – außerstreitiges Verfahren der Grundsatz der perpetuatio fori gilt, hat das Gericht auch dann im außerstreitigen Verfahren über den Antrag des Miteigentümers auf Zuspruch eines Benützungsentgelts des anderen Miteigentümers für die Zeit ab dem Antrag zu entscheiden, wenn während des Verfahrens die Miteigentumsgemeinschaft aufgehoben worden ist (ÖJZ-LSK 1997/152).

b) Verwaltung des Miteigentums

aa) Bestellung und Enthebung (Wechsel) eines Verwalters

§ 836 ABGB sieht anstelle der Verwaltung durch alle Miteigentümer die **Bestellung eines Verwalters** vor; die dabei einzuhaltenden Modalitäten sind aber vom Gesetz nicht ganz klar geregelt. Es muß zwischen der Frage, ob überhaupt ein Verwalter bestellt werden soll, und der Auswahl einer bestimmten Person unterschieden werden (*Koziol/Welser,* Grundriß[10] II 55). **307**

Im ersten Punkt bedarf es entweder einer einvernehmlichen Vorgangsweise der Miteigentümer oder – in deren Ermangelung – einer gerichtlichen Entscheidung. Ob diese Entscheidung im streitigen oder im außerstreitigen Weg zu erfolgen hat, ist freilich umstritten (für die Entscheidung im Prozeßweg die stRsp (MietSlg 40.057 [1988]; 34.107 [1982]; 33.085 [1981]; SZ 18/22 [1936]; 17/141 [1935]; 10/127 [1928]; 5/9 [1923]; 2/57 [1920]) und ein Teil der Lehre (*Fasching*[1] I 144; *Koziol/Welser,* Grundriß[10] II 55); für die Entscheidung durch den Außerstreitrichter ein anderer Teil der Lehre (*Gamerith* in *Rummel,* ABGB[2] I § 836 Rz 3; *Gschnitzer,* Schuldrecht BT[2], 328); s dazu ausführlich *Gamerith* in *Rummel,* ABGB[2] I § 836 Rz 3; *Hofmeister/Egglmeier* in *Schwimann,* ABGB[2] III § 836 Rz 1 ff; *Kerzendorfer,* BeitrZP III 186).

Über die **Auswahl der Person des Verwalters** entscheidet die Mehrheit der Miteigentümer, wenn eine solche nicht zustande kommt, das Gericht im außerstreitigen Verfahren (*Gamerith* in *Rummel,* ABGB[2] I § 836 Rz 1; *Hofmeister/Egglmeier* in *Schwimann,* ABGB[2] II § 836 Rz 6; *Koziol/Welser,* Grundriß[10] II 55; EvBl 1964/100; MietSlg 40.057 [1988]; 37.061 [1985]; 34.107 [1982]; SZ 18/22 [1936] ua). **308**

Die **Enthebung des Verwalters** ist nach den Grundsätzen der Verwalterbestellung vorzunehmen. Soll wieder eine gemeinsame Verwaltung eintreten, ist **309** darüber im streitigen Rechtsweg zu entscheiden (*Gamerith* in *Rummel,* ABGB[2] I § 836 Rz 6; MietSlg 21.087 [1969]; JBl 1934, 101; SZ 12/240 [1930]; 10/127 [1928]; 2/57 [1920]). Besteht Einigkeit über die Beibehaltung der Fremdverwaltung, aber Uneinigkeit über die Enthebung des bisherigen Verwalters und dessen Ersetzung durch einen anderen, dann hat der Richter im Außerstreitverfahren zu erkennen (*Gamerith* in *Rummel,* ABGB[2] I § 836 Rz 6; *Hofmeister/Egglmeier* in *Schwimann,* ABGB[2] III § 836 Rz 8; MietSlg 28.069 [1976]; 26.054 [1974]; EvBl 1970/110; JBl 1965, 149; SZ 19/229 [1937]; 10/127 [1928] ua; aM SZ 23/366 [1950]; 19/178 [1937]), und zwar ohne Rücksicht darauf, ob der bisherige Verwalter vom Gericht oder den Miteigentümern bestellt worden ist (*Gamerith* in *Rummel,* ABGB[2] I § 836 Rz 6; MietSlg 28.069 [1976]; EvBl 1959/19).

bb) Streitigkeiten zwischen Miteigentümern und Verwalter

310 Derartige Streitigkeiten sind im Prozeßweg auszutragen, so über den Umfang der Vollmacht des Verwalters (MietSlg 29.573 [1977]), über Ansprüche des Hauseigentümers aus dem mit einem Miteigentümer abgeschlossenen Verwaltungsvertrag (SZ 18/229 [1936]), über den Anspruch auf Rechnungslegung gegen den Verwalter (SZ 2/97 [1920]), über den Anspruch auf Unterlassung von Verwaltungshandlungen eines Miteigentümers (LGZ Wien EFSlg 20.693 [1973]), über die Inanspruchnahme des die Verwaltung führenden Miteigentümers, weil die Abrechnung ungültig ist (MietSlg 25.499 [1973]), über den Anspruch des Verwalters (des die Verwaltung führenden Miteigentümers) auf Aufwandersatz (s *Hofmeister/Egglmeier* in *Schwimann,* ABGB[2] III § 837 Rz 10 mwN), über Schadenersatzansprüche gegen den pflichtwidrig handelnden Verwalter, seien es solche eines einzelnen Miteigentümers oder der Wohnungseigentümergemeinschaft (5 Ob 469/97 z).

cc) Einzelfragen

311 • Die gem § 835 ABGB vom Richter getroffene Entscheidung kann sich nur auf das Verhältnis der Miteigentümer untereinander, nicht aber auf die Rechtsstellung eines Dritten erstrecken, mit dem die Miteigentümer durch den strittigen Akt des Verwalters in Rechtsbeziehung stehen. Der Richter kann auch nicht den Inhalt solcher Rechtsbeziehungen bindend feststellen; er kann nur feststellen, daß ein solcher Akt des Verwalters zu unterbleiben hat (SZ 19/21 [1937]).

• Der Prozeßweg ist für den Anspruch auf Einstellung der Verwaltungstätigkeit gegen den bestellten Verwalter nach Aufhebung des Vollmachtsverhältnisses (§ 1020 ABGB) durch Mehrheitsbeschluß des verfügungsberechtigten Klägers zu beschreiten (LGZ Wien EvBl 1948/113).

• Der gemeinsame Verwalter kann die Durchführung von im Rahmen der ordentlichen Verwaltung getroffenen Anordnungen gegenüber einzelnen Miteigentümern durch Klage erzwingen (SZ 27/310 [1954]).

7. Wohnungseigentum

Lit: *Dirnbacher/Rustler/Wolf,* Österreichisches Wohnrecht (1998/99); *Feil,* Wohnungseigentum (unter Berücksichtigung des 3. WÄG, 1994); *Illedits,* Das Wohnungseigentum (1997); *Löcker,* Die Wohnungseigentümergemeinschaft (1998); *Palten,* Wohnungseigentumsrecht[2] (1998); *ders,* Wohnungseigentum – Besonderheiten im Mietrecht (1999); *Tschutscher,* WEG[6] (1999).

Zur Rechtslage vor dem 3. WÄG 1993 (BGBl 1993/800): *Würth/Zingher,* Miet- und Wohnrecht[19] (1989) Rz zu § 26 WEG.

a) Allgemeines

In § **26 Abs 1 WEG** (BGBl 1975/417) ist eine **Aufzählung jener Angelegenheiten** enthalten, **die im außerstreitigen Verfahren zu behandeln sind.** Der allgemeine Grundsatz, daß Rechtssachen, die nicht ausdrücklich oder doch wenigstens unzweifelhaft schlüssig ins Außerstreitverfahren verwiesen sind, auf den streitigen Rechtsweg gehören, wird durch § 26 WEG nicht berührt; der streitige Rechtsweg ist daher nur in den Angelegenheiten ausgeschlossen, die in § 26 Abs 1 WEG aufgezählt sind (5 Ob 497/97 t). Im übrigen sind für die Abgrenzung zwischen streitigem und außerstreitigem Verfahren die beim schlichten Miteigentum (s Rz 298 ff) entwickelten Kriterien heranzuziehen (*Fucik/Rechberger* in *Rechberger,* ZPO Art I EGZPO Rz 12; *Gamerith* in *Rummel,* ABGB² I § 835 Rz 13 a; EvBl 1982/61). Ansprüche aus Verträgen (5 Ob 85/92; 5 Ob 8/83), die Abwehr von Eingriffen (SZ 54/129 [1981] = EvBl 1982/61 = MietSlg 33.574 [1981]), die Wiederherstellung des früheren Zustandes und die Unterlassung von Störungen sind im Prozeßweg durchzusetzen; insb sind im streitigen Verfahren geltend zu machen: Wartung und Instandhaltung, Betreten und Benutzen der Wohnung zur Erhaltung gemeinsamer Teile (SZ 56/47 [1983]), angemessene Entschädigung dadurch verursachter vermögensrechtlicher Nachteile, Schadenersatz bei Nichtmelden von Schäden, Erträgnisse, Ausschließung von Miteigentümern, Bekämpfung eigenmächtiger Änderungen (*Rainer* in *Rainer,* Handbuch 549). 312

Gem § 26 Abs 1 WEG sind **in das Außerstreitverfahren verwiesen:** 313

- Festsetzung oder Neufestsetzung des Nutzwertes (s *Illedits,* Wohnungseigentum Rz 156 ff);
- Duldung oder Unterlassung von Änderungen einschließlich der Entschädigung eines hierdurch beeinträchtigten Wohnungseigentümers (s *Illedits,* Wohnungseigentum Rz 212);
- Beteiligung eines Miteigentümers an der Verwaltung einschließlich der sonstigen Angelegenheiten der Mit- und Wohnungseigentümer der Liegenschaft, über die nach dem 16. Hauptstück des zweiten Teiles des ABGB im Verfahren außer Streitsachen zu entscheiden ist, wie besonders Benützungsregelungen (s *Illedits,* Wohnungseigentum Rz 427);
- Rechtswirksamkeit eines Beschlusses der Mehrheit;
- Durchsetzung der Pflichten des Verwalters (s *Illedits,* Wohnungseigentum Rz 496 ff, 510);
- Festsetzung einer abweichenden Abrechnungsperiode;
- Bestellung eines vorläufigen Verwalters, Abberufung des Verwalters und Ersetzung durch einen anderen, Rechtswirksamkeit einer Kündigung oder Abberufung des Verwalters (s *Illedits,* Wohnungseigentum Rz 527, 529);
- Zulässigkeit eines vereinbarten oder Festsetzung eines abweichenden Aufteilungsschlüssels oder einer abweichenden Abrechnungseinheit;
- Zustimmung zur Aufnahme zusätzlicher Darlehen;
- Zustimmung zur Sanierung.

Bei der **Festsetzung** bzw Neufestsetzung des Nutzwertes kann das außerstreitige Verfahren erst dann eingeleitet werden, wenn die Sache vorher bei der Schlichtungsstelle (sofern eine solche eingerichtet ist) der Gemeinde anhängig gemacht wurde (§ 26 Abs 3 WEG iVm §§ 39 f MRG, System der sukzessiven Kompetenz, s Rz 334 f und *Illedits,* Wohnungseigentum Rz 169).

Das Verfahren ist weitestgehend dem außerstreitigen Verfahren in Bestandsachen angenähert (§ 26 Abs 2 WEG iVm § 37 MRG)

b) Einzelfragen

- Das WEG hat zwar den Anwendungsbereich des Verfahrens außer Streitsachen weitgehend auf alle Angelegenheiten der Verwaltung ausgedehnt, 314 weil es sich dabei vorwiegend um die Rechtsgestaltung innerhalb der Wohnungseigentumsgemeinschaft handelt, die Abgrenzung zwischen streitigem und außerstreitigem Verfahren hat jedoch hinsichtlich der Ansprüche auf Abwehr eigenmächtiger widerrechtlicher Maßnahmen, die dem Miteigentum entspringen, durch die Regelung des § 26 Abs 1 Z 2 dieses Gesetzes keine Änderung erfahren (5 Ob 85/92; 5 Ob 8/83; EvBl 1982/61 = MietSlg 33.574 [1981]).

● Das Begehren auf Zustimmung zur Begründung von Wohnungseigentum an einer durch Ausbau eines Dachbodens zu schaffenden Wohnung ist auf dem streitigen Rechtsweg mittels Klage geltend zu machen (ImmZ 1993, 210 = WoBl 1993, 231 [*Call*]).

● Wer ohne Zustimmung der betroffenen Wohnungseigentümer und ohne eine die fehlende Zustimmung ersetzende Entscheidung des Außerstreitrichters eigenmächtige Änderungen iSd § 13 Abs 2 WEG vornimmt, ist ausnahmslos auf dem streitigen Rechtsweg in Anspruch zu nehmen: Droht die Gefahr künftiger rechtswidriger Änderungen (sei es eines Ersteingriffs oder einer Eingriffswiederholung), dann ist gegen den rechtswidrig handelnden Wohnungseigentümer mit Unterlassungsklage vorzugehen, ist die rechtswidrige Änderung schon bewirkt, so kann der Beseitigungsanspruch geltend gemacht werden (5 Ob 2435/96s; 5 Ob 95/93; WoBl 1993, 61 [*Call*]; ImmZ 1987, 313 [*Meinhart*]; SZ 54/129 [1981] = EvBl 1982/61 = MietSlg 33.574 [1981]).

● Die Negatorienklage kann auch vom Minderheitseigentümer (Wohnungseigentümer) nicht nur gegen einen Dritten, sondern auch gegenüber anderen Miteigentümern (Wohnungseigentümern) erhoben werden (1 Ob 1649/95; WoBl 1994, 26 [*Call*]; SZ 56/102 [1983] = MietSlg 35.716 [1983]; SZ 54/55 [1981] = MietSlg 33.025 [1981] ua).

● Die Zulässigkeit und Zweckmäßigkeit einer von einem Miteigentümer vorgenommenen Veränderung kann in Ermangelung der Zustimmung der anderen Miteigentümer bzw eines Beschlusses des Außerstreitrichters nicht vom Streitrichter als Vorfrage entschieden werden (5 Ob 2435/96s; ImmZ 1987, 313 [*Meinhart*]; SZ 49/52 [1976] = ImmZ 1976, 251 = MietSlg 28.487/6 [1976]).

● Das Begehren eines Wohnungseigentümers nach § 15 Abs 2 WEG auf Ersatz von zur Behebung von Schäden aufgewendeten Kosten ist im streitigen Verfahren durchzusetzen (ImmZ 1989, 372 = WoBl 1989/87).

● Ein Feststellungsbegehren auf Unwirksamkeit einer abweichenden Vereinbarung iSd § 29 Abs 1 Z 2 und Abs 2 Z WEG ist im Prozeßweg geltend zu machen (MietSlg 39.715/31 [1987] = WoBl 1988/62 [*Call*]).

● Das Begehren auf Rückzahlung zu hoch vorgeschriebener Betriebskosten muß im Streitverfahren durchgesetzt werden (OLG Wien MietSlg 35.727 [1983]).

● Ein als schlichter Miteigentümer eingetragener Wohnungseigentumswerber hat die Rechnungslegung durch den Verwalter im streitigen Verfahren geltend zu machen (NZ 1984, 9).

● Schadenersatzansprüche gegen den pflichtwidrig handelnden Verwalter – seien es solche eines einzelnen Miteigentümers oder der Wohnungseigentümergemeinschaft – sind im streitigen Rechtsweg durchzusetzen (5 Ob 469/97z).

● Eine Benützungsregelung zwischen Wohnungseigentümern hat unter Berücksichtigung der Ausnahmeregelung des § 26 Abs 2 WEG im Außerstreitverfahren zu erfolgen (JBl 1980, 45 = MietSlg 31.559 [1979]).

● Ein Wohnungseigentümer muß sich gegen von gemeinsamen Teilen oder Anlagen der Liegenschaft ausgehenden Störungen – zB Lärm eines Maschinenraums – an den Außerstreitrichter wenden (SZ 54/55 [1981] = EvBl 1981/182).

● Die Rechnungslegung durch den Verwalter ist auch nach dessen Kündigung im Außerstreitverfahren durchzusetzen (MietSlg 37.654/10 [1985]).

8. Grenzstreitigkeiten

a) Allgemeines

Für die Abgrenzung zwischen streitigem und außerstreitigem Verfahren ist entscheidend, welches Begehren der Kläger (Antragsteller) stellt und welchen Rechtsgrund er geltend macht. Das Außerstreitverfahren kommt zur Anwendung, wenn behauptet wird, daß eine **unkenntliche Grenze** nach dem letzten ruhigen Besitzstand, allenfalls nach billigem Ermessen, **festzustellen** ist, das streitige Verfahren hingegen, wenn eine bestimmte Grenze als richtig behauptet wird und deren Verlauf festgestellt werden soll. Ob sich der Kläger zur Dartuung des richtigen Grenzverlaufs auf den Erwerb eines räumlich bestimmten Grenzstreifens durch Ersitzung, Vertrag usw beruft (sog uneigentlicher Grenzstreit) oder nur die rechtliche Zugehörigkeit dieser Fläche zu seinem Grundstück behauptet (sog eigentlicher Grenzstreit), macht dabei keinen Unterschied (*Gamerith* in *Rummel,* ABGB² I § 851 Rz 6; 1 Ob 512/96; 7 Ob 628/89; 1 Ob 22/83; SZ 54/144 [1981] = RZ 1982/18 = MietSlg 33.573 [20] = MietSlg 33.092 ua; ebenso *Fucik/Rechberger* in *Rechberger,* ZPO Art I EGZPO Rz 13. AM noch die ältere Rsp, EvBl 1967/23; SZ 25/76 [1952] = JBl 1952, 591; SZ 16/18 [1934]; 7/377 [1925]. Eine modifizierte Auffassung vertreten *Hofmeister/Egglmeier* in *Schwimann,* ABGB² III § 851 Rz 8: Danach soll eine begrenzte Wahlmöglichkeit zwischen beiden Verfahrensarten bestehen: Auch wenn die Feststellung der alten [wahren] Grenze objektiv möglich erscheint, können subjektive Zweifel an der Beweisführbarkeit bzw die Scheu vor den hohen Kosten einer präzisen Neuvermessung zur Folge haben, daß anstelle der Grenzberichtigungsklage Antrag gem § 851 ABGB gestellt wird; der Antragsteller nimmt damit bewußt, zumindest vorläufig [§ 851 Abs 2], in Kauf, daß die Grenzberichtigung mit den Behelfen des § 852 nicht möglich ist und sohin auf den letzten ruhigen Besitzstand abgestellt wird). **315**

In das streitige Verfahren gehören **Besitzstörungsklagen** (*Fucik/Rechberger* in *Rechberger,* ZPO Art I EGZPO Rz 13; *Gamerith* in *Rummel,* ABGB² I § 851 Rz 7; *Hofmeister/Egglmeier* in *Schwimann,* ABGB² III § 851 Rz 8; JBl 1946, 532). **316**

Im Streitverfahren sind auch Begehren zu erledigen, für die der **Grenzverlauf nur Vorfrage** ist (s im einzelnen *Gamerith* in *Rummel,* ABGB² I § 851 Rz 8; *Hofmeister/Egglmeier* in *Schwimann,* ABGB² III § 851 Rz 8; JBl 1957, 187; JBl 1955, 404 = EvBl 1955/291) sowie Ansprüche aus einverständlicher Grenzfestlegung (*Fucik/Rechberger* in *Rechberger,* ZPO Art I EGZPO Rz 13; *Gamerith* in *Rummel,* ABGB² I § 851 Rz 9).

Sowohl das außerstreitige Grenzberichtigungsverfahren als auch ein streitiges Verfahren, das einen „eigentlichen Grenzstreit“ zum Gegenstand hat, ist für **Grundstücke, die im Grenzkataster enthalten sind,** unzulässig; in diesen Fällen ist die Entscheidungskompetenz der Vermessungsbehörde gegeben. Für „uneigentliche Grenzstreitigkeiten“ gilt § 40 VermG hingegen nicht. Mit der Verzeichnung der Grundstücke im Grenzkataster werden die §§ 850 bis 853 ABGB unanwendbar (s im einzlenen *Gamerith* in *Rummel,* ABGB² I § 853a Rz 2; *Hofmeister/Egglmeier* in *Schwimann,* ABGB² III § 853a Rz 1f; 6 Ob 656/87; NZ 1980, 173). **317**

b) Einzelfragen

318 • Das Begehren, eigenmächtig entfernte Grenzsteine wieder einzusetzen, gehört in das streitige Verfahren (EvBl 1967/23), ebenso das Begehren, widerrechtlich versetzte Grenzsteine wieder an ihren (ursprünglichen) Ort zu bringen (SZ 43/22 [1970] = JBl 1971, 94 = EvBl 1970/180).

• Eine Eigentumsklage ist auch bei bestrittenen Grenzen zulässig (ZBl 1927/247).

• Im Prozeßweg ist über die Verletzung des im Miteigentum stehenden Grenzrains zu entscheiden, wenn die Grenzpflöcke unberührt sind (LGZ Wien EvBl 1937/1050).

• Das Streitverfahren ist zulässig für die Besitzstörungsklage gegen den Pächter eines Grundstücks, auch wenn sich die Klage auf einen Sachverhalt stützt, der gegen den Liegenschaftseigentümer in einem Grenzberichtigungsverfahren geordnet werden könnte (LGZ Graz ZBl 1937/185).

• Der Anspruch auf Beseitigung eines Zauns gehört in das Streitverfahren, auch wenn die Frage, wem der Grundstreifen, auf dem der Zaun errichtet wurde, gehört, streitig ist (SZ 22/28 [1949]).

• Bildet die richtige Grenze eine Vorfrage in einem streitigen Verfahren, so ist über sie im Prozeß zu entscheiden (3 Ob 12/98 f; SZ 69/187 [1996]).

9. Handelsrecht

Lit: *Barfuß/Wollmann/Tahedl,* Österreichisches Kartellrecht (1996) insb 134 ff.

a) Streitigkeiten zwischen Gesellschaftern

aa) Bürgerliche Erwerbsgesellschaft (§§ 1175 ff ABGB)

319 Bei der **bürgerlichen Erwerbsgesellschaft** sind für die Beschlußfassung über Maßnahmen der Geschäftsführung die Bestimmungen über die Rechte der Miteigentümer („schlichtes Miteigentum", s Rz 298 ff) anzuwenden.

Mangels einer vertraglichen Vereinbarung entscheidet auch hier in Angelegenheiten der ordentlichen Geschäftsführung die Mehrheit der Gesellschafter. Die Durchsetzung dieser verbindlichen Mehrheitsbeschlüsse gegen die überstimmte Minorität erfolgt im Klagsweg. Bei Stimmengleichheit kommt kein Beschluß zustande, die fragliche Maßnahme hat zu unterbleiben; die bei der schlichten Eigentumsgemeinschaft vielfach anerkannte Möglichkeit, über § 835 ABGB hinaus auch bei Maßnahmen der ordentlichen Verwaltung im Fall der Stimmengleichhheit eine gerichtliche Entscheidung herbeiführen zu können, wird für die Gesellschaft bürgerlichen Rechts abgelehnt (*Jabornegg/Resch* in *Schwimann,* ABGB² VI § 1188 Rz 5; *Strasser* in *Rummel,* ABGB² II § 1188 Rz 4, jeweils mwN).

Bei **wichtigen Geschäftsmaßnahmen** entscheidet (wenn keine Einigung auf Los oder Schiedsmann gelingt) das Gericht im Außerstreitverfahren. Der Außerstreitrichter entscheidet darüber, ob die wichtige Veränderung unbedingt, nur gegen Sicherstellung oder nicht durchgeführt werden darf. Die Anrufung des Richters kommt auch dann in Betracht, wenn in einer wichtigen Angelegenheit ein Mehrheitsbeschluß wegen Stimmengleichheit nicht zustande kommt (im einzelnen s *Jabornegg/Resch* in *Schwimann,* ABGB² VI § 1188 Rz 6).

Der Anspruch eines Gesellschafters auf **Rechnungslegung** gegen die übrigen Gesellschafter oder einzelne von ihnen ist im streitigen Rechtsweg durchzusetzen (im einzelnen s *Jabornegg/Resch* in *Schwimann,* ABGB² VI § 1198 Rz 5 ff mwN).

Zur **Bestellung von Geschäftsführern** und zur Entziehung der Geschäftsführung s *Jabornegg/Resch* in *Schwimann,* ABGB² VI § 1190 Rz 1 ff.

bb) Offene Handelsgesellschaft, Kommanditgesellschaft und stille Gesellschaft (§§ 105 ff HGB)

Bei der **OHG** sind alle **Angelegenheiten, die das Firmenbuch betreffen,** nach den Vorschriften dieses außerstreitigen Verfahrens zu erledigen. Die Ansprüche der Gesellschafter untereinander und gegen die Gesellschaft sind im streitigen Rechtsweg geltend zu machen, mit Ausnahme des Antrags des offenen Handelsgesellschafters auf Bucheinsicht (SZ 25/183 [1952] = JBl 1953, 127), auf Bilanzerrichtung (5 Ob 81/59) und auf gerichtliche Bestellung von Liquidatoren für die OHG (OLG Wien NZ 1953, 93); der Prozeßweg ist hingegen zu beschreiten, wenn das Begehren über die Bucheinsicht hinausgeht und die Gesellschafterqualität des Klägers strittig ist (6 Ob 37/61). 320

Entsprechendes gilt für die **Kommanditgesellschaft.** Auch hier ist für die Geltendmachung aller Ansprüche aus dem Gesellschaftsvertrag ausschließlich der Rechtsweg vorgeschrieben, während die Durchsetzung des im Gesetz eingeräumten Rechts auf Einsicht in die Geschäftsbücher und Belege (§ 166 HGB) dem Außerstreitrichter obliegt (*Torggler/Kucsko* in *Straube,* HGB² I § 166 Rz 4 mwN); in das außerstreitige Verfahren gehört auch das Begehren eines Kommanditisten, wenn ihm vertraglich die Rechte nach § 118 HGB eingeräumt wurden (*Torggler/Kucsko* in *Straube,* HGB² I § 166 Rz 4; GesRZ 1979, 32; SZ 50/90 [1977]). Der Anspruch des Kommanditisten auf einen Gewinnanteil, der mangels einer Vereinbarung kraft Gesetzes als angemessen bedungen gilt, muß im Streitverfahren geltend gemacht werden (s *Torggler/Kucsko* in *Straube,* HGB² I § 168 Rz 5). 321

Die vermögensrechtlichen Ansprüche der **stillen Gesellschafter** sind im Rechtsweg zu verfolgen. Während bei Bestand der Gesellschaft das gesetzlich eingeräumte Recht des stillen Gesellschafters auf Bucheinsicht im außerstreitigen Verfahren geltend zu machen ist (SZ 10/210 [1928]), ist nach Beendigung des Gesellschaftsverhältnisses über das Einsichtsrecht im Prozeßweg zu entscheiden (im einzelnen s dazu *Straube* in *Straube,* HGB² I § 183 Rz 6).

cc) Erwerbsgesellschaft nach dem ErwerbsgesellschaftenG (EGG, BGBl 1990/257)

Gem § 4 EGG sind die Vorschriften über die OHG bzw die KG auf **Erwerbsgesellschaften** anzuwenden. 322

dd) Gesellschaft mit beschränkter Haftung (GmbHG, RGBl 1906/58)

Gem § 102 GmbHG verhandelt und entscheidet über Angelegenheiten, die in diesem Gesetz dem Gericht zugewiesen sind, sofern es sich nicht um bürgerliche Rechtsstreitigkeiten handelt, die dem Prozeßgericht zugewiesen sind, der für den Sitz der Gesellschaft zuständige, zur Ausübung der Gerichtsbarkeit in Handelssachen berufene Gerichtshof erster Instanz im Verfahren außer Streitsachen. Nach der Rsp wird mit dieser Bestimmung die Absicht verfolgt, die Durchsetzung der aus diesem Gesetz abgeleiteten Ansprüche in das außerstreitige Verfahren zu verweisen, soweit nicht eine gesetzliche Anordnung in der Richtung besteht, daß über derartige Forderungen im streitigen Rechtsweg abzusprechen ist (EvBl 1991/85; EvBl 1991/47 = ecolex 1991, 25). Nach aA gibt es für eine solche Absicht allerdings keine zureichenden Anhaltspunkte; der Gehalt der Be- 323 stimmung kann nicht aus einem feststehenden Normzweck ermittelt werden, sondern es muß im Einzelfall gefragt werden, welche Verfahrensart am ehesten geeignet ist (*Koppensteiner,* GmbHG Rz 2 und Rz 6 zu § 102).

324 Überall dort, wo das **Firmenbuchgericht** involviert ist, gilt Außerstreitrecht; das bezieht sich auf die Einreichung von Schriftstücken zum Firmenbuch, auf Anmeldungen und auf die amtswegige Tätigkeit des Firmenbuchgerichts (s dazu ausführlich *Koppensteiner,* GmbHG Rz 3 ff zu § 102).

Im Kontext von **Informationsansprüchen** verschiedener Art hat sich der OGH für das außerstreitige Verfahren entschieden (6 Ob 33/97 i; 6 Ob 1039/95; SZ 64/21 [1991] = ecolex 1991, 323; SZ 62/160 [1989] = EvBl 1991/85 = ecolex 1991, 465; SZ 63/150 [1990] = EvBl 1990/170 = ecolex 1991, 25; GesRZ 1990, 222; NZ 1990, 232; zust *Koppensteiner,* GmbHG Rz 8 zu § 102 und Rz 32 zu § 22 mwN).

325 **Ansprüche der Gesellschaft gegen die Gesellschafter** sind im streitigen Rechtsweg durchzusetzen; gleiches gilt für Ansprüche der Gesellschafter gegen die Gesellschaft, insb für solche auf Beteiligung am Gewinn (im einzelnen s *Koppensteiner,* GmbHG Rz 9 zu § 102). Verweigert der Geschäftsführer einer GmbH die Eintragung in das Anteilsbuch, muß der Gesellschafter diesen Anspruch im Prozeßweg gegen die Gesellschaft durchsetzen (HS 11.533/15 [1978]).

Die Bestellung eines **Notgeschäftsführers** gem § 15 a GmbHG ist im außerstreitigen Verfahren vorzunehmen (SZ 59/172 [1986]; *Fucik/Rechberger* in *Rechberger,* ZPO Art I EGZPO Rz 15; *Koppensteiner,* GmbHG Rz 9 zu § 15 a).

Die **Abberufung eines Liquidators der GmbH** infolge pflichtwidrigen Verhaltens oder aus anderen Enthebungsgründen ist zunächst im außerstreitigen Verfahren zu verlangen (ZBl 1927/211).

ee) Aktiengesellschaft (AktG, BGBl 1965/98)

326 Nach § 14 AktG (ident mit § 102 GmbHG) verhandelt und entscheidet über Angelegenheiten, die nach diesem Bundesgesetz dem Gericht zugewiesen sind, sofern es sich nicht um bürgerliche Rechtsstreitigkeiten handelt, die dem Prozeßgericht zugewiesen sind, der für den Sitz der Gesellschaft zuständige, **zur Ausübung der Gerichtsbarkeit in Handelssachen berufene Gerichtshof erster Instanz im Verfahren außer Streitsachen** (zur Problematik dieser Bestimmung s *Jabornegg* in *Schiemer/Jabornegg/Strasser,* AktG^3 Rz 1 f zu § 14 sowie *Koppensteiner,* GmbHG Rz 1 ff zu § 102 jeweils mwN; im einzelnen s ausführlich *Jabornegg* in *Schiemer/Jabornegg/Strasser,* AktG^3 Rz 15 ff zu § 14).

b) Ansprüche des Handelsvertreters (HandelsvertreterG 1993, BGBl 88)

327 Dem **selbständigen Handelsvertreter** steht die Wahl offen, die Bucheinsicht durch eine Stufenklage nach Art XLII EGZPO oder im außerstreitigen Verfahren durchzusetzen (verstSenat, SZ 65/165 [1992] = JBl 1993, 249 [zust *Jabornegg*] = EvBl 1993/52 = ÖZW 1994, 78 = ecolex 1993, 236); *Fucik/Rechberger* in *Rechberger,* ZPO Art I EGZPO Rz 15; anders die ältere Rsp, wonach nur das außerstreitige Verfahren offensteht, HS 8569 [1972]; JBl 1958, 474 = RZ 1958, 106; SZ 27/86 [1954]).

c) Wertpapiere

328 **Rechte aus Wertpapieren** sind klageweise geltend zu machen; nur für die Kraftloserklärung der Wertpapiere ist nach dem KraftloserklärungsG 1951 (BGBl 86) das Außerstreitverfahren anzuwenden.

d) Kartellrecht (KartellG, BGBl 1988/600)

Streitigkeiten aus einem Kartellvertrag sind im **Streitverfahren** auszutragen (§§ 122 ff KartellG und die dort vorgesehen Besonderheiten bezüglich Schiedsverträgen und des Exekutionsverfahrens). Im übrigen ist das **Kartellverfahren vor dem Kartellgericht** (beim OLG Wien) bzw dem Oberkartellgericht (beim OGH) **im außerstreitigen Verfahren** auszutragen (im einzelnen s dazu *Barfuß/Wollmann/Tahedl,* Kartellrecht 134 ff). 329

Bei den der Austro Control GmbH übertragenen Aufgaben der Stückeprüfung, Musterprüfungen und Nachprüfungen von Luftfahrzeugen auf ihre technische Sicherheit, die früher vom Bundesamt für Zivilluftfahrt wahrgenommen wurden, handelt es sich um hoheitliche Aufgaben, die von dieser Gesellschaft als beliehenem Unternehmen erbracht werden; solche Tätigkeiten der Hoheitsverwaltung sowie die hiefür auf Grund einer Verordnung einzuhebenden Gebühren sind der Kontrolle durch das Kartellgericht entzogen, sie unterliegen nur der Kontrolle durch die Gerichtshöfe des öffentlichen Rechts (SZ 69/44 [1996] = ecolex 1996, 689 [*Wollmann*]).

10. Grundbuchsrecht

Lit: *Feil,* Angewandtes Grundbuchsrecht (1965).

a) Allgemeines

Die Führung des Grundbuchs erfolgt im außerstreitigen Verfahren. Nur dort, wo die grundbuchsrechtlichen Vorschriften ausdrücklich die Erledigung im streitigen Rechtsweg oder die Verweisung auf den Rechtsweg anordnen (so bei Klagen gem §§ 42 ff und §§ 61 ff GBG), ist der Prozeßweg zu beschreiten. 330

b) Einzelfragen

• Nicht über jeden Berichtigungsantrag gem § 104 GBG ist im Außerstreitverfahren zu entscheiden; über die Frage des richtigen Ranges eines konkurrierenden Veräußerungs- und Belastungsverbots und der Ranganmerkung der Veräußerung kann im Fall mangelnder Einigung nur im streitigen Verfahren erkannt werden (5 Ob 116/71; SZ 33/10 [1960]; 26/224 [1953]). 331

• Trotz Abweichung der Grundbuchseintragung vom Inhalt des richterlichen Beschlusses ist eine Berichtigung nach § 104 GBG dann unzulässig, wenn die Eintragung Rechtsfolgen nach sich gezogen hat und eine Einigung zwischen den Parteien nicht erzielbar ist (EvBl 1971/335); bleibt es bei der fehlerhaften Grundbuchseintragung, so folgt daraus zwangsläufig, daß derjenige den Rechtsweg beschreiten muß, der diese fehlerhafte Eintragung zu seinen Gunsten beseitigt haben will (5 Ob 4/96).

• Eine durch Vertrag begründete Dienstbarkeit des Fahrweges kann, auch wenn sie im Grundbuch als Dienstbarkeit des Notweges eingetragen ist, nicht nach § 24 NWG im außerstreitigen Verfahren aufgehoben werden; über das Erlöschen dieser Dienstbarkeit kann nur im Streitverfahren entschieden werden (SZ 34/58 [1961] = EvBl 1961/297).

• Läßt sich der Nachweis der Unrichtigkeit iSd § 136 GBG sonst nicht erweisen, bedarf es zur Antragstellung zusätzlich einer Erklärung derjenigen Person, in deren bürgerliche Rechte eingegriffen werden soll, dahin, daß sie in eine Richtigstellung einwilligt; wird eine solche Erklärung nicht außergerichtlich abgegeben, ist deren Abgabe nur im Rechtsweg zu erzwingen (5 Ob 94/95; 8 Ob 1502/88; 2 Ob 156/73).

11. Miet- und pachtrechtliche Angelegenheiten

a) MietrechtsG (MRG, BGBl 1981/520)

Lit: Zur Rechtslage vor dem 3. WÄG 1993 (BGBl 1993/800): *Würth/Zingher,* Miet- und Wohnrecht[19] (1989) Rz zu §§ 37ff MRG; *dies,* Rechtsweg und Außerstreitverfahren nach §§ 37ff MRG, ImmZ 1984, 5.

aa) Allgemeines

332 **§ 37 Abs 1 MRG verweist ein heterogenes Bündel von Angelegenheiten des Mietrechts in das Verfahren außer Streitsachen;** einzige herausstechende Gemeinsamkeit dieser Rechtssachen ist der Umstand, daß es sich dabei **immer um gesetzliche,** nicht aber um rein vertragliche **Ansprüche** handelt. Darunter fallen sowohl Mehrparteien- als auch Zweiparteienverfahren. Obwohl es sich dabei grundsätzlich um Verfahren mit kontradiktorischem Zuschnitt handelt, ist die Verweisung der Mehrparteienverfahren in das außerstreitige Verfahren notwendig, da der Zivilprozeß für derartige Verfahren keine Handhabe bietet. Den Verfahrensvorschriften des § 37 MRG kommt über das MRG hinaus Bedeutung zu, da auch das WEG und das WGG zT auf diese Vorschriften verweisen (*Klicka/Oberhammer,* Außerstreitverfahren[3] Rz 102; s auch *Fucik/Rechberger* in *Rechberger,* ZPO Art I EGZPO Rz 14).

333 Die **Durchsetzung vertraglicher Vereinbarungen gehört auf den streitigen Rechtsweg** (4 Ob 322/98 a; SZ 64/163 ua); aus § 9 MRG kann nicht geschlossen werden, daß der Gesetzgeber der Durchsetzung vertraglicher Ansprüche den Rechtsweg nehmen und somit über Verträge im Verfahren außer Streitsachen entscheiden lassen will (6 Ob 666/94; 8 Ob 615/91; SZ 57/13 [1984]; ebenso zur Rechtslage vor dem MRG, EvBl 1952/417; MietSlg 3400 [1953] ua).

334 Zur Entlastung der Gerichte von den außerstreitigen Mietensachen wurden in größeren Städten sog **Schlichtungsstellen** geschaffen (§§ 39f MRG), bei denen Anträge gem § 37 Abs 1 MRG zu stellen sind. Dabei wurde das System der sukzessiven Kompetenz gewählt: Das Gericht darf nach § 40 MRG nur angerufen werden, nachdem die Schlichtungsstelle der Gemeinde entschieden oder wenn sie nicht innerhalb von drei Monaten abgesprochen hat. Ein Antrag an das Gericht ohne vorherige Befassung der Schlichtungsstelle führt zu einer Zurückweisung des Antrags wegen Unzulässigkeit des Rechtswegs (s *Mayr* in *Rechberger,* ZPO Rz 2 vor § 1 JN). Der bei einer Schlichtungsstelle gestellte Sachantrag kann bei Gericht nicht geändert, insb nicht erweitert werden; ein derartiges Begehren ist zurückzuweisen (EvBl 1997/96; WoBl 1996/55 mwN).

Gem Kundmachung BGBl 1979/299 bestehen derzeit in folgenden Gemeinden Schlichtungsstellen: Graz, Innsbruck, Klagenfurt, Leoben, Linz, Mürzzuschlag, Neunkirchen, Salzburg, St. Pölten, Stockerau und Wien (*Oberhammer* in *Rainer,* Handbuch 486).

Siehe auch Rz 12ff und § 40a JN Rz 7.

335 Durch das 3. WÄG (BGBl 1993/800) wurde eine **Ausnahme vom System der sukzessiven Kompetenz** geschaffen: Wird ein Antrag auf Erlassung einer einstweiligen Verfügung zur Sicherung des im Außerstreitverfahren geltend zu machenden Anspruchs gestellt, so ist der Anspruch in der Hauptsache unmittelbar bei Gericht einzubringen. Wird ein Antrag auf Erlassung einer einstweiligen Verfügung (bei Gericht) gestellt, so kann ab diesem Zeitpunkt ein Verfahren bei der Schlichtungsstelle nicht mehr anhängig gemacht werden. Wurde bereits ein Verfahren bei der Gemeinde eingeleitet, so geht mit dem Antrag auf Erlassung einer einstweiligen Verfügung die Entscheidungsbefugnis (auf Antrag) auf das

Gericht über, das Verfahren bei der Gemeinde ist in diesem Fall unter sinngemäßer Heranziehung des § 40 Abs 2 MRG einzustellen (§ 37 Abs 3 Z 22 MRG; *Klicka/Oberhammer,* Außerstreitverfahren[3] Rz 104; *Oberhammer* in *Rainer,* Handbuch 491). Über den Antrag auf Erlassung einer einstweiligen Verfügung hat der für die Hauptsache zuständige Außerstreitrichter zu entscheiden (*Würth/Zingher,* Wohnrecht'94, 108).

Die **nicht taxative Aufzählung** (*Fucik/Rechberger* in *Rechberger,* ZPO Art I **336**
EGZPO Rz 14; *Würth* in *Rummel,* ABGB[2] II § 37 MRG Rz 2; *ders,* ImmZ 1984, 6) des § 37 Abs 1 MRG verweist **folgende Angelegenheiten in das Verfahren außer Streitsachen** (s dazu im einzelnen *Würth/Zingher,* Miet- und Wohnrecht[19] Erl zu § 37 MRG; *Würth,* ImmZ 1984 insb 7; jeweils zur Rechtslage vor dem 3. WÄG 1993):

- die Anerkennung als Hauptmieter gem § 2 Abs 3 MRG (Z 1);
- die Durchführung von Erhaltungs- und Verbesserungsarbeiten gem § 3ff MRG (Z 2);
- die Durchsetzung der Anbotspflicht gem § 5 Abs 2 MRG (Z 3);
- die Durchsetzung des Anspruchs auf Wiederherstellung gem § 7 MRG (Z 4);
- die Duldung von Eingriffen in das Mietrecht zur Durchführung von Erhaltungs-, Verbesserungs-, Änderungs-, und Errichtungsarbeiten einschließlich des Anspruchs auf angemessene Entschädigung gem § 8 Abs 2 und 3, § 18c Abs 2 MRG (Z 5);
- die Veränderung (Verbesserung) des Mietgegenstandes gem § 9 MRG und die Feststellung der Höhe und des Ersatzes von Aufwendungen auf eine Wohnung gem § 10 MRG (Z 6);
- der Wohnungstausch gem § 13 MRG (Z 7);
- die Überprüfung der Angemessenheit des vereinbarten oder begehrten Hauptmietzinses gem §§ 12a, 16, 43f, 46, 46a bis c MRG, des Untermietzinses (§ 26 MRG) und der Anrechnung von Dienstleistungen auf den Hauptmietzins gem § 28 MRG (Z 8);
- die Aufgliederung eines Pauschalmietzinses gem § 15 Abs 4 MRG (Z 8a);
- die Verteilung der Gesamtkosten und Anteil eines Mietgegenstands an den Gesamtkosten gem § 17 MRG (Z 9);
- die Erhöhung des Hauptmietzinses (§§ 18, 18a, 19 MRG) sowie die Höhe und Zuordnung der Kosten von Baumaßnahmen gem § 18c Abs 4 MRG (Z 10);
- die Legung einer Abrechnung gem § 20 Abs 3 und 4, § 21 Abs 5, § 24 Abs 3 und § 45 MRG (Z 11);
- die Betriebskosten und laufende öffentliche Abgaben, Auslagen für die Verwaltung, Beitrag für die Hausbesorgerarbeiten, besondere Aufwendungen gem §§ 21 bis 24 MRG (Z 12);
- das Entgelt für mitvermietete Einrichtungsgegenstände und sonstige Leistungen gem § 25 MRG (Z 12a);
- die Angemessenheit des Erhaltungs- und Verbesserungsbeitrages und Rückzahlung sowie Bekanntgabe der Erhaltungs- und Verbesserungsarbeiten gem § 45 MRG (Z 13);
- die Rückzahlung von verbotenen Leistungen und Entgelten gem § 27 MRG (Z 14).

bb) Einzelfragen

• Die Möglichkeit, daß als Annex im Verfahren über einen in das Außer- **337**
streitverfahren nach § 37 MRG verwiesenen Feststellungsantrag ein Leistungsbefehl auf Rückzahlung ergeht, hat auf die Zulässigkeit des Rechtswegs keinen Einfluß (SZ 66/27 [1993] = WoBl 1993, 138; s dazu auch *Würth,* ImmZ 1984, 5 und 9).

• Der Anspruch auf Rückforderung angeblich zuviel bezahlter Beträge an Betriebskosten und Heizkosten ist im Rechtsweg geltend zu machen (ImmZ 1986, 66), ebenso die Rückforderung gesetzwidrig erhobener Erhaltungsbeiträge (MietSlg 36.492/40 [1984]).

● Ansprüche des Mieters auf Vornahme bestimmter baulicher Veränderungen am Mietgegenstand auf Grund einer vertraglichen Regelung sind im Prozeßweg geltend zu machen (7 Ob 613/93; 8 Ob 588/91; RZ 1991/42; 1986/2; SZ 57/13 [1984] = MietSlg 36.486 [1984]).

● Die Durchsetzung vertraglicher Vereinbarungen bezüglich Instandsetzungsarbeiten gehören auf den Rechtsweg (6 Ob 666/94; 8 Ob 615/91; SZ 57/13 [1984] = MietSlg 36.486 [1984]).

● Die Durchsetzung einer Vereinbarung über eine Veränderung des Mietgegenstands zwischen einem Mieter und dem vom Mehrheitseigentümer bestellten Verwalter hat im Prozeßweg zu erfolgen (RZ 1986/2 = MietSlg 36.483/47 [1984]).

● Die Entscheidung ob der begehrte Hauptmietzins einer Vereinbarung entspricht, gehört in das Streitverfahren (MietSlg 37.493/15 [1985]).

● Auf den Rechtsweg gehört das Begehren auf Zuhaltung eines Bestandvertrags durch Abgabe einer Willenserklärung auf Änderung des vereinbarten Hauptmietzinses (JBl 1986, 38 = MietSlg 37.501/36 [1985]).

● Ob die dem gesetzlichen Aufteilungsschlüssel entsprechende Vorschreibung eines Anteils an den Betriebskosten wegen einer abweichenden Vereinbarung zu Unrecht erfolgt ist, kann nur im streitigen Verfahren geprüft werden (RdW 1986, 270).

● Der Anspruch des Vermieters auf Zahlung des Erhaltungsbeitrages ist im streitigen Verfahren geltend zu machen; ob der begehrte Erhaltungsbeitrag dem Gesetz entspricht, ist – soweit nicht § 41 MRG zur Anwendung kommt – im streitigen Verfahren als Vorfrage zu klären (SZ 56/88 [1983] = EvBl 1984/28 = MietSlg 35.468 [1983]).

● Der Vermieter kann ausgelegte Erhaltungskosten nicht im außerstreitigen Verfahren begehren (SZ 55/184 [1982] = MietSlg 34.340 [1982]).

● Über das Begehren auf Räumung des Dachbodens und Unterlassung der weiteren Benützung, weil dies titellos geschehe, ist im streitigen Verfahren zu entscheiden (RdW 1986, 305).

● Das Begehren des Mieters gegen den Vermieter auf Wiederherstellung des von diesem absichtlich veränderten Zustands des Bestandgegenstands gehört in das streitige Verfahren (zur Rechtslage vor dem MRG ZBl 1933/158).

● Der Anspruch auf Herabsetzung des Mietzinses nach § 1105 ABGB gehört in das streitige Verfahren (zur Rechtslage vor dem MRG, LGZ Wien EvBl 1954/187 = MietSlg 3403 [1953]; LGZ Wien MietSlg 3404 [1953] ua).

● Ein Begehren auf Rechnungslegung hinsichtlich der in einem Pauschalmietzins enthaltenen Betriebskosten gehört nicht auf den streitigen Rechtsweg, sondern in das Außerstreitverfahren nach § 37 MRG (WoBl 1988, 92).

● Über die vom Vermieter begehrte Duldung des Betretens des Mietgegenstands ist im Außerstreitverfahren zu entscheiden (SZ 58/21 [1985] = RZ 1985/82).

● Die Entscheidung über die Angemessenheit (Zulässigkeit) des vorgeschriebenen Hauptmietzinses gehört ohne Rücksicht auf die Einwendungen des Antragsgegners in das Außerstreitverfahren (EvBl 1986/131 = MietSlg 37.314 [1985]).

● Ein Wiederherstellungsbegehren, weil der Vermieter durch einen Dachbodenausbau einen Kaminanschluß unbenützbar gemacht hat, ist im außerstreitigen Verfahren geltend zu machen (RZ 1988/63).

● Für das Leistungsbegehren des Vermieters, den Mieter zur Zahlung der während des Außerstreitverfahrens wegen Bestimmung des zulässigen Hauptmietzinses fällig werdenden Differenzbeträge zwischen dem vereinbarten und dem zu entrichtenden „angemessenen" Hauptmietzins zu verpflichten, ist in § 37 Abs 1 MRG keine Zuständigleit des Außerstreitrichters vorgesehen (5 Ob 457/97 k).

b) Weitere bestandrechtliche Regelungen

Nach § 12 LandpachtG (LPG, BGBl 1969/451) entscheidet das Gericht im außerstreitigen Verfahren über Anträge auf Verlängerung von Landpachtverträgen und auf Berichtigung des Pachtzinses. Die Rückforderung von im Rahmen eines Landpachtvertrags zuviel bezahlten Pachtzinsbeträgen ist hingegen im streitigen Verfahren durchzusetzen (SZ 49/54 [1976] = EvBl 1976/245). **338**

Gem § 14 Abs 1 KleingartenG (BGBl 1959/6) entscheidet über Antrag bei Unter- und Einzelpachtverträgen das Gericht im Außerstreitverfahren über die Ersetzung der Zustimmung des Generalpächters zur Übertragung der Rechte aus einem Unter- oder Einzelpachtvertrag an den Ehegatten, einen Verwandten usw.

Auf das SportstättenschutzG (BGBl 1990/456) sei lediglich hingewiesen (s dazu WoBl 1992, 185).

Im übrigen s auch *Koziol/Welser,* Grundriß[10] I 373 (mwN).

E. Verfahrensrechtliche Nebenansprüche

1. Kosten

Lit: *M. Bydlinski,* Der Anspruch auf Ersatz „vorprozessualer Kosten", JBl 1998, 69; *ders,* Klagseinschränkung auf Kosten oder auf Feststellung? RZ 1989, 131.

a) Gerichtliche Verfahrenskosten

aa) Allgemeines

Der **Anspruch des Staates auf Bezahlung der Gerichtskosten ist rein öffentlich-rechtlicher Natur.** Bezüglich des Anspruchs der Parteien auf Kostenersatz durch den Prozeßgegner (oder einen anderen Kostenschuldner) ist zu beachten, daß auch dieser Ersatzanspruch grundsätzlich nur aus dem Prozeßrecht (§§ 41 ff ZPO) abgeleitet wird (ungeachtet des Umstands, daß er den Ersatz der durch die Prozeßführung eingetretenen Vermögensminderung zum Gegenstand hat). Diese Gesetzesstellen enthalten andere anspruchsbegründende Kriterien und ein anderes Durchsetzungsverfahren als die Normen des Privatrechts. Der **Prozeßkostenersatzanspruch ist ein materieller Ersatzanspruch eigener Art,** der auch entsteht, wenn die Normen des bürgerlichen Rechts zur Begründung des Ersatzanspruchs nicht ausreichen würden (*Ballon,* Zivilprozeßrecht[9] Rz 431; *Fasching,* Lehrbuch[2] Rz 468). **339**

Eine andere Ansicht, die insb die ständige Rsp vertritt, qualifiziert den Kostenersatzanspruch als solchen öffentlich-rechtlicher Natur (*Buchegger,* Prakt-ZPR[6] I 73; *Holzhammer,* Zivilprozeßrecht[2], 110; *Rechberger/Simotta,* Zivilprozeßrecht[4] Rz 297; ebenso noch *Fasching*[1] I 152; 4 Ob 2314/96 i; 8 Ob 2070/96 m; 1 Ob 587/86; EvBl 1962/352; JBl 1959, 162 = EvBl 1959/22 uva); eine weitere Meinung betrachtet ihn als privatrechtlichen Anspruch (*M. Bydlinski,* Kostenersatz in Zivilprozeß 53; *ders,* RZ 1989, 156). *Fucik* in *Rechberger,* ZPO vor § 40 Rz 4 hält die Qualifikation des Kostenersatzanspruch für entbehrlich, wenn man sich an folgende Gesichtspunkte hält: Der Kostenersatzanspruch richtet sich nicht nach dem ABGB, sondern nur nach den Regeln der ZPO; er ist nur ge- **340** meinsam mit dem Hauptanspruch geltend zu machen („Akzessorietät"); er ist nicht im Rechtsweg, sondern in einem eigenen Kostenbestimmungsverfahren geltend zu machen.

341 Der **Kostenersatzanspruch ist akzessorisch** (*Fasching,* Lehrbuch[2] Rz 468; *Rechberger/Simotta,* Zivilprozeßrecht[4] Rz 297; 1 Ob 1/92; EvBl 1958/350; aM *M. Bydlinski,* Kostenersatz 67; *ders,* RZ 1989, 157) und setzt voraus, daß ein Hauptanspruch entstanden ist, der bereits Gegenstand eines Zivilprozesses (oder eines gerichtlichen Vergleichs) ist oder war. Unter dieser Voraussetzung ist die Geltendmachung des Prozeßkostenersatzanspruchs – auch für vorprozessuale (außergerichtliche) Kosten (4 Ob 293/98 m) – nur in dem in den §§ 41 ff ZPO für den Kostenersatz vorgesehenen Kostenbestimmungsverfahren innerhalb des Prozesses zulässig. Der selbständigen Einklagung steht die Unzulässigkeit des Rechtswegs entgegen; nur dann, wenn es an der Akzessorietät fehlt, also kein Prozeß in der Hauptsache eingeleitet werden kann, weil der Hauptanspruch bereits durch Erfüllung, Verzicht oder Anerkenntnis erledigt wurde, können die **außergerichtlichen oder vorprozessualen Auslagen,** die für dieses Ergebnis erforderlich waren, mit selbständiger Klage geltend gemacht werden (*Fasching,* Lehrbuch[2] Rz 468; 4 Ob 2314/96 i; 8 Ob 2070/96 m; 2 Ob 45/95; ZfRV 1977, 123 [*Hoyer*]; EvBl 1958/350 uva), und zwar als Vertragsforderung oder als Schadenersatzanspruch, der jedoch auch hier grundsätzlich nach den §§ 40 ff ZPO zu bemessen ist (*Fasching,* Lehrbuch[2] Rz 461 und 468). Siehe auch Rz 345 ff.

Die Frage der Kostenersatzpflicht ist ausschließlich durch die Bestimmungen der ZPO geregelt. Sie wird durch den Kostenausspruch zwischen den Parteien endgültig entschieden und kann im Weg des Schadenersatzes nicht neuerlich aufgerollt werden. Die Partei kann Kostenfolgen nur dann vermeiden, wenn sie den Hauptanspruch erfolgreich bekämpft oder durchsetzt (1 Ob 12/56; s auch 2 Ob 535/95; 4 Ob 44/90; 8 Ob 520/84; JBl 1977, 539). Ausnahmsweise kann allerdings der Ersatz von Prozeßkosten aus dem Titel des Schadenersatzes mit selbständiger Klage trotz einer (für den späteren Kläger nachteiligen) rechtskräftigen Kostenentscheidung neuerlich geltend gemacht werden: nämlich dann, wenn der den Schadenersatzanspruch rechtfertigende Sachverhalt wegen der Eigenart des Kostenrechts im Vorprozeß nicht geltend gemacht werden konnte (beispielsweise wurde der im Vorprozeß unterlegene Kläger durch bewußt unrichtige Angaben des Beklagten zur Prozeßführung veranlaßt – NZ 1998, 207).

342 Kosten einer einstweiligen Verfügung sind vom Antragsteller zu tragen und können nur im Zusammenhang mit dem Prozeß als Prozeßkosten dem unterliegenden Antragsgegner auferlegt werden (ebenso *Fucik* in *Rechberger,* ZPO Rz 5 vor § 40); sind sie erst nach Schluß der Verhandlung aufgelaufen, dann sind sie gem § 54 Abs 2 ZPO ebenfalls vom Prozeßgericht zu bestimmen und dem in der Hauptsache unterliegenden Teil zur Zahlung aufzuerlegen, wenn sich die Berechtigung des Antrags ergeben hat (*Fasching*[1] I 152).

343 Kosten der Beweissicherung können vom Beweisführer nur als Kosten des Hauptprozesses (ZBl 1916/384) und nur in dem Ausmaß, in dem sie sich im Hauptprozeß als notwendig erwiesen haben (ZBl 1913/74) geltend gemacht werden; nur dann, wenn feststeht, daß es zum Hauptprozeß überhaupt nicht kommen wird, können die Kosten der Beweissicherung mit besonderer Klage geltend gemacht werden (LGZ Wien MietSlg 39. 761 [1987], 35.784 [1983]; LGZ Wien EvBl 1934/327), wobei die abgesonderte Einklagung unter Vorbehalt der Klagserhebung in der Hauptsache unzulässig ist (*Rechberger* in *Rechberger,* ZPO § 388 Rz 7; *Fasching*[1] I 153; LGZ Graz ZBl 1934/57 [abl *Petschek*]).

Ausführlich zum Kostenanspruch und seiner Durchsetzung s bei §§ 40ff ZPO und *M. Bydlinski,* Kostenersatz.

bb) Einzelfragen

344 • Eine Klage ist zulässig auf Rückersatz von dem Gegner auf Grund einer inzwischen im Wiederaufnahmeverfahren aufgehobenen gerichtlichen Entscheidung geleisteten Kostenbeträgen (5 Ob 560/82; 7 Ob 543/55). Ebenso ist eine Klage zulässig auf Rückersatz von vor Rechtskraft der Kostenentscheidung bezahlten Kosten gem § 1434 ABGB (5 Ob 560/82).

• Die Zulässigkeit des Rechtswegs ist gegeben für die Geltendmachung von (in einem ausländischen Urteil zugesprochenen und daher) im Inland nicht vollstreckbaren Kostenforderungen (SZ 40/88 [1967]; 7 Ob 3/57; 3 Ob 373/56).

• Prozeßkosten, die in einem Vorprozeß des bei einem Unfall Verletzten gegen den Haftpflichtversicherten entstanden sind, können im späteren Ausgleichsprozeß der Haftpflichtversicherungsanstalt gegen die anderen am Unfall Beteiligten geltend gemacht werden, da sie keine „vorprozessualen" Kosten sind (ZVR 1959/180). Ausdrücklich gegenteilig allerdings ZVR 1976/237). Wiederum teilweise anders SZ 54/119 [1981] = JBl 1982, 656, wonach der Rechtsweg zwar zulässig ist, diese Kosten aber nicht regreßfähig sind.

• Die Kosten eines zur Hereinbringung des Schadens gegen einen Dritten geführten Prozesses können als Schaden im Amtshaftungsprozeß eingeklagt werden (ZVR 1961/344); dies gilt allerdings dann nicht, wenn das Rechtsmittel oder der Rechtsbehelf von vornherein aussichtslos ist (1 Ob 147/60); s auch 2 Ob 588/94; SZ 59/141 [1986] = JBl 1987, 244; SZ 59/1 [1986]; 43/216 [1970].

• Ausnahmsweise kann der Ersatz von Prozeßkosten aus dem Titel des Schadenersatzes mit selbständiger Klage trotz einer (für den späteren Kläger nachteiligen) rechtskräftigen Kostenentscheidung neuerlich geltend gemacht werden: nämlich dann, wenn der den Schadenersatzanspruch rechtfertigende Sachverhalt wegen der Eigenart des Kostenrechts im Vorprozeß nicht geltend gemacht werden konnte (beispielsweise wurde der im Vorprozeß unterlegene Kläger durch bewußt unrichtige Angaben des Beklagten zur Prozeßführung veranlaßt – NZ 1998, 207).

b) Vorprozessuale Kosten

aa) Allgemeines

345 Für vorprozessuale Kosten, also Auslagen der Partei, die sie zum Zweck einer Prozeßführung schon vor dessen Einleitung aufgewendet hat (s dazu auch ausführlich *M. Bydlinski,* JBl 1998, 69), gilt folgendes:

Kommt es anschließend zu einer **Prozeßführung in der Hauptsache,** dann sind sie **wie Prozeßkosten zu behandeln** und nach den allgemeinen Regeln über den Prozeßkostenersatz zu ersetzen, sofern sie zur zweckmäßigen Rechtsverfolgung oder Rechtsverteidigung notwendig waren (*Fasching,* Lehrbuch[2] Rz 461; 6 Ob 776/83); ihre Geltendmachung mit Klage im Rechtsweg ist daher unzulässig (4 Ob 2314/96i; 4 Ob 515/94; SZ 46/103 [1973]; HG Wien, WR 818 [1997]. Nach anderer Ansicht kann die Partei frei wählen, ob sie vorprozessuale Kosten im Kostenverzeichnis oder aber als materielle Forderung, etwa als Nebenforderung in der Klage iSd § 54 Abs 2 JN, geltend macht, s *M. Bydlinski,* Kostenersatz 176f; ebenso OLG Wien, WR 787 [1997]; ausdrücklich abgelehnt von 8 Ob 2070/96m. Vgl jüngst *ders,* JBl 1998, 80, wonach bestimmte vorprozessuale Kosten wie insb Mahn- und Inkassospesen als Nebenforderung iSd § 54 Abs 2 JN geltend gemacht, aber auch gesondert ohne gleichzeitige Geltendmachung der Hauptforderung eingeklagt werden können).

Werden vorprozessuale Kosten im Klagebegehren selbst als Hauptforderung geltend gemacht, dann hat das Gericht in entsprechender Anwendung des § 40a JN ein solches Begehren so zu erledigen, als wenn der Zuspruch dieser Kosten durch Kostennote verlangt wäre (*Fasching,* Lehrbuch[2] Rz 461; idS auch *Fucik* in *Rechberger,* ZPO Rz 5 vor § 40; aM die Rsp, 4 Ob 515/94; OLG Graz EvBl 1988/99; HG Wien WR 224 [1986]; LGZ Wien WR 171 [1985]; s auch SZ 47/150 [1974]; 1 Ob 274/70; 5 Ob 66/68, wonach vorprozessuale Kosten nur zuerkannt werden können, wenn sie in das Kostenverzeichnis aufgenommen werden).

346 Wird dagegen der **Hauptanspruch bereits vor der gerichtlichen Geltendmachung durch Befriedigung, Vergleich oder Verzicht erledigt** – kann es also zu keinem Verfahren in der Hauptsache kommen –, **dann können die vorprozessualen Kosten nach den Bestimmungen des materiellen Rechts (Schadenersatz,** der sich inhaltlich auch jetzt grundsätzlich nach den §§ 40ff ZPO richtet, oder Vertrag) vom Gegner verlangt und im ordentlichen Rechtsweg **selbständig eingeklagt werden** (*Fasching,* Lehrbuch[2] Rz 461; *Fucik* in *Rechberger,* ZPO Rz 5 vor § 40; 8 Ob 64/83; SZ 47/150 [1974]; SZ 47/107 [1974] = ZVR 1975/250; SZ 39/29 [1966]; SZ 27/115 [1954] = JBl 1954, 568 [*Michlmayr*]); die Zuständigkeit richtet sich dabei nach dem Streitwert des selbständigen Kostenersatzanspruchs und nicht nach dem seinerzeitigen Hauptanspruch (ÖBl 1982, 82; idS auch 3 Ob 551/94).

347 Vorprozessuale Kosten können weiters dann, wenn sie **Inhalt einer privatrechtlichen Vereinbarung** (Vergleich, Anerkenntnis) sind, mit selbständiger Klage geltend gemacht werden (LGZ Wien, RZ 1998/49; 2 Ob 59/93; 3 Ob 585/86; SZ 50/135 [1977] = RZ 1978/29 = ZVR 1979/144; SZ 46/103 [1973]; 27/115 [1954]; EvBl 1958/350; s aber auch Rz 348).

bb) Einzelfragen

348 • Die Kosten eines Abwesenheitskurators, der in einem Zwangsversteigerungsverfahren für denjenigen eingeschritten ist, zu dessen Gunsten auf der Liegenschaft ein Bestandrecht einverleibt ist, sind vom Betreibenden, der diese Kuratorkosten beglichen hat, gegenüber dem bücherlichen Bestandnehmer nicht im Exekutionsverfahren selbst, sondern vielmehr auf dem Rechtsweg geltend zu machen (RZ 1993/86).

• Werden die Kosten der Vertretung des Privatbeteiligten selbständig geltend gemacht, dann ist es unbeachtlich, ob es, wenn der Hauptanspruch bei Prozeßbeginn noch bestanden hätte, zu einer Überklagung gekommen wäre oder ob der Kläger im Strafverfahren zuviel begehrt hat (6 Ob 650/80; 7 Ob 183/72).

• Befriedigt der im Strafverfahren Verurteilte den Anspruch vor Einbringung der Klage, so kann der Geschädigte die Kosten der Privatbeteiligung selbständig im Rechtsstreit geltend machen (SZ 47/150 [1974]; 39/5 [1966]; 15/12 [1933]).

• Aufwendungen, die der betreibende Gläubiger zur Ermöglichung des Freihandverkaufs macht, kann er nur als Exekutionskosten geltend machen, nicht aber unter dem Titel des Schadenersatzes einklagen (8 Ob 299/66; JBl 1965, 475 = EvBl 1965/266).

• Vorprozessuale Kosten können auch dann nicht mit Klage geltend gemacht werden, wenn das Kapital bereits bezahlt, aber noch die Verzugszinsen aushaften und eingeklagt werden (EvBl 1963/231; s auch ZVR 1987/42).

• Der aufrechnungsweisen Einrede vorprozessualer Kosten (Sachverständigenkosten als Gegenforderung) durch die beklagte Partei (die keinen Hauptanspruch gegen die klagende Partei hat, von dessen Bestehen ihr Kostenanspruch abhängig wäre) steht Rechtswegsunzulässigkeit nicht entgegen (6 Ob 49/58).

• Für Inkassokosten, die neben einer Kaufpreisforderung geltend gemacht werden, ist der Rechtsweg zulässig, wenn behauptet wird, diese Kosten seien auf Grund vereinbarter Bestell- und Lieferbedingungen zu zahlen (LGZ Wien RZ 1998/49). Anderes hingegen: Eine Vereinbarung, die den Kläger berechtigt, Mahngebühren zu verlangen, hebt die Akzessorietät der Kostenforderung zum Hauptanspruch nicht auf, sodaß solche Mahnkosten nicht als selbständiger Teil der Hauptforderung geltend gemacht werden können (LG Salzburg RZ 1997/44); für ihre Geltendmachung ist der Rechtsweg unzulässig (LG Steyr 1 R 152/98 s).

2. Ansprüche von und gegen Sachverständige

a) Allgemeines

Die Bestellung des Sachverständigen durch das Gericht erfolgt in Ausübung eines Hoheitsrechts; der Auftrag an den Sachverständigen begründet daher keinen privatrechtlichen Werkvertrag, sondern ein öffentlich-rechtliches Verhältnis zwischen Sachverständigem, Gericht und Parteien (SZ 13/259 [1931]). Der Sachverständige hat somit keinen privatrechtlichen Entlohnungsanspruch, den er im ordentlichen Rechtsweg geltend machen könnte, sondern nur einen öffentlich-rechtlichen Anspruch gegen das Gericht auf Bestimmung und Einhebung der Gebühren (SZ 16/51 [1934]). Der Gebührenanspruch eines von der Verwaltungsbehörde herangezogenen, nichtamtlichen Sachverständigen obliegt der Verwaltungsbehörde und nicht der Entscheidung des Gerichts (VfSlg 2847 [1955] = JBl 1956, 15). **349**

Der Sachverständige ist kein Organ der Gerichtsbarkeit; daher haftet der Staat für ein Verschulden des gerichtlich bestellten Sachverständigen nicht nach dem AmtshaftungsG; der Sachverständige haftet nach den allgemeinen Regeln des Privatrechts gem § 1299 ABGB (*Ballon,* Einführung[9] Rz 255 mwN; *Fasching,* Lehrbuch[2] Rz 997; *Rechberger* in *Rechberger,* ZPO Rz 7 vor § 351 mwN; JBl 1987, 308; JBl 1985, 628 = EvBl 1985/125).

b) Einzelfragen

• Die Kosten eines Privatgutachtens zur Vorbereitung eines Schadenersatzprozesses können als vorprozessuale Kosten solange nicht selbständig eingeklagt werden, als ein Hauptanspruch besteht (JBl 1978, 317 = RZ 1978/42; JBl 1960, 642 = EvBl 1960/356 = ZVR 1960/413; s auch 4 Ob 2314/96 i; 8 Ob 2070/96 m). Vorprozessuale Privatgutachtenskosten können aber Gegenstand eines eigenen Schadenersatzanspruchs sein, wenn ein besonderes Interesse an der Sachverhaltsermittlung unabhängig von der Rechtsverfolgung oder Rechtsverteidigung in einem Prozeß besteht (2 Ob 207/78; s auch 4 Ob 2314/96 i; 8 Ob 2070/96 m; 8 Ob 87/83). Die Zulässigkeit des Rechtswegs ist weiters gegeben für Aufwendungen für Reise und privates Sachverständigengutachten, wenn noch nicht feststeht, ob es zu einer Prozeßführung kommen wird (2 Ob 542/81). **350**

• Die Kosten eines ärztlichen Sachverständigen, die der Feststellung der weiter notwendigen Behandlungsmethoden, also nicht der Sammlung des Beweisstoffes, dienten, können in der Klage geltend gemacht werden (6 Ob 281/68);

gleiches gilt für ein Sachverständigengutachten zur Ermöglichung der Mängelbehebung an einer Kühlanlage (7 Ob 55/70).

• Auch wenn der Sachverständige von einem ausländischen Gericht bestellt wurde, dessen Kostenbestimmungsbeschlüsse im Inland mangels Vollstreckungsübereinkommen nicht vollstreckbar sind, ist der Rechtsweg unzulässig (Rsp 1934/230).

• Die Einklagung der Gebühren eines Sachverständigen ist weiters gegen einen Rechtsanwalt unzulässig, der die persönliche Haftung für die Bezahlung der Sachverständigengebühren übernommen hat (SZ 13/259 [1931]).

• Der Sachverständige hat im Rahmen der Bestimmung seiner Gebühren keinen Anspruch auf Entlohnung für die Bemühungen, die er im Auftrag beider Parteien zur Herbeiführung einer außergerichtlichen Einigung unternommen hat; beansprucht er solche Übergebühren, dann kann er sie im Rechtsweg geltend machen (OLG Wien EvBl 1934/443).

• Wurde der Sachverständige von einem privaten Schiedsgericht bestellt, dann kann er seinen Kostenanspruch im Rechtsweg geltend machen, da der Sachverständige im schiedsgerichtlichen Verfahren zu den Parteien in ein privatrechtliches Vertragsverhältnis tritt (SZ 20/121 [1938]; anders OLG Wien ZBl 1936/74 [*Petschek*], wonach der Sachverständige nur zu den Schiedsrichtern in eine Vertragsbeziehung tritt).

• Ebenso sind Regreßklagen ehemaliger Schiedsparteien wegen bereits bezahlter Sachverständigengebühren vor den ordentlichen Gerichten zulässig (SZ 25/252 [1952]).

• Schadenersatzansprüche gegen den Sachverständigen wegen eines schuldhaft unrichtig erstatteten Gutachtens sind im Rechtsweg geltend zu machen (SZ 28/116 [1955]; RZ 1933, 148; SZ 11/225 [1929] = JBl 1930, 190; s dazu *Jenner,* JBl 1930, 383 und *Zimbler,* JBl 1933, 159); sie sind aber keine Amtshaftungsansprüche.

3. Ansprüche der Notare

351 Die Entlohnung der Notare erfolgt für ihre Tätigkeit als öffentliche Urkundsperson und als Verfasser von Privaturkunden nach dem NotariatstarifG, für die Tätigkeit als Gerichtskommissär nach dem GerichtskommissionstarifG, für die Tätigkeit als Parteienvertreter nach dem RechtsanwaltstarifG. Die Gebühren des Notars als Gerichtskommissär werden gem § 1 GerichtskommissionsG vom Gericht wie Gerichtsgebühren bestimmt und eingetrieben; in allen anderen Fällen muß der Notar mangels freiwilliger Zahlung seine Gebühren im ordentlichen Rechtsweg einklagen (*Fasching,* Lehrbuch[2] Rz 453; vgl RZ 1971, 125; JBl 1975, 328 = NZ 1975, 170; SZ 26/5 [1953] = ÖJZ 1953/97 = NZ 1953, 63; SZ 20/82 [1938]; 12/285 [1930] zur alten Rechtslage [§ 179 NotariatsO]).

4. Verschiedene Nebenansprüche

Lit: *Edlbacher,* Kann der Notar als Gerichtskommissär Wettbewerber nach dem UWG sein? ÖJZ 1988, 388; *Fasching,* Kostenvorschüsse zur Einleitung schiedsgerichtlicher Verfahren, JBl 1993, 545.

352 Der **Schiedsrichter** kann im Klageweg zur Unterfertigung des Schiedsspruchs sowie zur Bestätigung der Rechtskraft und Vollstreckbarkeit verhalten werden (*Rechberger* in *Rechberger,* ZPO § 578f Rz 4; ZBl 1926/283; SZ 6/212 [1924] = Rsp 1924, 201), da die Parteien einen privatrechtlichen Anspruch auf vollständige Erfüllung des (privatrechtlichen) Schiedsvertrags haben (zur

Rechtsnatur des Schiedsvertrags s *Fasching,* Lehrbuch[2] Rz 2198; *ders,* Schiedsgericht 69). Auch der **Honoraranspruch der Schiedsrichter** gegen die Parteien ist ein privatrechtlicher Anspruch, der im ordentlichen Rechtsweg geltend zu machen ist (SZ 19/304; RZ 1936, 96; die Parteien haften im Zweifel zur ungeteilten Hand, ZBl 1932/308); aus dem Schiedsrichtervertrag ergibt sich auch das Recht auf angemessene Vorschüsse (*Fasching,* JBl 1993, 545; *Rechberger* in *Rechberger,* ZPO §§ 578f Rz 5). Ebenso wie die Entlohnungsansprüche der Schiedsrichter sind auch die Ansprüche der Sachverständigen privatrechtlicher Natur und gegen die Parteien des Schiedsverfahrens geltend zu machen (SZ 20/121 [1938]; gegenteilig OLG Wien ZBl 1936/74).

Mehrkosten an Gerichtsgebühren durch eine schuldhafte Überbewertung des Streitgegenstands durch den siegreichen Kläger können nicht im Rechtsweg geltend gemacht werden (JBl 1983, 385).

Die **Vereinbarung auf Unterlassung oder Zurückziehung eines** der Partei gesetzlich zustehenden **Rechtsmittels** ist zulässig; sie kann klageweise geltend gemacht werden; ebenso auch das Feststellungsbegehren, ein Verzicht im Prozeß sei rechtsunwirksam vereinbart worden (RZ 1934, 198).

Für eine **Klage auf gerichtliche Beurkundung eines mündlich abgeschlossenen Vergleichs** ist der Rechtsweg gegeben (SZ 5/1 [1923]).

Das Begehren auf **Gestattung des Augenscheins** in einem zwischen dem Kläger und Dritten anhängigen Prozeß ist im Rechtsweg geltend zu machen (SZ 25/9 [1952]).

Über die **Rechtmäßigkeit eines Erlags nach § 1425 ABGB** ist im ordentlichen Rechtsweg zu entscheiden (RZ 1935, 217). Hingegen ist wegen der durch die gerichtliche Hinterlegung entstehenden öffentlich-rechtlichen Beziehungen zwischen Behörde und Partei eine Klage auf Herausgabe des Erlags gegen den Bund wegen Unzulässigkeit des Rechtswegs zurückzuweisen. Siehe dazu Art XVIII EGJN.

Gegen einen Notar als Gerichtskommissär kann im Rechtsweg eine Unterlassungsklage nach dem UWG erhoben werden (OLG Wien AnwBl 1987/2743; abl *Edlbacher,* ÖJZ 1988, 388).

F. Gemeindevermittlungsämter

Lit: *Mayr,* Rechtsschutzalternativen in der österreichischen Rechtsentwicklung (1995).

Wenig praktische Bedeutung besitzt die Einrichtung der Gemeindevermittlungsämter im Rahmen ihrer Tätigkeit in zivilrechtlichen Streitigkeiten. Es können vor ihnen auf Grund des GemeindevermittlungsG (RG, RGBl 1869/150) Vergleiche über Geldforderungen und Ansprüche auf bewegliche Sachen, über die Bestimmung und Berichtigung von Grenzen unbeweglicher Güter oder über Grunddienstbarkeiten, über die Dienstbarkeit der Wohnung und bei Besitzstreitigkeiten abgeschlossen werden. **Eine Entscheidungsgewalt steht den Gemeindevermittlungsämtern nicht zu.** Sie können die vor ihnen abgeschlossenen Vergleiche amtlich beurkunden. Die so beurkundeten Vergleiche stellen gem § 8 leg cit einen Exekutionstitel dar und können auch als Grundbuchsurkunden verwendet werden. Da hier keine Entscheidungsgewalt über strittige Rechtsverhältnisse gegeben ist, kann eine Überschneidung mit der Entscheidungsgewalt der Gerichte nicht stattfinden. **353**

Im übrigen s dazu ausführlich *Mayr,* Rechtsschutzalternativen, insb 159ff, 208ff, 267ff, 327ff.

Instanzenverhältnis der Gerichte

§ 2. (1) In erster Instanz sind zur Ausübung dieser Gerichtsbarkeit die Bezirksgerichte, die Landesgerichte und die Handelsgerichte berufen.

(2) Besondere Bezirksgerichte für Handelssachen werden zur Ausübung der Gerichtsbarkeit in Handelssachen an allen Orten errichtet, in welchen ein selbständiges Handelsgericht besteht. Durch Verordnung können auch an anderen Orten solche Bezirksgerichte für Handelssachen errichtet werden.

Abs 1 idF Art II Z 1 a ZVN 1983 BGBl 35 und Art XI BGBl 1993/91

Lit: *Garai,* Dilettantismus gefragt? RZ 1997, 29; *Klecatsky,* Für eine moderne Gerichtsorganisation, ÖJZ 1968, 435 (Vortragsbericht); *Lebitsch,* Verfassungsrechtliche Aspekte der Organisation der Bezirksgerichte, RZ 1994, 258; *O. Oberhammer,* Zum Weiterbestand des Bezirksgerichts für Handelssachen Wien, RZ 1996, 272; *Piegler,* Erstgericht eine Utopie, RZ 1980, 21; *Schmidt,* Zukunft des Bezirksgerichtes für Handelssachen Wien, RZ 1997, 27; *Sinzinger,* Die Zuständigkeit in privatrechtlichen Schiffahrtssachen, JBl 1975, 172; *Walter,* Die Gerichtsbarkeit, in *Schambeck,* Das österreichische Bundesverfassungsgesetz und seine Entwicklung (1980) 443; *Wresounig,* Verfassungsrechtliche Probleme in der österreichischen Gerichtsorganisation, RZ 1979, 237.

Siehe auch das Literaturverzeichnis zu § 1 JN.

Übersicht:

I. Gerichte erster Instanz, Allgemeines

1 Die in § 2 JN enthaltene **Aufzählung der in erster Instanz einschreitenden Gerichte** ist nicht vollzählig. Kraft besonderer gesetzlicher Vorschrift schreiten die nachstehend genannten Gerichte in folgenden Fällen ein:

- In Arbeits- und Sozialrechtssachen entscheidet für den Sprengel des Landesgerichts für Zivilrechtssachen Wien das Arbeits- und Sozialgericht Wien (§ 2 ASGG).

- Für Rechtsmittelklagen können auch die Rechtsmittelgerichte – somit auch die Oberlandesgerichte, allenfalls auch der Oberste Gerichtshof – in erster Instanz zuständig sein (im einzelnen s § 532 ZPO).

- Eher ein Kuriosum und von wohl untergeordneter Bedeutung dürfte die österreichweite Zuständigkeit des Oberlandesgerichtes Wien für Fideikommißsachen sein (dRGBl 1935 I 785 und dRGBl 1938 I 825, wieder in Kraft gesetzt durch StGBl 1945/188 und nach wie vor in Geltung, s Index-Verzeichnis des geltenden Bundesrechts 1993, 112 und 177).

- Die nach dRGBl 1898, 189 vorgesehene Kompetenz der Oberlandesgerichte bei der amtswegigen Löschung von Kapitalgesellschaften oder von Haupt- oder Generalversammlungsbeschlüssen wurde durch Art XXIV des BG BGBl 1991/10 beseitigt, sodaß für diese Angelegenheiten nunmehr die Gerichtshöfe erster Instanz (Landesgerichte bzw das Handelsgericht Wien) als Firmenbuchgerichte zuständig sind.

Die gesetzlichen Grundlagen für die Wiedererrichtung der Gerichte im Jahr 1945 sind das GerichtsorganisationsG 1945 (StGBl 1945/47) und das BehördenüberleitungsG 1945 (StGBl 1945/94); dadurch wurde die Organisation der Gerichte, staatsanwaltschaftlichen Behörden und sonstigen Justizanstalten so, wie sie am 13. 3. 1938 bestanden hatten, wiederhergestellt. Wenn im folgenden keine Rechtsquellen angegeben sind, so gilt die durch diese beiden Gesetze wiederhergestellte Rechtslage unverändert.

II. Bezirksgerichte

Die Errichtung, die Organisation und der örtliche Zuständigkeitsbereich der **Bezirksgerichte** ist durch die folgenden Rechtsquellen normiert (die auf eine auf das 19. Jahrhundert zurückgehende Gerichtsorganisation aufbauen); Änderungen im Sprengelbereich der Bezirksgerichte werden – ausgenommen in Wien, wo die Änderung durch BG zu erfolgen hat (s VfSlg 9667 [1983]) – durch Verordnung der Bundesregierung mit Zustimmung der jeweiligen Landesregierung verfügt (VfSlg 5977 [1969], kundgemacht BGBl 1969/414, gem § 8 Abs 5 lit d ÜbergangsG idF BGBl 1925/368). 2

• Bezirksgerichte in Wien (Bezirksgerichts-Organisationsgesetz für Wien (BGBl 1985/203 idF BGBl I 1999/57):

– BG Innere Stadt Wien (für die Bezirke I, III–VI, XI und für die in § 2 leg cit genannten Angelegenheiten);
– BG Josefstadt (für die Bezirke VII–IX);
– BG Favoriten (für den Bezirk X);
– BG Meidling (für den Bezirk XII);
– BG Hietzing (für den Bezirk XIII);
– BG Fünfhaus (für die Bezirke XIV und XV);
– BG Hernals (für die Bezirke XVI und XVII);
– BG Döbling (für die Bezirke XVIII und XIX);
– BG Floridsdorf (für den Bezirk XXI);
– BG Donaustadt (für den Bezirk XXII);
– BG Liesing (für den Bezirk XXIII);
– BG Leopoldstadt (für die Bezirke II und XX);
– BG für Handelssachen Wien (für alle Bezirke).
– Das Exekutionsgericht Wien sowie das Strafbezirksgericht Wien wurden durch § 6c des BG BGBl 1996/761 aufgelöst.
– Ein weiteres Bezirksgericht in Wien ist geplant (BG Landstraße).

• Bezirksgerichte in den Bundesländern; zu deren Sprengeleinteilung s

– Burgenland (BGBl 1921/476 idF BGBl 1922/407, 1924/264, 1924/304, 1949/250 und 1952/104);
– Kärnten (BGBl 1972/437 idF BGBl 1977/37 und 1979/168);
– Niederösterreich (BGBl 1971/478 idF BGBl 1972/483, 1973/142, 1973/506, 1973/645, 1974/42, 1974/48, 1975/28 und 1991/586);
– Oberösterreich (RGBl 1853/250 idF RGBl 1870/40, 1882/160, 1895/31, 1899/229, 1907/255, 1914/211 und 1915/99, BGBl 1923/187 und 1927/218, GBlÖ 1938/434, BGBl 1949/239, 1957/208 und 1958/42);
– Salzburg (BGBl 1971/21 idF BGBl 1971/137 und 1974/126);
– Steiermark (BGBl 1971/32, 1971/137, 1971/447, 1972/23, 1972/195, 1973/56, 1974/41, 1974/47, 1975/26, 1975/89, 1975/621, 1975/630, 1976/353 und 1979/421);
– Tirol (BGBl 1971/77 idF BGBl 1971/137, 1972/194, 1972/501, 1973/206, 1974/127, 1975/27, 1975/312, 1975/513, 1977/119, 1977/525 und 1983/87);

– Vorarlberg (BGBl 1971/33).

Siehe auch die Übersichten im Kodex des österreichischen Rechts, Gerichtsorganisation[3] (1999).

III. Landesgerichte

3 Die **Gerichtshöfe erster Instanz** tragen nunmehr – mit Ausnahme des Handelsgerichts Wien und des Arbeits- und Sozialgerichts Wien – die Bezeichnung **Landesgericht;** mit BG BGBl 1993/91 wurde die Bezeichnung Kreisgericht für jene Gerichtshöfe erster Instanz, die außerhalb von Landeshauptstädten bestehen, beseitigt.

Die Sprengel der Gerichtshöfe 1. und 2. Instanz sind von § 8 Abs 5 lit d ÜbergangsG idF BGBl 1925/368 nicht erfaßt (VfGH RZ 1979/74, ebenso *Mayr* in *Rechberger,* ZPO § 2 JN Rz 1; s dazu auch *Wresounig,* RZ 1979, 237).

Derzeit bestehen folgende Landesgerichte:

- im Sprengel des OLG Wien: LG für Zivilrechtssachen Wien (StGBl 1945/203), LG Eisenstadt (BGBl 1958/269), LG Krems, LG Korneuburg, LG St. Pölten (BGBl 1988/233), LG Wiener Neustadt; zusätzlich bestehen für den Sprengel des LGfZRS Wien das Handelsgericht Wien (StGBl 1945/203) und das Arbeits- und Sozialgericht Wien (ASGG);
- im Sprengel des OLG Graz: LG für Zivilrechtssachen Graz, LG Leoben, LG Klagenfurt;
- im Sprengel des OLG Innsbruck: LG Innsbruck, LG Feldkirch;
- im Sprengel des OLG Linz: LG Linz, LG Ried, LG Steyr, LG Wels, LG Salzburg (StGBl 1946/10).

IV. Handelsgerichtsbarkeit

4 Derzeit besteht nur **in Wien** ein **Handelsgericht** als zur Ausübung der Handelsgerichtsbarkeit errichteter **Gerichtshof erster Instanz** (StGBl 1945/203); außerhalb von Wien entscheiden die Landesgerichte in Handelssachen, sofern diese in die sachliche Zuständigkeit der Gerichtshöfe erster Instanz fallen.

5 Nur in Wien ist ein Bezirksgericht für Handelssachen eingerichtet (Bezirksgerichts-OrganisationsG für Wien, BGBl 1985/203); außerhalb von Wien entscheiden die Bezirksgerichte auch in Handelssachen, sofern diese in die sachliche Zuständigkeit eines Bezirksgerichts fallen.

Zur Diskussion über die Auflösung des Bezirksgerichts für Handelssachen Wien s *Garai,* RZ 1997, 29; *O. Oberhammer,* RZ 1996, 272; *Schmidt,* RZ 1997, 27.

V. Arbeits- und Sozialgerichtsbarkeit

6 In **Wien** ist ein eigenes **Arbeits- und Sozialgericht** errichtet; außerhalb von Wien entscheiden die Landesgerichte in Arbeits- und Sozialrechtssachen (§§ 2 und 3 ASGG).

VI. Schiffahrtsangelegenheiten

7 Die ursprünglich in § 2 JN erwähnten Seegerichte wurden nie errichtet. Für **Schiffahrtsangelegenheiten** ist zwischen Binnen- und Seeschiffahrt zu unterscheiden (im einzelnen s die Rz zu §§ 49 ff JN):

• In **Binnenschiffahrtsangelegenheiten** sind nach dem G über das Verfahren in Binnenschiffahrtssachen 1937 (dRGBl 1937 I 97) ohne Rücksicht auf den Wert die Bezirksgerichte zuständig; für die gesamte Donau auf österreichischem Gebiet ist das BG für Handelssachen Wien zuständig (ausdrücklich JBl 1993, 530 = ecolex 1992, 696 = NRsp 1992/269 = RdW 1993, 43 = ZVR 1993/114; das dRGBl 1941 I 351 nennt das Amtsgericht Wien); sonst hat das jeweils örtlich zuständige Bezirksgericht (§ 3 BinnenschiffahrtsG) einzuschreiten. Verfahren in Binnenschiffahrtssachen sind als eigene Kausalgerichtsbarkeit zu qualifizieren (EvBl 1972/132). Über Berufungen und Rekurse hat gem dRGBl 1951 I 351 das übergeordnete Oberlandesgericht zu entscheiden. Zuständigkeitsvereinbarungen nach § 104 JN auf ein anderes Bezirksgericht sind zulässig (s dazu *Sinzinger,* JBl 1975, 172).

• In **Seeschiffahrtsangelegenheiten** ist gem § 6 SeeschiffahrtsG (BGBl 1981/174) für den Eigentümer oder Kapitän eines österreichischen Seeschiffes das sachlich zuständige Gericht an dessen allgemeinem Gerichtsstand zuständig; subsidiär kommt das Gericht am Sitz des Seeschiffsregistergerichts – das ist gem § 2 SeeschiffahrtsG das BG Innere Stadt Wien – in Betracht.

VII. Rechtspolitische Überlegungen

Die **Vierstufigkeit der Gerichtsorganisation** ist historisch bedingt und erweist sich objektiv gesehen im modernen Kleinstaat als Nachteil für die Rechtspflege. Die ursprüngliche Trennung der Erstinstanzgerichte in Einzelrichtergerichte (Bezirksgerichte) und Senatsgerichte (Gerichtshöfe erster Instanz) ist durch die weitestgehende Einführung der Einzelgerichtsbarkeit bei den Gerichtshöfen erster Instanz obsolet geworden. Auch die entscheidende Verbesserung der Nahverkehrsverbindungen, die gestiegene Mobilität der Bevölkerung, die veränderte Personalstruktur der Justiz und die Notwendigkeit ökonomischer und sparsamer Justizverwaltung lassen eine Beseitigung der viergliedrigen Gerichtsorganisation durch Zusammenlegung der Bezirksgerichte und der Gerichtshöfe erster Instanz zu einem einheitlichen Prozeßgericht erster Instanz notwendig erscheinen. Dies würde ganz erheblich zur Verbesserung der Rechtssicherheit und zum erleichterten Zugang der Bevölkerung zu Gericht beitragen, da alle Zuständigkeitsregeln der sachlichen Zuständigkeit zur Abgrenzung von Bezirksgerichten und Gerichtshöfen erster Instanz wegfallen würden. Einer solchen sinnvollen Organisationsreform stehen aber bis jetzt falsch verstandene föderalistische Interessen der Gemeinden (und damit der sie berücksichtigenden Bundesländer) entgegen (*Fasching,* Lehrbuch[2] Rz 182; idS auch *Mayr* in *Rechberger,* ZPO § 2 JN Rz 2). 8

Zur Diskussion über die Einführung einer dreistufigen Gerichtsorganisation mit einer einzigen Eingangsinstanz s weiters BMfJustiz, Gesamtreform der Justiz; *Fasching,* Gerichtsorganisation 45 ff; *Klecatsky,* ÖJZ 1968, 435 (Vortragsbericht); *Piegler,* RZ 1980, 21; *Walter* in *Schambeck,* Bundesverfassungsgesetz 443; *Lebitsch,* RZ 1994, 258.

§ 3. (1) Der Rechtszug gegen Urteile und Beschlüsse der Bezirksgerichte (Berufung, Rekurs) geht in zweiter Instanz an die Landesgerichte. Im Sprengel eines selbständigen Handelsgerichtes geht aber der Rechtszug gegen Urteile und Beschlüsse eines besonderen Bezirksgerichtes für Handelssachen und gegen die in Ausübung der Gerichtsbarkeit in Handelssachen gefällten, entsprechend bezeichneten (§ 446 ZPO) Urteile eines anderen Bezirksgerichtes an das Handelsgericht.

(2) In dritter Instanz hat über Rechtsmittel gegen Urteile und Beschlüsse der Bezirksgerichte (Revision, Rekurs) der Oberste Gerichtshof zu entscheiden.

IdF BGBl 1933/554, Art II Z 2 ZVN 1983 BGBl 135 und Art XI BGBl 1993/91

Lit: *Bajons,* Der Wandel im Rechtsmittelsystem – oder: Von der ZVN 1983 zur WGN 1989, ÖJZ 1993, 145; *Ballon,* Der Einfluß der Verfassung auf das Zivilprozeßrecht, ZZP 96 (1983) 409; *Petrasch,* Der Weg zum obersten Gerichtshof nach der Erweiterten Wertgrenzen-Novelle 1989, ÖJZ 1989, 743.

Siehe auch das Literaturverzeichnis zu § 2 JN.

Übersicht:

I. Rechtsmittel gegen bezirksgerichtliche Entscheidungen, Allgemeines

1 Durch § 3 JN wird der **Rechtszug gegen Entscheidungen des Bezirksgerichts** geregelt. Sowohl Berufungen gegen Urteile (§§ 461 ff ZPO) als auch Rekurse gegen Beschlüsse der Bezirksgerichte (§§ 514 ff ZPO) sind dem übergeordneten Landesgericht zur Entscheidung vorzulegen.

Lediglich in Binnenschiffahrtssachen entscheidet gem Art 2 der 4. Verordnung zur Durchführung des Gesetzes über das Verfahren in Binnenschiffahrtssachen (dRGBl I 351) das Oberlandesgericht als zweite Instanz über bezirksgerichtliche Erkenntnisse.

Ein an das Gericht zweiter Instanz gerichteter Schriftsatz mit einer Beitrittserklärung als Nebenintervenient gem § 18 ZPO und einem in der Sache als Berufung zu beurteilendem weiteren Anbringen ist vom Berufungsgericht a limine zurückzuweisen, wenn im Zeitpunkt der Überreichung dieses Schriftsatzes an das Gericht zweiter Instanz das Berufungsverfahren bereits beendet und das Rechtsmittelgericht in der Rechtssache demnach auch nicht mehr (funktionell) zuständig war (1 Ob 23/95).

II. Handelsgerichtsbarkeit

2 **Im Sprengel des HG Wien** gehen alle Rechtsmittel gegen Entscheidungen des Bezirksgerichts in Handelssachen Wien und der anderen Bezirksgerichte des Gerichtshofsprengels Wien, soweit die Entscheidungen gem § 446 ZPO über Antrag einer Partei den Beisatz enthalten, daß sie in Ausübung der Handelsgerichtsbarkeit gefällt worden sind, an das Handelsgericht Wien. **Im übrigen Bundesgebiet** entscheiden auch über Rechtsmittel gegen Urteile und Beschlüsse, die von den Bezirksgerichten in Ausübung der Handelsgerichtsbarkeit ergangen sind, die Landesgerichte, die gem § 7 Abs 2 JN in Kausalsenaten erkennen.

III. Oberster Gerichtshof

A. Grundsätzliches, Rechtsmittelbeschränkungen

3 Der **OGH** ist nach der Gerichtsverfassung immer als dritte bzw nach der Bundesverfassung (Art 92 Abs 1 B-VG) als oberste Instanz zur Entscheidung

berufen, sofern nicht das Gesetz seine Anrufung ausschließt. Die Bundesverfassung garantiert wohl den Bestand des OGH als Institution, nicht aber, daß seine Anrufung in jedem Fall möglich sein muß. Rechtsmittelbeschränkungen sind daher verfassungsrechtlich zulässig, sofern sie die Funktion des OGH nicht aushöhlen oder ihn ganz ausschalten (*Ballon,* ZZP 1983, 442; *Fasching,* Lehrbuch² Rz 81; EvBl 1970/211); sie verstoßen auch nicht gegen Art 6 Abs 1 EMRK (EvBl 1984/122). Der OGH – und nicht das übergeordnete OLG – entscheidet daher als Rechtsmittelinstanz gegen alle Entscheidungen der LG (des HG Wien, des ASG Wien), die sie im Zug eines Rechtsmittelverfahrens gefällt haben.

Rechtsmittelbeschränkungen bestehen in folgenden Fällen (s dazu im einzelnen zu bzw vor § 502 ZPO, §§ 508, 519, 528 ZPO):

• Ausgeschlossen ist die Anrufung des Obersten Gerichtshofs gem §§ 502, 528 ZPO in Besitzstörungssachen, in Kostenfragen (auch dann, wenn die zweite Instanz erstmalig entschieden haben sollte, s dazu bei § 528 ZPO), über die Verfahrenshilfe und über Gebühren der Sachverständigen.

• Weiters dann, wenn der Streitgegenstand 52.000 S nicht übersteigt – ausgenommen familienrechtliche, bestimmte bestandrechtliche, arbeits- und sozialrechtliche Streitigkeiten und Rechtssachen nach § 55 Abs 4 JN (zum Außerstreitverfahren s §§ 14 ff AußStrG).

• Die Anrufung des OGH ist auch dann nicht möglich, wenn ein vollbestätigender Beschluß der zweiten Instanz angefochten werden soll (Ausnahmen sind gegeben bei klagszurückweisenden Beschlüssen, bei bestätigenden Beschlüssen im Außerstreitverfahren und gem § 239 Abs 3, § 402 EO; im einzelnen und zu weiteren Ausnahmen s bei § 528 ZPO).

• Ein Rechtsmittel an den OGH ist ferner gem § 4 der 2. TN zum ABGB in Angelegenheiten über die Erneuerung und Berichtigung von Grenzen unstatthaft (dies betrifft nur Liegenschaften, die noch nicht im Grenzkataster eingetragen sind; bei Grundstücken, die im Grenzkataster enthalten sind, ist für Grenzberichtigungen ein gerichtliches Verfahren überhaupt nicht zulässig, § 40 VermessungsG) sowie in Binnenschiffahrtssachen (Art 2 der 4. V zum BinnenschiffahrtsG 1937, dRGBl 1941 I 351).

Ein entgegen diesen Bestimmungen erhobenes Rechtsmittel ist bereits von der ersten Instanz zurückzuweisen. Hingegen kann über die Erheblichkeit einer Rechtsfrage – die eine Zulässigkeitsvoraussetzung für ein Rechtsmittel an den OGH darstellt –, nur das Höchstgericht selbst erkennen (abgesehen von den in den §§ 508, 528 Abs 2 a ZPO genannten Fällen, in denen die zweite Instanz endgültig die Erheblichkeit der Rechtsfrage verneint hat).

B. OGH als Gericht 2. Instanz

Als zweite Instanz schreitet der **OGH** in folgenden Fällen ein: 4

• Entscheidung über die nach § 519 ZPO zulässigen Rekurse gegen Beschlüsse des Berufungsgerichts.

• Entscheidung über Rekurse gegen erstmalig von einer zweiten Instanz gefällte Zurückweisungsbeschlüsse (gleichgültig, ob es sich um die Zurückweisung einer Klage oder eines Rechtsmittels handelt; *Bajons,* ÖJZ 1993, 150; *Petrasch,* ÖJZ 1989, 751; EvBl 1993/80; Jus-Extra OGH-Z 1993/1379; im einzelnen, insb zur Zulässigkeit solcher Rekurse, s bei §§ 514, 519, 528 ZPO).

• Entscheidung über Rechtsmittel gegen Entscheidungen der bei Wiederaufnahms- oder Nichtigkeitsklagen gem § 532 ZPO als Erstgericht einschreitenden Berufungs- oder Rekursgerichte des Vorprozesses.

C. OGH als Gericht 1. Instanz

5 **In erster Instanz** schreitet der **OGH** in folgenden Fällen ein:

- Entscheidung über Feststellungsanträge gem § 54 Abs 2 ASGG.
- Entscheidung gem § 532 Abs 1 und 2 ZPO über Nichtigkeitsklagen, wenn die geltend gemachte Nichtigkeit auch oder nur das Verfahren vor dem OGH umfaßt.
- Entscheidung über Wiederaufnahmsklagen, wenn der Anfechtungsgrund nach § 530 ZPO nur das Urteil des OGH im Vorprozeß betroffen hat. Dieser letztere Fall wäre bei einer Wiederaufnahme wegen neuer Tatsachen und Beweismittel (§ 530 Abs 1 Z 7 ZPO) nur dann denkbar, wenn der OGH gesetzwidrig seiner Entscheidung andere Tatsachenfeststellungen zugrunde legen würde (eine Änderung der Tatsachengrundlage durch den OGH ist auch im Abstammungsverfahren nicht möglich; obwohl gem § 6 Abs 1 Z 1 FamRAnglV im Revisionsverfahren kein Neuerungsverbot besteht, ist – da die Beweiswürdigung auch im Abstammungsverfahren nicht bekämpft werden kann (*Fasching*[1] IV 297, 436; EFSlg 57.829 [1988]; 57.828 [1988] uva; aM noch *Fasching,* Abstammungsverfahren 61) – neues Vorbringen dennoch nicht möglich; der systemfremden Bestimmung des § 6 Abs 1 Z 1 FamRAnglV fehlt somit jeder Anwendungsbereich). Sonst könnte der OGH nur in den Fällen des § 530 Abs 1 Z 1 (wenn er selbständig eine Urkunde gewürdigt hat), Z 3 und 4 ZPO als Wiederaufnahmegericht erster Instanz einschreiten.
- Entscheidung über den Antrag der obersten Verwaltungsbehörde, die Nichtigkeit eines bereits rechtskräftig abgeschlossenen gerichtlichen Verfahrens gem § 42 Abs 2 auszusprechen.

§ 4. Gegen die in erster Instanz von den Landesgerichten sowie von den Handelsgerichten gefällten Urteile und Beschlüsse geht der Rechtszug in zweiter Instanz (Berufung, Rekurs) an die Oberlandesgerichte, und in dritter Instanz (Revision, Rekurs) an den Obersten Gerichtshof.

IdF Art XI BGBl 1993/91

Lit: Siehe das Literaturverzeichnis zu § 2 JN.

1 Entsprechend der Regelung des Instanzenzugs gegen bezirksgerichtliche Entscheidungen ist auch der **Rechtszug gegen Entscheidungen der Gerichtshöfe erster Instanz** geregelt. Hier schreiten in zweiter Instanz die **Oberlandesgerichte** ein (bezüglich der Zuständigkeit der OLG als Gerichte erster Instanz s § 2 JN Rz 1). Es bestehen vier OLG, nämlich das OLG Wien (für Wien, Niederösterreich und das Burgenland), das OLG Graz (für die Steiermark und Kärnten), das OLG Linz (für Oberösterreich und Salzburg) sowie das OLG Innsbruck (für Tirol und Vorarlberg). Die OLG entscheiden auch über Erkenntnisse der LG in Ausübung der Handelsgerichtsbarkeit sowie in Arbeits- und Sozialrechtssachen, und zwar in Kausalsenaten gem § 7 Abs 2 JN bzw § 11 Abs 1 ASGG mit Laienrichterbeteiligung. Der Rechtszug gegen Entscheidungen des HG Wien und des ASG Wien geht an das OLG Wien, das durch Kausalsenate über die Rechtsmittel erkennt.

2 In dritter Instanz entscheidet auch über Rechtssachen, die bei den Gerichtshöfen erster Instanz anhängig gemacht wurden, der **Oberste Gerichtshof** (bezüglich der Zuständigkeit des OGH als Gericht erster oder zweiter Instanz s § 3 JN Rz 4f). Dadurch ist schon auf Grund der Gerichtsorganisation die Gewähr gegeben, daß in allen Rechtssachen (mit Ausnahme der bei § 3 JN aufgezählten An-

gelegenheiten, in denen die Anrufung des OGH ausgeschlossen ist), in letzter Instanz ein und derselbe Gerichtshof entscheidet. Der **Gewährleistung einer einheitlichen Rechtsprechung** dienen zwei Einrichtungen: zum einen, daß in aller Regel nur Rechtsfragen von erheblicher Bedeutung einer Entscheidung durch den OGH zugänglich sind; zum anderen, daß über Rechtsfragen von grundsätzlicher Bedeutung der OGH in einem **verstärkten Senat** von elf Richtern zu erkennen hat (s dazu im einzelnen Vor §§ 502ff ZPO). Spruchrepetitorium und Judikatenbuch, in das grundsätzliche Entscheidungen des OGH mit ihn selbst bindender Wirkung eingetragen wurden, sind durch § 23 Abs 2 OGHG wegen verfassungsrechtlicher Bedenken beseitigt worden.

Ausübung der Gerichtsbarkeit bei den ordentlichen Gerichten

§ 5. Bei den Bezirksgerichten wird die Gerichtsbarkeit durch einen oder mehrere Einzelrichter ausgeübt.

Abs 2 bis 4 außer Kraft getreten durch § 6 Abs 1 BGBl 1921/422

Lit: *Berger,* Verstoß gegen die Geschäftsverteilung und Nichtigkeit, ÖJZ 1974, 169; *Bröll,* Die Besetzungsvorschläge für die Stellen des Präsidenten und der Vizepräsidenten des Obersten Gerichtshofes, RZ 1980, 117; *Feitzinger,* Die Entwicklung des Instituts des Rechtspflegers in der österreichischen Gerichtsbarkeit, Rpfl 1986/2ff und 1987/1; *ders,* Die verfassungsrechtliche Verankerung des Instituts des Rechtspflegers, Beilagen zu Rpfl 1988 H 1; *Fellner/Pauker,* Die Wahl der „neuen" Personalsenate, RZ 1995, 220; *Graff,* Verstoß gegen die Geschäftsverteilung bleibt nicht ohne Sanktion, RZ 1988, 240; *Hagen,* Die Rolle des Richters in einem neuen Außerstreitverfahren, RZ 1995 214; *Korn,* Gedanken zum Entwurf eines Bundesgesetzes über die Verteilung der Geschäfte bei den Gerichten, DRdA 1965, 292; *Knoll,* Die Verteilung zweitinstanzlicher Rechtsmittelagenden in Familienrechtssachen unter mehreren Rechtsmittelsenaten „im Radl" ist gesetzwidrig, RZ 1996, 276; *Lechle,* Das Prinzip der Geschäftsverteilung und das Rotationssystem, RZ 1985, 98; *ders,* Die justizimmanente Abhängigkeit des Richters und die Geschäftsverteilung, AnwBl 1984, 372; *Markel,* Sicherung der richterlichen Unabhängigkeit, RZ 1984, 162; *Mayr,* Die österreichische Juristenausbildung (1992); *ders,* Stellung und Aufgaben des Rechtspflegers in Österreich, Rpfleger 1991, 397; *Novak,* Das Verfassungsbild des Richters unter den Anforderungen der Gegenwart, RZ 1984, 194; *Pfersmann,* Bemerkenswertes aus der SZ 63/I, ÖJZ 1993, 120; *ders,* Bemerkenswertes aus der SZ 42, ÖJZ 1973, 309 (317); *ders,* Bemerkenswertes aus der SZ 40, ÖJZ 1971, 141; *Pichler,* Bleibt ein Verstoß gegen die Geschäftsverteilung nunmehr ohne Sanktion? RZ 1988, 181; *ders,* Nochmals: Verstoß gegen die Geschäftsverteilung und Nichtigkeit, ÖJZ 1974, 385; *Piska,* Das Prinzip der festen Geschäftsverteilung in der ordentlichen Gerichtsbarkeit (1995); *ders,* Die „Sprengelrichter" neuer Prägung, ÖJZ 1996, 481; *ders,* Bleibt ein Verstoß gegen die Geschäftsverteilung ohne Sanktion? AnwBl 1996, 826; *ders,* Die externe Vertretung von Richtern nach § 77 RDG, JBl 1997, 2; *Walter,* Die Geschäftsverteilung und das Recht auf das Verfahren vor dem gesetzlichen Richter, JBl 1964, 173.

Übersicht:

I. Der Richter (Berufsrichter)

A. Allgemeines, Ernennung, Ausbildung

1 Die wesentlichen, den Richter betreffenden Regelungen sind in Art 82 ff B-VG, in der JN und im RDG enthalten; hinzu kommen das GOG, das OGHG und das Berufsprüfungs-AnrechnungsG.

Art II RDG bestimmt: „Richter im Sinne dieses Bundesgesetzes sind die gemäß Artikel 86 Abs. 1 Bundes-Verfassungsgesetz in der Fassung von 1929 [nunmehr: Bundes-Verfassungsgesetz] zur Ausübung der Gerichtsbarkeit ernannten Organe."

2 Nach Art 86 B-VG werden die Richter über Antrag der Bundesregierung vom **Bundespräsidenten** oder auf Grund seiner Ermächtigung vom Bundesminister für Justiz ernannt. Der Bundespräsident hat sein **Ernennungsrecht** für die Richter der Gehaltsstufe I (mit Ausnahme der Präsidenten und Vizepräsidenten der Gerichtshöfe erster Instanz) dem **Bundesminister für Justiz** übertragen (zuletzt BGBl 1995/54). Dem Bundesminister für Justiz wurde auch von der Bundesregierung die Ermächtigung gem Art 67 B-VG erteilt, die Besetzungsvorschläge für die Richter, die Senatspräsidenten und Vizepräsidenten der OLG und der Vizepräsidenten der Gerichtshöfe erster Instanz unmittelbar an den Bundespräsidenten zu erstatten (Beschluß der Bundesregierung vom 19. 6. 1979, s *Faseth/Markel*, RDG^2, 57).

3 **Voraussetzungen für die Ernennung zum Richter** sind die Befähigung zum Richteramt und, wenn diese vorliegt, die Aufnahme in den Ernennungsvorschlag der Personal- bzw Außensenate.

4 Gem §§ 2 und 26 RDG ist **zum Richteramt befähigt** ein österreichischer Staatsbürger (nicht hingegen Angehörige von EU-Staaten, da sich die im EU-Vertrag vorgesehene Gleichbehandlung nicht auf die Ausübung von Hoheitsgewalt bezieht), der voll handlungsfähig ist, die körperliche, geistige und fachliche Eignung zum Richteramt besitzt, das im Juristischen Studiengesetz BGBl 1978/140 vorgesehene Diplomstudium erfolgreich abgeschlossen (bzw die in der Juristischen Studien- und Staatsprüfungsordnung StGBl 1945/164 vorgesehenen Staatsprüfungen erfolgreich abgelegt), eine neunmonatige Gerichtspraxis als Rechtspraktikant, eine vierjährige Rechtspraxis (davon mindestens ein Jahr im richterlichen Vorbereitungsdienst) zurückgelegt und die Richteramtsprüfung (die bei den OLG abzulegen ist) bestanden hat. Ordentliche Professoren der rechtswissenschaftlichen Fakultät einer inländischen Universität, die für ein judizielles Fach (§ 16 Abs 4 Z 1 bis 4 RDG) ernannt sind, können auch ohne diese aufgezählten Erfordernisse zum Richter ernannt werden (§ 26 RDG). Personen,

die die Rechtsanwalts- oder die Notariatsprüfung erfolgreich abgelegt haben, können durch Bestehen einer mündlichen Ergänzungsprüfung die Befähigung zum Richteramt erlangen; Gegenstand dieser Ergänzungprüfung sind die Verfassung und die innere Einrichtung der Gerichte einschließlich der wichtigsten Bestimmungen der Geschäftsordnung für die Gerichte I. und II. Instanz, das Dienstrecht der Richter unter Berücksichtigung der Grundzüge des Dienstrechts der anderen Bundesbediensteten, Verhandlungsleitung und Verhandlungsführung durch den Richter sowie Gestaltung richterlicher Entscheidungen (§ 4 Z 3 Berufsprüfungs-AnrechnungsG).

Während des vierjährigen richterlichen Vorbereitungsdienstes (Rechtspraxis) ist der Bewerber **Richteramtsanwärter,** nach abgelegter Richteramtsprüfung bis zur Ernennung zum Richter „Richteramtsanwärter mit Prüfung". In dieser Funktion können ihm alle Angelegenheiten übertragen werden, in denen keine Entscheidungen zu treffen sind (auch nicht die dem Rechtspfleger übertragenen Entscheidungen, *Fasching,* Lehrbuch[2] Rz 140); er darf auch nicht als Senatsmitglied an der Entscheidungsfällung mitwirken. Alle derartigen Entscheidungen sind Nichturteile bzw Nichtbeschlüsse, die von vornherein ungültig und unbeachtlich sind (*Fasching,* Lehrbuch[2] Rz 1578; *Holzhammer,* Zivilprozeßrecht[2], 299; *Rechberger/Simotta,* Zivilprozeßrecht[4] Rz 724; *Rechberger* in *Rechberger,* ZPO Rz 37 vor § 390; RZ 1975/19; JBl 1975, 325 [beide Entscheidungen betrafen im Senatsprozeß die Teilnahme eines Laien, der nicht zum Laienrichter ernannt war]; aM *W. Kralik,* JBl 1975, 326 [Entscheidungsbesprechung] und noch *Fasching*[1] I 168, wonach eine nichtige und damit mit Rechtsmitteln anfechtbare Entscheidung vorliegt), denn der Bürger hat sich in einem Rechtsstaat der Staatsgewalt nur zu unterwerfen, wenn alle Garantien für die gesetzmäßige Machtausübung durch die hiezu ausdrücklich qualifizierte Person gegeben sind (*Fasching,* Lehrbuch[2] Rz 1578). In Rechtshilfesachen ist die Verwendung von Richteramtsanwärten mit Prüfung daher nur insoweit statthaft, als nicht der Rechtshilferichter selbst Beschlüsse zu fassen hat. 5

Richterdienststellen sind öffentlich auszuschreiben; die Bewerbung erfolgt beim ausschreibenden Präsidium des hiefür zuständigen Gerichtshofs. Gem Art 86 Abs 1 B-VG haben die Bundesregierung oder der Bundesminister für Justiz bei der Besetzung von Richterposten die **Besetzungsvorschläge** der durch die Gerichtsverfassung hiezu berufenen Senate, ds die Personalsenate und die Außensenate nach §§ 32ff RDG, einzuholen. Grundsätzlich sind für eine ausgeschriebene Planstelle daher zwei Besetzungsvorschläge zu erstatten, Ausnahmen ergeben sich aus § 32 Abs 2 bis 4 GOG (*Spehar/Fellner,* RDG[3], 72). Kraft ausdrücklicher Regelung des § 32 Abs 4 RDG gilt diese Regelung aber nicht für den Präsidenten und die Vizepräsidenten des OGH, für die somit keine Besetzungsvorschläge zu erstatten sind; der VfGH hat diese Bestimmung unter Berufung auf die „Versteinerungstheorie" als verfassungsrechtlich unbedenklich angesehen (VfSlg 8524 [1979]) und auch ein Recht der Richter des OGH, am Verfahren zur Besetzung dieser Posten mitzuwirken, abgelehnt (VfSlg 8066 [1977]). Zu Recht ist diese Ansicht kritisiert worden (*Bröll,* RZ 1980, 117; *Fasching,* Gerichtsorganisation 50). Da auch der OGH im Abschnitt über die Gerichtsbarkeit (Art 82ff B-VG) seine verfassungsrechtliche Grundlage hat und da die ordentlichen Gerichte nur mit solchen Berufsrichtern besetzt werden dürfen, welche entsprechend Art 86 B-VG auf Grund eines von einem richterlichen Senat erstatteten Besetzungsvorschlags ernannt sein müssen, ist die Argumentation des VfGH verfehlt und nicht gerechtfertigt; die Vorschrift des § 32 Abs 4 RDG 6 steht damit im Widerspruch zu Art 86 Abs 1 B-VG (*Fasching,* Gerichtsorganisation 50).

Entgegen einer früheren Regelung (§ 5 des Grundgesetzes über die richterliche Gewalt, StGBl 1918/38 und Art 7 Abs 2 des Gesetzes StGBl 1919/180, s *Spehar/Fellner,* RDG[3], 61) haben die Besetzungsvorschläge der Personalsenate keine bindende Wirkung (VfSlg 8066 [1977]), da diese Bindung von Art 86 B-VG nicht übernommen wurde; Besetzungsvorschläge der Personalsenate sind nicht als Erkenntnis, sondern als gutächtliche Äußerung zu qualifizieren (RZ 1975/14). Daher haben Bewerber im Verfahren wegen der fehlenden Bindungswirkung auch keine Beteiligtenstellung (*Fasching,* Gerichtsorganisation 51; VfSlg 8066 [1977]). Ein Recht auf Ernennung besteht trotz erfolgter Reihung durch die Personalsenate nicht, sodaß auch eine VwGH-Beschwerde gegen den Bundesminister für Justiz wegen Verletzung der Entscheidungspflicht unzulässig ist (VwGH 19. 9. 1979, Zl 3504/78-7; *Faseth/Markel,* RDG[2], 58); ebensowenig ist ein Bewerber in seinen Rechten verletzt, wenn gar kein Besetzungsvorschlag eingeholt wird (VfGH RZ 1977/97). Die Personal- bzw Außensenate als Kollegialorgane (zur Wahl der Personal- bzw Außensenate s *Fellner/Pauker,* RZ 1995, 220) sind auch in Ausübung einer als Justizverwaltungssache anzusehenden Tätigkeit, wie dies bei der Erstattung von Besetzungsvorschlägen der Fall ist, Gerichte iSd B-VG (RZ 1975/14) und üben als solche Gerichtsbarkeit aus (VfSlg 8524 [1979]).

B. Vertretungsregelungen

7 Richter können gem § 77 Abs 1 RDG (ausgenommen die Sprengelrichter, s Rz 8) nur auf eine **bestimmte Planstelle,** dh bei einem bestimmten Gericht, ernannt werden. Im Interesse einer funktionierenden Rechtspflege muß aber Vorsorge getroffen werden, daß bei Verhinderung eines Richters ein anderer Richter dessen Vertretung übernehmen kann; diese **Vertretungsregelung** muß einer im voraus zu erlassenden Geschäftsverteilung (s Rz 29 ff) zu entnehmen sein (VfSlg 8523 [1979]).

Zunächst hat die Geschäftsverteilung die gegenseitige Vertretung der Richter innerhalb des jeweiligen Gerichts vorzusehen. Für bestimmte Ersatzfälle (Verhinderung eines Richters wegen Karenz, Herabsetzung der Auslastung, Außerdienststellung ua) können zusätzlich Richter beim Gerichtshof erster Instanz auf Ersatzplanstellen ernannt werden (§ 77 Abs 3 bis 6 RDG; kritisch zum Ersatzrichter *Piska,* JBl 1997, 22). Diese – in der Geschäftsverteilung auszuweisenden – Ersatzrichter sind beim Gerichtshof zu verwenden, wenn dort ein Verhinderungsfall eingetreten ist; sie sind zum Bezirksgericht zu entsenden, wenn der Ersatzfall dort eingetreten ist (*Faseth/Markel,* RDG[2], 153). Über die Verwendung des Ersatzrichters beim Gerichtshof selbst entscheidet der Personalsenat, über die bei einem untergeordneten BG der Außensenat des OLG (*Piska,* JBl 1997, 18; *Spehar/Fellner,* RDG[3], 253).

Während die Vertretung bei größeren Gerichten keine Schwierigkeiten bereitet, sind bei kleineren Gerichten – also Bezirksgerichten mit wenigen Richtern – zusätzlich besondere Regelungen erforderlich; diese sind außerordentlich detailliert und va im RDG, aber auch im GOG enthalten. Die Vertretungsregelungen können folgendermaßen zusammengefaßt werden:

• Für BG, die mit nicht mehr als 2 Richtern besetzt sind (die „mit nicht mehr als zwei vollen Planstellen systemisiert" sind), hat der übergeordnete Gerichtshof erster Instanz in der Geschäftsverteilung Richter benachbarter BG mit der Vertretung zu beauftragen („Nachbarschaftshilfe“). Die im Rahmen der „Nachbarschaftshilfe“ mit der Vertretung beauftragten Richter müssen sowohl der Geschäftsverteilung ihres Stammbezirksgerichts als auch der Geschäftsverteilung jenes BG zu entnehmen sein, bei dem sie als Vertreter eingesetzt werden (*Piska,* JBl 1997, 6; *Spehar/Fellner,* RDG³, 250). Der mit der Vertretung betraute Richter darf ohne seine Zustimmung nicht länger als 44 Arbeitstage pro Jahr eingesetzt werden (§ 77 Abs 2 RDG). Gem § 26 GOG sind bei zweispännigen Bezirksgerichten allerdings beide Richter des BG zunächst wechselseitig mit ihrer Vertretung zu beauftragen. Diese Art der Vertretung ist somit nur bei kurzfristigen Verhinderungsfällen vorgesehen.

● Tritt bei einem BG ein Verhinderungsfall ein, der voraussichtlich oder tatsächlich länger als ununterbrochen 44 Arbeitstage dauert (ausgenommen Erholungsurlaub) und (!) der auf Grund der Geschäftsverteilung an sich betraute Richter desselben Bezirksgerichts durch die Vertretung unverhältnismäßig belastet würde, dann sind der Reihe nach folgende Richter zur Vertretung einzusetzen:

– der auf eine Ersatzplanstelle beim Gerichtshof erster Instanz ernannte Ersatzrichter; ist ein solcher nicht vorhanden, dann

– ein Sprengelrichter (s Rz 8); steht auch ein solcher nicht zur Verfügung, dann

– ein auf eine reguläre Planstelle ernannter Richter des übergeordneten Gerichtshofs erster Instanz; als solche mit der Vertretung auszuweisende Richter sind die zuletzt bei diesem Gerichtshof ernannten Richter (mit Ausnahme des Präsidenten und der Vizepräsidenten) heranzuziehen (im einzelnen s § 77 Abs 3 RDG).

Über die Verwendung des in der Geschäftsverteilung zur Vertretung vorgesehenen Richters (Ersatzrichter, Sprengelrichter, auf eine reguläre Planstelle ernannter Richter des Gerichtshofs erster Instanz) entscheidet gem § 28 GOG immer der Außensenat des OLG; es handelt sich dabei um die Bestimmung der zu vertretenden Gerichtsabteilung, des Umfangs und des Zeitraums der Vertretung.

Zur Überbrückung von Vakanzen einer Bezirksrichterplanstelle können nur Richter desselben Bezirksgerichts oder Sprengelrichter gem § 65 a RDG herangezogen werden (*Piska,* JBl 1997, 7 und 13).

C. Sprengelrichter (Art 88 a B-VG; § 65 a RDG)

Gem Art 88 a B-VG iZm § 65 a RDG können Richter für den gesamten Sprengel eines OLG ernannt werden. Die Stellen der Sprengelrichter sind bei den OLG selbst (und nicht bei den nachgeordneten Gerichten) einzurichten (*Piska,* Geschäftsverteilung 249; *ders,* OJZ 1996, 484); Sprengelrichter dürfen (in der Rechtsprechung, zur Verwendung in der Justizverwaltung s im folgenden) aber nur bei den dem OLG unterstellten Gerichten, nicht beim OLG selbst verwendet werden (§ 65 a RDG; *Piska,* Geschäftsverteilung 250; *Spehar/Fellner,* RDG³, 182). Die Anzahl der Sprengelrichterstellen darf 2% der bei den untergeordneten Gerichten bestehenden Richterplanstellen nicht übersteigen. Die Sprengelrichterregelung ist die einzige Ausnahme vom Grundsatz der Unversetzbarkeit eines Richters. Die Sprengelrichter – über deren Verwendung (in der Rechtsprechung, nicht in der Justizverwaltung, s im folgenden) ausschließlich der Außensenat des OLG befindet (§ 28 Abs 2, § 35 GOG; § 65 a RDG) – dürfen nur zur Vertretung oder Entlastung eines Richters der unter- 8 geordneten Gerichte eingesetzt werden (§ 65 a RDG) und sollen eine „flexibel einsetzbare Personalreserve" garantieren (s ErläutRV 1597 BlgNR 18. GP 44).

Die Zuteilungsverfügung des Außensenats (nach *Piska,* ÖJZ 1996, 493, handelt es sich dabei um einen Akt der Gerichtsbarkeit, der zT individuelle Wirkungen, zT den Charakter einer generellen Norm sui generis ähnlich der Geschäftsverteilung aufweist) hat festzulegen, in welcher(n) Abteilung(en), in welchem Umfang und für welchen Zeitraum der Sprengelrichter tätig zu werden hat (§ 28 Abs 2 GOG). Der Außensenat hat die Sprengelrichter in die feste Geschäftsverteilung des Zuteilungsgerichts einzugliedern; damit wird der Sprengelrichter für die Dauer seiner Zuteilung „Richter dieses Gerichts" (*Piska,* ÖJZ 1996, 487).

Der Sprengelrichter kann nicht nur in der Rechtsprechung eingesetzt werden – darüber hat der Außensenat zu befinden –, sondern auch in Justizverwaltungsangelegenheiten; über seine Verwendung in Justizverwaltungssachen entscheidet der Präsident des OLG (also nicht der Außensenat), wobei er auch beim OLG selbst eingesetzt werden kann (*Piska,* ÖJZ 1996, 493).

Die derzeitige Regelung stellt eine modifizierte Variante der alten Sprengelrichterlösung (aufgehoben VfGH Slg 8523 [1979]) dar, die sich damals gut bewährt hat (*Faseth/Markel,* RDG², 152). Die Neuregelung ist dadurch gekennzeichnet, daß

- der Einsatz des Sprengelrichters durch den Außensenat des OLG und nicht wie früher durch den Oberlandesgerichtspräsidenten festgelegt wird;
- die Zahl der Sprengelrichter in Form einer Quote zu den bei den Bezirksgerichten und Gerichtshöfen erster Instanz bestehenden („systemisierten") Richterplanstellen festgelegt wird;
- die Zuteilungsgründe (Vertretung und Entlastung in bestimmten Fällen) präzise festgelegt sind (§ 65 a Abs 1 Z 1 bis 4 RDG; im einzelnen s dazu *Piska,* Geschäftsverteilung 137 und 250; *ders,* ÖJZ 1996, 487);
- die Dauer der Verwendung als Sprengelrichter im Gesetz nicht ziffernmäßig befristet ist;
- für einen Sprengelrichter keine eigene Gerichtsabteilung eröffnet werden darf (um sicherzustellen, daß der Sprengelrichter nur zu den im Gesetz determinierten Vertretungs- und Entlastungsaufgaben herangezogen werden kann) (*Faseth/Markel,* RDG², 152).

D. Richterliche Garantien

9 Mit der Ernennung erlangt der Richter die Befugnis zur Ausübung des Richteramtes in Zivil- und Strafsachen und damit die **richterlichen Garantien** der Unabhängigkeit, der Unabsetzbarkeit und der Unversetzbarkeit.

1. Unabhängigkeit

10 **Unabhängig** ist der Richter gem Art 87 Abs 1 B-VG in Ausübung seiner richterlichen Tätigkeit; er ist also an keine Weisungen seiner vorgesetzten Dienstbehörde gebunden. Dies berührt jedoch nicht die im Gesetz ausdrücklich ausgesprochene Bindung an die Rechtsansicht höherer Instanzen bei Aufhebungsbeschlüssen im Rechtsmittelverfahren (§ 499 Abs 2, § 511 Abs 1 ZPO), denn hier handelt es sich um eine generelle Vorschrift, die zur Vereinheitlichung und Entlastung des Verfahrens allgemein anzuwenden ist und sich nicht als eine im Belieben der vorgesetzten Behörde stehende Weisung darstellt. Diese Bin-

dung besteht nur an die Rechtsansicht, nicht aber an die Beweiswürdigung des Berufungsgerichts (EvBl 1960/119); das Rechtsmittelgericht - auch der OGH - bleibt an die in seinem Aufhebungsbeschluß geäußerte Rechtsansicht in der Folge gebunden (*Kodek* in *Rechberger,* ZPO § 499 Rz 2, § 511 Rz 1; SZ 55/95 [1982] = JBl 1983, 541 = EvBl 1983/13; RZ 1977/15; SZ 24/139 [1951] ua). In Ausübung seines Richteramtes befindet sich der Richter bei der Besorgung aller ihm nach Gesetz und Geschäftsverteilung (s Rz 29 ff) zustehenden gerichtlichen Geschäfte und auch jener Justizverwaltungssachen, die nach der Vorschrift des Gesetzes durch Senate und Kommissionen zu erledigen sind. Nur jene Justizverwaltungssachen, die kraft Gesetzes nicht durch Senate und Kommissionen, sondern durch einzelne Richter oder Behördenleiter zu erledigen sind, sind von der gewährleisteten richterlichen Weisungsfreiheit ausgenommen.

2. Unabsetzbarkeit; Disziplinar- und Dienstgericht

Unabsetzbar ist der Richter zwar nicht, aber er darf gem Art 88 Abs 1 11
B-VG, § 99 RDG nur nach Erreichung der **Altersgrenze** von 65 Jahren mit Ablauf dieses Kalenderjahres in den dauernden Ruhestand versetzt werden; der Richter erwirbt den Anspruch auf Versetzung in den dauernden Ruhestand ua mit Erreichung des 60. Lebensjahres (im einzelnen s § 87 RDG). Vor Erreichen der Altersgrenze von 65 Jahren darf der Richter gegen seinen Willen nur durch ein förmliches **richterliches Erkenntnis eines Strafgerichts, des Dienst- oder des Disziplinargerichts** (s im folgenden) seines Amtes enthoben oder in den Ruhestand versetzt werden (Art 88 Abs 2 B-VG). Nur dann, wenn durch eine Änderung der Gerichtsverfassung Übersetzungen in den Ruhestand und Versetzungen von Richtern notwendig werden, ist dies ohne richterliches Erkenntnis möglich; jedoch ist in diesem Fall gesetzlich eine Frist festzusetzen, innerhalb welchen Zeitraumes Richter ohne die sonst vorgeschriebenen Förmlichkeiten übersetzt oder in den Ruhestand versetzt werden können.

Die **Disziplinargewalt** wird durch Fünf-Richter-Senate des OLG bzw des OGH ausgeübt, die über die Verletzung von Standes- oder Amtspflichten der Richter entscheiden und Ordnungsstrafen (Ermahnung, Verwarnung) und Disziplinarstrafen (Verweis, Ausschließung von der Vorrückung, Minderung der Bezüge, Versetzung an einen anderen Dienstort, Versetzung in den Ruhestand mit geminderten Bezügen und Dienstentlassung) aussprechen (§§ 101 ff RDG). Verstöße, die einen Schuldspruch gem § 101 RDG zur Folge haben, sind iSd vom EGMR entwickelten Grundsätze (Art der Zuwiderhandlung, Schweregrad der Sanktion) nicht dem Strafrecht, sondern dem Disziplinarrecht zuzuordnen, sodaß der in Art 4 Abs 1 des 7. Zusatzprotokolls zur EMRK normierte Grundsatz des „ne bis in idem“ auf Disziplinarverfahren nach dem RDG nicht anzuwenden ist (EGMR Ds 1/96).

Das OLG bzw der OGH entscheidet als **Dienstgericht** in einem ebenfalls aus fünf Richtern bestehenden Senat über die unfreiwillige Versetzung eines Richters in den zeitlichen oder dauernden Ruhestand, wenn er wegen Krankheiten länger als ein Jahr vom Dienst abwesend ist oder wegen körperlicher oder geistiger Eigenschaften dienstunfähig wird oder wenn seine Gesamtbeurteilung durch drei aufeinanderfolgende Jahre auf „Nicht entsprechend“ lautet; ebenso über die unfreiwillige Versetzung eines Richters an einen anderen Dienstort, wenn dies durch nicht von ihm verschuldete Umstände zum Schutz des Ansehens der Rechtspflege erforderlich wird oder er mit einem anderen Richter des Gerichts in ein Angehörigkeitsverhältnis tritt (§§ 88 ff RDG).

Tritt der Richter in ein befristetes Dienstverhältnis zu einem Land (zur Gemeinde Wien) als Mitglied eines unabhängigen Verwaltungssenates, so hat er seine Versetzung in den zeitlichen Ruhestand zu beantragen; unterläßt er dies, ist er vom Dienstgericht in den zeitlichen Ruhestand zu versetzen (§§ 84, 89, 91 RDG). Ein unbefristetes Dienstverhältnis als Mitglied eines unabhängigen Verwaltungssenats bewirkt ex lege die Auflösung des Dienstverhältnisses als Richter (§ 100 RDG).

3. Unversetzbarkeit

12 Gleichartig wie die Unabsetzbarkeit ist auch die **Unversetzbarkeit** des Richters geregelt. Er kann aus den oben erwähnten Gründen durch Erkenntnis des Disziplinarsenats oder des Dienstgerichts an einen anderen Dienstort versetzt werden. Ausgenommen von der Unversetzbarkeit sind – wie oben dargestellt – die Sprengelrichter.

E. Laienrichter

13 Zu den Laienrichtern, die nur bei den Gerichtshöfen vorgesehen sind, s § 7 JN Rz 6 ff.

II. Der Rechtspfleger

14 Die den Rechtspfleger betreffenden gesetzlichen Bestimmungen sind in Art 87 a B-VG, im RechtspflegerG 1985 sowie in den §§ 24 und 30 GOG enthalten.

A. Allgemeines

15 Art 87 a B-VG ermöglicht es, einzelne, genau zu bezeichnende Geschäfte der Gerichtsbarkeit erster Instanz in Zivilsachen besonders ausgebildeten Bundesangestellten durch Gesetz zu übertragen; diese Zuweisung ist durch das RechtspflegerG 1985 erfolgt. **Rechtspfleger sind Beamte des gehobenen Dienstes** (Verwendungsgruppe B, § 23 RechtspflegerG), die besonders ausgebildet sind und die **Rechtspflegerprüfung** abgelegt haben. Sie bearbeiten und entscheiden anstelle des Richters bestimmte Arten von Geschäften der Zivilgerichtsbarkeit erster Instanz selbständig und sind daher als Träger der Gerichtsgewalt anzusehen (OLG Wien NZ 1993, 285).

Den Rechtspflegern kommt **beschränkte Unabhängigkeit** zu; sie sind nur an die Weisungen des Richters gebunden, dessen Gerichtsabteilung sie zugewiesen sind. Der Richter kann sich aber die Erledigung einzelner Rechtssachen von vornherein vorbehalten oder sie auch jederzeit wieder an sich ziehen. Der Rechtspfleger ist zur Vorlage eines in seinen Wirkungskreis (s Rz 17 ff) fallenden Aktes an den Richter verpflichtet, wenn sich dieser die Erledigung des Geschäftsstückes vorbehalten oder an sich gezogen hat, wenn der Rechtspfleger von der ihm bekannten Rechtsansicht des Richters abweichen will oder wenn sich bei der Bearbeitung Schwierigkeiten rechtlicher oder tatsächlicher Art ergeben (§ 10 RechtspflegerG).

Dem Rechtspfleger können **nur vom Richter Weisungen** für die Besorgung der Geschäfte erteilt werden. Weisungen im Einzelfall sind, wenn sie mündlich erteilt werden, vom Rechtspfleger im Akt zu vermerken (der Aktenvermerk ist dem Richter zur Kenntnisnahme vorzulegen), schriftliche Weisungen sind zum

Akt zu nehmen. Allgemeine Weisungen über die Behandlung von Rechtsfragen hat der Richter schriftlich zu erteilen; sie sind vom Rechtspfleger in ein Verzeichnis einzutragen. Bei Richter- oder Rechtspflegerwechsel muß eine neue schriftliche Weisung eingeholt werden (§ 9 RechtspflegerG).

B. Ernennung und Ausbildung

Voraussetzung für die Rechtspflegerbefugnis sind die Reifeprüfung, die Gerichtskanzleiprüfung, die Fachdienstprüfung und die Ausbildung zum Rechtspfleger, die in der Verwendung bei einem oder mehreren Gerichten mit der Vorbereitung von Erledigungen auf dem angestrebten Arbeitsgebiet, der Teilnahme am Grundlehrgang und am Lehrgang für das angestrebte Arbeitsgebiet sowie in der erfolgreichen Ablegung der Rechtspflegerprüfung besteht. Die Dauer der Ausbildung beträgt drei Jahre; über die Zulassung zur Ausbildung entscheidet der Präsident des OLG. Die Rechtspflegerprüfung, die aus zwei Teilprüfungen besteht, ist vor einer vom BM für Justiz einzusetzenden Prüfungskommission abzulegen (im einzelnen s §§ 23ff RechtspflegerG). Die Rechtspflegerbefugnis erteilt der BM für Justiz. 16

C. Arbeitsgebiet und Wirkungskreis

Rechtspfleger können für die im folgenden genannten Arbeitsgebiete bestellt werden (§ 2 RechtspflegerG); innerhalb des jeweiligen Arbeitsgebietes darf er nur bestimmte Angelegenheiten behandeln und entscheiden (Wirkungskreis des Rechtspflegers, §§ 16ff RechtspflegerG), wobei er auf keinen Fall einen Eid abnehmen, eine Haft verhängen, eine Geldstrafe in Haft umwandeln oder ein Urteil fällen darf: 17

Arbeitsgebiete des Rechtspflegers sind

- Zivilprozeß-, Exekutions- und Insolvenzsachen;
- Verlassenschafts- und Pflegschaftssachen sowie Angelegenheiten des Gerichtserlages und der Einziehung gerichtlicher Verwahrnisse;
- Grundbuchs- und Schiffsregistersachen;
- Sachen des Firmenbuchs.

Der Wirkungskreis des Rechtspflegers umfaßt in **Zivilprozeßsachen** (die mit den Exekutions- und Insolvenzsachen ein gemeinsames Arbeitsgebiet bilden, §§ 2, 16 Abs 1, § 17 Abs 1 RechtspflegerG) 18

- die Durchführung des Mahnverfahrens einschließlich der Zurückweisung der Klage, bis die Anordnung einer Tagsatzung erforderlich wird; der Rechtspfleger entscheidet auch über einen Antrag auf Wiedereinsetzung in den vorigen Stand wegen Versäumung der Einspruchsfrist (allerdings nur dann, wenn eine mündliche Verhandlung nicht erforderlich ist, JBl 1985, 300 = RZ 1985/42 zum in diesem Punkt vergleichbaren RechtspflegerG 1962);
- die Durchführung von Kraftloserklärungsverfahren bis zur Erhebung eines Widerspruchs oder einer vergleichbaren Verfahrenshandlung;
- die Bestätigung der Rechtskraft und der Vollstreckbarkeit der gerichtlichen Entscheidungen im Zivilprozeß sowie die Aufhebung der von einem Rechtspfleger erteilten Bestätigung der Rechtskraft und der Vollstreckbarkeit;
- die Entscheidung über Anträge auf Bewilligung der Verfahrenshilfe für ein vor dem Rechtspfleger geführtes Verfahren;
- die Vornahme von Amtshandlungen auf Grund von Rechtshilfeersuchen inländischer Gerichte und Behörden;
- die Verhängung von Ordnungsstrafen bis zum Betrag von 2.000 S.

Sämtliche vorhin genannten Entscheidungen und Handlungen (insb die **Durchführung des Mahnverfahrens,** s ErläutRV 675 BlgNR 16. GP 11 und 14) können alle Rechtspfleger fällen bzw vornehmen, auch wenn sie für ein anderes Arbeitsgebiet ernannt sind; kraft ausdrücklicher Anordnung des § 16 Abs 1 RechtspflegerG umfaßt nämlich der Wirkungskreis in jedem Arbeitsgebiet diese Angelegenheiten.

Dem Richter bleiben aber immer vorbehalten die Abnahme von Eiden und die Verhängung von Haft bzw die Umwandlung einer Geldstrafe in Haft; die Erledigung von Beschwerden, Berichte an vorgesetzte Behörden, Schreiben an österreichische Vertretungsbehörden im Ausland, an ausländische Vertretungsbehörden im Inland und an zwischenstaatliche Organisationen; Entscheidungen, bei denen ausländisches Recht anzuwenden ist; die Erledigung von Beschwerden (§ 68 EO).

19 Im **Exekutionsverfahren** fällt in den Wirkungskreis des Rechtspflegers (§ 17 Abs 2 RechtspflegerG) die Exekution zur Hereinbringung von Geldforderungen durch zwangsweise Pfandrechtsbegründung auf Liegenschaften gem §§ 87 bis 96 EO und auf das bewegliche Vermögen nach den §§ 249 bis 345 EO; die Exekution zur Sicherstellung, ausgenommen die Zwangsverwaltung; in den genannten Angelegenheiten die Entscheidung über Aufschiebungsanträge; das Verfahren zur Vorlage eines Vermögensverzeichnisses und dessen Unterfertigung vor Gericht; Beschlüsse nach § 21 GGG und deren Berichtigung.

Dem Richter bleiben aber immer – auch in den vorgenannten Fällen – vorbehalten die Exekution auf Grund ausländischer Titel und die Entscheidung über Beschwerden gem § 68 EO gegen den Exekutionsvollzug (jetzt ausdrücklich § 16 Abs 2 Z 3 RechtspflegerG; zur früheren Rechtslage nach dem RechtspflegerG 1962 schon SZ 56/189 [1983]).

20 Der Wirkungskreis des Rechtspflegers in **Insolvenzsachen** umfaßt die Geschäfte in Konkurssachen vor dem Bezirksgericht, die Durchführung des Konkursverfahrens über eine natürliche Person, die kein Unternehmen betreibt (Schuldenregulierungsverfahren, § 182 KO); dem Richter bleiben jedoch auch hier Konkursverfahren vorbehalten, in denen die Passiven voraussichtlich den Betrag von 1 Million Schilling übersteigen sowie bei Stimmrechtsentscheidungen und den Beschlüssen gem § 213 Abs 2 bis 4 KO (§ 17 a RechtspflegerG).

21 Zum Wirkungskreis des Rechtspflegers **in den anderen Arbeitsgebieten** (wobei in Pflegschaftssachen die Entscheidung über die Bewilligung, Aufhebung oder Einschränkung des einstweiligen Unterhalts an Minderjährige gem § 382 a EO besondere Beachtung verdient) s §§ 18 bis 22 RechtspflegerG. Nach der neuesten Rspr gehört auch die Entscheidung über den Unterhalt für ausländische Minderjährige zum Wirkungskreis des Rechtspflegers (NZ 1998, 375).

Unter den einzelnen Arten von Geschäften iSd Art 87 a B-VG können, wie sich aus der Entstehungsgeschichte dieser Verfassungsbestimmung in Zusammenhang mit dem RechtspflegerG 1962 ergibt, keine in einem Urteil gipfelnde Gesamtverfahren in Zivil- und Strafverfahren verstanden werden; diese sind allein dem Richter vorbehalten. Zu diesem Bereich zählen auch im Außerstreitverfahren urteilsgleiche Sachentscheidungen, die auf Grund der Feststellung strittiger Tatsachen gefällt werden und die Rechtsverhältnisse der Parteien feststellen oder gestalten. Daher erscheinen die im Außerstreitverfahren vom Rechtspfleger zu treffenden Sachentscheidungen – vor allem in Unterhaltssachen – verfassungsrechtlich nicht unproblematisch (*Fasching,* Gerichtsorganisation 67, insb FN 129). Gleiches gilt auch für die verfahrenseinleitenden und abschließende Rechtswirkungen auslösenden Entscheidungen im Insolvenzverfahren (*Fasching,* Gerichtsorganisation 67); daher können auch bezüglich des dem Rechtspfleger übertragenen Konkursverfahrens (Schuldenregulierungsverfahrens) diese Bedenken nicht von der Hand gewiesen werden.

D. Fehlerhafte Entscheidungen

Entscheidungen des Rechtspflegers, die er **in einem nur dem Richter vorbehaltenen Bereich** gefällt hat, sind wegen nicht gehöriger Besetzung des Gerichts (§ 477 Abs 1 Z 2 ZPO) nichtig (*Fasching,* Lehrbuch^2 Rz 155/3 und Rz 1578; *Mayr* in *Rechberger,* ZPO § 5 JN Rz 3; OLG Wien NZ 1993, 285; OGH SZ 56/189 [1983]; 47/37 [1974]; 46/41 [1973]); die beschränkte Heilungsmöglichkeit des § 260 Abs 4 ZPO wird hier nicht zur Anwendung kommen, da diese sich nur darauf bezieht, ob ein nach der JN (oder nach der Geschäftsverteilung) vorgesehener Richter tätig wird (*Fasching,* Lehrbuch^2 Rz 1578), und nicht darauf, ob ein Richter oder ein (weisungsgebundener) Rechtspfleger einschreitet. Ebenso ist die Entscheidung eines Rechtspflegers nichtig, die er in einem Arbeitsgebiet trifft, für das er nicht ernannt wurde (etwa die Entscheidung eines für Grundbuchssachen bestellten Rechtspflegers in Exekutionssachen, LGZ Graz RPflg 1992/1, H 1, 44 = RpflgSlgG 1990, 160; beachte jedoch, daß zum Wirkungskreis jedes Rechtspflegers – unabhängig von seinem Arbeitsgebiet – die in § 16 Abs 1 RechtspflegerG genannten Angelegenheiten [s Rz 18] gehören); in diesem Fall wird § 260 Abs 4 ZPO aber anzuwenden sein: Wenn die Heilung eines Besetzungs- oder Geschäftsverteilungsmangels durch rügelose Einlassung bezüglich des Richters (des Senats) vorgesehen ist, dann muß dies auch kraft Analogieschlusses für den – gleichsam auf nachgeordneter Ebene tätigen – Rechtspfleger gelten; freilich wird § 260 Abs 4 ZPO nur dann zum Tragen kommen, wenn im Verfahren vor dem Rechtspfleger eine mündliche Verhandlung stattfindet, in die sich die Partei ohne Geltendmachung des Mangels eingelassen hat (etwa im Schuldenregulierungsverfahren). 22

E. Zuteilung

Jeder **Rechtspfleger** ist durch den Vorsteher des Bezirksgerichts (beim Gerichtshof durch dessen Präsidenten) einer oder mehreren **richterlichen Geschäftsabteilungen zuzuteilen,** wobei er in der Geschäftsverteilungsübersicht namentlich anzuführen ist; innerhalb der Gerichtsabteilung erfolgt die Aufteilung der Geschäfte durch den Richter (§§ 5 und 6 RechtspflegerG; insofern mißverständlich *Fasching,* Lehrbuch^2 Rz 155, wenn er von der Zuteilung des Rechtspflegers an eine Gerichtsabteilung durch die vom Personalsenat zu erstellende Geschäftsverteilung spricht). 23

F. Anfechtung von Entscheidungen

Entscheidungen des Rechtspflegers können wie die des Richters **angefochten** werden (§ 11 Abs 1 RechtspflegerG); darüber hinaus können aber auch alle jene Entscheidungen bekämpft werden, die – hätte sie der Richter getroffen – wegen des zu geringen Streitwerts sonst nicht oder nur beschränkt anfechtbar sind (§ 12 RechtspflegerG). 24

Soweit die Entscheidung nach den Bestimmungen des anzuwendenden Verfahrensrechts anfechtbar ist, erfolgt die Anfechtung nach diesen Vorschriften, also mit **Rekurs** (im Zivilprozeß, Exekutions- und Insolvenzverfahren) bzw mit Vorstellung oder/und Rekurs (im Außerstreitverfahren); hinzu kommen noch als 25 weitere Anfechtungsmittel (Rechtsbehelfe) der Einspruch im Mahnverfahren sowie der Wiedereinsetzungsantrag (im Zivilprozeß und im Außerstreitverfahren). Als zusätzliches, nicht aufsteigendes Rechtsmittel ist die Vorstellung nach § 12 Abs 1 RechtspflegerG (nicht zu verwechseln mit der Vorstellung gem § 9 AußStrG) vorgesehen, womit alle jene Entscheidungen des Rechtspflegers angefochten werden können, die sonst (dh, wenn sie von einem Richter gefällt worden wären) wegen des zu geringen Streitwerts (§ 517 ZPO, § 65 EO) unbekämpfbar sind.

Einem Rekurs kann der Richter dann selbst stattgeben, wenn er ihn zur Gänze als berechtigt erachtet; dann ist für den Kostenersatz § 50 ZPO anzuwenden (§ 11 Abs 3 RechtspflegerG). Findet der Richter dagegen, daß dem Rechtsmittel nicht oder nur teilweise stattzugeben wäre, dann hat er es dem Rechtsmittelgericht vorzulegen (mit dem Vorlagebericht des Rechtspflegers; er kann, soweit es ihm erforderlich scheint, in diesem Vorlagebericht seine eigenen Ablehnungsgründe beifügen).

26 Nach dem anzuwendenden Verfahrensrecht wegen des geringen Streitwerts unanfechtbare Entscheidungen können mit **Vorstellung** an den Richter angefochten werden (§ 12 RechtspflegerG). Diese ist innerhalb der Notfrist von 14 Tagen ab Zustellung der schriftlichen Ausfertigung der Entscheidung entweder schriftlich oder mündlich zu gerichtlichem Protokoll einzubringen. Die Vorstellung ist somit das durch das RechtspflegerG 1985 auch in den Zivilprozeß eingeführte ordentliche, einseitige, nicht aufsteigende und nicht aufschiebende Rechtsmittel gegen Beschlüsse des Rechtspflegers, die nur wegen des Streitwerts (§ 517 ZPO, § 65 EO) nicht anfechtbar sind. Es besteht keine Beschränkung auf bestimmte Anfechtungsgründe und kein Neuerungsverbot. Auch ist kein besonderer Anfechtungsantrag erforderlich; es genügt, daß erkennbar ist, daß der Vorstellungswerber die Entscheidung des Rechtspflegers für unrichtig hält. Der Richter kann der Vorstellung aber auf Antrag mit Beschluß unter denselben Voraussetzungen wie beim Rekurs (§ 524 ZPO) aufschiebende Wirkung zuerkennen; gegen diesen Beschluß ist kein Rechtsmittel zulässig (§ 12 Abs 3 RechtspflegerG).

Über die Vorstellung entscheidet der Richter mit Beschluß in der Sache selbst; er darf also den Beschluß des Rechtspflegers nur bestätigen oder ihn abändern, aber nicht aufheben (außer bei Wahrnehmung der Nichtigkeit des Verfahrens) und an den Rechtspfleger zur neuen Entscheidung zurückgeben. Der Beschluß, mit dem der Richter über die Vorstellung entscheidet, ist unanfechtbar (da diesbezüglich die allgemeinen Verfahrensgesetze unberührt bleiben, s ErläutRV 675 BlgNR 16. GP 14). Unzulässige und verspätete Vorstellungen darf nur der Richter selbst zurückweisen.

Da die Vorstellung nur zulässig ist, wenn der Beschluß des Rechtspflegers wegen des Streitwerts mit Rekurs unanfechtbar ist (§ 517 ZPO, § 65 EO), ist eine Vorstellung gegen einen mit Rekurs anfechtbaren Beschluß unzulässig. Der Richter darf sie aber nicht deshalb zurückweisen, sondern muß sie vielmehr zufolge § 84 Abs 2 zweiter Satz ZPO als Rekurs behandeln; fehlt es an dem für den Rekurs geforderten Inhalt, dann ist gem § 84 Abs 3 ZPO ein diesbezüglicher Verbesserungsauftrag zu erteilen. Danach ist der Rekurs vom Richter wie oben in Rz 25 ausgeführt zu behandeln.

Wird die Vorstellung zugleich mit einem anderen Rechtsmittel oder Rechtsbehelf erhoben, dann ist über die Vorstellung zuerst zu entscheiden. Damit hat das Gesetz hier die Konkurrenz mit anderen Rechtsbehelfen eindeutig geregelt. Allerdings ist eine solche Konkurrenz wohl ohnehin nicht möglich, da die Vorstellung ja das einzige zulässige Anfechtungsmittel in den betreffenden Fällen darstellt.

Über **Rechtsbehelfe und nicht aufsteigende Rechtsmittel** – ausgenommen die Vorstellung nach § 12 RechtspflegerG – hat der Rechtspfleger selbst zu entscheiden (soweit er nicht gem § 10 RechtspflegerG zu deren Vorlage an den Richter verpflichtet ist). Das gilt vor allem für Anträge auf Wiedereinsetzung in den vorigen Stand und für Einsprüche gegen bedingte Zahlungsbefehle im Mahnverfahren, aber auch für Vorstellungen gem § 9 AußStrG. Zu den nicht aufsteigenden Rechtsmitteln zählen nicht die sog bedingt aufsteigenden Rechtsmittel, also jene Rekurse, denen das Erstgericht selbst stattgeben kann (zB § 522 Abs 1 ZPO, § 9 Abs 2 AußStrG, s ErläutRV 675 BlgNR 16. GP 13). 27

Rechtspfleger sind unter den Voraussetzungen der §§ 19 und 20 JN so wie Richter von der Ausübung der Gerichtsbarkeit ausgeschlossen und können aus den gleichen Gründen wie der Richter wegen Ausgeschlossenheit und wegen Befangenheit abgelehnt werden; über die Ablehnung des Rechtspflegers entscheidet der Vorsteher des Bezirksgerichts bzw der Präsident des Gerichtshofs endgültig (§ 7 RechtspflegerG). 28

III. Die Geschäftsverteilung

A. Allgemeines und Entscheidungskompetenz

Zur Sicherung der sachlichen Unabhängigkeit von Einflüssen und Eingriffen der Verwaltungsbehörde dient das verfassungsmäßige Gebot der festen Geschäftsverteilung (Art 87a B-VG), die den Gerichten im Rahmen der Justizverwaltung – und zwar gem Art 87 Abs 3 B-VG ausschließlich Senaten – selbst übertragen ist. Durch sie wird im voraus für das folgende Kalenderjahr (1. 2. bis 31. 1.) die Anzahl der Gerichtsabteilungen, der Geschäftskreis jedes Richters (jedes Senats) sowie die erforderlichen Vertretungsregelungen nach objektiv bestimmbaren Kriterien festgelegt. 29

Die **Geschäftsverteilung** wird durch die **Personalsenate der Gerichtshöfe** (für die BG durch den Personalsenat des übergeordneten Gerichtshofs) vorgenommen und darf – durch die gleichen Organe – während des Jahres nur aus zwingenden Gründen geändert werden (Art 87 Abs 3 B-VG, §§ 27a, 34 GOG; im einzelnen s *Piska,* Geschäftsverteilung 111). 30

Die **Außensenate der OLG** haben im Rahmen der Geschäftsverteilung ua nachstehende Aufgaben (s *Faseth/Markel,* RDG², 89):

- Entscheidung über Beschwerden von Bezirksrichtern und Richtern der Gerichtshöfe erster Instanz gegen die Geschäftsverteilung (§§ 27, 34 GOG);
- Überprüfung der Geschäftsverteilungen der BG und der Gerichtshöfe erster Instanz über Antrag des Leitenden Visitators (§§ 28, 34 GOG);
- Entscheidung über die Verwendung von Sprengelrichtern (in der Rechtsprechung), Vertretungsrichtern gem § 77 Abs 3 bis 6 RDG und von bei Gerichtshöfen erster Instanz eingerichteten Ersatzrichtern bei einem untergeordneten Bezirksgericht und deren Eingliederungen in die Geschäftsverteilungen;
- weiters die Erstellung eines zusätzlichen (zweiten) Besetzungsvorschlags für die Planstellen der Vorsteher und Richter eines BG und für die Richter eines Gerichtshofs erster Instanz.

Der **Außensenat des OGH** erstattet gem § 32 RDG lediglich (einzige Kompetenz, s *Spehar/Fellner,* RDG³, 72) einen zusätzlichen (zweiten) Besetzungsvorschlag für Planstellen der Präsidenten und Vizepräsidenten der Gerichtshöfe erster Instanz sowie für die Richter der OLG (*Faseth/Markel,* RDG², 91).

B. Rechtsnatur der Geschäftsverteilung

31 Die **Beschlußfassung der Geschäftsverteilung** durch die Personalsenate ist ein **Akt der Gerichtsbarkeit** (und kann daher auch nicht als Verordnung qualifiziert werden, VwGH RZ 1996/14; VfSlg 12.971 [1992]; 11.714 [1988]; VfGH ZfVB 1978/1/409; VfSlg 5426 [1966]; 2422 [1952]), der somit von den Parteien auch nicht vor dem VfGH (*Fasching,* Gerichtsorganisation 69; *Piska,* Geschäftsverteilung 314; VfSlg 12.971 [1992]; 11.714 [1988]; 5426 [1966]; 2422 [1952]) oder dem VwGH (VwGH RZ 1996/14) bekämpft werden kann. Eine modifizierte Ansicht qualifiziert – nicht zu Unrecht – die Geschäftsverteilung als eine von einem richterlichen Organ in Ausübung ihres richterlichen Amtes (also im Rahmen der Gerichtsbarkeit) erlassene generell-abstrakte Norm mit Außenwirkung; sie ist zwar einer Verordnung ähnlich, aber – da nur Verwaltungsbehörden Verordnungen erlassen können – als Rechtsnorm sui generis zu betrachten (*Piska,* Geschäftsverteilung 109 f). Nach aM des OGH liegt allerdings kein Akt der Gerichtsbarkeit vor, der daher im Zivilverfahren auch nicht angefochten werden kann (JBl 1990, 54); danach müßte es sich um einen Akt der Verwaltung (Justizverwaltung) handeln, der als solcher vom VfGH bzw vom VwGH auf seine Verfassungsmäßigkeit bzw Gesetzmäßigkeit überprüft werden könnte.

C. Verstoß gegen die Geschäftsverteilung

32 Ein **Fehler in der Geschäftsverteilung** kann in zweifacher Weise vorliegen: An der Entscheidung wirkt ein Richter mit, der nach der (fehlerfrei) erlassenen Geschäftsverteilung bei deren ordnungsgemäßer Einhaltung dazu nicht berufen wäre; es kann aber auch ein gegen das Prinzip der festen Geschäftsverteilung (Art 87 Abs 3 B-VG) verstoßender Fehler in der generellen Norm der Geschäftsverteilung selbst liegen (*Fasching,* Gerichtsorganisation 69 FN 136; *Lechle,* AnwBl 1984, 377; *Walter,* JBl 1964, 177; SZ 63/24 [1990]).

1. Fehlerfreie Geschäftsverteilung

33 Für den ersten Fall (die **Geschäftsverteilung ist ordnungsgemäß beschlossen** worden, jedoch wird ein danach nicht vorgesehenes Organ [Richter, Senat] tätig) findet sich über die Folgen einer solchen fehlerhaften Gerichtsbesetzung nunmehr seit der ZVN 1983 in der Bestimmung des § 260 Abs 4 ZPO eine ausdrückliche Regelung. Danach bildet die **Mitwirkung eines durch die Geschäftsverteilung nicht berufenen Richters** am Verfahren und an der Entscheidung den Nichtigkeitsgrund der nicht gehörigen Besetzung des Gerichts (§ 477 Abs 1 Z 2 ZPO), der aber nur dann auf Grund eines Rechtsmittels oder von Amts wegen wahrgenommen werden kann, wenn „dieser Umstand“ von der Partei noch vor Einlassung in die mündliche Streitverhandlung (oder in die abgesonderte Verhandlung über Prozeßeinreden) ausdrücklich geltend gemacht wurde. Es ist damit ein sog „relativer Nichtigkeitsgrund“ gegeben (*Ballon,* Zivilprozeßrecht[9] Rz 86; *Fasching,* Lehrbuch[2] Rz 143; *Rechberger* in *Rechberger,* ZPO § 260 Rz 16; *Rechberger/Simotta,* Zivilprozeßrecht[4] Rz 59 und 832).

2. Fehlerhafte Geschäftsverteilung

34 Zum zweiten Fall, nämlich der **an sich fehlerhaften,** weil gegen die Bundesverfassung verstoßenden **Geschäftsverteilung** und ihrer Anfechtbarkeit, hat der OGH folgendes grundlegendes Erkenntnis gefällt (SZ 63/46 [1990]): „Es würde einen Wertungswiderspruch darstellen, könnte man nur Entscheidungen, die un-

ter Verstoß gegen eine Geschäftsverteilung, die mit der Verfassungslage in Einklang steht, als (relativen) Nichtigkeitsgrund bekämpfen, müßten aber Entscheidungen, bei denen die erkennenden Richter auf Grund einer fehlerhaften generellen Norm – eben einer fehlerhaften Geschäftsverteilung selbst –, die gegen Art 87 Abs 3 B-VG verstößt, hingenommen werden. § 260 Abs 4 ZPO ist auch in diesem Fall anzuwenden, sodaß bei rechtzeitiger Rüge durch die Parteien der Nichtigkeitsgrund nach § 477 Abs 1 Z 2 ZPO auch dann vorliegt, wenn die generelle Norm der Geschäftsverteilung selbst gegen eine Verfassungsnorm verstößt" (ebenso *Fasching,* Gerichtsorganisation 69 FN 136; *ders,* Lehrbuch[2] Rz 142; nach *Lechle,* AnwBl 1984, 377, soll allerdings eine unheilbare Nichtigkeit vorliegen). Das Höchstgericht erblickt darin ebenfalls einen Nichtigkeitsgrund gem § 477 Abs 1 Z 2 ZPO, läßt die Frage der Heilung auf Grund rügeloser Einlassung allerdings ausdrücklich offen (SZ 63/46 [1990]). Eine gegen die Verfassung verstoßende Geschäftsverteilung liegt etwa vor, wenn darin ein sog überbesetzter Senat vorgesehen ist (der an sich nicht verfassungswidrig ist), sich aber aus der Geschäftsverteilung nicht ergibt, welche Richter (Senatsmitglieder) im konkreten Fall zu entscheiden haben (SZ 63/46 [1990] mwN); die Entscheidung eines solchen, durch die Geschäftsverteilung nicht eindeutig festgelegten, sondern nur durch den Vorsitzenden bestimmten Senats ist wegen Nichtigkeit aufzuheben, die Geschäftsverteilung durch den Personalsenat zu präzisieren und die Rechtssache dem nunmehr eindeutig bestimmten Senat zur neuerlichen Entscheidung zurückzugeben (SZ 63/46 [1990]).

Nach einer in jüngster Zeit vertretenen Auffassung (*Piska,* Geschäftsverteilung 312ff) sind zwei Arten von fehlerhaften Geschäftsverteilungen zu unterscheiden, nämlich die zwar fehlerhafte, aber geltende Geschäftsverteilung (diese kann nur bei Geschäftsverteilungen der BG und der Gerichtshöfe erster Instanz vorliegen) und die mit absoluter Nichtigkeit behafteten (dh ab initio unwirksamen und damit nicht existenten) Geschäftsverteilungen (diese können nur bei Geschäftsverteilungen der OLG und des OGH vorkommen). Dabei wird als entscheidendes Unterscheidungsmerkmal ein sog „Fehlerkalkül" herangezogen:

Für die Geschäftsverteilungen der BG und der Gerichtshöfe erster Instanz ist im Gesetz ein „Fehlerkalkül" geschaffen, das die absolute Nichtigkeit ausschließt; nach §§ 28, 34 GOG kann nämlich der Leitende Visitator des OLG die Änderung der Geschäftsverteilung beantragen, wenn die Vermutung besteht, daß zwingende Rechtsvorschriften verletzt worden sind. Die Änderung einer Geschäftsverteilung setzt aber deren Geltung voraus. Für die OLG und den OGH gelten die zit Bestimmungen hingegen nicht, sodaß eine Änderung deren Geschäftsverteilung nicht beantragt werden kann. Da somit für die Geschäftsverteilungen der OLG und des OGH kein „Fehlerkalkül" vorgesehen ist, bewirkt die Fehlerhaftigkeit der Geschäftsverteilungen dieser Gerichte immer deren absolute Nichtigkeit iS eines nicht existenten Rechtsakts.

Die angesprochene Trennung in „nur" fehlerhafte, aber dennoch gültige, und in absolut nichtige (unwirksame) Geschäftsverteilungen hat zwei, nicht sonderlich schwerwiegende Konsequenzen:

- Die Möglichkeit, daß der Leitende Visitator des OLG (auch über Anregung der Partei) eine Änderung der Geschäftsverteilung beantragt, besteht lediglich für fehlerhafte, aber geltende Geschäftsverteilungen (die es nach dieser Ansicht nur für jene der BG und der Gerichtshöfe erster Instanz geben kann), nicht aber bei absolut nichtigen (die nur bei Geschäftsverteilungen der OLG und des OGH vorkommen).

• Bei einer bloß fehlerhaften, aber gültigen Geschäftsverteilung hat der Richter bzw der Senat wegen seiner Bindung an die Geschäftsverteilung das Verfahren durchzuführen; bei einer absolut nichtigen Geschäftsverteilung ist der Senat (nur ein solcher kommt beim OLG und beim OGH in Frage) nicht daran gebunden, er kann und muß jedoch beim Personalsenat eine Änderung der Geschäftsverteilung beantragen; wie immer die Entscheidung des Personalsenats lautet, hat der Senat das Verfahren dennoch durchzuführen, weil die Parteien gem Art 6 Abs 1 EMRK einen Anspruch auf Erledigung des Prozesses in angemessener Frist haben.

Für die Parteien selbst ist die Unterscheidung in fehlerhafte, aber gültige und in absolut nichtige Geschäftsverteilungen nach dieser Ansicht ohne Bedeutung: Sie können die fehlerhafte Geschäftsverteilung nach §§ 260 und 477 ZPO geltend machen (nach *Piska,* Geschäftsverteilung 318 und 324 ohne die zeitliche Beschränkung des § 260 Abs 4 ZPO).

Im Sinn der Wahrung verfassungsmäßiger Rechte (Anspruch auf den gesetzlichen Richter), der Rechtssicherheit und einer ökonomischen Verfahrensgestaltung ist folgender Lösung der Vorzug zu geben:

• Eine Verletzung der Geschäftsverteilung – sei es bei einem Verstoß gegen eine an sich fehlerfreie Geschäftsverteilung, sei es bei einem Mangel der Geschäftsverteilung an sich – bedeutet immer eine Verletzung des Anspruchs auf den gesetzlichen Richter und muß daher anfechtbar sein.

• Im Zweifel sollte zur Wahrung der Rechtssicherheit von einem „Nichtakt" iSd absoluten Nichtigkeit abgesehen werden; ein solcher könnte ja nur (auf Grund welchen Rechtsbehelfs?) festgestellt werden.

• Verstöße gegen die Geschäftsverteilung (in welcher Art auch immer) sind daher als nichtig (iS von vernichtbar, also anfechtbar) zu qualifizieren; bis zur Korrektur eines solchen fehlerhaften Aktes sind sie in Übereinstimmung mit der Systematik der ZPO gültig und somit verbindlich.

Auf Grund der Bedeutung eines Verstoßes gegen die Vorschriften über die Geschäftsverteilung ist aber zu unterscheiden:

• Die Geschäftsverteilung ist fehlerfrei, aber es entscheidet ein danach nicht vorgesehener Richter bzw Senat; die Partei hat die Möglichkeit, diesen Mangel gem § 260 ZPO unter Beachtung der dort vorgesehenen Präklusionsnormen, allenfalls nach § 477 ZPO zu rügen („relative Nichtigkeit").

• Verstößt die Geschäftsverteilung selbst gegen höherrangige Normen (B-VG, RDG, GOG, wie etwa beim überbesetzten Senat, dessen Mitglieder im Einzelfall nicht konkret feststellbar sind, s SZ 63/24 [1990]), dann kann dieser Fehler von den Parteien als Nichtigkeitsgrund ohne die zeitliche Beschränkung des § 260 Abs 4 ZPO oder von Amts wegen bis zur Rechtskraft der Sachentscheidung geltend gemacht bzw aufgegriffen werden (davon unberührt bleibt die Befugnis des Leitenden Visitators des OLG, eine Änderung der Geschäftsverteilung der Bezirksgerichte und der Gerichtshöfe erster Instanz zu beantragen).

D. Sonstiges, Zuteilungskriterien

35 In erster Linie dient die Geschäftsverteilung – neben den Vorschriften über die Zulässigkeit des Rechtswegs, über die Zuständigkeit und über die Besetzung – der Gewährleistung des gesetzlichen Richters (Art 83 Abs 2 B-VG) und seiner sachlichen Unabhängigkeit. Daneben soll sie zusätzlich eine möglichst gleiche Auslastung der einzelnen Gerichtsabteilungen einerseits, durch Schaffung von Spezialabteilungen (zB für Mietensachen, Wettbewerbsangelegenheiten ua;

Familiensachen sind derselben Abteilung gem §§ 26, 32 GOG zuzuweisen), aber auch eine möglichst einheitliche sachkundige Rechtsprechung andererseits sichern. Kriterien für die Zuweisung können außer der Zugehörigkeit zu einem bestimmten Sachbereich auch die Anfangsbuchstaben der Beklagten oder deren Wohnsitz an bestimmten Orten des Sprengels (oder bei Rechtsmittelgerichten in bestimmten Untergerichtssprengeln) sein. Jedenfalls muß die Zuteilung zu einer bestimmten Gerichtsabteilung für die Parteien voraussehbar sein und darf nicht die Möglichkeit eröffnen, der Einlaufstelle oder der Geschäftsstelle einen Zuteilungsspielraum einzuräumen; die Reihenfolge des zeitlichen Einlangens ist für sich allein kein zuverlässiges Zuweisungskriterium, da die Nachvollziehung der Zuteilung durch die Parteien, aber auch durch den Richter kaum möglich ist und der Einlaufstelle ein unzulässiger Spielraum und damit Einfluß zukommt (*Fasching,* Gerichtsorganisation 71 und *ders,* Lehrbuch^2 Rz 142). Eine Geschäftsverteilung, die die Rechtssachen in der Reihenfolge ihres Einlangens zuteilt, widerspricht daher den Anforderungen des Art 87 Abs 3 B-VG (idS auch *Knoll,* RZ 1996, 276).

§ 6 *aufgehoben durch § 6 Abs 1 BGBl 1921/422*

§ 7. (1) Bei den Landes- und Handelsgerichten wird die Gerichtsbarkeit in bürgerlichen Rechtssachen, sofern nicht andere Vorschriften Abweichendes anordnen, in erster und in zweiter Instanz durch Senate ausgeübt, die aus einem Vorsitzenden und zwei Mitgliedern bestehen.

(2) Soweit die Senate der selbständigen Handelsgerichte und die Senate der Landesgerichte in Handelssachen (Handelssenate) über bürgerliche Rechtsstreitigkeiten in erster Instanz und über Berufungen gegen die in Ausübung der Gerichtsbarkeit in Handelssachen gefällten Urteile der Bezirksgerichte nach den Vorschriften der §§ 480 bis 500 ZPO in zweiter Instanz entscheiden, wird die Stelle eines Mitglieds durch einen fachmännischen Laienrichter aus dem Handelsstand versehen. In allen anderen Fällen sind die Senate der Landes- und Handelsgerichte mit Richtern besetzt.

Abs idF Art II Z 3 ZVN 1983 BGBl 135 und Art XI BGBl 1993/91; Abs 2 idF BGBl 1993/91

Lit: *Ballon,* Der Einfluß der Verfassung auf das Zivilprozeßrecht, ZZP 96 (1983) 409; *ders,* Die Gerichtsorganisation der Arbeits- und Sozialgerichtsbarkeit, JBl 1987, 349; *Böhm,* Zur Mitwirkung von Laienrichtern an der Zivilgerichtsbarkeit, in Österreichische Landesreferate zum X. Internationalen Kongreß für Rechtsvergleichung (1979) 33; Dokumentation Laienrichter in Österreich und Europa anläßlich 70 Jahre Vereinigung der fachmännischen Laienrichter Österreichs (1992); *Fasching,* Die Änderung des Verfahrens zur Erlassung einstweiliger Verfügungen durch die Zivilverfahrens-Novelle 1983, GesRZ 1984, 62; *ders,* Die Bedeutung des Gleichheitssatzes für das zivilgerichtliche Verfahren, in *BMfJ,* Grund- und Freiheitsrechte in der gerichtlichen Praxis (1992) 339 = Fasching-FG (1993) 3; *ders,* Die Zivilverfahrensnovelle 1981, JBl 1982, 68, 120; *Fink,* Das Verfahren in Arbeitsrechtssachen vor dem Konkurs- und Ausgleichsgericht, DRdA 1988, 205; *Fucik,* Die Zuständigkeit nach der Zivilverfahrens-Novelle 1983, RZ 1985, 206, 261; *Kostka,* Die Exekutionsklagen nach den §§ 35, 36 und 37 EO und das Arbeits- und Sozialgerichtsgesetz, ZAS 1989, 79; *Piska,* Das Prinzip der festen Geschäftsverteilung in der ordentlichen Gerichtsbarkeit (1995); *Rechberger,* Pro futuro? NZ 1981, 145; *Schmidt,* Zur Gerichtsbesetzung in Patentsachen, ÖBl 1984, 89; *Schoibl,* Aspekte der Laiengerichtsbarkeit in Österreich, ZÖR 1987, 139; *Sperl,* Besetzungskonflikte im Zivilprozeß innerhalb eines Gerichtshofes erster Instanz, ÖJZ 1962, 537; *Sprung/König,* „Einlassung zur Hauptsache" im österreichischen zivilgerichtlichen Verfahren, ZfRV 1975, 86; *Steiner/Fleisch,* Der „kleine" Kommerzialrat und die Ungleichbehandlung in der österreichischen Laiengerichtsbarkeit, NZ 1997, 175.

Übersicht:

I. Senatsgerichtsbarkeit, Allgemeines

1 Durch § 7 JN ist festgelegt, daß die Gerichtsbarkeit in bürgerlichen Rechtssachen bei den Gerichtshöfen erster Instanz **grundsätzlich durch Senate** ausgeübt wird. Tatsächlich ist dieser Grundsatz durch die Bestimmungen des § 7a JN derart durchbrochen, daß – sieht man vom arbeits- und sozialgerichtlichen Verfahren ab –, der **Einzelrichterprozeß die Regel** und der Senatsprozeß die Ausnahme darstellt (so wurden im Jahr 1996 von 42.388 Gerichtshofprozessen nur 36 vor dem Senat verhandelt [ohne Berücksichtigung der Arbeits- und Sozialgerichtsbarkeit], Statistik der Rechtspflege 1996 [1998] 21). Der Gerichtshof erster Instanz verhandelt und entscheidet nur dann in Senatsbesetzung, wenn der Streitwert 650.000 S übersteigt und eine Partei rechtzeitig den Antrag auf Senatsbesetzung stellt (s Rz 1, 4ff zu § 7a JN); **lediglich in Arbeits- und Sozialrechtssachen ist grundsätzlich der Senat zwingend vorgeschrieben** (§ 10 ASGG). Wird der Gerichtshof erster Instanz in Senatsbesetzung tätig, dann besteht der Senat immer aus drei Richtern (in der allgemeinen Gerichtsbarkeit aus drei Berufsrichtern, in der Handelsgerichtsbarkeit aus zwei Berufsrichtern und einem Laienrichter, in der Arbeits- und Sozialgerichtsbarkeit aus einem Berufsrichter und zwei Laienrichtern).

Die **ZVN 1983** bzw die **WGN 1997** haben nunmehr den Grundsatz, daß in Rechtsstreitigkeiten über vermögensrechtliche Ansprüche beim Gerichtshof in erster Instanz der Einzelrichter entscheidet, in § 7a Abs 1 JN verankert. Bisher galt dies bis zur ZVN 1983 in einem grundsätzlichen Sinn nur bei Rechtsstreitigkeiten über einen 300.000 S nicht übersteigenden Streitgegenstand. Diese Wertgrenze wurde nun in § 7a Abs 2 JN (zunächst durch die ZVN 1983 auf 500.000 S und durch die WGN 1997) auf 650.000 S angehoben. Entsprechend dem der ZVN 1983 zugrunde liegenden Grundsatz der verstärkten Einzelrichterentscheidung soll außerdem auch bei Überschreitung dieser Wertgrenze der Senat nur dann zur Entscheidung berufen sein, wenn dies eine der Parteien beantragt. Dadurch wird praktisch das Einzelrichterverfahren zum Regelfall vor dem Gerichtshof; eine Durchführung dieses Gedankens derart, daß grundsätzlich der Prozeß als Einzelrichterverfahren geregelt und dem nur ergänzende Bestimmungen für den Fall des Senatsverfahrens beigefügt worden wären, hätte eine völlige Umgestaltung der JN und der ZPO bedeutet. Wegen der dadurch befürchteten Schwierigkeiten für die Gerichtspraxis wurde vom Gesetzgeber auf diese Verwirklichung der Grundsatztreue verzichtet (ErläutRV 669 BlgNR 15. GP 27; s dazu auch Rz 1 zu § 7 JN).

Gem § 36 GOG ist bei jedem Gerichtshof im Rahmen der Geschäftsverteilung ein **Begutachtungssenat** zu bilden, der sich aus dem Präsidenten und sechs weiteren Richtern zusammensetzt. Aufgabe dieses Senats ist es, auf Ersuchen des BM für Justiz oder des Präsidenten des OLG Gutachten zu Gesetzes- oder Verordnungsentwürfen abzugeben (sog GOG-Senat).

Ob ein Senat oder ein Einzelrichter zu entscheiden hat, ist eine Frage der Besetzung und nicht der Zuständigkeit, sodaß bei einer Verletzung der §§ 7 und 7 a JN die Rechtsmittelbeschränkung bzw der Rechtsmittelausschluß des § 45 JN keine Anwendung findet (SZ 51/152 [1978]). Im einzelnen s dazu und zur unrichtigen Besetzung § 7 a JN Rz 14 f, §§ 260 und 477 ZPO.

II. Einzelrichter im Senatsprozeß

A. Nach der ZPO

Durch die Zivilprozeßordnung ist auch **im Senatsprozeß** die Vornahme folgender Prozeßhandlungen bzw die Fällung nachstehender Entscheidungen ausdrücklich dem Vorsitzenden des Senats oder einem von ihm bestimmten Senatsmitglied als **Einzelrichter** überlassen (s auch § 34 JN Rz 6 f): 2

- Die Entscheidung über einen außerhalb der mündlichen Verhandlung gestellten Antrag auf Bestellung eines Prozeßkurators für die Gegenpartei nach § 8 Abs 1, § 9 Abs 2 ZPO (zur Auswahl des Kurators s § 86 Geo).
- Die Verfügung der Zustellung des die Erklärung des Beitritts als Nebenintervenient, des die Streitverkündigung und des die Aufforderung des Auktors enthaltenden Schriftsatzes gem §§ 18, 21, 22 und 25 ZPO; gegen die angeordnete Zustellung ist ein Rekurs nicht zulässig (SZ 37/130 [1964] = JBl 1965, 212).
- Die Zurückweisung der im Anwaltsprozeß ohne Unterschrift eines Anwalts eingebrachten Klage oder Klagebeantwortung gem § 37 ZPO; vor der Zurückweisung ist ein Verbesserungsauftrag unter Setzung einer nicht verlängerbaren Frist zu erteilen. Dieser Verbesserungsauftrag kann nicht angefochten werden (*Ballon,* Zivilprozeßrecht[9] Rz 401; *Fasching*[1] II 561; RZ 1992/2; 1990/39; SSV-NF 2/135 [1988]; EvBl 1971/296; Rsp 1936/262), lediglich gegen den Zurückweisungsbeschluß ist der Rekurs zulässig (ausdrücklich RZ 1992/2).
- Die Entscheidung über die Frist zur Urkundeneinsicht durch den Gegner gem § 82 Abs 2 ZPO sowie über den Auftrag zur Rückstellung von Urkunden durch einen Rechtsanwalt gem § 83 ZPO; diese Beschlüsse sind unanfechtbar.
- Die Verfügungen zur Beseitigung von Form- und Inhaltsmängeln bei Schriftsätzen gem § 84 ZPO; obwohl das Gesetz (§ 84 Abs 1 letzter Satz ZPO) davon spricht, daß ein solcher Beschluß durch ein abgesondertes Rechtsmittel nicht angefochten werden kann, ist nach stL und Rsp ein Rekurs gegen Verbesserungsaufträge überhaupt unzulässig.
- Anordnungen im Rahmen der Zustellung gem § 87 ZPO; ein abgesondertes Rechtsmittel ist unzulässig (überhaupt unanfechtbar sind Verfügungen nach den §§ 100 und 117 ZPO).
- Die Erledigung von Beschwerden gegen Zustellorgane wegen ihres Verhaltens anläßlich der Zustellung (§ 91 ZPO).
- Die Bestimmung von (richterlichen) Fristen, die Verlängerung und die Abkürzung von Fristen sowie die Anberaumung und Erstreckung von Tagsatzungen gem § 140 ZPO (zur Anfechtbarkeit solcher Beschlüsse s § 141 ZPO).
- Die Prozeßleitung in der mündlichen Verhandlung nach den §§ 180 bis 186 ZPO. Nach diesen Bestimmungen umfaßt die Prozeßleitungsbefugnis des Vorsitzenden: Erstreckung der Tagsatzung zur mündlichen Verhandlung; Erlas-

sung von Aufträgen zur Vorbereitung der fortgesetzten Tagsatzungen; aufklärende Fragestellung zur Ergänzung und Aufhellung des Parteivorbringens; Aufforderung an die Parteien zum persönlichen Erscheinen in der Verhandlung; Bewirkung der Vorlage von Urkunden und Augenscheinsgegenständen sowie Beischaffung öffentlicher Urkunden (nicht jedoch hinsichtlich von Urkunden, wenn sich beide Parteien dagegen ausgesprochen haben); Anordnung eines Augenscheins oder der Begutachtung durch Sachverständige auch von Amts wegen; amtswegige Ladung von Zeugen – jedoch nicht gegen den ausdrücklichen Widerspruch beider Parteien –; Entscheidung über die Zulässigkeit und Angemessenheit von Fragen an den Gegner oder an Zeugen und Sachverständige; Verfügungen bezüglich einer verhandlungsunfähigen Partei. Wird eine Anordnung oder Frage des Vorsitzenden als unzulässig bestritten, so entscheidet darüber der Senat; gegen dessen Entscheidung ist ein abgesondertes Rechtsmittel nicht zulässig (§ 186 ZPO).

• Versuch und Protokollierung eines gerichtlichen Vergleichs sowie die Abnahme eines durch Vergleich vereinbarten Eides nach § 205 ZPO.

• Erklärung zur Ferialsache; diese Entscheidung ist unanfechtbar (§ 224 Abs 2 ZPO).

• Entscheidung über die gem § 229 ZPO gestellten Anträge.

• Vorprüfung im Rahmen der formellen Klagsprüfung hinsichtlich aller Prozeßvoraussetzungen (*Fasching,* Lehrbuch[2] Rz 1168); hingegen kann in diesem Verfahrensstadium nur der Senat kraft ausdrücklicher gesetzlicher Vorschrift des § 230 Abs 2 ZPO die Klagszurückweisung wegen Fehlens einer Prozeßvoraussetzung aussprechen (*Fasching,* Lehrbuch[2] Rz 1169; *Fucik,* RZ 1985, 206, 261; KG St. Pölten Arb 9216 [1974]); ebenso fällt die Entscheidung über einen Überweisungsantrag gem § 230 a ZPO in die Senatskompetenz (*Fucik,* RZ 1985, 206, 262).

• Anberaumung und Durchführung der ersten Tagsatzung sowie auch einer erstreckten ersten Tagsatzung, Fällung von Anerkenntnis-, Verzichts- und Versäumungsurteil, Entscheidung über die bei der ersten Tagsatzung zu stellenden und sogleich zu erledigenden Anträge, Entscheidung über das Vorliegen sämtlicher Prozeßvoraussetzungen in der ersten Tagsatzung (*Ballon,* Zivilprozeßrecht[9] Rz 201; *Fasching,* Lehrbuch[2] Rz 1218; aM *Holzhammer,* Zivilprozeßrecht[2], 201, wonach nur über bestimmte Prozeßvoraussetzungen in der ersten Tagsatzung und somit durch den Einzelrichter entschieden werden darf; im einzelnen s die Rz zu §§ 239, 240, 260, 261 ZPO), Entbindung des Beklagten nach Eintritt des Auktors gem § 241 ZPO sowie der befristete Auftrag zur Erstattung der Klagebeantwortung nach § 243 ZPO.

• Der schriftliche Auftrag zur Einbringung der Klagebeantwortung unter Fristsetzung nach § 243 Abs 4 ZPO durch unanfechtbaren Beschluß.

• Überprüfung der vom beauftragten oder ersuchten Richter vorgelegten Protokolle und Beweisaufnahmeakten und Veranlassung erforderlicher Verbesserungsmaßnahmen sowie die Entscheidung über Parteianträge zur Verbesserung der von einem beauftragten oder ersuchten Richter vorgenommenen Beweisaufnahme gem § 286 ZPO.

• Anordnung eines Kostenvorschusses beim Zeugen-, Sachverständigen- und Augenscheinsbeweis nach den §§ 332, 365, 368 ZPO.

• Entscheidung über Beweissicherungsanträge und ihre Kosten gem § 386 Abs 4 ZPO.

• Fällung des Versäumungsurteils bei nicht rechtzeitiger Erstattung der Klagebeantwortung gem § 398 ZPO.

● Vorprüfung einlangender Berufungen gem § 470 ZPO.

● Anberaumung der mündlichen Berufungsverhandlung nach § 480 Abs 1 ZPO sowie ihre Abberaumung infolge Zurückziehung der Berufung gem § 484 Abs 1 ZPO; im letzteren Fall obliegt dem Vorsitzenden auch die Kostenbestimmung nach § 484 Abs 3 ZPO.

B. Nach § 37 GOG

Nach § 37 GOG sind dem Vorsitzenden des Senats oder einem beauftragten Richter als **Einzelrichter** die Erledigung folgender Angelegenheiten übertragen: 3

● Die einstweilige Zulassung eines Bevollmächtigten gem § 38 ZPO bei Verhandlungen vor dem Vorsitzenden oder einem beauftragten Richter.

● Die Bewilligung der Verfahrenshilfe. Im arbeits- und sozialgerichtlichen Verfahren sind – anders als nach § 37 GOG – dem Vorsitzenden sämtliche Entscheidungen über die Verfahrenshilfe übertragen (§ 11 a Abs 1 Z 4 ASGG), somit auch die Abweisung des Antrags auf Verfahrenshilfe, der Ausspruch ihres Erlöschens und ihrer Entziehung sowie die Auferlegung einer Nachzahlung; daraus folgt, daß der Vorsitzende alle erforderlichen Erhebungen allein durchführen kann (*Feitzinger/Tades,* ASGG², 16; *Kuderna,* ASGG², 118).

● Die Entscheidung über das Begehren um Anmerkung des Streits (Verfügung der grundbücherlichen Streitanmerkung) oder einer Hypothekarklage.

● Die Aufforderung zur Erlegung von Urkunden gem § 82 ZPO und zur Rückstellung von Urkunden gem § 83 ZPO.

● Die Entscheidung über die Wiedereinsetzung gegen die Versäumung der ersten Tagsatzung.

● Die Aufträge zur Zustellung der Rechtsmittelschriften und zur Erstattung sowie Zustellung der Rechtsmittelgegenschriften sowie die Vorlage des Aktes an die höhere Instanz.

● Die Bestimmung der Sachverständigengebühren.

● Die Entscheidung über die Kosten eines Beweissicherungsantrags und über die Kosten des Gegners anläßlich seiner Teilnahme bei der Beweissicherung.

● Die Erledigung von Geschäftsstücken, die die Erteilung von Auskünften an andere Behörden zum Gegenstand haben, die Einholung von Auskünften von anderen Behörden sowie die Verständigung von Behörden von eingebrachten Klagen.

● Verwahrungsaufträge und Erfolglassungen für die Bewirkung des Umtausches verloster Effekten, die Behebung neuer Kouponbögen, die Bewirkung von Maßnahmen der Hinterlegungsbehörde, die Bewirkung des Erlages festgesetzter Sicherheitsleistungen für Prozeßkosten und deren Erfolglassung nach Verfahrensende.

● Die Bestätigung über die gesetzmäßige Führung der Handelsbücher.

● Im Außerstreitverfahren die Erlassung aller Verfügungen, die die Eröffnung oder Leitung des Verfahrens betreffen oder die Vorbereitung der meritorischen Beschlußfassung bezwecken oder welche keinen entscheidenden Einfluß auf die Rechte der Parteien nehmen oder auch nach dem Gesetze außer Zweifel stehen, ferner die Beschlußfassung über die Sachverständigengebühren. Da im außerstreitigen Verfahren fast ausnahmslos der Einzelrichter entscheidet, hat diese Bestimmung kaum praktische Bedeutung; lediglich nach § 20 WertpapierbereinigungsG (BGBl 1954/188) und § 25 SchillingeröffnungsbilanzenG (BGBl 1954/190) sind Kausalsenate vorgesehen (s auch § 7 a JN Rz 17).

- Die Erledigung der gerichtlichen Aufkündigung einer Hypothekarforderung.
- Die Erledigung von Beschwerden gegen Angestellte der Gerichtskanzlei.

C. Nach dem ASGG

4 **Im arbeits- und sozialgerichtlichen Verfahren** sind dem Vorsitzenden gem §§ 11 a, 11 b ASGG noch folgende Angelegenheiten zugewiesen (die aber zT bereits ohnehin in § 37 GOG genannt sind):

Durchführung einer Tagsatzung zur mündlichen Streitverhandlung, wenn einer der Laienrichter nicht erscheint und auch kein anderer innerhalb kurzer Zeit zur Stelle ist, sofern beide Parteien qualifiziert vertreten sind und dem zustimmen; der Vorsitzende kann auch die Verhandlung für geschlossen erklären, er darf jedoch kein Urteil und keinen Endbeschluß fällen (§ 11 b ASGG; im einzelnen s dazu § 7 a JN Rz 18).

Gem § 11 a Abs 1 ASGG sind dem Vorsitzenden darüber hinaus weitere Befugnisse eingeräumt (s dazu im einzelnen § 34 JN Rz 7).

D. Überschreiten der Befugnisse

5 Überschreitet der Vorsitzende seine Befugnisse, so sind dessen Handlungen nichtig (*Mayr* in *Rechberger,* § 7 JN Rz 1 und § 34 JN Rz 1; RZ 1989/104).

III. Laienrichter

A. Allgemeines

6 Laienrichter wirken mit in der **Kausalgerichtsbarkeit** (Handels- sowie Arbeits- und Sozialrechtssachen), sofern diese in Senaten ausgeübt wird. Während in der **Arbeits- und Sozialgerichtsbarkeit** die Senatsbesetzung in allen Instanzen zwingend vorgeschrieben ist (zu den Ausnahmen s §§ 11 a, 11 b ASGG; s § 7 a JN Rz 18 und § 34 JN Rz 7), kommen **im handelsgerichtlichen Verfahren** erster Instanz die Regelungen des § 7 a JN zur Anwendung, sodaß vor den Landesgerichten als Handelsgericht (bzw dem HG Wien) der Senat nur dann entscheidet, wenn der Streitwert 650.000 S übersteigt und ein ausdrücklicher diesbezüglicher Parteiantrag vorliegt. Dabei kommen in Handelssachen hinsichtlich der Befugnisse des Vorsitzenden als Einzelrichter die in den Rz 2 f dargestellten Grundsätze zur Anwendung, in Arbeits- und Sozialrechtssachen darüber hinaus die in Rz 4 genannten Angelegenheiten. Die früher vorgesehene Berggerichtsbarkeit wurde durch die ZVN 1983 ersatzlos beseitigt.

Laienrichter üben ein Ehrenamt aus, zu dessen Annahme niemand verpflichtet ist. Sie sind in Ausübung ihres richterlichen Amtes unabhängig und für die Dauer ihrer Tätigkeit mit den richterlichen Garantien ausgestattet. Während ihrer Amtsdauer können Laienrichter weder zu einem anderen Gerichtshof, als zu dem sie ernannt bzw für den sie gewählt sind, versetzt noch zeitweilig ihres Amtes entsetzt werden. Eine **Amtsentsetzung** kann nur erfolgen, wenn sie die Eigenberechtigung verlieren, ohne genügende Entschuldigung die Pflichten ihres Amtes dauernd vernachlässigen oder innerhalb ihrer Amtsperiode eines Verbrechens oder einer anderen aus Gewinnsucht begangenen oder gegen die öffentliche Sittlichkeit verstoßenden Handlung für schuldig erkannt werden. Die Amtsenthebung kann nur auf Grund eines richterlichen Disziplinarerkenntnisses des OLG (in Arbeits- und Sozialrechtssachen des OGH für die bei ihm tätigen Laienrichter) als Disziplinargericht, das hiebei nach den Vorschriften des RDG vorzugehen hat, erfolgen. Auch die vorherige Suspendierung darf nur nach den Vorschriften des RDG vorgenommen werden. Da Laienrichter Richter iSd ZPO und der JN sind, finden auf sie auch die Vorschriften über die **Ablehnung wegen Ausgeschlossenheit bzw Befangenheit** von Richtern Anwendung (über ihre Ablehnung entscheidet ein nur mit Berufsrichtern besetzter Senat des Gerichtshofes, *Fasching,* Lehrbuch[2] Rz 151; *Mayr* in *Rechberger,* ZPO § 7 JN Rz 3; für das arbeits- und sozialgerichtliche Verfahren ausdrücklich § 11 Abs 4 ASGG; zur verfassungsrechtlichen Stellung der Laienrichter s mwN *Ballon,* ZZP 96 [1983] 409, insb 439).

Die Gerichtshöfe sind grundsätzlich nur in Streitsachen als Kausalgerichte tätig (zu den Ausnahmen s Rz 3).

Seit der EO-Novelle 1995 (BGBl 519) sind ausschließlich die BG zur Durchführung des **Exekutionsverfahrens** einschließlich der Exekutionsbewilligung zuständig (Ausnahmen bestehen jedoch hinsichtlich der einweiligen Verfügungen und der Bewilligung einer Exekution zur Sicherstellung). Daher hat die Bestimmung des § 50 EO, wonach im Exekutionsverfahren keine Laienrichter beigezogen werden, keine Bedeutung mehr. § 50 EO ist auf die sich im Zug einer Zwangsvollstreckung ergebenden Streitigkeiten (zB §§ 35 bis 37 EO) nicht anwendbar (*Mayr* in *Rechberger,* ZPO § 7 JN Rz 4; EvBl 1986/158 = DRdA 1986, 430 = RdW 1986, 154; RZ 1975/51; SZ 45/64 [1972] = EvBl 1972/322 = ÖBl 1973, 63). Da jedoch Klagen nach §§ 35ff EO – ausgenommen in Arbeitsrechtssachen nach § 50 ASGG – immer beim BG einzubringen sind, kann ein Kausalsenat in Handelssachen nur im Berufungshauptverfahren in Frage kommen. In Arbeitsrechtssachen sind für die Klagen gem §§ 35 und 36 EO (nicht für Klagen gem § 37 EO) Sonderregelungen vorgesehen: Diese sind nach den Bestimmungen des ASGG in Kausalbesetzung vom Gerichtshof (als Arbeits- und Sozialgericht) zu behandeln (s *Kuderna,* ASGG[2], 71). Ausnahmsweise entscheidet nach § 388 Abs 2 EO über einstweilige Verfügungen in den dort bzw § 387 Abs 3 EO genannten Fällen (zB wegen unlauteren Wettbewerbs) sowie in Arbeitsrechtssachen der Kausalsenat, sofern nicht nach § 7a JN ohnehin der Einzelrichter oder in dringenden Fällen der Vorsitzende tätig wird (s dazu im einzelnen § 7a JN Rz 2f).

Gem §§ 89ff KartG entscheiden das **Kartellgericht** und das Kartellobergericht in Senaten, denen Laienrichter angehören.

Eine weitere Sonderregelung besteht darin, daß gem § 30 Abs 2 KSchG über Verbandsklagen nach § 28 KSchG – die zur Handelsgerichtsbarkeit gehören – ein Senat von 3 Berufsrichtern entscheidet, sofern nicht ohnehin die Kompetenz des Einzelrichters gegeben ist (s weiter Rz 3 für das außerstreitige Verfahren).

B. Laienrichter in Handelssachen (§ 20 GOG; Ministerialverordnung RGBl 1897/129)

Soweit die Zivilgerichtsbarkeit in Handelssachen in Senaten bei den Gerichtshöfen erster und zweiter Instanz (hier aber nur im Berufungshauptverfahren) ausgeübt wird, wirken Laienrichter mit, die vom Gesetz als **fachmännische Laienrichter** bezeichnet werden und die gem § 11 MinV 1897 die Bezeichnung „Kommerzialrat" führen; der OGH entscheidet in Handelssachen ausschließlich in Berufsrichterbesetzung. Eine feste Geschäftsverteilung ist für die fachmännischen Laienrichter nicht vorgesehen (zur verfassungsrechtlichen Problematik der **7** festen Geschäftsverteilung s *Fasching,* Gerichtsorganisation 74; s auch *Piska,* Geschäftsverteilung 84; zur Geschäftsverteilung im allgemeinen s § 5 JN Rz 29 ff).

Fachmännische Laienrichter können zu diesem Amt ernannt werden, wenn sie Inländer sind (nicht hingegen Angehörige von EU-Staaten, da sich die im EU-Vertrag vorgesehene Gleichbehandlung nicht auf die Ausübung von Hoheitsgewalt bezieht), das dreißigste Lebensjahr vollendet haben, weder im Genuß der bürgerlichen Rechte noch in der Verwaltung ihres Vermögens durch Gesetz oder richterliche Anordnung (Sachwalterbestellung, Konkurs oder im Ausgleich kraft § 3 Abs 2 AO) beschränkt sind und auf Grund ihres Berufs über eine genaue Kenntnis des Handels sowie der dafür geltenden Gesetze und Gewohnheiten verfügen. Die Ernennung erfolgt durch den BMJ auf Grund von Vorschlägen, die von der zuständigen Wirtschaftskammer und vom Personalsenat des betreffenden Gerichtshofs erstattet werden. Sie werden auf die Dauer von fünf Jahren ernannt, wobei eine Wiederernennung zulässig ist. Auch nach Ablauf der Funktionsperiode ist ein fachmännischer Laienrichter mit seiner Zustimmung in jenen Verfahren weiter heranzuziehen, in denen unter seiner Mitwirkung Beweisaufnahmen stattgefunden haben. Wenn die Stelle eines fachmännischen Laienrichters zur Besetzung gelangen soll, hat der Präsident des Gerichtshofs die Wirtschaftskammer seines Sprengels zur Erstattung eines Vorschlags aufzufordern; diese erstattet ihren Vorschlag durch Beschluß der Vollversammlung.

C. Laienrichter in Arbeits- und Sozialrechtssachen (§§ 10 ff ASGG)

8 In Arbeits- und Sozialrechtssachen wirken in allen Instanzen, also auch beim OGH, Laienrichter mit, die vom Gesetz als **fachkundige Laienrichter** bezeichnet werden.

Voraussetzungen für das Amt eines fachkundigen Laienrichters sind die Vollendung des 24. Lebensjahres und die Nichtvollendung des 65. Lebensjahres (Ausnahme in § 24 ASGG), die Angehörigkeit zu jener Berufsgruppe, für die die Laienrichter zu wählen sind (oder sie müssen Arbeitnehmer einer gesetzlichen oder freiwilligen Berufsvertretung sein, die auch diesen Beruf mitvertrtitt), die Voraussetzungen für das Wahlrecht zum Nationalrat sowie die Wahl durch den hiezu vorgesehenen Wahlkörper.

Auf Bundesebene – also für den OGH – ist Wahlkörper in erster Linie der Kammertag der Wirtschaftskammer Österreich für die Arbeitgeber (weitere Wahlkörper s § 20 Abs 1 Z 2 ASGG) und die Hauptversammlung der Bundesarbeitskammer für die Arbeitnehmer. Auf Landesebene – also für das ASG Wien, die LG und die OLG – ist Wahlkörper in erster Linie die Vollversammlung der jeweiligen Wirtschaftskammer (weitere Wahlkörper s § 20 Abs 2 Z 2 ASGG) für die Arbeitsgeber und die Vollversammlung der jeweiligen Arbeiterkammer für die Arbeitnehmer. Die Laienrichter für die Bundes-, Landes- und Gemeindebediensteten werden durch die vorgesehenen Personalvertretungen gewählt; die Gebietskörperschaften als Arbeitgeber entsenden ihre fachkundigen Laienrichter.

Die in einem Senat tätigen fachkundigen Laienrichter haben je zur Hälfte dem Kreis der Arbeitgeber und dem der Arbeitnehmer anzugehören. Eine Ausnahme besteht in Sozialrechtssachen für die in § 12 Abs 3 ASGG genannten Leistungssachen, wonach alle Laienrichter dem Kreis der Arbeitgeber angehören müssen; so bei Ansprüchen aus dem BSVG (RZ 1988/25) oder dem GSVG (RZ 1988/32). In Arbeitsrechtssachen sollen sie den Berufsgruppen der an der Rechtsstreitigkeit beteiligten Parteien angehören; in Sozialrechtssachen den Berufsgruppen der Versicherten und ihrer Arbeitgeber, jedoch hier nur dann unbedingt, wenn im Einzelfall besondere Kenntnisse bezüglich der Berufsausübung des Versicherten erforderlich werden könnten. Wer für den jeweiligen Rechtsstreit als fachkundiger Laienrichter beigezogen wird, bestimmt der Vorsitzende durch die Ladung; eine feste Geschäftsverteilung ist nicht vorgesehen (dies ist verfassungsrechtlich nicht ganz unbedenklich, aber in der Praxis ist eine feste Geschäftsverteilung für Laienrichter kaum zu realisieren, s *Ballon,* ZZP 96 [1983] 409, 458; *Fasching,* Gerichtsorganisation 74; s auch *Piska,* Geschäftsverteilung 84; zur Geschäftsverteilung im allgemeinen s § 5 JN Rz 29 ff).

Kein fachkundiger Laienrichter darf gleichzeitig Laienrichter aus dem Kreis der Arbeitgeber und der Arbeitnehmer sein, und er darf auch nicht gleichzeitig für einen im Instanzenzug übergeordneten Gerichtshof gewählt oder entsandt sein. Wohl aber darf er gleichzeitig für mehrere nicht übergeordnete Gerichte gewählt werden (*Fasching,* Lehrbuch² Rz 2253). Vor der ersten Verwendung ist vor dem Präsidenten des Gerichtshofs (bzw dem Senatsvorsitzenden) ein Gelöbnis abzulegen; die Laienrichter sind in einer vom Präsidenten zu führenden Liste zu erfassen, und es ist ihnen eine Urkunde auszustellen.

Die Parteien können die Laienrichter nicht nur wegen der Gründe der §§ 19 und 20 JN ablehnen (EvBl 1988/43), sondern auch wegen des Fehlens der passiven Wählbarkeit für das Amt oder wegen des Vorliegens eines Unvereinbarkeitstatbestands (*Fasching,* Lehrbuch² Rz 2253). Über die Ablehnung entscheidet ein aus drei Berufsrichtern bestehender Senat des Gerichts (§ 11 Abs 4 ASGG).

Für ihre Tätigkeit erhalten die fachkundigen Laienrichter Ersatz ihrer Aufenthalts- und Reisekosten und Ersatz für Zeitversäumnis entsprechend den für Zeugen geltenden Bestimmungen (s § 32 ASGG). Fachkundige Laienrichter sind ihres Amtes zu entheben, wenn sie nicht gewählt waren, wenn sie kein passives Wahlrecht besitzen oder dieses verloren ging, wenn Unvereinbarkeit vorlag oder später eintrat, wenn sie ihre Amtspflichten ohne Entschuldigung wiederholt vernachlässigen, wenn sie durch ihr Verhalten das Ansehen ihres Amtes schädigen, wenn sie das Gelöbnis verweigern oder wenn sie selbst um Amtsenthebung ansuchen. Über einige dieser Enthebungsgründe entscheidet das nach dem RDG zuständige Dienstgericht, über andere das für die Richter vorgesehene Disziplinargericht und über die Amtsenthebung auf eigenes Ersuchen der Präsident des jeweiligen Gerichtshofs (§ 30 Abs 3 und 4 ASGG).

D. Sonstiges

Eine ausdrückliche Ausnahme von dem Grundsatz, daß Laienrichter nicht im außerstreitigen Verfahren mitentscheiden, ist durch § 20 WertpapierbereinigungsG, BGBl 1954/188 (1 Berufsrichter und 2 Laienrichter) und durch § 25 SchillingeröffnungsbilanzenG, BGBl 1954/190 (2 Berufsrichter und 1 Laienrichter) geschaffen worden. 9

Ausschließlich Laienrichter werden in der privaten **Schiedsgerichtsbarkeit** tätig; aktive Berufsrichter dürfen gem § 578 ZPO nicht zu Schiedsrichtern ernannt werden. 10

Zur Besetzung der LG in der Handelsgerichtsbarkeit (bzw des HG Wien) im Berufungsverfahren s § 8 JN Rz 4. 11

§ 7 a. (1) In Rechtsstreitigkeiten über vermögensrechtliche Ansprüche, die vor die Gerichtshöfe erster Instanz gehören, entscheidet ein Mitglied des Gerichts als Einzelrichter nach den Vorschriften für das Verfahren vor den Gerichtshöfen erster Instanz.

(2) Übersteigt jedoch der Wert des Streitgegenstandes an Geld oder Geldeswert (§§ 54 bis 60) den Betrag von 650 000 S, so entscheidet der Senat, wenn dies eine der Parteien beantragt; diesen Antrag hat der Kläger in der Klage, der Beklagte in der Klagebeantwortung zu stellen; wird der Streitwert erst nachträglich über diesen Betrag erweitert, so kann der Antrag nicht mehr gestellt werden. Wird nachträglich der Streitwert vor dem Schluß der mündlichen Streitverhandlung auf oder unter diesen Betrag eingeschränkt oder der Antrag auf Senatsbesetzung mit Zustimmung des Gegners bis zu diesem Zeitpunkt zurückgezogen, so tritt an die Stelle des Senats der Vorsitzende oder das sonst in der Geschäftsverteilung bestimmte Mitglied dieses Senats.

(3) Über die Führung des Firmenbuchs und gesellschaftsrechtliche Angelegenheiten (§ 120), in Kraftloserklärungssachen, über Anträge auf Erlassung von Zahlungsaufträgen im Mandatsverfahren und im Verfahren in Wechselstreitigkeiten, ferner über die Bestätigung der Vollstreckbarkeit und ihre Aufhebung sowie über Anträge auf Exekutionsbewilligung entscheidet beim Gerichtshof in erster Instanz jedenfalls der Einzelrichter.

(4) Besondere Vorschriften, die die Entscheidung des Gerichtshofs erster Instanz durch den Senat vorsehen, bleiben durch die in den Abs. 1 und 2 getroffene Regelung unberührt.

Eingefügt durch Art II Z 4 ZVN 1983 BGBl 135; Abs 2 idF Art VI Z 1 WGN 1997 BGBl I 1997/140; Abs 3 idF Art XII Z 1 BGBl 1991/10

Lit: *Ballon,* Der Einfluß der Verfassung auf das Zivilprozeßrecht, ZZP 96 (1983) 409; *ders,* Die Gerichtsorganisation der Arbeits- und Sozialgerichtsbarkeit, JBl 1987, 349; *ders,* Zu den Verfahrensmängeln im Zivilprozeßrecht, Matscher-FS (1993) 15; *Böhm,* Zur Mitwirkung von Laienrichtern an der Zivilgerichtsbarkeit, in Österreichische Landesreferate zum X. Internationalen Kongreß für Rechtsvergleichung (1979) 33; Dokumentation Laienrichter in Österreich und Europa anläßlich 70 Jahre Vereinigung der fachmännischen Laienrichter Österreichs (1992); *Fasching,* Die Änderung des Verfahrens zur Erlassung einstweiliger Verfügungen durch die Zivilverfahrens-Novelle 1983, GesRZ 1984, 62; *ders,* Die Bedeutung des Gleichheitssatzes für das zivilgerichtliche Verfahren, in Grund- und Freiheitsrechte in der gerichtlichen Praxis, in *BMfJ* (1992) 339 = Fasching-FG (1993) 3; *ders,* Die Zivilverfahrensnovelle 1981, JBl 1982, 68, 120; *Fink,* Das Verfahren in Arbeitsrechtssachen vor dem Konkurs- und Ausgleichsgericht, DRdA 1988, 205; *Kostka,* Die Exekutionsklagen nach den §§ 35, 36 und 37 EO und das Arbeits- und Sozialgerichtsgesetz, ZAS 1989, 79; *Rechberger,* Pro futuro? NZ 1981, 145; *Schmidt,* Zur Gerichtsbesetzung in Patentsachen, ÖBl 1984, 89; *Schoibl,* Aspekte der Laiengerichtsbarkeit in Österreich, ZÖR 1987, 139; *Sperl,* Besetzungskonflikte im Zivilprozeß innerhalb eines Gerichtshofes erster Instanz, ÖJZ 1962, 537; *Sprung/König,* „Einlassung zur Hauptsache" im österreichischen zivilgerichtlichen Verfahren, ZfRV 1975, 86.

Übersicht:

I. Einleitung

Entgegen dem ursprünglichen System der ZPO, das von der Senatsgerichtsbarkeit bei den Gerichtshöfen erster Instanz ausging, entscheiden heute die Gerichtshöfe erster Instanz (abgesehen von Arbeits- und Sozialrechtssachen) grundsätzlich durch **Einzelrichter;** lediglich dann, wenn der Wert des Streitgegenstands 650.000 S übersteigt und dies eine Partei – der Kläger in der Klage oder der Beklagte spätestens in der Klagebeantwortung – ausdrücklich beantragt, verhandelt und entscheidet der Gerichtshof im Verfahren erster Instanz in der Senatsbesetzung von 3 Richtern (s auch § 7 JN Rz 1) 1

Das deutsche Zivilprozeßrecht sieht eine andere Lösung vor: Das Landgericht als Gerichtshof erster Instanz entscheidet in Senatsbesetzung (als Kammer), es sei denn, der Senat überträgt die Rechtssache mit unanfechtbarem Beschluß dem Einzelrichter; in der Regel soll die Rechtssache dem Einzelrichter übertragen werden (§ 348 dZPO idF RPflEntlG 1993, dBGBl I 50; diese Regelung ist allerdings – vor der Neufassung durch das RPflEntlG 1993 – aus verfassungsrechtlicher Sicht als bedenklich angesehen worden, s *Ballon,* ZZP 96 [1983] 458 mwN; an diesen Bedenken hat sich auch durch die dzt geltende Fassung nichts geändert).

II. Sachliche Zuständigkeit der Gerichtshöfe

Streitigkeiten, die vor die Gerichtshöfe gehören, sind gem § 50 JN alle Rechtssachen, **deren Streitwert 130.000 S übersteigt,** sofern sie nicht ohne Rücksicht auf ihren Wert gem § 49 Abs 2 JN in die Eigenzuständigkeit der BG fallen. 2

Ohne Rücksicht auf den Streitwert gehören vor die Gerichtshöfe: Klagen von und gegen Richter gem § 79 JN sowie Streitigkeiten nach §§ 83a und 83b JN; Klagen nach dem AHG, dem OrgHG (der Gerichtshof wird nach den Bestimmungen des ASGG tätig), dem AtomhaftpflichtG, dem DSG, dem Polizeibefugnis-EntschädigungsG sowie dem StEG; Prüfungsprozesse gem § 111 KO und Prozesse, die gem § 178 KO vor das Konkursgericht gebracht werden können; arbeits- und sozialrechtliche Streitigkeiten nach dem ASGG; handelsrechtliche Angelegenheiten nach § 51 Abs 2 JN (s im einzelnen bei § 51 JN) und nach Sonderbestimmungen (Nichtigkeitsbeschwerde und Unwirksamkeitsklage gegen Erkenntnisse der Börsenschiedsgerichte gem Art XXIII und XXV EGZPO, Klagen auf Nichtigerklärung eines Gesellschaftsbeschlusses gem § 42 GmbHG, Klagen gegen die Oesterreichische Nationalbank, Streitigkeiten aus einem Kartellvertrag gem § 122 KartG, Klagen und Anträge auf einstweilige Verfügung nach § 162 PatG).

III. Streitwertermittlung

Für die **Ermittlung des Streitwerts** sind die §§ 54 bis 60 JN heranzuziehen. 3
Werden **mehrere Ansprüche** in einer Klage geltend gemacht, so gilt hinsichtlich der Senatsgrenze:

Stehen diese Ansprüche **in einem rechtlichen oder tatsächlichen Zusammenhang** und sind sie daher gem § 55 Abs 1 JN zusammenzurechnen, dann ist ihre Summe ausschlaggebend; überschreitet sie den Betrag von 650.000 S, entscheidet (über rechtzeitigen Antrag) der Senat auch dann, wenn keiner der Ansprüche 650.000 S übersteigt (§ 55 Abs 4 JN; insofern ist die gegenteilige Meinung von *Fasching*[1] I 178 durch die neue Gesetzeslage überholt).

Stehen gem § 227 Abs 1 ZPO miteinander verbundene Ansprüche hingegen **in keinem rechtlichen oder tatsächlichen Zusammenhang** und sind sie daher nicht zusammenzurechnen, dann muß unterschieden werden: Überschreitet keiner der Ansprüche den Betrag von 650.000 S, dann gehören sie auf alle Fälle vor den Einzelrichter – und zwar auch dann, wenn ihre Summe 650.000 S übersteigt –, da keine Zusammenrechnung stattfindet (die Gegenmeinung von *Holzhammer,* Zivilprozeßrecht[2], 46 ist auf Grund der Gesetzesänderung nicht mehr aktuell); überschreitet hingegen einer der Ansprüche den Betrag von 650.000 S, dann entscheidet auf Grund der Spezialnorm des § 227 Abs 2 ZPO der Senat (sofern er rechtzeitig beantragt wurde).

IV. Antragstellung

4 Der **Antrag auf Senatsbesetzung** ist bei sonstigem Ausschluß vom Kläger in der Klage, vom Beklagten spätestens (*Fasching,* Lehrbuch[2] Rz 169) in der Klagebeantwortung zu stellen. Für den Beklagten bedeutet dies, daß er den Senat bereits in der ersten Tagsatzung beantragen kann, da § 7a Abs 2 JN lediglich eine zeitliche Begrenzung für die Antragstellung vorsieht (ausdrücklich ErläutRV 669 BlgNR 15. GP 27). Eine vom Kläger nach Klagserhebung bzw vom Beklagten nach Erhebung der Klagebeantwortung vorgenommene Antragstellung ist daher unzulässig.

A. Zeitpunkt, insb Klagserweiterung

5 Im einzelnen ist hinsichtlich des genauen Zeitpunkts für die (rechtzeitige) Antragstellung auf Senatsbesetzung folgendes zu beachten:

Die ursprüngliche, bis zur ZVN 1983 geltende Regelung hat bezüglich der Besetzung auf den Beginn der mündlichen Streitverhandlung abgestellt. Nunmehr bestimmt § 7a Abs 2 JN, daß der Kläger den (ausdrücklichen) Antrag auf Senatsbesetzung in der Klage, der Beklagte ihn dementsprechend spätestens in der Klagebeantwortung zu stellen hat; nachträgliche Änderungen des Streitwerts können nicht mehr berücksichtigt werden. Leider ist weder dem Gesetz noch den Materialien zu entnehmen, auf welchen Zeitpunkt sich das „nachträglich" bezieht. Aktuell kann in der Praxis folgende Konstellation werden: Der Kläger nimmt in der ersten Tagsatzung gem § 239 ZPO eine **Klagserweiterung** auf über 650.000 S vor und stellt in einem den Antrag auf Entscheidung durch den Senat, wobei die Klagsausdehnung gem § 235 ZPO bewilligt wird bzw der Beklagte zustimmt. Nach dem Gesetzeswortlaut ist dem Antrag auf Senatsbesetzung nicht stattzugeben, jedoch kann – ebenfalls nach dem Gesetzestext – der Beklagte den entsprechenden Antrag noch zulässigerweise in der Klagebeantwortung stellen. Das bedeutet, daß dem Kläger in diesem Fall das Recht auf den Senat genommen wird, dem Beklagten dieser Anspruch hingegen (noch) zusteht. Hätte der Kläger die Klagsänderung erst in der mündlichen Streitverhandlung vorgenommen, dann würde auf jeden Fall der Einzelrichter entscheiden. Die einfachste und sinnvollste Lösung ist darin zu sehen, daß für die Besetzung (wie auch für die Zuständigkeit) der Streitwert im Zeitpunkt der Klagseinbringung (Gerichtsanhängigkeit) maßgebend (*Fasching,* Lehrbuch[2] Rz 258; unklar *Mayr* in *Rechberger,* ZPO § 54 JN Rz 2 und *Rechberger/Simotta,* Zivilprozeßrecht[4] Rz 104, wenn sie den Zeitpunkt der diesbezüglichen Antragstellung, also das Einlangen der Klage oder der Klagebeantwortung bei Gericht, als entscheidend ansehen) und sowohl für den Kläger als auch für den (künftigen) Beklagten bindend ist. Ab diesem Zeitpunkt vorgenommene Klagserweiterungen über die Senatsgrenze hinaus ändern daher nichts an der Entscheidungsbefugnis des Einzelrichters und sind für die Besetzung unbeachtlich. Das bedeutet, daß bei einer zulässigerweise etwa in der ersten Tagsatzung vorgenommenen Klagsausdehnung über 650.000 S weder der Kläger noch der Beklagte den Antrag auf Senatsbesetzung stellen kann. Würde im genannten Fall auf den reinen Gesetzeswortlaut abgestellt werden, dann hätte dies eine unbefriedigende Situation zur Folge: Dem gleichzeitig mit der Klagserweiterung in der ersten Tagsatzung gestellten Antrag des Klägers auf Senatsbesetzung darf wegen Verspätung nicht stattgegeben werden, während der Beklagte den entsprechenden Antrag noch in der Klagebeantwortung stellen kann; hätte der Kläger die Klagserweiterung erst in der mündlichen Streitverhandlung vorgenommen, dann wäre auf jeden Fall die Entscheidungsbefugnis des Einzelrichters zwingend gegeben.

Die oben (Rz 5) vertretene Auffassung, wonach für die Besetzung der Streitwert im Zeitpunkt der Klagseinbringung für beide Parteien maßgebend ist, kann durch folgende Argumente erhärtet werden: Die Intentionen des Gesetzgebers, va des der ZVN 1983 (s § 7 JN Rz 1), aber auch der ASGG-Novelle 1994 (s § 11 a ASGG) gehen von weitreichenden Einschränkungen der Senatsgerichtsbarkeit aus, sodaß eine (historische) Auslegung zugunsten des Einzelrichters spricht; die von *Mayr* in *Rechberger,* ZPO § 54 JN Rz 2 und *Rechberger/Simotta,* Zivilprozeßrecht[4] Rz 104 vertretene Auffassung geht hingegen offenbar von zwei verschiedenen Zeitpunkten aus: Für den Kläger ist maßgebender Zeitpunkt der Streitwert im Zeitpunkt der Klagseinbringung, für den Beklagten jener im Zeitpunkt des Einbringens der Klagebeantwortung. Eine mittlerweile zulässigerweise erfolgte Klagserweiterung über die Senatsgrenze muß zu folgenden (unbefriedigenden) Konsequenzen führen: Entweder folgt man dem Wortlaut des Gesetzes – dann kann wohl der Beklagte in der Klagebeantwortung den Senat beantragen, nicht mehr hingegen der Kläger; eine Ansicht, die auf die Waffengleichheit der Parteien keine Rücksicht nimmt und den (idR ohnehin prozessual schwächeren) Kläger gegenüber dem (idR prozessual stärkeren) Beklagten benachteiligt; oder man gestattet dem Kläger zur Wahrung der Waffengleichheit (entgegen dem Gesetzeswortlaut und wohl auch entgegen den ausdrücklichen Vorstellungen des Gesetzgebers bezüglich einer nachträglichen Streitwerterhöhung (s die Formulierung in den Materialien: „Die Möglichkeit einer derartigen Antragstellung wird zeitlich für den Kläger mit der Klagseinbringung .... begrenzt; dabei soll es sich um eine absolute Begrenzung handeln ...“ [ErläutRV zur ZVN 1983, 669 BlgNR 15. GP 27]), gleichzeitig mit der Klagserweiterung den Antrag auf Senatsbesetzung nachträglich einzubringen – dies aber widerspricht sowohl, wie erwähnt, dem Gesetzeswortlaut als auch dem grundsätzlichen Anliegen des Gesetzes, den Senat in der ersten Instanz möglichst einzuschränken. 6

B. Zwischenantrag, Eventualbegehren, Aufrechnungseinrede

Ein **Zwischenantrag auf Feststellung** (der erst ab Streitanhängigkeit gestellt werden kann, da es sich vorher um eine Klagserweiterung handelt, s *Rechberger* in *Rechberger,* ZPO § 236 Rz 2), dessen Streitwert 650.000 S übersteigt, ist daher 7 immer durch den Einzelrichter zu entscheiden, wenn dieser auch über das Hauptbegehren erkennt (*Fasching,* Lehrbuch[2] Rz 1086). Gleiches muß auch für ein nach Gerichtsanhängigkeit gestelltes **Eventualbegehren** gelten. Die **Aufrechnungseinrede** verändert den Streitwert nicht und hat daher keinen Einfluß auf die Besetzung.

C. Verfahren

8 Über den Antrag auf Senatsbesetzung muß kein ausdrücklicher Beschluß gefaßt werden, es genügt die interne geschäftsverteilungsmäßige Zuweisung. Den Parteien steht es ja offen, das antragswidrige Einschreiten des Einzelrichters rechtzeitig zu Beginn der mündlichen Streitverhandlung (bzw der abgesonderten Verhandlung über eine Prozeßeinrede gem § 260 Abs 1 ZPO) vor Eingehen in die Sache zu rügen und dann mit dem Rechtsmittel gegen die Endentscheidung als Nichtigkeitsgrund gem § 477 Abs 1 Z 2 ZPO geltend zu machen. Der umgekehrte Fall, daß ein Senat anstelle des richtig zur Entscheidung berufenen Einzelrichters einschreitet, ist überhaupt nicht anfechtbar und bildet gem § 477 Abs 3 ZPO auch keinen Nichtigkeitsgrund (*Fasching,* Lehrbuch[2] Rz 169).

V. Widerklage

9 Für die Widerklage sind keine eigenen Regelungen hinsichtlich der Besetzung vorgesehen. Nach §§ 18 und 19 Geo ist eine Widerklage der Abteilung der Erstklage (Hauptklage) zuzuweisen, sodaß über beide Klagen der Einzelrichter bzw der Senat dieser Abteilung zu entscheiden hat. Eine Verbindung beider Verfahren ist zwar nicht zwingend vorgesehen, wird sich aber iSd § 187 ZPO in vielen Fällen als zweckmäßig erweisen.

Zwei Fallkonstellationen sind iZ mit der Widerklage denkbar:

1. Über die Erstklage wird in Senatsbesetzung verhandelt, während für die Widerklage der Einzelrichter entscheidungsbefugt ist (sei es, daß deren Streitwert 650.000 S nicht übersteigt, sei es, daß kein Antrag auf Senatsbesetzung gestellt wurde): Hier ist bei einer Verbindung beider Rechtssachen gem § 187 ZPO der Senat zur Entscheidung berufen.

2. Über die Erstklage verhandelt der Einzelrichter, über die Widerklage hingegen der Senat. Sollte das Gericht beide Verfahren verbinden, dann entscheidet gem § 187 ZPO ebenfalls der Senat. Bei einer allfälligen Verbindung wird das Gericht insb zu beachten haben, ob dadurch eine Vereinfachung, Beschleunigung oder Verringerung der Kosten zu erwarten ist. Das wird wahrscheinlich dann nicht der Fall sein, wenn die Widerklage (über die in Senatsbesetzung zu erkennen ist), in einem späten Verfahrensstadium des Erstprozesses erhoben wird; denn dann hätte der Senat das bisherige, vor dem Einzelrichter stattgefundene Verfahren über die Erstklage (Hauptklage) wegen des Unmittelbarkeitsgrundsatzes zu wiederholen.

VI. Klagseinschränkung und Antragszurücknahme

10 Wird der Streitwert vor dem Schluß der mündlichen Streitverhandlung auf oder unter den Betrag von 650.000 S eingeschränkt oder wird der Antrag auf Senatsbesetzung mit Zustimmung des Gegners zurückgezogen, dann ist die Rechtssache dem Einzelrichter – dem Vorsitzenden oder dem sonst nach der Geschäftsverteilung vorgesehenen Senatsmitglied – zuzuweisen. Durch den Über-

gang der Gerichtsbesetzung vom Senat auf den Einzelrichter darf kein Richterwechsel eintreten; die Sache darf also keinesfalls einer anderen Gerichtsabteilung abgetreten werden (so ausdrücklich ErläutV 669 BlgNR 15. GP 27 und JAB 1337 BlgNR 15. GP 2).

A. Klagseinschränkung

11 Wird die Klage auf oder unter die Senatsgrenze **eingeschränkt** und damit eine entsprechende Herabsetzung des Streitwerts vorgenommen, dann werden sinnvollerweise die Regelungen des § 60 JN analog angewendet werden können. Daher hat der Senat mit Beschluß auszusprechen, daß die Sache an den Einzelrichter des Gerichtshofs zuzuweisen (zu überweisen, abzutreten) ist; der Beschluß des Senats kann ohne mündliche Verhandlung erfolgen, ist (mit einseitigem Rekurs, *Mayr* in *Rechberger,* ZPO § 60 JN Rz 4) anfechtbar und bindet den Einzelrichter (*Fasching*[1] I 365).

B. Antragszurücknahme, Zustimmung

12 Die **Zurückziehung des Antrags auf Senatsbesetzung** ist nur einvernehmlich, also mit Zustimmung des Gegners, möglich (AB zur ZVN 1983, 1337 BlgNR 15. GP 2). Weder dem Gesetz noch den Materialien ist zu entnehmen, ob die Zustimmung des Gegners konkludent (durch rügeloses [Weiter-]Verhandeln in der Sache selbst wie bei der Klagsänderung gem § 235 Abs 2 ZPO) oder nur ausdrücklich (wie dies bei der Klagszurücknahme angenommen wird, *Fasching,* Lehrbuch[2] Rz 1251; aM allerdings *Rechberger* in *Rechberger,* ZPO § 237 Rz 6; EvBl 1962/476) erfolgen kann.

Die einfachste und praktikabelste Lösung ist wohl darin zu sehen, der von *Fasching* bei der Zustimmung zur Klagszurücknahme vertretenen Auffassung (Lehrbuch[2] Rz 1251) zu folgen und sie auf die gegenständliche Frage zu übertragen; demnach ist die Zustimmung des Gegners zur Antragszurückziehung als formgebundene (und damit ausdrücklich vorzunehmende) Prozeßhandlung zu qualifizieren. Eine konkludente Zustimmung des Gegners könnte ja nur darin bestehen, daß er sich ohne Einwendungen in die nunmehr vor dem Einzelrichter stattfindende Verhandlung einläßt; sollte er dies nicht tun, dann hätte der Richter den Verhandlungstermin wegen Nichtigkeit aufzuheben und die Rechtssache wieder an den Senat zurückzugeben, wobei der Senatsvorsitzende einen neuen Termin vor dem Senat anzuberaumen hätte. Sinnvoller, weil verfahrensökonomischer, scheint eine – durch die ausdrückliche Zustimmung bedingte – Verfahrensweise: Hat der Antragsteller den Antrag schriftlich zurückgezogen, dann ist der Gegner zur schriftlichen Stellungnahme aufzufordern; langt diese ein, dann hat die nächste Verhandlung vor dem Einzelrichter stattzufinden. Andernfalls verhandelt der Senat weiter. Wird die Zustimmung in der Folge ausdrücklich in der mündlichen Verhandlung abgegeben, dann kann die Rechtssache sofort an den Einzelrichter übertragen, die übrigen Senatsmitglieder „entlassen" und die Verhandlung ohne Erstreckung vom Einzelrichter fortgeführt werden. Solange keine Zustimmungserklärung des Gegners vorliegt, ist das Verfahren ungeachtet der Antragszurückziehung vor dem Senat fortzusetzen.

C. Verfahren

13 Die **Abtretung der Rechtssache an den Einzelrichter** hat durch Beschluß des Senats zu erfolgen. Ein solcher (deklarativer, anfechtbarer und rechtskraft-

fähiger) Beschluß ist zwar nicht im Gesetz vorgesehen, aus Gründen der Rechtssicherheit aber – wie bei der Klagszurücknahme – erforderlich (bei der Klagszurücknahme ebenso *Fasching,* Lehrbuch² Rz 1256; *Rechberger* in *Rechberger,* ZPO § 237 Rz 7 mwN; s im einzelnen bei § 237 ZPO). Der Beschluß des Senats kann ohne mündliche Verhandlung erfolgen, wenn Antragszurücknahme und Zustimmung schriftlich vorliegen.

VII. Unrichtige Besetzung, Arten, Überblick

14 Eine **unrichtige Besetzung des Gerichtshofs** kann in mehreren Konstellationen vorliegen, die unterschiedliche Folgen auslösen:

- Der Senat wird in der **unrichtigen Anzahl der Mitglieder** tätig: Es liegt ein Nichturteil vor, das damit überhaupt keine Wirkungen entfalten kann (*Fasching,* Lehrbuch² Rz 1578; JBl 1975, 325 [abl *Kralik*]. AM *Kuderna,* ASGG², 206; *Rechberger,* Fehlerhafte Exekution 28, 34; *Rechberger/Simotta,* Zivilprozeßrecht⁴ Rz 59f mwN). Wenn das Gericht in der falschen Anzahl der Richter verhandelt, die Entscheidung aber vom Senat in der vorgeschriebenen Anzahl der Richter gefällt wird, liegt kein Nichturteil, sondern ein mit Rechtsmitteln anfechtbares nichtiges Urteil vor (RZ 1990/51 für den [auf Grund der ASGG-Nov 1994] nicht mehr aktuellen Fall, daß im arbeits- und sozialgerichtlichen Verfahren der Vorsitzende allein verhandelt, die Entscheidung aber durch den Senat gefällt wird; Verstoß gegen den Unmittelbarkeitsgrundsatz nach § 412 ZPO, idS wohl auch *Fasching,* Lehrbuch² Rz 674).
- **Anstelle des** (beantragten oder in manchen Fällen der Kausalgerichtsbarkeit zwingend vorgesehenen – s Rz 18ff) **Senats verhandelt der Einzelrichter:** Die Parteien müssen diesen Fehler bei sonstiger Heilung zu Beginn der mündlichen Streitverhandlung oder – wenn eine solche stattfindet – zu Beginn einer abgesonderten Verhandlung über eine Prozeßvoraussetzung einwenden (§ 260 Abs 4 ZPO). Siehe im einzelnen Rz 15.

  Beachte aber für das arbeits- und sozialgerichtliche Verfahren die Sonderregelung nach § 11b ASGG (s Rz 18 und § 7 JN Rz 4).
- **Statt vor dem Einzelrichter findet der Prozeß vor dem Senat statt:** Dies kann weder im laufenden Verfahren geltend gemacht werden, noch kann die Entscheidung deswegen angefochten werden (es liegt kein Nichtigkeitsgrund vor – ausdrückliche Regelung des § 477 Abs 3 ZPO – und auch ein wesentlicher Verfahrensmangel ist nicht gegeben, s *Fasching,* Lehrbuch² Rz 169).
- In einer Rechtssache verhandelt und entscheidet fälschlicherweise der allgemeine oder ein Kausalsenat: dazu s Rz 24f.

VIII. Einzelrichter – Senat, Verfahren

15 Ob der **Einzelrichter oder** der **Senat** zu verhandeln und zu entscheiden hat, ist keine **Frage** der Zuständigkeit, sondern eine solche der **Gerichtsbesetzung.** Dies ergibt sich sowohl aus der systematischen Stellung der gesetzlichen Regelung der dem Einzelrichter zugewiesenen Rechtssachen (§ 7a Abs 1 und 3 JN), innerhalb der die Einrichtung und Besetzung der Gerichte regelnden Vorschriften (§§ 3 bis 8 JN), wie auch daraus, daß Zuständigkeitsbestimmungen die Tätigkeitsbereiche verschiedener Gerichte abgrenzen, während Senat und Einzelrichter verschiedene Arten der Gerichtsbarkeit desselben Gerichts sind. Daher kann auf die Prüfung der Besetzung durch Senat oder Einzelrichter die Rechtsmittelbeschränkung des § 45 JN nicht zur Anwendung gelangen.

Wendet eine Partei die falsche Besetzung (anstelle des Senats verhandelt der Einzelrichter) **rechtzeitig ein,** so hat das Gericht darüber mit **Beschluß** zu entscheiden, der gem § 261 ZPO entweder gesondert ausgefertigt oder in das Urteil aufgenommen wird. Gesondert ausgefertigte Beschlüsse können mit **Rekurs** bzw unter den Voraussetzungen des § 528 ZPO mit Revisionsrekurs angefochten werden. Wurde der Beschluß in das Urteil aufgenommen, kann dieses mit **Nichtigkeitsberufung** bekämpft werden. Verneint die Berufungsinstanz den geltend gemachten Nichtigkeitsgrund, dann ist diese Entscheidung wegen falscher Besetzung nicht anfechtbar (*Ballon,* Matscher-FS 15; *Fasching,* Lehrbuch[2] Rz 1905; ständige Rechtsprechung des OGH JBl 1990, 535; 1972, 569 uva). Hebt das Berufungsgericht die erstinstanzliche Entscheidung wegen unrichtiger Besetzung auf und weist es die Rechtssache der ersten Instanz zur neuerlichen Verhandlung und Entscheidung in richtiger Besetzung zu, ist dieser Aufhebungs- und Zurückverweisungsbeschluß nur anfechtbar, wenn der Rekurs gem § 519 Abs 1 Z 2 ZPO ausdrücklich zugelassen wurde. Der Oberste Gerichtshof kann im Revisionsverfahren einen Besetzungsfehler (auf Antrag oder von Amts wegen) nur aufgreifen, wenn die Berufungsinstanz über den gerügten Besetzungsmangel nicht erkannt hat.

Liegt eine rechtskräftige Entscheidung hinsichtlich der Besetzung vor, dann ist diese Entscheidung bindend, und die Frage der Besetzung kann im weiteren Verfahren nicht mehr aufgerollt werden. Es liegt hier dann eine bindende Entscheidung eines Gerichts über eine Prozeßvoraussetzung vor, die nicht einmal im Rechtsmittelverfahren überprüft werden kann (*Ballon,* Zivilprozeßrecht[9] Rz 297; *Fasching,* Lehrbuch[2] Rz 735; EvBl 1985/117 = ZfRV 1986, 226).

IX. Einzelrichterkompetenz

Der **Einzelrichter** hat sowohl die **Befugnisse des Vorsitzenden wie die des** 16
Senats; seine Entscheidungen sind, soweit überhaupt bekämpfbar, durch Rekurs bzw Berufung an das Oberlandesgericht anfechtbar. Im übrigen gelten nach § 7 a Abs 1 JN für das Verfahren vor dem Einzelrichter alle Vorschriften des Gerichtshofverfahrens, so insb die absolute Anwaltspflicht (mit Ausnahme der ersten Tagsatzung). Siehe auch zu §§ 7 und 34 JN.

A. Grundsätzliches

Abgesehen von vermögensrechtlichen Streitsachen, deren Wert 650.000 S 17
nicht übersteigt, fallen folgende **Rechtssachen in die ausschließliche Kompetenz des Einzelrichters:**

- Die Führung des Firmenbuchs und gesellschaftsrechtliche Angelegenheiten nach § 120 JN, zu den gesellschaftsrechtlichen Angelegenheiten gehören auch die nach § 14 AktG und § 102 GmbHG in das Außerstreitverfahren verwiesenen Angelegenheiten (*Mayr* in *Rechberger,* ZPO § 7 a JN Rz 2; SZ 64/121 [1991] = EvBl 1991/92 = RdW 1991, 206 = ecolex 1991, 323 = GesRZ 1991, 158 = WBl 1991, 175; s im einzelnen zu § 120 JN).
- Angelegenheiten des Außerstreitverfahrens (neben der vorhin erwähnten Führung des Firmenbuchs und Materien nach § 14 AktG und § 102 GmbHG) wie Kraftloserklärungssachen, Angelegenheiten nach dem TodeserklärungsG (§ 13 Abs 2), nach dem EinziehungsG (§ 6 Abs 2), nach § 120 Abs 1 Z 2 JN, nach § 276 HGB und nach § 40 PrivatstiftungsG (so *Mayr* in *Rechberger,* ZPO § 120 JN Rz 3). Ausnahmsweise verhandelt und entscheidet im außerstreitigen Ver-

fahren ein Senat (in Kausalbesetzung) nach § 20 WertpapierbereinigungsG, BGBl 1954/188 (1 Berufsrichter und 2 Laienrichter) und nach § 25 Schillingeröffnungsbilanzen G, BGBl 1954/190 (2 Berufsrichter und 1 Laienrichter).

- Die Erlassung von (Wechsel-)Zahlungsaufträgen.
- Die Erteilung von Vollstreckbarkeitsbestätigungen und deren Aufhebung.
- Die in § 7a Abs 3 JN genannte Entscheidung über Anträge auf Exekutionsbewilligung kann auf Grund der EO-Nov 1995 nur mehr bei einer Bewilligung im Rahmen einer Exekution zur Sicherstellung (§ 375 EO) in Frage kommen; für alle anderen Exekutionsbewilligungen ist nunmehr immer das Exekutionsgericht, also ein BG, zuständig.
- Sämtliche Insolvenzverfahren, Prüfungsprozesse und alle Angelegenheiten, die vor das Konkursgericht gebracht werden können (§§ 111, 172, 179 KO).
- Auch im Senatsprozeß sind bestimmte Angelegenheiten dem Einzelrichter (Vorsitzender oder ein beauftragter Richter) vorbehalten, wie die Abhaltung der ersten Tagsatzung und die in § 37 GOG genannten Materien (s bei § 7 JN).

B. Arbeits- und Sozialgerichtsbarkeit

18 **In Arbeits- und Sozialrechtssachen** verhandelt und entscheidet ohne Rücksicht auf den Streitwert ein Senat in der Besetzung von einem Berufsrichter als Vorsitzendem und zwei Laienrichtern. § 7a Abs 1 und 2 JN ist im arbeits- und sozialgerichtlichen Verfahren nicht anzuwenden (§ 11 Abs 3 ASGG); § 7a Abs 3 JN und sonstige Bestimmungen über die Aufgaben des Vorsitzenden (§ 37 GOG, §§ 11a und 11b ASGG) bleiben jedoch unberührt.

In die Kompetenz des Einzelrichters (des Vorsitzenden) fallen insb daher folgende Angelegenheiten:

- die Abhaltung der ersten Tagsatzung;
- die Erlassung des Zahlungsbefehls im Mahnverfahren (sofern hier nicht ohnehin der Rechtspfleger einschreitet);
- die in § 37 GOG genannten Materien;
- die in § 11a ASGG aufgezählten Angelegenheiten;
- gem § 11b ASGG die Durchführung einer Tagsatzung zur mündlichen Streitverhandlung, wenn auch nur einer der Laienrichter nicht erscheint (und innerhalb kurzer Zeit auch kein anderer zur Stelle ist), beide Parteien qualifiziert vertreten sind und dem ausdrücklich zustimmen. Die Fällung des Urteils oder des Endbeschlusses ist jedoch immer dem Senat vorbehalten. Trifft der Vorsitzende allein die Endentscheidung, dann liegt ein nicht (nach § 37 Abs 1 ASGG) heilbarer Besetzungsmangel vor (*Kuderna,* ASGG², 124). Der Vorsitzende darf unter den genannten Voraussetzungen die Tagsatzung allein durchführen. Es ist jedoch unzulässig, unter Zuziehung nur eines Laienrichters zu verhandeln (ausdrücklich ErläutRV 1654 BlgNR 18. GP 15). Die Regelung des § 11b ASGG ist auf schwerwiegende rechtspolitische und verfassungsrechtliche Bedenken gestoßen (*Kuderna,* ASGG², 125).

X. Patentsachen

19 Über **Klagen und Anträge auf einstweilige Verfügung nach dem PatG** erkennt immer ohne Rücksicht auf den Wert ein handelsrechtlicher Senat des HG Wien (§ 162 Abs 1 PatG).

XI. Einstweilige Verfügungen

Über **Anträge auf Erlassung einstweiliger Verfügungen** entscheidet auch im Senatsprozeß gem § 388 EO grundsätzlich der Vorsitzende des Senats. Nur in den in § 387 Abs 3 EO genannten Fällen sowie im Bereich des ASGG (da § 387 Abs 3 EO analog anzuwenden ist, s im folgenden) hat der Senat in der für die Hauptsache vorgesehenen Besetzung zu erkennen, wobei aber auch hier der Vorsitzende **in dringenden Fällen** allein entscheiden kann. Weiters ist die Entscheidungskompetenz des für die Hauptsache vorgesehenen Senats in Sonderbestimmungen normiert (PatG, HalbleiterschutzG, GebrauchsmusterG, s *Mayr* in *Rechberger,* ZPO § 7a JN Rz 4); aus verfahrensökonomischen Gründen wird auch in diesen Fällen der Vorsitzende in dringenden Fällen allein entscheiden können. 20

A. Dringlichkeit

Ein **dringender Fall** wird dann anzunehmen sein, wenn die Erlassung der einstweiligen Verfügung nach der Sachlage so dringend ist, daß die durch die Herbeiführung eines Beschlusses des Senats, also die durch die Zuziehung fachkundiger Laienrichter, eintretende Verzögerung für den Antragsteller nachteilig sein könnte (für das arbeits- und sozialgerichtliche Verfahren *Kuderna,* ASGG², 114). Hat der Vorsitzende zu Unrecht, also ohne Dringlichkeit, allein entschieden, liegt der Nichtigkeitsgrund der falschen Besetzung (§ 477 Abs 1 Z 2 ZPO) vor (*Kuderna,* ASGG², 115; EvBl 1991/39 = RZ 1991/75; OLG Innsbruck EvBl 1990/91). 21

B. Senatskompetenz

Der **Senat entscheidet** daher ausnahmsweise **über einstweilige Verfügungen** in folgenden Fällen: 22

- Angelegenheiten des unlauteren Wettbewerbs und nach dem UrheberrechtsG (§ 387 Abs 3 EO; handelsrechtlicher Senat);
- Verbandsklagen gem §§ 28 bis 30 KSchG (§ 387 Abs 3 EO, § 30 Abs 2 KSchG, allgemeiner Senat);
- Arbeits- und Sozialrechtssachen, da die Bestimmung des § 387 Abs 3 im Bereich des ASGG analog anzuwenden ist (arbeits- und sozialgerichtlicher Senat; in dringenden Fällen kann auch der Vorsitzende allein entscheiden; *Fasching,* Lehrbuch² Rz 2252; *Kuderna,* ASGG², 114; WBl 1992, 195; RZ 1990/27 = DRdA 1990, 143 = Arb 10.823 [1990]);
- Angelegenheiten nach § 162 PatG, nach § 23 HalbleiterschutzG, und nach § 44 GebrauchsmusterG (handelsrechtlicher Senat).

C. Rekurssenat

Über einen Rekurs gegen eine Entscheidung über den Antrag auf einstweilige Verfügung erkennt in den vorhin genannten Fällen ebenfalls der für die Hauptsache vorgesehene Rechtsmittelsenat (§ 388 Abs 3 EO), sodaß auch in Handelssachen ausnahmsweise der **Rekurssenat mit einem Laienrichter** besetzt ist (ÖBl 1990, 34). Für die Besetzung des Rekursgerichts ist es daher wesentlich, ob das durch den Einzelrichter erkennende Erstgericht (soweit es sich nicht um das HG Wien oder das ASG Wien handelt) einen Beisatz über die Ausübung der Gerichtsbarkeit in Handelssachen bzw in Arbeits- und Sozialrechtssachen aufge- 23 nommen hat (*Mayr* in *Rechberger,* ZPO § 7 a JN Rz 4). Hat daher über einen Sicherungsantrag in einem Fall des § 387 Abs 3 ein Einzelrichter mit einem auf die Ausübung in Handelssachen hinweisenden Beisatz entschieden, dann ist zur Entscheidung über den dagegen erhobenen Rekurs ein Kausalsenat des OLG berufen (ÖBl 1990, 34), andernfalls hat ein Berufsrichtersenat zu entscheiden (EvBl 1987/207 = WBl 1987, 280). Gleiches gilt auch für den Bereich des ASGG (OLG Innsbruck EvBl 1990/91).

XII. Allgemeine und Handelsgerichtsbarkeit

24 Die Frage, **ob eine Rechtssache zur allgemeinen Zivilgerichtsbarkeit oder zur Handelsgerichtsbarkeit gehört,** ist immer eine solche der **prorogablen (verzichtbaren) sachlichen Zuständigkeit** (*Ballon,* Zivilprozeßrecht[9] Rz 449; *Fasching,* Lehrbuch[2] Rz 253; *Holzhammer,* Zivilprozeßrecht[2], 36; *Rechberger/Simotta,* Zivilprozeßrecht[4] Rz 143); eine unrichtige Gerichtsbesetzung (anstelle des allgemeinen Senats der handelsrechtliche Senat und umgekehrt) bewirkt hier die Unzuständigkeit des Gerichts, und zwar auch dann, wenn die Rechtssache beim ursprünglichen Gericht verbleibt. In diesem Fall sind die Regelungen über die Unzuständigkeit und nicht die über die unrichtige Besetzung anzuwenden.

XIII. Allgemeine und Arbeits- und Sozialgerichtsbarkeit

25 Bezüglich der **Arbeits- und Sozialgerichtsbarkeit** sind die gesetzlichen Vorschriften differenzierter: Wird in falscher Besetzung verhandelt, verbleibt aber bei richtiger Besetzung die Rechtssache beim ursprünglich angerufenen Gerichtshof, dann handelt es sich um eine **Frage der Besetzung** (nicht der Zuständigkeit, EvBl 1990/90), und es sind auch die entsprechenden Regelungen, insb § 260 Abs 4 ZPO, heranzuziehen; wenn aber infolge der geänderten Besetzung die Rechtssache vor ein **anderes Gericht gehört,** dann liegt unprorogable (unverzichtbare) sachliche Unzuständigkeit des angerufenen Gerichts vor (*Ballon,* Zivilprozeßrecht[9] Rz 461 mwN auch der zT gegenteiligen Ansichten), und es sind die Vorschriften über die Unzuständigkeit anzuwenden (§§ 37, 38 ASGG; kritisch zu dieser Regelung *Ballon,* Zivilprozeßrecht[9] Rz 461; *ders,* JBl 1987, 349).

XIV. Einzelfragen

26 • Nach der Rsp hat der Senat über einen in der gem § 243 Abs 4 ZPO aufgetragenen Klagebeantwortung gestellten Antrag auf Sicherheitsleistung für Prozeßkosten zu entscheiden (NRsp 1989/26); sinnvoller, weil ökonomischer, wäre es, die nunmehr geltende Regelung des § 11 a Abs 1 Z 4 lit h ASGG (wonach der Vorsitzende über den Anspruch auf Sicherheitsleitung erkennen kann) analog auf das allgemeine Zivilverfahren anzuwenden.

• Der durch die beklagte Partei in der Klagebeantwortung iZm einer Streitwerterhöhung auf über 650.000 S gem § 7 RATG gestellte Antrag auf Senatsbesetzung ist unzulässig (OLG Linz 2 R 229/93).

• Der Antrag eines Aufsichtsratsmitglieds gegen den Abschlußprüfer auf Ausfolgung einer Ausfertigung des Prüfungsberichts ist im Außerstreitverfahren durch den Einzelrichter zu erledigen (SZ 64/21 [1991]).

• Zur Entscheidung der Frage, ob der Wahlgerichtsstand nach § 178 Abs 1 Z 3 KO zu Recht gewählt worden ist, ist der in der Geschäftsverteilung zur Entscheidung über alle vor das Konkurs-(Ausgleichs-)Gericht gehörenden Rechtsstreitigkeiten berufene Senat des Gerichts erster oder zweiter Instanz zuständig; die Entscheidung durch einen anderen Senat ist gem § 260 Abs 4 ZPO relativ nichtig (EvBl 1993/131).

• Über eine Klage auf Wiederaufnahme eines Verfahrens, in dem der Senat entschieden hat, entscheidet der Einzelrichter, wenn keine der Parteien im Wiederaufnahmeverfahren zeitgerecht (§ 7a Abs 2 JN) den Senat beantragt hat (1 Ob 584/85).

§ 8. (1) Bei den Oberlandesgerichten wird die Gerichtsbarkeit in bürgerlichen Rechtssachen, sofern nicht durch die Vorschriften über die innere Einrichtung und die Geschäftsordnung der Gerichte etwas anderes angeordnet ist, in Senaten von drei Richtern ausgeübt, von denen einer den Vorsitz führt.

(2) Soweit die Oberlandesgerichte über Berufungen gegen die in Ausübung der Gerichtsbarkeit in Handelsrechtssachen gefällten Urteile der Landes- und Handelsgerichte nach den Vorschriften der §§ 480 bis 500 ZPO entscheiden, wird die Stelle eines Mitgliedes des Berufungssenates durch einen fachmännischen Laienrichter aus dem Handelsstande versehen.

(3) In welcher Art die Gerichtsbarkeit in bürgerlichen Rechtssachen bei dem Obersten Gerichtshofe auszuüben ist, wird durch ein besonderes Gesetz bestimmt.

Abs 1 idF Art II Z 2 der 3. GEN BGBl 1921/743; Abs 2 eingefügt, Absatzbezeichnung (2) in (3) geändert durch Art I Z 2 der 8. GEN BGBl 1933/346, idF Art II Z 5 ZVN 1983 BGBl 135 und Art XI BGBl 1993/91

Lit: *Ballon,* Der Einfluß der Verfassung auf das Zivilprozeßrecht, ZZP 96 (1983) 409; *ders,* Die Gerichtsorganisation der Arbeits- und Sozialgerichtsbarkeit, JBl 1987, 349; *Böhm,* Zur Mitwirkung von Laienrichtern an der Zivilgerichtsbarkeit, in Österreichische Landesreferate zum X. Internationalen Kongreß für Rechtsvergleichung (1979) 33; Dokumentation Laienrichter in Österreich und Europa anläßlich 70 Jahre Vereinigung der fachmännischen Laienrichter Österreichs (1992); *Fasching,* Die Änderung des Verfahrens zur Erlassung einstweiliger Verfügungen durch die Zivilverfahrens-Novelle 1983, GesRZ 1984, 62; *ders,* Die Bedeutung des Gleichheitssatzes für das zivilgerichtliche Verfahren, in Grund- und Freiheitsrechte in der gerichtlichen Praxis (Österreichische Richterwoche 1992) 339 = Fasching FG (1993) 3, *ders,* Die Zivilverfahrensnovelle 1981, JBl 1982, 68, 120; *Fink,* Das Verfahren in Arbeitsrechtssachen vor dem Konkurs- und Ausgleichsgericht, DRdA 1988, 205; *Kostka,* Die Exekutionsklagen nach den §§ 35, 36 und 37 EO und das Arbeits- und Sozialgerichtsgesetz, ZAS 1989, 79; *Rechberger,* Pro futuro? NZ 1981, 145; *Schmidt,* Zur Gerichtsbesetzung in Patentsachen, ÖBl 1984, 89; *Schoibl,* Aspekte der Laiengerichtsbarkeit in Österreich, ZÖR 1987, 139; *Sperl,* Besetzungskonflikte im Zivilprozeß innerhalb eines Gerichtshofes erster Instanz, ÖJZ 1962, 537; *Sprung/König,* „Einlassung zur Hauptsache“ im österreichischen zivilgerichtlichen Verfahren, ZfRV 1975, 86.

Übersicht:

I. Oberlandesgerichte, Allgemeines

1 Durch § 8 JN wird die **Ausübung der Gerichtsbarkeit bei den OLG und beim OGH** geregelt, wobei für letzteren die Regelung dem OGHG, BGBl 1968/328, vorbehalten ist.

OLG bestehen in Wien für Wien, Niederösterreich und das Burgenland, in Graz für die Steiermark und Kärnten, in Linz für Oberösterreich und Salzburg sowie in Innsbruck für Tirol und Vorarlberg.

II. Besetzung

A. Grundsätzliches

2 Die **Gerichtsbarkeit bei den OLG** wird grundsätzlich in Senaten von 3 Berufsrichtern ausgeübt. Das gilt auch für Verbandsklagen nach dem KSchG (§ 30 Abs 2 KSchG). Ausnahmen bestehen gem § 47 Abs 2 GOG (s Rz 3) in Handelssachen (s Rz 4), in Arbeits- und Sozialrechtssachen (s Rz 5), gem § 388 EO (s Rz 6) sowie nach einigen Sondergesetzen (s Rz 8). Die Bestimmung des § 4 RG, RGBl 1907/41, wonach in bestimmten Fällen das OLG ohne Beschlußfassung durch den Senat entscheiden konnte, ist durch das BG BGBl 1994/507 ersatzlos aufgehoben worden.

Ausnahmsweise wirken bei den OLG auch im außerstreitigen Verfahren nach § 25 SchillingeröffnungsbilanzenG fachmännische Laienrichter mit; hier entscheidet das OLG in einem Senat, der aus 2 Berufsrichtern (von denen einer den Vorsitz führt) und einem fachmännischen Laienrichter aus dem Handelsstand besteht.

B. § 47 Abs 2 GOG

3 Ausnahmen von der Besetzung der OLG durch Senate von 3 Richtern sieht **§ 47 Abs 2 GOG** vor. Nach dieser Bestimmung entscheidet in den Angelegenheiten § 37 Z 1 bis 8 GOG der Vorsitzende des Senats oder ein beauftragtes Mitglied des Senats als Einzelrichter (s dazu § 7 JN Rz 3 und § 34 JN Rz 6).

C. Handelssachen

4 Die Entscheidung über Berufungen im Hauptverfahren (also nicht im Vorverfahren) gegen Urteile, die in Ausübung der **Handelsgerichtsbarkeit** ergangen sind, setzt immer die Teilnahme eines fachmännischen Laienrichters voraus; dabei ist es gleichgültig, ob eine mündliche Berufungsverhandlung stattfindet oder infolge des Verzichts der Parteien auf diese in nichtöffentlicher Sitzung entschieden wurde (ZBl 1937/31; [dagegen *Petschek*]). Die ohne Teilnahme eines fachmännischen Laienrichters im Hauptverfahren gefällte Entscheidung ist (gleichgültig, ob es sich um ein Urteil oder einen Aufhebungsbeschluß des Berufungsgerichts handelt) gem § 477 Abs 1 Z 2 ZPO nichtig (SZ 48/12 [1975]; RZ 1975/51; EvBl 1938/162), vorausgesetzt, daß der Fehler nicht gem § 260 Abs 4 ZPO geheilt ist. § 8 Abs 2 JN läßt durch die ausdrückliche Verweisung auf die §§ 480 bis 500 ZPO ausdrücklich eindeutig erkennen, daß hier kein Unterschied zwischen der Berufungserledigung in nichtöffentlicher Sitzung oder nach mündlicher Berufungsverhandlung zu machen ist.

Im Zusammenhang mit der von einem unrichtig besetzten Berufungssenat gefällten Entscheidung ist jedoch zu beachten: Daß das Berufungsgericht in einer Handelssache ohne fachmännischen Laienrichter entschieden hat, begründet keine Nichtigkeit, wenn der Erstrichter in seinem Urteil keinen Beisatz gem § 259 Abs 3 ZPO (in Ausübung der Handelsgerichtsbarkeit) aufgenommen hat und dies nicht nach § 479a ZPO bekämpft wurde (EvBl 1987/207 = WBl 1987, 280; ÖBl 1981, 159; JBl 1976, 208 = RZ 1976/56). Ein von einem unrichtig besetzten Berufungssenat gefällter Aufhebungs- und Zurückverweisungsbeschluß bewirkt nicht die Nichtigkeit des anschließenden Verfahrens vor einem ordnungsgemäß besetzten Gericht (ZBl 1937/31 [*Petschek*]).

Siehe auch bei § 260 Abs 4, § 477 Abs 1 Z 2 und § 479a ZPO sowie bei § 7 JN.

D. Arbeits- und Sozialrechtssachen

In **Arbeits- und Sozialrechtssachen** erkennen die OLG als Berufungsgerichte – und zwar sowohl im Vorverfahren als auch im Hauptverfahren – und als Rekursgerichte gem § 11 ASGG in Senaten von fünf Richtern; diese bestehen aus drei Berufsrichtern und zwei fachkundigen Laienrichtern. Das gilt auch für die exekutionsrechtlichen Klagen nach §§ 35 und 36 EO (s *Kuderna,* ASGG², 71; s dazu auch § 7 JN Rz 6). In den Fällen des § 11a Abs 2 ASGG entscheiden die OLG allerdings durch drei Berufsrichter, also ohne Laienrichterbeteiligung (s dazu ausführlich *Kuderna,* ASGG², 117). Auch bei Ablehnungs- und Delegierungsentscheidungen besteht der Senat aus drei Berufsrichtern (s dazu bei §§ 23 und 31 JN). 5

Siehe auch die Rz zu § 7 JN.

E. Einstweilige Verfügungen

In den in § 388 Abs 3 EO genannten Fällen entscheidet über **Rekurse gegen einstweilige Verfügungen** der Senat in der für die Hauptsache vorgesehenen Besetzung, also als handelsrechtlicher Senat (s dazu auch § 7a JN Rz 23). Dies gilt allerdings nur für die Entscheidung in der Sache selbst, nicht aber etwa für Kostenrekurse (*Mayr* in *Rechberger,* ZPO § 8 JN Rz 1; OLG Wien EvBl 1985/2; OLG Graz EvBl 1986/14). 6

In **Arbeitsrechtssachen** gilt im **Provisorialverfahren** – also auch im Rechtsmittelverfahren – die in § 11 ASGG vorgesehene Senatszusammensetzung (RZ 1990/27 = DRdA 1990, 143 = Arb 10.823 [1990]). Zur Entscheidung über einstweilige Verfügungen in Arbeitsrechtssachen ist der Gerichtshof erster Instanz als Arbeits- und Sozialgericht, in dringenden Fällen auch der Vorsitzende des Senats allein, berufen; über den Rekurs gegen die von einem Einzelrichter des Gerichtshofs erster Instanz ohne den Zusatz „als Arbeits- und Sozialgericht" erlassene einstweilige Verfügung in einer Arbeitsrechtssache hat allerdings ein Berufsrichtersenat des OLG zu entscheiden (OLG Innsbruck EvBl 1990/91). 7

F. Sonstige Rechtsvorschriften

Nach den folgenden Sonderbestimmungen entscheiden die OLG im Berufungshauptverfahren und über Rekurse gegen einstweilige Verfügungen in der gem § 8 Abs 2 JN vorgesehenen Besetzung von zwei Berufsrichtern und einem Laienrichter: § 162 PatG, § 23 HalbleiterschutzG, § 44 GebrauchsmusterG (s dazu auch § 7a JN Rz 22f). 8

III. Der Oberste Gerichtshof

Siehe dazu die Vorbemerkungen vor §§ 502ff ZPO. 9

Beratung und Abstimmung

§ 9. (1) Bei den vor Gerichtshöfen stattfindenden Verhandlungen in bürgerlichen Rechtssachen und bei allen in solchen Rechtssachen vorkommenden, dem Gerichte vorbehaltenen Entscheidungen darf die Zahl der Stimmführer in den Senaten mit Einschluß des Vorsitzenden nicht kleiner sein, als sie in den §§ 7 und 8 festgesetzt ist.

(2) Zu Verhandlungen von längerer Dauer können vom Vorsitzenden Ergänzungsrichter zugezogen werden, welche an der Verhandlung teilnehmen und im Falle der Verhinderung eines Mitgliedes des Senates einzutreten haben.

Stammfassung

§ 10. (1) Der Vorsitzende leitet die Abstimmung, sowie die der Abstimmung etwa vorausgehende Beratung.

(2) Der Berichterstatter, wenn ein solcher bestellt ist, gibt seine Stimme zuerst, der Vorsitzende, welcher sich an der Abstimmung gleich jedem anderen Senatsmitgliede zu beteiligen hat, gibt die seine zuletzt ab. Außerdem stimmen die dem Dienstrange nach älteren Richter vor den jüngeren. Der fachmännische Laienrichter hat seine Stimme unmittelbar nach dem Berichterstatter, und wenn kein solcher bestellt ist, vor den übrigen Senatsmitgliedern abzugeben.

Stammfassung

§ 11. (1) Kein Richter darf die Abstimmung über eine zur Beschlußfassung gestellte Frage verweigern; dies gilt namentlich auch dann, wenn er bei der Abstimmung über eine Vorfrage in der Minderheit geblieben ist.

(2) Über die Zuständigkeit des Gerichtes, über die Notwendigkeit von Ergänzungen des Verfahrens und andere Vorfragen muß immer zuerst abgestimmt werden. Ist bei der Entscheidung der Hauptsache über mehrere Ansprüche zu erkennen, so muß über jeden einzelnen Anspruch besonders abgestimmt werden.

Stammfassung

§ 12. (1) Zu jedem Beschlusse des Gerichtes wird absolute Stimmenmehrheit, das ist mehr als die Hälfte sämtlicher Stimmen, erfordert.

(2) Ergeben sich hiebei Schwierigkeiten, welche durch Teilung der Fragen und Wiederholung der Umfrage nicht behoben werden, so hat der Vorsitzende die Frage, über welche Beschluß zu fassen ist, in die einzelnen, für die Entscheidung erheblichen Punkte aufzulösen und durch Einleitung besonderer Abstimmungen über dieselben in geeigneter Weise die Vereinigung der Stimmen zu einem Mehrheitsbeschluß über den zur Verhandlung stehenden Gegenstand herbeizuführen.

(3) Bilden sich in Beziehung auf Summen, über welche Beschluß zu fassen ist, mehr als zwei Meinungen, deren keine die Mehrheit für sich hat, so werden die für die größte Summe abgegebenen Stimmen den für die zunächst geringere Summe abgegebenen so lange hinzugezählt, bis sich eine absolute Stimmenmehrheit ergibt.

Stammfassung

§ 13. Über Meinungsverschiedenheiten, welche über die Richtigkeit des vom Vorsitzenden bekanntgegebenen Ergebnisses einer Abstimmung entstehen, entscheidet der Senat.

Stammfassung

§ 14. Die Aufzeichnungen über die Beratung und Abstimmung des Gerichtes sind in ein besonderes Protokoll aufzunehmen. Dessen Führung wird durch die über die innere Einrichtung und Geschäftsordnung der Gerichte erlassenen Vorschriften geregelt.

Stammfassung

Lit: *Kaniak,* Über die Beratung und Abstimmung in behördlichen Kollegien, JBl 1978, 470; *Kossak,* Vorsitzender und Berichterstatter im Berufungs- und Rekursverfahren, RZ 1994, 102; *Pichler,* Die abweichende Meinung – ein Diskussionsanstoß, RZ 1981, 157; *Schrutka,* Umgestaltung der Gerichtsverfassung durch den Entwurf eines Gesetzes über die Ausübung der Gerichtsbarkeit und die Zuständigkeit der ordentlichen Gerichte in bürgerlichen Rechtssachen (1894); *Wahle,* Ein neuer Zivilprozeßkommentar, JBl 1960, 33.

Übersicht:

I. Beratung und Abstimmung, Einleitung

1 Die Vorschriften über die **Beratung und Abstimmung** in den die bürgerliche Gerichtsbarkeit ausübenden Senaten sind nur zum Teil in den §§ 9 bis 14 JN enthalten. Ergänzend sind die Bestimmungen der **§§ 116 bis 122 Geo** heranzuziehen, die insb die technische Durchführung von Beratung und Abstimmung festlegen.

II. Unter- und Überbesetzung

A. Grundsätzliches, Folgen

2 Bei den Verhandlungen und Abstimmungen darf die vorgeschriebene **Zahl der Senatsmitglieder** (§§ 7, 8 JN, § 11 Abs 1 ASGG) **nicht unterschritten** werden. Eine unvollständige Besetzung eines erkennenden Senats bewirkt, daß die gefällte Entscheidung unwirksam ist; es liegt in diesem Fall eine Nichtentscheidung vor (*Fasching,* Lehrbuch[2] Rz 173, 1578, 2254 mwN; s auch § 7a JN Rz 14). Gleiches gilt aber auch für den Fall einer **Überbesetzung** (ausgenommen bei der Zuziehung von Ergänzungsrichtern gem § 9 Abs 2 und §§ 62f JN in der Verhandlung; jedoch auch hier darf nur die gesetzlich vorgesehene Anzahl an Senatsmitgliedern abstimmen), da die Voraussetzungen für die kollektive Willensbildung ebenfalls verletzt sind (und somit das Ergebnis manipulierbar wäre, *Fasching,* Lehrbuch[2] Rz 1578).

B. Ergänzungsrichter

3 Die Besetzung des Senates mit einer geringeren Zahl von Senatsmitgliedern, als der gesetzlichen Anzahl entspricht, bewirkt immer die Unwirksamkeit der Entscheidung (Nichtentscheidung); andererseits ist die Teilnahme und Anwesenheit einer die gesetzlich vorgeschriebene Besetzung übersteigenden Anzahl von Richtern in Einzelfällen durch das Gesetz ausdrücklich für zulässig erklärt worden. Bei längeren Verhandlungen kann gem § 9 Abs 2 JN der Vorsitzende die Teilnahme von einem oder mehreren **Ergänzungsrichtern** an der Verhandlung anordnen, die an Stelle der während der Verhandlung verhinderten Senatsmitglieder einspringen und an der Beratung und Abstimmung mitwirken. Diese Vorschrift soll der Beschleunigung des Verhandlungsablaufes dienen, da gem § 412 Abs 1 ZPO das Urteil nur von jenen Richtern gefällt werden kann, die an der mündlichen Verhandlung teilgenommen haben, müßte bei der durch die Senatsbesetzung sich ergebenden größeren Wahrscheinlichkeit der Verhinderung eines Senatsmitgliedes viel häufiger gem § 412 Abs 2 ZPO wegen Richterwechsels die ganze mündliche Verhandlung neu durchgeführt werden.

4 Einen zweiten Fall der Teilnahme von Ergänzungsrichtern sieht das Gesetz in den (bedeutungslosen) §§ 62 und 63 JN vor. Wenn bei Ausübung der Handelsgerichtsbarkeit vom Beklagten die Einrede der sachlichen Unzuständigkeit des Kausalsenats erhoben und vom Kläger der Antrag auf Verweisung an den Zivilsenat desselben Gerichtshofs gestellt wurde und das Gericht über seine Zuständigkeit erst gemeinsam mit der Hauptsache im Urteil entscheiden will, kann der Senat beschließen, daß an der Verhandlung ein weiterer Berufsrichter teilnimmt; gleiches gilt im umgekehrten Fall, wenn vor einem Zivilsenat die sachliche Unzuständigkeit geltend gemacht wurde und der Kläger den Antrag auf Verweisung an den Handelssenat stellt. In beiden Fällen nehmen an der Verhandlung drei Berufsrichter und ein fachmännischer Laienrichter teil. Über die Frage der Unzuständigkeit entscheidet immer der Senat in seiner ursprünglichen Besetzung (OGH GlUNF 4477). Gibt das Gericht dem Überweisungsantrag statt, dann tritt zur Sachentscheidung der Ergänzungsrichter in den Senat ein. Wird der Antrag abgewiesen (bejaht also das Gericht die Zuständigkeit des ursprünglichen Senats), dann scheidet für die Sachentscheidung der Ergänzungsrichter aus dem Senat aus. Der jeweils ausscheidende Richter hat jedoch seine Meinung als votum separatum verschlossen in schriftlicher Form dem Vorsitzenden zu übergeben, der sie dem Beratungsprotokoll anzuschließen hat. Diese geschilderten Regelungen gelten auch für das LGZ Wien bzw für das HG Wien (§ 63 JN).

5 Gemeinsam ist diesen Ausnahmen, daß selbst bei Mitwirkung einer die vorgeschriebene Anzahl von Senatsmitgliedern übersteigenden Zahl von Richtern dennoch nur die gesetzlich festgelegte Anzahl von Stimmführern abstimmt. Daraus ist abzuleiten, daß auch die Mitwirkung einer die gesetzlich vorgeschriebene Anzahl von Senatsmitgliedern übersteigenden Zahl von Richtern an der Abstimmung und Entscheidung einer Rechtssache eine unwirksame Entscheidung iS einer Nichtentscheidung bewirkt (*Fasching,* Lehrbuch[2] Rz 173, 1578; aM noch *ders*[1] I 188: nichtiges Urteil; s auch § 7 a JN Rz 14).

III. Nichtöffentlichkeit

6 Die Beratungen und Abstimmungen sind **nichtöffentlich.** Sie finden entweder in geschlossenen Beratungszimmern oder in dem von den übrigen Anwesen-

den geräumten Verhandlungssaal statt. Im Verhandlungssaal darf in Anwesenheit der an der Verhandlung Beteiligten nur über die im Laufe der mündlichen Verhandlung zu fällenden Entscheidungen beraten werden, wenn sie keiner Erörterung bedürfen und sich keine Meinungsverschiedenheiten ergeben; in diesem Fall nur mit leiser Stimme. Da es im zivilgerichtlichen Verfahren viele in mündlicher Verhandlung gefaßte Entscheidungen gibt, ist zB die mündliche Beratung über Beweisbeschlüsse, über die Unterbrechung des Verfahrens, über die Verhängung von Ordnungsstrafen usw mit leiser Stimme im Verhandlungssaal zulässig. Eine Verletzung des Grundsatzes der Nichtöffentlichkeit von Beratung und Abstimmung ist durch das Gesetz nicht mit Nichtigkeit bedroht. Als einen wesentlichen, das Zustandekommen einer richtigen Entscheidung verhindernden, Verfahrensmangel wird man eine öffentliche Beratung nur im konkreten Einzelfall bezeichnen können, wenn tatsächliche Vorfälle die Durchführung von Beratung und Abstimmung entsprechend beeinflußt haben.

IV. Leitung der Abstimmung

Der Vorsitzende leitet die Abstimmung. Er kann vor der Beratung eine all- **7**
gemeine Erörterung der Sach- und Rechtslage zulassen. Es obliegt ihm, die zur Abstimmung gelangenden Fragen im einzelnen genau zu bezeichnen; eine Mehrheit von entscheidenden Rechts- oder Tatfragen hat er aufzuspalten und die Reihenfolge der Abstimmung über die einzelnen Punkte zu bestimmen. Er ist nur primus inter pares. Seine Stimme ist nicht anders zu werten als die Stimmen der übrigen Senatsmitglieder, da die Stimmen aller an Rang und Bedeutung gleich sind. Zur Überprüfung des Entscheidungsentwurfes s Rz 9.

V. Berichterstatter

Der Berichterstatter muß ein Berufsrichter sein, sodaß es nur in einem **8**
mindestens aus drei Richtern, von denen zwei Berufsrichter sein müssen, bestehenden Senat einen Berichterstatter geben kann; das bedeutet, daß in der Arbeits- und Sozialgerichtsbarkeit der ersten Instanz ein Berichterstatter nicht möglich ist. Auf der anderen Seite schreibt das Gesetz lediglich in zwei Fällen einen Berichterstatter zwingend vor, nämlich: 1. wenn eine mündliche Berufungsverhandlung (§ 486 ZPO, s *Kossak,* RZ 1994, 102) und 2. wenn (ausnahmsweise) eine mündliche Revisionsverhandlung (§ 509 Abs 2 ZPO durch den Verweis auf die mündliche Berufungsverhandlung) stattfindet; die Praxis zeigt, daß in sämtlichen Rechtsmittelverfahren – auch in jenen ohne mündliche Verhandlung – Berichterstatter bestellt werden. Gem § 413 ZPO kann im Senatsprozeß vor den Gerichtshöfen erster Instanz (ausgenommen Arbeits- und Sozialgerichtsbarkeit) in schwierigeren Fällen für die Beratung und Abstimmung ein Berichterstatter bestellt werden.

Bei den Gerichtshöfen erster und zweiter Instanz bestellt der Senatsvorsitzende den Berichterstatter (§ 32 Abs 3 und § 46 Abs 2 GOG). Die Berichterstatter beim OGH werden gem § 13 Abs 1 OGHG durch die vom Personalsenat des OGH zu beschließende Geschäftsverteilung bestimmt.

Die Funktion des Vorsitzenden und die des Berichterstatters sind miteinander nicht vereinbar (*Kossak,* RZ 1994, 102; *Mayr* in *Rechberger,* ZPO §§ 9 ff JN Rz 3; SZ 66/97 [1993]); jedoch stellt ein Verstoß dagegen weder einen Nichtigkeitsgrund (da keine unrichtige Besetzung vorliegt) noch einen wesentlichen Verfahrensmangel dar (ausdrücklich SZ 66/97 [1993]).

VI. Entscheidungsentwurf

9 Ein **Entscheidungsentwurf** soll dem Senat zur Beratung und Abstimmung vorgelegt werden, wenn die Entscheidung nicht im Anschluß an eine mündliche Verhandlung (dh nicht unmittelbar nach einer Verhandlung, s *Fasching*[1] I 188, oder wenn überhaupt keine mündliche Verhandlung stattfindet) gefällt wird. Dieser Entscheidungsentwurf ist vom Berichterstatter oder – wenn ein solcher nicht bestellt wurde – vom Vorsitzenden zu verfassen (§ 117 Abs 1 Geo). Es widerspricht nicht der EMRK und ist daher verfassungsrechtlich unbedenklich, wenn ein Entscheidungsentwurf erstellt wird (EKMR ÖJZ 1992, 163, im konkreten Fall für ein Verfahren vor dem OGH im Strafverfahren; dies hat aber allgemein Gültigkeit, s *Danzl,* Geo § 117 Anm 2). Der Entwurf hat den Formerfordernissen der Enderledigung (Urschrift) der Entscheidung zu entsprechen. Fehlt ein Berichterstatter, so obliegt dies dem Vorsitzenden. Ergibt sich, daß der Entwurf und Antrag des Berichterstatters unvollständig oder sonst mangelhaft ist, dann hat der Vorsitzende die Beratung zurückzustellen, sofern sich nicht die Mängel sofort beheben lassen. Der vom Berichterstatter vorgelegte und vom Senat gebilligte Entwurf ist der Ausfertigung der Entscheidung zugrunde zu legen. Ergeben sich in der Beratung abweichende Meinungen, dann ist, sofern es sich um kleinere Änderungen des Entwurfes handelt, der Berichterstatter selbst zur Abänderung des Entwurfes bestimmt. Ist jedoch auf Grund des Senatsbeschlusses der Entwurf ganz umzuarbeiten, dann soll der Vorsitzende die Ausfertigung der Entscheidung demjenigen Senatsmitglied übertragen, dessen Gegenantrag zum Beschluß erhoben wurde. Zur Billigung des Entwurfes durch den Vorsitzenden s Rz 20.

10 Erfolgte die Beratung auf Grund mündlicher Verhandlung, dann ist über die Abstimmung immer ein **Beratungsprotokoll** zu verfassen. An sich obliegt die Verfassung eines Entscheidungsentwurfes dann dem Vorsitzenden. Will er dies jedoch nicht selbst übernehmen, dann hat er dies dem Berichterstatter oder einem anderen Senatsmitglied zu übertragen. In § 32 Abs 3 und § 46 Abs 2 GOG ist nunmehr ausdrücklich festgelegt, daß der Leiter der Senatsabteilung auch selbst Urschriften von Urteilen und Beschlüssen abzufassen hat; diese Heranziehuung ist iS eines besseren Auslastungsausgleichs gelegen, dem sich kein Richter entziehen kann (ErläutRV 1597 BlgNR 18. GP 32). Es ist allgemeine Gerichtspraxis, daß im Senat einvernehmlich festgelegt wird, wer die schriftliche Abfassung einer Entscheidung übernimmt (*Kossak,* RZ 1994, 103).

VII. Reihenfolge der Stimmabgabe

11 Die **Reihenfolge der Stimmabgabe** – wobei jede Stimme gleich zählt – ist in § 10 JN und § 13 ASGG geregelt. Zuerst stimmt der Berichterstatter (Berufsrichter), der ja seinen Bericht mit einem Antrag auf bestimmte Erledigung zu verbinden hat. Danach folgen die fachmännischen bzw fachkundigen Laienrichter, wobei deren Reihenfolge durch das Lebensalter bestimmt wird (ältere vor jüngeren). Dann folgen die Berufsrichter, wobei der Dienstrangältere vor dem Dienstrangjüngeren abstimmt; dabei ist der Zeitpunkt der Ernennung als stimmführendes Mitglied des Gerichts maßgebend, bei welchem der Richter tätig ist (Art IX 34. GehGNov BGBl 1979/136). Bei gleichem Dienstrang stimmt der Lebensältere vor dem Jüngeren. Den Abschluß bildet der Vorsitzende.

Wirken Laienrichter mit, dann haben sie, wie erwähnt, unmittelbar nach dem Berichterstatter (wenn ein solcher bestellt wurde), aber vor den (übrigen)

Berufsrichtern abzustimmen. Die Zweckmäßigkeit dieser Bestimmung ist umstritten. Man führt an (so die bei *Neumann,* Kommentar[4] I 60 abgedruckten Materialien I 42, 43), daß nur auf diese Weise die fachlichen Motive unbeschränkt und mit ihrem vollen Gewicht zum Ausdruck gebracht werden können. Dagegen ist zu sagen, daß die vom Vorsitzenden gem § 116 Abs 5 Geo in Zweifelsfällen einzuleitende Erörterung der Sach- und Rechtslage vor der Abstimmung genug Gelegenheit für die Berücksichtigung der Fachkenntnis des Laienrichters bietet; auch ist der Zeitpunkt der Stimmabgabe eines Senatsmitgliedes nicht mehr ganz der geeignete Moment für die Meinungsbildung der unmittelbar danach stimmenden Stimmführer. Gegen die Reihung der Laienrichter vor den Berufsrichtern spricht vor allem, daß die zwischen den Berufsrichtern anläßlich der Abstimmung stattfindenden Erörterungen dem juristisch doch nicht so geschulten Laienrichter erst mit voller Deutlichkeit die Problemstellung klarmachen. Gerade im arbeits- und sozialgerichtlichen Rechtsmittelverfahren ist der Laienrichter in der Überzahl der Fälle nicht bereits auf Grund des Antrags des Berichterstatters in der Lage, mit allen Argumenten einzugreifen; er beschränkt sich in der Regel darauf, dem Antrag des Berichterstatters zu folgen oder ihn abzulehnen, ohne die von den anderen Stimmführern ins Treffen geführten Umstände zu kennen und sich mit ihnen auseinanderzusetzen (s hiezu *Schrutka,* Umgestaltung 24f). Es wäre daher de lege ferenda zu erwägen, dem Vorsitzenden die Befugnis einzuräumen, die Reihenfolge der Abstimmung selbst festzulegen.

VIII. Pflicht zur Stimmabgabe

Durch die in § 11 Abs 1 JN festgelegte **Pflicht** jedes einzelnen Senatsmit- **12**
gliedes, **bei jeder** zur Entscheidung stehenden **Frage mitzustimmen,** und durch das darin gelegene Verbot, sich seiner Stimme zu enthalten, ist eine weitere Voraussetzung für die dauernde Einhaltung der in §§ 7 und 8 JN festgelegten Senatsgerichtsbarkeit geschaffen. Alle an der Verhandlung mitwirkenden Richter (mit Ausnahme der nicht zur Entscheidung berufenen Ergänzungsrichter nach § 9 Abs 2, §§ 61ff JN) müssen über die Entscheidungsanträge abstimmen. Haben nicht alle mitwirkenden Richter abgestimmt, so ist die Entscheidung gem § 477 Abs 1 Z 2 ZPO nichtig (*Danzl,* Geo 349 unter Berufung auf *Fasching*[1] I 189). Ein Nichturteil, dh die Unwirksamkeit der Entscheidung, liegt nicht vor, da – anders als bei bei einer Unter- oder Überbesetzung – die Voraussetzungen für eine ordnungsgemäße kollektive Willensbildung gegeben sind. Eine Stimmenthaltung ist darüber hinaus eine schwere Dienstpflichtverletzung (*Fasching,* Lehrbuch[2] Rz 178). Da gem § 14 JN die Vorgänge über Abstimmung und Beratung protokollarisch festzuhalten sind, bildet dieses Protokoll die Grundlage für die amtswegige Wahrnehmung dieser Nichtigkeit. Den Parteien wird die Rüge dieser Nichtigkeit allerdings nicht möglich sein, weil ihnen gem § 219 Abs 1 ZPO die Einsicht in Beratungs- und Abstimmungsprotokolle versagt ist.

Die Pflicht des Richters, bei jeder zur Entscheidung stehenden Frage mitzu- **13**
stimmen, wird dadurch nicht ausgeschlossen, daß er bei einer die zu beratende Frage bedingenden Vorfrage mit seiner Meinung unterlegen ist. Wenn etwa ein Stimmführer mit seinem Antrag, die Klage wegen des Fehlens von Prozeßvoraussetzungen zurückzuweisen, unterlegen ist, dann muß er bei der Abstimmung über die sachliche Berechtigung der Klage mitstimmen; ein Richter, der in einem Schadenersatzprozeß den Antrag gestellt hat, das Alleinverschulden des Schädigers auszusprechen, hat bei Unterliegen dieses Antrages auch bei der weiteren Frage mitzustimmen, wie hoch das Mitverschulden des Geschädigten zu veran-

schlagen sei, ohne daß er hier neuerlich den Standpunkt vertreten könnte, daß Alleinverschulden vorliege. In der Praxis wird diese Art der Stimmabgabe, bei der sich der überstimmte Stimmführer bei der weiteren Beratung auf den Boden der Richtigkeit der Mehrheitsentscheidung zu stellen hat, als **Stimme „stante concluso“** bezeichnet.

IX. Abstimmungsmodalitäten

14 § 11 Abs 2 JN gibt im Zusammenhalt mit § 12 Abs 2 JN Richtlinien, wie die Abstimmung der Sache abzuwickeln ist und wie die **Fragen aufzugliedern** sind.

An die Spitze der Abstimmung sind die Fragen über jene **Streitpunkte** zu stellen, **deren Bejahung eine Sacherledigung ausschließen** müßte. Dies sind die Beschlußfassung über die über Parteieneinrede (Rechtsmittel) oder von Amts wegen wahrzunehmende Unzulässigkeit des Rechtswegs, (noch nicht geheilte) Unzuständigkeit, Rechtskraft, Streitanhängigkeit, Prozeß- oder Parteifähigkeit, Mängel der gesetzlichen Vertretung, über die weiteren in § 477 ZPO aufgezählten Nichtigkeitsgründe, im Rechtsmittelverfahren auch über die Zulässigkeit und Rechtzeitigkeit des Rechtsmittels, über das Vorhandensein eines Berufungs- oder Revisionsantrags ua.

Werden alle Prozeßvoraussetzungen oder formalen Voraussetzungen des Rechtsmittels bejaht, dann ist nötigenfalls über die Vollständigkeit der Entscheidungsgrundlage abzustimmen. Es sind also alle Ergänzungen des Verfahrens in formaler oder sachlicher Beziehung zu beraten und darüber zu beschließen; hierunter fallen insb Ergänzungs- und Wiedereröffnungsanträge in erster Instanz, im Rechtsmittelverfahren die Erledigung von Mängelrügen (in den vom Neuerungsverbot ausgenommenen Prozessen auch von vorgebrachten Neuerungen).

15 Erst dann, wenn die Entscheidungsgrundlage für vollständig erachtet und keine Fortsetzung des Verfahrens (in erster Instanz) oder Aufhebung der angefochtenen Entscheidung (im Rechtsmittelverfahren) beschlossen wurde (oder überhaupt nicht in Erwägung gezogen werden mußte), ist die **Sachentscheidung** zu beraten. Hiebei ist im Zweifelsfall bei einer Mehrheit von Ansprüchen (oder bei Forderung und Gegenforderung) die Abstimmung über jeden einzelnen Anspruch getrennt durchzuführen. Bei jedem einzelnen Anspruch ist – sofern eine Trennung von Grund und Höhe überhaupt möglich ist – zuerst über den Grund des Anspruchs selbst zu beraten. Hier ist dann bei Schadenersatzstreitigkeiten auch über die Annahme eines etwaigen Mitverschuldens und über die Höhe des Mitverschuldensanteils zu beraten. Erst danach kann über die ziffernmäßige Höhe des Anspruchs abgestimmt werden. Während bei der Beratung und Abstimmung über die formalen Voraussetzungen, über etwaige Ergänzungen und über den Grund des Anspruchs immer eine Mehrheit für eine Meinung erzielbar ist, kann bei der ziffernmäßigen Festlegung der Höhe des Anspruchs (ebenso wie bei der Bestimmung der Mitverschuldensquote) die Bildung von mehr als zwei Meinungen im Senat möglich sein, die keine absolute Mehrheit zustande kommen lassen. Hier sieht § 12 Abs 3 JN vor, daß die für die größere Summe (sinngemäß gilt dies auch für eine Quote) abgegebene Stimme so lange den für die nächstgeringere Summe abgegebenen Stimmen beizuzählen ist, bis sich die absolute Mehrheit ergibt (Dreirichtersenat: A stimmt für 100.000 S, B für 80.000 S und C für 10.000 S Schadenersatz; beschlossen wird ein Schadenersatz in Höhe von 80.000 S, da die Stimme des A derjenigen des B zugezählt wird).

Von besonderer Bedeutung ist diese Art der Stimmenberechnung in allen Fällen, in denen die Festlegung der Höhe des Anspruchs in die Hand des Gerichtes gelegt ist (§ 273 ZPO), so insb bei der immer steigenden Anzahl von Schadenersatz- und Haftpflichtprozessen und bei den Streitigkeiten über Ansprüche aus dem gewerblichen Rechtsschutz (Bemessung der Vergütungsbeträge, Geldbußen usw).

X. Stimmenmehrheit

Zur Annahme eines Antrags und zur Beschlußfassung ist die **absolute Mehrheit aller Stimmen** der Senatsmitglieder erforderlich, somit mehr als die Hälfte aller Stimmen; Stimmeneinhelligkeit fordert das Gesetz nirgends. Ist die absolute Mehrheit der Stimmen erreicht, dann ist es nebensächlich, ob die unterlegenen Stimmführer untereinander gleicher Meinung sind. 16

XI. Revotation

Bis zur Feststellung des Abstimmungsergebnisses durch den Vorsitzenden kann jeder Stimmführer seine Meinung ändern und die **Stimmabgabe widerrufen;** nachher ist er an seine Stimme gebunden. Dadurch ist den Richtern die Möglichkeit eröffnet, auch noch die Anträge der nach ihnen zur Abstimmung gelangenden Senatsmitglieder zu berücksichtigen und sich ihren Argumenten anzuschließen. Der **Senat als Ganzes** kann mit absoluter Mehrheit noch nach Feststellung des Abstimmungsergebnisses bis zur Verkündung der Entscheidung durch den Vorsitzenden oder (wenn eine Verkündung unterbleibt) bis zur Abgabe der schriftlichen Ausfertigung der Entscheidung an die Geschäftsstelle (§ 416 Abs 2 ZPO) die neuerliche Beratung und Abstimmung beschließen (Revotation: *Fasching,* Lehrbuch^2 Rz 180; aM *Wahle,* JBl 1960, 37). 17

XII. Keine „dissenting opinions"

Da der Senat nur als Ganzes Träger des Entscheidungswillens ist und ebenso die Entscheidungsgründe das Ergebnis der kollektiven Willensbildung sind, ist weder die **Bekanntgabe des Abstimmungsergebnisses** noch auch die Mitteilung oder Veröffentlichung der Rechtsmeinung der überstimmten Senatsmitglieder zulässig. **„Dissenting opinions"** sind also im österreichischen Zivilprozeß ausgeschlossen (ebenso *Mayr* in *Rechberger,* ZPO §§ 9ff JN Rz 2). Dies ist auch rechtspolitisch zu bejahen, denn es steht die Kontinuität und Kollektivverantwortung des Senats im Vordergrund. Die richterliche Einzelpersönlichkeit ist im Senat naturgemäß in den kollektiven Rahmen eingeordnet. Auch würde die Veröffentlichung abweichender Voten die Autorität senatsgerichtlicher Entscheidungen mehr gefährden als sie stützen. Der erhoffte Vorteil sorgfältiger Beratung und Begründung könnte sehr wohl im Gegenteil dazu führen, daß bei Zwang zur Begründung und schriftlichen Ausfertigung des **Minderheitsvotums** ein Anreiz zur Einstimmigkeit geschaffen würde und die Meinungsvielfalt eher leiden könnte (*Fasching,* Lehrbuch^2 Rz 181; aM *Pichler,* RZ 1981, 157). 18

XIII. Abstimmungsergebnis

A. Ermittlung und Feststellung

Wie eingangs ausgeführt, leitet der Vorsitzende die Abstimmung und formuliert insb die Fragen, die zur Abstimmung gelangen. Bei einer Mehrheit von 19

Fragen gliedert der Vorsitzende die einzelnen Streitpunkte gem § 11 Abs 2 und § 12 Abs 2 JN auf; ebenso bestimmt er die Reihenfolge, in der die Anträge zur Abstimmung gelangen. Schließlich stellt er das **Abstimmungsergebnis** fest, sofern dieses inhaltlich eindeutig ist. Darunter ist die einfache **Stimmenzählung** zu verstehen. Sobald aber inhaltlich die Abstimmung zweifelhaft geblieben ist – also wenn einzelne Anträge oder Gegenanträge unerledigt blieben oder abgegebene Stimmen einer Meinung zugezählt wurden, die nach Meinung des Stimmführers in inhaltlichem Widerspruch mit seinem Antrag stehen –, dann entscheidet der Senat durch Abstimmung der Zweifelsfrage. Die formelle Feststellung eines Abstimmungsergebnisses obliegt also wohl dem Vorsitzenden, seine inhaltliche Auslegung und die Beseitigung von Streitpunkten hingegen der bindenden Entscheidung des Senats.

B. Beurkundung, Beratungsprotokoll

20 Die **Beurkundung** der Beratungs- und Abstimmungsergebnisse ist zwingend vorgeschrieben. Die **Beratungsprotokolle** sind den Parteien gem § 219 Abs 1 ZPO nicht zugänglich; sie werden vom Schriftführer (sofern ein solcher beigezogen wurde) verfaßt und sind von ihm und dem Vorsitzenden zu unterfertigen. Zwingend vorgeschrieben ist die Verfassung von Beratungsprotokollen gem § 120 Abs 1 Geo bei allen Beratungen und Abstimmungen, die im Verlauf einer mündlichen Verhandlung oder im Anschluß daran stattfinden, ferner bei Abstimmungen, die bedeutende Meinungsverschiedenheiten zutage fördern. In allen anderen Fällen genügt die Beisetzung eines Abstimmungsvermerkes unter den schriftlichen Antrag des Berichterstatters; vor allem sind sie bei allen in nichtöffentlicher Sitzung – ohne mündliche Verhandlung – gefällten Entscheidungen mit Stimmeneinhelligkeit zulässig.

Im Beratungsprotokoll sind die Namen der Senatsmitglieder, der Antrag des Berichterstatters und die Ergebnisse der Abstimmungen über die einzelnen Fragen festzuhalten. Wurde der zur Abstimmung stehende Gegenstand in eine Mehrzahl von Vor- und Einzelfragen aufgegliedert, so sind diese im einzelnen ins Beratungsprotokoll nur dann aufzunehmen, wenn dies zur zweifelsfreien Feststellung des Abstimmungsergebnisses erforderlich ist. Die Gegenantragsteller haben die von ihnen vertretene Gegenmeinung entweder in kurz gefaßten Worten im Beratungsprotokoll selbst zur Begründung ihrer Gegenstimme anführen zu lassen oder in schriftlicher Ausfertigung dem Beratungsprotokoll beizulegen (gem § 121 Abs 4 Geo kann der Vorsitzende das Senatsmitglied zur schriftlichen Niederlegung seiner Gegenmeinung auffordern).

Hat kein Schriftführer an der Beratung teilgenommen, dann hat jedes Senatsmitglied selbst schriftlich seine Meinung auf der Urschrift zu beurkunden. Bei Beratungen, die während der Verhandlung mit leiser Stimme im Verhandlungssaal stattgefunden haben, ist kein Beratungsprotokoll zu führen, sondern das Ergebnis der Abstimmung im Verhandlungsprotokoll zu beurkunden.

Schließlich ist hier auf die eindeutige und zweifelsfreie Bestimmung des § 122 Geo hinzuweisen, wonach der Vorsitzende darüber zu wachen hat, daß der schriftliche Entwurf der Ausfertigung mit der im Senat beschlossenen Entscheidung übereinstimmt. Änderungen kann er allein nur insoweit vornehmen, als es sich um formelle oder stilistische Mängel des Entwurfes handelt. Sachliche Änderungen eines schriftlichen und im Senat beschlossenen Antrags bedürfen immer der Genehmigung des Senats. Eine solche ist auch erforderlich, wenn der Vorsitzende zwar nicht den Spruch der Entscheidung, wohl aber deren Begründung in sachlicher Hinsicht abändern will. Aus § 122 Abs 1 Geo ist eindeutig zu erkennen, daß der Vorsitzende nicht nur an den Spruch der beschlossenen Entscheidung, sondern auch an deren Gründe gebunden ist; er ist für die Übereinstimmung zwischen der beratenen und beschlossenen Entscheidung (bzw dem angenommenen Antrag des Berichterstatters) und der schriftlichen Ausfertigung der Entscheidung verantwortlich.

XIV. Sanktionen

21 **Verstöße gegen die Bestimmungen über Beratung und Abstimmung des Senats** bleiben in der Praxis schon deshalb sanktionslos, weil sie regelmäßig weder für die Parteien noch für das Rechtsmittelgericht manifest werden; auch theoretisch lassen sich solche Verstöße wohl schwerlich unter die Nichtigkeitsgründe einordnen (*Mayr* in *Rechberger,* ZPO §§ 9ff JN Rz 5). Hingegen bewirkt die Unterbesetzung bzw die Überbesetzung des Senats (ausgenommen die Fälle der §§ 9, 62f JN) die Unwirksamkeit der Entscheidung (s im einzelnen Rz 2ff); die Stimmenthaltung führt zur Nichtigkeit der Entscheidung (s Rz 12).

Schriftführer

§ 15. Die zur Führung der Protokolle bei Verhandlungen und anderen gerichtlichen Amtshandlungen verwendeten Personen müssen hiezu beeidigt sein.

Stammfassung

1 Neben den Richtern wirken die **Schriftführer** bei der Tätigkeit zur Ausübung der Gerichtsbarkeit mit. Sie sind Urkundspersonen, die bestimmte Vorgänge vor dem Richter – insb den Lauf der mündlichen Verhandlung, Beweisaufnahme, Tagsatzungen, formlose Einvernahmen usw – zu beurkunden haben. Der Schriftführer beurkundet lediglich die Richtigkeit des niedergeschriebenen Vorgangs, nicht auch seine Gesetzmäßigkeit (*Fasching,* Lehrbuch[2] Rz 159). Er hat nach den Weisungen des Richters zu protokollieren; bei Meinungsverschiedenheiten über den Ablauf des protokollierten Vorgangs muß er der richterlichen Weisung gemäß protokollieren, darf aber seinen eigenen persönlichen, davon abweichenden Eindruck niederschreiben und beisetzen.

Zum Schriftführerdienst sind nicht nur Richter befähigt, sondern nach § 3 Geo auch **Richteramtsanwärter, Rechtspraktikanten** und in der Geschäftsstelle verwendete Personen heranzuziehen. Richteramtsanwärter und Rechtspraktikanten sind allerdings nur insoweit als Schriftführer einzusetzen, als dies mit dem Zweck der Ausbildung vereinbar ist (§ 10 Abs 1 RDG, § 6 Abs 1 RechtspraktikantenG). Schriftführer haben neben ihrer eigentlichen Schriftführertätigkeit auch Entwürfe für die in der Verhandlung gefällten Entscheidungen zu verfassen, soweit dies ihr beruflicher Ausbildungsstand zuläßt (allgemein § 56 Abs 5 GOG, ausdrücklich in § 10 Abs 1 RDG und § 6 Abs 1 RechtspraktikantenG als Ausbildungsziel für Richteramtsanwärter und Rechtspraktikanten genannt).

2 Die Zuziehung von Schriftführern ist **nicht zwingend** vorgeschrieben; gem § 207 Abs 3 ZPO kann der Vorsitzende bzw der Einzelrichter von der Beiziehung eines Schriftführers absehen. In steigendem Maß wird davon Gebrauch gemacht, um eine **Protokollierung durch Schallträger** (Tonbandgeräte) gem § 212a ZPO vorzunehmen. Sieht der Vorsitzende von der Zuziehung eines Schriftführers ab, dann kann er die Protokollierung entweder selbst vornehmen (idR mittels Schallträger) oder sie einem Senatsmitglied übertragen (s § 207 Abs 3, § 212a ZPO). Die Nichtteilnahme eines Schriftführers bewirkt weder eine

Nichtigkeit noch einen Verfahrensmangel. Der Beschluß des Vorsitzenden bzw des Einzelrichters, ohne Zuziehung eines Schriftführers zu verhandeln, ist gem § 214 ZPO durch ein abgesondertes Rechtsmittel nicht anfechtbar.

3 Die Schriftführer sollen gem § 3 Abs 2 Geo in der Lage sein, die Protokollierung über mündliche Verhandlungen selbständig zu verfassen und möglichst in Maschinschrift bzw mittels Textverarbeitung herzustellen. Gem § 15 JN und § 3 Abs 3 Geo sind sie vor ihrer Verwendung dahin zu beeiden, die ihnen übertragenen Geschäfte gewissenhaft auszuführen und das Amtsgeheimnis zu wahren. Bereits geleisteter Diensteid oder Pflichtenangelobung (zB als Rechtspraktikant) ersetzen diesen **Schriftführereid.**

4 Im einzelnen werden die **Aufgaben des Schriftführers** in der ZPO wie folgt festgelegt: Er verfaßt das Verhandlungsprotokoll (§ 207 ZPO), allenfalls über Beschluß des Gerichts in Kurzschrift (§ 209 Abs 5 ZPO), unterfertigt es (§ 213 Abs 3 ZPO), ebenso auch die Übertragung des Kurzschriftprotokolls in Vollschrift (§ 212 Abs 5 ZPO). Besondere Vorschriften bestehen für die über Antrag der Parteien erfolgte Zuziehung von Stenographen zur Aufzeichnung von Beweisaufnahmen (§ 280 ZPO). Der Schriftführer verliest ferner in der Verhandlung vor dem Berufungsgericht die angefochtenen Teile des erstrichterlichen Urteils samt dessen Begründung, die Parteienanträge und, falls erforderlich, auch Aktenauszüge (§ 486 Abs 3 ZPO). Schließlich unterfertigt er gem § 418 Abs 1 ZPO mit dem Vorsitzenden bzw dem Einzelrichter die für die Akten bestimmten Ausfertigungen der Urteile. Zu weiteren Amtshandlungen ist er nicht befugt. So darf er insb nicht ohne Beisein des Richters selbständig Beweise aufnehmen, erste Tagsatzungen durchführen, und auch die Erledigung von Rechtshilfevernehmungen ist ihm verwehrt.

5 Alle **Prozeßhandlungen des Schriftführers** sind, soweit sie nicht durch die vorzit Bestimmungen der ZPO gedeckt erscheinen, ohne gleichzeitige Mitwirkung des Richters unwirksam (*Petschek,* Entscheidungsbesprechung, ZBl 1930, 954; *Fasching*[1] I 193 spricht noch von Nichtigkeit iSd § 477 Abs 1 Z 2 ZPO). Auf solchen fehlerhaften Handlungen aufbauende, vom Richter (bzw Senat) gefällte Entscheidungen sind gem § 477 Abs 1 Z 2 ZPO nichtig (ZBl 1930/370 [*Petschek*]. AM OLG Wien WR 37, wonach eine von einem Rechtspraktikanten durchgeführte Beweistagsatzung keine Nichtigkeit der Entscheidung bewirkt); es liegt eine Situation vor, wie sie auch bei einer wegen Ortsabwesenheit fehlerhaften (und nicht geheilten) Klagszustellung gegeben ist: Die Zustellung ist unwirksam und ein dennoch gefälltes Versäumungsurteil mit Nichtigkeitsberufung (sowie mit Widerspruch und Wiedereinsetzungsantrag [letzterer ist in diesem Fall allerdings umstritten, s bei § 146 ZPO]) anfechtbar; ebenso sind die vom Schriftführer vorgenommenen, durch die ZPO nicht gedeckten Handlungen wirkungslos, da er ja als Nichtrichter anzusehen ist, und die nachfolgende Entscheidung kann gem § 477 Abs 1 Z 2 ZPO wegen Nichtigkeit bekämpft werden. Die von einem Schriftführer gefällten Entscheidungen sind rechtlich bedeutungslos, sie sind Nichtentscheidungen (*Fasching,* Lehrbuch[2] Rz 1578 mwN).

Die Mitwirkung des Schriftführers zur Führung des Beratungsprotokolls bei der Beratung und Abstimmung von Senaten ist im Gesetz nicht vorgeschrieben (vgl §§ 9 bis 14 JN).

6 Für den Fall der **dauernden Verhinderung eines Schriftführers** (dh, wenn nicht ohnehin von der Beiziehung eines Schriftführers gem § 207 Abs 3 und § 212 a Abs 1 ZPO abgesehen wurde) an der Unterfertigung der für die Akten bestimmten Ausfertigung des Urteils gem § 418 ZPO entfällt nach § 7 der KaisV, RGBl 1915/372 seine Unterschrift; an ihrer Stelle ist der Vermerk anzufügen:

„Der Schriftführer ist an der Unterschrift dauernd verhindert.“ (Vgl hiezu JMVBl 1915, 405.)

Schriftführer können nach den gleichen Regeln wie Richter **abgelehnt** werden (im einzelnen s bei § 26 JN). 7

Geschäftsstelle

§ 16. Bei jedem Gerichte besteht eine Geschäftsstelle. Dieser obliegt die Übernahme der an das Gericht gelangenden Akten, die Ausfertigung der gerichtlichen Entscheidungen und sonstigen Erledigungen, die Bewirkung der Zustellungen und Ladungen und die Verwahrung der gerichtlichen Akten, sowie die Vornahme aller anderen ihr durch Gesetz oder Verordnung zugewiesenen Amtshandlungen.

Stammfassung; Abs 2 aufgehoben durch Art I Z 1 der 6. GEN BGBl 1929/222

Vollstreckungsorgane

§ 17. (1) Zur Vornahme von Exekutionshandlungen können bei einzelnen Gerichten nach Maßgabe des Bedarfes besondere Vollstreckungsbeamte bestellt werden.

(2) Bei den Gerichten, für welche solche Vollstreckungsbeamte nicht bestellt sind, erfolgt die Vornahme der den Vollstreckungsorganen zugewiesenen Exekutionshandlungen durch andere durch das Gesetz hiezu berufene Organe.

Stammfassung

§ 18. (1) Zu Vorstehern und leitenden Beamten der Geschäftsstelle, sowie zu Vollstreckungsbeamten können nur solche Personen bestellt werden, welche die Mittelschulstudien zurückgelegt und den Besitz der für ihre amtliche Tätigkeit erforderlichen besonderen Kenntnisse durch eine mit gutem Erfolge abgelegte Prüfung nachgewiesen haben. Die Vorschriften über die Gegenstände und die Einrichtung dieser Prüfung, sowie die Zusammensetzung der Prüfungskommission sind im Verordnungswege zu erlassen. Diese Prüfung hat sich auch auf die zur Erfüllung des Amtes notwendigen Rechtskenntisse zu erstrecken.

(2) *gegenstandslos*

Stammfassung; ursprünglicher Abs 2 aufgehoben durch RGBl 1903/203 und neu angefügt durch Art IV Z 4 RGBl 1914/118

Übersicht:

I. Geschäftsstelle, Allgemeines

Die **Gerichtskanzlei,** die gem § 2 Abs 1 Geo die Bezeichnung **„Geschäftsstelle“** zu führen hat, ist bei Gerichten, die aus mehreren Gerichtsabteilungen bestehen, in einzelne Geschäftsabteilungen zu zerlegen (§ 60 GOG, § 2 Abs 2 Geo). Die in der Geschäftsstelle verwendeten Personen gliedern sich gem § 29 Geo iVm dem BDG 1979 (Anlage 1) in Beamte des gehobenen Fachdienstes (Verwendungsgruppe B), Beamte des Fachdienstes (Verwendungsgruppe C, wozu auch der Gerichtsvollzieher gehört), Beamte des mittleren Dienstes (Verwendungsgruppe D), Beamte des Hilfsdienstes (Verwendungsgruppe E) und die 1

Vertragsbediensteten (im einzelnen s *Danzl,* Geo § 29 Anm 2 ff). Ihre Aufgaben sind geregelt in den §§ 49 bis 61 und § 79 Abs 1 GOG sowie in § 2 und §§ 29 bis 36 Geo.

II. Wirkungskreis

2 Der Aufgabenbereich („allgemeiner **Wirkungskreis**") ist in den §§ 33 ff Geo festgelegt. Er umfaßt die Besorgung aller Geschäfte, die nicht die richterliche Tätigkeit betreffen und die nicht kraft besonderer Anordnung dem Vorsteher des Bezirksgerichts bzw dem Präsidenten des Gerichtshofs als (Justiz-)Verwaltungsorgan zugewiesen sind (*Danzl,* Geo § 33 Anm 1). Der allgemeine Wirkungskreis teilt sich gem § 33 Geo in den selbständigen Wirkungskreis und in die vorbereitende Tätigkeit. Die §§ 49 bis 61 GOG enthalten Grundsatzbestimmungen über Aufbau und Tätigkeit der Geschäftsstelle, die durch die Geo weiter ausgeführt werden.

3 Der **selbständige Wirkungskreis der Geschäftsstelle** ist in § 34 Geo umschrieben und umfaßt insb die in den §§ 54, 55, 56 Abs 1 bis 4 GOG aufgezählten Amtshandlungen.

Darunter fallen:

• Die Führung des Grundbuchs (§ 54 GOG) und die Führung des Firmenbuchs (§ 55 GOG), soweit diese Angelegenheiten nicht dem Richter oder dem Rechtspfleger vorbehalten sind (§§ 54 und 55 GOG, §§ 21 und 22 RPflG, s dazu § 5 JN Rz 2). Die von der Geschäftsstelle zu besorgenden Grundbuchangelegenheiten werden durch „Beamte des Fachdienstes im Grundbuch" vorgenommen; die Bezeichnung „Grundbuchsführer" wurde durch die V BGBl 1991/423 beseitigt. Mit der Leitung des Grundbuchdienstes bei großen Gerichten wird in der Praxis regelmäßig ein Rechtspfleger in Grundbuchssachen betraut (*Danzl,* Geo § 30 Anm 12).

• Gem § 56 GOG obliegen der Geschäftsstelle die nachstehenden Angelegenheiten:

– Anträge, Gesuche und bei Gericht abgegebene Erklärungen, die mündlich vorgebracht werden dürfen und nicht nach gesetzlicher Vorschrift vom Richter selbst entgegenzunehmen sind, können in der Gerichtskanzlei (jetzt: Geschäftsstelle) zu Protokoll genommen werden. Vormünder und Kuratoren können die Angelobung in der Gerichtskanzlei (jetzt: Geschäftsstelle) leisten.

– Die Beglaubigung von Urkunden und Abschriften, die Aufnahme gerichtlicher Wechselproteste, Todfallsaufnahmen, die Anlegung von Sperren und Versiegelungen, freiwillige Feilbietungen beweglicher Sachen und die Kundmachung schriftlicher letztwilliger Anordnungen (selbständiger Wirkungskreis). Der Richter kann ihr ferner die Benachrichtigung der Parteien von Zustellanständen und die Anordnung zur Beseitigung bestimmter Formgebrechen übertragen.

– Die Herstellung, Unterfertigung und Abfertigung der Zählblätter, Strafkarten, Gebührenberechnungsblätter und ähnlicher, Verwaltungszwecken dienender Behelfe sowie die Verfassung der Geschäftsausweise.

– Die Erteilung der nach Zulaß des Gesetzes begehrten Ausfertigungen, Auszüge und Abschriften aus den Gerichtsakten sowie Auskünfte und Bestätigungen über den Stand der Rechtssachen, über die Einbringung von Rechtsmitteln usw an die Parteien.

Siehe dazu auch *Spehar/Fellner,* RDG^3, 515.

Die **vorbereitende Tätigkeit der Geschäftsstelle** dient der Vorbereitung der richterlichen Erledigungen. Dazu zählt auch das Entwerfen der Protokolle und der Entscheidungen (§ 56 Abs 5 GOG, s *Danzl,* Geo § 33 Anm 4; *Walter,* Verfassung 46), nicht aber die Aufnahme eines Protokolls über das Vorbringen einer Partei ohne Mitwirkung des Richters (dabei handelt es sich um eine selbständige Tätigkeit: *Danzl,* Geo § 33 Anm 4). 4

Alle **Amtshandlungen,** die durch die Geschäftsstelle zu besorgen sind, können **auch durch Richter** vorgenommen werden, doch soll dies nie ohne triftigen Grund geschehen (§ 33 Abs 5 Geo). Der Richter muß Angelegenheiten der Geschäftsstelle selbst besorgen, wenn die Schwierigkeit oder Eigenart des Geschäfts das Eingreifen des Richters erforderlich macht. Dies ist vor allem bei Grundbuch- und Firmenbuchangelegenheiten, Akteneinsicht usw denkbar. Eintragungen in die von der Geschäftsstelle geführten Register soll der Richter nicht ohne Wissen der Geschäftsstelle machen (§ 361 Abs 1 Geo). 5

Die Bestimmung von Zeugengebühren ist gem § 20 Abs 1 GebAG von einem damit betrauten Bediensteten des Gerichts im Justizverwaltungsweg vorzunehmen. Eine vom Richter bzw Rechtspfleger mit Beschluß erfolgte Zeugengebührenbestimmung (etwa in einer Verhandlung) ist nichtig iSd § 477 Abs 1 Z 6 ZPO, weil das Gericht über eine nicht auf den Rechtsweg gehörende Sache entscheiden würde (*Danzl,* Geo § 33 Anm 5; OLG Innsbruck 1 R 80/87, zit nach *Danzl,* Geo § 33 Anm 5); ebenso ist eine Entscheidung des Gerichts wegen Unzulässigkeit des Rechtswegs nichtig, wenn das Gericht einen Antrag einer Partei auf Bestimmung der Kosten einer Begleitperson zurückweist (OLG Wien SVSlg 36.579 [1990]).

III. Gerichtsvollzieher

Unter den hier sowie in § 18 JN und § 24 EO genannten **Vollstreckungsbeamten** sind Bedienstete des gehobenen Dienstes (Verwendungsgruppe B) zu verstehen (*Danzl,* Geo § 29 Anm 42; *Mayr* in *Rechberger,* ZPO § 17 JN Rz 1). Der ihnen ursprünglich zugewiesene Aufgabenbereich besteht jedoch – seit der Bestimmung des § 42 Abs 2 Geo durch das LBG materiell derogiert wurde – heute in der Praxis nicht mehr (*Mayr* in *Rechberger,* ZPO § 17 JN Rz 1mwN). Die Vornahme von Exekutionshandlungen hat daher nunmehr durch den **Gerichtsvollzieher** zu erfolgen (§ 40 Abs 3 Satz 1 Geo; *Mayr* in *Rechberger,* ZPO § 17 JN Rz 1), sofern sie nicht dem Richter oder dem Rechtspfleger (s § 5 JN Rz 19) vorbehalten sind (zum Aufgabenbereich des Gerichtsvollziehers s im einzelnen *Rechberger/Oberhammer,* Exekutionsrecht Rz 23ff); § 24 Abs 1 EO eröffnet allerdings zusätzlich die Möglichkeit, in besonderen Fällen andere geeignete Gerichtsbedienstete zur Vornahme von Exekutionshandlungen heranzuziehen (dazu *Mayr* in *Rechberger,* ZPO § 17 JN Rz 1mwN). 6

Gerichtsdiener gibt es seit dem BesoldungsG BGBl 1921/376 nicht mehr.

IV. Ernennungserfordernisse (Verweis)

Zu den Prüfungserfordernissen der in der Geschäftsstelle verwendeten Personen sowie zur Gegenstandslosigkeit des § 18 Abs 2 JN s *Mayr* in *Rechberger,* ZPO § 18 JN Rz 1. 7

Zweiter Abschnitt

Ablehung von Richtern und anderen gerichtlichen Organen

Ablehnung von Richtern

§ 19. Ein Richter kann in bürgerlichen Rechtssachen abgelehnt werden:

1. weil er im gegebenen Falle nach dem Gesetze von der Ausübung richterlicher Geschäfte ausgeschlossen ist;

2. weil ein zureichender Grund vorliegt, seine Unbefangenheit in Zweifel zu ziehen.

Stammfassung

Lit: *Coulon,* Der Mißbrauch des Ablehnungsrechtes, GZ 1925/4; *Fasching,* Die „Selbstablehnung" des Schiedsrichters wegen Befangenheit, Frotz-FS (1993) 769; *König/Broll,* Richteramt und Gemeinderatsmandat, RZ 1991, 186; *Pfersmann,* Bemerkenswertes aus der SZ 65/II, ÖJZ 1995, 606; *Rechbeger/Rami,* Die Ablehnung von Schiedsrichtern durch die Parteien, WBl 1999, 103; *Schober,* Zureichende Befangenheitsgründe? RZ 1973, 93.

Übersicht:

I. Vorbemerkung

1 Die Bestimmungen der §§ 19ff JN dienen der **Sicherung der richterlichen Objektivität im Einzelfall.** Die richterliche Unabhängigkeit und Objektivität ist in Art 87 Abs 1 B-VG und in Art 6 Abs 1 EMRK garantiert; dabei vermag die durch die Bundesverfassung, das GOG und das RDG geregelte Gerichtsverfassung wohl allgemeine Sicherungen für die Auswahl der geeigneten Personen zum Richteramt zu treffen und die äußeren Bedingungen für eine größtmögliche Unbeeinflußbarkeit festzulegen, im Einzelfall wird sich jedoch wiederholt eine Interessenkollision ergeben, die für den konkreten Fall die richterliche Unabhängigkeit bzw Unbeeinflußbarkeit in Zweifel ziehen läßt. Um auch für diesen Fall ein Höchstmaß von richterlicher Unbeeinflußbarkeit zu garantieren und jeden aus dem konkreten Fall stammenden Zweifel auszuschalten, wurde die „Ablehnung" von Richtern ausdrücklich geregelt.

2 Die §§ 19ff JN beziehen sich auf **sämtliche zivilgerichtlichen Verfahren** (*Mayr* in *Rechberger,* ZPO, vor § 19 JN), somit auch auf Verfahren in Insolvenzsachen (ausdrücklich § 171 KO, § 76 AO), in Exekutionsangelegenheiten (JBl 1980, 487 = EvBl 1980/101 = RZ 1981/5) und in Außerstreitsachen (EFSlg 63.901 [1990]).

Die Bestimmungen der §§ 19 bis 25 JN regeln die Befangenheit und die Ausgeschlossenheit von **Richtern,** und zwar gleichermaßen für Berufsrichter, für **Laienrichter** in der Handelsgerichtsbarkeit und in Arbeits- und Sozialrechtssachen (beachte die ergänzenden Sonderbestimmungen des § 34 ASGG, Näheres s bei § 20 JN), für die Vorsitzenden und die **Beisitzer des Kartellgerichts** und des **Kartellobergerichts** (§ 105 KartG) und für die **Schiedsrichter** im schiedsgerichtlichen Verfahren (§ 586 ZPO; über deren Ausgeschlossenheit bzw Befangenheit entscheidet allerdings gem § 595 Abs 1 Z 4 ZPO das Schiedsgericht selbst; dazu *Fasching,* Frotz-FS 769; *Rechberger/Rami,* WBl 1999, 103). Sie gelten sinngemäß auch für **Notare als Gerichtskommissäre** (§ 6 GKoärG; RZ 1992/38 = NZ 1990, 302) mit der Modifikation, daß über deren Ausgeschlossenheit oder Befangenheit der Richter entscheidet, der den Notar als Gerichtskommissär zu bestellen hätte oder bestellt hat. Auch auf **Sachverständige** sind diese Regelungen gem § 355 ZPO anzuwenden, jedoch hat der erkennende Richter bei der Beweisaufnahme durch einen ersuchten Richter (RZ 1969, 52) über die Ausgeschlossenheit bzw Befangenheit zu entscheiden (*Fasching,* Lehrbuch^2 Rz 1010).

Auf die Ausgeschlossenheit bzw Befangenheit **aller anderen gerichtlichen Organe** sind die Bestimmungen des § 26 JN (Rechtspfleger, Richteramtsanwärter, Gerichtsvollzieher, Schriftführer usw) oder des § 27 JN anzuwenden (s dazu bei §§ 26 und 27 JN).

II. Befangenheit und Ausgeschlossenheit

A. Gemeinsamkeiten

Das Gesetz unterscheidet zwischen **Befangenheits- und Ausschließungsgründen;** beide Gruppen von Gründen sind sowohl auf Parteiantrag (Ablehnung) wie auch von Amts wegen wahrzunehmen. Der Richter, der selbst zur Kenntnis eines Ausschließungs- oder Befangenheitsgrundes gelangt, hat dies gem § 22 GOG und § 182 Geo dem Vorsteher des Bezirksgerichts bzw dem Präsidenten des Gerichtshofs mitzuteilen. Die von einem ausgeschlossenen oder befangenen Richter gesetzten Prozeßhandlungen bleiben solange voll gültig, bis die Ausgeschlossenheit bzw Befangenheit rechtskräftig festgestellt und die bisherigen Verfahrenshandlungen als nichtig aufgehoben werden; bis dahin sind sie in Schwebe (SZ 41/164 [1968]). 3

B. Unterschiede

Im übrigen **unterscheiden sich Ausschließungs- und Befangenheitsgründe** in zweierlei Hinsicht: 4

1. Während das Gesetz die Ausschließungsgründe ausdrücklich und erschöpfend nennt (§ 20 JN, § 34 ASGG), sind die Befangenheitsgründe nicht näher bezeichnet (über die Ausschließungsgründe s bei § 20 JN, über die Befangenheitsgründe s Rz 9 f).

2. Ein weiterer wesentlicher Unterschied besteht bezüglich des Zeitpunkts der Wahrnehmung: Ausschließungsgründe sind unverzichtbar und als Nichtigkeitsgründe in jeder Lage des Verfahrens wahrzunehmen, somit noch im Rechtsmittelverfahren und gem § 529 Abs 1 Z 1 ZPO sogar noch nach Eintritt der Rechtskraft durch Nichtigkeitsklage. Befangenheitsgründe müssen dagegen bei Kenntnis sofort geltend gemacht werden; läßt sich die Partei in Kenntnis eines Befangenheitsgrundes in die Verhandlung ein oder stellt Anträge (§ 21 JN), dann ist dies als stillschweigender Verzicht auf dessen Geltendmachung anzusehen (über die Ablehnung wegen Befangenheit des Richters einer unteren Instanz im Zug eines Rechtsmittelverfahrens s bei § 21 JN).

III. Befangenheit

A. Allgemeines

5 Ein **Richter ist** dann **befangen,** wenn Umstände vorliegen, die es nach objektiven Merkmalen rechtfertigen, seine Unbefangenheit in Zweifel zu ziehen (4 Ob 117/98 d; LGZ Wien EFSlg 66.829 [1991], 63.883 [1990]). Dabei genügt die Besorgnis, daß bei der Entscheidungsfindung andere als rein sachliche Überlegungen eine Rolle spielen könnten (4 Ob 117/98 d; 9 ObA 25/94; RZ 1989/110; 1984/81); es reicht bereits aus, daß die Befangenheit mit Grund befürchtet werden muß (OLG Wien EFSlg 69.687 [1992]) – auch wenn der Richter tatsächlich unbefangen sein sollte (Arb 10.760 [1989]) – oder daß der Anschein einer Voreingenommenheit entstehen könnte (7 Ob 529/94; LGZ Wien EFSlg 66.833 [1991], 63.892 [1991]; JBl 1990, 122 = RdW 1990, 166; Arb 10.760 [1989] ua). Das Wesen der Befangenheit ist in der Hemmung einer unparteiischen Entscheidung durch unsachliche psychologische Motive zu erblicken, wobei die begründete Befürchtung genügt (1 Ob 92/98 f; OLG Wien EFSlg 69.687 [1992]). Im Interesse des Ansehens der Justiz ist bei der Prüfung der Befangenheit ein strenger Maßstab anzulegen (*Mayr* in *Rechberger,* ZPO § 19 JN Rz 4; *Rechberger/Simotta,* Zivilprozeßrecht[4] Rz 51), dh die Befangenheit ist nicht restriktiv auszulegen, sodaß im Zweifelsfall Befangenheit anzunehmen sein wird. Die Ablehnung soll jedoch nicht die Möglichkeit bieten, daß sich Parteien eines nicht genehmen Richters entledigen können; der Grundsatz der festen Geschäftsverteilung in Ergänzung des Rechts auf den gesetzlichen Richters gebietet eine ausgewogene Vorgangsweise bei der Ablehnung (ÖJZ-LSK 1998/151).

Nach aA setzt die Ablehnung wegen Befangenheit voraus, daß glaubhaft gemacht wird, daß sich der Richter von anderen als von sachlichen Gesichtpunkten bei der Entscheidungsfindung leiten lassen würde (LGZ Wien EFSlg 72.756 [1993], 69.686 [1992], 63.884 [1990], 54.917 [1987]); danach genügt die Besorgnis der Befangenheit allein also nicht (ausdrücklich LGZ Wien EFSlg 72.757 [1993], 57.657 [1988], 54.917 [1987] ua).

Beachtenswert sind die zu Mehrparteienverfahren angestellten Aussagen der Rsp: In einem Mehrparteienverfahren wie dem Konkursverfahren oder den meisten Außerstreitverfahren sind zur objektiven Beurteilung des Anscheins der Befangenheit andere Kriterien heranzuziehen als im kontradiktorischen Zivilprozeß. So hat im Insolvenzverfahren der Richter vor allem die Interessen der Glaubiger zu beachten und zu schützen. Insbesondere in der Abwicklung einer Großinsolvenz unter Einbeziehung des Privatvermögens des Geschäftführers ist die Interessenlage aller Beteiligter so gespalten, daß Entscheidungen, die von allen Betroffenen akzeptiert werden, von vornherein ausgeschlossen scheinen und daß die eine oder andere Entscheidung – vor allem wenn sie rasch erfolgen mußte – durchaus den Argwohn einer Benachteiligungsabsicht erwecken könnte. Die Grenze zur konkursrichterlichen Befangenheit wird dort zu ziehen sein, wo sich Verstöße gegen das Verfahrensrecht, wodurch in die Rechte des Gemeinschuldners gravierend eingegriffen wird, massiv häufen oder wo nicht nur dienstliche Verflechtungen des Richters mit anderen Organen oder Verfahrensbeteiligten im Zusammenhalt mit Verstößen gegen das Verfahrensrecht den dringenden Verdacht erwecken, daß sich Organe und/oder Verfahrensbeteiligte auf Kosten anderer Verfahrensbeteiligter sozusagen unter dem Schirm konkursgerichtlicher Entscheidungen bereichern könnten. Es kann daher die hauptsächlich im Zivilprozeß entwickelte Judikatur, wonach schon der bloße Anschein einer Voreingenommenheit im Zusammenhalt mit der begründeten Besorgnis, daß sich der Richter auch von unsachlichen Gesichtspunkten leiten lassen könnte, zur Ausübung des Ablehnungsrechts ausreiche, für Mehrparteienverfahren nicht ohne weiteres und vor allem nicht in dieser Strenge herangezogen werden (OLG Linz ZIK 1998, 209).

B. Konkretisierung der Ablehnungsgründe

Im **Ablehnungsantrag** müssen die **Gründe konkret** und bestimmt angegeben werden (LGZ Wien EFSlg 72.754 [1993], 66.828 [1991]); so reicht etwa die ganz allgemein erhobene Behauptung, daß Richter unter politischen Druck gesetzt würden, für die Annahme einer Befangenheit nicht aus (7 Ob 2388/96v). Ein unkonkretisiertes Begehren, den Richter zur Äußerung über das etwaige Vorliegen von Befangenheitsgründen aufzufordern, ist ebenso unzulässig wie ein Ablehnungsantrag mit dem Begehren, vom Prozeßgegner durch Befragen die Namen der diesem persönlich bekannten und dadurch angeblich befangenen Richter zu ermitteln; es genügt auch nicht, wenn die Ablehnungsgründe aus dem Vorbringen nur erschlossen werden können (LGZ Wien EFSlg 54.923 [1987]). Rechtsmißbräuchlich ständig wiederholte Ablehnungsanträge, die darüber hinaus keine konkreten Ablehnungsgründe enthalten, sind unbeachtlich und müssen nicht zum Gegenstand einer richterlichen Entscheidung gemacht werden; ein entsprechender Aktenvermerk ist aber ratsam (EvBl 1989/18 unter Berufung auf die deutsche Lehre und Judikatur; EFSlg 72.755 [1993]; 1 FS 502/93; 8 FS 503/93). 6

Die von der Partei behaupteten Ablehnungsgründe sind glaubhaft zu machen, dh zu bescheinigen, wenn der abgelehnte Richter diese bestreitet; geltend gemachte Ausschließungsgründe sind hingegen stets von Amts wegen festzustellen (s bei § 22 JN).

C. Ablehung nur bestimmter Richter

Es können immer **nur bestimmte, namentlich bezeichnete Richter** abgelehnt werden, nicht aber pauschal ein Senat oder ein ganzes Gericht (7 Ob 2388/96v; 1 Fs 502/93; EvBl 1989/18, stRsp). Nur ausnahmsweise kann ein ganzer Gerichtshof (umso mehr ein ganzer Senat) abgelehnt werden, wenn dem Ablehnungsantrag sinngemäß zu entnehmen ist, daß bei jedem einzelnen Richter des Gerichtshofs im wesentlichen dieselben Befangenheitsgründe vorliegen (NZ 1998, 334; 7 Ob 529/94; 7 Ob 574/93; Arb 10.760 [1989]); im übrigen ist die Ablehnung aller Richter eines Gerichts (oder eines Senats) nur durch die Ablehnung jedes einzelnen Richters unter Angabe detaillierter konkreter Ablehnungsgründe gegen jeden dieser Richter möglich (3 Ob 175/97z; 9 ObA 25/94; EvBl 1989/18 mwN; Arb 10.760 [1989]). 7

D. Selbstmeldung des Richters

Eine Befangenheit liegt grundsätzlich (*Mayr* in *Rechberger,* ZPO § 19 JN Rz 4; *Rechberger/Simotta,* Zivilprozeßrecht[4] Rz 51; offenbar auch *Fasching,* Lehrbuch[2] Rz 164; LGZ Wien EFSlg 69.701 [1992], 66.836 [1991]) bzw im allgemeinen (OLG Wien DRdA 1960, 122 [*Mayer-Maly*]) immer dann vor, **wenn der Richter selbst** diese unter Hinweis auf konkrete Umstände **meldet,** da er am besten weiß, inwieweit die tatsächliche Besorgnis besteht oder entstehen kann, daß er sich im konkreten Fall nicht ausschließlich von objektiven Gesichtspunkten leiten lassen werde. Nur ausnahmsweise wird bei Selbstmeldung des Richters ei- 8 ne Befangenheit nicht gegeben sein, etwa bei Anzeichen eines Mißbrauchs (*Mayr* in *Rechberger,* ZPO § 19 JN Rz 4) oder wenn die angegebenen Umstände ihrer Natur nach nicht geeignet sind, eine Befangenheit zu begründen (idS JBl 1968, 94; beispielsweise der Hinweis des Richters auf seine in einem anderen Verfahren abgegebenen Erklärungen, s den der E OGH AnwBl 1992/4341 zugrundeliegenden Sachverhalt).

Nach aM ist bei Selbstmeldung des Richters ausnahmslos dessen Befangenheit festzustellen (idS noch *Fasching*[1] I 200; LGZ Wien EFSlg 72.772 [1993], 54.915 [1987]); folgt man dieser Ansicht, dann würde § 23 JN (der gem § 182 Geo bei der Selbstmeldung des Richters anzuwenden ist) seine Bedeutung verlieren und Selbstmeldungen – die ja auch mißbräuchlich erfolgen könnten –, abgesehen vom Disziplinarrecht, de facto unüberprüfbar sein (idS *Fasching,* Frotz-FS 770).

E. Einzelfragen

9 **Befangenheit liegt vor:**

• bei privaten persönlichen Beziehungen des Richters zu einer Partei, etwa wenn eine Partei im Rahmen einer schulischen Neigungsgruppe Trainer des Richters war und weiterhin gelegentliche persönliche Kontakte bestehen (LGZ Wien EFSlg 66.837 [1991]), wenn der Richter mit einer Partei mehrere Jahre dieselbe Klasse des Gymnasiums besuchte und Mitglied desselben Sportvereins war (LGZ Wien EFSlg 66.838 [1991]), wenn der Richter Arbeitskollege einer Partei war, sich privat mit ihr traf und mit deren im Prozeß eine Rolle spielenden Problemen konfrontiert war (LGZ Wien EFSlg 72.768 [1993]) und ganz allgemein bei Freundschaft oder Feindschaft des Richters zu einer Partei (*Fasching,* Lehrbuch[2] Rz 164);

• bei einem Verlöbnis oder aufgelösten Verlöbnis des Richters zu einer Partei oder deren engsten Verwandten (*Fasching,* Lehrbuch[2] Rz 164);

• bei privaten persönlichen Beziehungen zu einem Parteienvertreter (JBl 1990, 122 [*Schumacher*]; *Mayr* in *Rechberger,* ZPO § 19 JN Rz 5);

• bei privaten persönlichen Beziehungen des Richters zu einem Zeugen (JBl 1990, 122 [*Schumacher*]);

• wenn der Vater einer Partei mehrmals wöchentlich bei fast allen Richtern als Sachverständiger tätig ist (hier ist die Befangenheit aller Richter dieses Gerichts gegeben, LGZ Wien EFSlg 69.691 [1992]); umso mehr ist Befangenheit jener Richter anzunehmen, wenn ein bei diesen Richtern tätiger Sachverständiger selbst Prozeßpartei ist;

• bei einem (auch nur dienstlichen oder kollegialen) Verhältnis zu einem Richter, der als Rechtsberater seiner Lebensgefährtin tätig wird (7 Ob 529/94; 7 Ob 574/93);

• bei Unstimmigkeiten persönlicher Art mit einem Parteienvertreter (OLG Wien DRdA 1960, 122 [*Mayer-Maly*]), nicht dagegen bei sachlichen Unstimmigkeiten (*Fasching,* Lehrbuch[2] Rz 164);

• wenn die Familie des Masseverwalters mit der Familie des zuständigen Konkursrichters befreundet ist, dann ist die eine Befangenheit des Richters insoweit vorstellbar, als das Honorar des Masseverwalters festzulegen ist; das übrige Konkursverfahren ist von dieser Befangenheit aber nicht betroffen (8 Ob 309/97 t);

• bei Beteiligung des Richters an einer im Prozeß einschreitenden Gesellschaft oder einem Verein (hier aber nur, wenn persönliche Interessen im Spiel sind oder wenn er eine leitende Funktion bekleidet (EvBl 1992/117 bezüglich der

Österreichischen Richtervereinigung; *Fasching,* Lehrbuch² Rz 164) oder wenn es sich um einen sehr kleinen Verein handelt (*Mayr* in *Rechberger,* ZPO § 19 JN Rz 6);

• bei Verstößen gegen § 52 Geo: unsachliche persönliche Bemerkungen zu Parteien oder Parteienvertretern (zB [in der Verhandlungspause] „eine derartige heftige emotionelle Reaktion bisher nur bei einem Baby, dem man die Milchflasche oder den Schnuller weggenommen hat, gesehen zu haben", OGH-Z 1993/1263, 1264; SZ 65/125 [1992] = EFSlg 69.095 [1992] = Jus-Extra, s dazu *Pfersmann,* ÖJZ 1995, 611; „Sauerei", OLG Innsbruck 1 R 23/91 zit bei *Danzl,* Geo § 52 Anm 7 a; Anschreien der Partei und grußloses Verlassen des Verhandlungsraums unter Zuschlagen der Tür, LGZ Wien EFSlg 69.693 [1992]; nicht aber „Ausrutscher" wie das Lachen des Berufungssenats als Ausdruck der Erheiterung über die Reaktion eines Parteienvertreters, 3 Ob 538/93, oder bloßer Ärger, LGZ Wien MietSlg 41.530 [1989] zit bei *Mayr* in *Rechberger,* ZPO § 19 JN Rz 5); abwertende Pauschalurteile gegen bestimmte Personengruppen (Motorradfahrer, LGZ Wien AnwBl 1992/4036 = ÖJZ 1992/30);

• bei unsachlichen Randglossen zu Schriftsätzen einer Partei (*Fasching,* Lehrbuch² Rz 164);

• bei Erstattung eines Privatgutachtens durch den Richter in der gleichen Rechtssache (*Fasching,* Lehrbuch² Rz 164);

• bei einer völlig unhaltbaren Beweiswürdigung (LGZ Wien EFSlg 72.764 [1993], 69.698 [1992]; OLG Wien EFSlg 66.832 [1991]). Grundsätzlich kann aber die (behauptete) Unrichtigkeit der Beweiswürdigung nicht Gegenstand eines Ablehnungsverfahrens sein; insb dann nicht, wenn die Beweiswürdigung des Senats (hier: des Berufungssenats) keine Gedankenführung oder Diktion erkennen läßt, die eine durch dessen Vorsitzenden – aus unsachlichen Gründen – herbeigeführte Hemmung einer unparteiischen Entschließung als Wesen der Befangenheit auch nur entfernt nahelegen könnte (1 Ob 90/97 k);

• wenn das Berufungsgericht die Beweiswürdigung des Erstgerichts als nicht haltbar bezeichnet und bei seiner rechtlichen Beurteilung ohne Beweiswiederholung von einem von den Feststellungen des Erstgerichts entgegengesetzten Sachverhalt ausgeht (RZ 1984/81);

• wenn der Richter in auffallender und bedenklicher Weise Verfahrensgrundsätze außer acht läßt, die dem Schutz des Parteiengehörs und der Objektivität des Verfahrens dienen, nicht aber bei anderen Verfahrensmängeln (LGZ Wien EFSlg 72.763 [1993]; OLG Wien EFSlg 69.695 [1992], 69.694 [1992]; RZ 1989/110; LGZ Wien EFSlg 54.918 [1987]); Verfahrensmängel können den Anschein der Befangenheit begründen, wenn es sich dabei um schwerwiegende Verstöße gegen Verfahrensgrundsätze handelt, die an der Objektivität des Richters mit Grund zweifeln lassen (4 Ob 117/98 d);

• bei Mitgliedschaft des Richters im Gemeinderat der klagenden oder beklagten Gemeinde (*König/Broll,* RZ 1991, 187); sollte der Richter ein (nach außen) vertretungsbefugtes Organ einer Gemeinde – dh als Bürgermeister oder als dessen Stellvertreter oder als (Mit-)Vertreter im Rahmen einer Kollektivzeichnung gehandelt haben – sein, dann würde ein Ausschließungsgrund vorliegen (*Fasching,* Lehrbuch² Rz 163; *König/Broll,* RZ 1992, 187; RG DREvBl 1941/176);

• durch die Bewilligung der Wiedereinsetzung auf Grund der bloßen Behauptung des Wiedereinsetzungswerbers ohne Durchführung irgendeines Bescheinigungsverfahrens werden Grundsätze, die dem Schutz des Parteiengehörs und der Objektivität dienen, in einem zumindest den Anschein der Befangenheit erweckenden Maß verletzt, sodaß der Ablehnung stattzugeben ist (LG Innsbruck AnwBl 1995/5088).

10 **Befangenheit liegt nicht vor:**

• wenn der Richter eine bestimmte Rechtsansicht vertritt (5 Ob 335/98 w; LGZ Wien EFSlg 66.840 [1991], 63.887 [1990]; RZ 1989/110), sei es, daß er sie bei einer Beratung im Rahmen eines Amtstags (LGZ Wien EFSlg 66.834 [1991], 57.661 [1988]; 1 Ob 2/88), in einem Inzidenzstreit (zB bei der Entscheidung über eine einstweilige Verfügung oder über die Verfahrenshilfe, EvBl 1990/145), in einem gleichgelagerten Vorprozeß oder in einer wissenschaftlichen Veröffentlichung geäußert hat oder sie von der hRsp abweicht (RZ 1989/110; *Fasching,* Lehrbuch^2 Rz 164; *Mayr* in *Rechberger,* ZPO § 19 JN Rz 6); die Rechtsprechung hat diese Auffassung allerdings eingeschränkt und Befangenheit dann angenommen, wenn der Richter anläßlich eines Amtstags nicht nur eine Rechtsansicht, sondern eine auf Grund einseitiger Information gebildete Meinung zu einem bestimmten Sachverhalt äußert, von der er nur bei gravierenden neuen Fakten abgehen wird (LGZ Wien EFSlg 66.834 [1991]), oder wenn der Richter zu erkennen gibt, daß er seine Rechtsansicht nicht überprüfen und gegebenenfalls ändern wird (LGZ Wien EFSlg 72.759 [1993]; EvBl 1990/145); vereinzelt geblieben dürfte die gegenteilige Auffassung sein, daß die Äußerung einer Rechtsansicht Befangenheit nach sich zieht (LGZ Wien EFSlg 72.758 [1993]);

• bei der Zugehörigkeit zu einer bestimmten Religionsgemeinschaft (*Fasching,* Lehrbuch^2 Rz 164);

• bei der Mitgliedschaft in einer politischen Partei, es sei denn, der Richter hat sich zur streitentscheidenden Frage öffentlich bereits festgelegt (EvBl 1988/43);

• bei unrichtigen Entscheidungen (5 Ob 335/98 w; OLG Wien EFSlg 69.699 [1992]; LGZ Wien EFSlg 57.660 [1988], 54.921 [1987], 46.591 [1984]; Arb 10.358 [1984] = ZAS 1985, 121 ua);

• bei rein dienstlichen oder kollegialen Kontakten zwischen den Mitgliedern des erkennenden Senats und einem Richter, der auf Grund eines Amtshaftungsprozesses regreßpflichtig werden könnte (EvBl 1990/145);

• ein kollegiales Verhältnis zu einem artsansässigen Rechtsanwalt begründet für sich allein noch keine Befangenheit (3 Ob 155/98 k);

• bei Beschäftigung des Laienrichters und des Parteienvertreters durch denselben Arbeitgeber (Kammer für Arbeiter und Angestellte, RdW 1992, 119 = DRdA 1992, 55);

• bei Erstattung von unbegründeten Straf- und Disziplinaranzeigen durch die Partei (1 Ob 92/98 f; 1 Ob 623/92; 1 Ob 575/91);

• die Ankündigung von Amtshaftungsansprüchen für sich allein stellt keinen tauglichen Ablehnungsgrund dar (5 Ob 335/98 w; 1 Ob 92/98 f);

• keine Ablehnung des Vorsitzenden eines Berufungssenats, wenn der Senat in einem Vorverfahren bereits eine Stellungnahme zur Beweiswürdigung abgegeben hat, die auch für den vorliegenden Prozeß von Bedeutung sein könnte (Jus-Extra, OGH-Z 1995/1700);

• die Überprüfung von Entscheidungen eines Richters im Rechtsmittelweg durch mit dem Erstrichter befreundete Richter entspricht dem Gerichtsalltag, ist von jedem verantwortungsbewußten Richter als selbstverständlich vorauszusetzen und stellt keinen Ablehnungsgrund dar (6 Ob 268/98 z; 10 ObS 275, 97 g ua);

• begründen jedoch Richter ihre Befangenheitserklärung mit dem kollegialen Verhältnis zum Kollegen, so stellt sich die Sachlage anders dar, weil im allgemeinen ein Befangenheitsgrund anzunehmen ist, wenn ein Richter seine Befangenheit selbst anzeigt (6 Ob 268/98 z);

- weder die (angebliche) Unrichtigkeit einer Gerichtsentscheidung noch die Vertretung einer bestimmten Rechtsmeinung durch den Richter bildet einen Ablehnungsgrund; dies selbst dann, wenn die Rechtsansicht von der herrschenden Rechtsprechung abgelehnt wird. Meinungsverschiedenheiten in Rechtsfragen sind nicht im Ablehnungsverfahren auszutragen. Das Ablehnungsverfahren soll nicht die Möglichkeit bieten, daß sich Parteien ihnen nicht genehmer Richter entledigen können (5 Ob 335/98 w);
- die Tatsache, daß ein Richter über Vorgänge in einem von ihm geführten Verfahren, somit über dienstliche Wahrnehmungen, zu befragen ist, kann die Befangenheit eines Richters, der mit dem als Zeugen zu vernehmenden Richter näher bekannt oder befreundet ist, für sich allein nicht rechtfertigen (10 ObS 276/97 d; 10 ObS 275/97 g);
- es ist denkmöglich, daß derselbe Richter, dessen Befangenheit in einem Ehescheidungsverfahren festgestellt wird, in Ansehung der notwendigen pflegschaftsgerichtlichen Maßnahmen die ehelichen Kinder betreffend nicht befangen ist (OLG Linz 2 R 273/97 y).

Bezüglich Beweiswürdigung, Verfahrensfehler, Mitgliedschaft in einem Verein, Verstoß gegen § 52 Geo s Rz 9.

§ 20. Richter sind von der Ausübung des Richteramtes in bürgerlichen Rechtssachen ausgeschlossen:

1. in Sachen, in welchen sie selbst Partei sind, oder in Ansehung deren sie zu einer der Parteien in dem Verhältnis eines Mitberechtigten, Mitverpflichteten oder Regreßpflichtigen stehen;

2. in Sachen ihrer Ehegatten oder solcher Personen, welche mit ihnen in gerader Linie verwandt oder verschwägert sind, oder mit welchen sie in der Seitenlinie bis zum vierten Grade verwandt oder im zweiten Grade verschwägert sind;

3. in Sachen ihrer Wahl- oder Pflegeeltern, Wahl- oder Pflegekinder, ihrer Mündel und Pflegebefohlenen;

4. in Sachen in welchen sie als Bevollmächtigte einer Partei bestellt waren oder noch bestellt sind;

5. in Sachen, in welchen sie bei einem untergeordneten Gerichte an der Erlassung des angefochtenen Urteiles oder Beschlusses teilgenommen haben.

Z 2 idF Art III Z 1 BGBl 1975/412

Lit: *König/Broll,* Richteramt und Gemeinderatsmandat, RZ 1991, 186; *Pfersmann,* Bemerkenswertes aus der SZ 67/II, ÖJZ 1997, 364.

Übersicht:

I. Ausgeschlossenheit, Vorbemerkung

1 Die in § 20 JN aufgezählten Ausschließungsgründe sind nicht erschöpfend bezeichnet; hinzu kommen noch jene des § 537 ZPO und für das arbeits- und sozialgerichtliche Verfahren die des § 34 ASGG (s Rz 13f). Über diese genannten Fälle hinaus lassen sich Erweiterungen nur im Weg einer teleologischen Auslegung gewinnen. Völlig neue Tatbestände für die Ausschließung eines Richters lassen sich nicht einordnen. Über das Wesen und die Wirkung des Voliegens von Ausschlußgründen s § 19 JN Rz 3f.

II. Ausgeschlossenheit im einzelnen

A. § 20 Z 1 JN

1. Partei

2 Ausgeschlossen sind **Richter** in allen Sachen, in denen sie **selbst Partei** sind. Zur Sicherung des Vertrauens in die Objektivität des Richterspruchs wurde die Zuständigkeitsnorm des § 79 JN (Klagen von und gegen Richter) geschaffen, die durch die ausschließliche Zuständigkeit des Gerichtshofs für diese Streitigkeiten von vornherein die Möglichkeit auf ein Mindestmaß einschränkt, daß der geklagte Richter selbst die Klage entgegennehmen muß oder daß der geklagte oder klagende Richter bei Einleitung des Verfahrens durch Zuteilung an einen anderen Richter tätig werden muß. Der gleichen Erwägung dient auch § 30 JN, der vorsieht, daß das angerufene Gericht wegen Vorliegens eines Ausschließungs- oder Befangenheitsgrundes von Amts wegen die Delegierung an ein anderes Gericht in die Wege leiten kann.

3 Partei ist im weiteren Sinn zu verstehen. Darunter fällt auch der Nebenintervenient (die bei *Fasching*[1] I 202 zit E, EvBl 1948/622 und die bei *Mayr* in *Rechberger,* ZPO § 20 JN Rz 2 zit E, JUS Z/901, beinhalten keine diesbezüglichen Aussagen), nicht aber derjenige, dem der Streit verkündet oder der als Auktor benannt wurde, solange er nicht in den Rechtsstreit eingetreten ist. Unter Partei sind auch die gesetzlichen Vertreter juristischer Personen oder handlungsunfähiger Personen zu begreifen, also alle jene Personen, die gem § 373 Abs 2 und 3 ZPO als Partei zu vernehmen sind; so der Masseverwalter hinsichtlich der Konkursmasse, die gesetzlichen Vertreter der Genossenschaften, Gemeinden, Vereine und anderer juristischer Personen. So sind Richter als Mitglieder eines (nach außen vertretungsbefugten) Gemeindevorstands oder einer (nach außen vertretungsbefugten) Gemeindevertretung ausgeschlossen, soweit es sich um Prozesse handelt, die Rechtshandlungen aus der Zeit ihrer Funktionstätigkeit zum Gegenstand haben (RG DREvBl 1941/176; dies kann heute allerdings nur zutreffen, wenn der Richter als Bürgermeister, als dessen Stellvertreter oder als Mitvertreter im Rahmen einer Kollektivzeichnung gehandelt hat, s *König/Broll,* RZ 1992, 187). Unter die Bestimmung des § 20 Z 1 JN fallen nicht nur Richter, denen eine formelle Parteistellung zukommt, sondern auch jene, die im Rahmen der Beweisaufnahme als Partei vernommen werden müßten; dies trifft auf einen Richter (Laienrichter), der nur Beamter einer beklagten Gebietskörperschaft ist, nicht zu (9 ObA 83/97i).

Ist der Richter zwar in einem zwischen zwei Parteien abgewickelten Rechtsgeschäft als Mitbeteiligter usw ausgeschlossen, führt dies in einem weiteren Rechtsstreit zwischen den gleichen Parteien nicht zu seiner Ausschließung, wenn hier das Verhältnis der Mitbeteiligten usw nicht mehr gegeben ist (GlUNF 7346 [1915]).

2. Mitberechtigter, Mitverpflichteter

4 Als **Mitberechtigter** ist etwa der offene Handelsgesellschafter, der Gesellschafter einer KG, einer OEG oder einer KEG zu verstehen; hinsichtlich einer Gesellschaft bürgerlichen Rechts ist zu beachten, daß nicht die Gesellschaft, sondern nur die Gesellschafter klagen oder geklagt werden können und daher ein beteiligter Richter ohnehin bereits auf Grund seiner formellen Parteistellung ausgeschlossen ist. Darüber hinaus wird man den Begriff des Mitberechtigten oder **Mitverpflichteten** nach § 20 Z 1 JN dem des materiellen Streitgenossen nach § 11 Z 1 ZPO gleichsetzen können; daher zählen hierher Miteigentümer und Gesamthandeigentümer sowie die Fälle einer Solidarberechtigung oder -verpflichtung (vgl *Fasching*[1] I 202 und *ders,* Lehrbuch[2] Rz 371).

Nicht als Mitberechtigter bzw Mitverpflichteter kann das einzelne Mitglied eines klagenden oder beklagten Vereins angesehen werden (EvBl 1992/117, s auch bei § 19 JN), ebensowenig ein nicht geschäftsführender Gesellschafter einer GmbH (hier kann im Einzelfall aber Befangenheit vorliegen, SZ 43/104 [1970] = HS 7500 [1970] = JBl 1971, 480) oder der einzelne Aktionär einer AG.

Es bildet keinen Ausschließungsgrund, wenn der Richter Dienstnehmer der als Prozeßpartei auftretenden Republik Österreich ist (Arb 7809 [1963]), ebensowenig die Mitgliedschaft des Richters im Gewerkschaftsbund in einem gegen diesen geführten Rechtsstreit (LGZ Graz Arb 7160 [1960]; LGZ Wien Arb 6519 [1956]).

Der Umstand, daß ein Richter als (ehemaliger) Mieter oder Nutzungsberechtigter gem § 22 Abs 4 Z 2 WGG vom Verfahren zu verständigen und ihm die Teilnahme am Verfahren zu ermöglichen ist, begründet nicht seine Parteistellung und bewirkt daher nicht seine Ausgeschlossenheit (1 N 508/94; der Richter war im konkreten Fall allerdings weder Antragsteller, noch hat er sich am Verfahren beteiligt).

3. Regreßpflicht

5 Als **regreßpflichtig** und damit als ausgeschlossen ist jeder Richter anzusehen, der durch eine der beiden Prozeßparteien (oder einen Nebenintervenienten) für den Ersatz des ganzen oder eines Teils des Streitgegenstands in Anspruch genommen werden kann; gleichgültig ist, ob sich die Ersatzverpflichtung auf Gesetz, etwa das AHG (s EvBl 1963/211, wonach von der Entscheidung über den Antrag auf pflegschaftsbehördliche Genehmigung eines Amtshaftungsprozesses nicht nur derjenige Richter ausgeschlossen ist, aus dessen angeblich grob fahrlässigem Verhalten der Amtshaftungsanspruch abgeleitet wird, sondern in sinngemäßer Anwendung des § 9 Abs 4 AHG auch alle Mitglieder des im Instanzenzug übergeordneten Gerichtshofs; aM aber offenbar LGZ Wien EFSlg 57.666 [1988]), oder auf Vertrag gründet.

B. § 20 Z 2 JN

6 Der Richter ist in Sachen seines **Ehegatten** auch dann ausgeschlossen, wenn die Ehe vor Beginn des Prozesses nicht mehr bestanden hat; dies ergibt sich aus der sinngemäßen Heranziehung von § 321 Abs 2 ZPO (Aussageverweigerungsrecht bei aufgelöster Ehe). Im Fall einer (bestehenden oder gelösten) Verlobung oder einer Lebensgemeinschaft liegt hingegen kein Ausschließungsgrund vor, wohl aber wird Befangenheit gegeben sein (s bei § 19 JN). Es stellt keinen Nichtigkeitsgrund dar, wenn an einer Entscheidung zwei miteinander verheiratete Richter mitwirken (JBl 1993, 195; allerdings hat der OGH nur die Frage der Ge-

richtsbesetzung, nicht aber die der Ausgeschlossenheit geprüft; kritisch dazu die Anm von *Mayr,* JBl 1993, 195).

Verwandtschaft und **Schwägerschaft** des Richters bis zu dem in § 20 Z 2 JN bezeichneten Grad bewirken ebenfalls die Ausgeschlossenheit; Schwägerschaft auch dann, wenn die die Schwägerschaft begründende Ehe des Richters bereits aufgelöst ist.

C. § 20 Z 3 JN

7 Die eminente Bedeutung der **Parteienvertreter** im Zivilprozeß und deren unbestreitbares Interesse am Obsiegen der von ihnen vertretenen Partei rechtfertigt die vom OGH vorgenommene erweiternde Auslegung, wonach auch ein Verwandtschafts- oder Schwägerschaftsverhältnis des Richters zum Bevollmächtigten einer Partei die Ausgeschlossenheit des Richters bewirkt (EvBl 1992/137 = Arb 11.006 [1992]; GlUNF 1062 [1900]); Bevollmächtigter einer Partei ist jeder Machthaber, auch wenn er nicht Rechtsanwalt ist. Darunter werden auch Angelegenheiten behinderter Personen erfaßt, für die der Richter zum Sachwalter bestellt wurde (*Mayr* in *Rechberger,* ZPO § 20 JN Rz 4).

D. § 20 Z 4 JN

8 Der **Richter** ist auch in jenen Sachen ausgeschlossen, in denen er selbst **als Bevollmächtigter einer Partei** bestellt war. Es ist nicht von Belang, ob es sich um eine Prozeßvollmacht oder eine Vollmacht bürgerlichen Rechts handelt. Ein Bevollmächtigter Richter (in der Praxis wird wohl nur ein Laienrichter in Frage kommen) ist auch dann ausgeschlossen, wenn er den Vollmachtgeber nie gesehen hat und für ihn auch nie tätig geworden ist (SSV-NF 2/144 [1988]; *Mayr* in *Rechberger,* ZPO § 20 JN Rz 5; aM unter Berufung auf *Fasching*[1] I 203 allerdings RZ 1992/38 = NZ 1990, 302 = EFSlg 60.684 [1989], wonach es darauf ankommt, ob der Richter als Bevollmächtigter streitentscheidende Handlungen gesetzt hat (im konkreten Fall ging es um die Ausgeschlossenheit eines als Gerichtskommissär einschreitenden Notars). Die Beschäftigung eines Richters (Laienrichters) und eines Parteienvertreters durch denselben Arbeitgeber (zB einer Kammer) bewirkt keine Ausschließung (RdW 1992, 139 = DRdA 1992, 55).

Da das Wesen der Bevollmächtigung darin besteht, daß der Bevollmächtigte den Vollmachtgeber unmittelbar dem Dritten gegenüber vertritt, gleiches aber auch im Fall der gesetzlichen Vertretung eintritt, sind auch alle durch das Gesetz zur Vertretung einer Prozeßpartei nach außen berufenen Richter in den Prozeßsachen der von ihnen vertretenen Partei ausgeschlossen, sofern die Ausschließung nicht schon gem § 20 Z 1 JN gegeben ist.

Der Ausschließungsgrund des § 20 Z 4 JN ist auch dann gegeben, wenn das Bevollmächtigungsverhältnis bereits erloschen ist. Selbst eine Bevollmächtigung zur Abwicklung des dem Rechtsstreit zugrundeliegenden Rechtsverhältnisses muß die Ausschließung des Richters begründen, denn eine Einschränkung auf das formale Erfordernis einer Bevollmächtigung im Prozeß wäre wenig sinnvoll.

Der Umstand, daß der Präsident des OLG als Organ der Justizverwaltung aus Anlaß des Aufforderungsverfahrens nach § 8 AHG über Weisung des BMJ als obersten Organs der Justizverwaltung (im formellen Sinn) selbst beziehungsweise unter Mitwirkung von Richtern dieses OLG dem BMJ als seiner Oberbehörde eine Stellungnahme zu einem Amtshaftungsanspruch erstattet, führt nicht zu einer Ausschließung anderer Richter des Oberlandesgerichts nach § 20 JN iVm § 9 Abs 4 AHG von der Entscheidung über die Berufung in der diesen

Amtshaftungsanspruch betreffenden Rechtssache. Der Präsident des OLG ist in Wahrnehmung dieser Justizverwaltungsangelegenheit auch nicht iSd § 20 Z 4 JN Vertreter der Prozeßpartei Bund in einem späteren Amtshanftungsverfahren (SZ 70/260 [1997]).

E. § 20 Z 5 JN

1. Richter höherer Instanz in derselben Rechtssache

Der Ausschließungsgrund des § 20 Z 5 JN betrifft nur **Richter höherer Instanzen.** Diese sind ausgeschlossen, wenn sie bei einem untergeordneten Gericht an der Erlassung des angefochtenen Urteils oder Beschlusses mitgewirkt haben. Einen Ausschließungsgrund bilden auch nahe Verwandtschaft oder Schwägerschaft (§ 20 Z 2 und 3 JN) zum Richter, dessen Entscheidung in höherer Instanz überprüft wird (*Mayr* in *Rechberger,* ZPO § 20 JN Rz 6; *ders,* Anm zu JBl 1993, 195 [196]; aM *Fasching*[1] I 204, der hier idR Befangenheit annimmt). 9

Da der Richter bei der Fällung der angefochtenen Entscheidung mitgewirkt haben muß, ist er dann, wenn er bei einem früheren, von der Rechtsmittelinstanz nicht mehr zu prüfenden Erkenntnis mitgewirkt hat (etwa einem Urteil, das von der Rechtsmittelinstanz unter Zurückverweisung aufgehoben wurde, während nun das Rechtsmittel gegen das nach Verfahrensergänzung ergangene neuerliche Urteil vorliegt), nicht ausgeschlossen (SZ 6/38 [1924]); ebensowenig, wenn er in unterer Instanz in einer Rechtssache entschieden hat, die mit der nun im Rechtsmittelverfahren zu beurteilenden Prozeßsache in Zusammenhang steht (SZ 61/276 [1988] = VersRdSch 1989, 349; EFSlg 57.665 [1988]; RZ 1983/3 = EFSlg 41.584 [1982]; JBl 1950, 293); nicht ausgeschlossen ist auch der Richter, der zwar in erster Instanz verhandelt, aber nicht die Entscheidung gefällt hat (es kann sich dabei nur um den Fall eines Richterwechsels während des laufenden Verfahrens handeln; JBl 1981, 387). Dem Wortlaut des Gesetzes folgend, das nur die Ausschließung des Richters im Rechtsmittelverfahren von der Überprüfung der unter seiner Mitwirkung zustandegekommenen „angefochtenen“ Entscheidung verfügt, muß auch dann die Ausschließung verneint werden, wenn der Richter in unterer Instanz im Zug der Entscheidung über eine einstweilige Verfügung bereits vorläufig über den Anspruch erkannt hat und nun im Rechtsmittelverfahren über die Sachentscheidung zu befinden hat. Der Ausschließungsgrund des § 20 Z 5 JN ist aber auch dann nicht gegeben, wenn der in der Rechtsmittelinstanz bei der Entscheidung mitwirkende Richter in unterer Instanz bei der Fällung eines Teil- oder Zwischenurteils mitgewirkt hat; diese sind gem § 392 Abs 1, § 393 Abs 3 ZPO bezüglich der Rechtsmittel als Endurteile anzusehen und können infolge mittlerweile eingetretener Rechtskraft nicht mehr mit dem Rechtsmittel gegen das Endurteil angefochten werden. Nur dort, wo gem § 393 Abs 3 ZPO unmittelbar nach Fällung des Zwischenurteils die Verhandlung über die Höhe des Anspruchs fortgesetzt wurde und nach Fällung des Endurteils (durch einen anderen Richter) sowohl Zwischen- wie Endurteil zur selben Zeit der Rechtsmittelinstanz zur Entscheidung vorliegen, muß die Ausgeschlossenheit des das Zwischenurteil fällenden Richters auch für die Rechtsmittelentscheidung über das Endurteil angenommen werden. Überhaupt ist der Richter, der in unterer Instanz eine Entscheidung gefällt hat, über die im Rechtsmittelverfahren gleichzeitig mit einer weiteren Entscheidung zu erkennen ist, von der Entscheidung über beide Rechtsmittel ausgeschlossen (zB die Fälle des § 515 ZPO). Wenn die Rechtsmittelinstanz zur Vorbereitung ihrer Entscheidung Erhebungen durch den Richter erster Instanz durchführen läßt, dann wirkt 10 dieser dadurch nicht an der Entscheidung mit und ist daher auch nicht ausgeschlossen.

11 In diesem Zusammenhang ist auch die Frage zu erörtern, ob Richter, die zwar nicht im gleichen Rechtsstreit in verschiedenen Instanzen, sondern in mehreren verschiedenen, für die gleiche Rechtssache bedeutungsvollen Verfahren teilgenommen haben, ausgeschlossen sind; hat zB der Richter in einem dem Zivilprozeß zugrundeliegenden Strafverfahren bei der Entscheidung mitgewirkt, dann ist er im Zivilprozeß nicht ausgeschlossen (OLG Linz RZ 1992/88), ebenso auch nicht in dessen Rechtsmittelverfahren. Auch die Mitwirkung des Richters an einem Disziplinarverfahren (zB als Vorsitzender einer Disziplinarkommission oder eines Senats der Disziplinarkommission) bewirkt nicht die Ausgeschlossenheit des Richters in einem sich darauf stützenden bürgerlichen Rechtsstreit (SZ 68/165 [1995]). Werden Beschlüsse des außerstreitigen Verfahrens zur Grundlage eines Zivilrechtsstreits genommen, dann ist der Außerstreitrichter im Zivilprozeß nicht ausgeschlossen. Ebensowenig bewirkt die Mitwirkung des Richters, der den Exekutionstitel geschaffen hat, im Rechtsmittelsenat beim Verfahren über Exekutionsbewilligung oder -vollzug die Nichtigkeit der Rechtsmittelentscheidung.

12 Die Ausgeschlossenheit gem § 20 Z 5 JN ist auf das Rechtsmittelverfahren bei aufsteigenden Rechtsmitteln beschränkt. Dies ist deshalb sinnvoll, weil eine Ausschließung bei der Entscheidung über remonstrative Rechtsbehelfe dem Zweck dieser Einrichtung, den Richter selbst zu einer Überprüfung seiner Entscheidung zu bewegen, zuwiderlaufen würde. Daher ist die Ausgeschlossenheit des die angefochtene Entscheidung fällenden Richters bei der Entscheidung über eine Vorstellung, einen Widerspruch gegen eine einstweilige Verfügung, einen Widerspruch gegen eine Vollstreckbarerklärung auf Grund eines ausländischen Exekutionstitels (§ 84 EO) und über Rekurse im Rahmen des § 522 ZPO bzw des § 9 AußStrG nicht gegeben.

2. Sonstiges (§ 537 ZPO, Art XXIII EGZPO, § 34 ASGG)

13 Die Ausschließungsgründe des § 20 JN werden durch die Bestimmungen des § 537 ZPO, des Art XXIII EGZPO und des § 34 ASGG erweitert:

Nach § 537 ZPO ist der Richter, wegen dessen Beteiligung an der Entscheidung die **Nichtigkeitsklage** erhoben wurde oder der durch sein Verhalten den Anlaß für eine **Wiederaufnahmsklage** nach § 530 Abs 1 Z 4 ZPO geboten hat, an der Entscheidung über diese Rechtsmittelklagen ausgeschlossen; dies gilt selbst dann, wenn die auf § 530 Abs 1 Z 4 ZPO gestützte Wiederaufnahmsklage völlig sinnlos erscheint (SZ 67/234 [1994]; s dazu zust *Pfersmann,* ÖJZ 1997, 373). Gleiches muß auch für die Mitwirkung an der Entscheidung über eine Klage auf Aufhebung eines Schiedsspruchs nach § 596 ZPO gelten, wenn der Richter als Schiedsrichter (entgegen dem Verbot des § 578 ZPO) mitgewirkt hat.

Ausgeschlossenheit liegt auch hinsichtlich einer Entscheidung über eine gem Art XXIII EGZPO erhobene **Nichtigkeitsbeschwerde gegen ein Erkenntnis eines Börsenschiedsgerichts** vor, wenn der über die Nichtigkeitsbeschwerde entscheidende Richter entweder als Schiedsrichter oder auch nur als Sekretär des Börsenschiedsgerichts (wenn auch gem Art XV Abs 2 EGZPO nur mit beratender Stimme) an der Fällung des Schiedsspruchs teilgenommen hat.

14 Darüber hinaus sind für die **fachkundigen Laienrichter** im arbeits- und sozialgerichtlichen Verfahren in § 34 ASGG zusätzliche Ausgeschlossenheitsgründe angeführt. Diese Bestimmung spricht zwar nur von der Ablehnung, doch kann aus der Natur dieser Ablehungsgründe eindeutig geschlossen werden, daß

es sich dabei nur um Ausgeschlossenheit und nicht um Befangenheit handeln kann: Liegt einer der genannten Tatbestände vor, dann ist der Laienrichter – und dies ist eine Besonderheit – gem § 30 ASGG seines Amtes zu entheben, ohne daß das Gesetz eine Prüfung seiner allfälligen Befangenheit vorsieht. Ein fachkundiger Laienrichter ist (zusätzlich zu den allgemeinen Gründen des § 20 JN) ausgeschlossen, wenn ihm das passive Wahlrecht gem § 24 ASGG fehlt, wenn er gem § 25 ASGG nicht als Laienrichter entsandt werden kann oder wenn gem § 28 ASGG ein Unvereinbarkeitstatbestand vorliegt. In allen diesen Fällen hat nach § 30 Abs 3 ASGG das gem § 90 RDG vorgesehene Dienstgericht (ds die OLG bzw der OGH) die Amtsenthebung zu verfügen; lediglich dann, wenn der Laienrichter selbst seine Enthebung beantragt, entscheidet gem § 30 Abs 4 ASGG der Präsident des betreffenden Gerichtshofs (über die allgemeinen Ausgeschlossenheits- wie auch über die Befangenheitsgründe hat hingegen der nach der Geschäftsverteilung vorgesehene Ablehnungssenat des jeweiligen Gerichtshofs zu erkennen; s dazu im einzelnen bei § 23 JN).

§ 21. (1) Das Ablehnungsrecht kann von jeder Partei ausgeübt werden, gleichviel ob nach Beschaffenheit der Verhältnisse die ablehnende Partei oder deren Gegner gefährdet erscheint.

(2) Eine Partei kann einen Richter wegen Besorgnis der Befangenheit nicht mehr ablehnen, wenn sie sich bei demselben, ohne den ihr bekannten Ablehnungsgrund geltend zu machen, in eine Verhandlung eingelassen oder Anträge gestellt hat.

Stammfassung

Lit: *Ballon,* Die Ablehnung eines Richters wegen Befangenheit nach Zustellung der Entscheidung, RZ 1991, 106; *ders,* Die Beachtung des rechtlichen Gehörs iSd Art 6 EMRK durch die Rechtsmittelgerichte, JBl 1995, 623; *ders,* Zu den Verfahrensmängeln im Zivilprozeßrecht, Matscher-FS (1993) 15.

Übersicht:

I. Rechtzeitigkeit des Ablehnungsantrags

1 Die Wahrung der richterlichen Objektivität im Einzelfall ist eine unabdingbare Voraussetzung für jede Rechtspflege. Darum gibt das Gesetz auch jeder der Parteien ein absolutes Recht, Ausschließungs- und Befangenheitsgründe geltend zu machen.

Um Ablehnungsanträge wegen Befangenheit (anders bei der Ausgeschlossenheit) auszuschalten, die offenbar in Verschleppungsabsicht gestellt oder die doloserweise erst vorgebracht werden, wenn sich aus dem Gang des Rechtsstreits ihre „taktische Zweckmäßigkeit" ergibt, ist jede Partei gezwungen, die **Befangenheit sofort nach ihrem Bekanntwerden** vorzubringen. Maßgeblich ist immer der Zeitpunkt des Bekanntwerdens, nicht hingegen das „Kennenmüssen" von Tatsachen, die die Besorgnis der Befangenheit begründen (etwa die genaue Kenntnis der Geschäftsverteilung und die darin festgelegte Zuweisung einer Rechtssache an eine bestimmte Geschäftsabteilung: 6 Ob 600/92; idS auch 1 Ob 5/95). Jede Einlassung in die Verhandlung oder Antragstellung (zum Rechtsmittelantrag s Rz 3 ff) nach Bekanntwerden des Befangenheitsgrundes bewirkt den Ausschluß von der Geltendmachung. Wird ein Befangenheitsgrund etwa in der mündlichen Verhandlung bekannt, so hat die Partei in dieser sofort den Ablehnungsantrag zu stellen. Sie darf sich bei sonstigem Verlust des Ablehnungsrechts auch auf keine gerichtlichen Vergleichsgespräche einlassen (SZ 42/146 [1969]); sie darf auch keinen verfahrensrechtlichen Antrag (zB auf Beiziehung eines Schriftführers oder auf Verwendung eines Schallträgers in der Berufungsverhandlung, 1 Ob 5/95) stellen und muß sämtliche ihr bekannten Befangenheitsgründe vorbringen (RZ 1975/1). Wird ein Befangenheitsgrund außerhalb der Verhandlung bekannt, dann wird die Ablehnung geltend gemacht werden müssen, bevor die ablehnende Partei eine Prozeßhandlung vornimmt (Ablehnung und Prozeßhandlung können wohl in einem Schriftsatz vorgenommen werden, doch muß der Ablehnungsantrag zuerst gestellt werden), spätestens zu Beginn des nächsten Verhandlungstermins.

2 Daraus ergibt sich, daß die Parteien (stillschweigend) durch Einlassung in die Verhandlung auf die Geltendmachung der Befangenheit verzichten können; jedoch kann der Richter durch Selbstablehnung seine Befangenheit auch in diesem Fall bekanntgeben (*Mayr* in *Rechberger,* ZPO § 21 JN Rz 2; RZ 1975/1). Bei den Ausschließungsgründen ist hingegen ein (ausdrücklicher oder stillschweigender) Verzicht der Parteien auf ihre Geltendmachung nicht möglich. Die Parteien können in jedem Stadium des Verfahrens auch ihnen längst bekannte Ausschließungsgründe vorbringen; darüber hinaus ist die Ausgeschlossenheit in jeder Verfahrenslage von Amts wegen wahrzunehmen. Nur für den Fall der Geltendmachung eines Ausschließungsgrundes nach Rechtskraft der Entscheidung wird vorausgesetzt, daß er weder im vorangegangenen Verfahren noch durch Rechtsmittel geltend gemacht werden konnte (§ 529 Abs 3 ZPO).

Ablehnungsanträge (sowohl wegen Ausgeschlossenheit wie wegen Befangenheit) können auch vor der Einleitung eines Rechtsstreits, etwa mit einem Antrag auf Bewilligung der Verfahrenshilfe, gestellt werden (SZ 33/122 [1960] = EvBl 1960/382).

II. Ablehnung wegen Befangenheit nach Schluß der mündlichen Streitverhandlung

3 Wird ein **Befangenheitsgrund** erst **nach Schluß der mündlichen Verhandlung** oder nach Urteilszustellung **bekannt,** dann kann er nur mehr im Rechtsmittelweg (im Rahmen der Rechtsmittelgründe, wobei aber gem § 477 Abs 1 Z 1 ZPO kein Nichtigkeitsgrund vorliegt) geltend gemacht werden (*Ballon,* Zivilprozeßrecht[9] Rz 92; *ders,* RZ 1991, 106; *Rechberger/Simotta,* Zivilprozeßrecht[4] Rz 53; OLG Linz 2 R 220/94; OLG Linz RZ 1992/88, 1991/33; vgl auch AnwBl, 1989/3189, wonach die Befangenheit eines Sachverständigen – der ja als Hilfsorgan des Richters angesehen wird – als wesentlicher Verfahrensmangel qualifiziert wurde). Daher hat in diesem Fall der nach der Geschäftsverteilung vorgesehene Rechtsmittelsenat über die im Rahmen der Rechtsmittelgründe geltend gemachte Befangenheit zu erkennen und nicht der Gerichtsvorsteher bzw der Ablehnungssenat der unteren Instanz. Nur wenn es zur Aufhebung der angefochtenen Entscheidung und zur Zurückverweisung an die untergeordnete Instanz kommt (§ 496 ZPO), wird ein eigenes Ablehnungverfahren nach den §§ 23 und 24 JN durchzuführen sein (*Ballon,* RZ 1991, 106). Diese Auffassung ist einmal aus ökonomischen Gründen gerechtfertigt, da sie ein „zweigleisiges" Verfahren, nämlich ein Rechtsmittelverfahren und ein eigenes Ablehnungverfahren,

vermeidet; zum anderen ist zu bedenken, daß die vom Gesetz als schwerwiegender qualifizierte Ausgeschlossenheit ausdrücklich einen Rechtsmittelgrund bzw Nichtigkeitsklagegrund darstellt, über den der Rechtsmittelsenat (und nicht der Gerichtsvorsteher bzw der Ablehnungssenat) zu befinden hat (im einzelnen *Ballon,* RZ 1991, 106). Freilich muß dabei in Kauf genommen werden, daß in Bagatellsachen die Befangenheit nach Verhandlungsschluß nur mehr im Rahmen der unrichtigen rechtlichen Beurteilung eingewendet werden kann, da gem § 501 ZPO wesentliche Verfahrensmängel und die unrichtige Sachverhaltsfeststellung nicht mehr bekämpft werden können. Eine weitere Möglichkeit der Geltendmachung würde sich ergeben, wenn man die Befangenheit von der Gewichtung her der Ausgeschlossenheit und damit einem Nichtigkeitsgrund gleichstellt (sog „qualifizierter Verfahrensmangel") und in diesem Fall die Mangelhaftigkeit des Verfahrens als Berufungsgrund zuläßt; dadurch könnte den Parteien über die Mangelhaftigkeit des Verfahrens auch in Bagatellangelegenheiten die nachträgliche Ablehnung wegen Befangenheit ermöglicht werden. Es darf auch nicht übersehen werden, daß die Unbefangenheit des Richters einen von Art 6 Abs 1 EMRK garantierten Anspruch darstellt („Anspruch auf ein unparteiisches Gericht") und somit als Grundrecht besondere Bedeutung besitzt (s im einzelnen für den Anspruch auf rechtliches Gehör *Ballon,* JBl 1995, 623; *ders,* Matscher-FS 15; idS auch die Rechtsprechung zum alten § 16 AußStrG, die die Verletzung des rechtlichen Gehörs einer „Nullität" gleichgestellt und damit den Weg zum Höchstgericht eingeräumt hat (EFSlg 37.151 [1980]; ZfRV 1968, 50; EvBl 1966/14 ua).

Nach aA kann ein Befangenheitsgrund, der erst nach Schluß der mündlichen Verhandlung oder nach Urteilszustellung bekannt wird, nicht als Berufungs-, Revisions- oder Rekursgrund geltend gemacht werden. Denn ein Befangenheitsgrund kann nicht mehr vorgebracht werden, wenn in Kenntnis seines Vorliegens Anträge, somit auch Rechtsmittelanträge, gestellt werden. Als Nichtigkeitsgrund kann ein neu bekannt gewordener Befangenheitsgrund gem § 477 Abs 1 Z 1 ZPO mangels einer rechtskräftigen, die Befangenheit aussprechenden Entscheidung noch nicht geltend gemacht werden. Es bleibt nach dieser Ansicht daher kein anderer Weg, als noch nach mündlicher Verhandlung, allenfalls selbst nach Urteilszustellung, aber immer vor der Rechtsmittelerhebung, einen Ablehnungsantrag zu stellen und eine Entscheidung darüber zu begehren. Dabei kann allerdings die Ablehnung im gleichen Schriftsatz dem Rechtsmittel vorangestellt werden (*Fasching,* Lehrbuch[2] Rz 161; *ders*[1] I 206; *Mayr* in *Rechberger,* ZPO § 21 JN Rz 3; 9 ObA 277/92; JBl 1989, 664; KOG ÖBl 1977, 76). Das Rechtsmittelverfahren ist bis zur rechtskräftigen Erledigung des Befangenheitsantrags durch den Gerichtsvorsteher bzw des nach der Geschäftsverteilung vorgesehenen Ablehnungssenats zu unterbrechen (*Fasching,* Lehrbuch[2] Rz 161; *Mayr* in *Rechberger,* ZPO § 21 JN Rz 3; 9 ObA 277/92; JBl 1989, 664); lediglich dann, wenn der Ablehnungsantrag offenbar rechtsmißbräuchlich eingebracht wurde oder keine konkreten, überprüfbaren Gründe vorgebracht wurden, ist das Rechtsmittelverfahren nicht zu unterbrechen (über einen solchen Ablehnungsantrag ist auch nicht zu entscheiden, sondern nur ein Aktenvermerk über die Unterlassung der Entscheidung anzulegen, *Mayr* in *Rechberger,* ZPO § 21 JN Rz 3; 1 Ob 623/92; EvBl 1989/18). 4

Nach einer weiteren Auffassung kann die Befangenheit auch noch während des Rechtsmittelverfahrens durch Ablehnungsantrag geltend gemacht werden; über diesen Antrag ist aber nicht im Rechtsmittelverfahren, sondern im Ablehnungsverfahren durch die nach § 23 JN vorgesehenen Organe zu entscheiden 5

(*Buchegger,* PraktZPR[6] I 391; *Holzhammer,* Zivilprozeßrecht[2], 39), wobei der Antragsteller die „Aussetzung" des Verfahrens erwirken soll (*Buchegger,* PraktZPR[6] I 391).

6 Schon allein aus prozeßökonomischen Überlegungen ist der erstgenannten Meinung der Vorzug zu geben (im einzelnen *Ballon,* RZ 1991, 106; *Rechberger/Simotta,* Zivilprozeßrecht[4] Rz 53; auch *Mayr* in *Rechberger,* ZPO § 21 JN Rz 3 billigt dieser Ansicht beachtliche prozeßökonomische Argumente zu).

Während die Ausgeschlossenheit auch noch nach Rechtskraft der Entscheidung mit Nichtigkeitsklage gem § 529 Abs 1 Z 1 ZPO (unter den Voraussetzungen des § 529 Abs 3 ZPO) geltend gemacht werden kann, ist die Geltendmachung der Befangenheit nach Rechtskraft auf keinen Fall mehr möglich (1 Ob 199/99 t; RZ 1989/88; OLG Wien WR 398).

III. Einzelfragen

7 Jedenfalls soweit ein Betroffener im Sachwalterschaftsverfahren befugt ist, auch durch einen Bevollmächtigten Anträge zu stellen und Rechtsmittel auszuführen, steht ihm auch die Ausübung des Ablehnungsrechts zu (1 Ob 513/96).

Über einen Ablehnungsantrag ist auch zu erkennen, bevor über einen Antrag auf Sicherheitsleistung gem § 61 ZPO entschieden wird (s bei § 61 ZPO). Ist ein Ablehnungsantrag seiner Gründe wegen unzulässig, sodaß er zur Frage seines rechtlichen Schicksals keinerlei Beurteilungsspielraum eröffnet, so ist vor der Entscheidung darüber selbst dann kein Genehmigungsverfahren einzuleiten, wenn der Betroffene in der Ablehnungssache prozeßunfähig wäre und nur durch Erklärungen seines Vertreters wirksam handeln könnte (1 N 506/99).

§ 22. (1) Die Ablehnung ist bei dem Gerichte, welchem der abzulehnende Richter angehört, mittels Schriftsatzes oder mündlich zu Protokoll zu erklären. Dabei sind zugleich die Umstände genau anzugeben, welche die Ablehnung begründen.

(2) Über eine solche Erklärung hat sich der abgelehnte Richter zu äußern.

(3) Die wegen Besorgnis der Befangenheit ablehnende Partei hat die vom Richter bestrittenen Ablehnungsgründe glaubhaft zu machen. Wird ein Richter wegen Besorgnis der Befangenheit abgelehnt, bei welchem die Partei vor der Ablehnung sich bereits in eine Verhandlung eingelassen oder Anträge gestellt hat, so ist von der Partei auch glaubhaft zu machen, daß der Ablehnungsgrund erst später entstanden oder ihr erst später bekannt geworden ist.

(4) Von der Partei behauptete Ausschließungsgründe sind stets von Amts wegen festzustellen.

Stammfassung

Lit: *Harbich,* Auskunftspflicht in der Justizverwaltung, RZ 1992, 162.

Übersicht:

I. Verfahren, Vorbemerkung

Das **Verfahren über das Vorliegen eines Ausschließungs- oder Befangenheitsgrundes** wird sowohl über Anzeige des Richters gem § 22 GOG wie auch über Parteiantrag eingeleitet. In beiden Fällen sind die Umstände, die die Ausgeschlossenheit oder Befangenheit begründen, im einzelnen genau anzugeben. 1

II. Ablehnungsantrag

A. Einbringung

Die **Anzeige des Richters** über das Vorliegen von Ausschließungs- oder Befangenheitsgründen ist an keine bestimmte Form gebunden (s § 182 Geo). 2

Ablehnungsanträge der Parteien sind entweder schriftlich einzubringen oder mündlich zu Protokoll zu geben. Schriftlich eingebrachte Ablehnungsanträge werden nicht der Geschäftsstelle übergeben, sondern sind von der Einlaufstelle unmittelbar dem Gerichtsvorsteher bzw dem Präsidenten des Gerichtshofs zuzuleiten (§ 183 Abs 1 Geo). Mündliche Ablehnungsanträge außerhalb einer Verhandlung sind entweder vom Gerichtsvorsteher bzw vom Gerichtshofpräsidenten, einem von ihm bestimmten Richter oder sonstigen Bediensteten zu Protokoll zu nehmen, ohne daß die Geschäftsabteilung tätig wird.

Wird der **Ablehnungsantrag innerhalb einer Tagsatzung** gestellt, dann ist er in das Verhandlungsprotokoll aufzunehmen. Der Richter kann jedoch die ablehnende Partei anweisen, die Gründe für ihre Ablehnung unmittelbar beim Gerichtsvorsteher bzw Präsidenten des Gerichtshofs durch Schriftsatz oder Protokollaufnahme darzulegen. Dies soll eine Entlastung der Verhandlung von der Protokollierung der oft nicht mit der notwendigen Sachlichkeit und gebotenen Kürze vorgetragenen Ablehnungsgründe ermöglichen (im einzelnen s § 183 Geo).

B. Vertretungspflicht

Soweit die §§ 19ff JN (oder die Geo) keine Sonderregelungen enthalten, richtet sich das Ablehnungsverfahren nach den Vorschriften jenes Verfahrens, in dem die Ablehnung erfolgt (OLG Linz 2 R 192/91; EvBl 1972/91; SZ 54/96 [1981] = EvBl 1981/219). Daher sind für eine im streitigen Verfahren vorgenommene Ablehnung auch die Vorschriften über die **Anwaltspflicht** gem §§ 27ff ZPO heranzuziehen. Dies bedeutet, daß die Partei auch bei absoluter Anwaltspflicht ihren Ablehnungsantrag außerhalb einer Verhandlung gem § 27 Abs 2 ZPO in eigener Person mündlich zu Protokoll geben kann (*Fasching,* Lehrbuch² Rz 439; *Fucik* in *Rechberger,* ZPO § 27 Rz 3; aM aber offenbar noch *Fasching*¹ II 253); schriftliche oder in einer Verhandlung gestellte Anträge können bei absoluter Anwaltspflicht hingegen nur durch den Rechtsanwalt erfolgen. 3

C. Angabe von konkreten Ablehnungsgründen

Die **Ausschluß- bzw Befangenheitsgründe sind im Antrag konkret anzugeben** und für jeden einzelnen Richter gesondert auszuführen (1 Ob 623/92; s im einzelnen bei § 19 JN); allgemeine Behauptungen unbestimmten Inhalts und ein Vorbringen, aus dem die Ablehnungsgründe nur erschlossen werden können, reichen nicht aus (LGZ Wien EFSlg 54.923 [1987]). Derartige Anträge sind mit einem Inhaltsmangel behaftet, der gesetzwidrige (weil unbestimmte) Ausführungen enthält und somit nicht verbesserungsfähig (*Fasching,* Lehrbuch² Rz 513) 4 und sofort zurückzuweisen ist; lediglich bei jenen schriftlichen Anträgen, die die Partei selbst zulässigerweise eingebracht hat, wird das Gericht (der Gerichtsvorsteher bzw der Präsident des Gerichtshofs) einen befristeten Verbesserungsauftrag im Rahmen der richterlichen Anleitungspflicht zu erteilen haben (vgl *Fasching*[1] I 207 f und § 183 Abs 3 Geo).

III. Weiteres Verfahren

5 Liegt ein formell einwandfreier Ablehnungsantrag (bei rechtsunkundigen Antragstellern wird bei der Protokollaufnahme eine entsprechende Belehrung zu erteilen sein; von rechtsunkundigen Personen eingebrachte Schriftsätze sind notfalls zur Ergänzung und Verbesserung zurückzustellen) vor, dann hat der Gerichtsvorsteher bzw der Präsident des Gerichtshofs den abgelehnten Richter unter Fristsetzung zur Äußerung aufzufordern. Von einer Äußerung des Richters könnte nur Abstand genommen werden, wenn die Ablehnungserklärung nicht ausreichend substantiiert ist (NZ 1998, 334). Eine Stellungnahme der Partei zur Äußerung des Richters ist nicht vorgesehen (EvBl 1992/117). Nötigenfalls sind durch den Gerichtsvorsteher bzw den Präsidenten des Gerichtshofs weitere Erhebungen durchzuführen. Die Entscheidung über den Ablehnungsantrag obliegt dem nach § 23 JN vorgesehenen Organ, also dem Gerichtsvorsteher bzw dem Ablehnungssenat des Gerichtshofes. Wenn erforderlich, kann auch der Vorsitzende des Ablehnungssenats weitere Erhebungen durchführen bzw durch einen ersuchten oder beauftragten Richter vornehmen lassen.

Obwohl diese Erhebungen durch den Gerichtsvorsteher bzw den Präsidenten des Gerichtshofs, also durch Organe der Justizverwaltung, vorgenommen werden (allenfalls im weiteren Verfahren durch den Senatsvorsitzenden bzw durch einen beauftragten oder ersuchten Richter), ist das Ablehnungsverfahren keine Angelegenheit der Justizverwaltung, sondern eine solche der **Gerichtsbarkeit** (VwGH ZfVB 1990/1021; s dazu auch bei § 23 JN); als Rechtsprechungstätigkeit unterliegt das Ablehnungsverfahren nicht der Auskunftspflicht nach dem AuskunftspflichtG, BGBl 1987/287 (VwGH ZfVB 1990/1021; *Danzl,* Geo § 183 Anm 12 b; *Harbich,* RZ 1992, 173).

IV. Glaubhaftmachen der Ablehnungsgründe wegen Befangenheit

6 Die **Ablehnungsgründe müssen glaubhaft gemacht werden.** Unterbleibt dies, dann ist der rechtsunkundige Antragsteller zu belehren und zur Ergänzung des Antrages aufzufordern, während der Antrag des rechtskundigen zurückzuweisen ist. Für protokollarisch festgehaltene Vorfälle während einer Verhandlung bedarf es keiner weiteren Glaubhaftmachung. Glaubhaftmachung heißt im Gegensatz zum Beweis nur, daß dem Gericht die Überzeugung von der Wahrscheinlichkeit eines Ablehnungsgrundes zu vermitteln ist. Hiezu reichen im wesentlichen die allgemeinen Regeln der Lebenserfahrung völlig aus. Tatsachen, die sich aus dem normalen Ablauf eines zivilgerichtlichen Verfahrens als wahrscheinlich ergeben, bedürfen keiner besonderen Begründung. Wenn zB in einem Ablehnungsantrag vorgebracht wird, der Richter habe einen eingebrachten Schriftsatz mit persönlichen abfälligen Randglossen versehen, dann bedarf es keiner weiteren Glaubhaftmachung, daß sich daraus die mangelnde Objektivität des Richters ergebe, da nach den Regeln der menschlichen Erfahrung eine sachliche Erledigung nicht wahrscheinlich ist. In keinem Falle ist das Erfordernis für die Glaubhaftmachung so weit gespannt wie beim Beweis, der dem Gericht die

Überzeugung von der Richtigkeit (nicht nur der Wahrscheinlichkeit) des Vorgebrachten zu vermitteln hat. Im Zweifel ist immer die allgemeine Lebenserfahrung ergänzend heranzuziehen, wenn die zur Glaubhaftmachung vorgebrachten Tatsachen nicht für die Annahme oder Ablehnung einer Befangenheit ausreichen.

V. Verspätete Kenntnis der Befangenheit

Um Ablehnungsanträge auszuschließen, die zur Verzögerung oder Vereitelung einer Sachentscheidung verspätet gestellt werden, wird für jene Fälle, in denen die Partei erst im Lauf des Verfahrens vom Ablehnungsgrund Kenntnis erlangt, auch die **Glaubhaftmachung der verspäteten Kenntnis** aufgetragen; das „Kennenmüssen" des Ablehnungsgrundes ist nicht erforderlich (6 Ob 600/92; s dazu bei § 21 JN). Diese Glaubhaftmachung reicht nicht so weit wie der Nachweis von der verspäteten Kenntnis eines Nichtigkeits- oder Wiederaufnahmsklagegrundes. Es genügt, daß dem Gericht die verspätete Kenntnisnahme wahrscheinlich gemacht wird. Im Zweifel wird das Gericht die Glaubhaftmachung als gelungen ansehen müssen. Eine Glaubhaftmachung setzt die Behauptung von Tatsachen voraus, die überprüfbar sind oder deren Vorliegen nach allgemeiner Lebenserfahrung wahrscheinlich ist. 7

VI. Ausgeschlossenheitsgründe

Die von einer Partei oder vom Richter selbst gem § 22 GOG geltend gemachten **Ausgeschlossenheitsgründe** sind von Amts wegen in jeder Lage des Verfahrens festzustellen; dabei genügt es, wenn die Partei die Ausgeschlossenheit des Richters behauptet, ohne einen formellen Ablehnungsantrag zu stellen (OLG Linz RZ 1992/88). Die Erhebungen hat, wenn die Ausgeschlossenheit im erstinstanzlichen Verfahren behauptet wird, das nach § 23 JN, § 183 Geo vorgesehene Organ (Gerichtsvorsteher, Präsident des Gerichtshofs, allenfalls der Vorsitzende des Ablehnungssenats bzw ein beauftragter oder ersuchter Richter) vorzunehmen; wird die Ausgeschlossenheit erst nach der erstinstanzlichen Entscheidung geltend gemacht, dann hat diese Erhebungen der Rechtsmittelsenat (der auch die Entscheidung trifft) unmittelbar durchzuführen (OLG Linz RZ 1992/88; s auch bei §§ 21 und 23 JN). Dabei kann der Richter zur Äußerung aufgefordert, die Parteien einvernommen, Urkunden beigeschafft oder ihre Vorlage aufgetragen, Einsicht in öffentliche Bücher und Anfragen an Behörden vorgenommen, kurz, jedes geeignete Mittel benützt werden, das zur völligen Aufklärung geeignet ist. 8

§ 23. Über die Ablehnung entscheidet, falls der abgelehnte Richter einem Bezirksgerichte angehört, der Vorsteher des Bezirksgerichtes und, wenn dieser selbst, allein oder mit andern Richtern des Bezirksgerichtes, abgelehnt wird, das vorgesetzte Landes- oder Handelsgericht, falls der abgelehnte Richter einem Gerichtshofe angehört, dieser Gerichtshof und, wenn dieser durch das Ausscheiden des abgelehnten Richters beschlußunfähig werden sollte, der zunächst übergeordnete Gerichtshof.

IdF Art I Z 3 BGBl 1933/346 und Art XI BGBl 1993/91

Die **Erledigung** eines Ablehnungsantrags erfolgt ausschließlich durch eine **richterliche Entscheidung.** Auch wenn Erhebungen durch Organe der Justizverwaltung (Gerichtsvorsteher oder Präsident des Gerichtshofs) durchgeführt wer- 1 den können und Ablehnungsanträge in das Jv-Register einzutragen sind (s Erlaß des BMJ, JABl 1960/24), handelt es sich beim Ablehnungsverfahren um eine Angelegenheit der Gerichtsbarkeit und nicht eine solche der Justizverwaltung (dies ist durch die Aufhebung des (alten) § 28 GOG durch den VfGH, BGBl 1959/126 klargestellt; nach dieser aufgehobenen Vorschrift konnte der Präsident des Gerichtshofs die Sache, bei der der für ihre Erledigung berufene Richter abgelehnt wurde, im Justizverwaltungsweg einem der übrigen Richter zuweisen) (VwGH ZfVB 1990/1021 = ZfVB 1990/1165; VwGH ZfVB 1984/1163; VfGH ZfVB 1976/105; VfSlg 3511 [1959] = JBl 1959, 545 = ÖJZ 1959, 472).

2 Über Anträge auf Ablehnung von Richtern eines BG entscheidet der **Vorsteher des BG.** Wird der Vorsteher des BG abgelehnt, dann ist der gem § 19 Z 10 Geo vorgesehene **Ablehnungssenat des übergeordneten Gerichtshofs** zur Entscheidung berufen; über die Ablehnung des Vertreters des Gerichtsvorstehers entscheidet der Gerichtsvorsteher (LGZ Wien WR 200 [1986]). Die Entscheidung über die Ausgeschlossenheit oder Befangenheit eines Richters des Gerichtshofs (auch wenn dieser bei einem BG verwendet wird, *Mayr* in *Rechberger,* ZPO § 23 JN Rz 2) trifft der gem § 19 Z 10 Geo vorgesehene Ablehnungssenat dieses Gerichtshofs (RZ 1962, 278; *Fasching,* Lehrbuch^2 Rz 165; aM noch *ders*^{1} I 209, wonach in diesem Fall der Präsident des Gerichtshofs zur Entscheidung berufen ist); mangels anderslautender Regelung ist auch dann, wenn der Präsident (oder ein Vizepräsident) des Gerichtshofs abgelehnt wird, der Ablehnungssenat dieses Gerichtshofs entscheidungsbefugt (wobei bei der Beurteilung der Befangenheit ein strengerer Maßstab anzulegen ist, wenn der Präsident des Gerichtshofs in seiner Eigenschaft als mit der Rechtssache befaßter Richter abgelehnt wird, OLG Linz 2 R 220/94). Wird infolge der Ablehnung der Gerichtshof beschlußunfähig, dann obliegt die Entscheidung dem Ablehnungssenat des übergeordneten Gerichtshofs; allerdings hat der Personalsenat des Gerichtshofs in Abänderung der bestehenden Geschäftsverteilung zunächst dafür zu sorgen, daß ein vorschriftsmäßig besetzter Ablehnungssenat zusammentreten kann – erst wenn dies nicht möglich ist, geht die Entscheidungsbefugnis auf den Ablehnungssenat der nächsten Instanz über (EvBl 1977/87 = RZ 1977/67; RZ 1973/128). Die Zuständigkeit des zunächst übergeordneten Gerichtshofs ist auch dann gegeben, wenn sämtliche Richter eines Gerichtshofs (pauschal, dazu s § 19 JN Rz 7) abgelehnt werden (8 NA 2/98; 1 Ob 299/97 w).

3 Der **Ablehnungssenat** besteht immer aus drei Berufsrichtern, und zwar auch in Handelssachen sowie in Arbeits- und Sozialrechtsangelegenheiten (§ 11 Abs 4 ASGG; dies gilt auch für das Rechtsmittelverfahren in Ablehnungssachen, s ErläutRV 1654 BlgNR 18. GP 13; zur alten Rechtslage s 9 ObA 122/92; EvBl 1988/43; *Kuderna,* ASGG^2, 187).

4 Dem Ablehnungswerber wird dann ein **Kostenersatzanspruch** gegenüber dem Gegner zustehen, wenn er mit seinem Antrag Erfolg hat und er auch in der Hauptsache das Verfahren gewinnt; in diesem Fall sind die Kosten als zur zweckentsprechenden Rechtsverfolgung bzw Rechtsverteidung notwendige Kosten anzusehen (OLG Linz 2 R 192/91; im Ergebnis wohl auch *M. Bydlinski,* Kostenersatz 358, wonach ein einseitiges Verfahren eine vom Ausgang in der Hauptsache unabhängige Ersatzpflicht nicht zu begründen vermag; aM 6 Ob 541/94; 3 Ob 538/93; SZ 63/24 [1990], wonach ein Kostenersatz verneint wird).

§ 24. (1) Über die Ablehnung wird ohne mündliche Verhandlung durch Beschluß entschieden, doch können vor der Beschlußfassung alle zur Aufklärung nötig erscheinenden Erhebungen und Einvernehmungen angeordnet werden.

(2) Gegen die Stattgebung der Ablehnung findet kein Rechtsmittel, gegen die Zurückweisung der Rekurs an das zunächst übergeordnete Gericht statt.

IdF Art I Z 4 BGBl 1933/346

Lit: *König/Broll,* Zum Rechtsmittelverfahren in Ablehnungssachen, JBl 1990, 366.

Übersicht:

I. Verfahren

Die **Entscheidung** über den Ablehnungsantrag erfolgt **ohne mündliche Verhandlung;** eine solche wäre unzweckmäßig, da das Ansehen des Richterstandes darunter leiden kann. Daher findet über das Vorliegen von Ausschluß- und Befangenheitsgründen kraft ausdrücklicher Regelung – im Gegensatz zu anderen nach Eintritt der Streitanhängigkeit aufgeworfenen Nichtigkeitsgründen (§§ 260f ZPO) – keine mündliche Verhandlung statt. Um die notwendigen Sachunterlagen für die Entscheidung über die Ablehnung sicherzustellen, kann das zur Entscheidung berufene Organ (Gerichtsvorsteher, Ablehnungssenat, darüber hinaus aber auch der Präsident des Gerichtshofs) die notwendigen Erhebungen und Einvernahmen vornehmen. Es kann sie aber auch durch ersuchte (bei Entscheidung durch den Senat auch durch beauftragte) Richter vornehmen lassen, die notwendigen Akten anfordern, Urkunden beischaffen oder zur Vorlage auftragen und alles Notwendige vorkehren, um die Entscheidungsgrundlagen zu vervollständigen. Handelt es sich um die Erhebung eines Ausschließungsgrundes, dann ist gem § 22 Abs 4 JN von Amts wegen der gesamte Sachverhalt aufzuklären und das Vorliegen der Ausschließungsgründe festzustellen. Wird hingegen über die Ablehnung eines Richters wegen Befangenheit entschieden, dann obliegt es gem § 22 Abs 3 JN den Parteien, die Tatsachen, auf die sich die Ablehnung stützt, glaubhaft zu machen. 1

Daraus könnte geschlossen werden, daß sich die Erhebung zur Feststellung der Befangenheit nur auf die zur Glaubhaftmachung angebotenen Tatsachen beziehen kann. Eine derartige Einschränkung der Erhebungen ist mit § 22 GOG nicht in Einklang zu bringen. Ergibt sich im Zug der Erhebungen, daß die zur Glaubhaftmachung der Ablehnung behaupteten Tatsachen nicht geeignet sind, eine Befangenheit zu begründen, kommen aber dem erhebenden Richter bzw dem zur Entscheidung berufenen Gerichtsorgan hiebei andere Tatsachen zur Kenntnis, aus denen auf eine Befangenheit des Richters geschlossen werden kann, so sind diese von Amts wegen zu erheben und der Entscheidung zugrunde zu legen.

Das **Rechtsmittelverfahren** in Ablehnungssachen richtet sich – soweit keine Sonderregelungen in der JN bestehen – nach den Vorschriften des Verfahrens, in dem die Ablehnung erfolgt (*Mayr* in *Rechberger,* ZPO § 24 JN Rz 2; 3 Ob 119/98s; 3 Ob 175/97z uva). § 24 Abs 2 JN stellt eine Sonderregelung dar, die jede allgemeine Regelung über die Anfechtbarkeit von Beschlüssen in einzelnen

Verfahren verdrängt (NZ 1998, 334); der Rechtsmittelzug im Ablehnungsverfahren richtet sich auch in Exekutionssachen nach § 24 Abs 2 JN, ergänzt durch die Vorschriften der ZPO (ausdrücklich 3 Ob 70/97t unter Ablehnung der abweichenden E JBl 1990, 122), ebenso in Verfahren nach dem ASGG und im Außerstreitverfahren (6 Ob 132/98z; RZ 1992/47 = Arb 10.989 [1990]; EFSlg 69.704 [1992], 66.846 [1991]; EvBl 1991/36; EFSlg 63.899 [1990]. AM JBl 1990, 122; dem zustimmend *König/Broll,* JBl 1990, 366; s dazu auch *Mayr* in *Rechberger,* ZPO § 24 JN Rz 5).

2 Die richterliche Entscheidung über die Ablehnung wird in gleichem Umfange wie alle über Prozeßvoraussetzungen und Nichtigkeit absprechenden Beschlüsse der Rechtskraft teilhaftig (OLG Wien EvBl 1936/390).

3 Ständige und rechtsmißbräuchlich erhobene Ablehnungsanträge brauchen nicht zum Gegenstand einer gerichtlichen Entscheidung gemacht werden, ein entsprechender Aktenvermerk ist jedoch ratsam (*Mayr* in *Rechberger,* ZPO § 24 JN Rz 1; EvBl 1989/18).

Stützt ein Ablehnungswerber seine Behauptung, Mitglieder des OGH seien befangen, ausschließlich darauf, sie hätten als Spruchkörper des OGH in einer anderen, ihn betreffenden Rechtssache unrichtig entschieden, so ist ein solcher unzulässiger Ablehnungsantrag gem § 24 JN sofort zurückzuweisen, ohne daß eine vorherige inhaltliche Äußerung der abgelehnten Richter zu solchen Ablehnungsgründen zulässig wäre, weil sich eine solche nur mit Erläuterungen zu gefällten Vorentscheidung befassen könnte; solche Erläuterungen verbietet aber die Endgültigkeit der Urteile und Beschlüsse des OGH (1 N 506/99).

II. Rechtsmittel

A. Allgemeines

4 Gegen Entscheidungen, die dem Ablehnungsantrag stattgeben, ist jedes Rechtsmittel ausgeschlossen; dies ergibt sich aus der Erwägung daß bei einer Stattgebung des Ablehnungsantrags immer ein – wenn auch im Einzelfall noch so geringer – Grad der Befangenheit des abgelehnten Richters angenommen werden muß und ein (selbst erfolgreich erledigtes) Rechtsmittel diesen Anschein für die Partei nicht mehr zu beseitigen vermag (RZ 1981/23; EvBl 1977/173). Daher kann weder die Gegenpartei noch der Richter (ebensowenig eine Partei bei Selbstanzeige des Richters) gegen die Stattgebung eines Ablehnungsantrags ein Rechtsmittel ergreifen; ein solcher Rekurs ist bereits von der ersten Instanz wegen Unzulässigkeit zurückzuweisen (RZ 1981/23).

Die Zurückweisung des Antrags (der Selbstmeldung des Richters) erfolgt, wenn ihm nicht stattgegeben wird; § 24 Abs 2 JN spricht ausdrücklich von Zurückweisung, wobei es sich im Grund aber um eine Abweisung des Antrags (wegen Unbegründetheit) handelt (s 6 Ob 132/98z).

B. Rechtsmittelgericht

5 Gegen Entscheidungen, die die Ausgeschlossenheit oder Befangenheit eines Richters verneinen und daher den Ablehnungsantrag zurückweisen (korrekterweise abweisen), findet der **Rekurs an das übergeordnete Gericht** statt. Hierunter ist jener Gerichtshof (und zwar dessen Ablehnungssenat) zu verstehen, der dem über den Antrag entscheidenden Gericht übergeordnet ist. Daher ist der Rekurs gegen Beschlüsse des Gerichtsvorstehers dem LG (HG Wien), der Rekurs gegen Beschlüsse des Gerichtshofs erster Instanz dem OLG und der

Rekurs gegen dessen Entscheidungen dem OGH vorzulegen. Aus § 24 Abs 2 JN ergibt sich auch, daß dann, wenn im Zug des Berufungs- oder Rekursverfahrens gegen eine bezirksgerichtliche Entscheidung ein Mitglied des Rechtsmittelsenats abgelehnt wird, der Rechtszug gegen den darüber ergehenden Senatsbeschluß an das OLG (und nicht an den OGH) geht (SZ 34/47 [1961]). Wird ein Mitglied eines Rechtsmittelsenats abgelehnt, dann ist der Beschluß des Ablehnungssenats dieses Gerichtshofs weder als „berufungsrichtlicher Beschluß iSd § 519 ZPO" noch als „rekursgerichtlicher Beschluß iSd § 528 ZPO" anzusehen; in diesem Fall ist der Rekurs ohne die Beschränkungen der §§ 519, 528 ZPO zulässig (der Rekurs kann ohnehin nur an den OGH gehen, wenn das Rechtsmittelverfahren, in dessen Zug ein Mitglied des Rechtsmittelsenats abgelehnt wurde, bei einem OLG anhängig ist).

Einzubringen ist der Rekurs immer bei demjenigen Gericht, das über die Ablehnung entschieden hat (1 Ob 119/98 a; SZ 13/108 [1931]; ZBl 1929/303), also entweder beim (Gerichtsvorsteher des) BG oder beim (Ablehnungssenat des) Gerichtshofs. Es soll damit vermieden werden, daß der abgelehnte Richter selbst oder dessen Geschäftsabteilung mit der geschäftsordnungsmäßigen Behandlung des Rechtsmittels befaßt werden.

C. Rechtsmittellegitimation

Zur Erhebung eines Rekurses ist nur **legitimiert,** wer die Ablehnung geltend gemacht hat (dazu s aber auch Rz 8; § 25 JN Rz 3). Der Richter, der sich gem § 22 GOG selbst abgelehnt hat, kann daher gegen die (nicht stattgebende) Entscheidung Rekurs ergreifen (ZBl 1929/216). Es wäre widersinnig, dem Richter, der gesetzlich verpflichtet ist, auf alle Umstände hinzuweisen, die seine Befangenheit oder Ausschließung begründen können, das Rechtsmittelrecht abzusprechen; hier handelt es sich nicht um die Wahrnehmung von Parteiinteressen, sondern um das öffentliche Interesse an der Objektivität der Rechtsprechung, und niemand vermag zu dieser Voraussetzung subjektiv mehr beizutragen als der Richter selbst; er muß sich schließlich selbst am ehesten kennen und die Grenzen seiner Objektivität abzuschätzen wissen. 6

Gegen die (nicht stattgebende) Entscheidung über eine vom Richter selbst erstattete Befangenheitsanzeige können die Parteien keinen Rekurs erheben (6 Ob 128/98 m; AnwBl 1992/4341 [*Mayr*]; *Mayr* in *Rechberger,* ZPO § 24 JN Rz 4); dies auch dann nicht, wenn anläßlich einer solchen Entscheidung die Rechtssache an ein anderes Gericht übertragen wurde.

D. Vertretungspflicht

Da im Ablehnungsverfahren die Vorschriften des Hauptverfahrens anzuwenden sind – sofern nicht die §§ 19 bis 25 JN abschließende Sonderregelungen enthalten –, gelten auch die entsprechenden Regelungen hinsichtlich der **Anwaltspflicht** im Rekursverfahren. Grundsätzlich müssen sich daher die Parteien bei der Rekurserhebung durch einen Rechtsanwalt vertreten lassen; besteht hingegen in jenem Verfahren, in dem die Ablehnung erfolgt, keine Anwaltspflicht für das Rechtsmittelverfahren (etwa in Außerstreitsachen oder in Verfahrenshilfeangelegenheiten), dann muß der Rekurs nicht mit der Unterschrift eines Rechtsanwalts versehen sein (8 Ob 3/95; RZ 1995/81; SZ 54/96 [1981] = EvBl 1981/219; EvBl 1975/92; EvBl 1972/91; vereinzelt geblieben ist die gegenteilige E, SZ 42/74 [1969] = RZ 1969, 190 (ausdrücklich abgelehnt von SZ 54/96 [1981] = EvBl 1981/219). 7

E. *Revisionsrekurs*

8 Da die Regelungen des § 24 JN abschließend aufzufassen sind, muß der **Revisionsrekurs** in Ablehnungssachen grundsätzlich als unzulässig angesehen werden. Daher ist gegen die Entscheidung der zweiten Instanz, mit der die Zurückweisung eines Ablehnungsantrags bestätigt wurde, kein weiteres Rechtsmittel zulässig (ZfRV 1998, 38; 3 Ob 70/97 t; 4 Ob 2243/96 y; 4 Ob 2061/96 h). Dies gilt auch für das Außerstreitverfahren und für die Verfahren nach dem ASGG, in denen ja auch konforme Beschlüsse unter den dort genannten Voraussetzungen angefochten werden können (RZ 1992/47 = Arb 10.989 [1991]; EvBl 1991/36 = EFSlg 63.899 [1990]; EFSlg 39.060 [1981]; EvBl 1975/221; 1973/233 ua), sowie für das Exekutionsverfahren (ausdrücklich 3 Ob 70/97 t); s dazu und zur gegenteiligen Auffassung weiters Rz 1.

Lediglich in zwei Fällen kann im Weg des Revisionsrekurses der OGH angerufen werden:

- Wenn das Rekursgericht eine meritorische Behandlung aus formellen Gründen abgelehnt hat (ZfRV 1998, 38; 2 Ob 213/98 g; 3 Ob 52/97 m; 6 Ob 221/97 m; 1 Ob 45/97 t; RdW 1996, 362; 3 Ob 13/93; RZ 1992/47 = Arb 10.989 [1991]; EFSlg 69.705 [1992]; JBl 1980, 487 = EvBl 1980/101 = RZ 1981/5; SZ 42/74 [1969] = RZ 1969, 190; SZ 18/6 [1936]). In diesen Fällen sind die Voraussetzungen des § 528 ZPO zu beachten (1 Ob 45/97 t), sodaß die Regelungen der JN und der ZPO über den Wert des Streitgegenstands bzw des Entscheidungsgegenstands (2 Ob 504/91) heranzuziehen sind und die Erheblichkeit der Rechtsfrage zu prüfen ist (5 Ob 567/93).
- Wenn das Rekursgericht in seine (der Ablehnung stattgebenden) Entscheidung keinen Ausspruch über die Aufhebung der vom Richter gesetzten nichtigen Handlungen aufgenommen hat; dann wurde der Ablehnung im Hinblick auf die vor der Entscheidung gelegenen Handlungen nicht Folge gegeben, und der Rechtsmittelausschluß nach § 24 Abs 2 JN kommt nicht zur Anwendung (*Fasching,* Lehrbuch[2] Rz 165; *Mayr* in *Rechberger,* ZPO § 25 JN Rz 3; 8 Ob 309/97 t 10 Ob 522/95; 4 Ob 502/95; EFSlg 69.706 [1992]; 69.707 [1992]; EFSlg 49.241 [1985] = ÖA 1986, 109). In diesem einen Fall kann ausnahmsweise auch die Partei, die nicht Antragsteller war (bei Selbstanzeige des Richters), Rekurs ergreifen (2 Ob 292/98 z; 4 Ob 502/95).
- Der Rechtsmittelausschluß des § 24 Abs 2 JN kommt allerdings erst ab dem Zeitpunkt nicht zur Anwendung, zu dem die Befangenheit oder Ausgeschlossenheit festgestellt wurde (aber ein Nichtigkeitsausspruch unterblieben ist: ausführlich dazu (8 Ob 309/97 t).

Die gegenteilige Ansicht, wonach in den Verfahren nach dem AußStrG und dem ASGG (in denen bestätigende Entscheidungen grundsätzlich angefochten werden können) der Revisionsrekurs auch zur Überprüfung in meritorischer Hinsicht statthaft sein soll (JBl 1990, 122 in einer Arbeitsrechtssache; zustimmend *Mayr* in *Rechberger,* ZPO § 24 JN Rz 5; *König/Broll,* JBl 1990, 366), ist in der Rsp vereinzelt geblieben und ausdrücklich abgelehnt worden (3 Ob 13/93; EvBl 1991/36 = EFSlg 63.899 [1990]; aM auch noch *Fasching*[1] I 212 zum AußStrG nach der alten Rechtslage).

III. Einzelfragen

9 • Entscheidet gem § 23 JN über Befangenheitsanzeigen in einer bei einem Gerichtshof anhängigen Streitsache der übergeordnete Gerichtshof, weil das an

sich zuständige Gericht durch das Ausscheiden des/der abgelehnten Richter(s) beschlußunfähig wurde, so wird die Entscheidung von diesem Gerichtshof als Gerichtshof erster Instanz getroffen; ein Rekurs dagegen ist gem § 520 Abs 1 ZPO bei diesem Gerichtshof einzubringen. Wird das Rechtsmittel bei dem an sich für die Rechtssache zuständigen Gericht eingebracht, kann es nur dann als rechtzeitig behandelt werden, wenn es innerhalb der Rechtsmittelfrist bei dem mit der Ablehnung befaßten Gerichtshof einlangt (Jus-Extra, OGH-Z 1995/1701).

● Auf keinen Fall steht der Partei, die den Richter nicht abgelehnt hat, ein Rechtsmittel mit dem Ziel zu, die bereits ausgesprochene Stattgebung der Ablehnung in eine Zurückweisung umzuwandeln (10 Ob 522/95).

● Gegen den Beschluß, mit dem der Ablehnungsantrag abgewiesen wurde, ist eine Vorstellung nicht zulässig; auch der verspätete Rekurs ist zurückzuweisen (HG Wien 1 Nc 17/97 y).

Zum Kostenersatzanspruch in Ablehnungssachen s § 23 JN Rz 4.

§ 25. Ein abgelehnter Richter hat bis zur rechtskräftigen Erledigung des Ablehnungsantrages alle Handlungen vorzunehmen, die keinen Aufschub gestatten; er hat ferner, wenn die Ablehnung unbegründet ist und die Absicht vermuten läßt, den Prozeß zu verschleppen, auch eine begonnene Verhandlung fortzusetzen, darf jedoch die Endentscheidung vor rechtskräftiger Zurückweisung der Ablehnung nicht fällen (§ 415 ZPO). Wird der Ablehnung stattgegeben, so sind die vom abgelehnten Richter vorgenommenen Prozeßhandlungen nichtig und, soweit erforderlich, aufzuheben.

IdF Art I Z 5 BGBl 1933/346

Übersicht:

I. Handlungen des abgelehnten Richters, Allgemeines

Um die Verzögerung des Prozesses zu verhindern und um Schäden, die 1 durch die zwischenweilige Behandlung des Ablehnungsantrags entstehen können, auszuschließen, wird die **Tätigkeit des wegen Ausgeschlossenheit oder Befangenheit** abgelehnten bzw des sich selbst meldenden Richters (*Mayr* in *Rechberger,* ZPO § 25 JN Rz 1) nicht rundweg ausgeschlossen (aM noch *Fasching*[1] I 213, wonach der ausgeschlossene Richter überhaupt keine Prozeßhandlungen vornehmen darf). Hier sind zwei Fälle zu unterscheiden:

● Ein abgelehnter (oder sich selbst meldender [*Mayr* in *Rechberger,* ZPO § 25 JN Rz 1]) Richter hat alle Handlungen vorzunehmen, die keinen Aufschub gestatten. Diese Maßnahmen müssen so dringend sein, daß die Entscheidung über die Ablehnung nicht abgewartet werden kann (LGZ Wien EFSlg 57.668 [1988]); darunter sind vor allem die Erledigung einstweiliger Verfügungen, die Entscheidung und Durchführung von innerhalb des Verfahrens gestellten Beweissicherungsanträgen und die Wahrung der Notfristen zu zählen.

● Ein abgelehnter Richter (ein sich selbst meldender Richter wird hier nicht in Frage kommen) hat darüber hinaus eine bereits begonnene Verhandlung fortzusetzen, wenn der Ablehnungsantrag als offenbar unbegründet zu erkennen und die Verschleppungsabsicht klar zu vermuten ist (wurde die Verhandlung noch nicht anberaumt, dann darf er sie auch nicht anordnen). Dieser Fall setzt den Richter in die Lage, sich selbst vorläufig über die Begründetheit des Ablehnungsantrags schlüssig zu werden. Da dies immer eine sehr heikle und vom Gesetzgeber in den übrigen Ablehnungsbestimmungen ausdrücklich vermiedene Aufgabenstellung ist, wird sie mit besonderem Takt zu lösen sein. Nur in seltenen Fällen wird ein Richter in Eigenverantwortung einem Ablehnungsantrag offenbar jede Begründung absprechen können, um die Verhandlung fortzuführen. Die praktische Bedeutung dieser Möglichkeit darf daher nicht überschätzt werden. Anders ist es bei der Möglichkeit der Fortführung der Verhandlung wegen vermuteter Verschleppungsabsicht. Hier wird der Richter sich eher schlüssig werden können, obwohl auch in der Vermutung der Verschleppungsabsicht eine vorläufige Beurteilung der offenbaren Unbegründetheit des Antrages gelegen ist, da ein nicht unbegründeter Antrag jedenfalls nicht nur der Verschleppung dient, sondern die Vermutung eines ernstlichen Anliegens des Antragstellers begründet.

II. Sachentscheidung des abgelehnten Richters

2 **Auf keinen Fall** darf der Richter, gegen den ein noch nicht entschiedener Ablehnungsantrag eingebracht wurde, vor dessen rechtskräftiger Erledigung die **Endentscheidung** fällen. Auch einer Entscheidung in einem Zwischenverfahren wegen Verfahrenshilfe kommt diesbezüglich der Charakter einer Endentscheidung zu, sodaß vor Erledigung des Ablehnungsverfahrens nicht über die Verfahrenshilfe entschieden werden kann (9 ObA 25/94). Es soll damit prozeßökonomisch die Fällung möglicherweise nichtiger Entscheidungen ausgeschaltet werden. Wird dennoch die Entscheidung vor der rechtskräftigen Erledigung des Ablehnungsantrags gefällt, dann knüpft das Gesetz an die Stattgebung der Ablehnung die Sanktion der Nichtigkeit (3 Ob 50/95). Bei der rechtskräftigen Abweisung (§ 24 JN gebraucht hier den Ausdruck Zurückweisung) des Ablehnungsantrags liegt höchstens ein Mangel des Verfahrens vor, der aber das Zustandekommen einer richtigen Entscheidung nicht verhindern konnte und daher im Rechtsmittelstadium nicht mehr zu berücksichtigen ist (EvBl 1992/117; SZ 43/161 [1970]). Wurde dem Ablehnungsantrag rechtskräftig stattgegeben, dann sind Verfahren und Entscheidung gem § 25 JN wegen Nichtigkeit aufzuheben (ohne daß auf § 477 Abs 1 Z 1 ZPO zurückgegriffen werden muß).

Zur Geltendmachung der Befangenheit nach Schluß der Verhandlung s § 21 JN Rz 3ff.

III. Nichtigkeit gesetzter Handlungen

3 Wird die Ausgeschlossenheit oder Befangenheit des Richters rechtskräftig ausgesprochen, dann sind alle von ihm gesetzten Prozeßhandlungen einschließlich einer von ihm gefällten Entscheidung nichtig. Gem § 25 letzter Satz JN muß ausdrücklich **im Ablehnungsbeschluß** ausgesprochen werden, daß **das vorangegangene Verfahren als nichtig aufgehoben** und bis zu welchem Zeitpunkt es aufgehoben wird. Nichtig ist jeder Akt, der unter Mitwirkung des ausgeschlossenen oder befangenen Richters zustande kam. War der Richter von Prozeßbeginn an beteiligt, dann ist das Verfahren ab einschließlich der Klagszustellung als nichtig aufzuheben (in den anderen Verfahrensarten ab einschließlich der ersten richterlichen verfahrensleitenden Verfügung bzw einem A-limine-Zurückweisungs-

beschluß), bei Richterwechsel vom Eintritt des abgelehnten Richters an, im Rechtsmittelstadium ab einschließlich der ersten verfahrensleitenden Anordnung des Rechtsmittelsenats bzw dessen nichtöffentlicher Sachentscheidung oder dessen Zurückweisungsbeschluß. Die Befangenheit oder Ausgeschlossenheit kann aber auch erst zu einem späteren Zeitpunkt eintreten; dann ist das Verfahren nicht zur Gänze, sondern erst ab diesem Zeitpunkt wegen Nichtigkeit aufzuheben (s dazu ausführlich 8 Ob 309/97 t; OLG Linz 2 R 273/97 y). Unterbleibt der Ausspruch einer derartigen Aufhebung nichtiger Verfahrensakte, dann ist der Rekurs dagegen ungeachtet § 24 Abs 2 JN auf jeden Fall zulässig, und zwar auch dann, wenn das Rekursgericht der Ablehnung stattgegeben, aber keinen Ausspruch über die Nichtigerklärung in seine Rekursentscheidung aufgenommen hat (2 Ob 292/98 z; 8 Ob 309/97 t; 6 Ob 104/97 f; 1 Ob 45/97 t; 4 Ob 502/95; 8 Ob 3/95; s auch § 24 JN Rz 4 ff). Anfechtungsberechtigt ist in diesem Fall (ausnahmsweise, s § 24 JN Rz 6 und 8) auch jene Partei, die den Richter nicht abgelehnt hat (2 Ob 292/98 z; 1 Ob 45/97 t; 4 Ob 502/95). Die Nichtigkeit umfaßt auch jene Verfahrenshandlungen, die der Richter gem § 25 erster Satz JN (zunächst) zulässigerweise vorgenommen hat (*Neumann,* Kommentar[4] I 74). Wird ein stattgebender Ablehnungsbeschluß, der keine Nichtigerklärung ausspricht oder diese nicht im beantragten Ausmaß vornimmt, rechtskräftig, dann ist das Rechtsmittelgericht an das Ausmaß der Nichtigerklärung bzw an die nicht erfolgte Nichtigerklärung gebunden (NZ 1988, 76; EFSlg 49.241 [1985] = ÖA 1986, 109).

Werden die Ausgeschlossenheit oder die Befangenheit rechtskräftig festgestellt und die bisherigen Verfahrensschritte als nichtig aufgehoben, dann ist die Klage (der Antrag) nicht zurückzuweisen, sondern die Rechtssache dem nach der Geschäftsverteilung vorgesehenen Ersatzrichter zuzuweisen (bzw im Senatsprozeß unter Beiziehung des nach der Geschäftsverteilung vorgesehenen Ersatzmitglieds neu zu verhandeln; betrifft die Ablehnung einen Laienrichter, so hat der Senatsvorsitzende einen anderen Laienrichter dem Verfahren beizuziehen und neu zu verhandeln; sollte dies nicht möglich sein, dann hat eine Delegation gem § 30 JN stattzufinden).

IV. Rechtliche Qualifikation

4 Bis zur rechtskräftigen Stattgebung der Ablehnung (bzw Selbstmeldung) und der damit zu verbindenden Aufhebung wegen Nichtigkeit sind die **vorgenommenen Handlungen in Schwebe** (*Fasching,* Lehrbuch[2] Rz 161; *Mayr* in *Rechberger,* ZPO § 25 JN Rz 2; SZ 41/164 [1968]); das kann nur bedeuten, daß sie bis zu ihrer ausdrücklichen, rechtskräftigen Aufhebung voll wirksam sind (vgl EFSlg 49.241 [1985] = ÖA 1986, 109). Über ein Rechtsmittel gegen die Endentscheidung darf jedenfalls erst nach rechtskräftiger Erledigung des Ablehnungsantrags entschieden werden (LGZ Wien EFSlg 60.685 [1989]; SZ 41/164 [1968] = EvBl 1969/162).

5 Bei Ausgeschlossenheit und Befangenheit handelt es sich um (negative) Prozeßvoraussetzungen (*Ballon,* Zivilprozeßrecht[9] Rz 26 f, 90 ff; anders die hL, wonach es sich nicht um eine Frage der Prozeßvoraussetzungen handelt, da die Ausgeschlossenheit bzw Befangenheit nicht nur die Sachverhandlung und die Sachentscheidung, sondern jedes Verfahren unzulässig machen (*Fasching,* Lehrbuch[2] Rz 724; *Holzhammer,* Zivilprozeßrecht[2], 161, 163; *Rechberger/Simotta,* Zivilprozeßrecht[4] Rz 366; offenbar auch *Rechberger* in *Rechberger,* ZPO Rz 7 vor § 226). Dem ist aber entgegenzuhalten, daß die Ausgeschlossenheit und die Befangenheit eine Sachverhandlung sowie eine Sachentscheidung verhindern,

und das ist ja das Kennzeichen eines Prozeßvoraussetzungsmangels. Die Ausgeschlossenheit ist somit als (negative) absolute Prozeßvoraussetzung, die Befangenheit als (negative) relative Prozeßvoraussetzung (da sie vor Rechtskraft der Entscheidung heilen kann), zu qualifizieren (*Ballon,* Zivilprozeßrecht[9] Rz 26 f, 90 ff).

Ablehnung anderer gerichtlicher Organe

§ 26. (1) Die Vorschriften über die Ablehnung von Richtern finden auch auf Schriftführer, Angestellte der Geschäftsstelle und Vollstreckungsbeamte, sofern sie als Zustellungs-, Beurkundungs- oder Vollstreckungsorgane einschreiten, mit der Maßgabe Anwendung, daß zur Entscheidung der Gerichtsvorsteher berufen ist, welchem die Dienstaufsicht über diese Organe zusteht.

(2) Diese Entscheidung kann durch ein Rechtsmittel nicht angefochten werden.

Stammfassung

1 Zu den Begriffen **Gerichtskanzlei** (Geschäftsstelle) und **Vollstreckungsbeamte** (Gerichtsvollzieher) s bei §§ 16 bis 18 JN.

2 Auf die von § 26 JN umfaßte Personengruppe (s Rz 3) sind die **Regelungen der §§ 19 bis 25** mit zwei Ausnahmen anzuwenden:

- Über die Ausgeschlossenheit und die Befangenheit entscheidet immer der **Vorsteher des BG** bzw beim Gerichtshof dessen **Präsident.**
- Die **Entscheidung** des Gerichtsvorstehers bzw des Präsidenten ist immer **unanfechtbar.**

Die Ausgeschlossenheit bzw Befangenheit kann über Parteiantrag, aber auch über Selbstmeldung geltend gemacht werden.

3 Zu den in § 26 JN ausdrücklich genannten Personen zählen insb die Beamten des Fachdienstes im **Grundbuch** und die mit der Führung des **Firmenbuchs** betrauten Beamten; unter diese Bestimmung fallen aber auch **Richteramtsanwärter,** Rechtspraktikanten und Rechtshörer (*Mayr* in *Rechberger,* ZPO § 26 JN Rz 1).

§ 26 JN gilt weiters für Rechtspfleger (§ 7 RPflG, § 183 Abs 4 Geo); wird die Ausgeschlossenheit oder die Befangenheit des Rechtspflegers rechtskräftig festgestellt, dann hat an seiner Stelle der nach der Geschäftsverteilung zur Vertretung vorgesehene Rechtspfleger die Rechtssache zu erledigen, und erst wenn dies nicht möglich ist, ist der vorgesetzte Richter zur Erledigung berufen (ErläutRV 675 BlgNR 16. GP 12).

4 Die Vorschriften der §§ 19 bis 25 JN sind auf **Notare als Gerichtskommissäre** sinngemäß anzuwenden, wobei über die Ausgeschlossenheit bzw Befangenheit jener Richter zu befinden hat, der den Notar bestellt hat oder zu bestellen gehabt hätte (§ 6 GKoärG; s dazu RZ 1992/38 = NZ 1990, 302 = EFSlg 63.896 [1990]).

5 Beim Ablehnungsverfahren bezüglich der genannten Personengruppe handelt es sich – wie bei der Ablehnung eines Richters – um eine **Angelegenheit der Rechtsprechung** und nicht um eine solche der Justizverwaltung (*Fasching,* Lehrbuch[2] Rz 166; *Mayr* in *Rechberger,* ZPO § 26 JN Rz 1; 3 Ob 52/97 m; vgl VwSlgNF 6095/A [1963]; VwSlgNF 4249/A [1956] = JBl 1957, 226).

§ 27. (1) Gerichtliche Organe, auf welche sich die vorstehenden Bestimmungen nicht beziehen, haben, wenn sie sich in einem Verhältnisse befinden, welches einen Richter von der Ausübung des Amtes ausschließen würde, dieses Verhältnis dem Vorsteher des Gerichtes anzuzeigen.

(2) Der Vorsteher des Gerichtes hat in Ausübung der ihm zustehenden Geschäftsleitung zu bestimmen, ob sich solche gerichtliche Organe der Ausübung ihres Amtes im einzelnen Falle zu enthalten haben.

Stammfassung

Durch § 27 JN wird für **alle bei Gericht Beschäftigten,** die nicht unter die §§ 19 bis 26 JN fallen, die dem § 22 GOG entsprechende Pflicht geschaffen, dem Gerichtsvorsteher alle ihnen bekannten Ausschließungsgründe anzuzeigen. Bei diesen Personen – es handelt sich va um Ausrufer, Angestellte des besonderen Schreibdienstes, Dolmetscher (vgl LGZ Wien EvBl 1937/54) und zugezogene Stenographen – findet überhaupt kein Ablehnungsverfahren statt, dh, es können bezüglich dieser Personen keine Ablehnungsanträge gestellt werden. Der Gerichtsvorsteher bzw der Präsident des Gerichtshofs hat über Anzeige eines nach § 27 JN zu behandelnden Organs in Ausübung seiner Dienstaufsicht (Justizverwaltungstätigkeit) die notwendigen Verfügungen zu treffen, inwieweit sich der Bedienstete seiner Tätigkeit zu enthalten hat. Dabei liegt es im Ermessen des Gerichtsvorstehers bzw des Gerichtshofspräsidenten, ob er trotz des Vorliegens eines Ausschließungsgrunds dennoch die Tätigkeit des Gerichtsorgans in der konkreten Sache zuläßt oder sie ganz oder teilweise ausschließt. Die Befangenheit eines Organs nach § 27 JN kann überhaupt nicht berücksichtigt werden. 1

§ 27 JN ist **auf den Masseverwalter nicht anwendbar** (VwSlgNF 6844/A [1966]); dessen Befangenheit kann nur in einem Enthebungsverfahren gem § 87 KO geltend gemacht werden (begründete Befangenheitserklärung des Masseverwalters ist ein hinreichender Grund für seine Enthebung, OLG Graz AnwZ 1958, 5), wobei aber dem einzelnen Gläubiger, sofern er nicht Mitglied des Gläubigerausschusses ist, die Antragslegitimation fehlt (8 Ob 26/90); anders im Ausgleichsrecht, wo jeder einzelne Gläubiger und der Schuldner gem § 35 AO binnen 14 Tagen die Enthebung des Ausgleichsverwalters beantragen kann. 2

Dritter Abschnitt
Zuständigkeit

Vor §§ 27a ff: Zuständigkeit

Übersicht:

I. Begriff der Zuständigkeit

Der Umstand, daß es verschiedene Typen von Gerichten und eine Mehrzahl von Gerichten desselben Typs gibt, macht es notwendig, den Wirkungskreis 1 jedes Gerichts gesetzlich festzulegen; dies einerseits, um den Parteien das Recht auf den gesetzlichen Richter zu sichern und die Rechtsverfolgung und Rechtsverteidigung zu gewährleisten, andererseits, um für eine gleichmäßige Auslastung der Gerichte und die Zuweisung der Rechtssachen an den geeignetsten Gerichtstyp zu sorgen. Das ist Aufgabe der Zusständigkeitsvorschriften. Sie sind im österreichischen Zivilprozeß besonders vielfältig und schwer überschaubar und mehr ein Mittel der Erschwerung der Rechtssuche als eines zur Erleichterung des Zugangs zu Gericht. Jede ernstgemeinte Verbesserung des Zivilprozesses wird sich daher nicht mit der kosmetischen Korrektur der Unzuständigkeitsfolgen begnügen dürfen, sondern auf eine radikale Vereinfachung des zivilgerichtlichen Zuständigkeitsrechts zu dringen haben. Die Zivilverfahrensnovellen seit 1983 haben sich aber auf ersteres beschränkt und die Vielfalt der Zuständigkeitstatbestände nicht reduziert, sondern sie sogar erweitert (zB § 91 Abs 3, §§ 92 a, 92 b JN; einige dieser Neuregelungen entschärfen aber bisherige Zuständigkeitsfallen).

Zuständigkeit ist die Zugehörigkeit einer Rechtssache vor ein bestimmtes Gericht. Dabei ist zu unterscheiden:

II. Arten und Einteilung der Zuständigkeit

A. Nach dem Zuweisungskriterium

1. Sachliche Zuständigkeit

2 Die **sachliche Zuständigkeit** ist die Zugehörigkeit einer bestimmten Rechtssache zu einem bestimmten Gerichtstyp (BG oder Gerichtshof erster Instanz) oder zu einer bestimmten Kausalgerichtsbarkeit (allgemeine Zivilsachen und Handelssachen; für Arbeits- und Sozialrechtssachen s aber § 37 ASGG). Zur sachlichen Zuständigkeit gehört auch die Abgrenzung der ordentlichen Zivilgerichte von den Sondergerichten für bürgerliche Rechtssachen, nämlich den Schiedsgerichten und Börsenschiedsgerichten.

Die sachliche Zuständigkeit wird entweder durch die **Rechtsnatur der Streitsache** ohne Rücksicht auf deren Wert bestimmt **(Eigenzuständigkeit)** oder richtet sich sonst nach dem **Wert der Streitsache (Wertzuständigkeit).** Gelegentlich hat der Kläger die Wahl zwischen zwei sachlichen Zuständigkeiten (sachliche Wahlzuständigkeit: §§ 91, 94 JN, § 8 ASGG).

2. Örtliche Zuständigkeit

3 Die **örtliche Zuständigkeit** ist die Zuordnung einer Rechtssache zu einem örtlich bestimmten Gericht **(Gerichtsstand)** bei Vorliegen mehrerer Gerichte des gleichen Typs. Der örtliche Wirkungsbereich eines Gerichts heißt Sprengel. Das Gesetz weist ganz allgemein jede Rechtssache nach dem gleichen Kriterium (dem Wohnsitz oder dem gewöhnlichen Aufenthalt des Beklagten) einem bestimmten Gericht zu **(allgemeiner Gerichtsstand),** dennoch genießt aber eine hievon abweichende Zuständigkeitsvereinbarung der Parteien den Vorrang (es kann aber auch ausnahmsweise sogar die Wirksamkeit abweichender Zuständigkeitsvereinbarungen ausgeschlossen sein: Zwangsgerichtsstand; aber auch hier heilt die Unzuständigkeit gem § 104 Abs 3 JN); oder das Gesetz sieht für bestimmte Streitsachen einen **besonderen Gerichtsstand** vor; es kann erlauben, neben dem allgemeinen Gerichtsstand nach Wahl des Klägers ein anderes Gericht in Anspruch zu nehmen (Wahlgerichtsstand).

3. Individuelle Zuständigkeit

4 In Einzelfällen wird aus der Art der konkreten Rechtssache sowohl die örtliche wie die sachliche Zuständigkeit in der Form abgeleitet, daß für bestimmte Rechtssachen sofort ein einziges örtliches und sachlich bestimmtes Gericht zuständig ist **(individuelle Zuständigkeit),** so zB bei der Erbteilungsklage (§ 77 Abs 2 JN), bei den Klagen gem §§ 35 bis 37 EO, bei Nichtigkeits- und Wiederaufnahmsklagen (§ 532 ZPO). Diese kann aber durch Zuständigkeitsvereinbarung verschoben werden, außer das Gesetz verbietet dies im Einzelfall.

B. Nach dem Umfang des Aufgabenkreises

5 Während die vorgenannten Zuständigkeitsarten stets die Anhängigmachung der Sache (Zuständigkeit des Prozeßgerichts) betreffen, regelt die **funktionelle Zuständigkeit,** welche Prozeßstadien vor bestimmte Gerichte gehören (Prozeßgericht, Berufungs-, Rekurs- oder Revisionsgericht, Rechtshilfegericht) oder, welches Rechtspflegeorgan innerhalb des Verfahrens zur jeweiligen Verfahrenshandlung berufen ist.

C. Nach dem Rechtsgrund der Zuständigkeit

1. Gesetzliche Zuständigkeit

6 Die gesetzliche Zuständigkeit beruht auf den konkreten Zuständigkeitsvorschriften des Gesetzes. Es sind dies die Zuständigkeitsnormen der JN (§§ 49 bis 103 und 104 a bis 121) und jene in Spezialgesetzen.

2. Vereinbarte Zuständigkeit

7 Die vereinbarte Zuständigkeit (§ 104 JN) fußt auf einer von den Parteien vor Beginn des Rechtsstreits abgeschlossenen ausdrücklichen Vereinbarung (schlüssige Vereinbarungen sind unwirksam), sich einem oder mehreren Gerichten erster Instanz eines namentlich angeführten Ortes zu unterwerfen (Zuständigkeitsvereinbarung, Gerichtsstandsvereinbarung, Prorogation).

3. Zuständigkeit durch Unterlassung der rechtzeitigen Einrede (§ 43 Abs 1, § 104 Abs 3 JN: Zuständigkeit durch Heilung der ursprünglichen Unzuständigkeit)

8 Um erst während des weiteren Verfahrens auftretende Zuständigkeitsstreitigkeiten weitestgehend auszuschalten, wird die Zuständigkeit eines an sich unzuständigen Gerichts durch Heilung der ursprünglichen Unzuständigkeit begründet. Jede Unzuständigkeit heilt durch die Unterlassung ihrer rechtzeitigen Geltendmachung durch den Beklagten.

4. Gerichtlich bestimmte Zuständigkeit

9 Hier sind zwei Fälle zu unterscheiden:

• Zuständigkeitsbestimmung durch den OGH gem § 28 JN **(Ordination):** Wenn die inländische Gerichtsbarkeit (internationale Zuständigkeit) für eine Rechtssache gegeben ist, jedoch die Voraussetzungen für die örtliche Zuständigkeit fehlen oder nicht ermittelt werden können, so hat der OGH (im Zivilprozeß auf Antrag, in den anderen zivilgerichtlichen Verfahren auch von Amts wegen) unter den sachlich zuständigen Gerichten eines davon als örtlich zuständig zu bestimmen (zu den verfassungsbedingten Grenzen des Ermessensbereiches s *Fasching,* Gerichtsorganisation 35 f).

• Zuständigkeitsübertragung durch das Gericht gem §§ 30 bis 31 a JN **(Delegation):** Delegation ist die Übertragung einer Rechtssache vom zuständigen Gericht an ein anderes. Sie kann auf Grund einer Verfügung des beiden Gerichten gemeinsam übergeordneten Gerichts erfolgen (Delegation ieS: §§ 30, 31 JN) der direkt vom übertragenden Gericht verfügt werden (direkte Zuständigkeitsübertragung: § 31 a JN).

Inländische Gerichtsbarkeit

§ 27 a. (1) Sind für eine bürgerliche Rechtssache die Voraussetzungen für die örtliche Zuständigkeit eines Gerichts gegeben, so besteht die inländische Gerichtsbarkeit, ohne daß eine sonstige Voraussetzung erfüllt sein muß.

(2) Der Abs. 1 gilt nicht, soweit nach Völkerrecht zur Gänze oder zum Teil ausdrücklich anderes bestimmt ist.

Eingefügt durch Art VI Z 2 WGN 1997 BGBl I 1997/140

Lit: *Matscher,* Die Neuregelung der inländischen Gerichtsbarkeit durch die WGN 1997, JBl 1998, 488; *Simotta,* Die Neuregelung der internationalen Zuständigkeit, Schütze-FS (1999) 831. Im übrigen gibt es zu § 27 a JN verständlicherweise noch keine spezifische Literatur; generell zur Abgrenzung der inländischen Gerichtsbarkeit s die Literaturangaben Vor Art IX EGJN und zu Art IX EGJN.

Übersicht:

I. Einführung

1 Der Gesetzgeber der JN (und des EGJN) hatte – vornehmlich in den §§ 28 und 42 JN – die Grenzen der inländischen Zivilgerichtsbarkeit als abgesteckt vorausgesetzt, sie aber nirgends ausdrücklich abgesteckt (so bereits *Pollak,* System², 249; s auch Art IX EGJN Rz 45–48.

Lediglich für streitige und außerstreitige Angelegenheiten des Personen- und Familienrechts hat der Novellengesetzgeber – vornehmlich nach 1945 – sukzessive eine wohl abschließende Regelung der inländischen Gerichtsbarkeit vorgenommen (für die Nachlaßabhandlung hatte eine solche Regelung bereits das AußStrG 1854 in den §§ 21–25 gebracht); s auch Art IX EGJN Rz 40–44.

Für Vermögenssachen fehlte es aber bis zur WGN 1997 an einer gesetzlichen Abgrenzung der streitigen inländischen Zivilgerichtsbarkeit (zur inländischen Gerichtsbarkeit in Arbeits- und Sozialrechtssachen s Vor Art IX EGJN Rz 54.

2 Eine immer umfassender werdende Abgrenzung der inländischen Zivilgerichtsbarkeit, auch Vermögenssachen betreffend, brachte das Recht der bi- und der multilateralen Staatsverträge, jüngst vornehmlich in der Gestalt des LGVÜ und des EuGVÜ; letztere werden wohl das Gros der Prozeßrechtsbeziehungen mit dem Ausland erfassen; in ihrem sachlichen Anwendungsbereich verdrängen sie die Normen des autonomen Rechts (Art IX EGJN Rz 334). Insofern war es sinnvoll, daß die WGN 1997 die autonome Abgrenzung der inländischen Gerichtsbarkeit in Vermögenssachen in Anpassung an das LGVÜ bzw das EuGVÜ vorgenommen hat.

Wegen des Fehlens einer gesetzlichen Abgrenzung der inländischen Gerichtsbarkeit in Vermögenssachen – genau ein Jahrhundert lang – mußte eine solche durch Jud und Lehre vorgenommen werden. 3

Ohne ausdrückliche gesetzliche Grundlage, aber in Übereinstimmung mit dem autonomen Recht und dem Völkerrecht, haben Jahrzehnte hindurch Jud und Lehre die inländische Gerichtsbarkeit stets dann als gegeben angenommen, wenn sie nicht spezifisch ausgeschlossen war. Eine „Befaßbarkeit" der inländischen Gerichte war aber nur dann gegeben, wenn ein gesetzlicher oder gewillkürter (§ 104 JN) Gerichtsstand im Inland vorlag oder durch Ordination nach § 28 JN geschaffen worden war. Insofern haben diese Gerichtsstände zu einer faktischen Abgrenzung des Tätigkeitsbereichs der inländischen Gerichte gegenüber dem Ausland geführt. Eine dogmatische Grundlegung hat diese Praxis ab 1945 in der Universalitätstheorie gefunden (Vor Art IX EGJN Rz 25, 26).

Gelegentliche Schwierigkeiten bei der Handhabung der Ordinationsregelung des § 28 JN haben dann ab Mitte der 70er Jahre zur Entstehung der Indikationentheorie geführt (Vor Art IX EGJN Rz 29, 30 und § 28 JN Rz 6): Ein Gerichtsstand im Inland „indiziere" nur inländische Gerichtsbarkeit; um diese herbeizuführen, müsse noch eine ausreichende Nahebeziehung zum inländischen Rechtsbereich gegeben sein. Damit sollte gleichzeitig einer „Überlastung der inländischen Gerichte mit Rechtsstreitigkeiten, an deren Regelung kein vernünftiges inländisches Interesse besteht", vorgebeugt werden (Vor Art IX EGJN Rz 33). 4

Die Indikationentheorie war eine von der Lehre errichtete und von der Jud – wenngleich weitestgehend nur als Lippenbekenntnis – übernommene Konstruktion, die einer gesetzlichen Grundlage entbehrte und deren Anwendung eine beträchtliche Rechtsunsicherheit zur Folge hatte (Vor Art IX EGJN Rz 32, 42; *Matscher,* JBl 1996, 277).

Dank dem neugeschaffenen § 27 a JN ist die Indikationentheorie obsolet geworden (überflüssigerweise wird aber auch noch in vereinzelten neuesten E auf den ausreichenden Inlandsbezug, als Voraussetzung der inländischen Gerichtsbarkeit Bezug genommen: vgl etwa 6 Ob 127/98 i). Die Neuregelung brachte in der Substanz eine Rückkehr zur Praxis der Zeit vor der Entstehung der Indikationentheorie. Rechtstheoretisch bekennt sie sich (wie bereits ein Teil der früheren Jud; vgl etwa SZ 53/124 = EvBl 1981/24 = ZfRV 1981, 49) – unausgesprochen – zur Theorie der Doppelfunktionalität der Gerichtsstandsbestimmungen, dh, daß das Vorhandensein eines Gerichtsstands im Inland gleichzeitig das Vorliegen der inländischen Gerichtsbarkeit impliziert (ausführlich darüber *Geimer,* IZVR[3] Rz 943 ff und jüngst BGH IPRax 1997, 434 mwN); sie bedarf somit auch nicht mehr der dogmatischen Grundlegung durch die Universalitätstheorie, die in der Substanz aber weiterhin richtig bleibt. 5

Unter anderem für die inländische Gerichtsbarkeit nach § 27 a JN erscheint es angebracht, den Begriff der „internationalen Zuständigkeit" zu verwenden (Vor Art IX EGJN Rz 89, Art IX EGJN Rz 13).

II. Erläuterungen

Ist iSd § 27 Abs 1 JN ein gesetzlicher Gerichtsstand im Inland gegeben – gleich, ob er in der JN oder in anderen Gesetzen geregelt ist (auch wenn § 27 a Abs 1 JN die Wendung des § 28 Abs 1 JN [„im Sinne dieses Gesetzes oder einer anderen Rechtsvorschrift" nicht übernommen hat]); vgl etwa §§ 4 bis 6, §§ 7, 8, 9 ASGG; § 371 Abs 4 HGB; § 20 EKHG; das gilt auch für exekutionsrechtliche 6 (vgl etwa § 35 Abs 2, § 36 Abs 2, § 37 Abs 3, § 368 Abs 2 EO; zu § 893 Abs 2 dZPO, der funktional dem § 368 Abs 2 EO entspricht, s BGH 17. 2. 1997 IPRax 1997, 434 und *Vollkommer,* IPRax 1997, 323 und für insolvenzrechtliche [§ 178 KO, § 77 AO]) Klagen; es gilt ferner für die für das Exekutionsverfahren vorgesehenen Gerichtsstände (idS ZfRV 1999, 80; s auch Vor Art IX EGJN Rz 14 und 21 a) –, so liegt nach dem klaren Wortlaut des § 27 a Abs 1 JN und (vorbehaltlich des Abs 2) auch inländische Gerichtsbarkeit vor.

Das gilt gleichermaßen für den Fall der Prorogation eines inländischen Gerichts oder der Streiteinlassung vor einem solchen iS von § 104 JN, da auch diese – im Rahmen ihrer Zulässigkeit und Gültigkeit – einen Gerichtsstand schaffen.

Zum Sonderfall der Vereinbarung der inländischen Gerichtsbarkeit, ohne Vereinbarung eines örtlich zuständigen inländischen Gerichts gem § 104 Abs 1 Z 1 JN, § 28 Abs 1 Z 3 JN; s § 28 JN Rz 121 ff.

7 Das zusätzliche Vorhandensein einer ausreichenden Nahebeziehung zum inländischen Rechtsbereich – wie von der Indikationentheorie gefordert – ist kein Tatbestandselement des § 27 a Abs 1 JN (arg: „ohne daß eine sonstige Voraussetzung erfüllt sein muß“; s auch die entsprechenden Hinweise in § 28 Abs 2 und in § 104 Abs 1 Z 2, 2. Satz 2. Halbsatz JN) und somit auch nicht zu prüfen.

8 Nach dem Wortlaut des § 27 a Abs 2 JN impliziert das Vorhandensein eines Gerichtsstands im Inland aber nur dann inländische Gerichtsbarkeit, wenn diese nicht nach Völkerrecht (Völkergewohnheitsrecht, Völkervertragsrecht) ausgeschlossen ist.

9 Theoretisch gilt das auch für den Fall, daß die inländische Gerichtsbarkeit auf Grund spezifischer autonomer Normen (nach „besonderen gesetzlichen Anordnungen“ iS von § 28 Abs 3 und § 104 Abs 5 JN) ausgeschlossen ist. Da die entsprechenden gesetzlichen Regelungen, soweit sie sich auf Angelegenheiten des Personen- und Familienrechts beziehen (vgl § 76 Abs 2, § 76 a iVm § 76 Abs 2, § 76 f Abs 2, § 76 c Abs 3 und, für das außerstreitige Verfahren, §§ 110, 113 b, 114, 114 a Abs 4 JN; [betr die Verlassenschaftsabhandlung s §§ 21–25 AußStrG]), die inländische Gerichtsbarkeit aber stets an das Vorhandensein eines der (in § 76 Abs 1, § 76 b Abs 1, § 76 c Abs 1 und 2, § 109 Abs 1 und 2, §§ 113 a, 114, 114 a Abs 1 und 2 JN) im Gesetz abschließend geregelten Zuständigkeitstatbestände knüpfen, ist die Frage iZm § 27 a JN nicht aktuell; s auch Art IX EGJN Rz 40–44.

10 Was die sonstigen „besonderen gesetzlichen Anordnungen“ iS von § 28 Abs 3, § 104 Abs 4 und 5 JN anbelangt (etwa § 38 Abs 2 EO, § 9 Abs 1 a ASGG, § 14 Abs 1 KSchG, § 15 b Abs 1 VersVG; auch die oben angesprochenen personen- und familienrechtlichen Angelegenheiten gehören dazu), so schränken diese die Zulässigkeit von Gerichtsstandsvereinbarungen bzw die Wirkungen einer Streiteinlassung ein, oder sie schließen das eine und/oder das andere überhaupt aus; inwiefern sie eine Ordination nicht ausschließen, s bei § 28 JN Rz 56, 57). Diese Regelungen betreffen also § 28 JN und § 104 JN, sind aber iZm § 27 a JN nicht direkt relevant.

11 Zur prozessualen Behandlung der von § 27 a JN autonom geregelten inländischen Gerichtsbarkeit s Art IX EGJN Rz 13 ff. Das bedeutet vor allem: amtswegige Prüfung des Vorliegens der inländischen Gerichtsbarkeit gem § 41 Abs 1 und § 42 Abs 1 JN; deren Fehlen stellt eine Nichtigkeit dar, die aber nach Rechtskraft der Entscheidung nicht mehr wahrgenommen werden kann (keine Anwendung des § 42 Abs 2 JN); perpetuatio fori et iurisdictionis (§ 29, 1. Satz, nicht aber 2. Satz JN); s auch die Möglichkeit einer Heilung gem § 104 Abs 3 JN.

Insofern hat die WGN 1997 eine Spaltung des Begriffs der inländischen Gerichtsbarkeit, was deren prozessuale Behandlung anbelangt, gebracht (Vor Art IX EGJN Rz 88 und Art IX EGJN Rz 12).

Was die Nicht-Anwendbarkeit des § 29, 2. Satz JN für den Fall der auf § 27a JN gestützten inländischen Gerichtsbarkeit anbelangt, wäre es tatsächlich nicht einzusehen, daß der Wegfall von deren Grundlage – so etwa dadurch, daß der Beklagte, meinetwegen noch im Zuge eines Rechtsmittelverfahrens, um sich einer drohenden Verurteilung zu entziehen, seinen gewöhnlichen Aufenthalt (§ 66 Abs 2 JN) ins Ausland verlegt und sein Vermögen dorthin verbringt oder es einem Dritten überträgt (§ 99 JN) – auch die inländische Gerichtsbarkeit zu Fall bringen sollte. Umso weniger wäre es gerechtfertigt, hier § 42 Abs 2 JN zur Anwendung zu bringen. **12**

Die amtswegige Prüfung iS von § 41 Abs 1 JN der inländischen Gerichtsbarkeit gem § 27a JN bezieht sich in erster Linie auf die Zuständigkeitsgrundlagen; dabei wird sich der Richter primär auf die Angaben des Klägers iS von § 41 Abs 2 JN stützen, ohne an diese gebunden zu sein. Im Zweifelsfall hat er daher eigene Ermittlungen durchzuführen. Ergibt sich aus dieser Prüfung, daß eine örtliche Zuständigkeit gegeben ist, impliziert dies das gleichzeitige Vorliegen von inländischer Gerichtsbarkeit (vorbehaltlich des Eingreifens eines Ausschlußgrundes nach § 27a Abs 2 JN – s oben Rz 8–10). Das bedeutet, daß die Prüfung der inländischen Gerichtsbarkeit und der örtlichen Zuständigkeit in einem Akt erfolgen, mag auch hier das Bestehen der inländischen Gerichtsbarkeit rechtslogische Voraussetzung einer örtlichen Zuständigkeit sein; das gilt wohl für alle Fälle von prorogabler inländischer Gerichtsbarkeit (Art IX EGJN Rz 13). **13**

Die in Anpassung an die Rsp des EuGH zu EuGVÜ/LGVÜ eingeführte Regelung des § 448 Abs 2 Z 3 bzw des § 550 Abs 1a ZPO über die Unzulässigkeit der Erlassung eines Zahlungsbefehls bzw eines Zahlungsauftrags, „wenn der Beklagte seinen Wohnsitz, gewöhnlichen Aufenthalt oder Sitz im Ausland hat", betreffen nicht unmittelbar die inländische Gerichtsbarkeit; deren Bestand wird iS von § 27a JN für die Einleitung eines Mahn- bzw eines Mandatsverfahrens vielmehr vorausgesetzt. Soweit diese aber aus (vor allem) völkerrechtlichen – praktisch insb völkervertragsrechtlichen (etwa LGVÜ/EuGVÜ; dazu Art IX EGJN Rz 336, 337) – Gründen ausgeschlossen ist, wäre ein trotzdem erlassener Zahlungsbefehl oder Zahlungsauftrag, vorbehaltlich einer Heilung (§ 43 Abs 1 JN), mit dem Mangel der inländischen Gerichtsbarkeit behaftet. **14**

Bestimmung der Zuständigkeit durch den Obersten Gerichtshof

§ 28. (1) Sind für eine bürgerliche Rechtssache die Voraussetzungen für die örtliche Zuständigkeit eines inländischen Gerichts im Sinne dieses Gesetzes oder einer anderen Rechtsvorschrift nicht gegeben oder nicht zu ermitteln, so hat der Oberste Gerichtshof aus den sachlich zuständigen Gerichten eines zu bestimmen, welches für die fragliche Rechtssache als örtlich zuständig zu gelten hat, wenn

1. Österreich auf Grund eines völkerrechtlichen Vertrages zur Ausübung von Gerichtsbarkeit verpflichtet ist;

2. der Kläger österreichischer Staatsbürger ist oder seinen Wohnsitz, gewöhnlichen Aufenthalt oder Sitz im Inland hat und im Einzelfall die Rechtsverfolgung im Ausland nicht möglich oder unzumutbar wäre;

3. die inländische Gerichtsbarkeit, nicht aber ein örtlich zuständiges Gericht vereinbart worden ist.

(2) Die Bestimmung eines zuständigen Gerichts hat nach Abs. 1 ohne Bedachtnahme darauf zu erfolgen, ob außer den Voraussetzungen des Abs. 1 Z 2 oder 3 eine weitere erfüllt ist.

(3) Der Abs. 1 Z 2 und 3 sowie der Abs. 2 sind nicht anzuwenden, soweit nach Völkerrecht oder besonderen gesetzlichen Anordnungen die inländische Gerichtsbarkeit nicht gegeben ist.

(4) Die Bestimmung eines zuständigen Gerichts hat in streitigen bürgerlichen Rechtssachen auf Antrag einer Partei, sonst aber von Amts wegen zu geschehen. In streitigen bürgerlichen Rechtssachen hat der Kläger das Vorliegen der Voraussetzungen nach Abs. 1 Z 2 oder 3 zu behaupten und zu bescheinigen.

IdF Art VI Z 3 WGN 1997 BGBl I 1997/140

Lit: *Bajons,* Zur Nationalität internationaler Schiedssachen, Kralik-FS (1986) 4; *dies,* Ein österreichisches System der internationalen Zuständigkeit, ZfRV 1972, 110; *Fasching,* Die Bedeutung des Gleichheitssatzes für das zivilgerichtliche Verfahren, in *BMfJ,* Grund- und Freiheitsrechte in der gerichtlichen Praxis (1993) 399 = Fasching-FG (1993) 3; *Geimer,* Verfassungsrechtliche Vorgaben bei der Normierung der internationalen Zuständigkeit, Schwind-FS (1993) 17; *v. Hoffmann,* Zur Nationalität internationaler Schiedssprüche, IPRax 1981, 30; *H. Hoyer,* Eine Richtungsänderung im österreichischen IZVR? ZfRV 1983, 59; *Konecny,* Zur Erweiterung der Verbesserungsvorschriften durch die Zivilverfahrens-Novelle 1983, JBl 1984, 13, 61; *Loewe,* Erneuerung des österreichischen IZVR, ZfRV 1983, 180; *Mänhardt,* Feststellungsgerichtsbarkeit bei inländischen Schiedsverfahren – eine Regelungslücke? AnwBl 1989, 397; *Matscher,* Zur Abgrenzung der inländischen Gerichtsbarkeit, vornehmlich in Vermögenssachen – Rückblick und Ausblick, JBl 1993, 505; *ders,* Zum Begriff der Entscheidung (von Rechtsstreitigkeiten) über zivilrechtliche Ansprüche und Verpflichtungen iS des Art 6 Abs 1 EMRK, insbes zur Anwendbarkeit dieser Bestimmung auf das Außerstreitverfahren; *ders,* Die Internationalrechtlichen Bestimmungen der ZVN 1983, in *BMfJ* SchR 18 (Richterwoche Badgastein 1983) 220; *ders,* Der Einfluß der EMRK auf den Zivilprozeß, Henckel-FS (1995) 598; *ders,* Die Einwirkungen der EMRK auf das Internationale Privat- und zivilprozessuale Verfahrensrecht, Schwind-FS (1993) 79; *ders,* Zur Funktion und Tragweite des § 28 JN, Schwind-FS (1978) 173; *ders,* Die Indikationentheorie an der Schwelle der Integration des österreichischen in das europäische Zivilprozeßrecht. Bilanz und Abschied von einer Chimäre, JBl 1996, 277; *ders,* Die Neuregelung der inländischen Gerichtsbarkeit durch die WGN 1997, JBl 1998, 488; *ders,* Probleme der Schiedsgerichtbarkeit im österreichischen Recht, JBl 1975, 409; *ders,* Über den Sinn und die Aktualität des § 81 Z 3 EO, JBl 1954, 605; *ders,* Die Verfahrensgarantien der EMRK in Zivilrechtssachen, ZÖR 31 (1980) 19; *ders,* Vollstreckung im Auslandsverkehr von vorläufig vollstreckbaren Entscheidungen und von Maßnahmen des provisorischen Rechtsschutzes, ZZP 1982, 170; *ders,* Der Vorbehalt ausschließlicher Zuständigkeit im österreichischen Recht – Systemfragen der Anerkennung ausländischer Entscheidungen, JBl 1979, 182; *ders,* Zuständigkeitsvereinbarungen im österreichischen und im internationalen Zivilprozeßrecht, 1967; *Mayr,* Praxisprobleme der Zuständigkeit und der inländischen Gerichtsbarkeit, ÖJZ 1995, 329; *Oberhammer,* Internationale Gerichtsstandsvereinbarungen: Konkurrierende oder ausschließliche Zuständigkeit? JBl 1997, 434; *Pöch,* Internationale Schiedsverfahren in Österreich und inländische Gerichtsbarkeit (§ 28 JN), GesRZ 1980, 72; *Reichelt,* „Lugano" und Österreich – Österreich vor der Ratifikation des Parallelübereinkommens zum EuGVÜ, in *Jayme,* Ein internationales Zivilverfahrensrecht für Gesamteuropa (1992) 279; *Reiner,* Die internationale Schiedsgerichtsbarkeit nach österreichischem und französischem Recht, ZfRV 1986, 168; *Reu,* Die staatliche Zuständigkeit im IPR (1938); *Rummel,* Schiedsvertrag und ABGB, RZ 1986, 146; *Satter,* Betrachtungen zur Reform des internationalen Zivilprozeßrechts, ÖJZ 1946, 282; *Schoibl,* Zum Abschluß von Gerichtsstandsvereinbarungen im deutsch-österreichischen Rechtsverkehr, BeitrZPR IV (1991) 125; *ders,* Die Zuständigkeit für Verbrauchersachen nach europäischem Zivilverfahrensrecht (EuGVÜ/LGVÜ), JBl 1998, 700; *Schönherr,* Gewerblicher Rechtsschutz und Urheberrecht (1982) idF der Deckblätter 1983; *Schwimann,* Zur Abgrenzung der inländischen Gerichtsbarkeit bei Fehlen ausdrücklicher Vorschriften, JBl 1984, 9; *ders,* § 28 JN und die Grenzen der inländischen Ziviljurisdiktion in Vermögens- und Wirtschaftsstreitigkeiten, ÖZW 1984, 97; *Seber,* Der Umfang der österreichischen inländischen Gerichtsbarkeit für Klagen im gewerblichen Rechtsschutz und Urheberrecht, ZfRV 1983, 270, insbes 290ff; *Taupitz,* Die Unterbrechung der Verjährung gem § 1497 ABGB durch Auslandsklage, JBl 1996, 3; *Verschraegen,* Voraussetzungen der Ordination gem § 28 JN, ZfRV 1981, 15.

Vgl auch die Lit zur inländischen Gerichtsbarkeit Vor Art IX EGJN.

Anm: Entscheidungen zu § 28 JN werden relativ selten veröffentlicht; soweit das nicht der Fall ist, werden sie mit der Aktenzahl zitiert (sie wurden im Evidenzbüro eingesehen oder vom Präsidium des OGH zur Verfügung gestellt).

Übersicht:

I. Einführung

Legislativpolitisches Motiv zur Schaffung des § 28 JN (§ 29 Abs 2 der RVZPO) war die Erkenntnis, daß es – trotz des breiten Spektrums von Gerichtsständen in der JN und in anderen Verfahrensgesetzen – für eine gewisse Anzahl von (streitigen und außerstreitigen) bürgerlichen Rechtssachen vor allem im Be- 1 reich des Personen- und Familienrechts (einschließlich der damit verbundenen Unterhaltssachen) von österr Staatsangehörigen mit Wohnsitz im Ausland an einem Gerichtsstand im Inland mangelte (Materialien I 49f); das Bedürfnis nach inländischem Rechtsschutz war umso größer, als hier gem § 81 Z 3 EO eine ausländische Entscheidung im Inland nicht anerkannt und vollstreckt werden konnte („ausschließliche inländische Gerichtsbarkeit"; s auch *Matscher,* JBl 1954, 605; *ders,* JBl 1979, 182 [188f]). Zu Recht wurde geltend gemacht (vgl ZfRV 1970, 136 [*Mänhardt*]; EvBl 1966/452; s auch *Pollak,* System[2], 250), daß hier die Nichtgewährung inländischen Rechtsschutzes einer Rechtsverweigerung gleichkommen würde.

Die bis zur ZVN 1983 geltende Fassung erhielt § 28 JN infolge geringfügiger redaktioneller Änderungen des Textes der RV im Permanenzausschuß und in der Gemeinsamen Conferenz.

2 Erst die Lehre (Hinweise in *Neumann,* Kommentar[4] I 77) hat, als weiteren Anwendungsfall, die in einzelnen Staatsverträgen im Bereich des Verkehrsrechts normierte Verpflichtung zur Ermöglichung einer Klagsführung im Inland herausgearbeitet.

In beiden Fällen kann man von der **Notwendigkeit** einer Rechtsschutzgewährung im Inland sprechen.

3 Der Terminus „Ordination" wurde von der Lehre geprägt und von der Jud übernommen; die Marginalrubrik zu § 28 JN spricht von der „Bestimmung der Zuständigkeit durch den Obersten Gerichtshof" (zur Terminologie, zu der eine ähnliche Funktion besitzenden Regelung des § 54 Abs 2 StPO sowie zu den im älteren Recht und in ausländischen Rechtsordnungen vorgesehenen Ersatzlösungen s *Matscher* in Schwind-FS 173ff; *Satter,* ÖJZ 1946, 285 bezeichnet den § 28 JN als „originell").

4 Dank der sukzessiven Schaffung zahlreicher subsidiärer Gerichtsstände durch den Novellen-Gesetzgeber (§ 76 Abs 1 letzter Halbsatz JN; § 76b Abs 1 letzter Halbsatz JN; § 76c Abs 1 letzter Halbsatz JN; § 109 Abs 2 letzter Halbsatz JN; § 113a Abs 1 letzter Halbsatz JN; § 114 Abs 1 letzter Halbsatz JN; § 13 Abs 1 letzter Halbsatz TEG) sowie durch staatsvertragliche Regelungen über die inländische Gerichtsbarkeit in Statussachen (zB Haager MinderjährigenschutzÜbk 1965; VormundschaftsAbk mit Deutschland 1927 sowie in einzelnen Rechtshilfeverträgen – Art IX EGJN Rz 69 und Rz 105–107 und, im Zusammenhang damit, der Eliminierung des Begriffs der „ausschließlichen inländischen Gerichtsbarkeit" (Wegfall des § 81 Z 3 EO durch die ZVN 1983 – nachdem dessen Tragweite bereits durch § 24 4. DfVUEheG 1941 eingeschränkt worden war), ist das ursprünglich primäre legislativpolitische Motiv der Schaffung des § 28 JN weitgehend obsolet geworden, während das zweitgenannte weiterhin aktuell geblieben ist.

5 Infolge der Intensivierung der privatrechtlichen Beziehungen mit dem Ausland im Bereich der Wirtschaft iwS (Handel, Fremdenverkehr) – und trotz der bereits durch den Gesetzgeber der JN geschaffenen, später noch ergänzten (vgl etwa §§ 83c, 92a JN; § 582 Abs 1, 2. Halbsatz 3. Satz ZPO) „Gerichtsstände zur Erleichterung der Rechtsverfolgung gegenüber dem Auslande" (*Pollak,* System[2], 323) – sowie als Auswirkung der für die jüngste Zeit charakteristischen Bevölkerungsbewegungen (Statussachen von Ausländern und Staatenlosen), ergab sich ein neues Feld, in dem ein **Bedürfnis** nach Gewährung inländischen Rechtsschutzes geortet werden kann.

6 Gerade die letztgenannten Fallkonstellationen haben der Rsp bei einer sinnvollen Abgrenzung des Anwendungsbereichs des § 28 JN insofern gelegent-

lich Schwierigkeiten bereitet (vgl etwa EvBl 1976/110 = JBl 1976, 267 = RZ 1976/19; 1 Nd 26/75; JBl 1974, 532) als sie – in Verkennung des Wesens der (bloß) potentiellen Universalität der inländischen Gerichtsbarkeit (Vor Art IX EGJN Rz 26) – bei Fehlen eines Gerichtsstands im Inland, auch ohne nach einem Bedürfnis nach Gewährung inländischen Rechtsschutzes zu fragen, Ordinationsanträgen stattgegeben hat; idS richtig die spätere Jud – bereits vor der Neufassung des § 28 JN durch die ZVN 1983 –, die eine Ordination nur dann vorgenommen hat, wenn ein solches Bedürfnis bejaht werden konnte (so zB IPRax 1984, 214 [*Pöch* 222]; EvBl 1983/21; 4 Nd 506/82; EvBl 1981/24 = ZfRV 1981, 49; SZ 53/124 = EvBl 1981/24 = ZfRV 1981, 49; JBl 1980, 211 = ÖBl 1980, 50 [*Schönherr*]; EF 34.278 (1979); ZfRV 1979, 277 [*H. Hoyer*]; SZ 52/43 = EvBl 1979/174; EvBl 1979/94; ZÖR 29 [1978], 264; SZ 51/34 = JBl 1978, 653 [*Pfersmann*] = EvBl 1978/131; EvBl 1978/10).

Festgehalten sei, daß – auch iSd ausdrücklichen Normierung in § 28 aF JN – **7**
das Vorliegen der inländischen Gerichtsbarkeit (Vor Art IX EGJN Rz 32), als Voraussetzung einer Ordination, nie in Zweifel gezogen worden war (vgl etwa SZ 42/189 = EvBl 1970/209 = RZ 1970/100 = NZ 1971, 154 = ZfRV 1971, 120 [*H. Hoyer*]). Die Rechtslage hat in dieser Hinsicht weder durch die Fassung des § 28 JN nach der ZVN 1983, noch nach der WGN 1997 (unten Rz 16 eine Änderung erfahren.

Rechtspolitische Anregungen (ua von *Matscher,* Schwind-FS 173 ff) führten **8**
zu einer Neuformulierung des § 28 JN im Rahmen der ZVN 1983 (RV 669 BlgNR 15. GP 28 ff; JA 1337 BlgNR 15. GP 2). Die letztlich angenommene Fassung war zwar nicht in jeder Hinsicht geglückt, für die Zeit vor dem Inkrafttreten des LGVÜ (1. 9. 1996) im Ergebnis aber zufriedenstellend.

Eine gewisse Verwirrung bei einzelnen Autoren hatte lediglich die Nichtmehr- **9**
Erwähnung – im Vorspann zum „operativen Teil" der Norm – der inländischen Gerichtsbarkeit als Voraussetzung einer Ordination verursacht, obwohl es aus den Materialien klar ist, daß der Novellengesetzgeber in dieser Hinsicht am Bestand der Norm (s oben Rz 7) nichts ändern wollte, was auch von der Jud so verstanden wurde (vgl etwa IPRE 3/200, 201; ZÖR 39, 364 [1988/89] = IPRE 3/197; JBl 1988, 323 = ZÖR 39, 352 = IPRE 3/196); von einer expliziten Erwähnung der inländischen Gerichtsbarkeit hatte man vielmehr nur angesichts der in einem Teil der Lehre umstrittenen Bedeutung dieses Begriffs abgesehen. Die damals darüber bestandenen Kontroversen konnten in der Folge bald als überholt betrachtet werden, zumal inzwischen auch die Jud den in dieser Hinsicht im Grunde richtigen Weg zur Auslegung des § 28 JN gefunden hatte.

Legislativpolitisches Ziel der letzten Reform des § 28 JN war die Notwen- **10**
digkeit einer Anpassung an das LGVÜ und an das EuGVÜ, welche in Art 17 Abs 1 die (in § 104 Abs 1 Z 1 neu JN generalisierte) Möglichkeit einer Prorogation der inländischen Gerichtsbarkeit ohne Vereinbarung eines örtlich zuständigen Gerichts vorsehen (§ 28 Abs 1 Z 3 neu JN); die Ersetzung der von der Lehre und von der Jud (iSd Indikationentheorie) geforderten, im Gesetz nicht näher konkretisierten Nahebeziehung zum inländischen Rechtsbereich, als (implizite) Voraussetzung einer Ordination, durch Einführung des Kriteriums der österr Staatsangehörigkeit, des Wohnsitzes, des gewöhnlichen Aufenthalts oder des Sitzes des Klägers im Inland (§ 28 Abs 1 Z 2 neu JN), samt der Hervorhebung, daß außer den gesetzlichen Voraussetzungen auf keine weiteren Bedacht zu nehmen ist (§ 28 Abs 2 neu JN); die Lockerung des von der Jud gelegentlich zu restriktiv gehandhabten (Rz 70 ff) Erfordernisses der Unmöglichkeit oder Unzumutbarkeit einer Rechtsverfolgung im Ausland durch Anordnung einer (größeren) Berücksichtigung des Einzelfalls (§ 28 Abs 1 Z 2 neu JN); die ausdrückliche Statuierung des – an sich selbstverständlichen – Vorbehalts entgegen-

stehender völkerrechtlicher oder besonderer innerstaatlicher Vorschriften (§ 28 Abs 3 neu JN); s auch Rz 56.

II. Voraussetzungen der Ordination

A. Allgemeines; zur inländischen Gerichtsbarkeit

11 Prämisse einer Ordination (§ 28 JN, Vorspann zu Abs 1) ist das Fehlen eines Gerichtsstands („im Sinne dieses Gesetzes oder einer anderen Rechtsvorschrift“) im Inland, was der ordinierende OGH – in sinngemäßer Anwendung des § 41 Abs 1 JN – von Amts wegen zu prüfen hat (unbestr, vgl etwa JBl 1988, 322 [*Pfersmann*] = EvBl 1988/52 = ZfRV 1988, 47 = MR 1993, 148 = IPRE 2/224; SZ 51/34 = JBl 1978, 653 [*Pfersmann*] = EvBl 1978/131), wobei diese Prüfung – auch in sinngemäßer Anwendung des § 41 Abs 2 JN – auf Grund der Angaben des Antragstellers bzw auf Grund der Aktenlage (3 Nd 2/91; 5 Nd 506/89; 5 Nd 501/76; 4 Nd 528/74; 4 Nd 301/70) erfolgt, ohne daran gebunden zu sein, was es daher nicht ausschließt, daß der OGH von sich aus einen (weiteren) Zuständigkeitsgrund in Erwägung zieht (s auch unten Rz 27, 123). Im Zuge eines bereits anhängigen Verfahrens kann daher einem Ordinationsantrag erst nach rechtskräftiger Entscheidung eines Zuständigkeitsstreits nähergetreten werden; das ist stRsp, vgl etwa zuletzt JUS-Z 1995/1752; 5 Nd 502/92; sa Rz 148, 149. (Man könnte darin eine gewisse Analogie zur Regelung des § 261 Abs 6 JN erblicken, derzufolge das Gericht eine Überweisung erst dann aussprechen kann, wenn es sich für unzuständig hält [ohne hier allerdings einen Beschluß über seine Unzuständigkeit zu fassen].) So lange aber über einen (bereits anhängigen) Ordinationsantrag nicht entschieden ist, kann die Klage nicht zurückgewiesen werden (s auch Rz 147–149).

12 Liegt – entgegen der Annahme des Antragstellers oder des vorlegenden Gerichts – ein Gerichtsstand vor, ist der Ordinationsantrag abzuweisen bzw es besteht kein Anlaß zu einer Ordination (ZfRV 1998, 39; ZfRV 1991/37 = AnwBl 1991, 742; 5 Nd 504/98; 8 Nd 505/89; EvBl 1981/60; RZ 1978/94; RZ 1978/46; MietSlg 27.606 (1975); JBl 1963, 212; SZ 28/180 = ZfRV 1960, 40 [*H. Schima*]) s a Rz 172. In Anlehnung an die Jud zu (Art IX EGJN Rz 22, 22a wird man in der Abweisung eines Ordinationsantrags – weil nach Ansicht des OGH ohnehin ein örtlich zuständiges Gericht im Inland vorhanden ist – in sinngemäßer Anwendung des § 42 Abs 3 JN eine Bindung dieses Gerichts, hinsichtlich seiner Zuständigkeit, an den Ausspruch des OGH annehmen müssen (s auch Rz 177, 178).

13 Insgesamt ist vom Grundsatz auszugehen, daß die Zuständigkeitsordnung an sich gesetzlich vorausbestimmt sein soll (Grundsatz des gesetzlichen Richters iS von Art 83 B-VG) – daher auch die Schaffung von zahlreichen subsidiären Gerichtsständen durch den Novellengesetzgeber (oben Rz 4, um die Notwendigkeit von Ordinationen einzudämmen) – sodaß eine Ordination nur in Ausnahmefällen Platz zu greifen hat (s auch unten Rz 42).

14 Hat der OGH die Prämisse (Fehlen eines Gerichtsstands im Inland) generisch bejaht, eine Ordination wegen Fehlens der Voraussetzungen des § 28 Abs 1 Z 2 JN aber abgelehnt, steht das einer späteren, sich auf einen (anderen) Gerichtsstand (dessen Vorhandensein dann zu prüfen ist) stützenden Klage nicht entgegen. Anders, wenn der OGH, im Rahmen der Ordination, einen bestimmten Gerichtsstand zwar in Erwägung zieht, er dessen Vorliegen letztlich aber verneint und mangels Vorhandensein der sonstigen Voraussetzungen dem Ordinationsantrag nicht stattgibt (vgl JBl 1988, 323 = ZÖR 39 [1988/89] 352 = IPRE 3/196; ZÖR 39 [1988/89] 364 = IPRE 3/197); auch hier wird, in sinngemäßer Anwendung der Jud zu § 42 Abs 3 JN (Art IX EGJN Rz 22, 22 a), eine Bindung an den Ausspruch des OGH über das Nichtvorliegen des entsprechenden Gerichtsstands anzunehmen sein, was (wie oben) die Berufung auf einen anderen Gerichtsstand in einer späteren Klage nicht ausschließt. Für den Fall aber, daß der OGH die Möglichkeit des Vorhandenseins eines bestimmten Gerichtsstands nur obiterdiktorisch erwähnt, auf dessen Prüfung aber gar nicht eingeht, da dessen tatsächliche Voraussetzungen weder behauptet wurden noch offenkundig sind; vgl SZ 53/124 = EvBl 1981/24 = ZfRV 1981, 49 (korrekterweise hätte er ihn zu prüfen gehabt, bevor er den Ordinationsantrag wegen Fehlens der sonstigen Voraussetzungen verwirft), schließt das eine Berufung auf den vom OGH erwähnten (oder auf einen anderen) Gerichtsstand in einer späteren Klage nicht aus.

Hat ein Gericht im vorausgehenden Verfahren seine örtliche Zuständigkeit rechtskräftig verneint, ist der OGH daran gebunden (vgl etwa ÖBA 1998/704; IPRE 3/200, 201; ZÖR 39 [1988/89] 364 = IPRE 3/197; JBl 1988, 323 = ZÖR 39, 352 = IPRE 3/196), und er hat – soweit er nicht einen weiteren Zuständigkeitsgrund in Erwägung zieht (darauf nimmt das Gesetz Bezug, wenn es davon spricht, daß ein Gerichtsstand im Inland „nicht gegeben oder nicht zu ermitteln" ist; s auch 5 Nd 509/97) – auf den Ordinationsantrag einzugehen; das gilt auch für den Fall, daß die Verneinung der Zuständigkeit nach Ansicht des OGH zu Unrecht erfolgt war (JBl 1988, 459 [*Böhm*] = EvBl 1988/118 = RdW 1988, 165 = ZÖR 39 [1988/89] 360 = IPRE 3/199; sollte aber der Ordinationsantrag wegen Fehlens der Voraussetzungen des § 28 Abs 1 Z 2 JN abgewiesen worden sein, könnte das allerdings insofern problematisch sein, als damit dem Kläger die Möglichkeit einer Rechtsverfolgung im Inland genommen wird (vgl IPRE 3/189). **15**

Wie bereits oben (Rz 7) erwähnt, trifft § 28 JN – weder in der ursprünglichen noch in der durch die ZVN 1983 formulierten und in dieser Hinsicht von der WGN 1997 unverändert übernommenen Fassung – keine Aussage zur Frage, wann inländische Gerichtsbarkeit gegeben ist; er setzt diese vielmehr voraus – erweitert sie demnach nicht (OGH 7 Nd 3/92; SZ 53/124 = EvBl 1981/24 = ZfRV 1981, 49; ZÖR 29 [1978] 264) – und schafft örtliche Zuständigkeit in den von ihm anvisierten Fällen, dh, er normiert die Bedingungen, unter denen – sei es wegen des Vorliegens einer staatsvertraglichen Verpflichtung (§ 28 Abs 1 Z 1 JN), sei es wegen eines anzunehmenden Bedürfnisses nach Gewährung inländischen Rechtsschutzes (§ 28 Abs 1 Z 2 JN) oder weil iS von § 104 Abs 1 Z 1 JN lediglich die „inländische Gerichtsbarkeit" (korrekterweise müßte es [auch iS von Art 17 Abs 1 LGVÜ und EuGVÜ] heißen: die Zuständigkeit der inländischen Gerichte), nicht aber ein örtlich zuständiges Gericht vereinbart worden ist (§ 28 Abs 1 Z 3 JN) – über die in den Verfahrensgesetzen vorgesehenen Gerichtsstände hinaus eine örtliche Zuständigkeit, und damit eine „Befaßbarkeit" inländischer Gerichte, durch Ordination herbeigeführt werden kann. **16**

Die (positive) Ordinationsentscheidung bejaht (zumindest implizit – Art IX EGJN Rz 22 a) und für das ordinierte Gericht bindend (Rz 177, 178) das Vorliegen der inländischen Gerichtsbarkeit. **17**

Anders bei der Delegation, etwa nach § 31 JN, wo nicht gesagt werden kann, daß der OGH oder ein delegierendes OLG, ohne daß ein Auslandsbezug vorhanden oder erkennbar gewesen war, im Rahmen der Delegationsentscheidung – auch nicht implizit – den Bestand der inländischen Gerichtsbarkeit bejaht hätte.

Anzumerken ist allerdings, daß der Gesetzgeber von der Vorstellung auszugehen scheint, daß durch eine Ordination inländische Gerichtsbarkeit geschaf- **18** fen wird, wofür auch die Einfügung der Überschrift „Inländische Gerichtsbarkeit" vor § 27a **und** § 28 JN spricht. Das ist iSd Ausführungen in Rz 8, 9 rechtstheoretisch nicht sauber (es erklärt sich aus dem Konzept der Doppelfunktionalität der Gerichtsstandsbestimmungen, auf das die WGN 1997 aufbaut – s § 27a JN Rz 5), und es paßt insb nicht für die Ordination nach § 28 Abs 1 Z 1 JN, welche den Bestand der inländischen Gerichtsbarkeit klar voraussetzt. Praktisch ist es aber bedeutungslos: Ob der OGH, wenn er einen Ordinationsantrag wegen des Fehlens der Voraussetzungen des § 28 Abs 1 Z 2 JN ablehnt, die inländische Gerichtsbarkeit verneint oder lediglich keinen Gerichtsstand im Inland schafft, hat keine verfahrensrechtlichen Konsequenzen. Das gleiche gilt für den Fall, daß der Ordinationsantrag deshalb abgelehnt wird, weil der OGH – entgegen der Annahme des Klägers oder des vorlegenden Gerichts – das Vorhandensein eines Gerichtsstands im Inland als gegeben annimmt; auch hier trifft er keine (direkte, allenfalls eine implizite [oben Rz 12]) Aussage zur Frage der inländischen Gerichtsbarkeit.

19 Inländische Gerichtsbarkeit liegt, nach der hier (Vor Art IX EGJN Rz 22, Art IX EGJN Rz 8) vertretenen Auffassung vor, soweit sie durch Bestimmungen des innerstaatlichen Rechts oder durch Staatsverträge positiv angeordnet und weder durch innerstaatliche Normen noch durch solche des Völkerrechts (allgemeines Völkerrecht, Völkervertragsrecht) ausgeschlossen ist.

Das Vorhandensein einer Nahebeziehung zum inländischen Rechtsbereich (wie von der Indikationentheorie gefordert – Vor Art IX EGJN Rz 29ff ist, nach dem klaren Wortlaut des Gesetzes (§ 28 Abs 1 Z 2 JN: „... ohne Bedachtnahme darauf ..., ob außer den Voraussetzungen des Abs 1 Z 2 oder 3 eine weitere erfüllt ist"), keine Voraussetzung für den Bestand der inländischen Gerichtsbarkeit oder für eine Ordination (s aber Rz 45, 61).

20 Ob inländische Gerichtsbarkeit gegeben ist, hat der OGH – vor dem Eingehen auf die weiteren Ordinationsvoraussetzungen (Rz 154) – als Vorfrage (Rekursgericht zu EvBl 1978/10) frei zu prüfen (IPRE 3/200, 201); an eine darüber bereits ergangene – gleich ob ausdrückliche oder implizite – rechtskräftige Entscheidung ist er allerdings gebunden (Art IX EGJN Rz 22, 22a).

Bezüglich der Bindung des OGH an eine die inländische Gerichtsbarkeit rechtskräftig verneinende Entscheidung s auch Vor Art IX EGJN Rz 68.

21 Die inländische Gerichtsbarkeit muß, wie im allg (Art IX EGJN Rz 20), so auch bei der Ordination – in allen drei Fällen des § 28 Abs 1 – im Zeitpunkt der Entscheidung über den Ordinationsantrag gegeben sein; über deren nachträglichen Wegfall s Rz 178 Da der OGH über das Vorliegen der inländischen Gerichtsbarkeit aber nur auf Grund des Sachverhalts im Zeitpunkt der Entscheidung (implizit) befindet, steht der nachträgliche Wegfall eines der inländischen Gerichtsbarkeit entgegenstehenden Hindernisses einem neuerlichen Ordinationsantrag nicht entgegen.

22 Eine Ordination kommt schließlich nur dann in Frage, wenn eine „bürgerliche Rechtssache" vorliegt und somit ein Verfahren vor einem ordentlichen inländischen Zivilgericht eingeleitet werden soll (und kann), wenn also die Zulässigkeit des Rechtswegs gegeben ist (RZ 1964, 95).

B. Staatsvertragliche Verpflichtung zur Entfaltung von Gerichtstätigkeit (§ 28 Abs 1 Z 1 JN)

23 Es gibt eine Reihe von bi- und multilateralen Staatsverträgen, welche die inländische Gerichtsbarkeit im Verhältnis zwischen den Vertragsstaaten untereinander abgrenzen. Diese Verträge haben – neben der negativen Funktion, die inländische Gerichtsbarkeit auszuschließen, wenn keiner der im Vertrag vorgesehenen Tatbestände im betreffenden Staat verwirklicht ist – die positive Funktion, zur Entfaltung von Gerichtstätigkeit zu verpflichten, wenn ein vertragseigener Tatbestand auf diesen Staat hinweist (Art IX EGJN Rz 49, 52). Ob der Vertrag die Zivilgerichtsbarkeit der Vertragsstaaten ausschließlich oder konkurrierend (zu den Begriffen s Art IX EGJN Rz 52, 59) normiert, ist in diesem Zusammenhang gleichwertig: Hier wie dort muß eine Klagemöglichkeit im Inland gegeben sein, sei es, daß ein entsprechender Gerichtsstand bereits vorhanden ist, sei es, daß ein solcher geschaffen wird; das ist der von § 28 Abs 1 Z 1 JN anvisierte Fall, der eine Ordinationspflicht normiert (**Notwendigkeit** einer Rechtsschutzgewährung im Inland – oben Rz 2).

Keine Verpflichtung zur Ausübung von Gerichtsbarkeit normieren Staatsverträge, welche nur Beurteilungsregeln zur Jurisdiktionsfrage enthalten (Art IX EGJN Rz 60) und umso weniger solche, welche nur das anwendbare Sachrecht regeln (Art IX EGJN Rz 34).

Für das österr Recht gilt das Prinzip der generellen Transformation von Staatsverträgen. Nur wenn ein Vertrag ausnahmsweise gem Art 50 Abs 2 B-VG „mit Erfüllungsvorbehalt" ratifiziert worden ist (die Frage ist bei den hier relevanten Verträgen bisher nie aktuell geworden) – was auf einen Fall von spezieller Transformation hinausläuft –, könnte eine Ordination gem § 28 Abs 1 Z 1 JN erst nach Erlaß des entsprechenden DurchführungsG vorgenommen werden. Die völkerrechtliche Verpflichtung zur Ermöglichung einer Klagsführung im Inland ist aber schon mit dem Wirksamwerden bzw mit dem Datum des (allenfalls späteren) Inkrafttretens des Vertrags gegeben. **24**

Für die Mehrzahl der Fälle hat der Gesetzgeber durch die bereits vorhandenen Gerichtsstände für eine effektive Klagemöglichkeit im Inland vorgesorgt; teilweise normieren die hier angesprochenen Verträge – neben der (generellen) inländischen Gerichtsbarkeit – ausdrücklich auch die entsprechenden Gerichtsstände (spezielle Normierung der Gerichtsbarkeit; zu diesen Begriffen s Art IX EGJN Rz 51). **25**

Insb im Falle spezieller Normierung von Gerichtsbarkeit (etwa Art 28 Abs 1, 1. Fall Warschauer Abk [unten Rz 31]; „Gericht des Bestimmungsortes") kann man – iSd für das österr Recht geltenden generellen Transformation – die entsprechenden Vertragsbestimmungen insofern als self executing betrachten, als durch sie an den angegebenen Orten unmittelbar auch Gerichtsstände kreiert werden, mag ein der Vertragsnorm entsprechender – und so, wie von dieser bezeichneter bzw umschriebener – Gerichtsstand im autonomen Recht auch nicht vorhanden sein (idS 5 Nd 505/89); unrichtig daher *Mayr* in *Rechberger,* ZPO § 28 JN Rz 5); wenngleich in geringerem Ausmaß, könnte dieses Argument auch für die Fälle von genereller Normierung von Gerichtsbarkeit herangezogen werden (vgl etwa Art 31 Abs 1 lit b CMR [unten]: „Gerichte eines Staates ... auf dessen Gebiet ... der Ort der Übernahme des Gutes oder der für die Ablieferung vorgesehene Ort liegt"). Das entspricht aber nicht der hL und Jud (s unten Rz 29; vgl insb 8 Nd 505/89, wo auf den unterschiedlichen Wortlaut der Zuständigkeitsregelungen im Warschauer Abk und im CMR ausdrücklich hingewiesen wird; s auch Rz 31). Zur variierenden – und in ihrer Unterschiedlichkeit nicht immer einsichtigen – Terminologie in den einschlägigen Verträgen s Art IX EGJN Rz 51; zu LGVÜ und EuGVÜ s unten Rz 33. Hingegen sind bilaterale Verträge in aller Regel so auf das Recht der Vertragspartner abgestimmt, daß die von ihnen normierten Gerichtsbarkeitstatbestände im Recht der Vertragspartner eine un- **26** mittelbare Entsprechung als Gerichtsstände finden (= ohne daß es hier notwendig wäre, das Self-executing-Argument zu bemühen), sodaß sich hier – abgesehen von Regelungen über generelle dispositive Gerichtsbarkeit (darüber unten Rz 36) – eine Ordination erübrigt.

27 Für die relativ seltenen – durchwegs multilaterale Staatsverträge betreffenden – Ausnahmefälle, in denen kein Gerichtsstand im Inland zu eruieren ist, ist ein solcher also durch Ordination zu schaffen.

Es sei angemerkt, daß die Prämisse einer Ordination, nämlich daß kein Gerichtsstand im Inland gegeben oder zu ermitteln ist (oben Rz 11, 12), auch für die Ordination nach § 28 Abs 1 Z 1 JN gilt.

28 Im übrigen spricht der Grundsatz der möglichst gesetzlichen Vorausbestimmtheit der Zuständigkeitsordnung (Rz 13) für eine Auslegung der vertragseigenen Gerichtsbarkeitstatbestände im oben (Rz 26) und unten (Rz 33) dargestellten Sinn und damit für die Überflüssigkeit einer Ordination in den einschlägigen Situationen.

29 Den aktuellsten Anwendungsfall für eine Ordination nach § 28 Abs 1 Z 1 JN hat in den vergangenen Jahren Art 31 Abs 1 lit b CMR BGBl 1961/138 idF des Prot BGBl 1981/192 über den Beförderungsvertrag im internationalen Straßengüterverkehr (s auch Art IX EGJN Rz 63): „Ort der Übernahme des Gutes oder der für die Ablieferung vorgesehene Ort" (zur Auslegung des Begriffs s HG Wien WR 1984, Nr 55) geboten. Entsprechende Gerichtsstände kennt das österr Recht nicht. Hier hat eine Ordination Platz zu greifen (2 Nd 508/98; 7 Nd 515/96; 7 Nd 512/96; 7 Nd 505/95; 2 Nd 506/95; 2 Nd 505/95; 5 Nd 506/95; 10 Nd 504/94; 7 Nd 507/94; 8 Nd 501/93; 7 Nd 503/93; 8 Nd 512/92; 7 Nd 510/92; 4 Nd 501/92; 8 Nd 507/91; 6 Nd 512/91; 5 Nd 514/91; 4 Nd 504/91; IPRE 3/209; IPRE 3/208; IPRE 3/207; IPRE 3/206; IPRE 3/205; IPRE 3/204; IPRE 3/203; IPRE 2/231; IPRE 2/230; IPRE 2/229; RdW 1987, 411 = IPRE 2/228; IPRE 2/227; IPRE 2/226; 7 Nd 511/83; 5 Nd 501/76; 7 Nd 26/75).

30 Irreführend ist der den in IPRE 2 und 3 (s Rz 29) wiedergegebenen Ordinationsentscheidungen vorangestellte (nicht dem Entscheidungstext entnommene) Rechtssatz: „Besteht für Ansprüche nach dem CMR inländische Gerichtsbarkeit ..." (teilweise auch anders formuliert). Im sachlichen Anwendungsbereich des CMR (und soweit einer der von ihm normierten Gerichtsbarkeitstatbestände auf das Inland hinweist – abgesehen von dem faktisch kaum vorstellbaren Eingreifen einer völkerrechtlichen Ausschlußnorm (Art IX EGJN Rz 119) – ist inländische Gerichtsbarkeit nämlich immer gegeben. Überflüssig war auch im Lichte der Indikationentheorie (Vor Art IX EGJN Rz 38) die in den obgenannten Leitsätzen enthaltene (und ebensowenig dem Entscheidungswortlaut entnommene) Wendung, daß hier eine Ordination „ohne weitere Voraussetzungen" vorzunehmen war. Das ist so evident, daß der Gesetzgeber in § 28 Abs 2 JN eine entsprechende Klarstellung zwar für die Fälle der Abs 1 Z 2 und 3 für erforderlich gehalten (oben Rz 10), den des Abs 1 Z 1 aber gar nicht genannt hat.

31 Keinen Anlaß zur Ordination bietet § 28 Abs 1, 1. Fall Warschauer Abk BGBl 1961/286 idF des Haager Prot BGBl 1971/161 bzw Art VIII ZusatzAbk von Guadalajara BGBl 1966/46 über die Beförderung im internationalen Luftverkehr (s auch Art IX EGJN Rz 64); die dort vorgesehene Zuständigkeitsregelung: „Gericht des Bestimmungsortes" ist ausreichend determiniert und schafft unmittelbar örtliche Zuständigkeit (8 Nd 505/89), s auch oben Rz 26.

32 LGVÜ und EuGVÜ normieren primär inländische Gerichtsbarkeit (internationale Zuständigkeit), zT auch örtliche Zuständigkeit (Art IX EGJN Rz 336, 338); auch hier können sich Anlässe zur Ordination nach § 28 Abs 1 Z 1 JN ergeben, so etwa in den Fällen der Art 5 Z 2 LGVÜ/EuGVÜ (Aktivgerichtsstand für Unterhaltsklagen, soweit keine örtliche Zuständigkeit etwa nach § 76 a JN gegeben ist), Art 5 Z 3 LGVÜ/EuGVÜ (Gerichtsstand des Ortes der Schadenszufügung, der weiter gefaßt ist als § 92 a JN), Art 8 LGVÜ/EuGVÜ (Aktivgerichtsstand für Klagen des Versicherungsnehmers), Art 14 LGVÜ/EuGVÜ (Aktivgerichtsstand für Klagen des Konsumenten; dazu jüngst SZ 69/227 AnwBl 1997, 218 [*Lechner*] = RZ 1997/67 = ZfRV 1997/6; 4 Nd 514/97) – in beiden Fällen, soweit kein Passivgerichtsstand des Versicherers bzw des Unternehmers im Inland gegeben wäre (s dazu auch *Mayr* in *Rechberger,* ZPO § 14 KSchG vor § 83 a JN Rz 10 und *Schoibl,* JBl 1998, 771 f) – oder Art 17 Abs 1 LGVÜ (s auch Rz 36). Kein Anlaß zur Ordination für eine Klage auf Feststellung des Erlöschens eines Anspruchs und auf Unzulässigkeit einer möglichen, künftigen Exekution (Art 16 Z 5 LGVÜ hier nicht anwendbar): ZfRV 1998/28 = IPRax 1999, 47 (krit *H. Roth* 50).

Für eine andere (auf alle Konventionsstaaten, nicht spezifisch auf Österreich bezogene) Lösung *Geimer* in *Geimer/Schütze,* Internationale Urteilsanerkennung I/1, 251 f 430, 884; *Geimer/Schütze,* Zivilverfahrensrecht Art 2 Rz 116: Ersatzzuständigkeit der Gerichte der Hauptstadt des international zuständigen Vertragsstaats, als ungeschriebene Konventionsregel.

Um hier der Notwendigkeit von Ordinationen vorzubeugen – und soweit **33**
man die entsprechenden Bestimmungen des EuGVÜ bzw des LGVÜ nicht als self executing ansieht (oben Rz 26; s auch *Geimer,* Urteilsanerkennung I/1 301, 535, mit Hinweis auf § 69 des **Jenard**-Berichts [zit in der Lit zu EuGVÜ, 766] in 535 FN 18), was auch dem Verständnis der Übk entsprechen würde –, wäre die Schaffung von entsprechenden Gerichtsständen im innerstaatlichen Recht angezeigt. Für den Fall des Art 17 LGVÜ/EuGVÜ (bei genereller Prorogation der inländischen Gerichte) ist eine Ordination allerdings unumgänglich.

Weitere Anlaßfälle zu einer Ordination könnten sich aus anderen Verträ- **34**
gen ergeben, so etwa aus den Amtssitzabkommen mit den VN und mit der IAEO, Art II Abs 9 bzw Art XI (zu Art IX EGJN Rz 113; s auch unten Rz 36); sie scheinen bisher für Österreich aber noch nie aktuell geworden zu sein. Hingegen bieten – entgegen der Annahme in der RV 669 BlgNR 15. GP 29, auch aufgegriffen von der Jud (zB EvBl 1978/10; SZ 51/34 = JBl 1978, 653 [*Pfersmann*] = EvBl 1978/131); s auch *Fasching,* Lehrbuch² Rz 205 und *Mayr* in *Rechberger,* ZPO § 28 JN Rz 5 – die Übk über den internationalen Eisenbahnverkehr CIM/CIV, Anl A und B zu COTIF BGBl 1985/225 idF der Teilrevisionen BGBl 1991/1 und des ÄnderungsProt 1990 BGBl 1996/607 (Art 52 § 1 CIV [„Gerichte des Staates, in dem sich der Unfallsort befindet"], Art 60 § 1 CIV, Art 63 § 1 CIM [„Gericht des Sitzes der Eisenbahn"]) keinen Anlaß zur Ordination, soweit man die erwähnten Gerichtsbarkeitstatbestände iSd obigen Ausführungen (Rz 26) auslegt (zu denken wäre allenfalls an die in Art 52 § 2 Abs 1 CIV, Art 56 Abs 1 CIM angesprochene Zuständigkeit der „Gerichte des Staates, dem die in Anspruch genommene Eisenbahn angehört"; aber auch diese Bestimmungen könnten iS von Art 60 § 1 CIV, Art 63 § 1 CIM [„Gericht des Sitzes der Eisenbahn"] ausgelegt werden, ohne daß es einer Ordination bedürfte.

Anlaßfälle zu einer Ordination gem § 28 Abs 1 Z 1 JN bieten bi- und multi- **35**
laterale staatsvertragliche Regelungen, welche ua dispositive Gerichtsbarkeit der Vertragsstaaten (zum Begriff Art IX EGJN Rz 52) normieren (so etwa Art 17 LGVÜ/EuGVÜ; Art 31 Abs 1 CMR; Art 32 Warschauer Abk bzw Art IX Abs 3 ZusatzAbk von Guadalajara; Art 15 Abs 1, 3. Satz Abk mit Deutschland BGBl 1957/241; Art 13 Abs 2 Vertrag mit Deutschland BGBl 1967/340; Art 31 Abs 1,

3. Satz Vertrag mit Deutschland BGBl 1967/341 [s auch Art IX EGJN Rz 30] sowie die Amtssitzabkommen mit den VN und mit der IAEO [oben Rz 34]) und auch die Möglichkeit einer generellen Prorogation österr Gerichte vorsehen (und soweit die getroffene Vereinbarung nicht auf ein bestimmtes Gericht lautet).

36 Bei Vorliegen einer staatsvertraglichen Verpflichtung, auch eine generelle Prorogation der inländischen Gerichte (der inländischen Gerichtsbarkeit) anzuerkennen, ist es gleichgültig, ob man hier eine Ordination auf § 28 Abs 1 Z 1 oder Z 3 JN stützt (s auch Rz 126).

37 Staatsvertragliche Regelungen über die Schiedsgerichtsbarkeit können die Verpflichtung zur Mitwirkung der staatlichen Gerichte an der Schiedsgerichtsbarkeit normieren (s Art IX EGJN Rz 75 ff und unten Rz 114) und haben in früherer Zeit Anlaß zur Ordination gegeben; *Matscher,* Schwind-FS (1978) 191.

Seit der Normierung eines subsidiären Gerichtsstands (das für den ersten Wiener Gemeindebezirk zuständige Gericht) in § 582 Abs 1, 3. Satz (eingeführt durch die ZVN 1983) dürfte sich hier eine Ordination weitgehend erübrigen.

38 In diesem Zusammenhang kann auch die (in SZ 23/293 = EvBl 1950/516 = RabelsZ 1953, 699 [*Matthies*] ventilierte) Frage aufgeworfen werden, ob eine generelle Unterwerfung unter die inländische Gerichtsbarkeit gem Art IX Abs 2 EGJN durch eine Immunität genießende Person Anlaß zu einer Ordination sein kann, für den (unwahrscheinlichen) Fall, daß für die Klage gegen eine solche Person kein Gerichtsstand im Inland gegeben ist; auch hier wäre ein Anwendungsfall des § 28 Abs 1 Z 3 JN – in sinngemäßer Auslegung dieser Bestimmung – gegeben, da es legitim erscheint, eine Unterwerfung unter die inländische Gerichtsbarkeit einer Vereinbarung der inländischen Gerichtsbarkeit gleich zu behandeln (Rz 127 und zu Art IX EGJN Rz 155). Keinesfalls könnte hier aber § 28 Abs 1 Z 1 JN herangezogen werden, da internationale Instrumente, welche eine Unterwerfung unter die inländische Gerichtsbarkeit vorsehen (Verzicht auf die Immunität, etwa nach Art 32 WDK oder nach Art II Abschn 2 ÜbkPrivImmVN; Aufhebung der Immunität, etwa nach Art IV Abschn 14 und Art V Abschn 20 ÜbkPrivImmVN – dazu Art IX EGJN Rz 121], nur die völkerrechtliche Zulässigkeit einer Klagsführung im Inland normieren, ohne aber zu einer Ausübung von Gerichtsbarkeit gegenüber immunen Personen zu verpflichten; s zu der iSd Menschenrechtsschutzes gebotenen Rechtsschutzgewährung Vor Art IX EGJN Rz 8 und Art IX EGJN Rz 187, 188; s ferner *Matscher,* Schwind-FS (1978) zu Fn 108.

Siehe auch zu Art IX EGJN Rz 176.

39 Für den unwahrscheinlichen Fall des Wegfalls der staatsvertraglichen Verpflichtung (etwa wegen zwischenweiligen Außerkrafttretens des Vertrags) im Laufe des Hauptverfahrens, bleibt das ordinierte Gericht aber weiterhin zuständig, da die Ordination örtliche Zuständigkeit geschaffen hat (§ 29 Abs 1 1. Satz JN); s auch Rz 16 und Rz 178.

C. Unmöglichkeit oder Unzumutbarkeit einer Rechtsverfolgung im Ausland (§ 28 Abs 1 Z 2 JN)

1. Allgemeines

40 Der zweite Anwendungsfall der Ordination, den das Gesetz zu eng mit „Unmöglichkeit oder Unzumutbarkeit einer Rechtsverfolgung im Ausland" umschreibt, ist in seiner Tragweite schwieriger auszuloten. Er will die Fälle abdekken in denen, trotz Fehlens eines Gerichtsstands im Inland (s auch Rz 11, 12), ein **Bedürfnis nach Gewährung inländischen Rechtsschutzes** besteht, weil dieses

Bedürfnis, mangels effektiver Klagemöglichkeit im Ausland, nicht befriedigt werden kann (s auch Rz 5, 6). Zu Recht führt *Loewe,* ZfRV 1983, 185, dazu aus, daß zwischen der von der RV zur ZVN 1983 (869 BlgNR 15. GP) vorgeschlagenen Formulierung („Bedürfnis nach Rechtsdurchsetzung im Inland … [das] … nicht dadurch befriedigt werden könnte, daß eine im Inland anzuerkennende ausländische Entscheidung erwirkt wird") und der Gesetz gewordenen Fassung („Rechtsverfolgung im Ausland nicht möglich oder unzumutbar") kein wesentlicher Unterschied besteht. Damit trägt das Gesetz auch dem von Art 6 Abs 1 EMRK normierten Justizgewährungsanspruch (*Geimer,* IZVR³ Rz 1035; *ders,* Schwind-FS (1993) 17 ff; *Matscher,* Schwind-FS (1993) 79 f; *ders,* Henckel-FS 598 f; *Kropholler,* HdB IZVR I (1982) Kap III Rz 57; s auch Vor Art IX EGJN Rz 8) Rechnung. Es wird in diesem Zusammenhang gelegentlich auch ausgeführt (vgl etwa SZ 53/124 = EvBl 1981/24 = ZfRV 1981, 49), daß hier (vgl Rz 1) die Ablehnung einer Rechtsschutzgewährung im Inland einer Rechtsverweigerung gleichkäme.

Die Einfügung der Wendung „im Einzelfall" durch die WGN 1997 hat diesbezüglich keine wesentliche Neuerung gebracht; sie soll lediglich die Rsp, die in dieser Hinsicht gelegentlich zu restriktiv war (Rz 10), auf eine größere Bedachtnahme der Einzelfallgerechtigkeit hinweisen. Eine wesentliche Neuerung ist das deshalb nicht, weil jeder Ordinationsfall individuell, nach seinen jeweiligen Besonderheiten, zu beurteilen ist (Rz 135 und Rz 143). Das gilt letztlich auch für die in einer früheren Fassung des Ministerialentwurfs gewählte Formulierung, daß „im Einzelfall die Rechtsverfolgung im Ausland erheblich beschwerlicher wäre als im Inland". **41**

Bei diesen verschiedenen Formulierungen handelt es sich im Ergebnis nur um eine Präzisierung des gesetzgeberischen Gedankens, an die materiellen Voraussetzungen einer Ordination nach § 28 Abs 1 Z 2 JN keine zu engen Maßstäbe anzulegen.

Im Hinblick darauf, daß der Gesetzgeber durch die Schaffung von eigenen Gerichtsständen „zur Erleichterung der Rechtsverfolgung gegenüber dem Auslande" (*Pollak,* System², 323) in Vermögenssachen die Grenzen der inländischen Zivilgerichtsbarkeit sehr weit gezogen hat – in allen diesen Fällen hat er eine ausreichende Nahebeziehung zum inländischen Rechtsbereich als gegeben angesehen –, ist die Annahme gerechtfertigt, daß in den von der breiten Palette der in der JN und in anderen Verfahrensgesetzen vorgesehenen Gerichtsständen nicht gedeckten Fällen ein Bedürfnis nach Gewährung inländischen Rechtsschutzes nur in Ausnahmesituationen anzunehmen sein wird. Zu Recht wird hervorgehoben (IPRax 1984, 214; SZ 51/34 = JBl 1978, 653 [*Pfersmann*] = EvBl 1978/131), daß die den Normen über die örtliche Zuständigkeit auch innewohnende Abgrenzungsfunktion des Tätigkeitsbereichs der inländischen Gerichte gegenüber dem Ausland (s dazu Vor Art IX EGJN Rz 25, 27, 34) bedeutungslos würde, wenn in allen Fällen des Fehlens eines Gerichtsstands im Inland stets eine Ordination vorzunehmen wäre (s auch Rz 6). Daher sprach die Jud (vgl etwa JBl 1996, 795 [*Matscher*]; JBl 1994, 762 = EvBl 1994/154 = RdW 1994, 313 = ZfRV 1994/40 = JUS-Z 1994/1546; 7 Nd 3/92; ZfRV 1990, 290 = WBl 1989, 318 = RdW 1989, 300 = ÖBA 1989, 1134; RdW 1989, 66 = ÖBl 1989, 61 = IPRE 3/195; IPRax 1988, 33; SZ 53/124 = EvBl 1981/24 = ZfRV 1981/49; EvBl 1979/174) in diesem Zusammenhang gelegentlich von einem „besonderen Bedürfnis nach inländischer Rechtsverfolgung". Das alleinige Bedürfnis nach Belangung (flüchtiger) ausländischer Schuldner vor inländischen Gerichten reicht hiezu aber nicht aus (4 Nd 506/82; EvBl 1979/94). **42**

43 Trotzdem bleiben auch hier die von einem Teil der Lehre und der Jud geäußerten Befürchtungen von Retorsionsmaßnahmen des Auslands (es gilt gleichermaßen für die heraufbeschworene Gefahr einer Überlastung der inländischen Gerichte) im Falle einer – zwar abzulehnenden – zu großzügigen Handhabung der Ordinationsmöglichkeit, abwegig (Näheres Vor Art IX EGJN Rz 33); es würde damit nur die Eventualität einer Nichtanerkennung und -vollstreckung der Entscheidung des ordinierten Gerichts herbeigeführt werden, womit uU auch die Annahme eines Bedürfnisses nach Rechtsschutzgewährung im Inland fraglich werden könnte (Rz 71).

44 Keinesfalls soll aber durch die Ordinationsmöglichkeit ein genereller Klägergerichtsstand eingeführt werden. Zu Recht hebt der OGH in mehreren Entscheidungen (zB 5 Nd 501/98; 6 Nd 2/94; 7 Nd 3/92; RdW 1986, 308 = IPRE 2/221; IPRE 2/222) hervor, daß sich bei Distanzprozessen die mit einer Prozeßführung im Ausland verbundenen Schwierigkeiten für beide Parteien mit jeweils umgekehrten Vorzeichen in ähnlichem Maße stellen; im Zweifel sei daher dem Grundsatz des actor sequitur forum rei der Vorrang zu geben, bzw § 28 JN habe in dieser Hinsicht eine Gleichbehandlung beider Parteien im Auge. Das entspricht auch dem Gebot der EMRK (Art 14 iVm Art 6 Abs 1); dazu *Fasching,* in *BMfJ* SchR 59, 350f; *Matscher,* Schwind-FS (1993) 76, 79. Daher problematisch eine Aussage in EvBl 1994/154 = JBl 1994, 762 = RdW 1994, 313 = ZfRV 1994/40 = JUS-Z 1994/1546, derzufolge es bedeutungslos sei, ob eine Prozeßführung im Inland dem Beklagten zuzumuten wäre (damit dürfte wohl gemeint sein – was richtig ist –, daß es im Anlaßfall darauf nicht ankomme, zumal eine Prozeßführung im Ausland für den Kläger weder unmöglich noch unzumutbar war).

45 Ein Bedürfnis nach Gewährung inländischen Rechtsschutzes kann nur dann bejaht werden, wenn die Rechtssache eine ausreichende personen- oder sachbezogene (im zweiten Fall auf Elementen des Begehrens oder des anspruchsbegründenden Sachverhalts beruhende – SZ 65/141 = JBl 1993, 666 [*Pfersmann*] = EvBl 1993/93 = ZfRV 1993/43) Nahebeziehung zum Inland (eine ausreichende Binnen- oder Inlandsbeziehung) aufweist. Das ist auch EMRK-konform, zumal Art 6 Abs 1 nicht verlangt, daß alle beliebigen Rechtssachen, sondern nur solche, die eine ausreichende Nahebeziehung zum inländischen Rechtsbereich aufweisen, vor die inländischen Gerichte gebracht werden können (*Matscher,* ZÖR 31 [1980] 19f).

46 Die Begriffe des „Bedürfnisses nach Gewährung inländischen Rechtsschutzes“ und des damit verwobenen der „ausreichenden Nahebeziehung zum inländischen Rechtsbereich“ werden, als einer Ordination immanente Bedingungen, im Gesetz (ebenso wie in den früheren Fassungen des § 28 JN) nicht ausdrücklich verwendet. Dieses konkretisiert – und formalisiert – idgF des § 28 Abs 1 Z 2 JN die Bedingung der ausreichenden Nahebeziehung zum Inland dahingehend, daß der Kläger Inländer sein oder seinen Wohnsitz, gewöhnlichen Aufenthalt oder Sitz im Inland haben muß (vgl 4 Nd 507/98); in Abs 2 wird präzisiert, daß außer den genannten Formalvoraussetzungen des Abs 1 Z 2 (oder Z 3) – und abgesehen von der materiellen Voraussetzung der Unmöglichkeit oder Unzumutbarkeit einer Rechtsverfolgung im Ausland (darüber Rz 60) – keine weitere erfüllt sein muß. Damit wird – gleich wie in § 27a Abs 1 JN (s darüber bei § 27a JN Rz 7) und in § 104 Abs 1, 2. Satz 2. Halbsatz (s darüber Rz 123) – der von der Indikationentheorie geprägte, konturlose und von der Rsp unterschiedlich ausgelegte Begriff der ausreichenden Nahebeziehung zum inländischen Rechtsbereich (Vor Art IX EGJN Rz 32, 42), auch iS größerer Rechtssicherheit, dahingehend konkretisiert, daß eine solche Nahebeziehung stets – und

nur dann – anzunehmen ist, wenn der Kläger Inländer ist oder er seinen Wohnsitz, gewöhnlichen Aufenthalt oder Sitz im Inland hat.

Diese Einschränkung mag vordergründig überraschen. Bei näherer Überlegung stellt sich aber heraus, daß die Neufassung die Möglichkeit einer Ordination in allen Fällen schafft, in denen, trotz Fehlens eines Gerichtsstands im Inland, ein Bedürfnis nach inländischem Rechtsschutz besteht: Hat die Rechtssache eine personenbezogene Anknüpfung an das Inland (inländische Staatsbürgerschaft, Wohnsitz, gewöhnlicher Aufenthalt oder Sitz im Inland), sind diesbezüglich die Voraussetzungen einer Ordination gegeben; liegt nur eine sachbezogene Anknüpfung an das Inland vor (wie etwa inländische Liegenschaft, in inländischen Registern eingetragene Rechte, Zusammenhang mit inländischen Verfahren), ist ein gesetzlicher oder allenfalls ein vereinbarter (§§ 88, 104 JN Gerichtsstand im Inland in aller Regel ohnehin gegeben; auch an den Gerichtsstand des Vermögens nach § 99 JN wäre zu denken. In allen diesen Fällen erübrigt sich eine Ordination. Trifft keine dieser Voraussetzungen zu, ist ein Bedürfnis nach Rechtsschutz im Inland in aller Regel nicht als gegeben anzunehmen, da der Kläger dessen Befriedigung vor den Gerichten des Landes, zu denen er oder die Rechtssache eine Nahebeziehung aufweisen, finden müßte. **47**

Das ist, wie oben (Rz 40, 45) ausgeführt, auch EMRK-konform. Nach Auffassung der RV (898 BlgNR 20. GP 33f) verstößt die Bezugnahme auf die Staatsbürgerschaft auch nicht gegen das allgemeine Diskriminierungsverbot des Art 6 EGV (Art 12 idF des Vertrags von Amsterdam 1997). **48**

Trotzdem gibt es Situationen, in denen sich die Neuregelung als zu eng erweisen kann (Rz 76). **49**

Gibt der OGH einem Ordinationsantrag statt, bejaht er damit implizit die inländische Gerichtsbarkeit – iS der neueren Jud zu § 42 Abs 3 JN (Art IX EGJN Rz 22a) kann man darin eine bindende Entscheidung darüber erblicken – sowie unanfechtbar das Vorliegen der weiteren Voraussetzungen des § 28 Abs 1 JN, dh, die Ordination schafft einen Gerichtsstand. Das ordinierte Gericht ist daran gebunden (Rz 177). **50**

Über den nachträglichen Wegfall der inländischen Gerichtsbarkeit s Rz 178, zu den Sonderfällen der Ordination nach § 28 Abs 1 Z 1 s Rz 158, 159; nach § 28 Abs 1 Z 3 JN s Rz 161, 162. **51**

Die Berücksichtigung eines nachträglichen Entfalls der Voraussetzungen des § 28 Abs 1 Z 2 (oder 3) JN ist dem ordinierten Gericht jedenfalls verwehrt (§ 29, 1. Satz JN; so auch *Loewe,* ZfRV 1983, 186); die genannte Bestimmung („rechtmäßigerweise bei demselben anhängig gemacht wurden") ist allerdings teleologisch auf den Zeitpunkt der Ordinationsentscheidung zurückzubeziehen, soweit man nicht überhaupt die Gerichtsanhängigkeit bereits mit dem Einlangen des Ordinationsantrags als eingetreten annimmt (Rz 137–140). **52**

Man könnte in diesem Zusammenhang etwa an die Situation denken, daß der Kläger die inländische Staatsangehörigkeit verloren hat, er ins Ausland verzogen ist (womit der Wohnsitz oder gewöhnliche Aufenthalt im Inland nicht mehr gegeben wären), daß eine Rechtsverfolgung im Ausland (etwa wegen zwischenweilig eingetretener Möglichkeit einer Anerkennung und Vollstreckung der im Ausland zu erwartenden Entscheidung oder aus anderen Gründen) nunmehr möglich oder zumutbar geworden ist, oder daß inzwischen der Tatbestand eines gesetzlich bereits vorgesehenen Gerichtsstands im Inland (Beklagter ist ins Inland gezogen) verwirklicht oder ein solcher Gerichtsstand neu geschaffen wurde (s auch Rz 11, 12). So die hJud zu § 29, 1. Satz JN (s etwa EFSlg 63.918 [1990]; SZ 60/164 = EvBl 1988/33 = RZ 1988/19; EvBl 1984/133; SZ 52/60). **53**

54 In der Tat wird in den über Ordinationsanträge iS von § 28 Z 2 JN ergehenden Entscheidungen, insb soweit sie positiv sind, auf die Frage der inländischen Gerichtsbarkeit vielfach explizit gar nicht näher eingegangen (sie wird dabei vielmehr als gegeben vorausgesetzt und damit implizit bejaht – Rz 50); in aller Regel prüft der OGH dann lediglich, ob die Voraussetzungen des § 28 Abs 1 Z 2 (oder 3) JN vorliegen (oder er beschränkt sich überhaupt auf die kursorische Aussage, daß die Voraussetzungen einer Ordination nach der Aktenlage gegeben sind; s auch Rz 171).

55 Nahebeziehung zum Inland – im oben (Rz 45, 46) dargestellten Sinn – und Bedürfnis nach Gewährung inländischen Rechtsschutzes sind an sich zwei getrennt zu prüfende Bedingungen einer Ordination, die methodisch im Verhältnis der intensiven Implikation zueinander stehen (= Nahebeziehung zum Inland ist eine zwar notwendige, aber keine ausreichende Bedingung für eine Ordination), dh, daß die erstgenannte Bedingung zuerst zu prüfen und nur bei deren Bejahung auf die zweitgenannte überhaupt einzugehen ist; idS JBl 1996, 795 *(Matscher);* 6 Nd 2/94; SZ 65/141 = JBl 1993, 666 *(Pfersmann)* = EvBl 1993/93 = ZfRV 1993/43; RdW 1989, 66 = ÖBl 1989, 61. Insofern ist es auch systemkonform, wenn trotz Bejahung der erstgenannten Bedingung ein Ordinationsantrag abgewiesen wird, weil eine Rechtsverfolgung im Ausland nicht unmöglich oder nicht unzumutbar wäre (vgl die in Rz 70 zit Entscheidungen).

56 Gem § 28 Abs 3 JN sind Abs 1 Z 2 und 3 sowie Abs 2 nicht anzuwenden – also keine Ordination wegen Unmöglichkeit oder Unzumutbarkeit einer Rechtsverfolgung im Ausland –, soweit nach Völkerrecht oder besonderen gesetzlichen Anordnungen die inländische Gerichtsbarkeit nicht gegeben ist (der Verweis auch auf Abs 2 erscheint idZ allerdings nicht verständlich).

Mit dem Vorbehalt entgegenstehender völkerrechtlicher Regelungen werden in erster Linie jene Verträge angesprochen, die eine Abgrenzung der inländischen Gerichtsbarkeit vornehmen und eine Ordination (bzw eine Prorogation) nur in den vom Übk abgesteckten Rahmen zulassen (Art IX EGJN Rz 52). Keine Ordination auch bei Ausschluß der inländischen Gerichtsbarkeit wegen Immunität (Art IX EGJN Rz 115 ff)

Was die „besonderen gesetzlichen Anordnungen" anbelangt, so ist es klar, daß sich diese jedenfalls auf jene Materien beziehen, für die ausdrückliche innerstaatliche Abgrenzungsnormen bestehen, wie etwa § 76 Abs 2 JN (Art IX EGJN Rz 40, 41).

57 Nach Ansicht der RV (898 BlgNR 20. GP 34) sollen auch die sonstigen Fälle von unprorogabler bzw beschränkt prorogabler inländischer Gerichtsbarkeit (§§ 81, 83, 83 b, 92 b JN [gem § 104 Abs 4 JN], §§ 35, 36, 37 EO [gem § 38 Abs 2 EO], § 9 Abs 1 a ASGG, § 14 Abs 1 KSchG, § 15 b Abs 1 VersVG), für die gem § 104 Abs 4 und 5 JN „ausdrücklich anderes bestimmt ist", dazugehören.

Es wäre sicherlich sinnvoll – und das mag auch die Absicht des Gesetzgebers gewesen sein, in allen Fällen von unprorogabler (oder nur beschränkt prorogabler) inländischer Gerichtsbarkeit auch eine Ordination auszuschließen. Aus dem Gesetz – weder aus § 28 Abs 3 oder § 104 Abs 4 und 5 JN noch aus den Normen, auf die in diesem Zusammenhang in der RV verwiesen wird – geht das aber nicht hervor („ausdrücklich anderes bestimmt" ist in den verwiesenen Normen nur bezüglich der Unzulässigkeit bzw beschränkten Zulässigkeit einer Vereinbarung der inländischen Gerichtsbarkeit [der bedingten Wirksamkeit einer Streiteinlassung vor einem inländischen Gericht]), sodaß hier zwar § 28 Abs 1 Z 3 JN nicht zum Tragen kommen kann, eine Anwendung von § 28 Abs 1

Z 2 ex lege aber nicht in allen Fällen ausgeschlossen wäre (mag hier ein Anlaß zur Ordination auch kaum gegeben sein).

Festgehalten sei schließlich, daß es im Verhältnis zu den Vertragsstaaten des LGVÜ und des EuGVÜ einerseits im Hinblick auf die von diesen Vertragswerken vorgenommene umfassende Abgrenzung der inländischen Gerichtsbarkeit in Vermögenssachen (betr die von den beiden Übk erfaßten Materien Art IX EGJN Rz 334), andererseits, weil im Verhältnis zu den Vertragsstaaten eine Unmöglichkeit oder Unzumutbarkeit der Rechtsverfolgung auszuschließen ist (s auch Art IX EGJN Rz 337), nur noch selten Anlaß zu einer Ordination gem § 28 Abs 1 Z 2 JN gegeben sein wird; wenn aber *Reichelt* in *Jayme,* Internationales Zivilverfahrensrecht 279 anmerkt, § 28 JN müsse fallen, ist das allerdings eine zu verallgemeinendere Aussage (s auch Rz 33, 35). **58**

Zur Frage, wann eine ausreichende, eine Ordination rechtfertigende Nahebeziehung zum inländischen Rechtsbereich vorliegt, gibt es aus der Zeit vor 1998 eine reichhaltige Jud, die nur mehr von historischem Interesse ist. Seit der Konkretisierung dieses Erfordernisses (oben Rz 46) durch die WGN 1997, durch Einführung der Formalkriterien der inländischen Staatsangehörigkeit, des Wohnsitzes, gewöhnlichen Aufenthalts oder Sitzes des Klägers im Inland, kommt es nur mehr auf die Auslegung dieser Begriffe iSd österr Rechts (§ 66 – nicht § 67 –, § 68 Abs 3, §§ 69, 71, 74, 75 JN, StbG 1985 idgF; s auch Art X EGJN) an. **59**

2. Bedürfnis nach Gewährung inländischen Rechtsschutzes im besonderen

Die materiellen Voraussetzungen einer Ordination nach § 28 Abs 1 Z 2 JN werden dort damit umschrieben, daß im Einzelfall die Rechtsverfolgung im Ausland nicht möglich oder unzumutbar wäre; das bleibt trotz der durch die Neufassung dieser Bestimmung angestrebten Lockerung (Rz 10) eine zu enge Formulierung, daher spricht auch der OGH in EvBl 1985/110 von einem den in § 28 Abs 1 JN genannten Umständen „gleichwertigen Interesse"; sie erheischt eine ergänzende Auslegung im Lichte des ihr zugrundeliegenden Prinzips. Wo sich diese Formulierung als zu eng erweist, wird bei einzelnen, unter Rz 76ff erörterten Fallgruppen aufgezeigt werden. **60**

Der Regelung immanent ist, wie schon (Rz 45) ausgeführt, ein Bedürfnis nach Gewährung inländischen Rechtsschutzes; daß ein solches nur dann bejaht werden kann, wenn die Rechtssache einen in dem nunmehr konkretisierten Sinn (Rz 46) ausreichenden Inlandsbezug aufweist, liegt auf der Hand. Fehlt es an einem Bedürfnis nach Gewährung inländischen Rechtsschutzes, kommt dem Umstand, daß eine Rechtsverfolgung im Ausland nicht möglich bzw unzumutbar wäre, keine rechtserhebliche Bedeutung zu (ZfRV 1990, 290 = WBl 1989, 318 = RdW 1989, 300 = ÖBA 1989, 1134). Andererseits ist, wie sich *Schwimann,* JBl 1984, 13 mißverständlich ausdrückt, eine Rechtsverfolgung im Ausland nicht immer dann (iS von stets dann) unzumutbar, wenn eine intensive Beziehung zum Inland besteht. **61**

In welchem „Ausland" eine Rechtsverfolgung nicht möglich oder nicht zumutbar sein muß, sagt das Gesetz nicht; nach Aussagen der Lehre reiche es aus, daß dies für alle aus österr Sicht (§ 80 Z 1 EO) konkurrierende Jurisdiktion besitzenden Staaten (*Seber,* ZfRV 1983, 297) bzw für jene Staaten zutrifft, zu denen der Fall eine ausreichende Beziehung aufweist: *Schwimann,* ÖZW 1984, 103, 107; *ders,* JBl 1984, 12f. Diese Aussagen sind dahingehend zu präzisieren, daß die in einem dieser Staaten zu erwirkende Entscheidung weder in diesem noch im Inland oder in einem Drittstaat „verwertbar" ist; die Rsp wägt in aller Regel **62** das Bedürfnis nach einer Rechtsverfolgung im Inland aber nur mit der Möglichkeit einer Rechtsverfolgung im Staat des (Wohn)sitzes des Beklagten ab (vgl etwa 7 Nd 511/94; 4 Nd 505/94; EvBl 1983/21; EvBl 1979/174).

63 Ob eine Prozeßführung im Inland dem Beklagten zumutbar wäre, ist an sich irrelevant (EvBl 1994/154 = ZfRV 1994/40 = JBl 1994, 762 = RdW 1994, 313 = JUS-Z 1994/1546); s aber oben Rz 44.

64 Die beiden Begriffe „Unmöglichkeit" und „Unzumutbarkeit" lassen sich nicht scharf voneinander trennen; die Grenzen zwischen ihnen sind vielmehr fließend; es kann somit dahingestellt bleiben, ob sie alternativ (wie SZ 65/141 = JBl 1993, 666 [*Pfersmann*] = EvBl 1993/93 = ZfRV 1993/43 meint) oder disjunktiv aufzufassen seien.

65 In der „Unmöglichkeit" kann man – mit Vorbehalt – mehr ein objektives, in der „Unzumutbarkeit" ein eher subjektives Kriterium erblicken, wobei die Gründe für das eine und für das andere rechtlicher wie tatsächlicher Natur sein können; aber auch das trägt zur Klärung der beiden Begriffe nicht viel bei. Da außerdem die Situation von Fall zu Fall verschieden – und in stetem Wandel begriffen – ist, lassen sich aus der Jud, auch zu den Begriffen der „Unmöglichkeit" oder „Unzumutbarkeit" einer Rechtsverfolgung im Ausland, nur zT generalisierungsfähige Aussagen gewinnen; letztlich ist jeder Fall individuell nach seinen Besonderheiten zu beurteilen. Richtlinie muß aber auch hier die Anwendung des Prinzips des Bedürfnisses nach Gewährung inländischen Rechtsschutzes auf den konkreten Fall sein (s oben Rz 41).

Zum ähnlichen Problem der Notwendigkeit einer Exekutionsführung im Ausland, als Beispiel einer aussichtslos scheinenden Exekution (als Voraussetzung der Gewährung eines Unterhaltsvorschusses) iS von § 4 Z 1 UVG, s jüngst ZfRV 1997/4 und 1997/11.

66 Daß im Verhältnis zu den Vertragsstaaten des LGVÜ und des EuGVÜ Unmöglichkeit oder Unzumutbarkeit der Rechtsverfolgung auszuschließen ist, wurde bereits erwähnt (Rz 58).

67 Ziel der Neuformulierung des § 28 JN durch die WGN 1997 (Rz 10) war ua eine Lockerung des von der Rsp gelegentlich zu restriktiv gehandhabten Erfordernisses einer „Unmöglichkeit oder Unzumutbarkeit einer Rechtsverfolgung im Ausland" (898 BlgNR 20. GP 33f). Diesem Anliegen soll auch die Einführung der Wendung „im Einzelfall", durch welche die Rsp auf eine größere Bedachtnahme auf die Einzelfallgerechtigkeit hingewiesen wird, dienen. Außerdem soll, nach den Vorstellungen der RV, auch die Kostspieligkeit einer Prozeßführung im Ausland noch stärker berücksichtigt werden als bisher.

Wie schon ausgeführt (Rz 41) hat die Neuformulierung des § 28 Abs 1 Z 2 JN keine substantiellen Änderungen gebracht. Es ist aber zu erwarten, daß – deren Ziel Rechnung tragend – die Rsp in Hinkunft die gesetzliche Voraussetzung einer „Unmöglichkeit oder Unzumutbarkeit einer Rechtsverfolgung im Ausland" liberaler auslegen und Ordinationsanträgen in größerem Ausmaß als bisher stattgeben wird (s auch Rz 70ff).

68 Die bisherige Jud zu § 28 Abs 1 Z 2 JN wird in der Folge aufgelistet. Vorbehaltlich der im vorausgehenden Absatz gemachten Andeutung bleibt sie weiterhin aktuell.

a) Bejahung der Unmöglichkeit bzw Unzumutbarkeit einer Rechtsverfolgung im Ausland

69 • Im Fall der Honorarklage eines inländischen Rechtsanwalts, wenn eine im (Wohn)sitzstaat des Mandanten (Großbritannien, Malta) zu erwirkende Entscheidung aus rechtlichen Gründen (mangels Vorliegens eines Vollstreckungsvertrags oder weil in casu die Voraussetzungen für dessen Anwendbarkeit nicht gegeben wären) im Inland nicht anerkannt und vollstreckt werden könnte (SZ 58/109 = JBl 1986, 191 [*Pfersmann*] = IPRE 2/219; IPRE 2/223; anders IPRE 2/222 und JBl 1988, 322 – unten Rz 51).

• Mangelnde Vollstreckbarkeit einer ausländischen Entscheidung (Slowenien) im Inland stellt das für die Ermöglichung einer Rechtsverfolgung im Inland erforderliche besondere Rechtsschutzbedürfnis insb dann dar, wenn die Beklagte über Vermögen im Inland verfügt (das zwar zur Begründung des Gerichtsstands nach § 99 JN nicht ausreicht), in das aufgrund eines inländischen Titels Exekution geführt werden könnte (4 Nd 507/96).

Die – gegen eine Ordination sprechende – Frage der sonstigen Zumutbarkeit einer Klagsführung im Ausland und der Vollstreckbarkeit einer dort erwirkten Entscheidung im entsprechenden Land wurde offenbar in keinem der obzitierten positiv erledigten Fälle geprüft.

• Für die Klage gegen einen fremden Staat, im Rahmen seiner als privatrechtlich einzustufenden Tätigkeit im Inland (zu Art IX EGJN Rz 203 ff), zumal wenn eine, allenfalls in jenem Staat zu erwirkende Entscheidung, mangels Vollstreckungsvertrag im Inland, wo der Beklagte exequierbares Vermögen besitzt, nicht möglich ist (ZÖR 38 [1987/88] 318).

• Im Falle eines Krieges (iranisch-irakischer Krieg 1980–1988), wenn es im (Wohn)sitzstaat des Beklagten zu einem faktischen Stillstand der Rechtspflege (Justitium, § 161 ZPO) gekommen ist (IPRE 3/194).

• Unmöglichkeit liegt auch dann vor, wenn im Ausland kein Gerichtsstand zur Verfügung steht (1337 BlgNR 15. GP 2).

• Wenn eine ausländische Entscheidung im Inland weder anerkannt noch vollstreckt werden könnte und wenn überdies, wegen der besonderen Umstände des Falles, eine rechtzeitige Geltendmachung des Anspruchs im Ausland (Zypern, Mazedonien) zur Wahrung der Frist für die Rechtfertigungsklage (§ 391 Abs 2 EO) nicht möglich sein dürfte (6 Nd 513/95).

• Unzumutbarkeit sei, darüber hinaus, generell dann anzunehmen, wenn eine dringend benötigte Entscheidung im Ausland nicht rechtzeitig erwirkt werden könnte; im Falle übermäßiger Dauer (Art 6 Abs 1 EMRK) oder übermäßiger Kostspieligkeit (s aber 5 Nd 506/91; RdW 1986, 308 = IPRE 2/221) des ausländischen Verfahrens (beide Argumente von *Schwimann,* ÖZW 1984, 107, in Zweifel gezogen); wenn eine Prozeßführung im Ausland wenigstens eine Partei einer politischen Verfolgung aussetzen würde, sie zumindest mit einer objektiven Rechtsprechung nicht rechnen könnte; wenn – insb bei Ansprüchen gegen einen fremden Staat – diese dort nicht verfolgbar wären oder – wegen Anwendbarkeit eines anderen Sachrechts (Frage, in welchem Ausmaß hier bei einer Geltendmachung im Inland die ausländischen Sachnormen durch den inländischen ordre public [§ 6 IPRG] verdrängt werden würden) – keine Chance auf Realisierung hätten; s auch RdW 1988, 133. Generell zu den Begriffen der Unmöglichkeit oder Unzumutbarkeit einer Rechtsverfolgung im Ausland s auch *Fasching,* Lehrbuch² Rz 78 und RdW 1989, 66 = ÖBl 1989, 61 = IPRE 3/195.

b) Verneinung der Unmöglichkeit bzw Unzumutbarkeit einer Rechtsverfolgung im Ausland

• Wenn die Rechtsdurchsetzung im Ausland (Niederlande, Schweden, Deutschland, 70
Belgien, Italien, Großbritannien) nicht mit unverhältnismäßigen Schwierigkeiten verbunden ist und eine dort zu erwirkende Entscheidung im Inland anerkannt und vollstreckt werden könnte (4 Nd 507/98; ZfRV 1996/81; ZfRV 1996, 200 [*H. Hoyer*]; 6 Nd 2/94; ZfRV 1994, 166 = WBl 1994, 313; EvBl 1994/154 = JBl 1994, 762 = RdW 1994, 313 = ZfRV 1994/40 = JUS-Z 1994/1546; JBl 1992, 331 [*Pfersmann*] = EvBl 1992/8 = ZfRV 1991/36; 3 Nd 1/92; RdW 1989, 66 = ÖBl 1989, 61 = IPRE 3/195; IPRE 2/202; IPRax 1984, 214); das soll selbst dann gelten, wenn die Durchsetzung eines nach inländischem Recht zu beurteilenden Anspruchs wegen der unterschiedlichen Gestaltung des ausländischen (deutschen) Verfahrensrechts im Ausland scheitern würde (9 Nd 501/98) oder wenn der Kläger mit einer Zurückweisung seines Anspruchs im Ausland (Frankreich) rechnen müßte (unter die-

sen Umständen erscheint die Abweisung des Ordinationsantrags allerdings problematisch [RdW 1988, 133 = IPRE 2/225]). Vgl auch die oben Rz 6 zit, bereits vor der Neufassung des § 28 JN ergangenen Entscheidungen.

• Wenn nämlich die Anerkennung und Vollstreckung einer ausländischen Entscheidung – insb staatsvertraglich – gewährleistet ist, liegt in dieser Hinsicht eine grundsätzliche Gleichwertigkeit des ausländischen mit dem inländischen Rechtsschutz vor, sodaß hier nicht von der Unzumutbarkeit einer Rechtsverfolgung im Ausland gesprochen werden kann (ZfRV 1999, 80 = JUS-Z 1999/2643; 6 Nd 2/94; EvBl 1994/154 = ZfRV 1994/40 = JBl 1994, 762 = RdW 1994, 313 = JUS-Z 1994/1546; IPRax 1984, 214 [*Pöch*]; SZ 52/43 = EvBl 1979/174 = ZfRV 1979, 277 [*H. Hoyer*]; SZ 51/34 = EvBl 1978/131 = JBl 1978, 653 [*Pfersmann*]); zum Problem der Gleichwertigkeit einer Prozeßführung im Ausland mit einer solchen im Inland, s bereits *Matscher,* Zuständigkeitsvereinbarungen 82 f.

• Wenn eine inländische Entscheidung mangels exequierbaren Vermögens weder im Inland zwangsweise durchgesetzt, noch (im Rahmen eines bestehenden Vollstreckungsvertrags) im Ausland (Großbritannien, Japan, CSSR, Türkei) anerkannt und vollstreckt werden könnte, die Ordination also nur zu einer für den Kläger wertlosen Sachentscheidung führen würde (ZfRV 1993/21; 5 Nd 506/91; JBl 1988, 322 [*Pfersmann*] = EvBl 1988/52 = ZfRV 1988, 47 = MR 1993, 148 = IPRE 2/224; IPRE 2/222; SZ 53/124 = EvBl 1981/24 = ZfRV 1981, 49). Zum „inneren Bezug" zwischen Rechtsverfolgung und Rechtsdurchsetzung bei vermögensrechtlichen Streitigkeiten s *Bajons,* ZfRV 1972, 110 f. Die Möglichkeit der Anerkennung einer inländischen Entscheidung im Ausland, auf Grund des autonomen Rechts, wurde dabei nicht in Erwägung gezogen.

• Wenn die Unzumutbarkeit einer Rechtsverfolgung im Ausland (Japan, Slowenien) nur auf Kostengründe gestützt oder unter Hinweis auf eine zu erwartende Verfahrensverzögerung und auf die mangelnde Vollstreckbarkeit eines ausländischen Urteils in Österreich nur generisch behauptet wird, ohne näher darzutun, daß das Urteil dort vollstreckt werden müßte oder wegen Vorhandensein inländischen Vermögens vollstreckt werden könnte, insb soweit das Zutreffen der geltend gemachten Argumente nicht näher bescheinigt wird (4 Nd 505/94; 7 Nd 3/92).

• Wenn lediglich behauptet wird, eine ausländische (Schweden) Entscheidung könne im Inland nicht vollstreckt werden, was dann ohne Belang ist, wenn wohl eine im Ausland, nicht aber eine im Inland erwirkte Entscheidung im Ausland vollstreckbar wäre, wenn also nur ein im Ausland eingeleitetes Verfahren zur Durchsetzung der Forderung des Klägers führen würde, zumal wenn der Beklagte im Inland kein Vermögen hat (7 Nd 511/94).

• Wenn die antragstellende Partei nicht dargetan hat – und es auch nicht einsichtig ist –, welche Hindernisse einer Klagsführung im Ausland(New York) entgegenstehen würden und ein dort zu erwirkender Titel dort auch nicht vollstreckbar wäre (ÖBA 1998/704).

• Unmöglichkeit bzw Unzumutbarkeit einer Rechtsverfolgung im Ausland liegt dann nicht vor, wenn ein Vertrag (Abk zwischen Österreich und der Sowjetunion BGBl 1972/112 Art 1; gem Notenwechsel BGBl 1994/257 iV zur Russischen Föderation weiter anzuwenden) den freien Zutritt zu den Gerichten des anderen Staats vorsieht (5 Nd 501/98); das ist eine in ihrer Undifferenziertheit problematische Aussage.

71 Wenn der OGH als Voraussetzung einer Ordination nach § 28 Abs 1 Z 2 JN das zusätzliche Kriterium der (rechtlichen oder faktischen) Durchsetzbarkeit der Entscheidung des zu ordinierenden Gerichts (im Inland oder im Ausland) hineininterpretiert, so ist das durch den Wortlaut der zit Bestimmung sicherlich nicht gedeckt; es erscheint aber (entgegen *Mayr,* ÖJZ 1995, 336; im Gegensatz zu ihm sehe ich auch keinen Grund, nur für den Sonderfall der sog „Atomstreitigkeiten" [Rz 75] anderes gelten zu lassen) gerechtfertigt, wenn man die Unmöglichkeit bzw Unzumutbarkeit nur als Aspekte des im Gesetz nur unvollständig umschriebenen Prinzips des Bedürfnisses nach Gewährung inländischen Rechtsschutzes betrachtet (Rz 40); ein solches Bedürfnis kann aber in Zweifel gezogen bzw verneint werden, wenn es ganz offensichtlich ist, daß die Ordination lediglich zu einer für den Kläger wertlosen Sachentscheidung führen würde (vgl Vor Art IX EGJN Rz 72 aE). Freilich, im Einzelfall mag man an der

vom OGH vorgenommenen eher oberflächlichen Beurteilung der mangelnden Durchsetzbarkeit der Entscheidung eines zu ordinierenden Gerichts Bedenken anmelden.

Anders, wenn ein gesetzlicher Gerichtsstand im Inland gegeben ist; dort erscheint es nicht zulässig, die Entfaltung von Gerichtstätigkeit von einer Durchsetzbarkeit der inländischen Entscheidung im Inland oder im Ausland (Hauptsachenentscheidung, EV) abhängig zu machen; s dazu Vor Art IX EGJN Rz 72. **72**

Im Zusammenhang mit dem Argument der mangelnden Durchsetzbarkeit einer inländischen Entscheidung im Inland (wegen Fehlens eines exequierbaren Vermögens) – das gleiche würde für die mangelnde Durchsetzbarkeit einer inländischen Entscheidung im Ausland gelten – verweist *Schwimann* (Anm zu IPRE 2/222) darauf, daß es nicht ausgeschlossen sei, daß ein solches Vermögen nachträglich auftauchen könnte, eine inländische Entscheidung für den Kläger somit nicht wertlos sei. Dem ist entgegenzuhalten, daß **für eine Ordination** ein **aktuelles** Bedürfnis nach Gewährung inländischen Rechtsschutzes gegeben sein muß und der Kläger, für den Fall des nachträglichen Auftauchens von exequierbarem Vermögen, einen erneuten Ordinationsantrag stellen könnte – Rz 179 (die Hypothese der inzwischen eingetretenen Anspruchsverjährung, deren Relevanz allerdings nicht verkannt werden darf, bleibt hier außer Betracht; das entsprechende Argument müßte jedenfalls vom Kläger bereits im ersten Ordinationsantrag vorgebracht werden). **73**

- Wenn der Kläger seine Ansprüche aus einem (offensichtlich in Verlust geratenen) Wechsel im Ausland (Maryland, USA) geltend machen kann, ohne daß es dazu der vorbereitenden Maßnahmen eines Aufgebots- und Kraftloserklärungsverfahrens im Inland bedarf (SZ 58/194 = IPRE 2/220); gerade dieses Beispiel macht es deutlich, daß die Unmöglichkeit bzw Unzumutbarkeit einer Rechtsverfolgung im Ausland – weder das eine noch das andere lagen vor – ein zu enger Begriff ist; der OGH hat eine Ordination vielmehr deshalb abgelehnt, weil er, im vorliegenden Fall, ein Bedürfnis des vom Kläger begehrten inländischen Rechtsschutzes nicht als gegeben angenommen hat (s a Rz 88). **74**

- Wenn die Rechtsverfolgung im Ausland (Bulgarien) wegen Produkthaftpflichtansprüchen zwar möglich, aber nur mit einem erhöhten Prozeßkostenaufwand verbunden wäre (RdW 1986, 308 = IPRE 2/291); ebensowenig bedingt die größere Kompliziertheit einer Prozeßführung im Ausland (Sprachprobleme, Anwendbarkeit eines ausländischen Verfahrens- oder Sachrechts) die Unzumutbarkeit einer Rechtsverfolgung im Ausland (IPRE 2/222).

- Eine günstigere (inländische) bzw eine ungünstigere (ausländische) materiellrechtliche Rechtslage allein rechtfertigten keine Ordination (JBl 1996, 795 [*Matscher*]; 4 Nd 506/82).

- Generell: Voraussetzung der Ordination eines inländischen Gerichts wegen Unmöglichkeit oder Unzumutbarkeit einer Rechtsverfolgung im Ausland ist, daß überhaupt eine Rechtsverfolgung im Inland angestrebt wird (IPRE 2/222).

c) Judikatur zur Ordination iZm Klagen wegen der Errichtung und des Betriebs von Kernenergieanlagen im Ausland

Im Zusammenhang mit Klagen auf Unterlassung und/oder auf Schadenersatz wegen der Auswirkungen auf inländischem Staatsgebiet von Kernenergieanlagen im benachbarten Ausland (Art IX EGJN Rz 227, 228) gab es auch eine Reihe von Ordinationsanträgen. Diese wurden in der Mehrzahl der Fälle abgelehnt, sei es wegen des Mangels der inländischen Gerichtbarkeit, sei es wegen angenommener Zumutbarkeit einer Rechtsverfolgung im Ausland oder aus der Erwägung, daß ein inländisches Urteil weder im Ausland vollstreckt noch durch Zwangsmaßnahmen im Inland durchgesetzt werden könnte (Vor Art IX EGJN Rz 71). **75**

Das AtomHG 1999 BGBl I 1998/170 hat in § 22 Abs 2 die Zuständigkeit (auch) des LG, in dessen Sprengel der Schaden verursacht wurde oder eingetreten ist – und damit gem § 27 a JN (s dort) gleichfalls die inländische Gerichtsbarkeit –, für Klagen und für den Erlaß von EV eingeführt. Damit dürfte in diesem Zusammenhang kein Anlaß zur Ordination mehr bestehen.

d) Einzelfragen

aa) Allgemeines

76 Es gibt eine Reihe von Situationen, streitige bürgerliche Rechtssachen, aber auch Exekution, EV) und außerstreitige Angelegenheiten betreffend, in denen – inländische Gerichtsbarkeit immer vorausgesetzt, dh vor allem, daß diese nicht etwa nach LGVÜ/EuGVÜ oder nach anderen einschlägigen Übk ausgeschlossen ist (oben Rz 56 und zu Art IX EGJN Rz 52, 334) – im Hinblick auf die Nahebeziehung der Rechtssache zum Inland, zT auch mit Rücksicht auf die Eigenart des Streitgegenstands, ein Bedürfnis nach inländischem Rechtsschutz generell bejaht bzw die Erlangbarkeit einer Entscheidung durch inländische Gerichte stets gegeben sein muß. Es besteht somit Anlaß zu einer Ordination, unabhängig von einer allenfalls vorhandenen Möglichkeit oder Zumutbarkeit einer Rechtsverfolgung im Ausland, mag sich die Rsp zur Begründung einer Ordinationsentscheidung auch in solchen Fällen gelegentlich darauf berufen. Hier kann sich der Wortlaut des § 28 Abs 1 Z 2 JN – sowohl was die Formalvoraussetzungen (inländische Staatsangehörigkeit, inländischer Wohnsitz, gewöhnlicher Aufenthalt oder Sitz des Antragstellers) als auch was die materiellen Voraussetzungen einer Ordination (Unmöglichkeit oder Unzumutbarkeit einer Rechtsverfolgung im Ausland) anbelangt – als zu eng erweisen, sodaß auf den der Norm zugrundeliegenden Gedanken des Bedürfnisses nach Gewährung inländischen Rechtsschutzes zurückgegriffen werden muß (s auch Rz 40).

Es handelt sich dabei zT um Situationen, die eine gewisse Verwandtschaft mit einigen der von *Reu,* Die staatliche Zuständigkeit im IPR (1938) erörterten bzw von der Lehre von „der sachlichen staatlichen Unzuständigkeit" (Vor Art IX EGJN Rz 47 ff) anvisierten Fallgruppen aufweisen.

bb) Statussachen und Nachlaßabhandlung

77 Ein weites Anwendungsfeld hatte in früheren Jahrzehnten die Ordination in Statussachen von Inländern und von Ausländern bzw von Staatenlosen, aber auch in anderen, zu Statussachen in einem Naheverhältnis stehenden Angelegenheiten des Personen- und Familienrechts, im Bereich des streitigen, insb aber des außerstreitigen Verfahrens, gefunden. Der Grund lag einerseits in der „ausschließlichen inländischen Gerichtsbarkeit" (welche die Nichtanerkennung einer ausländischen Entscheidung implizierte) in diesen Inländer betreffenden Angelegenheiten, andererseits aber auch generell in der Lückenhaftigkeit der inländischen Zuständigkeitsordnung in diesem Bereich. Lehre und Jud hatten ursprünglich hier sogar die wichtigsten Anwendungsfälle der Ordination erblickt (Rz 1).

Was die Statussachen von Inländern anbelangt, wurde bemerkt (LGZ Wien EFSlg 8837 [1967], unter Berufung auf *Pollak,* System², 250), daß diese „ihrer Natur nach" der Entscheidung durch inländische Gerichte bedürften.

Die Praxis hatte Anlässe zur Ordination aber auch in Fällen gesehen, in denen eine ausschließliche inländische Gerichtsbarkeit iS einer Nichtanerkennung ausländischer Entscheidungen an sich nicht gegeben war, wo aber die entsprechende Entscheidung zu einer Eintragung in oder Bereinigung von inländische(n) Standesregister(n) zu führen hat bzw die Voraussetzung für die Setzung inländischer Verwaltungsakte bildet (vgl etwa SZ 43/228; SZ 24/221; SZ 21/96; s auch ZfRV 1979, 277 [*H. Hoyer*]). Es handelte sich dabei um Rechtssachen von im Ausland ansässigen Ausländern bzw Staatenlosen, bezüglich derer die inländische Gerichtsbarkeit nicht ausgeschlossen war; der OGH hat hier zu Recht ein Bedürfnis nach Gewährung inländischen Rechtsschutzes geortet.

Der Novellengesetzgeber hat einerseits die Institution der „ausschließlichen inländischen Gerichtsbarkeit" beseitigt (oben Rz 4), andererseits in Statussachen eine wohl abschließende Regelung der inländischen Gerichtsbarkeit getroffen; soweit er diese positiv bestimmt hat (zu Art IX EGJN Rz 41), ist sie, bei Fehlen der gesetzlichen Voraussetzungen, als nicht gegeben anzusehen; Entsprechendes gilt für staatsvertragliche Regelungen in Statussachen (zu Art IX EGJN Rz 68 ff und 105 ff). Darüber hinaus hat er für alle Fälle, in denen inländische Gerichtsbarkeit vorliegt, subsidiäre Gerichtsstände vorgesehen, sodaß in dem hier angesprochenen Bereich Anlässe zu einer Ordination kaum mehr gegeben sein dürften (Rz 4). **78**

Eine (beinahe) abschließende Regelung der inländischen Gerichtsbarkeit gibt es ferner für die Nachlaßabhandlung (§§ 21–25 AußStrG, ergänzt durch einzelne bilaterale Abk [Art IX EGJN Rz 108 ff]).

Soweit in den obgenannten Angelegenheiten inländische Gerichtsbarkeit nicht gegeben ist, bleibt (iS von § 28 Abs 3 JN) auch kein Raum für eine Ordination (Rz 16, 56; vgl auch 9 Nd 501/98).

Von den von *Matscher,* Schwind-FS 182 ff geschilderten und in den Folgejahren (bis 1983) vorgenommenen Ordinationsfällen (vgl etwa ZfRV 1980, 74, 76 [*Schwind*]; ZfRV 1982, 207 [*Schwind*]; ZfRV 1982, 302 [bei den letzteren handelt es sich durchwegs um Todeserklärungssachen]) sind daher nur mehr die wenigsten aktuell. Es gibt auch seit 1983 keine (zumindest keine publizierten) Ordinationsentscheidungen die oben beschriebenen Angelegenheiten betreffend. **79**

Festgehalten sei, daß lt SZ 50/165 = RZ 1978/46 bei einer Ordination in Pflegschaftssachen (soweit eine solche überhaupt noch aktuell ist) Zweckmäßigkeitserwägungen iS von § 111 Abs 1 JN nicht anzustellen sind. **80**

Von den einschlägigen älteren Entscheidungen könnten uU noch die folgende Situationen betreffenden aktuell sein: **81**

- Abhandlung des im Ausland gelegenen beweglichen Vermögens (insb soweit der Lagestaat zu dessen Herausgabe bereit ist) eines Inländers, der keinen allgemeinen Gerichtsstand im Inland hatte und dort auch kein unbewegliches oder bewegliches Vermögen hinterlassen hat, wo also auch die Zuständigkeitsbestimmung des § 106 JN (die ergänzend auszulegen ist: es kommt nicht auf den Todesort an) versagt und soweit auch allfällige staatsvertragliche Regelungen (Art IX EGJN Rz 108 ff) nicht zum Tragen kommen; hier kann weiterhin Anlaß zu einer Ordination gegeben sein (ZBl 1933/35; dazu *Matscher,* Schwind-FS 105, Text zu FN 70; s auch *Neumann,* Kommentar[4] I 77); die Formalvoraussetzung des § 28 Abs 1 Z 2 JN wäre jedenfalls gegeben.
- Für Anträge nach § 1221 ABGB seitens Pflegebefohlener gibt § 109 JN – im Rahmen des Bestands der inländischen Gerichtsbarkeit gem § 110 JN – immer einen Gerichtsstand im Inland. Hingegen sind entsprechende Anträge volljähriger Personen beim allgemeinen Gerichtsstand des in Anspruch genommenen Dotationspflichtigen einzubringen (EvBl 1987/25 = NZ 1988, 41 = IPRE 2/209; JBl 1955, 407), wobei die inländische Gerichtsbarkeit in analoger Anwendung des § 110 JN zu beurteilen ist; hat der Antragsgegner keinen allgemeinen Gerichtsstand im Inland, bleibt hier – insb soweit der Antragsteller die Formalvoraussetzungen des § 28 Abs 1 Z 2 JN erfüllt und auch die materiellen Voraussetzungen dieser Bestimmung zu bejahen sind – Anlaß zu einer Ordination (bei *Weiß* in *Klang*[2] V 740, heißt es dazu etwas undifferenziert, daß Verfahren nach § 1221 ABGB „be-

greiflicherweise ... nur durch ein österr Gericht durchgeführt werden können"); s *Petrasch* in *Rummel,* ABGB² II § 1221 Rz 2.

Nach der Rsp zu LGVÜ/EuGVÜ sind Ausstattungsansprüche des Kindes als Unterhaltssachen iwS zu qualifizieren, sodaß der Aktivgerichtsstand des Antragstellers gem Art 5 Z 2 LGVÜ/EuGVÜ zur Anwendung gelangt; somit besteht hier kein Anlaß mehr zu einer Ordination (ZfRV 1998, 39 mwN).

• Der JBl 1955, 307 zugrundeliegende Fall (Bestellung eines Kurators für die im Inland belegenen Vermögenswerte einer verstaatlichten ausländischen [juristischen] Person – soweit die ausländische Verstaatlichungsmaßnahmen im Inland nicht anerkannt werden –, wenn [wegen Fehlens eines allg Gerichtsstands des Antragstellers im Inland] auch die Zuständigkeitsbestimmung des § 112 Abs 2 JN versagt) scheint mir nicht mehr aktuell zu sein, soweit man § 109 JN entsprechend weit auslegt (wofür auch der im Rahmen der ZVN 1983 eingefügte letzte Halbsatz in § 109 Abs 1 JN spricht).

cc) Amtshaftungssachen

82 Anlaß zur Ordination gab es (und kann es weiterhin geben) in Amtshaftungssachen, wenn/weil die Rechtsverletzung im Ausland begangen wurde (der Republik Österreich zuzurechnendes, als hoheitlich zu qualifizierendes Handeln von Angehörigen einer Vertretungsbehörde; von Bundesheerangehörigen im Auslandseinsatz [dazu jüngst IPRax 1997, 345; dazu *Seidl-Hohenveldern,* Ende einer Dienstfahrt auf den Golan-Höhen, 360; s auch Art IX EGJN Rz 198, 241]), die Zuständigkeitsbestimmung des § 9 Abs 1 AHG aber versagt; § 9 Abs 1 AHG sieht nämlich keine subsidiäre Zuständigkeit nach dem Muster des § 8 Abs 1, 2. Satz (alt) OrgHG vor (durch BG BGBl 1985/104 ist zwar auch diese subsidiäre Zuständigkeit gefallen; im Hinblick auf die in Art 8 Abs 1 [neu] OrgHG enthaltene Verweisung auf das ASGG [Vor Art IX EGJN Rz 52] ist für Rechtsstreitigkeiten nach dem OrgHG für die örtliche Zuständigkeit eines inländischen Arbeitsgerichts [§ 4 ASGG] in allen einschlägigen Fällen vorgesorgt, sodaß sich auch hier keine Notwendigkeit zur Ordination ergeben kann [das gilt aber nicht für Amtshaftungssachen]); idS 1 Nd 16/98; 1 Nd 5/95; SZ 55/17 = EvBl 1982/138 = JBl 1983, 260 (dazu *Schurig,* JBl 1983, 234); 1 Nd 25/73; JBl 1959, 599 (dazu *Schwimann,* JBl 1959, 585); s auch *Schwind,* IPR Rz 481; *Schragel,* AHG² (1985) Rz 235, 257; *Vrba/Zechner,* AHG (1983) 232; *Schwimann,* IZVR (1979) 24 f, 107 ff (im Ergebnis wie die stRsp, sich aber zur Begründung der inländischen Gerichtsbarkeit auf die Indikationentheorie [Rz 46] stützend).

83 Für den gar nicht so seltenen Fall, daß der Geschädigte, der einen Amtshaftungsanspruch gegen die Republik Österreich geltend machen will, der aber die Formalvoraussetzungen des § 28 Abs 1 Z 2 JN (bei Ausländern, soweit nicht § 7 AHG zum Tragen kommt) nicht erfüllt, liegt eine Lücke vor, die nach den oben (Rz 60, 76) dargestellten Grundsätzen zu füllen ist.

84 Ob eine Rechtsverfolgung im Staat, in dem die Rechtsverletzung begangen wurde, unmöglich oder unzumutbar wäre, wie in den obzitierten Entscheidungen vielfach ausgeführt wird (weil in jenem Staat einer Klage gegen die Republik Österreich deren Immunität entgegenstünde [Art IX EGJN Rz 196 ff]), oder eine allfällige ausländische Entscheidung im Inland nicht anerkannt und vollstreckt werden könnte (Art IX EGJN Rz 186), mag dahingestellt bleiben; ganz unabhängig davon besteht in Amtshaftungssachen, auch ohne hiezu die Lehre von der sachlichen staatlichen Zuständigkeit (Vor Art IX EGJN Rz 47 ff) bemühen zu müssen, ein unbestreitbares Bedürfnis nach Ermöglichung einer Rechtsverfolgung im Inland. Die hier erörterte Fallgruppe zeigt jedenfalls, daß die Formulierung des § 28 Abs 1 Z 2 JN zu eng ist (oben Rz 76).

dd) Arbeitsrechtssachen, Sozialrechtssachen

Ist kein Tatbestand nach den Bestimmungen der §§ 4 oder 6 ASGG (zu denen für Individualarbeitsrechtssachen nach § 50 Abs 1 Z 1 bis 3 ASGG wahlweise [arg „auch“ in § 4 Abs 1 Z 1 ASGG] auch die Gerichtsstandsbestimmungen nach der JN kommen) im Inland verwirklicht, ist (inländische) **Arbeits**gerichtsbarkeit nicht gegeben; es kann aber allgemeine Gerichtsbarkeit gegeben sein; die örtliche Zuständigkeit richtet sich dann – im Rahmen des Bestands der inländischen Gerichtsbarkeit – nach den Regeln der JN bzw des LGVÜ/EuGVÜ. Bei Vorliegen der Formalvoraussetzungen und der materiellen Voraussetzungen des § 28 Abs 1 Z 2 JN wäre hier eine Ordination theoretisch möglich. Da das ASGG und die JN die örtliche Zuständigkeit aber so weit gezogen haben, dürfte in den von §§ 4 und 6 ASGG nicht gedeckten Fällen – das gilt sowohl für **Arbeits**rechtssachen im formellen Sinn als auch für die allgemeine Gerichtsbarkeit in materiellrechtlich als Arbeitsrechtssachen zu qualifizierenden Rechtsstreitigkeiten – ein Bedürfnis nach Gewährung inländischen Rechtsschutzes kaum vorhanden sein. Die Frage nach einer Ordination in Arbeitsrechtssachen scheint in den letzten Jahren auch nie mehr aktuell gewesen zu sein; vgl *Kuderna,* ASGG², 76 f, erwähnt kein einziges Beispiel. 85

Zur früheren Rechtslage (nach dem ArbGG) s *Matscher* in Schwind-FS 194. Siehe auch Vor Art IX EGJN Rz 54.

Für Sozialrechtssachen iSd § 65 ASGG s die ausschließlichen Gerichtsstände nach § 7 Abs 1 ASGG (einschließlich der subsidiären Gerichtsstandsbestimmung in § 7 Abs 2 ASGG) und die ausschließlichen Gerichtsstände in § 7 Abs 4 ASGG. Anlaß zu einer Ordination dürfte auch hier kaum gegeben sein (s auch Vor Art IX EGJN Rz 56. 86

ee) Kraftloserklärungssachen

Für die Kraftloserklärung von „Staatsobligationen“ (Bundesanleihen) und gleichgestellten Kreditpapieren sind gem § 115 Abs 1 JN inländische Gerichtsbarkeit und örtliche Zuständigkeit eines inländischen Gerichts (GH, an dessen Amtssitz die Kreditbücher geführt werden) stets gegeben (SZ 27/176 = ÖBA 1957, 221 = HS 2417; HS 346). 87

Für die Kraftloserklärung von Wechseln und gleichgestellten Wertpapieren ist gem § 115 Abs 2 JN das Gericht des Zahlungsortes (HG, Landesgericht in Handelssachen) örtlich zuständig; auf den Ausstellungsort kommt es nicht an. Liegt der Zahlungsort im Ausland, könnte bei Erfüllung der Formalvoraussetzungen des § 28 Abs 1 Z 2 JN – und wenn kein sonstiger Gerichtsstand im Inland vorhanden ist – Anlaß zu einer Ordination gegeben sein, so insb dann, wenn eine im Inland anzuerkennende ausländische Entscheidung nicht erwirkt werden kann (*Matscher,* Schwind FS 190 zu FN 92). Ein Bedürfnis nach Ordination wurde aber, wegen Zumutbarkeit einer Rechtsverfolgung im Ausland, für den Fall verneint, daß der aus einem in Verlust geratenen, im Inland ausgestellten Wechsel Berechtigte seine Ansprüche auch ohne Kraftloserklärung im Inland am ausländischen Zahlungsort geltend machen kann (SZ 58/194 = IPRE 2/220 – s auch Rz 74). 88

Bezüglich der örtlichen Zuständigkeit zur Kraftloserklärung aller anderen Urkunden verweist § 115 Abs 3 JN auf die darüber erlassenen besonderen Bestimmungen. Soweit es sich um von inländischen juristischen oder natürlichen Personen iSd §§ 1 und 2 des G RGBl 1868/36 ausgestellte Wertpapiere handelt, ist ein Gerichtsstand im Inland (Sitz der emittierenden Gesellschaft bzw Ausstel- 89 lungsort) in aller Regel gegeben (HS 2418 spricht von einer „ausschließlichen inländischen Gerichtsbarkeit" [zum Begriff Art IX EGJN Rz 28 ff; s ferner Art IX EGJN Rz 51, 52] in dem Sinn, daß eine ausländische Entscheidung im Inland nicht anerkannt werden kann). In Ausnahmefällen (etwa bei Obligationen, die auf Rechnung eines Inländers oder einer Person mit (Wohn)sitz oder gewöhnlichem Aufenthalt im Inland durch ein ausländisches Kreditinstitut begeben wurden) kann, bei Versagen der entsprechenden Gerichtsstandsbestimmung, ein Bedürfnis nach Kraftloserklärung im Inland bejaht werden, und zwar namentlich dann, wenn eine im Inland anzuerkennende ausländische Entscheidung nicht zu erwirken ist. Nur hier ist Platz für eine Ordination.

90 Betr die Kraftloserklärung von Wertpapieren und anderen Urkunden der OeNB s § 75 Abs 2 NBG (namentliche Zuständigkeit des LGZ Wien).

91 Für die Kraftloserklärung anderer (als der in den Abs 1–3 des § 115 JN erwähnten) Urkunden- und Wertpapiere kann ein Bedürfnis zur Ordination dann bestehen, wenn es sich um eine von einem Inländer oder von einer Person mit (Wohn)sitz oder gewöhnlichem Aufenthalt im Inland ausgestellte Urkunde handelt, die subsidiäre Zuständigkeitsnorm des § 115 Abs 4 JN mangels allgemeinen Gerichtsstands des Antragstellers im Inland aber nicht zum Tragen kommt und eine der Anerkennung fähige ausländische Entscheidung nicht (rechtzeitig) zu erwirken ist.

Hingegen dürfte es an dem eine Ordination rechtfertigenden Bedürfnis von Rechtsverfolgung im Inland für die Kraftloserklärung ausländischer Urkunden fehlen (OLG Wien EvBl 1946/23; JABl 1921, 101 und 1927, 45 [abgedruckt bei *Edlbacher,* Außerstreitverfahren 1032] nimmt hier sogar einen Mangel der inländischen Gerichtsbarkeit an.

92 Die von einem ausländischen Gericht ausgesprochene Kraftloserklärung einer ausländischen Urkunde oder eines ausländischen Wertpapiers ist aber – als Frage des materiellen Rechts, nach den Grundsätzen des IPR – auch im Inland wirksam (Rsp 1936, 155; SZ 12/93 = GZ 1930, 142 = NZ 1930, 61 = RZ 1930, 75).

ff) In inländischen Registern eingetragene Vermögensrechte, insb Immaterialgüterrechte; Wettbewerbssachen

93 Für Streitigkeiten um in inländischen Registern eingetragene Vermögensrechte (und auch um sonstige Schutzrechte, wie zB nach UWG), insb Immaterialgüterrechte, vor allem für Klagen oder Anträge auf EV betr Unterlassung wegen behaupteter Eingriffe in solche Rechte, soweit sie sich auf den inländischen Markt auswirken, ist bereits gem § 83 c JN örtliche Zuständigkeit eines inländischen Gerichts weitestgehend gegeben, sodaß hier kaum Anlaß zu einer Ordination gegeben sein wird.

94 Soweit § 83 c JN nicht anwendbar ist, so etwa für die Klage eines inländischen gegen ein ausländisches Unternehmen (mangels eines Gerichtsstands des Beklagten im Inland) auf Feststellung des Nichtbestehens eines wettbewerbsrechtlichen Unterlassungsanspruchs, wegen behaupteter, im Inland begangener und sich (auch) auf den inländischen Markt auswirkender Wettbewerbsverstöße, hängt die Möglichkeit einer Ordination vom Zutreffen der Formalvoraussetzungen und der materiellen Voraussetzungen des § 28 Abs 1 Z 2 JN ab (RdW 1989, 66 = ÖBl 1989, 61 = IPRE 3/195; s auch Rz 70; im Anlaßfall ausreichende Inlandsbeziehung an sich bejaht, Unmöglichkeit bzw Unzumutbarkeit einer Rechtsverfolgung im Ausland aber verneint, zumal eine ausländische Entscheidung im Inland anerkennungsfähig wäre).

Darüber hinaus gibt es eine Reihe von Situationen, wo § 83c JN uU nicht greift. Jedenfalls soweit es sich um ein in einem inländischen Register (Grundbuch, Patentregister, Markenregister, Handelsregister – jetzt Firmenbuch) eingetragenes Recht handelt, besteht (auch mangels eines Gerichtsstands des Beklagten im Inland [vgl etwa § 81 JN, § 162 PatG]) ein einleuchtendes Bedürfnis nach Rechtsverfolgung im Inland, unabhängig von der Möglichkeit bzw Zumutbarkeit einer Rechtsverfolgung im Ausland; hier ist daher Platz für eine Ordination, mögen auch die Formalvoraussetzungen des § 28 Abs 1 Z 2 JN nicht erfüllt sein. Zu denken wäre etwa an Klagen aus Lizenzverträgen über ein inländisches Schutzrecht (§§ 35, 36 PatG), an negative Feststellungsklagen des ausländischen Inhabers eines solchen Rechts (soweit hier nicht ohnehin § 162 PatG zum Tragen kommt). **95**

IdS *Matscher* in Schwind-FS 188ff; *Schönherr,* Gewerblicher Rechtsschutz 111f, Rz 911, im wesentlichen auch *Seber,* ZfRV 1983, 294ff; einschränkend *Schwimann,* ÖZW 1984, 103 FN 78.

Die Tatsache allein, daß eine gerichtliche Entscheidung über ein streitiges Recht oder Rechtsverhältnis die Grundlage zu einer (Neu-)Eintragung in ein inländisches Register bilden könnte (etwa über das Zustandekommen eines Gesellschaftsvertrags, über einen Eigentumsübergang oder die Bestellung einer Hypothek an einer inländischen Immobilie), rechtfertigt für sich allein aber noch keine Ordination zur Herbeiführung einer solchen Entscheidung. **96**

Aus der Jud seien erwähnt: **97**

- RdW 1989, 66 = ÖBl 1989, 61 = IPRE 3/195: negative Feststellungsklage über das Bestehen eines wettbewerbsrechtlichen Unterlassungsanspruchs, für den § 83c JN nicht greift; Ordinationsantrag abgewiesen, da Rechtsverfolgung im Ausland weder unmöglich noch unzumutbar.
- JBl 1980, 211 = ÖBl 1980, 50: Klage einer inländischen gegen eine ausländische Firma auf Feststellung des Rechts zur Führung eines bestimmten Handelsnamens (auf Unterlassung des Bestreitens dieses Rechts); Ordination vorgenommen.
- 4 Nd 301/70: wegen rechtswidriger Patentanmeldung (der Rechtsstreit betraf zwei Parteien mit [Wohn]sitz im Ausland; weitere Angaben und eine nähere Begründung gehen aus der Entscheidungsausfertigung nicht hervor); Ordination vorgenommen.
- 8 Nd 103/65: Klage einer im Inland gegen eine im Ausland lebende Person auf Einwilligung der Richtigstellung (Löschung) einer Eintragung im Handelsregister (nunmehr: Firmenbuch); Ordination vorgenommen.

Bei Streitigkeiten um ausländische Schutzrechte und wegen unlauteren Wettbewerbs auf ausländischen Märkten, der sich auf das Inland nicht auswirkt, ist eine Nahebeziehung zum Inland in aller Regel zu verneinen; soweit eine solche ausnahmsweise zu bejahen ist, hängt eine Ordination vom Vorliegen der Voraussetzung des § 28 Abs 1 Z 2 JN ab. **98**

Zur inländischen Gerichtsbarkeit s Vor Art IX EGJN Rz 59; bezüglich Unterlassungsklagen s auch Rz 100ff und zur Exekution bzw EV Rz 104ff. **99**

gg) Unterlassungsklagen

Unterlassungsklagen können – wie positive Leistungsklagen – soweit kein ausschließlicher (§§ 81, 82, 83, 83c JN) oder wahlweiser (§ 92 JN; auch der des Vermögens nach § 99 JN käme in Frage) Gerichtsstand vorgesehen ist – beim allgemeinen Gerichtsstand des Beklagten im Inland eingebracht werden. In aller Regel wird es sich in dem hier interessierenden Zusammenhang um eine im Inland gebotene Unterlassung von im Ausland gesetzten Akten, die sich im Inland auswirken und von der Rsp zu § 83c Abs 3 JN (hier gegebenenfalls in sinngemäßer Anwendung) zuständigkeitsmäßig im Inland gesetzten Akten gleichgestellt **100** werden. Damit dürfte das Gros der in Betracht kommenden Fälle abgedeckt sein.

101 Liegt kein Gerichtsstand im Inland vor, ist dort eine Klagsführung nicht möglich. Die Durchsetzung des Unterlassunganspruchs im Inland hängt dann von der Möglichkeit ab, eine im Inland der Anerkennung und Vollstreckung fähige ausländische Entscheidung zu erwirken. Das kann dann unbefriedigend sein, wenn ein solcher Titel nicht oder nicht rechtzeitig zu erwirken ist; hier kann Anlaß zu einer Ordination gegeben sein.

102 Für andere (= außerhalb des Anwendungsbereichs des § 83 c JN) im Ausland gebotene Unterlassungen – zu denken wäre etwa an den Fall, daß ein inländischer Theaterdirektor einem ausländischen das Uraufführungsrecht untersagen will – wäre eine Ordination bei Vorliegen der Voraussetzung des § 28 Abs 2 JN denkbar (in 6 Nd 2/94 wurde die Unzumutbarkeit einer Rechtsverfolgung im Ausland verneint; in 4 Nd 528/74 wurde dem Ordinationsantrag ohne weitere Begründung stattgegeben); es fragt sich, ob auch hier ein Bedürfnis nach inländischem Rechtsschutz – in sinngemäßer Anwendung des § 83 c Abs 3 JN (oben Rz 100) – damit begründet werden kann, daß sich die im Ausland gesetzten Akte „irgendwie“ im Inland auswirken. Bezüglich der Durchsetzungsmöglichkeit einer entsprechenden Entscheidung im Inland, als Bedingung für das Tätigwerden eines inländischen Gerichts, insb für eine Ordination s Vor Art IX EGJN Rz 14 und 72.

103 Zur inländischen Gerichtsbarkeit für Unterlassungsklagen (bei im Inland oder im Ausland gebotener Unterlassung) s generell Vor Art IX EGJN Rz 12 ff; zu den Sonderaspekten im Rahmen der Errichtung und den Betrieb von Kernkraftwerken im Ausland, mit Auswirkungen auf das Inland s Rz 75.

Zur Ordination iZm Registerrechten s Rz 93 ff; iZm einer Exekution oder mit einer EV s Rz 104 ff.

hh) Exekution, einstweilige Verfügung

104 Die Ordination ist auch in Exekutionssachen und bei der EV aktuell. In aller Regel geht es um die Bestimmung eines zum Vollzug eines Unterlassungs- bzw Duldungsgebots zuständigen Exekutionsgerichts oder um die Bestimmung eines zur Bewilligung einer EV und zur Anordnung der für deren Durchführung notwendigen Maßnahmen zuständigen Gerichts, wenn zwar inländische Gerichtsbarkeit gegeben ist, die Zuständigkeitsbestimmungen der §§ 18, 355 oder 387 EO aber versagen.

105 Bezüglich der Voraussetzungen einer Ordination (inländische Gerichtsbarkeit, Fehlen eines örtlich zuständigen Gerichts, Vorliegen der Formalvoraussetzungen des § 28 Abs 1 Z 2 JN, Unmöglichkeit oder Unzumutbarkeit einer Rechtsverfolgung im Ausland) gelten die unter Rz 11 ff und 40 ff entwickelten allgemeinen Grundsätze.

106 Auch im Rahmen des Bestands einer staatsvertraglichen Verpflichtung gem § 28 Abs 1 Z 1 JN (Rz 23 ff) kann Anlaß zu einer Ordination zwecks Beantragung einer EV oder Durchführung einer Exekution gegeben sein. Die einschlägigen Verträge sprechen zwar nur davon, daß für die unter den Vertrag fallenden Rechtsstreitigkeiten die Möglichkeit bestehen muß, die Gerichte eines Vertragsstaats anzurufen, soweit auf dessen Gebiet ein vertragseigener Zuständigkeitstatbestand erfüllt ist. Dabei haben die staatsvertraglichen Regelungen in erster Linie sicherlich die klageweise Geltendmachung von Ansprüchen im Auge. ME erstreckt sich die entsprechende staatsvertragliche Verpflichtung aber auch auf einen mit der Geltendmachung eines solchen Anspruchs verbundenen Antrag auf Bewilligung oder Vollstreckung einer EV.

Das gilt aber nicht nur für die Fälle, in denen gem § 28 Abs 1 Z 1 JN für die klageweise Geltendmachung von Ansprüchen Anlaß zur Ordination gegeben ist, sondern überall dort, wo eine staatsvertragliche Verpflichtung zur Entfaltung von Gerichtstätigkeit besteht (Art IX EGJN Rz 52). **107**

Ein Bedürfnis nach Ordination zwecks Ermöglichung einer Exekution oder einer EV scheint iZm den hier erörterten Fällen des Bestands einer staatsvertraglichen Verpflichtung bisher aber nie aktuell gewesen zu sein. **108**

Bei der Ordination iZm Exekution und EV handelt es sich um Anwendungsfälle der Ordination in „anderen zivilgerichtlichen Verfahren"; es sind daher die hiefür vorgesehenen verfahrensrechtlichen Regelungen (Rz 153, 168) – gegebenenfalls sinngemäß – anzuwenden. **109**

Außerhalb des Bestehens einer staatsvertraglichen Verpflichtung zur Entfaltung von inländischer Gerichtstätigkeit wurden Ordinationen iZm der Bestimmung eines Exekutionsgerichts gem §§ 355, 387 EO (zum Vollzug eines auf Unterlassung lautenden Urteils oder einer EV) vorgenommen (3 Nd 2/91; 3 Nd 3/90, 3 Nd 4/89; aus den Ausfertigungen der entsprechenden Entscheidung ist aber keine nähere Begründung zu entnehmen). In anderen Fällen wurde eine Ordination als grundsätzlich möglich bezeichnet, mangels Vorliegens der entsprechenden Voraussetzungen aber nicht vorgenommen (vgl etwa ZfRV 1999, 80; EvBl 1991/54 = JBl 1991, 800 = RdW 1991, 79 = GRURInt 1991, 384 = IPRE 3/182; RdW 1990, 313 = ecolex 1990, 235 = IPRE 3/166; s ferner: **110**

• Die Zuständigkeit zur Erlassung einer EV ist in § 387 EO abschließend geregelt; andere in der JN (etwa §§ 93, 96) normierte Zuständigkeitstatbestände kommen hier nicht zum Tragen. Soweit keine Zuständigkeit nach § 387 gegeben ist, liegt inländische Gerichtsbarkeit in aller Regel nicht vor; Ordination daher nur dann, wenn im Einzelfall ausnahmsweise ein besonderes Rechtsschutzbedürfnis zur Rechtsverfolgung im Inland besteht. Das ist nicht der Fall, wenn der Anspruch auch im Ausland durchgesetzt werden könnte; die Antragstellerin hat im Anlaßfall nicht dargetan, daß dies nicht möglich wäre. Außerdem ist das Bestehen eines Rechtsschutzbedürfnisses auf Erlassung einer lediglich im Ausland in Vollzug zu setzenden EV durch ein inländisches Gericht nicht gegeben, soweit keine Gewähr besteht, daß eine solche von den zuständigen ausländischen Behörden auch in Vollzug gesetzt werden würde (SZ 59/128 = JBl 1987, 115 = RdW 1986, 341 [*H. Schumacher* 329] = ÖBA 1986, 486 [*Koziol*] = IPRax 1988, 33 [*Moschner* 41]).

• Ähnlich ZfRV 1990, 290 = WBl 1989, 318 = RdW 1989, 300 = ÖBA 1989, 1134: Voraussetzung für die Erlassung einer EV ist, daß diese auch im Inland vollzogen und die Gefahr durch Maßnahmen im Inland gebannt werden kann; nur dann ist inländische Gerichtsbarkeit gegeben. Wenn das nicht der Fall ist, mangelt es an dem für die Vornahme einer Ordination erforderlichen Rechtsschutzbedürfnis; dann kommt auch dem Umstand, daß eine Rechtsverfolgung im Ausland nicht möglich oder nicht zumutbar wäre, keine rechtserhebliche Bedeutung zu.

Kritisch zu den beiden Entscheidungen s Vor Art IX EGJN Rz 72.

• Ein ausreichender Inlandsbezug für die zwangsweise Durchsetzung einer gegen eine Partei mit Sitz im Ausland gerichteten EV auf Unterlassung liegt vor, wenn der Exekutionstitel das Verbot bestimmter wettbewerbswidriger Handlungen im Inland ausspricht und der Verpflichtete weiterhin derartige Handlungen setzt. Auch das besondere Rechtsschutzbedürfnis nach einer Rechtsverfolgung im Inland ist gegeben, wenn der betreibenden Partei die Möglichkeit einer raschen exekutiven Durchsetzung der EV im Ausland fehlt; es ist ihr nämlich nicht zuzumuten, daß sie auch nach Vorliegen einer EV gegen diese verstoßende Wettbewerbshandlungen duldet und etwa erst nach Erwirkung eines auch im betreffenden Ausland vollstreckbaren inländischen Titels dort Exekution führt. Die Voraussetzungen zur Bestimmung eines inländischen Exekutionsgerichts sind somit gegeben. Dadurch wird auch nicht in unzulässiger Weise in die fremde Gerichtsgewalt eingegriffen (SZ 68/81 = ZfRV 1995, 258 = RdW 1995, 469 = JUS-Z 1995/1794).

• Ist die örtliche Zuständigkeit eines inländischen Gerichts (im vorliegenden Fall, des Prozeßgerichts) zur Erlassung einer EV gem § 387 Abs 1 EO gegeben, erübrigt sich eine Ordination (ZfRV 1991/37 = AnwBl 1991, 742).

111 *König,* Einstweilige Verfügung 99 FN 1 meint zwar, wegen des Eilcharakters der EV sei hier eine Ordination wohl selten praktisch und wegen der „Auffangtatbestände" des § 387 Abs 2 EO regelmäßig nicht erforderlich; das scheint, wie die obzit Jud zeigt, aber nur bedingt richtig zu sein.

112 Zur inländischen Gerichtsbarkeit s auch Vor Art IX EGJN Rz 12 ff und 69 ff. Siehe ferner *Matscher,* ZZP 1982, 170.

ii) Insolvenz

113 Da für alle iZm einem Konkurs- bzw mit einem Ausgleichsverfahren auftretenden Rechtsstreitigkeiten ausschließliche (§ 111 KO; § 72 AO) oder wahlweise (§ 178 KO; § 77 AO) Gerichtsstände vorgesehen sind, dürfte Anlaß zu einer Ordination hier kaum gegeben sein (daher kann auch die Frage, inwieweit Insolvenzverfahren als solche der streitigen oder der außerstreitigen Gerichtsbarkeit zuzurechnen sind, offenbleiben).

jj) Schiedsgerichtsbarkeit

114 Die gesetzlich vorgesehene Mitwirkung staatlicher Gerichte an der Schiedsgerichtsbarkeit (§ 528 Abs 1, §§ 583, 591 Abs 2, § 596 Abs 1 ZPO) – soweit das Schiedsverfahren zu einem inländischen Schiedsspruch (*Fasching,* Lehrbuch[2] Rz 2235; *Matscher,* JBl 1975, 469; *Rechberger/Simotta,* Zivilprozeßrecht[4] Rz 966) führen sollte oder geführt hat – hatte, im Hinblick auf den (zu) engen Wortlaut der Zuständigkeitsbestimmung des § 582 Abs 1 (alt) ZPO, in früherer Zeit nicht selten Anlaß zu Ordinationsanträgen gegeben, gleich ob eine staatsvertragliche Verpflichtung zu einer solchen Mitwirkung als gegeben oder bloß ein Rechtsschutzbedürfnis dazu angenommen worden war (vgl etwa JBl 1981, 437 [*Pfersmann*] = GesRZ 1980, 72 [*Pöch*] = YCA VII [1982], 312 [*Melis*]; EvBl 1959/300 = HS 347; SZ 28/180 = ZfRV 1960, 40 [*H. Schima*]; SZ 18/24; s dazu auch *Bajons* in Kralik-FS 4 ff); s ferner *Reiner,* ZfRV 1986, 168, 183; s auch Art IX EGJN Rz 75 ff und oben Rz 38.

115 Dank der erweiterten Fassung der Zuständigkeitsbestimmung des § 582 Abs 1 ZPO im Rahmen der ZVN 1983 (Einfügung eines 2. Halbsatzes im 2. Satz) und insb durch die Schaffung einer subsidiären Zuständigkeit (Einfügung eines neuen 3. Satzes, der berichtigend idS auszulegen ist, daß es genügt, daß das Schiedsgericht im Inland getagt hat, unabhängig davon, ob der Schiedsvertrag einen inländischen Tagungsort bezeichnet hat [OLG Wien EvBl 1985/120] – bei der institutionalisierten Schiedsgerichtsbarkeit [zu diesem Begriff *Matscher,* JBl 1975, 460 f] nur so weit, als die administrierende Stelle einen inländischen Tagungsort vorgesehen hat; implizit idS RdW 1993, 10 = ZfRV 1993/22) sollten – soweit es sich um inländische Schiedsverfahren handelt – Anlässe zur Ordination nicht mehr gegeben sein.

Übrigens, soweit der Zuständigkeitstatbestand des § 582 Abs 1 erfüllt ist, erscheint es überflüssig (Vor Art IX EGJN Rz 41 und zu § 27 a JN Rz 6), zur Begründung der inländischen Gerichtsbarkeit nach einer weiteren Nahebeziehung zum Inland zu forschen.

116 Besteht eine staatsvertragliche Verpflichtung zur Mitwirkung der staatlichen Gerichte an der Schiedsgerichtsbarkeit (Art IX EGJN Rz 77) sind Überlegungen über das Vorliegen einer Nahebeziehung zum Inland (wie sie in RdW

1993, 10 = ZfRV 1993/22 anklingen) überhaupt abwegig; aus Art V Abs 1 lit e New YorkerÜbk über die Anerkennung und Vollstreckung ausländischer Schiedssprüche BGBl 1961/200 wird der Bestand einer entsprechenden Verpflichtung zur Ermöglichung einer Aufhebungsklage abgeleitet; zurecht kritisch zu den idZ auch in JBl 1981, 437 angestellten Erwägungen *Pöch,* GesRZ 1980, 72 und *v. Hoffmann,* IPRax 1981, 30.

1 Ob 576/88 (auszugsweise wiedergegeben in IPRE 3/210) hat einen Antrag auf Ordination zur Ermöglichung einer Klage auf Feststellung der Unwirksamkeit einer Schiedsklausel schon aus dem Grunde abgewiesen, daß der Antragsteller das Vorliegen der Voraussetzungen des § 28 Abs 1 Z 2 JN nicht gem Abs 2, 2. Satz (Abs 4, 2. Satz – neu behauptet und bescheinigt hat (dem nicht veröffentlichten Teil der Entscheidung ist zu entnehmen, daß die Klage auf Feststellung der Unwirksamkeit einer Schiedsklausel [das Verfahren war bei einem inländischen Schiedsgericht bereits anhängig] wegen örtlicher Unzuständigkeit des angerufenen staatlichen Gerichts rechtskräftig zurückgewiesen worden war, worauf hier der Kläger einen Antrag auf Ordination gestellt hat). **117**

Geht man mit *Fasching,* Lehrbuch² Rz 1091 und der Jud (EvBl 1956/373; SZ 29/26; SZ 18/151; SZ 17/131) von der Zulässigkeit einer Feststellungsklage auf Bestehen oder Nichtbestehen einer Schiedsklausel, auch vor oder während der Anhängigkeit eines Schiedsverfahrens aus, stellt sich einmal die Frage, ob diese unter § 583 oder § 595 Abs 1 Z 1 ZPO (in erweiternder Auslegung) subsumiert werden kann; in beiden Fällen wäre die Zuständigkeit des staatlichen Gerichts nach § 582 Abs 1 ZPO zu beurteilen; sieht man sie als selbständige Klage an, dann wäre zu ordinieren, wobei das Vorliegen der Voraussetzungen nach § 28 Abs 1 Z 2 JN grundsätzlich zu bejahen ist. **118**

Auch hier erweist sich somit die Formulierung des § 28 Abs 1 Z 2 JN gegebenenfalls als zu eng (s oben Rz 76). **119**

Zusammenfassend: Für die gesetzlich gebotene Mitwirkung der staatlichen Gerichte an der Schiedsgerichtsbarkeit muß, soweit es sich um ein inländisches Schiedsgericht handelt, die Zuständigkeit eines inländischen Gerichts jedenfalls gegeben sein; idS, mit beachtlichen Argumenten, *Geimer,* IZVR³ Rz 1248; *Mänhardt,* AnwBl 1989, 397; einschränkend, noch iSd Indikationentheorie, *Bajons,* Kralik-FS 19 ff. **120**

Bei ausländischen Schiedsgerichten kann es sich dabei nur um Rechtshilfeersuchen iS von § 589 ZPO handeln (zu einer gesetzlichen, gegebenenfalls staatsvertraglichen Verpflichtung s *Matscher,* JBl 1975, 468), wobei sich die funktionelle Zuständigkeit des ersuchten Gerichts nach § 38 JN (in sinngemäßer Auslegung) richtet; hier zu erörternde Probleme bestehen in diesem Zusammenhang somit nicht; weitergehend *Geimer,* IZVR² Rz 1260, 3737.

D. Vereinbarung der inländischen Gerichtsbarkeit (§ 28 Abs 1 Z 3 JN)

Abweichend von anderen Rechtsordnungen, kannte das österr Recht, aus alter Tradition, nur die Zulässigkeit der Vereinbarung der Zuständigkeit eines bestimmten Gerichts (oder bestimmbarer Gerichte) (§ 104 Abs 1, 1. Satz JN aF); dazu *Matscher,* Zuständigkeitsvereinbarungen 50 f. Verschiedene Staatsverträge (Rz 36), so insb Art 17 LGVÜ/EuGVÜ, sehen – neben der Vereinbarung der Zuständigkeit eines bestimmten Gerichts – auch die der Vereinbarung der Zuständigkeit der Gerichte (in ihrer Gesamtheit) eines Vertragsstaats vor. Im Hinblick auf die überragende Bedeutung der beiden Vertragswerke für den Privat- und Prozeßrechtsverkehr Österreichs mit dem Ausland hat die WGN 1997 diesem Umstand Rechnung getragen und in § 104 Abs 1 Z 1 JN die generelle Möglichkeit einer Vereinbarung der inländischen Gerichtsbarkeit eingeführt. **121**

Die Ausdrucksweise „Vereinbarung der inländischen Gerichtsbarkeit“ mag rechtsdogmatischen Bedenken begegnen; sie liegt aber auf der Ebene des der WGN 1997 zugrundeliegenden Konzepts der Doppelfunktionalität der Gerichtsstandsbestimmungen (§ 27a JN; allerdings wird hier der die inländische Gerichtsbarkeit implizierende Gerichtsstand im Inland letztlich erst durch die Ordination geschaffen); praktisch ist sie aber auch hier (Rz 18 und zu § 27a JN Rz 5) unproblematisch.

122 Festgehalten sei, daß § 104 Abs 1 Z 1 JN über die engeren Erfordernisse nach Art 17 LGVÜ/EuGVÜ insofern hinausgeht, als er einerseits die Zulässigkeit einer Vereinbarung der inländischen Gerichtsbarkeit generell (also nicht nur derjenigen eines Vertragsstaats, wie iSd zitierten Vertragsnormen) vorsieht, andererseits auch nicht die Einschränkung enthält, daß zumindest eine der beiden Parteien ihren Wohnsitz in einem Vertragsstaat haben muß.

123 In konsequenter Fortsetzung der Regelung des § 104 Abs 1 Z 1 JN sieht nun § 28 Abs 1 Z 3 JN vor, daß im Falle der Vereinbarung der inländischen Gerichtsbarkeit, ohne Vereinbarung der Zuständigkeit eines bestimmten örtlich zuständigen Gerichts im Inland, ein solches zu ordinieren ist. Das gilt aber nur, soweit ein (sonstiger) Gerichtsstand im Inland nicht gegeben oder nicht zu ermitteln ist (Rz 11, 12); auch hier wird präzisiert (Art 28 Abs 2 JN), daß keine weitere Voraussetzung erfüllt sein muß (Rz 45, 46) und daß entgegenstehende völkerrechtliche Bestimmungen oder besondere gesetzliche Anordnungen vorbehalten bleiben (Art 28 Abs 3 JN; s auch Rz 56, 57).

124 Im übrigen richten sich Zulässigkeit und Gültigkeit einer zu einer Ordination Anlaß gebenden Vereinbarung der inländischen Gerichtsbarkeit nach § 104 Abs 1 und 2 JN, soweit nicht nach anwendbaren Staatsverträgen „ausdrücklich anderes bestimmt ist“ (§ 104 Abs 5 JN); so sind etwa die Gültigkeitsvoraussetzungen einer Prorogation nach Art 17 Abs 1 LGVÜ/EuGVÜ abweichend geregelt (ua hinsichtlich der Formerfordernisse, vgl dazu *Geimer/Schütze,* Zivilverfahrensrecht Rz 75–130; *Schoibl,* BeitrZPR IV 133ff).

125 Bei der Ordination nach § 28 Abs 1 Z 3 JN kann weniger von einem Bedürfnis nach Gewährung inländischen Rechtsschutzes, wie im Falle des § 28 Abs 1 Z 2 JN (Rz 40ff, 60ff), sondern eher von der Ermöglichung einer von den Parteien gewollten (§ 104 Abs 1 JN) Rechtsverfolgung im Inland gesprochen werden; es kommt daher insb auf eine Unmöglichkeit oder Unzumutbarkeit einer Rechtsverfolgung im Ausland iS von § 28 Abs 1 Z 2 JN nicht an.

126 Bei Vorliegen einer staatsvertraglichen Verpflichtung, auch eine generelle Prorogation der inländischen Gerichte (der inländischen Gerichtsbarkeit) – so etwa nach Art 17 LGVÜ/EuGVÜ – kann die Ordination nach § 28 Abs 1 Z 3 JN auch als eine solche nach § 28 Abs 1 Z 1 JN (Rz 36) betrachtet werden.

127 Zur Anwendbarkeit von § 28 Abs 1 Z 3 JN für den Fall der Unterwerfung unter die inländische Gerichtsbarkeit durch eine Immunität genießende Person s Rz 38 und zu Art IX EGJN Rz 155.

III. Verfahrensfragen

A. Der Ordinationsantrag (die Einleitung des Ordinationsverfahrens)

1. In streitigen Zivilrechtssachen

128 In streitigen bürgerlichen Rechtssachen geschieht die Ordination – gleich, ob es sich um einen Fall des § 28 Abs 1 Z 1, 2 oder 3 JN handelt iSv § 28 Abs 4 JN – auf Antrag einer Partei (in aller Regel des Klägers), im Zuge eines bereits anhängigen Verfahrens – Rz 144 – allenfalls auch durch den ihm beigetretenen Nebenintervenienten, „sonst" (Rz 153) von Amts wegen, dh, daß unbeschadet der Frage, ob die Voraussetzungen einer Ordination gegeben wären, sie in streitigen bürgerlichen Rechtssachen nicht von Amts wegen eingeleitet wird (OLG Graz als Berufungsgericht zu ZfRV 1994, 166 = WBl 1994, 313).

Der Ordinationsantrag ist direkt (Schriftsatz mit Anwaltszwang [§ 27 Abs 1 **129** ZPO]) beim OGH einzubringen. Eine Antragstellung mündlich zu Protokoll ist im OGHG nicht vorgesehen. Vor einem BG wäre sie (gemeinsam mit der Klage oder auch getrennt) gem § 434 ZPO – in erweiternder Auslegung – aber möglich; das Gericht hätte den Antrag sodann (in Analogie zu § 434 Abs 2, 2. Halbsatz ZPO) dem OGH zu übersenden; das scheint aber nicht der geltenden Praxis zu entsprechen. Ist ein Verfahren bereits anhängig, kann der – an den OGH zu richtende – Ordinationsantrag auch beim Erstgericht eingebracht werden; dieses hat ihm dann, nach rechtskräftiger Verneinung seiner Zuständigkeit, dem OGH vorzulegen (4 Nd 505/94; s auch Rz 144).

Zur Einbringung als Eventualantrag s Rz 144.

Über die den Antragsteller treffende Behauptungs- und Bescheinigungspflicht s Rz 156, 157, 160, 161.

Ein bei einem zur Entgegennahme unzuständigen Gericht eingebrachter Ordinationsantrag wäre von diesem an den OGH weiterzuleiten; das ist zwar gesetzlich nicht ausdrücklich vorgesehen, es würde aber einer der ZVN 1983 (RV 669 BlgNR 15. GP) zugrundeliegenden Tendenz (Weiterleitung anstatt Zurückweisung) entsprechen.

Die Veranlassung der Verbesserung eines formell mangelhaften Ordinati- **130** onsantrags ist gem § 84 Abs 1 und 2 ZPO geboten. Auch ein Verbesserungsversuch bei Vorliegen von inhaltlichen Mängeln – insb bei Nichterfüllung der Behauptungs- und Bescheinigungspflicht nach § 28 Abs 4, 2. Satz JN – würde den Anregungen der Lehre zur erweiternden Auslegung des § 84 Abs 3 ZPO (vgl etwa *Fasching,* Lehrbuch[2] Rz 513; auf die Erweiterung der Verbesserungs- und Anleitungspflicht durch die ZVN 1983 haben zu Recht auch *Konecny,* JBl 1984, 13 und *Böhm,* Anm zu JBl 1988, 336 hingewiesen) entsprechen; die Praxis (vgl etwa JBl 1988, 322 [*Pfersmann*] = EvBl 1988/52 = ZfRV 1988, 47 = MR 1993, 148 = IPRE 2/224; idS auch *Gitschthaler* in *Rechberger,* ZPO §§ 84, 85 Rz 8) scheint bei inhaltlich mangelhaften Ordinationsanträgen aber nicht in diesem Sinne vorzugehen.

Im Hinblick darauf, daß der Ordinationsantrag an keine Frist gebunden ist – und gegebenenfalls mit den notwendigen Inhaltsangaben versehen, jederzeit nachgeholt werden kann (s auch Rz 179) –, mag es dahingestellt bleiben, ob hier die Vornahme eines Verbesserungsversuchs rechtspolitisch geboten erscheint (ein Interesse an einem solchen könnte allerdings in der verjährungsunterbrechenden Wirkung eines Ordinationsantrags mit beigegebener Klage – Rz 139, 140 – erblickt werden).

Beantragung der Verfahrenshilfe für die Stellung des Ordinationsantrags **131** (§ 63 ZPO) ist möglich, scheint aber in der Praxis selten vorzukommen. Zuständig zur Entgegennahme eines schriftlichen Antrags auf Verfahrenshilfe wäre gem § 65 Abs 1, 1. Satz ZPO) der OGH selbst; da ein Protokollaranbringen – wie schon erwähnt (oben Rz 129) – im OGHG nicht vorgesehen ist, wäre aber zur Entgegennahme der Erklärung zu Protokoll gem § 65 Abs 1, 2. Satz 1. Halbsatz ZPO sinngemäß die Zuständigkeit des BG des Aufenthalts des Antragstellers gegeben (dieses hätte dann den Antrag dem OGH vorzulegen) – beide Bestimmungen in sinngemäßer Anwendung. Die Entscheidung über die Verfahrenshilfe für den Ordinationsantrag kommt jedenfalls allein dem OGH zu (§ 65 Abs 2 ZPO – auch in sinngemäßer Anwendung). Selbst wenn mit dem Ordinationsantrag die Klage verbunden war (unten Rz 142), beschränkt sich die Entscheidung des OGH auf die Verfahrenshilfe für den Ordinationsantrag, während über die Verfahrenshilfe für das Verfahren in der Hauptsache das ordinierte Gericht zu entscheiden hat (§ 65 Abs 2 ZPO – hier in direkter Anwendung). Das ist aber insofern unpraktisch, als ein Bedürfnis nach Verfahrenshilfe weniger für den (isolierten) Ordinationsantrag als für die Verfassung der diesem Antrag beizuschließenden Klage bestehen dürfte.

132 Von einer anderen – wohl auch praktischeren – Ansicht scheint der OGH in RZ 1979/47 auszugehen: Für den Fall eines Antrags auf Ordination und auf Verfahrenshilfe seitens einer Partei, die nicht in der Lage ist, ihrem Antrag die Klage beizuschließen, und die wegen ihres gewöhnlichen Aufenthalts im Ausland auch den Vorgang nach § 64 Abs 1 Z 4 ZPO nicht einhalten kann, zunächst– soweit das Vorliegen der inländischen Gerichtsbarkeit nicht bereits prima facie ausgeschlossen erscheint – Bestimmung eines inländischen Gerichts durch den OGH (wohl desjenigen, welches auf Grund des vorliegenden Sachverhalts voraussichtlich ordiniert werden würde) zur Entscheidung über den Antrag auf Verfahrenshilfe für die Verfassung der Klage und Stellung des Ordinationsantrags, der in der Folge vom OGH zu prüfen sein wird (der OGH spricht hier von einem Verfahren sui generis). Tatsächlich dürfte sich die Notwendigkeit einer Verfahrenshilfe viel eher für die (dem Ordinationsantrag beizuschließende – unten Rz 142) Klage als für die Stellung eines separaten Ordinationsantrags ergeben.

133 Soll ein Ordinationsantrag im Zuge eines bereits anhängigen Verfahrens als Eventualantrag gestellt werden, könnte die nicht anwaltlich vertretene und nicht bereits Verfahrenshilfe genießende Klägerin diese für den Ordinationsantrag beantragen; über die Verfahrenshilfe für den letzteren hätte dann wohl das Prozeßgericht zu entscheiden. Das ist aber vollkommen unpraktisch, weil hier ohnehin das Prozeßgericht, im Rahmen der Manuduktionspflicht gem § 432 Abs 1 ZPO, dieser Partei die notwendigen Anleitungen zur Formulierung des dann gegebenenfalls an den OGH weiterzuleitenden Ordinationsantrags geben kann.

134 Enthält die Klage keinen Eventualantrag auf Ordination, ist das ursprünglich angerufene Gericht jedoch unzuständig und hätte dieses bzw das Rechtsmittelgericht die Sache von Amts wegen an das zuständige Gericht zu überweisen (§ 38 Abs 2 ASGG; § 475 Abs 2 ZPO), ist aber kein örtlich zuständiges Gericht, an das überwiesen werden könnte, vorhanden, sodaß die Klage zurückgewiesen werden müßte, regt *Fasching,* Lehrbuch[2] Rz 206, 222 aus prozeßökonomischen Gründen an, entweder dem an sich zur Überweisung verpflichteten Gericht ein Antragsrecht an den OGH einzuräumen oder den OGH, nach Vorlage des Aktes durch das vorgenannte Gericht, zur amtswegigen Ordination zu veranlassen (natürlich nur, soweit die Voraussetzungen zu einer solchen gegeben sind).

Zur Stellung eines mit einem Überweisungsantrag gem §§ 230 a, 261 Abs 6 ZPO, § 38 Abs 2 ASGG verbundenen Eventualantrags auf Ordination s unten Rz 144.

135 Die Ordination ist nur für eine bestimmte Rechtssache möglich, was eine Konkretisierung und Individualisierung des Sachbegehrens voraussetzt (stRsp, vgl etwa 8 Nd 502/83; RZ 1979/47; 1 Nd 509/78). Das kann bereits dem Gesetzeswortlaut („für eine bürgerliche Rechtssache") entnommen werden (Entsprechendes gilt für die Delegation); es ergibt sich aber auch aus dem Wesen der Ordination, die auf eine konkrete und aktuelle Situation abstellt (s auch oben

Rz 41) und die sich darauf beziehenden Voraussetzungen einem steten Wandel unterliegen (s auch Rz 154, 179).

Außerhalb eines bereits anhängigen Verfahrens (damit ist wohl gemeint: außerhalb des Zusammenhangs mit einem bereits eingeleiteten oder einzuleitenden Verfahren) ist eine Ordination nicht möglich (7 Nd 502/96). **136**

Der Ordinationsantrag als solcher bewirkt nicht Gerichtsanhängigkeit und unterbricht auch nicht die Verjährung nach § 1497, 1. Satz 2. Fall ABGB (s auch unten Rz 139, 140). Das entspricht der hA (*Schubert* in *Rummel,* ABGB[2] II § 1497 Rz 9; *Mader* in *Schwimann,* ABGB V § 1497 Rz 14 – beide mwN; DRdA 1982/3 [*Burgstaller*] erwähnt in diesem Zusammenhang den Ordinationsantrag nur beispielhaft); das stellt allerdings eine gewisse Inkongruenz zu der unten Rz 152 vertretenen Meinung über die Einbeziehung des Ordinationsverfahrens in die Berechnung der angemessenen Verfahrensdauer iS von Art 6 Abs 1 EMRK dar. Anders nach § 210 BGB (dazu *Heinrichs* in *Palandt,* BGB[56] § 210 Rz 1), wo unter den Verjährungsunterbrechungsgründen der Antrag auf „Bestimmung des zuständigen Gerichts durch ein höheres Gericht" – etwa gem § 36 dZPO – ausdrücklich genannt ist. **137**

Für den Fall, daß die Klage dem Ordinationsantrag beigegeben war – kein Problem hinsichtlich Verjährungsunterbrechung ergibt sich, wenn ein Ordinationsantrag als Eventualantrag in die Klage aufgenommen worden war (unten Rz 144) –, stellt sich allerdings die Frage, ob dieser kombinierte Antrag Gerichtsanhängigkeit iS von § 29, 1. Satz JN und Verjährungsunterbrechung gem § 1497, 1. Satz 2. Fall bewirkt. **138**

Die Meinungen der Lehre über die verjährungsunterbrechende Wirkung selbst eines Ordinationsantrags, mit beigegebener Klage, divergieren (dafür, allerdings ohne nähere Begründung, *Schubert* in *Rummel,* ABGB[2] II § 1497 Rz 9; *Mader* in *Schwimann,* ABGB V § 1497 Rz 14; *Mayr* in *Rechberger,* ZPO § 28 JN Rz 7; dagegen die ältere Lit; vgl etwa *Klang* in *Klang*[2] ABGB VI 655; *Neumann,* Kommentar[4] I 78 FN 4, unter Berufung auf JBl 1878, 199); publizierte einschlägige Jud darüber ist nicht vorhanden. **139**

Die negativen Meinungen stützen sich darauf, daß nur die bei einem zuständigen Gericht eingebrachte Klage „rechtswirksam (bei demselben) ... anhängig gemacht wurde" (arg § 29, 1. Satz JN) und die Verjährungsunterbrechung nach § 1497, 1. Satz 2. Fall ABGB eine materiellrechtliche Folge der Gerichtsanhängigkeit ist; das überzeugt aber schon insofern nicht, als anerkannt ist, daß die verfahrensrechtlichen und die materiellrechtlichen Wirkungen (hier, die Verjährungsunterbrechung) der Gerichtsanhängigkeit im Falle einer Überweisung gem §§ 230a, 261 Abs 6 ZPO aufrecht bleiben (*Schubert* in *Rummel,* ABGB[2] II § 1497 Rz 6; *Mader* in *Schwimann,* ABGB V § 1497 Rz 13). Gerade wenn der OGH die Klage dem ordinierten Gericht überweist (Rz 174), kann sich die hier vertretene positive Meinung auf eine Analogie mit den letztgenannten Bestimmungen stützen; sie erscheint mir aber auch vertretbar, wenn das nicht der Fall war; hier stellt sich dann aber die Frage nach der „gehörigen Fortsetzung" iSd § 1497, 1. Satz aE ABGB (Rz 182). **140**

Wurde der (isolierte oder mit beigegebener Klage versehene) Ordinationsantrag abgewiesen, fällt gem § 1497, 2. Satz (in sinngemäßer Anwendung) die Verjährungsunterbrechung wieder weg.

Ist auf die Verjährung eines Anspruchs gem § 35 IPRG ausländisches Sachrecht anzuwenden, richtet sich die Frage, ob durch einen Ordinationsantrag jene unterbrochen wird, nach diesem. Eine Klage (oder ein mit dieser verbundener Ordinationsantrag) ist nämlich nur ein mögliches Tatbestandselement der mate- **141** riellrechtlichen Norm, welche eine Verjährungsunterbrechung anordnet (vgl *Taupitz,* JBl 1996, 3).

142 Anders als dem Delegationsantrag nach § 31 JN, der zur Voraussetzung hat, daß die Rechtssache bei einem (zuständigen) Gericht (zumindest gleichzeitig) anhängig gemacht worden ist (SZ 21/63), muß dem Ordinationsantrag die Klage nicht notwendigerweise beigeschlossen werden (auch keine Analogie zu § 149 Abs 1 ZPO); ein Beischluß entspricht aber der Praxis (und hätte nach JUS-Z 1995/1752; 3 Nd 501/98; 8 Nd 502/83 ua; RZ 1979/47 idR bzw grundsätzlich zu geschehen [obwohl diese beizugebende Klage den Schriftsatzerfordernissen des § 75 Z 1 ZPO – Bezeichnung des zuständigen Gerichts –, bei strenger Auslegung dieser Bestimmung, nicht entsprechen würde; darüber wird – entgegen *Neumann,* Kommentar[4] I 78 FN 4, aE – aber zu Recht hinweggesehen; zur Verjährungsunterbrechung s oben Rz 139, 140]). Wenn aber der OGH einen im Rahmen einer Revisionsrekursbeantwortung gestellten Antrag auf Ordination abweist, weil die Klageschrift nicht beilag, ist das jedenfalls ein übertriebener Formalismus, weil die Klage entweder in dem von den Unterinstanzen vorgelegten Prozeßakt enthalten war oder vom OGH mühelos beschafft werden könnte (ÖBA 1998/704; s auch Rz 130).

143 Aber auch der nicht mit der Klage verbundene (isolierte) Ordinationsantrag muß die zur Individualisierung des geltendzumachenden Anspruchs (Ordination nur für eine bestimmte Rechtssache! – s oben Rz 135) notwendigen Angaben und jenes Tatsachenvorbringen enthalten, an denen der OGH das Vorliegen der vom Antragsteller zu behauptenden und zu bescheinigenden Ordinationsvoraussetzungen (Rz 157, 160, 161) prüfen kann.

144 Einem Ordinationsantrag kann nicht nur die Klage beigegeben, er kann auch als Eventualantrag – der dann zulässigerweise an eine innerprozessuale Bedingung geknüpft wird (ZfRV 1997, 43) – in die Klage aufgenommen werden, was allerdings relativ selten vorkommt; wenn es geschieht, so dann, wenn nach der Rsp mit einer möglichen Zurückweisung der Klage wegen örtlicher Unzuständigkeit zu rechnen ist, (so in den „Atomfällen" [Rz 75]; vgl etwa ZÖR 39 [1988/89] 364 = IPRE 3/197; JBl 1988, 323 = ZÖR 39, 352 = IPRE 3/196).

Häufiger wird der Ordinationsantrag – infolge Bestreitung der örtlichen Zuständigkeit durch den Beklagten – im Zuge des Verfahrens in der Hauptsache, entweder separat (4 Nd 504/94) oder in einem Rechtsmittel an den OGH (9 Nd 501/98; ZfRV 1996, 200 [*H. Hoyer*]) oder auch mit einem Antrag auf Überweisung gem §§ 230a, 261 Abs 6 ZPO, § 38 Abs 2 ASGG verbunden (3 Nd 502/92; ZfRV 1997/43: Wenn dort ausgeführt wird, das Gericht müsse hier zuerst vorlegen und mit der Entscheidung über den Überweisungsantrag bis zum Vorliegen der Entscheidung des OGH zuwarten, erscheint das problematisch, weil die Überweisung an ein nicht offenbar unzuständiges Gericht einer Ordination wohl vorzugehen hat, zumal auch die Prämisse einer Ordination – Fehlen eines örtlich zuständigen Gerichts – erst dann erfüllt ist, wenn das Adressatgericht seine Zuständigkeit abgelehnt hat; richtig des Erstgericht in 1 Nd 16/98), als Eventualantrag in dem Sinne gestellt, daß, falls das Gericht das Zutreffen des geltendgemachten Zuständigkeitsgrundes verneint, der Antrag zum Tragen kommen sollte; in diesem Fall hat ihn das Gericht – erst nach rechtskräftiger Verneinung seiner Zuständigkeit (Rz 11) –, aber jedenfalls ohne auf das Vorliegen der Ordinationsvoraussetzungen einzugehen, dem OGH vorzulegen. Gelegentlich wird der Vorlagebeschluß auch den Parteien zugestellt (so das Erstgericht in 4 Nd 507/98).

Das Ordinationsverfahren als solches ist rein einseitig ausgestaltet, und dem Verfahren vor dem OGH wird der Beklagte in keiner Weise beigezogen. **145**

Nur wenn der Ordinationsantrag in die Klage aufgenommen oder im Zuge des Verfahrens in der Hauptsache als Eventualantrag gestellt wurde, hat der (die Zuständigkeit des angerufenen Gerichts, insb das Vorliegen der inländischen Gerichtsbarkeit oder die sonstigen Voraussetzungen einer Ordination bestreitende) Beklagte Gelegenheit, sich zum Ordinationsantrag zu äußern (aber keine Parallelität zu § 31 Abs 3 JN und – vom Bestehen einer Manuduktionspflicht nach § 432 Abs 1 JN abgesehen – keine Aufforderung zur Äußerung, wie sie das Erstgericht in 4 Nd 505/94 vorgenommen hatte). Ein formelles Einspruchsrecht gegen den Ordinationsantrag bzw ein abgesondertes Rechtsmittel gegen dessen Vorlage an den OGH steht ihm aber nicht zu (s dazu die Unterinstanzen zu EvBl 1978/10). **146**

Zur Kostenfrage s Rz 183.

Solange über einen in eventu gestellten oder separat anhängig gemachten Ordinationsantrag nicht entschieden ist, kann wohl die Unzuständigkeit des in der Hauptsache angerufenen Gerichts ausgesprochen werden (die Rechtskraft von dessen Entscheidung über die örtliche Unzuständigkeit ist ja Voraussetzung dafür, daß der OGH dem Ordinationsantrag nähertreten kann; Rz 11). Auch eine die inländische Gerichtsbarkeit bejahende Entscheidung ist möglich (deren Rechtskraft gem § 42 Abs 3 JN den OGH bindet; Art IX EGJN Rz 22, 22 a); eine sie verneinende aber nicht, da dies ein Vorgriff auf die Kompetenz des OGH wäre, im Rahmen der Prüfung der Ordinationsvoraussetzungen, als Vorfrage, auch über den Bestand der inländischen Gerichtsbarkeit zu entscheiden. **147**

Nach rechtskräftiger Verneinung seiner Zuständigkeit hat das in der Hauptsache angerufene Gericht einen in eventu gestellten Ordinationsantrag jedenfalls dem OGH vorzulegen. Keinesfalls wäre es befugt, die Vorlage eines Ordinationsantrags, wegen angenommenen Fehlens der inländischen Gerichtsbarkeit, abzulehnen (so richtig das Rekursgericht in EvBl 1978/10). Irreführend – da zu generalisierend – JBl 1996, 795 *(Matscher):* Den Ausführungen dieser Entscheidung könnte entnommen werden, daß das angerufene bzw das im Instanzenzug mit der Sache befaßte Gericht einen in eventu gestellten Ordinationsantrag gar nicht vorzulegen bräuchte und die Klage zurückzuweisen hätte, wenn es das Vorhandensein einer ausreichenden Nahebeziehung und somit nach der Indikationentheorie den Bestand der inländischen Gerichtsbarkeit verneint. Daß der OGH, wenn er – wie im Anlaßfall – die inländische Gerichtsbarkeit verneint und somit dem gegen dessen Verneinung durch das Berufungsgericht erhobenen Rekurs keine Folge gibt, auf den mit dem Rechtsmittel verbundenen Eventualantrag auf Ordination nicht näher einzugehen hat, liegt auf einer anderen Ebene. Desgleichen weist der OGH vorgelegte Ordinationsanträge auch vor rechtskräftiger Stattgebung der vom Beklagten erhobener Unzuständigkeitseinrede ab, wenn die formellen und/oder materiellen Voraussetzungen einer Ordination keinesfalls gegeben sind (4 Nd 507/98). **148**

Eine Zurückweisung der Klage wegen fehlender örtlichen Zuständigkeit durch die Unterinstanz wäre im Falle eines (mit der Klage verbundenen oder vor Schluß der mündlichen Verhandlung eingebrachten) Eventualantrags auf Ordination aber nicht zulässig, da vor der Entscheidung des OGH über den Ordinationsantrag nicht feststeht, ob das in der Hauptsache angerufene Gericht nicht kraft Ordination als örtlich zuständig zu gelten haben wird (4 Nd 507/98; Rekursgericht in EvBl 1978/10; LGZ Wien EFSlg 8837, 8838 [1967]). Erst wenn der OGH den Ordinationsantrag abgelehnt hat, hätte eine Zurückweisung der Klage zu erfolgen. **149**

AM (oder zumindest mißverständlich) JUS-Z 1995/1752: Wenn ein Rechtsstreit bereits anhängig ist, komme ein Ordinationsantrag erst in Betracht, wenn die Klage zurückgenommen oder rechtskräftig zurückgewiesen wurde; das würde einen im Zuge des Verfahrens zu stellenden Eventualantrag auf Ordination unmöglich machen (gemeint haben dürfte der OGH wohl, daß über einen Ordinationsantrag erst nach rechtskräftiger Verneinung der örtlichen Zuständigkeit entschieden werden kann, was richtig ist (s auch Rz 11).

150 Keinesfalls könnte das Gericht die Vorlage eines in eventu gestellten Ordinationsantrags wegen angenommenen Fehlens der Ordinationsvoraussetzungen (s auch Rz 144) ablehnen.

151 Zur Stellung eines Ordinationsantrags durch das BMJ in den Fällen, in denen der Staatsanwalt in Personenstandssachen klageberechtigt bzw mitwirkungsbefugt ist, s EvBl 1981/60. Die Situation ist insofern nicht mehr aktuell, als, soweit inländische Gerichtsbarkeit gegeben ist (Art IX EGJN Rz 40), der Gesetzgeber in den fraglichen Angelegenheiten durchgehend für eine subsidiäre Zuständigkeit vorgesorgt hat (Rz 4, 77, 78).

152 Ob Ordinationsverfahren unter dem Schutz der Verfahrensgarantien des Art 6 Abs 1 EMRK stehen, ist str (bejahend *Matscher,* ZÖR 31 [1980], 10 mwN); bezüglich der ähnlich einzuordnenden Delegationsverfahren nach § 31 JN wurde es von der Kommission in einer älteren Entscheidung (10. 12. 1975 [X/A], Coll 6, 61) mit der Begründung, solche Verfahren beträfen Organisationsfragen des Zivilprozesses, hätten aber selbst nicht die Entscheidung über einen Zivilrechtsanspruch zum Gegenstand, verneint; desgleichen hat die Kommission Verfahren zur Bewilligung des Armenrechts (Verfahrenshilfe) als nicht unter den Schutz des Art 6 Abs 1 EMRK stehend betrachtet (so 20. 12. 1967 [X/D], Coll 25, 75; 2. 1. 1970 [X/D], Coll 32, 59). Diese enge Auslegung des Art 6 Abs 1 EMRK ist problematisch und dürfte der neueren Rsp zu Art 6 Abs 1 EMRK nicht mehr entsprechen; da die Frage iZm einer Ordination aber kaum aktuell sein dürfte, lohnt es sich nicht, sie hier zu vertiefen (Näheres bei *Matscher,* Wagner-FS 271 ff). Hingegen scheint es anerkannt zu sein, daß der für die Beurteilung der angemessenen Dauer eines zivilgerichtlichen Verfahrens zu berücksichtigende Zeitraum mit der Einbringung eines Ordinationsantrags, unabhängig, ob er separat gestellt oder mit der Klage verbunden worden war (s oben Rz 142), zu laufen beginnt (idS Kommissions-E 1764/63 [X/D] 23. 5. 1966, Coll 20, 8 [1726]); Näheres bei *Matscher,* Fasching-FS 366.

2. In den anderen zivilgerichtlichen Verfahren

153 „Sonst" – wie sich das Gesetz in § 28 Abs 4, 1. Satz JN ausdrückt –, dh im außerstreitigen Verfahren, Exekution, EV, Insolvenz (die Aufzählung entspricht der des § 41 Abs 3 JN) geschieht die Ordination von Amts wegen. Im Hinblick auf die Schaffung zahlreicher subsidiärer Gerichtsstände, auch für außerstreitige Verfahren (Rz 4, 77, 78), dürften Anwendungsfälle einer amtswegigen Ordination hier kaum mehr aktuell sein (vgl aber Rz 80, 81, 88, 89, 91). Zu denken wäre etwa an die Fälle, in denen das Gericht gem § 1 AußStrG von Amts wegen einzuschreiten hat bzw auf Antrag oder Anregung eines Betroffenen bzw Interessierten oder auch einer anderen Stelle („von jenem Gerichte oder jener Behörde, welche zur Kenntnis der Notwendigkeit des Einschreitens eines österr Gerichtes gelangt", so *Neumann,* Kommentar[4] I 77), tätig zu werden hat; vgl etwa die in Rz 81 erwähnten Fälle. Ordination von Amts wegen kann jedenfalls nur bedeuten, daß der OGH über eine entsprechende „Anregung" (oder Vorlage) tätig wird.

Wohl aber weiterhin von Aktualität ist die Bestimmung eines zum Vollzug zuständigen Gerichts im Falle eines auf Unterlassung lautenden Urteils oder einer EV – Rz 110. Ungeachtet einer amtswegigen Verpflichtung zur Ordination wird auch hier der Anregung durch die interessierte Partei (betreibende Gläubiger, gefährdete Partei) praktische Bedeutung zukommen (SZ 68/81 = ZfRV 1995, 258 = RdW 1995, 469, JUS-Z 1995/1794).

Die Ordinationsvoraussetzungen sind die gleichen wie für streitige Zivilrechtssachen (wobei § 28 Abs 1 Z 3 JN ausscheidet).

B. Die Prüfung der Ordinationsvoraussetzungen

1. Allgemeines

Das Vorliegen der inländischen Gerichtsbarkeit prüft der OGH von Amts wegen, als Vorfrage, vor dem Eingehen auf die weiteren Ordinationsvoraussetzungen (Rz 20). **154**

Das Vorliegen aller Voraussetzungen einer Ordination nach § 28 Abs 1 Z 1, 2 und 3 JN prüft er auf Grund der Rechts- und Sachlage zum Zeitpunkt der Antragstellung (bzw der Vorlage); sie müssen spätestens zum Zeitpunkt der Entscheidung gegeben sein.

Keinesfalls prüft der OGH die materiellrechtliche Schlüssigkeit der beabsichtigten oder mit dem Ordinationsantrag verbundenen Klage (IPRE 3/200, 201; s auch *Böhm,* Anm zu JBl 1988, 460). **155**

§ 28 Abs 4, 2. Satz JN ordnet eine Behauptungs- und Bescheinigungspflicht ausdrücklich nur bezüglich der Ordinationsvoraussetzungen nach § 28 Abs 1 Z 2 und 3 JN an; die gesetzliche Regelung ist insofern unvollständig und bedarf einer Präzisierung. **156**

2. In streitigen Zivilrechtssachen

In streitigen bürgerlichen Rechtssachen hat der Antragsteller: **157**

• **im Falle einer Ordination nach § 28 Abs 1 Z 1 JN** das Bestehen eines Staatsvertrags, dessen Anwendbarkeit sowie die Verwirklichung eines staatsvertraglichen Gerichtsbarkeits-Tatbestands einerseits und das Fehlen eines Gerichtsstands im Inland andererseits zumindest zu behaupten. Das Vorliegen dieser Voraussetzungen prüft der OGH von Amts wegen, ohne an die Angaben des Klägers gebunden zu sein, dh, daß der Bestand einer staatsvertraglichen Verpflichtung in negativer und in positiver Hinsicht zu prüfen ist (Vor Art IX EGJN Rz 68).

Gem § 28 Abs 4, 2. Satz JN ist eine Behauptungs- und Bescheinigungspflicht für die Ordination nach § 28 Abs 1 Z 1 nicht ausdrücklich vorgesehen. Um den OGH aber in die Lage zu versetzen, seine Prüfung vorzunehmen, ist eine Behauptungs- und eine den Umständen des Anlaßfalls entsprechende Bescheinigungspflicht wohl unerläßlich.

Zur Frage eines Verbesserungsauftrags s Rz 130.

Staatsverträge sehen in aller Regel keine besonderen Bestimmungen über die Art der Prüfung der inländischen Gerichtsbarkeit vor. Anderes gilt für das LGVÜ und das EuGVÜ. Diese ordnen für den Fall einer ausschließlichen Zuständigkeit nach Art 16 LGVÜ/EuGVÜ (Art IX EGJN Rz 343) in Art 19 LGVÜ/EuGVÜ zwar auch nur eine amtswegige Prüfung an, die derjenigen nach der JN (Art IX EGJN Rz 17, 19, 27) entspricht, nach herrschender Auslegung dieser Bestimmung aber in jeder Lage des Verfahrens (*Geimer/Schütze,* Zivilverfahrensrecht Art 19 Rz 5 ff) vorzunehmen ist. Desgleichen verlangen Art 20 LGVÜ/EuGVÜ in allen anderen Sachen, die von den Übk erfaßt werden, eine **158** amtswegige Prüfung, gleichfalls in jeder Lage des Verfahrens, wenn sich der Beklagte, der seinen Wohnsitz in einem anderen Vertragsstaat hat (und soweit sich die Zuständigkeit des angerufenen Gerichts nicht auf eine [andere] Bestimmung der Übk stützen kann), nicht gem Art 18 LGVÜ/EuGVÜ eingelassen hat (Art IX EGJN Rz 344). Das Gebot einer amtswegigen Prüfung gilt jedenfalls für den ordinierenden OGH (das „in jeder Lage des Verfahrens" kann für das Ordinationsverfahren aber nicht zum Tragen kommen).

159 Es fragt sich nun, ob das eine und/oder das andere auch (noch) für das Verfahren vor dem ordinierten Gericht gilt; dafür mit beachtlichen Argumenten (auch um die Kontroverse über die Zuständigkeit nicht gem Art 28 der beiden Übk in das Anerkennungs- und Vollstreckungsverfahren zu verlagern) *Schoibl,* JBl 1998, 772, der in diesem Zusammenhang von einer „speziellen Unzuständigkeitseinrede" spricht; ohne nähere Begründung *Lechner,* Anm zu AnwBl 1997, 220.

Das ist allerdings eine aus der Sicht des autonomen österr Verfahrensrechts systemwidrige Lösung (Durchbrechung der Rechtskraft der Ordinationsentscheidung – Rz 177–180), die im Rahmen der Anwendbarkeit von LGVÜ und EuGVÜ aber wohl geboten sein dürfte (sie könnte sich iwS auch auf § 28 Abs 3 JN [Rz 56] – Vorbehalt entgegenstehender völkerrechtlicher Regelungen – stützen.

Näheres dazu Anh zu § 42 JN.

De lege ferenda könnte an die Schaffung eines besonderen Rechtsbehelfs nach dem Muster des § 508 ZPO (hier: Abänderungsantrag an den OGH) gedacht werden.

160 Der Antragsteller hat:

• **im Falle einer Ordination nach § 28 Abs 1 Z 2 JN** das Fehlen eines Gerichtsstands im Inland und gem § 28 Abs 4, 2. Satz JN das Vorliegen der formellen und der materiellen Voraussetzungen des § 28 Abs 1 Z 2 JN – das letztere substantiiert – zu behaupten (stRsp, vgl etwa 4 Nd 507/98; JBl 1988, 322 [*Pfersmann*] = EvBl 1988/52 = ZfRV 1988, 47 = IPRE 2/224; s ferner RdW 1988, 133 = IPRE 2/225: der Kläger habe die Unzumutbarkeit einer Rechtsverfolgung im Ausland nicht einmal behauptet; JBl 1988, 223 = ZÖR 39 [1988/89], 352 = IPRE 3/196: bloß generische Behauptungen der Unzumutbarkeit genügen nicht) und zu bescheinigen. Das Fehlen eines Gerichtsstands im Inland prüft der OGH von Amts wegen (Rz 11, 12), das Vorliegen der formellen und der materiellen Voraussetzungen des § 28 Abs 1 Z 2 JN auf Grund der Angaben des Klägers (§ 41 Abs 2 JN), ohne allerdings an diese gebunden zu sein. Auch der Bestand der inländischen Gerichtsbarkeit wird in Ordinationsanträgen – für den OGH unverbindlich – vielfach ausdrücklich behauptet.

Zur Frage eines Verbesserungsauftrags s auch hier Rz 130.

161 Der Antragsteller hat:

• **im Falle einer Ordination nach § 28 Abs 1 Z 3 JN** das Vorliegen einer Vereinbarung der inländischen Gerichtsbarkeit nach § 104 Abs 1 Z 1 JN zu behaupten und – abweichend von der für die Berufung auf eine Prorogation seit der Neufassung des § 104 Abs 1, 2. Satz JN durch die ZVN 1983 geltenden Regelung – durch Beischluß einer Urkunde über die getroffene Vereinbarung zu bescheinigen (also sinngemäß, wie nach § 104 Abs 1, 2. Satz idF vor der ZVN 1983); nur das setzt den OGH in die Lage, das Vorliegen dieser Ordinationsvoraussetzung zu prüfen.

Gleich wie bezüglich der anderen Ordinationsvoraussetzungen, entscheidet der ordinierende OGH im Prinzip unanfechtbar auch über das Vorliegen einer zulässigen und gültigen Vereinbarung der inländischen Gerichtsbarkeit, und das ordinierte Gericht ist daran gebunden (Rz 177–180). Das ist systemkonform und verletzt im „Normalfall" auch nicht die Schutzinteressen des Beklagten. Gleich, wie die Prorogation nach § 104 Abs 1 Z 2 JN, ist auch diejenige nach Z 1 eine zweiseitige Prozeßhandlung, die – ganz abgesehen von der grundsätzlichen Unanfechtbarkeit der (rechtskräftigen) Ordinationsentscheidung – vor dem ordinierten Gericht nicht wegen Irrtums oder wegen anderer Willensmängel angefochten werden kann (*Matscher,* Zuständigkeitsvereinbarungen 21, 53f; aM *Oberhammer,* JBl 1997, 435ff, und – primär auf den Schiedsvertrag bezogen, aber auch für die Gerichtsstandsvereinbarung gedacht – *Rummel,* RZ 1986, 146; für Prozeßerklärungen im allgemeinen s RZ 1997/79).

Anders, wenn der Antragsteller dem OGH eine gefälschte Urkunde über **162** die Vereinbarung der inländischen Gerichtsbarkeit vorgelegt haben sollte, was dem OGH im Regelfall gar nicht auffallen dürfte, sodaß er gar keine Veranlassung sehen wird, von Amts wegen allfällige Erhebungen nach § 509 Abs 3 ZPO oder § 526 Abs 1, 2. Satz ZPO, in sinngemäßer Anwendung, zu veranlassen. Da der Beklagte aber keine Gelegenheit hat, seine diesbezügliche Einwendung vor dem ordinierenden OGH vorzubringen (im Regelfall wird er bei isolierten Ordinationsanträgen [anders bei mit der Klage oder mit einem Rechtsmittel verbundenen Eventualanträgen auf Ordination; hier hat – oder hatte – er die Möglichkeit, seine Einwendung vor dem Erstgericht oder allenfalls im Rahmen einer Rechtsmittelbeantwortung geltend zu machen] vom Ordinationsverfahren auch keine Kenntnis haben Rz 145, 146), dürfte es auch iS von Art 6 Abs 1 EMRK wohl unerlässlich sein, ihm eine Rechtsschutzmöglichkeit zu eröffnen.

Eine systemkonforme Lösung würde in der Eröffnung einer (gem § 532 Abs 2, 2. Fall **163** ZPO direkt beim OGH einzubringenden) Wiederaufnahmsklage nach § 530 Abs 1 Z 1 (oder allenfalls Z 2) ZPO liegen, mag das auch dazu nötigen, den Begriff der die „Sache erledigenden Entscheidung" teleologisch weit, also auch Ordinationsentscheidungen umfassend, auszulegen, was der bisherigen Jud und Lehre, die hinsichtlich der Wiederaufnahmsklage in bezug auf Prozeßentscheidungen eher zurückhaltend war – vgl *Fasching,* Lehrbuch[2] Rz 2038 – (sie hatte allerdings keinen Anlaß, den hier erörterten Fall in Erwägung zu ziehen), nicht entsprechen würde. Es ist nämlich auch die Ordinationsentscheidung eine ein Verfahren (hier: das Ordinationsverfahren) erledigende Entscheidung.

Zur Frist für die Einbringung der Wiederaufnahmsklage s § 534 Abs 2 Z 3 ZPO; diese **164** Bestimmung ist allerdings erweiternd auszulegen, zumal der Beklagte von der Ordinationsentscheidung in aller Regel erst mit der Zustellung der Klage an ihn, durch das ordinierte Gericht, Kenntnis erhalten wird.

Zur Unterbrechung des Verfahrens vor dem ordinierten Gericht, infolge Erhebung **165** der Wiederaufnahmsklage s § 544 und § 545 ZPO (in sinngemäßer Anwendung). Die weiteren Bestimmungen über das Wiederaufnahmeverfahren sind zT überhaupt nicht, zT nur sinngemäß anzuwenden.

Die Wiederaufnahmsklage ist hier gewiß ein schwerfälliger Apparat, von dem aller **166** dings nicht zu erwarten ist, daß er oft in Gang gesetzt werden muß. Sicherlich wäre die Eröffnung der Möglichkeit einer Geltendmachung dieser (oder anderer) Einwendung(en) gegen die Zulässigkeit oder Gültigkeit der Vereinbarung vor dem ordinierten Gericht einfacher; aus systemimmanenten Gründen (Rechtskraft der Ordinationsentscheidung) scheidet sie de lege lata aber aus; gegebenenfalls könnte de lege ferenda auch hier (s oben Rz 159) an die Schaffung eines besonderen Rechtsbehelfs nach dem Muster des § 508 ZPO gedacht werden; das würde aber nicht geringere verfahrensrechtliche Probleme aufwerfen, wie die Zulassung einer Wiederaufnahmsklage.

Da durch die Ordination – inländische Gerichtsbarkeit immer vorausgesetzt **167** (Rz 20, 154) – eine örtliche Zuständigkeit geschaffen wird (Rz 16), erfolgt die **Prüfung der Ordinationsvoraussetzungen** in sinngemäßer Anwendung des § 41 Abs 1 und 2 JN (s auch Rz 11), also Prüfung von Amts wegen, dh Untersuchungsgrundsatz iS von *Fasching,* Lehrbuch[2] Rz 277, 663; s auch Art IX EGJN Rz 17, 19.

Das Ausmaß dieser Prüfung ist in den einzelnen Ordinationsfällen und hinsichtlich der verschiedenen Ordinationsvoraussetzungen ein unterschiedliches. Insbesondere bei der Ordination nach § 28 Asb 1 Z 2 und 3 wird dem – gleichfalls sinngemäß anzuwendenden – § 41 Abs 2 JN ein größeres Gewicht zukommen.

Hingegen scheidet § 42 Abs 1 JN für das Ordinationsverfahren und, im Hinblick auf die bindenden Wirkung der Ordinationsentscheidung (Rz 177–180), für das Verfahren vor dem ordinierten Gericht aus.

Zum Ausmaß der Prüfung – und zu den Wirkungen der Ordinationsentscheidung – im Anwendungsbereich von LGVÜ/EuGVÜ s Rz 158, 159.

3. In anderen zivilgerichtlichen Verfahren

168 In den anderen zivilgerichtlichen Verfahren (Rz 153) hat die eine Ordination anregende Person oder Stelle – unbeschadet des nur auf die Ordination in streitigen Zivilrechtssachen bezugnehmenden Wortlauts des § 28 Abs 4, 2. Satz JN und trotz der formellen Einleitung des Ordinationsverfahrens von Amts wegen – das Bestehen der Voraussetzungen einer Ordination zu behaupten (diesbezüglich ist die Situation der nach § 28 Abs 1 Z 1 JN bei der Ordination in streitigen Zivilrechtssachen ähnlich – s oben Rz 157, 160); nur könnte hier der OGH nicht wegen unzureichender Substantiierung der Anregung von einer Ordination Abstand nehmen; das Vorliegen der Voraussetzungen für die Einleitung eines Ordinationsverfahrens hat er – unbeschadet der Einholung von notwendigen Aufklärungen (s auch Rz 172) – vielmehr von Amts wegen zu prüfen (§ 41 Abs 3 JN in sinngemäßer Anwendung); s auch EFSlg 85140.

C. Die Ordinationsentscheidung

169 Über Ordinationsanträge entscheidet der OGH in nichtöffentlicher Sitzung in aller Regel durch einen Dreiersenat (§ 7 Abs 1 lit a OGHG; s auch § 11 Abs 2, 1. Fall ASGG), gegebenenfalls (gem § 7 Abs 3 OGHG; in Arbeits- und Sozialrechtssachen [hier Senatszusammensetzung nach § 11 Abs 1, 3. Fall ASGG]) auch durch den einfachen Senat (so etwa in SZ 69/227 = AnwBl 1927, 218 [*Lechner*] = RZ 1997/67 = ZfRV 1997/6; ZÖR 39 [1978] 264; SZ 50/59; SZ 51/34 = JBl 1978, 653 [*Pfersmann*] – EvBl 1978/131).

170 Wenn der OGH iZm der Behandlung eines Rechtsmittels über einen mit diesem verbundenen Eventualantrag auf Ordination zu befinden hat, entscheidet er auch über den letzteren in der für die Behandlung des Rechtsmittels vorgesehenen bzw gegebenen Besetzung (einfacher Senat, verstärkter Senat, gegebenenfalls auch Dreiersenat gem § 11a Abs 3 Z 2 ASGG [s auch JUS-Z 1996/1955]).

171 Negative Entscheidungen werden mehr oder weniger ausführlich, positive in aller Regel nur kursorisch (Hinweis, daß die Ordinationsvoraussetzungen nach der Aktenlage gegeben sind; vgl etwa 3 Nd 2/91; 3 Nd 3/90; 5 Nd 506/89; 3 Nd 4/89; 5 Nd 501/76; 4 Nd 528/74; 4 Nd 301/70) begründet; nur wenn komplexere Rechtsfragen zu erörtern waren, erfolgt eine eingehendere Begründung (vgl etwa 1 Nd 5/95; JBl 1980, 211 = ÖBl 1980, 50; SZ 50/59; SZ 42/189).

172 Inhalt der Entscheidung des OGH ist:

• bei Mangelhaftigkeit des Antrags (Fehlen der zu dessen Prüfung notwendigen Angaben, insb mangelnde Konkretisierung des Anspruchs [8 Nd

502/83]), die Zurückweisung des Antrags (die Praxis scheint hier von der Vornahme eines Verbesserungsversuchs abzusehen; s Rz 130);

• wenn in einem bereits anhängigen Verfahren über die Unzuständigkeit des angerufenen Gerichts noch nicht rechtskräftig abgesprochen ist, die Zurückweisung des Antrags (3 Nd 502/92) bzw die Zurückstellung an das vorlegende Gericht (7 Nd 508/93);

• bei Fehlen der Voraussetzungen einer Ordination (mangelnde inländische Gerichtsbarkeit, Vorhandensein eines Gerichtsstands im Inland, Verneinung des Vorliegens der Voraussetzungen nach § 28 Abs 1 Z 1, 2 oder 3 JN, Nichterfüllung der Behauptungs- und Bescheinigungspflicht nach § 28 Abs 4, 2. Satz JN (im letzteren Fall könnte der Antrag ebensogut zurückgewiesen werden, was auf das gleiche hinausliefe), die Abweisung des Ordinationsantrags; wenn ohnehin ein örtlich zuständiges Gericht vorhanden ist oder die Voraussetzungen einer Ordination aus anderen Gründen nicht gegeben sind, heißt es gelegentlich (ZfRV 1998, 39; 5 Nd 501/98), eine Ordination „findet nicht statt";

• wenn – im Falle einer amtswegigen Ordination – noch Erhebungen über das mögliche Vorhandensein eines Gerichtsstands im Inland durch die anregende Stelle zu prüfen sind, die Zurückstellung des Antrags an diese (EFSlg 85140);

• wenn dem Ordinationsantrag stattgegeben wird, die Bestimmung eines sachlich zuständigen Gerichts als örtlich zuständig;

• gegebenenfalls eine Kostenentscheidung.

Die (in Beschlußform ergehende) Entscheidung wird dem Antragsteller **173** und, bei Vorlage durch ein Gericht, auch diesem zugestellt; bei positiver Erledigung sollte sie auch dem (vom vorlegenden Gericht verschiedenen) ordinierten Gericht zugestellt werden.

Eine Zustellung an den Antragsgegner – zumindest einer den Ordinationsantrag ablehnenden Entscheidung – erfolgt in aller Regel nicht; wurde der Ordinationsantrag im Rahmen eines anhängigen Verfahrens als Eventualantrag gestellt, sollte eine Zustellung durch das Gericht erster Instanz (oder durch das Rechtsmittelgericht) an beide Parteien erfolgen.

War dem Ordinationsantrag die Klage beigegeben, was in aller Regel der **174** Fall ist (Rz 142), wäre es erwägenswert, dem ordinierten Gericht auch die Klage zu überweisen (dieses hätte dann wie mit einer bei ihm eingegangenen Klage zu verfahren [§ 230 Abs 1 ZPO]); eine Prüfung der Zuständigkeit [§ 41 JN] oder der inländischen Gerichtsbarkeit bzw der Rechtswegszulässigkeit [§ 42 JN] scheidet wegen der bindenden Wirkung der Ordinationsentscheidung [Rz 177–180] aber aus) – das scheint aber nicht der Praxis zu entsprechen – und deren Gerichtsanhängigkeit iSd § 29, 1. Satz JN jedenfalls (s Rz 137 ff) mit dem Einlangen bei letzterem anzunehmen. Infolge der herrschenden Praxis ist der Kläger vielmehr genötigt, die dem Ordinationsantrag beigegebene (oder auch eine entsprechend geänderte) Klage beim ordinierten Gericht erneut einzubringen (Gerichtsanhängigkeit dann erst ab diesem Zeitpunkt; im übrigen Vorgangsweise wie oben). Die Regelungen der §§ 235 und 237 ZPO (= deren Tatbestandselemente: Eintritt der Streitanhängigkeit; erste Tagsatzung bzw erste mündliche Streitverhandlung, oder Einlangen der Klagebeantwortung) können aber bei beiden Varianten (= im Falle einer Überweisung der Klage an das ordinierte Gericht oder auch ohne eine solche) erst für das folgende Verfahren in der Hauptsache zum Tragen kommen.

War ein Eventualantrag auf Ordination in die Klage aufgenommen oder im **175** Zuge des Verfahrens gestellt worden und hat der OGH über den Rekurs gegen einen die inländische Gerichtsbarkeit (noch nicht rechtskräftig) bejahenden oder verneinenden und/oder über einen die örtliche Zuständigkeit bejahenden oder verneinenden Beschluß des Berufungsgerichts (des Rekursgerichts) zu entscheiden, muß differenziert werden:

• Verneint der OGH die inländische Gerichtsbarkeit, weist er die Klage zurück bzw er bestätigt den die inländische Gerichtsbarkeit verneinenden Beschluß des Berufungsgerichts (des Rekursgerichts); die Zurückweisung der Klage hätte im letzteren Fall durch die Unterinstanz zu erfolgen. Auf den in eventu gestellten Ordinationsantrag braucht er in keiner der beiden Varianten einzugehen bzw er weist auch diesen ab (ZfRV 1996/81).

• Bejaht der OGH die inländische Gerichtsbarkeit oder gibt er der Unzuständigkeitseinrede keine Folge, hat das Berufungsgericht bzw das Erstgericht in der Sache zu entscheiden; hier erübrigt sich eine Ordination; hat er hingegen der Unzuständigkeitseinrede Folge gegeben (oder den Rekurs gegen einen die örtliche Zuständigkeit verneinenden Beschluß des Rekursgerichts zurückgewiesen) und betrachtet er auch kein anderes inländisches Gericht als örtlich zuständig (Rz 11), entscheidet er über den in eventu gestellten Ordinationsantrag (gegebenenfalls durch gesonderten Beschluß [4 Ob 2127/96 i]).

176 Welches Gericht ordiniert wird, bleibt dem OGH überlassen (die Bestimmungen über die Delegation – §§ 30–31 a JN – bieten ihm dazu keine konkrete Hilfe); er berücksichtigt dabei Kriterien der Sach- und Parteinähe bzw der Zweckmäßigkeit, wie zB das Gericht des allgemeinen Gerichtsstands des Klägers bzw des Antragstellers im Inland (IPRE 2/219), das Gericht, bei dem ein Parallelprozeß anhängig war oder anhängig ist (1 Nd 5/95; SZ 50/59), bei Unterlassungsklagen das Gericht, in dessen Sprengel die zu untersagende Handlung gesetzt wurde oder sich auswirkt (JBl 1988, 459 [*Böhm*] = EvBl 1988/118 = RdW 1988, 165 = ZÖR 39 [1988/89] 360), bzw er ordiniert das vorlegende Gericht; auch bei einer Ordination nach Art 31 Abs 1 lit b CMR (Ort der Übernahme des Gutes oder der für die Ablieferung vorgesehene Ort – Rz 26, 29) ist der OGH nach stRsp (7 Nd 505/95; 7 Nd 503/93; 7 Nd 510/92; 6 Nd 512/91; 5 Nd 514/91) an sich nicht gehalten, die Rechtssache jenem sachlich zuständigen Gericht zuzuweisen, in dessen Sprengel die Fracht übernommen oder abgeliefert wurde, was aber weitestgehend geschieht. Das gilt ganz allgmein für den Fall, daß ein Staatsvertrag nur generelle Gerichtsbarkeit normiert; anders, wenn er spezielle Gerichtsbarkeit anordnet (Art IX EGJN Rz 51; spezifisch zu LGVÜ/EuGVÜ Art IX EGJN Rz 338 und hier Rz 32). Hier ist der OGH verpflichtet, dasjenige Gericht zu ordinieren, auf das der vertragseigene (in den österr Verfahrensgesetzen aber keine volle Entsprechung findende) Zuständigkeitstatbestand hinweist (vgl etwa SZ 69/227 = AnwBl 1997, 218 [*Lechner*] = ZfRV 1997/6 = RZ 1997/67; 4 Nd 514/97) und soweit man die entsprechende Vertragsbestimmung nicht als self executing betrachtet, womit sich die Notwendigkeit einer Ordination erübrigen würde; vgl dazu oben Rz 25–27. Üblicherweise enthält der Ordinationsantrag eine entsprechende Anregung, welcher der OGH in aller Regel folgt.

Vgl die rechtspolitische Anm von *Schönherr* zu ÖBl 1980, 50 = JBl 1980, 221, derzufolge zwecks Vereinfachung und Beschleunigung des Verfahrens sowie zur Entlastung des OGH die Klage direkt bei dem für den Kläger zuständigen Gericht einzubringen wäre (das dann sinngemäß die Voraussetzungen des § 28 JN zu prüfen hätte). Dieser Anregung ist der Gesetzgeber nicht gefolgt.

177 Die Ordinationsentscheidung ist jedenfalls unanfechtbar (für den Fall, daß sie auf Zurück- oder auf Abweisung des Antrags lautet, s auch Vor Art IX EGJN Rz 68) und auch für das ordinierte Gericht bindend.

Geht man davon aus, daß die (stattgebende) Ordinationsentscheidung den Bestand der inländischen Gerichtsbarkeit (implizit) bindend bejaht (Rz 17, 50) und örtliche Zuständigkeit des ordinierten Gerichts geschaffen hat (das gilt unabhängig davon, ob es sich um einen in eventu gestellten [Rz 144], um einen isolierten oder um einen Ordinationsantrag mit beigegebener Klage gehandelt hat [Rz 142]), ist ein nachträglicher Wegfall der inländischen Gerichtsbarkeit (§ 29, 1. Satz und § 42 Abs 3 JN – in sinngemäßer Anwendung) nicht zu beachten, es sei denn, es handelt sich um deren Wegfall wegen eingetretener Immunität iS von § 29, 2. Satz JN. Ein Wegfall der sonstigen Ordinationsvoraussetzungen (so etwa auch der staatsvertraglichen Verpflichtung bei der Ordination nach § 28 Abs 1 Z 1 JN) bleibt jedenfalls unbeachtlich; s auch Rz 39, 51. **178**

Zu den Sonderfällen der Ordination nach § 28 Abs 1 Z 1 JN im Rahmen der Anwendbarkeit von LGVÜ und EuGVÜ s Rz 158, 159; nach § 28 Abs 1 Z 3 JN s Rz 161, 162.

Eine nachträgliche Änderung der Verhältnisse – Wegfall eines der Bejahung der inländischen Gerichtsbarkeit entgegenstehenden Hindernisses; Entstehung einer staatsvertraglichen Verpflichtung nach § 28 Abs 1 Z 1 JN oder eines Bedürfnisses nach Gewährung inländischen Rechtsschutzes nach § 28 Abs 1 Z 2 JN (auch eine spätere Erfüllung der entsprechenden Formalvoraussetzungen) oder eine nachträgliche Erfüllung der Behauptungs- und Bescheinigungspflicht – stehen aber, im Falle der Zurück- oder Abweisung eines vorangehenden Ordinationsantrags, einem weiteren bzw entsprechend ergänzten Antrag nicht entgegen. **179**

Zur Bindung des Gerichts – desjenigen, das vorgelegt hat, des ordinierten Gerichts oder eines anderen, in der Folge angerufenen Gerichts – an die in der Ordinationsentscheidung enthaltenen Aussagen über das Vorhandensein bzw über das Fehlen der inländischen Gerichtsbarkeit, über das Vorliegen eines (sonstigen) Gerichtsstands im Inland oder über eine vorgenommene Ordination s auch Rz 14–17. **180**

Für den Fall eines isolierten Ordinationsantrags (Rz 142) stellt sich die Frage, wie lange die Ordinationsentscheidung „aufrecht" bleibt; im Zweifel dürfte wohl die (auch zeitlich nicht beschränkte) Bindungswirkung einer Ordinationsentscheidung (oben Rz 180) weiterbestehen. Diese Frage stellt sich nicht, wenn die Klage dem Ordinationsantrag beigeschlossen (Rz 142) war und der OGH diese, gemeinsam mit der Ordinationsentscheidung, an das ordinierte Gericht weiterleitet (oben Rz 174). **181**

Da der isolierte Ordinationsantrag keine Gerichtsanhängigkeit bewirkt (Rz 137), kann sich die Frage der Fortdauer einer Verjährungsunterbrechung („gehörige Fortsetzung der Klage" gem § 1497 1. Satz aE ABGB) hier gar nicht stellen; anders, wenn die Klage beigeschlossen war, im Falle ihrer Überweisung an das ordinierte Gericht bzw für deren Neueinbringung durch den Kläger (oben Rz 181). **182**

D. Die Kosten des Ordinationsverfahrens

Einen Ausspruch über die Kosten enthält die Ordinationsentscheidung üblicherweise nicht. Die Kosten des Ordinationsverfahrens sind vielmehr als Prozeßkosten iSd § 41 ZPO zu behandeln. Lediglich wenn sich der Beklagte im Verfahren vor dem vorlegenden Gericht zum Ordinationsantrag geäußert hat (Rz 146), können ihm – im Falle der Zurück- oder Abweisung des Ordinationsantrag – gem § 52 Abs 1 2. Satz ZPO Schriftsatzkosten zugesprochen werden (4 Nd 505/94). **183**

Dauer der Zuständigkeit

§ 29. Jedes Gericht bleibt in Rechtssachen, welche rechtmäßigerweise bei demselben anhängig gemacht wurden, bis zu deren Beendigung zuständig, wenn sich auch die Umstände, welche bei Einleitung des Verfahrens für die Bestimmung der Zuständigkeit maßgebend waren, während des Verfahrens geändert hätten. Dies gilt jedoch nicht von solchen Änderungen, auf Grund derer Personen Immunität genießen oder die Rechtssache dem Wirkungskreis der ordentlichen Gerichte entzogen ist.

IdF Art VI Z 4 WGN 1997 BGBl I 1997/140

Lit: *Matscher,* Zur Abgrenzung der inländischen Gerichtsbarkeit, vornehmlich in Vermögenssachen, JBl 1983, 505; *ders,* Probleme der Schiedsgerichtsbarkeit im österreichischen Recht, JBl 1975, 443.

Übersicht:

I. Perpetuatio fori, Vorbemerkung

1 Der **Grundsatz der perpetuatio fori** wird in § 29 JN aufgestellt. Diese Vorschrift dient der Abschneidung von Zuständigkeitsstreitigkeiten sowie seit der WGN 1997 auch grundsätzlich von Streitigkeiten bezüglich der inländischen Gerichtsbarkeit und schafft die sichere Kompetenzgrundlage für die Erledigung eines Rechtsstreits. Der Grundsatz der perpetuatio fori ist im österreichischen Recht nicht absolut verwirklicht, sondern zugunsten der amtswegigen Wahrung der an Bedeutung vorangehenden Prozeßvoraussetzung der Zulässigkeit des Rechtswegs durchbrochen; eine weitere Ausnahme normiert das Gesetz nunmehr seit der WGN 1997 für den Fall, daß die (beklagte) Partei während des anhängigen Verfahrens Immunität erwirkt, wodurch die inländische Gerichtsbarkeit nicht mehr gegeben ist (s ErläutRV 898 BlgNR 20. GP 35).

II. „Anhängigmachen"

2 Die **Fortdauer der Zuständigkeit** wird nur für die bei Gericht **rechtmäßig anhängig gemachten Rechtssachen** bewirkt (RZ 1981/66); sie gilt auch im Fall

einer Rechtsänderung (EvBl 1977/67 = EFSlg 27.679/2 [1976]). Rechtmäßig anhängig gemacht sind sie, wenn für sie die inländische Gerichtsbarkeit (vgl Art IX EGJN, §§ 27a, 28 JN) vorliegt, sie vor die ordentlichen Gerichte gehören (vgl §§ 1, 42 JN) und die sachliche (§§ 49 bis 53 JN) und örtliche Zuständigkeit (§§ 65 bis 104 JN) gegeben sind. Wenngleich die Prozeßvoraussetzungen in jeder Lage des Verfahrens gegeben sein müssen (vgl die Einschränkung ihrer Prüfung durch § 42 Abs 3 JN), so wird ihr früheres Fehlen unbeachtlich, wenn ihr Vorliegen wenigstens noch im Lauf des (unrichtigerweise trotz ihres Fehlens) eingeleiteten Verfahrens eintritt (EvBl 1975/63 = EFSlg 23.060/23 [1974]). So gilt der in § 29 JN ausgesprochene Grundsatz auch in den Fällen, in denen das Gericht im Zeitpunkt der Klagseinbringung wegen Unzulässigkeit des Rechtswegs, wegen des Mangels der inländischen Gerichtsbarkeit oder wegen Unzuständigkeit zur Entscheidung nicht berufen, die Rechtssache also nicht rechtmäßigerweise bei ihm anhängig gemacht worden war, aber während des Verfahrens (zB durch Gesetzesänderung) der Rechtsweg für den Anspruch eröffnet (JBl 1964, 92 = EvBl 1963/168) oder die inländische Gerichtsbarkeit (zB durch zwischenstaatliche Übereinkommen) dem Rechtsschutzsuchenden gewährt oder die fehlenden Zuständigkeitstatbestände später (dh bis zum Schluß der Verhandlung über die Unzuständigkeitseinrede oder, wenn keine abgesonderte Verhandlung darüber stattfindet, bis zum Schluß der mündlichen Streitverhandlung erster Instanz, s *Mayr* in *Rechberger,* ZPO § 29 JN Rz 1) eingetreten sind (SZ 56/159 [1983]; DRdA 1983, 381 = RdW 1983, 116; JBl 1975, 101; RZ 1956, 140). Die Zuständigkeit bleibt auch dann aufrecht, wenn die später eingetretenen Zuständigkeitsvoraussetzungen nachträglich wieder wegfallen (SZ 47/97 [1974]). Gleiches muß auch dann gelten, wenn die Unzuständigkeit des angerufenen Gerichts wegen der nicht rechtzeitig erhobenen Unzuständigkeitseinrede gem § 104 JN heilt, das unzuständige Gericht daher nachträglich zuständig wird (s *Fasching,* Lehrbuch[2] Rz 201 und bei § 104 JN). Von diesem Zeitpunkt an ist die Sache rechtmäßig bei Gericht anhängig, und von da an ist der in § 29 JN ausgesprochene Grundsatz der perpetuatio fori anwendbar. Aus dem Wort „rechtmäßig" ergibt sich hinreichend deutlich, daß der Zeitpunkt, auf den die Zuständigkeitsprüfung abzustellen ist und nach dessen Verstreichen Änderungen des Zuständigkeitstatbestands unbeachtlich bleiben, nicht immer mit dem Zeitpunkt der Gerichtsanhängigkeit zusammenfallen muß, sondern nur dann mit diesem Zeitpunkt zusammentrifft, wenn bei Einlangen der Klage sowohl die inländische Gerichtsbarkeit, die Zulässigkeit des Rechtswegs und die Zuständigkeit für den Klagsanspruch gegeben ist (der Ansicht des OGH in einer älteren E, RZ 1955, 47, wonach die perpetuatio fori nur gilt, wenn die Zuständigkeit im Zeitpunkt der Anbringung der Klage gegeben war, kann daher in dieser Allgemeinheit nicht gefolgt werden).

III. Zeitpunkt des „Anhängigmachens"

Maßgebend für die Beurteilung der Zuständigkeit und ihre Fortdauer ist 3
der **Zeitpunkt der rechtmäßigen Anhängigmachung** bei Gericht, der – wie vorstehend ausgeführt – wohl meistens, aber durchaus nicht immer mit dem Zeitpunkt der Gerichtsanhängigkeit zusammenfallen muß. Die Gerichtsanhängigkeit wird (zum Unterschied von der Streitanhängigkeit, die gem § 232 ZPO durch die Zustellung der Klagsschrift an den Beklagten eintritt) durch die Klagserhebung bei Gericht begründet (vgl § 54 Abs 1 JN). Hiezu genügt allerdings nicht die Absendung der Klage an das Gericht, sondern entscheidend ist der Zeitpunkt des Einlangens in der Einlaufstelle des Gerichts (SZ 60/35 [1987]; JBl 1985, 49; SZ

56/157 [1983]; ZAS 1981/21; SZ 45/110 [1972]). Wurde die Klage unter Setzung einer Frist (die zwingend erteilt werden muß, s *Gitschthaler* in *Rechberger,* ZPO § 85 Rz 19 mwN, s bei §§ 84f ZPO) zur Verbesserung zurückgestellt und wird die Klage ordnungsgemäß innerhalb der Verbesserungsfrist wieder eingebracht, dann tritt die Gerichtsanhängigkeit mit dem (ursprünglichen) Zeitpunkt des Einlangens der nicht ordnungsgemäß erhobenen Klage ein (*Gitschthaler* in *Rechberger,* ZPO § 85 Rz 19; *Mader* in *Schwimann,* ABGB² VII § 1497 Rz 16; *Schubert* in *Rummel,* ABGB² II § 1497 Rz 6; SZ 60/286 [1987] = JBl 1988, 527 = RZ 1988/26 = AnwBl 1988, 637; EvBl 1985/101; aM zur alten Rechtslage noch *Fasching*¹ I 225; s auch bei § 232 ZPO).

IV. Zuständigkeit und Verfahrensart

4 Der Grundsatz der perpetuatio fori gilt für die örtliche und sachliche Zuständigkeit sowie für die anzuwendende Verfahrensart innerhalb der ordentlichen Gerichtsbarkeit, insb im Verhältnis streitiges – außerstreitiges Verfahren (*Mayr* in *Rechberger,* ZPO § 29 JN Rz 2; 4 Ob 2227/96w; s dazu auch Rz 17); er gilt auf Grund der Neuregelung durch die WGN 1997 weiters grundsätzlich für den Bereich der inländischen Gerichtsbarkeit (ausgenommen den Fall, daß die [beklagte] Partei nachträglich Immunität erlangt). Zur Ausnahme gem § 7 Abs 3 ASGG in Sozialrechtssachen s unten Rz 10.

A. Örtliche Zuständigkeit

1. Allgemeines

5 Hier ist der Grundsatz der perpetuatio fori konsequent verwirklicht. Nach der Prüfung und Bejahung der Zuständigkeit eingetretene Änderungen der Umstände, die die örtliche Zuständigkeit berühren, sind ausnahmslos unbeachtlich. Die Änderung des Wohnsitzes oder des gewöhnlichen Aufenthalts des Beklagten im Laufe des Verfahrens, die Auflassung der Betriebsstätte, die mittlerweilige Beendigung des Verlassenschaftsverfahrens oder die Pensionierung eines klagenden oder geklagten Richters während des Rechtsstreits zählen zu diesen unbeachtlichen Veränderungen, die die örtliche Zuständigkeit betreffen.

2. Gerichtsstand des Vermögens

6 Der nachträgliche Fortfall eines inländischen Vermögens, das den **Vermögensgerichtsstand gem § 99 JN** (und damit gem § 27a JN die inländische Gerichtsbarkeit) begründet hatte, bewirkt nicht den Mangel der inländischen Gerichtsbarkeit. Seit der WGN 1997 gilt der Grundsatz der perpetuatio fori bzw der perpetuatio jurisdictionis auch dann, wenn während des Verfahrens der Tatbestand für das Vorliegen der inländischen Gerichtsbarkeit wegfällt (ausgenommen den Fall der nachträglichen Zuerkennung der Immunität, s ErläutRV 898 BlgNR 20. GP 35; s dazu auch bei Art IX EGJN und bei § 99 JN).

3. Gerichtsstand der Streitgenossen

7 Ebenso wird die auf den **Gerichtsstand der Streitgenossenschaft** gegründete Zuständigkeit des Gerichts nicht durch die Klagszurücknahme gegen denjenigen Streitgenossen, bei dessen allgemeinem Gerichtsstand die Klage eingebracht wurde, beseitigt (GlUNF 5317 [1911]). Anders dann, wenn die Klage gegen den Streitgenossen, bei dessen allgemeinem Gerichtsstand die Klage eingebracht

worden war, wegen Fehlens der inländischen Gerichtsbarkeit, wegen Unzulässigkeit des Rechtswegs oder wegen Unzuständigkeit des Gerichts zurückgewiesen wird. In diesen Fällen ist die Klage gegen diesen Streitgenossen nicht „rechtmäßig" angebracht worden und konnte daher auch gar nicht die Fortdauer der Zuständigkeit für die Klage gegen die anderen Streitgenossen mitbegründen (unklar und mißverständlich wiedergegeben bei *Stohanzl,* ZPO[14] § 93 JN E 17; JBl 1956, 260); diese Klagen sind daher ebenfalls wegen Unzuständigkeit zurückzuweisen.

4. Gerichtsstand der Widerklage

Hingegen bleibt das Gericht, bei dem eine **Widerklage** rechtmäßig anhängig 8
gemacht wurde, für diese zuständig, auch wenn die Erstklage zurückgenommen oder zurückgewiesen wird (*Mayr* in *Rechberger,* ZPO § 96 JN Rz 3; LGZ Wien EFSlg 60.711 [1989]; GlUNF 3677 [1907]).

5. Unrichtige Angabe des Wohnortes

Bei **unrichtiger Angabe des Wohnortes** des Beklagten bleibt das Gericht – 9
auch im Mahnverfahren – solange zuständig, bis der Beklagte erfolgreich die Unzuständigkeit eingewendet hat (LGZ Wien EvBl 1934/331), sofern sich nicht im Rahmen der formellen Klagsprüfung schon aus der vom Kläger angegeben Anschrift die örtliche Unzuständigkeit des Gerichts ergibt.

Zu den unbeachtlichen Umständen, die die örtliche Zuständigkeit betreffen, ist schließlich auch eine (durch Gesetz oder Verordnung) vorgenommene Gerichtssprengeländerung zu zählen (JBl 1955, 229).

6. Sozialrechtssachen

Eine Ausnahme schafft § 7 Abs 3 ASGG für **Sozialrechtssachen** dadurch, 10
daß infolge eines während des Verfahrens, aber vor Schluß der mündlichen Verhandlung erfolgten Wechsels des Wohnsitzes oder des gewöhnlichen Aufenthalts des Versicherten die Zuständigkeit auf das Landesgericht als Arbeits- und Sozialgericht (bzw ASG Wien) des neuen Wohnsitzes (gewöhnlichen Aufenthalts) übergeht (s im einzelnen § 7 ASGG idF ASGG-Nov 1994). Der Versicherte muß dies gem § 38 Abs 3 ASGG unverzüglich, spätestens aber am Beginn der nächsten Tagsatzung zur mündlichen Streitverhandlung geltend machen.

7. Exekutions-, Insolvenz-, Provisorialverfahren

Die perpetuatio fori gilt auch im **Exekutionsverfahren** (3 Ob 152/94; EvBl 11
1979/26), im **Insolvenz-** und im **Außerstreitverfahren** (LGZ Wien EFSlg 70.146 [1992], 57.669 [1988]; SZ 50/165 [1977] = RZ 1978/46; EvBl 1974/127; SZ 39/13 [1966] – JBl 1966, 480; EvBl 1963/200 ua).

Im **Vollstreckungsverfahren** kann die perpetuatio fori jeweils nur ein laufendes Verfahren betreffen, bewirkt aber nicht die Fortdauer der Zuständigkeit des erstmals als Bewilligungsgericht einschreitenden (Vollzugs-)Gerichts für jedes weitere, auf Grund desselben Titels neu zu bewilligende Verfahren. Hat nach Abschluß einer einmal bewilligten Exekution der Verpflichtete seinen Wohnsitz oder seinen ständigen Aufenthaltsort gewechselt, so ist zur Bewilligung weiterer Exekutionen das nunmehrige Gericht des allgemeinen Gerichtsstandes des Verpflichteten zuständig (GlUNF 2300 [1903]). Anders jedoch innerhalb eines bereits bewilligten Exekutionsverfahrens bezüglich der einzelnen Exekutionsschritte: Hier bleibt das Vollstreckungsgericht, das auf Grund der gesetzlichen Bestimmungen zur Einleitung des Vollzugs zuständig war, auch weiterhin zuständig, auch wenn der Verpflichtete seinen Wohnsitz wechselt oder die anderen Zuständigkeitsvoraussetzungen in Fortfall geraten sind. Es hat dann das Gericht, in dessen Sprengel nunmehr tatsächlich zu vollziehen ist, um den Vollzug gem § 69 Abs 2 EO zu ersuchen.

Der Grundsatz der perpetuatio fori gilt auch für **Konkursanträge,** die bei dem in diesem Zeitpunkt zuständigen Gericht eingebracht werden; auch bei einem Wohnsitzwechsel des Schuldners noch vor Konkurseröffnung ist ein Ausgleichsantrag beim ursprünglich zuständigen Gericht einzubringen (OLG Linz 2 R 241/95).

Die einmal begründete **Zuständigkeit zur Erlassung einer einstweiligen Verfügung** wird durch die Zurückweisung der Klage wegen Unzuständigkeit nicht geändert (SZ 21/78 [1948]). Ebenso hat das zur Bewilligung der einstweiligen Verfügung zuständig gewesene Gericht trotz zwischenweiliger Prozeßüberweisung auch über den Widerspruch zu entscheiden (EvBl 1980/32).

8. Außerstreitverfahren

12 § 29 JN ist auch für Änderungen der Umstände, die die **örtliche Zuständigkeit im Außerstreitverfahren** betreffen, anzuwenden. So ändert sich die Zuständigkeit des Pflegschaftsgerichts nicht jedesmal mit dem Wechsel des Wohnsitzes des Vaters; ebenso ist auch bei ehelichen Kindern das Einschreiten des Pflegschaftsgerichts nicht mit dem Abschluß der einzelnen getroffenen Maßnahmen beendet (SZ 25/127 [1952]; im Fall eines schlichten Aufenthalts können pflegschaftsbehördliche Maßnahmen nur für die Dauer des Aufenthalts getroffen werden oder wirksam sein, s 3 Ob 2008/96 g). Zum Haager Minderjährigenschutzabkommen (BGBl 1975/446) s § 110 JN Rz 6 (zur Rechtslage vor der WGN 1997 s *Mayr* in *Rechberger,* ZPO § 29 JN Rz 4; § 110 JN Rz 8, jeweils mwN).

B. Sachliche Zuständigkeit

1. Allgemeines

13 Bei der **sachlichen Zuständigkeit** scheint es, als ob der Grundsatz der Fortdauer der einmal begründeten Zuständigkeit durchbrochen wäre. Änderungen des Anspruchs, die das Gericht unzuständig machen würden, sind vor Streitanhängigkeit ausgeschlossen (§ 235 Abs 1 ZPO) und nachher gegen den ausdrücklich erklärten Willen des Beklagten unzulässig (§ 235 Abs 2 ZPO). Die Stellung von Zwischenanträgen auf Feststellung ist nur dann zulässig, wenn das Gericht hiezu nicht unzuständig ist. Es zeigt sich aber, daß in Wahrheit zwischen § 29 JN und § 235 bzw § 236 ZPO kein Widerspruch besteht und damit keine Durchbrechung des Grundsatzes der perpetuatio fori. Grundsätzlich sind nach § 29 JN alle die Zuständigkeitsvoraussetzungen betreffenden Änderungen für die Fortdauer der Zuständigkeit bedeutungslos. Daß gem § 235 ZPO in bestimmten Fällen (vor Streitanhängigkeit immer, später bei ausdrücklich erklärtem Widerspruch des Gegners) Änderungen des Anspruchs, soweit sie die Unzuständigkeit des Gerichts herbeiführen, ausgeschlossen sind, schränkt nur die möglichen, nachträglichen Änderungen der Zuständigkeitsvoraussetzungen ein, ohne aber daran eine Änderung der Zuständigkeit der bereits anhängigen Sache zu knüpfen (gleiches gilt für § 236 ZPO).

Die einmal begründete sachliche Zuständigkeit dauert nur fort, wenn sie im Zeitpunkt der Klagseinbringung rechtmäßig begründet war (LGZ Wien EvBl 1936/278; GH 1933, 104).

2. Streitwert

Eine scheinbare Ausnahme vom Grundsatz der perpetuatio fori enthält weiters § 60 JN. Hat der Kläger eine **übermäßig hohe Bewertung** des Streitgegenstands vorgenommen und setzt das Gericht den Streitwert mit unter 130.000 S fest, dann hat es gleichzeitig die Rechtssache an das BG abzutreten (dh zu überweisen). In einem solchen Fall kann aber nicht davon gesprochen werden, daß die Klage „rechtmäßig" beim Gerichtshof anhängig gemacht wurde, sodaß der Grundsatz der perpetuatio fori erst mit dem Zeitpunkt der Abtretung an das BG zum Tragen kommen kann. Nachträgliche Änderungen des Streitwerts gem § 7 RATG wirken sich nur auf die Kosten aus und lassen die Zuständigkeit unberührt. **14**

Nimmt die klagende Partei eine vorgesehene Bewertung des Streitgegenstands nicht vor, dann gilt gem § 56 Abs 2 JN ein gesetzlicher Streitwert von 52.000 S; eine nachträgliche Festlegung des Streitwerts durch den Kläger auf Grund eines Verbesserungsauftrags ist daher unzulässig (*Fasching,* Lehrbuch² Rz 265; aM *Mayr* in *Rechberger,* ZPO § 56 JN Rz 4; *Roth,* Individualleistung 46), und ebenso wird eine nachträgliche Erhöhung durch den Kläger nicht statthaft sein (die Ausführungen in *Fasching*¹ I 227 zur alten Rechtslage sind daher überholt).

3. Schiedsvertrag

Da die Einrede des **Schiedsvertrags** wie die Einrede der prorogablen (verzichtbaren) sachlichen Unzuständigkeit zu behandeln ist (*Fasching,* Lehrbuch² Rz 2184; *ders,* Schiedsgericht 34; *Matscher,* JBl 1975, 418; JBl 1989, 594 = RZ 1989/67), ergibt sich, daß ein im Zug des Prozesses abgeschlossener Schiedsvertrag zu den die Fortdauer der Zuständigkeit nicht berührenden Änderungen der Umstände nach § 29 JN zählt (OLG Wien ZBl 1934/157). Die Streitanhängigkeit vermag den Abschluß eines Schiedsvertrags nicht zu verhindern, wohl aber die Einleitung eines schiedsgerichtlichen Verfahrens, sofern die Parteien nicht ausdrücklich zumindest das Ruhen des gerichtlichen Verfahrens vereinbart haben (*Fasching*¹ I 228; SZ 11/145 [1929]; vgl hiezu *Wahle* in Rsp 1936 zu Nr 356) oder die Klage gem § 237 Abs 2 ZPO zurückgenommen wurde (*Matscher,* JBl 1975, 453; aM aber entgegen *Fasching*¹ I 228 *ders,* Lehrbuch² Rz 2183 und *ders,* Schiedsgericht 34, wonach die Klage vor dem staatlichen Gericht wegen Streitanhängigkeit zurückzuweisen ist, sowie mit anderer Begründung *Matscher,* JBl 1975, 412, 452). **15**

4. Klagseinschränkung ua

Als für die Fortdauer der sachlichen Zuständigkeit unbeachtliche Änderungen der Umstände sind insb **Klagseinschränkungen** (RZ 1936, 146; ZBl 1916/188; GlUNF 2234 [1903]) oder die Zurückziehung des mit einem Feststellungsbegehren verbundenen Leistungsbegehrens (oder des Feststellungsbegehrens) anzusehen. Ferner bleiben bedeutungslos für die Zuständigkeit die Verbindung mehrerer Ansprüche zu gemeinsamer Verhandlung oder ihre Trennung, wenn sie in einer Klage erhoben wurden. **16**

Die perpetuatio fori tritt hingegen nicht ein, wenn bei objektiver Klagenhäufung die Klage zT an einen anderen Gerichtshof überwiesen und nur hinsichtlich eines unter der Gerichtshofgrenze liegenden Teils anhängig bleibt (EvBl 1963/320).

5. Außerstreitverfahren

17 Für das **außerstreitige Verfahren** sind Änderungen, die die Fortdauer der sachlichen Zuständigkeit berühren, kaum bedeutungsvoll, da sich die Änderung der sachlichen Zuständigkeit im Außerstreitverfahren in Wahrheit meist als Änderung der Form des Rechtswegs (streitiges – außerstreitiges Verfahren, s Rz 19) darstellt. Die Eigenart der Verteilung der Rechtssachen der freiwilligen Gerichtsbarkeit zwischen BG und Gerichtshöfen bringt es mit sich, daß Rechtssachen, die den BG zur außerstreitigen Erledigung überwiesen sind, durch eine Änderung eines die Zuständigkeit betreffenden Umstands wohl kaum vor den Gerichtshof als Außerstreitgericht gelangen könnten oder umgekehrt. Eine Ausnahme von der perpetuatio fori ist jedoch für Vormundschafts- und Pflegschaftssachen gem § 23 JGG (für die Sprengel der in Wien gelegenen BG) gegeben: Stellt das (ursprünglich) zuständige BG aus einem bestimmten Anlaß fest, daß eine Gefährdung der persönlichen Entwicklung des Minderjährigen zu besorgen ist, so hat es die Vormundschafts- oder Pflegschaftssache von Amts wegen dem Jugendgerichtshof abzutreten, ohne daß hiebei das in § 111 JN vorgesehene Verfahren einzuhalten ist; der Bestimmung des § 29 JN ist in diesem Fall durch § 23 JGG derogiert (*Mayr* in *Rechberger,* ZPO § 111 JN Rz 5; OLG Wien EFSlg 66.906 [1991] mwN; EvBl 1965/316 (zu § 22 des – alten – JGG 1961); aM zur Rechtslage nach dem JGG 1949 *Fasching*[1] I 535 und OLG Wien ÖJZ 1948/877, wonach auch bei einem „Erziehungsnotstand" die ursprüngliche Zuständigkeit des BG bestehen bleibt, es jedoch zweckmäßig sein wird, die Vormundschaftssache gem § 111 JN an den Jugendgerichtshof zu übertragen).

V. Inländische Gerichtsbarkeit

18 Auf Grund der Neuregelung durch die **WGN 1997** ist der Mangel der **inländischen Gerichtsbarkeit** (internationalen Zuständigkeit) nunmehr grundsätzlich wie die unprorogable (unverzichtbare) Unzuständigkeit zu behandeln; insb tritt in den meisten Fällen eine Heilung gem § 104 JN ein (s dazu und zu den Ausnahmen bei Art IX EGJN sowie zu den §§ 27a, 28 und 104 JN; ErläutRV 898 BlgNR 20. GP 32 ff). Konsequenterweise gilt die perpetuatio fori (genauer: die perpetuatio jurisdictionis) seit der WGN 1997 grundsätzlich auch, wenn die die inländische Gerichtsbarkeit begründenden Tatbestände – gleich, ob die inländische Gerichtsbarkeit auf autonomem österreichischen Recht (dazu gehört auch § 27a JN) oder auf staatsvertraglichen Regelungen (zB LGVÜ, EuGVÜ) beruht – nachträglich wegfallen. Lediglich dann, wenn während des Prozesses der (beklagten) Partei **Immunität** zuerkannt wird, kommt der Grundsatz der perpetuatio fori bzw der perpetuatio jurisdictionis nicht zum Tragen; die nachträgliche Erlangung der Immunität (und damit der Wegfall der inländischen Gerichtsbarkeit) bewirkt die Nichtigkeit des gesamten bisherigen Verfahrens und führt zur Zurückweisung der Klage (s ErläutRV 898 BlgNR 20. GP 35; s dazu auch *Matscher,* JBl 1983, 505).

VI. Zulässigkeit des Rechtswegs

19 Die **Zulässigkeit des Rechtswegs** muß in jedem Stadium des Verfahrens gegeben sein. Umstände, die im Lauf des Verfahrens eintreten und die Entscheidungsgewalt der ordentlichen Gerichte ausschließen, müssen zur Nichtigerklärung des gesamten Verfahrens und damit zur Zurückweisung der Klage bzw des

Antrags führen (Jus-Extra, OGH-Z 1996/1945; SZ 63/11 [1990] = ecolex 1990, 370). Hier zeigt sich, daß das Gesetz, das gelegentlich ungenau die verschiedenen Erscheinungsformen der Unzulässigkeit des Rechtswegs vermengt, in Einzelfällen wohl zu unterscheiden vermag. Aus dem Satzteil „dem Wirkungskreis der ordentlichen Gerichte" ergibt sich ganz klar, daß die Nichtigerklärung nur dann möglich ist, wenn die nachfolgenden Umstände die Rechtssache dem Wirkungskreis der Gerichte überhaupt oder zumindest dem der ordentlichen Gerichte entziehen. Da jedoch die ordentlichen Gerichte nicht nur zur Durchführung des streitigen Prozeßverfahrens, sondern auch zur Durchführung des Außerstreit-, Exekutions- und Insolvenzverfahrens berufen sind, ergibt sich schon aus dem Wortlaut des § 29 letzter Satz JN zwingend, daß nachträgliche Veränderungen, die die Unzulässigkeit des streitigen Rechtswegs zur Folge haben, die Fortführung des bisherigen Verfahrens beim angerufenen Gericht nicht zu hindern vermögen (*Mayr* in *Rechberger,* ZPO § 29 JN Rz 2; 4 Ob 2227/96 w). Nach der rechtmäßigen Anhängigmachung der Klage bzw des Antrags eintretende Umstände, die zur Folge haben, daß für den Anspruch das ursprünglich rechtmäßig eingeleitete Verfahren vor dem ordentlichen Gericht ausgeschlossen und ein anderes Verfahren der ordentlichen Zivilgerichtsbarkeit zulässig geworden ist (zB anstelle des streitigen Verfahrens das Außerstreit-, Exekutions- oder Insolvenzverfahren und umgekehrt), berühren die Fortführung des rechtmäßig eingeleiteten Verfahrens nicht (für das Verhältnis streitiges – außerstreitiges Verfahren ausdrücklich EvBl 1997/110 = ÖJZ-LSK 1997/152).

Daher kann nach Feststellung der außerehelichen Vaterschaft mit Teilurteil 20
der verbundene Unterhaltsanspruch nicht in das außerstreitige Verfahren verwiesen werden (LGZ Wien EFSlg 41.586 [1982], 41.587 [1982]). Ebenso erfolgt die Entscheidung über einen Unterhaltsantrag weiterhin im außerstreitigen Verfahren, auch wenn das Kind inzwischen volljährig geworden ist (RZ 1990/117 = ÖA 1991/ 136 = EFSlg 64.424 [1990]; SZ 63/81 [1990]; 57/84 [1984]; EvBl 1975/143); dies gilt auch dann, wenn nach Erreichen der Volljährigkeit eine Antragsausdehnung bezüglich des Unterhaltsbegehrens erfolgt (10 Ob 532/94).

Eine Ausnahme vom Grundsatz der perpetuatio fori normiert jedoch aus- 21
drücklich § 235 AußStrG; danach sind vor Rechtskraft des Scheidungsurteils rechtmäßig im streitigen Verfahren anhängig gemachte Klagen auf Aufteilung des ehelichen Gebrauchsvermögens oder der ehelichen Ersparnisse mit Rechtskraft des Scheidungsurteils in das außerstreitige Verfahren überzuleiten (SZ 57/14 [1984] = EvBl 1984/85), und zwar auch dann, wenn die Entscheidung über die Auflösung der Ehe erst nach Verhandlungsschluß erster Instanz des Aufteilungsprozesses rechtskräftig wird (4 Ob 565/94; EvBl 1988/101). Eine weitere Ausnahme von der perpetuatio fori ist nach Art V Z 7 UeKindG gegeben; erkennt der Beklagte im Vaterschaftsprozeß die außereheliche Vaterschaft an, so ist das Verfahren (einschließlich der sonstigen, verbundenen Ansprüche) an das zuständige Außerstreitgericht zu übertragen.

Vor §§ 30 ff: Delegation

Lit: *Fucik,* Die Zuständigkeit nach der Zivilverfahrens-Novelle 1983, RZ 1985, 236; *Mayr,* Die Delegation im zivilgerichtlichen Verfahren, JBl 1983, 293.

Delegation ist die Übertragung der Rechtssache von dem an sich zuständi- 1
gen Gericht auf ein anderes durch gerichtliche Entscheidung (*Fasching,* Lehrbuch[2] Rz 207; *Mayr* in *Rechberger,* ZPO vor § 30 JN; *ders,* JBl 1983, 306). Sie kann auf Grund einer Verfügung des beiden Gerichten gemeinsam übergeordne-

ten Gerichts erfolgen (Delegation im engeren oder eigentlichen Sinn, wobei diese wieder sein kann eine notwendige Delegation gem § 30 JN oder eine zweckmäßige Delegation gem § 31 JN) oder direkt vom übertragenden Gericht verfügt werden (direkte oder vereinfachte Delegation nach § 31 a JN).

2 Vor der ZVN 1983 gab es im streitigen Verfahren und den anderen zivilgerichtlichen Verfahren nur die Delegation im eigentlichen Sinn; der einzige Fall der direkten Zuständigkeitsübertragung war gem § 111 JN im Vormundschafts- und Pflegschaftsverfahren vorgesehen. Die **ZVN 1983** führte die **direkte Übertragung** ins streitige Verfahren ein und verwendet auch dafür – dogmatisch unscharf – den Begriff „Delegierung".

3 Gem Art 83 Abs 1 B-VG wird die Zuständigkeit der Gerichte durch Bundesgesetz festgestellt. Selbst eine strenge Auslegung dieses Gebots könnte nur dann zu Zweifeln an der **Verfassungsmäßigkeit der Delegationsbefugnis** führen, wenn man annimmt, daß das Gesetz dem delegierenden Gericht völlig freie Hand in der Auswahl des zu bestimmenden Gerichts gewährt. Das ist jedenfalls bei den Übertragungsfällen des § 31 a JN (direkte Delegation), denn dort ist das delegierte Gericht durch den Parteiwillen festgelegt (an den Parteiwillen darf das Gesetz bei der Zuständigkeitsfestlegung aus verfassungsrechtlicher Sicht anknüpfen, *Walter,* Verfassung 193) bzw den anhängigen Vorprozeß determiniert (*Fasching,* Gerichtsorganisation 35). Bei der Delegation aus Zweckmäßigkeitsgründen nach § 31 JN determiniert der Zweck der Delegation das delegierte Gericht (*Fasching,* Gerichtsorganisation 35; aM allerdings *Walter,* Verfassung 194, der die zweckmäßige Delegation vom Standpunkt des Art 83 Abs 1 B-VG ablehnt). Keine hinreichende Determinierung besteht für die notwendige Delegation gem § 30 JN (sowie gem § 9 Abs 4 AHG, § 8 Abs 4 OrgHG, § 8 Abs 5 StEG, s § 30 JN Rz 1) (*Fasching,* Gerichtsorganisation 35; nach *Walter,* Verfassung 194, bestehen hingegen keine Bedenken, wenn es auch durchaus möglich wäre, eine verfassungskonformere gesetzliche Regelung zu treffen, etwa daß das nächstgelegene Gericht ex lege berufen wird); der Gesetzgeber hat dies zweifellos deshalb unterlassen, um den Umständen des Einzelfalles Rechnung tragen zu können und weil er darin, daß die Entscheidung in die Hand richterlicher Senate gelegt ist, einen hinreichenden Schutz vor Willkür und Mißbrauch erblickte.

Delegation

§ 30. Ist ein Gericht aus einem der im § 19 vorgesehenen Gründe an der Ausübung der Gerichtsbarkeit gehindert, so hat dasselbe diese Behinderung dem im Instanzenzuge übergeordneten Gerichte anzuzeigen. Dieses hat sodann ein anderes Gericht gleicher Gattung zur Verhandlung und Entscheidung der Rechtssache zu bestimmen.

Stammfassung

Lit: *Fucik,* Die Zuständigkeit nach der Zivilverfahrens-Novelle 1983, RZ 1985, 236; *Mayr,* Die Delegation im zivilgerichtlichen Verfahren, JBl 1983, 293.

Übersicht:

I. Notwendige Delegation, Allgemeines

Die **Delegation nach § 30 JN ist zwingend vorgesehen** und hat von Amts wegen zu erfolgen (notwendige Delegation), wenn durch die rechtskräftig festgestellte Befangenheit oder Ausgeschlossenheit von Richtern (§ 19 JN) das angerufene Gericht an der Ausübung der Gerichtsbarkeit gehindert ist. Dies ist bei BG dann der Fall, wenn der einzige oder sämtliche Richter befangen oder ausgeschlossen sind; trifft dies auf den einzigen Richter des BG, nicht aber auf dessen nach der Geschäftsverteilung gem § 77 Abs 2 RDG vorgesehenen Vertreter zu, dann sind die Voraussetzungen für eine Delegation nicht gegeben (3 Ob 120/93; RZ 1982/35). 1

Bei den Gerichtshöfen ist zu unterscheiden: In einer Einzelrichtersache ist § 30 JN erst anzuwenden, wenn bei allen (Zivil- und Straf-)Richtern Befangenheit bzw Ausgeschlossenheit festgestellt wurde, in Senatssachen dann, wenn nicht mehr genügend Richter für die Bildung eines Senats zur Verfügung stehen, also nur mehr ein oder zwei Richter nicht ausgeschlossen bzw befangen sind (RZ 1973/128). In allen anderen Fällen hat der Personalsenat durch eine (nachträgliche) Änderung oder Ergänzung der Geschäftsverteilung dafür Sorge zu tragen, daß das Gericht nicht beschlußunfähig wird (RZ 1973/128; idS auch *Walter,* Verfassung 199). Eine notwendige Delegation kann daher nicht wegen Personalschwierigkeiten (zB weil der Vorsitzende des – damals bestehenden – Arbeitsgerichts befangen, dessen einziger Stellvertreter auf Urlaub war und anschließend in den Ruhestand treten würde und sein Nachfolger noch nicht ernannt war) oder deshalb erfolgen, weil die Rechtssache bei einem anderen Gericht schneller erledigt werden könnte (JBl 1976, 385).

II. Delegation nach AHG, OrgHG, StEG

Eine **notwendige Delegation** ist weiter vorgesehen nach dem **AHG, dem OrgHG, und dem StEG:** 2

Nach **§ 9 Abs 4 AHG** hat eine notwendige Delegation stattzufinden, wenn der Schadenersatzanspruch aus einer Verfügung des Präsidenten eines Gerichtshofs erster Instanz oder eines Oberlandesgerichts oder aus einem kollegialen Beschluß eines dieser Gerichtshöfe abgeleitet wird und diese Gerichte nach § 9 Abs 1 AHG unmittelbar oder im Instanzenzug für die Entscheidung zuständig wären. Laut ausdrücklicher gesetzlicher Anordnung muß es sich um Verfügungen des Präsidenten (wohl auch die eines Vizepräsidenten oder eines sonstigen Vertreters des Präsidenten, s *Schragel,* AHG[2] Rz 261) des LG oder des OLG (sowohl in Justizverwaltungs- wie in Rechtsprechungsangelegenheiten, letzteres nur beim Gerichtshof erster Instanz, wenn der Präsident als Einzelrichter eingeschritten ist) oder um kollegiale Beschlüsse eines dieser Gerichte handeln. Als kollegiale Beschlüsse sind sowohl Beschlüsse in jenen Justizverwaltungssachen, die durch Gesetz an Kommissionen oder Senate zur Erledigung übertragen wurden, wie auch Entscheidungen in Ausübung der Gerichtsbarkeit, sofern sie von Senaten gefällt wurden, zu verstehen. Der Delegierungstatbestand des § 9 Abs 4 AHG ist auch dann erfüllt, wenn dem Amtshaftungsanspruch (auch) die Behauptung zugrunde liegt, die Richter eines Schwurgerichtshofs hätten den geltend gemachten Vermögensschaden als ernannte Organe jenes Landesgerichts, das für die Amtshaftungsklage zuständig wäre, durch rechtswidriges und schuldhaftes Verhalten mitverursacht (Jus-Extra OGH-Z 1997/2196).

Allerdings ist schwer verständlich, warum § 9 Abs 4 AHG auf einen kollegialen Beschluß eines LG oder OLG bzw auf Verfügungen des Gerichtshofspräsidenten abstellt, nicht jedoch auf den Einzelrichter des Gerichtshofs; es könnte sich um ein Versehen des Gesetzgebers handeln, der die Bestimmung aus dem SyndikatsG 1872 übernahm, als es bei den Gerichtshöfen keine Einzelrichter gab; möglicherweise wurde auch nur an die Entscheidungen dieser Gerichtshöfe als Rechtsmittelgerichte gedacht, die in Senaten erfolgen, weil ohne Ergreifen der zulässigen Rechtsmittel ein Amtshaftungsanspruch ausgeschlossen ist (§ 2 Abs 2 AHG). War ein Beschluß eines Einzelrichters des LG aber unanfechtbar, ist kein Grund ersichtlich, warum dennoch der Gerichtshof, dem der Richter angehört, über den Amtshaftungsanspruch entscheiden soll; Ansprüche aus gerichtlichem Verhalten können sich zudem keineswegs nur aus Beschlüssen (und Urteilen), sondern auch aus Unterlassungen, Verzögerungen uä ergeben (*Schragel,* AHG² Rz 261). Zur Vermeidung des Scheines einer nicht unbefangenen Entscheidung sollen alle Richter jenes Gerichtshofs von der Entscheidung über eine Amtshaftungsklage ausgeschlossen sein, die sich auf ein angebliches rechtswidriges Verhalten eines oder mehrerer Richter desselben Gerichtshofs gründet (EvBl 1963/211). In erweiternder Auslegung des § 9 Abs 4 AHG ist eine Delegation auch dann durchzuführen, wenn das behauptete schuldhaft rechtswidrige Verhalten von einem gerichtlichen Organ – auch wenn dieses als Einzelrichter tätig geworden ist – jenes LG gesetzt wurde, das nach den Zuständigkeitsvorschriften über die Amtshaftungsklage zu entscheiden hätte (*Vrba/Zechner,* Amtshaftungsrecht 232).

§ 9 Abs 4 AHG ist auch auf Verfahrenshilfeanträge, die der Vorbereitung eines Amtshaftungsverfahrens dienen, anzuwenden (1 Nd 21/94; 1 Nd 27/92); ebenso auf Verfahren bezüglich der pflegschaftsbehördlichen Genehmigung zur Führung eines Amtshaftungsprozesses (EvBl 1963/211), weiters für das Verfahren über einen Enthebungsantrag eines Verfahrenshelfers, der zur Führung einer Amtshaftungsklage bestellt wurde (SZ 32/62 [1959]; s dazu auch *Schragel,* AHG² Rz 261). Als übergeordnetes Gericht, das die Delegation vorzunehmen hat, wird wohl nur der OGH in Frage kommen, da auf Grund der Regelung des § 2 Abs 2 AHG ein Rechtsmittelverfahren beim OLG geführt werden wird, um nicht einen allfälligen Amtshaftungsanspruch zu verlieren.

3 Eine notwendige Delegation ist gem **§ 8 Abs 2 OrgHG** nach den für das Amtshaftungsverfahren geltenden Regelungen auch im Organhaftpflichtverfahren vorzunehmen; die Bestimmung des § 9 Abs 4 AHG ist weitgehend ident mit der des § 8 Abs 2 OrgHG.

4 Ähnlich wie § 9 Abs 4 AHG sieht **§ 8 Abs 2 StEG** eine notwendige Delegation vor, allerdings spricht das Gesetz nur von Entscheidungen eines Landesgerichts oder eines Oberlandesgerichts und trifft somit keine Beschränkungen auf Verfügungen des Präsidenten des Gerichtshofs oder auf Kollegialentscheidungen.

5 **§ 9 Abs 3 PolBefEntschG** verweist zwar für das Verfahren auf § 9 AHG; für eine notwendige Delegation iSd § 9 Abs 4 AHG wird sich aber kein Anwendungsbereich finden lassen, da der Anspruch ja nicht aus einer gerichtlichen Verfügung bzw aus einem gerichtlichen Kollegialbeschluß, sondern aus Handlungen von Organen des öffentlichen Sicherheitsdienstes gem § 1 PolBefEntschG abgeleitet wird.

III. Befangenheit; Ausgeschlossenheit; kein Antragsrecht

6 Stellt der Gerichtshof die **Befangenheit** bzw **Ausgeschlossenheit des einzigen Bezirksrichters oder aller Bezirksrichter** fest, dann hat er mit dieser Entscheidung gleichzeitig die Delegation gem § 30 JN zu verfügen. In gleicher Weise hat das OLG vorzugehen, wenn der Gerichtshof durch die Ablehnung mehrerer Richter an der Ausübung der Gerichtsbarkeit gehindert ist.

Den Parteien steht bei der notwendigen Delegation kein Antragsrecht zu (8 Ob 556/93; 3 Ob 120/93).

IV. Delegation nur an ein Gericht gleicher Gattung

Die **Delegation kann immer nur an ein Gericht gleicher Gattung erfolgen.** Es muß sich immer um ein Gericht handeln, das im konkreten Fall sachlich oder funktionell zuständig ist. Damit ist die Delegierung von einem Gerichtshof an ein BG ausgeschlossen, ebenso umgekehrt; allerdings ist ein rechtskräftiger Delegierungsbeschluß auch dann bindend, wenn die Rechtssache an ein Gericht übertragen wird, dessen (sachliche) Zuständigkeit die Parteien nicht vereinbaren können (etwa von einem BG auf ein LG, was unter allen Umständen unzulässig ist (SZ 66/92 [1993]). Ist bei einer Wiederaufnahms- oder Nichtigkeitsklage, die bei einem Gericht höherer Instanz eingebracht wurde, dieses an der Ausübung der Gerichtsbarkeit gem § 19 JN verhindert, so ist an ein Gericht gleichen Ranges zu delegieren, auch wenn hier nicht die sachliche, sondern die funktionelle Zuständigkeit maßgeblich ist. 7

Wurde eine Delegierung verfügt, dann kann die Einrede der Unzuständigkeit nicht mehr erhoben werden (OLG Wien EvBl 1947/363).

Auch bei der notwendigen (nicht nur bei der zweckmäßigen) Delegation ist nach den Grundsätzen der Zweckmäßigkeit, Raschheit, Einfachheit und Kostenersparnis vorzugehen (so ausdrücklich § 8 Abs 2 OrgHG, § 8 Abs 2 StEG; *Mayr* in *Rechberger,* ZPO § 30 JN Rz 2; 6 Nd 1/95).

V. Anfechtbarkeit

Beschlüsse, mit denen eine notwendige Delegation vom übergeordneten Gericht verfügt wird, sind unter Berücksichtigung der allgemeinen Rekursbeschränkungen (§§ 517, 528 ZPO) **anfechtbar** (*Buchegger,* PraktZPR[6] I 58; *Mayr* in *Rechberger,* ZPO § 30 JN Rz 3; 1 Ob 2232/96h; RZ 1982/35). Wird dieser Delegierungsbeschluß von einem Gerichtshof erster Instanz gefaßt, dann geht der Rechtszug über das OLG an den OGH (*Mayr* in *Rechberger,* ZPO § 30 JN Rz 3; *ders,* JBl 1983, 295; *ders,* NZ 1985, 229; aM *Fasching*[1] I 234; RZ 1982/35, wonach in diesem Fall immer der OGH zur Entscheidung über den Rekurs berufen ist). 8

Einzubringen ist der Rekurs gem § 520 Abs 1 ZPO immer **bei dem Gericht, das** den angefochtenen Beschluß erlassen, also **die Delegation ausgesprochen hat.** Ist dies ein OLG, dann hat dieses Gericht als erste Instanz entschieden, und der Rekurs ist bei ihm einzubringen (5 Ob 545/94); in diesem Fall werden zwar die Rekursbeschränkungen des § 517 ZPO (dafür wird sich allerdings kaum ein Anlaßfall finden lassen), nicht aber die des § 528 ZPO zur Anwendung kommen.

Die Delegierung eines Antrags auf Bewilligung der Verfahrenshilfe ist keine Entscheidung über die Verfahrenshilfe iSd § 528 Abs 2 Z 4 ZPO, sondern eine solche aus Anlaß eines Verfahrenshilfeantrags. Der Rekurs gegen die durch ein OLG gefällte Delegierungsentscheidung an den OGH ist daher zulässig (JusExtra, OGH-Z 1997/2196).

VI. Aufschiebende Wirkung

Die **amtswegige Delegation** nach § 30 JN hat – anders als die Delegation auf Antrag – **immer aufschiebende Wirkung,** da Umstände, die die Ablehnung rechtfertigen, immer die Verhinderung an der Ausübung der Gerichtsbarkeit bewirken und damit eine Weiterführung der Rechtssache vor der Entscheidung über die Delegierung unmöglich machen. 9

§ 31. (1) Auch kann aus Gründen der Zweckmäßigkeit auf Antrag einer Partei von dem Oberlandesgerichte, in dessen Sprengel das zuständige Gericht gelegen ist, an Stelle desselben ein anderes im Sprengel dieses Oberlandesgerichtes gelegenes Gericht gleicher Gattung zur Verhandlung und Entscheidung bestimmt werden. Die Abhandlung einer Verlassenschaft oder die Besorgung der vormundschafts- oder kuratelsbehördlichen Geschäfte kann überdies unter der gleichen Voraussetzung auf Antrag einer Partei oder des bisher zuständigen Gerichtes an ein Gericht gleicher Gattung oder von einem Bezirksgericht an einen Gerichtshof erster Instanz oder von einem Gerichtshof erster Instanz an ein Bezirksgericht übertragen werden.

(2) Delegierungen aus einem Oberlandesgerichtssprengel in einen anderen sind dem Obersten Gerichtshofe vorbehalten.

(3) Ein Antrag auf Delegierung hat keine das Verfahren aufschiebende Wirkung. Die Entscheidung über denselben erfolgt ohne vorgängige mündliche Verhandlung. Vor der Entscheidung sind jedoch dem Gerichte, welches zur Verhandlung oder Entscheidung an sich zuständig wäre, sowie den Parteien unter Bestimmung einer Frist die zur Aufklärung nötigen Äußerungen abzufordern.

Abs 1 idF Art IV Z 5 der 1. GEN RGBl 1914/118

Lit: *Fucik,* Die Zuständigkeit nach der Zivilverfahrens-Novelle 1983, RZ 1985, 236; *Mayr,* Die Delegation im zivilgerichtlichen Verfahren, JBl 1983, 293; *Petrasch,* Die Zivilverfahrens-Novelle 1983 in der Rechtsprechung des Obersten Gerichtshofs, ÖJZ 1985, 257.

Übersicht:

I. Zweckmäßige Delegation, Allgemeines

1 **Über Antrag einer oder beider Parteien** kann **aus Gründen der Zweckmäßigkeit** die Delegation an ein anderes Gericht gleicher Gattung verfügt werden. Doch hat jeder Antrag auf Delegation zur Voraussetzung, daß die betreffende Sache bei Gericht anhängig gemacht worden ist (SZ 21/63 [1948]). Solange über einen Zuständigkeitsstreit noch nicht entscheiden ist, ist eine Delegation nicht möglich, weil dadurch der Verfahrenserledigung im Zuständigkeitsstreit vorgegriffen würde (7 Ob 558/91; OLG Wien EFSlg 63.906 [1990]; EFSlg 31.943 [1978]; JBl 1961, 639; EvBl 1956/27; s auch Rz 13). Ebenso wenig kann vor der Entscheidung über den Wiedereinsetzungsantrag in den vorigen Stand gegen die Versäumung der Frist zur Erhebung des Einspruchs gegen den Zahlungsbefehl eine Delegierung bewilligt werden, weil noch gar nicht feststeht, ob es zu einem kontradiktorischen Verfahren kommt und die Delegierung nur hiefür zweckmäßig sein könnte (ÖJZ-LSK 1998/187; idS auch 5 Nd 505/98). Die Delegierung des Verfahrens über eine Wiederaufnahmsklage von dem nach § 532 Abs 2 ZPO zu-

ständigen Prozeßgericht erster Instanz an ein anderes Gericht aus Gründen der Zweckmäßigkeit kommt erst in Betracht, wenn feststeht, daß es zu einer kontradiktorischen Auseinandersetzung kommt; dazu muß bereits das Vorprüfungsverfahren nach § 538 ZPO abgeschlossen sein (5 Nd 505/98).

Parteienanträge auf Delegierung können nicht nur im streitigen Verfahren, sondern **auch im außerstreitigen Verfahren** (ausgenommen bei der Führung des Firmenbuchs gem § 120 Abs 5 JN), **im Exekutions- und im Insolvenzverfahren** (EvBl 1968/144) gestellt werden. In allen diesen Fällen ist auch eine amtswegige Delegation nach § 30 JN möglich. 2

II. Antragsberechtigung

Zur Stellung eines Delegationsantrags sind nicht nur die Parteien, sondern 3 auch auch die Nebenintervenienten **berechtigt.** Dies gilt nicht nur für den streitgenössischen Nebeninterventienten (ausdrücklich SZ 28/161 [1955]; *Fasching*[1] I 231); wenn man davon ausgeht, daß der einfache Nebenintervenient alle Prozeßhandlungen setzen kann, die keine Verfügungen über den Streitgegenstand enthalten (*Fasching,* Lehrbuch[2] Rz 404), dann wird man dieses Recht auch dem einfachen Nebenintervenienten zubilligen müssen (sofern die Partei nicht widerspricht). Vor Abgabe der Erbserklärung hat der Erbberechtigte im Verlassenschaftsverfahren keine Parteistellung und hat daher auch keine Legitimation zur Stellung eines Delegationsantrags (OLG Wien EFSlg 66.848 [1991]; 63.913 [1990]). Eine Delegation aus Zweckmäßigkeitsgründen kann nur über Antrag, nicht aber von Amts wegen stattfinden (EFSlg 63.907 [1990]).

III. Delegation und Zuständigkeitsvereinbarung

Ausgeschlossen ist eine Delegation aus Zweckmäßigkeitsgründen bei einem 4 **durch Parteivereinbarung zuständig gemachten Gericht** (§ 104 JN), weil dies dem Zweck der Parteivereinbarung widersprechen würde. In gleicher Weise würde die Übertragung einer Rechtssache vom Gerichtsstand des Erfüllungsortes oder vom Fakturengerichtsstand (§ 88 JN) an ein anderes Gericht dem Sinn der Schaffung dieser Gerichtsstände widersprechen, denn überall dort, wo die örtliche Zuständigkeit des Gerichts durch eine Parteivereinbarung begründet wurde, verstößt der Delegationsantrag gegen diese Vertragsverpflichtung (*Fasching,* Lehrbuch[2] Rz 209; grundsätzlich wohl auch *Mayr* in *Rechberger,* ZPO § 31 JN Rz 4; RZ 1989/107); lediglich dann, wenn nachträglich wesentliche, für die Zweckmäßigkeit der Delegation sprechende Umstände eintreten, auf die die Parteien bei Abschluß der Vereinbarung nicht Bedacht nehmen konnten, ist eine Delegation nach § 31 JN zulässig (RZ 1989/107; EvBl 1967/31; SZ 33/7 [1960]; weitergehend offenbar *Mayr,* JBl 1983, 299). Sollte bereits eine Delegation gem § 31 a Abs 2 JN stattgefunden haben, dann ist eine (weitere, an das ursprüngliche Gericht beantragte) Delegation aus Zweckmäßigkeitsgründen ebenfalls nur dann möglich, wenn die dafür maßgeblichen Umstände nachträglich weggefallen sind (EvBl 1985/139; *Mayr* in *Rechberger,* ZPO § 31 JN Rz 4).

IV. Keine aufschiebende Wirkung

Delegationsanträge gem § 31 JN **haben keine aufschiebende Wirkung,** um 5 Verfahrensverschleppungen zu verhindern (*Fasching,* Lehrbuch[2] Rz 209; *Mayr* in

Rechberger, ZPO § 31 JN Rz 3); anders hingegen bei der amtswegigen (notwendigen) Delegation gem § 30 JN, die immer aufschiebende Wirkung hat.

V. Zweckmäßigkeit

A. Grundsätzliches

6 Grundsätzlich gibt die **Berücksichtigung der Zweckmäßigkeit** dem über die Delegation erkennenden Gericht einen weiten Spielraum. Dabei ist jedoch immer zu berücksichtigen, daß eine Delegation nur den Ausnahmefall darstellen und daß durch großzügige Handhabung der Möglichkeiten nicht eine Durchlöcherung der Zuständigkeitsordnung hervorgerufen werden soll (EFSlg 69.711 [1992]; JBl 1986, 53). Wenn die Frage der Zweckmäßigkeit nicht eindeutig zugunsten beider Parteien beantwortet werden kann und eine Partei der Delegation widerspricht, so ist dieser der Vorzug zu geben (2 Ob 606/94; OLG Wien EFSlg 46.594 [1984]; 20.699 [1973]; 18.442 [1972]); gegen den Widerstand des Prozeßgegners hat daher eine Delegation nur dann zu erfolgen, wenn ihre Zweckmäßigkeit klar erkennbar ist (EFSlg 69.712 [1992]). Wenn hingegen beide Parteien die Delegation beantragen, dann kann bei der zu treffenden Ermessensentscheidung kein allzu strenger Maßstab angelegt werden (EFSlg 66.850 [1991]; EvBl 1960/305).

B. Zweckmäßigkeit liegt vor

7 **Zweckmäßigkeitsgründe liegen vor:**

• Wenn die Delegation zu einer wesentlichen Verkürzung des Prozesses, zu einer Erleichterung der Amtstätigkeit oder zu einer wesentlichen Verbilligung des Verfahrens beitragen kann (EFSlg 69.714 [1992]); dies trifft vor allem dann zu, wenn sich die Wohnorte der Mehrzahl der Zeugen und einer oder beider Parteien im Sprengel des anderen Gerichts befinden (*Fasching,* Lehrbuch² Rz 209; *Mayr* in *Rechberger,* ZPO § 31 JN Rz 4; EFSlg 69.713 [1992]; 63.904 [1990]; EvBl 1966/380), aber auch dann, wenn ein Lokalaugenschein zweckmäßig erscheint, der im Sprengel des begehrten Gerichts durchzuführen sein wird (8 Nd 502/94; *Mayr* in *Rechberger,* ZPO § 31 JN Rz 4; aM dagegen die ältere Rsp, wonach für die Beurteilung der Zweckmäßigkeit der Delegation nur der Wohnort der Parteien und der Zeugen maßgebend sein kann, EvBl 1956/27]). So ist auch die Delegierung eines Verfahrens über Schadenersatzansprüche aus einem Verkehrsunfall an das Bezirksgericht des Unfallortes vorzunehmen, weil ein Zeuge nicht weit von diesem Gericht wohnt und die Einholung eines Gutachtens eines Sachverständigen, welcher zweckmäßigerweise vom Gericht des Unfallortes zu bestellen ist, von beiden Parteien beantragt wurde (2 Nd 16/97).

• Hängt die Entscheidung zweier bei verschiedenen Gerichten anhängiger Prozesse zwischen denselben Parteien im wesentlichen von derselben Rechtsfrage ab, ist eine Delegation an eines der beiden Prozeßgerichte zur Verbindung der beiden Prozesse zweckmäßig (JBl 1986, 53).

• Ein Delegationsantrag ist berechtigt, wenn nach dem Aktenstand das überwiegende Vermögen des Erblassers sowie der Wohnsitz des testamentarisch berufenen Erben im Sprengel des anderen Gerichts gelegen sind (EFSlg 69.717 [1992]; 66.849 [1991]; 63.908 [1990]); eine Delegation der Verlassenschaftsabhandlung ist auch dann zweckmäßig, wenn ein Teil der Erben und die Nachlaßgegenstände im Sprengel eines anderen Gerichts sind, der andere Teil der Erben aber auch diesem Gericht näher ist als dem an sich zuständigen (EFSlg 63.909

[1990]); eine Zuständigkeitsübertragung ist weiter dann zweckmäßig, wenn im Sprengel des zuständigen Gerichts Vermögenswerte nicht vorhanden sind und der präsumptive Erbe, der wegen einer körperlichen Behinderung auf fremde Hilfe angewiesen ist, in einem anderen Gerichtssprengel lebt (OLG Wien EFSlg 69.718 [1992]). – Gegenteilig die vereinzelt gebliebene Ansicht der Rsp, wonach die Tatsache, daß keiner der Erben seinen Wohnsitz im Sprengel des Abhandlungsgerichts hat und sich dort auch keine Abhandlungsgegenstände befinden, (für sich allein) noch nicht für die Zuständigkeitsübertragung an ein anderes Gericht ausreicht (OLG Wien EFSlg 63.911 [1990]). – Die teilweise Übertragung der Verlassenschaftsabhandlung an ein anderes Gericht ist wegen § 21 AußStrG nicht möglich (EFSlg 63.912 [1990]).

C. Zweckmäßigkeit liegt nicht vor

Zweckmäßigkeitsgründe liegen nicht vor: 8

• Wenn keine der Parteien im Sprengel des anderen Gerichts wohnt und so gut wie alle Zeugen vernommen sind, der größere Teil davon durch das erkennende Gericht selbst, ist eine Delegation nicht zweckmäßig (EFSlg 63.905 [1990]).

• Eine Delegation ist nicht schon deshalb zweckmäßig, weil auswärts wohnhafte Zeugen „erfahrungsgemäß nicht vom erkennenden Gericht vernommen werden würden" (4 Nd 511/83, zit bei *Petrasch,* ÖJZ 1985, 258).

• Schwere berufliche Abkömmlichkeit einer Partei bildet keinen Delegationsgrund (EFSlg 18.443 [1972]).

• Dem Kanzleisitz eines Parteienvertreters kommt keine Bedeutung zu (10 NdS 1/96; 10 NdS 1/95; OLG Wien EFSlg 46.596 [1984]).

• Weder Personalschwierigkeiten bei der Besetzung des Gerichts (EvBl 1963/8) noch die Überlastung eines Gerichts (RZ 1974/83 = AnwBl 1974, 353) bilden einen hinreichenden Delegationsgrund.

• Ein Delegationsantrag kann nicht auf Ablehnungsgründe gestützt werden (8 Ob 3/95; EvBl 1968/144; 1958/366), ebenso nicht auf eine Verzögerung bei der Behandlung der Rechtssache (EFSlg 43.947 [1983]; EvBl 1968/144) oder auf die behauptete mangelnde Sachkenntnis eines Richters (OLG Wien EFSlg 20.700 [1973]). Das Bestehen eines kollegialen Verhältnisses des zur Entscheidung berufenen Gerichtshofs zu einem abgelehnten Richterkollegen allein vermag daher weder dessen Befangenheit noch auch die Zweckmäßigkeit einer Delegation zu begründen (6 Ob 268/98 z; 10 ObS 275/97 g).

VI. Entscheidung

Zur Entscheidung über Delegationsanträge, bei denen die Rechtssache in- 9
nerhalb eines Oberlandesgerichtssprengels übertragen werden soll, **ist das OLG zuständig;** wird die Übertragung der Rechtssache an ein Gericht begehrt, das in einem anderen Oberlandesgerichtssprengel liegt, dann entscheidet darüber der **OGH.** Die Entscheidung erfolgt immer in einem aus drei Berufsrichtern bestehenden Senat (für den OGH § 7 Abs 1 lit b OGHG); auch in Arbeits- und Sozialrechtssachen erfolgt die Entscheidung immer in einem mit drei Berufsrichtern besetzten Senat (*Mayr* in *Rechberger,* ZPO § 31 JN Rz 5; für den OGH § 11 Abs 2 ASGG; für die OLG ist dies nicht ausdrücklich geregelt, aber aus § 11 Abs 4, § 11 a Abs 2 und 3 sowie § 11 Abs 2 ASGG zu schließen). Die Regelung des § 4 des RG, RGBl 1907/41, wonach das Gericht bei Übereinstimmung des

Vorsitzenden und des Berichterstatters ohne Senat entscheiden konnte, ist durch Art VI des BG BGBl 1994/507 aufgehoben worden.

Die Entscheidung erfolgt in nichtöffentlicher Sitzung. Vorher haben sich die Gegenpartei innerhalb einer vom ursprünglich angerufenen Gericht zu bestimmenden Frist und das Gericht selbst zum Delegationsantrag zu äußern. Mit diesen Äußerungen ist der Antrag dem zur Entscheidung berufenen Gericht unmittelbar vorzulegen (§ 51 Abs 2 Geo).

VII. Vormundschafts- und Pflegschaftssachen

10 **In Vormundschafts- und Pflegschaftssachen** ist neben der Delegation aus Zweckmäßigkeitsgründen auch die direkte Übertragung der Geschäfte nach **§ 111 JN** möglich, die vom übertragenden Gericht direkt zum begehrten Gericht erfolgt. Danach liegt die Entscheidung, ob zu delegieren oder nach § 111 JN direkt zu übertragen ist, im Anlaß der Verfügung. Handelt es sich um eine rein pflegschaftsbehördliche Maßnahme, dh wenn nur das Interesse des Pflegebefohlenen gewahrt werden soll, dann ist nach Möglichkeit gem § 111 JN vorzugehen; andernfalls ist im Weg der Delegation gem § 31 JN vorzugehen, wobei aber auch in diesem Fall auf das Wohl der Kinder Bedacht zu nehmen ist (OLG Wien EFSlg 46.595 [1984]; im einzelnen s dazu bei § 111 JN sowie *Mayr,* JBl 1983, 300 und *ders* in *Rechberger,* ZPO § 111 JN Rz 1).

VIII. Delegation nur an ein Gericht gleicher Gattung

11 Die Delegation kann **nur an ein Gericht gleicher Gattung** erfolgen (ausdrücklich OLG Wien EvBl 1937/432; s auch bei § 30 JN); die in § 31 Abs 1 Satz 2 JN normierte Ausnahme ist überholt und gegenstandslos (*Mayr* in *Rechberger,* ZPO § 31 JN Rz 3; s dazu auch die ausführliche Begründung von *Mayr,* JBl 1983, 295).

IX. Anfechtbarkeit

12 **Gegen die Beschlüsse des OLG,** mit denen über Delegierungsanträge entschieden wurde, ist der **Rekurs an den OGH** zulässig, gleichgültig, ob dem Antrag stattgegeben wurde oder nicht. Dabei sind die **Rekursbeschränkungen** des § 517 ZPO zu beachten, nicht jedoch jene des § 528 ZPO, da das OLG als erste und nicht als Rechtsmittelinstanz entschieden hat (*Mayr* in *Rechberger,* ZPO § 31 JN Rz 6; aM aber offenbar 1 Ob 2232/96 h, wonach alle Delegierungsbeschlüsse innerhalb der Grenzen der §§ 517 und 528 ZPO anfechtbar sind). Der Rekurs ist bei jenem Gericht einzubringen, das über den Delegationsantrag entschieden hat (*Fasching,* Lehrbuch² Rz 209; *Mayr,* JBl 1983, 300; EvBl 1987/204; AnwBl 1987/2759; JBl 1978, 268; MietSlg 25.502 [1973]).

Nach Rechtskraft des Delegierungsbeschlusses kann die Unzuständigkeit des delegierten Gerichts nicht mehr eingewendet werden (*Fasching,* Lehrbuch² Rz 209; OLG Wien EvBl 1947/363).

X. Zuständigkeit

13 Voraussetzung für die Delegierung ist die Zuständigkeit des angerufenen Gerichts. Eine Entscheidung über den Delegierungsantrag darf daher erst nach rechtskräftiger Entscheidung über die Stattgebung oder Ablehnung der Unzu-

ständigkeitseinrede erfolgen (*Mayr* in *Rechberger,* ZPO Rz 2 zu § 31 JN). Das Erstgericht hat daher vorerst über die – allenfalls noch zu konkretisierende – Unzuständigkeitseinrede zu entscheiden. Erst wenn die Zuständigkeit des Erstgerichts feststeht, kann die Vorlage des Delegierungsantrags erfolgen (9 NdA 3/98). Ist die Zuständigkeit des ursprünglich angerufenen Gerichts nicht gegeben, fehlt eine wesentliche Voraussetzung für eine Delegierung nach § 31 JN; die beantragte Delegierung ist in diesem Fall zu verweigern (1 Nd 502/98).

Es steht einer zweckmäßigen Delegation nicht entgegen, daß der Kläger unzweckmäßigerweise die Klage nicht gleich beim nun begehrten Gericht eingebracht und vom Wahlgerichtsstand Gebrauch gemacht hat (8 NdA 1/98).

Hat der Beklagte die örtliche Zuständigkeit nicht bestritten, sodaß es auch nicht zur Vorlage der entsprechenden, die Gerichtsstandvereinbarung ausweisenden Urkunden kam, wurde dieses Gericht nur durch diese Nichtbestreitung zuständig. Diese Situation ist jener der Anrufung einer der sonstigen gesetzlichen Gerichtsstände gleichzuhalten. Die urkundlich nicht nachgewiesene Gerichtsstandsvereinbarung steht daher einer Delegierung aus Zweckmäßigkeitsgründen nicht entgegen (7 Nd 503/98).

§ 31 a. (1) In Streitsachen hat das Gericht erster Instanz die Sache einem anderen Gericht gleicher Art zu übertragen, wenn die Parteien dies spätestens zu Beginn der mündlichen Streitverhandlung übereinstimmend beantragen. Dies gilt auch, wenn die Delegierung einer nicht ausschließlich einem Gerichtshof erster Instanz zugewiesenen Sache an ein Bezirksgericht beantragt wird.

(2) Eine Streitsache kann auch ohne Antrag und nach Beginn der mündlichen Streitverhandlung einem anderen Gericht gleicher Art übertragen werden, wenn ihr Gegenstand der Anspruch auf Ersatz von Schäden aus der Tötung oder Verletzung einer oder mehrerer Personen, aus einer Freiheitsberaubung oder aus der Beschädigung einer körperlichen Sache ist, bei dem anderen Gericht ein Verfahren über einen gleichartigen Anspruch aus dem selben schädigenden Ereignis anhängig ist und wenn diese Delegierung, besonders wegen der Gleichartigkeit der zu lösenden Tat- und Rechtsfragen, geeignet ist, den Verfahrensaufwand zu verringern. Die Sache darf nur demjenigen Gericht übertragen werden, bei dem als erstem eine Klage eingebracht worden ist. Die übertragene ist mit der bereits anhängigen Sache zu verbinden (§ 187 ZPO), auch wenn weder die Kläger noch die Beklagten der beiden Verfahren ident sind.

(3) Entscheidungen nach Abs. 2, die bei einer Verhandlung vor dem Senat getroffen werden, obliegen diesem, sonstige Entscheidungen nach Abs. 1 oder 2 dem Vorsitzenden des Senates. Für den weiteren Gang des Verfahrens gilt der § 261 Abs. 6 sechster bis achter Satz ZPO sinngemäß. Im übrigen ist der § 31 Abs. 3 anzuwenden.

Eingefügt durch Art II Z 7 ZVN 1983 BGBl 135

Lit: *Burgstaller,* Prozeßverbindung, Quorklage und Interventionsklage, JBl 1994, 69; *Fucik,* Die Zuständigkeit nach der Zivilverfahrens-Novelle 1983, RZ 1985, 236; *Mayr,* Die Delegation im zivilgerichtlichen Verfahren, JBl 1983, 293.

Übersicht:

I. Direkte, vereinfachte Delegation; Allgemeines

1 **Die direkte Zuständigkeitsübertragung** (direkte oder vereinfachte Delegation) gem § 31 a JN vom zuständigen Gericht auf ein anderes gibt es nur im streitigen Verfahren; außerhalb des streitigen Verfahrens ist daher ein (übereinstimmender) Antrag beider Parteien nach Abs 1 unzulässig (*Mayr,* JBl 1983, 303).

II. § 31 a Abs 1 JN

A. Grundsätzliches

2 **Gem § 31 a Abs 1 JN** muß das Gericht erster Instanz eine Streitsache **an ein anderes Gericht gleicher Art übertragen, wenn beide Parteien dies spätestens zu Beginn der mündlichen Streitverhandlung beantragen;** unter denselben Voraussetzungen kann auch eine nicht in die Eigenzuständigkeit des Gerichtshofs fallende Sache von diesem an ein BG übertragen werden. Die **sachliche Zuständigkeit** kann somit durch einen übereinstimmenden Parteienantrag mit Ausnahme der Wertzuständigkeit des Gerichtshofs nicht geändert werden. Dies ergibt sich aus den Gesetzesworten „Gericht gleicher Art" und aus Satz 2 des § 31 a Abs 1 JN. Es ist daher auch eine Verschiebung der Zuständigkeit von einem allgemeinen Gericht an ein Kausalgericht (Handelsgerichtsbarkeit, Arbeits- und Sozialgerichtsbarkeit) und umgekehrt nicht möglich (*Mayr,* JBl 1983, 303). Hinsichtlich der **Übertragung in örtlicher Hinsicht** bestehen hingegen keine Beschränkungen, sodaß auch Rechtssachen, die vor Zwangsgerichtsstände gehören – wo also eine Prorogation auf ein anderes Gericht ausgeschlossen wäre –, auf Grund eines gemeinsamen Übertragungsantrags an ein anderes Gericht zu übertragen sind (so zB auch in den Fällen der §§ 83 a, 83 b JN und § 14 KSchG (*Fasching,* Lehrbuch² Rz 210; *Mayr* in *Rechberger,* ZPO § 31 a JN Rz 1; *ders,* JBl 1983, 303). Unzulässig ist eine Übertragung innerhalb desselben Gerichts von einer Gerichtsabteilung an eine andere, da sie auf die Person des Richters und nicht auf ein anderes Gericht abgestellt wäre (*Fasching,* Lehrbuch² Rz 211; *Mayr* in *Rechberger,* ZPO § 31 a JN Rz 1).

B. Übereinstimmender Parteienantrag

3 Voraussetzung für die Übertragung gem § 31 a Abs 1 JN ist ein **übereinstimmender, rechtzeitig gestellter Antrag beider Parteien.** Rechtzeitig ist der Antrag dann, wenn er spätestens zu Beginn der mündlichen Streitverhandlung vorgebracht wird; er kann auch früher gestellt werden. Es spricht nichts dagegen, wenn er durch den Kläger bereits in der Klage vorgenommen wird (aM *Mayr* in *Rechberger,* ZPO § 31 a JN Rz 1).

Da in dem übereinstimmenden Übertragungsantrag gem § 31 a Abs 1 JN auch eine Zuständigkeitsbegründung (daher auch der verwendete Ausdruck

„nachträgliche Konsensprorogation", s *Rechberger/Simotta,* Zivilprozeßrecht[4] Rz 156; ErläutRV 669 BlgNR 15. GP 30; krit zu diesem Begriff *Fasching,* Lehrbuch[2] Rz 211) und damit auch eine Heilung allfälliger Unzuständigkeit (auch zu Lasten von Zwangsgerichtsständen) liegt (SZ 66/92 [1993]), müssen dieselben Schutzvorschriften zugunsten des Beklagten, die sonst im Zuständigkeitsbereich einzuhalten sind (§ 104 Abs 3 JN), auch hier analog angewendet werden: Die nicht durch einen Rechtsanwalt oder Notar (bzw einen gem § 40 ASGG Vertretungsbefugten) vertretene Partei muß vor der Entscheidung über den Antrag vom Richter aktenkundig belehrt werden, daß die Sache dadurch an ein an sich unzuständiges Gericht übertragen wird und sie dadurch auf die Geltendmachung der Unzuständigkeit jedes der beiden Gerichte verzichtet (*Fasching,* Lehrbuch[2] Rz 211; *Mayr* in *Rechberger,* ZPO § 31 a JN Rz 1; *ders,* JBl 1983, 303). Hält sie den Antrag trotzdem aufrecht, dann ist die Übertragung zu beschließen, andernfalls der Antrag abzuweisen. Ohne vorherige und erfolglose Belehrung der nicht rechtskundig (qualifiziert) vertretenen beklagten Partei darf die Übertragung nicht verfügt werden; sollte sie dennoch erfolgen, wird man dem Beklagten den Rekurs gegen den Übertragungsbeschluß zubilligen müssen (obwohl seinem Antrag ja stattgegeben wurde; weitergehend die Ansicht von *Mayr,* JBl 1983, 302, wonach das Zweitgericht die Belehrung nachzuholen hat).

C. Anfechtbarkeit

Der **Beschluß,** mit dem die Übertragung ausgesprochen bzw diese abgelehnt wurde, ist **mit Rekurs** innerhalb der Beschränkungen des § 517 ZPO **anfechtbar** (*Buchegger,* PraktZPR[6] I 58; *Mayr* in *Rechberger,* ZPO § 31 a JN Rz 3; aM *Fasching,* Lehrbuch[2] Rz 211, wonach auch bei einem diese Wertgrenze nicht übersteigenden Streitwert der Rekurs zulässig sein soll). Ein Rekurs gegen einen dem übereinstimmenden Antrag beider Parteien stattgebenden Beschluß wird grundsätzlich nicht in Frage kommen, da dem Rekurswerber die Beschwer fehlt und das Rechtsmittel daher wegen Unzulässigkeit zurückzuweisen ist; nur dann, wenn der unvertretene Beklagte nicht durch den Richter aktenkundig belehrt wurde, steht ihm die Rekursmöglichkeit offen. Im übrigen könnte ein stattgebender Beschluß nur angefochten werden, wenn kein übereinstimmender Parteienantrag vorliegt (also nur eine Partei die Delegation beantragt hat). Von praktischer Bedeutung ist daher wohl nur der Rekurs gegen einen Beschluß, mit dem die Übertragung verweigert wurde. 4

D. Bindung

Liegen die Voraussetzungen des § 31 a Abs 1 JN vor, dann **ist das Gericht daran gebunden,** und es hat dem gemeinsamen Übertragungsantrag stattzugeben. Ebenso ist einem übereinstimmenden Antrag der Parteien, daß ein bestimmtes Gericht eine Rechtshilfevernehmung durchführen möge, zu entsprechen (EvBl 1990/36). Eine Prüfung, ob die beantragte Delegation überhaupt zweckmäßig ist oder ob sie bloß mißbräuchlich verwendet wird (etwa um einen mißliebigen Richter auszuschalten oder um vor einen ganz bestimmten Richter zu gelangen) steht weder dem angerufenen Gericht noch dem Gericht zu, dem die Streitsache übertragen wurde. Nur dann, wenn der Antrag den Voraussetzungen nicht genügt, also wenn er verspätet gestellt oder wenn die Übertragung an ein Gericht anderer Art (ausgenommen vom Gerichtshof zum BG bei Wertzuständigkeit des Gerichtshofs) begehrt wird, ist dem Antrag nicht Folge zu geben (*Mayr* in *Rechberger,* ZPO § 31 a JN Rz 2; *ders,* JBl 1983, 302). 5

An den rechtskräftigen Übertragungsbechluß ist das Zweitgericht gebunden, und zwar auch dann, wenn er gesetzwidrig erfolgt ist, weil beispielsweise vom BG an ein LG übertragen wurde (SZ 66/92 [1993]). Das Gericht, an das delegiert wird, darf sich nicht für unzuständig erklären, weil im einverständlichen Antrag beider Parteien auf Übertragung an dieses Gericht eine Unterwerfung in die Verhandlung vor diesem liegt und damit eine Unzuständigkeit jedenfalls geheilt wäre; ebenso darf auch die Unzuständigkeit des überweisenden Gerichts nicht mehr aufgegriffen oder geprüft werden (*Fasching,* Lehrbuch[2] Rz 211). Die Vorschriften über die Bindung an rechtskräftige Überweisungsbeschlüsse (wie auch an rechtskräftige Zuständigkeitsentscheidungen) sollen unerwünschte Zuständigkeitsstreitigkeiten der beteiligten Gerichte unter allen Umständen verhindern. Daher ist in Kauf zu nehmen, daß ein Gericht allenfalls an eine unrichtige Entscheidung eines anderen gebunden wird. Dieser Zweck würde verfehlt, wenn im Rahmen eines Zuständigkeitskonflikts, der nur deshalb ausgetragen werden muß, weil eines der beteiligten Gerichte gegen die Bindungswirkung verstoßen hat, auf letztere nicht Bedacht genommen, sondern die Richtigkeit des Überweisungsbeschlusses überprüft würde (RZ 1986/4). Davon abgesehen liegt einem Delegationsbeschluß gem § 31 a Abs 1 JN der gemeinsame Antrag beider Parteien zugrunde; der Schutz des Beklagten erfordert es nicht, dem Beschluß die bindende Wirkung abzusprechen (SZ 66/92 [1993]). Sollte der unvertretene Beklagte nicht belehrt worden sein, dann steht ihm ohnehin – wie oben ausgeführt – die Erhebung eines Rekurses zur Verfügung. Aus den genannten Überlegungen ist der Ansicht, wonach dem zweiten Gericht die Verweigerung der Zuständigkeitsübernahme bei einem unrichtigen Übertragungsbeschluß gestattet sein soll (*Mayr* in *Rechberger,* ZPO § 31 a JN Rz 2; *ders,* JBl 1983, 302), nicht zu folgen.

E. Rechtspolitische Wertung

6 Die Bestimmung des § 31 a Abs 1 JN, die auf Wunsch der Rechtsanwaltschaft eingeführt worden ist (ErläutRV 699 BlgNR 15. GP 30), ist rechtspolitisch bedenklich, weil sich die Parteien dadurch dem bereits in der Sache tätig gewordenen gesetzlichen Richter entziehen können. Sie können auf diese Weise unbeliebten oder weniger expeditiven Richtern ausweichen, was im Endergebnis zu deren sachlich nicht gerechtfertiger Entlastung führen kann, während dies umgekehrt zu einer kaum vorhersehbaren Belastung bestimmter Richter führen könnte. Sie kann auch mißbraucht werden (wie auch jetzt schon § 261 Abs 6 ZPO), indem der Richter den Parteien durch besonders langfristige Anberaumung der ersten Verhandlung geradezu nahelegt, ihm die Sache durch einvernehmlichen Delegierungsantrag abzunehmen; solcher Mißbrauch ist disziplinär zu ahnden (*Fasching,* Lehrbuch[2] Rz 210; idS auch *Mayr,* JBl 1983, 301).

III. § 31 a Abs 2 JN

A. Grundsätzliches

7 **Gem § 31 a Abs 2 JN** kann (nicht: muß) das Gericht auch noch nach Beginn der mündlichen Streitverhandlung in Rechtsstreitigkeiten über Schadenersatzansprüche aus Tötung oder Verletzung von Menschen, Freiheitsberaubung oder Sachbeschädigung **auf Antrag oder von Amts wegen die Sache an ein Gericht gleicher Art** (aber im Gegensatz zu § 31 a Abs 1 JN nicht vom Gerichtshof an ein BG: NRsp 1989/244 = NRsp 1989/254) **übertragen,** wenn bei dem anderen Ge-

richt ein **gleichartiger Anspruch** (besser „Rechtsstreit") aus demselben Sachverhalt bereits anhängig ist und die Delegierung wegen der Gleichartigkeit der zu lösenden Tat- und Rechtsfrage geeignet ist, den Verfahrensaufwand zu verringern.

Diese Übertragungsmöglichkeit soll nur in Anspruch genommen werden, wenn sie wirklich zu einer Vereinfachung des Verfahrens und zu einer einheitlichen Beurteilung zusammenhängender Ansprüche führen wird. Sie soll das Fehlen eines generellen Gerichtsstandes des Sachzusammenhangs – wie ihn der Strafprozeß schon immer kannte – ersetzen, aber nicht etwa die zusätzliche Möglichkeit für einzelne Gerichte schaffen, sich durch großzügige Auslegung dieser Vorschriften Streitfälle vom Hals zu schaffen (zumal ja eine Übertragung hier auch von Amts wegen möglich wäre). Im übrigen kommt dieser Übertragungsart wegen des Gerichtsstands der Schadenszufügung (§ 92 a JN) keine allzu große Bedeutung zu (*Mayr,* JBl 1983, 304).

B. Beschränkungen

Die Delegation nach § 31 a Abs 2 JN ist in mehrfacher Hinsicht beschränkt:

• Sie findet nur bei Schadenersatzklagen wegen deliktischer Haftung (einschließlich der Erfolgs- und Gefährdungshaftung, *Fasching,* Lehrbuch[2] Rz 213) und wegen vertraglicher Haftung (*Burgstaller,* JBl 1994, 74 in Analogie zu § 92 a JN [dazu s *Ballon,* Zivilprozeßrecht[9] Rz 62 mwN]; *Mayr* in *Rechberger,* ZPO § 31 a JN Rz 4; aM, nämlich nur Schadenersatzklagen aus deliktischer Haftung, *Fasching,* Lehrbuch[2] Rz 213; *Rechberger/Simotta,* Zivilprozeßrecht[4] Rz 156) Anwendung, dann aber auch bei Feststellungsbegehren (*Fasching,* Lehrbuch[2] Rz 213). 8

• Es kann **nur an ein Gericht gleicher Art** (dazu oben Rz 2) überwiesen werden, **bei dem ein „gleichartiger Anspruch"** aus demselben, beiden Ansprüchen zugrundeliegenden Sachverhalt („dasselbe schädigende Ereignis" ist wohl zu eng gefaßt) anhängig ist. Dabei kommt es im allgemeinen aber nicht auf das „Zuvorkommen", also darauf an, bei welchem Gericht die Klage zuerst eingebracht wurde, sondern darauf, ob das andere Verfahren im Zeitpunkt des Überweisungsbeschlusses weiter oder zumindest gleich weit gediehen ist (*Fasching,* Lehrbuch[2] Rz 213; *Rechberger/Simotta,* Zivilprozeßrecht[5] Rz 156; *Mayr* in *Rechberger,* ZPO § 31 a JN Rz 4; aM ErläutRV zur ZVN 1983 669 BlgNR 15. GP 30). Nur bei völlig gleichem Stand des Verfahrens entscheidet das frühere Einlangen der Klage; dann darf nur an dieses Gericht übertragen werden. In der Zwischenzeit könnte ja sonst das Verfahren bei dem Gericht, bei dem die Klage früher eingebracht wurde, durch Versäumungsurteil, Wiedereinsetzung oder Widerspruch, durch Terminschwierigkeiten oder umständliche oder verzögernde Verfahrensführung weniger weit gediehen sein als bei dem Gericht, das erst später befaßt wurde. 9

• Die Überweisung muß für die zu überweisende Rechtssache **einen objektiv vorhersehbaren ökonomischen Effekt** haben, also im konkreten Fall geeignet sein, den Verfahrensaufwand zu verringern. Das wird aber wohl nur selten der Fall sein. Das Verfahren vor dem Gericht, an das überwiesen wird, muß also – wie gesagt – weiter oder zumindest gleich weit gediehen sein wie das Verfahren vor dem überweisenden Gericht, denn sonst läge ja für die zu überweisende Rechtssache keine Minderung des Verfahrensaufwandes vor. Umgekehrt darf aber das Verfahren vor dem anderen Gericht nicht zu weit gediehen sein, denn dann bringt die Überweisung auch keinen ökonomischen Effekt. Ist die Sa- 10 che beim anderen Gericht bereits entscheidungsreif, kommt die Übertragung ebensowenig in Betracht wie dann, wenn dort bereits ein Zwischenurteil über den Anspruchsgrund gefällt wurde; in beiden Fällen müßte das Gericht, an das überwiesen wurde, ja das Verfahren entweder wiedereröffnen oder für den überwiesenen Rechtsstreit ein neues Beweisverfahren eröffnen, für das die Lokkerung des § 281 a ZPO nur selten in Betracht käme. Praktisch wird eine Übertragung wohl nur dort werden, wo die Prozesse vor beiden Gerichten bis zum Beweisbeschluß gediehen sind (*Fasching,* Lehrbuch[2] Rz 213; idS auch *Mayr* in *Rechberger,* ZPO § 31 a JN Rz 4; *Rechberger/Simotta,* Zivilprozeßrecht[4] Rz 156).

C. Keine Parteienidentität erforderlich

11 **Parteienidentität** in beiden Rechtsstreitigkeiten **ist nicht notwendig.** Daher ist zB die Übertragung eines Regreßprozesses der Versicherung gegen den versicherten Schädiger an das Gericht möglich, bei welchem bezüglich anderer Unfallbeteiligter direkte Ansprüche anhängig sind (*Fasching,* Lehrbuch[2] Rz 213).

D. Verbindung

12 Das Gericht, an das überwiesen wird, hat **beide Rechtsstreitigkeiten gem § 187 ZPO zu gemeinsamer Verhandlung und Entscheidung zu verbinden.** Diese Verbindung kann allerdings wieder aufgehoben werden, wenn sie zu einer Verzögerung oder Verteuerung führen würde (*Mayr* in *Rechberger,* ZPO § 31 a JN Rz 6), beispielsweise dann, wenn die gemeinsamen Streitpunkte – etwa der Grund des Anspruchs – erledigt und nur noch verschiedene Fragen – etwa über die Höhe des Anspruchs – zu klären sind (so ausdrücklich JAB 1337 BlgNR 15. GP 2).

Sind **bei einem Gericht mehrere Rechtsstreitigkeiten in verschiedenen Gerichtsabteilungen** anhängig, dann ist § 31 a Abs 2 JN nur mittelbar anwendbar. Schon aus § 31 a Abs 2 JN geht eindeutig hervor, daß die Geschäftsabteilungen der Gerichte dafür Sorge tragen müssen, daß unter den Voraussetzungen dieser Gesetzesstelle die Übertragung an die „führende" Gerichtsabteilung von Amts wegen erfolgen muß; ansonsten hat über einen diesbezüglichen Antrag des Richters oder der Parteien der Personalsenat zu entscheiden (*Fasching,* Lehrbuch[2] Rz 213).

13 Eine **mündliche Verhandlung ist nicht notwendig.** Da die Voraussetzungen für die Übertragung, insb der Stand des Verfahrens vor dem Gericht, an das überwiesen werden soll, und die Frage, ob dadurch überhaupt der Verfahrensaufwand des zu überweisenden Rechtsstreits verringert werden kann, streitig sein können, hat das Gericht – auch bei amtswegiger Übertragung – beide Parteien unter Fristsetzung zur schriftlichen Äußerung oder, wenn der Beschluß in der mündlichen Verhandlung erfolgen soll, in dieser selbst zur Stellungnahme aufzufordern (*Fasching,* Lehrbuch[2] Rz 214; *Mayr* in *Rechberger,* ZPO § 31 a JN Rz 5). Gegen den begründeten Widerspruch einer oder (umso mehr) beider Parteien ist die Streitsache regelmäßig nicht zu übertragen (*Mayr* in *Rechberger,* ZPO § 31 a JN Rz 5).

E. Anfechtbarkeit

14 Die Übertragung erfolgt mit **Beschluß,** der (unter der Voraussetzung des § 517 ZPO, *Buchegger,* PraktZPR[6] I 58; *Mayr* in *Rechberger,* ZPO § 31 a JN Rz 5; *Rechberger/Simotta,* Zivilprozeßrecht[4] Rz 156) **nur dann anfechtbar** ist,

wenn die Übertragung ohne Vorliegen der gesetzlichen Voraussetzungen verfügt wurde (analog der Judikatur zu § 261 Abs 6 ZPO, SZ 31/62 [1958]; etwa, wenn das Gericht entschieden hat, ohne die Parteien zur Äußerung aufzufordern, *Fasching,* Lehrbuch² Rz 214).

F. Bindung an den Überweisungsbeschluß

15 Die Übertragung gem § 31 a Abs 2 JN begründet die Zuständigkeit des Gerichts, an das überwiesen wird, und schneidet damit jede Einrede der Unzuständigkeit des überweisenden Gerichts und des Gerichts, an das überwiesen wurde, ab. **Das Gericht, an das übertragen wurde, ist an den rechtskräftigen Übertragungsbeschluß gebunden** (*Fasching,* Lehrbuch² Rz 214; *Rechberger/Simotta,* Zivilprozeßrecht⁴ Rz 156; aM *Mayr* in *Rechberger,* ZPO § 31 a JN Rz 5 und *ders,* JBl 1983, 305, wonach das Adressatgericht dann berechtigt sein soll, die Übernahme der Zuständigkeit zu verweigern, wenn es sich nicht um ein Gericht gleicher Art handelt oder wenn ein Rechtsstreit aus demselben schädigenden Ereignis gar nicht [mehr] anhängig ist; s dazu auch die Ausführungen zu Rz 9).

Eine Delegierung aus Zweckmäßigkeitsgründen (§ 31 JN) zurück an das ursprünglich zuständige Gericht ist nach Rechtskraft einer Übertragung gem § 31 a Abs 2 JN nur dann möglich, wenn die dafür maßgebenden Umstände nachträglich weggefallen sind (EvBl 1985/139; *Fasching,* Lehrbuch² Rz 214).

IV. § 31 a Abs 3 JN

16 Die **Entscheidung** bezüglich der Delegation gem § 31 a Abs 1 JN trifft **im Senatsprozeß** immer der Vorsitzende; bei einer Übertragung gem § 31 a Abs 2 JN ist im Senatsprozeß zu unterscheiden: Ist die Entscheidung im Zug einer Verhandlung zu fällen, dann obliegt sie dem Senat, in allen anderen Fällen dem Senatsvorsitzenden (aM *Fasching,* Lehrbuch² Rz 214, wonach – entgegen dem Gesetzeswortlaut – die Entscheidung immer der Senatsvorsitzende trifft).

Aus dem Verweis auf § 261 Abs 6 sechster bis achter Satz ZPO folgt, daß die Streitanhängigkeit durch die Übertragung nicht aufgehoben wird, daß keine neuerliche erste Tagsatzung stattfindet, die Klagebeantwortung – soweit dies noch nicht erfolgt ist – schriftlich aufzutragen ist und daß der Verhandlung vor dem Adressatgericht die Ergebnisse (Parteienvorträge, Anträge, Beschlüsse und Beweisaufnahmen) des Verfahrens vor dem übertragenden Gericht gem § 138 ZPO zugrunde zu legen sind (*Fasching,* Lehrbuch² Rz 214; *Mayr* in *Rechberger,* ZPO § 31 a JN Rz 6).

Beschrankung der Zuständigkeit auf den Gerichtsbezirk

§ 32. (1) Jedes Gericht hat die zu seinem Wirkungskreis gehörenden Amtshandlungen innerhalb des ihm zugewiesenen Sprengels selbst vorzunehmen.

(2) Jedoch dürfen, soweit im § 15 des Zustellgesetzes, BGBl. Nr. 200/1982, nicht anderes bestimmt ist, gerichtliche Amtshandlungen in Kasernen oder auf anderen militärisch genützten Liegenschaften nur nach vorgängiger Anzeige an den Kommandanten und unter Zuziehung eines von diesem beizugebenden Soldaten oder Bediensteten der Heeresverwaltung vorgenommen werden.

(3) Zur Ausführung der gerichtlichen Verfügungen, die Personen betreffen, die Immunität genießen, ist die Vermittlung des Bundesministeriums für Auswärtige Angelegenheiten in Anspruch zu nehmen.

(4) Das gilt auch, wenn gerichtliche Amtshandlungen gegen Personen, die der inländischen Gerichtsbarkeit unterliegen, in den Wohnungen von Personen vorzunehmen sind, die Immunität genießen.

IdF Art I BGBl 1982/201; Abs 3 und 4 idF Art VI Z 5 WGN 1997 BGBl I 1997/140

§ 33. Ein Gericht darf zur Vornahme der Amtshandlung die Grenzen seines Sprengels überschreiten, wenn Gefahr im Verzug ist, wenn eine Amtshandlung an der Grenze des Gerichtssprengels stattfinden soll oder wenn dies zur Sicherung der Unmittelbarkeit der Beweisaufnahme unter Bedachtnahme auf die Raschheit und die Sparsamkeit der Verfahrensführung geboten ist. Das Gericht, in dessen Sprengel eine solche Amtshandlung vollzogen wird, ist hievon zu verständigen.

IdF Art II Z 8 ZVN 1983 BGBl 135

Übersicht:

I. Amtshandlungen, Allgemeines

1 Die in § 32 Abs 1 JN getroffene Anordnung, daß jedes Gericht die zu seinem Wirkungskreis gehörigen Amtshandlungen selbst vorzunehmen hat, bewirkt, daß **jedem Gericht ein ausschließlicher örtlicher Tätigkeitsbereich zugewiesen** ist, den es nur im Rahmen des § 33 JN überschreiten darf. Es darf über seinen örtlichen Sprengel hinaus normalerweise keine Amtshandlungen vornehmen, sondern muß hiefür das örtlich zuständige Gericht in Anspruch nehmen (Rechtshilfe). Andererseits ergibt sich aus § 32 Abs 1 JN auch, daß innerhalb des Wirkungskreises des Gerichts in dessen Sprengel grundsätzlich ein anderes Gericht nicht tätig werden darf. Schließlich kann gem § 32 Abs 1 JN ein Gericht ein anderes Gericht nicht um die Vornahme von Amtshandlungen innerhalb seines Sprengels ersuchen (etwa ein BG das HG Wien um Bestellung eines Sachverständigen und Befundaufnahme im Sprengel des ersuchenden BG). § 32 Abs 1 JN ist die gesetzliche Grundlage für die strenge Begrenzung der Gerichtstätigkeit auf die örtlichen Sprengel der Gerichte. Er schafft damit erst die Voraussetzung für die örtliche Zuständigkeitsordnung der JN für die Rechtshilfe durch ersuchte Gerichte.

II. Beschränkungen innerhalb des eigenen Sprengels

Innerhalb seines Wirkungskreises ist jedoch die Amtstätigkeit der Gerichte durch die in den Abs 2 bis 4 des § 32 JN enthaltenen Ausnahmen eingeschränkt.

A. Militärische Anlagen

2 **Gerichtliche Amtshandlungen** mit Ausnahme von Zustellungen an Präsenzdiener (zB Exekutionsvollzug, Veranlassung der Vorführung, zwangsweise Vornahme von Untersuchungen nach § 7 FamRAngV, Lokalaugenschein und Befundaufnahme durch Sachverständige) **in militärischen Gebäuden** sind nur

nach vorgängiger Anzeige an den Kommandanten und unter Zuziehung einer Militärperson möglich. Die Angehörigen des Bundesheeres sind der Zivilgerichtsbarkeit unterworfen. Nur bezüglich der Vornahme von gerichtlichen Amtshandlungen (zur Zustellung s im folgenden) ist dann, wenn diese in „militärischen Gebäuden" stattfinden sollen, also in Kasernen, Militärflugplätzen, Kraftfahrparks, Reservelagern, Truppenübungsplätzen, Schießplätzen und -schulen sowie Militärfunkstationen oder Einrichtungen der militärischen Fluß- und Stromwacht, die Stellung gegenüber der Zivilbevölkerung insofern privilegiert, als die erwähnten Amtshandlungen immer erst nach Verständigung des „Kommandanten" durchgeführt werden dürfen. „Kommandant" wird in Analogie zu § 15 ZustG als Kommando, und zwar im organisatorischen (nicht im militärisch-taktischen) Sinn zu verstehen sein, wobei – wiederum in Entsprechung des § 15 ZustG – die unterste Kommandoebene, der die betreffende Person angehört (bei Präsenzdienern das Bataillonskommando) in Betracht kommen wird) (*Walter/Mayer,* Zustellrecht 87; in *Fasching*[1] I 235 wird unter Kommandanten jeder Truppenführer verstanden, der der unmittelbare Vorgesetzte der Einheit ist, der die Person angehört, auf die sich die Amtshandlung bezieht). Es ist gleichgültig, ob die Amtshandlung in einem an sich zu militärischen Zwecken bestimmten Gebäude (zB Kaserne) oder nur in einem vorübergehend vom Bundesheer benützten Gebäude (etwa einer anläßlich eines Manövers zur Nächtigung bezogenen zivilen Baulichkeit) vorzunehmen ist.

Hinsichtlich von Zustellungen im Bereich des Bundesheeres trifft § 15 ZustG folgende Sonderregelungen: Zustellungen an (ordentliche und außerordentliche) Präsenzdiener sind durch das unmittelbar vorgesetzte Kommando (das Bataillonskommando) vorzunehmen; der so ermächtigte Organwalter wird damit zum Zusteller gem § 3 ZustG (*Walter/Mayer,* Zustellrecht 87). Bei sonstigen Zustellungen (dh an andere Heeresangehörige) oder bei Zustellungen auf militärisch genutzten Liegenschaften, die nicht Kasernen sind, ist das für die Verwaltung zuständige Kommando (dieses ergibt sich aus bloß internen Organisationsregelungen) vorher vom Zusteller in Kenntnis zu setzen; das Kommando kann (nicht: muß) dem Zusteller einen Soldaten oder Bediensteten der Heeresverwaltung beistellen.

B. Zustellung an Immunität genießende Personen

Zustellungen an Immunität genießende Personen und sie betreffende Amtshandlungen sind durch Vermittlung des BMAA im Weg des BMJ vorzunehmen; nur dann, wenn bereits ein Prozeß- oder Zustellungsbevollmächtigter namhaft gemacht wurde, ist diesem unmittelbar zuzustellen (§ 34 RHEZiv). Nach § 141 Abs 2 Geo ist bei Zustellungen an immune Personen ein Ersuchschreiben an das BMJ zu richten; dieses ist von der Geschäftsstelle vorzubereiten und dem Richter zur Unterschrift vorzulegen. Der Weg der Zustellung ist in der Zustellverfügung zu bezeichnen. Zu den Immunität genießenden Personen s bei Art IX EGJN. 3

Die Vorschriften des vorgenannten Absatzes sind auch auf die Zustellungen und Amtshandlungen bezüglich jener Personen anzuwenden, die zwar nicht unter dem Schutz der Immunität stehen, aber sich in der **Wohnung** einer solchen Person aufhalten. Hier ist vor allem an das Dienstpersonal, Angestellte von Botschaften, Konsulaten und Internationalen Organisationen zu denken. 4

Ob im konkreten Fall **Immunität** vorliegt, ist vom Gericht selbständig zu beurteilen. Ist es zweifelhaft, ob und in welchem Ausmaß Immunität gegeben ist, hat das Gericht hierüber eine – seit der Neufassung des Art IX Abs 3 EGJN (BGBl 1971/217) – nicht (mehr) bindende Erklärung (Auskunft) des BMJ einzuholen; dieses wird gegebenenfalls beim BMAA rückfragen. Ist die Immunität für das Gericht zweifelsfrei nachgewiesen (etwa durch die Bestätigung einer Internationalen Organisation für einen ihrer Beamten durch Legitimationskarte), erübrigt sich eine Rückfrage (s im einzelnen dazu und mwN bei Art IX EGJN). Liegt nach Meinung des Gerichts keine Immunität vor, dann hat das Gericht eine Zustellung im normalen Weg, dh nach den allgemeinen Regeln des ZustG bzw der ZPO, vorzunehmen.

III. Amtshandlungen außerhalb des eigenen Sprengels

5 Sehen § 32 Abs 2 bis 4 JN Ausnahmen vor, durch die die Ausübung der Gerichtsbarkeit innerhalb des örtlichen Sprengels der Gerichte eingeschränkt wird, so läßt § 33 JN ausnahmsweise die **Vornahme von Handlungen außerhalb des Gerichtssprengels** zu.

Die Tätigkeit jedes inländischen Gerichts findet an den **Staatsgrenzen** unwiderruflich Halt. Daher darf in keinem wie immer gearteten Fall durch inländische Gerichte eine Amtshandlung außerhalb der Grenzen Österreichs vorgenommen werden. Die Gesetzesmaterialien (JAB 1337 BlgNR 15. GP 3) gehen zwar davon aus, daß völkerrechtliche Regelungen etwas anderes vorsehen und daß daher die Frage, wie weit ein österreichischer Richter auch außerhalb des Staatsgebietes tätig werden darf, nach diesen völkerrechtlichen Regeln zu beurteilen ist (ebenso *Mayr* in *Rechberger,* ZPO §§ 32, 33 JN Rz 1 unter Berufung auf die zit Materialien; ÖJZ-LSK 1999/72). Tatsächlich bestehen aber derzeit keine völkerrechtlichen Bestimmungen (auch nicht nach dem HPÜ 1954 und dem Zusatzabkommen zum HPÜ mit Deutschland), die Amtshandlungen eines österreichischen Richters im Ausland erlauben würden. Die österreichische Staatsgrenze darf daher (zumindest derzeit) niemals überschritten werden (*Fasching,* Lehrbuch² Rz 271; im einzelnen s dazu auch bei Art IX EGJN). Das schließt nicht aus, daß sich zur Vornahme einzelner Amtshandlungen im Ausland das inländische Gericht im Weg der Rechtshilfe ausländischer Gerichte oder der sonst nach den Gesetzen des ausländischen Staates zur Vornahme der Handlung zuständigen Behörde bedient.

Reist ein Richter ins Ausland und überschreitet er damit die österreichische Staatsgrenze, um mit einer Betroffenen, die sich freiwillig in die Räumlichkeiten einer österreichischen Botschaft begibt, den unerläßlichen persönlichen Kontakt herzustellen, so ist nicht zu erkennen, daß dadurch einer völkerrechtlichen Norm zuwidergehandelt würde. Damit werden keine Amtshandlungen vollzogen und würde auch in keine Amtshandlungen eingegriffen, die einem anderen Staat obliegen, ist doch die Erstanhörung in den Räumlichkeiten der österreichischen Botschaft, die der Jurisdiktion des Entsendestaates (also Österreichs) untersteht, vorgesehen (ÖJZ-LSK 1999/72).

6 Dem Wesen der Ausnahmebestimmung des § 33 JN entspricht es, nur die Vornahme einzelner Amtshandlungen außerhalb des Sprengels zuzulassen, nicht jedoch die Durchführung eines gesamten Verfahrens oder die Fällung der Entscheidung außerhalb des eigenen Gerichtssprengels; ein Verstoß dagegen bewirkt allenfalls einen Verfahrensmangel, aber keine Nichtigkeit (*Fasching,* Lehrbuch² Rz 271). In allen Fällen ist das Gericht, in dessen Sprengel die Amtshandlung vollzogen wird, davon (vorher oder nachher) in Kenntnis zu setzen.

Zulässig ist die Vornahme der Amtshandlung dann, wenn **Gefahr im Verzug** ist; dies ist dann der Fall, wenn durch das Unterbleiben der Amtshandlung der Zweck des Verfahrens vereitelt und für die Parteien größerer Vermögens- oder Personenschaden eintreten würde. So kann eine letztwillige Anordnung vor einem außerhalb seines Sprengels tätigen Richter abgegeben werden, wenn Lebensgefahr besteht (SZ 49/24 [1976] = JBl 1977, 596 = NZ 1980, 103 = RZ 1976/126). Auch eine unmittelbar drohende schwere Verletzung der öffentlichen Interessen muß als hinreichend angesehen werden. Daher wird außerhalb eines Gerichtssprengels die einstweilige Verfügung durch Haft vorgenommen werden können, wenn einwandfrei erwiesen ist, daß sich der Gegner der gefährdeten Partei auf der Flucht ins Ausland befindet und die Vornahme durch das Gericht des Sprengels seines Aufenthaltsorts zu spät käme. **7**

Die Überschreitung der Sprengelgrenzen ist weiters ohne das Erfordernis einer drohenden Gefahr bei **Amtshandlungen an der Sprengelgrenze** zulässig. Hier wird dem Grundsatz der Einheitlichkeit einer gerichtlichen Amtshandlung gegenüber dem Grundsatz der Wahrung der Sprengelgrenzen der Vorzug gegeben. Es wäre unökonomisch, wenn etwa ein Lokalaugenschein oder eine Schätzung, die an der Grenze zweier Gerichtssprengel vorzunehmen ist, durch beide Gerichte, jeweils auf den in ihrem Sprengel liegenden Teil des Lokalaugen scheins oder der Schätzung, vorzunehmen wäre. **8**

Amtshandlungen außerhalb des Gerichtssprengels sind schließlich dann zulässig, wenn es zur **Sicherung der Unmittelbarkeit der Beweisaufnahme** geboten erscheint, wobei auf die Raschheit und Sparsamkeit Bedacht zu nehmen ist; insb wird hier die Vornahme eines Lokalaugenscheins oder eine mündliche Verhandlung an Ort und Stelle in Frage kommen (ErläutRV 669 BlgNR 15. GP 30). **9**

IV. Sanktionen

Weder durch die **Überschreitung der Gerichtssprengel ohne zwingenden Grund** nach § 33 JN noch durch die Duldung der Vornahme von Handlungen fremder Gerichte im eigenen Sprengel wird eine Nichtigkeit dieser entgegen den Bestimmungen der § 32 Abs 1, § 33 JN vorgenommenen Amtshandlungen bewirkt (SZ 51/140 [1978]; *Fasching,* Lehrbuch² Rz 271; *Mayr* in *Rechberger,* ZPO §§ 32, 33 JN Rz 1). Daß darin ein erheblicher **Verfahrensmangel** liegt, kann im Einzelfall nur dann angenommen werden, wenn das Gericht ohne Verletzung dieser Bestimmungen zu einer anderen Entscheidung hätte kommen können (was aber wohl immer ausgeschlossen werden kann). Auch das Ersuchen an ein fremdes Gericht um Vornahme von Amtshandlungen im Sprengel des ersuchenden Gerichts kann keine Nichtigkeit, sondern höchstens einen Verfahrensmangel begründen. **10**

Übertragung einzelner Geschäfte an den Vorsitzenden oder an einen beauftragten Richter

§ 34. (1) Die Vornahme gerichtlicher Handlungen durch den Präsidenten des Gerichtshofes oder durch den Vorsitzenden des Senates, welchem eine Rechtssache zur Verhandlung oder Entscheidung zugewiesen ist, oder die Übertragung gerichtlicher Handlungen an ein einzelnes Mitglied dieses Senates oder des zuständigen Gerichtshofes (beauftragter Richter) ist nur in den gesetzlich bestimmten und in den durch die Vorschriften über die innere Einrichtung und Geschäftsordnung der Gerichte bezeichneten Fällen zulässig.

(2) Die Übertragung gerichtlicher Handlungen an ein Mitglied des Senates oder des zuständigen Gerichtshofes steht, wenn nicht durch die hierauf bezüglichen Vorschriften

etwas anderes angeordnet oder insbesondere der Vorsitzende hiezu ermächtigt ist, nur dem zur Verhandlung und Entscheidung der Rechtssache berufenen Senate zu.

Stammfassung

Lit: *Fucik,* Die Zuständigkeit nach der Zivilverfahrens-Novelle 1983, RZ 1985, 206; *Kossak,* Vorsitzender und Berichterstatter im Berufungs- und Rekursverfahren, RZ 1994, 102.

Siehe auch das Literaturverzeichnis zu § 7 JN.

Übersicht:

I. Senat, Senatsvorsitzender, beauftragter Richter; Allgemeines

1 Ein Tätigwerden des Senatsvorsitzenden oder eines Mitglieds des Senats (oder des zuständigen Gerichtshofs) als **beauftragter Richter** ist **nur bei Senatsprozessen** im Gerichtshofverfahren denkbar; durch die fortschreitende Zurückdrängung der Senatsgerichtsbarkeit erster Instanz – ausgenommen die Verfahren nach dem ASGG – kommt den diesbezüglichen Bestimmungen daher immer geringere praktische Bedeutung zu (*Mayr* in *Rechberger,* ZPO §§ 34, 35 JN Rz 1). In § 34 Abs 1 JN wird ausdrücklich ausgesprochen, daß im Senatsprozeß grundsätzlich der Senat zur Vornahme aller Amtshandlungen berufen ist und nur dann, wenn eine ausdrückliche Vorschrift vorliegt, einzelne Senatsmitglieder zur Vornahme einzelner Amtshandlungen vorgesehen sind. Fehlt eine solche Vorschrift, dann ist stets der Senat zur Durchführung berufen. Diese verfahrensrechtlichen Vorschriften dürfen nicht ausdehnend (zugunsten des Vorsitzenden oder eines anderen Senatsmitglieds) ausgelegt werden; so ist zur Entscheidung über einen in der gem § 243 Abs 4 ZPO aufgetragenen Klagebeantwortung gestellten Antrag auf aktorische Kaution der Senat und nicht der Vorsitzende berufen (RZ 1989/104). Dem widersprechende Akte und Entscheidungen des Vorsitzenden oder Senatsmitglieds sind gem § 477 Abs 1 Z 2 ZPO nichtig (*Mayr* in *Rechberger,* ZPO §§ 34, 35 JN Rz 1; RZ 1989/104). Auch eine Zeugenvernehmung im Rekursverfahren durch ein Mitglied des Rekurssenats als dessen beauftragter Richter ist unzulässig (eine Zeugenvernehmung durch den Rekurssenat wäre eine unstatthafte Umgehung des Verbots einer mündlichen Rekursverhandlung, ausgenommen offenbar das außerstreitige Verfahren, JBl 1994, 549 = EvBl 1994/53 = ÖBl 1993, 259). Dadurch werden jedoch jene Bestimmungen nicht berührt, nach denen der Einzelrichter einzuschreiten hat (§ 7a JN, Art XIV EGJN). Die Entscheidungen des Vorsitzenden oder des beauftragten Senatsmitglieds können nur im Rechtsmittelweg bekämpft werden; lediglich hinsichtlich der prozeßleitenden Verfügungen des Vorsitzenden (§§ 180 bis 185 ZPO) ist der Widerspruch an den Senat vorgesehen, gegen dessen Entscheidung

ein abgesondertes Rechtsmittel unzulässig ist (§ 186 ZPO; s auch die Abänderungsbefugnis des Senats bezüglich der Zulässigkeit von Fragen bei der Zeugenvernehmung gem § 342 ZPO). Der früher in § 516 ZPO generell vorgeschrieben gewesene Abänderungsantrag beim Senat wurde durch die ZVN 1983 beseitigt.

Zweck der Übertragung gewisser Geschäfte an einzelne Richter ist die Entlastung der Senate und die Beschleunigung des Verfahrens. Die Übertragung einzelner Befugnisse vom Senat an beauftragte Richter ist nicht an das Erfordernis eines Gesetzes gebunden. Auch im Weg einer Verordnung des BMJ (etwa der Geo) kann die Übertragung einzelner, bisher dem Senat vorbehaltener Amtshandlungen an beauftragte Richter verfügt werden. 2

II. Amtshandlungen

Gerichtliche Handlungen iSd § 34 Abs 1 JN sind alle **Amtshandlungen,** die im Zug eines Rechtsstreits vorzunehmen sind. Das Gesetz begrenzt den Umfang hier nicht ausdrücklich. Es muß aber davon ausgegangen werden, daß der Zweck des Verfahrens vor dem Senat die Sachentscheidung und die vorangehende unmittelbare Beweisaufnahme in der mündlichen Verhandlung sind. Wenn dieser Zweck nicht vereitelt werden soll, dürfen mündliche Verhandlung und Sachentscheidung auch nicht im Weg eines Gesetzes oder einer Verordnung einem beauftragten Richter übertragen werden. Die in § 34 Abs 1 JN enthaltene Ermächtigung, durch Gesetz oder Verordnung einzelne Amtshandlungen der Senatsgerichtsbarkeit an beauftragte Richter zu übertragen, endet vor der mündlichen Verhandlung und der Sachentscheidung. Wenn diese dem Senat abgenommen werden sollen, kann dies nur durch gesetzliche Ausdehnung der Einzelrichterkompetenzen iSd § 7 a JN geschehen. 3

Durch Gesetz (die Erweiterung des Aufgabenbereichs des beauftragten Richters im Weg der Verordnung wurde praktisch niemals begangen; auch die Geo enthält keine diesbezügliche Norm) wurden die verschiedensten Amtshandlungen an den Vorsitzenden oder an andere Senatsmitglieder als beauftragte Richter zugewiesen; sie reichen von den einfachsten Handlungen vorbereitender Natur bis zur Vornahme der ersten Tagsatzung und den damit verbundenen Entscheidungen über prozessuale Fragen und Säumnisentscheidungen.

III. Senatsprozeß, Kausalgerichtsbarkeit

Das **Einschreiten eines beauftragten Richters ist nur in Senatsprozessen des Gerichtshofverfahrens** möglich. Weder vor Bezirksgerichten noch vor dem Einzelrichter des Gerichtshofs ergibt sich die Möglichkeit der Befassung eines beauftragten Richters, weil hier durch diese Sondervorschriften beabsichtigte Verfahrensbeschleunigung durch die Vornahme der Handlung durch einen einzigen Richter bereits für das ganze Erkenntnisverfahren gewährleistet ist. Im **arbeits- und sozialgerichtlichen Verfahren** ist die Bestellung eines beauftragten Richters ausgeschlossen (zur alten, insoweit vergleichbaren Rechtslage Arb 6177 [1955]), da die Mitwirkung der Laienrichter erkennen läßt, daß die Vornahme aller Amtshandlungen vor dem gesamten Senat – sofern das Gesetz nicht ausdrücklich die Erledigung einzelner Amtshandlungen dem Vorsitzenden zuweist – zum unabdingbaren Charakteristikum des arbeits- und sozialgerichtlichen Verfahrens gehört. Darüber hinaus wäre die Bestellung eines beauftragten Richters im arbeits- und sozialgerichtlichen Verfahren nur in Form des Einschreitens des Vorsitzenden möglich, da die Laienrichter mangels einer rechtskundigen Ausbildung 4 und mangels ständiger – und in der Geschäftsverteilung berücksichtigter – Eingliederung in die Gerichtsorganisation gar nicht zu beauftragten Richtern bestellt werden könnten. Diese Überlegungen müssen auch in der Handelsgerichtsbarkeit gelten, sodaß der Laienrichter nicht als beauftragter Richter herangezogen werden kann; sehr wohl ist jedoch die Übertragung bestimmter Handlungen an den zweiten Berufsrichter des Handelssenats als beauftragten Richter möglich.

IV. Im einzelnen

A. Kompetenz des Gerichtshofpräsidenten

5 **Dem Präsidenten des Gerichtshofs** sind nur wenige Aufgaben zur Erledigung vorbehalten: die Erledigung von Beschwerden gegen das Verhalten von Zustellorganen (§ 91 ZPO) und die Entscheidung über die Hemmung der Vollstreckbarkeit von Beschlüssen, die er selbst gefällt hat (§ 524 Abs 3 ZPO); in diesen beiden Fällen besteht die Kompetenz des Gerichtshofpräsidenten neben der des Senatsvorsitzenden. Die gerichtliche Beglaubigung amtlicher Unterschriften zum Zweck der Legalisierung im diplomatischen Weg (Überbeglaubigung) ist allein dem Präsidenten des Gerichtshofs vorbehalten (§ 40 GOG).

B. Kompetenz des Senatsvorsitzenden

1. Allgemeines

6 Dem **Senatsvorsitzenden** zur Erledigung zugewiesen sind nachfolgende Amtshandlungen (s auch bei § 7 JN):

- die Entscheidung über eine Delegation gem § 31 a JN: auf jeden Fall über die von den Parteien übereinstimmend beantragte Delegation nach § 31 a Abs 1 JN; im Fall einer Delegation nach § 31 a Abs 2 JN dann, wenn sie außerhalb einer Verhandlung zu treffen ist (§ 31 a Abs 3 JN; dem Senat vorbehalten ist jedoch die Entscheidung über einen Überweisungsantrag nach § 230 a ZPO (ebenso *Fucik,* RZ 1985, 206; allerdings ist zu fragen, ob hier nicht ein Versehen des Gesetzgebers vorliegt: Vergleicht man diese relativ einfache Frage mit den anderen Kompetenzen des Senatsvorsitzenden, dann sollte über den Überweisungsantrag nach § 230 a ZPO ebenfalls der Senatsvorsitzende entscheiden);
- die Entscheidung über einen Antrag auf Bestellung eines Kurators nach § 8 ZPO außerhalb der mündlichen Verhandlung (§ 9 ZPO);
- die Verfügung der Zustellung der Schriftsätze über den Beitritt als Nebenintervenient, die Streitverkündigung und die Benennung des Auktors (§ 25 ZPO);
- die Zurückweisung von Schriftsätzen ohne Anwaltsunterschrift in Anwaltsprozessen (§ 37 Abs 2 ZPO);
- die Verkürzung der Frist zur Urkundeneinsicht, der Beschluß auf Rückgabe einer zur Einsicht überlassenen Urkunde, Aufträge zur Verbesserung von Schriftsätzen (§§ 82, 83, 84 Abs 4 ZPO);
- die Anordnung der Zustellung (§ 87 Abs 3 ZPO);
- die Erledigung von Beschwerden gegen das Verhalten von Zustellorganen (§ 91 ZPO);
- die Verfügung der Bekanntmachung des Edikts zur Bestellung eines Kurators (§ 117 Abs 2 ZPO);
- der Vortrag der bisherigen Verfahrensergebnisse am Beginn einer erstreckten Tagsatzung (§ 138 ZPO);

● die Erstreckung einer Tagsatzung zur Ermöglichung der Vorbereitung des Gegners auf einen erst knapp vor der Tagsatzung eingebrachten Schriftsatz (§ 139 ZPO);

● die Bestimmung von Fristen und die Anberaumung von Tagsatzungen (§ 140 Abs 1 ZPO);

● die Entscheidung über einen Antrag auf Verlängerung oder Verkürzung einer Frist oder auf Erstreckung einer Tagsatzung, wenn dieser Antrag außerhalb einer mündlichen Verhandlung gestellt wird (§ 140 Abs 2 ZPO);

● die Erlassung des Auftrags zur Bestellung eines neuen Rechtsanwalts in Verfahren mit absoluter Anwaltspflicht (§ 160 Abs 3 ZPO);

● alle Maßnahmen der Prozeßleitung nach den §§ 180 bis 186 ZPO; diese können mit Widerspruch beim Senat angefochten werden (§ 186 Abs 1 ZPO);

● die Schließung der mündlichen Verhandlung (§ 193 Abs 1 ZPO);

● die Ausübung der Sitzungspolizei bei mündlichen Verhandlungen (§ 197 ZPO);

● die Entscheidung darüber, ob der Verhandlung ein Schriftführer beigezogen werden soll (§ 207 Abs 3 ZPO); das zusammenfassende Diktat bei Protokollierung des Verhandlungsstoffs durch Resumeeprotokoll (§ 211 Abs 1 ZPO); die Entscheidung, ob ein Tonbandprotokoll aufgenommen werden soll, wenn kein Schriftführer beigezogen wurde (§ 212 a Abs 1 ZPO); alle die Protokollierung betreffenden Anordnungen des Vorsitzenden können beim Senat angefochten werden („Einsprache“, § 214 Abs 2 ZPO).

● die Erklärung einer Rechtssache zur Ferialsache (§ 224 Abs 2 ZPO);

● die Entscheidung, ob und wann eine erste Tagsatzung stattfindet oder ob die Klagebeantwortung ohne Abhaltung einer ersten Tagsatzung schriftlich aufgetragen wird (§ 230 Abs 1, § 243 Abs 4 ZPO);

● die Verfügung der Zustellung des die Zurücknahme der Klage beinhaltenden Schriftsatzes (§ 237 Abs 2 ZPO);

● die Entscheidung über die Kostenersatzpflicht des Klägers bei Klagszurücknahme (§ 237 Abs 3 ZPO; *Fasching,* Lehrbuch² Rz 1258; nach *Mayr* in *Rechberger,* ZPO §§ 34, 35 JN Rz 3 soll dies nur gelten, wenn die Klagszurücknahme außerhalb der mündlichen Verhandlung erfolgt; vgl auch die anderslautende Regelung bezüglich des Kostenersatzes bei der Zurücknahme der Berufung gem § 484 ZPO);

● die Durchführung der ersten Tagsatzung und die Erlassung der dort dem Vorsitzenden vorbehaltenen Entscheidungen (§ 239 ZPO); dies sind Anerkenntnis-, Verzichts- und Versäumungsurteile sowie die Entscheidung über das Vorliegen sämtlicher Prozeßvoraussetzungen (*Ballon,* Zivilprozeßrecht⁹ Rz 201; *Fasching,* Lehrbuch² Rz 1218; *Rechberger* in *Rechberger,* ZPO § 239 Rz 4; s auch bei § 7 JN und im einzelnen bei § 239 ZPO);

● die Entbindung des Beklagten von der Klage bei Eintritt des Autors (§ 241 ZPO);

● die Durchführung der erstreckten ersten Tagsatzung (§ 242 ZPO);

● der Auftrag zur Erteilung der Klagebeantwortung und die Bestimmung der dafür vorgesehenen Frist, sei es in der ersten Tagsatzung, sei es – wenn keine erste Tagsatzung stattfindet – durch schriftlichen Beschluß (§ 243 Abs 1 und 4 ZPO);

● die Anberaumung der mündlichen Streitverhandlung (§§ 244, 257 ZPO);

● die Zustellung von vorbereitenden Schriftsätzen und Erledigung der in ihnen enthaltenen Anträge (§ 258 ZPO);

● die Auftragserteilung an die Parteien zur schriftlichen Niederlegung der von ihnen im Protokoll begehrten (einen Prozeßvergleich betreffenden) Feststellungen (§ 265 Abs 1 ZPO);

● die Bestellung der über Parteiantrag zur Verhandlung heranzuziehenden Stenographen (§ 280 Abs 2 ZPO);

● die Anberaumung der fortgesetzten mündlichen Verhandlung nach Einlangen der Beweisaufnahmeakten (§ 281 ZPO);

● die Prüfung der eingelangten Beweisaufnahmeakten und allfällige Verfügungen zu ihrer Vervollständigung und Verbesserung (§ 286 ZPO);

● der Vortrag der Ergebnisse auswärtiger Beweisaufnahmen in der mündlichen Verhandlung (§ 287 ZPO);

● alle Verfügungen zur Durchführung der Beweisaufnahme in der mündlichen Verhandlung (§ 288 ZPO);

● die Zurückweisung unangemessener Fragen der Parteien durch den Vorsitzenden (§ 289 ZPO; über den Widerspruch gegen die Zulassung oder die Zurückweisung einer Frage durch den Vorsitzenden wie auch über den Widerspruch gegen eine Frage des Vorsitzenden oder eines Senatsmitglieds entscheidet der Senat gem § 186 Abs 1, § 342 Abs 1 ZPO);

● die Erlassung der Verfügungen zur Herbeischaffung einer bei einer öffentlichen Behörde oder einem Notar befindlichen Beweisurkunde (§ 301 ZPO);

● die Anordnung des vorschußweisen Erlags für die Zeugengebühren (§ 332 ZPO);

● die Bestimmung der Reihenfolge der Vernehmung mehrerer Zeugen (§ 339 Abs 2 ZPO);

● die Vernehmung („Abhörung") der Zeugen (§ 340 Abs 2 ZPO);

● die Befragung der Sachverständigen in der Verhandlung (§ 367 ZPO);

● die Bestimmung des Kostenvorschusses für die Sachverständigengebühren (§ 365 ZPO);

● die Anordnung des vorschußweisen Erlags zur Durchführung eines Lokalaugenscheins (§ 368 Abs 3 ZPO);

● die Entscheidung über Beweissicherungsanträge (§ 386 Abs 2 ZPO);

● die Erlassung von Versäumungsurteilen in der ersten Tagsatzung (§ 397 ZPO);

● die Erlassung eines Versäumungsurteils wegen nicht rechtzeitiger Erstattung der Klagebeantwortung (§ 398 Abs 1 ZPO);

● die Bestellung eines Berichterstatters (§§ 413, 486 Abs 1 ZPO; § 32 Abs 3, § 46 Abs 2 GOG; s dazu *Kossak*, RZ 1994, 102);

● die Abgabe der schriftlichen Urteilsausfertigung binnen vier Wochen ab mündlicher Verkündung (§ 414 Abs 3 ZPO);

● die Unterschrift unter die für die Gerichtsakten bestimmte Urteilsausfertigung (§ 418 Abs 1 ZPO);

● die Verkündung aller während der Verhandlung gefaßten Beschlüsse (§ 426 Abs 1 ZPO);

● die Unterfertigung der Urschrift der Beschlüsse (§ 429 ZPO);

● die Vorprüfung der mit der Berufung vorgelegten Akten (§ 470 ZPO);

● die Anberaumung der mündlichen Berufungsverhandlung (§ 480 Abs 1 ZPO);

● die Erlassung der notwendigen Verfügungen zur Durchführung einer Beweiswiederholung oder -ergänzung im Berufungsverfahren (§ 481 ZPO);

● die Fällung der Kostenentscheidung bei Zurücknahme der Berufung, wenn keine Berufungsverhandlung stattgefunden hat (§ 483 Abs 3 ZPO);

• die Verhandlungsleitung in der mündlichen Berufungsverhandlung (§ 486 ZPO);

• die Bewilligung der vorläufigen Hemmung der Vollstreckbarkeit eines vom Senatsvorsitzenden gefaßten Beschlusses (§ 524 Abs 3 ZPO);

• die Durchführung der vom Rekursgericht bei Aufhebung eines vom Vorsitzenden erlassenen Beschlusses erteilten ergänzenden Anordnungen (§ 527 Abs 1 ZPO);

• die Bewilligung einstweiliger Verfügungen, in Angelegenheiten nach dem UWG, dem UrhG und nach §§ 28 bis 30 KSchG allerdings nur in dringenden Fällen (§ 388 EO).

Im Rahmen der vorhin genannten Fälle überträgt das Gesetz ausnahmsweise dem Vorsitzenden gewisse Aufgaben als selbständigem Einzelrichter mit voller Entscheidungsbefugnis (*Fasching,* Lehrbuch² Rz 175; *Mayr* in *Rechberger,* ZPO §§ 34, 35 JN Rz 3): dazu gehören, wie oben bereits angeführt, die Durchführung der ersten Tagsatzung und die Fällung der dort zugelassenen Entscheidungen (Versäumungsurteile, Anerkenntnis- und Verzichtsurteile, Klagszurückweisungen) sowie Entscheidungen über den Kostenersatz bei Klagszurücknahme und Rechtsmittelzurückziehung außerhalb der mündlichen Verhandlung; hierher zählt auch die Bewilligung einstweiliger Verfügungen gem § 388 EO.

Gem § 37 GOG sind eine Reihe weiterer Amtshandlungen dem Senat abgenommen und dem Vorsitzenden als selbständigem Einzelrichter (§ 37 Abs 2 GOG; *Fasching,* Lehrbuch² Rz 175) übertragen worden:

• die einstweilige Zulassung eines Bevollmächtigten gem § 38 ZPO;

• die Bewilligung der Verfahrenshilfe;

• die Entscheidung über das Begehren um Anmerkung einer Hypothekarklage oder des Streits;

• die Aufforderung zur Erlegung und zur Rückstellung von Urkunden (§§ 82, 83 ZPO);

• die Entscheidung über die Wiedereinsetzung gegen die Versäumung der ersten Tagsatzung;

• die Erteilung des Auftrags zur Zustellung der Rechtsmittelschriften und -gegenschriften an den Gegner sowie die Anordnung der Vorlage der Rechtsmittel und der dazugehörigen Akten an die Rechtsmittelinstanz;

• die Entscheidung über die Kosten einer Beweissicherung;

• die Erledigung von Geschäftsstücken mit Anfragen an andere Behörden oder der Erteilung von Auskunften sowie der vorgeschriebenen Verständigung der Behörden;

• Beschlüsse zur Bewirkung des Erlages oder der Erfolglassung einer Sicherheitsleistung für Prozeßkosten.

2. Arbeits- und sozialgerichtliches Verfahren

Im **arbeits- und sozialgerichtlichen Verfahren** sind dem **Vorsitzenden** im Verfahren erster Instanz gem §§ 11 a, 11 b ASGG darüber hinaus weitere Befugnisse eingeräumt worden (die zT aber bereits ohnehin in § 37 GOG genannt sind): **7**

• die Durchführung einer Tagsatzung zur mündlichen Streitverhandlung, wenn nur ein Laienrichter erschienen ist (bzw beide Laienrichter nicht anwesend sind); dies ist allerdings nur möglich, wenn beide Parteien qualifiziert vertreten sind und dem ausdrücklich zustimmen; der Vorsitzende darf jedoch keine Sachentscheidung fällen; die von ihm durchgeführten Beweisaufnahmen sind denen eines beauftragten Richters gleichzuhalten (§ 11 b ASGG);

- die Entscheidung über die Bewilligung gerichtlicher Aufkündigungen und über die Erlassung von Übergabs- und Übernahmsaufträgen;
- die Herbeiführung und Protokollierung eines gerichtlichen Vergleichs; in der mündlichen Verhandlung vor dem Vorsitzenden, die nur dem Abschluß eines Vergleichs dient, müssen die Parteien nicht qualifiziert vertreten sein (s ErläutRV 1654 BlgNR 18. GP 14); der Vorsitzende ist auch befugt zur Herbeiführung eines prätorischen Vergleichs (§ 59 ASGG, § 433 ZPO); dabei besteht die Zuständigkeit des Gerichtshofs neben der des BG (*Kuderna,* ASGG², 374);
- die Zurückweisung von Klagen, Rechtsmitteln, Rechtsbehelfen, sonstigen Anträgen und Schriftsätzen, soweit dies außerhalb der mündlichen Verhandlung möglich ist;
- die Entscheidung außerhalb der mündlichen Streitverhandlung in den in § 11 a Abs 1 Z 4 ASGG genannten Angelegenheiten (zB Verfahrenshilfe; Verbindung, Trennung und Unterbrechung von Verfahren; Zuständigkeitsfragen und die Überweisung bei Unzuständigkeit; Wiedereinsetzungsanträge; einstweilige Zulassung als Bevollmächtigter gem § 38 ZPO);
- ein Beschluß nach § 37 Abs 3 ASGG ist jedoch in Kausalbesetzung zu fassen (NRsp 1996/193 und 194).

C. Beauftragter Richter

1. Amtshandlungen

8 **Einem Mitglied des Senats als beauftragtem Richter** können durch den Senat im einzelnen zugewiesen werden:

- richterliche Amtshandlungen, die außerhalb der Verhandlung oder Sitzung vorzunehmen sind (§ 35 Abs 1 JN); diese Handlungen müssen (nicht: können) einem beauftragten Richter übertragen werden (sofern sie nicht ohnehin dem Vorsitzenden obliegen; im einzelnen s bei § 35 JN);
- die Durchführung eines Vergleichsversuchs und die Protokollierung eines gerichtlichen Vergleichs, sofern die Parteien zustimmen (§ 204 ZPO);
- die Abnahme eines verglichenen Eides (§ 205 Abs 2 ZPO);
- die Durchführung der ersten Tagsatzung, die Entbindung des Beklagten bei Eintritt des Auktors, die Erteilung der Klagebeantwortungsfrist und die Erlassung eines Versäumungsurteils bei der ersten Tagsatzung; in allen diesen Fällen kann der beauftragte Richter vom Vorsitzenden des Senats (nicht vom Senat) bestellt werden (§§ 239, 241, 242, 397 ZPO);
- die Anordnung und Durchführung einer Beweisaufnahme durch einen beauftragten Richter (§§ 276 bis 278, §§ 282 bis 289 ZPO);
- die Urkundenvorlage an einen beauftragten Richter bei Untunlichkeit der Vorlage an das erkennende Gericht (§ 300 ZPO);
- die Durchführung der vom Berufungssenat im Vorverfahren erteilten Aufträge zur Feststellung von Nichtigkeitsgründen (§§ 471, 473 Abs 2 ZPO);
- die Durchführung von Beweisaufnahmen anläßlich einer im Berufungsverfahren beschlossenen Beweiswiederholung und -ergänzung (§ 488 Abs 2 ZPO);
- die Durchführung und Erledigung der Ergänzungsaufträge, die dem beauftragten Richter anläßlich der Aufhebung eines seiner Beschlüsse vom Rekursgericht erteilt werden (§ 527 Abs 1 ZPO).

9 Gem § 37 GOG kann einem beauftragten Richter auch die einstweilige Zulassung eines Bevollmächtigten nach § 38 ZPO zu einer vor ihm durchgeführten Verhandlung überlassen werden, ferner die Entscheidung über die Wiedereinsetzung gegen die Versäumung einer vor dem beauftragten Richter durchgeführten ersten Tagsatzung, die Erledigung aller Verfügungen im außerstreitigen Verfahren, die nur die Eröffnung oder Leitung des Verfahrens betreffen und keinen Einfluß auf die Rechte der Parteien nehmen. Die anderen in § 37 GOG aus dem Entscheidungsbereich des Senats herausgenommenen Angelegenheiten können nicht vom beauftragten Richter erledigt werden, weil es sich entweder um Verfügungen handelt, die nach der Systematik der ZPO ausschließlich dem Vorsitzenden vobehalten sind (etwa die Kostenbestimmung nach erfolgter Klagszurücknahme oder die Bewilligung der Verfahrenshilfe, sofern dieser Antrag nicht unmittelbar bei einer vor einem beauftragten Richter durchgeführten ersten Tagsatzung gestellt wurde und sofort entschieden werden kann), oder weil es sich um endgültige Erledigungen einer Rechtssache handelt, die sich begrifflich als Einzelgerichtsbarkeit darstellt (zB Erledigung der gerichtlichen Aufkündigung einer Hypothekarforderung). Schließlich stellt sich ein Teil der in § 37 GOG dem Senat abgenommenen Amtshandlungen als reine Justizverwaltungssachen dar, die das Einschreiten eines beauftragten Richters ausschließen (Erledigung von Beschwerden gegen Beamte der Geschäftsstelle usw).

2. Übertragung durch den Senat

10 Die **Übertragung einzelner Amtshandlungen** an den beauftragten Richter **obliegt grundsätzlich dem Senat.** Dieser bestimmt, ob eine Amtshandlung durch einen beauftragten Richter vorzunehmen ist und welches Senatsmitglied als beauftragter Richter einschreitet. Die globale Übertragung sämtlicher Beweisaufnahmen durch Senatsbeschluß an ein Senatsmitglied ist daher nicht möglich und bewirkt deren Nichtigkeit (RZ 1984/60). Auch dem Präsidenten des Gerichtshofs ist es verwehrt, in Einzelfällen die Erledigung durch beauftragte Richter anzuordnen; ebensowenig kann er oder der Personalsenat bei der Aufstellung der Geschäftsverteilung für einen Senat einen ständigen beauftragten Richter bestimmen, der generell zur Erledigung aller Amtshandlungen berufen ist, die bei dem im Senat anhängigen Rechtssachen an beauftragte Richter übertragen werden. Die Durchführung des Auftrags erfolgt durch Übermittlung des Aktes an den beauftragten Richter mit einer kurzen schriftlichen Wiedergabe des Übertragungsbeschlusses (§ 50 Abs 2, § 546 Geo).

D. Einzelfragen

11 Wo der Vorsitzende durch das Gesetz selbst zur Vornahme der Amtshandlung ohne Mitwirkung des Senats berufen ist, bedarf es keiner Beschlußfassung des Senats darüber, ob die Amtshandlung durch den Senat oder den Vorsitzenden allein durchzuführen ist. In allen diesen Fällen (im einzelnen aufgezählt in Rz 6) kann der Vorsitzende sofort einschreiten.

Eine in den § 32 Abs 3 und § 46 Abs 2 GOG festgelegte Sonderregelung betrifft die ausschließlich dem Vorsitzenden übertragene Bestellung der Berichterstatter. Nachdem diese aber stets im Rahmen des Senats tätig werden, sind sie niemals in dieser Funktion als beauftragte Richter iSd §§ 34f JN anzusehen. Die Funktionen des Vorsitzenden und des Berichterstatters sind miteinander nicht vereinbar (*Kossak,* RZ 1994, 102; SZ 66/97 [1993]); jedoch stellt ein Verstoß dagegen weder einen Nichtigkeitsgrund (da keine unrichtige Besetzung vorliegt) noch einen wesentlichen Verfahrensmangel dar (ausdrücklich SZ 66/97 [1993]).

Ausnahmsweise erhält der Senatsvorsitzende die Befugnis, die ihm übertragenen Amtshandlungen durch ein Mitglied des Senats als beauftragtem Richter vornehmen zu lassen. Dies ist bei der Durchführung der ersten Tagsatzung (§ 239 ZPO) und den damit verbundenen Entscheidungen nach §§ 241 bis 243 und 397 ZPO vorgesehen. Die früher vorgesehene Befugnis des Gerichtshofpräsidenten zur Bestellung eines beauftragten Richters in den Fällen der §§ 205 und 584 ZPO besteht nicht mehr.

§ 35. (1) Richterliche Amtshandlungen, welche außerhalb einer mündlichen Verhandlung oder außerhalb einer Sitzung vorzunehmen sind, ohne daß die Bedingungen für ein deshalb an ein anderes Gericht zu stellendes Ersuchen vorhanden wären, sind im Verfahren vor Gerichtshöfen einem beauftragten Richter zu übertragen.

(2) Beschlüsse eines beauftragten Richters können, sofern im Gesetze nichts anderes bestimmt ist, von dem Gerichte, welches den Auftrag erteilt hat, auf Antrag oder von Amts wegen abgeändert werden. Vor der Entscheidung sind die zur Aufklärung des Sachverhaltes erforderlichen Erhebungen zu pflegen.

Stammfassung

1 Neben den in der ZPO im einzelnen bezeichneten Fällen, in denen die Übertragung von Amtshandlungen an beauftragte Richter zulässig ist, wird in § 35 Abs 1 JN generell verfügt, daß **alle richterlichen Amtshandlungen außerhalb einer mündlichen Verhandlung** oder einer Sitzung durch beauftragte Richter vorzunehmen sind. Ausgenommen sind nur jene Amtshandlungen, die außerhalb der Sprengel des Gerichts vorzunehmen sind oder zu deren Vornahme das Gericht sachlich nicht berufen ist. In diesen beiden letzteren Fällen sind die örtlich oder sachlich zur Vornahme der Amtshandlung berufenen Gerichte um deren Durchführung zu ersuchen. Solche Fälle sind zB die Vernehmung auswärtiger Zeugen oder der Parteien, die Befundaufnahme und Begutachtung im Rechtshilfeweg und die Vornahme eines Lokalaugescheins außerhalb des Gerichtssprengels des Prozeßgerichts (s dazu aber § 34 JN Rz 6ff, wonach bestimmte Handlungen auch außerhalb des eigenen Gerichtssprengels vorgenommen werden können). Darüber hinaus ist auch der Vollzug einstweiliger Verfügungen oder einer bewilligten Exekution nach § 69 EO (idF EO-Nov 1995 BGBl 1995/519), der Vollzug der grundbücherlichen Anmerkung der Hypothekarklage oder einer sonstigen zulässigen Streitanmerkung stets dem vollziehenden Gericht vorbehalten, das dafür ersucht werden muß.

In allen anderen Fällen sind die außerhalb der Tagsatzungen, Verhandlungen und Sitzungen vorzunehmenden Amtshandlungen einem beauftragten Richter zu übertragen. Im Gegensatz zu den in der ZPO enthaltenen Vorschriften über die Zulässigkeit der Übertragung an beauftragte Richter ist § 35 Abs 1 JN zwingend. Ist also eine richterliche Amtshandlung außerhalb der mündlichen Verhandlung oder Sitzung vorzunehmen, dann muß sie an einen beauftragten Richter übertragen werden (*Mayr* in *Rechberger,* ZPO §§ 34, 35 JN Rz 4). Allerdings stellt die Verletzung des Gebots weder eine Nichtigkeit noch einen Verfahrensmangel dar und kann im Rechtsmittelweg nicht gerügt werden.

Ein Großteil der nach den Vorschriften der ZPO (vgl § 34 JN Rz 6 und 8) dem Vorsitzenden oder beauftragten Richter überlassenen Amtshandlungen würde bereits durch § 35 Abs 1 JN einem beauftragten Richter obligatorisch übertragen werden müssen, ohne daß es hiebei einer Spezialnorm der ZPO bedurft hätte. Auch ist der Widerspruch zwischen der obligatorischen Übertragung der Amtshandlungen nach § 35 Abs 1 JN und der beinahe immer nur fakultativen Übertragungsmöglichkeit nach den einzelnen Bestimmungen der ZPO auffällig. Er kann nur dadurch gelöst werden, daß man § 35 Abs 1 JN als programmatische Norm auffaßt, die im Einzelfall durch die Sonderregelungen der ZPO durchgeführt und auf den Spezialfall zugeschnitten wurde. § 35 Abs 1 JN hat nur dort unmittelbar zur Anwendung zu gelangen, wo es an einer solchen Spezialnorm fehlt.

Eine Abänderungsbefugnis des Senats besteht – abgesehen von Sonderregelungen (§ 342 ZPO) – nur bei Beschlüssen prozeßleitender Natur (§ 425 Abs 2 ZPO). Der in § 516 ZPO und in § 548 Geo vorgeschrieben gewesene Abänderungsantrag beim Senat ist durch die ZVN 1983 beseitigt worden (s ErläutRV 669 BlgNR 15. GP 59); die notwendige Anpassung des § 35 Abs 2 JN ist aber unterblieben (*Mayr* in *Rechberger,* ZPO §§ 34, 35 JN Rz 5). **2**

Vor §§ 36 bis 40: Rechtshilfe

Lit: *Fucik,* Möglichkeiten und Grenzen der Verfahrensbeschleunigung in Zivilrechtssachen, RZ 1993, 218

Übersicht:

I. Rechtshilfe, Allgemeines

Nicht jedes Gericht kann alle Amtshandlungen, die die Erledigung eines Rechtsstreits mit sich bringt, selbst vornehmen. Sowohl die Zuständigkeitsordnung wie auch die räumliche Entfernung des Prozeßgerichts von dem Ort, an dem die Amtshandlung vorzunehmen ist, stehen einer Erledigung durch das Prozeßgericht entgegen. Zu diesem Zweck wurde in den §§ 36 ff JN eine **allgemeine Rechtshilfepflicht** der Gerichte untereinander angeordnet. **1**

Die Verfahrensgesetze enthalten keine ausdrückliche, allgemeine Anordnung, wann Rechtshilfe zu gewähren ist; sie regeln nur Einzelfälle, etwa wann Gerichtshöfe Rechtshilfe durch die in ihrem Sprengel gelegenen BG in Anspruch nehmen können (§ 36 Abs 1 und 3 JN) oder wann ein bestimmtes Beweismittel im Rechtshilfeweg aufgenommen werden darf (zB §§ 328, 375 ZPO). Als Grundregel kann angenommen werden, daß Rechtshilfe dann zu erfolgen hat, wenn dies gesetzliche Vorschriften ausdrücklich anordnen oder Zweckmäßigkeitsgründe dafür sprechen (*Fasching*[1] I 250); konkretisiert wird dies durch Spezialvorschriften (zB durch die schon genannten § 36 JN, §§ 328, 375 ZPO), wobei diese Vorschriften aber im Hinblick auf den Unmittelbarkeitsgrundsatz restriktiv auszulegen sein werden (idS auch *Fucik,* RZ 1993, 219; 2 Nd 5/94).

II. Begriff

2 **Rechtshilfe ist die Vornahme einzelner Amtshandlungen** (niemals eines Gesamtverfahrens, der mündlichen Streitverhandlung oder der Entscheidung, RZ 1983/21) **eines anhängigen** (oder einzuleitenden) **Verfahrens durch ein anderes Gericht als das Prozeßgericht,** weil die Amtshandlung für das Prozeßgericht unzulässig oder untunlich ist oder die Übertragung an das andere Gericht zweckmäßig erscheint. Sie dient der wechselseitigen Unterstützung der rechtsprechenden Tätigkeit (eine spezielle und erweiterte Form der Amtshilfe gem Art 22 B-VG) und ist durch die Beschränkung der Amtstätigkeit der Gerichte auf ihre Sprengelbereiche notwendig. Da die Gerichte einander grundsätzlich in rechtsprechender Tätigkeit gleich erscheinen, erfolgt die Rechtshilfe (auch dann, wenn ein instanzenmäßig übergeordnetes Gericht Rechtshilfe beansprucht) nicht auf Grund einer Weisung oder eines Befehls, sondern infolge eines Ersuchens (Rechtshilfeersuchen) des Prozeßgerichts (ersuchendes Gericht) an das Rechtshilfegericht (ersuchtes Gericht).

III. Rechtshilfegericht

3 Als **Rechtshilfegerichte** sind die BG funktionell zuständig, sofern nichts anderes bestimmt ist (Ausnahmen gem § 37 Abs 2 JN: § 473 Abs 2, § 509 Abs 3 ZPO: Erhebungsersuchen des OLG oder des OGH im Zug des Berufungs-, Rekurs- oder Revisionsverfahrens an einen Gerichtshof als Erstinstanzgericht; oder wenn die begehrte Amtshandlung nur ein Gerichtshof vornehmen kann, zB das Handelsgericht als Firmenbuchgericht). Wären in einer Gemeinde für mehrere Amtshandlungen in derselben Rechtssache verschiedene Gerichte zuständig, so hat das ersuchende Gericht unter Beachtung der Grundsätze des § 36 Abs 1 JN die Wahl; das gewählte Gericht hat dann gem § 37 Abs 5 JN alle Amtshandlungen vorzunehmen (*Fasching,* Lehrbuch[2] Rz 314).

IV. Fälle, in denen Rechtshilfe gestattet ist

4 Da das Prozeßgericht im Zivilprozeß alle Amtshandlungen möglichst selbst vorzunehmen und insb alle Beweise, soweit tunlich, selbst aufzunehmen hat (Unmittelbarkeitsgrundsatz), bildet die **Rechtshilfe** eine vom Gesetz ausnahmsweise gestattete **Durchbrechung des Unmittelbarkeitsgrundsatzes,** die nur in den ausdrücklich zugelassenen Ausnahmefällen Platz greifen darf. Ein Verstoß dagegen bildet einen wesentlichen **Verfahrensmangel** (*Mayr* in *Rechberger,* ZPO § 36 JN Rz 2; s auch bei §§ 36f JN).

Diese **Ausnahmefälle** sind:

- die Unzulässigkeit der Amtshandlung durch das ersuchende Gericht, zB Beweisaufnahmen im Zug von Erhebungen für das Revisionsverfahren vor dem OGH gem § 509 Abs 3 ZPO, Vornahme eines Lokalaugenscheins außerhalb des Gerichtssprengels;
- die Untunlichkeit der Amtshandlung infolge faktischer Unmöglichkeit ihrer direkten Durchführung (zB bei Hindernissen für eine Urkundenvorlage vor dem Prozeßgericht: § 300 Abs 1 ZPO; Vernehmung erkrankter Zeugen in deren außerhalb des Gerichtssprengels gelegenen Wohnung: § 328 Abs 2 ZPO);
- die Zweckmäßigkeit der Rechtshilfe zur Kostensenkung und Beschleunigung; dies ist aber bei Rechtshilfeersuchen eines Gerichtshofs erster Instanz an ein in seinem Sprengel gelegenes BG im Interesse der Unmittelbarkeit nur auf die Fälle eingeschränkt, in denen der Beweisaufnahme durch den erkennenden

Gerichtshof unübersteigliche Hindernisse entgegenstehen oder sie unverhältnismäßige Kosten verursachen würde (§ 36 Abs 3 JN; *Fasching,* Lehrbuch² Rz 315).

Rechtshilfe erfolgt dann, wenn die Amtshandlung außerhalb des Gerichtssprengels durchgeführt werden muß; ist das Prozeßgericht ein Gerichtshof erster Instanz, so kann es um Rechtshilfe ersuchen, wenn die Amtshandlung nicht im Sprengel des an seinem Sitz errichteten BG vorzunehmen ist, sondern durch ein anderes BG des Gerichtshofsprengels erfolgen soll (§ 36 Abs 3 JN schränkt dies aber stark ein). Rechtshilfeersuchen sind stets schriftlich zu stellen; Aktenüber sendungen zu Beweiszwecken gehören zu den Rechtshilfeersuchen (SZ 57/161 [1984]); *Fasching,* Lehrbuch² Rz 316). **5**

Die Regelung des § 36 Abs 1, 1. Satz, letzter Halbsatz JN, wonach Amtshandlungen von BG, soweit sich ihre Zuständigkeit nach besonderen Bestimmungen auf Sprengel anderer BG erstreckt, auf diese anderen BG übertragen werden können, hat keine Bedeutung mehr. Diese Bestimmung war für Familienrechtssachen vorgesehen und bezog sich auf die familienrechtlichen Abteilungen von bestimmten BG (JAB 916 BlgNR 14. GP 22). Da nunmehr familienrechtliche Abteilungen bei sämtlichen BG (ausgenommen das BGHS Wien) bestehen, fehlt für diese Regelung jeder Anwendungsbereich (*Mayr* in *Rechberger,* ZPO § 36 JN Rz 2). **6**

Ausnahmsweise wird ein Rechtshilfeersuchen dann nicht gestellt werden, wenn die Voraussetzungen des § 33 JN vorliegen, also die Amtshandlung innerhalb des Bundesgebiets vorzunehmen und Gefahr im Verzug ist, wenn eine Amtshandlung an der Grenze des Gerichtssprengels stattfinden soll oder wenn dies zur Sicherung der Unmittelbarkeit der Beweisaufnahme unter Bedachtnahme auf die Raschheit und die Sparsamkeit der Verfahrensführung geboten erscheint. Bei Amtshandlungen an der Grenze des Gerichtssprengels wird ein Rechtshilfeersuchen nur dann zu stellen sein, wenn die Vornahme der Amtshandlung im Rechtshilfeweg durch das Nachbargericht sich als wesentlich zweckmäßiger erweisen würde (wobei aber immer in Erwägung zu ziehen ist, daß im Interesse des Grundsatzes der Unmittelbarkeit der Beweisaufnahme die Zweckmäßigkeitsgründe bedeutend überwiegen müssen). **7**

V. Überprüfung des Rechtshilfeersuchens

Das **Rechtshilfegericht** darf die Voraussetzungen für die Erledigung des Rechtshilfeersuchens gem § 37 Abs 3 JN **nur in eingeschränktem Ausmaß überprüfen** (im einzelnen s bei § 37 JN). Bei der Erledigung des Rechtshilfeersuchens kommen dem ersuchten Richter alle Befugnisse des Senatsvorsitzenden zu. Dies ergibt sich daraus, daß der ersuchte Richter in vollem Umfang die formelle Leitung der Beweisaufnahme innehaben muß. Eine Einschränkung der Befugnisse des ersuchten Richters würde die praktische Durchführung des Rechtshilfeersuchens von Rückfragen beim ersuchenden Gericht (beim Senatsvorsitzenden) abhängig machen und damit den Zweck der Rechtshilfe, eine rasche und ökonomische Erledigung der auswärtigen Amtshandlungen des Gerichts (insb der Beweisaufnahme) zu ermöglichen, vereiteln. **8**

VI. Gegenstand der Rechtshilfe

Gegenstand der Rechtshilfe sind insb Beweisaufnahmen (Zeugen, Parteien, Sachverständige, Lokalaugenschein; auch bei Urkunden, deren Beischaffung vor **9**

das Prozeßgericht unmöglich ist, kann eine Beweisaufnahme im Rechtshilfeweg erfolgen: § 300 ZPO), Erhebungen aller Art im Verfahren außer Streitsachen und die Anleitung der Parteien zur Abgabe rechtserheblicher Erklärungen im streitigen und außerstreitigen Verfahren sowie deren Protokollierung bei Gericht (Annahme der Erbserklärung; Erhebungen und Anleitung zur Stellung des Antrags auf Bewilligung der Verfahrenshilfe ua).

VII. Durchführung der Rechtshilfe

10 **Inländische Gerichte sind einander zur Rechtshilfe verpflichtet.** In Ausübung seiner richterlichen Tätigkeit bei der Rechtshilfe ist das ersuchte Gericht wohl an das **Rechtshilfegesuch** gebunden (s aber § 37 JN Rz 4 ff), die Durchführung der Erledigung stellt aber eine selbständige Amtshandlung des ersuchten Gerichts dar; sie ist der Kontrolle durch das ersuchende Gericht nicht unterworfen. Insb kann gegen die Verfügungen des ersuchten Richters keine Abhilfe beim ersuchenden Gericht gefunden werden. Soweit der ersuchte Richter in Vollziehung des Rechtshilfeersuchens selbst Verfügungen trifft und **Beschlüsse** faßt, sind diese – soweit überhaupt anfechtbar – durch **Rekurs an den dem Rechthilfegericht übergeordneten Gerichtshof** anfechtbar, ohne daß damit das Prozeßgericht befaßt wird. Der ersuchte Richter – der die Befugnisse des Senatsvorsitzenden bei der formellen Verfahrensleitung ausübt – kann selbständig Tagsatzungen anordnen, absetzen oder erstrecken, Lokalaugenscheine wiederholen, Sachverständige bestellen (soweit das Rechtshilfeersuchen auf Aufnahme des Sachverständigenbeweises lautet) und an ihrer Stelle andere Sachverständige berufen, die Sachverständigengebühren selbst bemessen usw. Wurden Tagsatzungen oder Fristen vor dem ersuchten Richter versäumt, so sind die Anträge auf Wiedereinsetzung in den vorigen Stand an den ersuchten Richter zu stellen, der darüber zu erkennen hat (*Mayr* in *Rechberger,* ZPO § 37 JN Rz 3).

VIII. Ersuchende Behörde

11 Im Inland ist die allgemeine Verpflichtung zur gegenseitigen Hilfeleistung für alle Organe des Bundes, der Länder und der Gemeinden in Art 22 B-VG festgelegt. Daraus ergibt sich ganz allgemein, daß die Gerichte allen Behörden behilflich zu sein haben, soweit die Hilfeleistung in den Bereich der gerichtlichen Handlungen fällt. Dies bestimmt im einzelnen das Gesetz (vgl § 55 Abs 2 AVG). Es bedarf daher besonderer Ausführungsvorschriften, wie weit die Gerichte anderen inländischen Behörden Rechtshilfe zu leisten haben. Im einzelnen sind alle inländischen Gerichte verpflichtet, sich gegenseitig Rechtshilfe zu leisten (§ 37 Abs 1 JN). Rechtshilfe ist ferner zu leisten den Schiedsgerichten und Schiedsrichtern (Art XIII EGJN); den Börseschiedsgerichten (Art XXII EGZPO); dem VwGH bei Beschwerden nach Art 132 B-VG (Durchführung oder Ergänzung des Ermittlungsverfahrens zur Sachverhaltsfeststellung, § 36 Abs 9 VwGG); den Bezirksverwaltungsbehörden, die gem § 17 JWG die gesetzliche Amtsvormundschaft führen (§ 18 JWG); den Abgabenbehörden, insb die Übermittlung von Abschriften von abgabenrechtlich bedeutsamen Urteilen, Beschlüssen oder sonstigen Aktenstücken nach näherer Anordnung des BMJ (AÖFV 1961/26; § 158 Abs 3 BAO; Beweisaufnahmen im Rechtshilfeweg (Amtshilfe) dürfen hingegen gem § 183 Abs 2 BAO nur durch andere Abgabenbehörden vorgenommen werden); dem Patentamt und dem Obersten Patent- und Markensenat (§ 126 PatG); den Sozialversicherungsträgern (§ 360 ASVG). Eine allgemeine Rechtshilfe-

pflicht der Gerichte gegenüber den Verwaltungsbehörden besteht hingegen nicht: Die Pflicht der Gerichte, Verwaltungsbehörden Rechtshilfe zu leisten, ist auf die in den Gesetzen ausdrücklich bezeichneten Fälle eingeschränkt (§ 55 Abs 2 AVG).

IX. Rechtshilfe an ausländische Behörden

Zur Rechtshilfe an ausländische Gerichte und Behörden s bei § 38 JN. **12**

Übertragung des Vollzuges von Amtshandlungen an andere Gerichte

§ 36. (1) Der Vollzug von Amtshandlungen, die ein Landes- oder Handelsgericht gemäß § 32 Abs. 1 selbst vorzunehmen hätte, ist einem im Sprengel dieses Gerichtshofes gelegenen Bezirksgerichte zu übertragen, wenn dies entweder durch besondere gesetzliche Vorschriften angeordnet ist, oder wenn dadurch die Behandlung der Sache erleichtert oder unnützer Kostenaufwand vermieden werden kann; gleiches gilt für Amtshandlungen von Bezirksgerichten, soweit sich ihre Zuständigkeit nach besonderen Bestimmungen auf Sprengel anderer Bezirksgerichte erstreckt. Wegen des Vollzuges der außerhalb seines Sprengels vorzunehmenden Amtshandlungen (Rechtshilfe) hat sich das Gericht, bei welchem die Rechtssache anhängig ist, an das Gericht zu wenden, bei welchem oder in dessen Sprengel die Handlung vorzunehmen ist.

(2) Die Übertragung des Vollzuges von Amtshandlungen an ein anderes Gericht (ersuchter Richter) geschieht durch ein an dasselbe gestelltes Ersuchen. Wird ein ausländisches Gericht ersucht, so sind dabei die besonderen hierauf bezüglichen Anordnungen (Staatsverträge, Regierungserklärungen, Ministerialverordnungen) zu beobachten.

(3) Um die Aufnahme eines Beweises darf ein Landes- oder Handelsgericht ein Bezirksgericht seines Sprengels nur dann ersuchen, wenn der Aufnahme des Beweises durch das erkennende Gericht unübersteigliche Hindernisse entgegenstehen oder sie unverhältnismäßige Kosten verursachen würde.

Abs 1 idF Art IV Z 1 BGBl 1978/280 und Art XI BGBl 1993/91; Abs 3 eingefügt durch Art I Z 9 ZVN 1983 BGBl 135 und idF Art XI BGBl 1993/91

Übersicht:

I. Gegenstand der Rechtshilfe

Gegenstand der Rechtshilfe sind **Amtshandlungen** der Gerichte. Hiebei be- **1**
steht kein Unterschied, ob es sich um richterliche Amtshandlungen (zB Beweisaufnahmen) oder um Amtshandlungen anderer gerichtlicher Organe (zB der Zustell- oder Vollstreckungsorgane [vgl hiezu § 69 EO]) handelt. Nach unten hin kann jede noch so geringfügige Amtshandlung eines jeden Gerichtsorganes durch das ersuchte Gericht vollzogen werden. Nach oben hin muß die Grenze derjenigen Amtshandlungen, die im Rechtshilfeweg vollzogen werden, erstens darin gefunden werden, daß nur „Amtshandlungen", also einzelne Gerichtsakte, niemals aber ein ganzes gerichtliches Verfahren übertragen werden können; dar-

aus ergibt sich auch, daß die das Verfahren einleitenden und die Zuständigkeit des Gerichtes begründenden Akte und Entscheidungen (Klagsannahme und -zustellung, erste Tagsatzung, Zuständigkeitsentscheidungen) nicht an ein Rechtshilfegericht übertragen werden können. Andererseits darf aber auch die das Verfahren beendende Formal- und Sachentscheidung nicht einem anderen Gericht als ersuchtem Gericht übertragen werden. Kann aber die Sachentscheidung nicht übertragen werden, dann muß auch die vorangehende mündliche Verhandlung dem Prozeßgericht verbleiben (Unmittelbarkeitsgrundsatz). Die Bestimmungen über die Rechtshilfe (§§ 36ff JN) verändern nicht die Zuständigkeitsordnung, sondern sollen nur die Abwicklung einzelner Amtshandlungen erleichtern.

Gegenstand eines Rechtshilfeersuchens kann auch **nicht die Fällung von Entscheidungen** sein, wie zB die Entscheidung über ein Inventar, über Gebührenansprüche von Gerichtskommissären und von Sachverständigen im Zug eines Verlassenschaftsverfahrens (RZ 1983/21). Ein Ersuchen um Aktenübersendung für Beweiszwecke ist ein Rechtshilfeersuchen (SZ 57/161 [1984]).

II. Rechtshilfe im Sprengel eines Gerichtshofs erster Instanz

2 In § 36 Abs 1 JN ist der **Grundsatz** ausgesprochen, daß Rechtshilfe nicht nur für Amtshandlungen zu leisten ist, die außerhalb des Gerichtssprengels zu erfolgen haben, sondern auch für jene, die zwar innerhalb des Sprengels, aber außerhalb des Sitzes des Gerichtshofs erfolgen müssen. Dieser Grundsatz wird jedoch für Beweisaufnahmen (und das sind ja praktisch alle Fälle der Rechtshilfe) stark eingeschränkt: Gem § 36 Abs 3 JN darf ein Landes- oder Handelsgericht ein BG seines Sprengels nur dann um Beweisaufnahme ersuchen, wenn dieser vor dem erkennenden Gericht unübersteigliche Hindernisse entgegenstehen oder sie unverhältnismäßige Kosten verursachen würde (analoge Regelung zu § 375 Abs 2 ZPO). Durch diese durch die ZVN 1983 eingeführte Regelung soll eine gelegentlich geübte Praxis zurückgedrängt werden, daß Gerichtshöfe die in ihrem Sprengel wohnenden Zeugen nicht selbst vernehmen, sondern nur den Beweisbeschluß fassen, möglicherweise sogar das Verfahren nach § 193 Abs 3 ZPO schließen und dann in ihrem Sprengel gelegene BG um die Vernehmung der dort wohnenden Zeugen und der Parteien ersuchen. Zur Stärkung der Unmittelbarkeit der Beweisaufnahme ist ein derartiges Ersuchen nur unter den erschwerten Voraussetzungen zulässig, unter denen die Parteienvernehmung im Rechtshilfeweg (§ 375 Abs 2 ZPO) durchgeführt werden darf (ErläutRV 669 BlgNR 14. GP 30).

Der in § 37 Abs 2 ausgedrückte Grundsatz, daß (idR) nur BG Rechtshilfe zu leisten haben, ermöglicht die Leistung der Rechtshilfe durch die untergeordneten BG an ihren vorgesetzten Gerichtshof. Werden Gerichtstage außerhalb eines BG durchgeführt, so sollen nach Tunlichkeit hiebei auch Rechtshilfeersuchen erledigt werden, die Amtshandlungen am Ort des Gerichtstags zum Gegenstand haben oder zu deren Erledigung Personen zu laden sind, die in diesem Ort oder dessen unmittelbarer Nähe wohnen (§ 70 Abs 2 Geo; s dazu auch *Danzl*, Geo § 70 Anm 13).

III. Sanktionen

3 Da die Rechtshilfe eine **Durchbrechung des Unmittelbarkeitsgrundsatzes** bedeutet, ist sie nur dann zulässig, wenn sie entweder ausdrücklich vorgesehen ist (zB § 509 ZPO, § 69 EO) oder wenn Gründe der Zweckmäßigkeit und der

Verfahrensökonomie eindeutig für die Vornahme im Rechtshilfeweg sprechen (*Mayr* in *Rechberger,* ZPO § 36 JN Rz 2); Rechtshilfebestimmungen sind daher restriktiv auszulegen. Eine Verletzung dieser Voraussetzungen stellt keinen Nichtigkeitsgrund dar, bildet aber einen **wesentlichen Verfahrensmangel** (LGZ Wien EFSlg 66.994 [1991]; SZ 57/142 [1984]; JBl 1960, 564 [*Novak*]); dieser Verfahrensverstoß kann aber nach der Rsp nur dann als Mangelhaftigkeit des Verfahrens wahrgenommen werden, wenn er gem § 196 ZPO gerügt wurde (LGZ Wien EFSlg 66.994 [1991]; EvBl 1965/188; zur Problematik des § 196 ZPO s dort). Das Fehlen einer Voraussetzung für eine Rechtshilfegewährung kann vom ersuchten Gericht nicht wahrgenommen werden (2 Nd 5/94 mwN; *Mayr* in *Rechberger,* ZPO § 36 JN Rz 2; s auch bei § 37 JN).

IV. Rechtshilfeersuchen

Das **Rechtshilfeersuchen** hat vom Prozeßgericht (ersuchenden Gericht) 4
schriftlich in Form eines **Ersuchschreibens** (in Urschrift in bzw auf dem ersuchten Gericht unmittelbar zu übersendender Akt) zu erfolgen. Wenn sich aus den Akten eindeutig die Grundlagen der durch das ersuchte Gericht vorzunehmenden Handlung ergeben, ist von einer gesonderten Darstellung des Sachverhaltes im Ersuchschreiben Abstand zu nehmen. Das Rechtshilfeersuchen selbst muß jedoch einwandfrei erkennen lassen, welche Amtshandlung durch das ersuchte Gericht vorzunehmen ist. Hiebei kann das ersuchende Gericht bei Beweisaufnahmen dem ersuchten Richter ausdrückliche Richtlinien für die Vernehmungen vorschreiben (§ 546 Abs 2 Geo). Wird eine Beteiligung der Parteien an der Beweisaufnahme begehrt, so ist dies dem ersuchten Richter mitzuteilen (§ 546 Abs 1 Geo). Unterläßt das ersuchte Gericht trotz ausdrücklichem Hinweis im Rechtshilfegesuch die Ladung der Parteien zu einer Beweisaufnahmetagsatzung, obwohl diese auf ihre Ladung nicht verzichtet haben, so ist dies zwar keine Nichtigkeit, wohl aber ein allenfalls erheblicher Verfahrensmangel (SZ 24/94 [1951] = EvBl 1951/292). Für die Zustellung von Schriftstücken im Rechtshilfeweg ist ein besonderes Ersuchschreiben nicht erforderlich. Es wird durch einen entsprechenden Vermerk auf dem Umschlag der Sendung ersetzt (§ 141 Abs 1 Geo).

V. Einzelfragen

Zur Aufnahme eines Sachverständigenbeweises im Rechtshilfeweg ist jenes 5
BG zuständig, in dessen Sprengel der Sachverständige tätig werden soll, auch wenn er nicht in diesem Sprengel wohnt (EvBl 1965/221).

Vgl auch Vor §§ 36 bis 40 JN Rz 6.

VI. Rechtshilfeersuchen inländischer Gerichte an ausländische Behörden

(Bajons)

Lit: s zu §§ 38 und 39 JN sowie im Anhang zu §§ 38 – 40 JN.

§ 36 Abs 2 Satz 2 JN verweist für **Rechtshilfeersuchen inländischer Gerich-** 6
te, die **an ausländische Behörden** gerichtet sind, auf die diesbezüglich bestehenden besonderen Vorschriften und zählt beispielsweise „Staatsverträge, Regierungserklärungen, Ministerialverordnungen" auf; ebenso § 38 Abs 1 JN für den umgekehrten Fall, nämlich für **Rechtshilfeersuchen ausländischer Behörden,** mit denen diese sich **an inländische Gerichte** wenden (vgl die wortgleiche Textierung

in § 38 Abs 1 JN und Art XXXV EGZPO; vgl auch §§ 11 Abs 1 und 12 Abs 1 ZustG). Da es in den genannten Rechtsquellen stets um die **Abwicklung des wechselseitigen Behördenverkehrs** geht und die Behandlung von aus- und eingehenden Rechtshilfeersuchen denselben Normen unterliegt, werden beide Fälle insoweit auch gemeinsam, uzw bei **§§ 38f JN,** behandelt; dort finden sich auch Hinweise auf die wichtigsten innerstaatlichen Vorschriften auf Erlaß- und Verordnungsebene (so insb auf den **Rechtshilfeerlaß in Zivilsachen [RHE Ziv.] 1997;** s § 38 JN Rz 27f).

7 Die Darstellung der wichtigsten völkervertraglichen Rechtsquellen ist demgegenüber in den **Anhang zu §§ 38–40 JN (Internationale Rechtshilfe – Zwischenstaatliches Recht)** verlegt; so vor allem die Erläuterungen zum **Haager Prozeßübereinkommen (HPÜ) 1954, BGBl 1957/91,** samt den auf dieser Grundlage abgeschlossenen Zusatzvereinbarungen sowie die einführenden Bemerkungen zu den sonstigen bilateralen Rechtshilfeverträgen mit Staaten, die nicht dem HPÜ 1905 bzw 1954 angehören (s Anh A [HPÜ 1954] und B [Bilaterale Rechtshilfeverträge]).

Eine nach Sachgebieten geordnete, der ersten Orientierung dienende **Übersicht über die inner- und zwischenstaatlichen Rechtsquellen** betreffend die internationale Rechtshilfe und den grenzüberschreitenden Behördenverkehr ist ferner Art XXXV EGZPO angeschlossen; zum Verhältnis von völkervertraglicher und innerstaatlicher Regelung und zu der **Bedeutung der Haager Prozeßübereinkommen für die Ausbildung völkerrechtlicher Gepflogenheiten** s insb § 38 JN Rz 24.

8 **Vorschriften des inländischen Rechts** hingegen, die sich mit der Frage befassen, wie (insb im **Bereich des vertragslosen Rechtshilfeverkehrs,** dh außerhalb der bestehenden völkerrechtlichen Verträge) eine für einen **Inlandsprozeß** bestimmte **Zustellung ins Ausland** (§ 121 ZPO und V BGBl 1961/10) oder eine **Beweisaufnahme im Ausland** (§ 283 ZPO) bewirkt werden kann bzw unter welchen Voraussetzungen eine im Ausland durchgeführte Beweisaufnahme als ordnungsgemäß anzusehen ist (§ 290 ZPO), finden sich demgegenüber jeweils ebendort kommentiert. Ebenso werden jene Vorschriften des inländischen Rechts, die sich mit der umgekehrten Konstellation, nämlich mit der Vornahme von für einen **Auslandsprozeß** bestimmten Prozeßhandlungen im Inland, befassen, an der entsprechenden Stelle behandelt, so die **Zustellung von Schriftstükken ausländischer Behörden im Inland** bei § 12 ZustG und die **Beweisaufnahme im Inland auf Ersuchen ausländischer Gerichte** bei § 39 JN.

Rechtshilfe auf Ersuchen inländischer Gerichte

§ 37. (1) Die im Geltungsgebiete dieses Gesetzes befindlichen Gerichte haben sich gegenseitig Rechtshilfe zu leisten.

(2) Das Ersuchen um eine im Geltungsgebiete dieses Gesetzes zu gewährende Rechtshilfe ist, wenn nichts anderes bestimmt ist, an das Bezirksgericht zu stellen, in dessen Sprengel die Amtshandlung vorgenommen werden soll. Das Ersuchen um Vornahme solcher Amtshandlungen, die nur bei einem bestimmten Gerichte vorgenommen werden können, ist an das Gericht zu stellen, welches die Amtshandlung sonst vorzunehmen hat.

(3) Das Ersuchen ist abzulehnen, wenn der ersuchte Richter zu der betreffenden Handlung örtlich unzuständig ist.

(4) Wird ein Rechtshilfeersuchen an ein unzuständiges Gericht gerichtet und ist diesem die Bestimmung des zuständigen Gerichtes möglich, so hat es das Ersuchen an dieses weiterzuleiten. Hiebei ist der Abs. 5 sinngemäß anzuwenden.

(5) Wären in einer Gemeinde für mehrere Amtshandlungen in derselben Rechtssache verschiedene Bezirksgerichte zuständig, so hat alle Amtshandlungen dasjenige Be-

zirksgericht vorzunehmen, das das ersuchende Gericht auswählt; bei dieser Auswahl hat es nach den Grundsätzen des § 36 Abs. 1 vorzugehen.

Abs 2 idF Art I StGBl 1945/148; Abs 4 angefügt durch Art IV Z 6 der 1. GEN RGBl 1914/118 und idF Art II BGBl 1988/191; Abs 5 angefügt durch Art II BGBl 1988/191

Übersicht:

I. Pflicht zur Rechtshilfeleistung

Durch § 37 Abs 1 JN wird die ausdrückliche gegenseitige **Rechtshilfeleistungspflicht** der inländischen Gerichte festgelegt (vgl Art 22 B-VG). Damit ist es einem inländischen Gericht grundsätzlich verwehrt, das Rechtshilfeersuchen eines anderen inländischen Gerichtes unerledigt zu lassen, unerledigt rückzusenden oder ohne Angabe von Gründen zurückzuweisen. Eine Ablehnung des Rechtshilfeersuchens ist nur möglich, wenn die Prozeßvoraussetzungen im Hinblick auf das Rechtshilfeersuchen fehlen (vgl Rz 4 ff). Die Pflicht der Gerichte zur Leistung der Rechtshilfe wurde auf die in Rz 11 Vor §§ 36 bis 40 JN bezeichneten Behörden bzw deren Rechtshilfeersuchen erweitert. 1

II. Rechtshilfegericht

A. Bezirksgerichte

Sachlich zuständig für die Rechtshilfe sind grundsätzlich die **BG.** Durch die generelle Übertragung der Rechtshilfe an BG haben diese auch Amtshandlungen zu vollziehen, die an sich in die sachliche Zuständigkeit der Gerichtshöfe fallen; dies gilt auch für arbeits- und sozialgerichtliche Verfahren (zu den Ausnahmen s Rz 3). Örtlich zuständig sind die BG, in deren Sprengel die Amtshandlung vorzunehmen ist; beispielsweise ist jenes BG für die Aufnahme eines Sachverständigenbeweises zuständig, in dessen Sprengel der Sachverständige tätig werden soll, auch wenn er nicht in diesem Sprengel wohnt (EvBl 1965/221). 2

B. Ausnahmen

Von der allgemeinen sachlichen Zuständigkeit der BG in Rechtshilfesachen bestehen folgende **Ausnahmen:** 3

- Wenn eine Amtshandlung nur bei einem bestimmten Gericht vorgenommen werden kann; so sind Rechtshilfeersuchen in Firmenbuchsachen immer vom LG (bzw HG Wien) zu erledigen.
- Bei Erhebungsersuchen eines OLG oder des OGH im Zug eines Rechtsmittelverfahrens an einen Gerichtshof als Erstgericht.
- Im arbeits- und sozialgerichtlichen Verfahren ist ein Rechtshilfeersuchen unzulässig (und das ersuchte BG sachlich unzuständig), wenn die auswärtige

Amtshandlung vom ersuchenden Gerichtshof bei einem nach § 35 ASGG abzuhaltenden Gerichtstag selbst durchzuführen wäre (*Mayr* in *Rechberger,* ZPO § 37 ASGG Rz 2; OLG Wien SVSlg 33.867 [1987], 33.869 [1987], 33.870 [1987]).

In diesen genannten Fällen hat ein um Rechtshilfe ersuchtes BG die Amtshandlung wegen sachlicher Unzuständigkeit abzulehnen.

III. Überprüfung des Rechtshilfeersuchens

A. Allgemeines, Prozeßvoraussetzungen

4 **Das ersuchte Gericht darf das Rechtshilfegesuch nur in eingeschränktem Umfang überprüfen.** § 37 Abs 3 JN erwähnt ausdrücklich nur die Möglichkeit der Ablehnung wegen **örtlicher Unzuständigkeit.** Da es sich jedoch bei der Erledigung der Rechtshilfe um einen Teil des Verfahrens handelt und die Prozeßvoraussetzungen zu beachten sind, muß die Prüfungspflicht des ersuchten Gerichts bezüglich der **allgemeinen Prozeßvoraussetzungen** für das Rechtshilfegesuch über den Rahmen des § 37 Abs 3 JN hinausgehen. Das ersuchte Gericht kann daher auch prüfen, ob für die Erledigung des Gesuchs die inländische Gerichtsbarkeit gegeben ist, ob die Zulässigkeit des Rechtswegs vorliegt (EFSlg 43.949 [1983] = ÖA 1984, 49) und ob es sachlich zuständig ist (*Mayr* in *Rechberger,* ZPO § 37 JN Rz 1; OLG Wien SVSlg 33.872 [1988]; s dazu auch Rz 3).

5 Die **weiteren Prozeßvoraussetzungen,** wie zB Rechtskraft, Streitanhängigkeit und Mangel der Prozeß- oder Parteifähigkeit bzw der gesetzlichen Vertretung können sich nur auf das Verfahren selbst, niemals auf das Rechtshilfeersuchen beziehen. Das ersuchte Gericht kann nur im Rahmen des Rechtshilfeersuchens selbst die Prozeßvoraussetzungen überprüfen und wahrnehmen, niemals jedoch in die Entscheidungsbefugnis des ersuchenden Gerichts eingreifen. So kann es zB weder die Zuständigkeit des ersuchenden Gerichts noch die Zulässigkeit des Rechtswegs für das Hauptverfahren selbst prüfen noch die Erledigung des Rechtshilfeersuchens wegen Nichtigkeit des Hauptverfahrens – soweit diese nicht unmittelbar auch das Rechtshilfeersuchen ergreift – ablehnen.

B. Gegenstand des Rechtshilfeersuchens

6 Dem ersuchten Gericht steht ein Prüfungs- und somit ein Ablehnungsrecht zu, wenn die begehrte Handlung überhaupt nicht **Gegenstand eines Rechtshilfeersuchens** sein kann, wie etwa die Fällung von Entscheidungen (Entscheidung über ein Inventar, über Gebührenansprüche von Gerichtskommissären und Sachverständigen im Zug eines Verlassenschaftsverfahrens, RZ 1983/21). Weiters kann das ersuchte Gericht unerlaubte (gesetzwidrige) und unbestimmte Rechtshilfeersuchen ablehnen (7 Nd 3/94; 2 Nd 25/92; EFSlg 43.949 [1983]; ausdrücklich für eine Ablehnungsbefugnis des ersuchten Gerichts bei einem gesetzwidrigen Rechtshilfeersuchen auch OLG Wien SVSlg 33.872 [1988]; *Fasching,* Lehrbuch[2] Rz 317 und *Holzhammer,* Zivilprozeßrecht[2], 68; die Grenzziehung zwischen einem gesetzwidrigen und einem nicht zweckmäßigen Ersuchen (letzteres darf das Rechtshilfegericht nicht ablehnen) ist allerdings nicht klar: Auch eine unzweckmäßige oder den Bestimmungen der §§ 328, 375 ZPO nicht entsprechende Rechtshilfe ist streng genommen eine gesetzwidrige Rechtshilfe (*Mayr* in *Rechberger,* ZPO § 37 JN Rz 1). Die Erledigung kann auch bei Unvollziehbarkeit abgelehnt werden (die Bestellung eines Sachverständigen durch das Rechtshilfegericht wird von der Beweiswürdigung eines anderen Beweismittels durch das ersuchte Gericht abhängig gemacht, die Beweiswürdigung obliegt aber

ausschließlich dem erkennenden Gericht, LGZ Wien EFSlg 41.588 [1982]; Rechtshilfeersuchen in Firmenbuchangelegenheiten an ein BG, *Fasching*[1] I 252).

C. Zweckmäßigkeit

Die Prüfungsbefugnis des ersuchten Gerichts erstreckt sich **nicht** auf **die Zweckmäßigkeit und die prozessuale Richtigkeit** des Rechtshilfeersuchens (OLG Wien WR 250 [1986]; EFSlg 43.949 [1983] = ÖA 1984, 49; RZ 1980/35; OLG Linz EFSlg 27.684 [1976]; 2 Nd 5/94; 7 Nd 3/94; SZ 30/35 [1957]). Es ist dem Rechtshilfegericht verwehrt, das Rechtshilfegesuch etwa deshalb unerledigt zurückzusenden, weil die Vernehmung der Zeugen vor dem Prozeßgericht keinen erheblichen Kostenmehraufwand nach sich ziehen würde oder weil nach Ansicht des Rechtshilfegerichts die Parteienvernehmung nur in Ausnahmefällen durchzuführen sei und ein solcher Fall nicht vorliege. Ebenso kann der ersuchte Richter die Rechtshilfe nicht deshalb verweigern, weil nach seiner Beurteilung der Verfahrenslage die Vernehmung der begehrten Zeugen bereits überflüssig geworden sei. Auch die Verletzung des Unmittelbarkeitsgrundsatzes kann vom ersuchten Gericht nicht überprüft werden (2 Nd 25/92); das Fehlen eines Beweisbeschlusses ist ebenfalls kein Grund für eine Verweigerung der Rechtshilfe (7 Nd 3/94; aM offenbar *Holzhammer,* Zivilprozeßrecht[2], 68, wonach das ersuchte Gericht bei Unzweckmäßigkeit die Rechtshilfe an ein drittes Gericht übertragen kann). Weiters besitzt das Rechtshilfegericht kein Prüfungsrecht, wenn die Parteien übereinstimmend beantragen, daß ein bestimmtes Gericht eine Rechtshilfevernehmung durchführen soll (analoge Anwendung des § 31a JN, NRsp 1989/255). 7

Die bei der Gewährung von Rechtshilfe an ein inländisches Gericht aus Amtsgeldern aufgelaufenen Kosten hat das ersuchte Gericht zu tragen und dem ersuchenden Gericht bekanntzugeben; dieses letztere hat die Kosten einzubringen. Zwischen inländischen Gerichten findet eine wechselseitige Vergütung dieser Kosten nicht statt (§ 250 Abs 3 Geo). 8

IV. Streitigkeiten zwischen ersuchendem und ersuchtem Gericht

Bei **Streitigkeiten zwischen ersuchendem und ersuchtem Gericht** über die Verweigerung der Rechtshilfe ist ein gerichtliches Verfahren nicht ausdrücklich vorgesehen. Da es sich bei Ausübung der Rechtshilfe um einen Akt der Gerichtsbarkeit handelt, ist analog § 47 JN zur Entscheidung über derartige Streitigkeiten stets das beiden Gerichten gemeinsam übergeordnete Gericht berufen (EvBl 1990/36; SZ 57/161 [1984]; EFSlg 43.948 [1983] = ÖA 1984, 49; SZ 30/35 [1957] ua; 2 Nd 5/94; 2 Nd 25/92; *Fasching,* Lehrbuch[2] Rz 317; *Mayr* in *Rechberger,* ZPO § 37 JN Rz 4). Bei Streitigkeiten zwischen zwei BG des gleichen Gerichtshofssprengels entscheidet der Gerichtshof, innerhalb des gleichen Oberlandesgerichtssprengels das OLG (ebenso bei Streitigkeiten über die Verweigerung der Rechtshilfe zwischen dem Gerichtshof und einem ihm unterstehenden Bezirksgericht); bei Streitigkeiten zwischen Gerichten verschiedener Oberlandesgerichtsprengel erkennt der OGH. 9

Hält sich das ersuchte Gericht für örtlich (und sachlich, *Mayr* in *Rechberger,* ZPO § 37 JN Rz 1) unzuständig, dann hat es das Rechtshilfeersuchen an das (bestimmbar) zuständige Gericht weiterzuleiten; damit soll verhindert werden, daß ein an ein unzuständiges Gericht gerichtetes Rechtshilfeersuchen unbedingt rückgeleitet werden muß, was zu unnötigen Verfahrensverzögerungen führen 10 würde (JAB 563 BlgNR 17. GP 3). Dies ist aber nicht möglich, wenn das ersuchte Gericht ein anderes Gericht für geeigneter hält (*Mayr* in *Rechberger,* ZPO § 37 JN Rz 1); in diesem Fall steht dem ersuchten Gericht ohnehin kein Prüfungsrecht zu (s Rz 7).

11 Über Streitigkeiten zwischen zwei ersuchten Gerichten entscheidet analog zu § 47 JN das gemeinsam übergeordnete Gericht (LGZ Wien WR 499 [1991] und 442 [1990]; *Mayr* in *Rechberger,* ZPO § 37 JN Rz 1; aM *Fasching,* Lehrbuch[2] Rz 317, wonach § 40 JN anzuwenden ist [nach dieser Bestimmung hat das dem ersuchten Gericht übergeordnete OLG zu entscheiden; die Regelung muß aber dann versagen, wenn die ersuchten Gerichte in verschiedenen Oberlandesgerichtssprengeln liegen]).

12 Eine Sonderregelung trifft § 37 Abs 5 JN für den Fall, daß in einer Gemeinde für mehrere Amtshandlungen in derselben Rechtssache mehrere BG zuständig sind. Dann hat alle Amtshandlungen jenes BG vorzunehmen, das das ersuchende Gerichts auswählt. Das ersuchende Gericht darf nur ein solches von mehreren BG auswählen, das zumindest für eine Rechtshilfehandlung jedenfalls zuständig wäre; mit anderen Worten: Es muß etwa zumindest eine der zu vernehmenden Personen ihren Wohnsitz oder gewöhnlichen Aufenthalt im Sprengel des ausgewählten BG haben. Ist dies nicht der Fall, so hat das dennoch ausgewählte (unzuständige) BG das Rechtshilfeersuchen möglichst weiterzuleiten und hiebei selbst eine das ersuchte Gericht bindende Auswahl so zu treffen, als wäre es das ursprünglich ersuchende Gericht (JAB 563 BlgNR 17. GP 3). Ein Zuständigkeitsstreit deswegen, weil sich beide ersuchten Gerichte für unzuständig halten, ist daher nicht möglich.

V. Rechtsmittel

13 Der ersuchte Richter ist zwar an den Inhalt des Rechtshilfeersuchens gebunden, die Durchführung der Erledigung ist jedoch eine selbständige Amtshandlung des Rechtshilfegerichts und nicht der Kontrolle durch das ersuchende Gericht unterworfen (*Mayr* in *Rechberger,* ZPO § 37 JN Rz 3). **Rechtsmittel gegen Entscheidungen des ersuchten Gerichts** (soweit diesem in Vollziehung des Rechtshilfeersuchens richterliche, der Anfechtung unterliegende Entscheidungen obliegen) sind daher an das dem Rechtshilfegericht übergeordnete Gericht zu richten, aber – wie jedes Rechtsmittel – beim ersuchten Gericht als Gericht erster Instanz einzubringen. Rekurse, die beim ersuchenden Gericht eingebracht werden, sind an das ersuchte Gericht weiterzuleiten und von diesem (nach Prüfung der entsprechenden Rechtsmittelvoraussetzungen) dessen übergeordnetem Rechtsmittelgericht vorzulegen. Rekurse, die zwar beim Rechtshilfegericht eingebracht werden, sich aber an das ersuchende Gericht richten, sind vom ersuchten Gericht an dessen übergeordnetes Rechtsmittelgericht weiterzuleiten (Analogie zum Berufungsverfahren gem § 469 Abs 1 ZPO; danach hat das Erstgericht die Berufung dem zuständigen Berufungsgericht vorzulegen, und zwar unabhängig von der Bezeichnung in der Berufung, so *Kodek* in *Rechberger,* ZPO § 469 Rz 1 und § 467 Rz 2; nach *Fasching*[1] I 254 sind Rekurse, die an das ersuchende Gericht gerichtet werden, dessen übergeordnetem Rechtsmittelgericht vorzulegen und von diesem von Amts wegen an das dem Rechtshilfegericht übergeordnete Rechtsmittelgericht vorzulegen).

14 Beschlüsse des Rechtshilfegerichts, die abgesondert angefochten werden können, sind die Verhängung von Ordnungsstrafen über Zeugen, Sachverständige und Parteien; Bestimmung der Gebühren von Zeugen und Sachverständigen (die Kostenbestimmung bezüglich Parteihandlungen vor dem ersuchten Gericht obliegt aber dem ersuchenden Gericht [zB Vertretungskosten für eine Akteneinsicht, RZ 1990/120]); die Bestellung von Sachverständigen und die Entscheidung über ihre Ablehnung ua.

Über Wiedereinsetzungsanträge gegen die Versäumung von Tagsatzungen oder von Fristen des ersuchten Richters entscheidet der Rechtshilferichter (*Fasching,* Lehrbuch[2] Rz 316; *Mayr* in *Rechberger,* ZPO § 37 JN Rz 3). **15**

Rechtshilfe auf Ersuchen ausländischer Gerichte

§ 38. (1) Die im Geltungsgebiete dieses Gesetzes befindlichen Gerichte haben ausländischen Gerichten über Ersuchen Rechtshilfe zu leisten, sofern nicht besondere hierauf bezügliche Anordnungen (Staatsverträge, Regierungserklärungen, Ministerialverordnungen) etwas anderes festsetzen.

(2) Die Rechtshilfe ist zu verweigern:

1. wenn die von dem ersuchenden Gerichte begehrte Handlung nach den im Inlande hiefür geltenden Bestimmungen dem Geschäftskreise der Gerichte entzogen ist; sollte die begehrte Handlung im Geschäftskreise anderer inländischer Behörden gelegen sein, so kann das ersuchte Gericht das Ersuchen an die hienach zuständige Behörde leiten;

2. wenn die Vornahme einer Handlung begehrt wird, welche durch die für das inländische Gericht verbindlichen Gesetze verboten ist.

Abs 2 Z 3 aufgehoben durch Art II Z 10 ZVN 1983

Lit: Zu den völkerrechtlichen Grundlagen s insb *Dahm/Delbrück/Wolfrum,* Völkerrecht[2] I/1 (1989) 214ff, 316ff; *Geiger,* Grundgesetz und Völkerrecht[2] (1994) 273ff; *Ipsen,* Völkerrecht[4] (1999); *Kimminich,* Einführung in das Völkerrecht[6] (1997); *Neuhold/Hummer/Schreuer,* Österreichisches Handbuch des Völkerrechts[3] 1 (1997) Rz 740ff; *Okresek,* Hoheitsakte auf fremdem Staatsgebiet. Eine Betrachtung anhand praktischer Fälle, ÖZöRV 35 (1985) 325, insb 333ff; *Seidl-Hohenveldern,* Völkerrecht[9] (1997) Rz 631ff, 1504ff; *Verdross/Simma,* Universelles Völkerrecht[3] (1984) 634ff (§§ 1019ff).

Zu den zwischenstaatlichen Rechtsquellen s *Duchek/Schütz/Tarko,* Zwischenstaatlicher Rechtsverkehr in Zivilrechtssachen[2] (MGA 35 [1998]; dort findet sich auch der Text des RHE Ziv. 1997).

Zur innerstaatlichen Rechtslage vgl insb *Fasching*[1] I 254ff; *ders,* Lehrbuch[2] Rz 318; *Holzhammer,* Zivilprozeßrecht[2], 68; *Mayr* in *Rechberger,* ZPO Rz 1ff zu §§ 38–40 JN; für die studentische Praxis s auch *Buchegger,* PraktZPR I[6], 64ff (mit Fallbeispielen 66ff).

Zur technischen Durchführung der internationalen Rechtshilfe s *Danzl,* Kommentar zur Geschäftsordnung für die Gerichte I. und II. Instanz (Geo.), Anm 1ff zu § 163 Geo (1. EL, Stand: Oktober 1995), und vor allem *Schneider/Schwarz,* Handbuch für die Praxis des internationalen Rechtshilfeverkehrs in Zivilsachen (mit nach Ländern geordneten Übersichtstabellen sowie Musterformularen für Zustellungs- und Rechtshilfeersuchen; hrsg vom BMJ 1987).

Das (überwiegend) **ausländische Schrifttum zur internationalen Rechtshilfe** ist im Anh zu §§ 38–40 JN (Internationale Rechtshilfe – Zwischenstaatliches Recht), uzw vor Anh A (HPÜ 1954) verzeichnet.

Übersicht:

I. Völkerrechtliche Grundlagen

A. Staatliche Souveränität als Ausgangspunkt und Begrenzung jeglicher Gerichtsgewalt

1 Nach traditionellem kontinentaleuropäischen Verständnis wird die Gerichtsgewalt in ihrer Ausübung territorial rückgebunden erachtet, dh sie erfaßt nur jene Personen oder Sachen, die sich auf diesem Staatsgebiet befinden. In der Ausübung von Gerichtsgewalt bleibt der Staat demnach notwendig auf sein eigenes Territorium verwiesen. Kann somit ein Gerichtsverfahren nicht durchgeführt werden, ohne Verfahrensbeteiligte oder Beweismaterial miteinzubeziehen, die sich im Ausland befinden, so ist der Staat auf die Mithilfe des betreffenden fremden Staates angewiesen. Dort, wo dessen Souveränitätsbereich beginnt, endet seine eigene Befugnis zur Ausübung von Gerichtsgewalt. Seit alters leisten die Staaten einander daher gegenseitig Rechtshilfe. Wenn auch verneint wird, daß hierzu eine völker(gewohnheits)rechtliche Verpflichtung besteht, so wird sie doch kraft Völkerrechtssitte (*comitas gentium; courtoisie; comity;* zum Begriff s *Dahm/Delbrück/Wolfrum,* Völkerrecht I/1[2], 74 f; *Seidl-Hohenveldern,* Völkerrecht[9] Rz 467 ff) gewährt; in diesem Sinn *Riezler,* IZPR 19, 674; *Verdross/Simma,* Völkerrecht[3] § 1020; vgl auch *Walter,* IZPR[2] 298: „Insgesamt ist sich das Völkerrecht noch nicht einig, ob es eine völkerrechtliche Verpflichtung zur Leistung von Rechtshilfe gibt."

2 Im Bereich der **EMRK** freilich wird eine völkervertragliche Verpflichtung aus **Art 6 Abs 1** ableitbar sein: Denn nach allgemein anerkannter Interpretation haben sich die Staaten auch dazu verpflichtet, die Gewährung der **Grundrechte** in den Vertragsstaaten gegenseitig abzusichern. Ist demnach der einzelne Vertragsstaat verpflichtet, jedermann in seiner Sache ein justizförmiges Verfahren zu eröffnen, so erwächst daraus den anderen Vertragsstaaten, vor dessen Gerichten diese Rechtssache nicht ausgetragen wird, die Verpflichtung, die Durchführung dieses Verfahrens zu fördern bzw überhaupt erst zu ermöglichen; dies zumindest in jenen Fällen, in denen sie selbst dem Kläger in der Sache keine (konkurrierende) internationale Zuständigkeit einräumen (in diesem Sinn *Bajons,* Zivilverfahren Rz 31; vorsichtig zustimmend *Geimer,* IZPR[3], 2074 und 2374).

All das setzt indes voraus, daß feststeht, wann es der internationalen Rechtshilfe überhaupt bedarf, weil die vorzunehmenden Prozeßhandlungen die Jurisdiktionsgewalt eines fremden Staates berühren. Sind freilich die **Grenzen eigener Justizhoheit** durch das Völkerrecht **nicht ausreichend bestimmt,** so wird es immer dann zu Friktionen zwischen den Staaten kommen, wenn der eine von ihnen eine zu weitgehende Gerichtshoheit in Anspruch nimmt, die den anderen in seiner Sicht dazu verhalten würde, diesen völkerrechtlichen Übergriff in seine eigene Souveränität durch die Gewährung internationaler Rechtshilfe indirekt auch noch zu billigen. Die **Grenzen internationaler Rechtshilfe** können deshalb nur dann klar umschrieben werden, wenn über die Grenzen der jeweiligen **Gerichtsunterworfenheit von Personen und Sachen** Einigkeit besteht. Eben dies ist aber nur in einem **Kernbereich** der Fall, während in darüber hinausgehenden Fragen durchaus divergierende Auffassungen bestehen. 3

1. Kein Handeln auf fremdem Boden

Unstrittig völkergewohnheitsrechtlich untersagt ist jedenfalls die **Ausübung behördlicher Funktionen auf fremdem Territorium.** Denn dadurch würde in die **Souveränität des ausländischen Staates** eingegriffen. Ein solches Vorgehen bedarf daher stets einer im voraus erteilten expliziten Einwilligung dieses Staates. 4

Zutreffend hat daher das OLG Wien – aus Anlaß eines Kostenrekurses der klagenden Partei gegen die Auferlegung eines Vorschusses für die geplante Reise eines österreichischen Richters in die Schweiz zwecks „**Durchführung eines Ortsaugenscheines** in Z. **unter Zuziehung eines Sachverständigen** aus dem Gebiet alpiner Schilauf" – in seiner E ZVR 1988/17 betont, daß „die inländische Gerichtsbarkeit ... grundsätzlich an der Staatsgrenze (endet)". Hoheitsakte inländischer Gerichte könnten daher auf fremdem Territorium nur „ausnahmsweise dann gesetzt werden, wenn dies durch Staatsverträge zwischen dem in- und ausländischen Staat ausdrücklich vereinbart ist". Die Beweisaufnahme durch das erkennende Gericht zähle zu dieser Art von Akten, weshalb die vom österreichischen Richter beschlossene Vorgangsweise, „nämlich von ihm selbst durchzuführender Ortsaugenschein in Z., ... jedenfalls unzulässig" sei. An dieser Rechtslage ändere sich auch nichts dadurch, „daß in der Praxis ausländische, um Rechtshilfe ersuchte Gerichte ohne entsprechende Rechtsgrundlage ganz ausnahmsweise die Teilnahme eines österreichischen Richters an der Beweisaufnahme als ‚stiller Zuhörer' geduldet haben". Das HPÜ 1954 und der dieses ergänzende schweizerisch-österreichische Vertrag BGBl 1969/354 sähen eine solche Beweisaufnahme durch das Gericht des einen Vertragsstaates im Hoheitsgebiet des anderen Vertragsstaates auch nicht vor. Der Kostenbeschluß entbehre daher jeder Rechtsgrundlage. Der OGH hat deshalb den Kostenbeschluß nicht nur im angefochtenen Umfang ersatzlos aufgehoben, sondern den Rekurswerber *obiter dictu* auch darauf hingewiesen, daß selbst der Nichterlag des unangefochten gebliebenen Teils des Kostenvorschusses für ihn aus den genannten Gründen keine nachteiligen Folgen nach sich ziehen könne. (Nach Schweizer Recht hätte das Erstgericht, wäre es wie geplant vorgegangen, sogar – da die Schweiz die für den österreichischen Prozeß bestimmte Beweiserhebung auf ihrem Hoheitsgebiet als eine „Handlung für einen fremden Staat" qualifiziert hätte – eine Straftat iSd § 271 schwStGB begangen; vgl *Volken,* Rechtshilfe Rz 1/1 FN 3; vgl auch den unten Anh B [Großbritannien] Rz 117 geschilderten Fall, der eine nicht bewilligte private Zustellung einer Klage in der Schweiz betrifft.)

Dies gilt auch für ein **Handeln von Justizorganen des Entsendestaates auf dem Gelände der** im betreffenden Staat akkreditierten **Botschaft.** Zwar sind die Gebäude der Gesandtschaft gegen den Zugriff der örtlichen Behörden geschützt, genießen also das Vorrecht der Exterritorialität oder – wie die modernere Völkerrechtsdogmatik formuliert – Immunität oder Unverletzlichkeit (s nur *Verdross/Simma,* Völkerrecht[3], § 1027; vgl auch *Ipsen,* Völkerrecht[4] § 35 Rz 34 und den 5

Hinweis von *Köck* in *Neuhold/Hummer/Schreuer,* Handbuch des Völkerrechts 1^{3} Rz 1636 auf den Wandel der diesbezüglichen Auffassungen, der von der [heute überholten] Exterritorialitätstheorie über die [jüngere] Repräsentationstheorie zur [heute herrschenden] Nezessitätstheorie oder Theorie der funktionalen Notwendigkeit reicht). Doch bleiben die Botschaftsgebäude dessen ungeachtet **Territorium des Empfangsstaates** und werden durch die Widmung nicht zu Territorium des Entsendestaates. Jedes Handeln in diesen ist somit Handeln auf dem Gebiet des Empfangsstaates, nicht auf dem des Entsendestaates. Dies ist völlig **einheitliche völkerrechtliche Lehre und Praxis.**

6 Die jüngst ergangene Entscheidung des OGH 24. 11. 1998, ZfRV 1999, 116, verkennt diese internationale Rechtslage insofern, als sie eine Vorgangsweise für völkerrechtskonform erachtet und der Unterinstanz aufträgt, die eine klare Verletzung staatlicher Souveränität darstellt: Danach soll ein österreichischer Richter befugt (und wegen der in § 237 Abs 1 AußStrG enthaltenen Anordnung auch dazu verpflichtet) sein, sich in eine österreichische Botschaft zu begeben (hier: in Buenos Aires/Argentinien), um sich „einen persönlichen Eindruck" von der unter Sachwalterschaft zu stellenden Person zu verschaffen. Dies, damit nicht der Grundsatz der Unmittelbarkeit verletzt werde. Da die **Erstanhörung** diesfalls **in den Räumlichkeiten der Botschaft** stattfände, würden „keine Amtshandlungen vollzogen" und es würde auch „in keine Amtshandlungen eingegriffen werden, die einem anderen Staat oblägen"; denn die österreichische Botschaft unterstünde ja „der Jurisdiktion des Entsendestaates (also Österreichs)". Für diese Rechtsmeinung beruft sich der OGH auf *Dahm/Delbrück/Wolfrum,* Völkerrecht I/1^{2}, 385. Unter dem angeführten Zitat finden sich aber lediglich ergänzende Ausführungen zu dem an anderer Stelle (287 ff) *in extenso* abgehandelten Thema der Rechtsstellung der Gebäude diplomatischer Missionen. Danach unterstehen diese (gleich Kriegs-, Staats- oder sonstigen Schiffen und Flugzeugen) – obwohl (bzw auch wenn) sie sich auf dem Boden des Empfangsstaates befinden –, „nicht der Jurisdiktion des Sitzstaates, sondern derjenigen des Entsendestaates" (385); dies deshalb, um die Ordnung auch dort aufrecht erhalten zu können, wo dem Empfangsstaat der Zutritt untersagt ist. „Bei der ‚Exterritorialität' handelt es sich also um bestimmte Exemtionen von der lokalen Staatsgewalt. … ‚Exterritorialität' bedeutet aber nicht, daß die privilegierten Personen so behandelt werden, als ob sie sich im Ausland befänden, sondern nur, daß gegen sie und die ihrem Dienst gewidmeten Räume gerichtete Hoheitsakte einschließlich von Zwangsmaßnahmen grundsätzlich unzulässig … sind" (*Verdross/Simma,* Völkerrecht^{3}, § 1027). Die Unverletzlichkeit der Gesandtschaftsgebäude (samt den Archiven, wo immer sich diese auch befinden) schützt diese demnach allein vor „jedem Zugriff der örtlichen Behörden", nicht aber wird dadurch die Gebietshoheit des Empfangsstaates eingeschränkt (vgl *Kimminich,* Völkerrecht^{6}, 325). Daher erwachsen dem Entsendestaat aus diesem Rechtsstatus der Missionen auch keine über die diplomatischen Funktionen hinausreichenden Rechte zur Ausübung von Gerichtsgewalt auf fremdem Boden. Ganz in Übereinstimmung mit der übrigen Völkerrechtslehre – vgl nur *Verdross/Simma,* Völkerrecht^{3}, §§ 895 und 1027; *Seidl-Hohenveldern,* Völkerrecht^{9} Rz 1016; *Geiger,* Grundgesetz^{2}, 328 – führen nämlich auch die vorgenannten Autoren aus, daß die Gebäude der diplomatischen oder konsularischen Missionen im Ausland „weiterhin zum Staatsgebiet des Empfangsstaates und nicht etwa zu dem des Entsendestaates" gehören; vgl nur *Dahm/Delbrück/Wolfrum,* Völkerrecht I/1^{2}, 287 f, 313. – Unerfindlich bleibt auch, wieso es sich hiebei nicht um eine **hoheitliche Tätigkeit des Richters** handeln sollte, obwohl dieses Gespräch vom Richter nach Ansicht des OGH allein deshalb persönlich geführt werden muß, um das Verfahren zur Bestellung eines Sachwalters iSd § 238 Abs 1 AußStrG fortsetzen zu können, und jenes letztlich Entscheidungsgrundlage (s nur § 240 AußStrG) wird. Wäre dieses Gespräch mit der betroffenen Partei tatsächlich als „nicht amtlich" zu qualifizieren, so wäre es dem Richter ja gerade – wegen des Verbots der Verwertung von Privatwissen (s statt aller *Fasching,* Lehrbuch Rz 855) – nicht erlaubt, dieses als Erstanhörung im weiteren Verfahren zu behandeln und dessen Ergebnisse somit in seine abschließende Würdigung des Falles einfließen zu lassen. – Zum Verbot der (auch nur passiven) Teilnahme ausländischer Staatsorgane an Rechtshilfehandlungen, die im Inland gesetzt werden, vgl unten § 39 JN Rz 18.

Die Vornahme von behördlichen Funktionen auf dem Gebiet der bürgerlichen Rechtspflege ist auch den **diplomatischen und konsularischen Vertretern** selbst nur insoweit gestattet, als sie völkergewohnheitsrechtlich oder völkervertragsrechtlich anerkannt ist. Für das Gebiet der internationalen Rechtshilfe gilt, daß „die Zustellung von gerichtlichen Akten an eigene Staatsangehörige und die Einvernahme von Zeugen im Empfangsstaat durch konsularische Funktionäre nur auf Grund von völkerrechtlichen Verträgen oder der Rechtsordnung des Empfangsstaates zulässig" ist (*Verdross/Simma,* Völkerrecht[3], § 921). Stets bedarf es daher einer zumindest stillschweigenden Einwilligung des betreffenden Staates durch Duldung solcher Handlungen auf seinem Territorium (zB dadurch, daß er einem solchen Vorgehen nicht widerspricht); vgl die damit übereinstimmende Regelung des HPÜ 1954 (Art 6 Abs 1 Z 3 iVm Abs 2 und Art 15) unten Anh A (HPÜ 1954) Rz 15 und 49f. 7

2. Handeln auf eigenem Boden mit (intendierter) extraterritorialer Wirkung

Strittig ist hingegen, inwieweit Handlungen auf eigenem Territorium gesetzt werden dürfen, die darauf abzielen, Personen oder Sachen, die sich im Ausland aufhalten bzw belegen sind, in das inländische Verfahren einzubeziehen, dh von prozessualen Wirkungen dieses Verfahrens zu erfassen. Hier stellt sich die Frage, inwieweit sich solche Handlungen im Bereich eigener Justizhoheit bewegen oder ob versucht wird, auf diesem (Um-)Weg zu **extraterritorialen Wirkungen des inländischen Handelns** zu gelangen; s zu dieser Problematik ausführlich bei §§ 283, 290 ZPO; s auch das im Anh §§ 38–40 JN unter Lit Rz 3 und 6 verzeichnete Schrifttum. 8

B. Unterschiedliche Reichweite staatlicher Gerichtsgewalt in anglo-amerikanischer und kontinentaleuropäischer Sicht

Nicht das „Ob" der internationalen Rechtshilfe, wohl aber das „Ab wann" und „Inwieweit" ist demnach strittig, uzw deshalb, weil die Ansichten in der Frage, wie weit die eigene Gerichtsgewalt reicht und wo die des anderen Staates beginnt, durchaus geteilt sind. So besteht insb zwischen kontinentaleuropäischem und anglo-amerikanischem Rechtsdenken ein wesentlicher Unterschied. Denn in europäischer Sicht werden mit der Bejahung der inländischen Gerichtsbarkeit für einen bestimmten Prozeß nicht zugleich auch die Grenzen umschrieben, welche Akte nun im Inland gesetzt werden dürfen. Es bedarf somit einer gesonderten Prüfung der **internationalen Beweiszuständigkeit.** Während nämlich mit der Inanspruchnahme von Gerichtsgewalt nur verbunden ist, daß die **Parteien** des inländischen Verfahrens eine (mit Säumnissanktion bewehrte) **Einlassungslast** auch dann trifft, wenn sie sich im Ausland befinden, ist dies nicht der Fall, wenn diese (oder dritte Personen) als **Beweismittel** in dem Inlandsprozeß fungieren sollen. Hingegen bejaht das US-amerikanische Recht mit der *jurisdiction (to adjudicate)* auch die grundsätzlich unbeschränkte Möglichkeit, ausländische Parteien dazu zu verhalten, im Ausland belegenes Beweismaterial uneingeschränkt dem erkennenden Gericht vorzulegen; demnach wird die Gerichtsgewalt weit über das nach kontinentaleuropäischem Rechtsverständnis Zulässige hinaus gespannt; s dazu bei §§ 283, 290 ZPO sowie das im Anh §§ 38–40 JN unter Lit Rz 3 und 6 verzeichnete Schrifttum. (Das in diesem Zusammenhang manchmal eingesetzte Korrektiv einer Verweigerung des Rechtsschutzes mit der Begründung, daß ein *forum non conveniens* vorliege, weil sich der Schwerpunkt der Beweisaufnahme im Ausland abspielen müßte, mag dieses Ergebnis mildern, ändert aber nichts an der im grundsätzlichen unterschiedlichen Sicht.) 9

C. Kriterien der internationalen Beweiszuständigkeit in österreichischer Sicht

10 Die strittigen Fragen im kontinentaleuropäischen Raum kreisen um die Kriterien der **Belegenheit von Beweismaterial im Ausland** und von dessen **realer Verknüpfung mit bestimmten Personen,** denen eine – sei es (bloß) rein faktische, sei es (darüber hinaus auch) rechtliche – Verfügungsmacht über dieses zukommt. So ist zwar unbestritten, daß ein **Lokalaugenschein** auf einer Liegenschaft zu seiner Durchführung der Rechtshilfe des Staates der belegenen Sache bedarf; schon bei **Urkunden und beweglichen Augenscheinsgegenständen** kann dies aber schwieriger lösbare Probleme verursachen. Als **Grundregel** kann hier festgehalten werden, daß jedenfalls nicht eine bloß zufällige oder gar willkürlich herbeigeführte Belegenheit der betreffenden Sachen im Ausland – soweit nur ihre Lage frei veränderbar ist und ihre Vorlage der sich auf dem Gebiet des Prozeßstaates aufhaltenden Person ohne größere Umstände zumutbar ist – die **Gerichtsunterworfenheit des Beweismaterials** verändern kann; s dazu näher bei §§ 283, 290 ZPO.

11 Die österreichischen Zivilverfahrensgesetze regeln nun zwar nicht eigens, wann ein inländischer Richter ein **Rechtshilfeersuchen an eine ausländische Behörde** zu richten bzw wann er ein an ihn gerichtetes Ersuchen einer ausländischen Behörde zu behandeln hat. Aus dem Kontext ergibt sich aber, daß ersteres immer dann der Fall zu sein hat, wenn eine der für den inländischen Prozeß vorgesehenen Beweisaufnahmen nicht im Inland (dh weder im Gerichtssprengel des erkennenden noch eines anderen österreichischen Gerichts) durchgeführt werden kann. Nach inländischem Recht (unter Einschluß des gem Art 9 B-VG als Bundesrecht geltenden und somit unmittelbar anwendbaren Völkerrechts) richtet sich somit, wann diese Notwendigkeit gegeben ist. Einen Anhaltspunkt hiefür bieten die **Vorschriften über die Beweisaufnahme vor dem ersuchten Richter,** die **sinngemäß auf den internationalen Sachverhalt zu übertragen** sind, dh sowohl die Frage beantworten, wann ein inländischer Richter für die Behandlung eines ausländischen Ersuchens (international) zuständig ist, wie auch jene, wann ein ausländischer Richter aus der Sicht der österreichischen Gerichte (international) zuständig ist. Daraus ergeben sich folgende Grundregeln:

12 a) Für den **Personalbeweis** (Parteien, Zeugen, Auskunftspersonen) gilt, daß die Beweisaufnahme immer dann im Ausland zu erfolgen hat, wenn die zu vernehmende Person weder ihren ordentlichen Wohnsitz noch ihren gewöhnlichen Aufenthalt im Inland hat. Erst durch diesen Nahebezug zu einem bestimmten Staat wird nämlich ihre **Gerichtspflichtigkeit als Beweismittel** begründet, also insb die Pflicht, als Zeuge vor einem inländischen Gericht auszusagen. So reicht zwar der bloße Aufenthalt einer Person im Inland dazu aus, ihr eine Ladung zuzustellen; leistet sie dieser nicht Folge, kann sie jedoch nicht mit Zwangsmitteln dazu verhalten werden, nunmehr doch vor Gericht zu erscheinen. Es darf also kein Druck auf die Person, die in ihrer Eigenschaft als Zeuge dem Verfahren beigezogen werden soll, in der Absicht ausgeübt werden, sie länger als von ihr selbst beabsichtigt im Inland zurückzuhalten.

13 Die **Vernehmung einer Person im Rechtshilfeweg** ist nicht zuletzt deshalb eine der häufigsten Handlungen, um die ein ausländisches Gericht ersucht wird. Strittig ist hingegen, ob das Gericht mit der im Ausland befindlichen Person zunächst **formlos in Kontakt** treten darf, um zu klären, ob sie bereit wäre, sich ins Inland zwecks Ablegung einer Aussage vor Gericht zu begeben. Da auch diese **Anfrage behördlicher Natur** ist (weil sie funktionell dem laufenden Verfahren zuzurechnen ist), wird dies überwiegend verneint und darauf verwiesen, daß dieses „Vorfühlen" der daran interessierten Partei überlassen bleiben müsse. Umso mehr ist die **Ladung einer im Ausland befindlichen Person** (sei es auch durch

Zustellung der Ladung im Rechtshilfeweg) zwecks Aussage vor dem erkennenden Gericht (als Partei, Zeuge oder Auskunftsperson) ohne völkerrechtlich relevante Zustimmung des (Wohnsitz- oder gewöhnlichen Aufenthalts-)Staates verboten; vereinzelt ist sie jedoch in (bilateralen) Verträgen zugelassen, meist verbunden mit dem Verbot, Zwang für den Fall der Nichtbefolgung anzudrohen, und der (aus dem Strafverfahren stammenden) **Zusicherung freien Geleits;** s dazu Anh A (HPÜ 1954) Rz 64 und Anh B (Luxemburg) Rz 199, (Polen) Rz 243 und (Schweiz) Rz 292; aus der Literatur vgl nur die unterschiedlichen Positionen von *E. Geimer,* Beweisaufnahme 38 ff einerseits (der dies aus der Personalhoheit des Gerichtsstaates heraus für jene Personen bejaht, welche Staatsbürger des betreffenden Staates sind) und *Leipold,* Lex fori 63 f andererseits (der die völkerrechtliche Zulässigkeit einer Ladung von Beweispersonen aus dem Ausland generell verneint); s näher dazu bei §§ 283, 290 ZPO.

b) Für den **Urkundenbeweis** ist darauf abzustellen, wo sich die Partei oder 14
die dritte Person befindet, die **Verfügungsmacht über** die vorzulegenden **Urkunden** hat; inwieweit hiebei allein die rechtliche Verfügungsmacht ausschlaggebend ist (und diese zur Beischaffung ausreichen muß) oder auch die faktische Verfügungsmacht (tatsächliche Innehabung) erforderlich ist, ist umstritten; s dazu bei §§ 283, 290 ZPO; dort insb auch zur **Vorlagepflicht** der Parteien einerseits und verfahrensfremder Personen andererseits sowie zu den Grenzen ihrer Erzwingbarkeit. Ähnlich wie beim Zeugenbeweis ist also – neben dem geforderten **Nahebezug** zur vorzulegenden Sache – auch maßgeblich, wo die betreffende Person ihren **Lebensschwerpunkt** hat. Die Partei kann sich jedenfalls weder durch einfache Weitergabe der Urkunden an einen Dritten noch durch ihre schlichte Abwesenheit infolge einer Auslandsreise ihrer Pflicht, bestimmte Urkunden dem Gericht vorzulegen, entziehen.

c) Für den **Sachverständigenbeweis** lassen sich der ZPO kaum Regeln ent- 15
nehmen. So viel erscheint indes zweifelsfrei, daß die Einschaltung eines **Sachverständigen** im Rechtshilfeweg jedenfalls immer dann erforderlich sein wird, wenn er – in Verbindung mit einem Augenschein – eine **Untersuchung an Ort und Stelle** vorzunehmen hat. Auswahl und Bestellung des Sachverständigen obliegt diesfalls grundsätzlich dem Rechtshilfegericht. Ob dieses auch auf einen in einem anderen Staat befindlichen Experten, zB auf einen Sachverständigen, der im ersuchenden (Prozeß-)Staat wohnt, zurückgreifen kann, ob also auch Sachverständige einem bestimmten Staat zurechenbar und somit vorrangig deren Justizhoheit unterliegen oder nicht, und inwieweit ein Sachverständiger dem Ruf eines ausländischen Gerichtes, vor diesem Befund und Gutachten abzugeben, folgen darf, ist umstritten (s dazu bei §§ 283, 290 ZPO); zur Bestellung eines ausländischen Experten zur **Ermittlung fremden Rechts** s bei § 271 ZPO.

d) Der **Augenscheinsbeweis** im Rechtshilfeweg ist immer dann erforder- 16
lich, wenn es sich um eine im Ausland gelegene unbewegliche Sache handelt. Dies gilt somit für jede Art von **Lokalaugenschein.** Seine Vornahme ist – als Maßnahme zur Sachverhaltsermittlung – stets Amtshandlung, weshalb er auf fremdem Territorium ausschließlich aufgrund völkerrechtlicher Vereinbarung zwischen den beiden Staaten stattfinden dürfte (OLG Wien ZVR 1988/17, vgl oben Rz 4). Dies gilt auch dann, wenn es um die **Besichtigung von Augenscheinsgegenständen** (zB einer Fabriksmaschine, eines Autowracks) geht; inwieweit eine solche auch dann begehrt werden kann, wenn sich der im Ausland zu besichtigende Gegenstand im Eigentum (und der Gewahrsame) einer dritten, verfahrensfremden Person befindet, richtet sich nach dem Recht des Staates, dessen Gerichte um Rechtshilfe ersucht werden; s dazu bei §§ 283, 290 ZPO.

II. Begriffe

A. Internationale Rechtshilfe im traditionellen Verständnis

17 Internationale Rechtshilfe in Zivil- und Handelssachen umfaßt traditionell all jene Akte behördlicher Staatsgewalt, die der Durchführung eines Zivilverfahrens in einem anderen Staat dienen; dieses mag streitiger oder außerstreitiger Natur sein, vor Zivil- oder Strafgerichten (Adhäsionsverfahren) ablaufen, ein Exekutions- oder Konkursverfahren betreffen; entscheidend ist somit nicht die formell-organisatorische, sondern die **materiell-funktionelle Zuweisung der Sache zur Zivilgerichtsbarkeit.** Immer muß es sich aber um jene Teile des Verfahrens handeln, die der **Rechtsverfolgung** zivilrechtlicher Ansprüche gewidmet sind; **nicht** hingegen dürfen im Wege der Rechtshilfe Akte der **Rechtsdurchsetzung** vorgenommen werden (diese gehören vielmehr zum Gebiet der internationalen Vollstreckungshilfe; s dazu gleich unten Rz 18 ff). Im Exekutionsverfahren ist daher zwar die Zustellung eines Exekutionsbewilligungsbeschlusses zulässig, nicht aber ist dies dann erlaubt, wenn in diesem untrennbar auch schon der Vollzug der Zwangsmaßnahme mitinbegriffen ist (wie dies bei an den Drittschuldner zuzustellenden Zahlungs- oder Leistungsverboten der Fall ist).

Handlungen, die in diesem Sinn zur internationalen Rechtshilfe gezählt werden, sind demnach die **internationale Zustellung** einerseits (die vor allem der Einbeziehung der Parteien in das im je anderen Staat laufende Verfahren und ihrer weiteren Information dient) und die **internationale Beweisaufnahme** andererseits (die der Sachverhaltsermittlung in jenen Fällen dient, in denen es um im je anderen Staat befindliche Beweispersonen oder dort belegenes Beweismaterial geht). Letztere wird auch als **Rechtshilfe ieS** bezeichnet; zu ihr gehören auch „andere gerichtliche Handlungen" (vgl Art 8 HPÜ 1954; § 21 lit b RHE Ziv. 1997), wie zB die Aktenübersendung oder die Erteilung einer Auskunft über den Stand eines noch anhängigen oder schon abgeschlossenen Verfahrens.

Diese Unterscheidung zwischen den beiden Hauptbereichen der internationalen Rechtshilfe liegt auch den **Haager Prozeßübereinkommen** zugrunde. Definiert werden diese darüber hinaus nicht; doch hält das (von Österreich nicht ratifizierte) jüngere Haager Beweisübereinkommen (HBÜ) 1970 fest, daß weder die – im (ebenfalls von Österreich nicht ratifizierten) Haager Zustellungsübereinkommen (HZÜ) 1965 geregelte – „Zustellung gerichtlicher Schriftstücke" noch „Maßnahmen der Sicherung oder der Vollstreckung" als (zur Rechtshilfe ieS gezählte und daher in Art 1 Abs 3 HBÜ 1970 auch genannte) „andere gerichtliche Handlung" zu qualifizieren sind.

B. Internationale Vollstreckungshilfe

18 Durch diese (im HBÜ 1970 bereits explizit vorgenommene) Abgrenzung der Begriffe voneinander soll klargestellt werden, daß zur internationalen Rechtshilfe im klassischen Sinn nicht die **internationale Vollstreckungshilfe** zählt. Unter dieser ist die Rechtshilfe bei der Durchführung von Exekutionen zu verstehen, also die Vornahme von Exekutions(vollzugs)handlungen in den Fällen, in denen der Vollzug nicht allein auf dem Territorium des Staates durchgeführt werden kann, bei dessen Gericht die (der Befriedigung oder Sicherung des Gläubigers dienende) Exekution beantragt bzw eingeleitet worden ist. Dies ist insb dann als deutliche **Lücke im internationalen Rechtsschutz** spürbar, wenn es um den Zugriff des Gläubigers auf Ansprüche des Schuldners in Geld oder Waren geht, welche (auch) die Einbeziehung des zur Leistung verpflichteten Dritten erfordern (so bei Zahlungsverboten oder Drittverboten), und entweder nur der Verpflichtete oder nur Drittschuldner im Vollstreckungsstaat ihren (Wohn-)Sitz bzw Vermögen haben. Hier stellt sich dann das Problem, daß – ungeachtet be-

jahter **internationaler Vollstreckungszuständigkeit** – die Exekution in diesem Land nicht effektiv durchführbar ist.

Daß die Staaten einander derzeit tatsächlich **keine internationale Vollstreckungshilfe** leisten, hat seinen tieferen Grund in dem allmählichen Übergang zu dem heute (allein) herrschenden System der Anerkennung und Vollstreckung ausländischer Akten und Urkunden im 19. und zu Beginn des 20. Jahrhundert, wodurch frühere Auffassungen über die wechselseitige Abgrenzung der **Jurisdiktion** der Staaten **in Exekutionssachen** zurücktraten (s *Bajons* in *Holzhammer,* Zwangsvollstreckungsrecht[4], 92). So sah zB **Ungarn** (vor dem Ersten Weltkrieg, also noch als Teil der Österreichisch-ungarischen Monarchie) die Gerichtsbarkeit des Erststaates zwar für die Exekutionsbewilligung als gegeben an, verlangte aber, daß der **Vollzug** der (vom Erststaat bewilligten) Exekutionsmittel (hier: die Zustellung des Zahlungsverbotes) den ungarischen Gerichten überlassen bleibe. Eine andere Haltung nahm das **Deutsche Reich** ein: es stellte zwar ein im Erststaat bewilligtes Zahlungsverbot an den Drittschuldner zu, sah aber dessen **Wirkung** als ausschließlich **auf den Erststaat beschränkt** an (s JMVBl 1910, 203f [Exekution auf Forderungen des Verpflichteten gegen einen im Auslande wohnhaften Drittschuldner]; vgl auch die weitere aus den Rechtshilfeerlässen ablesbare Entwicklung in der Zwischenkriegszeit, insb § 42 RHE 1924, JABl 1924/14 idF JABl 1926/9 und 1927/9, § 49 RHE 1928, JABl 1928/7 idF JABl 1929/18, und § 49 RHE 1932, Beilage zu JABl 1932/26); vgl dazu näher *Thalhammer,* Grundlegende Fragen des Internationalen Zivilverfahrensrechts im Bereich von Forderungsexekutionen mit Auslandsbezug, Diss Wien (1996) 196ff. 19

Deutschland hat allerdings jüngst einen Vorstoß in diese (schon früher vertretene) Richtung gemacht und läßt nunmehr faktisch im wechselseitigen Rechtsverkehr – in Abweichung von seiner bisherigen Haltung (s zu dieser noch *Duchek/Schütz/Tarko,* Zwischenstaatlicher Rechtsverkehr 150 Anm 14 [zu Art 4 HPÜ 1954] und 664 Anm 3 [zu Art 1 der deutsch-österreichischen Zusatzvereinbarung BGBl 1960/27]) – die **grenzüberschreitende Zustellung von Zahlungsverboten und einstweiligen Verfügungen** zu, wobei deren Wirkung auf den jeweiligen Vollstreckungsstaat beschränkt bleiben soll (s den Bericht von *Gottwald,* IPRax 1999, 395f über den derzeitigen Stand der Praxis); Österreich nimmt demgegenüber – im Unterschied zu der Schweiz und zu Liechtenstein – keine grundsätzlich ablehnende Haltung ein; zum Problemkreis s näher Anh B (Deutschland) Rz 55. 20

C. Weitere Aufgabenbereiche der internationalen Rechtshilfe

Die **Haager Prozeßübereinkommen** behandeln neben den bereits genannten Gebiete der internationalen Zustellung und internationalen Beweisaufnahme noch weitere Materien, die früher vorzüglich zum **prozessualen Fremdenrecht** (s Rz 23) gezählt wurden, nämlich die Sicherheitsleistung für die Prozeßkosten (aktorische Kaution) und die Vollstreckung von Prozeßkostenentscheidungen gegen den unterlegenen Kläger, die Personalhaft und das „Armenrecht" [heute: Prozeßkostenhilfe (deutsch), Verfahrenshilfe (österr) bzw Kostenhilfe (schweiz)] und (seit dem HPÜ 1954 auch) die (für mittellose Personen) kostenfreie Ausstellung von Personenstandsurkunden. Sie haben in den letzten Jahren durch die (zumindest innerhalb der Europäischen Union) weitgehend erreichte Gleichstellung von In- und Ausländern, insb hinsichtlich der Gewährung von Verfahrenshilfe und der Befreiung von der aktorischen Kaution, stark an Bedeutung verloren; s dazu näher Anh A (HPÜ 1954) Rz 32f und 69. Zu diesen Materien der **Rechtshilfe iwS** wird ferner die Ermittlung des anwendbaren ausländischen materiellen Rechts gerechnet (weil diese, soweit sie in Form der **Erteilung von Rechtsauskünften** durch die Justizministerien erfolgt, ebenfalls zu einer wechselseitigen Behördenhilfe führt). 21

22 Zu diesen altbekannten Materien treten heute **moderne Formen der Hilfestellung für besonders schutzwürdige Personen** hinzu; so insb auf dem Gebiet des Kindschaftsrechts die **Stellung und wechselseitige (grenzüberschreitende) Übermittlung von Anträgen,** die das Sorgerecht betreffen, wobei im Wege **Zentraler Behörden** das Ansuchen nicht nur von einem Staat in den anderen übermittelt, sondern auch in Vertretung der antragstellenden Partei staatliche Organe des ersuchten Staates als Parteienvertreter im dort durchzuführenden Verfahren auftreten (vgl nur Art 2 ff des Europäischen Sorgerechtsübereinkommens BGBl 1985/321 und das hierzu ergangene Ausführungsgesetz BG 7. 3. 1985 BGBl 1985/322). Weiter kann hierher der **wechselseitige Informationsaustausch** oder die **Bekanntgabe relevanter Daten** gezählt werden, so beispielsweise die Zusammenarbeit der Zentralen Behörden des Heimatstaates und des Aufnahmestaates in internationalen Adoptionsverfahren nach dem neuen (von Österreich jüngst ratifizierten) Haager Adoptionsübereinkommen BGBl III 1999/145 (s nur Art 15 ff).

23 *Volken,* Rechtshilfe Rz 1/8 ff behandelt daher neben den klassischen Materien der „Zustellungshilfe" und „Beweisaufnahmehilfe" auch die „Rechtsanwendungshilfe" (Ermittlung ausländischen Rechts, insb durch Einholung von ministeriellen Rechtsauskünften), die „Rechtsdurchsetzungshilfe" (neue Formen der behördlichen Zusammenarbeit, insb im internationalen Familien- und Kindschaftsrecht) und die „Kostenhilfe" und schließt seine Darstellung mit einem Kapitel über „Individualgarantien" ab, das im wesentlichen jene Sachgebiete beinhaltet, die von der älteren Lehre ehemals unter dem **Begriff des prozessualen Fremdenrechts** zusammengefaßt wurden (vgl nur den Titel des 1949 erschienenen Standardwerks von *Riezler* „Internationales Zivilprozeßrecht und prozessuales Fremdenrecht"), nämlich das Recht auf freien Zutritt zu den Gerichten, die Regelung der Partei- und Prozeßfähigkeit von Ausländern, die Auferlegung (bzw Befreiung vom Erlag) einer aktorischen Kaution, die Personalhaft sowie das freie Geleit für Zeugen und Sachverständige.

III. Positivrechtliche Ausgestaltung der internationalen Rechtshilfe

A. Rechtsquellen unterschiedlicher Rangstufe

1. Völkerrechtliche Übung als Bindeglied zwischen HPÜ 1954 und JN (bzw ZustG)

24 Alle Vorschriften des österreichischen Rechts, die auf den internationalen Rechtsverkehr in Zivil- und Handelssachen Bezug nehmen, verweisen **vorrangig** auf das **zwischenstaatliche Recht** (s nur § 36 Abs 2 Satz 2 und § 38 Abs 1 JN; Art XXXV EGZPO; § 121 ZPO und §§ 11 Abs 1 und 12 Abs 1 ZustG; vgl § 36 JN Rz 6). Dies gilt sowohl für die Übermittlung von Rechtshilfeersuchen ins Ausland **(ausgehende Rechtshilfeersuchen)** als auch für die Empfangnahme von Rechtshilfeersuchen aus dem Ausland **(eingehende Rechtshilfeersuchen)** und deren Erledigung im Inland. Wo es an solchen Normen fehlt, also im **vertragslosen Rechtshilfeverkehr,** wird für die Behandlung der Ersuchen auf die **völkerrechtliche Übung** zurückgegriffen. Diese hat ihrerseits wiederum in den wenigen in den Zivilverfahrensgesetzen selbst vorfindlichen Bestimmungen ihren Niederschlag gefunden. Sie enthalten demnach teils kodifizierte völkerrechtliche Übung (so § 38 Abs 2 und § 39 JN), teils aus den Haager Prozeßübereinkommen inkorporierte (und bloß näher ausgestaltete) Regelungen (so § 12 Abs 2 und 3 ZustG).

Die Voraussetzungen für die Gewährung internationaler Rechtshilfe als auch deren praktische Durchführung beruhen somit weitgehend auf **völkerrechtlicher Übung.** Auf diese berufen sich auch die Materialien I 55, wenn sie vermerken, daß „die allgemeinen Bedingungen der ausländischen Gerichten zu gewährenden Rechtshilfe“ im § 38 (= § 39 RV) „in einer den herrschenden Anschauungen und der Gesetzgebung anderer Staaten sich anschließenden Weise normi[e]rt“ sind. Daraus erklärt sich auch, warum sich die in § 38 Abs 2 und § 39 JN enthaltenen Regeln sinngleich im – zeitlich parallel zu den Zivilverfahrensgesetzen ausgearbeiteten – **Haager Prozeßübereinkommen** von 1896 wiederfinden (Art 2, Art 7 Abs 1 Z 2 und Abs 2 sowie Art 10) und seither auch in dieser Form weitertradiert wurden (vgl nur Art 4, Art 11 Abs 3 Z 2 und 3 und Art 14 HPÜ 1905 und 1954), sodaß sich die Rechtsentwicklung ab da praktisch ausschließlich an dieser multilateralen Vertragsserie orientierte. Deshalb werden auch alle beiden Regelungsbereichen gemeinsamen Fragen vorrangig im zwischenstaatlichen Teil der Kommentierung (s Anh A und B zu §§ 38–40 JN: Internationale Rechtshilfe – Zwischenstaatliches Recht) behandelt.

Danach ergibt sich für das innerstaatliche Recht überblicksweise folgendes Bild:

a) Für die **Gewährung von Rechtshilfe auf Ersuchen ausländischer Behörden** wird auf die bestehenden internationalen Übereinkommen verwiesen; (nur) im vertragslosen Bereich kommen formell allein § 38 Abs 2 und § 39 JN zum Zug; doch stimmen sie mit bestehender völkerrechtlicher Übung überein, so daß sich in diesem Bereich keine Unterschiede zwischen völkervertraglicher und völkervertragsloser Rechtslage ergeben. Vielmehr wird in beiden Fällen für die Erledigung der Rechtshilfeersuchen auf die *lex fori* des ersuchten Staates verwiesen; dessen Gerichte wenden somit ihr eigenes Verfahrensrecht an, sofern nicht die ausländische Behörde ersucht, nach ihrer *lex fori* vorzugehen – ein Ersuchen, dem zu entsprechen ist, es sei denn, es liefe den Grundwertungen der Rechtsordnung des ersuchten Staates zuwider; s § 39 JN Rz 1 ff. 25

Die Abs 2 und 3 des § 12 ZustG ergänzen den im Abs 1 leg cit enthaltenen allgemeinen Verweis auf das innerstaatliche Recht durch besondere Bestimmungen, betreffend das Erfordernis der Übersetzung fremdsprachiger Schriftstücke für den Fall, daß diese auch gegen den Willen des Empfängers zugestellt werden sollen (s § 39 JN Rz 5 und bei § 12 ZustG).

b) Ebenso ist für die **an ausländische Behörden gerichteten Ersuchen inländischer Gerichte** primär zwischenstaatliches Recht zu beachten; darüber hinaus enthält die ZPO zwei Vorschriften, die es im Bereich des vertragslosen Rechtsverkehrs ermöglichen sollen, Zustellungen ins Ausland vorzunehmen oder Beweisaufnahmen aus dem Ausland zu erlangen, nämlich § 121 ZPO (für die internationale Zustellung) und § 283 ZPO (für die internationale Beweisaufnahme). Beide Bestimmungen versuchen, flexibel auf unterschiedliche Vorstellungen ausländischer Staaten über Art und Weise des internationalen Rechtsverkehrs zu reagieren. § 121 ZPO läßt eine grenzüberschreitende Zustellung inländischer Schriftstücke dort zu, wo eine solche vom ausländischen Staat anerkannt oder doch stillschweigend geduldet wird; s die hierzu ergangene V des BMJ BGBl 1961/10 im Anh zu § 121 ZPO. § 283 ZPO versucht den Parteien dort an die Hand zu gehen, wo jedenfalls im (behördlichen) Übermittlungsweg von Staat zu Staat keine Beweisaufnahme erlangt werden kann, aber vielleicht den Parteien in diesem Staat Möglichkeiten der direkten Beweisbeschaffung eröffnet sind; s dazu näher bei §§ 283, 290 ZPO. 26

Eine weitere Bestimmung der ZPO, nämlich § 290, befaßt sich mit dem Beweiswert einer im Rechtshilfeweg von den ausländischen Behörden erlangten Beweisaufnahme, die unter Verletzung der Vorschriften der *lex fori* des ersuchten Staates durchgeführt worden ist; jener ist nicht geschmälert, wenn diese (wenigstens) den inländischen Verfahrensregeln entspricht; s § 39 JN Rz 4 und bei § 290 ZPO.

2. *Rechtshilfeerlaß für Zivilsachen*

27 Auf den weitgehenden Gleichlauf der Regeln im völkervertraglichen wie im vertragslosen Bereich des internationalen Rechtsverkehrs nimmt auch der vom BMJ herausgegebene (und von Zeit zu Zeit erneuerte) **Rechtshilfeerlaß für Zivilsachen** Bedacht.

Er dient dem **internen Geschäftsbetrieb der Gerichte** in Fragen des internationalen Rechtshilfeverkehrs sowie der Information der Gerichte über den vertraglichen wie auch vertragslosen Zustand im Verhältnis zu den Staaten, bezüglich welcher Erfahrungsberichte über die im internationalen Rechtshilfeverkehr tatsächlich gepflogene Übung vorliegen. Dem Erlaß ist daher eine **Länderübersicht** angeschlossen, in der auf die in den einschlägigen völkerrechtlichen Verträgen enthaltenen Bestimmungen bzw auf die in der täglichen Praxis des Rechtshilfeverkehrs gesammelten Erfahrungen hingewiesen wird. Derzeit steht der **RHE Ziv. 1997, JABl 1997/40** (abgedruckt bei *Duchek/Schütz/Tarko,* Rechtsverkehr 1 ff), in Kraft. Freilich ändern sich diese Daten oft rasch und bedarf es daher eventueller Nachfrage im Bundesministerium für Justiz, Abteilung I/10 (*RgR Josef Schneider;* A-1070 Wien, Museumstraße 7, Tel 521 52-0).

Der Rechtshilfeerlaß beschränkt sich darauf, die verschiedenen technischen Möglichkeiten der Gestaltung des behördlichen Übermittlungsweges (und der für die Ersuchen einzuhaltenden Förmlichkeiten) aufzulisten, ohne selbst zu der Frage Stellung zu nehmen, wann welche Art bzw Form anzuwenden ist. Alle diesbezüglichen Erläuterungen finden sich vielmehr erst in der Länderübersicht; aus ihr geht hervor, welche Normen bzw völkerrechtlichen Gepflogenheiten im grenzüberschreitenden Rechtshilfeverkehr zwischen Österreich und den einzelnen Staaten maßgeblich sind.

Der **RHE Ziv. 1997** gliedert sich – wie schon seine Vorläufer (vgl nur seit dem Zweiten Weltkrieg: JABl 1951/12 idF 1954/3, 1955/1 und 1958/14; JABl 1970/9 idF 1976/19; JABl 1983/23 und JABl 1986/53) – in folgende **Sachbereiche:** Der I. Teil über „Allgemeine Bestimmungen" (§§ 1–14) ergänzt die diesbezüglichen Bestimmungen der GeO. Die Teile II–V enthalten eine Wiedergabe der Bestimmungen der Verfahrensgesetze über die „Rechtshilfe auf Ersuchen ausländischer Behörden" (§§ 15–20) und über „Rechtshilfeersuchen an ausländische Behörden" (§§ 21–28); sodann wird auf die „Rechtshilfe und Zustellung im Ausland ohne Befassung ausländischer Behörden" (§§ 29–31) Bezug genommen sowie Bestimmungen für das Vorgehen der Behörden getroffen, wenn „völkerrechtliche Privilegien und Immunitäten" (§§ 32–36) zu beachten sind. Der VI. Teil gibt sodann Hinweise zu den Themen „Prozeßkostensicherheitsleistung, Gegenseitigkeitsfragen, ausländisches Recht, Beglaubigung" (§§ 37–42), und der VII. Teil enthält Anordnungen, „besondere Verfahren" betreffend (so für die Übersetzung von Anträgen nach dem New Yorker Unterhaltsübereinkommen und dem Auslandsunterhaltsgesetz und für die Rechtshilfe in Angelegenheiten der Sozialversicherung), und die „Schlußbestimmungen" (§§ 43–45). Es folgen die „Länderübersicht", gegliedert nach der Reihenfolge der Bestimmungen des Erlasses, sowie ein „Verzeichnis der in der Länderübersicht angeführten zwischenstaatlichen Vereinbarungen".

28 Die **Gerichte** sind **nicht** an die im Rechtshilfeerlaß gemachten Angaben **gebunden.** Denn die **Erledigung von Rechtshilfeersuchen** fällt in die **Kompetenz der ordentliche Gerichte** und gehört somit zu jenen Agenden, die von ihnen in voller richterlicher Unabhängigkeit ausgeübt werden. Sie haben deshalb auch zu beurteilen, inwieweit zB eine in der täglichen Praxis gepflogene Übung als den Anforderungen eines rechtsstaatlichen Verfahrens genügend angesehen werden kann oder wann von einem sonst durchaus üblichen Vorgehen abzusehen ist, weil infolge abweichender Rechtsvorstellungen in dem betreffenden Staat andernfalls jede weitere Rechtsverfolgung zum Erliegen käme (vgl auch die diese Unterschiede bedenkenden Bestimmungen der §§ 121 und 283 ZPO: sie betref-

fen für den Inlandsprozeß bestimmte Zustellungen ins Ausland bzw Beweisaufnahmen, die für den Inlandsprozeß aus dem Ausland erlangt werden sollen, uzw im Verhältnis zu Staaten, mit denen kein völkervertraglich geregelter Rechtshilfeverkehr besteht; vgl auch die auf der Grundlage von § 121 Abs 1 ZPO erlassene V des BMJ 23. 12. 1960 über die Zustellung an Personen im Ausland durch die Post BGBl 1961/10).

B. Absehen vom Erfordernis der Gegenseitigkeit

Von Anbeginn an hat der österreichische Gesetzgeber die Gewährung internationaler Rechtshilfe **nicht** in das **Ermessen** der Gerichte gestellt, **sondern** sie ihnen (gleich der Rechtshilfe, die sie sich gegenseitig zu leisten haben; vgl § 37 JN) zur **Pflicht** gemacht (weshalb noch die RV den unmittelbar anschließenden § 38 JN mit dem Passus beginnen ließ: „Die im Geltungsgebiete dieses Gesetzes befindlichen Gerichte haben **auch** ausländischen Gerichten über Ersuchen Rechtshilfe zu leisten ..." – ein Wort, das erst die Permanenzkommission des Herrenhauses im Zuge der Beratungen aus stilistischen Erwägungen heraus gestrichen hat; vgl Materialien II 335). 29

In der **ursprünglichen Fassung** der JN machte § 38 Abs 2 Z 3 allerdings die Gewährung von Rechtshilfe noch von der faktisch geübten **Gegenseitigkeit** abhängig; und er band die Gerichte überdies an eine diesbezügliche Auskunft des BMJ in der Frage, ob der ausländische Staat auch tatsächlich die Gegenseitigkeit beobachte.

Mit Erkenntnis 14. 10. 1970 (kundgemacht in BGBl 1971/217), JBl 1972, 37 *(Klecatsky)* hat der VfGH die inhaltlich gleichlautende Bestimmung des Art IX Abs 3 EGJN als verfassungswidrig aufgehoben. Er begründete dies damit, daß „die bindende Erklärung des Justizministers ... in der Form einer autoritativen Feststellung der Rechtslage ... den Auftrag an das anfragende Gericht zum Inhalt (hat), in einer individuell bestimmten Prozeßsache die ihr entsprechende Entscheidung zu treffen". Damit würden aber „zur Entscheidung ein und derselben Rechtssache ... Verwaltungsbehörde und Gericht zu einer Gesamtheit verflochten". Die Vorschrift verstoße daher gegen den in Art 94 B-VG statuierten Grundsatz der Trennung der Justiz von der Verwaltung.

Spätestens seit diesem Zeitpunkt stand somit fest, daß auch die in § 38 Abs 2 Z 3 JN enthaltene Regelung verfassungswidrig ist. Dessen ungeachtet wurde die Rechtslage jedoch erst Jahre danach, uzw im Zuge der Umgestaltung der österreichischen Zivilprozeßgesetze durch die ZVN 1983, in diesem Sinn bereinigt.

Seit der Aufhebung der Z 3 des § 38 Abs 2 JN durch Art II Z 10 der ZVN 1983 gewährt Österreich demnach auf Ersuchen ausländischer Gerichte **internationale Rechtshilfe unabhängig davon, ob die Gegenseitigkeit** im Verhältnis zu diesem Staat **formell verbürgt** ist **oder** auch nur (jedenfalls) **faktisch geübt** wird. Selbst im **Bereich des sog „vertragslosen Zustandes"**, also dort, wo kein (zwei- oder mehrseitiger) Rechtshilfevertrag (oder eine dementsprechende Regierungserklärung) eingreift, ist daher ein Rechtshilfeersuchen eines ausländischen Gerichtes von den inländischen, für die Abwicklung des zwischenstaatlichen Rechtsverkehrs verantwortlichen Behörden an das zuständige Gericht weiterzuleiten **(Übermittlung des Rechtshilfeersuchens)** und von diesem meritorisch zu behandeln **(Erledigung des Rechtshilfeersuchens).** 30

C. Gründe für die Verweigerung der begehrten Rechtshilfe

§ 38 Abs 2 JN nennt als **Gründe,** die das ersuchte Gericht zur **Ablehnung eines Rechtshilfeersuchens** berechtigen, in Z 1, daß „die von dem ersuchenden Gerichte begehrte **Handlung** nach den im Inlande hiefür geltenden Bestimmungen **dem Geschäftskreise der Gerichte entzogen** sind", und in Z 2, daß „die **Vor-** 31

nahme einer Handlung begehrt wird, welche durch die für das inländische Gericht verbindlichen Gesetze **verboten** ist“. Er wird durch § 39 Abs 2 JN ergänzt, wonach das inländische Rechtshilfegericht nur insoweit auf Ersuchen der ausländischen Behörde einen von den inländischen Vorschriften abweichenden Vorgang einhalten darf, als dieser „durch keine Vorschrift der inländischen Gesetzgebung verboten“ erscheint. Ähnlich formuliert § 12 Abs 1 Satz 2 ZustG speziell für Akte der Zustellung, daß diese nur insoweit nach ausländischem Recht vorgenommen werden dürfen, als „eine solche Zustellung mit den Grundwertungen der österreichischen Rechtsordnung vereinbar“ ist.

Diese Bestimmungen greifen freilich lediglich **subsidiär,** dh nur für den Fall ein, daß nicht zwischenstaatlich anderes vereinbart ist. Demnach wäre im Verhältnis zu den Mitgliedstaaten des HPÜ 1954 auf dessen Bestimmungen zurückzugreifen. Indes erweist sich bei näherer Durchsicht, daß sich die innerstaatlich und zwischenstaatlich vorgesehenen Versagungsgründe nicht nur decken oder doch weitestgehend überlappen, sondern daß diese auch dann gelten müßten, wenn sie völkervertraglich (oder auch nur innerstaatlich) nicht angeordnet wären. Denn sie zählen zu den **allgemein anerkannten Regeln des Völkerrechts,** die gem Art 9 Abs 1 B-VG als Bestandteile des Bundesrechtes anzusehen und daher stets auch von den inländischen Behörden zu beachten sind.

Im einzelnen stimmt § 38 Abs 2 Z 1 JN mit Art 11 Abs 3 Z 2 HPÜ 1954 überein („wenn im ersuchten Staate die Erledigung des Ersuchens nicht in den Bereich der Gerichtsgewalt fällt“); und enthält § 38 Abs 2 Z 2 JN in heutiger Sicht den allgemeinen **Vorbehalt des *ordre public*** (vgl die modernere Fassung in § 12 Abs 1 ZustG – „Grundwertungen der österreichischen Rechtsordnung“ –, die sich auch in § 6 IPRG und § 595 Abs 1 Z 6 ZPO wiederfindet). Da dieser **in seinem Kernbereich unverzichtbar** ist, kann sich das inländische Gericht auf die *Ordre-public*-Widrigkeit der zu setzenden Prozeßhandlung auch dann berufen, wenn dieser im einzelnen nicht näher umschrieben ist. Der Vorbehalt des *ordre public* bedarf somit auch im Geltungsbereich der internationalen Übereinkommen weder ausdrücklicher Normierung noch ist er gänzlich abdingbar. Deshalb wird er als in Art 4 bzw Art 11 Abs 3 Z 3 HPÜ 1954 mitenthalten angesehen, ungeachtet dessen, daß diese beiden Bestimmungen einen etwas anderen, gleichfalls dem Völkergewohnheitsrecht angehörigen (und daher ihrerseits wiederum auch im Bereich des vertragslosen Rechtsverkehrs geltenden) Versagungsgrund zum Thema haben. Danach kann nämlich die begehrte Rechtshilfe dann verweigert werden, „wenn sie nach der Auffassung des Staates, auf dessen Gebiet sie erfolgen soll, geeignet erscheint, seine Hoheitsrechte zu verletzen oder seine Sicherheit zu gefährden“ (Art 4) bzw „seinen Hoheitsrechten oder seiner Sicherheit Eintrag zu tun“ (Art 11 Abs 3 Z 3 HPÜ 1954). Hinzu tritt noch der Fall, daß „die Echtheit der Urkunde nicht feststeht“, also Zweifel bestehen, ob das Rechtshilfeersuchen tatsächlich von einer Behörde ausgeht (Art 11 Abs 3 Z 1 HPÜ 1954).

1. Überschreitung der inländischen Gerichtsgewalt

32 Gem § 38 Abs 2 Z 1, 1. HS JN bzw Art 11 Abs 3 Z 2 HPÜ 1954 muß die begehrte Rechtshilfehandlung **funktionell** in den Bereich der **Zivilgerichtsbarkeit** fallen (mag sie auch *in concreto* formell-organisatorisch von anderen staatlichen Organen oder öffentlichen Urkundspersonen ausgeführt werden). Kann ihre Vornahme durch eine andere österreichische Stelle besorgt werden – so zB dann, wenn sie zum Aufgabenbereich der grenzüberschreitenden Amtshilfe in Verwaltungs- oder Strafsachen gehört –, so soll das Gericht das betreffende Ersuchen

an die nach den inländischen Gesetzen hiefür zuständige Behörde weiterleiten (§ 38 Abs 2 Z 1, 2. Hs JN).

33 Die begehrte Rechtshilfehandlung darf ferner nicht zu einer Überschreitung der **Grenzen** eigener **staatlicher Gerichtsgewalt** führen. Dies wäre zB dann der Fall, wenn das ausländische Gericht um die Vornahme einer Handlung ersuchen sollte, die nach Ansicht des inländischen Gerichtes einen Akt mit (intendierter) extraterritorialer Wirkung darstellen würde; so zB die **Ladung eines Zeugen ins Ausland,** also **vor das Gericht des ersuchenden Staates;** eine solche ist vielmehr – zumindest gegenüber Personen, die nicht Angehörige des Prozeßstaates sind (s Rz 13) – nur insoweit zulässig, als sich die beteiligten Staaten diese Erweiterung der Gerichtsgewalt des je anderen Staates wechselseitig konzediert haben (vgl in diesem Sinn etwa die bilateralen Rechtshilfeverträge mit Polen BGBl 1974/79 und der Schweiz BGBl 1969/354 in Anh A [HPÜ 1954] Rz 64 und Anh B [Polen] Rz 243 und [Schweiz] Rz 292); oder die **Ladung einer Partei unter Strafandrohung** (hingegen ist der Hinweis auf Säumnisfolgen für den Fall der Nichteinlassung in das Verfahren erlaubt); oder auch die Zustellung einer *anti-suit injunction,* mit der einer inländischen Partei die Prozeßführung (entweder im ersuchten Staat – dazu gleich unten Rz 35 – oder) in einem dritten Staat verboten werden soll.

34 Ein weiterer Fall wäre die beantragte **Zustellung einer Klage** an eine Person, die im ersuchten Staat **Immunität** genießt (s Art IX EGJN), bzw die begehrte **Vernehmung** einer solchen Person **als Zeuge** im ersuchten Staat. Soweit es sich allerdings um Personen handelt, die der allgemeinen Zeugnispflicht im Inland unterliegen (so zB **Konsuln;** vgl *Dahm/Delbrück/Wolfrum,* Völkerrecht I/1², 312; *Verdross/Simma,* Völkerrecht³, § 927; *Seidl-Hohenveldern,* Völkerrecht⁹ Rz 1094), wird der hiefür vorgesehene Weg der Vernehmung in deren Wohnung (unter Einschaltung des BMAA) einzuhalten sein (s näher bei § 32 JN).

2. Drohende Verletzung von Hoheitsrechten

35 Den steigenden Bedürfnissen des internationalen Wirtschaftsverkehrs nach schnellem Zugriff auf das Schuldnervermögen verdankt die moderne Prozessualistik eine Reihe von Neuentwicklungen auf dem Gebiet des einstweiligen Rechtsschutzes; hierher gehören Institute wie die (von den englischen Gerichten herausgebildete) *Mareva injunction* (uU weltweites, jedenfalls aber grenzüberschreitendes **Verfügungsverbot über das eigene Vermögen;** vgl *Cheshire/North/Fawcett,* Private International Law¹², 192 f) und die *anti-suit injunction* des angloamerikanischen Rechtskreises. In letzterer – die auf die **Untersagung der Prozeßführung in einem anderen Staat** gerichtet ist – spiegelt sich der Kampf um das beste Forum *(forum shopping* oder gar *forum running)* zur Austragung eines Rechtskonflikts bei konkurrierender internationaler Zuständigkeit wider. Die Parteien versuchen mit Hilfe des Gerichtes den jeweiligen Gegner daran zu hindern, die Gerichte eines bestimmten Staates anzurufen oder den dort eingeleiteten Prozeß fortzusetzen, bzw ihn zur Einhaltung von Schiedsvereinbarungen (Verbot der Führung des Prozesses vor den staatlichen Gerichten) oder Gerichtsstandsvereinbarungen zu zwingen. Zwar richtet sich das grenzüberschreitende Prozeßführungsverbot allein an die Partei (und nicht an das Gericht des anderen Staates; vgl *Cheshire/North/Fawcett,* Private International Law¹², 241: „*An English court cannot prohibit a foreign court from trying an action. However, it does have a discretionary power, in certain circumstances, to grant an injunction restraining a party from commencing or continuing as plaintiff with foreign proceedings.*“). Indes wird die Partei durch die Androhung erheblicher Sanktionen

in ihrer Möglichkeit eingeschränkt, in dem von ihr gewählten Forum rechtliches Gehör zu erlangen. Damit wird aber in eben die prozessualen Rechte der Partei eingegriffen, deren Schutz gerade die Aufgabe des Staates ist, dessen Hilfe zur Zustellung der *anti-suit injunction* in Anspruch genommen werden soll. Denn gem Art 6 Abs 1 EMRK hat er dieser den **effektiven Zugang zu den Gerichten** zwecks Verfolgung ihrer zivilrechtliche Ansprüche zu sichern. Die *anti-suit injunction* greift somit in seine eigene **Justizhoheit** ein. Zutreffend haben es daher deutsche Gerichte abgelehnt, solche grenzüberschreitenden Prozeßführungsverbote im Rechtshilfeweg zuzustellen (s insb OLG Düsseldorf 10. 1. 1996, IPRax 1997, 260 [Nr 23]; vgl zu diesem Problemkreis ferner das im Anh §§ 38–40 JN unter Lit Rz 4 und – insb zum berühmt gewordenen *Laker*-Fall – Rz 3 verzeichnete Schrifttum).

36 Keinen allgemein anerkannten Verweigerungsgrund stellt es demgegenüber dar, daß der ersuchte Staat in dieser Rechtssache für sich selbst eine **ausschließliche inländische Gerichtsbarkeit** beansprucht (affirmativ aber noch zu diesem Versagungsgrund *V. Hoyer,* ÖJZ 1958, 374). Zwar findet sich eine derartige Bestimmung auch heute noch vereinzelt in nationalen Rechtsordnungen (vgl nur Art 278 Abs 1 Nr 1 LOPJ, Anh B [Spanien] Rz 323), doch ist er schon im Bericht der IV. Kommission der I. Haager Konferenz von 1893 als zulässiger Ablehnungsgrund verworfen worden (s *Bülow* in *Bülow/Böckstiegel/Geimer/Schütze,* Rechtsverkehr A I 1 a, 100.13 f [insb FN 42] und 18; vgl heute auch die ausdrückliche Regelung in diesem Sinn in Art 13 Abs 2 HZÜ 1965 und Art 12 Abs 2 HBÜ 1970). Damit stimmt überein, daß es dem ersuchten Gericht hAn verwehrt ist, die internationale Zuständigkeit des ausländischen Gerichts zu überprüfen oder die Rechtshilfe deshalb zu verweigern, weil bereits ein inländisches Verfahren in dieser Rechtssache anhängig ist oder die Entscheidung aus anderem Grund später im ersuchten Staat nicht anerkannt und vollstreckt werden wird, weil ein diesbezüglicher Versagungsgrund – so insb ein Verstoß gegen den *ordre public* – schon jetzt sichtbar ist. So hat es beispielsweise das deutsche BVerfG abgelehnt, einem Rechtshilfeersuchen deshalb nicht stattzugeben, weil die (US-amerikanische) **Klage,** um die es sich handelte, **auf Zahlung von *punitive damages*** (Strafschadensersatz) gerichtet war; das ihr auch innewohnende pönale Element genüge hierfür jedenfalls nicht, zumal es bei einer späteren Anerkennung und Vollstreckung im Rechtshilfestaat noch berücksichtigt werden könne (vgl BVerfG 7. 12. 1994, BVerfGE 91, 335 = NJW 1995, 649 = RIW 1995, 320 = ZIP 1995, 70; *Merkt,* Abwehr der Zustellung 194 ff; *Mörsdorf-Schulte,* 1 ff und *passim.*

3. Ordre-public-Widrigkeit

37 Selten sind heute Fälle geworden, in denen die Vornahme einer Rechtshilfehandlung begehrt wird, die gegen den *ordre public* des ersuchten Staates verstößt. Denn jene Fälle, wie die eidliche Vernehmung der Prozeßparteien (in Zeiten, in denen diese noch nicht allgemein als Beweismittel zugelassen war) oder der Erzwingung der Aussage des unehelichen Vaters in einem Unterhaltsstreit (zu Zeiten, als die Nachforschung nach dem unehelichen Erzeuger noch verboten war), gehören heute der Vergangenheit an (s *Bülow* in *Bülow/Böckstiegel/Geimer/Schütze,* Rechtsverkehr A I 1 a, 100.17 f). Aktuell sind demgegenüber auch heute noch Fragen der Ausübung von **Zwang zur Duldung körperlicher Untersuchung,** insb von Blutabnahmen. Hier muß zur Grenzziehung auf die Fälle, die das inländische Recht zuläßt, eingegangen werden und eine Parallelwertung bzw adäquate Übertragung dieser Fallkonstellationen auf den ausländischen Rechtsstreit vorgenommen werden.

D. Inländisches Rechtshilfeverfahren

1. Einpassung des ausländischen Verfahrens in das inländische Rechtssystem

Nach der Konzeption der österreichischen Zivilverfahrensgesetze hat der inländische Richter bei Erledigung der eingehenden Rechtshilfeersuchen die Stellung eines ersuchten Richters. Das ausländische Verfahren wird somit **gleich einem inländischen Verfahren** behandelt, maW stellt der österreichische Gesetzgeber dem ausländischen Gericht all jene (Zwangs-)Mittel des Beweisrechts zur Verfügung, die er auch dem inländischen Richter zur Erfüllung seiner Aufgabe der Sachverhaltsermittlung einräumt. Darin liegt eine funktionelle Einpassung des ausländischen Verfahrens in das inländische Rechtssystem für Zwecke des Beweisverfahrens. **38**

In der Gewährung von Rechtshilfe ist somit die Anerkennung des ausländischen Verfahrens als grundsätzlich gleichwertig impliziert. Deshalb kann von der hiervon betroffenen Partei nicht eingewendet werden, daß es sich bei den einschlägigen Beweisvorschriften um (bloß) auf inländische Verfahren abgestimmte Normen handle, die daher nicht auch einem ausländischen Verfahren zugute kommen dürften. Dies gilt insb auch für **Aufklärungs- und Mitwirkungspflichten** der Parteien oder dritter Personen.

Zutreffend hat der OGH daher in seiner Entscheidung vom 1. 12. 1998, ZfRV 1999, 152 ausgeführt, daß eine im Gesetz angeordnete **Durchbrechung des Bankgeheimnisses** (im streitgegenständlichen Fall: die Auskunftspflicht der Bank bei Tod des Kunden „gegenüber dem Abhandlungsgericht und Gerichtskommissär" gem § 38 Abs 2 Z 3 BWG) auch dann in einem Rechtshilfeverfahren zu beachten sei, wenn die inländische Vorschrift erkennbar nur ein österreichisches (und kein ausländisches) Abhandlungsverfahren im Auge hat. Durch die Gewährung von Rechtshilfe werde nämlich „der Charakter als ausländisches Verfahren aufgehoben und ... die Tätigkeit der österreichischen Gerichte oder Behörden so zu behandeln sein, als ob sie selbst derartige Ermittlungen in einem äquivalenten österreichischen Verfahren durchführen wollten". Dies müsse umso mehr dort gelten, wo nicht nur die Rechtshilfe auf Grund einer völkervertraglich eingegangenen Verpflichtung geleistet werde, sondern auch eine direkte internationale Zuständigkeitsverteilung in diesen Rechtssachen vereinbart worden sei (hier: in Nachlaßangelegenheiten gem Art 31 ff des Rechtshilfevertrages mit dem ehem Jugoslawien, dessen Weiteranwendung im Verhältnis zur BR Jugoslawien durch Kundmachung BGBl III 1997/156 festgestellt worden ist; vgl Anh B [Jugoslawien] Rz 173).

Zugleich bleibt das im Inland durchgeführte **Rechtshilfeverfahren** jedoch **funktionell Teil des ausländischen Verfahrens.** Deshalb erscheint es auch sachgerecht, das diesem dienende Beweisverfahren wiederum dessen Zwecken anpassen zu dürfen. Dem inländischen Richter ist es daher zur Pflicht gemacht, auf Ersuchen des ausländischen Gerichtes – soweit dies nach den inländischen Gesetzen zulässig ist – fremde Verfahrensvorschriften anstelle der österreichischen anzuwenden; vgl § 12 Abs 1 Satz 2 ZustG (Zustellung) und § 39 Abs 2 JN (Beweisaufnahme); s dazu auch bei § 39 JN (Rz 2 und 12 ff) und bei § 12 ZustG. **39**

2. Sachliche und örtliche Zuständigkeit

Für die innerstaatliche Kompetenzverteilung ist § 37 JN heranzuziehen. Danach fällt die Gewährung der Rechtshilfe grundsätzlich in die **sachliche Zuständigkeit** der **Bezirksgerichte;** nur ausnahmsweise kann es sein, daß ein Gericht höherer Stufe (zB ein Gerichtshof erster Instanz) mit der Rechtshilfe befaßt wird (so zB bei einem Ersuchen um Aktenübersendung oder Auskunftserteilung aus einem Gerichtsakt). **Örtlich zuständig** ist das Gericht, in dessen Sprengel die **begehrte Rechtshilfehandlung** vorgenommen werden soll (zB ein **40**

Lokalaugenschein oder die Einvernahme eines dort wohnhaften Zeugen); s dazu oben bei § 37 JN Rz 2f.

Sollte ein Rechtshilfeersuchen – sei es im unmittelbaren Behördenverkehr, sei es von der Übermittlungsstelle (zB dem BMJ) her – bei einem **Gericht** einlangen, das sich für **nicht zu dessen Erledigung zuständig** hält, so hat dieses das **Ersuchen** an das seiner Ansicht nach hiefür zuständige Gericht **von Amts wegen weiterzuleiten.**

Entsteht zwischen zwei inländischen Gerichten Streit darüber, wer die für die Erledigung kompetente Behörde ist, so ist das diesen Gerichten zunächst übergeordnete gemeinsame höhere Gericht von Amts wegen mit dieser Frage zu befassen (§ 47 JN; s dort und bei § 40 JN Rz 11).

§ 39. (1) Die begehrte Rechtshilfe ist nach den Vorschriften der für das ersuchte Gericht verbindlichen Gesetze zu gewähren. Soweit es nach diesen Gesetzen zulässig ist, hat das ersuchte Gericht alle zur Erfüllung des Ersuchens erforderlichen Vorkehrungen und Verfügungen von Amts wegen zu treffen.

(2) Bei Gewährung der Rechtshilfe von den Vorschriften der im Inlande geltenden Gesetze abzuweichen ist nur dann gestattet, wenn ausdrücklich ersucht wurde, bei den vorzunehmenden Handlungen einen bestimmten, durch das ausländische Recht geforderten Vorgang einzuhalten, und dieser Vorgang durch keine Vorschrift der inländischen Gesetzgebung verboten erscheint.

Stammfassung

Lit: s zu § 38 JN; ferner *Böhm,* Die Rechtsschutzformen im Spannungsfeld von lex fori und lex causae, in Fasching-FS (1988) 107.

Übersicht:

I. Prinzip der *lex fori*

1 Gemäß § 39 Abs 1 Satz 1 JN ist die begehrte Rechtshilfe „nach den Vorschriften der für das ersuchte Gericht verbindlichen Gesetze" zu gewähren. Die Bestimmung hält somit auch für die Durchführung von Rechtshilfeverfahren am **Prinzip der *lex fori*** fest; zu dessen grundsätzlicher Geltung und näheren Ausgestaltung s *Böhm,* Fasching-FS 107 (108f und 115ff). Danach kann „der Prozeß als systematische Abfolge aufeinander bezogener und aufbauender Verfahrensschritte und -stadien, kurz als zielgerichteter Handlungszusammenhang nur unter einem einheitlichen Regime abgewickelt und nur nach ihm auf seinen ordnungsgemäßen Ablauf beurteilt werden". Dies gilt nicht nur „für den äußeren Gang des Prozesses (von der Klage bis zum Urteil), das ‚procedere' ieS", sondern insb

auch für die „Art der Entscheidungsfindung, also die Beweisaufnahme, Beweiswürdigung, Tatsachenfeststellung und rechtliche Beurteilung, weil all das den Kernbereich des Verfahrensrechts ausmacht" (*Böhm,* Fasching-FS 117).

§ 39 Abs 2 JN gestattet es aber dem inländischen Gericht, „von den Vorschriften der im Inlande geltenden Gesetze abzuweichen" und auf ausdrückliches Ersuchen des ausländischen Gerichts „bei den vorzunehmenden Handlungen einen bestimmten, durch das ausländische Recht geforderten Vorgang einzuhalten". Systemimmanent wird vom Gesetzgeber somit hier darauf Rücksicht genommen, daß eben diese vorzunehmenden Rechtshilfehandlungen (ja nicht für ein inländisches, sondern) **für ein ausländisches Verfahren bestimmt** sind; er gestattet es daher dem inländischen Gericht nicht bloß, sondern macht es ihm vielmehr zur Pflicht, die gewünschten ausländischen Vorschriften zu beachten. Grenze ist auch hier, daß durch diese Form der **Beweisaufnahme** nicht gegen ein inländisches Verbot verstoßen wird (vgl auch die damit übereinstimmende Regelung für die **Zustellung** in § 12 Abs 1 Satz 2 ZustG). 2

Nach *Böhm,* Fasching-FS 108 ist § 39 Abs 2 JN eine der Normen, aus denen sich zweifelsfrei erschließen läßt, daß auch jene nationalen Prozeßordnungen, die dieses Prinzip nicht explizit anordnen, „unausgesprochen von der **normativen Geltung der lex fori** ausgehen, sie also zum **ungeschriebenen Rechtssatz** erheben". Denn andernfalls „bedürfte es einer **ausdrücklichen Ermächtigung** inländischer Gerichte zur (offenkundig **ausnahmsweisen!**) Bedachtnahme auf **ausländisches** Verfahrensrecht bei Erledigung von Rechtshilfe-Ersuchen ausländischer Gerichte überhaupt nicht, hätten jene im übrigen nicht stets das eigene Verfahrensrecht anzuwenden; und dies ganz ohne Rücksicht auf, wenn auch noch so intensive, Auslandselemente des Einzelfalles".

§ 39 Abs 2 JN gibt lediglich eine **völkerrechtlicher Übung** entsprechende Regel wieder. 3

Sie gehört daher auch zum Grundbestand der Regeln der Haager Prozeßübereinkommen. So ist sie bereits im HPÜ 1896 (in dessen Art 10) enthalten und seither – im wesentlichen unverändert – beibehalten worden (vgl Art 14 HPÜ 1905 und 1954); s auch Art 9 Abs 1 und 2 des (von Österreich nicht ratifizierten) HBÜ 1970.

Deshalb geht die ZPO in § 290 (vgl die inhaltsgleiche Bestimmung des § 369 dZPO) auch als selbstverständlich davon aus, daß umgekehrt eine **Beweisaufnahme im Ausland auf Ersuchen eines österreichischen Gerichtes** grundsätzlich ebenfalls nach der *lex fori* dieses Staates vorgenommen wird; die so erlangten Beweise sind daher *rite* aufgenommen und in den inländischen Zivilprozeß einzubeziehen. Doch greift das österreichische Recht in sich konsequent auch hier subsidiär auf das (sonst für das eigene Verfahren maßgebliche) Prinzip (der vorrangigen Geltung) der eigenen *lex fori* zurück: Sollte sich nämlich die vom ersuchten Gericht vorgenommene Beweiserhebung bei Prüfung unter Zugrundelegung der Normen des ausländischen Rechts als nicht ordnungsgemäß erweisen, so kann gegen dieselbe dessen ungeachtet jedenfalls dann „kein Einwand erhoben werden", wenn sie den hiesigen Gesetzen – und damit auch den für den Inlandsprozeß aufgestellten Anforderungen – entspricht. 4

II. Anwendbares Inlandsrecht

A. Internationale Zustellung

Die gem § 39 Abs 1 JN zur Anwendung gelangenden inländischen Vorschriften weisen (nur) im **Bereich der internationalen Zustellung** (nicht hingegen in jenem der internationalen Beweisaufnahme) Besonderheiten im Vergleich zur Inlandsform auf. Denn § 12 Abs 2 und 3 ZustG übernimmt die – dem österrei 5 chischen Recht an sich nicht vertraute – **Grundkonzeption der Haager Prozeßübereinkommen** und unterscheidet – nach dem Vorbild des französischen Rechts – zwischen **formloser und förmlicher Zustellung.** Danach darf die Zustellung von (insb verfahrenseinleitenden) fremdsprachigen Schriftstücken nur dann auch gegen den Willen des Empfängers erfolgen, wenn diesen eine Übersetzung in die deutsche (Amts-)Sprache beiliegt; s dazu ausführlich unten Anh A (HPÜ 1954) Rz 22 und bei § 12 ZustG.

Diese – den Charakter von Ausführungsbestimmungen zu Art 2 und 3 HPÜ 1954 aufweisende – Regelung des **§ 12 Abs 2 und 3 ZustG** fand sich ursprünglich – uzw nur für den Bereich des zivilgerichtlichen Verfahrens – allein in **§ 163 Abs 5 und 6 Geo** und sollte im Zuge der umfassenden Neuordnung des Zustellwesens als § 39a in die JN eingefügt werden – nicht zuletzt deshalb, um den von Vertretern der Lehre des öffentlichen Rechts geäußerten verfassungsrechtlichen Bedenken (gegen die bloß auf Verordnungsstufe stehende, der gesetzlichen Deckung entbehrende Bestimmung der Geo) Rechnung zu tragen. Wegen der intendierten Geltung der Norm für alle (also auch Straf- und Verwaltungs-) Verfahren ist sie jedoch vom Ausschuß in das ZustG übernommen und „in den § 12 eingebaut" worden (*Walter/Mayer,* Zustellrecht 67 [Vorb zu § 12 ZustG]); s näher *Danzl,* Geo (§ 163 Anm 17a); vgl auch JABl 1983/27 (C I).

6 Im übrigen bedient sich die inländische Behörde auch für die internationale Zustellung des Postwegs und der für die unterschiedlichen Arten von Schriftstücken im österreichischen Recht vorgesehenen Formen der **Eigenhandzustellung** (§ 106 ZPO, § 21 ZustG) oder einfachen Zustellung (§ 13, 16f ZustG). Sie hat – wie es Art 3 Abs 2 HPÜ 1954 treffend formuliert – „die für die Vornahme gleichartiger Zustellungen vorgeschriebene Form" zu wählen. Vom zuständigen Rechtshilferichter ist daher vor allem zu beurteilen, ob es sich bei den zuzustellenden ausländischen Schriftstücken um solche handelt, die **verfahrenseinleitender Natur** sind und daher einer qualifizierten Form der Zustellung bedürfen. Entspricht die vom BG vorgenommene Einordnung der Schriftstücke nicht den Vorgaben des ausländischen Rechts, kann sich die ersuchende Behörde um Abhilfe an das diesem vorgesetzte OLG wenden (s § 40 JN).

B. Internationale Beweisaufnahme

7 Für den **Bereich der internationalen Beweisaufnahme** bleibt es hingegen generell bei den Vorschriften des Inlandsrechts, weil auch im HPÜ 1954 selbst (samt Zusatzabkommen) und in den verschiedenen bilateralen Rechtshilfeverträgen (außerhalb des HPÜ 1954) in aller Regel bloß auf die **lex fori** des ersuchten Staates verwiesen wird und diese nur ausnahmsweise dann zurücktritt, wenn der ausländische Staat um Einhaltung seiner eigenen Verfahrensvorschriften ersucht; vgl nur Art 14 HPÜ 1954 (Anh A [HPÜ 1954] Rz 25) und Anh B (Bilaterale Rechtshilfeverträge).

8 Die Normen, auf die somit für die Erledigung der Rechtshilfeersuchen ieS verwiesen wird, sind die allgemeinen Vorschriften der Zivilverfahrensgesetze über die Beweisaufnahme; uzw sind sinngemäß diejenigen Bestimmungen anzuwenden, welche die ZPO für die **Beweisaufnahme vor dem ersuchten Richter in einem inländischen Verfahren** vorsieht (insb §§ 284f ZPO; s aber auch beispielsweise § 342 Abs 1 Satz 2 [Zulassung von Fragen an den Zeugen], § 352 Abs 2 [Bestimmung der Anzahl und Auswahl der Sachverständigen] und § 368 ZPO [Zuziehung von Sachverständigen zum Lokalaugenschein]).

Nicht nur die **Stellung des Rechtshilferichters,** sondern auch die seinem Amt innewohnende **Begrenzung seiner Funktion** ist damit klargestellt: Seine Aufgabe ist einerseits allein die Erhebung des Beweises, nicht eine vorgreifende

Entscheidung welcher Art auch immer in der Hauptsache; er hat auch nicht die Entscheidungsrelevanz oder Eignung des gewünschten Beweismittels zur Sachaufklärung zu prüfen. Zur Erfüllung seiner Aufgabe stehen ihm aber andererseits auch alle Befugnisse eines ersuchten Richters zu; insb hat er Zeit und Ort der Beweisaufnahme festzulegen, den Verfahrensgang zu strukturieren und Zwangsmaßnahmen gegen säumige Zeugen oder vorlagepflichtige Personen zu verhängen; speziell zur Frage, nach welchem Recht sich die Befugnis des Zeugen, die Aussage zu verweigern, bestimmt, s unten Rz 14ff.

III. Äußerer Verfahrensgang

A. Grundsatz der Amtswegigkeit

9 Gemäß § 39 Abs 1 Satz 2 JN hat das Gericht, „insoweit es nach diesen Gesetzen zulässig ist, ... alle zur Erfüllung des Ersuchens erforderlichen Vorkehrungen und Verfügungen von Amts wegen zu treffen". Es gilt somit der **Grundsatz der Amtswegigkeit.**

Der Richter hat maW keine weiteren Anträge der ausländischen Behörde abzuwarten. Insb hat er die Ladung der zu vernehmenden Personen und die etwaig begehrte **Benachrichtigung der Parteien** des Auslandsprozesses durch Verständigung der ersuchenden Behörde **von Zeit und Ort** der anberaumten Vernehmung zu veranlassen; s dazu Anh A (HPÜ 1954) Rz 25 und Anh B (Bilaterale Rechtshilfeverträge). Weiter hat er von sich aus in Kontakt mit der ausländischen Behörde zu treten, wenn **Hindernisse bei der Durchführung** auftreten und daher **Rückfragen erforderlich** werden; insb die zahlreichen Zusatzabkommen zum HPÜ 1954 sehen hier vor, daß der inländische Richter diesfalls mit der ersuchenden ausländischen Behörde **unmittelbar** verkehren darf (also selbst dann, wenn im übrigen für den Hin- und Rücklauf der Akten der ministerielle Weg einzuhalten ist); s dazu im einzelnen unten Anh B (Bilaterale Rechtshilfeverträge).

B. Rechtsbehelfe

10 Für den **Bereich der internationalen Zustellung** sieht § 12 Abs 2 und 3 ZustG vor, daß sich der Empfänger gegen die Zumittlung ausländischer fremdsprachiger Schriftstücke – sei es, daß sie durch persönliche Übergabe an ihn, sei es, daß sie durch ordnungsgemäße Hinterlegung bei der Post erfolgt ist – dadurch wehren kann, daß er **binnen dreier Tage** nach Erhalt erklärt, zur Annahme der betreffenden Schriftstücke nicht bereit zu sein. Diese Erklärung ist **an keine Form gebunden;** vielmehr genügt jede, den Willen des Empfängers deutlich zum Ausdruck bringende schriftliche (telegraphische, fernschriftliche, per Telefax) oder mündlich (auch in der Geschäftsstelle des Gerichts zu Protokoll gegebene) Erklärung (vgl *Danzl,* Geo 473 [Anm 17c zu § 163]; zu dem hier genannten Spektrum zulässiger Übermittlungsformen vgl nur den durch Art 4 Z 1 BGBl I 1998/158 neugefaßten § 1 Abs 2 ZustG). Sie bewirkt, „daß die Zustellung des fremdsprachigen Schriftstücks mangels Annahmebereitschaft des Empfängers als nicht bewirkt anzusehen ist". Die Behörde darf sie daher auch nur dann zurückweisen, wenn sie „verspätet oder unzulässig" ist; s zu dem diesbezüglichen Verfahren vor der inländischen Behörde näher bei § 12 ZustG.

11 Für den **Bereich der internationalen Beweisaufnahme** bleibt es bei jenen Rechtsmitteln, welche die ZPO den von der Beweisaufnahme betroffenen Personen an sich gewährt; diese sind als **Zwischenverfahren** nach denselben Regeln

wie in einem inländischen Prozeß durchzuführen; zu denken ist hierbei insb an den Zeugen, der nicht zur Tagsatzung erscheint, oder an denjenigen, der zwar der Ladung folgt, aber sodann die Aussage verweigert (s nur §§ 326 und 333 ZPO); an den Sachverständigen, der sein Gutachten nicht abgibt oder nicht fristgerecht erstellt (s § 354 ZPO); an den Dritten, der die Vorlage von Urkunden verweigert (s § 308 ZPO).

IV. Beweisaufnahme auf Grund ausländischer Verfahrensvorschriften

A. Unterschiedliche Techniken der Beweiserhebung und andersartige Beweismittel

12 Die Beweisaufnahme unter Anwendung ausländischer Verfahrensvorschriften kann an den inländischen Richter ungewohnte Anforderungen stellen, setzt ihre sachgerechte Ausführung doch ein gewisses Vorverständnis für die unterschiedlichen **Techniken der Beweiserhebung** voraus. Diese haben, entwicklungsgeschichtlich betrachtet, nicht zuletzt ihren Grund darin, daß die nationalen Prozeßordnungen von einer durchaus voneinander abweichenden Einschätzung des Beweiswertes der einzelnen Beweismittel geprägt sind (vgl nur die Bevorzugung des Urkundenbeweises gegenüber dem Zeugenbeweis im französischen Recht), sowie darin, daß die Nichteinhaltung verfahrensrechtlicher Formalitäten die **Beweiskraft** des aufgenommenen Beweismittels entscheidend mindern, wenn nicht zunichte machen kann (so zB dann, wenn das ausländische Recht die Beeidigung des Zeugen vor Beginn seiner Vernehmung zwingend vorschreibt).

Zu nennen wäre hier die in manchen Rechtsordnungen zwingend vorgeschriebene (oder doch nur wenige Ausnahmen zulassende) förmliche Befragung der Parteien in Form von **vorformulierten Fragen** (an der insb das romanische Recht festhält, vgl nur die Vernehmung gem Art 230 itZPO *per articoli separati e specifici, formulati nei capitoli*); oder die Regel, daß der Vernehmung ein **Fragenkatalog** zugrunde zu legen ist (so insb das angloamerikanische Recht); oder die dem US-amerikanischen und nordischen Recht vertraute Art und Weise der Vernehmung von Zeugen im **Kreuzverhör;** s zu diesen Beweistechniken und den Unterschieden in der positivrechtlichen Ausgestaltung von Beweisverfahren näher unten bei § 290 ZPO.

13 Auch dem inländischen Recht **nicht bekannte, aber zulässige Beweismittel** verlangen eine **Anpassung** des Rechtshilferichters **in der Beweisführung** an das ausländische Verfahrensrecht, so etwa bei **Abnahme eines Parteieides** iSd belgischen, französischen oder italienischen Rechts. Die Grenze bildet auch hier der *ordre public* (s § 38 JN Rz 37).

B. Zeugnisverweigerungsrechte

14 Der **Grundsatz der *lex fori*** erstreckt sich auch auf die **Aussageverweigerungsrechte von** (Parteien und) **Zeugen:** Die im österreichischen Recht statuierten Vernehmungsverbote wie auch Entschlagungsrechte (s nur §§ 320 ff, 380 ZPO sowie die zahlreichen in Nebengesetzen und insb auch in den Berufsordnungen der freien Berufe enthaltenen Vorschriften über staatlich anerkannte Verschwiegenheitspflichten) sind daher auch bei der Vernehmung von im Inland wohnhaften Personen im Rechtshilfeweg zu beachten. Dies ist eine – zumindest auf den ersten Blick – sachgerechte Lösung, wenn und insolange man davon ausgeht, daß der zu vernehmende Zeuge seinen **Lebensmittelpunkt im Inland** hat (und nicht gezwungen werden kann, sich ins Ausland zu begeben und vor dem Prozeßgericht selbst auszusagen; insoweit erscheint dann auch eine Aussage wie

die von *Walder,* IZPR 224, daß der Zeuge kein Recht auf „Gleichbehandlung mit dem vor dem Prozeßgericht vernommenen Zeugen" habe, durchaus vertretbar). Bezieht man in die Überlegungen freilich den Umstand ein, daß sich der Zeuge freiwillig jederzeit vor das ausländische Gericht begeben könnte und ihm dann alle Zeugnisverweigerungsrechte zustünden, die das Recht des Prozeßstaates vorsieht, erscheint diese Lösung schon weniger überzeugend. Darüber hinaus könnte es sein, daß eine Zeugeneinvernahme nach dem Recht des ausländischen Gerichts dann nicht verwertet werden darf, wenn sie unter Verletzung der dort vorgesehenen Entschlagungsrechte erzielt wurde.

So besehen erklärt sich, warum die Zeugenvernehmung einer der häufigsten Fälle ist, in denen ausländische Gerichte um Einhaltung ihrer eigenen prozessualen Vorschriften ersuchen. (Regelmäßig wird von ihnen eine **Liste der** dem Zeugen nach ihrem Prozeßrecht **zustehenden Zeugnisverweigerungsrechte** mitgesandt.) – Doch müßte es auch zulässig sein, daß sich der Zeuge selbst auf diese Rechte beruft; diesfalls wird uU durch **Rückfrage beim Prozeßgericht** zu klären sein, ob diese respektiert werden sollen. (Hier erweisen sich jene Rechtshilfeverträge als hilfreich, die zwar nicht für die einleitende Übermittlungsphase des Rechtshilfeersuchens, wohl aber für während dessen Erledigung auftretende Fragen den unmittelbaren Verkehr zwischen ersuchender und ersuchter Behörde zulassen.) – Unübersehbar ist freilich, daß die (insb berufsspezifischen) Entschlagungsrechte auf die **Einbettung des Zeugen in eine bestimmte Rechtsordnung** abstellen; wo eine solche in die inländische daher nicht gegeben ist, wird eine **Beachtung des** für den Zeugen selbst maßgeblichen **ausländischen Berufs- und Standesrechts** und der dort verankerten Geheimhaltungspflichten sinnvoll sein. So erscheinen zB inländische Vorschriften über die anwaltliche Verschwiegenheitspflicht auf ausländische Rechtsanwälte nur bedingt anwendbar, weil sie primär auf die Erfordernisse der inländischen Rechtsanwaltschaft abgestimmt sind. Zu fragen wird daher sein, inwieweit sich die Aussage des Zeugen auf seine **im Rechtshilfestaat oder** auf seine **im Prozeßstaat** (oder einem dritten Staat) **ausgeübte Tätigkeit** (zB als Rechtsanwalt, Notar, Wirtschaftstreuhänder, Arzt, Ziviltechniker) bezieht (vgl auch die Darstellung der widerstreitenden Meinungen der Lehre zu diesem Problemkreis bei *F. Kralik,* Das Aussageverweigerungsrecht des Zeugen im Zivilprozeß, Diss Wien [1996] 76ff). **15**

Im österreichische Recht spricht für eine solche differenzierte (und schon aus diesem Grund der ausnahmslosen Anwendung der eigenen *lex fori* vorzuziehende) Lösung auch, daß nach § 290 ZPO der Beweiswert einer ausländischen Beweisaufnahme nicht dadurch geschmälert wird, daß der Rechtshilfestaat seine eigenen Verfahrensvorschriften zugunsten derjenigen des Prozeßstaates hintangestellt hat (s Rz 4).

Diese Auffassung wird durch die Weiterentwicklung, welche die Haager Prozeßübereinkommen erfahren haben, bestätigt. So sieht das **HBÜ 1970** (dem Österreich nicht angehört) in Art 11 vor, daß sowohl die Aussageverweigerungsrechte des ersuchten Staates (lit a) als auch die des ersuchenden Staates zu berücksichtigen sind, die letztgenannten freilich nur dann, wenn diese „im Rechtshilfeersuchen bezeichnet oder erforderlichenfalls auf Verlangen der ersuchten Behörde von der ersuchenden Behörde bestätigt" worden sind (lit b). Art 11 HBÜ ist zwar nicht so weit formuliert, daß er deren amtswegige Beachtung, wenn auch nach Rückfrage bei der ersuchenden Behörde zuläßt, sondern voraussetzt, daß „die Person, die es betrifft, sich auf ein Recht zur Aussageverweigerung oder auf ein Aussageverbot beruft"; doch hat der inländische Richter mAn die (insb berufsständischen) Zeugnisverweigerungsrechte des inländischen Rechts wohl immer daraufhin zu prüfen, ob sie nur auf inländische Sachverhalte abstellen oder auch die Situation des uU in die ausländischen Rechtsordnung stärker eingebetteten Zeugen berücksichtigen. **16**

17 Letztlich dient die Zeugenaussage dem ausländischen Prozeß. Unterliegt der Zeuge danach der **Gefahr strafgerichtlicher Verfolgung,** wenn er Geheimhaltungspflichten nicht wahrt, so sollten diese auch vom Rechtshilfestaat beachtet werden; der Zeuge könnte sich diesfalls auf **§ 321 Abs 1 Z 1 ZPO** berufen. Diese Bestimmung ist demnach insoweit als **zivilprozessuale Verweisungsnorm** zu lesen, dh sie ermöglicht das Eindringen ausländischen Prozeßrechts (iVm dem einschlägigen Berufs- und Standesrecht). Darüber hinaus sind freilich auch die Entschlagungsrechte des inländischen Rechts insoweit zu wahren, als in diesen der **Schutz der Person** nach inländischen Rechtsvorstellungen zum Ausdruck kommt (zB der Schutz der Privatsphäre oder der Schutz von Anverwandten iSv Art 8 EMRK).

V. Unzulässigkeit der Beweiserhebung im Inland durch ausländische Organe

18 Auch unter der Herrschaft fremden (Verfahrens-)Rechts bleibt die gewährte Rechtshilfe aber Teil eines inländischen Verfahrens und ist somit Ausübung inländischer Gerichtsgewalt; es ist daher stets der inländische Richter, der die Beweisaufnahme durchzuführen hat. Jede (auch bloß passive) **Anwesenheit eines ausländischen Richters** ohne Zustimmung des ersuchten Staates ist daher unzulässig, weil schon seine bloße Präsenz „in amtlicher Eigenschaft" als ein grundsätzlich nicht zulässiger Hoheitsakt anzusehen ist (*Okresek,* ÖZöRV 35 [1985] 335), geht es doch um **gerichtliche Sachverhaltsaufklärung** (im Inland) für ein Verfahren (im Ausland). Die Teilnahme ausländischer Staatsorgane an Rechtshilfehandlungen im Inland bedarf daher stets der vorherigen Zustimmung des österreichischen Staates und hat sich „auf eine Erläuterung des Rechtshilfeersuchens und auf gewisse Anregungen im Rahmen der Befragung" der zu vernehmenden Personen durch den Rechtshilferichter zu beschränken (*Okresek,* ÖZöRV 35 [1985] 334).

19 Anderes mag für **private Schiedsrichter** gelten, wenn sie die **staatliche Rechtshilfe gem Art XIII EGJN** in Anspruch nehmen. Denn selbst der Umstand, daß sie, materiell-funktionell besehen, Recht sprechen, macht sie nicht zu Staatsorganen. Auch hier gilt jedoch, daß sie zwar an der Rechtshilfetagsatzung mit aktivem Fragerecht teilnehmen, nicht selbst aber die Leitung übernehmen dürfen.

20 Der inländische Richter kann die Beweiserhebung auch nicht an Privatpersonen abgeben, zB auf Wunsch der ausländischen Behörde diese einem **Parteienvertreter** überlassen. Denn auch darin läge ein Verzicht auf Ausübung von Gerichtsgewalt, zu dem der Rechtshilferichter aus eigenem nicht befugt ist (vgl den von *Okresek,* ÖZöRV 35 [1985] 338 geschilderten Fall der Einvernahme von Zeugen durch einen ausländischen Rechtsanwalt und die daraufhin von Österreich an die betreffende Botschaft gerichtete Protestnote).

Ob und inwieweit daher im Inland (als Alternative zum sonst vorgesehenen Rechtshilfeweg) auch die **Beweisaufnahme** durch eine von dem Gericht eines ausländischen Staates ermächtigte Person *(commissioner)* **ohne Einschaltung der inländischen Behörden** zulässig ist, bestimmt sich demnach ausschließlich nach den bestehenden völkerrechtlichen Vereinbarungen; dies ist vor allem im weiten Anwendungsbereich (s Anh B [Tabelle 2] Rz 5) des **britisch-österreichischen Rechtshilfevertrages** BGBl 1932/45 auf Grund von dessen Art 8 der Fall (vgl Anh B [Großbritannien] Rz 131).

Der inländische Richter kann jedoch dem ausländischen Vertreter der Partei (allerdings nur in dessen Eigenschaft als ihr Prozeßbevollmächtigter) das **Fragerecht** im selben Umfang wie einem inländischen Parteienvertreter einräumen, ihm also gestatten, einzelne Fragen an den Zeugen zu richten. Fragen, die er für unstatthaft hält, hat er – wie im Inlandsprozeß, so auch hier – nicht zuzulassen (vgl § 289 Abs 1, § 341 Abs 1 und § 342 Abs 1 Satz 2 ZPO; s Rz 8).

Ist die **ausländische Behörde** mit der Art und Weise, in der die Beweiserhebung im Inland durchgeführt wird, nicht einverstanden, weil sie darin eine Verletzung eben jener Verfahrensvorschriften erblickt, um deren Einhaltung sie ausdrücklich ersucht hat, so kann sie direkt das dem ersuchten Gericht vorgesetzte OLG anrufen und um Abhilfe ersuchen; s dazu näher unten bei § 40 JN. **21**

§ 40. Wird die Gewährung der Rechtshilfe von dem ersuchten Gerichte verweigert, oder entstehen aus Anlaß der Gewährung der Rechtshilfe in Bezug auf deren Ausführung oder in anderer Hinsicht Meinungsverschiedenheiten zwischen dem ersuchenden und dem ersuchten Gerichte, so hat auf Begehren des ersuchenden ausländischen Gerichtes oder eines anderen hiezu berufenen ausländischen öffentlichen Organes das dem ersuchten Gerichte vorgesetzte Oberlandesgericht ohne vorhergehende mündliche Verhandlung über die Rechtmäßigkeit der Weigerung oder über den sonstigen Gegenstand der Meinungsverschiedenheit zu entscheiden.

Stammfassung

Lit: *Horten,* JN 200; *Neumann,* Kommentar[4] I 95; *Pollak,* System[2], 254; *Sperl,* Lehrbuch 157f; s ferner Lit zu § 38 JN.

Übersicht:

I. Rechtsnatur der Beschwerde in Rechtshilfesachen

A. Funktionell erstinstanzlicher Rechtsbehelf

In den §§ 38 und 39 JN ist festgelegt, unter welchen Voraussetzungen die inländischen Gerichte auf Ersuchen einer ausländischen Behörde internationale Rechtshilfe in Zivil- und Handelssachen zu gewähren haben und welche Verfahrensregeln von ihnen hierbei zu beachten sind. Wird nun gegen diese Vorschriften – sie mögen völkervertraglicher oder bloß innerstaatlicher Herkunft (Gesetz, Ministerialverordnung) sein – nach Ansicht der ersuchenden Behörde verstoßen, so kann sie sich um **Konfliktbereinigung auf innerstaatlicher Ebene** bemühen: § 40 JN eröffnet ihr einen direkten **Rechtszug an die inländischen Instanzen,** uzw in Form einer **Beschwerde sui generis.** Diese gründet darin, daß die inländischen Gerichte nach österreichischem Recht zur Gewährung von Rechtshilfe verpflichtet sind, der ausländischen Behörde somit ein **Erledigungsanspruch** eingeräumt ist; eben diesen soll sie nun auch mit den Mitteln des Prozeßrechts durchfechten können. Mit der Beschwerde sollen maW in der konkreten Rechtshilfesache strittig gewordene (Verfahrens-)Fragen ausjudiziert werden; diese können die **1** (gänzliche oder teilweise) Verweigerung der Rechtshilfe, die Art ihrer Ausführung oder jede sonstige zwischen ersuchendem und ersuchtem Gericht ausgebrochene Meinungsverschiedenheit betreffen.

2 Das Spektrum potentieller **Beschwerdepunkte** wie auch zur Verfügung gestellter **Abhilfemöglichkeiten** ist weit gespannt. Je nach Lage des Falles erfüllt die der ausländischen Behörde eingeräumte Beschwerde demnach höchst unterschiedliche Zwecke: so soll sie das eine Mal zu einem Ausspruch über die Frage führen, ob der Beschluß, mit dem das ersuchte Gericht die Gewährung von Rechtshilfe abgelehnt hat, rechtmäßig ist; und sollen durch sie das andere Mal bei der Durchführung der Rechtshilfe unterlaufene Verfahrensmängel gerügt werden; dann wiederum soll sie dazu dienen, die untätig gebliebene Rechtshilfebehörde zu aktivieren. Damit kommt ihrer Erledigung das eine Mal eher der Charakter einer Rechtsmittelentscheidung, das andere Mal eher der einer Dienstaufsichtsbeschwerde zu (bzw heute wohl mehr der eines Fristsetzungsantrages gem § 91 GOG) – ohne daß sie sich hier oder dort voll zuordnen ließe (vgl Materialien I 55; *Pollak,* System[2], 254). Vielmehr ist sie ein Rechtsbehelf mit dem Ziel, eine **bindende Entscheidung** in der strittigen Frage herbeizuführen (*Horten,* JN 200; *Pollak,* System[2], 254; *Sperl,* Lehrbuch 157 f). Schon ihr funktionell schillernder Charakter verbietet es indes, in ihr ein Rechtsmittel im klassischen Sinn zu sehen, mag auch das über die Beschwerde erkennende Gericht bei Überprüfung des Beschlusses des Rechtshilfegerichtes, mit dem dieses die Gewährung von Rechtshilfe verweigert hat, als typische Rechtsfrageninstanz tätig werden. Doch eignet sich schon die Art und Weise, in der die ausländische Behörde von der Ablehnung ihres Rechtshilfeersuchens erfährt, wenig dazu, an Rechtsmittelfristen zu denken. Denn sie wird von dessen Nichterledigung oder von dessen mangelhafter Ausführung (frühestens) im Zuge einer Zwischenerledigung (zB bei Rückfrage wegen angeblich unrichtiger oder ungenauer Anschrift des Empfängers) oder (spätestens) erst dann informiert, wenn sie die Akten im Rechtshilfeweg wieder zurückerhält; oder der Konflikt bricht dadurch auf, daß ihre Anfrage nach dem Stand des Rechtshilfeverfahrens oder ihr Urgenzschreiben überhaupt unbeantwortet bleibt. All dies weist darauf hin, daß das befaßte Obergericht **in erstinstanzlicher Funktion** tätig wird, es sich somit um eine **formlose und nicht fristgebundene Beschwerde** (so auch *Neumann,* Kommentar I 95 FN 1; *Fasching*[1] I 257) handelt; dies schon deshalb, weil sich der Beginn eines Fristenlaufes für die Beschwerdeführung nicht unmittelbar an das (gesetzwidrige oder den völkerrechtlichen Gepflogenheiten zuwiderlaufende) Geschehen im Inland anknüpfen läßt.

3 Nicht zuletzt soll die Beschwerde in Rechtshilfesachen auch politischen Kontroversen auf zwischenstaatlicher Ebene vorbeugen und es dem ersuchenden ausländischen Staat – jedenfalls vorerst – ersparen, insb auf völkervertraglicher Ebene vorgefallene Verletzungen zum Anlaß einer Protestnote machen zu müssen. Schon daraus folgt, daß regelmäßig „Fragen, welche das Gebiet des Völkerrechtes berühren", zu beurteilen sein werden (Materialien I 55). Dem Gesetzgeber erschien es daher ratsam, als **sachlich** zuständige „Beschwerdegerichte" – in Abweichung von dem sonst geltenden Instanzenzug – die **Oberlandesgerichte** (heute in Wien, Graz, Innsbruck und Linz) zu bestimmen. Dadurch soll einerseits dem ersuchenden ausländischen Gericht (oder sonst hierzu berufenen ausländischen öffentlichen Organ) eine Beschwerdeinstanz bezeichnet werden, „die nicht nach den demselben minder zugänglichen Competenzabstufungen wechsel(t)" und somit von diesem – selbst ohne genauere Kenntnis der innerstaatlichen Behördenorganisation – leicht eruierbar ist; und es soll andererseits „die

Gleichförmigkeit des Vorganges der Gerichte", also deren einheitliches Vorgehen in solchen Fragen weitgehend sichergestellt werden (Materialien I 55). **Örtlich zuständig** ist „das dem ersuchten Gerichte vorgesetzte Oberlandesgericht", somit jenes, in dessen Sprengel sich das in der konkreten Rechtshilfesache eingeschrittene Gericht (regelmäßig ein BG; vgl § 38 JN Rz 40) befindet.

B. Rechtszug an den OGH?

Umstritten ist, ob der ersuchenden ausländischen Behörde darüber hinaus der **Rechtszug an den OGH** offensteht und wie das diesbezügliche Rechtsmittel – wenn seine Statthaftigkeit grundsätzlich bejaht wird – zu qualifizieren ist. 4

Noch der historische Gesetzgeber ging nicht nur von einer Anfechtungsmöglichkeit an den OGH aus, sondern sah in ihm auch die dritte Instanz in Rechtshilfesachen.

Dies zeigt der noch in der **RV zur JN** (in § 40 Satz 2) vorgesehene **Ausschluß eines „Rechtsmittels" gegen** „die den Beschluß des ersuchten Gerichtes **bestätigende Entscheidung** des Oberlandesgerichtes". Damit sollte die Anrufung des OGH jedenfalls für den Fall unterbunden werden, daß die von der Behörde monierte Frage von zwei Instanzen übereinstimmend im abschlägigen Sinn beurteilt worden ist; im übrigen sollte der Beschluß aber sichtlich in das für gerichtliche Entscheidungen generell projektierte Schema des Drei-Instanzenzuges eingegliedert werden. Im Zuge der Beratungen wurde diese **Rechtsmittelbeschränkung** jedoch **gestrichen;** denn „die Herrenhauscommission war der Ansicht, daß der ausländischen Behörde die Möglichkeit gegeben werden müsse, die gerade in Fragen des internationalen Rechtsverkehrs besonders wichtige Entscheidung des Obersten Gerichtshofes einzuholen, zumal eine Ablehnung des Ansuchens um Rechtshilfe durch das Oberlandesgericht leicht von präjudicieller Wirkung für spätere Fälle sein und damit auch leicht zur Schädigung oder Gefährdung des internationalen Rechtsverkehres beitragen könnte" (Materialien II 340).

Schon die Sicht des OGH als einer funktionell **dritten** Instanz in Rechtshilfesachen wird indes von den Kommentatoren der Zivilprozeßgesetze nicht geteilt. *Neumann* und *Fasching* sprechen in diesem Zusammenhang nämlich nicht von einem „Revisionsrekurs", sondern halten lediglich fest, daß dem ausländischen Gericht gegen die Entscheidung des OLG der **Rekurs an den OGH** offenstehe (*Neumann,* Kommentar I 95; *Fasching*[1] I 257; ferner *Mayr* in *Rechberger,* ZPO § 40 JN Rz 3). Demgegenüber vertreten insb *Horten,* JN 200, *Pollak,* System[2], 254 und *Sperl,* Lehrbuch 157 f die Ansicht, daß die Entscheidung des OLG „endgültig" und kein weiteres Rechtsmittel zugelassen sei. *Horten* begründet dies der Sache nach mit dem Argument, daß es sich hier um eine Entscheidung handle, die schon ihrer Art nach nicht mit Rekurs anfechtbar sein könne.

Für diese Ansicht spricht sowohl die Sonderstellung, welche die ausländische Behörde im Rechtshilfeverfahren einnimmt, als auch diejenige des inländischen Gerichts, das in Rechtshilfesachen eher (prozeßleitende und) vollziehende Funktionen ausübt, nicht aber Entscheidungskompetenz hat; insofern kommt dem OLG hier auch eine mehr überwachende Funktion zu, ähnlich derjenigen, die sonst das erkennende Gericht gegenüber dem ersuchten Richter erfüllt. – Berücksichtigt man darüber hinaus, daß der OGH in den letzten Jahren die deutliche Tendenz erkennen läßt, § 514 Abs 1 ZPO – der die grundsätzliche Anfechtungsmöglichkeit für Beschlüsse aller Art statuiert – zunehmend einschränkend auszulegen (vgl nur die diesbezügliche Kritik von *Kralik* zu §§ 14 ff AußStrG in JBl 1991, 285 und von *Bajons* in ÖJZ 1993, 155) und diese Gesetzesbestimmung somit auf den engeren Bereich der im Inland in der Hauptsache durchgeführten streitigen Verfahren zu reduzieren, so müßte er in dieser Sicht ein Rechtsmittelrecht der ausländischen Behörde schon deshalb verneinen, weil es nicht ausdrücklich angeordnet ist.

Freilich kann gerade in einer Zeit steigender praktischer Bedeutung der internationalen Rechtshilfe nicht geleugnet werden, daß die Befassung des OGH mit Fragen dieser

Art – schon aus Gründen einer einheitlichen Auslegung strittiger Bestimmungen – zu begrüßen wäre. Dann aber müßte der **Gesetzgeber** die Rechtshilfebeschwerde näher ausgestalten und insb den heutigen Bedürfnissen des grenzüberschreitenden Rechtsverkehrs angemessene **Rechtsmittelfristen** festlegen. (Die für einen einseitigen Rekurs derzeit geltende vierzehntägige Frist ist hierfür sicher zu kurz bemessen.) Stärker (als es heute in der Praxis ohnedies der Fall ist [s Rz 9]) sollte diesfalls auch das Recht der **Rechtshilfebehörde** institutionalisiert werden, sich in Form einer **schriftlichen Äußerung** am Verfahren beteiligen zu können; und sollte auch dem **BMJ** ein Recht zur **Stellungnahme** eingeräumt werden.

5 Einig sind sich alle Autoren – dh auch diejenigen, die den Rekurs an den OGH zulassen wollen – hingegen darin, daß „dem inländischen Gericht … (mangels Antragsbefugnis) kein Rekursrecht zu(kommt)" (so *Fasching*[1] I 257; ebenso steht nach *Mayr* in *Rechberger,* ZPO § 40 JN Rz 3, „[nur] dem ausländischen Gericht ein Rekursrecht an den OGH zu"). Dies ist – sofern man überhaupt einen Rekurs zuläßt – in sich konsequent, weil **allein** die **ausländische Behörde** einen **Erledigungsanspruch** hat.

Wenn es bei *Walter/Mayer,* Zustellrecht 161 (§ 40 JN Anm 7) demgegenüber heißt, daß „ein Rechtsmittel (Rekurs) gegen diesen Beschluß … nicht in Betracht (kommt), da die beiden beteiligten Gerichte keine Parteistellung haben", so ist dem entgegenzuhalten, daß die ausländische Behörde jedenfalls **Partei im formellen Sinn** ist (und als solche an sich auch rechtsmittellegitimiert wäre).

II. Verfahren vor dem OLG

A. Antragslegitimation

6 Das OLG hat „auf Begehren des ersuchenden ausländischen Gerichtes oder eines anderen hiezu berufenen ausländischen öffentlichen Organes" zu entscheiden.

Antragslegitimiert ist demnach jenes Organ, das nach dem Recht des ausländischen Staates zum Einschreiten in Rechtshilfesachen befugt ist; insoweit ist auf das ausländische Organisationsrecht Bedacht zu nehmen. Dies ist insb dann von Bedeutung, wenn das Rechtshilfeersuchen nicht von dem ausländischen Prozeßgericht selbst, sondern von einer **öffentlichen Urkundsperson** dieses Staates (zB einem Gerichtsvollzieher, wie dem *huissier de justice* des belgischen oder französischen Rechts oder dem *deurwaarder* des niederländischen Rechts) oder von einer **vom Gericht** hierzu **ermächtigen Privatperson** (zB einem *commissioner* des englischen Rechts) ausgeht. In allen Fällen kommt ihnen freilich nur dann ein Antragsrecht nach § 40 JN zu, wenn sie (sei es auf Grund völkerrechtlicher Übung, sei es auf Grund internationaler Übereinkommen) den **behördlichen Rechtshilfeweg** eingeschlagen haben.

7 **Nicht antragslegitimiert** ist somit der ***commissioner* des englischen Rechts** in dem Fall, daß er von seiner Befugnis zur **direkten Beweisaufnahme** in Österreich iSd Art 8 des britisch-österreichischen Rechtshilfevertrages BGBl 1932/45 Gebrauch macht (s Anh B [Großbritannien] Rz 131). Ebenso sind nicht antragslegitimiert (diplomatische oder) **konsularische Vertretungsbehörden,** denen aufgrund bilateraler Zusatzvereinbarung zum HPÜ 1954 die Befugnis eingeräumt ist, selbst Personen unmittelbar, dh ohne Einschaltung der Behörden des Empfangsstaates, zu vernehmen oder die Zustellung von gerichtlichen Schriftstücken an sie zu veranlassen (s Anh A [HPÜ 1954] Rz 49f).

Kein Antragsrecht hat ferner die **inländische Behörde;** und ein solches kommt auch nicht den **Parteien des** ausländischen **Hauptverfahrens** (vgl OLG Wien SSV 19/96) oder sonstigen Verfahrensbeteiligten zu.

B. Äußerer Gang des Verfahrens; Beschwerdepunkte

Jede nähere verfahrensrechtliche Ausgestaltung der Beschwerde fehlt. Doch sind einige allgemeine Richtlinien aus der Funktion der Beschwerde ableitbar. **8**

Da das OLG als funktionell erst- (und letzt-)instanzliche Behörde angerufen wird, ist die Beschwerde **direkt beim OLG** (und nicht beim BG) **einzubringen.** Wird sie indes beim BG eingebracht, so ist sie – nach dem in Rechtshilfesachen vorrangig geltenden Grundsatz der Amtswegigkeit (s § 39 JN Rz 9) – **von Amts wegen** an das entscheidungsbefugte (di das dem betreffenden Rechtshilfegericht organisatorisch übergeordnete) OLG **weiterzuleiten.**

Das OLG prüft die im Schriftsatz näher ausgeführten **Beschwerdepunkte** **9** auf Grund der vom Rechtshilfegericht beizuschaffenden Akten und der vom Beschwerdeführer eingereichten Unterlagen in **nicht öffentlicher Sitzung.** Zur näheren Sachaufklärung kann es auch das mit der konkreten Rechtshilfesache befaßte Gericht um schriftliche Äußerung oder die zuständigen Ministerien (BMAA, BMJ) um Stellungnahme ersuchen. An eine darin von diesen geäußerte Rechtsansicht ist der erkennende Senat nicht gebunden. Seine Entscheidung hat sich – je nachdem – mit der Frage der **Rechtmäßigkeit der Verweigerung der Rechtshilfe** (zB der vom Rechtshilfegericht angenommenen Ordre-public-Widrigkeit) oder mit den von der ersuchenden Behörde relevierten **Verfahrensmängeln** (zB keine vorherige Beeidigung der zu vernehmenden Person, obwohl ausdrücklich darum ersucht wurde; kein Versuch, die Adresse des Empfängers richtigzustellen oder auszuforschen, obwohl eine solche Bemühungspflicht völkervertraglich festgelegt ist) oder mit der behaupteten **Säumnis der Behörde** zu befassen.

Zu den Gründen, aus denen ein **Rechtshilfeersuchen** als solches (zur Gänze oder auch nur teilweise) **abgelehnt** werden darf, s § 38 JN Rz 31 ff (dort auch zu der Frage, inwieweit die Zustellung einer **anti-suit injunction** in die Souveränität des ersuchten Staates eingreift) und Anh A (HPÜ 1954) Rz 26; s ferner zur gerade in jüngster Zeit große Aktualität gewinnenden Frage der Zustellung von Beschlüssen, die zugleich einen (exekutiven) **Vollzugsakt** beinhalten (insb an den Drittschuldner gerichtete **Zahlungsverbote**), die Hinweise bei § 38 JN Rz 18 ff.

Bei der Vornahme der Zustellung oder Erhebung der Beweise unterlaufene **Verfahrensmängel** werden insb dann eine Rolle spielen, wenn der Richter ausländisches Verfahrensrecht anzuwenden hat; s oben § 39 JN Rz 12 f und unten bei § 290 ZPO.

Gibt das OLG der Beschwerde statt, so trägt es dem zuständigen Rechtshilfegericht (di im Regelfall das örtlich zuständige BG, es kann aber ausnahmsweise – so zB bei einem Ersuchen um Beischaffung von bzw Auskunftserteilung aus Prozeßakten – auch ein Gerichtshof erster Instanz sein; s § 38 JN Rz 40) auf, die begehrte Rechtshilfehandlung vorzunehmen und legt uU auch die Art und Weise in für die Unterinstanz bindender Weise fest. Es erläßt maW die im konkreten Fall notwendigen **Verfahrensaufträge** iSd § 499 ZPO.

Das OLG entscheidet **bindend und endgültig,** somit in rechtskraftfähiger **10** Form, über die ihm vorgelegten Fragen. Diese Entscheidung ist der ersuchenden Behörde auf jenem Weg zu übermitteln, der für diese Art der Erledigung der Rechtshilfeakten an sich vorgesehen ist; er kann also (ausnahmsweise) je nach Verfahrensergebnis verschieden sein: so etwa ist im bilateralen Rechtshilfevertrag mit Liechtenstein vorgesehen, daß im Fall der Ablehnung ein im Vergleich zur positiven Erledigung des Rechtshilfeersuchens formellerer, nämlich der diplomatische Weg einzuhalten ist (während sonst die Gerichte beider Staaten unmittelbar miteinander verkehren); s Anh B (Liechtenstein) Rz 181. Im Bereich des vertragslosen Rechtshilfeverkehrs ist demgegenüber stets der diplomatische Weg einzuhalten.

III. Abgrenzung gegenüber anderen Rechtsbehelfen

A. Zuständigkeitsstreit iSd § 47 JN

11 Lehnt das Rechtshilfegericht, an das die Rechtshilfeakten zunächst gelangen, die Erledigung wegen sachlicher und/oder örtlicher Unzuständigkeit ab und tritt es sie an das seiner Ansicht nach hierfür nach der gesetzlichen Zuständigkeitsverteilung bestimmte Gericht ab, ist dieses jedoch nicht dieser (sondern insb genau gegenteiliger) Meinung, so wird es zwischen den beiden Gerichten zu einem Streit in der Frage kommen, welches von ihnen sachlich bzw örtlich zuständig ist. In diesem Fall hat jedes (insb aber das später damit befaßte) Gericht die Pflicht, diesen Umstand dem gerichtsorganisatorisch übergeordneten gemeinsamen Gericht anzuzeigen und um Entscheidung des Zuständigkeitsstreites gem § 47 JN zu ersuchen; vgl oben § 38 JN Rz 40 und unten bei § 47 JN.

B. Rechtsbehelfe der Parteien und sonstigen Beteiligten des Hauptprozesses

12 Die für den ausländischen Prozeß bestimmte Beweisaufnahme im Inland unterliegt den inländischen Verfahrensregeln. Entsteht ein Streit über die Art der Durchführung der zu setzenden Rechtshilfehandlungen oder über das Ausmaß der Gerichtspflichtigkeit der von der Beweisaufnahme betroffenen Personen, so können Parteien und dritte, in das Verfahren als Zeugen oder Sachverständige einbezogene Personen jene Rechtsbehelfe ergreifen, die ihnen auch sonst vom Gesetz im Inlandsprozeß eingeräumt sind. Dies gilt insb für Fragen des Entschlagungsrechts von Zeugen oder Parteien; oder des Umfangs der Pflicht zur Vorlage von Urkunden, die gegen eine dritte Person iSd § 308 ZPO zwangsweise durchgesetzt werden soll; vgl § 39 JN Rz 11.

IV. Rechtshilfe für Schiedsgerichte (Art XIII EGJN)

13 Gemäß Art XIII Satz 2 EGJN haben auf von Schiedsgerichten gestellte Rechtshilfeersuchen iSd § 589 ZPO „überdies die Bestimmungen des § 40 JN sinngemäß zur Anwendung zu kommen". Diese Vorschrift ist zwar – wie ursprünglich das gesamte Kapitel über das schiedsrichterliche Verfahren (§§ 577 599 ZPO) – mit Blick auf ein im Inland durchgeführtes Schiedsverfahren konzipiert worden (s nur den Verweis in Art XIII Satz 2 EGJN auf § 37 Abs 2 und 3 JN); sie hat daher vorzüglich **inländische Schiedsgerichte** im Auge. Doch strebt der Gesetzgeber seit der ZVN 1983 zweifellos eine weitgehende Gleichbehandlung in- und ausländischer Schiedsgerichte an, weshalb er zwar speziell auf internationale Schiedssachen abgestimmte Vorschriften in die ZPO aufgenommen hat (vgl nur § 595 Abs 1 Z 6 nF ZPO), dessen ungeachtet aber weiterhin ganz generell in- und ausländische Schiedsgerichte bzw Schiedsverfahren denselben Normen unterstellt. Hinzu kommt, daß Österreich auf Grund des UN-Übereinkommens über die Anerkennung und Vollstreckung ausländischer Schiedssprüche vom 10. 6. 1958 BGBl 1961/200 Schiedssprüche aus der ganzen Welt anerkennt und vollstreckt, somit selbst solche, die nicht in einem Vertragsstaat ergangen sind. Dann aber ist es konsequent, auch der Durchführung von Schiedsverfahren im Ausland keinerlei Hindernisse in den Weg zu legen, diese vielmehr durch Gewährung von Rechtshilfe im Inland zu fördern. Die Norm ist somit

nicht nur dann anwendbar, wenn sich ein Schiedsgericht mit Sitz im Inland, sondern auch dann, wenn sich ein **Schiedsgericht mit Sitz im Ausland** an eine inländische Behörde wendet (vgl Art XIII EGJN Rz 1; dort auch zu den Einzelheiten der Durchführung der Rechtshilfe).

Antragslegitimiert ist auch hier nur das Schiedsgericht (als die in der Schiedssache entscheidende Stelle), nicht hingegen eine der Schiedsparteien; vgl oben Rz 6f.

Anh zu §§ 38–40 JN:

Internationale Rechtshilfe – Zwischenstaatliches Recht

Vorbemerkung: Auf die Randziffern (Rz) der im **Anh zu §§ 38–40 JN** enthaltenen Kapitel wird wie folgt verwiesen:

Literaturverzeichnis (zu Anh A und B)

1. Allgemeines Schrifttum zur Internationalen Rechtshilfe: 1

a) ältere Literatur (vor 1970):

Riezler, Internationales Zivilprozeßrecht und prozessuales Fremdenrecht (1949) 672ff ; *Morelli,* Diritto processuale civile internazionale[2] (1954) 241ff; *Szászy,* International Civil Procedure. A Comparative Study (1967) 643ff.

b) neuere Literatur (nach 1970):

Deutschland: *Bülow/Böckstiegel/Geimer/Schütze,* Rechtsverkehr in Zivil- und Handelssachen[3] (1989ff; Stand der 13. EL: 1. 1. 1998); *Geiger,* Legal Assistance between States in Civil Matters, in Encyclopedia of Public International Law 9 (1986) 241ff; *Geimer,* Internationales Zivilprozeßrecht[3] (1997); *Linke,* Internationales Zivilprozeßrecht[2] (1995); *Nagel,* Nationale und internationale Rechtshilfe im Zivilprozeß; das europäische Modell (1971); *Nagel/Gottwald,* Internationales Zivilprozeßrecht[4] (1997), insb 227ff (Internationale Rechtshilfe), 241ff (Internationale Zustellungen), 278ff (Internationale Beweisaufnahmen); *Schack,* Internationales Zivilverfahrensrecht[2] (1996);

Hartmann in *Baumbach/Lauterbach/Albers/Hartmann,* Zivilprozeßordnung[56] (1998), §§ 199ff und Anh nach § 202 (Zwischenstaatliches Zustellungsrecht) und Anh nach § 363 (Haager Beweisübereinkommen von 1970); *H. Roth* in *Stein/Jonas,* Kommentar zur Zivilprozeßordnung[21], II (1994), §§ 199ff (internationale Zustellung) und *Schumann,* aaO[20], II/2 (1989), § 363 (internationale Beweisaufnahme); *v. Feldmann* in Münchener Kommentar zur ZPO, Bd. 1 (1992) §§ 199ff, insb Anh zu § 202 (Zwischenstaatliches Zustellungsrecht), und *Musielak,* aaO Bd. 2 (1992) §§ 363f, insb Anh zu § 363 (HBÜ 1970 ua); *Rosenberg/Schwab/Gottwald,* Zivilprozeßrecht[15] (1993) § 21 II; *Schlosser,* EuGVÜ. Europäisches Gerichtsstands- und Vollstreckungsübereinkommen mit Luganer Übereinkommen und den Haager Übereinkommen über Zustellung und Beweisaufnahme (1996) 295ff (HZÜ) und 341ff (HBÜ); *Geimer* in *Zöller,* Zivilprozeßordnung[20] (1997), § 199 (internationale Zustellung) und §§ 363f (internationale Beweisaufnahme).

Frankreich: *Batiffol/Lagarde,* Droit international privé, II[7] (1983) Rz 704–1; *Solus/Perrot,* Droit judiciaire privé, Bd 3: Procédure de première instance (1991) Rz 765; *Vincent/Guinchard,* Procédure civile[23] (1994) Rz 1057.

Großbritannien: *Dicey/Morris,* The Conflict of Laws[12] (2 Bde 1993; 3. Erg.Bd 1996) I, 204ff (Judicial assistance: service of process) und 208ff (Judicial assistance: obtaining evidence abroad); *McClean,* International Judicial Assistance (1992), insb 6ff (Service of Process) und 82ff (Taking of Evidence: International Co-operation).

Italien: *Campeis/De Pauli,* La procedura civile internazionale[2] (1996), insb 227ff (notificazione all'estero), 256ff (assunzione di prove all'estero); *dies,* Rogatorie attive e passive nelle nuova disciplina del diritto internazionale privato e processuale (legge 31. 5. 1995, n. 218), NGCC 1998, II, 168 (mwN); *Fumagalli,* Conflitti fra giurisdizioni nell, assunzione di prove all'estero (1990); *Saravalle,* Commentario alla legge 31. 5. 1995, n. 218, NLCC 1996, 1485ff (zu Art 69 und 70), 1491ff (zu Art 71); *Trocker,* La nuova disciplina dell'assistenza giudiziaria internazionale in materia di prove, in *Salerno* (Hrsg), Convenzioni internazionali e legge di riforma del diritto internazionale privato (1997).

Schweiz: *Guldener,* Das internationale und interkantonale Zivilprozeßrecht der Schweiz (1951; Supplement 1959) 17ff; *Walder,* Einführung in das Internationale Zivilprozessrecht der Schweiz (1989) 214ff; *Walter,* Internationales Zivilprozeßrecht der Schweiz[2] (1998) 286ff.

Volken, Die internationale Rechtshilfe in Zivilsachen (1996), insb 29ff (Zustellungshilfe), 65ff (Beweisaufnahmehilfe).

USA: *Born,* International Civil Litigation in United States Courts. Commentary & Materials[3] (1996), insb 753ff (Service of U.S. Process on Foreign Persons), 843ff (Extraterritorial Discovery and Taking Evidence Abroad); *Born/Westin,* International Civil Litigation in United States Courts. Commentary & Materials[2] (1992), insb 153ff (Service of Process Abroad), 345ff (Taking Evidence Abroad); *Ristau,* International Judicial Assistance (Civil and Commercial), 2 Bände (Loseblatt; 1984ff).

2 **2. Spezielles Schrifttum zu den Haager Prozeßübereinkommen:**

a) HPÜ 1905:

Bülow in *Bülow/Böckstiegel/Geimer/Schütze,* Rechtsverkehr A I 1a (100.3 Fn. 7).

b) HPÜ 1954:

V. *Hoyer,* Das Haager Prozeßübereinkommen v. Jahre 1954, ÖJZ 1958, 371; *Niederländer,* Haager Zivilprozessabkommen, in *Strupp/Schlochauer* (Hrsg), Wörterbuch des Völkerrechts[2] I (1960) 751ff, und *Bülow,* Rechtshilfe (Internationale) in Zivilsachen, in *Strupp/Schlochauer* (Hrsg), aaO III (1962) 59ff;

weitere Nachweise (aus dem internationalen Schrifttum) s. bei *Bülow* in *Bülow/Böckstiegel/Geimer/Schütze,* Rechtsverkehr A I 1a (100.8 Fn. 25).

3 **3. Spezielles Schrifttum zum Justizkonflikt zwischen den USA und Europa:**

Deutschland: *Beckmann,* Das Haager Beweisübereinkommen und seine Bedeutung für die Pre-Trial-Discovery, IPRax 1990, 201; *Habscheid* (Hrsg), Der Justizkonflikt mit den Vereinigten Staaten von Amerika (1986; mit Beiträgen von *Stürner, Lange* und *Taniguchi*); *Junker,* Discovery im deutsch-amerikanischen Rechtsverkehr (1987) 207ff; *ders,* Der deutsch-amerikanische Rechtsverkehr in Zivilsachen – Zustellungen und Beweisaufnahmen, JZ 1989, 121; *Leipold,* Lex fori, Souveränität, Discovery – Grundfragen des Internationalen Zivilprozeßrechts (1989); *Merkt,* Abwehr der Zustellung von „punitive damages"-Klagen. Das Haager Zustellungsübereinkommen und US-amerikanische Klagen auf „punitive damages", „treble damages" und „RICO treble damages" (1995); *Mörsdorf-Schulte,* Funktion und Dogmatik US-amerikanischer *punitive damages.* Zugleich ein Beitrag zur Diskussion um die Zustellung und Anerkennung in Deutschland (1999); *Paulus,* Discovery, Deutsches Recht und das Haager Beweisübereinkommen, ZZP 104 (1991) 397; *Pfeil-Kammerer,* Deutsch-amerikanischer Rechtshilfeverkehr in Zivilsachen. Die Anwendung der Haager Übereinkommen über Zustellungen und Beweisaufnahmen im Ausland (1987) 171ff; *Schack,* Einführung in das US-amerikanische Zivilprozeßrecht[2] (1995) 50ff; *Schlosser,* Der Justizkonflikt zwischen den USA und Europa (1985); *Stadler,* Der Schutz des Unternehmensgeheimnisses im deutschen und U.S.-amerikanischen Zivilprozeß und im Rechtshilfeverfahren (1989) 261ff; *dies,* Schriftliche Zeugenaussagen und pre-trial discovery im deutschen Zivilprozeß, ZZP 110 (1997) 137; *Stürner,* Rechtshilfe nach dem Haager Beweisübereinkommen für Common Law-Länder, JZ 1981, 521; *ders,* Die Gerichte und Behörden der USA und die Beweisaufnahme in Deutschland, ZVglRWiss 81 (1982) 159; *Trittmann,* Anwendungsprobleme des Haager Beweisübereinkommens im Rechtshilfeverkehr zwischen der Bundesrepublik und den Vereinigten Staaten von Amerika (1989); *ders,* Extraterritoriale Beweisaufnahmen und Souveränitätsverletzungen im deutsch-amerikanischen Rechtsverkehr, ArchVR 27 (1989) 195;

vgl auch *Geiger,* EPIL 9 (1986) 244, 247 (mit Nachweisen zum Schrifttum insb aus den Jahren 1975–1984); *Schack,* IZVR² Rz 734 ff.; *Volken,* Rechtshilfe Rdz 3/161–163 und 190–225; sowie das in Rz 6 verzeichnete Schrifttum zur internationalen und extraterritorialen Beweisaufnahme.

Großbritannien: *Collins,* The Hague Evidence Convention and Discovery: A Serious Misunderstanding?, ICLQ 35 (1986) 765; *McClean,* Judicial Assistance 107 ff (mit ausführlichen Nachweisen zur amerikanischen Judikatur).

Italien: *Fumagalli,* Conflitti tra giurisdizioni nell,assunzione di prove civili all'estero (1990); *ders,* Problemi di conflitto tra convenzione dell'Aja e leggi locali: il caso „Aérospatiale", Riv. dir. int. priv. e proc. 1987, 709.

Aus **amerikanischer** Sicht s insb *Born/Westin,* Civil Litigation 422 ff und *Born,* Civil Litigation 902 ff (beide mit Wiedergabe und eingehender Kommentierung der maßgeblichen Präzedenzfälle).

4. Spezielles Schrifttum zu Anti-Suit Injunctions: 4

Schack, Einführung in das US-amerikanische Zivilprozeßrecht² (1995) 55 ff; *Mansel,* Grenzüberschreitende Prozeßführungsverbote (antisuit injunctions) und Zustellverweigerung, EuZW 1996, 335; *Hau,* Durchsetzung von Zuständigkeits- und Schiedsvereinbarungen mittels Prozeßführungsverboten im EuGVÜ: Neuere Rechtsprechung des Court of Appeal zu obligation-based antisuit injunctions, IPRax 1996, 44; *ders,* Zustellung ausländischer Prozeßführungsverbote: Zwischen Verpflichtung zur Rechtshilfe und Schutz inländischer Hoheitsrechte, IPRax 1997, 245.

Note, Injunctions Against the Prosecution of Litigation Abroad: Towards a Transnational Approach, 37 Stanford Law Review 155–186 (1984); *Hartley,* Comity and the Use of Antisuit Injunctions in International Litigation, 35 The American Journal of Comparative Law 487–511 (1987); *Cheshire/North/Fawcett,* Private International Law¹² (1992) 241 ff; *Carter,* Anti-Suit Injunctions in Private International Law (1997; Nr. 368 der Vorträge, Reden und Berichte des Europa-Instituts der Universität des Saarlandes – Sektion Rechtswissenschaft –, hrsg von *Ress/Stein*).

Vgl auch die Länderberichte zu dieser Frage in *Fawcett,* Declining Jurisdiction in Private International Law. Reports to the XIVth Congress of the International Academy of Comparative Law, Athens, August 1994 (1995).

5. Spezielles Schrifttum zur Internationalen Zustellung: 5

a) allgemein:

Für **Österreich** s die Literaturangaben zu §§ 87 ff ZPO, insb auch zu § 121 ZPO.

Deutschland: *Bajons,* Internationale Zustellung und Recht auf Verteidigung, in *Geimer,* Wege zur Globalisierung des Rechts. Schütze-FS (1999) 49; *Fleischhauer,* Inlandszustellung an Ausländer. Eine rechtsvergleichende Untersuchung des deutschen, US-amerikanischen und französischen Zivilprozeßrechts unter verfassungs- und völkerrechtlichen Aspekten (1996); *Hausmann,* Zustellung durch Aufgabe zur Post an Parteien mit Wohnsitz im Ausland, IPRax 1988, 140; *Kondring,* Die Heilung von Zustellungsfehlern im internationalen Zivilrechtsverkehr (1995); *Linke,* Die Probleme der internationalen Zustellung, in *Gottwald* (Hrsg), Grundfragen der Gerichtsverfassung. Internationale Zustellung (1999) 95; *Matscher,* Sprache der Auslandszustellung und Art 6 EMRK, IPRax 1999, 274; *Pfennig,* Die internationale Zustellung in Zivil- und Handelssachen (1988); *Schlosser,* Die internationale Zustellung zwischen staatlichem Souveränitätsanspruch und Anspruch der Prozeßpartei auf ein faires Verfahren, in Matscher-FS (1993) 387; *Schmitz,* Fiktive Auslandszustellung. Die Fiktion der Zustellung von Hoheitsakten an im Ausland wohnende Empfänger aus verfassungsrechtlicher und völkerrechtlicher Sicht (1980); *Steinhauer,* Versäumnisurteile in Europa. Eine rechtsvergleichende Studie über die Versäumnisverfahren im deutschen, österreichischen, französischen, italienischen und englischen Recht anläßlich eines Entwurfs zur Schaffung einer einheitlichen europäischen Zivilprozeßordnung (1996);

Vollkommer, Disharmonien und Spannungen im internationalen Rechtshilfeverkehr zwischen den USA und Deutschland (Zustellungen und Ladungen), ZZP 80 (1967) 248; *Wiehe,* Zustellungen, Zustellungsmängel und Urteilsanerkennung am Beispiel fiktiver Inlandszustellungen in Deutschland, Frankreich und den USA (1993).

Italien: *Ferri,* La notifica all,estero (1989); *Merz,* Le notifiche in Italia e all'estero. La notifica civile-fallimentare-penale-amministrativa-tributaria e internazionale (1994).

Siehe auch das in Rz 3 zum Justizkonflikt zwischen den USA und Europa sowie das in Rz 6 verzeichnete Schrifttum zur internationalen und extraterritorialen Beweisaufnahme.

b) zum Entwurf des Europäischen Übereinkommens vom 26. Mai 1997 über die Zustellung gerichtlicher und außergerichtlicher Schriftstücke in Zivil- und Handelssachen (ABl. EG Nr C 261 v. 27. 8. 1998):

Bajons in Schütze-FS 49 ff; *Kennett,* Service of documents in Europe, Civil Justice Quarterly 17 (1998) 284; *J. Meyer,* Europäisches Übereinkommen über die Zustellung gerichtlicher und außergerichtlicher Schriftstücke in Zivil- und Handelssachen in den Mitgliedstaaten der Europäischen Union, IPRax 1997, 401 (Text des Übereinkommens: 459 ff).

6 **6. Spezielles Schrifttum zur Internationalen und Extraterritorialen Beweisaufnahme:**

Bertele, Souveränität und Verfahrensrecht. Eine Untersuchung der aus dem Völkerrecht ableitbaren Grenzen staatlicher extraterritorialer Jurisdiktion im Verfahrensrecht (1998); *E. Geimer,* Internationale Beweisaufnahme (1997); *K. P. Mössle,* Extraterritoriale Beweisbeschaffung im internationalen Wirtschaftsrecht. Eine vergleichende Untersuchung unter besonderer Berücksichtigung des US-amerikanischen und deutschen Rechts (1990); *Nordmann,* Die Beschaffung von Beweismitteln aus dem Ausland durch staatliche Stellen (1979); *Schlosser,* Extraterritoriale Rechtsdurchsetzung im Zivilprozeß, in W. Lorenz-FS (1991) 497; *Siegrist,* Hoheitsakte auf fremdem Staatsgebiet (1987) 144 ff (Ermittlungen und Beweisaufnahmen im fremden Staat) und 168 ff (Zustellungen ins Ausland).

Siehe auch das in Rz 3 verzeichnete Schrifttum zum Justizkonflikt zwischen den USA und Europa.

7 **7.** Siehe ferner die speziell zum **österreichischen Recht** bei **§§ 38–40 JN** gegebenen Literaturhinweise; dort ist auch das **völkerrechtliche Schrifttum** verzeichnet.

A. Haager Prozeßübereinkommen 1954

Übersicht:

1. Geschichtlicher Rück- und Ausblick

1 Internationale Rechtshilfe war eines der ersten Gebiete, denen sich die moderne Vertragspraxis der Staaten zuwandte. So wurde schon auf den ersten beiden Haager Konferenzen für Internationales Privatrecht in den Jahren 1893 und 1894 dieses Thema zum Gegenstand der Beratungen gemacht und führte 1896 zur Unterzeichnung der ersten Haager Konvention, nämlich des „Übereinkommens zur Regelung einiger Fragen des internationalen Privatrechtes" (*Convention de droit international privé* vom 14. 11. 1896 samt Zusatzprotokoll vom 22. 5. 1897 RGBl 1899/85). Sie wurde 1905 revidiert, uzw unter dem (aus deutscher Sicht) zutreffenderen Titel „Übereinkommen, betreffend das Verfahren in bürgerlichen Rechtssachen" (*Convention relative à la procédure civile* vom 17. 7. 1905 RGBl 1909/60), und nach dem Zweiten Weltkrieg – im Aufbau unverändert und inhaltlich nur geringfügig erweitert – erneuert (*Convention relative à la procédure civile* vom 1. 3. 1954 BGBl 1957/91). Den beiden letztgenannten Übereinkommen – die kurz als **Haager Prozeßübereinkommen (HPÜ) 1905 bzw 1954** bezeichnet werden – **gehört Österreich bis heute an** (zu den Neuerungen des HPÜ 1954 gegenüber dem HPÜ 1905 vgl Rz 21; zur fast abgeschlossenen Ablösung des HPÜ 1905 durch das HPÜ 1954 und zum aktuellen Mitgliederstand des letzteren s Rz 71).

2 Hingegen hat Österreich die (thematisch erweiterten und) **revidierten Fassungen von 1965** (Zustellung), **1970** (Beweisaufnahme) **und 1980** (Verfahrenshilfe, Sicherheitsleistung für die Prozeßkosten und Vollstreckbarerklärung von

Prozeßkostenentscheidungen, Auszüge aus öffentlichen Registern und Abschriften von gerichtlichen Entscheidungen, Personalhaft, freies Geleit für Zeugen und Sachverständige) – die insb die „Zentrale Behörde" als Übermittlungsstelle einführen – bislang **nicht ratifiziert.**

Anlaß für die letztgenannten drei Überarbeitungen war der Wunsch der **Vereinigten Staaten von Amerika,** auf diesem Gebiet in staatsvertragliche Beziehungen zu den europäischen Staaten zu treten. Der neue, die einzelnen Sachthemen des HPÜ 1905 bzw 1954 auf mehrere Übereinkommen aufteilende Vertragstext (Haager Übereinkommen vom 15. 11. 1965 über die Zustellung gerichtlicher und außergerichtlicher Schriftstücke im Ausland in Zivil- oder Handelssachen - HZÜ [es tritt an die Stelle der Art 1–7 HPÜ 1905 bzw 1954]; Haager Übereinkommen vom 18. 3. 1970 über die Beweisaufnahme im Ausland in Zivil- oder Handelssachen - HBÜ [es ersetzt die Art 8–16 HPÜ 1905 bzw 1954]; Haager Übereinkommen vom 25. 10. 1980 über den internationalen Zugang zur Rechtspflege [es revidiert die Art 17–24 HPÜ 1905 bzw die Art 17–26 HPÜ 1954]) ist stark erweitert und versucht, den unterschiedlichen, insb in den Rechtsordnungen der außereuropäischen Staaten vorfindlichen Konzeptionen der internationalen Rechtshilfe gerecht zu werden. Divergierende Rechtsauffassungen und ungenügende Aufarbeitung der aus der Konfrontation des kontinentaleuropäischen mit dem anglo-amerikanischen Rechtskreis erwachsenden Probleme führten im internationalen Rechtsverkehr zwischen den USA und verschiedenen europäischen Staaten (so vor allem Deutschland, Frankreich, Großbritannien und der Schweiz) zu das wechselseitige Verhältnis zunächst schwer belastenden Verständnisschwierigkeiten rund um die Anwendung des Haager Beweisübereinkommens. Insb die zu dessen Art 23 von den meisten Mitgliedstaaten abgegebenen Vorbehalte zu dem Urkundenvorlageverfahren amerikanischer Prägung *(pre-trial discovery of documents)* löste den „Justizkonflikt zwischen den USA und Europa" aus (zu diesem s näher bei §§ 283, 290 ZPO; vgl auch das im Anh §§ 38–40 JN unter Lit Rz 3 und 6 angeführte reiche Spezialschrifttum zu diesem Problemkreis).

3 Zum Stellenwert der Haager Prozeßübereinkommen innerhalb der **Europäischen Union** und den sich insb auf dem Gebiet der internationalen Zustellung anbahnenden Änderungen der Rechtslage s unten Rz 66 ff, insb Rz 68.

2. Grundkonzeption der Haager Prozeßübereinkommen

4 Gemeinsame Schwäche sämtlicher Haager Übereinkommen ist von allem Anfang an, daß sie ihren **sachlichen Anwendungsbereich** nicht vertragsautonom abgrenzen; es bleibt vielmehr jedem einzelnen Vertragsstaat überlassen, selbst festzulegen, wann überhaupt der völkervertraglich näher geregelte internationale Rechtshilfeweg beschritten werden soll. Soweit demnach nicht das Völkergewohnheitsrecht selbst derartige Regeln entwickelt hat – wie etwa jene, daß Staatsorgane eines Staates nicht auf dem Territorium eines anderen Staates Hoheitsakte setzen dürfen –, bleiben die in den einzelnen Ländern herrschenden Auffassungen, wann es überhaupt eines solchen bedarf, unangetastet weiter bestehen. Sie klaffen freilich weit auseinander; insb ist umstritten, inwieweit im Inland gesetzte Akte eine extraterritoriale (dh eine über die eigenen Landesgrenzen hinausreichende) Wirkung haben können.

a) *Zustellung ins Ausland: Fiktive Inlands- und reale Auslandszustellung*

5 Auf dem Gebiet der **internationalen Zustellung** ist dies deshalb von besonderer Bedeutung, weil eine ganze Reihe von Staaten (insb des romanischen Rechtskreises) für **Zustellungen ins Ausland** auch heute noch an dem französischen Institut der *remise au parquet* (dh der Zustellung durch Übergabe an die Staatsanwaltschaft) festhalten. Deren Kennzeichen ist, daß die (auch verfahrenseinleitenden) **Schriftstücke im Inland fiktiv zugestellt** werden *(signification)* und

der Adressat von der im Inland konstitutiv erfolgten Zustellung bloß mit deklarativer Wirkung verständigt wird *(communication)*. Die **Zustellungswirkung** tritt demnach bereits mit Abschluß der Inlandsformalitäten (und nicht erst mit dem Zugang der Schriftstücke beim Zustelladressaten im Ausland) ein.

Einer der Gründe für das Festhalten an diesem System auch im völkervertraglichen Bereich liegt darin, daß es sich bei der *signification* um eine besondere Form der *notification* (Zustellung im allgemeinen) handelt, nämlich um die **förmliche Zustellung durch den Gerichtsvollzieher** *(huissier de justice; deurwaarder)*. Da dieser – als mit öffentlicher Beurkundungsfunktion betraute Person – keine Handlungen im Ausland vornehmen kann, war es notwendig, eine Regelung zu finden, die es ihm erlaubt, die betreffenden Schriftstücke im Inland – sei es auch nur fiktiv – zuzustellen. Die **konstitutiven Akte** werden daher allein **im Inland** gesetzt, alle nachfolgenden **Handlungen im Ausland** zählen nicht mehr zum eigentlichen Zustellvorgang, sind somit **bloß deklarativer Natur.** (Allerdings sind die Einlassungs- und Rechtsmittelfristen regelmäßig länger bemessen, um die Chance der rechtzeitigen Kenntnisnahme vom Verfahren für die ausländische Partei zu erhöhen.) Aus diesem Grund stellt sich dann aber auch das – bei der realen Auslandszustellung unübersehbare – Problem der **Übersetzung** von Schriftstücken in die Amtssprache des Landes, in dem sich der Zustelladressat befindet, hier nicht, handelt es sich doch in dieser Sicht um eine **reine** (wenn auch fiktive) **Inlandszustellung.** Da Amtssprache somit die des Absendestaates bleibt, entfällt auch – so besehen durchaus systemimmanent – jede Belehrungspflicht der im Ausland befindlichen Partei über die Fremdsprachigkeit der ihr mit der Post zugesandten Schriftstücke. – Zur Problematik der *remise au parquet* aus deutscher Sicht bzw jeder sonstigen Art von postalischer Direktzustellung aus österreichischer Sicht – im Hinblick auf das auch bei diesen Zustellformen zu wahrende **rechtliche Gehör der beklagten Partei** – s insb unten Rz 9 und 20.

Dies erklärt, warum der (allein authentische) französische Text des HPÜ 1905 und 1954 in der Überschrift zu Teil I von „*Communication* (im österreichischen und schweizerischen Text unverändert mit „Mitteilung“, im deutschen Text des HPÜ 1954 demgegenüber – abweichend vom HPÜ 1905 – mit „Zustellung“ übersetzt) *d'actes judiciaires et extrajudiciaires*“ – und nicht von *notification* (Zustellung im allgemeinen) bzw *signification* (Zustellung in besonderer Form, nämlich durch einen *huissier de justice*) – spricht (*Bülow/Böckstiegel/Geimer/Schütze,* Rechtsverkehr A I 1 a, 100.9 f): Es sollte den Mitgliedstaaten dadurch offengehalten werden, an ihrem **System fiktiver Inlandszustellung** selbst im Bereich der nun völkervertraglich geregelten internationalen Rechtshilfe unverändert festzuhalten. Ohne daß dies ausdrücklich ausgesprochen wird, kann dann auch **Art 6 Abs 1 Z 1 HPÜ 1954** (wonach mit Zustimmung des Empfangsstaates „Schriftstücke den im Ausland befindlichen Beteiligten unmittelbar durch die Post zugesendet werden“ dürfen) je nachdem unterschiedlich gelesen werden: Für Länder des romanischen Rechtskreises bedeutet er die Möglichkeit, dem Empfänger die **Mitteilung von der bereits** im Inland (fiktiv) **erfolgten Zustellung** unmittelbar **per Post** zukommen zu lassen, während er für die Staaten, die dem **Prinzip der realen Auslandszustellung** folgen, das Zugeständnis beinhaltet, von der von ihnen geübten Zustellung im Rechtshilfeweg abzurücken und die **postalische Direktzustellung** ins Ausland (dh die Zustellung der Schriftstücke ohne jede Einschaltung der Behörden des anderen Staates als Übermittlungsstellen) zuzulassen. 6

Damit stimmt überein, daß Art 6 Abs 1 Z 1 HPÜ 1954 von „Übersenden“ *(adresser)* und nicht von „Zustellen“ *(notifier* oder – wenn es sich um Schriftstücke besonderer Art, wie zB die Klage handelt, deren Zustellung durch den *huissier de justice* zu erfolgen hat – *signifier)* spricht; maW kann sich zwar jeder Vertragsstaat des HPÜ 1954 dagegen verwahren, daß der *huissier de justice* die Mitteilung von der erfolgten Zustellung durch direkte postalische Zusendung der Schriftstücke an den Empfänger im Ausland vornimmt, nicht kann dadurch aber verhindert werden, daß die Zustellung (bereits) im Inland (fiktiv) bewirkt wird und die sich daran anschließende Übermittlung der Schriftstücke im Rechtshilfeweg bloß den normativen Wert einer Information des Zustelladressaten hat (sei es über das gegen ihn eingeleitete Verfahren und den bereits in Gang gesetzten Fristenlauf für die Einlassung auf die Verhandlung in der Hauptsache, sei es über die gegen ihn ergangene Entscheidung und die schon laufende Rechtsmittelfrist). Immerhin kann aber durch diese Übermittlungsform, die die Zwischenschaltung der Behörden des Staates erfordert, in dem sich der Adressat befindet, erreicht werden, daß die für Zustellungen aus dem Ausland einzuhaltenden Kautelen der Art 2 und 3 Abs 2 HPÜ 1954 (s zu diesen gleich unten Rz 11f), nämlich der Beischluß einer Übersetzung der zuzustellenden Schriftstücke in die Amtssprache des Zustellstaates, gewahrt werden können. Der Nachteil des verfrühten Beginns des Laufes von Fristen (zur Einlassung in den Rechtsstreit oder zur Erhebung von Rechtsmitteln) bleibt indes bestehen. Zur Reaktion deutscher Gerichte auf diese unterschiedliche Behandlung von EU-Bürgern – je nachdem, ob sie im Inland oder im Ausland ansässig sind – unter dem Gesichtspunkt des Diskriminierungsverbotes des Art 6 I (jetzt: Art 12 I) EGV s unten Rz 9.

b) Wandel in den Auffassungen: Recht auf Verteidigung und Diskriminierungsverbot

7 Trotz mehrfacher Kritik an diesem System der internationalen Zustellung und immer wieder auf den einzelnen Haager Konferenzen unternommener Anläufe zur Überarbeitung der Übereinkommen in diesem Punkt gelang es aber **auf internationaler Ebene** nicht, eine Änderung herbeizuführen und zu einem System der realen Auslandszustellung überzugehen (s die Nachweise zu dieser aus Anlaß der und zwischen den Revisionen der Übereinkommen immer wieder diskutierten Frage bei *Bülow* in *Bülow/Böckstiegel/Geimer/Schütze,* Rechtsverkehr A I 1 a, 100.9 ff, insb FN 29).

Im Unterschied dazu zeichnet sich indes in den letzten Jahrzehnten ein Wandel in der **Gesetzgebung und Rechtsprechung einzelner Mitgliedstaaten** ab, der durch eine erhöhte Sensibilität in Fragen des Beklagtenschutzes ausgelöst worden ist. Mit Blick auf verfassungsrechtlich verankerte **Verfahrensgarantien** – wie das Recht auf Verteidigung (*droit de la défense, diritto di difesa;* s nur Art 24 Abs 2 der italienischen und Art 20, § 1 der griechischen Verfassung) oder den Grundsatz der Wahrung des rechtlichen Gehörs (als Element eines *fair trial* iSv Art 6 Abs 1 EMRK; vgl auch Art 103 I des deutschen Grundgesetzes) – wird zunehmend vertreten, daß der **reale Zugang** der zuzustellenden Schriftstücke beim Adressaten der für den Beginn des Fristenlaufes allein **maßgebliche Zeitpunkt** sein müsse. Staaten, die dem System der *remise au parquet* folgen, beginnen zunehmend die Rechte des Beklagten dadurch zu schützen, daß sie ihm dann, wenn seine Einlassung in das Verfahren infolge dieses Zustellvorganges zu spät erfolgt, wieder „die Instanz eröffnen". Verschiedentlich sind sie auch dazu übergegangen, das System der *remise au parquet* zumindest dort aufzugeben, wo bi- oder multilaterale Verträge einen geordneten Rechtshilfeverkehr gewährleisten (so **Italien** durch eine Neuregelung von Art 142 iVm Art 143 Abs 3 itZPO nach einem diesbezüglichen Erkenntnis der *Corte Costituzionale,* welche die bis dahin bestehende Regelung für verfassungswidrig erklärte, s Anh B [Italien] Rz 154; oder **Griechenland** durch Änderung seiner bisherigen Rechtsprechung zu Art 136, § 1 iVm Art 134 grZPO, s Anh B [Griechenland] Rz 99); vgl zu dieser Entwicklung *Bajons,* Schütze-FS 57 ff.

8 Dessen ungeachtet hat sich indes auch das neue **Europäische Zustellungsübereinkommen** (s Rz 68) nicht zu einer einheitlichen Lösung in diesem Sinn durchzuringen vermocht. Art 9 EZÜ bleibt vielmehr auf halbem Weg stehen: Danach gilt nämlich das Schriftstück zwar als dem Empfänger an dem **Tag** zugekommen, **an welchem** es **nach dem**

Recht des ersuchten Staates zugestellt worden ist; doch kann jeder Staat bei Annahme des Übereinkommens erklären, daß er die betreffende Vorschrift nicht anwenden werde.

Die Rechtsprechung der erwähnten Staaten pflegt ferner auch zu berücksichtigen, ob der **Empfänger – als Angehöriger des Absendestaates – der Landessprache mächtig** sein mußte oder dies von ihm wegen seiner Ausländereigenschaft nicht erwartet werden darf. Das EZÜ will demgegenüber generell, dh unabhängig von der Staatsbürgerschaft, auf die **Sprachkenntnisse** abstellen und es genügen lassen, daß der Zustelladressat die Sprache des Übermittlungsstaates „versteht" (Art 8 Abs 1 lit b EZÜ).

Darüber hinaus enthält das EZÜ auch keine ausreichenden Garantien für eine **qualifizierte Art der Zustellung verfahrenseinleitender Schriftstücke** (zB Beschränkung des Personenkreises, an die eine Klage, wenn der Empfänger nicht persönlich angetroffen wird, ersatzweise ausgehändigt werden darf); vgl zu all diesen Neuregelungen kritisch *Bajons,* Schütze-FS, 52 ff, 71 f und 72 f.

Geändert hat sich auch, wie die Gerichte in Staaten, die in ihrem Recht 9
(zumindest für verfahrenseinleitende Schriftstücke) das Prinzip der realen Auslandszustellung verankert haben, auf Zustellungen reagieren, die in Form der *remise au parquet* vorgenommen werden.

So hat es beispielsweise das OLG Karlsruhe RIW 1999, 538 für die Zustellung einer aus **Frankreich** kommenden Klage in **Deutschland** jüngst entschieden abgelehnt, die in Form der *remise au parquet* vorgenommene Zustellung an den in Deutschland wohnhaften Beklagten als ordnungsgemäß einzustufen; es sei nämlich nicht nur die postalische Direktzustellung von Frankreich nach Deutschland verboten (weshalb auch der durch den *huissier de justice* veranlaßten Übersendung der Schriftstücke ins Ausland nicht dieser Stellenwert beigemessen werden könne); sondern es verstoße die darin gelegene unterschiedliche Behandlung von beklagten Parteien je nachdem, ob sie im Inland oder im Ausland wohnen, in der Frage des Beginns des Fristenlaufs (dort ab Zugang des Schriftstücks, hier ab Abgabe des Schriftstückes bei der Post zwecks Übersendung an den im Ausland befindlichen Beklagten) auch gegen das **Diskriminierungsverbot des Art 6 Abs 1 (jetzt: Art 12 Abs 1) EGV;** vgl *Bajons,* Schütze-FS, 60 f.

Auch bei der **Auslegung von bilateralen Vereinbarungen** im Verhältnis zu 10
Ländern, die dem System der *remise au parquet* anhängen, muß diese unterschiedliche Sichtweise und Qualifikation der einzelnen Akte des Zustellvorganges im Auge behalten werden, weil sich danach richtet, welchen Weg der *huissier de justice* einschlagen muß, um eine – auch in der Sicht des Bestimmungslandes – wirksame Zustellung an die im Ausland befindliche Partei zu erreichen. So differenziert zB **Belgien** bezüglich des Zeitpunkts des Eintritts der Zustellungswirkungen je nachdem, ob das Bestimmungsland an der Übermittlung der Schriftstücke im Rechtshilfeweg festhält oder die postalische Direktzustellung toleriert; im letzteren Fall läßt es den vorverlegten Wirkungsbeginn voll zum Tragen kommen; s Anh B (Belgien) Rz 11 und 15. **Luxemburg** wiederum – das schon 1991 die betreffenden Vorschriften über die Zustellung ins Ausland neu formuliert und in dieser Form auch in Art 156 des *Nouveau Code de Procédure Civile* von 1998 aufgenommen hat – nimmt auf die unterschiedlichen Auffassungen der Vertragsstaaten der Haager Prozeßübereinkommen explizit Rücksicht und sieht, vorbehaltlich anderweitiger vertraglicher Regelung, vor, daß die Mitteilung von der (weiterhin unverändert belassenen) fiktiven Inlandszustellung – je nachdem, ob der Empfängerstaat eine postalische Direktzustellung zuläßt oder nicht – entweder durch direkte Übersendung ins Ausland per Post oder durch Weiterleitung an das Ministerium für Auswärtige Angelegenheiten (zwecks Übermittlung der Schriftstücke im Rechtshilfeweg an die zuständigen ausländischen Behörden) zu erfolgen hat; s Anh B (Luxemburg) Rz 191 f und 197.

All diese unterschiedlichen Verfahrensgestaltungen müssen auch bei der Anerkennung und Vollstreckung von Entscheidungen aus diesen Ländern im

Auge behalten werden, um zu vermeiden, daß eine Entscheidung anerkannt wird, der zwar eine (nach dem Recht des Erststaates) formell ordnungsmäßige Zustellung zugrunde liegt, nicht aber eine solche, die dem Beklagten auch die Chance geboten hat, sich rechtzeitig gegen die Klage (oder überhaupt erst gegen das Urteil) zur Wehr zu setzen.

c) Zustellung aus dem Ausland: Formlose und förmliche Zustellung

11 Letztlich ist das HPÜ 1954 in dem Teil, der sich mit der internationalen Zustellung befaßt, auch in seinen anderen Bestimmungen nur aus der (oben Rz 5 dargestellten) Struktur des französischen Rechts heraus verständlich. So gehen **Art 2 und Art 3 Abs 2 HPÜ 1954** für **Zustellungen aus dem Ausland** von einer Unterscheidung in den Zustellformen aus, die sich vor allem im romanischen Rechtskreis findet. Danach sind die aus dem Ausland einlangenden (insb auch verfahrenseinleitenden) Schriftstücke der **Staatsanwaltschaft** zuzumitteln, die zunächst versucht, diese dem Empfänger **„formlos" durch einfache Übergabe** *(remise simple)* zuzustellen; nimmt dieser die Schriftstücke an, so ist die Zustellung bewirkt; verweigert er die Annahme, so wird nunmehr eine **„förmliche" Zustellung** *(signification)* **durch den *huissier de justice*** vorgenommen, die – im Unterschied zur erstgenannten Zustellform – auch gegen den Willen des Empfängers erfolgen kann; hiebei haben die zuzustellenden Schriftstücke von einer **Übersetzung** in die Amtssprache des Zustellandes begleitet zu sein; denn der *huissier de justice* als offizielles Zustellorgan nimmt seine Amtshandlungen in eigener Sprache vor.

12 Dieses Muster bestimmt Aufbau und Inhalt aller Haager Prozeßübereinkommen, somit auch des HPÜ 1954: Als Grundform wird zunächst die **formlose Zustellung,** die nur bei Annahmebereitschaft des Adressaten zulässig ist, geregelt (Art 2). Erst danach wird auf die **förmliche Zustellung** eingegangen, die – sofern den Schriftstücken eine Übersetzung angeschlossen ist – auch gegen den Willen des Empfängers vorgenommen werden darf. Sie ist stets nur auf ausdrückliches Ersuchen der ausländischen Behörde vorzunehmen, uzw je nach deren Wunsch **in der für eine Zustellung gleichartiger Schriftstücke** im ersuchten Staat **vorgesehenen Zustellform oder** – sofern dies nicht der Gesetzgebung des ersuchten Staates zuwiderläuft – **in jeder sonstigen „besonderen Form"** (Art 3 Abs 2).

Da jedoch gerade die **Strenge der Formvorschriften** für die Zustellung von Klagen in den einzelnen Ländern je nachdem variiert, welche Bedeutung dem verfahrenseinleitenden Akt in bezug auf den weiteren Gang des Verfahrens zukommt – so danach, ob bei Nichtbeachtung einer der Klageschrift beigelegten Ladung, vor Gericht zu erscheinen und sich dort in den Streit einzulassen, schon Säumnisfolgen ausgelöst werden oder nicht – kann der inländische Richter nicht ohne weiteres davon ausgehen, daß die Zustellung der Schriftstücke im Ausland unter Einhaltung der bei einer **Eigenhandzustellung** vorgesehenen Garantien (zweifacher Zustellversuch, Verbot der Übergabe an nicht mit einer Postvollmacht ausgestattete Angestellte des betreffenden Unternehmens) erfolgt. In solchen Fällen muß er daher selbst die Art der Zustellung dadurch beeinflussen, daß er auf eine Zustellung dringt, die im wesentlichen den **Formerfordernissen des inländischen Rechts** gerecht wird. Hiebei wird er zu beachten haben, daß ausländische Behörden mit dem Terminus „zu eigenen Handen" nicht unbedingt schon eine Zustellform verbinden, die den Erfordernissen des § 21 Abs 2 ZustG entspricht; eine bloße Wiedergabe des Wortlautes des § 106 ZPO genügt somit nicht, weil sie nicht erkennen läßt, daß eine Eigenhandzustellung nach österreichischem Recht gewünscht wird. Deshalb macht – wie der OGH in seiner E ZfRV 1999/48 festhält – ein so formulierter Wunsch im Zustellersuchen die sodann in der Ortsform vorgenommene Zustellung (hier: in Deutschland gem § 182 dZPO durch „Niederlegung und eine schriftliche Mitteilung über die Niederlegung") nicht mangelhaft.

Dem im Rechtshilfeersuchen ausgedrückten Wunsch nach Zustellung in einer besonderen Form hat die ausländische Behörde zu entsprechen, sofern diese Art der Zustellung nicht nach ihrer eigenen Rechtsordnung unzulässig ist. Siehe dazu auch die unten Rz 20 angeführte Judikatur österreichischer Gerichte zu den bei der postalischen Direktzustellung auftretenden Problemen.

d) Beweisaufnahme: Fehlende Abgrenzung der Jurisdiktionsgewalt der Staaten

Mit der eingangs erwähnten Konzeption, in der Frage, wann internationale Rechtshilfe einzusetzen hat, jede völkervertragliche Festlegung zu vermeiden, ist aber auch (notwendig) verbunden, daß über **Art und Ausmaß des Eingreifens der Haager Prozeßübereinkommen** – uzw selbst in Staaten, in denen der Vorrang zwischenstaatlichen Rechts unangefochten gilt – allein der betreffende Mitgliedstaat befindet. Damit ist im Verhältnis zu den anderen Staaten nicht erreichbar, daß das betreffende Übereinkommen innerhalb eines – mittels einheitlicher Kriterien definierten – sachlichen Anwendungsbereichs gleichermaßen **vorrangig** angewendet wird. (Darin liegt der „Kern" des Streites mit den USA; s nur zu den Musterfällen *Volkswagen v. Schlunk* 486 U.S. 694 [1988] – für die internationale Zustellung – und *Aérospatiale* 482 U.S. 522 [1987] – für die internationale Beweisaufnahme – *McClean,* Judicial Assistance 37 ff und 115 ff; *Born,* Civil Litigation 823 ff und 902 ff; beide mwN.) 13

MaW ist über eben diese Frage, wann das HZÜ 1965 bzw das HBÜ 1970 einzugreifen haben, dh wann sie vorrangig gegenüber dem innerstaatlichen Recht anzuwenden sind, bald nach dem **Beitritt der Vereinigten Staaten von Amerika** zu diesen Übereinkommen ua der (heute – zumindest in Teilbereichen – schon historische) **Justizkonflikt zwischen Europa und den USA** entbrannt. Seit Beginn der neunziger Jahre sind diese Fragen im Verhältnis zu den USA soweit ausdiskutiert, daß jedenfalls das HZÜ 1965 als vorrangige Norm anzusehen ist, deren Einhaltung Rule 4(f)(1) F.R. Civ.P. für Auslandszustellungen *(Service Upon Individuals in a Foreign Country)* ausdrücklich anordnet; für das HBÜ 1970 ist dies hingegen nicht schlechthin anerkannt, sondern wird in jedem Streitfall eine *balance of interests* von den Gerichten vorgenommen; s zu diesem Fragenkomplex ausführlich bei §§ 283, 290 ZPO.

Im Bereich der **internationalen Beweisaufnahme** äußern sich die Nachteile der fehlenden Umschreibung des sachlichen Anwendungsbereiches insb im Zusammenhang mit Fällen der sog **extraterritorialen Beweisbeschaffung** (zum Begriff s zuletzt *Bertele,* Souveränität 404 ff mit reichem Fallmaterial aus der Praxis; s auch das weitere im Anh §§ 38–40 JN unter Lit Rz 3 und 6 verzeichnete Schrifttum). Von einer solchen spricht man dann, wenn das erkennende Gericht Druck auf die Prozeßparteien ausübt (zB durch Verhängung von Beugestrafen, die in ihr im Inland befindliches Vermögen vollstreckt werden), um sie zur Stelligmachung von im Ausland befindlichen Zeugen (zB Angestellten, die in ihrem Unternehmen tätig sind) oder zur Vorlage von im Ausland belegenem Beweismaterial (insb Urkunden) zu verhalten. 14

Nach herrschender kontinentaleuropäischer Sicht folgt indes aus der **internationalen Zuständigkeit** des Prozeßstaates nur die Befugnis der inländischen Gerichte, Personen **als Parteien** dem Verfahren zuzuziehen, dh dem Beklagten oder Antragsgegner das verfahrenseinleitende Schriftstück mit der Wirkung zuzustellen, daß er vom inländischen Verfahren erfaßt wird und ihn – sofern er der Ladung zu Gericht nicht (in eigener Person oder vertreten durch einen Prozeßbevollmächtigten) Folge leistet – die im inländischen Prozeßrecht vorgesehene **prozessuale Sanktion der Säumnis** trifft, somit gegen ihn ein Versäumungsurteil erlassen werden darf und die über die Klage oder den Antrag ergehende Entscheidung ihm gegenüber in Rechtskraft erwächst. Ebenso dürfen Nebenparteien dem Verfahren beigezogen werden (zB ein Nebenintervenient mittels Streitverkündung). Durch die Zustellung der betreffenden Schriftstücke im Rechtshilfeweg wird somit die **Einlassungslast** der Parteien aktiviert.

Hingegen gilt Gleiches nicht für die Einbeziehung von Personen in ihrer Eigenschaft **als Beweismittel** bzw für die Beischaffung von im Ausland belegenem Beweismaterial. MaW folgt nach kontinentaleuropäischer Auffassung aus der internationalen Zuständigkeit des angerufenen Gerichtes weder seine Befugnis, Druck auf im Ausland befindliche Personen auszuüben, damit sie sich ins Inland zur Ableistung einer (beeideten oder unbeeideten) Aussage (als Partei, Zeuge oder Auskunftsperson) begeben, noch die Befugnis, im Ausland belegenes Beweismaterial (soweit dies technisch überhaupt durchführbar ist) beizuschaffen. Vielmehr bedarf es hier der Abgrenzung, ob dieses als im Inland oder als im Ausland belegen anzusehen ist; s dazu § 38 JN Rz 10 ff und eingehend bei §§ 283, 290 ZPO.

3. Zustellungen und Beweisaufnahmen mit und ohne Einschaltung der Gerichte des anderen Staates

a) Überblick über die Formenvielfalt

15 Internationale Rechtshilfe im klassischen Sinn erfordert die **Einschaltung der Behörden** des Staates, in dem die Zustellung oder Beweisaufnahme stattfinden soll, uzw sowohl für die **Übermittlung** als auch für die **Erledigung** des Rechtshilfeersuchens. Im vertragslosen Zustand verkehren die beiden Staaten miteinander im diplomatischen Weg. Erstes Anliegen der Haager Prozeßübereinkommen war es daher, den **Hin- und Rücklauf der Akten** zwischen den Behörden der Vertragsstaaten zu vereinfachen; anstelle des noch im HPÜ 1896 als Regelfall vorgesehenen diplomatischen Weges trat daher ab dem HPÜ 1905 der **(indirekte) konsularische Weg.** Jede Form des unmittelbaren Verkehrs (zwischen den Justizministerien oder direkt zwischen den Gerichten) bedarf hingegen bilateraler Vereinbarung; s dazu unten Rz 17 ff.

16 Schon im HPÜ 1896 wurde jedoch darüber hinaus angestrebt, die **direkte Vornahme von Zustellungen** im Empfangsstaat dadurch zu fördern, daß auf jede Einschaltung der Behörden des Bestimmungslandes verzichtet wird. Die Haager Prozeßübereinkommen sehen hierfür drei Wege vor:

aa) die Zustellung unmittelbar durch die **diplomatischen oder konsularischen Vertreter** des Sendestaates im Empfangsstaat;

bb) die Zustellung unmittelbar durch die **Post;** und

cc) die Zustellung unmittelbar durch **Gerichtsvollzieher** des Zweitstaates, die direkt von den Beteiligten damit beauftragt werden.

Noch das **HPÜ 1896** läßt die **Zustellung durch die diplomatischen oder konsularischen Vertreter** nur für den Fall zu, daß diese Zustellform in den inländischen Gesetzen des Bestimmungslandes vorgesehen oder zwischen den beiden Staaten vereinbart worden ist (s Art 4 Abs 1 Z 3 und Abs 2 HPÜ 1896). Ab dem **HPÜ 1905** kann sich der Empfangsstaat gegen diese Art der Zustellung dann nicht mehr verwahren, wenn es sich bei den Zustelladressaten um **Staatsangehörige des Entsendestaates** handelt (s Art 6 Abs 1 Z 3 und Abs 2 HPÜ 1905 bzw 1954).

Auch die anderen beiden Formen der **Zustellung unmittelbar durch die Post oder durch Vollziehungs- oder sonstige Beamte** bedürfen ursprünglich ausdrücklicher inner- oder zwischenstaatlicher Zulassung (vgl Art 4 Abs 1 Z 1 und 2 iVm Abs 2 HPÜ 1896). Die späteren Abkommen lassen sie demgegenüber bereits dann zu, wenn der hiervon betroffene Staat einem solchen Vorgehen der Organe des anderen Staates bzw der Prozeßbeteiligten nicht widerspricht (s Art 6 Abs 1 Z 1 und 2 iVm Abs 2 HPÜ 1905 bzw 1954).

Während Österreich in **Zusatzvereinbarungen** von der Möglichkeit, die **postalische Direktzustellung** gem § 6 Abs 1 Z 1 HPÜ zu vereinbaren, mehrfach Gebrauch gemacht hat (s Anh B [Tabelle 1] Rz 4), hat es die Form der **Zustellung durch Gerichtsvollzieher** gem Art 6 Abs 1 Z 2 HPÜ 1954 stets (ausdrücklich oder doch stillschweigend) ausgeschlossen, weil dem inländischen Recht Zustellorgane dieser Art fremd sind und es daher für solche Zustellungen schon an den faktischen Voraussetzungen fehlt; s dazu näher bei den einzelnen Ländern in Anh B, insb (Belgien) Rz 16, (Frankreich) Rz 86, (Luxemburg) Rz 197, (Spanien) Rz 320.

Das HPÜ 1905 setzt diese Tendenz dann für **Beweisaufnahmen** fort. Auch für diese gilt die grundsätzliche Regelung, daß die **diplomatischen oder konsularischen Vertreter** sie unmittelbar im Empfangsstaat selbst vornehmen dürfen, wenn dies zwischen den beiden Staaten vereinbart ist oder der Staat, auf dessen Gebiet das Ersuchen ausgeführt werden soll, dem nicht widerspricht; zwischen eigenen und fremden Staatsangehörigen wird hier allerdings (anders als bei Zustellungen) nicht unterschieden (s Art 15 HPÜ 1905 bzw HPÜ 1954).

b) Behördliche Übermittlungswege

Der Fortschritt der Haager Prozeßübereinkommen von 1905 und 1954 gegenüber dem ersten Übereinkommen von 1896 besteht darin, daß es als Normalfall den **konsularischen Weg** für die Übermittlung von Ersuchen um Rechtshilfe iwS (Zustellung und Beweisaufnahme) vorsieht – und nicht mehr wie zuvor den **diplomatischen Weg** (vgl Art 1 Abs 1 und Art 9 Abs 1 HPÜ 1905/1954 gegenüber Art 1 Abs 2 und Art 6 Abs 1 HPÜ 1896). Diesen kann sich jedoch jeder Vertragsstaat durch einfache Mitteilung an die anderen Vertragsstaaten vorbehalten (Art 1 Abs 3 und Art 9 Abs 3 HPÜ 1905/1954). **17**

Laut *Duchek/Schütz/Tarko,* Zwischenstaatlicher Rechtsverkehr 147 (Anm 6 zu Art 1 HPÜ 1954) hat **Portugal** eine derartige Erklärung abgegeben; ferner die **ehem UdSSR,** die auch in dem Zusatzabkommen zum HPÜ 1954, BGBl 1972/112, ausdrücklich nur den **diplomatischen Weg** zuläßt (s Art 2 und 3; die Nachfolgestaaten haben an dieser Regelung nichts geändert: vgl unten Anh B [Russische Föderation] Rz 270, [Belarus] Rz 7, [Tadschikistan] Rz 332 und [Ukraine] Rz 388).

Art 1 Abs 4 und Art 9 Abs 4 HPÜ 1954 sehen überdies vor, daß die Vertragsstaaten in **bilateralen Zusatzabkommen** als weitere Vereinfachung den **„unmittelbaren Verkehr zwischen den beiderseitigen Behörden"** zulassen können. Von dieser Möglichkeit hat Österreich im Verhältnis zu einer Reihe von Staaten Gebrauch gemacht. Allerdings wird in den meisten dieser Verträge nicht der unmittelbare Verkehr zwischen den Gerichten vorgesehen, weil dieser im Regelfall schon an der **Sprachbarriere** scheitern würde. Der **unmittelbare Behördenverkehr** findet sich daher – uneingeschränkt – nur in den Zusatzabkommen mit **Deutschland** und der **Schweiz** sowie mit **Italien** und in dem (zwar nicht formell auf dem HPÜ 1954 beruhenden, aber in dessen Tradition stehenden) bilateralen Rechtshilfevertrag mit **Liechtenstein;** ferner – eingeschränkt dahingehend, daß er nur dann gestattet ist, wenn das zuzustellende Schriftstück (Klage, Urteil, Ladung zur Ersten Tagsatzung) bzw das die Art der gewünschten Beweisaufnahme näher beschreibende Rechtshilfeersuchen ieS in die Sprache des ersuchten Staates übersetzt ist – in den Zusatzabkommen mit **Belgien** (nur für ein- und ausgehende Beweisersuchen), **Luxemburg** (für eingehende Zustell- und Beweisersuchen) und den **Niederlanden** (für eingehende Zustell- und Beweisersuchen), während der zwischenstaatliche **Rechtsverkehr** mit den übrigen Staaten, zu de- **18** nen Österreich in eine bilaterale Beziehung getreten ist, meist **über die beiderseitigen Justizministerien** abgewickelt wird (vgl die diesbezüglichen detaillierten Angaben in Anh B **[Tabelle 1]** Rz 4); s auch unten Rz 46.

19 Der **diplomatische Weg** erfordert stets die Einschaltung des **Außenministeriums des ersuchten Staates** – sei es, daß sich das Außenministerium des ersuchenden Staates selbst an dieses wendet, sei es, daß es dies seinem im ersuchten Staat akkreditierten diplomatischen Vertreter überläßt. Demgegenüber erlaubt der (indirekte) **konsularische Weg** es dem ersuchenden Staat, sein Ersuchen von der nach innerstaatlichem Recht zuständigen Stelle (in Österreich: vom BMAA) direkt an den Konsul im ersuchten Staat zu übermitteln, der seinerseits mit den inländischen Behörden direkt (also ohne Zwischenschaltung des Außenministeriums des ersuchten Staates) verkehren darf. Eine wirkliche Vereinfachung tritt freilich erst dann in der Übermittlung ein, wenn die **Justizbehörden unmittelbar** miteinander verkehren, sei es hohe Justizstellen untereinander (so zB das BMJ mit dem *Director of Courts,* Jerusalem), sei es die beiderseitigen Justizministerien miteinander. Letzte Steigerungsstufe in bezug auf die Vereinfachung des behördlichen Übermittlungsweges ist der **unmittelbare Behördenverkehr:** Danach kann sich das ersuchende (Prozeß-)Gericht (zB das Bezirks- oder Landesgericht in Österreich) direkt – dh ohne weitere Zwischenschaltung anderer staatlicher Stellen – an das für die Durchführung der Rechtshilfe zuständige ausländische Gericht (zB an das Amtsgericht in Deutschland) wenden. Eine mittlere Lösung zwischen den beiden letztgenannten Formen stellt die **Einschaltung zentraler Behörden** als Übermittlungs- und/oder Empfangsstellen dar, wie sie in jüngeren Übereinkommen vorgesehen ist; vgl nur die – von Österreich nicht ratifizierten – Haager Übereinkommen von 1965, 1970 und 1980 (s oben Rz 1f), das EZÜ 1997 (s unten Rz 68), das Europäische Verfahrenshilfeübereinkommen 1977, BGBl 1982/190 (s unten Rz 61) oder das erst jüngst ratifizierte Haager Adoptionsübereinkommen 1993 BGBl III 1999/145.

c) Postalische Direktzustellung

20 Die Form der direkten Übersendung der zuzustellenden Schriftstücke ins Ausland per Post (mit internationalem Rückschein) trägt die Gefahr in sich, daß der Adressat bei der Zustellung von außen nicht erkennen kann, was Inhalt der Sendung ist, und somit auch nicht darüber belehrt wird, welche Rechte ihm zustehen, wenn es sich um fremdsprachige Schriftstücke, denen keine Übersetzung beigelegt ist, handeln sollte. Deshalb genügt es – wegen der vom österreichischen Richter einzuhaltenden Verfahrensgarantien – nicht, daß er den internationalen Vereinbarungen bloß formell Rechnung trägt und die einfachste der dort zur Wahl gestellten Zustellformen ergreift; vielmehr muß er eine solche wählen, durch die das **rechtliche Gehör des Beklagten effektiv gewahrt** wird. Die postalische Direktzustellung kann sich daher auch dann als nicht geeignet erweisen, wenn der Personenkreis, an den aufgrund dieser Zustellform zugestellt werden kann, für eine **Eigenhandzustellung** im österreichischen Sinn zu weit gespannt ist oder dem Empfänger dadurch jede Möglichkeit genommen wird, sich (in sinngemäßer Anwendung der Grundsätze des § 12 Abs 2 und 3 ZustG) gegen eine Zustellung fremdsprachiger Schriftstücke zu wehren. Zutreffend hat daher das OLG Wien (aus dem erstgenannten Grund) und der OGH (aus dem zweitgenannten Grund) in ein und derselben Rechtssache die Wirksamkeit der Zustellung einer Klage (und eines damit verbundenen Antrages auf Erlassung einer einstweiligen Verfügung) nach **Italien** verneint (2. Instanz: OLG Wien 1 R 278/97 b; 3. Instanz: EvBl 1998/193 = RdW 1998, 677 = IPRax 1999, 260 [Nr 34], dazu *Matscher,* IPRax 1999, 274 und *Bajons,* Schütze-FS 63 ff).

Das **OLG Wien** bestätigte damit eine **langjährige Rechtsprechung** des OGH, wonach sich zwar die Form der Zustellung, solange der österreichische Richter nicht einen ausdrücklichen Wunsch nach Zustellung in einer besonderen Form äußert, nach der ***lex fori* des Zustellandes** richtet, dessen ungeachtet aber die Frage, ob durch die Zustellung das

rechtliche Gehör des Beklagten ausreichend gewahrt worden sei, ausschließlich **nach österreichischem Recht** zu beurteilen ist. Erfüllt daher die im Bestimmungsland vorgeschriebene Zustellform nicht die Kriterien einer Eigenhandzustellung (und gelangen die Schriftstücke auch nicht auf andere Weise in die Hände des Zustelladressaten), so ist das darauf gegründete Verfahren und die in diesem ergangene Entscheidung als nichtig aufzuheben; vgl 4 Ob 374, 375/83, auf die sich alle weiteren Entscheidungen berufen; so EFSlg 46.949 und 46.982 (1984); HG Wien WR 1998/807. Das OLG Wien sah daher auch keinen Anlaß, den ordentlichen Revisionsrekurs in dieser Rechtssache zuzulassen. Der **OGH** nahm den außerordentlichen Revisionsrekurs trotzdem an, weil er die Entscheidung aus einem noch weitergehenden Grund für nichtig hielt und zu dieser Frage bislang keine höchstgerichtliche Judikatur vorlag: nämlich zu der Frage, inwieweit die Gegenpartei Anspruch darauf habe, daß ihr zumindest die **Möglichkeit** eröffnet werde, Kenntnis von den Schriftstücken in der Sprache zu erlangen, deren Beherrschung ihr jedenfalls zugemutet werden kann, nämlich jener des Bestimmungslandes. Er bejahte dieses Recht der Partei unter Hinweis auf den in **Art 6 Abs 1 EMRK** normierten Grundsatz eines fairen Verfahrens. Dieser verlange es, daß „der Betroffene versteht, worum es geht". Zumindest müsse er daher über sein Recht belehrt werden, daß er die Annahme der Schriftstücke verweigern könne, wenn diesen keine Übersetzung in die Amtssprache des Zustellandes beigelegt ist. (Auf die Frage, ob es genüge, daß die Partei die Sprache des Herkunftslandes der Schriftstücke verstehe, war vom OGH im konkreten Fall nicht einzugehen, weil Gegenteiliges ausdrücklich behauptet und von der klagenden Partei auch nicht bestritten worden war; vgl zu dieser Problematik oben Rz 8.)

4. Die einzelnen Regelungsbereiche des HPÜ 1954

Von Anbeginn an umfassen die Haager Prozeßübereinkommen die klassischen Bereiche der internationalen Rechtshilfe (internationale Zustellung, internationale Beweisaufnahme) sowie des prozessualen Fremdenrechts (Befreiung von der Sicherheitsleistung für Prozeßkosten, Gewährung von Verfahrenshilfe, Gleichstellung von In- und Ausländern in bezug auf die Personalhaft). Erst ab dem HPÜ 1954 kommt als weiteres Thema die kostenfreie Ausstellung von Personenstandsurkunden hinzu. Die Bedeutung dieser Normen innerhalb der Europäischen Union ist allerdings heute – mit Ausnahme derjenigen, die sich mit der internationalen Beweisaufnahme befassen – stark zurückgedrängt (s dazu unten Rz 66 ff). 21

a) Internationale Zustellung (Art 1 – 7)

Für die an die ausländische Behörde übermittelten Schriftstücke stehen nach dem HPÜ 1954 zwei Arten der Zustellung alternativ zur Verfügung: die **„formlose"** und die **„förmliche" Zustellung.** 22

Der Unterschied zwischen den beiden Zustellarten liegt darin, daß die **formlose Zustellung nur mit Willen des Empfängers** erfolgen darf, dh sie scheitert, wenn dieser sich weigert, das Schriftstück anzunehmen; dies deshalb, weil bei ihr den zuzustellenden Schriftstücken **keine Übersetzung in die Landessprache** beigelegt sein muß (Art 2 HPÜ 1954).

Nur auf ausdrückliches Verlangen des ersuchenden Staates wird eine **förmliche Zustellung** ausgeführt, uzw grundsätzlich **nach der** *lex fori* **des Zweitstaates;** anzuwenden sind jene Vorschriften, die dieser **für gleichartige Schriftstücke** in seinem eigenen Recht vorsieht (Art 3 Abs 2 Satz 1, 1. Fall); nur auf Wunsch der ersuchenden Behörde nimmt der ersuchte Staat die Zustellung **in einer besonderen Form** vor, sofern diese nicht seinen eigenen Gesetzen zuwiderläuft (Art 3 Abs 2 Satz 1, 2. Fall).

Wurde zunächst bloß eine formlose Zustellung versucht – sei es auch nur, weil ein Wunsch nach förmlicher Zustellung vom ersuchenden Staat nicht ausgesprochen wurde –, ist diese aber (insb infolge fehlender Annahmebereitschaft des Zustelladressaten) erfolglos geblieben, so kann nun immer noch ein Ersuchen um förmliche Zustellung gestellt werden (Art 3 Abs 2 Satz 2).

Eine **Ablehnung** des Ersuchens darf gem Art 4 nur aus dem Grund der drohenden Verletzung der Souveränität oder der Gefährdung der Sicherheit erfolgen; vgl unten Rz 26 und bei § 38 JN Rz 31 ff.

23 Neben diesen beiden generell vorgesehenen Zustellformen sieht das HPÜ 1954 in Art 6 noch Sonderfälle vor; insb eröffnet es in Art 6 Abs 1 Z 1 den Mitgliedstaaten die Möglichkeit, auch eine **Übersendung per Post** zuzulassen (s oben Rz 16); ferner ist die unmittelbare Zustellung durch diplomatische oder konsularische Vertreter vorgesehen (s oben Rz 16 und unten Rz 49).

b) Internationale Beweisaufnahme (Art 8–16)

24 Für Rechtshilfeersuchen ieS (Art 8) sieht Art 9 – so wie für Zustellungen – den (indirekten) konsularischen Weg vor (s oben Rz 17); der **Konsul** des ersuchenden Staates kann sich somit direkt an die Behörden des ersuchten Staates wenden. Die von ihm überreichten Ersuchen müssen in der Amtssprache des ersuchten Staates abgefaßt oder mit einer **Übersetzung** in diese versehen sein; ihre Richtigkeit ist „von einem diplomatischen oder konsularischen Vertreter des ersuchenden Staates oder von einem beeideten Dolmetsch des ersuchten Staates" zu bestätigen.

25 Art 11 Abs 1 und Art 14 Abs 1 HPÜ 1954 gehen von der **Erledigung** des Ersuchens nach der *lex fori* **des ersuchten Staates** aus. So sieht Art 11 Abs 1 Satz 1 ausdrücklich vor, daß dieselben **Zwangsmittel** angeordnet werden können wie bei Ersuchen inländischer Behörden; das ausländische ist somit insofern dem inländischen Verfahren gleichzuhalten (s näher § 38 JN Rz 38). Nur wenn es sich um das **persönliche Erscheinen der Parteien** handelt, kann das ersuchte Gericht von Zwangsmaßnahmen selbst dann absehen, wenn diese nach seinen eigenen Gesetzen zulässig wären (Art 11 Abs 1 Satz 2). Gemäß Art 14 Abs 2 HPÜ 1954 kann das ausländische Gericht jedoch darum ersuchen, daß **nach einer besonderen Form** verfahren werde; einen solchen Wunsch wird es dann äußern, wenn es eine Beweiserhebung nach seinen eigenen Verfahrensvorschriften erhalten möchte. Die inländische Behörde hat diesem Ersuchen zu entsprechen, sofern die gewünschte Form der Beweisaufnahme nicht gegen den *ordre public* des ersuchten Staates verstößt; s dazu § 39 JN Rz 2 und 12 ff.

Gem Art 11 Abs 2 HPU 1954 ist die ersuchende Behörde auf ihr Verlangen von **Zeit und Ort** der Beweisaufnahme zu benachrichtigen; dadurch soll es den Prozeßparteien ermöglicht werden, der Amtshandlung beizuwohnen.

Art 12 regelt die **amtswegige Abtretung** eines Ersuchens an die zuständige Behörde, falls dieses an eine unzuständige Behörde gerichtet worden sein sollte; von dieser Weiterleitung ist die ersuchende Behörde zu verständigen (Art 13, 2. Fall).

26 Eine **Ablehnung** des Ersuchens darf nur aus drei Gründen erfolgen: Von diesen kann der erste (Art 11 Abs 3 Z 1: „wenn die Echtheit der Urkunde nicht feststeht") dann praktische Bedeutung erlangen, wenn in Zeiten des politischen Umsturzes die Behördenqualität fraglich ist oder der Verdacht besteht, daß eine amtliche Beweisaufnahme mit betrügerischen Mitteln erschlichen werden soll; der zweite Grund (Art 11 Abs 3 Z 2: „wenn im ersuchten Staate die Erledigung des Ersuchens nicht in den Bereich der Gerichtsgewalt fällt") will vermeiden, daß die Behörde ihren Wirkungskreis durch die betreffenden Rechtshilfehandlungen überschreitet; und der dritte Grund (Art 11 Abs 3 Z 3: „wenn sie nach

Auffassung des Staates, auf dessen Gebiet sie erfolgen soll, geeignet erscheint, seinen Hoheitsrechten oder seiner Sicherheit Eintrag zu tun“) umfaßt alle Fälle, in denen die Grenzen eigener Justizhoheit verletzt erscheinen; s dazu § 38 JN Rz 31 ff und bei §§ 283, 290 ZPO.

Zur Beweisaufnahme durch konsularische oder diplomatische Vertreter s oben Rz 16 und unten Rz 50.

c) Befreiung von der Sicherheitsleistung für Prozeßkosten und Zwangsvollstreckung von Prozeßkostenentscheidungen gegen den unterlegenen Kläger (Art 17–19)

Das HPÜ 1954 knüpft die Befreiung des ausländischen Klägers oder einer sonstigen an seiner Seite als (Neben-)Partei auftretenden Person vom Erlag einer Sicherheitsleistung für die Prozeßkosten an zwei Voraussetzungen: Die klagende Partei muß einem der Mitgliedstaaten angehören und sie muß ihren **Wohnsitz in einem (wenn auch anderen) Mitgliedstaat** haben. Zweck dieser zusätzlichen Beschränkung ist es, dadurch gewährleisten zu können, daß später notfalls mit einiger Aussicht auf Erfolg in das Vermögen des zur Zahlung der Prozeßkosten verurteilten Klägers Exekution geführt werden kann (Art 17 Abs 1). Dies gilt auch für etwaige Vorschüsse, die das Recht des Prozeßstaates für ausländische klagende Parteien „zur Deckung der Gerichtskosten“ vorsieht (Art 17 Abs 2). Beide Bestimmungen wollen somit zwar eine Gleichstellung der ausländischen mit der inländischen Partei erreichen, allerdings nur unter der Bedingung, daß auch ein örtlicher Nahebezug zu einem der Mitgliedstaaten besteht; zur heute anders gelagerten Rechtslage innerhalb der Europäischen Union s unten Rz 69. **27**

Art 18 und 19 HPÜ 1954 sichern den (in- oder ausländischen) Beklagten vor möglichen Nachteilen dieser Regelung: Er kann die **Vollstreckung einer Kostenentscheidung,** die gegen den (auf Grund zwischen- oder innerstaatlichen Rechts vom Erlag einer aktorischen Kaution befreit gewesenen und nunmehr) unterlegenen Kläger gefällt worden ist, **im Rechtshilfeweg** selbst in solchen (vom Heimat- und Wohnsitzstaat des unterlegenen Klägers verschiedenen) Mitgliedstaaten begehren, die mit dem Prozeßstaat nicht durch einen eigenen Anerkennungs- und Vollstreckungsvertrag verbunden sind und die eine solche Exekutionsmöglichkeit auch nicht auf Grund ihres autonomen Rechts vorsehen. Es ist somit nicht die Partei, die dieses Begehren (um Vollstreckbarerklärung) an die ausländische Behörde richten muß, sondern es ist das erkennende Gericht des Erststaates, das sich im diplomatischen Weg an das Gericht des Zweitstaates wendet und um (kostenfreie) Vollstreckbarerklärung ersucht (Art 18 Abs 1). Dies gilt auch dann, wenn der obsiegenden beklagten Partei die Prozeßkosten zunächst nur dem Grunde nach zugesprochen wurden und ihre Höhe nunmehr in einer eigenen Entscheidung festgesetzt wird (Art 18 Abs 2). **28**

Zur (häufig getroffenen) **Zusatzvereinbarung,** wonach die obsiegende **Partei zur direkten Antragstellung im Zweitstaat berechtigt** ist, s unten Rz 58 und die Angaben bei den einzelnen Ländern in Anh B. Vielfach eröffnet sich dieser Weg für die Partei auch dadurch, daß zwei oder mehrere Staaten des HPÜ 1954 einen allgemeinen Anerkennungs- und Vollstreckungsvertrag schließen; so zB durch das EuGVÜ bzw LGVÜ, die beide zu einer – meist gänzlichen, vereinzelt aber auch (wegen des sich nicht immer voll deckenden sachlichen Anwendungsbereiches) nur teilweisen – Überlagerung der bilateralen Zusatzvereinbarungen in diesem Punkt geführt haben; s unten Rz 70. **29**

30 Art 19 Abs 1 enthält gewisse **verfahrensrechtlichen Vorgaben** für das inländische Recht. So hat die Vollstreckbarerklärung in einem einseitigen Verfahren zu erfolgen; gegen die Entscheidung, die dem Antrag stattgibt, hat dem Antragsgegner ein Rechtsmittel (nach Maßgabe des Rechts des Vollstreckungsstaates) offenzustehen.

Art 19 Abs 2 nennt die **formellen Voraussetzungen** für die Vollstreckbarerklärung der Kostenentscheidung. Es ist eine **Ausfertigung** der (rechtskräftigen) Entscheidung vorzulegen, der im Prozeßstaat die Beweiskraft einer öffentlichen Urkunde zukommen muß (Art 19 Abs 2 Z 1). Der Eintritt der Rechtskraft ist urkundlich nachzuweisen, zB durch eine **Bestätigung der Rechtskraft und Vollstreckbarkeit** (Art 19 Abs 2 Z 2 und Abs 3 Satz 1; vgl für das österreichische Recht §§ 143, 150 Geo). Bezüglich dieser ist wiederum von dem „höchsten Beamten der Justizverwaltung des ersuchenden Staates" zu bestätigen, daß sie von der nach dem innerstaatlichen Organisationsrecht kompetenten Behörde ausgestellt worden ist (Art 19 Abs 3 Satz 2); auf dieses zusätzliche Erfordernis haben die meisten Staaten im Wege bilateraler Vereinbarung verzichtet (s unten Rz 59). Der **Spruch** der Entscheidung (nicht auch die Begründung) bedarf der Abfassung in der bzw der **Übersetzung in die Sprache des ersuchten Staates;** die Richtigkeit der Übersetzung muß durch einen diplomatischen oder konsularischen Vertreter des ersuchenden Staates oder von einem beeideten Dolmetsch des ersuchten Staates beglaubigt sein (Art 19 Abs 2 Z 3).

31 Alle mit der Vollstreckbarerklärung verbundenen **Kosten** (für die Übersetzung des Spruchs der Entscheidung, der Rechtskraftbestätigung und der sonst notwendigen Erklärungen sowie für die Beglaubigungen) werden auf Antrag des betreibenden Gläubigers von der Behörde des Zweitstaates als weitere Kosten des Verfahrens behandelt und dem Verpflichteten auferlegt (Art 19 Abs 4).

d) Verfahrenshilfe (Art 20–24)

32 Art 20 Abs 1 bringt die Gleichstellung aller Angehörigen der Vertragsstaaten mit Inländern auf dem Gebiet des *Armenrechtes* (jetzt: der Verfahrenshilfe). Verfahrenshilfe wird somit in den einzelnen Mitgliedstaaten des HPÜ 1954 nach dem **Prinzip der Inländerbehandlung** in demselben Ausmaß wie den je eigenen Staatsangehörigen gewährt.

Sofern der betreffende Staat in Verwaltungssachen, die vor Gerichten ausgetragen werden **(Verwaltungsgerichtsbarkeit),** das Institut der Verfahrenshilfe kennt (so zB in Deutschland, s *Bülow/Böckstiegel/Geimer/Schütze,* Rechtsverkehr A I 1 a, 100.32), gilt die Regelung auch für diese Verfahren (Art 20 Abs 2).

Die im HPÜ 1954 enthaltene Regelung hat ihre ursprüngliche Bedeutung inzwischen für viele Staaten, darunter auch Österreich, verloren. Denn § 63 Abs 1 ZPO unterscheidet seit der ZVN 1983 (Art IV Z 12 BGBl 1983/135) nicht mehr zwischen In- und Ausländern.

33 Strittig ist, ob die Regelung des HPÜ 1954 auch **juristische Personen** erfaßt. Zahlreiche Zusatzvereinbarungen erstrecken daher den nach dessen Bestimmungen jedenfalls physischen Personen gewährten Schutz ausdrücklich auch auf juristische Personen und Personengebilde (Personenhandelsgesellschaften, ruhender Nachlaß); s die Hinweise bei den einzelnen Ländern im Anh B. Im österreichischen Recht ist diese Gleichstellung der juristischen Personen (und sonstigen parteifähigen Gebilde) durch § 63 Abs 2 ZPO gewährleistet.

34 Art 21 Abs 1 sieht gewisse Erleichterungen verfahrensrechtlicher Art für den Antragsteller vor. So ist ihm insb das **Verfahrenshilfezeugnis** von den zuständigen Behörden an seinem gewöhnlichen, subsidiär an seinem derzeitigen (schlichten) Aufenthaltsort auszustellen. Sollte er sich gerade in einem Staat aufhalten, der nicht zugleich Vertragsstaat des HPÜ 1954 ist (und auch nicht bereit ist, diese Rechtshilfehandlung zu leisten), so kann das Zeugnis (statt von den Behörden des Drittlandes) von einem diplomatischen oder konsularischen Vertreter seines Heimatstaates, der in diesem Drittland akkreditiert ist, ausgestellt werden. Hält sich die um Verfahrenshilfe ansuchende Person nicht im Prozeßstaat auf, so bedarf es der Beglaubigung der vorzulegenden Urkunden durch einen diplomatischen oder konsularischen Vertreter dieses Staates (Art 21 Abs 2).

Art 22 Abs 1 stellt sicher, daß sich die in- und ausländischen Behörden **35** **grenzüberschreitende Amtshilfe** leisten, soweit es um die Ermittlung der Vermögensverhältnisse des Antragstellers geht. Der entscheidenden Behörde bleibt es frei, die betreffenden Urkunden auf ihre inhaltliche Richtigkeit hin zu überprüfen und um ergänzende Mitteilungen zu ersuchen (Art 22 Abs 2).

Für die Übermittlung der Anträge auf Verfahrenshilfe ist der (indirekte) **36** **konsularische Weg** einzuhalten (Art 23 Abs 1). Auf die Ersuchen um Gewährung von Verfahrenshilfe sind im übrigen die Bestimmungen über **Rechtshilfeersuchen ieS** anzuwenden (Art 23 Abs 2). Demnach kann zB jeder Vertragsstaat durch einfache Erklärung verlangen, daß (statt des indirekten konsularischen) der diplomatische Weg eingehalten werde (Art 9 Abs 3). Die Mitgliedstaaten können aber auch im Wege bilateraler Zusatzvereinbarungen den unmittelbaren Behördenverkehr für die Übermittlung der Anträge herstellen (Art 9 Abs 4). Die Vertragsstaaten haben ferner dafür zu sorgen, daß Anträge, die an eine unzuständige Behörde gelangt sind, an die zuständige Stelle weitergeleitet werden (Art 12). Die Anträge sind dem ersuchten Staat in seiner Amtssprache vorzulegen; für Übersetzungen gilt das für Ersuchschreiben ieS Gesagte (vgl Art 10).

Zustellungen in Verfahrenshilfesachen, uzw auch solche in besonderer **37** Form, erfolgen ohne Anspruch auf **Rückersatz der** dadurch dem ersuchten Staat verursachten **Kosten** (Art 24 Abs 1 geht demnach über Art 7 hinaus); dies gilt auch für Rechtshilfeersuchen ieS, also für die im ersuchten Staat aufzunehmenden Beweise; Zeugengebühren sind nicht zu ersetzen, wohl aber die Kosten von Sachverständigen (Art 24 Abs 2 schränkt somit die Kostenersatzregelung des Art 16 ein).

Zu den weiteren Vereinfachungen bei der Übermittlung von Anträgen auf **38** Verfahrenshilfe durch das Europäische Verfahrenshilfeübereinkommen 1977 BGBl 1982/190 s unten Rz 61.

e) Kostenfreie Ausstellung von Personenstandsurkunden (Art 25)

Art 25 findet sich erstmals im HPÜ 1954, hat somit im HPÜ 1905 keine **39** Entsprechung; s *Bülow* in *Bülow/Böckstiegel/Geimer/Schütze,* Rechtsverkehr A I 1 a, 100.34. Die Bestimmung sichert mittellosen Staatsangehörigen eines Vertragsstaates in allen anderen Mitgliedstaaten zu, daß sie unter denselben Bedingungen wie Inländer kostenfrei **Auszüge aus den Standesbüchern** erhalten können.

Soweit bedürftige Personen **Dokumente für die Eheschließung** benötigen **40** (so die früheren Ehefähigkeitszeugnisse des Heimatstaates), werden diese von den diplomatischen oder konsularischen Vertretern der Vertragsstaaten kostenfrei beglaubigt.

Für Eheschließungen von Ausländern in Österreich ist heute **kein Ehefähigkeitszeugnis** mehr erforderlich. Die diesbezüglichen Bestimmungen – § 14 EheG und § 21 Abs 1 der (1.) DVPStG – sind durch Art II Z 1 BG 11. 11. 1983 BGBl 566 bzw durch § 73 Abs 1 Z 11 PStG BGBl 1983/60 aufgehoben worden.

f) Personalhaft (Art 26)

Lit: *Samuely,* Über die Schuldhaft mit Rücksicht auf den neuesten Stand der Gesetzgebung, ZHR 15 (1870) 110; *Schöbi,* „Der Schuldverhaft ist abgeschafft." Bemerkungen eines Zivilrechtlers zu Art 59 Abs 3 BV, recht 1998, 185.

41 Gemäß Art 26 HPÜ 1954 (= Art 24 HPÜ 1905) darf die „Personalhaft" *(„contrainte par corps")* gegen einen Ausländer nicht in jenen Fällen verhängt werden, in denen diese gegen einen Inländer unzulässig wäre. Die Bestimmung will somit eine Gleichstellung von In- und Ausländern erreichen. Deshalb tritt diese Rechtsfolge zufolge Satz 2 auch dann ein, wenn sich der **Hafthinderungsgrund** für den Ausländer **im Ausland** verwirklicht hat; zum Anlaßfall – der Verhaftung eines Ausländers in einem der Vertragsstaaten, weil die an sich eine Haft ausschließende Konkurseröffnung nicht in diesem Staat, sondern (bloß) im Heimatstaat des Ausländers erfolgt war –, der den Anstoß für diese Ergänzung des Art 17 HPÜ 1896 gab, s näherhin *Bülow* in *Bülow/Böckstiegel/Geimer/Schütze,* Rechtsverkehr A I 1 a, 100.35 FN 168.

42 Mit seiner Formulierung „die Personalhaft, als Mittel zur Zwangsvollstreckung oder als bloßes Sicherungsmittel," erfaßt Art 26 die **Personalhaft iwS,** somit nicht nur die (in Europa weithin, wenn auch noch nicht völlig abgeschaffte) **„eigentliche Schuldhaft"**, sondern auch den (heute noch aufrechten) **„Sicherungsarrest"** oder „vorsichtsweisen Personalarrest". Demnach beseitigt die Bestimmung keineswegs die nach innerstaatlichem Recht etwaig noch bestehenden Formen der **Schuldhaft** (schweiz „Schuldverhaft") oder „Leibhaft", wonach „die Person ... für die Erfüllung ihrer vermögensrechtlichen Verbindlichkeiten ... mit ihrer Freiheit einzustehen hat" und der Gläubiger somit das Recht hat, von seinem Schuldner „vermögensrechtliche Leistungen vermittelst Entziehung der persönlichen Freiheit zu erzwingen" (*Samuely,* ZHR 15 [1870] 110 und 124), sondern sie will in diesen Belangen lediglich jede Art der Diskriminierung von Staatsangehörigen der anderen Vertragsstaaten vermeiden.

Historisch lassen sich somit **zwei Grundformen der Personalhaft** unterscheiden, nämlich

- die **Schuldhaft,** bei der die Person nicht nur mit ihrem Vermögen, sondern auch mit ihrer Freiheit für ihre zivilrechtlichen Verbindlichkeiten einzustehen hat und die Haft daher als Zwangsmittel gegen sie eingesetzt werden kann, wenn sie mit deren Erfüllung säumig ist; und
- der **Sicherungsarrest,** bei dem die Haft den Zweck verfolgt, den Schuldner daran zu hindern, eine künftige Exekutionsführung des Gläubigers in sein Vermögen zu vereiteln.

Im entwickelten Stadium ist die **eigentliche Schuldhaft** – außer bei Wechselforderungen – nur mehr subsidiär vorgesehen, also nach erfolgloser Durchführung eines Exekutionsverfahrens zur Beitreibung von Geld- oder anderen Sachleistungen. Sie beruht auf der ganz allgemeinen Präsumption, daß der Schuldner (zwar leistungsunwillig, aber doch) **zahlungsfähig** sei, weshalb die Konkurseröffnung den Zustand der Haft beendet; ausführlich dazu *Samuely,* ZHR 15 (1870) 115 ff. – In Österreich wurde sie **durch Gesetz vom 4. 5. 1868, RGBl 34 abgeschafft;** § 1 leg cit lautet: „Von dem Tage der Kundmachung dieses Gesetzes an kann die Exekution auf die Person des Schuldners wegen Wechsel- oder sonstiger Geldforderungen weder bewilligt, noch wenn sie schon früher bewilligt war, vorgenommen oder fortgesetzt werden." – Zur Rechtsentwicklung im 18. und 19. Jahrhundert s *Samuely,* ZHR 15 (1870) 125 ff (mit umfassenden Nachweisen zur damaligen Rechtslage in Europa); s auch die Hinweise auf die spätere Gesetzgebung in den anderen Mitgliedstaaten (Belgien, Deutschland, Frankreich, den Niederlanden, der Schweiz und Spanien) bei *Bülow* in *Bülow/Böckstiegel/Geimer/Schütze,* Rechtsverkehr A I 1 a, 100.35 FN 168; speziell zur Abschaffung der Schuldhaft in der Schweiz, die durch Art 59 Abs 3 der schweizerischen Bundesverfassung erfolgte, s zuletzt *Schöbi,* recht 1998, 185 ff. – Ausdrücklich aufrechterhalten wurde hingegen durch § 2 des erwähnten Gesetzes RGBl 1868/34 die zweite Form der Personalhaft, nämlich der „vorsichtsweise Arrest gegen Personen, welche der Flucht verdächtig sind". Dieser **Sicherungsarrest** hat demnach – als Maßnahme des vorbeugenden einstweiligen Rechtsschutzes – allein die Aufgabe, zu verhindern, daß sich der Schuldner durch Flucht einer künftigen Zwangsvollstreckung entzieht und dadurch den Gläubiger faktisch um sein Recht bringt.

Im österreichischen Recht ist die **Haft als Sicherungsmittel** unverändert dann vorgesehen, wenn der Schuldner „flüchtig oder der Flucht verdächtig und zugleich die Besorgnis begründet ist, daß durch seine Flucht die Verwirklichung des Rechtes" des Gläubigers „vereitelt würde" (§ 386 Abs 1 EO). Haftgrund ist somit auch hier lediglich die drohende Vereitelung der künftigen Rechtsdurchsetzung, nicht deren bloße Erschwerung; auch der Umstand, daß durch das Verhalten des Schuldners die Rechtsverfolgung, also schon die Prozeßführung selbst erschwert wird, bildet keinen ausreichenden Haftgrund (vgl *Heller/Berger/Stix*[4] III 2788 ff). 43

Keine Schuldhaft im historischen Sinn ist hingegen die (zwar erst durch die EO 1896 näher geregelte, aber schon davor von den Gerichten praktizierte [s Materialien I 585 ff]) **Haft** als Mittel zur Erwirkung von unvertretbaren Handlungen (§ 354 EO) sowie von Duldungen und Unterlassungen (§ 355 EO), somit **als Mittel des indirekten Zwanges,** die ausschließlich (subsidiär zur Geldstrafe) zwecks Beugung des Willens des Verpflichteten eingesetzt werden darf und daher hinsichtlich Art und Dauer des Vollzugs gesetzlich streng umgrenzt bleibt (s § 360 ff); gem § 384 Abs 1, § 386 EO ist sie auch für den Fall vorgesehen, daß es zunächst bloß um die Sicherung zukünftiger Exekutionsführung auf diesem Gebiet geht. 44

Haft ist nach österreichischem Recht ferner immer dann als **Beugestrafe** vorgesehen, wenn die Zwangsvollstreckung endgültig zu scheitern droht; uzw sowohl für den Fall, daß der Vollzug einer Fahrnis- oder Gehaltsexekution mangels Kenntnis pfändbaren Vermögens erfolglos geblieben ist und sich der Verpflichtete weigert, ein Vermögensverzeichnis zu erstellen, als auch für den Fall, daß sich bei einer Exekution auf Herausgabe oder Leistung von Sachen diese nicht beim Verpflichteten vorfinden und der Verpflichtete nicht bereit ist, Auskunft über deren Verbleib zu geben (§§ 47 ff EO idF der EO-Nov 1991).

Ein Unterschied zwischen In- und Ausländern wird in all diesen die Schuldnerhaft betreffenden Bestimmungen nicht gemacht.

5. Weitere Vereinfachungen des Rechtshilfeverkehrs auf internationaler Ebene

Noch das HPÜ 1905 war als geschlossenes Übereinkommen konzipiert (s *Bülow* in *Bülow/Böckstiegel/Geimer/Schütze,* Rechtsverkehr A I 1 a, 100.4). Für das HPÜ 1954 trifft dies nicht mehr zu; Art 31 läßt auch den Beitritt von nicht bei der VII. Tagung der Haager Konferenz für Internationales Privatrecht vertretenen Staaten zu, knüpft allerdings dessen Wirksamkeit an die Bedingung, daß keiner der Vertragsstaaten sich gegen diesen im konkreten Fall innerhalb von sechs Monaten nach Erhalt der diesbezüglichen Mitteilung ausspricht. Darüber hinaus ist der Text des Übereinkommens bemüht, die Mitgliedstaaten zu motivieren, ihre Zusammenarbeit auf bilateraler Ebene noch weiter auszubauen. So wird in einer Vielzahl von Fällen ausdrücklich darauf hingewiesen, daß die betreffenden Bestimmungen zwischen den Vertragsstaaten nur „vorbehaltlich anderweitiger Vereinbarung" zwischen ihnen gelten. 45

Im einzelnen sind solche Übereinkünfte für nachstehende Gebiete vorgesehen:

für die **internationale Zustellung** in Art 1 Abs 4, Art 3 Abs 3, Art 6 Abs 2 und Art 7 Abs 2;

für die **internationale Beweisaufnahme** in Art 9 Abs 4, Art 10, Art 15 und Art 16 Abs 2;

für die **Sicherheitsleistung für die Prozeßkosten** in Art 17 Abs 3;

für die **Vollstreckung von Prozeßkostenentscheidungen** in Art 18 Abs 3 sowie in Art 19 Abs 2 Z 3 und Abs 3 Satz 2; und

für das *Armenrecht* (jetzt: die **Verfahrenshilfe**) in Art 23 Abs 2 (Verweis auf Art 9 Abs 4).

a) Zulassung des unmittelbaren Verkehrs zwischen den beiderseitigen Behörden

46 **Art 1 Abs 4 und Art 9 Abs 4 HPÜ 1954** betreffen den Weg, auf dem Rechtshilfeersuchen von Land zu Land übermittelt werden: den Staaten wird es freigestellt, statt des (als Regelfall im HPÜ 1954 statuierten) konsularischen Weges „den **unmittelbaren Verkehr zwischen den beiderseitigen Behörden** zuzulassen". Eine derartige Vereinbarung hat Österreich freilich nur in wenigen Fällen getroffen (uzw insb dort, wo sich das Sprachenproblem gar nicht oder doch nicht in aller Schärfe stellt; so mit Deutschland, Italien und der Schweiz; ferner mit Belgien, Luxemburg und den Niederlanden; s dazu näher oben Rz 18). Mit der weitaus größeren Zahl der Staaten wurde vielmehr vereinbart, den Rechtshilfeverkehr auf ministerieller Ebene abzuwickeln, dh den **unmittelbaren Verkehr zwischen den beiderseitigen Justizministerien** (als Übermittlungs- und Empfangsstellen) zuzulassen (s die Angaben in Anh B **[Tabelle 1]** Rz 4). Hinzu treten noch jene Fälle, in denen hohe Justizverwaltungsbehörden direkt miteinander verkehren (so im Rechtshilfeverkehr mit Israel und mit Schweden). Verschiedentlich ist der **Hinlauf** der Akten auf den formelleren Weg verwiesen, während für **Zwischenerledigungen** oder den **Rücklauf** der Akten der unmittelbare Behördenverkehr gestattet ist; s im einzelnen die Länderberichte in Anh B.

b) Absehen von jeglichem (behördlichen) Übermittlungsweg

47 **Art 6 Abs 1 Z 1 HPÜ 1954** sieht vor, daß die Staaten einander das Recht einräumen können, Schriftstücke von Land zu Land **unmittelbar durch die Post** zu senden und dadurch Zustellungen an im Ausland lebende Personen vorzunehmen, ohne die Landesbehörden überhaupt einschalten zu müssen. Die Zulassung dieser Form der Zustellung impliziert somit (jedenfalls nach unverändert herrschender, auch dem HPÜ 1954 selbst zugrunde liegender Ansicht) einen Souveränitätsverzicht des betreffenden Staates. Gemäß Art 6 Abs 2 Satz 1 kann dieser auch konkludent abgegeben werden, so dadurch, daß der betreffende Staat keinen Widerspruch gegen ein solches Vorgehen der ausländischen Behörden einlegt.

48 Gemäß **Art 6 Abs 1 Z 2 HPÜ 1954** können es die Vertragsstaaten zulassen, daß sich „die Beteiligten" im Bestimmungsland unmittelbar an jene **Amtspersonen** („Vollziehungs- oder sonstige Beamte"; *„officiers ministériels ou fonctionnaires"*) wenden und diese ersuchen, die Zustellung vorzunehmen, welche in dem betreffenden Land hierfür zuständig sind. Österreich hat diese Form der Zustellung (schon deshalb, weil sie keine Entsprechung im österreichischen Recht hat) in den Zusatzvereinbarungen stets ausgeschlossen bzw zu sonstigen Verträgen einen entsprechenden Vorbehalt abgeben (so zB zu Art IV EuGVÜProt und Art IV LGVÜProt Nr 1).

c) Rechtshilfe unmittelbar durch diplomatische oder konsularische Vertreter

49 **Art 6 Abs 1 Z 3 iVm Abs 2 HPÜ 1954** räumt den diplomatischen und konsularischen Vertretungsbehörden das Recht ein, **Zustellungen** an die **Staatsangehörigen ihres Entsendestaates** unmittelbar (dh ohne Einschaltung der Behör-

den des Empfangsstaates) vorzunehmen. Eine Anzahl von Zusatzabkommen betonen, daß dieses Recht bei **Doppelstaatsbürgerschaft** des Betreffenden (dh in dem Fall, daß er auch Staatsbürger des ersuchten oder eines dritten Staates ist) nicht eingreift. Darüber hinaus kann den genannten Vertretungsbehörden – durch Zusatzvereinbarung oder auch konkludent durch Nichtausübung des Widerspruchsrechts – diese Befugnis auch gegenüber **fremden Staatsangehörigen** (dh des ersuchten oder eines dritten Staates) eingeräumt werden.

Art 15 sieht parallel dazu die Möglichkeit vor, auch die Erledigung von **Beweisaufnahmen** in die Hände der diplomatischen oder konsularischen Vertretungsbehörden zu legen. Doch bedarf es diesfalls stets – also auch dann, wenn es sich bei den zu vernehmenden oder zur Vorlage von Urkunden aufgeforderten Personen um Staatsangehörige des Entsendestaates handelt – einer (wenn auch nur konkludent erteilten) Zustimmung des Empfangsstaates. 50

Für alle Fälle gilt, daß bei der Durchführung dieser Rechtshilfeersuchen iwS kein Zwang ausgeübt werden darf.

d) Verwendung der eigenen Sprache

Ein Großteil der Zusatzvereinbarungen zum HPÜ 1954, aber auch der übrigen (insb mit den ehem sozialistischen Ländern Osteuropas abgeschlossenen) bilateralen Rechtshilfeverträge sieht vor, daß die (als Übermittlungs- und Empfangsstellen fungierenden) **Justizministerien** miteinander **in ihrer eigenen Sprache verkehren** können. Dies bedeutet, wie die ErläutRV mehrfach betonen (s nur RV 975 BlgNR 11. GP 14 [Bulgarien], RV 881 BlgNR 11. GP 11 [Rumänien]; vgl auch Anh B [Tschechien] Rz 340), deshalb eine große Erleichterung in der Abwicklung des internationalen Rechtshilfeverkehrs, weil es in aller Regel nicht nur einfacher, sondern auch kostensparender ist, aus einer fremden in die eigene Sprache zu übersetzen als umgekehrt. Für diese Zwecke ist daher auch im **Bundesministerium für Justiz** eine eigene **Übersetzungsstelle** eingerichtet, welche die für die Erledigung der **einlangenden** Rechtshilfeersuchen notwendigen Übertragungen in die deutsche Sprache besorgt. 51

Ihre Einrichtung geht auf die Zeit der Österreichisch-ungarischen Monarchie zurück. Nach dem Zweiten Weltkrieg wurden ihre Aufgaben näher durch den Erlaß des BMJ vom 16. 12. 1960 über die Tätigkeit der **Rechtshilfe- und Übersetzungskanzlei** des BMJ im Dienste der Rechtspflege, JABl 1961/5 (idF 1976/20 und 1997/41), geregelt. Danach stellt das BMJ „für eigene Zwecke, vor allem im zwischenstaatlichen Rechtshilfeverkehr," **Übersetzungen** her, die es dann den Gerichten für die geschäftsmäßige Erledigung der Ersuchen zur Verfügung stellt (Z 3). Sie sind also lediglich **für den amtsinternen Gebrauch** bestimmt, weshalb ihnen auch „verfahrensrechtlich nicht die Bedeutung zu(kommt), die Übersetzungen durch gerichtlich bestellte Dolmetsche haben" (Z 6). Es werden ausschließlich Übersetzungen aus, nicht solche in fremde Sprachen hergestellt (Z 7). Auch die in **§ 14 RHE Ziv. 1997** erwähnten gebührenfreien Übersetzungen in Vormundschafts- und Pflegschaftssachen sowie in Rechtssachen von Verfahrenshilfe oder Gebührenfreiheit genießenden Verfahrensbeteiligten werden durch die ministerielle Übersetzungsstelle besorgt. Derzeit werden **aus folgenden Sprachen** Übersetzungen hergestellt: Bosnisch, Englisch, Französisch, Italienisch, Kroatisch, Mazedonisch, Niederländisch, Polnisch, Rumänisch, Russisch, Serbisch, Slowakisch, Slowenisch, Tschechisch, Ukrainisch und Ungarisch.

Bezüglich der Verwendung der eigenen Sprache ist zwischen den **Begleitschreiben,** dh den Ersuchen um Zustellung bzw um Beweisaufnahme, einerseits und den **zuzustellenden Schriftstücken** bzw der **Darlegung der gewünschten Art von Beweisaufnahme** (zB die Sachverhaltsinformation und die an den Zeugen zu stellenden Fragen) andererseits zu unterscheiden. Da letzteres Begehren sich ebenfalls an die Behörde selbst wendet, darf es meist in der gleichen Sprache ge- 52 halten sein wie das Begleitschreiben und bleibt die Besorgung der für die Durchführung der Rechtshilfe erforderlichen Übersetzungen dem ersuchten Staat überlassen. Hingegen handelt es sich im ersten Fall darum, daß die Schriftstücke dem Zustelladressaten in einer Form zukommen müssen, die es ihm erlaubt, von ihrem Inhalt unmittelbar Kenntnis zu nehmen. Dies setzt aber voraus, daß sie entweder in einer Sprache, deren Beherrschung ihm zumutbar ist, abgefaßt oder in diese übersetzt sind. Als solche gilt (zumindest derzeit noch, s jedoch oben Rz 8) die **Amtssprache** des Staates, in dem die Zustellung vorzunehmen ist, also jene, die vor den Behörden dieses Landes gesprochen wird; diese Regelung gilt grundsätzlich auch für jene Personen, die nicht Staatsbürger dieses Landes sind. Zu den sich aus den Rechten der **Minderheiten** ergebenden Abweichungen von diesem Grundprinzip s §§ 13 ff VolksgruppenG (BG 7. 7. 1976 BGBl 396 idF BGBl 1988/24) sowie die V 31. 5. 1977 BGBl 307 (slowenische Sprache) und 24. 4. 1990 BGBl 231 idF BGBl 1991/6 (kroatische Sprache).

Der Rechtshilfeverkehr ist ferner durch die **Verwendung zweisprachiger Formulare,** die als Begleitschreiben dienen, vereinfacht; ihr Inhalt ist in einigen Fällen auch völkervertraglich festgelegt (vgl zB im Verhältnis zu Frankreich die dem Zusatzabkommen BGBl 1980/236 angeschlossenen Muster). Regelmäßig handelt es sich dabei nur um die Begleitschreiben zu Zustellersuchen, manchmal aber auch um diejenigen zu Beweisersuchen.

53 Unabhängig davon, ob sich bezüglich der zuzustellenden Schriftstücke eine entsprechende Sondervorschrift findet oder nicht, greift jedoch stets das Zustellschema des Art 2 iVm Art 3 Abs 2 HPÜ 1954 ein: Danach ist für die wirksame Durchführung einer Zustellung, die auch gegen den Willen des Empfängers (also zB bei Annahmeverweigerung oder Abwesenheit von der Abgabestelle durch Hinterlegung) vorgenommen werden soll, stets erforderlich, daß die betreffenden Schriftstücke in der Amtssprache des Bestimmungslandes verfaßt oder von einer Übersetzung in diese begleitet sind; s dazu oben Rz 11 f und 22.

e) Erleichterungen bei der Beglaubigung von Übersetzungen

54 **Art 3 Abs 3, Art 10 und Art 19 Abs 2 Z 3 HPÜ 1954** sehen vor, daß Übersetzungen (entweder von einem diplomatischen oder konsularischen Vertreter des ersuchenden Staates oder) von einem beeideten Dolmetsch des **ersuchten** Staates beglaubigt sein müssen. Dieser Kreis der zur Bestätigung der Richtigkeit der Übertragungen befugten Personen wird durch die Zusatzvereinbarungen meist dahingehend erweitert, daß diese Beglaubigung auch von einem beeideten Dolmetsch des **ersuchenden** Staates erfolgen kann.

f) Weitergehender Verzicht auf den Rückersatz von Kosten

55 **Art 7 Abs 2** und **Art 16 Abs 2 HPÜ 1954** lassen es den Vertragsstaaten offen, in der Frage, ob und inwieweit die für die geleistete Rechtshilfe vom ersuchten Staat aufgewendeten Kosten (insb Gebühren und Auslagen) durch den ersuchenden Staat rückerstattet werden sollen, eine von den Bestimmungen des HPÜ 1954 abweichende Regelung zu treffen. Viele Zusatzvereinbarungen (wie auch die selbständigen Rechtshilfeverträge) verfügen diesbezüglich, daß auf den Ersatz dieser Kosten grundsätzlich verzichtet wird; ausgenommen von dieser Regel werden allerdings meist die **Sachverständigengebühren,** deren Höhe beträchtlich sein kann; so im Verhältnis zu Frankreich, Luxemburg, Norwegen und Schweden. Hingegen ist in den Verträgen mit Dänemark, Deutschland, Finnland, den Niederlanden, Polen und Ungarn vorgesehen, daß auf jeden Kostenersatz zur Gänze verzichtet wird.

Meist wird, davon unabhängig, angeordnet, daß die aufgelaufenen Kosten dem ersuchenden Staat bekanntgegeben werden, damit sie dieser sodann der nach dem Prozeßstand oder nach dem Prozeßausgang zahlungspflichtigen Partei auferlegen kann. Rechtsgrundlage hierfür ist in Österreich § 1 Z 7 iVm § 2 Abs 1 GEG 1962.

g) Aufrechterhaltung schon bestehender oder Einräumung weiterer Befreiungen von der aktorischen Kaution

Viele Zusatzvereinbarungen halten fest, daß die im HPÜ 1954 eingeräumte **56**
Begünstigung auch **juristischen Personen** und parteifähigen Gebilden, die ihren **Sitz** im anderen (oder auch in einem dritten) Vertragsstaat haben, zugute kommen soll; s dazu jeweils bei den einzelnen Ländern in Anh B.

Art 17 Abs 3 HPÜ 1954 läßt ausdrücklich bestehende Verträge, die Ange- **57**
hörigen der Vertragsstaaten unabhängig von ihrem Wohnsitz eine Befreiung von einer Sicherheitsleistung für Prozeßkosten einräumen, unberührt.

Hinzu treten später abgeschlossene Verträge, wie zB das Übereinkommen vom 9. 5. 1980 über den internationalen Eisenbahnverkehr **(COTIF)** BGBl 1985/225, das in seinem Art 18 § 4 (in Verbindung mit Art 18 § 1, der die gegenseitige Vollstreckung von Urteilen und gerichtlichen Vergleichen regelt) eine Befreiung von jeglicher Sicherheitsleistung für Prozeßkosten (für den Bereich von Klagen auf Grund des Übereinkommens) vorsieht.

Zur gänzlichen Befreiung der Staatsbürger der Mitgliedstaaten der **Europäischen Union** von jeglicher aktorischen Kaution innerhalb des (durch das EuGVÜ gebildeten) europäischen Jurisdiktionsbereichs vgl die Rechtsprechung des **EuGH** unten Rz 69.

h) Parteiantrag auf Vollstreckbarerklärung der Prozeßkostenentscheidungen

Art 18 Abs 3 HPÜ 1954 schlägt den Vertragsstaaten vor, in die Zusatzver- **58**
einbarungen die (heute selbstverständlich anmutende) Regelung aufzunehmen, daß sich die Parteien mit ihrem Antrag auf Vollstreckbarerklärung der Prozeßkostenentscheidung auch selbst unmittelbar an die zuständigen Behörden im Zweitstaat wenden können. Alle bilateralen Vertragspartner haben von dieser Möglichkeit Gebrauch gemacht. Im europäischen Jurisdiktionsbereich sind diese Bestimmungen freilich zunehmend durch EuGVÜ und LGVÜ überlagert worden; auf ihrer Grundlage kann jede Kostenentscheidung in Zivil- und Handelssachen, die in einem der Vertragsstaaten ergangen ist, in allen anderen vollstreckt werden. Die Regelung des HPÜ 1954 ist allerdings noch von Bedeutung im Bereich des Personenstands-, Familien- und Erbrechts, da diese Materien durch Art 1 Abs 2 Z 1 vom Anwendungsbereich des EuGVÜ und LGVÜ ausgeklammert sind. Auch hier wird aber in Zukunft eine weitere Überlagerung eintreten, uzw durch das sog Brüssel II-Übereinkommen (s Rz 70).

i) Reduktion der formellen Voraussetzungen für die Vollstreckung von Prozeßkostenentscheidungen

Gem **Art 19 Abs 3 Satz 2 HPÜ 1954** bedarf es einer eigenen, vom „höch- **59**
sten Beamten der Justizverwaltung" des ersuchenden Staates auszustellenden Erklärung des Inhalts, daß die (gem Art 19 Abs 2 Z 2 HPÜ 1954 eine formelle Voraussetzung für die Vollstreckung der Kostenentscheidung bildende) **Rechtskraftbestätigung** von der zuständigen Behörde des Landes erteilt worden ist. Von der Möglichkeit, von dieser Formalität abzusehen, haben die meisten bilateralen Vertragspartner Gebrauch gemacht.

60 Gem **Art 19 Abs 2 Z 3 und Abs 3 Satz 3 HPÜ 1954** sind ferner alle erforderlichen Übersetzungen (des Spruchs der Entscheidung, der Rechtskraftbestätigung und der sonstigen Erklärungen iSd Art 19 Abs 3 Satz 2) zu beglaubigen; auch hier sehen die Zusatzvereinbarungen Erleichterungen vor (vgl oben Rz 54).

j) Übermittlung von Anträgen auf Verfahrenshilfe

61 Auf dem Gebiet der Verfahrenshilfe ist heute neben dem HPÜ 1954 das **Europäische Übereinkommen über die Übermittlung von Anträgen auf Verfahrenshilfe vom 27. 1. 1977 BGBl 1982/190** zu beachten; s dazu näher bei § 63 ZPO.

Gehört ein Staat, mit dem eine **Zusatzvereinbarung zum HPÜ 1954** oder ein **eigener bilateraler Rechtshilfevertrag** (allein, parallel oder zusätzlich zum HPÜ 1954; s dazu näher Anh B bei [Tschechien] Rz 339f und [Ungarn] Rz 392f) abgeschlossen wurde, auch dem Europäischen Übereinkommen über die Übermittlung von Anträgen auf Verfahrenshilfe vom 27. 1. 1977 BGBl 1982/190 an, so ist dies bei diesem ausdrücklich verzeichnet. (Sofern der **Beitritt** später als von österreichischer Seite erfolgt ist, wird die entsprechende **Fundstelle** des im BGBl kundgemachten Beitritts in Klammer unter der Signatur „B" hinzugefügt; eine später erfolgte **Ausdehnung** des Geltungsbereiches des Übereinkommens auf weitere Hoheitsgebiete dieses Staates gem Art 12 Abs 2 wird durch „A" gekennzeichnet; ausgewiesen sind ferner ein gem Art 13 zu Art 6 Abs 1 lit b abgegebener **Vorbehalt** [unter „V"] und die **Mitteilungen** gem Art 8, betreffend die als Übermittlungsstellen und als zentrale Empfangsstelle iSd Art 2 fungierenden Behörden [unter „M"].) Darüber hinaus gehören derzeit noch folgende **weitere Staaten** dem **Straßburger Verfahrenshilfeübereinkommen** an: Estland (B, V und M: BGBl III 1999/20), Irland (B: BGBl 1988/754; M: BGBl III 1998/174), Litauen (B und M: BGBl 1996/684) und Portugal (B, V und M: BGBl 1986/402).

6. Nicht im HPÜ 1954 selbst angeschnittene Themen

a) Erteilung von Rechtsauskünften

62 Für die Anwendung ausländischen materiellen Rechts von besonderer Bedeutung ist die Möglichkeit, eine Rechtsauskunft von dem Staat, dessen Recht zur Anwendung kommen soll, zu erlangen; für das österreichische Recht normiert § 4 IPRG die Verpflichtung, dieses von Amts wegen zu ermitteln (für Österreich s hierzu § 271 Abs 1 ZPO iVm § 3 IPRG). Zwar enthält das HPÜ 1954 diesbezüglich keine Bestimmung; eine große Anzahl der **bilateralen Zusatzvereinbarungen** sieht jedoch ausdrücklich vor, daß die Vertragsstaaten einander auf diesem Gebiet Rechtshilfe leisten. (Gleiches gilt auch für jene **bilateralen Rechtshilfeverträge,** die mit Staaten abgeschlossen worden sind, die dem HPÜ 1954 nicht angehören.) Sie wird in aller Regel kostenlos erteilt. Als zuständige Stellen sind hier durchgehend die **beiderseitigen Justizministerien** (Ausnahme: in Schweden das Außenministerium *[utrikesdepartementet],* s Anh B [Schweden] Rz 279) angegeben. Die meisten Vertragsstaaten gehören darüber hinaus dem **Londoner Rechtsauskunftsübereinkommen** (Europäisches Übereinkommen betreffend Auskünfte über ausländisches Recht vom 7. 6. 1968 BGBl 1971/417) sowie dem **Straßburger Zusatzprotokoll** (Zusatzprotokoll zum Europäischen Übereinkommen betreffend Auskünfte über ausländisches Recht vom 15. 3. 1978 BGBl 1980/179) an. Dieses sieht auf österreichischer Seite als (zentrale) **Übermittlungs- und Empfangsstelle** das **BMJ** vor. Im Unterschied zu den bilateralen Vereinbarungen sieht dieses darüber hinaus vor, daß auch eine Rechtsauskunft von privaten Institutionen oder rechtskundigen Personen eingeholt werden kann; diesfalls gibt die Empfangsstelle des ersuchten Staates dem ersuchenden Staat die **voraussichtlichen Kosten** bekannt und ersucht um dessen Zustimmung. Siehe die näheren Darlegungen zu diesem Übereinkommen bei § 271 ZPO.

Gehört ein Vertragsstaat, dem Rechtshilfe aufgrund einer zwischenstaatlichen bilateralen Vereinbarung geleistet wird, auch dem Londoner Rechtsauskunftsübereinkommen (und dem Zusatzprotokoll) an, so ist dies bei diesem ausdrücklich verzeichnet. (Sofern der Beitritt später als von österreichischer Seite erfolgt ist, wird die entsprechende **Fundstelle** des im BGBl kundgemachten Beitritts in Klammer unter der Signatur „B" hinzugefügt.) Darüber hinaus gehören derzeit noch folgende **weitere Staaten** dem **Londoner Rechtsauskunftsübereinkommen** an: Costa Rica (B: BGBl 1976/233), Estland (B: BGBl III 1997/106), Island, Lettland (B: BGBl III 1998/156), Litauen (B: BGBl 1996/683), Malta, Portugal (B: BGBl 1978/541) und Zypern. Von diesen Staaten sind Estland (B: BGBl III 1997/107), Island (B: BGBl 1989/505), Lettland (B: BGBl III 1998/157 und III 1998/204), Malta (B: BGBl 1989/259), Portugal (B: BGBl 1984/353) und Zypern auch dem **Straßburger Zusatzprotokoll** beigetreten.

Lit zum Londoner Rechtsauskunftsübereinkommen: *Schellack,* Selbstermittlung oder ausländische Auskunft unter dem europäischen Rechtsauskunftsübereinkommen (1998).

b) Befreiung öffentlicher Urkunden und öffentlich beglaubigter Privaturkunden von jeder weiteren Formalität

Zahlreiche Rechtshilfeverträge – uzw insb jene, die mit nicht dem HPÜ 1954 angehörenden Staaten abgeschlossen wurden (s nur die Hinweise in Anh B bei Tschechien Rz 339 f) – enthalten eine nähere Regelung des Urkundenwesens. Danach werden öffentliche Urkunden (ds solche, die von einer Behörde des anderen Vertragsstaates ausgestellt und mit dem Amtssiegel versehen sind) sowie öffentlich beglaubigte Privaturkunden (ds private Urkunden, bei denen die Echtheit der Unterschrift durch ein öffentliches Organ – zB Gericht oder Notar – bestätigt worden ist), manchmal auch Abschriften solcher Urkunden, die selbst wiederum vidimiert worden sind (dh deren Echtheit durch ein öffentliches Organ bestätigt worden ist), von jeder weiteren Formalität, insb von einer Überbeglaubigung durch konsularische Vertreter befreit. Diese Bestimmungen stellen dann insb auch eine **Befreiung vom Erfordernis der Apostille** iSd Art 3 Abs 2 des **Haager Beglaubigungsübereinkommens** (Übereinkommen zur Befreiung ausländischer öffentlicher Urkunden von der Beglaubigung vom 5. 10. 1961 BGBl 1968/27) dar. Dieses Übereinkommen befreit ausländische öffentliche Urkunden (aber auch öffentlich beglaubigte Urkunden, s Art 1 Abs 2 lit d des Übereinkommens) von jeder Beglaubigung „durch die diplomatischen oder konsularischen Vertreter des Landes, in dessen Hoheitsgebiet die Urkunde vorgelegt werden soll" (Art 2) und setzt an deren Stelle die Anbringung der Apostille durch die gem Art 6 des Übereinkommens als zuständig bestimmten Behörden des Staates, in dem die Urkunde errichtet worden ist (Art 3 Abs 1; für Österreich s BG 31. 5. 1967 BGBl 1968/28). Es ist jedoch insb nicht auf Urkunden anzuwenden, die von diplomatischen oder konsularischen Vertretern errichtet sind (Art 1 Abs 3 lit a). Diese Lücke schließt das **Londoner Beglaubigungsübereinkommen** (Europäisches Übereinkommen zur Befreiung der von diplomatischen oder konsularischen Vertretern errichteten Urkunden von der Beglaubigung vom 7. 6. 1968 BGBl 1973/274), das seinerseits die von diplomatischen oder konsularischen Vertretern errichteten Urkunden von jeder weiteren (Über-)Beglaubigung befreit. Es geht den in bilateralen Verträgen enthaltenen Bestimmungen, die gegenteiliger Natur sind, vor (Art 5). Ein (multilaterales) Übereinkommen iSv Art 3 Abs 2 des Haager Beglaubigungsübereinkommens stellt schließlich das **Athener Beglaubigungsübereinkommen** (Übereinkommen über die Befreiung bestimmter Urkunden von der Beglaubigung vom 15. 9. 1977 BGBl 1982/239) dar, das speziell Personenstandsurkunden und alle für die Eheschließung oder **63**

Eintragung in das Personenstandsbuch erforderlichen Dokumente von jeder Beglaubigung oder gleichwertigen Förmlichkeit befreit (Art 2).

c) Freies Geleit für Zeugen und Sachverständige

64 Nur im bilateralen Rechtshilfevertrag mit Polen BGBl 1974/79 (Art 10; s Anh B [Polen] Rz 243) und im Zusatzabkommen mit der Schweiz BGBl 1969/354 (Art 3 Abs 2 iVm Art 6; s Anh B [Schweiz] Rz 292) findet sich eine dem internationalen Rechtshilfeverfahren in Strafsachen nachgebildete Vorschrift (vgl nur Art 12 Abs 1 und 3 des Europäischen Übereinkommens über die Rechtshilfe in Strafsachen vom 20. 4. 1959 BGBl 1969/41 und §§ 53 und 72 ARHG), wonach auch im Ausland befindlichen Zeugen und Sachverständigen eine **Ladung** (zur mündlichen Verhandlung) **vor das erkennende Gericht** zugestellt werden darf; die Nichtbefolgung dieser Aufforderung darf jedoch keiner Sanktion unterliegen; für den Fall, daß die genannten Personen ihr Folge leisten, wird ihnen **freies Geleit** zugesichert; dieses besteht in einer **Verfolgungsimmunität für Straftaten,** die während des Aufenthaltes in dem ersuchenden Staat begangen werden; sie dauert bis 15 Tage nach dem Verlassen des Landes bzw der Erklärung des Gerichtes, daß ihre weitere Anwesenheit im Prozeßstaat nicht mehr erforderlich sei.

65 Eine derartige Bestimmung, wenn auch mit kürzerer – nämlich siebentägiger – Frist, findet sich nunmehr auch in Art 20 des (bislang von Österreich nicht ratifizierten) **Haager Übereinkommens über den internationalen Zugang zur Rechtspflege** von 1980 (also in jenem Übereinkommen, das die Regelung der Art 17–26 HPÜ 1954 [bzw Art 17–24 HPÜ 1905] ablösen soll; vgl oben Rz 2); sie ist somit eine der in den früheren Haager Prozeßübereinkommen noch nicht enthaltenen Neuerungen.

7. Weiterentwicklungen innerhalb des europäischen Jurisdiktionsbereichs

66 Mit Ausnahme Österreichs gehören alle fünfzehn Staaten, die heute in der **Europäischen Union** zusammengefaßt sind (und damit zugleich auch den Kreis der Vertragsstaaten des **EuGVÜ** bilden), dem Haager Zustellungsübereinkommen von 1965 (HZÜ 1965) an; und die Mehrzahl von ihnen – nicht aber Belgien, Griechenland, Irland und Österreich – gehört überdies dem Haager Beweisübereinkommen von 1970 (HBÜ 1970) an; s Rz 1 f. Im Verhältnis zu **Österreich** gilt demnach für den gesamten internationalen Rechtshilfeverkehr (Zustellung und Beweisaufnahme) weiterhin das **HPÜ 1954**, dem aber ihrerseits wiederum nicht **Griechenland, Großbritannien** und Irland angehören. Während Österreich mit den erstgenannten beiden Staaten jedoch in eigenständiger **bilateraler Vertragsbeziehung** steht, ist der Rechtshilfeverkehr mit **Irland** allein aufgrund bestehender **völkerrechtlicher Übung** abzuwickeln. Darauf hingewiesen sei ferner, daß auch im Verhältnis zu jenen Staaten, die – weil sie nicht der Europäischen Union angehören – nur Vertragsstaaten des LGVÜ sind (so Island, Norwegen und die Schweiz), der Rechtshilfeverkehr iwS auf völkervertraglicher Grundlage beruht, nämlich im Verhältnis zu **Island** auf dem **HPÜ 1905** und im Verhältnis zu **Norwegen** und der **Schweiz** gleichfalls auf dem **HPÜ 1954.** Siehe die näheren Angaben zum Mitgliederstand unten Rz 72.

a) Internationale Zustellung

67 **EuGVÜ** und **LGVÜ** regeln die internationale Zustellung nicht selbst, sondern verweisen ihrerseits auf bestehende zwischenstaatliche Verträge: so in Art 20 Abs 3 direkt auf Art 15 HZÜ 1965; und in **Art IV Abs 1 EuGVÜProt** bzw

Art IV Abs 1 LGVÜProt Nr 1 ganz allgemein darauf, daß sich die Zustellung der in einem Vertragsstaat ausgefertigten gerichtlichen und außergerichtlichen Schriftstücke an eine Person, die sich in einem anderen Vertragsstaat befindet, nach den zwischen diesen Mitgliedstaaten geltenden völkerrechtlichen Vereinbarungen richtet. (Art IV Abs 2 sieht darüber hinaus vor, daß sich der **Zustellungsverkehr** – vorbehaltlich einer gegenteiligen Erklärung des betreffenden Staates – auch **zwischen den amtlichen Zustellungsorganen der Mitgliedstaaten** [zB zwischen einem französischen *huissier* und einem niederländischen *deurwaarder*] abwickeln kann; **Österreich** hat dem schon deshalb **widersprochen,** weil es **weder** einen **Berufsstand** dieser Art **noch** eine derartige Form „halbamtlicher" **Parteizustellung** kennt.) Für Vertragsstaaten, die dem HZÜ 1965 – gleich Österreich – nicht angehören (so Island), ändert sich demnach nichts an der bisherigen Rechtslage.

Im Mai 1997 haben die Justizminister der Mitgliedstaaten der Europäischen Union jedoch das **Europäische Zustellungsübereinkommen (EZÜ) 1997** (Übereinkommen über die Zustellung gerichtlicher und außergerichtlicher Schriftstücke in Zivil- und Handelssachen in den Mitgliedstaaten der Europäischen Union vom 26. 5. 1997, ABl 1998 Nr C 261) sowie das „Protokoll über die Auslegung dieses Übereinkommens durch den EuGH" unterzeichnet. Es soll neben die bisher bestehenden Abkommen treten und diesen gem Art 20 EZÜ nur insoweit vorgehen, als sie europäischem Gemeinschaftsrecht widersprechen; das Verhältnis von EZÜ zu HZÜ 1965 ist deshalb in Art 19 EZÜ auch eigens geregelt worden. Zu den mit dem EZÜ angestrebten Neuerungen im internationalen Zustellungsverkehr s oben Rz 8 sowie ausführlich bei § 121 ZPO, §§ 11 f ZustG; vgl auch das im Anh §§ 38–40 JN unter Lit Rz 5 angeführte Spezialschrifttum zum Entwurf des EZÜ. **68**

b) Befreiung von der aktorischen Kaution

Lit: *Ehricke,* Art. 12 I (ex 6 I) EG-Vertrag und das nationale Zivilprozeßrecht – Bilanz und Perspektiven, IPRax 1999, 311; *Schütze,* Zur Neuregelung der cautio iudicatum solvi in Deutschland, RIW 1999, 10.

Art 17 Abs 1 HPÜ 1954 knüpft die Befreiung des Klägers vom Erlag einer Sicherheitsleistung für die (von ihm im Fall seines Unterliegens zu ersetzenden) Prozeßkosten – und ebenso jene von der Zahlung eines Vorschusses für die Gerichtsgebühren iSd Art 17 Abs 2 HPÜ 1954 – noch daran, daß dieser nicht nur **Staatsbürger eines der Vertragsstaaten** ist, sondern auch seinen **Wohnsitz in einem der Vertragsstaaten des HPÜ 1954** hat. Für Staatsangehörige aus den **Mitgliedstaaten der Europäischen Union** ist diese Bestimmung durch das Erkenntnis des EuGH 2. 10. 1997, Rs C-122/96, *Saldanha und MTS Securities Corporation/Hiross Holding AG,* Slg 1997, I-5325 = ecolex 1998, 18 *(Zeiler)* = wbl 1997, 468 = RdW 1998, 279 überlagert. (Im konkreten Fall ging es um die Klage eines britisch-amerikanischen Doppelstaatsbürgers in Österreich.) Danach darf „ein Mitgliedstaat [hier: Österreich] von einem Staatsangehörigen eines anderen Mitgliedstaates [hier: Großbritannien], der zugleich Staatsangehöriger eines dritten Staates [hier: der Vereinigten Staaten von Amerika] ist und in diesem Staat seinen Wohnsitz, im erstgenannten Mitgliedstaat aber weder Wohnsitz noch Vermögen hat, die Leistung einer Prozeßkostensicherheit nicht verlangen, wenn dieser Staatsangehörige vor einem seiner Zivilgerichte als Aktionär gegen eine dort ansässige Gesellschaft Klage erhebt, sofern ein solches Erfordernis für seine eigenen Staatsbürger, die im Inland weder Vermögen noch Wohnsitz haben, nicht gilt". Eben dies ist aber nach § 57 ZPO der Fall: Er stellt allein auf die **Ausländereigenschaft des Klägers** ab und verlangt von inländischen Klägern keine solche Sicherheitsleistung, auch wenn sie gleich dem ausländischen Kläger **69** keine der Bedingungen des § 57 Abs 2 ZPO für die Befreiung vom Erlag einer derartigen Sicherheit erfüllen; er verstößt somit gegen das **Diskriminierungsverbot des Art 6 Abs 1 (jetzt: Art 12 Abs 1) EGV** und darf deshalb nicht gegen Kläger gewendet werden, die Staatsbürger eines der Mitgliedstaaten der Europäischen Union sind. Diese sind demnach von der Leistung einer aktorischen Kaution befreit.

Ungeachtet des Erkenntnisses des EuGH (dem bereits gleichartige Erkenntnisse, andere Mitgliedstaaten betreffend, vorangegangen waren; vgl nur EuGH 26. 9. 1996, Rs C-43/95, *Data Delecta und Forsberg/MSL Dynamics,* Slg 1996, I-4661; 20. 3. 1997, Rs C-323/95, *Hayes/Kronenberger,* Slg 1997, I-1711) sah der österreichische Gesetzgeber jedoch keinen **Anlaß zur Änderung der geltenden Gesetzeslage.** Auch der EG-Vertrag, auf dem das vorliegende Urteil des EuGH gründe, sei nämlich ein Staatsvertrag, der iSd § 57 Abs 1 ZPO „etwas anderes" festsetze; für die Beachtung des Urteils des EuGH sei somit hinreichend gesorgt. Damit ist das eigentliche Problem aber noch nicht gelöst. § 57 ZPO stammt nämlich aus einer Zeit, in der die **Freizügigkeit des Wirtschaftsverkehrs** noch nicht im gleichen Ausmaß wie heute im Vordergrund stand. Dem berechtigten Anliegen von beklagten Parteien, nicht mit Klagen überzogen zu werden, die von (juristischen oder natürlichen) Personen angestellt werden, auf deren Vermögen man sodann nicht oder nur unter äußerst erschwerten Umständen greifen kann, müßte aber weiterhin Rechnung getragen werden. Deshalb müßte die Bestimmung heute – wenn sie zugleich auch gemeinschaftsrechtskonform sein soll – dahin abgeändert werden, daß sie für all jene Kläger, uzw unabhängig von ihrer Staatsbürgerschaft, gilt, bei denen eine **spätere Exekutionsführung** auf ihr Vermögen **nicht in ausreichendem Umfang gewährleistet** ist. In **Deutschland** kommt deshalb nach der Neufassung des § 110 dZPO (durch das 3. RPflÄndG 6. 8. 1998, dBGBl 1998 I, 2030) eine Prozeßkostensicherheit nur (noch) dann in Betracht, wenn der Kläger seinen gewöhnlichen Aufenthalt in einem Staat hat, in dem eine gegen ihn ergehende Prozeßkostenentscheidung nicht vollstreckt werden könnte.

c) Zwangsweise Durchsetzung der Prozeßkostenentscheidung gegen den zahlungsunwilligen Kläger

70 Eine weitere im HPÜ 1954 vorgesehene Regelung ist zwar nicht durch Gemeinschaftsrecht überlagert worden, tritt aber angesichts der durch das **EuGVÜ** (und **LGVÜ**) geschaffenen **erleichterten Vollstreckungsmöglichkeiten** im europäischen Jurisdiktionsbereich in der praktischen Anwendung völlig in den Hintergrund. Es ist dies die dem Beklagten – zum Ausgleich für die generell vorgesehene Befreiung von der aktorischen Kaution – eingeräumte Möglichkeit, die **Vollstreckung** der Kostenentscheidung **im Rechtshilfeweg** durchführen zu lassen (Art 18 und 19 HPÜ 1954). Dadurch kann er die ihm zuerkannten Prozeßkosten in jedem anderen Vertragsstaat durch Exekution auf Vermögenswerte des Klägers hereinbringen, ohne selbst in dem betreffenden Staat als Partei auftreten zu müssen.

Das HPÜ 1954 stellt für derartige Exekutionsführungen die Gegenseitigkeit her und bietet der betreibenden Partei als Erleichterung an, ihren **Antrag** auf Vollstreckbarerklärung **im diplomatischen Weg** in den anderen Vertragsstaat **übermitteln** zu lassen. Die **Zusatzvereinbarungen** vereinfachen einerseits diesen Weg (und ordnen meist an, daß die Übermittlung im Wege der beiderseitigen Justizministerien oder von der ersuchenden Behörde direkt an das ausländische Justizministerium erfolgen kann) und greifen andererseits die in Art 18 Abs 3 HPÜ 1954 vorgeschlagene Lösung auf, der obsiegenden beklagten **Partei** als zusätzliche Alternative auch die **unmittelbare Antragstellung** bei der für die Vollstreckung zuständigen Behörde **im Zweitstaat** zu gestatten.

Vorrangiges Anliegen dieser Bestimmungen ist es freilich, dann einzugreifen, wenn **kein gegenseitiger Anerkennungs- und Vollstreckungsvertrag** zwischen den betreffenden Mitgliedstaaten besteht. Im Bereich der EU (bzw des

EWR und im Verhältnis zur Schweiz) haben sie daher heute durch die generell gegebene Möglichkeit der Anerkennung und Vollstreckung von gerichtlichen Entscheidungen in Zivil- und Handelssachen aufgrund des EuGVÜ (bzw LGVÜ) an Bedeutung verloren. Vor allem im Verhältnis zu den **Reformländern Osteuropas** (s nur Bulgarien, Kroatien, Polen, Rumänien, Slowakei, Slowenien, Tschechien, Ungarn) sind sie hingegen unverändert die einzige Grundlage für die Rechtsdurchsetzung auf diesem Gebiet.

Damit hat sich aber auch der Stellenwert jener Bestimmungen, die in **Zusatzabkommen zum HPÜ 1954** im Verhältnis zu Staaten enthalten sind, die zugleich Vertragsstaaten des EuGVÜ bzw LGVÜ sind, geändert (soweit dies nicht schon zuvor dadurch der Fall war, daß zeitgleich mit diesen Rechtshilfeverträgen oder doch bald danach bilaterale Anerkennungs- und Vollstreckungsverträge mit eben diesen Staaten abgeschlossen wurden, und soweit sich HPÜ 1954 und die Übereinkünfte in ihrem sachlichen Anwendungsbereich decken). Denn die durch die beiden Europäischen Gerichtsstands- und Vollstreckungsübereinkommen gewährten Erleichterungen gehen regelmäßig über diejenigen, welche die Zusatzabkommen einräumen, hinaus.

Rechtsgrundlage der Vollstreckung von Prozeßkostenentscheidungen werden daher heute im (durch EuGVÜ und LGVÜ gebildeten) europäischen Jurisdiktionsbereich **regelmäßig** die Bestimmungen der **Art 31ff EuGVÜ bzw LGVÜ** sein. Voraussetzung hierfür ist, daß es sich um eine Entscheidung handelt, die in einem Rechtsstreit ergangen ist, der eine Rechtssache betrifft, die in den durch Art 1 umschriebenen sachlichen Anwendungsbereich des EuGVÜ/LGVÜ fällt. Hinzu treten in naher Zukunft auch jene Materien, die Gegenstand des **„Brüssel II"-Übereinkommens** (Übereinkommen aufgrund von Artikel K.3 des Vertrags über die Europäische Union über die Zuständigkeit und die Anerkennung und Vollstreckung von Entscheidungen in Ehesachen vom 28. 5. 1998, ABl 1998 Nr C 221, 1) sind. Art 18 und 19 HPÜ 1954 sind jedoch auch heute noch dort von Bedeutung, wo das Hauptverfahren eine von diesen Übereinkommen ausgeschlossene Materie betrifft.

8. Mitgliederstand

Nur gegenüber **Island** (s JABl 1955, 65f) steht der Vorläufer des HPÜ 1954, nämlich das Haager Übereinkommen betreffend das Verfahren in bürgerlichen Rechtssachen vom 17. 7. 1905 **(Haager Prozeßübereinkommen 1905 – HPÜ 1905),** RGBl 1909/60, auch formell unverändert weiterhin in Kraft. (Darüber hinaus sollte die Rechtslage gegenüber **Estland** geklärt werden: Denn es gehört zu jenen Staaten, die vor dem Zweiten Weltkrieg Vertragspartner des HPÜ waren [vgl BGBl 1930/274], durch diesen jedoch zunächst ihre Eigenstaatlichkeit verloren, eine solche inzwischen aber wieder zurückerlangt haben.) Alle **übrigen Vertragsstaaten** sind nach und nach der revidierten Fassung des HPÜ 1905, nämlich dem schon mehrfach erwähnten Haager Übereinkommen vom 1. 3. 1954, betreffend das Verfahren in bürgerlichen Rechtssachen **(Haager Prozeßübereinkommen 1954 – HPÜ 1954),** BGBl 1957/91, beigetreten. 71

Mit (derzeit) siebzehn der Vertragsstaaten des HPÜ 1954 steht Österreich darüber hinaus in **bilateraler Rechtsbeziehung.** Von diesen gehören zwölf Staaten dem sog (durch EuGVÜ und LGVÜ umrissenen) **europäischen Jurisdiktionsbereich** an; uzw **zehn** (der derzeit fünfzehn) **Mitgliedstaaten der Europäischen Union,** nämlich Belgien, Dänemark, Deutschland, Finnland, Frankreich, Italien, Luxemburg, die Niederlande, Schweden und Spanien, sowie – aus dem **Kreis der EFTA-Länder**- die Schweiz und Norwegen (s Anh B [Tabelle 1] Rz 1 und 4). Mit zwei weiteren Mitgliedstaaten der EU, nämlich mit **Griechenland** und **Großbritannien,** hat Österreich eigenständige Rechtshilfeverträge abgeschlossen (s Anh B [Tabelle 1] Rz 1 und 4 sowie [Griechenland] Rz 98ff und [Großbritannien] 114ff). Im Verhältnis zu **Portugal** gilt das HPÜ 1954 (ohne Zusatzvereinbarung); und im Verhält 72 nis zu **Island** (das als EFTA-Staat nur dem LGVÜ angehört) gilt – wie schon eingangs erwähnt – weiterhin das HPÜ 1905. Nur im Verhältnis zu **Irland** ist der Rechtshilfeverkehr somit nach den **Regeln** abzuwickeln, die **für den vertragslosen Zustand** vorgesehen sind (s dazu näher § 38 JN Rz 1, 24 ff und 30).

73 Dem HPÜ 1954 gehören zur Zeit (Stand: Juli 1999) folgende Staaten an:

Vertragsstaaten (Quelle: Mitteilungen des Sekretariats der Haager Konferenz für Internationales Privatrecht)	Haager Prozeßübereinkommen 1954: BGBl [(Teil) Jahr/Nr]	Datum des Inkrafttretens (oder der Weiteranwendung)	Vorbehalt	Zusatzvereinbarung zum HPÜ 1954: BGBl [(Teil) Jahr/Nr]	Datum des Inkrafttretens
Ägypten	1981/501	16. 11. 1981			
Argentinien	1988/355	9. 7. 1988	V[1])		
Armenien	III 1997/5	29. 1. 1997			
Belarus[2])	1993/808	27. 7. 1990 (WA)			
Belgien	1958/121	23. 6. 1958		III 1998/115	1. 8. 1998
Bosnien-Herzegowina[3])	1994/10	20. 12. 1991 (WA)			
Dänemark	1958/260	18. 11. 1958	V[4])	1981/41	1. 4. 1981
Deutschland[5])	1960/37	1. 1. 1960		1960/27	1. 1. 1960
Finnland	1957/91[6])	12. 4. 1957		1988/244	1. 7. 1988
Frankreich[7])	1959/147	22. 6. 1959		1980/236	22. 6. 1980
Israel	1968/286[8])	19. 8. 1968		1982/225	22. 6. 1982
Italien	1957/91	12. 4. 1957		1977/433	11. 10. 1977
Japan	1970/220	26. 7. 1970			

[1]) Argentinien hat anläßlich der Hinterlegung seiner Ratifikationsurkunde folgende Erklärung abgegeben: „Argentinien ist der Auffassung, daß die Einführung der Haft wegen Schulden in Zivil- oder Handelssachen beim derzeitigen Stand des Völkerrechts den von den zivilisierten Staaten anerkannten allgemeinen Rechtsgrundsätzen widerspricht (Art 18 Abs 1 lit c des Statuts des Internationalen Gerichtshofes)."

[2]) Belarus hat erklärt, sich weiterhin an das mit der ehem UdSSR geschlossene Übereinkommen (s BGBl 1967/213) gebunden zu erachten.

[3]) Bosnien-Herzegowina hat erklärt, sich weiterhin an das mit der ehem FVRJ geschlossene Übereinkommen (s BGBl 1963/97) gebunden zu erachten.

[4]) Dänemark hat gegen die in Art 6 Abs 1 Z 3 und Art 15 HPÜ 1954 vorgesehenen Übermittlungswege für die Zustellung von Schriftstücken bzw Erledigung von Rechtshilfeersuchen Widerspruch eingelegt. S hiezu auch JABl 1959, 36: „Das Bundesministerium für Justiz verfügt unter Hinweis auf Artikel 6 Abs 2 und Artikel 15 des Haager Prozeßübereinkommens vom 1. März 1954, BGBl 1957/91, und in Anbetracht des von Dänemark im Sinne dieser Bestimmungen erhobenen Widerspruchs, daß Ersuchen um Zustellungen an eine österreichische Vertretungsbehörde in Dänemark nur gestellt werden dürfen, wenn die Zustellempfänger österreichische Staatsbürger sind und anzunehmen ist, daß sie bereit sind, das Zustellstück in Empfang zu nehmen. Rechtshilfeersuchen sind stets an das zuständige dänische Gericht zu richten (JMZ. 20. 096/58-24)."

[5]) Die Geltung des HPÜ 1954 erstreckt sich seit der Wiedervereinigung (3. 10. 1990) auch auf das Gebiet der ehem DDR. Mit diesem Datum ist daher der Rechtshilfevertrag vom 11. 11. 1980, BGBl 1982/153, zwischen der Republik Österreich und der Deutschen Demokratischen Republik erloschen (s BGBl 1994/220).

[6]) Berichtigung: BGBl 1958/40.

[7]) Das HPÜ 1954 wurde von Frankreich mit Wirkung vom 23. 1. 1961 auf die Überseegebiete Französisch-Polynesien, Neukaledonien sowie Saint-Pierre und Miquelon und mit Wirkung vom 17. 7. 1961 auf die Überseegebiete Französisch-Guayana, Guadeloupe, Martinique und La Réunion erstreckt (s BGBl 1961/83).

[8]) Berichtigung: BGBl 1968/373.

Vertragsstaaten (Quelle: Mitteilungen des Sekretariats der Haager Konferenz für Internationales Privatrecht)	Haager Prozeßübereinkommen 1954: BGBl [(Teil) Jahr/Nr]	Datum des Inkrafttretens (oder der Weiteranwendung)	Vorbehalt	Zusatzvereinbarung zum HPÜ 1954: BGBl [(Teil) Jahr/Nr]	Datum des Inkrafttretens
[*Jugoslawien, ehem.*][9])	1963/97	11. 12. 1962			
Kirgisistan	III 1997/110	14. 8. 1997			
Kroatien[10])	1993/662	8. 10. 1991 (WA)			
Lettland	1993/662	12. 9. 1993			
Libanon	1975/68	7. 1. 1975			
Luxemburg	1957/91	12. 4. 1957		1975/217	16. 5. 1975
Marokko	1972/439	14. 9. 1972			
Mazedonien[11])	1996/305	25. 1. 1991 (WA)			
Moldau	1993/743	3. 11. 1993			
Niederlande[12])	1959/147	27. 6. 1959		1965/267	10. 9. 1965
Norwegen	1958/201	20. 7. 1958		1985/455	1. 11. 1985
Österreich	1957/91	12. 4. 1957			
Polen	1963/97	13. 3. 1963			
Portugal[13])	1967/319	31. 8. 1967			
Rumänien	1972/50	29. 1. 1972			
Russische Föderation[14])	1993/364	26. 7. 1967 (WA)	V[15])	1994/257	12. 4. 1990
Schweden	1958/61	19. 2. 1958		1983/555	1. 1. 1984
Schweiz	1957/222	5. 7. 1957		1969/354	1. 11. 1969

[9]) Siehe jetzt: Bosnien-Herzegowina, Kroatien, Mazedonien, Slowenien. Eine formelle Kontinuitätserklärung der BR Jugoslawien (Serbien und Montenegro) ist bislang nicht kundgemacht worden.

[10]) Kroatien hat erklärt, sich weiterhin an das mit der ehem FVRJ geschlossene Übereinkommen (s BGBl 1963/97) gebunden zu erachten.

[11]) Mazedonien hat erklärt, sich weiterhin an das mit der ehem FVRJ geschlossene Übereinkommen (s BGBl 1963/97) gebunden zu erachten.

[12]) Das HPÜ 1954 wurde von den Niederlanden mit Wirkung vom 2. 4. 1968 auf die Überseegebiete Niederländische Antillen und Aruba erstreckt (s BGBl 1968/286).

[13]) Das HPÜ 1954 wurde von Portugal mit Wirkung vom 25. 9. 1967 auf die Azoren und Madeira sowie das Überseegebiet Macau erstreckt (s BGBl 1968/286).
Portugal hat eine Mitteilung im Sinne von Art 1 Abs 3 und Art 9 Abs 3 HPÜ 1954 abgegeben: Danach ist für die Übermittlung der Ersuchen um Zustellung von Schriftstücken bzw um Rechtshilfe ieS der diplomatische Weg einzuhalten.

[14]) Die Russische Föderation hat erklärt, sich weiterhin an das mit der ehem UdSSR geschlossene Übereinkommen (s BGBl 1967/213) gebunden zu erachten. Gleiches hat sie bezüglich der mit der ehem UdSSR geschlossenen Zusatzvereinbarung (s BGBl 1972/112) erklärt.

[15]) Die Russische Föderation hat anläßlich der Hinterlegung ihrer Kontinuitätserklärung folgende Erklärung abgegeben: „Bezugnehmend auf die Bestimmungen in den Artikeln 1, 6, 9 und 15 des Übereinkommens beehre ich mich mitzuteilen, daß in Übereinstimmung mit der in der Russischen Föderation existierenden Ordnung Gerichtsdokumente ausländischer Behörden, die zur Aushändigung an auf dem Gebiet der Russischen Föderation wohnhaften Personen bestimmt sind, sowie Rechtshilfeersuchen der erwähnten Behörden zur Erledigung den zuständigen russischen Behörden auf diplomatischem Wege über das Ministerium für auswärtige Angelegenheiten der Russischen Föderation zu übermitteln sind. Diese Ordnung steht natürlich einer Aushändigung der Dokumente durch diplomatische und konsularische Vertreter ausländischer Staaten in der Russischen Föderation an deren Staatsbürger in Übereinstimmung mit den im letzten Absatz des Artikels 6 des Übereinkommens festgelegten Bestimmungen nicht im Wege."

Vertragsstaaten (Quelle: Mitteilungen des Sekretariats der Haager Konferenz für Internationales Privatrecht)	Haager Prozeßübereinkommen 1954: BGBl [(Teil) Jahr/Nr]	Datum des Inkrafttretens (oder der Weiteranwendung)	Vorbehalt	Zusatzvereinbarung zum HPÜ 1954: BGBl [(Teil) Jahr/Nr]	Datum des Inkrafttretens
Slowakei[16])	1993/662	1. 1. 1993 (WA)			
Slowenien[17])	1993/364	25. 6. 1991 (WA)			
[*Sowjetunion, ehem.*] [18])	1967/213	26. 7. 1967		1972/112	30. 4. 1972
Spanien	1961/285	19. 11. 1961		1981/280	1. 8. 1981
Suriname	1977/443	7. 9. 1977			
Tadschikistan[19])				III 1998/4	9. 9. 1991
Tschechien[20])	1993/364	1. 1. 1993 (WA)			
[*Tschechoslowakei, ehem.*][21])	1966/164	11. 8. 1966			
Türkei	1973/420	11. 7. 1973	V[22])	1992/570	1. 11. 1992
Ukraine[23])				1996/291	24. 8. 1991
Ungarn	1966/28	18. 2. 1966			
Usbekistan	1996/612	2. 12. 1996			
Vatikanstadt	1967/167	17. 5. 1967			

[16]) Die Slowakei hat erklärt, sich weiterhin an das mit der ehem CSSR geschlossene Übereinkommen (s BGBl 1966/164) gebunden zu erachten.

[17]) Slowenien hat erklärt, sich weiterhin an das mit der ehem FVRJ geschlossene Übereinkommen (s BGBl 1963/97) gebunden zu erachten.

[18]) Siehe jetzt: Armenien, Belarus, Kirgisistan, Lettland, Moldau, Russische Föderation, Tadschikistan, Ukraine, Usbekistan.

[19]) Eine formelle Erklärung über die Weiteranwendung des von der ehem UdSSR abgeschlossenen Übereinkommens (s BGBl 1967/213) durch Tadschikistan ist bisher nicht kundgemacht worden. Tadschikistan hat jedoch erklärt, sich weiterhin an die mit der ehem UdSSR geschlossene Zusatzvereinbarung (s BGBl 1972/112) gebunden zu erachten.

[20]) Die Tschechische Republik hat erklärt, sich weiterhin an das mit der ehem CSSR geschlossene Übereinkommen (s BGBl 1966/164) gebunden zu erachten.

[21]) Siehe jetzt: Slowakei, Tschechien.

[22]) Die Türkei hat anläßlich der Hinterlegung ihrer Ratifikationsurkunde folgende Erklärung abgegeben:
„1. Die Regierung der Türkischen Republik erklärt, daß sie die Anwendung der in Artikel 6 des Übereinkommens aufgezählten Zustellmethoden ausschließt. Diplomatische oder konsularische Vertreter können jedoch Zustellungen lediglich an ihre eigenen Staatsbürger vornehmen.
2. Die Regierung der Türkischen Republik gesteht diplomatischen und konsularischen Vertretern das Recht zu, Ersuchen gemäß Artikel 15 des Übereinkommens lediglich gegenüber ihren eigenen Staatsbürgern auszuführen."

[23]) Eine formelle Erklärung über die Weiteranwendung des von der ehem UdSSR abgeschlossenen Übereinkommens (s BGBl 1967/213) durch die Ukraine ist bisher nicht kundgemacht worden. Die Ukraine hat jedoch erklärt, sich weiterhin an die mit der ehem. UdSSR geschlossene Zusatzvereinbarung (s BGBl 1972/112) gebunden zu erachten.

9. Vertragstext

74 Wiedergegeben ist in der Folge allein der Text des HPÜ 1954; für die in einigen Bestimmungen **abweichende Fassung des HPÜ 1905** (die noch für den Rechtshilfeverkehr mit **Island** von Bedeutung ist, s Rz 71) wird auf dessen Abdruck bei *Bülow/Böckstiegel/Geimer/Schütze,* Rechtsverkehr A I 1 Anh a, 201.1 ff verwiesen; die im Vergleich zum HPÜ 1954 unterschiedlichen Textstellen sind ferner bei *Duchek/Schütz/Tarko,* Rechtsverkehr 146ff (V [HPÜ 1954]) jeweils an der entsprechenden Stelle ausgewiesen.

Übereinkommen vom 1. März 1954 betreffend das Verfahren in bürgerlichen Rechtssachen, BGBl 1957/91 (Haager Prozeßübereinkommen 1954 – HPÜ 1954)

[Auszug]

I. Mitteilung gerichtlicher und außergerichtlicher Akten

Art. 1. Innerhalb der Vertragsstaaten erfolgt in Zivil- oder Handelssachen die Zustellung von Schriftstücken, die für eine im Auslande befindliche Person bestimmt sind, auf Begehren des Konsuls des ersuchenden Staates. Das Begehren ist an die vom ersuchten Staate zu bezeichnende Behörde zu richten. Es hat die Behörde namhaft zu machen, von der das übermittelte Schriftstück herrührt und den Namen sowie die Stellung der Parteien, die Adresse des Empfängers und die Art des Schriftstückes, um das es sich handelt, anzugeben und muß in der Sprache der ersuchten Behörde abgefaßt sein. Diese Behörde hat dem Konsul die Urkunde zu übersenden, welche die erfolgte Zustellung nachweist oder den Umstand angibt, der ihr im Wege stand.

Alle Anstände, die sich anläßlich des Begehrens des Konsuls ergeben sollten, sind im diplomatischen Wege zu bereinigen.

Jeder Vertragsstaat kann in einer Mitteilung an die anderen Vertragsstaaten das Verlangen stellen, daß ihm das die Angaben nach Absatz 1 enthaltende Begehren, auf seinem Gebiete eine Zustellung vorzunehmen, im diplomatischen Wege übermittelt werde.

Die vorstehenden Bestimmungen schließen nicht aus, daß zwei Vertragsstaaten vereinbaren, den unmittelbaren Verkehr zwischen den beiderseitigen Behörden zuzulassen.

Art. 2. Die Zustellung ist durch die zuständige Behörde des ersuchten Staates vorzunehmen. Diese kann sich, abgesehen von den im Artikel 3 erwähnten Fällen, darauf beschränken, die Zustellung durch Übergabe des Schriftstückes an den Empfänger, sofern er zur Annahme bereit ist, zu bewirken.

Art. 3. Dem Ersuchen ist das zuzustellende Schriftstück in zweifacher Ausfertigung anzuschließen. Ist das zuzustellende Schriftstück in der Sprache der ersuchten Behörde oder in der zwischen den beiden beteiligten Staaten vereinbarten Sprache abgefaßt oder mit einer Übersetzung in eine dieser Sprachen versehen, so läßt die ersuchte Behörde, falls in dem Begehren ein dahingehender Wunsch ausgesprochen ist, das Schriftstück in der durch ihre eigene Gesetzgebung für die Vornahme gleichartiger Zustellungen vorgeschriebenen Form oder in einer besonderen Form, sofern diese ihrer Gesetzgebung nicht zuwiderläuft, zustellen. Ist ein solcher Wunsch nicht zum Ausdruck gelangt, so wird die ersuchte Behörde zunächst die Übergabe nach den Vorschriften des Artikels 2 zu bewirken versuchen.

Vorbehaltlich anderweitiger Übereinkunft ist die im vorausgehenden Absatze erwähnte Übersetzung von dem diplomatischen oder konsularischen Vertreter des ersuchenden Staates oder von einem beeideten Dolmetsch des ersuchten Staates zu beglaubigen.

Art. 4. Die Vornahme der Zustellung im Sinne der Artikel 1, 2 und 3 kann nur abgelehnt werden, wenn sie nach der Auffassung des Staates, auf dessen Gebiet sie erfolgen soll, geeignet erscheint, seine Hoheitsrechte zu verletzen oder seine Sicherheit zu gefährden.

Art. 5. Der Nachweis der Zustellung erfolgt entweder durch ein datiertes und beglaubigtes Empfangsbekenntnis des Empfängers oder durch eine von der Behörde des ersuchten Staates ausgestellte Bestätigung, aus der die Tatsache, die Form und die Zeit der Zustellung hervorzugehen hat.

Das Empfangsbekenntnis oder die Bestätigung ist auf eine der beiden Ausfertigungen des zuzustellenden Schriftstückes zu setzen oder daran zu heften.

Art. 6. Die Bestimmungen der vorhergehenden Artikel schließen nicht aus:

1. daß Schriftstücke den im Auslande befindlichen Beteiligten unmittelbar durch die Post zugesendet werden;

2. daß die Beteiligten die Zustellung unmittelbar durch die Vollziehungs- oder sonstigen Beamten vornehmen lassen, die in dem Lande, wo die Zustellung erfolgen soll, hiefür zuständig sind;

3. daß jeder Staat Schriftstücke, die für eine im Auslande befindliche Person bestimmt sind, unmittelbar durch seine diplomatischen oder konsularischen Vertreter zustellen läßt.

Die in jedem dieser Fälle vorgesehenen Zustellungsarten sind jedoch nur insoweit statthaft, als Vereinbarungen zwischen den beteiligten Staaten sie zulassen oder wenn, in Ermangelung von Vereinbarungen, der Staat, auf dessen Gebiet die Zustellung vorgenommen werden soll, nicht widerspricht. Dieser Staat kann nicht widersprechen, wenn im Falle des Absatzes 1 Ziffer 3 das Schriftstück ohne Anwendung von Zwang einem Angehörigen des ersuchenden Staates zugestellt werden soll.

Art. 7. Aus Anlaß von Zustellungen findet ein Rückersatz für Gebühren oder Auslagen irgendwelcher Art nicht statt.

Gleichwohl ist, vorbehaltlich anderweitiger Vereinbarung, der ersuchte Staat berechtigt, von dem ersuchenden Staate den Ersatz der Auslagen zu verlangen, die durch Mitwirkung eines Vollziehungsbeamten oder, in den Fällen des Artikels 3, durch die Anwendung einer besonderen Form entstanden sind.

II. Ersuchschreiben

Art. 8. In Zivil- oder Handelssachen kann sich die Gerichtsbehörde eines Vertragsstaates nach Maßgabe der Vorschriften ihrer Gesetzgebung durch Ersuchschreiben an die zuständige Behörde eines anderen Vertragsstaates mit dem Begehren wenden, daß diese innerhalb ihres Geschäftskreises eine Prozeßhandlung oder andere gerichtliche Handlungen vornehme.

Art. 9. Die Ersuchschreiben sind durch den Konsul des ersuchenden Staates der von dem ersuchten Staate zu bezeichnenden Behörde zu übermitteln. Diese hat dem Konsul das Schriftstück zu übersenden, aus dem sich die erfolgte Erledigung des Ersuchens oder der die Erledigung hindernde Umstand ergibt.

Alle Anstände, die sich anläßlich dieser Übermittlung etwa ergeben sollten, sind im diplomatischen Wege zu bereinigen.

Jeder Vertragsstaat kann in einer Mitteilung an die anderen Vertragsstaaten das Verlangen stellen, daß ihm die auf seinem Gebiete auszuführenden Ersuchschreiben im diplomatischen Wege übermittelt werden.

Die vorstehenden Bestimmungen schließen nicht aus, daß zwei Vertragsstaaten vereinbaren, bei der Übermittlung von Ersuchschreiben den unmittelbaren Verkehr zwischen den beiderseitigen Behörden zuzulassen.

Art. 10. Vorbehaltlich anderweitiger Vereinbarung ist das Ersuchschreiben in der Sprache der ersuchten Behörde oder in der zwischen den beiden beteiligten Staaten vereinbarten Sprache abzufassen oder es ist mit einer Übersetzung in eine dieser Sprachen zu versehen, die von einem diplomatischen oder konsularischen Vertreter des ersuchenden Staates oder von einem beeideten Dolmetsch des ersuchten Staates beglaubigt sein muß.

Art. 11. Die Gerichtsbehörde, an die das Ersuchschreiben gerichtet ist, hat ihm zu entsprechen und dabei dieselben Zwangsmittel anzuwenden, wie bei Erledigung eines Rechtshilfebegehrens der Behörden des ersuchten Staates oder eines Antrages, der zu diesem Behufe von einer beteiligten Partei gestellt wird. Diese Zwangsmittel brauchen nicht angewendet zu werden, wenn es sich um das persönliche Erscheinen der Streitteile handelt.

Die ersuchende Behörde ist auf ihr Verlangen von Zeit und Ort der Vornahme der begehrten Handlung zu benachrichtigen, damit die beteiligte Partei dabei anwesend sein könne.

(3) Die Erledigung des Ersuchens kann nur abgelehnt werden:

1. wenn die Echtheit der Urkunde nicht feststeht;

2. wenn im ersuchten Staate die Erledigung des Ersuchens nicht in den Bereich der Gerichtsgewalt fällt;

3. wenn sie nach der Auffassung des Staates, auf dessen Gebiete sie erfolgen soll, geeignet erscheint, seinen Hoheitsrechten oder seiner Sicherheit Eintrag zu tun.

Art. 12. Im Falle der Unzuständigkeit der ersuchten Behörde ist das Ersuchschreiben von Amts wegen an die zuständige Gerichtsbehörde desselben Staates unter Beobachtung der dafür in diesem Staate geltenden gesetzlichen Vorschriften abzutreten.

Art. 13. In allen Fällen, in denen das Ersuchen von der angegangenen Behörde nicht erledigt wird, hat diese die ersuchende Behörde unverzüglich hievon zu benachrichtigen, und zwar im Falle des Artikels 11 unter Angabe der Gründe, aus denen die Erledigung des Ersuchens abgelehnt, und im Falle des Artikels 12 unter Bezeichnung der Behörde, an die das Ersuchen abgetreten worden ist.

Art. 14. Die Gerichtsbehörde hat bei der Erledigung des Ersuchens hinsichtlich der Formen des Verfahrens die Gesetze des eigenen Landes anzuwenden.

(2) Es ist jedoch dem Antrage der ersuchenden Behörde, daß nach einer besonderen Form verfahren werde, zu entsprechen, sofern diese Form der Gesetzgebung des ersuchten Staates nicht zuwiderläuft.

Art. 15. Die Bestimmungen der vorhergehenden Artikel schließen nicht aus, daß jeder Staat die Ersuchschreiben unmittelbar durch seine diplomatischen oder konsularischen Vertreter zur Ausführung bringt, sofern Vereinbarungen zwischen den beteiligten Staaten dies zulassen oder der Staat, auf dessen Gebiet das Ersuchen ausgeführt werden soll, nicht widerspricht.

Art. 16. Aus Anlaß der Erledigung von Ersuchschreiben findet ein Rückersatz für Gebühren oder Auslagen irgendwelcher Art nicht statt.

(2) Gleichwohl kann, vorbehaltlich anderweitiger Vereinbarung, der ersuchte Staat von dem ersuchenden Staate den Ersatz der den Zeugen und Sachverständigen bezahlten Vergütungen sowie der Auslagen verlangen, welche durch die wegen Ausbleibens der Zeugen notwendig gewordene Mitwirkung eines Vollziehungsbeamten oder durch die allfällige Anwendung des Artikels 14 Absatz 2 verursacht wurden.

III. Sicherheitsleistung für die Prozeßkosten

Art. 17. Treten Angehörige eines der Vertragsstaaten in einem anderen dieser Staaten als Kläger oder Intervenienten vor Gericht auf, so darf ihnen sofern sie in einem der Vertragsstaaten ihren Wohnsitz haben, wegen ihrer Eigenschaft als Ausländer oder deswegen, weil sie keinen Wohnsitz oder Aufenthalt im Inlande haben, eine Sicherheitsleistung oder Hinterlegung, unter welcher Benennung es auch sei, nicht auferlegt werden.

Dieselbe Regel gilt hinsichtlich des vorschußweisen Erlages, der dem Kläger oder Intervenienten zur Deckung der Gerichtskosten abzufordern wäre.

Die Übereinkommen, wodurch Vertragsstaaten für ihre Angehörigen ohne Rücksicht auf den Wohnsitz Befreiung von der Sicherheitsleistung für die Prozeßkosten oder von dem vorschußweisen Erlage der Gerichtskosten vereinbart haben, finden auch weiter Anwendung.

Art. 18. Entscheidungen, wodurch der Kläger oder Intervenient, der nach Artikel 17 Absatz 1 und 2, oder nach dem im Staate der Klageerhebung geltenden Gesetze von der Sicherheitsleistung, von der Hinterlegung oder von einem Vorschusse befreit war, in einem der Vertragsstaaten in die Prozeßkosten verurteilt wird, sind auf ein im diplomatischen Wege zu stellendes Begehren in jedem der anderen Vertragsstaaten durch die zuständige Behörde kostenfrei für vollstreckbar zu erklären.

Dieselbe Regel gilt für die gerichtlichen Entscheidungen, wodurch die Höhe der Prozeßkosten später festgesetzt wird.

Die vorstehenden Bestimmungen schließen nicht aus, daß zwei Vertragsstaaten eine Vereinbarung treffen, wonach das Begehren um Vollstreckbarkeitserklärung auch unmittelbar von der beteiligten Partei gestellt werden kann.

Art. 19. Die Kostenentscheidungen werden ohne Einvernehmung der Beteiligten, jedoch mit Vorbehalt des Rekurses für die verurteilte Partei nach Maßgabe der Gesetzgebung des Staates, wo die Vollstreckung erfolgen soll, für vollstreckbar erklärt.

Die zur Entscheidung über das Begehren auf Vollstreckbarkeitserklärung zuständige Behörde hat ihre Prüfung darauf zu beschränken:

1. ob nach dem Gesetze des Landes, wo die Verurteilung erfolgt ist, die Ausfertigung der Entscheidung die für ihre Beweiskraft erforderlichen Voraussetzungen erfüllt;
2. ob nach demselben Gesetze die Entscheidung die Rechtskraft erlangt hat;
3. ob der Spruch der Entscheidung in der Sprache der ersuchten Behörde oder in der zwischen den beiden beteiligten Staaten vereinbarten Sprache abgefaßt oder mit einer Übersetzung in eine dieser Sprachen versehen ist, die, vorbehaltlich anderweitiger Übereinkunft, von einem diplomatischen oder konsularischen Vertreter des ersuchenden Staates oder von einem beeideten Dolmetsch des ersuchten Staates beglaubigt sein muß.

Zur Erfüllung der im Absatz 2 Ziffer 1 und 2 aufgestellten Bedingungen genügt entweder eine Erklärung der zuständigen Behörde des ersuchenden Staates über die Rechtskraft der Entscheidung oder die Vorlage der entsprechend beglaubigten Schriftstücke, aus denen sich die Rechtskraft ergibt. Die Zuständigkeit der oben erwähnten Behörde ist, vorbehaltlich anderweitiger Vereinbarung, durch den höchsten Beamten der Justizverwaltung des ersuchenden Staates zu bestätigen. Die eben erwähnten Erklärungen und Bestätigungen müssen nach Vorschrift des Absatzes 2 Ziffer 3 abgefaßt oder übersetzt sein.

Die zur Entscheidung über den Antrag auf Vollstreckbarerklärung zuständige Behörde bestimmt, sofern die Partei dies gleichzeitig begehrt, die Höhe der Kosten für die im Absatz 2 Ziffer 3 angeführten Bescheinigungen, Übersetzungen und Beglaubigungen. Diese Kosten werden als Kosten und Auslagen des Verfahrens behandelt.

IV. *Armenrecht* (*jetzt:* **Verfahrenshilfe)**

Art. 20. In Zivil- und Handelssachen werden die Angehörigen eines jeden Vertragsstaates in jedem anderen Vertragsstaate nach Maßgabe der dort geltenden Gesetze, gleich den Angehörigen dieses letzteren Staates, *zum Armenrecht* (*jetzt:* zur Verfahrenshilfe) zugelassen.

In den Staaten, in denen *ein Armenrecht* (*jetzt:* eine Verfahrenshilfe) in Verwaltungssachen besteht, werden die im obigen Absatz erlassenen Bestimmungen auch in den Angelegenheiten angewendet, die vor die auf diesem Gebiet zuständigen Gerichte gebracht werden.

Art. 21. Das *Armenrechtszeugnis* (*jetzt:* Verfahrenshilfezeugnis) oder die Erklärung des Unvermögens zur Bestreitung der Prozeßkosten muß in allen Fällen von den Behörden des gewöhnlichen Aufenthaltsortes oder, in Ermangelung solcher, von den Behörden des derzeitigen Aufenthaltsortes des Ausländers ausgestellt oder entgegengenommen sein. Wenn diese Behörden keinem Vertragsstaate angehören und wenn sie derartige Zeugnisse oder Erklärungen nicht ausstellen oder entgegennehmen, genügt ein Zeugnis oder eine Erklärung des diplomatischen oder konsularischen Vertreters des Landes, dem der Ausländer angehört.

Hält sich der Antragsteller nicht in dem Lande auf, wo um *das Armenrecht* (*jetzt:* die Verfahrenshilfe) angesucht wird, so ist das Zeugnis oder die Erklärung des Unvermögens kostenfrei von einem diplomatischen oder konsularischen Vertreter des Landes zu beglaubigen, wo die Urkunde vorgelegt werden soll.

Art. 22. Die zur Erteilung des *Armenrechtszeugnisses* (*jetzt:* Verfahrenshilfezeugnisses) oder zur Entgegennahme der Erklärung über das Unvermögen zuständige Behörde kann bei den Behörden der anderen Vertragsstaaten über die Vermögensverhältnisse des Antragstellers Erkundigungen einziehen.

Der Behörde, die über den Antrag auf Bewilligung *des Armenrechtes* (*jetzt:* der Verfahrenshilfe) zu entscheiden hat, bleibt in den Grenzen ihre Amtsbefugnisse das Recht gewahrt, die ihr vorgelegten Zeugnisse, Erklärungen und Auskünfte auf ihre Richtigkeit hin zu prüfen und sich zwecks entsprechender Klarstellung ergänzende Mitteilungen geben zu lassen.

Art. 23. Wenn die mittellose Partei sich in einem anderen Staat aufhält als in dem, in welchem der Antrag auf Bewilligung *des Armenrechtes* (*jetzt:* der Verfahrenshilfe) gestellt werden soll, so kann ihr Antrag auf Bewilligung *des Armenrechtes* (*jetzt:* der Verfahrenshilfe) samt Zeugnissen, Erklärungen des Unvermögens und, gegebenenfalls, anderen Beweisurkunden, die zur Behandlung ihres Antrages dienlich sind, von dem Konsul ihres Staates der zur Entscheidung über den Antrag zuständigen Behörde oder der von dem Staat, in dem der Antrag behandelt werden soll, bezeichneten Behörde übermittelt werden.

Die oben in Artikel 9 Absatz 2, 3 und 4 sowie in den Artikeln 10 und 12 enthaltenen Bestimmungen über Rechtshilfeersuchen sind auf die Übermittlung von Ersuchen um Bewilligung *des Armenrechtes* (*jetzt:* der Verfahrenshilfe) und von ihren Beilagen anzuwenden.

Art. 24. Ist *das Armenrecht* (*jetzt:* die Verfahrenshilfe) einem Angehörigen eines der Vertragsstaaten bewilligt worden, so werden für Zustellungen in welcher Form immer, die sich auf den von ihm geführten Prozeß beziehen und die in einem anderen Vertragsstaat vorzunehmen sind, von dem ersuchenden Staate dem ersuchten Staat keinerlei Auslagen ersetzt.

Mit Ausnahme der Sachverständigen ausbezahlten Entschädigungen gilt dasselbe auch für Ersuchschreiben.

V. Kostenfreie Ausstellung von Personenstandsurkunden

Art. 25. Mittellose Personen, die einem der Vertragsstaaten angehören, können sich unter denselben Voraussetzungen wie die eigenen Staatsangehörigen Auszüge aus den Standesbüchern kostenfrei ausstellen lassen. Die für ihre Eheschließung erforderlichen Urkunden werden von den diplomatischen oder konsularischen Organen der Vertragsstaaten kostenfrei beglaubigt.

VI. Personalhaft

Art. 26. Die Personalhaft, als Mittel zur Zwangsvollstreckung oder als bloßes Sicherungsmittel, kann in Zivil- oder Handelssachen gegen Ausländer, die Angehörige eines der Vertragsstaaten sind, in den Fällen nicht verhängt werden, in denen sie gegen Inländer unanwendbar wäre. Eine Tatsache, auf die sich ein im Lande wohnhafter Inländer berufen kann, um die Aufhebung der Personalhaft zu erlangen, soll in gleicher Weise dem Angehörigen eines Vertragsstaates zugute kommen, und zwar selbst dann, wenn sich diese Tatsache im Auslande ereignet hat.

VII. Schlußbestimmungen

Art. 27. – Art. 28. [Nicht abgedruckt.]

Art. 29. Das vorliegende Übereinkommen tritt, hinsichtlich der Beziehungen zwischen den Staaten, die es ratifiziert haben, an Stelle des am 17. Juli 1905 im Haag unterzeichneten Übereinkommens, betreffend das Verfahren in bürgerlichen Rechtssachen.

Art. 30. – Art. 33. [Nicht abgedruckt.]

10. Daten

Authentische Sprache: Französisch 75

Materialien: NR: GP VII RV 615 AB 663 S 83; BR: S 112.

Vorläufer: Übereinkommen vom 17. 7. 1905, betreffend das Verfahren in bürgerlichen Rechtssachen; es gilt jedoch weiterhin im Verhältnis zwischen den Staaten, die zwischenzeitig dem HPÜ 1954 beigetreten sind, und jenen Staaten, die unverändert nur dem HPÜ 1905 angehören (s Art 29 HPÜ 1954), somit heute immer noch im Verhältnis der ehemaligen Vertragsstaaten des HPÜ 1905 zu **Island,** s Rz 71.

Inkrafttreten: 12. 4. 1957

B. Bilaterale Rechtshilfeverträge

Übersicht:

1. Tabellarische Übersichten

1 In die nachstehenden beiden **Tabellen** sind alle Staaten aufgenommen, die in einer **bilateralen Vertragsbeziehung** zu Österreich stehen. Sie gliedern sich in drei Gruppen:

a) Mitgliedstaaten des **HPÜ 1954,** die überdies mit Österreich ein **Zusatzabkommen** zu diesem abgeschlossen haben;

b) Staaten, die heute ebenfalls dem **HPÜ 1954** angehören, die aber bereits vor ihrem Beitritt zu diesem mit Österreich einen **bilateralen Rechtshilfevertrag** abgeschlossen hatten, der unverändert aufrecht ist; sollte dieser Bestimmungen enthalten, die nicht mit jenen des HPÜ 1954 in Einklang zu bringen sind, wird das Verhältnis beider Verträge zueinander im Wege der Auslegung zu klären sein; und

c) Staaten, die **nicht** dem **HPÜ 1954** angehören, **aber** mit Österreich einen **bilateralen Rechtshilfevertrag** oder einen **Niederlassungsvertrag** (so der **Iran**) abgeschlossen haben, der einschlägige Bestimmungen enthält.

Die erstgenannte **Gruppe (a)** ist auch in der tabellarischen Übersicht über die Mitgliedstaaten des HPÜ 1954 (s Anh A Rz 73) ausgewiesen; zu diesen tritt als weiterer Staat Polen hinzu, mit dem zwar ein selbständiger (auch andere Materien enthaltender) Vertrag „über die wechselseitigen Beziehungen in bürgerlichen Rechtssachen und über Urkundenwesen" abgeschlossen wurde, dies aber zu einem Zeitpunkt, in dem auch Polen bereits Mitgliedstaat des HPÜ 1954 war (s Polen Rz 234). Zur zweiten **Gruppe (b)** gehören das *ehem Jugoslawien* (*jetzt:* Bosnien-Herzegowina, Jugoslawien [Serbien und Montenegro], Kroatien, Mazedonien und Slowenien), Rumänien, die *ehem CSSR* (*jetzt:* Slowakei und Tschechien) sowie Ungarn; die drittgenannte **Gruppe (c)** umfaßt Bulgarien, Griechenland, Großbritannien, Liechtenstein, Tansania und Tunesien (Rechtshilfeverträge) sowie den Iran (Niederlassungsvertrag); alle bisher genannten Länder sind in **Tabelle 1** verzeichnet. Zur letztgenannten **Gruppe (c)** zählen jedoch darüber hinaus alle **ehemals zum britischen Commonwealth gehörenden,** fast durchwegs **überseeischen Staaten,** die vom ursprünglichen territorialen **Anwendungsbereich des österreichisch-britischen Rechtshilfeabkommens vom 31. 3. 1931 BGBl 1932/45** (s Rz 5) umfaßt waren und an diesem Vertrag auch nach ihrer Ablösung vom Mutterland oder nach Erlangung ihrer Unabhängigkeit festgehalten haben; sie sind in **Tabelle 2** aufgelistet. – Unter all diesen Verträgen weisen lediglich das österreichisch-britische Rechtshilfeabkommen und der (diesem nachgebildete) **Rechtshilfevertrag mit Tansania** (s Rz 6) gewisse Besonderheiten auf, die sich aus dem Aufeinandertreffen von kontinentaleuropäischem und angelsächsischem Rechtsdenken ergeben. Die übrigen Verträge stehen demgegenüber sämtliche in der **Tradition der Haager Prozeßübereinkommen;** mit Ausnahme von Iran, Israel und Tunesien handelt es sich bei diesen auch ausschließlich um **Staaten des europäischen Kontinents.**

Zur Gruppe (a) gehörte auch die ***ehem UdSSR.*** Von den nach ihrem Zerfall 2
auf ihrem Staatsgebiet weiter bestehengebliebenen bzw neu entstandenen Staatsgebilden hat allein die **Russische Föderation** erklärt, sowohl das HPÜ 1954 (s BGBl 1993/364) als auch die Zusatzvereinbarung zum HPÜ 1954 (s BGBl 1994/257) weiter anzuwenden; **Belarus** hat zwar eine formelle Kontinuitätserklärung zum HPÜ 1954 (s BGBl 1993/808), nicht aber zum Zusatzabkommen abgegeben; **Tadschikistan** und die **Ukraine** haben (zwar nicht zum HPÜ 1954, wohl aber) zu der bilateralen Zusatzvereinbarung (s BGBl III 1998/4 bzw BGBl 1996/291) eine formelle Kontinuitätserklärung abgegeben. Demgegenüber haben **Armenien, Kirgisistan, Lettland, Moldau** und **Usbekistan** ihren **Beitritt zum HPÜ 1954** erklärt, sich jedoch zur Zusatzvereinbarung nicht geäußert, weshalb fraglich ist, ob sie im Verhältnis zu diesen Staaten weiter angewendet wird (*Duchek/Schütz/Tarko,* Rechtsverkehr 913 Anm 1 [zu MO I] nehmen dies aufgrund zwischenstaatlicher Praxis jedenfalls für **Moldau** an); diese zuletzt genannten Länder sind daher in der nachstehenden tabellarischen Übersicht und bei der Kommentierung der bilateralen Rechtshilfeverträge nicht berücksichtigt.

Tabelle 1: Zuständige Behörden für die Übermittlung von Ersuchen um Zustellung von Schriftstücken und Vornahme von Rechtshilfehandlungen ieS

Tabelle 1 gibt Aufschluß über den **für Ersuchen um Zustellung oder** 3
Rechtshilfe ieS einzuhaltenden (regelmäßig gegenüber dem – völkergewohnheitsrechtlich vorgesehenen – diplomatischen Weg vereinfachten) **Übermittlungsweg** sowie über die völkervertraglich eingeräumten Möglichkeiten der **Zustellung von Schriftstücken und** der **Erledigung von Beweisaufnahmen durch die diplomatischen oder konsularischen Vertretungsbehörden** des ersuchenden Staates und nennt die **völkervertragsrechtlichen Grundlagen** des zwischenstaatlichen Behördenverkehrs.

4 Hiebei werden folgende Signaturen verwendet:

a) In der Spalte **„Zustellungsersuchen“** und **„Rechtshilfeersuchen“:**

[1] unmittelbarer Behördenverkehr, dh von Gericht zu Gericht

[2] unmittelbarer Behördenverkehr, wenn eine Übersetzung in die Amtssprache des ersuchten Staates beigelegt ist; sonst ist das Ersuchen über das Bundesministerium für Justiz zu leiten (das eine Übersetzung herstellt und die Weiterleitung an das zuständige Bezirksgericht übernimmt)

[3] unmittelbarer Verkehr zwischen den Justizministerien der beiden Vertragsstaaten, und zwar sowohl für Hin- als auch Rücklauf der Akten sowie für Zwischenerledigungen; in **Israel** tritt an die Stelle des Justizministeriums der *Director of Courts* (Jerusalem)

[4] unmittelbarer Verkehr zwischen den Justizministerien der beiden Vertragsstaaten für den Hin- und Rücklauf der Akten, hingegen unmittelbarer Behördenverkehr für Zwischenerledigungen in Form von Mitteilungen, zB bzgl Zeit und Ort der vorzunehmenden Rechtshilfehandlung

[5] unmittelbarer Verkehr zwischen den Justizministerien der beiden Vertragsstaaten für den Hinlauf, hingegen unmittelbarer Behördenverkehr für den Rücklauf der Akten (und für etwaige Zwischenerledigungen in Form von Mitteilungen, zB bzgl Zeit und Ort der vorzunehmenden Rechtshilfehandlung); an Stelle des Justizministeriums tritt in **Schweden** das Ministerium des Auswärtigen (*utrikesdepartementet*)

[6] diplomatischer Weg, dh das Ersuchen wird vom ersuchenden Gericht an das BMJ, von diesem an das BMAA und von diesem an den diplomatischen Vertreter im ersuchten Staat weitergeleitet

[7] indirekter konsularischer Weg, dh das Ersuchen wird vom konsularischen Vertreter des ersuchenden Staates an die als zuständig bezeichnete Behörde des ersuchten Staates (zB in **England** an den *Senior Master of the Supreme Court*) übermittelt

[8] direkter konsularischer Weg, dh Zustellungs- bzw Rechtshilfeersuchen dürfen im ersuchten Staat unmittelbar durch die diplomatischen oder konsularischen Vertretungsbehörden des ersuchenden Staates erledigt werden, sofern sie dessen eigene Staatsangehörigen betreffen und keine Zwangs- oder Beugemittel eingesetzt werden (vgl Art 6 Abs 1 Z 3 und Abs 2 bzw Art 15 HPÜ 1954)

[9] unmittelbare Postzustellung (mit internationalem Rückschein) iSd Art 6 Abs 1 Z 1 HPÜ 1954 ist zulässig

[10] unmittelbare Postzustellung (mit internationalem Rückschein) ist zulässig; sie darf aber nicht ein Schriftstück betreffen, das – wie zB eine Klage – dem Empfänger „zu eigenen Handen“ zu übermitteln ist

[11] Soferne keine Zwangsmaßnahmen angewendet werden, ist auch die **unmittelbare Zustellung** a) durch die Post, b) durch einen vom Gericht bestellten oder von der Partei selbst beauftragten Vertreter oder c) durch einen diplomatischen oder konsularischen Vertreter des ersuchenden Staates oder d) auf jede sonstige im Recht des ersuchenden Staates vorgesehene Art zulässig.

[12] unmittelbare Beweisaufnahme, die durch einen *diplomatic or consular officer* (diplomatischen oder konsularischen Vertreter) des ersuchenden Staates oder durch einen *commissioner,* dh durch eine vom ausländischen Gericht hiezu beauftragte Person, im ersuchten Staat ohne Anwendung von Zwang vorgenommen werden darf

b) In der Spalte **„Rechtsquellen“:**

[a] Der betreffende Staat gehört dem **HPÜ 1954** an **und** hat mit Österreich ein **Zusatzabkommen** zu diesem abgeschlossen.

[b] Der betreffende Staat gehört dem **HPÜ 1954** an, hatte aber bereits vor seinem Beitritt zu diesem einen **bilateralen Rechtshilfevertrag** mit Österreich abgeschlossen.

[c] Der betreffende Staat gehört **nicht** dem **HPÜ 1954** an, wohl **aber** hat er mit Österreich einen **bilateralen Rechtshilfevertrag** (oder **Niederlassungsvertrag**) abgeschlossen.

WA: BGBl [(Teil) Jahr/Nr] Der betreffende Staat hat nach Erlangung seiner Eigenstaatlichkeit die Weiteranwendung des bilateralen Rechtshilfevertrages durch **Abgabe einer formellen Kontinuitätserklärung** bekräftigt; angeführt wird die Fundstelle im BGBl.

WA: – Der betreffende Staat hat nach Erlangung seiner Eigenstaatlichkeit bislang keine formelle Kontinuitätserklärung abgegeben. Die **(vorläufige) Weiteranwendung** erfolgt aufgrund der allgemein anerkannten Regeln des Völkerrechts.

Vertragsstaat	**Zustellungsersuchen**	**Rechtshilfeersuchen ieS**	**Rechtsquellen** [BGBl (Teil) Jahr/Nr]
Belarus	**[6]** Art 2 **[8]** Art 6	**[6]** Art 3	**[a]** BGBl 1972/112 (WA:–)
Belgien	**wahlweise [4] oder [9]** Art 4 und 6 bzw Art 13	**wahlweise [2] oder [4]** Art 10 bzw Art 8 und 9	**[a]** BGBl III 1998/115
Bosnien-Herzegowina	**[3]** Art 8 **[8]** Art 16	**[4]** Art 8 und Art 17 Abs 2	**[b]** BGBl 1955/224 (WA: –)
Bulgarien	**[3]** Art 3	**[3]** Art 3	**[c]** BGBl 1969/268
Dänemark	**[3]** Art 1	**[3]** Art 1	**[a]** BGBl 1981/41
Deutschland	**[1]** Art 1	**[1]** Art 4 **[8]** Art 6	**[a]** BGBl 1960/27
Finnland	**[3]** Art 2	**[3]** Art 2	**[a]** BGBl 1988/244
Frankreich	**[5]** Art 3 und Art 5 Abs 2 **[9]** Art 10 Abs 1 **[8]** Art 10 Abs 1	**[5]** Art 6 Abs 3 und Art 8 **[8]** Art 10 Abs 1	**[a]** BGBl 1980/236
Griechenland	**wahlweise [3] oder [6]** Art 2	**wahlweise [3] oder [6]** Art 2 **[8]** Art 14	**[c]** BGBl 1971/2
Großbritannien (s **Tabelle 2**)	**[7]** Art 3 (a) und (d) **[11]** Art 4	**[7]** Art 7 (a) und (c) **[12]** Art 8 (a)	**[c]** BGBl 1932/45
Iran	**[6]** Art 12 Abs 1	**[6]** Art 12 Abs 1	**[c]** BGBl 1966/45
Israel	**[3]** Art 1 **[8]** Art 5	**[3]** Art 2 **[8]** Art 5	**[a]** BGBl 1982/225
Italien	**[1]** Art 4 **[9]** Art 5 **[8]** Art 5	**[1]** Art 6 und 10 **[8]** Art 7	**[a]** BGBl 1977/433
Jugoslawien	**[3]** Art 8 **[8]** Art 16	**[4]** Art 8 und Art 17 Abs 2	**[b]** BGBl 1955/224 (WA: BGBl III 1997/156)
Kroatien	**[3]** Art 8 **[8]** Art 16	**[4]** Art 8 und Art 17 Abs 2	**[b]** BGBl 1955/224 (WA: BGBl 1996/474)
Liechtenstein	**[1]** Art 1 Abs 2	**[1]** Art 1 Abs 2	**[c]** BGBl 1968/99
Luxemburg	**[2]** Art 2	**[2]** Art 4	**[a]** BGBl 1975/217
Mazedonien	**[3]** Art 8 **[8]** Art 16	**[4]** Art 8 und Art 17 Abs 2	**[b]** BGBl 1955/224 (WA: BGBl III 1997/92)
Niederlande	**[2]** Art 1	**[2]** Art 3	**[a]** BGBl 1965/267
Norwegen	**[5]** Art 2	**[5]** Art 2	**[a]** BGBl 1985/455
Polen	**[4]** Art 3 und Art 7 Abs 3 **[8]** Art 13	**[4]** Art 3 und Art 7 Abs 3 und 5 **[8]** Art 13	**[b]** BGBl 1974/79
Rumänien	**[3]** Art 3	**[3]** Art 3	**[b]** BGBl 1969/112
Russische Föderation	**[6]** Art 2 **[8]** Art 6	**[6]** Art 3	**[a]** BGBl 1972/112 (WA: BGBl 1994/257)
Schweden	**[5]** Art 2	**[5]** Art 2	**[a]** BGBl 1983/555
Schweiz	**[1]** Art 1 Abs 1 und 2 **[10]** Art 1 Abs 3	**[1]** Art 1 Abs 1 und 2	**[a]** BGBl 1969/354
Slowakei	**[4]** Art 9 und Art 13 Abs 2 **[8]** Art 20	**[4]** Art 9 und Art 13 Abs 2 und 3 **[8]** Art 20	**[b]** BGBl 1962/309 (WA: BGBl 1994/1046)

Vertragsstaat	**Zustellungsersuchen**	**Rechtshilfeersuchen ieS**	**Rechtsquellen** [BGBl (Teil) Jahr/Nr]
Slowenien	**[3]** Art 8 **[8]** Art 16	**[4]** Art 8 und Art 17 Abs 2	**[b]** BGBl 1955/224 (WA: 1993/714)
Spanien	**[3]** Art 2 **[8]** Art 3	**[4]** Art 4 und 7 **[8]** Art 5	**[a]** BGBl 1981/280
Tadschikistan	**[6]** Art 2 **[8]** Art 6	**[6]** Art 3	**[a]** BGBl 1972/112 (WA: BGBl III 1998/4)
Tansania	**[6]** Art 3 (a) **[11]** Art 4	**[6]** Art 7 (c) **[12]** Art 8 (a)	**[c]** BGBl 1980/222
Tschechien	**[4]** Art 9 und Art 13 Abs 2 **[8]** Art 20	**[4]** Art 9 und Art 13 Abs 2 und 3 **[8]** Art 20	**[b]** BGBl 1962/309 (WA: BGBl III 1997/123)
Tunesien	**wahlweise [3] oder [6]** Art 3, 4 und 5 **[8]** Art 10	**wahlweise [3] oder [6]** Art 3, 4, 5 und Art 13 Abs 4 **[8]** Art 15	**[c]** BGBl 1980/304
Türkei	**[3]** Art 4 **[8]** Art 11	**[3]** Art 5	**[a]** BGBl 1992/570
Ukraine	**[6]** Art 2 **[8]** Art 6	**[6]** Art 3	**[a]** BGBl 1972/112 (WA: BGBl 1996/291)
Ungarn	**[4]** Art 10 und Art 14 Abs 2 **[8]** Art 21	**[4]** Art 10 und Art 20 Abs 2 **[8]** Art 21	**[b]** BGBl 1967/305

Tabelle 2: Territorialer Geltungsbereich des österreichisch-britischen Rechtshilfeabkommens

5 Das österreichisch-britische Rechtshilfeabkommen vom 31. 3. 1931 BGBl 1932/45 ist von der überwiegenden Mehrheit der ehemals dem britischen Commonwealth angehörenden Staaten auch nach ihrer Loslösung vom Mutterland bzw Erlangung der Unabhängigkeit aufrechterhalten worden. Die nachstehende Tabelle gibt den Stand wieder, wie er der **Länderübersicht des RHE Ziv. 1997** zu entnehmen ist; vgl auch die Angaben bei *Duchek/Schütz/Tarko,* Rechtsverkehr 757 f Anm 1 (zu GB I) und die genauen tabellarischen Übersichten zu an diese Staaten gerichtete Zustellungs- und Rechtshilfeersuchen bei *Schneider/Schwarz,* Handbuch für die Praxis 10 ff bzw 57 ff.

Folgende Signaturen werden verwendet:

B: BGBl (Jahr/Seite) ursprünglicher (späterer) **Beitritt bzw** ursprüngliche (später erfolgte) **Ausdehnung** auf weitere Gebiete

WA: JABl (Jahr, Seite) Der betreffende Staat hat nach dem Zweiten Weltkrieg erklärt, das Rechtshilfeabkommen wieder anzuwenden.

WU: BGBl (Jahr/Seite) Der betreffende Staat hat nach Erlangung seiner Unabhängigkeit eine **formelle Kontinuitätserklärung** abgegeben; angeführt wird die Fundstelle im BGBl.

WU: – Der betreffende Staat hat nach Erlangung seiner Unabhängigkeit bislang keine formelle Kontinuitätserklärung abgegeben. Die **(vorläufige) Weiteranwendung** erfolgt aufgrund der allgemein anerkannten Regeln des Völkerrechts (s auch **Großbritannien** Rz 114).

Großbritannien samt Nebengebieten, uzw heute noch Bermuda, Falkland-Inseln, Gibraltar, Jungfern-Inseln, Kaiman-Inseln, Montserrat, St. Helena, Turks- und Caicos-Inseln (alle B: BGBl 1932/112; WA: JABl 1951, 124); Kanalinseln und Insel Man (B: BGBl 1935/160; WA: JABl 1951, 124)

Antigua und Barbuda (B: BGBl 1932/112; WA: JABl 1951, 124; WU:–)
Australien samt Norfolk-Inseln (B: BGBl 1933/516; WA: JABl 1951, 124)
Bahamas (B: BGBl 1932/112; WA: JABl 1951, 124; WU: BGBl 1978/611)
Barbados (B: BGBl 1932/112; WA: JABl 1951, 124; WU:–)
Botswana (B: BGBl 1932/112; WA: JABl 1951, 124; WU:–)
Dominica (B: BGBl 1932/112; WA: JABl 1951, 124; WU:–)
Fidschi (B: BGBl 1932/112; WA: JABl 1951, 124; WU: BGBl 1975/246)
Gambia (B: BGBl 1932/112; WA: JABl 1951, 124; WU:–)
Ghana (B: BGBl 1932/112; WA: JABl 1951, 124; WU:–)
Grenada (B: BGBl 1932/112; WA: JABl 1951, 124; WU:–)
Guyana (B: BGBl 1932/112; WA: JABl 1951, 124; WU:–)
Jamaika (B: BGBl 1932/112; WA: JABl 1951, 124; WU:–)
Kanada samt Neufundland (B: BGBl II 1934/359 und 1935/347; WA: JABl 1952, 16)
Kenia (B: BGBl 1932/112; WA: JABl 1951, 124; WU:–)
Lesotho (B: BGBl 1932/112; WA: JABl 1951, 124; WU: BGBl 1974/86)
Malawi (B: BGBl 1932/112; WA: JABl 1951, 124; WU:–)
Malaysia (B: BGBl 1932/112; WA: JABl 1951, 124; WU:–)
Malta (B: BGBl 1932/112; WA: JABl 1951, 124; WU:–)
Nauru (B: BGBl 1933/516; WA: JABl 1951, 124; WU: BGBl 1980/527)
Neuseeland samt Cook-Inseln und Niue (B: BGBl 1932/202; WA: JABl 1952, 36)
Nigeria (B: BGBl 1932/112; WA: JABl 1951, 124; WU:–)
St. Christoph und Nevis (B: BGBl 1932/112; WA: JABl 1951, 124; WU:–)
St. Lucia (B: BGBl 1932/112; WA: JABl 1951, 124; WU:–)
St. Vincent und Grenadinen (B: BGBl 1932/112; WA: JABl 1951, 124; WU:–)
Sambia (B: BGBl 1932/112; WA: JABl 1951, 124; WU:–)
Samoa (B: BGBl 1932/112; WA: JABl 1951, 124; WU:–)
Sierra Leone (B: BGBl 1932/112; WA: JABl 1951, 124; WU:–)
Singapur (B: BGBl 1932/112; WA: JABl 1951, 124; WU: BGBl 1969/435)
Swasiland (B: BGBl 1932/112; WA: JABl 1951, 124; WU: BGBl 1972/426)
Tonga (B: BGBl 1932/112; WA: JABl 1951, 124; WU: BGBl 1974/57)
Trinidad und Tobago (B: BGBl 1932/112; WA: JABl 1951, 124; WU:–)
Uganda (B: BGBl 1932/112; WA: JABl 1951, 124; WU:–)
Zypern (B: BGBl 1932/112; WA: JABl 1951, 124; WU:–)

Ferner sei darauf hingewiesen, daß die ehemals britischen Gebiete **Tanganjika** und **Sansibar** nach Erlangung ihrer Unabhängigkeit und ihrem 1964 erfolgten Zusammenschluß zur Vereinigten Republik **Tansania** zwar ein eigenes Abkommen mit Österreich abgeschlossen habe (s BGBl 1980/222), dieses jedoch dem österreichisch-britischen Rechtshilfeabkommen weitgehend nachgebildet ist (s **Tansania** Rz 335). 6

2. Die einzelnen Vertragsstaaten

Belarus

Rechtsquellen: HPÜ 1954 (WA: BGBl 1993/808); Zusatzabkommen zum HPÜ 1954, BGBl 1972/112 (WA:)

1. Weiteranwendung der bisher in Geltung stehenden Rechtshilfeverträge

Die Republik Belarus hat die ausdrückliche Erklärung abgegeben, sich an das **HPÜ 1954** (s B [*ehem UdSSR*]: BGBl 1967/213) weiterhin gebunden zu erachten (s BGBl 1993/808). 7

Für den **bilateralen Rechtshilfevertrag** fehlt es bisher an einer solchen formellen Kontinuitätserklärung; gem den allgemein anerkannten Regeln des Völkerrechts ist indes auch dieser als vorläufig weiter in Geltung stehend anzusehen.

2. Inhalt

Siehe Russische Föderation Rz 268 ff. 8

3. Daten

9 **Amtlicher Titel:** Abkommen zwischen der Republik Österreich und der Republik Belarus [***vormals:*** *Union der Sozialistischen Sowjetrepubliken*] betreffend das Verfahren in bürgerlichen Rechtssachen vom 11. 3. 1970 BGBl 1972/112
Übrige Daten: Siehe Russische Föderation Rz 277.

Fundstelle: *Duchek/Schütz/Tarko,* Rechtsverkehr 600 (BE I).

Belgien

Rechtsquellen: HPÜ 1954 (B: BGBl 1958/121); Zusatzabkommen zum HPÜ 1954, BGBl III 1998/115

Lit zum belgischen Zustellungsrecht (in deutscher Sprache): *Moons,* Zustellungen im deutsch-belgischen Rechtsverkehr, RIW 1989, 903; *Wiehe,* Zustellungen, Zustellungsmängel und Urteilsanerkennung am Beispiel fiktiver Inlandszustellungen in Deutschland, Frankreich und den USA (1993) 61 ff (mwN).

1. Belgisches Recht der Zustellung ins Ausland

10 Belgien ist eines der Länder, das auch heute noch für Zustellungen, die an eine im Ausland befindliche Partei (mit bekanntem Wohnsitz oder Aufenthaltsort) vorzunehmen sind, einem strengen **System der fiktiven Inlandszustellung** anhängt; es weicht von dem sonst üblichen der *remise au parquet* (s zu dieser oben Anh A [HPÜ 1954] Rz 5 und unten Frankreich Rz 77) insofern ab, als es keiner Einschaltung der Staatsanwaltschaft bedarf, sondern lediglich des Einschreitens des Gerichtsvollziehers (*huissier de justice*).

Auch das belgische Zustellrecht ist von der Unterscheidung zwischen *signification* (der formgebundenen Art der Zustellung, die nur der *huissier* vornehmen kann und darf) und *notification* (der sonstigen Art von Zustellung, die im Regelfall durch schlichte Zusendung per Post erfolgt) geprägt (s Art 32 *Code Judiciaire/Gerechtelijk Wetboek* [in der Folge: belgZPO]). Sofern sich der Zustelladressat im Inland befindet, wird nach Möglichkeit eine persönliche Zustellung an ihn vorgenommen (s Art 33 ff belgZPO). Handelt es sich hingegen um eine Person, die im Inland weder ihren Wohnsitz noch Aufenthaltsort hat und hier auch kein Wahldomizil begründet hat, so wird die Zustellung an sie dadurch bewirkt, daß der *huissier de justice* das betreffende, an ihren ausländischen Wohn- oder Aufenthaltsort adressierte Schriftstück per Post mit eingeschriebenem Brief aufgibt (Art 40 Abs 1 Satz 1 belgZPO). Mit dieser **Aufgabe zur Post** ist, wie Art 40 Abs 1 Satz 2 leg cit ausdrücklich festhält, die *signification* als erfüllt anzusehen. (Die Übergabe an den Staatsanwalt als weitere Form der *signification* ist nach belgischem Recht hingegen nur dann vorgesehen, wenn an Personen unbekannten Aufenthaltes zuzustellen ist; s Art 40 Abs 2 belgZPO.)

11 Auch im völkervertraglichen Bereich hält Belgien an diesem System letztlich fest; denn selbst wenn danach gerichtliche Schriftstücke an den ausländischen Verfahrensbeteiligten im Rechtshilfeweg zu übermitteln sind, gilt die Zustellung als in dem Zeitpunkt bewirkt, in dem diese der ausländischen Behörde zugekommen sind; zu den Nachteilen, die der betreffenden Partei hieraus erwachsen können, s *Moons,* RIW 1989, 904 f und *Wiehe,* Zustellungen 63 f. Lassen indes zwischenstaatliche Abkommen zwischen Belgien und dem Staat, in dem sich der Adressat befindet, eine Postzustellung zu, so wird dies dahin interpretiert, daß auch die Fiktion der Inlandszustellung gem Art 40 Abs 1 Satz 2 belgZPO eingreift (*Cass.* 30. 9. 1985, Journal des Tribunaux 1987, 430; *Wiehe,* Zustellun-

gen 62). In bezug auf Österreich bedeutet dies, daß durch die **Zulassung der** (in Art 6 Abs 1 Z 1 HPÜ 1954 zur Option freigestellten Form der) **„Zustellung unmittelbar durch die Post" in Art 5 der Zusatzvereinbarung** für Zustellungen aus Belgien davon auszugehen ist, daß die Wirkung dieser Zustellung mit Aufgabe des Schriftstückes zur Post als bewirkt gilt und somit ab diesem Zeitpunkt Einlassungs- oder Rechtsmittelfristen zu laufen beginnen. Die Textierung des Zusatzabkommens in der französischen Version bestätigt diese Ansicht, da sie für Belgien als für den Zustellvorgang „zuständige Behörde" (neben den Gerichten) die *huissiers de justice* nennt (s Art 7 Abs 1) und – wenn im deutschen Text von „Zustellung" die Rede ist – stets die Worte *„notification"* bzw *„transmission"* (nicht aber *„signification"*) verwendet (weil diese Form der Zustellung ja schon durch die im Inland gesetzten Akte als vollzogen und damit völlig abgeschlossen gilt).

2. Inhalt

a) Formelle Gegenseitigkeit; Gleichstellung der juristischen mit den natürlichen Personen

Art 1 sichert österreichischen und belgischen Staatsangehörigen den freien Zugang zu den Gerichten und die Gleichbehandlung vor Gericht zu; Art 3 erweitert diesen Rechtsschutz auf juristische Personen und sonstige (parteifähige) Gebilde (zB Handelsgesellschaften), die ihren satzungsgemäßen oder tatsächlichen Sitz in einem der Vertragsstaaten haben; vgl auch unten Rz 21. **12**

b) Übermittlungswege und Sprachenregelung

Der zwischenstaatliche Rechtshilfeverkehr mit Belgien wird grundsätzlich unter Einschaltung der beiden **Justizministerien** abgewickelt; dies gilt sowohl für **Zustellungen** (Art 4 und 6 Abs 1) als auch für **Rechtshilfeersuchen ieS** (Art 8 Abs 1 Satz 2 und Art 9 Abs 1); bezüglich der letzteren wird jedoch **auch** die Möglichkeit eröffnet, das diesbezügliche Beweisersuchen der zuständigen Behörde **unmittelbar** zuzuleiten, vorausgesetzt, daß ihm eine **beglaubigte Übersetzung** in eine der Sprachen des ersuchten Staates (für an belgische Behörden gerichtete Rechtshilfeersuchen: Französisch oder Niederländisch) beigeschlossen ist (Art 10). Zur Bestätigung der Richtigkeit der Übersetzung ist gem Art 10 Abs 1 der Zusatzvereinbarung (die damit über die in Art 10 HPÜ 1954 enthaltene Regelung hinausgeht) nicht nur (ein diplomatischer oder konsularischer Vertreter und) ein „amtlicher Übersetzer" des ersuchten, sondern auch des **ersuchenden** Staates befugt. **13**

Alle bisher genannten Übermittlungswege gelten jeweils für den **Hin- und Rücklauf** der Akten. Demgegenüber ist für **Zwischenerledigungen** (zB Benachrichtigung des ersuchenden Gerichts von Zeit und Ort einer Beweisaufnahme) stets der unmittelbare Verkehr zwischen den Behörden der beiden Staaten in ihrer eigenen Sprache zulässig (Art 6 Abs 3 und Art 9 Abs 2). In diesem Fall stellt die **beim BMJ eingerichtete Übersetzungsstelle** die für den internen Amtsgebrauch benötigten **Übersetzungen der eingehenden Mitteilungen und Anfragen** aus der französischen oder niederländischen in die deutsche Sprache her; zu dieser s oben Anh A (HPÜ 1954) Rz 51.

Als Behörden, die Rechtshilfeersuchen stellen können bzw von denen sie zu erledigen sind, werden die **Gerichte,** im Bereich der Zustellung für Belgien ferner die ***huissiers de justice*** genannt (Art 7 Abs 1 und Art 8 Abs 1 Satz 1); Art 7 Abs 2 und Art 8 Abs 1 Satz 2 sehen darüber hinaus die Möglichkeit vor, diesen Kreis der Behörden bzw Amtsträger durch einfache, an den anderen Staat gerichtete Mitteilung zu erweitern.

14 Die Vertragsstaaten halten in Art 12 der Zusatzvereinbarung ausdrücklich fest, daß sie allein daraus, daß sie für sich eine **ausschließliche Gerichtsbarkeit** in der den Gegenstand der Rechtshilfe bildenden Rechtssache beanspruchen, **nicht** zugleich ein Recht darauf ableiten werden, diese deshalb zu verweigern; ebensowenig konstituiert im wechselseitigen Verhältnis der Umstand einen **Ablehnungsgrund** für die begehrte Rechtshilfe, daß für die Durchsetzung des Hauptanspruches nach ihrem eigenen Recht nicht der Rechtsweg – dh eine Entscheidung durch die Zivilgerichte – vorgesehen ist. Diese Bestimmung schränkt somit den (nach überwiegender Ansicht weitergehenden) allgemeinen **Ordre-public-Vorbehalt** der Art 4 und 11 Abs 3 Z 3 HPÜ 1954 ein.

c) Sonstige Arten der Übermittlung und Erledigung von Rechtshilfeersuchen iwS

15 Eine weitere Auflockerung der grundsätzlichen Regel, wonach für die Übermittlung von Rechtshilfeersuchen iwS der ministerielle Weg einzuhalten ist, bringt Art 13, der alle in Art 6 und 15 HPÜ 1954 genannten Arten der Erledigung von Zustell- und Beweisersuchen zuläßt; dies bedeutet mit anderen, nämlich den völkervertraglichen Worten: Das Zusatzabkommen ist nicht als Widerspruch iSd Art 6 Abs 2 bzw Art 15 HPÜ 1954 zu werten. Zugelassen ist somit insb die **Übersendung** von Schriftstücken an den Adressaten **unmittelbar durch die Post** iSd Art 6 Abs 1 Z 1 HPÜ 1954. Die Vorschrift ist für die belgische Seite insoweit von besonderer Bedeutung, als es ihr erlaubt, an ihrer **Form der fiktiven Inlandszustellung** auch im völkervertraglichen Bereich festzuhalten; vgl die Ausführungen zur *remise au parquet* belgischer Prägung oben Rz 10 f; zu dem auch bei dieser Zustellform von den österreichischen Gerichten zwingend zu beachtenden Gebot der Einhaltung von der Eigenhandzustellung vergleichbaren Garantien zwecks Wahrung des rechtlichen Gehörs der beklagten Partei s oben Anh A (HPÜ 1954) Rz 20.

16 Nach der Formulierung von Art 13 der Zusatzvereinbarung wäre somit auch die in Art 6 Abs 1 Z 2 HPÜ 1954 vorgesehene Form zugelassen, nach der die Beteiligten „die Zustellung unmittelbar durch die Vollziehungs- oder sonstigen Beamten vornehmen lassen" können, „die in dem Lande, wo die Zustellung erfolgen soll, hiefür zuständig sind" (im französischen Text: *„de faire faire des significations directement, par les soins des officiers ministériels ou de fonctionnaires compétents du pays de destination"*). Etwas nonchalant vermerken die ErläutRV 1115 BlgNR 17. GP 11 (zu Art 13) dazu, daß dieser Weg „im Verhältnis zwischen Österreich und Belgien allerdings faktisch dadurch ausgeschlossen (ist), daß das österreichische Recht Zustellungen dieser Art nicht vorsieht und auch auf Ersuchen belgischer Gerichte mangels vorhandener zuständiger Personen in Österreich hier derartige Zustellungen nicht vorgenommen werden können". Dann hätte man dies aber – schon aus Gründen der Rechtsklarheit – auch aussprechen sollen.

Zur Zustellung bzw Beweisaufnahme durch diplomatische oder konsularische Vertreter s unten Rz 18.

d) Internationale Zustellung

17 Art 5 behandelt die einzelnen Formen der Zustellung und nennt als solche die Zustellung „durch bloße Übergabe" (*„par voie de simple remise"*) sowie jene „zu eigenen Handen" (*„par voie de remise à personne"*). Für Ersuchen um Zustellung in einer dieser beiden Formen gilt, daß ihnen keine Übersetzung der zuzustellenden Schriftstücke beigeschlossen sein muß, sondern eine solche erst dann von den Behörden des ersuchten Staates herzustellen ist, wenn der Empfänger die Annahme verweigert (Abs 1). Dem ersuchenden Staat steht es darüber hinaus frei, eine „Zustellung in einer besonderen Form" zu begehren; so-

fern diese Form nicht dem Recht des ersuchten Staates zuwiderläuft, ist diesem Wunsch zu entsprechen.

Der französische Text spricht in diesem Zusammenhang nur von *„notifier"* (und nicht von *„signifier"*), vermeidet also den technischen Ausdruck für die Zustellung im eigentlichen Sinn. Er hat also keine reale Auslandszustellung (wie nach österreichischem Recht), sondern die fiktive Inlandszustellung (des belgischen Rechts, s oben Rz 10f) im Auge; zu deren Problematik (wegen des verfrühten Beginns des Fristenlaufes) s allgemein oben Anh A (HPÜ 1954) Rz 5ff.

Die ErläutRV 1115 BlgNR 17. GP 10 (zu Art 5) bezeichnen die Regelung des Art 5 indes als „wesentlichen Fortschritt" gegenüber dem früheren Zusatzabkommen von 1930 (s Rz 26). Dies deshalb, weil im Verständnis der österreichischen Stellen dadurch nämlich gewährleistet ist, daß die (österreichische Form der) Zustellung „zu eigenen Handen" nicht als Zustellung „in einer besonderen Form" zu werten sei und einem diesbezüglichen Ersuchen von österreichischer Seite daher keine Übersetzung der zuzustellenden Schriftstücke beigelegt werden müsse, sondern diese vom (und auf Kosten des) ersuchten (belgischen) Staates herzustellen sei. Im Hinblick darauf, daß die belgischen Gesetze jedoch keine der Zustellung zu eigenen Handen entsprechende Zustellungsart kennen – vielmehr die im Zusatzabkommen als zweite allgemeine Art der Zustellung genannte Zustellung „durch bloße Übergabe" (*par voie de remise à personne/door overhandiging aan de persoon*) die in Belgien dann übliche Art ist, wenn die Schriftstücke nicht in eine der Landessprachen übersetzt sind –, erscheint diese in den ErläutRV niedergelegte Ansicht mehr als fraglich; insb ist nicht geklärt, inwieweit die belgischen Behörden danach verpflichtet sind, den Adressaten (etwa iSd § 12 Abs 2 ZustG) über sein Ablehnungsrecht zu belehren. Vielmehr weist alles darauf hin, daß die Vorschrift von belgischer Seite dahin verstanden wird, daß der belgischen *remise simple* die österreichische Zustellung zu eigenen Handen entspricht. Demnach wird der Ausdruck „zu eigenen Handen" sichtlich nicht als *terminus technicus,* sondern als Synonym zu „durch bloße Übergabe" verstanden. Nach österreichischer Auffassung würde aber eine Zustellung ohne Beischluß einer Übersetzung in die Amtssprache des Bestimmungslandes nicht die Erfordernisse einer Zustellung zu eigenen Handen – die begrifflich eine auch gegen den Willen des Adressaten durchführbare Zustellart ist, weil sie die Hinterlegung des Schriftstücks nach dem zweiten vergeblichen Zustellversuch mitumfaßt – erfüllen und wäre daher schon aus Gründen der darin gelegenen Verletzung des rechtlichen Gehörs der beklagten Partei nicht wirksam; s dazu näher oben Anh A (HPÜ 1954) Rz 20.

e) Rechtshilfe iwS durch diplomatische oder konsularische Vertreter

Diese Art der Rechtshilfe, die durch die diplomatischen oder konsulari- 18
schen Vertreter des Sendestaates direkt auf dem Territorium des Empfangsstaates durchgeführt wird, ist in dem vom HPÜ 1954 festgelegten Ausmaß gestattet (Art 13); vgl für die internationale Zustellung Art 6 Abs 1 Z 3 und Abs 2 HPÜ 1954, für die internationale Beweisaufnahme Art 15 HPÜ 1954. Sie ist somit insb **nicht auf eigene Staatsangehörige beschränkt;** s dazu näher oben Anh A (HPÜ 1954) Rz 49f.

f) Kostenersatz

In Art 11 Abs 1 verzichten die Vertragsstaaten wechselseitig auf den Ersatz 19
der Rechtshilfekosten; ausgenommen hiervon sind **Sachverständigengebühren.**

Diese und alle übrigen tatsächlich aufgelaufenen Kosten sind jedoch von der ersuchten der ersuchenden Behörde bekanntzugeben, um dieser zu ermöglichen, sie der kostenpflichtigen Partei zur Zahlung vorzuschreiben (s für Österreich § 1 Z 7 und § 2 Abs 1 GEG 1962).

g) Aktorische Kaution und Vollstreckung von Prozeßkostenentscheidungen

Gem Art 2 sind die Staatsangehörigen des jeweils anderen Vertragsstaates 20
von jeder **Sicherheitsleistung für die Prozeßkosten** befreit, dies gilt **unabhängig**

davon, wo sie ihren **Wohnsitz oder Aufenthalt** haben. Die Bestimmung geht somit über die in Art 17 Abs 1 und 2 HPÜ 1954 enthaltene Regelung hinaus, nach der zusätzlich noch der Wohnsitz des ausländischen Staatsbürgers in einem der Vertragsstaaten des HPÜ 1954 gelegen sein muß. Innerhalb des europäischen Jurisdiktionsbereiches stimmt die Regelung somit auch mit der **Rechtsprechung des EuGH** überein, wonach Personen, welche (jedenfalls auch) EU-Bürger sind, keine aktorische Kaution auferlegt werden darf; s dazu oben Anh A (HPÜ 1954) Rz 69.

21 Art 3 stellt juristische Personen und sonstige (parteifähige) Gebilde (*entités/groepen*) den natürlichen Personen unter der Voraussetzung gleich, daß sie ihren satzungsgemäßen oder tatsächlichen Sitz in Österreich oder Belgien haben. Diese Bestimmung ist durch die **Rechtsprechung des EuGH** insofern überlagert, als nach dieser auch juristische Personen und Personenzusammenschlüsse ohne Rechtspersönlichkeit vom Diskriminierungsverbot des Art 6 Abs 1 (jetzt [idF des Vertrages von Amsterdam]: Art 12 Abs 1) EGV erfaßt werden, sofern sie nur als einem der Mitgliedstaaten zugehörig anzusehen sind; vgl oben Anh A (HPÜ 1954) Rz 69. Sie sind daher im gesamten Jurisdiktionsbereich der Europäischen Union gleich physischen Personen vom Erlag einer Prozeßkostensicherheit befreit.

22 Art 14 und 15 bringen die üblichen Erleichterungen iSd Art 18 Abs 3 und Art 19 Abs 1 Z 3 und Abs 2 HPÜ 1954 für die **Vollstreckung einer** (gegen den unterlegenen Kläger ergangenen) **Prozeßkostenentscheidung.** Danach kann der Antrag auf Vollstreckbarerklärung (nicht nur im Rechtshilfeweg durch das erkennende Gericht im diplomatischen Weg, sondern) auch durch die obsiegende Partei selbst unmittelbar bei der zuständigen Behörde im Zweitstaat gestellt werden (Art 14); und Art 15 läßt es – ohne weitere „Überbeglaubigungen" – genügen, daß die Entscheidung mit der innerstaatlich jeweils vorgesehenen Bestätigung der Rechtskraft und Vollstreckbarkeit versehen ist und die Richtigkeit der nach Art 19 Abs 1 Z 3 HPÜ 1954 erforderlichen Übersetzungen durch einen amtlichen Übersetzer des Erst-(oder Zweit-)staates bestätigt ist. Die Bedeutung dieser Bestimmungen ist freilich durch **Art 31 ff EuGVÜ** stark zurückgedrängt; s dazu oben Anh A (HPÜ 1954) Rz 70.

h) Verfahrenshilfe

23 Das Zusatzabkommen enthält keine über die in den **Art 20 ff HPÜ 1954** enthaltene Regelung hinausgehenden Bestimmungen; neben dem HPÜ 1954 ist heute allerdings auch das **Europäische Übereinkommen über die Übermittlung von Anträgen auf Verfahrenshilfe** vom 27. 1. 1977 BGBl 1982/190 zu beachten, danach hat Belgien als **zentrale Empfangs- und Übermittlungsstelle** das *Ministère de la Justice/Ministerie van Justitie* bestimmt; s des Näheren oben Anh A (HPÜ 1954) Rz 61 und unten im Anh zu § 63 ZPO.

i) Befreiung von Beglaubigungsvorschriften

24 Öffentliche Urkunden und öffentlich beglaubigte Privaturkunden sind gem Art 16 Abs 1 und 2 von jeder weiteren Förmlichkeit befreit. Treten ernsthafte Zweifel an der Echtheit solcher Urkunden auf, kann zu ihrer Überprüfung das Justizministerium des betreffenden Staates eingeschaltet werden (Art 16 Abs 3); vgl auch unten im Anh zu § 293 ZPO.

j) Erteilung von Rechtsauskünften

25 Gem Art 17 erteilen die **Justizministerien** einander im unmittelbaren Verkehr Auskünfte über das Recht ihrer Staaten.

Österreich und Belgien sind auch Mitgliedstaaten des **Europäischen Rechtsauskunftsübereinkommens** vom 7. 6. 1968 BGBl 1971/417 (B Belgiens: BGBl 1973/594), und des (dessen sachlichen Anwendungsbereich erweiternden) **Zusatzprotokolls** vom 15. 3. 1978 BGBl 1980/179; zu diesen beiden Abkommen des Europarates s oben Anh A (HPÜ 1954) Rz 62 und unten im Anh zu § 271 ZPO. Als **Empfangsstelle** iSd Art 2 Abs 1 des Übereinkommens hat Belgien danach das *Ministère de la Justice/Ministerie van Justitie,* als **Übermittlungsstelle** iSd Art 2 Abs 2 das *Ministère des Affaires étrangères, du Commerce extérieur et de la Coopération au Développement/Ministerie van Buitenlandse Zaken, Buitenlandse Handel en Ontwikkelingssamenwerking* bestimmt.

Sichtlich aus der Formulierung, daß die beiden Staaten einander „alle" Auskünfte über das Recht ihrer Staaten erteilen werden, wollen die ErläutRV 1115 BlgNR 17. GP 12 (zu Art 17) ableiten, daß die **Auskunftspflicht** aufgrund von Art 17 der bilateralen Vereinbarung weiter reiche als diejenige nach dem Europäischen Übereinkommen. Sofern sie dies freilich damit zu begründen versuchen, daß diese „gegebenenfalls auch die Pflicht zur Erteilung von Auskünften über Lehre und Judikatur (umfaßt), uzw sowohl was das geltende als auch was das nicht mehr in Geltung befindliche Recht betrifft", wäre auf Art 2 des Europäischen Übereinkommens zu verweisen; danach sind die Vertragsstaaten ebenfalls verpflichtet, dem anfragenden Staat nicht nur den bloßen Gesetzeswortlaut einer Regelung mitzuteilen, sondern ihn darüber hinaus auch über „einschlägige Gerichtsentscheidungen" zu informieren und dem Antwortschreiben „Auszüge aus dem Schrifttum und aus den Gesetzesmaterialien" anzuschließen. Unstrittig ist ferner, daß auch über im Zeitpunkt der Anfrage bereits außer Kraft getretene Normen Auskunft zu erteilen ist.

3. Daten

Amtlicher Titel: Zusatzabkommen über Rechtshilfe und rechtliche Zusammenarbeit zwischen der Republik Österreich und dem Königreich Belgien vom 23. 10. 1989 zum Haager Übereinkommen vom 1. 3. 1954 betreffend das Verfahren in bürgerlichen Rechtssachen BGBl III 1998/115 26

Authentische Sprachen: Deutsch, Französisch und Niederländisch

Materialien: NR: GP XVII RV 1115 VV S 132; BR: AB 3825 S 526.

Vorläufer: Erklärung vom 1. 12. 1930 zwischen Österreich und Belgien über die gegenseitige Rechtshilfe in Zivil- und Handelssachen BGBl 1930/358; sie wird gem Art 18 des Zusatzabkommens durch dieses ersetzt.

Inkrafttreten: 1. 8. 1998

Fundstelle: *Duchek/Schütz/Tarko,* Rechtsverkehr 571 (B I).

Bosnien-Herzegowina

Rechtsquellen: HPÜ 1954 (WA: BGBl 1994/10); bilateraler Rechtshilfevertrag BGBl 1955/224

1. Weiteranwendung der bisher in Geltung stehenden Rechtshilfeverträge

Bosnien-Herzegowina hat die ausdrückliche Erklärung abgegeben, sich an das **HPÜ 1954** (B [*ehem Jugoslawien*]: BGBl 1963/97) weiterhin gebunden zu erachten (s BGBl 1994/10). 27

Für den **bilateralen Rechtshilfevertrag** fehlt es bisher an einer solchen formellen Kontinuitätserklärung; gem den allgemein anerkannten Regeln des Völkerrechts ist indes auch dieser als vorläufig weiter in Geltung stehend anzusehen.

2. Inhalt

Siehe Slowenien Rz 305 ff. 28

3. Daten

29 **Amtlicher Titel:** Vertrag zwischen der Republik Österreich und der Republik Bosnien-Herzegowina [***vormals:*** *Föderativen Volksrepublik Jugoslawien*] über den wechselseitigen rechtlichen Verkehr samt Schlußprotokoll vom 16. 12. 1954 BGBl 1955/224

Authentische Sprachen: Deutsch und Serbokroatisch
Materialien: NR: GP VII RV 489 AB 505 S 67; BR: S 102.
Inkrafttreten: 12. 12. 1955
Fundstelle: *Duchek/Schütz/Tarko,* Rechtsverkehr 601 (BH I).

Bulgarien

Rechtsquelle: bilateraler Rechtshilfevertrag BGBl 1969/268

1. Vorbemerkung

30 Der Vertrag mit Bulgarien gehört zu den mit den damals sozialistischen Staaten Osteuropas abgeschlossenen Rechtshilfeverträgen der Sechzigerjahre, die sich alle in ihrem Aufbau und Inhalt gleichen und untereinander nur geringfügige Unterschiede aufweisen (s Tschechien Rz 340). So stimmt insb der vorliegende Vertrag fast zur Gänze wörtlich mit dem kurz davor ausgearbeiteten **rumänisch-österreichischen Abkommen** überein, weshalb hier nur stichwortartig die Themen aufgelistet und die Abweichungen verzeichnet werden, im übrigen aber auf die Kommentierung der Rechtshilfeverträge mit **Rumänien** (Rz 255 ff) und **Tschechien** (Rz 342 ff) verwiesen wird.

Art 1–3, Art 16–21 Abs 1 Satz 1 und Abs 2 und Art 22–27 des vorliegenden Vertrages sind **in Text und Numerierung** mit den entsprechenden Bestimmungen des Rechtshilfevertrages mit Rumänien **identisch;** Art 6–13 des bulgarisch-österreichischen Vertrages sind **wortgleich** mit Art 7–14 des rumänisch-österreichischen Vertrages. **Inhaltlich** vom Vorbild (uzw zT nur geringfügig) **abweichend** sind somit lediglich die Art 4 (Ausmaß der zulässigen Verwendung der eigenen Sprache), Art 5 (Erteilung von Rechtsauskünften), Art 15 (Art der Behörden, auf deren Ersuchen hin Rechtshilfe zu leisten ist), Art 16 (inhaltliche Ausgestaltung der Rechtshilfeersuchen), Art 21 Abs 1 Satz 2 (Zulässigkeit der Anwendung von Zwangsmitteln bei der Beweiserhebung) und Art 28 (Übermittlung von Personenstandsurkunden).

Keine Entsprechung im Vertrag mit Bulgarien hat Art 6 des rumänisch-österreichischen Vertrages (Vormundschaftsbehörden und die – heute nicht mehr existierenden – Staatsnotariate betreffend); und umgekehrt hat kein Gegenstück im rumänisch-österreichischen Vertrag Art 14 des vorliegenden Vertrages, der ua die Fristsetzung für die Einzahlung von Gerichtsgebühren betrifft (und sich auch in den zu dieser Vertragsserie gehörenden Abkommen mit **Tschechien** [Art 3 Abs 3; s Rz 344] und **Ungarn** [Art 29; s Rz 405] wiederfindet).

31 Hervorzuheben ist jedoch, daß **Bulgarien** als einziger der in dieser Reihe genannten Staaten bis heute **nicht dem HPÜ 1954 angehört,** somit der vorliegende Vertrag – insb auch, weil ein bilateraler Anerkennungs- und Vollstreckungsvertrag fehlt und er demnach alleinige Grundlage für die gegenseitige **Vollstreckung von Prozeßkostenentscheidungen** ist, die gegen eine von der aktorischen Kaution befreite Partei ergangen sind – nicht an Bedeutung verloren hat.

2. Inhalt

Wie im rumänisch-österreichischen Vertrag sind geregelt:

a) die **Abwicklung des Rechtshilfeverkehrs** über die beiderseitigen **Justizministerien** (Art 3); 32

Hierher gehört auch die Regelung, daß für den Fall, daß das Rechtshilfeersuchen nicht erledigt werden kann, die Gründe mitzuteilen sind (Art 22), bzw die Reduzierung der **Ablehnungsgründe** auf die Fälle eines (drohenden) Verstoßes gegen den *ordre public* des ersuchten Staates, der Verletzung seiner Hoheitsrechte oder der Gefährdung seiner Sicherheit (Art 24); s Rumänien Rz 260.

b) die **Verwendung der eigenen Sprache** (Art 4); 33

Im Unterschied zum rumänisch-österreichischen Vertrag (s dessen Art 4 Abs 2) – und in Übereinstimmung mit den anderen Verträgen dieser Serie – gilt die Zulässigkeit der **Verwendung der eigenen Sprache** jedoch **auch für Beilagen** (insb zu den Ersuchen um Beweisaufnahme); ebenso wie in den anderen Ländern gilt dies aber **nicht für die zuzustellenden Schriftstücke** selbst (s Art 19 Abs 1); vgl Rumänien Rz 258 und Tschechien Rz 350 und 353.

c) die Modalitäten der **Erledigung der Rechtshilfeersuchen iwS** (Zustellungen und Beweisaufnahmen; Art 15 ff); 34

Dies betrifft insb den **Grundsatz der *lex fori*** bei der Ausführung der Ersuchen sowie die Möglichkeit, um Einhaltung einer **bestimmten Vorgangsweise** bei der Zustellung oder Beweisaufnahme zu ersuchen (Art 17; vgl Rumänien Rz 259); die Verpflichtung, **Übersetzungen** anzuschließen, wenn die **Zustellung** von Schriftstücken **auch gegen den Willen des Adressaten** zulässig sein soll (Art 19; vgl Rumänien Rz 261); die Verständigung von Zeit und Ort der durchzuführenden Rechtshilfehandlung (Art 21 Abs 2) und die **grundsätzliche Zulässigkeit der Anwendung von Zwangsmitteln** bei der Beweisaufnahme (Art 21 Abs 1 Satz 1). Nur die Frage des Einsatzes von Zwangsmitteln zur Erzwingung **des persönlichen Erscheinens der Parteien** (Art 21 Abs 1 Satz 2) ist abweichend formuliert und erscheint daher (zumindest auf den ersten Blick) auch anders geregelt (s jedoch unten Rz 39).

d) die Frage, inwieweit dem ersuchten Staat die **Kosten für die gewährte Rechtshilfe** vom ersuchenden Staat zu ersetzen sind; auch hier ist eine solche Rückverrechnung nur für die **Sachverständigengebühren** vorgesehen (Art 23; vgl Rumänien Rz 263); 35

e) die **Befreiung von der Sicherheitsleistung für die Prozeßkosten** (Art 2) und die **Vollstreckung von Prozeßkostenentscheidungen,** die gegen eine von der aktorischen Kaution befreiten Partei ergehen (Art 6 ff; s Rumänien Rz 256); 36

Zu beachten ist jedoch, daß die praktische Bedeutung dieser Bestimmungen deswegen eine vergleichsweise höhere ist als aufgrund der Verträge mit den anderen Ländern (Tschechien bzw Slowakei, Ungarn und Rumänien), weil diese inzwischen alle dem HPÜ 1954 angehören und somit der Kreis der Staaten, in denen die klagende (Haupt- oder Neben-)Partei ihren Wohnsitz haben darf und wo die Entscheidung sodann vollstreckt werden kann, ungleich größer ist; s dazu näher Anh A (HPÜ 1954) Rz 27 ff. Für bulgarische Angehörige kommt demgegenüber eine (über den bilateralen Rechtshilfevertrag hinausgehende) **Befreiung von der aktorischen Kaution in Österreich** nur unter den Voraussetzungen des § 57 Abs 2 ZPO in Betracht, so gem Z 1 a leg cit insb dann, wenn sie ihren gewöhnlichen Aufenthalt in einem Staat haben, in dem Entscheidungen österreichischer Gerichte (zB aufgrund des EuGVÜ oder LGVÜ) anerkannt und vollstreckt werden.

f) die **Gewährung von Verfahrenshilfe** (Art 9 – 13); s dazu näher bei Tschechien Rz 346; auch nach dem bulgarisch-österreichischen Vertrag erfolgt somit die **Weiterleitung von Anträgen auf Verfahrenshilfe** (gem Art 12 Abs 2 iVm Art 3) **im ministeriellen Weg.** 37

Bulgarien ist inzwischen aber auch Mitgliedstaat des **Europäischen Verfahrenshilfeübereinkommens** geworden (B, V und M: BGBl 1996/363); zu diesem s allgemein oben Anh A (HPÜ 1954) Rz 61 und unten im Anh nach § 63 ZPO; **zentrale Empfangs- und Übermittlungsstelle** iSd Art 2 ist danach das **bulgarische**

Justizministerium; damit hat sich auf bulgarischer Seite nichts an der bisher für die Übermittlung von Anträgen geltenden Rechtslage geändert;

38 **g) das Urkundenwesen** (Art 25–28).

Insb ist auch hier die Befreiung öffentlicher Urkunden und öffentlich beglaubigter Privaturkunden von jeder weiteren (Zwischen- oder Über-)Beglaubigung sowie die kostenfreie Ausstellung und Übermittlung von Personenstandsurkunden vorgesehen; vgl Tschechien Rz 357 und unten im Anh zu § 293 ZPO.

Etwas abweichend vom rumänisch-österreichischen Vertrag sind geregelt:

h) das zulässige Ausmaß der **Verwendung der eigenen Sprache** (s dazu oben Rz 33);

39 **i)** die Grenzen des Einsatzes von **Zwangsmitteln bei Beweisaufnahmen** (Art 21 Abs 2);

Übereinstimmend halten beide Verträge in Abs 1 Satz 1 des Art 21 fest, daß grundsätzlich „dieselben Zwangsmittel anzuwenden sind wie bei der Erledigung von Rechtshilfeersuchen der Gerichte des eigenen Staates". Während jedoch der rumänisch-österreichische Vertrag *expressis verbis* jeden Einsatz von Zwangsmitteln untersagt, soweit es um das **persönliche Erscheinen der Streitteile** vor Gericht geht, erlaubt diesen der vorliegende Vertrag dann, wenn er sowohl nach dem Recht Bulgariens als auch Österreichs zulässig ist, stellt also auf einen **Gleichlauf der Normen** zwischen den beiden Staaten ab. Die ErläutRV 975 BlgNR 11. GP 16 (zu Art 21) merken allerdings zu dieser Regelung an, daß „nach bulgarischem Recht gegen Streitteile in keinem Fall – daher auch nicht etwa in bestimmten Statusverfahren, wie dies im österreichischen Recht vorgesehen ist – Zwangsmittel angewendet werden (können), um sie zum persönlichen Erscheinen vor Gericht zu veranlassen". Dann aber läuft die Bestimmung gleichfalls auf ein Verbot der Anwendung von Zwang für derartige Beweisaufnahmen (Anordnung des persönlichen Erscheinens einer Partei zwecks Vernehmung oder gar – zB in einem Abstammungsverfahren – zur Abnahme von Blutproben) hinaus.

40 **j)** die **Erteilung von Rechtsauskünften** (Art 5).

Gem Art 5 erteilen die Justizministerien einander auf Ersuchen Auskunft über (aktuell geltende oder schon außer Kraft getretene) Rechtsvorschriften „für Zwecke zivilgerichtlicher Verfahren". Die ErläutRV 975 BlgNR 11. GP 14 (zu Art 5) halten in diesem Zusammenhang fest, daß „bezüglich sonstiger Rechtsanfragen …, wie bisher in allen Fällen, der diplomatische Weg einzuhalten (ist)".

Die Möglichkeiten, eine Rechtsauskunft zu erhalten, sind jedoch heute dadurch erweitert, daß Bulgarien nunmehr auch dem **Londoner Rechtsauskunftsübereinkommen** (B: BGBl 1991/98) und dem **Straßburger Zusatzprotokoll** (B: BGBl 1991/99) angehört; zu diesen beiden Europaratsabkommen s oben Anh A (HPÜ 1954) Rz 62 und unten im Anh zu § 271 ZPO.

41 **k)** Lediglich im bulgarisch-österreichischen (und nicht im rumänisch-österreichischen) Vertrag findet sich demgegenüber die in Art 14 enthaltene Regelung: Danach ist einer Partei, die ihren Wohnsitz, gewöhnlichen Aufenthalt oder Sitz nicht im Prozeß-, sondern im anderen Vertragsstaat hat, für den Fall, daß sie **Gerichtsgebühren** (zur Einleitung des Verfahrens in erster oder höherer Instanz) **nachzubringen** hat oder daß ihr aufgetragen wird, ihre **Eingabe zu verbessern oder zu ergänzen,** eine **Frist von mindestens einem Monat** zu setzen; vgl die gleichlautende Bestimmung im Vertrag mit Ungarn Rz 405.

3. Daten

42 **Amtlicher Titel:** Vertrag zwischen der Republik Österreich und der Volksrepublik Bulgarien über Rechtshilfe in bürgerlichen Rechtssachen und über Ur-

kundenwesen samt Protokoll vom 20. 10. 1967 und Notenwechsel vom 19. 4. bzw 20. 10. 1967 BGBl 1969/268

Authentische Sprachen: Deutsch und Bulgarisch

Materialien: NR: GP XI RV 975 AB 1140 S 131; BR: AB 178 S 274.

Inkrafttreten: 22. 8. 1969

Fundstelle: *Duchek/Schütz/Tarko,* Rechtsverkehr 613 (BU I).

Dänemark

Rechtsquellen: HPÜ 1954 (B: BGBl 1958/260); Zusatzabkommen zum HPÜ 1954, BGBl 1981/41

1. Inhalt

a) Die **Übermittlung der Ersuchen** (um Zustellung von Schriftstücken oder Rechtshilfe ieS) erfolgt **im Wege der** beiderseitigen **Justizministerien** (Art 1 Abs 1). **43**

An eine **unzuständige Behörde** gerichtete Ersuchen werden amtswegig weitergeleitet (Art 4).

Gegen die in Art 6 Abs 1 Z 3 und Art 15 HPÜ 1954 vorgesehene Zustellung von Schriftstücken und Erledigung von Rechtshilfeersuchen ieS durch **diplomatische oder konsularische Vertreter** hat Dänemark ausdrücklich **Widerspruch** eingelegt; s Anh A (HPÜ 1954) Rz 73 (Dänemark FN 4). Letztere ist daher gänzlich, erstere nur in dem in Art 6 Abs 2 Satz 2 HPÜ 1954 festgelegten Ausmaß zulässig, dh, sofern es sich um Zustellungen an Staatsangehörige des Entsendestaates handelt und der Empfänger zur Annahme der Schriftstücke bereit ist.

b) Als **Sprache für Ersuchschreiben** österreichischer Behörden ist Deutsch zugelassen (ebenso wie vice versa Dänisch); s Art 1 Abs 2. **44**

Sind den Ersuchen bzw Anträgen nach dem HPÜ 1954 **Übersetzungen** beizulegen, so können diese (nicht nur – wie nach Art 3 Abs 3, Art 10 und Art 19 Abs 2 Z 3 HPÜ 1954 – von einem konsularischen oder diplomatischen Vertreter des ersuchenden Staates oder von einem amtlich befugten Dolmetscher des **ersuchten** Staates, sondern) **auch** von einem amtlich befugten **Dolmetscher** des **ersuchenden** Staates (in Österreich: einem beeideten gerichtlichen Dolmetscher) beglaubigt sein (s allgemein – und somit insb zuzustellende Schriftstücke betreffend – Art 2 und speziell – in bezug auf die zu vollstreckenden Kostenentscheidungen – Art 7).

c) Zwischen den beiden Vertragsstaaten findet **kein** gegenseitiger **Kostenersatz** für die geleistete Rechtshilfe statt (Art 3 Abs 1). Doch hat die ersuchte Behörde die Kosten, die aus der Einhaltung einer besonderen Form der Zustellung oder aus der Durchführung der Beweisaufnahme oder der sonstigen Art von Rechtshilfehandlung erwachsen sind, der ersuchenden Behörde mitzuteilen (Art 3 Abs 2); dadurch wird es dem Bund ermöglicht, sie der iSd § 1 Z 7 iVm § 2 Abs 1 GEG 1962 kostenersatzpflichtigen Partei zur Zahlung vorzuschreiben; s dazu näher oben Anh A (HPÜ 1954) Rz 55. **45**

d) Über Art 17 Abs 1 und 2 HPÜ 1954 (und § 57 ZPO) hinausgehend darf dänischen Staatsbürgern in Österreich (und vice versa österreichischen Staatsbürgern in Dänemark) auch dann **keine Prozeßkostensicherheitsleistung** auferlegt werden, wenn sie ihren Wohnsitz nicht in einem der Vertragsstaaten des HPÜ 1954 haben; sie sind vielmehr aufgrund der **Rechtsprechung des EuGH** un- **46**

abhängig davon, wo sie ihren Wohnsitz oder gewöhnlichen Aufenthalt haben oder ihr unbewegliches Vermögen belegen ist (also auch dann, wenn die Voraussetzungen des § 57 Abs 2 ZPO nicht zutreffen), von jedem Erlag einer aktorischen Kaution befreit; zur näheren Begründung des EuGH s oben Anh A (HPÜ 1954) Rz 69.

47 Der **Antrag auf Vollstreckung** (seit der EO-Nov 1995: Vollstreckbarerklärung) **der** in diesem Verfahren vom obsiegenden Beklagten erlangten **Prozeßkostenentscheidung** kann von der Partei **unmittelbar bei der zuständigen Behörde im Vollstreckungsstaat** gestellt werden; sie kann aber auch an der (im HPÜ 1954 an sich vorgesehenen) **Übermittlung im Rechtshilfeweg** festhalten; er ist insofern gegenüber Art 18 Abs 1 HPÜ 1954 vereinfacht, als er **unmittelbar über das Justizministerium des Zweitstaates** läuft (Art 5).

Dem Antrag ist die Prozeßkostenentscheidung samt (Vollstreckbarkeitsbestätigung und) einer beglaubigten Übersetzung in die Sprache des ersuchten Staates (s oben Rz 44) beizuschließen (Art 7). Einer darüber hinausgehenden Bestätigung der Rechtskraft iSd Art 19 Abs 3 Satz 2 HPÜ 1954 bedarf es nicht (Art 6).

Zur weiteren Möglichkeit, die Entscheidung nach dem **EuGVÜ** vollstrecken zu lassen, vgl oben Anh A (HPÜ 1954) Rz 70.

48 **e)** Keine weitere Verfahrensvereinfachung gegenüber dem HPÜ 1954 bringt die bilaterale Übereinkunft für das Gebiet der Gewährung von **Verfahrenshilfe.** Dänemark ist jedoch auch Mitgliedstaat des **Europäischen Verfahrenshilfeübereinkommens** (B und M: BGBl 1982/190); zu diesem s allgemein oben Anh A (HPÜ 1954) Rz 61 und unten im Anh zu § 63 ZPO. Damit tritt an die Stelle des in Art 23 Abs 1 HPÜ 1954 für die **Übermittlung von Anträgen auf Verfahrenshilfe** vorgesehenen konsularischen Wegs ein System der Weiterleitung über Zentralbehörden: **Empfangs- und Übermittlungsstelle** iSd Art 2 des Verfahrenshilfeübereinkommens ist das **dänische Justizministerium.**

49 **f)** Nicht zu den Themen der Haager Prozeßübereinkommen gehört die **Erteilung von Rechtsauskünften,** weshalb auch die vorliegende Zusatzvereinbarung keine Bestimmung hierüber enthält. Dänemark gehört jedoch dem **Europäischen Übereinkommen betreffend Auskünfte über ausländisches Recht** vom 7. 6. 1968 BGBl 1971/417 sowie dem **Zusatzprotokoll** vom 15. 3. 1978 BGBl 1980/179 an; s zu diesen beiden Abkommen des Europarates oben Anh A (HPÜ 1954) Rz 62 und unten im Anh zu § 271 ZPO.

2. Daten

50 **Amtlicher Titel:** Vertrag zwischen der Republik Österreich und dem Königreich Dänemark vom 8. 11. 1979 zur Vereinfachung des rechtlichen Verkehrs nach dem Haager Übereinkommen vom 1. 3. 1954 BGBl 1981/41

Authentische Sprachen: Deutsch und Dänisch

Materialien: NR: GP XV RV 255 AB 351 S 34; BR: AB 2150 S 397.

Inkrafttreten: 1. 4. 1981

Übergangsregelung: Gem seinem Art 8 ist das Zusatzabkommen zum HPÜ 1954 nur auf solche Zustellungs- und Rechtshilfeersuchen anzuwenden, die nach seinem Inkrafttreten bei einer Behörde des ersuchten Staates einlangen; alle bis zum 31. 3. 1981 gestellten Ersuchen waren daher weiterhin allein nach dem HPÜ 1954 zu erledigen.

Fundstelle: *Duchek/Schütz/Tarko,* Rechtsverkehr 644 (DÄ III).

Deutschland

Rechtsquellen: HPÜ 1954 (B: BGBl 1960/37); Zusatzabkommen zum HPÜ 1954, BGBl 1960/27

Lit: *Bülow/Böckstiegel/Geimer/Schütze,* Der Internationale Rechtsverkehr in Zivil- und Handelssachen[3] (Stand: 21. EL zur 1. Aufl, 1998), A I 1c (170.1ff; Stand: 7. EL zur 1. Aufl); *E. Geimer,* Internationale Beweisaufnahme (1998), insb 111ff und 177ff; *R. Geimer,* Konsularische Beweisaufnahme, in Matscher-FS (1993) 133; weitere Literaturhinweise zum deutschen Recht s Anh Lit Rz 1.

1. Inhalt (mit Hinweisen zum deutschen Recht)

51 **a) Übermittlung und Erledigung von Rechtshilfeersuchen iwS.** Die österreichischen und deutschen **Behörden verkehren** miteinander **unmittelbar** (Art 1 Abs 1 und Art 4), dh das erkennende Gericht kann sein Rechtshilfeersuchen direkt an die für dessen Erledigung zuständige Behörde im Nachbarland adressieren. (Dies entspricht alter Tradition zwischen den beiden Staaten und wurde in der Vergangenheit auch in Zeiten des vertragslosen Zustandes „aus völkerrechtlichem Entgegenkommen" so gepflogen; s den rechtsgeschichtlichen Rückblick bei *Bülow/Böckstiegel/Geimer/Schütze,* Rechtsverkehr A I 1c, 170.1f, insb FN 7 und 13).

Für die **Durchführung der Rechtshilfe iwS** sachlich zuständig sind in **Österreich** die **Bezirksgerichte** und in **Deutschland** die **Amtsgerichte;** örtlich zuständig ist das Gericht, in dessen Sprengel bzw Bezirk die Amtshandlung vorgenommen werden soll (Art 1 Abs 2). An eine unzuständige Behörde gerichtete Ersuchen werden amtswegig weitergeleitet und die ersuchende Behörde hievon verständigt (Art 1 Abs 3).

Die gewünschten Rechtshilfehandlungen werden nach den Regeln der *lex fori* gesetzt, soferne nicht um Einhaltung einer besonderen Form ersucht wird (s Art 3 Abs 2 HPÜ 1954 iVm Art 2 Satz 2 der Zusatzvereinbarung; Art 14 Abs 2 HPÜ 1954).

52 **b) Reichweite der Zusatzvereinbarung.** Mit Blick auf Art 6 Abs 2 HPÜ 1954 ist die Zusatzvereinbarung als eine **abschließende Regelung** der möglichen Übermittlungswege und Erledigungsarten von Rechtshilfeersuchen iwS zu verstehen. Nach (zutreffender) deutscher Ansicht ist daher auch **keine der in Art 6 HPÜ 1954 vorgesehenen Formen der Zustellung** neben dem eben geschilderten behördlichen Übermittlungsweg **zulässig,** somit auch nicht der unmittelbare Postweg iSd Art 6 Abs 1 Z 1; denn Art 6 Abs 2 Satz 1 HPÜ 1954 verlangt nur dann einen ausdrücklichen Widerspruch gegen diese Form der Zustellung, wenn es an einer diesbezüglichen Zusatzvereinbarung zwischen den beiden Staaten fehlt. Für die **Zustellung durch diplomatische oder konsularische Vertreter** iSd Art 6 Abs 1 Z 3 HPÜ 1954 gilt dies freilich nur mit der Einschränkung, die sich aus Art 6 Abs 2 Satz 2 HPÜ 1954 selbst ergibt: Die Zustellung von Schriftstükken an eigene Staatsangehörige ist danach stets erlaubt, soferne hierbei keine Art von Zwang gegen den Zustelladressaten ausgeübt wird; vgl dazu näher oben Anh A (HPÜ 1954) Rz 49.

53 Auch die **Befugnisse der diplomatischen und konsularischen Vertreter auf dem Gebiet der internationalen Beweisaufnahme** werden iSd Art 15 HPÜ 1954 völkervertraglich festgelegt: Art 6 gestattet ihnen, Staatsangehörige ihres Entsendestaates unmittelbar zu vernehmen oder zur Vorlage von Urkunden zu verhalten; vgl unten Rz 57. Damit ist in die Zusatzvereinbarung eine dem innerstaatlichen deutschen Recht entsprechende Bestimmung aufgenommen worden; s § 363 II dZPO, wonach für Beweisaufnahmen im Ausland vorrangig die Kon

suln zuständig sind, wenn sie „dazu gem § 15 KonsularG (dBGBl 1974 I S 2317) ermächtigt und im Rahmen bestehender Staatsverträge befugt“ sind (*Thomas/ Putzo,* ZPO[20] § 363 Rn 1; zur Regelung der diplomatischen und konsularischen Beweisaufnahme auf innerstaatlicher Ebene s näher *E. Geimer,* Beweisaufnahme 126 ff).

54 **c)** Die **internationale Zustellung** selbst erfolgt nach den innerstaatlichen Vorschriften des ersuchten Staates, uzw „in der … für gleichartige Zustellungen vorgeschriebenen Form“ (Art 2 Satz 1). Damit wird die im HPÜ 1954 zugrunde gelegte Zweiteilung in formlose und förmliche Zustellung, die den Rechtsordnungen beider Staaten ohnedies grundsätzlich fremd ist (s jedoch für das deutsche Recht § 270 II dZPO), hinfällig. Freilich bestehen **Unterschiede** in der Art der Zustellung: Zwar ist auch nach deutschem Recht heute die Amtszustellung die Regel (und die Parteizustellung die Ausnahme; s nur §§ 214, 270 I, 317 I und 329 dZPO), doch kennt das deutsche Recht bis heute keine Zustellung zu eigenen Handen im österreichischen Sinn. Vielmehr ist es auch bei Klagen zulässig, diese immer dann, wenn die **Zustellung** nicht **durch Übergabe** an den Adressaten persönlich vorgenommen werden kann (§ 170 I dZPO), in Form der **Ersatzzustellung** (an eine andere Person, subsidiär durch Niederlegung) durchzuführen; hierbei ist ein viel größerer Personenkreis als nach österreichischem Recht berechtigt, das Schriftstück für den Zustellungsadressaten in Empfang zu nehmen (vgl §§ 181 ff dZPO). Daher sieht die Zusatzvereinbarung in Art 2 Satz 2 ausdrücklich vor, daß „auf Wunsch der ersuchenden Behörde“ die Zustellung „in einer besonderen Form“ durchgeführt werden kann. Von österreichischen Gerichten wird daher für Klagen (und Schriftstücken, „die wie Klagen zuzustellen sind“) eine Zustellung „zu eigenen Handen“ (§ 106 ZPO) zu beantragen sein, um zu gewährleisten, daß der Zustellvorgang jenen Erfordernissen entspricht, die das österreichische Recht zwecks Wahrung des rechtlichen Gehörs der Partei im formellen Sinn aufstellt (s § 21 iVm § 17 ZustG).

55 Bis vor kurzem hatte Deutschland im übrigen stets klargestellt, daß unter „Schriftstücken“ iSd Art 1 HPÜ 1954 nur solche verstanden werden können, bei denen die **Zustellung nicht** ihrerseits bereits die **Setzung eines Zwangsaktes** impliziert (und somit als **Maßnahme des Exekutionsvollzugs** zu qualifizieren ist). Daher lehnt Deutschland „die **Zustellung von Zahlungsverboten, Drittverboten oder anderen Geboten oder Verboten, die im Exekutions- oder Sicherungsverfahren ergehen, an den Drittschuldner** oder an die dritte Person … aus Gründen des *ordre public* ab …, wenn das Verbot oder Gebot Vermögensrechte betrifft, die in Deutschland belegen sind (zB Lohnforderungen gegen deutsche Arbeitgeber)“ (RHE Ziv. 1997, Länderübersicht zu § 22; vgl auch *Duchek/Schütz/Tarko,* Rechtsverkehr 150 Anm 14 [zu Art 4 HPÜ 1954] und 664 Anm 3 [zu Art 1 der deutsch-österreichischen Zusatzvereinbarung zum HPÜ 1954). Neuerdings hat jedoch das **Bayerische Staatsministerium der Justiz** die österreichischen Stellen davon informiert, daß in Abweichung von der bisherigen Praxis „Ersuchen österreichischer Gerichte um Zustellung von Exekutionsbewilligungen an Drittschuldner in Deutschland von den deutschen Gerichten nunmehr erledigt (werden)“. Zur Begründung wird ausgeführt, daß „der Erlaß des Pfändungsbeschlusses im Ausland … zunächst **nur** (bewirke), daß die nach den Vorschriften des ersuchenden Staates vorgesehenen **Rechtsfolgen im Erlaßstaat** eintreten. Die Zustellung einer Exekutionsbewilligung an den Drittschuldner ist daher nicht als Pfändungsakt im Inland, sondern als bloße Benachrichtigung über die Pfändung im Ausland anzusehen“ (so in einem Schreiben des Ministeriums vom 24. 8. 1998 an einen um Rechtsauskunft ersuchenden österreichischen Rechtsanwalt). Das Bayerische Staatsministerium der Justiz hat daher die Gerichte und Prüfungsstellen mit Schreiben vom 30. 6. 1998 „angewiesen, künftig ausgehende und eingehende Ersuchen um **Zustellung von Pfändungs- und Überweisungsbeschlüssen** anders als bisher zu erledigen“. Gleiches soll für die **Zustellung einer einstweiligen Verfügung** gelten. Mit Bekanntmachung vom 23. 3. 1999 ist dann auch die

Rechtshilfeordnung für Zivilsachen in den §§ 28 und 59 ZRHO in diesem Sinn geändert worden (BayJMinBl 1999, 48); s dazu den – diese Entwicklung begrüßenden – Bericht von *Gottwald,* IPRax 1999, 395f. Zur Problematik einer solchen Auffassung und der (im modernen Wirtschaftsverkehr besonders) fühlbaren Lücke im zwischenstaatlichen Rechtsschutz infolge **Fehlens völkervertraglicher Normen der internationalen Vollstreckungshilfe** s oben § 38 JN Rz 18ff.

d) Die **internationale Beweisaufnahme** hat nach den **innerstaatlichen Vorschriften des ersuchten Staates** (uzw gem Art 11 Abs 1 HPÜ 1954 auch – soweit erforderlich – unter Einsatz der dort vorgesehenen **Zwangsmittel**) zu erfolgen, es sei denn, daß das Prozeßgericht um die **Einhaltung einer besonderen Form** ersucht hat (zu diesen allgemein anerkannten Grundsätzen der internationalen Rechtshilfe ieS s näher § 39 JN Rz 1 f). Die (durch die Zusatzvereinbarung in diesem Punkt auch nicht modifizierte) Regelung des Art 14 HPÜ 1954 stimmt übrigens mit dem innerstaatlichen österreichischen und deutschen Recht überein (vgl für Österreich § 290 ZPO und für Deutschland § 369 dZPO; aus diesen beiden – inhaltlich gleichlautenden – Bestimmungen ergibt sich nämlich im Umkehrschluß, daß der inländische Gesetzgeber davon ausgeht, daß die Beweiserhebung im Ausland grundsätzlich der *lex fori* des ersuchten Gerichts untersteht; denn er erklärt eine Mangelhaftigkeit der Beweisaufnahme nach diesem Recht dann für nicht weiter relevant, wenn sie wenigstens den Vorschriften des inländischen Rechts genügt; vgl dazu *Böhm,* Rechtsschutzformen, in Fasching-FS 108 und 111 mwN zum deutschen Schrifttum; *E. Geimer,* Beweisaufnahme 168). 56

Werden diese Rechtshilfehandlungen freilich unmittelbar durch **diplomatische oder konsularische Vertreter** des Sendestaates vorgenommen (s oben Rz 53), so dürfen diese (die Beweisaufnahme zwar nach den **Verfahrensregeln des Entsendestaates** durchführen, aber) hierbei **keinen Zwang** auf die Beweisperson ausüben, weil darin eine Verletzung der Hoheitsrechte des Empfangsstaates läge, auf dessen Territorium die Beweiserhebung durchgeführt wird (*Bülow/Böckstiegel/Geimer/Schütze,* Rechtsverkehr A I 1c, 170.5 FN 26; *E. Geimer,* Beweisaufnahme 130 und 134). Als möglichen Gegenstand der Rechtshilfe ieS nennt Art 6 Satz 1 konkret die **Vernehmung von Personen** (als Partei, Zeuge oder Auskunftsperson) und die **Vorlage von Urkunden.** Von der Beweiserhebung dürfen nur **eigene Staatsangehörige** betroffen sein; die Staatsangehörigkeit bestimmt sich hierbei nach dem Recht des Empfangsstaates (Art 6 Satz 2). Der Sendestaat darf somit **Doppelstaatsbürger** in diesem Zusammenhang nicht als eigene Staatsangehörige behandeln (*Duchek/Schütz/Tarko,* Rechtsverkehr 665 Anm 9 [zu Art 6]; s auch oben Anh A [HPÜ 1954] Rz 49). 57

e) Ein wechselseitiger **Ersatz der Auslagen,** die den Vertragsstaaten jeweils aus der Erledigung des Zustellungs- oder Rechtshilfeersuchens ieS erwachsen (einschließlich von Sachverständigengebühren), **findet nicht statt** (Art 3 und Art 5 Abs 1). 58

Die aus der **Aufnahme von Beweisen** resultierenden Kosten sind jedoch der ersuchenden Behörde mitzuteilen (Art 5 Abs 2). Dies ermöglicht es ihr, sie von der kostenersatzpflichtigen Partei iSd § 1 Z 7 iVm §§ 2 und 11 GEG 1962 einzuheben bzw gegebenenfalls auch einzutreiben; vgl *Duchek/Schütz/Tarko,* Rechtsverkehr 665 Anm 4 (zu Art 3) und Anm 7 (zu Art 5).

f) Die Zusatzvereinbarung enthält keine Bestimmung über die **aktorische Kaution.** Da dieses Institut aber damals in beiden Rechtsordnungen in der traditionellen Form innerstaatlich vorgesehen war (s §§ 57ff ZPO bzw §§ 110ff aF dZPO), blieb es demnach zunächst bei der in **Art 17 Abs 1 und 2 HPÜ 1954** enthaltenen Regel, wonach die Staatsangehörigen des einen im jeweils anderen 59

Vertragsstaat vom Erlag einer Sicherheit für die Prozeßkosten (oder zur Deckung von Gerichtskosten) nur dann befreit sind, wenn sie in einem der Mitgliedstaaten des HPÜ 1954 ihren **Wohnsitz** haben. Diese Bestimmung ist jedoch in der Folge **durch die Rechtsprechung des EuGH** zum Diskriminierungsverbot des Art 6 Abs 1 (jetzt: Art 12 Abs 1) EGV **überlagert** worden. Danach darf Staatsangehörigen aus einem der Mitgliedstaaten der Europäischen Union **unabhängig von ihrem Wohnsitz** keine Ausländersicherheit auferlegt werden, wenn ein solcher Betrag von Inländern unter sonst gleichen Bedingungen nicht zu leisten ist. Gleiches gilt für **juristische Personen** (und parteifähige Vereinigungen bzw Vermögensmassen); s die Erkenntnisse des EuGH zu § 57 Abs 1 ZPO bzw § 110 I aF dZPO oben Anh A (HPÜ 1954) Rz 69. Durch das 3. RPflÄndG (6. 8. 1998, dBGBl 1998 I, 2030) ist § 110 dZPO neu gefaßt worden. Nunmehr kann ausländischen Klägern dann die Leistung einer Prozeßkostensicherheit auferlegt werden, wenn sie „ihren gewöhnlichen Aufenthalt nicht in einem Mitgliedstaat der Europäischen Union oder in einem Vertragsstaat des Abkommens über den Europäischen Wirtschaftsraum haben", es sei denn, daß die Entscheidung über die Prozeßkosten gegen den Kläger aufgrund völkerrechtlicher Verträge vollstreckt werden kann (§ 110 Abs 1 und Abs 2 Nr 2 dZPO). **Auslandsösterreichern ohne gewöhnlichen Aufenthalt in der EU oder im EWR,** die auch keinen Wohnsitz in einem der Vertragsstaaten des HPÜ 1954 haben, kann somit wieder, wenn sie als Kläger in Deutschland auftreten, eine aktorische Kaution auferlegt werden; vgl oben Anh A (HPÜ 1954) Rz 69.

60 Die **Vollstreckung der Prozeßkostenentscheidungen** ist heute durch das **EuGVÜ** gesichert (vgl dazu oben Anh A [HPÜ 1954] Rz 70); insofern hat die in Art 7 der Zusatzvereinbarung enthaltene Erweiterung iSd Art 18 Abs 3 HPÜ 1954, wonach die obsiegende beklagte Partei den Antrag auf Vollstreckbarerklärung **direkt** bei der hierfür zuständigen Behörde im Zweitstaat stellen kann, an Bedeutung verloren. Unverändert aufrecht bleibt daneben freilich die durch Art 18 Abs 1 und 2 HPÜ 1954 selbst eröffnete Möglichkeit, den Antrag auf Vollstreckbarerklärung im **Rechtshilfeweg** an die zuständige Behörde im Zweitstaat zu übermitteln.

Seit der EO-Nov 1995 kann die Exekution allerdings auch in Österreich nicht mehr – wie zur Zeit des Abschlusses der Zusatzvereinbarung – unmittelbar aufgrund des ausländischen Titels bewilligt werden, sondern muß ihr gem §§ 79ff EO dessen **Vollstreckbarerklärung** vorangehen. Daher ist der ursprünglich auf Österreich bezogene Textteil von Art 7, wonach „die Exekution zu bewilligen" ist, heute als gegenstandslos zu betrachten und gilt auch für Österreich nunmehr jener zunächst allein auf Deutschland bezogene Satzteil, wonach die Prozeßkostenentscheidung „für vollstreckbar zu erklären" ist.

Gem Art 8 bedürfen die (Rechtskraft- und) **Vollstreckbarkeitsbestätigungen** (§ 150 GeO; s auch § 54 Abs 2 EO) bzw **Rechtskraftzeugnisse** (§ 706 dZPO) ferner keiner weiteren Bestätigung durch die höchste Justizverwaltungsbehörde iSd Art 19 Abs 3 Satz 2 HPÜ 1954.

61 **g)** Die in Art 20 HPÜ 1954 vorgesehene **Gleichstellung zwischen In- und Ausländern** in bezug auf die **Gewährung von Verfahrenshilfe** (Österreich) bzw **Prozeßkostenhilfe** (Deutschland) ist heute auch im innerstaatlichen Recht beider Vertragsstaaten verankert (s für Österreich § 63 Abs 1 ZPO und für Deutschland § 114 dZPO). Sie ist allerdings nach deutschem Recht (s § 116 Abs 1 Nr 2 dZPO) – zum Unterschied vom österreichischen Recht (s § 63 Abs 2 ZPO) – nicht auch für **ausländische juristische Personen** und parteifähige Vereinigungen gegeben. Im Bereich der Europäischen Union wird freilich auch hier (wie bei der Auslän-

dersicherheit, s oben Rz 59) das **Diskriminierungsverbot des Art 6 Abs 1 (jetzt: Art 12 Abs 1) EGV** eingreifen.

Art 9 der Zusatzvereinbarung sieht für die **Übermittlung von Anträgen** auf Gewährung der Verfahrenshilfe/Prozeßkostenhilfe den **unmittelbaren Behördenverkehr** vor.

h) Bezüglich der **Erteilung von Rechtsauskünften** enthält die Zusatzvereinbarung keine Bestimmung. Deutschland gehört jedoch dem **Europäischen Übereinkommen betreffend Auskünfte über ausländisches Recht** vom 7. 6. 1968 BGBl 1971/417 (B: BGBl 1975/112) sowie dem **Zusatzprotokoll** vom 15. 3. 1978 BGBl 1980/179 (B: BGBl 1987/560) an; zu diesen beiden Abkommen des Europarates s oben Anh A (HPÜ 1954) Rz 62 und unten im Anh zu § 271 ZPO. 62

2. Daten

Amtlicher Titel: Vereinbarung zwischen der Bundesregierung der Republik Österreich und der Regierung der Bundesrepublik Deutschland vom 6. 6. 1959 zur weiteren Vereinfachung des rechtlichen Verkehrs nach dem Haager Übereinkommen vom 1. 3. 1954 BGBl 1960/27 63

Authentische Sprache: Deutsch

Materialien: Da der Vertrag als nicht gesetzesändernd nicht der Genehmigung des Nationalrates bedurfte, fehlt es an parlamentarischen Unterlagen; s den diesbezüglichen Hinweis im Bericht des Justizausschusses AB 55 BlgNR 9. GP (zum Anerkennungs- und Vollstreckungsvertrag vom 6. 6. 1959 BGBl 1960/105).

Inkrafttreten: 1. 1. 1960

Fundstelle: *Duchek/Schütz/Tarko,* Rechtsverkehr 664 (D IX).

Finnland

Rechtsquellen: HPÜ 1954 (B: BGBl 1957/91 und 1958/40); Zusatzabkommen zum HPÜ 1954, BGBl 1988/244

1. Inhalt

a) Der Vertrag orientiert sich in Aufbau und Inhalt an den schon davor mit Staaten des skandinavischen Rechtskreises geschlossenen Zusatzabkommen zum HPÜ 1954 (s RV 3 BlgNR 17. GP 5); vgl Dänemark Rz 43 ff; Norwegen Rz 225 ff und Schweden Rz 278 ff. 64

b) Die in Art 1 enthaltene **allgemeine Gleichbehandlungsklausel** garantiert nicht nur österreichischen und finnischen **Staatsangehörigen** Rechtsschutz hinsichtlich ihrer Person und ihres Vermögens sowie freien Zugang zu Gericht, sondern auch allen **(natürlichen) Personen,** die ihren **gewöhnlichen Aufenthalt** in dem jeweils anderen Vertragsstaat haben; diesen sind wiederum jene **juristischen Personen und prozeßfähigen Gebilde** (zB OHG, KG) gleichgestellt, die ihren satzungsmäßigen oder tatsächlichen Sitz ebendort haben (Art 7); s *Duchek/Schütz/Tarko,* Rechtsverkehr 715 Anm 8 (zu Art 7); vgl auch oben Anh A (HPÜ 1954) Rz 56. 65

c) Für die **Übermittlung der Zustellungs- und Rechtshilfeersuchen ieS** ist der **ministerielle Weg** vorgesehen, dh die beiderseitigen **Justizministerien** verkehren unmittelbar miteinander (Art 2 Abs 1). Dies gilt nicht nur bezüglich des Hin-, sondern auch des Rücklaufs der Akten (Art 2 Abs 3). 66

d) Art 3 Abs 2 läßt für **Übersetzungen,** die von den in Finnland zu erledigenden **Rechtshilfeersuchen iwS** anzufertigen sind, neben der **finnischen** auch 67 die **schwedische Sprache** zu; dies gilt auch für die dort **zuzustellenden Schriftstücke;** zur Frage, inwieweit dadurch bei Zustellungen das rechtliche Gehör der Partei gewahrt erscheint, s oben Anh A (HPÜ 1954) Rz 9 und 20. Die **Beglaubigung** der Übersetzungen kann auch durch einen amtlich befugten Dolmetscher des ersuchenden Staates erfolgen (Art 3 Abs 1; vgl auch – für Anträge auf Vollstreckung von Prozeßkostenentscheidungen – Art 6 Abs 2).

68 **e)** Die Zusatzvereinbarung erwähnt keine der sonstigen Zustellungsarten des Art 6 HPÜ 1954 und nimmt auch nicht auf Art 15 HPÜ 1954 Bezug (s zu diesen Bestimmungen oben Anh A [HPÜ 1954] Rz 15f und Rz 49f). Die ErläutRV 3 BlgNR 17. GP 5 (zu Art 2) halten dazu fest, daß die vorliegende Übereinkunft „nach Auffassung der beiden Vertragsstaaten nicht als Widerspruch zu den Art 6 und 15 HPÜ 1954 zu werten" sei. Im Vertrag selbst hat diese übereinstimmende Ansicht der Vertragspartner allerdings keinen Niederschlag gefunden; ihre Reichweite bleibt daher offen (vgl den gleichen Hinweis in den ErläutRV bei Norwegen Rz 228).

69 **f)** Der **wechselseitige Verzicht auf Kostenerstattung** für die geleistete Rechtshilfe durch die Vertragsstaaten (Art 4 Abs 1) umfaßt auch die Sachverständigengebühren. Doch sind der ersuchenden Behörde die aus deren Tätigkeit erwachsenen Kosten mitzuteilen (Art 4 Abs 2); dies ermöglicht es ihr, sie gem § 1 Z 7 GEG 1962 von der kostenpflichtigen Partei des Verfahrens hereinzubringen; s oben Anh A (HPÜ 1954) Rz 55.

70 **g)** Zur **Befreiung von der Sicherheitsleistung für Prozeßkosten** und den Erleichterungen betreffend die Hereinbringung der dem unterlegenen Kläger im Erststaat auferlegten Beträge im Wege der **Zwangsvollstreckung** im Zweitstaat (Art 5f) s oben Anh A (HPÜ 1954) Rz 27ff; dort auch zur (über das HPÜ 1954 hinausgehenden) Befreiung von Staatsbürgern eines Mitgliedstaates der **Europäischen Union** von jedem Erlag einer aktorischen Kaution nach der Rechtsprechung des EuGH (Rz 69) und der weiteren Möglichkeit, die betreffende Entscheidung nach dem **EuGVÜ** vollstrecken zu lassen (Rz 70).

71 **h)** Keine weitere Verfahrensvereinfachung gegenüber dem HPÜ 1954 bringt die bilaterale Übereinkunft für das Gebiet der Gewährung von **Verfahrenshilfe.** Finnland ist allerdings auch Mitgliedstaat des **Europäischen Verfahrenshilfeübereinkommens** (B, V und M: BGBl 1982/190); zu diesem s allgemein oben Anh A (HPÜ 1954) Rz 61 und unten im Anh zu § 63 ZPO. Damit tritt an die Stelle des in Art 23 Abs 1 HPÜ 1954 vorgesehenen konsularischen Wegs ein System der **Weiterleitung von Anträgen auf Verfahrenshilfe über Zentralbehörden: Empfangs- und Übermittlungsstelle** iSd Art 2 des oberwähnten Übereinkommens ist das **finnische Justizministerium.** Finnland nimmt keine Anträge in französischer Sprache entgegen (s den gem Art 13 Abs 1 Satz 1 erklärten Vorbehalt zu Art 6 Abs 1 lit b).

72 **i)** Öffentliche oder öffentlich beglaubigte Urkunden bedürfen keiner weiteren Formalität (Art 8). Zum **Urkundenwesen** s auch die Ausführungen im Anh zu § 293 ZPO.

73 **j)** Die **Erteilung von Rechtsauskünften** durch das Justizministerium des jeweils anderen Staates ist gewährleistet; auch sie ist kostenlos (Art 9).

Finnland ist darüber hinaus auch Vertragsstaat von zwei Konventionen des Europarates, nämlich des **Europäischen Übereinkommens betreffend Auskünfte über ausländisches Recht** vom 7. 6. 1968 BGBl 1971/417 (B: BGBl 1990/529) und des **Zusatzprotokolls** vom 15. 3. 1978 BGBl 1980/179 (B: BGBl 1990/530); zu diesen s oben Anh A (HPÜ 1954) Rz 62 und unten im Anh zu § 271 ZPO.

2. Daten

Amtlicher Titel: Abkommen zwischen der Republik Österreich und Finnland vom 17. 11. 1986 zur Vereinfachung des rechtlichen Verkehrs nach dem Haager Übereinkommen vom 1. 3. 1954 betreffend das Verfahren in bürgerlichen Rechtssachen, BGBl 1988/244 **74**
Authentische Sprachen: Deutsch und Finnisch
Materialien: NR: GP XVII RV 3 AB 88 S 14; BR: AB 3233 S 486.
Inkrafttreten: 1. 7. 1988
Fundstelle: *Duchek/Schütz/Tarko,* Rechtsverkehr 712 (FI II).

Frankreich

Rechtsquellen: HPÜ 1954 (B: BGBl 1959/147); Zusatzabkommen zum HPÜ 1954, BGBl 1980/236

Lit zum französischen Zustellungsrecht (in deutscher Sprache): s Anh Lit Rz 5; insb *Fleischhauer,* Inlandszustellung 161 ff; *Steinhauer,* Versäumnisurteile 124 ff; *Wiehe,* Zustellungen 48 ff.

1. Hinweise zum französischen Zustellungsrecht

Die **Zustellung** (*notification*) **der Klage** (oder jedes anderen verfahrenseinleitenden Schriftstückes) an den Beklagten (**sowie** dessen **Ladung** vor Gericht) ist in Frankreich **Sache der Partei:** sie hat diese (als *assignation* bezeichneten) Akte selbst dadurch in Gang zu setzen, daß sie die Klageschrift einer eigens hiefür vorgesehenen Amtsperson übergibt, nämlich dem örtlich zuständigen *huissier de justice* (Gerichtsvollzieher), der die notwendigen Urkunden ausfertigt und sie in Form der *signification* zustellt. **75**

Unter *signification* wird somit eine besondere Form der *notification* verstanden: sie wird vom Gesetz für bestimmte Arten von Schriftstücken (Klage, Urteil) vorgeschrieben und kann allein durch den *huissier* bewirkt werden, erfordert somit dessen Einschaltung.

In Frankreich wird daher zwischen einer *notification en la forme ordinaire* (Art 665–670-2 *Nouveau Code de Procédure Civile;* in der Folge: NCPC) und der *signification* (Art 653–664 NCPC) unterschieden. Die erstgenannte Zustellungsart, die auch als **formlose Zustellung** bezeichnet wird, erfordert die Annahmebereitschaft des Zustellungsempfängers; die zweitgenannte, durch den *huissier* unter Einhaltung gewisser Garantien bewirkte und somit **förmliche Zustellung** darf demgegenüber auch gegen den Willen des Zustelladressaten vorgenommen werden.

Diese Differenzierung des französischen Rechts ist deshalb für das Verständnis der Zustellung im völkervertraglich geregelten Bereich der internationalen Rechtshilfe von so großer Bedeutung, weil sie letztlich allen Haager Prozeßübereinkommen – also auch dem jüngeren Haager Zustellungsübereinkommen von 1965 (dem Österreich nicht angehört) – zugrunde liegt und auch im neuen Europäischen Zustellungsübereinkommen von 1997 weiterwirkt; vgl dazu näher oben Anh A (HPÜ 1954) Rz 5 ff.

Während die an eine **Person mit inländischem Wohnsitz** erfolgende Zustellung mit den österreichischen Formen der Eigenhand- und Ersatzzustellung noch insoweit vergleichbar ist, als der *huissier* gewisse Anstrengungen zu machen hat, um die Schriftstücke dem Adressaten möglichst persönlich zu übergeben, und nur subsidiär das Schriftstück bei anderen Personen hinterlassen darf (allerdings **76** ist dieser Personenkreis – wegen des Fehlens eines echten Versäumungsurteils iSd öZPO [zu den Folgen der Säumnis nach französischem Recht s insb *Steinhauer,* Versäumnisurteile 124 ff, 128 ff] – ein viel größerer als nach österreichischem Recht; s dazu des Näheren bei Italien Rz 156), ist die Zustellung an eine **Person mit ausländischem Wohnsitz** grundverschieden; dies schon deshalb, weil die für die Zustellung von Schriftstücken dieser Art vorgeschriebene Form der *signification* ein Agieren von *huissiers de justice* im Ausland erforderte, darin aber nach allgemeinem Völkerrecht eine Verletzung fremdstaatlicher Souveränität zu erblicken wäre. Es wird deshalb keine effektive Zustellung an den Beklagten im Ausland selbst vorgenommen, sondern lediglich eine **fiktive Inlandszustellung** (verbunden mit einer bloß informativen Verständigung des Beklagten von der an ihn im Inland bewirkten Zustellung). Solcherart wird der **(konstitutive Teil des) Zustellvorgang(es) ins Inland verlegt und** gilt formell als hier **abgeschlossen.**

77 Die ***notification internationale*** von Klagen ***à l'étranger*** (ins Ausland) kann daher – gleich einer Zustellung an Beklagte mit (Wohn-)Sitz im Inland – durch den *huissier* ausgeführt werden und erfüllt damit das entscheidende Kriterium einer *signification:* Der von der Partei mit der Zustellung beauftragte *huissier* übergibt die betreffenden Schriftstücke (in zweifacher Ausfertigung) dem Staatsanwalt am Sitz des Prozeßgerichts, uzw entweder persönlich oder er hinterläßt sie in dessen Büro (daher rührt die Bezeichnung ***remise au „parquet"*** – während die Richter in den alten Gerichtssälen auf der Estrade saßen, standen die Staatsanwälte im tiefer gelegenen „Parkett"). Damit ist die Zustellung bewirkt; ab diesem Zeitpunkt beginnt somit der Fristenlauf (zB zur Einlassung in den Rechtsstreit oder zur Erhebung eines Rechtsmittels). Alle weiteren Akte dienen nur der **Information der im Ausland befindlichen Partei** über die (im Inland bereits fiktiv) erfolgte Zustellung. Sie sollen der Partei Kenntnis vom Inhalt der an sie gerichteten Schriftstücke verschaffen und ihr eine wirksame Verteidigung vor (dem ausländischen) Gericht ermöglichen. Da es sich (nach französischem Verständnis) jedoch um eine rein inländische Zustellung handelt, muß der dementsprechenden Mitteilung **keine Übersetzung der Schriftstücke in die Amtssprache des (Wohn-)Sitzstaates der beklagten Partei angeschlossen** werden. Dann aber hilft auch nicht, daß die **effektive Zumittlung** der Schriftstücke sogar **doppelt** vorgenommen wird: Erstens leitet nämlich der **Staatsanwalt** die ihm vom *huissier* übergebenen Kopien an den Justizminister zwecks Übermittlung ins Ausland weiter (und erwirkt sogar dann, wenn die Schriftstücke in einen Staat zu übermitteln sind, der für den Zustellvorgang die Einschaltung des Gerichts [*l'intervention du juge*] vorsieht, eine dementsprechende richterliche Verfügung [*ordonnance du juge*]; s Art 685 NCPC); und zweitens sendet der *huissier* selbst eine dritte Kopie der Schriftstücke per **Post** (eingeschrieben mit Rückschein) an den Zustelladressaten (Art 686 NCPC). All diese Akte effektiver Verständigung der im Ausland befindlichen Partei sind indes lediglich als **Mitteilung** über die bereits (fiktiv) erfolgte (Inlands-)Zustellung zu qualifizieren (*Fleischhauer,* Inlandszustellung 173 ff; *Wiehe,* Zustellungen 52 ff).

78 Soll umgekehrt eine ***notification internationale*** auf Ersuchen ausländischer Behörden ***en provenance de l'étranger*** (aus dem Ausland) erfolgen, kann diese nach Art 688-1 – 688-8 NCPC auf zweierlei Weise durchgeführt werden: Entweder wird das eingehende Ersuchen vom Justizminister an die beim *Tribunal de grande instance* (Landesgericht) eingerichtete Staatsanwaltschaft *(ministère public)* weitergeleitet, welche die Zustellung sodann durch Organe der örtlich zuständigen Polizei oder Verwaltung in Form der einfachen Übergabe *(simple re-*

mise) an den Adressaten gegen Empfangsbescheinigung vornehmen läßt; bei dieser Zustellart handelt es sich – in der Diktion des HPÜ 1954 – um eine bloß **formlose Zustellung.** Oder der Justizminister sendet das Ersuchen an die *Chambre nationale des huissiers de justice* (nationale Kammer der Gerichtsvollzieher), welche die betreffenden Schriftstücke an den örtlich zuständigen *huissier* weiterleitet, der die Zustellung in Form der *signification* vornimmt und bei dieser **förmlichen Zustellung** den Zustelladressaten auf sein Recht hinweisen sollte, die Annahme der Schriftstücke zu verweigern, wenn ihnen keine Übersetzung in die französische Sprache angeschlossen ist (vgl näherhin *Wiehe,* Zustellungen 59f).

Die *remise au parquet* als französischerseits vorgeschriebene Form der Zustellung an eine im Ausland befindliche Partei gilt freilich nur vorbehaltlich einer völkervertraglich festgelegten anderen Vorgangsweise bei der Zustellung (vgl Art 683-3 NCPC). Die bloße Übereinkunft, einander internationale Rechtshilfe zu gewähren, hat diese Wirkung freilich nicht *per se;* vielmehr sind die dort festgelegten Übermittlungswege diesfalls nur insoweit von Bedeutung, als es nach der inneren Gesetzgebung des betreffenden Staates überhaupt in diesem Zusammenhang einer internationalen Rechtshilfe bedarf, somit in französischer Sicht nur in jener Verfahrensphase, in welcher der Staatsanwalt der Partei im Ausland (deklarative) Mitteilung von der an sie im Inland erfolgten Zustellung macht (vgl oben Anh A [HPÜ 1954] Rz 5f). In Übereinstimmung damit ist bei der Auslegung des **französisch-österreichischen Rechtshilfevertrages** davon auszugehen, daß dieser **keine Änderung des innerstaatlichen französischen Rechts** mit sich gebracht hat; s dazu näher unten Rz 83. 79

2. Inhalt

a) Allgemeine Rechtsschutzgarantie; Gleichstellung juristischer Personen

Den Staatsangehörigen der beiden Vertragsstaaten wird wechselseitig der **freie** und ungehinderte **Zugang zu den Gerichten** garantiert (Art 1 Abs 1). Ihnen wird ferner in Fragen des Rechtsschutzes die gleiche Behandlung wie Inländern zugesichert (Art 1 Abs 2). 80

Juristische Personen und sonstige **parteifähige Gebilde** (zB OHG, KG; aber auch die Konkursmasse oder der ruhende Nachlaß), die ihren „Sitz" nach der Satzung oder nach der Vermögensbelegenheit in einem der beiden Vertragsstaaten haben, werden für den gesamten Anwendungsbereich des Abkommens den natürlichen Personen gleichgestellt (Art 2; vgl ErläutRV 65 BlgNR 15. GP 21 [zu Art 2]).

b) Hin- und Rücklauf der Rechtshilfeakten

Im Rechtshilfeverkehr mit Frankreich gilt eine unterschiedliche Regelung für den Hin- und Rücklauf der Akten: Während die **Übersendung des Ersuchens** um **Zustellung** von Schriftstücken bzw um Durchführung einer Rechtshilfehandlung ieS **(Beweisaufnahme) im Wege des Justizministeriums** erfolgt, ist für den **Rücklauf der Akten** (Bestätigung über die bewirkte Zustellung; Beweisprotokolle oder sonstige Erledigungsakten) der **unmittelbare Behördenverkehr** vorgesehen, dh die betreffenden Schriftstücke sind von der ersuchten Behörde direkt an die ersuchenden Behörde zu senden (Art 5 Abs 2 Satz 1 bzw Art 8 Satz 1). Letzteres gilt auch für **Zwischenerledigungen,** so insb für Rückfragen an die ersuchende Behörde, wenn sich die Angaben im Ersuchschreiben als unvollständig oder unrichtig herausstellen sollten (zB die Anschrift des Zustelladressaten oder der zu vernehmenden Person, s Art 9) oder sonstige ergänzende Mitteilungen erwünscht sind (Art 5 Abs 2 Satz 2 bzw Art 8 Satz 2). Für die **Ersuchschreiben** 81 selbst (und den Erledigungsbericht über die Zustellung) sind dem Vertrag **zweisprachige Muster** angeschlossen.

Das Muster ./A ist die Übersendungsnote für Zustellungsersuchen, dem ein Beiblatt über den wesentlichen Inhalt des zuzustellenden Schriftstücks anzuschließen ist. Das Muster ./B ist für die Bestätigung der Zustellung oder deren Unmöglichkeit zu verwenden. Das Muster ./C ist die Übersendungsnote für Rechtshilfeersuchen im eigentlichen Sinn (ErläutRV 65 BlgNR 15. GP 20).

82 Nur bei Anträgen auf **Verfahrenshilfe** (samt den dazu gehörigen Beilagen) ist auch für die Übermittlung der unmittelbare Behördenverkehr vorgesehen; s unten Rz 92.

In sinngemäßer Anwendung der Bestimmungen des Vertrages soll ferner vorgegangen werden, wenn einer der beiden Staaten ein „Ersuchen um Mithilfe bei der freiwilligen Erfüllung von auf dem Gebiet des Sorgerechts für Minderjährige erlassenen Entscheidungen" stellt (Art 13; s ErläutRV 65 BlgNR 15. GP 23 [zu Art 13]).

c) Internationale Zustellung

83 Frankreich hat sich ausdrücklich vorbehalten, nach **Art 6 Abs 1 Z 1 HPÜ 1954** vorgehen zu können (s Art 10 Abs 1); damit wird ihm ermöglicht, für **Zustellungen ins Ausland** an der **fiktiven Inlandszustellung** in Form der *remise au parquet* festzuhalten (zu dieser s oben Rz 77 f). Für den umgekehrten Fall ist in Art 4 neben der (im französischen Recht vorgesehenen) *notification par voie de simple remise* (Zustellung durch „bloße Übergabe") als weitere Form die (österreichische) **Zustellung zu eigenen Handen** (*„remise à personne"*) genannt. (Nicht geklärt ist im Vertrag selbst, wie diese Zustellform in das französische Recht umgesetzt wird; sie erfordert wohl die Weiterleitung des beim französischen Justizministerium einlangenden Zustellersuchens an die nationale Kammer der *huissiers* gem Art 688-2 NCPC; s dazu oben Rz 78).

84 Ein „Fortschritt" ist nach den ErläutRV 65 BlgNR 15. GP 21 (zu Art 4) darin zu erblicken, daß den zuzustellenden Schriftstücken von seiten des ersuchenden Staates **keine Übersetzung in die Sprache des ersuchten Staates** beizuschließen ist. Vielmehr bleibt es dem Empfänger vorbehalten, sich gegen die Annahme der fremdsprachigen Schriftstücke zu wehren. Macht er von dieser Möglichkeit Gebrauch, so hat nunmehr der **ersuchte Staat** selbst eine Übersetzung auf seine eigenen Kosten herzustellen (Art 4 Abs 1 Satz 2). Nur dann, wenn einer der Vertragsstaaten um die **Einhaltung einer anderen** „besonderen" **Form der Zustellung** ersucht, trifft ihn auch die Verpflichtung, eine Übersetzung der zuzustellenden Schriftstücke in die Sprache des anderen Vertragsstaats beizuschließen (Art 4 Abs 2); nach Ansicht der österreichischen Seite wird diese auf französischen Wunsch eingefügte Vorschrift indes kaum zum Tragen kommen, da die in Österreich (für Klagen und andere verfahrenseinleitenden Anträge) vorgeschriebene **Zustellung zu eigenen Handen** schon in Art 4 Abs 1 (als allgemeine Zustellart) genannt ist und „eine andere besondere Zustellungsform als die zu eigenen Handen des Empfängers … aus österreichischer Sicht … ohnedies nicht in Betracht kommen (dürfte)" (ErläutRV 65 BlgNR 15. GP 21 f [zu Art 4]).

85 Zulässig ist es ferner, Zustellungen durch **konsularische oder diplomatische Vertreter** iSd **Art 6 Abs 1 Z 3 HPÜ 1954** unmittelbar an sich auf dem Hoheitsgebiet des anderen Vertragsstaates befindliche Personen vorzunehmen (Art 10 Abs 1), uzw auch an solche, die nicht dem Sendestaat angehören; dies jedenfalls solange, als der andere Vertragsstaat dem nicht widerspricht (s zu dieser Vertragsbestimmung noch näher unten Rz 88).

Ausdrücklich ausgeschlossen wurde demgegenüber die in **Art 6 Abs 1 Z 2 HPÜ 1954** vorgesehene Form der Übermittlung von Schriftstücken direkt durch Amtspersonen des einen Staates (zB *huissiers*) an die des anderen Staates (Art 10 Abs 2); sie wäre schon infolge Fehlens von Zustellorganen dieser Art in Österreich praktisch nicht durchführbar (so die ErläutRV 65 BlgNR 15. GP 22 [zu Art 10]); vgl auch oben **Belgien** Rz 16. **86**

d) Internationale Beweisaufnahme

Rechtshilfeersuchen (ieS) zwecks Aufnahme von Beweisen oder Durchführung von Erhebungen sind stets mit einer **Übersetzung** in die Sprache des ersuchten Staates zu versehen, wobei für die **Begleitschreiben** das dem Vertrag beiliegende **zweisprachige Muster** zu verwenden ist (Art 6). Die Übermittlung erfolgt im Wege der beiderseitigen Justizministerien. Nur für **Zwischenerledigungen** darf die eigene Sprache verwendet werden und verkehren die Gerichte auf direktem Weg miteinander (Art 8 Satz 2); der unmittelbare Behördenverkehr ist ferner für die Rücksendung der Akten vorgesehen (Art 8 Satz 1); vgl oben Rz 81. **87**

Rechtshilfehandlungen ieS können darüber hinaus auch durch **diplomatische oder konsularische Vertreter** des ersuchenden Staates unmittelbar auf dem Staatsgebiet des anderen Vertragsstaates vorgenommen werden (Art 10 Abs 1). **88**

Art 10 Abs 1 hält nämlich ausdrücklich fest, daß die vorliegende Zusatzvereinbarung **nicht als Widerspruch** iSd (Art 6 Abs 2 bzw) Art 15 HPÜ 1954 **zu werten** ist. Die ErläutRV 65 BlgNR 15. GP 22 (zu Art 10) präzisieren dies dahingehend, daß eben „dadurch einem Vertragsstaat nicht die Möglichkeit genommen (wird), unabhängig vom Zusatzabkommen einen derartigen Widerspruch zu erheben"; der bilaterale Rechtshilfevertrag soll also ein solches Vorgehen der diplomatischen oder konsularischen Vertreter weder bindend zulassen noch untersagen, sondern nur „bis auf Widerruf" gestatten, möchte somit in dieser Hinsicht „neutral" bleiben.

Die **Kosten,** die aus der Beiziehung von **Sachverständigen** und **Dolmetschern** erwachsen, ferner die Kosten einer auf Wunsch des ersuchenden Staates (bei der Beweisaufnahme) eingehaltenen **besonderen Form** (vgl Art 14 Abs 2 HPÜ 1954) sind von diesem zu tragen; ist der betreffenden Partei allerdings die Verfahrenshilfe bewilligt worden, so trägt der ersuchende Staat nur die Sachverständigengebühren (Art 7 Abs 2). Darüber hinaus findet keine Refundierung von Kosten zwischen den Staaten statt (Art 7 Abs 1). **89**

e) Ersuchen um Vornahme anderer Rechtshilfehandlungen, insb um Erteilung einer Auskunft über anhängige Verfahren

Das Abkommen enthält auch eine Bestimmung, die „andere gerichtliche Handlungen" iSd Art 8 HPÜ 1954 betrifft, nämlich die Erteilung von „Auskünfte(n) betreffend Verfahren in Zivil- und Handelssachen" und die Übersendung von „Ausfertigungen gerichtlicher Schriftstücke" (Art 11 Abs 1). Der erstgenannte Fall kann beispielsweise von Bedeutung sein, wenn es zu klären gilt, ob im anderen Staat ein Verfahren läuft, das **Streitanhängigkeit** für die eingebrachte Klage begründen würde (vgl ErläutRV 65 Blg NR 15. GP 22 [zu Art 11]; *Duchek/Schütz/Tarko,* Rechtsverkehr 733 Anm 12 [zu Art 11]), oder ob im anderen Staat noch ein **Rechtsmittel** (zB eine Wiederaufnahmsklage oder eine Aufhebungsklage gegen einen Schiedsspruch) **anhängig** ist. **90**

Auch hier erfolgt der **Hinlauf** im Wege der beiderseitigen Justizministerien und der **Rücklauf** direkt von ersuchter Behörde zu ersuchender Behörde, also unmittelbar zwischen den jeweiligen Gerichten der beiden Staaten; das Ersuchen muß hier allerdings in der **Sprache** des ersuchten Staates abgefaßt sein (Art 11 Abs 2 und 3). Etwaig auflaufende **Kosten** werden dem ersuchten Staat nicht rückerstattet (Art 11 Abs 4).

f) *Ordre-public*-Vorbehalt

91 Gleich einer ganzen Reihe anderer bilateraler Abkommen enthält auch der französisch-österreichische Vertrag eine **Einschränkung** des Versagungsgrundes des Verstoßes gegen den *ordre public* iSd Art 4 bzw des Art 11 Abs 3 Z 3 HPÜ 1954: der ersuchte Staat kann nämlich die begehrte Rechtshilfe nicht allein deshalb verweigern, weil er für diese Rechtssache die ausschließliche Gerichtsbarkeit beansprucht oder diese nach seinem Recht nicht auf den Zivilrechtsweg gehört (Art 12); vgl oben § 38 JN Rz 31 ff.

g) Verfahrenshilfe

92 Für die Übermittlung von Anträgen auf Bewilligung der Verfahrenshilfe „und für alle ergänzenden Auskünfte über die Vermögenslage des Antragstellers" ist der **unmittelbare Behördenverkehr** (unter Verwendung der jeweils **eigenen Sprache**) vorgesehen; etwaig anfallende Übersetzungskosten sind vom ersuchten Staat zu tragen (Art 14).

Österreich und Frankreich sind zwar auch Mitgliedstaaten des **Europäischen Verfahrenshilfeübereinkommens** (s B, V und M: BGBl 1982/190); zu diesem s allgemein oben Anh A (HPÜ 1954) Rz 61 und unten im Anh zu § 63 ZPO. Doch erfolgt nach diesem die Weiterleitung der Ersuchen über eigens eingerichtete **zentrale Empfangs- und Übermittlungsstellen** (für Frankreich: über das französische Justizministerium) und müssen Anträge auf Verfahrenshilfe (samt den beigefügten Unterlagen) „in französischer Sprache abgefaßt oder von einer Übersetzung in diese Sprache begleitet" sein (s den von Frankreich gem Art 13 Abs 1 Satz 1 erklärten Vorbehalt zu Art 6 Abs 1 lit b). Damit ist aber die (gem Art 23 Abs 2 iVm Art 9 Abs 4 HPÜ 1954 getroffene) **bilaterale Übereinkunft** (jedenfalls in bezug auf die Sprachenregelung, aber auch hinsichtlich des Übermittlungsweges) weiterreichend als das Europäische Verfahrenshilfeübereinkommen und **geht** daher diesem **vor** (bzgl der Übermittlung der Anträge vgl auch die österreichischen Durchführungsbestimmungen, insb § 4 Abs 2 BG 1. 12. 1981 BGBl 1982/191 idF BGBl 1986/378; dort ist nämlich angeordnet, daß die als Übermittlungsstellen fungierenden Bezirksgerichte [s § 1 leg cit] die Anträge „im Weg des Bundesministeriums für Justiz" an die ausländische Empfangsstelle weiterzuleiten hätten).

h) Befreiung vom Erlag einer aktorischen Kaution und zwangsweise Durchsetzung der gerichtlichen Entscheidung über die Prozeßkosten

93 Auch die französisch-österreichische Zusatzvereinbarung räumt der Partei das Recht ein, den Antrag auf Vollstreckbarerklärung einer Prozeßkostenentscheidung iSd Art 18 HPÜ 1954 selbst im anderen Vertragsstaat einzubringen (Art 15); s dazu allgemein oben Anh A (HPÜ 1954) Rz 58. Art 16 nennt in Abs 1 lit a und b die formellen Voraussetzungen hiefür und befreit die dem Antrag beizuschließenden Bestätigungen von der weiteren in Art 19 Abs 3 Satz 2 HPÜ 1954 vorgesehenen Förmlichkeit; Art 16 Abs 3 erweitert den Kreis der in Art 19 Abs 1 Z 3 HPÜ 1954 genannten Personen, die zur Beglaubigung von Übersetzungen befugt sind (ds der diplomatische oder konsularische Vertreter des ersuchenden Staates und ein beeideter Dolmetscher des ersuchten Staates) um „beeidete Übersetzer des ersuchenden Staates".

i) Befreiung öffentlicher Urkunden und öffentlich beglaubigter Privaturkunden von jeder weiteren Förmlichkeit

94 Öffentliche Urkunden sind von jeder Legalisation (zB Erteilung einer Apostille iSd Haager Beglaubigungsübereinkommens 1961) befreit (Art 17 Abs 1);

dies gilt ebenso für öffentlich beglaubigte Privaturkunden (Art 17 Abs 2); s dazu allgemein oben Anh A (HPÜ 1954) Rz 63 und unten im Anh zu § 293 ZPO.

j) Auskunftserteilung

Gemäß Art 18 erteilen die Justizministerien einander „alle Auskünfte, die die Anwendung dieses Abkommens in ihren Staaten betreffen". Diese Bestimmung soll „der **Durchführung des Abkommens in der Praxis**" dienen, „vor allem der Sicherstellung des unmittelbaren Verkehrs zwischen den Gerichten" (ErläutRV 65 BlgNR 15. GP 23 [zu Art 18]). 95

Darüber hinaus enthält der bilaterale Rechtshilfevertrag selbst keine Bestimmung betreffend die Erteilung von **Rechtsauskünften** im allgemeinen. Doch ist auch diese gewährleistet, weil sowohl Österreich als auch Frankreich Vertragsstaaten des multilateralen **Londoner Rechtsauskunftsübereinkommens** (B: BGBl 1972/337) und des **Straßburger Zusatzprotokolls** (B: BGBl 1983/565) sind; zu diesen s oben Anh A (HPÜ 1954) Rz 62 und unten im Anh zu § 271 ZPO. 96

3. Daten

Amtlicher Titel: Zusatzabkommen über Rechtshilfe und rechtliche Zusammenarbeit zwischen der Republik Österreich und der Französischen Republik vom 27. 2. 1979 zum Haager Übereinkommen vom 1. 3. 1954 betreffend das Verfahren in bürgerlichen Rechtssachen BGBl 1980/236 97

Authentische Sprachen: Deutsch und Französisch

Materialien: NR:GP XV RV 65 AB 149 S 13; BR: AB 2055 S 390.

Vorläufer: a) Erklärung zwischen Österreich und Frankreich, betreffend die Übersendung von gerichtlichen Akten und die Erledigung von Ersuchschreiben in Zivil-und Handelssachen vom 4. 3. 1925 BGBl 1925/136 (in Kraft seit 4. 4. 1925; WA: JABl 1959, 25 f) und b) Übereinkommen zwischen Österreich und Frankreich über Rechtshilfe und Armenrecht vom 4. 3. 1925 BGBl 1928/147 (in Kraft seit 16. 4. 1928; WA: JABl 1959, 25 f); beide Verträge wurden durch Art 9 des Zusatzabkommens BGBl 1967/287 außer Kraft gesetzt. c) Zusatzabkommen zwischen der Republik Österreich und der Französischen Republik vom 15. 7. 1966 zum Haager Übereinkommen vom 1. 3. 1954, betreffend das Verfahren in bürgerlichen Rechtssachen, BGBl 1967/287 (in Kraft seit 13. 8. 1967); es wurde durch Art 20 des obgenannten Vertrages BGBl 1980/236 außer Kraft gesetzt.

Inkrafttreten: 22. 6. 1980

Fundstelle: *Duchek/Schütz/Tarko,* Rechtsverkehr 729 (FR IV).

Griechenland

Rechtsquelle: bilateraler Rechtshilfevertrag BGBl 1971/2

Lit zum griechischen Zivilprozeßrecht: *Klamaris ua/Tsikrikas,* Neuere Entwicklungen im nationalen und europäischen Zivilprozeßrecht in Griechenland, ZZPInt 3 (1998) 161 ff, insb 170 f; *Yessiou-Faltsi,* Civil Procedure in Hellas (1995), insb Rz 72 f, 97 und 234 f (zur internationalen Zustellung).

1. Griechisches Recht der Zustellung ins Ausland

Griechenland gehört zu den Staaten, die nach französischem Vorbild für Zustellungen ins Ausland eine Form der ***remise au parquet*** (s zu dieser oben Anh A [HPÜ 1954] Rz 5 f und Frankreich Rz 77 f) vorsehen; danach ist das zuzustellende Schriftstück – sei es nun ein verfahrenseinleitendes (wie eine Klage) oder ein verfahrensbeendigendes Schriftstück (zB ein Urteil), sei es ein das Er- 98 kenntnis- oder das Vollstreckungsverfahren betreffendes – auf Betreiben der daran interessierten Partei vom Gerichtsvollzieher (s zu dessen Funktion näherhin *Yessiou-Faltsi,* Civil Procedure Rz 110, 233 und 263) dem zuständigen Staatsanwalt zu übergeben, der dieses unverzüglich an den Außenminister weiterzuleiten hat. Dieser veranlaßt dann dessen Übermittlung an den sich im Ausland aufhaltenden oder dort seinen Sitz habenden Zustellungsadressaten (Art 134, § 1 und § 3 grZPO). Die **Zustellungswirkung** tritt aber bereits mit **Übergabe des Schriftstückes an den Staatsanwalt** ein, unabhängig davon, zu welchem Zeitpunkt dieser das Schriftstück weitergeleitet hat und wann es an den Empfänger gelangt ist (Art 136 grZPO); s *Yessiou-Faltsi,* Civil Procedure Rz 73, 97 und 234.

99 An diesem **fiktiven Zustellvorgang** im Inland hält Griechenland grundsätzlich auch im Anwendungsbereich bi- und multilateraler Übereinkommen fest. (Griechenland ist zwar nicht Vertragsstaat des HPÜ 1954, wohl aber des HZÜ 1965, dem aber wiederum Österreich nicht angehört; s oben Anh A [HPÜ 1954] Rz 66 und 72.) Dies bedeutet, daß die Übermittlung von Schriftstücken im Rechtshilfeweg lediglich der Verständigung der im Ausland befindlichen Partei von der bereits an sie erfolgten Zustellung dient. Unter dem Einfluß der neuen griechischen Verfassung von 1975, die (nicht nur das Recht von jedermann statuiert, seine Sache vor die Gerichte zu bringen – Justizgewährungsanspruch –, sondern auch) nach italienischem Vorbild in Art 20, § 1 ausdrücklich das **Recht** der Partei **auf Verteidigung** vorsieht, hat sich die griechische Haltung jedoch geändert. So hat die Rechtsprechung zunächst (uzw selbst außerhalb des Anwendungsbereichs von **Art 15 und 16 HZÜ 1965**) gegen ausländische Parteien erlassene Säumnisentscheidungen auch dann wieder aufgehoben, wenn diesen gegenüber zwar die gesetzlich vorgesehenen Einlassungsfristen formell gewahrt worden waren, sie aber ihre Rechte infolge zu spät erlangter Kenntnis vom Verfahren nicht effektiv wahrnehmen konnten; und in bezug auf **bilaterale Verträge** setzt sich langsam die Ansicht durch, daß hier von einer Zustellung erst dann die Rede sein kann, wenn das betreffende Schriftstück der Partei **tatsächlich zugegangen** ist; vgl *Tsikrikas,* ZZPInt 3 (1998) 170f; *Yessiou-Faltsi,* Civil Procedure Rz 73 und 235. Diese Änderung ist daher auch für Österreich von Bedeutung (s unten Rz 100).

2. Inhalt

a) Terminologie und Aufbau

100 Griechenland gehört **nicht** dem **HPÜ 1954** an; der bilaterale Vertrag ist diesem aber „in Systematik und Inhalt" weitgehend nachgebildet (ErläutRV 5 BlgNR 11. GP 8).

Dies zeigt sich auch darin, daß – trotz deutschem und griechischem Originaltext – die gleichen Probleme in der Begriffsbildung auftreten wie bei der französischen Fassung des HPÜ 1954. So ist der im Rechtshilfeweg von Griechenland nach Österreich vollzogenen „Zustellung" in griechischer Sicht an sich nicht wie nach österreichischem Recht eine erst an den tatsächlichen Zugang im Ausland geknüpfte konstitutive Wirkung inhärent; vielmehr wäre ungeachtet des gleichen Wortlauts hierunter bloß jene „Mitteilung" zu verstehen, die der im Ausland befindlichen Partei von der – nach internem Recht bereits im Inland geschehenen – Zustellung zu machen ist; s jedoch die sich in den letzten Jahren abzeichnende Änderung in der griechischen Rechtsprechung oben Rz 99.

So finden sich insb fast alle Themen des HPÜ 1954 wieder: Der Vertrag setzt ein mit den für Zustellungs- und Rechtshilfeersuchen ieS gemeinsamen Bestimmungen (Art 1–4), und setzt fort mit den speziell für Zustellungen (Art 5–9) und für Beweisaufnahmen (Art 10–14) maßgeblichen Vorschriften. Es folgen die Kapitel über die aktorische Kaution (und die Vollstreckung jener Entscheidungen im anderen Vertragsstaat, die dem von jeder Sicherheitsleistung befreiten, aber im Verfahren unterlegenen Kläger den Ersatz der Prozeßkosten auferlegen; Art 15–18) und die Verfahrenshilfe (Art 19–22).

b) Übermittlungswege

In Art 1 vereinbaren Griechenland und Österreich, einander wechselseitig **101**
Rechtshilfe in (streitigen und außerstreitigen) Zivil- und Handelssachen zu gewähren, uzw unabhängig davon, welche Staatsangehörigkeit die involvierten Personen besitzen. (Dies gilt freilich nicht für Zustellungen und Beweisaufnahmen, die auf dem Gebiet des ersuchten Staates unmittelbar durch einen diplomatischen oder konsularischen Vertreter vorgenommen werden; s Art 9 [unten Rz 105] und Art 14 [unten Rz 107]). Als **Übermittlungsweg** ist generell die ministerielle Ebene vorgesehen, dh der **Hin- und Rücklauf** der Akten erfolgt unmittelbar über die beiderseitigen **Justizministerien;** doch kann jeder der beiden Vertragsstaaten weiterhin auch den **diplomatischen Weg** beschreiten; der für den Hinlauf gewählte Weg ist diesfalls auch für Zwischenerledigungen und den Rücklauf einzuhalten (Art 2 Abs 1 Satz 2 iVm Art 2; vgl auch Art 3 Satz 2, Art 4 Abs 2 und Art 12 Abs 4).

Wird das Ersuchen an eine Behörde gerichtet, die sich zu dessen Erledi- **102**
gung nicht kompetent hält, so hat sie es von Amts wegen an die zuständige Behörde weiterzuleiten (Art 3 Satz 1). Die diesbezügliche Verständigung der ersuchenden Behörde erfolgt auf dem für den Hinlauf eingeschlagenen Weg (Art 3 Satz 2). Eine **Ablehnung** des Ersuchens darf nur wegen Gefährdung der eigenen Hoheitsrechte, der Sicherheit oder wegen drohenden Verstoßes gegen die öffentliche Ordnung erfolgen (Art 4 Abs 1); der ersuchende Staat ist hievon unter Angabe der Gründe (im für den Hinlauf vorgesehenen Weg) zu verständigen (Art 4 Abs 2).

c) Sprache

Der Vertrag selbst legt keine Sprache für die Begleitschreiben fest; die zu- **103**
zustellenden Schriftstücke müssen jedoch entweder in der **Sprache des ersuchten Staates** abgefaßt oder mit einer Übersetzung in diese versehen sein, wenn sie auch gegen den Willen des Adressaten zugestellt werden sollen (Art 6 Abs 1 und 2; vgl die inhaltsgleiche Regelung des Art 2 iVm Art 3 Abs 2 HPÜ 1954 oben Anh A [HPÜ 1954] Rz 11 f, 22 und unten Rz 104). Auch die Rechtshilfeersuchen ieS (Darlegung der gewünschten Beweisaufnahme) sowie alle Beilagen müssen in dieser Sprache gehalten sein (Art 11). Die Richtigkeit der Übersetzung ist zu beglaubigen, uzw entweder durch einen „beeideten Übersetzer" eines der beiden Vertragsstaaten oder durch einen diplomatischen oder konsularischen Vertreter (Art 6 Abs 4).

d) Internationale Zustellung

Für die **Zustellung** von Schriftstücken gilt auch hier (vgl HPÜ 1954), daß **104**
diese nur dann, wenn den Schriftstücken eine **Übersetzung in die Landessprache** beigefügt ist, nach den im ersuchten Staat geltenden Vorschriften – und damit **auch gegen den Willen des Adressaten** – vorgenommen werden darf, während sie sonst dessen Annahmebereitschaft voraussetzt (Art 6 Abs 1 und 2). Über Ersuchen des Erststaates können Schriftstücke ferner unter **Einhaltung einer besonderen Form** zugestellt werden, „sofern dies der Gesetzgebung des ersuchten Staates nicht zuwiderläuft" (Art 6 Abs 3). Zustellungen sind durch „Empfangsbekenntnis" oder durch „eine von der ersuchten Behörde ausgestellte Bestäti-

gung" nachzuweisen (Art 7 Abs 1); wird das Ersuchen um Zustellung in zweifacher Ausfertigung übersendet, so sind diese Bestätigungen unmittelbar auf der zweiten Ausfertigung anzubringen oder an diese anzuheften (Art 7 Abs 2).

105 Darüber hinaus dürfen **diplomatische oder konsularische Vertreter** Zustellungen an Staatsangehörige ihres Entsendestaates direkt auf dem Staatsgebiet des anderen Staates ohne Ausübung von Zwang vornehmen (Art 9).

e) Internationale Beweisaufnahme

106 Die für **Rechtshilfeersuchen ieS** (Ersuchen um Beweisaufnahme) vorgesehenen Form- und Inhaltserfordernisse sind in Art 10f normiert; sie sind von jeder weiteren Formalität (zB Apostille) befreit (Art 10 Abs 2).

Die Beweisaufnahme wird nach den Vorschriften der *lex fori* durchgeführt, sofern nicht um die **Einhaltung einer anderen Vorgangsweise** ersucht wird und diese nicht der Gesetzgebung des ersuchten Staates zuwiderläuft (Art 12 Abs 1 und 2). Will die ersuchende Behörde den Parteien oder ihren Vertretern Gelegenheit zur Teilnahme geben und hat sie deshalb ein dementsprechendes Verlangen gestellt, so ist sie von Zeit und Ort der Erledigung auf dem in Art 2 genannten Weg zu verständigen (Art 12 Abs 4).

107 **Konsularischen oder diplomatischen Vertretern** ist die Beweisaufnahme ohne jede Anwendung von Zwang in bezug auf eigene Staatsangehörige des Entsendestaates erlaubt; zu den zulässigen Beweisaufnahmen gehört auch die (im Recht des ersuchenden Staates vorgesehene) Abnahme des Eides (Art 14).

f) Kosten der internationalen Rechtshilfe

108 In Art 8 und 13 verzichten die Vertragsstaaten auf den Ersatz der mit der Gewährung der Rechtshilfe verbundenen Kosten; ausgenommen hiervon sind die an **Sachverständige** geleisteten Vergütungen.

g) Befreiung von der aktorischen Kaution; Vollstreckung von Kostenentscheidungen

109 Art 15 Abs 1 und 2 befreit alle **natürlichen und juristischen Personen** (einschließlich Handelsgesellschaften), die Angehörige eines der beiden Vertragsstaaten sind und auf deren Staatsgebiet ihren Wohnsitz oder gewöhnlichen Aufenthalt bzw ihren Sitz haben, vom **Erlag einer aktorischen Kaution.** Diese bilaterale Regelung ist allerdings heute durch die **Rechtsprechung des EuGH** (zu Art 6 EGV) überlagert; danach sind Staatsangehörige eines Mitgliedstaates der Europäischen Union ganz allgemein **unabhängig von ihrem Wohnsitz** in jedem anderen Mitgliedstaat von der Leistung einer Prozeßkostensicherheit befreit, soweit eine solche eigenen Staatsangehörigen in diesem Fall nicht auferlegt wird; s zu dieser Entwicklung innerhalb des europäischen Jurisdiktionsbereiches oben Anh A (HPÜ 1954) Rz 69. Bezüglich **jeder sonstigen Art von Gerichtserlag** ist diese Gleichstellung mit Inländern bereits durch Art 15 Abs 3 gegeben.

110 Art 16 sichert die **Vollstreckung von** (gegen die klagende oder intervenierende Partei ergangenen) **Prozeßkostenentscheidungen** im jeweils anderen Staat zu. Hiebei ist es irrelevant, ob die betreffende Befreiung von jeder Art von Erlag aufgrund zwischen- oder innerstaatlicher Vorschrift erfolgte. Vollstreckungsvoraussetzung ist, daß die Entscheidung im Erststaat rechtskräftig und vollstreckbar ist. Dies wird durch eine dementsprechende (Rechtskraft- und) Vollstreckbarkeitsbestätigung der zuständigen erststaatlichen Stelle nachgewiesen.

Auch nach dem griechisch-österreichischen Vertrag kann (wie nach den in anderen Staaten in Kraft stehenden Zusatzvereinbarungen zum HPÜ 1954) der Antrag auf Vollstreckbarerklärung entweder von der obsiegenden Partei **direkt** bei der zuständigen Behörde im Zweitstaat eingebracht werden; oder dieser kann beim Prozeßgericht des Erststaates eingereicht und von diesem **im Rechtshilfeweg** über die beiderseitigen Justizministerien oder im diplomatischen Weg (s Art 2) an die zuständige Behörde im Zweitstaat übermittelt werden (Art 17 Abs 1). Als Entscheidung, die von einem **Gericht eines Mitgliedstaates der Europäischen Union** getroffen wird, kann sie heute auch auf der Grundlage des **EuGVÜ** (s dessen Art 57 Abs 1 und 2 lit b) vollstreckt werden; s dazu oben Anh A (1954) Rz 70.

Gem Art 17 Abs 2 und 3 müssen der Spruch der Entscheidung sowie die (Rechtskraft- und) Vollstreckbarkeitsbestätigung in die Sprache des ersuchten Staates übersetzt sein; wird der Antrag direkt von der Partei im Zweitstaat eingebracht, so muß er in der Amtssprache dieses Staates abgefaßt sein; andernfalls ist ihm eine (gem Art 6 Abs 4 beglaubigte) Übersetzung beizuschließen. Die Kosten dieser Übersetzungen sind dem unterlegenen Prozeßgegner auf Antrag zusätzlich durch das Gericht des ersuchten Staates, das die Vollstreckung durchführt, aufzuerlegen (Art 18 Abs 2). Art 18 Abs 1 sichert der Partei schließlich Kostenfreiheit für das Verfahren zur Vollstreckbarerklärung des Titels zu.

h) Verfahrenshilfe

Art 19 stellt griechische und österreichische Staatsbürger in bezug auf die Erlangung der Verfahrenshilfe gleich. Dies ist in Österreich heute schon nach innerstaatlichem Recht gewährleistet (s §§ 63 ff ZPO [idF BGBl 1973/569]); anders demgegenüber in Griechenland, wo dies nur unter der Voraussetzung der Gegenseitigkeit der Fall ist (s *Yessiou-Faltsi,* Civil Procedure Rz 335). Zur Übermittlung der Verfahrenshilfeanträge (und Beibringung der für die Bewilligung erforderlichen Unterlagen) gem Art 20–22 s die inhaltlich übereinstimmende Regelung des HPÜ 1954 oben Anh A (HPÜ 1954) Rz 32 ff. **111**

Auch nach Art 21 des bilateralen Rechtshilfevertrages wäre somit der **konsularische Weg** einzuhalten. Griechenland gehört indes darüber hinaus auch dem **Europäischen Verfahrenshilfeübereinkommen** an (s B: BGBl 1982/190; M: BGBl 1990/338); zu diesem s näher oben Anh A (HPÜ 1954) Rz 61 und unten im Anh zu § 63 ZPO. Es erleichtert Personen, die sich nicht im Prozeßstaat aufhalten, die Antragstellung dadurch, daß ihre Ansuchen von einer (oder mehreren) in den einzelnen Vertragsstaaten eigens eingerichteten **Übermittlungsstelle**(n) an eine **zentralen Empfangsstelle** weiterzuleiten sind (s Art 2). In Griechenland werden diese Aufgaben durch das **Justizministerium** erfüllt.

i) Rechtsauskünfte

Der bilaterale Rechtshilfevertrag enthält keine Bestimmung über die wechselseitige Erteilung von Rechtsauskünften. Griechenland ist jedoch Mitgliedstaat des multilateralen **Londoner Rechtsauskunftsübereinkommens** (B: BGBl 1977/634), und des **Straßburger Zusatzprotokolls** (B: BGBl 1988/14); zu diesen s oben Anh A (HPÜ 1954) Rz 62 und unten im Anh zu § 271 ZPO. **112**

3. Daten

Amtlicher Titel: Vertrag zwischen der Republik Österreich und dem Königreich Griechenland über die Rechtshilfe auf dem Gebiet des Zivil- und Handelsrechts vom 6. 12. 1965 BGBl 1971/2 **113**

Authentische Sprachen: Deutsch und Griechisch
Materialien: NR: GP XI RV 5 AB 30 S 7; BR: S 240.
Inkrafttreten: 12. 1. 1971
Fundstelle: *Duchek/Schütz/Tarko,* Rechtsverkehr 747 (G II).

Großbritannien

Rechtsquelle: bilateraler Rechtshilfevertrag BGBl 1932/45

Lit: *Dicey/Morris,* The Conflict of Laws[12] (1993; mit Ergänzungsbänden); *McClean,* International Judicial Assistance (1992); s auch Anh Lit, insb Rz 1 und 3.

1. Territorialer Geltungsbereich

114 Das Anfang der dreißiger Jahre ausgearbeitete und 1932 ratifizierte Übereinkommen gilt auch nach dem Zweiten Weltkrieg unverändert in einer großen Anzahl ehemaliger Staaten des British Commonwealth; sie sind oben in **Tabelle 2** (Rz 5) genannt; soweit eine Kundmachung im BGBl über die weitere Anwendung des Vertrages in diesen Staaten nach Erlangung ihrer Unabhängigkeit fehlt, sind die Gründe für dessen Weitergeltung nicht in allen Fällen eruierbar; zum Teil wird sie auf faktischer Übung beruhen, zum Teil auf einem (vielleicht nur nicht kundgemachten) Notenwechsel (s dazu *Hoyer/Loewe,* Staatsverträge über Rechtshilfe und Vollstreckung [1964] 137 FN 1). Die Angaben in **Tabelle 2** wurden insoweit dem RHE Ziv. 1997 und der kommentierten Textausgabe von *Duchek/Schütz/Tarko,* Rechtsverkehr 757 f Anm 1 (zu GB I) entnommen.

2. Hinweise zur Rechtslage in Großbritannien (England)

a) Vorbemerkung

115 Seit Abschluß des bilateralen Rechtshilfevertrages hat sich nicht nur der ursprüngliche territoriale Geltungsbereich des bilateralen Rechtshilfeabkommens, sondern auch die **englische Gerichtspraxis der internationalen Zustellung** in ein oder der anderen Hinsicht geändert. Die nachfolgenden Ausführungen sollen es insb der klagenden Partei ermöglichen, eine solche Zustellungsart zu wählen, die auch in der Sicht des jeweils anderen Vertragsstaates ihren Zweck (nämlich den Beklagten von der gegen ihn erhobenen Klage so rechtzeitig in Kenntnis zu setzen, daß er sich angemessen verteidigen kann) erfüllt und somit von den Gerichten dieses Staates als wirksam angesehen wird; bzw der beklagten Partei die Grenzen zulässiger Verteidigung gegen eine ihr rechtliches Gehör nicht ausreichend wahrende Zustellform aufzeigen. Sie erheben indes keinen Anspruch auf Vollständigkeit.

b) Grundprinzipien der internationalen Zustellung nach *Common Law*

116 Großbritannien gehört zu jenen Ländern, die gemäß der in *Common Law Countries* herrschenden Tradition die Zustellung der Klage und der Ladung vor Gericht in der vollen Verantwortung der klagenden Partei bzw des von ihr mit der Zustellung betrauten Vertreters (*solicitor, process-server*) belassen (*McClean,* Judicial Assistance 7). (Von dieser Grundregel gibt es freilich Ausnahmen: So können etwa Ladungen vor einen *County Court* aufgrund einer Verfügung des Gerichtsbeamten durch die Post erfolgen; vgl näherhin *McClean,* Judicial Assistance 7.)

Die verschiedenen Arten der **Zustellung gerichtlicher Schriftstücke für einen Inlandsprozeß ins Ausland** (*service of English process abroad*) sind in den *Rules of the Supreme Court* (in der Folge: *R. S. C.*), *Order 11, rules 5 to 10* geregelt. Diese sehen neben **Formen der rein privaten Zustellung** – wie die durch die klagende Partei oder ihren Vertreter selbst bewirkte Zustellung in Form der persönlichen Übergabe des Schriftstückes an die Partei oder ihren bevollmächtigten Vertreter (R. S. C. Ord. 11, r. 5(1)) – auch die **Zustellung in einer nach dem Recht des Empfängerstaates zulässigen Form** bzw die **Zustellung im Rechtshilfeweg** vor (R. S. C. Ord. 11, r. 5(3)(a) und (b)). Die Partei kann somit regelmäßig zwischen mehreren Zustellformen wählen.

Keine dieser Bestimmungen darf jedoch dahingehend ausgelegt werden, daß sie ein Vorgehen erfordere oder zu einem solchen ermächtige, das in Widerspruch zu dem Recht des Staates steht, in dem die Zustellung erfolgen soll (R. S. C. Ord. 11, r. 5(2)). Großbritannien respektiert somit insoweit auch die Sicht der *Civil Law Countries,* in denen die Zustellung als ein Hoheitsakt angesehen wird; vgl die Entscheidung *Ferrarini S. p. A./Magnol Shipping Co. Inc., The Sky One,* [1988] 1 Lloyd's Rep. 238 (C. A.), in der eine an die beklagte panamaische Gesellschaft zu Handen ihres Präsidenten in der Schweiz auf privatem Weg (dh ohne Einschaltung der Schweizer Behörden) erfolgte Zustellung einer Klage von den englischen Gerichten als nicht wirksam erklärt wurde (da sie dem Schweizer Recht widersprach, das darin einen strafgesetzwidrigen Eingriff [iSd Art 271 StGB] in seine Territorialhoheit erblickt; vgl nur *Volken,* Internationale Rechtshilfe 29 [Rz 2/1 f, insb Anm 5]; s auch § 38 JN Rz 4). Eine derartige Zustellung dürfe daher nur ausnahmsweise dann stattfinden, wenn besondere Umstände dies unumgänglich machten (vgl *McClean,* Judicial Assistance 53; *Dicey/Morris,* Conflict of Laws 207). **117**

Auch die Inanspruchnahme internationaler Rechtshilfe ist (selbst wenn sie auf völkerrechtlichen Vereinbarungen beruht) stets nur als eine von mehreren möglichen Zustellarten vorgesehen, somit fakultativ (*optional*) und nicht zwingend; mit der oben geschilderten Einschränkung sind somit **private und behördliche Formen der Zustellung grundsätzlich gleichwertig:** *„In all cases, official assistance is optional; service by private means will always satisfy the English rules, provided nothing is done which is contrary to the law of the state in which service is to be effected.*"(*McClean,* Judicial Assistance 54). Die dem französischen Recht eigene Unterscheidung zwischen formloser und förmlicher Zustellung (s oben Frankreich Rz 75) kennt das englische Recht hingegen nicht. **118**

Unter den in Order 11 genannten Zustellarten wird die **direkte Zustellung im Postweg** (*service by post*) nicht erwähnt. *McClean* (Judicial Assistance 53) schließt daraus, daß sie als Auslandszustellung für einen englischen Prozeß (uzw auch dann, wenn sie in einem völkerrechtlichen Vertrag als Zustellart vorgesehen ist) nur dann zulässig sei, wenn die klagende Partei eine gerichtliche Verfügung iSd R. S. C. Ord. 11, r. 5(1) erlangt, dh eine *„order for substituted service made under Order 65, rule 4*", also bloß **subsidiär,** nämlich für den Fall, daß der Partei keine andere Möglichkeit offensteht. **119**

In der umgekehrten Konstellation der **Zustellung für einen Auslandsprozeß in England** (*service of foreign process in England*) sind allerdings **alle Methoden der Zustellung,** somit auch *service by post,* zulässig, weil Großbritannien darin keinen Eingriff in seine eigenen Hoheitsrechte erblickt (*Dicey/Morris,* Conflict of Laws 208). Daneben ist insb in völkerrechtlichen Vereinbarungen auch die **Zustellung im internationalen Rechtshilfeweg** vorgesehen. Für diese Fälle sieht R. S. C. Ord. 69 vor, daß das Ersuchen um Zustellung von der betreffenden ausländischen Behörde an den *Senior Master of the Supreme Court* zu übermitteln ist; die Zustellung selbst wird an Handelsgesellschaften und juristische Personen nach den für Inlandszustellungen üblichen Verfahren durchgeführt, an natürliche Personen durch einen (zu diesem Zweck eigens zum *process server* bestellten) Gerichtsbeamten (*bailiff*) des zuständigen *County Court* (*McClean,* Judicial Assistance 55). **120**

c) Grundprinzipien der internationalen Beweisaufnahme nach *Common Law*

Noch deutlicher als in der Einleitungsphase werden die Unterschiede zwischen kontinentaleuropäischem und angloamerikanischem Prozeß im Stadium **121** der Beweisaufnahme sichtbar. Sie findet nicht vor Gericht statt, sondern deren (außerhalb von diesem gewonnenen) Ergebnisse werden dem Richter in der Hauptverhandlung (*trial*) von den Parteien (bzw ihren Vertretern) präsentiert. Die **Stoffsammlung und Aufbereitung des Beweismaterials** liegt somit **in Händen der Parteien** (und erfolgt nicht in Form der Zusammenarbeit zwischen Richter und Parteien, wie dies insb für das österreichische Recht – und abgeschwächt auch für andere kontinentaleuropäische Prozeßrechte – typisch ist; vgl *McClean,* Judicial Assistance 57 f). Das Gericht unterstützt die Parteien lediglich in ihrem Anliegen, an das Beweismaterial heranzukommen (in dem es durch eine *order* [gerichtliche Verfügung] die *disclosure* [Offenlegung] von Beweismaterial anordnet), bzw schützt jede Partei gegen Übergriffe von seiten der anderen Partei.

Aus englischer Sicht ist damit die Beweisaufnahme „Sache der Parteien", woraus auch heute noch abgeleitet wird, daß diese „Privatsache der Parteien" sei; damit stimmt freilich nicht überein, daß der Richter den Umfang der Parteibefugnisse sehr wohl begrenzen kann bzw diese zur **Beweisaufnahme im Ausland** ermächtigen muß (s *McClean,* Judicial Assistance 73 ff); zutreffend ist allerdings, daß die Gerichtspflichtigkeit des Beklagten von vornherein weiter gespannt ist (und nicht nur die Einlassungslast im kontinentaleuropäischen Sinn umfaßt). Vielmehr wird die Berechtigung zur Beweisaufnahme im Ausland bereits daraus abgeleitet, daß das englische Gericht in dieser Rechtssache *jurisdiction* (inländische Gerichtsbarkeit) hat (*McClean,* Judicial Assistance 59 ff; s auch § 38 JN Rz 9); und ihre Durchführung stößt daher nur dort an (faktische) Grenzen, wo sich der ausländische Staat (insb dann, wenn er von einer unterschiedlichen Auffassung ausgeht und diese Beweisaufnahme als hoheitliches Handeln auf fremden Boden qualifiziert) dagegen verwehrt (so nachdrücklich die Schweiz, die in einem solchen Vorgehen eine Anmaßung hoheitlichen Handelns auf ihrem Staatsgebiet und somit eine klare Souveränitätsverletzung erblickt).

122 Will man freilich dem englischen Recht in seiner Eigenart nur einigermaßen gerecht werden, so verbietet sich für die österreichische Seite von vornherein ein völliger Übergang zu den gewohnten Formen internationaler Rechtshilfe. Der bilaterale Rechtshilfevertrag hat daher – wie auf dem Gebiet der internationalen Zustellung, so auch hier – die Lösung gewählt, jedem der Vertragsstaaten seine eigenen systemimmanenten Formen der Beweisaufnahme im Ausland zu belassen. Ausdrücklich zugelassen wird daher, daß auf österreichischem Hoheitsgebiet Beweise **ohne Zwischenschaltung staatlicher Behörden** erhoben werden können, sofern der mit der Durchführung beauftragte *commissioner* eine gerichtliche ermächtigte Person ist. Die **Beweisaufnahme** bleibt damit freilich **dem ausländischen** (hier: britischen) **Staat zugeordnet;** dies folgt nicht nur aus der Regelung, daß die durch den *commissioner* vernommene Person wegen falscher Zeugenaussage ebenso strafrechtlich zur Verantwortung gezogen werden kann, wie wenn sie diese vor Gericht getan hätte (Art 8 lit b letzter Satz); sondern auch daraus, daß sich die Partei – im Fall einer ihrer Ansicht nach zu weitgehenden Anordnung der Beweisaufnahme – nur vor dem Prozeßgericht in Großbritannien zur Wehr setzen kann; freilich ist jede Ausübung von Zwang gegen die betreffende Person untersagt (Art 8 lit b erster Satz aE); die Beweisaufnahme durch den *commissioner* ist somit der durch den konsularischen Vertreter angenähert. Damit stimmt auch überein, daß der (vom *commissioner* ausgestellten) Vorladung keine Übersetzung in die deutsche Sprache beigeschlossen sein muß, wenn die betreffende Person britischer Staatsbürger ist (Art 8 lit c).

3. Inhalt

a) Herstellung der formellen Gegenseitigkeit

Die Rechtshilfe im Verhältnis zu Großbritannien erstreckt sich auf Zivil- 123
und Handelssachen (Art 1). Art 2 stellt österreichische und britische Staatsbürger in bezug auf die Vornahme der Zustellung gerichtlicher und außergerichtlicher Schriftstücke gleich, Art 6 in bezug auf die Durchführung von Beweisaufnahmen, Art 11 in bezug auf die Gewährung von Verfahrenshilfe und in bezug auf die Anordnung der Schuldhaft; zur Befreiung von der aktorischen Kaution s unten Rz 133.

b) Internationale Zustellung

Titel II (Art 2–5) regelt die **Zustellung gerichtlicher und außergerichtlicher** 124
Schriftstücke; uzw sehen die Art 3 und 4 mehrere **alternativ zu beschreitende Übermittlungswege und Zustellformen** vor. Art 3 behandelt die (behördliche Übermittlung von Schriftstücken zwecks) Zustellung im Rechtshilfeweg, Art 4 Arten der Direktzustellung. Dies erlaubt es Gerichten und Prozeßparteien der beiden Vertragsstaaten, jeweils die ihnen vertraute Form der Zustellung von Schriftstücken zu wählen.

Art 3 sieht die **Übermittlung** der Schriftstücke an die Behörde des Landes, 125
in dem die Zustellung erfolgen soll, **durch diplomatische oder konsularische Beamte des ersuchenden Staates** zwecks Veranlassung der Zustellung vor (lit a). Als **zuständige Behörden** sind für Österreich das Bundesministerium für Justiz, für England der *Senior Master of the Supreme Court of Judicature* angegeben (lit d). Das Zustellersuchen selbst ist in der Sprache des ersuchten Staates abzufassen (lit b), somit von Österreich ausgehende Ersuchen grundsätzlich in Englisch, ausnahmsweise aber daneben (also wahlweise) auch in Französisch (wenn diese für die kanadische Provinz Quebec sowie die Kanalinseln Jersey und Guernsey bestimmt sind) bzw in Griechisch (wenn diese in der Republik Zypern erledigt werden sollen). In dieser Sprache müssen auch die zuzustellenden Schriftstücke abgefaßt sein bzw muß ihnen eine Übersetzung in diese beigeschlossen und deren Richtigkeit von einem diplomatischen oder konsularischen Vertreter bestätigt sein (lit c). Übersetzungen sind demnach immer beizuschließen (vgl *Duchek/Schütz/Tarko,* Rechtsverkehr 760 Anm 6 [zu Art 3]). Die Zustellung selbst erfolgt nach den innerstaatlichen Vorschriften des ersuchten Staates; hat der ersuchende Staat um die Einhaltung einer bestimmten anderen Zustellform ersucht, dann ist in dieser Form zuzustellen, sofern diese Art der Zustellung nicht den Gesetzen des betreffenden Landes zuwiderläuft (lit e). Eine Ablehnung der Erledigung des Zustellersuchens ist nur wegen Gefährdung der Hoheitsrechte oder der Sicherheit des ersuchten Staates zulässig (lit f). Über die erfolgte Zustellung ist von der Behörde eine Bestätigung auszustellen und bei nicht erfolgreicher Erledigung des Zustellersuchens der Hinderungsgrund anzugeben. Diese ist samt dem nicht erledigten Zustellersuchen der diplomatischen oder konsularischen Vertretungsbehörde rückzuleiten (lit g).

Art 4 trägt den Gepflogenheiten des anglo-amerikanischen Zustellrechts in 126
weitem Umfang Rechnung. Danach kann die **Zustellung** auch **ohne jede Zwischenschaltung der staatlichen Behörden des ersuchten Staates** erfolgen. So kann die Zustellung auf dem Gebiet des ersuchten Staates durch diplomatische oder konsularische Vertreter des ersuchenden Staates erfolgen; oder durch Zustellung durch einen Vertreter des Gerichtes oder der Partei; ferner durch bloße Zustellung durch die Post; oder durch jede sonstige Zustellart, die im Recht des ersuchenden Staates vorgesehen ist (lit a Z 1 bis 4). Gemäß lit b ist jedoch bei dieser

Art von Zustellung jede Art von Zwangsmaßnahmen verboten und ordnet die Bestimmung weiter an, daß die „Gültigkeit und Rechtswirksamkeit" solcher Zustellungen von den Gerichten des ersuchten Staates, uzw unabhängig vom Recht des ersuchenden Staates, selbst zu beurteilen ist. Festgehalten wird, daß die Beifügung einer Übersetzung wünschenswert sei, sofern es sich bei dem Zustelladressaten nicht um einen Staatsangehörigen des betreffenden ersuchenden Staates handelt. Die vertragschließenden Staaten übernehmen jedoch keine wechselseitige Verpflichtung zur Herstellung derartiger Übersetzungen (lit c).

127 Für die Zustellung nach Art 3 wird überdies vorgesehen, daß hier die **Kosten der** durch die Organe des ersuchten Staates bewirkten **Zustellung** oder die Kosten einer Zustellung in besonderer Form vom ersuchenden Staat zu tragen und somit dem ersuchten Staat zu ersetzen sind (Art 5).

c) Internationale Beweisaufnahme

128 Titel III (Art 6–10) regelt die **Beweisaufnahme.** Auch hier ist versucht worden, den wechselseitigen, sehr unterschiedlichen Rechtsvorstellungen dadurch Rechnung zu tragen, daß beide Formen der Rechtshilfe ieS nebeneinander bestehen gelassen wurden. So sieht Art 7 die Art der Gewährung von Rechtshilfe im kontinentaleuropäischen Sinn vor, während Art 8 Elemente der angloamerikanischen Sicht aufgreift.

129 Art 7 sieht die Gewährung von Rechtshilfe ieS unter Einschaltung der Gerichtsbehörden vor. Danach kann sich die ersuchende Behörde des einen Vertragsstaates an die betreffenden Behörden des anderen Vertragsstaates wenden und diese um Durchführung der Beweisaufnahme auf ihrem Gebiet ersuchen (lit a). **Übermittelnde Stelle** ist die jeweilige konsularische (für Großbritannien) bzw diplomatische oder konsularische Vertretungsbehörde (für Österreich), **Empfangsstelle** ist in England der *Senior Master of the Supreme Court of Judicature;* in Österreich ist es das Bundesministerium für Justiz (lit c). Das Rechtshilfeersuchen ist in der Landessprache abzufassen (dies ist in aller Regel Englisch, zu den Ausnahmen s oben Rz 125) bzw mit einer dementsprechenden (von der diplomatischen oder konsularischen Vertretungsbehörde beglaubigten) Übersetzung zu versehen (lit b Satz 1 und 2). Das Ersuchen kann die **Vernehmung von Zeugen,** die **Vorlage von Urkunden** oder die **Besichtigung von Augenscheinsgegenständen** betreffen. Es ist grundsätzlich unter Einhaltung der Regeln der *lex fori* zu erledigen (weshalb auch nach diesem Recht vorgesehene Zwangsmaßnahmen vorgenommen werden können); doch kann eine besondere Verfahrensart eingehalten werden, sofern diese nicht dem Recht des ersuchten Staates zuwiderläuft (lit d).

130 Das Begehren um **Beweisaufnahme** darf nur dann **abgelehnt** werden, wenn die Echtheit des Ansuchens zweifelhaft ist; wenn es sich nicht um solche Beweise handelt, die in die Gerichtsbarkeit fallen; oder wenn die begehrte Beweisaufnahme nach Ansicht des ersuchten Staates *ordre public*-widrig ist (lit f). Die Gründe der Ablehnung sind der übermittelnden Stelle unverzüglich bekanntzugeben (lit g).

131 Art 8 sieht demgegenüber eine Art der Beweisaufnahme vor, die auf die Gegebenheiten des englischen Rechts Rücksicht nimmt. Sie kann nämlich auch „ohne Inanspruchnahme oder Beteiligung der Behörden des Landes, wo sie bewirkt werden soll," erfolgen (lit a Satz 1). Sie wird diesfalls durch einen *commissioner,* di eine vom Gericht des Vertragsstaates bestellte (autorisierte) Person vorgenommen; dieser kann ein Angehöriger der diplomatischen oder konsularischen Vertretungsbehörde des ersuchenden Staates sein, aber auch eine sonstige

Person, also zB ein Anwalt der Partei (lit a Satz 2). Diese Person kann dann die betreffende Beweisaufnahme, insb die Vernehmung von Zeugen oder die Einsichtnahme in vorzulegende Urkunden, selbständig durchführen, darf hiebei jedoch keinen Zwang anwenden, wohl aber einen Eid abnehmen (lit b Satz 1 und 2). Eine falsche Beweisaussage vor ihr ist einer solchen vor einer Gerichtsbehörde des ersuchenden Staates strafrechtlich gleichgestellt (lit b letzter Satz). Für Vorladungen, die bei dieser Art der Beweisaufnahme von der betreffenden gerichtlich ermächtigten Person ausgestellt werden, ist übrigens nur dann vorgesehen, daß sie in der Sprache des ersuchten Landes zu erfolgen haben, wenn es sich nicht um Angehörige des ersuchenden Staates handelt (lit c).

Die Beweisaufnahme darf diesfalls von vornherein nach den Bestimmungen des Rechts des ersuchenden Staates vorgenommen werden; die Parteien sind berechtigt, persönlich oder durch einen gewillkürten Vertreter, der befugt ist, vor den Behörden des ersuchenden oder ersuchten Staates aufzutreten, daran teilzunehmen (lit d).

Weigert sich der Zeuge, zu erscheinen oder auszusagen, oder weigert sich die betreffende Person, Urkunden oder sonstige Augenscheinsgegenstände vorzulegen, so kann immer noch eine Beweisaufnahme im Rechtshilfeweg nach Art 7 versucht werden (Art 9).

Die **Kosten der Beweisaufnahme** (Gebühren und Barauslagen für Sachver- **132**
ständige und Dolmetscher, Zeugengebühren, sonstige aus der Vornahme der Rechtshilfehandlung entstandenen oder mit dieser verbundenen Kosten) sind dem ersuchten Staat zu ersetzen. Art und Höhe dieser Auslagen sind daher der ersuchenden Stelle aus Anlaß der Rückmittlung der Erledigungsakten bekanntzugeben (Art 10).

d) Verfahrenshilfe, Schuldhaft und aktorische Kaution

Im IV. Teil (Art 11) des Abkommens wird schließlich auf die Themen **133**
„*Armenrecht* (*jetzt:* Verfahrenshilfe), Schuldhaft und Prozeßkostensicherheit" eingegangen. Bezüglich der Gewährung der **Verfahrenshilfe** und der Unterwerfung unter eine etwaige **Schuldhaft** (zum Begriff s oben Anh A [HPÜ 1954] Rz 41 f) sind die Angehörigen des jeweils anderen Vertragsstaates den Inländern gleichgestellt; und vom **Erlag einer aktorischen Kaution** sind sie dann befreit, wenn sie im Prozeßstaat wohnhaft sind und Inländer für diesen Fall auch keine Prozeßkostensicherheit zu leisten hätten. (Für Österreich entspricht die letztere Regelung § 57 ZPO; dieser wiederum ist freilich seinerseits durch die **Rechtsprechung des EuGH** überlagert; danach darf einem Angehörigen eines der Mitgliedstaaten der Europäischen Union überhaupt keine Sicherheit für Prozeßkosten auferlegt werden, weil dies dem Diskriminierungsverbot des Art 6 Abs 1 (jetzt: Art 12 Abs 1) EGV widerspricht; s dazu oben Anh A [HPÜ 1954] Rz 69.)

Großbritannien gehört auch dem **Europäisches Verfahrenshilfeüberein-** **134**
kommen an (B: BGBl 1982/190; A (Insel Man): BGBl 1995/418; M: BGBl 1990/338); zu diesem s allgemein oben Anh A (HPÜ 1954) Rz 61 und unten im Anh zu § 63 ZPO. Dieses sieht die **Weiterleitung von Anträgen auf Verfahrenshilfe** unter Einschaltung von Zentralbehörden vor (s Art 2). **Empfangs- und Übermittlungsstelle** sind danach für **England und Wales:** *The Area Director, No. 14 Legal Aid Area;* für **Schottland:** *The Secretary, The Scottish Legal Aid Board;* und für **Nordirland:** *The Liasion Officer, The Legal Aid Departement, The Law Society of Northern Ireland.*

e) Rechtsauskunft

135 Der bilaterale Rechtshilfevertrag enthält keine Bestimmung über die wechselseitige Erteilung von Rechtsauskünften. Großbritannien (einschließlich Jersey) ist jedoch Vertragsstaat des **Europäischen Übereinkommens betreffend Auskünfte über ausländisches Recht** vom 7. 6. 1968 BGBl 1971/417 und des **Zusatzprotokolls** vom 15. 3. 1978 BGBl 1980/179 (B: BGBl 1981/502); zu diesen beiden Übereinkommen s oben Anh A (HPÜ 1954) Rz 62 und unten im Anh zu § 271 ZPO.

4. Daten

136 **Amtlicher Titel:** Österreichisch-britisches Rechtshilfeabkommen vom 31. 3. 1931, BGBl 1932/45
Authentische Sprachen: Deutsch und Englisch
Materialien: NR: GP IV RV 158 AB 233 S 57.
Inkrafttreten: 12. 2. 1932
Fundstelle: *Duchek/Schütz/Tarko,* Rechtsverkehr 757 (GB I).

Iran

Rechtsquelle: Freundschafts- und Niederlassungsvertrag BGBl 1966/45

1. Vorbemerkung

137 Iran gehört nicht dem HPÜ 1954 an. Der noch unter der Herrschaft von Schahinscha Reza Palevi 1959 unterzeichnete und 1966 ratifizierte Freundschafts- und Niederlassungsvertrag (der seinerseits wieder auf Vorarbeiten für Vertragswerke aus den Jahren 1936 und 1937 zurückgeht; s ErläutRV 217 BlgNR 9. GP 10) enthält jedoch ua auch die klassischen Materien der internationalen Rechtshilfe (Zustellung und Beweisaufnahme) und des prozessualen Fremdenrechts (Sicherheitsleistung für Prozeßkosten; Verfahrenshilfe) und regelt insb die letztgenannten nach dem Muster der Haager Prozeßübereinkommen. Nach der Änderung der politischen Verhältnisse ist der Vertrag zwar nicht aufgekündigt worden, die Zulassung der französischen Sprache als gleichberechtigt neben der persischen dürfte aber faktisch aufgehoben sein (vgl unten Rz 142).

2. Inhalt

138 **a)** Art 10 Abs 1 des iranisch-österreichischen Vertrages enthält in bezug auf die **Gewährung von gerichtlichem Rechtsschutz** eine **Meistbegünstigungsklausel.** Durch sie werden Angehörige des jeweils anderen Vertragsstaates denen der meistbegünstigten Nation gleichgestellt. Auf zwei Gebieten werden diese darüber hinausgehend (wenn auch eingeschränkt) Inländern gleichgestellt, uzw in bezug auf die Befreiung von der Leistung einer Prozeßkostensicherheit und in bezug auf die Bewilligung von Verfahrenshilfe: beide sind Gegenstand einer einen integrierenden Bestandteil des Vertrages bildenden (formellen Gegenseitigkeits-)Erklärung (s Art 10 Abs 2). Sie ist den Art 17–20 HPÜ 1954 nachgebildet (ErläutRV 217 BlgNR 9. GP 11).

139 **b)** Gem Art 1 dieser Erklärung müssen Angehörige des anderen Vertragsstaates, soferne sie ihren **Wohnsitz** – gewöhnlicher Aufenthalt genügt nicht – in einem der beiden Vertragsstaaten haben, keine **Sicherheit für Prozeßkosten** erlegen; gem Art 4 der Erklärung soll diese Begünstigung auch den in Art 6 genannten, nach dem Recht eines der Vertragsstaaten gegründeten „Handelsgesellschaften aller Art" zukommen; *mutatis mutandis* wird hier auf deren **Sitz** (in Österreich oder im Iran) abzustellen sein.

Art 2 und 3 der Erklärung enthalten die damit korrelierenden Bestimmungen zur Absicherung der obsiegenden beklagten Partei: sie kann die ihr zugesprochenen Kosten des Verfahrens gegen den zahlungspflichtigen Kläger im anderen Vertragsstaat zwangsweise durchsetzen. Der Antrag, die **Kostenentscheidung** für vollstreckbar zu erklären, kann entweder von der Partei selbst **unmittelbar bei der Vollstreckungsbehörde** im Zweitstaat gestellt werden; oder er kann von ihr direkt bei dem Prozeßgericht erster Instanz im Ursprungsstaat eingebracht werden und wird sodann von diesem **im diplomatischen Weg** an die zuständige Behörde im Vollstreckungsstaat übermittelt. 140

c) Bezüglich der **Verfahrenshilfe** werden die Angehörigen des einen Vertragsstaates auf die für Inländer geltenden Bestimmungen des jeweils anderen Vertragsstaates verwiesen, diesen also gleichgestellt (Art 5 der Erklärung). 141

d) Art 12 des österreichisch-iranischen Vertrages regelt die wechselseitige **Rechtshilfe im traditionellen Sinn;** insb sind aufgezählt: die **„Vernehmung von Zeugen, Parteien und Sachverständigen"**, ferner die **„Zustellung von Schriftstücken"**. Ersuchschreiben sind in der jeweiligen Landessprache des ersuchten Staates **oder** in **Französisch** abzufassen bzw mit einer solchen Übersetzung zu versehen. Soll eine Zustellung von Schriftstücken selbst gegen den Willen des Empfängers erfolgen, muß auch diesen eine Übersetzung in die Landessprache oder in die französische Sprache beiliegen. (Zutreffend weisen *Duchek/Schütz/Tarko,* Rechtsverkehr 807 Anm 5 [zu Art 12] darauf hin, daß dies in verfassungskonformer Auslegung für den österreichischen Bereich dahin zu interpretieren sein wird, daß dann, wenn nur eine Übersetzung in die französische, nicht aber in die deutsche Sprache beigelegt ist, diesfalls die Verpflichtung zur Übersetzung auf die österreichischen Behörden fällt, da andernfalls Art 8 B-VG nicht Rechnung getragen wäre.) Doch dürfte die letztgenannte Bestimmung, betreffend die französische Sprache, infolge der seit Abschluß des Vertrages stattgehabten politischen Veränderungen faktisch keine Anwendung mehr finden; denn der **RHE Ziv. 1997** weist in der **Länderübersicht zu § 23 Abs 5 lit a** darauf hin, daß der Iran „im Widerspruch zum Niederlassungsvertrag, Art 12 Abs 2" eine Übersetzung in die Sprache des ersuchten Staates (also ins Persische) fordere. 142

Der Vertrag enthält keine näheren Bestimmungen betreffend die Art der Erledigung der Rechtshilfeersuchen. Es gilt demnach die allgemeine Regel, daß hiefür die ***lex fori* des ersuchten Staates** maßgeblich ist. In Art 12 Abs 3 wird allerdings (in Anlehnung an die Formulierung des Art 11 Abs 3 Z 2 und 3 HPÜ 1954) ausdrücklich festgehalten, daß die Rechtshilfe nur dann abgelehnt werden darf, wenn die Vornahme der betreffenden Prozeßhandlungen „nicht in den Aufgabenkreis der Gerichte des ersuchten Staates" fällt oder „geeignet erscheint, seine Hoheitsrechte oder seine Sicherheit zu beeinträchtigen" 143

e) Gemäß Art 12 Abs 4 des Vertrages findet zwischen den Vertragsstaaten grundsätzlich keine **Verrechnung der Kosten** für die geleistete Rechtshilfe statt; davon ausgenommen sind freilich die an **Zeugen** oder **Sachverständige** ausbezahlten Vergütungen. 144

3. Daten

Amtlicher Titel: Freundschafts- und Niederlassungsvertrag zwischen der Republik Österreich und dem Kaiserreich Iran vom 9. 9. 1959 BGBl 1966/45 145

Authentische Sprachen: Deutsch, Französisch und Persisch; im Fall einer Auslegungsstreitigkeit entscheidet der französische Wortlaut (s Art 16 des Vertrages und Art 6 der Erklärung).

Materialien zu
a) BGBl 1966/45: NR: GP IX RV 217 AB 226 S 36; BR: S 163;
b) BGBl 1970/111: NR: GP XI RV 1167 AB 1358 S 147; BR: AB 293 S 2.
Inkrafttreten: 16. 3. 1966; Art 13 Abs 2 – 5. 3. 1970
Fundstelle: *Duchek/Schütz/Tarko,* Rechtsverkehr 804 (IR I).

Israel

Rechtsquellen: HPÜ 1954 (B: BGBl 1968/286 und 1968/373); Zusatzabkommen zum HPÜ 1954, BGBl 1982/225

1. Inhalt

146 **a)** Die **Übermittlung von Rechtshilfeersuchen iwS** (Ersuchen um Vornahme von Zustellungen und um Durchführung von Beweisaufnahmen) erfolgt (im **Hin- und Rücklauf**) auf österreichischer Seite über das **Bundesministerium für Justiz,** auf israelischer Seite über den **Director of Courts, Jerusalem** (Art 1 Abs 1 und 2, Art 2 Abs 1).

147 **b)** Eine (insb für die österreichischen Behörden) ins Gewicht fallende **Vereinfachung** in der Abwicklung des Rechtshilfeverkehrs zwischen Österreich und Israel ist in Art 1 Abs 3, Art 2 Abs 2 und Art 3 der Zusatzvereinbarung vorgesehen: Danach ist **vereinbarte Sprache** für alle **Begleitschreiben** (Übermittlung und Erledigung) sowie für **Rechtshilfeersuchen ieS** (Art 10 HPÜ 1954) die **englische Sprache.** (Die betreffenden Geschäftsstücke müssen somit in dieser Sprache abgefaßt oder es muß ihnen eine Übersetzung in diese beigeschlossen sein. Für den internen Behördenverkehr in Österreich werden sie sodann von der **Übersetzungsstelle des BMJ** ins Deutsche übertragen; s zu dieser oben Anh A [HPÜ 1954] Rz 51.) Dies gilt hingegen nicht für die **zuzustellenden Schriftstücke** selbst: Sollen sie iSd Art 3 Abs 2 HPÜ 1954 wenn nötig auch gegen den Willen des (in Israel befindlichen) Adressaten zugestellt werden können, so bedarf es ihrer Abfassung in hebräischer oder ihrer **Übersetzung in die hebräische Sprache** (vgl auch ErläutRV 157 BlgNR 14. GP 8 [zu Art 1]).

148 Die nach diesen Bestimmungen jeweils erforderlichen Übersetzungen dürfen (neben den in Art 3 Abs 3 und Art 10 HPÜ 1954 genannten konsularischen oder diplomatischen Vertretern des ersuchenden Staates oder einem Dolmetscher des ersuchten Staates) auch von einer nach dem Recht des **ersuchenden** Staates „hiezu befugten Person" beglaubigt werden (Art 4), somit in Österreich von einem beeideten gerichtlichen Dolmetscher, in Israel von einem „*notary for foreign documents*" (ErläutRV 157 BlgNR 14. GP 8 [zu Art 4]). Dies gilt gem Art 7 Abs 2 der Zusatzvereinbarung auch für die dem Antrag auf Vollstreckbarerklärung beizulegende **Übersetzung des Spruchs der Kostenentscheidung** iSd Art 19 Abs 2 Z 3 HPÜ 1954 (ErläutRV 157 BlgNR 14. GP 9 [zu Art 7]); s Rz 151.

149 **c)** Art 5 erlaubt den Vertragsstaaten iSd Art 6 Abs 1 Z 3 und Art 15 HPÜ 1954, über ihre **konsularischen oder diplomatischen Vertretungsbehörden** mit Personen, die sich auf dem Staatsgebiet des anderen Vertragsstaates aufhalten, **direkt** in Kontakt zu treten: sie können ihnen auf diesem Weg sowohl gerichtliche und außergerichtliche Schriftstücke zustellen als auch sie vernehmen lassen; die Anwendung jeglichen Zwanges ist dabei freilich ausgeschlossen. Beide Arten von Rechtshilfe setzen somit die **Bereitschaft zur Mitwirkung** der betreffenden Person voraus; s dazu oben Anh A (HPÜ 1954) Rz 49 f. Sie sind im Verhältnis zwischen Österreich und Israel (im Unterschied zu den meisten anderen Zusatzvereinbarungen) **nicht auf die** jeweils **eigenen Staatsangehörigen beschränkt.**

d) Für den Bereich der **Sicherheitsleistung für Prozeßkosten** iSd Art 17 – 19 HPÜ 1954 verfügt Art 6 die **Gleichstellung der juristischen mit den natürlichen Personen;** hierbei nimmt die Zusatzvereinbarung Bezug auf die in den beiden Vertragsstaaten vorfindliche unterschiedliche Rechtslage: Danach gelten als **Angehörige** des österreichischen Staates alle juristische Personen, die ihren Sitz in Österreich haben (wobei der Begriff „Sitz", wie die Erl ausdrücklich festhalten, nach österreichischem Recht zu qualifizieren ist: RV 157 BlgNR 14. GP 9 [zu Art 6]); und als solche des israelischen Staates die dort **inkorporierten Gesellschaften** und die **eingetragenen Teilhaberschaften;** ferner bestimmte juristische Gebilde, bei denen die Frage der Rechtspersönlichkeit zumindest nicht völlig einheitlich beantwortet wird; genannt worden sind hier von österreichischer Seite die Personenhandelsgesellschaften (OHG und KG) und von israelischer Seite die **nicht eingetragenen Teilhaberschaften,** die ihre **Hauptniederlassung in Israel** haben (s ErläutRV 157 BlgNR 14. GP 9 [zu Art 6]). **150**

Art 7 bringt die (auch in den meisten anderen Zusatzvereinbarungen enthaltenen) üblichen Erleichterungen für die **Vollstreckung der Prozeßkostenentscheidung** gegen den unterlegenen Kläger, nämlich in Abs 1 die Möglichkeit der **direkten Antragstellung** durch die obsiegenden Partei im Vollstreckungsstaat iSd Art 18 Abs 3 HPÜ 1954; in Abs 2 die Erweiterung des Kreises von Personen, die zur Beglaubigung von Übersetzungen befugt sind, iSd Art 19 Abs 2 Z 3 HPÜ 1954 (s oben Rz 148); und in Abs 3 das Absehen von jeder weiteren Formalität, betreffend die Vollstreckbarkeitsbestätigung, iSd Art 19 Abs 3 Satz 2 HPÜ 1954; s zu all dem näher oben Anh A (HPÜ 1954) Rz 58 ff. **151**

2. Daten

Amtlicher Titel: Vertrag zwischen der Republik Österreich und dem Staat Israel vom 21. 7. 1975 zur Vereinfachung des rechtlichen Verkehrs nach dem Haager Übereinkommen vom 1. 3. 1954 betreffend das Verfahren in bürgerlichen Rechtssachen BGBl 1982/225 **152**

Authentische Sprachen: Deutsch und Hebräisch

Materialien: NR: GP XIV RV 157 AB 468 S 52; BR: AB 1635 S 361.

Inkrafttreten: 22. 6. 1982

Fundstelle: *Duchek/Schütz/Tarko,* Rechtsverkehr 817 (IS II).

Italien

Rechtsquellen: HPÜ 1954 (B. 1957/91); Zusatzabkommen zum HPÜ 1954, BGBl 1977/433

Lit zur internationalen Rechtshilfe (in italienischer Sprache): s Anh Lit Rz 1 (Italien) und 5 (Italien); speziell zum italienischen Zustellungsrecht (in deutscher Sprache): s Anh Lit Rz 5 (Deutschland), insb *Steinhauer,* Versäumnisurteile 140 ff; *Wiehe,* Zustellungen 65 ff; *Bajons* in Schütze-FS (1999) 57 f und 61 ff.

1. Hinweise zum italienischen Recht

a) Rechtsquellen

Die Normen über die internationale Rechtshilfe finden sich heute teils (unverändert) in der italienischen Zivilprozeßordnung – *Codice di procedura civile* – (in der Folge: cpc bzw itZPO), teils (neu) im Gesetz über die italienische Reform des internationalen Privatrechts – *Legge sulla riforma del sistema italiano di diritto internazionale privato* – (in der Folge: itIPRG) vom 31. 5. 1995, Nr 218; uzw **153** für die **Zustellung** italienischer Schriftstücke **ins Ausland:** Art 142 und 143 cpc idF des Gesetzes vom 6. 2. 1981, Nr 42 (mit dem das HZÜ 1965 in die italienische Rechtsordnung übernommen wurde);

für die **Zustellung** ausländischer Schriftstücke **nach Italien:** Art 71 itIPRG (Abs 1 und 2 leg cit treten an die Stelle des früheren Art 805 cpc; Abs 3 leg cit übernimmt die Regelung des Art 5 Abs 1 und 2 HZÜ 1965 in das innerstaatliche italienische Recht);

für italienische Ersuchen um **Beweisaufnahme durch ausländische Behörden:** Art 204 cpc;

für ausländische Ersuchen um **Beweisaufnahme durch italienische Behörden:** Art 69 und 70 itIPRG (sie ersetzen die früheren Art 802 und 803 cpc).

b) Internationale Zustellung

154 Im Zeitpunkt des Abschlusses der italienisch-österreichischen Zusatzvereinbarung (1975) galt in Italien für **Zustellungen ins Ausland** noch uneingeschränkt eine (allerdings gegenüber der französischen etwas abgemilderte) Spielart der „*remise au parquet*“ (s zu dieser oben Anh A [HPÜ 1954] Rz 5f und Frankreich Rz 77). Danach trat die Wirkung der Zustellung (wie in Frankreich) zu einem fiktiven, wenn auch (im Unterschied zu Frankreich) etwas hinausgeschobenen Zeitpunkt ein – nämlich am zwanzigsten Tag nach Erfüllung der Zustellungsformalitäten im Inland. Die diesbezügliche Bestimmung wurde indes bereits 1978 vom italienischen Verfassungsgerichtshof insoweit für verfassungswidrig erklärt, als diese Form der fiktiven Inlandszustellung danach auch in all jenen Fällen einzugreifen hatte, in denen es internationale Übereinkommen oder das italienische Konsulargesetz ermöglicht hätten, statt dessen eine reale Auslandszustellung vorzunehmen. 1981 wurden die betreffenden Vorschriften sodann – aus Anlaß der Ratifikation des HZÜ 1965 – in diesem Sinn novelliert. Die umfassende Reform des internationalen Privat- und Zivilprozeßrechts von 1995 hat die seither auch im Gesetz verankerte Regelung nicht angetastet.

Art 142 cpc sah ursprünglich **unterschiedslos** für alle Fälle der Zustellung an eine Person, die in Italien weder lebt noch sich dort gewöhnlich aufhält oder dort ein Wahldomizil begründet hat (*persona non residente, né dimorante, né domiciliata nella Repubblica*), vor, daß der Antragsteller das betreffende Schriftstück dem *ufficiale giudiziario* (Gerichtsvollzieher) zu übergeben hat, der die Zustellung durch nachstehende im Inland zu setzende Handlungen bewirkt: er schlägt eine Kopie des Schriftstückes an der Amtstafel des angerufenen Gerichtes an (*affissione nell'albo dell'Ufficio giudiziario*); eine weitere Kopie läßt er dem Empfänger im Wege der Post mit eingeschriebenem Brief zukommen (*spedizione per mezzo della posta, in piego raccomandato*); und ein drittes Exemplar des Schriftstückes übergibt er der Staatsanwaltschaft, die es an das Ministerium für Auswärtige Angelegenheiten zwecks Übermittlung an die im Ausland wohnhafte Partei weiterleitet (Art 142 Abs 1 und 2 cpc). Die Zustellung galt am zwanzigsten Tag nach Erfüllung all dieser Formalitäten als vollzogen (Art 143 Abs 3 cpc).

Mit Erkenntnis *Corte Cost.* 2. 2. 1978, Nr 10, Foro it. 1978, I, 550=N.L.C.C. 1978, 889m Anm *Carpi* (893) = Riv. dir. int. priv. e proc. 1978, 549 (dazu *Labriola,* Notificazione all'estero e diritto di difesa, ebenda 705), hat der italienischen Verfassungsgerichtshof Art 143 Abs 3 cpc insoweit für verfassungswidrig erklärt, als er diese Form der fiktiven Inlandszustellung auch in jenen Fällen uneingeschränkt zur Anwendung kommen läßt, in denen eine *notifica effettiva e reale* **(effektive und wirkliche Zustellung) ins Ausland** aufgrund der bestehenden internationalen Übereinkommen oder aufgrund von Art 30 und 75 des italienischen Konsulargesetzes (D.P.R. [Dekret des Präsidenten der Republik] vom 5. 1. 1967, Nr 200) durchaus vorgenommen werden könnte. Denn diesfalls verstoße die Vorverlegung des Zeitpunkts der Zustellung auf ein fiktives Datum, das vor der tatsächlichen Kenntnisnahme des Zustelladressaten von dem Schriftstück liege, gegen das verfassungsgesetzlich gewährleistete Recht des Beklagten auf Verteidigung (Art 24 der italienischen

Verfassung). Der klagenden Partei erwachse aus dieser Rechtsansicht kein wie immer gearteter Nachteil, weil für sie die Zustellung unverändert als in dem Zeitpunkt bewirkt gilt, in dem die in Art 142 cpc bezeichneten Formalitäten erfüllt sind.

Mit Gesetz vom 6. 2. 1981, Nr 42, mit dem zugleich das Haager Zustellungsübereinkommen (HZÜ) 1965 in Italien eingeführt wurde, ist Art 142 cpc ein Abs 3 angefügt worden, durch den diese Judikatur des italienischen Verfassungsgerichtshofs gesetzlich festgeschrieben worden ist. Die *notificazione au parquet* darf danach nur noch **subsidiär** zur Anwendung gelangen, nämlich ausschließlich dann, wenn infolge Fehlens einer völkerrechtlichen Vereinbarung oder tatsächlichen Übung eine andere Art der Zustellung nicht möglich ist.

Damit hat aber auch die italienisch-österreichische Zusatzvereinbarung von 1975 ihren Sinngehalt geändert: Werden nämlich Schriftstücke im Rechtshilfeweg nach Österreich übermittelt oder werden solche im Postweg nach Österreich übersandt, so sind sie nicht als „bloße Mitteilungen“ einer schon erfolgten (fiktiven Inlands-)Zustellung anzusehen, sondern knüpft sich erst an diese Akte die Wirkung der (realen Auslands-)Zustellung. **155**

Die italienische Rechtsprechung hat ferner geklärt, daß im Fall der Übermittlung und Übergabe der Schriftstücke auf zwei verschiedene Arten (zB per Post und im Wege der internationalen Rechtshilfe) der Zeitpunkt gilt, zu dem der Empfänger die zeitlich erste Sendung erhält (*Cass.* 27. 2. 1981, Nr 1201, Foro it. 1981, I, 1970 m Anm *Proto Pisani*).

Art 5 der Zusatzvereinbarung sieht – neben dem unmittelbaren behördlichen Übermittlungsweg (von Gericht zu Gericht) – auch die **postalische Direktzustellung** vor, dh die Zusendung von (insb verfahrenseinleitenden) Schriftstükken unmittelbar durch die Post. Die Höchstgerichte beider Staaten haben jedoch in Entscheidungen aus der jüngsten Zeit übereinstimmend festgehalten, daß diese Zustellart den österreichischen bzw italienischen Richter nicht der Pflicht enthebt, dafür Sorge zu tragen, daß der **Anspruch des Beklagten auf rechtliches Gehör** gewahrt bleibt. **156**

So hat die italienische *Corte di Cassazione* eine Entscheidung aufgehoben, weil die verfahrenseinleitenden Schriftstücke an eine Kanzlei von Rechtsanwälten zugestellt wurden, mit denen die beklagte Partei zwar in Verbindung stand, die aber von ihr nicht aktuell mit dieser Rechtssache betraut worden waren (*Cass.* 13. 1. 1998, Nr 206, Foro it. 1998, I, 1509); und das OLG Wien hat – als zweite Instanz – festgehalten, daß der österreichische Richter – etwa durch Wahl einer Zustellungsform, welche die Einschaltung des Gerichtsvollziehers *(ufficiale giudiziario)* erfordert, und durch ausdrücklichen Hinweis darauf, welchen Personen übergeben werden darf – sicherstellen muß, daß eine der österreichischen Zustellung zu eigenen Handen entsprechende Zustellform gewählt wird. Es hat daher das Verfahren, das auf einer Klage und einem Antrag auf Erlassung einer einstweiliger Verfügung beruhte, die von einer nicht der deutschen Sprache mächtigen Angestellten einer Kapitalhandelsgesellschaft übernommen und von ihr einem anderen Angestellten übergeben wurden, der diese Schriftstücke in der Folge irrtümlich als zu einem anderen Akt gehörig ablegte, als nichtig aufgehoben (OLG Wien 23. 1. 1998, 1 R 278/97b). Der OGH hat diese Entscheidung in den wesentlichen Punkten bestätigt, in seiner Begründung aber die Betonung allein auf den Umstand gelegt, daß die Zustellung schon deshalb nicht wirksam gewesen sei, weil den Schriftstücken keine Übersetzung in die italienische Sprache beigeschlossen war (OGH 16. 6. 1998, EvBl 1998/193 = IPRax 1999, 260, Nr 34 [*Matscher,* ebenda 274] = RdW 1998, 677); s zu beiden Fällen näher *Bajons,* Schütze-FS, 61 ff.

c) Internationale Beweisaufnahme

Für **an ausländische Behörden gerichtete Rechtshilfeersuchen ieS** (*rogatorie per l'esecuzione di provvedimenti istruttori*) ist in Italien so wie in Österreich der **Rechtshilfeweg** einzuhalten. Gemäß Art 204 cpc hat sich der italienische Richter **157** daher an diese mit seinem Ersuchen um Beweisaufnahme grundsätzlich im diplomatischen Weg zu wenden (Abs 1). Betrifft das Ersuchen im Ausland lebende italienische Staatsbürger, so ist das Begehren an den **italienischen Konsul** zu richten, der es nach den Vorschriften des Konsulargesetzes (D.P.R. vom 5. 1. 1967, Nr 200) zu erledigen hat (Abs 2 leg cit).

158 Wird ein **Ersuchen um Beweisaufnahme von einer ausländischen Behörde** gestellt, so ist dieses entweder im Rechtshilfeweg (im vertragslosen Zustand: im diplomatischen Weg) oder direkt von der daran interessierten Partei (unter Vorlage der Verfügung, mit der diese Beweisaufnahme vom ausländischen Richter angeordnet worden ist) an die zuständige italienische Behörde zu richten (Art 69 Abs 1 und 2 itIPRG). Diese ist (im vertragslosen Zustand) die *Corte d'appello* [OLG], in deren Sprengel die Beweisaufnahme stattfinden soll. Diese entscheidet formell über die Zulassung der Beweisaufnahme und leitet den Akt sodann an das zuständige Gericht erster Instanz (*pretura*) weiter (Abs 3 leg cit). An Beweismitteln nennt das Gesetz beispielsweise die Vernehmung von Zeugen, den Sachverständigenbeweis, den Parteieid und die förmliche Befragung der Parteien (*esami di testimoni, accertamenti tecnici, giuramenti, interrogatori o altri mezzi di prova*); die letzten beiden Beweismittel haben keine Entsprechung im österreichischen Recht, insofern auch die sog förmliche Befragung der Parteien nach einem vorformulierten Fragenkatalog (*interrogatorio formale* iSd Art 230ff cpc) nicht der österreichischen Parteivernehmung voll entspricht; s dazu oben § 39 JN Rz 12. Es ist auch zulässig, Beweise aufzunehmen, die das italienische Recht nicht kennt, solange diese nicht den Grundwertungen des italienischen Rechts widersprechen (Abs 4 leg cit); innerhalb dieser Grenzen können auch andere prozedurale Formen bei der Beweisaufnahme eingehalten werden (Abs 5). Sofern die Partei nicht einen Vertreter bestellt hat, der die Beweiserhebung betreibt, sind die notwendigen richterlichen Verfügungen von Amts wegen zu erlassen und durchzuführen (Art 70 itIPRG).

2. Inhalt

a) Allgemeines; Gleichstellung juristischer Personen

159 Art 1 gewährt den Angehörigen des jeweils anderen Vertragsstaates **freien Zugang zu Gericht** und **gleichen Rechtsschutz wie Inländern.**

Art 3 stellt **juristische Personen** und (nicht den Status einer juristischen Person genießende, aber parteifähige) Gesellschaften (des Handelsrechts, zB OHG, KG; vgl ErläutRV 66 BlgNR 14. GP 8 [zu Art 3]) den natürlichen Personen gleich; jeder der beiden Staaten beurteilt nach seinem Recht, welche juristischen Personen und Gesellschaften er als **dem anderen Staat zugehörig** ansieht (s für Italien Art 25 itIPRG bzw für Österreich § 10 IPRG).

b) Übermittlungsweg

160 Die Zusatzvereinbarung sieht generell für den **gesamten Bereich der internationalen Rechtshilfe** (im traditionellen Sinn, also die internationale Zustellung und Beweisaufnahme betreffend) den **unmittelbaren Behördenverkehr** (dh von Gericht zu Gericht) unter Verwendung der eigenen Sprache vor (Art 4 Abs 1 Satz 1 [Zustellung] bzw Art 6 Abs 1 Satz 1 [Beweisaufnahme]). Dies gilt insb auch für **Zwischenerledigungen** (zB der Verständigung der ersuchenden Behörde von Zeit und Ort der durchzuführenden Rechtshilfehandlung, um den Parteien bzw Parteienvertretern Gelegenheit zur Teilnahme an dieser zu geben; s Art 10).

Sachlich zuständig zur Erledigung der Rechtshilfeersuchen iwS sind in Österreich die **Bezirksgerichte,** in Italien die *preture,* örtlich zuständig ist jenes

Bezirksgericht bzw jene *pretura,* welche(s) die Zustellung oder die Beweisaufnahme durchzuführen hat (Art 4 Abs 1 Satz 2 bzw Art 6 Abs 1 Satz 2). An eine unzuständige Behörde gerichtete Ersuchen sind amtswegig weiterzuleiten (Art 8).

Der ersuchte Staat ist nicht berechtigt, die begehrte Rechtshilfe mit der Begründung zu verweigern, daß es sich um eine Rechtssache handle, die in seine eigene ausschließliche Gerichtsbarkeit falle (Art 9); dieser Grund darf somit nicht als Fall des *ordre public* eingestuft und unter Art 4 bzw Art 11 Abs 3 Z 3 HPÜ 1954 subsumiert werden (ErläutRV 66 BlgNR 14. GP 10 [zu Art 9]). 161

c) Sprache

Gem Art 4 Abs 2 und Art 6 Abs 2 können die Gerichtsbehörden den **gesamten Rechtshilfeverkehr** in ihrer **eigenen Sprache** abwickeln. (Für bei österreichischen Behörden eingehende Ersuchen kann die Hilfe der **Übersetzungsstelle des BMJ** in Anspruch genommen werden; s oben Anh A [HPÜ 1954] Rz 51.) Dies bedeutet, daß nicht nur die der Übermittlung dienenden Begleitschreiben und die Rechtshilfeersuchen ieS, sondern auch die **zuzustellenden Schriftstücke** in der **Sprache des ersuchenden Gerichts** abgefaßt sein können (s insb Art 4 Abs 2). 162

Die **durchgehende Zulassung des Gebrauchs der eigenen Sprache** hat historische Ursachen. Der Vorläufer des heutigen Zusatzabkommens, der nach dem Ersten Weltkrieg abgeschlossene Rechtshilfevertrag von 1922 BGBl 1924/261 (s Rz 172), enthielt nämlich die Regelung, daß der Rechtshilfeverkehr zwischen den österreichischen und italienischen Gerichten in den ehemals „österreichisch gewesenen Gebieten (Oberlandesgerichtssprengel Trient, Triest und Zara)“ unmittelbar, im übrigen aber grundsätzlich über die beiderseitigen Justizministerien abzuwickeln sei. Nach dem Zweiten Weltkrieg wollte die österreichische Delegation diese Passagen des Vertrags an die geänderten politischen Verhältnisse anpassen und schlug eine entsprechende Regelung für Südtirol vor. Dies war indes für die italienische Delegation unannehmbar. Im Gegenzug bot sie ihrerseits an, den unmittelbaren Verkehr zwischen **allen Gerichten** der beiden Staaten zuzulassen. Dieser Vorschlag wurde von österreichischer Seite angenommen. Zur Redaktionsgeschichte des Zusatzabkommens s noch näher ErläutRV 66 BlgNR 14. GP 8 (zu Art 4).

Durch diese Bestimmungen ändert sich aber nichts an der grundsätzlichen **Regelung des Art 2 iVm Art 3 Abs 2 HPÜ 1954** (so auch die ErläutRV 66 BlgNR 14. GP 9 [zu Art 4]). Danach ist den zuzustellenden Schriftstücken immer dann eine **Übersetzung** beizulegen, wenn eine Zustellung auch gegen den Willen des Zustelladressaten erfolgen soll; s oben Anh A (HPÜ 1954) Rz 22. Die Richtigkeit der Übersetzung kann nicht nur iSd Art 3 Abs 3 HPÜ 1954 (von einem diplomatischen oder konsularischen Vertreter des ersuchenden Staates oder) von einem beeideten Dolmetsch des **ersuchten** Staates, sondern auch „von einem beeideten Dolmetsch des **ersuchenden** Staates“ bestätigt sein. Dies bringt insofern eine Erleichterung in der Abwicklung, als „erfahrungsgemäß die Übersetzung der Zustellstücke, die allenfalls auch zwangsweise zugestellt werden soll(en), bereits im ersuchenden Staat vorgenommen wird“ (ErläutRV 66 BlgNR 14. GP 9 [zu Art 4]). 163

d) Weitere Zustellarten, insb Zustellung unmittelbar durch die Post

Gemäß Art 5 kann die Zustellung gerichtlicher und außergerichtlicher Schriftstücke auch **unmittelbar durch die Post** oder **durch diplomatische oder konsularische Vertreter** erfolgen. Die betreffende Bestimmung läßt also ausdrücklich die in Art 6 Abs 1 Z 1 und 3 HPÜ 1954 erwähnten weiteren Zustellarten zu und schränkt insb die letztgenannte nicht iSd Art 6 Abs 2 HPÜ 1954 auf 164

Staatsangehörige des Sendestaates ein. Bei beiden Zustellarten kann es somit zu dem oben in Rz 162f dargestellten **Sprachenproblem** kommen. (Die dort erwähnte E des OGH bezieht sich auf einen Fall der unmittelbaren Zustellung durch die Post.) Der Richter, welcher der Gefahr einer Verletzung des rechtlichen Gehörs der beklagten Partei vorbeugen will, muß daher, wenn er sichergehen will, daß die Verteidigungsrechte des Zustelladressaten ausreichend gewahrt bleiben, eine (behördliche) Zustellung „in einer besonderen Form" wählen, die insb auch garantiert, daß die Zustellung nur an einen bestimmten eingeschränkten Personenkreis erfolgen darf (s Art 3 Abs 2 HPÜ 1954).

165 In Art 5 ist dies dahingehend ausgedrückt, daß die beiden Vertragsstaaten diesen beiden Zustellarten „nicht widersprechen". Nicht erwähnt wird demgegenüber die in Art 6 Abs 1 Z 2 vorgesehene Art der Zustellung unter Einschaltung spezieller Zustellorgane. Die ErläutRV 66 BlgNR 14. GP 9 (zu Art 5) begründen dies damit, daß diese Zustellart wegen des Fehlens der entsprechenden Zustellorgane „im Verhältnis zu Österreich nicht in Betracht kommt". Wieso dann aber „dennoch … Art 5 nicht als Widerspruch gegen diese Art der Zustellung anzusehen" ist, bleibt angesichts des klar gegenteiligen Wortlauts des Art 6 Abs 2 HPÜ 1954 freilich unerfindlich; vgl auch oben Anh A (HPÜ 1954) Rz 16.

e) Beweisaufnahme unmittelbar durch diplomatische oder konsularische Vertreter

166 Art 7 sieht die Möglichkeit vor, „Erklärungen" eigener Staatsangehöriger auch durch einen diplomatischen oder konsularischen Vertreter aufnehmen zu lassen. Art 15 HPÜ 1954 wird somit nicht voll ausgeschöpft, weil die Befugnis auf Angehörige des Sendestaates eingeschränkt ist und sich nicht auf alle Arten von Beweisaufnahmen, sondern nur auf den Personalbeweis iwS (Vernehmung von Personen als Partei oder Zeuge oder als Auskunftsperson) bezieht. Die Staatsangehörigkeit der betreffenden Person bestimmt sich nach dem Recht des ersuchten Staates. Jede Anwendung von Zwang ist schon nach den allgemeinen Bestimmungen des Völkerrechts verboten (vgl dazu auch die ErläutRV 66 BlgNR 14. GP 9f [zu Art 7]).

f) Befreiung von der aktorischen Kaution und zwangsweise Durchsetzung der gegen den unterlegenen Kläger ergangenen Prozeßkostenentscheidung

167 Art 2 befreit die Staatsangehörigen der beiden Vertragsstaaten von der Verpflichtung zur **Leistung einer Sicherheit für die Prozeßkosten,** uzw unabhängig davon, ob diese in Österreich oder Italien oder in einem der anderen Vertragsstaaten des HPÜ 1954 ihren (Wohn-)Sitz haben. Dies gilt freilich heute nach der **Rechtsprechung des EuGH** (zu Art 6 Abs 1 [jetzt: Art 12 Abs 1] EGV) für alle Staatsbürger eines Mitgliedstaates der Europäischen Union; s dazu oben Anh A (HPÜ 1954) Rz 69.

Die Bestimmung des Zusatzabkommens war zwar (aus österreichischer Sicht) eine Besserstellung italienischer Staatsbürger, nicht aber (aus italienischer Sicht) eine solche österreichischer Staatsbürger, weil schon das damals geltend italienische Prozeßrecht keine aktorische Kaution kannte; auch Art 98 cpc, der vorsieht, daß dem Kläger unabhängig von seiner Staatsbürgerschaft eine Kaution auferlegt werden kann, wenn die beklagte Partei begründete Besorgnis haben sollte, daß er im Fall seines Unterliegens nicht die Prozeßkosten bezahlen werden könne, ist schon lange vor Abschluß des Zusatzabkommens als verfassungswidrig (Verstoß gegen den Gleichbehandlungsgrundsatz und das Recht auf Verteidigung gem Art 3 und 24 der italienischen Verfassung) aufgehoben gewesen; s *Corte Cost.* 29. 11. 1960, Nr. 67, Riv. dir. proc. 1961, 285 *(Denti).*

168 Der Antrag auf **Vollstreckbarerklärung der** gegen den unterlegenen Kläger ergangenen **Prozeßkostenentscheidung** kann von der beklagten Partei direkt beim zuständigen Gericht im Vollstreckungsstaat gestellt werden (Art 11). Dies folgt heute schon – in dessen Anwendungsbereich – aus Art 25 iVm Art 31 ff EuGVÜ; insoweit wird auch Art 12 (formelle Voraussetzungen für die Vollstreckbarerklärung) durch Art 46–49 EuGVÜ überlagert; eine (beglaubigte) Übersetzung der Urkunden ist danach nur auf Verlangen des Gerichts vorzulegen (Art 48 Abs 2 EuGVÜ); s auch Anh A (HPÜ 1954) Rz 70.

g) Urkundenwesen

Art 14 stellt öffentliche Urkunden, die in einem der Vertragsstaaten von einem Gericht, einer Verwaltungsbehörde oder einem Notar ausgestellt sind, und öffentlich beglaubigte Privaturkunden den inländischen Urkunden in ihrer Wirkung gleich und befreit sie von jeder weiteren Förmlichkeit; gem Art 3 Abs 2 des Haager Beglaubigungsübereinkommens vom 5. 10. 1961 BGBl 1968/27 bedürfen sie demnach zur Bestätigung ihrer Echtheit insb auch nicht der Anbringung einer Apostille iSd Art 3 Abs 1 des (von Italien erst nach Abschluß des Zusatzabkommens ratifizierten) Beglaubigungsübereinkommens (s B: BGBl 1979/27 und M: BGBl 1992/61). **169**

h) Verfahrenshilfe

Das italienisch-österreichische Zusatzabkommen enthält keine über die Art 20 ff HPÜ 1954 hinausgehenden Bestimmungen über die Verfahrenshilfe; zu diesen s oben Anh A (HPÜ 1954) Rz 32 ff. Danach sind In- und Ausländer in bezug auf die Erlangung von Verfahrenshilfe gleich zu behandeln. Dies entspricht auch dem innerstaatlichen Recht der beiden Staaten (s für Italien insb das mit R. D. 30. 12. 1923, Nr. 3282, approbierte Gesetz über die Verfahrenshilfe [*Legge sul gratuito patrocinio*] bzw für Österreich §§ 63 ff ZPO). **170**

Italien und Österreich sind allerdings auch Vertragsstaaten des (späteren) multilateralen **Europäischen Verfahrenshilfeübereinkommens** vom 27. 1. 1977 BGBl 1982/190 (B und M Italiens: BGBl 1983/422). Danach hat Italien als **zentrale Empfangs- und Übermittlungsstelle** iSd Art 2 des Übereinkommens das *Ministero di Grazia e Giustizia* (Ministerium für Gnadensachen und Justiz) bestimmt. Zu den dadurch gegenüber Art 23 HPÜ 1954 eingetretenen Vereinfachungen in der Übermittlung von Verfahrenshilfeanträgen s oben Anh A (HPÜ 1954) Rz 61.

i) Erteilung von Rechtsauskünften

Art 13 sieht die wechselseitige Erteilung von Rechtsauskünften durch die Justizministerien der beiden Staaten vor. **171**

Italien und Österreich gehören darüber hinaus auch dem **Europäischen Übereinkommen betreffend Auskünfte über ausländisches Recht** vom 7. 6. 1968 BGBl 1971/417 (B Italiens: BGBl 1972/337) und dem **Zusatzprotokoll** zu diesem Übereinkommen vom 15. 3. 1978 BGBl 1980/179 (B Italiens: BGBl 1982/133) an; s zu diesen oben Anh A (HPÜ 1954) Rz 62 und unten im Anh zu § 271 ZPO.

3. Daten

Amtlicher Titel: Zusatzabkommen zwischen der Republik Österreich und der Italienischen Republik vom 30. 6. 1975 zum Haager Übereinkommen vom 1. 3. 1954 betreffend das Verfahren in bürgerlichen Rechtssachen BGBl 1977/433 **172**

Authentische Sprache: Deutsch und Italienisch

Materialien: NR: GP XIV RV 66 AB 131 S 21; BR: AB 1487 S 350.

Vorläufer: Rechtshilfevertrag zwischen Österreich und Italien vom 6. 4. 1922, BGBl 1924/261 (WA: JABl 1950, 87; b: BGBl 1954/104); er ist gem Art 15 des obgenannten Zusatzabkommens BGBl 1977/433, „soweit er Zivil- und Handelssachen betrifft", außer Kraft getreten. (Soweit er danach noch für Strafsachen in Geltung stand, ist er durch Art XV des Vertrages zwischen der Republik Österreich und der Italienischen Republik vom 20. 2. 1973 über die Ergänzung des Europäischen Übereinkommens vom 20. 4. 1959 über die Rechtshilfe in Strafsachen und die Erleichterung seiner Anwendung, BGBl 1977/558, außer Kraft gesetzt worden.)

Inkrafttreten: 11. 10. 1977

Fundstelle: *Duchek/Schütz/Tarko,* Rechtsverkehr 831 (IT V).

Jugoslawien

Rechtsquellen: HPÜ 1954 (WA: –); bilateraler Rechtshilfevertrag BGBl 1955/224 (WA: BGBl III 1997/156)

1. Weiteranwendung der bisher in Geltung stehenden Rechtshilfeverträge

173 Nach dem Zerfall der früheren Sozialistischen Föderativen Volksrepublik Jugoslawien (SFVRJ) in mehrere selbständige Staaten haben die Republik Österreich und die Bundesrepublik Jugoslawien den am 27. 4. 1992 in Kraft stehenden **bilateralen Vertragsbestand** einvernehmlich geprüft und auf Grund der allgemein anerkannten Regeln des Völkerrechts den nachstehenden Vertrag als weiterhin bindend und von den jeweils zuständigen Behörden anwendbar festgestellt (s die diesbezügliche Kundmachung des Bundeskanzlers BGBl III 1997/156, Pkt 4). Eine textliche Anpassung des Rechtshilfevertrages an die geänderten politischen Verhältnisse wurde aus diesem Anlaß allerdings nicht vorgenommen (s demgegenüber die von der Republik Slowenien am Vertrag angebrachten Änderungen unten Slowenien Rz 304).

Eine formelle Kontinuitätserklärung der Bundesrepublik Jugoslawien zum **HPÜ 1954** (B [*ehem Jugoslawien*]: BGBl 1963/97) wurde bislang nicht kundgemacht; nach den allgemein anerkannten Regeln des Völkerrechts ist dieses als vorläufig weiter in Geltung stehend anzusehen.

2. Inhalt

174 Siehe Slowenien Rz 305 ff.

3. Daten

175 **Amtlicher Titel:** Vertrag zwischen der Republik Österreich und der Bundesrepublik Jugoslawien [***vormals:*** *Föderativen Volksrepublik Jugoslawien*] über den wechselseitigen rechtlichen Verkehr samt Schlußprotokoll vom 16. 12. 1954 BGBl 1955/224

Übrige Daten: Siehe Bosnien-Herzegowina Rz 29.

Fundstelle: *Duchek/Schütz/Tarko,* Rechtsverkehr 602 (BRJ I).

Kroatien

Rechtsquellen: HPÜ 1954 (WA: BGBl 1993/662); Zusatzabkommen zum HPÜ 1954 BGBl 1955/224 (WA: BGBl 1996/474)

1. Weiteranwendung der bisher in Geltung stehenden Rechtshilfeverträge

176 Die Republik Kroatien hat sich nach dem Zerfall der ehem Sozialistischen Föderativen Volksrepublik Jugoslawien (SFVRJ) als weiterhin an das **HPÜ 1954** (B [*ehem Jugoslawien*]: BGBl 1963/97) gebunden erklärt (s BGBl 1993/662).

Mit Kundmachung des Bundeskanzlers BGBl 1996/474 sind ferner jene bilateralen Verträge bekanntgeben worden, die am 8. 10. 1991, dem Tag der Staatennachfolge Kroatiens in das betreffende Gebiet der ehem Sozialistischen Föderativen Republik Jugoslawien, in Kraft standen und seither weiterhin von den zuständigen Behörden der beiden Staaten angewendet werden. Zu diesen gehört auch der nachstehende **Rechtshilfevertrag** BGBl 1955/224 (s Pkt 2 der Kundmachung).

Im Gegensatz zu Slowenien (s dort Rz 304) hat Kroatien allerdings keine textliche Anpassung des Rechtshilfevertrages an die geänderten politischen Verhältnisse vorgenommen; so auch nicht von **Art 9,** der die zulässigen Sprachen nennt, in denen Zustellungs- und Rechtshilfeersuchen abgefaßt sein können, oder von **lit b des Schlußprotokolls,** betreffend die „Sprache des ersuchten Gerichts". Doch ist davon auszugehen, daß auch hier neben der deutschen nunmehr lediglich die Landessprache, also Kroatisch (und keine der anderen im ursprünglichen Text der betreffenden Bestimmungen genannten Sprachen der ehem Teilrepubliken der SFVRJ) verwendet werden darf. **177**

2. Inhalt

Siehe Slowenien Rz 305 ff. **178**

3. Daten

Amtlicher Titel: Vertrag zwischen der Republik Österreich und der Republik Kroatien [***vormals:*** *Föderativen Volksrepublik Jugoslawien*] über den wechselseitigen rechtlichen Verkehr samt Schlußprotokoll vom 16. 12. 1954 BGBl 1955/224 **179**

Übrige Daten: Siehe Bosnien-Herzegowina Rz 29.

Fundstelle: *Duchek/Schütz/Tarko,* Rechtsverkehr 868 (KR I).

Liechtenstein

Rechtsquelle: bilateraler Rechtshilfevertrag BGBl 1956/213 idF BGBl 1968/99

1. Inhalt

a) Liechtenstein gehört **nicht** dem **HPÜ 1954** an; der **enge Traditionszusammenhang,** in dem der vorliegende Vertrag zu den Haager Prozeßübereinkommen steht (HPÜ 1905, das damals noch gegenüber allen Mitgliedstaaten aufrecht war, bzw HPÜ 1954, das wenig später international in Kraft trat), ist indes unverkennbar. **180**

Der Vertrag enthält in seinem 1. und 2. Abschnitt („Rechtshilfe und Zustellung" bzw „*Armenrecht* [*jetzt:* Verfahrenshilfe] und Prozeßkostensicherstellung") die **klassischen Materien der Haager Prozeßübereinkommen** und regelt darüber hinaus in seinem 3. Abschnitt („Beglaubigung und Urkunden") das Urkundenwesen und in seinem 4. Abschnitt („Vormundschaft und Pflegschaft") die internationale Zuständigkeit und die Anerkennung und Vollstreckung gerichtlicher Entscheidungen in vormundschafts- und pflegschaftsbehördlichen Angelegenheiten.

b) Die bilaterale Übereinkunft bringt vor allem – uzw in **Zivil- und Strafsachen** – eine Vereinfachung der **Übermittlungswege:** Alle Ersuchen um internationale Rechtshilfe können von Gericht zu Gericht übersandt werden, dh im **unmittelbaren Behördenverkehr** erledigt werden (Art 1). Nur wenn ein Ersu **181**

chen abgelehnt wird, ist es unter Angabe des Grundes im **diplomatischen Weg** zurückzuleiten (Art 2).

Ersuchende Behörde kann auf liechtensteinischer Seite sein: das Fürstliche Landgericht Vaduz, das Fürstliche Obergericht in Vaduz und der Fürstliche Oberste Gerichtshof.

182 **c)** Zu den Art 2–5 führen die ErläutRV 705 BlgNR 7. GP 5 aus, daß die dort behandelten „Fragen der Ablehnung der Erledigung von Rechtshilfe- und Zustellersuchen, der Abtretung an die zuständigen Behörden und des bei der Erledigung solcher Ersuchen anzuwendenden Rechtes ... in der üblichen Weise geregelt (wurden)".

Als **Ablehnungsgründe** kommen demnach in Betracht, daß die begehrte Rechtshilfehandlung nicht in den „Bereich der Gerichtsgewalt" des ersuchten Staates fällt, ferner ein Verstoß gegen seinen *ordre public* sowie die drohende Verletzung von Hoheitsrechten des ersuchten Staates oder die Gefährdung seiner Sicherheit (Art 2). Daß in die ordentliche Gerichtsbarkeit fallende Angelegenheiten nicht den Gerichten, sondern anderen Behörden (zB den Bezirksjugendämtern) zur Besorgung übertragen sind, ist kein Hinderungsgrund für die Erledigung des Ersuchens; soferne sie schon bisher mit Materien dieser Art betraut waren und mit ihnen der unmittelbare Verkehr gepflogen wurde (s Pkt I lit b des Zusatzprotokolls; vgl ErläutRV 705 BlgNR 7. GP 6). Ist die angerufene Behörde nicht zuständig, so hat sie das Ersuchen von Amts wegen an die zuständige Behörde weiterzuleiten und das ersuchende Gericht davon zu verständigen (Art 3).

183 Die Erledigung der Ersuchen untersteht grundsätzlich der ***lex fori,*** sofern nicht der ersuchende Staat um die **Einhaltung einer besonderen Form** ersucht hat. Einem solchen Wunsch ist zu entsprechen, es sei denn, dem stünde zwingendes inländisches Recht entgegen (Art 4).

184 **d)** Zwischen den Staaten findet **grundsätzlich kein Kostenersatz** statt; **ausgenommen** hiervon sind die an **Sachverständige** geleisteten Vergütungen (Art 5 Abs 1). Art und Höhe dieser Kosten sind daher dem ersuchenden Staat mitzuteilen.

Darüber hinaus sind dem ersuchenden Gericht die vom ersuchten Gericht ausgelegten **Zeugengebühren** bekanntzugeben, damit sie diese von der kostenersatzpflichtigen Partei iSd § 1 Z 7 iVm § 2 Abs 1 GEG 1962 hereinbringen kann (Art 5 Abs 2).

185 **e)** Gem Art 10 sind die Staatsangehörigen der beiden Vertragsstaaten jedenfalls dann von der **Leistung einer Prozeßkostensicherheit** befreit, wenn sie ihren **Wohnsitz im Prozeßstaat** haben (Art 10).

Für einen vor österreichischen Gerichten zu führenden Rechtsstreit geht die innerstaatliche Regelung des § 57 Abs 2 ZPO freilich über Art 10 des bilateralen Vertrages hinaus: Danach genügt es für die **Befreiung von der aktorischen Kaution** auch, daß der Kläger seinen **gewöhnlichen Aufenthalt im Inland** hat (Z 1) oder hier **ein zur Deckung der Prozeßkosten hinreichendes unbewegliches Vermögen** (bzw an inländischen Liegenschaften bücherlich sichergestellte Forderungen) hat (Z 2); oder daß der Kläger seinen gewöhnlichen Aufenthalt in einem Staat hat, in dem die gegen ihn ergangene österreichische Kostenentscheidung vollstreckt werden könnte (Z 1 a). Dies ist **im Verhältnis zu Liechtenstein** durch die bilateralen Verträge vom 1. 4. 1955 über die Vollstreckung von Unterhaltstiteln BGBl 1956/212 und vom 5. 7. 1973 über die Anerkennung und Vollstreckung von gerichtlichen Entscheidungen, Schiedssprüchen, Vergleichen und öffentlichen Urkunden BGBl 1975/114 sowie – in Vormundschafts- und Pflegschaftssachen – durch die vorliegende Übereinkunft selbst (s Art 15 c) gewährleistet. Bei **gewöhnlichem Aufenthalt in anderen Staaten** greifen darüber hinaus das EuGVÜ, LGVÜ und sonstige bilaterale Anerkennungs- und Vollstreckungsverträge oder auch multilaterale Spezialabkommen ein; s dazu näher bei § 57 ZPO.

186 **f)** Auch in Angelegenheiten der **Verfahrenshilfe** ist der unmittelbare Behördenverkehr vorgesehen (Art 8); die Angehörigen beider Vertragsstaaten sind

im jeweils anderen Vertragsstaat Inländern gleichgestellt (Art 6); für Österreich entspricht dies der innerstaatlichen Regelung (§ 63 ZPO); zur Hilfestellung bei der Besorgung der als Voraussetzung für die Gewährung von Verfahrenshilfe notwendigen Unterlagen durch die diplomatischen oder konsularischen Vertretungsbehörden des Heimatstaates des Antragstellers oder durch die Gerichte eines Drittstaates (Art 7) s näher unten im Anh zu § 63 ZPO.

g) Zum **Urkundenwesen** (insb zur Befreiung öffentlicher oder öffentlich beglaubigter Urkunden von jeder weiteren Formalität) s unten im Anh zu § 293 ZPO; vgl auch oben Anh A (HPÜ 1954) Rz 63. **187**

h) Die wechselseitige **Erteilung von Rechtsauskünften** ist im bilateralen Vertrag nicht geregelt. Österreich und Liechtenstein sind jedoch Mitgliedstaaten des **Europäischen Übereinkommens betreffend Auskünfte über ausländisches Recht** vom 7. 6. 1968 BGBl 1971/417 (B: BGBl 1973/594); zu diesem s oben Anh A (HPÜ 1954) Rz 62 und unten im Anh zu § 271 ZPO. **188**

2. Daten

Amtlicher Titel: Vertrag zwischen der Republik Österreich und dem Fürstentum Liechtenstein über Rechtshilfe, Beglaubigung, Urkunden und Vormundschaft samt Zusatzprotokoll vom 1. 4. 1955 BGBl 1956/213 idF des Vertrages vom 1. 6. 1966 BGBl 1968/99 **189**

Authentische Sprache: Deutsch

Materialien zu

a) BGBl 1956/213: NR: GP VII RV 705 AB 729 S 93; BR: S 113.

b) BGBl 1968/99: NR GP XI RV 337 AB 384 S 45; BR: S 251.

Inkrafttreten: 1. 10. 1956; Art 15 a bis 15 g – 20. 3. 1968

Fundstelle: *Duchek/Schütz/Tarko,* Rechtsverkehr 876 (LI II).

Luxemburg

Rechtsquellen: HPÜ 1954 (B: BGBl 1957/91); Zusatzabkommen zum HPÜ 1954, BGBl 1975/217

1. Zustellung ins Ausland nach luxemburgischem Recht

Luxemburg gehört zu jenem Kreis von Ländern, die für Zustellungen ins Ausland unverändert am **System der *remise au parquet*** festhalten (s zu dieser oben Anh A [HPÜ 1954] Rz 5 f sowie bei Frankreich Rz 75 ff, insb Rz 77). Kennzeichen dieser ist es, daß die Zustellung an Personen mit Wohnsitz oder (gewöhnlichem) Aufenthalt im Ausland mit Abschluß von im Inland gesetzten Akten als vollzogen gilt und somit die Wirkung der Zustellung noch vor dem tatsächlichen Erhalt bzw Zugang des Schriftstückes beim Zustelladressaten eintritt, es sich somit um eine **fiktive Inlandszustellung** handelt; allerdings werden die Fristen, die ab diesem Zeitpunkt zu laufen beginnen, im Vergleich zu realen Inlandszustellungen (an sich im Inland aufhaltende Personen) kraft Gesetzes verlängert und hat der Richter das wegen Säumnis des Beklagten beendete Verfahren wiederzueröffnen und die Entscheidung aufzuheben, wenn der Beklagte nachweisen kann, daß er von der Zustellung ohne sein Verschulden nicht rechtzeitig Kenntnis erlangt hat oder es ihm aus anderem Grund nicht möglich war, sich rechtzeitig zu verteidigen. **190**

Daran hat sich durch den (am 16. 9. 1998 in Kraft getretenen) *Nouveau Code de procédure civile* (s Gesetz vom 11. 8. 1996, *Journal Officiel du Grand-Duché de Luxembourg*/Amtsblatt des Großherzogtums Luxemburg 1996, 1660 **191**

[Nr 53]) nichts geändert. In der Art der **Übermittlung der Schriftstücke ins Ausland** nimmt Luxemburg jedoch Rücksicht auf die unterschiedlichen Auffassungen der Staaten von der Rechtsnatur der in das Ausland reichenden Teile des Zustellvorganges. Vorrangig gelten demnach für die Übermittlung *(transmission)* der Schriftstücke ins Ausland die bestehenden internationalen Übereinkommen, subsidiär (dh wenn keine Vereinbarung zwischen Luxemburg und dem Staat besteht, in dem sich die Person befindet, an die zugestellt werden soll) hat der *huissier de justice* für die Wahl der Übermittlungsform darauf abzustellen, ob das Bestimmungsland im zwischenstaatlichen Rechtsverkehr eine Zustellung per Post zuläßt oder nicht. Im ersten Fall hat der *huissier de justice* die Schriftstücke mit eingeschriebenem Brief gegen Empfangsbestätigung an den Empfänger zu übersenden, im zweiten Fall hat er die Schriftstücke mit eingeschriebenem Brief gegen Empfangsbestätigung an das Ministerium für Auswärtige Angelegenheiten zu übersenden, das sodann die Weiterleitung der Schriftstücke im diplomatischen Weg übernimmt, sie also an die ausländischen Behörden auf dem Rechtshilfeweg übermittelt (Art 156 Abs 1 NCPC). Immer aber gilt die Zustellung (nicht erst mit Zugang der Schriftstücke beim Empfänger, sondern) bereits mit Abschluß der Inlandsformalitäten als bewirkt (Art 156 Abs 2 NCPC).

192 Für **Österreich** bedeutet dies, daß Schriftstücke, die hier befindlichen Personen zugestellt werden sollen, vom luxemburgischen *huissier de justice* unmittelbar an die österreichischen Rechtshilfebehörden übermittelt werden dürfen und diese sie sodann nach den hier geltenden Vorschriften für Schriftstücke dieser Art zuzustellen haben. Gem Art 2 Abs 2 lit a des Zusatzabkommens darf das **örtlich zuständige Bezirksgericht** jedoch nur dann direkt angeschrieben werden, wenn die Schriftstücke in deutscher Sprache abgefaßt oder ihnen eine Übersetzung in diese beigeschlossen ist; andernfalls ist das für dieses bestimmte Ersuchen an das **BMJ** zu adressieren (s unten Rz 195).

193 Für den umgekehrten Fall der **Zustellung aus Österreich eingehender Schriftstücke in Luxemburg** weisen die ErläutRV 598 BlgNR 13. GP 6f (zu Art 2) darauf hin, daß diese zuerst durch die Staatsanwaltschaft formlos (dh nur bei Annahmebereitschaft des Adressaten) versucht wird, und erst dann förmlich (dh auch gegen den Willen des Zustelladressaten) durch den Gerichtsvollzieher durchgeführt wird (vgl Frankreich Rz 78).

2. Inhalt

a) Gleichstellung der Angehörigen des jeweils anderen Vertragsstaates mit Inländern

194 Art 1 stellt die **formelle Gegenseitigkeit** zwischen den beiden Vertragsstaaten auf dem Gebiet des zivilgerichtlichen Rechtsschutzes her. Luxemburgische bzw österreichische Staatsangehörige werden demnach im jeweils anderen Vertragsstaat gleich Inländern behandelt. Bezüglich der Gleichstellung auf dem Gebiet der Befreiung vom Erlag einer aktorischen Kaution s unten Rz 202.

b) Übermittlungswege für Rechtshilfeersuchen iwS

195 Art 2 und 4 sehen für die Übermittlung von Rechtshilfeersuchen iwS den **unmittelbaren Verkehr zwischen den Behörden** vor. Für in Österreich eingehende Rechtshilfeersuchen **(Hinlauf)** gilt dies freilich nur mit der **Einschränkung,** daß dieser nur dann gewählt werden darf, wenn die zuzustellenden Schriftstücke bzw das Rechtshilfeersuchen ieS selbst in deutscher Sprache abgefaßt oder mit einer Übersetzung in diese versehen sind; nur die Begleitschreiben dürfen in der Sprache des ersuchenden Staates, somit auch in Französisch abgefaßt sein. Andernfalls sind sie an das zuständige Bezirksgericht **im Wege des BMJ** zu leiten; dieses läßt sodann vor Weiterleitung der Akten an das zuständige Bezirksgericht die zur Erledigung unerläßlichen Übersetzungen durch seine amtsinterne **Übersetzungsstelle** (s zu dieser oben Anh A [HPÜ 1954] Rz 51) in die deutsche Sprache übertragen.

Für **Zwischenerledigungen** und für den **Rücklauf** ist stets der unmittelbare Verkehr zwischen den luxemburgischen und österreichischen Stellen vorgesehen (Art 2 Abs 4 und 5, Art 4 Abs 3 und 4).

Ersuchende Behörde kann bei einem **aus Luxemburg kommenden Zustellersuchen** gem Art 2 Abs 2 lit a ein Gericht, eine Staatsanwaltschaft oder ein Gerichtsvollzieher *(un tribunal, un parquet ou un huissier de justice luxembourgeois)* sein, bei einem **Beweisersuchen** gem Art 4 Abs 2 lit a (nur) ein Gericht *(un tribunal luxembourgeois).* **Ersuchte Behörde** ist bei **an Luxemburg gerichtete Zustellersuchen** gem Art 2 Abs 2 lit b die Generalstaatsanwaltschaft Luxemburg *(parquet général luxembourgeois),* bei **Beweisersuchen** gem Art 4 Abs 2 lit b das für die Erledigung örtlich zuständige luxemburgische Bezirksgericht *(tribunal d'arrondissement luxembourgeois),* also das BG in der Stadt Luxemburg oder das BG in Diekirch. 196

Andere Arten der Übermittlung bzw Erledigung von Rechtshilfeersuchen sind in der bilateralen Vereinbarung nicht vorgesehen. In bezug auf Art 6 HPÜ 1954 (s zu dieser Bestimmung oben Anh A [HPÜ 1954] Rz 16) bedeutet dies, daß die **postalische Direktzustellung** von Schriftstücken (Art 6 Abs 1 Z 1 HPÜ 1954) zwischen Österreich und Luxemburg **nicht zugelassen** ist (zur Bedeutung dieser Einschränkung s oben Rz 191); ebenso scheidet die Anwendung von Art 6 Abs 1 Z 2 HPÜ 1954 (Zustellung, die durch Übersendung der Schriftstücke von eigens hierfür vorgesehenen Organen des einen Staates an solche des anderen Staates bewirkt wird) aus, uzw schon mangels entsprechender mit solchen Funktionen betrauten inländischen Organen; und unmittelbar durch diplomatische oder konsularische Vertreter vorgenommene Zustellungen dürfen demnach gem Art 6 Abs 1 Z 3 iVm Abs 2 HPÜ 1954 nur an Angehörige ihres eigenen Sendestaates erfolgen. 197

c) Erledigung der Rechtshilfeersuchen iwS

Bei **Zustellersuchen** genügt es, daß die Schriftstücke **in einfacher Ausfertigung** beiliegen. (Dies bedeutet eine Vereinfachung gegenüber Art 3 Abs 3 HPÜ 1954, der die Vorlage in zweifacher Ausfertigung verlangt.) 198

Soweit **Übersetzungen** der zuzustellenden Schriftstücke oder der Rechtshilfeersuchen ieS in die deutsche oder französische Sprache erforderlich sind, kann deren Richtigkeit (nicht nur von einem diplomatischen oder konsularischen Vertreter des ersuchenden Staates oder von einem beeideten Dolmetsch des **ersuchten** Staates, sondern) auch von einem beeideten Dolmetscher des **ersuchenden** Staates bestätigt werden (Art 5).

Art 3 behandelt die Konstellation, daß in einer zuzustellenden Ladung eine „Strafdrohung" für den Fall des Nichterscheinens vor Gericht *(une peine comminatoire pour le cas de non-comparution)* enthalten sein sollte und erklärt diese als *pro non scripto.* 199

Nicht geht indes aus dem Text hervor, ob hierbei an die (völkerrechtlich zulässige) **Ladung einer Person in ihrer Eigenschaft als Partei** oder an die (ohne völkerrechtliche Einigung nicht zulässige) **Ladung einer Person in ihrer Eigenschaft als Beweismittel** gedacht ist. Der Zusatz, daß Hinweise auf „prozessuale Säumnisfolgen" demgegenüber zulässig sind, also zB die in die Ladung aufgenommene Rechtsbelehrung der Partei darüber, daß gegen sie diesfalls auf Antrag der Gegenpartei ein Versäumungsurteil gefällt werden kann, deutet in die erste Richtung; die ErläutRV 598 BlgNR 13. GP 7 (zu Art 3), die als Beispiel „Zeugenladungen" nennen und betonen, daß Strafandrohungen in diesen „nach zwischenstaatlicher Übung unzulässig sind" und die Bestimmung daher nur dazu dienen soll, „die

Stellen, die Zustellungsersuchen an den anderen Vertragsstaat zu richten haben, hierauf besonders aufmerksam zu machen", sprechen hingegen eher für eine umfassender verstandene Regelung, würden also die Annahme stützen, daß ein weitergehender Anwendungsbereich der Norm ins Auge gefaßt war; zur Problematik der Umschreibung des Personenkreises, der in ein inländisches Verfahren einbezogen werden darf, s allgemein oben § 38 JN Rz 13 und unten bei §§ 283, 290 ZPO.

200 Art 6 schließt es aus, daß der ersuchte Staat die Erledigung eines Rechtshilfeersuchens iwS deshalb verweigert, weil er in dieser Rechtssache selbst eine ausschließliche inländische Gerichtsbarkeit beansprucht; s zu dieser **Einschränkung der** in Art 4 und in Art 11 Abs 3 Z 3 HPÜ 1954 enthaltenen **Ablehnungsgründe** bei § 38 JN Rz 36.

d) Kostenersatz

201 Gemäß Art 7 ist eine zwischenstaatliche Verrechnung von Gebühren und Auslagen allein in bezug auf die an **Sachverständige** gezahlten Vergütungen vorgesehen. (Der wechselseitige Verzicht auf Ersatz der Kosten der Rechtshilfe reicht somit weiter als nach Art 7 Abs 2 und Art 16 Abs 2 HPÜ 1954.)

e) Befreiung vom Erlag einer aktorischen Kaution; Vollstreckung von Prozeßkostenentscheidungen

202 Das Zusatzabkommen sieht keine über das HPÜ 1954 hinausgehende Befreiung vom **Erlag einer Sicherheitsleistung für die Prozeßkosten** vor. Demnach bleibt es bei der in Art 17 Abs 1 und 2 HPÜ 1954 enthaltene Beschränkung, wonach nur jene Personen vom Erlag einer aktorischen Kaution befreit sind, die nicht nur einem der Mitgliedstaaten angehören, sondern auch in einem solchen ihren **Wohnsitz** haben.

Allerdings klärt die bilaterale Vereinbarung die nach dem HPÜ 1954 strittig gebliebene Frage, ob diese Begünstigung auch **juristischen Personen** zugute kommen soll: Art 8 Abs 1 räumt sie nämlich all jenen ein, die als einem der beiden Vertragsstaaten zugehörig anzusehen sind. (Dies ist aus österreichischer Sicht gem § 10 IPRG dann der Fall, wenn der **tatsächliche Sitz der Hauptverwaltung** der betreffenden juristischen Person **in Luxemburg** ist.) Nach Art 8 Abs 2 erstreckt sich die Regelung auch auf **Gesellschaften und sonstige Vereinigungen,** soweit sie parteifähig sind (dh falls sie – unabhängig davon, ob ihnen Rechtspersönlichkeit zuerkannt wird oder nicht – klagen und geklagt werden können; als Beispiele nennen die ErläutRV 598 BlgNR 13. GP 8 [zu Art 8] die OHG und KG).

Art 17 Abs 1 und 2 HPÜ 1954 und Art 8 der Zusatzvereinbarung werden jedoch heute im europäischen Jurisdiktionsbereich durch die **Rechtsprechung des EuGH** zu Art 6 Abs 1 (jetzt: Art 12 Abs 1) EGV (Diskriminierungsverbot) insofern überlagert, als danach Staatsangehörigen aus den Mitgliedstaaten der Europäischen Union **unabhängig von ihrem (Wohn-)Sitz** keine Sicherheitsleistung für die Prozeßkosten mehr auferlegt werden darf; s dazu näher oben Anh A (HPÜ 1954) Rz 69.

203 Die **Vollstreckung einer Entscheidung im Kostenpunkt** gegen den (vom Erlag einer aktorischen Kaution befreit gewesenen, in der Sache indes unterlegenen) Kläger richtet sich nach den Art 18f HPÜ 1954. Neben der dort vorgesehenen Vollstreckung der Kostenentscheidung **im Rechtshilfeweg** eröffnet Art 9 der obsiegenden Partei die weitere Möglichkeit, den Antrag auf Vollstreckbarerklärung direkt bei dem zuständigen Gericht des Zweitstaates zu stellen; s dazu oben Anh A (HPÜ 1954) Rz 58.

Für die Vollstreckung luxemburgischer Kostenentscheidungen in Österreich gilt, daß diese seit der EO-Nov 1995 auch in Österreich nicht mehr – wie zur Zeit des Abschlusses der Zusatzvereinbarung – unmittelbar aufgrund des ausländischen Titels bewilligt werden kann, sondern es dessen (vorweg oder zugleich beantragter) **Vollstreckbarerklärung** gem §§ 79 ff EO bedarf. Daher ist der ursprünglich auf Österreich bezogen gewesene Textteil von Art 9, wonach aufgrund einer Entscheidung über die Prozeßkosten nach den Art 18 und 19 HPÜ 1954 „die Exekution zu bewilligen" ist, heute als gegenstandslos zu betrachten, und es gilt auch für Österreich nunmehr jener zunächst allein auf Luxemburg bezogene Satzteil, wonach der Kostenentscheidung *„accorder l'exequatur"*, dh sie „für vollstreckbar zu erklären" ist.

Art 10 der Zusatzvereinbarung sieht Erleichterungen bezüglich der **formellen Vollstreckungsvoraussetzungen** nach Art 19 HPÜ 1954 vor. Sie haben heute angesichts der zusätzlichen, der obsiegenden Partei alternativ zur Verfügung stehenden Möglichkeit, die Kostenentscheidung auch nach den **Art 31 ff EuGVÜ** zu vollstrecken, zwar an Bedeutung verloren, sind aber jedenfalls dann noch praxisrelevant, wenn die Durchsetzung der Kostenentscheidung im Rechtshilfeweg angestrebt wird; s dazu näher oben Anh A (HPÜ 1954) Rz 70.

f) Verfahrenshilfe

Bezüglich der Gewährung von Verfahrenshilfe enthält die bilaterale Übereinkunft keine weitere, über die **Art 20 ff HPÜ 1954** hinausgehende Regelung (zu dieser s oben Anh A [HPÜ 1954] Rz 32 ff). Österreich und Luxemburg sind jedoch auch Mitgliedstaaten des **Europäischen Verfahrenshilfeübereinkommens** vom 27. 1. 1977 BGBl 1982/190, das insb Erleichterungen für die **Einbringung und Weiterleitung von Anträgen auf Verfahrenshilfe** von Personen bringt, die sich nicht im Prozeßstaat aufhalten; s dazu näher oben Anh A (HPÜ 1954) Rz 61 und unten im Anh zu § 63 ZPO. Für dessen Anwendungsbereich hat Luxemburg als **zentrale Empfangs- und Übermittlungsstelle** iSd Art 2 das Justizministerium/*Ministère de la Justice* bestimmt (s B und M: BGBl 1982/190). 204

g) Rechtsauskunft

Wie das HPÜ 1954 selbst so enthält auch die 1975 ratifizierte Zusatzvereinbarung keine Bestimmung betreffend die wechselseitige Erteilung von Rechtsauskünften. Luxemburg ist jedoch bald danach dem **Europäischen Übereinkommen betreffend Auskünfte über ausländisches Recht** vom 7. 6. 1968, BGBl 1971/417 (B: BGBl 1977/634) und dem (dessen sachlichen Anwendungsbereich erweiternden) **Zusatzprotokoll** vom 15. 3. 1978 BGBl 1980/179 (B: BGBl 1982/344) beigetreten; s zu diesen beiden Übereinkünften oben Anh A (HPÜ 1954) Rz 62 und unten im Anh zu § 271 ZPO. **Empfangs- und Übermittlungsstelle** iSv Art 2 dieses Übereinkommens ist das Justizministerium/*Ministère de la Justice.* 205

3. Daten

Amtlicher Titel: Zusatzabkommen zwischen der Republik Österreich und dem Großherzogtum Luxemburg vom 17. 3. 1972 zum Haager Übereinkommen vom 1. 3. 1954 betreffend das Verfahren in bürgerlichen Rechtssachen BGBl 1975/217 206

Authentische Sprachen: Deutsch und Französisch

Materialien: NR: GP XIII RV 598 AB 654 S 64; BR: AB 910 S 319.

Inkrafttreten: 16. 5. 1975

Fundstelle: *Duchek/Schütz/Tarko,* Rechtsverkehr 896 (LU II).

Mazedonien

Rechtsquellen: HPÜ 1954 (WA: BGBl 1996/305); bilateraler Rechtshilfevertrag BGBl 1955/224 (WA: BGBl III 1997/92)

1. Weiteranwendung der bisher in Geltung stehenden Rechtshilfeverträge

207 Laut Kundmachung des Bundeskanzlers BGBl III 1997/92 haben die Republik Österreich und die Republik Mazedonien den am 8. 9. 1991, dem Tag der Staatennachfolge der Republik Mazedonien in das betreffende Gebiet der ehem Sozialistischen Föderativen Republik Jugoslawien, in Kraft stehenden **bilateralen Vertragsbestand** einvernehmlich geprüft und festgestellt, daß ua der nachstehende Vertrag von den zuständigen Behörden der beiden Länder weiter angewendet wird.

Mazedonien hat ferner eine formelle Kontinuitätserklärung zum **HPÜ 1954** (B [*ehem Jugoslawien*]: BGBl 1963/97) abgegeben (s BGBl 1996/305).

208 Zum Verhältnis des bilateralen Rechtshilfevertrages zum multilateralen HPÜ 1954 s unten Slowenien Rz 302; zur fehlenden textlichen Anpassung des Rechtshilfevertrages an die geänderten politischen Verhältnisse s die Ausführungen oben zu Kroatien Rz 177.

2. Inhalt

209 Siehe Slowenien Rz 305 ff.

3. Daten

210 **Amtlicher Titel:** Vertrag zwischen der Republik Österreich und der Republik Mazedonien [***vormals:*** *Föderativen Volksrepublik Jugoslawien*] über den wechselseitigen rechtlichen Verkehr samt Schlußprotokoll vom 16. 12. 1954 BGBl 1955/224

Übrige Daten: Siehe Bosnien-Herzegowina Rz 29.

Fundstelle: *Duchek/Schütz/Tarko,* Rechtsverkehr 911 (MAZ I).

Niederlande

Rechtsquellen: HPÜ 1954 (B: BGBl 1959/147); Zusatzabkommen zum HPÜ 1954, BGBl 1965/267

1. Hinweise zum niederländischen Zustellungsrecht

211 Die Zustellung an Personen, die in den Niederlanden weder ihren Wohnsitz *(woonplaats)* noch ihren tatsächlichen Aufenthalt *(werkelijk verblijf)* haben, erfolgt – wie in Belgien (Rz 10), Frankreich (Rz 77), Luxemburg (Rz 191) und (abgeschwächt) Griechenland (Rz 98) – auch heute noch dadurch, daß das (verfahrenseinleitende) Schriftstück einer mit hoheitlichen Funktionen betrauten Person übergeben wird und sich an diesen im Inland gesetzten Akt die Wirkung der **Zustellung** knüpft; diese (Amts-)-Person sorgt dann dafür, daß das Schriftstück an den im Ausland befindlichen Zustelladressaten weitergeleitet wird, so daß dieser hiervon rein deklarativ **Mitteilung** erhält (sog *remise au parquet;* s zu dieser auch oben Anh A [HPÜ 1954] Rz 5 f).

212 In den Niederlanden ist dieser Vorgang in **Art 4 Nr 8** ***Wetboek van burgerlijke rechtsvordering*** geregelt. Danach ist der Beklagte dem Verfahren dadurch beizuziehen, daß das die Ladung beinhaltende Schriftstück (*dagvaarding*) dem Staatsanwalt persönlich zu übergeben oder bei der Staatsanwaltschaft zu hinterlegen ist (*aan de persoon of in het parket van de ambtenaar van het open-*

baar ministerie); diese(r) leitet eine Kopie des Schriftstückes an das Ministerium für Auswärtige Angelegenheiten zur Übermittlung an die beklagte Partei weiter. Eine zweite Kopie wird durch den Gerichtsvollzieher (*deurwaarder*) unverzüglich per Post (mit eingeschriebenem Brief) an den ausländischen Wohnsitz oder tatsächlichen Aufenthaltsort der beklagten Partei übersandt.

Da alle Handlungen mit konstitutiver Wirkung im Inland gesetzt werden, handelt es sich nach niederländischem Verständnis um eine (wenn auch bloß fiktive) **Inlandszustellung,** die nicht dem Anwendungsbereich des HPÜ 1954 unterfällt (s Näheres zu dieser Problematik oben Anh A [HPÜ 1954] Rz 5 ff). Lediglich die **Übermittlung** der betreffenden Schriftstücke an die beklagte Partei **durch das Außenamt** (die danach bloß deklarativen Charakter hat) stellt demnach – zumindest rein äußerlich – einen grenzüberschreitenden Akt dar, für dessen Vornahme auf das HPÜ zurückgegriffen wird.

Der Vertrag mit den Niederlanden stellt nun insb deshalb eine eigenständige Regelung dar, als er (als einziger unter den vielen Zusatzvereinbarungen) auch in seiner deutschen Textierung auf das **unterschiedliche Verständnis des Zustellvorgangs** in den beiden Ländern eingeht (ErläutRV 630 BlgNR 10. GP 6 [zu Art 1]). Zutreffend spricht der Vertrag nämlich (in der Überschrift zu Art 1 und 2, aber auch im Text der Artikel selbst) von der „Übermittlung/*overmaking*" (und nicht: „Zustellung") von Schriftstücken und (in Art 1 Abs 1) davon, daß im folgenden geregelt werde, auf welche Art und Weise gerichtliche und außergerichtliche Schriftstücke iSd Art 1 Abs 1 HPÜ 1954 zu „übersenden/*toezenden*" sind, und läßt es damit dahingestellt, ob diese „Übermittlung" die Qualität einer (bloßen) „Mitteilung" (über die bereits im Inland fiktiv erfolgte Zustellung: so das niederländische Recht) oder einer (echten) „Zustellung" (mit konstitutiver Wirkung erst ab Zugang beim Empfänger: so das österreichische Recht) hat. 213

Die Zusatzvereinbarung wie auch die ErläutRV 630 BlgNR 10. GP 5 ff enthalten keinerlei Stellungnahme zu Art 6 Abs 1 Z 1 HPÜ 1954 (Zustellung unmittelbar per Post), so daß die Zulässigkeit (und auch Rechtsnatur) der **Übersendung** der zweiten Kopie **durch den Gerichtsvollzieher** aus österreichischer Sicht ungeklärt bleibt; laut *Duchek/Schütz/Tarko,* Rechtsverkehr 915 Anm 2 (zu Art 1) soll die Regelung des Zusatzabkommens „nicht als Widerspruch iSd Art 6 HPÜ 1954 anzusehen" sein. Dies würde bedeuten, daß das Zusatzabkommen – in seinem Selbstverständnis (für das es aber an Anhaltspunkten in den ErläutRV fehlt) – nicht als abschließende Regelung aufgefaßt werden will. Insofern bleibt dann aber nicht nur der Stellenwert von der beklagten Partei durch den niederländischen *deurwaarder* per Post übersandten Ladungen, sondern auch der **Umfang der Befugnisse diplomatischer und konsularischer Vertreter** auf dem Gebiet der internationalen Zustellung (Art 3 Abs 1 Z 3 und Abs 2 HPÜ 1954) sowie der internationalen Beweisaufnahme (Art 15 HPÜ 1954) **offen.** 214

2. Inhalt

a) Übermittlungsweg (für Rechtshilfeersuchen iwS); Sprache

Zwischen Österreich und den Niederlanden besteht – rein formell – **unmittelbarer Behördenverkehr.** Doch unterscheidet der Vertrag für die Art des Übermittlungsweges danach, ob den zuzustellenden Schriftstücken bzw dem Rechtshilfeersuchen ieS (bereits) eine Übersetzung in die Sprache des ersuchten Staates beigeschlossen ist oder nicht; und nimmt er darauf Rücksicht, daß die Funktionen für die Durchführung von Zustellersuchen in den beiden Ländern auf verschiedene staatliche Organe verteilt sind. Daraus folgt: 215

216 Liegt dem (in der eigenen Sprache gehaltenen) **Zustellersuchen der niederländischen Stelle** bereits eine Übersetzung der zu übermittelnden Schriftstücke in die deutsche Sprache bei, so kann dieses **direkt** an das **Bezirksgericht,** in dessen Sprengel sich der Empfänger aufhält, gerichtet werden; in allen anderen Fällen ist es dem österreichischen Rechtshilfegericht **„im Wege des Bundesministeriums für Justiz"** zu übermitteln (Art 1 Abs 1 und Abs 2 lit a). Dieses stellt dann durch seine **Übersetzungsstelle** (s zu dieser oben Anh A [HPÜ 1954] Rz 51) die benötigten Übersetzungen in die deutsche Sprache für den internen Amtsgebrauch her; demgegenüber werden die Begleitschreiben zu den Ersuchen um Zustellung in der Regel formularmäßig erstellt, weshalb sie keiner Übersetzung bedürfen (Art 1 Abs 3; vgl ErläutRV 630 BlgNR 10. GP 6 ([zu Art 1]).

Der gleiche Übermittlungsweg ist für **Rechtshilfeersuchen ieS** – je nachdem, ob diesen eine Übersetzung beiliegt oder nicht – einzuhalten (Art 3 Abs 1 und Abs 2 lit a).

217 Für den umgekehrten Fall, nämlich von **Zustell- und Beweisersuchen österreichischer Gerichte** an die Niederlande, ist demgegenüber eine einheitliche Regelung vorgesehen, unabhängig davon, ob den Schriftstücken eine Übersetzung in die niederländische Sprache beigeschlossen ist oder nicht; uzw sind die **Ersuchen um Zustellung** an den ***Officier van Justitie bij de Arrondissementsrechtbank*/Staatsanwalt beim Gerichtshof erster Instanz** zu übersenden, in dessen Sprengel sich der Empfänger aufhält (Art 1 Abs 1 und 2 lit b); und sind die **Rechtshilfeersuchen ieS** an das ***Kantongerecht*/Bezirksgericht** (in dessen Sprengel das Ersuchen erledigt werden soll) im Wege des zuständigen ***Officier van Justitie bij de Arrondissementsrechtbank*/Staatsanwalts beim Gerichtshof erster Instanz** zu richten (Art 3 Abs 1 und Abs 2 lit b).

218 Als weitere Vereinfachung gegenüber dem HPÜ 1954 ist vorgesehen, daß die Richtigkeit der **Übersetzungen** (nicht nur durch einen diplomatischen oder konsularischen Vertreter des ersuchenden Staates oder durch einen beeideten Dolmetsch des **ersuchten** Staates, sondern) auch durch einen beeideten Dolmetscher des **ersuchenden** Staates bestätigt werden darf (Art 4). Dies erlaubt es, schon im ersuchenden Staat alle für die Erledigung des Rechtshilfeersuchens erforderlichen Schritte zu setzen (ErläutRV 630 BlgNR 10. GP 6f [zu Art 4]).

Ferner genügt – in Abweichung von Art 3 Abs 1 HPÜ 1954 –, das Zustellersuchen in einfacher (statt zweifacher) Ausfertigung vorzulegen (Art 2).

Art 6 sieht schließlich vor, daß an eine unzuständige Stelle gelangte Rechtshilfeersuchen iwS von dieser amtswegig an die zuständige Behörde weiterzuleiten sind und die ersuchende Behörde hiervon unverzüglich zu verständigen ist.

b) Wechselseitiger Verzicht auf Kostenersatz

219 Beide Staaten verzichten auf eine gegenseitige Verrechnung der Kosten der Rechtshilfe (Art 5 Abs 1). Doch gibt die ersuchte Behörde der ersuchenden Behörde die Kosten bekannt, die ihr aus der durch einen *deurwaarder* vorgenommenen Zustellung oder aus einer solchen in einer besonderen Form oder aus der Durchführung der begehrten Beweisaufnahme (zB Zeugen- und Sachverständigengebühren) erwachsen sind (Art 5 Abs 2); dies ermöglicht es der ersuchenden Behörde, diese uU bei der zahlungspflichtigen Partei gem § 1 Z 7 und § 2 Abs 1 GEG 1962 einzubringen.

c) Aktorische Kaution; Zwangsvollstreckung von Prozeßkostenentscheidungen

220 Die Zusatzvereinbarung läßt die Regelung des Art 17 Abs 1 und 2 HPÜ (Befreiung der Staatsangehörigen der Mitgliedstaaten vom **Erlag einer aktori-**

schen Kaution für den Fall, daß sie ihren Wohnsitz in einem der Vertragsstaaten haben) unberührt. Sie ist aber heute innerhalb der Europäischen Union durch die **Rechtsprechung des EuGH** zum Verbot der Auferlegung einer aktorischen Kaution an EU-Bürger überlagert. Demnach darf niederländischen bzw österreichischen Staatsangehörigen (sowie juristischen Personen, die als diesen Staaten zugehörig zu betrachten sind) auch dann keine Sicherheitsleistung für die Prozeßkosten auferlegt werden, wenn sie ihren Wohnsitz (bzw Sitz) außerhalb der EU haben, es sei denn, es gälte Gleiches auch für die eigenen Staatsangehörigen; s dazu näher oben Anh A (HPÜ 1954) Rz 69.

Art 7–9 der Zusatzvereinbarung enthalten die üblichen Vereinfachungen gegenüber dem HPÜ 1954 in bezug auf die **Zwangsvollstreckung von Kostenentscheidungen,** die zugunsten der beklagten Partei (oder deren Nebenintervenienten) gegen die von der aktorischen Kaution befreite klagende Partei ergehen; sie haben heute durch die Möglichkeiten, die **Art 31 ff EuGVÜ** bieten, an Bedeutung verloren. Zum Verhältnis des HPÜ 1954 zum EuGVÜ s oben Anh A (HPÜ 1954) Rz 70. 221

Gem Art 7 kann die berechtigte Partei (also der Beklagte oder der an seiner Seite beigetretene Nebenintervenient) den Antrag auf Vollstreckbarerklärung der Prozeßkostenentscheidung direkt beim zuständigen Gericht im Zweitstaat stellen (vgl Art 18 Abs 3 HPÜ 1954) und kann demnach zwischen der in Art 18 Abs 1 und 2 HPÜ 1954 vorgesehenen Antragstellung im Rechtshilfeweg und der unmittelbaren Antragstellung wählen (s dazu oben Anh A [HPÜ 1954] Rz 28 f). Art 8 beseitigt das Erfordernis, durch die höchste Justizverwaltungsbehörde bestätigen zu lassen, daß es sich bei der die Bestätigung der Rechtskraft und Vollstreckbarkeit erteilenden Behörde um die zuständige Stelle handelt (vgl Art 19 Abs 3 Satz 2 HPÜ 1954); und Art 9 läßt schließlich auch hier (neben einer durch einen diplomatischen oder konsularischen Vertreter des ersuchenden Staates oder einen beeideten Dolmetsch des ersuchten Staates beglaubigten Übersetzung) eine Übersetzung zu, deren Richtigkeit von einem beeideten Dolmetscher des ersuchenden Staates bestätigt worden ist.

d) Verfahrenshilfe

Die Zusatzvereinbarung enthält keine über die Art 20 ff HPÜ 1954 hinausgehenden Bestimmungen betreffend die Verfahrenshilfe. Niederlande gehört jedoch darüber hinaus – wie auch Österreich – dem **Europäischen Verfahrenshilfeübereinkommen** vom 27. 1. 1977 BGBl 1982/190 an; s zu diesem oben Anh A (HPÜ 1954) Rz 61 und unten im Anh zu § 63 ZPO. Danach haben die Niederlande als **Übermittlungsstellen** iSd Art 2 Abs 1 die *bureaus van consultatie in alle arrondissementen* und als **zentrale Empfangsstelle** iSd Art 2 Abs 2 das *bureau van consultatie in het arrondissement van 's-Gravenhage* bestimmt (s B und M: BGBl 1992/217). 222

e) Erteilung von Rechtsauskünften

Wie das HPÜ 1954 selbst so enthält auch das Zusatzabkommen zu diesem keine Bestimmung über die Erteilung von Rechtsauskünften. Diese ist jedoch im österreichisch-niederländischen Verhältnis durch das **Europäische Übereinkommen betreffend Auskünfte über ausländisches Recht** vom 7. 6. 1968 BGBl 1971/417 gesichert. Die Niederlande (samt Aruba) sind diesem 1977 (bzw 1986) beigetreten (s B: BGBl 1977/33 bzw 1986/401); **Empfangs- und Übermittlungsstelle** iSd Art 2 ist danach das niederländische Justizministerium; vgl ferner das (den sachlichen Anwendungsbereich des Übereinkommens erweiternde) **Zusatzprotokoll** vom 15. 3. 1978 BGBl 1980/179 (B: BGBl 1981/502 bzw 1986/401); s zu diesen beiden Europaratsübereinkommen oben Anh A (HPÜ 1954) Rz 62 und unten im Anh zu § 271 ZPO. 223

3. Daten

224 **Amtlicher Titel:** Vertrag zwischen der Republik Österreich und dem Königreich der Niederlande vom 23. 7. 1964 zur Vereinfachung des rechtlichen Verkehrs nach dem Haager Übereinkommen vom 1. 3. 1954 BGBl 1965/267

Authentische Sprachen: Deutsch und Niederländisch

Materialien: NR: GP X RV 630 AB 652 S 76; BR: S 227.

Inkrafttreten: 10. 9. 1965

Fundstelle: *Duchek/Schütz/Tarko,* Rechtsverkehr 915 (NI II).

Norwegen

Rechtsquellen: HPÜ 1954 (B: BGBl 1958/201); Zusatzabkommen zum HPÜ 1954, BGBl 1985/455

1. Inhalt

225 **a)** Der Vertrag stimmt im Wortlaut fast zur Gänze mit dem nur kurze Zeit davor mit **Schweden** ausgearbeiteten Zusatzabkommen zum HPÜ 1954 überein; auf dessen Darstellung kann daher im allgemeinen verwiesen werden (s Schweden Rz 278 ff).

226 Die einzig echte Abweichung von diesem ist in Art 1 enthalten: Zuständige Stelle für die **Übermittlung der Rechtshilfeersuchen iwS** ist in Norwegen – wie auch in Österreich – das **Justizministerium** (und nicht – wie in Schweden – das Außenministerium); im übrigen (insb bezüglich des Rücklaufs der Erledigungsakten) gilt das bei Schweden Gesagte.

227 Ferner ist in Art 3 der vorliegenden Vereinbarung lediglich vom **„gehörig befugten Übersetzer"** des ersuchenden Staates die Rede, ohne daß im Anschluß daran (wie in Art 3 Abs 2 des schwedisch-österreichischen Zusatzabkommens) der Personenkreis, der darunter zu verstehen ist, noch näher umschrieben würde.

228 **b)** Wie die schwedisch-österreichische erwähnt auch die norwegisch-österreichische Zusatzvereinbarung keine der sonstigen Zustellungsarten des Art 6 HPÜ 1954 und nimmt auch nicht auf Art 15 HPÜ 1954 Bezug (s zu diesen Bestimmungen oben Anh A [HPÜ 1954] Rz 15 f und Rz 49 f). Die ErläutRV 355 BlgNR 16. GP 5 (zu Art 2) halten jedoch hier dazu fest, daß die vorliegende Übereinkunft „nach Auffassung der beiden Vertragsstaaten nicht als Widerspruch zu den Art 6 und 15 HPÜ 1954 zu werten" sei. Im Vertrag selbst hat diese übereinstimmende Ansicht der Vertragspartner allerdings keinen Niederschlag gefunden; ihre Reichweite bleibt daher offen (vgl den gleichen Hinweis in den ErläutRV bei Finnland Rz 68).

229 **c)** Ein weiterer Unterschied betrifft den Einfluß anderer zwischenstaatlicher Verträge auf die im HPÜ 1954 geregelte **Befreiung von der aktorischen Kaution:** Norwegen gehört nicht der Europäischen Union an, weshalb es nicht von der Rechtsprechung des EuGH erfaßt wird. Für norwegische Staatsangehörige bleibt es daher (in Abweichung von der Rechtslage, auf die bei Schweden in Rz 283 verwiesen wird) bei der **Regelung des Art 17 Abs 1 und 2 HPÜ 1954,** wonach nur jene Angehörigen der beiden Vertragsteile vom Erlag einer Prozeßkostensicherheit befreit sind, die in einem der Vertragsstaaten des HPÜ 1954 ihren **Wohnsitz** haben. Darüber hinaus darf selbstverständlich auch jenen norwegischen Staatsbürgern keine Prozeßkostensicherheitsleistung auferlegt werden, auf die eine der in § 57 Abs 2 ZPO genannten Voraussetzungen (insb gewöhnlicher Aufenthalt oder unbewegliches Vermögen in Österreich) zutreffen.

Für die **zwangsweise Durchsetzung der Entscheidung,** mit der dem vom Erlag einer aktorischen Kaution befreiten Kläger infolge Prozeßverlusts der **Ersatz der Prozeßkosten** auferlegt wird, kann sich die beklagte Partei statt auf die vorliegende Vereinbarung auch auf das **LGVÜ** berufen; s dazu oben Anh A (HPÜ 1954) Rz 70. 230

d) Auch der Vertrag mit Norwegen enthält keine über das HPÜ 1954 hinausgehende Bestimmung betreffend die Gewährung von **Verfahrenshilfe.** Norwegen ist jedoch (gleich Schweden, s Rz 284) Mitgliedstaat des **Europäischen Verfahrenshilfeübereinkommens** (B und M: BGBl 1982/190). Verglichen mit der in den Art 20 ff HPÜ 1954 enthaltenen Regelung (s zu dieser oben Anh A [HPÜ 1954] Rz 61) bringt es insb – durch die Einrichtung von Zentralbehörden in den einzelnen Vertragsstaaten (s Art 2) – Erleichterungen für die **Weiterleitung von Anträgen auf Verfahrenshilfe** für Personen, die ihren gewöhnlichen Aufenthalt in einem der Vertragsstaaten haben. Als **Empfangs- und Übermittlungsstelle** ist in Norwegen das **„Justiz und Polizeiministerium"** vorgesehen. 231

e) Auch Norwegen gehört dem **Europäischen Übereinkommen betreffend Auskünfte über ausländisches Recht** vom 7. 6. 1968 BGBl 1971/417 und dem **Zusatzprotokoll** vom 15. 3. 1978 BGBl 1980/179 an; zu diesen beiden Abkommen des Europarates s oben Anh A (HPÜ 1954) Rz 62 und unten im Anh zu § 271 ZPO. 232

2. Daten

Amtlicher Titel: Abkommen zwischen der Republik Österreich und dem Königreich Norwegen vom 21. 5. 1984 zur Vereinfachung des rechtlichen Verkehrs nach dem Haager Übereinkommen vom 1. 3. 1954 betreffend das Verfahren in bürgerlichen Rechtssachen BGBl 1985/455 233
Authentische Sprachen: Deutsch und Norwegisch
Materialien: NR: GP XVI RV 355 AB 533 S 75; BR: AB 2946 S 456.
Inkrafttreten: 1. 11. 1985
Fundstelle: *Duchek/Schütz/Tarko,* Rechtsverkehr 938 (NO III).

Polen

Rechtsquellen: HPÜ 1954 (B: BGBl 1963/97); bilateraler Rechtshilfevertrag BGBl 1974/79

1. Vorbemerkung

Der umfassende bilaterale Vertrag mit Polen „über die wechselseitigen Beziehungen in bürgerlichen Rechtssachen und über Urkundenwesen" befaßt sich nicht nur (in seinem 1. – 4. bzw 8. – 9. Abschnitt) mit den **klassischen Gebieten der internationalen Rechtshilfe** (einschließlich des prozessualen Fremdenrechts) und dem **Urkundenwesen,** sondern enthält darüber hinaus auch (in seinem 5. – 7. Abschnitt) eine **eigenständige Regelung des gesamten internationalen Personen-, Familien- und Erbrechts,** uzw sowohl des IPR als auch des IZVR (so zB Abwicklung von Verlassenschaften bei Belegenheit von Vermögen im jeweils anderen Vertragsstaat; Anerkennung und Vollstreckung von Entscheidungen und gerichtlichen Vergleichen, die in den sachlichen Anwendungsbereich dieses Vertrages fallende Materien betreffen). In den Teilen, die sich mit der **Rechtshilfe iwS** befassen, bleibt der Vertrag völlig an den **Haager Prozeßübereinkommen von 1905 bzw 1954** orientiert. In der Tat gehörte Polen zur Zeit der Ausarbeitung der bilateralen Übereinkunft zwar zunächst noch dem HPÜ 1905 an, wäh- 234 rend Österreich damals bereits das HPÜ 1954 ratifiziert hatte; doch trat auch Polen noch vor Abschluß der Arbeiten diesem (mit Wirkung vom 13. 3. 1963) bei. Dies wird auch in den ErläutRV 389 BlgNR 10. GP 27 erwähnt; die Bestimmungen, heißt es dort, schlössen an das HPÜ 1954 an, „dem Österreich und seit kurzem auch Polen (s BGBl 1963/97) angehören". Insofern hat der Rechtshilfevertrag demnach die **Qualität einer Zusatzvereinbarung** zum HPÜ 1954, mag er auch formell nicht als solcher bezeichnet worden sein; s zu dieser Problematik auch unten bei Rumänien Rz 253. Der Vertrag selbst ist freilich erst zehn Jahre später ratifiziert worden (zu den Gründen – Fragen des Heimfallsrechts des Staates betreffend, die in dem Zusatzprotokoll vom 15. 1. 1973 gelöst wurden [s Art 39 Abs 3 und Art 40 Abs 5] – vgl die ErläutRV 662 BlgNR 13. GP 3 f).

235 Unmittelbares Vorbild für die den internationalen Rechtshilfeverkehr und das Urkundenwesen betreffenden Bestimmungen sind übrigens die Verträge mit der ehem Föderativen Volksrepublik Jugoslawien **(FVRJ)** 1954 (s Slowenien Rz 302 ff) und der ehem Tschechoslowakischen Republik **(CSSR)** 1961 (s Tschechien Rz 339 ff) gewesen; auf diese wird daher in den ErläutRV auch mehrfach verwiesen (s nur ErläutRV 389 BlgNR 10. GP 26 [zu Art 1], 27 [zu Art 5], 28 [zu Art 6 und 7, Art 8 und 9 sowie Art 11], 29 [zu Art 13 und Art 14 ff], 30 [zu Art 18 ff] sowie 45 [zu Art 56 ff] ua).

2. Inhalt

a) Herstellung der formellen Gegenseitigkeit

236 Art 1 Abs 1 garantiert den Angehörigen des anderen Vertragsstaates den **freien Zutritt zu den Gerichten** und sichert ihnen die **gleiche Behandlung wie Inländern** zu (Prinzip der formellen Gegenseitigkeit). Art 1 Abs 2 **stellt juristische Personen** (einschließlich Handelsgesellschaften), die ihren Sitz in Österreich bzw Polen haben, den natürlichen Personen gleich.

b) Arten der Behörden und Übermittlungswege

237 Gem Art 5 leisten die **Gerichte der Vertragsstaaten** einander „in Zivilprozeßsachen einschließlich Exekutionssachen und in Außerstreitsachen" Rechtshilfe.

Die gesonderte Erwähnung der **„Exekutionssachen"** (die sich in den beiden anderen Verträgen – auf welche die ErläutRV 389 BlgNR 10. GP 27 [zu Art 5] in diesem Zusammenhang mit dem Bemerken Bezug nehmen, daß sie „ähnliche Vorschriften" enthielten – nicht findet) hat keine über den sonst üblichen Anwendungsbereich der internationalen Rechtshilfe hinausgehende Bedeutung; sie ist also nicht als Ansatz für eine „Vollstreckungshilfe" im technischen Sinn zu verstehen (s dazu oben § 38 JN Rz 18 ff); vielmehr will sie lediglich auf die durch Art 16 lit b der Partei eröffneten Möglichkeit verweisen, den Antrag auf **Vollstreckung der Kostenentscheidung** beim Prozeßgericht erster Instanz einzubringen und diesem die **Übermittlung im Rechtshilfeweg** an das zuständige Gericht des anderen Vertragsstaates zu überlassen; s unten Rz 247.

238 Als weitere Justizstellen Polens, denen durch die österreichischen Gerichte Rechtshilfe zu leisten ist, nennt Art 4 Abs 1 die **Gerichtsvollzieher *(komornicy sądowi)*** und die staatlichen Notariatsbüros *(państwowe biura notarialne)*. Letztere sind jedoch nach der Wende – uzw durch Art 3 des Gesetzes vom 14. 2. 1991 über „Einführungsvorschriften zum Notariatsgesetz und zur Änderung der ZPO und des Gesetzes über Grundbücher", Gesetzblatt (Dz.U.) 1991, Nr. 22, Pos. 92 – abgeschafft worden; zugleich wurde mit Gesetz über das Notariat, Dz.U. 1991, Nr. 22, Pos. 91, das Notariatswesen neu geordnet und die **staatlichen Notariatsbüros in private Notariatskanzleien *(indywidualne kancelarie notarialne)* umgewandelt.** Diese haben die Funktionen der staatlichen Notariatsbüros übernommen, es sei denn, daß Gegenteiliges gesetzlich angeordnet worden

ist (wie es etwa bzgl der Führung der Grundbücher und des Verlassenschaftsverfahrens geschehen ist, die zur Gänze den Gerichten rückübertragen wurden). Soweit danach **Aufgaben** im Zusammenhang mit der internationalen Rechtshilfe und dem Urkundenwesen **bei den nichtstaaatlichen Notaren verblieben** sind (s nur Art 56 Abs 3), ist Art 4 Abs 1 des bilateralen Rechtshilfevertrages nunmehr auf diese zu beziehen.

Der zwischenstaatliche **Rechtshilfeverkehr** wird grundsätzlich auf ministerieller Ebene abgewickelt, dh die Geschäftsstücke werden von der ersuchenden an die ersuchte Behörde und zurück über die beiderseitigen **Justizministerien** geleitet (Art 3). Für im Zuge der Bearbeitung des Rechtshilfeersuchens an das ersuchende Gericht zu richtende Verständigungen und Anfragen **(Zwischenerledigungen)** ist jedoch der **unmittelbare Behördenverkehr** zugelassen (Art 7 Abs 3 und 5). **239**

Die Regelung wird als abschließende iSd Art 6 Abs 2 Satz 1 HPÜ 1954 verstanden, so daß eine Übersendung von Schriftstücken im unmittelbaren Postweg (Art 6 Abs 1 Z 1 HPÜ 1954) nicht zulässig ist; vgl *Duchek/Schütz/Tarko,* Rechtsverkehr 945 Anm 6 (zu Art 5).

c) Sprache

Gem Art 2 können die Behörden miteinander in allen in den sachlichen Anwendungsbereich des Vertrages fallenden Angelegenheiten in ihrer **eigenen Sprache** verkehren, weshalb die zur Verständigung notwendigen Übersetzungen nicht vom (hin- oder rück-)übermittelnden Staat, sondern vom jeweiligen Empfangsstaat hergestellt werden. (In Österreich wird diese Aufgabe, die **für den internen amtlichen Gebrauch bestimmten Übersetzungen in die deutsche Sprache** anzufertigen, von der beim BMJ eingerichteten **Übersetzungsstelle** wahrgenommen; s zu dieser oben Anh A [HPÜ 1954] Rz 51.) Wo dieses Grundprinzip nicht eingehalten werden kann und daher **Übersetzungen** beizuschließen sind – so insb aus Gründen des rechtlichen Gehörs bei der Zustellung von Schriftstücken –, ist dies eigens im Vertrag vermerkt (und sind für diese Übersetzungen hiezu befugte **Dolmetscher** einzusetzen); vgl unten Rz 242 (für die im Rechtshilfeweg zuzustellenden Schriftstücke), Rz 247 (für den Antrag [samt Beilagen] auf Vollstreckbarerklärung der Kostenentscheidung) und Rz 248 (für den Antrag auf Verfahrenshilfe). **240**

d) Erledigung von Rechtshilfeersuchen iwS

Gem Art 7 Abs 1 sind die Rechtshilfeersuchen iwS (Zustellungen und Beweisaufnahmen) nach der ***lex fori*** des ersuchten Staates zu erledigen, es sei denn, daß der ersuchende Staat um **Einhaltung einer besonderen Form** angesucht hat und diese nicht dem *ordre public* („Grundsätzen der Gesetzgebung") des ersuchten Staates widerspricht (vgl die inhaltlich gleichgerichtete innerstaatliche Vorschrift des § 39 JN). Insb sind demnach die für inländische Beweisaufnahmen vorgesehenen **Zwangsmittel** anzuwenden. **241**

Art 6 regelt Form und Inhalt der Ersuchen näher, Art 7ff enthalten die auch sonst üblichen Bestimmungen in derartigen Verträgen; zu diesen zählen: die Pflicht zur amtswegigen Weiterleitung von Rechtshilfeersuchen, die an eine unzuständige Behörde gelangt sind, und die direkte Verständigung des ersuchenden Gerichts hiervon im Wege der Post (Art 7 Abs 3); eine gewisse Ausforschungspflicht bei unvollständiger oder unrichtiger Anschrift der Person, der gegenüber die Rechtshilfehandlung (Zustellung von Schriftstücken oder Vernehmung) gesetzt werden soll (Art 7 Abs 4); die direkte Verständigung des ersuchenden Gerichts durch das ersuchte Gericht von Zeit und Ort der durchzuführenden Rechtshilfehandlung mittels eingeschriebenen Briefes (Art 7 Abs 5); die Pflicht zur Rückmittlung eines Zustellnachweises (in Form einer vom Zustelladressaten unterschriebenen

Empfangsbestätigung oder einer vom Gericht ausgestellten Bescheinigung über die erfolgte Zustellung; Art 9); die Enumeration der Gründe, aus denen die Erledigung des Ersuchens abgelehnt werden darf (*Ordre public*-Widrigkeit, Souveränitätsverletzung, Gefährdung der Sicherheit; Art 12); und die Pflicht zur Mitteilung der Gründe, falls ein Rechtshilfeersuchen aus tatsächlichen oder rechtlichen Gründen nicht durchgeführt werden kann (Art 7 Abs 6); vgl zu all diesen Vorschriften auch unten Tschechien Rz 351 f und (bzgl der Ablehnungsgründe) Ungarn Rz 399.

e) Internationale Zustellung

242 Wie die ErläutRV 389 BlgNR 10. GP 27 betonen, „schließen sich" die Bestimmungen des bilateralen Vertrags an das HPÜ 1954 „an" (vgl oben Rz 234). Dies zeigt sich insb an der Regelung der internationalen Zustellung, die die Unterscheidung zwischen förmlicher und formloser Zustellung (s Art 2 iVm Art 3 Abs 2 HPÜ 1954) insofern übernimmt, als Art 8 Abs 1 ausdrücklich festhält, daß eine Zustellung, bei der „Zwangsmittel" iSd Art 7 Abs 2 insofern zur Anwendung kommen, als sie auch gegen den Willen des Empfängers wirksam vorgenommen werden kann, nur dann erfolgen darf, wenn dem zuzustellenden Schriftstück eine (von einem hiezu befugten Dolmetscher eines der Vertragsstaaten oder von der diplomatischen oder konsularischen Vertretungsbehörde des ersuchenden Staates) beglaubigte **Übersetzung** angeschlossen ist; andernfalls darf die Zustellung nur dann durchgeführt werden, wenn der Empfänger zur Annahme bereit ist (Art 8 Abs 2); vgl zu diesen beiden Grundformen der Zustellung im zwischenstaatlichen Verkehr näher oben Anh A (HPÜ 1954) Rz 11 f und 22.

f) Freies Geleit

243 Eine sonst nicht übliche Bestimmung enthält Art 10. Danach wird einer Person (unabhängig von ihrer Staatsbürgerschaft), die einer Ladung des ersuchenden Staates, vor einem seiner (Zivil-)Gerichte zu erscheinen, Folge leistet, **freies Geleit** zugesichert. Sie darf wegen vor ihrer Einreise begangener strafbarer Handlungen nicht verfolgt werden; dieser Schutz endet 15 Tage nach Mitteilung durch das Prozeßgericht, daß es ihrer Anwesenheit nicht mehr bedarf.

Die Vorschrift könnte beispielsweise in **Schadenersatzprozessen aus Verkehrsunfällen** eine Rolle spielen, in denen die Aussage von am Unfallgeschehen beteiligten Personen und die Expertise von Verkehrssachverständigen über den Zustand der beschädigten Fahrzeuge und den Unfallort für den Ausgang des Rechtsstreites ausschlaggebend sein können. Die **Reichweite der Bestimmung** ist freilich nicht zweifelsfrei umschrieben, lassen doch die Worte „eine Ladung . . . erhalten hat und ihr Folge leistet" nicht erkennen, um welche **Art von Ladung** es sich hierbei handelt. Soferne nämlich (bloß) die Ladung der **Haupt- (bzw Neben-)Partei als solcher** gemeint sein sollte, der unter einem die Klage (bzw der Schriftsatz, mit der ihr der Streit verkündet wird) zugestellt wird, enthielte sie insoweit keine Besonderheit: denn die **Einlassungslast** von Parteien (iS einer – mit Säumnisfolgen sanktionierten – Gerichtspflichtigkeit von Personen, sich auch an einem Verfahren zu beteiligen, das weder in dem Staat stattfindet, in dem sie sich befinden, noch in dem, in welchem sie ihren Wohnsitz oder gewöhnlichen Aufenthalt haben) ist heute allgemein anerkannt; s dazu oben Anh A (HPÜ 1954) Rz 14. Ist jedoch (auch oder nur) an eine **Ladung** (der Parteien oder dritter Personen) **zu Beweiszwecken** gedacht, dann bedeutete dies eine Erweiterung der prozessualen Befugnisse des erkennenden Gerichts; dieses darf nämlich dann nicht nur um Beweisaufnahme im ersuchten Staat ansuchen, sondern an die betreffende Person eine Aufforderung zum persönlichen Erscheinen vor Gericht richten, die diese zwar nicht befolgen muß, die aber, wenn sie es tut, mit einem besonderen Schutz für sie verbunden ist. Die Bestimmung, die sich sonst nur in Verträgen betreffend die **Rechtshilfe in Strafsachen** findet, ist singulär und findet sich – mit Ausnahme des schweizerisch-österreichischen Zusatzabkommens zum HPÜ 1954 (s unten Schweiz Rz 292) – in keinem der anderen von Österreich abgeschlossenen, die Rechtshilfe in Zivilsachen betreffenden Verträgen. Hingegen ist eine derartige Regelung im jüngsten **Haager Übereinkommen über**

den internationalen Zugang zur Rechtspflege vom 25. 10. 1980 enthalten; s dazu oben Anh A (HPÜ 1954) Rz 65.

g) Rechtshilfe durch diplomatische oder konsularische Vertreter

Art 13 räumt den diplomatischen und konsularischen Vertretern des jeweils anderen Vertragsstaates die Befugnis ein, **Zustellungen von Schriftstücken** und **Vernehmungen** unmittelbar vorzunehmen, sofern die Personen, die von diesen Prozeßhandlungen erfaßt werden sollen, ausschließlich Staatsangehörige des Entsendestaates sind. Sie dürfen also weder zugleich Staatsbürger des Empfangsstaates noch eines dritten Staates sein. Bei Vornahme der Rechtshilfehandlung darf **kein Zwang** angewendet werden; sie setzt somit die Annahmebereitschaft bzw das Einverständnis der betreffenden Person voraus. 244

h) Verzicht auf Kostenersatz

Gem Art 11 Abs 1 verzichten die Vertragsstaaten auf den wechselseitigen Ersatz der Kosten, die ihnen aus der Erledigung der Rechtshilfeersuchen erwachsen, „um einen unergiebigen Verwaltungsaufwand zu vermeiden" (ErläutRV 389 BlgNR 10. GP 28 [zu Art 11]). Im Unterschied zu den meisten (selbständigen) bilateralen Rechtshilfeverträgen (wie auch zu den Zusatzvereinbarungen zum HPÜ 1954) erstreckt sich diese Bestimmung aber **auch** auf **Sachverständigengebühren.** 245

Gem Art 11 Abs 2 sind Art und Höhe der entstandenen Kosten jedoch dem ersuchenden Staat bekanntzugeben, damit sie dieser von der ersatzpflichtigen Partei iSd § 1 Z 7 iVm § 2 Abs 1 GEG 1962 einbringen kann.

i) Befreiung von der Ausländersicherheit; Vollstreckung von Kostenentscheidungen

Gemäß Art 14 sind österreichische und polnische Staatsbürger wechselseitig im jeweils anderen Vertragsstaat vom Erlag einer aktorischen Kaution befreit, wenn sie ihren **Wohnsitz oder gewöhnlichen Aufenthalt in Österreich oder Polen** haben. Die in dieser Bestimmung enthaltene Regel war freilich bereits im Zeitpunkt des Inkrafttretens des bilateralen Vertrags insoweit überholt, als gem Art 17 Abs 1 und 2 HPÜ 1954 diese Begünstigung auch all jenen Angehörigen der beiden Vertragsstaaten zuteil wird, die ihren **Wohnsitz in einem der (anderen) Vertragsstaaten des HPÜ 1954** haben; s dazu näher oben Anh A (HPÜ 1954) Rz 27. 246

Art 15–17 regeln die **Vollstreckung der Kostenentscheidung,** welche die obsiegende Partei gegen die von jeder Sicherheitsleistung befreite Partei erlangt hat. 247

Zu den Prozeßkosten zählen auch solche, die erst nachträglich zugesprochen werden (Art 15 Abs 3), sowie die **weiteren Verfahrenskosten,** die durch die zwangsweise Eintreibung der Kostenforderung entstehen (Art 15 Abs 2); der Vertrag nennt unter diesen die für die Erteilung der Rechtskraft- und Vollstreckbarkeitsbestätigung sowie die für die (beglaubigte) Übersetzung des Spruchs der Entscheidung samt Vollstreckbarkeitsbestätigung bzw des im Rechtshilfeweg übermittelten Ersuchens erforderlichen Kosten. Sie werden auf Antrag vom Gericht des Zweitstaates bestimmt

Vorbild der Regelung des bilateralen Vertrages war auch hier das HPÜ 1954. Wie dieses (s dessen Art 18 Abs 1) so sieht auch jener in Art 16 lit b vor, daß die Partei den Antrag auf Vollstreckbarerklärung beim Prozeßgericht erster Instanz (mit anschließender Übermittlung unter Einschaltung der Justizministerien der beiden Staaten an das Exekutionsgericht des Zweitstaates) einbringen kann; und eröffnet er der Partei in Art 16 lit a (iSd Art 18 Abs 3 HPÜ 1954, der diese Regelung freilich ausdrücklicher bilateraler Einigung vorbehält) die Möglichkeit, den Antrag auf Vollstreckbarerklärung auch selbst direkt beim zuständigen Gericht des Zweitstaates zu stellen. In beiden Fällen ist der Spruch der Entscheidung in die Sprache des ersuchten Staates zu übersetzen und der Antrag auf Vollstreckbarerklärung – je nachdem – in dieser abzufassen oder in diese zu übersetzen (Ausnahme von Art 2, s oben Rz 240).

Art 17 Abs 1, der davon spricht, daß aufgrund der polnischen Kostenentscheidung in Österreich „die Exekution bewilligt" wird, entspricht der Rechtslage vor der EO-Nov 1995. Seit dieser bedarf es nun auch in Österreich einer (von der Exekutionsbewilligung unterschiedenen) **Vollstreckbarerklärung des ausländischen Titels;** doch kann der Antrag auf Vollstreckbarerklärung mit demjenigen auf Bewilligung der Exekution verbunden werden und hat das Gericht über beide Anträge zugleich zu entscheiden (§ 84 a EO).

j) Verfahrenshilfe

248 Art 18 stellt österreichische und polnische Staatsbürger in bezug auf die Gewährung von Verfahrenshilfe den Inländern gleich. Die weiteren Bestimmungen der Art 19 ff sind denen der Art 21 ff HPÜ 1954 nachgebildet. Allerdings tritt auch hier für die Übermittlung der Verfahrenshilfeanträge an die Stelle des nach Art 23 Abs 1 HPÜ 1954 vorgesehenen (indirekten) konsularischen Weges der ministerielle Weg.

Polen ist darüber hinaus aber auch jüngst dem **Europäischen Übereinkommen über die Übermittlung von Anträgen auf Verfahrenshilfe** vom 27. 1. 1977 BGBl 1982/190 beigetreten (s B und M: BGBl III 1998/187); vgl zu diesem oben Anh A (HPÜ 1954) Rz 61 und unten im Anh zu § 63 ZPO. Danach sind **Übermittlungsstellen** die *„presidents of regional courts"*, **zentrale Empfangsstelle** das polnische Justizministerium. Gegenüber dem bilateralen Rechtshilfevertrag (wie auch dem HPÜ 1954) bedeutet dies insofern eine Änderung, als sich nunmehr die Übermittlungsstellen beider Staaten unmittelbar an das betreffende Justizministerium des anderen Staates wenden können; s jedoch die in der österreichischen Durchführungsbestimmung des § 4 Abs 2 BG 1. 12. 1981 BGBl 1982/191 idF BGBl 1986/378 verfügte Einschränkung, wonach die Weiterleitung von den (von Österreich als Übermittlungsstellen bezeichneten) Bezirksgerichten an die ausländische Empfangsstelle „im Wege des Bundesministeriums für Justiz" zu erfolgen hat.

k) Nachfristsetzung

249 Art 22 sieht für den Fall, daß die Einleitung des Verfahrens erster oder höherer Instanz vom **Erlag der Gerichtsgebühren** abhängt, vor, daß einer Partei, die im anderen Vertragsstaat ihren Wohnsitz, Aufenthalt oder Sitz hat, hierfür eine **Nachfrist von mindestens einem Monat** gesetzt werden muß. (Diese Bestimmung hat für Verfahren in Österreich keinen Anwendungsbereich, da diese auch dann ordnungsgemäß fortzuführen sind, wenn die Partei mit der Zahlung der Gerichtsgebühren säumig sein sollte; s *Duchek/Schütz/Tarko,* Rechtsverkehr 953 Anm 16 a [zu Art 22].) Eine Mindestfrist von einem Monat hat das Prozeßgericht einer solchen Partei ferner dann einzuräumen, wenn es ihr einen Auftrag zur **Verbesserung oder Ergänzung der Eingabe** erteilt.

l) Urkundenwesen

250 Art 56 befreit öffentliche und öffentlich beglaubigte Urkunden von jeder weiteren Formalität; Art 57 ff sehen den Austausch von Personenstandsurkunden sowie deren Ausstellung auf Ersuchen einer amtlichen Stelle oder einer Par-

tei vor. Der in Art 60 erwähnten Ehefähigkeitszeugnisse bedarf es in Österreich nicht mehr (s *Duchek/Schütz/Tarko,* Rechtsverkehr 971 Anm 36 [zu Art 60]).

m) Rechtsauskünfte

Nach Art 61 ist weiter die Erteilung von Rechtsauskünften im unmittelbaren Verkehr zwischen den Justizministerien abzuwickeln. **251**

Polen ist auch Vertragsstaat des **Europäischen Übereinkommens betreffend Auskünfte über ausländisches Recht** vom 7. 6. 1968 BGBl 1971/417 (B: BGBl 1992/652) und des dieses ergänzenden **Zusatzprotokolls** vom 15. 3. 1978 BGBl 1980/179 (B: BGBl 1992/653); s oben Anh A (HPÜ 1954) Rz 62 und unten im Anh zu § 271 ZPO.

2. Daten

Amtlicher Titel: Vertrag zwischen der Republik Österreich und der Volksrepublik Polen über die wechselseitigen Beziehungen in bürgerlichen Rechtssachen und über Urkundenwesen samt Schlußprotokoll vom 11. 12. 1963 und Zusatzprotokoll vom 25. 1. 1973 BGBl 1974/79 **252**
Authentische Sprachen: Deutsch und Polnisch
Materialien zum
a) Vertrag: NR: GP X RV 389 AB 422 S 51; BR: S 218;
b) Zusatzprotokoll: NR: GP XIII RV 662 AB 919 S 83; BR: AB 1017 S 325.
Vorläufer: Art 1 – 54 und Schlußprotokoll des Staatsvertrages zwischen der Republik Österreich und der Republik Polen über den wechselseitigen rechtlichen Verkehr vom 19. 3. 1924 BGBl 1926/226; deren (mit Inkrafttreten des neuen Rechtshilfevertrages BGBl 1974/79 erfolgte materielle) Derogation wurde formell durch Notenwechsel vom 12. 10. 1990 BGBl 1991/189 bestätigt.
Inkrafttreten: 20. 2. 1974
Fundstelle: *Duchek/Schütz/Tarko,* Rechtsverkehr 944 (P I).

Rumänien

Rechtsquellen: HPÜ 1954 (B: BGBl 1972/50); bilateraler Rechtshilfevertrag BGBl 1969/112

1. Vorbemerkung

Der rumänisch-österreichische Vertrag hat sein Vorbild in dem mit der *ehem CSSR* zu Beginn der Sechzigerjahre ausgearbeiteten, maßgeblich vom HPÜ 1954 beeinflußten Rechtshilfevertrag, der eine Serie derartiger Abkommen mit den damals sozialistischen Staaten Osteuropas einleitete, die alle (jedenfalls) zum Zeitpunkt der Ausarbeitung (oder auch noch zu dem der Ratifikation) des jeweiligen Rechtshilfevertrages nicht dem HPÜ 1954 angehörten; s Tschechien Rz 340 und Ungarn Rz 392. Mit Ausnahme von Bulgarien traten sie diesem aber in der Folge bei, so **Rumänien** mit Wirkung vom 29. 1. 1972 (s BGBl 1972/50). **253**

Laut *Duchek/Schütz/Tarko,* Rechtsverkehr 987 Anm 1 (zu R I) ist das Verhältnis zwischen den beiden Verträgen „in einem informellen Schriftwechsel zwischen den Außenministerien der beiden Staaten einvernehmlich dahin interpretiert worden, daß, insoweit derselbe Gegenstand vom HPÜ 1954 und dem bilateralen Rechtshilfevertrag unterschiedlich geregelt wird, die Bestimmungen des bilateralen Vertrages den Vorrang haben". Da nun der bilaterale Vertrag seinerseits in Aufbau und Inhalt am HPÜ 1954 orientiert ist (s dazu Tschechien Rz 339), erhält er dadurch praktisch die **Qualität einer Zusatzvereinbarung.**

254 Da ein Großteil der Bestimmungen mit dem ***tschechoslowakisch-österreichischen*** (jetzt: tschechisch- bzw slowakisch-österreichischen) **Vertrag** übereinstimmt – so insb jene über die Herstellung der formellen Gegenseitigkeit für das Gebiet des gerichtlichen Rechtsschutzes, die Abwicklung des Rechtshilfeverkehrs auf ministerieller Ebene unter Verwendung der eigenen Sprache (s jedoch die Sonderregelung bezüglich Beilagen in Art 4 Abs 2), die Modalitäten bei der Erledigung der Ersuchen um Zustellung und Beweisaufnahme, den (teilweisen) Verzicht der Vertragsstaaten auf eine wechselseitige Kostenerstattung, die Befreiung der klagenden (Haupt- oder Neben-)Partei von der Leistung einer Sicherheit für die Prozeßkosten, die Vollstreckung von Prozeßkostenentscheidungen, die Gewährung von Verfahrenshilfe und das Urkundenwesen –, wird ergänzend auf die Kommentierung zu Tschechien Rz 342 ff verwiesen.

2. Inhalt

255 **a)** Art 1 garantiert den Staatsangehörigen der beiden Vertragsstaaten den freien und ungehinderten **Zutritt zu den Gerichten** des jeweils anderen Vertragsstaates (Abs 1) und stellt diesbezüglich **„juristische Personen** einschließlich Handelsgesellschaften, die nach der Rechtsordnung des einen Vertragsstaates errichtet worden sind und ihren Sitz auf dessen Gebiet haben“, den natürlichen Personen gleich (Abs 2). Dies gilt auch in bezug auf die Gewährung von **Verfahrenshilfe** (s Art 10 Abs 1; zu den Einzelheiten s oben Anh A [HPÜ 1954] Rz 61 und unten im Anh zu § 63 ZPO).

256 Hingegen ist diese Gleichstellung in bezug auf die Befreiung von einer **Sicherheitsleistung für Prozeßkosten** insoweit eingeschränkt, als sie Angehörigen eines der beiden Vertragsstaaten nur dann zuteil wird, wenn sie auch ihren Wohnsitz, gewöhnlichen Aufenthalt oder Sitz in einem der beiden Staaten haben (Art 2).

Durch den **Beitritt Rumäniens zum HPÜ 1954** (s oben Rz 253) wird diese Begünstigung allerdings für österreichische bzw rumänische Staatsbürger dahingehend erweitert, daß es genügt, daß sie ihren Wohnsitz – gewöhnlicher Aufenthalt genügt nicht – in einem der **Mitgliedstaaten des HPÜ 1954** haben; s oben Anh A (HPÜ 1954) Rz 27. (Hingegen ergibt sich für juristische Personen dadurch keine Änderung, weil bei diesen der Sitz in einem der beiden Vertragsstaaten schon Erfordernis dafür ist, daß sie überhaupt dessen Staatszugehörigkeit erlangen.) Die im Fall des Unterliegens gegen die klagende Partei ergehende Entscheidung, mit der sie zum Ersatz der Prozeßkosten verurteilt wird, kann sodann in jedem dieser Vertragsstaaten zur Vollstreckung gebracht werden. Während Art 18 Abs 1 HPÜ 1954 aber für die Übermittlung des diesbezüglichen Antrags auf Vollstreckbarerklärung die Einhaltung des diplomatischen Weges vorsieht, tritt an dessen Stelle im Verhältnis zwischen Österreich und Rumänien der ministerielle Weg (s Art 8 Abs 2 iVm Art 3); wahlweise kann der Antrag aber auch von der obsiegenden Partei selbst im jeweils anderen Staat eingebracht werden (Art 8 Abs 1); vgl Tschechien Rz 345.

257 **b)** Die Behörden verkehren auf **ministerieller Ebene** unmittelbar miteinander, dh über die beiderseitigen **Justizministerien** (Art 3).

Zu den Behörden zählen auch die **Vormundschaftsbehörden** (Art 6); hingegen sind die dort auch erwähnten **Staatsnotariate** mit Wirkung vom 17. 11. 1995 durch das Gesetz betreffend die öffentlichen Notare und notarielle Tätigkeit, M. Of. 1995/36, beseitigt worden; vgl *Duchek/Schütz/Tarko,* Rechtsverkehr 989 Anm 7 (zu Art 6).

258 **c)** Art 16 befaßt sich mit den **inhaltlichen Erfordernisse von Rechtshilfeersuchen iwS.** Sie können in der **Sprache des ersuchenden Staates** abgefaßt sein (Art 4 Abs 1; die für den internen Amtsgebrauch notwendige Übertragung der einlangenden Ersuchen in die deutsche Sprache nimmt diesfalls die **Übersetzungsstelle des BMJ** vor). Die Regelung gilt jedoch **nicht** für **Beilagen** (Art 4 Abs 2) und für die zuzustellenden **Schriftstücke** selbst (sofern diese iSd Art 19 auch gegen den Willen des Adressaten zugestellt werden sollen; s unten Rz 261).

Die beizulegenden **Übersetzungen** können sowohl von einem beeideten gerichtlichen Dolmetscher aus einem der beiden Vertragsstaaten (oder einer amtlichen Übersetzungsstelle) als auch durch einen diplomatischen oder konsularischen Vertreter angefertigt werden; eine zusätzliche Beglaubigung ist nicht erforderlich (Art 4 Abs 3).

d) Gem Art 17 Abs 1 werden die Ersuchen um Zustellung oder Beweisaufnahme grundsätzlich nach der ***lex fori*** des ersuchten Staates erledigt; gem Abs 2 der zitierten Bestimmung hat das Rechtshilfegericht jedoch auf Ersuchen des anderen Staates eine bestimmte von seinem eigenen Verfahrensrecht **abweichende Vorgangsweise** einzuhalten, soferne diese nicht in seiner Sicht *ordre public*-widrig ist, weil sie gegen „Grundsätze der Rechtsordnung" verstößt; vgl dazu oben § 39 JN Rz 1 ff. 259

Kann dem Ersuchen aus tatsächlichen oder rechtlichen Gründen nicht entsprochen werden, sind (die Akten im ministeriellen Weg zurückzusenden und) die Gründe hierfür dem ersuchenden Staat mitzuteilen (Art 22). Aus rechtlichen Gründen darf die begehrte Rechtshilfe nur dann verweigert werden, wenn durch ihre Gewährung gegen den *ordre public* des ersuchten Staates verstoßen (vgl Art 17 Abs 2) oder dessen Hoheitsrechte verletzt oder seine Sicherheit gefährdet würde (Art 24); s dazu § 38 JN Rz 31 ff. 260

Art 18 Abs 1 sieht eine **Bemühungspflicht** des ersuchten Gerichts für den Fall vor, daß sich die angegebene **Anschrift** der Person, der ein Schriftstück zugestellt oder die vernommen werden soll, als **unvollständig oder unrichtig** herausstellt; und Art 18 Abs 2 sieht die **amtswegige Weiterleitung** von an eine **unzuständige Behörde** gelangte Rechtshilfeersuchen an das zuständige Gericht vor.

e) Für die **Zustellung von Schriftstücken** gilt wie nach dem HPÜ 1954, daß eine solche nur dann auch gegen den Willen des Adressaten wirksam vorgenommen werden kann, wenn ihnen eine Übersetzung in die Sprache des ersuchten Staates beigelegt ist (Art 19 Abs 1); andernfalls bedarf es der freiwilligen Annahme durch den Empfänger (Art 19 Abs 2). Über die Zustellung ist eine Bestätigung (Zustellausweis oder Protokoll über die erfolgte Zustellung) auszustellen (Art 20). 261

f) Bei **Beweisaufnahmen** sind dieselben Zwangsmittel wie bei inländischen Rechtshilfeersuchen anzuwenden (Art 21 Abs 1); insb kommen demnach die inländischen Vorschriften über die gegen unentschuldigt ausgebliebene Zeugen zu verhängenden Beugestrafen oder über die zwangsweise Durchsetzung einer Anordnung zur Vorlage von Urkunden durch eine dritte Person zur Anwendung; s dazu § 39 JN Rz 8. Die Erzwingung des persönlichen Erscheinens der Streitteile ist jedoch generell ausgeschlossen, somit auch in jenen Fällen, in denen diese das österreichische Recht prinzipiell zuläßt (zB in Verfahren betreffend gewisse Statussachen). 262

g) Ein Ersatz der dem ersuchten Staat erwachsenen **Kosten der Rechtshilfe** durch den ersuchenden Staat findet grundsätzlich nicht statt; ausgenommen hiervon sind jedoch jene Leistungen (Barauslagen und Honorar), die an **Sachverständige** erbracht wurden (Art 23 Abs 1). Auch die zwischenstaatlich nicht erstattungsfähigen Kosten sind aber dem ersuchenden Staat bekanntzugeben, damit sie dieser bei der kostenpflichtigen Partei einbringen kann (§ 1 Z 7 iVm § 2 Abs 1 GEG 1962). 263

h) Zum **Urkundenwesen** (Befreiung öffentlicher und öffentlich beglaubigter Urkunden von jeder weiteren Formalität; kostenlose Ausstellung und wechselseitiger Austausch von Personenstandsurkunden) s Tschechien Rz 357. 264

265 **i)** Die Vertragsstaaten sichern einander ferner zu, auf Ersuchen „Auskünfte über Vorschriften des bürgerlichen Rechts einschließlich des Familienrechts sowie des Zivilverfahrensrechts" **im ministeriellen Weg** zu erteilen (Art 5); die **Rechtsauskunft** erfolgt kostenlos (ErläutRV 881 BlgNR 11. GP 11 [zu Art 5]).

Wie die ErläutRV 881 BlgNR 11. GP 11 (zu Art 5) hinzusetzen, bleibe es „bezüglich sonstiger Rechtsanfragen" dabei, daß der diplomatische Weg einzuhalten sei. Rumänien ist jedoch inzwischen zwei Konventionen des Europarates beigetreten, welche die Erteilung von Rechtsauskünften betreffen, nämlich dem **Londoner Rechtsauskunftsübereinkommen** (B: BGBl 1991/296) und dem **Straßburger Zusatzprotokoll** (B: BGBl 1991/297); zu diesen s oben Anh A (HPÜ 1954) Rz 62 und unten im Anh zu § 271 ZPO.

3. Daten

266 **Amtlicher Titel:** Vertrag zwischen der Republik Österreich und der Sozialistischen Republik Rumänien über Rechtshilfe in bürgerlichen Rechtssachen einschließlich Sachen des Familienrechts und über Urkundenwesen vom 17. 11. 1965 BGBl 1969/112

Authentische Sprachen: Deutsch und Rumänisch

Materialien: NR: GP XI RV 881 AB 1020 S 115; BR: AB 121 S 270.

Inkrafttreten: 25. 4. 1969

Fundstelle: *Duchek/Schütz/Tarko,* Rechtsverkehr 987 (R I).

Russische Föderation

Rechtsquellen: HPÜ 1954 (WA: BGBl 1993/364); Zusatzabkommen zum HPÜ 1954, BGBl 1972/112 (WA: BGBl 1994/257)

1. Weiteranwendung der bisher in Geltung stehenden Rechtshilfeverträge

267 Die Russische Föderation hat erklärt, sich weiterhin an das **HPÜ 1954** (B [*ehem UdSSR*]: BGBl 1967/213) gebunden zu erachten (s BGBl 1993/364).

Mit Notenwechsel vom 15. 6. 1993 BGBl 1994/257 ist zwischen Österreich und der Russischen Föderation ferner geklärt worden, daß der mit der ehem Union der Sozialistischen Sowjetrepubliken abgeschlossene **Rechtshilfevertrag** weiter angewendet wird. Die Worte „Union der Sozialistischen Sowjetrepubliken" bzw „sowjetisch" sind als „Russische Föderation" bzw „russisch" zu lesen.

2. Inhalt

268 **a)** Art 1, 1. Hs des russisch-österreichischen Abkommens sichert den Staatsangehörigen beider Vertragsteile den **freien Zugang zu** und die gleiche Behandlung mit Inländern vor **Gericht** zu.

269 Gem Art 1, 2. Hs sind österreichische und russische **Staatsangehörige** wechselseitig von jeder **Sicherheitsleistung für Prozeßkosten** befreit.

§ 57 Abs 2 Z 1 aF ZPO sah im Zeitpunkt des Abschlusses des bilateralen Rechtshilfevertrages vor, daß ein Ausländer dann, wenn in seinem Heimatstaat ein (als Kläger oder Intervenient auftretender) Österreicher keine Sicherheit für Prozeßkosten leisten müsse, ihm auch in Österreich keine aktorische Kaution auferlegt werden dürfe. Damit war die in Art 1, 2. Hs des Vertrages vorgesehene **Bedingung der (formellen) Gegenseitigkeit** erfüllt (vgl ErläutRV 271 BlgNR 12. GP 5f [zu Art 1]). An dieser Rechtslage hat sich durch die Aufhebung der Z 1 aF (und Ersetzung durch Z 1 und 1 a nF) des § 57 Abs 2 ZPO nichts geändert, weil dem russischen Recht das Institut der Sicherheitsleistung für Prozeßkosten unbekannt ist und daher die Bedingung der Gegenseitigkeit aus österreichischer Sicht weiter erfüllt bleibt.

Die Bestimmung reicht somit über Art 17 Abs 1 HPÜ 1954 hinaus, da sie russischen Staatsbürgern diese Begünstigung in Österreich allein aufgrund ihrer **Staatsangehörigkeit** und somit ohne Rücksicht darauf gewährt, ob sie ihren Wohnsitz oder gewöhnlichen Aufenthalt in einem der Vertragsstaaten oder in einem sonstigen Staat haben, in dem eine etwaig gegen den Kläger ergehende Kostenentscheidung vollstreckt werden könnte; vgl *Duchek/Schütz/Tarko,* Rechtsverkehr 1029 Anm 2 (zu Art 1).

Art 8 stellt ferner für den Anwendungsbereich der Art 17–19 HPÜ 1954 **juristische Personen** (und Handelsgesellschaften), die ihren **Sitz** in einem der Vertragsstaaten haben, natürlichen Personen mit österreichischer bzw russischer Staatsangehörigkeit gleich.

b) Art 2 und 3 sehen für den **gesamten Rechtshilfeverkehr** (Hin- und **270**
Rücklauf der Akten; Zwischenerledigungen) den **diplomatischen Weg** vor.

Damit in Übereinstimmung steht, daß die ehem UdSSR anläßlich ihres Beitritts zum HPÜ 1954 auch von der dort (in Art 1 Abs 3 für Zustellungsersuchen und in Art 9 Abs 3 für Rechtshilfeersuchen ieS) vorgesehenen Möglichkeit Gebrauch gemacht und als zulässigen **Übermittlungsweg** (anstelle des in Art 1 Abs 1 bzw Art 9 Abs 1 als Grundregel statuierten indirekten konsularischen Wegs) allein den **diplomatischen Weg** bestimmt hat; s dazu näherhin Anh A (HPÜ 1954) Rz 17.

Dies gilt **ausnahmslos** für alle Arten von Zustellungs- und Rechtshilfeersuchen ieS. Die bilaterale Zusatzvereinbarung bringt somit in dieser Hinsicht **keine Vereinfachung** gegenüber dem multilateralen Übereinkommen mit sich. Sie ist ferner (mit Blick auf Art 6 Abs 2 HPÜ 1954) dahin zu verstehen, daß „mangels einer Vereinbarung über die Zulässigkeit der im Art 6 des Haager Prozeßübereinkommens vorgesehenen weiteren Zustellarten" die unmittelbare Zustellung durch die Post oder durch Gerichtsvollzieher iSd Art 6 Abs 1 Z 1 und 2 HPÜ ausgeschlossen ist (s ErläutRV 271 BlgNR 12. GP 6 [zu Art 2]); zur Zustellung durch diplomatische oder konsularische Vertreter iSd Art 6 Abs 1 Z 3 HPÜ 1954 s unten Rz 272.

c) Der gesamte Geschäftsverkehr (Übermittlungs- und Erledigungsschrei- **271**
ben, sonstige auf Rückfrage erteilte zusätzliche Informationen) ist in der **Sprache des ersuchten Staates** (somit für Ersuchen von österreichischer Seite: in **russischer** Sprache) abzuwickeln (Art 2 Abs 4 und Art 3 Abs 3). In Erweiterung des Art 3 Abs 3 und des Art 10 HPÜ 1954 gestattet jedoch Art 4 der Zusatzvereinbarung, daß Übersetzungen – außer „von dem diplomatischen oder konsularischen Vertreter des ersuchenden Staates oder von einem beeideten Dolmetsch des **ersuchten** Staates" – auch durch einen „amtlichen oder beeideten Dolmetsch" des **ersuchenden** Staates beglaubigt werden können (s auch unten Rz 275).

Diese Regelung findet sich in so gut wie allen bilateralen Vereinbarungen, weil die „Übersetzungen regelmäßig im ersuchenden Staat hergestellt (werden)" und daher „die Befassung eines weiteren Übersetzers im ersuchten Staat höchst unpraktisch ist" (ErläutRV 271 BlgNR 12. GP 6 [zu Art 4]).

Eine weitere Erleichterung ist insofern vorgesehen, als die **Erledigung** jedes Zustell- oder Rechtshilfeersuchens ieS (nur) **in** deutscher oder **russischer Sprache** zu erfolgen hat; dies bedeutet für von österreichischer Seite gestellte Ersuchen, daß es der russische Vertragsteil übernimmt, Bestätigungen über die erfolgte Zustellung, Beweisprotokolle oder sonstige rückzuübermittelnde Geschäftsstücke aus der Amtssprache der jeweiligen Republik der Russischen Föderation in die (deutsche oder) russische Sprache zu übersetzen (Art 5).

Diese hat somit den Stellenwert einer „vereinbarten Sprache" iSd HPÜ 1954; angesichts der Vielfalt von Nationalitäten auf russischem Staatsgebiet ist diese Regelung insb für die österreichische Seite wichtig, weil die Erledigungsakten andernfalls „für das ersuchende österreichische Gericht uU praktisch wertlos wären, wenn sie in einer Sprache gehalten sind, für die sich in Österreich kein Übersetzer findet" (ErläutRV 271 BlgNR 12. GP 6 [zu Art 5]).

272 **d)** Art 6 sieht (in Übereinstimmung mit Art 6 Abs 2 Satz 2 HPÜ 1954) vor, daß die **Zustellung** gerichtlicher und außergerichtlicher Schriftstücke an Staatsangehörige des Sendestaates auch unmittelbar **durch** dessen **diplomatische oder konsularische Vertreter** auf dem Staatsgebiet des anderen Vertragsteils vorgenommen werden darf, soferne diese ohne Anwendung von Zwang erfolgt. (Für die Erledigung von Beweisaufnahmeersuchen steht diese Möglichkeit hingegen nicht offen.)

Demzufolge „(wurde) der Anwendungsbereich des Art 6 Abs 1 Z 3 des Haager Prozeßübereinkommens auf jene Fälle eingeschränkt . . ., in denen nach Abs 2 des angeführten Artikels nicht Widerspruch erhoben werden kann". Eine Zustellung an Doppelstaatsbürger durch österreichische bzw russische Vertretungsbehörden ist somit nicht erlaubt (ErläutRV 271 BlgNR 12. GP 6 [zu Art 6]).

273 **e)** Gem Art 7 verzichten die Vertragsstaaten zur Gänze auf den wechselseitigen **Gebühren- und Auslagenersatz.** (Diese Regelung stellt somit eine Sondervereinbarung iSd Art 7 Abs 2 und Art 16 Abs 2 HPÜ 1954 dar.)

274 **f)** Art 8 enthält die schon oben in Rz 269 erwähnte **Gleichstellung juristischer Personen und Handelsgesellschaften** (mit Sitz in Österreich oder der Russischen Föderation) für das Gebiet der Befreiung der klagenden Partei von der Leistung einer **Sicherheit für die Prozeßkosten** und der **zwangsweisen Durchsetzung der** für den Fall ihres Unterliegens gegen sie ergehenden **Prozeßkostenentscheidung** (s Art 17 – 19 HPÜ 1954).

275 Art 9 Abs 1 sieht auch für die **Anträge auf Vollstreckung von Kostenentscheidungen** iSv Art 18 und 19 HPÜ 1954 den **diplomatischen Weg** vor, bringt somit keine der sonst üblichen Erleichterungen (insb ist nicht alternativ die unmittelbare Antragstellung der obsiegenden beklagten Partei zugelassen). Art 9 Abs 2 läßt neben den in Art 19 Abs 2 Z 3 HPÜ 1954 angeführten Personen, die **Übersetzungen** beglaubigen dürfen – es sind dies der diplomatische oder konsularische Vertreter des ersuchenden und ein amtlich befugter Dolmetscher des ersuchten Staates (vgl oben Rz 271) -, auch einen beeideten gerichtlichen Dolmetscher des **ersuchenden** Staates zu. Art 9 Abs 3 schließlich enthebt der Notwendigkeit, für die mit der Vollstreckbarkeitsbestätigung versehene Entscheidung noch eine weitere Bestätigung der obersten Justizverwaltungsbehörde iSd Art 19 Abs 3 Satz 2 HPÜ 1954 einholen zu müssen; vgl zum Wegfall dieser zusätzlichen formellen Voraussetzung auch oben Anh A (HPÜ 1954) Rz 59 f.

276 **g)** Die Russische Föderation ist ferner Mitgliedstaat des **Europäischen Übereinkommens betreffend Auskünfte über ausländisches Recht** vom 7. 6. 1968 BGBl 1971/417 (B [*ehem UdSSR*]: BGBl 1991/296; WA: BGBl 1992/652); s zu diesem oben Anh A (HPÜ 1954) Rz 62 und unten im Anh zu § 271 ZPO.

3. Daten

277 **Amtlicher Titel:** Abkommen zwischen der Republik Österreich und der Russischen Föderation *[**vormals:** Union der Sozialistischen Sowjetrepubliken]* betreffend das Verfahren in bürgerlichen Rechtssachen vom 11. 3. 1970 BGBl 1972/112

Authentische Sprachen: Deutsch und Russisch

Materialien: NR: GP XII RV 271 AB 525 S 49; BR: AB 579 S 303.
Vorläufer: Abkommen zwischen der Republik Österreich und der Union der Sozialistischen Sowjetrepubliken über die Rechtshilfe in bürgerlichen Angelegenheiten vom 19. 9. 1924 BGBl 1925/45 (in Kraft seit 12. 2. 1925) idF des Notenwechsels vom 6. 4. 1927 BGBl 1927/156 (in Kraft seit 6. 4. 1927; WA: JABl 1959, 26); es ist durch Art 10 des obgenannten Vertrages BGBl 1972/112 außer Kraft gesetzt worden.
Inkrafttreten: 30. 4. 1972
Fundstelle: *Duchek/Schütz/Tarko,* Rechtsverkehr 1029 (RU III).

Schweden

Rechtsquellen: HPÜ 1954 (B: BGBl 1958/61); Zusatzabkommen zum HPÜ 1954, BGBl 1983/555

1. Inhalt

a) Art 1 sichert **Staatsbürgern** des einen Vertragsteils auf dem Staatsgebiet des anderen die **Gleichbehandlung** hinsichtlich des Rechtsschutzes ihrer Person und ihres Vermögens sowie **freien Zugang zu Gericht** zu; dies gilt darüber hinaus auch für **Personen fremder** (oder ohne) **Staatsangehörigkeit,** die ihren **gewöhnlichen Aufenthalt** in Österreich oder Schweden haben. **278**

b) Der **Rechtshilfeweg** verläuft überwiegend auf ministerieller Ebene (so insb der **Hinlauf** der Rechtshilfeakten); uzw verkehren das österreichische **Bundesministerium für Justiz** und – da in Schweden nicht das Justiz-, sondern das Außenministerium für den internationalen Rechtshilfeverkehr zuständig ist (vgl ErläutRV 1374 BlgNR 15. GP 6 [zu Art 8]) – das schwedische **Ministerium des Auswärtigen *(utrikesdepartementet)*** unmittelbar miteinander (Art 2 Abs 1). Nur für den **Rücklauf** der Akten ist der unmittelbare Verkehr zwischen ersuchter und ersuchender Behörde vorgesehen (Art 2 Abs 2). **279**

c) Art 3 und Art 6 Abs 2 sehen (in Erweiterung der in Art 3 Abs 3, Art 10 und Art 19 Abs 1 Z 3 HPÜ 1954 enthaltenen Regelung) vor, daß alle erforderlichen **Übersetzungen** auch von einem hiezu befugten **Dolmetscher des ersuchenden Staates** – di in Österreich ein beeideter gerichtlicher Dolmetscher, in Schweden „ein vom Kommerzkollegium bestellter Übersetzer" *(en av kommerskollegium auktoriserad översättare)* – beglaubigt werden können. **280**

d) Art 4 enthält (über Art 7 Abs 2 und Art 16 Abs 2 HPÜ 1954 hinausgehend) den vollständigen wechselseitigen **Verzicht** der beiden Staaten **auf Rückerstattung** derjenigen **Auslagen,** die ihnen aus der Durchführung von Zustellungsersuchen erwachsen; dies gilt in weitem Ausmaß auch für die Kosten von Beweisaufnahmen; **ausgenommen** davon sind jedoch die an **Sachverständige** geleisteten Vergütungen. **281**

e) Art 5 Abs 1 sieht (iSd Art 18 Abs 3 HPÜ 1954) vor, daß der obsiegende Beklagte den **Antrag auf Vollstreckung der Prozeßkostenentscheidung** gegen den unterlegenen Kläger – der als Staatsangehöriger eines Vertragsstaates des HPÜ 1954 (mit Wohnsitz in einem dieser Staaten) gem dessen Art 17 Abs 1 von der **Leistung einer Prozeßkostensicherheit** befreit war – unmittelbar bei der zuständigen Behörde im Vollstreckungsstaat stellen kann. Er kann jedoch zur Übermittlung dieses Antrags auch den ministeriellen Weg iSd Art 2 Abs 1 in Anspruch nehmen. An eine unzuständige Behörde gerichtete Anträge sind amtswegig an die zuständige Behörde weiterzuleiten (Art 5 Abs 2). **282**

Art 6 Abs 1 sieht von dem Erfordernis (des Art 19 Abs 3 Satz 2 HPÜ 1954) ab, daß der höchste Beamte der Justizverwaltung des Erststaates bestätigen müsse, daß die Rechtskraftbestätigung von der zuständigen Behörde erteilt worden sei.

283 Zur (über Art 17 Abs 1 und 2 HPÜ 1954 hinausgehenden) **Befreiung** der Staatsbürger eines Mitgliedstaates der Europäischen Union unabhängig von deren Wohnsitz **vom Erlag einer aktorischen Kaution nach der Rechtsprechung des EuGH** s oben Anh A (HPÜ 1954) Rz 69; zu den durch das **EuGVÜ** eröffneten zusätzlichen Vollstreckungsmöglichkeiten s oben Anh A (HPÜ 1954) Rz 70.

284 **f)** Die bilaterale Übereinkunft enthält keine weitere, die Art 20ff HPÜ 1954 (s zu diesen oben Anh A [HPÜ 1954] Rz 32ff) modifizierende Bestimmung betreffend die Gewährung von **Verfahrenshilfe.** Schweden ist jedoch Mitgliedstaat des **Europäischen Verfahrenshilfeübereinkommens** (B und M: BGBl 1982/190); vgl zu diesem näher oben Anh A (HPÜ 1954) Rz 61 und unten im Anh zu § 63 ZPO. Es sieht für die Einbringung und Übermittlung von Anträgen auf Verfahrenshilfe **zentrale Empfangs- und Übermittlungsstellen** vor (s Art 2 Abs 1 und 2). Als solche fungiert in Schweden das **Außenministerium.**

285 **g)** Art 7 befreit öffentliche und öffentlich beglaubigte **Urkunden** (sowie **vidimierte Abschriften** von diesen) von jeder weiteren **Beglaubigung** oder sonstigen Förmlichkeit; s dazu näher im Anh zu § 293 ZPO.

286 **h)** Art 8 sieht schließlich die wechselseitige kostenlose **Erteilung von Rechtsauskünften** durch die in Art 2 Abs 1 genannten ministeriellen Stellen vor.

Schweden ist überdies Vertragsstaat des **Londoner Rechtsauskunftsübereinkommens** (B: BGBl 1971/417) und des **Straßburger Zusatzprotokolls** (B: BGBl 1981/502); zu diesen beiden Abkommen des Europarates s oben Anh A (HPÜ 1954) Rz 62 und unten im Anh zu § 271 ZPO.

2. Daten

287 **Amtlicher Titel:** Abkommen zwischen der Republik Österreich und dem Königreich Schweden vom 16. 9. 1982 zur Vereinfachung des rechtlichen Verkehrs nach dem Haager Übereinkommen vom 1. 3. 1954 betreffend das Verfahren in bürgerlichen Rechtssachen BGBl 1983/555

Authentische Sprachen: Deutsch und Schwedisch

Materialien: NR: GP XV RV 1374 AB 1431 S 146; BR: AB 2665 S 432.

Inkrafttreten: 1. 1. 1984

Fundstelle: *Duchek/Schütz/Tarko,* Rechtsverkehr 1035 (S III).

Schweiz

Rechtsquellen: HPÜ 1954 (B: BGBl 1957/222); Zusatzabkommen zum HPÜ 1954, BGBl 1969/354

Lit: s Anh Lit Rz 1, insb *Volken,* Rechtshilfe 22 (Rz 1/60ff) zum schweizerisch-österreichischen Vertrag.

1. Inhalt

a) Übermittlungswege; Behörden

288 Die Schweiz gehört zu jenen Ländern, mit denen Österreich im **unmittelbaren Behördenverkehr** steht; s oben Anh A (HPÜ 1954) Rz 18 und 46. Gemäß Art 1 Abs 1 übermitteln die Gerichte beider Staaten einander direkt ihre Ersuchen zum Zwecke der gegenseitigen Leistung von Rechtshilfe einschließlich der Vornahme von Zustellungen". Zu den Behörden, von denen ein Rechtshilfeersuchen iwS ausgehen kann bzw an die ein solches gerichtet werden kann, gehö-

ren auf schweizerischer Seite – außer den Gerichten – auch „Verwaltungsbehörden, soweit sie für Zivil- und Handelssachen zuständig sind"; zu diesen zählen insb die Betreibungs-, Konkurs-, Erbschaft- und Vormundschaftsämter (Art 8). Gem Art 1 Abs 2 verpflichten sich die Vertragsstaaten zum Austausch von (durch das BMJ bzw das Eidgenössische Justiz- und Polizeidepartement auf den aktuellen Stand zu haltenden) Verzeichnissen, in denen die zur Erledigung der Rechtshilfeersuchen zuständigen Behörden genannt sind. Über die konkret in Frage kommende Behörde erteilt das BMJ Auskunft (*Duchek/Schütz/Tarko,* Rechtsverkehr 1058 Anm 1 [zu Art 1]; sie ist auch über die „Systematische Sammlung des [schweizerischen] Bundesrechts" [SR 0.274.181.361, S 2–37] ermittelbar; vgl *Volken,* Rechtshilfe 22 [Rz 1/61, Anm 74]).

Art 1 Abs 3 läßt darüber hinaus die **Zustellung** von Schriftstücken an Per- 289
sonen im anderen Staat **unmittelbar durch die Post** (mit internationalem Rückschein) zu; davon **ausgenommen** sind jedoch Schriftstücke, die in einer besonderen Form zugestellt werden sollen, so in Form der **Zustellung zu eigenen Handen** (Österreich; § 21 iVm § 17 ZustG) oder **persönlich** (Schweiz); zu den kantonal unterschiedlich ausgestalteten Formen der Zustellung nach Schweizer Recht s näher *Volken,* Rechtshilfe 10 ff [Rz 1/27 ff, insb Anm 33] und 31 [Rz 2/6]).

b) Sprache; Übersetzungen

Alle Behörden können sich bei der **Abwicklung des Rechtshilfeverkehrs** ih- 290
rer **eigenen Sprache** bedienen. Demnach verkehren die österreichischen Gerichte auch mit jenen Behörden in der Schweiz, deren Amtssprache nicht **Deutsch,** sondern **Französisch** oder **Italienisch** ist, in der deutschen Sprache und können umgekehrt die Schweizer Behörden ihre jeweilige Amtssprache verwenden. (Die für die Erledigung der Ersuchen durch die österreichischen Gerichte jeweils notwendigen Übersetzungen werden diesfalls von der **Übersetzungsstelle des BMJ** erstellt; s oben Anh A [HPÜ 1954] Rz 51). Handelt es sich bei der begehrten **Zustellung** jedoch um eine solche, die (iSd Art 3 Abs 2 HPÜ 1954) **auch gegen den Willen des Empfängers** vorgenommen werden soll (hierbei kann es sich um eine Eigenhandzustellung verfahrenseinleitender Schriftstücke, aber auch um eine Zustellung einfacher Art, zB eines Urteils oder einer Rechtsmittelentscheidung, handeln), so muß ihr eine **Übersetzung** beigelegt werden (Art 2), die der „Beglaubigung" (iSd Bestätigung ihrer Richtigkeit; s dazu die ErläutRV 1070 BlgNR 11. GP 4 [zu Art 4]) bedarf; zu dieser sind sowohl das ersuchende Gericht selbst als auch ein beeideter Dolmetscher des ersuchenden Staates befugt (s Art 4 Abs 2, der somit den Personenkreis des Art 3 Abs 3 HPÜ 1954 vergrößert). Eine weitere Vereinfachung bei der Zustellung von Schriftstücken wird durch das **Absehen von der zweifachen Ausfertigung** iSd Art 3 Abs 1 HPÜ 1954 erzielt; sie ist entbehrlich, weil entweder (per Post) mit internationalem Rückschein oder (bei der im Rechtshilfeweg nach den innerstaatlichen Normen bewirkten Zustellung) unter Verwendung von Rückscheinen zugestellt wird (s ErläutRV 1070 BlgNR 11. GP 4 [zu Art 3]). Daher bedarf es auch keiner „Beglaubigung" des Zustellnachweises (iSd Bestätigung der Echtheit der Unterschrift der das Schriftstück in Empfang nehmenden Person), wie dies Art 5 Abs 1 HPÜ 1954 verlangt (Art 4 Abs 1).

c) Erledigung der Rechtshilfeersuchen; Ausschluß bestimmter Ablehnungsgründe

Die Zusatzvereinbarung enthält keine weiteren Sonderbestimmungen, be- 291
treffend die Durchführung der Rechtshilfe; s jedoch gleich unten Rz 292. In

Art 5 ist indes festgehalten, daß die Rechtshilfe nicht allein deshalb verweigert werden darf, weil der ersuchte Staat in dieser Rechtssache eine **ausschließliche internationale Zuständigkeit** beansprucht. Damit ist im Verhältnis zwischen der Schweiz und Österreich klargestellt, daß dieser Umstand keinen Rechtfertigungsgrund iSd Art 4 bzw Art 11 Abs 3 Z 3 HPÜ 1954 (Verletzung von Hoheitsrechten, Gefährdung der Sicherheit) für die Ablehnung der Erledigung des Rechtshilfeersuchens darstellt; vgl auch § 38 JN Rz 36.

d) Freies Geleit für Zeugen und Sachverständige

292 Eine im Rechtshilfeverkehr in Zivilsachen singuläre (bislang nur in den Vertrag über die wechselseitigen Beziehungen in bürgerlichen Rechtssachen mit **Polen** [s oben Polen Rz 243] aufgenommene) Bestimmung enthält Art 3 Abs 2 Satz 1 im Zusammenhalt mit Art 6 des Vertrages. Danach können **Zeugen und Sachverständige,** die sich im jeweils anderen Staat aufhalten, vor das erkennende Gericht des ersuchenden Staates zur Beweisaufnahme geladen werden; zwar müssen sie dieser nicht Folge leisten (und gilt daher eine in die Ladung aufgenommene Strafandrohung für den Fall der Nichtbefolgung als nicht beigesetzt); wenn sie dies aber tun, wird ihnen **freies Geleit** zugesichert. Die betreffende Person darf ab dem Zeitpunkt ihrer Anreise in den ersuchenden Staat bis fünfzehn Tage nach der ihr eröffneten Möglichkeit zur Abreise aus diesem nicht wegen in dieser Zeitspanne gesetzter Handlungen oder Verurteilungen im ersuchenden Staat verfolgt, verhaftet oder einer sonstigen Beschränkung ihrer persönlichen Freiheit unterworfen werden. (Eine gleichartige Bestimmung findet sich heute in Art 20 des Haager Übereinkommens vom 25. 10. 1980 über den internationalen Zugang zur Rechtspflege, s oben Anh A [HPÜ 1954] Rz 65; vgl auch *Volken,* Rechtshilfe 259 [Rz 7/14 f].)

Gleiches müßte (anders als im Strafverfahren für den Beschuldigten) auch für die Personen gelten, die in ihrer Eigenschaft als **(Haupt-)Partei** zur **Parteienvernehmung** geladen werden. Denn Art 3 Abs 2 Satz 2 grenzt diese Fälle der Ladung zu Beweiszwecken von der Ladung einer **Partei als solcher** dadurch ab, daß er ausdrücklich festhält, daß diese „prozessualen Säumnisfolgen" unterworfen werden darf – wie es durch den Erlaß eines Versäumungsurteils oder durch die Auferlegung von Prozeßkosten geschieht; in der Tat trifft die Partei als solche (im Gegensatz zu bloßen Beweispersonen) eine (auch völkergewohnheitsrechtlich anerkannte) **Einlassungslast;** s dazu Anh A (HPÜ 1954) Rz 14 und bei §§ 283, 290 ZPO.

e) Zwischenstaatlicher Ersatz der Kosten der Rechtshilfe

293 Grundsätzlich ersetzt der ersuchende Staat dem ersuchten Staat nicht die Kosten der Rechtshilfe. Soweit es sich hierbei um an **Zeugen und Sachverständige** ausbezahlte Beträge handelt, gilt dies freilich nur, falls sie den Betrag von „600 Schilling (100 Franken)" nicht übersteigen (Art 7 Abs 2 des vorliegenden Vertrages). Mit dieser Bestimmung war beabsichtigt, weit über Art 7 Abs 2 bzw Art 16 Abs 2 HPÜ 1954 hinauszugehen, doch sind die Beträge inzwischen infolge der ständigen Geldentwertung und des Fehlens eines Wertanpassungsfaktors so sehr überholt, daß die als Regel gedachte Kostenfreiheit damit zur Ausnahme geworden ist.

Für die Parteien des Hauptverfahrens sind alle durch das Rechtshilfegericht getätigten Auslagen **weitere Verfahrenskosten,** die somit letztlich von der ersatzpflichtigen Partei zu tragen sind. Art und Höhe dieser Kosten sind dem ersuchenden Gericht daher von der ersuchten Behörde bekanntzugeben (Art 7 Abs 1).

f) Verfahrenshilfe

Die bilaterale Übereinkunft enthält keine über das HPÜ 1954 hinausgehende Regelung betreffend die Gewährung von Verfahrenshilfe an Personen, die sich in einem anderen Staat als dem, in dem das Verfahren durchgeführt werden soll, aufhalten. Die Schweiz ist jedoch Mitgliedstaat des **Europäischen Verfahrenshilfeübereinkommens** (B, V und M: BGBl 1995/160); zu diesem s allgemein oben Anh A (HPÜ 1954) Rz 61 und unten im Anh zu § 63 ZPO. Danach hat die Schweiz den Vorbehalt gem Art 13 Abs 1 Satz 1 zu Art 6 Abs 1 lit b erklärt und als **zentrale Empfangs- und Übermittlungsstellen** iSd Art 2 die im BGBl 1995/160 genannten **kantonalen Behörden** sowie das **Eidgenössische Justiz- und Polizeidepartement** in Bern bezeichnet. **294**

g) Erteilung von Rechtsauskünften

Die wechselseitige Erteilung von Auskünften über das interne Recht beider Staaten ist im vorliegenden Vertrag nicht geregelt. **295**

Die Schweiz und Österreich sind jedoch bald nach Abschluß der Zusatzvereinbarung dem **Londoner Rechtsauskunftsübereinkommen** von 1968 beigetreten (uzw die Schweiz früher als Österreich, s BGBl 1971/417); sie gehören ferner dem **Straßburger Zusatzprotokoll** BGBl 1980/179 an (bzgl der Schweiz s BGBl 1985/146); zu diesen beiden multilateralen Abkommen s oben Anh A (HPÜ 1954) Rz 62 und unten im Anh zu § 271 ZPO.

2. Daten

Amtlicher Titel: Vertrag zwischen der Republik Österreich und der Schweizerischen Eidgenossenschaft vom 26. 8. 1968 zur Ergänzung des Haager Übereinkommens vom 1. 3. 1954 betreffend das Verfahren in bürgerlichen Rechtssachen (betreffend Zivilprozeßrecht) BGBl 1969/354 **296**

Authentische Sprache: Deutsch

Materialien: NR: GP XI RV 1070 AB 1142 S 131; BR: AB 180 S 274.

Vorläufer: Korrespondenzübereinkommen vom 30. 12. 1899, JMVBl 1900/14 (in Kraft seit 1. 1. 1900; WA: BGBl 1926/56 und JABl 1950, 40); es ist durch Art 9 des obgenannten Vertrages BGBl 1969/354 „für den Rechtshilfeverkehr in Zivil- und Handelssachen“ außer Kraft gesetzt worden.

Inkrafttreten: 1. 11. 1969

Fundstelle: *Duchek/Schütz/Tarko,* Rechtsverkehr 1058 (SC V).

Slowakei

Rechtsquellen: HPÜ 1954 (WA: BGBl 1993/662); bilateraler Rechtshilfevertrag BGBl 1962/309 (WA: BGBl 1994/1046)

1. Weiteranwendung bzw Neuinkraftsetzung der bestehenden Rechtshilfeverträge

Mit 1. 1. 1993 wurde die Tschechische und Slowakische Föderative Republik aufgelöst; an ihre Stelle traten die Slowakische und die Tschechische Republik als zwei voneinander unabhängige und souveräne Staaten. **297**

Die Slowakische Republik hat in der Folge eine formelle Kontinuitätserklärung zum **HPÜ 1954** (B [*ehem CSSR*]: BGBl 1966/164) abgegeben (s BGBl 1993/662).

Sie hat ferner mit Notenwechsel vom 22. 12. 1993 BGBl 1994/1046 ua den mit Österreich bestehenden **bilateralen Rechtshilfevertrag** mit Wirkung vom

1. 1. 1995 neu mit der Änderung in Kraft gesetzt, daß an die Stelle der früheren Staatsnamen die Bezeichnung „Slowakische Republik" tritt bzw der Ausdruck „tschechoslowakisch" durch „slowakisch" ersetzt wird.

2. Inhalt

298 Zum Inhalt des bilateralen Rechtshilfevertrages s im allgemeinen die Ausführungen zu Tschechien Rz 342 ff.

An die Stelle des „Justizministeriums der Tschechoslowakischen Sozialistischen Republik" (s nur Art 9 und Art 27) tritt das „Slowakische Justizministerium".

299 Soweit von der **„Sprache des Gerichtes"** die Rede ist (so etwa in Art 3 Abs 3 lit b und c, Art 7 Abs 4 oder Art 17 Abs 1), wird hierunter nunmehr die **slowakische Sprache** zu verstehen sein.

300 Art 27 des slowakisch-österreichischen Rechtshilfevertrages sieht vor, daß die beiderseitigen Justizministerien einander **Rechtsauskünfte** erteilen. Dies ist nunmehr auch aufgrund zweier Europaratsabkommen gewährleistet, denen die Slowakische Republik jüngst beigetreten ist, nämlich aufgrund des **Londoner Rechtsauskunftsübereinkommens** (B: BGBl III 1997/12), und des **Straßburger Zusatzprotokolls** (B: BGBl III 1997/13); zu diesen s oben Anh A (HPÜ 1954) Rz 62 und unten im Anh zu § 271 ZPO.

3. Daten

301 **Amtlicher Titel:** Vertrag zwischen der Republik Österreich und der Slowakischen Republik *[**vormals:** Tschechoslowakischen Sozialistischen Republik]* über wechselseitigen rechtlichen Verkehr in bürgerlichen Rechtssachen, über Urkundenwesen und über Erteilung von Rechtsauskünften samt Schlußprotokoll vom 10. 11. 1961 BGBl 1962/309

Authentische Sprachen: Deutsch und Tschechisch

Materialien: NR: GP IX RV 689 AB 747 S 102; BR: S 192.

Inkrafttreten

a) des ursprünglichen Vertrages (mit der CSSR): 30. 12. 1962;

b) des für die Slowakische Republik neu in Kraft gesetzten Vertrages: 1. 1. 1995.

Fundstelle: *Duchek/Schütz/Tarko,* Rechtsverkehr 1064 (SK I).

Slowenien

Rechtsquellen: HPÜ 1954 (WA: BGBl 1993/364); bilateraler Rechtshilfevertrag BGBl 1955/224 (WA: BGBl 1993/714)

1. Vorbemerkung

302 Der Rechtshilfevertrag BGBl 1955/224 ist von der Republik Österreich und der damaligen Föderativen Volksrepublik Jugoslawien noch vor deren Beitritt zum HPÜ 1954 (der am 11. 12. 1962 erfolgte, s BGBl 1963/97) abgeschlossen worden. In der Textierung des ersten Teiles, der sich mit der internationalen Rechtshilfe in Zivilsachen befaßt, lehnt er sich freilich weitgehend an das HPÜ 1905 (dem das ehem Jugoslawien auch angehörte) bzw an das HPÜ 1954 (das damals schon vorlag, wenn es auch erst danach [am 12. 4. 1957] international in Kraft trat) an, so daß Harmonisierungsprobleme zwischen den beiden Verträgen bislang nicht aufgetreten sind; vgl auch Tschechien Rz 339 und Ungarn Rz 393.

Der Vertrag umfaßte ursprünglich neben der internationalen Rechtshilfe in Zivil- und Handelssachen (I. Teil, Art 1–18; ausdrücklich erwähnt sind insb die Außerstreitsachen und unter diesen wiederum „Fragen des Familienrechts, der Vormundschaft und der Pflegschaft") auch diejenige in Strafsachen (II. Teil, Art 19–28). Diese ist heute in einem eigenen Vertrag aus 1982 geregelt (s BGBl 1983/542). Weitere Themen des Rechtshilfevertrages sind die wechselseitige Abwicklung von Nachlaßangelegenheiten (III. Teil, Art 29–40), die Befreiung öffentlicher und öffentlich beglaubigter Urkunden von jeder weiteren Formalität, der Austausch und die kosten- und gebührenfreie Ausstellung von Personenstandsurkunden (IV. Teil, Art 41–46) sowie die Erteilung von Rechtsauskünften (V. Teil, Art 47). **303**

2. Territorialer Geltungsbereich; Weiteranwendung der bisher in Geltung stehenden Rechtshilfeverträge

Der vordem mit der Föderativen Volksrepublik Jugoslawien (FVRJ) abgeschlossene **Vertrag über den wechselseitigen rechtlichen Verkehr** gilt nach der Aufspaltung des Gebiets des ehem Jugoslawien in (derzeit) fünf selbständige Staaten (Bosnien-Herzegowina, Jugoslawien, Kroatien, Mazedonien und Slowenien) unverändert weiter. Hiebei haben mit Ausnahme von Bosnien-Herzegowina zwischenzeitig alle ehem Teilrepubliken im Einvernehmen mit der Republik Österreich ausdrücklich erklärt, den betreffenden Vertrag weiter anzuwenden (s BGBl III 1997/156, BGBl 1996/474, BGBl III 1997/92 und BGBl 1993/714). Nur Slowenien hat indes auch eine sprachliche (und damit zugleich inhaltliche) **Anpassung des Vertragstextes** an die geänderten politischen Verhältnisse vorgenommen: In den zwischen der Republik Österreich und der Republik Slowenien am 16. 10. 1992 gewechselten Noten wird die Weiteranwendung des Vertrages mit der Abänderung festgestellt, daß als **zuständige Behörde** für die Republik Slowenien in **Art 8** das „Ministerium für Justiz und Verwaltung" und in **Art 47** das „Außenministerium" angegeben wird und neben der deutschen nur noch die **slowenische Sprache** – als die „Sprache des ersuchten Gerichts" iSv **lit b des Schlußprotokolls** – für Zustellungs- und Rechtshilfeersuchen ieS gem **Art 9** zugelassen wird. **304**

Slowenien hat ferner eine formelle Kontinuitätserklärung zum **HPÜ 1954** (B [*ehem Föderative Volksrepublik Jugoslawien*]: BGBl 1963/97) abgegeben (s BGBl 1993/364).

3. Inhalt

a) Befreiung von der aktorischen Kaution; Vollstreckung von Kostenentscheidungen

Art 1 sichert den Angehörigen der Vertragsstaaten wechselseitig den freien Zugang zu und die Gleichbehandlung mit Inländern vor den Gerichten zu. Sie sind vom **Erlag einer aktorischen Kaution** unter der (zusätzlichen) Voraussetzung befreit, daß sie auch ihren Wohnsitz oder ihre Niederlassung in einem der Vertragsstaaten haben (Art 2 Abs 1). Sonstige Vorschüsse für „Vergütungen" (zB Sachverständigengebühren) dürfen ihnen nur unter den gleichen Bedingungen wie Inländer auferlegt werden (Art 2 Abs 2); mit diesem Prinzip der gewährten formellen Gegenseitigkeit stimmt überein, daß das ersuchte Gericht für den Fall, daß ein **Beweis durch** einen **Sachverständigen** zu führen ist, dann den **Erlag eines Kostenvorschusses** für dessen Gebühren auftragen und die Beweiserhebung davon abhängig machen darf, wenn diese Kosten letztlich von einer der Prozeßparteien zu tragen sind (Art 18 Abs 2). **305**

306 Wird der vom Erlag einer aktorischen Kaution befreite Kläger zur Zahlung der Prozeßkosten oder Entrichtung der Gerichtsgebühren rechtskräftig verurteilt, so ist diese Entscheidung im anderen Vertragsstaat vollstreckbar. (Diese Garantie wechselseitiger **Vollstreckung von Prozeßkostenentscheidungen** ist im Verhältnis zu Slowenien [und den anderen Teilrepubliken des ehem Jugoslawien, s Rz 304] deshalb von besonderer Bedeutung, weil es an einem umfassenden Anerkennungs- und Vollstreckungsvertrag mit diesen Ländern bis heute fehlt.) Sofern es sich hiebei um Prozeßkosten handelt, hat dieser Antrag von der obsiegenden Partei auszugehen, sofern es um die Eintreibung ausständiger Gerichtsgebühren geht, obliegt diese dem betreffenden Staat. Beide Anträge können entweder **unmittelbar beim zuständigen Exekutionsgericht** eingebracht werden; oder sie können an dieses **im** (für Rechtshilfeersuchen vorgesehenen) **Rechtshilfeweg** übermittelt werden (Art 3 Abs 1). Vorbild für diese Regelung sind die Art 17–19 HPÜ 1954 (dem das ehem Jugoslawien ja auch später, uzw 1962, beigetreten ist).

Dem Antrag ist die Entscheidung samt Vollstreckbarkeitsbestätigung und Übersetzung in die Amtssprache des angerufenen bzw ersuchten Gerichts beizulegen; letztere kann nicht nur von einem amtlich befugten Dolmetscher des ersuchten Staates (so Art 19 Abs 1 Z 3, 2. Fall HPÜ 1954), sondern auch des ersuchenden Staates (so die meisten Zusatzvereinbarungen zum HPÜ 1954) beglaubigt sein (Art 3 Abs 2).

b) Verfahrenshilfe

307 Art 4–6 entsprechen inhaltlich den Art 20 Abs 1 und 21–23 HPÜ 1954: Angehörige des einen Vertragsstaates sind im anderen in bezug auf **Gewährung von Verfahrenshilfe** gleichgestellt; zu den Einzelheiten s die Ausführungen im Anh zu § 63 ZPO.

c) Übermittlung der Rechtshilfeersuchen iwS

308 In Art 7 verpflichten sich die Vertragsstaaten zur wechselseitigen **Gewährung internationaler Rechtshilfe** in Zivil- und Handelssachen; im einzelnen führt der Vertrag „Zivilprozeßsachen" und „Außerstreitsachen einschließlich von Fragen des Familienrechtes, der Vormundschaft und der Pflegschaft" an und bezieht in diese auch jene Angelegenheiten dieser Art ein, die in einem der Vertragsstaaten (nicht durch die Gerichte, sondern) durch **Verwaltungsbehörden** abzuwickeln sind.

Die Behörden verkehren mitelnander auf **ministerieller Ebene** (Art 8; in Österreich: Bundesministerium für Justiz; in Slowenien: Ministerium für Justiz und Verwaltung). Nur Zwischenerledigungen, betreffend die rechtzeitige Verständigung der ersuchenden Behörde von Zeit und Ort der durchzuführenden Rechtshilfehandlung, können unmittelbar durch die Post erfolgen (Art 17 Abs 2).

309 Art 12 Abs 1 sieht die **amtswegige Weiterleitung** von an die unzuständige Behörde gerichtete Ersuchen vor. Eine Ablehnung des Ersuchens ist nur bei Gefährdung der Hoheitsrechte oder der Sicherheit des ersuchten Staates oder wegen *Ordre-public*-Widrigkeit zulässig (Art 12 Abs 2). Von der Weiterleitung eines Ersuchens an eine andere Behörde bzw von der Weigerung, dieses in der Sache zu erledigen, ist das ersuchende Gericht unverzüglich zu verständigen, uzw im letzteren Fall unter Bekanntgabe des Ablehnungsgrundes (Art 13).

d) Sprache

310 **Zustellungs- und Rechtshilfeersuchen ieS** können **wahlweise in deutscher oder slowenischer Sprache** (früher: in deutscher oder in der Sprache einer der

Provinzen Jugoslawiens) abgefaßt sein (s jedoch zur fehlenden Anpassung des Rechtshilfevertrages an die geänderten politischen Verhältnisse in den anderen ehemaligen Teilrepubliken oben Bosnien-Herzegowina Rz 27, Jugoslawien Rz 173, Kroatien Rz 177 und Mazedonien Rz 208). Die Begleitschreiben zu Zustellersuchen bzw die Rechtshilfeersuchen ieS können maW **in der eigenen Sprache** abgefaßt sein; s RHE Ziv. 1997, Länderübersicht zu § 25 Abs 1 (wiedergegeben bei *Duchek/Schütz/Tarko,* Rechtsverkehr 46 f); diesfalls werden sie (erst) im ersuchten Staat vor der Weiterleitung an die für die Erledigung des Rechtshilfeersuchens iwS zuständige Behörde übersetzt (so in Österreich durch die beim BMJ eingerichtete **Übersetzungsstelle;** s zu dieser oben Anh A [HPÜ 1954] Rz 51). Einer dieser Sprachen hat sich die Behörde auch bei ihrer Erledigung zu bedienen (Art 9). Demgegenüber sind die **zuzustellenden Schriftstücke** in die **Sprache des ersuchten Staates** zu übersetzen (Art 14 Abs 1 Satz 1); andernfalls ist nur die „formlose" Zustellung, dh die Zustellung an einen zur Übernahme bereiten Empfänger gestattet (Art 14 Abs 2); zum Unterschied zwischen formloser und förmlicher Zustellung s oben Anh A (HPÜ 1954) Rz 11 f und 22.

Übersetzungen sind amtlich herzustellen oder von einem amtlich befugten Dolmetscher des ersuchenden oder ersuchten Staates zu beglaubigen; darüber hinaus bedarf es keiner weiteren Formalität (Art 14 Abs 2 Satz 2).

e) Erledigung der Rechtshilfeersuchen iwS

Art 10 enthält Einzelheiten zum Inhalt der Rechtshilfeersuchen, Art 11 ent- **311**
spricht § 39 JN: Die Ersuchen sind gem der ***lex fori*** zu erledigen; doch kann der ersuchende Staat um **Einhaltung einer besonderen Form** ersuchen, sie darf jedoch nicht gegen den *ordre public* („Grundsätze der Gesetzgebung") des ersuchten Staates verstoßen.

Zur Durchführung von Rechtshilfeersuchen ieS (dh bei der Aufnahme von Beweisen) dürfen daher auch grundsätzlich die in der betreffenden Rechtsordnung vorgesehenen Zwangsmittel eingesetzt werden; das persönliche Erscheinen der Parteien („Streitteile") darf allerdings in keinem Fall – also auch nicht in jenen Verfahren, in denen dies das österreichische Recht zuläßt (nämlich in Ehe- und Abstammungssachen) – erzwungen werden (Art 17 Abs 1).

f) Zustellung durch diplomatische oder konsularische Vertretungsbehörden

Art 16 erlaubt die **Zustellung** an Angehörige des ersuchenden Staates **durch** **312**
diplomatische oder konsularische Vertreter ihres Staates ohne Androhung oder Anwendung von Zwangsmaßnahmen; haben diese zugleich die Staatsbürgerschaft des ersuchten oder eines dritten Staates, ist ein solches Vorgehen nicht erlaubt. (Für Ersuchen um Vernehmung von Personen bleibt es hingegen bei der Regelung des Art 15 HPÜ 1954, da es an einer diesbezüglichen weitergehenden Bestimmung im bilateralen Rechtshilfevertrag fehlt; s dazu oben Anh A [HPÜ 1954] Rz 49 f.)

g) Kostenersatz

Die **Kosten,** die aus der Gewährung der Rechtshilfe erwachsen, werden **313**
zwischen den Vertragsstaaten wechselseitig nicht verrechnet; ausgenommen sind die Kosten für **Sachverständige** (Art 18 Abs 1); zu Art 18 Abs 2 (Erlag eines Kostenvorschusses vor Durchführung des Sachverständigenbeweises) s oben Rz 305.

h) Urkundenwesen

314 Öffentliche und öffentlich beglaubigte **Urkunden** bedürfen gem Art 41 f keiner weiteren **Beglaubigung;** vgl dazu die Ausführungen im Anh zu § 293 ZPO; s auch oben Anh A (HPÜ1954) Rz 63.

i) Erteilung von Rechtsauskünften

315 In Art 47 sichern die beiden Staaten einander nicht nur zu, **Auskunft über** den Wortlaut von **Rechtsvorschriften** zu geben, die derzeit in Kraft stehen oder früher gegolten haben, sondern auch, einander gegebenenfalls „Auskünfte über bestimmte Rechtsfragen" zu erteilen. Als zuständige Kontaktstellen sind hierfür in beiden Staaten (nicht die Justiz-, sondern) die **Außenministerien** bestimmt.

Die Republik Slowenien ist allerdings darüber hinaus jüngst auch dem **Londoner Rechtsauskunftsübereinkommen** BGBl 1971/417 beigetreten (s BGBl III 1998/91). Für dessen Anwendungsbereich hat Österreich jedoch als **staatliche Verbindungsstelle** für den Empfang und die Übermittlung der Ersuchen gem Art 2 das **BMJ** bekanntgegeben; vgl zu diesem Übereinkommen des Europarates oben Anh A (HPÜ 1954) Rz 62 und unten im Anh zu § 271 ZPO.

4. Daten

316 **Amtlicher Titel:** Vertrag zwischen der Republik Österreich und der Republik Slowenien *[**vormals:** Föderativen Volksrepublik Jugoslawien]* über den wechselseitigen rechtlichen Verkehr samt Schlußprotokoll vom 16. 12. 1954 BGBl 1955/224 idF des Notenwechsels vom 16. 10. 1992 BGBl 1993/714

Authentische Sprachen: Deutsch und Serbokroatisch

Materialien zu

a) BGBl 1955/224: NR: GP VII RV 489 AB 505 S 67; BR: S 102.

b) BGBl 1993/714: NR: GP XVIII RV 734 AB 1055; BR: AB 4535 S 570.

Inkrafttreten des

a) Rechtshilfevertrages: 12. 12. 1955

b) Notenwechsels: 1. 11. 1993

Fundstelle: *Duchek/Schütz/Tarko,* Rechtsverkehr 1088 (SLO I).

Spanien

Rechtsquellen: HPÜ 1954 (B: BGBl 1961/285); Zusatzabkommen zum HPÜ 1954, BGBl 1981/280

Lit zum spanischen Zivilprozeßrecht: *Cremades/Cabiedes,* Litigating in Spain. Considerations for foreign practitioners, including international judicial assistance, enforcement of foreign judgments, bankruptcy, arbitration and other civil proceedings (1989) 423 ff (zur Rechtshilfe in Spanien auf Ersuchen ausländischer Gerichte); *Miras,* Die Entwicklung des spanischen Zivilprozeßrechts. Von den Anfängen bis zur Gegenwart (1994).

1. Hinweise zum spanischen Recht

317 Spanien steht wie Österreich auf dem klaren Standpunkt, daß es zur Setzung gerichtlicher Maßnahmen im Ausland, die für einen Inlandsprozeß bestimmt sind, ebenso wie zur Vornahme von Zustellungen und Beweisaufnahmen im Inland, die für einen Auslandsprozeß bestimmt sind, der Einschaltung der Gerichte des Staates, auf dessen Gebiet diese Akte ausgeführt werden sollen, bedarf. Die spanischen Zivilprozeßgesetze enthalten daher Bestimmungen über die internationale Rechtshilfe, die weitgehend den österreichischen gleichen, uzw in Art 300 LEC *(Ley de enjuiciamiento civil)* für die internationale Zustel-

lung und in Art 276–278 LOPJ *(Ley orgánica del poder judicial)* für die internationale Beweisaufnahme. Allerdings wird – im Unterschied zu Österreich – im vertragslosen Bereich die Gewährung internationaler Rechtshilfe letztlich vom Vorliegen der Gegenseitigkeit abhängig gemacht (s Art 277 und 278 LOPJ sowie – abgeschwächt – auch Art 300 LEC).

Auch nach spanischem Recht haben Normen des zwischenstaatlichen Rechts Vorrang vor solchen des innerstaatlichen Rechts (s Art 300 LEC und Art 277 LOPJ). Der Rechtshilfeverkehr mit Spanien ist daher gemäß dem HPÜ 1954 und der zwischen Österreich und Spanien abgeschlossenen Zusatzvereinbarung abzuwickeln.

2. Inhalt

a) Verbürgung der formellen Gegenseitigkeit

Art 1 der spanisch-österreichischen Zusatzvereinbarung zum HPÜ 1954 sichert den Angehörigen beider Vertragsstaaten den freien Zugang zu den Gerichten des jeweils anderen Vertragsstaates unter der Garantie der Gleichbehandlung mit Inländern zu. **318**

b) Übermittlungswege

Gegenüber Art 1 Abs 1 HPÜ 1954 (der den indirekten konsularischen Weg vorsieht) bringt das Zusatzabkommen mit Spanien insb die Erleichterung, daß als Übermittlungsweg für Rechtshilfeersuchen iwS der unmittelbare Verkehr zwischen den beiderseitigen **Justizministerien** vorgesehen ist (s Art 2 Abs 1 [Zustellungen] und Art 4 [Beweisaufnahmen]). Nur für bestimmte Zwischenerledigungen (wie der Verständigung des ersuchenden Gerichts von Zeit und Ort der Ausführung des Rechtshilfeersuchens) ist der **unmittelbare Behördenverkehr** vorgesehen (Art 7). **319**

Die Zusatzvereinbarung ist iSv Art 6 Abs 2 HPÜ 1954 auch als Verbot der Vornahme direkter Zustellungen durch die Post (Art 6 Abs 1 Z 1 HPÜ 1954) anzusehen; vgl *Duchek/Schütz/Tarko,* Rechtsverkehr 1116 Anm 7 (zu Art 3). Dies entspricht der übereinstimmenden Auffassung in den beiden Staaten von der Zustellung als eines Hoheitsaktes. Auch die in Art 6 Abs 1 Z 2 HPÜ 1954 genannte Zustellart (durch besondere, hierfür speziell ausgebildete Personen) kommt im Rechtshilfeverkehr zwischen Österreich und Spanien nicht in Betracht; s dazu oben Anh A (HPÜ 1954) Rz 16. **320**

c) Sprache

Eine weitere Vereinfachung des spanisch-österreichischen Rechtshilfeverkehrs besteht darin, daß die Behörden miteinander in ihrer **eigenen Sprache** verkehren (Art 9). Die notwendigen **Übersetzungen** – für den internen Amtsgebrauch, aber auch, um das rechtliche Gehör der von der Rechtshilfehandlung betroffenen Partei zu wahren (s dazu oben Anh A [HPÜ 1954] Rz 51) – werden somit erst im ersuchten Staat (von Amts wegen und auf seine Kosten) hergestellt. (Spanisch ist allerdings nicht unter den Sprachen aufgezählt, für welche die erforderlichen Übertragungen in die deutsche Sprache von der beim BMJ eingerichteten Übersetzungsstelle besorgt werden können, weshalb hier – selbst für den behördeninternen Gebrauch – die Einschaltung eines beeideten gerichtlichen Dolmetschers erforderlich sein dürfte.) **321**

d) Erledigung der Rechtshilfeersuchen iwS

Ist das Zustell- oder Beweisersuchen an eine unzuständige Behörde gerichtet, so leitet es dieses amtswegig an das zuständige Gericht weiter (Art 10). **322**

323 Rechtshilfeersuchen iwS dürfen nicht deshalb abgelehnt werden, weil der ersuchte Staat in dieser Rechtssache eine „ausschließliche (internationale) Zuständigkeit" für sich in Anspruch nimmt (Art 6).

Spanien gehört zu jenen Ländern, deren innerstaatliches Recht vorsieht, daß ein Ersuchen um Rechtshilfe dann nicht erledigt werden darf, wenn die betreffende Rechtssache in seine eigene ausschließliche Gerichtsbarkeit fällt (Art 278 Abs 1 Nr 1 LOPJ). Da nun eine ganze Reihe von Staaten diesen Ablehnungsgrund als von der weiten Formulierung des HPÜ 1954 – wonach die begehrte Rechtshilfehandlung abgelehnt werden darf, wenn sie „nach der Auffassung des Staates, auf dessen Gebiet sie erfolgen soll, geeignet erscheint, seine Hoheitsrechte zu verletzen oder seine Sicherheit zu gefährden" (so Art 4) bzw „seinen Hoheitsrechten oder seiner Sicherheit Eintrag zu tun" (so Art 11 Abs 3 Z 3) – mitumfaßt ansieht, handelt es sich somit bei dieser Bestimmung des Zusatzabkommens um eine echte **Einschränkung der** nach dem HPÜ 1954 in dieser Sicht **zulässigen Gründe für die Verweigerung der Rechtshilfe;** s dazu oben § 38 JN Rz 36.

324 Zuzustellende Schriftstücke können gem Art 2 Abs 2 (in Abweichung von Art 3 Abs 1 HPÜ 1954) in **einfacher Ausfertigung** übersandt werden. (Dies erfordert, den Zustellausweis beizulegen; eine Vorgangsweise nach Art 5 Abs 2 HPÜ 1954 – Anheften des Empfangsbekenntnisses oder der Bestätigung über die erfolgte Zustellung auf dem [zweiten] Zustellstück – kommt demnach nicht in Frage.) Einer Beglaubigung der zuzustellenden Schriftstücke in welcher Art immer bedarf es nicht (Art 2 Abs 3; s auch Art 8, unten Rz 326).

e) Rechtshilfe iwS durch diplomatische oder konsularische Vertretungsbehörden

325 Die Zustellung von Schriftstücken an im Ausland befindliche Personen sowie die Vernehmung solcher Personen kann ferner durch die diplomatischen oder konsularischen Vertreter des Staates erfolgen, dem diese angehören (Art 3 Abs 1 und Art 5 Abs 1). Hierbei bestimmt sich ihre Staatsangehörigkeit nach dem Recht des ersuchten Staates, weshalb die (diplomatische oder) konsularische Rechtshilfe dann ausgeschlossen ist, wenn es sich um Personen handelt, die (nur oder auch) Staatsbürger des ersuchten Staates sind (Art 3 Abs 2 und Art 5 Abs 2). Die Frage, ob diese Rechtshilfehandlungen auch dann verboten sind, wenn es sich (nur) um (Doppel-)Staatsbürger des Sendestaates und eines dritten Staates handelt, ist durch diese Formulierung allerdings offengelassen. Nach allgemeinen völkerrechtlichen Grundsätzen wäre sie zu bejahen; s oben Anh A (HPÜ 1954) Rz 49f.

f) Urkundenwesen

326 Art 8 gewährleistet die Gleichstellung spanischer und österreichischer Urkunden dadurch, daß öffentliche Urkunden und öffentlich beglaubigte Privaturkunden und vidimierte Abschriften von Urkunden keiner weiteren Beglaubigung bedürfen, wenn sie in einem Gerichtsverfahren vorgelegt werden; s dazu auch unten im Anh zu § 293 ZPO.

g) Aktorische Kaution; Vollstreckung von Prozeßkostenentscheidungen

327 In der Frage der Befreiung von der Sicherheitsleistung für Prozeßkosten enthält das Zusatzabkommen keine über Art 17 Abs 1 und 2 HPÜ 1954 hinausgehende Regelung; zu dieser s oben Anh A (HPÜ 1954) Rz 27. Für den danach nicht erfaßten Bereich von österreichischen und spanischen Staatsbürgern, die in keinem der Vertragsstaaten des HPÜ 1954 einen **Wohnsitz** hatten, blieb es daher weiterhin beim nationalen Recht der Befreiung von der aktorischen Kaution/ *arraigo del juicio,* für Spanien somit bei dem in Art 534 LEC statuierten **Rezi-**

prozitätsprinzip; dieses sicherte Österreichern jedenfalls in den Fällen, in denen Spanier in Österreich gem § 57 Abs 2 ZPO von der aktorischen Kaution befreit waren, eine gleiche Behandlung vor den spanischen Gerichten zu; vgl dazu näher bei *Schütze/Karl* in *Bülow/Böckstiegel/Geimer/Schütze,* Rechtsverkehr III, O 1130.12 f, und bei *Miras,* Entwicklung 167 f.

Im Verhältnis zwischen Österreich und Spanien ist diese Rechtslage jedoch heute durch die **Rechtsprechung des EuGH** zu Art 6 I (jetzt: Art 12 I) EGV überholt; nach dieser ist ein Kläger, der die Staatsangehörigkeit eines Mitgliedstaates der Europäischen Union besitzt, auch dann vom Erlag einer Prozeßkostensicherheit befreit, wenn er seinen Wohnsitz außerhalb der Europäischen Union hat; s oben Anh A (HPÜ 1954) Rz 69.

Die **Vollstreckung von Prozeßkostenentscheidungen,** die gegen den von jeder Prozeßkostensicherheit befreit gewesenen Kläger ergangen sind, ist heute – neben der in Art 18 f HPÜ 1954 vorgesehenen Möglichkeit, die Vollstreckbarerklärung im Wege der Rechtshilfe zu erlangen – auch durch **Art 31 ff EuGVÜ** gewährleistet; s dazu oben Anh A (HPÜ 1954) Rz 70. **328**

h) Verfahrenshilfe

Keiner weiteren Regelung bedurfte ferner die Verfahrenshilfe, da diese sowohl nach spanischem als auch nach österreichischem Recht In- und Ausländern gleichermaßen zusteht (vgl Art 119 der spanischen Verfassung [*Constitución*] iVm Art 13 ff LEC bzw § 63 ZPO). **329**

Spanien und Österreich sind Mitgliedstaaten des **Europäischen Verfahrenshilfeübereinkommens** (B: BGBl 1986/22; M: BGBl III 1999/92); zu diesem s allgemein oben Anh A (HPÜ 1954) Rz 61 und unten im Anh zu § 63 ZPO. Als **zentrale Empfangs- und Übermittlungsstelle** iSd Art 2 des Übereinkommens hat Spanien das *Ministerio de Justicia, Secretaría General Técnica* bestimmt.

i) Rechtsauskünfte

Auch die wechselseitige Erteilung von Rechtsauskünften bedurfte im Zeitpunkt des Vertragsabschlusses keiner bilateralen Regelung mehr. Denn Spanien gehört sowohl dem **Londoner Rechtsauskunftsübereinkommen** (B: BGBl 1973/594 und BGBl III 1999/92) als auch dem **Straßburger Zusatzprotokoll** (B: BGBl 1982/260) an; zu diesen beiden Europaratsabkommen s oben Anh A (HPÜ 1954) Rz 62 und unten im Anh zu § 271 ZPO. **330**

2. Daten

Amtlicher Titel: Abkommen zwischen der Republik Österreich und Spanien vom 14. 11. 1979 zur Ergänzung des Haager Übereinkommens vom 1. 3. 1954 betreffend das Verfahren in bürgerlichen Rechtssachen BGBl 1981/280 **331**

Authentische Sprachen: Deutsch und Spanisch

Materialien: NR: GP XV RV 216 AB 349 S 35; BR: AB 2151 S 397.

Inkrafttreten: 1. 8. 1981

Fundstelle: *Duchek/Schütz/Tarko,* Rechtsverkehr 1115 (SP I).

Tadschikistan

Rechtsquellen: HPÜ 1954 (WA: –); Zusatzabkommen zum HPÜ 1954 BGBl 1972/112 (WA: BGBl III 1998/4)

1. Weiteranwendung der bisher in Geltung stehenden Rechtshilfeverträge

332 Mit Kundmachung des Bundeskanzlers BGBl III 1998/4 sind die bilateralen Verträge bekanntgeben worden, die am 9. 9. 1991, dem Tag der Staatennachfolge der Republik Tadschikistan in das betreffende Gebiet der ehem Union der Sozialistischen Sowjetrepubliken, in Kraft standen und seither weiterhin von den zuständigen Behörden der beiden Staaten angewendet werden. Zu diesen gehört auch der nachstehende **Rechtshilfevertrag** BGBl 1972/112 (s Pkt. 2 der Kundmachung).

Eine formelle Kontinuitätserklärung, betreffend das **HPÜ 1954** (B *[ehem UdSSR]:* BGBl 1967/213), hat die Republik Tadschikistan bislang nicht abgegeben; nach den allgemein anerkannten Regeln des Völkerrechts ist das Übereinkommen als vorläufig weiter in Geltung stehend anzusehen.

2. Inhalt

333 Siehe Russische Föderation Rz 268 ff.

3. Daten

334 **Amtlicher Titel:** Abkommen zwischen der Republik Österreich und der Republik Tadschikistan *[**vormals:** Union der Sozialistischen Sowjetrepubliken]* betreffend das Verfahren in bürgerlichen Rechtssachen vom 11. 3. 1970 BGBl 1972/112

Übrige Daten: Siehe Russische Föderation Rz 277.

Fundstelle: –.

Tansania

Rechtsquelle: bilateraler Rechtshilfevertrag BGBl 1980/222

1. Inhalt

335 Der Vertrag ist weitgehend dem **österreichisch-britischen Rechtshilfeabkommen** vom 31. 3. 1931 BGBl 1932/45 nachgebildet (vgl oben Großbritannien Rz 124 ff); in der Tat stimmt der in Deutsch und Englisch (authentische Sprachen) abgefaßte Text mit diesem mit Ausnahme der Art 3 lit a und lit b Abs 2, Art 4 lit c Abs 1 sowie Art 7 lit c wörtlich überein.

336 Von dem genannten Abkommen unterscheidet er sich zunächst dadurch, daß nach ihm für die **Übermittlung von Zustellungs- und Rechtshilfeersuchen ieS** der **diplomatische Weg** einzuhalten ist (s Art 3 lit a und Art 7 lit c). Daneben stehen freilich ebenso wie nach dem österreichisch-britischen Abkommen ua insb die dem angelsächsischen Recht vertrauten Formen unmittelbarer Zustellung und Beweisaufnahme durch einen von dem ausländischen (hier: tansanischen) Gericht bestellten oder von der Partei selbst beauftragten Vertreter offen (s nur Art 4 lit a Z 2 und Art 8 lit a).

337 Eine weitere Abweichung gegenüber dem vorgenannten Abkommen resultiert daraus, daß in Tansania **Amtssprache** – neben Englisch – **Kisuaheli** ist (s Art 3 lit b Abs 2). Werden die Schriftstücke gem Art 4 lit a Z 1 im ersuchten Staat unmittelbar durch einen konsularischen oder diplomatischen Vertreter des ersuchenden Staates zugestellt, so ist ihnen – sofern sie nicht ohnedies in einer der Amtssprachen abgefaßt sind – zwingend eine (von einem solchen Vertreter beglaubigte) **Übersetzung** in diese beizuschließen, es sei denn, daß es sich bei dem Zustellempfänger um einen Angehörigen des ersuchenden Staates handelt (s Art 4 lit c Abs 1).

2. Daten

Amtlicher Titel: Vertrag über das gerichtliche Verfahren in Zivil- und Handelssachen zwischen der Republik Österreich und der Vereinigten Republik Tansania vom 23. 11. 1972 BGBl 1980/222 **338**

Authentische Sprachen: Deutsch und Englisch

Materialien: NR: GP XIII RV 872 AB 1080 S 106; BR: AB 1118 S 331.

Inkrafttreten: 11. 6. 1980

Fundstelle: *Duchek/Schütz/Tarko,* Rechtsverkehr 1140 (TA I).

Tschechien

Rechtsquellen: HPÜ 1954 (WA: BGBl 1993/364); bilateraler Rechtshilfevertrag BGBl 1962/309 (WA: BGBl III 1997/123)

Lit zum tschechischen Recht: *Breidenbach* (Hrsg), Handbuch Wirtschaft und Recht in Osteuropa Bd 1 (Stand: 26. El, Mai 1999), Länderteil: Tschechische Republik und Slowakische Republik (CS).

1. Vorbemerkung

Zum Zeitpunkt der Ausarbeitung des bilateralen Rechtshilfevertrages in den Jahren 1960 und 1961 (vgl ErläutRV 689 BlgNR 9. GP 13) gehörte die ehem Tschechoslowakische Sozialistische Republik (CSSR) (zwar noch formell dem HPÜ 1905, aber) nicht dem HPÜ 1954 an (s jedoch deren späteren, mit Wirkung vom 11. 8. 1966 erfolgten Beitritt BGBl 1966/164). Der vorliegende Vertrag folgt indes in Themenstellung, Aufbau und Inhalt weitgehend dem HPÜ 1954, so daß sich zwischen diesem und der bilateralen Regelung bislang keine Friktionen in der Vertragspraxis ergeben haben; vgl auch Ungarn Rz 393; zur Problematik des Verhältnisses zwischen HPÜ 1954 und anderen, insb bilateralen Abkommen s allgemein *Duchek/Schütz/Tarko,* Rechtsverkehr 48 Anm 7 (zu Art 1 HPÜ 1954). Er stellt – wie die ErläutRV 689 BlgNR 9. GP 13 betonen – „im wesentlichen ... lediglich eine Kodifizierung der bisherigen Praxis des Rechtsverkehrs zwischen der Republik Österreich und der CSSR dar". **339**

Der vorliegende Vertrag ist der zeitlich erste von mehreren fast durchgehend wort- (jedenfalls aber praktisch inhalts-)gleichen Rechtshilfeverträgen, die in den Sechzigerjahren von Österreich insb mit Nachfolgestaaten der Österreichisch-Ungarischen Monarchie (bzw mit damals sozialistischen Staaten Osteuropas) abgeschlossen wurden, uzw (in zeitlicher Reihenfolge) mit der **ehem CSSR** (1961; s Rz 339), mit **Ungarn** (1965; s Rz 392), **Rumänien** (1965; s Rz 253) und **Bulgarien** (1967; s Rz 30); vgl auch den (thematisch viel umfassenderen) Vertrag mit **Polen** (1963; s Rz 234) und den (zeitlich vor dieser Periode liegenden) Vertrag mit der **ehem FVRJ** (1954; s Slowenien Rz 302). Sie tragen alle die Handschrift des damaligen Leiters der Zivilsektion *Sektionschef Dr. Viktor Hoyer,* eines hervorragenden Kenners der Materie (s nur die dem Besonderen Teil jeweils vorangestellten rechtsgeschichtlichen Anmerkungen im Allgemeinen Teil der ErläutRV). Ihre Besonderheit liegt darin, daß sie die **Verwendung der eigenen Sprache für die Abwicklung** des eigentlichen **Rechtshilfeverkehrs** vorsehen, dh die bei dem Justizministerium des ersuchten Staates eingehenden Rechtshilfeersuchen iwS werden erst in diesem aus der Landessprache des ersuchenden Staates übersetzt. Wie die ErläutRV wiederholt betonen, sei es eben „im allgemeinen ... leichter und für die Qualität der Übersetzung förderlicher, wenn aus der fremden Sprache in die eigene übersetzt wird, als umgekehrt." Die „Kosten für Übersetzungen von aus dem anderen Vertragsstaat einlangenden Rechtshilfeersuchen" gingen diesfalls „zu Lasten des ersuchten Staates" (so Bulgarien ErläutRV 975 BlgNR 11. GP 14 [zu Art 4]; Rumänien ErläutRV 881 BlgNR 11. GP 11 [zu Art 4]). Dies gilt freilich nicht für die im Rechtshilfeweg zuzustellenden Schriftstücke; und laut Art 4 Abs 2 des rumänisch- **340** österreichischen Vertrages auch nicht für die einem Ersuchen angeschlossenen Beilagen (zB Katalog von Fragen, die an die zu vernehmende Person gerichtet werden sollen); s dazu näher unten Rz 350 und 353.

2. Weiteranwendung der bisher in Geltung stehenden Rechtshilfeverträge

341 Mit 1. 1. 1993 wurde die Tschechische und Slowakische Föderative Republik (CSFR) aufgelöst; an ihre Stelle traten die Slowakische und die Tschechische Republik als zwei voneinander unabhängige und souveräne Staaten.

Die Tschechische Republik hat in der Folge eine formelle Kontinuitätserklärung zum **HPÜ 1954** (B [*ehem CSSR*]: BGBl 1966/164) abgegeben (s BGBl 1993/364).

Laut Kundmachung des Bundeskanzlers BGBl III 1997/123 haben die Republik Österreich und die Tschechische Republik den am 1. 1. 1993, dem Tag der Staatennachfolge der Tschechischen Republik in das betreffende Gebiet der ehem Tschechischen und Slowakischen Föderativen Republik, in Kraft stehenden **bilateralen Vertragsbestand** einvernehmlich geprüft und festgestellt, daß ua der nachstehende Vertrag von den zuständigen Behörden der beiden Länder weiter angewendet wird (s Pkt 6 der Kundmachung).

3. Inhalt

a) Allgemeines; Gleichstellung juristischer Personen

342 Art 1 garantiert Angehörigen des jeweils anderen Vertragsstaates den **freien Zugang zu** und die Gleichbehandlung mit Inländern vor **Gericht** (Abs 1) und stellt **juristische Personen** (einschließlich Handelsgesellschaften), die nach dem Recht dieses Vertragsstaates errichtet und dort ihren Sitz haben, den natürlichen Personen gleich (Abs 2).

b) Sicherheitsleistung für Prozeßkosten; Vollstreckung der Kostenentscheidungen

343 Art 2 befreit „Angehörige eines der Vertragsstaaten, die in einem von ihnen ihren **Wohnsitz, gewöhnlichen Aufenthalt oder Sitz** haben", von der **Leistung einer Sicherheit für die Prozeßkosten** (Abs 1); ihnen darf auch kein **Kostenvorschuß zur Deckung der Gerichtsgebühren** auferlegt werden (Abs 2).

Danach entsprechen die Absätze 1 und 2 des Art 2 zwar in der Textierung denen des Art 17 HPÜ 1954. Doch bewirkt dessen **größerer Mitgliederstand** eine **Erweiterung des Anwendungsbereichs** dieser Regel und überlagert insofern den bilateralen Vertrag. Denn es genügt nach dieser Bestimmung, daß die klagende Partei (bzw der Antragsteller oder Intervenient) ihren (bzw seinen) **Wohnsitz in einem der Vertragsstaaten des HPÜ 1954** hat; vgl oben Anh A (HPÜ 1954) Rz 27 (s dort auch zu der Frage, ob juristische den natürlichen Personen insoweit gleichgestellt sind).

344 Sofern **Gerichtsgebühren** zu Beginn des Verfahrens zu begleichen sind, muß Angehörigen des anderen Vertragsstaates hierfür zumindest eine **Frist von einem Monat** eingeräumt werden (Abs 3). Bezüglich des Erlages von **Vorschüssen für „Vergütungen"** (zB Kostenvorschuß für Zeugen- und Sachverständigengebühren, Verwahrungskosten; vgl ErläutRV 689 BlgNR 9. GP 14 [zu Art 2]) sind die Angehörigen des anderen Vertragsstaates – entsprechend dem Prinzip der formellen Gegenseitigkeit – wie Inländer zu behandeln (Abs 4); s jedoch auch unten Rz 356.

345 Art 3 garantiert die **Vollstreckung der** (rechtskräftigen und vollstreckbaren) **Entscheidungen,** mit denen der unterlegenen (vom Erlag einer Prozeßkostensicherheit oder eines sonstigen Vorschusses für Gerichtsgebühren befreit gewesenen) Partei die Zahlung der **Prozeßkosten** oder sonstigen Gerichtsgebühren auf-

erlegt wird, im anderen Vertragsstaat unter den üblichen Bedingungen; zu diesen gehören insb, daß auch die mit der Antragstellung verbundenen Kosten (Vollstreckbarkeitsbestätigung, Übersetzungen in die Landessprache des Zweitstaates) von der Vollstreckungsbehörde bestimmt und gleichfalls im exekutiven Weg hereingebracht werden können (Abs 5) und daß die Partei die Wahl hat, ihren Antrag **unmittelbar** bei der zuständigen Vollstreckungsbehörde **im Zweitstaat** zu stellen oder ihn beim Prozeßgericht erster Instanz **im Erststaat** einzubringen und von diesem **im Rechtshilfeweg** (über die beiderseitigen Justizministerien; s Art 9) an das zuständige Gericht im Zweitstaat weiterleiten zu lassen (Abs 1); bezüglich der formellen Voraussetzungen s Art 3 Abs 3 Satz 1 (Vollstreckbarkeitsbestätigung; Übersetzung der Anträge in die Sprache des ersuchten Gerichts); bezüglich der anzuschließenden Übersetzungen s Art 3 Abs 3 letzter Satz iVm Art 17 Abs 3 (sie müssen entweder amtlich hergestellt sein, oder es muß ihre Richtigkeit von einem beeideten gerichtlichen Dolmetsch des Erst- oder Zweitstaates bestätigt sein; einer Beglaubigung seiner Unterschrift bedarf es nicht). Die Zwangsvollstreckung selbst richtet sich nach inländischem Recht (Abs 4).

c) Verfahrenshilfe

Art 4–7 regeln die Gleichstellung mit Inländern auf dem Gebiet der **Verfahrenshilfe** (Art 4 Abs 1; sie erstreckt sich auch auf Verfahren zur Hereinbringung der Prozeßkosten aufgrund von Entscheidungen, die im anderen Vertragsstaat gegen die von der aktorischen Kaution befreiten Partei ergangen sind [Art 4 Abs 2 Satz 2]; s oben Rz 345); ferner die Ausstellung von Zeugnissen zur Erlangung der Verfahrenshilfe und den für derartige Anträge vorgesehenen Übermittlungsweg (Art 7 Abs 3 [unmittelbarer Verkehr zwischen den Justizministerien]; s unten Rz 349); vgl im einzelnen oben Anh A (HPÜ 1954) Rz 61 und unten im Anh zu § 63 ZPO. 346

d) Übermittlung der Rechtshilfeersuchen iwS

In Art 8 verpflichten sich die Vertragsstaaten zur **wechselseitigen Rechtshilfe iwS.** Danach sind Zustellungen und Rechtshilfehandlungen ieS (Beweisaufnahmen) für im anderen Vertragsstaat durchzuführende Verfahren in bürgerlichen Rechtssachen (einschließlich des Familienrechts) vorzunehmen, uzw auch dann, wenn für solche Rechtssachen im ersuchenden oder ersuchten Staat Verwaltungsbehörden zuständig sein sollten. 347

Art 28 stellte ferner die **„tschechoslowakischen Staatsnotariate“** insoweit den Gerichten im zwischenstaatlichen Rechtshilfeverkehr gleich, als sie Aufgaben zu erfüllen hatten, „die in der Republik Österreich in den Bereich der Gerichtsbarkeit fallen“. Mit der formellen Überleitung der Staatsnotare in (öffentliche) Notare westlicher Prägung durch das Notariatsgesetz vom 7. 5. 1992, Nr. 358/1992 Sb. idF des Gesetzes Nr. 82/1998 Sb. (s insb §§ 110 und 115 Abs 1; *Breidenbach* [Hrsg], Handbuch CS 940) ist diese Bestimmung gegenstandslos geworden; vgl *Duchek/Schütz/Tarko,* Rechtsverkehr 1138 Anm 14 (zu Art 28). 348

Als **Übermittlungsweg** ist der Verkehr zwischen den beiden **Justizministerien** vorgesehen (Art 9); der **unmittelbare postalische Verkehr** zwischen den Behörden selbst ist nur für **Zwischenerledigungen** zugelassen (so für die Verständigung des ersuchenden Gerichts von der Weiterleitung eines an die unzuständige Behörde gerichteten Ersuchens an die hiefür zuständige Stelle; oder für dessen Benachrichtigung von Zeit und Ort der vorzunehmenden Rechtshilfehandlung [in diesem Fall hat die Verständigung mittels eingeschriebenen Briefes zu erfolgen]; s Art 13 Abs 2 und 3). 349

e) Sprache

350 Die Ersuchen um Zustellung oder Rechtshilfe ieS müssen weder in der Amtssprache des ersuchten Staates abgefaßt noch muß ihnen eine **Übersetzung** in diese beigeschlossen sein, dh die zuständigen Stellen verkehren miteinander in ihrer **eigenen Sprache** (Art 10); vgl oben Rz 340.

Die notwendigen Übersetzungen, deren es zur Erledigung der Ersuchen durch die zuständigen Rechtshilfegerichte in Österreich bedarf, werden diesfalls durch die **Übersetzungsstelle beim BMJ** hergestellt; zu dieser s oben Anh A (HPÜ 1954) Rz 51.

Dies gilt freilich nicht für Schriftstücke, die „förmlich" zugestellt werden sollen; zu dieser Art der Zustellung s oben Anh A (HPÜ 1954) Rz 11 f und 22 und weiter unten Rz 353.

f) Erledigung der Rechtshilfeersuchen iwS

351 Für die Art der **Erledigung der Ersuchen iwS** (sowie für die hierbei zu verwendende Sprache) verweisen Art 12 Satz 1 und Art 17 Abs 1, 1. Hs auf die ***lex fori.*** Doch kann der ersuchende Staat sowohl bei Ersuchen um Zustellung (s Art 12 Satz 2 iVm Art 17 Abs 1, 2. Hs) als auch bei Rechtshilfeersuchen ieS (Beweisaufnahme; s Art 12 Satz 2) den Wunsch äußern, daß eine **hiervon abweichende Vorgangsweise** eingehalten werde; dem ist vom Rechtshilfegericht zu entsprechen, sofern die Durchführung aufgrund der gewünschten Vorschriften **nicht** in der Sicht des ersuchten Staates ***ordre public*-widrig** ist. Unabhängig davon, ob dies im innerstaatlichen Recht vorgesehen ist oder nicht, ist jedenfalls keiner der beiden Vertragsstaaten verpflichtet, die **Parteien** zum **Erscheinen vor Gericht** (oder zur Aussage) durch Einsetzung von Zwangsmitteln zu verhalten (Art 19).

352 Art 13 statuiert eine gewisse **Bemühungspflicht** für den Fall, daß sich die **Anschrift** des Zustellempfängers oder der zu vernehmenden Person als unvollständig oder unrichtig herausstellen sollte.

Kann einem Ersuchen nicht Folge geleistet werden – sei es faktisch oder deshalb, weil seine Durchführung gegen den *ordre public* („die öffentliche Ordnung") des ersuchten Staates verstoßen würde (Art 16) –, so sind die Gründe hiefür dem ersuchenden Staat mitzuteilen (Art 14).

g) Internationale Zustellung

353 Speziell für die **Zustellung** gerichtlicher und außergerichtlicher **Schriftstücke** gilt, daß diese in der **Amtssprache des ersuchten Staates** abgefaßt oder in diese übersetzt sein müssen, soll die Zustellung auch gegen den Willen des Adressaten vorgenommen werden können; andernfalls ist sie wirksam nur dann durchführbar, wenn der Empfänger zur Annahme der betreffenden Schriftstücke bereit ist (Art 17 Abs 1 und 2); zu dieser **Unterscheidung zwischen förmlicher und formloser Zustellung** und ihrer Bedeutung im Hinblick auf die Wahrung des rechtlichen Gehörs der beklagten Partei s oben Anh A (HPÜ 1954) Rz 11 f und 22. In diesem Zusammenhang weist auch der bilaterale Vertrag (vgl die ähnlich formulierte Regel in Art 3 Abs 2 HPÜ 1954) darauf hin, daß auf Wunsch des ersuchenden Staates eine **besondere Form der Zustellung** einzuhalten ist (so etwa die im österreichischen Recht für die Eigenhandzustellung vorgeschriebene Vorgangsweise); s Art 17 Abs 1 iVm Art 12 Satz 2 (oben Rz 351). Die erforderliche **Übersetzung** der Zustellstücke kann durch eine amtliche Übersetzungsstelle erfolgen; oder es kann ihre Richtigkeit von einem beeideten gerichtlichen Dolmetscher (uzw – über Art 3 Abs 3 HPÜ 1954 hinausgehend – nicht nur von einem Dolmetscher des ersuchten, sondern auch des ersuchenden Staates) bestätigt

werden; dessen Unterschrift bedarf keiner weiteren Beglaubigung (Art 17 Abs 3).

Die durchgeführte Zustellung ist entweder durch einen **Zustellausweis** oder durch ein vom ersuchten Gericht über die Zustellung angefertigtes **gerichtliches Protokoll** nachzuweisen (Art 18).

h) Rechtshilfe durch diplomatische oder konsularische Vertreter

Art 20 räumt **diplomatischen und konsularischen Vertretern** das Recht ein, „auf den im Vertrag behandelten Gebieten Verbindung mit den Angehörigen ihres Staates ... zu halten". Sie dürfen also an **Angehörige des Sendestaates** Zustellungen vornehmen oder diese als Auskunftspersonen vernehmen; hierbei darf ihnen weder Zwang angedroht noch Zwangsmittel gegen sie eingesetzt werden (ErläutRV 689 BlgNR 9. GP 16 [zu Art 20]). **Doppelstaatsbürger,** die außer dem ersuchenden auch dem ersuchten oder einem dritten Staat angehören, sind von dieser Regelung freilich ausgenommen. 354

i) Kostenersatz

Gem Art 15 verzichten die Staaten auf die wechselseitige **Rückerstattung der Kosten** für die geleistete Rechtshilfe; ausgenommen hiervon sind die an **Sachverständige** ausbezahlten Beträge, „da diese eine nicht unbeträchtliche Höhe erreichen können" (ErläutRV 689 BlgNR 9. GP 16 [zu Art 15]). Alle dem ersuchten Staat aus der antragsgemäßen Erledigung erwachsenen Kosten sind jedoch dem ersuchenden Staat mitzuteilen; dies ermöglicht es ihm, sie der kostenpflichtigen Partei zur Zahlung vorzuschreiben (§ 1 Z 7 iVm § 2 Abs 1 GEG 1962). 355

Art 15 Abs 3 enthält eine (in den anderen vergleichbaren Verträgen [s oben Rz 340] nicht enthaltene) Sonderbestimmung: Danach darf die **Durchführung eines Sachverständigenbeweises** dann nicht vom **Erlag eines Kostenvorschusses** abhängig gemacht werden, wenn die zahlungspflichtige Partei ihren Wohnsitz, gewöhnlichen Aufenthalt oder Sitz im anderen Vertragsstaat hat. Als Grund für diese Regelung (die Parteien je nach ihrem [Wohn-]Sitz bzw gewöhnlichen Aufenthalt im In- oder Ausland unterschiedlich behandelt) führen die ErläutRV an, daß die betreffende Partei durch **Devisenbestimmungen** am rechtzeitigen Erlag des Vorschusses gehindert sein könnte (ErläutRV 689 BlgNR 9. GP 16 [zu Art 15]; so auch *Duchek/Schütz/Tarko,* Rechtsverkehr 1135 Anm 12 [zu Art 15]: „devisenrechtliche Vorschriften" könnten dieser Partei „die Überweisung erschweren"). Im Hinblick auf die geänderten politischen Verhältnisse (s *Heß* in *Breidenbach* [Hrsg], Handbuch CS 51 Syst, 1 ff) erscheint die Regelung aber aus heutiger Sicht verfassungsrechtlich bedenklich, weil sie im Regelfall Inländer schlechter stellen wird und es hierfür nunmehr an einer sachlichen Differenzierung fehlt. 356

j) Urkundenwesen

Art 21 – 26 enthalten die üblichen Vorschriften über das **Urkundenwesen;** zu diesen gehören insb die Vorschriften über die Befreiung öffentlicher und öffentlich beglaubigter Urkunden von jeder weiteren Formalität sowie über den Austausch und die kostenfreie Ausstellung von Personenstandsurkunden; s dazu näher oben Anh A (HPÜ 1954) Rz 63 und unten im Anh zu § 293 ZPO. 357

k) Erteilung von Rechtsauskünften

In Art 27 verpflichten sich die Vertragsstaaten, einander wechselseitig im Wege der Justizministerien **Auskunft über** (derzeit oder vormals geltende) **Rechtsvorschriften** zu erteilen. Diese aufgrund des bilateralen Rechtshilfevertrags seit langem bestehende Möglichkeit, Informationen über das Recht des anderen Vertragsstaates zu erhalten, wird heute durch zwei weitere Europaratsab- 358 kommen ergänzt, denen die Tschechische Republik erst jüngst beigetreten ist, nämlich das **Europäische Übereinkommen betreffend Auskünfte über ausländisches Recht** vom 7. 6. 1968 BGBl 1971/417 (B: BGBl III 1998/129) und das **Straßburger Zusatzprotokoll** vom 15. 3. 1978 BGBl 1980/179 (B: BGBl III 1998/130); zu diesen s näher oben Anh A (HPÜ 1954) Rz 62 und unten im Anh zu § 271 ZPO.

4. Daten

359 **Amtlicher Titel:** Vertrag zwischen der Republik Österreich und der Tschechischen Republik *[**vormals:** Tschechoslowakischen Sozialistischen Republik]* über wechselseitigen rechtlichen Verkehr in bürgerlichen Rechtssachen, über Urkundenwesen und über Erteilung von Rechtsauskünften samt Schlußprotokoll vom 10. 11. 1961 BGBl 1962/309

Authentische Sprachen: Deutsch und Tschechisch

Materialien: NR: GP IX RV 689 AB 747 S 102; BR: S 192.

Inkrafttreten: 30. 12. 1962

Fundstelle: *Duchek/Schütz/Tarko,* Rechtsverkehr 1128 (T I).

Tunesien

Rechtsquelle: bilateraler Rechtshilfevertrag BGBl 1980/304

1. Inhalt

360 **a)** Tunesien gehört nicht dem HPÜ (1905 oder) 1954 an. Als Modell für die Ausarbeitung der bilateralen Übereinkunft diente laut ErläutRV 980 BlgNR 14. GP 7 der Rechtshilfevertrag mit Griechenland (zu diesem s oben Griechenland Rz 100 ff). In Aufbau und Inhalt entspricht auch dieser Vertrag weitgehend dem HPÜ 1954.

361 Art 1 Abs 1 gewährt den Angehörigen der beiden Vertragsstaaten wechselseitig **freien Zugang zu Gericht.** Art 1 Abs 2 erweitert diesen Kreis natürlicher Personen um nach dem Recht eines der beiden Vertragsstaaten gegründete **juristische Personen und Handelsgesellschaften,** die ihren Sitz oder ihre Hauptniederlassung in Österreich oder Tunesien haben.

Art 2 bekräftigt, daß nunmehr die **Gegenseitigkeit** für den Rechtshilfeverkehr **formell verbürgt** ist; sie wurde bereits vor Abschluß des Vertrages faktisch geübt (ErläutRV 980 BlgNR 14. GP 7).

362 **b)** Art 3 sieht als **Übermittlungsweg** zwischen den Staaten grundsätzlich den unmittelbaren Verkehr zwischen den **Justizministerien** (in französischer Sprache: s Z 1 des Zusatzprotokolls) vor; ausdrücklich hält der Vertrag aber darüber hinaus fest, daß auch der diplomatische Weg weiterhin offensteht.

An eine unzuständige Behörde gerichtete Ersuchen um Vornahme einer Zustellung oder Beweisaufnahme sind von dieser an die zuständige Stelle weiterzuleiten; die ersuchende Behörde ist hiervon auf ministeriellem oder diplomatischem Weg zu verständigen (Art 4).

363 Die Erledigung eines Rechtshilfeersuchens iwS darf nur aus Gründen der Gefährdung der Hoheitsrechte oder Sicherheit des ersuchten Staates (vgl Art 4 HPÜ 1954) sowie dann abgelehnt werden, wenn die Erledigung geeignet wäre, seine öffentliche Ordnung zu verletzen (Art 5 Abs 1). Die Gründe der **Ablehnung** sind der ersuchenden Behörde auf dem in Art 3 genannten Weg mitzuteilen (Art 5 Abs 2).

c) Zustellungen sind nach den Vorschriften des ersuchten Staates durchzuführen; die Schriftstücke müssen in der **Sprache des ersuchten Staates** (dh in **Arabisch**) abgefaßt oder in diese übersetzt sein (Art 7 Abs 1; s auch Art 7 Abs 4). Andernfalls ist eine solche Zustellung nur zulässig, wenn der Empfänger zur Annahme der betreffenden Schriftstücke bereit ist (Art 7 Abs 2). Diese Bestimmungen entsprechen somit im wesentlichen Art 3 Abs 2 (iVm Art 2) HPÜ 1954 (ErläutRV 980 BlgNR 14. GP 8 [zu Art 7]; *Duchek/Schütz/Tarko,* Rechtsverkehr 1162 Anm 5 [zu Art 7]). Der Erststaat kann aber auch (wie nach Art 3 Abs 2 HPÜ 1954) um **Zustellung in einer besonderen Form** ersuchen; diesem Wunsch ist zu entsprechen, sofern dies nicht zwingenden Vorschriften des ersuchten Staates zuwiderläuft (Art 7 Abs 3). Da auch in Tunesien bei Einhaltung der Ortsform an einen viel größeren Personenkreis als in Österreich zugestellt werden darf (ErläutRV 980 BlgNR 14. GP 8 [zu Art 8]; vgl zu dieser im Zusammenhang mit Zustellungen nach Staaten des französischen Rechtskreises ganz allgemein auftretenden Problematik ausführlich oben Frankreich Rz 76 und Italien Rz 156), wird von den österreichischen Gerichten bei Klagen und diesen gleichzuhaltenden Schriftsätzen zwecks Wahrung des rechtlichen Gehörs der Partei stets ausdrücklich eine **Zustellung zu eigenen Handen** zu begehren sein (s dazu auch Anh A [HPÜ 1954] Rz 22). Zum Nachweis der Einhaltung insb auch dieser besonderen Form dient die in Art 8 näher geregelte **Empfangsbestätigung bzw Zustellbescheinigung.** 364

Die Vertragsstaaten stellen einander wechselseitig für die Zustellung keine Kosten in Rechnung (Art 9). 365

Für **Zustellungen an eigene Staatsangehörige** können die beiden Staaten darüber hinaus auch ihre im ersuchten Staat akkreditierten **diplomatischen oder konsularischen Vertreter** einsetzen; umfänglich (kein Zwang, nur an eigene Staatsangehörige) entspricht Art 10 Abs 1 wiederum der in Art 6 Abs 1 Z 3 und Abs 2 HPÜ 1954 statuierten Regelung. Bei Doppelstaatsbürgerschaft entscheidet das Recht des ersuchten Staates (Art 10 Abs 2). 366

d) Rechtshilfeersuchen ieS müssen mit einer Übersetzung in die **Landessprache** versehen sein (Art 12). Neben dieser **(Arabisch)** ist allerdings im Verkehr nach Tunesien gem Z 2 des Zusatzprotokolls auch die **französische Sprache** zugelassen. 367

Die beantragten Beweise werden grundsätzlich nach dem Recht des ersuchten Staates aufgenommen; auf Antrag des ersuchenden Staates können jedoch davon abweichende Vorschriften eingehalten werden, sofern eine solche Vorgangsweise nicht zwingendem Recht des ersuchten Staates zuwiderläuft (Art 13 Abs 1 und 2). 368

Auf Wunsch ist die ersuchende Behörde von Zeit und Ort der Rechtshilfehandlung auf dem in Art 3 vorgesehenen Weg zu verständigen, damit den Parteien eine Teilnahme an dieser in eigener Person oder durch einen Vertreter ermöglicht wird (Art 13 Abs 4).

Die **Kosten für Sachverständige** sind zwischen den Staaten zu verrechnen (Art 14). 369

Die **Vernehmung eigener Staatsangehöriger** darf ferner auch durch **diplomatische oder konsularische Vertreter** erfolgen; bei der Erledigung des betreffenden Ersuchens (Ladung der Person als Partei, Zeuge oder Auskunftsperson) darf **kein Zwang** ausgeübt werden (Art 15 Abs 1). Die Staatsangehörigkeit der zu vernehmenden Person bestimmt sich auch hier nach dem Recht des ersuchten Staates (Art 15 Abs 2); vgl oben Rz 366. 370

371 **e)** Der Vertrag enthält **keine Regelung der aktorische Kaution** (und der Vollstreckung von Prozeßkostenentscheidungen, die gegen den von dieser befreiten Kläger ergehen); dies deshalb, weil eine Sicherheitsleistung für Prozeßkosten in Tunesien nicht vorgesehen ist (ErläutRV 980 BlgNR 14. GP 7) und als Kläger auftretende tunesische Staatsangehörige – zumindest, soweit sie ihren gewöhnlichen Aufenthalt im Heimatstaat haben – von einer solchen in Österreich gem § 57 Abs 2 Z 1 a ZPO deshalb befreit sind, weil die Vollstreckung von gerichtlichen Entscheidungen und öffentlichen Urkunden in Tunesien aufgrund des tunesisch-österreichischen Anerkennungs- und Vollstreckungsvertrages BGBl 1980/305 gewährleistet ist (s *Duchek/Schütz/Tarko,* Rechtsverkehr 1160 Anm 3 [zu Art 1]).

372 **f)** Das letzte Kapitel des Vertrages befaßt sich mit der **Verfahrenshilfe** (Art 16–19); s zu dieser im Anh zu § 63 ZPO.

2. Daten

373 **Amtlicher Titel:** Vertrag zwischen der Republik Österreich und der Tunesischen Republik über die Rechtshilfe in Zivil- und Handelssachen samt Zusatzprotokoll vom 23. 6. 1977 BGBl 1980/304

Authentische Sprache: Französisch

Amtliche Übersetzungen: Deutsch und Arabisch

Materialien: NR: GP XIV RV 980 AB 1072 S 110; BR: AB 1914 S 381.

Inkrafttreten: 17. 8. 1980

Fundstelle: *Duchek/Schütz/Tarko,* Rechtsverkehr 1160 (TU I).

Türkei

Rechtsquellen: HPÜ 1954 (B: BGBl 1973/420); Zusatzabkommen zum HPÜ 1954, BGBl 1992/570

1. Inhalt

374 **a)** Art 1 „ist der übliche einleitende Artikel über die **Gleichstellung der Angehörigen des jeweils anderen Staates** mit eigenen Staatsangehörigen auf dem Gebiet des verfahrensrechtlichen Rechtsschutzes" (ErläutRV 1041 BlgNR 17. GP 7); zu diesem zählt auch die **Verfahrenshilfe** (Art 2) und die Befreiung vom Erlag einer **Sicherheitsleistung für die Prozeßkosten** (Art 3).

Während Art 2 somit nur eine Bekräftigung der schon durch Art 20 Abs 1 HPÜ 1954 garantierten **Gleichstellung von In- und Ausländern** für das Gebiet der Verfahrenshilfe enthält (ErläutRV 1041 BlgNR 17. GP 7 [zu Art 2]; vgl auch die dementsprechende innerstaatliche Regelung der §§ 63ff ZPO), geht Art 3 über Art 17 Abs 1 HPÜ 1954 (und – auf Österreich bezogen – auch über § 57 Abs 2 ZPO) hinaus: Für die Befreiung (eines türkischen Staatsbürgers) von der aktorischen Kaution wird nicht darauf abgestellt, daß der Kläger (oder Nebenintervenient) in einem der Mitgliedstaaten des HPÜ seinen Wohnsitz hat (und auch nicht darauf, daß er einen Nahebezug zu Österreich hat [zB in Form von Vermögen an unbeweglichen Gütern oder bücherlich sichergestellten Forderungen iSd § 57 Abs 2 Z 2 ZPO]); vgl ErläutRV 1041 BlgNR 17. GP 7 (zu Art 3). Zu den Erleichterungen, betreffend die Vollstreckung von Prozeßkostenentscheidungen, s unten Rz 383.

375 **b)** Der **gesamte Rechtshilfeverkehr** wird über die beiderseitigen **Justizministerien** abgewickelt; s Art 4 (Zustellungsersuchen), Art 5 (Rechtshilfeersuchen ieS) und Art 16 (Anfragen um Rechtsauskünfte). Dieser **Übermittlungsweg** gilt nicht nur für den **Hinlauf** (Art 4 Abs 1 [Zustellungen], Art 5 Abs 1 [Beweisaufnahmen]), sondern auch für den **Rücklauf der Akten** (Art 4 Abs 2 Satz 3

[Zustellungen], Art 5 Abs 2 Satz 3 [Beweisaufnahmen]) und für **Zwischenerledigungen** (Art 4 Abs 3 [Zustellungen], Art 5 Abs 3 [Beweisaufnahmen]).

An **Zwischenerledigungen** nennt das Zusatzabkommen die Verständigung von Zeit und Ort der vorzunehmenden Rechtshilfehandlung (Art 7) und die amtswegige Weiterleitung von nicht an die zuständige Behörde gelangte Ersuchen um Zustellung oder Rechtshilfe ieS an die für deren Erledigung zuständige Stelle (Art 8 Abs 1). Art 8 Abs 2 sieht ferner eine Bemühungspflicht des ersuchten Gerichts vor: Ist nämlich „die im Ersuchen bezeichnete Person nicht auffindbar, so trifft das ersuchte Gericht Maßnahmen zur Feststellung der richtigen Anschrift“. 376

c) Die **Begleitschreiben** zu den Rechtshilfeersuchen iwS sind in deutscher **und** türkischer **Sprache** zu halten (Art 6 Abs 1). Die **zuzustellenden Schriftstücke** und die **Beweisaufnahmeersuchen** selbst sind in die **Sprache des ersuchten Staates** zu übersetzen (Art 6 Abs 2). Zur **Beglaubigung** dieser Übersetzungen sind (über die in Art 3 Abs 3 bzw Art 10 HPÜ 1954 genannten Personen hinaus) auch beeidete Dolmetscher des ersuchenden Staates befugt (Art 6 Abs 3; vgl auch unten Rz 383). Abweichend von Art 3 Abs 1 HPÜ 1954 genügt je eine Ausfertigung (in deutscher und türkischer Sprache) aller zuzustellenden Schriftstücke (Art 6 Abs 4). 377

d) Bezüglich der **Erledigung der Zustellungs- und Rechtshilfeersuchen ieS** wird in Art 4 Abs 2 Satz 1 bzw Art 5 Abs 2 Satz 1 auf die ***lex fori*** des ersuchten Staates verwiesen, doch kann jeder Vertragsstaat um die **Einhaltung einer besonderen Form** ersuchen; diesem Wunsch ist vom ersuchten Staat zu entsprechen, es sei denn, dies liefe seinem eigenen Recht zuwider (Art 4 Abs 2 Satz 2 bzw Art 5 Abs 2 Satz 2). In diesem Punkt weicht das Zusatzabkommen somit nicht von der im HPÜ 1954 vorgesehenen Regelung ab (vgl dessen Art 3 Abs 2 [Zustellungen] bzw Art 14 Abs 2 [Beweisaufnahmen]) und stimmt auch mit dem innerstaatlichen Recht überein (vgl § 39 JN Rz 1 ff). 378

Die Erledigung eines Rechtshilfeersuchens darf nicht allein deshalb abgelehnt werden, weil der ersuchte Staat in Rechtssachen dieser Art eine „ausschließliche“ (scil.: internationale) „Zuständigkeit“ in Anspruch nimmt (Art 9). Damit scheidet dieser Umstand als die Nichtdurchführung rechtfertigender **Ablehnungsgrund** iSd Art 4 bzw Art 11 Abs 3 Z 3 HPÜ 1954 definitiv aus; zu dieser (in einer ganzen Reihe von Zusatzvereinbarungen vorfindlichen) Bestimmung s auch § 38 JN Rz 36. 379

e) Zustellungen (nicht hingegen Beweisaufnahmen; vgl ErläutRV 1041 BlgNR 17. GP 8 [zu Art 11] und *Duchek/Schütz/Tarko,* Rechtsverkehr 1151 Anm 6 [zu Art 11)]) dürfen gem Art 11 auch durch die **diplomatischen oder konsularischen Vertreter** unmittelbar auf dem Hoheitsgebiet des jeweils anderen Staates vorgenommen werden, sofern es sich bei den Zustelladressaten um Staatsangehörige des Sendestaates handelt. 380

Gemäß den ErläutRV konnte eine gleichartige Bestimmung auch für die Erledigung von Ersuchen um **Beweisaufnahme** nicht vereinbart werden, „da nach türkischem Recht eine solche Vorgangsweise den türkischen Vertretungsbehörden nicht erlaubt ist“ (ErläutRV 1041 BlgNR 17. GP 8 [zu Art 11]).

Duchek/Schütz/Tarko, Rechtsverkehr 1151 Anm 6 (zu Art 11) weisen darauf hin, daß mit der vorliegenden Zusatzvereinbarung auch eine abschließende Regelung iSd Art 6 Abs 2 HPÜ 1954 getroffen werden sollte; **Zustellungen** unmittelbar **im postalischen Weg** (Art 6 Abs 1 Z 1 HPÜ 1954) sind daher **nicht zulässig.** 381

f) Art 10 sieht als Grundsatz den wechselseitigen **Verzicht der Vertragsstaaten auf die Erstattung der** mit der Gewährung von Rechtshilfe verbundenen **Auslagen** vor (und geht somit über Art 7 Abs 2 und Art 16 Abs 2 HPÜ 1954 hin- 382 aus); dies gilt jedoch **nicht** für die an **Sachverständige** entrichteten Vergütungen; s zu dieser (in einer ganzen Reihe von Zusatzvereinbarungen zum HPÜ 1954 enthaltenen) Regelung näherhin oben Anh A (HPÜ 1954) Rz 55.

383 **g)** Art 12 ff bringen die üblichen Erleichterungen für die **zwangsweise Durchsetzung der Prozeßkostenentscheidung,** die gegen die von der aktorischen Kaution befreite Partei ergangen ist: Demnach kann die obsiegende Partei den „Antrag auf *Vollstreckung*" (jetzt gem §§ 79 ff EO idF der EO-Nov 1995: **Antrag auf Vollstreckbarerklärung**) auch unmittelbar beim zuständigen Gericht des Zweitstaates einbringen (Art 12); die gem Art 19 Abs 2 Z 3 HPÜ 1954 erforderliche Übersetzung des Spruchs der Entscheidung darf (über die dort genannten Personen hinaus) auch von einem beeideten Dolmetscher des ersuchenden Staates beglaubigt sein (Art 14); und es bedarf keiner Bestätigung „durch den höchsten Beamten der Justizverwaltung des ersuchenden Staates" iSd Art 19 Abs 3 Satz 2 HPÜ 1954, daß es sich bei der die Rechtskraft der Entscheidung bestätigenden Stelle um die hierfür zuständige Behörde handelt (Art 13).

384 **h)** Die bilaterale Übereinkunft enthält keine über das HPÜ 1954 hinausgehende Regelung betreffend die Gewährung von **Verfahrenshilfe.** Die Türkei ist allerdings auch Mitgliedstaat des **Europäischen Verfahrenshilfeübereinkommens** (B: BGBl 1983/282; M: BGBl 1983/422); zu diesem s allgemein oben Anh A (HPÜ 1954) Rz 61 und unten im Anh zu § 63 ZPO. Danach hat die Türkei als **zentrale Empfangs- und Übermittlungsstelle** das „*Ministère de la Justice, Département des Affaires Judiciaires* (Justizministerium, Abteilung für gerichtliche Angelegenheiten)" bezeichnet.

385 **i)** Gem Art 15 sind **öffentliche und öffentlich beglaubigte Urkunden** von jeder weiteren Formalität befreit; s dazu oben Anh A (HPÜ 1954) Rz 63 und unten im Anh zu § 293 ZPO.

386 **j)** Nach Art 16 erteilen die Justizministerien einander wechselseitig **Auskünfte** über ihr Recht „für Zwecke zivilgerichtlicher Verfahren".

Die Türkei ist darüber hinaus auch Vertragsstaat des **Europäischen Übereinkommens betreffend Auskünfte über ausländisches Recht** vom 7. 6. 1968 BGBl 1971/417 (B: BGBl 1976/233); zu diesem s die Ausführungen im Anh zu § 271 ZPO; vgl auch oben Anh A (HPÜ 1954) Rz 62.

2. Daten

387 **Amtlicher Titel:** Zusatzabkommen zwischen der Republik Österreich und der Republik Türkei vom 16. 9. 1988 zum Haager Übereinkommen vom 1. 3. 1954 betreffend das Verfahren in bürgerlichen Rechtssachen BGBl 1992/570

Authentische Sprachen: Deutsch und Türkisch

Materialien: NR: GP XVII RV 1041 AB 1206 S 132; BR: AB 3824 S 526.

Vorläufer: Art 1–17 des Übereinkommens zwischen Österreich und der Türkei über die wechselseitigen rechtlichen Beziehungen in Zivil- und Handelssachen und über die Vollstreckungshilfe vom 22. 6. 1930 BGBl 1932/90 (in Kraft seit 15. 5. 1932; WA: JABl 1957, 32); sie sind durch Art 17 des obgenannten Vertrages BGBl 1992/570 außer Kraft gesetzt worden.

Inkrafttreten: 1. 11. 1992

Fundstelle: *Duchek/Schütz/Tarko,* Rechtsverkehr 1148 (TR I).

Ukraine

Rechtsquellen: HPÜ 1954 (WA: –); Zusatzabkommen zum HPÜ BGBl 1972/112 (WA: BGBl 1996/291)

1. Weiteranwendung der bisher in Geltung stehenden Rechtshilfeverträge

Mit Kundmachung des Bundeskanzlers BGBl 1996/291 sind die bilateralen Verträge bekanntgeben worden, die am 24. 8. 1991, dem Tag der Staatennachfolge der Ukraine in das betreffende Gebiet der ehem Union der Sozialistischen Sowjetrepubliken, in Kraft standen und seither weiterhin von den zuständigen Behörden der beiden Staaten angewendet werden. Zu diesen gehört auch der nachstehende **Rechtshilfevertrag** BGBl 1972/112 (s Pkt. 2 der Kundmachung). **388**

Eine formelle Kontinuitätserklärung, betreffend das **HPÜ 1954** (B [*ehem UdSSR*]: BGBl 1967/213), hat die Ukraine bislang nicht abgegeben; nach den allgemein anerkannten Regeln des Völkerrechts ist das Übereinkommen als vorläufig weiter in Geltung stehend anzusehen.

2. Inhalt

Siehe Russische Föderation Rz 268 ff. **389**

Zwar enthält die unter Rz 388 erwähnte Kundmachung BGBl 1996/291 keinen Hinweis auf eine zugleich erfolgte inhaltliche Anpassung des Vertrages an die geänderten politischen Verhältnisse. Doch wird dessen ungeachtet in **Art 5** an Stelle der Worte „in russischer Sprache" die Worte „in ukrainischer Sprache" zu lesen sein; in diesem Sinn auch *Duchek/Schütz/Tarko,* Rechtsverkehr 1211 Anm 1 (zu UKR I).

Die Ukraine ist weiter Vertragsstaat von zwei Konventionen des Europarates, nämlich des **Londoner Rechtsauskunftsübereinkommens** (B: BGBl 1994/736) und des **Straßburger Zusatzprotokolls** (B: BGBl III 1997/13); zu diesen s oben Anh A (HPÜ 1954) Rz 62 und unten im Anh zu § 271 ZPO. **390**

3. Daten

Amtlicher Titel: Abkommen zwischen der Republik Österreich und der Ukraine *[**vormals:** Union der Sozialistischen Sowjetrepubliken]* betreffend das Verfahren in bürgerlichen Rechtssachen vom 11. 3. 1970 BGBl 1972/112 **391**
Übrige Daten: Siehe Russische Föderation Rz 277.
Fundstelle: *Duchek/Schütz/Tarko,* Rechtsverkehr 1211 (UKR I).

Ungarn

Rechtsquellen: HPÜ 1954 (B: BGBl 1966/28); bilateraler Rechtshilfevertrag BGBl 1967/305

1. Vorbemerkung

Dieser Vertrag gehört in die Reihe jener Rechtshilfeverträge, die in den (Fünfziger bzw frühen) Sechzigerjahren mit einzelnen Nachfolgestaaten der Österreichisch-Ungarischen Monarchie (bzw mit damals sozialistischen Staaten Osteuropas) abgeschlossen wurden. Inhalt und Aufbau entsprechen daher weitgehend dem zeitlich ersten Vertrag in dieser Reihe mit der ehem CSSR (bzw dem noch davor liegenden Vertrag mit der ehem FVRJ); s Slowenien Rz 302 und Tschechien Rz 340. **392**

Für alle diese Verträge sind die Haager Prozeßübereinkommen (von 1905 bzw 1954) Vorbild, zumal ein Teil der Staaten (so die ehem Tschechoslowakei, das ehem Jugoslawien, Polen und Ungarn) schon dem HPÜ 1905 angehörten und sie (mit Ausnahme von Bulgarien) noch vor Ratifikation des bilateralen Rechtshilfevertrages (so Polen und Ungarn) oder doch danach (so die ehem CSSR, die ehem FVRJ und Rumänien) dem HPÜ 1954 beitraten.

393 Der Vertrag ist noch vor dem Beitritt Ungarns zum HPÜ 1954 (der mit Wirkung vom 18. 2. 1966 erfolgte; s BGBl 1966/28) ausgearbeitet, jedoch erst danach ratifiziert worden; zwischen Österreich und Ungarn stand indes zu diesem Zeitpunkt formell der Vorläufer des HPÜ 1954, nämlich das HPÜ 1905, in Kraft (s dazu sowie speziell zum Rechtshilfeverkehr zwischen den beiden Weltkriegen und dem wechselvollen Gang der Vertragsverhandlungen nach 1945 die ErläutRV 335 BlgNR 11. GP 15f).

Die **Abstimmung der beiden Übereinkommen** bereitet somit in der täglichen Vertragspraxis keine Schwierigkeit. Im Hinblick auf bestehende und künftige multilaterale Übereinkommen wurde jedoch in einem (auch im BGBl 1967/305 im Anschluß an den Vertrag kundgemachten) Notenwechsel anläßlich der Unterzeichnung des bilateralen Rechtshilfevertrages am 9. 4. 1965 ausdrücklich festgehalten, „daß dieser Vertrag die Bestimmungen anderer Verträge, die einen oder beide der Vertragsstaaten im Zeitpunkt des Inkrafttretens dieses Vertrages binden, nicht berührt" (s auch die ErläutRV 335 BlgNR 11. GP 23, die als Beispiel auf die Genfer Flüchtlingskonvention vom 28. 7. 1951 BGBl 1955/55 verweisen; vgl ferner *Duchek/Schütz/Tarko,* Rechtsverkehr 1175 Anm 1 [zu U II]).

2. Inhalt

394 Da der Text des vorliegenden Abkommens größtenteils mit dem 1961 unterzeichneten Vertrag mit der ehem CSSR übereinstimmt, werden die in ihm behandelten Themen in der Folge nur stichwortartig dargestellt, die Abweichungen hervorgehoben und im übrigen auf die Kommentierung zu **Tschechien** Rz 342ff verwiesen.

Wie im (heute) tschechisch-(bzw slowakisch-)österreichischen Vertrag sind insb geregelt:

395 **a)** die **formelle Gegenseitigkeit** in der Gewährung gerichtlichen Rechtsschutzes und die Gleichstellung juristischer mit den natürlichen Personen (Art 1); vgl Tschechien Rz 342;

396 **b)** der **Übermittlungsweg;** danach verkehren die **Justizministerien** der beiden Vertragsstaaten unmittelbar miteinander (Art 10); noch weitergehend ist für **bestimmte Zwischenerledigungen** (Art 14 Abs 2, Art 20 Abs 2; s unten Rz 399) der **unmittelbare Postweg** vorgesehen; vgl Tschechien Rz 349;

397 **c)** die **Verwendung der eigenen Sprache** für die Abwicklung des gesamten Rechtshilfeverkehrs, somit insb für alle Begleitschreiben und die Erledigungsakten (Art 11); davon ausgenommen sind jedoch Schriftstücke, die dem Empfänger auch ohne oder gegen seinen Willen zugestellt werden sollen; sie sind in die **Sprache des ersuchten Staates** zu übersetzen (Art 18 Abs 1 und 2); die Richtigkeit dieser Übersetzungen kann (über die im HPÜ vorgesehenen Möglichkeiten hinaus) auch von einem hiezu befugten Dolmetscher des ersuchenden Staates bestätigt sein; vgl zu all dem Tschechien Rz 350 und 353; die durchgeführte Zustellung ist entweder durch einen (vom Zustellorgan unterfertigten) **Zustellausweis** oder durch ein (vom ersuchten Gericht ausgestelltes) **Zustellzeugnis** nachzuweisen (Art 19);

398 **d)** die **Erledigung der Rechtshilfeersuchen iwS** (Zustellungen und Beweisaufnahmen): sie erfolgt grundsätzlich nach den **Vorschriften des ersuchten Staates;** doch ist auch hier auf Wunsch des ersuchenden Staates von der eigenen *lex fori* abzuweichen und eine **besondere Vorgangsweise** bei Durchführung der Rechtshilfehandlung einzuhalten, sofern diese nicht gegen die „Grundsätze der Rechtsordnung" (den *ordre public*) des ersuchten Staates verstößt (Art 13 und Art 18 Abs 1);

Ausdrücklich statuiert der ungarisch-österreichische Vertrag in Art 20 Abs 1, daß der ersuchte Staat bei der Beweisaufnahme die gleichen **Zwangsmittel** „wie bei der Erledigung von Rechtshilfeersuchen der Gerichte des eigenen Staates" anzuwenden hat; auch er enthält jedoch den Zusatz, daß der ersuchte Staat nicht verpflichtet ist, solche einzusetzen (uzw selbst dann nicht, wenn sein Recht dies an sich vorsähe), um das **persönliche Erscheinen der Streitteile** zu bewirken.

e) ferner die weiteren bei der Durchführung der Rechtshilfe zu beachtenden Umstände und **Zwischenerledigungen,** so die Bemühungspflicht bei unvollständiger oder unrichtiger Anschrift (Art 14 Abs 1); die amtswegige Weiterleitung des Rechtshilfeersuchens bei Unzuständigkeit der zunächst damit befaßten Behörde (wovon das ersuchende Gericht direkt per Post zu verständigen ist; Art 14 Abs 2); die Verständigung des ersuchenden Gerichts von Zeit und Ort der anberaumten Beweisaufnahme (auf postalischem Weg mit eingeschriebenem Brief; Art 20 Abs 2); und die Rücksendung des Ersuchens unter Angabe der (tatsächlichen oder rechtlichen) Gründe, die der Erledigung entgegenstanden (Art 15); s zu all diesen Punkten näher bei Tschechien Rz 349 und 351 f; **399**

Sprachlich anders als im Vertrag mit der Tschechischen bzw Slowakischen Republik (nämlich in teilweiser Anlehnung an das HPÜ 1954, aber über dieses – zumindest formell – hinausgehend; s dazu oben § 38 JN Rz 31 ff) sind lediglich die **Ablehnungsgründe** selbst formuliert: neben dem *ordre public* des ersuchten Staates im klassischen Sinn („Grundsätze seiner Rechtsordnung") werden hier als weitere Gründe auch die drohende Beeinträchtigung seiner Hoheitsrechte oder Gefährdung seiner Sicherheit angeführt (Art 17).

f) die Erledigung von Ersuchen um **Zustellung von Schriftstücken** und **Vernehmung von Personen** unmittelbar durch die **diplomatischen oder konsularischen Vertretungsbehörden,** sofern es sich bei dem Zustelladressaten bzw der zu vernehmenden Person um eigenen Staatsangehörige handelt (Art 21); vgl Tschechien Rz 354 (klarer als dort ist hier freilich die Textierung insofern, als die zulässigen Rechtshilfehandlungen ausdrücklich genannt sind); **400**

g) der Umfang, in dem die klagende Partei (oder der Intervenient) vom **Erlag einer aktorischen Kaution** befreit ist (Art 2); vgl Tschechien Rz 343 (s dort auch zu der durch das HPÜ 1954 an sich bewirkten Erweiterung dieser bilateralen Regelung auf den Kreis der Mitgliedstaaten); und die **Vollstreckung von Entscheidungen,** mit denen diese Partei im Fall ihres Unterliegens zur **Zahlung der Prozeßkosten** verurteilt wird (Art 3 f); vgl (insb zur Möglichkeit der obsiegenden Partei, den Antrag auf Vollstreckbarerklärung wahlweise beim zuständigen Gericht des Zweitstaates oder beim Prozeßgericht des Erststaates einzubringen, ferner bzgl des Ersatzes der Kosten der Rechtskraftbestätigung und der erforderlichen Übersetzungen) Tschechien Rz 345; **401**

In einem Punkt weicht der vorliegende vom tschechisch-(bzw slowakisch-)österreichische Vertrag allerdings ab: Je nachdem, ob es sich um der beklagten Partei zugesprochene Verfahrenskosten oder um vorläufig aus Amtsgeldern vorgestreckte Kosten und Gerichtsgebühren handelt, ist nämlich die **Partei oder** die **einhebungsberechtigte staatliche Stelle** zur Antragstellung befugt (Art 3 Abs 1).

h) die Gewährung von **Verfahrenshilfe** (Art 5–8); vgl Tschechien Rz 346; **402**

i) das **Urkundenwesen** (Befreiung öffentlicher Urkunden und öffentlich beglaubigter Privaturkunden sowie Abschriften von diesen von jeder weiteren Formalität [Art 22 f]; kostenfreie Ausstellung und Austausch von Personenstandsurkunden [Art 24–27]; vgl oben Anh A (HPÜ 1954) Rz 63 und unten im Anh zu § 293 ZPO; sowie **403**

j) die **Erteilung von Rechtsauskünften** (Art 28). **404**

Ungarn ist darüber hinaus allerdings auch Vertragsstaat von zwei Konventionen des Europarates, nämlich des **Europäischen Übereinkommens betreffend Auskünfte über ausländisches Recht** vom 7. 6. 1968 BGBl 1971/417 (B: BGBl

1990/2) und des dieses ergänzenden **Zusatzprotokolls** vom 15. 3. 1978 BGBl 1980/179 (B: BGBl 1990/3); s oben Anh A (HPÜ 1954) Rz 62 und unten im Anh zu § 271 ZPO.

Nur im Vertrag mit Tschechien (bzw der Slowakei), Bulgarien und Ungarn findet sich:

405 **k)** die in Art 29 Satz 1 enthaltene Regelung, wonach einer Partei mit Wohnsitz, Aufenthalt oder Sitz im anderen Vertragsstaat eine **Frist von mindestens einem Monat** für die **Nachbringung von Gerichtsgebühren** zu setzen ist, wenn nach dem Recht dieses Staates die Einleitung des Verfahrens von deren Erlag abhängig ist; im Vertrag mit Bulgarien und Ungarn (nicht aber in jenem mit Tschechien und der Slowakei) ist darüber hinaus vorgesehen, daß diese Frist auch für den Auftrag an die Partei gilt, ihre **Eingabe** zu **verbessern** oder zu ergänzen (Art 29 Satz 2); vgl Tschechien Rz 344 und Bulgarien Rz 30 und 41.

Abweichend vom tschechisch-(bzw slowakisch-)österreichischen Vertrag sind (außer den schon in Rz 398, 399 und 401 erwähnten Punkten) geregelt:

406 **l)** die in Frage kommenden **Behörden,** denen Rechtshilfe zu leisten ist; als solche werden im vorliegenden Vertrag auch **Verwaltungsbehörden** genannt, soweit sie „in bürgerlichen Rechtssachen einschließlich Sachen des Familienrechtes“ (zB in Unterhaltsangelegenheiten) tätig sind (Art 9 Abs 2 und 4); ferner ist **ungarischen öffentlichen Notaren** in den ihnen übertragenen zivilrechtlichen Angelegenheiten (so insb in Verlassenschaftssachen, s dazu auch Art 2 des Vertrages vom 9. 4. 1965 über Nachlaßangelegenheiten BGBl 1967/306) Rechtshilfe zu leisten (Art 9 Abs 3 und 4);

407 **m)** der **zwischenstaatliche Kostenersatz;** Ungarn und Österreich verzichten zur Gänze auf diesen, somit auch auf die wechselseitige Verrechnung von **Sachverständigengebühren** (Art 16; vgl demgegenüber Tschechien Rz 355); doch gilt auch hier, daß Art und Höhe der Rechtshilfekosten vom ersuchten dem ersuchenden Gericht bekanntzugeben sind, damit dieses sie bei der zahlungspflichtigen Partei (iSd § 1 Z 7 iVm § 2 Abs 1 GEG 1962) einbringen kann (Art 16 Abs 2).

3. Daten

408 **Amtlicher Titel:** Vertrag zwischen der Republik Österreich und der Ungarischen Volksrepublik über wechselseitigen Verkehr in bürgerlichen Rechtssachen und über Urkundenwesen samt Schlußprotokoll vom 9. 4. 1965 BGBl 1967/305

Authentische Sprachen: Deutsch und Ungarisch

Materialien: NR: GP XI RV 335 AB 383 S 45; BR: S 251.

Inkrafttreten: 26. 9. 1967

Fundstelle: *Duchek/Schütz/Tarko,* Rechtsverkehr 1175 (U II).

Prüfung der Zuständigkeit

§ 40 a. In welchem Verfahren eine Rechtssache zu behandeln und zu erledigen ist, richtet sich nicht nach der Bezeichnung durch die Partei, sondern nach dem Inhalt des Begehrens und des Vorbringens der Partei. Ist zweifelhaft, welches Verfahren anzuwenden ist, so hat das Gericht darüber zu entscheiden; dieser Beschluß ist selbständig anfechtbar.

Eingefügt durch Art II Z 1 ZVN 1983 BGBl 135

Lit: *Fucik,* Die Zuständigkeit nach der Zivilverfahrens-Novelle 1983, RZ 1985, 208; *Petrasch,* Die Zivilverfahrens-Novelle 1983 in der Rechtsprechung des Obersten Gerichtshofes, ÖJZ 1985, 258; *Simotta,* Das Vergreifen in der Verfahrensart und seine Folgen, Fasching-FS (1988) 463.

Übersicht:

I. Vorbemerkung

Der durch die ZVN 1983 neu eingeführte § 40 a JN regelt die **Zulässigkeit des Rechtswegs, soweit er den Verfahrenstyp betrifft** (streitiges, außerstreitiges Verfahren, Exekutions- und Insolvenzverfahren); er stellt für diese Art der Rechtswegszulässigkeit eine ergänzende Bestimmung zu § 42 JN dar. 1

Bis zum Inkrafttreten der ZVN 1983 führte die Unzulässigkeit des Rechtswegs in all ihren Erscheinungsformen – also auch bei der Verletzung des richtigen Verfahrenstyps – unabdingbar zur Zurückweisung des Rechtsschutzantrags, und zwar selbst dann, wenn sie eigentlich nur darauf beruhte, daß der Verfahrenseinleitende seinen Rechtsschutzantrag unrichtig, also als Antrag statt als Klage und umgekehrt, bezeichnet hatte. Wies man den bloß unrichtig bezeichneten (aber alle für den richtigen Antrag erforderlichen Voraussetzungen enthaltenden) Rechtsschutzantrag wegen Unzulässigkeit des Rechtswegs zurück, führte dies dazu, daß im zurückgewiesenen Rechtsschutzantrag bloß die Bezeichnung des Schriftsatzes („Klage“ statt „Antrag“ und umgekehrt) und der Parteien („Kläger“ und „Beklagter“ statt „Antragsteller“ und „Antragsgegner“ und umgekehrt) geändert werden mußten, damit dieser neu eingebracht werden konnte. Es widersprach daher völlig dem Grundsatz der Verfahrensökonomie, den Rechtsschutzantrag, der auch den Form- und Inhaltsvorschriften der richtigen Verfahrensart (dem richtigen Verfahrenstyp) entsprach, der aber unrichtig bezeichnet worden war, wegen Unzulässigkeit des Rechtswegs zurückzuweisen (*Simotta,* Fasching-FS 453).

Dies hat auch der Gesetzgeber der ZVN 1983 erkannt; er begründete die Einführung des § 40 a JN folgendermaßen: Die Zurückweisung eines Rechtsschutzbegehrens, nur weil es fälschlich als Klage oder als Antrag im außerstreitigen Verfahren bezeichnet wurde, widerspricht nun einerseits dem mit der vorliegenden Novelle verfolgten Anliegen, derartige unfruchtbare Streitigkeiten über Verfahrensfragen möglichst zu vermeiden, und andererseits dem schon jetzt in § 84 Abs 2 letzter Satz ZPO ausgedrückten, in dieser Novelle noch ausgebauten Gedanken, daß die unrichtige Bezeichnung eines Antrags keine Rolle spielen, seine Behandlung nicht hindern soll. Durch die vorgesehene Ergänzung soll bewirkt werden, daß ein derart falsch bezeichnetes Rechtsschutzgesuch nicht zurückzuweisen, sondern einfach im richtigen Verfahren zu behandeln ist (vorher müßte allerdings ein bereits durchgeführtes unrichtiges Verfahren einschließlich allenfalls ergangener, noch nicht rechtskräftig gewordener Entscheidungen aufgehoben werden) (ErläutRV 669 BlgNR 15. GP 30).

II. Anwendungsbereich

Die Bestimmung des § 40 a JN ist anzuwenden, wenn der Rechtsschutzwerber innerhalb der verschiedenen Zweige des zivilgerichtlichen Verfahrens den **falschen Verfahrenstyp gewählt** hat: Außerstreitverfahren statt Prozeß und umgekehrt, ebenso im Verhältnis zum Insolvenz- oder Erkenntnisverfahren 2

(*Fasching,* Lehrbuch[2] Rz 114ff; *Fucik,* RZ 1985, 208; *Mayr* in *Rechberger,* ZPO § 40a JN Rz 1; *Rechberger/Simotta,* Zivilprozeßrecht[4] Rz 96; *Simotta,* Fasching-FS 464; NZ 1993, 44 [*Hofmeister*]). Von besonderer praktischer Bedeutung ist sie im Verhältnis zwischen streitigem und außerstreitigem Verfahren.

Die Regelung des § 40a JN findet in folgenden Fällen keine Anwendung:

- wenn eine Partei eine Wahlmöglichkeit zwischen zwei Verfahrensarten hat, weil von der von der Partei getroffenen Wahl nicht ohne deren Zustimmung abgegangen werden kann (NZ 1993, 44 [*Hofmeister*]; bezieht sich auf das Verhältnis Exekutionsverfahren – Grundbuchsverfahren);
- wenn bereits bindend über die Zulässigkeit des Rechtswegs abgesprochen worden ist (§ 42 Abs 3 JN);
- wenn es sich um ein von Amts wegen eingeleitetes Außerstreitverfahren handelt;
- wenn im Außerstreitverfahren die Parteien einander nicht kontradiktorisch gegenüberstehen;
- wenn der streitige Rechtsweg unzulässig ist, das Außerstreitverfahren aber nur von Amts wegen eingeleitet werden dürfte;
- wenn es sich um die Unzulässigkeit des Rechtswegs ieS (Verwaltungsverfahren – Zivilverfahren) oder die Unzulässigkeit des ordentlichen bzw außerordentlichen Rechtswegs (ordentliche Gerichte – Sondergerichte) handelt (*Mayr* in *Rechberger,* ZPO § 40a JN Rz 1; *Simotta,* Fasching-FS 464, 466).

III. Rechtsschutzantrag

3 Ein **falsch bezeichnetes Rechtsschutzgesuch ist** – von den genannten Ausnahmen (Rz 2) abgesehen – **nicht zurückzuweisen,** sondern umzudeuten und im richtigen Verfahren zu behandeln. Bei der Prüfung, welche Art (welcher Typ) des zivilgerichtlichen Verfahrens anzuwenden ist, kommt es nicht auf die von der Partei bezeichnete Verfahrensart an. Nach der stRsp ist dabei – streng nach dem Wortlaut des § 40a JN – ausschließlich nach dem Inhalt des Begehrens und des Vorbringens der antragstellenden Partei zu beurteilen, in welchem Verfahrenstyp eine Rechtssache zu behandeln ist; dabei haben Einwendungen des Gegners oder amtliches Wissen außer Betracht zu bleiben (JBl 1991, 322; OLG Wien EFSlg 66.853 [1991]; EFSlg 52.071 [1986]; EFSlg 46.597 [1984] = MietSlg 36.722 [1984]; ebenso *Fasching,* Lehrbuch[2] Rz 114 und *Fucik,* RZ 1985, 208). Aus verfahrensökonomischen Gründen sollte § 40a JN aber auch dann angewendet werden, wenn das Gericht erst auf Grund von Erhebungen oder amtlichen Wissens feststellt, daß sich der Rechtsschutzwerber in der Verfahrensart vergriffen hat (*Mayr* in *Rechberger,* ZPO § 40a JN Rz 2; *Rechberger/Simotta,* Zivilprozeßrecht[4] Rz 96; *Simotta,* Fasching-FS 467).

IV. Verfahren

A. Nichtigerklärung

4 § 40a JN ist – soweit noch keine bindende Entscheidung nach § 42 Abs 3 JN vorliegt – in jeder Lage des Verfahrens bis zur Rechtskraft der Entscheidung anzuwenden und führt zunächst auf jeden Fall zur **Nichtigerklärung und Aufhebung des bisherigen Verfahrens** und einer allenfalls ergangenen, noch nicht rechtskräftigen Entscheidung; ausgenommen davon ist die Verfahrenseinleitung selbst, die (von der Klage in einen Antrag bzw umgekehrt) umzudeuten ist und

über welche neuerlich zu entscheiden ist (*Mayr* in *Rechberger,* ZPO § 40 a JN Rz 3; *Simotta,* Fasching-FS 474; EvBl 1991/85 = ecolex 1991, 465 = GesRZ 1991, 160 = RdW 1991, 232; EvBl 1990/153 = EFSlg 63.917 [1990]). Bei Form- oder Inhaltsmängeln des umgedeuteten Rechtsschutzantrags ist ein Verbesserungsverfahren nach §§ 84 f ZPO einzuleiten (*Mayr* in *Rechberger,* ZPO § 40 a ZPO Rz 4).

In dem neu durchzuführenden Verfahren (s Rz 6 f) dürfen entgegen § 281 a 5
ZPO die im unrichtigen und daher nichtigen Verfahren gewonnenen Beweisergebnisse nicht verwertet werden; denn das in der falschen Verfahrensart durchgeführte Beweisverfahren ist nichtig und daher rechtlich so zu behandeln, als ob es gar nicht durchgeführt worden wäre (*Simotta,* Fasching-FS 474). Aus diesem Grund kann auch der – aus verfahrensökonomischen Gründen überlegenswerten – gegenteiligen Ansicht (*Klicka/Oberhammer,* Außerstreitverfahren[3] Rz 8; *Rechberger/Simotta,* Zivilprozeßrecht[4] Rz 278, 611) nicht gefolgt werden.

B. Weitere Vorgangsweise, insb Überweisung

Für die **weitere Vorgangsweise** (nach einer allfälligen Nichtigerklärung des 6
bisherigen Verfahrens) sind mehrere Fälle zu unterscheiden (*Fasching,* Lehrbuch[2] Rz 114):

1. Ist **derselbe Richter** (beim selben Gericht) sowohl zur Führung des von der Partei irrtümlich begehrten als auch des tatsächlich anzuwendenden Verfahrens berufen, dann hat er sofort das **richtige Verfahren einzuleiten** (zB ein irrtümlich durch Klage geltend gemachtes Unterhaltsbegehren eines Minderjährigen gegen seinen ehelichen Vater richtigerweise als Antrag im Außerstreitverfahren zu behandeln).

2. Ähnlich ist vorzugehen, wenn zwar **dasselbe Gericht** zur Entscheidung berufen ist, die Erledigung nach der Geschäftsverteilung einem anderen Richter obliegt; hier ist die Sache gem § 17 Abs 7 Geo diesem zur weiteren Erledigung abzutreten.

3. Ist für die Durchführung des richtig anzuwendenden Verfahrens dagegen 7
ein anderes als das angerufene Gericht zuständig, dann hat das angerufene Gericht in seinem Beschluß nicht nur auszusprechen, daß die gewählte Verfahrensart unzulässig und die Sache in dem richtigen, genau zu bezeichnenden Verfahren durchzuführen ist, sondern auch – in entsprechender (erweiterter) Analogie des § 44 JN – seine **Unzuständigkeit auszusprechen,** das zuständige Gericht zu benennen und die **Rechtssache von Amts wegen an dieses zu überweisen;** das gilt sowohl für die Überweisung vom streitigen ins außerstreitige Verfahren als auch umgekehrt (*Ballon,* Zivilprozeßrecht[9] Rz 50; *Fasching,* Lehrbuch[2] Rz 114; 10 Ob 269/98 a; SZ 70/237 [hinsichtlich der Umdeutung einer Klage in einem außerstreitigen Antrag]; 1 Ob 2/95. AM *Klicka/Oberhammer,* Außerstreitverfahren[3] Rz 9; *Mayr* in *Rechberger,* ZPO § 40 a JN Rz 4; *Rechberger/Simotta,* Zivilprozeßrecht[4] Rz 96; *Mayr/Fucik,* Verfahren außer Streitsachen 17; *Simotta,* Fasching-FS 469, die im letztgenannten Fall anstelle der Überweisung die Zurückweisung des Antrags fordern, da für eine Überweisung eine gesetzliche Grundlage fehlt; 5 Ob 330/98 k; 5 Ob 456/97 p [keine Umdeutung einer Klage in einer Mietensache in einen Antrag und keine Überweisung in das außerstreitige Verfahren, wenn eine Schlichtungsstelle iS des § 39 MRG besteht, sondern Zurückweisung der Klage; ebenso *Mayr/Fucik,* Verfahren außer Streitsachen 18; *Mayr* in *Rechberger,* ZPO § 40 a JN Rz 2]). Der Beschluß über die anzuwendende Verfahrensart ist mit dem Überweisungsbeschluß zu verbinden (*Fasching,* Lehrbuch[2] Rz 114; *Simotta,*

Fasching-FS 471; krit *Mayr* in *Rechberger,* ZPO § 40 a JN Rz 4). Zum Überweisungsbeschluß und dessen Bindungswirkung s Rz 8–10.

C. Beschluß

8 In den Fällen der amtswegigen Wahl des richtigen Verfahrens gem § 40 a JN hat das Gericht auch in den in Rz 6 unter 1. und 2. genannten Fällen „im Zweifel“ mit **Beschluß** zu entscheiden. Ein Zweifel liegt jedenfalls immer dann vor, wenn die verfehlte Verfahrenswahl nicht wirklich nur völlig unbeabsichtigt erfolgt ist (*Fasching,* Lehrbuch² Rz 114). Solche Zweifel sind immer dann gegeben, wenn für das Gericht selbst Zweifel über die anzuwendende Verfahrensart bestehen, wenn die Einrede der Unzulässigkeit des Rechtswegs erhoben worden ist oder wenn der Verfahrenseinleitende mit der Behandlung in der vom Gericht für richtig erachteten Verfahrensart nicht einverstanden ist (*Simotta,* Fasching-FS 477). Von der Fällung eines Beschlusses wird das Gericht – sofern nicht die Einrede der Unzulässigkeit des Rechtswegs erhoben wurde – dann absehen können, wenn es ganz eindeutig ist, daß der Rechtsschutzwerber nur irrtümlich den Rechtsschutzantrag falsch bezeichnet hat (*Mayr* in *Rechberger,* ZPO § 40 a JN Rz 5; *Simotta,* Fasching-FS 477).

9 Fällt der Richter, da ihm die anzuwendende Verfahrensart nicht zweifelhaft erscheint, keinen Beschluß über die richtige Verfahrensart, geht er aber sonst nach § 40 a JN vor, so kann der Verfahrenseinleitende bei nächster Gelegenheit die Einrede der Unzulässigkeit des Rechtswegs erheben. Nach § 40 a JN bestimmt sich das anzuwendende Verfahren nicht mehr nach dem (in der Bezeichnung des Rechtsschutzantrag zum Ausdruck kommenden) Willen des Verfahrenseinleitenden, sondern das Gericht legt die anzuwendende Verfahrensart fest. Wenn aber der Kläger (Antragsteller) nicht selbst den Verfahrensweg gewählt hat, muß ihm nach dem Grundsatz, daß Gleiches gleich zu behandeln ist, ebenso wie dem Beklagten bzw dem Antragsgegner (der ja auf den Verfahrensweg keinen Einfluß hat) die Einrede der Unzulässigkeit des Rechtswegs zustehen. Würde man, wenn der Richter nicht einen Beschluß über die anzuwendende Verfahrensart gefällt hat, dem Kläger bzw dem Antragsteller die Einrede der Unzulässigkeit des Rechtswegs nicht zugestehen, dann müßte der Verfahrenseinleitende, der mit der vom Gericht gewählten Verfahrensart nicht zufrieden ist, die Entscheidung in der Sache selbst abwarten, um diese dann endlich (wegen Nichtigkeit der Entscheidung und des Verfahrens nach § 477 Abs 1 Z 6 ZPO) bekämpfen zu können. Vom verfahrensökonomischen Standpunkt aus ist es daher besser, auch dem Kläger bzw dem Antragsteller die Einrede der Unzulässigkeit des Rechtswegs zu gewähren als die Vernichtung des gesamten Verfahrens zu riskieren (*Simotta,* Fasching-FS 478; ebenso *Mayr* in *Rechberger,* ZPO § 40 a JN Rz 5).

V. Bindungswirkung

10 Hinsichtlich der **Bindungswirkung** des über die Verfahrensart absprechenden Beschlusses ist zu unterscheiden:

1. Der Beschluß erging im Zivilprozeß; hier ist wiederum zu trennen:

• Der Beschluß wurde a limine gefaßt: In analoger Anwendung des § 46 Abs 1 JN auch auf Rechtswegsfragen kommt dem a limine gefaßten Beschluß, mit dem im Zivilprozeß ein anderer Verfahrenstyp als der richtige festgestellt wird, keine bindende Wirkung zu (der Beklagte kann diesen Beschluß auch nicht anfechten; 1 Ob 709/84; 5 Ob 5667/84; s auch SZ 27/335 [1954]; krit dazu *Fasching,* Lehrbuch² Rz 114; *Petrasch,* ÖJZ 1985, 258).

• Der Beschluß wurde in einem späteren Verfahrensstadium gefällt: dieser Beschluß entfaltet – wenn er rechtskräftig geworden ist – immer bindende Wirkung (und ist von beiden Parteien anfechtbar (*Simotta,* Fasching-FS 488).

2. Alle in einer anderen Verfahrensart (einem anderen Verfahrenstyp) gefaßten Beschlüsse entfalten mit Rechtskraft Bindungswirkung (und können von allen Parteien angefochten werden, s *Mayr* in *Rechberger,* ZPO § 40 a JN Rz 6; *Simotta,* Fasching-FS 488).

VI. Anfechtbarkeit

A. Allgemeines

Der **Beschluß,** mit dem die Verfahrensart, in der der Rechtsschutzantrag richtigerweise zu behandeln und zu erledigen ist, festgestellt wird, ist gem § 40 a JN **selbständig anfechtbar.** Dabei richtet sich die Anfechtbarkeit nach der vom Verfahrenseinleitenden gewählten Verfahrensart (*Fasching,* Lehrbuch² Rz 114; *Mayr* in *Rechberger,* ZPO § 40 a JN Rz 6; eingehend *Simotta,* Fasching-FS 479, 486; WoBl 1993, 28 [*Call*]; EvBl 1993/42; EvBl 1991/85 = AnwBl 1992, 234 = ecolex 1991, 465 = GesRZ 1991, 160). **11**

B. Beschlüsse erster Instanz

Die Überweisung einer Rechtssache von der einen in die andere Verfahrensart ist ein zweiseitiger Vorgang, wobei der erste Akt – sofern der Beschluß im Streitverfahren erlassen wurde – das Prozeßrechtsverhältnis nach der ZPO beendet (1 Ob 2386/96 f; EvBl 1991/85 = ecolex 1991, 465 = GesRZ 1991, 160; EvBl 1991/62; EvBl 1990/173 = ÖA 1991, 121; EvBl 1988/101; EvBl 1986/6 = MietSlg 37.047 [1985]; *Mayr* in *Rechberger,* ZPO § 40 a JN Rz 6). Der die richtige Verfahrensart feststellende Beschluß erster Instanz ist daher (da sich das Rechtsmittelverfahren nach der vom Verfahrenseinleitenden beantragten Verfahrensart richtet) mit Rekurs auch dann anfechtbar, wenn der Streitwert der Hauptsache 26.000 S nicht übersteigt (§ 517 ZPO; *Fasching,* Lehrbuch² Rz 114; *Mayr* in *Rechberger,* ZPO § 40 a JN Rz 6). **12**

Der Rekurs ist in Analogie zu § 521 a ZPO zweiseitig gestaltet (*Kodek* in *Rechberger,* ZPO § 519 Rz 3; *Mayr* in *Rechberger,* ZPO § 40 a JN Rz 6; MietSlg 37.779/14 [1985]); das kann aber nur dann zutreffen, wenn der die Verfahrensart betreffende Überweisungsbeschluß (im Streitverfahren) erst nach Streitanhängigkeit ergangen ist (analog zu § 521 a ZPO).

C. Beschlüsse zweiter Instanz

Hier ist zu unterscheiden: **13**

1. Wenn der Überweisungsbeschluß vom Berufungsgericht gefällt wird, dann ist er in Analogie zu § 519 Abs 1 Z 1 ZPO mit (zweiseitigem) Vollrekurs bekämpfbar (*Kodek* in *Rechberger,* ZPO § 519 Rz 3; *Mayr* in *Rechberger,* ZPO § 40 a JN Rz 6; RZ 1997/11; 1 Ob 35/95; EvBl 1991/85 = ecolex 1991, 465 = GesRZ 1991, 160; EvBl 1991/62; EvBl 1990/173 = ÖA 1991, 21 ua).

2. Wenn der Überweisungsbeschluß (erstmalig) vom Rekursgericht gefällt wird, dann ist dieser Beschluß wie ein gleichartiger berufungsgerichtlicher Beschluß mit Vollrekurs anfechtbar (wenn etwa die erste Instanz die Klage wegen Unzuständigkeit zurückgewiesen hat, das Rekursgericht diese Entscheidung wegen Nichtigkeit aufhebt und die Rechtssache ins außerstreitige Verfahren überweist, RZ 1997/11; *Kodek* in *Rechberger,* ZPO § 519 Rz 3).

3. Wenn der erstgerichtliche Überweisungsbeschluß vom Rekursgericht bestätigt wurde, dann ist der Revisionsrekurs unter den Voraussetzungen des § 528 ZPO zulässig (zur Rechtslage vor der WGN 1997 *Fasching,* Lehrbuch[2] Rz 2017/1; *Kodek* in *Rechberger,* ZPO § 528 Rz 3; 1 Ob 2386/96f unter ausdrücklicher Ablehnung der gegenteiligen Ansicht EvBl 1996/145; RZ 1995/5).

VII. Besonderheiten bei der Überweisung an ein anderes Gericht

14 Ist für die Durchführung des richtigerweise anzuwendenden Verfahrens ein anderes als das angerufene Gericht zuständig und hat daher das Erstgericht auch die amtswegige Überweisung der Rechtssache an das zuständige Gerichts auszusprechen (s Rz 6f), dann sind noch weitere Besonderheiten zu beachten. Die Überweisung an das zuständige Gericht hat gem § 44 JN zu erfolgen (*Fasching,* Lehrbuch[2] Rz 114), wobei der Überweisungsbeschluß „den Parteien" (§ 44 Abs 2 JN) durch das Zweitgericht samt dem verfahrenseinleitenden Schriftsatz zuzustellen ist (*Mayr* in *Rechberger,* ZPO § 40a JN Rz 6); damit wird die Rechtssache auf jeden Fall (insb für das Streitverfahren) streitanhängig. Infolgedessen kann jede Partei – auch wenn der Überweisungsbeschluß im Streitverfahren a limine erfolgt ist – diesen mit Rekurs anfechten. Mit Rechtskraft des Überweisungsbeschlusses an das zuständige Gericht tritt die Bindungswirkung ein; in diesem Fall ausnahmsweise auch dann, wenn der Beschluß a limine gefaßt wurde (weil er auch dem Gegner gem § 44 JN durch das Zweitgericht zugestellt werden muß, die Sache streitanhängig geworden ist und der Gegner zur Erhebung des Rekurses legitimiert ist).

VIII. Einzelfragen

15 • Ein unrichtig im Verfahren nach § 37 MRG eingebrachter Antrag ist trotz Vorschaltung der Schlichtungsstelle dem Streitrichter abzutreten (RZ 1986/2 = MietSlg 36.725/47 [1984]).

• Ein vom Präsidenten des OLG ausdrücklich auf eine Bestimmung des UVG gestützer Rückforderungsanspruch kann nicht in ein Schadenersatzbegehren umgedeutet und in das streitige Verfahren überwiesen werden (*Mayr* in *Rechberger,* ZPO § 40a JN Rz 1; RZ 1992/99 = Jus-Extra, OGH-Z 1993/1194 = ÖA 1993, 21).

• Eine Beschlußfassung, daß ein Teil des eingeklagten Betrags als vorprozessuale Kosten zu behandeln ist und darüber erst im Rahmen der Kostenentscheidung abgesprochen wird, ist in § 40a JN nicht vorgesehen (4 Ob 515/94).

• Eine Überweisung vom streitigen in das außerstreitige Verfahren ist nicht möglich, wenn (in Mietensachen) eine Schlichtungsstelle besteht und daher vor deren Anrufung das außerstreitige Verfahren unzulässig ist (5 Ob 330/98k; 5 Ob 456/97p; 1 Ob 2277/96a; EvBl 1993/122; WoBl 1992/140; RZ 1988/63 = MietSlg 40.509 [1988]; s auch Rz 7).

Vor § 41: Die amtswegige Prüfung der Zuständigkeit

Lit: Siehe die Literaturverzeichnisse zu §§ 41 bis 43 JN.

1 Bei der Stellung eines Sachantrags an das Gericht (oder vor einem amtswegigen Einschreiten) hat das Gericht seine Befugnis zum Einschreiten zu prüfen. Es muß demnach prüfen, ob für die Erledigung des Antrags die Zulässigkeit

des Rechtswegs, die inländische Gerichtsbarkeit und die Zuständigkeit des Gerichts (sowie alle anderen formellen Voraussetzungen) gegeben sind. Deshalb ist die Überschrift zu §§ 41 ff JN ungenau, da die Prüfung des Gerichts nicht nur die Zuständigkeit erfaßt.

Es muß zwischen prorogabler (verzichtbarer, relativer) **und unprorogabler** (unverzichtbarer, absoluter) **Unzuständigkeit unterschieden werden.** Die Differenzierung zwischen heilbarer und unheilbarer Unzuständigkeit ist durch die ZVN 1983 hinfällig geworden. Unprorogable Unzuständigkeit liegt dann vor, wenn das angerufene Gericht durch eine Zuständigkeitsvereinbarung der Parteien (Prorogation) nicht zuständig gemacht werden könnte, weil dies gem § 104 JN (oder wegen ausdrücklicher Zuständigkeitssondernormen) nicht möglich (zB §§ 83 a, 83 b JN; § 532 ZPO; § 51 EO; § 172 KO) oder nur eingeschränkt zulässig ist (wie etwa nach § 14 KSchG). Prorogable Unzuständigkeit ist dann gegeben, wenn das angerufene Gericht durch eine Zuständigkeitsvereinbarung der Parteien hätte zuständig gemacht werden können. 2

Bis zur ZVN 1983 wurde zwischen heilbarer (= prorogabler) und unheilbarer (= unprorogabler) Unzuständigkeit unterschieden. Die heilbare Unzuständigkeit konnte vom Gericht von Amts wegen nur bei Einlangen der Klage, nachher nur auf Grund rechtzeitiger Einrede des Beklagten wahrgenommen werden, während die unheilbare Unzuständigkeit in jeder Lage des Verfahrens bis zur Rechtskraft (nach dem inzwischen aufgehobenen RatenG sogar noch nach Rechtskraft) von Amts wegen wahrzunehmen war. In beiden Fällen führte die Unzuständigkeit zur (Aufhebung des vor dem unzuständigen Gericht durchgeführten Verfahrens und zur) Zurückweisung der Klage. Da diese Unzuständigkeitsfolgen zu weitreichend waren, wertvoller Prozeßaufwand verlorenging und durch die außerordentlich vielfältige und komplizierte Zuständigkeitsordnung viele Fehlgriffe und Zuständigkeitsstreitigkeiten provoziert wurden, versuchte die ZVN 1983 hier vor allem dadurch Abhilfe zu schaffen, daß sie die Unzuständigkeitsfolgen und das Zuständigkeitsrisiko wesentlich milderte (*Fasching,* Lehrbuch² Rz 216; ErläutRV 669 BlgNR 15. GP 31).

Nunmehr ist jede Unzuständigkeit heilbar. Während die bisherige heilbare Unzuständigkeit in Umfang und Wahrnehmbarkeit unverändert geblieben ist, aber nunmehr zur Unterscheidung von den anderen Formen der nunmehr ebenfalls heilbaren Unzuständigkeit als prorogable Unzuständigkeit zu bezeichnen ist, gibt es im österreichischen Zivilprozeß jetzt begrifflich **keine unheilbare Unzuständigkeit** mehr, sondern sie muß unprorogable Unzuständigkeit genannt werden. Die Grenze der Zuständigkeitsvereinbarungsfähigkeit (Prorogabilität) ist aber immer noch von Bedeutung, weil die unprorogable Unzuständigkeit in anderer Form und zu einem anderen (meist gar nicht viel späteren) Zeitpunkt heilt als die prorogable Unzuständigkeit und weil sie – anders als die prorogable Unzuständigkeit – auch nach Einlangen der Klage bis zum Heilungszeitpunkt von Amts wegen – jedenfalls nach hA – wahrzunehmen ist (dazu s Rz 5). An und für sich wäre eine solche Differenzierung der Unzuständigkeit dann, wenn man sich generell für die Heilbarkeit der Unzuständigkeit entschieden hat, überflüssig, und sie schafft noch immer Komplikationen; dennoch hat der Gesetzgeber den naheliegenden Schritt zur Vereinheitlichung der Wahrnehmung und der Heilung jeglicher Unzuständigkeit in der ZVN 1983 inkonsequent nicht gewagt (*Fasching,* Lehrbuch² Rz 216).

Die **Zuständigkeit ist eine Prozeßvoraussetzung,** deren Fehlen eine Sachentscheidung unzulässig macht, sodaß die Klage mit Beschluß zurückzuweisen ist; lediglich nach Eintritt der Streitanhängigkeit ist die Rechtssache über rechtzeitigen Antrag des Klägers gem § 261 Abs 6 ZPO an das zuständige Gericht zu überweisen (ausnahmsweise findet nach § 38 ASGG eine amtswegige Überweisung statt). Im Exekutions-, Insolvenz- und im außerstreitigen Verfahren hat das 4

Gericht nicht mit einer Zurückweisung des Antrags vorzugehen, sondern ihn von Amts wegen an das zuständige Gericht zu überweisen (s § 44 JN Rz 9).

Für die **Prüfung der Klage hinsichtlich der Zuständigkeit** und der daraus resultierenden Folgen bestehen (auch nach der ZVN 1983) unterschiedliche Vorschriften, je nachdem, ob es sich um eine prorogable oder um eine unprorogable Unzuständigkeit handelt. Diese Unterscheidung wirkt sich in zweifachen Hinsicht aus (im einzelnen s § 41 JN Rz 3f, § 43 JN Rz 2):

5 1. Bei Einlangen der Klage hat das Gericht im Rahmen der formellen Klagsprüfung bei **Verdacht der prorogablen Unzuständigkeit nur ein formelles Prüfungsrecht,** dh, es ist an die Klagsangaben gebunden (ausgenommen dann, wenn die Klagsangaben dem Gericht als unrichtig bekannt sind oder es sich um einen Fall des § 60 JN handelt); bei **Bedenken wegen seiner unprorogablen Unzuständigkeit** steht dem Gericht ein **materielles Prüfungsrecht ohne Bindung an die Klagsangaben** zu (§ 43 JN und § 240 ZPO; *Ballon,* Zivilprozeßrecht[9] Rz 72f mwN; *Fasching,* Lehrbuch[2] Rz 227; aA *Rechberger/Simotta,* Zivilprozeßrecht[4] Rz 519 FN 9 mwN). In der Praxis wird diese Differenzierung allerdings keine allzu große Bedeutung haben, vor allem insofern, als in diesem Verfahrensstadium die Überprüfung der Zuständigkeit ohne Beteiligung des Beklagten erfolgt und daher notwendigerweise unvollständig bleiben muß (*Mayr* in *Rechberger,* ZPO § 41 JN Rz 3 mwN).

6 2. Ein weiteres Unterscheidungsmerkmal besteht im Zeitpunkt der Heilung der Unzuständigkeit des angerufenen Gerichts. Die **prorogable Unzuständigkeit ist saniert,** wenn sie nicht von Amts wegen bis zum Erlaß der ersten prozeßleitenden Verfügung wahrgenommen oder sie nicht vom Beklagten bei der ersten Gelegenheit eingewendet wird. **Bezüglich der Heilung der unprorogablen Unzuständigkeit unterscheidet das Gesetz** nochmals, je nachdem, ob der Beklagte von einem Rechtsanwalt oder Notar (bzw im arbeits- und sozialgerichtlichen Verfahren qualifiziert) vertreten ist oder nicht.

a) Ist der Beklagte bei unprorogabler Unzuständigkeit **durch einen Rechtsanwalt** oder Notar (bzw im arbeits- und sozialgerichtlichen Verfahren qualifiziert) **vertreten,** dann kann das Gericht seine unprorogable Unzuständigkeit nur solange von Amts wegen aufgreifen, aber sich nicht von Amts wegen für unzuständig erklären, als der vertretene Beklagte sie einwenden kann; das ist der Zeitpunkt der Einbringung der Klagebeantwortung (im Gerichtshofverfahren mit Ausnahme des arbeitsgerichtlichen Verfahrens, in dem ja keine Klagebeantwortung vorgesehen ist) bzw der Beginn des ersten Termins der Streitverhandlung vor Einlassung in die Hauptsache (im bezirksgerichtlichen und im arbeitsgerichtlichen Verfahren). Das Gericht hat auch bei einem vertretenen Beklagten auf Bedenken hinsichtlich seiner Zuständigkeit hinzuweisen und ihm Gelegenheit zu geben, durch Unterlassen der Unzuständigkeitseinwendung eine Heilung der Unzuständigkeit herbeizuführen. Dieser Hinweis ist allerdings nur in der (allenfalls stattfindenden) ersten Tagsatzung möglich, weil der vertretene Beklagte die unprorogable Unzuständigkeit bei sonstiger Sanierung eben in der Klagebeantwortung (im Gerichtshofverfahren) bzw zu Beginn der mündlichen Streitverhandlung (im bezirksgerichtlichen und im arbeitsgerichtlichen Verfahren) einwenden muß. Im einzelnen s § 43 JN Rz 11.

b) Ist der Beklagte bei unprorogabler Unzuständigkeit **nicht durch einen Rechtsanwalt** oder Notar bzw qualifiziert **vertreten,** dann kann das Gericht zwar die Unzuständigkeitsfrage aufgreifen, aber sich nicht von Amts wegen für unzuständig erklären. Gem § 104 JN iVm § 182 ZPO hat das Gericht nämlich den Beklagten über die Möglichkeit einer Unzuständigkeitseinwendung ausdrücklich zu belehren, ihm aber damit die Gelegenheit zur Heilung einer allfälligen Unzuständigkeit durch Unterlassung dieser Einrede zu ermöglichen. Im einzelnen s § 43 JN Rz 12ff.

c) Ist gegen den Beklagten ein **echtes Versäumungsurteil** ergangen, dann kann er bei unprorogabler – nicht bei prorogabler – Unzuständigkeit Berufung aus dem Nichtigkeitsgrund des § 477 Abs 1 Z 3 ZPO erheben (s ErläutRV 669 BlgNR 15. GP 32).

Während die Unzuständigkeit also grundsätzlich bereits am Anfang des Verfahrens heilt, wenn sie nicht rechtzeitig vom Beklagten geltend gemacht wird (ausgenommen die unprorogable Unzuständigkeit, wenn der Beklagte nicht rechtskundig vertreten ist und der Richter keine Belehrung erteilt hat), verhält es sich bei der **Unzulässigkeit des Rechtswegs** anders. Sie ist als absoluter Prozeßvoraussetzungsmangel in jeder Verfahrenslage über Einwendung und von Amts wegen aufzugreifen und bei ihrem Fehlen die Klage zurückzuweisen (allenfalls gem § 40a JN zu überweisen); darüber hinaus kann der Mangel der Zulässigkeit des Rechtswegs (ausgenommen der Fall des § 42 Abs 4 JN) über Antrag der obersten Verwaltungsbehörde vom OGH aufgegriffen werden (s im einzelnen § 42 JN Rz 14ff). 7

Die **WGN 1997** hat einen gespaltenen Begriff der **inländischen Gerichtsbarkeit** eingeführt: 8

1. fehlende inländische Gerichtsbarkeit wegen völkerrechtlicher **Immunität** des Beklagten (des Antragsgegners);

2. fehlende inländische Gerichtsbarkeit aus **anderen Gründen.**

Nur mehr die fehlende inländische Gerichtsbarkeit nach 1., nämlich wegen Immunität des Beklagten (des Antragsgegners), wird prozessual im Prinzip (abgesehen von § 40a JN) wie die Unzulässigkeit des Rechtswegs behandelt. Beide stellen einen absoluten Prozeßvoraussetzungsmangel dar, der in jeder Lage des Verfahrens bis zur Rechtskraft der Sachentscheidung auf Antrag oder von Amts wegen wahrzunehmen ist und darüber hinaus auch nach Rechtskraft der Entscheidung gem § 42 Abs 2 JN aufgegriffen werden kann.

Die fehlende inländische Gerichtsbarkeit nach 2., also aus anderen Gründen, ist nunmehr auf Grund der Neuregelung durch die WGN 1997 grundsätzlich der unprorogablen (unverzichtbaren) Unzuständigkeit gleichgestellt; daher tritt in aller Regel eine Heilung gem § 104 Abs 3 bzw Art 18 EuGVÜ/LGVÜ durch rügelose Einlassung des Beklagten ein. Nur in Ausnahmefällen – die gleichsam die Ausnahme von dieser Grundregel darstellen – tritt bis zur Rechtskraft der Entscheidung keine Heilung ein.

Im einzelnen gilt bezüglich der inländischen Gerichtsbarkeit folgendes, wobei nachstehende Konstellationen zu unterscheiden sind: 9

1. Fehlende inländische Gerichtsbarkeit wegen Immunität des Beklagten (des Antragsgegners). In diesem Fall erfolgt überhaupt keine Heilung, auch nicht nach Rechtskraft der Entscheidung; ihr Mangel kann vielmehr auch nach Rechtskraft der Entscheidung nach § 42 Abs 2 JN über Antrag der obersten Verwaltungsbehörde aufgegriffen werden.

2. Fehlende inländische Gerichtsbarkeit aus anderen Gründen (hier ist es angebracht, von fehlender internationaler Zuständigkeit zu sprechen):

a) Fehlende prorogable inländische Gerichtsbarkeit: Nach der Generalregelung des § 104 Abs 3 JN heilt grundsätzlich der Mangel der inländischen Gerichtsbarkeit, wenn sich die beklagte Partei ohne Rüge in die Hauptsache einläßt; in diesem Zusammenhang ist weiter zu beachten, daß § 104 Abs 3 JN (rügeloses Einlassen durch den von einem Rechtsanwalt, einem Notar oder einem qualifizierten Vertreter gem § 40 ASGG vertretenen Beklagten bzw nach ausdrücklicher richterlicher Belehrung) und Art 18 EuGVÜ/LGVÜ (rügelose Einlassung durch den Beklagten unabhängig von einer Vertretung oder einer richterlichen Belehrung) unterschiedliche Regelungen treffen. Eine Heilung durch rügeloses Einlassen in die Hauptsache geschieht auch in den Fällen des § 14 Abs 1 KSchG (ErläutRV 898 BlgNR 20. GP 54), des § 15b Abs 1 VersVG (ErläutRV 898 BlgNR 20. GP 50) und wohl auch des § 9 Abs 1 Z 1a ASGG.

b) Fehlende unprorogable inländische Gerichtsbarkeit: Trotz rügeloser Einlassung in die Hauptsache heilt der Mangel der inländischen Gerichtsbarkeit erst mit Rechtskraft der Sachentscheidung auf Grund ausdrücklicher Vorschrift in folgenden Fällen: §§ 81, 83, 83b, 92b JN gem § 104 Abs 4 JN; § 38 Abs 2 EO sowie § 76 Abs 2, § 76b Abs 2, § 76c Abs 3 und § 114a Abs 4 JN (s ErläutRV 898 BlgNR 20. GP 37, 49).

Zu beachten ist, daß der Mangel der inländischen Gerichtsbarkeit nur dann der unprorogablen Unzuständigkeit gleichgestellt ist – und somit eine Heilung vor Rechtskraft durch rügelose Einlassung gem § 104 Abs 3 JN bzw Art 18 EuGVÜ/LGVÜ eintritt –, wenn die inländische Gerichtsbarkeit einer Parteivereinbarung zugänglich ist (maW: nur die Fälle der prorogablen fehlenden inländischen Gerichtsbarkeit werden wie die unprorogable Unzuständigkeit behandelt).

Siehe zu diesen Fragen weiters bei Art IX EGJN, §§ 27a, 28, 41, 42, 43 und 104 JN.

10 Die inländische Gerichtsbarkeit ist als Prozeßvoraussetzung seit der WGN 1997 differenziert zu betrachten. Tritt eine Heilung durch rügeloses Einlassen gem § 104 Abs 3 JN bzw Art 18 EuGVÜ/LGVÜ ein, dann handelt es sich um eine relative Prozeßvoraussetzung; ist das nicht der Fall, dann ist die inländische Gerichtsbarkeit (wie bisher) als absolute Prozeßvoraussetzung zu qualifizieren.

§ 41. (1) Sobald eine Rechtssache der streitigen oder freiwilligen Gerichtsbarkeit bei einem Gerichte anhängig wird, hat dasselbe seine Zuständigkeit von Amts wegen zu prüfen.

(2) Diese Prüfung erfolgt in bürgerlichen Streitsachen auf Grund der Angaben des Klägers, dafern diese nicht dem Gerichte bereits als unrichtig bekannt sind.

(3) In nicht streitigen bürgerlichen Rechtssachen jedoch, ferner im Exekutionsverfahren, sowie bei Erlassung einstweiliger Verfügungen und bei Eröffnung des Konkurses hat das Gericht, ohne an die Angaben der Parteien gebunden zu sein, die für die Zuständigkeit maßgebenden Verhältnisse von Amts wegen zu untersuchen. Es kann zu diesem Zwecke von den Beteiligten alle nötigen Aufklärungen fordern.

Stammfassung

Lit: *Ballon,* Die Rechtsprechung in Zuständigkeitsfragen, Fasching-FS (1988) 56; *Fasching,* Abgrenzungs- und Anwendungsprobleme beim Gerichtsstand des Erfüllungsortes nach österreichischem Recht, Nagel-FS (1987) 26; *Fucik,* Die Zuständigkeit nach der Zivilverfahrens-Novelle 1983, RZ 1985, 206; *Holzhammer,* Die einfache Vermutung im Zivilprozeß, Kralik-FS (1986) 205; *Mayr,* Verbesserung von Klagen (Besprechungsaufsatz), JAP 1991/92, 173; *Schoibl,* Ausgewählte Zuständigkeitstatbestände in der Rechtsprechung des EuGH: Die gerichtlichen Zuständigkeiten am Erfüllungsort des Vertrages nach Art 5 Nr 1 und die Zuständigkeitsvereinbarung nach Art 17 des Brüsseler und des Luganer Übereinkommens, in *Bajons/Mayr/Zeiler,* Die Übereinkommen von Brüssel und Lugano (1997) 61.

Übersicht:

I. Umfang der Prüfungsbefugnis, Allgemeines

1 Die **amtswegige Prüfung der Prozeßvoraussetzungen** erstreckt sich nicht nur auf die Angelegenheiten der streitigen und der freiwilligen Gerichtsbarkeit, wie aus dem zu eng gefaßten Wortlaut des § 41 Abs 1 JN entnommen werden könnte, sondern ist bei jeder Art der gerichtlichen Tätigkeit vorzunehmen, so auch im Exekutions- und im Insolvenzverfahren.

2 Diese amtswegige Prüfung hat sich nicht nur (auch hier ist der Wortlaut des § 41 Abs 1 zu eng gefaßt) auf die Zuständigkeit des Gerichts, sondern auch auf die Zulässigkeit des Rechtswegs und das Vorliegen der inländischen Gerichtsbartkeit (zur Prüfung der inländischen Gerichtsbarkeit s Rz 13) wie auch das Vorliegen aller anderen Prozeßvoraussetzungen zu erstrecken. **Unterschiedlich ist nur der Umfang der Prüfung.**

A. Unprorogable Unzuständigkeit

3 Die **Überprüfung der unprorogablen Unzuständigkeit** (sowie der inländischen Gerichtsbarkeit und der Zulässigkeit des Rechtswegs) hat sich sowohl im streitigen wie im außerstreitigen Verfahren, im Exekutions- und im Insolvenzverfahren nicht auf das Klagsvorbringen zu beschränken, sondern das Gericht hat durch geeignete Erhebungen von Amts wegen alle erforderlichen Grundlagen zu ermitteln, um eine zuverlässige Entscheidung fällen zu können (materielles Prüfungsrecht, *Ballon,* Zivilprozeßrecht[9] Rz 73; *Buchegger,* in PraktZPR[6] I 37; *Fasching,* Lehrbuch[2] Rz 227; *Holzhammer,* Zivilprozeßrecht[2], 63; *ders,* Kralik-FS 211; OLG Wien AnwBl 1995/5087; 8 Ob 517/93; OLG Innsbruck EvBl 1988/136; EvBl 1979/105. Nach aA hat das Gericht bei Verdacht einer unprorogablen Unzuständigkeit lediglich ein formelles Prüfungsrecht, dh, es ist an die Klagsangaben gebunden, sofern diese dem Gericht nicht als unrichtig bekannt sind oder ein Fall des § 60 JN vorliegt (*Rechberger/Simotta,* Zivilprozeßrecht[4] Rz 519 FN 9, da der Wortlaut des § 41 JN nicht zwischen prorogabler und unprorogabler Unzuständigkeit unterscheidet; ebenso *Mayr* in *Rechberger,* ZPO § 41 JN Rz 3; *Fucik,* RZ 1985, 258; Arb 8186; 5902; 4953; MietSlg 34.657). Solche Erhebungen sind nur dann erforderlich, wenn Zweifel am Vorliegen der Prozeßvoraussetzung auftreten; es muß also nicht in jedem Fall ein amtswegiges Prüfungsverfahren eingeleitet werden (EvBl 1988/136; SZ 43/204 [1970]; EvBl 1979/105; OLG Wien JBl 1946, 257).

B. Prorogable Unzuständigkeit

4 Die **prorogable Unzuständigkeit** (nur für das streitige Verfahren von Bedeutung) ist nur auf Grund der Klagsangaben zu überprüfen, soweit sie dem Gericht nicht bereits als unwahr bekannt sind; ein Verfahren zur Ermittlung ihrer Wahrheit ist ausgeschlossen, mit Ausnahme des Sonderfalles des § 60 Abs 2 JN (OLG Linz EvBl 1948/70; LGZ Wien Arb 8186 [1966]).

II. Prüfungsbefugnis im einzelnen

A. Grundsätzliches

5 **Im streitigen Verfahren** sind der Prüfung der prorogablen Unzuständigkeit die **Angaben des Klägers zugrunde zu legen;** handelt es sich um das Vorliegen einer **unprorogablen** Unzuständigkeit, dann kann das Gericht von Amts wegen über das Klagsvorbringen hinaus **Erhebungen** pflegen und den notwendigen Sachverhalt ermitteln (s Rz 3). Im Fall der prorogablen Unzuständigkeit binden die Angaben des Klägers das Gericht, soweit diesem ihre Unrichtigkeit nicht bekannt ist. Da das Gericht die Angaben des Klägers der Entscheidung zugrunde zu legen hat, ohne ihre Wahrheit zu prüfen, muß die Beurteilung der prorogablen Unzuständigkeit abstrakt erfolgen, also unter der Annahme der Wahrheit der Klagsangaben; ob diese Angaben wirklich wahr sind, kann nur bei der zweiten, über Einrede des Beklagten erfolgten Prüfung untersucht werden (RZ 1936, 43; OLG Innsbruck EvBl 1988/136).

B. Prorogation

6 Wird die Zuständigkeit auf eine **Parteivereinbarung (Prorogation)** gestützt (zB Prorogation gem § 104 JN, Vereinbarung des Erfüllungsorts nach § 88 JN), dann hat der Kläger die entsprechenden Behauptungen in der Klage aufzustellen (Kompetenzsachverhalt) und sie – allerdings erst im Bestreitungsfall durch den Beklagten (*Fasching,* Lehrbuch^2 Rz 300; *ders,* Nagel-FS 26; *Mayr* in *Rechberger,* ZPO § 88 JN Rz 6, § 104 JN Rz 6; LGZ Wien EvBl 1949/130) – zu beweisen.

C. Fehlende oder unklare Zuständigkeitsbehauptungen

7 Ganz allgemein ist davon auszugehen (bezüglich der örtlichen Zuständigkeit), daß der Kläger, der einen anderen als den allgemeinen Gerichtsstand des Beklagten anruft, schon in der Klage ausdrücklich und konkret jene **Tatsachen behaupten** muß, **die den besonderen Gerichtsstand begründen** (sei es ein ausschließlicher Gerichtsstand, ein Wahlgerichtsstand oder ein vereinbarter Gerichtsstand; s *Mayr* in *Rechberger,* ZPO § 41 JN Rz 2). Gleiches gilt auch bezüglich der sachlichen Zuständigkeit. Auf jeden Fall muß das Gericht aus den Sachverhaltsbehauptungen des Klägers seine (sachliche, örtliche, individuelle) Zuständigkeit ableiten können (Kompetenzsachverhalt).

Fehlen solche Angaben zur Gänze, so ist die Klage sofort ohne Verbesserungsverfahren a limine zurückzuweisen (*Mayr* in *Rechberger,* ZPO § 41 JN Rz 2; HG Wien WR 360 [1988]). Dies wird auch dann zu gelten haben, wenn es sich um eine unprorogable Unzuständigkeit handelt, weil das Gericht wegen gänzlichen Fehlens der entsprechenden Angaben keinen Zweifel daran haben wird, daß es unzuständig ist, und somit kein amtswegiges, materielles Prüfungsverfahren einzuleiten hat (s Rz 3 den umgekehrten Fall, daß das Gericht Erhebungen von Amts wegen bei unprorogabler Unzuständigkeit nur dann durchzuführen hat, wenn es Zweifel an seiner Zuständigkeit hat). Sind die vorhandenen Zuständigkeitsbehauptungen lediglich unvollständig oder unklar, so ist ein Verbesserungsverfahren durchzuführen (*Mayr* in *Rechberger,* ZPO § 41 JN Rz 2; *Ballon,* Fasching-FS 64; SZ 70/161 [1997]; OLG Graz EvBl 1987/26; LGZ Wien WR 347 [1988]; JBl 1991, 195 (der Kläger berief sich auf den Vermögensgerichtsstand gem § 99 JN, ohne diesen aber zu begründen; zust *Mayr,* JAP 1991/92, 173 [Besprechungsaufsatz]), unabhängig davon, ob es sich um eine prorogable oder eine unprorogable Unzuständigkeit handelt. Kann daher die Zuständigkeit des angerufenen Gerichts den Klagsangaben zwar nicht entnommen, aber auch nicht ausgeschlossen werden, dann darf die Klage nicht a limine zurückgewiesen werden; die Zuständigkeitsfrage ist durch einen Verbesserungsauftrag zu klären (SZ 70/161 [1997]; OLG Graz EvBl 1987/26; *Ballon,* Fasching-FS 64).

D. Unrichtige Zuständigkeitsbehauptungen

Nicht berücksichtigen darf das Gericht jene **Klagsangaben, die** ihm **bereits** 8
als unrichtig bekannt sind. Als bekannt ist nur anzusehen, was dem Gericht in seiner amtlichen Eigenschaft bereits im Zeitpunkt des Einlangens der Klage bekannt ist (gerichtskundige, gerichtsnotorische Tatsachen; s LGZ Wien EFSlg 69.721 [1992]). Damit scheidet eine Ermittlung über die Unrichtigkeit der Klagsbehauptungen aus; ebensowenig darf auch das Privatwissen des Richters (zB die private Kenntnis, daß der Beklagte seinen Wohnsitz bereits verlegt hat, ohne die Wohnung aufzulassen) nicht der Entscheidung zugrunde gelegt werden (LGZ Wien WR 359 [1988]). Als offenbar unrichtig bekannt wird dem Gericht immer das sein, was es im Zug vorangegangener Verfahren und Amtshandlungen (allenfalls auch im Rechtsmittelweg) über die Unrichtigkeit einer die Zuständigkeit begründenden Klagsbehauptung festgestellt oder amtlich erfahren hat. Weiters darf der Richter jene Tatsachen nicht berücksichtigen, die ihm auf Grund der Allgemeinkundigkeit (Allgemeinnotorietät) als unrichtig bekannt sind (*Fasching,* Lehrbuch² Rz 852; aM offenbar *Mayr* in *Rechberger,* ZPO § 41 JN Rz 3, wonach nur Tatsachen, die dem Richter in seiner amtlichen Eigenschaft als unrichtig bekannt sind, nicht berücksichtigt werden dürfen).

E. Unrichtige Streitwertbemessung, Lösungsbefugnis

Der Gerichtshof erster Instanz (und nur dieser) kann anläßlich der Zu- 9
ständigkeitsprüfung von Amts wegen Erhebungen vornehmen, wenn bei einer nicht auf eine Geldsumme lautenden Klage die vom Kläger vorgenommene **Bewertung des Streitgegenstands** übermäßig hoch gegriffen erscheint und diese Überbewertung für die Zuständigkeit des Gerichtshofs oder die Besetzung des Gerichts (Senat anstelle des Einzelrichters) entscheidend ist. Wenn also die Zuständigkeit des Gerichtshofs (oder die Senatsgerichtsbarkeit) auf dem Weg der Überbewertung erlangt werden soll, dann kann das Gericht die notwendigen Erhebungen zur Festsetzung des richtigen Streitwerts treffen (OLG Linz EvBl 1948/70; LGZ Wien Arb 8186 [1966]).

Das Mäßigungsrecht durch das Gericht besteht hingegen nicht, wenn sich der Kläger bereit erklärt hat, anstelle der ursprünglichen, nicht in einem Geldbetrag bestehenden Leistung die Zahlung eines Geldbetrags anzunehmen (**Lösungsbefugnis** oder Alternativermächtigung, § 410 ZPO); das Gericht kann die Angemessenheit der Geldsumme nicht überprüfen und daher auch nicht (nach unten) korrigieren (*Fasching,* Lehrbuch² Rz 1386; *Rechberger* in *Rechberger,* ZPO § 410 Rz 1; ZBl 1915/502).

III. Zuständigkeit und Anspruchsgrundlagen

10 Bei der Beurteilung der Klagsangaben ist es unerheblich, ob der Kläger seinen Anspruch auch auf einen anderen Titel stützen könnte, für den das angerufene Gericht nicht zuständig wäre; der Kläger hat das Wahlrecht, bei welchem Gericht er die Klage anbringen will (JBl 1953, 488; SZ 25/325 [1952]), selbst dann, wenn das angerufene Gericht für die Geltendmachung des auf den anderen Rechtstitel gestützten Anspruchs nicht prorogierbar wäre. Wenn ein und **derselbe Tatbestand verschiedenen Gesetzesnormen unterstellt werden kann,** ist das angerufene Gericht zuständig, wenn es seine Zuständigkeit auch nur hinsichtlich einer der anzuwendenden konkurrierenden Normen besitzt (4 Ob 1010/94; NZ 1983, 172; SZ 28/193 [1955]; Arb 5902 [1954]; SZ 25/325 [1952]), und zwar auch dann, wenn es sich um eine nicht prorogable Zuständigkeit handelt und seine Zuständigkeit nicht nach allen in Frage kommenden Rechtsgründen gegeben ist (4 Ob 1010/94). Hat sich der Kläger also nicht auf einen bestimmten Rechtsgrund festgelegt, dann hat das angerufene Gericht den ihm vorgetragenen einheitlichen Sachverhalt nach allen rechtlichen Gesichtspunkten zu beurteilen, und zwar auch dann, wenn es nur hinsichtlich eines aus dem Sachverhalt ableitbaren Rechtsgrundes zuständig ist (*Mayr* in *Rechberger,* ZPO § 41 JN Rz 4; 3 Ob 511/94; SZ 63/160 [1990] = ZVR 1992/58; SZ 48/53 [1975] = EvBl 1976/4 = DRdA 1976, 65 = Arb 9346 [1975] = GesRZ 1975, 128; Arb 9009 [1973]; 8982 [1972]; JBl 1962, 614). Dies gilt nur dann nicht, wenn sich der Kläger ausdrücklich ausschließlich auf einen bestimmten Rechtsgrund festgelegt hat (JBl 1971, 310). Stützt der Kläger das Klagebegehren auf jeden erdenklichen Rechtsgrund, so entbindet ihn eine solche Leerformel allerdings nicht von der Verpflichtung, die rechtserzeugenden Tatsachen vorzubringen (5 Ob 547/93; GesRZ 1991, 219 = RdW 1991, 261).

IV. Zuständigkeitsprüfung auf Grund von Unzuständigkeitseinwendungen

11 Bei der **Zuständigkeitsprüfung auf Grund der Einrede des Beklagten** sind alle Tatsachen mitzuberücksichtigen, die der Beklagte in seiner rechtzeitigen Unzuständigkeitseinrede vorbringt und unter Beweis stellt (*Fasching,* Lehrbuch[2] Rz 227; *Mayr* in *Rechberger,* ZPO § 41 JN Rz 4; EvBl 1965/428; ebenso bezüglich der Prüfung der Zulässigkeit des Rechtswegs SZ 61/154 [1988]; 50/70 [1977]. AM aber EvBl 1975/297; IndS 1976 H 5, 998, wonach der Grundsatz der Prüfung auf Grund der Klagsangaben nicht nur für die Prüfung der Zuständigkeit nach Anhängigwerden einer Rechtssache vor Gericht gilt, sondern auch für jede weitere Prüfung dieser Frage im Verfahren). Sind die die Zuständigkeit begründenden Tatsachen zugleich Anspruchsvoraussetzungen, dann hat die Entscheidung über die Zuständigkeit allerdings nur auf Grund der Klagsbehauptungen zu erfolgen (*Mayr* in *Rechberger,* ZPO § 41 JN Rz 4; JBl 1980, 430, 1979, 42; JBl 1976, 542 = ÖBl 1976, 63; MietSlg 24.609 [1972], 24.607 [1972]; SZ 48/136 [1975]; EvBl 1957/364). Begründen schon diese Klagsangaben die Zuständigkeit des angerufenen Gerichts nicht, dann ist die Klage zurückzuweisen; begründen sie die Zuständigkeit, erweisen sie sich im Lauf des Verfahrens aber als unrichtig, dann ist die Klage nicht mit Beschluß zurückzuweisen, sondern mit Urteil abzuweisen (*Mayr* in *Rechberger,* ZPO § 41 JN Rz 4; EvBl 1986/85).

V. Bindungswirkung von A-limine-Beschlüssen (Verweis)

12 Zur **Bindungswirkung** von a limine gefaßten Beschlüssen **gem § 46 Abs 1** s dort Rz 9 f.

VI. Inländische Gerichtsbarkeit

Bei der Prüfung der **inländischen Gerichtsbarkeit** steht dem Gericht immer eine **materielle Prüfungsbefugnis** zu, unabhängig davon, ob die inländische Gerichtsbarkeit einer Parteiendisposition zugänglich ist (§ 104 Abs 1 JN; Art 17, 18 LGVÜ) oder nicht (zB § 104 Abs 4 JN; Art 16 LGVÜ). **13**

Kann die inländische Gerichtsbarkeit durch Parteivereinbarung nicht begründet werden, heilt ihr Mangel (trotz rügeloser Einlassung gem § 104 Abs 3 JN bzw Art 18 EuGVÜ/LGVÜ) erst mit Rechtskraft der Entscheidung bzw im Fall der Immunität des Beklagten (des Antragsgegners) überhaupt nicht; dann handelt es sich um einen absoluten Prozeßvoraussetzungsmangel, der in jeder Lage des Verfahrens auf Antrag oder von Amts wegen aufzugreifen ist. Seit der WGN 1997 ist die fehlende prorogable, disponible inländische Gerichtsbarkeit der unprorogablen Unzuständigkeit gleichgestellt, sodaß dem Gericht daher auch in diesem Fall ein materielles Prüfungsrecht zusteht. Es darf dieses allerdings erst dann ausüben, wenn der Beklagte die fehlende inländische Gerichtsbarkeit rechtzeitig einwendet; eine A-limine-Zurückweisung scheidet aus (s § 43 JN Rz 1). Im übrigen war im Rahmen des LGVÜ bereits vor Inkrafttreten der WGN 1997 ein materielles Prüfungsrecht auch dann anerkannt, wenn es sich um die fehlende prorogable inländische Gerichtsbarkeit iS der Art 17, 18 LGVÜ gehandelt hat (*Czernich/Tiefenthaler,* LGVÜ Art 19 Rz 2, Art 20 Rz 2; *Schoibl* in *Bajons/Mayr/Zeiler,* Übereinkommen 67 f mwN).

Siehe dazu auch bei Art IX EGJN, zu §§ 27 a, 28, 42, 43, 104 JN.

VII. Einzelfragen

• Im Rahmen der Zuständigkeitsprüfung kann sich der Kläger auch noch auf weitere, in der Klage noch nicht geltend gemachte Zuständigkeitsgründe stützen (EvBl 1965/330; OLG Innsbruck EvBl 1988/136). **14**

• Für die Zuständigkeit ist maßgebend, ob der Kläger seinen Anspruch auf das AHG stützt (RZ 1981/50).

• Die Zuständigkeit ist nach Berichtigung der Parteibezeichnung von einem vor Zustellung der Klage verstorbenen Beklagten auf den erbserklärten Erben neuerlich zu prüfen (HG Wien WR 220 [1986]).

• Die Frage, ob die Wohnung, deren Räumung begehrt wird, eine Dienstwohnung und damit die Zuständigkeit des Landesgerichts als Arbeits- und Sozialgericht (bzw ASG Wien) gegeben ist, ist nicht auf Grund der beiderseitigen Vorbringen, sondern auf Grund von Verhandlungsergebnissen zu beurteilen (Arb 6201 [1955] [zur alten Rechtslage]; zuletzt 5 Ob 521/87).

• Mit den Parteien müssen die für das Vorliegen der Arbeitnehmerähnlichkeit maßgeblichen Umstände erörtert und erhoben werden, um die Grundlage für die Prüfung der Zuständigkeitsfrage zu schaffen (6 Ob 862/82).

• Wird in einer Klage ein Hauptbegehren mit einem aus einem anderen Sachverhalt abgeleiteten Eventualbegehren verbunden, ist der Zuständigkeitsprüfung nur das Sachvorbringen zum Hauptbegehren zugrunde zu legen (OLG Wien 3 R 154/96 f, 3 R 153/96 h).

§ 42. (1) Ist die anhängig gewordene Rechtssache der inländischen Gerichtsbarkeit oder doch den ordentlichen Gerichten entzogen, so hat das angerufene Gericht in jeder Lage des Verfahrens seine Unzuständigkeit und die Nichtigkeit des vorangegangenen Verfahrens sofort durch Beschluß auszusprechen; dies gilt nicht, wenn das Fehlen der inländi-

schen Gerichtsbarkeit nach § 104 geheilt ist. Das gleiche hat seitens der Gerichte höherer Instanz zu geschehen, wenn der Mangel erst hier offenbar wird.

(2) Ist eine Rechtssache auf Grund einer Immunität der inländischen Gerichtsbarkeit oder doch den ordentlichen Gerichten entzogen und wird ein solcher Mangel erst nach rechtskräftigem Abschluß des Verfahrens offenbar, so ist auf Antrag der obersten Verwaltungsbehörde vom Obersten Gerichtshof die Nichtigkeit des durchgeführten gerichtlichen Verfahrens auszusprechen.

(3) Ein Ausspruch im Sinne des Abs. 1 und 2 kann nicht erfolgen, wenn demselben in Ansehung des Grundes der Nichtigkeit eine von demselben oder von einem anderen Gerichte gefällte, noch bindende Entscheidung entgegensteht.

(4) Die Bestimmungen des Abs. 1 und 3 haben auch Anwendung zu finden, wenn eine Angelegenheit, welche einen Gegenstand der freiwilligen Gerichtsbarkeit nicht bildet, im Verfahren außer Streitsachen bei Gericht anhängig gemacht wurde.

Abs 1 und 2 idF Art VI Z 6 WGN 1997 BGBl I 1997/140

Lit: *Fucik,* Die Zuständigkeit nach der Zivilverfahrens-Novelle 1983, RZ 1985, 206; *Simotta,* Das Vergreifen in der Verfahrensart und seine Folgen (§ 40a JN), Fasching-FS (1988) 463.

Weitere Literatur s vor und zu § 1 JN, zu Art IX EGJN, zu §§ 27a, 28 und 104 JN.

Übersicht:

I. Einleitung

1 Während § 41 JN dem Wortlaut nach auf die Prüfung der Zuständigkeit durch die Gerichte abstellt, ist § 42 JN der **Wahrnehmung der Unzulässigkeit des Rechtsweges und der inländischen Gerichtsbarkeit** gewidmet. Hiebei ist die Ausdrucksweise des Gesetzes nicht immer glücklich, denn bereits im Abs 1 wird verfügt, daß Klagen (bzw Anträge), denen die inländische Gerichtsbarkeit mangelt oder für die der Rechtsweg unzulässig ist, wegen „Unzuständigkeit" zurückzuweisen seien. Daraus ergibt sich, daß das Gesetz – in der Folge wiederholt – die Prozeßvoraussetzungen der inländischen Gerichtsbarkeit, der Zulässigkeit

unter dem Sammelbegriff „Zuständigkeit“ erwähnt, ohne eine genaue Trennung vorzunehmen, während an anderer Stelle zwischen den einzelnen Prozeßvoraussetzungen genau unterschieden wird. Aus dieser Sammelbezeichnung ergibt sich auch, daß § 41 JN die sofortige Überprüfung aller drei Prozeßvoraussetzungen von Amts wegen ermöglicht (ebenso § 240 Abs 2 und 3 ZPO) und daher die Meinung, daß wohl die Wahrnehmung der Zuständigkeit durch eine A-limine-Zurückweisung erfolgen kann, eine Zurückweisung wegen der Prozeßvoraussetzungsmängel der Unzulässigkeit des Rechtsweges und des Mangels der inländischen Gerichtsbarkeit jedoch nur nach vorangängiger mündlicher Verhandlung möglich sei (arg § 261 Abs 1 ZPO), weder mit dem Gesetz (§§ 41, 42 Abs 1 JN, § 239 Abs 3 ZPO) in Einklang zu bringen ist, noch systematisch gerechtfertigt scheint.

Die **WGN 1997** hat einen gespaltenen Begriff der **inländischen Gerichtsbarkeit** eingeführt: 2

1. fehlende inländische Gerichtsbarkeit wegen völkerrechtlicher Immunität des Beklagten (des Antragsgegners);
2. fehlende inländische Gerichtsbarkeit aus anderen Gründen.

Nur mehr die fehlende inländische Gerichtsbarkeit nach 1., nämlich wegen Immunität des Beklagten (des Antragsgegners), wird prozessual im Prinzip (abgesehen von § 40 a JN) wie die Unzulässigkeit des Rechtswegs behandelt. Beide stellen einen absoluten Prozeßvoraussetzungsmangel dar, der in jeder Lage des Verfahrens bis zur Rechtskraft der Sachentscheidung auf Antrag oder von Amts wegen wahrzunehmen ist und darüber hinaus auch nach Rechtskraft der Entscheidung gem § 42 Abs 2 JN aufgegriffen werden kann.

Die übrigen Fälle der fehlenden inländischen Gerichtsbarkeit sind seit der WGN 1997 **grundsätzlich der unprorogablen** (unverzichtbaren) **Unzuständigkeit gleichgestellt;** damit tritt – jedenfalls in der überwiegenden Anzahl der Rechtssachen – eine **Heilung** durch rügelose Einlassung in die Hauptsache gem § 104 Abs 3 JN bzw Art 18 EuGVÜ/LGVÜ ein (ErläutRV 898 BlgNR 20. GP 35, 37; s im einzelnen bei Art IX EGJN, §§ 27 a, 28, 104 JN; s weiters Rz 3).

Gemeinsam ist beiden Prozeßvoraussetzungen (sowohl der der inländischen Gerichtsbarkeit in ihren beiden Erscheinungsformen als auch der der Zulässigkeit des Rechtswegs), daß ihr Fehlen (immer vorausgesetzt, daß der Mangel der inländischen Gerichtsbarkeit nicht nach § 104 Abs 3 JN bzw Art 18 EuGVÜ/LGVÜ geheilt ist) zur Nichtigkeit des durchgeführten Verfahrens einschließlich bereits gefällter Entscheidungen und grundsätzlich (zu den Ausnahmen s bei §§ 40 a und 44 JN) zur Zurückweisung der Klage bzw des Antrags führt; vorausgesetzt allerdings, daß dem nicht eine bindende Entscheidung nach § 42 Abs 3 JN entgegensteht (s Rz 19 ff).

Maßgebend ist die Sach- und Rechtslage im Zeitpunkt der Entscheidung über die Voraussetzung (EvBl 1985/110; *Mayr* in *Rechberger,* ZPO § 42 JN Rz 1).

Zur perpetuatio fori bzw perpetuatio jurisdictionis s § 29 JN Rz 18.

II. § 42 Abs 1 JN

A. Inländische Gerichtsbarkeit

Der Mangel der inländischen Gerichtsbarkeit ist auf Grund der Neuregelung durch die **WGN 1997 grundsätzlich der unprorogablen (unverzichtbaren) Unzuständigkeit gleichgestellt;** nur in bestimmten Fällen – die gleichsam die Ausnahme von dieser Grundregel darstellen – tritt bis zur Rechtskraft der Ent- 3 scheidung keine Heilung durch rügelose Einlassung zur Hauptsache ein (darüber hinaus kann die fehlende inländische Gerichtsbarkeit wegen Immunität einer Partei gem § 42 Abs 2 JN auch noch nach Rechtskraft der Entscheidung aufgegriffen werden).

Im einzelnen gilt bezüglich der inländischen Gerichtsbarkeit jetzt folgendes, wobei folgende Konstellationen zu unterscheiden sind:

1. Fehlende inländische Gerichtsbarkeit wegen **Immunität** des Beklagten (des Antragsgegners). In diesen Fällen erfolgt überhaupt keine Heilung, auch nicht nach Rechtskraft der Entscheidung; ihr Mangel kann vielmehr auch nach Rechtskraft der Entscheidung über Antrag der obersten Verwaltungsbehörde aufgegriffen werden.

2. Fehlende inländische Gerichtsbarkeit aus anderen Gründen (hier könnte auch von fehlender internationaler Zuständigkeit gesprochen werden):

- Fehlende prorogable inländische Gerichtsbarkeit: Nach der Generalregelung des § 104 Abs 3 JN heilt grundsätzlich jeder Mangel der inländischen Gerichtsbarkeit, wenn sich die beklagte Partei ohne Rüge in die Hauptsache einläßt; in diesem Zusammenhang ist weiter zu beachten, daß § 104 Abs 3 JN (rügeloses Einlassen durch den von einem Rechtsanwalt, einem Notar oder einem qualifizierten Vertreter gem § 40 ASGG vertretenen Beklagten bzw nach ausdrücklicher richterlicher Belehrung) und Art 18 EuGVÜ/LGVÜ (rügelose Einlassung durch den Beklagten, unabhängig von einer Vertretung oder einer richterlichen Belehrung) unterschiedliche Regelungen treffen.

Eine Heilung durch rügeloses Einlassen in die Hauptsache geschieht auch in den Fällen des § 14 Abs 1 KSchG (ErläutRV 898 BlgNR 20. GP 54), des § 15b Abs 1 VersVG (ErläutRV 898 BlgNR 20. GP 50) und wohl auch des § 9 Abs 1 Z 1a ASGG.

- Fehlende unprorogable inländische Gerichtsbarkeit: Trotz rügeloser Einlassung in die Hauptsache heilt der Mangel der inländischen Gerichtsbarkeit erst mit Rechtskraft der Sachentscheidung auf Grund ausdrücklicher Vorschrift in folgenden Fällen: §§ 81, 83, 83b, 92b JN gem § 104 Abs 4 JN, § 38 Abs 2 EO sowie § 76 Abs 2, § 76b Abs 2, § 76c Abs 3 und § 114a Abs 4 JN (s ErläutRV 898 BlgNR 20. GP 37, 49).

Zu beachten ist, daß der Mangel der inländischen Gerichtsbarkeit nur dann der unprorogablen Unzuständigkeit gleichgestellt ist – und somit eine Heilung vor Rechtskraft der Entscheidung durch rügelose Einlassung gem § 104 Abs 3 JN bzw Art 18 EuGVÜ/LGVÜ eintritt –, wenn die inländische Gerichtsbarkeit einer Parteivereinbarung zugänglich ist (maW: nur die Fälle der prorogablen fehlenden inländischen Gerichtsbarkeit werden wie die unprorogable Unzuständigkeit behandelt).

Siehe zu diesen Fragen ausführlich bei Art IX EGJN, §§ 27a, 28 und 104 JN.

Allerdings könnte im Hinblick auf die Fassung des § 104 Abs 3 und 5 JN, soweit es die Heilung der fehlenden inländischen Gerichtsbarkeit betrifft, überlegt werden, daß § 104 Abs 3 JN eine Heilung durch rügelose Einlassung vorsieht, ohne darauf abzustellen, ob die inländische Gerichtsbarkeit durch Parteivereinbarung begründet werden kann oder nicht und daß daher eine Heilung gem § 104 Abs 5 JN nur dann nicht eintreten sollte, wenn Völkerrecht oder besondere gesetzliche Anordnungen ausdrücklich anderes bestimmen; das ist der Fall bei Immunität (§ 42 Abs 2 JN), nach §§ 81, 83, 83b und 92b JN (§ 104 Abs 4 JN), nach § 38 Abs 2 EO sowie nach Art 16 und 18 Satz 2 EuGVÜ/LGVÜ. Weil aber § 76 Abs 2, § 76b Abs 2, § 76c Abs 3 und § 114a JN – für diese Rechtssachen ist das EuGVÜ/LGVÜ nicht anwendbar – keine ausdrücklichen Ausnahmen von der Generalnorm des § 104 Abs 3 JN vorsehen, könnte daraus geschlossen werden, daß auch in diesen familienrechtlichen Angelegenheiten eine Heilung vor Rechtskraft durch rügelose Einlassung eintritt.

Die inländische Gerichtsbarkeit ist als **Prozeßvoraussetzung** seit der WGN 1997 differenziert zu betrachten: Tritt eine Heilung vor Rechtskraft der Entscheidung durch rügeloses Einlassen gem § 104 Abs 3 JN bzw Art 18 EuGVÜ/ LGVÜ ein, dann handelt es sich um eine **relative Prozeßvoraussetzung;** ist das nicht der Fall, dann ist die inländische Gerichtsbarkeit (wie bisher) als **absolute Prozeßvoraussetzung** zu qualifizieren.

Das Vorliegen der Voraussetzungen für die inländische Gerichtsbarkeit kann nicht immer unter Zugrundelegung der Klagsangaben entschieden, sondern muß uU durch Beweisaufnahmen geklärt werden (SZ 60/277 [1987] = JBl 1989, 48; s dazu bei Art IX EGJN und bei § 28 JN).

B. Zulässigkeit des Rechtswegs

Den ordentlichen Gerichten entzogene Rechtssachen sind in jeder Lage des 4
Verfahrens zurückzuweisen. Hiedurch wird jedoch nicht jede Form der **Unzulässigkeit des Rechtswegs** umfaßt, denn diese stellt sich in ihren wichtigsten Erscheinungsarten in drei Formen dar (im einzelnen s § 1 JN Rz 68 ff): entweder kann die Rechtssache überhaupt den Gerichten entzogen sein (sie gehört vor die **Verwaltungsbehörden**); oder sie gehört wohl vor die Gerichte, jedoch nicht vor die ordentlichen Gerichte, sondern vor **Sondergerichte;** schließlich kann die Rechtssache wohl vor die ordentlichen Gerichte gehören, jedoch **nicht im streitigen Verfahren,** sondern im außerstreitigen Verfahrens (bzw im Exekutions- oder im Insolvenzverfahren) zu erledigen sein. Aus der Fassung des § 42 Abs 1 JN muß entnommen werden, daß nur jene Rechtssachen unter diese Gesetzesstelle fallen, die den Gerichten überhaupt, zumindest aber den ordentlichen Gerichten entzogen sind, während **§ 42 Abs 1 JN auf Rechtssachen, die vor den ordentlichen Gerichten im streitigen Verfahren anhängig gemacht wurden, jedoch ins Außerstreitverfahren (oder in Vollstreckungs- oder Insolvenzverfahren) gehören, nicht anzuwenden** ist. Es ergibt sich andererseits aus den § 239 Abs 3, § 240 Abs 3, §§ 261, 471, 477 Abs 1 Z 6, §§ 478, 494, 503 Z 1 und § 514 Abs 2 ZPO und § 2 Abs 2 Z 1 AußStrG, daß das Gesetz hier die Unzulässigkeit des streitigen Verfahrens den übrigen Formen der Unzulässigkeit des Rechtswegs weitgehend gleichstellt und daher – trotz des Wortlauts des § 42 Abs 1 JN – auch die Unzulässigkeit des streitigen Verfahrens (bzw des außerstreitigen Verfahrens) in jeder Lage des Verfahrens (jedoch innerhalb der Grenzen des § 42 Abs 3 JN) von Amts wegen wahrzunehmen ist; allerdings führt diese Art der Unzulässigkeit des Rechtswegs nicht zur Zurückweisung der Klage bzw des Antrags, sondern es ist gem § 40a JN in der richtigen Verfahrensart zu entscheiden (sollte dabei das angerufene Gericht unzuständig sein, ist an das zuständige Gericht von Amts wegen zu überweisen; s im einzelnen bei § 40a JN). Nur wenn eine Anwendung des § 40a JN nicht möglich ist oder zu keinem Erfolg führt, ist ein allenfalls bereits durchgeführtes (falsches) Verfahren für nichtig zu erklären und der in der falschen Verfahrensart gestellte Rechtsschutzantrag mit Beschluß zurückzuweisen; eine Heilungsmöglichkeit nach § 104 Abs 3 JN bzw § 38 Abs 1 ASGG kommt nicht zur Anwendung (*Mayr* in *Rechberger,* ZPO § 42 JN Rz 4; EvBl 1993/42). Der Nichterwähnung der Unzulässigkeit des streitigen (bzw außerstreitigen) Rechtswegs in § 42 Abs 1 JN kommt weiter insofern Bedeutung zu, als § 42 Abs 2 und 4 JN auf solche Fälle nicht anwendbar ist, daß also nach Rechtskraft der Endentscheidung die Unzulässigkeit des streitigen bzw außerstreitigen

Rechtswegs nicht mehr über Antrag der obersten Verwaltungsbehörde – in diesem Fall das BMJ – wahrgenommen werden kann (SZ 23/235 [1950]; 6/10 [1924]; 5/266 [1923]). Daher ist gem § 42 Abs 3 JN die rechtskräftige Entscheidung über die Unzulässigkeit des Rechtswegs ebenso bindend wie für den Streitrichter die rechtskräftige Verweisung bzw Überweisung einer Außerstreitsache auf den (streitigen) Rechtsweg (EFSlg 49.244 [1985]; EvBl 1954/88; ZBl 1935/320).

5 Gleiches muß auch für die anderen bei den ordentlichen Gerichten vorgesehenen Verfahrensarten gelten, also für das Exekutions- und das Insolvenzverfahren (s zu § 40 a JN; *Fasching,* Lehrbuch[2] Rz 114 ff; *Fucik,* RZ 1985, 208; *Mayr* in *Rechberger,* ZPO § 40 a JN Rz 1; *Rechberger/Simotta,* Zivilprozeßrecht[4] Rz 96; *Simotta,* Fasching-FS 464; NZ 1993, 44 [*Hofmeister*]). Auch hier binden rechtskräftige Beschlüsse über die anzuwendende Verfahrensart in jeder Lage des Verfahrens jeweils alle ordentlichen Gerichte; ebenso ist die Unzulässigkeit der eingeschlagenen Verfahrensart in jeder Lage des Verfahrens (soweit nicht bereits eine bindende Entscheidung eines Gerichts hierüber vorliegt) wahrzunehmen. Eine Anwendung des § 42 Abs 2 JN ist ausgeschlossen.

6 Da in § 42 Abs 1 JN die unprorogable Unzuständigkeit nicht erwähnt wurde und die Wahrnehmung der Unzuständigkeit ausdrücklich in den §§ 41, 43 JN gesondert geregelt ist, ergibt sich zwingend, daß die Wahrnehmung der unprorogablen Unzuständigkeit – soweit nicht ohnehin eine Heilung gem § 104 Abs 3 JN eingetreten ist – nur bis zur Rechtskraft der Endentscheidung (oder nach § 42 Abs 3 JN einer gesonderten Entscheidung über diese Prozeßvoraussetzung) möglich ist. Es begründet also auch die von einem (unprorogabel) unzuständigen Gericht gefällte Entscheidung die Einrede der Rechtskraft.

7 Die Vereinbarung der Schiedsgerichtsbarkeit nach den §§ 577 ff ZPO entzieht die Rechtssache der Entscheidungsgewalt der staatlichen Gerichte. Da es sich jedoch hier um Rechtssachen handelt, die als bürgerliche Rechtsstreitigkeiten grundsätzlich vor die ordentlichen staatlichen Gerichte gehören, ist für sie der Rechtsweg zulässig und § 42 JN nicht anwendbar. Den (ordentlichen) staatlichen Gerichten steht generell die Entscheidungsgewalt über diese Rechtssachen zu, doch haben die Parteien durch Vereinbarung ein anderes Gericht – ein Schiedsgericht – zur Erledigung bestimmt. Somit stellt sich die Abgrenzung zwischen staatlichen (ordentlichen) Gerichten und privaten (Gelegenheits-) Schiedsgerichten (wie auch institutionellen Schiedsgerichten ohne Zwangskompetenz) als Frage der prorogablen (verzichtbaren) sachlichen Unzuständigkeit dar (*Fasching,* Lehrbuch[2] Rz 108, 2184; *Mayr* in *Rechberger,* ZPO § 42 JN Rz 5; *Rechberger/Simotta,* Zivilprozeßrecht[4] Rz 93, 956; JBl 1989, 594 = RZ 1989/67; SZ 55/89 [1982]; s im einzelnen § 1 JN Rz 29 ff und bei § 577 ff ZPO). Das bedeutet, daß das angerufene staatliche Gericht diesen Mangel von Amts wegen lediglich beim Einlangen der Klage, später nur auf Grund einer rechtzeitigen Einrede des Beklagten wahrnehmen kann; eine Überweisung der Klage an das Schiedsgericht findet nicht statt (*Mayr* in *Rechberger,* ZPO § 42 JN Rz 5).

Zu den Einzelfällen der Unzulässigkeit des Rechtswegs s die zusammenfassende Darstellung bei § 1 JN.

C. Wahrnehmbarkeit, Verfahren

1. Vorbemerkung

8 Der Mangel der inländischen Gerichtsbarkeit (soweit nicht eine Heilung gem § 104 JN bzw Art 18 EuGVÜ/LGVÜ eingetreten ist) und der Zulässigkeit des Rechtswegs ist **in jeder Lage des Verfahrens** auf Antrag oder von Amts we-

gen (im Rechtsmittelverfahren nur auf Grund eines zulässigen Rechtsmittels: 1 Ob 2054/96g; MietSlg 33.667 [1981]; Arb 8358 [1967]; EvBl 1963/55; JBl 1958, 121 = EvBl 1958/63; jedoch nicht mehr auf Grund eines nach Klagszurücknahme erfolgten Kostenrekurses: SZ 31/60 [1958]; ebensowenig im Zug eines Wiedereinsetzungsverfahrens: SZ 29/25 [1956]) **wahrzunehmen,** und zwar auch von einem unzuständigerweise angerufenen Gericht (hinsichtlich der Unzulässigkeit des Rechtswegs GlUNF 5420 [1911]). Diese in § 42 Abs 1 JN eröffnete Wahrnehmungsmöglichkeit, die in ihrer Formulierung dem § 240 Abs 3 ZPO entspricht, wird jedoch durch § 42 Abs 3 JN eingeschränkt. Daß eine solche Einschränkung bei § 240 Abs 3 ZPO fehlt, könnte den Anschein erwecken, daß zwischen § 42 Abs 3 JN und § 240 Abs 3 ZPO ein Widerspruch bestünde. Dieser Widerspruch besteht nicht, weil § 240 Abs 3 ZPO die ausdrückliche Anordnung enthalten müßte, daß die Einschränkung des § 42 Abs 3 JN bei der Wahrnehmung der Unzulässigkeit des Rechtswegs und des Mangels der inländischen Gerichtsbarkeit im streitigen Verfahren ausgeschlossen ist. Mangels einer solchen ausdrücklichen Ausschließung ist auch für das streitige Verfahren die Wahrnehmung der Unzulässigkeit des Rechtswegs und des Mangels der inländischen Gerichtsbarkeit (sofern nicht ohnehin eine Heilung nach § 104 JN bzw Art 18 EuGVÜ/LGVÜ erfolgt ist) nur solange möglich, als dem nicht eine bindende Vorentscheidung entgegensteht (ZfRV 1997, 157 und 122; IPRax 1993, 185; SZ 28/265 [1955] = JBl 1956, 126 = EvBl 1956/88). Der Grundsatz, daß Prozeßvoraussetzungmängel nicht mehr wahrgenommen werden können, wenn eine bindende Entscheidung über diese Voraussetzung erfolgt ist, gilt für sämtliche Prozeßvoraussetzungen (*Fasching,* Lehrbuch² Rz 735; stRsp seit SZ 28/265 [1955]; RZ 1988/61).

2. Wahrnehmbarkeit in erster Instanz; Einzelrichter, Senat

In erster Instanz ist die Entscheidung über die Unzulässigkeit des Rechtswegs und das Vorliegen der inländischen Gerichtsbarkeit (wie auch die Entscheidung hinsichtlich aller anderen Prozeßvoraussetzungen (*Ballon,* Zivilprozeßrecht⁹ Rz 294; *Fasching,* Lehrbuch² Rz 1168; *Rechberger/Simotta,* Zivilprozeßrecht⁴ Rz 519; *Rechberger* in *Rechberger,* ZPO § 230 Rz 1) nach Einlangen der Klage im Senatsprozeß gem § 230 Abs 2 dem Senat übertragen (ebenso *Rechberger* in *Rechberger,* ZPO § 230 Rz 1). Ob diese Regelung heute noch anwendbar ist, scheint jedoch zweifelhaft. Zum einen muß in diesem Verfahrensstadium noch gar nicht feststehen, ob es (auch wenn der Streitwert 650.000 S übersteigt) überhaupt zu einem Senatsprozeß kommt; zum anderen ist von der Intention des Gesetzgebers auszugehen, die Senatsgerichtsbarkeit in erster Instanz einzuschränken und auch (außerhalb der Streitverhandlung zu treffende) Formalentscheidungen dem Einzelrichter zu übertragen (s etwa die ausdrückliche Anordnung des § 11a ASGG). Aus diesen Erwägungen ist die Ansicht gerechtfertigt, daß A-limine-Beschlüsse (die ja ohne Verhandlung und ohne Zuziehung des Gegners ergehen) immer vom Einzelrichter zu fällen sind (selbst wenn der Kläger zulässigerweise in der Klage den Senat beantragt haben sollte); dies entspricht auch der ausdrücklichen Anordnung des § 11a ASGG, wonach der Vorsitzende ua Klagen außerhalb der mündlichen Streitverhandlung zurückweisen kann. Zudem wäre es nicht einsichtig, wenn im Vorprüfungsverfahren (unmittelbar nach Einlangen der Klage) der Senat entscheiden müßte, im Rahmen der ersten Tagsatzung aber der Einzelrichter die Entscheidung treffen könnte. In der ersten Tagsatzung hat die Entscheidung durch den Einzelrichter zu erfolgen. Im weiteren Verfahren ist im Senatsprozeß dann gem § 261 ZPO (auf Grund einer 9 mündlichen Verhandlung) über die Prozeßvoraussetzung durch den Senat zu erkennen; im arbeits- und sozialgerichtlichen Verfahren hat ebenfalls der Senat, und zwar mit Laienrichterbeteiligung, zu entscheiden (8 ObA 294/95).

3. Wahrnehmbarkeit in den Rechtsmittelinstanzen

10 **Im Rechtsmittelverfahren** haben die Rechtsmittelgerichte sowohl auf Grund der Rechtsmittelrüge wie auch von Amts wegen (auf Grund eines zulässigen Rechtsmittels, s Rz 8) das Vorliegen dieser Prozeßvoraussetzungen (wenn hinsichtlich der inländischen Gerichtsbarkeit nicht eine Heilung gem § 104 JN bzw Art 18 EuGVÜ/LGVÜ erfolgt ist) zu überprüfen. Findet das Gericht höherer Instanz zwar keinen Grund zur amtswegigen Wahrnehmung der Unzulässigkeit des Rechtswegs bzw des Mangels der inländischen Gerichtsbarkeit, erachtet es aber die Parteirüge für begründet, daß das Erstgericht nicht oder nicht zureichend über eine diesbezügliche Einrede entschieden hat, dann darf es nicht sofort selbst über diese Einrede entscheiden, solange das Erstgericht nicht eine mündliche Verhandlung über diese Einrede durchgeführt hat (OLG Wien EvBl 1948/774).

4. Entscheidung in Beschlußform

11 Die **Entscheidung,** mit der die Zurückweisung der Klage verfügt wird, erfolgt **durch Beschluß;** dies entspricht dem Grundsatz der ZPO, wonach die Urteilsform der Sachentscheidung vorbehalten bleibt. Mit diesem Beschluß ist ein Kostenausspruch zu verbinden. Dem Kläger sind gem § 51 Abs 1 ZPO wegen eines Verschuldens an der Einleitung des Verfahrens trotz des Bestands des Nichtigkeitsgrunds die Kosten aufzuerlegen; ansonsten sind sie gegenseitig aufzuheben.

Der Beschluß über die Zurückweisung der Klage ist sowohl von Amts wegen als auch über Einrede zu fassen. Eine gesonderte Beschlußfassung kann – sobald eine Prüfung der Prozeßvoraussetzungen über Einrede stattgefunden hat – nur dann unterbleiben, wenn das Gericht eine gesonderte Verhandlung über die Einrede nicht angeordnet und die Einrede für nicht begründet erachtet hat. In diesem Fall ist die (nicht stattgebende) Entscheidung über die Einreden in die über die Hauptsache ergehende Entscheidung aufzunehmen.

12 Erging der Zurückweisungsbeschluß sofort nach Einlangen der Klage ohne Anhörung des Beklagten, so kommt diesem a limine gefaßten Beschluß keine bindende Wirkung zu. Dieser, erstmals im Judikat 61 (SZ 27/290 [1954]) hinsichtlich von a limine erfolgten Zurückweisungsbeschlüssen wegen sachlicher Unzuständigkeit ausgesprochene Grundsatz (s dazu ausführlich § 46 JN Rz 5 ff) gilt auch für die Unzulässigkeit des Rechtswegs (3 Ob 512/94; JBl 1967, 90; SZ 27/335 [1954]; aM allerdings JBl 1959, 420) und die fehlende inländische Gerichtsbarkeit (SZ 37/94 [1964]). Gegen einen solchen a limine gefaßten Zurückweisungsbeschluß hat die – bislang am Verfahren nicht beteiligte – gegnerische Partei kein Rekursrecht, der Zurückweisungsbeschluß ist aber auch nicht bindend, sodaß im fortgesetzten Verfahren eine Einrede erhoben werden kann (*Mayr* in *Rechberger,* ZPO § 42 JN Rz 7).

5. „Offenbar-Werden" des Mangels

13 Die Prüfung der Prozeßvoraussetzungen hat in jeder Lage des Verfahrens zu erfolgen, also auch in höherer Instanz, wenn der Mangel erst **„hier offenbar" wurde** (wenn ein zulässiges Rechtsmittel erhoben wurde, s Rz 8). Das bedeutet nicht, daß nur jene Fälle in höherer Instanz berücksichtigt werden können, bei

denen die Umstände, die die Unzulässigkeit des Rechtswegs oder den Mangel der inländischen Gerichtsbarkeit begründen, erst nach Fällung der Entscheidung erster (für den OGH nach Urteilsfällung bzw Beschlußfassung zweiter) Instanz enstanden sind. „Offenbar-Werden" bedeutet, daß der Mangel erkannt wird und berücksichtigt werden kann. Es ist nicht auf den Zeitpunkt abzustellen, in welchem bereits auf die Unzulässigkeit des Rechtswegs bzw die fehlende inländische Gerichtsbarkeit (sofern nicht eine Heilung gem § 104 JN bzw nach Art 18 EuGVÜ/LGVÜ erfolgt ist) eingetreten ist. Dieses „Offenbar-Werden" kann (und wird in den meisten Fällen) durch eine andere Rechtsansicht der oberen Instanz hervorgerufen sein. Um den Gerichten höherer Instanz auch die notwendigen Entscheidungsgrundlagen für die Beurteilung des Vorliegens der Prozeßvoraussetzungen und für deren amtswegige Erhebung zu ermöglichen, sehen die Bestimmungen des Rechtsmittelverfahrens in den § 473 Abs 2, §§ 478, 494, 510 Abs 2 ZPO die Möglichkeit amtswegiger Erhebungen über das Vorhandensein der Nichtigkeitsgründe und die amtswegige Berücksichtigung durch Zurückweisung vor, während die §§ 477, 503, 514 ZPO den Parteien die Möglichkeit des Vorbringens in dieser Richtung eröffnen.

III. § 42 Abs 2 JN

A. Grundsätzliches

Die Wahrnehmung des Mangels der Zulässigkeit des Rechtswegs **14**
(ausgenommen in seiner Erscheinungsform des streitigen bzw außerstreitigen Rechtswegs, s Rz 19ff) ist auch noch nach Rechtskraft der verfahrensbeendenden Entscheidung möglich, allerdings nur auf Grund eines von der höchsten Verwaltungsbehörde gestellten Antrags durch den OGH, der dann das Verfahren für nichtig zu erklären hat; bezüglich der fehlenden inländischen Gerichtsbarkeit ist dies seit der WGN 1997 nur möglich, wenn der Mangel der inländischen Gerichtsbarkeit auf der Immunität einer Partei beruht. Hier zeigt sich vor allem der Unterschied zur unprorogablen (unverzichtbaren) Unzuständigkeit, deren Wahrnehmung mit der Rechtskraft der Entscheidung ausgeschlossen ist (sofern sie nicht ohnehin schon gem § 104 Abs 3 JN geheilt ist). Allerdings gilt auch die Einschränkung des § 42 Abs 3 JN: Liegt eine bindende Entscheidung über eine dieser Prozeßvoraussetzungen vor, dann kann – da dadurch deren Wahrnehmung schon im Lauf des Verfahrens ausgeschlossen wird – nach Rechtskraft der Endentscheidung nicht nach § 42 Abs 2 JN vorgegangen werden. Allerdings wird eine solche Vorgangsweise nur dann ausgeschlossen, wenn eine ausdrückliche Entscheidung (also ein ausdrücklicher Beschluß über das Vorliegen dieser Prozeßvoraussetzung) vorliegt, etwa dadurch, daß mit rechtskräftigem Beschluß die vom Beklagten erhobene Einrede der Unzulässigkeit des Rechtswegs abgewiesen wurde (*Fasching,* Lehrbuch[2] Rz 101; idS auch *Ballon,* Zulässigkeit 153); der Umstand, daß sich die Gerichte in den Entscheidungsgründen des Urteils mit dieser Frage auseinandergesetzt und das Vorliegen der Prozeßvoraussetzung bejaht haben, verhindert eine amtswegige Nichtigerklärung des Verfahrens auf Grund eines Antrags der obersten Verwaltungsbehörde an den OGH nicht (aM die Rsp, die § 42 Abs 2 JN nur dann für anwendbar hält, wenn der Mangel im ordentlichen Verfahren gänzlich unbeachtet geblieben ist und erst nach rechtskräftigem Abschluß des Verfahrens entdeckt wurde (SZ 7/175 [1925]; AmtlSlgNF 1810 [1917] und 1384 [1910]); eine Behandlung und Bejahung der betreffenden Verfahrensvoraussetzung in den Entscheidungsgründen schließt

demnach eine Verfahrensaufhebung nach § 42 Abs 2 JN nicht aus (s *Mayr* in *Rechberger,* ZPO § 42 JN Rz 3; im einzelnen s Rz 24 f).

15 Die Bestimmung des § 42 Abs 2 JN ist – sofern die Rechtssache den ordentlichen Gerichten entzogen ist – auch im Außerstreitverfahren anzuwenden (SZ 61/77 [1988] = EvBl 1989/12; EvBl 1968/145; SZ 38/194 [1965] = EvBl 1966/198), ebenso im Exekutionsverfahren (wenn anstelle einer zwingend vorgeschriebenen verwaltungsbehördlichen Exekution eine gerichtliche durchgeführt wird (*Ballon,* Zulässigkeit 152; aM *Rechberger,* Exekution 171) und im Insolvenzrecht (*Ballon,* Zulässigkeit 152); die zuletzt genannten Fallkonstellationen haben in der Praxis aber keine Bedeutung.

B. Oberste Verwaltungsbehörde

16 **Oberste Verwaltungsbehörden** sind die obersten Verwaltungsbehörden ohne Rücksicht darauf, ob der Rechtszug im konkreten Fall tatsächlich bis zu dieser Behörde reicht (*Mayr* in *Rechberger,* ZPO § 42 JN Rz 3). Soweit es sich um Angelegenheiten handelt, die in den Bereich der Bundesverwaltung fallen, sind oberste Verwaltungsbehörden die zuständigen Bundesministerien. Ist der Geschäftskreis eines anderen Bundesministeriums hiedurch nicht berührt, so ist das BMJ antragsberechtigt; dieses wird insb in allen Fällen einzuschreiten haben, in denen der Mangel der inländischen Gerichtsbarkeit (seit der WGN 1997 allerdings nur dann, wenn der Beklagte bzw der Antragsgegner Immunität genießt) die Nichtigkeit des Verfahrens bewirken soll (s etwa EvBl 1956/57). Handelt es sich um Angelegenheiten, die durch die Landesverwaltung zu vollziehen sind, dann steht der jeweiligen Landesregierung die Antragsbefugnis zu. In jenen Angelegenheiten, die (in letzter Instanz) in die Entscheidungskompetenz einer weisungsfreien Kollegialbehörde gem Art 133 Z 4 B-VG fallen, ist diese Kollegialbehörde antragsberechtigt; so in Angelegenheiten der Bodenreform der Oberste Agrarsenat (SZ 55/122 [1982] = EvBl 1982/190) oder bei Honorarforderungen eines Arztes aus einem Einzelvertrag gegen den Sozialversicherungsträger die Landesberufungskommission nach § 345 Abs 1 ASVG (EvBl 1995/89).

Die Parteien des gerichtlichen Verfahrens haben weder ein Antragsrecht noch einen Anspruch auf Antragstellung durch die oberste Verwaltungsbehörde (2 N 524/97; VwGH ZfVB 1980/1866 = ÖJZ 1981/1 A; VfSlg 8672 [1979] = ZfVB 1980/1006).

Die obersten Verwaltungsbehörden sind zur Stellung von Anträgen gem § 42 Abs 2 JN an den OGH nicht verpflichtet; es ist vielmehr in das Ermessen der bezeichneten Behörden gestellt, ob sie solche Anträge stellen. Die Ermessensentscheidung wird von der Erwägung geleitet werden müssen, daß die Rechtskraft gerichtlicher Entscheidungen als Garant der Rechtssicherheit und des Rechtsfriedens nur dann verletzt werden soll, wenn es sich um Abgrenzungsfragen grundsätzlicher Natur handelt.

17 Der OGH hingegen ist, wenn der Antrag gestellt wurde, verpflichtet, bei Vorliegen der Nichtigkeit das Verfahren aufzuheben, ohne daß er seinerseits Zweckmäßigkeitserwägungen anstellen könnte. Seine Entscheidung erfolgt in nichtöffentlicher Sitzung in einem aus fünf Berufsrichtern bestehenden Senat und hat sowohl der antragstellenden Behörde wie auch den Untergerichten und den Parteien des nichtigen Verfahrens übermittelt zu werden. Bereits eingeleitete Vollstreckungsverfahren sind über Antrag oder Klage des Beklagten (§§ 35, 39 EO) für unzulässig zu erklären bzw einzustellen. Bereits erbrachte Leistungen des Beklagten können nach den Vorschriften des bürgerlichen Rechts (§ 1431 ABGB) zurückgefordert werden.

C. Inländische Gerichtsbarkeit; EuGVÜ/LGVÜ (Verweis)

Zur inländischen Gerichtsbarkeit iZm dem EuGVÜ/LGVÜ (bzw dem EuGVÜ) s bei Art IX EGJN, §§ 27a, 28, 104 JN; s auch Rz 2 und 3. **18**

IV. § 42 Abs 3 JN

A. Vorbemerkung

Eingeschränkt wird die Wahrnehmung der Unzulässigkeit des Rechtswegs und des Mangels der inländischen Gerichtsbarkeit (sofern dieser nicht ohnehin nach § 104 JN bzw Art 18 EuGVÜ/LGVÜ bereits geheilt ist) vor oder nach rechtskräftigem Abschluß des Verfahrens dadurch, daß die Nichtigerklärung nicht mehr erfolgen kann, wenn bereits eine **bindende Entscheidung** dieses oder eines anderen Gerichts über diese Voraussetzungen vorliegt (s zuletzt 4 Ob 293/98m; 5 Ob 456/97p). **19**

Die **Entscheidung muß ausdrücklich über jene Prozeßvoraussetzung ergangen sein,** deren Mangel zur Aufhebung des Verfahrens (und einer allfälligen Entscheidung) führen soll. Daher kann eine Entscheidung, die ausdrücklich nur die inländische Gerichtsbarkeit bindend bejaht, nicht die Nichtigerklärung wegen Unzulässigkeit des Rechtswegs (oder eines anderen, noch nicht geheilten Prozeßvoraussetzungsmangels) hindern. Um beurteilen zu können, welche Prozeßvoraussetzung durch die Entscheidung erledigt wurde, muß diese (arg „in Ansehung des Grundes der Nichtigkeit") ausdrücklich im Spruch des Beschlusses als vorliegend erklärt sein, denn nur der Spruch einer Entscheidung kann bindende Wirkung äußern, da die Gründe weder der Rechtskraft noch der bindenden Wirkung nach § 42 Abs 3 JN fähig sind (*Ballon,* Zulässigkeit 153; *Fasching,* Lehrbuch[2] Rz 101, 735 sowie ein Teil der Rsp, Arb 8786 [1971]; 8761 [1970]; ÖBl 1968, 61; JBl 1965, 469; 1964, 569 ua. Gegenteilig eine andere Linie der Rsp, wonach die Bindung auch dann besteht, wenn sich ein Gericht nur in den Entscheidungsgründen mit dem Vorliegen einer Prozeßvoraussetzung auseinandersetzt: ZfRV 1999, 79; 4 Ob 293/98m; JBl 1993, 790; RZ 1988/61; SZ 54/190 [1981] = RZ 1982/55; SZ 52/151 [1979]; JBl 1980, 541).

B. Erweiternde Auslegung

Der Grundsatz des § 42 Abs 3 JN, wonach die Unzulässigkeit des Rechtswegs und der Mangel der inländischen Gerichtsbarkeit nicht mehr wahrgenommen werden können, wenn dem eine bindende Entscheidung des Gerichts entgegensteht, wurde durch die Rsp, beginnend mit dem Judikat 63 (SZ 28/265 [1955] = JBl 1956, 126 = EvBl 1956/88 = RZ 1956, 126) auf die Wahrnehmung aller Prozeßvoraussetzungsmängel (sofern sie nicht ohnehin bereits geheilt sind) ausgedehnt (RZ 1988/61; EFSlg 54.926 [1987]; 49.243 [1985]; SZ 54/190 [1981] = RZ 1982/55). Dies ist aus systematischen und rechtslogischen Gründen gerechtfertigt, da die eingeschränkte Berücksichtigung der bedeutungsvollsten Prozeßvoraussetzungsmängel einen offenbaren Widerspruch zur uneingeschränkten Berücksichtigung weniger bedeutungsvoller Prozeßvoraussetzungsmängel darstellen müßte. Der Grundsatz des § 42 Abs 3 JN ist somit auch auf die übrigen Prozeßvoraussetzungsmängel – sofern sie nicht ohnehin bereits geheilt sind – anzuwenden. **20**

C. Entscheidung „desselben oder eines anderen Gerichts"

Die bindende Entscheidung muß **von demselben oder einem anderen Gericht** gefällt worden sein; dies kann auch ein Gericht unterer Instanz sein. Da das **21**

Gesetz ausdrücklich anstelle der Worte „desselben oder eines höheren Gerichtes" (so § 43 Abs 3 JN der RV, Materialien I 7) die Worte „desselben oder eines anderen Gerichtes" gesetzt hat, muß schon daraus geschlossen werden, daß im vorliegenden Fall ausnahmsweise die Untergerichte (bei formeller Rechtskraft ihrer Beschlüsse) die Rechtsmittelgerichte an ihre Rechtsmeinung über das Vorliegen der Prozeßvoraussetzungen binden können, was bei der ursprünglichen Fassung des Gesetzes ausgeschlossen wäre (vgl das Judikat 63 = SZ 28/265 [1955] = JBl 1956, 126 = EvBl 1956/88 = RZ 1956, 126; zuletzt 4 Ob 2314/96i). Hat etwa das Erstgericht ausdrücklich durch Beschluß das Vorliegen der inländischen Gerichtsbarkeit verneint und wurde dieser Beschluß entweder nicht angefochten oder über Rekurs durch das Rechtsmittelgericht bestätigt, dann ist dem Berufungs- bzw dem Revisionsgericht die Wahrnehmung dieses Prozeßvoraussetzungsmangels verwehrt.

D. Rechtskraft

22 **Die Entscheidung muß noch bindend sein.** Um für den vorliegenden Rechtsstreit bindend zu sein, muß sie unanfechtbar (formell rechtskräftig) und in der gleichen Rechtssache zwischen den gleichen Prozeßparteien ergangen sein. Die Voraussetzung für die bindende Wirkung nach § 42 Abs 3 JN entspricht daher den Voraussetzungen für die Rechtskraftwirkung. Über die Identität der Rechtsache hinaus muß aber auch die Identität des der Entscheidung über die Prozeßvoraussetzung zugrunde liegenden Tatbestands gegeben sein. Daher können Tatbestandsänderungen im gleichen Prozeßverfahren, die sich auf die Kompetenzabgrenzung zwischen Gerichten und Verwaltungsbehörden oder auf den Umfang der inländischen Gerichtsbarkeit (hier allerdings wohl nur bei nachträglich eingetretener Immunität einer Partei, s § 29 JN) beziehen, das Erstgericht oder das Rechtsmittelgericht zu einer neuerlichen Entscheidung über die Prozeßvoraussetzung veranlassen, obwohl hierüber bereits eine formell rechtskräftige Entscheidung vorliegt. Ebensowenig wie die Rechtskraft einer gerichtlichen Sachentscheidung nachfolgenden Tatbestandsänderungen standhält, vermag dies die bindende Wirkung nach § 42 Abs 3 JN. Daß diese bindende Wirkung nur auf den der Entscheidung zugrunde gelegten Tatbestand Bezug hat und nicht auch nachfolgende Tatbestandsänderungen ergreift, ergibt sich aus der Verwendung der Worte „noch (bindend)", die erkennen läßt, daß diese Bindung nicht unbedingt das ganze Verfahren hindurch anhält. Auch dann, wenn im Lauf des Verfahrens neue Tatsachen entstehen, die nunmehr tatsächlich die vorerst abgelehnte Unterstellung unter eine andere Kompetenznorm (oder die inländische Gerichtsbarkeit) bewirken, verliert der formell rechtskräftige Beschluß seine bindende Wirkung und vermag die neuerliche amtswegige Berücksichtigung des Mangels der inländischen Gerichtsbarkeit (sofern nicht eine Heilung nach § 104 JN bzw Art 18 EuGVÜ/LGVÜ oder eine perpetuatio jurisdictionis gem § 29 JN erfolgt ist) oder der Unzulässigkeit des Rechtswegs nicht mehr zu hindern, da diese neuen Tatsachen das Gericht in jeder Lage des Verfahrens zu berücksichtigen hat (§ 42 Abs 1 JN, § 240 Abs 3 ZPO). Keine bindende Wirkung äußern Beschlüsse in einem zwischen denselben Parteien ergangenen Verfahren über einen gleichartigen Anspruch (aM SZ 50/59 [1977], wonach sich die bindende Wirkung der rechtskräftigen Bejahung der inländischen Gerichtsbarkeit auch auf einen anderen Rechtsstreit der Parteien, in dem aus dem gleichen rechtserzeugenden Sachverhalt andere Klagsansprüche abgeleitet werden, erstreckt) oder in einem über denselben Anspruch, jedoch zwischen denselben Parteien durchgeführten Verfahren.

23 Noch bindend ist eine Entscheidung – außer im Fall der vorbezeichneten nachfolgenden Tatbestandsänderungen –, solange sie formell rechtskräftig ist. Daher kann im Zug eines Wiedereinsetzungsverfahrens die zugrundeliegende Entscheidung nicht als nichtig behoben werden (ZBl 1932/51; ebenso SZ 29/25 [1956]). Ebenso ist die amtswegige Wahrnehmung einer Nichtigkeit durch das Rechtsmittelgericht an das Vorliegen eines zulässigen Rechtsmittels geknüpft (MietSlg 33.667 [1981]; Arb 8358 [1967]; EvBl 1963/55; JBl 1958, 121 = EvBl 1958/63; EvBl 1952/395). Die Wahrnehmung der Nichtigkeit ist auch dann ausgeschlossen, wenn die Hauptsache unangefochten geblieben und damit bereits rechtskräftig geworden ist, während ausschließlich der Kostenausspruch strittig blieb.

E. Ausdrücklicher Beschluß

24 Die amtswegige Berücksichtigung von Prozeßvoraussetzungsmängeln, insb der Unzulässigkeit des Rechtswegs und des Mangels der inländischen Gerichtsbarkeit ist ausgeschlossen, wenn eine noch bindende Entscheidung desselben oder eines anderen Gerichts vorliegt. Es wird also eine ausdrückliche Entscheidung, also **ein Beschluß,** gefordert, der die strittige Prozeßvoraussetzung ausdrücklich bejaht. Diese Bejahung muß im Spruch der Entscheidung erfolgen (*Fasching,* Lehrbuch² Rz 101, 735; *Ballon,* Zulässigkeit 153 sowie ein Teil der Rsp, Arb 8786 [1971]; 8761 [1970]; ÖBl 1968, 61; JBl 1965, 469; 1964, 569. Gegenteilig eine andere Linie der Rsp, wonach die Bindung auch dann besteht, wenn sich ein Gericht nur in den Entscheidungsgründen mit dem Vorliegen einer Prozeßvoraussetzung auseinandergesetzt hat: ZfRV 1999, 79; 4 Ob 293/98m; JBl 1993, 790; RZ 1988/61; SZ 54/190 [1981] = RZ 1982/55; SZ 52/151 [1979] = JBl 1980, 541; die Bindung besteht nach der Rsp auch dann, wenn sich ein Gericht im Rahmen der Entscheidung über die Einrede der örtlichen Unzuständigkeit ausdrücklich mit der Frage der inländischen Gerichtsbarkeit auseinandergesetzt hat, NZ 1986, 160 = ZfRV 1986, 226). Daher sind die oberen Instanzen nicht gehindert, Prozeßvoraussetzungmängel wahrzunehmen, wenn ihr Vorliegen nur in den Gründen der Sachentscheidung verneint wird. Hat das Erstgericht die Entscheidung über die Prozeßvoraussetzung gem § 261 Abs 5 bzw § 261 Abs 1 ZPO mit der Entscheidung über die Hauptsache verbunden, dann ist gem § 261 Abs 3 ZPO gegen diese Entscheidung (die aber auch hier, um bindende Wirkung zu äußern, ausdrücklich in der gemeinsamen Ausfertigung (mit dem Urteil) in Beschlußform das Vorliegen der Prozeßvoraussetzung zu bejahen hat) nur die Berufung zulässig (*Bajons,* Zivilverfahren Rz 87; *Ballon,* Zivilprozeßrecht⁹ Rz 296; *Fasching,* Lehrbuch² Rz 732; aM *Holzhammer,* Zivilprozeßrecht², 208; *Rechberger* in *Rechberger,* ZPO § 261 Rz 4). In diesem Ausnahmefall (der gemeinsamen Verhandlung über die Prozeßvoraussetzung und die Hauptsache) hat das Berufungsgericht keine Möglichkeit, ausdrücklich spruchgemäß über die Prozeßvoraussetzung zu entscheiden; hier muß der bestätigenden Entscheidung des Berufungsgerichts in der Hauptsache auch ohne ausdrückliche spruchmäßige Erwähnung bindende Wirkung zuerkannt werden.

25 Unbefriedigend bleibt bei dieser Gesetzeslage nur, daß die Vorschriften des § 261 Abs 1 bis 5 ZPO mit den Bestimmungen des § 42 Abs 3 JN nicht voll übereinstimmen. Wenn, wie allgemein anerkannt ist (vgl Jud 63 = SZ 28/265 [1955]), die Untergerichte durch formell rechtskräftige Entscheidungen die amtswegige Berücksichtigung der Prozeßvoraussetzungsmängel durch die Rechtsmittelinstanzen ausschließen können, so bietet anderseits die Regelung des § 261 ZPO die Möglichkeit, eine solche Bindung der oberen Instanz in das Ermessen

des Erstgerichtes zu legen. Erachtet das Erstgericht die Frage der Unzulässigkeit des Rechtsweges oder des Mangels der inländischen Gerichtsbarkeit für strittig und vertritt es abweichend vom Höchstgericht hier einen das Vorliegen dieser Prozeßvoraussetzungsmängel verneinenden Standpunkt, dann kann es durch eine ausdrückliche von Amts wegen gefällte Entscheidung, mit der das Vorliegen des Prozeßvoraussetzungsmangels ausdrücklich verneint wird, im Falle der Unterlassung der Anfechtung dieses Beschlusses oder seiner Bestätigung durch das Rekursgericht den Obersten Gerichtshof binden. Andererseits kann dieser dann, wenn das Erstgericht ohne ausdrückliche beschlußmäßige Entscheidung über die Prozeßvoraussetzung sofort eine Sachentscheidung gefällt hätte, von Amts wegen die Unzulässigkeit des Rechtsweges oder den Mangel der inländischen Gerichtsbarkeit (wenn keine Heilung nach § 104 JN bzw nach Art 18 EuGVÜ/LGVÜ eingetreten ist) wahrnehmen. Die Bindung der Oberinstanz ausschließlich von dem (letztlich vom verfahrensmäßigen Ermessen des Erstgerichts abhängigen) Formalakt eines ausdrücklichen Beschlusses abhängig zu machen, ist äußerst unbefriedigend. Diese Inkongruenz könnte nur dadurch beseitigt werden, daß der (auf Grund der gegenwärtigen Rechtslage abzulehnenden) Meinung zum Durchbruch verholfen würde, daß die Einschränkung der amtswegigen Prüfung der Prozeßvoraussetzungsmängel gem § 42 Abs 3 JN durch den Wortlaut des § 240 Abs 3 ZPO beseitigt wurde.

Diese unbefriedigende Gesetzeslage wird allerdings in der Praxis der Gerichte nicht sehr häufig zu wirklichen Unzukömmlichkeiten führen, da das Erstgericht in den meisten Fällen, in denen die amtswegige Erörterung der Prozeßvoraussetzungsmängel zu ihrer Verneinung führt, keinen ausdrücklichen Beschluß hierüber fassen, sondern fast immer sofort zur Sachentscheidung schreiten wird, die auch der Oberinstanz die amtswegige Prüfung der Prozeßvoraussetzungsmängel ermöglicht.

F. Neuerungsverbot

26 Hat ein Gericht das Vorliegen einer Prozeßvoraussetzung verneint und daher die Klage mit Beschluß zurückgewiesen, dann gilt nach der Rsp des OGH für den Rekurs insofern **Neuerungsverbot,** als die das Vorliegen dieser Prozeßvoraussetzung untermauernden Tatsachen im Rekurs nicht (erstmalig) vorgebracht werden dürfen (RZ 1996/25 = ZfRV 1996/1: Tatsachen, die vom Kläger gegen eine A-limine-Zurückweisung der Klage zum Vorliegen der inländischen Gerichtsbarkeit vorgebracht werden, unterliegen dem Neuerungsverbot; ebenso 3 Ob 1533/95 und implicite auch JBl 1996, 795, wenn er erst im Rechtsmittelverfahren vom Kläger geltend gemachte Zuständigkeitstatbestände für unbeachtlich betrachtet). Diese Auffassung wird iSd § 42 Abs 1 JN als korrekt, aber rechtspolitisch problematisch angesehen, weil eine zu Unrecht erfolgte Bejahung der inländischen Gerichtsbarkeit kein gravierenderer Mangel ist als eine zu Unrecht erfolgte Verneinung, zumal die letztere ebenso eine Völkerrechtsverletzung darstellen kann wie die erstere (JBl 1996, 798 [*Matscher*]).

V. § 42 Abs 4 JN

27 § 42 Abs 4 JN schreibt die amtswegige Wahrnehmung der Unzulässigkeit des Rechtswegs und der inländischen Gerichtsbarkeit nach § 42 Abs 1 und 3 JN **auch für die außerstreitige Gerichtsbarkeit** vor. Der Mangel der inländischen Gerichtsbarkeit kann in vollem Umfang (sofern keine Heilung nach § 104 JN oder nach Art 18 EuGVÜ/LGVÜ eingetreten ist), die Unzulässigkeit des

Rechtswegs jedoch nur in der Form, daß die Rechtssache überhaupt nicht vor die Gerichte oder nur vor Sondergerichte gehört, in jeder Lage des Verfahrens beachtet werden, sofern dem nicht eine bindende Entscheidung nach § 42 Abs 3 JN entgegensteht. Auf das Verhältnis zwischen streitigem und außerstreitigem Verfahren ist § 42 Abs 4 JN nicht anwendbar (SZ 23/235 [1950]). Deshalb sind Richter des streitigen Verfahrens an rechtskräftige Beschlüsse des Außerstreitrichters, womit die Sache auf den streitigen Rechtsweg verwiesen bzw gem § 40 a JN überwiesen wird (bzw umgekehrt), gebunden (s EFSlg 49.244 [1985]). Im einzelnen s bei § 40 a JN.

In § 42 Abs 4 JN wird ausgesprochen, daß für das außerstreitige Verfahren die Abs 1 und 3 entsprechend anzuwenden sind; der Abs 2 wird nicht erwähnt. Daraus könnte geschlossen werden, daß der Gesetzgeber die Nichtigerklärung bereits rechtskräftig abgeschlossener außerstreitiger Verfahren durch den OGH über Antrag der obersten Verwaltungsbehörde als nicht möglich erachtet hat. Dieses Ergebnis ist aber aus zweierlei Gründen unbefriedigend: 1. § 42 Abs 2 JN ist nur eine ergänzende Bestimmung zum allgemeinen Gebot des § 42 Abs 1 JN; 2. die Grenzen der inländischen Gerichtsbarkeit (sofern nicht eine Heilung gem § 104 JN bzw nach Art 18 EuGVÜ/LGVÜ eingetreten ist) und der Unzulässigkeit des Rechtswegs – soweit die Rechtssache den ordentlichen Gerichten entzogen ist – sind für jede Art der gerichtlichen Tätigkeit unüberschreitbare Schranken. 28

Der OGH hat deshalb ohne nähere Erörterung des hier aufgezeigten Widerspruchs in der gesetzlichen Regelung auch bereits rechtskräftig gewordene Außerstreitbeschlüsse über Antrag der obersten Verwaltungsbehörde für nichtig erklärt (SZ 61/77 [1988] = EvBl 1989/12; EvBl 1968/145; SZ 38/194 [1965] = EvBl 1966/198; SZ 27/308 [1954]). Schließlich mag die Nichterwähnung des § 42 Abs 2 in § 42 Abs 4 JN auch darauf zurückzuführen sein, daß der Gesetzgeber eine nach Rechtskraft erfolgende Nichtigerklärung außerstreitiger Beschlüsse schon deshalb nicht für notwendig erachtete, da das AußStrG keine ausdrücklichen Rechtskraftnormen enthält und nach dem damaligen Stand der Lehre und Rechtsprechung (im Gegensatz zur heute hA, die grundsätzlich die materielle Rechtskraft von außerstreitigen Entscheidungen bejaht, s *Mayr/Fucik,* Verfahren außer Streitsachen 70; *Klicka/Oberhammer,* Außerstreitverfahren[3] Rz 52) eine materielle Rechtskraft außerstreitiger Beschlüsse überwiegend abgelehnt wurde.

VI. Einzelfragen

• Mit dem Vorbringen, daß der gerichtlichen Festsetzung der Enteignungsentschädigung nach § 20 Abs 3 BStG ein erst jetzt hervorgekommener, aber schon während des verwaltungsbehördlichen Enteignungsverfahrens vereinbarter beiderseitiger Verzicht auf die Anrufung der Gerichte bzw ein dort geschlossenes Entschädigungsübereinkommen der Neufestsetzung der Entschädigungssumme entgegengestanden wäre, wird von der obersten Verwaltungsbehörde keine Unzulässigkeit des Rechtswegs iSd § 42 Abs 2 JN geltend gemacht (EvBl 1989/12). 29

• Tatsachen, die vom Kläger im Rekurs gegen eine A-limine-Zurückweisung der Klage zum Vorliegen der inländischen Gerichtsbarkeit vorgebracht werden, unterliegen dem Neuerungsverbot (RZ 1996/25 = ZfRV 1996/1; 3 Ob 1533/95; idS auch JBl 1996, 795 [*Matscher*]).

• Spricht der Krankenversicherungsträger lediglich aus, daß die in einem Pflegeheim aufgelaufenen Kosten nicht übernommen werden, so ist eine Klage auf Feststellung, daß es sich bei dem Aufenthalt im Pflegeheim um einen Versicherungsfall der Krankheit handelt, unzulässig (10 ObS 171/92).

● Die formelle und materielle Rechtskraft des Feststellungsurteils über die Schadenersatzpflicht eines Organs nach dem AHG hindert nicht die Wahrnehmung der Unzulässigkeit des Rechtswegs im anschließenden Leistungsprozeß, wenn weder im Spruch noch in den Gründen des Feststellungsurteils auf die Prozeßvoraussetzung eingegangen wurde (SZ 63/128 [1990]); beachte: Nach richtiger Ansicht genügt eine Beurteilung der Prozeßvoraussetzungen nur in den Entscheidungsgründen nicht, um eine bindende Wirkung auszulösen, sondern es muß spruchmäßig darüber erkannt werden (s Rz 24).

● Weist das Erstgericht eine Klage wegen sachlicher Unzuständigkeit a limine zurück und behebt das Rekursgericht nicht nur diesen Beschluß, sondern prüft es gleichzeitig die Zulässigkeit des Rechtswegs und bejaht diese, so ist das Ergebnis dieser Prüfung für kein Gericht – auch nicht für es selbst und den OGH – bindend. Hat das Gericht zweiter Instanz in dieser Sache später über eine Berufung zu entscheiden, so kann es von Amts wegen die Frage der Zulässigkeit des Rechtswegs erneut prüfen, sie verneinen und die Klage zurückweisen (3 Ob 512/94).

Anh zu § 42 JN: Art 19 und 20 EuGVÜ/LGVÜ

Prüfung der Zuständigkeit und der Zulässigkeit des Verfahrens

Art 19 EuGVÜ/LGVÜ: Das Gericht eines Vertragsstaats hat sich von Amts wegen für unzuständig zu erklären, wenn es wegen einer Streitigkeit angerufen wird, für die das Gericht eines anderen Vertragsstaats aufgrund des Artikels 16 ausschließlich zuständig ist.

Art 20 EuGVÜ/LGVÜ: (1) Läßt sich der Beklagte, der seinen Wohnsitz in dem Hoheitsgebiet eines Vertragsstaats hat und der vor den Gerichten eines anderen Vertragsstaats verklagt wird, auf das Verfahren nicht ein, so hat sich das Gericht von Amts wegen für unzuständig zu erklären, wenn seine Zuständigkeit nicht aufgrund der Bestimmungen dieses Übereinkommens begründet ist.

(2) Das Gericht hat die Entscheidung so lange auszusetzen, bis festgestellt ist, daß es dem Beklagten möglich war, das den Rechtsstreit einleitende Schriftstück oder ein gleichwertiges Schriftstück so rechtzeitig zu empfangen, daß er sich verteidigen konnte, oder daß alle hierzu erforderlichen Maßnahmen getroffen worden sind.

(3) An die Stelle des vorstehenden Absatzes tritt Artikel 15 des Haager Übereinkommens vom 15. November 1965 über die Zustellung gerichtlicher und außergerichtlicher Schriftstücke im Ausland in Zivil- oder Handelssachen, wenn das den Rechtsstreit einleitende Schriftstück gemäß dem erwähnten Übereinkommen zu übermitteln war.

Art 19 und 20 LGVÜ: Stammfassung 1988

Art 19 EuGVÜ: Stammfassung EuGVÜ 1968; Art 20 Abs 1 EuGVÜ: Stammfassung EuGVÜ 1968, Abs 2 idF 1. Beitrittsübereinkommen 1978 zum EuGVÜ, Abs 3 idF 3. Beitrittsübereinkommen 1989 zum EuGVÜ (angepaßt an Stammfassung LGVÜ 1988)

Lit: *Czernich,* Mahnverfahren und Lugano-Übereinkommen, RZ 1997, 189; *Fucik,* Die Zuständigkeit nach dem LGVÜ, RZ 1996, 241; *Geimer,* Die Prüfung der internationalen Zuständigkeit, WM 1986, 117; *Grunsky,* Das verfahrenseinleitende Schriftstück beim Mahnverfahren, IPRax 1996, 245; *Mayr,* EuGVÜ/LGVÜ und Jurisdiktionsnorm: Anpassungsbedarf des österr Rechts? in *Bajons/Mayr/Zeiler,* Die Übereinkommen von Brüssel und Lugano (1997) 103; *Metzler,* Nochmals: Mahnverfahren und Lugano-Übereinkommen, RZ 1997, 264; *Schoibl,* Ausgewählte Zuständigkeitstatbestände in der Rechtsprechung des EuGH: Die gerichtlichen Zuständigkeiten am Erfüllungsort des Vertrages nach

Art 5 Nr 1 und die Zuständigkeitsvereinbarung nach Art 17 des Brüsseler und des Luganer Übereinkommens, in *Bajons/Mayr/Zeiler,* Die Übereinkommen von Brüssel und Lugano (1997) 61; *ders,* Die Prüfung der internationalen Zuständigkeit und der Zulässigkeit des Verfahrens nach dem Brüsseler und dem Luganer Übereinkommen, in Schütze-FS (1999) 777.

Übersicht:

I. Prüfung der Gerichtsbarkeit in Zivil- und Handelssachen im allgemeinen

1 Im Rahmen der Prüfung seiner (völkerrechtlich zulässigen, in österr Terminologie nunmehr nach der WGN 1997 „inländischen") Gerichtsbarkeit hat **in Rechtsfällen mit Auslandsbezug** ein angerufenes nationales Gericht in einem ersten Schritt zu entscheiden, welches Recht – autonomes internationales Verfahrensrecht oder bi- oder multilaterales staatsvertragliches Recht – für seine potentielle internationale Zuständigkeit (in österr Terminologie nunmehr nach der Reform des österr IZVR durch die WGN 1997 „internationaler Zuständigkeit österr Gerichte") maßgeblich ist (näher dazu s Vor Art IX EGJN Rz 22 ff, Art IX EGJN Rz 1 ff, insb 15 ff).

Dabei hat es **in Zivil- und Handelssachen** auch die Anwendbarkeit des Brüsseler oder des Luganer Gerichtsstandsübereinkommen von Amts wegen zu prüfen und es gegebenenfalls von Amts wegen anzuwenden, „ohne Rücksicht darauf, ob sich die Parteien" auf das entsprechende Übereinkommen „berufen oder nicht" (*Jenard*-Bericht, 8). Dieser amtswegige erste Prüfungsschritt ist nicht zu verwechseln mit der folgenden Frage, nach welchen Regeln das angerufene Gericht seine „internationale Zuständigkeit" unter der Herrschaft des Brüsseler oder des Luganer Übereinkommens zu prüfen hat.

II. Das Modell der Prüfung der Zuständigkeit und der Zulässigkeit des Verfahrens im 7. Abschnitt des EuGVÜ/LGVÜ

2 Die in den beiden europäischen Gerichtsstandsübereinkommen geschaffene, **direkte internationale Zuständigkeitsordnung** hat ein angerufenes österr

Gericht nach dem **7. Abschnitt des II. Titels** gem den Art 19 und 20 EuGVÜ/LGVÜ im Erkenntnisverfahren von Amts wegen **unmittelbar wahrzunehmen und anzuwenden,** da ein im Rahmen der beantragten Anerkennung und Vollstreckung später angerufenes (Zweit-)Gericht in einem anderen Vertragsstaat grundsätzlich die einmal bejahte Entscheidungszuständigkeit des Erstgerichts in einem anderen Vertragsstaat nicht überprüfen kann (Art 28 iVm 34 EuGVÜ/LGVÜ).

Damit wird, anders als die für Österreich in Kraft stehenden bilateralen Anerkennungs- und Vollstreckungsverträge, die die Zuständigkeitskontrolle dem Bewilligungs- und Vollstreckungsgericht zuweisen, im Brüsseler und im Luganer Übereinkommen damit ein wesentlicher Teil der Zuständigkeitskontrolle in das Erkenntnis(Titel-)verfahren im Ursprungs(Erst-)staat vorverlegt, wodurch allerdings nunmehr das nationale Anerkennungs- und Vollstreckungsverfahren entlastet werden soll (darauf verweisen auch die ErläutRV zum LGVÜ, 34 BlgNR 20. GP 36).

3 Das im 7. Abschnitt des Titels I des Brüsseler und des Luganer Übereinkommens geregelte Verfahren in Zuständigkeitssachen richtet sich grundsätzlich nach nationalem autonomen Verfahrensrecht. Allerdings enthalten die **Art 19 und 20 EuGVÜ/LGVÜ spezielle Prüfungsregeln** für Verfahren in Zivil- und Handelssachen nach Art 1 EuGVÜ/LGVÜ, die in den Anwendungsbereich der Übereinkommen fallen, die **vorrangig zu beachten sind und nationales autonomes Jurisdiktionsrecht** (wie etwa die österr JN [zB § 41 JN], das ASGG, aber auch bilaterale Anerkennungs- und Vollstreckungsübereinkommen) **verdrängen** (EuGH Rs 288/82 v 15. 11. 1983 *Duijnstee/Goderbauer,* Slg 1983, 3663 (3675 Rz 14); weiters inzw stRspr, s etwa zuletzt schon LG Feldkirch 3 R 176/99 a oder OGH 4 Ob 313/97 a; HG Wien 1 R 40/97 x; LG Feldkirch AnwBl 1997, 653 f; *Czernich/Tiefenthaler,* LGVÜ vor Art 19 und 20 Rz 1; *Lechner/Mayr,* LGVÜ 39; *Mayr* in *Rechberger,* ZPO § 28 JN Rz 10; *Rechberger/Simotta,* Zivilprozeßrecht[4] Rz 78; *Schoibl* in *Bajons/Mayr/Zeiler,* Übereinkommen 66; uam). Aus dem Vorrang des Zuständigkeitssystems beider europäischer Übereinkommen folgt bei entsprechender Anwendbarkeit somit, daß es bei Tatbeständen mit europäischem Bezug keine zusätzlichen oder gar vorrangigen Gerichtsstände und Prüfungskriterien für die Zuständigkeitsprüfung nach nationalen Vorschriften geben kann (s nur statt vieler EuGH Rs 288/82 v 15. 11. 1983 *Duijnstee/Goderbauer,* Slg 1983, 3663 [3675 Rz 14]; EuGH Rs 25/79 v 13. 11. 1979 *Sanicentral/Collin,* Slg 1979, 3423 [3429 Rz 5]; *Kropholler,* Zivilprozeßrecht[6] Einl Rz 13 und Art 19 Rz 1; *Schlosser,* EuGVÜ Vorbem Art 2 Rz 4) – so ist etwa die Frage der inländischen Gerichtsbarkeit iSd internationalen Zuständigkeit eines angerufenen österr Erstgerichts nach den Bestimmungen der Übereinkommen (Art 19 und 20 sowie auf Grund rügeloser Einlassung nach Art 18) – und nicht nach autonomem Jurisdiktionsrecht (etwa §§ 41, 42 oder § 104 Abs 3 JN idF WGN 1997 iVm § 27 a JN idF WGN 1997) – zu prüfen (so schon vor der WGN 1997 OLG Wien ZfRV 1997, 170; *Czernich/Tiefenthaler,* LGVÜ vor Art 19 und 20 Rz 1; *Schoibl* in *Bajons/Mayr/Zeiler,* Übereinkommen 66; *ders,* Schütze-FS 779 f; LG Feldkirch 3 R 176/99 a).

4 Eine amtswegige „Prüfung der Zuständigkeit und der Zulässigkeit des Verfahrens" ist im Anwendungsbereich der europäischen Übereinkommen insb dort gerechtfertigt, wo die internationale Zuständigkeit nicht durch rügelose Einlassung des Beklagten/Antragsgegners nach Art 18 EuGVÜ/LGVÜ begründet werden kann (*Geimer,* IZPR[3] Rz 1816; *Gottwald* in MünchKommZPO, Anh IZPR Art 19 Rz 1; *Schoibl,* Schütze-FS 781).

III. Die amtswegige Unzuständigkeitserklärung nach Art 19 EuGVÜ/LGVÜ

A. Das Modell des Art 19 EuGVÜ/LGVÜ: Erklärung der Unzuständigkeit in Fällen des Art 16

Die europäischen Übereinkommen entziehen ihre **„ausschließlichen"** (in österr Diktion „Zwangs"-)**Gerichtsstände des Art 16 EuGVÜ/LGVÜ** in diversen Vorschriften aus öffentlichem Interesse der Parteiautonomie, so auch in Art 19 EuGVÜ/LGVÜ: Sind die Gerichte eines anderen Vertragsstaates nach Art 16 EuGVÜ/LGVÜ für einen Rechtsstreit ausschließlich zuständig, dann hat sich das angerufene Gericht nach Art 19 EuGVÜ/LGVÜ „von Amts wegen für unzuständig zu erklären". 5

Erklärt sich das angerufene Gericht eines Vertragsstaates **unter Verletzung des Art 19 EuGVÜ/LGVÜ** dagegen nicht für international unzuständig, ist seine Entscheidung wegen des absoluten Geltungsanspruchs des Art 16 nach Art 28 Abs 1 EuGVÜ/LGVÜ **nicht anerkennungs- und vollstreckungsfähig** (*Geimer* in *Geimer/Schütze,* Urteilsanerkennung I/1: EuGVÜ, 343 ff; *Kropholler,* Zivilprozeßrecht[6] Art 28 Rz 10; *Schlosser,* EuGVÜ Art 27–29 Rz 31). 6

Art 19 EuGVÜ/LGVÜ wahrt damit durch eine Amtsprüfung die ausschließlichen Zuständigkeiten der nach Art 16 zuständigen Gerichte und verhindert so eine unnötige Belästigung des Beklagten in anderen Vertragsstaaten und in der Folge nicht anerkennungs- und vollstreckungsfähige Entscheidungen unzuständiger Gerichte von Vertragsstaaten.

B. Anwendungsbereich

Art 19 EuGVÜ/LGVÜ ist anwendbar, wenn die **Klage in einem Vertragsstaat erhoben** ist und **Anhaltspunkte für die ausschließliche Zuständigkeit der Gerichte eines anderen Vertragsstaates nach Art 16 EuGVÜ/LGVÜ für den Rechtsstreit in der Hauptsache** bestehen (*Geimer,* WM 1986, 118; *Geimer/Schütze,* Zivilverfahrensrecht Art 19 Rz 3; *Hausmann* in *Wieczorek/Schütze,* ZPO[3] I/1 § 40 Anh I Art 19 Rz 3 und 5; *Schoibl,* Schütze-FS 783; ErläutRV zum LGVÜ, 34 BlgNR 20. GP 37). Art 19 gilt, da die Amtsprüfung unabhängig vom Wohnsitz der Parteien stattfindet, auch dann, wenn beide Parteien im Gerichtsstaat selbst oder in einem Drittstaat wohnen (vgl Art 4 Abs 1 iVm Art 16) (*Hausmann* in *Wieczorek/Schütze,* ZPO[3] I/1 § 40 Anh I Art 19 Rz 2; *Kropholler,* Zivilprozeßrecht[6] Art 19 Rz 1; *Schoibl,* Schütze-FS 784). 7

Das angerufene Gericht hat diese **Amtsprüfung** nach Art 19 EuGVÜ/LGVÜ **in jeder Lage des Verfahrens** und unabhängig von einer Einlassung des Beklagten durchzuführen, auch ohne einen entsprechenden Antrag des (sich offenbar prima vista wirksam eingelassen habenden) Beklagten (*Schoibl,* Schütze-FS 784; *ders,* in *Bajons/Mayr/Zeiler,* Übereinkommen 67). Es hat sich dementsprechend **in jedem Verfahrensstadium** für unzuständig erklären, somit auch im Rechtsmittelverfahren und auch dann, wenn nach nationalem Recht die Frage der internationalen Zuständigkeit nicht mehr aufgegriffen werden könnte, etwa wegen einer Beschränkung der Rügepflicht im Rahmen eines Neuerungsverbotes (so aber teilw nach der Rspr im autonomen österr IZVR, s RZ 1996/25 = ZfRV 1996/1, dazu § 42 JN Rz 26 mwN) oder nur auf Grund eines zulässigen Rechtsmittels (so aber im autonomen österr IZVR, s § 42 JN Rz 8 mwN), da das Übereinkommen zur Unanwendbarkeit entgegenstehender Vorschriften des nationalen (etwa österr) Zivilprozeßrechts führt (so ausdrücklich EuGH Rs 288/82 v 15. 11. 1983 *Duijnstee/Goderbauer,* Slg 1983, 3663 [3675 Rz 14]; zustimmend *Geimer/Schütze,* Zivilverfahrensrecht Art 19 Rz 1 und 5; *Kropholler,* Zivilpro- 8 zeßrecht[6] Art 19 Rz 1; *Hausmann* in *Wieczorek/Schütze,* ZPO[3] I/1 § 40 Anh I Art 19 Rz 8; *Schoibl,* Schütze-FS 785). Auch eine international-europäische Gerichtsstandsvereinbarung (s das Verbot in Art 17 Abs 3 EuGVÜ/LGVÜ) oder eine rügelose Einlassung des Beklagten (Art 18 S 2 EuGVÜ/LGVÜ) kann diese internationale Unzuständigkeit – im Unterschied zur sonstigen weitestgehenden Heilung internationaler Unzuständigkeit gem Art 18 S 1 EuGVÜ/LGVÜ – auf Grund einer (Zwangs-)Zuständigkeit nach Art 16 nicht heilen (*Kropholler,* Zivilprozeßrecht[6] Art 19 Rz 1 und Art 18 Rz 17; *Rechberger/Simotta,* Zivilprozeßrecht[4] Rz 80 und 81).

C. Die Amtsprüfung nach Art 19 EuGVÜ/LGVÜ im österr Zivilverfahren

9 Die **nähere Ausgestaltung der Amtsprüfung und der Unzuständigerklärung des nationalen Gerichts** bestimmt sich bei entsprechender Anwendbarkeit des EuGVÜ/LGVÜ mangels Vorgaben im EuGVÜ/LGVÜ **nach autonomem nationalen Zivilverfahrensrecht** (lex fori) (*Geimer,* IZPR[3] Rz 1823; *Geimer/Schütze,* Zivilverfahrensrecht Art 19 Rz 6; *Hausmann* in *Wieczorek/Schütze,* ZPO[3] I/1 § 40 Anh I Art 19 Rz 7; *Schoibl,* Schütze-FS 787; *ders* in *Bajons/Mayr/Zeiler,* Übereinkommen 67; sowie wohl auch *Schlosser,* EuGVÜ Art 19, 20 Rz 2; *Fucik,* RZ 1996, 241; LG Feldkirch 3 R 176/99 a).

10 Dabei ist allerdings der europarechtliche Satz zu beachten, daß der Richter seine Zuständigkeit nicht auf Grund bloßer Behauptungen des Klägers/Antragstellers bejahen darf, sondern nur dann, wenn er „von der Existenz aller Umstände voll überzeugt ist, die seine Kompetenz begründen" (hM, s *Schlosser*-Bericht zum EuGVÜ Rz 22; *Geimer,* IZPR[3] Rz 1824; *Geimer/Schütze,* Zivilverfahrensrecht Art 19 Rz 7; *Geimer* in *Geimer/Schütze,* Urteilsanerkennung I/1 329; *Geimer,* WM 1986, 117 ff, hier 119; *Gottwald* in MünchKommZPO, Anh IZPR Art 19 Rz 3; *Hausmann* in *Wieczorek/Schütze,* ZPO[3] I/1 § 40 Anh I Art 19 Rz 7 und Art 20 Rz 7): Ein österr Gericht hat daher nach innerstaatlichem österr Verfahrensrecht im Hinblick auf die weder heilbaren noch prorogablen ausschließlichen (Zwangs-)Zuständigkeiten nach Art 16 EUGVÜ/LGVÜ – über den, zumindest nach einem Teil der Lehre und Rspr bloß formellen Prüfungsumfang nach § 41 JN (s dazu näher § 41 JN Rz 3 mwN) hinaus – **nach Art 19 EuGVÜ/LGVÜ amtswegige Erhebungen** durchzuführen, wobei die Untersuchungsmaxime herrscht (*Schoibl,* Schütze-FS 788); allenfalls wäre ein Verbesserungsverfahren durchzuführen (s hier HG Wien 1 R 40/97 x), dessen Nichtbefolgung allerdings wegen der Amtswegigkeit des gesamten Prüfungsverfahrens keine Säumnis- und damit Wahrheitsfiktion auslösen kann (s *Gottwald* in MünchKommZPO Anh IZPR Art 19 Rz 3; *Czernich/Tiefenthaler,* LGVÜ Art 19 Rz 2; *Schoibl,* Schütze-FS 788).

Das Gericht ist bei seiner Zuständigkeitsprüfung nach Art 19 EuGVÜ/LGVÜ nicht an die Angaben des Klägers, der in seinem Kompetenzsachverhalt alle die Zuständigkeit des angerufenen nationalen (österr) Gerichts nach dem EuGVÜ/LGVÜ begründenden Umstände konkret und ausdrücklich darzustellen hat (HG Wien 1 R 40/97 x; *Schoibl,* Schütze-FS 787), iSd § 41 JN gebunden (so auch § 41 JN Rz 3 und 5; *Czernich/Tiefenthaler,* LGVÜ Art 19 Rz 2). Bei der Prüfung der inländischen Gerichtsbarkeit iSd internationalen Zuständigkeit nach dem Brüsseler und dem Luganer Gerichtsstandsübereinkommen steht dem österr Gericht eine **materielle Prüfungsbefugnis** iS einer Pflicht zur Feststellung des wahren Kompetenzsachverhalts zu (so auch die überwM, s *Schoibl,* Schütze-FS 788 § 41 JN Rz 3, 5 und 13 mwN).

11 Das Gericht hat gegebenenfalls die Klage **wegen (internationaler) Unzuständigkeit** iS mangelnder unprorogabler und unheilbarer inländischer Gerichtsbarkeit – sofort – im Interesse einer Koordinierung des österr Zivilverfahrensrechts mit dem europäischen Konventionsrecht nach dem Modell des **§ 42 Abs 1 JN idF WGN 1997** – mit **Beschluß a limine litis zurückzuweisen** (OLG Wien ZfRV 1997, 170; HG Wien 1 R 40/97x; LG Feldkirch 3 R 176/99a; § 43 JN Rz 1; *Schoibl,* Schütze-FS 788; *ders* in *Bajons/Mayr/Zeiler,* Übereinkommen 67; aM da-gegen im Hinblick auf die amtswegige Sachverhaltsermittlung *Czernich/Tiefenthaler,* LGVÜ Art 19 Rz 3) – oder, falls sich entsprechende Zweifel erst im Laufe des anhängigen Verfahrens ergeben, mit **Beschluß** gem **§ 43 Abs 1 und 2 JN idF WGN 1997** für unzuständig zu erklären und die Klage zurückzuweisen. Dies wird iSd Rechtsprechung des EuGH (s Rs 288/82 v 15. 11. 1983 *Duijnstee/Goderbauer,* Slg 1983, 3663 [3675 Rz 15]) auch für eine Unzuständigerklärung im Laufe eines Rechtsmittelverfahrens zur Anwendung kommen müssen und hier, entgegen § 475 Abs 2 ZPO, zu einer Aufhebung der zwischenzeitigen Verfahrensschritte und zur Zurückweisung der Klage bzw des Antrages führen; gleiches wird auch für eine entgegenstehende bindende Entscheidung nach § 42 Abs 3 JN idF WGN 1997 zu gelten haben (*Schoibl,* Schütze-FS 786; vgl aber § 42 JN Rz 2, 8 und 19ff).

12 Eine Säumnisentscheidung oder eine (internationale) Überweisung an ein offenbar zuständiges Gericht eines anderen Vertragsstaates – auch zur Fristenwahrung – kennt das Modell der europäischen Übereinkommen dabei nicht (*Geimer/Schütze,* Zivilverfahrensrecht Art 19 Rz 11).

13 Vor der Zurückweisung ist eine Diskussion mit dem Kläger über Zuständigkeitsbedenken des vertragsstaatlichen (in diesem Fall österr) Gerichts nach österr Rechtsverständnis wie auch nach dem Modell der europäischen Übereinkommen, das hier ausdrücklich die rügelose Einlassung ausschließt, nicht erforderlich. Da aber – von der Beachtung des unprorogablen und unheilbaren Art 16 iVm Art 19 EuGVÜ/LGVÜ als absolute Prozeßvoraussetzung abgesehen – alle anderen Zuständigkeiten nach dem EuGVÜ/LGVÜ als relative Prozeßvoraussetzungsmängel heilen können, ist ansonsten jedoch eine a-limine-Zurückweisung der Klage durch das angerufene österr (Erst-)Gericht unzulässig (s OLG Wien ZfRV 1997, 170; HG Wien 1 R 40/97x; LG Feldkirch 3 R 176/99a; § 43 JN Rz 1; *Schoibl,* Schütze-FS 789; *ders* in *Bajons/Mayr/Zeiler,* Übereinkommen 67; offenbar aM [mit abzulehnenden rein subjektiven Argumenten] *Czernich/Tiefenthaler,* LGVÜ Art 20 Rz 6).

IV. Die Zuständigkeitsprüfung bei Nicht-Teilnahme des Beklagten nach Art 20 Abs 1 EuGVÜ/LGVÜ

A. Das Schutzmodell des Art 20 EuGVÜ/LGVÜ: Erklärung der Unzuständigkeit in sonstigen Fällen

14 Art 20 EuGVÜ/LGVÜ enthält – als eine „der wichtigsten Bestimmungen des Übereinkommens" (*Jenard*-Bericht 39; *Jenard/Möller*-Bericht Rz 63) – **zu Gunsten des Beklagten besondere Schutzvorschriften für den Fall seiner Nicht-Teilnahme** (also idR seiner Säumnis): Läßt sich der Beklagte mit Wohnsitz in einem Vertragsstaat „auf das Verfahren" vor einem offenbar unzuständigen Gericht eines anderen Vertragsstaates „nicht ein", „hat" das angerufene Gericht gem Art 20 Abs 1 EuGVÜ/LGVÜ in allen Fällen (s Art 2ff), also etwa auch bei einer Erfüllungsortvereinbarung nach Art 5 Z 1 oder einer Gerichtsstandsver-

einbarung nach Art 17 EuGVÜ/LGVÜ (s ErläutRV zum LGVÜ, 34 BlgNR 20. GP 36; *Schoibl,* Schütze-FS 790; *ders* in *Bajons/Mayr/Zeiler,* Übereinkommen 67 und 68) – und nicht nur in den Fällen des Art 16 wie bei der Unzuständigkeitserklärung nach Art 19 EuGVÜ/LGVÜ – eine Prüfung seiner internationalen Zuständigkeit nach dem Übereinkommen von Amts wegen vorzunehmen; zB wenn eine beim österr Gericht eingebrachte Klage sich auf den vom EuGVÜ/LGVÜ (Art 3) als verpönt angesehenen und als exorbitante Zuständigkeit eingestuften § 99 JN stützt und der Beklagte seinen Wohnsitz in einem Vertragsstaat hat (s ErläutRV zum LGVÜ, 34 BlgNR 20. GP 37).

Der nicht-erschienene, also idR säumige Beklagte ist nämlich nicht iS einer prozessualen Last verpflichtet, vor einem unzuständigen (ausländischen) Gericht eines anderen Vertragsstaates nur zu dem Zweck zu erscheinen, um die fehlende internationale Zuständigkeit dieses Gerichts zu rügen; sein Nichterscheinen – und damit Vertrauen auf die amtswegige internationale Zuständigkeitsprüfung nach dem EuGVÜ/LGVÜ – darf nicht als stillschweigende Zuständigkeitsvereinbarung iS einer rügelosen Einlassung aufgefaßt werden.

15 Sollte das Gericht allerdings seine internationale Unzuständigkeit übersehen und nicht von Amts wegen wahrnehmen oder ein sonstiger Verstoß gegen Art 20 Abs 1 LGVÜ/EuGVÜ vorliegen (oder wenn das Gericht die Auffassung des Klägers von seiner Zuständigkeit teilt), ist die ergangene (und inzwischen rechtskräftig gewordene) Entscheidung – trotz **Verletzung des Art 20 Abs 1 EuGVÜ/LGVÜ** – wirksam und muß, wenn nicht ausnahmsweise ein Versagungsgrund des Art 27 EuGVÜ/LGVÜ (insb bei Nichteinlassung Art 27 Z 2, s dazu EuGH Rs 228/81 v 15. 7. 1982 *„Pendy Plastic/Pluspunkt“,* Slg 1982, 2723 ff) vorliegt oder die Zuständigkeit eines nach Art 7–16 zuständigen Gerichts verletzt wurde (Art 28 Abs 1 EuGVÜ/LGVÜ), in den anderen Vertragsstaaten **anerkannt und vollstreckt werden,** da die internationale Zuständigkeit des Erstgerichts grundsätzlich nach Art 28 Abs 2/3 und insb 3/4 EuGVÜ/LGVÜ nicht (mehr) nachgeprüft wird (*Geimer/Schütze,* Zivilverfahrensrecht Art 20 Rz 13; *Kropholler,* Zivilprozeßrecht[5] Art 20 Rz 2; *Schlosser,* EuGVÜ Art 19, 20 Rz 3; *Schoibl* in *Bajons/Mayr/Zeiler,* Übereinkommen 67; ErläutRV zum LGVÜ, 34 BlgNR 20. GP 37). Es obliegt hier somit, da Art 20 keinen absoluten Schutz bietet, vielmehr dem Beklagten, gegen die Entscheidung eines sM fälschlich für international zuständig erachteten Gerichts die ihm nach nationalem Verfahrensrecht zur Verfügung stehenden Rechtsmittel einzulegen (aus österr Sicht etwa eine Nichtigkeits-Berufung), um eine internationale Unzuständigerklärung dieses Gerichts iSd Art 20 Abs 1 EuGVÜ/LGVÜ zu erreichen (sodaß insoweit im Ergebnis ein Einlassungszwang für den Beklagten auch vor dem international unzuständigen Gericht besteht). Andernfalls müßte er grundsätzlich die Sachentscheidung gegen sich gelten lassen (vgl *Geimer,* WM 1986, 118; *Geimer* in *Geimer/Schütze,* Urteilsanerkennung I/1 328 und 334; *Geimer/Schütze,* Zivilverfahrensrecht Art 20 Rz 13; *Kropholler,* Zivilprozeßrecht[6] Art 20 Rz 2; *Schlosser,* EuGVÜ Art 19, 20 Rz 3; *Gottwald* in MünchKommZPO Anh IZPR Art 20 Rz 4; *Czernich/Tiefenthaler,* LGVÜ Art 20 Rz 2; *Lechner/Mayr,* LGVÜ 42; *Schoibl* in *Bajons/Mayr/Zeiler,* Übereinkommen 67; und die ErläutRV des LGVÜ, 34 BlgNR 20. GP 37).

16 Mit dem Modell der amtswegigen Zuständigkeitsprüfung bei Nicht-Teilnahme nach Art 20 Abs 1 EuGVÜ/LGVÜ soll dem (idR säumigen) Beklagten sowohl „ein Höchstmaß an Rechtsschutz“ im Erkenntnisverfahren garantiert werden, als auch sichergestellt werden, daß das Urteil durch ein international zuständiges Gericht eines Vertragsstaates gefällt wird (*Jenard*-Bericht 39).

B. Anwendungsbereich

Art 20 Abs 1 EuGVÜ/LGVÜ nennt **drei kumulative Voraussetzungen** für seine internationale Zuständigkeitsprüfung: 17

- Der Beklagte hat seinen Wohnsitz in einem Vertragsstaat,
- er wird vor den Gerichten eines anderen Vertragsstaates geklagt, und
- er läßt sich nicht iSd Art 18 EuGVÜ/LGVÜ auf das Verfahren ein.

Wohnt der Beklagte dagegen im Gerichtsstaat selbst oder in einem Drittstaat, so greift Art 20 Abs 1 EuGVÜ/LGVÜ nicht, sondern das jeweilige Gericht hat nach der lex fori sein innerstaatliches Verfahrensrecht anzuwenden (s *Geimer,* WM 1986, 118; *Geimer/Schütze,* Zivilverfahrensrecht Art 20 Rz 4, 5 und 6; *Hausmann* in *Wieczorek/Schütze,* ZPO[3] I/1 § 40 Anh I, Art 20 Rz 2; *Kropholler,* Zivilprozeßrecht[6] Art 20 Rz 1; *Schoibl,* Schütze-FS 792; offenbar auch ErläutRV zum LGVÜ, 34 BlgNR 20. GP 37). 18

C. Die Amtsprüfung nach Art 20 EuGVÜ/LGVÜ im österr Zivilverfahren

Die nähere Ausgestaltung der **Amtsprüfung** und der Unzuständigerklärung des Gerichts bestimmt sich bei der Amtsprüfung nach Art 20 EuGVÜ/LGVÜ **nach nationalem Zivilverfahrensrecht** (lex fori). Dabei wird wiederum der Richter seine Zuständigkeit nicht auf Grund bloßer Behauptungen des Klägers/Antragstellers zu bejahen haben, sondern nur dann, wenn er „von der Existenz aller Umstände voll überzeugt ist, die seine Kompetenz begründen" (hM; s *Schlosser*-Bericht Rz 22; *Geimer,* WM 1986, 119; *ders,* IZPR[3] Rz 1824; *Geimer* in *Geimer/Schütze,* Urteilsanerkennung I/1 329; *Gottwald* in MünchKommZPO Anh IZPR Art 19 Rz 3; *Hausmann* in *Wieczorek/Schütze,* ZPO[3] I/1 § 40 Anh I Art 19 Rz 7 und Art 20 Rz 7; *Schoibl,* Schütze-FS 793). 19

Ein österr Gericht hat daher nach innerstaatlichem Verfahrensrecht, ohne an die Angaben des Klägers, der in seinem Kompetenzsachverhalt alle die Zuständigkeit des angerufenen nationalen (österr) Gerichts nach dem EuGVÜ/LGVÜ begründenden Umstände darzustellen hat (HG Wien 1 R 40/97x), iSd § 41 JN gebunden zu sein, amtswegige Erhebungen durchzuführen; allenfalls ist ein Verbesserungsverfahren durchzuführen (s HG Wien 1 R 40/97x; HG Wien in OLG Wien ZfRV 1997, 170; *Czernich/Tiefenthaler,* LGVÜ Art 20 Rz 2; *Schoibl,* Schütze-FS 793; *ders,* in *Bajons/Mayr/Zeiler,* Übereinkommen 68), dessen Nichtbefolgung allerdings wegen der Amtswegigkeit des gesamten Prüfungsverfahrens keine Säumnis- und damit Wahrheitsfiktion auslösen kann (s *Czernich/Tiefenthaler,* LGVÜ Art 20 Rz 2 und 3; *Schoibl,* Schütze-FS 794). Das angerufene Gericht hat vom Kläger „den Beweis dafür zu verlangen, daß die internationale Zuständigkeit begründet ist" (*Jenard*-Bericht 39). Den Kläger trifft eine konventionsrechtliche Behauptungs- und Beweislast (*Geimer* in *Geimer/Schütze,* Internationale Urteilsanerkennung I/1 469, 478; ihm folgend *Czernich/Tiefenthaler,* LGVÜ Art 20 Rz 2 und 3; *Schoibl,* Schütze-FS 794; *ders,* in *Bajons/Mayr/Zeiler,* Übereinkommen 68).

Bei der Prüfung der inländischen Gerichtsbarkeit iSd internationalen Zuständigkeit nach dem gesamten Brüsseler und dem Luganer Übereinkommen steht dem österr Gericht damit auch bei der Zuständigkeitsprüfung nach Art 20 EuGVÜ/LGVÜ eine **materielle Prüfungsbefugnis** iS einer Pflicht zur Feststellung des wahren Kompetenzsachverhalts zu (*Schoibl,* Schütze-FS 794; so auch § 41 JN Rz 3 und 13; diff dagegen *Czernich/Tiefenthaler,* LGVÜ Art 20 Rz 2 und 3).

20 Das Gericht hat gegebenenfalls die Klage wegen (internationaler) Unzuständigkeit iS von mangelnder inländischer Gerichtsbarkeit österr Gerichte, nach Wahrung der Verteidigungsrechte des Beklagten nach Art 20 Abs 2 EuGVÜ/LGVÜ, zurückzuweisen:

Aus österr Sicht kommt damit im Anwendungsbereich des EuGVÜ/LGVÜ bei einer Nichtteilnahme des Beklagten nach Art 20 EuGVÜ/LGVÜ – abgesehen etwa von den ausschließlichen (Zwangs-)Gerichtsständen des Art 16 iVm Art 19 EuGVÜ/LGVÜ und abgesehen von Art 18 EuGVÜ/LGVÜ – eine (sofortige) a-limine-Zurückweisung iSd § 42 Abs 1 JN idF WGN 1997 wegen international-europäischer Unzuständigkeit nicht in Betracht (*Schoibl,* Schütze-FS 795; OLG Wien ZfRV 1997, 170; HG Wien 1 R 40/97 x; weiters ErläutRV des LGVÜ 34 BlgNR 20. GP 37; *Fucik,* RZ 1996, 241) – vielmehr wird hier in der forensischen Praxis grundsätzlich – Ausnahme eben Amtsprüfung nach Art 19 iVm Art 16 EuGVÜ/LGVÜ (s oben Rz 11) – bei entsprechendem „europäischen Auslandsbezug" vor einer (Un-)Zuständigkeitsentscheidung abzuwarten sein, ob sich der (ausländische) Beklagte in das Verfahren vor dem nationalen (österr) Gericht überhaupt einläßt oder nicht.

21 Ein österr Gericht wird daher im „normalen" Zivilverfahren

- die Klage/Antrag zuzustellen, und
- eine, ausreichend terminisierte, (erste) Tagsatzung anzuberaumen, oder, was der Regelfall sein wird,
- dem Beklagten den, ausreichend terminisierten, (direkten) Auftrag zur Beantwortung der Klage nach § 243 Abs 4 ZPO zu erteilen haben (OLG Wien ZfRV 1997, 170 wohl auch sinngemäß HG Wien 1 R 40/97 x), um – im späteren Säumnisfall – dem Beklagten eine Einlassungs- und damit faire Äußerungsmöglichkeit vor der präkludierten Entscheidung zu bieten bzw geboten zu haben (*Schoibl,* Schütze-FS 797 f; offenbar teilw aM, mit abzulehnenden rein subjektiven Argumenten im Fall einer „überlangen" Zustellung im ausländischen Vertragsstaat *Czernich/Tiefenthaler,* LGVÜ Art 20 Rz 6).

22 Erst nach Nicht-Einlassung des Beklagten (Abs 1) oder auf Grund von Unzuständigkeits-Einwendungen des Beklagten iSd Art 18 S 2 EuGVÜ/LGVÜ (also nicht bei Einlassung nach Art 18 S 1 EuGVÜ/LGVÜ, s *Schoibl,* Schütze-FS 797 f; BGHZ 98, 263 = IPRax 1988, 159 = NJW 1987, 592 = RIW 1986, 991 = ZZP 100 (1987) 435) und nach – vom Erstrichter als Tatfrage (*Geimer/Schütze,* Zivilverfahrensrecht Art 20 Rz 20) – überprüfter Rechtzeitigkeit der Zustellung des verfahrenseröffnenden Schriftstückes an den Beklagten (Abs 2) hat das Gericht im Rahmen eines Zwischenverfahrens somit seine internationale Zuständigkeit abschließend zu überprüfen und gegebenenfalls

- seine Unzuständigkeit mittels **Beschluß** nach Art 20 EuGVÜ/LGVÜ iVm § 42 JN auszusprechen (HG Wien 1 R 40/97 x; *Lechner/Mayr,* LGVÜ 42; *Schoibl,* Schütze-FS 803), oder
- im Zuständigkeitsfall ein echtes **Versäumungsurteil** nach §§ 396 und 398 Abs 1 ZPO zu fällen (ErläutRV zum LGVÜ, 34 BlgNR 20. GP 37; *Czernich/Tiefenthaler,* LGVÜ Art 20 Rz 7; *Schoibl,* Schütze-FS 804).

D. Aussetzung des Verfahrens und Zustellungsnachweis nach Art 20 Abs 2 und 3 EuGVÜ/LGVÜ

23 Die Regeln der Abs 2 und 3 dienen dem **Schutz des rechtlichen Gehörs des nichtteilnehmenden Beklagten,** der in einem Vertragsstaat wohnt und in einem anderen Vertragsstaat geklagt wird (*Kropholler,* Zivilprozeßrecht[6] Art 20 Rz 3

mwN; *Schlosser,* EuGVÜ Art 19, 20 Rz 1), indem sie mangels rechtzeitiger Zustellung gerichtlicher Schriftstücke eine Aussetzung des Verfahrens normieren, um ihm eine effektive Verteidigungsmöglichkeit, auch iSd Art 6 Abs 1 EMRK, zu eröffnen.

Nach Art 20 Abs 2 EuGVÜ/LGVÜ „hat" das angerufene (potentiell nach dem EuGVÜ/LGVÜ unzuständige) Gericht von Amts wegen seine (Un-)Zuständigkeitsentscheidung so lange **„auszusetzen"**, bis es geprüft hat, ob der nichtteilnehmende Beklagte das verfahrenseinleitende oder ein gleichwertiges Schriftstück „rechtzeitig" erhalten hat, oder ob alle zur Information des Beklagten erforderlichen Maßnahmen ergriffen worden sind, sodaß der nichtteilnehmende Beklagte die Möglichkeit der Streiteinlassung zur Wahrung seines rechtlichen Gehörs hatte (vgl etwa Gerechtshof 's-Gravenhage NJ 1982/508; Arrondissementsrechtsbank 's-Gravenhage 31. 8. 1976; Arrondissementsrechtsbank Arnhem 3. 7. 1975). In beiden Varianten wird somit nur die Rechtzeitigkeit (und Ordnungsmäßigkeit) des Zustellverfahrens geprüft, und daraus abgeleitet, daß der nichtteilnehmende Beklagte zu seiner Verteidigung sein rechtliches Gehör hätte durchsetzen können; ob er tatsächlich Kenntnis erlangt hat, spielt im Rahmen des Art 20 Abs 2 EuGVÜ/LGVÜ keine Rolle (s *Jenard*-Bericht 40; weiters *Geimer/Schütze,* Zivilverfahrensrecht Art 20 Rz 16 und 19; *Gottwald* in MünchKommZPO Anh IZPR Art 20 Rz 9; *Kropholler,* Zivilprozeßrecht[6] Art 20 Rz 4; offenbar auch ErläutRV zum LGVÜ, 34 BlgNR 20. GP 37). 24

Aus österr Sicht schafft damit Art 20 Abs 2 EuGVÜ/LGVÜ einen neuen **ex-lege-Unterbrechungstatbestand sui generis,** der die zwingende Unterbrechung (ieS) des anhängigen Verfahrens von Amts wegen anordnet und zu einem Zwischenverfahren zur Klärung der Rechtzeitigkeit der Verständigung des nichtteilnehmenden Beklagten vom anhängigen Verfahren führt. 25

Welche Voraussetzungen erfüllt sein müssen, damit das **verfahrenseinleitende (bzw gleichwertige) Schriftstück als rechtzeitig (und ordnungsgemäß) im (Erst-)Verfahren zugestellt** anzusehen ist, wird – in einem zweiten Prüfungsvorgang, unabhängig von der Beurteilung durch das Erstgericht – abschließend erst im Rahmen des **Art 27 Z 2 EuGVÜ/LGVÜ** bei der Anerkennung und Vollstreckung eines ausländischen (Säumnis-)Urteils vom angerufenen Zweitgericht **im Anerkennungs- und Vollstreckungsstaat selbständig erörtert** werden: Fehlende Rechtzeitigkeit (und Ordnungsgemäßheit) im ursprünglichen Verfahren stellt einen Verstoß gegen den verfahrensrechtlichen ordre public dar und schließt eine Anerkennung und Vollstreckung(Vollstreckbarerklärung) einer unter einem derartigen Verstoß gegen den Grundsatz des rechtlichen Gehörs ergangenen Entscheidung aus (*Kropholler,* Zivilprozeßrecht[6] Art 27 Rz 17 ff; EuGH Rs 228/81 v 15. 7. 1982 *Pendy Plastic/Pluspunkt,* Slg 1982, 2723 [Rz 13 f]; EuGH Rs 166/80 v 16. 6. 1981 *Klomps/Michel,* Slg 1981, 1593 [1605 f Rz 9 ff]; EuGH Rs C-78/95 v 10. 10. 1996 *Hendrikman und Feyen/Magenta,* Slg 1996, I-4943 [I-4966 Rz 15 und I-4967 Rz 19]; ErläutRV zum LGVÜ, 34 BlgNR 20. GP 37; sowie näher *Geimer/Schütze,* Zivilverfahrensrecht Art 27 Rz 66 ff). 26

Art 20 Abs 2 EuGVÜ/LGVÜ stellt nach Abs 3 allerdings nur eine **„Übergangsvorschrift"** im Verhältnis zu den Ländern, die das Haager Zustellungsübereinkommen 1965 (HZÜ 1965) nicht ratifiziert haben, dar. Da Österreich, wie auch noch Irland und Island, das **Haager Zustellungsübereinkommen 1965** noch nicht ratifiziert hat, wird Abs 2 aus österr Sicht aber derzeit seine Bedeutung behalten, und das Aussetzungsregime des Art 20 Abs 2 EuGVÜ/LGVÜ – und nicht das von Art 15 Haager Zustellungsübereinkommen 1965 – zur Anwendung kommen. Auch das **Europäische Zustellungsübereinkommen 1997** (EZÜ, s 27

ABlEG 1997 C 261 v 27. 8. 1997), das innergemeinschaftlich das Haager Zustellungsübereinkommen 1965 ersetzen und zu einer Vereinfachung und Beschleunigung von Zustellungen führen soll, ist derzeit (1. 1. 2000) noch von keinem EU-Mitgliedsstaat ratifiziert und somit (noch) nicht anwendbar.

E. Durchführung der Zustellung

28 Die **Ausführung der (Auslands-)Zustellung** selbst innerhalb der Vertragsstaaten richtet sich nach Art IV des Protokolls Nr 1 zum EuGVÜ/LGVÜ, wonach für die Zustellung gerichtlicher und außergerichtlicher Schriftstücke aus einem Vertragsstaat in einen anderen Vertragsstaat auf die **zwischen den Vertragsstaaten geltenden Übereinkommen** und Vereinbarungen verwiesen wird.

Es finden daher derzeit aus österr Sicht für Auslandszustellungen die § 11 ZustG, § 121 ZPO und der RHEZiv 1997 (insb dessen §§ 23 und 31) – und damit die staatsvertraglichen Regelungen (wie das multilaterale Haager Prozeßübereinkommen 1954, die diversen Zusatzvereinbarungen, und die bilateralen Rechtshilfeverträge Österreichs, im einzelnen s die entsprechende Länderübersichten zu §§ 23 und 31 im Anhang zum RHEZiv 1997 JABl 1997/40) – Anwendung.

29 Die im Abs 2 des Art IV des Protokolls Nr 1 zum EuGVÜ/LGVÜ vorgesehene weitere Zustellart direkt unter „Gerichtsvollziehern" kommt wegen des erhobenen Widerspruchs für Österreich nicht zum Tragen (s Erklärung Österreichs in BGBl 1996/449 und III 1998/167).

F. Internationales Mahn-, Mandats- und Wechselmandatsverfahren

30 Da die Durchführung des österr bezirksgerichtlichen **Mahnverfahrens** (§§ 448 ff ZPO) und die **Anerkennung und Vollstreckung eines rechtskräftigen österr Zahlungsbefehls** bei ausländischen, säumigen Beklagten im Anwendungsbereich des Brüsseler und des Luganer Übereinkommens wegen der mangelnden Prüfung vor Erlassung und Inkrafttreten des Zahlungsbefehls und der im Säumnisfall damit verbundenen Wahrheitsfiktion im Lichte der Rspr des EuGH zu Art 27 Z 2 EuGVÜ/LGVÜ (s EuGH Rs C-474/93 v 13. 7. 1995 *„Hengst BV/Camprese"*, Slg 1995, I-2113; dazu *Grunsky,* IPRax 1996, 245 f; weiters *Mayr* in *Bajons/Mayr/Zeiler,* Übereinkommen 106 f; *Czernich,* RZ 1997, 189; *Metzler,* RZ 1997, 264) nicht gesichert möglich erschien, ist seit der Klarstellung durch die WGN 1997 die **Erlassung eines Zahlungsbefehls gegen einen Beklagten, der seinen Wohnsitz, gewöhnlichen Aufenthalt oder Sitz (nunmehr generell) im Ausland hat,** nach § 448 Abs 2 Z 3 ZPO idF WGN 1997 **nicht mehr zulässig.**

31 Vergleichbare Bedenken wären auch gegen den Zahlungsauftrag im österr **Mandats- und Wechselmandatsverfahren (sowie bei Scheckrückgriffsansprüchen)** gegen einen (ausländischen) Beklagten, der seinen Wohnsitz, gewöhnlichen Aufenthalt oder Sitz im Ausland hat, vorzubringen. Diese haben den österr Gesetzgeber im Rahmen der WGN 1997 bewogen, auch den Zahlungsauftrag für unzulässig in entsprechenden Auslandsfällen zu erklären: Nach § 550 Abs 1 a ZPO idF WGN 1997 ist ein Zahlungsauftrag nicht zu erlassen, wenn der Beklagte seinen Wohnsitz, gewöhnlichen Aufenthalt oder Sitz (wiederum generell) im Ausland hat.

§ 43. (1) Hält sich das angerufene Gericht aus anderen als den im § 42 angeführten Gründen für unzuständig (§ 41 Abs. 2), so ist die Klage von Amts wegen zurückzuweisen.

Sobald jedoch über die Klage die Tagsatzung zur mündlichen Verhandlung bestimmt, die Beantwortung der Klage aufgetragen (§ 243 Abs. 4 ZPO) oder ein bedingter Zahlungsbefehl (§ 448 ZPO) erlassen worden ist, kann sich das Gericht nur dann für unzuständig erklären, wenn

1. der Beklagte rechtzeitig die Einrede des Fehlens der sachlichen oder örtlichen Unzuständigkeit erhebt;

2. der Umstand noch nicht geheilt ist (§ 104), daß entweder die inländische Gerichtsbarkeit fehlt oder das Gericht nach den Bestimmungen des gegenwärtigen Gesetzes selbst durch ausdrückliche Vereinbarung der Parteien für die betreffende Rechtssache nicht sachlich oder örtlich zuständig gemacht werden kann.

(2) Dieser Ausspruch erfolgt mittels Beschluß.

(3) Wenn über die Streitsache der Einzelrichter eines Gerichtshofes zu entscheiden hat (§ 7a), kann die Einrede der Unzuständigkeit nicht darauf gestützt werden, daß für die Streitsache ein anderer Gerichtshof sachlich zuständig ist. Ebenso kann in Streitsachen, die vor ein Bezirksgericht gehören, die Einrede der Unzuständigkeit nicht darauf gestützt werden, daß für die Streitsache ein anderes Bezirksgericht sachlich zuständig ist.

Abs 1 idF Art II Z 12 ZVN 1983 BGBl 135 und Art VI Z 7 WGN 1997 BGBl I 1997/140; Abs 3 angefügt durch Art II Z 2 StGBl 1920/116 und idF Art II Z 3 BGBl 1932/6

Lit: *Ballon,* Die Gerichtsorganisation der Arbeits- und Sozialgerichtsbarkeit, JBl 1987, 350; *ders,* Zuständigkeitsprobleme im österreichischen Zivilverfahren, insb im Bereich des Insolvenzrechts, Gaul-FS (1997) 1; *Fink,* Die Heilung von Unzuständigkeiten nach dem ASGG, RdW 1987, 261; *ders,* Nochmals: Zur Heilung von Unzuständigkeiten nach dem ASGG, RdW 1989, 305; *Fucik,* Die Zuständigkeit nach dem LGVÜ, RZ 1996, 241; *ders,* Die Zuständigkeit nach der Zivilverfahrens-Novelle 1983, RZ 1985, 258; *Jelinek,* Gerichtszuständigkeit im Verbraucherprozeß (§ 14 KSchG), in *Krejci,* Handbuch zum Konsumentenschutzgesetz (1981) 859; *Klicka,* Wann ist ein „echtes" und wann ein „unechtes" Versäumungsurteil zu fällen? JBl 1990, 434; *Kodek,* Aufhebung des Zahlungsbefehls wegen Unzuständigkeit? RZ 1998, 154; *Kuderna,* Erfahrungen mit dem ASGG aus der Sicht des OGH, DRdA 1989, 173; *Mayr,* Praxisprobleme der Zuständigkeit und der inländischen Gerichtsbarkeit, ÖJZ 1995, 329; *Rechberger,* Das ASGG aus der Sicht der Rechtswissenschaft, DRdA 1989, 263; *Schoibl,* Ausgewählte Zuständigkeitstatbestände in der Rechtsprechung des EuGH: Die gerichtlichen Zuständigkeiten am Erfüllungsort des Vertrages nach Art 5 Nr 1 und die Zuständigkeitsvereinbarung nach Art 17 des Brüsseler und des Luganer Übereinkommens, in *Bajons/Mayr/Zeiler,* Die Übereinkommen von Brüssel und Lugano (1997) 61.

Übersicht:

I. Einleitung; A-limine-Zurückweisung

1 **§ 43 Abs 1 JN** regelt die **amtswegige Beschlußfassung über die Unzuständigkeit und** (seit der WGN 1997) **bei fehlender inländischer Gerichtsbarkeit.** Aus dem Wortlaut des ersten Satzes könnte – isoliert betrachtet – entnommen werden, daß eine A-limine-Zurückweisung nur bei Unzuständigkeit möglich ist. Tatsächlich ist § 43 Abs 1 JN nur eine Ergänzung zu § 42 Abs 1 JN. Dort ist die amtswegige Berücksichtigung der Unzulässigkeit des Rechtswegs und des Mangels der inländischen Gerichtsbarkeit (sofern keine Heilung des Mangels der inländischen Gerichtsbarkeit gem § 104 Abs 3 JN bzw Art 18 EuGVÜ/LGVÜ eingetreten ist) in jeder Lage des Verfahrens (ausgenommen die Fälle des § 42 Abs 3 JN) vorgeschrieben, daher auch aus diesen Gründen die amtswegige Zurückweisung a limine möglich; darüber hinaus ist beim Fehlen jeder Prozeßvoraussetzung die Klage a limine zurückzuweisen, allenfalls nach einem vorangegangenen Heilungsversuch (zum Problem der Richtigstellung der Parteibezeichnung, insb wenn ein nicht parteifähiges Gebilde als Kläger oder Beklagter auftritt, s § 235 Abs 5 ZPO). Da (zumindest in der JN) eine entsprechende Bestimmung für die Zuständigkeit im Zusammenhang mit § 41 JN zu schaffen war, ordnet § 43 Abs 1 JN auch für die Wahrnehmung der Unzuständigkeit die Möglichkeit einer sofortigen Klagszurückweisung an.

Bei der Prüfung der **inländischen Gerichtsbarkeit** ist seit dem Inkrafttreten des **EuGVÜ/LGVÜ** und der **WGN 1997** allerdings **diffenziert** vorzugehen. Handelt es sich um eine unprorogable fehlende inländische Gerichtsbarkeit nach Art 16 iZm Art 19 LGVÜ, dann hat das Gericht die Klage von Amts wegen a limine mit Beschluß zurückzuweisen (ausdrücklich OLG Wien ZfRV 1997, 170; *Fucik,* RZ 1996, 241; idS wohl auch *Schoibl* in *Bajons/Mayr/Zeiler,* Übereinkommen 67f. AM *Czernich/Tiefenthaler,* LGVÜ Art 19 Rz 3, wonach eine Zurückweisung a limine wegen der Pflicht zur Feststellung des wahren Kompetenzsachverhalts nicht erfolgen darf; allerdings lassen *Czernich/Tiefenthaler,* LGVÜ Art 20 Rz 6 eine A-limine-Zurückweisung ausnahmsweise dann zu, wenn das angerufene Gericht ganz offensichtlich [international] unzuständig ist und zudem aus den Umständen geschlossen werden darf, daß sich der Beklagte nicht in das Verfahren einlassen wird). Liegt hingegen eine prorogable fehlende inländische Gerichtsbarkeit nach Art 18 EuGVÜ/LGVÜ vor, dann darf das Gericht die Klage nicht a limine zurückweisen, weil der Mangel durch rügelose Einlassung der beklagten Partei geheilt werden kann; das Fehlen der inländischen Gerichtsbarkeit kann nur mehr über rechtzeitige Einwendung des Beklagten wahrgenommen werden (s *Czernich/Tiefenthaler,* LGVÜ Art 18 Rz 7ff; *Fucik,* RZ 1996, 241; *Geimer,* IZPR³ Rz 1816ff; *Schoibl,* Übereinkommen 67; OLG Wien ZfRV 1997, 170).

Die angesprochene Vorgangsweise hat auch in allen anderen Fällen der fehlenden inländischen Gerichtsbarkeit – die also nicht dem EuGVÜ/LGVÜ unterliegen – zur Anwendung zu kommen. Die prorogable fehlende inländische Gerichtsbarkeit ist nach § 104 Abs 3 JN iZm § 43 JN wie die unprorogable Unzuständigkeit zu qualifizieren; dennoch darf das Gericht hier keine Zurückweisung a limine litis aussprechen, und zwar aus folgender Überlegung: Weist das Gericht eine Klage wegen (prorogabler oder unprorogabler) Unzuständigkeit zurück, kann der Kläger einen Überweisungsantrag nach § 230a ZPO an das zuständige Gericht stellen und damit den Eintritt einer allfälligen Verjährung verhindern; diese Möglichkeit der Überweisung an ein ausländisches Gericht steht der klagenden Partei bei einer A-limine-Zurückweisung wegen fehlender inländischer Gerichtsbarkeit nicht zur Verfügung (*Czernich/Tiefenthaler,* LGVÜ

Art 19 Rz 3; *Geimer/Schütze,* Zivilverfahrensrecht, Art 19 EuGVÜ Rz 10), sodaß bei einer neuen Klage (vor dem in Frage kommenden ausländischen Gericht) die Verjährung des Anspruchs eingetreten sein kann. Liegt hingegen eine unprorogable fehlende inländische Gerichtsbarkeit (gleichgültig, ob in- oder außerhalb des Geltungsbereichs des EuGVÜ/LGVÜ) vor, hat das angerufene Gericht eine A-limine-Zurückweisung zu verfügen.

Siehe dazu ausführlich bei Art IX EGJN, §§ 27 a, 28, 42, 104 JN.

II. Begriffsbestimmung

Die Zuständigkeit des Gerichts (sowie neben den anderen Prozeßvoraussetzungen die seit der WGN 1997 ausdrücklich in § 43 JN genannte inländische Gerichtsbarkeit) ist eine Voraussetzung für die Sacherledigung. Da die durch die Zuständigkeitsordnung geschützten Zwecke nicht gleichrangig sind (so zB der öffentlich-rechtliche Schutzzweck der gleichmäßigen Gerichtsauslastung und der Spezialisierung der Rechtsprechung, der verfassungsrechtliche Schutzzwecks des Rechts auf den gesetzlichen Richter und auf gleichen Zugang zu Gericht, der im Parteiinteresse gelegene Schutzzweck der Gerichtsnähe), ist auch ihre Verletzung graduell abgestuft geschützt. Unterscheidungskriterium ist die Grenze, innerhalb derer das Gesetz den Parteien selbst die Vereinbarung abweichender Zuständigkeit (Prorogation; § 104 JN) gestattet. Man spricht daher von **prorogabler** (verzichtbarer, relativer) **Unzuständigkeit,** wenn die Sache bei einem unzuständigen Gericht anhängig gemacht wurde, auf das sich die Parteien jedoch zulässigerweise durch Zuständigkeitsvereinbarung hätten einigen können, von **unprorogabler** (unverzichtbarer, absoluter) **Unzuständigkeit** aber, wenn der Zuständigkeitsmangel durch Prorogation nicht hätte vermieden werden können (*Fasching,* Lehrbuch[2] Rz 215). Hinsichtlich der Wahrnehmbarkeit der Unzuständigkeit von Amts wegen wie auch hinsichtlich der Einwendungsmöglichkeiten der Unzuständigkeit durch den Beklagten muß daher zwischen beiden Formen der Unzuständigkeit genau unterschieden werden. 2

Seit der **WGN 1997** ist der **Mangel der inländischen Gerichtsbarkeit** grundsätzlich wie die unprorogable (unverzichtbare) Unzuständigkeit zu behandeln (ErläutRV 898 BlgNR 20. GP 35; s dazu und zu den Ausnahmen bei Art IX EGJN, §§ 27 a, 28, 42, 104 JN, § 240 ZPO).

III. Prorogationsmöglichkeiten

Eine Abänderung der **sachlichen Zuständigkeit** durch **Prorogation** ist möglich vom Gerichtshof erster Instanz zum Bezirksgericht, wenn der Gerichtshof auf Grund der Wertzuständigkeit zuständig ist, und zwar sowohl innerhalb der allgemeinen wie der Handelsgerichtsbarkeit. Zulässig ist auch eine Prorogation von der Handelsgerichtsbarkeit auf die allgemeine Gerichtsbarkeit und umgekehrt (nicht aber von der Arbeits- und Sozialgerichtsbarkeit auf die allgemeine bzw Handelsgerichtsbarkeit und umgekehrt). 3

Eine **Verschiebung der örtlichen Zuständigkeit** durch Vereinbarung ist möglich, sofern sie nicht ausdrücklich ausgeschlossen ist und damit ein Zwangsgerichtsstand vorliegt (§§ 83 a, 83 b JN, § 48 VersVG, § 532 ZPO ua. Nach § 14 KSchG ist bei Klagen gegen den Verbraucher eine Prorogation auf den allgemeinen Gerichtsstand des Konsumenten möglich; für eine Klage des Verbrauchers gegen den Unternehmer ist eine Prorogation überhaupt ausgeschlossen; im einzelnen s dazu *Jelinek* in *Krejci,* Handbuch 890; LGZ Wien WR 19 [1983]).

In **arbeitsrechtlichen Streitigkeiten** kann (innerhalb der Arbeitsgerichtsbarkeit) die sachliche Zuständigkeit überhaupt nicht, die örtliche Zuständigkeit nur in bestimmten Sachen (§ 50 Abs 1 Z 1–3, § 54 Abs 1 ASGG) geändert werden, und dies auch nur dann, wenn bereits ein Rechtsstreit entstanden ist (§ 9 Abs 1 ASGG). Die Unzuständigkeit in Arbeitsrechtssachen heilt dann, wenn sie nicht rechtzeitig durch den Beklagten eingewendet wird, sofern dieser gem § 40 ASGG qualifiziert vertreten ist; im übrigen ist § 104 Abs 3 JN anzuwenden. Das Gesetz behandelt daher alle Fälle der Unzuständigkeit als solche der unprorogablen (unverzichtbaren) Unzuständigkeit, selbst wenn – ausnahmsweise – eine Prorogation möglich gewesen wäre (*Ballon,* Zivilprozeßrecht[9] Rz 459; *Fasching,* Lehrbuch[2] Rz 2267; *Kuderna,* ASGG[2], 218; aM *Fink,* DRdA 1987, 264; *Mayr* in *Rechberger,* ZPO § 43 JN Rz 2). Im sozialgerichtlichen Verfahren ist jegliche Zuständigkeitsvereinbarung ausgeschlossen (§ 9 Abs 1 ASGG).

4 Auf Grund der Neuregelung durch die **WGN 1997** kann die **inländische Gerichtsbarkeit in aller Regel durch Parteivereinbarung begründet werden** (§ 104 Abs 1 JN). Der Mangel der inländischen Gerichtsbarkeit ist **aber grundsätzlich** wie die **unprorogable** (unverzichtbare) **Unzuständigkeit** zu behandeln, sodaß durch rügelose Einlassung des Beklagten in den meisten Fällen eine Heilung vor Rechtskraft der Entscheidung gem § 104 Abs 3 JN bzw Art 18 EuGVÜ/LGVÜ eintritt (s dazu und zu den Ausnahmen bei Art IX EGJN, §§ 27 a, 28, 42, 104 JN).

IV. Entscheidung durch Einzelrichter oder Senat

5 Die Zurückweisung (allenfalls die Überweisung) erfolgt durch **Beschluß** (§ 43 Abs 2 JN); dieser hat in seinem Spruch den Zurückweisungsgrund zu enthalten.

Ob im Senatsprozeß der **Einzelrichter oder** der **Senat** über die Frage der Zuständigkeit zu entscheiden hat, ist in den Verfahrensgesetzen widersprüchlich geregelt. So sieht § 230 Abs 2 ZPO die Entscheidung des Senats, § 11 a Abs 1 ASGG hingegen die Entscheidung des Vorsitzenden vor, wenn sie außerhalb der mündlichen Streitverhandlung zu erfolgen hat; nach hA kann der Einzelrichter in der ersten Tagsatzung gem § 239 ZPO über sämtliche Prozeßvoraussetzungen, also auch über die Zuständigkeit, entscheiden (*Ballon,* Zivilprozeßrecht[9] Rz 201; *Fasching,* Lehrbuch[2] Rz 1218; *Rechberger/Simotta,* Zivilprozeßrecht[4] Rz 55). Es wäre nun widersinnig und würde den Intentionen des Gesetzes bezüglich einer raschen und effizienten Verfahrensabwicklung widersprechen (s zuletzt ErläutRV 1654 BlgNR 18. GP 13 bezüglich des ASGG), würde man – dem Wortlaut des § 230 Abs 2 ZPO folgend – die Entscheidung über die Zuständigkeit im Rahmen der formellen Klagsprüfung dem Senat vorbehalten (dies wäre nur denkbar, wenn bereits der Kläger in der Klage den Antrag auf Senatsbesetzung gem § 7 a JN gestellt hat), im späteren Verfahrensstadium der ersten Tagsatzung aber wieder dem Einzelrichter übertragen; hinzu kommt, daß im arbeits- und sozialgerichtlichen Verfahren seit der ASGG-Nov 1994 expressis verbis der Vorsitzende des Senats als Einzelrichter gem § 11 a ASGG außerhalb der mündlichen Streitverhandlung über die Zurückweisung bzw die Überweisung der Klage wegen Unzuständigkeit zu erkennen hat. Eine sinnvolle Lösung wird in analoger Anwendung des § 11 a ASGG auch für das allgemeine Verfahren darin erblickt werden können, daß im Senatsprozeß der Einzelrichter über die Zuständigkeit (wie auch über alle anderen Prozeßvoraussetzungen) im Rahmen der formellen Klagsprüfung, in der ersten Tagsatzung sowie in einer eigenen abgesonderten, auf die Frage der Zuständigkeit (oder einer anderen Prozeßvoraussetzung, § 261 ZPO) beschränkten Verhandlung entscheiden kann; wird in der mündlichen Streitverhandlung, sei es abgesondert oder gemeinsam mit der Hauptsache, über das Vorliegen der Zuständigkeit oder einer anderen Prozeßvoraussetzung verhandelt, dann obliegt die Entscheidung dem Senat.

V. Verbesserungsversuch

Reichen im Rahmen der formellen Klagsprüfung die Angaben in der Klage nicht aus, um die Zuständigkeitsfrage (bzw das Vorliegen der inländischen Gerichtsbarkeit) lösen zu können, dann hat das Gericht dem Kläger die Klage zurückzustellen und ihm gem § 84 Abs 3 ZPO die **Verbesserung durch Ausführung oder Ergänzung der zuständigkeitsbegründenden Tatsachen** aufzutragen (SZ 70/161 [1997]); erst bei Erfolglosigkeit des Auftrags ist die unzureichend oder gar nicht verbessert wieder eingebrachte Klage zurückzuweisen (*Fasching,* Lehrbuch[2] Rz 1169; s im einzelnen § 41 JN Rz 7). 6

VI. Wirkung der Zurückweisung

In den **Wirkungen** (wohl aber im Ausmaß ihrer Wahrnehmbarkeit) **der** prorogablen und der unprorogablen **Unzuständigkeit** besteht kein Unterschied; sie bestehen in der Nichtigerklärung eines bereits durchgeführten Verfahrens sowie in der Zurückweisung der Klage, sofern nicht der Kläger rechtzeitig einen **Überweisungsantrag** gem § 261 Abs 6 ZPO stellt (oder der Kläger im Fall der Klagszurückweisung a limine nicht nachträglich binnen 14 Tagen ab Zustellung des Zurückweisungsbeschlusses die Überweisung gem § 230a ZPO beantragt hat). Der Kläger kann auch bereits in der Klage einen Überweisungsantrag stellen (*Fasching,* Lehrbuch[2] Rz 1169). Darüber hinaus hat das Gericht in bestimmten Fällen (nicht nur auf Antrag, sondern) auch von Amts wegen die Überweisung der Klage zu verfügen (s dazu im folgenden Rz 8; Rz 8 zu § 44 JN). 7

VII. Überweisung von Amts wegen und auf Antrag

Im streitigen Verfahren ist die **Überweisung von Amts wegen ausnahmsweise** in folgenden Fällen vorgesehen: 8

1. **Gem § 60 JN** wird vom Gerichtshof erster Instanz zum BG überwiesen, wenn bei einer Klage, bei der die Zuständigkeit durch den Streitwert der Sache bestimmt wird, dieser Streitwert vom Kläger übermäßig hoch angegeben und dadurch die sachliche Zuständigkeit des Gerichtshofs erwirkt wurde.

2. Die **Überweisung eines Rechtsmittels** vom unzuständigen an das zuständige Rechtsmittelgericht nach § 474 Abs 1 ZPO (*Fasching,* Lehrbuch[2] Rz 224); bezüglich der Rechtsmittelklagen s Rz 19.

3. Wird die prorogable oder unprorogable **Unzuständigkeit des Erstgerichts erst im Rechtsmittelverfahren** auf Grund einer Berufung oder einer Revision **aufgegriffen** (zur Wahrnehmbarkeit bzw Heilung der Unzuständigkeit s idZ *Fasching,* Lehrbuch[2] Rz 221), dann ist eine Klagszurückweisung unzulässig (§ 475 Abs 2 ZPO); das Urteil des Erstgerichts ist aufzuheben und die Sache von Amts wegen an das zuständige Erstgericht zurückzuverweisen, welches unter Berücksichtigung der Verfahrensergebnisse des unzuständigen Gerichts das Verfahren aufzunehmen und neu zu entscheiden hat (*Fasching,* Lehrbuch[2] Rz 222). Der

Aufhebungs- und Zurückverweisungsbeschluß wegen Unzuständigkeit ist unanfechtbar (*Kodek* in *Rechberger,* ZPO § 475 Rz 2; Jus-Extra, OGH-Z 1992/1156).

9 Bei der amtswegigen Feststellung des zuständigen Erstgerichts ist eine bestimmte **Rangfolge** zu beachten. Das Gericht des ausschließlichen Gerichtsstands kommt vor dem Gericht des allgemeinen Gerichtsstands. Das Gericht eines Wahlgerichtsstands kommt nur dann in Betracht, wenn aktenkundig ist, daß der Kläger diesen Gerichtsstand in Anspruch genommen hätte. Stehen mehrere gleichrangige Gerichte zur Auswahl, dann ist an das Gericht zurückzuverweisen, zu dem der Zugang für den Beklagten am wenigsten beschwerlich ist. Besteht zwar die inländische Gerichtsbarkeit, fehlt es aber dann an einem örtlich zuständigen Gericht, dann muß der OGH im Zug des laufenden Verfahrens ordinieren (*Fasching,* Lehrbuch² Rz 222).

10 4. Ist anstelle des angerufenen Gerichts ein **anderes Gericht als Arbeits- und Sozialgericht** zuständig, so hat das angerufene Gericht den Rechtsstreit – sofern seine Unzuständigkeit nicht nach § 104 Abs 3 JN geheilt ist – gem § 38 Abs 2 ASGG von Amts wegen zu überweisen; der Kläger ist vorher schriftlich oder mündlich zu hören. Die amtswegige Überweisungspflicht erstreckt sich sowohl auf die örtliche wie auf die sachliche Zuständigkeit (*Feitzinger/Tades,* ASGG², 53). Die amtswegige Überweisung kommt bei sachlicher Unzuständigkeit allerdings nur dann zur Anwendung, wenn eine Arbeits- und Sozialrechtssache bei einem zur Ausübung der allgemeinen oder der Handelsgerichtsbarkeit berufenen Gericht eingebracht wurde; ist hingegen eine allgemeine Zivil- oder eine Handelssache bei einem Gerichtshof als Arbeits- und Sozialgericht (ASG Wien) eingebracht worden, so gilt § 38 Abs 2 ASGG nicht, und eine Überweisung erfolgt nur über rechtzeitigen Antrag des Klägers gem §§ 230 a, 261 ZPO (*Ballon,* JBl 1987, 354; *Kuderna,* ASGG², 218; *Mayr* in *Rechberger,* ZPO § 44 JN Rz 5; *Rechberger,* DRdA 1989, 264; Arb 10.842 [1990]). Nach *Fasching,* Lehrbuch² Rz 2267 findet eine amtswegige Überweisung auch in diesem Fall statt; diese Ansicht widerspricht aber dem eindeutigen Ausnahmecharakter des § 38 Abs 2 ASGG (*Rechberger,* DRdA 1989, 264). Beachte idZ auch § 37 ASGG.

Im übrigen kann eine Überweisung nur über rechtzeitigen Antrag des Klägers gem §§ 230 a, 261 Abs 6 ZPO erfolgen. Der Kläger kann den Überweisungsantrag (vorsorglich als Eventualantrag) bereits in der Klage stellen (*Fasching,* Lehrbuch² Rz 1169).

Eine **Überweisung bei fehlender inländischer Gerichtsbarkeit (internationaler Zuständigkeit) scheidet** naturgemäß **aus** (*Czernich/Tiefenthaler,* LGVÜ Rz 3 vor Art 19 und 20; *Geimer/Schütze,* Zivilverfahrensrecht, Art 19 EuGVÜ Rz 11).

VIII. Wahrnehmung der prorogablen Unzuständigkeit

11 Eine prorogable (verzichtbare) Unzuständigkeit kann das Gericht von Amts wegen nur wahrnehmen bis (*Fasching,* Lehrbuch² Rz 217)

- zur Anberaumung der ersten Tagsatzung; falls eine solche nicht anberaumt wird;
- zum schriftlichen Auftrag zur Erstattung der Klagebeantortung (im Gerichtshofverfahren) oder zur Anberaumung der mündlichen Streitverhandlung (im bezirksgerichtlichen und im arbeitsgerichtlichen Verfahren);
- zur Erlassung eines bedingten Zahlungsbefehls im Mahnverfahren;
- zur Erlassung eines (Wechsel-)Zahlungsauftrags im (Wechsel-)Mandatsverfahren bzw eines Mandats im Bestandverfahren.

Später ist eine Wahrnehmung der prorogablen Unzuständigkeit bei sonstiger Heilung nur noch über rechtzeitige Einwendung des Beklagten möglich, und zwar unabhängig davon, ob dieser durch einen Rechtsanwalt oder Notar vertreten ist. Der Beklagte hat die prorogable Unzuständigkeit einzuwenden:

- in der ersten Tagsatzung; falls eine solche nicht stattgefunden hat,
- in der Klagebeantwortung oder in dem bereits auch eine Klagebeantwortung umfassenden Antrag auf Prozeßkostensicherheit (im Gerichtshofverfahren) (*Mayr* in *Rechberger,* ZPO § 43 JN Rz 3; JBl 1989, 594 = RZ 1989/67; die Reihung von Einwendungen in der Hauptsache und Prozeßeinreden spielt dabei keine Rolle (*Fasching,* Lehrbuch[2] Rz 1270; *Mayr* in *Rechberger,* ZPO § 43 JN Rz 3; EvBl 1991/182; OLG Wien WR 90 [1984]) bzw in der ersten mündlichen Streitverhandlung (im bezirksgerichtlichen und im arbeitsgerichtlichen Verfahren), bevor sich der Beklagte in die Verhandlung über die Hauptsache einläßt; dies gilt auch für das Mahnverfahren, egal, ob der Einspruch Sachvorbringen enthält oder nicht (*Mayr* in *Rechberger,* ZPO § 43 JN Rz 3; JBl 1992, 331 = EvBl 1992/8; teilw aM *Klicka,* JBl 1992, 437). Auf die Reihung des Satzes kommt es dabei nicht an (*Mayr* in *Rechberger,* ZPO § 43 JN Rz 3; JBl 1992, 331 = EvBl 1992/8);
- in den Einwendungen gegen einen (Wechsel-)Zahlungsauftrag oder gegen Mandate im Bestandverfahren;
- verspätet sind hingegen Einwendungen, die im Widerspruch gegen ein Versäumungsurteil erhoben werden (*Mayr* in *Rechberger,* ZPO § 43 JN Rz 3; JBl 1999, 255; EvBl 1983/35).

Hat sowohl das Gericht bei der Klagsprüfung in limine litis die prorogable Unzuständigkeit übersehen als auch der Beklagte nicht rechtzeitig die Unzuständigkeitseinrede erhoben (zweifache Präklusion), so ist die Unzuständigkeit geheilt und kann nicht mehr wahrgenommen werden. Sie kann als Nichtigkeitsgrund daher nur mehr wahrgenommen werden, wenn die Einrede zeitgerecht erhoben und der in das Urteil aufgenommene (der Einrede nicht stattgebende) Ausspruch über die Unzuständigkeitseinrede angefochten worden ist (*Mayr* in *Rechberger,* ZPO § 43 JN Rz 3).

IX. Wahrnehmung der unprorogablen Unzuständigkeit

A. Allgemeines

Nach hA kann das Gericht seine unprorogable Unzuständigkeit solange **12**
von Amts wegen aussprechen, als sie nicht gem § 104 Abs 3 JN geheilt ist, der Beklagte sie also noch einwenden kann (dazu s unten Rz 13 ff) (*Fasching,* Lehrbuch[2] Rz 220; *Fucik,* RZ 1985, 258; *Mayr* in *Rechberger,* ZPO § 43 JN Rz 4, § 104 JN Rz 17; *Rechberger/Simotta,* Zivilprozeßrecht[4] Rz 148). § 43 Abs 2 JN ist jedoch iZm § 182 Abs 2 Satz 2 ZPO zu lesen. Nach der letztgenannten Bestimmung hat das Gericht bei Bedenken gegen seine Zuständigkeit im Rahmen seiner Prozeßleitungsbefugnis „den Parteien vor einer Entscheidung hierüber Gelegenheit zu einer Heilung der Unzuständigkeit (§ 104 Abs 3 JN) beziehungsweise zu einem Antrag auf Überweisung der Rechtssache an das zuständige Gericht (§ 261 Abs 6 ZPO) zu geben“. Das **Gericht darf** also **die Parteien im Zug des Verfahrens nicht mit einer amtswegigen Unzuständigkeitserklärung (oder Zurückweisung wegen des – prorogablen – Mangels der inländischen Gerichtsbarkeit) überraschen** (*Mayr* in *Rechberger,* ZPO § 104 Rz 17). Der Richter hat somit bei Bedenken gegen die Zuständigkeit des Gerichts (bzw gegen die – prorogable – inländische Gerichtsbarkeit) die Parteien auch im Anwaltsprozeß dar-

auf hinzuweisen und ihnen Gelegenheit zu geben, die Unzuständigkeit – durch Unterlassung der Unzuständigkeitseinrede – zu heilen (*Fasching,* Lehrbuch² Rz 782; *Fucik,* RZ 1985, 261). Dieser Hinweis ist bei einem durch einen Rechtsanwalt oder Notar (bzw gem § 40 ASGG qualifiziert) vertretenen Beklagten allerdings nur in der (allenfalls stattfindenden) ersten Tagsatzung möglich, weil der Beklagte die unprorogable Unzuständigkeit in der Klagebeantwortung (im Gerichtshofverfahren) bzw zu Beginn der mündlichen Streitverhandlung (im bezirksgerichtlichen und arbeitsgerichtlichen Verfahren) bei sonstiger Heilung einwenden muß; ist die beklagte Partei nicht durch einen Rechtsanwalt oder Notar (bzw gem § 40 ASGG qualifiziert) vertreten, kann das Gericht bis zum Schluß der mündlichen Streitverhandlung seine Bedenken bezüglich der Unzuständigkeit äußern (s Rz 13 ff). Der Regelung des § 182 Abs 2 ZPO (iZm § 43 JN) ist zu entnehmen, daß das Gericht nach seiner ersten prozeßleitenden Verfügung auch seine unprorogable Unzuständigkeit nicht mehr von Amts wegen aussprechen darf; dies ist nur dann möglich, wenn der Beklagte die Unzuständigkeit (rechtzeitig) einwendet (idS *Ballon,* Gaul-FS 5). Eine solche Interpretation vermindert einerseits Zuständigkeitsstreitigkeiten und entspricht daher den Intentionen der ZVN 1983, Zuständigkeitsfehler möglichst frühzeitig heilen zu lassen, andererseits wahrt sie dem Gegner (der ja durch die Klagszustellung schon Parteistellung erlangt hat) das rechtliche Gehör. Im übrigen muß die Zurückweisung wegen Unzuständigkeit für den Beklagten nicht unbedingt vorteilhafter sein, da er ja entweder mit einer Überweisung (idR auf Antrag des Klägers) oder mit einer neuerlichen Klagseinbringung zu rechnen hat (*Fasching,* Lehrbuch² Rz 204; *Fucik,* RZ 1985, 259).

B. Im einzelnen

Für die **Heilung der unprorogablen** (unverzichtbaren) **Unzuständigkeit** – also hinsichtlich jenes Zeitpunktes, in dem die beklagte Partei die Unzuständigkeit spätestens einwenden muß – sind zwei Fallgruppen zu unterscheiden (*Fasching,* Lehrbuch² Rz 203):

13 1. Der **Beklagte ist durch einen Rechtsanwalt** (auch bei Vertretung durch Rechtsanwaltsanwärter) **oder einen Notar vertreten** oder selbst persönlich von der Anwaltspflicht befreit (im arbeits- und sozialgerichtlichen Verfahren bei Vertretung durch eine qualifizierte Person gem § 40 ASGG): Hier wird das an sich unzuständige Gericht dadurch zuständig, daß „der Beklagte zur Sache vorbringt oder mündlich verhandelt, ohne die Einrede der Unzuständigkeit zu erheben" (§ 104 Abs 3 JN). Um eine solche Heilung zu verhindern, muß die Einrede der unprorogablen Unzuständigkeit also spätestens erhoben werden:

- Im Gerichtshofverfahren in der Klagebeantwortung (auch wenn eine erste Tagsatzung stattgefunden hat) oder im Widerspruch gegen ein Versäumungsurteil gem §§ 397 a, 398 Abs 1 ZPO.
- Im bezirksgerichtlichen (und arbeitsgerichtlichen) Verfahren muß die Einrede spätestens bei Beginn der mündlichen Streitverhandlung erhoben werden, wobei es auf die Reihung des Satzes bei der Einlassung nicht ankommt (*Mayr* in *Rechberger,* ZPO § 43 JN Rz 3; JBl 1992, 331 = EvBl 1992/8). Dies gilt auch bei Erlassung eines Zahlungsbefehls im Mahnverfahren, gegen den Einspruch erhoben worden ist, und zwar unabhängig davon, ob der Einspruch Sachvorbringen enthält oder nicht (*Mayr in Rechberger,* ZPO § 43 JN Rz 3; *ders,* ÖJZ 1995, 332; *Rechberger/Simotta,* Zivilprozeßrecht⁴ Rz 753; JBl 1998, 518 und LG Feldkirch AnwBl 1997/3790 [beide iZm einer Unzuständigkeitsrüge nach dem LGVÜ; *Kinz*]. AM aber im Rahmen des LGVÜ *Czernich/Tiefenthaler,* LGVÜ

Rz 8 zu Art 18, wonach ein ein Vorbringen enthaltender Einspruch gegen den Zahlungsbefehl Streiteinlassung bewirkt). Der Einspruch ist, auch wenn er eine Begründung (und damit eine substantiierte Bestreitung) enthält und von einem Rechtsanwalt eingebracht wird, keine Streiteinlassung iSd § 104 Abs 3 JN (*Fasching,* Lehrbuch² Rz 1642 [anders aber in Rz 203]; JBl 1992, 331 = EvBl 1992/8. AM *Klicka,* JBl 1990, 437, wonach durch einen von einem Rechtsanwalt mit Gründen ausgeführten Einspruch jede Art von Unzuständigkeit heilt; dem ist entgegenzuhalten, daß eine Partei durch Heilung der Unzuständigkeit nicht dafür „bestraft" werden soll, daß sie im Einspruch zur Sache vorbringt und dadurch eine frühere Prozeßvorbereitung ermöglicht). Wurde ein Versäumungsurteil gem §§ 396, 442 Abs 1 ZPO gefällt, dann ist die Einrede im Widerspruch gegen dieses zu erheben; findet eine abgesonderte Verhandlung über eine Prozeßeinrede statt, dann bereits zu deren Beginn (auch bei Unzuständigkeit gem § 14 KSchG: EvBl 1986/85; selbst dann, wenn bereits rechtzeitig ein anderer Unzuständigkeitsgrund geltend gemacht wurde).

● Im Bestandverfahren und im (Wechsel-)Mandatsverfahren muß die Einrede spätestens in den Einwendungen gegen die Aufkündigung usw oder den (Wechsel-)Zahlungsauftrag erhoben werden (im wesentlichen *Fasching,* Lehrbuch² Rz 203).

2. Der **Beklagte ist nicht durch einen Rechtsanwalt** oder Notar (im arbeits- **14**
und sozialgerichtlichen Verfahren durch eine qualifizierte Person gem § 40 Abs 1 ASGG) **vertreten** (und auch nicht gem § 28 ZPO persönlich von der Anwaltspflicht befreit): Hier tritt die Heilung nur dann ein, wenn die Partei vom Richter ausdrücklich über die Möglichkeit einer Unzuständigkeitseinrede belehrt wurde, die Belehrung im Verhandlungsprotokoll beurkundet wurde und die Partei trotzdem in die Verhandlung in der Hauptsache eingegangen ist.

● Die **Belehrung** hat zu erfolgen, wenn der Richter Bedenken gegen die Zuständigkeit des Gerichts bzw gegen das Vorliegen der – prorogablen – inländischen Gerichtsbarkeit (internationalen Zuständigkeit) hat. Sie muß dem nicht rechtskundig vertretenen Beklagten die Gründe mitteilen, warum das Gericht diese Bedenken hat. Der Richter muß auch über den notwendigen Inhalt der Unzuständigkeitseinrede und ihre Folgen belehren und klarlegen, daß der Beklagte im Fall des Erfolgs seiner Unzuständigkeitseinrede entweder (wenn ein Antrag des Klägers gestellt wird) mit einer Fortsetzung des Prozesses beim zuständigen Gericht oder mit einer neuen Klage zu rechnen haben wird, sodaß im Einzelfall die Heilung der Unzuständigkeit auch für ihn günstiger sein kann (*Fucik,* RZ 1985, 259).

● Die Belehrung muß als solche – keineswegs im vollen Wortlaut – ins Verhandlungsprotokoll aufgenommen werden. Eine bloß mündlich erteilte, aber nicht protokollierte Belehrung bewirkt keine Heilung der Unzuständigkeit (*Fasching,* Lehrbuch² Rz 204; *Fucik,* RZ 1985, 259; *Mayr* in *Rechberger,* ZPO § 104 JN Rz 16). Die Protokollierung ist keine bloße Ordnungsvorschrift zur Vollständigkeit des Protokolls, sondern hier Tatbestandselement für die Prüfung der Nichtigkeit, und ihre Unterlassung daher nicht bloße Unvollständigkeit des Protokolls; daher gibt es auch keine nachträgliche Ergänzung oder Berichtigung des Protokolls zu ihrer Nachholung.

● Die Einlassung des Beklagten bewirkt nur dann die Heilung, wenn sie nach der Belehrung und deren Protokollierung im Verhandlungsprotokoll erfolgt ist. Daher bewirkt eine Sacheinlassung in vom nicht rechtskundig vertretenen Beklagten vor der mündlichen Streitverhandlung eingebrachten vorbereitenden Schriftsätzen (schriftlichen Klagsentgegnungen), Einwendungen im

Mandats-, Wechselmandats- und Bestandverfahren, in Widersprüchen gegen Versäumungsurteile und in Einsprüchen gegen Zahlungsbefehle im Mahnverfahren noch keine Heilung der Unzuständigkeit, wenn nach protokollierter Belehrung in der folgenden mündlichen Streitverhandlung die Unzuständigkeitseinrede erhoben wird oder überhaupt keine protokollierte Belehrung mehr erfolgt. Diese durch Unterlassung der rechtzeitigen Geltendmachung der Unzuständigkeit begründete Zuständigkeit wurde fälschlich „stillschweigende Prorogation" genannt, obwohl sie durch die Präklusion sowohl des Gerichts wie des Beklagten zustande kommt (*Fasching,* Lehrbuch^2 Rz 204).

Eine noch nicht geheilte unprorogable Unzuständigkeit bildet einen Nichtigkeitsgrund gem § 477 Abs 1 Z 3 ZPO.

Wie erwähnt (Rz 2 mwN), ist seit der WGN 1997 der Mangel der **inländischen Gerichtsbarkeit** (internationalen Zuständigkeit) grundsätzlich der unprorogablen (unverzichtbaren) Unzuständigkeit gleichgestellt.

15 Die Unzuständigkeit kann in der Folge – sofern sie nicht gem § 104 Abs 3 JN geheilt ist – nur berücksichtigt werden, wenn sie nach den Worten des § 43 Abs 1 JN „nach den Bestimmungen des gegenwärtigen Gesetzes" durch Parteivereinbarung nicht beseitigt werden kann. Diese als ausdrückliche Einschränkung auf die Vorschriften der JN auslegbare Wendung ist überflüssig und sinnstörend (so *Pollak,* System^2, 359), denn auch andere Gesetze enthalten Zuständigkeitsnormen, die durch Parteivereinbarung nicht abgeändert werden können (insb ASGG, KSchG).

X. Einschränkung der Unzuständigkeitseinrede (§ 43 Abs 3 JN)

A. Allgemeines

16 Um überflüssige Zuständigkeitsstreitigkeiten hintanzuhalten, hat das Gesetz einzelne Einredetatbestände ausdrücklich ausgeschlossen. Diese Einschränkungen sind in § 43 Abs 3 JN enthalten. Darüber hinaus sind bestimmte Zuständigkeitsentscheidungen unanfechtbar (§ 45 JN) oder/und für das Zweitgericht bindend (§ 46 Abs 1 JN; §§ 230a, 261 Abs 6 ZPO; § 38 ASGG). Dem Ausschluß von Zuständigkeitsstreitigkeiten dient auch die in den §§ 61 bis 63 JN vorgesehene Möglichkeit der Beiziehung von Ergänzungsrichtern, wenn diese Streitigkeiten aus der Abgrenzung zwischen der Gerichtsbarkeit in allgemeinbürgerlichen Rechtssachen und der Handelsgerichtsbarkeit entstehen könnten.

B. Einzelrichter; sachliche Zuständigkeit

17 Nach § 43 Abs 3 JN kann die Unzuständigkeit nicht darauf gestützt werden, daß **anstelle eines** zur Entscheidung gem § 7a JN berufenen **Einzelrichters eines Gerichtshofs ein anderer Gerichtshof (Einzelrichter) sachlich zuständig ist.** Dabei kann es sich nur um die kausale bzw nichtkausale sachliche Unzuständigkeit im Verhältnis von allgemeiner und Handelsgerichtsbarkeit handeln; nicht betroffen von § 43 Abs 3 JN ist das arbeits- und sozialgerichtliche Verfahren, da hier die Senatsgerichtsbarkeit – von den in § 11a ASGG für bestimmte Angelegenheiten geregelten Ausnahmen abgesehen – zwingend vorgesehen ist.

Den Parteien wird kein berechtigtes Interesse daran zugebilligt, ob der Einzelrichter des angerufenen oder eines anderen Gerichtshofs sachlich zur Entscheidung berufen ist. Durch die Erweiterung der Einzelgerichtsbarkeit durch § 7a JN ist die Mitwirkung der Laienrichter für einen Großteil der in die Handelsgerichtsbarkeit fallenden Streitigkeiten fortgefallen; es besteht im Bereich der Einzelgerichtsbarkeit nur ein geringes schutzwürdiges Parteiinteresse an der Aufrechterhaltung der Kausalgerichtsbarkeit, das sich nur durch die Mitwirkung des Laienrichters im Berufungsverfahren motivieren ließe. Dieses Interesse ist jedoch nicht groß genug, um kosten- und zeitraubende Zuständigkeitsstreitigkeiten, die nicht der Rechtsverfolgung, sondern deren Vereitelung dienen, zuzulassen. Handelt es sich aber überhaupt um die Einrede, daß der Einzelrichter eines anderen allgemeinen Gerichts sachlich zuständig sei, dann fehlt es sogar an dem Grund, die Handelsgerichtsbarkeit anzurufen. Ebenso wie diese Beschränkung der Unzuständigkeitseinrede für die Einzelgerichtsbarkeit beim Gerichtshof gilt, muß sie auch für die Einzelgerichtsbarkeit bei den BG Geltung haben (§ 43 Abs 3 letzter Satz JN), da auch hier die gleichen Erwägungen für die Einschränkung von Zuständigkeitsstreitigkeiten gelten.

Die Einschränkung der Unzuständigkeitseinreden im Bereich der Einzelgerichtsbarkeit nach § 43 Abs 3 JN gilt nur für die Einrede der sachlichen Unzuständigkeit. Die Einrede der örtlichen Unzuständigkeit wird hiedurch nicht beschränkt. Es ist daher erforderlich, daß der Beklagte die Einrede sofort begründet, zumindest aber dahin ausführt, daß und warum es sich um die örtliche Unzuständigkeit handelt. Bewirkt die sachliche Unzuständigkeit zugleich eine Verschiebung der örtlichen Zuständigkeit, dann ist die Einrede zulässig (so die Einrede der sachlichen Unzuständigkeit des BG für Handelssachen Wien, weil es sich nicht um eine Handelssache handelt, und daher nach allgemeinen Zuständigkeitsvorschriften eines der anderen (äußeren) BG Wiens zuständig ist).

Die in § 43 Abs 3 JN verfügte Einschränkung betrifft nur die Einrede der Unzuständigkeit, nicht aber die Anfechtbarkeit von Unzuständigkeitsentscheidungen, mit denen der angerufene Einzelrichter des Gerichtshofs oder das BG die Klage wegen sachlicher Unzuständigkeit zurückweist (s aber § 45 JN).

C. Senat, sachliche Zuständigkeit

Ebensowenig wird durch § 43 Abs 3 JN die Einrede der **sachlichen Unzuständigkeit** im Bereich der Senatsgerichtsbarkeit ausgeschlossen, die darauf gestützt wird, daß **nicht der Senat** des angerufenen Gerichtshofs, **sondern ein Senat des Kausalgerichtshofs** (Handelssenat) oder eines anderen Gerichtshofs sachlich zuständig ist. Da zwischen Kausalgerichten (Handelsgericht) und den allgemeinen Zivilgerichten das Verhältnis der prorogablen sachlichen Unzuständigkeit herrscht (§§ 50 bis 52 JN), ist auch vor dem allgemeinen Senat eines Gerichtshofs die Einrede der sachlichen Unzuständigkeit dahingehend zulässig, daß nicht dieser Senat, sondern der handelsrechtliche Senat desselben Gerichtshofs (oder umgekehrt) zur Erledigung der Rechtssache zuständig ist. Zur Verhinderung derartiger Zuständigkeitsstreitigkeiten wurde (unzweckmäßigerweise) keine Einschränkung der Unzuständigkeitseinreden, sondern die Möglichkeit der Zuziehung von Ergänzungsrichtern geschaffen (§§ 61 ff JN). 18

Das Verhältnis zwischen allgemeiner bzw Handelsgerichtsbarkeit und **Arbeits- und Sozialgerichtsbarkeit** ist ein solches der unprorogablen sachlichen (kausalen) Unzuständigkeit (*Ballon,* Zivilprozeßrecht[9] Rz 461 mwN). Systemwidrig (wenngleich aus ökonomischen Gründen verständlich, s *Kuderna,* ASGG[2], 204) ist allerdings der Fall geregelt, daß in einer allgemeinbürgerlichen (bzw handelsrechtlichen) Gerichtshofssache anstelle des Einzelrichters (bzw des Berufsrichtersenats oder des Handelssenats) der arbeitsrechtliche (sozialrechtliche) Senat oder umgekehrt in einer Arbeits- oder Sozialrechtssache ein Einzelrichter (bzw ein Berufsrichtersenat oder ein Handelssenat) desselben Gerichtshofs verhandelt: Hier liegt gem § 37 ASGG nicht Unzuständigkeit, sondern falsche Gerichtsbesetzung vor, sodaß § 260 Abs 4 ZPO analog anzuwenden ist (s WBl 1992, 195; EvBl 1990/90). Verhandelt hingegen ein BG in einer arbeits- oder sozialrechtlichen Angelegenheit oder umgekehrt der Gerichtshof als Arbeits- und Sozialgericht in einer bezirksgerichtlichen Sache, dann liegt unprorogable sachliche Unzuständigkeit vor; gleiches hat zu gelten, wenn das Verfahren anstatt vor dem LGZ Wien (dem HG Wien) oder dem ASG Wien – oder umgekehrt – stattfindet. Die Handelsgerichtsbarkeit steht hingegen zur allgemeinen Gerichtsbarkeit immer im Verhältnis der prorogablen sachlichen Unzuständigkeit, auch wenn die Rechtssache beim selben Gericht bleibt.

XI. Einzelfragen

19 Die Reihung von Einwendungen in der Hauptsache und der Unzuständigkeitseinrede durch den Beklagten (in der Klagebeantwortung bzw in der ersten mündlichen Streitverhandlung vor Einlassung in die Hauptsache) spielt keine Rolle (EvBl 1991/182; JBl 1992, 331 = EvBl 1992/8; *Mayr* in *Rechberger,* ZPO § 43 JN Rz 3).

Stellt sich erst auf Grund eines Zustellanstands heraus, daß der Beklagte seinen allgemeinen Gerichtsstand nicht im Sprengel des angerufenen Gerichts hat, kann die prorogable Unzuständigkeit nicht mehr von Amts wegen wahrgenommen werden (OLG Wien REDOK 8020; *Mayr* in *Rechberger,* ZPO § 43 JN Rz 3; gleiches muß aber auch für die unprorogable Unzuständigkeit gelten (s Rz 12).

Sieht man die Nichtigkeits- und Wiederaufnahmsklage als „Rechtsmittel" in weiterem Sinn an, dann muß auch für sie die Regelung des § 474 Abs 1 ZPO gelten, wonach sie vom unzuständigen Gericht nicht zurückgewiesen werden dürfen, sondern von Amts wegen an das zuständige Gericht überwiesen werden müssen (*Fasching,* Lehrbuch[2] Rz 2076; SZ 66/10 [1993] = ÖA 1994, 32 gegen die ältere Judikatur: SZ 44/145 [1971]; 9 Ob A 107/88 ua und *Kodek* in *Rechberger,* ZPO § 532 Rz 1).

Ein Zahlungsbefehl kann vom Erstgericht nicht nachträglich von Amts wegen aufgehoben und die Klage mit der Begründung wegen Unzuständigkeit zurückgewiesen werden, daß die beklagte Partei zum Zeitpunkt der Verfahrenseinleitung ihren allgemeinen Gerichtsstand nicht im Sprengel des angerufenen Gerichts hatte (so aber LGZ Wien 37 R 468/96 l; 4 R 409/92). Das Gericht ist gem § 425 ZPO mit Übergabe des Zahlungsbefehls an die Geschäftsabteilung zur Ausfertigung (dh zur EDV-mäßigen Bearbeitung) an seine eigene Entscheidung gebunden (*Kodek,* RZ 1998, 155). Die (prorogable oder unprorogable) Unzuständigkeit kann nur mehr aufgrund des Einspruchs und der rechtzeitigen Einwendung des Beklagten wahrgenommen werden (s dazu Rz 11 bis 14; insofern mißverständlich daher *Kodek,* RZ 1998, 155, wonach nach Einspruchserhebung die unprorogable Unzuständigkeit unbeschränkt von Amts wegen – ohne Einwendung des Beklagten – aufgegriffen werden kann).

§ 44. (1) Ist für eine zur nichtstreitigen Gerichtsbarkeit gehörige Rechtssache, ferner im Exekutionsverfahren, im Verfahren bei Erlassung einstweiliger Verfügungen, sowie im Konkursverfahren ein anderes als das angerufene Gericht sachlich oder örtlich zuständig, so hat letzteres seine Unzuständigkeit in jeder Lage des Verfahrens von Amts wegen oder auf Antrag durch Beschluß auszusprechen und, sofern ihm die Bestimmung des zuständigen Gerichts nach den Verhältnissen des einzelnen Falles möglich ist, die Rechtssache an das zuständige Gericht zu überweisen.

(2) Von diesem ohne vorhergehende mündliche Verhandlung zu fassenden Überweisungsbeschluß sind die Parteien durch das Gericht zu verständigen, an das die Sache überwiesen worden ist.

(3) Das Gericht, welches seine Unzuständigkeit ausgesprochen hat, ohne einen Überweisungsbeschluß zu fassen, kann bis zum Eintritt der Rechtskraft jenes Ausspruches alle zur Wahrung öffentlicher Interessen oder zur Sicherung der Parteien oder des Zwekkes des Verfahrens nötigen Verfügungen treffen.

Abs 1 idF Art VI Z 8 WGN 1997 BGBl I 1997/140; Abs 2 idF Art I Z 13 ZVN 1983 BGBl 135

Lit: *Ballon,* Die Gerichtsorganisation der Arbeits- und Sozialgerichtsbarkeit, JBl 1987, 350; *ders,* Zuständigkeitsprobleme im österreichischen Zivilverfahren, insb im Bereich des Insolvenzrechts, Gaul-FS (1997) 1; *Feil,* Ist eine Überweisung gemäß § 44 JN im Grundbuchsverfahren bei reinen Grundbuchstücken (§ 89 GV.) zulässig? ÖJZ 1957, 653; *Fucik,* Die Zuständigkeit nach der Zivilverfahrensnovelle 1983, RZ 1985, 206; *Kossak,* Die Zuständigkeit der Bezirksgerichte für Privatkonkurse, RZ 1995, 2, 26; *Rechberger,* Das ASGG aus der Sicht der Rechtswissenschaft, DRdA 1989, 263; *Simotta,* Das Vergreifen in der Verfahrensart und seine Folgen, Fasching-FS (1988) 463; *Streller,* Bindung an die Überweisung nach § 44 JN? RZ 1985, 102.

Übersicht:

I. Amtswegige Überweisung, Allgemeines

Während § 43 JN die Vorschriften über die gerichtliche Entscheidung über die Unzuständigkeit im streitigen Verfahren enthält, findet **§ 44 JN ausschließlich bei Zuständigkeitsentscheidungen im außerstreitigen Verfahren, im Exekutionsverfahren, im Verfahren über einstweilige Verfügungen und im Insolvenzverfahren** Anwendung. 1

Hier sind zwei Fälle zu unterscheiden: Ist auf Grund des Sachvorbringens eindeutig ein anderes Gericht als zuständig feststellbar, dann hat das angerufene Gericht seine Unzuständigkeit mit Beschluß festzustellen und die Sache an das zuständige Gericht zu überweisen. Kann das zuständige Gericht nach Lage des Einzelfalles nicht festgestellt werden, dann ist die Unzuständigkeit des angerufenen Gerichts auszusprechen, das Verfahren für nichtig zu erklären und der Antrag zurückzuweisen, wobei allenfalls nach § 44 Abs 3 JN sichernde Maßnahmen zu treffen sind. Vor der Zurückweisung des Antrags ist im Weg eines Verbesserungsverfahrens die Klärung der Zuständigkeit zu versuchen (*Mayr* in *Rechberger,* ZPO § 44 JN Rz 2; aM LGZ Wien EFSlg 63.920 [1990], wonach der Antrag sofort ohne Verbesserungsverfahren zurückzuweisen ist).

Eine Überweisung nach § 44 JN hat zur Voraussetzung, daß der Antrag in einem in dieser Gesetzesstelle genannten Verfahren, jedoch beim unzuständigen

Gericht gestellt wurde (SZ 51/168 [1978]; EvBl 1963/33). Streng genommen scheidet somit eine Überweisung eines vor Klagseinbringung gestellten Verfahrenshilfeantrags aus (so OLG Wien WR 60 [1984]), jedoch erscheint hier eine erweiternde analoge Auslegung geboten (*Mayr* in *Rechberger,* ZPO § 44 JN Rz 2; OLG Wien WR 280 [1987]).

„Angerufenes Gericht" ist auch jedes Rechtsmittelgericht, an das die Entscheidungskompetenz aufgrund eines zulässigen Rechtsmittels übergeht (3 Ob 393/97 h).

II. Amtswegige Überweisung in den einzelnen Verfahrensarten

A. Außerstreitiges Verfahren

2 Die amtswegige Überweisung an das zuständige Gericht findet **in allen Zweigen des außerstreitigen Verfahrens** statt. So wird beispielsweise von Amts wegen überwiesen im Verfahren zur Sachwalterbestellung (JBl 1956, 451 = EvBl 1956/115 zum alten § 12 EntmO), im Erlagsverfahren (SZ 55/107 [1982] = JBl 1983, 264 = EvBl 1983/20), in Verfahren nach dem LPG (LGZ Wien MietSlg 38.737 [1986]) und in Firmenbuchangelegenheiten (*Mayr* in *Rechberger,* ZPO § 120 JN Rz 4). Lediglich im Grundbuchsverfahren kann keine amtswegige Überweisung durch das Grundbuchsgericht an ein anderes Gericht erfolgen, da durch eine solche Überweisung der Antragsteller in seinem Recht auf den ihm zukommenden Rang verletzt werden könnte; hält sich das Grundbuchsgericht für unzuständig, so hat es das Grundbuchsgesuch abzuweisen und (vgl die Ausnahmen in § 99 Abs 2 GBG) die Abweisung anzumerken (*Feil,* ÖJZ 1957, 653; SZ 30/14 [1957] = EvBl 1957/212).

3 Eine **Überweisung vom streitigen in das außerstreitige Verfahren (und umgekehrt)** ist nur nach § 40 a JN möglich; ist in diesem Fall auch ein anderes Gericht zuständig, dann hat das Erstgericht die Klage (den Antrag) an das zuständige Gericht von Amts wegen zu überweisen (*Ballon,* Zivilprozeßrecht[9] Rz 50; *Fasching,* Lehrbuch[2] Rz 114; *Fucik,* RZ 1985, 209; EvBl 1984/92; teilw aM *Mayr/Fucik,* Verfahren außer Streitsachen 17; *Klicka/Oberhammer,* Außerstreitverfahren[3] Rz 9; *Mayr* in *Rechberger,* ZPO § 40 a JN Rz 4; *Rechberger/Simotta,* Zivilprozeßrecht[4] Rz 96; *Simotta,* Fasching-FS 469; Näheres s bei § 40 a JN). Eine Überweisung vom streitigen Verfahren in das Außerstreitverfahren bzw umgekehrt ist weiters vorgesehen nach § 235 AußStrG (s dazu und vor allem zur Anfechtbarkeit der Überweisungsbeschlüsse zuletzt 1 Ob 2386/96 f) und nach Art V Z 7 UeKindG.

B. Exekutionsverfahren

4 Im **Exekutionsverfahren** kann eine amtswegige Überweisung nur erfolgen, soweit es sich um einen Akt des eigentlichen Exekutionsverfahrens, nicht aber um die aus Anlaß oder im Zug eines Exekutionsverfahrens entstandenen Rechtsstreitigkeiten handelt. Diese sind vielmehr vom unzuständigen Gericht gem § 43 JN zurückzuweisen bzw auf Antrag des Klägers zu überweisen (§§ 230 a, 261 ZPO); so zB die Oppositions-, Impugnations-, Exzindierungs- oder sonstige Widerspruchsklagen (GlUNF 1040 [1900]). Anläßlich der amtswegigen Überweisung eines Exekutionsverfahrens bleiben die schon rechtskräftigen Beschlüsse des unzuständigen Gerichts und die bereits vollzogenen Exekutionsakte weiter in Kraft (ZBl 1932/313). Das zuständige Gericht, dem ein solcher Akt überwiesen wurde, hat ihn ohne Rücksicht auf noch unerledigte Anträge zu

übernehmen. So bleibt ein rechtskräftiger Exekutionsbewilligungsbeschluß weiterhin die Grundlage für die erforderlichen Exekutionsschritte durch das zuständige Gericht (SZ 39/78 [1966]); eine noch nicht rechtskräftige Exekutionsbewilligung ist hingegen als nichtig aufzuheben (3 Ob 357/97i; SZ 41/180 [1968] = EvBl 1969/183; s auch Rz 14).

Die Zuständigkeit ist auch im Exekutionsverfahren nach der Sachlage zur Zeit der Einbringung des Antrags zu beurteilen. Daher bleibt das Gericht, in dessen Sprengel sich im Zeitpunkt des Beginns der Exekution bewegliche Sachen der verpflichteten Partei bzw der Sitz des Drittschuldners befunden haben, weiterhin zuständig, auch wenn zB die Sachen nachher verbracht werden oder der Drittschuldner nach Exekutionsbewilligung den Wohnsitz wechselt. An das Gericht des neuen Aufenthaltsortes darf nicht gem § 44 JN das ganze Verfahren überwiesen werden, sondern es ist nur um den Vollzug gem § 69 Abs 2 EO zu ersuchen (s auch § 29 JN Rz 11).

C. Provisorialverfahren

5 In den **Verfahren bei Erlassung einstweiliger Verfügungen** gelten die gleichen Grundsätze; wird die Unzuständigkeit des Gerichts, das das Verfahren zur Erlassung der einstweiligen Verfügung eingeleitet hat, wahrgenommen, so hat das Gericht seine Unzuständigkeit in jeder Lage des Verfahrens auszusprechen und die Sache an das zuständige Gericht zu überweisen. Die vom unzuständigen Gericht angeordneten und vollzogenen Sicherungsmaßnahmen bleiben aufrecht (SZ 25/309 [1952]); das unzuständige Gericht hat auch noch über die Verlängerung der Gültigkeitsdauer einer einstweiligen Verfügung zu entscheiden (SZ 21/78 [1948]). Über einen Rekurs gegen eine von einem unzuständigen Gericht erlassene einstweilige Verfügung hat das diesem übergeordnete Gericht sachlich zu entscheiden (JBl 1982, 593; EvBl 1981/180; SZ 47/109 [1974]; RZ 1966, 102). Das Gericht, das das weitere Verfahren über eine einstweilige Verfügung überwiesen hat, darf einen Antrag auf ihre Aufhebung nicht wegen Unzuständigkeit zurückweisen, sondern muß ihn an das zuständige Gericht überweisen (SZ 52/118 [1979]).

D. Insolvenzverfahren

6 Die amtswegige Wahrnehmung der Unzuständigkeit und Überweisung findet auch im **Konkursverfahren** statt. Obwohl die anderen Insolvenzverfahren nicht ausdrücklich im Gesetz erwähnt sind, müssen die Bestimmungen des § 44 JN auch auf diese angewendet werden, da es sich hier ebenso um außerstreitige Verfahren handelt und die Zuständigkeiten hier ebenfalls zwingend geregelt sind.

7 Nach § 182 KO ist für das **Schuldenregulierungsverfahren** das BG sachlich zuständig, während für alle übrigen Insolvenzverfahren wie bisher die sachliche Zuständigkeit des LG bzw des HG Wien gegeben ist. Die amtswegige Wahrnehmung der Unzuständigkeit und die Überweisung gem § 44 JN findet auch dann statt, wenn der angerufene Gerichtshof seine sachliche Zuständigkeit verneint, weil der Schuldner kein Unternehmen betreibt und daher ein Schuldenregulierungsverfahren vor dem BG abzuwickeln ist; gleiches hat im umgekehrten Fall zu gelten (s Jus-Extra, OGH-Z 1996/2059; OLG Linz ZIK 1996, 138; OLG Innsbruck ZIK 1995, 160; OLG Wien 6 Nc 43/95. Zum Unternehmensbegriff nach § 182 KO s *Kossak,* RZ 1995, 2; *Mohr,* Privatkonkurs 8). Zur Bindungswirkung s Rz 12.

E. Streitiges Verfahren

8 Im **streitigen Verfahren** ist die Überweisung von Amts wegen nur ausnahmsweise vorgesehen; Näheres s bei § 43 JN Rz 8–10.

III. Wahrnehmung der Unzuständigkeit

9 Bei den in § 44 Abs 1 JN aufgezählten Verfahrensarten sind **die Zuständigkeitsvorschriften zwingend** und der Parteienvereinbarung entzogen (ausgenommen die Eheangelegenheiten nach § 114a JN). Eine sachliche oder örtliche Unzuständigkeit ist bis zur Rechtskraft der Entscheidung **jederzeit auf Antrag oder von Amts wegen wahrzunehmen** und bildet einen Nichtigkeitsgrund nach § 477 Abs 1 Z 3 ZPO (*Mayr* in *Rechberger,* ZPO § 44 JN Rz 1; SZ 55/178 [1982]; 48/25 [1975]; 41/180 [1968]); sind die vom unzuständigen Gericht gefaßten Beschlüsse bereits rechtskräftig geworden, bleiben sie weiter aufrecht (s Rz 4). Eine Heilung der Unzuständigkeit durch rügelose Einlassung findet nicht statt.

10 Die Zuständigkeit ist von Amts wegen nach der Sachlage im Zeitpunkt der rechtmäßigen Anhängigmachung (bzw der nachfolgenden Prüfung) zu beurteilen; eine nachträgliche Tatbestandsänderung ist unerheblich (perpetuatio fori, § 29 JN). Rechtskräftig gewordene Zuständigkeitsentscheidungen (§ 42 Abs 3 JN) stehen der Wahrnehmung der Unzuständigkeit und der Überweisung entgegen. Die Bindungswirkung tritt nur ein, wenn die Zuständigkeit ausdrücklich im Spruch der Entscheidung bejaht wurde (*Ballon,* Zulässigkeit 153; *Fasching*[1] I 271, 273; *ders,* Lehrbuch[2] Rz 735); hingegen kann dem Umstand, daß die Zuständigkeit nur in den Gründen der Sachentscheidung bejaht wurde, keine Bedeutung zukommen (so aber die stRsp: RZ 1988/61; SZ 54/190 [1981] = RZ 1982/55; SZ 52/151 [1979] ua; s dazu im einzelnen § 42 JN Rz 26).

Die Zuständigkeitsentscheidung und Überweisung erfolgt von Amts wegen. Nach der Rsp ist für eine analoge Anwendung des § 230a ZPO kein Raum, weil § 44 JN abschließende Regelungen enthält; wenn das angerufene Gericht einen Antrag (im Außerstreitverfahren) wegen Unzuständigkeit zurückweist anstatt ihn gem § 44 JN zu überweisen, so ist ein vom Antragsteller eingebrachter Überweisungsantrag nicht als ein solcher nach § 230a ZPO, sondern als Vorstellung gem § 9 AußStrG zu qualifizieren (4 Ob 513/94).

Voraussetzung für die Überweisung ist, daß der Antrag genügend konkretes Sachvorbringen enthält, um daraus die Zuständigkeit eines bestimmten Gerichts eindeutig ableiten zu können. Ergeben sich Zweifel, die auch durch einen Verbesserungsauftrag nicht beseitigt werden können (dazu s Rz 1), dann hat das Gericht nur seine Unzuständigkeit auszusprechen und den Antrag zurückzuweisen.

IV. Zustellung der Überweisungsentscheidung

11 Die Überweisung erfolgt durch **Beschluß:** Dieser hat zuerst die Unzuständigkeit des angerufenen Gerichts auszusprechen und sodann die Überweisung an das zuständige Gericht zu verfügen. Der **Überweisungsbeschluß ist den Parteien gem § 44 Abs 2 JN durch das Zweitgericht zuzustellen;** diese Bestimmung wurde durch die ZVN 1983 aus prozeßökonomischen Erwägungen eingeführt: Würde die Verständigung dem überweisenden Gericht obliegen, so wäre dafür ein eigener Zustellvorgang erforderlich, dessen Durchführung – einschließlich des Einlangens des Rückscheins – abgewartet werden müßte; nach der Neuregelung kann der Akt sofort dem zuständigen Gericht übersandt werden, das dann meist

ohnedies eine Zustellung – etwa eines Beschlusses oder einer Ladung – vorzunehmen hat, mit der die Verständigung von der Überweisung ohne zusätzlichen Aufwand verbunden werden kann (ErläutRV 669 BlgNR 15. GP 32). Der Beschluß kann mit Rekurs angefochten werden, der beim zuerst angerufenen unzuständigen Gericht einzubringen ist. Ein irrtümlich bei dem Gericht, an das überwiesen wurde, eingebrachter Rekurs ist in entsprechender Anwendung des § 44 Abs 2 JN an das andere Gericht weiterzuleiten; der Rekurs ist in diesem Fall aber nur dann rechtzeitig erhoben, wenn er innerhalb der Rechtsmittelfrist beim Erstgericht einlangt (*Ballon,* Zivilprozeßrecht[9] Rz 147; *Gitschthaler* in *Rechberger,* ZPO § 126 Rz 112 und die stRsp EvBl 1995/90; RZ 1991/31; 1990/109; EFSlg 64.601 [1990]; 64.165 [1990]; 44.528 [1983]; aM *Fasching,* Lehrbuch[2] Rz 223).

V. Bindungswirkung der Überweisungsentscheidung

Der **Überweisungsbeschluß** enthält eine analog zu § 46 Abs 1 JN sowohl **in sachlicher als auch in örtlicher Hinsicht bindende Zuständigkeitsentscheidung;** das Zweitgericht darf seine Zuständigkeit nicht deshalb ablehnen, weil es das Erstgericht für zuständig hält (SZ 40/97 [1967]; JBl 1980, 601 = EvBl 1980/52; EvBl 1980/123; JBl 1977, 99; EvBl 1968/77). **12**

Nach der neuesten Rsp des OGH gilt diese Bindungswirkung auch dann, wenn der Überweisungsbeschluß noch nicht rechtskräftig ist (Jus-Extra, OGH-Z 1996/2059; EFSlg 66.858 [1991]; ebenso OLG Wien 6 Nc 24/98 x, 6 Nc 37/97 g und 6 Nc 43/95). Dieser Ansicht ist nicht zu folgen: Wieso im Fall des § 44 JN eine Bindungswirkung schon vor Eintritt der Rechtskraft des Überweisungsbeschlusses gegeben sein soll, obwohl in der (früheren) ständigen Rsp (s die vorhin zit E wie SZ 40/97 [1967] ua) die Bindungswirkung eines Überweisungsbeschlusses nach § 44 Abs 1 JN an dessen Rechtskraft geknüpft wird, ist nicht ersichtlich und auch nicht schlüssig begründbar (so ausdrücklich OLG Innsbruck ZIK 1996, 160; weitergehend OLG Linz ZIK 1996, 138, wonach ein Überweisungsbeschluß nach § 44 JN – zumindest im Konkursverfahren – überhaupt keine Bindungswirkung entfaltet; idS hinsichtlich eines Überweisungsbeschlusses gem § 44 JN wegen örtlicher Unzuständigkeit auch *Streller,* RZ 1985, 103).

Nach richtiger Ansicht ist eine Bindungswirkung analog zu § 46 Abs 1 JN zu bejahen, allerdings erst mit Eintritt der Rechtskraft des Überweisungsbeschlusses. Da der Überweisungsbeschluß erst durch das Zweitgericht zugestellt wird, ist er mit Einlangen beim Adressatgericht noch nicht rechtskräftig, so daß auch dieses Gericht seine Unzuständigkeit aussprechen kann (*Ballon,* Gaul-FS 1; *Mayr* in *Rechberger,* ZPO § 44 JN Rz 4 unter Berufung auf *Fucik,* RZ 1985, 240 FN 91 a; OLG Innsbruck 1 Nc 11/95; idS auch OLG Linz 2 Nc 273/95).

Beide Unzuständigkeitsbeschlüsse sind dann – wenn nicht eine Überweisung an ein drittes Gericht in Frage kommt – den Parteien durch das Zweitgericht zuzustellen. Die Entscheidung des Zuständigkeitsstreits erfolgt dann entweder im Rahmen des Rechtsmittelverfahrens oder auf Grund eines Parteienantrags oder einer Anzeige eines beteiligten Gerichts durch das gemeinsam übergeordnete Gericht gem § 47 JN (*Mayr* in *Rechberger,* ZPO § 44 JN Rz 4). Zur Bindungswirkung von a limine gefaßten Zurückweisungsbeschlüssen im streitigen Verfahren s § 46 JN Rz 5 ff.

Der Beschluß bewirkt nur die Überweisung an das zuständige Gericht, beseitigt aber nicht die bereits rechtskräftigen (allenfalls vollzogenen) Beschlüsse des unzuständigen Gerichts (s Rz 4). Da die Unzuständigkeit von Amts wegen wahrzunehmen und durch Überweisung zu beseitigen ist, ist dann, wenn eine

Überweisung möglich ist, der Zeitpunkt des Einlangens des Antrags in einem nach § 44 Abs 1 JN bezeichneten Verfahren schon mit seiner Anbringung beim unzuständigen Gericht anzunehmen (OLG Wien EvBl 1937/166).

VI. Zurückweisung statt Überweisung

13 Ist das **zuständige Gericht auf Grund des Sachvorbringens nicht einwandfrei feststellbar,** dann hat das angerufene Gericht nach einem erfolglosen Verbesserungsversuch (s Rz 1) seine Unzuständigkeit auszusprechen, das Verfahren für nichtig zu erklären und den Antrag **zurückzuweisen** (vgl 4 Ob 513/94; SZ 24/339 [1951]). Auch hier wird der Zurückweisungsbeschluß allen Parteien zuzustellen sein; diesen steht dagegen ein Rekurs zu.

VII. Vorläufige Maßnahmen

14 Da in den in § 44 JN bezeichneten Zweigen des zivilgerichtlichen Verfahrens der Grundsatz der Amtswegigkeit mehr oder minder stark zum Durchbruch gelangt, ist auch von Amts wegen auf die **Sicherung der Rechte der Parteien** Bedacht zu nehmen und das öffentliche Interesse zu wahren. Daher kann das Gericht bis zum Eintritt der Rechtskraft des Zurückweisungsbeschlusses zur Sicherung der Parteien oder des Verfahrenszwecks oder zur Wahrung öffentlicher Interessen die **notwendigen Maßnahmen** treffen. Ihre Dauer ist durch den Eintritt der Rechtskraft des Zurückweisungsbeschlusses begrenzt. Darüber hinaus ist keine gerichtliche Verfügung wirksam. Wenn also das zur Erlassung der einstweiligen Verfügung unzuständige Gericht seine Unzuständigkeit von Amts wegen wahrgenommen hat, dann kann es (im Fall des Vorliegens der materiellen Voraussetzungen) die bereits bewilligte einstweilige Verfügung nach deren Ablauf über Antrag verlängern (SZ 21/78 [1948]), jedoch niemals über den Eintritt der Rechtskraft des Zurückweisungsbeschlusses hinaus. Solche Fälle sind etwa im Konkursverfahren die Sicherstellung und Sperre des Massevermögens (solche einstweiligen Vorkehrungen sind auch im Fall der Überweisung möglich, s Jus-Extra, OGH-Z 1996/2059; aM aber offenbar OLG Wien WR 742 [1995], wonach einstweilige Vorkehrungen nur getroffen werden dürfen, solange kein Überweisungsbeschluß befaßt wurde). Auch Aufforderungsbeschlüsse im Außerstreitverfahren bei Abhandlung ausländischer Nachlasse nach §§ 137 bis 140 AußStrG können getroffen werden (RZ 1938, 20).

§ 45. Nach Eintritt der Streitanhängigkeit getroffene Entscheidungen, mit denen ein Gericht seine sachliche Zuständigkeit bejaht, sind nicht anfechtbar, solche, mit denen es seine sachliche Unzuständigkeit ausspricht, nur dann, wenn das Gericht, das nach dieser Entscheidung sachlich zuständig wäre, seinen Sitz nicht in derselben Gemeinde hat.

IdF Art II Z 14 ZVN 1983 BGBl 135

Lit: *Ballon,* Die Beachtung des rechtlichen Gehörs iSd Art 6 EMRK durch die Rechtsmittelgerichte, JBl 1995, 623; *ders,* Die Gerichtsorganisation der Arbeits- und Sozialgerichtsbarkeit, JBl 1987, 349; *ders,* Die Rechtsprechung in Zuständigkeitsfragen, Fasching-FS (1988) 57; *Fasching,* Die Bedeutung des Gleichheitssatzes für das zivilgerichtliche Verfahren, in *BMfJ,* Grund- und Freiheitsrechte in der gerichtlichen Praxis, Richterwoche 1992 (1993) 339 = Fasching-FG (1993) 3; *Fucik,* Die Zuständigkeit nach der Zivilverfahrens-Novelle 1983, RZ 1985, 237; *Klicka,* Zur Anfechtbarkeit von Entscheidungen über die Zuständigkeit eines privaten Schiedsgerichts, RZ 1986, 235.

Im Rahmen der ZVN 1983 hat der Gesetzgeber versucht, Zuständigkeitsstreitigkeiten möglichst zu verhindern; er hat daher ua die **Anfechtungsmöglichkeiten von Zuständigkeitsentscheidungen eingeschränkt.** Zuständigkeitsentscheidungen erfolgen immer in Form eines Beschlusses, der grundsätzlich mit abgesondertem Rekurs angefochten werden kann, sofern dieser nicht Rekursbeschränkungen unterliegt. 1

Gem § 517 ZPO können in Rechtsstreitigkeiten mit einem 26.000 S nicht übersteigenden Streitwert nur solche Beschlüsse angefochten werden, mit denen das Gericht sich für unzuständig erklärt, nicht aber Beschlüsse, mit denen es seine Zuständigkeit bejaht und die Unzuständigkeitseinrede abweist (und zwar auch dann, wenn es diese Beschlüsse in die Endentscheidung aufnimmt, *Fasching,* Lehrbuch[2] Rz 230). Von dieser Einschränkung abgesehen sind **Zuständigkeitsentscheidungen vor Streitanhängigkeit** (also vor der Klagszustellung an den Beklagten) immer anfechtbar, gleichgültig, ob es sich um sachliche oder örtliche Zuständigkeit handelt, ob sie ausdrücklich bejaht oder sie verneint und die Klage zurückgewiesen wird (s dazu im einzelnen die Rz 5 bis 8 zu § 46 JN). Der Rekurs ist hier einseitig und innerhalb von 14 Tagen einzubringen. **Zuständigkeitsentscheidungen nach Eintritt der Streitanhängigkeit** sind, soweit sie die örtliche (und damit auch die individuelle und funktionelle) Zuständigkeit betreffen, stets anfechtbar (also sowohl bei Bejahung als auch bei Verneinung der örtlichen Zuständigkeit). Der Rekurs ist in diesen Fällen zweiseitig und ist binnen 4 Wochen zu erheben (§ 521 a ZPO).

Soweit **Zuständigkeitsentscheidungen nach Streitanhängigkeit** die **sachliche Zuständigkeit** betreffen, sieht § 45 JN weitreichende Anfechtungsbeschränkungen vor. Der Gesetzgeber der ZVN 1983 ist dabei von folgenden Überlegungen ausgegangen: Im Zusammenhang mit der Zurückdrängung von Zuständigkeitsstreitigkeiten soll die Anfechtung einer Entscheidung des Gerichts über seine sachliche Zuständigkeit noch weiter eingeschränkt werden als bisher. Welche Art von Gericht zu entscheiden hat, ist für die Parteien meist von geringerer Bedeutung, zumal ja auch vor dem Gerichtshof in der Mehrzahl der Fälle der Einzelrichter entscheidet. Von größerer wirtschaftlicher Bedeutung für die Parteien ist der Ort, an dem das Verfahren abläuft. Entscheidungen über die sachliche Zuständigkeit eines Gerichtes sollen deshalb – ähnlich wie nach der geltenden Regelung (gemeint ist § 45 JN aF) – nur angefochten werden können, wenn sie die Zuständigkeit des angerufenen Gerichts verneinen, und überdies nur dann, wenn durch die Änderung der sachlichen Zuständigkeit das Verfahren an einem anderen Ort ablaufen würde. Verschiebungen innerhalb derselben Gemeinde sollen jedoch dabei keine Rolle spielen. Die Regel soll allerdings nicht für eine Zurückweisung a limine gelten. In diesen Fällen erspart der Rekurs sehr oft einen negativen Kompetenzkonflikt (richtig wohl: Zuständigkeitskonflikt), er dient dadurch der Verfahrensökonomie (ErläutRV 669 BlgNR 15. GP 32). Weiters wird vom Gesetzgeber klargestellt, daß eine Bejahung der sachlichen Zuständigkeit nie, eine Verneinung nur unter den hier angeführten Umständen angefochten werden kann. Die Bestimmung gilt nur für die (sachliche) Zuständigkeit im engeren Sinn, hat also nichts mit einer Entscheidung nach § 40a JN zu tun (JAB 1337 BlgNR 15. GP 3). 2

Soweit **Entscheidungen nach Streitanhängigkeit die sachliche Zuständigkeit bejahen,** sind sie immer unanfechtbar (gleichgültig, ob sie von einem Gericht erster oder zweiter Instanz getroffen werden, 7 Ob 53/97p; 1 Ob 2219/96x; EFSlg 69.724 [1992]; JBl 1987, 792; *Ballon,* Fasching-FS 58). 3

Zuständigkeitsverneinende Entscheidungen sind dagegen nur anfechtbar, wenn das Gericht, das nach dieser Entscheidung zuständig wäre, seinen **Sitz nicht in derselben Gemeinde** hat. Zwangsläufig muß das Gericht, das sich für sachlich unzuständig erklärt, in seinem Unzuständigkeitsbeschluß ausdrücklich das Gericht bezeichnen, das nach seiner Auffassung sachlich zuständig ist. Dieser Ausspruch ist für die Partei notwendig, um beurteilen zu können, ob ein Rechtsmittel zulässig ist. Fehlt der Ausspruch, dann fehlt ein gesetzlich gefordertes Kriterium für die Unzulässigkeit des Rekurses; im Zweifel ist daher dann der Rekurs zulässig (*Fasching,* Lehrbuch² Rz 232). Nach einer anderen, weniger strengen Auffassung genügt es, wenn aus dem ganzen Zusammenhang der Klage und des Beschlusses klar ist, daß nur ein anderes Gericht am selben Ort zuständig sein kann (*Mayr* in *Rechberger,* ZPO § 45 JN Rz 2; EvBl 1985/128; steht allerdings nicht fest, ob das sonst sachlich zuständige Gericht seinen Sitz in derselben Gemeinde hat, kommt der Rekursausschluß nach § 45 JN nicht zum Tragen, 4 Ob 518/92).

Der zur Vermeidung bzw Abkürzung eines Zwischenstreits über die sachliche Zuständigkeit des angerufenen Gerichts im § 45 JN angeordnete Rechtsmittelausschluß kann auch nicht dadurch umgangen werden, daß der Rechtsmittelwerber geltend macht, das Erstgericht habe mit seinem Beschluß einer nach §§ 441 bzw 240 Abs 2 ZPO präkludierten Unzuständigkeitseinrede des Beklagten stattgegeben (1 Ob 52/95; 6 Ob 650/94; 1 Ob 630/91); nicht anders kann der Fall beurteilt werden, daß der Beklagte eine Unzuständigkeitseinrede gar nicht erhoben hat (1 Ob 52/95).

Die Anfechtungsbeschränkung des § 45 JN (und die des § 517 ZPO) bewirkt, daß damit die sachliche Unzuständigkeit in den ausgeschlossenen Fällen von Amts wegen – auch im **Berufungs- und Revisionsverfahren** – nicht mehr aufgegriffen werden kann (EvBl 1981/70 zur alten Rechtslage ua) und eine spätere Anfechtung im Rechtsmittel gegen die Hauptsache wegen Nichtigkeit gem § 477 Abs 1 Z 3 ZPO ausgeschlossen ist; Voraussetzung für diese Bindung ist allerdings eine ausdrückliche Entscheidung über die Zuständigkeit (*Fasching,* Lehrbuch² Rz 233 gegen die Rsp, s Rz 4).

4 Die Anfechtungsbeschränkung setzt eine **ausdrückliche Entscheidung des Gerichts** über seine sachliche Zuständigkeit bzw Unzuständigkeit voraus, die entweder als selbständiger Beschluß oder als ein in das Urteil aufgenommener Beschluß zu ergehen hat; eine nur in die Gründe der Sachentscheidung aufgenommene Erörterung der Zuständigkeitsfrage oder eine Sachentscheidung ohne deren Erörterung kann die Anfechtbarkeit der sachlichen (Un-)Zuständigkeit nicht ausschließen (*Fasching*¹ I 282 [zur alten Rechtslage]; *ders,* Lehrbuch² Rz 233; *Fucik,* RZ 1985, 238; *König,* JBl 1976, 324 [zur alten Rechtslage]; offenbar auch *Mayr* in *Rechberger,* ZPO § 45 JN Rz 3). AA die stRsp, wonach die Zuständigkeitsentscheidung auch dann bindend ist, wenn sie nicht ausdrücklich erfolgt, sondern in der Sachentscheidung enthalten ist (EvBl 1981/70 = MietSlg 32.605 [1980]; EvBl 1979/14; SZ 51/101 [1978] = RZ 1978/139 ua, alle zur alten Rechtslage). Diesem Problem wird allerdings kaum praktische Bedeutung zukommen: Derartige Fälle werden nur bei unvertretenen Beklagten und unterlassener Belehrung gem § 104 Abs 3 JN vorkommen, weil die sachliche Unzuständigkeit durch ein Vorbringen des durch einen Anwalt oder Notar (bzw nach dem ASGG qualifiziert) vertretenen Beklagten zur Hauptsache ohne vorherige Erhebung der Unzuständigkeitseinrede geheilt sein wird (*Fasching,* Lehrbuch² Rz 233; *Mayr* in *Rechberger,* ZPO § 45 JN Rz 3).

Die vom OGH (RZ 1993/26 unter Hinweis auf JBl 1986, 333) vertretene Ansicht, daß § 45 JN auch im Verhältnis zwischen dem ASG Wien und den anderen ordentlichen Gerichten Anwendung zu finden hat, führt zu einer Ungleichbehandlung des Gerichtszugangs zwischen Wien und den Bundesländern (*Fasching* in *BMfJ,* Grundrechte 339 = Fasching-FG 3; *Mayr* in *Rechberger,* ZPO § 45 JN Rz 4). Bejaht etwa ein Wiener Gericht seine sachliche Zuständigkeit und erklärt man § 45 JN für anwendbar, dann ist dieser Beschluß unanfechtbar. Stellt hingegen ein Gerichtshof außerhalb von Wien fest, daß er in der richtigen Besetzung verhandelt, dann kann dieser Beschluß gem § 261 ZPO bzw § 37 ASGG angefochten werden. Es wird daher Gleiches ohne sachliche Rechtfertigung ungleich behandelt (s im einzelnen *Ballon,* JBl 1987, 352). 5

Ein weiteres Problem im Hinblick auf das rechtliche Gehör kann sich durch die Regelung des § 45, 2. Halbsatz JN ergeben, wonach der Ausspruch über die sachliche Unzuständigkeit nur dann anfechtbar ist, wenn das sachlich zuständige Gericht seinen Sitz nicht in derselben Gemeinde hat. Zwar schreibt § 261 ZPO eine mündliche Verhandlung über die Unzuständigkeitseinrede des Beklagten (wie auch beim Aufgreifen der Zuständigkeitsfrage von Amts wegen) vor, in der sich der Kläger äußern und einen Überweisungsantrag stellen kann. Sollte freilich das Gericht gesetzwidrig nicht verhandeln und die Klage zurückweisen (allenfalls gem § 38 Abs 4 ASGG überweisen), dann wird dem Kläger das rechtliche Gehör entzogen. Die fehlende Überprüfungsmöglichkeit im Rechtsmittelweg stellt in diesem Fall eine Verletzung des Art 6 Abs 1 EMRK dar (*Ballon,* JBl 1995, 629).

Einzelfragen: 6

• Bei Entscheidungen über die individuelle Zuständigkeit ist zu differenzieren: bewirkt die Bejahung der individuellen Zuständigkeit auch eine Veränderung der örtlichen Zuständigkeit, so ist der Rechtsmittelausschluß des § 45 JN nicht anwendbar; führt sie hingegen lediglich zu einer Zuständigkeitsverschiebung in sachlicher Hinsicht, so gilt die Anfechtungsbeschränkung (*Fink,* Anm zu JBl 1987, 792 [794]; *Mayr* in *Rechberger,* ZPO § 45 JN Rz 4; SZ 51/101 [1978] = RZ 1978/139; aM *Fasching*[1] I 283; *ders,* Lehrbuch[2] Rz 231, wonach der Rechtsmittelausschluß nicht gilt (SZ 53/159 [1980] = ÖBl 1981, 85), weil die individuelle Zuständigkeit immer Elemente der örtlichen Zuständigkeit in sich schließt (*Fasching*[1] I 283).

• Auf Zuständigkeitsentscheidungen, die das Verhältnis zwischen staatlichen Gerichten und Schiedsgerichten betreffen, sind die Anfechtungsbeschränkungen des § 45 JN nicht anwendbar (*Ballon,* Fasching-FS 58; *Fasching,* Lehrbuch[2] Rz 231; *Klicka,* RZ 1986, 235; *Mayr* in *Rechberger,* ZPO § 45 JN Rz 4; JBl 1998, 258; SZ 58/60 [1985]; JBl 1977, 273; EvBl 1961/204; EvBl 1957/338); die Anfechtungsbeschränkung gilt auch nicht im Verhältnis zwischen dem Gerichtshof als Arbeits- und Sozialgericht bzw dem ASG Wien (die ja als ordentliche Gerichte zu qualifizieren sind) und Schiedsgerichten (EvBl 1996/41).

• Die Rechtsmittelbeschränkung ist weiters nicht anzuwenden, wenn es sich um Zuständigkeitsentscheidungen in Zusammenhang mit einer Prorogation handelt (*Mayr* in *Rechberger,* ZPO § 45 JN Rz 4; SZ 44/31 [1971] = EvBl 1972/6 = RZ 1971, 196; EvBl 1957/338; aM *Fasching*[1] I 284).

• Tritt hingegen der Gerichtshof eine bei ihm anhängig gemachte Rechtssache nach Herabsetzung des Streitwerts gem § 60 JN an ein BG ab, das seinen Sitz in derselben Gemeinde hat, ist dieser Beschluß unanfechtbar (RZ 1987/44).

● Mit der Zulassung einer Klagsänderung durch das Berufungsgericht wird schlüssig auch die sachliche Zuständigkeit des Prozeßgerichts bejaht, was gem § 45 JN unanfechtbar ist (6 Ob 67/98 s).

§ 46. (1) Ist die Unzuständigkeit eines Gerichtes auf Grund der Bestimmungen über die sachliche Zuständigkeit der Gerichte rechtskräftig ausgesprochen, so ist diese Entscheidung für jedes Gericht bindend, bei welchem die Rechtssache in der Folge anhängig wird.

(2) Auf Grund der Entscheidung eines Bezirksgerichtes, welches sich mit Rücksicht auf den Wert des Streitgegenstandes für unzuständig erklärte, kann die Rechtssache schon vor Eintritt der Rechtskraft dieser Entscheidung bei einem Gerichtshofe erster Instanz mit der Wirkung angebracht werden, daß die über die Zuständigkeit erflossene Entscheidung des Bezirksgerichtes für den Gerichtshof erster Instanz insolange maßgebend bleibt, als sie nicht in höherer Instanz rechtskräftig abgeändert wird.

(3) Der nämliche Grundsatz hat zur Anwendung zu kommen, wenn die Rechtssache vor einem Handelsgerichte oder vor einem zur Ausübung der Handelsgerichtsbarkeit berufenen Senat als nicht dorthin gehörig an ein Gericht oder einen Senat verwiesen wurde, welche die allgemeine Gerichtsbarkeit auszuüben haben, oder wenn letztere sich mit Rücksicht auf § 51 für unzuständig erklärten.

Abs 3 idF Art II Z 15 ZVN 1983 BGBl 135

Lit: *Ballon,* Die Rechtsprechung in Zuständigkeitsfragen, Fasching-FS (1988) 56; *ders,* Zuständigkeitsprobleme im österreichischen Zivilverfahren, insb im Bereich des Insolvenzrechts, Gaul-FS (1997) 1; *Fucik,* Die Zuständigkeit nach der Zivilverfahrens-Novelle 1983, RZ 1985, 206; *Matscher,* Die Verfahrensgarantien der EMRK in Zivilrechtssachen, ZÖR 1980, 1; *Simotta,* Die Überweisung nach § 230 a ZPO, JBl 1988, 259.

Übersicht:

I. Einleitung

1 Den **Umfang der Bindung der Gerichte an die Zuständigkeitsentscheidung** anderer Gerichte regelt § 46 Abs 1 JN. Hiedurch wird die Bindung der Gerichte in Zuständigkeitsfragen, soweit sie bereits in den §§ 42 und 45 JN verfügt ist, dahin ergänzt, daß nunmehr auch die Gerichte, bei denen nach der Zurückweisung der Anspruch neuerlich anhängig gemacht wird (bzw die Gerichte, an die gem §§ 230 a, 261 ZPO, § 38 ASGG überwiesen wird), mit gewissen Einschränkungen an die Unzuständigkeitsentscheidung des zuerst befaßten Gerichts gebunden sind. Diese Bindung ist allerdings nicht vollständig verwirklicht; durch § 46 Abs 1 JN werden negative Zuständigkeitskonflikte nicht ausgeschaltet.

II. Bindung nur bei sachlichen Zuständigkeitsentscheidungen

Die Bindung der Gerichte an Zuständigkeitsentscheidungen erstreckt sich **nur auf Entscheidungen über die sachliche Zuständigkeit;** § 46 Abs 1 JN ist auf Entscheidungen über die örtliche oder individuelle Zuständigkeit nicht anwendbar. 2

Handelt es sich um eine Frage der sachlichen Zuständigkeit, dann ist es gleichgültig, ob die Unzuständigkeit des Gerichts unmittelbar aus dem Gesetz oder aus einer Zuständigkeitsvereinbarung abgeleitet wurde. Die Überweisung durch ein Bezirksgericht, das sich für sachlich unzuständig erklärt hat, bindet den Gerichtshof (JBl 1924, 63); ebenso besteht die Bindung eines Bezirksgerichts an die Entscheidung des Gerichtshofs, welcher die Klage wegen sachlicher Unzuständigkeit zurückgewiesen hat (SZ 5/331 [1923]); die Überweisung ist auch dann bindend, wenn das Gericht auch durch ausdrückliche Parteivereinbarung nicht hätte zuständig gemacht werden können (NowakNF 1830 [1917]). Auch Unzuständigkeitsentscheidungen eines Schiedsgerichts binden das staatliche Gericht (ebenso auch umgekehrt Unzuständigkeitserklärungen eines staatlichen Gerichts die Schiedsgerichte; vgl auch Art XXIV EGZPO), da der Wortlaut des § 46 Abs 1 nur von Gerichten an sich ohne Einschränkung spricht und zwischen staatlichen Gerichten und Schiedsgerichten sachliche Zuständigkeitsnormen entscheiden (s § 1 JN Rz 29 ff, ferner bei §§ 577 ff ZPO).

Eine über § 46 Abs 1 JN hinausgehende Bindungsvorschrift enthält § 38 Abs 4 ASGG (s Rz 10).

III. Entscheidung in Beschlußform

Voraussetzung für die bindende Wirkung nach § 46 Abs 1 JN ist eine **„Entscheidung“,** also eine **beschlußmäßige Absprache über die Frage der Unzuständigkeit.** Zuständigkeitserörterungen in den Entscheidungsgründen oder die stillschweigende Annahme der Zuständigkeit durch sofortige Sachentscheidung können nicht als Entscheidung iSd § 46 Abs 1 angesehen werden (s dazu mwN § 45 JN Rz 4) 3

IV. Rechtskraft

Der über die Zuständigkeit absprechende Beschluß muß rechtskräftig sein, und zwar nicht nur in formeller Hinsicht (Unanfechtbarkeit – diese tritt bei Überweisungsbeschlüssen nach §§ 230 a, 261 Abs 6 ZPO wegen deren Unanfechtbarkeit sofort ein), sondern es müssen auch die Voraussetzungen für die materielle Rechtskraft (Identität des Klagsanspruchs, der Parteien, des Zuständigkeitstatbestands) gegeben sein. 4

V. A-limine-Entscheidungen

A. Allgemeines

Die Frage, ob ein gem §§ 41, 43 JN ergehender **A-limine-Zurückweisungsbeschluß** anläßlich der amtswegigen Prüfung der Zuständigkeit bei Einlangen der Klage **Bindungswirkung** iSd § 46 Abs 1 JN entfaltet, **ist umstritten.** In der Praxis ist va folgender Fall von Bedeutung: das Erstgericht weist die Klage wegen sachlicher Unzuständigkeit a limine zurück; über Rekurs des Klägers hebt das Rechtsmittelgericht den Zurückweisungsbeschluß auf und trägt der ersten 5

Instanz die Einleitung des Verfahrens auf; kann die beklagte Partei im weiteren Verfahren die Unzuständigkeit einwenden, oder kann sie Rekurs an den OGH erheben? Zur Lösung dieses Problems werden zwei Ansichten vertreten:

6 1. In limine litis gefaßte Zurückweisungsbeschlüsse wegen sachlicher Unzuständigkeit entfalten keine Bindungswirkung für den Beklagten; er kann daher im weiteren Verfahren die Unzuständigkeit des zweiten Gerichts einwenden. Begründet wird diese Ansicht damit, daß dem Gericht nur ein formelles Prüfungsrecht zukommt und die Entscheidung ohne Zuziehung des Beklagten – der in diesem Verfahrensstadium noch nicht Partei geworden ist – gefällt wurde (stRsp seit SZ 27/290 [1954], zuletzt 7 Ob 609/95; *Rechberger/Simotta,* Zivilprozeßrecht[4] Rz 158; offenbar auch *Mayr* in *Rechberger,* ZPO § 46 JN Rz 1; im Ergebnis auch *Ballon,* Gaul-FS 1; *ders,* Fasching-FS 57).

7 2. Nach *Fasching*[1] I 287 und *ders,* Lehrbuch[2] Rz 236, ist zu unterscheiden: Bei A-limine-Zurückweisung wegen prorogabler (verzichtbarer) Unzuständigkeit tritt keine Bindung nach § 46 Abs 1 JN ein, denn bei der Zuständigkeitsprüfung ist (soweit es Tatbestände der prorogablen Unzuständigkeit betrifft) das Gericht gem § 41 Abs 2 JN auf das (idR) für wahr zu haltende Vorbringen in der Klage angewiesen. Darüber hinaus kann es bezüglich dieser Tatbestände keine Erhebungen pflegen, sodaß die Prüfung der Voraussetzungen – soweit es die prorogable Unzuständigkeit betrifft – bei Einlangen der Klage zwangsläufig unvollständig bleiben muß. Erst die Unzuständigkeitseinrede des Beklagten vervollständigt den Zuständigkeitstatbestand. Deshalb hat der OGH in stRsp (beginnend mit SZ 27/290 [1954] = JBl 1955, 43 = EvBl 1955/10 = Arb 6125 [1954]) mit Recht eine bindende Wirkung solcher Zurückweisungsbeschlüsse abgelehnt, soweit die Zurückweisung auf prorogable Unzuständigkeit gestützt ist. Unrichtigerweise lehnt der OGH jedoch auch eine solche bindende Wirkung für Beschlüsse ab, auf Grund deren die Klage schon nach Einlangen wegen unprorogabler (unverzichtbarer) Unzuständigkeit zurückgewiesen wurde. Gem § 240 Abs 2 ZPO idF vor der ZVN 1983 ist die unprorogable Unzuständigkeit in jeder Lage des Verfahrens von Amts wegen wahrzunehmen. Das Gericht hat hiezu von Amts wegen den ganzen, für die Zuständigkeit maßgeblichen Sachverhalt zu ermitteln (und allenfalls auch den Beklagten zu befragen, selbst wenn dieser in diesem Verfahren mangels Zustellung der Klage an ihn noch keine formelle Parteistellung besitzt). Hat das Gericht sich streng an seine amtswegige Erhebungspflicht gehalten, dann könnte auch eine später (über Einrede) ergehende Entscheidung über die unprorogable Unzuständigkeit infolge Nämlichkeit des zugrundeliegenden Sachverhalts gar nicht anders lauten. Damit sind aber die Voraussetzungen für eine bindende Wirkung der A-limine-Entscheidung über die unprorogable Unzuständigkeit gegeben. Dies fordert aber (vgl §§ 41, 43 JN) die Zustellung dieser Beschlüsse an den Beklagten und die Zubilligung eines Rechtsmittelrechts für ihn. Zusammenfassend ergibt sich also, daß den A-limine-Zurückweisungsbeschlüssen wegen prorogabler Unzuständigkeit die bindende Wirkung nach § 46 Abs 1 JN nicht zukommt, daß aber Zurückweisungsbeschlüsse, die auf den Zurückweisungsgrund der unprorogablen Unzuständigkeit gestützt sind, diese bindende Wirkung äußern (*Fasching*[1] I 287; *ders,* Lehrbuch[2] Rz 236; ihm folgend *Holzhammer,* Zivilprozeßrecht[2], 66; *Buchegger,* PraktZPR[6] I 39).

B. Lösungsvorschlag

8 Die von *Fasching* vertretene Rechtsansicht muß aber an den **Erfordernissen des beiderseitigen rechtlichen Gehörs gem Art 6 Abs 1 EMRK** gemessen wer-

den. Die Beschränkung der Rekurszulässigkeit durch die WGN 1989 hat aber wohl nunmehr so erhebliche Gehördefizite für den Beklagten zur Folge, daß sich zumindest nach deren Inkrafttreten die Annahme einer bindenden Wirkung von Beschlüssen, mit denen die Klage a limine zurückgewiesen bzw die Zurückweisung durch das Rekursgericht aufgehoben haben, auch dann kaum aufrechterhalten bleiben kann, wenn es sich um unprorogierbare Unzuständigkeit handelt; es wird daher der von der Rechtsprechung vertretenen Rechtsmeinung (s Rz 7) der Vorzug zu geben sein. Schon vor der ZVN 1983 war ein abändernder Beschluß des Rekursgerichts, mit dem dem Erstgericht die Einleitung des Verfahrens aufgetragen wurde, erst ab einem Beschwerdewert von 2.000 S anfechtbar (§ 528 ZPO idF vor der ZVN 1983). Das bedeutete, daß dem Beklagten bis zu diesem Betrag das rechtliche Gehör entzogen war. Dennoch konnte dieser Mangel in Kauf genommen werden, da ja die Durchführung eines Verfahrens aufgetragen und nicht abgelehnt wurde, es sich um einen eher unbedeutenden Wert handelte und zudem die verfassungsrechtliche Regelung des Art 6 Abs 1 EMRK (beiderseitiges rechtliches Gehör) bei Formalfragen nur auf einen ausgewogenen und nicht auf einen perfekten Rechtsschutz abstellt (s *Matscher,* ZÖR 1980, 25). Zudem verhinderte diese Lösung doppelten Prozeßaufwand und stellte daher auf eine ökonomische und rasche Verfahrensgestaltung ab. Auf Grund der Neuregelung durch die WGN 1989 kann aber dieser Auffassung nicht mehr gefolgt werden, weil sie nunmehr zu einer nicht mehr vertretbaren Beschränkung des rechtlichen Gehörs für den Beklagten führt. Die Rechtsmittelbeschränkungen des § 528 ZPO erklären den Revisionsrekurs – sofern er überhaupt statthaft ist – nur für zulässig, wenn der Entscheidungswert 52.000 S übersteigt und die übrigen Voraussetzungen des § 528 ZPO vorliegen. Der Beklagte kann daher nur in sehr beschränktem Ausmaß das Höchstgericht anrufen, sodaß ihm in vielen Fällen das rechtliche Gehör versagt wird. Dann aber liegt sicher ein Verstoß gegen Art 6 Abs 1 EMRK vor. Eine verfassungskonforme Auslegung muß daher im Ergebnis die von der stRsp und einem Teil der Lehre vertretene Auffassung gutheißen. Sie muß die Bindungswirkung von a limine gefaßten (sachlichen) Zuständigkeitsentscheidungen verneinen und dem Beklagten die (rechtzeitige) Einwendung der Unzuständigkeit erlauben. Freilich bedeutet dies einen relativ großen Verfahrensaufwand (was auch die Rsp nicht verkennt, SZ 27/290 [1954]); dennoch ist der Anspruch auf Gewährung rechtlichen Gehörs hier höher zu bewerten (*Ballon,* Gaul-FS 1; *ders,* Fasching-FS 56).

VI. Bindungswirkung im einzelnen

Rechtskräftige Entscheidungen über die sachliche Unzuständigkeit des angerufenen Gerichts (Zurückweisungsbeschlüsse) gem § 46 Abs 1 JN binden die anderen Gerichte in der Weise, daß sie nicht aussprechen dürfen, daß das ursprünglich angerufene Gericht zuständig gewesen wäre. Das zweite Gericht kann seine Unzuständigkeit allerdings mit der Begründung aussprechen, daß ein drittes Gericht sachlich zuständig ist (*Ballon,* Zivilprozeßrecht[9] Rz 79; *Fasching,* Lehrbuch[2] Rz 236; *Mayr* in *Rechberger,* ZPO § 46 JN Rz 1). Die Bindungswirkung gilt allerdings nicht für a limine gefaßte Zurückweisungsbeschlüsse wegen sachlicher Unzuständigkeit (s Rz 2 ff). 9

Überweisungsbeschlüsse gem § 261 ZPO entfalten die gleiche Bindungswirkung, sodaß sich das Zweitgericht nur mit der Begründung für unzuständig erklären darf, weil es ein drittes Gericht für zuständig hält (*Ballon,* Zivilprozeßrecht[9] Rz 80 mwN; s im einzelnen bei § 261 ZPO).

Überweisungsbeschlüsse gem § 230 a ZPO haben grundsätzlich keine Bindungswirkung für das Zweitgericht. Dieses kann seine Unzuständigkeit auch mit der Begründung aussprechen, daß es das Erstgericht für zuständig erachtet; allerdings darf das Zweitgericht seine Unzuständigkeit nicht von Amts wegen, sondern nur über rechtzeitige Einwendung durch den Beklagten aussprechen (*Ballon,* Zivilprozeßrecht[9] Rz 80 mwN auch zu teilw abweichenden Meinungen; s im einzelnen bei § 230 a ZPO).

Überweisungsbeschlüsse nach § 44 JN entfalten Bindungswirkung analog zu § 46 Abs 1 JN (s im einzelnen § 44 JN Rz 12).

10 Ebenfalls Bindungswirkung entfalten Zuständigkeitsentscheidungen nach § 45 zweiter Halbsatz JN; es ist kein Grund ersichtlich, warum in diesem Fall die Bindungswirkung nicht gelten sollte (so aber *Fasching,* Lehrbuch[2] Rz 236; *Mayr* in *Rechberger,* ZPO § 46 JN Rz 1).

Eine über § 46 Abs 1 JN sogar hinausreichende Bindungsvorschrift enthält § 38 Abs 4 ASGG. Danach ist das Gericht, an welches die Sache gem § 38 Abs 2 ASGG wegen Unzuständigkeit des angerufenen Gerichts (bei Streit um die Zuständigkeit von Arbeits- und Sozialgerichten) überwiesen wurde, an den rechtskräftigen Ausspruch über die sachliche Zuständigkeit gebunden (*Fasching,* Lehrbuch[2] Rz 237; *Mayr* in *Rechberger,* ZPO § 46 JN Rz 2; s EvBl 1994/19). Hinsichtlich der örtlichen Unzuständigkeit ist es daran gebunden, daß das überweisende Gericht jedenfalls unzuständig ist, es kann jedoch zum Ergebnis kommen, daß ein drittes Gericht örtlich zuständig ist (*Mayr* in *Rechberger,* ZPO § 46 JN Rz 2). Bei der sachlichen Zuständigkeit kann das in allgemeinen Zivilsachen tätige Gericht die sachliche Zuständigkeit des Arbeits- und Sozialgerichts bindend aussprechen, nicht aber umgekehrt (*Mayr* in *Rechberger,* ZPO § 46 JN Rz 2 und § 44 JN Rz 5; *Feitzinger/Tades,* ASGG[2], 54; Arb 10.842 [1990]; aM *Fasching,* Lehrbuch[2], 237).

Die Bindung gilt nicht nur für die Gerichte erster Instanz, sondern auch für Gerichte höherer Instanz. Hat der Gerichtshof zweiter Instanz als Berufungsgericht die Wiederaufnahmsklage wegen sachlicher Unzuständigkeit deshalb zurückgewiesen, weil der Gerichtshof als erste Instanz die entscheidenden Tatsachenfeststellungen getroffen hat, dann kann sich dieser nicht mehr als unzuständig ablehnen. Gleiches gilt für die amtswegige Überweisung einer Berufung durch das unzuständigerweise angerufene Berufungsgericht an das zuständige Rechtsmittelgericht (*Fasching*[1] I 288).

Aus den ausdrücklichen Bindungsvorschriften ist zu schließen, daß andere Zuständigkeitsentscheidungen grundsätzlich nicht binden, insb Entscheidungen über die örtliche Zuständigkeit (*Ballon,* Zivilprozeßrecht[9] Rz 79; *Fucik,* RZ 1985, 238; *Mayr* in *Rechberger,* ZPO § 46 JN Rz 3).

VII. Sonstiges

11 Zur Verfahrensbeschleunigung enthalten die Abs 2 und 3 des § 46 JN Vorschriften, die für die Praxis kaum Bedeutung erlangt haben. Diese Bestimmungen ermöglichen, eine vom BG wegen sachlicher Unzuständigkeit (etwa wegen eines 130.000 S übersteigenden Streitwerts) zurückgewiesene Klage schon vor Rechtskraft des Zurückweisungsbeschlusses beim Gerichtshof anhängig zu machen. Das gilt auch in den Fällen, in denen eine Klage beim Gerichtshof wegen der Zuständigkeit oder Unzuständigkeit eines Kausalgerichtshofs (Handelsgericht) oder des Kausalsenats (Handelssenat) desselben Gerichtshofs zurückgewiesen wurde. Solange also eine rechtskräftige Zuständigkeitsentscheidung nicht vorliegt, ist für diese Fälle das Prozeßhindernis der Streitanhängigkeit beseitigt. Wird jedoch der Zuständigkeitsausspruch rechtskräftig, dann bindet er auch das Gericht, bei dem die Rechtssache bereits anhängig gemacht wurde (ZBl 1929/42), selbst in höherer Instanz.

Vor § 47: Kompetenzkonflikte

Lit: Siehe die Literaturangaben zu § 47 JN.

1 Ein **Kompetenzkonflikt** entsteht, wenn zwei oder mehrere verschiedene Behörden oder Gerichte gleichzeitig die Erledigung derselben Rechtssache für sich in Anspruch nehmen (bejahender, positiver Kompetenzkonflikt) oder jede für sich die Erledigung ablehnen (verneinender, negativer Kompetenzkonflikt). Siehe dazu Einl Rz 31 f.

2 **Kompetenzkonflikte anläßlich eines zivilgerichtlichen Verfahrens** können entstehen:

1. Zwischen inländischen Gerichten und ausländischen Gerichten oder Behörden (meist Verwaltungsbehörden): Hat sich ein inländisches Gericht zu Unrecht die Entscheidung über eine Rechtssache angemaßt, die nach inländischen Gesetzen ausschließlich in die Kompetenz ausländischer Gerichte und Behörden fällt, dann ist das Verfahren in jeder Lage gem § 42 Abs 1 und 4 JN wegen eines durch Prorogation oder Heilung nicht beseitigbaren Fehlens der inländischen Gerichtsbarkeit (internationalen Zuständigkeit) für nichtig zu erklären; im zivilgerichtlichen Verfahren kann gem § 42 Abs 2 JN diese Nichtigerklärung auch noch nach Rechtskraft der Entscheidung über Antrag der obersten Verwaltungsbehörde (hier des BMJ) durch den OGH erfolgen (s Rz 16 f zu § 42 JN).

3 **2. Zwischen (inländischen) Gerichten und Verwaltungsbehörden:** Auch hier ist Voraussetzung, daß die Gerichte entweder zu Unrecht die Zulässigkeit des Rechtswegs bejaht (oder verneint) haben und gleichzeitig die Verwaltungsbehörde bzw der VwGH die Entscheidungsgewalt für sich anspricht (oder die Entscheidung gleichfalls ablehnt). Haben sich die Gerichte zu Unrecht die Entscheidungsgewalt angemaßt, dann ist das Verfahren in jeder Lage wegen Unzulässigkeit des Rechtswegs gem § 42 Abs 1 und 4 JN für nichtig zu erklären, und zwar gem § 42 Abs 2 JN sogar auch noch nach Rechtskraft der Endentscheidung über Antrag der obersten Verwaltungsbehörde (deren Unterbehörden die Entscheidung für sich in Anspruch nehmen) durch den OGH (s Rz 16 f zu § 42 JN). Wenn beim verneinenden Kompetenzkonflikt sowohl die Gerichte wie die Verwaltungsbehörden die Einleitung eines Verfahrens rechtskräftig abgelehnt haben, entscheidet über Antrag der rechtssuchenden Partei gem Art 138 B-VG, § 46 VfGG der VfGH bindend. Haben hingegen Gerichte und Verwaltungsbehörden für sich die Erledigung der Rechtssache in Anspruch genommen, dann ist nach rechtskräftiger Sachentscheidung des Gerichts eine Entscheidung des VfGH ausgeschlossen (Art 138 B-VG, §§ 42 ff VfGG), gem § 48 VfGG auch über Antrag einer Partei. Gem § 43 Abs 4 VfGG haben die Gerichte und der VwGH dem VfGH von einem bejahenden Kompetenzkonflikt Mitteilung zu machen. Das Erkenntnis des VfGH spricht aus, welche der konkurrierenden Behörden zur Entscheidung berufen ist, und beseitigt gleichzeitig die entgegenstehende Entscheidung der nicht berufenen Behörde.

4 **3. Zwischen ordentlichen Gerichten und Sondergerichten:** Das Verhältnis zwischen ordentlichen Gerichten und Sondergerichten (zum Begriff des Sondergerichts s Rz 24 ff zu § 1 JN; nicht als Sondergerichte werden daher die Schiedsgerichte ohne Zwangskompetenz aufgefaßt, sie zählen zu den ordentlichen Ge-

richten) wird als Frage der Zulässigkeit des ordentlichen Rechtswegs aufgefaßt, sodaß die Regeln über die Unzulässigkeit des Rechtswegs ieS gelten; insb sind die Bestimmungen des § 42 JN iZm Art 138 B-VG anzuwenden, sodaß die Nichtigkeit der Entscheidung vom OGH über Antrag der obersten Verwaltungsbehörde (BMJ) auch noch nach Rechtskraft der Entscheidung ausgesprochen werden kann (s Rz 4 zu § 42 JN; *Ballon,* Zulässigkeit 157; *Mayr* in *Rechberger,* ZPO § 42 JN Rz 5; *Rechberger/Simotta,* Zivilprozeßrecht[4] Rz 93; teilw aM offenbar *Fasching,* Lehrbuch[2] Rz, der ein Rechtswegsverhältnis ieS nur zwischen ordentlichen Gerichten und den Sondergerichten des öffentlichen Rechts sowie dem Kartellgericht annimmt).

5 **4. Zwischen ordentlichen Gerichten in Ausübung der streitigen Gerichtsbarkeit und der Gerichtsbarkeit in Außerstreit-, Exekutions- und Insolvenzsachen:** Dabei handelt es sich um die Frage der Zulässigkeit des streitigen Rechtswegs, auf die die vorhin erwähnten Regelungen nur teilweise angewendet werden können; insb kann die Unzulässigkeit des Rechtswegs nach Eintritt der Rechtskraft auf keinen Fall mehr aufgegriffen werden (§ 42 JN iVm § 40a JN). Dabei sind mehrere Fälle zu unterscheiden:

- Ist derselbe Richter (beim selben Gericht) des sowohl zur Führung des von der Partei irrig begehrten als auch des tatsächlich anzuwendenden Verfahrens berufen, dann hat er sofort das richtige Verfahren einzuleiten.
- Ähnlich ist vorzugehen, wenn zwar dasselbe Gericht zur Entscheidung berufen ist, die Erledigung aber nach der Geschäftsverteilung einem anderen Richter obliegt; hier ist diesem die Rechtssache zur weiteren Erledigung abzutreten.
- Ist für die Durchführung des richtig anzuwendenden Verfahrens dagegen ein anderes als das angerufene Gericht zuständig, dann hat das angerufene Gericht in seinem Beschluß nicht nur auszusprechen, daß die gewählte Verfahrensart unzulässig und die Sache in dem richtigen, genau zu bezeichnenden Verfahren durchzuführen ist, sondern auch – in analoger Anwendung des § 44 JN – seine Unzuständigkeit auszusprechen, das zuständige Gericht zu benennen und die Rechtssache von Amts wegen an dieses zu überweisen (EvBl 1984/92). Dies gilt in erster Linie für die Abgrenzung zwischen streitigem und außerstreitigem Verfahren, es kann aber auch für die Abgrenzung zwischen anderen Verfahrensarten von Bedeutung sein (NZ 1993, 44 [*Hofmeister*]). Die Überweisung ist sowohl vom streitigen ins außerstreitige Verfahren wie auch umgekehrt möglich (*Ballon,* Zivilprozeßrecht[9] Rz 50; *Fasching,* Lehrbuch[2] Rz 114; teilw aM *Mayr/Fucik,* Verfahren außer Streitsachen 17; *Klicka/Oberhammer,* Außerstreitverfahren[3] Rz 9; *Mayr* in *Rechberger,* ZPO § 40a JN Rz 4; *Rechberger/Simotta,* Zivilprozeßrecht[4], 96; Näheres s § 40a JN Rz 1, § 42 JN Rz 27, § 44 JN Rz 3).

6 **5. Zwischen den ordentlichen Gerichten innerhalb der gleichen Form der Gerichtsbarkeit:** Hier stellt sich der Kompetenzkonflikt nur mehr als Zuständigkeitsstreit in engster Bedeutung des Wortes dar, da die Zulässigkeit des Rechtswegs und die gewählte Verfahrensart eindeutig bejaht sind und nur mehr die Frage der sachlichen und örtlichen Zuständigkeit zu entscheiden ist. Für diese Fälle ist das Verfahren nach § 47 vorgesehen.

Streitigkeiten über die Zuständigkeit mit inländischen Gerichten

§ 47. (1) Streitigkeiten zwischen verschiedenen Gerichten erster Instanz über die Zuständigkeit für eine bestimmte Rechtssache sind von dem diesen Gerichten zunächst übergeordneten gemeinsamen höheren Gerichte zu entscheiden.

(2) Die Entscheidung erfolgt auf Antrag einer Partei, auf Anzeige eines der beteiligten Gerichte oder aus Anlaß der Entscheidung über einen Rekurs gegen eine Zuständigkeitsentscheidung mit Beschluß. Die Entscheidung ist ohne vorhergehende mündliche Verhandlung zu erlassen; es kann jedoch das Gericht vor der Entscheidung den Gerichten, welche sich in der Rechtssache für zuständig oder für nichtzuständig erklärten, sowie den Parteien die zur Aufklärung erforderlichen Äußerungen unter Anberaumung einer Frist abfordern.

(3) Die Entscheidung, welche durch ein Rechtsmittel nicht angefochten werden kann, ist den Parteien durch das als zuständig bestimmte Gericht mitzuteilen.

(4) Das zur Entscheidung berufene höhere Gericht kann alle Verfügungen treffen, welche sich in der Zwischenzeit zur Wahrung öffentlicher Interessen oder zur Sicherung der Parteien oder des Zweckes des Verfahrens nötig erweisen.

Abs 2 idF Art II Z 16 ZVN 1983 BGBl 135

Übersicht:

I. Allgemeines

1 Ein **Zuständigkeitsstreit iSd § 47 JN** liegt nur vor, wenn mehrere Gerichte ihre Zuständigkeit bejaht oder in einer Weise verneint haben, daß die Möglichkeit einer Zuständigkeit eines weiteren Gerichts ausgeschlossen ist (1 Nd 445/49; ebenso für den negativen Zuständigkeitskonflikt 1 Nd 525/82; 1 Ob 1/92). Voraussetzung für ein Verfahren nach § 47 JN ist jedenfalls, daß es sich um eine Rechtssache handelt, die vor die inländischen ordentlichen Gerichte gehört (SZ 30/60 [1957] = EvBl 1958/82). Zuständigkeitskonflikte nach § 47 JN können nur zwischen Gerichten erster Instanz entstehen. Im Rechtsmittelverfahren ist ein Kompetenzkonflikt nur als negativer Zuständigkeitskonflikt denkbar, doch auch er ist durch die Bestimmungen über die amtswegige Überweisung an das nach Meinung des zuerst angerufenen Gerichts richtigerweise zur Entscheidung berufene Gericht (§ 474 Abs 1 ZPO), die Bindung dieses Gerichts an die im Überweisungsbeschluß ausgesprochene Zuständigkeitsentscheidung (§ 46 Abs 1 JN) sowie durch die Möglichkeit der Anfechtung eines Zurückweisungsbeschlusses (§ 519 Abs 1 Z 1 ZPO) ausgeschaltet. Lediglich im Verfahren über Wiederaufnahms- und Nichtigkeitsklagen ist ein negativer Kompetenzkonflikt zwischen Gerichten erster und höherer Instanz des Vorprozesses denkbar (§ 532 ZPO), doch schließt auch hier die Bindung des später angerufenen Gerichts nach § 46 Abs 1 JN dies in fast allen Fällen aus. Darüber hinaus könnte ein – in der Praxis

kaum denkbarer – negativer Kompetenzkonflikt nach § 47 JN entschieden werden, weil es sich hier in Wahrheit ebenfalls um einen Streit zweier Gerichte erster Instanz des Wiederaufnahme- oder Nichtigkeitsprozesses angerufener Gerichte handelt (auch wenn eines von ihnen im Vorprozeß nach den allgemeinen Bestimmungen über die sachliche Zuständigkeit als Gericht höherer Instanz eingeschritten war).

II. Arten der Zuständigkeitskonflikte

A. Vorbemerkung

2 Als Kompetenzkonflikte iSd § 47 JN können nur Zuständigkeitsstreitigkeiten bejahender oder verneinender Art aufgefaßt werden, gleichgültig, ob es sich um die **sachliche oder örtliche Zuständigkeit** handelt.

B. Positive Zuständigkeitskonflikte

3 **Bejahende (positive) Zuständigkeitskonflikte zwischen Gerichten** treten nur bei gleichzeitiger Klagseinbringung ein; bei zeitlicher Reihenfolge der Klagen muß das später angerufene Gericht die Klage wegen Streitanhängigkeit zurückweisen. Ausgenommen davon sind nur die in der Praxis bedeutungslosen Fälle des § 46 Abs 2 und 3 JN: Zur Abkürzung von Zuständigkeitsstreitigkeiten ermöglicht § 46 Abs 2 JN, daß der Kläger dann, wenn ein BG sich wegen der Höhe des Streitwerts für unzuständig erklärt hat, die Sache noch vor Rechtskraft der Zuständigkeitsentscheidung beim Gerichtshof erster Instanz anhängig machen kann, ohne daß dem vorläufig Streitanhängigkeit entgegensteht; in diesem Fall kann also der Kläger gleichzeitig Rekurs gegen die Zurückweisung der Klage beim BG erheben und diese neuerlich beim Gerichtshof erster Instanz einbringen. Dasselbe gilt auch bei streitiger Zuständigkeit im Verhältnis zwischen allgemeinen Senaten eines Gerichtshofs und dem Handelssenat bzw dem HG (§ 46 Abs 3 JN). Zur Sonderregelung in Sozialrechtssachen s Rz 19.

C. Negative Zuständigkeitskonflikte

4 **Verneinende (negative) Zuständigkeitskonflikte** können häufiger und im Regelfall dadurch entstehen, daß zwei oder mehrere Gerichte nacheinander rechtskräftig ihre Zuständigkeit für eine bestimmte Rechtssache verneinen. Sie werden dadurch möglich, daß die Vorschriften über die wechelseitige Bindung der Gerichte an ihre Unzuständigkeitsentscheidungen nur lückenhaft sind und eine amtswegige Überweisungsbefugnis (ausgenommen § 38 ASGG) fehlt. Ein verneinender Zuständigkeitskonflikt liegt auch vor bei einer Überweisung nach § 230a ZPO und einer Rücküberweisung nach § 261 Abs 6 ZPO (OLG Wien WR 399 [1989]; s auch Jus-Extra, OGH-Z 1992/1089).

D. Streitigkeiten über die sachliche Zuständigkeit

5 **Streitigkeiten über die sachliche Zuständigkeit** werden zwar durch § 46 Abs 1 JN eingeschränkt, aber nicht ausgeschlossen. Bejahende Kompetenzkonflikte über die sachliche Zuständigkeit sind kaum möglich: Wenn auch zwei Gerichte in der gleichen Angelegenheit befaßt werden, die Parteien die Streitanhängigkeit nicht einredeweise vorbringen und die Gerichte anfänglich auch von Amts wegen (§ 240 Abs 3 ZPO) nicht zur Kenntnis der Streitanhängigkeit gelangten, wird sofort bei Bekanntwerden dasjenige Gericht, bei dem das Verfah-

ren über denselben Anspruch später anhängig gemacht wurde, das bei ihm anhängige Verfahren wegen Streitanhängigkeit für nichtig erklären müssen. Daher kommt positiven Kompetenzkonflikten weder im Bereich der sachlichen noch der örtlichen Zuständigkeit größere Bedeutung zu. Nur in denjenigen Verfahrensarten, in denen das Gericht von Amts wegen ein Verfahren einleiten kann, besteht in größerem Umfang die Möglichkeit eines positiven Kompetenzkonflikts.

Bei Streitigkeiten über die **sachliche Zuständigkeit** ist ein **negativer Kompetenzkonflikt in vier Fällen möglich:** 6

- Entweder ist dem später angerufenen Gericht die nach § 46 Abs 1 JN bindende Vorentscheidung des zunächst angerufenen Gerichts nicht bekannt, oder
- die Zuständigkeitsentscheidung des erstangerufenen Gerichts enthält keinen Ausspruch, welches Gericht unter mehreren Gerichten als zuständig anzusehen ist, sodaß sich das später angerufene Gericht nicht eindeutig als gebunden erachten mußte, oder
- das später angerufene Gericht verneint gesetzwidrig seine Bindung an den Zurückweisungsbeschluß bzw an Überweisungsbeschluß gem § 261 Abs 6 ZPO des zuerst angerufenen Gerichts, schließlich
- der Zurückweisungsbeschluß des erstangerufenen Gerichts erfolgte a limine nach §§ 41, 43 JN, und das später angerufene Gericht (das nach stRsp, beginnend mit SZ 27/290 [1954] = JBl 1955, 43 = EvBl 1955/10 = Arb 6125 [1954], zuletzt 7 Ob 609/95, und einem Teil der Lehre weder bei prorogabler noch bei unprorogabler sachlicher Unzuständigkeit an diesen Beschluß gebunden ist, s im einzelnen § 46 JN Rz 5 ff, § 41 JN Rz 12) erklärt sich ebenfalls für nicht zuständig.

III. Rechtskraft der Zuständigkeitsentscheidung

Voraussetzung für eine Entscheidung nach § 47 ist immer, daß beide konkurrierenden Gerichte **rechtskräftig über die Zuständigkeit abgesprochen** haben (GlUNF 2087 [1902]; EFSlg 69.726 [1992]; 1 Nd 445/49, ua). Solange nicht beide, die Zuständigkeit der Gerichte verneinenden (oder bejahenden) Entscheidungen rechtskräftig sind, kann die Frage der Zuständigkeit noch im Rechtsmittelweg (sofern ein solcher vorgesehen ist, also etwa nicht in den Fällen des § 45 JN) erledigt werden. Das Verfahren nach § 47 JN dient nicht dazu, die Entscheidung über Zuständigkeitsfragen dem Rechtsmittelweg zu entziehen (GlUNF 2087 [1902]). Ebenso ist eine Entscheidung nach § 47 JN solange ausgeschlossen, als auf Grund der Zuständigkeitsordnung ein weiteres Gericht mit Aussicht auf Erfolg angerufen werden könnte. Erst nach Erschöpfung aller in der Zuständigkeitsordnung vorgesehenen Möglichkeiten (konkreten Zuständigkeiten) ist das Verfahren nach § 47 JN einzuleiten (3 Nd 3/86). 7

IV. Entscheidung nur über die Zuständigkeit

Schließlich ergibt sich aus der engen Begrenzung des § 47 Abs 1 JN, daß im Verfahren **nach § 47 JN nur über die Zuständigkeit der Gerichte** entschieden werden kann. Dies setzt voraus, daß die inländische Gerichtsbarkeit (internationale Zuständigkeit) und die Zulässigkeit des Rechtswegs einwandfrei feststehen (SZ 30/60 [1957] = EvBl 1958/82). Kommt das über den Kompetenzkonflikt entscheidende Gericht dazu, das Vorliegen dieser beiden Voraussetzungen zu 8 verneinen, dann hat es den Antrag nach § 47 JN zurückzuweisen. (Die Prüfung dieser Voraussetzungen wird durch die Rechtskraft der nur die Zuständigkeit behandelnden Zurückweisungsbeschlüsse – auch wenn sie hiedurch konkludent die inländische Gerichtsbarkeit oder die Zulässigkeit des Rechtswegs bejahen oder diese in den Gründen als gegeben annehmen – nicht gehindert, da eine Bindung nur durch eine spruchgemäße Entscheidung erfolgen könnte.)

V. Identität der Rechtssache

9 Die konkurrierenden Gerichte müssen die **Entscheidung über die gleiche Rechtssache** ablehnen (beanspruchen), es müssen also die Parteien (oder deren Gesamtrechtsnachfolger) und der Anspruch derselbe sein. Damit aber ein Kompetenzkonflikt entstehen kann, muß auch der Zuständigkeitstatbestand derselbe sein, denn (vgl § 42 Abs 3 JN) sobald derselbe Anspruch zwischen denselben Parteien auf einen neuen Zuständigkeitstatbestand gegründet wird, fällt die bindende Wirkung der Zuständigkeitsentscheidung desselben (§ 42 Abs 3 JN) oder eines anderen Gerichts (§ 46 Abs 1 JN) fort, und der Anspruch könnte neuerlich bei dem zuerst angerufenen Gericht geltend gemacht werden.

VI. Zuständigkeit

10 **Zuständig für die Entscheidung** ist der den streitenden Gerichten organisatorisch unmittelbar übergeordnete Gerichtshof ohne Rücksicht darauf, ob ihm in der Hauptsache selbst eine Entscheidungsbefugnis zukommt (*Mayr* in *Rechberger,* ZPO § 47 JN Rz 3; EFSlg 66.856 [1991]; 63.925 [1990]). Dies ist im Fall eines Zuständigkeitsstreits zwischen BG innerhalb desselben Gerichtshofsprengels der Gerichtshof erster Instanz, zwischen BG innerhalb desselben Oberlandesgerichtssprengels dieses OLG, sonst der OGH; bei Zuständigkeitsstreitigkeiten zwischen Gerichtshof und BG innerhalb desselben Oberlandesgerichtssprengels (auch dann, wenn das BG im Sprengel des konkurrierenden Gerichtshofs liegt), das OLG, sonst der OGH. Über Streitigkeiten zwischen dem BGHS Wien und einem anderen Wiener BG entscheidet das OLG Wien. Über Streitigkeiten zwischen dem OGH und einem anderen Gericht entscheidet der OGH selbst (SZ 55/107 [1982] = JBl 1983, 264 = EvBl 1983/20). Der OGH entscheidet mangels Ausnahmeregelung in einem einfachen Senat (*Mayr* in *Rechberger,* ZPO § 47 JN Rz 3).

11 § 47 JN ist auch **im arbeits- und sozialgerichtlichen Verfahren** anzuwenden (zur alten Rechtslage vor dem ASGG SZ 29/23 [1956] = EvBl 1956/256; RZ 1978/125). Über Zuständigkeitsstreitigkeiten zwischen zwei Gerichtshöfen als Arbeits- und Sozialgerichten, zwischen einem Gerichtshof als Arbeits- und Sozialgericht und einem Gerichtshof in Ausübung der allgemeinen Gerichtsbarkeit bzw der Handelsgerichtsbarkeit (sofern es sich um verschiedene Gerichte handelt – andernfalls ist nach § 37 ASGG vorzugehen) sowie zwischen dem Gerichtshof als Arbeits- und Sozialgericht und einem BG entscheidet das OLG, allenfalls der OGH. Derartige Streitigkeiten sind allerdings auf Grund der gem § 38 ASGG vorgesehenen amtswegigen Überweisung und der weitgehenden Bindungswirkung kaum denkbar (s dazu Arb 10.842 [1990]; *Kuderna,* ASGG², 223). Daher erübrigt sich auch das Eingehen auf die Frage, ob der OGH in einem Fünfersenat oder in einem Dreiersenat gem § 11a Abs 3 ASGG zu entscheiden hat.

VII. Zuständigkeitsentscheidung als Akt der Gerichtsbarkeit

Die **Entscheidung** über Kompetenzkonflikte **erfolgt in Ausübung der Rechtsprechung** und ist keine Verwaltungsentscheidung, da das Gericht hier bindend über Zuständigkeitsfragen erkennt. Die Entscheidung ergeht somit über das Vorliegen einer bestimmten Prozeßvoraussetzung für einen bestimmten Anspruch und kann als solche nicht als ein Akt zur Sicherung der Rechtspflege, wie sie der Justizverwaltung obliegt, angesehen werden. Dem steht auch nicht die in § 47 Abs 2 JN enthaltene Möglichkeit amtswegiger Erhebungen und des Abverlangens von Äußerungen entgegen, da dies auch sonst zur Feststellung von Prozeßvoraussetzungen vorgesehen ist. 12

Die Entscheidung über den Zuständigkeitskonflikt ist gem § 47 Abs 3 unanfechtbar. Ausgenommen davon sind nur jene Beschlüsse, mit denen die Entscheidung über die Zuständigkeitsfrage aus formellen Gründen abgelehnt wird; bei derartigen Beschlüssen kommt der Rechtsmittelausschluß des § 47 Abs 3 JN nicht zum Tragen (*Mayr* in *Rechberger,* ZPO § 47 JN Rz 4; EvBl 1994/19).

VIII. Verfahren

Die **Entscheidung** erfolgt über **Antrag oder von Amts wegen. Antragsberechtigt** ist bei negativen Kompetenzkonflikten nur die antragstellende Partei (der Kläger), bei positiven Kompetenzkonflikten jede der beiden (bzw im Außerstreitverfahren jede der) Parteien, gleichgültig, ob sie unmittelbar durch die Entscheidung einen prozeßrechtlichen Vorteil erlangt. Von Amts wegen erfolgt die Entscheidung einmal über Anzeige des Kompetenzkonflikts durch eines der konkurrierenden Gerichte; es besteht aber keine Verpflichtung der Gerichte, dem zur Entscheidung darüber berufenen gemeinsamen höheren Gericht Mitteilung vom Zuständigkeitsstreit zu machen. 13

Weiters kann die Entscheidung von Amts wegen auch **aus Anlaß der Entscheidung über einen Rekurs** gegen eine Zuständigkeitsentscheidung erfolgen. Die Bestimmung wurde durch die ZVN 1983 eingefügt. Die Materialien führen dazu als Begründung an: Ein verhältnismäßig häufiger Fall eines negativen Kompetenzkonflikts ergibt sich dadurch, daß sowohl das allgemeine Gericht – etwa das LGZ Wien – als auch das Kausalgericht – das HG Wien – eine Klage a limine zurückweist. Wird in diesem Fall der zweite der Zurückweisungsbeschlüsse angefochten, so entscheidet über den Rekurs das OLG Wien. Bestätigt es den Beschluß, so ist das Vorliegen eines negativen Kompetenzkonflikts klar, dennoch muß der Kläger erst – nach Zustellung der Rekursentscheidung – wieder beim OLG Wien die Entscheidung über diesen Kompetenzkonflikt beantragen. Um diesen Mehraufwand an Zeit und Arbeit zu vermeiden, soll vorgesehen werden, daß in einem solchen Fall das Rekursgericht von Amts wegen den sich ergebenden Kompetenzkonflikt entscheiden und das zur Entscheidung der Rechtssache zuständige Gericht bestimmen soll (JAB 1337 BlgNR 15. GP 3). Dies gilt auch, wenn der Rekurs gegen eine Zuständigkeitsentscheidung unzulässigerweise erhoben wird: Legt das Gericht, dem die Klage nach § 230a ZPO überwiesen wurde und das diese wegen sachlicher Unzuständigkeit zurückgewiesen hat, den gem § 45 JN unzulässigen Rekurs dem nach § 47 JN zuständigen Gericht vor, so hat dieses nicht bloß den Rekurs zurückzuweisen, sondern auch sogleich den (negativen) Kompetenzkonflikt von Amts wegen zu entscheiden (1 Ob 1/92). 14

IX. Entscheidung

15 Zuständigkeitsstreitigkeiten zwischen ordentlichen Gerichten werden **ohne vorhergehende Verhandlung** durch **Beschluß** entschieden. Dieser hat im Fall eines positiven Kompetenzkonflikts auszusprechen, welches Gericht allein zuständig ist; auf Grund dieses Beschlusses hat das nunmehr unzuständige Erstgericht seine Unzuständigkeit auszusprechen, das vorangegangene Verfahren als nichtig zu erklären und die Klage (bzw den Antrag) zurückzuweisen. Im Fall eines negativen Kompetenzkonflikts hat der hierüber entscheidende Beschluß auszusprechen, welches der konkurrierenden Gerichte zuständig ist, und den Zurückweisungsbeschluß dieses Gerichts aufzuheben (SSV-NF 2/64 [1988]). Da § 47 Abs 3 JN anordnet, daß der über den Kompetenzkonflikt entscheidende Beschluß durch das als zuständig bestimmte Gericht den Parteien zuzustellen ist, wird dieses Gericht nunmehr sofort ohne Rücksicht auf den vorangegangenen Zurückweisungsbeschluß das Verfahren über die Klage bzw den Antrag einleiten und die entsprechenden Verfügungen erlassen.

16 Der Entscheidung kann jedoch ein amtswegiges Verfahren vorausgehen, in dessen Verlauf den Gerichten und den Parteien – unter Setzung einer Frist – Äußerungen abgefordert werden. Die Setzung dieser Frist bedeutet nur, daß nach deren ungenütztem Ablauf den Gerichten bzw Parteien eine Ausführung ihres Standpunkts unmöglich geworden ist; ihre Nichteinhaltung kann aber nicht zur Anwendung von Zwangsmitteln führen. Das Verfahren nach § 47 Abs 2 JN entspricht dem Verfahren nach § 31 Abs 3 JN bei einem Delegierungsantrag.

Gegen den Beschluß nach § 47 Abs 2 JN ist ein Rechtsmittel unzulässig; dies gilt jedoch nicht, wenn die Entscheidung über den Kompetenzkonflikt aus formellen Gründen abgelehnt wird (*Mayr* in *Rechberger,* ZPO § 47 JN Rz 4; EvBl 1994/19).

X. Bindungswirkung von Zuständigkeitsentscheidungen

17 Bei der Entscheidung über einen negativen Zuständigkeitskonflikt ist auf eine **allfällige Bindungswirkung des ersten Beschlusses** Bedacht zu nehmen, auch wenn dieser unrichtig war; die Vorschriften über die Bindung an rechtskräftige Entscheidungen über die Zuständigkeit und an Überweisungsbeschlüsse (§ 46 Abs 1 JN, § 261 Abs 6 ZPO, § 474 Abs 1 ZPO iVm § 499 ZPO) haben den Zweck, Kompetenzkonflikte nach Möglichkeit von vornherein auszuschließen; dabei nimmt der Gesetzgeber in Kauf, daß allenfalls auch ein an sich unzuständiges Gericht durch eine unrichtige Entscheidung gebunden wird (stRsp, 7 Ob 234/98 g; 7 Ob 233/98 k; 4 Nd 503/91; 3 Nd 501/93; 8 Nd 2/95; EvBl 1980/123; SSV-NF 2/64 [1988]). Siehe auch § 31 a JN Rz 5 und 14; § 44 JN Rz 12.

XI. Einstweilige Maßnahmen

18 Um bei **dringenden Fällen** die **Wahrung öffentlicher Interessen** beachten zu können, die **Rechte der Parteien zu sichern** oder die Vereitelung des Verfahrenszwecks hintanzuhalten, kann der über den Kompetenzkonflikt entscheidende Gerichtshof selbst die **notwendigen Maßnahmen** treffen. So kann er anläßlich eines bei Einleitung eines Besitzstörungsverfahrens entstandenen Kompetenzkonflikts selbst einstweilige Vorkehrungen von Amts wegen treffen; hingegen kann er, wenn anläßlich eines Antrags auf Erlassung einer einstweiligen Verfügung ein Zuständigkeitsstreit entstanden ist, nicht selbst diese einstweilige Verfügung erlassen, weil er dadurch unzuständigerweise die Endentscheidung selbst

an sich ziehen würde. Im entspricht diese Bestimmung der Regelung des § 44 Abs 3 JN.

XII. Einzelfragen

• Erklären sich in einer Sozialrechtssache nach § 65 ASGG mehrere Landesgerichte als Arbeits- und Sozialgerichte für zuständig, so hat dasjenige den Vorrang, bei dem die Rechtssache als erstem anhängig gemacht worden ist (§ 38 Abs 5 ASGG, dessen Anwendungsbereich allerdings unklar erscheint, so *Mayr* in *Rechberger,* ZPO § 47 JN Rz 1). **19**

• Die Regelung des § 47 JN ist für die Frage heranzuziehen, welches Gericht einen Antrag auf nachträgliche Kostenbestimmung nach § 54 Abs 2 ZPO zu erledigen hat (RdW 1986, 308).

• Ein negativer Kompetenzkonflikt liegt auch vor bei einer Überweisung nach § 230a ZPO und Rücküberweisung nach § 261 Abs 6 ZPO (OLG Wien WR 399 [1989]).

• Daß die gesetzlichen Voraussetzungen für eine vereinfachte Delegation nach § 31 a JN nicht gegeben waren, kann bei der Entscheidung über einen negativen Kompetenzkonflikt nicht berücksichtigt werden (NRsp 1988/174; krit dazu *Mayr* in *Rechberger,* ZPO § 47 JN Rz 5).

• § 47 JN ist jedoch nicht sinngemäß anzuwenden, wenn der Personalsenat eines Gerichtshofs nach Befangenheitserklärung einzelner Richter eine Änderung der Geschäftsverteilung ablehnt und das OLG die Voraussetzungen für eine Delegierung verneint (RZ 1973/128).

• Ein Zuständigkeitsstreit kann auch dahin erledigt werden, daß keines der angerufenen Gerichte zuständig ist (SZ 31/107 [1958]).

§ 48 *aufgehoben durch Art II Z 17 ZVN 1983 BGBl 135*

Zweiter Teil

Von der Gerichtsbarkeit in Streitsachen

Erster Abschnitt
Sachliche Zuständigkeit

Bezirksgerichte

§ 49. (1) Vor die Bezirksgerichte gehören Streitigkeiten über vermögensrechtliche Ansprüche einschließlich der zum Mandatsverfahren gehörigen Streitigkeiten, wenn der Streitgegenstand an Geld oder Geldeswert den Betrag von 130000 S nicht übersteigt, und diese Streitigkeiten nicht ihrer Beschaffenheit nach ohne Rücksicht auf den Wert des Streitgegenstandes Gerichtshöfen erster Instanz zugewiesen sind.

(2) Ohne Rücksicht auf den Wert des Streitgegenstandes gehören vor die Bezirksgerichte:

1. Streitigkeiten über die Vaterschaft zu einem unehelichen Kind;

1a. Streitigkeiten über die dem Vater eines unehelichen Kindes gegenüber diesem und der Mutter des Kindes gesetzlich obliegenden Pflichten;

2. sonstige Streitigkeiten über den aus dem Gesetz gebührenden Unterhalt;

2a. Streitigkeiten über die eheliche Abstammung;

2b. Streitigkeiten über die Scheidung, die Aufhebung oder die Nichtigerklärung einer Ehe oder über das Bestehen oder Nichtbestehen einer Ehe zwischen den Parteien;

2c. die anderen aus dem gegenseitigen Verhältnis der Ehegatten oder aus dem Verhältnis zwischen Eltern und Kindern entspringenden Streitigkeiten;

3. Streitigkeiten über die Bestimmung oder Berichtigung von Grenzen unbeweglicher Güter, sowie Streitigkeiten über die Dienstbarkeit der Wohnung und über Ausgedinge;

4. Streitigkeiten wegen Besitzstörung, wenn das Klagebegehren nur auf den Schutz und die Wiederherstellung des letzten tatsächlichen Besitzstandes gerichtet ist;

5. alle Streitigkeiten aus Bestandverträgen über die im § 560 ZPO bezeichneten Sachen und mit ihnen in Bestand genommene bewegliche Sachen sowie aus genossenschaftlichen Nutzungsverträgen (§ 1 Abs 1 Mietrechtsgesetz) und aus dem im § 1103 ABGB bezeichneten Vertrag über solche Sachen einschließlich der Streitigkeiten über die Eingehung, das Bestehen und die Auflösung solcher Verträge, die Nachwirkungen hieraus und wegen Zurückhaltung der vom Mieter oder Pächter eingebrachten oder der sonstigen dem Verpächter zur Sicherstellung des Pachtzinses haftenden Fahrnisse, schließlich Streitigkeiten zwischen wem immer über verbotene Ablösen (§ 27 Mietrechtsgesetz);

6. *(aufgehoben)*

7. Streitigkeiten zwischen Reedern, Schiffern, Flößern, Fuhrleuten oder Wirten und ihren Auftraggebern, Reisenden und Gästen über die aus diesen Verhältnissen entspringenden Verpflichtungen;

8. Streitigkeiten wegen Viehmängel.

(3) Die im Abs 2 Z 1 bis 2c begründete Zuständigkeit besteht auch in Fällen, in denen der Rechtsstreit vom Rechtsnachfolger einer Partei oder von einer Person geführt wird, die kraft Gesetzes anstelle der ursprünglichen Person hiezu befugt ist.

(4) Zum Wirkungskreise der Bezirksgerichte gehören auch die Verfügungen über gerichtliche Aufkündigungen von Bestandverträgen über die in Z 5 bezeichneten Gegenstände, die Erlassung von Aufträgen zur Übergabe oder Übernahme solcher Bestandgegenstände und die Aufnahme der Seeverklarung.

Abs 1 idF Art I Z 1 lit a BGBl 1985/70 und Art VI Z 9 WGN 1997 BGBl I 140; Abs 2 Z 1 und 1 a idF Art VI Z 9 WGN 1997 BGBl I 140; Abs 2 Z 2a bis 2c idF Art I Z 1 lit b und c BGBl 1985/70; Z 5 idF Art II Z 19 ZVN 1983 BGBl 135, letzter Halbsatz angefügt durch Art IX Z 1 lit b WGN 1989 BGBl 343; Z 6 aufgehoben durch § 99 Z 2 lit a ASGG BGBl 1985/104; Abs 3 eingefügt durch Art I Z 1 lit d BGBl 1985/70

Lit: *Berger*, Vermischte exekutionsrechtliche Fragen, ÖJZ 1981, 449; *Brüggemann*, Familiengerichtsbarkeit – Verfahren in Ehesachen im allgemeinen – Verfahren in anderen Familiensachen, FamRZ 1977, 16; *P. Bydlinski*, Grundfragen der Gewährleistung für Viehmängel, JBl 1982, 225; *Fink*, Das Verfahren in Arbeitsrechtssachen vor dem Konkurs- und Ausgleichsgericht, DRdA 1988, 205; *Flieger*, Zuständigkeitsprobleme nach neuem Familienprozeßrecht, MDR 1978, 884; *Fucik*, Die Zuständigkeit nach der Zivilverfahrens-Novelle 1983, RZ 1985, 206, 234, 258; *Gaeta*, Gerichtliche Zuständigkeiten in streitigen Schiffahrtssachen, ZVR 1992, 356; *Gamerith*, Ein Jahr neues Unehelichenrecht in Österreich, NZ 1972, 132; *ders*, Verfahrensrechtliche Probleme des neuen Unehelichenrechts, ÖJZ 1972, 57; *Kapfer/Kadecka*, Arbeitsgerichtsgesetz² (1968); *Matscher*, Zur Zuständigkeit der österreichischen Gerichte für Rechtsstreitigkeiten aus Gastaufnahme- und Beherbergungsverträgen mit ausländischen Gästen, IPRax 1984, 223; *Maurer*, Was sind familienrechtliche Streitigkeiten gemäß § 49a JN? RZ 1983, 116; *Palten*, Bestandverfahren (1991); *Parche*, Aus der neueren Rechtsprechung zum Ehe- und Familienrecht, NJW 1979, 139; *Pichler*, Einige Probleme des neuen Unehelichenrechts, RZ 1972, 37; *ders*, Probleme des neuen Unehelichenrechts in der Praxis, ÖA 1974, 5; *Rueprecht*, Die Rückforderung verbotener Ablösezahlungen, ÖJZ 1989, 555; *Schalich*, Führt eine Kompetenzerweiterung der Bezirksgerichte in allgemeinen Zivilsachen bis zu einem Streitwert von S 100.000,– tatsächlich zu einer Verbesserung der Zivilgerichtsbarkeit? RZ 1988, 245; *ders*, Überblick über die Zivilverfahrensnovelle 1983, ÖJZ 1983, 253; *D. Schwab*, Handbuch des Scheidungsrechts (1977); *Schwimann*, Unterhaltsrecht (1996); *Simotta*, Die sachliche Zuständigkeit in Ehe- und Familiensachen, JBl 1980, 348; *dies*, Die Änderungen der Zuständigkeit in Ehe- und Familiensachen in der geplanten „Zivilverfahrens-Novelle", ÖJZ 1982, 29, 66; *dies*, Kostenersatz im Bestandverfahren vor der Erhebung von Einwendungen? RdW 1987, 400; *dies*, Die sachliche Zuständigkeit für Klagen gegen den gesetzlichen Bürgen nach § 1 USchG 1985, ÖA 1990, 8; *dies*, Was sind Streitigkeiten aus dem Eheverhältnis? – eine Judikaturanalyse, BeitrZPR IV (1991) 191; *dies*, Die Entwicklung der Gerichtsbarkeit in Familiensachen in Österreich, Nakamura-FS (1996) 539; *dies*, Nochmals: Kostenersatz im Bestandverfahren vor der Erhebung von Einwendungen, WoBl 2000 (in Druck); *Sprung/König*, Bestimmbarkeit der Bestandsache und Garagen-Kurzparkvertrag, RdW 1986, 202; *dies*, Rechtsnatur des Garagen-Kurzparkvertrags, RdW 1985, 235; *Stanicki*, Die funktionelle Zuständigkeit des Familiengerichts, FamRZ 1977, 683; *Stanzl*, Arbeitsgerichtliches Verfahren (1954); *Verschraegen*, Die einverständliche Scheidung in rechtsvergleichender Sicht (1991); *G. Walter*, Der Prozeß in Familiensachen – Das Familiengericht und sein Verfahren (1985).

Übersicht:

I. Allgemeines

1 § 49 JN enthält die sachlichen Zuständigkeitsvorschriften für die BG. Ebenso wie die in § 51 JN enthaltene Zuständigkeitsregelung für die HG ist auch hier an die Spitze die allgemeine Wertzuständigkeit für vermögensrechtliche Ansprüche gestellt. Im zweiten Absatz folgt die Aufzählung der einzelnen Ansprüche, die kraft Eigenzuständigkeit ohne Rücksicht auf den Streitwert vor den BG anhängig zu machen sind. Während es sich bei den Z 1 bis 2c um familienrechtliche Streitigkeiten handelt, haben die anderen Ziffern untereinander nur wenig rechtliche Beziehung.

2 Ursprünglich wurden jene **Rechtsstreitigkeiten** den BG zugewiesen, die **einfach waren und rasch erledigt** werden sollten. In Einzelfällen erfolgte die Zuweisung der Rechtssachen aber nicht nur wegen der beschleunigten Erledigung, sondern auch wegen der **Ausschaltung langer Zureisen** oder wegen des Erfordernisses **unmittelbaren örtlichen Kontakts** (so bei den Besitzstörungen).

Durch das **FamGG** (BGBl 1985/70) wurden dann die durch das EheRÄG 1978 (BGBl 280) bzw die ZVN 1983 (BGBl 135) der familienrechtlichen Abteilung zugewiesenen Ehe- und Familiensachen in die Zuständigkeit der BG übertragen (§ 49 Abs 2 Z 1 bis 2c JN), wobei allerdings die in § 49 Abs 2 Z 1, 1a und 2 genannten Streitigkeiten schon früher in die Eigenzuständigkeit der BG gefallen waren. Die **Ehe- und Familiensachen** wurden deshalb den BG zugeteilt, um eine **Zuständigkeits- und Verfahrenskonzentration** zu erreichen. (Näheres dazu s bei *Simotta*, Nakamura-FS 539.)

Durch die **WGN 1989** (BGBl 343) und **1997** (BGBl I 1997/140) wurde die Wertgrenze sukzessive auf **130.000 S** angehoben, sodaß die BG daher heute einen Großteil der anfallenden Rechtssachen erledigen, darunter auch die für die Menschen ganz besonders wichtigen Bestand-, Unterhalts- und Abstammungsstreitigkeiten.

II. Wertzuständigkeit (§ 49 Abs 1 JN)

3 Die Wertzuständigkeit der BG ergreift nur **vermögensrechtliche Ansprüche.** Ob ein Anspruch vermögensrechtlich ist, ergibt sich aus seinem materiellrechtlichen Inhalt. Als vermögensrechtliche Ansprüche können jene Ansprüche angesehen werden, die vererblich oder veräußerbar sind. Personen- und Familienrechte fallen nicht unter die Vermögensrechte und damit nicht unter die Wertzuständigkeit des § 49 Abs 1 JN.

Zum Begriff des vermögensrechtlichen Anspruches s auch § 99 JN Rz 13ff.

Auch jene vermögensrechtlichen Ansprüche, die im Mandatsverfahren geltend gemacht werden, sind, falls ihr Streitwert 130.000 S nicht übersteigt, bei den BG anhängig zu machen (§ 550 Abs 1 ZPO). Es sind dies vermögensrechtliche Ansprüche, die durch urschriftlich vorgelegte unbedenkliche Urkunden erwiesen werden, und zwar durch öffentliche inländische Urkunden, durch Privaturkunden mit gerichtlich oder notariell beglaubigten Unterschriften, ferner durch Urkunden, auf Grund derer ein bücherliches Recht (§ 548 ZPO) einverleibt ist. Die ebenfalls im Mandatsverfahren geltend zu machenden Regreßansprüche des Rechtsträgers im Amtshaftungsprozeß gegen das Organ, das schuldhaft oder grob fahrlässig in Vollzug der Gesetze dem Amtshaftungskläger den Schaden zugefügt hat (§ 10 Abs 3 AHG), gehören gem § 9 Abs 3 AHG vor die ASG. Werden mehrere Ansprüche desselben Klägers gegen denselben Beklagten in einer Klage geltend gemacht, dann ist § 227 Abs 1 ZPO anzuwenden. Stehen die Ansprüche nicht in einem tatsächlichen oder rechtlichen Zusammenhang, dann ist die Zusammenrechnung der Streitwerte unzulässig. Der Wert des Streitgegenstandes bestimmt sich vielmehr nach dem Streitwert des höchsten Einzelanspruches. Für die Berechnung des Wertes des Streitgegenstandes sind §§ 54 bis 60 JN anzuwenden. Als Grundlage hiefür ist gem § 41 Abs 2 JN das Klagevorbringen zu nehmen, das auch entscheidet, ob der Anspruch als vermögensrechtlicher Anspruch anzusehen ist oder etwa Eigenzuständigkeit begründet. 4

III. Eigenzuständigkeit (§ 49 Abs 2 JN)

A. Allgemeines

In den Z 1 bis 8 des § 49 Abs 2 JN werden diejenigen Streitigkeiten bezeichnet, die kraft Eigenzuständigkeit vor die BG gehören. Zum Unterschied von der verschiedenartigen Behandlung beim LG ist hier bezüglich aller vor die BG gehörenden Streitigkeiten, gleichgültig, ob diese kraft Wert- oder Eigenzuständigkeit zur Entscheidung berufen sind, die Vereinbarung der Zuständigkeit des LG ausgeschlossen (§ 104 Abs 2 JN). In allen in § 49 Abs 2 Z 1 bis 8 JN aufgezählten Fällen ist die Zuständigkeit des BG ohne Rücksicht auf den Streitwert gegeben. 5

B. Bedeutung der Subsumtion unter § 49 Abs 2 Z 1 bis 2c JN

Die Frage, ob eine Streitigkeit unter § 49 Abs 2 Z 1 bis 2c JN zu subsumieren ist, ist nicht nur für die sachliche Zuständigkeit, sondern auch für die **Rechtsmittelzulässigkeit** von Bedeutung. Denn fällt eine Streitigkeit unter § 49 Abs 2 Z 1 bis 2c JN gilt für sie weder die Berufungsbeschränkung des § 501 ZPO (vgl § 501 Abs 2 ZPO) noch ist die Revision, der Revisionsrekurs und der Rekurs gegen die aufhebende Entscheidung des Rekursgerichtes schon deshalb unzulässig, weil der Entscheidungsgegenstand 52.000 S nicht übersteigt (vgl § 502 Abs 4 und 5, § 527 Abs 2, § 528 Abs 2 Z 1 ZPO). 6

Für die Frage, wie die **Nichtzulassung der ordentlichen Revision bzw des ordentlichen Revisionsrekurses** bekämpft werden kann, spielt es weiters eine Rolle, ob die familienrechtliche Streitigkeit unter die Z 1a oder 2 oder aber die Z 1, 2a bis 2c des § 49 Abs 2 JN subsumiert werden kann:

Läßt das Berufungsgericht bei einer unter § 49 Abs 2 Z 1, 2a bis 2c JN fallenden Streitigkeit die ordentliche Revision nicht zu, so kann dagegen – unabhängig vom Wert des Entscheidungsgegenstandes – außerordentliche Revision an den OGH erhoben werden (§ 505 Abs 4 ZPO).

Hat das Berufungsgericht hingegen bei einer Streitigkeit nach § 49 Abs 2 Z 1 a oder Z 2 JN die ordentliche Revision nicht zugelassen, so gibt es eine außerordentliche Revision an den OGH nur dann, wenn das Berufungsgericht ausgesprochen hat, daß der Entscheidungsgegenstand an Geld oder Geldeswert 260.000 S übersteigt (§ 500 Abs 2, § 502 Abs 4, § 505 Abs 4 ZPO). Wenn das Berufungsgericht dagegen ausgesprochen hat, daß der Wert des Entscheidungsgegenstandes 260.000 S nicht übersteigt, dann kann die Nichtzulassung der ordentlichen Revision nur mit einem an das Berufungsgericht gerichteten Antrag nach § 508 ZPO bekämpft werden. Dasselbe gilt für den Fall der Nichtzulassung des ordentlichen Revisionsrekurses.

C. § 49 Abs 2 Z 1 JN

7 Unter den Begriff der **Streitigkeiten über die Vaterschaft zu einem unehelichen Kind** sind folgende Klagen zu subsumieren:

- die **Klage auf Feststellung der Vaterschaft** zu einem unehelichen Kind (§ 164 c ABGB; *Fasching,* Lehrbuch[2] Rz 242; *Mayr* in *Rechberger,* ZPO § 49 JN Rz 3), uzw auch dann, wenn die Rechtsnachfolger des verstorbenen Kindes oder Mannes Kläger oder Beklagte sind (§ 164 d ABGB iVm § 49 Abs 3 JN; Näheres s Rz 126 ff);
- die **Klage auf Feststellung der Nicht-Vaterschaft** zu einem unehelichen Kind *(Fasching,* Lehrbuch[2] Rz 242; *Feil,* JN Rz 477; *Mayr* in *Rechberger,* ZPO § 49 JN Rz 3);
- die **Klage auf Feststellung der Unwirksamkeit des Vaterschaftsanerkenntnisses** (§ 164 b ABGB; *Fasching,* Lehrbuch[2] Rz 242; *Feil,* JN Rz 477; *Mayr* in *Rechberger,* ZPO § 49 JN Rz 3), uzw auch dann wenn die Klage von den Rechtsnachfolgern des verstorbenen Kindes oder Mannes erhoben wird oder gegen diese gerichtet ist (§ 164 d ABGB iVm § 49 Abs 3 JN; Näheres s Rz 126 ff).

8 § 49 Abs 2 Z 1 JN gilt **nicht für jene Streitigkeiten über die Vaterschaft zu einem unehelichen Kind, die im außerstreitigen Verfahren zu erledigen sind.** So zB für das Vaterschaftsanerkenntnis, das – ohne daß ein Vaterschaftsprozeß anhängig wäre – vor Gericht abgegeben wird. Für dieses gelten §§ 261 ff AußStrG und ist gem §§ 104 a, 109 und 114 Abs 1 JN das Vormundschaftsgericht zuständig. Weiters ist § 49 Abs 2 Z 1 JN dann nicht anwendbar, wenn das Vaterschaftsanerkenntnis von Amts wegen aus den in § 164 ABGB genannten Gründen für unwirksam erklärt werden soll. Die amtswegige Unwirksamerklärung des Vaterschaftsanerkenntnisses hat nämlich im Außerstreitverfahren, uzw durch das BG zu erfolgen, das zur Führung der Vormundschaft über das uneheliche Kind berufen ist oder vor Erreichung seiner Volljährigkeit berufen gewesen ist (§§ 104 a, 109, 114 Abs 1 JN).

D. § 49 Abs 2 Z 1 a JN

1. Streitigkeiten über die dem Vater eines unehelichen Kindes gegenüber diesem gesetzlich obliegenden Pflichten (§ 49 Abs 2 Z 1 a Fall 1 JN)

9 Streitigkeiten über die dem unehelichen Vater gegenüber dem Kind gesetzlich obliegenden Verpflichtungen sind vor allem Streitigkeiten über die **Unterhaltspflicht des Vaters** nach § 166 ABGB (iVm § 140 ABGB), soweit sie im streitigen Verfahren zu erledigen sind.

Es handelt sich dabei um folgende Unterhaltsansprüche:

- **Unterhaltsansprüche des eigenberechtigten unehelichen Kindes** (*Fasching,* Lehrbuch² Rz 243; *Pichler* in *Rummel,* ABGB² I § 140 Rz 16; *Schwimann* in *Schwimann,* ABGB² I § 140 Rz 114; *ders,* Unterhaltsrecht 85; LGZ Wien EFSlg 28.956 [1977]; EFSlg 26.528 [1976]; EFSlg 23.494 = EvBl 1974/127; LGZ Wien EFSlg 16.701 [1971], 11.218 [1969]; RZ 1935, 93; Jud 237 = AmtlSlgNF 1664 = GlUNF 7608 = GH 1918/218 = JBl 1916, 129 = ZBl 1916/99; GlUNF 7600 = GH 1916, 9 = JBl 1916, 94 = ZBl 1916/98);

- **Unterhaltsansprüche eines minderjährigen unehelichen Kindes, hinsichtlich dessen die Vaterschaft weder anerkannt noch festgestellt ist** (*Fasching*¹ IV 936; *ders,* Lehrbuch² Rz 242; *Feil,* JN Rz 477; *Schwimann* in *Schwimann,* ABGB² I § 140 Rz 114). Wie aus § 76c Abs 1 und § 114 Abs 2 JN hervorgeht, kann, wenn die Vaterschaft nicht festgestellt ist, über die Unterhaltspflicht nur in Verbindung mit einer Vaterschaftsfeststellungsklage entschieden werden.

- **Unterhaltsansprüche des volljährigen unehelichen Kindes, für das ein Sachwalter nach § 273 ABGB bestellt worden ist** (*Pichler* in *Rummel,* ABGB² I § 140 Rz 16; hinsichtlich des entmündigten Kindes SZ 50/133 = EvBl 1978/43; GlUNF 6133 = ZBl 1913/408).

Maßgeblicher Zeitpunkt für die Frage, ob der streitige oder außerstreitige Rechtsweg zulässig ist, ist der **Zeitpunkt der Gerichtsanhängigkeit** (EFSlg 37.101 [1980]; EFSlg 23.494 = EvBl 1974/127; EFSlg 19.557 [1973]; SZ 39/13 = EFSlg 7501/9 = JBl 1966, 480). War im Zeitpunkt der Gerichtsanhängigkeit der streitige oder außerstreitige Rechtsweg zulässig, dann bleibt dieser zufolge des Grundsatzes der perpetuatio fori auch dann zulässig, wenn sich nachher die für die Zulässigkeit des streitigen bzw außerstreitigen Rechtsweges maßgeblichen Umstände derart ändern, daß nun der ursprünglich zulässige Rechtsweg unzulässig wäre (*Rechberger/Simotta,* Zivilprozeßrecht⁵ Rz 517; LGZ Wien EFSlg 41.587 [1982]; EFSlg 41.586 [1982], 28.207 [1976]; RZ 1967, 104; SZ 39/13 = EFSlg 7501/9 = JBl 1966, 480; EvBl 1963/200; aA *Fasching,* Lehrbuch² Rz 228; *Holzhammer,* Zivilprozeßrecht² 65). 10

Unter die Streitigkeiten über die Unterhaltspflicht des unehelichen Vaters fallen aber **nicht nur Klagen auf Zahlung des Unterhaltes, sondern auch solche, welche auf Erhöhung oder Herabsetzung bzw auf Feststellung des Erlöschens bzw Ruhens der (urteilsmäßig ausgesprochenen) Unterhaltsverpflichtung** gerichtet sind (OLG Wien EFSlg 39.073 [1981]; RZ 1969, 153; LGZ Wien EFSlg 6613 [1966]; SZ 22/43 = EFSlg 1134 [1949]; SZ 19/139 [1937], 10/170 [1928]; GH 1912, 461). Dabei ist es gleichgültig, ob die Unterhaltsverpflichtung unmittelbar aus dem Gesetz abgeleitet wird oder ob über diese ein Vergleich oder Vertrag geschlossen worden ist (GlUNF 7517 [1915]). 11

Weiters fallen die Geltendmachung des **Unterhaltsanspruches gegen die Erben des unehelichen Vaters** nach §§ 166 iVm 142 ABGB (*Pichler* in *Rummel,* ABGB² I § 142 Rz 9; *Schwimann* in *Schwimann,* ABGB² I § 142 Rz 9; LGZ Wien EFSlg 18.477 [1972]; SZ 22/43 = EFSlg 1134 [1949]; SZ 10/170 [1928]; GlUNF 3786 [1907]) sowie die **Klage (des Dritten) nach § 1042 ABGB** auf Ersatz der von ihm (anstelle des Vaters oder der Erben des Vaters) für den Unterhalt des unehelichen Kindes getätigten Aufwendungen (LGZ Wien EFSlg 49.255 [1985]; OLG Wien EFSlg 46.610 [1984]; EFSlg 16.163 [1971]; SZ 37/86 = EFSlg 7186 = EvBl 1964/474; ZBl 1930/188; GlUNF 4421 [1908]) unter § 49 Abs 2 Z 1 a Fall 1 JN. 12

2. Streitigkeiten über die dem Vater eines unehelichen Kindes gegenüber der Mutter des Kindes gesetzlich obliegenden Pflichten (§ 49 Abs 2 Z 1 a Fall 2 JN)

13 Unter die Streitigkeiten über die dem unehelichen Vater der Mutter gegenüber gesetzlich obliegenden Verpflichtungen fällt die **Klage der unehelichen Mutter auf Ersatz der Kosten der Entbindung und ihres Unterhaltes** für die ersten sechs Wochen sowie der weiteren Auslagen, die durch die Entbindung notwendig geworden sind (§ 168 ABGB; *Fasching,* Lehrbuch[2] Rz 242; *Feil,* JN Rz 477; *Mayr* in *Rechberger,* ZPO § 49 JN Rz 3; *Neumann,* Kommentar[4] I 118; *Pollak,* System[2], 264; *Sperl,* Lehrbuch 106; LGZ Wien EFSlg 43.955 [1983]; OLG Wien EFSlg 39.080 [1981]). Weiters ist **die Klage der Mutter des unehelichen Kindes nach § 1042 ABGB** auf Ersatz des (anstelle des Vaters) zur Verpflegung des unehelichen Kindes gemachten Aufwandes unter § 49 Abs 2 Z 1 a Fall 2 JN zu subsumieren *(Fasching,* Lehrbuch[2] Rz 242; *Feil,* JN Rz 477; *Mayr* in *Rechberger,* ZPO § 49 JN Rz 3; *Neumann,* Kommentar[4] I 118; *Pollak,* System[2], 264; LGZ Wien EFSlg 49.255 [1985]; OLG Wien EFSlg 46.610 [1984], 27.691 [1976]; OLG Wien EvBl 1936/839; ZBl 1930/188; GlUNF 6954 [1914]). Dies ergibt sich einerseits daraus, daß der Begriff der gesetzlichen Verpflichtungen über jenen des gesetzlichen Unterhalts hinausgeht, und andererseits aus § 49 Abs 3 JN, nach dem die nach § 49 Abs 2 Z 1 bis 2 c JN begründete Zuständigkeit auch in den Fällen besteht, in denen der Rechtsstreit von einer Person geführt wird, die kraft Gesetzes an Stelle der ursprünglichen Person getreten ist. Näheres zur Zuständigkeit für Verwendungsklagen s Rz 115 ff, 125.

14 Schließlich zählt auch die **Klage auf Schadenersatz nach § 1328 ABGB** (neu gefaßt durch das BG zum Schutz vor Gewalt in der Familie BGBl 1996/759), **vorausgesetzt, daß es zu einer Schwängerung gekommen ist,** zu den Streitigkeiten über die dem Vater der Mutter des unehelichen Kindes gegenüber gesetzlich obliegenden Pflichten *(Fasching,* Lehrbuch[2] Rz 242; *Feil,* JN Rz 477; *Pollak,* System[2], 264; OLG Wien EvBl 1936/760; ZBl 1922/339; AmtlSlgNF 1856 [1917]; ZBl 1916/188; GlUNF 6690 = GH 1914/15; ggt *Mayr* in *Rechberger,* ZPO § 49 JN Rz 3; *Neumann,* Kommentar[4] I 119; OLG Wien EFSlg 7185/18 [1966]; OLG Wien EvBl 1949/462, 1936/468; ZBl 1933/266; ZBl 1923/294; SZ 4/20 [1922]). Denn über den Klagsanspruch kann erst nach Erörterung der Grundlage der geltend gemachten Verbindlichkeit, nämlich der unehelichen Vaterschaft des Beklagten, entschieden werden. Hier den Unterschied zu machen, ob das Kind lebend zu Welt kam oder eine Tot- (oder Fehl-) Geburt vorlag, weil nur im ersteren Fall von einem „unehelichen Vater" gesprochen werden könne (so ZBl 1933/266; ZBl 1923/294; SZ 4/20 [1922] ua; ebenso *Neumann,* Kommentar[4] I 118), geht am Sinn des Gesetzes vorbei, da das Gesetz mit dem Vater einfach den Erzeuger des Kindes meint. Darüber hinaus würde durch eine solche Art der Auslegung die an sich schon komplizierte Zuständigkeitsordnung noch unübersichtlicher werden. Außerdem wollte der Gesetzgeber des EheRÄG 1978 (vgl JAB zum EheRÄG 1978 [916 BlgNR 14. GP] 22) alle im streitigen Verfahren zu erledigenden Abstammungsfragen von demselben Gericht geklärt wissen.

E. § 49 Abs 2 Z 2 JN

15 § 49 Abs 2 Z 2 JN gilt, wie dem Ausdruck „sonstige" zu entnehmen ist, nur für **jene Streitigkeiten über den gesetzlichen Unterhalt, die nicht unter die Z 1 a fallen.** Zu ihnen zählt – vorausgesetzt der streitige Rechtsweg ist für sie zulässig – die Geltendmachung folgender Unterhaltsansprüche:

• **Unterhaltsansprüche des ehelichen Kindes** gegenüber seinen Eltern (§ 140 ABGB), gegenüber seinen Großeltern (§ 141 ABGB), gegenüber den Erben der Eltern (§ 142 ABGB), gegenüber den Wahleltern bzw dem Wahlelternteil (§§ 182, 182a ABGB), gegenüber den Erben, wenn es rechtmäßig enterbt worden ist (§ 795 ABGB; *Fasching,* Lehrbuch[2] Rz 243; *Feil,* JN Rz 478);

• **Unterhaltsansprüche des unehelichen Kindes gegenüber der Mutter** (§§ 140, 166 ABGB), gegenüber den Großeltern mütterlicherseits (§§ 141, 166 ABGB), gegenüber den Erben der Mutter (§§ 142, 166 ABGB), gegenüber den Erben, wenn es rechtmäßig enterbt worden ist (§ 795 ABGB; *Fasching,* Lehrbuch[2] Rz 243; *Feil,* JN Rz 478);

• **Unterhaltsansprüche der Eltern gegenüber ihrem Kind** (§§ 143, 166, 182, 182a ABGB), sowie gegenüber den Erben, wenn sie rechtmäßig enterbt worden sind (§ 795 ABGB; *Fasching,* Lehrbuch[2] Rz 243; *Feil,* JN Rz 478);

• **Unterhaltsansprüche der Adoptiveltern** gegenüber den von ihnen adoptierten Kindern (§ 182 ABGB) sowie gegenüber den Erben des Adoptivkindes, wenn sie rechtmäßig enterbt worden sind (§ 795 ABGB);

• **Unterhaltsansprüche der Großeltern** gegenüber ihren Enkeln (§§ 143, 166 ABGB) sowie gegenüber den Erben, wenn sie rechtmäßig enterbt worden sind (§ 795 ABGB; *Fasching,* Lehrbuch[2] Rz 243; *Feil,* JN Rz 478);

• **Unterhaltsansprüche der Wahlgroßeltern** gegenüber den Wahlenkelkindern (§ 182 ABGB) sowie gegenüber den Erben, wenn sie rechtmäßig enterbt worden sind (§ 795 ABGB);

• **Unterhaltsansprüche eines Ehegatten gegenüber dem anderen** (bei aufrechter Ehe nach § 94 ABGB; nach Nichtigerklärung der Ehe nach § 31 EheG; nach Aufhebung der Ehe nach § 42 EheG; nach Scheidung der Ehe nach §§ 66 bis 69a EheG, gegenüber den Erben nach § 796 ABGB bzw bei rechtmäßiger Enterbung nach § 795 ABGB; *Fasching,* Lehrbuch[2] Rz 243; *Feil,* JN Rz 478; RZ 1935, 209; SZ 17/16 [1935]; ZBl 1927/352). Zum Unterhaltsanspruch der Ehegatten gehört auch das Begehren auf Bereitstellung der notwendigen Mittel zur Beschaffung einer Wohnmöglichkeit (OLG Wien EFSlg 14.136 [1970]).

Streitigkeiten um den gesetzlichen Unterhalt sind **nicht nur Klagen auf Zahlung des Unterhaltes**, sondern auch auf **Herabsetzung oder Erhöhung sowie auf Feststellung des Ruhens oder Erlöschens der Unterhaltspflicht** *(Fasching,* Lehrbuch[2] Rz 243; *Feil,* JN Rz 478; LGZ Wien EFSlg 75.949 [1994]; OLG Wien EFSlg 41.591 [1982]; EFSlg 23.055 [1974]; GH 1912, 461). Dies gilt auch, wenn in Erfüllung der gesetzlichen Unterhaltspflicht ein Vergleich geschlossen wurde und der im Vergleich geregelte Unterhaltsanspruch durch Klage erhöht oder beseitigt usw werden soll (OLG Wien EFSlg 39.074, 39.073 [1981]; LGZ Wien EvBl 1948/445; AnwZ 1936, 96; ZBl 1923/88). Überhaupt fallen Streitigkeiten über den Bestand und die Höhe eines aus einem Vergleich abgeleiteten gesetzlichen Unterhaltes unter die Streitigkeiten über den gesetzlichen Unterhalt (LGZ Wien EFSlg 10.487 [1968]), uzw auch nach der Scheidung der Ehe (SZ 17/16 [1935]; RZ 1935, 209). 16

Rein vertragliche Unterhaltsansprüche (zB statt des gesetzlichen Unterhaltes wird eine Abfertigung vereinbart) fallen dagegen **nicht** unter § 49 Abs 2 Z 2 JN (OLG Wien EvBl 1935/457; LGZ Wien EvBl 1935/236). 17

Trotz der (durch das EheRÄG 1978) geänderten Textierung – statt „Streitigkeiten **wegen Leistung des** aus dem Gesetze gebührenden Unterhalts" heißt es nun „Streitigkeiten **über den** aus dem Gesetz gebührenden Unterhalt" – fallen unter § 49 Abs 2 Z 2 JN grundsätzlich nur jene **Klagen, die einen gesetzlichen Unterhaltsanspruch zum Streitgegenstand haben, und nicht auch jene, bei** 18

denen die gesetzliche Unterhaltspflicht bloß eine Vorfrage bildet (aA JAB zum EheRÄG 1978 [916 BlgNR 14. GP] 23). Denn die Frage, welches Gericht für die betreffende Rechtssache zuständig ist, richtet sich nur nach der Hauptfrage, und nicht nach den (sich möglicherweise ergebenden) Vorfragen (SZ 24/59 [1951]; DREvBl 1938/379; EvBl 1937/878; SZ 19/144 [1937]; SZ 14/230 [1932], 8/97 [1926]; GlUNF 7718 [1915] uam). Eine **Ausnahme** bilden gem § 49 Abs 3 JN nur **jene Fälle, in denen das Gesetz** ausdrücklich vorsieht, daß entweder auf seiten des Unterhaltsberechtigten oder auf seiten des Unterhaltspflichtigen eine **Rechtsnachfolge** stattfindet **und** jene Fälle, **in denen auf Grund des Gesetzes ein Dritter anstelle des Unterhaltsberechtigten einen vom gesetzlichen Unterhalt abhängigen Anspruch geltend machen kann oder ein Dritter anstelle des Unterhaltspflichtigen wegen eines vom gesetzlichen Unterhalt abhängigen Anspruches geklagt werden kann** *(Simotta,* ÖA 1990, 9).

19 Die **auf § 1042 ABGB gestützte Klage eines Dritten** auf Ersatz der anstelle eines sonstigen Unterhaltspflichtigen geleisteten Aufwendungen fällt in die Eigenzuständigkeit der BG (JAB zum EheRÄG 1978 [916 BlgNR 14. GP] 23; *Fasching,* Lehrbuch[2] Rz 243; *Feil,* JN Rz 478; *Mayr* in *Rechberger,* ZPO § 49 JN Rz 4; *Simotta,* JBl 1980, 352; EvBl 1992/193 = ÖA 1993, 30; SZ 64/168 = EFSlg 66.859 = EvBl 1992/38 = ÖA 1992, 25 = RZ 1993/50; OLG Innsbruck AnwBl 1987, 612 [abl *Grill*] = EFSlg 54.935; LGZ Wien EFSlg 49.255 [1985]; LGZ Wien EFSlg 46.609 = ÖA 1985, 147 = WR 51; OLG Wien EFSlg 46.610 [1984]; LGZ Wien EFSlg 43.951 [1983]; OLG Wien EFSlg 41.593 [1982]; ggt KG Krems EFSlg 12.220 [1969]; SZ 24/74 [1951]). Denn der **Dritte** ist iSd § 49 Abs 3 JN eine **Person, die kraft Gesetzes anstelle der ursprünglichen zur Prozeßführung befugt** ist, macht er doch anstelle des ursprünglich Berechtigten einen **Anspruch** geltend, der **umfänglich zur Gänze jenem des ursprünglich Berechtigten entspricht.** Näheres s Rz 117 ff.

Die Verwendungsklage ist auch deswegen unter § 49 Abs 2 Z 2 JN zu subsumieren, weil es sonst zu einer sachlich durch nichts zu rechtfertigenden Schlechterstellung des Dritten, der den Ersatz des Aufwandes für einen sonstigen Unterhaltspflichtigen begehrt, gegenüber jenem, der mit Verwendungsklage den Ersatz des Aufwandes für ein uneheliches Kind geltend macht, käme. Die ein uneheliches Kind betreffende Verwendungsklage fällt nämlich unbestrittenerweise nach § 49 Abs 2 Z 1 a JN in die Eigenzuständigkeit des BG *(Fasching,* Lehrbuch[2] Rz 242; *Feil,* JN Rz 477; *Mayr* in *Rechberger,* ZPO § 49 JN Rz 3; OLG Wien EFSlg 27.691 [1976]; EFSlg 16.163 [1971]; SZ 37/86 = EFSlg 7186 = EvBl 1964/474; EvBl 1936/839; ZBl 1930/188; GlUNF 6954 [1914], 4421 [1908]).

20 Die **Klage des Unterhaltspflichtigen gegen den gesetzlichen Bürgen nach § 1 UnterhaltsschutzG 1985** (BGBl 452) gehört kraft Eigenzuständigkeit vor die BG *(Mayr* in *Rechberger,* ZPO § 49 JN Rz 4; *Simotta,* ÖA 1990, 8; LGZ Wien EFSlg 82.082 [1996]; LGZ Wien ÖA 1990, 54; LGZ Wien EFSlg 49.256 [1985]; KG Wr. Neustadt ÖA 1984, 74; EvBl 1937/975 [zum fast gleichlautenden § 2 USchG 1925]; ggt *Fasching*[1] I 300; JBl 1953, 350). Denn der Dritte, der dem Unterhaltspflichtigen Unterhalt gewährt, ist dem Unterhaltsberechtigten gegenüber zwar nicht selbst unterhaltspflichtig, er haftet diesem jedoch in demselben Umfang wie der nach dem Gesetz an sich Unterhaltspflichtige. Außerdem entfällt auf Grund der Akzessorietät der Bürgschaft die Haftung des Dritten, wenn die Unterhaltsschuld des an sich Unterhaltspflichtigen nicht mehr besteht. Der Bestand und der Umfang der dem Unterhaltsschuldner obliegenden Unterhaltsleistung ist demnach jedenfalls als Vorfrage zu lösen. Überdies ist der Dritte, der dem Unterhaltspflichtigen Unterhalt gewährt, da er vom Unterhaltsberechtigten

sofort, dh ohne daß zuvor der Unterhaltspflichtige geklagt werden müßte, in Anspruch genommen werden kann, als Person anzusehen, gegen die kraft Gesetzes an Stelle der ursprünglichen prozessiert werden kann.

Außerdem weist die Klage nach § 1 USchG Ähnlichkeiten mit jener nach § 1042 ABGB auf. In beiden Fällen bilden das Bestehen und der Umfang der gesetzlichen Unterhaltspflicht und die Frage, ob der Unterhaltspflichtige den Unterhalt geleistet hat oder nicht, die entscheidenden Vorfragen. Der Dritte, der anstelle des Unterhaltspflichtigen dem Unterhaltsberechtigten den Unterhalt gereicht hat, ohne daß er dazu gesetzlich verpflichtet war, und deswegen Verwendungsklage erhebt, entspricht (seitenverkehrt) dem Dritten, gegen den Klage nach § 1 USchG deswegen erhoben wird, weil er, ohne gesetzlich dazu verpflichtet gewesen zu sein, einem Unterhaltspflichtigen den Unterhalt reicht. Der Dritte, der nach § 1042 ABGB klagt, tritt an die Stelle des Unterhaltsberechtigten, der Dritte, der nach § 1 USchG geklagt wird, an jene des Unterhaltspflichtigen. Daher sind die Klage nach § 1 USchG und die Klage nach § 1042 ABGB auf Ersatz des Aufwandes für einen sonstigen Unterhaltsberechtigten zuständigkeitsmäßig gleich zu behandeln (ausführlich *Simotta*, ÖA 1990, 8 ff).

Die **Klage auf Unterhaltsergänzung nach § 950 ABGB** wegen Verkürzung 21
des gesetzlichen Unterhalts ist ebenfalls unter die **Streitigkeiten über den gesetzlichen Unterhalt** zu subsumieren (aA *Fasching*[1] I 300; SZ 5/300 [1923] mit der Begründung, daß kein Unterhaltsanspruch geltend gemacht werde, der dem Kläger gegen den Beklagten unmittelbar aus einer familienrechtlichen Beziehung zusteht). Der **Beschenkte,** der auf Unterhaltsergänzung geklagt wird, ist iSd § 49 Abs 3 JN als **Person** anzusehen, **die kraft materiellen Rechts anstelle des ursprünglich Verpflichteten** (= des Unterhaltspflichtigen) **wegen eines Anspruchs geklagt** wird, der **umfänglich jenem Anspruch entspricht, der dem Kläger** (= Unterhaltsberechtigten) **gegen den ursprünglich Verpflichteten** (= den Unterhaltsberechtigten) **zugestanden wäre.** Denn der Unterhaltsberechtigte fordert mit der Klage nach § 950 ABGB jenen Unterhalt, den ihm der Unterhaltspflichtige (zusätzlich) hätte zahlen müssen, wenn die Schenkung nicht erfolgt wäre.

Die Klage nach § 950 ABGB ist auch deshalb unter die Streitigkeiten über den gesetzlichen Unterhalt einzuordnen, weil das **Klagebegehren** nach hM (*Binder* in *Schwimann,* ABGB[2] V § 950 Rz 9; *Ehrenzweig,* System[2] II/1 374; *Schubert* in *Rummel,* ABGB[2] I § 950 Rz 1) **auf Leistung des Unterhalts** (und nicht auf Anfechtung der Schenkung) zu lauten hat. Weiters wird mit § 950 ABGB derselbe Zweck wie mit § 1 USchG verfolgt, nämlich dem Unterhaltsberechtigten zu seinem Unterhalt zu verhelfen, sodaß die beiden Klagen zuständigkeitsmäßig gleich zu behandeln sind.

Zu den Streitigkeiten über den gesetzlichen Unterhalt zählt **auch** eine 22
Oppositionsklage, mit der vom Verpflichteten geltend gemacht wird, daß der **gesetzliche Unterhaltsanspruch nicht (mehr) besteht oder gehemmt ist** (EFSlg 67.054 [1991], 64.134 [1990]; vgl auch bezüglich der Oppositionsklage in Arbeitsrechtssachen EB zur ASGG-Nov 1994 [1654 BlgNR 18. GP] 31; s zur vergleichbaren deutschen Rechtslage betreffend die Vollstreckungsgegenklage *Brüggemann*, FamRZ 1977, 16; *Schlosser* in *Stein/Jonas,* ZPO[21] V/2 § 621 Rz 20; *D. Schwab*, Handbuch Rz 5 iVm FN 5; *Stanicki*, FamRZ 1977, 685; *G. Walter*, Prozeß 50 ff; BayObLG FamRZ 1991, 1455; OLG Stuttgart FamRZ 1991, 950; OLG Hamm FamRZ 1989, 875; BGH FamRZ 1981, 19 = NJW 1981, 346; OLG Düsseldorf FamRZ 1980, 376; BGH FamRZ 1980, 346 = NJW 1980, 1393; BGH FamRZ 1980, 47 und 1979, 910; BGH FamRZ 1978, 672 = NJW 1978, 1811; OLG Hamm FamRZ 1978, 523; OLG Düsseldorf FamRZ 1978, 427 und 1978, 52).

Den Streitgegenstand bildet, da es sich bei der Oppositionsklage um eine negative Feststellungsklage handelt (*Berger*, ÖJZ 1981, 449; *Heller/Berger/Stix*[4] I 410; *Petschek/Hämmerle/Ludwig*, Zwangsvollstreckungsrecht 80; *Rechberger/Simotta*, Exekutionsverfahren[2] Rz 344; *Walker,* Exekutionsrecht[4] 120; SZ 60/88 [1987]; JBl 1984, 611; JBl 1977, 43) der Bestand des bekämpften Unterhaltsanspruches (EFSlg 52.223 [1986]; EFSlg XIII/5 [1976]). Es wird daher im Oppositionsprozeß über Fragen zu entscheiden sein, die den gesetzlichen Unterhaltsanspruch betreffen (vgl auch für die Arbeitsrechtssachen EB zur ASGG-Nov 1994 [1654 BlgNR 18. GP] 31), wie zB die Frage der richtigen Erfüllung, der Zulässigkeit der Aufrechnung und über die Verjährung bzw Verwirkung des Unterhaltes (vgl OLG Düsseldorf FamRZ 1978, 52).

23 Für das Vorliegen einer Streitigkeit über den gesetzlichen Unterhalt macht es **keinen Unterschied, welche Art der Einwendung** erhoben wird (vgl für die deutsche Rechtslage *Flieger*, MDR 1978, 884; *Parche*, NJW 1979, 142). Denn immer geht es um die Frage, ob der materiell-rechtliche (Unterhalts-)Anspruch noch besteht. Die Oppositionsklage führt zur Prüfung, ob der (Unterhalts-)Anspruch auf Grund der vorgebrachten Einwendung jetzt noch zugesprochen werden könnte. Durch das im Oppositionsprozeß ergehende Urteil wird über den Fortbestand des titulierten Anspruches entschieden (ähnlich *Flieger*, MDR 1978, 884). Daher liegt eine Streitigkeit über den gesetzlichen Unterhalt auch dann vor, wenn der Verpflichtete in der Oppositionsklage vorbringt, daß der Unterhaltsanspruch des Beklagten durch Aufrechnung erloschen sei (so auch OLG Hamm FamRZ 1989, 875; aA EvBl 1993/147 mit der Begründung, daß der Unterhaltsanspruch nicht strittig sei und auch nicht den Entscheidungsgegenstand bilde; offensichtlich ging der OGH in dieser Entscheidung von der Ansicht aus, bei der Oppositionsklage handle es sich um eine Rechtsgestaltungsklage und nur wenn die vorgebrachten Einwendungen familienrechtlichen Charakter hätten, dann sei eine Streitigkeit über den gesetzlichen Unterhalt gegeben; ähnlich OLG München FamRZ 1978, 50 und 51 sowie OLG Braunschweig FamRZ 1978, 128 hinsichtlich des Einwandes der Tilgung).

24 Die Frage, ob eine **Oppositionsklage,** mit der Einwendungen gegen einen gesetzlichen Unterhaltsanspruch erhoben werden, **unter § 49 Abs 2 Z 2 JN** zu subsumieren ist, ist – wie in Rz 6 näher ausgeführt – **für** die **Rechtsmittelzulässigkeit** und die Bekämpfung der Nichtzulassung der ordentlichen Revision bzw des ordentlichen Revisionsrekurses von Bedeutung. Für die sachliche Zuständigkeit dagegen geht die spezielle Bestimmung des § 35 Abs 2 EO dem § 49 Abs 2 Z 2 JN vor. Dafür spricht, daß es einer eigenen Bestimmung in § 35 Abs 2 Satz 2 EO bedurfte, damit über Oppositionsklagen gegen Exekutionstitel in Arbeitsrechtssachen die ASG entscheiden können. Da es seit dem FamGG (BGBl 1985/70) für familienrechtliche Streitigkeiten keine Kausalgerichtsbarkeit mehr gibt – die auf bezirksgerichtlicher Ebene eingerichteten familienrechtlichen Abteilungen wurden wieder aufgehoben – läßt sich der § 35 Abs 2 Satz 2 EO zugrunde liegende Gedanke, daß – soweit es für den vollstreckbaren Anspruch eine spezielle Gerichtsbarkeit gibt – dieses spezielle Gericht wegen der gleichartigen Problemstellungen wie im Hauptprozeß auch für die Oppositionsklage zuständig sein soll, nicht auf gegen einen gesetzlichen Unterhaltsanspruch gerichtete Oppositionsklagen übertragen.

25 Hingegen fällt eine **Klage,** mit der die **materiellrechtliche Gültigkeit eines über den gesetzlichen Unterhalt geschlossenen Vergleiches** angefochten wird, **nicht unter § 49 Abs 2 Z 2 JN,** sondern für sie gilt Wertzuständigkeit (OLG Wien EFSlg 41.591 [1982], 27.694 [1976]; LGZ Wien EFSlg 10.489 [1968]; OLG Wien

DREvBl 1939/455; DREvBl 1939/250; aA JAB zum EheRÄG 1978 [916 BlgNR 14. GP] 23; *Mayr* in *Rechberger,* ZPO § 49 JN Rz 4 EFSlg 85.162 [1997]). Denn bei der Anfechtung eines Unterhaltsvergleiches wegen eines Willens- oder Formmangels geht es nicht um die gesetzliche Unterhaltspflicht, sondern um die **Wirksamkeit des Vergleiches.** Die dem Vergleich zugrundeliegende **Unterhaltspflicht wird** in diesem Verfahren **überhaupt nicht geprüft.** AA ist *Fucik* (ÖJZ 1994, 287), zumindest hinsichtlich der Anfechtung einer Scheidungsvereinbarung (über den Unterhalt) mit der Begründung, daß sonst die beim Vergleichsabschluß gewonnenen Kenntnisse des Familienrichters nicht als Amtswissen verwertet werden könnten. Der Richter, vor dem der Vergleich geschlossen worden ist, wird allerdings nicht so unbefangen über die Anfechtungsklage entscheiden können wie ein Richter, der in den Vergleichsabschluß nicht involviert gewesen ist. Der Richter, vor dem der Vergleich abgeschlossen worden ist, wird nämlich der Meinung sein, daß dieser mangelfrei zustande gekommen ist, andernfalls hätte er ihn ja nicht protokolliert. Er wird daher nicht so bald bereit sein, der Anfechtungsklage stattzugeben, wie ein Richter, der am Vergleichsabschluß nicht beteiligt gewesen ist. Entgegen *Fucik* (ÖJZ 1994, 287) kann aber der Einwand der Befangenheit des Richters nicht als nicht durchschlagend abgetan werden, weil bei der Prüfung der Unbefangenheit ein strenger Maßstab anzulegen ist, und es genügt, wenn eine Befangenheit mit Grund befürchtet werden muß, oder daß bei objektiver Betrachtungsweise auch nur der Anschein der Voreingenommenheit entstehen könnte (LGZ Wien EFSlg 66.839, 66.833 [1991], 63.892 [1990]; JBl 1990, 122 [zust *Schumacher*] = RdW 1990, 166; Arb 10.760 [1988]).

Desgleichen gilt für **Klagen nach § 1327 ABGB Wertzuständigkeit** (bezüglich der Rechtslage vor dem EheRÄG 1978 LGZ Wien DREvBl 1938/464; ZBl 1937/485; LGZ Wien EvBl 1937/434). Denn der Anspruch nach § 1327 ABGB ist weder ein Unterhaltsanspruch noch entspricht er umfangmäßig zur Gänze dem Unterhalt, der im Fall gerichtlicher Geltendmachung dem Getöteten auferlegt worden wäre. Nach stRsp (EFSlg 2007 [1958]; JBl 1954, 285; SZ 14/97 [1932] ua; aA jüngst 2 Ob 243/99 w) sind nämlich für die Berechnung der Rente nach § 1327 ABGB die tatsächlich erbrachten Unterhaltsleistungen (auch wenn sie höher oder niedriger als der nach dem Gesetz gebührende Unterhalt waren) heranzuziehen. Auch muß sich der Unterhaltsberechtigte Vorteile, die er aus dem Tod des Unterhaltspflichtigen zieht, sowie ein Mitverschulden des Getöteten anrechnen lassen. Deswegen kann der nach § 1327 ABGB in Anspruch Genommene nicht als Person bezeichnet werden, die kraft Gesetzes an Stelle des Unterhaltspflichtigen wegen eines vom gesetzlichen Unterhalt abhängigen Anspruches geklagt werden kann. 26

Ebensowenig gehört die **Klage auf Rückzahlung von irrtümlich in Erfüllung einer vermeintlichen Unterhaltspflicht bezahlten Beträgen** kraft Eigenzuständigkeit vor die BG, sondern es gilt für derartige Klagen die **Wertzuständigkeit** (EFSlg 57.680 [1988]; OLG Wien EFSlg 52.079 [1986], 41.594 [1982]). Denn es handelt sich bei dieser Klage um eine **Bereicherungsklage** iSd §§ 1431 ff ABGB. Die Frage des Bestehens der Unterhaltspflicht bildet daher nicht den Streitgegenstand und der Kläger kann auch nicht als Person angesehen werden, die kraft materiellen Rechts anstelle des ursprünglich Berechtigten (= des Unterhaltspflichtigen) zur Klagsführung befugt ist. Außerdem hängt der Bereicherungsanspruch nicht nur vom Nichtbestehen der Unterhaltspflicht, sondern auch davon ab, ob die Nichtschuld aus einem Irrtum heraus bezahlt wurde und ob die Unterhaltsbeträge nicht gutgläubig empfangen und verbraucht wurden (Jud 33 = SZ 11/86 [1929] uam). Im Prozeß um die Rückzahlung irrtümlich geleisteter Un- 27 terhaltsbeträge wird es daher vorwiegend um bereicherungsrechtliche Fragen gehen, die **Frage des Bestehens der Unterhaltspflicht** ist bei dieser Klage – anders als bei der Verwendungsklage – **nicht die alles entscheidende Frage.**

28 Weiters fallen **Schadenersatzklagen** gegen den Unterhaltspflichtigen oder einen Dritten **wegen Vereitelung der Erfüllung der gesetzlichen Unterhaltspflicht nicht unter** § **49 Abs 2 Z 2 JN,** weil es sich hier nicht um einen Unterhalts-, sondern um einen Schadenersatzanspruch handelt und dieser außerdem noch von anderen Faktoren als der Unterhaltspflicht abhängig ist und auch umfangmäßig nicht notwendig dem Unterhaltsanspruch entspricht.

F. § 49 Abs 2 Z 2 a JN

29 Zu den **Streitigkeiten über die eheliche Abstammung** gehört vor allem die **Klage auf Bestreitung der Ehelichkeit eines Kindes,** die zu dessen Lebzeiten vom Ehemann der Kindesmutter (vgl §§ 156, 159 Abs 1 ABGB) oder vom Staatsanwalt (§ 158 ABGB) gegen das Kind gerichtet wird. Nach dem Tod des Kindes kann gem § 159 Abs 2 ABGB nur mehr der Staatsanwalt mittels eines Antrages auf Feststellung der Unehelichkeit die Ehelichkeit bestreiten. Über diesen Antrag entscheidet dann gem § 159 Abs 2 ABGB (im außerstreitigen Verfahren) das Vormundschaftsgericht (*Fasching,* Lehrbuch[2] Rz 2369; *Rechberger/Simotta,* Zivilprozeßrecht[5] Rz 968).

30 Weiters zählen die **Klage auf Feststellung der Ehelichkeit eines Kindes** (von *Holzhammer,* Zivilprozeßrecht[2], 384 und *Petschek/Stagel,* Zivilprozeß 449 unrichtigerweise als Klage auf Anerkennung der ehelichen Abstammung bezeichnet), das nach Ablauf des 302. Tages nach Auflösung oder Nichtigerklärung der Ehe geboren worden ist und für das daher gem § 155 Satz 1 ABGB die Unehelichkeitsvermutung gilt (*Fasching,* Lehrbuch[2] Rz 2368; *Pichler* in *Rummel,* ABGB[2] I § 155 Rz 2) sowie die **Klage auf Feststellung bzw Bestreitung der Mutterschaft zu einem ehelichen Kind** (*Rechberger/Simotta,* Zivilprozeßrecht[5] Rz 988; aA *Fasching,* Lehrbuch[2] Rz 246, nach dessen Ansicht die Mutterschaftsklage zu einem ehelichen Kind unter § 49 Abs 2 Z 2 c JN zu subsumieren ist) zu den Streitigkeiten über die eheliche Abstammung.

31 Dagegen fällt die **Bestreitung der Legitimation durch nachfolgende Ehe** mit der Begründung, daß das legitimierte Kind nicht vom pater legitimans stammt, seit dem PersEheKindRÄG (BGBl 1983/566) **nicht** mehr unter die **Streitigkeiten über die eheliche Abstammung.** Nach § 161 Abs 3 ABGB treten nämlich die Wirkungen der Legitimation durch nachfolgende Ehe der Kindeseltern nur auf Grund einer gerichtlichen **Entscheidung** außer Kraft, **die in einem für die Beseitigung der Feststellung der** Vaterschaft **zu einem unehelichen Kind vorgesehenen Verfahren ergeht** (unrichtig daher *Fasching,* Lehrbuch[2] Rz 244 und *Mayr* in *Rechberger,* ZPO § 49 JN Rz 5).

Die sachliche (und örtliche) Zuständigkeit für die Anfechtung der Legitimation durch nachfolgende Ehe richtet sich danach, auf welche Weise und in welchem Verfahren die Legitimationswirkung beseitigt wird, was wiederum davon abhängt, wie die Vaterschaft zu dem unehelich gewesenen Kind festgestellt worden ist.

32 Ist die **Vaterschaftsfeststellung** auf Grund einer Vaterschaftsklage **durch Urteil** erfolgt, so kann dieses und die Legitimationswirkung nur durch eine **Nichtigkeits- oder Wiederaufnahmsklage** beseitigt werden. Die Zuständigkeit für die Nichtigkeits- und Wiederaufnahmsklage richtet sich nach **§ 532 ZPO.** Näheres s dort.

Wenn die Vaterschaft hingegen durch ein **Vaterschaftsanerkenntnis** festgestellt worden ist, so kann dieses entweder durch eine **amtswegige „Feststellung" seiner Rechtsunwirksamkeit** (§ 164 ABGB) oder durch eine **Klage auf Feststellung seiner Rechtsunwirksamkeit** (§ 164b ABGB) oder durch eine **Klage des Staatsanwaltes auf Feststellung der Vaterschaft eines anderen Mannes** (§ 164c Z 3 ABGB) beseitigt werden. 33

Für die **amtswegige Feststellung der Rechtsunwirksamkeit des Vaterschaftsanerkenntnisses,** die im Außerstreitverfahren zu erfolgen hat, ist gem § 114 Abs 1 JN das **Vormundschaftsgericht** zuständig, für die **Klage auf Feststellung der Unwirksamkeit des Vaterschaftsanerkenntnisses** ist ebenso wie für die **Vaterschaftsfeststellungsklage** das (in § 76c JN bezeichnete) **BG** zuständig.

Soll die Legitimation durch nachfolgende Ehe mit der Begründung **angefochten werden,** daß die **Kindeseltern gar nicht (wirksam) geheiratet hätten, oder daß eine andere Frau die Mutter des legitimierten Kindes sei, dann hätte dies unter analoger Anwendung** der Bestimmungen über die **Ehelichkeitsbestreitungsklage** zu erfolgen. Dh, daß derartige Bestreitungsklagen unter § 49 Abs 2 Z 2a JN zu subsumieren sind. 34

G. § 49 Abs 2 Z 2b JN

Zu den **Ehesachen** zählen gem § 49 Abs 2 Z 2b JN: 35
- die Klage auf **Scheidung** einer Ehe (§§ 46 bis 55 EheG);
- die Klage auf **Aufhebung** einer Ehe (§§ 33 bis 44 EheG);
- die Klage auf **Nichtigerklärung** einer Ehe (§§ 20 bis 28 EheG);
- die Klage auf **Feststellung des Bestehens oder Nichtbestehens einer Ehe** zwischen den Parteien.

Ausländische Eheklagen, soweit in ihrem Rahmen über den Bestand oder die Auflösung einer Ehe zu entscheiden ist, gehören vor das BG, selbst wenn eine solche Klage nach dem inländischen materiellen Recht gar nicht gewährt wird (SZ 23/293 [1950]). **Eheklagen,** die **nicht** auf **Scheidung, Aufhebung, Nichtigerklärung der Ehe** oder auf Feststellung des Bestehens oder Nichtbestehens der Ehe gerichtet sind, wie zB die Ergänzungsklage, fallen unter die **(nicht rein vermögensrechtlichen) Streitigkeiten aus dem Eheverhältnis** (§ 49 Abs 2 Z 2c JN). 36

Nicht zu den streitigen Ehesachen gehört die **einvernehmliche Scheidung** (§ 55a EheG), welche im Außerstreitverfahren (vgl §§ 220ff AußStrG) durchzuführen ist. Die einvernehmliche Scheidung **zählt zu** den **außerstreitigen Eheangelegenheiten,** deren Zuständigkeit sich nach §§ 104a, 114a JN richtet. Näheres s § 104a JN Rz 1, § 114a JN Rz 6. 37

H. § 49 Abs 2 Z 2c JN

1. Streitigkeiten aus dem Eheverhältnis

Damit eine Streitigkeit zwischen Ehegatten unter § 49 Abs 2 Z 2c JN fällt, muß diese aus dem gegenseitigen Verhältnis der Ehegatten entspringen. Dies ist dann der Fall, wenn die **Streitigkeit im Familienrecht wurzelt** (OLG Wien EFSlg 82.084 [1996], 60.703 [1989]; LGZ Wien EFSlg 57.682 [1988]; OLG Wien EFSlg 57.678, 57.677 [1988], 54.934 [1987], 46.605–46.607, 46.603 [1984], 41.600 [1982]; LGZ Wien EFSlg 41.597, 41.998 [1982]; OLG Wien EFSlg 41.595, 41.592 [1982]; EFSlg 39.078; EFSlg 39.084 = RZ 1983/35), also wenn sie **familienrechtlichen Charakter hat** (OLG Wien EFSlg 82.084 [1996], 60.703 [1989]; LGZ Wien 57.682 38

[1988]; OLG Wien EFSlg 57.677, 57.678 [1988]; LGZ Wien EFSlg 57.675 [1988]; OLG Wien EFSlg 54.934 [1987]; LGZ Wien EFSlg 49.254 = ÖA 1986, 110; LGZ Wien EFSlg 49.249 [1985]; OLG Wien EFSlg 46.603, 46.605, 46.607 [1984], 41.592, 41.600, 41.601 [1982]; EFSlg 39.078; EFSlg 39.084 = RZ 1983/35). Ein Anspruch hat dann familienrechtlichen Charakter, wenn **für dessen Gewährung oder Verweigerung das familienrechtliche Verhältnis der Streitteile zueinander rechtserheblich** ist (OLG Wien EFSlg 41.592 [1982], 39.079 [1981]). Eine Streitigkeit entspringt dann dem gegenseitigen Verhältnis der Ehegatten, wenn sie **ohne das Eheverhältnis undenkbar wäre** *(Maurer*, RZ 1983, 117; *Rechberger/ Simotta,* Zivilprozeßrecht[5] Rz 779; *Simotta*, BeitrZPR IV 247; OLG Wien EFSlg 82.084 [1996], 60.703 [1989]; LGZ Wien EFSlg 57.682 [1988]; OLG Wien EFSlg 57.678, 57.677, 57.675 [1988], 54.934 [1987], 46.605–46.607, 46.603 [1984], 41.601, 41.600 [1982]; LGZ Wien EFSlg 41.598, 41.597 [1982]; OLG Wien EFSlg 41.595 [1982], 39.091 [1981]; EFSlg 39.084 = RZ 1983/35). **Kann** der geltend gemachte **Anspruch auch zwischen Personen bestehen, die nicht miteinander verheiratet sind bzw verheiratet waren,** dann liegt **keine Streitigkeit aus dem Eheverhältnis** vor. Hätte der Gesetzgeber nämlich jede Streitigkeit zwischen Ehegatten den BG zuteilen wollen, dann hätte es genügt, von Streitigkeiten zwischen Ehegatten zu sprechen (LGZ Wien EFSlg 57.682 [1988]; OLG Wien EFSlg 57.676 [1988], 49.251 [1985]).

39 Als Streitigkeiten aus dem Eheverhältnis sind aber nicht nur Streitigkeiten aus dem (noch) aufrechten Eheverhältnis, sondern **auch solche aus dem aufgelösten oder für nichtig erklärten Eheverhältnis** anzusehen (indirekt *Fasching,* Lehrbuch[2] Rz 246; *Horten*, JN 220; LGZ Wien EFSlg 85.160 [1997]; OLG Wien EFSlg 82.085 [1996]; OLG Wien EvBl 1989/133; LGZ Wien EFSlg 57.675 [1988]; OLG Wien EFSlg 54.934 [1987], 49.253 [1985]; LGZ Wien EFSlg 49.248 [1985]; OLG Wien EFSlg 46.606, 46.603 [1984]; LGZ Wien EFSlg 41.598, 41.597 [1982]; OLG Wien EFSlg 41.595 [1982]; EFSlg 39.084 = RZ 1983/35; OLG Wien EFSlg 39.083 [1981]; aA *Maurer*, RZ 1983, 118; LGZ Wien EFSlg 41.599 [1982]; OLG Linz 6 Nc 93/81 abgedruckt bei *Simotta*, BeitrZPR IV 218). Denn ausschlaggebend für die Zuständigkeit nach § 49 Abs 2 Z 2c JN ist nicht die Ehegatteneigenschaft der Parteien, sondern, daß die Streitigkeit ihren rechtlichen Ursprung im Eheverhältnis hat. Der Anspruchsgrund muß während der aufrechten Ehe entstanden sein, auf die Verhältnisse zum Zeitpunkt der Geltendmachung des Anspruches kommt es hingegen nicht an (OLG Wien 18 R 224/83 abgedruckt bei *Simotta*, BeitrZPR IV 213).

Wenn nach dem Willen des Gesetzgebers nicht einmal ein Rechtsübergang iSd § 49 Abs 3 JN etwas an der sachlichen Zuständigkeit ändern soll (vgl JAB zum EheRÄG 1978 [916 BlgNR 14. GP] 23), dann kann umso weniger die Auflösung der Ehe der Streitteile etwas an dieser ändern, weil hier ja kein Wechsel der Person des Anspruchsberechtigten bzw des Verpflichteten eintritt (so auch OLG Wien 18 R 224/83 abgedruckt bei *Simotta*, BeitrZPR IV 213).

Daß die Streitigkeiten aus dem aufrechten und dem aufgelösten Eheverhältnis gleich zu behandeln sind, folgt außerdem aus § 114a JN, der die örtliche Zuständigkeit für alle außerstreitigen Eheangelegenheiten gleich regelt. Zu den dort genannten Eheangelegenheiten gehören aber auch solche, die Ansprüche zum Gegenstand haben, die erst nach der Auflösung der Ehe geltend gemacht werden können, nämlich die Aufteilung des ehelichen Gebrauchsvermögens und der ehelichen Ersparnisse und der Ausspruch nach § 98 EheG. Wenn aber im Außerstreitverfahren zuständigkeitsmäßig kein Unterschied danach gemacht wird, ob im Zeitpunkt der Antragstellung das Eheverhältnis noch aufrecht ist oder nicht, darf aus Gleichheitsgründen auch im streitigen Verfahren ein solcher Unterschied nicht gemacht werden.

Klagen, die sich aus einer **aus Anlaß einer** (streitigen oder einvernehmlichen) **Scheidung geschlossenen Vereinbarung** ergeben, fallen nicht unter § 49 Abs 2 Z 2c JN (OLG Wien 15 Nc 1/82 abgedruckt bei *Simotta*, BeitrZPR IV 226; LGZ Wien EFSlg 41.599, 41.597 [1982]; OLG Linz 6 Nc 93/81 abgedruckt bei *Simotta*, BeitrZPR IV 218; aA *Fucik*, ÖJZ 1994, 287 [Buchbesprechung] unter Berufung auf *Verschraegen*, Scheidung 506f, nach deren Ansicht es sich bei der Scheidungsvereinbarung nach § 55a EheG um eine familienrechtliche Vereinbarung handelt, ferner OLG Wien EFSlg 57.678, 57.677 [1988], 49.253 [1985], 46.603 [1984]; LGZ Wien EFSlg 46.604 [1984], 41.598 [1982], 39.083 [1981]; EFSlg 39.078; EFSlg 39.084 = RZ 1983/35). **40**

Denn der klageweise geltend gemachte **Anspruch stützt sich** nicht auf das ehemalige Eheverhältnis, sondern **auf den aus Anlaß oder für den Fall der Eheauflösung geschlossenen Vertrag,** Notariatsakt oder Vergleich. Daß ein Anspruch, der aus Anlaß der Scheidung in Form einer Vereinbarung geregelt ist, ein vertraglicher, und kein familienrechtlicher Anspruch ist, geht auch aus § 69a EheG hervor. Dieser normiert, daß – soweit er den Lebensverhältnissen der Ehegatten angemessen ist – der auf Grund einer Vereinbarung nach § 55a EheG geschuldete Unterhalt einem gesetzlichen Unterhalt gleichzuhalten ist. Wenn aber **der auf Grund einer Vereinbarung nach § 55a Abs 2 EheG geschuldete Unterhalt kein gesetzlicher, sondern ein vertraglicher Unterhaltsanpruch** ist *(Pichler* in *Rummel,* ABGB² II § 69a EheG Rz 1; *Zankl* in *Schwimann,* ABGB² I § 69a EheG Rz 1; ZAS 1982/16 [*Grillberger*]; AnwBl 1980, 163 = EFSlg 36.444), dann sind auch alle anderen Ansprüche, die aus Anlaß einer (einvernehmlichen oder streitigen) Scheidung vertraglich geregelt werden, vertragliche und keine familienrechtlichen Ansprüche.

Außerdem sind in derartigen Prozessen keine ehe- oder familienspezifischen Fragen, sondern ausschließlich Fragen zu lösen, die auch in Prozessen zwischen Personen denkbar sind, die nicht miteinander verheiratet waren. Wie die Praxis zeigt, lauten die meisten Klagen, die sich auf eine aus Anlaß der Eheauflösung geschlossene Vereinbarung stützen, auf Einhaltung oder auf Schadenersatz wegen Nichteinhaltung derselben. In diesen Prozessen wird **nicht der Anspruch aus dem Eheverhältnis geprüft,** sondern das Bestehen der Vereinbarung, die Nichterfüllung, das Verschulden an dieser sowie die Schadenshöhe, es sind also lauter schuldrechtliche Fragen zu klären. Ähnliches gilt, wenn die materiellrechtliche Gültigkeit einer Vereinbarung, die einen Anspruch aus dem Eheverhältnis zum Gegenstand hat – zB wegen eines Willens- oder Formmangels oder Sittenwidrigkeit –, angefochten wird. Hier geht es ebenfalls nicht um den Anspruch aus dem Eheverhältnis, sondern um die Wirksamkeit der Vereinbarung (aA LGZ Wien MietSlg 79.082 [1995]).

a) Beispiele für **Streitigkeiten aus dem Eheverhältnis:** **41**

• Klagen gegen einen Dritten auf **Unterlassung ehewidriger Beziehungen** *(Fasching,* Lehrbuch² Rz 246; *Maurer,* RZ 1983, 118), wobei es allerdings strittig ist, ob ein derartiger Unterlassungsanspruch noch besteht (vgl *Pichler* in *Rummel,* ABGB² I § 90 Rz 2);

• Klagen, welche die **Führung des Ehenamens** betreffen (vgl *Fasching,* Lehrbuch² Rz 246; OLG Wien EFSlg 5475 [1965]);

• Klagen auf Ersatz der Detektivkosten wegen **Verletzung der ehelichen Treue** (LGZ Wien EFSlg 69.729 [1992]);

• **Schenkungswiderruf** und daran anschließend die Forderung auf Benützungsentgelt **wegen Verletzung der ehelichen Treue** (LGZ Wien EFSlg 75.953 [1994]);

• Streitigkeiten, die sich aus der (in § 96 ABGB geregelten) **Schlüsselgewalt** ergeben;

42 • Klagen, mit denen der **Anspruch nach § 97 ABGB** auf Erhaltung der einem dringenden Wohnbedürfnis eines Ehegatten dienenden Wohnung durchgesetzt werden soll, uzw auch dann, wenn ein Dritter (zB der Sohn) als Vertragspartner einbezogen worden ist (EFSlg 69.730 = JBl 1992, 704 = WoBl 1993/19), so zB die Klage gegen den verfügungsberechtigten Ehegatten, daß er alles unterlasse, damit der auf die Wohnung angewiesene Ehegatte diese nicht verliere (OLG Wien EFSlg 72.801 [1993], 39.082 [1981]), die Klage auf Herausgabe des Schlüssels zur Ehewohnung, deren Schloß ohne Wissen des klagenden Ehegatten geändert worden war (OLG Wien EFSlg 72.801 [1993]; SZ 54/29 = EFSlg 37.634 [1981]), die Klage auf Ermöglichung des Zutrittes zur Ehewohnung durch Entfernung des in das Wohnungsschloß eingebauten MCS-Zylinders und Ersatz der Nächtigungskosten (EFSlg 46.602 = EvBl 1985/16 = WR 110, allerdings berief sich der OGH nicht auf § 97 ABGB, sondern auf § 90 ABGB) und die Klage auf Unterlassung all dessen, was die Benützung der Ehewohnung erschwert (nämlich die Aufnahme eines ehebrecherischen Dritten in die Ehewohnung SZ 54/37 = EvBl 1981/181 = JBl 1983, 89);

• Klagen **aus dem ehelichen Güterrecht** (§§ 1217 ff ABGB), wie zB Klage auf Auflösung der ehelichen Gütergemeinschaft oder auf Anfechtung von Ehepakten;

• Klagen **aus dem gemeinsamen Wohnungseigentum** von Ehegatten (§§ 9 bis 11 WEG); hier spielt das Eheverhältnis insoweit eine Rolle als nur Ehegatten gemeinsam Wohnungseigentum begründen können (§ 9 WEG). Während der Ehe ist hinsichtlich der Wohnung, die wenigstens einem Ehegatten zur Befriedigung seines dringenden Wohnbedürfnisses dient, die Klage des anderen auf Aufhebung der Gemeinschaft unzulässig (§ 9 Abs 3 WEG); nach der Scheidung, Aufhebung oder Nichtigerklärung der Ehe ist das gemeinsame Wohnungseigentum (nach § 11 WEG) aufzuheben. Außerdem genießt die wenigstens einem der bisherigen Ehegatten zur Befriedigung seines dringenden Wohnbedürfnisses und zu seinem gewöhnlichen Aufenthalt dienende Wohnung gem § 11 Abs 2 WEG einen besonderen Schutz. Die Rsp (WoBl 1996, 164 = JUS Z 1996/2060) vertritt dagegen die Ansicht, daß Streitigkeiten über Aufwendungen auf die im Ehegattenwohnungseigentum stehende Ehewohnung nicht dem gegenseitigen Verhältnis der Ehegatten entspringen, sondern daß hiebei Ansprüche aus einer Gemeinschaft nach §§ 825 ff ABGB an der ehelichen Eigentumswohnung geltend gemacht werden. Als zusätzliches Argument gegen eine Subsumierung unter § 49 Abs 2 Z 2 c JN wird noch der Umstand angeführt, daß die beklagte Ehegattin bereits aus der gemeinsamen Wohnung ausgezogen ist;

• Klagen **hinsichtlich des ehelichen Gebrauchsvermögens** und der ehelichen Ersparnisse nach Scheidung, Auflösung oder Nichtigerklärung der Ehe, soweit sie nicht auf Anfechtung, Zuhaltung oder Schadenersatz wegen Nichteinhaltung einer Vereinbarung gerichtet sind, wie zB die von der Rsp (SZ 54/126 = EFSlg 39.919/5 = EvBl 1982/184 = JBl 1983, 435 = MietSlg 33.710/18) mE zu Unrecht zugelassene Klage auf Feststellung, daß eine bestimmte Wohnung nicht die Ehewohnung sei;

• die **Ergänzungsklage** (= nachträgliche Geltendmachung weiterer Verschuldensgründe nach bereits erfolgter Ehescheidung);

● **ausländische Eheklagen,** die nicht auf Scheidung, Aufhebung, Nichtigerklärung der Ehe oder auf Feststellung des Bestehens oder Nichtbestehens der Ehe gerichtet sind.

b) Hingegen fallen **folgende Klagen,** weil derartige Streitigkeiten auch zwischen familienfremden Personen möglich wären, **nicht** in die Eigenzuständigkeit der BG nach **§ 49 Abs 2 Z 2 c JN:** **43**

● auf das **Alleineigentum** gestützte Klagen auf Herausgabe (LGZ Wien EFSlg 69.733 [1992]) eines Geldbetrages aus einem Sparguthaben (OLG Linz EFSlg 36.632 [1980]), auf Herausgabe bestimmter Gegenstände (OLG Wien EFSlg 54.934 [1987], 46.606 [1984]; OLG Wien 18. 2. 1983 16 Nc 1/83 abgedruckt bei *Simotta,* BeitrZPR IV 194), von Schmuckstücken (OLG Wien EFSlg 54.934 [1987] abgedruckt bei *Simotta,* BeitrZPR IV 195) oder eines Kraftfahrzeuges (OLG Wien EFSlg 60.703 [1989] abgedruckt bei *Simotta,* BeitrZPR IV 195);

● auf das **Miteigentum** gestützte Klagen: **44**

– auf Zahlung der Aufwendungen für die gemeinsame Liegenschaft (OLG Wien EFSlg 41.601 [1982] abgedruckt bei *Simotta,* BeitrZPR IV 204; aA RZ 1983/35);

– auf Aufhebung der Miteigentumsgemeinschaft bzw Zivilteilung (OLG Wien EFSlg 57.681 [1988], 46.607 [1984], ausführlich bei *Simotta,* BeitrZPR IV 191 ff; ggt OLG Wien EFSlg 39.079 [1981] abgedruckt bei *Simotta,* BeitrZPR IV 201, mit der Begründung, daß es sich bei der zu teilenden Liegenschaft um eheliches Gebrauchsvermögen bzw eheliche Ersparnisse handelt; solange aber die Ehe nicht rechtskräftig aufgelöst ist, gibt es keinen Anspruch auf Aufteilung des ehelichen Gebrauchsvermögens und der ehelichen Ersparnisse, vgl *Simotta,* BeitrZPR IV 201);

– auf Entfernung des von der Beklagten an der Tür des (gemeinsamen) Hauses angebrachten Schlosses und auf Unterlassung der neuerlichen Anbringung eines Schlosses (OLG Wien EFSlg 49.251 [1985]); bei dem streitgegenständlichen Haus handelte es sich nicht um die nach § 97 ABGB besonders geschützte Ehewohnung;

– auf Einräumung des tatsächlichen Mitbesitzes an dem im gemeinsamen Eigentum stehenden und aus dem gemeinsamen Vermögen errichteten Sommerhaus (*Simotta,* BeitrZPR IV 197; ggt OLG Wien EFSlg 39.081 [1981] unter Berufung auf die teilweise extensive Rechtssprechung zu § 50 Abs 2 Z 3 JN aF);

– betreffend die Benützung eines im Miteigentum von Ehegatten stehenden Hauses (nämlich Unterlassung der Vermietung einer Wohnung) (EvBl 1994/36 = ÖA 1994, 74);

– auf Rechnungslegung nach Widerruf der Verwaltung gemeinsamen Gutes (LGZ Wien EFSlg 18.445 [1972]);

– auf Rückzahlung des von der Ehegattin (zu 2/3 entsprechend ihrer Eigentumsquote) zu tragenden Anteils an der vom Kläger zur Gänze bezahlten Zeitrente zur Finanzierung eines Liegenschaftskaufes;

● auf **Schadenersatz** bzw auf Feststellung der Haftung für zukünftige Schäden gerichtete Klagen; dabei handelt es sich um folgende Schadenersatzansprüche: **45**

– aus einem Verkehrsunfall (*Maurer*, RZ 1983, 117; *Simotta,* BeitrZPR IV 206, 249; OLG Wien EFSlg 43.954 [1983]);

– wegen eines Schlages ins Gesicht (*Maurer*, RZ 1983, 117; *Simotta,* BeitrZPR IV 207, 249; OLG Wien EFSlg 52.078 [1986]);

– wegen widerrechtlicher Ansichnahme größerer Geldbeträge und Goldmünzen, Mißhandlung des Klägers, Bewirkung der ungesetzlichen Festhaltung durch Polizisten und Herbeiführung des Verlustes des Arbeitsplatzes (*Simotta*, BeitrZPR IV 207, 249; OLG Wien EFSlg 52.076 [1986]);

– wegen schwerer Verletzung durch mehrere Pistolenschüsse (*Simotta*, BeitrZPR IV 207, 249; LGZ Wien EFSlg 57.682 [1988]);

– wegen zu Unrecht erfolgter Exekutionsführung auf Grund eines nur für die aufrechte Ehe geltenden Unterhaltsvergleichs (*Simotta*, BeitrZPR IV 245, 249; ggt LGZ Wien EFSlg 57.675 [1988] abgedruckt bei *Simotta*, BeitrZPR IV 245, mit der Berufung auf die extensive Auslegung des § 50 Abs 2 Z 3 JN aF; die Rückforderung des während eines erfolgreichen Oppositionsprozesses dem betreibenden Gläubiger Geleisteten ist jedoch auch zwischen Personen denkbar, die nicht miteinander verheiratet gewesen sind);

– wegen Vereitelung eines Vertrags, mit dem an einer Liegenschaft Wohnungseigentum an drei Wohnungen begründet werden sollte; die Widmung einer Wohnung als Ehewohnung wurde jedoch nicht behauptet (*Simotta*, BeitrZPR IV 208, 249; LGZ Wien EFSlg 49.254 = ÖA 1986, 110);

– wegen rechtswidriger Entziehung eines Sparbuches (OLG Wien EFSlg 69.734 [1992]);

46 • **Regreßklagen wegen Inanspruchnahme als Bürge und Zahler** (OLG Wien EFSlg 49.252 [1985]; ggt OLG Wien EFSlg 57.678 [1988], 41.595 [1982]) bzw als Mitschuldner (OLG Wien EvBl 1989/133);

47 • Klagen **aus während aufrechter Ehe geschlossenen Verträgen:**

– Klage auf Zahlung der Hälfte des Erbteils und zusätzlich 150.000 S, wenn die Klägerin eine eigene Wohnung beziehen sollte (*Simotta*, BeitrZPR IV 211, 250; ggt OLG Wien EFSlg 39.086 [1981]);

– Klage auf Feststellung, daß die Erstklägerin zur Hälfte und die Zweitklägerin (die Ex-Gattin des Beklagten) zu einem Viertel Miteigentümerin eines Superädifikates sind; das Bauwerk sei von den Streitteilen gemeinsam errichtet worden, wobei die dem Klagebegehren zu entnehmenden Eigentumsanteile vereinbart worden seien (das OLG Wien war hingegen in der E 18 R 224/83 abgedruckt bei *Simotta*, BeitrZPR IV 212, 250, der Ansicht, es läge, weil es sich bei dem streitgegenständlichen Superädifikat um eheliches Gebrauchsvermögen handle, eine Streitigkeit aus dem Eheverhältnis vor);

– die auf einen Treuhandvertrag gestützte Klage auf Herausgabe der Hälfte einer Liegenschaft samt Zubehör und auf Einwilligung in deren Einverleibung (OLG Wien EFSlg 39.091 [1981]);

– Klage auf Rückzahlung eines von der Ehefrau an den Ehemann gewährten Darlehens (EFSlg 66.861 [1990]);

– Klage auf Feststellung, daß zwischen den Ehegatten eine Erwerbsgesellschaft bürgerlichen Rechts besteht (OLG Wien EFSlg 41.600 [1982]);

– die auf die Geschäftsführung ohne Auftrag und das Vollmachtsverhältnis gestützte Klage auf Rechnungslegung, Anlegung eines Warenverzeichnisses, Angabe des Nutzens aus der Geschäftsführung und die Ablegung eines Eids über die Richtigkeit und Vollständigkeit der Angaben (OLG Wien 11 R 98/82 abgedruckt bei *Simotta*, BeitrZPR IV 240);

– Klage auf Aufhebung eines Notariatsakts, mit dem die Klägerin mit ihrem Mann einen Übergabsvertrag über die Hälfte einer Liegenschaft abgeschlossen hat, wegen Willensmängeln (OLG Linz EFSlg 43.953 [1983]);

– die auf den Widerruf der Schenkung gestützte Klage auf Herausgabe einer bestimmten Sammlung (OLG Wien 13 R 45/83 abgedruckt bei *Simotta*, BeitrZPR IV 242);

– die auf ungerechtfertigte Bereicherung (zB titellose Benützung einer Wohnung) gestütze Klage (6 Ob 620/90 abgedruckt bei *Simotta*, BeitrZPR IV 217; OLG Wien EFSlg 46.605 [1984]);

– die Klage, mit der ein Ehegatte gegen den anderen einen Anspruch auf Bereicherung mit der Begründung geltend macht, daß er dem anderen Ehegatten einen Geldbetrag als Darlehen übergeben habe, ohne von der Formgebundenheit eines solchen Darlehens zu wissen (JUS Z 1994/1676);

– die auf § 896 Satz 1 ABGB gestützte Klage desjenigen Ehegatten, der die bisher fällig gewordenen Kaufpreisraten für die von den Ehegatten gemeinsam erworbene Liegenschaftshälfte (verbunden mit dem Benützungsrecht an einer Wohnung) allein bezahlte (EFSlg 72.800 [1993]);

– die Klage auf Räumung der von der Ehefrau von ihrem Ehemann gemieteten Räume (LGZ Wien MietSlg 21.782 [1969]);

• **Streitigkeiten aus einer Vereinbarung, die aus Anlaß der streitigen oder einvernehmlichen Scheidung geschlossen** worden ist: 48

– **Klagen auf Einhaltung der Vereinbarung:** auf Zahlung der Aufwendungen für die Wohnung (LGZ Wien 43 R 2034/82 abgedruckt bei *Simotta*, BeitrZPR IV 233, 251); auf Zahlung der Hälfte der zum Abdecken des Gehaltsvorschusses einschließlich der Zinsen geleisteten Raten *(Simotta,* BeitrZPR IV 251; ggt EFSlg 39.084 = RZ 1983/35); auf Leistung der Ausgleichszahlung *(Simotta,* BeitrZPR IV 251; ggt LGZ Wien EFSlg 46.604 [1984]); auf Übergabe bestimmter Gegenstände *(Simotta*, BeitrZPR IV 251; ggt OLG Wien 11 R 121/88 abgedruckt bei *Simotta,* BeitrZPR IV 235, 251); auf Rückgabe von 100.000 S, die zum Ankauf einer Wohnung bestimmt gewesen sind *(Simotta,* BeitrZPR IV 241, 251; ggt LGZ Wien EFSlg 41.598 [1982]);

– **Klagen auf Schadenersatz:** wegen vertragswidriger Nichtbezahlung der Kreditschulden und weil dadurch die klagende Partei vom Gläubiger in Anspruch genommen worden ist (OLG Linz 6 Nc 93/81 abgedruckt bei *Simotta*, BeitrZPR IV 218, 251; ggt OLG Wien EFSlg 57.678 [1988], 49.253 [1985], 46.603 [1984]); wegen vertragswidriger Nichtübergabe eines Flugzeuges und Verkauf desselben *(Simotta,* BeitrZPR IV 251; OLG Wien 15 Nc 1/82 und LGZ Wien 44 R 1002/82, beide abgedruckt bei Simotta, BeitrZPR IV 226; ggt OLG Wien EFSlg 39.083 [1981]; alle drei E ergingen in derselben Causa); wegen unterbliebener Beistellung der vereinbarten Ersatzwohnung und wegen des vertragswidrig nicht verschafften Gebrauchtwagens *(Simotta*, BeitrZPR IV 251; ggt OLG Wien 13 R 223/85 abgedruckt bei *Simotta,* BeitrZPR IV 231); wegen Nichtbezahlung der Kosten für die Ehewohnung, an der die Hauptmietrechte anläßlich der Scheidung an die Beklagte übergegangen sind *(Simotta*, BeitrZPR IV 251; ggt OLG Wien 16 R 96/89 abgedruckt bei *Simotta,* BeitrZPR IV 232); Klagen aus einer Vereinbarung, welche die geschiedenen Ehegatten erst lange Zeit nach der Scheidung der Ehe geschlossen haben, zB wegen Verletzung einer Vereinbarung über das Wohnrecht der Ex-Ehefrau, wobei die Gegenleistung für das Wohnrecht in Form einer Reduzierung der Barzahlung des Unterhaltes für die Kinder bestand, wofür die Ex-Ehefrau den Ex-Ehemann schad- und klaglos zu halten hatte (OLG Wien EFSlg 69.732 [1992]; ggt OLG Wien EFSlg 39.085 [1981]); wegen Verletzung der Vereinbarung (ggt OLG Wien EFSlg 75.952 [1994], 39.083 [1981]); 49

– **sonstige Streitigkeiten aus einer Scheidungsvereinbarung:** Klagen auf Ergänzung eines irrtümlich unvollständig gebliebenen Scheidungsvergleiches wegen Nichtanführung einer zweiten Liegenschaft, auf der sich der zu übertragende Betrieb auch befindet (aA OLG Wien EFSlg 66.860 [1991]); Klagen auf Anfech- 50 tung der aus Anlaß der Ehescheidung geschlossenen Vereinbarung bzw des gerichtlichen Vergleiches zB nach § 870 ABGB (OLG Wien EFSlg 72.802 [1993]), oder wegen Zwangs oder Irrtums (aA *Fucik*, ÖJZ 1994, 287 [Buchbesprechung] mit der Begründung, daß sonst die Kenntnis des Familienrichters nicht als Amtswissen genützt werden kann; vgl auch die Ausführungen zur Anfechtung eines Unterhaltsvergleichs Rz 25); Klage auf Herausgabe von Wohnungsschlüsseln und Unterlassung aller den Verkauf der Wohnung hindernden Handlungen, damit die Klägerin ihrer anläßlich der Scheidung eingegangenen Verpflichtung, die Ehewohnung unverzüglich um mindestens 700.000 S zu verkaufen, nachkommen könne *(Simotta*, BeitrZPR IV 251; ggt OLG Wien 13 R 146/81 abgedruckt bei *Simotta,* BeitrZPR IV 226); das Begehren des Ehemannes, die Ehefrau sei schuldig, das Betreten seines Geschäftslokales zu unterlassen, weil die Beklagte ihn und Kunden beschimpft hätte (aA EFSlg 7187/3 = MietSlg 18.646 [1966]); auf § 1330 ABGB gestützte Klage auf Widerruf unmittelbar nach Ausspruch der Scheidung erfolgter Äußerungen (OLG Wien EFSlg 75.956 [1994]);

51 • **Streitigkeiten aus** einer aufrechten oder aufgelösten **Lebensgemeinschaft,** weil hier kein Eheverhältnis vorliegt.

2. Streitigkeiten aus dem Eltern-Kindverhältnis

a) Begriff „Eltern" und „Kinder"

52 Der Begriff **„Eltern"** und **„Kinder"** bestimmt sich nach **§ 42 ABGB** (*Gamerith*, ÖJZ 1972, 60; *ders*, NZ 1972, 157; *Horten*, JN 220; *Michlmayr/ Stohanzl*, JN[13] § 50 JN Anm 5; *Pollak,* System[2], 273; aA *Pichler*, RZ 1972, 40 FN 37; *ders,* ÖA 1974, 5 FN 25).

Nach § 42 ABGB werden unter dem Begriff **Eltern** ohne Unterschied des Grades **alle Verwandten in aufsteigender Linie** und unter dem Namen **Kinder alle Verwandten in absteigender Linie** begriffen.

53 Da in § 49 Abs 2 Z 2c JN – anders als in den Z 1, 1a und 2a – nicht zwischen den ehelichen und den unehelichen Kindern unterschieden wird, ist die Z 2c auch auf das Verhältnis des unehelichen Kindes zu seinen Eltern und Großeltern anwendbar (so auch *Maurer*, RZ 1983, 118). Nach der geltenden materiellen Rechtslage reduziert sich jedoch, weil in den Z 1 und 1 a die Streitigkeiten über die Vaterschaft zu einem unehelichen Kind und die über dessen Vater der Mutter und dem Kind gegenüber gesetzlich obliegenden Pflichten ausdrücklich geregelt sind und die Unterhaltsansprüche des unehelichen Vaters und der Großeltern gegenüber dem unehelichen Kind bzw Enkelkind unter die Z 2 fallen, der Anwendungsbereich der Z 2c auf **das Verhältnis zwischen dem unehelichen Kind und seiner Mutter und den (Ur-)Großeltern mütterlicherseits.**

54 In § 49 Abs 2 Z 2c JN wird nicht auf die leibliche Abstammung abgestellt; da Wahlkinder – sofern nicht ausdrücklich von leiblichen Kindern gesprochen wird – den ehelichen Kindern gleichgestellt sind *(Pichler* in *Rummel,* ABGB[2] I § 42 Rz 2; MietSlg 4720 = RZ 1956, 11; EvBl 1950/324 = MietSlg 1367; ZBl 1933/58; SZ 14/136 [1932]), ist die Bestimmung **auch auf die aus dem Verhältnis zwischen Wahl(Adoptiv-)eltern und Wahl(Adoptiv-)kindern entspringenden Streitigkeiten** anwendbar (*Horten,* JN 220; *Pollak,* System[2], 273). Dies folgt aus § 182 ABGB, demzufolge zwischen dem Annehmenden und dessen Nachkommen einerseits und dem Wahlkind und dessen im Zeitpunkt des Wirksamwerdens der Annahme minderjährigen Nachkommen andererseits mit diesem Zeitpunkt die gleichen Rechte entstehen, wie sie durch die eheliche Abstammung begründet werden.

Mangels eines Verwandtschaftsverhältnisses iSd § 41 ABGB sind **Zieheltern, Pflegeeltern** (so auch *Horten*, JN 220) und **Stiefeltern nicht Eltern iSd § 42 ABGB. Kein Eltern-Kindverhältnis** bildet ferner, auch wenn sie ihm nachgebildet ist, die **Vormundschaft.** Allerdings wird man sinnvollerweise, weil den Pflegeeltern bzw dem Vormund die eigentlich den leiblichen Eltern bzw Großeltern des Kindes zustehende Obsorge ganz oder teilweise zukommt (vgl für die Pflegeeltern §§ 137a, 176a, 196, 186a ABGB, für die Vormundschaft §§ 187, 188 ABGB), Klagen aus dem Verhältnis zwischen Pflegeeltern und Pflegekindern und aus der Vormundschaft in den Anwendungsbereich des § 49 Abs 2 Z 2c JN einbeziehen müssen. Als Beispiel wäre die Klage des Vormundes auf Übergabe der in Pflege befindlichen Kinder zu nennen (vgl JBl 1966, 430 = RZ 1966, 123) sowie die Klage des Vormundes gegen das Mündel auf Ersatz der im Interesse des Minderjährigen aus dem Vermögen des Vormundes getätigten Auslagen (vgl JUS 16, 13 [1985], in der es allerdings nur um die Zulässigkeit des streitigen Rechtsweges ging). **55**

Unter den Begriff **„Eltern"** im weiteren Sinn fallen der **Vater** und die **Mutter,** die **Großeltern** und die **Urgroßeltern** sowie die **Wahleltern,** unter jenen der **„Kinder"** im weiteren Sinn der **Sohn** und die **Tochter,** die **Enkel,** die **Urenkel** und die **Adoptivkinder.** Zusätzlich sind auch noch wegen Vorliegens eines dem Eltern-Kindverhältnis sehr ähnlichen Verhältnisses die **Pflegeeltern** und **Pflegekinder** sowie der **Vormund** und das **Mündel** in den Kreis der Eltern und Kinder einzubeziehen. **56**

b) Begriff der Streitigkeiten aus dem Eltern-Kindverhältnis

Unter § 49 Abs 2 Z 2c JN sind alle aus dem Verhältnis zwischen Eltern und Kindern im weitesten Sinn entspringenden Klagen zu subsumieren, soweit diese nicht – wie die sich aus der unehelichen Vaterschaft ergebenden Klagen, die Unterhaltsklagen oder die Klagen über die eheliche Abstammung – unter eine andere Ziffer des § 49 Abs 2 JN fallen. **57**

Eine Streitigkeit aus dem Eltern-Kindverhältnis liegt aber nicht nur dann vor, wenn Eltern und Kinder als Prozeßparteien auftreten, sondern es fallen auch von oder gegen einen Dritten erhobene Klagen, mit denen ein aus dem Eltern-Kindverhältnis ableitbarer Anspruch geltend gemacht wird, unter die aus dem Verhältnis zwischen Eltern und Kindern entspringenden Streitigkeiten (*Maurer*, RZ 1983, 118; SZ 10/248 = ZBl 1929/43). Dies ergibt sich vor allem aus § 49 Abs 3 JN, demzufolge die Zuständigkeit des BG nach § 49 Abs 2 Z 1 bis 2c JN auch dann besteht, wenn vor der Klagserhebung eine prozessuale oder materielle Rechtsnachfolge eingetreten ist, also wenn eine familienfremde Person als Kläger oder Beklagter auftritt (Näheres s Rz 117 ff). **58**

Genauso wie bei den Streitigkeiten aus dem Eheverhältnis sind nicht alle Streitigkeiten, in denen sich Eltern und Kinder (im weitesten Sinn) als Parteien gegenüberstehen, als aus dem Eltern-Kindverhältnis entspringende Streitigkeiten zu qualifizieren (vgl *Maurer*, RZ 1983, 117). Entscheidend ist dabei nicht das Verwandtschaftsverhältnis, sondern ausschließlich die Frage, ob die Streitigkeit eine **Angelegenheit des Familienrechts** betrifft (OLG Wien EFSlg 41.596 [1982]) und dem Verhältnis zwischen Eltern und Kindern entspringt (EvBl 1998/148; LGZ Wien EFSlg 46.608 [1984]; OLG Wien EFSlg 39.090 [1981]). Der klagsgegenständliche **Anspruch** muß **familienrechtlicher Natur** sein. Dies folgt aus der Überschrift zur Vorgängerbestimmung, § 49a Abs 1 Z 4 JN idF des EheRÄG 1978 (vgl auch OLG Wien 13 R 104/81 Leitsatz abgedruckt in EFSlg 39.089), aus der Bezeichnung des Gesetzes, durch das § 49a Abs 1 Z 4 JN in § 49 Abs 2 **59**

Z 2c JN umgewandelt wurde, aus § 33 Abs 1 GOG, wo von familienrechtlichen Angelegenheiten die Rede ist, sowie aus der ratio der Z 1 bis 2c des § 49 Abs 2 JN, die zwecks Schaffung einer einheitlichen Zuständigkeit für Verfahren mit familienrechtlichem Bezug erlassen wurden (vgl OLG Wien 13 R 104/81 Leitsatz abgedruckt in EFSlg 39.089).

60 **Erbrechtliche Streitigkeiten** fallen daher, auch wenn sie (wie zB die Pflichtteils- oder Pflichtteilsergänzungsklage gem § 762 ABGB) im Eltern-Kindverhältnis wurzeln, **nicht unter § 49 Abs 2 Z 2c JN** (LGZ Wien EFSlg 41.592 und OLG Wien EFSlg 41.596 [1982]; undeutlich OLG Wien 13 R 104/81 Leitsatz abgedruckt in EFSlg 39.089).

Demnach können, weil sie erbrechtliche Ansprüche zum Gegenstand haben, folgende Klagen nicht unter § 49 Abs 2 Z 2c JN subsumiert werden:

- die auf den Titel der Einantwortung und der titellosen Benützung gestützte Klage der Kinder gegen den Vater auf Herausgabe einer Reihe von Fahrnissen, die zum Nachlaß ihrer Mutter gehörten (OLG Wien EFSlg 41.596 [1982]);
- die Pflichtteilsklage;
- die Pflichtteilsergänzungsklage des Sohnes der Erblasserin gegen deren Enkelin, der die Erblasserin zu Lebzeiten eine Liegenschaft geschenkt hat (OLG Wien 13 R 104/81 Leitsatz abgedruckt in EFSlg 39.089, allerdings mit der Begründung, daß die Erblasserin die Liegenschaft auch einem Familienfremden hätte schenken können, der dann zur Pflichteilsergänzung verpflichtet wäre).

61 Bei der Klärung der Frage, ob eine Streitigkeit aus dem Eltern-Kindverhältnis entspringt, werden im wesentlichen die selben Kriterien anzuwenden sein wie bei den Streitigkeiten aus dem Eheverhältnis. Soferne nicht die Klage auf Feststellung des Bestehens oder Nichtbestehens eines Eltern-Kindverhältnisses gerichtet ist, kommt es darauf an, ob die **Streitigkeit auch entstehen hätte können, wenn es sich bei den Prozeßparteien nicht um Eltern und Kinder gehandelt hätte** (OLG Wien EFSlg 39.090 [1981]). Wäre die **Streitigkeit auch zwischen familienfremden Personen,** und nicht nur zwischen Eltern und Kindern **denkbar,** liegt **keine Streitigkeit aus dem Eltern-Kindverhältnis** vor (LGZ Wien EFSlg 41.592 und OLG Wien EFSlg 41.596 [1982]; OLG Wien 13 R 104/81 Leitsatz abgedruckt in EFSlg 39.089; OLG Wien EFSlg 39.085 [1981]). Denn hätte der Gesetzgeber jede Streitigkeit zwischen Eltern und Kindern den BG zuteilen wollen, hätte es genügt, von Streitigkeiten zwischen Eltern und Kindern zu sprechen (OLG Wien 13 R 104/81 Leitsatz abgedruckt in EFSlg 39.089; OLG Wien 13 R 107/81 Leitsatz abgedruckt in EFSlg 39.090).

62 Das **Eltern-Kindverhältnis muß** für den Rechtsstreit **rechtlich relevant** sein (OLG Wien EFSlg 39.087 [1981]). Daß der Rechtsstreit das Verhältnis zwischen einem Elternteil und seinem Kind bloß berührt oder zu beeinträchtigen vermag, reicht hingegen nicht aus, um die Streitigkeit zu einer aus dem Eltern-Kindverhältnis entspringenden zu machen (OLG Wien EFSlg 39.088 [1981]). Ebensowenig ist es von Bedeutung, ob das Verwandtschaftsverhältnis (zB die Vater-Sohn-Beziehung) das Motiv für das Rechtsgeschäft (zB für die Darlehensgewährung) gewesen ist (OLG Wien EFSlg 39.088 [1981]).

63 **Entspringt** die **Streitigkeit** nicht direkt dem Eltern-Kindverhältnis, sondern **einer Vereinbarung, der ein Anspruch aus dem Eltern-Kindverhältnis zugrundeliegt** (zB die Eltern haben bezüglich der Aufteilung der Unterhaltspflichten eine vom Gesetz abweichende Regelung getroffen), dann fällt diese – wie bei den Streitigkeiten aus dem Eheverhältnis näher ausgeführt – **nicht in die Eigenzuständigkeit des BG.** Denn eine derartige Streitigkeit wäre **auch zwischen fami-**

lienfremden Personen denkbar (vgl OLG Linz EFSlg 39.092 [1981]) und in einem solchen Prozeß wären, da ein Streit zwischen den Elternteilen untereinander auf Grund einer getroffenen Vereinbarung vorliegt (vgl OLG Linz EFSlg 39.092 [1981]; ggt OLG Wien EFSlg 39.085 [1981]), nur schuldrechtliche, den Inhalt des Vertrages betreffende Fragen zu lösen. Für derartige Klagen gilt daher Wertzuständigkeit.

Als Beispiele für **Klagen aus dem Eltern-Kindverhältnis** sind zu nennen: **64**

- die **Mutterschaftsklage** zu einem unehelichen Kind und – sofern man sie nicht unter die Z 2 a subsumiert – auch jene zu einem ehelichen Kind *(Fasching,* Lehrbuch[2] Rz 246; *Maurer,* RZ 1983, 118; *Mayr* in *Rechberger,* ZPO § 49 JN Rz 7; *Rechberger/Simotta,* Zivilprozeßrecht[5] Rz 988);
- soweit man sie nicht unter die Z 1 a oder Z 2 subsumiert, **Klagen nach § 1042 ABGB** auf Ersatz der anstelle des Unterhaltspflichtigen getätigten Aufwendungen (*Mayr* in *Rechberger,* ZPO § 49 JN Rz 7; EvBl 1998/148; OLG Wien EFSlg 72.803 [1993]; SZ 64/148 = EFSlg 66.859 = EvBl 1992/38 = ÖA 1992, 25 = RZ 1993/50; EFSlg 69.731 = EvBl 1992/193 = ÖA 1993, 30);
- die Klage der **Wahlmutter**, den **leiblichen Vater** schuldig zu erkennen, **jegliche Kontaktaufnahme** mit dem minderjährigen Wahlkind **zu unterlassen** (vgl OLG Linz EFSlg 20.694 = JBl 1974, 103, das sich allerdings nur mit der Rechtswegsfrage auseinandersetzte);
- Streitigkeiten über die **Herausgabe** der für ein Kind bezogenen **Familienbeihilfe** (*Mayr* in *Rechberger,* ZPO § 49 JN Rz 7; SZ 64/148 = EFSlg 66.859 = EvBl 1992/38 = ÖA 1992, 25 = RZ 1993/50), vorausgesetzt, daß der Rechtsweg zulässig ist;
- Klage der Tochter gegen den Vater auf **Herausgabe der angesparten Summe eines Bausparvertrages,** auf den dieser einen **Teil des** zu gewährenden **Unterhalts** einbezahlt hat (LGZ Wien EFSlg 46.608 [1984], wenn hingegen der eingezahlte Betrag keinen Teil des gesetzlichen Unterhalts darstellen würde, fiele die Klage nicht unter § 49 Abs 2 Z 2 c JN);
- Klage betreffend das Bestehen eines Anspruches auf Sicherstellung des **Heiratsgutes** nach § 1245 ABGB (vgl SZ 7/399 [1925], die sich allerdings nur mit der Zulässigkeit des streitigen Rechtsweges auseinandersetzte);
- Klage des Vormundes auf **Herausgabe ausländischer Kinder**, für die im Inland keine Vormundschaft geführt wird (vgl EFSlg 5494 = ZfRV 1965, 209, in der es allerdings nur um die Zulässigkeit des streitigen Rechtsweges gegangen ist).

Dagegen fallen, weil sie auch zwischen familienfremden Personen denkbar **65** wären, **folgende Streitigkeiten nicht** gem § 49 Abs 2 Z 2 c JN **in die Eigenzuständigkeit der BG:**

- die auf das Eigentum gestützte Klage des Sohnes gegen den Vater auf Rückzahlung der von seinem Girokonto abgehobenen Beträge (OLG Wien 13 R 107/81 Leitsatz abgedruckt in EFSlg 39.090);
- die auf den Verwahrungsvertrag gestützte Klage der Mutter gegen die Tochter auf Herausgabe von sechs Sparbüchern;
- die Klage des Vaters bzw der Stiefmutter gegen den (Stief-)Sohn auf Darlehensrückzahlung (OLG Wien EFSlg 39.088 [1981], allerdings wäre in letzterem Fall schon mangels eines Verwandtschaftsverhältnisses das Vorliegen einer Streitigkeit aus dem Eltern-Kindverhältnis zu verneinen gewesen);
- die Klage auf Feststellung, daß der Ex-Ehegatte auf Grund der getroffenen Vereinbarung verpflichtet sei, den Kläger für den Unterhaltsanspruch des Kindes schad- und klaglos zu halten (OLG Linz EFSlg 39.092 [1981]; aA OLG Wien EFSlg 39.085 [1981]);

● die Klage auf Schadenersatz wegen Nichteinhaltung der in Ansehung der Unterhaltspflicht getroffenen Vereinbarung (OLG Linz EFSlg 39.092 [1981]);

● die auf den Titel des Schadenersatzes gestützte Klage des Vaters gegen die Mutter als Sachwalterin der Kinder auf Rückzahlung von Unterhaltszahlungen wegen Eintreibung des auf Grund des Scheidungsvergleiches geschuldeten Unterhalts trotz Selbsterhaltungsfähigkeit der Kinder (OLG Wien EFSlg 57.680 [1988]). Die Beklagte wird ausschließlich aus ihrer Stellung als Sachwalterin der Kinder des Klägers in Anspruch genommen. Eine Sachwalterschaft muß jedoch keineswegs zwingend mit einem verwandtschaftlichen oder zwischen Ehegatten bestehenden Naheverhältnis verbunden sein;

● die Klage des Elternteils, der Hauptmieter der Wohnung ist, gegen ein großjähriges Kind auf Räumung bzw Verlassen der elterlichen Wohnung (EvBl 1956/348 = MietSlg 4921; SZ 8/7 [1926], die sich freilich nur mit der Frage der Zulässigkeit des streitigen Rechtsweges und der Klagslegitimation auseinandersetzen).

I. § 49 Abs 2 Z 3 JN

1. Streitigkeiten über die Bestimmung oder Berichtigung von Grenzen unbeweglicher Güter

66 Streitigkeiten über die Bestimmung oder Berichtigung von Grenzen unbeweglicher Güter sind gem §§ 850 ff ABGB im außerstreitigen Verfahren auszutragen, sobald es sich um einen Streit um den Verlauf einer unerkennbar gewordenen Grenze handelt (SZ 54/144 = MietSlg 33.092/20 = RZ 1982/18; SZ 25/76 = JBl 1952, 591). Handelt es sich hingegen um den Streit über den Erwerb oder das Eigentum an einem räumlich bestimmten Grundstück, dann ist der Prozeßweg einzuschlagen. Da diese Prozesse in Wahrheit auf einen anderen Rechtsgrund gestützt sind, ist **die im ersten Teil des § 49 Abs 2 Z 3 JN bezeichnete Eigenzuständigkeit praktisch nicht mehr gegeben.** Wird eine Klage auf Berichtigung einer Grenze auf das Eigentumsrecht oder auf Zuhaltung eines Vertrages gestützt, liegt in Wahrheit eine Eigentums- oder Übergabeklage vor, für welche die Eigenzuständigkeit des BG nicht gegeben ist, sondern die Zuständigkeit sich nach dem Wert bestimmt.

2. Streitigkeiten über die Dienstbarkeit der Wohnung und über Ausgedinge

67 Streitigkeiten über die Dienstbarkeit der Wohnung umfassen alle **Streitigkeiten aus einem Wohnungsrecht wie auch** einem **Fruchtgenußrecht an der Wohnung.** Dazu gehören ein Streit über den Aufenthalt im Hausgarten und die Mitbenützung eines Badesteges als Teil eines Wohnungsrechtes (RZ 1977/111) sowie Schadenersatzansprüche wegen Verhinderung der Ausübung der Dienstbarkeit der Wohnung (SZ 46/90 = MietSlg 25.504 [1973]).

68 Voraussetzung ist immer, daß das **Wohnungs-, Fruchtgenuß- oder Ausgedingsrecht bereits rechtswirksam begründet** ist. Das Begehren auf Abschluß eines solchen Vertrages und auf Feststellung des Inhaltes eines solchen Vertrages fällt nicht unter § 49 Abs 2 Z 3 JN.

69 Ein Streit über ein **Ausgedinge** (§ 530 ABGB) liegt nur vor, wenn es sich um **eine auf einem Bauerngut ruhende dingliche Verpflichtung zu Natural-, Geld- und Arbeitsleistungen zum Zweck des Unterhaltes des früheren Eigentümers** handelt (EFSlg 14.139 = EvBl 1965/214). Daher handelt es sich bei einem Streit über eine Ausstattungsverpflichtung zugunsten der Schwester des Übernehmers nicht um einen Streit um ein Ausgedinge (EvBl 1971/94).

70 Unter § 49 Abs 2 Z 3 JN fallen alle Klagen auf Erfüllung und Aufhebung eines Ausgedingsvertrages, auf Feststellung dessen Bestandes und seine Verbücherung (JBl 1960, 564 [*Novak*]; SZ 12/246 [1930]; tlw abweichend JBl 1960, 564, wonach nur Streitigkeiten über verbücherte Ausgedingsverpflichtungen in die Eigenzuständigkeit der BG fallen), auf Erhöhung und Herabsetzung der Ausgedingsleistungen, auf Zahlung des Unvergleiches (Geldabfindung statt Ausgedinge im Fall von Unzukömmlichkeiten) und auf Geldleistung an Stelle von Naturalleistungen sowie auf Ausstellung von Urkunden über den Ausgedingsvertrag (SZ 12/246 [1930]).

Dagegen gehören weder die Klage auf Rückübertragung einer seinerzeit mit Übergabsvertrag gegen Ausgedingeleistungen übertragenen Liegenschaft wegen Wegfalls der Geschäftsgrundlage (OLG Wien EFSlg 66.862 [1991]) noch die Anfechtung eines Schenkungsvertrages, weil dieser die vereinbarten Ausgedingeleistungen nicht enthalte (OLG Wien EFSlg 66.863 [1991]), in die Eigenzuständigkeit der BG.

71 Die Eigenzuständigkeit des BG gilt gem § 49 Abs 2 Z 3 JN nur für das Wohnungsrecht (ebenso das Fruchtgenußrecht an einer Wohnung) und das Ausgedinge. Rechtsstreitigkeiten über die anderen Dienstbarkeiten und Reallasten sind je nach dem Wert des Streitgegenstandes vor den BG oder LG anzubringen. (Der Eigenzuständigkeit des § 49 Abs 2 Z 3 JN entspricht im Bereich der örtlichen Zuständigkeit der ausschließliche Gerichtsstand nach § 81 JN.)

J. § 49 Abs 2 Z 4 JN

72 Streitigkeiten wegen Besitzstörung fallen nur dann in die Eigenzuständigkeit der BG, wenn es sich um ein **Besitzstörungsverfahren nach §§ 454 bis 459 ZPO** handelt, bei dem der Sachantrag des Klägers auf Erlassung eines Endbeschlusses gem § 459 ZPO, das Begehren nur auf den Schutz des Besitzes (Feststellung der Störung und Unterlassung weiterer Eingriffe) sowie auf Wiederherstellung des letzten tatsächlichen Besitzstandes gerichtet ist. Ein hiemit verbundenes anderes Sachbegehren (etwa auf Schadenersatz) müßte urteilsmäßig erledigt werden, ist nicht im Besitzstörungsverfahren zu behandeln und unterliegt daher der Wertzuständigkeit.

73 Rechtsstreitigkeiten, in denen die Besitzstörung nur Vorfrage ist, sind nicht unter § 49 Abs 2 Z 4 JN zu reihen.

K. § 49 Abs 2 Z 5 JN

1. Sachlicher Anwendungsbereich

a) Allgemeines

74 § 49 Abs 2 Z 5 JN gilt für folgende Streitigkeiten:

- **Streitigkeiten aus Bestandverträgen über unbewegliche** oder gesetzlich für unbeweglich erklärte **Sachen** oder über Unternehmen; Näheres s Rz 79, 93 ff;
- **Streitigkeiten aus genossenschaftlichen Nutzungsverträgen** nach § 1 Abs 1 MRG (LGZ Graz MietSlg 35.731 [1983]); denn die genossenschaftlichen Nutzungsverträge stehen – zumindest für den Benützer – den Bestandverträgen wirtschaftlich völlig gleich, weshalb sie auch das MRG den Bestandverträgen weitgehend gleichgestellt hat (LG Linz MietSlg 36.730 [1984]); so gilt § 49 Abs 2 Z 5 JN zB für die Einforderung eines restlichen Baukostenbeitrages durch eine gemeinnützige Bauvereinigung im Rahmen eines genossenschaftlichen Nutzungsvertrages (LG Linz MietSlg 36.730 [1984]);

• **Streitigkeiten aus Verträgen nach § 1103 ABGB (Teilpachtverträge;** bei solchen wird ein unbewegliches Gut gegen Leistung eines Teiles der Erträgnisse zur Bewirtschaftung überlassen);

• **Streitigkeiten über die Eingehung, das Bestehen und die Auflösung** der genannten Verträge und die **Nachwirkungen** hieraus. Die Rsp (LGZ Graz MietSlg 40.735 [1988]; OLG Wien MietSlg 27.612 [1975]) legt den Begriff „Nachwirkungen hieraus" weit aus; so betreffen Streitigkeiten über die Erfüllung von Schadenersatzansprüchen aus einem Mietverhältnis auch dann „Nachwirkungen aus einem Bestandvertrag", wenn die (früheren) Vertragsteile darüber einen Vergleich geschlossen haben (LGZ Graz MietSlg 40.735 [1988]);

• **Streitigkeiten wegen Zurückhaltung der vom Mieter oder Pächter eingebrachten** oder der sonstigen zur Sicherstellung des Pachtzinses haftenden **Fahrnisse;** Näheres s Rz 95.

Dagegen fallen **Streitigkeiten über verbotene Ablösen** (§ 27 MRG) seit dem 2. WÄG (BGBl 1991/68) **nicht** mehr **unter § 49 Abs 2 Z 5 JN,** weil diese gem § 37 Abs 1 Z 14 MRG im außerstreitigen Verfahren zu behandeln sind.

b) Begriff der Bestandstreitigkeiten

75 **Streitigkeiten aus Bestandverträgen iSd § 49 Abs 2 Z 5 JN** sind Streitigkeiten, bei denen der Klagsanspruch aus einem bereits bestehenden oder früher bestandenen Bestandvertrag abgeleitet wird (LGZ Graz MietSlg 46.590 [1994]; ZBl 1937/274) einschließlich der Streitigkeiten über die Eingehung, das Bestehen, die Auflösung und die Nachwirkungen eines solchen Vertrages (RZ 1992/94 = ZfRV 1992, 136 [krit *Hoyer*]).

76 Eine Streitigkeit über die Eingehung eines Bestand- oder genossenschaftlichen Nutzungsvertrages liegt aber, weil eine Vorfrage niemals zuständigkeitsbegründend ist (vgl die Ausführungen zu Rz 18), stets nur dann vor, wenn das **Nichtzustandekommen des Vertrages den Streitgegenstand,** und nicht bloß eine Vorfrage **bildet.** AA ist die neuere Rsp, nach der unter die Streitigkeiten über die Eingehung eines Bestandvertrages auch solche fallen, bei denen der Kläger seinen Anspruch auf das Nichtzustandekommen eines Bestandvertrages stützt, wie zB Streitigkeiten über Schadenersatzansprüche aus der unberechtigten Verweigerung des Abschlusses eines Bestandvertrages (EvBl 1992/44 = RdW 1992, 80) oder Räumungsklagen, die sich darauf stützen, daß der Bestandvertrag mangels Zustimmung des Klägers nicht wirksam sei (MietSlg 42.485 = WoBl 1991, 67; ggt hinsichtlich der Räumungsklage wegen titelloser Benützung RZ 1993/80; JBl 1980, 103 = MietSlg 31.626/23; LGZ Wien MietSlg 9893 [1962]; MietSlg 2098 [1951]; OLG Wien EvBl 1949/431; LGZ Wien EvBl 1947/459; OLG Wien JBl 1947, 244/1) oder eine Klage auf Bezahlung eines Benützungsentgeltes mit der Begründung, daß der Bestandvertrag mangels grundverkehrsbehördlicher Genehmigung nicht wirksam sei (RZ 1992/94). Weiters müßten – würde man dieser Judikatur folgen – auch die Klage auf Abschluß eines Pacht- oder Mietvertrages (zB auf Grund eines Vorvertrages [ggt LGZ Wien MietSlg 15.606 [1963]; LGZ Wien EvBl 1953/517 = MietSlg 3532]) und eine Räumungsklage, die darauf gestützt wird, daß eine aufschiebende Bedingung für das Wirksamwerden des Bestandvertrages nicht eingetreten ist (ggt OLG Wien MietSlg 20.670 [1968]) in die Eigenzuständigkeit nach § 49 Abs 2 Z 5 JN fallen.

77 Für die Eigenzuständigkeit nach § 49 Abs 2 Z 5 JN macht es keinen Unterschied, ob es sich um ein **Hauptbestandverhältnis** oder **Unterbestandverhältnis** handelt (LGZ Wien MietSlg 18.648 [1966]; LGZ Wien EvBl 1953/12 = MietSlg 2689).

78 **Leasingverträge** enthalten im wesentlichen Elemente eines Bestandvertrages, sodaß Streitigkeiten aus Leasingverträgen **betreffend unbewegliche Sachen** unter den Begriff der **Bestandstreitigkeiten** fallen (LGZ Wien MietSlg 32.613 [1980]).

79 Zu den Bestandstreitigkeiten zählen auch Streitigkeiten aus einem **Jagdpachtvertrag,** weil – nach Ansicht der Rsp – das Jagdrecht ein Ausfluß des Grundeigentums ist und von diesem nicht getrennt und als selbständiges Recht nicht begründet werden kann; damit ist es eine nach § 298 ABGB für unbeweglich erklärte Sache (LGZ Wien MietSlg 29.590 [1977]; LG Eisenstadt MietSlg 18.649 [1966]; SZ 37/26 = EvBl 1964/326 = RZ 1964, 120; LGZ Wien MietSlg 9219 [1961]; SZ 10/272 = JBl 1928, 419 = ZBl 1929/14); ferner gilt § 49 Abs 2 Z 5 JN für Streitigkeiten über die **Miete eines Zimmers (ohne Verpflegung) in einem Gasthaus oder einer Ferienwohnung** (MietSlg 31.634 [1979]; LGZ Wien MietSlg 28.558 [1976]) und für einen **Streit aus einem Campingvertrag** (LG Linz MietSlg 36.735 [1984]) sowie für Streitigkeiten aus einem **Messeteilnahmevertrag.** Bei einem Messeteilnahmevertrag dominiert nämlich die entgeltliche Raumüberlassung zu Zwecken der von den Messeteilnehmern betriebenen Werbung das Rechtsverhältnis zwischen Messeveranstalter und Messeteilnehmer gegenüber den sonst vom Messeveranstalter erbrachten Leistungen in einer Weise, die es tatsächlich rechtfertigt, den Messeteilnahmevertrag als Bestandverhältnis über den zur Verfügung gestellten Raum mit Nebenleistungsverpflichtungen anzusehen (LGZ Wien MietSlg 41.531 [1989]).

80 **Keine Bestandverträge** sind **Abbauverträge** (GlUNF 4520 [1909]), Verträge über die **Abtretung des Erdölgewinnungsrechtes** (AmtlSlgNF 413 [1901]) oder **Benützungsverhältnisse,** die **aus dem Miteigentumsrecht** abzuleiten sind (WoBl 1993, 143; OLG Wien EvBl 1946/298).

81 § 49 Abs 2 Z 5 JN darf nicht extensiv ausgelegt werden (MietSlg 29.588 [1977], 2688 [1952]) dh **nicht auf mietähnliche Rechtsverhältnisse** angewendet werden (LGZ Wien MietSlg 35.732 [1983], 34.680 [1982], 33.591 [1981], 31.632 [1979], 19.513 [1967]; LGZ Wien EvBl 1948/894 = MietSlg 961), so **nicht** auf einen **Gastaufnahmevertrag** (EvBl 1992/8 = JBl 1992, 331; LGZ Wien MietSlg 33.591 [1981]; SZ 50/74 = MietSlg 29.588 = RZ 1977/135; LGZ Wien RZ 1936, 99), weil neben der Wohnung dem Gast auch die Verpflegung gewährt und für seine Bedienung gesorgt wird, sodaß ein Vertrag sui generis vorliegt. Gegen eine Gleichsetzung des Gastaufnahmevertrags mit einem Bestandvertrag spricht übrigens auch § 49 Abs 2 Z 7 JN. § 49 Abs 2 Z 5 JN gilt ferner **nicht für Streitigkeiten aus gemischten Verträgen,** die neben bestandrechtlichen Elementen auch solche eines Verwahrungs- und Werkvertrages enthalten (LGZ Wien MietSlg 35.732 [1983]). So zB für Streitigkeiten aus einem Garagierungsvertrag im Rahmen eines gewerblichen Garagenunternehmens, weil mangels Bestimmtheit des Objektes kein Bestandvertrag vorliegt (OLG Wien WR 510 [1991]; LGZ Wien MietSlg 41.532 [1989], 39.724 [1987]; HG Wien WR 138 [1985]; LGZ Wien MietSlg 33.597 [1981]; aA *Sprung/König*, RdW 1985, 235; *dies*, RdW 1986, 200 sowie *Mayr* in *Rechberger,* ZPO § 83 JN Rz 1).

82 Die Eigenzuständigkeit der BG ist **auch** dann gegeben, wenn **über** den **aus** dem **Bestandverhältnis resultierenden Anspruch** ein **Vergleich** geschlossen worden ist (ZBl 1937/274). Dagegen fällt ein Streit über die Gültigkeit eines Vergleiches, mit welchem die Rechtsverhältnisse anläßlich der Rückstellung der Bestandsache geregelt wurden, nicht in die Eigenzuständigkeit der BG (ggt MietSlg 3531 [1953]). Denn die Gültigkeit eines Vergleiches, der über einen aus einem Bestandvertrag resultierenden Anspruch geschlossen worden ist, hat prozessual

nicht das Geringste mit dem Bestehen bzw den Nachwirkungen des Bestandvertrages zu tun. Das Vorliegen des Bestandvertrages bzw eines aus diesem resultierenden Anspruches wird in einem Prozeß betreffend die Gültigkeit eines Vergleiches nicht einmal vorfrageweise geprüft. Der Umstand, daß vom Schicksal des Vergleiches das Bestehen oder Nichtbestehen des aus einem Bestandvertrag ableitbaren Anspruches abhängt, vermag die Streitigkeit nicht zu einer solchen aus einem Bestandvertrag zu machen.

83 In die **Eigenzuständigkeit des BG nach § 49 Abs 2 Z 5 JN** fallen folgende Streitigkeiten:

• Klage auf Feststellung des **Bestehens** oder Nichtbestehens **eines Bestandverhältnisses** (MietSlg 48.565 [1996]; LGZ Wien MietSlg 39.721 [1987]);

• Klage auf Feststellung des **Bestehens** oder Nichtbestehens **eines** (Teils des) **Bestandvertrages** (vgl ggt zur alten Rechtslage EvBl 1956/354);

• Klage auf Feststellung, daß ein zwischen den Parteien bestehender **Vertrag als Bestandvertrag zu qualifizieren** sei (vgl ggt zur Rechtslage vor der ZVN 1983 EvBl 1956/354);

• Klage auf Feststellung, daß ein zwischen den Parteien bestehendes Bestandverhältnis **dem MRG** (nicht) **unterliegt** (vgl ggt zur Rechtslage vor der ZVN 1983 EvBl 1956/354);

• Klage auf Feststellung, daß das **Bestandverhältnis** durch künftige Ereignisse (nämlich die zwangsweise Räumung der Bestandgegenstände) **nicht erlischt** (JBl 1980, 211 = MietSlg 31.622);

• Klage auf **Anfechtung eines Bestandvertrages** wegen Verletzung über die Hälfte des Wertes (ggt zur Rechtslage vor der ZVN 1983 GlUNF 1095 [1900]);

• Klage auf **Auflösung des Mietvertrages** wegen mangelnder Beschaffenheit des Bestandgegenstandes (GlUNF 1095 [1900]; Spr 170 = GlUNF 761 [1899]);

• Klage auf Feststellung des (Nicht-)**Bestehens einer im Mietvertrag festgelegten Verpflichtung** (MietSlg 18.642 [1966]);

• Klage auf **Zuhaltung des Bestandvertrages** (MietSlg 24.540 [1973], 18.645 [1966]; OLG Wien ImmZ 1950, 120);

84 • Klage auf **Bezahlung des Bestandzinses** gegen den Mieter (LGZ Wien MietSlg 39.720 und 39.721 [1987]; LGZ Wien HS 15.041 = MietSlg 35.733 [1983]; LGZ Wien MietSlg 33.599 [1981], 25.512 [1973], 22.594 [1970]), auch wenn die Höhe des begehrten Zinses von der Anwendung einer Wertsicherungsklausel oder der Höhe des Umsatzes oder des Reingewinnes des Mieters abhängt (NRsp 1991/135; OLG Wien WR 28 [1983]; LGZ Wien MietSlg 15.607 = HBZ 1964 H 5, 3). Zu den Bestandzinsforderungen aus einem Bestandvertrag zählen auch Nebenforderungen aus einem Bestandvertrag wie Anteile an den Betriebskosten, Forderungen auf Ersatz der Grundsteuer und anderer öffentlicher Abgaben, der Heizungskosten etc (LGZ Wien MietSlg 31.623 [1979]; OLG Wien MietSlg 27.616 [1975]; LGZ Wien MietSlg 25.506 [1973]);

• Klage **auf Ersatz von Telefon- und Stromgebühren** durch den Mieter, die dieser **neben dem Mietzins zu bezahlen** hat (LGZ Wien MietSlg 33.593 [1981], 30.664 [1978]; LGZ Wien MietSlg 15.607 [1963]);

• Klage auf **Zahlung des Erhaltungsbeitrages** (SZ 56/88 = EvBl 1984/28);

• Klage, mit der die Verpflichtung des Mieters zur Bezahlung der **Kosten der Erhaltung des Bestandgegenstandes** geltend gemacht wird (ggt zur Rechtslage vor der ZVN 1983 JBl 1966, 146);

• Klage auf **Herabsetzung des Bestandzinses**, zB weil bei Übergabe des Pachtgeschäftes das im Pachtvertrag bezeichnete Warenlager nicht vorhanden gewesen sei (SZ 23/69 [1950]) oder weil sich der Ertrag des Bestandgegenstandes vermindert hat (SZ 20/144 = DREvBl 1938/259);

• Klage auf **Erhöhung des Pachtzinses** (MietSlg 4831 [1955]);

• Klage auf **Zurückzahlung einer Mietzinsvorauszahlung** wegen vorzeitiger Auflösung des Mietvertrages (OLG Wien MietSlg 32.614 [1980]; EvBl 1963/111 = RZ 1963, 93 = MietSlg 9894 = ImmZ 1963, 171);

• Klage auf **Zurückzahlung von irrtümlich zuviel bezahltem Mietzins** (OLG Wien MietSlg 34.661 [1982]; LGZ Wien MietSlg 27.623 [1975]; LGZ Wien MietSlg 24.541 = ImmZ 1973, 220; ggt OLG Wien MietSlg 26.448 [1974]; LGZ Wien EvBl 1951/336 = MietSlg 2100; EvBl 1938/40);

• **Streitigkeiten aus Nebenbestimmungen eines Bestandvertrages** (LGZ **85** Graz MietSlg 38.738 [1986]; LGZ Wien MietSlg 33.588, 33.593 [1981]; OLG Wien EvBl 1936/58):

– zB über die Rechnungslegung (LGZ Wien MietSlg 34.672 [1982]; OLG Wien MietSlg 33.586 [1981]) bei Teilpachtverträgen oder bei Umsatzmieten (SZ 6/262 [1924]) oder bei Gewinn- oder Erträgnisbeteiligung (SZ 27/153 = JBl 1954, 516);

– zB über einen mit der Miete des Schanklokals verbundenen Bierlieferungsvertrag (*Michlmayr/Stohanzl*, JN[13] § 49 JN E 17);

– zB aus einer Vereinbarung über die Aufzugsbenützung (LGZ Wien EvBl 1937/435);

– zB über ein im Bestandvertrag vereinbartes Vorkaufsrecht bezüglich der Bestandliegenschaft (OLG Wien EvBl 1937/521);

– zB über die Bezahlung des Kaufpreises für ein gleichzeitig mit der Pachtung des Unternehmens gekauftes Warenlager (LGZ Wien MietSlg 33.588 [1981]);

• Klage **auf Ausfolgung eines zweiten Haustorschlüssels** (LGZ Wien **86** MietSlg 26.456 [1974]);

• Klage des früheren Mieters gegen den Vermieter auf **Rückzahlung eines** für die Gestattung der Übertragung der Mietrechte **an einen Dritten bezahlten Betrages** (OLG Wien MietSlg 17.742 [1965]);

• Klage auf **Ersatz wegen Verschlechterung** oder vertragswidriger Benützung **der Bestandsache** (nach Beendigung des Bestandverhältnisses) (MietSlg 17.741 [1965]; LGZ Wien EvBl 1947/277);

• **Räumungsklage nach Beendigung des Bestandverhältnisses** (MietSlg 46.589 [1994]; LGZ Wien MietSlg 40.734 [1988], 34.681 [1982], 33.591 [1981], 31.633 [1979], 25.544 [1972]);

• Klage auf **Ersatz der vom Bestandnehmer getätigten nützlichen** oder notwendigen **Aufwendungen** für das Bestandobjekt (LGZ Wien MietSlg 27.623 [1975]; MietSlg 24.539 [1972]; LGZ Wien MietSlg 17.749 [1965]; MietSlg 5426 [1956], 2685 [1952]; OLG Wien EvBl 1949/55; ZBl 1937/274; GlUNF 374 [1898]);

• **Schadenersatzansprüche aus einem Bestandvertrag** sowie alle anderen **87** aus dem Gesetz abgeleiteten Ersatzansprüche, wie zB solche nach §§ 1041, 1042, 1111, 1130, 1431 ff ABGB (LGZ Graz MietSlg 40.735 [1988], 38.738 [1986], 35.737 [1983]; LGZ Wien MietSlg 34.663 [1982], 33.592, 33.580, 33.581 [1981], 25.510 [1973]; LGZ Wien MietSlg 23.629 = ImmZ 1971, 288; LGZ Wien MietSlg 20.671 [1968]; LGZ Wien EvBl 1947/277; OLG Wien DREvBl 1939/368; AnwZ 1937, 378);

– zB wegen vertragswidriger Weitervermietung des Bestandobjektes;

– zB wegen verspäteter Zurückgabe des Bestandobjektes (LGZ Wien MietSlg 22.592 [1970]);

– zB wegen Vereitelung der zwangsweisen Räumung, für welche die verspätete Rückgabe des Bestandgegenstandes kausal war (LGZ Wien MietSlg 9217 [1961]);

– zB wegen Verschlechterung, Beschädigung und vertragswidriger Benützung des Bestandobjektes (OLG Wien MietSlg 20.665 [1968]; MietSlg 17.741 [1965]; LGZ Wien MietSlg 15.607 = HBZ 1964 H 5, 3; LGZ Wien EvBl 1947/277), uzw auch wenn die Klage nach Auflösung des Bestandverhältnisses erhoben wird (LGZ Wien MietSlg 33.585 [1981]); oder wegen Nichteinhaltung des Mietvertrages (MietSlg 21.777 [1969]; LGZ Wien MietSlg 16.640 [1964]; OLG Wien EvBl 1953/395); insb wegen vorzeitiger Kündigung und widerrechtlicher zwangsweiser Räumung (GlUNF 6242 [1913]);

– zB wegen eines Unfalles infolge unterlassener Schneeräumung (LGZ Wien HS 15.040 = MietSlg 35.735 [1983]);

– zB weil der Bestandnehmer wegen Versteigerung des Pachtgutes dem Ersteher weichen muß (GlUNF 4579 [1909]);

– zB weil der Ertrag des Pächters durch ein vertragswidriges Verhalten des Verpächters verringert worden ist (SZ 23/82 [1950]);

88 • **andere** aus dem Gesetz abgeleitete **Ersatzansprüche im weitesten Sinn,** wenn sie mit einem Bestandvertrag verknüpft sind (OLG Wien MietSlg 34.662 [1982], 32.609 [1980]; MietSlg 31.624, 31.620 [1979]; LG Linz MietSlg 29.587 [1977]; LGZ Wien MietSlg 20.667 [1968], 17.749 [1965]; LG Eisenstadt MietSlg 15.605 [1963]; ZBl 1919/256; GlUNF 1369 [1901]), uzw auch dann, wenn diese erst nach Beendigung des Bestandverhältnisses geltend gemacht werden (LGZ Wien MietSlg 38.739 [1986]; MietSlg 34.664 [1982]; LGZ Wien MietSlg 30.664 [1978]; MietSlg 29.578 [1977]; LGZ Wien ImmZ 1971, 189 = MietSlg 22.592; LGZ Wien MietSlg 20.671 [1968], 19.506 [1967]; JBl 1958, 518 = MietSlg 6801; EvBl 1957/45 = JBl 1957, 189; MietSlg 5429 [1956], 2684 [1952], 2099 [1951]; LGZ Wien MietSlg 958 [1947]; OLG Wien DREvBl 1940/248; ZBl 1937/274; AmtlSlgNF 576 = GlUNF 1848 [1902]);

– zB wegen Schädigung des ideellen Wertes eines Unternehmens (OLG Wien DREvBl 1940/248);

– zB Rückforderung eines für die Räumung bezahlten Betrages, weil diese nicht erfolgt ist (LGZ Wien MietSlg 20.669 [1968]);

– zB Ersatzanspruch, der mit einer Interessenklage nach § 368 EO geltend gemacht wird (MietSlg 5427 [1956]);

– zB wegen Inanspruchnahme des Verpächters aus der Geschäftstätigkeit des Pächters (LGZ Wien MietSlg 27.623 [1975]);

– zB Klage auf Zahlung eines Benützungsentgelts nach Vertragsauflösung (OLG Wien MietSlg 34.670 [1982]; LGZ Wien MietSlg 34.665 [1982], 33.592, 33.580 [1981], 32.610 [1980], 25.510 [1973], 22.592 [1970]);

89 • Streit um **Ersatz von Übersiedlungskosten** (LGZ Wien MietSlg 26.455 [1974]) **oder** Ersatz von **Einlagerungskosten** für die Fahrnisse eines delogierten Mieters (LGZ Wien MietSlg 33.592 [1981], 29.587 [1977]; ggt LGZ Wien MietSlg 27.626 [1975]);

• Klage des Verpächters auf **Bekanntgabe des Losungswortes** für ein als Pachtkaution hinterlegtes Sparbuch (LGZ Wien MietSlg 35.738 [1983]);

• Klage auf **Herstellung des vertragsmäßigen Zustandes** einer vermieteten Wohnung (OLG Wien EvBl 1948/303);

• Klage auf **Einhaltung der Zusage,** daß der Mieter das **Bestandrecht an einen Dritten übertragen könne** (RZ 1936, 252);

• Klage des Mieters **auf Zustimmung des Vermieters** zu einem Ansuchen um Erteilung der Gebrauchserlaubnis für einen Portalumbau (MietSlg 9215 [1961]);

• Streit wegen des Rechtes, eine auf dem gepachteten Schrebergartengrund **ohne Zustimmung des Verpächters errichtete Hütte zu bewohnen** (ZBl 1938/88);

• Klage des Pächters gegen den Verpächter **auf Einbringung des Ansuchens um gewerbebehördliche Genehmigung der Verpachtung** der zum Unternehmen gehörigen Konzession (MietSlg 1542 [1950]);

• Klage des Mieters gegen den Vermieter **auf Abgabe von Erklärungen** und die Unterfertigung von Urkunden zur Erteilung der nachträglichen Baubewilligung für bereits vollzogene Umbauarbeiten an einem von ihm gemieteten Objekt (OLG Wien MietSlg 34.667 [1982]);

• Klage auf **Herausgabe der gemeinsamen Urkunde des Bestandvertrages** (LGZ Graz MietSlg 34.668 [1982]);

• Klage **auf Vornahme von Reparaturen**, zu denen sich eine Partei vertraglich verpflichtet hat (SZ 23/365 [1950]);

• Unterlassungsbegehren aus einer **Konkurrenzklausel** in einem Mietvertrag (LGZ Wien ImmZ 1973, 320 = MietSlg 25.505);

• Klage auf **Zahlung einer** in einem Bestandvertrag vereinbarten **Vertragsstrafe** (LGZ Graz MietSlg 33.587 [1981]; LGZ Wien MietSlg 32.613 [1980]; OLG Wien MietSlg 32.609 [1980], 28.549 [1976]);

• Klage auf **Erfüllung der** gegenseitigen **Verpflichtungen nach Beendigung** 90
des Pachtvertrages (MietSlg 3531 [1953]);

– zB Klage auf Rückstellung der Pachtkaution (OLG Wien MietSlg 33.584 [1981]; LGZ Wien MietSlg 32.610 [1980]; MietSlg 17.744 [1965], 5430 [1956]; AmtlSlgNF 1074 = GlUNF 3740 [1907]) oder auf Rechnungslegung (JBl 1954, 516);

– zB Klage auf Bezahlung eines bei Vertragsauflösung vereinbarten Betrages für die Überlassung vom Vermieter übernommener Einrichtungsgegenstände (LGZ Wien MietSlg 34.664 [1982]);

• Klage auf **Herausgabe des Mietgegenstandes** (LGZ Wien MietSlg 33.583 [1981], 28.547 [1976]);

• Klage auf Einhaltung der Zusage des Bestandgebers zur **Zustimmung zur Übertragung der Bestandrechte** (RZ 1936, 252);

• Klage auf **Rückzahlung** des vom Mieter zur Erwirkung des Mietvertrages geleisteten **Baukostenbeitrages** (OLG Wien MietSlg 33.582 [1981]).

Mangels eines zugrundeliegenden Bestandverhältnisses fallen folgende 91
Streitigkeiten nicht in die Eigenzuständigkeit des BG:

• Streitigkeiten aus einem mit einem Reiseveranstalter geschlossenen Vertrag über das Zurverfügungstellen einer bestimmten Ferienwohnung (HG Wien WR 201 [1985]);

• Streit aus der Überlassung einer Dienst- oder Naturalwohnung (LGZ Wien MietSlg 37.722 [1985], 33.591 [1981]);

• Streit zwischen Wohnungseigentümern wegen Darlehens- und Heizkostenrückständen (LGZ Wien MietSlg 36.734 [1984]);

• Räumungsklage des Wohnungseigentumsorganisators nach Auflösung des Wohnungseigentums-Zusagevertrages (MietSlg 46.589 [1994]; OLG Graz EvBl 1986/103);

• Klagen aus einem gespaltenen Mietverhältnis (Verkauf oder Verpachtung eines Unternehmens ohne Begründung eines Unterbestandverhältnisses (LGZ Wien MietSlg 33.591 [1981], 31.632 [1979]);

• Klagen, die aus der Gestattung der Benützung eines Grundstückes zum Zweck der Ermöglichung des Zuganges zu einem anderen Grundstück resultieren (LGZ Wien MietSlg 34.680 [1982]);

• Klage, in der die im Zuge eines Scheidungsverfahrens übernommene Verpflichtung zur Zahlung der halben Wohnungskosten, Betriebskosten und Garagenkosten für einen bestimmten Zeitraum geltend gemacht wird (LGZ Wien EFSlg 66.870 [1991]);

92 • Klage auf Zahlung des im Räumungsvergleich für den Fall nicht rechtzeitiger Räumung vereinbarten Benützungsentgeltes, wobei dem Räumungsvergleich aber kein Bestandverhältnis zugrundeliegt (LGZ Wien MietSlg 23.630 [1971]);

• Klage auf Zahlung eines Benützungsentgeltes, weil dem Bestandvertrag die erforderliche grundverkehrsbehördliche Genehmigung versagt wurde (aA RZ 1992/94, mit der Begründung, daß es sich um eine Streitigkeit handle, die auf die Unwirksamkeit des Bestandvertrages gegründet wird);

• Klage des Verwalters gegen einen Wohnungseigentümer auf Bezahlung der laufenden Aufwendungen (LGZ Wien MietSlg 32.625 [1980]);

• Räumungsklagen, wegen titelloser Benützung, welche nicht auf einen zwischen den Streitteilen geschlossenen Bestandvertrag gestützt werden (RZ 1993/80; LGZ Wien MietSlg 39.719 [1987]; MietSlg 35.729 [1983]; LGZ Wien MietSlg 34.666 [1982]; JBl 1980, 103 = MietSlg 31.626/23; LGZ Wien MietSlg 9893 [1962]; MietSlg 2098 [1951]; OLG Wien EvBl 1949/431; LGZ Wien EvBl 1947/459; OLG Wien JBl 1947, 244/1; ggt für den Fall, daß der Bestandvertrag nicht wirksam zustandegekommen ist MietSlg 42.485 = WoBl 1991, 67);

• Räumungsklage, die darauf gestützt wird, daß eine aufschiebende Bedingung für das Wirksamwerden des Bestandvertrages nicht eingetreten ist (OLG Wien MietSlg 20.670 [1968]; ggt MietSlg 42.485 = WoBl 1991, 67);

• Klage, mit der ein Bereicherungsanspruch geltend gemacht wird, zB weil sich die Verpächter nach Rückstellung des Pachtgegenstandes die Ernte angeeignet haben (RG DREvBl 1939/628 mit der richtigen Begründung, der Kläger verlange das zurück, was die beklagte Partei ohne Rechtstitel aus seinem Vermögen erlangt hat; ggt OLG Wien WR 399 [1989]) oder weil der Beklagte ohne Zustandekommen eines Pachtvertrages mit dem Kläger dessen Restaurationsbetrieb in Benützung genommen hat (OLG Wien MietSlg 31.670 [1982]);

• Klage auf Abschluß eines Pacht- oder Mietvertrages (zB auf Grund eines Vorvertrages) (LGZ Wien MietSlg 29.589 [1977], 15.606 [1963]; LGZ Wien EvBl 1953/517 = MietSlg 3532);

• Klage zwischen Wohnungseigentumsorganisator und Wohnungseigentumsbewerber nach Übergabe der zugesagten Wohnung (LGZ Graz MietSlg 35.731 [1983]).

93 § 49 Abs 2 Z 5 JN kommt nur (noch) bei **Bestandverträgen über unbewegliches Gut oder gesetzlich für unbeweglich erklärte Sachen oder über Unternehmen** (OLG Wien MietSlg 35.730 [1983]; LGZ Wien MietSlg 25.512 [1973], 20.671 [1968]; SZ 11/154 = ZBl 1929/344), nicht aber bei Bestandverträgen über bewegliche Sachen (OLG Wien MietSlg 35.730 [1983]; GlUNF 4786 [1909]) zur Anwendung. Für Streitigkeiten aus Bestandverträgen über bewegliche Sachen gilt Wertzuständigkeit, wie zB für eine Streitigkeit betreffend die Miete einer Firmenadresse samt Postannahme, Telefon- und Telexanschluß (LGZ Wien MietSlg 36.731 [1984]).

Als unbewegliche Sache ist auch die Außenfläche eines Gebäudes anzusehen, die zur Anbringung einer Reklametafel gemietet wurde (LGZ Wien MietSlg 22.594 [1970]).

Bestandverträge betreffend bewegliches Gut fallen nur dann unter die Eigenzuständigkeit des § 49 Abs 2 Z 5 JN, wenn das bewegliche Gut zugleich mit unbeweglichem Gut entweder durch einen einheitlichen Vertrag oder durch nachträgliche Vertragserweiterung in Bestand genommen worden ist (*Fasching,* Lehrbuch[2] Rz 249; LGZ Wien MietSlg 36.729 [1984]). **94**

c) Streitigkeiten wegen Zurückbehaltung der vom Bestandnehmer eingebrachten Fahrnisse

Streitigkeiten wegen Zurückbehaltung der vom Mieter oder Pächter eingebrachten oder sonstigen dem Verpächter für den Zins haftenden Fahrnisse sind Streitigkeiten, die anläßlich der dem Bestandgeber eingeräumten **Ausübung des Sperrechtes nach § 1101 Abs 2 ABGB und des gesetzlichen Pfandrechtes nach § 1101 Abs 1 ABGB** entstehen, gleichgültig, ob der Bestandnehmer die Herausgabe der Sachen begehrt oder einer der beiden Teile Ersatzansprüche oder Ersatz der Aufwendungen geltend macht (so bei Viehpfändung nach § 1101 Abs 3 ABGB). Hingegen kann das Begehren auf Rückgabe der vom Bestandnehmer nach Beendigung des Bestandvertrages mitgenommenen Verbesserungen (etwa Wegnahme einer angebrachten Heizung, Badezimmereinrichtung usw) in der Regel nicht hierunter gereiht werden. **95**

2. Parteien des Rechtsstreites

Die Eigenzuständigkeit der BG gilt – außer bei Streitigkeiten über verbotene Ablösen (arg „zwischen wem immer“) – **nur für Streitigkeiten zwischen den (tatsächlichen oder seinerzeitigen) Parteien eines in § 49 Abs 2 Z 5 JN bezeichneten Bestandverhältnisses oder genossenschaftlichen Nutzungsvertrages** (OLG Wien MietSlg 48.566 [1996]; RdW 1993, 367; LGZ Wien MietSlg 40.734 [1988], 38.739 [1986]; LGZ Graz MietSlg 37.723 [1985]; RZ 1985/51; LGZ Wien MietSlg 30.663 [1978], 28.557, 28.546 [1976]; MietSlg 25.509 = RZ 1974/55; LGZ Wien MietSlg 19.505 [1967]; LGZ Wien MietSlg 17.748 = HBZ 1965 H 23/24, 5; LGZ Wien MietSlg 9895 [1962]; EvBl 1960/291 = RZ 1960, 181; JBl 1953, 488 = MietSlg 3534; LGZ Wien EvBl 1950/255; SZ 16/42 [1934]). Die Ausdehnung des § 49 Abs 2 Z 5 JN auf Streitigkeiten über verbotene Ablösen „zwischen wem auch immer“ läßt keineswegs den Schluß zu, der Gesetzgeber hätte den Grundsatz, daß die Eigenzuständigkeit nur dann gegeben ist, wenn der Rechtsstreit zwischen den Parteien des Bestandverhältnisses geführt wird, durchbrechen und ganz allgemein für alle Streitigkeiten aus Bestandverträgen schaffen wollen (EvBl 1994/74; RdW 1993, 367). Siehe aber Rz 74. **96**

Allerdings **ändert sich durch eine materielle oder prozessuale Rechtsnachfolge nichts** an der Eigenzuständigkeit nach § 49 Abs 2 Z 5 JN, weil dieser nur an die Eigenschaft des strittigen Anspruches und nicht an eine bestimmte persönliche Eigenschaft des Trägers des Anspruches anknüpft (SZ 11/154 [1929]), der Rechtsnachfolger aber seine Rechte von jenen seines Rechtsvorgängers und somit aus dem Bestandverhältnis ableitet (LGZ Wien MietSlg 35.736, 35.739 [1983]; MietSlg 31.619 [1979]). **97**

Bei der materiellen Rechtsnachfolge macht es keinen Unterschied, ob es sich um eine **Gesamt-** oder eine **Einzelrechtsnachfolge** handelt (EvBl 1994/74; LGZ Wien MietSlg 38.739, 38.740 [1986]).

98 Die Eigenzuständigkeit des BG ist daher auch für Klagen auf Zahlung des rückständigen (Unter-)Mietzinses gegen die **Erben** des (Unter-)Bestandnehmers (vgl EvBl 1994/74; ggt NRsp 1991/135), Klagen gegen den **auf den Todesfall Beschenkten** (MietSlg 31.619 [1979]); Klagen des **Zessionars** (nach Abtretung von Regreßansprüchen) (LGZ Wien MietSlg 38.739 [1986], 34.669 [1982], 19.515 [1967], 17.746, 17.749 [1965]; SZ 11/154 = ZBl 1929/344), eine Klage gegen den in den Bestandvertrag eingetretenen **Masseverwalter** (LG Linz MietSlg 36.735 [1984]; LGZ Wien MietSlg 31.629 [1979]; GlUNF 4982 [1910]), für Klagen des **Überweisungsgläubigers,** der Zinsforderungen des Vermieters exekutiv gepfändet hat (LGZ Wien MietSlg 38.740 [1986], 35.736 [1983]), sowie für Klagen des Versicherers als **Legalzessionar** des Vermieters (der Ansprüche aus einem vom Mieter angeblich fahrlässig verursachten Brandschaden geltend macht) (LG Eisenstadt MietSlg 37.718 [1985]) sowie im Fall einer **Schuldübernahme** (ggt LGZ Wien MietSlg 31.621 [1979]; JBl 1919, 14) gegeben.

99 Mangels einer Rechtsnachfolge gilt jedoch für eine Klage gegen den **Bürgen und Zahler** (OLG Wien MietSlg 48.566 [1996]; MietSlg 36.728 = RZ 1985/51; LGZ Wien MietSlg 31.621 [1979], 30.666 [1978], 28.557 [1976]) oder **im Fall eines Schuldbeitrittes** (ggt LGZ Wien MietSlg 19.509 [1967]) die **Wertzuständigkeit.**

100 Da sich als Prozeßparteien **nicht** die **Partner des Bestandverhältnisses**, also nicht Bestandgeber und Bestandnehmer gegenüberstehen und die Klage nicht aus dem zwischen Kläger und Beklagtem bestehenden Bestandverhältnis erhoben worden ist, ist § **49 Abs 2 Z 5 JN** weiters in folgenden Fällen **unanwendbar:**

- bei Streitigkeiten zwischen Mitmietern (MietSlg 25.509 = RZ 1974/55) oder konkurrierenden Bestandnehmern (LGZ Wien MietSlg 31.630 [1979]) sowie Streitigkeiten zwischen dem gegenwärtigen und dem künftigen Mieter (LGZ Wien MietSlg 37.717 [1985]);
- auf eine Klage eines Mieters, mit der ein Dritter wegen angeblicher Eingriffe in das Mietrecht belangt wird (LGZ Wien EvBl 1950/255 = MietSlg 1543);
- auf Schadenersatzansprüche gegen den Sohn des Bestandgebers (LGZ Wien MietSlg 17.750 [1965]);
- auf eine Klage der Hausbesorgerin gegen einen Mieter auf Bezahlung von Reinigungsgeld (LGZ Wien MietSlg 4834 [1955]);
- auf die von einem Mitglied gegen die übrigen Mitglieder einer Jagdgesellschaft erhobenen Klage auf Feststellung, daß sein Ausschluß aus der Jagdgesellschaft ungerechtfertigt sei (LG Eisenstadt MietSlg 18.649 [1966]);
- bei einem Streit zwischen Mieter und Wohnungsvermittler (LGZ Wien MietSlg 34.679 [1982], 31.631 [1979]);
- auf Streitigkeiten zwischen dem Mieter und dem Hausverwalter (LGZ Wien MietSlg 33.598 [1981]; LGZ Wien EvBl 1947/406);
- bei einem Streit zwischen Zessionar und Zedenten über den Umfang der Abtretung von Mietrechten oder über das Entgelt für die Mietrechtsübertragung (LGZ Wien MietSlg 30.663 [1978]);

101
- auf eine Klage des Afterbestandnehmers gegen den Hauptbestandgeber auf Unterlassung des Gebrauchs des gegen den Hauptbestandnehmer erwirkten Räumungsmittels ihm gegenüber (EvBl 1960/291 = MietSlg 8398);
- auf eine Klage eines Stromversorgungsunternehmens, mit der von den Mietern die Bezahlung der Stromkosten für das Mietobjekt begehrt wird (LGZ Graz MietSlg 37.723 [1985]);
- auf eine Klage des verdrängten Bestandnehmers gegen den Inhaber der Wohnung (LGZ Wien MietSlg 31.630 [1979]; MietSlg 25.509 [1973]);

• wenn der beabsichtigte Bestandvertrag nicht zustande gekommen ist und der Hauseigentümer vom Benützer ein Entgelt für die tatsächliche Benützung eines Objektes begehrt;

• auf eine Klage, die vom Mieter gegen den neuen Eigentümer des Hauses auf Ersatz von Aufwendungen erhoben wird, zu deren Tragung sich der frühere Vermieter im Bestandvertrag verpflichtet hatte; denn auf Grund des Bestandvertrages kann der Mieter nur vom Voreigentümer den Aufwandersatz verlangen, da er im Zeitpunkt der Aufwendungen mit dem neuen Eigentümer in keinem Vertragsverhältnis gestanden ist; der Erwerber eines Hauses sukzediert aber ipso iure nicht in die Schulden, die der Veräußerer eingegangen ist, sondern er tritt nur in den Bestandvertrag selbst ein (JBl 1953, 488 = ImmZ 1954, 302);

• auf Räumungsklagen gegen einen titellosen Benützer, der nie Bestandnehmer war (LGZ Wien MietSlg 39.719 [1987]; MietSlg 35.729 [1983], 30.648 [1978]; OLG Wien MietSlg 26.446 [1974]; LGZ Wien MietSlg 9893 [1962]; MietSlg 2098 [1951]; OLG Wien EvBl 1949/431; OLG Wien JBl 1947, 244);

• auf eine Klage des Zedenten gegen den Zessionar, bei der das Zahlungsbegehren aus einem Vertrag über die Abtretung von Mietrechten abgeleitet wird (RdW 1993, 367);

• auf eine Klage eines Dritten gegen den Bestandgeber auf Ersatz der als Geschäftsführer ohne Auftrag aufgewendeten Kosten für die Reparatur des Bestandgegenstandes (LGZ Wien MietSlg 31.621 [1979]).

3. Verhältnis des § 49 Abs 2 Z 5 JN zu §§ 51 und 52 JN

Die **Eigenzuständigkeit des allgemeinen BG** besteht **auch** dann, **wenn der Bestandvertrag auf Seiten des Beklagten ein Handelsgeschäft ist** (*Mayr* in *Rechberger,* ZPO § 49 JN Rz 11; *Schalich,* ÖJZ 1983, 256; LGZ Wien MietSlg 46.591 [1994], 39.720 [1987], 36.729 [1984]; OLG Wien WR 28 [1983]; HG Wien WR 29 [1983]; LGZ Wien MietSlg 35.734 [1983]; LGZ Wien HS 15.041, 15.043 = MietSlg 35.733 [1983]; LGZ Wien MietSlg 34.663 [1982], 33.583 [1981]; LGZ Wien HS 13.366 [1981]; OLG Wien HS 11.894 [1980] = MietSlg 32.612; LGZ Wien MietSlg 32.611 [1980], 31.624 [1979]; LGZ Wien ImmZ 1973, 320 = MietSlg 25.505). Dagegen gilt für eine Mietzinsklage gegen einen Kaufmann aus einem Leasingvertrag über eine bewegliche Sache wertabhängige Kausalzuständigkeit (OLG Wien WR 166 [1985]). **102**

4. Örtliche Zuständigkeit für Bestandstreitigkeiten

Für Streitigkeiten aus Bestandverträgen über unbewegliche Sachen (§ 560 Abs 1 ZPO) wurde in § 83 JN ein ausschließlicher Gerichtsstand geschaffen. Danach ist örtlich ausschließlich das Gericht, in dessen Sprengel die Bestandsache gelegen ist, zur Entscheidung zuständig. **103**

Dagegen gibt es für Streitigkeiten aus Bestandverträgen über bewegliche Sachen keinen besonderen Gerichtsstand.

L. § 49 Abs 2 Z 7 JN

1. Streitigkeiten zwischen Reedern, Schiffern und Flößern und ihren Auftraggebern

Streitigkeiten zwischen Reedern und ihren Auftraggebern sind jene Streitigkeiten, die im (in Österreich gültigen, wenn auch in den Sammlungen nirgends abgedruckten) Fünften Buch des HGB über den Seehandel geregelt sind. Es **104** handelt sich um alle Arten von **Streitigkeiten aus Seefrachtverträgen,** deren Abschluß, Gültigkeit, Durchführung und den daraus abgeleiteten Ersatz- und Regreßansprüchen. Das Bestehen eines Vertrages ist nicht erforderlich (arg „Verhältnisse").

105 Streitigkeiten zwischen Schiffern und Flößern und ihren Auftraggebern über alle aus diesen Verhältnissen entspringenden Verpflichtungen (vgl die Haftung des Schiffers nach § 7 BinnSchG dRGBl 1898, 868 gegenüber dem Schiffseigner und den Ladungsbeteiligten; Haftung des Flößers nach § 2 FlößereiG dRGBl 1895, 341 [das FlößereiG trat allerdings gem § 1 des 1. BRBG BGBl I 1999/191 mit 31. 12. 1999 außer Kraft], gegenüber dem Dienstherren, dem Absender und den Personen der Floßmannschaft) sind alle Streitigkeiten, die bei Binnenschiffahrt und Flößerei zwischen diesen Personen entstehen, sofern diese als Schiffer und Flößer bzw deren Auftraggeber tätig wurden. Hiezu gehören auch Streitigkeiten der genannten Personen mit den Fahrgästen. Regreßansprüche Dritter fallen nicht unter die Eigenzuständigkeit nach § 49 Abs 2 Z 7 JN.

106 Voraussetzung für die Eigenzuständigkeit nach § 49 Abs 2 Z 7 JN ist, daß nur die dort genannten Personen am Streit beteiligt sind. Hingegen ist der Abschluß eines Schiffsfrachtvertrages (bzw eines Vertrages über die Durchführung einer Flößung) nicht erforderlich; es kann auch auf Abschluß eines solchen Vertrages und Schadenersatz wegen dessen Verweigerung geklagt werden.

Die Zuständigkeit nach § 1 des Gesetzes über das Verfahren in Binnenschiffahrtssachen, dRGBl 1937 I 97, eingeführt durch V 11. 12. 1939, dRGBl I 2394 (GBlÖ 1939/1454) (die V trat gem § 1 des 1. BRBG BGBl I 1999/191 mit 31. 12. 1999 außer Kraft), regelt die sachliche Zuständigkeit der BG als Schiffahrtsgerichte. Da jedoch die dort aufgezählten Rechtssachen (im einzelnen bei § 2 wiedergegeben) nicht in den in § 49 Abs 2 Z 7 JN bezeichneten Eigenzuständigkeitsbereich fallen, bleibt diese Zuständigkeitsnorm durch die Einführung einer eigenen Gerichtsbarkeit in Binnenschiffahrtssachen ungeschmälert.

2. *Streitigkeiten zwischen Fuhrleuten und ihren Auftraggebern und Reisenden*

107 Als **Fuhrmann** ist jeder anzusehen, **der** eine **Transportleistung unter Zuhilfenahme fremder** (tierischer oder maschineller) **Kraft durchführt,** sofern seine Tätigkeit einen engen örtlichen Raum nicht überschreitet, keinen größeren Betriebsumfang erreicht und keine Tätigkeit iSd HGB darstellt.

108 Streitigkeiten zwischen Fuhrleuten und ihren Auftraggebern (bzw Gästen, also auch Fahrgästen) setzen nicht voraus, daß der Fuhrmann seine Tätigkeit gewerbsmäßig ausübt oder eine Gewerbeberechtigung besitzt (SZ 6/320 [1924]). Es genügt die tatsächliche Ausübung der Tätigkeit als Fuhrmann bei dem streitbegründenden Anlaß.

Alle Streitigkeiten aus dem Verhältnis zwischen Fuhrmann und Auftraggeber – aber nur zwischen diesen beiden Personen – fallen unter § 49 Abs 2 Z 7 JN. Ob es tatsächlich zu einem Vertragsabschluß gekommen ist, ist hiebei unerheblich, da alle Vertrags- und Deliktsklagen darunter zu reihen sind.

Die Einschränkung der Eigenzuständigkeit auf „Fuhrleute" schließt es aus, auch die Ansprüche aus Frachtverträgen mit Frachtführern ausschließlich den BG zuzuweisen (*Mayr* in *Rechberger,* ZPO § 49 JN Rz 12), da der Begriff des Frachtführers iSd HGB über jenen der Fuhrleute nach § 49 Abs 2 Z 7 JN hinausreicht (*Neumann,* Kommentar[4] I 129; EvBl 1948/703); ebensowenig ist die Eisenbahn (GlUNF 4360 [1908]) unter § 49 Abs 2 Z 7 JN zu reihen.

3. Streitigkeiten zwischen Wirten und ihren Auftraggebern bzw Gästen

Der Begriff des Wirtes ist weit zu fassen. Darunter fallen nicht nur Gast- **109** und Schankwirte im engeren Sinn, sondern auch die Betriebsinhaber von Hotels, Herbergen, Pensionen, Sanatorien, Privatkuranstalten (JBl 1912, 395 und 540), Kaffeehäusern, Espressi, Bars und Heurigenlokalen (SZ 44/156 = EvBl 1972/248), auch jene von Badeanstalten, Dampfbädern, Sonnenbädern, Saunas usw (AmtlSlgNF 1318 [1910]), soweit sich der Streit nur auf die Ansprüche aus der Haftung nach §§ 970ff ABGB stützt (OLG Wien EvBl 1937/880; SZ 12/225 [1930]).

Streitigkeiten zwischen Wirten und ihren Auftraggebern sind sowohl Ver- **110** tragsklagen (auch die Ansprüche aus der Gastwirtehaftung nach § 970ff ABGB) als auch Deliktsklagen, wie etwa Schadenersatzklagen nach § 1316 ABGB (HG Wien WR 511 [1991]; SZ 44/156 = EvBl 1972/248; EvBl 1957/45 = JBl 1957, 189). § 49 Abs 2 Z 7 JN gilt auch für Klagen auf Bezahlung von Zechschulden der Speisegäste, auch wenn diese nicht zugleich Zimmergäste sind (GlUNF 7503 [1915]).

M. § 49 Abs 2 Z 8 JN

Streitigkeiten wegen Viehmängel sind nur jene Streitigkeiten, die wegen **111** **Gewährleistung oder Schadenersatz wegen eines Viehmangels** entstehen. Immer muß es sich um einen **Rechtsstreit zwischen Käufer und Verkäufer** handeln (SZ 26/122 [1953]), niemals fallen also Schadenersatzklagen eines Dritten in diese Eigenzuständigkeit. Dagegen spielt es für die Zuständigkeit keine Rolle, daß über den Anspruch aus dem Viehmangel ein Vergleich geschlossen worden ist (HG Wien RZ 1957, 59).

Bei Gewährleistungsansprüchen ist die Eigenzuständigkeit der BG sowohl bei Sach- als auch bei Rechtsmängeln gegeben (SZ 3/77 [1921]), auch wenn die Vermutungsfrist und die besonderen Vorschriften über die Gewährleistung bei Viehmängeln im konkreten Fall nicht zur Anwendung gelangen. Das Begehren muß auch nicht auf die im Gesetz eingeräumten Gewährleistungsansprüche (Wandlung oder Minderung) beschränkt sein, sondern kann die Erfüllung der vertraglich bedungenen Gewährleistung (zB Umtausch) anstreben (SZ 26/128 = JBl 1954, 20; LGZ Wien EvBl 1953/71).

Schadenersatzansprüche wegen Viehmängel müssen auf die Vertragspartner beschränkt sein (SZ 26/122 [1953]), können sich aber, sofern sie unmittelbar durch einen Viehmangel hervorgerufen sind, auf die verschiedenartigsten Sachvorbringen stützen, so auf die Ansteckung des Viehbestandes des Käufers durch das gekaufte kranke Tier (AmtlSlgNF 1850 [1917]) oder auf das Fehlen von bedungenen Eigenschaften iSd § 922 ABGB (SZ 26/128 = JBl 1954, 20), wie zB die Trächtigkeit der Kalbin (LGZ Wien JBl 1955, 253; SZ 3/16 [1921]; ggt SZ 9/291 [1927]).

Ist die Frage des Bestehens eines Viehmangels nur Vorfrage, dann findet **112** § 49 Abs 2 Z 8 JN keine Anwendung (ZBl 1924/272).

Unter den Begriff **„Vieh“** fallen nach stRsp nur **Tiere, die üblicherweise** als **113** **Zubehör zu einer Landwirtschaft** betrachtet werden (SZ 26/128 = JBl 1954, 20; SZ 9/291 [1927]), so zB Arbeitspferde, Esel, Maulesel und Maultiere, Rinder, Schafe, Schweine und Ziegen, nicht aber Chinchillas (EvBl 1962/284) oder Reit- und Springpferde (EvBl 1979/113). Sinnvollerweise sollten jedoch alle Mängel, die ein Tier betreffen, unter § 49 Abs 2 Z 8 JN fallen (so bereits *P. Bydlinski*, JBl 1982, 225; *Mayr* in *Rechberger*, ZPO § 49 JN Rz 13).

114 Viehmängelstreitigkeiten gehören auf keinen Fall zur Handelsgerichtsbarkeit (HG Wien RZ 1957, 59).

N. Weiterbestehen der Zuständigkeit nach § 49 Abs 2 Z 2–2 c JN im Fall einer materiellen oder prozessualen Rechtsnachfolge (§ 49 Abs 3 JN)

1. Allgemeines

115 § 49 Abs 3 JN, der völlig § 49 a Abs 2 JN idF des EheRÄG 1978 entspricht (vgl JAB zum FamGG [528 BlgNR 16. GP] 2), diente § 1 Abs 2 ArbGG zum Vorbild (vgl JAB zum EheRÄG 1978 [916 BlgNR 14. GP] 23; *Simotta*, JBl 1980, 354), dem wiederum § 52 Z 1 und 2 ASGG weitgehend entspricht *(Kuderna,* ASGG^2, 333; *Wresounig,* ASGG 124).

116 Durch § 49 Abs 3 JN soll gewährleistet werden, daß über die in § 49 Abs 2 Z 1 bis 2 c JN genannten familienrechtlichen Ansprüche – ganz gleich wer als Kläger oder Beklagter auftritt – immer nur das BG entscheidet *(Simotta,* JBl 1980, 354). Vgl auch den JAB zum EheRÄG 1978 (916 BlgNR 14. GP) 23: „Da auch der neue § 49 a JN (= § 49 Abs 2 Z 1 bis 2 c JN idF des FamGG, Anm der Verfasserin) persönliche Merkmale als Voraussetzungen für die Zuständigkeitsgründe nennt (zB Vater, Mutter, Gatte), müßte jeder Rechtsübergang bewirken, daß die Zuständigkeit nach allgemeinen Grundsätzen zu beurteilen wäre. Das ist nicht angebracht."

2. Anwendungsvoraussetzungen

117 § 49 Abs 3 JN kommt zur Anwendung, wenn ein unter § 49 Abs 2 Z 1 bis 2 c JN fallender Rechtsstreit **vom Rechtsnachfolger** einer Partei **oder von einer Person geführt wird, die kraft Gesetzes anstelle der ursprünglichen Person hierzu befugt ist**. Dasselbe gilt auch in den Fällen, in denen der Rechtsstreit **gegen einen Rechtsnachfolger oder gegen eine Person** geführt wird, die anstelle der ursprünglichen zur Prozeßführung befugt ist (vgl *Fasching,* Lehrbuch^2 Rz 2260; *Kapfer/Kadecka*, Arbeitsgerichtsgesetz^2, 10; *Kuderna*, ASGG^2, 333 f; *Simotta*, JBl 1980, 354 FN 47; *Stanzl*, Verfahren 98 Anm 50; LGZ Graz Arb 6152 [1955]; KG Steyr Arb 4931 [1947]).

118 Die **Rechtsnachfolge** bzw der Rechtübergang muß schon **vor Prozeßbeginn eingetreten** sein, dh der Rechtsnachfolger muß schon von Anfang an Kläger oder Beklagter sein, weil bei einer Rechtsnachfolge während des Prozesses andere Bestimmungen (zB §§ 155 ff, 234 ZPO), vor allem aber § 29 JN zur Anwendung kommen *(Kapfer/Kadecka*, Arbeitsgerichtsgesetz^2, 10; *Kuderna*, ASGG^2, 333; *Simotta*, JBl 1980, 354; *Stanzl,* Verfahren 98 Anm 50).

3. Anwendungsfälle

a) Anwendungsfälle bei vermögensrechtlichen Streitigkeiten familienrechtlicher Natur

119 Hier kommen analog zu den von der Rsp zu § 1 Abs 2 ArbGG bzw § 52 Z 1 und Z 2 ASGG entwickelten Grundsätzen folgende Anwendungsfälle in Betracht:

Alle Fälle, in denen **nach materiellem Recht** eine **Rechtsnachfolge** eingetreten ist:

Klagen von und gegen **Universal- und Singularsukzessoren** *(Kapfer/ Kadecka*, Arbeitsgerichtsgesetz^2, 10; *Kuderna*, ASGG^2, 333 f; *Simotta*, JBl 1980, 354; *Stanzl*, Verfahren 99; MietSlg 18.711/33 [1966]; KG Leoben Arb 7989 =

MietSlg 16.692 [1964]; Arb 7236 = EvBl 1960/293 = MietSlg 8449; LGZ Wien Arb 5094 [1949]; KG Steyr Arb 4931 [1947]), zB nach einer **(Legal-)Zession** (*Kuderna*, ASGG[2], 334; *Simotta*, JBl 1980, 354; *Stanzl*, Verfahren 99; RZ 1976/87 = ZVR 1976/298; Arb 9456 [1976]; LGZ Wien Arb 8821 [1970]; Arb 8539, 8514 [1968], 7377 [1961], 7112 [1959]), einer **Schuldübernahme** (*Simotta*, JBl 1980, 354; *Stanzl*, Verfahren 99; Arb 9343 [1975]; LGZ Wien Arb 8948 [1972]; SZ 28/193; Arb 6297 = JBl 1956, 104), nach dem **Verkauf der Sache, die den Gegenstand des Rechtsstreits bildet** (*Simotta*, JBl 1980, 354; KG Leoben Arb 7989 = MietSlg 16.692 [1964]) oder nach einem **Erbgang** (*Kuderna*, ASGG[2], 334; *Simotta*, JBl 1980, 354; *Stanzl*, Verfahren 99; EvBl 1964/109; Arb 7845 [1963]; LGZ Wien Arb 4986 [1948]; LGZ Wien EvBl 1947/551; KG Steyr Arb 4931 [1947]).

Da beim **Schuldbeitritt** keine Rechtsnachfolge eintritt, ist § 49 Abs 3 JN auf denjenigen, der einer familienrechtlichen Schuld beigetreten ist, **nicht** anwendbar (vgl für das arbeits- und sozialgerichtliche Verfahren *Kuderna*, ASGG[2], 334; *Stanzl*, Verfahren 99; Arb 9343 [1975]; LGZ Wien Arb 8948 [1972]; SZ 28/193 = Arb 6297 = JBl 1956, 104).

Bei der Singularsukzession muß freilich das streitgegenständliche Recht **120**
oder die streitgegenständliche Pflicht übertragen worden sein (vgl dazu MietSlg 19.563 [1967]; Arb 5954 [1954]).

Als Beispiele wären vor allem jene Fälle zu nennen, in denen nach dem Tod **121**
des Unterhaltspflichtigen dem Unterhaltsberechtigten **gegen** den **Nachlaß** bzw die **Erben** ein **gesetzlicher Unterhaltsanspruch** zusteht (vgl §§ 142, 166, 182 a, 795, 796 ABGB, § 78 EheG; vgl zur alten Rechtslage OLG Wien EFSlg 27.693 [1976]; LGZ Wien EFSlg 10.488 [1968]; GlUNF 3786 [1907]); ferner die Fälle, in denen die **Unterhaltsansprüche** des Empfängers der Sozialhilfe kraft Gesetzes in der Höhe der geleisteten Sozialhilfe **auf den Sozialhilfeträger übergehen (Legalzession;** § 43 NÖ SHG, § 43 Abs 2 bis 4 Krnt SHG, § 44 Sbg SHG, § 11 Tir SHG, § 27 Wr SHG, § 49 OÖ SHG, § 43 Bgld SHG, § 12 Vlbg SHG; vgl RZ 1995/77 sowie zur alten Rechtslage OLG Wien EFSlg 14.137 [1970]).

Fälle, in denen kraft Gesetzes eine andere **Person anstelle der ursprüng- 122**
lichen zur Prozeßführung befugt ist:

Es handelt sich dabei erstens um Fälle der **prozessualen Rechtsnachfolge,** dh Fälle in denen – wäre der Prozeß schon anhängig – ohne Zustimmung der Parteien ein gesetzlicher Parteiwechsel stattfinden würde.

Personen, die kraft Gesetzes anstelle der ursprünglichen zur Prozeßführung befugt sind, sind der **Überweisungsgläubiger im Drittschuldnerprozeß, der Masseverwalter** (so auch JAB zum EheRÄG 1978 [916 BlgNR 14. GP] 23), der **Zwangsverwalter** sowie der **Konkursgläubiger,** der in der Prüfungstagsatzung eine **Konkursforderung bestritten hat** und der deswegen einen **Prüfungsprozeß gegen einen anderen Konkursgläubiger** führt *(Simotta,* JBl 1980, 354). Denn hat der Masseverwalter die klagsgegenständliche Forderung nicht bestritten, dann führt der Bestreitende anstelle des Gemeinschuldners den Prüfungsprozeß.

Allerdings geht bei erst nach der Konkurseröffnung eingeleiteten Prü- **123**
fungsprozessen die individuelle Zuständigkeit des Konkursgerichtes (§ 111 Abs 1 KO) der sachlichen Zuständigkeit des BG für familienrechtliche Ansprüche nach § 49 Abs 2 Z 1 bis 2 c JN (§ 49 Abs 3 JN) vor *(Simotta*, JBl 1980, 355; vgl für das bis zur ASGG-Nov 1994 ähnlich gelagerte Verhältnis zwischen Konkurs- und Arbeitsgericht ErläutRV zum IRÄG 1982 [3 BlgNR 15. GP] 61; ErläutRV zur ASGG-Nov 1994 [1654 BlgNR 18. GP] 32; *Arnold*, AnwBl 1987, 249; *Bartsch/*

Heil, Insolvenzrecht[4] Rz 299; *Bartsch/Pollak*[3] I 504, 518; *Fink*, DRdA 1988, 206; *Holzhammer*, Insolvenzrecht[5], 148; *Kapfer/Kadecka*, Arbeitsgerichtsgesetz[2], 13 f; *Petschek/Reimer/Schiemer*, Insolvenzrecht 583; *Stanzl*, Verfahren 117; Arb 8653 [1969]; SZ 35/109 = Arb 7655 = EvBl 1963/154 = JBl 1964, 48; Arb 6733 [1957]; KG St. Pöl-ten Arb 6373 [1956]; SZ 28/125 = Arb 6232 = EvBl 1955/332; OLG Wien Arb 5501 [1952]; OLG Wien Arb 5323 [1951]). Dem § 111 KO wurde durch § 49 Abs 3 JN nicht derogiert (vgl für das ähnlich gelagerte Verhältnis zwischen dem Konkurs- und dem Gewerbegericht Spr 252 = AmtlSlgNF 1627 = GlUNF 7319 = GH 1915, 378 = JBl 1915, 287 = ZBl 1915/359). Denn der Gesetzgeber hat bei der Regelung der Zuständigkeit in der JN nur Prozesse von normalem Charakter vor Augen gehabt, die Regelungen der JN kommen daher nur dann zur Anwendung, wenn sich der Schuldner nicht im Konkurs befindet, während die KO speziell die Rechtsstellung des im Konkurs befindlichen Schuldners regelt. **Die Zuständigkeitsregeln der KO gehen** daher **als die spezielleren jenen der JN vor** (vgl auch ErläutRV zur ASGG-Nov 1994 [1654 BlgNR 18. GP] 32). Daß § 111 KO der Vorrang gegenüber allen Bestimmungen, die für bestimmte Rechtssachen eine spezielle sachliche Zuständigkeit vorsehen, gebührt, ging auch deutlich aus § 179 Z 3 KO (aufgehoben durch ASGG-Nov 1994, BGBl 624) hervor. § 179 Z 3 KO bestimmte nämlich, daß für Rechtsstreitigkeiten, die vor das Konkursgericht gehören oder gem § 178 KO vor dieses gebracht werden, die für die Vertretung in Arbeitsrechtssachen geltenden Bestimmungen anzuwenden sind, wenn eine Arbeitsrechtssache vorliegt oder vorläge (vgl NRsp 1989/40: „Auf Prüfungsprozesse, die sonst in die Zuständigkeit der Arbeits- und Sozialgerichte fallen würden, ...“). Durch die ASGG-Nov 1994 (BGBl 624) wurde der Satz „Dies gilt nicht für Arbeitsrechtssachen nach § 50 ASGG“ zu dem Zweck in § 111 Abs 1 KO eingefügt, die ausschließliche Zuständigkeit des Konkursgerichtes für arbeitsrechtliche Prüfungsprozesse zu beseitigen (vgl ErläutRV zur ASGG-Nov 1994 [1654 BlgNR 18. GP] 32).

124 Die für arbeitsrechtliche Prüfungsprozesse geschaffene **Ausnahmebestimmung des § 111 Abs 1 letzter Satz KO kann,** weil ihre ratio auf **Prüfungsprozesse betreffend einen familienrechtlichen Anspruch** nicht zutrifft, auf familienrechtliche Prüfungsprozesse **nicht analog angewendet werden.** Die Ausnahmebestimmung des § 111 Abs 1 letzter Satz KO ist nämlich deswegen erlassen worden, damit auch in arbeitsrechtlichen Prüfungsprozessen, die erst nach der Konkurseröffnung anhängig gemacht werden, die besonderen Vorschriften über die Besetzung und das Verfahren in Arbeitsrechtssachen zur Anwendung kommen (vgl ErläutRV zur ASGG-Nov 1994 [1654 BlgNR 18. GP] 32). In familienrechtlichen Prüfungsprozessen dagegen macht es **weder besetzungs- noch verfahrensmäßig einen Unterschied,** ob das nach § 49 Abs 2 Z 2 JN zuständige **BG oder das Konkursgericht über den familienrechtlichen Prüfungsprozeß entscheidet.** Denn soweit nicht ohnedies im Rahmen eines Schuldenregulierungsverfahrens gem § 182 KO ein BG als Konkursgericht tätig wird, entscheidet auch beim GH 1. Instanz ein Einzelrichter (vgl § 172 Abs 1 und § 179 Z 1 KO) und es gelten die Bestimmungen über das Verfahren vor den BG (vgl § 179 Z 2 KO). Bei der sachlichen Zuständigkeit geht somit auch nach der ASGG-Nov 1994 § 111 KO dem § 49 Abs 2 Z 2 und § 49 Abs 3 JN vor. Bei der Frage der Zulässigkeit eines Rechtsmittels und der Bekämpfung der Nichtzulassung einer ordentlichen Revision oder eines ordentlichen Revisionsrekurses wird hingegen zu beachten sein, daß auf Grund des § 49 Abs 3 JN Prüfungsprozesse betreffend einen in § 49 Abs 2 Z 1 bis 2 c JN genannten Anspruch zu den in § 49 Abs 2 Z 1 bis 2 c JN bezeichneten Ansprüchen zu zählen sind. Näheres s Rz 6.

125 Zu den Personen, die kraft Gesetzes anstelle der ursprünglichen zur Prozeßführung befugt sind oder gegen die kraft Gesetzes anstelle der ursprünglichen Prozeß geführt werden kann, zählen neben den prozessualen Rechtsnachfolgern **auch jene Personen, die – ohne daß eine materielle Rechtsnachfolge vorläge – auf Grund einer materiellrechtlichen Bestimmung anstelle des ursprünglich Berechtigten einen Anspruch geltend machen können, der umfänglich jenem des ursprünglich Berechtigten entspricht.** Dasselbe gilt für jene Personen, die kraft materiellen Rechts statt des ursprünglich hiezu Verpflichteten wegen eines Anspruchs geklagt werden können, der dem Kläger gegen den ursprünglich Verpflichteten zugestanden wäre. Typisch für diese Fälle ist, daß der eingeklagte Anspruch dadurch, daß er nicht mehr vom ursprünglich dazu Berechtigten bzw nicht mehr gegen den ursprünglich Verpflichteten geltend gemacht wird, seinen familienrechtlichen Charakter verloren hat, sein Umfang sich aber ausschließlich nach dem zugrundeliegenden familienrechtlichen Anspruch richtet (vgl *Simotta,* ÖA 1990, 8).

Als Beispiele sind die **Verwendungsklage nach § 1042 ABGB** *(Simotta,* JBl 1980, 354; s dazu Rz 12, 13, 19), die **Klage gegen den gesetzlichen Bürgen nach § 1 USchG** (s dazu Rz 20) und die **Klage auf Unterhaltsergänzung nach § 950 ABGB** (s dazu Rz 21) zu nennen.

b) Anwendungsfälle in Statussachen

126 In der Regel endet mit dem Tod einer der Personen, deren Status festgestellt oder gestaltet werden soll, auch das Klagerecht der anderen. Sehr deutlich kommt dies in den Bestimmungen des § 460 Z 8 ZPO und des § 224 Abs 2 AußStrG zum Ausdruck, nach denen der Rechtsstreit in Ansehung der Hauptsache als erledigt anzusehen ist, wenn einer der Ehegatten im Eheverfahren vor Rechtskraft der Entscheidung stirbt. Nur in zwei Fällen, nämlich bei der **Klage auf Feststellung der Vaterschaft zu einem unehelichen Kind und jener auf Feststellung der „Rechtsunwirksamkeit" des Vaterschaftsanerkenntnisses** sieht das Gesetz in § 164d ABGB einen **Übergang des Klagerechtes** bzw der Prozeßführungsbefugnis des Verstorbenen **auf** seine **Rechtsnachfolger** vor.

127 Als **Rechtsnachfolger** des Verstorbenen iSd § 164d ABGB kommen **alle jene Personen** in Betracht, **die von dem Verstorbenen bzw aus der unehelichen Vaterschaft oder Abstammung Rechte oder Pflichten ableiten können** (zu eng *Pichler* in *Rummel,* ABGB² I § 164d Rz 1 und *Schwimann* in *Schwimann,* ABGB² I § 164d Rz 2, nach denen nur die Gesamtrechtsnachfolger bzw die Erben des Verstorbenen als dessen Rechtsnachfolger in Betracht kommen). Daher kann gegen denjenigen, dem der Nachlaß des Verstorbenen an Zahlungsstatt eingeantwortet worden ist, nicht die Vaterschaftsklage erhoben werden (KG Krems EFSlg 24.320 [1975]). Denn der Gläubiger, dem an Zahlungsstatt eingeantwortet wird, ist zwar Einzelrechtsnachfolger, jedoch folgt er nicht dem verstorbenen Mann in den sich aus der unehelichen Vaterschaft ergebenden Rechten und Pflichten nach.

128 **Neben** dem **Nachlaß bzw den Erben des Verstorbenen** kommen auch noch **die väterlichen Großeltern** wegen ihrer Unterhaltspflicht bzw Unterhaltsberechtigung gegenüber dem unehelichen Enkelkind (vgl §§ 141, 143 ABGB), der Pflicht zur Bestellung eines Heiratsgutes gegenüber der unehelichen Enkelin (§ 1220 ABGB), des Rechtes und der Pflicht zur Obsorge (§§ 145, 167 ABGB) und des Rechtes auf persönlichen Verkehr (§ 148 Abs 2 ABGB) sowie die **Kinder des unehelichen Kindes** wegen ihres Unterhaltsrechts bzw ihrer Unterhaltspflicht gegenüber ihren Großeltern väterlicherseits (§§ 141, 143 ABGB) als **Rechts-**

nachfolger, von denen bzw gegen die die Vaterschaftsklage und die Klage auf Rechtsunwirksamkeit der Vaterschaftsfeststellung erhoben werden kann, in Frage.

129 Abgesehen von den Fällen der Vaterschaftsklage und der Klage auf Feststellung der Rechtsunwirksamkeit des Vaterschaftsanerkenntnisses, in denen die Rechtsnachfolger des Verstorbenen klagen oder geklagt werden können, steht nach dem Tod einer Person, deren Status gestaltet oder festgestellt werden soll, nur mehr dem **Staatsanwalt** ein Klage- bzw Antragsrecht zu. Die Ehelichkeit eines Kindes kann, wenn der Ehemann der Mutter gestorben ist und dies im öffentlichen Interesse oder im Interesse des Kindes geboten erscheint, gem § 158 ABGB nur der Staatsanwalt bestreiten. Ist das Kind gestorben, kann nur der Staatsanwalt gem § 159 Abs 2 ABGB einen (im Außerstreitverfahren zu erledigenden) Antrag auf Feststellung der Unehelichkeit stellen. Nach dem Tod eines Ehegatten kann gem § 28 Abs 2 letzter Satz EheG nur mehr der Staatsanwalt die Klage auf Nichtigerklärung der Ehe erheben. Sind jedoch beide Ehegatten verstorben, so kann auch der Staatsanwalt nicht mehr die Klage auf Nichtigerklärung der Ehe anstellen. In diesen genannten Fällen ist der Staatsanwalt nicht nur Repräsentant des (als Kläger auftretenden) Staates, sondern zugleich **auch Repräsentant des Verstorbenen bzw von dessen Rechtsnachfolgern.** Weiters geht in manchen Fällen, wie zB bei der Ehelichkeitsbestreitungsklage das Klagerecht auf den Staatsanwalt über, wenn der eigentlich nach dem Gesetz Klageberechtigte untätig bleibt. Daher kann in den Fällen, in denen wegen des Todes bzw Untätigkeit der an sich klageberechtigten **Person** das Klagerecht auf den Staatsanwalt übergeht, der Staatsanwalt als Person bezeichnet werden, **die kraft Gesetzes anstelle der ursprünglichen zur Prozeßführung befugt** ist. Allerdings war es auch vor Einführung des § 49 Abs 3 JN unstrittig, daß auch für die vom Staatsanwalt erhobenen Statusklagen Eigenzuständigkeit gilt.

O. Gerichtliche Aufkündigung, Übernahme- und Übergabeauftrag, Seeverklarung (§ 49 Abs 4 JN)

130 Mit den in § 49 Abs 2 Z 5 JN bezeichneten Gegenständen sind die **in § 560 ZPO bezeichneten Gegenstände** gemeint. Unter § 49 Abs 4 JN fallen demnach Verfügungen über gerichtliche Aufkündigungen von Bestandverträgen über Grundstücke, Gebäude und andere unbewegliche oder gesetzlich als unbeweglich erklärte Sachen sowie über Schiffmühlen und andere auf Schiffen errichtete Bauwerke, insb über die Aufkündigung eines Bestandvertrages über ein Unternehmen. (Aus der ausdrücklichen Anführung der Aufkündigungen in § 49 Abs 2 Z 5 JN ist eindeutig zu erkennen, daß es sich bei den Verfügungen und der Erledigung der gerichtlichen Aufkündigung um einen Akt der streitigen Gerichtsbarkeit, und nicht um einen Vorgang des außerstreitigen Verfahrens handelt; dazu ausführlich *Simotta*, RdW 1987, 400; *dies*, WoBl 2000 [in Druck].)

131 Sowohl für die Verfügungen über eine **gerichtliche Aufkündigung** von (auf unbestimmte Zeit abgeschlossenen) Bestandverträgen über unbewegliche Sachen als auch für die Verfügungen über die Erlassung von **Übergabe- oder Übernahmeaufträgen** (bei Bestandverträgen auf bestimmte Zeit) sind die BG ohne Rücksicht auf den Streitwert zuständig.

Dasselbe gilt für die Aufnahme der (in das Außerstreitverfahren gehörenden) Seeverklarung (vgl Fünftes Buch z HGB). In einem küstenlosen Staat ist jedoch die Seeverklarung ohne Bedeutung *(Gaeta,* ZVR 1992, 359).

132 Streitigkeiten über die Übernahme oder Übergabe und über die Aufkündigung gepachteter oder gemieteter unbeweglicher Sachen gehören vor die BG.

Ausgenommen sind nur Streitigkeiten über die **Dienstwohnungen der Hausbesorger,** und zwar auch dann, wenn der Hausbesorger die Wohnung eigenmächtig besetzt hält (JBl 1947, 327). Für die gerichtliche Aufkündigung eines Hausbesorgerdienstverhältnisses mit Dienstwohnung (vgl § 22 HBG) ist das **ASG** zuständig.

Streitigkeiten über die Kündigung (§§ 560ff ZPO) entstehen bei unbeweglichen Sachen über Einwendungen gegen die gerichtliche Kündigung und sind nach den Vorschriften des Bestandverfahrens durchzuführen. Handelt es sich um die Aufkündigung eines Bestandvertrages über eine bewegliche Sache, dann wird hierüber nur im Weg eines Feststellungsprozesses oder anläßlich der aus der Aufkündigung abgeleiteten Ansprüche entschieden werden können, so etwa anläßlich des Übergabebegehrens.

Das Begehren auf Übergabe oder Übernahme des Bestandgegenstandes 133
setzt voraus, daß zwischen den Streitteilen ein Bestandvertrag bestand. Wird das Übergabebegehren auf titellose Benützung gestützt, dann ist die Eigenzuständigkeit der BG ebensowenig gegeben (MietSlg 2098 [1951]) wie bei den durch die Rsp analog zu § 372 ABGB zugelassenen Räumungsklagen des verdrängten Vormieters gegen den besitzenden Nachmieter. In diesen Fällen ist die Bewertung des Klägers maßgebend.

Wird hingegen der Räumungsanspruch auf die Ungültigkeit des Bestandvertrages gestützt, dann ist die Eigenzuständigkeit des BG gegeben, da mit dieser Klage der Vertrag angefochten wird und es erst durch das Urteil zur Auflösung kommt (so bei Irrtum, Zwang, Sittenwidrigkeit, Verletzung über die Hälfte usw; zu letzterem ggt GlUNF 1095 [1900]). In die Eigenzuständigkeit der BG fallen Räumungsklagen bzw Übergabebegehren nach §§ 1117, 1118 ABGB (Spr 170 = GlUNF 761 [1899]).

P. Weitere Eigenzuständigkeiten der Bezirksgerichte

Abgesehen von den in § 49 Abs 2 JN aufgezählten Fällen sieht das Gesetz 134
auch noch in folgenden Fällen eine Eigenzuständigkeit der BG vor:

a) Die Verfahrenshilfe begehrende Partei kann gem § 65 Abs 1 letzter Satz ZPO, wenn das Prozeßgericht seinen Sitz außerhalb des BG-Sprengels hat, in dem die Partei ihren Aufenthalt hat, den **Antrag auf Verfahrenshilfe beim BG ihres Aufenthalts** zu Protokoll erklären. Außerdem kann sie im Fall des § 64 Abs 1 Z 4 ZPO gemeinsam mit diesem Antrag die Klage, den Widerspruch gegen ein Versäumungsurteil (§§ 434, 442a ZPO) oder den Einspruch gegen einen Zahlungsbefehl (§ 451 ZPO) zu Protokoll erklären.

Wenn in einer Rechtssache keine Anwaltspflicht herrscht, der Partei auch kein Rechtsanwalt beigegeben wird und die Klage bei einem Gericht außerhalb des BG-Sprengels angebracht werden soll, in dem die Partei ihren Aufenthalt hat, dann hat gem § 64 Abs 1 Z 4 ZPO die Partei das Recht, die **Klage gemeinsam mit dem Antrag auf Bewilligung der Verfahrenshilfe beim BG ihres Aufenthalts** zu Protokoll zu erklären und zu begehren, daß dieses Protokoll dem Prozeßgericht übersendet werde.

b) Die **Durchführung des Beweissicherungsverfahrens** obliegt nach § 384 Abs 3 ZPO in dringenden Fällen oder, wenn noch kein Rechtsstreit anhängig ist, dem **BG, in dessen Sprengel die Sachen, die in Augenschein zu nehmen sind oder welche die Grundlage des Sachverständigenbeweises zu bilden haben, oder die zu vernehmenden Personen sich befinden.**

c) Die Vornahme der ihm vom übergeordneten GH übertragenen Amtshandlungen nach § 36 JN (uneigentliche Rechtshilfe) und die **Rechtshilfe** an in- und ausländische Gerichte nach §§ 37 und 38 JN, an Schiedsgerichte und Schiedsrichter nach Art XIII EGJN, an das Börsenschiedsgericht nach Art XXII EGZPO, an Abgabenbehörden nach § 158 Abs 3 BAO, an die Jugendwohlfahrtsträger nach § 36 JWG, an das Patentamt und den Obersten Patent- und Markensenat nach § 126 PatG, an die Sozialversicherungsträger nach § 360 ASVG, § 29 BKUVG, § 182 BSVG, § 194 Abs 1 Z 1 GSVG und § 65 NVG, an den VwGH nach § 36 Abs 9 VwGG und gegenüber Notaren im Verfahren zur Ersetzung zerstörter oder abhanden gekommener Urkunden nach § 3 Abs 2 dRGBl 1942 I 395 obliegt dem BG.

d) Das BGHS Wien bzw die BG in Handelssachen schreiten **„als Schiffahrtsgerichte"** in Binnenschiffahrtssachen ein (vgl das BinnenschiffahrtsG 30. 1. 1937, dRGBl I 97, eingeführt durch V 11. 12. 1939, dRGBl I 2394, kundgemacht im GBlÖ 1939/1454) [die V trat gem § 1 des 1 BRBG BGBl I 1999/191 mit 31. 12. 1999 außer Kraft].

Die Berufung gegen die Urteile geht an das OLG als „Schiffahrtsobergericht". Da sich der sachliche Zuständigkeitsbereich der Schiffahrtsgerichte nach § 1 BinnSchiffG nicht auf Ansprüche nach § 49 Abs 2 Z 7 JN erstreckt, bleibt die dort geregelte Eigenzuständigkeit des BG für Streitigkeiten zwischen Schiffern und Flößern und ihren Auftraggebern aus diesen Verhältnissen unberührt. In Schiffahrtssachen ist die Berufung ohne Rücksicht auf den Streitwert zulässig. Näheres zu den BG in Handelssachen als Schiffahrtsgerichte s § 52 JN Rz 9–12.

135 Im **Exekutions- und Sicherungsverfahren** sind die BG in folgenden Fällen zuständig:

a) zur Bewilligung der Exekution (§ 4 EO);

b) zu der den Zivilgerichten übertragenen Beteiligung am Exekutionsvollzug (Tätigkeit als Exekutionsgericht, §§ 17, 18 EO);

c) zur Entscheidung über alle sich im Lauf eines Exekutionsverfahrens und aus Anlaß eines solchen ergebenden Streitigkeiten (§ 17 EO), außer es handelt sich um eine Oppositions- oder Impugnationsklage, in der Einwendungen gegen einen in einer Arbeitsrechtssache nach § 50 ASGG ergangenen Exekutionstitel erhoben werden. In diesem Fall sind nämlich die Einwendungen bei dem Gericht geltend zu machen, bei dem der Prozeß in erster Instanz anhängig war (§ 35 Abs 2, § 36 Abs 2 EO);

d) ohne Rücksicht auf den Streitwert wahlweise neben dem sonst zuständigen Gericht als Exekutionsgericht über den verursachten Schaden wegen Nichterfüllung der dem Verpflichteten obliegenden Verbindlichkeiten (Interessenklage, § 368 EO);

e) zur Vollstreckbarerklärung ausländischer Exekutionstitel (§ 82 EO);

f) zur Entscheidung über den Widerspruch gegen die Vollstreckbarerklärung eines ausländischen Exekutionstitels (§ 84 Abs 2 EO);

g) zur Bewilligung und zur Durchführung des Verfahrens und des Vollzuges einstweiliger Verfügungen vor Einleitung oder nach rechtskräftigem Abschluß eines Rechtsstreites, jedoch vor Beginn der Exekution, uzw ist jenes BG zuständig, bei dem der Gegner der gefährdeten Partei seinen allgemeinen Gerichtsstand im Zeitpunkt der ersten Antragstellung hat oder in dessen Sprengel die Vollzugshandlungen vorzunehmen sind (§ 387 Abs 2 EO).

Für einstweilige Verfügungen nach § 382 Abs 1 Z 8 EO ist gem § 387 Abs 3 EO das BG zuständig, das für den Prozeß bzw das Verfahren in der Hauptsache zuständig wäre.

Das BG ist allerdings gem § 387 Abs 3 EO nicht zuständig für einstweilige Verfügungen wegen unlauteren Wettbewerbs, nach dem UrhG oder nach §§ 28 bis 30 KSchG. Diese sind nämlich von jenem Gericht zu erlassen und zu vollziehen, das für den Prozeß in der Hauptsache zuständig wäre. Für die genannten Streitigkeiten ist aber – außer es handelt sich bei der Streitigkeit wegen unlauteren Wettbewerbs um eine Arbeitsrechtssache nach § 50 ASGG – gem § 51 Abs 2 Z 10 JN das Handelsgericht zuständig. Außerdem ist das HG Wien gem § 162 Abs 1 PatG individuell für einstweilige Verfügungen nach dem PatG zuständig.

In außerstreitigen Geschäften sind – soweit das Gesetz nicht anderes be- **136**
stimmt – die BG sachlich zuständig (§ 104 a JN). In den in §§ 115, 120 JN, § 276 HGB, § 40 PSG, § 14 AktG, § 102 GmbHG, § 13 Abs 1 TEG geregelten Fällen sind ausnahmsweise die LG sachlich zuständig. Näheres s § 104 a JN Rz 2.

Im **Insolvenzverfahren** ist das BG in folgenden Fällen zuständig: **137**

- Wenn der Schuldner eine natürliche Person ist und kein Unternehmen betreibt, so ist Konkursgericht das im Zeitpunkt der Antragstellung örtlich zuständige BG; in Wien das BG, das für Exekutionssachen nach dem BGOrgG für Wien zuständig ist (§ 182 KO).
- Schreitet das in § 182 KO genannte BG als Konkursgericht ein, ist es auch für alle Konkursanhangsprozesse (vgl § 43 Abs 5, §§ 111, 113, 162, 178 KO) zuständig.
- Unter den Voraussetzungen des § 182 KO ist das BG auch Ausgleichsgericht.
- Als Exekutionsgericht hat es auf Antrag des Masseverwalters oder auf Ersuchen des Konkursgerichtes ein Exekutionsverfahren wegen eines Aussonderungs- oder eines Absonderungsanspruchs, ausgenommen die Begründung eines richterlichen Pfand- oder Befriedigungsrechtes, so weit und so lange aufzuschieben als der Berechtigte Erfüllung nicht verlangen kann (§ 11 Abs 3 Satz 1 KO).
- Als Exekutionsgericht hat es über die Kosten des Masseverwalters, die er anläßlich der gerichtlichen Veräußerung von Sachen und der Verteilung des Erlöses beim Exekutionsgericht zu beanspruchen hat, zu entscheiden (§ 125 Abs 4 KO).

§ 49 a *aufgehoben durch Art I Z 2 BGBl 1985/70*

§ 49 a regelte die sachliche Zuständigkeit der familienrechtlichen Abteilun- **1**
gen.

Gerichtshöfe erster Instanz

§ 50. Vor die Gerichtshöfe erster Instanz gehören alle bürgerlichen Rechtsstreitigkeiten, welche nicht den Bezirksgerichten zugewiesen sind.

Abs 2 – zuletzt idF des Art IV Z 5 EheRÄG 1978 BGBl 280 – aufgehoben durch Art II Z 20 ZVN 1983 BGBl 135

Lit: *Ballon*, Die Gerichtsorganisation der Arbeits- und Sozialgerichtsbarkeit, JBl 1987, 349; *Obauer*, Die strafrechtliche Entschädigung, Finanzprokuratur-FS (1995) 201.

Übersicht:

I. Allgemeines

1 Durch die Fassung des § 50 JN ist klargestellt, daß die **GH erster Instanz** in allen Fällen zuständig sind, in denen keine ausdrückliche Zuweisung der Rechtssache in die sachliche Zuständigkeit der BG ausgesprochen wurde, daß also ihre **Zuständigkeit** bei Abgang positiver Vorschriften **subsidiär** eingreift. Dies entspricht auch dem ursprünglich in der ZPO verwirklicht gewesenen Grundsatz, daß das Gerichtshofverfahren als Grundtyp des zivilgerichtlichen Verfahrens anzusehen sei. Seitdem aber dem GH 1. Instanz die familienrechtlichen Streitigkeiten (Ehesachen, Streitigkeiten über die eheliche Abstammung sowie die Streitigkeiten aus dem Ehe- und Eltern-Kindverhältnis) entzogen worden sind und die Streitwertgrenze auf 130.000 S angehoben worden ist, wird jedoch der Großteil der anfallenden Rechtssachen nicht mehr durch den GH 1. Instanz, sondern durch die BG erledigt.

2 Seither ist die Zuständigkeit des GH 1. Instanz **weitgehend** auf Rechtssachen beschränkt, **bei denen der höhere Streitwert** die **Entscheidung durch das LG fordert,** weil die besonderen Vorschriften des Gerichtshofverfahrens eine eingehendere und erschöpfendere Erörterung gewährleisten. Nur mehr Sondergesetze sehen wegen besonderer öffentlicher Interessen eine (Eigen-)Zuständigkeit der LG vor. Näheres s Rz 5ff.

II. Zuständigkeitsbereich der allgemeinen LG

A. Rechtssachen, die nicht vor ein BG gehören

3 Grundsätzlich sind die LG sachlich zur Erledigung eines Rechtsstreites zuständig, soweit er nicht durch ausdrückliche Vorschriften vor das BG verwie-

sen wird. Der GH 1. Instanz ist vornehmlich für **alle vermögensrechtlichen Streitigkeiten** zuständig, **deren Streitwert 130.000 S übersteigt** (Berechnung des Streitwerts nach §§ 54 bis 60 JN). **Auch alle nicht vermögensrechtlichen Ansprüche,** soweit sie **nicht** durch § 49 JN **vor** die **BG verwiesen** sind, fallen nach dem Wortlaut des § 50 JN in die sachliche Zuständigkeit der **GH 1. Instanz.**

Streitigkeiten mit einem 130.000 S nicht übersteigenden Streitwert und Rechtsstreitigkeiten, die in § 49 Abs 2 Z 1 bis 8 JN aufgezählt sind, gehören nicht vor die allgemeinen GH 1. Instanz. **4**

B. Eigenzuständigkeit

1. Allgemeines

Seit dem 1. 1. 1987 sind in § 50 JN keine **Eigenzuständigkeiten** des GH 1. Instanz mehr geregelt; solche finden sich nur noch in **Sonderbestimmungen** (§ 79 JN, § 9 Abs 1 AHG, § 9 Abs 3 PolBEG, § 8 Abs 1 StEG, § 192 Abs 1 FinStrG, § 29 Abs 1 DSG, § 22 Abs 1 AtomHG 1999, § 125 Abs 1 BVergG, § 28 Abs 1 NÖ VergG, § 118 Abs 1 Stmk VergG, § 109 Wr LVergG, § 67 OÖ VergG, § 25 Abs 6 Tir VergG, § 107 Abs 1 Bgld VergG, § 14 Abs 1 Sbg LVergG, § 18 Vlbg LVergG, §§ 111, 178 KO, §§ 72 und 77 AO). **5**

Die Differenzierung zwischen LG und KG ist mit 1. 3. 1993 durch die Umbenennung der KG in LG (BGBl 1993/91) weggefallen. **6**

2. Die Eigenzuständigkeiten im einzelnen

a) Eigenzuständigkeit für Klagen von Richtern und gegen Richter (§ 79 JN, Art XIV EGJN)

Näheres s § 79 JN Rz 1 ff. **7**

b) Eigenzuständigkeit für Amtshaftungsklagen gegen den Rechtsträger (§ 9 Abs 1 AHG)

Näheres s § 92 a JN Rz 16. **8**

c) Eigenzuständigkeit für Ersatzansprüche nach dem Polizeibefugnis – Entschädigungsgesetz (§ 9 Abs 3 Satz 1 PolBEG)

Für die gerichtlichen Verfahren sind §§ 9, 10, 12 Abs 1, §§ 13 und 14 AHG anzuwenden. **9**

d) Eigenzuständigkeit für Ersatzansprüche nach dem Strafrechtlichen Entschädigungsgesetz (§ 8 Abs 1 StEG)

Näheres s § 92 a JN Rz 16. **10**

e) Eigenzuständigkeit für Ersatzansprüche nach dem Finanzstrafgesetz (§ 192 Abs 1 FinStrG)

Zur Entscheidung über Rechtsstreitigkeiten, die einen Entschädigungsanspruch betreffen, ist das mit der Ausübung der Gerichtsbarkeit in bürgerlichen Rechtssachen betraute **LG** ausschließlich zuständig, **in dessen Sprengel der einen Entschädigungsanspruch bewirkende Freiheitsentzug oder Verfallsausspruch erfolgt ist**. Ist eine örtliche Zuständigkeit im Inland nicht begründet, so ist das LGZ Wien zuständig (*Obauer,* Finanzprokuratur-FS 210). **11**

f) Eigenzuständigkeit für Klagen nach dem Datenschutzgesetz (§ 32 Abs 4 DSG 2000)

12 Für Klagen und Anträge auf Erlassung einer einstweiligen Verfügung nach diesem Bundesgesetz ist in erster Instanz das mit der Ausübung der Gerichtsbarkeit in bürgerlichen Rechtssachen betraute **LG** zuständig, **in dessen Sprengel der Betroffene seinen gewöhnlichen Aufenthalt oder Sitz hat**. Klagen des Betroffenen können aber auch bei dem LG erhoben werden, in dessen Sprengel der Auftraggeber oder der Dienstleister seinen gewöhnlichen Aufenthalt oder Sitz hat. Näheres s bei *Mayer-Schönberger/Brandl,* Datenschutzgesetz 2000 (1999) zu § 32 DSG.

g) Eigenzuständigkeit für Klagen wegen Schäden durch ionisierende Strahlung (§ 22 AtomHG 1999)

13 Für Klagen und Anträge auf Erlassung einstweiliger Verfügungen, die auf Grund des AtomHG 1999 oder anderer gesetzlicher Vorschriften wegen Schäden durch ionisierende Strahlung eingebracht werden, ist der GH 1. Instanz zuständig. Gleiches gilt auch für Klagen und Anträge auf Erlassung einstweiliger Verfügungen, mit denen der Ersatz der Kosten von Vorbeugemaßnahmen geltend gemacht wird (§ 22 Abs 1 AtomHG 1999).

Nach § 22 Abs 2 AtomHG 1999 ist für die im Abs 1 genannten Klagen und Anträge auch der GH 1. Instanz örtlich zuständig, in dessen Sprengel der Schaden verursacht oder eingetreten ist oder die Vorbeugemaßnahmen durchgeführt worden sind.

h) Eigenzuständigkeit für Schadenersatzklagen nach dem Bundesvergabegesetz (§ 125 Abs 1 BVergG) und den Landesvergabegesetzen

14 Zur Entscheidung über Ansprüche gem §§ 122 und 123 BVergG ist ohne Rücksicht auf den Streitwert in erster Instanz der mit der Ausübung der allgemeinen Gerichtsbarkeit in bürgerlichen Rechtssachen betraute **GH 1. Instanz** ausschließlich zuständig, **in dessen Sprengel der Auftraggeber seinen Wohnsitz oder gewöhnlichen Aufenthalt hat.** Fehlt im Inland ein solcher Gerichtsstand, so ist das LGZ Wien zuständig.

Eigenzuständigkeiten von GH 1. Instanz enthalten auch § 28 Abs 1 NÖ VergG, § 118 Abs 1 Stmk VergG, § 109 Wr LVergG, § 67 OÖ VergG, § 25 Abs 6 Tir VergG, § 107 Abs 1 Bgld VergG, § 14 Abs 1 Sbg LVergG und § 18 Vlbg LVergG. Näheres s Vor §§ 76 bis 84 JN Rz 8.

i) Eigenzuständigkeit des Konkursgerichtes für Klagen wegen bestrittener Forderungen (§ 111 Abs 1 KO)

15 Zur Verhandlung und Entscheidung über die Richtigkeit und die Rangordnung von Konkursforderungen ist ausschließlich das **Konkursgericht** zuständig. Dies gilt nicht für Arbeitsrechtssachen nach § 50 ASGG.

Nach § 63 KO ist für das Konkursverfahren der **GH 1. Instanz (Konkursgericht)** zuständig, in dessen Sprengel der **Gemeinschuldner sein Unternehmen betreibt oder** mangels eines solchen **seinen gewöhnlichen Aufenthalt** hat. Betreibt der Gemeinschuldner kein Unternehmen und hat er im Inland keinen gewöhnlichen Aufenthalt, so ist der GH 1. Instanz zuständig, in dessen Sprengel sich eine **Niederlassung,** mangels einer solchen **Vermögen** des Gemeinschuldners befindet. Sind mehrere Gerichte zuständig, so entscheidet das Zuvorkommen. Im Bereich des LGZ Wien ist gem § 64 KO das HG Wien Konkursgericht.

j) Eigenzuständigkeit des Konkurs- bzw Ausgleichsgerichtes für Klagen nach § 178 KO bzw § 77 AO

Vor das **Konkurs- bzw Ausgleichsgericht** können gebracht werden: 16
- Klagen über Ansprüche auf Aussonderung und Absonderung;
- Klagen über Masseforderungen;
- Klagen über Ansprüche aus pflichtwidrigem Verhalten eines Masse- bzw Ausgleichsverwalters, eines Mitgliedes des Gläubigerausschusses bzw Gläubigerbeirats, eines Sachverständigen und eines Sachwalters, gleichviel ob das Konkursverfahren noch anhängig ist oder nicht;
- Klagen über Ansprüche aus Erklärungen Dritter, mit denen diese die Haftung für Nachteile übernommen haben, die Konkursgläubigern aus dem Unterbleiben der Schließung des Unternehmens erwachsen können.

Nach § 1 AO iVm § 63 KO ist Ausgleichsgericht das für die Konkurseröffnung zuständige Gericht. Im Bereich des LGZ Wien ist daher gem § 64 KO das HG Wien Ausgleichsgericht.

k) Eigenzuständigkeit des Ausgleichsgerichtes nach § 72 AO

Klagen über Ansprüche wegen Sonderbegünstigungen (§ 47 AO) oder Klagen wegen Ansprüchen auf Bezahlung des Ausfalles oder auf Unwirksamerklärung der sonst gewährten Begünstigungen wegen Unwirksamerklärung des Ausgleiches (§ 71 AO) gehören gem § 72 AO vor das **Ausgleichsgericht.** 17

III. Zuständigkeitsbereich der GH 1. Instanz als Arbeits- und Sozialgerichte

Die LG bzw das ASG Wien sind als Arbeits- und Sozialgerichte für **Arbeits- und Sozialrechtssachen** zuständig. 18

Ferner ist das Arbeits- und Sozialgericht für Regreßklagen des Rechtsträgers gegen das schuldtragende Organ (§ 9 Abs 3 AHG) und für Ersatzklagen nach dem OrgHG (§ 8 Abs 1 OrgHG) zuständig. 19

A. Die Zuständigkeit der Arbeits- und Sozialgerichte in Arbeitsrechtssachen (§ 50 ASGG)

§ 50 ASGG lautet:

„(1) Arbeitsrechtssachen sind bürgerliche Rechtsstreitigkeiten 20

1. zwischen Arbeitgebern und Arbeitnehmern im Zusammenhang mit dem Arbeitsverhältnis oder mit dessen Anbahnung;
2. zwischen Arbeitgebern oder Arbeitnehmern und Mitgliedern der Organe der Arbeitnehmerschaft im Zusammenhang mit deren Organtätigkeit sowie zwischen Arbeitgebern oder Arbeitnehmern und dem Betriebsratsfonds, soweit es sich nicht um Rechtsstreitigkeiten nach Abs. 2 handelt;
3. zwischen Arbeitnehmern im Zusammenhang mit der gemeinsamen Arbeit;
4. zwischen juristischen Personen, die zur Gewährung von Ruhegenüssen, Versorgungsgenüssen oder ähnlichen einem früheren Arbeitsverhältnis entspringenden Leistungen errichtet und keine Sozialversicherungsträger sind, und Personen, die solche Leistungen beanspruchen;
5. über Ansprüche nach dem Bauarbeiter-Urlaubsgesetz 1972, BGBl. Nr. 414, zwischen der Urlaubskasse und Arbeitgebern oder Arbeitnehmern mit Ausnahme des im § 25 des Bauarbeiter-Urlaubsgesetzes 1972 geregelten Verfahrens;

5a. über Ansprüche nach dem Bauarbeiter-Schlechtwetterentschädigungsgesetz, BGBl. Nr. 129/1957, in der jeweils geltenden Fassung, zwischen der Urlaubs- und Abfertigungskasse und Arbeitgebern;

6. über Ansprüche gegen die Gehaltskasse auf Zahlung der nach dem Gehaltskassengesetz 1959, BGBl. Nr. 254, gebührenden Bezüge.

(2) Ferner sind Arbeitsrechtssachen Streitigkeiten über Rechte oder Rechtsverhältnisse, die sich aus dem II. oder V. Teil des Arbeitsverfassungsgesetzes, BGBl. Nr. 22/1974, (betriebsverfassungsrechtliche Streitigkeiten) oder aus gleichartigen bundesrechtlichen Bestimmungen ergeben."

B. Die Zuständigkeit der Arbeits- und Sozialgerichte in Sozialrechtssachen (§ 65 ASGG)

§ 65 ASGG lautet:

21 „(1) Sozialrechtssachen sind Rechtsstreitigkeiten über

1. den Bestand, den Umfang oder das Ruhen eines Anspruchs auf Versicherungs- oder Pflegegeldleistungen, soweit hiebei nicht die Versicherungszugehörigkeit, die Versicherungszuständigkeit, die Leistungszugehörigkeit oder die Leistungszuständigkeit in Frage stehen (§ 354 Z 1 ASVG, § 194 GSVG, § 182 BSVG, § 65 NVG 1972, § 129 B-KUVG, § 84 StVG beziehungsweise §§ 4 Abs. 2, 43 und 44 BPGG);

2. die Pflicht zum Rückersatz einer zu Unrecht empfangenen Versicherungsleistung oder eines zu Unrecht empfangenen Pflegegeldes (§ 354 Z 2 ASVG, § 194 GSVG, § 182 BSVG, § 65 NVG 1972, § 129 B-KUVG, § 84 StVG beziehungsweise § 11 Abs. 3 zweiter Halbsatz und Abs. 4 BPGG sowie Z 6 bis 8 und §§ 89 und 91);

3. Ersatzansprüche der Träger der Sozialhilfe (§ 354 Z 3 ASVG, § 194 GSVG, § 182 BSVG, § 65 NVG 1972, § 129 B-KUVG, §§ 13 und 14 BPGG);

4. den Bestand von Versicherungszeiten der Pensionsversicherung (§§ 247, 247a ASVG, §§ 117a, 117b GSVG, §§ 108a, 108b BSVG, §§ 46a, 46b NVG 1972), soweit diese Rechtsstreitigkeiten nicht Teil einer Rechtsstreitigkeit nach Z 1 sind (§ 354 Z 4 ASVG, § 194 GSVG, § 182 BSVG, § 65 NVG 1972, § 129 B-KUVG);

5. die Kostenersatzpflicht eines Versicherungsträgers beziehungsweise eines Versicherten in einem Verfahren in Leistungssachen (§ 359 Abs. 2, 4 und 5 ASVG, § 194 GSVG, § 182 BSVG, § 65 NVG 1972, § 129 B-KUVG, § 84 StVG, § 30 BPGG, Z 6 bis 8);

6. Ansprüche auf Sonderunterstützung nach dem Sonderunterstützungsgesetz, BGBl. Nr. 642/1973;

7. Ansprüche auf Insolvenz-Ausfallgeld oder einen Vorschuß auf dieses nach dem Insolvenz-Entgeltsicherungsgesetz, BGBl. Nr. 324/1977;

8. Ansprüche auf Sonderruhegeld nach dem Nachtschwerarbeitsgesetz (NSchG), BGBl. Nr. 473/1992, auf Karenzgeld, auf Teilzeitbeihilfe, auf Zuschuß zum Karenzgeld oder zur Teilzeitbeihilfe und auf Wiedereinstellungsbeihilfe nach dem Karenzgeldgesetz, BGBl. I Nr. 47/1997, und auf Teilzeitbeihilfe nach dem Betriebshilfegesetz (BHG), BGBl. Nr. 359/1982.

(2) Unter den Abs. 1 fallen auch Klagen auf Feststellung. Als Feststellung eines Rechtsverhältnisses oder Rechts gilt auch diejenige, daß eine Gesundheitsstörung Folge eines Arbeits(Dienst)unfalls oder einer Berufskrankheit ist (§ 367 Abs. 1 ASVG)."

Näheres s bei *Fink*, ASGG 127 ff, 154 ff; *Kuderna*, ASGG², 229 ff, 426 ff; *Wresounig*, ASGG 114 ff, 147 ff.

Handelsgerichte

§ 51. (1) Vor die selbständigen Handelsgerichte gehören, falls der Streitgegenstand an Geld oder Geldeswert den Betrag von 130000 S übersteigt:

1. Streitigkeiten aus Handelsgeschäften, wenn die Klage gegen einen Kaufmann, eine Handelsgesellschaft oder eine registrierte Genossenschaft gerichtet ist und das Geschäft auf seiten des Beklagten ein Handelsgeschäft ist;

2. Streitigkeiten, die aus den Berufsgeschäften von Handelsmaklern (Sensalen), Wägern, Messern und anderen Personen, die zur Vornahme und Bestätigung solcher Geschäfte im Handelsverkehr bestellt sind, entstehen, wenn diese Streitigkeiten zwischen ihnen und ihren Auftraggebern geführt werden;

3. Streitigkeiten aus den Rechtsverhältnissen der Kaufleute mit ihren Prokuristen, Handlungsbevollmächtigten und Handlungsgehilfen, ferner aus den Rechtsverhältnissen aller dieser Personen zu Dritten, denen sie sich im Gewerbe des Arbeitgebers verantwortlich gemacht haben, und aus den Rechtsverhältnissen zwischen Dritten und solchen Personen, die wegen mangelnder Prokura oder Handlungsvollmacht haften, soweit es sich nicht um eine Arbeitsrechtssache (§ 50 Abs. 1 ASGG) handelt;

4. Streitigkeiten aus der Veräußerung eines Handelsgewerbes zwischen den Vertragsteilen;

5. Streitigkeiten über das Recht der Verwendung einer Handelsfirma und die sich aus diesem Recht ergebenden Streitigkeiten;

6. Streitigkeiten aus dem Rechtsverhältnis zwischen den Mitgliedern einer Handelsgesellschaft oder zwischen dieser und ihren Mitgliedern, zwischen den Mitgliedern der Verwaltung und den Liquidatoren der Gesellschaft und der Gesellschaft oder deren Mitgliedern, zwischen dem stillen Gesellschafter und dem Inhaber des Handelsgewerbes, zwischen den Teilnehmern einer Vereinigung zu einzelnen Handelsgeschäften für gemeinschaftliche Rechnung sowie Streitigkeiten aus Rechtsverhältnissen aller dieser Personen zu Dritten, denen sie sich in dieser Eigenschaft verantwortlich gemacht haben, und zwar in allen diesen Fällen sowohl während des Bestandes als auch nach der Auflösung des gesellschaftlichen Verhältnisses, sofern es sich nicht um eine Arbeitsrechtssache (§ 50 Abs. 1 ASGG) handelt;

7. sonstige Streitigkeiten nach dem Aktiengesetz und dem Gesetz über Gesellschaften mit beschränkter Haftung;

8. Streitigkeiten aus Wechselgeschäften und aus scheckrechtlichen Rückgriffsansprüchen;

8a. Streitigkeiten nach dem Produkthaftungsgesetz;

8b. Streitigkeiten nach dem § 1330 ABGB wegen einer Veröffentlichung in einem Medium (§ 1 Abs. 1 Z 1 Mediengesetz).

(2) Ohne Rücksicht auf den Wert des Streitgegenstandes gehören vor die Handelsgerichte:

9. Streitigkeiten aus den Rechtsverhältnissen, die sich auf den Schutz und den Gebrauch von Erfindungen, Mustern, Modellen und Marken beziehen, insoweit hiefür nicht andere gesetzliche Vorschriften bestehen;

10. Streitigkeiten wegen unlauteren Wettbewerbs – sofern es sich nicht um Arbeitsrechtssachen (§ 50 Abs. 1 ASGG) handelt –, nach dem Urheberrechtsgesetz und nach den §§ 28 bis 30 des Konsumentenschutzgesetzes;

11. Streitigkeiten, die sich auf die Seeschiffe und Seefahrt beziehen, sowie aus allen sonstigen Rechtsverhältnissen, die nach dem Privatseerecht oder dem Recht der Binnenschiffahrt zu beurteilen sind, sofern nicht die Bestimmungen des § 49 Z 5–7 zur Anwendung kommen oder hiefür andere gesetzliche Vorschriften bestehen.

(3) Wo ein selbständiges Handelsgericht nicht besteht, wird die Gerichtsbarkeit in allen vorgenannten Rechtsstreitigkeiten durch die Handelssenate der Landesgerichte ausgeübt.

Abs 1 Z 3, 6 und Abs 2 Z 10 unter Bedachtnahme auf § 100 ASGG; Abs 1 und 2 idF StGBl 1945/188; Wertgrenze zgd Art VI Z 10 WGN 1997 BGBl I 1997/140; Abs 1 Z 6 bis 8 idF der ZVN 1983 BGBl 135; Abs 1 Z 8a und 8b eingefügt durch BGBl 1992/756; Abs 2 Z 10 idF ZVN 1983 BGBl 135; Abs 3 idF ZVN 1983 BGBl 135 und BGBl 1993/91

Lit: *Burgstaller*, Einstweilige Verfügungen der Arbeitsgerichte nach EO und UWG, DRdA 1981, 286; *Fasching*, Die Zuständigkeit der Gerichte für Klagen der Verwertungsgesellschaften auf Zahlung von Aufführungsentgelten, ÖBl 1983, 100; *Demelius*, Das kaufmännische Nachlaßverfahren in Österreich (1931); *v Godin/Ratz*, Kommentar zum Handelsgesetzbuch III[2] (1963); *Gaeta*, Gerichtliche Zuständigkeiten in streitigen Seeschiffahrtssachen, ZVR 1992, 356; *Griehsler*, Form und Zuordnung gesellschaftsrechtlicher Vertretungshandlungen im Handelsrecht, GesRZ 1973, 36; *Hannak*, Die Kaufmannseigenschaft nach österreichischem und deutschem Recht, JBl 1967, 337; *Hueck*, Das Recht der offenen Handelsgesellschaft[4] (1971); *Kissel*, Gerichtsverfassungsgesetz[2] (1994); *Kreimel*, Der Kaufmann; Tatsache und/oder Rechtsbegriff? WR 1993/30, 13; *Krejci*, Erwerbsgesellschaftsgesetz idF des Firmenbuchgesetzes (1991); *ders*, Grundfragen zum Geltungsbereich des 1. Hauptstückes des KSchG, in *Krejci*, Handbuch zum KSchG (1981) 209; *Kühne/Straube*, Die bürgerlich-rechtliche Gesellschaft[3] (1990); *Lindacher*, Gesamthandschuld, Gesamthänderschuld und akzessorische Gesellschafterindividualschuld, GesRZ 1981, 61; *Posch*, Das Produkthaftungsgesetz in der Praxis, WBl 1993, 101; *Schalich*, Überblick über die Zivilverfahrensnovelle 1983, ÖJZ 1983, 253, 287; *Schlegelberger*, Handelsgesetzbuch I[5] (1973), IV[5] (1976); *K. Schmidt*, Gesellschaftsrecht[3] (1997); *ders*, Handelsrecht[4] (1994); *ders*, Rechtsgrundlagen der Mitunternehmerschaft im Vorgründungsstadium der GmbH aus der Sicht des deutschen Rechts, GesRZ 1983, 1; *Schummer*, Zweigniederlassungen und Tochter gesellschaften ausländischer Unternehmen in Österreich, Posch-FS (1996) 347; *Sinzinger*, Die Zuständigkeit in privatrechtlichen Schiffahrtssachen, JBl 1975, 172; *Sitta*, Produkthaftung; Kausalgericht nicht zuständig – oder: Die gespaltene Zuständigkeit bei Produkthaftungsansprüchen, AnwBl 1992, 623; *Staub*, Kommentar zum Handelsgesetzbuch I[14] (1932); *Straube/Davy*, Rechtsfähigkeit oder Rechtspersönlichkeit? GesRZ 1980, 174; *Welser*, Die Beschränkung der Vertragsfreiheit beim Konsumentenschutzgeschäft, JBl 1980, 1, 72; *ders*, Zum Geltungsbereich des I. Hauptstückes, in *Krejci*, Handbuch zum Konsumentenschutzgesetz (1981) 193; *Wünsch*, Gedanken zur Kaufmannseigenschaft juristischer Personen, Kralik-FS (1986) 597; *Zedtwitz*, Handelsvertretergesetz[2] (1976).

Übersicht:

I. Allgemeines

A. Eigen- und Wertzuständigkeit

1 Die in die Handelsgerichtsbarkeit fallenden Streitigkeiten werden in § 51 JN sowie in Sondergesetzen (Näheres s Rz 153 ff) aufgezählt.

Wie bei der sachlichen Zuständigkeit der BG unterscheidet auch § 51 JN zwischen der **Wertzuständigkeit** und der Eigenzuständigkeit der HG. Die in **§ 51 Abs 1 Z 1 bis 8 b JN** bezeichneten Streitigkeiten gehören, wenn der Streitwert 130.000 S nicht übersteigt, vor die BG „in Handelssachen" bzw in Wien (für die Gemeindebezirke I bis XXIII) vor das BGHS, bei einem 130.000 S übersteigenden Streitwert hingegen vor den kausalen GH.

Für die in **§ 51 Abs 2 Z 9 bis 11 JN** genannten Angelegenheiten ist das HG hingegen unabhängig von der Höhe des Streitwertes zuständig **(Eigenzuständigkeit).**

B. Ausübung der Handelsgerichtsbarkeit

2 Die Handelsgerichtsbarkeit wird von den LG ausgeübt (Beisatz „als Handelsgericht"). Nur in Wien ist ein selbständiges HG errichtet, dessen Sprengel das Gebiet des LGZ Wien umfaßt. Näheres s Rz 157.

C. Verhältnis der Handelsgerichte zu den anderen Gerichten

1. Allgemeines

3 Die Gerichtsbarkeit in Handelssachen (Kausalgerichtsbarkeit) ist ein Zweig der Gerichtsbarkeit in bürgerlichen Rechtssachen. Es ist ein **Problem der sachlichen Zuständigkeit,** ob eine Sache **vor** die **HG oder** vor die **allgemeinen Gerichte** gehört.

2. Verhältnis zwischen den Handelsgerichten und den allgemeinen Landesgerichten

4 Das **HG** (LG als Handelsgericht bzw Handelssenat) steht **zum allgemeinen LG** (Zivilsenat) im Verhältnis der **prorogablen sachlichen Unzuständigkeit.**

Aus der Fassung des § 104 Abs 2 JN, der nur von GH erster Instanz im allgemeinen spricht, läßt sich nämlich ableiten, daß das HG durch Vereinbarung auch zur Erledigung der nach § 50 JN oder auf Grund von Sondergesetzen in die Zuständigkeit des allgemeinen LG fallenden Rechtsstreitigkeiten zuständig gemacht werden kann.

5 Umgekehrt ist auch die Vereinbarung der Zuständigkeit der allgemeinen LG für alle in § 51 JN aufgezählten oder durch Sondergesetze in die Zuständigkeit der HG verwiesenen Rechtssachen zulässig, uzw gleichgültig, ob die Handelsgerichtsbarkeit nur mit Rücksicht auf den Streitwert (§ 51 Abs 1 JN) oder ohne Rücksicht darauf (§ 51 Abs 2 JN) gegeben ist. Dh auch das allgemeine LG (Zivilsenat) steht zum HG (Kausalsenat) im Verhältnis der prorogablen sachlichen Unzuständigkeit.

Ein Verbot der Prorogation für die unter § 51 Abs 2 JN fallenden Streitigkeiten (so aber *Neumann,* Kommentar[4] I 141 unter Bezugnahme auf SZ 5/227 [1923]; aA EvBl 1965/187; ÖBl 1960, 12) wäre wenig sinnvoll, da (insb seit der ZVN 1983) die meisten in die Eigenzuständigkeit der HG fallenden Rechtssachen vom Einzelrichter (§ 7 a JN) entschieden werden, sodaß in der Überzahl der Fälle die Laiengerichtsbarkeit gar nicht wirksam wird. Außerdem entscheidet – außer in Wien, wo es ein selbständiges HG gibt – in beiden Fällen dasselbe Gericht. Darüber hinaus hängt die Frage, ob das HG bei einem 650.000 S übersteigenden Streitwert in Senatsbesetzung zu verhandeln und entscheiden hat – außer das Gesetz sieht diese wie zB in § 162 PatG zwingend vor – ausschließlich vom Willen der Parteien ab. Nur wenn eine von ihnen rechtzeitig die Senatsbesetzung beantragt, wird der fachmännische Laienrichter zugezogen. Es muß daher auch den Parteien freigestellt sein, durch Vereinbarung der Zuständigkeit des allgemeinen LG wissentlich auf die besondere Fachkenntnis des Laienrichters zu verzichten. Schließlich ist es den Parteien nicht verwehrt, für die unter § 51 Abs 2 JN fallenden Streitigkeiten sogar ein Schiedsgericht zu vereinbaren. 6

3. Verhältnis zwischen den Handelsgerichten und den Bezirksgerichten

Rechtssachen, die kraft Wertzuständigkeit (§ 51 Abs 1 Z 1 bis 8 b JN) vor das HG gehören, können durch Parteienvereinbarung vor das BGHS oder ein allgemeines BG gebracht werden. Hier liegt daher bei fälschlicher Anrufung des BG eine prorogable sachliche Unzuständigkeit vor. 7

Dagegen ist die Vereinbarung der Zuständigkeit eines BG bei Rechtssachen, die in die Eigenzuständigkeit des HG (§ 51 Abs 2 Z 9 bis 11 JN) fallen, gem § 104 Abs 2 JN ausgeschlossen. Bei fälschlicher Anrufung des (allgemeinen oder kausalen) BG liegt daher eine unprorogable sachliche Unzuständigkeit vor.

Umgekehrt ist es gem § 104 Abs 2 JN ausgeschlossen, Rechtssachen, die vor das (allgemeine oder kausale) BG gehören, durch eine Zuständigkeitsvereinbarung vor das HG zu bringen. Das HG ist in einem solchen Fall unprorogabel sachlich unzuständig. 8

4. Verhältnis zwischen den Handelsgerichten und den Arbeits- und Sozialgerichten

Vor das HG gehörige Sachen können durch Zuständigkeitsvereinbarung auch vor das ASG gebracht werden (e contrario aus § 9 ASGG), allerdings wird dann § 37 Abs 1 ASGG zur Anwendung kommen. Dagegen kann gem § 9 ASGG das HG für Arbeits- und Sozialrechtssachen nicht zuständig gemacht werden. 9

Außer zwischen dem HG Wien und dem ASG Wien bestimmt sich das Verhältnis zwischen den HG und den ASG jedoch nicht nach den Regeln über die sachliche Unzuständigkeit, sondern gem § 37 ASGG nach jenen über die unrichtige Gerichtsbesetzung. 10

II. Wertzuständigkeit des Handelsgerichtes (§ 51 Abs 1 JN)

A. Streitigkeiten aus Handelsgeschäften (§ 51 Abs 1 Z 1 JN)

1. Anwendungsvoraussetzungen

Eine Streitigkeit aus Handelsgeschäften iSd § 51 Abs 1 Z 1 JN liegt nur dann vor, wenn 11

• der **Beklagte Kaufmann,** eine **Handelsgesellschaft** oder eine **registrierte Genossenschaft** ist;

• das Geschäft **auf seiten des Beklagten** ein **Handelsgeschäft** war und

• der **Anspruch aus** einem **Handelsgeschäft abgeleitet** wird und somit in einem sachlichen Zusammenhang mit der Gewerbetätigkeit steht.

Gleichgültig ist, ob auch der andere Partner ein Kaufmann ist und ob auch für ihn das Geschäft ein Handelsgeschäft ist.

2. Beklagter muß Kaufmann, eine Handelsgesellschaft oder registrierte Genossenschaft sein

a) Kaufmann

aa) Begriff des Kaufmannes

12 **Kaufmann** ist gem § 1 Abs 1 HGB, wer (Näheres s Rz 25 ff) **ein Handelsgewerbe iSd § 1 Abs 2 HGB betreibt („Kaufleute kraft Handelsgewerbe", „natürliche Kaufleute", „Mußkaufleute").**

Als Handelsgewerbe gilt jeder Gewerbebetrieb, der eine der folgenden in § 1 Abs 2 HGB aufgezählten Arten von Geschäften **(„Grundhandelsgewerbe")** zum Gegenstand hat:

• die **Anschaffung und Weiterveräußerung von** beweglichen Sachen **(Waren) oder Wertpapieren,** ohne Unterschied, ob die Waren unverändert oder nach einer Bearbeitung oder Verarbeitung weiterveräußert werden (Z 1);

• die Übernahme der **Bearbeitung oder Verarbeitung von Waren für andere,** sofern der Betrieb **über** den **Umfang des Handwerks hinausgeht** (Z 2);

• die Übernahme von **Versicherungen gegen Prämie** (Z 3);

• die **Bankier- und Geldwechslergeschäfte** (Z 4);

• die Übernahme der **Beförderung von Gütern oder Reisenden zur See,** die Geschäfte der **Frachtführer** oder der zur **Beförderung von Personen zu Lande oder auf Binnengewässern** bestimmten Anstalten sowie die Geschäfte der **Schleppschiffahrtsunternehmer** (Z 5);

• die Geschäfte der **Kommissionäre,** der **Spediteure** oder der **Lagerhalter** (Z 6);

• die Geschäfte der **Handelsvertreter** oder der **Handelsmakler** (Z 7);

• die **Verlagsgeschäfte** sowie die sonstigen Geschäfte des **Buch- und Kunsthandels** (Z 8);

• die Geschäfte der **Druckereien,** sofern der Betrieb **über** den **Umfang des Handwerks hinausgeht** (Z 9).

Näheres s bei *Straube* in *Straube,* HGB² I 38 ff.

13 Daneben gibt es **Personen, denen die Kaufmannseigenschaft kraft Registrierung im Firmenbuch** zukommt (vgl §§ 2, 3 Abs 2, § 6 HGB). Nach § 2 HGB gilt ein gewerbliches Unternehmen, das nach Art und Umfang einen in kaufmännischer Weise eingerichteten Geschäftsbetrieb erfordert, auch wenn es kein Grundhandelsgewerbe iSd § 1 Abs 2 HGB betreibt, als Handelsgewerbe, sofern die Firma in das Firmenbuch eingetragen worden ist **(„Sollkaufmann")**. Wer ein land- oder forstwirtschaftliches Nebengewerbe betreibt, kann sich gem § 3 Abs 2 HGB in das Firmenbuch eintragen lassen, womit ihm dann Kaufmannseigenschaft zukommt **(„Kannkaufmann").**

Dagegen ist derjenige, der ausschließlich einen land- oder forstwirtschaftlichen Betrieb führt, nicht Kaufmann (§ 3 Abs 1 HGB). Näheres s bei *Straube* in *Straube,* HGB² I 60 ff.

Wenn ein Gutsbesitzer mit Viehzucht Vieh kauft, dient dies im Regelfall der Viehzucht und somit Produktionszwecken, mag er auch später einzelne Stücke wieder weiterverkaufen. Der fragliche landwirtschaftliche Nebenbetrieb ist daher kein Handelsgewerbe (LGZ Wien EvBl 1948/705).

Gewissen Handelsgesellschaften kommt die Kaufmannseigenschaft unab- 14
hängig davon zu, ob sie ein Handelsgewerbe betreiben oder nicht (**„Formkaufleute“** gem § 6 HGB). Näheres s Rz 37.

Weiters gibt es noch **Kaufleute,** bei denen der **Rechtsschein,** dh das Ver- 15
trauen auf den äußeren Tatbestand sozialtypischen Verhaltens, fehlende Merkmale der Kaufmannseigenschaft substituiert (*Straube* in *Straube,* HGB² I Vor § 1 Rz 2).

Von einem **Kaufmann nach § 5 HGB** spricht man, wenn ein unter einer 16
Firma betriebenes Gewerbe im Firmenbuch (noch) eingetragen ist, obwohl entweder von Anfang an die Voraussetzungen dazu gar nicht gegeben waren oder nachträglich die Eintragungsvoraussetzungen weggefallen sind. Denn ist die Firma im Firmenbuch eingetragen, so kann gem § 5 HGB gegenüber demjenigen, welcher sich auf die Eintragung beruft, nicht geltend gemacht werden, daß das unter der Firma betriebene Gewerbe kein Handelsgewerbe sei oder daß es zu den in § 4 Abs 1 HGB bezeichneten Betrieben (= Minderhandelsgewerben) gehöre. § 5 HGB ordnet somit an, daß der **zu Unrecht** (noch) **Eingetragene bis zur Löschung der Eintragung Vollkaufmann ist, sofern und solange er unter der eingetragenen Firma sein** (nicht vollkaufmännisches) **Gewerbe betreibt.** Der in diesem Zusammenhang häufig gebrauchte Ausdruck „Scheinkaufmann“ ist deshalb irreführend, weil § 5 HGB keine Kaufmannseigenschaft fingiert, sondern eine solche ganz einfach schafft (*Krejci*, Handelsrecht 67; *Rebhahn* in *Jabornegg,* HGB § 5 Rz 9; *Straube* in *Straube*, HGB² I § 5 Rz 2).

§ 5 HGB gilt aber nicht für alle im Firmenbuch eingetragenen Rechtsträger, sondern nur für jene, die wegen ihrer vorerst tatsächlich gegebenen oder angeblichen vollkaufmännischen Tätigkeit eingetragen werden. Somit gilt § 5 HGB **nicht für Formkaufleute, sonstige Erwerbs- und Wirtschaftsgenossenschaften, EEG und Privatstiftungen,** weil all diese Rechtsträger unabhängig vom Betrieb eines Vollhandelsgewerbes eingetragen werden (*Krejci,* Handelsrecht 67).

Von einem **„Scheinkaufmann kraft Auftretens“** spricht man dann, wenn 17
jemand wie ein Kaufmann auftritt, ohne Kaufmann zu sein. Wer – ohne, daß dies tatsächlich der Fall ist – den Anschein erweckt, Kaufmannseigenschaft zu besitzen, muß sich vom gutgläubigen Geschäftspartner wie ein Kaufmann behandeln lassen. Daher darf das geschlossene Geschäft vom Vertrauenden als Handelsgeschäft gewertet werden.

Auf den Umstand der Scheinkaufmannseigenschaft kraft Auftretens darf man sich berufen, wenn

• ein nachhaltiger **objektiver „äußerer Tatbestand“** begründet wird, der den Anschein erweckt, es trete ein Kaufmann auf.

Wie ein Vollkaufmann tritt insbesonders auf, wer ein Unternehmen (zB nach § 2 HGB) führt, das nach Art und Umfang einen kaufmännisch eingerichteten Geschäftsbetrieb erfordert, ohne im Firmenbuch eingetragen zu sein.

• der Rechtsschein **auf einem Verhalten beruht, das dem Auftretenden zurechenbar ist.**

Dh der Rechtsschein muß von ihm selbst oder einem seiner Leute, nicht von Dritten erweckt worden sein.

• **der Rechtsschein für das Verhalten des Dritten kausal** ist;

• der **Dritte schutzwürdig,** weil gutgläubig ist.

Der gute Glaube muß im Zeitpunkt des Geschäftsabschlusses vorliegen. Grobe Fahrlässigkeit zerstört den guten Glauben *(Hämmerle/Wünsch*, Handelsrecht[4] I 137; *Krejci,* Handelsrecht 74).

Die Scheinkaufmannseigenschaft ist nur für jene Geschäfte beachtlich, die während des aufrechten Scheins geschlossen werden.

18 Der **Kaufmannsbegriff des HGB** ist **eng.** Er deckt sich nicht mit den Begriffen des Wirtschaftslebens. Nicht jede kaufmännische Tätigkeit im wirtschaftlichen Sinn verleiht daher die Kaufmanneigenschaft im Rechtssinn (*Straube* in *Straube,* HGB[2] I Vor § 1 Rz 7).

Keine Kaufleute sind Vorstandsmitglieder einer AG oder einer Genossenschaft, Geschäftsführer einer GmbH *(Straube* in *Straube,* HGB[2] I Vor § 1 Rz 7; KOG GesRZ 1975, 34 [*Straberger*] = HS 9005 = ÖBl 1975, 95; GesRZ 1973, 81 [*Griehsler*]), Prokuristen, Handlungsbevollmächtigte, unselbständige Dienstnehmer, öffentliche Verwalter (*Straube* in *Straube,* HGB[2] I Vor § 1 Rz 7; OLG Wien HS 457 [1961]).

Der Kaufmannsbegriff des HGB deckt sich auch nicht mit dem weiten Begriff des Unternehmers iSd KartG (KOG GesRZ 1975, 34 [*Straberger*] = HS 9005 = ÖBl 1975, 95), KSchG (ErläutRV zum KSchG [744 BlgNR 14. GP] 16; *Krejci* in *Krejci,* Handbuch 211 f; *Mayr* in *Rechberger,* ZPO § 51 JN Rz 4; *Welser,* JBl 1980, 2; HS 12.021 = RZ 1984/59; SZ 55/157 = HS 12.020 [1982]; LGZ Wien HS 12.015 = MietSlg 34.307 [1982]) oder des UStG (*Straube* in *Straube,* HGB[2] I Vor § 1 Rz 7).

19 Als **Kaufleute** wurden eingestuft: **Weingroßhändler** (*Straube* in *Straube,* HGB[2] I § 1 Rz 34; HS 9 [1959]); **Bierbrauer** (*Straube* in *Straube,* HGB[2] I § 1 Rz 34; AC 1691 [1892]; AC 1413 [1888]); **Trafikanten** (*Mayr* in *Rechberger,* ZPO § 51 JN Rz 4; vgl *Rebhahn* in *Jabornegg,* HGB § 1 Rz 13; OLG Wien WR 366 [1988]; aA EvBl 1971/93; HS 7010 [1970]; OLG Wien NZ 1966, 152; EvBl 1964/364); **Zeitungsverschleißer** bzw Kolporteure (LGZ Wien EvBl 1950/493); **Tischler** (*Mayr* in *Rechberger,* ZPO § 51 JN Rz 4; *Straube* in *Straube,* HGB[2] I § 1 Rz 34; OLG Wien WR 78 [1984]; LGZ Wien HS 10.002 = MietSlg 32.617 [1980]; OLG Wien EvBl 1952/110; OLG Wien EvBl 1947/643); **Hafnermeister** (*Mayr* in *Rechberger,* ZPO § 51 JN Rz 4; LGZ Wien WR 597 [1993]); **Inhaber einer Bootswerft,** sofern in deren Gewerbebetrieb auch Boote angekauft und weiterverkauft werden bzw die Bootserzeugung und -reparatur mit angeschafften Materialien durchgeführt wird (*Mayr* in *Rechberger,* ZPO § 51 JN Rz 4; *Straube* in *Straube,* HGB[2] I § 1 Rz 34; SZ 56/7 = HS 14.002 [1983]); **Gastwirte,** nicht aber bloße Herbergswirte (*Mayr* in *Rechberger,* ZPO § 51 JN Rz 4; *Straube* in *Straube,* HGB[2] I § 1 Rz 34; ecolex 1994, 313 = EvBl 1994/151 = WBl 1994, 241; HS 12.016 [1982], 12.006 [1981]; SZ 50/112 = HS 10.001 [1977]; HS 7007, 7008 [1970]; JBl 1959, 374; SZ 25/94 [1952]; OLG Wien EvBl 1949/315; LGZ Wien EvBl 1948/704); **Kaffeehausbesitzer** (*Straube* in *Straube,* HGB[2] I § 1 Rz 34; ZBl 1906/101); **Diskothekeninhaber** (*Straube* in *Straube,* HGB[2] I § 1 Rz 34; HS 14.003 = RdW 1983, 107); **Fleischhauer** (*Mayr* in *Rechberger,* ZPO § 51 JN Rz 4; *Straube* in *Straube,* HGB[2] I § 1 Rz 34; OLG Wien HS 14.005 = NZ 1984, 151 = ÖZW 1985, 80); **Frachtführer** (*Mayr* in *Rechberger,* ZPO § 51 JN Rz 4; EvBl 1979/201 = HS 10.013; EvBl 1948/703); **Hoteliers** (*Straube* in *Straube,* HGB[2] I § 1 Rz 34; HS 3006/33 [1962]; LGZ Wien EvBl 1953/72); **Hotelpächter** (*Straube* in *Straube,* HGB[2] I § 1 Rz 34; HS 7 [1959]); **Pensionsinhaber** (LGZ Wien EvBl 1950/140; SZ 12/233 [1930]); **Sanatoriumsinhaber** (*Straube* in *Straube,* HGB[2] I § 1 Rz 34; AC 3026 [1911]); **Apotheker** (*Straube* in *Straube,* HGB[2] I § 1 Rz 34; AC 2170 [1900]); **Ziergärtner** (in der Regel HG Wien RZ 1956, 157); der **Betreiber eines Kinder-**

gartens, weil er sich jedenfalls auch mit der Anschaffung von Lebensmitteln und deren Weitergabe an die von ihm aufgenommenen Kinder befaßt (OLG Wien 24. 6. 1987 REDOK 11.080); der gewerbsmäßige Vermittler von Holzhandelsgeschäften bzw der **Holzhändler** (*Straube* in *Straube,* HGB² I § 1 Rz 34; HS 12.011 [1981]; HS 458 [1961]); **Möbelhändler** (*Straube* in *Straube,* HGB² I § 1 Rz 34); der **Bauunternehmer,** wenn er zusätzlich einen **Baumaterialienhandel** führt (ecolex 1994, 226 = WBl 1994, 169) oder bewegliche Sachen (Baumaterialien) anschafft, um daraus Bauwerke herzustellen, die er dann veräußert (Jud 223 = GlUNF 7415 [1915]); **Betreiber einer Tankstelle,** wenn der Betrieb über den Rahmen eines Kleinhandelsgewerbes hinausgeht (*Straube* in *Straube,* HGB² I § 1 Rz 34; EvBl 1952/199 = HS 1016); **Sparheizervertrieb durch** den **Erfinder** (*Straube* in *Straube,* HGB² I § 1 Rz 34; HS 5 = RZ 1960, 121); **Inhaber eines Plastikerzeugungsgewerbes** (*Straube* in *Straube,* HGB² I § 1 Rz 34; HS 4019 [1963]); **Verkäufer von Brausekabinen** (*Straube* in *Straube,* HGB² I § 1 Rz 34; OGH 29. 11. 1973, 13 Ob 39/73).

Die Frage, ob ein **Handelsgärtner** Kaufmann ist, ist **nach** den **Umständen des Einzelfalles** zu beurteilen. Maßgebend ist, ob der Handelsgärtner in erster Linie selbst angebaute Erzeugnisse verkauft oder ob er überwiegend Handel mit gärtnerischen Erzeugnissen betreibt, ferner, welche Produkte er anbaut (HG Wien RZ 1956, 157). 20

Eine selbständige Tätigkeit eines Werbemittlers oder Werbeberaters in Form einer **Werbeagentur kann** die **Kaufmannseigenschaft** nur **bei Vorliegen der Vorausssetzungen nach § 2 HGB** erlangen (OLG Wien 22. 1. 1986 REDOK 14.327). Unter denselben Voraussetzungen kann auch einer **Leasinggesellschaft** Kaufmannseigenschaft zukommen (NZ 1988, 141). 21

Die bloße, wenn auch gewerbsmäßige Anschaffung und Verwendung von Hilfsstoffen macht Werkunternehmer noch nicht zu Kaufleuten nach § 1 Abs 2 Z 1 HGB. Daher sind Maler und Anstreicher (*Mayr* in *Rechberger,* ZPO § 51 JN Rz 4; LGZ Wien WR 253 [1986]; HG Wien WR 252 [1986]) oder Tapezierer (*Mayr* in *Rechberger,* ZPO § 51 JN Rz 4; HG Wien WR 363 [1988]; aA *Rebhahn* in *Jabornegg,* HGB § 1 Rz 45; LGZ Wien HS 10.007 = MietSlg 30.657 [1978]) sowie Flickschuster (LGZ Wien HS 10.007 = MietSlg 30.657 [1978]) keine Kaufleute. 22

Die Übernahme der Bearbeitung oder Verarbeitung von Waren für andere begründet die Kaufmannseigenschaft nur dann, wenn der Betrieb über den Umfang des Handwerks hinausgeht (Lohnfabrikationsgeschäfte § 1 Abs 2 Z 2 HGB). Daher ist zB das Mechanikergewerbe nur dann ein (die Kaufmannseigenschaft begründendes) Grundhandelsgewerbe, wenn es nicht handwerksmäßig betrieben wird (*Mayr* in *Rechberger,* ZPO § 51 JN Rz 4; HG Wien WR 512 [1991]; JBl 1977, 543; vgl auch hinsichtlich eines Kleiderreinigungs- und Wäschereibetriebes NZ 1973, 176). Für die Beurteilung der Frage, ob der Umfang des Betriebes über jenen eines Handwerks hinausgeht, sind sowohl qualitative als auch quantitative Merkmale maßgebend (*Hannak,* JBl 1967, 337 ff; *Mayr* in *Rechberger,* ZPO § 51 JN Rz 4; SZ 62/106 = EvBl 1990/4 = RdW 1989, 363; NZ 1989, 155). 23

Keine Kaufleute sind weiters: **Bauschlosser** (*Mayr* in *Rechberger,* ZPO § 51 JN Rz 4; HG Wien WR 364 [1988]); **Garageninhaber** (*Straube* in *Straube,* HGB² I § 1 Rz 34; HG Wien RZ 1958, 88; EvBl 1952/199 = HS 1016); **Leichenbestatter** (*Straube* in *Straube,* HGB² I § 1 Rz 34; HG Wien RZ 1958, 76); **Spengler** (HG Wien RZ 1961, 122; aA *Rebhahn* in *Jabornegg,* HGB § 1 Rz 45); **Schmiede** (HG Wien RZ 1960, 142); **Steuerberater** (OLG Wien EvBl 1971/342); 24

Fliesenleger (*Mayr* in *Rechberger,* ZPO § 51 JN Rz 4; HS 12.014 [1982]); **Zimmermeister** (HS 12.014 [1982]; OLG Wien HS 8004 [1973]); **Installateure** (*Straube* in *Straube,* HGB[2] I § 1 Rz 34; HS 12.014 [1982]); **Parkettfußbodenleger** (*Straube* in *Straube,* HGB[2] I § 1 Rz 34; HS 12.014 [1982]); **reine Bauunternehmer bzw Baumeister** (*Mayr* in *Rechberger,* ZPO § 51 JN Rz 4; RdW 1994, 143; SZ 54/4 = EvBl 1982/38 = HS 12.001 = JBl 1982, 431; HS 10.005 [1978]; SZ 51/74 = HS 10.004 [1978]; OLG Wien NZ 1972, 13, siehe auch Rz 19); **(reine) Bautischler** (*Mayr* in *Rechberger,* ZPO § 51 JN Rz 4; ggt LGZ Wien HS 10.002 [1980] [krit Anm des Hrsg]; vgl auch EvBl 1994/118; LGZ Wien WR 597 [1993] und SZ 53/164 [1980]); **Gartengestalter** (*Mayr* in *Rechberger,* ZPO § 51 JN Rz 4; SZ 61/162 [1988]); **gemeinnützige Bau-, Wohn- und Siedlungsgenossenschaften** (*Rebhahn* in *Jabornegg,* HGB[2] § 1 Rz 16; OLG Wien HS 13.371 = HS 12.022 = MietSlg 34.673 [1982]; OLG Wien MietSlg 28.554 [1976]); Personen, die ein **Privatbad** betreiben (OLG Wien 13. 4. 1987 REDOK 12.584; JBl 1977, 543); **Ärzte** (OLG Wien 11. 5. 1987 REDOK 11.011); **freie Handelsvertreter** (nach *Martinek/M. Schwarz/W. Schwarz*, AngG[7], 55 ff; *Zedtwitz*, Handelsvertretergesetz[2] 15 ff; SZ 54/30 = HS 12.003 [1981]; RZ 1979/37; Arb 9400 [1975]; EvBl 1974/85; HS 6679 [1968]); **Zivilingenieure** für das Vermessungswesen (GesRZ 1989, 229 [*Thiery* 218]); **Ehevermittler** (BayObLG DNotZ 1972, 434); **Verpächter eines Handelsgewerbes** (NZ 1990, 283).

bb) Wem kann Kaufmannseigenschaft zukommen?

25 Die Kaufmannseigenschaft kann **physischen Einzelpersonen (Einzelkaufleuten), juristischen Personen** bzw **Handelsgesellschaften** (Gesamthandgemeinschaften) zukommen (*Straube* in *Straube,* HGB[2] I Vor § 1 Rz 10). Wer rechtsfähig ist, kann auch Kaufmann sein (*Straube* in *Straube,* HGB[2] I Vor § 1 Rz 10).

26 Juristische Personen können (wie natürliche Personen) unter den Voraussetzungen der §§ 1 ff HGB die Kaufmannseigenschaft erlangen (*Pisko* in *Staub/Pisko,* HBG[3] I Art 4 § 45; *Straube* in *Straube,* HGB[2] I Vor § 1 Rz 18). Die Vorgangsweise bei der Änderung und Anmeldung derselben ist in §§ 33 ff HGB näher geregelt.

Von den juristischen Personen privaten Rechts können insbesonders folgende Kaufleute sein: Kapitalgesellschaften, Vereine, Privatstiftungen oder Anstalten, große Versicherungsvereine auf Gegenseitigkeit (vgl § 63 VAG) und Sparkassen (§ 1 Abs 1 SpG).

27 Juristischen Personen des öffentlichen Rechts (Unternehmen des Bundes, eines Bundeslandes oder eines inländischen Kommunalverbandes) kann Kaufmannseigenschaft zukommen. Kaufleute und im Firmenbuch eingetragen sind insb die Österreichischen Bundesbahnen (§ 1 Abs 2 BBG [BGBl 1992/825]), der Österreichische Rundfunk (§ 1 Abs 2 RFG [BGBl 1984/379]), die Oesterreichische Nationalbank (als AG gem § 2 Abs 1 NBG [BGBl 1984/50] iVm § 6 HGB), die österreichische Postsparkasse AG (vgl BGBl 1996/742), die Print Media Austria AG (vgl StaatsdruckereiG 1996 [BGBl I 1997/1]).

Die Post ist in bezug auf die Güterbeförderung nicht Kaufmann (§ 452 HGB).

28 Hinsichtlich der Handelsgesellschaften wird auf Rz 37 ff verwiesen.

Die Gesellschafter einer Gesellschaft bürgerlichen Rechts oder einer EEG, die ein Grundhandelsgewerbe nach § 1 Abs 2 HGB **betreibt** (EvBl 1963/247 = HS 4019), sind ebenso wie die **Gesellschafter einer OHG und Komplementäre einer KG** (SZ 50/124 [1977]; RZ 1968, 175; Jud 210 = AmtlSlgNF 1559 = GlUNF 6917 [1914]) **Kaufleute.** Näheres s Rz 40.

Keine Kaufleute sind dagegen die Kommanditisten einer KG (*Koppensteiner* in *Straube*, HGB[2] I § 161 Rz 6; GesRZ 1973, 81; HS 6013 [1971]; differenzierend *Kastner/Doralt/Nowotny,* Grundriß[5], 141), stille Gesellschafter und die Gesellschafter einer AG oder GmbH.

Die Mitglieder einer **Erbengemeinschaft,** die ein kaufmännisches Unternehmen nach der Einantwortung fortführen, sind, wenn die Voraussetzungen des § 1 HGB erfüllt sind, **Kaufleute** iS dieser Bestimmung (*Hildebrandt/Steckhan* in *Schlegelberger,* HGB[5] I § 1 Rz 6; *Straube* in *Straube*, HGB[2] I Vor § 1 Rz 23). Das Abhandlungsprovisorium (*Demelius*, Nachlaßverfahren 138; *Kastner/Doralt/Nowotny*, Grundriß[5], 44, 104; *Straube* in *Straube*, HGB[2] I Vor § 1 Rz 23) wird in das Firmenbuch eingetragen (SZ 26/297 [1953]). Ein unter der Firma des Erblassers fortgeführtes Unternehmen gehört jedenfalls zum Nachlaß (*Straube* in *Straube,* HGB[2] I Vor § 1 Rz 23; SZ 23/75 [1950]). 29

Wird das Unternehmen nicht durch die Verlassenschaft, sondern durch eine andere Person fortgeführt, ist dies Dritten gegenüber nur wirksam, wenn es nach außen erkennbar hervortritt (*Straube* in *Straube,* HGB[2] I Vor § 1 Rz 23; SZ 38/161 [1965]).

cc) Beginn und Ende der Kaufmannseigenschaft

Beginn und Ende der Kaufmannseigenschaft richten sich nach der Rechtsgrundlage des Kaufmannsbegriffes: 30

Die **Kaufmannseigenschaft nach § 1 HGB beginnt** mit der **tatsächlichen Aufnahme des Handelsgewerbes** gem § 1 Abs 2 HGB, wobei schon **Vorbereitungs- oder Hilfsgeschäfte** (vgl § 343 HGB) ausreichen (*Straube* in *Straube,* HGB[2] I Vor § 1 Rz 9; SZ 39/88 [1966]). Bei den in § 1 Abs 2 Z 2 und Z 9 HGB genannten Handelsgewerben ist freilich für die Erlangung der Kaufmannseigenschaft ein bestimmter Betriebsumfang erforderlich. Ist dieser erreicht, ist die Kaufmannseigenschaft gegeben, ohne daß es einer Eintragung im Firmenbuch bedürfte.

Die Kaufmannseigenschaft nach § 1 HGB **erlischt mit** der endgültigen **Einstellung des Betriebes** oder der Veränderung der Tätigkeit in eine nichtgewerbliche (*Straube* in *Straube,* HGB[2] I Vor § 1 Rz 9), sie bleibt aber so lange erhalten als noch **Abwicklungsgeschäfte** getätigt werden (*Hämmerle/Wünsch*, Handelsrecht[3] III 22; *Hefermehl* in *Schlegelberger,* HGB[5] IV § 343 Rz 17; *Kramer* in *Straube,* HGB[2] I §§ 343, 344 Rz 12). Eine vorübergehende Einstellung des Geschäftsbetriebes läßt die Kaufmannseigenschaft unberührt, solange die Grundlagen des Handelsgewerbes noch vorhanden sind, ebensowenig beeinflußt die laufende Liquidation (SZ 43/120 [1970]) oder auch die Konkurseröffnung (*Baumbach/Hopt,* HGB[29] § 1 Anm 7; *Brüggemann* in *Staub,* HGB[4] I § 1 Rz 31; *Holzhammer,* Handelsrecht[6], 15; *Straube* in *Straube,* HGB[2] I Vor § 1 Rz 9; SZ 40/92 = HS 6014 [1967]; HS 5008 [1966]; aA *Bondi* in *Staub,* HGB[14] I § 1 Anm 25) den Bestand der Kaufmannseigenschaft. Die Kaufmannseigenschaft des Gemeinschuldners bleibt bis zur Abwicklung des Unternehmens durch den Masseverwalter bestehen (*Kramer* in *Straube,* HGB[2] I §§ 343, 344 Rz 12; SZ 40/92 = HS 6014 [1967]). 31

Die Firmenbucheintragung eines Kaufmannes nach § 1 HGB ist nur beim Betrieb eines Vollhandelsgewerbes (§ 4 HGB) vorgeschrieben, hat aber nur deklarative Bedeutung; in diesem Fall kommt auch der Löschung der Eintragung eines registrierten Vollkaufmannes keine konstitutive Wirkung zu, sie kann aber durch den mit der Firmenbucheintragung verbundenen Vertrauensschutz (§ 15 HGB) von Bedeutung sein (*Straube* in *Straube,* HGB[2] I Vor § 1 Rz 9).

32 Die in §§ 2 und 3 HGB bezeichneten Personen und Unternehmungen bzw die unter § 6 HGB fallenden Handelsgesellschaften **(= Kaufleute kraft Eintragung) verlieren** mit der **Löschung der Eintragung im Firmenbuch** ihre **Kaufmannseigenschaft,** sofern sie nicht als Scheinkaufleute kraft eigenen Verhaltens bezeichnet werden können (*Kramer* in *Straube,* HGB² I §§ 343, 344 Rz 12). Ist das Gewerbe zwar eingestellt, die Löschung aber noch nicht eingetragen und bekannt gemacht, so gelten sie gutgläubigen Dritten gegenüber gem § 15 Abs 1 HGB als Kaufleute (*Kramer* in *Straube,* HGB² I §§ 343, 344 Rz 12).

dd) Nachweis der Kaufmannseigenschaft

33 Um die Kaufmannseigenschaft einer Partei annehmen zu können, muß feststehen, daß sie ein Grundhandelsgewerbe betreibt oder sie muß in den Fällen der Kaufmannseigenschaft nach §§ 2, 3, 5 und 6 HGB im Firmenbuch eingetragen sein. Der Kläger muß daher zur Begründung der handelsgerichtlichen Zuständigkeit in der Klage behaupten und im Bestreitungsfall beweisen, daß der Beklagte ein Grundhandelsgewerbe betreibt oder daß er nach §§ 2, 3, 5 oder 6 HGB im Firmenbuch eingetragen ist.

34 Die im Rubrum der Klage angeführte Bezeichnung „Kaufmann (Geschäftsfrau)" allein reicht allerdings zur Begründung der Kausalgerichtsbarkeit nicht aus (*Mayr* in *Rechberger,* ZPO § 51 JN Rz 4; HG Wien WR 512 [1991]; OLG Wien 22. 1. 1986 REDOK 14.327; OLG Wien 17. 7. 1985 REDOK 1523; OLG Wien 28. 3. 1985 REDOK 1415; OLG Wien HS 13.370 [1982]; HS 9010 = JBl 1977, 543). Eine derartige Bezeichnung ist als rechtliche Qualifikation anzusehen und rechtfertigt nicht die Annahme, daß der so Bezeichnete Kaufmann iSd HGB und seine Geschäfte daher im Zweifel als zum Betrieb seines Handelsgewerbes gehörig anzusehen seien (OLG Wien 13. 4. 1987 REDOK 12.584). Die klagende Partei könnte nämlich solchermaßen die dem Gericht aufgetragene Prüfung der Prozeßvorausetzungen, hier der sachlichen Zuständigkeit der allgemeinen Gerichte oder der HG dadurch vereiteln, daß sie die verba legalia in die Berufsbezeichnung der beklagten Partei aufnimmt. Das Sachvorbringen ist ebenfalls zur Beurteilung der Zuständigkeit heranzuziehen, weil es einen Teil der Klagsschrift darstellt (OLG Wien 13. 4. 1987 REDOK 12.584).

35 Lassen die Klagsangaben eine verläßliche Beurteilung der Zuständigkeit nicht zu, ist die Klage zurückzuweisen (*Kreimel,* WR 1993 H 30, 13; LG Wien WR 512 [1991]; HG Wien WR 364 [1988]; nach *Fasching,* Lehrbuch² Rz 1051, *Mayr* in *Rechberger,* ZPO § 51 JN Rz 4 sowie OLG Wien 23. 2. 1987 REDOK 10.928; LGZ Wien 28. 3. 1985 REDOK 1415 ist dagegen ein Verbesserungsverfahren nach §§ 84 f ZPO einzuleiten).

36 Die **Kaufmannseigenschaft des Beklagten** muß – wegen des Grundsatzes der perpetuatio fori – (bloß) **im Zeitpunkt der Klagseinbringung** gegeben sein (*Mayr* in *Rechberger,* ZPO § 51 JN Rz 4; HG Wien RZ 1956, 156).

b) Handelsgesellschaften

37 **Handelsgesellschaften** sind – sofern sie Träger von Rechten und Pflichten sein können (*Lindacher*, GesRZ 1981, 61; *Straube/Davy,* GesRZ 1980, 174 ff) – Kaufleute, **wenn sie ein Handelsgewerbe** iSd § 1 HGB **betreiben oder** ein **Unternehmen iSd §§ 2 oder 3 HGB vorliegt** (vgl § 4 Abs 2 HGB) **oder auf Grund ihrer Rechtsform** Kaufmannseigenschaft besitzen (§ 6 Abs 2 HGB).

Zu den **Handelsgesellschaften,** denen auf Grund des **Betriebes eines Handelsgewerbes Kaufmannseigenschaft** zukommt, zählen **OHG und KG ein-**

schließlich der Mischtypen. Kaufleute kraft Rechtsform sind **AG** (vgl § 3 AktG), **GmbH** (vgl § 61 Abs 3 GmbHG), **Sparkassen** (§ 1 Abs 2 SpG, § 2 Z 10 FBG), **große Versicherungsvereine auf Gegenseitigkeit** (§ 27 iVm § 63 Abs 1 VAG, § 2 Z 9 FBG).

Der **EWIV** (Europäische wirtschaftliche Interessenvereinigung) kommt kraft ausdrücklicher gesetzlicher Anordnung **Kaufmannseigenschaft** zu (§ 1 EWIVG [BGBl 1995/521]).

Keine Kaufmannseigenschaft besitzen dagegen die **Gesellschaft bürgerlichen Rechts** (§§ 1175 ff ABGB) mangels Rechtsträgereigenschaft (*Kühne/Straube*, Gesellschaft[3], 17; *Rebhahn* in *Jabornegg,* HGB § 1 Rz 31; *Straube* in *Straube,* HGB[2] I Vor § 1 Rz 21), die **EEG** (JAB zum EGG [1260 BlgNR 17. GP] 2; *Krejci,* Erwerbsgesellschaftengesetz § 1 EGG Rz 71 ff) sowie die **stille Gesellschaft** (§§ 178 ff HGB) als Innengesellschaft (*Rebhahn* in *Jabornegg,* HGB § 1 Rz 31; *Straube* in *Straube,* HGB[2] I Vor § 1 Rz 21) und **kleine Versicherungsvereine auf Gegenseitigkeit** (§ 63 VAG). 38

Die OHG wird, wenn sie ein Handelsgewerbe nach § 1 Abs 2 HGB (Mußhandelsgewerbe) betreibt, bereits mit Aufnahme des Handelsbetriebes existent, sonst erst mit der Eintragung ins Firmenbuch, während die KG und die Kapitalgesellschaften immer erst mit der Registrierung in dieser Rechtsform auftreten können. 39

Nach (noch) hA ist nicht nur die Gesellschaft (dh die OHG, KG) selbst, sondern auch **jeder** persönlich haftende **Gesellschafter Kaufmann** (*Hämmerle/Wünsch*, Handelsrecht[4] II 129; *Jabornegg* in *Jabornegg,* HGB § 105 Rz 22; *Kastner/Doralt/Nowotny*, Grundriß[5], 79 f; SZ 50/124 = HS 10.234 = ÖBl 1978, 66; HS 9122 [1974]; HS 6099 = RZ 1968, 175; EvBl 1963/247 = HS 4093; EvBl 1950/65; Jud 210 = AmtlSlgNF 1559 = GlUNF 6917; aA *Rebhahn* in *Jabornegg,* HGB § 1 Rz 30; *K. Schmidt*, Gesellschaftsrecht[3], 1358; *Torggler/Kucsko* in *Straube,* HGB[2] I § 105 Rz 2 a; vgl dazu auch *Schummer*, Posch-FS 357 ff) und zwar unabhängig davon, ob er geschäftsführungs- oder vertretungsbefugt ist (*Krejci,* Handelsrecht 45; SZ 25/7 = HS 1268 = JBl 1952, 270). 40

Die handelsgerichtliche Zuständigkeit für Klagen gegen die einzelnen Gesellschafter einer OHG bzw die Komplementäre einer KG ist dann gegeben, wenn die Gesellschafter aus Geschäften geklagt werden, die sie im Namen der Gesellschaft oder im eigenen Namen, aber im Bereich der Zugehörigkeit zur OHG bzw KG getätigt haben (*Hueck*, Handelsgesellschaft[4], 27 f; aA *Hefermehl* in *Schlegelberger,* HGB[5] IV § 343 Rz 8; *Kramer* in *Straube,* HGB[2] I § 343, 344 Rz 7; offenbar auch *Krejci,* Handelsrecht 221 FN 3; BGH NJW 1960, 1852, nach deren Auffassung Gesellschafter einer OHG nur dann als Kaufleute handeln, wenn sie die Geschäfte der Gesellschaft führen und sie vertreten, nicht aber wenn sie Geschäfte mit der OHG oder ihren Mitgesellschaftern abschließen).

Für die Klagen aus Privatgeschäften eines Gesellschafters kommt § 51 Abs 1 Z 1 JN nicht zur Anwendung.

c) Registrierte Genossenschaften

Registrierte Genossenschaften nach dem GenG v 9. 4. 1873, RGBl 70 **(Erwerbs- und Wirtschaftsgenossenschaften)** sind dann als Kaufleute anzusehen, wenn sie im Einklang mit dem Genossenschaftszweck ein **Handelsgewerbe nach § 1 Abs 2, § 2 HGB betreiben** (§ 13 GenG) bzw wenn für sie nach § 24 GenG ein Aufsichtsrat bestellt werden muß (§ 1 Abs 3 GenG). 41

Werden sie geklagt und ist das Geschäft auf ihrer Seite ein Handelsgeschäft, dann ist die Zuständigkeit des HG gegeben (OLG Wien MietSlg 28.554

[1976]). Dies gilt insb für jene Genossenschaften, die gewerbsmäßig die Anschaffung und Weiterveräußerung von Waren übernehmen, so für Konsumvereine (Spr 261 = AmtlSlgNF 1730 [1916]).

3. *Vorliegen eines Handelsgeschäftes auf Beklagtenseite*

a) Allgemeines

42 **Handelsgeschäfte** sind nach § 343 Abs 1 HGB **alle Geschäfte eines Kaufmannes, die zum Betrieb seines Handelsgewerbes gehören.**

Die Frage, ob ein **Handelsgeschäft** vorliegt, hängt daher von zwei Umständen ab:

- ob das **Geschäft von einem Kaufmann getätigt** wurde und
- ob es **im Betrieb seines Handelsgewerbes** erfolgte.

Der Begriff des Handelsgeschäftes hängt somit von einem **persönlichen** und einem **sachlichen** Merkmal ab.

b) Von einem Kaufmann getätigtes Geschäft

43 Handelsgeschäfte können nur von einem Kaufmann getätigte Geschäfte sein. Zum Kaufmannsbegriff s Rz 12 ff.

Bei der **OHG und KG** muß es sich, damit ein Handelsgeschäft vorliegt, wirklich um ein **Geschäft der Gesellschaft** handeln, nicht um ein Geschäft, das der Gesellschafter für sich privat abschließt (*Kramer* in *Straube,* HGB[2] I §§ 343, 344 Rz 7; vgl dazu BGH NJW 1960, 1852). Siehe auch Rz 40.

Die **Geschäfte der Genossenschaften** sind nur dann Handelsgeschäfte, wenn sie den **Betrieb eines Handelsgewerbes** (§ 1 Abs 2, § 2 HGB) **zum Gegenstand** haben (s § 13 GenG; *Kramer* in *Straube,* HGB[2] I §§ 343, 344 Rz 7).

Auch die **Geschäfte der Scheinkaufleute** nach § 5 HGB sind Handelsgeschäfte, jene der Scheinkaufleute kraft Auftretens sind gegenüber gutgläubigen Dritten als Handelsgeschäfte zu behandeln *(Hefermehl* in *Schlegelberger,* HGB[5] IV § 343 Rz 6; *Kramer* in *Straube,* HGB[2] I §§ 343, 344 Rz 8; SZ 44/99 = HS 8018 [1971]). Der Scheinkaufmann kraft Auftretens kann sich aber nicht zu seinen Gunsten auf §§ 343 ff HGB berufen (*Hämmerle/Wünsch,* Handelsrecht[4] I 137; *Hefermehl* in *Schlegelberger,* HGB[5] IV § 343 Rz 6; *Kramer* in *Straube,* HGB[2] I §§ 343, 344 Rz 8).

44 Die Kaufmannseigenschaft muß **im Zeitpunkt der Geschäftsvornahme** gegeben sein (*Kramer* in *Straube,* HGB[2] I §§ 343, 344 Rz 11; ecolex 1992, 88 = WBl 1992, 96). Näheres zu Beginn und Ende der Kaufmannseigenschaft s Rz 30 ff; zu den sogenannten Vorbereitungsgeschäften s Rz 55.

c) Im Betrieb eines Handelsgewerbes getätigtes Geschäft

aa) Begriff des Geschäftes

45 Zu den **Geschäften eines Kaufmannes** gehören nicht nur alle ein-, zwei- oder mehrseitigen Rechtsgeschäfte (wie zB einseitige Gestaltungserklärungen, Verträge, Beschlüsse), sondern **jedes rechtlich bedeutsame Verhalten, welches einen wirtschaftlichen Inhalt oder Bezug aufweist** *(Hämmerle/Wünsch*, Handelsrecht[3] III 22; OLG Wien 11. 4. 1986 REDOK 9672), so vor allem Willensmitteilungen wie Mahnungen und Anzeigen von Mängeln (*Hefermehl* in *Schlegelberger,* HGB[5] IV § 343 Rz 11; *Ratz* in *Staub,* HGB[3] III/1 § 343 Anm 7), Raterteilungen, Auskünfte, Empfehlungen innerhalb des vorvertraglichen Verhältnisses oder einer ständigen Geschäftsverbindung (*Kramer* in *Straube,* HGB[2] I §§ 343,

344 Rz 13; *Ratz* in *Staub,* HGB[3] III/1 § 343 Anm 7). Rein deliktisches Verhalten eines Kaufmannes fällt aber keinesfalls unter den Begriff des Handelsgeschäftes (*Hefermehl* in *Schlegelberger,* HGB[5] IV § 343 Rz 13; *Kramer* in *Straube,* HGB[2] I §§ 343, 344 Rz 13; *Pisko* in *Staub/Pisko,* HGB[3] II Art 273 § 4; *Ratz* in *Staub,* HGB[3] III/1 § 343 Anm 7; *K. Schmidt,* Handelsrecht[4], 526; HS 6248 [1968]; GlUNF 2083 [1902]).

bb) Zugehörigkeit zum Betrieb eines Handelsgewerbes

Die Geschäfte eines Kaufmannes müssen, um Handelsgeschäfte zu sein, **zum Betrieb eines Handelsgewerbes** gehören. **Rein private Geschäfte** eines Kaufmannes sind daher **keine Handelsgeschäfte,** so zB wenn ein Kaufmann ein Fahrrad kauft, um damit – worüber er auch den Verkäufer informierte – ein Radrennen zu bestreiten (AC 2063 [1899]) oder wenn ein Schrank in die Privatwohnung eines Bäckermeisters eingebaut werden soll (HS 5200 [1965]) oder wenn ein Kaufmann für die Schwimmhalle seiner Villa Gobelins anschafft (OLG Wien WR 49 [1984]). Keine Privatgeschäfte sind – von besonders gelagerten Einzelfällen abgesehen – jene Geschäfte, die ein Kaufmann in dem Bereich, in dem er sein Gewerbe ausübt, tätigt (VwGH HS 9234 [1975]). **46**

Bei den **Handelsgesellschaften** (Personengesellschaften und juristischen Personen) sind **alle Geschäfte der Gesellschaft** automatisch **Handelsgeschäfte;** es fehlt bei ihnen von vornherein die Spaltung zwischen privater und geschäftlicher Sphäre (*Griehsler,* GesRZ 1973, 40; *Kramer* in *Straube,* HGB[2] I §§ 343, 344 Rz 14; *Pisko* in *Staub/Pisko,* HGB[3] II Art 274 § 3; *K. Schmidt,* Handelsrecht[4], 528; OLG Wien 20. 3. 1986 REDOK 9649; EvBl 1968/236; BGH NJW 1960, 1852; SZ 26/249 = HS 1479 [1953]), so stellt zB die Kreditgewährung durch eine GmbH ein Handelsgeschäft dar (HS 587/61 [1961]). **47**

Die **Zugehörigkeit zum Betrieb eines Handelsgewerbes** ist aus Gründen des Verkehrsschutzes nach objektiven Kriterien **(Verkehrsauffassung)** und **möglichst extensiv** zu beurteilen. **Handelsgeschäfte** sind demnach **nicht nur** die **Geschäfte, die in dem betreffenden Betrieb ständig vorkommen** und somit das Wesen des betreffenden Unternehmens ausmachen. Notwendig ist allein, daß das **Geschäft mit dem Betrieb des Handelsgewerbes in irgendeinem Zusammenhang** steht. Schon **ein mittelbarer Zusammenhang genügt, wenn** das **Geschäft nur irgendwie dem Interesse des Handelsgewerbes, der Erhaltung der Substanz oder der Erzielung von Gewinn dient** (*Hefermehl* in *Schlegelberger,* HGB[5] IV § 343 Rz 14; *Kramer* in *Straube,* HGB[2] I §§ 343, 344 Rz 15; HS 12.188 [1981]; HS 9233 [1974]). So kommt es zB immer wieder vor, daß der Kaufmann, um Forderungen zu retten oder aus ähnlichen Gründen, branchenfremde Geschäfte tätigen muß. Auch solche Geschäfte dienen dem Hauptzweck des Handelsgewerbes, nämlich dem, die Substanz zu erhalten (*Kramer* in *Straube,* HGB[2] I §§ 343, 344 Rz 15; *Welser* in *Krejci,* Handbuch 200; OLG Wien EvBl 1954/48). **Handelsgeschäfte** sind demnach nicht nur die **Hauptgeschäfte,** sondern auch die (akzessorischen) **Hilfs- und Nebengeschäfte des Kaufmanns, selbst wenn sie ungewöhnlich bzw atypisch für sein Handelsgewerbe sind** (*Kramer* in *Straube,* HGB[2] I §§ 343, 344 Rz 15; EvBl 1961/384 = HS 585; HS ErgBd/158 [1958]). **48**

Als **Handelsgeschäfte** wurden folgende Geschäfte eines Kaufmannes qualifiziert: Verkauf eines Brillantrings durch eine Lebensmittelhändlerin (HS ErgBd/158 [1958]); Arbeitsvertrag einer OHG (HS 16.154 und 16.158 [1986]); Anstellungsverträge eines Kaufmannes (HS 1482 [1956]); Bevollmächtigung eines Rechtsanwaltes durch einen Kaufmann, sofern sich die Vertretung auf Firmenangelegenheiten bezieht (SZ 22/44 = EvBl 1949/537); Verkauf von Ge- **49** schäftsinventar (EvBl 1961/384 = HS 585); Anschaffung einer Eismaschine für einen Gastwirt (HS VII/52 [1970]; HS II/51 [1961]); Kauf einer Kegelbahn durch einen Gastwirt (HS 7180 [1970]); Grundstückskäufe als Hilfs- und Nebengeschäfte eines Handelsbetriebs (*v. Godin* in *v. Godin/Ratz,* HGB[2] III § 343 Anm 17; HS 9233 [1974]); Verkauf antiquarischer Bücher durch einen Verleger und Buchhändler (VwGH HS 9234 [1975]); der Untermietvertrag über einen Büroraum (im Zweifel; LGZ Wien HS 10.547 = MietSlg 32.618 [1980]); von Versicherungsvereinen auf Gegenseitigkeit abgeschlossene Prämiengeschäfte (VersRdSch 1953, 265); Veräußerung der Geschäftseinrichtung eines Gasthauses (SZ 28/171 = EvBl 1955/363); Anschaffung eines Musik- bzw Unterhaltungsautomaten durch einen Gastwirt oder Hotelpächter (HS 133 [1959] und 270 [1960]); Kauf eines Zigarettenverkaufsautomaten durch einen Trafikanten (aA HS 3090 [1962]).

50 **Keine Handelsgeschäfte** sind dagegen: die von einer gemeinnützigen Bau- und Wohnungsgenossenschaft abgeschlossenen Rechtsgeschäfte, insb auch der Abschluß von Wohnungseigentumsverträgen, weil deren Geschäftsbetrieb nicht auf Gewinn gerichtet ist (OLG Wien HS 10.545 [1980]; OLG Wien HS 9237 = MietSlg 28.554 [1976]); der Abschluß eines Mietvertrages über eine Wohnung durch einen Kaufmann (im Zweifel; LGZ Wien HS 10.544 = MietSlg 30.659 [1978]); die Mitverpflichtung der Ehegattin eines Kaufmannes beim Handelsgeschäft ihres Mannes (HS 3092/34 [1962]).

51 Ist mit dem Hauptbetrieb, dem die Eigenschaft eines Handelsgewerbes fehlt, ein handelsrechtlicher Nebenbetrieb verbunden (zB der Verkauf von Parfümeriewaren durch einen Friseur), so sind die Geschäfte des Unternehmers Handelsgeschäfte, wenn sie auch diesem Nebenbetrieb dienen (*Kramer* in *Straube,* HGB[2] I §§ 343, 344 Rz 15; RGZ 130, 233 [1930]; SZ 11/234 [1929]).

52 Auch der Erwerb eines Gesellschaftsanteils durch einen Kaufmann (bzw seine stille Beteiligung an einer Gesellschaft) im Rahmen des Betriebes seines Handelsgewerbes ist ein Handelsgeschäft (HS 4193 = JBl 1964, 566; NZ 1956, 125).

53 Bei Gewerbetreibenden nach § 1 Abs 2 HGB, der OHG und KG (vgl § 123 Abs 2 HGB), die bereits mit dem tatsächlichen Betriebsbeginn die Kaufmannseigenschaft erlangen, werden nach hM bereits **Vorbereitungsgeschäfte** als Handelsgeschäfte qualifiziert (*Hämmerle/Wünsch*, Handelsrecht[4] I 139; *Hefermehl* in *Schlegelberger,* HGB[5] IV § 343 Rz 23; *Kramer* in *Straube,* HGB[2] I §§ 343, 344 Rz 11). Nach der Rsp (EvBl 1995/173 = ÖJZ-LSK 1995/220; ecolex 1992, 88 = WBl 1992, 96; EvBl 1974/247 = HS 9231; SZ 39/88 = HS 5199/42 [1966]) ist ein Vorbereitungsgeschäft jedoch dann kein Handelsgeschäft, wenn der Betrieb eines Handelsgewerbes zwar beabsichtigt ist, diese Absicht aber nicht zur Ausführung kommt.

54 Bei **Kaufleuten kraft Eintragung** im Firmenbuch können hingegen **Vorbereitungsgeschäfte** noch **nicht** als **Handelsgeschäfte** qualifiziert werden (*Kerschner* in *Jabornegg,* HGB § 343 Rz 29; *Kramer* in *Straube,* HGB[2] I §§ 343, 344 Rz 11). Daher ist der Abschluß eines Gesellschaftsvertrages, durch den eine OHG oder KG errichtet werden soll, wenn er nicht im Rahmen eines schon bestehenden Handelsgewerbes erfolgt, kein Handelsgeschäft, da die Kontrahenten ja noch nicht Kaufleute sein können, solange die Handelsgesellschaft nicht errichtet ist. Im Vertragsabschluß als solchem liegt noch kein Geschäftsbeginn iSd § 123 Abs 2 HGB (*Hefermehl* in *Schlegelberger,* HGB[5] IV § 343 Rz 18; *Kerschner* in *Jabornegg,* HGB § 343 Rz 29; *Kramer* in *Straube,* HGB[2] I §§ 343, 344 Rz 16; aA OLG Wien EvBl 1953/490).

Wenn aber eine vor der Eintragung einer AG oder GmbH bestehende **Vorgesellschaft** ihre Geschäftstätigkeit aufnimmt und sie ein Grundhandelsgewerbe (§ 1 Abs 2 HGB) betreibt, so ist sie als OHG zu qualifizieren, deren Geschäfte Handelsgeschäfte sind *(Hefermehl* in *Schlegelberger,* HGB[5] IV § 343 Rz 25; *K. Schmidt,* GesRZ 1983, 4). Der Erwerb eines fortzuführenden Unternehmens ist dagegen auch dann ein Handelsgeschäft, wenn der Erwerber bis dahin noch nicht Kaufmann war (*Kramer* in *Straube,* HGB[1] I §§ 343, 344 Rz 16).

Als **Vorbereitungsgeschäfte** wurden folgende vor der Inbetriebnahme des Handelsgewerbes gesetzten Handlungen anerkannt: die Errichtung eines Gebäudes namens einer Personengesellschaft (OLG Wien HS 9232 = NZ 1975, 77); die Eröffnung eines Bank- oder Sparkassenkontos (OLG Wien HS 9232 = NZ 1975, 77); die Anschaffung von Maschinen und Einrichtungen (*Kramer* in *Straube,* HGB[2] I §§ 343, 344 Rz 16; OLG Wien HS 9232 = NZ 1975, 77); der Abschluß von Arbeitsverträgen (OLG Wien HS 9232 = NZ 1975, 77); die Pachtung eines Unternehmens zum Betrieb eines Umsatzhandels (LGZ Wien HS 10.546 = MietSlg 32.159 [1980]); ein Werkvertrag eines Gastwirtes (HS 12.189 [1982]); die Aufnahme von Krediten (*Kramer* in *Straube,* HGB[2] I §§ 343, 344 Rz 16); die Anstellung von Arbeitnehmern (*Kramer* in *Straube,* HGB[2] I §§ 343, 344 Rz 16; SZ 39/88 = HS 5199/42 [1966]). 55

Dagegen ist der Kauf von zwei Kaugummiautomaten durch Praterschausteller kein vorbereitendes Handelsgeschäft (EvBl 1970/228).

Auch **Abwicklungsgeschäfte (Liquidationsgeschäfte)** sind grundsätzlich Handelsgeschäfte, so zB der Verkauf von Geschäftsinventar (SZ 43/120 = EvBl 1971/7 = RZ 1970, 202; EvBl 1961/384 = HS 585; HS ErgBd/143 [1958]; SZ 28/171 = EvBl 1955/163) und die Veräußerung des ganzen Unternehmens (*Kerschner* in *Jabornegg,* HGB § 343 Rz 34; *Hefermehl* in *Schlegelberger,* HGB[5] IV § 343 Rz 17; *Ratz* in *Staub,* HGB[3] III/1 § 343 Anm 11; HS 14.003 und 14.193 = RdW 1983, 107; HS 1485 [1952]). 56

Wenn aber jemand, der sein Geschäft veräußert und aufgehört hat, ein Handelsgewerbe zu betreiben, sich nach Jahren über eine aus dem Veräußerungsgeschäft stammende Forderung vergleicht, so liegt, weil er dadurch ja nicht wieder den Betrieb des ursprünglichen Handelsgewerbes aufnimmt, kein Handelsgeschäft vor (RG Recht 1927/2011).

Die **von** einem **Kaufmann** vorgenommenen R**echtsgeschäfte gelten im Zweifel als zum Betrieb seines Handelsgewerbes gehörig** (§ 344 Abs 1 HGB). 57

Zur **Widerlegung** der Vermutung des § 344 HGB ist der **Nachweis** erforderlich, daß das **Geschäft** nach objektiven Kriterien (dh **nach der Verkehrsauffassung)** ein **Privatgeschäft** war und daß dieser **private Charakter auch der Gegenpartei des Kaufmannes erkennbar** war *(Griehsler*, GesRZ 1973, 36; *Hefermehl* in *Schlegelberger,* HGB[5] IV § 344 Rz 11; *Holzhammer*, Handelsrecht[6] I 118; *Kramer* in *Straube,* HGB[2] I §§ 343, 344 Rz 21; *Ratz* in *Staub,* HGB[3] III/1 § 344 Anm 2ff; BGH WM 1976, 424; OLG Köln MDR 1972, 865; HS 1093 [1954]; aA *Kerschner* in *Jabornegg,* HGB § 343 Rz 9), wobei es insb darauf ankommt, ob das Geschäft der Natur nach nicht geeignet ist, dem Betrieb eines Handelsgewerbes zu dienen (OLG Wien 24. 9. 1986 REDOK 9774; HS 5200 [1966]).

Enthält daher die Klage die Behauptung, daß die Baumeisterarbeiten im Einfamilienhaus des Beklagten durchgeführt worden seien, ist hinreichend klargestellt, daß sich die Leistungen auf die Privatsphäre des als Kaufmann bezeichneten Beklagten bezogen (OLG Wien 24. 9. 1986 REDOK 9774). 58

Wird der Beklagte als Installateur bezeichnet, jedoch in der Klagserzählung auf § 13 KSchG Bezug genommen, ist kein Raum für die Vermutung des § 344

HGB und daher nicht die Kausalgerichtsbarkeit anzunehmen (OLG Wien 26. 1. 1987 REDOK 10.952).

59 Die **Vermutung** des § 344 Abs 1 HGB **braucht** nur dann **nicht widerlegt zu werden,** wenn die Sachlage **keinen Zweifel** darüber zuläßt, daß das Geschäft nicht zum Handelsgewerbe gehört (*Kramer* in *Straube,* HGB[2] I §§ 343, 344 Rz 21; BGHZ 63, 32 [1974]; HS 5200 [1966]). Durch die Unentgeltlichkeit des Geschäfts wird die gesetzliche Vermutung aber keineswegs automatisch umgestoßen (*Kramer* in *Straube,* HGB[2] I §§ 343, 344 Rz 21; *Pisko* in *Staub/Pisko,* HGB[3] II Art 273 § 11).

60 Die von einem Kaufmann gezeichneten Schuldscheine gelten, sofern sich nicht aus der Urkunde das Gegenteil ergibt, als im Betrieb des Handelsgewerbes gezeichnet (§ 344 Abs 2 HGB). Dabei ist unter Schuldschein jede eine **Schuldverpflichtung begründende oder bestätigende, vom Schuldner zum Zweck der Beweissicherung für das Bestehen der Schuld ausgestellte Urkunde** *(Griehsler,* GesRZ 1973, 36 FN 6; *Kerschner* in *Jabornegg,* HGB § 343 Rz 11; *Kramer* in *Straube,* HGB[2] I §§ 343, 344 Rz 22; *Ratz* in *Staub,* HGB[3] III/1 § 344 Anm 8; RGZ 131, 1 [1930]; RGZ 120, 85 [1928]), also auch ein **Wechsel** zu verstehen.

61 Die Vermutung kann nur durch Bezugnahme auf den Urkundeninhalt widerlegt werden. Sie ist weder dann umgestoßen, wenn der kaufmännische Aussteller des Schuldscheines nicht mit seiner Firma, sondern mit seinem von dieser verschiedenen bürgerlichen Namen gezeichnet hat (*Kramer* in *Straube,* HGB[2] I §§ 343, 344 Rz 23; RGZ 59, 213 [1904]) noch dadurch, daß der von einem Kaufmann unterzeichnete Schuldschein auch die Unterschrift seiner Ehefrau trägt (OLG Hamm MDR 1982, 498).

Freilich darf sich der Schuldscheingläubiger dann nicht auf die Vermutung des § 344 Abs 2 HGB berufen, wenn er beim Erwerb positiv gewußt hat, daß es an der Betriebsbezogenheit fehlte, auch wenn sich dies nicht aus der Urkunde selbst ergibt *(Kramer* in *Straube,* HGB[2] I §§ 343, 344 Rz 23; *Ratz* in *Staub,* HGB[3] III/1 § 344 Anm 11; *K. Schmidt,* Handelsrecht[4], 532 f; RGZ 56, 196 [1903]).

d) Handelsgeschäft auf seiten des Beklagten

62 Das Geschäft muß **auf seiten des Beklagten** ein **Handelsgeschäft** sein. Wenn in einer Klage gegen einen Kaufmann nicht ausdrücklich behauptet wird, daß dieser das ihr zugrundeliegende Geschäft außerhalb seines Betriebes als Privater tätigte, so ist sie als Klage gegen einen Kaufmann auf Grund eines auf seiner Seite gegebenen Handelsgeschäftes zu behandeln (ähnlich OLG Wien 11. 3. 1987 REDOK 10.974 für die Provisionsklage eines Realitätenvermittlers; OLG Wien 30. 4. 1986 REDOK 9664; ggt OLG Wien 7. 8. 1986 REDOK 14.639: Aus der Berufsbezeichnung [Kaufmann] einer Prozeßpartei kann nicht zwingend darauf geschlossen werden, daß ein Handelsgeschäft vorliegt). So spricht zB die maßgebliche Verkehrsauffassung dagegen, daß der Verkauf einer Eigentumswohnung (auch wenn der Eigentümer Kaufmann ist) ein Handelsgeschäft ist (OLG Wien 7. 8. 1986 REDOK 14.639).

4. Anspruch muß sich aus dem Handelsgeschäft ergeben

63 Voraussetzung für die Zuständigkeit des HG ist, daß der Anspruch **aus** dem **Handelsgeschäft selbst abgeleitet** wird und somit **in einem sachlichen Zusammenhang mit der Gewerbetätigkeit** steht (RZ 1994/79; SZ 64/82 = EvBl 1992/23; NRsp 1990/72). Das Handelsgeschäft muß **unmittelbar** die **Grundlage für die Berechtigung des Anspruches** bilden. Es muß den rechtserzeugenden Sachver-

halt darstellen, auf welchen der Kläger seinen Anspruch stützt. Ansprüche aus anderen Rechtsgründen fallen nicht unter § 51 Abs 1 Z 1 JN (RZ 1994/79; s auch für die vergleichbare deutsche Rechtslage *Kissel,* GVG[2] § 95 Rz 6).

Ein **direkter Geschäftsabschluß zwischen den Prozeßparteien ist** aber **nicht** 64
erforderlich (*Mayr* in *Rechberger,* ZPO § 51 JN Rz 5; HS 11.886 = MietSlg 29.585 [1977]). Leitet also jemand, wie zB der aus einem Vertrag zugunsten Dritter Begünstigte (iSd § 881 ABGB), aus einem Handelsgeschäft einen Rechtsanspruch ab, so ist für die Durchsetzung dieses Anspruches das HG zuständig (HG Wien WR 202 [1985]; HS 11.886 = MietSlg 29.585 [1977]). Ähnliches gilt, wenn der Anspruch, der sich aus einem Handelsgeschäft ableitet (zB durch Legalzession), auf den Kläger (zB den Transportversicherer) übergegangen ist (OLG Wien VersR 1982, 1088). Dagegen hat die Rsp (OLG Wien EvBl 1988/113; HG Wien WR 362 [1988]) bei einem Übergang des Schadenersatzanspruches des geschädigten Dritten gegen den Kfz-Halter, auch bei Nichtbezahlung der Prämie, die handelsgerichtliche Zuständigkeit mit der Begründung verneint, daß die Rückgriffsforderung nach § 158f VersVG keine Forderung aus dem Versicherungsvertragsverhältnis ist. An der Rechtsnatur des Anspruches hätte sich durch den Rechtsübergang nichts geändert (so im Ergebnis auch *Mayr* in *Rechberger,* ZPO § 51 JN Rz 5). Es bleibe daher auch die sachliche Zuständigkeit für den (auf den Versicherer übergegangenen) Anspruch des Dritten bestehen. Der geschädigte Dritte hätte den haftpflichtigen Versicherungsnehmer unmittelbar nach den Bestimmungen des bürgerlichen Rechts und nur vor den allgemeinen Gerichten in Anspruch nehmen können (HG Wien WR 362 [1988]). Die in der Nichtbezahlung der Prämie gelegene Verletzung des Versicherungsvertrages durch den Beklagten sei nur für den Forderungsübergang auf den Kläger, nicht aber für das Entstehen des Anspruches selbst von Bedeutung. Die Rsp übersieht aber bei ihrer Argumentation, daß der Versicherer keinen Regreßanspruch (in der Höhe des Schadenersatzanspruches des geschädigten Dritten) hätte, wenn der Versicherte die Prämie bezahlt hätte. Der Regreßanspruch nach § 158f VersVG basiert daher sehr wohl auf dem Versicherungsvertrag, nämlich auf dessen Nichterfüllung durch den Versicherten. Aus der Nichterfüllung eines Handelsgeschäftes resultierende Ansprüche sind jedoch vor den HG geltend zu machen (vgl Rz 70).

Dagegen fällt die vom verunglückten Fußgänger gegen ein Schneeräu- 65
mungsunternehmen wegen Nichtstreuens des Gehsteiges erhobene Klage nicht in die handelsgerichtliche Zuständigkeit, weil der verunglückte Fußgänger nicht der Vertragspartner des Unternehmers ist (OLG Wien 13. 5. 1987 REDOK 11.085).

Weiters gehören Ansprüche nach Auflösung des Geschäftes oder nach 66
Rücktritt von demselben (NRsp 1990/72; ggt OLG Wien 20. 3. 1986 REDOK 9649), wie zB die Klage auf Rückgabe der unter Eigentumsvorbehalt verkauften Sachen (LG Wien WR 77 [1984]) oder die Klage auf Zurückzahlung einer Ablöse nach Auflösung des Mietvertrages (aA OLG Wien 20. 3. 1986 REDOK 9649) ebensowenig wie Klagen auf Anfechtung eines Handelsgeschäftes nach der AnfO vor die HG, weil der Anfechtungsanspruch von der rechtlichen Eigenart der angefochtenen Rechtshandlung unabhängig ist (Spr 238 = GlUNF 6903 [1914]).

Für einen **Kondiktionsanspruch nach § 1431 ABGB** ist ebenfalls die Zu- 67
ständigkeit des **HG nicht** gegeben (*Kramer* in *Straube,* HGB[2] I §§ 343, 344 Rz 13; RZ 1994/79; OLG Wien EvBl 1952/34; GlUNF 7677 [1915]; GlUNF 7613 [1915]; aA für den Fall, daß ein Handelsgeschäft die Grundlage für die Beurteilung der Berechtigung des Anspruches bildet, *Mayr* in *Rechberger,* ZPO § 51 JN Rz 5;

OLG Wien WR 721 [1995]; OLG Wien WR 365 [1988]; OLG Wien HS 15.042/12 [1983] mwN; OGH 5 Ob 217/72). Denn Ansprüche und Verbindlichkeiten, welche von einem Erfolg herrühren, der unabhängig von einem wirklich oder anscheinend darauf gerichteten geschäftlichen Willen eingetreten ist, sind keine Ansprüche und Verbindlichkeiten aus Handelsgeschäften (*Ratz* in *Staub,* HGB³ III/1 § 343 Anm 7).

68 Mangels eines Zusammenhanges mit einem Handelsgeschäft gehört die Klage auf Zahlung von Benützungsentgelt wegen einer von Anfang an titellosen Benützung einer Liegenschaft nicht vor die HG (*Mayr* in *Rechberger,* ZPO § 51 JN Rz 5; NRsp 1990/33).

69 Die **Bestellung eines Rechtsanwaltes** durch einen Kaufmann zur rechtsfreundlichen Vertretung ist dann, wenn sich die Vertretung ausschließlich auf den Bereich seiner Privatrechtssphäre bezieht, kein Handelsgeschäft. Hat der Anwalt jedoch **in Firmen- und Betriebsangelegenheiten** vertreten, dann handelt es sich um ein **akzessorisches Handelsgeschäft.** In diesem Fall ist die Handelsgerichtsbarkeit gegeben (*Mayr* in *Rechberger,* ZPO § 51 JN Rz 5; OLG Wien 27. 5. 1987 REDOK 12.519; LGZ Wien HS 11.896 = MietSlg 32.618 [1980]; LGZ Wien HS 10.547 = MietSlg 32.618 [1980]; OLG Wien EvBl 1954/48; SZ 22/44 [1949]); dies auch dann, wenn die Kosten für die Errichtung eines Gesellschaftsvertrages begehrt werden (OLG Wien EvBl 1953/490).

70 **Schadenersatzansprüche** gegen einen Kaufmann gehören nach § 51 Abs 1 Z 1 JN nur dann vor die HG, wenn sie **aus der Erfüllung, Schlechterfüllung** (HG Wien WR 202 [1986]) oder **Nichterfüllung** (*Mayr* in *Rechberger,* ZPO § 51 JN Rz 5; RZ 1994/79; SZ 64/82 = EvBl 1992/23; NRsp 1990/72; OLG Wien WR 365 [1988]) **eines Handelsgeschäftes** abgeleitet werden. Deshalb fallen Schadenersatzansprüche wegen Kreditschädigung und Ehrenbeleidigung nach § 1330 ABGB nicht unter § 51 Abs 1 Z 1 JN (OLG Wien EvBl 1950/141), ebensowenig Entschädigungsklagen gegen einen Kaufmann wegen schuldhafter Verletzung von Urheberrechten (OLG Wien ÖBl 1954, 59; AmtlSlgNF 1097 = GlUNF 3845 [1907]). Allerdings gehören seit dem BGBl 1992/756 Streitigkeiten nach § 1330 ABGB wegen Veröffentlichung in einem Medium gem § 51 Abs 1 Z 8b JN kraft Wertzuständigkeit und seit der ZVN 1983 Streitigkeiten nach dem UrhG gem § 51 Abs 2 Z 10 JN kraft Eigenzuständigkeit vor die HG.

71 Wenn vor dem 1. 10. 1995 die Exekutionsbewilligung noch vom Titelgericht erteilt worden ist, dann sind die beim Titelgericht anhängig zu machenden exekutionsrechtlichen Streitigkeiten in Ausübung der Handelsgerichtsbarkeit zu erledigen, wenn dies auch im Titelverfahren der Fall war (*Mayr* in *Rechberger,* ZPO § 51 JN Rz 5; SZ 45/64 = EvBl 1972/322 = ÖBl 1973, 63). Da seit Inkrafttreten der EO-Nov 1995 gem § 4 EO die Exekutionsbewilligung grundsätzlich vom Exekutionsgericht erteilt wird, wird sich die Frage, ob die exekutionsrechtlichen Klagen in die allgemeine oder die Kausalgerichtsbarkeit fallen, freilich nicht mehr allzu häufig stellen.

72 Die Kausalgerichtsbarkeit besteht – neben dem Wahlgerichtsstand des Exekutionsgerichtes – auch für die **Interessenklage** nach § 368 EO, wenn das ursprüngliche Rechtsverhältnis, das vom Vertragspartner nicht oder nicht gehörig erfüllt worden ist, ein Handelsgeschäft darstellte. Die in Gestalt der Interessenklage vorgenommene Einforderung des in Geld bewerteten Interesses (Erfüllungssurrogates) ist nämlich als unmittelbare Aus- und Fortwirkung des Handelsgeschäftes zu beurteilen (*Mayr* in *Rechberger,* ZPO § 51 JN Rz 5; OLG Wien WR 139 [1985]).

Dagegen ist für Klagen über den Streit, wem von mehreren Ansprechern eine gepfändete Forderung zusteht, auch dann nicht das HG zuständig, wenn der beklagte Ansprecher Kaufmann ist. Für derartige Rechtsschutzbegehren ist vielmehr gem § 17 EO das Exekutionsgericht zuständig (*Heller/Berger/Stix*[4] III 2205; OLG Wien 22. 4. 1985 REDOK 1141; EvBl 1975/109; ggt JBl 1936, 59). 73

Fälle, in denen das Vorliegen einer **Streitigkeit aus dem Handelsgeschäft** und die handelsgerichtliche Zuständigkeit bejaht worden sind: Streitigkeiten zwischen Frachtführern und ihren Auftraggebern aus Gütertransporten (EvBl 1948/703); Klagen gegen einen Tischlermeister aus einem Werklieferungsvertrag, uzw auch dann, wenn sein Betrieb nicht über den Rahmen des Handwerksbetriebes hinausreicht, da der Werklieferungsvertrag dem Kauf gleichgestellt ist und die Veräußerung beweglicher Sachen unter gleichzeitiger Bearbeitung die Kaufmannseigenschaft nach § 1 Abs 2 Z 1 HGB begründet (OLG Wien WR 78 [1984]; OLG Wien EvBl 1952/110; OLG Wien EvBl 1947/643); Klagen gegen einen Zeitungsverschleißer oder Kolporteur (LGZ Wien EvBl 1950/493) oder Trafikanten (OLG Wien WR 366 [1988]); Klagen gegen einen Gastwirt (OLG Wien EvBl 1949/315; LGZ Wien EvBl 1948/704), einen Hotelier (LGZ Wien EvBl 1953/72) oder einen Pensionsinhaber, der auch Speisen und Getränke verabreicht (LGZ Wien EvBl 1950/140) aus Verträgen betreffend die Lieferung von Speisen und Getränken bzw Lebensmitteln oder aus der Erteilung von Aufträgen zur Instandsetzung ihres Lokales bzw der Übernachtungsräume usw an Handwerker oder andere Lieferfirmen (LGZ Wien EvBl 1950/140); Mietzinsklagen gegen einen Kaufmann aus einem Leasingvertrag über bewegliche Sachen (*Mayr* in *Rechberger,* ZPO § 51 JN Rz 4; OLG Wien WR 166 [1985]); Klagen gegen einen Immobilienmakler auf Rechnungslegung aus einem Vermittlungsauftrag (OLG Wien 11. 4. 1986 REDOK 9672); Klagen auf Schadenersatz wegen vertragswidrigen Verhaltens, wenn der Vertrag zwischen einer GmbH und einer AG abgeschlossen worden ist (OLG Wien 10. 6. 1986 REDOK 14.569). 74

B. Streitigkeiten aus den Berufsgeschäften von Handelsmaklern etc (§ 51 Abs 1 Z 2 JN)

Handelsmakler sind gem § 93 HGB jene Personen, die **gewerbsmäßig für andere Personen,** ohne von diesen auf Grund eines Vertragsverhältnisses ständig damit betraut zu sein, **die Vermittlung von Verträgen über** Anschaffung oder Veräußerung von Waren oder Wertpapieren, über Versicherungen, Güterbeförderungen (sowie über Bodmerei und Schiffsmiete) oder sonstige **Gegenstände des Handelsverkehrs übernehmen.** 75

Wesentliches Merkmal ist, daß es sich um Gegenstände des Handelsverkehrs handelt, die der Makler zu vermitteln hat. Da Liegenschaften, Wohnungen und Realkredite keine Gegenstände des Handelsverkehrs sind, fallen **Klagen von und gegen Realitätenvermittler nicht** in die **handelsgerichtliche Zuständigkeit,** so etwa wegen Provisionsforderungen aus der Vermittlung des Ankaufes eines Kaffeehauses (OLG Wien EvBl 1950/176). 76

Auch für die Streitigkeiten aus den Berufsgeschäften der **Börsesensale** ist (soweit hier nicht durch das Börsestatut die ausschließliche Zuständigkeit des Börseschiedsgerichtes festgesetzt ist) die sachliche Zuständigkeit des HG gegeben. (Zum Begriff Börsesensale s § 1 BörsesensaleG [BGBl 1949/3 idgF].) 77

Dasselbe gilt für Streitigkeiten zwischen dem **Dorotheum und den dort tätigen Sensalen,** weil Sensale in keinem Dienstverhältnis zum Dorotheum stehen und daher die Zuständigkeit des ASG nicht gegeben ist (LGZ Wien Arb 10.401 [1984]).

78 Weiters gehören Streitigkeiten zwischen **Wägern, Messern und anderen Personen, die zur Vornahme und Bestätigung dieser Geschäfte im Handelsverkehr bestellt sind,** vor die HG. Die hier genannten Personen müssen entweder berufsmäßig die Wägung, Messung und Abfertigung von Waren durchführen oder durch Handelsmakler, Börsesensale oder Börseleitungen hiezu bestellt sein.

79 **Klagen aus Handelsgeschäften gegen Handelsagenten** gehören bereits gem **§ 51 Abs 1 Z 1 JN** vor die HG, da die Handelsagenten gem § 1 Abs 2 Z 7 HGB Kaufleute sind und alle Geschäfte, die sie in ihrem Betrieb (in Ausübung ihrer Agententätigkeit) durchführen, Handelsgeschäfte sind, so insb der Auftrag an einen Handelsagenten zur Vermittlung oder zum Abschluß eines Geschäftes, selbst wenn dieses an sich kein Handelsgeschäft wäre.

C. Streitigkeiten der Kaufleute mit ihren Prokuristen, Handlungsbevollmächtigten und Handlungsgehilfen und aus den Rechtsverhältnissen dieser Personen gegen Dritte, schließlich zwischen Dritten und Scheinvertretern (§ 51 Abs 1 Z 3 JN)

1. Streitigkeiten der Kaufleute mit ihren Prokuristen

80 **Prokuristen** sind jene Personen, denen **durch** die **Prokura** die Ermächtigung bzw die **Bevollmächtigung zu allen Arten** (ausgenommen die Veräußerung und Belastung von Liegenschaften) **von** gerichtlichen und außergerichtlichen **Geschäften** erteilt wurde, **die der Betrieb eines Handelsgewerbes mit sich bringt** (§ 49 HGB).

81 Die Prokura als Formalvollmacht ist gem § 50 Abs 1 HGB im Außenverhältnis nicht beschränkbar; allfällige Beschränkungen der Vertretungsmacht binden nur im Verhältnis zwischen Kaufmann und Prokuristen. So fallen alle Streitigkeiten zwischen Kaufmann und Prokuristen wegen Überschreitung der erteilten Vertretungsbeschränkungen, wegen daraus abgeleiteter Schadenersatzansprüche oder wegen Verweigerung der Vertretungstätigkeit durch den Prokuristen grundsätzlich in die Zuständigkeit des HG, sofern der Prokurist nicht gleichzeitig Arbeitnehmer des Kaufmannes ist oder in einem arbeitnehmerähnlichen Verhältnis (§ 51 ASGG) zu diesem steht. Denn bei Vorliegen eines Arbeitsverhältnisses oder arbeitnehmerähnlichen Verhältnisses ist gem §§ 50f iVm § 3 ASGG das ASG zuständig.

2. Streitigkeiten der Kaufleute mit ihren Handlungsbevollmächtigten

82 **Handlungsbevollmächtigte** sind diejenigen Personen, die **ohne** Erteilung einer **Prokura zum Betrieb eines Handelsgewerbes** oder zur Vornahme einer bestimmten, zu einem Handelsgewerbe **gehörigen** Art von **Geschäften** oder zur Vornahme einzelner zu einem Handelsgewerbe gehöriger Geschäfte ermächtigt bzw **bevollmächtigt** sind (§ 54 HGB). Handlungsbevollmächtigte sind daher sowohl Personen, denen eine Generalhandlungsvollmacht, wie auch jene, denen eine Art- oder eine Spezialhandlungsvollmacht erteilt worden ist.

Da auch hier in den meisten Fällen ein **Arbeitsverhältnis** oder arbeitnehmerähnliches Verhältnis vorliegen wird, sind für solche Rechtsstreitigkeiten **fast immer die ASG zuständig.** Nur dann, wenn einem nicht in einem Arbeitsverhältnis (oder arbeitnehmerähnlichen Verhältnis) zum Kaufmann Stehenden – etwa auf Grund eines Werkvertrages – zur Vornahme eines bestimmten Handelsgeschäftes eine Spezialhandlungsvollmacht erteilt wurde, werden die Streitigkeiten aus ihrer Überschreitung oder über die aus der Bevollmächtigung abgeleiteten Ansprüche (so auf Ersatz der Auslagen und Bezahlung eines angemessenen Entgeltes) von den HG entschieden.

3. Streitigkeiten der Kaufleute mit ihren Handlungsgehilfen

Handlungsgehilfen (sie werden heute durch das AngG erfaßt) sind jene Personen, die im Geschäftsbetrieb eines Kaufmannes zur Leistung vorwiegend kaufmännischer Dienste angestellt sind. **83**

Da der Begriff des Handlungsgehilfen einen **Dienstvertrag** voraussetzt, sind für die zwischen Kaufleuten und ihren Handlungsgehilfen aus diesem Rechtsverhältnis entstehenden Rechtsstreitigkeiten die **ASG ausschließlich zuständig.**

Das Begehren des **Handelsvertreters** auf Buchauszug und Einsicht in die Bücher nach § 16 HVertrG 1993 (BGBl 88) ist im außerstreitigen Verfahren geltend zu machen, weshalb in diesem Fall die Zuständigkeit des HG nach § 51 Abs 1 Z 3 JN nicht gegeben ist (LGZ Wien WR 251 [1987]). **84**

4. Streitigkeiten zwischen Prokuristen etc mit Dritten, denen sie sich im Gewerbe des Arbeitgebers verantwortlich gemacht haben

Streitigkeiten zwischen Prokuristen, Handlungsbevollmächtigten und Handlungsgehilfen mit Dritten, denen sie sich im Gewerbe des Arbeitgebers verantwortlich gemacht haben, gehören vor die HG. Dies gilt sowohl für Kontrakts- als auch für Deliktsansprüche, wie zB für die Klage des Geschäftspartners gegen den Prokuristen des Partners auf Schadenersatz wegen Erteilung eines ruinösen Rates zum Geschäftsabschluß. **85**

Die Zuständigkeit der HG ist sowohl für Klagen Dritter gegen den Kaufmann wie gegen den Prokuristen usw gegeben, als auch für Ansprüche des Kaufmannes gegen den Dritten aus dem Rechtsverhältnis der Prokura usw. Nur wenn Prokuristen, Handlungsbevollmächtigte oder Handlungsgehilfen und der Dritte Arbeitnehmer desselben Kaufmannes sind, ist die Zuständigkeit des ASG für diese Ansprüche gegeben.

5. Streitigkeiten aus dem Rechtsverhältnis Dritter mit Scheinvertretern

Streitigkeiten aus dem Rechtsverhältnis Dritter mit denjenigen Personen, die wegen mangelnder Vollmacht (sowohl Prokura wie Handlungsvollmacht) haften, sind ebenfalls vor die HG zu bringen. Es handelt sich hier um Klagen gegen den Scheinvertreter (falsus procurator), die auf die Bestimmungen des Art 8 Nr 11 der 4. EVHGB gestützt sind. Auch wenn sich die Klage auf die nach bürgerlichem Recht zu beurteilende Vollmachtsüberschreitung (§ 1009 ABGB) gründet – sie ist dann denkbar, wenn das vom Scheinvertreter geschlossene Geschäft kein Handelsgeschäft war –, sind die HG zur Entscheidung berufen. **86**

D. Streitigkeiten aus der Veräußerung eines Handelsgewerbes (§ 51 Abs 1 Z 4 JN)

Auf Grund des § 51 Abs 1 Z 4 JN gehören Streitigkeiten aus der Veräußerung eines Handelsgewerbes zwischen den Vertragsteilen **auch** dann vor die HG, **wenn** das **Geschäft auf seiten des Beklagten kein Handelsgeschäft** ist **oder** wenn **auf** der **Beklagtenseite kein Kaufmann** steht. **87**

Zu derartigen Streitigkeiten zählen nicht nur Klagen auf Übergabe des Betriebes, eines Teiles hievon oder des Warenlagers, auf vollständige Vertragserfüllung, auf Bezahlung des Entgeltes, auf Rücktritt vom Vertrag, auf Gewähr- **88** leistung oder auf Schadenersatz, sondern auch jene Streitigkeiten, die aus der Übernahme der Haftung durch den Erwerber oder aus einem in den Veräußerungsvertrag aufgenommenen Konkurrenzverbot oder einer anderen Nebenverbindlichkeit entstehen.

89 Die Zuständigkeit des HG ist freilich in allen diesen Fällen auf jene Streitigkeiten beschränkt, die **unmittelbar zwischen den Vertragsteilen** (oder ihren Rechtsnachfolgern) entstehen. Klagen Dritter auf Bezahlung der Schulden des Vorbesitzers auf Grund der Haftung nach § 25 HGB fallen also nicht unter die Zuständigkeitsnorm des § 51 Abs 1 Z 4 JN.

E. Streitigkeiten über das Recht der Verwendung einer Handelsfirma und die sich aus diesem Recht ergebenden Streitigkeiten (§ 51 Abs 1 Z 5 JN)

90 Streitigkeiten über das **Recht der Verwendung einer Handelsfirma** und die sich aus diesem Recht ergebenden Streitigkeiten sind nicht nur Streitigkeiten darüber, ob eine bestimmte Firma, sondern auch, in welchem Umfang und auf welche Dauer sie geführt werden darf (vgl §§ 17 bis 37 HGB).

91 Unter § 51 Abs 1 Z 5 JN fallen **Klagen wegen Untersagung der Führung der Firma** und alle **Schadenersatzklagen wegen Firmenmißbrauches.**

Dabei macht es keinen Unterschied, ob der Unterlassungs- (Feststellungs- oder Duldungs-) Anspruch oder das Schadenersatzbegehren auf die Verletzung der gesetzlichen Vorschriften über die Firma (§§ 17 bis 37 HGB) oder auf vertragliche Vereinbarungen zwischen den Streitteilen gegründet wird.

Wird der Anspruch freilich auf § 9 UWG (Verwechslungsgefahr bei Verwendung einer Firma) gestützt, dann ist die Zuständigkeit des HG ohne Rücksicht auf den Streitwert gegeben (§ 51 Abs 2 Z 10 JN). Wenn sich allerdings der Klagsanspruch auf § 43 ABGB (Namensschutz nach bürgerlichem Recht) stützt, dann ist das HG nicht zuständig.

F. Streitigkeiten aus dem Gesellschaftsverhältnis (§ 51 Abs 1 Z 6 JN)

1. Allgemeines

92 Die Zuständigkeit des HG ist **nicht nur für Streitigkeiten während der Dauer des Gesellschaftsverhältnisses, sondern auch nach dessen Auflösung,** soferne die Verpflichtung aus dem Gesellschaftsverhältnis abgeleitet wird, gegeben (1 Ob 1669/93; OLG Wien WR 167 [1985]). Daher gehören Klagen zwischen den Gesellschaftern einer Personalgesellschaft auf Ersatz der anläßlich der Liquidation und Schuldenbezahlung über die vertragliche Quote hinausgehenden Leistung ebenso vor die HG wie Ansprüche auf Ausfolgung eines Anteiles am Liquidationserlös oder aus der Inanspruchnahme der Schuldenhaftung nach Beendigung der Gesellschaft oder Schadenersatzansprüche wegen unzulässiger Verwendung des Gesellschaftsvermögens für Privatzwecke (OLG Wien WR 167 = REDOK 1519 [1985]).

93 Geht die zuständigkeitsbegründende gesellschaftsrechtliche Position nach Gerichtsanhängigkeit verloren, bleibt zufolge des § 29 JN die Zuständigkeit des HG am Sitz der Gesellschaft dennoch erhalten (1 Ob 1669/93).

94 Für eine Klage auf Aufhebung und Rückabwicklung eines Vertrages über die entgeltliche Abtretung von Geschäftsanteilen an einer GmbH ist das HG weder nach Z 6 noch nach Z 7 zuständig, es hat hingegen das allgemeine Gericht einzuschreiten (*Mayr* in *Rechberger,* ZPO § 51 JN Rz 7; ecolex 1991, 96 = RdW 1991, 48).

2. Streitigkeiten aus dem Rechtsverhältnis zwischen den Mitgliedern einer Handelsgesellschaft oder diesen und der Gesellschaft

Die Auslegung des Begriffs **„Handelsgesellschaft"** ist – mangels gesetzlicher Begriffsbestimmung – umstritten. Jedenfalls zu den Handelsgesellschaften zählen nach hA die **Personenhandelsgesellschaften** (OHG, KG einschließlich der Mischtypen) und die **Kapitalgesellschaften** (AG, GmbH). Zu den Handelsgesellschaften sind aber auch **Sparkassen** und **(große) Versicherungsvereine auf Gegenseitigkeit** zu zählen, da diese ins Firmenbuch eingetragen werden und Kaufleute iSd HGB sind (Näheres s Rz 37) (*Straube* in *Straube,* HGB² I § 6 Rz 4; aA *Jabornegg* in *Jabornegg,* HGB Vor § 105 Rz 1). **95**

Knüpft man bei der Zuordnung einer Gesellschaft zu den Handelsgesellschaften an die Firmenbucheintragung bzw an die Kaufmannseigenschaft an, so fallen auch jene **Genossenschaften,** welchen **Kaufmannseigenschaft** zukommt (Näheres s Rz 41), unter den Begriff der Handelsgesellschaften.

Die europäische Gesellschaftsform der **EWIV** (Europäische wirtschaftliche Interessenvereinigung) ist kraft ausdrücklicher gesetzlicher Anordnung Handelsgesellschaft und Vollkaufmann iSd HGB (§ 1 Abs 2 EWIVG [BGBl 1995/521]).

Nicht zu den Handelsgesellschaften iSd HGB gehören die stille Gesellschaft, die GesBR, die EEG (OEG, KEG) sowie (kleine) Versicherungsvereine auf Gegenseitigkeit (*Straube* in *Straube,* HGB² I § 6 Rz 5).

Der Auslegung des Begriffs Handelsgesellschaft iSd § 51 Abs 1 Z 6 JN wird **96**
jedoch nach dem Zweck dieser Bestimmung nicht der enge handelsrechtliche Handelsgesellschaftsbegriff zugrunde zu legen sein. Kraft Größenschluß fallen auch die **EEG** (OEG, KEG) unter den Anwendungsbereich der Z 6, da diese selbst stille Gesellschaften und Gelegenheitsgesellschaften den Handelsgesellschaften gleichstellt.

Es werden alle Streitigkeiten zwischen den Mitgliedern einer Gesellschaft **97**
aus der vertraglichen oder gesetzlichen Regelung des Gesellschaftsverhältnisses erfaßt. Daher fallen folgende Klagen in die Zuständigkeit des HG: Klagen auf Auszahlung des Gewinnes; Klagen auf Leistung der vertraglich bedungenen Einlage (vgl GesRZ 1994, 138); Klagen auf Schadenersatz wegen Verletzung der vertraglich übernommenen Verpflichtungen; Klagen auf Schadenersatz wegen Verletzung des gesetzlich statuierten Konkurrenzverbotes; Klagen auf (sonstige) Vertragserfüllung; Klagen auf Entziehung der Vertretungs- oder Geschäftsführungsbefugnis; Klagen auf Ausschluß eines Gesellschafters; Klagen auf Übernahme der Gesellschaft ohne Liquidation; Klagen auf Einwilligung in über den normalen Rahmen der Geschäftsführung hinausgehende Geschäfte; Klagen auf Feststellung, daß ein Geschäft als nicht auf Rechnung der Gesellschaft abgeschlossen gelte, Klagen auf Anfechtung von Generalversammlungsbeschlüssen, alle aus dem GmbHG abgeleiteten Klagen; Klagen, mit denen von den Erben der Gesellschafter gegen die anderen Gesellschafter abgeleitete Ansprüche geltend gemacht werden.

Werden Schadenersatzansprüche jedoch auf einen Treuhandvertrag und des- **98**
sen schuldhafte Schlecht- bzw Nichterfüllung gestützt, liegt der Zuständigkeitstatbestand des § 51 Abs 1 Z 6 JN nicht vor (OLG Wien 5. 2. 1985 REDOK 1230).

3. Streitigkeiten zwischen den Mitgliedern der Verwaltung der Gesellschaft und der Gesellschaft

Streitigkeiten zwischen den Mitgliedern der Verwaltung der Gesellschaft **99**
und der Gesellschaft sind alle **Klagen der Gesellschaft gegen Vorstand und Auf-**

sichtsrat, der Gesellschaft **gegen ihre geschäftsführenden Gesellschafter, gegen die Geschäftsführer** uä **und** auch **umgekehrt.**

100 Handelt es sich jedoch um Gehaltsansprüche der geschäftsführenden Gesellschafter einer Personalgesellschaft gegen die Gesellschaft **auf Grund eines Arbeitsverhältnisses,** dann gehören diese ebenso wie die arbeitsrechtlichen Ansprüche der gesetzlichen Vertreter der juristischen Personen des Privatrechtes, also der Geschäftsführer einer GmbH und der Vorstandsmitglieder einer AG vor die **ASG.** So ist zB das ASG für eine Streitigkeit aus dem Arbeitsverhältnis zwischen einer GmbH und ihrem Arbeitnehmer zuständig, wenn der Arbeitnehmer zugleich Geschäftsführer einer GmbH ist, die ihrerseits direkt oder indirekt Eigentum seiner Arbeitgeberin ist (GesRZ 1983, 31 = HS 13.372).

101 Für Schadenersatzansprüche wegen unrichtiger Äußerung des Drittschuldners betreffend die gepfändete Lohnforderung des Geschäftsführers einer GmbH ist weder das ASG noch das HG, sondern der allgemeine GH zuständig (OLG Wien 19. 8. 1986 REDOK 9622).

102 Die Streitigkeiten zwischen den Mitgliedern der Verwaltung und der Gesellschaft umfassen nicht nur Schadenersatzansprüche, Entgeltansprüche usw aus dem unmittelbaren gesellschaftsrechtlichen Verhältnis, sondern auch alle Ansprüche aus der Verletzung des gesetzlichen Konkurrenzverbotes oder aus den Geschäften, die zwischen den vorbezeichneten Organen und der Gesellschaft abgeschlossen wurden.

4. Streitigkeiten zwischen der Gesellschaft oder den Gesellschaftern und den Liquidatoren der Gesellschaft

103 Dazu gehören vor allem die beiderseitigen **Schadenersatzansprüche.** Entgeltansprüche sind jedoch, wenn die Abwickler in einem Arbeitsverhältnis zur Gesellschaft stehen, vor den ASG geltend zu machen.

5. Streitigkeiten zwischen dem stillen Gesellschafter und dem Inhaber des Handelsgewerbes

104 Zu den Streitigkeiten zwischen dem Inhaber des Handelsgewerbes und dem stillen Gesellschafter zählen Klagen auf Auflösung des stillen Gesellschaftsverhältnisses, auf Bezahlung der Kapitaleinlage, auf Rückzahlung derselben und auf Gewährung der vertraglich bedungenen Bucheinsicht.

6. Streitigkeiten zwischen den Teilnehmern einer Vereinigung zu einzelnen Handelsgeschäften auf gemeinschaftliche Rechnung

105 Voraussetzung für die Anwendung des § 51 Abs 1 Z 6 JN ist, daß die Interessengemeinschaft, die Gelegenheitsgesellschaft oder bürgerliche Erwerbsgesellschaft (§§ 1175 ff ABGB) zum Zweck einzelner Handelsgeschäfte (oder eines einzigen) gegründet wurde.

Da aber ein Handelsgeschäft nur dann gegeben ist, wenn zumindest auf einer Seite ein Kaufmann beteiligt ist, ist für die Zuständigkeit des HG erforderlich, daß bei einer Gelegenheitsgesellschaft zumindest **auf der (beklagten) Gegenseite ein Kaufmann eingeschritten** ist. Ist die Gegenseite kein Kaufmann, dann ist die handelsgerichtliche Zuständigkeit nur gegeben, wenn eines oder mehrere Mitglieder dieser Vereinigung Kaufleute waren und einer von ihnen als Geschäftspartner nach außen aufgetreten ist.

7. Streitigkeiten der in § 51 Abs 1 Z 6 JN bezeichneten Personen zu Dritten

Durch die Einfügung dieses Zuständigkeitstatbestandes in § 51 Abs 1 Z 6 JN wurde die sachliche Zuständigkeit für die Inanspruchnahme von Vorstandsmitgliedern, Geschäftsführern, sonstigen Funktionären oder Mitgliedern einer Gesellschaft, die sich im Rahmen ihrer Tätigkeit Dritten gegenüber verantwortlich gemacht haben, jener für die Inanspruchnahme von Angestellten einer Gesellschaft, die sich deren Vertragspartnern durch rechtswidriges Verhalten im Rahmen ihrer Tätigkeit für die Gesellschaft verantwortlich gemacht haben, angeglichen (JAB zur ZVN 1983 [1337 BlgNR 15. GP] 4). Es sollte dadurch eine **Konzentration der aus der Geschäftstätigkeit einer Handelsgesellschaft entstandenen Streitigkeiten** vor dem Kausalgericht herbeigeführt werden (vgl JAB zur ZVN 1983 [1337 BlgNR 15. GP] 4). **106**

Der vom Gesetz verwendete Begriff **„verantwortlich gemacht hat"** ist daher **weit auszulegen,** sodaß eine Einschränkung auf die Fälle rein deliktischer Haftung der in § 51 Abs 1 Z 6 JN genannten Personen zu eng gezogen erscheint (so aber ecolex 1995, 561 = JBl 1995, 467). **Maßgebend** ist vielmehr, **daß das Rechtsgeschäft von der in Anspruch genommenen Person in ihrer gesellschaftsbezogenen Funktion eingegangen worden ist** (*Fasching,* Lehrbuch[2] Rz 254; OLG Wien EvBl 1987/27 = HS 17.023 = WR 221). **107**

Zu den **Streitigkeiten der in § 51 Abs 1 Z 6 JN bezeichneten Personen gegenüber Dritten,** denen sie sich in dieser Eigenschaft verantwortlich gemacht haben, zählen: **108**

- die Klage gegen den Geschäftsführer einer GmbH aus einer Bürgschaft gegenüber dem Sozialversicherungsträger für Beitragsrückstände der Gesellschaft (ecolex 1992, 635 = EvBl 1992/146 = RdW 1992, 374 = WBl 1992, 263; OLG Wien EvBl 1987/27 = HS 17.023 = WR 221; ggt OLG Wien 28. 11. 1986 REDOK 9694, mit der Begründung, daß der Geschäftsführer nicht aus einer Handlung in Anspruch genommen werde, die er als Verwalter der Gesellschaft abgeschlossen habe, sondern aus einer im eigenen Namen abgegebenen Erklärung);
- die Klage von Gebietskrankenkassen gegenüber dem Geschäftsführer einer insolvent gewordenen GmbH auf Regreß der nicht bezahlten Sozialversicherungsbeiträge *(Schalich,* ÖJZ 1983, 257);
- die Klage, mit der ein Dritter mit der Behauptung eines deliktischen Verhaltens die persönliche Haftung des Geschäftsführers für Verpflichtungen der GmbH geltend macht (LGZ Wien WR 203 [1986]);
- die Klage eines Dritten gegen den Geschäftsführer einer GmbH, mit der dieser aus einem von ihm namens der Gesellschaft eingegangenen Rechtsgeschäft in Anspruch genommen wird.

Die HG sind jedoch **nicht zuständig für Streitigkeiten, die sich aus persönlich, im eigenen Namen abgegebenen Verpflichtungen der in § 51 Abs 1 Z 6 JN genannten Personen ergeben,** die damit keinerlei Verbindlichkeiten der von ihnen vertretenen Gesellschaft übernehmen wollten (HS 24.755 = RdW 1994, 177). So zB wenn der Prokurist einer Immobiliengesellschaft, die mit der Vermittlung des Verkaufs von Gesellschaftsanteilen an einer GmbH beauftragt war, sich im eigenen Namen und persönlich erbötig macht, eine Änderung des zum Vermögen der verkaufenden Gesellschaft gehörenden Mietvertrages zu erwirken und er dafür privat einen Geldbetrag annimmt (HS 24.755 = RdW 1994, 177) oder wenn der Geschäftsführer einer GmbH aus der Übernahme einer selbstschuld- **109** nerischen Bürgschaft in Anspruch genommen wird (ecolex 1995, 561 = HS 26.876 = JBl 1995, 467).

Dagegen fällt auch ein Rechtsstreit betreffend die Haftung des Geschäftsführers eines persönlich haftenden Gesellschafters der Gesellschaft unter § 51 Abs 1 Z 6 JN (1 Ob 1669/93).

G. (Sonstige) Streitigkeiten nach dem Aktiengesetz und dem Gesetz über Gesellschaften mit beschränkter Haftung (§ 51 Abs 1 Z 7 JN)

110 Durch die ZVN 1983 wurde der Anwendungsbereich der Z 7 auch **auf die Streitigkeiten nach dem GmbHG ausgedehnt,** weil das **Recht der GmbH,** insb seit der GmbHG-Nov 1980 (BGBl 320), **weitgehend mit dem der AG übereinstimmt** (vgl auch JAB zur ZVN 1983 [1337 BlgNR 15. GP] 4).

Durch das Wort „sonstige" wird klargestellt, daß ein Teil der Streitigkeiten nach dem AktG und dem GmbHG bereits unter die Z 6 JN fällt (vgl auch JAB zur ZVN 1983 [1337 BlgNR 15. GP] 4).

Zu den sonstigen Streitigkeiten nach dem AktG zählen die Klage auf Anfechtung eines Hauptversammlungsbeschlusses (§ 197 Abs 1 AktG), die Klage auf Feststellung der Nichtigkeit eines Hauptversammlungsbeschlusses (§ 201 Abs 1 AktG) sowie die Klage auf Nichtigerklärung der AG (§ 216 Abs 4 AktG), für welche das HG am Sitz der Gesellschaft – freilich ohne Rücksicht auf den Streitwert (vgl Rz 153) – ausschließlich zuständig ist.

H. Streitigkeiten aus Wechselgeschäften und aus scheckrechtlichen Rückgriffsansprüchen (§ 51 Abs 1 Z 8 JN)

1. Streitigkeiten aus Wechselgeschäften

111 Streitigkeiten aus Wechselgeschäften (vgl §§ 556ff ZPO) sind alle Wechselklagen, bei denen das Recht **unmittelbar aus einem wechselrechtlichen Verpflichtungsakt abgeleitet** wird, die materiellrechtliche **Grundlage des Anspruches** also das **Wechselgeschäft** selbst bildet (SZ 44/34 = EvBl 1971/301 = RZ 1971, 178; RZ 1967, 203; SZ 32/139 [1959]). Als Streitigkeiten aus Wechselgeschäften sind daher nur Klagen wegen Ansprüchen aus einem Wechselskripturakt auf Zahlung oder Sicherstellung der Wechsel- (Regreß-) Summe anzusehen (OLG Wien EvBl 1948/446).

112 Weitere Voraussetzung für das Vorliegen einer Streitigkeit aus einem Wechselgeschäft ist, daß die **Wechselurkunde sämtliche gesetzliche Formalerfordernisse aufweist,** weil nur bei Vorhandensein eines gültigen Wechsels ein Wechselgeschäft vorliegt (JBl 1911, 130; GlUNF 5274 [1910]). Der Wechsel muß also noch vorhanden oder für kraftlos erklärt worden sein (5 Ob 217/72). Werden aus einem abhanden gekommenen, aber nicht für kraftlos erklärten Wechsel Ansprüche geltend gemacht, können sich diese nur auf das bürgerliche Recht stützen. Für solche Klagen ist die Zuständigkeit des HG nur dann gegeben, wenn ein Tatbestand nach § 51 Abs 1 Z 1 JN gegeben ist (5 Ob 217/72).

113 Gleichgültig ist es, ob eine Wechselmandatsklage oder eine Wechselklage eingebracht wird, die keinen Antrag auf Erlassung eines Wechselzahlungsauftrages enthält.

114 Werden **Forderungen aus verschiedenen Wechseln** eingeklagt, so findet – selbst wenn das Grundgeschäft identisch ist – mangels eines Zusammenhanges **keine Zusammenrechnung** nach § 55 JN statt (OLG Wien 25. 6. 1985 REDOK 1189; RZ 1978/105).

115 Auf folgende Klagen ist, weil der geltend gemachte Anspruch nicht unmittelbar aus dem wechselrechtlichen Verpflichtungsakt abgeleitet wird, **§ 51 Abs 1 Z 8 JN nicht anwendbar:**

- auf eine Klage, die sich auf einen **über eine Wechselforderung geschlossenen Vergleich** stützt (OLG Wien EvBl 1948/446; GlU 9225 [1882]);
- auf **Bereicherungsklagen nach Art 89 WG** (SZ 44/34 = EvBl 1971/301 = RZ 1971, 178 = ÖBA 1972, 370; OLG Wien EvBl 1948/446; NZ 1913, 330; Spr 57 alt = GlU 5083 [1873]); denn Gegenstand des Rechtsstreites ist die Bereicherung eines Wechselberechtigten (-verpflichteten) auf Grund einer wegen des Wechsels erfolgten Zahlung; derartige Streitigkeiten können aber unter § 51 Abs 1 Z 1 JN subsumiert werden, wenn dem Wechsel ein Handelsgeschäft zugrunde lag und der Beklagte Kaufmann ist;
- auf Streitigkeiten auf **Ersatz der durch Hingabe und Einlösung eines Wechsels erlangten** und **nicht bestimmungsgemäß verwendeten Bargeldbeträge,** so auf Klagen auf Ersatz der zur Einlösung von Gefälligkeitswechseln, insb Blankoakzepten, verwendeten Beträge;
- auf eine Klage, in der ein **Wechselbürge vom Mitbürgen wegen Rückersatzes** gem § 1359 oder § 1347 ABGB in Anspruch genommen wird (SZ 32/139 [1959]);
- auf eine Klage, mit der die Klägerin ihren **Regreßanspruch als Bürgin gegenüber dem Hauptschuldner** geltend macht, wenn sie sich dabei auf den Rechtsgrund des Schadenersatzes stützt (RZ 1967, 203).

116 **Materiellrechtliche Grundlage** der wechselrechtlichen Ansprüche ist das **WG 1955** BGBl 49 idgF. Wenn der Kläger hingegen seinen **Anspruch auf das bürgerliche Recht stützt** oder stützen muß, dann fällt die Klage **nicht** unter **§ 51 Abs 1 Z 8 JN,** so zB wenn der Eigentümer eines abhanden gekommenen Wechsels seine Ansprüche gegen den Akzeptanten geltend machen will. Denn dann kann er mangels Vorhandenseins des Wechsels seine Ansprüche nicht auf das Wechselrecht, sondern nur auf das bürgerliche Recht stützen (AmtlSlg 699 [1896]). Ähnliches gilt für Klagen auf Anerkennung eines Rechtes aus einem Indossament oder einer Wechselbürgschaft oder auf Streichung einer derartigen Verpflichtung auf dem Wechsel (GlUNF 6409 [1913]). Denn die geltend gemachten Ansprüche sind keine Wechselansprüche im engeren Sinne, weil ihnen nicht das materielle Wechselrecht, sondern ausschließlich vertragliche Beziehungen zwischen den Parteien (also das Grundgeschäft) zugrunde liegen.

117 Wechselstreitigkeiten sind **auch Streitigkeiten aus dem für kraftlos erklärten Wechsel.** Hingegen fallen alle Klagen auf Herausgabe der Wechselurkunde nach Einlösung oder Unwirksamwerden, auf Ausfolgung des Protestes oder des Duplikates nicht unter diesen Begriff.

118 **Wegen der abstrakten Natur der Wechselverpflichtung** berühren weder die Rechtsnatur des Grundgeschäftes noch die Natur seines Entstehens die Zuständigkeit nach § 51 Abs 1 Z 8 JN (vgl JBl 1928, 97 betreffend die mit einem Wechsel besicherten Ratengeschäfte; ferner SZ 49/61 = Arb 9468 [1976]). Daher fallen Streitigkeiten aus Wechselgeschäften **auch dann** in die **Handelsgerichtsbarkeit, wenn in Ansehung des Grundgeschäfts das ASG zuständig wäre** (SZ 49/61 = Arb 9468 [1976]).

2. Streitigkeiten aus scheckrechtlichen Rückgriffsansprüchen

119 Streitigkeiten aus scheckrechtlichen Rückgriffsansprüchen sind solche, die **vom Scheckinhaber gegen** die **Indossanten**, den **Aussteller** oder die **anderen**

Scheckverpflichteten nach Art 40 ff SchG geführt werden (*Mayr* in *Rechberger,* ZPO § 51 JN Rz 8; LGZ Wien WR 367 [1988]). Für sie gilt sinngemäß das in Rz 111 ff bezüglich der wechselrechtlichen Streitigkeiten Gesagte.

120 **Nicht** unter **§ 51 Abs 1 Z 8 JN** fallen: **Schadenersatzansprüche** des Scheckbezogenen oder des Schecknehmers gegen den Aussteller **wegen mangelnder Deckung des Schecks; Schadenersatzansprüche des Scheckkartenversicherers** wegen Ausgabe ungedeckter Schecks (*Mayr* in *Rechberger,* ZPO § 51 JN Rz 8; LGZ Wien WR 367 [1988]); **Bereicherungsklagen** des Scheckbezogenen gegen den Aussteller; Klagen des Ausstellers gegen den Bezogenen auf **Schadenersatz wegen Verweigerung der Einlösung; Klagen** des Ausstellers gegen den Bezogenen **auf** (vertraglich bedungene) **Einlösung.**

Die Zuständigkeit ist hier bei Vorliegen der Voraussetzungen stets nach § 51 Abs 1 Z 1 JN zu beurteilen.

I. Streitigkeiten nach dem Produkthaftungsgesetz (§ 51 Abs 1 Z 8 a JN)

121 Durch die (durch das BGBl 1992/756 erfolgte) Einfügung der Z 8 a in § 51 Abs 1 JN sollte eine **einheitliche sachliche Zuständigkeit für Produkthaftungsansprüche** gewährleistet werden (JAB zur 3. Nov zum BGOrgG Wien [780 BlgNR 18. GP] 2). Denn bis dahin war das HG für allein auf das PHG gestützte Klagen nicht zuständig (SZ 64/82 = ecolex 1991, 767 = EvBl 1992/23; HG Wien WR 513 [1991]). Wenn hingegen ein Vertrag, nämlich ein Handelsgeschäft mit Schutzwirkung zugunsten Dritter behauptet wurde, wurde die Handelsgerichtsbarkeit dagegen bejaht (HG Wien WR 513 [1991]; SZ 64/82 = ecolex 1991, 767 = EvBl 1992/23; siehe dazu *Posch*, WBl 1993, 102; *Sitta*, AnwBl 1992, 623).

122 Zu den **Streitigkeiten nach dem PHG** zählen Klagen auf **Ersatz des** (Personen- oder Sach-)**Schadens,** den der Kläger durch einen Fehler erlitten hat, welchen das Produkt beim Inverkehrbringen durch den Beklagten hatte (vgl § 1 PHG) sowie **Regreßklagen des Ersatzpflichtigen gegen den Hersteller** des fehlerhaften Endprodukts (§ 12 PHG).

J. Streitigkeiten nach § 1330 ABGB wegen einer Veröffentlichung in einem Medium (§ 1 Abs 1 Z 1 MedG) (§ 51 Abs 1 Z 8 b JN)

123 Die Z 8 b wurde aus verfahrensökonomischen Gründen durch BGBl 1992/756 in § 51 Abs 1 JN eingefügt. Dadurch, daß die Streitigkeiten nach § 1330 ABGB wegen Veröffentlichung in einem Medium nun (kraft Wertzuständigkeit) vor die HG gehören, **können** nämlich (gem § 227 ZPO) die **Streitigkeiten nach § 1330 ABGB wegen Veröffentlichung in einem Medium** (§ 1 Abs 1 Z 1 MedG) **mit den sich auf dieselbe Veröffentlichung beziehenden** unter § 51 Abs 2 Z 10 JN fallenden **Streitigkeiten über Bildnisschutz bzw wegen unlauteren Wettbewerbs zu gemeinsamer Verhandlung und Entscheidung verbunden werden** (vgl JAB zur 3. Nov zum BGOrgG Wien [780 BlgNR 18. GP] 2).

124 Nach § 1330 ABGB kann derjenige, dem durch Ehrenbeleidigung ein **wirklicher Schaden oder Entgang des Gewinnes** verursacht worden ist, auf Schadenersatz klagen. Wenn jemand **Tatsachen verbreitet, die den Kredit,** den **Erwerb oder** das **Fortkommen eines anderen gefährden** und deren Unwahrheit er kannte oder kennen mußte, dann kann neben dem Schadenersatz **auch** der **Widerruf und** dessen **Veröffentlichung** verlangt werden.

III. Eigenzuständigkeit des Handelsgerichtes (§ 51 Abs 2 JN)

A. Streitigkeiten, die sich auf den Schutz von Patenten, Mustern, Modellen und Marken beziehen (§ 51 Abs 2 Z 9 JN)

1. Patentstreitigkeiten

Voraussetzung der sachlichen Zuständigkeit des HG in Patentsachen nach § 51 Abs 2 Z 9 JN ist, daß der **Anspruch** ausdrücklich **aus den Schutzvorschriften und den Vorschriften über den Gebrauch von Erfindungen abgeleitet** ist. Es handelt sich hiebei vor allem um solche **Streitigkeiten, die sich auf** die Vorschriften des **PatG** 1970 (BGBl 259 idgF) **stützen.** Die allgemeine Fassung des § 51 Abs 2 Z 9 JN erlaubt aber auch die Einreihung von Streitigkeiten, die nicht auf das PatG, sondern auf das bürgerliche Recht (zB List oder Sittenwidrigkeit) gestützt werden. § 51 Abs 2 Z 9 JN umfaßt daher **auch Streitigkeiten, die sich aus den Rechtsverhältnissen hinsichtlich** (noch) **nicht patentierter Erfindungen ergeben** sowie Streitigkeiten **aus sonstigen Verträgen, sofern deren Gegenstand eine Erfindung ist** (SZ 48/136 = JBl 1976, 542 = ÖBl 1976, 63). Zu diesen nach bürgerlichem Recht zu beurteilenden Streitigkeiten zählen zB Ersatz- und Rückforderungsansprüche nach Beendigung des Patentschutzes oder nach Aberkennung des Patentes und privatrechtliche Ansprüche aus der Anfechtung von Patenten (§ 49 Abs 4 PatG). **125**

Falls es sich um eine aus dem PatG abgeleitete Streitigkeit handelt, ist für die Anwendbarkeit des § 51 Abs 2 Z 9 JN weitere Voraussetzung, daß die **Zulässigkeit des Rechtsweges ieS** gegeben ist. Streitigkeiten nach dem PatG sind nämlich teils vom Patentamt (vgl § 57 PatG) und teils vom Gericht zu erledigen. **126**

Dem **Patentamt** obliegen gem § 57 PatG die **Erteilung,** die **Rücknahme,** die **Nichtigerklärung,** die **Aberkennung, Abhängigerklärung von Patenten,** die Entscheidung über die **Nennung als Erfinder** (§ 20 PatG), über das **Bestehen des Vorbenützerrechtes** (§ 23 PatG), über **Lizenzeinräumungen** (§ 36 PatG), **über Feststellungsanträge** (§ 163 PatG) sowie Service- und Informationsleistungen auf dem Gebiet des gewerblichen Rechtsschutzes (§§ 57a, 57b PatG) und **alle Eintragungen in das Patentregister.** Das Patentamt ist eine Verwaltungsbehörde (Rechtszug gegen die Entscheidungen der Nichtigkeitsabteilung an den Obersten Patent- und Markensenat). Gehört die Rechtssache vor das Patentamt, dann besteht Unzulässigkeit des Rechtsweges ieS und die Rechtssache fällt nicht unter § 51 Abs 2 Z 9 JN.

Für **Klagen und einstweilige Verfügungen nach dem PatG** ist hingegen österreichweit das **HG Wien zuständig** (§ 162 Abs 1 Satz 1 PatG). Die dem HG Wien zugewiesenen Rechtsstreitigkeiten gehören ohne Rücksicht auf den Streitwert vor den Senat (§ 162 Abs 1 Satz 2 PatG). Dagegen gilt für **Klagen,** die sich **nicht auf das PatG stützen,** die **individuelle Zuständigkeit des HG Wien nicht,** sondern sie gehören vor das örtlich zuständige HG (LG als HG). **127**

Dem **HG Wien** zugewiesen ist die Entscheidung über **Patenteingriffsklagen** nach §§ 147ff PatG. Danach kann der Verletzte oder derjenige, der eine Verletzung seiner ihm aus einem Patent zustehenden Befugnisse zu besorgen hat, gegen jeden (drohenden) Eingriff eine Klage auf Unterlassung der weiteren bzw drohenden Eingriffshandlung, Beseitigung des dem Gesetz widersprechenden Zustandes, Vernichtung der Eingriffsmittel (§ 148 PatG) sowie auf Entschädigung oder Herausgabe der Bereicherung (§ 150 PatG), Urteilsveröffentlichung (§ 149 PatG) und Rechnungslegung (§ 151 PatG) erheben. So ist das HG Wien für Streitigkeiten wegen Rechnungslegung über patentverletzende Gegenstände zuständig (OLG Wien ÖBl 1957, 40 [*Sonn*]). **128**

Voraussetzung ist in allen Fällen, daß es sich um einen Eingriff eines Dritten in ein bereits bestehendes Patentrecht handelt.

129 Das Gericht kann – **außer** es geht um die **Frage, ob ein Patent nichtig** (§ 48 PatG) ist – die **Gültigkeit oder Wirksamkeit eines Patentes,** auf das die Verletzungsklage gestützt wird, **als Vorfrage selbständig beurteilen** (§ 156 Abs 1 PatG). Das Gericht erster Instanz hat dem Patentamt von jedem Urteil, in dem die Gültigkeit oder Wirksamkeit eines Patentes beurteilt worden ist, eine mit der Rechtskraftbestätigung versehene Ausfertigung zum Anschluß an die Erteilungsakten zu übermitteln. Auf ein solches Urteil ist im Patentregister hinzuweisen (§ 156 Abs 2 PatG).

130 Hängt ein Urteil hingegen davon ab, **ob** das **Patent nichtig** (§ 48 PatG) ist, so hat das Gericht – sofern die Nichtigkeit nicht offenbar zu verneinen ist – das **Verfahren zu unterbrechen** (§ 156 Abs 3 Satz 1 PatG).

Wenn der **Beklagte nicht binnen einem Monat** ab Zustellung des Unterbrechungsbeschlusses **nachweist,** daß er beim Patentamt einen **Nichtigkeitsantrag eingebracht** hat, daß ein **Nichtigerklärungsverfahren** zwischen den Streitteilen bereits **anhängig** ist **oder** daß er sich einem solchen Verfahren **als Nebenintervenient angeschlossen** hat, hat das Gericht das Verfahren auf Antrag des Klägers **fortzusetzen.** In diesem Fall hat das Gericht ohne **Rücksicht** auf den Einwand der **Nichtigkeit** zu entscheiden. Eine hierüber vor dem Schluß der mündlichen Verhandlung ergehende Entscheidung der Nichtigkeitsabteilung ist jedoch zu berücksichtigen (§ 156 Abs 3 PatG).

Ist das Gerichtsverfahren wegen eines beim Patentamt anhängigen Verfahrens **unterbrochen** worden, so hat das Gericht **nach Rechtskraft der Entscheidung** über die Vorfrage das Verfahren **auf Antrag** einer Partei **fortzusetzen** und ihm die **Vorfrageentscheidung zugrundezulegen** (§ 156 Abs 4 PatG).

131 Ist die **Gültigkeit oder Wirksamkeit eines Patentes vom Patentamt oder vom Obersten Patent- und Markensenat anders beurteilt** worden als vom Gericht im Verletzungsstreit, so kann darauf eine **Wiederaufnahmsklage** nach § 530 Abs 1 ZPO gestützt werden (§ 156 Abs 5 PatG).

132 Für **Streitigkeiten wegen Erfindungen von Dienstnehmern** sind – soweit der Rechtsweg ieS zulässig ist – die **ASG** ausschließlich zuständig.

2. Musterschutzstreitigkeiten

133 Streitigkeiten aus Rechtsverhältnissen, die sich auf den Schutz und Gebrauch von Mustern beziehen, regeln sich nach den materiellrechtlichen Vorschriften des **MuSchG** 1990 (BGBl 497).

134 Voraussetzung für die Anwendbarkeit des § 51 Abs 2 Z 9 JN ist die **Zulässigkeit des Rechtsweges ieS**. Denn die Zuständigkeit des **HG** für Streitigkeiten **nach dem MuSchG** ist **subsidiär** nur dann gegeben, **wenn nicht das Patentamt oder die Strafgerichte zuständig sind** (SZ 25/269 [1952]).

Nach § 26 Abs 1 MuSchG ist – **soweit das MuSchG nicht anderes bestimmt** – das **Patentamt** zur Beschlußfassung und zu den sonstigen Erledigungen in Angelegenheiten des Musterschutzes **zuständig.**

135 Das **HG Wien** hingegen ist **für Klagen und einstweilige Verfügungen nach dem MuSchG ausschließlich zuständig** (§ 38 Abs 1 MuSchG).

Wer in seinem **Musterrecht verletzt** worden ist, kann **auf Unterlassung, Beseitigung, Urteilsveröffentlichung, angemessenes Entgelt, Schadenersatz, Herausgabe des Gewinnes und Rechnungslegung** klagen; wer eine solche Verletzung zu besorgen hat, hat Anspruch auf Unterlassung (§ 34 Satz 1 MuSchG). Die §§ 147 bis 154 PatG gelten dabei sinngemäß.

3. Markenschutzstreitigkeiten

Streitigkeiten aus Rechtsverhältnissen, die sich auf den Schutz von Marken und deren Gebrauch beziehen, regeln sich nach dem **MarkSchG** 1970 (BGBl 260). Voraussetzung für die Anwendbarkeit des § 51 Abs 2 Z 9 JN ist wiederum die **Zulässigkeit des Rechtsweges ieS.** **136**

Die **Erteilung des Markenschutzes,** die **Registrierung** und die **Löschung** von Marken obliegt ausschließlich dem **Patentamt.** Insbesondere ist dieses auch zur Entscheidung über Löschungsanträge des Vorbenützers berufen.

Dem **HG** hingegen obliegt die Entscheidung über **Entschädigungsansprüche.** Ferner entscheiden die Gerichte über das Begehren auf Feststellung der Benützungsrechte von Marken und auf Nichtberechtigung zur Stellung von Löschungsanträgen, wenn sich der Anspruch auf einen Vertrag stützt (SZ 25/269 [1952]). **137**

Der in seinen Kennzeichenrechten Verletzte kann auf angemessenes Entgelt, Schadenersatz und Herausgabe der Bereicherung klagen (§ 56 MarkSchG). Für diese Ansprüche gelten §§ 150 und 151, § 152 Abs 2 und 3 sowie §§ 154 und 161 PatG sinngemäß. Weiters steht ihm nach § 9 UWG eine Unterlassungsklage zu, die allerdings nicht unter die Z 9, sondern unter die Z 10 des § 51 JN zu subsumieren ist. **138**

Wenn sich im Laufe eines gerichtlichen Verfahrens ergibt, daß die Entscheidung von der **Vorfrage** abhängt, ob das Markenrecht, dessen Verletzung behauptet wird, nach dem MarkSchG überhaupt besteht, und wenn das Gericht das Verfahren bis zur rechtskräftigen Entscheidung der Vorfrage durch das Patentamt, bei dem die Vorfrage schon vor Beginn oder während des gerichtlichen Verfahrens anhängig gemacht worden ist, **unterbrochen** hat, so ist gem § 57 MarkSchG diese **Entscheidung dem Urteil zugrunde zu legen.** **139**

4. Streitigkeiten nach dem Halbleiterschutz- und Gebrauchsmustergesetz

Wer in seinem Halbleiterschutz- oder Gebrauchsmusterrecht verletzt worden ist, kann auf **Unterlassung, Beseitigung, Urteilsveröffentlichung, angemessenes Entgelt, Schadenersatz, Herausgabe des Gewinnes und Rechnungslegung** klagen (§ 21 HlSchG [BGBl 1988/372], § 41 GMG [BGBl 1994/211]). Für diese Klagen und einstweilige Verfügungen ist ausschließlich das **HG Wien zuständig** (§ 23 HlSchG, § 44 GMG). **140**

B. Streitigkeiten wegen unlauteren Wettbewerbs, nach dem Urheberrechtsgesetz und nach §§ 28 bis 30 Konsumentenschutzgesetz (§ 51 Abs 2 Z 10 JN)

1. Streitigkeiten wegen unlauteren Wettbewerbs

Alle Streitigkeiten wegen unlauteren Wettbewerbs, und **nicht nur jene nach dem UWG,** gehören vor die HG. Es ist daher nicht erforderlich, daß der Kläger ausdrücklich auf das UWG Bezug nimmt, sondern es genügt, daß im Klagsvorbringen nur die allgemeinen Voraussetzungen einer Sittenwidrigkeit bei Handlungen zu Zwecken des Wettbewerbs (im wirtschaftlichen Konkurrenzkampf) behauptet werden. **141**

Folgende **Ansprüche** ergeben sich **nach dem UWG:** **142**

- Anspruch auf Unterlassung (§ 9c UWG) und Schadenersatz nach §§ 1, 6a, 9, 9a, 13 UWG;

• Anspruch auf Unterlassung der irreführenden Angaben und allenfalls Schadenersatz (§ 2 UWG);

• Anspruch auf Unterlassung der Mitteilung in einer Zeitung (§ 3 UWG);

• Anspruch auf Schadenersatz und auf Unterbleiben der Behauptung oder Verbreitung kredit- oder unternehmensschädigender Tatsachen sowie Widerruf dieser Tatsachen und Veröffentlichung des Widerrufs (§ 7 UWG).

Dabei umfaßt der Anspruch auf Unterlassung auch das Recht, die Beseitigung des den Vorschriften des Gesetzes widerstreitenden Zustandes vom Verpflichteten – soweit ihm hierüber die Verfügung zusteht – zu verlangen (§ 15 UWG). Außerdem kann, wenn auf Unterlassung geklagt wird, außer in den Fällen der §§ 11 und 12 UWG, die Urteilsveröffentlichung beantragt werden (§ 25 Abs 3 UWG).

Zu den Streitigkeiten wegen unlauteren Wettbewerbs zählt auch die Verbandsklage nach § 14 Satz 2 UWG.

143 Wenn der Wettbewerbsverstoß jedoch **mit** einem **Arbeitsvertrag in Zusammenhang** steht (Ansprüche nach §§ 1, 10, 11, 13 UWG), zB weil gegen ein Konkurrenzverbot oder eine Konkurrenzklausel verstoßen worden ist, dann liegt eine Arbeitsrechtssache (§ 50 ASGG) vor, für die das **ASG zuständig** ist (JAB zur ZVN 1983 [1337 BlgNR 15. GP] 4; *Burgstaller*, DRdA 1981, 290). So gehören zB die Klage eines Unternehmers gegen einen ehemaligen Dienstnehmer auf Widerruf einer herabsetzenden Äußerung, die der Beklagte im Zusammenhang mit der Werbung von Kunden für den neuen Dienstgeber gemacht hat (vgl ggt für die alte Rechtslage ÖBl 1966, 141), und die Klage des Arbeitgebers, der Arbeitnehmer habe es zu unterlassen, Geschäftsmethoden des Klägers und seine Geschäftsverbindungen zu benutzen, sowie ihm anvertraute bzw ihm durch seine Tätigkeit für den Kläger bekannt gewordene Geschäfts- und Betriebsgeheimnisse zu verwenden (vgl ggt für die alte Rechtslage SZ 41/145 [1968]) vor das ASG.

144 Ein durch Erfüllung des Hauptanspruches selbständig gewordener Kostenersatzanspruch fällt nicht in die handelsgerichtliche Zuständigkeit (*Mayr* in *Rechberger,* ZPO § 51 JN Rz 12; HS 13.368 = ÖBl 1982, 82).

2. Streitigkeiten nach dem Urhebergesetz

145 Unter § 51 Abs 2 Z 10 JN fallen nicht alle urheberrechtlichen Streitigkeiten, sondern **nur jene, die sich auf das UrhG stützen** können (*Fasching*, ÖBl 1983, 101). Eine ausdehnende Auslegung verbietet sich aus dem Vergleich mit den in § 51 Abs 2 Z 10 JN geregelten anderen Materien (vgl Streitigkeiten **wegen** unlauteren Wettbewerbs und Streitigkeiten **nach** dem UrhG) und den Entstehungsmotiven der Novellierung des § 51 Abs 2 Z 10 JN. Durch die ZVN 1983 wurde die Textierung des § 51 Abs 2 Z 10 JN von „Streitigkeiten nach dem Gesetz gegen den unlauteren Wettbewerb" in „Streitigkeiten wegen unlauteren Wettbewerbs" deswegen geändert, um mit Sicherheit auch wettbewerbsrechtliche Streitigkeiten aus anderen Gesetzen, wie dem damaligen ZugG und RabG (beide durch BGBl 1992/147 mit 1. 4. 1992 aufgehoben) einzuschließen (JAB zur ZVN 1983 [1337 BlgNR 15. GP] 4). Wenn trotzdem bei einer weiteren, in § 51 Abs 2 Z 10 JN ebenfalls enthaltenen Materie die ausdrückliche Beschränkung auf ein bestimmt bezeichnetes Gesetz gewählt worden ist, dann geht daraus eindeutig der Wille des Gesetzgebers hervor, in die Eigenzuständigkeit der HG nur Streitigkeiten nach dem UrhG selbst, nicht aber auch andere urheberrechtliche Streitigkeiten zu verweisen (*Fasching*, ÖBl 1983, 101 f). Daher fallen **Ansprüche aus Urheberrechtsverträgen und deren Verletzung,** wie zB die Ansprüche der Verwertungsgesellschaften auf Zahlung des Entgelts für Aufführungen und

Sendungen gegen den Veranstalter **nicht unter § 51 Abs 2 Z 10 JN** (*Fasching,* ÖBl 1983, 102; *Mayr* in *Rechberger,* ZPO § 51 JN Rz 12; MR 1990, 138; HG Wien WR 30 [1983]).

146 Folgende **Ansprüche** und Rechte ergeben sich **aus dem UrhG** (vgl auch *Fasching,* ÖBl 1983, 102; HG Wien WR 30 [1983]): Unterlassungsanspruch nach § 81 UrhG; Beseitigungsanspruch nach § 82 UrhG; Unterlassungs- und Beseitigungsanspruch bei Werken der bildenden Künste (§ 83 UrhG); Unterlassungs- und Beseitigungsanspruch in den Fällen der §§ 79 und 80 UrhG (§ 84 UrhG); Anspruch auf Urteilsveröffentlichung (§ 85 UrhG); Anspruch auf angemessenes Entgelt (§ 86 UrhG); Anspruch auf Schadenersatz und Herausgabe des Gewinns (§ 87 UrhG); Anspruch auf Rechnungslegung (§ 87 a UrhG); Anspruch auf Auskunft (§ 87 b UrhG).

147 Eine Streitigkeit nach dem UrhG liegt auch dann vor, wenn das **Bestehen oder** der **Umfang eines Werknutzungsrechts** oder einer Werknutzungsbewilligung (§§ 24 ff UrhG) strittig ist (*Mayr* in *Rechberger,* ZPO § 51 JN Rz 12).

Seit der UrhG-Nov 1997 (BGBl I 1998/25) werden auch Datenbanken unter bestimmten Voraussetzungen urheberrechtlich geschützt (§§ 76 c–76 e, § 99 c UrhG).

3. Streitigkeiten nach §§ 28 bis 30 Konsumentenschutzgesetz

148 §§ 28 bis 30 KSchG regeln die **Verbandsklage.** Wer im geschäftlichen Verkehr in Allgemeinen Geschäftsbedingungen, die er von ihm geschlossenen Verträgen zugrunde legt, oder in hiebei verwendeten Formblättern für Verträge Bedingungen vorsieht, die gegen ein gesetzliches Verbot oder gegen die guten Sitten verstoßen, oder wer solche Bedingungen für den geschäftlichen Verkehr empfiehlt, kann (ausschließlich) von der Wirtschaftskammer Österreich, der Bundeskammer für Arbeiter und Angestellte, dem Österreichischen Landarbeiterkammertag, der Präsidentenkonferenz der Landwirtschaftskammern Österreichs, dem ÖGB und dem Verein für Konsumenteninformation auf Unterlassung (der Verwendung dieser Bedingungen) geklagt werden.

Für die Verbandsklage gelten §§ 24, 25 Abs 3 bis 7 und § 26 UWG sinngemäß (§ 30 Abs 1 KSchG).

149 Beispiele für **Verbandsklagen** nach §§ 28 bis 30 KSchG:

- Klage gegen eine Vertragsbestimmung, mit der – ohne Beschränkung auf die in § 9 Abs 1 ImmMV (BGBl 1978/323 idF BGBl 1994/66, inzwischen ersetzt durch BGBl 1996/297) taxativ aufgezählten Fälle – ein Provisionsanspruch des Maklers auch für den Fall vereinbart wird, daß der Auftraggeber von einem – vom anderen Teil noch nicht angenommenen – Angebot zurücktritt (SZ 55/111 [1982]);
- Klage gegen die in der Vertragsschablone des Alleinvermittlungsauftrages des Immobilienmaklers vorgesehene Verlängerung der vereinbarten Gültigkeitsdauer bei Unterbleiben des Widerrufs vor dem Endtermin (MietSlg 39.203 und 39.712/2 [1987]);
- Klage gegen die AGB-Klausel „Gerät das Mitglied mit den vereinbarten Zahlungen mehr als 4 Wochen in Verzug, so werden die Monatsbeiträge für die gesamte Dauer der Mitgliedschaft fällig" (ecolex 1995, 26);
- Klage gegen folgende in Parkgaragenverträgen enthaltene AGB-Klauseln: „Die Garage haftet für Schäden nur, soweit sie nachweislich von ihr oder ihrem Personal verursacht wurden und außerdem der Anspruch vor dem Verlassen der Garage (unter Vorzeigen von Einstellschein oder Quittung) gemeldet wird" und „Für Schäden durch Dritte wird nicht gehaftet" (JBl 1995, 717).

150 Über Verbandsklagen entscheiden gem § 30 Abs 2 KSchG immer nur **Berufsrichter,** der fachmännische Laienrichter wird hier nicht beigezogen.

C. Streitigkeiten über Seeschiffe und aus der Seeschiffahrt (§ 51 Abs 2 Z 11 JN)

151 Streitigkeiten über Seeschiffe und aus der Seeschiffahrt, über alle sonstigen Rechtsverhältnisse nach dem Privatseerecht (also in allen Fällen, in denen die Normen des Fünften Buches des HGB zur Anwendung kommen) oder dem Recht der Binnenschiffahrt (soweit nicht die Zuständigkeit der BG nach § 49 Abs 2 Z 5 oder Z 7 JN oder des ASG gegeben ist), gehören ebenfalls vor die HG.

152 **Für** die **Binnenschiffahrtssachen** nach dem BinnenschiffahrtsG 20. 5. 1898, DRGBl S 369, 868, und dem Gesetz über das Verfahren in Binnenschiffahrtssachen 30. 1. 1937, DRGBl I 97 sind das **BGHS Wien bzw die BG in Handelssachen zuständig.** Das BGHS ist dabei als Nachfolgegericht für das Amtsgericht Wien in Binnenschiffahrtssachen **für die Donau** zuständig (SZ 65/80 = ecolex 1992, 696 = JBl 1993, 530 [*Sprung*] = RdW 1993, 43 = ZVR 1993/114; aA *Gaeta,* ZVR 1992, 356). Näheres s § 52 JN Rz 9 ff.

IV. Weitere Zuständigkeiten der Handelsgerichte

A. Im Zivilprozeß

153 Kraft ausdrücklicher gesetzlicher Vorschrift sind die **HG** ausschließlich für folgende Streitigkeiten zuständig:

- zur Entscheidung über die Nichtigkeitsbeschwerde und die Unwirksamkeitsklage gegen Erkenntnisse des Börsenschiedsgerichtes gem Art XXIII Abs 2 und XXV Abs 2 EGZPO;
- gem § 42 Abs 2 GmbHG für Klagen der Gesellschafter auf Nichtigerklärung eines Gesellschaftsbeschlusses einer GmbH; diese besondere Zuständigkeitsvorschrift (die Zuständigkeit des HG wäre schon gem § 51 Abs 1 Z 6 JN gegeben, wenn der Streitwert 130.000 S übersteigt) erweitert die Zuständigkeit des HG auf Streitigkeiten nach § 42 GmbHG, deren Streitwert 130.000 S nicht übersteigt;
- für Klagen auf Anfechtung und auf Feststellung der Nichtigkeit von Hauptversammlungsbeschlüssen einer AG (§ 197 Abs 1, § 201 Abs 1 AktG) sowie die Klage auf Nichtigerklärung der AG (§ 216 Abs 4 AktG). Diese besonderen Zuständigkeitsvorschriften (die Zuständigkeit des HG wäre schon gem § 51 Abs 1 Z 7 JN gegeben, wenn der Streitwert 130.000 S übersteigt) erweitern die Zuständigkeit des HG auf Streitigkeiten nach § 197 Abs 1, § 201 Abs 1, § 216 AktG, deren Streitwert 130.000 S nicht übersteigt;
- für Streitigkeiten aus einem Kartellvertrag sowie über dessen Bestehen oder Nichtbestehen (§ 122 Abs 1 und 3 KartG).

154 Das **HG Wien** ist (österreichweit) ausschließlich für folgende Angelegenheiten zuständig:

- für Klagen gegen die Oesterreichische Nationalbank (§ 75 Abs 1 NBG; vgl auch LGZ Wien EvBl 1949/316), ausgenommen sind freilich solche Klagen, die in die Zuständigkeit der ASG fallen (*Mayr* in *Rechberger,* ZPO § 51 JN Rz 14; SZ 51/54 = HS 11.884 [1978]; SZ 23/218 [1950]; ggt *Fasching*[1] I 328 f mit der allerdings im Verhältnis zum ASGG nicht gültigen Begründung, § 75 NBG sei die lex posterior gegenüber dem ArbGG);

● für Klagen und einstweilige Verfügungen nach dem PatG, dem HlSchG, dem MuSchG, dem SortSchG und dem GMG (§ 162 Abs 1 PatG, § 23 Abs 1 HlSchG, § 38 MuSchG, § 32 Abs 1 SortSchG, § 44 Abs 1 GMG).

B. Im außerstreitigen Verfahren

Das HG (die LG als HG) ist außerdem in folgenden außerstreitigen Angelegenheiten sachlich zuständig: **155**

● zur Führung des Firmenbuches (§ 120 Abs 1 Z 1 JN); Näheres s § 120 JN Rz 1 ff;

● für die nach § 146 Abs 2, §§ 147, 157 Abs 2, § 166 Abs 3, § 270 Abs 3 bis 5, §§ 282, 283 und 338 Abs 3 HGB vom Gericht zu erledigenden Angelegenheiten (§ 120 Abs 1 Z 2 JN); Näheres s § 120 JN Rz 2 ff;

● für die gem §§ 225 c bis 225 l AktG vom Gericht zu erledigenden Angelegenheiten; Näheres s § 120 JN Rz 2 ff;

● für die nach dem SpaltG vom Gericht zu erledigenden Angelegenheiten; Näheres s § 120 JN Rz 2 ff;

● für die nach dem UmwG vom Gericht zu erledigenden Angelegenheiten; Näheres s § 120 JN Rz 2 ff;

● für außerstreitige Angelegenheiten nach dem AktG (§ 14 AktG);

● für außerstreitige Angelegenheiten nach dem GmbHG (§ 102 GmbHG);

● für außerstreitige Angelegenheiten nach dem PrivatstiftungsG (§ 40 PSG);

● zur Kraftloserklärung von Wechseln (Art 90 WG), Schecks (Art 59 Abs 1 SchG) sowie von allen anderen handelsrechtlichen Orderpapieren (§ 363 HGB) (§ 115 Abs 2 JN); vgl § 115 JN Rz 5;

● zur Bestellung eines Kurators für Teilschuldverschreibungen nach dem KuratorenG 24. 4. 1874, RGBl 49 (§ 2 KuratorenG);

● zur Entscheidung über die Anspruchsberechtigung nach § 20 WertpapierbereinigungsG (BGBl 1954/188);

● zur Entscheidung über die Anfechtung der Kapitalfestsetzung durch Haupt-(Generalversammlungs-)Beschluß nach § 25 SchillingeröffnungsbilanzenG (BGBl 1954/190).

C. Im Insolvenzverfahren

Im Bereich des LGZ Wien schreitet – soweit es sich nicht um ein Schuldenregulierungsverfahren handelt, für welches gem § 182 KO das BG zuständig ist – das HG Wien als Konkurs- bzw Ausgleichsgericht ein (§ 64 KO, § 1 AO). **156**

V. Selbständiges Handelsgericht (§ 51 Abs 3 JN)

Ein selbständiges HG besteht nur in Wien. Sonst sind für die in § 51 JN bezeichneten Streitsachen die LG als HG sachlich zuständig (sofern nicht, wie nach § 162 Abs 1 PatG, § 23 Abs 1 HlSchG, § 38 MuSchG, § 44 Abs 1 GMG und § 75 NBG das HG Wien für das ganze Bundesgebiet ausschließlich zuständig ist). **157**

§ 52. (1) An Orten, an denen ein selbständiges Handelsgericht und Bezirksgerichte für Handelssachen bestehen, gehören die im § 51 Abs. 1 angeführten Streitigkeiten, bei denen der Streitgegenstand an Geld oder Geldeswert die Summe von 130000 S nicht übersteigt, vor die Bezirksgerichte für Handelssachen.

(2) Im gleichen Umfange sind die etwa an anderen Orten bestehenden besonderen Bezirksgerichte für Handelssachen zur Ausübung der Gerichtsbarkeit in Streitsachen zuständig.

Abs 1 idF Art II Z 22 ZVN 1983 BGBl 135 und Art VI BGBl 1992/756; Wertgrenze: Art VI Z 11 WGN 1997 BGBl I 1997/140; Abs 2 idF Art I Z 3 StGBl 1945/188

Lit: *Gaeta*, Gerichtliche Zuständigkeit in streitigen Schiffahrtssachen, ZVR 1992, 356; *Sinzinger*, Die Zuständigkeit in privatrechtlichen Schiffahrtssachen, JBl 1975, 172.

Übersicht:

I. Allgemeines

1 Die Zuständigkeit der BGHS ist in § 52 JN geregelt. Derzeit besteht in Österreich lediglich ein einziges Gericht dieser Art, das **BGHS Wien,** das durch die V 28. 7. 1954, BGBl 200, wiedererrichtet wurde und dessen Sprengel die Bezirke I–XXIII umfaßt (§ 3 BGOrgG für Wien, siehe § 103 JN Rz 6).

2 Der Rechtsmittelzug gegen Urteile und Beschlüsse des BGHS Wien geht an das HG Wien.

3 **In** den **Orten, in denen keine eigenen BGHS** errichtet wurden, sind die in § 52 JN bezeichneten Rechtssachen durch die **BG** zu entscheiden. Gem § 446 ZPO hat das BG über Antrag einer Partei in das Urteil den Beisatz aufzunehmen, daß es in Ausübung der Handelsgerichtsbarkeit entschieden hat. Der **Beisatz „als BG in Handelssachen"** bewirkt, daß über die **Berufung** gegen die mit diesem Beisatz versehenen Urteile durch den **Handelssenat** des LG (im Sprengel des LGZ Wien auch bei den Rechtssachen, die nicht vom BGHS, jedoch mit dem erwähnten Urteilsbeisatz gefällt wurden, durch das HG Wien) entschieden wird. In Beschlüsse ist dieser Beisatz nicht aufzunehmen, so daß über Rekurse der allgemeine Rechtsmittelsenat des LG (im Sprengel des LGZ Wien bei den nicht vom BGHS gefällten Beschlüssen das LGZ Wien als Rekursgericht) entscheidet (vgl § 3 JN).

4 Gegen die Abweisung des Antrages auf Aufnahme des Beisatzes „als BG in Handelssachen" ist kein selbständiges Rechtsmittel zulässig, allerdings können die Parteien in der Berufung bzw Berufungsbeantwortung beantragen, daß das Gericht in der für die Ausübung der Handelsgerichtsbarkeit vorgesehenen Zusammensetzung entscheiden möge (§ 479 a ZPO). Der Berufungssenat entscheidet dann über die Zusammensetzung des Berufungsgerichtes. Die Entscheidung darüber ist gem § 479 a Abs 2 letzter Satz ZPO unanfechtbar.

II. Zuständigkeitsbereich

A. Wertzuständigkeit

5 Sachlich zuständig sind das BGHS Wien bzw die BG in Handelssachen für alle **Streitigkeiten,** die **gem § 51 Abs 1 Z 1 bis 8 b JN** in die sachliche Zuständigkeit der HG fallen, **soweit ihr Streitwert** (§§ 54 bis 60 JN) **130.000 S nicht übersteigt.**

Bezüglich der einzelnen Zuständigkeitstatbestände der Z 1 bis 8b des § 51 JN s § 51 JN Rz 11ff.

Eine besondere sachliche Zuständigkeit für die Geltendmachung des kaufmännischen Zurückbehaltungsrechtes und seiner Realisierung ist nicht gegeben. Die Zuständigkeit des HG oder des BGHS ist hier schon nach § 51 Abs 1 Z 1 bzw § 52 JN begründet. 6

Im einzelnen wurde von der Rsp in folgenden Fällen die **Zuständigkeit des BGHS bejaht:** für die gegen einen Gastwirt gerichtete Klage auf die Bezahlung von Weinlieferungen und die Rückgabe von Weinfässern (LGZ Wien EvBl 1948/704); für die gegen einen Fuhrwerker gerichtete Klage, mit der eine Warenforderung geltend gemacht wird (LGZ Wien EvBl 1949/196); für Klagen gegen einen Pensionsinhaber auf Zahlung von Werklohn für Installationsarbeiten (LGZ Wien EvBl 1950/140); für Mietzinsklagen aus einem Leasingvertrag betreffend eine bewegliche Sache gegen einen Kaufmann, wenn das Geschäft auf seiten des Beklagten ein Handelsgeschäft war (OLG Wien WR 166 [1985]); für die Geltendmachung von Honoraransprüchen eines Rechtsanwaltes gegen einen Kaufmann aus einem akzessorischen Handelsgeschäft (Errichtung eines Untermietvertrages über ein Büro) (LGZ Wien HS 11.896 = MietSlg 32.618 [1980]). 7

Dagegen wurde die **Zuständigkeit des BGHS** in folgenden Fällen **verneint:** für Klagen gegen einen Leichenbestatter (HG Wien RZ 1958, 76); für Klagen gegen einen Schmied (HG Wien RZ 1960, 142); für Klagen gegen einen Spengler (HG Wien RZ 1961, 122); für die Klage auf Rückerstattung des Kaufpreises aus einem Handelsgeschäft, weil der minderjährige Käufer nicht voll handlungsfähig ist (LGZ Wien EFSlg 20.704 [1973]). 8

Im letztgenannten Fall wurde die Zuständigkeit mit der Begründung verneint, daß es sich hier um einen Bereicherungsanspruch und nicht um die Folge eines zwischen den Parteien abgeschlossenen und erst später unwirksam gewordenen Handelsgeschäftes handle. In den anderen Fällen erklärte sich das BGHS deshalb für unzuständig, weil dem Beklagten die Kaufmannseigenschaft fehlte.

B. Eigenzuständigkeit

Das BGHS Wien bzw die BG in Handelssachen schreiten kraft Eigenzuständigkeit **als Schiffahrtsgerichte** in bürgerlichen Rechtsstreitigkeiten ein, die sich aus der Benutzung von Binnengewässern durch die Schiffahrt und Flößerei ergeben **(Binnenschiffahrtssachen).** 9

Zu den Binnenschiffahrtssachen zählen gem § 1 des Gesetzes über das Verfahren in Binnenschiffahrtssachen (dRGBl 1937 I 97) **Schadenersatzansprüche aus Zusammenstößen und anderen Schiffahrtsunfällen, Ansprüche auf Lotsenvergütung und Hilfeleistung.** 10

Das BGHS Wien ist Schiffahrtsgericht für die Donau (SZ 65/80 = ecolex 1992, 696 = JBl 1993, 530 [*Sprung*] = RdW 1993, 43 = ZVR 1993/114; aA *Gaeta,* ZVR 1992, 356). 11

Der Instanzenzug in Binnenschiffahrtssachen geht über die OLG (als Schiffahrtsobergerichte) an den OGH. 12

C. Abgrenzung zum allgemeinen BG

Die Zuständigkeit der BGHS ist auf die in § 52 JN genannten Rechtssachen eingeschränkt und kann nur durch ausdrückliche Zuständigkeitsvereinbarung im Rahmen des § 104 JN erweitert werden. Daher sind die BGHS zur Erledigung von Beweissicherungsanträgen oder zur Erlassung von einstweiligen Verfügun- 13 gen außerhalb eines Rechtsstreites nicht berufen (SZ 12/172 [1930]); desgleichen nicht zur Bewilligung der Exekution oder zur Durchführung des Exekutionsvollzuges.

14 Die gerichtliche Verwertung des kaufmännischen Pfandrechtes nach Art 8 Nr 14 und 15 der 4. EVHGB (unter Anwendung der materiellrechtlichen Vorschriften der §§ 1219 bis 1221, 1228 bis 1248 BGB und zwar § 1244 BGB mit der Maßgabe, daß an Stelle der §§ 932 bis 934, 936 BGB die in Österreich geltenden Vorschriften zugunsten derer, die Rechte von einem Nichtberechtigten herleiten, anzuwenden sind) ist den BG (und nicht den BGHS) übertragen.

15 Die **allgemeinen BG** sind auch dann eigenzuständig, wenn der **Bestandvertrag betreffend eine unbewegliche Sache auf seiten des Beklagten ein Handelsgeschäft** ist (LGZ Wien MietSlg 39.720 [1987], 38.729 [1984]; OLG Wien WR 28 [1983]; HG Wien WR 29 [1983]; LGZ Wien HS 15.041, 15.043 [1983]; LGZ Wien HS 11.892 = MietSlg 32.619 [1980]; LGZ Wien HS 11.891 = MietSlg 31.624 [1979]; LGZ Wien HS 11.888 = MietSlg 30.650 [1978]; LGZ Wien ImmZ 1973, 320 = MietSlg 25.505; LGZ Wien MietSlg 21.780/74 [1969], 19.510 [1967]; HG Wien MietSlg 5431 = RZ 1956, 78; ggt LGZ Wien MietSlg 21.780 [1969]). Auch **Viehmängelstreitigkeiten** gehören in jedem Fall vor die allgemeinen BG (HG Wien RZ 1957, 59).

III. § 52 Abs 2 JN

16 Die allgemeine Regelung des Abs 2 wird mangels eines Bedürfnisses nach Errichtung weiterer BGHS keine praktische Bedeutung erlangen.

§ 53 *samt Überschrift aufgehoben durch Art II Z 23 ZVN 1983 BGBl 135*

Wert des Streitgegenstandes

§ 54. (1) Für die Berechnung des für die Zuständigkeit maßgebenden Wertes des Streitgegenstandes ist der Zeitpunkt der Anbringung der Klage entscheidend.

(2) Zuwachs, Früchte, Zinsen, Schäden und Kosten, die als Nebenforderungen geltend gemacht werden, bleiben bei der Wertberechnung unberücksichtigt.

Stammfassung

Lit: *Arnold,* Kostenfragen im besonderen Feststellungsverfahren nach § 54 Abs 1 ASGG, RdW 1987, 128; *Bauer,* Judikaturübersicht Inkassokosten, Konsumentenpolitisches JB 1996–1997, 57; *Beran,* Mahn- und Inkassokosten – ein rechtspolitischer Vorschlag, RZ 1999, 34; *Breycha,* Mahn- und Inkassospesen in der Praxis des Mahnverfahrens, RZ 1998, 50; *Buchegger,* Der Rechtsmittelgrund der unrichtigen rechtlichen Beurteilung, ÖJZ 1983, 645; *M. Bydlinski,* Der Anspruch auf Ersatz „vorprozessualer Kosten", JBl 1998, 69; *Enzinger,* Zur Höhe des Streitwertes bei Unterlassungsklagen aus dem Wettbewerbsrecht, ÖBl 1986, 1; *Fink,* Arbeits- und sozialrechtliche Miszellen, ÖJZ 1988, 97; *Fucik,* Neues im Mahnverfahren: Handhabe gegen Überklagung, RZ 1995, 191; *ders,* Keine Ust aus den Zinsen, RZ 1995, 275; *ders,* Vorprozessuale Kosten und/oder Nebenforderung?, RPfl 1998, 32; *Habscheid,* Der Streitgegenstand im Zivilprozeß und im streitigen Verfahren der freiwilligen Gerichtsbarkeit (1956); *Herz,* Einige Entscheidungen zum Streitwertproblem, AnwBl 1965, 12; *ders,* Über Streitwertfragen, AnwBl 1964, 96; *Hofmann,* Vorprozessuale Kosten aus dem Titel „Vereinbarung" oder „Schadenersatz" – Rechtsweg nicht zulässig, RZ 1997, 52; *ders,* Mahnverfahren: „Überklagung" – keine Handhabe von Amts wegen? RZ 1995, 112; *Hoyer,* Lockerung der Rechtsmittelbeschränkungen im Meistbotsverteilungsverfahren, ÖBA 1996, 249; *Illedits,* Die gerichtliche Geltendmachung vorprozessualer Mahn- und Inkassospesen, AnwBl 1992, 701; *ders,* Vorprozessuale Mahn- und Inkassospesen, RdW 1997, 182; *Kalmus,* Das obligatorische Mahnverfahren ab 1. Jänner 1986 (1986); *R. Kralik,* Die rechtliche Beurteilung im Zivilprozeß, ÖJZ 1958, 7; *M. Mohr,* Zum legislativen Handlungsbedarf betreffend den Ersatz für Mahn- und Inkassokosten, RdW 1998, 533; *Mathes,* Übersicht über die jüngste Judikatur zur Geltendmachung von Mahn- und Inkassospesen, N & V 1/1998, 31; *Pfersmann,* Zu den Begriffen „Nebenforderungen" und „Kostenpunkt", besonders bei Anwendung exekutionsrechtlicher Bestimmungen, ÖJZ 1985, 205.

Übersicht:

I. Streitgegenstand

A. Bedeutung des Streitgegenstandes

1 **Die Vorschriften der §§ 54 bis 60 befassen sich mit dem Wert des Streitgegenstandes, also dem Streitwert.** Der Streitgegenstand ist dabei für den Zivilprozeß von ausschlaggebender Bedeutung, weil es erst dann, wenn sein Begriff klar abgegrenzt ist, möglich wird, den Umfang des Rechtsstreites selbst und der an ihn geknüpften verfahrensrechtlichen Folgewirkungen zu bestimmen und insbesondere die Wirkungen im laufenden Rechtsstreit (Klagehäufung, Klagsänderung, Streitanhängigkeit, Streitgenossenschaft usw) wie auch über denselben hinaus (Rechtskraft) klar und zweifelsfrei zu erkennen. Ungeachtet dieser Bedeutung des Streitgegenstandsbegriffes und insb im Hinblick auf seine fehlende Definition in der ZPO (*Rechberger/Simotta,* Zivilprozeßrecht[4] Rz 251) bestehen allerdings in Literatur und Rechtsprechung zum Teil erhebliche Auffassungsunterschiede, was konkret darunter zu verstehen ist. Vor Darstellung der Berechnung des Streitwertes bedarf es daher einer Klarstellung der Grundlagen (Näheres dazu s auch Bd III vor § 226).

B. Streitgegenstandsbegriffe

2 Auch wenn in der **älteren Lehre** (*Habscheid,* Streitgegenstand 24; *Heller/Berger/Stix*[4] I 150; *Pollak,* Zivilprozeßrecht[2], 280) die Ansicht vertreten wurde, **Streitgegenstand** des österreichischen Zivilprozesses sei der **materiellrechtliche Anspruch,** so ist doch **heute** sowohl in der Zivilprozeßliteratur (*Fasching,* Lehrbuch[2] Rz 1154; *Holzhammer,* Zivilprozeßrecht[2], 172; *R. Kralik,* ÖJZ 1958, 34; *Rechberger* in *Rechberger,* ZPO[2] Vor § 226 Rz 15; *Rechberger/Simotta,* Zivilprozeßrecht[4] Rz 252) als auch in der Rsp (SZ 25/331 [1952] = EvBl 1953/32) nahezu (zu den modifizierten Lehren vom materiellrechtlichen Anspruch und den Einwänden dagegen vgl Rz 6) völlig herrschende Auffassung, den **Begriff des Streitgegenstandes aus dem Prozeßrecht abzuleiten,** und zwar aus folgenden Gründen:

3 Gegen den materiellrechtlichen Streitgegenstandsbegriff spricht zunächst einmal, daß der materiellrechtliche Anspruch des Klägers zwar wohl Voraussetzung für eine für ihn günstige Sachentscheidung ist, daß aber auch die Klage des materiell nicht Berechtigten einen Streitgegenstand haben muß, weil auch über sie zu verhandeln und zu entscheiden ist. Auch die Tatsache, daß sich der materielle Anspruch gegen den Gegner richtet, der Prozeß aber über ein an das Gericht gestelltes Begehren geführt wird, spricht ebenso gegen den materiellrechtlichen Streitgegenstandsbegriff wie der Umstand, daß es auch rein prozessuale Klagen wie etwa die Nichtigkeitsklagen gibt, hinter denen kein materiellrechtlicher Anspruch steht (*Fasching,* Lehrbuch² Rz 1151 mwN; *Rechberger/Simotta,* Zivilprozeßrecht⁴ Rz 251). Darüber hinaus würde die Annahme, daß Streitgegenstand des Zivilprozesses tatsächlich nur der materiellrechtliche Anspruch sein soll, die rechtliche Qualifikation des Begehrens durch die Parteien bedingen (dem Gericht obläge es dann lediglich, die Berechtigung des materiellrechtlichen Anspruches zu überprüfen, es wäre ihm jedoch verwehrt zu prüfen, ob das Begehren des Klägers aus einem anderen Rechtsgrund heraus begründet ist), weil nämlich der materiellrechtliche Anspruch die durch die rechtliche Qualifikation eines bestimmten Sachverhaltes abgeleitete Forderung auf Zuspruch bestimmter Leistungen (bei Feststellungsklagen die Behauptung des Bestehens oder Nichtbestehens eines Rechtes oder Rechtsverhältnisses, bei Rechtsgestaltungsklagen die Forderung auf gerichtlichen Ausspruch einer die Rechtslage ändernden Entscheidung) ist. Wesentlich ist für den materiellrechtlichen Anspruch immer die rechtliche Zuordnung des Begehrens unter einen Sachverhalt (Subsumption). Gerade diese rechtliche Zuordnung durch die Parteien ist dem österreichischen Prozeßrecht aber grundsätzlich (vgl allerdings auch Rz 7) fremd:

4 Dies ergibt sich zunächst einmal daraus, daß rechtliche Zu- und Unterordnungen grundsätzlich dem Gericht vorbehalten sind, welches sich innerhalb des von den Parteien vorgebrachten Sachverhaltes bei der rechtlichen Qualifikation grundsätzlich völlig frei bewegen kann (so auch *Rechberger/Simotta,* Zivilprozeßrecht⁴ Rz 256). Begründet wird dies einerseits mit dem allgemeinen Grundsatz „iura novit curia" und andererseits auch damit, daß der Kläger in seiner Klage nur ein bestimmtes Begehren und die Tatsachen, worauf sich dieses stützt, vorzubringen braucht. Auch aus der Regelung der Anspruchshäufung (vgl bei § 55 JN) folgt derselbe Schluß, weil dies nicht etwa nur bei einem rechtlichen Zusammenhang zwischen den Klagsforderungen (wäre der Klagsgegenstand der materiellrechtliche Anspruch, dann müßte die Zusammenrechnungsmöglichkeit auch auf den rechtlichen Zusammenhang beschränkt bleiben), sondern auch bei einem tatsächlichen Zusammenhang möglich ist (§ 227 Abs 1 ZPO). Gleiches folgt aus § 11 Z 1 ZPO, wonach die materielle Streitgenossenschaft auch aus einem (gemeinsamen) tatsächlichen Grund heraus entstehen kann. Schließlich ergibt sich für die Streitanhängigkeit und die Rechtskraftwirkung, daß das maßgebliche Kriterium das Klagebegehren bzw dessen Wortlaut ist. Ein von dessen Wortlaut abweichendes weiteres Begehren wird ebensowenig von der Wirkung der Streitanhängigkeit oder der Rechtskraft erfaßt wie eine nachträgliche Änderung des Sachverhaltes; auch daraus folgt zwingend, daß der in § 233 Abs 1, § 411 ZPO erwähnte „Anspruch" das auf den Klagssachverhalt gestützte Begehren des Klägers ist. Wenn die Zivilprozeßordnung daher mehrfach die Bezeichnung „Anspruch" verwendet, dann kann also nicht der materiellrechtliche Anspruch, sondern nur der prozeßrechlich bedeutsame Anspruch, der Prozeßanspruch, gemeint sein. Er ist Gegenstand des Rechtsstreites und kann als solcher aus dem Prozeßrecht abgeleitet werden. Dabei wird allerdings abweichend von

der Beurteilung der Zuständigkeit (§ 41 Abs 2 JN) für die Sachentscheidung durch die Einlassung des Beklagten der in der Klage behauptete Sachverhalt durch die Tatsachenbehauptungen des Beklagten ergänzt, sodaß Gegenstand des Zivilprozesses (Streitgegenstand) das Klagebegehren (Urteilsbegehren) und die Tatsachen, worauf sich das Begehren stützt oder durch die es widerlegt werden soll (der Sachverhalt, der es begründen soll), sind (**zweigliedriger Streitgegenstandsbegriff;** s dazu ausführlich bei § 226 ZPO). Für die Bestimmung der Zuständigkeit des Gerichtes gem §§ 29, 41 Abs 2 JN sind allerdings lediglich das Sachvorbringen in der Klage und das daraus abgeleitete Begehren allein maßgeblich, weil das Sachvorbringen des Beklagten gem § 29 JN für die Zuständigkeitsbegründung (mangels Streitanhängigkeit der Sache und damit fehlendem Beklagtenvorbringens) schon begrifflich unerheblich sein muß. Wenn also § 54 JN vom Wert des Streitgegenstandes spricht, dann kann dies nur der im Augenblick der Anhängigmachung der Klage auf Grund des klägerischen Vorbringens anzunehmende Streitwert sein.

An der dargelegten Auffassung, daß der Streitgegenstandsbegriff aus dem Prozeßrecht abzuleiten und nicht mit dem materiellrechtlichen Anspruch gleichzusetzen ist, hat auch die ZVN 1983 nichts geändert (idS *Fasching,* Lehrbuch[2] Rz 1154; *Rechberger* in *Rechberger,* ZPO[2] Vor § 226 Rz 15; *Rechberger/Simotta,* Zivilprozeßrecht[4] Rz 252). Infolge der ausdrücklichen Verweisung des § 226 Abs 3 ZPO auf § 78 ZPO (vorbereitende Schriftsätze) kann der Kläger zwar im Gegensatz zur Rechtslage vor der ZVN 1983 im Hinblick auf § 78 Abs 3 ZPO nunmehr auch Rechtsausführungen in die Klage aufnehmen, er ist dazu aber nicht verpflichtet; er muß also keine rechtliche Begründung für sein Begehren anführen (*Buchegger,* ÖJZ 1983, 647; *Gitschthaler* in *Rechberger,* ZPO[2] § 78 Rz 2). Da der materiellrechtliche Anspruch (als Streitgegenstand) aber unabdingbar Rechtsausführungen schon in der Klage voraussetzen würde, wäre eine Rückkehr zum materiellrechtlichen Streitgegenstandsbegriff nur dann diskutabel, wenn die Prozeßordnung vom Antragsteller auch jeweils eine rechtliche Qualifikation seines Antrages zwingend fordern würde (*Fasching,* Lehrbuch[2] Rz 1162). Gerade dies läßt sich aber aus § 78 Abs 3 ZPO nicht begründen. 5

In der Literatur wurde mehrfach versucht, mit modifizierten materiellrechtlichen Streitgegenstandstheorien den Grundgedanken der Gleichsetzung von Streitgegenstand und materiellrechtlichem Anspruch aufrecht zu erhalten und zu untermauern (vgl dazu die Hinweise bei *Fasching,* Lehrbuch[2] Rz 1152), diese Theorien verringerten aber lediglich die Abgrenzungsprobleme, beseitigten sie jedoch nicht (*Fasching,* Lehrbuch[2] Rz 1153). 6

An das Sachvorbringen der Parteien ist das Gericht jedenfalls gebunden; innerhalb des vorgebrachten und erwiesenen Sachverhaltes ist es aber in seiner rechtlichen Beurteilung grundsätzlich völlig frei. Diese rechtliche Beurteilungsmöglichkeit des Gerichtes kann der Kläger einerseits dadurch beschränken, daß er sein Tatsachenvorbringen so einschränkt, daß es nur in einer bestimmten Richtung hin qualifiziert werden kann. Andererseits ist das Gericht aber nach der Rsp (GesRZ 1995, 187; MietSlg 38.776 [1986]; 38.775 [1986]; DRdA 1986, 219 = JBl 1986, 537; RdW 1986, 271; VersRdSch 1984, 178; MietSlg 33.627 [1981]; 33.643 [1981]; JBl 1979, 257; RZ 1977/105; ZVR 1976/210; SZ 47/11 [1974]; 42/138 [1969]; RZ 1967, 36; 1967, 105; JBl 1960, 391; SZ 23/74 [1950]), jedoch entgegen der Lehre (*Fasching*[1] I 337, 338; *Rechberger* in *Rechberger,* ZPO[2] Vor § 226 Rz 16; *Rechberger/Simotta* Zivilprozeßrecht[4] Rz 256) – jedenfalls seit der ZVN 1983 (vgl Rz 5) – auch an eine vom Kläger vorgenommene ausdrückliche rechtliche Qualifikation des Klagegrundes gebunden. Dem von der gegen- 7 teiligen Auffassung zur Begründung herangezogenen Argument, rechtliche Qualifikationen durch den Kläger seien überflüssig, weil unzulässig (*Fasching*[1] I 338) bzw ohne gesetzliche Grundlage (*Rechberger* in *Rechberger* ZPO[2] Vor § 226 Rz 16; *Rechberger/Simotta,* Zivilprozeßrecht[4] Rz 256), ist durch § 78 Abs 3 ZPO idF ZVN 1983 der Boden entzogen, weil es nunmehr erstmals den Parteien anheimgestellt ist, auch den Rechtsgrund für ihr Begehren zu nennen. Tut der Kläger dies aber, so kann nicht von einer völligen Unbeachtlichkeit dieser Vorgangsweise ausgegangen werden.

C. Klagebegehren

8 Aus der Natur der Sache ergibt sich, daß **nicht der Sachverhalt, sondern** nur **das daraus abgeleitete Begehren bewertet** werden kann; soweit also § 54 JN und die folgenden Bewertungsvorschriften vom „Streitgegenstand" oder vom „Anspruch" sprechen, ist darunter stets das **Klagebegehren** selbst gemeint. Daß dieses allein der Bewertung zugänglich ist, ergibt sich auch daraus, daß sich nur im Klagebegehren selbst jene Änderung der Rechtslage und der tatsächlichen Verhältnisse zeigt, die einer vermögensrechtlichen Schätzung und der Ansetzung fiktiver Werte zugänglich ist. Daß aber immer wieder auf den Sachverhalt zurückgegriffen werden muß und eine isolierte Betrachtung des Begehrens ausgeschlossen ist, ergibt sich aus der parallelen Regelung der Eigenzuständigkeiten und aus der Klagenhäufung, weil zu ihrer befriedigenden Lösung immer das zweite Element des Streitgegenstandes, der Sachverhalt (hier der Klagssachverhalt), herangezogen werden muß.

II. Streitwert

A. Streitwertangabe

9 Unter dem **Begriff des Streitwertes** versteht man den **Wert des Streitgegenstandes** (vgl dazu ausführlich Rz 1 bis 8; *Fasching,* Lehrbuch[2] Rz 257; *Holzhammer,* Zivilprozeßrecht[2], 45; *Mayr* in *Rechberger,* ZPO[2] Vor § 54 JN Rz 1), der sich allerdings nur dann beziffern läßt, wenn er **vermögensrechtlicher Natur** ist. Andernfalls wäre eine vom Kläger etwa vorgenommene Bewertung unbeachtlich (vgl § 56 JN Rz 9).

10 Der Streitwert ist grundsätzlich in der Klage anzugeben **(Streitwertangabe),** wobei die für seine Bewertung (und allenfalls Berechnung) maßgeblichen Vorschriften der §§ 54 bis 59 JN zwingender Natur sind und daher durch Parteienvereinbarung oder durch einseitige Parteienhandlungen grundsätzlich weder ausgeschaltet noch umgangen werden können. Bewertungen des Streitgegenstandes, die gegen diese Vorschriften verstoßen, wären daher unbeachtlich. Dies gilt auch für einen allfälligen Rückgriff auf andere Bewertungsvorschriften (*Mayr* in *Rechberger,* ZPO[2] Vor § 54 JN Rz 1; ImmZ 1980, 24 = JBl 1980, 103 = MietSlg 31.625/23 [1979]; AnwBl 1992, 674 = RZ 1993/80) wie etwa

a) das **GGG,** welches Sonderregelungen im Zusammenhang mit der Bemessung von Gerichts- und Justizverwaltungsgebühren enthält, die für die Inanspruchnahme der Tätigkeit der Gerichte und Justizverwaltungsbehörden zu entrichten sind, wobei es sich entweder um feste Gebühren (auch Pauschalgebühren genannt) oder um Hundert-(Tausend-)Satzgebühren handelt, und

b) das **RATG** samt Zuschlagsverordnungen gem § 25 RATG, welches spezielle Bewertungsvorschriften für die Vertretungskosten von Rechtsanwälten enthält.

Darüber hinaus lassen sich die Bewertungsvorschriften in folgende **zwei grundsätzliche Fallgruppen** einteilen, deren wesentlichste Unterschiede in den divergenten Möglichkeiten der gerichtlichen Streitwertüberprüfung liegen (vgl ausführlich bei § 60 JN Rz 2 bis 9).

B. Gebundene Bewertung

Die erste Gruppe umfaßt dabei jene Fälle, in denen die **Streitwertangabe** durch den Kläger **an objektiv überprüfbaren Bewertungsmaßstäben gemessen** werden kann, an welche der Kläger gebunden ist. Daher kann man die Streitwertangabe in diesen Fällen auch als **gebundende Bewertung des Streitgegenstandes** bezeichnen: 11

Besteht der in der Klage bezeichnete Streitgegenstand in einem Geldbetrag **(Geldleistungsbegehren),** so bestimmt bei der Streitwertangabe ausschließlich die begehrte Geldsumme (ohne Nebenforderungen [§ 54 Abs 2 JN]) den Streitwert (vgl Rz 23 bis 38). Einer gesonderten Bewertung durch den Kläger bedarf es daher nicht, die Streitwertangabe deckt sich mit dem Geldleistungsbegehren. Dies gilt im Hinblick auf § 56 Abs 1 JN **auch für Sachleistungsbegehren mit** einer auf Geld lautenden **Lösungsbefugnis** (vgl § 56 JN Rz 1 bis 4), einem auf Geld lautenden **Alternativbegehren** (vgl § 56 JN Rz 5 bis 7) **oder** einem auf Geld lautenden **Eventualbegehren** (vgl § 56 JN Rz 8). Die Bezeichnung des Streitgegenstandes, also die Streitwertangabe, ist an die im jeweiligen Begehren genannte Geldsumme gebunden.

Liegt ein nicht in einem Geldbetrag bestehender vermögensrechtlicher Streitgegenstand vor, dann hat der Kläger zwar im Hinblick auf § 56 Abs 2 JN eine Bewertung des Streitgegenstandes vorzunehmen, er ist dabei aber an die **Vorschriften der §§ 57 und 58 JN gebunden** (vgl § 56 JN Rz 10); dieser Grundsatz gilt außerdem auch für die **geldgleichen Ansprüche,** in welchen Fällen das Klagebegehren einerseits nicht unmittelbar die Leistung einer Geldsumme (Geldleistungsbegehren) zum Gegenstand hat und andererseits das der Klage zugrundeliegende Begehren auch nicht den §§ 57 und 58 JN unterstellt werden kann (zur Begriffsbildung vgl *Mayr* in *Rechberger,* ZPO[2] § 56 JN Rz 1). In diesen Fällen ist vom Kläger bei der Bewertung des Streitgegenstandes grundsätzlich von der zugrundeliegenden Forderung **(vom Wert dieses konkreten Begehrens) auszugehen** (vgl ausführlich § 56 JN Rz 10). 12

C. Freie Bewertung

Die zweite Gruppe erfaßt jene Fälle, in denen die Streitwertangabe in der **(weitgehend) freien Bewertung** des Streitgegenstandes durch den Kläger liegt. Dies ist dann zulässig, wenn weder konkrete Vorschriften noch sonstige Umstände einen Anhaltspunkt für die Bewertung eines vermögensrechtlichen Anspruches liefern. Dann kann der Kläger nach § 56 Abs 2 JN und § 59 JN grundsätzlich frei beurteilen, worin sein Interesse liegt und welche Bedeutung dieses für ihn hat, er kann bei der Streitwertangabe somit sein **Interesse grundsätzlich frei bewerten** (vgl § 56 JN Rz 25 bis 27); tut er dies nicht, gilt der **Zweifelsstreitwert** des § 56 Abs 2, 3. Satz JN (vgl § 56 JN Rz 28 bis 30). 13

D. Bedeutung des Streitwertes

Wie sich auch aus § 60 Abs 4 JN erschließen läßt, ist der Streitwert zunächst von grundsätzlicher Bedeutung für die **sachliche Zuständigkeitsverteilung** zwischen den in Österreich bestehenden Eingangsgerichten, also den Bezirks- und den Landesgerichten, und zwar insoweit, als es sich im konkreten Fall nicht um Rechtsstreitigkeiten handelt, bei denen die sachliche Zuständigkeit durch die 14

Natur der Rechtssache bestimmt wird (Eigenzuständigkeit). Daher nehmen sowohl § 49 Abs 1 als auch § 51 Abs 1 JN ausdrücklich auf den Wert des Streitgegenstandes Bezug. Darüber hinaus ist der Streitwert aber außerdem von Bedeutung für die **Gerichtsbesetzung** (§ 7a JN), die Zulässigkeit des **Mahnverfahrens** (§§ 448ff ZPO), die Beschränkung der **Berufungsgründe** (§ 501 Abs 1 ZPO), die Zulässigkeit des **Rekurses** (§ 517 ZPO), der **Revision** (§ 502 Abs 2 und 3 ZPO, § 46 ASGG) und des **Revisionsrekurses** (§ 528 Abs 2 Z 1 und 1a ZPO, § 47 Abs 1 ASGG), die **Anwaltspflicht** (§§ 27, 29 ZPO), die **Gerichtsgebühren** (§ 14 GGG) und die **Rechtsanwaltskosten** (§ 4 RATG), wobei allerdings die einzelnen Bewertungsvorschriften der §§ 54 bis 60 JN unterschiedliche Wirkungen entfalten können (vgl dazu jeweils bei §§ 56 bis 59 JN).

15 Keinerlei Rückwirkungen hat der Streitwert hingegen auf den Umfang des geltend gemachten Klagsanspruches, weshalb etwa Feststellungs- oder Leistungsbegehren auf eine nicht in Geld oder Geldeswert auszudrückende Leistung ebenso wie Rechtsgestaltungsbegehren unabhängig von der tatsächlichen vermögensrechtlichen Auswirkung des Urteiles wesentlich geringer oder höher bewertet werden können, ohne daß dies den Umfang des Klagsanspruches berühren könnte. Um grobe Bewertungsfehler zu vermeiden, sehen in diesem Zusammenhang allerdings § 60 Abs 1 JN und §§ 7, 8 RATG Korrekturmöglichkeiten vor (§ 60 JN Rz 10 bis 30).

III. Bewertungszeitpunkt

16 **Maßgebend für die Festsetzung des Streitwertes ist der Zeitpunkt der Anbringung der Klage** (Gerichtsanhängigkeit [*Fasching,* Lehrbuch[2] Rz 258; *Holzhammer,* Zivilprozeßrecht[2], 46; *Mayr* in *Rechberger,* ZPO[2] § 54 JN Rz 1; *Rechberger/Simotta,* Zivilprozeßrecht[4] Rz 104]), wobei darunter der Zeitpunkt des Einlangens der Klage bei Gericht, nicht aber der Zeitpunkt der Anordnung einer Tagsatzung zu verstehen ist, hat das Gericht doch nach § 41 JN sofort beim Einlangen der Klage von Amts wegen seine Zuständigkeit zu prüfen; hiezu ist es aber erforderlich, daß der Streitwert bindend festliegt. Hat der Richter daher die Tagsatzung angeordnet (und diese Anordnung an seine Geschäftsstelle weitergeleitet: § 416 Abs 2 ZPO), dann ist die amtliche Zuständigkeitsprüfung bereits abgeschlossen. Daß der Zeitpunkt des Einlangens der Klage bei Gericht für die Festlegung des Streitwertes maßgebend ist, ergibt sich auch aus § 29 JN, wonach die Zuständigkeit nach dem Zeitpunkt der Gerichts- und nicht der Streitanhängigkeit beurteilt und hienach perpetuiert wird; wesentliches Erfordernis für die Zuständigkeit und ihre Perpetuierung ist die Fixierung des Streitwertes auf denselben Zeitpunkt. Dabei wirkt diese Perpetuierung nicht nur im konkreten Rechtsstreit, sondern gilt der einmal festgesetzte Streitwert auch für eine allenfalls nachfolgende Nichtigkeits- oder Wiederaufnahmeklage (*Feil,* JN Rz 538; LGZ Wien EFSlg 52.081 [1986]; ZBl 1936/156; LGZ Wien EvBl 1936/592), und zwar auch dann, wenn sich die zugrundeliegende Forderung in der Zwischenzeit geändert hat.

17 Verändert sich der Streitwert nach dem zu Rz 16 dargelegten Zeitpunkt, so berührt dies die einmal begründete Zuständigkeit nicht (*Fasching,* Lehrbuch[2] Rz 258; *Feil,* JN Rz 530; *Mayr* in *Rechberger,* ZPO[2] § 54 JN Rz 1), die Einrede der Unzuständigkeit aus diesem Grund wäre schon im Hinblick auf § 29 JN unbeachtlich (*Rechberger/Simotta,* Zivilprozeßrecht[4] Rz 104). Zwar ist eine nachträgliche Klagserweiterung einer ursprünglich beim Bezirksgericht anhängigen Sache über die Gerichtshofsgrenze hinaus nach § 235 Abs 2 ZPO nur mit

Zustimmung des Beklagten möglich (*Rechberger/Simotta,* Zivilprozeßrecht[4] Rz 104); da dies (bei fehlender Zustimmung) aber lediglich Unzuständigkeit bewirkt, die durch Nichtbeachtung durch das Gericht und Unterlassung des Widerspruches durch den Beklagten gegen die Klagsänderung geheilt wird (*Fasching,* Lehrbuch[2] Rz 258; *Feil,* JN Rz 530; *Mayr* in *Rechberger,* ZPO[2] § 54 JN Rz 1), spielt dieses Problem in der Praxis keine allzu große Rolle. Hat andererseits das Gericht nicht von Amts wegen seine allfällige Unzuständigkeit wahrgenommen, so ist für die Wahrnehmung sowohl einer unprorogablen Unzuständigkeit (bis zur allfälligen Heilung nach § 104 Abs 3 JN) als auch einer prorogablen Unzuständigkeit (über Einrede des Beklagten) im weiteren Verlauf des Verfahrens der Streitwert im Zeitpunkt der Unzuständigkeitsentscheidung und nicht mehr jener im Zeitpunkt der Überreichung der Klage maßgebend (vgl dazu *Mayr* in *Rechberger,* ZPO[2] § 54 JN Rz 1; 7 Ob 148/55; RZ 1936, 146; Rsp 1926/5). Hat sich also etwa im Fall einer unprorogablen Unzuständigkeit nach Gerichtsanhängigkeit der Streitwert so geändert, daß das angerufene Gericht zuständig geworden ist, so kann die zuvor gegebene Unzuständigkeit nicht mehr von Amts wegen wahrgenommen werden (etwa bei Werterhöhungen im Gerichtshofverfahren über 130.000 S hinaus [vgl *Fasching,* Lehrbuch[2] Rz 258; RZ 1936, 146]). Entsprechendes gilt auch für die Wahrnehmung unprorogabler Unzuständigkeiten über Einrede des Beklagten (etwa wenn der Kläger, der nur einen Teilbetrag eines 130.000 S übersteigenden Gesamtbetrages beim Bezirksgericht eingeklagt hat, vor Entscheidung über die Unzuständigkeitseinrede des Beklagten auf die 130.000 S übersteigenden und nicht eingeklagten Restbeträge verzichtet [vgl Rsp 1926/5]).

Kraft ausdrücklicher gesetzlicher Anordnung (§ 7a Abs 2 JN) kommt es **bei der Frage der Senatsbesetzung** zu einer **Durchbrechung des Grundsatzes der Perpetuierung des Streitwertes** dann, wenn im Laufe des Verfahrens der Kläger eine Einschränkung des Klagebegehrens auf oder unter 650.000 S vornimmt; diesfalls wird vom Zeitpunkt der Einschränkung an der Vorsitzende oder ein in der Geschäftsverteilung bestimmtes Mitglied des Senats als Einzelrichter tätig (*Fasching,* Lehrbuch[2] Rz 258; *Feil,* JN Rz 531; *Mayr* in *Rechberger,* ZPO[2] § 54 JN Rz 2; *Rechberger/Simotta,* Zivilprozeßrecht[4] Rz 55, 104). Kommt es zwar zu einer Reduzierung des Streitwertes (etwa infolge einer Teilleistung durch den Beklagten oder eines Teilanerkenntnisses ohne Teilanerkenntnisurteil), nimmt der Kläger aber keine Klagseinschränkung vor, so ändert dies an der Gerichtsbesetzung nichts, weil § 7a Abs 2 JN ausdrücklich auf eine Streitwerteinschränkung (durch den Kläger) abstellt (aA *Mayr* in *Rechberger,* ZPO[2] § 54 JN Rz 2; *M. Roth,* Individualleistung 36). Auch die nachträgliche Ausdehnung des Klagebegehrens auf einen 650.000 S übersteigenden Betrag vermag eine Änderung der Gerichtsbesetzung (in Richtung Senat) nicht zu bewirken (§ 7a Abs 2 JN; *Fasching,* Lehrbuch[2] Rz 258; *Feil,* JN Rz 531; *Mayr* in *Rechberger,* ZPO[2] § 54 JN Rz 2; *Rechberger/Simotta,* Zivilprozeßrecht[4] Rz 55, 104). 18

IV. Geldleistungsbegehren

A. Hauptforderung

Bei der Feststellung des Streitwertes ist zunächst grundsätzlich zu unterscheiden, ob der Streitgegenstand in einem Geldbetrag besteht oder nicht, wobei der Streitgegenstand von Klagen, die auf Leistung eines bestimmten Geldbetrages lauten, mit diesem Betrag anzugeben ist. Auch wenn dieser Grundsatz vom Gesetz gar nicht ausgesprochen wird, so **bestimmt** doch nach einhelliger Auffas- 19 sung (*Deixler-Hübner/M. Roth,* Zivilprozeß², 4; *Enzinger,* ÖBl 1986, 1; *Fasching,* Lehrbuch² Rz 259; *Feil,* JN Rz 532; *Holzhammer,* Zivilprozeßrecht², 46; *Mayr* in *Rechberger,* ZPO² § 54 JN Rz 3; *Rechberger/Simotta,* Zivilprozeßrecht⁴ Rz 105) dieser **Geldbetrag den Streitwert und gibt keinen Raum für eine abweichende Bewertung durch den Kläger.** Dabei können allerdings Ansprüche zu einem einheitlichen Begehren zusammengefaßt werden (Gesamtsumme oder Pauschalierung), wenn es sich um gleichartige Ansprüche handelt (ÖBA 1991, 671 = RdW 1991, 357).

20 Ein in einem Geldbetrag bestehender Streitgegenstand liegt immer dann vor, wenn im Klagebegehren selbst die begehrte Leistung mit einer Geldsumme ausgedrückt wird, also auch bei einem Eventual- (vgl ausführlich § 56 JN Rz 8) oder einem Alternativbegehren (vgl ausführlich § 56 JN Rz 5 bis 7), falls zumindest eines dieser Begehren auf eine Geldsumme lautet (*Enzinger,* ÖBl 1986, 1; *Fasching,* Lehrbuch² Rz 259; *Feil,* JN Rz 532; *Mayr* in *Rechberger,* ZPO² § 56 JN Rz 1; SZ 25/163 [1952]), oder im Hinblick auf § 56 Abs 1 JN bei einer Lösungsbefugnis (*Fasching,* Lehrbuch² Rz 259; vgl dazu § 56 JN Rz 1 bis 4). Letzteres gilt allerdings nicht in Arbeitsrechtsverfahren, weil nach § 57 ASGG das Gericht nicht an die Geldsumme gebunden ist, zu deren Annahme an Stelle der angesprochenen Sache sich der Kläger erboten hat (mit *Fink,* ÖJZ 1988, 103 ist aber auf die praktische Bedeutungslosigkeit dieser Bestimmung in Arbeitsrechtsverfahren zu verweisen [ebenso *Mayr* in *Rechberger,* ZPO² § 56 JN Rz 1]).

21 Lautet die Klage auf **Bezahlung einer Geldsumme in ausländischer Währung,** so ist der Streitwert dadurch zu bestimmen, daß der begehrte Fremdwährungsbetrag nach dem **Devisenkurs** des Tages des Einlangens der Klage bei Gericht in Schilling umzurechnen ist (*Mayr* in *Rechberger,* ZPO² § 56 JN Rz 1; OLG Wien REDOK 12.624 [1987]). Gibt es keinen amtlichen Börsenkurs, so ist der Marktpreis der ausländischen Währung maßgebend (*Feil,* JN Rz 536; JB 254 [1918]; LGZ Wien EvBl 1935/41). Die Rechtsanwaltskosten sind bei Ansprüchen in ausländischer Währung allerdings nach dem Kurs (dieser Währung) zum Zeitpunkt der Entscheidung (und nicht der Gerichtsanhängigkeit der Klage) zu bestimmen (§ 6 RATG). Zu Euro-Klagen vgl § 4 des 1. Euro-Justiz-BegleitG.

22 Zur Frage, ob Klagen auf Feststellung des Bestehens (oder Nichtbestehens) einer bestimmten Geldforderung bewertet werden müssen oder ob Streitgegenstand die Geldforderung ist, s § 56 JN Rz 23.

B. Nebenforderungen

23 **Zuwachs, Früchte, Zinsen, Schäden und Kosten als Nebenforderungen** sind zur Hauptforderung nicht hinzuzurechnen, sondern bleiben bei der Streitwertfestsetzung **unberücksichtigt** (*Mayr* in *Rechberger,* ZPO² § 54 Rz 3; ÖBA 1992/361 = RdW 1992, 374). Dieser aus § 54 Abs 2 JN ableitbare Grundsatz kommt allerdings nicht nur bei der **Zuständigkeitsprüfung** (§ 54 Abs 1 JN) zur Anwendung, sondern – jedenfalls im streitigen Erkenntnisverfahren (zum Exekutionsverfahren vgl Rz 24 bis 26), und zwar auch nach dem ASGG (vgl auch *Arnold,* RdW 1987, 128) – im Hinblick auf die ausdrückliche Vorschrift des § 500 Abs 3 ZPO auch bei Prüfung der **Zulässigkeit** geltend gemachter **Berufungsgründe** (§ 501 Abs 1 ZPO; vgl auch *Kodek* in *Rechberger,* ZPO² § 501 Rz 1; LGZ Wien EFSlg 60.880 [1989], 52.224 [1986], die auf den Streitwert abstellen, über den das Erstgericht entschieden hat) oder eines **Rekurses** nach § 517 ZPO (vgl auch *Feil,* JN Rz 540 mwN), desgleichen bei der Bewertung des Entscheidungsgegenstandes durch das Berufungs- oder Rekursgericht im Hinblick auf die Zulässig- oder Unzulässigerklärung einer **Revision** oder eines **Revisionsrekurses** (§ 500 Abs 3, § 526 Abs 3 ZPO²; vgl erst jüngst NRsp 1998/12). Während allerdings auch bei

der Beurteilung von Fragen im Zusammenhang mit der **Anwaltspflicht** (§§ 27, 29 ZPO) und der **Gerichtsbesetzung** (§ 7a ZPO) die Nebenforderungen unberücksichtigt zu bleiben haben, kann ihnen bei Prüfung der Frage, ob im konkreten Fall das obligatorische **Mahnverfahren** durchzuführen ist, Bedeutung zukommen, weil § 448 Abs 1 ZPO ausdrücklich darauf abstellt, ob ein **Gesamtbetrag von höchstens 130.000 S** begehrt wird. Da dabei alle geltend gemachten Beträge zusammenzurechnen sind (*Bosina/Schneider,* Mahnverfahren Rz 73, 101; *Deixler-Hübner,* PraktZPR I 325; *Fasching,* Lehrbuch² Rz 1634; *Fucik* in *Rechberger,* ZPO² § 448 Rz 4; *Kalmus,* Mahnverfahren 9; *Stohanzl*[14] Anm 2 zu § 448 ZPO), dürfte demnach etwa dann kein Zahlungsbefehl erlassen werden, wenn zwar die Hauptforderung 130.000 S nicht übersteigt, der Kläger aber kapitalisierte Zinsen der Hauptsache zugeschlagen und dadurch die Wertgrenze überschritten hat. Der von einem Teil der Lehre (*Rechberger/Simotta,* Zivilprozeßrecht⁴ Rz 750) dazu vertretenen Auffassung, es komme (offensichtlich immer) auf den in der Klage geforderten Geldbetrag ohne Zinsen und Nebengebühren an, kann demnach hinsichtlich der Zinsen nur dann beigepflichtet werden, wenn der Kläger die Zinsen gesondert (also in Prozentsätzen) begehrt.

Die Frage, inwieweit Nebengebühren bei der Streitwertberechnung mitzuberücksichtigen sind, spielt insbesondere auch im **Exekutionsverfahren** eine nicht unbedeutende Rolle, weil gerade hier Zinsen und Kosten in einem Ausmaß aufgelaufen sein können, welches den Kapitalwert der betriebenen Forderung bisweilen erheblich übersteigt. Unstrittig dürfte dabei sein, daß § 54 JN primär eine Zuständigkeitsnorm ist, während § 78 EO lediglich eine Verweisungsnorm hinsichtlich der Zivilprozeßordnung darstellt (*Hoyer,* JBl 1984, 95 und JBl 1985, 243 [jeweils Entscheidungsbesprechungen] sowie *Pfersmann,* ÖJZ 1985, 205; RdW 1986, 16 = RZ 1986/41), doch ist § 54 JN gem § 500 Abs 3 ZPO sinngem auch dann anzuwenden, wenn es um die Berechnung des Wertes des Streitgegenstandes zur Beurteilung der Zulässigkeit einer Revision oder eines Revisionsrekurses geht, weshalb über § 78 EO auch § 54 JN im Exekutionsverfahren Anwendung zu finden hat (jüngst verstSenat JBl 1995, 662 [zust *Pfersmann*] = SZ 68/93 [1995] = ecolex 1995, 633 = ÖBA 1996/541 = ZIK 1995, 198 = RdW 1996, 117 mwN). Unter Hinweis auf diese Überlegungen vertrat daher die Rsp (vgl etwa 2 Ob 31/95; RZ 1991/24; JBl 1986, 789; RdW 1986, 16 = RZ 1986/41; SZ 57/43 [1984] = EvBl 1985/46 [abl *Pfersmann,* ÖJZ 1985, 205] = JBl 1985, 242 [abl *Hoyer*]; JBl 1979, 96 [abl *Pfersmann*]; EvBl 1978/147 = JBl 1978, 546; SZ 20/202 [1938]; 3 Ob 1060/36 uva) jahrzehntelang die Auffassung, der Grundsatz der Unbeachtlichkeit von Nebenforderungen bei der Streitwertberechnung finde nicht nur im streitigen Erkenntnisverfahren Anwendung, sondern grundsätzlich auch im Exekutionsverfahren. Daß die §§ 3, 13 Abs 1 lit a RATG bis 30. 9. 1995 die Einrechnung von Nebengebühren in die Bemessungsgrundlage zwecks Bestimmung der Rechtsanwaltskosten vorsahen, blieb dabei für die Rechtsprechung ohne Belang. 24

Infolge heftiger Kritik der Lehre (*Feil,* JN Rz 540; *Hoyer,* JBl 1984, 95 und JBl 1985, 243 [Entscheidungsbesprechungen]; *Pfersmann,* ÖJZ 1985, 205) an dieser Auffassung insbesondere im Zusammenhang mit den sich daraus ergebenden Revisionsrekursbeschränkungen vor allem im Meistbotsverteilungsverfahren (vgl dazu etwa RZ 1991/24 = JUS Z 548 [1990]; RdW 1986, 16 = RZ 1986/41; SZ 57/43 [1984]; JBl 1984, 94 [abl *Hoyer*] = NZ 1983, 187 = RPflSlgE 1983/83; ZBl 1932/229; 1931/150 uva) führte der OGH (verst Senat ecolex 1995, 633 = SZ 68/93 [1995] = JBl 1995, 662 [zust *Pfersmann*] = ÖBA 1996/541 = ZIK 1995, 198 = RdW 1996, 117, seither auch 3 Ob 2222/96b; ÖBA 1996/528 [*Buchegger*]; 25

3 Ob 49/95) nunmehr in diesem Zusammenhang aus, Entscheidungsgegenstand des Rekursgerichtes sei im **Meistbotsverteilungsverfahren** der mit einem bestimmten Geldbetrag behauptete Teilnahmeanspruch des auf das Meistbot Verwiesenen. Gehe es um den Rang von Zinsen, sei daher § 54 Abs 2 JN nicht anzuwenden, **Zinsbeträge** seien vielmehr **Teil des Entscheidungsgegenstands.** Dem ist vollinhaltlich beizupflichten (vgl auch *Pfersmann,* JBl 1995, 668 [Entscheidungsbesprechung]; *Mayr* in *Rechberger,* ZPO² § 54 JN Rz 3).

26 Allerdings bedeutet dies **nicht,** daß nunmehr **in sämtlichen Exekutionsverfahren** und in jeder Lage des Verfahrens bei der Streitwertberechnung § 54 Abs 2 JN keine Anwendung zu finden hätte (vgl etwa 3 Ob 23/97x; 3 Ob 2222/96b; ÖBA 1996/528 [*Buchegger*]; 3 Ob 47/95; 3 Ob 73/95; teilweise aA *Hoyer,* ÖBA 1996, 249). Auch nach der Entscheidung des verstärkten Senates bleibt es nämlich dabei, daß nach § 54 Abs 2 JN, § 78 EO im Exekutionsverfahren immer dann, wenn es nicht um derartige Teilnahmeansprüche des Betreibenden geht, bei der Berechnung des Streitwertes Zinsen und Kosten nicht berücksichtigt werden dürfen (*Mayr* in *Rechberger,* ZPO² § 54 JN Rz 3). Dies gilt etwa dann, wenn zu entscheiden ist, ob nach § 7 Abs 3 EO eine Vollstreckbarkeitsbestätigung aufgehoben werden muß (SZ 20/202 [1938]), ob eine zwangsweise Pfandrechtsbegründung zu bewilligen ist (SZ 18/232 [1936]) oder wenn Herausgabeansprüche gepfändet oder überwiesen werden sollen (JBl 1956, 183). Dies findet seine Stütze (neben der bisherigen Argumentation) vor allem auch darin, daß zwar vor der EO-Novelle 1995 (BGBl 1995/519) nach §§ 3, 13 Abs 1 lit a RATG Nebengebühren bei der Ermittlung der Bemessungsgrundlage für die Rechtsanwaltskostenberechnung (entgegen § 54 Abs 2 JN) zu berücksichtigen waren (was zu den wesentlichen Argumenten der [die ursprüngliche Rsp ablehnenden] Lehre gehörte), doch wurden diese Vorschriften nunmehr durch die EO-Novelle 1995 insoferne geändert, als für den betreibenden Gläubiger oder sonstigen Berechtigten lediglich der Wert des Anspruches die Bemessungsgrundlage für die Berechnung der Rechtsanwaltskosten darstellt und (im Einklang mit § 54 Abs 2 JN) Prozeßkosten oder Nebengebühren nur dann berücksichtigt werden sollen, wenn sie allein den Gegenstand des durchzusetzenden oder zu sichernden Anspruches bilden (vgl dazu nunmehr auch ausführlich 3 Ob 47/95). Es mag zwar sein, daß die Vorschriften über die Berechnung der Rechtsanwaltskosten ohne Bedeutung für die Streitwertberechnung sind (vgl Rz 10), doch sind daraus gewisse Wertungshaltungen des Gesetzgebers durchaus ableitbar, die nicht zur Gänze unbeachtlich bleiben können (so schon *Pfersmann,* ÖJZ 1985, 205 [Entscheidungsbesprechung]). Selbst im Zwangsversteigerungsverfahren hat es daher bei dem Grundsatz zu bleiben, daß § 54 Abs 2 JN erst ab Erteilung des Zuschlages unanwendbar wird (3 Ob 23/97x; 3 Ob 47/95).

27 Bei Beurteilung der Frage, ob die in § 54 Abs 2 JN genannten Nebenforderungen der Hauptforderung hinzuzurechnen sind oder nicht, kommt es nicht darauf an, ob der Kläger sie in die eingeklagte Forderung (Kapitalbetrag) integriert hat oder nicht (MietSlg 45.719 [1993]; OLG Wien WR 635 [1993]; RZ 1991/24; LGZ Wien EFSlg 60.880 [1989]; 3 Ob 611/85; RZ 1955, 62; OLG Wien EvBl 1953/20; HG Wien EvBl 1935/42), es kommt vielmehr auf ihre **rechtliche Qualifikation durch das Gericht** an, wobei der Kläger im Hinblick auf § 448a ZPO nunmehr verpflichtet ist, Nebenforderungen gesondert auszuweisen, widrigenfalls über ihn eine Mutwillensstrafe zu verhängen wäre (vgl dazu auch bei § 448a ZPO).

28 Werden die **Nebengebühren hingegen selbständig geltend gemacht,** so ist § 54 Abs 2 JN nicht anwendbar; infolge **Fehlens der Akzessorietät** stellen sie

dann vielmehr die Hauptsache dar (*Fasching,* Lehrbuch[2] Rz 260; *Mayr* in *Rechberger,* ZPO[2] § 54 JN Rz 3; MietSlg 45.719 [1993]; RZ 1992/96; SZ 57/43 [1984] = EvBl 1985/46 [abl *Pfersmann,* ÖJZ 1985, 205] = JBl 1985, 242 [abl *Hoyer*] = RdW 1986, 16 = RZ 1986/41; JBl 1978, 313; SZ 47/107 [1974] = EvBl 1975/188 = ZVR 1975/250; SZ 47/150 [1974]), was allerdings nur dann gilt, wenn die Nebengebühren von Anfang an selbständig eingeklagt wurden (zur Aufhebung der Akzessorietät bei vorprozessualen Kosten vgl Rz 32 bis 36). Werden nämlich etwa Zinsen als Anhang zum Kapital eingeklagt und wird erst im Zuge des Verfahrens das Klagebegehren auf diese Zinsen eingeschränkt (und zwar aus welchem Grund auch immer [1 Ob 647/83]), so bedeutet dies nicht, daß die Zinsen nunmehr selbständig eingeklagt wären (*Mayr* in *Rechberger,* ZPO[2] § 54 JN Rz 3). Es bleibt vielmehr bloß die Nebenforderung streitverfangen, sodaß der Streitwert infolge Wegfalls der Hauptsache nach einem Teil der Rsp (MietSlg 45.719 [1993]) auf die aus § 12 RATG ersichtlichen Beträge, also auf 2.000 S im bezirksgerichtlichen und auf 10.000 S im Gerichtshofverfahren, und nach einem anderen Teil der Rsp auf Null (1 Ob 647/83; 6 Ob 830/81; 7 Ob 684/81; 7 Ob 205/74; EvBl 1963/72) absinkt, wobei diese Auffassungsunterschiede aber keine praktischen Auswirkungen haben, liegen doch sämtliche Beträge unterhalb der wesentlichen Rechtsmittelbeschränkungsgrenzen (26.000 S, 52.000 S). Wurde ursprünglich vor dem Senat verhandelt, so ist ab der Klagseinschränkung jedenfalls der Einzelrichter zuständig (vgl § 7a Abs 2 JN und Rz 18); für die Rechtsanwaltskostenberechnung gilt ohnehin § 12 RATG.

Unter **Zuwachs und Früchten** nach § 54 Abs 2 JN sind die Erträgnisse nach § 295 ABGB zu verstehen, nicht aber das Zubehör nach § 294 ABGB. In der Praxis spielen derartige Nebenforderungen bei der Streitwertberechnung jedoch insbesondere deshalb keine Rolle, weil nicht einmal die Umsatzsteuer, die in einer Rechnung entsprechend den Bestimmungen des UStG gesondert ausgewiesen ist, eine Nebenforderung darstellt (EvBl 1975/149), sondern Teil der Hauptforderung ist. **29**

Unter **Schäden** können nicht Schadenersatzansprüche nach bürgerlichem Recht verstanden werden, also nach §§ 1293 ff ABGB. Diese setzen nämlich ein besonderes Klagsvorbringen voraus und stellen einen eigenen materiellrechtlichen Anspruch innerhalb des Streitgegenstandes dar. Dieser wäre nach Maßgabe des § 55 Abs 1 JN allenfalls zu der übrigen geltend gemachten Klagsforderung hinzuzuzählen. Dies gilt insbesondere auch für eine Konventionalstrafe (GlUNF 2658 [1904]) oder einen Schadenersatzanspruch wegen mutwilliger Prozeßführung nach § 408 ZPO (7 Ob 569/94; 6 Ob 544/94; SZ 2/120 [1920]), welche Ansprüche daher nicht unter die Nebenforderungen des § 54 Abs 2 JN fallen (vgl auch *Rechberger* in *Rechberger,* ZPO[2] § 408 Rz 4). **30**

Denkbar wäre lediglich die Geltendmachung von Zinsen aus dem Titel des Schadenersatzes, wodurch sie ihren Charakter als Nebenforderung nicht verlieren (vgl dazu Rz 37).

Bei der Streitwertberechnung nicht zu berücksichtigen sind grundsätzlich alle vom Kläger geltend gemachten **Kosten,** und zwar selbst dann, wenn es sich um Kosten handelt, die sich auf einen bereits vor Klagseinbringung befriedigten Teilanspruch des Klägers beziehen, der nach § 55 Abs 1 JN mit dem nunmehr geltend gemachten Teilanspruch zusammenzurechnen wäre (RZ 1992/96). Dieser Grundsatz gilt allerdings dann nicht, wenn sich der Klagsanspruch auf eine Gesamtforderung richtet, bei der die Kosten (als ursprüngliche) Nebenforderung Bestandteil der Hauptsache sind, so etwa bei einem Anfechtungsprozeß, in dem das Begehren auf Duldung der Befriedigung der ganzen Forderung samt Zinsen **31** und Kosten lautet (OLG Wien DREvBl 1940/426), oder bei einer Rückersatzklage des Bürgen, der die Forderung samt Nebengebühren beglichen hat (SZ 47/38 [1974] = JBl 1974, 579 = VersRdSch 1975, 155 = ZVR 1975/95), oder wenn in einer Deckungsklage gegen den Versicherer Kosten aus dem Haftungsprozeß und Kosten eines Exekutionsverfahrens, welche auf Grund des Urteiles im Haftungsprozeß entstanden sind, geltend gemacht werden (7 Ob 573/76; SZ 47/38 [1974]).

Grundsätzlich keine Berücksichtigung bei der Streitwertberechnung finden aber **Prozeßkosten, vorprozessuale Kosten** (RZ 1995/92; 1937, 406; ZBl 1937/80; SZ 12/314 [1930] = ZBl 1931/44 uva), also etwa auch Mahn- und Inkassospesen (vgl dazu ausführlich Rz 32 bis 36), **Kosten eines Beweissicherungsverfahrens** (Rsp 1924/13; GlUNF 5388 [1911]), **Kosten eines** gem § 366 StPO auf den Zivilrechtsweg verwiesenen **Privatbeteiligten** (*Mayr* in *Rechberger,* ZPO[1] § 54 JN Rz 3; SZ 47/107 [1974]; 1 Ob 532/51; RZ 1937, 545), **Kosten eines Wechselprotestes** (*Fasching*[1] I 341; aA *Mayr* in *Rechberger,* ZPO[2] § 54 JN Rz 5; 8 Ob 655/81; 1 Ob 106/66; OLG Wien EvBl 1936/624), Kosten einer Wechselprovision (aA *Mayr* in *Rechberger,* ZPO[2] § 54 JN Rz 5; OLG Wien WR 745 [1996]), **Kosten eines Bankgarantiebriefes** (3 Ob 112/94) oder als Konkursforderung begehrte Prozeßkosten aus der Zeit vor der Konkurseröffnung (NRsp 1998/12; 9 ObA 162/95).

Da es sich dabei nicht um Kosten des Verfahrens handelt, wird hingegen das Begehren des Klägers auf Urteilsveröffentlichung in einem Wettbewerbsprozeß von der Rsp seit der ZVN 1983 nicht (mehr) als Nebenforderung angesehen (4 Ob 2153/96p; ÖBl 1989, 86; 1988, 161; ebenso *Mayr* in *Rechberger,* ZPO[2] § 54 JN Rz 5).

32 Grundsätzlich können auch **Kosten** (vgl dazu Rz 31) **selbständig eingeklagt** werden (SZ 57/43 [1983]; 47/107 [1974] uva) und stellen dann die Hauptsache dar (vgl Rz 28), doch ist dies grundsätzlich nur zulässig, **wenn die Hauptsache** (etwa durch Tilgung, Verzicht oä) **bereits erledigt** ist (was der Kläger zu behaupten hätte [2 Ob 390/97k], andernfalls die Klage wegen Unzulässigkeit des Rechtsweges zurückzuweisen wäre (vgl 2 Ob 390/97k; 4 Ob 2314/96i; RZ 1995/92; SZ 52/146 [1979]; 46/103 [1973]; 6/399 [1924]; *Fucik* in *Rechberger,* ZPO[2] Vor § 40 Rz 5 mwN), woran auch § 40 a JN nichts zu ändern vermag (RZ 1995/92; krit dazu *Fucik* in *Rechberger,* ZPO[2] Vor § 40 Rz 5). Dies wird mit der (öffentlich-rechtlichen) Rechtsnatur des Kostenersatzanspruches begründet (Näheres dazu auch bei §§ 40ff ZPO). Dabei ist es wohl auch unzweifelhaft, daß auch die vor dem Prozeß in Zusammenhang mit der Rechtsverfolgung aufgewendeten Kosten das gleiche Schicksal wie die im Prozeß selbst getätigten Aufwendungen teilen, wenn es in der Folge tatsächlich zu einem Prozeß kommt (*Bauer,* Konsumentenpolitisches JB 1996–1997, 5; *Fasching*[1] II 302; *Fucik* in *Rechberger,* ZPO[2] Vor § 40 Rz 5 uva). Diese Kosten werden dann als vorprozessuale Kosten bezeichnet (Näheres dazu auch bei §§ 40ff ZPO).

Infolge der Einführung des § 448a ZPO durch die EO-Novelle 1995 (BGBl 1995/519) hat sich nunmehr allerdings an den **Mahn- und Inkassokosten** die Diskussion zur Frage belebt, ob der Grundsatz der Akzessorietät auch für diese vorprozessualen Kosten gelten soll, dh was überhaupt vorprozessuale Kosten sind (vgl dazu Rz 33) und auf welche Weise die Akzessorietät zwischen Hauptsache und vorprozessualen Kosten vor Erledigung der Hauptsache aufgehoben werden kann (vgl dazu Rz 34 bis 36).

33 Grundsätzlich können zur Prozeßführung auch schon jene Kosten erforderlich sein, die der Prozeßvorbereitung dienen, die also sowohl für die außergerichtliche Geltendmachung des Anspruches wie auch für die vor dem Rechts-

streit liegende Beschaffung des Tatsachenmateriales aufgewendet werden (*Fasching*[1] II 302), wozu auch die Kosten einer Mahnung, von Versuchen einer außergerichtlichen Bereinigung und damit auch von außergerichtlichen Inkassoversuchen gehören (*Fasching,* JBl 1982, 326 [Entscheidungsbesprechung]; jüngst auch *Breycha,* RZ 1998, 50), also alle Aufwendungen, die insgesamt aus der Durchführung eines Rechtsstreites einschließlich der nötigen Vorarbeiten und einschließlich der Einschaltung eines Inkassobüros entstehen (2 Ob 59/93; EvBl 1963/231; SZ 14/76 [1932]; LG St. Pölten 29 R 413/96 v; LG Salzburg 54 R 34/97 g; 54 R 321/97 p; OLG Wien ZVR 1995/20; OLG Graz EvBl 1988/99 uva). Soweit *M. Bydlinski* (Kostenersatz, 164 ff und JBl 1998, 71 ff) unter dem Kriterium der Prozeßbezogenheit den Begriff der vorprozessualen Kosten dahingehend einengt, daß darunter nur mehr die Kosten der Beweissammlung und der direkten Prozeßvorbereitungshandlungen fallen (ähnlich OLG Wien AnwBl 1997/7444 [zust *Haindl*] = ZIK 1997 192; LG Linz 11 R 204/98 s; HG Wien 1 R 666/97 i), was bedeuten würde, daß Mahn- und Inkassokosten immer selbständig eingeklagt werden könnten, ist dem der OGH nicht gefolgt (8 Ob 2070/96 m; 2 Ob 59/93; abl auch *Bauer,* Konsumentenpolitisches JB 1996–1997, 57; HG Wien KRES 10/75 = ARD 4923/28/89; LG Steyr 1 R 152/98 s). Wie sich insb auch aus § 23 Abs 4 RATG ergibt, können Maßnahmen, die der Prozeßvermeidung dienen, im Fall ihrer Erfolglosigkeit Prozeßkosten darstellen. Dabei ist es aber nicht begründbar, warum Betreibungsmaßnahmen, die von einem Rechtsanwalt gesetzt werden, als vom Einheitssatz abgegoltene und damit eindeutig vorprozessuale Kosten angesehen werden müssen, nicht jedoch die gleichartigen Leistungen, wenn sie nicht von einem Rechtsanwalt, sondern von einem Inkassobüro erbracht werden (vgl *Bauer,* Konsumentenpolitisches JB 1996–1997, 57; LG Salzburg 54 R 399/97 h). Auch § 448 a ZPO und § 6 Abs 1 Z 15 KSchG gehen davon aus, daß die Kosten aller Eintreibungsmaßnahmen grundsätzlich als vorprozessuale Kosten geltend zu machen und zu beurteilen sind (vgl die jeweiligen Materialien; ebenso *Illedits,* RdW 1997, 182 und *Hofmann,* RZ 1997, 52).

Solange Akzessorietät zwischen dem Hauptanspruch und den begehrten (vorprozessualen) Kosten besteht (vgl Rz 28), ist für die Geltendmachung letzterer der Rechtsweg unzulässig (4 Ob 293/98 m; 4 Ob 2314/96 i; RZ 1995/92; SZ 52/146 [1979], 46/103 [1973] uva). Behauptet jedoch der Kläger den Abschluß einer Vereinbarung mit dem Beklagten, durch welche die Akzessorietät aufgehoben wurde, dann können nach der Rsp (SZ 46/103 [1973]; RZ 1970, 82; SZ 39/29 [1966]; EvBl 1958/350; ZVR 1957/164; JBl 1954, 568 = SZ 27/115; krit dazu mit grundsätzlichen Überlegungen *Hofmann,* RZ 1997, 52) auch vorprozessuale Kosten gesondert eingeklagt werden (ebenso *M. Bydlinski,* Kostenersatz 109; *Illedits,* AnwBl 1992, 701; *ders,* RdW 1997, 182), wobei in der Praxis immer wieder „Bestimmungen" in den Allgemeinen Geschäftsbedingungen des Klägers betreffend Mahn- und/oder Inkassospesen, ein diesbezügliches Anerkenntnis des Beklagten, eine Kontokorrentabrede zwischen den Parteien oder auch Schadenersatzansprüche des Klägers behauptet werden (vgl dazu *Hofmann,* RZ 1997, 52). An Brisanz hat die Frage der Auflösung der Akzessorietät dabei durch die Einführung des § 448 a ZPO (Näheres vgl dort) durch die EO-Novelle 1995 gewonnen, wonach über einen Kläger, der eine Nebenforderung nach § 54 Abs 2 JN als Teil der Hauptforderung geltend macht, ohne dies gesondert anzuführen, eine Mutwillensstrafe zu verhängen ist, weil der Kläger bei Nichtausweisung als Nebenforderung eben die Verhängung der Mutwillensstrafe und bei Ausweisung als Nebenforderung die (teilweise) Zurückweisung seiner Klage riskiert. Gleichzeitig besteht aber offensichtlich das Bestreben mancher Kläger (etwa von Ver- **34** sandhäusern), derartige vorprozessuale Kosten im Hauptbegehren „unterzubringen“ (vgl *Hofmann,* RZ 1995, 112).

35 Die Rechtsprechung der zweitinstanzlichen Gerichte und die Literatur differieren derzeit in der Beantwortung der Frage, wie eine (behauptete) Vereinbarung betreffend die Mahn- und/oder Inkassospesen zu gestalten ist, damit sie die erwähnte Akzessorietät aufzuheben vermag. Während manche Gerichte (vgl LG Korneuburg RZ 1997/71 mwN; LG Linz 14 R 264/95; OLG Linz 1 R 54/97 k; LG Innsbruck 4 R 479/96 m uva [Vorwegvereinbarungen]; idS wohl nunmehr auch 2 Ob 9/97 f) eine grundsätzliche Vereinbarung der Parteien, der Beklagte habe sich verpflichtet, derartige Spesen zu ersetzen, für ausreichend erachten, wollen andere (vgl LG Salzburg RZ 1997/44 mwN; LGZ Wien 35 R 523/96 b; 36 R 536/96 w; HG Wien 1 R 760/96 h; LGZ Graz 6 R 326/97 g uva) darauf abstellen, ob vom Vereinbarungswillen der Parteien auch die Auflösung der Akzessorietät umfaßt gewesen ist, was in der Praxis letztlich aber in der Regel nicht der Fall sein wird (es scheint aber ohnehin so zu sein, daß diese Rechtsprechungslinie geradezu das Ziel verfolgt, die Geltendmachung vorprozessualer Kosten als Teil des Hauptanspruches zu verhindern, ohne die dargestellte Rechtsprechung des OGH zur Aufhebung der Akzessorietät [vgl dazu Rz 32] in Zweifel ziehen zu müssen).

36 Legt man der Lösung dieser Frage die aus § 54 Abs 2 JN und § 448 a ZPO offensichtlich erfließenden grundsätzlichen gesetzgeberischen Wertungen zugrunde, dann ist davon auszugehen, daß Gegenstand eines Rechtsstreites die Hauptforderung, nicht aber die (auch vorprozessualen) Kosten des Klägers sein sollen (die dargestellte Rechtsprechung des OGH zur Aufhebung der Akzessorietät [vgl Rz 32] stellt bereits eine Durchbrechung dar!). Um dies auch entsprechend überwachen zu können (zur wohl unbefriedigenden Praxis vor Einführung des § 448 a ZPO vgl *Hofmann,* RZ 1995, 112), ist der Kläger unter Androhung einer Mutwillensstrafe zur Offenlegung verpflichtet. Dieser gesetzgeberischen Wertung ist dabei durchaus beizupflichten, weil andernfalls der Kläger durch die Aufnahme derartiger Kosten in sein Klagebegehren sowohl die Zuständigkeitsvorschriften als auch die Rechtsmittelbeschränkungen (§§ 501, 502, 517, 528 ZPO) umgehen und darüber hinaus für seinen Betreibungsaufwand (Mahn- und Inkassospesen) wiederum Kosten (nach § 4 RATG, § 54 JN würde der Betreibungsaufwand zur Bemessungsgrundlage für die Rechtsanwaltskosten gehören) geltend machen könnte (vgl dazu auch LG Salzburg RZ 1997/44). Um die Gefahr des Unterlaufens dieser gesetzgeberischen Wertungen zu verhindern, sind daher an Vereinbarungen, die die aus § 54 Abs 2 JN erfließende Akzessorietät aufheben sollen, entsprechende (höhere) Anforderungen zu stellen, sodaß mit *Hofmann* (RZ 1997, 53) zu betonen ist, daß allgemein gehaltene Vertragsklauseln, der Beklagte habe sich zur Bezahlung sämtlicher Mahn- und Inkassospesen verpflichtet, keinesfalls ausreichend erscheinen können, um diese erwähnte Akzessorietät zu durchbrechen. Dieses dargestellte Ziel wird vielmehr erst dann erreicht, wenn dem Beklagten entweder bei Abschluß der Vereinbarung konkret dargelegt wird, daß und welche Mahn- und Inkassospesen er (neben der Hauptsache) zu tragen hat, dh die Akzessorietät wird nur dann durchbrochen, wenn sich die Vereinbarung auf bereits entstandene und mit einem exakten Betrag festgelegte Mahn- und Inkassospesen bezieht (so auch *Hofmann,* RZ 1997, 53 unter Hinweis auf JBl 1954, 568 = SZ 27/115 [1954]) – ohne daß ein konstitutives Anerkenntnis vorliegen müßte –, oder wenn (iSd Rechtsprechungslinie des LG Salzburg RZ 1997/44) tatsächlich zwischen den Parteien ausdrücklich vereinbart wird, daß der Beklagte Mahn- und/oder Inkassospesen eigenständig und unabhängig von der Hauptverpflichtung zu tragen hat.

Dem (grundsätzlich durchaus richtigen) Einwand der Gegenauffassung (LG Korneuburg RZ 1997/71), an die Praktikabilität des zur Abgrenzung herangezogenen Kriteriums betreffend den Willen der Parteien über die Aufhebung der Akzessorietät müßten realistische Anforderungen gestellt werden, erscheint mit dieser Auffassung der Boden entzogen, weil beide Abgrenzungskriterien klar umschrieben sind. Richtig ist zwar auch der weitere Einwand, das Vorverfahren zur Zulässigkeitsprüfung wäre überfordert, wollte man darin die behaupteten Vereinbarungen auf ihre Unwirksamkeit untersuchen, doch tauchen derartige Probleme erst gar nicht auf, wenn man bereits an die Vereinbarung die dargestellten höheren Anforderungen stellt (entweder der Kläger kann eine derartige Vereinbarung nachweisen oder er kann es nicht!).

Prozessual bedeutet dies nun, daß die Geltendmachung dieser Kosten als Teil der Hauptforderung nur dann zulässig ist, wenn der Kläger konkret die Behauptung aufstellt (und im Verfahren allenfalls auch unter Beweis stellt), er habe mit dem Beklagten eine konkrete Vereinbarung getroffen, daß die bis dahin aufgelaufenen und exakt bestimmten Kosten von diesem getragen werden oder daß der Beklagte (auch) künftig Mahn- und/oder Inkassospesen eigenständig und unabhängig von der Hauptverpflichtung zu tragen hat. Stellt der Kläger aber eine derartige Behauptung auf, so hat dies – für den Fall der Unrichtigkeit – einen gewissen „Auffälligkeitswert“ für den Beklagten und könnte außerdem zu einem Vorgehen des Gerichtes nach § 448a Abs 2 ZPO (Näheres vgl dort; *Fucik,* RZ 1995, 191) führen. Ist dies nicht der Fall, dann ist der Rechtsweg zulässig und (allenfalls) ein Zahlungsbefehl zu erlassen.

Darüber hinaus könnte sich der Kläger auch auf ein (allerdings lediglich konstitutives) Anerkenntnis des Beklagten stützen, welches jedoch entsprechend substantiiert behauptet werden müßte (vgl auch dazu *Hofmann,* RZ 1997, 53 mwN) und dann wohl ebenfalls zu den dargelegten (vgl Rz 31) Reaktionen des Beklagten und allenfalls des Gerichtes führen würde. Dasselbe gilt auch für (behauptete) Kontokorrentabreden, wenn nur mehr der Saldo (unter Berücksichtigung der erwähnten vorprozessualen Kosten) geltend gemacht wird. Grundsätzlich unzulässig erscheint hingegen die Berufung des Klägers auf den Titel des Schadenersatzanspruches, weil dies nach der Rechtsprechung (vgl dazu Rz 37) auch hinsichtlich der Geltendmachung von Zinsen nicht möglich ist und die in § 54 Abs 2 JN nebeneinander erwähnten Nebenforderungen grundsätzlich gleich zu behandeln sind.

Zinsen, denen im übrigen keine Umsatzsteuer mehr hinzugeschlagen werden darf (*BMF,* RdW 1995, 372; *Fucik,* RZ 1995, 276), stellen grundsätzlich eine Nebenforderung dar, wenn und insoweit sie von einer gleichzeitig (andernfalls wären sie selbst als Hauptforderung zu behandeln [1 Ob 842/82; 5 Ob 755/81; 7 Ob 584/78; RZ 1955, 62]) eingeklagten Hauptforderung abgeleitet werden (4 Ob 5/98h; 5 Ob 1592/94; 3 Ob 1090/90; 5 Ob 755/81; EvBl 1964/450), wobei es auf den Rechtsgrund der geltend gemachten Zinsenforderung nicht ankommt (7 Ob 173/97k; RdW 1997, 724; 5 Ob 1592/94; 3 Ob 1090/90; 8 Ob 105/77) und es etwa auch unerheblich wäre, daß nur mehr ein ganz geringer Teil der Hauptforderung begehrt wird (7 Ob 626/79). 37

Die Zinsen haben bei der Streitwertberechnung selbst dann unberücksichtigt zu bleiben, wenn sie vom Kläger kapitalisiert und als Anhang zur Hauptsache eingeklagt wurden, weil dies an ihrer rechtlichen Qualifikation nichts ändert (vgl 3 Ob 112/94; 10 Ob 1523/88; NZ 1982, 154 uva). Dies gilt selbst dann, wenn die Zinsen ausdrücklich aus dem Titel des Schadenersatzes gefordert werden (RdW 1997, 724; 3 Ob 566/92; NZ 1982, 154; EvBl 1964/450). Auch der Umstand, daß sie statt mit einem Prozentsatz mit einem bestimmten Betrag vereinbart wurden, nimmt ihnen nicht den Charakter einer Nebenforderung (RdW 1997, 724; 6 Ob 533/95; 3 Ob 566/92; NZ 1982, 154; RZ 1955, 62), desgleichen auch nicht die Vereinbarung, für ein gewährtes Darlehen einen bestimmten weiteren Betrag als Zins- oder Gewinnanteil zurückzuzahlen, weil es sich dabei um ein einer Verzinsung gleichzusetzendes Entgelt für die Kapitalnutzung handelt (8 Ob 535/81; aA *Mayr* in *Rechberger,* ZPO[1] § 54 JN Rz 3; OLG Wien REDOK 10.989 [1987]).

38 Hingegen stellen Wertsicherungsklauseln lediglich Berechnungsgrundlagen für die Festsetzung etwa des zurückzuzahlenden Darlehens (8 Ob 535/81; SZ 49/54 [1976]; 34/106 [1961]) oder des zu entrichtenden Mietzinses (1 Ob 520/96; 1 Ob 618/93; 6 Ob 637/88; ÖBA 1988, 163; 1 Ob 623/85; NZ 1982, 15; SZ 49/54 [1976]; MietSlg 23.089 [1971]) und die sich daraus ergebenden Beträge daher keine Nebenforderung dar. Sie sind vielmehr als Teil der Haupt- (darlehens- oder -mietzins-)forderung anzusehen.

§ 55. (1) Mehrere in einer Klage geltend gemachte Ansprüche sind zusammenzurechnen, wenn

1. sie von einer einzelnen Partei gegen eine einzelne Partei erhoben werden und in einem tatsächlichen oder rechtlichen Zusammenhang stehen oder

2. sie von mehreren Parteien oder gegen mehrere Parteien erhoben werden, die Streitgenossen nach § 11 Z 1 ZPO sind.

(2) Wird der gleiche Anspruch durch oder gegen mehrere Personen geltend gemacht, denen der Anspruch solidarisch zusteht oder für den sie solidarisch haften, so richtet sich der Wert nach der Höhe des einfachen Anspruchs.

(3) Wird nur ein Teil einer Kapitalsforderung begehrt, so ist der Gesamtbetrag der noch unberichtigten Kapitalsforderung maßgebend.

(4) In Rechtsstreitigkeiten, in denen ein im § 29 KSchG genannter Verband einen ihm zur Geltendmachung abgetretenen, in Geld bestehenden Anspruch gegen eine Partei klagsweise geltend macht, gilt, wenn der begehrte Geldbetrag niedriger ist, der Betrag von 60 000 S als Streitwert.

(5) Die Abs. 1 bis 4 sind auch für die Besetzung des Gerichts (§ 7a), die Zulässigkeit von Rechtsmitteln und die Berufungsgründe (§ 501 ZPO) maßgebend.

Abs 1 und 4 idF Art IX Z 3 WGN 1989 BGBl 343; Abs 2 und 3 idF Art II Z 24 ZVN 1983 BGBl 135; Abs 5 eingefügt durch Art IX Z 3 WGN 1989 BGBl 343

Lit: *M. Bydlinski/K. Nowakowski,* Streitwert und Anwaltszwang beim Bezirksgericht, RZ 1990, 165; *Enzinger,* Zur Höhe des Streitwertes bei Unterlassungsklagen aus dem Wettbewerbsrecht, ÖBl 1986, 1; *Ertl,* Noch immer nicht Veraltetes zur Teileinklagung von Schmerzengeldansprüchen, RZ 1997, 146; *Fasching,* Die Zivilverfahrensnovelle 1981, JBl 1982, 68, 120; *ders,* Zur Auslegung der Zivilverfahrensgesetze, Fasching-FG (1993) 25; *Fucik,* Die Rechtsmittelbeschränkungen der §§ 501, 517 nF, RZ 1984, 54; *Klein,* Zeit- und Geistesströmungen im Prozesse (1901); *Petrag,* Überblick über die Zivilverfahrensnovelle 1983, RZ 1983, 105; *Petrasch,* Das neue Revisions-(Rekurs-)Recht, ÖJZ 1983, 169, 200; *ders,* Die Zivilverfahrensnovelle 1983 in der Rechtsprechung des Obersten Gerichtshofs, ÖJZ 1985, 257, 291; *Rinner,* Gewerblicher Rechtsschutz (1982); *Robl,* Nochmals: Streitwert und Anwaltspflicht beim Bezirksgericht, RZ 1992, 113; *M. Roth,* Neuerungen der Zivilverfahrensnovelle 1983 im Bereich der Klagenhäufung, BeitrZPR II 209; *Schalich,* Überblick über die Zivilverfahrensnovelle 1983, ÖJZ 1983, 253, 287; *Schoibl,* Die Verbandsklage als Instrument zur Wahrung „öffentlicher" oder „überindividueller" Interessen im österreichischen Zivilverfahrensrecht, ZfRV 1990, 1; *Schönherr,* Gewerblicher Rechtsschutz und Urheberrecht (1982); *Schrutka,* Zur Auslegung des § 55 Satz 2 und 3 JN, JBl 1915, 2.

Übersicht:

I. Rechtslage vor der ZVN 1983

1 § 55, 1. Satz JN idF vor der ZVN 1983 ordnete im Zusammenhang mit der Klagenhäufung lediglich an, daß **mehrere in einer Klage von einer einzelnen Partei oder von Streitgenossen geltend gemachte Ansprüche zusammenzurechnen** seien. In der Praxis wurde diese Bestimmung im Hinblick auf § 227 Abs 1, 1. Satz ZPO idF vor der ZVN 1983 jedoch **teleologisch** dahingehend **reduziert,** daß eine Zusammenrechnung nur dann möglich sein sollte, wenn die geltend gemachten **Ansprüche in einem tatsächlichen oder rechtlichen Zusammenhang** stünden (*Fasching*[1] I 342, 344; RZ 1933, 241; SZ 14/188 [1932] = ZBl 1933/17 = RZ 1933, 51; Rsp 1927/132 [zust *Wahle*] uva) – allerdings wurde vereinzelt auch die Auffassung vertreten, Voraussetzung für eine Zusammenrechnung sei ein tatsächlicher **und** rechtlicher Zusammenhang (SZ 11/18 [1929]; 7/340 [1925]) bzw eine Zusammenrechnung habe selbst dann zu erfolgen, wenn kein rechtlicher oder tatsächlicher Zusammenhang gegeben sei (*Holzhammer,* Zivilprozeßrecht[2], 46; *ders,* Parteienhäufung 64, 70; *Wolff,* Zivilprozeßrecht[2], 9) – oder wenn es sich um **Ansprüche materieller Streitgenossen** nach § 11 Z 1 ZPO handelte (SZ 24/335 [1951] = Arb 5332 [1951] = EvBl 1952/49; SZ 20/40 [1938] uva; aA aber *Fasching*[1] I 343, 346). Sowohl in der Lehre (*Fasching*[1] I 343) als auch in der Rsp (SZ 20/40 [1938] ua) wurde dagegen § 55, 1. Satz JN idF vor der ZVN 1983 – ausdehnend – **auch auf beklagte (materielle) Streitgenossen angewendet** (Näheres zur Rechtslage vor der ZVN 1983 vgl bei *M. Roth,* BeitrZPR II 211f mit zahlreichen weiteren Nachweisen).

II. Aktuelle Rechtslage

2 **Durch die ZVN 1983** erfuhren die (Klagen-) Häufungsvorschriften (§ 55 JN, §§ 11, 227 ZPO) eine **grundlegende Neugestaltung,** die im wesentlichen die von der Rsp und damals herrschenden Lehre gefundene Linie gesetzlich festlegte (*Fasching,* JBl 1982, 68, 253; *M. Roth,* BeitrZPR II 216). Unter **Klagenhäufung** versteht man dabei nunmehr den **Zusammenschluß mehrerer Klagen in einem Prozeß.** Sie entsteht entweder dadurch, daß mehrere Ansprüche gemeinsam geltend gemacht werden; dann liegt objektive Klagenhäufung (**Anspruchshäufung;** vgl Rz 13 bis 22) vor. Oder dadurch, daß mehrere Personen gemeinsam als Klä-

ger oder Beklagte auftreten; dann liegt subjektive Klagenhäufung (**Parteienhäufung;** vgl Rz 23 bis 24) vor (*Fasching,* Lehrbuch[2] Rz 1116; *M. Roth,* BeitrZPR II 211; *Wolff,* Zivilprozeßrecht[2], 124). Jede Parteienhäufung ist dabei gleichzeitig aber auch eine Anspruchshäufung (*Holzhammer,* Parteienhäufung 62; *M. Roth,* BeitrZPR II 211; *Wolff,* Zivilprozeßrecht[2], 125).

Neben den Zusammenrechnungsregeln (Abs 1 und 2) enthält § 55 JN aber auch Regelungen über den Wert des Streitgegenstandes, wenn hinsichtlich einer Forderung lediglich eine **Teileinklagung** erfolgt (Abs 3), sowie über den **Streitwert bestimmter Verbandsklagen** (Abs 4).

III. Anwendungsbereich der Zusammenrechnungsregeln

3 Die Zusammenrechnungsregelungen des § 55 (Abs 1 und 2 JN; zu den Sonderfällen Teileinklagung vgl Rz 27 bis 36 bzw Verbandsklagen Rz 37 bis 41) sind nach der ausdrücklichen Anordnung des § 55 Abs 5 JN nicht nur für die **Zuständigkeitsprüfung** durch das Gericht, sondern auch für seine **Besetzung** (§ 7a JN) und für die Beurteilung der **Zulässigkeit von Rechtsmitteln** maßgebend. Der nach diesen Regeln zusammengerechnete Streitwert bestimmt daher einerseits die Zuständigkeit und die Besetzung des Gerichtes, andererseits im Hinblick auf § 12 RATG und § 15 Abs 2 GGG jedenfalls aber auch die Höhe der Bemessungsgrundlage bei der Berechnung der **Rechtsanwaltskosten** und bei der Bestimmung der **Gerichtsgebühren** (diese Bestimmungen gehen aber sogar weiter, weil es hier bei der Zusammenrechnung nicht auf einen tatsächlichen oder rechtlichen Zusammenhang, sondern lediglich auf die Mehrheit der geltend gemachten Ansprüche ankommt).

4 Nach § 55 Abs 5 JN gelten die Zusammenrechnungsregeln außerdem für die Prüfung der Zulässigkeit eines Rechtsmittels oder der geltend gemachten Berufungsgründe (§ 501 Abs 1 ZPO). Werden daher in einem Verfahren mehrere Ansprüche erhoben und liegen die Voraussetzungen für eine Zusammenrechnung vor, dann hat das Berufungs- bzw Rekursgericht sowohl bei Beurteilung der Zulässigkeit der geltend gemachten **Berufungsgründe (§ 501 Abs 1 ZPO)** bzw eines **Rekurses (§ 517 ZPO)** als auch bei Beurteilung der Zulässigkeit einer **Revision (§ 502 Abs 2 und 3 ZPO)** bzw eines **Revisionsrekurses (§ 528 Abs 2 Z 1 und 1a ZPO)** vom Gesamtstreitwert auszugehen, auch wenn der Wert der einzelnen Ansprüche jeweils 26.000 S bzw 52.000 S nicht übersteigt (§ 500 Abs 3 ZPO verweist ausdrücklich auch auf § 55 Abs 1 und 2 JN; 1 Ob 202/97f; EvBl 1997/111 = ÖJZ-LSK 1997/153; 1 Ob 2058/96a; 4 Ob 521/95; SZ 64/88 [1991]; 63/188 [1990] uva). Liegen **hingegen** die Voraussetzungen für eine **Zusammenrechnung der einzelnen Ansprüche nicht** vor (4 Ob 521/95; RZ 1995/31; JBl 1993, 399; SZ 63/188 [1990]; 56/186 [1983]) **oder** wurden lediglich **mehrere Klagen nach § 187 ZPO verbunden** (*Fucik,* RZ 1984, 56; *ders* in *Rechberger,* ZPO[2] § 187 Rz 3; *Mayr* in *Rechberger,* ZPO[2] § 55 JN Rz 1; *Petrasch,* ÖJZ 1983, 173; 5 Ob 118/96; WoBl 1995, 181; AnwBl 1991, 109; RZ 1990/97; EvBl 1983/6; JBl 1978, 432; SZ 31/155 [1958]; 26/97 [1953]), dann ist die **Frage der Rechtsmittelzulässigkeit für jedes Begehren getrennt zu beurteilen;** jeder der geltend gemachten Ansprüche ist dann **in rechtlicher und tatsächlicher Hinsicht** als **selbstständig** anzusehen (RZ 1995/31; 8 Ob 1657, 1658/91).

Unstrittig ist auch, daß die **Zusammenrechnungsregeln keine Anwendung im Bereich des Mahnverfahrens** finden, weil hier im Hinblick auf § 448 Abs 1 ZPO immer der gesamte Klagsbetrag maßgeblich ist, auch wenn nach § 55 Abs 1 JN eine Zusammenrechnung nicht erfolgen darf (vgl *Fasching,* Lehrbuch[2] Rz 1634;

M. Bydlinski/K. Nowakowski, RZ 1990, 169; *dies,* RZ 1990, 231 [Entscheidungsbesprechung]; *Fucik* in *Rechberger,* ZPO[2] § 448 Rz 4; *Mayr* in *Rechberger,* ZPO[2] § 55 JN Rz 5; *Robl,* RZ 1992, 113).

Besonders umstritten – und wohl auch noch nicht abschließend geklärt (vgl dazu außerdem bei § 27 ZPO) – ist hingegen die Frage, inwieweit die Zusammenrechnungsregeln des § 55 Abs 1 JN auf die in § 55 Abs 5 JN nicht erwähnte **(absolute oder relative) Anwaltspflicht** anzuwenden sind, wobei sich diese Frage allerdings nur **bei Bezirksgerichtszuständigkeit** stellt, weil § 27 Abs 1 ZPO für alle höheren Gerichte, also auch für den Gerichtshof I. Instanz, unabhängig vom Wert des Streitgegenstandes (vgl auch dazu bei § 27 ZPO) absolute Anwaltspflicht anordnet; darüber hinaus bereitet die Zusammenrechnungsregel bei formellen Streitgenossen keine Probleme, weil hier ohnehin nie eine Zusammenrechnung der Streitwerte erfolgt (vgl Rz 23), somit auch nicht bei Prüfung der Anwaltspflicht. 5

Während nun Gerichte II. Instanz (HG Wien WR 427 [1989]; LGZ Wien 45 R 642/91) und *Robl* (RZ 1992, 112), dem *Fucik* (in *Rechberger,* ZPO[2] § 27 Rz 5), *Mayr* (in *Rechberger,* ZPO[2] § 55 JN Rz 5) und *Rechberger/Simotta* (Zivilprozeßrecht[4] Rz 247) – jeweils ohne eigene Begründungen – folgen, davon ausgehen, daß Anwaltspflicht nur dann bestehen soll, wenn die Werte der geltend gemachten Ansprüche nach § 55 Abs 1 JN zusammenzurechnen sind und insgesamt (nunmehr) 52.000 S übersteigen, treten *Fasching* (Lehrbuch[2] Rz 442, 1610) und *M. Bydlinski/K. Nowakowski* (RZ 1990, 164 sowie RZ 1990, 231 [Entscheidungsbesprechung]) für eine generelle Zusammenrechnung der Werte der geltend gemachten Ansprüche unabhängig von deren Zusammenhang nach § 55 Abs 1 JN ein. Der OGH (RZ 1990/97 [abl *M. Bydlinski/K. Nowakowski*]) hat sich einer klärenden Stellungnahme bislang enthalten, lehnte die generelle Zusammenrechnung allerdings ausdrücklich ab und führte aus, es könne dahingestellt bleiben, ob bei rechtlichem oder tatsächlichem Zusammenhang der Ansprüche Anwaltspflicht gegeben sei, weil im konkreten Fall die Voraussetzungen nach § 55 Abs 1 JN nicht vorlägen (insoferne wird der OGH sowohl von *Rechberger/Simotta,* Zivilprozeßrecht[4] Rz 241 FN 180 [„in jedem Fall gegen eine Zusammenrechnung"] als auch von *Fucik* in *Rechberger,* ZPO[2] § 27 Rz 5 [„Zusammenrechnung nach Maßgabe des § 55 Abs 1 JN"] unrichtig zitiert). 6

Keiner dieser – deutlich Stellung beziehenden – Auffassungen kann gefolgt werden: Sowohl *Robl* (RZ 1992, 112) als auch das LGZ Wien (45 R 642/91) und das HG Wien (WR 427 [1989]) gründen ihre Überlegungen ausdrücklich auf eine analoge Anwendung des § 55 Abs 5 JN auf die Anwaltspflicht, welcher Begründung auch *M. Bydlinski/K. Nowakowski* (RZ 1990, 167) systematische (und damit wohl dogmatische) Vorzüge zugestehen wollen. Das HG Wien (WR 427 [1989]) betont dabei, daß bei Untersuchung der Entstehungsgeschichte des § 55 (Abs 5) JN vom Gesetzgeber keine taxative Aufzählung (der Anwendungsgebiete), sondern lediglich eine „Klarstellung" beabsichtigt gewesen sein soll, ohne dies aber näher belegen zu können. Auch *Robl* (RZ 1992, 113) führt ohne nähere Begründung dazu aus, das Fehlen einer Materie in der Aufzählung des § 55 Abs 5 JN lasse nicht schon deswegen darauf schließen, daß für diesen Bereich immer zusammenzurechnen sei, was auch für die Anwaltspflicht gelten müsse. 7

Betrachtet man nun allerdings den Umstand, daß § 55 Abs 5 JN anläßlich der ZVN 1983, der ZVN 1986 und auch der WGN 1989 Gegenstand gesetzgeberischer Tätigkeiten war, überzeugt die Auffassung nicht, daß die Problematik der Anwendbarkeit der Zusammenrechnungsregeln des § 55 Abs 1 JN lediglich 8 durch Analogie gelöst werden könnte. Tatsache ist vielmehr, daß **§ 55 Abs 5 JN ausdrücklich die Zuständigkeit, die Gerichtsbesetzung und die Rechtsmittelzulässigkeit erwähnt,** seine wortgetreue Auslegung daher durchaus nicht allein deshalb zu überspitzten (VwGH ÖJZ 1956, 53 uva) oder zu unvernünftigen, dem Gesetzgeber nicht zusinnbaren Ergebnissen (VwGH ZfVB 1989/1576 uva) führt, weil die Anwaltspflicht nicht erwähnt wird. Läßt der Wortlaut des Gesetzes nur eine Auslegung zu, so kann nicht nach einem Sinn geforscht werden, der sich mit dem Wortlaut nicht vereinbaren läßt (VwGH ZfVB 1977/1361); in diesem Fall ist insb aber auch die Fragestellung unzulässig, ob nicht etwa die historische oder teleologische Auslegungsmethode einen anderen Inhalt ergeben würde (VfGH ZfVB 1977/1633). Rechtspolitische Bedenken gegen eine gesetzliche Regelung vermögen nämlich nichts daran zu ändern, daß das bestehende Gesetz (in seinem eindeutigen Sinn) anzuwenden ist (SZ 58/101 [1985]).

9 Soweit die dargestellten Auffassungen von einer Analogiefähigkeit des § 55 Abs 5 JN im Hinblick auf die Anwaltspflicht ausgehen, argumentieren sie jedoch mit teleologischen Überlegungen, wobei sie allerdings einerseits übersehen, daß auf das Mittel der teleologischen Auslegung nur zurückzugreifen ist, wenn der Wortlaut einer Vorschrift Zweifel offen läßt (VwGH ZfVB 1982/1220) oder wenn die grammatikalische und die systematisch-logische Interpretation widersprechende Ergebnisse erbringen (VwGH ÖStZB 1985, 222; ÖJZ 1980, 330); andererseits erscheinen aber auch die ins Treffen geführten teleologischen Überlegungen selbst keineswegs zwingend (vgl Rz 10 bis 12). Damit läßt sich aber aus § 55 Abs 5 JN (e contrario) ableiten, daß **bei Prüfung der Anwaltspflicht die Zusammenrechnungsregeln des § 55 Abs 1 JN keine Anwendung** zu finden haben, es sohin niemals auf die Frage ankommen kann, ob die geltend gemachten Ansprüche in einem rechtlichen oder tatsächlichen Zusammenhang stehen oder ob die Parteienmehrheit eine materielle oder lediglich eine formelle Streitgenossenschaft darstellt.

10 Mit der überwiegenden Lehre ist nun weiters davon auszugehen, daß **Jurisdiktionsnorm und Zivilprozeßordnung** nicht die Zusammenrechnung mehrerer Ansprüche **als Grundregel** ansehen, sondern im Gegenteil deren **Nichtzusammenrechnung** (*Fasching*[1] III 44; *ders,* Lehrbuch[2] Rz 1634; *Klein,* Vorlesungen 191; *Robl,* RZ 1992, 113; aA aber *M. Bydlinski/K. Nowakowski,* RZ 1990, 167), was sich einerseits mit § 227 Abs 1 ZPO und andererseits insb damit begründen läßt, daß sonst § 55 Abs 1 JN, § 12 RATG und § 15 Abs 2 GGG, die eine Zusammenrechnung für bestimmte Fälle anordnen, völlig überflüssig wären (wenn ohnehin generell Zusammenrechnung anzunehmen wäre). Die gegenteilige Auffassung (jedenfalls Zusammenrechnung) argumentiert im Zusammenhang mit der Anwaltspflicht mit dem Gedanken des Rechtsschutzes. Es habe nämlich das Bestreben im Vordergrund zu stehen, dafür Sorge zu tragen, daß die Partei durch ihre fehlenden oder lückenhaften Rechtskenntnisse keine Nachteile erleide; dies erfordere ein Abstellen auf das für die einzelne Partei mit dem jeweiligen Prozeß verbundene Gesamtrisiko (*M. Bydlinski/ K. Nowakowski,* RZ 1990, 169; *dies,* RZ 1990, 231 [Entscheidungsbesprechung]). Dabei wird aber übersehen, daß seit der EO-Novelle 1991 durch § 27 Abs 2 ZPO klargestellt ist, daß bei Eigenzuständigkeit des Bezirksgerichtes auch bei theoretisch immens hohen Streitwerten (etwa Unterhaltsklagen, Oppositionsklagen, Bestandstreitigkeiten) keine absolute Anwaltspflicht vorgesehen ist. Wenn aber der Gesetzgeber selbst dem **Gedanken des Rechtsschutzes (Schutz der Parteien vor Eigenfehlern) keine allzu große Bedeutung** beimißt, stellt dieser Gedanke auch keine tragfähige Argumentationsbasis für das Gegenteil dar.

Geht man demnach von der grundsätzlichen Nichtzusammenrechnung aus, dann ergibt sich aber zwingend, daß **weder absolute noch relative Anwaltspflicht** vorliegt, **wenn** in einem Verfahren **keiner der geltend gemachten Ansprüche 52.000 S übersteigt,** und zwar **selbst dann nicht, wenn zwischen diesen Ansprüchen ein rechtlicher oder tatsächlicher Zusammenhang** bestehen **oder eine materielle Streitgenossenschaft prozeßbeteiligt** sein sollte.

Für diese Auslegung spricht auch, daß die Auslegung von Verfahrensbestimmungen einerseits der Sacherledigung des Rechtsschutzantrages den Vorrang gewähren (*Fasching,* Lehrbuch[2] Rz 719; *ders,* Fasching-FG 34) und andererseits die Prozeßökonomie nicht außer acht lassen (*Fasching,* Fasching-FG 40; *Klein,* Zeit- und Geistesströmungen 24) soll. Gerade diesen Grundsätzen könnte aber die analoge Anwendung der Zusammenrechnungsregeln auf die Anwaltspflicht widerstreiten, weil im Einzelfall die Beurteilung, ob Ansprüche in einem rechtlichen oder tatsächlichen Zusammenhang stehen, strittig sein kann. Dies führt möglicherweise dazu, daß ein Verfahren mit einer unvertretenen Partei geführt wird und sich erst in einer höheren Instanz der rechtliche oder tatsächliche Zusammenhang der geltend gemachten Ansprüche herausstellt; der erst nunmehr zu Tage getretene Verstoß gegen § 27 ZPO (möglicherweise sogar hinsichtlich beider Parteien) bewirkt aber – nach vergeblicher Durchführung eines Sanierungsversuches – die Nichtigerklärung des Verfahrens (§§ 37, 477 Abs 1 Z 5 ZPO; *Fasching,* Lehrbuch[2] Rz 435; *Fucik* in *Rechberger,* ZPO[2] § 37 Rz 1; *Holzhammer,* Zivilprozeßrecht[2], 100; *Rechberger/Simotta,* Zivilprozeßrecht[4] Rz 241; aA [iS von fehlender Postulationsfähigkeit] *Ballon,* Zivilprozeßrecht[8] Rz 113, 114; *Kodek* in *Rechberger,* ZPO[2] § 477 Rz 8; EFSlg 57.784 [1988]; 49.352 [1985]; JBl 1959, 421), womit das gesamte bisherige Verfahren frustriert wäre. Denkbar wäre aber etwa auch, daß der Kläger zunächst keinen rechtlichen oder tatsächlichen Zusammenhang behauptet und diese Behauptung erst im Laufe des Verfahrens nachträgt; erst dadurch würde aber die Zusammenrechnung erfolgen und die Anwaltspflicht ausgelöst (gerade dieses Beispiel zeigt aber auch, daß Fragen der Anwaltspflicht und der Zuständigkeit nicht problemlos analog gelöst werden können, weil die Zuständigkeitsprüfung auf Grund der Behauptungen des Klägers am Beginn des Verfahrens erfolgt und nachträgliche Behauptungen zu keiner Änderung mehr führen können; darüber hinaus gibt es auch keine „Heilung der Verletzung der Anwaltspflicht" iS des § 104 Abs 3 JN). Diese Unwägbarkeiten erscheinen aber auch unter dem Gesichtspunkt des Rechtsschutzes bedenklich, weil es der Beurteilung des (bei Zustellung der Klage unvertretenen) Beklagten überlassen bliebe, ob er nun der Vertretung durch einen Rechtsanwalt bedarf oder nicht. Erscheint er aber zur Ersten Tagsatzung oder zur Tagsatzung zur mündlichen Streitverhandlung trotz rechtlichen oder tatsächlichen Zusammenhanges der geltend gemachten Ansprüche ohne Rechtsanwalt, müßte gegen ihn ein Versäumungsurteil (samt Kostenfolgen und Möglichkeit einer Exekution zur Sicherstellung) ergehen. **11**

Schließlich erscheint die **(generelle) Nichtzusammenrechnung** auch deshalb **(teleologisch) zwingender, weil** auch bei getrennter Einklagung mehrerer Ansprüche, wogegen sich der Beklagte ohnehin nicht wehren könnte, und **Verbindung der Verfahren durch das Gericht** nach § 187 ZPO eine **Zusammenrechnung der Streitwerte selbst dann nicht** erfolgt, **wenn** zwischen den Ansprüchen ein **rechtlicher oder tatsächlicher Zusammenhang** bestünde (vgl Rz 4); käme es hingegen zu einer generellen Zusammenrechnung, dann stünde es im Belieben des Klägers, der mehrere zwar jeweils 52.000 S nicht, insgesamt diesen Betrag aber übersteigende Ansprüche geltend machen will, zu entscheiden, ob er den **12** (vielleicht finanziell schwächeren) Beklagten in einen Anwaltsprozeß „treiben" will oder nicht (klagt er nämlich getrennt ein und werden die Verfahren verbunden, besteht keine Anwaltspflicht; klagt er hingegen gemeinsam ein, ist der Beklagte gezwungen, sich eines Rechtsanwaltes zu bedienen).

IV. Anspruchshäufung (§ 55 Abs 1 Z 1 JN)

A. Voraussetzungen

13 Nach § 55 Abs 1 Z 1 JN **müssen** (aA iS von „können" noch *Fasching*[1] I 344) die **Werte mehrerer in einer Klage geltend gemachter Ansprüche zusammengerechnet** werden, wenn sie in einem **tatsächlichen oder rechtlichen Zusammenhang** stehen. Das ist grundsätzlich dann der Fall, wenn die einzelnen **Ansprüche voneinander abhängig** sind, sodaß keiner für sich allein existieren kann, oder wenn sie **aus einer gemeinsamen Tatsache oder aus einem gemeinsamen Rechtsgrund** entstanden sind (3 Ob 2084/96h; RZ 1995/31; WBl 1992, 335; SZ 63/188 [1990] = EvBl 1991/16 = JBl 1992, 256 = ÖBA 1991, 384; SZ 56/186 [1983]; OLG Wien EvBl 1954/207, 1949/262). Bei Beurteilung der Frage, ob nun zwischen mehreren Forderungen ein tatsächlicher oder rechtlicher Zusammenhang besteht, ist **grundsätzlich vom Vorbringen des Klägers auszugehen** (1 Ob 202/97f; EvBl 1997/111; 3 Ob 2084/96h; RZ 1995/31; 7 Ob 570/85; 7 Ob 668/84), und zwar selbst dann, wenn die Behauptungen in weiter Folge etwa durch Feststellungen im erstinstanzlichen Urteil widerlegt werden (EvBl 1997/111). Die Rechtsmittelgerichte können allerdings dem Erstgericht diesbezüglich Erhebungen auftragen, wenn sich aus dem bisherigen Verfahren nicht eindeutig ergibt, ob die mehreren in einer Klage geltend gemachten Ansprüche in rechtlichem oder tatsächlichem Zusammenhang stehen, keine entsprechenden Behauptungen des Klägers vorliegen und darüber hinaus die Klärung dieser Frage für die Beurteilung der Revisions- oder Revisionsrekurszulässigkeit von Bedeutung ist (vgl 3 Ob 511/81). Da Jurisdiktionsnorm und Zivilprozeßordnung vom Grundsatz der Nichtzusammenrechnung mehrerer geltend gemachter Ansprüche ausgehen (vgl dazu Rz 10), trifft den **Kläger die Behauptungslast für den rechtlichen oder tatsächlichen Zusammenhang** (unterläßt er eine derartige Behauptung und übersteigt keiner der geltend gemachten Ansprüche 130.000 S, wäre demnach von Bezirksgerichtszuständigkeit auszugehen [OLG Linz 2 R 262/98g; LG Salzburg 53 R 78/96v]).

14 Weitere Voraussetzung für eine Zusammenrechnung der geltend gemachten **Ansprüche** ist, daß es sich bei ihnen um solche **einer einzelnen oder** um solche **gegen eine einzelne Partei** handelt; desweiteren müssen sie bereits **in der Klage gemeinsam geltend gemacht** werden, wohingegen eine Prozeßverbindung selbst dann nicht ausreicht, wenn zwischen den Forderungen ein (rechtlicher oder tatsächlicher) Zusammenhang besteht (vgl Rz 4).

Werden mehrere Ansprüche geltend gemacht, und steht ein Teil von ihnen in einem rechtlichen und ein anderer Teil in einem tatsächlichen Zusammenhang, dann ist eine **Zusammenrechnung beider Gruppen nicht möglich** (SZ 23/155 [1950]), weil § 55 Abs 1 Z 1 JN von rechtlichem „oder" tatsächlichem Zusammenhang spricht. Dies wird von *Mayr* (in *Rechberger,* ZPO[2] § 55 JN Rz 2) ohne Begründung in Frage gestellt. Da jedoch Ansprüche, die weder in einem rechtlichen noch in einem tatsächlichen Zusammenhang stehen, nicht zusammengerechnet werden dürfen, muß dies erst recht gelten, wenn gleichsam auf jeder Seite mehrere (zusammenzurechnende) Ansprüche stehen, weil sonst das Zusammenrechnungsverbot des § 55 Abs 1 JN durch die Mehrzahl der Ansprüche umgangen würde.

B. Rechtlicher Zusammenhang

15 In **rechtlichem Zusammenhang** stehen **Ansprüche, wenn sie aus einem einheitlichen Vertrag oder einer Gesetzesvorschrift** (etwa bei Körperverletzungen nach § 1325 ABGB Verdienstentgang, Heilungskosten und Schmerzengeld) **abgeleitet werden** (*Mayr* in *Rechberger,* ZPO § 55 JN Rz 2; *Rechberger/Simotta,* Zivilprozeßrecht[4] Rz 106; EvBl 1999/41). Dabei ist es nicht hinreichend, daß ein und dasselbe Rechtssubjekt aus einem gleichartigen Rechtstitel mehrfach belangt oder haftbar gemacht wird; vielmehr können nur die Identität einer Rechtsvorschrift **(einheitliche Rechtsvorschrift)** oder des Rechtsgeschäftes **(einheitliches Rechtsgeschäft)** oder ein **fortdauerndes Rechtsverhältnis** jenen Zusammenhang schaffen, der die verschiedenen Ansprüche zu einer einheitlichen Forderung verbindet (vgl 3 Ob 2084/96 h; RZ 1936, 145; OLG Wien EvBl 1954/207). Die **Ansprüche** müssen somit aus einer Gesetzesstelle abgeleitet werden und **miteinander in unmittelbarem wirtschaftlichen Zusammenhang** stehen (vgl auch *Mayr* in *Rechberger,* ZPO[2] § 55 JN Rz 2; 1 Ob 202/97 f; 3 Ob 520/95; RZ 1995/31; SZ 56/186 [1983]; MietSlg 34.768 [1982]; SZ 52/67 [1978], 45/117 [1972] uva).

16 Zusammenzurechnen sind daher etwa Ansprüche aus einem **einheitlichen Lieferungsvertrag** (SZ 14/188 [1932] = GH 1933, 80 = ZBl 1933/17 = RZ 1933, 51 uva), der Anspruch auf Verbücherung des Eigentumsrechtes an mehreren Liegenschaften (SZ 65/128 [1992] = ÖBA 1993, 412) bzw überhaupt eine mehrere Gegenstände umfassende Eigentumsklage (1 Ob 712/85; 1 Ob 538/85), wenn die Liegenschaften oder Gegenstände durch ein einheitliches Rechtsgeschäft erworben wurden, der Anspruch auf **Rücktritt vom Vertrag** bzw auf Rückerstattung einer geleisteten Anzahlung und jener auf **Schadenersatz wegen Nichterfüllung** (7 Ob 175/66) sowie das Begehren auf **Feststellung eines Rechtsverhältnisses und** der Anspruch auf die aus diesem Rechtsverhältnis **abgeleiteten Leistungen** (4 Ob 188/54; 4 Ob 2/54). Auch die Bestellung eines gemeinsamen Pfandes oder ein gemeinsames Zahlungsversprechen für mehrere Forderungen führen zur Zusammenrechnung dieser Forderungen, wenn entweder auf Befriedigung aus dem Pfand geklagt oder das Zahlungsversprechen zur Grundlage der Klage gemacht wird (aA JBl 1937, 322). All diesen Fällen liegt ein einheitliches Rechtsgeschäft zugrunde. Aus diesem Grund sind auch aus einem Reiseveranstaltungsvertrag abgeleitete Ansprüche zusammenzurechnen (JBl 1988, 779 [*Hoyer*] = SZ 61/125 [1988] = RdW 1989, 97; ZfRV 1988, 49; JBl 1986, 245 = RZ 1986/43 = SZ 58/174 [1985]; SZ 53/14 [1979], 47/13 [1974]).

Weiters stehen der Anspruch auf Aufhebung eines Schiedsspruches und jener auf Ersatz der Auslagen des Schiedsverfahrens ebenso in einem rechtlichen Zusammenhang (EvBl 1988/145) wie die Begehren mehrerer Oppositionsklagen wegen desselben Einstellungsgrundes (JBl 1936, 434; zur Exszindierungsklage vgl § 56 JN Rz 18 bis 20), weil diesen Ansprüchen einheitliche Rechtsvorschriften zugrundeliegen. Schließlich sind aus diesem Grund auch die Begehren einer Stufenklage ebenso zusammenzurechnen (*Fasching,* Lehrbuch[2] Rz 1046; *Mayr* in *Rechberger,* ZPO[2] § 56 JN Rz 2) wie die jeweils aus § 168 ABGB abgeleiteten Begehren einer Mutter auf Ersatz der Entbindungskosten einerseits und gewisser Unterhaltsansprüche für die Zeit nach der Geburt gegenüber dem Vater des gerade erst geborenen Kindes andererseits.

17 Auf Grund eines fortdauernden Rechtsverhältnisses wiederum sind die Ansprüche auf **Rechnungslegung und** auf **Ausfolgung nach Beendigung** eines Bevollmächtigungsverhältnisses (3 Ob 1/94; SZ 20/155 [1938] = DREvBl 1938/328) ebenso zusammenzurechnen wie die **Begehren auf Rechnungslegung über meh-**

rere Geldbeträge, wenn die Ansprüche ihren gemeinsamen Rechtsgrund in der **Verwahrungspflicht** des Beklagten haben (3 Ob 1/94; SZ 20/155 [1938] = DREvBl 1938/328); damit besteht aber auch ein rechtlicher Zusammenhang zwischen der Klage auf Herausgabe von Gegenständen und einem Begehren auf Leistung des Interesses in Geld für einen Teil der abhanden gekommenen Gegenstände. Darüber hinaus sind sowohl **als Hauptforderung einklagte Zinsen** (1 Ob 842/82; 5 Ob 755/81; 7 Ob 584/78; RZ 1955, 62) als auch Ansprüche auf Ersatz verschiedener Aufwendungen durch denjenigen, der eine Liegenschaft zu erwerben beabsichtigte, nachdem die Erwerbung unmöglich wurde, zusammenzurechnen (3 Ob 582/53); desgleichen die Ansprüche auf Einwilligung in die Ausfolgung eines bei Gericht erlegten Betrages, auf Schadenersatz wegen rechtswidrigen Erlages dieses Betrages sowie auf Schadenersatz wegen rechtswidrigen Erlages eines bereits ausgefolgten anderen Erlagsbetrages, der mit dem ersteren ursprünglich eine einheitliche Treuhandgeldsumme bildete (5 Ob 787/80).

18 Schließlich stehen **mehrere aus einem Bestandvertrag** (nicht Gesetz [3 Ob 505/80]) **abgeleitete Ansprüche** immer in einem rechtlichen Zusammenhang, so etwa der Anspruch auf Räumung einer Liegenschaft und der Anspruch auf Schadenersatz wegen unbefugter Weiterbenützung nach dem Ende des Bestandverhältnisses, des weiteren Bestandzinsforderungen für verschiedene Zeiträume (JBl 1934, 417; LGZ Wien EvBl 1938/127), die Forderungen auf Leistung von Betriebskosten, Instandhaltungskosten und Hausverwaltungshonorar (LGZ Wien MietSlg 28.555 [1976]) sowie Aufwandersatzansprüche nach § 10 MRG (3 Ob 1595/92; SZ 63/41 [1989]). Hier sind demnach die gesamten (Mietzins- und sonstigen) Forderungen zusammenzurechnen.

Diese Überlegungen gelten aber – entgegen der Rsp (ZAS 1989/5; 9 ObA 50/89; 9 ObA 166/88; DRdA 1987, 432; 14 Ob 108/86; Arb 10.507; ZBl 1936/28) – auch **für alle aus einem Arbeitsvertrag abgeleiteten Forderungen,** so etwa die Entgeltforderungen für verschiedene Gehaltsperioden oder auch der Anspruch auf restlichen Lohn einerseits und der Anspruch auf Ausstellung eines Dienstzeugnisses oder auf Schadenersatz wegen ungerechtfertigter Entlassung (Kündigungsentschädigung) andererseits, weil all diese Ansprüche durch das zugrundeliegende Arbeitsverhältnis in einem rechtlichen Zusammenhang stehen (so auch *Mayr* in *Rechberger,* ZPO[2] § 55 JN Rz 2; vgl auch JBl 1980, 439 = SZ 52/75 [1978]).

19 In einem rechtlichen Zusammenhang stehen auf Grund der gleichen Überlegungen auch Ansprüche eines Vermittlers auf Bezahlung der Restprovision und auf Schadenersatz wegen der ihm aus dem Verschulden des Beklagten erwachsenen Kosten (aA *Fasching*[1] I 346; Rsp 1935/310) und – entgegen der Rsp (8 Ob 86/97 y; RdW 1997, 276; 6 Ob 639/87; JUS 1985/3, 14; SZ 38/114 [1965] = EvBl 1966/61; ZBl 1932/227, 1929/228 uva) – **Ansprüche aus mehreren Wechseln,** die in einer Klage geltend gemacht werden, wenn sie auf ein **gemeinsames Grundgeschäft** zurückgehen (aA auch *Mayr* in *Rechberger,* ZPO[2] § 55 JN Rz 2).

Grundsätzlich besteht zwar Einigkeit darin, daß Honoraransprüche eines Rechtsanwaltes aus mehreren Vertretungsfällen auf Grund eines dauernden Vollmachtsverhältnisses oder eines einheitlichen Auftrages oder bei Vorliegen einer Gesamtzahlungsverpflichtung zusammenzurechnen sind, doch liegt hier nicht ein tatsächlicher (so aber *Mayr* in *Rechberger,* ZPO[2] § 55 JN Rz 2; 2 Ob 255/98 h; JBl 1976, 436; Rsp 1929/12 [abl *Wahle*]; ZBl 1929/111, 1929/110), sondern ein rechtlicher Zusammenhang vor (ähnlich dem einheitlichen Lieferungsvertrag; vgl Rz 16).

C. Tatsächlicher Zusammenhang

20 In einem **tatsächlichen Zusammenhang** stehen alle Klagsansprüche, die aus demselben Klagssachverhalt abzuleiten sind. Dies ist dann der Fall, wenn **das für einen Anspruch erforderliche Sachvorbringen ausreicht, auch über die anderen geltend gemachten Ansprüche entscheiden zu können, ohne daß noch ein ergänzendes Sachvorbringen erforderlich** wäre (*Mayr* in *Rechberger,* ZPO² § 55 JN Rz 2; *Rechberger/Simotta,* Zivilprozeßrecht⁴ Rz 106; vgl auch 3 Ob 2084/96 h; GesRZ 1990, 41; 2 Ob 113/88 uva). Auf gleichem Sachvorbringen beruhen demnach die Ansprüche auf Räumung einer Wohnung und auf Herausgabe der in der Wohnung befindlichen Möbel oder auf Leistung des Schadenersatzes für die abhanden gekommenen Möbel oder den sonstigen entstandenen Vermögensschaden, wenn sie etwa aus der eigenmächtigen Inbesitznahme eines Hauses oder einer möblierten Wohnung abgeleitet werden (OLG Wien EvBl 1949/431; 1948/814), das Begehren auf Herausgabe von Gegenständen, die sich noch im Besitz des Beklagten befinden, und das Begehren auf Herausgabe von Gegenständen, die sich nicht mehr in seinem Besitz befinden (7 Ob 208/56), oder auch das **Begehren auf Leistung der Kaufpreise mehrerer gleichzeitig bestellter Waren** (SZ 52/67 [1979]; zum einheitlichen Lieferungsvertrag vgl aber Rz 16) bzw der **Kosten mehrerer Polizeieinsätze wegen einer fehlerhaften Alarmanlage** (JBl 1980, 267 = RZ 1980/64). Zusammenzurechnen sind weiters sämtliche (Unterlassung, Schadenersatz, Urteilsveröffentlichung und Rechnungslegung [4 Ob 105/88]) Ansprüche des Klägers auf Grund eines Urheberrechts- oder sonstigen Wettbewerbsverstoßes des Beklagten (4 Ob 15/90; RZ 1988/56 = MR 1988, 90 = SZ 61/83 [1988]; 4 Ob 105/88; 4 Ob 109/88) oder **aus einem einzigen Unfall** (RZ 1999/3 = ZVR 1999/2; 8 Ob 86/87; EFSlg 36.774 [1980]; LGZ Wien EvBl 1936/761), und zwar selbst dann, wenn ein Teil dieser Ansprüche des Klägers etwa auf die Kaskoversicherung (ZVR 1992/28) oder auf den Sozialversicherungsträger nach § 334 ASVG (SZ 57/17 [1984] = JBl 1985, 111 = ZAS 1985/24 [*Koziol*]) übergegangen ist. Schließlich sind auch die Rückforderungsansprüche betreffend Ablösen für verschiedene Wohnungen, die zu einem gemeinsamen Wohnungsverband vereinigt worden sind, zusammenzurechnen (MietSlg 30.660 [1978]).

D. Kein Zusammenhang

21 Besteht hingegen kein rechtlicher oder tatsächlicher Zusammenhang zwischen den geltend gemachten Forderungen (vgl Rz 13 bis 20), etwa weil der Rechtsgrund der geltend gemachten Forderungen verschieden ist (1 Ob 687/77), dann kommt es zu keiner Zusammenrechnung der Werte der Streitgegenstände; Gleichartigkeit der Ansprüche reicht nicht aus (NRsp 1999/22; 2 Ob 255/98 h). Im **Familienrecht** gilt dies etwa für Ansprüche der Mutter nach § 168 ABGB (Entbindungskosten, gewisse Unterhaltsansprüche) und Ersatzansprüche nach § 1042 ABGB auf Ersatz geleisteten Unterhaltes (DREvBl 1938/330), für Unterhaltsansprüche verschiedener Berechtigter (LGZ Wien EFSlg 52.082 [1986]), selbst wenn es sich lediglich um einstweiligen Unterhalt handelt (NRsp 1991/110), für Ansprüche auf Ersatz des für das Kind geleisteten Unterhaltes und den Anspruch auf Herausgabe der Familienbeihilfe (EFSlg 69.736 [1991] = EvBl 1992/38) oder für den Anspruch auf Feststellung der Unwirksamkeit eines Unterhaltsvergleiches und eine Impugnationsklage wegen behaupteten Exekutionsverzichtes (3 Ob 2084/96 h).

Im **Vertragsrecht** findet keine Zusammenrechnung von Ansprüchen aus lediglich gleichartigen Verträgen statt (JBl 1980, 430; 3 Ob 533/76 uva), wenn also etwa mehrere Reparaturen am selben Fahrzeug (SZ 43/185 [1970] = EvBl 1971/151; aA OLG Wien EvBl 1949/388) oder Haus (5 Ob 667/80) durchgeführt wurden, der Notar für dieselbe Gesellschaft verschiedene notarielle Beurkundungen vorgenommen hat (WBl 1992, 335) oder ein Rechtsanwalt einerseits die Bezahlung seines Vertretungshonorars und andererseits den Ersatz der ohne Auftrag für den Klienten bezahlten Schulden begehrt (SZ 29/40 [1956]). Dies gilt auch dann, wenn entweder ein Versicherungsunternehmen gegen denselben Kunden aus mehreren nicht zusammenhängenden Versicherungsverträgen Prämien einklagt (VersRdSch 1994, 356; GesRZ 1990, 41 = VersRdSch 1990, 119; ZBl 1934/280) oder der Kunde aus mehreren (etwa Lebensversicherungs-)Verträgen Ansprüche gegen das Versicherungsunternehmen geltend macht (JBl 1961, 429), und zwar selbst dann, wenn zwar aus einem Haftpflichtversicherungsvertrag mehrere Ansprüche vom Kunden geltend gemacht werden, sie aber verschiedene Schadensereignisse betreffen (7 Ob 2083/96 s). Mehrere Leasingverträge zwischen denselben Vertragspartnern begründen genausowenig einen rechtlichen oder einen tatsächlichen Zusammenhang (SZ 63/188 [1990] = EvBl 1991/16 = JBl 1992, 256) wie die Erbringung im wesentlichen gleichartiger Leistungen auf Grund verschiedener Aufträge (RZ 1995/31; 7 Ob 1511/87; 7 Ob 668/84; 1 Ob 592/80; 3 Ob 533/76). An diesen Überlegungen vermag selbst der Umstand, daß die Parteien des Verfahrens in ständiger Geschäftsverbindung stehen (außer es läge ein Gesamtvertrag vor [6 Ob 591/85]), nichts zu ändern, weil sich die Forderungen auf verschiedene (wenn auch zwischen denselben Parteien) abgeschlossene Rechtsgeschäfte gründen (2 Ob 23/98 v; RZ 1995/31; 4 Ob 25/93; WBl 1992, 335; 2 Ob 529/91; SZ 61/70 [1988]; 8 Ob 657/86; 1 Ob 695/82). Schließlich sind die vertraglichen Ansprüche eines Wohnungseigentumsbewerbers, der mit getrennten Verträgen mehrere Objekte erworben hat (5 Ob 51/85), ebensowenig zusammenzurechnen wie die Ansprüche mehrerer Wohnungseigentumsbewerber auf Einverleibung ihres Eigentumsrechtes an mehreren Objekten (WoBl 1995/88) oder auf Räumung von allgemeinen Teilen der Anlage (MietSlg 47.531 [1995]).

Ansprüche aus verschiedenen Schadensereignissen sind selbst dann nicht zusammenzurechnen, wenn sie ein und denselben Mietgegenstand betreffen (1 Ob 202/97 f; 3 Ob 520/95; 8 Ob 1657/91; 5 Ob 1537/91), ein Arbeitnehmer gegenüber seinem Arbeitgeber Ansprüche auf Grund mehrerer Verkehrsunfälle geltend macht (Arb 10.100), ein Mitarbeiter in mehreren Angriffen eine Bank schädigt (1 Ob 202/97 f) oder ein Treuhänder mehrere Güter verwaltet und sich mehrfach treuwidrig verhält (8 Ob 2295/96 z).

Weder bei der Geltendmachung mehrerer Wechselforderungen (RZ 1978/105; SZ 18/106 [1936]; zum einheitlichen Grundgeschäft vgl aber Rz 19), und zwar selbst dann nicht, wenn nur ein Wechselzahlungsauftrag beantragt wird (RdW 1997, 276), noch bei exekutivem Betreiben mehrerer Forderungen durch einen Gläubiger (RZ 1991/62) oder gar durch mehrere Gläubiger (RZ 1995/14) gegen einen Schuldner noch bei Anfechtung verschiedener Zahlungen des Gemeinschuldners (ÖBA 1989, 539 = RdW 1989, 100 = WBl 1989, 67) ist eine Zusammenrechnung vorzunehmen; ebensowenig sind etwa bei exekutionsrechtlichen Klagen (vgl dazu auch § 56 JN Rz 11 bis 20) die Ansprüche aus mehreren Exekutionstiteln zusammenzurechnen (vgl WBl 1996, 36). Dies gilt schließlich auch für den ursprünglichen Klagsanspruch einerseits und einen vom Beklagten begehrten Entschädigungsbetrag wegen mutwilliger Prozeßführung nach § 408 ZPO andererseits (7 Ob 596/94; 6 Ob 544/94; idS offensichtlich auch VwGH AnwBl 1988, 578 = RdW 1988, 467).

Betreffen Ansprüche auf Ersichtlichmachung nach § 3 Abs 2 DSchG mehrere Schutzobjekte auf verschiedenen Liegenschaften (5 Ob 49/97 k; 5 Ob 101/93), scheidet eine Zusammenrechnung dieser vermögensrechtlichen Ansprüche genauso aus wie bei der Geltendmachung einer Zinsforderung aus einer Ausgleichsbürgschaft und der Forderung aus einer Bürgschaft für den Ausfall im Ausgleichsverfahren (1 Ob 709/83); dies gilt auch für Todfallskosten der Erben und für vom Erblasser abgeleitete Forderungen auf Ersatz etwa von Schmerzengeld (8 Ob 268/81).

Mehrere Ansprüche aus einer Eigentumsfreiheitsklage, die sich auf verschiedene Eingriffshandlungen stützen, stehen weder im rechtlichen noch im tatsächlichen Zusammenhang (6 Ob 80/98 b; 6 Ob 79/98 f).

Eine **Abtretung von Forderungen** vermag weder die anspruchsbegründenden Tatsachen noch den Rechtsgrund derselben zu verändern. Daher sind auch gleichartige Forderungen verschiedener Gläubiger, die einem einzelnen abgetreten wurden, ebensowenig zusammenzurechnen (ÖBA 1988, 929; SZ 8/206 [1926]; HG Wien WR 598 [1993]) wie Ansprüche mehrerer Geschädigter aus demselben Unfallereignis (2 Ob 248/98 d; 2 Ob 209/98 v; SZ 68/180 [1995]; LG Steyr RPflSlgE 1995/84; 2 Ob 553/94; 2 Ob 1040/94; ZVR 1992/40; OLG Wien WR 479 [1991]; ZVR 1973/194, 1972/135; JBl 1958, 125 uva), auch wenn sie von einem der Beteiligten geltend gemacht werden; dies gilt auch dann, wenn die Ansprüche auf den Sozialversicherungsträger nach § 332 ASVG legalzessionsweise übergegangen sind (AnwBl 1993, 514; SZ 57/17 [1984] = JBl 1985, 111 = ZAS 1985/24 [*Koziol*]). Umgekehrt muß aber eine einheitliche Forderung, die durch Erbgang oder Abtretung geteilt wurde und wieder in einer Hand vereinigt wird, als Gesamtforderung angesehen werden (aA SZ 17/97 [1935]). 22

III. Parteienhäufung (§ 55 Abs 1 Z 2, Abs 2 JN)

Nach § 55 Abs 1 Z 2 JN sind mehrere in einer Klage geltend gemachte Ansprüche zusammenzurechnen, wenn sie von mehreren Parteien oder gegen mehrere Parteien erhoben werden, die **Streitgenossen nach § 11 Z 1 ZPO** sind. Das Gesetz verlangt somit im Bereich der Parteienhäufung das Vorliegen einer **materiellen Streitgenossenschaft** entweder auf Klags- oder auf Beklagtenseite (zum Begriff der materiellen Streitgenossenschaft und Beispiele dazu vgl ausführlich bei § 11 ZPO), sohin entweder eine Rechtsgemeinschaft hinsichtlich des Streitgegenstandes – besteht eine derartige Rechtsgemeinschaft lediglich im Vorfragenbereich, dann ist eine Zusammenrechnung ausgeschlossen (*Mayr* in *Rechberger,* ZPO² § 55 JN Rz 1; MietSlg 42.483 [1990]) – oder eine Parteienmehrheit, die aus demselben tatsächlichen Grund (allenfalls sogar solidarisch [vgl dazu auch Rz 24]) berechtigt oder verpflichtet ist. 23

Liegt hingegen lediglich eine formelle Streitgenossenschaft nach § 11 Abs 1 Z 2 ZPO (vgl dazu Näheres und Beispiele bei § 11 ZPO) vor, dann kommt es selbst dann nicht zu einer Zusammenrechnung der Streitwerte, wenn die geltend gemachten Forderungen in einem tatsächlichen oder rechtlichen Zusammenhang stehen, was sich allein schon daraus ergibt, daß Z 1 und 2 des § 55 Abs 1 JN durch ein „oder" verbunden sind (anders wäre der Fall nur zu beurteilen, wenn in einem Verfahren **Anspruchs- und gleichzeitig Parteienhäufung** gegeben wäre; in diesem Fall wären bei Vorliegen der Voraussetzungen des § 55 Abs 1 Z 1 JN zwar die gehäuften Ansprüche der betreffenden oder gegen die betreffende Partei zusammenzurechnen, nicht jedoch diese Ansprüche mit jenen der übrigen formellen Streitgenossen). Jedenfalls seit der ZVN 1983 (zur Rechtslage davor wurde vereinzelt die Auffassung vertreten, auch die Ansprüche von formellen Streitgenossen seien zusammenzurechnen, wenn sie in einem tatsächlichen oder rechtlichen Zusammenhang stehen [*Fasching*[1] I 346]) ist damit von dem Grundsatz auszugehen, daß **bei materieller Streitgenossenschaft immer, bei formeller hingegen nie zusammengerechnet** wird (*M. Roth,* BeitrZPR II 221; ebenso [jedoch ohne weitere Begründung] *Bajons,* Zivilverfahren Rz 51; *Ballon,* Zivilprozeßrecht[8] Rz 61; *Fasching,* Lehrbuch[2] Rz 261; *Mayr* in *Rechberger,* ZPO[2] § 55 JN Rz 1; *Rechberger/Simotta,* Zivilprozeßrecht[4] Rz 106; WoBl 1995, 181 [*Call*]; LG Steyr RPflSlgE 1995/84; 6 Ob 503/89). Einzig ausgenommen davon sind Solidarschuldner (1 Ob 510/89; vgl dazu Rz 24).

24 Die Zusammenrechnungsregelung des § 55 JN geht vom Grundsatz aus, daß mehrere Begehren nur insoweit zusammenzurechnen sind, als sie auf eine **mehrfache Leistung** gehen (*M. Roth,* BeitrZPR II 222; schon zur Rechtslage vor der ZVN 1983 idS *Holzhammer,* Parteienhäufung 53; *ders,* Zivilprozeßrecht[2], 46; *Wolff,* Zivilprozeßrecht[2], 126). Aus diesem Grund ordnet § 55 Abs 2 JN für die Fälle der **Gesamtschuldverhältnisse** (hier haftet bei Schuldnermehrheit jeder Schuldner für das Ganze, während bei Gläubigermehrheit jeder Gläubiger die gesamte Leistung begehren kann) an, daß sich der Wert des Streitgegenstandes nach der **Höhe des einfachen Anspruches** richtet (vgl auch *Mayr* in *Rechberger,* ZPO[2] § 55 JN Rz 1). Dies bedeutet gegenüber § 55 Abs 1 Z 2 ZPO eine Modifikation, weil einerseits auch bei Gesamtschuldverhältnissen eine materielle Streitgenossenschaft (*M. Roth,* BeitrZPR II 222) gegeben ist und andererseits mehrere Urteilsanträge vorliegen, wovon jeder selbständig zu beurteilen ist, auch wenn alle dieselbe Rechtsfolgenbehauptung enthalten und die gleichlautenden Ansprüche nicht kumulativ zugesprochen werden können, weil das Geschuldete eben nur einmal zu erbringen ist (*Holzhammer,* Parteienhäufung 53; *ders,* Zivilprozeßrecht[2], 46; *M. Roth,* BeitrZPR II 222; *Wolff,* Zivilprozeßrecht[2], 126). Damit wären aber die Voraussetzungen für eine Zusammenrechnung aller Ansprüche nach § 55 Abs 1 Z 2 JN gegeben, sodaß sich der Wert des Streitgegenstandes mit dem Vielfachen des geltend gemachten Anspruches (abhängig von der Anzahl der gehäuften Parteien) errechnen würde. Gerade dies will aber § 55 Abs 2 JN vermeiden.

IV. Klage, Widerklage und Zwischenfeststellungsantrag

25 Der Wert des Streitgegenstandes eines **Zwischenantrages auf Feststellung** (Allgemeines zu diesem Antrag vgl bei §§ 236, 259 ZPO; zum Wert seines Streitgegenstandes vgl § 56 JN Rz 24), der von jeder der beiden Parteien **während des laufenden Rechtsstreites** bis zum Schluß der mündlichen Verhandlung I. Instanz gestellt werden kann (vgl *Ballon,* Zivilprozeßrecht[8] Rz 283; *Fasching,* Lehrbuch[2] Rz 1076; *Rechberger/Simotta,* Zivilprozeßrecht[4] Rz 419, 421), spielt im Zusammenhang mit **Zuständigkeitsfragen** keine Rolle (es kommt also zu **keiner Zusammenrechnung der Streitwerte** [RZ 1969, 70; JBl 1966, 146]), weil maßgebend für die Zuständigkeit des Gerichtes der Streitgegenstand im Zeitpunkt der Gerichtsanhängigkeit ist. Zu beachten ist aber, daß ein Zwischenantrag auf Feststellung immer erst im Laufe des Verfahrens gestellt werden kann; würde ihn der Kläger nämlich schon in der Klage stellen, dann würde es sich nicht um einen Zwischenantrag auf Feststellung, sondern um ein selbständiges Feststellungsbegehren handeln, dessen Wert mit einem anderen gleichzeitig gestellten Begehren nach § 55 Abs 1 JN allenfalls zusammenzurechnen wäre. Darüber hinaus ist nach § 236 Abs 2 ZPO ein Zwischenantrag auf Feststellung auch nur im Rahmen der

sachlichen Zuständigkeit des Hauptbegehrens zulässig, weshalb etwa eine Überschreitung der Gerichtshofsgrenze durch den Zwischenantrag nicht in Betracht käme. Diese Überlegungen gelten auch für die Frage der Besetzung (§ 7a JN). Ein Anwendungsbereich für § 55 Abs 1 JN findet sich hier also nicht.

Hingegen sind im Hinblick auf § 55 Abs 5 JN für die **Beurteilung der Zulässigkeit eines Rechtsmittels** die Streitwerte der Klage einerseits und des vom Kläger oder vom Beklagten gestellten Zwischenantrages auf Feststellung andererseits **grundsätzlich zusammenzurechnen** (*Fasching,* Lehrbuch[2] Rz 1086; *Mayr* in *Rechberger,* ZPO[2] § 55 JN Rz 2; 7 Ob 569/94; 6 Ob 606/91; MietSlg 24.565 [1972]; SZ 29/77 [1956] = JBl 1957, 295 = EvBl 1957/206; idS wohl auch RZ 1995/31; JUS Z 1653 [1994]; JBl 1993, 794; *Kodek* in *Rechberger,* ZPO[2] § 502 Rz 1), weil entweder Anspruchs-(Antrag des Klägers) oder Parteienhäufung (Antrag des Beklagten) vorliegt (sowohl ein Antrag des Klägers als auch ein solcher des Beklagten bedeuten wegen ihrer Präjudizialität einen einheitlichen Streitgegenstand mit der Klage, ein Antrag des Klägers darüber hinaus auch einen einheitlichen Klagssachverhalt). Im Hinblick auf § 12 RATG gilt dies auch für die Berechnung der Rechtsanwaltskosten.

Anläßlich der Zuständigkeitsprüfung gibt es auch keine Zusammenrech- **26**
nungsproblematik, wenn der Beklagte eine **Widerklage** einbringt (§ 96 JN), weil es einerseits dabei auf den Wert des Streitgegenstandes der Klage ankommt und andererseits sich die Zulässigkeit der Widerklage unter dem Gesichtspunkt der sachlichen Zuständigkeit lediglich nach deren Streitgegenstand richtet (*Ballon,* Zivilprozeßrecht[8] Rz 290; JUS Z 1753 [1995]); geht es allerdings um die **Beurteilung der Zulässigkeit von Rechtsmitteln,** dann hält der OGH (RZ 1995/31; JUS Z 1653 [1994]; JBl 1993, 794) eine **Zusammenrechnung** der Streitwerte von Klage und Widerklage offensichtlich generell für denkbar (differenzierend *Kodek* in *Rechberger,* ZPO[2] § 502 Rz 1; aA allerdings *Fasching*[1] I 344; *ders,* Lehrbuch[2] Rz 1302 [jeweils ohne nähere Begründung]). Dem ist im Hinblick darauf beizupflichten, daß § 500 Abs 2 ZPO vom Entscheidungsgegenstand des Berufungsgerichtes spricht und dieser beide Streitgegenstände umfaßt; darüber hinaus entspricht diese Regelung auch dem § 12 RATG.

V. Teileinklagung (§ 55 Abs 3 JN)

A. Zielsetzung des § 55 Abs 3 JN

Bei Teileinklagung einer noch unberichtigten Forderung ist der Streitwert **27**
der **Gesamtforderung maßgebend.** Wurde jedoch eine Forderung bereits teilweise befriedigt und ist nur mehr ein Rest ausständig, dann bestimmt sich der Streitwert der eingeklagten Restforderung nach dem Restbetrag, gleichgültig, ob dieser zur Gänze eingeklagt wird oder nicht (*Fasching,* Lehrbuch[2] Rz 262; JBl 1991, 595; 2 Ob 501/91; 2 Ob 635/90; 2 Ob 611/90; SZ 12/267 [1930]). Die Vorschrift des § 55 Abs 3 JN soll einerseits **ausschalten,** daß durch **willkürliche Teileinklagung** die sachliche Zuständigkeit verschoben werden kann (*Schrutka,* JBl 1915, 2; *Mayr* in *Rechberger,* ZPO[2] § 55 JN Rz 3; 3 Ob 2303/96i; ZVR 1996/14; JBl 1991, 595; OLG Wien WR 481 [1991]; 7 Ob 678/90; 2 Ob 501/91; 2 Ob 635/90; 2 Ob 611/90; SZ 63/213 [1990]; 5 Ob 755/81; EvBl 1953/357; SZ 17/97 [1935]), und andererseits verhindern, daß der Kläger versuchsweise und **bei geringem Kostenrisiko** einen **Musterprozeß** einleitet (*Ertl,* RZ 1997, 148; *Holzhammer,* Parteienhäufung 53; *ders,* Zivilprozeßrecht[2], 46; *M. Roth,* Beitr-ZPR II 223; *Wolff,* Zivilprozeßrecht[2], 126). Sie steht damit in Einklang mit §§ 29, 54 JN und sichert die Verwirklichung des Grundsatzes, daß für die Zuständigkeit

die Höhe des Streitwertes im Zeitpunkt der Klagseinbringung maßgebend ist. Damit sollen Klagserweiterungen, die an sich nach § 235 ZPO schon wegen der dadurch nicht zu erwartenden Erschwernis zuzulassen wären, jedoch die sachliche Unzuständigkeit nach Erweiterung bewirken würden, überflüssig gemacht werden (*M. Roth,* BeitrZPR II 223), eben weil sich der Rechtsstreit schon beim „richtigen" Gericht befindet. *Graff* (AnwBl 1991, 497 [Entscheidungsbesprechung]) hält diese Zielsetzung (ohne nähere Begründung) für „an den Haaren herbeigezogen" und tritt für ein ersatzloses Streichen dieser Bestimmung ein (ähnlich wohl auch SZ 64/150 [1991]).

28 Aus dieser Zielsetzung folgt nun, daß die gesamte unberichtigte Klagsforderung für den Streitwert maßgebend ist, selbst wenn sie teilweise wegen **mangelnder persönlicher (subjektiver) Berechtigung des Klägers,** etwa infolge teilweiser Pfändung oder Verpfändung oder mangelnder Fälligkeit, von diesem gar nicht geltend gemacht werden kann (7 Ob 678/90; 7 Ob 675/90; Rsp 1926/119 [*Wahle*] = SZ 8/155 [1926]). Bei einer **Ratenforderung** ist der Streitwert der Gesamtforderung auch dann maßgebend, wenn einzelne Raten noch nicht fällig sind (vgl *Mayr* in *Rechberger* ZPO² § 55 JN Rz 3; GlUNF 2984 [1905], 3258 [1905]); dieser Grundsatz gilt auch für eine **Klage auf Zahlung von Annuitäten** (OLG Graz JBl 1961, 550), aber auch bei Geltendmachung eines **gesondert fakturierten Teilbetrages einer Gesamtlieferung** (GlUNF 4699 [1909]). Handelt es sich dabei jedoch nicht um eine einheitliche Lieferung, sondern um den Ankauf verschiedener Waren, dann richtet sich die Streitwertbestimmung nach dem Wert der eingeklagten Ware, auch wenn der Ankauf aller Waren gleichzeitig erfolgte (ZBl 1913/242). Gleiches gilt, wenn verschiedene Leistungen erbracht wurden, die einzeln zu honorieren waren, so bei wiederholter Einschaltung von Inseraten, für die die Vereinbarung eines gesonderten Preises für jede Einschaltung getroffen worden war (GlUNF 2889 [1903]), oder bei Provisionsansprüchen auf Grund mehrerer Vermittlungen (6 Ob 3/73).

Die bloße Möglichkeit, daß neben dem geltend gemachten Anspruch noch andere Ansprüche aus demselben tatsächlichen oder rechtlichen Grund erhoben werden könnten, führt nicht zu einer Anwendung der Teileinklagungsregel des § 55 Abs 3 JN, die sachliche Zuständigkeit richtet sich also nach der Höhe des tatsächlich geltend gemachten Anspruches (ZVR 1996/14; 6 Ob 249/91; SZ 28/228 [1936]); allerdings ist der Gesamtbetrag der Forderung maßgeblich, wenn lediglich gegen einen von mehreren Solidarschuldnern die auf ihn entfallende Quote der bestrittenen Forderung geltend gemacht wird (SZ 7/336 [1925]).

B. Tilgung, Verzicht, Aufrechnung

29 Wurde über einen Teil der Forderung bereits gerichtlich entschieden, dann wäre der Sinn der Vorschrift des § 55 Abs 3 JN ins Gegenteil verkehrt, wollte man den Streitwert nach der gesamten Forderung berechnen. Für die Streitwertfestsetzung kann demnach dann **nicht die Gesamtforderung maßgebend** sein, **wenn der nicht vom Klagebegehren erfaßte Restbetrag bereits erloschen** (*Mayr* in *Rechberger,* ZPO² § 55 JN Rz 3) **bzw berichtigt** ist (*Fasching,* Lehrbuch² Rz 262; *Heller/Berger/Stix*⁴ I 158; *Mayr* in *Rechberger,* ZPO² § 55 JN Rz 3; *M. Roth,* BeitrZPR II 224; *Wolff,* Zivilprozeßrecht², 9) oder zum **Gegenstand eines gerichtlichen Erkenntnisses** gemacht wurde (SZ 12/267 [1930]). Nicht entscheidend ist dabei im letztgenannten Fall, ob die Begleichung der Forderung durch Barzahlung, Gegenlieferung oder Hingabe von Wechseln (GlUNF 1612 [1901]) erfolgte.

Während einer gerichtlichen Entscheidung auch ein ausdrücklicher Verzicht des Klägers gleichzuhalten ist (GlUNF 5085 [1910], 3104 [1905]), und zwar selbst dann, wenn er erst in der Klage selbst (etwa durch Behauptung der Tilgung) erfolgt (Rsp 1925/169), wurde dies vor der ZVN 1983 (*Fasching*[1] I 347; RZ 1975/2; GlUNF 5085 [1910]) für jene Fälle abgelehnt, in denen der Kläger (ebenfalls bereits in der Klage) von seiner Forderung einen Abzug vornimmt, der seinen Grund in der **Anerkennung einer Gegenforderung des Beklagten** hat. Begründet wurde dies einerseits damit, daß die Berichtigung einer Forderung erst durch die auch vom Gegner anerkannte oder gerichtlich festgestellte Gegenforderung erfolge (vgl *Fasching*[1] I 347), und andererseits mit § 55, 3. Satz JN idF vor der ZVN 1983, wonach bei der Berechnung des Streitwertes die Höhe der ungekürzten Klagsforderung selbst dann maßgebend war, wenn der Kläger einen Überschuß geltend machte, der sich aus der Vergleichung der Forderungen ergab, welche beiden Parteien gegeneinander zustanden **(Saldo).** Trotz dieses dem Gesetz entnehmbaren Gedankens einer **gleichmäßigen Zuständigkeitsregelung** bei Anerkennung einer Gegenforderung wurde aber doch zwischen jenen Fällen, in denen die Aufrechnung bereits vor Klagseinbringung vorgenommen worden war (Höhe des Saldos als Wert des Streitgegenstandes), und jenen Fällen, in denen die Aufrechnung erst in der Klage vorgenommen wurde (Gesamtforderung des Klägers als Wert des Streitgegenstandes), unterschieden (vgl dazu *M. Roth,* BeitrZPR II 224). Jedenfalls seit der ZVN 1983, die den dargestellten § 55, 3. Satz JN ersatzlos beseitigt hat, ist eine derartige Unterscheidung aber nicht mehr begründbar (*Fasching,* Lehrbuch[2] Rz 262; *M. Roth,* BeitrZPR II 224; aA *Feil,* JN Rz 542). Es darf nämlich nicht übersehen werden, daß bei Vorliegen der bürgerlichrechtlichen Voraussetzungen (§§ 1438 ff ABGB) die Aufrechnung durch einseitige, zugangsbedürftige Willenserklärung des Aufrechnungswerbers (also des Klägers) erfolgt; geschieht dies in der Klage, dann wird die **Aufrechnungerklärung** eben **mit der Zustellung der Klage an den Beklagten wirksam** (*Reiterer,* Aufrechnung 18, 55; *M. Roth,* BeitrZPR II 224). Da eine gültig abgegebene Aufrechnungserklärung auf den Zeitpunkt zurückwirkt, zu dem Forderung und Gegenforderung einander zum ersten Mal aufrechenbar gegenüberstanden, gilt ab diesem Augenblick die gegenseitige Aufhebung der Ansprüche als eingetreten (*Koziol/Welser,* Grundriß[10] I 281; *Reiterer,* Aufrechnung 22; *M. Roth,* BeitrZPR II 224 uva). Damit ist aber zum maßgeblichen Zeitpunkt der Gerichtsanhängigkeit der vom Klagebegehren nicht erfaßte Restbetrag (eben durch Aufrechnung) getilgt und nicht mehr Gegenstand des Rechtsstreites (*M. Roth,* BeitrZPR II 224, 225), der Wert des Streitgegenstandes richtet sich also in beiden Fällen nach dem vom Kläger behaupteten Saldo (vgl nunmehr auch 7 Ob 70/97 p). **30**

Zum Fall der einredeweisen Geltendmachung der Gegenforderung durch den Beklagten vgl aber § 56 JN Rz 32.

C. Ziffernmäßig bestimmte Gesamtforderung

§ 55 Abs 3 JN setzt eine ziffernmäßig bestimmte Gesamtforderung voraus (jüngst ZVR 1996/14). Werden demnach **Gesamtansprüche in unbestimmter Höhe** behauptet oder besteht die **Möglichkeit allfälliger weiterer Ansprüche,** dann richtet sich der Streitwert nach dem tatsächlich eingeklagten Betrag (*Mayr* in *Rechberger,* ZPO[2] § 55 JN Rz 3; ZVR 1996/14; SZ 18/228 [1936]; OLG Wien EvBl 1947/225). Dies gilt insbesondere auch bei Schadenersatzansprüchen, falls sich der Kläger weitere Ansprüche ausdrücklich vorbehält (SZ 18/228 [1936]; **31**

OLG Wien EvBl 1947/225), etwa wenn in der Klage ausgeführt ist, lediglich aus prozeßökonomischen Gründen werde nur ¼ eingeklagt (ZVR 1996/14), oder falls sich aus der Natur des geltend gemachten Schadenersatzanspruches offensichtlich ergibt, daß seine in der Klage ersichtliche Bezifferung den Anspruch nicht völlig erschöpft (etwa wenn der Kläger aus einem Verkehrsunfall, bei dem er auch verletzt wurde, beim Bezirksgericht lediglich einen Sachschaden von knapp unter 130.000 S geltend macht, weil hier offensichtlich etwa Schmerzengeldansprüche udgl offen blieben).

Handelt es sich hingegen um Schadenersatzansprüche, die ziffernmäßig ganz klar umgrenzt sind, dann ist der Streitwert des Gesamtschadens auch dann maßgebend, wenn nur ein ziffernmäßig genannter – in der Klage ausdrücklich als Teilbetrag der bezifferten Gesamtforderung (bei Verkehrsunfällen etwa lediglich ¼ unter ausdrücklicher Anerkennung eines Eigenverschuldens des Klägers von ¾) bezeichneter – Teil dieser Schadenersatzforderung eingeklagt wurde (vgl 4 Ob 179/97 w; 3 Ob 2303/96 i; ZVR 1996/14). Das Wort Kapitalsforderung in § 55 Abs 3 JN bedeutet nämlich nichts anderes als Hauptforderung, beinhaltet aber keineswegs rechtlich oder wirtschaftlich eine Qualifikation der Klagsforderung.

D. Abtretung, Überweisung

32 Nach der älteren Rechtsprechung wurde etwa auch bei einer **Teilzession** im Fall der Einklagung lediglich des zedierten Teiles der Wert der Gesamtforderung als maßgebend angesehen (JBl 1954, 21, 1930, 193; GlUNF 1527 [1901]; OLG Wien EvBl 1934/541; HG Wien WR 400 [1989]). Im Hinblick auf seine Zielsetzung (vgl Rz 27) ist § 55 Abs 3 JN aber so zu verstehen, als ob er lauten würde: **„Begehrt der Kläger nur einen Teil einer ihm zustehenden Kapitalsforderung, . . .“** (7 Ob 70/97 p; AnwBl 1991, 497 [zust *Baldinger*]; SZ 63/213 [1990] = AnwBl 1991, 495 [zust *Graff*] = JUS Z 705 [1990]; OLG Wien WR 481 [1991]), weil die Möglichkeit zur willkürlichen Teileinklagung nur derjenige haben kann, dem die gesamte Forderung zusteht. Daher ist § 55 Abs 3 JN bei **Einklagung des gesamten überwiesenen oder abgetretenen Forderungsteiles** durch den Überweisungsgläubiger oder Zessionar nicht anzuwenden (*Mayr* in *Rechberger,* ZPO² § 55 JN Rz 3; 3 Ob 60/92; AnwBl 1991, 497 [zust *Baldinger*]; JBl 1991, 595; OLG Wien WR 481 [1991]; HG Wien AnwBl 1991, 410; SZ 63/213 [1990] = AnwBl 1991, 495 [zust *Graff*] = JUS Z 705 [1990]; OLG Wien 451 [1990] uva); der Streitwert richtet sich nach der Höhe des überwiesenen oder abgetretenen Forderungsteiles (dies allerdings auch dann, wenn der Überweisungsgläubiger oder Zessionar wiederum nur einen Teil dieses Forderungsteiles geltend macht), wobei die Teilforderungen aber dann nicht eigenständig bleiben, wenn sie wieder in einer Hand vereinigt werden (aA SZ 17/97 [1935]; vgl auch Rz 22).

E. Anwendungsbereich des § 55 Abs 3 JN

33 Durch die ausdrückliche Regelung des § 55 Abs 5 JN ist klargestellt, daß bei Teilgeltendmachung einer Forderung deren **Gesamtwert sowohl für die Frage der Zuständigkeit als auch für die Frage der Gerichtsbesetzung** (hier erscheint allerdings fraglich, ob dies tatsächlich vom Willen des Gesetzgebers erfaßt war [vgl *M. Bydlinski/K. Nowakowski,* RZ 1990, 171 FN 49; vgl zur Rechtslage vor der ZVN 1983 SZ 51/152 [1978]; SZ 36/88 [1963] = EvBl 1963/383) maßgeblich ist; dies gilt aber auch für die Frage der **(absoluten oder relativen) Anwaltspflicht,** weil § 27 Abs 1 ZPO anordnet, daß vor den Bezirksgerichten bei einem

Streitwert über 52.000 S und vor Gerichtshöfen I. Instanz in jedem Fall, also unabhängig vom Streitwert, absolute Anwaltspflicht besteht. Würde man nun § 55 Abs 3 JN zwar bei der Zuständigkeitsprüfung, nicht aber im Zusammenhang mit der absoluten Anwaltspflicht anwenden, hätte dies die Konsequenz, daß ein Kläger, der einen 52.000 S nicht übersteigenden Teilbetrag einklagt, der Bezirksgerichtszuständigkeit ohne Anwaltspflicht (eben weil der Teilbetrag 52.000 S nicht übersteigt [§ 27 Abs 1 ZPO]) unterliegen würde, wenn die Gesamtforderung 130.000 S nicht übersteigt, daß hingegen für seine Klage Gerichtshofszuständigkeit mit absoluter Anwaltspflicht (§ 27 Abs 1 ZPO) gegeben wäre, wenn sich die Gesamtforderung des Klägers auf über 130.000 S beläuft. Würde derselbe Kläger jeweils die Gesamtforderungen geltend machen, dann bestünde hingegen in beiden Fällen für ihn absolute Anwaltspflicht. Dieses (im Hinblick auf den Gleichheitsgrundsatz) verfassungsrechtlich bedenkliche Ergebnis kann nur durch die (verfassungskonforme [vgl dazu VfGH Slg 2109 uva; VwGH JBl 1964, 163; SZ 62/129 [1989]; EvBl 1967/232) Auslegung verhindert werden, daß § 55 Abs 3 JN auch im Zusammenhang mit der Anwaltspflicht (§§ 27, 29 ZPO) anzuwenden ist; übersteigt daher die Gesamtforderung 52.000 S, dann ist (absolute oder relative) Anwaltspflicht gegeben.

Hingegen ordnen sowohl § 15 Abs 3 GGG als auch § 5 Abs 1 RATG im Zusammenhang mit den **Gerichtsgebühren** und der **Rechtsanwaltskostenberechnung** an, daß hier immer nur der konkret eingeklagte Teil der Kapitalforderung ausschlaggebend sein soll; diese Orientierung am tatsächlich eingeklagten Teilbetrag gilt auch für die Berechnung des Verhältnisses zwischen dem Streitwert und dem Wert des im Inland befindlichen Vermögens (vgl § 99 JN; *Mayr* in *Rechberger,* ZPO[2] § 55 JN Rz 3) und im Hinblick auf § 448 Abs 1 ZPO außerdem bei Beurteilung der Frage, ob das Gericht zwingend zunächst ein **Mahnverfahren** durchzuführen hat (vgl idS wohl auch *Fasching,* Lehrbuch[2] Rz 1634; *Mayr* in *Rechberger,* ZPO[2] § 55 JN Rz 3); letzteres läßt sich insbesondere damit begründen, daß § 55 Abs 5 JN zwar zunächst ausdrücklich das Mahnverfahren seinem Anwendungsbereich unterworfen hat (sohin wohl auch die Regeln über die Teileinklagung), daß dies jedoch durch die ZVN 1986 beseitigt wurde (vgl *M. Bydlinski*/*K. Nowakowski,* RZ 1990, 165; *dies,* RZ 1990, 231; *Robl,* RZ 1992, 113). Da es nach § 448 Abs 1 ZPO nun vielmehr immer auf den konkret eingeklagten Geldbetrag (hier also den geltend gemachten Teilbetrag der Gesamtforderung) ankommt (vgl *Fasching,* Lehrbuch[2] Rz 1634; *Fucik* in *Rechberger,* ZPO[2] § 448 Rz 4; *Robl,* RZ 1992, 113), ist ein Mahnverfahren auch dann durchzuführen, wenn zwar die Gesamtforderung 130.000 S übersteigt, nicht jedoch der eingeklagte Teilbetrag. 34

Hinsichtlich der Frage, inwieweit die Regelungen über die Teileinklagung auch im Bereich der **Rechtsmittelzulässigkeit** Anwendung zu finden haben, ist zu differenzieren: Da es sich bei § 55 Abs 3 JN um die **Fiktion eines erstinstanzlichen Streitgegenstandes** handelt, ist es für die Beurteilung der Statthaftigkeit der Berufung nach **§ 501 Abs 1 ZPO** (*M. Roth,* BeitrZPR II 227; idS offensichtlich auch *Fasching,* Lehrbuch[2] Rz 1836; aA hingegen offensichtlich *Petrasch,* ÖJZ 1985, 295) und eines Rekurses nach **§ 517 ZPO** (*Petrasch,* ÖJZ 1985, 295; *M. Roth,* BeitrZPR II 228) unerheblich, daß das Erstgericht tatsächlich nur über eine Teilforderung in einem 26.000 S nicht übersteigenden Wert entschieden hat. Als maßgeblicher Streitwert des erstgerichtlichen Verfahrens ist dennoch immer der gesamte Anspruch heranzuziehen. 35

Demgegenüber stellen **§ 502 Abs 2 und 3 ZPO** im Zusammenhang mit der Zulässigkeitsprüfung einer Revision bzw **§ 528 Abs 2 Z 1 und 1a ZPO** im Zu- 36 sammenhang mit der Zulässigkeitsprüfung eines Revisionsrekurses auf den Entscheidungsgegenstand des Berufungs- bzw Rekursgerichtes ab. Nach Teilen der Rsp (7 Ob 70/97 p; 7 Ob 505/96; 4 Ob 569/95; SZ 64/150 [1991] = AnwBl 1992, 675 = JUS Z 1052 [1991]; 8 Ob 663/90; 6 Ob 610/90; RZ 1989/17; 2 Ob 60/88; 3 Ob 1506/84 uva) und der Lehre (*M. Roth,* BeitrZPR II 227; *Petrasch,* ÖJZ 1985, 295; *Kodek* in *Rechberger,* ZPO² § 502 Rz 1) ist daher bei Prüfung der Revisions- bzw Revisionsrekurszulässigkeit bei Teileinklagung auf den Wert jenes (Teil-)Streitgegenstandes abzustellen, über den das Berufungs- bzw Rekursgericht tatsächlich entschieden hat (daran haben weder die ZVN 1983 [6 Ob 610/90; 2 Ob 60/88; 3 Ob 1506/84] noch die WGN 1989 [2 Ob 74/93] noch die WGN 1997 [6 Ob 261/98 w] etwas geändert). Die Anrufung des OGH scheidet demnach jedenfalls selbst dann aus, wenn zwar der Wert der Gesamtforderung, nicht aber der Wert der eingeklagten Teilforderung 52.000 S übersteigt. Dem ist im Hinblick darauf beizupflichten, daß § 502 Abs 2 und 3, § 528 Abs 2 Z 1 und 1 a ZPO gegenüber § 55 Abs 5 JN eine Spezialregelung im Zusammenhang mit der Anrufung des OGH enthalten und durch diese Auslegung auch § 55 Abs 5 JN selbst nicht seines Inhaltes völlig beraubt wird (*M. Roth,* Beitr ZPR II 228: Anwendbarkeit auf §§ 501, 517 ZPO). Die gegenteilige Auffassung, bei Beurteilung der Zulässigkeit der Anrufung des OGH komme es immer „auf den höchsten in Betracht kommenden Betrag als Entscheidungsgegenstand an, nicht aber auf den richtigen Wert" (*Graff,* AnwBl 1991, 496 [Entscheidungsbesprechung]; *Mayr* in *Rechberger,* ZPO² § 55 JN Rz 5; SZ 63/213 [1990] = AnwBl 1991, 495; AnwBl 1991, 497; 7 Ob 675/90; 3 Ob 587/90; 5 Ob 605/90; OLG Wien 2 R 8/90 [alle jeweils ohne nähere Begründung]), läßt sich aus dem Gesetz nicht schlüssig ableiten (offensichtlich zweifelnd auch *Baldinger,* AnwBl 1991, 497 [Entscheidungsbesprechung]). Entweder § 55 Abs 3 JN ist (wie dargestellt) überhaupt nicht anwendbar (dann kommt es eben auf die geltend gemachte Teilforderung an) oder es muß im einzelnen Fall geprüft werden, ob die Gesamtforderung oder die Teilforderung maßgebend ist. Kommt es nämlich im Hinblick auf § 55 Abs 3 JN auf die Teilforderung an, dann kann nicht die Gesamtforderung für die Beurteilung der Rechtsmittelzulässigkeit herangezogen werden, weil dies in sich unschlüssig und widersprüchlich ist (von *Graff,* AnwBl 1991, 496 [Entscheidungsbesprechung] wird dies als paradox bezeichnet, auch wenn er die Auffassung des OGH teilt).

VI. Verbandsklagen (§ 55 Abs 4 JN)

37 Unter **Verbandsklagen** versteht man Klagen von Verbänden, die **im Bereich des UWG und des KSchG** vom Gesetzgeber in bestimmten Fällen ausdrücklich als (aktiv) klagslegitimiert angesehen werden. Im einzelnen sind dies die **Bundeskammer für Arbeiter und Angestellte, die Präsidentenkonferenz der Landwirtschaftskammern, der Gewerkschaftsbund und die Wirtschaftskammer Österreich** (§ 14 UWG, § 29 KSchG) sowie lediglich im Bereich des UWG (vgl dessen § 14) bestimmte **Wirtschaftsverbände** (vgl dazu *Ballon,* Zivilprozeßrecht⁸ Rz 450; *Schoibl,* ZfRV 1990, 3; *Schönherr,* Rechtsschutz Rz 654) und im Bereich des KSchG (vgl dessen § 29) der **Verein für Konsumenteninformation** (*Ballon,* Zivilprozeßrecht⁸ Rz 450) und der **Österreichische Landarbeiterkammertag.** Da diese Verbände im eigenen Namen über fremde Interessen, nämlich die der Unternehmer bzw der Verbraucher prozessieren, liegt ein Fall der Prozeßstandschaft vor (*Ballon,* Zivilprozeßrecht⁸ Rz 450; *Rinner,* Rechtsschutz², 16; aA *Fasching,* Lehrbuch² Rz 338).

Während im Bereich des UWG die dort genannten Verbände **Unterlassungsansprüche** nach dem UWG neben den betroffenen Unternehmern (Mitbewerbern) geltend machen können, steht ihnen im Bereich des KSchG ausschließliche (*Ballon,* Zivilprozeßrecht[8] Rz 450) Prozeßführungsbefugnis hinsichtlich des Begehrens auf Unterlassung der Verwendung von Allgemeinen Geschäftsbedingungen (AGB) oder von Formblättern für Verträge im geschäftlichen Verkehr zu, in denen Bedingungen vorgesehen sind, die gegen ein gesetzliches Verbot oder gegen die guten Sitten verstoßen (vgl dazu ausführlich *Apathy* in *Schwimann,* ABGB[2] VI §§ 28–30 KSchG). Daneben können diesen Verbänden aber auch Einzelansprüche von geschädigten oder betroffenen Unternehmern und Verbrauchern (etwa **Schadenersatzansprüche oder** die **Forderung auf Unwirksamerklärung** [vgl *Ballon,* Zivilprozeßrecht[8] Rz 450]) abgetreten werden (vgl die Textierung des § 55 Abs 4 JN).

Der Wert des Streitgegenstandes derartiger Verbandsklagen richtet sich nach allgemeinen Regeln, weshalb **Unterlassungsklagen** im Hinblick auf § 56 Abs 2, § 59 JN der **freien Bewertung durch den klagenden Verband** unterliegen; der Wert des Interesses richtet sich dabei nach dem **Allgemeininteresse** (und nicht nach den Einzelinteressen von Verbandsmitgliedern), bei dessen Bewertung wiederum die allgemeine Bedeutung der beanstandeten Handlungen nach Art und räumlicher Auswirkung, ferner die Gefahr der Nachahmung, die Größe des verletzenden Unternehmens und der Umfang, in dem die beanstandete Handlung in Erscheinung getreten ist, zu berücksichtigen sind (*Enzinger,* ÖBl 1986, 4). Werden hingegen dem Verband in Geld bestehende Ansprüche (etwa **Schadenersatzforderungen**) abgetreten, dann richtet sich der Wert des Streitgegenstandes im Hinblick auf § 54 JN nach der Höhe des **Geldleistungsbegehrens.** 38

§ 55 Abs 4 JN, der nicht verfassungswidrig ist (VfGH ÖJZ 1996, 474/6 = VfSlg 13.989; ebenso NRsp 1998/29), sieht nunmehr allerdings für Rechtsstreitigkeiten, in denen ein in § 29 KSchG genannter Verband einen ihm zur Geltendmachung abgetretenen, in Geld bestehenden Anspruch geltend macht, einen **Mindeststreitwert von 60.000 S** vor, um eine (im Hinblick auf Rechtsmittelbeschränkungen) **streitwertunabhängige Führung von Musterprozessen** zu ermöglichen (*Mayr* in *Rechberger,* ZPO[2] § 55 JN Rz 4 unter Hinweis auf die Materialien; *Schoibl,* ZfRV 1990, 24). Legt man einer Interpretation des § 55 Abs 4 JN jedoch diese Zielsetzung zugrunde, dann kann diese Vorschrift nur dahingehend verstanden werden, daß für alle derartigen Verbandsklagen ein Mindeststreitwert von 60.000 S anzunehmen ist, sohin nicht nur bei einem in Geld bestehenden Anspruch, sondern auch bei einem Unterlassungsbegehren (eine Herabsetzung des Streitwertes nach §§ 7, 8 RATG unter diese Grenze wäre daher unzulässig), und nicht nur bei Verbandsklagen nach dem KSchG (so aber *Mayr* in *Rechberger,* ZPO[2] § 55 JN Rz 4), sondern auch bei solchen nach dem UWG. Da § 55 Abs 4 JN aber ausdrücklich auf die in § 29 KSchG genannten Verbände verweist, gilt der Mindeststreitwert zwar für den Verein für Konsumenteninformation und den Österreichischen Landarbeiterkammertag, nicht aber für Wirtschaftsverbände nach § 14 UWG (die übrigen Verbände kommen in beiden Bestimmungen vor). 39

Entgegen dem Wortlaut des § 55 Abs 5 JN kommt dem Mindeststreitwert weder bei der **Zuständigkeitsprüfung** noch im Zusammenhang mit der **Gerichtsbesetzung** eine Bedeutung zu, weil beide maßgeblichen Grenzen höher als 60.000 S sind (wird also nicht eine deutliche Höherbewertung vorgenommen, dann ist Bezirksgerichtszuständigkeit gegeben). Andererseits besteht jedenfalls 40

(absolute oder relative) Anwaltspflicht, weil § 55 Abs 4 JN einen (fiktiven) Streitwert festlegt, der bei über 52.000 S liegt.

41 Während die allgemeinen Verweise des § 14 GGG und des § 4 RATG auf die §§ 54ff JN dazu führen, daß § 55 Abs 4 JN sowohl bei der Bestimmung der **Gerichtsgebühren** und als auch bei der Berechnung der **Rechtsanwaltskosten** zu beachten ist, wäre bei der Beurteilung der **Zulässigkeit von Rechtsmitteln** (jedenfalls bei enger Auslegung der gesetzlichen Bestimmungen) zu differenzieren: § 55 Abs 4 JN gibt nämlich lediglich eine Bewertung des erstinstanzlichen Streitgegenstandes mit einem Mindestwert von 60.000 S vor (vgl dazu auch Rz 39), womit jedenfalls die Wertgrenze der §§ 501, 517 ZPO von 26.000 S überschritten wird. Im Hinblick auf seine Nichterwähnung in § 500 Abs 3 ZPO (auch die Fälle der freien Bewertung nach § 56 Abs 2, § 59 JN sind hier nicht angeführt) fände der Mindeststreitwert allerdings entgegen der offensichtlichen Absicht des Gesetzgebers keine Anwendung bei der Bewertung des Entscheidungsgegenstandes durch das Berufungs- oder Rekursgericht; damit wäre eine Bewertung derartiger Verbandsklagen unter 52.000 S durch das Rechtsmittelgericht durchaus möglich, ganz abgesehen von den Fällen, in denen ohnehin eine 52.000 S nicht übersteigende Geldforderung betrieben wird (hier käme es dann nämlich überhaupt nicht zu einer Bewertung, weil nach § 54 JN, § 502 Abs 2, § 528 Abs 2 Z 1 ZPO die Höhe der Geldforderung maßgeblich wäre). Die wohl eindeutige Absicht des Gesetzgebers, die Möglichkeit der Führung von Musterprozessen unabhängig vom Streitwert bis zum OGH einzuräumen (idS *Mayr* in *Rechberger,* ZPO[2] § 55 JN Rz 4; *Schoibl,* ZfRV 1990, 24), zwang bereits vor der WGN 1997 zu einer ausdehnenden (teleologischen) Auslegung des § 500 Abs 3 ZPO dahingehend, daß auch § 55 Abs 4 JN bei der Bewertung des Entscheidungsgegenstandes durch das Berufungs- bzw Rekursgericht sinngem anzuwenden ist (wohl idS zu verstehen auch *M. Bydlinski/K. Nowakowski,* RZ 1990, 171 FN 49 sowie schon *Mayr* in *Rechberger,* ZPO[1] § 55 JN Rz 4; *Schoibl,* ZfRV 1990, 24); seit der WGN 1997 kommt es darauf im Hinblick auf § 502 Abs 5 Z 3 ZPO aber ohnehin nicht mehr an (für Verbandsklagen steht nunmehr bei Vorliegen einer Rechtsfrage iSd § 502 Abs 1 ZPO immer der Weg zum OGH offen).

§ 56. (1) Erbietet sich der Kläger an Stelle der angesprochenen Sache eine bestimmte Geldsumme anzunehmen oder stellt er ein alternatives Begehren auf Zuerkennung einer Geldsumme, so ist die in der Klage angegebene Geldsumme für die Beurteilung der Zuständigkeit und für die Besetzung des Gerichtes (§ 7a) maßgebend.

(2) In allen anderen Fällen hat der Kläger den Wert eines nicht in einem Geldbetrag bestehenden vermögensrechtlichen Streitgegenstandes in der Klage anzugeben. Dies gilt insbesondere auch in Ansehung von Feststellungsklagen. Unterläßt der Kläger eine Bewertung in einer Klage, so gilt der Betrag von 52 000 S als Streitwert.

(3) Bei der Bewertung des Streitgegenstandes sind die dem Kläger etwa obliegenden Gegenleistungen nicht in Abzug zu bringen.

Abs 1 idF Art II Z 6 des 2. GEN StGBl 1920/116; Abs 2 Satz 1 idF Art II Z 25 ZVN 1983 BGBl 135; Abs 2 Satz 3 idF Art VI Z 12 WGN 1997 BGBl I 1997/140

Lit: *Burgstaller,* Streitwertangabe und Entscheidungskontrolle, Matscher-FS (1993), 65; *Enzinger,* Zur Höhe des Streitwertes bei Unterlassungsklagen aus dem Wettbewerbsrecht, ÖBl 1986, 1; *Gitschthaler,* Zum Streitwert der Exszindierungsklage, ÖJZ 1988, 41; *Klicka,* Bestimmtheit des Begehrens bei Leistungsklagen (1989); *Moser,* Streitwert bei Unterlassungsklagen, Stb 1982, 15; *M. Roth,* Voraussetzungen einer Interessenklage, JBl 1992, 302; *Schrutka,* Zum Judikatenbuch Nr 242 betreffend den Wert des Streitgegenstandes bei Klagen nach §§ 35 und 37 EO, JBl 1916, 421.

Übersicht:

I. Lösungsbefugnis

Wird vom Kläger zwar kein Geldbetrag begehrt (Geldleistungsbegehren), **erbietet sich der Kläger aber aus freiem Willen, an Stelle der angesprochenen Sache eine bestimmte Geldsumme anzunehmen** (Lösungsbefugnis), so ordnet § 56 Abs 1 JN an, daß an Stelle der begehrten Sache **die Höhe des** zur Lösung begehrten **Geldbetrages bei der Bewertung des Streitgegenstandes zugrundezulegen** ist (und zwar selbst dann, wenn der Wert der angesprochenen Sache und die vom Kläger angegebene Geldsumme differieren [Rsp 1938/13; GlUNF 238 [1898]; vgl allerdings § 60 Abs 1 JN zur Möglichkeit einer Streitwertherabsetzung). Dies gilt allerdings nur dann, wenn der Kläger die **Lösungsbefugnis bereits in der Klage** einräumt; ein während des Prozesses gestellter Antrag ist für die Berechnung des Streitwertes hingegen unbeachtlich. Der in einem solchen nachträglich gestellten Antrag angegebene Geldbetrag kann demnach von dem durch Bewertung des Klägers nach § 56 Abs 2 JN angegebenen Streitwert abweichen. 1

Unter **Lösungsbefugnis** (des Beklagten) versteht man nun allgemein die dem Kläger durch § 410 ZPO (Näheres s auch dort) eingeräumte Möglichkeit, bei einer nicht in Geld bestehenden Klagsforderung über Antrag im Urteil den Ausspruch zu erwirken, **daß sich der Beklagte durch Zahlung einer bestimmten Geldsumme von der Leistung befreien kann** (*Fasching,* Lehrbuch[2] Rz 1132; *Rechberger* in *Rechberger,* ZPO[2] § 410 Rz 1; *Rechberger/Simotta,* Zivilprozeßrecht[4] Rz 434).

Diese Befugnis wirkt sowohl in prozessuale als auch in materiellrechtliche Richtung. **Prozessual** handelt es sich nämlich um einen **Antrag, der das Gericht verpflichtet, neben der Sachleistung auch die Möglichkeit der Lösung durch eine Geldsumme ins Urteil aufzunehmen.** Dieser Ausspruch stellt jedoch keinen Exekutionstitel dar, vollstreckbar ist nur der Urteilsausspruch über die Sachleistung (*Rechberger* in *Rechberger,* ZPO[2] § 410 Rz 1; GlUNF 3801 [1907]). Die Nichterledigung des Antrages des Klägers kann diesen nicht in seinen Rechten beeinträchtigen, es steht ihm daher auch kein Rechtsmittel gegen eine allfällige Nichterledigung zu (*Rechberger* in *Rechberger,* ZPO[2] § 410 Rz 2; Rsp 1930/240). Auch der Beklagte ist durch die urteilsmäßige stattgebende Erledigung nicht beschwert, weil die Lösungsbefugnis eine Erweiterung seiner Rechte bringt und die Geldleistung von ihm nicht erzwungen werden kann. Im Prozeß selbst ist nur die Berechtigung der Sachleistung zu prüfen, während Angemessenheit und Höhe der zur Lösung begehrten Geldsumme nicht der gerichtlichen Prüfung und damit auch nicht der Herabsetzung durch das Gericht unterliegen (*Fasching,* Lehr- 2 buch[2] Rz 1386; *Rechberger* in *Rechberger,* ZPO[2] § 410 Rz 1; ZBl 1915/502). Der Antrag, im Urteil auszusprechen, daß sich der Beklagte von der Sachleistung durch Zahlung eines bestimmten Geldbetrages befreien könne, wirkt prozessual gesehen nur in diesem Rechtsstreit und hat insbesondere bei der Klagsabweisung keine prozeßrechtliche Wirkung über den Prozeß hinaus.

3 **Materiellrechtlich** hingegen schafft der Antrag auszusprechen, daß sich der Beklagte durch Zahlung einer Geldsumme von der Sachleistung befreien könne, eine Lösungsbefugnis, womit § 410 ZPO, § 56 Abs 1 JN über den prozeßrechtlichen Bereich hinausreichen. Die Aufnahme der Lösungsbefugnis in das Urteil stellt zwar keine Verurteilung des Beklagten zu dieser Alternativleistung dar (vgl Rz 5 bis 7), wohl aber die **Beurkundung einer privatrechtlich erheblichen Erklärung des Klägers** (LGZ Wien EFSlg 49.336 [1985]), der als Gläubiger eine Lösungsbefugnis gewährt, die materiellrechtlich über den Prozeß hinaus den Schuldgegenstand erweitert bzw dem Schuldner (Beklagten) die Leistung in Geld ermöglicht. Diese Wirkung kommt allerdings erst der Aufnahme der Lösungsbefugnis in das Urteil zu, nicht hingegen bereits der Erklärung in der Klage.

4 Die prozessuale Möglichkeit der Einräumung einer Lösungsbefugnis besteht für den Kläger nur dann, wenn er die **Leistung von Sachen begehrt, die nicht in einer Geldsumme bestehen.** Höchstpersönliche Leistungen, Duldungen oder Unterlassungen des Beklagten werden hingegen nicht durch § 56 Abs 1 JN erfaßt.

Der Kläger ist zwar auch im arbeitsgerichtlichen Verfahren berechtigt, eine Lösungsbefugnis einzuräumen, dies hat aber auf die Streitwertberechnung keinen Einfluß, weil das Gericht nach § 57, 1. Fall ASGG nicht an die Geldsumme gebunden ist, zu deren Annahme an Stelle der angesprochenen Sache sich der Kläger erboten hat (vgl dazu auch § 54 JN Rz 20).

II. Alternativbegehren

5 Nach § 56 Abs 1 JN kommt es bei der Streitwertberechnung ebenfalls nicht auf den Wert der vom Kläger angesprochenen Sache dann an, wenn der Kläger ein **alternatives Begehren auf Zuerkennung einer Geldsumme** stellt. Maßgeblich ist auch in diesem Fall die Geldsumme allerdings nur dann, wenn – wie bei der Lösungsbefugnis – der Kläger **bereits in der Klage** ein entsprechendes Begehren stellt.

Grundsätzlich versteht man unter einem Alternativbegehren das Urteilsbegehren, der Beklagte habe entweder eine bestimmte Sachleistung oder eine bestimmte Geldsumme zu erbringen, also eine von mehreren Leistungen (*Fasching,* Lehrbuch[2] Rz 1129; *Rechberger* in *Rechberger,* ZPO[2] § 226 Rz 6). Der Kläger macht also auf Grund einer bestimmten Anspruchsgrundlage (Sachverhalt) zwei verschiedene Leistungen geltend, die aber nicht kumuliert zugesprochen werden sollen (und können), sondern lediglich alternativ, wobei die Wahl entweder dem Kläger oder dem Beklagten oder dem Gericht zuerkannt werden kann (vgl dazu auch Rz 6). Beispiel: Der Vermieter unterläßt die Reparatur des undicht gewordenen Daches des Mietobjektes, weshalb vom Mieter nach § 1096 ABGB entweder die Reparatur des Daches oder Mietzinsminderung verlangt wird (*Fasching,* Lehrbuch[2] Rz 1130; *Rechberger/Simotta,* Zivilprozeßrecht[4] Rz 433; RZ 1985/54).

Von diesem Alternativbegehren grundsätzlich und streng zu unterscheiden (*Fasching,* Lehrbuch[2] Rz 1128; idS auch *Rechberger* in *Rechberger,* ZPO[2] § 226

Rz 6; inkonsequent allerdings *Rechberger/Simotta,* Zivilprozeßrecht[4] Rz 433 samt Überschrift und Rz 434 FN 90) ist aber die alternative (objektive) Klagenhäufung, bei der der Kläger zwei oder mehrere Ansprüche (Klagebegehren) gegenüber dem Beklagten in einer Klage geltend macht, jedoch lediglich die Durchsetzung eines Anspruches anstrebt und außerdem die Wahl dem Gericht überläßt (*Fasching,* Lehrbuch[2] Rz 1128; vgl auch *Rechberger/Simotta,* Zivilprozeßrecht[4] Rz 434 FN 90). Beispiel: Der Kläger begehrt in einer Klage die Feststellung des Nichtbestehens seiner Ehe mit der Beklagten oder die Nichtigerklärung dieser Ehe (*Fasching,* Lehrbuch[2] Rz 1128 aE). Abgesehen davon, daß die überwiegende Lehre derartige alternative Klagenhäufungen wegen mangelnder Bestimmtheit für unzulässig erachtet (*Holzhammer,* Zivilprozeßrecht[2], 179; *Rechberger* in *Rechberger,* ZPO[2] § 226 Rz 6; *Rechberger/Simotta,* Zivilprozeßrecht[4] Rz 434 FN 90; *Rosenberg/Schwab/Gottwald,* Zivilprozeßrecht[15], 563; aA *Fasching,* Lehrbuch[2] Rz 1128; vgl auch Rz 6), fände hier auch keine Anwendung des § 56 Abs 1 JN statt, weil Klagenhäufungen dem § 227 ZPO zu unterstellen sind und § 56 Abs 1 JN außerdem ausdrücklich vom alternativen Begehren spricht (vgl zur Klagenhäufung auch § 55 JN Rz 1 bis 26 und bei § 227 ZPO).

Während für alle Sachleistungen durch § 56 Abs 1 JN und § 410 ZPO generell die Möglichkeit der Einräumung einer Lösungsbefugnis in die Hände des Klägers gelegt wurde, ist die **Zulässigkeit des Alternativbegehrens nach dem zugrundeliegenden materiellen Recht zu beurteilen.** Demnach ist ein Alternativbegehren grundsätzlich nur möglich, wenn es sich um eine **Wahlschuld** handelt, dh wenn entweder der Kläger oder der Beklagte (§§ 906, 907 ABGB) die Wahl treffen können **(echtes Alternativbegehren).** Im Zusammenhang mit der Streitwertberechnung spielen dabei in der Regel jene Fälle eine Rolle, in denen der Schuldner das Wahlrecht hat, weil der Gläubiger sein allfälliges Wahlrecht bereits in der Klage auszuüben hätte (*Fasching,* Lehrbuch[2] Rz 1129; ÖBA 1989, 735 [*Schuhmacher*]; SZ 15/119 [1933] ua), es sei denn, der Gläubiger hätte sich vertraglich ein Wahlrecht bis zur Zwangsvollstreckung ausbedungen (§ 12 EO). Dann wäre auch ein (echtes) Alternativbegehren auf mehrere Leistungen nach Wahl des Klägers zulässig (*Fasching,* Lehrbuch[2] Rz 1129) und für die Streitwertberechnung maßgebend. 6

Soweit hingegen ein Begehren dem Gericht die Wahl überläßt, welche der mehreren Leistungen es zusprechen will (vgl *Fasching,* Lehrbuch[2] Rz 1131), muß es wegen Unbestimmtheit als unzulässig angesehen werden (*Holzhammer,* Zivilprozeßrecht[2], 179; *Rechberger/Simotta,* Zivilprozeßrecht[4] Rz 434 FN 90; *Rosenberg/Schwab/Gottwald,* Zivilprozeßrecht[15], 563; vgl auch SZ 15/119 [1933]); gegenteilig nunmehr noch einmal ausdrücklich *Fasching* in *Fasching*[2] bei § 296 ZPO. Die Umdeutung eines derartigen Begehrens in ein Haupt- und ein Eventualbegehren unter dem Gesichtspunkt, der Kläger habe sinnvollerweise ohnehin in erster Linie die Leistung begehrt, deren Zuspruch die größten Erfolgsaussichten habe (so *Fasching,* Lehrbuch[2] Rz 1131), ist im Hinblick darauf abzulehnen, daß es nicht Sache des Gerichtes sein kann, aus mehreren Begehren des Klägers das sinnvollste oder erfolgversprechendste herauszusuchen. Das Gericht hat vielmehr über konkrete Rechtsschutzbegehren abzusprechen. Vor Abweisung einer Klage mit einem unechten Alternativbegehren wird das Gericht allerdings im Hinblick auf §§ 84, 85, 182 ZPO den Kläger zur Klarstellung und Reihung seiner Begehren aufzufordern haben (zum Eventualbegehren s auch Rz 8).

Zum Unterschied von der Lösungsbefugnis ist das **Alternativbegehren auch in seinem Geldbegehren vollstreckbar,** weshalb die Art der Erledigung des Alternativbegehrens sowohl durch den Kläger als auch durch den Beklagten an- 7 fechtbar ist. Gegenstand des Rechtsstreites ist hier das Wahlschuldverhältnis als solches, weshalb das gesamte Begehren (dieses muß alle zur Wahl stehenden Leistungen bezeichnen; *Fasching,* Lehrbuch[2] Rz 1130; SZ 36/99 [1963]) abgewiesen werden muß, wenn ein Wahlrecht verneint wird, und zwar selbst dann, wenn ein Begehren auf Zuspruch nur einer Leistung Erfolg hätte. Darin läge nämlich der Zuspruch eines aliud und nicht etwa eines minus (§ 405 ZPO; *Fasching,* Lehrbuch[2] Rz 1130). Aus diesem Gegenstand des Rechtsstreites folgt aber auch, daß das Gericht in der Lage ist, das Geldbegehren mit dem Sachbegehren und dem zugrundeliegenden Rechtsanspruch in Einklang zu bringen, es also zu mindern.

III. Eventualbegehren

8 Hier macht der Kläger zwar einen Anspruch erstrangig geltend, erhebt aber **für den Fall, daß** dieses **Hauptbegehren ab- oder zurückgewiesen** wird, **einen anderen Anspruch als Hilfsanspruch** (*Fasching,* Lehrbuch[2] Rz 1133; *Rechberger* in *Rechberger,* ZPO[2] § 226 Rz 6; *Rechberger/Simotta,* Zivilprozeßrecht[4] Rz 432; MietSlg 39.750 [1987]; EvBl 1974/289 = RZ 1974/89; EvBl 1964/476), also ein Eventualbegehren (Näheres vgl auch zu § 226 ZPO). Das **Gericht muß immer zuerst über das Hauptbegehren verhandeln.** Dieses muß bereits zur Abweisung spruchreif sein, bevor in die Verhandlung über das Eventualbegehren eingegangen werden darf (selbst wenn das Eventualbegehren bereits entscheidungsreif wäre). Über das Hauptbegehren kann sowohl zusammen mit dem Eventualbegehren mit Endurteil als auch vorweg alleine mit Teilurteil entschieden werden, eine Entscheidung über das Eventualbegehren vor Entscheidung über das Hauptbegehren ist jedoch unzulässig (*Fasching,* Lehrbuch[2] Rz 1134). Obsiegt der Kläger mit dem Eventualbegehren, so ist er dennoch durch die Abweisung des Hauptbegehrens beschwert und kann dagegen ein Rechtsmittel erheben (SZ 24/264 [1951]). Hat hingegen das Erstgericht dem Hauptbegehren stattgegeben und der Beklagte dagegen ein Rechtsmittel erhoben, so muß das Rechtsmittelgericht, das zur Abweisung des Hauptbegehrens gelangt, sofort prüfen, ob das Eventualbegehren gerechtfertigt ist. Bei Entscheidungsreife hat es darüber sofort zu entscheiden, in der Regel wird es aber zu einer Urteilsaufhebung und Zurückverweisung der Rechtssache an das Erstgericht mangels Entscheidungsreife kommen (*Fasching,* Lehrbuch[2] Rz 1134 aE).

Auch wenn dies im Gesetz nicht ausdrücklich geregelt ist, so ist doch im wesentlichen unbestritten (*Fasching,* Lehrbuch[2] Rz 259; *Rechberger* in *Rechberger,* ZPO[2] § 226 Rz 6; *Rechberger/Simotta,* Zivilprozeßrecht[4] Rz 105; 4 Ob 96/86; SZ 25/163 [1952]), daß **der Streitwertberechnung in analoger Anwendung des § 56 Abs 1 JN die Höhe der Geldsumme des Eventualbegehrens zugrunde zu legen** ist, wenn das Hauptbegehren nicht Geldwert besitzt und das Eventualbegehren bereits in der Klage gestellt wurde (die gegenteilige Auffassung des OLG Wien [AnwZ 1934, 230] ist zu Recht vereinzelt geblieben). Wurde hingegen das Eventualbegehren nicht gesondert bewertet, dann entspricht dessen Streitwert jenem des Hauptbegehrens (10 Ob 152/98 w; SZ 70/201 [1997]).

IV. Bewertung durch den Kläger

A. Bedeutung

9 Bei nicht in Geldbeträgen bestehenden Streitgegenständen ist der Kläger nach § 56 Abs 2 (allenfalls iVm § 59) JN grundsätzlich verpflichtet, den **Streitgegenstand bereits in der Klage** (eine spätere Änderung ist nicht mehr möglich;

4 Ob 96/91; 4 Ob 372/87; SZ 25/172 [1952]; 3 Ob 653/51) **zu bewerten, also die Höhe seines Interesses anzugeben** (*Fasching,* Lehrbuch² Rz 265; *Mayr* in *Rechberger,* ZPO² § 56 JN Rz 2). Während diese Verpflichtung bis zur ZVN 1983 nur in jenen Fällen bestanden hat, in denen der Wert des nicht in einem Geldbetrag bestehenden Streitgegenstandes für die Bestimmung der Zuständigkeit oder für die Besetzung des Gerichtes (§ 7a JN) von Belang war, hat der Kläger im Hinblick auf die Neufassung des § 56 Abs 2, 1. Satz JN nunmehr eine Bewertung auch dann vorzunehmen, wenn ohnehin für die konkrete Klage Eigenzuständigkeit eines bestimmten Gerichtes besteht, so etwa bei Räumungsklagen (JUS 1985/13, 14) oder bei Klagen auf Feststellung des Bestehens oder Nichtbestehens eines Bestandverhältnisses (vgl § 49 Abs 2 Z 5 JN). Dies ist insoferne konsequent, als die **Bedeutung des Streitwertes über die Zuständigkeitsprüfung und die Frage der Gerichtsbesetzung hinausgeht** (vgl § 54 JN Rz 13, 14). Andererseits wäre eine allfällig vorgenommene Bewertung durch den Kläger unbeachtlich, wenn der Streitgegenstand nicht vermögensrechtlicher Natur ist (so schon vor der ZVN 1983 stRsp [vgl etwa EvBl 1972/260 uva]; nunmehr auch *Fasching,* Lehrbuch² Rz 265; *Mayr* in *Rechberger,* ZPO² § 56 JN Rz 2), also etwa bei Klagen im Zusammenhang mit Streitigkeiten über die Vaterschaft zu einem unehelichen Kind (§ 49 Abs 2 Z 1 JN), über die eheliche Abstammung (§ 49 Abs 2 Z 2a JN), über die Scheidung, Aufhebung oder Nichtigerklärung einer Ehe oder über das Bestehen oder Nichtbestehen einer Ehe (§ 49 Abs 2 Z 2b JN). Damit korrespondiert auch, daß in diesen Fällen das Berufungs- oder Rekursgericht eine Bewertung derartiger Streitgegenstände nicht vorzunehmen hat (vgl *Kodek* in *Rechberger,* ZPO² § 500 Rz 5 und 8; SZ 55/186 [1982] uva).

B. Geldgleiche Ansprüche

Hat der Kläger eine **Bewertung** vorzunehmen, so ist er dabei einerseits **an die Vorschriften der §§ 57 und 58 JN gebunden (gebundene Bewertung;** vgl dazu auch § 60 JN Rz 2 bis 5 und § 54 JN Rz 11, 12). Andererseits sind aber auch Fälle denkbar, in denen das Klagebegehren zwar nicht unmittelbar die Leistung einer Geldsumme zum Gegenstand hat, ihm aber eine ziffernmäßige Forderung zugrundeliegt, die nicht den §§ 57 und 58 JN zu unterstellen ist. Es handelt sich dabei um die sogenannten **geldgleichen Ansprüche** (*Mayr* in *Rechberger,* ZPO² § 56 JN Rz 1). In diesen Fällen ist vom Kläger nach der Rechtsprechung grundsätzlich **die zugrundeliegende Forderung bei der Bewertung des Streitgegenstandes heranzuziehen.** Daher hat der Kläger etwa bei Geltendmachung eines Anspruches auf Ausfolgung eines gerichtlichen Erlages (JBl 1960, 101; AnwZ 1933, 297) oder auf Herausgabe eines realisierbaren Sparbuches (SZ 61/146 [1988] = NZ 1990, 67; ÖBA 1989, 194; MietSlg 39.776/47 [1987]; ZBl 1936/486) oder eines Wechsels (aA iS von freier Bewertungsmöglichkeit durch den Kläger GlUNF 6366 [1916]) den Streitgegenstand mit der Erlagssumme, dem Sparbuchrealisat oder der Wechselsumme zu bewerten, es sei denn, diese Beträge wären der Höhe nach noch nicht genau bekannt (vgl GH 1919, 11) oder der aus dem Wertpapier Verpflichtete (Kreditinstitut, Wechselschuldner) wäre zahlungsunfähig (vgl SZ 61/146 [1988] = NZ 1990, 67; ÖBA 1989, 194; MietSlg 39.776/47 [1987]). Ein geldgleicher Anspruch liegt auch einer Anfechtungsklage betreffend eine vollstreckbare Geldforderung (7 Ob 570/93; JBl 1933, 415; GlUNF 7473 [1915]; OLG Wien EvBl 1935/350) und einer Ergänzungsklage nach § 10 EO betreffend einen auf Zahlung eines Geldbetrages lautenden Exekutionstitel (SZ 51/125 [1978]) zugrunde (zu sonstigen Feststellungsklagen vgl Rz 23 bis 24). Auch in diesen Fällen sind bei der Bewertung die jeweiligen Geldforderungen heranzu- 10 ziehen, widrigenfalls das Gericht an eine abweichende Bewertung nicht gebunden wäre. Das gleiche gilt für das Rechtsgestaltungsbegehren einer Klage, die Verkürzung über die Hälfte geltend macht und Rückzahlung des geleisteten Kaufpreises verlangt (RZ 1989/43).

C. Exekutionsrechtliche Klagen

11 Darunter sind jene Klagen zu verstehen, die ihren Ursprung in der Exekutionsordnung haben, also die Pfandvorrechtsklage nach § 258 EO, die Widerspruchsklage nach § 231 EO, die Interessenklage nach § 368 EO sowie die Klagen nach §§ 35 bis 37 EO. Soweit es um die Bewertung deren Streitgegenstandes geht, erscheint es dabei unstrittig, daß **Klagen auf Feststellung des Vorranges eines Pfandrechtes** stets nach § 57 JN zu bewerten sind (*Mayr* in *Rechberger,* ZPO[2] § 57 JN Rz 2; 3 Ob 100/98x; LGZ Wien EvBl 1937/340 = NZ 1938, 34; GlUNF 4183 [1908]), wobei es gleichgültig ist, ob sie als einfache Feststellungsklagen oder anläßlich eines Exekutionsverfahrens als Pfandvorrechtsklagen nach § 258 EO oder § 33 AbgEO angebracht werden.

Wird die Pfandsache veräußert, tritt an ihre Stelle der Verkaufserlös, der nach dem Niederstwertprinzip (vgl § 57 JN Rz 6) mit dem Betrag der Forderung zu vergleichen ist (3 Ob 32/88; 3 Ob 28/81).

12 Einigkeit besteht auch hinsichtlich der **Widerspruchsklage,** bei der es sich um eine (negative) Feststellungsklage handelt (*Holzhammer,* Zwangsvollstreckungsrecht[4], 221; *Rechberger/Simotta,* Exekutionsverfahren[2] Rz 541; verst Senat JBl 1995, 662 [zust *Pfersmann*] = SZ 68/93 [1995] = ecolex 1995, 633 = ÖBA 1996/541). Obwohl damit nicht ein bestimmter Geldbetrag geltend gemacht wird, sodaß der Widerspruchsklage auch nicht ein in Geld bestehender Streitgegenstand zugrundeliegt (vgl *Fasching,* Lehrbuch[2] Rz 259) – vielmehr hat die Widerspruchsklage die Frage der Rechtmäßigkeit der Zuweisung eines bestimmten Geldbetrages zum Gegenstand (verst Senat JBl 1995, 662 [zust *Pfersmann*]) –, ist als Wert des Streitgegenstandes die Höhe der damit bekämpften Zuweisung anzunehmen, weil eine davon abweichende Bewertung nicht sachgerecht wäre (verst Senat JBl 1995, 662 [zust *Pfersmann*]). Es handelt sich somit um einen geldgleichen Anspruch (vgl Rz 10).

13 Unproblematisch ist weiters die Bewertung des Streitgegenstandes einer **Interessenklage** nach § 368 EO, weil diese auf Leistung von Schadenersatz, also auf eine Geldleistung gerichtet (Näheres dazu bei *M. Roth,* JBl 1992, 302) und daher nach § 54 JN zu beurteilen ist

(Zum Teil noch immer) bestehen allerdings erhebliche Auffassungsunterschiede im Zusammenhang mit der Bewertung des Streitgegenstandes von Klagen nach §§ 35 bis 37 EO (vgl Rz 14 bis 20).

14 Mit der **Oppositionsklage (§ 35 EO)** wird der Ausspruch angestrebt, daß der Anspruch, zu dessen Hereinbringung oder Sicherung eine bestimmte Exekution bewilligt wurde, erloschen oder gehemmt ist (SZ 32/93 [1959] = EFSlg 3460 [1959]; SZ 19/316 [1937] uva), und zwar auf Grund von Tatsachen, die erst nach Entstehung des dem Exekutionsverfahren zugrundeliegenden Exekutionstitels eingetreten sind. Zum Streitgegenstand derartiger Klagen führte der OGH in JB 242 ([1915] = GlUNF 7662 [1915] = JBl 1916, 213 = ZBl 1916/181) aus, dieser sei nach § 57 JN zu bemessen, wenn eine Geldforderung betrieben werde. Nach der jüngeren Rsp (verst Senat JBl 1995, 662; ÖA 1994, 33; EFSlg 73.065 [1993]; 60.946 [1989]; 60.945 [1989]; 49.451 [1985]; EFSlg 23.131 [1974] = RPflSlgE 1974/118; 3 Ob 116/72; 3 Ob 106/72; EvBl 1968/162) und der herrschenden Lehre (*Fasching,* Lehrbuch[2] Rz 262; *Heller/Berger/Stix*[4] I 419; *Holzhammer,*

Zwangsvollstreckungsrecht[4], 149; *Rechberger/Simotta,* Exekutionsverfahren[2] Rz 350; unklar *Mayr* in *Rechberger,* ZPO[2] § 57 JN Rz 4), denen beizupflichten ist, ist **Streitwert einer Oppositionsklage grundsätzlich die Höhe der betriebenen Forderungen** (ihr Streitgegenstand besteht ausschließlich in einem Geldbetrag), wenn Gegenstand der zugrundeliegenden Exekutionsbewilligung eine einmal zu erbringende Leistung und keine Dauerverpflichtung ist (3 Ob 1036/87); zum Streitwert einer Oppositionsklage, die sich gegen einen Unterhaltstitel richtet, vgl Rz 16.

Für die Bewertung maßgeblich ist lediglich die **Höhe des betriebenen Kapitalbetrages,** auf Kosten der Anlaßexekution oder des Titelverfahrens ist hingegen nicht Bedacht zu nehmen (vgl EFSlg 57.896 [1988]; 3 Ob 56/81; JBl 1979, 436 uva), woran auch die nunmehr vom OGH (vgl verst Senat JBl 1995, 662 [zust *Pfersmann*]; s auch § 54 JN Rz 24 bis 26) zur Zulässigkeit des Revisionsrekurses im Meistbotsverteilungsverfahren vertretene Auffassung, § 54 Abs 2 JN sei nicht anzuwenden, nichts zu ändern vermag, weil es sich hier nicht um ein Exekutionsverfahren, sondern um ein streitiges Verfahren handelt, auf welches die §§ 54 bis 64 JN unmittelbar anzuwenden sind. Nur wenn von Anfang an lediglich Zinsen und Kosten betrieben werden, richtet sich der Streitwert der Oppositionsklage nach deren Höhe zum Zeitpunkt der Gerichtsanhängigkeit (vgl dazu auch § 54 JN Rz 28). 15

Sind Gegenstand der Exekutionsbewilligung, gegen die sich die Oppositionsklage richtet, Ansprüche auf laufenden gesetzlichen Unterhalt, so ist sie allerdings in Anwendung des § 58 Abs 1 JN mit der dreifachen Jahresleistung zu bewerten (3 Ob 60/89; 3 Ob 40/86; SZ 55/74 [1982]; RPflSlgE 1974/118 uva), und zwar allenfalls zuzüglich des (weiters) betriebenen rückständigen Unterhaltes (3 Ob 178/88; 3 Ob 1018/88; 3 Ob 1034/85; 3 Ob 176/82; SZ 55/74 [1982]; 3 Ob 81/76; aA noch 3 Ob 126/71 [Bewertung mit der dreifachen Jahresleistung selbst dann, wenn daneben ein Unterhaltsrückstand betrieben wird]). 16

Nach der Rsp (3 Ob 56/81) sind auch Oppositionsklagen, die die Verpflichtung zur Erwirkung einer vertretbaren Handlung bekämpfen, nicht nach § 57 JN zu bewerten, was auch für solche gilt, die die Verpflichtung zur Erwirkung unvertretbarer Handlungen bekämpfen. In diesen Fällen wird zwar nicht eine Geldforderung betrieben (vgl dazu Rz 14), doch erscheint es durchaus sachgerecht, den Streitgegenstand dieser Oppositionsklagen mit jenem Betrag anzunehmen, mit dem der Streitgegenstand im Titelverfahren bewertet wurde (vgl dazu auch ÖBl 1976, 27). Nicht miteinzubeziehen sind auch bei dieser Bewertung jedoch die Kosten der Anlaßexekution oder des Titelverfahrens (3 Ob 56/81).

Mit der **Impugnationsklage (§ 36 EO)** wird die Unzulässigerklärung einer bestimmten Exekutionsbewilligung angestrebt (JBl 1992, 193; EvBl 1973/184), und zwar auf Grund der in § 36 Abs 1 Z 1 bis 3 EO aufgezählten Umstände, die – im Gegensatz zur Oppositionsklage – aber auch bereits vor Entstehung des dem konkreten Exekutionsverfahren zugrundeliegenden Exekutionstitels eingetreten sein können (SZ 5/51 [1923]; LGZ Wien EFSlg 57.895 [1988]). Der **Streitgegenstand einer Impugnationsklage** ist nach denselben Grundsätzen zu beurteilen **wie jener einer Oppositionsklage** (vgl Rz 14 bis 16), was sowohl in der Rsp (3 Ob 2084/96 h; 3 Ob 156/93; 2 Ob 552/92; RPflSlgE 1985/121; EFSlg 57.896 [1988]; JBl 1979, 436; 1948, 478; SZ 19/322 [1937] = RZ 1938, 62 = ZBl 1938/142) als auch in der überwiegenden Lehre (etwa *Holzhammer,* Zwangsvollstreckungsrecht[4], 149; *Rechberger/Simotta,* Exekutionsverfahren[2] Rz 365; nach *Grill,* AnwBl 1996, 39 [Entscheidungsbesprechung], soll das Interesse einer Impugna- 17 tionsklage auch höher als der Hauptsacheanspruch sein können, weil von ihr auch die zu beseitigenden Kostentitel umfaßt sein sollen) unzweifelhaft sein dürfte (von JB 242 [1915] = GlUNF 7662 [1915] = JBl 1916, 213 = ZBl 1916/181] – vgl Rz 14 – waren Impugnationsklagen ohnehin nicht erfaßt [1 Ob 927/54]). Ihr Streitgegenstand besteht daher selbst dann im Geldbetrag der betriebenen Kapitalsforderung, wenn diese erst im Verfahren festgestellt werden muß. Diesfalls ist jedenfalls eine Bewertung des Streitgegenstandes in der Klage notwendig (LG Innsbruck AnwBl 1996, 38 [zust *Grill*]), hinsichtlich der jedoch keine Bindungswirkung besteht (LG Innsbruck AnwBl 1996, 38 [diesbezüglich abl *Grill*]), handelt es sich doch lediglich um einen Fall der gebundenen Bewertung (vgl Rz 10 sowie § 54 JN Rz 11 bis 12 und § 60 JN Rz 2 und 5).

Diese Überlegungen gelten auch dann, wenn die Exekution nach den Behauptungen des Klägers lediglich zur Zeit unstatthaft sein soll, weil es maßgeblich auf den Zeitpunkt der Gerichtsanhängigkeit ankommen muß, zu welchem aber die Exekution unzulässig ist. Der Auffassung, in einem derartigen Fall könnte die Bewertung des Streitgegenstandes durch den Kläger niedriger ausfallen (idS *Heller/Berger/Stix*[4] I 439), kann schon mangels Nachvollziehbarkeit einer derartigen Bewertung nicht gefolgt werden.

18 Mit der **Exszindierungsklage (§ 37 EO)** wird die Unzulässigerklärung einer bewilligten Exekution im Hinblick auf einen bestimmten durch die Exekution betroffenen Gegenstand, auf einen Teil eines solchen oder auf einzelne Gegenstände des Zubehörs einer Liegenschaft mit der Behauptung angestrebt, dem Kläger stehe ein Recht zu, welches die Vornahme der Exekution unzulässig mache. Im Gegensatz zum Oppositions- und zum Impugnationskläger ist der **Exszindierungskläger keine Partei des Exekutionsverfahrens, sondern ein unbeteiligter Dritter.** Während nun der OGH praktisch in stRsp (3 Ob 387/97 a; 3 Ob 119/97 i; 3 Ob 25/90; RPflSlgE 1982/82; 3 Ob 76/68; 3 Ob 67/67; SZ 39/54 [1966] = EvBl 1967/98; RPflSlgE 1966/204; RZ 1966, 54; SZ 38/91 [1965]; JBl 1958, 22; RZ 1938, 63; SZ 22/108 [1949], 15/55 [1933], 11/18 [1929]; JB 242 [1915] = GlUNF 7662 [1915] = JBl 1916, 213 = ZBl 1916/181) zur Frage der Bewertung des Streitgegenstandes einer derartigen Klage ausführt, dieser sei nach § 57 JN zu bestimmen, sodaß es jeweils auf den niedrigeren Betrag, sei es jener der betriebenen Forderung, sei es der Wert des in Anspruch genommenen Pfandgegenstandes (nach dessen Versteigerung der Nettoerlös nach Abzug der Verkaufskosten [3 Ob 76/90]), ankomme, stehen dieser Auffassung praktisch die gesamte Lehre (*Fasching,* Lehrbuch[2] Rz 262; *Feil,* JN Rz 547; *Gitschthaler,* ÖJZ 1988, 41; *Heller/Berger/Stix*[4] I 475; *Holzhammer,* Zwangsvollstreckungsrecht[4], 168; *Mayr* in *Rechberger,* ZPO[2] § 57 JN Rz 4; *Schrutka,* JBl 1916, 421; *Rechberger/Simotta,* Exekutionsverfahren[2] Rz 378; *Strigl,* AnwBl 1988, 476 [Entscheidungsbesprechung]), aber auch Teile der Rsp (so etwa insbesondere 3 Ob 26/86; 3 Ob 71–75/84, aber auch VwGH RPflSlgE 1969/103; LGZ Wien RPflSlgE 1991/110; EFSlg 64.221 [1990]; 46.739 [1984]; RPflSlgE 1982/27) entgegen (unklar JUS Z 1630 [1994] = RZ 1995/56). Nach dieser wohl zutreffenden Auffassung der Lehre ist bei einer Exszindierungsklage **für den Wert des Streitgegenstandes immer der Wert der exszindierten Sache maßgeblich;** auf die Höhe der betriebenen Forderung kann es nämlich allein deshalb schon nicht ankommen, weil unter Streitgegenstand grundsätzlich nur jene Frage verstanden werden kann, über welche die Parteien des Verfahrens streiten. Der Rechtsschutzanspruch des Klägers einer Exszindierungsklage kann daher nur in der Herbeiführung eines Urteiles liegen, durch das die in der vorliegenden oder drohenden Zwangsvollstreckung – soweit sie fremde Sachen ergreift – enthaltene Sicherstellung des Beklagten aufgehoben

wird. Dieses Interesse des Klägers an der Freigabe der gepfändeten Sache deckt sich aber mit dem Wert der Sache und nicht mit jenem der vom Beklagten gegen den Verpflichteten betriebenen Forderung (*Gitschthaler,* ÖJZ 1988, 42; *Schrutka,* JBl 1916, 421). Die Bewertung des Streitgegenstandes einer Exszindierungsklage muß sich damit zwangsläufig nach § 56 Abs 2 JN richten, wobei es sich um einen geldgleichen Anspruch (vgl dazu ausführlich § 56 JN Rz 10) handelt.

Der Kläger hat **somit bereits in der Exszindierungsklage den Wert des gepfändeten Gegenstandes anzugeben** (7 Ob 538/93; 7 Ob 510/93; JBl 1953, 298), **widrigenfalls** vom **Schätzwert** auszugehen wäre, sollte dieser zum Zeitpunkt der Gerichtsanhängigkeit bereits bekannt sein (vgl etwa LGZ Wien RPflSlgE 1991/110). Ist dies nicht der Fall, dann ist der **doppelte Bleistiftwert** (laut Pfändungsprotokoll) **des gepfändeten Gegenstandes** (vgl 3 Ob 43/80; RPflSlgE 1980/29; SZ 39/54 [1966] = RPflSlgE 1966/204 = EvBl 1967/98; RZ 1966, 54; 3 Ob 82/65; LGZ Wien RPflSlgE 1991/110) heranzuziehen; ist auch dies nicht möglich, dann kommt es auf den **Zweifelsstreitwert** des § 56 Abs 2, 3. Satz JN (Rz 28 bis 30) an (*Gitschthaler,* ÖJZ 1988, 43). Hat das Berufungsgericht bei der Bewertung seines Entscheidungsgegenstandes auf die in den Entscheidungsgründen seines Urteiles festgestellten Schätzwerte der exszindierten Pfandgegenstände zurückgegriffen, dann ist der OGH jedenfalls an diese Bewertung gebunden (*Feil,* JN Rz 547). 19

Zur Frage der **Zusammenrechnung der Streitwerte** bei Exszindierungsklagen, die sich auf mehrere gepfändete Gegenstände beziehen oder die sich gegen mehrere Beklagte richten, vgl § 57 JN Rz 6. 20

D. Rechtsmittelklagen

Bei **Rechtsmittelklagen (Wiederaufnahms- und Nichtigkeitsklage)** ist der Streitgegenstand denknotwendig derselbe wie im Hauptprozeß, an dem sich die nunmehrige Bewertung zu orientieren hat (*Mayr* in *Rechberger,* ZPO[2] § 56 JN Rz 2; RZ 1995/84; SZ 64/172 [1991]; Arb 10.998 [1989]; RZ 1975/93; 1974/54; JBl 1954, 542; ZBl 1936/156; SZ 10/9 [1928]), und zwar grundsätzlich auch dann, wenn es sich beim Begehren im Hauptprozeß nicht um ein Geldleistungsbegehren gehandelt hat (so schon EvBl 1934/329). Blieb dieses allerdings in einem vor der ZVN 1983 eingeleiteten Verfahren im Hinblick auf die Eigenzuständigkeit des angerufenen Gerichtes (vgl Rz 9) unbewertet, so wird bei einer korrespondierenden Rechtsmittelklage nunmehr wohl der Zweifelsstreitwert des § 56 Abs 2, 3. Satz JN analog heranzuziehen sein (das Rechtsmittelgericht hat allerdings nach § 500 Abs 2 Z 1 ZPO in einem derartigen Fall einen Bewertungsausspruch vorzunehmen [RZ 1995/84; JBl 1970, 153 = RZ 1969, 208]). 21

Diese Überlegungen gelten auch für Klagen auf Aufhebung eines Schiedsspruches, deren Streitwert daher zwingend dem dem Schiedsverfahren zugrundeliegenden Streitwert gleich sein muß (1 Ob 290/55). 22

E. Feststellungsklagen

Im Hinblick auf § 56 Abs 2, 2. Satz JN sind **Feststellungsklagen** zwar grundsätzlich frei zu bewerten, also etwa Klagen auf Feststellung der **Haftung für künftige Schäden,** auf **Feststellung des Nichtbestehens eines Bestandverhältnisses** (vgl dazu ausführlich § 58 Rz 9 bis 11), oder auch Klagen auf Gewährung des Versicherungsschutzes (Deckungsklagen), weil sie letztlich auf Feststellung der Deckungspflicht gerichtet sind (7 Ob 160/75; 7 Ob 185/74), doch ist der Kläger in seiner Bewertungsfreiheit dann eingeschränkt, wenn die Feststellung des Beste- 23 hens oder Nichtbestehens einer ziffernmäßig feststehenden Geldforderung begehrt wird. Während dazu zunächst die gegenteilige (etwa RZ 1938, 58) bzw die insofern abweichende (*Fasching*[1] I 353; GlUNF 3973 [1907]) Ansicht vertreten wurde, es könne in diesen Fällen auf die (freie) Bewertung durch den Kläger nur ankommen, wenn diese wertmäßig niedriger angesetzt worden sei als die zugrundeliegende Geldforderung, hat nunmehr nach Lehre (*Fasching,* Lehrbuch[2] Rz 265; *Kodek* in *Rechberger,* ZPO[2] § 500 Rz 5; *Mayr* in *Rechberger,* ZPO[2] § 56 JN Rz 1) und jüngerer Rsp (EFSlg 57.790 [1988]) die Bewertung durch den Kläger mit der Geldforderung übereinzustimmen. Dieser Grundsatz soll dabei nicht nur bei Klagen auf Feststellung einer im Konkurs bestrittenen Geldforderung nach § 110 KO (SZ 64/178 [1991]; 40/101 [1967]; 31/159 [1958] ua) oder bei Klagen auf Feststellung, eine bestimmte Forderung sei erloschen (7 Ob 570/93), gelten, sondern etwa auch bei Klagen auf Feststellung, die Zession einer bestimmten Geldforderung sei unwirksam (2 Ob 564/84 [ist der tatsächlich zugeflossene Betrag niedriger als die Gesamtforderung, dann kommt es auf diesen an]), oder bei Klagen auf Feststellung der Rechtswirksamkeit eines Vertrages, wenn in diesem Vertrag etwa ein bestimmter Abtretungspreis vereinbart wurde. Die Bewertung des Streitgegenstandes soll sich dann nach diesem Abtretungspreis richten (VwGH AnwBl 1995, 275 [abl *Arnold*]). Dem kann jedoch nur in jenen Fällen gefolgt werden, in denen es dem Kläger mit seinem Feststellungsbegehren gerade und praktisch ausschließlich um die aus der Sachverhaltsdarstellung ersichtliche Geldsumme geht (also etwa um die Bezahlung des Abtretungspreises). Ist dies nicht der Fall, so besteht weitgehend freie Bewertungsmöglichkeit durch den Kläger (vgl Rz 25 bis 27). Dies gilt etwa auch für ein Begehren auf Feststellung der Haftung für künftige Schäden, selbst wenn es allenfalls in Hinkunft in bestimmten Zeitabständen entstehende Schadenersatzforderungen bestimmter Art (hier: Kaskoprämienaufwand) zum Gegenstand hat (OLG Wien WR 689 [1995]). Zu Klagen auf Feststellung des Fortbestandes eines Arbeitsverhältnisses s § 58 JN Rz 12.

24 Unter den unter Rz 23 dargestellten Voraussetzungen sind grundsätzlich auch **Zwischenanträge auf Feststellung zu bewerten,** wobei die vorgenommene Bewertung sowohl das Gericht als auch die Parteien bindet (JB 255 [1918]; *Mayr* in *Rechberger,* ZPO[2] § 56 JN Rz 2). Sofern der Zwischenantrag nicht nur für einen bestimmten Teil des Klagebegehrens präjudiziell ist, kommt es bei der Bewertung maßgeblich auf den eingeklagten Betrag an (ZAS 1981/53 [*Rummel*], 4 Ob 571/78; 5 Ob 17/72; 5 Ob 110/69; 6 Ob 182/64; EvBl 1954/380). Wurde allerdings ein Räumungsbegehren bewertet, dann ist dessen Bewertung auch für einen allfälligen Zwischenstreit über die Höhe des Zinsrückstandes (§ 33 MRG) maßgebend (vgl 1 Ob 569/92; 5 Ob 599/89; 6 Ob 672/87; 6 Ob 710/85; 1 Ob 702/85). Zur Bedeutung des Streitwertes eines Zwischenantrages auf Feststellung vgl § 55 JN Rz 25 bis 26.

F. Freie Bewertung

25 Soweit das Begehren des Klägers weder den §§ 57 und 58 JN unterstellt werden kann noch geldgleiche Ansprüche (vgl Rz 10) zum Inhalt hat, kann der **Kläger eine weitgehend freie Bewertung seines Interesses vornehmen.**

Dies gilt neben den **Feststellungsklagen** (Näheres dazu Rz 23) insbesondere für **Rechtsgestaltungsklagen, die vermögensrechtliche Gegenstände betreffen** (EvBl 1998/74), sowie für nicht auf Geld gerichtete **Individualleistungsklagen** (*Fasching,* Lehrbuch[2] Rz 265; vgl auch *Mayr* in *Rechberger,* ZPO[2] § 56 JN Rz 2), wobei das Gesetz unter letzteren vor allem Klagen auf Duldung und Unterlassung versteht (*Enzinger,* ÖBl 1986, 1 unter Hinweis auf die Materialien; *Mayr* in *Rechberger,* ZPO² § 59 JN Rz 2; ausführlich dazu bei § 59 JN Rz 1, 3 ff). Daneben sind auch Klagen auf Abgabe von Willenserklärungen und auf Vornahme von Arbeiten und anderen persönlichen Leistungen frei zu bewerten (Näheres und Beispiele dazu s bei § 59 JN).

Zu **Räumungsklagen** und sonstigen **Übergabebegehren** im Zusammenhang mit bestandrechtlichen Streitigkeiten vgl § 58 JN Rz 9 bis 11.

Weiters (frei) zu bewerten sind **Besitzstörungsklagen** (*Mayr* in *Rechberger,* 26
ZPO² § 56 JN Rz 2; LGZ Wien EFSlg 79.085 [1995]; 63.929 [1990]; 63.927 [1990]; WR 296 [1987] ua), **Manifestationsklagen,** wenn die Höhe der Forderung nicht genau bekannt ist (GH 1919, 11), **Stufenklagen** (deren Begehren bei der Zuständigkeitsprüfung zusammenzurechnen sind [*Fasching,* Lehrbuch² Rz 1046; *Mayr* in *Rechberger,* ZPO² § 56 JN Rz 2]) und Urteilsveröffentlichungsbegehren (*Mayr* in *Rechberger,* ZPO² § 56 JN Rz 2).

Einen Sonderfall (ex lege) stellen **Anfechtungsklagen nach §§ 195 ff AktG** 27
dar, deren Streitgegenstand zwar grundsätzlich der freien Bewertung durch den Kläger unterliegt, in welchen Verfahren die Parteien aber bis zum Schluß der Verhandlung I. Instanz einen Antrag auf Festsetzung des Wertes des Streitgegenstandes stellen können. Bei seiner Entscheidung hat das Gericht die gesamten im einzelnen Fall gegebenen Verhältnisse unter Berücksichtigung des Interesses der Gesellschaft an der Aufrechterhaltung des angefochtenen Hauptversammlungsbeschlusses zu berücksichtigen (§ 197 Abs 6 AktG). Diese Sonderregelung ist allerdings nicht (auch nicht analog) auf das Genossenschaftsrecht anwendbar (ÖJZ-LSK 1995/113 = WBl 1995, 339 = EvBl 1995/123 = ecolex 1995, 903 = SZ 68/20 [1995]). Hier hat der Kläger den Streitgegenstand zu bewerten, wenn er Hauptversammlungsbeschlüsse anficht.

V. Zweifelsstreitwert

Unterläßt der Kläger in jenen Fällen, in denen seine Bewertung des Streit- 28
gegenstandes ausschließlich maßgeblich für dessen Wert ist (freie Bewertung; vgl Rz 25 bis 27), **diese Bewertung,** so gilt nach § 56 Abs 2, 3. Satz JN der Betrag von 52.000 S als Streitwert (**Zweifelsstreitwert** [*Mayr* in *Rechberger,* ZPO² § 56 JN Rz 4]). Werden mehrere Ansprüche in einer Klage gehäuft (vgl Näheres dazu bei § 55 JN und bei § 227 ZPO), dann ist für jeden einzelnen Anspruch der Zweifelsstreitwert gesondert anzunehmen (*Mayr* in *Rechberger,* ZPO² § 56 JN Rz 4).

Unzweifelhaft erscheint zwar, daß die im Rubrum einer Klage mit den Zu- 29
sätzen „RATG" und „GGG" bezeichneten Streitwerte keine (freie) Bewertung nach § 56 JN bilden (WoBl 1993, 60; 8 Ob 608/91; LGZ Wien EFSlg 63.928 [1990]; 64.158 [1990]; 4 Ob 501/88; LGZ Wien WR 296 [1987]), sodaß mangels einer weiteren (freien) Bewertung vom Zweifelsstreitwert auszugehen wäre (*Mayr* in *Rechberger,* ZPO § 56 JN Rz 3), in der Literatur ist jedoch umstritten, ob das Gericht dem Kläger, der eine Bewertung des Streitgegenstandes unterlassen hat, einen diesbezüglichen **Verbesserungsauftrag** erteilen kann. Während *M. Roth* (Individualleistung 46) dies uneingeschränkt bejaht und *Fasching* (Lehrbuch² Rz 265) dies uneingeschränkt verneint, differenziert *Mayr* (in *Rechberger,* ZPO § 56 JN Rz 4). Demnach soll ein Verbesserungsverfahren dann einzuleiten sein, wenn die Klage (ohne Bewertung) beim Gerichtshof eingebracht wurde und eine Zurückweisung wegen sachlicher (Wert-)Unzuständigkeit drohen würde. Die Frage der Einleitung eines Verbesserungsverfahrens hat sich allerdings nicht an

allfälligen Zweckmäßigkeiten, sondern an § 84 Abs 1 ZPO zu orientieren, wonach das Gericht die Beseitigung von Formgebrechen anzuordnen hat, welche die ordnungsgemäße geschäftliche Behandlung eines überreichten Schriftsatzes zu hindern geeignet sind. Da das Gesetz seit der ZVN 1986 aber für die Unterlassung einer notwendigen Bewertung in den Fällen, in denen das Begehren des Klägers weder den §§ 57 und 58 JN unterstellt werden kann noch geldgleiche Ansprüche zum Inhalt hat (vgl Rz 10), eine ausdrückliche Rechtsfolge vorsieht, kommt hier ein Verbesserungsauftrag des Gerichtes an den Kläger **nicht in Betracht.** Es gilt eben der Zweifelsstreitwert. Denkbar wäre die Einleitung eines Verbesserungsverfahrens allerdings dann, wenn bei der Bewertung des Streitgegenstandes einer Klage zwar die Vorschriften der §§ 57 und 58 JN zu beachten sind, der Kläger aber etwa den Bestandzins (§ 58 JN) oder den Wert des Pfandgegenstandes (§ 57 JN) nicht angegeben hat.

30 Hinsichtlich der **Gerichtsgebühren und der Rechtsanwaltskosten** verweisen § 14 GGG bzw § 4 RATG auf die §§ 54 ff JN, sodaß die vom Kläger vorzunehmende Bewertung ausschließlich (vgl zuletzt etwa VwGH AnwBl 1995, 275 unter Hinweis auf unveröffentlichte Vorjudikatur; ebenso 8 ObA 61/98 y; aA aber VwGH AnwBl 1990, 640 und 8 ObA 317/94) als jeweilige Bemessungsgrundlage maßgebend sein soll. Obwohl weder § 14 GGG noch § 4 RATG von der Verweisung § 56 Abs 2, 3. Satz JN (Zweifelsstreitwert) ausnehmen, sind sie diesbezüglich aber dennoch teleologisch zu reduzieren, weil ansonsten § 17 GGG und § 14 RATG ihrer Bedeutung praktisch gänzlich beraubt würden. Beide Bestimmungen sehen nämlich „Restbemessungsgrundlagen“ für jene Fälle vor, in denen sich die Bemessungsgrundlage aus anderen Bestimmungen nicht ermitteln läßt. Wäre aber bei Ermittlung der Gerichtsgebühren und der Rechtsanwaltskosten auch der Zweifelsstreitwert heranzuziehen, dann ließe sich praktisch immer eine Bemessungsgrundlage ermitteln. Diese Ansicht entspricht wohl auch der überwiegenden Lehre (*Arnold,* AnwBl 1989, 209 und 1991, 912 [jeweils Entscheidungsbesprechungen]; *Mayr* in *Rechberger,* ZPO² § 56 JN Rz 4; aA *M. Roth,* Individualleistung 52). Da beide Bestimmungen praktisch wortgleich sind, sind Gerichtsgebühren und Rechtsanwaltskosten im Zusammenhang mit dem Zweifelsstreitwert jedenfalls gleich zu behandeln (*Mayr* in *Rechberger,* ZPO² § 56 JN Rz 4; VwGH AnwBl 1991, 831 [zust *Arnold*]). Eine Differenzierung dahingehend vorzunehmen, für die Rechtsanwaltskosten den Zweifelsstreitwert, für die Gerichtsgebühren jedoch die „Restbemessungsgrundlagen“ des § 17 GGG heranzuziehen (so aber OLG Innsbruck 5 Ra 138/91), widerspräche dem Gesetz.

VI. Gegenleistungen

31 Das zwischen den Parteien bestehende streitige **Rechtsverhältnis des materiellen Rechts** sieht **häufig beiderseitige Rechte und Pflichten** vor, die einander bedingen können, so insbesondere bei den **synallagmatischen Verträgen.** Einer Leistungspflicht des Schuldners steht auch eine Gegenleistungspflicht des Gläubigers gegenüber, weshalb gerechter und wirksamer Rechtsschutz nicht nur die Verpflichtung des Schuldners (als Beklagter) erzwingen, sondern auch die ihm zustehenden und von ihm eingewendeten Gegenberechtigungen wahren (und sie allenfalls im Urteil zum Ausdruck bringen) soll (*Fasching,* Lehrbuch² Rz 1124). In der Praxis häufig ist das **Zug-um-Zug-Leistungsbegehren,** welches der Kläger dann wählen muß, wenn der Austausch von Leistung und Gegenleistung als wechselseitige Fälligkeitsbedingung vereinbart ist (*Fasching,* Lehrbuch² Rz 1127). § 56 Abs 3 JN ordnet nun an, daß **bei der Bewertung** des Streitgegen-

standes der Kläger **allfällige** ihm obliegende **Gegenleistungen nicht in Abzug zu bringen** hat, sie haben also außer Betracht zu bleiben (*Mayr* in *Rechberger,* ZPO² § 56 JN Rz 5). Dem liegt die Erwägung zugrunde, daß das Gericht jedenfalls über die Gesamtforderung als Streitgegenstand entscheiden muß, was auch deshalb als folgerichtig erscheint, weil es dem Kläger ja auch unbenommen bleibt, seine Gegenleistungspflicht überhaupt nicht in der Klage vorzubringen. In diesem Fall müßte der Beklagte diese anspruchseinengenden Tatsachen vorbringen; für die Berechnung des Streitwertes und dessen Bewertung wären sie dann aber bedeutungslos.

Ist allerdings nur mehr die Gegenleistung, die Zug um Zug gegen Erfüllung des Hauptanspruches zu erbringen ist, strittig, dann bestimmt sich der Wert des Streitgegenstandes etwa im Rechtsmittelverfahren nur mehr nach der Gegenleistung (6 Ob 556/84).

Diese Überlegungen gelten **auch für im Verfahren eingewendete Gegenforderungen des Beklagten.** Für die Beurteilung des Streitgegenstandes, also dessen Bewertung, ist sohin auch hier allein die Höhe der eingeklagten Forderung maßgebend, zumal die Entscheidung über die Gegenforderung gem § 411 Abs 1 ZPO nur bis zur Höhe der eingeklagten Forderung in Rechtskraft erwachsen kann (1 Ob 68/97 z; RZ 1995/31; JUS Z 1653 [1994]; JBl 1993, 794 = ZVR 1994/17), und zwar selbst dann, wenn die Gegenforderung (von Anfang an) einziger Gegenstand der Verhandlung und Entscheidung wäre (1 Ob 68/97 z). 32

Zur Frage, inwieweit eine Zusammenrechnung zu erfolgen hat, wenn die Gegenforderung im Rahmen eines Zwischenantrages auf Feststellung oder einer Widerklage geltend gemacht wird, vgl ausführlich § 55 JN Rz 25 bis 26.

Die Regelung des § 56 Abs 3 JN bezweckt eine **gleichmäßige Zuständigkeitsregelung.** Es soll nämlich ohne Bedeutung sein, ob nun der Kläger selbst eine Gegenforderung oder sonstige Gegenleistung in Abzug bringt oder ob die Einwendungen erst durch den Beklagten im Zuge des Verfahrens erfolgen (in diesem Fall wäre die Zuständigkeit gem § 54 Abs 1 JN jedenfalls nach der Höhe des Streitwertes bei Klagseinbringung zu beurteilen, also zu einem Zeitpunkt, in dem die Gegenforderung dem Gericht noch gar nicht bekannt ist). Seine Rechtfertigung findet diese Vorschrift auch darin, daß der Gegenstand des Rechtsstreites immer die ganze Klagsforderung sein muß; erst bei Bejahung des Klagsanspruches ist auf Gegenforderungen und sonstige Gegenleistungen einzugehen. 33

§ 57. Bei Streitigkeiten, welche nur die Sicherstellung einer Forderung oder ein Pfandrecht zum Gegenstande haben, ist der Betrag der Forderung, oder wenn der Pfandgegenstand einen geringeren Wert hat, dessen Wert für die Bewertung des Streitgegenstandes maßgebend.

Stammfassung

Lit: *Enzinger,* Zur Höhe des Streitwertes bei Unterlassungsklagen aus dem Wettbewerbsrecht, ÖBl 1986, 1; *Gitschthaler,* Zum Streitwert der Exszindierungsklage, ÖJZ 1988, 41; *Klicka,* Bestimmtheit des Begehrens bei Leistungsklagen (1989); *Petrasch,* Die Zivilverfahrensnovelle 1983 in der Rechtsprechung des Obersten Gerichtshofes, ÖJZ 1985, 257, 291; *M. Roth,* Voraussetzungen einer Interessenklage, JBl 1992, 302.

Übersicht:

I. Sicherstellung einer Forderung

1 Die in § 57 JN enthaltenen Bewertungsgrundsätze finden zunächst bei **Streitigkeiten** Anwendung, **die nur** (vgl Rz 3) **die Sicherstellung einer Forderung zum Gegenstand haben** (*Fasching,* Lehrbuch² Rz 262; *Mayr* in *Rechberger,* ZPO² § 57 JN Rz 1). Eine derartige Sicherstellung kann dabei a) durch **persönliche Erklärungen,** also entweder durch eine Bürgschaftserklärung oder durch einen Schuldbeitritt, b) durch **Vereinbarung von Sicherungs- oder Vorbehaltseigentum** oder c) auch durch **Hingabe eines Wechsels** (zur Bewertung einer Klage auf Herausgabe eines Wechsels vgl aber § 56 JN Rz 10) **oder einer Bankgarantie** (*Mayr* in *Rechberger,* ZPO² § 57 JN Rz 3) erfolgen. Dem § 57 JN zu unterstellen sind aber auch Sicherheiten d) in Form von **Abtretungen,** also etwa eine Abtretung zur Sicherung oder eine Gehaltsabtretung (aA ohne nähere Begründung allerdings *Mayr* in *Rechberger,* ZPO² § 57 JN Rz 3), oder e) in Form der Geltendmachung eines **Zurückbehaltungsrechtes** (§ 471 ABGB, §§ 369ff HGB).

2 Streitigkeiten über die Sicherstellung betreffen etwa die Einräumung und Berechtigung der Sicherstellung, die Abänderung, Erweiterung, Einschränkung oder Aufhebung derselben (so etwa auch die Ausfolgung einer nach § 44 EO erlegten Sicherheitsleistung [3 Ob 63/97 d]) sowie konkurrierende Rechte mehrerer Sicherstellungswerber. Ebenso müssen alle Streitigkeiten zur Erlangung oder Verhinderung der Befriedigung aus der Sicherstellung unter § 57 JN gereiht werden. Und schließlich erfließt aus § 57 JN im Zusammenhalt mit § 60 Abs 2 JN die gesetzgeberische Wertung, daß die angestrebte **Verbücherung eines Veräußerungs- und Belastungsverbotes** nach § 364c ABGB höchstens mit dem Einheitswert der betroffenen Liegenschaft bewertet werden darf (5 Ob 98/93; 5 Ob 87/92).

3 Werden solche Streitigkeiten mit anderen, nicht unter § 57 JN fallenden Klagsansprüchen verbunden oder werden in einer Klage sowohl eine persönliche als auch eine Sachhaftung geltend gemacht (SZ 56/112 [1983] = MietSlg 35/20 [1983]), dann kommt eine Bewertung nach § 57 JN nicht in Betracht.

II. Pfandrecht

4 Nach § 447 ABGB ist ein Pfandrecht das dingliche Recht, welches dem Gläubiger eingeräumt wird, aus einer Sache, wenn die Verbindlichkeit zur bestimmten Zeit nicht erfüllt wird, die Befriedigung zu erlangen, wobei nach § 448 ABGB ein Pfandrecht sowohl an beweglichen **(Hand- oder Faustpfand)** als auch an unbeweglichen **(Hypothek)** Sachen eingeräumt werden kann.

5 Dem § 57 JN zu unterstellen sind nun Streitigkeiten, die lediglich (vgl dazu Rz 1 und 3) ein derartiges Pfandrecht zum Gegenstand haben. Darunter fallen insbesondere **Klagen auf Einräumung eines Pfandrechtes sowie auf Feststellung seines Bestehens oder Nichtbestehens** und auf seine **Einschränkung oder Ausdehnung,** aber auch auf **Auswechslung des untauglichen Pfandgegenstandes** oder auf seine **Rückgabe** (*Mayr* in *Rechberger,* ZPO² § 57 JN Rz 2).

Grundsätzlich sind auch Klagen auf **Löschung des Pfandrechtes** § 57 JN zu unterstellen (7 Ob 52/97s; EvBl 1995/161 = NRsp 1994/181 = WoBl 1994, 230; Rsp 1923, 151; GlUNF 5353 [1911]), wobei allerdings nicht die Höhe der zu löschenden Pfandrechte maßgebend ist, sondern im Hinblick auf § 60 Abs 2 JN der

Einheitswert der betroffenen Liegenschaftsanteile, wenn dieser niedriger ist als die sichergestellten Forderungen (5 Ob 2/96; 5 Ob 94/94; 5 Ob 93/94; 5 Ob 98/93). Ist überhaupt der Umfang der Forderung (etwa infolge der Wirksamkeit einer Wertsicherungsklausel) strittig, dann ist nicht nach § 57 JN vorzugehen, sondern hätte dann eine (freie) Bewertung nach § 56 Abs 2 JN durch den Kläger zu erfolgen (vgl § 56 JN Rz 25 bis 27), weil in diesem Fall weder Forderung noch Pfandrecht der Höhe nach feststünden (ZBl 1927/262 ua).

Für die Frage der Anwendbarkeit der Bewertungsgrundsätze des § 57 JN ist es ohne Bedeutung, ob es sich bei dem dem Rechtsstreit zugrundeliegenden Pfandrecht um ein solches an beweglichen oder unbeweglichen Sachen handelt (*Mayr* in *Rechberger,* ZPO² § 57 JN Rz 2) oder ob bei unbeweglichen Sachen Verkehrs- oder Höchstbetragshypotheken eingeräumt wurden (AnwZ 1934, 230 = ZBl 1934/158).

III. Niederstwertprinzip

6 Die Bewertung nach § 57 JN erfolgt unter vergleichender Bedachtnahme auf die sicherzustellende Forderung oder das Pfandrecht einerseits und den Wert des Pfand- oder sonstigen Sicherungsgegenstandes andererseits (*Mayr* in *Rechberger,* ZPO² § 57 JN Rz 1; EvBl 1997/164; ÖBA 1992/361 = RdW 1992, 374 ua), wobei der niedrigere Wert maßgeblich ist (Niederstwertprinzip).

Sind **mehrere** Pfand- oder sonstige Sicherungsgegenstände von der Klage betroffen, so sind deren **Werte grundsätzlich nicht zusammenzurechnen** (LGZ Wien EFSlg 64.221 [1990]; RPflSlgE 1974/75; EvBl 1970/366; SZ 38/91 [1965]), es sei denn, es handle sich um eine Gesamtsache oder der Klagegrund wäre ein derart einheitlicher Rechtsgrund (etwa ein einziges Rechtsgeschäft), daß es zu einer divergierenden Entscheidung in Ansehung der einzelnen Gegenstände gar nicht kommen könnte (*Feil,* JN Rz 547; *Gitschthaler,* ÖJZ 1988, 45; *Heller/Berger/Stix*⁴ I 475; *Mayr* in *Rechberger,* ZPO² § 57 JN Rz 4; *Petrasch,* ÖJZ 1985, 295; 3 Ob 387/97a; 3 Ob 119/97i; 3 Ob 20/81; RPflSlgE 1974/75; EvBl 1970/366; 1967/98; SZ 39/54 [1966]). Das Vorliegen eines einheitlichen Rechtsgrundes hat dabei der Kläger bereits in der Klage präzise zu behaupten (3 Ob 71/84; 3 Ob 20/81).

Richtet sich die Klage gegen **mehrere Beklagte,** so kommt eine Zusammenrechnung der Streitwerte grundsätzlich nicht in Betracht (vgl *Gitschthaler,* ÖJZ 1988, 44; SZ 11/18 [1929]).

IV. Bindungswirkung

7 Zur Bindung des Klägers und des Gerichtes an die zwingenden Bewertungsvorschriften des § 57 JN vgl § 60 JN Rz 2 bis 5.

V. Exekutionsrechtliche Klagen

8 Zu den exekutionsrechtlichen Klagen nach §§ 231, 368 und insbesondere §§ 35 bis 37 EO, bei deren Streitgegenständen es sich um sogenannte geldgleiche Ansprüche handelt (vgl dazu § 56 JN Rz 10) und die daher nicht § 57 JN, sondern § 56 JN zu unterstellen sind, vgl ausführlich § 56 JN Rz 11 bis 20. Lediglich die Pfandvorrechtsklagen nach § 258 EO (vgl dazu § 56 JN Rz 11) sind nach § 57 JN zu bewerten.

§ 58. (1) Als Wert des Rechtes auf den Bezug von Zinsen, Renten, Früchten oder anderen wiederkehrenden Nutzungen und Leistungen ist bei immerwährender Dauer das Zwanzigfache, bei unbestimmter oder auf Lebenszeit beschränkter Dauer das Zehnfache, sofern es sich um Ansprüche auf Unterhalts- oder Versorgungsbeträge und auf Zahlung von Renten wegen Körperbeschädigung oder Tötung eines Menschen handelt, das Dreifache der Jahresleistung, bei bestimmter Dauer aber der Gesamtbetrag der künftigen Bezüge, jedoch in keinem Fall mehr als das Zwanzigfache der Jahresleistung anzunehmen.

(2) Ist das Bestehen eines Pacht- oder Mietverhältnisses streitig, so ist der Betrag des auf die gesamte streitige Zeit fallenden Zinses der Bewertung zugrunde zu legen.

Abs 1 idF Art II Z 26 ZVN 1983 BGBl 135

Lit: *Gerlach,* Zur Frage der Bewertung arbeitsrechtlicher Feststellungsbegehren, ecolex 1998, 647; *Oberhammer,* Apropos „Zugang zum Recht“: Bewertung des Klagebegehrens, Prozeßkosten und Rechtsschutzversicherung, in: 100 Jahre ZPO (1998); *M. Zingher/ K. Zingher,* Der Kostenstreitwert der Räumungsklage, AnwBl 1992, 454.

Übersicht:

I. Wiederkehrende Leistungen und Nutzungen (Abs 1)

1 Eine Bewertung des Streitgegenstandes nach § 58 Abs 1 JN findet grundsätzlich nur statt, wenn es sich um **Streitigkeiten über Rechte zum (auf den) Bezug der in dieser Vorschrift genannten Leistungen oder Nutzungen handelt** (*Mayr* in *Rechberger,* ZPO² § 58 JN Rz 1), also um **wiederkehrende Leistungen und Nutzungen.** Erfaßt sind dabei alle Streitigkeiten, in denen auf **Feststellung** (allenfalls auch in Form eines Zwischenantrages auf Feststellung; SZ 29/77 [1956] = EvBl 1957/206 = JBl 1957, 295) **des Bestehens oder des Nichtbestehens** dieses Rechtes, auf seine **Erhöhung oder Minderung** oder **sonstige Abänderung,** aber auch auf **sein Ruhen oder Erlöschen** (7 Ob 592/77) geklagt wird (OLG Wien EFSlg 20.705 [1973]: Nichtigerklärung eines Unterhaltsvergleiches).

2 Die klagsgegenständlichen wiederkehrenden Leistungen oder Nutzungen müssen dabei **weder in gleichbleibender Höhe noch in periodisch gleichen Abständen gegeben oder gezogen** werden, weshalb unter § 58 Abs 1 JN etwa auch Ansprüche auf den Bezug von Gewinnanteilen aus Gesellschaftsverhältnissen und Geschäftsbeteiligungen fallen. Wiederkehrende Leistungen wären vor allem aber auch **Ausgedings-, Leibrenten- und sonstige Rentenleistungen** (etwa nach § 1327 ABGB [EvBl 1979/9]), **Dienstbezüge, Ruhegenüsse, Rentenlegate, Dauerunterstützungen in Geld oder Naturalien** (also etwa auch die Pflegekosten der Allgemeinen Gebührenklasse einer öffentlichen Krankenanstalt [10 ObS 2317/ 96z; 10 ObS 2304/96p; 10 ObS 151/95]) **udgl sowie sonstige Versorgungs- und Unterhaltsleistungen** (vgl jüngst 6 Ob 236/98v; 6 Ob 327/98a; 1 Ob 114/98s uva), wobei seit der ZVN 1983 kein Unterschied mehr zwischen gesetzlichen und vertraglichen Unterhaltsansprüchen gemacht wird (Ansprüche nach dem USchG sind wie gesetzliche Unterhaltsansprüche zu behandeln; 7 Ob 207/57; SZ 19/148 [1937]).

Da als wiederkehrende Leistungen nur Leistungen und Nutzungen verstanden werden, die nicht fortlaufend, sondern in zeitlichen Abständen erbracht oder gezogen werden, sind § 58 Abs 1 JN etwa das Recht auf den Wasserbezug aus einer Quelle (*Mayr* in *Rechberger,* ZPO² § 58 JN Rz 1; AnwBl 1992, 238, 387 = RZ 1992/16) oder auf allenfalls in Hinkunft in bestimmten Zeitabständen entstehende Schadenersatzforderungen (OLG Wien WR 689 [1995]: Kaskoprämienmehraufwand) ebensowenig zu unterstellen wie Ansprüche, die die ununterbrochene Nutzung oder Leistung voraussetzen, so etwa Wohnungs-, Dienstbarkeits- (2 Ob 558/95; 7 Ob 528/91) und Fruchtgenußrechte (3 Ob 47/97 a; 2 Ob 529/95; NZ 1990, 153; EvBl 1964/316 = SZ 38/32 [1964]: hier hängt die Bewertung von der Lebensdauer des Berechtigten ab, die nach versicherungsrechtlichen Grundsätzen zu ermitteln ist). Aber auch das Interesse an der Mitgliedschaft zu einem Verein kann nicht mit der Summe der Mitgliedsbeiträge für einen bestimmten Zeitraum gleichgesetzt werden (1 Ob 624/91), sodaß hier eine Anwendung des § 58 Abs 1 JN ebensowenig in Betracht kommt wie in einem Verfahren, in welchem strittig ist, ob ein behauptetes Vermächtnis ein Recht ist, welches die bewilligte Räumung einer Wohnung nach § 37 EO unzulässig machen würde (3 Ob 87/85).

Die Vorschrift des § 58 Abs 1 JN ist für die Streitwertberechnung aber au- **3**
ßerdem nur dann maßgeblich, wenn es um die **wiederkehrende Leistung als Ganzes** geht. Werden hingegen lediglich einzelne Teilleistungen oder Teilbeträge eingeklagt, dann handelt es sich dabei um Geldleistungsbegehren, die dem § 54 JN zu unterstellen wären. Der Streitwert richtet sich in diesen Fällen daher nach der Höhe etwa des eingeklagten Rückstandes (JBl 1953, 298) oder des einzeln geltend gemachten Teilbetrages (*Mayr* in *Rechberger,* ZPO² § 58 JN Rz 1; 2 Ob 64/86; LGZ Wien JBl 1947, 245; SZ 7/146 [1925]).

Die Bewertung nach § 58 Abs 1 JN orientiert sich am Wert der wiederkeh- **4**
renden Leistungen oder Nutzungen; schwanken diese in ihrer Höhe, dann sind der Bewertung die **Durchschnittsleistungen** zugrunde zu legen. Steigt dabei deren Wert an und ist auf eine bestimmte Zeit abzustellen, dann ist der Durchschnittswert für diese Zeit maßgeblich. Bei ansteigenden Werten auf unbestimmte Zeitdauer ist jedoch der höchste Einzelbetrag maßgeblich.

Ist Gegenstand des Rechtsstreites nicht die wiederkehrende Leistung an sich, sondern lediglich etwa deren Erhöhung um einen bestimmten Betrag, dann ist der **Streitgegenstand nur mit dem Vielfachen des Erhöhungsbegehrens zu bewerten** (EFSlg 72.805 [1993] = JUS Z 1491 [1993]; 1 Ob 1532/85; 1 Ob 1504/85; 1 Ob 629/83).

Konkret ist bei einer Bewertung nach § 58 Abs 1 JN von einem Vielfachen **5**
des Wertes der Leistung oder Nutzung auszugehen, wobei es maßgeblich darauf ankommt, ob die (behauptete oder voraussichtliche) Dauer des Bezugsrechtes **auf unbestimmte** (vgl Rz 6) **oder auf bestimmte Zeit** (vgl Rz 7) angelegt ist **(die absolute Höchstgrenze beträgt aber immer das Zwanzigfache des Wertes der Jahresleistung).** Zu beachten ist aber weiters, ob Ansprüche auf Unterhaltsleistungen, Versorgungsbeträge oder Renten wegen Körperbeschädigung oder Tötung eines Menschen (Versorgungsansprüche iwS) geltend gemacht werden oder ob Gegenstand des Rechtsstreites Ansprüche auf sonstige wiederkehrende Leistungen und Nutzungen sind (sonstige Ansprüche).

In den Fällen unbestimmter Dauer sind lediglich jene mit dem zwanzigfa- **6**
chen Jahreswert der Leistung oder Nutzung zu bewerten, in denen eine immerwährende Leistung oder Nutzung geltend gemacht wird, ansonsten ist **vom dreifachen Jahreswert bei Versorgungsansprüchen iwS und vom zehnfachen Jahreswert bei sonstigen Ansprüchen** selbst dann **auszugehen,** wenn im konkreten Fall ein Anspruchszeitraum von mehr als 3 (*Mayr* in *Rechberger,* ZPO² § 58 JN Rz 2; SZ 69/33 [1996]; RZ 1994/70; NRsp 1989/62 = ÖA 1990, 22 = RZ 1990/13) bzw 10

Jahren vorliegt (*Mayr* in *Rechberger,* ZPO[2] § 58 JN Rz 2; SZ 20/130 [1938]). **„Auf Lebenszeit beschränkt“** bedeutet dabei jedenfalls nicht immerwährend, weil nach der ausdrücklichen Anordnung des § 58 Abs 1 JN der drei- bzw der zehnfache Jahreswert (und nicht der zwanzigfache) anzusetzen ist.

Die Verpflichtung zur Leistung etwa eines Benutzungsentgeltes oder Bestandzinses ist dann als Recht auf den Bezug auf wiederkehrende Leistungen oder Nutzungen von unbestimmter Dauer anzusehen, wenn diese Verpflichtung „für die Dauer der Benutzung“, „bis zur tatsächlichen Räumung“, „für den Fall der nicht rechtzeitigen Räumung“ oder „für den Fall der Überziehung des Räumungstermines“ behauptet wird (*Arnold,* AnwBl 1989, 685, 743 und 1992, 830 [jeweils Entscheidungsbesprechungen]; VwGH ÖStZB 1997, 464 = SWK 1997, R 89; AnwBl 1994, 209 [*Arnold*]; 1994, 720 uva), wobei diese Grundsätze auch auf vereinbarte Vertragsstrafen angewendet werden (AnwBl 1994, 209 [*Arnold*]; 1989, 685 [*Arnold*] uva).

Schließlich erweist sich die Vereinbarung eines sogenannten Benützungsentgeltes, welches den Charakter einer bereicherungsrechtlichen Abgeltung für die Verwendung fremden Gutes hat, für die über den Zeitpunkt der Beendigung des Bestandverhältnisses hinausgeschobene Rückstellung (Räumung) der Bestandsache als Vereinbarung von unbestimmter Dauer, weil sie einen Zahlungsanspruch des Bestandgebers bis zur gänzlichen Räumung, deren Zeitpunkt unbestimmt ist, begründet (VwGH ARD 4863/45/97 [1997]; ARD 4765/12/96 [1995] = SWK 1996, R 70).

7 **Bei bestimmter Dauer des Bezugsrechtes** ist vom **Gesamtbetrag der künftigen Bezüge** (Wert der Leistungen und Nutzungen) auszugehen, höchstens jedoch vom Zwanzigfachen einer Jahresleistung, wobei jedoch von der Rechtsprechung dazu die Auffassung vertreten wird, Versorgungsansprüche iwS könnten nie auf bestimmte Zeit abgestellt sein, weil sie immer mit dem Tod des Berechtigten (NRsp 1989/62 = ÖA 1990, 22 = RZ 1990/13 [offensichtlich zust *Arnold,* AnwBl 1994, 453 und *Mayr* in *Rechberger,* ZPO[2] § 58 JN Rz 2]: Anspruch daher auf Lebenszeit) bzw Unterhaltsansprüche sogar mit der Wiederverehelichung (VwGH ecolex 1993, 557 = EFSlg 72.806 [1993]: Anspruch daher auf unbestimmte Zeit) enden, weshalb der Streitwert derartiger Klagen immer mit dem Dreifachen der Jahresleistung zu bewerten ist (SZ 69/33 [1996]; RZ 1994/70 = EvBl 1994/28 = ÖA 1994, 72; 7 Ob 508/94; ZVR 1993/165; RZ 1990/13), selbst wenn die Versorgungsansprüche iwS für bestimmte Zeiträume gefordert und zugesprochen werden. Dies steht durchaus mit der Absicht des Gesetzgebers in Einklang, die Bemessungsgrundlage insbesondere in Unterhaltsverfahren, in denen Ansprüche auf Lebenszeit geltend gemacht werden, zu verringern (vgl dazu *Arnold,* AnwBl 1983, 230 und 1994, 452 [jeweils Entscheidungsbesprechungen]).

8 Haben Streitigkeiten **Ansprüche auf wiederkehrende Leistungen und Nutzungen für bestimmte und solche für unbestimmte Zeit** zum Gegenstand, **die von einander klar abgegrenzt sind,** dann ist bei der Streitwertberechnung dem Gesamtbetrag der auf die bestimmte Zeitdauer entfallenden Leistungen und Nutzungen die in § 58 Abs 1 JN genannte x-fache Jahresleistung für die unbestimmte Zeitdauer hinzuzuschlagen (VwGH AnwBl 1994, 452 [*Arnold*], 1990, 516 ua; 5 Ob 755/81; 2 Ob 114/70; 1 Ob 61/56; SZ 27/239 [1954]). Begehrt der Kläger jedoch etwa „bis zum Tag der Pensionierung“ gestaffelte Rentenbeträge und darüber hinaus auf Lebzeiten eine Rente (VwGH AnwBl 1994, 452 [zust *Arnold*]) oder neben der Festsetzung laufenden Unterhaltes gesondert auch bereits fällig gewordene Unterhaltsraten (SZ 69/33 [1996]; EFSlg 63.931 [1990]; LGZ Wien EFSlg 79.087 [1995]; 79.086 [1995]; 52.084 [1986]), dann liegt die geforderte klare

Abgrenzung nicht vor, sodaß die vorgenommenen Staffelungen in Wahrheit ein Teil der unbestimmten Dauer sind (*Arnold,* AnwBl 1994, 453 [Entscheidungsbesprechung]). Die Bewertung hat daher ausschließlich (nach SZ 69/33 [1996] jedenfalls dann, wenn die Summe der für 3 Jahre begehrten und bereits fälligen Unterhaltsleistungen nicht höher als das Dreifache der Jahresleistung des begehrten laufenden Unterhaltes ist; unklar 6 Ob 327/98 a) mit der in § 58 Abs 1 JN genannten x-fachen Jahresleistung für die unbestimmte Zeitdauer zu erfolgen (zur Oppositionsklage vgl allerdings § 56 JN Rz 16 [ein Wertungswiderspruch ist hier nicht zu erkennen, weil Streitgegenstand der Oppositionsklage die konkret betriebene Forderung ist]).

Mit *Mayr* (in *Rechberger,* ZPO² § 58 JN Rz 2) ist allerdings darauf hinzuweisen, daß die Bewertung von Streitigkeiten über Versorgungsansprüche iwS mit dem Dreifachen der Jahresleistung schon für sich allein genommen zu einem unsozial hohen Streitwert führen kann, der im Lichte der meist niedrigeren Bewertung sozialrechtlicher Renten durch § 77 Abs 2 ASGG unsachlich und verfassungsrechtlich bedenklich erscheint; zum Rechtsanwaltstarif vgl nunmehr allerdings seit 1. 6. 1999 § 9 Abs 3 RATG idFd BGBl I 1999/71, wonach bei Unterhaltsverfahren die einfache Jahresleistung als Bemessungsgrundlage anzusehen ist.

II. Dauerschuldverhältnisse (Abs 2)

A. Bestandstreitigkeiten

Ausgenommen von den in § 58 Abs 1 JN genannten Streitigkeiten sind ausdrücklich die **Streitigkeiten über den Bestand von Miet- und Pachtverträgen, deren Bewertung sich nach § 58 Abs 2 JN richtet** (zur sinngemäßen Anwendung dieser Vorschrift auf andere Dauerschuldverhältnisse vgl Rz 12). Allerdings unterliegt nicht schlechthin jeder im Zusammenhang mit einem Bestandverhältnis entstehende Rechtsstreit dieser zwingenden Bewertungsregel, sondern **nur jene, in denen das Vorliegen eines Bestandvertrages bekämpft wird** (*Feil,* JN Rz 556; *Mayr* in *Rechberger,* ZPO² § 58 JN Rz 4), also insbesondere Räumungsklagen (vgl dazu aber auch Rz 10). Dies setzt also voraus, daß vom Kläger ein Bestandvertrag mit fixer Zinshöhe behauptet wird, wobei es unerheblich ist, ob das zu leistende Entgelt bestritten wird oder nicht (*Feil,* JN Rz 558; *Mayr* in *Rechberger,* ZPO² § 58 JN Rz 4; JBl 1986, 54 = MietSlg 37.719 [1985]). Auf die Angaben des Beklagten ist nämlich bei der Beurteilung des Gegenstandes eines Rechtsstreites nur insoferne Bedacht zu nehmen, als erst daraus im Zusammenhang mit den Angaben des Klägers erkennbar wird, welche Rechtsverhältnisse strittig sind (*Feil,* JN Rz 558; JBl 1986, 54). 9

Wird vom Kläger eine mit einem anderen Mit- und Wohnungseigentümer abgeschlossene und jederzeit widerrufliche Benützungsvereinbarung über einen PKW-Abstellplatz behauptet und Räumung begehrt, ist die Bewertung nach §§ 56, 59 JN vorzunehmen (5 Ob 1110/92), währenddessen § 58 Abs 2 JN zur Anwendung zu kommen hat, wenn das Begehren auf Feststellung der **Rechtsgültigkeit einer Mietzinsvereinbarung** lautet (MietSlg 36/19 [1984]; RZ 1977/134).

Fehlt hingegen die Behauptung eines Bestandvertrages mit fixer Zinshöhe (*Feil,* JN Rz 554, 556 und 558; *Mayr* in *Rechberger,* ZPO² § 58 JN Rz 4; JBl 1986, 54; EvBl 1973/159 = MietSlg 25.546 [1973]; LGZ Wien MietSlg 36.733 [1984]) oder ist sie nicht möglich, weil etwa auf Feststellung des Nichtbestehens eines Bestandvertrages geklagt (*Feil,* JN Rz 556; *Mayr* in *Rechberger,* ZPO² § 58 JN Rz 4; JBl 1986, 54 = MietSlg 37.719 [1985]) oder ein Übergabebegehren (Räumungsklage) wegen titelloser Benützung gestellt wird (1 Ob 171/97 x; 7 Ob 10

603/94; AnwBl 1992, 674 = RZ 1993/80; 4 Ob 501/88; JUS 1985/15, 14 = MietSlg 37.720 [1985]; JBl 1980, 103 = MietSlg 31.626/23 [1979]), dann ist bei der Bewertung des Streitgegenstandes nach § 56 Abs 2 (allenfalls iVm § 59) JN vorzugehen. Dies gilt auch dann, wenn mit der Entscheidung über eine Räumungsklage nicht zugleich auch über das Bestehen oder Nichtbestehen des zugrundeliegenden Bestandverhältnisses zu entscheiden ist, sondern der Gegenstand des Rechtsstreites ausdrücklich nur im Räumungsbegehren besteht, weil etwa über das Nichtbestehen des Bestandverhältnisses ein gesonderter Rechtsstreit anhängig ist. Da ein ausschließlich und ausdrücklich getrennt geltend gemachter Räumungsanspruch auch keinen Anspruch auf wiederkehrende Leistungen oder Nutzungen nach § 58 Abs 1 JN darstellt, sondern einen Anspruch auf eine einmalige Leistung, die in ihrer wirtschaftlichen Bedeutung nicht mit den Gesamtrechten aus einem allenfalls bestehenden Bestandverhältnis gleichzusetzen wäre, sind auf ein derartiges isoliertes Begehren die Vorschriften des § 58 JN auch nicht sinngemäß anzuwenden (*Feil,* JN Rz 556, 558; MietSlg 37.720 [1985] = JUS 1985/15, 14 [1985]; JBl 1980, 103 = MietSlg 31.626/23 [1979]; MietSlg 18.677 [1966]; zur Bewertung des Räumungsbegehrens, wenn auch das Bestehen des Bestandverhältnisses strittig ist, vgl Rz 9).

Ist schließlich nicht das Bestandrecht an sich, sondern nur der Bestandzins strittig, so ist dessen Gesamtbetrag (Geldleistungsbegehren nach § 54 JN) bei der Streitwertberechnung maßgebend (*Mayr* in *Rechberger,* ZPO^2 § 58 JN Rz 4; VwGH AnwBl 1989, 567 [zust *Arnold*] = WoBl 1989, 104); es ist diesfalls also ebenfalls nicht nach § 58 Abs 2 JN vorzugehen.

Nach § 59 JN wiederum zu bewerten (vgl dort) sind Klagen auf Abschluß oder Zuhaltung eines Bestandvertrages (MietSlg 30.661 [1978]).

11 Da **§ 58 Abs 2 JN** lediglich eine ergänzende Ausführung zu § 58 Abs 1 JN ist (*Feil,* JN Rz 557), ergibt sich zwangsläufig, daß auch bei Streitigkeiten über das Bestehen oder Nichtbestehen eines Bestandverhältnisses **der Streitwert unter Zugrundelegung des vereinbarten (oder behaupteten) Entgelts (Bestandzinses) zu bemessen** ist (*Feil,* JN Rz 557; LGZ Wien MietSlg 21.784 [1969]). Dabei ist der Betrag des auf die gesamte strittige Zeit entfallenden Entgelts zu berücksichtigen (RZ 1993/80; 3 Ob 106/85; JBl 1986, 54; RZ 1977/134; EvBl 1973/159), weshalb etwa eine Klage auf Feststellung des Bestehens eines Bestandverhältnisses bei bestimmter Restdauer mit dem gesamten ausständigen Bestandzinsbetrag zu bewerten wäre (*Mayr* in *Rechberger,* ZPO^2 § 58 JN Rz 4), bei unbestimmter Dauer mit dem zehnfachen Jahresmietzins (3 Ob 1005/90; OLG Wien MietSlg 34.676 [1982]; LGZ Wien MietSlg 33.589 [1981], 32.622 [1980], 29.586 [1977], 27.621 [1975], 21.784 [1969]). Auch nach § 58 Abs 2 JN ist die **Höchstgrenze aber immer die zwanzigfache Jahresleistung.**

Einer Sonderregelung unterliegen Streitigkeiten im Zusammenhang mit **Dienst- und Naturalwohnungen** (insb Hausbesorgerdienstwohnungen nach dem HBG), weil sie dem Vertragstyp Arbeitsvertrag zuzuordnen sind. Daher sind Streitigkeiten in Arbeitsrechtssachen, bei denen es (auch) um das Nutzungsrecht an einer dem Arbeitnehmer vom Arbeitgeber überlassenen Wohnung geht, selbst dann nicht nach § 58 JN zu bewerten, wenn es sich um reine Bestandstreitigkeiten handelt (INFAS 1994/A 22).

B. Sonstige Dauerschuldverhältnisse

12 Weitgehend unstrittig ist, daß § 58 Abs 2 JN nicht nur auf Bestandverhältnisse, sondern auch auf andere Dauerschuldverhältnisse anzuwenden ist, wenn eine gleichgelagerte Interessenssituation gegeben ist. Dies gilt insb für **Arbeits-**

verhältnisse, wenn deren Bestehen oder Nichtbestehen Prozeßgegenstand ist (*Gerlach,* ecolex 1998, 647; EvBl 1993/201 = NRsp 1993/192; EvBl 1979/139; 4 Ob 114/78; JBl 1976, 497 = Arb 9408 [1976] = DRdA 1976, 164 [*Hagen*] = ZAS 1976/25 [zust *König*]; aA [Die Klage unterliegt der Bewertungsfreiheit des Klägers] Arb 8338 [1967] = EvBl 1967/224; nunmehr auch *Mayr* in *Rechberger,* ZPO² § 56 JN Rz 2 unter Hinweis auf *Oberhammer*). Auch Klagen von Arbeitnehmern auf Unwirksamerklärung ihrer Versetzung (EvBl 1981/219) oder auf Feststellung, auf Grund einer arbeitsvertragswidrigen Versetzung nicht zur Ausübung der anderen Tätigkeit verpflichtet zu sein (EvBl 1993/201 = DRdA 1993, 485 [*Trost*]; 9 ObA 1005/93), und Klagen auf Feststellung allfälliger Prämienansprüche von Arbeitnehmern gegenüber ihren Arbeitgebern (ZAS 1981/7) sind nach § 58 Abs 2 JN zu bewerten, wobei es sich dabei um sonstige Ansprüche (vgl dazu Rz 5) handelt.

III. Bindungswirkung und Anwendungsbereich

Zur Bindung des Klägers und des Gerichtes an die zwingenden Bewertungsvorschriften des § 58 JN vgl § 60 JN Rz 2 und 5. 13

§ 58 Abs 1 JN findet nicht nur Anwendung im Bereich des zivilgerichtlichen Verfahrens (vgl dazu § 54 JN Rz 14), sondern auch im Zusammenhang mit der **Ermittlung der Gerichtsgebühren und der Berechnung der Rechtsanwaltskosten.** § 58 Abs 2 JN wird hier hingegen einerseits durch § 16 Z 1 lit c GGG und andererseits durch § 10 Z 2 RATG ersetzt (*Mayr* in *Rechberger,* ZPO² § 58 JN Rz 6; *M. Zingher/K. Zingher,* AnwBl 1992, 454; OLG Wien WR 540 [1992]; MietSlg 31.658 [1979]; 8 Ob 208/76; krit *Oberhammer,* in: 100 Jahre ZPO 178 FN 41).

Schließlich sind die Grundsätze des § 58 JN auch bei der Ermittlung des Prozeß- und Rechtsmittelerfolges der Parteien und bei Beurteilung der Frage heranzuziehen, in welchem Ausmaß Kostenersatz nach § 43 Abs 1 ZPO zu leisten ist (8 Ob 197/79; 2 Ob 7/78; 8 Ob 208/76; RZ 1973/22).

§ 59. Bei Klagen auf Vornahme von Arbeiten oder anderen persönlichen Leistungen, auf Duldung oder Unterlassung, auf Abgabe von Willenserklärungen ist die vom Kläger angegebene Höhe seines Interesses als Wert des Streitgegenstandes anzusehen.

Stammfassung

Lit: *Enzinger,* Zur Höhe des Streitwertes bei Unterlassungsklagen aus dem Wettbewerbsrecht, ÖBl 1986, 1.

Übersicht

I. Anwendungsbereich

Die allgemeine Regelung für die Bewertung eines **nicht in einer Geldforderung bestehenden Streitgegenstandes** (zur Lösungsbefugnis, zum Alternativ- und Eventualbegehren sowie zu geldgleichen Ansprüchen siehe bei § 56 JN) ist in § 56 Abs 2 JN enthalten. § 59 JN wiederholt dagegen lediglich die generelle Anordnung, daß die Streitwertbestimmung bei vermögensrechtlichen Streitgegen- 1 ständen, die nicht in einem Geldbetrag bestehen, im **Ermessen des Klägers** steht, und verdeutlicht dies durch die beispielhafte Aufzählung von gewissen Klagen, die als **Individualleistungsklagen** bezeichnet werden (*Mayr* in *Rechberger,* ZPO[2] § 56 JN Rz 2 und § 59 JN Rz 1). Da als Streitwert die vom Kläger angegebene **Höhe seines Interesses** anzusehen ist, obliegt es grundsätzlich der **Bewertung durch den Kläger,** wie hoch sein Interesse an der geforderten Leistung, Duldung, Unterlassung oder Willenserklärung ist. Der Kläger muß daher den Streitwert ebenso wie in den sonstigen Fällen des § 56 JN bereits in der Klage angeben, widrigenfalls vom Zweifelsstreitwert des § 56 Abs 2, 3. Satz JN (vgl § 56 JN Rz 28 bis 30) auszugehen wäre.

II. Bindungswirkung

2 Das **Gericht und** die **Parteien** sind an diese Bewertungen durch den Kläger zwar **grundsätzlich gebunden** (vgl dazu ausführlich § 60 JN Rz 6 bis 8), für die Fälle der (sich auf die Zuständigkeit des angerufenen Gerichtes und dessen Besetzung auswirkenden) Überbewertung sieht jedoch § 60 Abs 1 JN, der auch dann Anwendung zu finden hat, wenn die freie Bewertung nach § 59 JN erfolgt ist (*Mayr* in *Rechberger,* ZPO[2] § 60 JN Rz 3; RZ 1975/53), ein Regulativ vor (s ausführlich § 60 JN Rz 10 bis 21); nach §§ 7, 8 RATG (s § 60 JN Rz 22 bis 30) wiederum kann (allerdings nur mit Wirkung für die Rechtsanwaltskostenberechnung) vom Gericht der vom Kläger angegebene Streitwert hinauf- oder herabgesetzt werden.

III. Beispiele

3 Hauptanwendungsfall des § 59 JN sind Unterlassungsklagen, sodaß der Kläger sein Interesse etwa an der Unterlassung des Betretens seiner Wohnung nach § 382 Abs 1 Z 8 lit b EO (LGZ Wien EFSlg 66.864 [1991]) oder an der Unterlassung bestimmter Handlungen zur Sicherung sonstiger familienrechtlicher Ansprüche, etwa nach § 98 EheG (SZ 55/186 [1982] = EFSlg 41.603 [1982] = MietSlg 34.677 [1982]), ebenso zu bewerten hat wie jenes an der Unterlassung des Wasserbezuges aus einer Quelle (*Mayr* in *Rechberger,* ZPO[2] § 58 JN Rz 1; AnwBl 1992, 238, 387 = RZ 1992/16) oder an der Unterlassung von Behauptungen durch den Beklagten (§ 1330 ABGB, jüngst 6 Ob 2373/96 f); darüber hinaus gilt § 59 JN insbesondere auch für die im Wettbewerbsrecht angesiedelten Unterlassungsklagen (vgl dazu ausführlich *Enzinger,* ÖBl 1986, 1).

4 Individualleistungsklagen nach § 59 JN sind weiters etwa Klagen **auf Abschluß oder Zuhaltung von Verträgen** (vgl etwa MietSlg 30.661 [1978]), Klagen **auf Vertragsunterfertigung,** wenn lediglich ein obligatorischer Anspruch geltend gemacht wird, und zwar selbst dann, wenn Vertragsgegenstand eine Liegenschaft ist (7 Ob 538/95; ebenso schon *Fasching*[1] I 359; aA offensichtlich VwGH AnwBl 1995, 275 [abl *Arnold*] mit der Begründung, hier richte sich die Klage nicht auf die Abgabe einer Willenserklärung, sondern auf Erfüllung einer kaufvertraglichen Verpflichtung), Klagen **auf Räumung von Bestandobjekten** (gleichgültig, ob es sich dabei um Wohn- oder Geschäftsräume handelt), wenn **titellose Benützung** durch den Beklagten behauptet wird, andernfalls wäre § 58 JN anzuwenden (vgl dazu ausführlich § 58 JN Rz 9 und 11), Klagen auf Einwilligung in die Einverleibung einer Dienstbarkeit (2 Ob 591/93), Klagen auf Entfernung von in den Luftraum hineinragenden Gegenständen (7 Ob 545/95), Klagen auf grundbücherliche Löschung oder auf Aufrechterhaltung eines Wegerechtes

(5 Ob 107/92) und Eigentumsfreiheitsklagen (7 Ob 521/88), wobei in all diesen Fällen § 60 Abs 2 JN deshalb nicht zur Anwendung kommt, weil nicht die grundsteuerpflichtige unbewegliche Sache, also die Liegenschaft, den Streitgegenstand bildet, selbst also nicht streitverfangen ist (6 Ob 9/97 v; 1 Ob 537/95; 2 Ob 558/95; 5 Ob 107/92; 4 Ob 505/89).

Auch eine Klage auf Ausstellung einer **Löschungsquittung** für eine Hypothekarforderung, deren Aufwertung in Streit gezogen wurde, wäre nicht nach § 57 JN, sondern nach § 59 JN zu bewerten, weil mit ihr eine Willenserklärung begehrt wird. Maßgeblich ist daher die Bewertung durch den Kläger (SZ 6/51 [1924]). 5

Begehrt schließlich der Kläger vom Beklagten, alles vorzukehren, damit er die Benützung einer bestimmten Liegenschaft nicht verliere, so kommt es nicht auf den Einheitswert der Liegenschaft nach § 60 Abs 2 JN an, weil diese auch hier nicht streitverfangen ist. Das Begehren wäre daher vom Kläger nach § 59 JN zu bewerten (*Feil,* JN Rz 562; SZ 55/186 [1982]; RZ 1965, 46). 6

§ 60. (1) Erscheint bei einer Klage, welche bei einem Gerichtshofe erster Instanz angebracht wurde, die vom Kläger angegebene Summe, zu deren Annahme an Stelle der angesprochenen Sache er sich erboten hat (§ 56 Absatz 1), oder die im Sinne des § 56 Absatz 2 erfolgte Bewertung des Streitgegenstandes übermäßig hoch gegriffen, so kann das Gericht, wenn es zugleich wahrscheinlich ist, daß bei richtigerer Bewertung des Streitgegenstandes dieser die für die Zuständigkeit des Gerichtshofes oder für die Besetzung des Gerichtes (§ 7a) maßgebende Wertgrenze nicht erreichen dürfte, von Amts wegen die ihm zur Prüfung der Richtigkeit der Wertangabe nötig erscheinenden Erhebungen und insbesondere die Einvernehmung der Parteien, die Vornahme eines Augenscheines und, wenn es ohne erheblichen Kostenaufwand und ohne besondere Verzögerung geschehen kann, auch die Begutachtung durch Sachverständige anordnen. Dies kann erforderlichenfalls auch schon vor Anberaumung der mündlichen Verhandlung geschehen.

(2) Als Wert einer grund- oder hauszinssteuerpflichtigen unbeweglichen Sache ist jener Betrag anzusehen, welcher als Steuerwert für die Gebührenbemessung in Betracht kommt.

(3) Muß infolge der Ergebnisse solcher Erhebungen und Beweisführungen die Streitsache von dem Gerichtshofe an das Bezirksgericht abgetreten werden, so hat der Kläger die durch diese Erhebungen und Beweisführungen entstanden Kosten zu tragen oder zu ersetzen. Dasselbe gilt, wenn nach dem Ergebnisse solcher Erhebungen und Beweisführungen der mit mehr als 500 000 S angegebene Wert des Streitgegenstandes den Betrag von 500 000 S nicht übersteigt (§ 7a).

(4) Außer dem in Absatz 1 bezeichneten Falle ist die in der Klage enthaltene Bewertung des Streitgegenstandes in Ansehung der Zuständigkeit und der Besetzung des Gerichtes (§ 7a) sowohl für das Gericht als für den Gegner bindend.

Abs 1 idF Art IV Z 9 der 1. GEN RGBl 1914/118 und Art II Z 8 der 2. GEN StGBl 1920/116; Abs 3 idF Art II Z 27 ZVN 1983 BGBl 135; Abs 4 idF Art II Z 10 der 2. GEN StGBl 1920/116

Lit: *Arnold,* Kostenfragen im besonderen Feststellungsverfahren nach § 54 Abs 1 ASGG, RdW 1987, 128; *Ballon,* Die Beachtung des rechtlichen Gehörs iSd Art 6 MRK durch die Rechtsmittelgerichte, JBl 1995, 623; *Burgstaller,* Streitwertangabe und Entscheidungskontrolle, Matscher-FS (1993) 65; *Enzinger,* Zur Höhe des Streitwertes bei Unterlassungsklagen aus dem Wettbewerbsrecht, ÖBl 1986, 1; *Fasching,* Die Bedeutung des Gleichheitssatzes für das zivilgerichtliche Verfahren, Fasching-FG (1993) 3; *Gitschthaler,* Zum Streitwert der Exszindierungsklage, ÖJZ 1988, 41; *Klicka,* Bestimmtheit des Begehrens bei Leistungsklagen (1989); *Pfersmann,* Bemerkenswertes aus der SZ 64, ÖJZ 1994, 73.

Übersicht:

I. Gerichtliche Streitwertüberprüfung

A. Notwendigkeit

1 Da der Wert des Streitgegenstandes insbesondere, aber nicht nur (vgl § 54 JN Rz 14 bis 15), für die Beurteilung der sachlichen Zuständigkeit des angerufenen Gerichtes und dessen Besetzung (§ 7 a JN) von ausschlaggebender Bedeutung ist und die **Angabe des Streitwertes** zunächst dem Kläger obliegt, müssen seine Angaben in einem gewissen Ausmaß der **Überprüfung durch das Gericht unterworfen** sein. Dabei ergibt sich der Umfang dieser Prüfungsbefugnis zunächst bereits aus § 41 Abs 2 JN, wonach das Gericht **bei Beurteilung seiner Zuständigkeit** an die Angaben des Klägers gebunden ist, sofern diese nicht als unrichtig bekannt sind. Auf die Streitwertüberprüfung durch das Gericht übertragen, bedeutet dies, daß das Gericht in allen Fällen, in denen die Unrichtigkeit der Streitwertangabe offenbar ist, die Angabe überprüfen bzw sich nicht an diese Angabe gebunden erachten kann. Dies wiederum setzt allerdings voraus, daß **bindende Bewertungsvorschriften** (vgl dazu Rz 2 bis 5 und § 54 JN Rz 11 bis 12) bestehen, an Hand deren die (allfällige) Unrichtigkeit der Streitwertangabe festgestellt werden kann. Inwieweit im Einzelfall eine gerichtliche Prüfungsmöglichkeit besteht, hängt davon ab, ob der Kläger bei der Streitwertangabe gebunden war oder ob er frei bewerten konnte (Rz 6 bis 9 sowie § 54 JN Rz 13).

B. Gebundene Bewertung

2 Liegt ein Fall der **gebundenen Bewertung** (vgl § 54 JN Rz 11 bis 12) vor, und **verletzt der Kläger** bei der Bewertung des Streitgegenstandes die ihm vorgegebenen **Bewertungsmaßstäbe,** dann kann er damit weder das Prozeßgericht noch die Rechtsmittelgerichte, und zwar in **keiner Richtung, binden.** Die Gerichte haben vielmehr von Amts wegen und **in jeder Lage des Verfahrens** diese Verletzung wahrzunehmen, die **Streitwertangabe richtig** zu **stellen** und die Klage wegen (daraus allenfalls resultierender) Unzuständigkeit zurückzuweisen (dies allerdings unter Bedachtnahme auf eine allenfalls bereits erfolgte Heilung der Unzuständigkeit nach § 104 JN), **ohne** an die **Beschränkungen des § 60 Abs 1 JN** gebunden zu sein (vgl dazu etwa *Fasching,* Lehrbuch[2] Rz 264; *Feil,* JN Rz 557;

Mayr in *Rechberger,* ZPO² § 58 JN Rz 1; EvBl 1987/110; SZ 59/198 [1986]; EvBl 1986/128 = MietSlg 37.764 [1985]; JB 242 [1915] = GlUNF 7662 [1915] uva). Das Gericht hat daher bei einem reinen Geldleistungsbegehren auf die unmittelbar geforderte (§ 54 JN) und bei Sachleistungsbegehren auf die in einem allfälligen Alternativ- oder Eventualbegehren (*Mayr* in *Rechberger,* ZPO² § 60 JN Rz 3; OLG Wien REDOK 1444 [1985]) geforderte (§ 56 Abs 1 JN) **Geldsumme** Bedacht zu nehmen und diese Geldsummen unabhängig von einer abweichenden Streitwertangabe durch den Kläger seiner Streitwertbemessung zugrundezulegen (zum Sonderfall eines Sachleistungsbegehrens mit Lösungsbefugnis [§ 56 Abs 1 JN] vgl aber Rz 7).

Da **alle nach § 57 JN zu bewertenden Streitigkeiten** (vgl ausführlich dort) lediglich der gebundenen Bewertung durch den Kläger unterliegen, hat auch hier das Gericht von Amts wegen die Einhaltung der **Bewertungsvorschriften zu prüfen.** Um dies zu ermöglichen, muß der Kläger allerdings den Wert des Pfand- oder sonstigen Sicherungsgegenstandes bereits in der Klage angeben (7 Ob 538/93; 7 Ob 510/93; JBl 1953, 298; vgl auch *Gitschthaler,* ÖJZ 1988, 43), wobei er **die den §§ 56, 58 und 60 JN entnehmbaren Bewertungsgrundsätze mitzuberücksichtigen** hat. Er hat demnach seine Bewertung etwa auf die hingegebene Bankgarantie, die bis zu einer bestimmten Höhe erklärte Bürgschaft (*Mayr* in *Rechberger,* ZPO² § 57 JN Rz 3), den Verkehrswert eines beweglichen Pfandgegenstandes oder den steuerlichen Einheitswert (vgl dazu ausführlich Rz 31 bis 35) einer unbeweglichen Sache (EvBl 1995/161 = NRsp 1994/181 = WoBl 1994, 230) abzustellen, andernfalls das Gericht an seine Bewertung nicht gebunden wäre. Unterläßt der Kläger die Angabe des Wertes des Pfand- oder sonstigen Sicherungsgegenstandes überhaupt, dann hat das Gericht ein **Verbesserungsverfahren nach §§ 84, 85 ZPO** einzuleiten, weil die Klage einer geschäftsordnungsgemäße Behandlung nicht zugeführt werden könnte (das Gericht könnte nämlich bei Prüfung seiner Zuständigkeit keine vergleichende Betrachtung von Forderung oder Pfandrecht einerseits und Pfand- oder sonstigem Sicherungsgegenstand andererseits vornehmen). 3

Weder das Prozeß- noch die Rechtsmittelgerichte sind weiters an eine allfällige von den **Bewertungsvorschriften des § 58 JN** abweichende Bewertung durch den Kläger gebunden. Auch hier wäre die Bewertung daher von Amts wegen richtig zu stellen (*Fasching,* Lehrbuch² Rz 264; *Feil,* JN Rz 557; *Mayr* in *Rechberger,* ZPO² § 58 JN Rz 1; LGZ Wien MietSlg 31.628 [1979]; OLG Wien ZBl 1935/252). Hat der Kläger in der Klage den nach § 58 JN maßgeblichen Bestandzins nicht angegeben, dann ist ein **Verbesserungsverfahren nach §§ 84, 85 ZPO** einzuleiten. 4

Schließlich hat der Kläger auch **geldgleiche Ansprüche** (vgl § 56 JN Rz 10) gebunden zu bewerten; eine abweichende Bewertung wäre zu korrigieren. Fehlen in der Klage Behauptungen zur dem Begehren zugrundeliegenden ziffernmäßigen Forderung, dann wäre auch hier ein Verbesserungsverfahren nach §§ 84, 85 ZPO einzuleiten. 5

C. Freie Bewertung

Im Gegensatz zur gebundenen Bewertung **bindet die freie Bewertung** (vgl § 54 JN Rz 13) durch den Kläger **grundsätzlich;** dies ergibt sich insbesondere auch aus der ausdrücklichen Anordnung des § 60 Abs 4 JN. Dadurch sollen unnötige Erhebungen und insb eine überflüssige Ausweitung von Zuständigkeits- und Besetzungsstreitigkeiten abgeschnitten werden; dies ist auch deshalb 6 zweckmäßig, weil es in der überwiegenden Anzahl der Fälle an objektiven Wertmaßstäben ohnehin mangelt.

Die **Bindungswirkung** einer freien Bewertung durch den Kläger erfaßt grundsätzlich das **angerufene Gericht** und den **Beklagten** (EvBl 1937/448; SZ 4/36 [1922]; GlUNF 4193 [1908]), aber auch den **Kläger selbst** (OLG Wien REDOK 1313 [1985]; SZ 25/172 [1952]; 3 Ob 653/51; OLG Wien DREvBl 1938/44), der also eine nachträgliche Änderung seiner vorgenommenen Bewertung nicht mehr herbeiführen kann, es sei denn, er nähme eine Klagsausdehnung oder -einschränkung vor.

Hat er nun eine **Unterbewertung** vorgenommen, dann ist eine **Überprüfung** des (auch offensichtlich) unrichtig zu nieder bewerteten Streitgegenstandes sowohl im Zusammenhang mit der Beurteilung der Zuständigkeitsfrage und der Gerichtsbesetzung als auch im Zusammenhang mit der Anwaltspflicht durch das Gericht **ausgeschlossen** (diese Bindung an eine Unterbewertung steht im Einklang mit der Regelung, daß grundsätzlich vermögensrechtliche Ansprüche, die vor den Gerichtshof I. Instanz gehören, durch Vereinbarung auch vor die Bezirksgerichte gebracht werden können; daraus ergibt sich nämlich, daß das Gesetz für alle nicht in die Eigenzuständigkeit der Gerichtshöfe I. Instanz fallenden Rechtssachen die Anrufung des Bezirksgerichtes anstelle des Gerichtshofes I. Instanz zuläßt und derartige Zuständigkeitsstreitigkeiten weitgehend ausschließen will). Nur für die Frage der Rechtsanwaltskostenberechnung kann der Beklagte nach §§ 7, 8 RATG beantragen, daß das Gericht den Streitwert angemessen festlege (vgl Rz 22 bis 30), also hinaufsetze.

Hat hingegen der Kläger eine **Überbewertung** (auch diese kann er selbst nicht mehr korrigieren) vorgenommen, dann **kann** dies vom Gericht auch von Amts wegen dann **wahrgenommen werden,** wenn der Kläger durch die übermäßig hohe Bewertung die Zuständigkeit des Gerichtshofes oder das Einschreiten des Senates erzwingen wollte oder erzwungen hat (§ 60 Abs 1 JN). Sonst kann, dies allerdings wieder nur für die Rechtsanwaltskostenberechnung, der Streitwert über Antrag des Beklagten herabgesetzt werden, ohne daß dies die Zuständigkeit berühren muß (§ 7 RATG).

Zum Problem der **Bindung des Gerichtes** an die Bewertung im Zusammenhang mit der **Zulässigkeit von Rechtsmitteln** vgl Rz 8 bis 9.

7 Während § 60 Abs 1 JN konsequenterweise die Fälle der freien Bewertung des § 56 Abs 2 JN und die Anwendungsfälle des § 59 JN (*Mayr* in *Rechberger,* ZPO² § 60 JN Rz 3; RZ 1975/53; aA JBl 1931, 443 = RZ 1932, 18, 58) erfaßt, stellt das Sachleistungsbegehren samt **Lösungsbefugnis nach § 56 Abs 1 JN** (vgl § 56 JN Rz 1 bis 4) einen **Sonderfall** dar, weil es sich hiebei zwar um einen Fall der gebundenen Bewertung (maßgeblich ist die in der Lösungsbefugnis eingeräumte Geldsumme) handelt, § 60 Abs 1 JN diesen Fall aber ausdrücklich so behandelt wie die Fälle der freien Bewertung (§ 56 Abs 2, § 59 JN). Auch hier kann daher nur eine Überbewertung wahrgenommen werden, die die Zuständigkeit des angerufenen Gerichtes beeinflußt. Da § 7 RATG insgesamt auf § 56 JN verweist, wäre ein Sachleistungsbegehren samt Lösungsbefugnis auch einer Streitwertneufestsetzung im Hinblick auf die Rechtsanwaltskostenberechnung zugänglich (vgl Rz 22 bis 30).

8 Die **freie Bewertung** des Streitgegenstandes durch den Kläger **bindet** das Gericht grundsätzlich im Rahmen seiner **Zuständigkeitsprüfung** und im Zusammenhang mit der **Gerichtsbesetzung** nach § 7a JN (so ausdrücklich § 56 Abs 1 und § 60 Abs 4 JN; *Gitschthaler,* ÖJZ 1988, 44; *Klicka,* Bestimmtheit 87 FN 3;

AnwBl 1992, 674 = RZ 1993/80), darüber hinaus auch bei Beurteilung der Frage, **ob Anwaltspflicht** nach §§ 27, 29 ZPO besteht oder nicht.

Im wesentlichen unstrittig ist, daß sich die **Beurteilung der Zulässigkeit einer Revision oder eines Revisionsrekurses** (soweit es auf den Wert des Entscheidungsgegenstandes des Gerichtes II. Instanz ankommt) **entweder** nach den ohnehin **zwingenden Bewertungsvorschriften** im Falle einer gebundenen Bewertung (§§ 54, 57, 58, 60 Abs 2 JN) **oder** nach der **vom Gericht II. Instanz vorzunehmenden Bewertung** seines Entscheidungsgegenstandes (§ 502 Abs 2 und 3 ZPO und § 528 Abs 2 Z 1, 1 a, § 526 Abs 3 ZPO iVm § 500 Abs 2 ZPO) richtet. Dabei ist das Gericht II. Instanz allerdings grundsätzlich nicht an die vom Kläger nach § 56 Abs 1 und 2, § 59 JN vorgenommene Bewertung gebunden (4 Ob 2380/96 w; WoBl 1991, 208; RZ 1984/69; Arb 8035 [1965]; JBl 1961, 485; *Ballon,* Zivilprozeßrecht[8] Rz 383; *Burgstaller,* Matscher-FS 67; *Fasching,* Lehrbuch[2] Rz 1830; *Kodek* in *Rechberger,* ZPO[2] § 500 Rz 4; *Mayr* in *Rechberger,* ZPO[2] § 60 JN Rz 1), weil § 500 Abs 3 ZPO (offensichtlich absichtlich [vgl die Materialien und *Burgstaller,* Matscher-FS 67; auch durch die WGN 1997 blieb dies unverändert]) weder § 56 Abs 1 und 2 noch § 59 JN im Zusammenhang mit der Bewertung des Entscheidungsgegenstandes des Berufungs- oder Rekursgerichtes erwähnt. Eine derartige Bindungswirkung besteht dabei selbst dann nicht, wenn der Beklagte die Bewertung durch den Kläger unwidersprochen hingenommen hat und dieser Wert des Streitgegenstandes sowohl dem erst- als auch dem zweitinstanzlichen Verfahren zugrunde gelegt worden ist (4 Ob 2380/96 w; 7 Ob 47/80).

Der Zivilprozeßordnung nicht eindeutig entnehmbar ist allerdings, ob das Berufungs- oder Rekursgericht demgegenüber **in den Fällen des § 501 Abs 1 ZPO (Beschränkung der Berufungsgründe) und des § 517 ZPO (Unzulässigkeit eines Rekurses)** an die freie Bewertung durch den Kläger gebunden ist (bei der gebundenen Bewertung kommt es ohnehin auf die zwingenden Bewertungsvorschriften der § 54 [Abs 1 und] 2, §§ 57, 58 und 60 Abs 2 JN an [*Burgstaller,* Matscher-FS 70]). Während die Rechtsprechung (6 Ob 640/95; RZ 1993/80; AnwBl 1992, 674 = RZ 1993/80; EvBl 1987/110 = EFSlg 52.222 [1986]; SZ 59/198 [1986]; RZ 1984/69 ua) und ein Teil der Lehre (*Ballon,* Zivilprozeßrecht[8] Rz 380; *Fasching*[1] I 361; *Kodek* in *Rechberger,* ZPO[2] § 500 Rz 4 und § 501 Rz 1; offensichtlich auch *Holzhammer,* Zivilprozeßrecht[2], 47 unten) dazu ausführen, eine Bindung des Gerichtes II. Instanz solle nur bei offensichtlichen Unterbewertungen durch den Kläger entfallen, erscheint die **analoge Anwendung des § 500 Abs 3 ZPO** auch auf diese Fälle zwingender (*Burgstaller,* Matscher-FS 69; *Mayr* in *Rechberger,* ZPO[2] § 60 JN Rz 1; idS auch *Fasching,* Lehrbuch[2] Rz 1386 [unklar hingegen Rz 1836]), weil es nicht sachgerecht erscheint, eine offensichtlich unrichtige freie Bewertung des Streitgegenstandes durch den Kläger zwar am Ende, nicht jedoch schon zu Beginn des Rechtsmittelverfahrens (II. Instanz) wahrnehmen zu können (§ 500 Abs 3 ZPO ist systematisch ja auch bei den Bestimmungen über das Berufungsverfahren angesiedelt). Darüber hinaus regelt § 500 ZPO (ebenso wie § 501 ZPO) Fälle, in denen es um die Zulässigkeit einer Entscheidungskontrolle geht (*Burgstaller,* Matscher-FS 69), und gewährt dem Berufungsgericht die Befugnis, seinen Entscheidungsgegenstand zu bewerten (*Burgstaller,* Matscher-FS 67). Die gegenteilige Auffassung, wonach die klägerische freie Bewertung auch im Zusammenhang mit § 501 Abs 1, § 517 ZPO überhaupt (*Fasching,* Lehrbuch[2] Rz 1836) oder zumindest zum Teil (vgl oben) bindend sein soll, ist schon allein im Hinblick darauf abzulehnen, daß hier dem Kläger die Möglichkeit eingeräumt wäre, Rechtsmittelzüge willkürlich zu be- 9 schränken oder auch zu eröffnen (*Klicka,* Bestimmtheit 87 FN 3; vgl auch 5 Ob 289/62 [es widerspricht den öffentlich-rechtlichen Grundsätzen des Zivilprozeßrechtes, dem Kläger die Bestimmung des anzuwendenden Verfahrens zu überlassen). Abgesehen davon, daß ein Rückgriff auf § 60 Abs 1 JN in diesem Zusammenhang ohnehin als unzulässig erscheint, weil dieser lediglich die Zuständigkeit des Bezirksgerichtes und des Einzelrichters weitgehend tolerieren will (*Burgstaller,* Matscher-FS 69; *Fasching*[1] I 364; *Gitschthaler,* ÖJZ 1988, 44; *Klicka,* Bestimmtheit 87 FN 3), was aber nichts mit der Entscheidungskontrolle zu tun hat (dies zeigt die Nichterwähnung des § 60 Abs 1 JN in § 500 Abs 3 ZPO), läßt sich selbst aus § 60 Abs 1 JN im Hinblick auf seinen letzten Satz nicht zwingend erschließen, daß ein Aufgreifen einer fehlerhaften freien Bewertung durch den Kläger auf den Zeitpunkt der Gerichtsanhängigkeit der Klage beschränkt wäre. Vielmehr kann dies auch noch während des Verfahrens erfolgen. **Fehlerhafte Bewertungen des Streitgegenstandes durch den Kläger hat daher das Berufungs- oder Rekursgericht bereits zu Beginn seines Rechtsmittelverfahrens aufzugreifen und für den Fall einer offenkundigen Fehlbewertung das Interesse des Klägers neu zu bewerten** (Näheres zu dieser Frage vgl aber auch bei §§ 501, 517 ZPO sowie § 500 ZPO).

II. Herabsetzung der Bewertung (§ 60 Abs 1 JN)

A. Voraussetzungen

10 Zur Herabsetzung der klägerischen Bewertung nach § 60 JN ist **nur der Gerichtshof I. Instanz befugt,** woraus folgt, daß die Bezirksgerichte nicht in die Lage versetzt sind, eine (auch offensichtlich) unrichtige Bewertung des Klägers im Zusammenhang mit der Zuständigkeitsprüfung wahrzunehmen (*Ballon,* Zivilprozeßrecht[8] Rz 63; *Holzhammer,* Zivilprozeßrecht[2], 47; *Mayr* in *Rechberger,* ZPO[2] § 60 JN Rz 3; RZ 1937, 410; SZ 4/36 [1922]; GlUNF 3973 [1907] ua). Zweck des § 60 JN ist es daher, eine Erschleichung der Zuständigkeit des Gerichtshofes I. Instanz bzw einer Senatsbesetzung zu verhindern (*Feil,* JN Rz 564; SZ 68/20 [1995]; RZ 1987/44; MietSlg 31.628 [1979]).

11 Die Notwendigkeit, die Zuständigkeitsfrage vor der Sacherledigung zu klären, beschränkt die amtswegige Überprüfung der klägerischen Bewertung dabei jedenfalls auf das erstinstanzliche Verfahren, sodaß **im Rechtsmittelstadium ein Vorgehen nach § 60 Abs 1 JN ausgeschlossen** ist (*Feil,* JN Rz 564; SZ 25/291 [1952] = EvBl 1953/92; zur Überprüfung der klägerischen Bewertung bei Prüfung der Rechtsmittelzulässigkeit [§ 501 Abs 1, §§ 517, 502 Abs 2 und 3, § 528 Abs 2 Z 1 und 1 a ZPO] vgl aber Rz 8 bis 9). Darüber hinaus ist im Zuge des erstinstanzlichen Verfahrens die amtswegige Überprüfung der klägerischen Bewertung (zum Unterschied von der Streitwertneufestsetzung nach § 7 RATG [vgl dazu Rz 22 bis 30]) **nicht nur bis zur ersten zur mündlichen Streitverhandlung bestimmten Tagsatzung möglich,** was sich aus dem letzten Satz des § 60 Abs 1 JN e contrario erschließen läßt, obwohl die systematische Stellung und die Zwecksetzung des § 60 JN eine Beschränkung seiner Anwendbarkeit auf das amtswegige Zuständigkeitsprüfungsverfahren und auf die Zuständigkeitsprüfung nach Einrede des Beklagten, jedenfalls aber vor der Sachentscheidung, annehmen lassen müßten. Da § 60 Abs 1 JN ausdrücklich auf die Zuständigkeitsprüfung Bezug nimmt, verlieren jedoch sowohl das Gericht als auch der Beklagte die Möglichkeit der Herbeiführung einer Streitwertherabsetzung, wenn die an sich (infolge Überbewertung) gegebene **unprorogable Unzuständigkeit** des angerufenen Gerichtshofes I. Instanz nach § 104 Abs 3 JN (Näheres vgl dort) bereits ge-

heilt wurde. **Auf den Zeitpunkt der Urteilsfällung kommt es daher nicht an** (so aber *Fasching*[1] I 363; *Holzhammer,* Zivilprozeßrecht[2], 47).

12 Es ist dem Gericht grundsätzlich anheimgestellt (arg: ... kann das Gericht ... anordnen ...), entweder **auf Grund eigener Bedenken** von Amts wegen (*Mayr* in *Rechberger,* ZPO[2] § 41 JN Rz 3; OLG Linz EvBl 1948/70; OLG Wien REDOK 12.717 [1987]; LGZ Wien Arb 8186 [1966]) **oder auf Grund von Anregungen** durch den Beklagten nach § 60 Abs 1 JN vorzugehen. Ein ausdrückliches Antragsrecht des Beklagten samt kontradiktorischem Verfahren sieht § 60 Abs 1 JN mit Absicht nicht vor (OLG Wien WR 636 [1993]; aA *Mayr* in *Rechberger,* ZPO[2] § 60 JN Rz 3), weil die Frage der Bewertung des Streitgegenstandes so wenig als möglich Quelle von Kostenaufwand und Verzögerungen sein soll (*Feil,* JN Rz 564; JBl 1962, 272). Daher ist das Gericht bei Einleitung eines Verfahrens zur Prüfung der Bewertung des Streitgegenstandes durch den Kläger einerseits **auf die Fälle der freien Bewertung** (vgl § 54 JN Rz 11) und andererseits insofern **eingeschränkt,** als offenbar (*Enzinger,* ÖBl 1986, 3; *Feil,* JN Rz 566) eine übermäßige Überbewertung (*Ballon,* Zivilprozeßrecht[8] Rz 63; *Fasching,* Lehrbuch[2] Rz 266; *Mayr* in *Rechberger,* ZPO[2] § 60 JN Rz 3) – Unterbewertungen können nach § 60 Abs 1 JN überhaupt nicht berücksichtigt werden (6 Ob 2072/96 s; 2 Ob 591/51) – vorgenommen worden sein muß, die außerdem eine Verschiebung der Zuständigkeit zum Gerichtshof I. Instanz (Bewertung über 130.000 S; vgl § 49 Abs 1 JN) bzw dessen Senatsbesetzung (Bewertung über 650.000 S; daß Abs 3 letzter Satz entgegen § 7 a Abs 2 JN trotz der Änderungen der WGN 1997 immer noch von 500.000 S spricht, muß als offensichtlicher gesetzgeberischer Fehler berichtigend ausgelegt werden) zur Folge hatte, letzteres soferne überhaupt ein Antrag auf Senatsbesetzung gestellt wurde (*Mayr* in *Rechberger,* ZPO[2] § 60 JN Rz 3); dh amtswegige Erhebungen nach § 60 Abs 1 JN sind hinsichtlich der Gerichtsbesetzung unzulässig, wenn ohnehin bereits der Einzelrichter zur Entscheidung zuständig ist (1 Ob 1542/90). Da **lediglich übermäßige Überbewertungen** eine amtswegige Überprüfung des Streitwertes zur Folge haben können, sind demnach geringfügige Überbewertungen selbst dann unbeachtlich, wenn dadurch eine Verschiebung der Zuständigkeit auf den Gerichtshof I. Instanz bzw dessen Senatsbesetzung bewirkt wurde (*Mayr* in *Rechberger,* ZPO[2] § 60 JN Rz 3; was allerdings nicht sehr praxisnah erscheint). In diesen Fällen und ebenso in allen Fällen, in denen selbst eine übermäßige Bewertung des Streitgegenstandes eine Verschiebung der Zuständigkeit nicht zur Folge hatte oder dennoch die Rechtssache beim Einzelrichter verbleibt, bindet die freie Bewertung des Klägers das Gericht (§ 60 Abs 4 JN).

B. Verfahren

13 Die amtswegige Überprüfung des Wertes des Streitgegenstandes kann durch **amtliche Erhebungen** erfolgen, wobei § 60 Abs 1 JN als Bescheinigungsmittel insbesondere die **Parteieneinvernahme,** die Durchführung eines **Ortsaugenscheines** und die Einholung eines **Sachverständigengutachtens** anführt. Diese Aufzählung ist allerdings **nicht taxativ.** Das Gericht kann vielmehr jedes ihm als geeignet erscheinende Mittel zur Wertermittlung benützen, so etwa auch **grundsteuerliche Einheitswertbescheide** oder Sachverständigengutachten aus anderen Verfahren beischaffen (auch eigenes Wissen des Senates oder des Einzelrichters **[Gerichtsnotorietät]** ist verwertbar). Wesentlich ist aber, daß das Gericht immer im Auge behält, daß das **Überprüfungsverfahren möglichst kostensparend und schnell** (*Mayr* in *Rechberger,* ZPO[2] § 60 JN Rz 3; RZ 1965, 46) durchzuführen ist und daß schon aus prozeßökonomischen Gründen ein umfangreiches Streitwert-

prüfungsverfahren gegen die dienende Zwecksetzung der Zuständigkeitsordnung verstoßen müßte (auf Grund dieser Überlegungen erscheint es daher bei immer wiederkehrenden Sachverhalten [etwa im Wettbewerbsrecht] auch zulässig, bei Überprüfung der vom Kläger vorgenommenen Bewertung im Rahmen des § 60 Abs 1 JN, aber auch des § 7 RATG [vgl dazu ausführlich Rz 22 bis 30], Fallgruppen zu bilden und eine **allenfalls vorhandene ständige Praxis** zu **berücksichtigen** [vgl dazu *Enzinger,* ÖBl 1986, 2 mit Beispielen aus dem Wettbewerbsrecht], weil dadurch Verfahrensaufwand vermieden wird).

14 Die Erhebungen sind von Amts wegen **auch ohne Zuziehung der Parteien** durchzuführen; die Anberaumung einer mündlichen Verhandlung ist nicht erforderlich (*Mayr* in *Rechberger,* ZPO² § 60 JN Rz 3; OLG Wien EvBl 1949/588). Dagegen bestehen auch keine Bedenken im Hinblick auf eine allfällige Verletzung des rechtlichen Gehörs (wohl des Klägers; idS allerdings offensichtlich *Mayr* in *Rechberger,* ZPO² § 60 JN Rz 3), weil der Kläger seinen Rechtsschutzanspruch durch eine Streitwertherabsetzung nicht verliert (seine Klage wird ja nicht zurückgewiesen), sondern ihn lediglich vor einem anderen Gericht oder sogar vor demselben Gericht, dieses aber in anderer Besetzung, zu vertreten hat. Da **durch eine Entscheidung nach § 60 Abs 1 JN** auch **nicht ein „neuer“ Streitwert festgesetzt** wird (vgl Rz 15), wird der Kläger auch durch eine Abtretung des Verfahrens an das Bezirksgericht (welche denknotwendig die Annahme eines Streitwertes von höchstens 130.000 S voraussetzt) nicht zwingend in seinen Rechtsmittelrechten gegen die Sachentscheidung beeinträchtigt, weil das Rechtsmittelgericht II. Instanz seinen Entscheidungsgegenstand auch mit einem 260.000 S übersteigenden Betrag bewerten kann (keine Beschränkung des Zuganges zum OGH somit). Die Durchführung einer mündlichen Verhandlung unter Ladung der Parteien ist daher selbst dann nicht erforderlich, wenn der Einzelrichter (im Falle der Senatsbesetzung ein beauftragter Richter) einen Ortsaugenschein durchführt oder einen Sachverständigen befragt (idS aber *Fasching*¹ I 364), weil nach dem Mündlichkeitsgrundsatz die Durchführung einer mündlichen Verhandlung Voraussetzung lediglich für die Sachentscheidung ist (*Fucik* in *Rechberger,* ZPO² Vor § 171 Rz 5). Die Unterlassung der Durchführung einer mündlichen Verhandlung im Überprüfungsverfahren stellt demnach keinen Verfahrensverstoß dar, der bei (allfälliger) Anfechtung des Unzuständigkeits- und Abtretungsbeschlusses (vgl dazu Rz 16 bis 18) oder gar bei Bekämpfung der Sachentscheidung geltend gemacht werden könnte. Anders wäre der Fall aber zu beurteilen, wenn das Gericht beabsichtigt, die Ergebnisse des Ortsaugenscheines und der Sachverständigenbefragung auch dem weiteren Verfahren zugrunde zu legen und seine Sachentscheidung auch auf diese Verfahrensergebnisse zu stützen.

15 Selbst nach Durchführung eines Überprüfungsverfahrens nach § 60 JN bleibt es dem (angerufenen) Gerichtshof I. Instanz bzw dem Senat unbenommen, **ohne** eine **Entscheidung nach § 60 Abs 1 JN** zu treffen, das **Verfahren in der Sache selbst durchzuführen** und einer Erledigung zuzuführen (vgl OLG Wien WR 636 [1993]). In diesem Fall ist nach § 60 Abs 4 JN ebenso weiterhin von jenem Streitwert auszugehen, den der Kläger angegeben hat (JBl 1962, 272; OLG Wien WR 636 [1993]), wie im Fall der **Zurückweisung eines Herabsetzungsantrages des Beklagten** (keine Antragslegitimation; vgl Rz 12).

Stellt sich auf Grund der durchgeführten Erhebungen jedoch heraus, daß auf Grund des richtigen (bedeutend niedrigeren) Streitwertes das Bezirksgericht oder der Einzelrichter des Gerichtshofes I. Instanz zur Entscheidung berufen sind, dann hat der Gerichtshof I. Instanz (oder der Senat) **1. auszusprechen, daß der Streitwert der gegenständlichen Klage 130.000 S bzw 650.000 S nicht über-**

steigt, 2. seine Unzuständigkeit (der Senat die unrichtige Besetzung des Gerichtshofes I. Instanz als Senat) mit Beschluß festzustellen und 3. die **Sache** an das zuständige Bezirksgericht oder an den Einzelrichter des Gerichtshofes I. Instanz **abzutreten** (*Mayr* in *Rechberger,* ZPO[2] § 60 JN Rz 3; OLG Wien EvBl 1949/588; jüngst OLG Linz 2 R 260/97 m), nicht aber einen „neuen" Streitwert festzusetzen (anders hingegen bei einer beantragten Streitwertneufestsetzung nach §§ 7, 8 RATG; vgl dazu Rz 22 bis 30). Darüber hinaus ist 4. über die Kosten zu entscheiden (vgl Rz 19, 20).

C. Anfechtungsmöglichkeiten und Bindungswirkung

Wird der Herabsetzungsantrag des Beklagten zurück- oder auch abgewiesen, dann ist dieser Beschluß (auch wenn er in höherer Instanz auf Grund eines Rechtsmittels gefällt wird) jedenfalls **unanfechtbar** (*Feil,* JN Rz 564; *Mayr* in *Rechberger,* ZPO[2] § 45 JN Rz 2 und § 60 JN Rz 4; *Stohanzl,* ZPO[14] § 60 JN Anm 3; EFSlg 69.724 [1992]; JBl 1987, 792; EvBl 1967/95; MietSlg 18.647 [1966]; RZ 1965, 46; JBl 1964, 521; EvBl 1962/37 = JBl 1962, 272), wobei es unmaßgeblich ist, mit welcher Begründung dies geschieht (vgl jüngst 7 Ob 53/97 p). **16**

Anders hingegen, wenn tatsächlich ein **Unzuständigkeits- und Überweisungsbeschluß** gefaßt wird: Es betrifft zwar das Problem der **Zuständigkeit,** wenn die Rechtssache vom Gerichtshof I. Instanz an das Bezirksgericht abgetreten wird, andererseits jedoch das Problem der **Gerichtsbesetzung,** wenn anstelle des Senates der Einzelrichter desselben Gerichtshofes I. Instanz für zuständig erklärt wird, weshalb grundsätzlich auch die Anfechtungsmöglichkeiten unterschiedlich zu beurteilen wären, weil etwa die Rechtsmittelausschlüsse des § 45 JN auf Besetzungsfragen als nicht anwendbar angesehen werden (*Mayr* in *Rechberger,* ZPO[2] § 7 JN Rz 5; RZ 1981/60; SZ 51/152 [1978]), doch müssen richtigerweise beide Fälle als **gleichgelagert und daher gleich zu behandeln** angenommen werden, erschiene es doch unbillig (vgl die verfassungsrechtlichen Bedenken *Faschings* [Fasching-FG 8] zur ähnlichen Problematik im Zusammenhang mit § 37 Abs 1 ASGG [Näheres auch bei *Mayr* in *Rechberger,* ZPO[2] § 7 JN Rz 5]) und auch nicht sachgerecht, jenen Parteien, deren Sache nicht vor dem Senat des Gerichtshofes I. Instanz, sondern vor dem Einzelrichter desselben Gerichtshofes verhandelt wird, einen größeren Rechtsschutz einzuräumen als jenen, die anstelle des Gerichtshofes I. Instanz nunmehr vor dem Bezirksgericht verhandeln (müssen). **17**

Der **Unzuständigkeits- und Abtretungsbeschluß** ist daher in beiden Fällen **vor Streitanhängigkeit** der Rechtssache **vom Kläger anfechtbar, nicht aber vom Beklagten** (vgl *Ballon,* Zivilprozeßrecht[8] Rz 78; *ders,* JBl 1995, 628; *Mayr* in *Rechberger,* ZPO[2] § 45 JN Rz 2 und § 60 JN Rz 4; JUS Z 1562 [1994]; 6 Ob 1576/94; JUS Z 1152 [1992]; EFSlg 60.914 [1989]; SZ 27/290 [1954] = JBl 1955, 43 = EvBl 1955/10 = Arb 6125 [1955]; aA *Fasching*[1] I 365; *ders,* Lehrbuch[2] Rz 236; *Holzhammer,* Zivilprozeßrecht[2], 66), weil dieser ja noch gar nicht Partei des Verfahrens ist. Faßt der angerufene Gerichtshof I. Instanz hingegen **nach Eintritt der Streitanhängigkeit** der Sache einen Unzuständigkeits- und Abtretungsbeschluß, dann ist dieser im Hinblick auf **§ 45 JN** unanfechtbar, wenn die Rechtssache an ein Bezirksgericht am Sitz des Gerichtshofes I. Instanz abgetreten wird (*Ballon,* Zivilprozeßrecht[8] Rz 83; *Mayr* in *Rechberger,* ZPO[2] § 60 JN Rz 4; 6 Ob 510/92; RZ 1987/44); handelt es sich jedoch um ein „auswärtiges" Bezirksgericht, dann ist der Beschluß **mit Rekurs anfechtbar** (*Mayr* in *Rechberger,* ZPO[2] § 60 JN Rz 4; OLG Linz 2 R 81/99 s; OLG Wien WR 636 [1993]). Erklärt sich wiederum der angerufene Senat des Gerichtshofes I. Instanz für unzuständig und tritt er die Rechtssache an einen Einzelrichter (desselben Gerichtshofes) nach § 60 Abs 1 JN ab, dann ist von der Unanfechtbarkeit dieses Beschlusses auszugehen.

Soweit der Unzuständigkeits- und Abtretungsbeschluß angefochten werden kann, handelt es sich jedenfalls um ein **einseitiges Rechtsmittelverfahren,** weil keiner der Anwendungsfälle des § 521 a ZPO vorliegt (*Mayr* in *Rechberger,* ZPO² § 60 JN Rz 4), und zwar auch nicht sinngemäß.

18 Nach Eintritt der Rechtskraft **binden die Überweisungs- und Abtretungsbeschlüsse im Hinblick auf § 46 JN** sowohl die Parteien als auch einerseits jenes Bezirksgericht, an welches die Rechtssache vom Gerichtshof I. Instanz, und andererseits jenen Einzelrichter, an den die Rechtssache vom Senat abgetreten wurde, insoferne, als das Bezirksgericht nicht mehr die Zuständigkeit des abtretenden Gerichtshofes I. Instanz und der Einzelrichter nicht mehr die Zuständigkeit des Senates annehmen können. Es handelt sich dabei allerdings nur um eine auf den Anwendungsbereich des § 60 JN eingeschränkte Bindung, weil sie durch den Abtretungsbeschluß nicht an der Zurück- oder allenfalls Überweisung der Klage gehindert werden, wenn nach ihrer Meinung überhaupt ein anderes Gericht zuständig ist (vgl auch *Ballon,* Zivilprozeßrecht⁸ Rz 83; *Fasching,* Lehrbuch² Rz 236; *Mayr* in *Rechberger,* ZPO² § 46 JN Rz 1; *Rechberger/Simotta,* Zivilprozeßrecht⁴ Rz 158). Diese (eingeschränkte) Bindungswirkung gilt dabei selbst dann, wenn die Rechtssache vor Streitanhängigkeit abgetreten wurde, weil zwischen dem Gerichtshof I. Instanz und dem Bezirksgericht ein Fall der unprorogablen Unzuständigkeit gegeben ist (vgl *Fasching,* Lehrbuch² Rz 236; *Holzhammer,* Zivilprozeßrecht², 66). Soweit zu (sonstigen) Zuständigkeitsentscheidungen vor Streitanhängigkeit der Rechtssache die Auffassung vertreten wird (*Ballon,* Zivilprozeßrecht⁸ Rz 83; *ders,* JBl 1995, 628; *Mayr* in *Rechberger,* ZPO² § 41 JN Rz 3; *Rechberger/Simotta,* Zivilprozeßrecht⁴ Rz 158; JUS Z 1562 [1994]; 6 Ob 1576/94; JUS Z 1152 [1992]; Arb 10.927 [1990]; EFSlg 60.914 [1989]; JBl 1986, 668; SZ 27/290 [1954] = JBl 1955, 43 = EvBl 1955/10 = Arb 6125 [1955]), diese könnten keinerlei Bindungswirkung entfalten, weil sie lediglich vorläufig und auf Grund der Angaben des Klägers ergangen seien, so ist dem für den Bereich des § 60 Abs 1 JN entgegen zu halten, daß hier einerseits die Beiziehung der Parteien im Überprüfungsverfahren gar nicht notwendig ist (vgl Rz 14) und andererseits das Bezirksgericht oder der Einzelrichter, an die abgetreten wurde, eine Hinaufsetzung des Streitwertes im weiteren Verfahren gar nicht mehr vornehmen konnten. Selbst wenn man in diesen Fällen daher dem Beklagten die Teilnahme am Überprüfungsverfahren und ein Rekursrecht gegen den Abtretungsbeschluß verweigert, dennoch aber eine Bindungswirkung annimmt, kann sich der Beklagte nicht als beschwert erachten, ist er doch nicht anders gestellt, als hätte der Kläger von Anfang an den Streitgegenstand richtig bewertet (die Hinaufsetzung des Streitwertes zu begehren, wäre der Beklagte ja ohnehin nie berechtigt gewesen).

D. Kostenfragen

19 Hat der Kläger durch die übermäßige Bewertung des Streitgegenstandes ein Verfahren nach § 60 Abs 1 JN verursacht und wurde im Zuge des Verfahrens die Rechtssache an das zuständige Bezirksgericht (an den zuständigen Einzelrichter des Gerichtshofes I. Instanz) abgetreten, dann ist **im Unzuständigkeits- und Abtretungsbeschluß dem Kläger der Ersatz der Kosten, die durch die Erhebungen und Beweisführungen aufgelaufen sind** (also etwa auch die Kosten für die Schätzung der streitverfangenen Liegenschaft zur Feststellung des gemeinen

Wertes bei Fehlen eines Einheitswertbescheides [OLG Wien EvBl 1937/341]; vgl allerdings dazu auch Rz 31), **aufzuerlegen** (§ 60 Abs 3 JN). Die Kostenersatzpflicht für diesen Teil des Verfahrens trifft den Kläger **ohne Rücksicht auf den Ausgang des Prozesses in der Hauptsache;** es liegt also kein Anwendungsfall der §§ 48, 261 Abs 6 ZPO (*Feil,* JN Rz 565), sondern ein besonderer Beschluß nach § 52 ZPO (*Stohanzl,* ZPO[14] § 60 JN Anm 3) vor.

Jedenfalls nicht unabhängig vom Ausgang des Rechtsstreits zu ersetzen hat der Kläger aber jene Kosten, die unabhängig von seiner unrichtigen Bewertung des Streitgegenstandes entstanden sind, also insbesondere die Kosten einer Ersten Tagsatzung oder einer Klagebeantwortung (*Feil,* JN Rz 565; *Mayr* in *Rechberger,* ZPO[2] § 60 JN Rz 3; OLG Linz 2 R 81/99s; OLG Wien REDOK 14.549 [1986], EvBl 1937/341). Diese sind weitere Verfahrenskosten (OLG Linz 2 R 81/99s).

Wurde bei der Ermittlung des Streitwertes nach § 60 Abs 1 JN durch das Gericht festgestellt, daß seine Zuständigkeit auch bei Zugrundelegung des richtigen Streitwertes gegeben ist oder daß die Senatsbesetzung bleibt, dann hat der Kläger die Kosten des Überprüfungsverfahrens nach § 40 Abs 1 ZPO vorläufig selbst zu bestreiten, kann sie aber im Fall des Obsiegens vom Gegner ersetzt erhalten (*Stohanzl,* ZPO[14] § 60 JN Anm 3). Denkbar wäre im Fall der Durchführung amtswegiger Erhebungen durch das Gericht hinsichtlich der dadurch angefallenen – letztlich frustrierten – Kosten aber die Geltendmachung eines **Amtshaftungsanspruches,** wenn der Entschluß des Gerichtes, Erhebungen durchzuführen, auf einer unvertretbaren Rechtsansicht basierte. **20**

E. Auswirkungen

Auch wenn im Fall eines Unzuständigkeits- und Abtretungsbeschlusses kein „neuer“ Streitwert festgesetzt wird, wirkt sich der Beschluß doch auch auf die **Gerichtsgebühren** aus, weil § 14 GGG auch auf § 60 JN verweist (*Mayr* in *Rechberger,* ZPO[2] § 60 JN Rz 5; vgl auch VwGH ARD 1996/4760; SWK 1996, R 69). Es ist dann eben davon auszugehen, daß der Wert des Streitgegenstandes bei 130.000 S bzw bei 650.000 S liegt (eine Untergrenze kann nicht festgesetzt werden). Hat das Gericht über Antrag des Beklagten allerdings auch eine Streitwertherabsetzung nach § 7 RATG vorgenommen, dann ist dieser Wert maßgeblich (vgl Rz 30). **21**

Keine Konsequenzen hat ein Unzuständigkeits- und Abtretungsbeschluß nach § 60 Abs 1 JN allerdings für die **Rechtsanwaltskostenberechnung,** weil § 4 RATG lediglich auf die §§ 54 bis 59 JN verweist (*Mayr* in *Rechberger,* ZPO[2] § 60 JN Rz 5; OLG Linz 2 R 81/99s; zur Frage, ob ein Antrag des Beklagten nach § 60 Abs 1 JN einen solchen auch nach § 7 RATG impliziert, vgl Rz 24), für die **Anwaltspflicht** (§§ 27 ff ZPO) und auch für die Frage der **Zulässigkeit von Berufungen und Rekursen** (§ 501 Abs 1, § 517 ZPO), weil nicht eine Herabsetzung auf einen 52.000 S oder 26.000 S nicht übersteigenden Wert stattfinden kann; maßgeblich ist die Herabsetzung nur in Ansehung der Zuständigkeit und der Besetzung des Gerichtes (§ 60 Abs 4 JN).

III. Streitwertneufestsetzung (§§ 7, 8 RATG)

A. Bestimmungen

§ 7 RATG. Findet der Beklagte die Bewertung des Streitgegenstandes nach den §§ 56 oder 59 der Jurisdiktionsnorm durch den Kläger zu hoch oder zu nied- **22**

rig, so kann er spätestens bei der ersten zur mündlichen Streitverhandlung bestimmten Tagsatzung die Bewertung bemängeln. Das Gericht hat mangels einer Einigung der Parteien, möglichst ohne weitere Erhebungen und ohne die Erledigung wesentlich zu verzögern oder Kosten zu verursachen, den Streitgegenstand für die Anwendung dieses Bundesgesetzes im Rahmen der von den Parteien behaupteten Beträge zu bewerten. Dieser Beschluß kann durch ein Rechtsmittel nicht angefochten werden.

23 **§ 8 RATG.** (1) Ändert sich im Lauf eines Prozesses der Wert eines nicht in Geld bestehenden Streitgegenstandes derart, daß die vom Kläger nach den §§ 56 oder 59 der Jurisdiktionsnorm vorgenommene Bewertung den gegenwärtigen Wertverhältnissen offenbar nicht mehr entspricht, so ist mangels einer Einigung der Parteien die Bemessungsgrundlage auf Antrag einer Partei vom Gericht nach § 7 neu festzusetzen. Im Verfahren vor dem Revisionsgericht kann dieser Antrag in der Revisionsschrift oder in der Revisionsbeantwortung gestellt werden; wenn der Antrag in der Revisionsbeantwortung gestellt wird, kann das Revisionsgericht eine Äußerung des Revisionswerbers einholen.

(2) Wurde im Lauf eines Prozesses die Bemessungsgrundlage nach Abs. 1 geändert, so ist bei Bestimmung der Kosten des gesamten dieser Kostenbestimmung vorangegangenen Verfahrens der im Zeitpunkt der Entscheidung oder des Vergleiches über die Verpflichtung zum Kostenersatz geltende Streitwert maßgebend.

(3) Abs. 2 gilt auch im Rechtsmittelverfahren, für die Kosten der im Instanzenzug untergeordneten Gerichte jedoch nur dann, wenn diese Kosten von dem Gericht höherer Instanz bestimmt werden. Wurden die Entscheidungen untergeordneter Gerichte im Instanzenzug ganz oder teilweise aufgehoben, so ist der neuen Entscheidung über die Hauptsache auch bei der Bestimmung der Kosten jener Gerichte, deren Entscheidungen aufgehoben worden sind, der zuletzt festgesetzte Streitwert zugrunde zu legen.

(4) Abs. 3 gilt auch dann, wenn der nach § 6 für die Bewertung maßgebende Umrechnungskurs sich während des Instanzenzuges geändert hat.

B. Antrag und Verfahren

24 Nach den Vorschriften der §§ 7 und 8 RATG geht die Überprüfungsbefugnis des Gerichtes zum Schutz des Gegners erheblich weiter als nach § 60 Abs 1 JN. So kann das Gericht zunächst einmal den **Streitwert nach unten und nach oben hin neu festsetzen,** das Bezirksgericht also etwa auch über 130.000 S hinaus, ohne daß sich an seiner Zuständigkeit etwas ändern würde (der umgekehrte Fall wäre zwar theoretisch denkbar, doch wird dies in der Praxis mit einem Unzuständigkeits- und Abtretungsbeschluß an das Bezirksgericht nach § 60 Abs 1 JN einhergehen).

Des weiteren hat der **Beklagte** (nicht jedoch der Kläger [*Mayr* in *Rechberger,* ZPO² § 60 JN Rz 6; LGZ Wien RPflSlgE 1970/67]; anders jedoch bei Veränderungen während des Verfahrens [vgl § 8 RATG; Rz 23]) nicht nur die Möglichkeit der Anregung einer Streitwertneufestsetzung, sondern ein **konkretes Antragsrecht,** wohingegen ein amtswegiges Vorgehen durch das Gericht nicht möglich ist und auch eine Antragstellung nach § 60 Abs 1 JN nicht einen Antrag nach § 7 RATG impliziert (OLG Linz 2 R 81/99 s; aA offensichtlich OLG Wien WR 636 [1993]), weil mit Anträgen nach § 60 Abs 1 JN und § 7 RATG zwei völlig verschiedene verfahrensrechtliche Rechtsschutzansprüche durch den Beklagten geltend gemacht werden; daß er eine Abtretung des Verfahrens an ein ihm näher gelegenes Bezirksgericht anstrebt, bedeutet noch nicht zwangsläufig, daß er auch für die Rechtsanwaltskostenberechnung einen niedrigeren Streitwert haben will (und umgekehrt).

Über den Antrag hat das Gericht **vor Erledigung der Hauptsache zu entscheiden,** und zwar nach **Anhörung beider Parteien** (vgl auch *Ballon,* JBl 1995, 635). Kommt es dabei zu einer Einigung, so soll diese nach § 7 RATG maßgeblich sein. Zum Schutz der Parteien selbst wird das Gericht aber ein übermäßiges und sachlich nicht gerechtfertigtes Hinaufsetzen des Streitwertes zu verhindern haben, haben doch letztlich die Parteien selbst die Kosten ihrer Rechtsanwälte zu tragen. 25

Dieser **Antrag** muß **spätestens bei der ersten Streitverhandlung** gestellt, kann aber schon in der Ersten Tagsatzung oder in der Klagebeantwortung angebracht werden. Nach Schluß der ersten Streitverhandlung gestellte Anträge nach § 7 RATG sind unbeachtlich, was auch für den Fall des Richterwechsels (§ 412 ZPO) zu gelten hat, weil die Neudurchführung der Verhandlung bei Richterwechsel nur den Sinn hat, die Verhandlung in der Hauptsache selbst unmittelbar vor dem nunmehr erkennenden Richter durchzuführen. Anträge nach § 8 RATG können im Laufe des Verfahrens gestellt werden, sie bedingen aber eine nachträgliche Änderung der Wertverhältnisse, die der Bewertung des Streitgegenstandes ursprünglich zugrundegelegt wurden (in der Praxis sind derartige Anträge daher äußerst selten). 26

Schließlich hat das **Gericht bei der Neufestsetzung des Streitwertes** einen relativ **weiten Spielraum,** auch wenn gegenüber der früheren Rechtslage (vgl *Fasching*[1] I 362f) **kein freies Ermessen** mehr eingeräumt wird (*Feil* [JN Rz 566] spricht zutreffend von gebundenem Ermessen; iS von freiem Ermessen allerdings noch immer *Mayr* in *Rechberger,* ZPO[2] § 60 JN Rz 6). Allerdings ordnet § 7 RATG ausdrücklich an, daß die Entscheidung möglichst ohne weitere Erhebungen und ohne wesentliche Verzögerung der Erledigung oder Verursachung zusätzlicher Kosten zu erfolgen hat, wobei sich das Gericht im Rahmen der von den Parteien genannten Beträge zu halten hat (dies bedingt, daß der **Neufestsetzungsantrag ein ziffernmäßiges Begehren** enthalten muß, widrigenfalls der Antragsteller zur Verbesserung nach §§ 84, 85 ZPO aufzufordern wäre; unterläßt er die Verbesserung, dann ist sein Antrag zurückzuweisen).

Auch wenn dies in § 7 RATG nicht ausdrücklich erwähnt ist, so darf das Gericht eine Neufestsetzung des Streitwertes nur dann vornehmen, wenn die **Unrichtigkeit der Bewertung offenbar (offensichtlich)** ist (*Enzinger,* ÖBl 1986, 3; *Feil,* JN Rz 566). Dafür spricht, daß einerseits auch § 8 Abs 1 RATG ausdrücklich von einem offenbaren Abweichen des Wertes des Streitgegenstandes von seiner Bewertung während des Verfahrens spricht und daß andererseits auch für ein Vorgehen nach § 60 Abs 1 JN eine offenbar übermäßige Überbewertung Voraussetzung ist (vgl Rz 12). Schließlich soll das Verfahren auch nicht durch kleinliche Neufestsetzungsanträge behindert oder verzögert werden. 27

Die §§ 7 und 8 RATG verweisen hinsichtlich ihrer Anwendbarkeit auf die §§ 56 und 59 JN, sodaß eine Streitwertneufestsetzung jedenfalls in den Fällen der freien Bewertung (vgl § 54 JN Rz 13) stattfinden kann; darüber hinaus sind aber wohl auch die Fälle eines Sachleistungsbegehrens mit Lösungsbefugnis sowie mit einem Alternativ- oder mit einem Eventualbegehren (vgl bei § 56 JN) einer Neufestsetzung zuführbar; im Hinblick auf § 54 JN jedoch nicht Geldleistungsbegehren (vgl auch OLG Wien WR 635 [1993]) oder Begehren, deren Bewertung nach §§ 57, 58 und § 60 Abs 2 JN vorzunehmen war. 28

Hätte der Kläger eine freie Bewertung vorzunehmen gehabt, unterließ er diese aber und kommt daher der **Zweifelsstreitwert** (vgl § 56 JN Rz 28 bis 30) zur

Anwendung, so kann der Beklagte auch diesen **bemängeln,** weil es sonst der Kläger in der Hand hätte, ihm durch eine willkürliche Unterlassung der Bewertung einen zu hohen oder zu niedrigen Streitwert aufzuzwingen (*Mayr* in *Rechberger,* ZPO[2] § 60 JN Rz 6; aA *Arnold,* RdW 1987, 129).

C. Rechtsmittel

29 Sämtliche Beschlüsse des Gerichtes nach §§ 7 und 8 RATG sind **unanfechtbar,** also auch die Ablehnung einer beantragten Neufestsetzung. Dieser Rechtsmittelausschluß, der **im Hinblick auf Art 6 MRK verfassungsrechtlich bedenklich** erscheint (*Arnold,* AnwBl 1993, 107; *Ballon,* JBl 1995, 635; *Mayr* in *Rechberger,* ZPO[2] § 60 JN Rz 6; aA VwGH AnwBl 1993, 107 [abl *Arnold*]), kann auch nicht durch einen Rekurs gegen die Kostenentscheidung im Urteil (*Mayr* in *Rechberger,* ZPO[2] § 60 JN Rz 6; LGZ Wien EvBl 1937/822) umgangen werden. Lagen aber die gesetzlichen Voraussetzungen für eine Anwendung dieser Bestimmungen gar nicht vor, etwa weil die Bewertung im konkreten Rechtsstreit gar nicht nach §§ 56 oder 59 JN erfolgte, dann kann auch der Rechtsmittelausschluß keinen Bestand haben (*Mayr* in *Rechberger,* ZPO[2] § 60 JN Rz 6; OLG Linz 1 R 116/98d; OLG Wien WR 636 [1993]; noch offen lassend OLG Wien WR 540 [1992]).

D. Auswirkungen

30 Der nach §§ 7 und 8 RATG neu festgesetzte Streitwert gilt **nicht nur für die Rechtsanwaltskostenberechnung,** sondern **auch,** sofern nicht eine feste Bemessungsgrundlage nach § 16 GGG eingreift, als Bemessungsgrundlage **für die Gerichtsgebühren** (§ 18 Abs 2 Z 1 GGG [vgl VwGH ARD 1996/4760; SWK 1996, R 69]). Auf die Zuständigkeit und Besetzung des Gerichtes, auf die Anwaltspflicht und auf die Rechtsmittelzulässigkeit hat er hingegen keinerlei Auswirkungen (*Mayr* in *Rechberger,* ZPO[2] § 60 JN Rz 6; 2 Ob 8/99m).

IV. Einheitswert

A. Definition

31 § 60 Abs 2 JN, welche Bewertungsvorschrift im Verfahren erster Instanz nur für die Überprüfung des Wertes des Streitgegenstandes bei übermäßig hoher Bewertung von Bedeutung ist (1 Ob 323/97z; EvBl 1998/74 = RdW 1998, 550), enthält hinsichtlich **grundsteuerpflichtiger unbeweglicher Sachen** (eine Hauszinssteuerpflicht besteht nicht mehr) die zwingende Bewertungsvorschrift (EvBl 1995/114; EvBl 1994/161 = NRsp 1994/181 = WoBl 1994, 230; 5 Ob 54/93), daß als deren Wert jener Betrag anzusehen ist, welcher als „Steuerwert für die Gebührenbemessung" in Betracht kommt. Im Hinblick auf § 15 Abs 1 GGG handelt es sich dabei um den **Einheitswert** (*Feil,* JN Rz 567; *Mayr* in *Rechberger,* ZPO[2] § 60 JN Rz 2; *Stohanzl,* ZPO[14] § 60 JN Anm 3; NZ 1992, 81 [zust *Hofmeister,* NZ 1992, 83]; SZ 64/1 [1991] = JBl 1991, 597; RZ 1990/38; 7 Ob 577/86; JBl 1954, 402) der Liegenschaft, der nach den einschlägigen **Vorschriften des Bewertungsgesetzes** festgestellt wurde (§§ 19 ff). Maßgeblich ist dabei der letzte vor Klagseinbringung ergangene Einheitswertbescheid (vgl 4 Ob 548/89; 6 Ob 25/88; 6 Ob 712/87 [bei der Bewertung des Entscheidungsgegenstandes des Berufungs- oder Rekursgerichtes nach § 500 Abs 2 und 3 ZPO ist auch auf einen zwischenzeitlich allenfalls ergangenen Einheitswertbescheid Bedacht zu nehmen]).

Besteht ein solcher nicht, etwa weil der für eine Feststellung maßgebliche Mindestbetrag nicht erreicht (7 Ob 538/95; 5 Ob 1550/92) oder der Einheitswert mit Null festgesetzt wurde (5 Ob 94/94; 5 Ob 93/94) oder weil die Liegenschaft für hoheitliche Aufgaben eines fremden Staates verwendet wird (5 Ob 106/92), dann ist nicht der gemeine Wert der Sache maßgebend (so aber *Fasching*[1] I 364; *Stohanzl,* ZPO[14] § 60 JN Anm 2 und nunmehr auch NRsp 1998/139), worunter der Verkehrswert nach § 2 Abs 2 LBG (vgl *Angst/Jakusch/Pimmer,* Exekutionsordnung[13] § 2 LBG Anm 2), also der Wert, den die Liegenschaft zum aktuellen Zeitpunkt für jedermann hat (vgl SZ 48/72 [1975]; NZ 1969, 105), zu verstehen wäre, sondern sind die Bagatellbeträge des § 25 BewG heran zu ziehen. Dies gebietet eine verfassungskonforme Auslegung der Bewertungsvorschriften, insbesondere des § 15 Abs 1 GGG (7 Ob 538/95; 5 Ob 94/94; 5 Ob 93/94; 5 Ob 106/92; 5 Ob 1550/92), weil sonst eine Liegenschaft, die gerade noch über dem Mindestbetrag liegt und damit einen Einheitswert hat, niedriger zu bewerten wäre als eine Liegenschaft, die knapp unter dem Mindestbetrag liegt und damit keinen Einheitswert hat, weil diesfalls der Verkehrswert regelmäßig höher sein wird als der Mindestbetrag (vgl dazu auch Rz 35).

B. Anwendungsbereich

Die Vorschrift des § 60 Abs 2 JN kommt nicht nur bei der **Bewertung von (gesamten) Liegenschaften,** sondern auch bei der Bewertung etwa **eines Superädifikates,** welches ebenfalls als unbeweglich anzusehen ist (EvBl 1995/114; aA *Hofmeister,* NZ 1992, 83 [Entscheidungsbesprechung]), oder **von ideellen Liegenschaftsanteilen** (2 Ob 673/86; RZ 1990/38) zur Anwendung. Hingegen hat eine Bewertung eines Einzelgrundstückes nicht mit dem verhältnismäßigen Bruchteil des Einheitswertes des gesamten aus mehreren Grundstücken zusammengesetzten Grundbuchskörpers zu erfolgen, wenn es sich um einen realen Teil der Liegenschaft ohne eigenen Einheitswert oder um eine nicht selbständig bewertete Grundparzelle handelt (*Mayr* in *Rechberger,* ZPO[2] § 60 JN Rz 2; 1 Ob 53/97 v; 2 Ob 17/97 g; 7 Ob 106/97 g; 7 Ob 2370/96 x; RZ 1990/38; 2 Ob 673/86, JBl 1954, 402 uva); maßgeblich wäre hier vielmehr der gemeine Wert des Einzelgrundstückes, wobei allerdings dessen Wert keinesfalls höher angenommen werden kann als der Einheitswert der gesamten Liegenschaft (7 Ob 577/86). Dies gilt auch dann, wenn ein Grundbuchskörper einer bestehenden wirtschaftlichen Einheit zugerechnet wird und sich der Rechtsstreit lediglich auf diesen Grundbuchkörper bezieht (1 Ob 11/98 v; OLG Graz 5 R 263/96b [keinesfalls maßgeblich kann der vom Finanzamt aus Fläche und Hektarsatz ermittelte Hilfswert sein]). 32

Nach § 60 Abs 2 JN ist bei der Bewertung des Streitgegenstandes allerdings nur dann vorzugehen, wenn die **Liegenschaft selbst streitverfangen,** also das Streitinteresse ausschließlich vom Wert der Liegenschaft bestimmt ist (*Feil,* JN Rz 567; *Mayr* in *Rechberger,* ZPO[2] § 60 JN Rz 2; 6 Ob 9/97 v; 1 Ob 537/95; 2 Ob 558/95; 7 Ob 538/95; ÖA 1995, 102; 5 Ob 517/95; 7 Ob 545/95; 7 Ob 611/94; 5 Ob 31/94; 2 Ob 591/93; 8 Ob 561/93; 3 Ob 506/93; 5 Ob 107/92; EvBl 1991/156 = NZ 1992, 106; JBl 1991, 597 = SZ 64/1 [1991]; RZ 1990/38; 4 Ob 505/89; SZ 55/186 [1982] = EFSlg 41.603 [1982] = MietSlg 34.677 [1982]; RZ 1965, 46), wobei es unerheblich ist, auf welchen Rechtsgrund der Kläger sein Begehren stützt und aus welchen Gründen dieses Begehren bestritten wird (SZ 64/1 [1991] = JBl 1991, 597; RZ 1990/38 ua); **eine Einschränkung auf Klagen aus einem dinglichen Recht sieht § 60 Abs 2 JN** jedenfalls **nicht vor** (*Mayr* in 33

Rechberger, ZPO² § 60 JN Rz 2; 1 Ob 537/95; 7 Ob 538/95; SZ 64/1 [1991] = JBl 1991, 597; RZ 1990/38; 4 Ob 548/89; 6 Ob 635/88; 1 Ob 571/88; 7 Ob 577/86). Nach der Rsp ist daher der Einheitswert etwa in Verfahren über (Liegenschaften betreffende) **Teilungsklagen** (1 Ob 323/97 z; EvBl 1998/74; 2 Ob 2130/96 s; 8 Ob 557/88; MietSlg 39.775 [1987]; 38.784 [1986]; EvBl 1986/128 = MietSlg 37.764 [1985]; 6 Ob 852/81; RZ 1981/61 = MietSlg 33.672; so auch *Mayr* in *Rechberger,* ZPO² § 60 JN Rz 2; aA aber VwGH AnwBl 1991, 831 [freie Bewertung durch den Kläger]), in Verfahren zur **freiwilligen Feilbietung** von Liegenschaften (NRsp 1992/1 = RZ 1992/92), in Verfahren, in denen Gegenstand der Klage die **Auflösung eines Übergabsvertrages und/oder die Einverleibung des Eigentumsrechtes** des Klägers an der übergebenen Liegenschaft ist (6 Ob 2326/96 v; EFSlg 72.808 [1993]; 6 Ob 635/88), sowie in **Grundbuchsverfahren** (5 Ob 3/96; EvBl 1995/114; 1994/161 = NRsp 1994/181 = WoBl 1994, 230; NRsp 1992/75; NZ 1992, 81 [zust *Hofmeister,* NZ 1992, 83] = RZ 1992/28; JUS Z 916 [1992]), in Verfahren betreffend die gerichtliche Feilbietung einer Liegenschaft nach §§ 267 ff AußStrG (5 Ob 535/91) und in Verfahren, in denen die Herausgabe und Übereignung der Liegenschaft durch Ausstellung einer Amtsbestätigung nach § 178 AußStrG durchgesetzt werden soll (EFSlg 79.088 [1995]), maßgeblich. Das Schicksal der Liegenschaft selbst wird weiters in einem Rechtsstreit betroffen, in welchem der Kläger gegenüber einem Miteigentümer behauptet, einer von diesem angestrebten Benützungsregelung nicht zugestimmt zu haben, weshalb diesem auch ein von ihm berühmtes Recht nicht zustehe (7 Ob 538/95). Und schließlich erfließt aus § 60 Abs 2 JN im Zusammenhalt mit § 57 JN die gesetzgeberische Wertung, daß auch die angestrebte Verbücherung eines Veräußerungs- und Belastungsverbotes nach § 364 c ABGB (höchstens) mit dem Einheitswert der betroffenen Liegenschaft bewertet werden darf (5 Ob 98/93; 5 Ob 87/92).

34 Hingegen ist **nicht auf den Einheitswert** der Liegenschaft **abzustellen,** wenn diese nicht unmittelbar streitverfangen ist, so etwa in Verfahren über eine **Eigentumsfreiheitsklage** (3 Ob 306/97 i; 4 Ob 505/89; 7 Ob 521/88; OLG Wien WR 636 [1993]), über eine Klage auf **Unterlassung der Nutzung einer Liegenschaft** (EFSlg 72.807 [1993]) oder in einem Streit betreffend die **Löschung oder Aufrechterhaltung eines Wegerechtes** (3 Ob 306/97 i; 5 Ob 107/92; OLG Wien WR 636 [1993]). Dies gilt auch dann, wenn Gegenstand des Rechtsstreites die Einwilligung zur Einverleibung einer Dienstbarkeit (2 Ob 591/93) oder ein **grundbücherlich einverleibtes Bestandrecht** ist (EFSlg 63.932 [1990] = NRsp 1990/193), ein Rückübereignungsanspruch nach den Bauvorschriften (5 Ob 31/94), ein Anspruch auf **Ablichtungen aus der Urkundensammlung** (EvBl 1993/18 = JUS Z 1132 [1992] = NRsp 1992/271) oder **Ansprüche aus einem Kaufvertrag über eine Liegenschaft** samt Gewerbebetrieb, Inventar und Gewerbeberechtigung (vgl 5 Ob 517/95) zu beurteilen sind, wenn der Kläger einen **Übergabsvertrag** anficht (RZ 1965, 46) oder wenn er vom Beklagten begehrt, alles zu unterlassen und vorzukehren, damit der Kläger die **Benützung einer bestimmten Liegenschaft** nicht verliere (*Feil,* JN Rz 567; SZ 55/186 [1982] = EFSlg 41.603 [1982] = MietSlg 34.677 [1982]), oder in den Luftraum hineinragende Gegenstände zu entfernen (3 Ob 306/97 i; 7 Ob 545/95); in all diesen Fällen ist nämlich die Liegenschaft selbst nicht streitverfangen. Nicht anders zu beurteilen ist die Rechtslage aber auch dann, wenn die **Genehmigung eines Kaufvertrages** betreffend eine Liegenschaft durch das Pflegschaftsgericht (4 Ob 550/94; ÖA 1993, 102) oder durch das Abhandlungsgericht (aA offensichtlich 5 Ob 1550/92) angestrebt wird.

C. Verfassungsrechtliche Bedenken

Unbestritten dürfte sein, daß die derzeit geltenden steuerlichen Einheitswerte schon seit längerer Zeit völlig irreal geworden sind, weil besonders **in städtischen Bereichen der Verkehrswert einer Liegenschaft in der Regel ein Vielfaches des Einheitswertes** ausmacht (vgl *Hofmeister,* NZ 1992, 83 [Entscheidungsbesprechung]; *Mayr* in *Rechberger,* ZPO² § 60 JN Rz 2; *Pfersmann,* ÖJZ 1994, 80). Dies mag zwar im Hinblick auf Erbschafts- und Schenkungssteuerüberlegungen gesellschaftspolitisch erwünscht sein (oder auch nicht), führt aber durch § 60 Abs 2 JN zu unsachlicher Differenzierung, wenn in einem konkreten Rechtsstreit eine Liegenschaft streitverfangen (vgl Rz 33 bis 34) und daher bei der Bewertung des Streitgegenstandes von ihrem Einheitswert auszugehen ist. Diese **unsachliche Differenzierung** besteht darin, daß Parteien, die einen Eigentumsstreit (aus einem Kaufvertrag) wegen einer Liegenschaft mit einem Einheitswert von unter 26.000 S und einem Verkehrswert von über 52.000 S führen, anders behandelt werden als Parteien, die einen gleichgelagerten Eigentumsstreit wegen einer beweglichen Sache mit einem Verkehrswert von über 52.000 S austragen. Da es in ersterem Fall auf den Einheitswert ankommt, werden diese Parteien nämlich in ihren Rechtsmittelrechten beschnitten; so unterliegen ihre Rekurse und Berufungen den Beschränkungen der §§ 517, 501 Abs 1 ZPO und ist ihnen der Zugang zum OGH überhaupt versperrt (§ 502 Abs 2, § 528 Abs 2 Z 1 ZPO). Dies gilt jedenfalls dann, wenn der Käufer der Liegenschaft auf Eigentumsübertragung Zug um Zug gegen Leistung des Kaufpreises klagt; klagt hingegen der Verkäufer auf Zahlung des Kaufpreises Zug um Zug gegen Eigentumsübertragung, dann sind die Parteien grundsätzlich keinen Beschränkungen unterworfen. Stellt der Käufer seine Klage auf Eigentumsübertragung lediglich auf einen (realen) Teil der Liegenschaft ab, dann ist der Streitgegenstand nach dessen Verkehrswert zu bemessen, der weit höher liegen wird als der Einheitswert der gesamten Liegenschaft (die Beschränkungen würden entfallen). Mit *Pfersmann* (ÖJZ 1994, 81) müssen diese Differenzierungen als dermaßen unsachlich angesehen werden, daß bereits **Verfassungswidrigkeit** des § 60 Abs 2 JN angenommen werden muß **(Verletzung des Gleichheitsgrundsatzes),** auch wenn die Rechtsprechung (7 Ob 556/94, SZ 64/1 [1991] = JBl 1991, 597) eine Verletzung des Art 6 MRK und des Art 94 B-VG (wenig überzeugend) verneint. Jedenfalls darf derzeit aber nicht übersehen werden, daß diese Vorschrift nach wie vor in Kraft und daher auch anzuwenden ist. Seine gleichsam **verfassungskonforme teleologische Reduktion** (vgl *Pfersmann,* ÖJZ 1994, 81: übersteigt zwar nicht der Einheitswert, wohl aber der Verkehrswert der Liegenschaft die maßgebliche Wertgrenze, dann kommt es auf den Verkehrswert an) ist jedoch **nicht Sache der Gerichte, sondern des Gesetzgebers** (idS wohl auch *Hofmeister,* NZ 1992, 83 [Entscheidungsbesprechung]). 35

Bestreitung der Zuständigkeit eines Zivil-, Handels- oder bergrechtlichen Senates

§ 61. (1) Wenn in einer vor dem Zivilsenate eines Landesgerichtes verhandelten Rechtssache der Antrag auf Verweisung der Rechtssache vor den Handelssenat desselben Gerichtshofes gestellt wird (Einrede der Unzuständigkeit) und das Gericht dem Antrage noch vor Schluß der Verhandlung zur Hauptsache stattgeben zu müssen erachtet, kann es, sofern der Stand der Verhandlung eine solche Maßregel zweckmäßig erscheinen läßt, zugleich mit der Entscheidung über die Unzuständigkeitseinrede den Beschluß fassen, daß sofort an Stelle eines der Senatsmitglieder ein fachmännischer Beisitzer zu treten habe und die Verhandlung vor dem so veränderten Senate gleich durchzuführen sei.

(2) Dasselbe kann vermittels Ersatzes des fachmännischen Beisitzers durch einen richterlichen Beamten geschehen, wenn die Unzuständigkeit des Handelssenates deshalb behauptet wird, weil die Rechtssache zur allgemeinen Gerichtsbarkeit gehört.

(3) Die Entscheidung über die Einrede der Unzuständigkeit ist in diesen Fällen nicht besonders auszufertigen, sondern in die nach Schluß der Verhandlung zur Hauptsache ergehende Entscheidung aufzunehmen.

Abs 1 und 2 idF Art II Z 28 ZVN 1983 BGBl 135 und § 3 BGBl 1993/91

§ 62. (1) Wird in den im § 61 bezeichneten Fällen die Entscheidung über die Einrede der Unzuständigkeit vom Gerichte dem nach Schluß der Verhandlung zur Hauptsache ergehenden Ausspruche vorbehalten, so kann der Vorsitzende, je nachdem die Verweisung an einen Handelssenat oder an einen Zivilsenat begehrt wurde, einen fachmännischen Beisitzer oder einen richterlichen Beamten der Verhandlung als Ergänzungsrichter beiziehen. Wird sodann die Einrede der Unzuständigkeit von dem Senate, vor welchem die Verhandlung anberaumt war, auf Grund der Ergebnisse der Verhandlung als gerechtfertigt erkannt, so hat, sofern die vor einem Zivilsenate verhandelte Rechtssache vor einen Handelssenat gehört, der als Ergänzungsrichter beigezogene fachmännische Beisitzer zum Zwecke der Entscheidung der Hauptsache an Stelle eines der Mitglieder jenes Senates zu treten. Bei Rechtssachen, welche vor einen Zivilsenat gehören, hat hingegen der richterliche Beamte, welcher als Ergänzungsrichter an der Verhandlung teilgenommen hat, an die Stelle des fachmännischen Beisitzers des ursprünglich zur Verhandlung berufenen Senates zu treten. Gegen diese Beschlüsse ist ein abgesondertes Rechtsmittel nicht zulässig.

(2) Die Veränderung in der Zusammensetzung des Senates und die Namen der Senatsmitglieder, welche an der Urteilsfällung tatsächlich mitgewirkt haben, sind in diesem Falle bei der Verkündung der Entscheidung stets bekanntzugeben.

(3) Dasjenige Mitglied des Senates, welches infolge der erhobenen Einrede der Unzuständigkeit vor der Entscheidung der Hauptsache kraft Gerichtsbeschlusses aus dem Senate ausschied, hat sich an der Beratung und Abstimmung über das Urteil nicht zu beteiligen. Es ist jedoch verpflichtet, dem Vorsitzenden seine Meinung über die Entscheidung der Streitsache in besonderer schriftlicher Ausfertigung innerhalb drei Tagen bekanntzugeben. Dieses Votum ist dem Beratungsprotokolle beizulegen.

Abs 1 idF Art II Z 29 ZVN 1983 BGBl 135

§ 63. Die Bestimmungen der §§ 61 und 62 sind auch anwendbar, sofern in einer bei einem selbständigen Handelsgerichte angebrachten Rechtssache die Einrede der Unzuständigkeit deshalb erhoben wird, weil die Rechtssache vor das zur Ausübung der allgemeinen Gerichtsbarkeit berufene Landesgericht gehört, oder bei diesem, weil die Rechtssache vor das Handelsgericht gehört.

Abs 1 idF Art IV Z 11 der 1. GEN RGBl 1914/118, Art II Z 30 ZVN 1983 BGBl 135 und § 3 BGBl 1993/91; Abs 2 aufgehoben durch Art IV Z 12 der 1. GEN RGBl 1914/118

§ 64. Wenn eine gemäß § 62 unter Zuziehung eines Ergänzungsrichters gefällte Entscheidung wegen Unzuständigkeit des Gerichtes angefochten wird und die höhere Instanz der Ansicht ist, daß der Senat, vor welchem die Verhandlung anberaumt war, zur Entscheidung der Rechtssache tatsächlich zuständig gewesen wäre, so ist dennoch auf die Unzuständigkeit nicht weiter Bedacht zu nehmen, falls auch das vor der Endentscheidung aus dem Senate ausgeschiedene Mitglied nach Inhalt seines den Akten beiliegenden Votums die Rechtssache so entschieden hätte, wie es durch den angefochtenen Spruch geschehen ist.

Stammfassung

Lit: *Fucik,* Die Zuständigkeit nach der Zivilverfahrens-Novelle 1983, RZ 1985, 237.

Übersicht:

I. Anwendungsbereich

1 Die Vorschriften der §§ 61 bis 64 JN dienen der **Einschränkung von (sachlichen) Zuständigkeitsstreitigkeiten** sowohl zwischen den (allgemeinen) Zivilsenaten und den (handelsrechtlichen: obwohl durch die ZVN 1983 die bergrechtlichen Senate beseitigt wurden, ist eine entsprechende Anpassung der Überschrift zu den §§ 61 bis 64 JN unterblieben Kausalsenaten desselben Gerichtshofes als auch zwischen dem LGZ Wien und dem HG Wien (weitere selbständige Handelsgerichte sind derzeit in Österreich nicht eingerichtet), finden jedoch nach § 37 Abs 1 ASGG keine Anwendung auf das Verhältnis zwischen (allgemeinen) Zivil- bzw Handelssenaten einerseits und arbeits- und sozialgerichtlichen Senaten andererseits, weil diese Fälle als solche der unrichtigen Gerichtsbesetzung behandelt werden (*Mayr* in *Rechberger,* ZPO[2] § 7 JN Rz 5 und §§ 61 bis 64 JN Rz 2; EvBl 1990/90 = RdW 1990, 261 = RZ 1990/51). Im Hinblick auf die weitgehende Zurückdrängung der erstinstanzlichen Senatsgerichtsbarkeit (vgl § 7 a Abs 2 JN) kommt ihnen bereits seit Jahrzehnten (vgl schon *Fasching*[1] I 369]) **nahezu keinerlei praktische Bedeutung** mehr zu (*Fasching,* Lehrbuch[2] Rz 177; *Mayr* in *Rechberger,* ZPO[2] §§ 61 bis 64 JN Rz 1), in dogmatischer Hinsicht sind sie allerdings die Belegstelle dafür, daß **(allgemeiner) Zivilsenat und (handelsrechtlicher) Kausalsenat zueinander im (sachlichen) Zuständigkeitsverhältnis** stehen (*Fasching,* Lehrbuch[2] Rz 173; *Mayr* in *Rechberger,* ZPO[2] § 7 JN Rz 5; EvBl 1990/90), wobei **prorogable Unzuständigkeit** angenommen wird (*Mayr* in *Rechberger,* ZPO[2] § 7 JN Rz 5).

2 Da die Vorschriften der §§ 61 bis 64 JN auch im Verhältnis zwischen (Senaten des) LGZ Wien und (des) HG Wien Anwendung finden, in welchem Fall das LGZ Wien dann auch Laienrichter aus dem Handelsstand beiziehen kann, die für das HG Wien bestellt wurden (GlUNF 7685 [1915]), kann in Anwendung der §§ 61 bis 64 JN die Konstellation eintreten, daß etwa beim HG Wien ein erkennender Senat aus 3 Berufsrichtern oder beim LGZ Wien ein erkennender Senat aus 2 Berufsrichtern und 1 fachmännischem Laienrichter aus dem Handelsstand tätig wird.

II. Überweisungsantrag

3 **Voraussetzung** für die Anwendung der §§ 61 und 62 JN ist grundsätzlich, daß das Gericht bei der amtswegigen Zuständigkeitsprüfung nach § 41 JN seine gegebene Unzuständigkeit nicht wahrgenommen hat oder (mangels Erkennbarkeit) nicht wahrnehmen konnte und daher die Klage auch nicht a limine zurückgewiesen hat sowie daß der Beklagte spätestens bei der Ersten Tagsatzung (§ 239 ZPO) oder in der gemäß § 243 Abs 4 ZPO aufgetragenen Beantwortung der Klage die **Einrede der (prorogablen) Unzuständigkeit des angerufenen Senates** erhoben hat. Unterwirft sich der Kläger dieser Einrede nicht, muß die Klage in Stattgebung der Unzuständigkeitseinrede zurückgewiesen werden, unterwirft

er sich jedoch, ist die Rechtssache bei Vorliegen der Voraussetzungen des § 261 Abs 6 ZPO beschlußmäßig an den handelsrechtlichen Kausalsenat desselben Gerichtshofes I. Instanz (an das HG Wien) bzw an den über die allgemeinen Zivilsachen entscheidenden Senat dieses Gerichtshofes (an das LGZ Wien) zu überweisen. Anstelle eines Antrages nach § 261 Abs 6 ZPO kann der Kläger allerdings nach § 61 Abs 1 JN auch den Antrag (ein amtswegiges Vorgehen ist nicht möglich) stellen, durch Beiziehung eines fachmännischen Laien-(oder eines Berufs-)Richters (die §§ 61 bis 64 JN sprechen terminologisch unrichtig von „richterlichen Beamten", meinen aber „Richter" nach dem RDG) die nach Stattgebung der Unzuständigkeitseinrede zur Entscheidung erforderliche Senatsbesetzung herzustellen. Diesfalls hat der Senat zu entscheiden, ob er sich eines Ersatz- (vgl Rz 5) oder eines Ergänzungsrichters (vgl Rz 6 bis 8) bedienen will.

4 Stellt der Kläger beide Anträge gemeinsam, ohne sie zu reihen, so ist grundsätzlich nach den §§ 61 bis 64 JN vorzugehen (kein Wahlrecht des Gerichtes; so aber *Fasching*[1] I 367), weil diese für einen eingeschränkten Anwendungsbereich die spezielleren Normen darstellen. Darüber hinaus wäre es denkbar, daß bei einer beschlußmäßigen Überweisung der Rechtssache an den betreffenden (zuständigen) Senat dieser sich nach der Geschäftsverteilung möglicherweise zur Gänze aus anderen Mitgliedern des in Rede stehenden Gerichtshofes I. Instanz zusammensetzt (bei einer Überweisung der Rechtssache vom LGZ Wien an das HG Wien oder umgekehrt ist dies sogar zwangsläufig der Fall), was zu einer unnötigen Arbeitsmehrbelastung des Gerichtes insbesondere bei fortgeschrittener Verhandlung (etwa wenn in Vorbereitung der Erledigung der Unzuständigkeitseinrede bereits Beweise aufgenommen wurden) führen würde. Die Sache hat daher beim bisher befaßten Senat zu bleiben, der lediglich einen Richter neu zur Sacherledigung mitheranziehen muß. Für diese Auffassung spricht neben der Arbeitsersparnis des Gerichtes aber auch die Kostenfrage, weil nach § 261 Abs 1 ZPO der Kläger die Kosten des vor dem unzuständigen Senat durchgeführten Verfahrens zu tragen hat, während bei Zuziehung eines Ersatzrichters eine abgesonderte Kostenentscheidung nicht erfolgt.

Stellt der Kläger weder einen Antrag nach § 261 Abs 6 ZPO noch einen solchen nach den §§ 61 bis 64 JN und hält sich der angerufene Senat für unzuständig, so ist die Klage zurückzuweisen. Diesen Beschluß hat jedenfalls der ursprünglich angerufene Senat zu fassen.

III. Ersatzrichter

5 Wurde nun vom Kläger ein Antrag nach den §§ 61 bis 64 JN gestellt, so hat (arg: ... stattgeben zu müssen erachtet ...) der angerufene Senat in der ursprünglichen Besetzung (GlUNF 4477 [1907]) **über die Unzuständigkeitseinrede** zu **entscheiden und für den Fall der Stattgebung einen Ersatzrichter beizuziehen,** wenn (und sobald) die Frage der Zuständigkeit noch vor Erledigung der Hauptsache erschöpfend beurteilt und entschieden werden kann. Die Zuziehung des fachmännischen Laienrichters als Ersatzrichter bei Stattgebung der Unzuständigkeitseinrede und Sachentscheidung durch den Kausalsenat (oder umgekehrt eines Berufsrichters bei nunmehriger Sachentscheidung durch den allgemeinen Senat) erfolgt **durch einen nicht besonders auszufertigenden und** nach § 62 Abs 1 letzter Satz JN **auch nicht abgesondert anfechtbaren Beschluß,** der in die nach Schluß der Verhandlung zur Hauptsache ergehende Entscheidung aufzunehmen ist, wobei § 61 Abs 3 JN hier offensichtlich nicht darauf Bedacht nimmt, daß die Entscheidung über die Einrede der Unzuständigkeit im Fall deren Stattgebung nicht

von dem Senat getroffen wurde, der nunmehr die Sachentscheidung ausfertigt. Im Hinblick auf § 261 Abs 1 ZPO bedarf dieser Beschluß aber jedenfalls einer **vorangegangenen mündlichen Verhandlung,** weil hier bereits über die Zuständigkeitsfrage (nach § 45, 1. Fall JN allenfalls endgültig) entschieden wird.

Der Ersatzrichter muß vom Beginn der Verhandlung über die Hauptsache an anwesend gewesen sein oder es muß nach seinem Eintritt die Verhandlung in der Sache selbst gem § 412 ZPO wiederholt werden.

Bei Beurteilung der Frage, welches ursprüngliche Senatsmitglied auszuscheiden und welcher Ersatzrichter einzutreten haben, ist auf die Geschäftsverteilung des angerufenen Gerichtshofes Bedacht zu nehmen.

IV. Ergänzungsrichter

In jenen Fällen, in denen die Entscheidung über die Zuständigkeit in unmittelbarer Verbindung mit der Entscheidung in der Hauptsache selbst steht, kann der Senat die **Erledigung der Einrede der Unzuständigkeit** hingegen zwar **der Entscheidung über die Hauptsache vorbehalten** (§ 261 Abs 1 ZPO), der Vorsitzende kann **aber** die **Zuziehung eines Ergänzungsrichters** für den Fall der Stattgebung der Einrede verfügen, der zur Herstellung der Besetzung des zuständigen Senates erforderlich wäre. Auch hier ist auf die Geschäftsverteilung des angerufenen Gerichtshofes Bedacht zu nehmen (vgl Rz 5). Dieser Beschluß des Vorsitzenden ist nicht abgesondert anfechtbar (§ 62 Abs 1 letzter Satz JN) und **bedarf** auch **keiner vorangegangenen mündlichen Verhandlung,** weil er noch keine Entscheidung über die Unzuständigkeitseinrede darstellt, sondern lediglich besagt, daß nach Auffassung des Vorsitzenden die Einrede nicht von vorneherein als unbegründet angesehen werden kann. Faßt der Vorsitzende den Beschluß außerhalb der Verhandlung, so ist den Parteien im Hinblick auf § 427 Abs 1 ZPO eine schriftliche Ausfertigung zuzustellen. 6

Der Ergänzungsrichter, der entweder ein fachmännischer Laienrichter oder ein Berufsrichter ist (je nachdem, ob zur Entscheidung ein handelsrechtlicher Kausalsenat oder ein allgemeiner Zivilsenat berufen sein würde), nimmt in weiterer Folge an der gesamten Verhandlung teil (GlUNF 5328 [1911]), allerdings entscheidet er über die Einrede der Unzuständigkeit nicht mit.

Der Beschluß des angerufenen Senates über die Einrede der Unzuständigkeit, dem wegen seines untrennbaren Sachzusammenhanges mit der Entscheidung in der Sache selbst nicht ohne weiteres die Klagebehauptungen zugrunde gelegt werden dürfen (der angerufene Senat hat vielmehr die Richtigkeit dieser Behauptungen zu untersuchen; SZ 21/136 [1948]), ist **abgesondert nicht anfechtbar** (§ 62 Abs 1 letzter Satz JN). Erst im Falle der Stattgebung der Unzuständigkeitseinrede tritt der Ergänzungsrichter anstelle des ausscheidenden Richters (der fachmännische Laienrichter anstelle des Berufsrichters, wenn der handelsrechtliche Kausalsenat für zuständig erklärt wird, der Berufsrichter anstelle des fachmännischen Laienrichters, wenn der allgemeine Zivilsenat zuständig ist) für die Sachentscheidung ein und wirkt an dieser mit. Welches ursprüngliche Senatsmitglied auszuscheiden hat, richtet sich dabei nach der Geschäftsverteilung des angerufenen Gerichtshofes. 7

Der Beschluß über die Unzuständigkeitseinrede und das Urteil sind nicht gemeinsam auszufertigen (aA *Fasching*[1] I 368), weil § 61 Abs 3 JN nur für den Fall der Bestellung eines Ersatzrichters gilt (arg: ... in diesen Fällen [des § 61 JN] ...) und weil nach § 62 Abs 2 JN die Senatsmitglieder in den Ausfertigungen 8 namentlich anzuführen sind, Beschluß und Urteil aber von verschiedenen Senaten gefaßt wurden.

Der ausscheidende Richter (im Fall der Stattgabe der Unzuständigkeitseinrede) kann sich an der Beratung und Entscheidung über die Hauptsache nicht beteiligen. Er (nicht aber der Ergänzungsrichter im Fall der Verwerfung der Unzuständigkeitseinrede) ist jedoch verpflichtet, dem Vorsitzenden in schriftlicher Ausfertigung seine Meinung bekannt zu geben; dies binnen drei Tagen nach der Urteilsberatung. Dieses Votum ist dem Beratungsprotokoll beizugeben.

V. Anfechtbarkeit

9 Verwirft der ursprünglich angerufene Senat die Unzuständigkeitseinrede und lehnt er damit die Beiziehung eines Ersatz- oder Ergänzungsrichters ab, so ist dieser Beschluß im Hinblick auf § 45, 1. Fall JN unanfechtbar, gilt doch auch in diesem Zusammenhang der seit der ZVN 1983 noch deutlicher formulierte Grundsatz (vgl dazu allgemein erst jüngst 7 Ob 53/97p), daß die Bejahung der sachlichen Zuständigkeit eines Gerichtes nie angefochten werden können soll, und zwar unabhängig von der gewählten Begründung (7 Ob 53/97p; 7 Ob 2032/96s).

Hat er jedoch auf Ersatz eines Richters entschieden (§ 61 JN), so kann dies im Zusammenhang mit der Anfechtung der Sachentscheidung gerügt werden, weil diese nicht vom ursprünglich angerufenen Senat stammt und der geänderte Senat damit lediglich schlüssig seine Zuständigkeit bejaht, dies aber nach der herrschenden Lehre (*Fucik,* RZ 1985, 238; *König,* JBl 1976, 324 [Entscheidungsbesprechung]; *Mayr* in *Rechberger,* ZPO^2 § 45 JN Rz 3; aA allerdings etwa MietSlg 32.605 [1980]; SZ 51/101 [1978] = RZ 1978/139 ua) keinerlei Bindungswirkung entfaltet. Hält das Berufungsgericht das Erstgericht in seiner ursprünglichen Besetzung für zuständig, so hat es das **erstinstanzliche Verfahren aufzuheben** und dem Erstgericht die Neudurchführung (eben in der ursprünglichen Besetzung) aufzutragen.

10 Hat der ursprünglich angerufene Senat einen Ergänzungsrichter beigezogen und in weiterer Folge der Unzuständigkeitseinrede stattgegeben, so ist dieser Beschluß im Hinblick auf § 62 Abs 1 letzter Satz und § 64 JN mittels Berufung gegen die Sachentscheidung anfechtbar. Das Berufungsgericht kann dabei unter Abstandnahme von der ihm in § 475 Abs 1 ZPO auferlegten Verpflichtung, einen Ausspruch über die Unzuständigkeit zu treffen, aber die Erledigung dieser Rüge trotz formeller Berechtigung außer acht lassen, wenn auch das Votum des ausgeschiedenen Richters dieselbe Sacherledigung beantragt, die in erster Instanz zur Entscheidung erhoben wurde. Dieses kann dann bedeutungsvoll werden, wenn das Berufungsgericht den ursprünglich angerufenen Senat für zuständig erachtet. Auch hier entfaltet nämlich die schlüssige Bejahung der Zuständigkeit des geänderten Senates durch die Sachentscheidung keine Bindungswirkung nach § 45 JN (vgl auch Rz 9). Weicht das Votum des ausgeschiedenen Richters hingegen von der angefochtenen Sachentscheidung ab, so ist das erstinstanzliche Verfahren aufzuheben (§ 64 JN e contrario).

11 Da die Möglichkeit der **Zuziehung eines Ersatzrichters** ohne ausdrückliche zeitliche Beschränkung **während der gesamten Dauer des erstinstanzlichen Verfahrens zulässig** ist, kann auch das Berufungsgericht im Fall einer Aufhebung die fortgesetzte Verhandlung vor dem Erstgericht einem geänderten Senat auftragen (etwa wenn nach Meinung des Berufungsgerichtes anstelle des Handelssenates der allgemeine Zivilsenat zu erkennen hätte [GZ 1913, 415]), dies allerdings

nur dann, wenn der Beklagte rechtzeitig die Unzuständigkeitseinrede erhoben, der Kläger einen Antrag nach den §§ 61 bis 64 JN gestellt und das Erstgericht bislang noch nicht seine Zuständigkeit ausdrücklich bejaht, sondern lediglich in Verbindung mit der Sachentscheidung die Unzuständigkeitseinrede schlüssig verworfen hat. Bei ausdrücklicher Verwerfung der Unzuständigkeitseinrede oder ohne Erhebung einer solchen Einrede kann das Berufungsgericht die fortgesetzte Verhandlung vor einem geänderten Senat nicht mehr anordnen.

Zweiter Abschnitt
Örtliche Zuständigkeit

Vor §§ 65–75: Allgemeines zur örtlichen Zuständigkeit

1 Während die sachliche Zuständigkeit den Wirkungskreis der einzelnen Gerichtstypen, also das Aufgabengebiet der (allgemeinen) BG und der (allgemeinen) LG abgrenzt, die Grenzen zwischen allgemeinen Zivilsachen, Handelssachen und – dort wo es ein selbständiges Arbeits- und Sozialgericht gibt – auch Arbeits- und Sozialrechtssachen bezeichnet und schließlich auch zwischen den ordentlichen Gerichten und den privaten Schiedsgerichten trennt, bewirkt die örtliche Zuständigkeit die Bindung einer bestimmten Rechtssache an eines von verschiedenen gleichrangigen (gleichartigen) Gerichten. Die örtliche Zuständigkeit **verteilt** demnach die **Rechtsstreitigkeiten unter die Gerichte desselben Typs (Gerichtsstände).**

2 Aufgabe der örtlichen Zuständigkeitsordnung ist die **möglichst gleichmäßige Verteilung der Rechtssachen** auf alle gleichrangigen Gerichte des Bundesgebietes unter Berücksichtigung der wirtschaftlichen und persönlichen Interessen der Prozeßparteien zur Sicherung einer möglichst kostensparenden und beschleunigten Verfahrensdurchführung.

Diesen Grundsätzen entspricht der Aufbau der örtlichen Zuständigkeitsnormen:

3 Für alle jene Rechtssachen, für die nicht schon aufgrund der Natur des Anspruches und staatlicher Rechtspflegeinteressen ein besonderer Gerichtsstand geschaffen wurde, besteht der **allgemeine Gerichtsstand des Beklagten** (§§ 65 bis 75 JN), der sich bei physischen Personen nach deren Wohnsitz bzw gewöhnlichem Aufenthalt, bei juristischen Personen nach deren Sitz bestimmt.

4 Für diejenigen Rechtssachen, bei denen die Natur des Anspruchs ein bestimmtes, vom allgemeinen Gerichtsstand abweichendes Gericht zur Verhandlung notwendig erscheinen läßt, wurden **ausschließliche Gerichtsstände** geschaffen (§§ 76 bis 84 JN). Diese **schließen** den **allgemeinen Gerichtsstand und** auch die **Wahlgerichtsstände aus,** verwehren aber nicht die Möglichkeit einer abweichenden Gerichtsstandsvereinbarung. Nur bei jenen ausschließlichen Gerichtsständen, für die das **Gesetz** die **Prorogation ausdrücklich ausschließt,** und bei jenen individuellen Zuständigkeiten, bei denen eine Prorogation der ratio der Bestimmung widerspricht, dh bei den **Zwangsgerichtsständen,** ist die Vereinbarung eines anderen Gerichtes ausgeschlossen. Näheres s Vor §§ 83a und 83b JN und § 104 JN Rz 144ff.

5 In Fortbildung des Grundsatzes der Parteiendisposition wurde in der örtlichen Zuständigkeitsordnung der JN eine Reihe von Gerichtsständen geschaffen, die dem Kläger wahlweise die Anrufung eines anderen Gerichtes **neben dem allgemeinen Gerichtsstand** ermöglichen sollen, die **Wahlgerichtsstände** (§§ 86a bis 100 JN). Das ursprüngliche Bestreben des Gesetzgebers, durch Schaffung

möglichst vieler Wahlzuständigkeiten eine Erleichterung der Rechtsverfolgung zu bewirken, hat jedoch die Unübersichtlichkeit und unnötige Kompliziertheit der Zuständigkeitsordnung zur Folge, deren Ergebnis in der Praxis überflüssige Zuständigkeitsstreitigkeiten sind.

6 Die **örtliche Unzuständigkeit** bewirkt **nur bei den Zwangsgerichtsständen** eine **unprorogable Unzuständigkeit,** die von Amts wegen solange wahrgenommen werden kann, als noch keine Heilung nach § 104 Abs 3 JN eingetreten ist. Die unprorogable (örtliche) Unzuständigkeit heilt dadurch, daß der Beklagte zur Sache vorbringt oder mündlich verhandelt, ohne die Einrede der Unzuständigkeit zu erheben, sofern er dabei durch einen Rechtsanwalt oder einen Notar vertreten ist oder sofern er vorher durch den Richter über die Möglichkeit der Einrede der Unzuständigkeit und deren Wirkung belehrt und diese Belehrung im Verhandlungsprotokoll beurkundet worden ist. Näheres s § 104 JN Rz 180ff.

7 **Bei allen übrigen Gerichtsständen** (also sowohl bei dem allgemeinen Gerichtsstand als auch bei den ausschließlichen und den Wahlgerichtsständen) bewirkt die Anrufung eines an sich unzuständigen Gerichtes nur eine **prorogable Unzuständigkeit,** die von Amts wegen nur bis zur Anberaumung der ersten mündlichen Verhandlung bzw bis zur Erlassung des bedingten Zahlungsbefehls bzw bis zum schriftlichen Auftrag zur Klagebeantwortung wahrgenommen werden darf. Später kann sie nur über die bis spätestens zum Ende der 1. Tagsatzung (falls eine solche nicht stattfindet, bei der mündlichen Verhandlung bis zur Einlassung in die Hauptsache bzw in der Klagebeantwortung) erhobene Unzuständigkeitseinrede des Beklagten wahrgenommen werden.

8 Für Entscheidungen über die örtliche Unzuständigkeit sind **keine Überprüfungs- und Rechtsmitteleinschränkungen** geschaffen worden. Es findet daher auf Beschlüsse betreffend die örtliche Zuständigkeit weder die Vorschrift des § 45 JN (Unanfechtbarkeit bei Zuständigkeitsbejahung, beschränkte Anfechtbarkeit im Fall der Zuständigkeitsverneinung) noch jene des § 46 Abs 1 JN (Bindung an die Unzuständigkeitsentscheidung eines anderen Gerichtes) Anwendung. Hingegen sind die Vorschriften über die Regelung von Kompetenzkonflikten (§ 47 JN) auch für Streitigkeiten über die örtliche Zuständigkeit anzuwenden.

Allgemeiner Gerichtsstand

§ 65. Alle Klagen, für welche nicht ein besonderer Gerichtsstand bei einem anderen Gerichte begründet ist, sind bei dem sachlich zuständigen Bezirksgerichte oder Gerichtshofe erster Instanz anzubringen, bei welchem der Beklagte seinen allgemeinen Gerichtsstand hat.

Stammfassung

Übersicht:

I. Anwendungsbereich

1 Das Gericht des allgemeinen Gerichtsstandes ist **für alle Klagen** örtlich zuständig, **für die** das **Gesetz nicht** ausdrücklich **einen ausschließlichen Gerichtsstand** (§§ 76 bis 84 JN) **geschaffen** hat (*Mayr* in *Rechberger,* ZPO § 65 JN Rz 1).

Ist für eine Rechtssache hingegen ein Wahlgerichtsstand gegeben, dann kann – weil ein Wahlgerichtsstand neben den allgemeinen Gerichtsstand tritt – die Anhängigmachung der Klage beim Gericht des allgemeinen Gerichtsstandes niemals dessen Unzuständigkeit begründen. Damit sind Streitigkeiten über die örtliche Unzuständigkeit wegen einer Konkurrenz zwischen dem Gericht des allgemeinen Gerichtsstandes und dem des Wahlgerichtsstandes von vornherein ausgeschlossen.

Bei Zuständigkeitsvereinbarungen ist darauf zu achten, ob durch die Vereinbarung ein Wahlgerichtsstand oder ein ausschließlicher Gerichtsstand geschaffen werden sollte. Im Zweifel wird die Vereinbarung eines Wahlgerichtsstandes anzunehmen sein, es sei denn, daß die Ausschließlichkeit der Vereinbarung ausdrücklich aus dem Wortlaut der Erklärung hervorgeht oder der eindeutige Sinn der Erklärung keinen anderen Schluß zuläßt (zur Ausschließlichkeit der Vereinbarung nach Art 17 EuGVÜ/LGVÜ s aber § 104 Rz 311). Näheres s § 104 JN Rz 90ff. 2

II. Passivgerichtsstand

Der allgemeine Gerichtsstand ist immer mit der Person des Beklagten verknüpft, ist also ein **Passivgerichtsstand** (so auch *Mayr* in *Rechberger,* ZPO § 65 JN Rz 2). Die dadurch dem mittellosen Kläger erwachsenden wirtschaftlichen und finanziellen Nachteile wurden durch § 64 Abs 1 Z 4 und § 65 Abs 1 ZPO weitgehend gemildert. Danach kann die Verfahrenshilfe begehrende Partei die Klage dann, wenn keine Anwaltspflicht besteht, zusammen mit dem Antrag auf Verfahrenshilfe beim BG ihres Aufenthaltes zu Protokoll geben. Dies bewirkt aber nicht die Begründung der Zuständigkeit des protokollierenden Gerichtes, sondern hat nur zur Folge, daß dieses die Klage an das Gericht des allgemeinen Gerichtsstandes des Beklagten (dh an das Prozeßgericht) zu übersenden hat, das mit Einlangen der Klage das Verfahren einleitet. 3

Ausnahmsweise ist der allgemeine Gerichtsstand des Klägers wahlweise neben dem allgemeinen Gerichtsstand des Beklagten für die Anbringung von Klagen gegeben, die zur Befriedigung aus den Sachen des Beklagten führen sollen, die bei Ausübung des kaufmännischen Zurückbehaltungsrechtes durch den Kläger in dessen Gewahrsame gekommen sind (§ 371 Abs 4 HGB). S auch Vor § 86a JN Rz 8. 4

III. Anknüpfungspunkte

Allgemeiner Gerichtsstand des Beklagten ist **bei physischen Personen** das Gericht, in dessen Sprengel der Beklagte seinen **Wohnsitz oder gewöhnlichen Aufenthalt** (§ 66 JN), seinen letzten Wohnsitz oder jeweiligen Aufenthaltsort (§ 67 JN), seinen Garnisonsort (§ 68 JN) oder bei dienstlicher Verwendung im Ausland seinen letzten allgemeinen Gerichtsstand (allenfalls Wien: § 69 JN) hat bzw hatte **(originärer Gerichtsstand)**. 5

Minderjährige Kinder teilen den **allgemeinen Gerichtsstand ihres gesetzlichen Vertreters.** Sind beide (Wahl-)Eltern gesetzliche Vertreter, so teilen die Kinder deren gemeinsamen allgemeinen Gerichtsstand, haben diese keinen solchen, den allgemeinen Gerichtsstand des (Wahl-)Elternteils, dessen Haushalt sie angehören (§ 71 JN). Minderjährige Kinder haben demnach einen **abgeleiteten Gerichtsstand,** weil sich ihr allgemeiner Gerichtsstand von jenem ihres gesetzlichen Vertreters ableitet. 6

7 Für **juristische Personen** ist deren **Sitz** (im Zweifel gilt als Sitz der Ort, an dem ihre Verwaltung geführt wird, vgl aber EuGH 9. 3. 1999 RS 212/97 *„Centros"* WBl 1999, 262) für den allgemeinen Gerichtsstand bestimmend, gleichgültig, ob es sich um Klagen gegen den Bund, die Länder oder die Gemeinden oder andere Körperschaften des öffentlichen Rechtes handelt (§ 74 JN), oder ob juristische Personen des Privatrechtes geklagt werden (§ 75 JN).

IV. Bedeutung für andere zivilgerichtliche Verfahren

8 Außerhalb der streitigen Gerichtsbarkeit ist der allgemeine Gerichtsstand noch in folgenden Fällen von Bedeutung:

a) im **Exekutions- und Sicherungsverfahren** der allgemeine Gerichtsstand des Verpflichteten (bzw des Gegners der gefährdeten Partei):

- zur Bewilligung und zum Vollzug der Exekution auf nicht bücherlich sichergestellte Forderungen (§ 18 Z 3 EO);
- zur Bewilligung der sicherstellungsweisen Exekution auf Forderungen auf Grund eines über die privatrechtlichen Ansprüche im Strafverfahren ergangenen Erkenntnisses bei Bewilligung der Wiederaufnahme des Strafverfahrens (§ 371 Z 4, § 375 Abs 1, § 18 Z 3 EO);
- zur Bewilligung einer einstweiligen Verfügung außerhalb eines laufenden Rechtsstreites, soweit es sich nicht um eine unter § 387 Abs 3 EO fallende einstweilige Verfügung handelt (§ 387 Abs 2 EO);

9 b) im **außerstreitigen Verfahren:**

- im Verlassenschaftsverfahren der allgemeine Gerichtsstand des Erblassers (§ 105 JN);
- für die Mitwirkung an der Legitimation eines unehelichen Kindes, wenn für das zu legitimierende Kind kein Vormund oder Kurator bestellt ist, der allgemeine Gerichtsstand des Vaters des zu legitimierenden unehelichen Kindes (§ 113 JN);
- für die Kraftloserklärung von Wertpapieren subsidiär der allgemeine Gerichtsstand des Antragstellers (§ 115 Abs 4 JN);
- für die Bestellung des Heiratsgutes der allgemeine Gerichtsstand des Bestellungspflichtigen, uzw unabhängig davon, ob der Antragsteller eigenberechtigt ist oder nicht (*Weiß* in *Klang*² V 740; LGZ Wien EFSlg 20.193 [1973], 1765 [1961]; EFSlg 1764 [1955]).

§ 66. (1) Der allgemeine Gerichtsstand einer Person wird durch deren Wohnsitz bestimmt. Der Wohnsitz einer Person ist an dem Orte begründet, an welchem sie sich in der erweislichen oder aus den Umständen hervorgehenden Absicht niedergelassen hat, daselbst ihren bleibenden Aufenthalt zu nehmen.

(2) Der allgemeine Gerichtsstand einer Person wird auch durch ihren gewöhnlichen Aufenthalt begründet. Der Aufenthalt einer Person bestimmt sich ausschließlich nach tatsächlichen Umständen; er hängt weder von der Erlaubtheit noch von der Freiwilligkeit des Aufenthalts ab. Bei der Beurteilung, ob ein Aufenthalt als gewöhnlicher Aufenthalt anzusehen ist, sind seine Dauer und seine Beständigkeit sowie andere Umstände persönlicher oder beruflicher Art zu berücksichtigen, die dauerhafte Beziehungen zwischen einer Person und ihrem Aufenthalt anzeigen.

(3) Wenn eine Person ihren Wohnsitz und ihren gewöhnlichen Aufenthalt nicht im Sprengel desselben Gerichtes oder wenn sie in den Sprengeln mehrerer Gerichte einen Wohnsitz oder einen gewöhnlichen Aufenthalt hat, so ist für sie bei jedem dieser Gerichte ein allgemeiner Gerichtsstand begründet. Es steht in einem solchen Fall dem Kläger die Wahl frei, bei welchem der verschiedenen Gerichte er die Klage anbringen will.

Abs 2 und 3 idF Art II Z 31 ZVN 1983 BGBl 135

Lit: *Geimer,* Verfassungsrechtliche Vorgaben bei der Normierung der internationalen Zuständigkeit, Schwind-FS (1978) 17; *Häußl,* Ist der Landesgesetzgeber zuständig, den Begriff „ordentlicher Wohnsitz“ selbständig zu regeln? ÖJZ 1985, 750; *Knoll,* Kommentar zum Unterhaltsvorschußgesetz, Beilage zum ÖA 1987, 2. Lieferung September 1987; *Kurnik,* Die Bedeutung des Begriffes „Wohnsitz“ und „ordentlicher Wohnsitz“, GdZ 1990/10, 12; *Loewe,* Die Empfehlungen des Europarats zur Vereinheitlichung der Rechtsbegriffe „Wohnsitz“ und „Aufenthalt“, ÖJZ 1974, 144; *Schalich,* Überblick über die Zivilverfahrensnovelle 1983, ÖJZ 1983, 253, 287; *Schoibl,* Gerichtsstandsfragen im österreichischen Straßengüterbeförderungsrecht, ZVR 1992, 257; *Spellenberg,* Die Neuregelung der internationalen Zuständigkeit in Ehesachen, IPRax 1988, 1; *Thienel,* Darf der Landesgesetzgeber den Begriff „ordentlicher Wohnsitz“ selbständig regeln? ÖJZ 1986, 357.

Übersicht:

I. Allgemeines

Der **allgemeine Gerichtsstand physischer Personen** wird (soweit sie nicht wie Kinder oder geistig Behinderte, denen ein Sachwalter nach § 273 Abs 3 Z 3 ABGB bestellt worden ist, aufgrund ihrer Minderjährigkeit oder ihres Geisteszustandes in ihrer Freizügigkeit beschränkt sind) seit der ZVN 1983 sowohl durch ihren **Wohnsitz als auch** durch ihren **gewöhnlichen Aufenthalt** bestimmt. Hat der Beklagte Wohnsitz und gewöhnlichen Aufenthalt in verschiedenen Gerichtssprengeln, so steht dem Kläger gem § 66 Abs 3 JN die Wahl frei, bei welchem der verschiedenen Gerichte er die Klage anbringen will. 1

Maßgebend für den allgemeinen Gerichtsstand ist der Wohnsitz bzw gewöhnliche Aufenthalt des Beklagten im **Zeitpunkt der Gerichtsanhängigkeit** 2

(§ 29 JN). Nachträgliche Veränderungen des Wohnsitzes bzw gewöhnlichen Aufenthaltes vermögen die einmal begründete örtliche Zuständigkeit eines Gerichtes nicht mehr zu beseitigen.

II. Wohnsitz

A. Begriff

3 Der Begriff des Wohnsitzes ist (abweichend von der Regelung des deutschen bürgerlichen Rechtes in §§ 7 ff BGB) nicht in den materiellen Rechtsvorschriften enthalten, sondern ein **Begriff des Prozeßrechtes.** Nach § 66 Abs 1 Satz 2 JN ist der Wohnsitz einer Partei an dem **Ort** begründet, an welchem sie sich **in der erweislichen oder aus den Umständen hervorgehenden Absicht niedergelassen hat, daselbst ihren bleibenden Aufenthalt zu nehmen** (vgl auch die Legaldefinition des § 1 Abs 6 MeldeG idF BGBl 1994/505 [HauptwohnsitzG]: Ein Wohnsitz eines Menschen ist an einer Unterkunft begründet, an der er sich in der erweislichen oder aus den Umständen hervorgehenden Absicht niedergelassen hat, dort bis auf weiteres einen Anknüpfungspunkt von Lebensbeziehungen zu haben).

B. Unterschied Wohnsitz – (dauernder) Aufenthalt

4 Der Wohnsitz unterscheidet sich vom Aufenthaltsort dadurch, daß über den faktischen Aufenthalt hinaus auch die **Absicht** bestehen muß, den Ort auf Dauer zum wirtschaftlichen und faktischen Mittelpunkt des Lebens und der geregelten Tätigkeit zu machen; durch dieses letztere Moment unterscheidet sich der Wohnsitz auch vom dauernden Aufenthalt, da dieser wohl den faktischen Aufenthalt und dessen Dauer, nicht aber die Absicht fordert, diesen Zustand aufrechtzuerhalten. Daher kann ein dauernder Aufenthalt wohl durch den Aufenthalt in einem Spital, einer Kuranstalt oder einem Rehabilitationszentrum, in langer Haft oder in Gefangenschaft entstehen, ohne daß hiedurch der Wohnsitz begründet wird.

C. Voraussetzungen für das Vorliegen eines Wohnsitzes

5 Der Wohnsitz setzt, wie bereits erwähnt, zwei Momente voraus: das körperliche Dasein an einem bestimmten Ort und das willensmäßig bedingte Dasein-Wollen auf Dauer. Beide Momente müssen zusammentreffen, um den Wohnsitz zu begründen.

1. Bleibender Aufenthalt an einem bestimmten Ort

6 Das körperliche Moment, der **Aufenthalt** an einem bestimmten Ort, setzt **nicht** die **dauernde körperliche Anwesenheit** voraus (so auch *Mayr* in *Rechberger,* ZPO § 66 JN Rz 2; ZfRV 1991, 303). Reisen und geschäftliche bzw dienstliche oder ausbildungsbedingte Aufenthalte an anderen Orten oder andere zeitweilige Aufenthaltsunterbrechungen (wie zB Anstaltsaufenthalte) vermögen den einmal begründeten Wohnsitz nicht zu beenden, solange die Absicht weiterbesteht, am bisherigen Ort den bleibenden Aufenthalt weiter bestehen zu lassen (ZfRV 1991, 303; VwGH ZfVB 1983/1179).

7 Der **tatsächliche Aufenthalt kann nicht durch** eine gesetzliche oder rechtliche **Pflicht, sich an einem bestimmten Ort aufzuhalten, ersetzt werden.** Selbst wenn eine gesetzliche oder rechtliche Aufenthaltsverpflichtung besteht, wird der

Wohnsitz nur dann begründet, wenn sich diese Person faktisch dort aufhält (LGZ Wien EFSlg 10.491 [1968]; GlUNF 6364 = ZBl 1913/243).

Ist hingegen jemandem auf Grund gesetzlicher Bestimmungen der **Aufenthalt an einem bestimmten Ort verwehrt,** etwa bei einer fehlenden Aufenthaltsbewilligung oder einer Abschiebung, dann kann an diesem Ort der **Wohnsitz nicht** angenommen werden, weil die Erlaubtheit der Absicht (des fortdauernden Aufenthalts), also die rechtliche Erheblichkeit des willentlichen Momentes, fehlt (SZ 5/257 [1923]). 8

2. Erweisliche Absicht des bleibenden Aufenthalts

Das Niederlassen in der erweislichen Absicht des bleibenden Aufenthalts setzt voraus, daß diese Absicht **nach außen erkennbar** wird. Dazu ist die polizeiliche Anmeldung nicht erforderlich (LGZ Wien EFSlg 63.933 [1990], 39.094 [1981]; VwGH ZfVB 1978/1504; VwGH ZfVB 1978/1058; OLG Wien EFSlg 27.696 [1976]; JBl 1965, 41; GlUNF 6364 = ZBl 1913/243), es genügt vielmehr die **faktische Inbesitznahme einer Wohnung oder das Beziehen einer Unterkunft** (GlUNF 5128 = ZBl 1911/25) – nicht aber der bloße Abschluß eines Mietvertrages (OLG Wien SVSlg 15.641 [1965]) –, sofern nur **aus den einzelnen Umständen die beabsichtigte Dauer des Aufenthalts erkennbar** ist; solche Umstände sind etwa die Dauer des Mietvertrages, der Umfang wirtschaftlicher Investitionen, die erkennbare Einrichtung einer Dauererwerbsmöglichkeit, ein langdauernder Dienstvertrag, die Eingehung einer Lebensgemeinschaft mit einer Person, deren Wohnsitzverlegung schon aus wirtschaftlichen Gründen untunlich ist oder die Übernahme der Pflege dauernd pflegebedürftiger Familienangehöriger. 9

Der Wohnsitz kann also sowohl durch **schlüssige Handlungen** begründet als auch aufgehoben werden (NZ 1912, 234), ohne daß es hiezu ausdrücklicher Erklärungen bedürfte. 10

Die Absicht zum dauernden Aufenthalt setzt, da der Wohnsitz ein rechtlich erheblicher Tatbestand ist, die **freie Verfügungsfähigkeit der Person über ihren Aufenthalt** voraus. Daher begründet eine **geistig behinderte oder psychisch kranke Person,** der zur Besorgung aller Angelegenheiten ein Sachwalter nach § 273 Abs 3 Z 3 ABGB bestellt worden ist (*Fasching,* Lehrbuch[2] Rz 273; *Mayr* in *Rechberger,* ZPO § 66 JN Rz 2; LGZ Wien EFSlg 60.706 [1989]; vgl auch zur Rechtslage vor dem SachwG SZ 41/36 = JBl 1969, 221 = RZ 1968, 159; GlUNF 5398 = ZBl 1911/304; GlUNF 5218 = ZBl 1911/70), eine Person, die den Gebrauch der Vernunft nicht hat (vgl § 865 ABGB und für die Rechtslage vor dem SachwG VwSlg A 16.067 [1930]) oder ein **Minderjähriger** (§ 71 JN; vgl auch VwGH SVSlg 33.561 = ZfVB 1988/990) durch seinen dauernden Aufenthalt **keinen Wohnsitz,** gleichgültig, ob er an sich die Absicht hat, dauernd dort zu bleiben. 11

Personen, denen nur für einen Teilbereich ein Sachwalter nach § 273 ABGB bestellt worden ist, können – soweit die Wohnsitzbegründung in den Wirkungsbereich ihres Sachwalters fällt – keinen Wohnsitz iSd § 66 Abs 1 JN begründen. Denn gem § 273 a ABGB sind unter Sachwalterschaft stehende Personen im Wirkungsbereich ihres Sachwalters hinsichtlich ihrer Geschäftsfähigkeit Minderjährigen über 7 Jahren gleichgestellt. Aus § 71 JN geht jedoch hervor, daß Minderjährige und damit – wenn die Wohnsitzbegründung in den Wirkungskreis des Sachwalters fällt – auch unter Sachwalterschaft stehende Personen keinen eigenen Wohnsitz begründen können. (Vgl auch für die allerdings nur teilweise vergleichbare deutsche Rechtslage *Palandt,* BGB[56] § 8 Rz 1; 12

BayObLG NJW-RR 1993, 460: Erstreckt sich der Aufgabenkreis des Betreuers [§§ 1896, 1902 BGB] auf die Wohnsitzbestimmung, entscheidet dessen Wille.)

13 Wenn die **Verfügungsmöglichkeit** einer an sich verfügungsfähigen Person bei der Wahl des Aufenthaltes dadurch **eingeschränkt** ist, daß sie sich auf Grund gesetzlicher Bestimmungen oder behördlicher Verfügungen an einem bestimmten Ort aufhalten muß (so zB aufgrund einer Freiheitsstrafe im Gefängnis) oder ihr der Aufenthalt an einem bestimmten Ort verboten ist (so bei einer Abschiebung), dann kann an diesem Ort ein **Wohnsitz nicht wirksam begründet** werden (SZ 5/257 [1923]). In der Regel begründet daher die Aufnahme in eine Heil- oder Krankenanstalt nicht einen neuen Wohnsitz (VwSlg A 15.711 [1929]), sofern es sich nicht um ein frei gewähltes Sanatorium zum Daueraufenthalt handelt.

14 Der Gemeinschuldner wird an sich durch die Konkurseröffnung nicht in seiner Freizügigkeit beschränkt. Daher richtet sich der allgemeine Gerichtsstand der **Konkursmasse** nach dem **allgemeinen Gerichtsstand des Gemeinschuldners** und nicht nach jenem des Masseverwalters (SZ 23/183 [1950]).

15 Für den dauernden **Aufenthalt** wird **nicht** gefordert, daß er ein **immerwährender** ist (LGZ Wien Arb 8948 [1972]; JBl 1965, 41; RZ 1962, 61; JBl 1955, 407). Entscheidend ist nur, daß der **Aufenthaltsort bewußt zum wirtschaftlichen, beruflichen und gesellschaftlichen Mittelpunkt gemacht** wird (vgl auch § 1 Abs 7 MeldeG idF BGBl 1994/505 [HauptwohnsitzG] sowie VfGH JBl 1987, 34; VwGH ZfVB 1983/1692 = ZVR 1983/79; VfSlg 7766 = GdZ 1976, 567 = ÖJZ 1978, 138 = ÖVA 1976, 154 = ZfVB 1976/375; VfSlg 6473 = ÖJZ 1972, 307; VfSlg 5796 [1968]; VfSlg 5147, 5148 [1965]; VfSlg 2935 [1955]), auch wenn von vornherein klar ist, daß dieser Aufenthalt über eine bestimmte oder unbestimmte Dauer hinaus nicht erstreckt wird (JBl 1985, 629 = RZ 1985/53; VwGH ZfVB 1981/545; EFSlg 23.057 [1974]; EvBl 1967/367 = ZVR 1967/238; JBl 1965, 41; RZ 1962, 61). Als wesentlich muß aber die Einrichtung des Aufenthaltes über eine Provisorialmaßnahme hinaus angesehen werden (vgl VwGH ZfVB 1978/1504, 1978/1058; OLG Wien EvBl 1934/414). Ein Wohnsitz kann aber auch durch die vorübergehende Notunterkunft eines sonst Obdachlosen begründet werden (RZ 1962, 61).

16 Das **Motiv,** das zur bewußten und gewollten Begründung des wirtschaftlichen und faktischen Lebensmittelpunktes geführt hat, ist **bedeutungslos.** Es kann daher auch ein Wohnsitz auf bestimmte Dauer begründet werden, wenn die betreffende Person damit Gelegenheit gewinnen wollte, nach ihren verschollenen Eltern zu suchen (VwGH ZfVB 1994/1362).

D. Aufhebung des Wohnsitzes

17 Aus der bloßen Tatsache der **Entfernung von** dem Ort, an dem der **Wohnsitz** begründet worden ist, kann **noch nicht** die **Aufgabe des Wohnsitzes** geschlossen werden (VwSlg A 845 = JBl 1949, 410; VwSlg A 588 = JBl 1949, 76). Die Aufhebung des Wohnsitzes kann **erst** dann angenommen werden, **wenn** die **Person ihren faktischen und wirtschaftlichen Mittelpunkt verlegt hat** (JBl 1965, 41; VwSlg A 588 = JBl 1949, 76). Das Mieten einer Sommerwohnung bewirkt eine solche Aufhebung des bisherigen Wohnsitzes nicht (VwSlg A 15.948 [1930]), da hiedurch mangels der Absicht, sich dort dauernd aufzuhalten, ein neuer Wohnsitz am Urlaubsort nicht begründet wird.

18 Der Umstand allein, daß jemand einen **neuen Wohnsitz** begründet, **hebt** den **bisherigen Wohnsitz nicht auf** (ARD 4438/22/93 = SSV-NF 1992/84 = SVSlg

36.829; LGZ Wien EFSlg 63.934 [1990], 39.095 [1981]; OLG Wien EFSlg 25.244 [1975]; RZ 1937, 186), da gem § 66 Abs 3 JN die Möglichkeit besteht, daß eine Person mehrere Wohnsitze hat, sofern diese in annähernd gleichem Maß zum Mittelpunkt des wirtschaftlichen und privaten Lebens geworden sind. Ob einer dieser Wohnsitze im Ausland liegt, ist unerheblich (ARD 4438/22/93 = SSV-NF 1992/84 = SVSlg 36.829; OLG Wien EvBl 1935/133).

Für die Aufhebung des Wohnsitzes ist die polizeiliche Abmeldung nicht erforderlich (LGZ Wien EFSlg 23.056 [1974]). **Polizeilichen An- und Abmeldungen** kommen sowohl für die Beurteilung der Begründung des Wohnsitzes einer Person an einem bestimmten Ort als auch für jene der Aufhebung des Wohnsitzes nur **Indizfunktion** zu (*Mayr* in *Rechberger,* ZPO § 66 JN Rz 2; VwGH ZfVB 1983/1179, 1982/147 und 1982/1744; LGZ Wien EFSlg 25.243 [1975], 16.166 [1971]). Ihnen ist kein entscheidendes Gewicht beizumessen (VwGH ZfVB 1988/1451). 19

E. Fingierter Wohnsitz

In einzelnen Fällen fingiert das Gesetz einen Wohnsitz und bestimmt danach den allgemeinen Gerichtsstand: 20

- Für eigenberechtigte aktive Angehörige des Bundesheeres und aktive Angestellte der Heeresverwaltung wird der Garnisonsort als (Amts-)Wohnsitz fingiert. Näheres s § 68 JN;
- Inländer, die sich als Beamte der Republik Österreich länger im Ausland aufhalten, behalten ihren allgemeinen Gerichtsstand, den sie im Inland hatten; falls sich dieser nicht ermitteln läßt, wird für diese ein Wohnsitz im Sprengel des BG Innere Stadt Wien fingiert. Näheres s § 69 JN.

III. Gewöhnlicher Aufenthalt

A. Allgemeines

Der Aufenthalt einer Person bestimmt sich **ausschließlich nach tatsächlichen Umständen** (LGZ Wien EFSlg 69.738 [1992]). Der gewöhnliche Aufenthalt wird daher durch die **körperliche Anwesenheit, nicht durch ein Willenselement bestimmt** (LGZ Wien EFSlg 57.684 [1988]; OLG Wien EFSlg 54.937, 54.938 [1987]; EvBl 1984/62 = ÖA 1984, 105). Der Absicht kommt keine Relevanz zu (ErläutRV zur ZVN 1983 [669 BlgNR 15. GP] 35; *Knoll,* UVG in ÖA 1987 Rz 3). Der gewöhnliche Aufenthalt **hängt weder von der Erlaubtheit noch von der Freiwilligkeit des Aufenthalts ab** (§ 66 Abs 2 Satz 2 JN; OLG Wien EFSlg 54.937 [1987]; EvBl 1984/62 = ÖA 1984, 105). 21

Der gewöhnliche Aufenthalt einer Person hängt nicht von dem eines anderen ab (EvBl 1984/62 = ÖA 1984, 105). Denn es können auch Personen, die nur faktisch, nicht aber auch rechtlich über ihren Aufenthalt verfügen können, einen gewöhnlichen Aufenthalt haben. Ein **minderjähriges Kind** hat daher keinen abgeleiteten gewöhnlichen Aufenthaltsort (*Knoll,* UVG in ÖA 1987 Rz 3; LGZ Wien EFSlg 57.685 [1988]), sondern – soweit nicht der allgemeine Gerichtsstand nach § 71 JN zur Anwendung kommt – einen **eigenen gewöhnlichen Aufenthaltsort. Ebenso** können **Personen, für die ein Sachwalter nach § 273 ABGB bestellt worden ist,** einen eigenen gewöhnlichen Aufenthaltsort haben. 22

Der gewöhnliche Aufenthalt richtet sich nach der **Lage des betreffenden Ortes,** nicht nach der (von einem anderen Ort bestimmten) Postleitzahl (LGZ Wien EFSlg 69.741 [1992]). 23

B. Beurteilungskriterien

24 Bei der Beurteilung, ob ein Aufenthalt als gewöhnlicher Aufenthalt anzusehen ist, sind (in erster Linie: vgl EFSlg 49.259 [1985]) seine **Dauer und Beständigkeit** (*Mayr* in *Rechberger,* ZPO § 66 JN Rz 3; EFSlg 60.717 = JBl 1989, 394 = RZ 1989/90; OLG Wien EFSlg 54.937 [1987]; KG Krems EFSlg 49.258 = ÖA 1985, 148) sowie **andere Umstände persönlicher und beruflicher Art** zu berücksichtigen, **die dauerhafte** (nicht bloß vorübergehende) **Beziehungen zwischen einer Person und ihrem Aufenthalt anzeigen** (vgl RZ 1990/52; SSV-NF 1989/117 = SVSlg 36.519 = RZ 1990/54; OLG Wien EFSlg 54.937 [1987]).

1. Dauer und Beständigkeit

25 Der gewöhnliche Aufenthalt muß nicht notwendig ein ständiger Aufenthalt (iSd § 175 ASVG) sein (OLG Wien SVSlg 34.871 [1989]), er setzt aber eine **gewisse Dauer** voraus (EFSlg 12.223 [1969]; OLG Wien EvBl 1946/391; OLG Wien DREvBl 1943/259). Im allgemeinen ist bei einer **Aufenthaltsdauer von ungefähr 6 Monaten** der gewöhnliche Aufenthalt gegeben (*Spellenberg,* IPRax 1988, 1 ff, 5; LGZ Wien EFSlg 66.814 = WR 482 [1991]; EFSlg 60.717 = JBl 1989, 394 = RZ 1989/90). Durch eine vorübergehende Abwesenheit wird der gewöhnliche Aufenthalt nicht aufgegeben (EFSlg 12.222 [1969]; OLG Wien DREvBl 1943/259).

26 **Kein gewöhnlicher Aufenthalt** liegt dagegen vor, wenn sich jemand an einem Ort **bloß vorübergehend,** zB zur Durchreise, zu Urlaubszwecken, zu regelmäßigen Wochenendbesuchen bei der Familie (EvBl 1985/110 = IPRE 2/178) oder sonst nur für einen kürzeren, klar abgrenzbaren Zeitabschnitt, zB wegen einer Ferialpraxis, aufhält (*Schalich,* ÖJZ 1983, 253 ff, 255 f; OLG Wien EFSlg 54.937 [1987]; aM offenbar *Fasching,* Lehrbuch² Rz 274 und LGZ Wien EFSlg 69.742 [1992]). Verlangt man für den gewöhnlichen Aufenthalt nicht eine gewisse Aufenthaltsdauer und eine gewisse Beständigkeit, hat man Schwierigkeiten den gewöhnlichen Aufenthalt vom jeweiligen Aufenthalt iSd § 67 JN abzugrenzen. Näheres zum jeweiligen Aufenthalt s § 67 JN Rz 5.

2. Mittelpunkt des Lebens

27 Ob ein gewöhnlicher Aufenthalt vorliegt, hängt davon ab, ob dieser Ort von jemandem zum **Mittelpunkt seines Lebens, seiner wirtschaftlichen Existenz und seiner sozialen Beziehungen gemacht** wird (LGZ Wien EFSlg 69.739 [1992], 63.936 [1990]; OLG Wien EFSlg 54.938 [1987]; EFSlg 12.223 [1969], 10.495 [1968], EvBl 1957/379).

28 Umstände persönlicher Art, die eine dauerhafte Beziehung zwischen der Person und ihrem Aufenthalt anzeigen, sind etwa der krankheitsbedingte Aufenthalt in Dauerabteilungen von Krankenhäusern, Sanatorien, Altersheimen oder der Aufenthalt in Strafvollzugsanstalten (*Fasching,* Lehrbuch² Rz 274).

29 Zu den Umständen beruflicher Art, die eine dauerhafte Beziehung zwischen der Person und ihrem Aufenthalt anzeigen, zählt ein vom Wohnort entfernt gelegener Arbeitsplatz (*Fasching,* Lehrbuch² Rz 274). Daher begründet der **Arbeits- bzw Beschäftigungsort** einen **gewöhnlichen Aufenthalt,** sofern das Arbeits- bzw Dienstverhältnis nicht bloß vorübergehender Natur ist (OLG Wien EFSlg 54.937 [1987]; LGZ Wien EFSlg 46.611 [1984]). Angehörige der freien Berufe haben daher am Ort ihrer Kanzlei ihren gewöhnlichen Aufenthalt (für den Notar EFSlg 46.612 [1984]).

30 Meldezettel sind zur Ermittlung des gewöhnlichen Aufenthalts nur eingeschränkt (iS eines Indizes) hilfreich, weil sie nur die Tatsache der Meldung beur-

kunden, nicht aber über die tatsächlichen Verhältnisse Auskunft geben (LGZ Wien EFSlg 66.866 [1991]).

IV. Mehrere Anknüpfungspunkte (§ 66 Abs 3 JN)

Wenn eine Person **mehrere Wohnsitze, mehrere gewöhnliche Aufenthalte** (EFSlg 12.223 [1969]; OLG Wien DREvBl 1943/259) oder **Wohnsitz und Aufenthalt in Sprengeln verschiedener Gerichte** hat (die Sprengel mögen an verschiedenen Orten oder innerhalb desselben Ortes gebildet sein; § 103 JN), so hat sie nach § 66 Abs 3 JN den **allgemeinen Gerichtsstand bei jedem dieser Gerichte** (GlUNF 2773 = ZBl 1904/362). Es ist möglich, daß einer oder mehrere dieser Wohnsitze oder gewöhnlichen Aufenthalte im Ausland liegen (OLG Wien EvBl 1935/133). 31

Der mehrfache Wohnsitz kann dadurch begründet werden, daß eine Person an einem Ort ihre ständige Wohnung hat und an einem anderen Ort ortsgebundene Berufstätigkeit entfaltet (LG Klagenfurt Arb 8744 [1970]), so bei Rechtsanwälten, deren Kanzlei nicht am Wohnort gelegen ist (VwGH ÖA 1971, 29 = ZVR 1971/174; VfSlg 1402 [1931] ua), oder bei Staatsbeamten mit auswärtigem Dienstort (GlUNF 5567 = NZ 1911, 360 = ZBl 1911/470) oder bei Lehrbeauftragten an einer nicht am Wohnort gelegenen Hochschule (JBl 1955, 407) oder bei auswärts Studierenden (VwGH ZfVB 1985/162; VwGH ÖVA 1971, 29 = ZVR 1971/174). Auch die saisonmäßig bedingte immer wiederkehrende Verlagerung eines Gewerbebetriebes zwischen zwei Orten begründet einen zweifachen Wohnsitz des Gewerbetreibenden, den seines Wohn- und Betriebsortes und während der Verlagerung in der Saison auch den Wohnsitz am Ort des Saisonbetriebes (JBl 1985, 629 = RZ 1985/53; GlUNF 4073 = ZBl 1908/98). Erforderlich ist bei solchen saisonmäßigen Betriebsverlagerungen oder -erweiterungen an andere Orte, daß sie regelmäßig jede Saison, also in zeitlich klar erkennbaren Abständen wiederkehren und auch der Saisonort zwar nicht für die Dauer des ganzen Jahres, aber für periodisch wiederkehrende Zeitabschnitte zum Mittelpunkt des wirtschaftlichen Lebens dieser Person gemacht wird. Die Miete einer Sommerwohnung zum Erholungsaufenthalt hingegen kann, da diese Merkmale fehlen, nicht den Wohnsitz am Urlaubsort begründen (RZ 1984/17 = VersE 1135, VwSlg A 15.948 [1930]), doch muß ein doppelter Wohnsitz angenommen werden, wenn eine Person eine zweite Dauerwohnung auf dem Land hat und einen erheblichen Teil des Jahres in annähernd gleichmäßiger Wiederkehr dauernd in dieser Wohnung verbringt (vgl EFSlg 52.085 = EvBl 1987/25 = IPRE 2/209 = NZ 1988, 41). 32

Bestehen **mehrere allgemeine Gerichtsstände** des Beklagten, dann hat der **Kläger** die **Wahl** zwischen diesen Gerichten (so auch *Mayr* in *Rechberger,* ZPO § 66 JN Rz 4). Diese ist gem § 102 JN mit der Zustellung der Klage an den Beklagten vollzogen. Näheres s § 102 JN Rz 2. 33

V. Begriff und Bedeutung des Wohnsitzes im EuGVÜ/LGVÜ

Art 52 EuGVÜ/LGVÜ. Ist zu entscheiden, ob eine Partei im Hoheitsgebiet des Vertragsstaats, dessen Gerichte angerufen sind, einen Wohnsitz hat, so wendet das Gericht sein Recht an.

Hat eine Partei keinen Wohnsitz in dem Staat, dessen Gerichte angerufen sind, so wendet das Gericht, wenn es zu entscheiden hat, ob die Partei einen Wohnsitz in einem anderen Vertragsstaat hat, das Recht dieses Staates an.

Lit: *Basedow,* Handbuch des internationalen Zivilverfahrensrechts I (1982); *v. Hoffmann,* Das EWG-Übereinkommen über die gerichtliche Zuständigkeit und die Vollstreckung gerichtlicher Entscheidungen in Zivil- u. Handelssachen, AWD 1973, 57; *Kaye,* The Meaning of Domicile under United Kingdom Law for the Purposes of the 1968 Brussels Convention on Jurisdiction and the Enforcement of Judgments in Civil and Commercial Matters, NethIntLRev 1988, 181; *ders,* Nationality and the European Convention on the Jurisdiction and Enforcement of Judgments, IntCompLQ 1988, 268; *Mondini,* Alcune considerazioni in tema di domicilio delle persone fisiche nell'ambito della convenzione C.E.E., Riv dir int priv proc 1969, 112 = L'efficacia delle sentenze straniere nelle convenzioni multilaterali dell'Aia e della C.E.E. (1969) 217; *Santa Maria,* Problemi in tema di applicazione alle società della convenzione della C.E.E. sulla competenza giurisdizionale e sul riconoscimento e l'esecuzione delle sentenze in materia civile e commerciale, Riv dir int priv proc 1969, 139 = L'efficacia delle sentenze straniere nelle convenzioni multilaterali dell'Aia e della C.E.E. (1969) 245; *Struycken,* Het Europees Exekutieverdrag en de woonplaats van de rechtsperson, N.V. 1978, 45.

A. Begriff des Wohnsitzes nach Art 52 EuGVÜ/LGVÜ

1. Allgemeines

34 Art 52 EuGVÜ/LGVÜ enthält in Abs 1 eine Verweisungsnorm zur Bestimmung des Wohnsitzes im Gerichtsstaat und Abs 2 für den Wohnsitz in einem anderen Vertragsstaat. Dagegen ist von Art 52 EuGVÜ/LGVÜ nicht der Fall erfaßt, daß der Wohnsitz außerhalb des Anwendungsgebietes des EuGVÜ/LGVÜ, dh in einem Nicht-Vertragsstaat liegt. In diesem Fall hat das angerufene Gericht die Regeln seines IPR anzuwenden (*Gottwald,* MünchKommZPO III Art 52 EuGVÜ Rz 10; *Kropholler,* Zivilprozeßrecht[6] Art 52 EuGVÜ Rz 6; *Schlafen* in *Bülow/Böckstiegel,* Rechtsverkehr 606, 315).

35 Art 52 EuGVÜ/LGVÜ enthält keine materiellrechtliche Bestimmung des Begriffs „Wohnsitz", sondern nur Kollisionsnormen über das zur Feststellung des Wohnsitzes anwendbare Recht (ErläutRV zum LGVÜ [34 BlgNR 20. GP] 45; *Czernich/Tiefenthaler,* LGVÜ Art 52 Rz 1; *Geimer/Schütze,* Zivilverfahrensrecht Art 52 EuGVÜ Rz 1; *Kropholler,* Zivilprozeßrecht[6] Art 52 EuGVÜ Rz 1; *Schlafen* in *Bülow/Böckstiegel,* Rechtsverkehr 606, 308). Eine einheitliche materiellrechtliche Begriffsbestimmung hielten die Verfasser der Übereinkommen wegen der Unterschiede in den nationalen Rechten für gefährlich (*Gottwald,* MünchKommZPO III Art 52 EuGVÜ Rz 1; *Jenard*-Bericht Kap IV A 3; *Kropholler,* Zivilprozeßrecht[6] Art 52 EuGVÜ Rz 2)

36 Die kollisionsrechtliche Wohnsitzlösung des EuGVÜ/LGVÜ ist sehr kompliziert (*Gottwald,* MünchKommZPO III Art 52 EuGVÜ Rz 1; *Kropholler,* Zivilprozeßrecht[6] Art 52 EuGVÜ Rz 3) und wurde nicht zuletzt deswegen kritisiert, weil sie ihr Ziel, Kompetenzkonflikte zu vermeiden nicht vollständig zu erreichen vermag (für eine vollständige Streichung des Art 52 tritt daher *Basedow,* IZVR I Kap II Rz 29 ff ein; *Kaye,* IntCompLQ 1988, 314 ff fordert dagegen einen materiellrechtlichen einheitlichen Wohnsitzbegriff).

37 Verwiesen wird primär auf prozessuale Normen (*Geimer/Schütze,* Urteilsanerkennung I/1 § 66, 1; *dies,* Zivilverfahrensrecht Art 52 EuGVÜ Rz 8; *Gottwald,* MünchKommZPO III Art 52 EuGVÜ Rz 3; *Kropholler,* Zivilprozeßrecht[6] Art 52 EuGVÜ Rz 1; *Schlafen* in *Bülow/Böckstiegel,* Rechtsverkehr 606, 308), soweit diese nicht bestehen, auf die Wohnsitznormen des Zivilrechtes (*Gottwald,* MünchKommZPO III Art 52 EuGVÜ Rz 3; *Kropholler,* Zivilprozeßrecht[6] Art 52 EuGVÜ Rz 1).

38 Da das Vereinigte Königreich und Irland den Wohnsitzbegriff nicht kennen, waren sie genötigt, im Civil Jurisdiction and Judgements Act 1982 in sec 41 ff detaillierte Regeln über die Anwendung des EuGVÜ/LGVÜ in den Fällen, in denen das Abkommen auf den Wohnsitz (oder Sitz) abstellt, zu erlassen. Als Voraussetzung für ein „domicile" wird in sec 41 ein Aufenthalt („residence"), der nach Art und Umständen auf eine nähere Beziehung („substantial connection") zu Großbritannien hinweist, verlangt. Nach sec 41 (6) wird nach dreimonatigem Aufenthalt im Vereinigten Königreich eine „substantial connection" bis zum Beweis des Gegenteils vermutet.

2. Wohnsitz im Gerichtsstaat (Art 52 Abs 1 EuGVÜ/LGVÜ)

Ist zu entscheiden, ob eine Partei ihren **Wohnsitz im Gerichtsstaat** hat, weil davon die Anwendbarkeit des EuGVÜ/LGVÜ oder eines bestimmten Gerichtsstandes abhängt, so hat das Gericht gem Art 52 Abs 1 EuGVÜ/LGVÜ sein **eigenes Recht anzuwenden.** Dh, hat ein österreichisches Gericht zu entscheiden, ob eine Partei ihren Wohnsitz in Österreich hat, sind § 66 Abs 1 und § 68 JN anzuwenden. 39

Darüber hinaus werden, obwohl in ihnen vom allgemeinen Gerichtsstand und nicht ausdrücklich nur vom Wohnsitz die Rede ist, auch §§ 69 und 71 JN zur Wohnsitzbestimmung herangezogen werden können. Zwar bestimmt sich seit der ZVN 1983 der allgemeine Gerichtsstand einer Person nicht nur nach ihrem Wohnsitz, sondern auch nach ihrem gewöhnlichen Aufenthalt, aber die genannten Bestimmungen galten auch schon vor Inkrafttreten der ZVN 1983. Allerdings wird für den Anwendungsbereich des Art 52 EuGVÜ/LGVÜ der Wortlaut der §§ 69 und 71 JN restriktiv, uzw so auszulegen sein, daß unter dem Ausdruck „allgemeiner Gerichtsstand" nur der „Wohnsitz" und nicht auch der gewöhnliche Aufenthalt zu verstehen ist. Eine derartige Auslegung ist vor allem deshalb geboten, weil Minderjährige nach österreichischem Recht keinen eigenen Wohnsitz iSd § 66 Abs 1 JN begründen können (vgl Rz 11) und daher ansonsten im Anwendungsbereich des EuGVÜ/LGVÜ keinen Wohnsitz hätten. 40

§ 69 JN ist daher, wenn es um die Feststellung eines Wohnsitzes nach Art 52 EuGVÜ/LGVÜ geht, so auszulegen, daß österreichische Staatsangehörige, welche sich in amtlicher Stellung als Beamte der Republik Österreich im Ausland aufhalten, den Wohnsitz, den sie in Österreich hatten, behalten. Wenn ein solcher nicht begründet oder doch nicht zu ermitteln ist, so ist ihr Wohnsitz in Wien, uzw im Sprengel desjenigen BG, in welchem das BMAA seinen Sitz hat. 41

Der Wohnsitz des minderjährigen Kindes bestimmt sich für den Anwendungsbereich des EuGVÜ/LGVÜ bei restriktiver Auslegung des § 71 JN nach dem Wohnsitz seines gesetzlichen Vertreters. Wenn beide (Wahl-)Eltern gesetzliche Vertreter sind, so hat das Kind seinen Wohnsitz dort, wo die (Wahl-)Eltern ihren gemeinsamen Wohnsitz haben. Haben die (Wahl-)Eltern keinen gemeinsamen Wohnsitz, richtet sich der Wohnsitz des Kindes nach dem Wohnsitz des Elternteils, dessen Haushalt das Kind angehört. 42

Daß das EuGVÜ/LGVÜ – anders als die JN – weitestgehend nur auf den Wohnsitz und nicht auch auf den gewöhnlichen Aufenthalt abstellt, bringt bei unter Sachwalterschaft stehenden geistig Behinderten bzw psychisch Kranken Probleme mit sich, da diese Personen einerseits keinen (eigenen) Wohnsitz begründen können, es andererseits aber nirgends eine Bestimmung über einen abgeleiteten Wohnsitz für solche Personen gibt. Sinnvollerweise wird man, weil Personen, denen nach § 273 ABGB ein Sachwalter bestellt worden ist, bezüglich der Angelegenheiten, die in den Wirkungsbereich des Sachwalters fallen, Minderjährigen über 7 Jahren gleichgestellt sind (vgl ErläutRV zum SachwG [742 BlgNR 15. GP] 18f; *Pichler* in *Rummel,* ABGB[2] I § 273a Rz 1; *Schwimann* 43 in *Schwimann,* ABGB² I § 273a Rz 1) zur Wohnsitzbestimmung iSd Art 52 EuGVÜ/LGVÜ § 71 JN analog anwenden. Dh eine Person, der ein Sachwalter nach § 273 ABGB bestellt worden ist, hat dort ihren Wohnsitz, wo ihr Sachwalter seinen Wohnsitz hat. Wenn der Sachwalter allerdings nicht für alle, sondern nur für einzelne Angelegenheiten bestellt worden ist, hat die unter Sachwalterschaft stehende Person nur dann einen abgeleiteten Wohnsitz, wenn die Wohnsitzbegründung in den Wirkungskreis des Sachwalters fällt.

3. Wohnsitz in einem anderen Vertragsstaat (Art 52 Abs 2 EuGVÜ/LGVÜ)

44 Wenn eine Person keinen Wohnsitz im Gerichtsstaat hat und zu entscheiden ist, ob sie in einem anderen Vertragsstaat einen Wohnsitz hat, weil davon die Anwendbarkeit des EuGVÜ/LGVÜ und damit eines besonderen Gerichtsstandes abhängt, so ist nach Art 52 Abs 2 EuGVÜ/LGVÜ das Recht dieses anderen Vertragsstaates anzuwenden.

Beispiel: Wird nach österreichischem Recht das Vorliegen eines Wohnsitzes verneint, dann ist die Frage, ob der Betreffende einen Wohnsitz in Frankreich hat, nach französichem Recht zu prüfen.

4. Fingierter Wohnsitz (Art 8 Abs 2, Art 13 Abs 2 EuGVÜ/LGVÜ)

45 Wenn ein Versicherer oder der Vertragspartner eines Verbrauchers im Hoheitsgebiet eines Vertragsstaates zwar keinen Wohnsitz, wohl aber in einem Vertragsstaat eine Zweigniederlassung, eine Agentur oder sonstige Niederlassung besitzt, so wird er gem Art 8 Abs 1 bzw Art 13 Abs 2 EuGVÜ/LGVÜ für Streitigkeiten aus ihrem Betrieb so behandelt, als ob er einen Wohnsitz in dem Hoheitsgebiet dieses Staates hätte.

5. Abgeleiteter Wohnsitz

46 Ob eine Partei eine Person ist, die einen abgeleiteten Wohnsitz hat, also ein Minderjähriger oder ein beschränkt geschäftsfähiger Volljähriger ist, bestimmt das Gericht nach dem **Recht, das von dem am Gerichtsort geltenden IPR berufen** wird (*Kropholler,* Zivilprozeßrecht⁶ Art 52 EuGVÜ Rz 12).

47 **Nach österreichischem IPR** ist die Handlungsfähigkeit einer Person nach ihrem **Personalstatut** zu beurteilen (§ 12 IPRG). Das Personalstatut einer natürlichen Person richtet sich nach § 9 IPRG nach dem **Recht des Staates, dem die Person angehört.** Bei Mehrstaatern ist die österreichische Staatsangehörigkeit, mangels einer solchen die Staatsangehörigkeit jenes Staates maßgebend, zu dem die stärkste Beziehung besteht. Bei Staatenlosen oder Personen mit ungeklärter Staatsbürgerschaft richtet sich das Personalstatut nach dem Recht des Staates, in dem sie ihren gewöhnlichen Aufenthalt haben. Das Personalstatut von Flüchtlingen iSd für Österreich geltenden internationalen Übereinkommen und von Personen, deren Beziehungen zu ihrem Heimatstaat aus vergleichbar schwerwiegenden Gründen abgebrochen sind, ist das Recht des Staates, in dem sie ihren Wohnsitz, mangels eines solchen ihren gewöhnlichen Aufenthalt haben; eine Verweisung dieses Rechtes auf das Recht des Heimatstaates ist aber unbeachtlich.

48 Ist eine Partei (nach dem vom IPR berufenen Recht) minderjährig oder nicht voll geschäftsfähig, dann bestimmt sich deren Wohnsitz nach dem Territorialitätsprinzip der Abs 1 und 2 des Art 52 EuGVÜ/LGVÜ (*Gottwald,* MünchKommZPO III Art 52 EuGVÜ Rz 13; *Kropholler,* Zivilprozeßrecht⁶ Art 52 EuGVÜ Rz 12).

6. *Kompetenzkonflikte*

a) Positiver Kompetenzkonflikt

Da der Wohnsitzbegriff nicht in allen Vertragsstaaten identisch ist, kann es zu einem positiven Kompetenzkonflikt kommen, der nach Art 21 EuGVÜ/LGVÜ zu lösen ist (*Gottwald,* MünchKommZPO III Art 52 EuGVÜ Rz 6; *Kropholler,* Zivilprozeßrecht[6] Art 52 EuGVÜ Rz 7; *Schlafen* in *Bülow/Böckstiegel,* Rechtsverkehr 606, 316). 49

Hat eine Partei mehrere Wohnsitze (zB einen in Österreich und einen anderen in Frankreich), dann hat der Kläger die Wahl, wo er klagt (vgl § 102 JN) und kann insoweit „forum shopping" betreiben (*Basedow,* IZVR I Kap II Rz 29; *Gottwald,* MünchKommZPO III Art 52 EuGVÜ Rz 6; *Kropholler,* Zivilprozeßrecht[6] Art 52 EuGVÜ Rz 7; *Schlosser,* EuGVÜ Art 52 Rz 3; dazu krit *Mondini,* Riv dir int priv proc 1969, 121). 50

b) Negativer Kompetenzkonflikt

Ein negativer Kompetenzkonflikt kann dann entstehen, wenn jeder von zwei in Betracht kommenden Vertragsstaaten annimmt, daß der Wohnsitz nicht in seinem Gebiet, sondern in dem des anderen Staates liegt (*Gottwald,* MünchKommZPO III Art 52 EuGVÜ Rz 7; *Kropholler,* Zivilprozeßrecht[6] Art 52 EuGVÜ Rz 10). 51

Aus Art 21 EuGVÜ/LGVÜ läßt sich freilich ableiten, daß, wenn ein und dieselbe Sache vor verschiedenen Gerichten anhängig gemacht wird, primär das zuerst angerufene Gericht zur Entscheidung berufen ist. Im Fall des negativen Kompetenzkonfliktes ist daher jenes Gericht international zuständig, das zuerst angerufen worden ist (*Geimer* in *Zöller,* ZPO[21] Art 52 EuGVÜ Anh I Rz 2; *Geimer/Schütze,* Urteilsanerkennung I/1 § 68 I; *dies,* Zivilverfahrensrecht Art 52 EuGVÜ Rz 20; *v. Hoffmann,* AWD 1973, 59; aA *Basedow,* IZVR Kap II RdNr 29, der eine Notzuständigkeit in jedem der beteiligten Vertragsstaaten annimmt; sowie *Capotorti,* Riv dir int priv proc 1969, 337; *Czernich/Tiefenthaler,* LGVÜ Art 53 Rz 5; *Kropholler,* Zivilprozeßrecht[6] Art 52 EuGVÜ Rz 10; *Schlafen* in *Bülow/Böckstiegel,* Rechtsverkehr 606, 316, nach deren Ansicht hier ausnahmsweise – wie in Art 5 Z 2, Art 15 Z 3 EuGVÜ/LGVÜ – statt auf den Wohnsitz auf den gewöhnlichen Aufenthalt abzustellen ist). 52

B. *Bedeutung des Wohnsitzes im EuGVÜ/LGVÜ*

Der Wohnsitz ist im EuGVÜ/LGVÜ vor allem für die Frage, ob ein Vertragsstaat und welcher von ihnen **international zuständig** ist, von großer Bedeutung. 53

Gem Art 2 Abs 1 EuGVÜ/LGVÜ sind nämlich – soweit keine Zwangszuständigkeit nach Art 16 EuGVÜ/LGVÜ vorliegt – Personen, die ihren **Wohnsitz in dem Hoheitsgebiet eines Vertragsstaates** haben, ohne Rücksicht auf ihre Staatsangehörigkeit **vor den Gerichten dieses Staates** zu **verklagen.** Dh hat der Beklagte seinen Wohnsitz in Österreich, kann er – soweit das EuGVÜ/LGVÜ anwendbar ist – grundsätzlich in Österreich geklagt werden.

Liegt der Wohnsitz des Beklagten hingegen nicht in Österreich, sondern in einem anderem Vertragsstaat des EuGVÜ/LGVÜ, dann ist die internationale Zuständigkeit Österreichs nur dann gegeben, wenn sie sich aus den besonderen Zuständigkeiten der Art 5–18 EuGVÜ/LGVÜ oder aus einem speziellen Staatsvertrag, der gem Art 57 EuGVÜ/LGVÜ unberührt bleibt, ergibt. 54

Hat der Beklagte weder in Österreich noch in einem anderen Vertragsstaat einen Wohnsitz, so bestimmt sich – sofern nicht eine Zwangszuständigkeit nach 55

Art 16 EuGVÜ/LGVÜ gegeben ist – die internationale Zuständigkeit Österreichs gem Art 4 Abs 1 EuGVÜ/LGVÜ nach innerstaatlichem Recht.

56 Auch **im Vollstreckungsverfahren** wird in zwei Bestimmungen an den Wohnsitz, uzw an jenen des Schuldners (= Verpflichteten) angeknüpft:

Nach Art 32 Abs 2 EuGVÜ/LGVÜ bestimmt sich die örtliche Zuständigkeit für den Antrag auf Vollstreckbarerklärung eines aus einem anderen Vertragsstaat stammenden Exekutionstitels nach dem Wohnsitz des Schuldners (= Verpflichteten).

57 Gem Art 36 EuGVÜ/LGVÜ hängt die Länge der Frist für die Erhebung eines Rechtsmittels gegen die Zulassung der Zwangsvollstreckung davon ab, wo der Schuldner (= Verpflichtete) seinen Wohnsitz hat.

Hat der Schuldner (= Verpflichtete) seinen Wohnsitz im Vollstreckungsstaat, so beträgt die Rechtsmittelfrist gem Art 36 Abs 1 EuGVÜ/LGVÜ einen Monat, wobei eine Fristverlängerung nicht möglich ist.

Hat er hingegen seinen Wohnsitz in einem anderen Vertragsstaat als in jenem, in dem die Entscheidung über die Zulassung der Zwangsvollstreckung ergangen ist, so beträgt gem Art 36 Abs 2 EuGVÜ/LGVÜ die Frist für den Rechtsbehelf zwei Monate und beginnt mit dem Tag zu laufen, an dem die Entscheidung entweder in Person oder in seiner Wohnung zugestellt worden ist. Eine Verlängerung der Frist wegen weiter Entfernung ist jedoch ausgeschlossen.

Wohnt der Schuldner (= Verpflichtete) in einem Nichtvertragsstaat, so beträgt die Rechtsmittelfrist gem Art 36 Abs 1 EuGVÜ/LGVÜ grundsätzlich einen Monat. Freilich ergibt sich e contrario aus Art 36 Abs 2 EuGVÜ/LGVÜ, daß die Frist im Einzelfall wegen weiter Entfernung verlängert werden kann (*Geimer/Schütze,* Zivilverfahrensrecht Art 36 EuGVÜ Rz 13; *Gottwald,* MünchKommZPO III Art 37 EuGVÜ Rz 17; *Jenard*-Bericht zu Art 36 EuGVÜ; *Kropholler,* Zivilprozeßrecht[6] Art 26 EuGVÜ Rz 12).

VI. Bedeutung und Begriff des gewöhnlichen Aufenthalts im internationalen Recht

A. Bedeutung des gewöhnlichen Aufenthalts

58 Im Gegensatz zum EuGVÜ/LGVÜ stellt der innerstaatliche Gesetzgeber in den wenigen Fällen, in denen er die internationale Zuständigkeit ausdrücklich regelt, nicht auf den Wohnsitz, sondern auf den viel einfacheren Begriff des gewöhnlichen Aufenthalts ab (vgl § 76 Abs 2, § 76b Abs 2, § 76c Abs 3, §§ 110, 113b, 114 Abs 1, § 114a Abs 4 JN, § 12 TEG). In der Regel genügt es für die internationale Zuständigkeit Österreichs in Ehe- und Familiensachen, daß eine der Parteien ihren gewöhnlichen Aufenthalt in Österreich hat. Zur Begründung der internationalen Zuständigkeit in Ehesachen und für die Todeserklärung reicht freilich gem § 76 Abs 2 Z 3 JN bzw § 12 Z 4 TEG der gewöhnliche Aufenthalt des Klägers bzw Antragstellers für sich allein nicht aus, sondern es ist bei den Ehesachen überdies erforderlich, daß entweder beide Ehegatten ihren letzten gemeinsamen gewöhnlichen Aufenthalt in Österreich gehabt haben oder der Kläger staatenlos ist oder zur Zeit der Eheschließung österreichischer Staatsbürger gewesen ist; bei der Todeserklärung muß überdies der Antragsteller zur Zeit der Eheschließung mit dem Verschollenen österreichischer Staatsbürger gewesen sein.

59 Im EuGVÜ/LGVÜ wird dagegen bei der internationalen Zuständigkeit nur ein einziges Mal, uzw in Art 5 Z 2, an den gewöhnlichen Aufenthalt einer Partei angeknüpft. Nach Art 5 Z 2 EuGVÜ/LGVÜ kann der Unterhaltspflichtige

(auch) in jenem Vertragsstaat verklagt werden, in dem der Unterhaltsberechtigte seinen Wohnsitz oder gewöhnlichen Aufenthalt hat.

Weiters wird noch in Art 15 Z 3 EuGVÜ/LGVÜ auf den gewöhnlichen Aufenthalt der Parteien Bezug genommen. Nach Art 15 Z 3 EuGVÜ/LGVÜ kann vom Gerichtsstand für Verbrauchersachen im Wege einer Gerichtsstandsvereinbarung abgewichen werden, wenn sie zwischen einem Verbraucher und einem Vertragspartner getroffen wird, die zum Zeitpunkt des Vertragsabschlusses ihren Wohnsitz oder gewöhnlichen Aufenthalt in demselben Vertragsstaat haben, und die Zuständigkeit der Gerichte dieses Staates begründet, es sei denn, daß eine solche Vereinbarung nach dem Recht dieses Staates nicht zulässig ist. (Näheres s Vor §§ 83 a und 83 b JN Rz 149 ff.) **60**

B. Begriff des gewöhnlichen Aufenthalts im EuGVÜ/LGVÜ

Der Begriff des gewöhnlichen Aufenthalts ist nirgends im EuGVÜ/LGVÜ bestimmt. Da Art 5 Z 2 EuGVÜ/LGVÜ geschaffen worden ist, um eine Übereinstimmung mit den Haager Unterhaltsabkommen zu erreichen (ErläutRV zum LGVÜ [34 BlgNR 20. GP] 30), kann sich die Auslegung des Begriffs „gewöhnlicher Aufenthalt" an diesen Übereinkommen orientieren (*Kropholler,* Zivilprozeßrecht[6] Art 5 EuGVÜ Rz 35). Demnach hat eine Person ihren gewöhnlichen Aufenthalt dort, wo der **Schwerpunkt der Bindungen der betreffenden Person, ihr Daseinsmittelpunkt** liegt (*Gottwald,* MünchKommZPO III Art 37 EuGVÜ Rz 17; *Kropholler,* Zivilprozeßrecht[6] Art 5 EuGVÜ Rz 42; *Schlosser,* EuGVÜ Art 5 Rz 14; so zum Haager Unterhaltsabkommen 1956 BGH FamRZ 1975, 272 = IPRspr 1975/83 = NJW 1975, 1068). Demnach deckt sich der in Art 5 Z 2 EuGVÜ/LGVÜ verwendete Begriff des gewöhnlichen Aufenthalts weitgehend mit jenem des § 66 Abs 2 JN. **61**

§ 67. Für Personen, die weder im Inland noch anderswo einen Wohnsitz oder einen gewöhnlichen Aufenthalt haben, wird der allgemeine Gerichtsstand durch den Ort ihres jeweiligen Aufenthalts im Inland begründet. Mangels eines solchen oder bei Unbekanntheit des inländischen Aufenthaltsortes können diese Personen wegen aller während ihres Aufenthaltes im Inlande begründeten oder hier zu erfüllenden Verbindlichkeiten bei dem Gerichte des letzten Wohnsitzes oder Aufenthaltes belangt werden, den sie im Inlande gehabt haben.

Satz 1 idF Art II Z 32 ZVN 1983 BGBl 135

Übersicht:

I. Anwendungsvoraussetzungen

Für physische Personen, die **weder im Inland noch im Ausland** – somit nirgendwo – einen **Wohnsitz oder gewöhnlichen Aufenthalt** haben, findet der subsidiäre allgemeine Gerichtsstand nach § 67 JN Anwendung (*Mayr* in *Rechberger,* ZPO § 67 JN Rz 1; SZ 39/16 = EvBl 1966/242). **1**

Keinen Wohnsitz (iSd § 66 Abs 1 JN) innerhalb des Bundesgebietes der Republik Österreich haben alle Personen, die sich **nicht** an einem Ort niederge- **2**

lassen haben, in der **Absicht dauernd dort zu bleiben,** und die nicht (wie die minderjährigen Kinder) kraft Gesetzes ihren allgemeinen Gerichtsstand von dem anderer Personen ableiten (§ 71 JN).

3 Da es nach § 66 Abs 2 JN für das Vorliegen eines gewöhnlichen Aufenthaltes vor allem auf seine Dauer und Beständigkeit ankommt, hat eine Person dann **keinen gewöhnlichen Aufenthalt im Inland,** wenn sie sich **bloß vorübergehend** (etwa nur zur Durchreise, zu Urlaubszwecken, für eine Operation oder nur zu einem kurzen Besuch von Freunden und Verwandten) **im Inland** aufhält.

Eine **Ausnahme** hievon bilden gem § 69 JN diejenigen österreichischen Staatsangehörigen, die in ständiger amtlicher Stellung als **Beamte außerhalb des Bundesgebietes Aufenthalt** nehmen. Diese behalten den letzten allgemeinen Gerichtsstand, den sie im Inland hatten. Ist ein solcher nicht begründet oder nicht zu ermitteln, so ist für sie der allgemeine Gerichtsstand in Wien, und zwar im Sprengel des BG Innere Stadt Wien begründet.

4 Ob eine Person ihren **Wohnsitz bzw gewöhnlichen Aufenthalt im Ausland** hat, ist nicht nach den Vorschriften der §§ 65f JN zu beurteilen, sondern richtet sich **nach** den **im Wohnsitz- bzw Aufenthaltsstaat geltenden Vorschriften.**

II. Anknüpfungspunkte

5 Fehlt es an einem Wohnsitz oder gewöhnlichen Aufenthalt, dann wird der allgemeine Gerichtsstand durch den **Ort des jeweiligen Aufenthaltes** begründet. Der jeweilige Aufenthalt ist dort, wo sich eine Person **vorübergehend tatsächlich aufhält,** gleichgültig, ob der Aufenthalt zufällig oder planmäßig, ob er freiwillig oder unfreiwillig ist (*Fasching,* Lehrbuch^2 Rz 277; *Mayr* in *Rechberger,* ZPO § 67 JN Rz 1; aA *Holzhammer,* Zivilprozeßrecht^2, 50).

Fehlt es an einem Wohnsitz und einem gewöhnlichen Aufenthalt, dann wird der allgemeine Gerichtsstand also auch durch den vorübergehenden bzw kurzen Aufenthalt in einer Heilanstalt oder Strafanstalt (OLG Wien EFSlg 25.245 [1975]) oder in Spitälern begründet.

6 Wenn auch ein derzeitiger Aufenthalt im Inland fehlt oder ein solcher nicht bekannt ist, dann bestimmt sich der allgemeine Gerichtsstand für Klagen wegen aller während des Aufenthaltes im Inland begründeten oder hier zu erfüllenden Verbindlichkeiten **nach dem letzten Wohnsitz oder Aufenthalt im Inland.** Dabei darf § 67 Satz 2 JN nicht extensiv ausgelegt werden (SZ 39/16 = EvBl 1966/242).

7 Konkurrieren ein Ort des letzten Wohnsitzes und ein letzter Aufenthalt miteinander, dann hat der Kläger die Wahl, da das Gesetz hier dem letzten Wohnsitz nicht den Vorrang gibt (dies ergibt sich aus dem Wort „oder").

§ 68. (1) Für die in aktiver Dienstleistung stehenden Personen des Heeres *[der Kriegsmarine und der Landwehr]* **einschließlich aller bei der Militärverwaltung in aktiver Dienstleistung stehenden Militärpersonen** *[sowie endlich für die in aktiver Dienstleistung stehenden Personen der Gendarmerie]* **gilt in Ansehung des Gerichtsstandes der Ort der Garnison als Wohnsitz.**

(2) Der hiedurch begründete Gerichtsstand dauert im Falle eines Wechsels der Garnison bis zum Eintreffen in eine neue Garnison fort.

(3) Als Wohnsitz der Militärpersonen, welche sich nicht im Inlande befinden, gilt bei Ausmittlung des Gerichtsstandes der letzte inländische Garnisonsort des Militärkörpers, dem sie angehören, oder der letzte inländische Garnisonsort dieser Militärpersonen.

Stammfassung

Übersicht:

I. Personeller Anwendungsbereich

1 Der Ort der Garnison gilt als Wohnsitz **für die in aktiver Dienstleistung stehenden Personen des Heeres** einschließlich aller **aktiven Beamten und Vertragsbediensteten der Militärverwaltung** (vgl § 1 Abs 6 WehrG 1990 BGBl 305).

2 Die **Gendarmerie** wurde durch § 20 BehÜG (StGBl 1945/94) – das BehÜG tritt gem § 1 des 1. BRBG BGBl I 1999/191 mit 31. 12. 2009 außer Kraft – zwar als bewaffneter Wachkörper wiedererrichtet, kennt aber keine Garnisonen, sodaß die diesbezügliche Anordnung in § 68 Abs 1 JN gegenstandslos ist (*Stohanzl,* ZPO[14] § 68 JN Anm 3; ihm folgend *Mayr* in *Rechberger,* ZPO § 68 JN Rz 1; aA *Fasching*[1] I 377).

3 **In aktiver Dienstleistung** stehen alle Angehörigen des Bundesheeres, soweit sie nicht Angehörige des Reservekaders sind (JBl 1918, 501; vgl auch § 1 Abs 2 und 5 WehrG) oder dem Milizstand (vgl § 1 Abs 2 und 4 WehrG) angehören.

Gem § 1 Abs 3 WehrG gehören dem Präsenzstand alle Personen an, die Wehrdienst leisten **(Wehrpflichtige des Präsenzstandes),** nämlich

- **Personen,** die zum **Präsenzdienst oder zum Ausbildungsdienst einberufen** sind, vom Beginn des Tages, für den sie einberufen worden sind, bis zum Ablauf des Tages, mit dem sie entlassen werden;
- **Militärpersonen** des Dienststandes;
- **Berufsoffiziere** des Dienststandes;
- **Beamte und Vertragsbedienstete,** die zur Ausübung einer **Unteroffiziersfunktion** herangezogen werden, für die Dauer dieser Heranziehung und
- **Militärpiloten auf Zeit.**

II. Anknüpfungspunkte

A. Garnisonsort

4 **Garnisonsort** ist der Ort, an dem der **kleinste selbständige Truppenkörper des Heeresangehörigen** (= Bataillon) seine **Kommandostelle** hat (*Mayr* in *Rechberger,* ZPO § 68 JN Rz 2; KG Wiener Neustadt EFSlg 14.141 [1969]). Nach § 2 Z 11 ADV (BGBl 1979/43) versteht man unter dem Garnisonsort den durch besondere Vorschriften bestimmten territorialen Bereich, in dem Teile des Bundesheeres ständig untergebracht sind. Nach § 14 Abs 2 WehrG richtet sich die Garnisonierung nach den Erfordernissen der Landesverteidigung.

5 Der Gerichtsstand des Garnisonsortes dauert auch während einer zeitlichen Beurlaubung (Gebühren-, Kranken-, Erholungs- oder Ausbildungsurlaub) fort (*Fasching,* Lehrbuch[2] Rz 275; *Mayr* in *Rechberger,* ZPO § 68 JN Rz 3).

B. Letzter Garnisonsort (§ 68 Abs 2 und 3 JN)

1. § 68 Abs 2 JN

6 Der fiktive Wohnsitz am letzten Garnisonsort dauert auch **während der Zeit der Verlegung oder Versetzung zu einer neuen Einheit** oder während der Verlegung der Einheit selbst fort, bis der Beklagte oder seine Einheit endgültig ihre neue Garnison bzw ihren neuen Dienstort bezogen haben. § 68 Abs 2 JN gilt nur für eine Garnisonsverlegung im Inland (GlUNF 5526 [1911]).

2. § 68 Abs 3 JN

7 Zur Erleichterung der Rechtsverfolgung für inländische Kläger wurde **für** die **im Ausland befindlichen Angehörigen des Bundesheeres** verfügt, daß als Wohnsitz der **letzte Garnisonsort des Truppenkörpers,** oder wenn sie ohne ihre Einheit im Ausland sind, ihr letzter Garnisonsort als Wohnsitz anzusehen ist.

8 Schon aus der Bezugnahme des § 68 Abs 3 JN auf den „Militärkörper" ergibt sich, daß diese Vorschrift für die dienstliche Anwesenheit von Militärpersonen im Ausland sowohl zu friedlichen Zwecken (Militärmissionen usw) als auch bei kriegerischem Einsatz der Truppe im Zug von Kampfhandlungen oder Besatzungsaufgaben Anwendung finden muß (vgl hiezu aber OLG Wien DREvBl 1940/317; ZBl 1918/324). § 68 Abs 3 JN hat durch das BVG über Kooperation und Solidarität bei der Entsendung von Einheiten und Einzelpersonen in das Ausland (KSE-BVG) (BGBl I 1997/38) und das AuslandseinsatzG (BGBl 1965/233) wieder einen Anwendungsbereich erhalten (*Mayr* in *Rechberger,* ZPO § 68 JN Rz 4).

III. Verhältnis zu anderen Gerichtsständen

A. Verhältnis zum allgemeinen Gerichtsstand nach § 66 JN

9 Da in § 68 JN normiert wird, daß der Garnisonsort als Wohnsitz anzusehen ist und nicht, daß die in ihm genannten Personen am Garnisonsort ihren allgemeinen Gerichtsstand haben, **schließt** § 68 JN (seit Inkrafttreten der ZVN 1983) **nur** die **Anwendung des § 66 Abs 1 JN** (vgl für die Rechtslage vor der ZVN 1983 EvBl 1965/205 = JBl 1965, 521), nicht aber auch jene des § 66 Abs 2 JN **aus.** Eine dem Präsenzstand angehörende Militärperson kann daher statt am Garnisonsort am Ort ihres gewöhnlichen Aufenthaltes (außerhalb der Dienstzeit) geklagt werden (*Mayr* in *Rechberger,* ZPO § 68 JN Rz 3).

B. Verhältnis zum (abgeleiteten) allgemeinen Gerichtsstand nach § 71 JN

10 Wie bereits erwähnt, wird – seit der ZVN 1983 – in § 68 JN nicht mehr der allgemeine Gerichtsstand von Heeresangehörigen, sondern nur mehr deren Wohnsitz geregelt. Da es jedoch für den allgemeinen Gerichtsstand minderjähriger Kinder überhaupt nicht auf deren Wohnsitz, sondern auf den allgemeinen Gerichtsstand ihres gesetzlichen Vertreters ankommt, **geht der abgeleitete allgemeine Gerichtsstand minderjähriger Kinder** (§ 71 JN) **dem Gerichtsstand des Garnisonsortes** (§ 68 JN) **vor.** Minderjährige Militärpersonen sind daher beim allgemeinen Gerichtsstand ihres gesetzlichen Vertreters zu klagen. Für diese Auslegung spricht auch, daß es sich bei § 71 JN um eine Schutzvorschrift zugunsten Minderjähriger handelt, die auch durch die Ableistung des Wehrdienstes nicht verlorengehen kann. (Vgl auch die „Beantwortung der Fragen, die dem

Justizministerium über Bestimmungen der neuen Prozeßgesetze vorgelegt werden“, JMVBl 1897/44, 6 und GH 1916, 410.)

C. Verhältnis zu den ausschließlichen Gerichtsständen

Der Gerichtsstand des § 68 JN wird **durch die ausschließlichen Gerichtsstände ausgeschlossen.** Daher gilt auch für Ehescheidungsklagen gegen aktive Heeresangehörige nicht der Gerichtsstand des § 68 JN, sondern jener des § 76 JN (AmtlSlg 1565 = GlUNF 6542 [1913]). 11

§ 69. Österreichische Staatsangehörige, welche sich in ständiger amtlicher Stellung als Beamte *[oder Diener]* **des österreichischen Staates** *[oder der österreichisch-ungarischen Monarchie]* **außerhalb des Geltungsgebietes dieses Gesetzes aufhalten, behalten den allgemeinen Gerichtsstand, den sie im Geltungsgebiete dieses Gesetzes hatten. Ist ein solcher nicht begründet oder doch nicht zu ermitteln, so ist für sie der allgemeine Gerichtsstand in Wien, und zwar im Sprengel desjenigen Bezirksgerichtes begründet, in welchem das Bundesministerium für Auswärtige Angelegenheiten seinen Sitz hat.**

Aktualisierte Stammfassung

Übersicht:

I. Anwendungsvoraussetzungen

1 Entsprechend der Regelung des § 68 Abs 3 JN legt § 69 JN für die sich **nicht im Inland befindlichen österreichischen Staatsangehörigen,** die sich in amtlicher Stellung **als Beamte** der Republik Österreich **dauernd außerhalb des Bundesgebietes** aufhalten **(Verwendung im auswärtigen Dienst),** den allgemeinen Gerichtsstand fest.

2 Voraussetzung ist, daß es sich um **Beamte** handelt, daß sie also in einem öffentlich-rechtlichen Dienstverhältnis zum Bund stehen oder zumindest als Vertragsbedienstete in amtlicher Funktion tätig sind. Dies trifft vor allem auf Angehörige des diplomatischen oder konsularischen Dienstes zu (*Mayr* in *Rechberger,* ZPO § 69 JN Rz 1). Fehlt ein Dienstverhältnis, so zB beim Honorarkonsul (SZ 11/263 = AnwZ 1930, 331), dann findet § 69 JN keine Anwendung.

3 **Auf Beamte** oder Vertragsbedienstete **ausländischer Staatsangehörigkeit,** gleichwohl in österreichischen Diensten, findet § 69 JN **keine Anwendung.** Dies entspricht dem allgemeinen völkerrechtlichen Grundsatz, wonach grundsätzlich nur die Angehörigen des Entsendestaates Immunität genießen und somit nur für sie ein eigener Gerichtsstand im Entsendestaat (eben § 69 JN) geschaffen werden muß, während die Bediensteten eines Staates im Ausland, die Angehörige des Empfangsstaates sind, grundsätzlich keine (absolute) Immunität genießen und im Empfangsstaat geklagt werden können (vgl Art 38 WDK; Näheres s Art IX EGJN Rz 259 ff).

4 Halten sich österreichische Beamte, die sich sonst dauernd in amtlicher Mission im Ausland befinden, auf **längere Zeit privat** ohne amtlichen Auftrag

im Ausland auf, so ist für diese Zeit oder für den nach Erlöschen des amtlichen Auftrages liegenden Zeitraum § 69 JN **nicht anwendbar.**

II. Anknüpfungspunkte

5 Bei den in § 69 JN genannten Personen gilt zur erleichterten Rechtsverfolgung durch inländische Kläger und zur Eröffnung der Rechtsverfolgung für die im Empfangsstaat durch die Immunität an der Klage gehinderten Ausländer der **letzte allgemeine Gerichtsstand** fort. Fehlt ein solcher, dann ist das **BG** Innere Stadt Wien (das LGZ Wien oder das HG Wien oder das BGHS Wien), in dessen **Sprengel das Bundesministerium für Auswärtige Angelegenheiten** seinen **Sitz** hat, örtlich als Gericht des allgemeinen Gerichtsstandes zuständig.

Bezüglich der minderjährigen Kinder vgl § 71 JN.

III. Restriktive Auslegung bei Bestimmung des Wohnsitzes nach dem EuGVÜ/LGVÜ

6 Da es nach dem EuGVÜ/LGVÜ für die internationale Zuständigkeit (grundsätzlich) nur auf den Wohnsitz und nicht auch auf den gewöhnlichen Aufenthalt ankommt, ist § 69 JN, wenn er zur Klärung der Frage, ob ein österreichischer Staatsangehöriger, der außerhalb Österreichs als Beamter tätig ist, in Österreich seinen Wohnsitz hat, herangezogen wird, restriktiv auszulegen. An Stelle des allgemeinen Gerichtsstandes hat – wie in § 69 JN idF RGBl 1895/111 – der Wohnsitz zu treten. Näheres s § 66 JN Rz 40f.

§ 70 *aufgehoben durch Art III Z 2 EheRwG BGBl 1975/412*

1 § 70 JN regelte den abgeleiteten allgemeinen Gerichtsstand der Ehegattin.

§ 71. Ein minderjähriges Kind teilt den allgemeinen Gerichtsstand seines gesetzlichen Vertreters. Sind beide Eltern (Wahleltern) gesetzliche Vertreter, so teilt es deren gemeinsamen allgemeinen Gerichtsstand, haben sie keinen solchen, den allgemeinen Gerichtsstand des Elternteils (Wahlelternteils), dessen Haushalt es zugehört.

IdF Art VIII Z 3 BGBl 1977/403

Lit: *Hofmann-Wellenhof,* Der allgemeine Gerichtsstand Minderjähriger, ÖJZ 1978, 365; *Knoll,* Aus dem Rechtsalltag des Außerstreit- und Familienrichters, RZ 1992, 246; *Stockart-Bernkopf,* Das Jugendwohlfahrtsgesetz 1989 und die Ausführungsgesetze der Bundesländer, ÖA 1992, 175.

Übersicht:

I. Anwendungsbereich

A. Allgemeines

1 § 71 JN normiert nur für minderjährige Kinder einen abgeleiteten allgemeinen Gerichtsstand. Die Ehegattin hat nämlich seit der Aufhebung des § 70 JN (durch EheRwG BGBl 1975/412) einen eigenen allgemeinen Gerichtsstand.

2 Personen, denen ein Sachwalter nach § 273 ABGB bestellt worden ist, können zwar keinen eigenen Wohnsitz begründen (Näheres s § 66 JN Rz 11), haben aber ihren allgemeinen Gerichtsstand dort, wo sie ihren gewöhnlichen Aufenthalt haben. Soweit allerdings das EuGVÜ/LGVÜ anzuwenden ist, leiten sie ihren Wohnsitz von dem ihres Sachwalters ab. Näheres s § 66 JN Rz 43.

B. Minderjährige

3 Unter Minderjährigen, sind alle jene **Personen** zu verstehen, die **nicht in allen Belangen geschäftsfähig** sind und daher (wenn auch nur für einen Teilbereich) einen gesetzlichen Vertreter haben. Es sind dies:

- Personen, die das **19. Lebensjahr noch nicht vollendet** haben (vgl § 21 Abs 2 ABGB), es sei denn, daß die Minderjährigkeit gem § 174 ABGB verkürzt worden ist oder das Kind mit 18 Jahren geheiratet hat und dadurch gem § 175 ABGB volljährig geworden ist;
- Personen, deren **Minderjährigkeit** gem § 173 ABGB **verlängert** worden ist, bis zur Vollendung des 21. Lebensjahres.

C. In Teilbereichen geschäfts- bzw prozeßfähige Minderjährige

4 Auch wenn minderjährige Kinder **in Teilbereichen geschäfts- und prozeßfähig** sind (vgl § 151 Abs 2 und 3, §§ 152, 175 Abs 2 ABGB iVm § 2 ZPO) und daher in diesen Angelegenheiten keinen gesetzlichen Vertreter brauchen, richtet sich – selbst wenn sie einen vom gesetzlichen Vertreter getrennten Aufenthalt genommen haben – ihr **allgemeiner Gerichtsstand nach § 71 JN.** (AA *Hofmann-Wellenhof,* ÖJZ 1978, 368f, nach deren Ansicht sich in den Fällen, in denen das minderjährige Kind nach § 2 ZPO prozeßfähig ist, der allgemeine Gerichtsstand nach dessen mit Zustimmung des gesetzlichen Vertreters gegründeten Wohnsitz bzw gewöhnlichen Aufenthalt richtet.)

5 Ein minderjähriges Kind hätte nämlich sonst – je nachdem, ob es in der betreffenden Angelegenheit prozeßfähig ist oder nicht – verschiedene allgemeine Gerichtsstände. Dh von der nicht immer einfach zu klärenden Frage der Prozeßfähigkeit eines minderjährigen Kindes hinge dann die örtliche Zuständigkeit ab. Das brächte – man denke nur an den Fall des § 175 Abs 2 ABGB: woher soll der Kläger wissen, daß die noch nicht 18jährige Beklagte geheiratet hat und daher in persönlichen Belangen einer Volljährigen gleichgestellt ist? – eine erhebliche Erschwerung der Rechtsverfolgung für den Kläger. Ein allgemein anerkannter Auslegungsgrundsatz besagt aber, daß Prozeßgesetze immer so auszulegen sind, daß Zuständigkeitsstreitigkeiten vermieden werden.

6 Unterschiedliche allgemeine Gerichtsstände für Minderjährige für Angelegenheiten, in denen sie der gesetzlichen Vertretung bedürfen und für solche, in denen sie prozeßfähig sind, widersprechen überdies dem diesbezüglich klaren Wortlaut des § 71 JN. Wird doch dort angeordnet, daß minderjährige Kinder (generell) den allgemeinen Gerichtsstand ihres gesetzlichen Vertreters teilen und nicht, daß sie diesen bloß insofern teilen, als sie im Prozeß der gesetzlichen Vertretung bedürfen.

7 Letztlich sprechen auch §§ 71 und 72 JN idF RGBl 1895/111 gegen eine Differenzierung danach, ob das minderjährige Kind in der betreffenden Rechtssache prozeßfähig ist oder nicht. In § 71 JN war nämlich angeordnet, daß die der väterlichen Gewalt unterworfenen ehelichen, legitimierten oder adoptierten Kinder dem allgemeinen Gerichtsstand ihres Vaters auch noch nach dem Erlöschen oder Unwirksamwerden der väterlichen Gewalt so lange unterworfen bleiben, als sie das **Recht zur freien Vermögensverwaltung nicht erlangt** haben. Nach § 72 Abs 1 JN idF RGBl 1895/111 behielten uneheliche Kinder den Gerichtsstand ihrer Mutter trotz deren Todes solange fort, als sie das Recht zur freien Vermögensverwaltung nicht erlangt haben. Daraus läßt sich der Grundsatz ableiten, daß **minderjährige Kinder solange nur einen abgeleiteten** und keinen eigenen allgemeinen **Gerichtsstand** haben, als sie nicht über ihr (gesamtes) Vermögen frei verfügen können, dh sie **nicht in allen Belangen voll geschäftsfähig** sind.

D. Kinder

8 Der allgemeine Gerichtsstand nach § 71 JN gilt für **eheliche (legitimierte)** und **uneheliche** Kinder in gleicher Weise sowie für **adoptierte Kinder.** Den bereits geborenen Kindern sind gem § 22 ABGB – vorausgesetzt, daß es um ihre und nicht um die Rechte eines Dritten geht – die bereits gezeugten, aber noch nicht geborenen Kinder gleichgestellt (*Aicher* in *Rummel,* ABGB² I § 22 Rz 2 f).

II. Gesetzliche Vertreter

9 Als gesetzliche Vertreter kommen folgende Personen in Betracht:
- die Eltern (§§ 144, 154 ABGB);
- die Wahleltern (§§ 144, 154 iVm § 182 ABGB);
- die Mutter eines unehelichen Kindes (§ 166 ABGB);
- die Großeltern (§ 145 ABGB);
- der Vater des unehelichen Kindes (§§ 145, 167 ABGB);
- die Pflegeeltern (§ 186 a ABGB);
- der Vormund (§ 187 ABGB).

10 In den in §§ 211 bis 213 ABGB genannten Fällen wird die Vormundschaft von dem nach § 215 a ABGB zuständigen **Jugendwohlfahrtsträger** ausgeübt. Welche Organisationseinheiten (Landesregierung, Bezirksverwaltungsbehörde bzw Magistrat) als Jugendwohlfahrtsträger tätig werden, bestimmen gem § 4 Abs 2 JWG die Landesausführungsgesetze (dazu s *Stockart-Bernkopf,* ÖA 1992, 178 f; s auch EvBl 1993/191 = NRsp 1993/222).

III. Anknüpfungspunkte

A. Allgemeines (§ 71 Satz 1 JN)

11 Der allgemeine Gerichtsstand minderjähriger Kinder richtet sich **nach dem allgemeinen Gerichtsstand ihres bzw ihrer gesetzlichen Vertreter,** uzw auch dann, wenn sich das minderjährige Kind woanders (zB im Ausland) aufhält (so auch *Mayr* in *Rechberger,* ZPO § 71 JN Rz 1; VwGH ZfVB 1988/990; VwGH SVSlg 33.561 [1987]; LGZ Wien EFSlg 29.893 [1977]; ZBl 1924/83; GlUNF 4695 [1909]).

12 Hat der gesetzliche Vertreter keinen Wohnsitz oder Aufenthalt im Inland, dann hat das Kind, selbst wenn es sich im Inland aufhält, keinen abgeleiteten all-

gemeinen Gerichtsstand in Österreich (vgl zur alten Rechtslage SZ 39/16 = EvBl 1966/242).

B. Eltern als gesetzliche Vertreter (§ 71 Satz 2 JN)

13 Bei ehelichen und adoptierten Kindern sind im allgemeinen **beide (Wahl-) Elternteile** die **gesetzlichen Vertreter** (§§ 144, 154 ABGB). Haben die (Wahl-) Eltern einen **gemeinsamen allgemeinen Gerichtsstand,** so bildet dieser den abgeleiteten allgemeinen Gerichtsstand ihrer minderjährigen (Wahl-)Kinder.

14 Wenn sie hingegen **keinen gemeinsamen allgemeinen Gerichtsstand** haben, dann teilt das Kind den **allgemeinen Gerichtsstand jenes (Wahl-)Elternteils, dessen Haushalt es angehört.** Denn dieser Elternteil wird in aller Regel besser in der Lage sein, die Interessen des Kindes in einem Rechtsstreit wahrzunehmen (vgl ErläutRV zum KindG [60 BlgNR 14. GP] 49).

15 Der Begriff der **Haushaltszugehörigkeit** bestimmt sich nach § 2 Abs 5 FamLAG 1967 (BGBl 376). Die Haushaltszugehörigkeit ist hauptsächlich ein tatsächlicher Umstand (EFSlg 39.100 = RZ 1981/66).

16 Gehört das Kind **keinem der verschiedenen Haushalte seiner Eltern** (gesetzlichen Vertreter) **an,** dann hat das Kind gem § 71 Satz 1 JN **zwei allgemeine Gerichtsstände:** einerseits teilt es den allgemeinen Gerichtsstand seiner Mutter, andererseits jenen seines Vaters. Der Kläger hat dann ebenso wie in dem in § 66 Abs 3 JN geregelten Fall die **Wahl,** bei welchem der verschiedenen Gerichte er die Klage einbringen will (*Hofmann-Wellenhof,* ÖJZ 1978, 365; *Mayr* in *Rechberger,* ZPO § 71 JN Rz 1).

C. Mehrere gesetzliche Vertreter

17 Ist die **gesetzliche Vertretung** eines Kindes **auf verschiedene Personen verteilt** (zB den Eltern wurde gem § 176 ABGB die Verwaltung des Vermögens entzogen und für diesen Teilbereich wurde gem §§ 145 b, 187, 269 ff ABGB ein Sachwalter für die Vermögensverwaltung bestellt), **teilt** das **Kind** (analog zu § 71 Satz 2 JN) **den Gerichtsstand jenes gesetzlichen Vertreters, dessen Haushalt es angehört.** Nur dann, wenn es keinem der Haushalte seiner gesetzlichen Vertreter angehört, hat das Kind mehrere allgemeine Gerichtsstände, die es von jenen seiner gesetzlichen Vertreter ableitet. (AA ist *Hofmann-Wellenhof,* ÖJZ 1978, 366 f, 370, nach der das Kind, selbst wenn es dem Haushalt eines seiner gesetzlichen Vertreter angehört, analog zu § 71 Satz 1 JN mehrere allgemeine Gerichtsstände hat, die sich vom allgemeinen Gerichtsstand seiner gesetzlichen Vertreter herleiten.) Daß für den Fall, daß ein Kind mehrere gesetzliche Vertreter hat, für seinen allgemeinen Gerichtsstand danach zu differenzieren sei, welchem der gesetzlichen Vertreter im konkreten Prozeß die Vertretungsmacht zukommt, läßt sich dem Gesetz nicht entnehmen. Außerdem würde dies zu einer großen Erschwerung der Rechtsverfolgung durch den Kläger führen, weil von dem oft nicht einfach zu klärenden Umfang der Vertretungsmacht des gesetzlichen Vertreters die örtliche Zuständigkeit abhinge.

D. Jugendwohlfahrtsträger als gesetzlicher Vertreter

18 Wenn eine Bezirksverwaltungsbehörde gesetzlicher Vertreter eines Kindes ist, so richtet sich die Zuständigkeit nach deren Sitz und nicht nach dem Sitz der Landesregierung (*Knoll,* RZ 1992, 250; *Mayr* in *Rechberger,* ZPO § 71 JN Rz 2; LGZ Wien EFSlg 39.099 und 39.110/9 [1981]).

IV. Wohnsitz des Kindes nach Art 52 EuGVÜ/LGVÜ

19 Außer bei der Geltendmachung des Unterhalts (Art 5 Z 2) kommt es im EuGVÜ/LGVÜ nur auf den **Wohnsitz** einer Partei an. § 71 JN ist daher – soweit es darum geht, den Wohnsitz eines minderjährigen Kindes nach Art 52 EuGVÜ/LGVÜ zu bestimmen – derart auszulegen, daß das Kind den Wohnsitz seines bzw seiner gesetzlichen Vertreter teilt. Näheres dazu s § 66 JN Rz 40, 42.

§ 72 *aufgehoben durch Art VIII Z 2 BGBl 1977/403*

1 § 72 JN regelte den abgeleiteten allgemeinen Gerichtsstand von unehelichen Kindern und Kindern, deren gesetzlicher Vertreter der Vorsteher einer öffentlichen Anstalt war.

§ 73 *aufgehoben durch Art VIII Z 2 BGBl 1977/403*

1 § 73 JN erstreckte die Gerichtsstände nach §§ 67 und 69 JN auf die im gemeinschaftlichen Haushalt lebende Gattin und Kinder der Militärperson bzw des sich außerhalb Österreichs in amtlicher Eigenschaft aufhaltenden Beamten.

§ 74. (1) Der allgemeine Gerichtsstand des Ärars oder eines Landes wird durch den Sitz des öffentlichen Organes bestimmt, welches nach den hierüber geltenden Vorschriften das Ärar oder das Land in der Streitsache zu vertreten berufen ist.

(2) Der allgemeine Gerichtsstand einer Gemeinde richtet sich nach dem Sitze der Gemeindevorstehung.

Stammfassung

Lit: *Kremser*, Anwalt und Berater der Republik, Finanzprokuratur-FS (1995).

Übersicht:

I. Allgemeiner Gerichtsstand des Bundes

1 Der allgemeine Gerichtsstand des Ärars (darunter ist der Bund, die Republik Österreich zu verstehen) wird durch den **Sitz des zu seiner Vertretung in Streitsachen berufenen Organs** bestimmt. Gesetzlich zur Vertretung des Bundes in Streitsachen ist gem §§ 1, 2 Abs 1 Z 1 ProkG StGBl 1945/172 die **Finanzprokuratur** berufen, deren Sitz in **Wien** ist. Damit ist der allgemeine Gerichtsstand des Bundes (auch in den Fällen, in denen die Finanzprokuratur die Vertretung weitergegeben hat) beim BG Innere Stadt Wien bzw beim LGZ Wien begründet.

2 Zur Erleichterung der Rechtsverfolgung wurde der **Wahlgerichtsstand des § 86a JN** geschaffen (so auch *Mayr* in *Rechberger,* ZPO § 74 JN Rz 1). Danach kann die Klage gegen den Bund (wie auch gegen die übrigen gem § 2 ProkG von der Finanzprokuratur zu vertretenden Rechtssubjekte) bei dem sachlich zuständigen Gericht am Sitz der Landeshauptstadt des Landes eingebracht werden, in dem der Kläger seinen allgemeinen Gerichtsstand hat. Für das Land Vorarlberg tritt gem § 86a JN an die Stelle der Landeshauptstadt Bregenz die Stadt Feldkirch (in Vorarlberg ist daher sowohl für BG- wie GH Streitigkeiten das entsprechende Gericht der Stadt Feldkirch wahlweise neben dem LGZ Wien bzw BG Innere Stadt Wien zuständig).

II. Allgemeiner Gerichtsstand der Länder

Die Bundesländer werden durch ihren **Landeshauptmann** vertreten (Art 105 Abs 1 B-VG), der seinen **Sitz in der Landeshauptstadt** hat. Klagen gegen die Bundesländer sind beim **Gericht am Sitz der Landesregierung** einzubringen. Dies sind bei den Bundesländern Burgenland, Kärnten, Niederösterreich, Oberösterreich, Salzburg, Steiermark, Tirol und Wien die sachlich zuständigen Gerichte am Sitz der Landeshauptstadt, während für Vorarlberg das BG Bregenz oder (da in Bregenz kein LG besteht) das LG Feldkirch als Gericht des allgemeinen Gerichtsstandes dieses Bundeslandes gem § 74 JN bestimmt ist. 3

III. Allgemeiner Gerichtsstand der Gemeinden

Für die Gemeinden wird in § 74 Abs 2 JN normiert, daß der allgemeine Gerichtsstand sich nach dem **Sitz der Gemeindevorstehung** bestimmt. Das Organ, das zur Vertretung der Gemeinde berufen ist (vgl Art 117 B-VG und die einzelnen Gemeindeordnungen) hat stets seinen Sitz in der betreffenden Gemeinde (Gemeindeamt). 4

§ 75. (1) Sofern nichts anderes in allgemein verbindlicher Weise festgesetzt ist, bestimmt sich der allgemeine Gerichtsstand von offenen Handelsgesellschaften, Kommanditgesellschaften, Aktiengesellschaften, Genossenschaften, Gewerkschaften, öffentlichen Fonds und Korporationen, Kirchen, Pfründen, Stiftungen, zu öffentlichen Zwecken bestehenden Anstalten, Vermögensmassen, Vereinen und anderen nicht zu den physischen Personen gehörigen Rechtssubjekten, welche nicht unter die Bestimmungen des § 74 fallen, nach ihrem Sitze. Als Sitz gilt im Zweifel der Ort, wo die Verwaltung geführt wird.

(2) Hat für eines dieser Rechtssubjekte der Vertreter des Ärars oder eines Landes einzuschreiten oder untersteht dasselbe der Verwaltung einer Gemeinde, so ist der allgemeine Gerichtsstand nach den Bestimmungen des § 74 zu beurteilen.

Stammfassung

Lit: *Peter Doralt,* Anerkennung ausländischer Gesellschaften, JBl 1969, 181.

Übersicht:

I. Anwendungsbereich und -voraussetzungen

A. Allgemeines

1 § 75 JN regelt den allgemeinen Gerichtsstand **juristischer Personen sowie aller Rechtspersönlichkeit (Parteifähigkeit) genießenden Vermögensmassen.**

Voraussetzung für die Anwendung des § 75 JN ist stets, daß ein nicht zu den physischen Personen gehöriges Rechtssubjekt vorhanden ist (SZ 28/66 = JBl 1955, 307). Auf eine Vermögensmasse, die keine **Rechtspersönlichkeit** besitzt, ist – sofern ihr auch sonst nicht Parteifähigkeit zukommt – § 75 JN unanwendbar (so auch *Mayr* in *Rechberger,* ZPO § 75 JN Rz 1). Denn sobald die Vermögensmasse keine Rechtspersönlichkeit hat, fehlt ihr grundsätzlich die Parteifähigkeit und sie kann daher nicht geklagt werden; daher kann sie auch keinen allgemeinen Gerichtsstand haben. Solche Vermögensmassen können nur in der Weise geklagt werden, daß gegen den unbekannten Eigentümer derselben zu Handen eines Kurators geklagt wird.

2 Auch muß, damit § 75 JN zur Anwendung kommt, die **juristische Person** bzw das parteifähige Gebilde **Subjekt** und nicht Objekt **des Verfahrens** sein. Daher richtet sich die örtliche Zuständigkeit für eine Klage auf Auflösung einer OHG nach dem allgemeinen Gerichtsstand des oder der beklagten Gesellschafter und nicht nach dem Sitz der OHG (SZ 21/113 [1948]). Der Gerichtsstand der OHG ist aus diesem Grund auch nicht notwendig Gerichtsstand ihres Gesellschafters für Klagen aus dessen Haftung für Gesellschaftsschulden (SZ 36/160 = EvBl 1964/274 = HS 4140 = JBl 1964, 373)

B. Juristische Personen und parteifähige Gebilde

3 § 75 Abs 1 JN bestimmt den allgemeinen Gerichtsstand **folgender juristischer Personen bzw parteifähiger Gebilde:**

- der offenen Handelsgesellschaften (§§ 106, 124 HGB, vgl auch SZ 25/7 = JBl 1952, 270; OLG Wien EvBl 1934/415);
- der Kommanditgesellschaften (§§ 161 ff HGB);
- der offenen Erwerbsgesellschaften (§ 124 HGB iVm § 4 EGG);
- der Kommanditerwerbsgesellschaften (§ 161 Abs 2 HGB iVm § 4 EGG);
- der Gesellschaften mit beschränkter Haftung (§ 2 Abs 1, § 5 Abs 4 GmbHG);
- der Aktiengesellschaften (§§ 1, 5 AktG);
- der Genossenschaften (§ 12 GenG);

4
- der öffentlichen Fonds;

Beispiele: des Wohnhauswiederaufbaufonds, des Bundes-Wohn- und Siedlungsfonds usw; vgl aber Rz 8.

- der öffentlichen Korporationen;

Hierunter fallen die Körperschaften des öffentlichen Rechtes, insbesondere die gesetzlichen Interessenvertretungen wie Arbeiterkammern, Kammern der gewerblichen Wirtschaft, Rechtsanwalts- und Notariatskammern; vgl jedoch Rz 8.

- der Kirchen;

Dh die Rechtspersönlichkeit genießenden Religionsgemeinschaften bzw ihre Rechtspersönlichkeit besitzenden Verwaltungseinheiten, so die katholischen Diözesen usw.

• der Pfründe; 5
Das sind Rechtspersönlichkeit genießende kirchliche Zweckvermögen mit Ausnahme der Pfarrarmeninstitute.

• der Stiftungen;
Das sind Rechtspersönlichkeit genießende Zweckvermögen zu Unterhalts-, Ausbildungs- oder Unterstützungszwecken mit Ausnahme ihrer Konstituierung und der Vermögenseinbringung zu diesem Zweck.

• der Privatstiftungen (vgl BGBl 1993/694);

• von zu öffentlichen Zwecken bestehenden Anstalten, soweit sie nicht von der Finanzprokuratur vertreten werden;

• von Vermögensmassen;
Beispiele: verfallene Vermögen, Nachlässe, Konkursmassen.

• von Vereinen (soweit sie nicht auf Gewinn gerichtet sind, nach den Vorschriften des VereinsG 1951 BGBl 233) und

• aller anderen Rechtspersönlichkeit genießenden Personen- oder Sachgesamtheiten.

Zu beachten ist hier, daß sich gem § 75 Abs 2 JN der allgemeine Gerichtsstand jener Rechtssubjekte, die unter § 2 ProkG fallen, nicht nach ihrem Sitz, sondern nach dem der Finanzprokuratur (also Innere Stadt Wien) bestimmt. Dadurch ist also die allgemeine Vorschrift des § 75 Abs 1 JN durchbrochen und es ist in jedem einzelnen Fall zu prüfen, ob nicht die Voraussetzungen des § 2 Z 2 bis 4 ProkG vorliegen. Näheres s Rz 8.

C. Ausnahmen

1. Einleitungssatz des § 75 Abs 1 JN

Der Einleitungssatz des § 75 Abs 1 JN normiert, daß sich nur **„sofern nichts** 6
anderes in allgemein verbindlicher Weise festgesetzt ist" der allgemeine Gerichtsstand juristischer Personen und parteifähiger Gebilde nach deren Sitz bestimmt.

Ausnahmen von § 75 JN müßten in allgemein verbindlicher Weise **durch Gesetz oder Verordnung ausdrücklich festgelegt** sein. Eine vertraglich (etwa im Gesellschaftsvertrag), durch Statuten (selbst wenn diese behördlich genehmigt wurden) oder durch individuellen Verwaltungsakt verfügte besondere Regelung des Gerichtsstandes für eine solche Vermögensmasse oder juristische Person vermag den allgemeinen Gerichtsstand nicht zu ändern. Die generelle Ausnahmeregelung wird meist in jener gesetzlichen Vorschrift enthalten sein, die dem Zweckvermögen oder der Körperschaft Rechtspersönlichkeit verleiht. Allerdings wird im allgemeinen kein Bedürfnis bestehen, neben der in allen diesen Gesetzen ausdrücklich vorgenommenen Bestimmung des Sitzes des Rechtssubjektes eine besondere abweichende Regelung des allgemeinen Gerichtsstandes zu treffen.

2. Unter § 74 JN fallende Rechtssubjekte

Für **Bund, Bundesländer** und **Gemeinden** ist § 75 JN nicht anwendbar (vgl 7
§ 75 Abs 1 Satz 1 aE JN); deren allgemeiner Gerichtsstand richtet sich nach **§ 74 JN,** nämlich nach dem Sitz des sie vertretenden Organs. Siehe auch Rz 8.

3. Die in § 75 Abs 2 JN aufgezählten Rechtssubjekte

Ausgenommen von der Anwendbarkeit des § 75 Abs 1 JN sind jene **Rechts-** 8
subjekte, für die kraft Gesetzes entweder **die Finanzprokuratur oder der Ver-**

treter eines Bundeslandes einzuschreiten hat oder die **der Verwaltung einer Gemeinde unterstehen** (§ 75 Abs 2 JN). **Für sie gilt § 74 JN,** dh ihr allgemeiner Gerichtsstand wird durch den Sitz der Finanzprokuratur (Innere Stadt Wien) oder den Sitz der Landesregierung oder der Gemeindevorstehung (also des Gemeinderates als Amtslokal) bestimmt.

9 Durch die Finanzprokuratur werden gem § 2 des ProkG StGBl 1945/172 außer der Republik Österreich auch alle ihre Unternehmungen, Anstalten, Betriebe und sonstigen Einrichtungen (nicht jedoch die verstaatlichten Betriebe) vertreten, ferner alle Fonds, Stiftungen, Anstalten, Unternehmungen, Einrichtungen und sonstigen Vermögensmassen mit selbständiger Rechtspersönlichkeit, die von staatlichen Organen unmittelbar verwaltet werden oder bei denen der Staat für einen Gebarungsabgang aufzukommen hat. Kraft Gesetzes ist die Finanzprokuratur auch zur Vertretung aller Stiftungen anläßlich ihrer Konstituierung oder der Vermögenseinbringung zum Zweck der Konstituierung und aller öffentlichen Pfarrarmeninstitute sowie der Österreichischen Bundesfinanzierungsagentur berufen. Insoweit die hier aufgezählten Voraussetzungen gegeben sind, fallen die öffentlichen Fonds, Stiftungen, Anstalten und Zweckvermögen mit Rechtspersönlichkeit nicht unter § 75 Abs 1 JN, sondern es bestimmt sich ihr allgemeiner Gerichtsstand nach dem Sitz der Finanzprokuratur (vgl Art IV EGZPO).

10 Dasselbe gilt für jene Rechtssubjekte, deren Vertretung durch die 8. bis 17. ProkV der Finanzprokuratur zwingend übertragen wurde. Es handelt sich dabei um folgende Rechtssubjekte:

- die Österreichische Akademie der Wissenschaften (8. ProkV BGBl 1961/88);
- den Flüchtlingsfonds der Vereinten Nationen (9. ProkV BGBl 1968/368);
- den Hochkommissar der Vereinten Nationen für die Flüchtlinge, soweit er durch seinen Vertreter in Österreich handelt (10. ProkV BGBl 1969/155);
- die Österreichische Hochschülerschaft (11. ProkV BGBl 1969/330);
- die Wirtschaftsgenossenschaft der bei der Österreichischen Postsparkasse tätigen Bediensteten regGenmbH (12. ProkV BGBl 1972/99);
- die Gesellschaft zur Errichtung und zum Betrieb des internationalen Patentdokumentationszentrums GmbH (13. ProkV BGBl 1972/388);
- den Fonds zur Förderung der wissenschaftlichen Forschung Wien (14. ProkV BGBl 1973/160);
- die Genossenschaftsküche der bei der Österreichischen Postsparkasse tätigen Bediensteten regGenmbH (15. ProkV BGBl 1973/461);
- den Verein Land- und forstwirtschaftliches Rechenzentrum Wien (16. ProkV BGBl 1973/462);
- die Kreditgenossenschaft der Bediensteten der Österreichischen Postsparkasse regGenmbH (17. ProkV BGBl 1975/453).

11 Jene Rechtsträger, für die die Finanzprokuratur nur über deren Verlangen bei Gericht einzuschreiten hat (vgl die bei § 86a JN Rz 3 wiedergegebenen Prokuratursverordnungen), bestimmen ihren allgemeinen Gerichtsstand gem § 75 Abs 1 JN nach ihrem Sitz, nicht nach dem der Finanzprokuratur.

II. Sitz der juristischen Person bzw des parteifähigen Gebildes

12 Der **allgemeine Gerichtstand** einer juristischen Person und aller parteifähigen Gebilde richtet sich – soweit § 75 Abs 1 JN auf sie anzuwenden ist – nach deren **Sitz.**

13 Der **Sitz** einer juristischen Person bestimmt sich durch ausdrückliche Anordnung des **Gesetzes,** in deren Ermangelung durch die **Statuten** oder den **Vertrag** (so auch *Mayr* in *Rechberger,* ZPO § 75 JN Rz 1). Bei den Handelsgesellschaften und Genossenschaften ist der Sitz durch die **Eintragung im Firmenbuch** ausdrücklich ersichtlich gemacht. Für Körperschaften öffentlichen Rechtes und öffentlich-rechtliche Zweckvermögen enthält das maßgebliche Gesetz auch die Bestimmung ihres Sitzes.

14 Hat etwa eine juristische Person statutengemäß zwei Sitze, dann kann sie auch dann beim inländischen Sitz geklagt werden, wenn sich das wirtschaftliche Schwergewicht der Korporation (des Zweckvermögens) und der zweite Sitz im Ausland befinden und es sich um Angelegenheiten handelt, die die im Ausland gelegenen Vermögenschaften betreffen (GlUNF 2009 = ZBl 1902/441).

15 Nur in jenen Fällen, in denen **weder Gesetze noch Satzung, Vertrag oder Eintragung im Firmenbuch** den **Sitz** der juristischen Person **erkennen lassen,** regelt § 75 Abs 1 Satz 2 JN ausdrücklich, daß als **Sitz** der juristischen Person der **Ort** zu gelten hat, **wo die Verwaltung geführt wird** (so auch *Mayr* in *Rechberger,* ZPO § 75 JN Rz 1; Arb 9986 = GesRZ 1982, 53 = HS 12.313 und 13.373; GesRZ 1980, 219). Dies ist jener Ort, an dem das durch Gesetz, Statut oder Vertrag zur Vertretung der Körperschaft nach außen bestimmte Organ (zB der Vorstand) die Verwaltungsgeschäfte erledigt. Dies gilt auch dann, wenn mehrere Gerichte am Sitz der Verwaltung bestehen. Dann ist als Gericht des allgemeinen Gerichtsstandes das Gericht anzusehen, in dessen Sprengel der Ort der Verwaltungsführung liegt (AmtlSlgNF 1492 [1912]). Bei Vereinen, insbesondere bei kleinen Vereinen, wird dies häufig der Wohnort des Vorstandes sein (ZBl 1913/45). Wird die Verwaltung von mehreren Orten aus geführt, dann ist – falls keine Zentralstelle besteht – der allgemeine Gerichtsstand bei jeder dieser Verwaltungsstellen begründet.

16 Wie bereits ausgeführt, findet die Bestimmung, daß der Sitz der juristischen Person im Zweifel durch den Sitz der Verwaltung bestimmt wird, dort nicht Anwendung, wo eine ausdrückliche gesetzliche oder vertragliche Regelung (so bei allen Handelsgesellschaften OLG Wien EvBl 1934/415; bei der GmbH Arb 9986 = GesRZ 1982, 53 = HS 12.313 und 13.373 und bei Sparkassen GlUNF 7278 [1915]) besteht. In einem solchen Fall ist der faktische Sitz der Verwaltung und der Wohnsitz der Vertretungsorgane bedeutungslos (SZ 25/7 = JBl 1952, 270).

17 Aus der Tatsache, daß § 75 Abs 1 Satz 2 JN im Zweifel den Sitz der Verwaltung als Sitz der Gesellschaft bezeichnet, ergibt sich, daß das österreichische Recht bei der Beurteilung der Rechts- und Staatszugehörigkeit der juristischen Personen auf der **Sitztheorie** fußt (vgl dazu aber EuGH 9. 3. 1999 RS C 212/97 *„Centros"* WBl 1999, 262). Weder die Personaltheorie (wonach Sitz und Staatszugehörigkeit durch die Staatsbürgerschaft der Kopfmajorität der Anteilsbesitzer oder – nach anderer Lesart – der gesetzlichen Vertretungsorgane bestimmt wird) noch die Vermögenstheorie (hier richtet sich die Staatszugehörigkeit und der Sitz der juristischen Person nach der Lage des wirtschaftlichen Schwerpunktes und nach der Staatsangehörigkeit der Eigentümer der Kapitalsmajorität) haben hier zur Anwendung zu gelangen.

III. Begriff und Bedeutung des Sitzes im EuGVÜ/LGVÜ

Art 53 EuGVÜ/LGVÜ. Der Sitz von Gesellschaften und juristischen Personen steht für die Anwendung dieses Übereinkommens dem Wohnsitz gleich.

Jedoch hat das Gericht bei der Entscheidung darüber, wo der Sitz sich befindet, die Vorschriften seines internationalen Privatrechts anzuwenden.

Um zu bestimmen, ob ein „trust" seinen Sitz in dem Vertragsstaat hat, bei dessen Gerichten die Klage anhängig ist, wendet das Gericht sein internationales Privatrecht an.

Lit: *Basedow,* Handbuch des Internationalen Zivilverfahrensrechts I (1982); *Coing,* Die rechtsgeschäftliche Treuhand im deutschen internationalen Privatrecht, ZfRV 1974, 81; *ders,* Übernahme des Trusts in unser internationales Privatrecht? Heinsius-FS (1991) 79; *Peter Doralt,* Anerkennung ausländischer Gesellschaften, JBl 1969, 181; *Ebenroth,* Konzernkollisionsrecht im Wandel außenwirtschaftlicher Ziele (1978); *ders,* Die verdeckten Vermögenszuwendungen in transnationalen Unternehmen (1979); *ders,* Neuere Entwicklungen im deutschen internationalen Gesellschaftsrecht, JZ 1988, 18, 75; *Ebenroth/Bippus,* Die Sitztheorie als Theorie effektiver Verknüpfungen der Gesellschaft, JZ 1988, 677; *Graue,* Der Trust im Internationalen Privat- und Steuerrecht, Ferid-FS (1978) 151; *Großfeld,* Die Anerkennung der Rechtsfähigkeit juristischer Personen, RabelsZ 1967, 1; *ders,* Praxis des internationalen Privat- und Wirtschaftsrechts – Rechtsprobleme multinationaler Unternehmen (1975) 44ff; *ders,* Internationales und europäisches Unternehmensrecht[2] (1995); *Kegel,* Internationales Privatrecht[7] (1995); *Levi,* L'adesione danese, inglese e irlandese alla convenzione di Bruxelles sulla prozedura civile, Riv dir europea 1980, 276; *Mann,* Zum Problem der Staatsangehörigkeit der juristischen Person, Wolff-FS (1952) 271; *G. Meier,* Grundstatut und Sonderanknüpfung im IPR des liechtensteinischen Gesellschaftsrechts (1979); *Panthen,* Der „Sitz"-Begriff im Internationalen Gesellschaftsrecht (1988); *Sandrock,* Die Konkretisierung der Überlagerungstheorie in einigen zentralen Einzelfragen, Beitzke-FS (1979) 669; *Schwind,* Internationales Privatrecht (1990); *von der Seipen,* Zur Bestimmung des effektiven Verwaltungssitzes im internationalen Gesellschaftsrecht, IPRax 1986, 91; *Wiedemann,* Gesellschaftsrecht I (1980).

A. Sitz von Gesellschaften und juristischen Personen (Art 53 Abs 1 EuGVÜ/LGVÜ)

1. Anwendungsbereich des Art 53 Abs 1 EuGVÜ/LGVÜ

18 Art 53 Abs 1 EuGVÜ/LGVÜ gilt seinem Wortlaut nach nur für (parteifähige) Gesellschaften und juristische Personen, er wird aber auch auf andere Vereinigungen und Vermögensmassen, die zumindest passiv parteifähig sind, angewendet werden müssen (*Geimer/Schütze,* Zivilverfahrensrecht Art 53 EuGVÜ Rz 1; *Gottwald,* MünchKommZPO III Art 53 EuGVÜ Rz 1; *Kropholler,* Zivilprozeßrecht[6] Art 53 EuGVÜ Rz 1). Denn Art 53 Abs 1 EuGVÜ/LGVÜ hat den Zweck, alle an einem Verfahren beteiligten Prozeßsubjekte zu erfassen, die nicht schon als natürliche Personen unter die Zuständigkeitsvorschriften des Übereinkommens fallen (*Kropholler,* Zivilprozeßrecht[6] Art 53 EuGVÜ Rz 1; *Schlafen* in *Bülow/Böckstiegel,* Rechtsverkehr 606, 318f). Außerdem gäbe es sonst parteifähige Gebilde, die keinen allgemeinen Gerichtsstand hätten (vgl *Kropholler,* Zivilprozeßrecht[6] Art 53 EuGVÜ Rz 1).

2. Existenz und Parteifähigkeit von Gesellschaften und juristischen Personen

19 Nicht in Art 53 Abs 1 EuGVÜ/LGVÜ geregelt sind die Fragen, ob eine juristische Person oder Gesellschaft nach ihrem Heimatrecht parteifähig ist und ob die in einem Vertrags- oder Drittstaat bestehende Gesellschaft oder juristische Person auch im Gerichtsstaat als parteifähig anzusehen ist (*Gottwald,* MünchKommZPO III Art 53 EuGVÜ Rz 2; *Kropholler,* Zivilprozeßrecht[6] Art 53 EuGVÜ Rz 1; *Schlafen* in *Bülow/Böckstiegel,* Rechtsverkehr 606, 318f; *Schlosser,* EuGVÜ Art 53 Rz 3). Beide Fragen sind unter Heranziehung innerstaatlichen Rechts zu lösen (*Gottwald,* MünchKommZPO III Art 53 EuGVÜ Rz 2; *Kropholler,* Zivilprozeßrecht[6] Art 53 EuGVÜ Rz 1).

Die Parteifähigkeit einer Gesellschaft bzw juristischen Person ist **nach dem jeweiligen nationalen Recht** zu beurteilen. Zur Frage, welche inländischen juristischen Personen bzw Personen- und Vermögensverbindungen nach österreichischem Recht parteifähig sind, s *Fucik* in *Rechberger,* ZPO[2] Vor § 1 Rz 5. **20**

Ob es sich bei einer im Ausland gegründeten Gesellschaft oder juristischen Person auch nach österreichischem Recht um eine Gesellschaft oder juristische Person handelt und welche Ausprägung sie hat, oder ob es sich nur um eine „sonstige Personen- oder Vermögensverbindung, die Träger von Rechten und Pflichten sein kann“, handelt, ist gem § 12 IPRG nach deren Personalstatut zu beurteilen (*Schwind,* IPR Rz 220). **21**

Ausländische Gesellschaften und juristische Personen sind nach österreichischem Recht dann **parteifähig,** wenn sie **nach dem Recht ihres Sitzes,** dh dem nach §§ 10, 12 IPRG anzuwendenden Recht rechtsfähig sind (*Ballon,* Zivilprozeßrecht[9] Rz 104; *Fasching,* Lehrbuch[2] Rz 336; *Rechberger/Simotta,* Zivilprozeßrecht[5] Rz 177; SZ 40/48 = EvBl 1967/421). **22**

Ausländische Gebilde, denen das **ausländische Recht** die **Fähigkeit zu klagen bzw beklagt zu werden, verliehen** hat, obwohl sie keine juristischen Personen sind, gelten nach österreichischem Recht nur dann als parteifähig, wenn ihnen diese Fähigkeit nach inländischem Recht zukäme (*Fasching*[1], II 116; *ders,* Lehrbuch[2] Rz 336; *Rechberger/Simotta,* Zivilprozeßrecht[5] Rz 177; aA *Schwind,* IPR Rz 228: Ist ein gesellschaftliches Gebilde, nach seinem Personalstatut Träger von Rechten und Pflichten, so gilt dies nach §§ 10, 12 IPRG auch für den österreichischen Rechtsbereich). **23**

Wenn ein juristisches Gebilde zwar nicht nach dem Recht seines Verwaltungssitzes, wohl aber nach dem seines Gründungsortes oder statutarischen Sitzes Träger von Rechten und Pflichten ist, dann kann wegen § 10 IPRG eine Anerkennung derartiger juristischer Gebilde nur dann erfolgen, wenn dies in einem internationalen Vertrag vorgesehen ist (*Schwind,* IPR Rz 228f). Solche Anerkennungsverträge bestehen etwa mit folgenden Staaten: **24**

- Belgien/Luxemburg (BGBl 1924/325, Art 3);
- Dänemark (BGBl 1929/42, Art XV);
- Frankreich (BGBl 1928/208, Art 21);
- Großbritannien (BGBl 1925/80, Art 15);
- Iran (BGBl 1966/45, Art 6);
- Italien (BGBl 1923/371, Art 5);
- Japan (BGBl 1932/46, Art XV);
- Niederlande (BGBl 1930/299, Art 2; wiederanwendbar lt Notenwechsel vom Oktober 1959, niederl Tractatenblad 1959/188, 8);
- Norwegen (BGBl 1925/51, Art 2);
- Polen (BGBl 1974/79, Art 23 Abs 2);
- Schweden (BGBl I 1934/208, Art 4 Abs 1; wiederanwendbar lt JABl 1951, 67);
- Schweiz (BGBl 1926/54, Art 17);
- Türkei (BGBl 1924/392, Art 7);
- Länder der Russischen Föderation (BGBl 1995/567);
- USA (BGBl 1931/192, Art 9; wiederanwendbar lt JABl 1952, 2).

Soweit die vor 1938 geschlossenen Verträge nicht ausdrücklich für wiederanwendbar erklärt worden sind, ist deren Wiederanwendbarkeit allerdings ungewiß.

Auch der EFTA-Vertrag (BGBl 1960/100) enthält in Art 16 eine entsprechende Klausel.

3. Ort des Sitzes

a) Allgemeines

25 Der Ort des Sitzes einer Gesellschaft bzw juristischen Person richtet sich gem Art 53 Abs 1 Satz 2 EuGVÜ/LGVÜ **nach den Vorschriften des internationalen Privatrechts des Gerichtsstaates.**

b) Österreichisches Recht

26 Nach österreichischem IPR, uzw § 10 IPRG, ist das Recht des Staates maßgebend, in dem die juristische Person oder die Vermögensverbindung, die Träger von Rechten und Pflichten sein kann, den tatsächlichen **Sitz ihrer Hauptverwaltung** hat (ErläutRV zum LGVÜ [34 BlgNR 20. GP] 45; vgl dazu aber EuGH 9. 3. 1999 RS C 212/97 *„Centros“* WBl 1999, 262. Eine im Kollisionsrecht des Sitzstaates begründete Rück- oder Weiterverweisung ist allerdings nach der allgemeinen Regel des § 5 IPRG zu beachten (ErläutRV zum LGVÜ [34 BlgNR 20. GP] 45; *Schwimann* in *Rummel,* ABGB[2] II § 10 IPRG Rz 3).

27 Unter dem **tatsächlichen Sitz der Hauptverwaltung** ist der **Schwerpunkt der körperschaftsrechtlichen Führung** (zentrales Management, Gesellschaftskontrolle, Weisungen der Geschäftsleitung) zu verstehen, der in der Organisationshierarchie zwischen der bloßen Festlegung mittel- oder langfristiger Leitlinien der allgemeinen Geschäftspolitik und administrativer Durchführung einzelner Geschäfte liegt; dies ist der **Ort, an dem üblicherweise die leitenden Entscheidungen des laufenden Geschäfts- und Verwaltungsbetriebes gefaßt und umgesetzt werden** (*Czernich/Tiefenthaler,* LGVÜ Art 53 Rz 6; *Ebenroth,* MünchKommBGB[2] VII nach Art 10 EGBGB Rz 179 ff; *Ebenroth/Bippus,* JZ 1988, 678; *Großfeld* in *Staudinger,* BGB[13] IntGesR Rz 167; *Schwimann* in *Rummel,* ABGB[2] II § 10 IPRG Rz 2; *von der Seipen,* IPRax 1986, 93) und diese Leitungstätigkeit überdies kraft erkennbarer Organisation (Büro, Sekretariat, Fernschreiber, Faxgerät uä) mit verkehrsüblicher Erkennbarkeit und Kontinuität ausgeübt wird.

Diese Anforderungen erfüllt regelmäßig der Sitz der Generaldirektion, nicht hingegen der Ort der Mitglieder- oder Gründerversammlung, der Betriebssitz, der Ort der Buchhaltung, Verrechnung oder Datenverarbeitungsanlage, der statutarische Sitz (*Ebenroth,* MünchKommBGB[2] VII nach Art 10 EGBGB Rz 182; *Kegel,* IPR[7] 415; *Mann,* Wolff-FS 284; *Schwimann* in *Rummel,* ABGB[2] II § 10 IPRG Rz 2), ebensowenig der Sitz eines Repräsentanten, lokalen Anwalts oder Bankenvertreters (*Großfeld* in *Staudinger,* BGB[13] IntGesR Rz 168; *Schwimann* in *Rummel,* ABGB[2] II § 10 IPRG Rz 2; LG Rottweil IPRax 1986, 110; OLG Frankfurt NJW 1964, 2355). Diese Anknüpfung gilt auch für multinationale Unternehmen mit einheitlicher Rechtspersönlichkeit (*Schwimann* in *Rummel,* ABGB[2] II § 10 IPRG Rz 2).

28 Für **Tochtergesellschaften** mit gesonderter Rechtspersönlichkeit ist der tatsächliche Hauptverwaltungssitz der Tochtergesellschaft maßgebend (*Großfeld* in *Staudinger,* BGB[13] IntGesR Rz 170; *Kegel,* IPR[7] 416; *Schwimann* in *Rummel,* ABGB[2] II § 10 IPRG Rz 2; *Wiedemann,* Gesellschaftsrecht I 800; SZ 54/94 = IPRE 1/39 [1981]).

29 Bei **Sondervermögen** ohne eigene Verwaltungsorganisation (wie zB beim ruhenden Nachlaß) ist nach der stärksten Beziehung (§ 1 Abs 1 IPRG) anzuknüpfen (*Schwimann* in *Rummel,* ABGB[2] II § 10 IPRG Rz 2).

Bei **internationalen Organisationen** (wie zB der UNO und ihren Teilorganisationen) richtet sich ihr Personalstatut nicht nach landesrechtlichen Sachnormen, sondern nach ihren völkerrechtlich geschaffenen Satzungen (*Schwimann* in *Rummel,* ABGB[2] II § 10 IPRG Rz 5). 30

c) Sitzbegriff im Vereinigten Königreich

Im Vereinigten Königreich ist in sec 42 des Civil Jurisdiction and Judgements Act 1982 genau definiert, wann eine Gesellschaft oder juristische Person ihren Sitz im Vereinigten Königreich oder einem anderen Vertragsstaat hat (*Gottwald,* MünchKommZPO III Art 54 EuGVÜ Rz 7; *Kropholler,* Zivilprozeßrecht[6] Art 53 EuGVÜ Rz 3). 31

Eine Gesellschaft oder juristische Person hat dann ihren Sitz im Vereinigten Königreich, wenn

- sie nach dem Recht eines Teilstaates des Vereinigten Königreichs gegründet worden ist und ihren registrierten Sitz oder eine andere „official address" im Vereinigten Königreich hat oder
- sie ihre zentrale Geschäftsführung und Kontrollinstanz dort hat.

Der Begriff „official address" wird in sec 42 (8) definiert.

Die Frage, ob eine Gesellschaft oder juristische Person in einem anderen Vertragsstaat ihren Sitz hat, ist nach denselben Kriterien zu beurteilen wie das Vorliegen eines Sitzes im Vereinigten Königreich (sec 42 [6]). Allerdings darf nach sec 42 (7) kein Sitz in einem fremden Staat angenommen werden, wenn nachgewiesen wird, daß die Gerichte des fremden Staates das Bestehen eines Sitzes verneinen würden. 32

d) Kritik

Der **Sitzbegriff** ist im IPR der einzelnen Vertragsstaaten sehr **unterschiedlich** geregelt. Ein Teil der Vertragsstaaten (so etwa Deutschland und Österreich) knüpfen an den tatsächlichen Sitz der Hauptverwaltung an, andere an den satzungsmäßigen Sitz (so zB die Niederlande) bzw an das Gründungsstatut (so das Vereinigte Königreich; Näheres s Rz 31 f). Eine Gesellschaft kann daher, wenn der statutarische und der tatsächliche Sitz in verschiedenen Vertragsstaaten liegen, auch mehrere Sitze haben (*Gottwald,* MünchKommZPO III Art 53 EuGVÜ Rz 9; *Schlosser*-Bericht RdN 75). Dies kann einerseits, wie beim Wohnsitz, zu Kompetenzkonflikten führen (Näheres s § 66 JN Rz 49 ff) andererseits dazu, daß einer Entscheidung, die eine unter Art 16 Z 2 EuGVÜ/LGVÜ fallende Klage zum Gegenstand hat, die Anerkennung gem Art 28 Abs 1 EuGVÜ/LGVÜ mit der Begründung versagt werden könnte, daß die Gesellschaft im Erststaat ja gar keinen Sitz habe und daher die Zwangszuständigkeit des Art 16 Z 2 EuGVÜ/LGVÜ verletzt worden sei (*Basedow,* IZVR I Kap II Rz 40; *Jenard*-Bericht zu Art 53 EuGVÜ; aA *Gottwald,* MünchKommZPO III Art 53 EuGVÜ Rz 10 und Art 28 EuGVÜ Rz 16). 33

B. Sitz eines trusts (Art 53 Abs 2 EuGVÜ/LGVÜ)

1. Allgemeines

Der **trust** ist nach common law **weder** eine **juristische Person noch** eine **Gesellschaft;** er besitzt **keine eigene Rechtspersönlichkeit.** Da die Übereinkommen in Art 5 Z 6 einen zusätzlichen besonderen Gerichtsstand für trust-rechtliche 34

Klagen zwischen dem Begründer, dem trustee und dem Begünstigten eines trust in demjenigen Staat zur Verfügung stellt, in dem der trust seinen Sitz hat, wird in Art 53 Abs 2 EuGVÜ/LGVÜ festgelegt, wann ein trust seinen Sitz im Forumstaat hat.

2. Sitz des trusts im Gerichtsstaat

a) Allgemeines

35 Die Entscheidung, ob ein trust seinen Sitz im Gerichtsstaat hat, hat das **Gericht** unter **Anwendung seines internationalen Privatrechts** zu fällen (*Schlosser*-Bericht RdN 119).

36 Nach österreichischem Recht hat, da § 10 IPRG nicht nur für juristische Personen, sondern auch für sonstige Personen- oder Vermögensverbindungen gilt, die Träger von Rechten und Pflichten sein können, ein **trust** dann in **Österreich** seinen **Sitz,** wenn sich hier der tatsächliche Sitz der Hauptverwaltung befindet. Hat der trust jedoch **keine eigene Verwaltungsorganisation,** dann ist gem § 1 Abs 1 IPRG an die **stärkste Beziehung** anzuknüpfen (vgl *Schwimann* in *Rummel,* ABGB[2] II § 10 IPRG Rz 2 bezüglich des ruhenden Nachlasses; *ders,* IZVR 86). Besteht die stärkste Beziehung des trusts zu Österreich, dann hat der trust seinen Sitz in Österreich. Dies wird vor allem dann anzunehmen sein, wenn sich das trust-Vermögen in Österreich befindet (vgl für die deutsche Rechtslage *Basedow,* IZVR I Kap II Rz 41 f; *Gottwald,* MünchKommZPO III Art 53 EuGVÜ Rz 12; *Graue,* Ferid-FS 162 f; *Kropholler,* Zivilprozeßrecht[6] Art 53 EuGVÜ Rz 7).

b) Sitz eines trusts nach englischem Recht

37 Nach sec 45 des Civil Jurisdiction and Judgements Act 1982 kommt es für den Sitz des trusts darauf an, **zu welcher Rechtsordnung** der trust die **engste tatsächliche Verbindung** hat (*Gottwald,* MünchKommZPO III Art 53 EuGVÜ Rz 12; *Schlosser,* EuGVÜ Art 53 Rz 5). Eine Sitzbestimmung ist entbehrlich, wenn die trust-Bedingungen eine ausschließliche Gerichtsstandsklausel (Art 17 Abs 2 EuGVÜ/LGVÜ) enthalten (*Gottwald,* MünchKommZPO III Art 53 EuGVÜ Rz 12).

C. Bedeutung des Sitzes im EuGVÜ/LGVÜ

38 Nach Art 53 Abs 1 Satz 1 EuGVÜ/LGVÜ wird der **Sitz von Gesellschaften** und juristischen Personen für den Anwendungsbereich des EuGVÜ/LGVÜ **dem Wohnsitz gleichgestellt** (*Gottwald,* MünchKommZPO III Art 53 EuGVÜ Rz 1; *Schlafen* in *Bülow/Böckstiegel,* Rechtsverkehr 606, 317; *Schlosser,* EuGVÜ Art 53 Rz 1). Dh eine Gesellschaft bzw eine juristische Person kann unter denselben Voraussetzungen in Österreich geklagt werden wie eine natürliche Person, nur tritt an die Stelle des Wohnsitzes deren Sitz. Es genügt daher auf die Ausführungen zu Art 52 EuGVÜ/LGVÜ (s § 66 JN Rz 34 ff) zu verweisen.

39 Ausdrücklich auf den Sitz von Gesellschaften bzw juristischen Personen wird in Art 16 Z 2 EuGVÜ/LGVÜ Bezug genommen: Für Klagen, welche die Gültigkeit, die Nichtigkeit oder die Auflösung einer Gesellschaft oder juristischen Person oder der Beschlüsse ihrer Organe zum Gegenstand haben, sind nur die Gerichte des Vertragsstaates zuständig, in dessen Hoheitsgebiet die Gesellschaft oder juristische Person ihren Sitz hat. Näheres s § 83 b JN Rz 9 ff.

Besondere Gerichtsstände

1. Ausschließliche

Vor §§ 76 bis 84: Zu den ausschließlichen Gerichtsständen; internationale Zuständigkeit für Versicherungssachen

Übersicht:

I. Allgemeines

A. Arten der besonderen Gerichtsstände

1 Der allgemeine Gerichtsstand legt für jede physische und juristische Person das Gericht fest, bei dem sie grundsätzlich zu klagen ist. In §§ 76 bis 104 JN schafft die JN **besondere Gerichtsstände,** die neben oder an Stelle des allgemeinen Gerichtsstandes treten. Es wird zwischen jenen Gerichtsständen unterschieden, die wahlweise neben dem allgemeinen Gerichtsstand angerufen werden können, die dem Kläger die Wahl offenlassen, die Klage entweder beim allge-

meinen Gerichtsstand oder beim **Wahlgerichtsstand** anzubringen (Wahlgerichtsstände: §§ 86 a bis 104 JN) und den besonderen Gerichtsständen, die den allgemeinen Gerichtsstand ausschließen (**ausschließliche Gerichtsstände:** §§ 76 bis 84 JN sowie § 114 a JN).

Die ausschließlichen Gerichtsstände treten im Einzelfall an die Stelle des allgemeinen Gerichtsstandes. Sie schließen jedoch nicht, wie aus dem Wortlaut entnommen werden könnte, die Vereinbarung eines anderen Gerichtes gem § 104 JN aus. Dies ist nur dann der Fall, wenn entweder in der einzelnen Gerichtsstandsvorschrift ausdrücklich die Unbeachtlichkeit einer derartigen Zuständigkeitsvereinbarung verfügt wird (wie zB in §§ 83 a, 83 b JN, § 4 Abs 1 Z 2 und Z 3 ASGG, § 5 a ASGG, § 5 b Abs 1 ASGG, § 7 ASGG, § 48 VersVG) oder bei einer individuellen Zuständigkeit eine Zuständigkeitsvereinbarung dem Zweck der Bestimmung widersprechen würde (§ 76 c Abs 2, § 532 ZPO). Ausschließliche Gerichtsstände, die durch eine Zuständigkeitsvereinbarung nicht geändert werden können, nennt man **Zwangsgerichtsstände.** Näheres s Vor § 83 a JN. 2

B. Gründe für besondere Gerichtsstände

Ausschließliche Gerichtsstände wurden entweder im Hinblick auf die zu entscheidende Rechtssache (Ehesachen), wegen des örtlichen Naheverhältnisses (Bestandstreitigkeiten), im Interesse der Konzentration bei dem mit der Sache befaßten Gericht (Verlassenschaftsstreitigkeiten, Streitigkeiten um unbewegliches Gut, Streitigkeiten aus dem Verbandsverhältnis und wegen Teilschuldverschreibungen) oder wegen der persönlichen Eigenschaften einer der Prozeßparteien (Klagen von und gegen Richter) geschaffen. Diese Grundsätze waren auch für diejenigen ausschließlichen Gerichtsstände maßgebend, die nicht in der JN selbst geregelt sind. Im folgenden werden nur die einfachen ausschließlichen Gerichtsstände, bei denen eine abweichende Gerichtsstandsvereinbarung zulässig ist, behandelt. Bezüglich der Zwangsgerichtsstände s Vor § 83 a JN Rz 1 ff. 3

II. Ausschließliche Gerichtsstände außerhalb der JN

A. Ausschließliche Gerichtsstände für Zivilprozesse

1. Ausschließlicher Gerichtsstand für Klagen auf Anfechtung bzw Feststellung der Nichtigkeit der Hauptversammlungsbeschlüsse einer AG und Klagen auf Nichtigerklärung einer AG (§ 197 Abs 1, § 201 Abs 1, § 216 Abs 4 AktG)

Näheres s § 51 Rz 110 und Rz 153. 4

2. Ausschließlicher Gerichtsstand für Klagen auf Nichtigerklärung eines Beschlusses einer GmbH (§ 42 GmbHG)

Für Klagen auf Nichtigerklärung eines von den Gesellschaftern einer GmbH gefaßten Beschlusses ist gem § 42 Abs 2 GmbHG der zur Ausübung der Handelsgerichtsbarkeit zuständige GH am **Sitz der Gesellschaft** ausschließlich zuständig. 5

3. Ausschließlicher Gerichtsstand für Streitigkeiten aus einem Kartellvertrag sowie über dessen Bestehen oder Nichtbestehen (§ 122 Abs 1 KartG)

Für Streitigkeiten aus einem Kartellvertrag sowie über dessen Bestehen oder Nichtbestehen sind gem § 122 Abs 1 KartG (BGBl 1988/600) in 1. Instanz ohne Rücksicht auf den Streitwert die mit der Ausübung der Gerichtsbarkeit in 6 bürgerlichen Rechtssachen betrauten **LG,** in Wien jedoch das **HG Wien** ausschließlich zuständig.

4. Ausschließlicher Gerichtsstand für Klagen auf Nichtigerklärung der Endentscheidung einer im VerwertungsgesellschaftenG vorgesehenen Schiedskommission (§ 27 Abs 1 der V betreffend die im VerwertungsgesellschaftenG vorgesehenen Schiedskommissionen)

7 Nach § 27 Abs 1 der V betreffend die im VerwertungsgesellschaftenG (BGBl 1936/112) vorgesehenen Schiedskommissionen, BGBl 1936/188, ist für Klagen, womit die Nichtigerklärung einer Endentscheidung einer Schiedskommission begehrt wird, der zur Ausübung der allgemeinen Gerichtsbarkeit berufene GH 1. Instanz ausschließlich zuständig, in dessen Sprengel die an dem Verfahren vor der Schiedskommission als Partei beteiligte **Verwertungsgesellschaft** ihren **Sitz** hat.

5. Ausschließlicher Gerichtsstand für Klagen nach dem BundesvergabeG (§ 125 Abs 1 BVergG) und den Landesvergabegesetzen

8 Zur Entscheidung über Ansprüche gem §§ 122 und 123 BVergG ist gem § 125 Abs 1 BVergG (BGBl I 1997/56) ohne Rücksicht auf den Streitwert in 1. Instanz der mit der Ausübung der allgemeinen Gerichtsbarkeit in bürgerlichen Rechtssachen betraute GH ausschließlich zuständig, in dessen Sprengel der **Auftraggeber seinen Wohnsitz oder gewöhnlichen Aufenthalt oder Sitz** hat. Fehlt im Inland ein solcher Gerichtsstand, so ist das LGZ Wien zuständig. Dieselbe Zuständigkeitsbestimmung enthalten § 28 Abs 1 NÖ VergG (LGBl 1995/84), § 118 Abs 1 Stmk VergG (LGBl 1998/74) und § 109 Wr LVergG (LGBl 1995/36). Subsidiär ist das LG der jeweiligen Landeshauptstadt zuständig. Nach § 67 OÖ VergG (LGBl 1994/59) und § 25 Abs 6 Tir VergG (LGBl 1998/17) wird dagegen nur an den Sitz des Auftraggebers angeknüpft. Eine subsidiäre Zuständigkeit, und zwar des LGZ Wien, sieht nur das Tir VergG vor.

Dagegen enthalten § 107 Abs 1 Bgld VergG (LGBl 1995/1), § 14 Abs 1 Sbg LVergG (LGBl 1998/1) und § 18 Vlbg LVerg (LGBl 1998/20) eine Zwangszuständigkeit des LG der jeweiligen Landeshauptsstadt bzw in Vorarlberg des LG Feldkirch. Näheres s Vor §§ 83 a und 83 b JN Rz 13.

6. Ausschließlicher Gerichtsstand für Rückgriffsklagen unter Eisenbahnen (Art 60 CIV und Art 63 CIM)

9 Für Klagen, mit denen eine Eisenbahn gegen eine andere Rückgriff nimmt, ist gem Art 60 § 1 der einheitlichen Rechtsvorschriften für den Vertrag über die internationale Eisenbahnbeförderung von Personen und Gepäck (CIV) bzw Art 63 § 1 der einheitlichen Rechtsvorschriften für den Vertrag über die internationale Eisenbahnbeförderung von Gütern (CIM), abgedruckt als Anhang A bzw B zum Übereinkommen über den internationalen Eisenbahnverkehr (COTIF), BGBl 1985/225, das Gericht des **Sitzes der Eisenbahn,** gegen die der Rückgriff genommen wird, ausschließlich zuständig.

Ist die Klage gegen mehrere Eisenbahnen zu erheben, so hat die klagende Eisenbahn die Wahl unter den nach Art 60 § 1 CIV bzw Art 63 § 1 CIM zuständigen Gerichten (Art 60 § 2 CIV bzw Art 63 § 2 CIM).

Die österreichischen Bundesbahnen haben ihren Sitz in Wien.

7. Ausschließlicher Gerichtsstand für Klagen nach dem BinnenschiffahrtsG (§ 6 BinnenschiffahrtsG)

Nach § 6 BinnenschiffahrtsG (dRGBl 1898, 868, eingeführt in Ö durch V 11. 12. 1939 dRGBl I 2394, GBlÖ 1939/1454, 1940/44 [die V trat gem § 1 des 1. BRBG BGBl I 1999/191 mit 31. 12. 1999 außer Kraft]) ist für alle auf Grund dieses Gesetzes gegen den Schiffseigner erhobenen Klagen das Gericht des Ortes, von dem aus die Schiffahrt mit dem Schiff betrieben wird **(Heimatort des Schiffes)** zuständig. Dabei macht es keinen Unterschied, ob der Schiffseigner persönlich oder nur mit der Ladung haftet. **10**

Bei mehreren in Betracht kommenden Orten gilt als Heimatort der Ort, an dem sich die Geschäftsniederlassung, bei mehreren Niederlassungen die Hauptniederlassung und in Ermangelung einer Geschäftsniederlassung der Wohnsitz des Schiffseigners befindet.

Ist ein Heimatort nicht festzustellen, so gilt als solcher der Ort, wo der Schiffseigner zur Einkommenssteuer veranlagt wird.

Siehe auch § 51 JN Rz 151 f und § 52 JN Rz 9 ff.

8. Ausschließlicher Gerichtsstand für Streitigkeiten aus Versicherungsverträgen, die nicht unter § 48 VersVG fallen (§ 2 VersicherungswiederaufbauG)

Für alle Klagen aus Versicherungsverträgen, die zum inländischen Bestand einer Versicherungsunternehmung gehören, ist gem § 2 Abs 1 VWG (BGBl 1955/185) das Gericht ausschließlich zuständig, in dessen Sprengel sich der **Sitz des inländischen Versicherungsunternehmens** bzw die **inländische Niederlassung des ausländischen Versicherungsunternehmens** befindet. **11**

Ausgenommen von der Anwendung des § 2 VWG sind Streitigkeiten aus Versicherungsverträgen, die in der Zeit zwischen dem 13. 3. 1938 und dem 27. 4. 1945 abgeschlossen worden sind und nicht zum inländischen Versicherungsbestand einer Versicherungsunternehmung gehören (der inländische Versicherungsbestand wird in § 3 VWG genau bezeichnet) oder Streitigkeiten, die unter § 48 VersVG 1958 fallen. Denn § 48 VersVG ist gegenüber § 2 VWG die lex posterior. Zum Zwangsgerichtsstand nach § 48 VersVG s Vor §§ 83 a und 83 b JN Rz 6.

Bei inländischen Versicherungsunternehmen entspricht der Gerichtsstand des § 2 VWG, da dieser an deren Sitz anknüpft, ihrem nach § 75 JN bestimmten allgemeinen Gerichtsstand.

Eine Zuständigkeitsvereinbarung ist beim Gerichtsstand nach § 2 Abs 1 VWG – anders als bei jenem nach § 48 VersVG – zulässig. Allerdings wird, wenn der Versicherungsnehmer Verbraucher iSd KschG ist, auf § 14 KSchG Bedacht zu nehmen sein. Im Anwendungsbereich des EuGVÜ/LGVÜ sind die Art 7 ff EuGVÜ/LGVÜ zu berücksichtigen. Zur internationalen Zuständigkeit in Versicherungssachen nach dem EuGVÜ/LGVÜ s Rz 20 ff.

9. Weitere ausschließliche Gerichtsstände

Weitere ausschließliche Gerichtsstände bestehen für: **12**

- Amtshaftungsklagen (§ 9 AHG) – Näheres s § 92 a JN Rz 16;
- Entschädigungsansprüche nach dem Strafrechtlichen EntschädigungsG (§ 8 StEG) – Näheres s § 92 a JN Rz 16;
- Entschädigungsansprüche nach dem Polizeibefugnis-EntschädigungsG (§ 9 Abs 3 PolBEG);

- Entschädigungsansprüche nach dem FinanzstrafG (§ 192 FinStrG).

Näheres zu diesen ausschließlichen Gerichtsständen s § 50 JN Rz 7 ff.

B. Ausschließliche Gerichtsstände im Exekutionsverfahren

13 Während gem § 51 EO die Zuständigkeitsvorschriften im reinen Exekutionsverfahren und im Verfahren zur Erlassung einstweiliger Verfügungen unabdingbar sind, findet diese Einschränkung auf Zivilprozesse, die anläßlich eines Exekutionsverfahrens oder im Zusammenhang mit diesem entstehen, keine Anwendung (*Heller/Berger/Stix*[4] I 605 f; *Holzhammer,* Zwangsvollstreckungsrecht[4], 72; *Rechberger,* Exekution 174; *Rechberger/Simotta,* Exekutionsverfahren[2] Rz 64; *Walker,* Exekutionsrecht[4], 15; EvBl 1972/322; SZ 19/279 = RZ 1938, 27; JBl 1930, 415 = Rsp 1930/367). Daher enthalten jene Bestimmungen, welche die Zuständigkeit für mit einem Exekutionsverfahren zusammenhängende Zivilprozesse regeln – soweit sie nicht wie § 368 Abs 2 EO dem Kläger eine Wahlmöglichkeit zwischen mehreren Gerichten eröffnen – ausschließliche Gerichtsstände.

1. Ausschließlicher Gerichtsstand für die sich im Lauf und aus Anlaß eines Exekutionsverfahrens ergebenden Prozesse (§ 17 Abs 2 EO)

14 Sofern in der EO nicht ein anderes Gericht dafür zuständig erklärt wird, steht dem **Exekutionsgericht** die Verhandlung und Entscheidung über alle im Lauf eines Exekutionsverfahrens und aus Anlaß desselben sich ergebenden Streitigkeiten zu. Näheres s bei *Heller/Berger/Stix*[4] I 302 ff.

2. Ausschließlicher Gerichtsstand für die Oppositionsklage (§ 35 Abs 2 EO)

15 Die Oppositionsklage ist bei dem Gericht geltend zu machen, bei dem die **Bewilligung der Exekution in erster Instanz beantragt** worden ist (§ 35 Abs 2 Satz 1 JN). Ist der Exekutionstitel jedoch in einer Arbeitsrechtssache nach § 50 ASGG ergangen, so sind die Einwendungen bei dem Gericht geltend zu machen, bei dem der Prozeß in erster Instanz anhängig war (§ 35 Abs 2 Satz 2 EO).

Einwendungen gegen einen Anspruch, der sich auf einen der in § 1 Z 10 und 12 bis 14 EO angeführten Exekutionstitel stützt, sind bei jener Behörde anzubringen, von welcher der Exekutionstitel ausgegangen ist (§ 35 Abs 2 letzter Satz EO). Näheres s bei *Heller/Berger/Stix*[4] I 415 ff.

3. Ausschließlicher Gerichtsstand für die Impugnationsklage (§ 36 Abs 2 EO)

16 Die Impugnationsklage ist bei dem Gericht geltend zu machen, bei dem die **Bewilligung der Exekution in erster Instanz beantragt** worden ist (§ 36 Abs 2 Satz 1 JN). Ist der Exekutionstitel jedoch in einer Arbeitsrechtssache nach § 50 ASGG ergangen, so sind die Einwendungen bei dem Gericht geltend zu machen, bei dem der Prozeß in erster Instanz anhängig war (§ 36 Abs 2 Satz 2 EO). Näheres s bei *Heller/Berger/Stix*[4] I 439.

4. Ausschließlicher Gerichtsstand für die Exszindierungsklage (§ 37 Abs 3 EO)

17 Für die Exszindierungsklage ist, je nachdem, ob sie vor oder nach Beginn des Exekutionsvollzuges angebracht wird, entweder das Gericht, bei dem die **Bewilligung der Exekution in erster Instanz beantragt** worden ist, **oder** das **Exekutionsgericht** zuständig (§ 37 Abs 2 EO). Näheres s bei *Heller/Berger/Stix*[4] I 472 ff.

5. Ausschließlicher Gerichtsstand für die Verteilungswiderspruchsklage (§ 232 Abs 1, § 286 Abs 1 EO)

Zur Entscheidung über die auf den Rechtsweg verwiesenen Widersprüche **18** ist das **Exekutionsgericht** zuständig (§ 232 Abs 1 EO). Näheres s bei *Heller/Berger/Stix*[4] II 1586.

6. Ausschließlicher Gerichtsstand für die Pfandvorrechtsklage (§ 258 Abs 1 EO)

Zur Entscheidung über die Pfandvorrechtsklage ist vom Beginn des Exe- **19** kutionsvollzuges an das **Exekutionsgericht** zuständig (§ 258 Abs 1 Satz 3 EO). Näheres s bei *Heller/Berger/Stix*[4] II 1715 ff.

III. Besondere internationale Zuständigkeit für Versicherungssachen (Art 7–12 a EuGVÜ/LGVÜ)

Lit: *Brulhart,* La compétence internationale en matière d'assurances dans l'espace judicaire européen (1997); *Fricke,* Internationale Zuständigkeit und Anerkennungszuständigkeit in Versicherungssachen nach europäischem und deutschem Recht, VersR 1997, 399; *Gaudemet-Tallon,* Les conventions de Bruxelles e de Lugano[2] (1996); *Geimer,* Zuständigkeitsvereinbarungen zugunsten und zu Lasten Dritter, NJW 1985, 533; *Goldmann,* Un traité fédérateur: La Convention entre les Etats membres de la C. E. E. sur la reconnaisance et l'exécution des décisions en matière civile et commerciale, Rev trim dr europ 1971, 1; *Hunter,* Reinsurance Litigation and the Civil Jurisidiction and Judgments Act 1982, J. B. L. 1987, 344; *Kaye,* Business Insurance and Reinsurance under the European Judg-ments Convention: Application of Protective Provisions, J. B. L. 1990, 517; *Kropholler,* Neues europäisches Zivilprozeßrecht, RIW 1986, 929; *Looschelders,* Der Klägergerichtsstand am Wohnsitz des Versicherungsnehmers nach Art. 8 Abs. 1 Nr. 2 EuGVÜ, IPRax 1998, 86; *Musger,* Das Übereinkommen von Lugano: Internationales Zivilverfahrensrecht für den Europäischen Wirtschaftsraum, RZ 1993, 192; *Richter,* Das EWG-Übereinkommen über die gerichtliche Zuständigkeit und die Vollstreckung in Zivil- und Handelssachen in versicherungsrechtlicher Sicht, VersR 1978, 801; *ders,* Internationales Versicherungsvertragsrecht (1980).

A. Allgemeines (Art 7 EuGVÜ/LGVÜ)

Art 7 EuGVÜ/LGVÜ. Für Klagen in Versicherungssachen bestimmt sich die Zuständigkeit vorbehaltlich des Artikels 4 und des Artikels 5 Nummer 5 nach diesem Abschnitt.

1. Zweck

Für die Sonderregelungen der Art 7 ff EuGVÜ/LGVÜ sind sozialpolitische **20** Überlegungen maßgebend gewesen (*Jenard*-Bericht, Allgemeine Bemerkungen zum 3.–5. Abschnitt; *Czernich/Tiefenthaler,* LGVÜ Art 7 Rz 1; *Geimer/Schütze,* Zivilverfahrensrecht Art 7 EuGVÜ Rz 1; *Kropholler,* Zivilprozeßrecht[6] Vor Art 7 EuGVÜ Rz 2; *Schlosser,* EuGVÜ Art 7 Rz 1). Der im allgemeinen wirtschaftlich schwächere und rechtlich weniger erfahrene **Versicherungsnehmer** soll im Prozeß **besonders geschützt** werden (*Geimer/Schütze,* Zivilverfahrensrecht Art 7 EuGVÜ Rz 1; *Gottwald,* MünchKommZPO III Art 7 EuGVÜ Rz 1 f; *Kropholler,* Zivilprozeßrecht[6] Vor Art 7 EuGVÜ Rz 2).

Der prozessuale Schutz des Versicherungsnehmers wurde aber nicht durch **21** eine ausschließliche internationale Zuständigkeit am Wohnsitz des Versicherungsnehmers, sondern dadurch verwirklicht, daß dem **Versicherungsnehmer** für seine Klage gegen den Versicherer eine **Vielzahl von Gerichtsständen** zur Verfügung gestellt wird (*Czernich/Tiefenthaler,* LGVÜ Art 7 Rz 2; *Geimer/Schütze,*

Zivilverfahrensrecht Art 7 EuGVÜ Rz 3; *Gottwald,* MünchKommZPO III Art 7 EuGVÜ Rz 2; *Kropholler,* Zivilprozeßrecht[6] Vor Art 7 EuGVÜ Rz 3; *Schlosser,* EuGVÜ Art 7 Rz 3). Der Versicherer dagegen kann nur am Wohnsitz des Versicherungsnehmers klagen (*Czernich/Tiefenthaler,* LGVÜ Art 7 Rz 2; *Gottwald,* MünchKommZPO III Art 7 EuGVÜ Rz 2; *Schlosser,* EuGVÜ Art 7 Rz 3). Auch wurde die **Prorogationsfreiheit** zum Schutz des Versicherungsnehmers **erheblich eingeschränkt** (vgl Art 12 EuGVÜ/LGVÜ) (*Czernich/Tiefenthaler,* LGVÜ Art 7 Rz 3; *Gottwald,* MünchKommZPO III Art 7 EuGVÜ Rz 2; *Schlosser,* EuGVÜ Art 7 Rz 3).

22 Da der Anwendungsbereich der Art 7 ff EuGVÜ/LGVÜ – anders als bei den Verbrauchersachen – nicht auf den privaten Versicherungsnehmer beschränkt ist (*Schlosser*-Bericht RdN 140; *Geimer/Schütze,* Zivilverfahrensrecht Art 7 EuGVÜ Rz 4; *Gottwald,* MünchKommZPO III Art 7 EuGVÜ Rz 2; *Kropholler,* Zivilprozeßrecht[6] Vor Art 7 EuGVÜ Rz 2 FN 3) und somit auch große Versicherungsnehmer wie Industriekonzerne oder multinationale Unternehmen geschützt werden (*Czernich/Tiefenthaler,* LGVÜ Art 7 Rz 1; *Hausmann* in *Wieczorek/Schütze,* ZPO[3] I/1 Vor Art 7 EuGVÜ Rz 1 FN 2; *Schlosser,* EuGVÜ Art 7 Rz 7), schießt das Übereinkommen hier allerdings weit über das Ziel hinaus (*Geimer/Schütze,* Zivilverfahrensrecht Art 7 EuGVÜ Rz 4; krit auch *Musger,* RZ 1993, 198).

2. Wesen und Bedeutung

23 Die Art 7–12a EuGVÜ/LGVÜ enthalten eine in sich **geschlossene Regelung für Versicherungssachen.** Sie regeln die internationale Zuständigkeit in Versicherungssachen selbständig und erschöpfend (*Jenard*-Bericht zu Art 7 EuGVÜ; *Czernich/Tiefenthaler,* LGVÜ Art 7 Rz 3; *Geimer/Schütze,* Zivilverfahrensrecht Art 7 EuGVÜ Rz 5; *Gottwald,* MünchKommZPO III Art 7 EuGVÜ Rz 1; *Kropholler,* Zivilprozeßrecht[6] Vor Art 7 EuGVÜ Rz 1; *Schlosser,* EuGVÜ Art 7 Rz 1). Ein Rückgriff auf Art 2–6 EuGVÜ/LGVÜ scheidet aus, soweit im 3. Abschnitt nicht ausdrücklich auf diese verwiesen wird (*Czernich/Tiefenthaler,* LGVÜ Art 7 Rz 3; *Gaudemet-Tallon,* Conventions Rz 240; *Geimer/Schütze,* Zivilverfahrensrecht Art 7 EuGVÜ Rz 5; *Hausmann* in *Wieczorek/Schütze,* ZPO[3] I/1 Vor Art 7 EuGVÜ Rz 4; *Kropholler,* Zivilprozeßrecht[6] Vor Art 7 EuGVÜ Rz 1). **Ausdrücklich verwiesen** wird nur **auf Art 4 und Art 5 Z 5** EuGVÜ/LGVÜ. Anwendbar sind dagegen die Bestimmungen des 6. Abschnittes, insb die Art 17, 18 und 24 EuGVÜ/LGVÜ, ersterer allerdings modifiziert durch Art 12 EuGVÜ/LGVÜ (*Geimer/Schütze,* Zivilverfahrensrecht Art 7 EuGVÜ Rz 6).

24 Die große Bedeutung der Art 7–12 a EuGVÜ/LGVÜ zeigt sich daran, daß ihre **Verletzung** gem Art 28 und 34 die **Versagung der Anerkennung und Vollstreckbarkeit** nach sich zieht (*Czernich/Tiefenthaler,* LGVÜ Art 7 Rz 3; *Geimer/Schütze,* Zivilverfahrensrecht Art 7 EuGVÜ Rz 27; *Kropholler,* Zivilprozeßrecht[6] Vor Art 7 EuGVÜ Rz 4). *Geimer/Schütze* (Zivilverfahrensrecht Art 7 EuGVÜ Rz 27) wollen allerdings, weil durch Art 7 ff EuGVÜ/LGVÜ der Versicherungsnehmer, der Versicherte oder Begünstigte, und nicht der Versicherer geschützt werden soll, von der Versagung der Anerkennung und Vollstreckung jene Entscheidungen ausgenommen wissen, in denen der Versicherer der Beklagte war.

3. Anwendungsbereich und Anwendungsvoraussetzungen

a) Sachlicher Anwendungsbereich

25 Die Art 7–12a EuGVÜ/LGVÜ kommen in **Versicherungssachen** zur Anwendung. Der Begriff der Versicherungssachen wird im Übereinkommen nicht

definiert, er ist durch eine **vertragsautonome Auslegung** einheitlich zu bestimmen (*Auer* in *Bülow/Böckstiegel,* Rechtsverkehr 606 Art 7 EuGVÜ Rz 11; *Czernich/Tiefenthaler,* LGVÜ Art 7 Rz 4; *Geimer/Schütze,* Urteilsanerkennung I/1 § 74 III 6; *dies,* Zivilverfahrensrecht Art 7 EuGVÜ Rz 12; *Gottwald,* MünchKommZPO III Art 7 EuGVÜ Rz 3; *Kropholler,* Zivilprozeßrecht[6] Vor Art 7 EuGVÜ Rz 5; *Schack,* IZVR[2] Rz 283; *Schlosser,* EuGVÜ Art 7 Rz 6; aA *Goldman,* Rev trim dr europ 1971, 27).

Zu den Versicherungssachen zählen nur **privatrechtliche Versicherungsverhältnisse** (*Czernich/Tiefenthaler,* LGVÜ Art 7 Rz 4; *Geimer/Schütze,* Zivilverfahrensrecht Art 7 EuGVÜ Rz 17; *Gottwald,* MünchKommZPO III Art 7 EuGVÜ Rz 3; *Schlosser,* EuGVÜ Art 7 Rz 6). 26

Transportversicherungen fallen – wie sich aus Art 12 Z 5 iVm Art 12a EuGVÜ/LGVÜ ergibt – in den Anwendungsbereich der Art 7 ff EuGVÜ/LGVÜ (*Czernich/Tiefenthaler,* LGVÜ Art 7 Rz 4; *Geimer/Schütze,* Zivilverfahrensrecht Art 7 EuGVÜ Rz 20; *Gottwald,* MünchKommZPO III Art 7 EuGVÜ Rz 3; *Hausmann* in *Wieczorek/Schütze,* ZPO[3] I/1 Vor Art 7 EuGVÜ Rz 8; *Kropholler,* Zivilprozeßrecht[6] Vor Art 7 EuGVÜ Rz 6; *Schlosser,* EuGVÜ Art 7 Rz 7).

Von Art 7 ff EuGVÜ/LGVÜ werden alle Streitigkeiten erfaßt, die sich auf den Abschluß, die Auslegung, Durchführung und Beendigung eines Versicherungsvertrages beziehen (*Czernich/Tiefenthaler,* LGVÜ Art 7 Rz 4; *Geimer/Schütze,* Zivilverfahrensrecht Art 7 EuGVÜ Rz 13). Dazu gehören auch die Direktklage des Geschädigten gegen den Versicherer (Art 10 Abs 2 EuGVÜ/LGVÜ) und die Rückgriffsklage gegen den Versicherten (*Geimer/Schütze,* Zivilverfahrensrecht Art 7 EuGVÜ Rz 13; *Gottwald,* MünchKommZPO III Art 7 EuGVÜ Rz 3). 27

Nicht unter Art 7 ff EuGVÜ/LGVÜ fallen: 28

• **Öffentlich-rechtlich ausgestaltete Versicherungsverhältnisse** (vgl Art 1 Abs 1 EuGVÜ/LGVÜ; *Geimer/Schütze,* Urteilsanerkennung I/1 § 74 III 7; *dies,* Zivilverfahrensrecht Art 7 EuGVÜ Rz 17; *Gottwald,* MünchKommZPO III Art 7 EuGVÜ Rz 3; *Hausmann* in *Wieczorek/Schütze,* ZPO[3] I/1 Vor Art 7 EuGVÜ Rz 6; *Kropholler,* Zivilprozeßrecht[6] Vor Art 7 EuGVÜ Rz 6);

• die **Sozialversicherung,** uzw unabhängig davon, ob das Versicherungsverhältnis kraft Gesetzes oder aufgrund eines Vertrages entsteht, weil sie gem Art 1 Abs 2 Z 3 EuGVÜ/LGVÜ ausdrücklich vom Anwendungsbereich des Übereinkommens ausgenommen ist (*Auer* in *Bülow/Böckstiegel,* Rechtsverkehr 606 Art 7 EuGVÜ Rz 14; *Czernich/Tiefenthaler,* LGVÜ Art 7 Rz 4; *Geimer/Schütze,* Zivilverfahrensrecht Art 7 EuGVÜ Rz 18; *Gottwald,* MünchKommZPO III Art 7 EuGVÜ Rz 3; *Kropholler,* Zivilprozeßrecht[6] Vor Art 7 EuGVÜ Rz 6);

• die **Rückversicherung** mangels typischer Schutzbedürftigkeit des Versicherungsnehmers (*Schlosser*-Bericht, RdN 151; *Czernich/Tiefenthaler,* LGVÜ Art 7 Rz 4; *Geimer/Schütze,* Urteilsanerkennung I/1 § 74 III 7; *dies,* Zivilverfahrensrecht Art 7 EuGVÜ Rz 19; *Gottwald,* MünchKommZPO III Art 7 EuGVÜ Rz 3; *Kropholler,* Zivilprozeßrecht[6] Vor Art 7 EuGVÜ Rz 6; *Schack,* IZVR[2] Rz 283; *Schlosser,* EuGVÜ Art 7 Rz 7; aA *Gaudemet-Tallon,* Conventions Rz 243; diese Frage offenlassend EuGH 27. 6. 1991 Rs C-351/89 *„Overseas Union/New Hampshire Insurance"* Slg 1991, I-3317 = NJW 1992, 3221);

• die **Rückgriffsklage des Versicherers gegen** den **Schädiger,** weil der Schädiger nicht zu den Verfahrensbeteiligten zählt, für die der 3. Abschnitt gilt (*Czernich/Tiefenthaler,* LGVÜ Art 7 Rz 4; *Geimer/Schütze,* Urteilsanerkennung I/1 § 74 III 7; *dies,* Zivilverfahrensrecht Art 7 EuGVÜ Rz 13; *Gottwald,* Münch-

KommZPO III Art 7 EuGVÜ Rz 3; *Hausmann* in *Wieczorek/Schütze,* ZPO³ I/1 Vor Art 7 EuGVÜ Rz 9; *Kropholler,* Zivilprozeßrecht⁶ Vor Art 7 EuGVÜ Rz 6; *Schlosser,* EuGVÜ Art 7 Rz 8).

b) Persönlicher Anwendungsbereich (Verfahrensbeteiligte)

29 Als **Verfahrensbeteiligte** kommen nach den Vorschriften des dritten Abschnitts folgende Personen in Betracht:

- der Versicherer;
- der Versicherungsnehmer, das ist der Vertragspartner des Versicherers;
- der Versicherte;
- der Begünstigte (Art 11 Abs 1, Art 12 Z 2);
- der Verletzte (Art 10 Abs 2);
- alle sonstigen Personen, für die der Versicherungsvertrag Rechte oder Pflichten begründet (*Geimer/Schütze,* Urteilsanerkennung I/1 § 74 III 7; *dies,* Zivilverfahrensrecht Art 7 EuGVÜ Rz 14; *Gottwald,* MünchKommZPO III Art 7 EuGVÜ Rz 4; *Hausmann* in *Wieczorek/Schütze,* ZPO³ I/1 Vor Art 7 EuGVÜ Rz 11; *Kropholler,* Zivilprozeßrecht⁶ Vor Art 7 EuGVÜ Rz 7; *Schlosser,* EuGVÜ Art 7 Rz 9).

30 **Versicherer** sind die (in- oder ausländischen) Versicherungsunternehmen aller zugelassenen Rechtsformen, unabhängig davon, ob sie privat- oder öffentlichrechtlich organisiert sind (*Auer* in *Bülow/Böckstiegel,* Rechtsverkehr 606 Art 7 EuGVÜ Rz 22; *Czernich/Tiefenthaler,* LGVÜ Art 7 Rz 5; *Geimer/Schütze,* Zivilverfahrensrecht Art 7 EuGVÜ Rz 15; *Kropholler,* Zivilprozeßrecht⁶ Vor Art 7 EuGVÜ Rz 7).

31 Art 7 ff EuGVÜ/LGVÜ gelten auch für die **Rechtsnachfolger** der genannten Personen (*Schlosser*-Bericht RdN 152; *Czernich/Tiefenthaler,* LGVÜ Art 7 Rz 5; *Geimer/Schütze,* Urteilsanerkennung I/1 § 74 III 7; *dies,* Zivilverfahrensrecht Art 7 EuGVÜ Rz 16; *Gottwald,* MünchKommZPO III Art 7 EuGVÜ Rz 4; *Hausmann* in *Wieczorek/Schütze,* ZPO³ I/1 Vor Art 7 EuGVÜ Rz 11; *Kropholler,* Zivilprozeßrecht⁶ Vor Art 7 EuGVÜ Rz 7; aA *Schlosser,* EuGVÜ Art 7 Rz 9, nach dessen Ansicht die Einzelrechtsnachfolger geschützter Personen nicht geschützt werden).

c) Anwendungsvoraussetzung

32 Aus dem Vorbehalt zugunsten des Art 4 EuGVÜ/LGVÜ geht hervor, daß Art 7 ff EuGVÜ/LGVÜ nur dann zur Anwendung kommen, wenn der **Beklagte** seinen **Wohnsitz/Sitz in** einem **Vertragsstaat** hat (ErläutRV zum LGVÜ [3 BlgNR 20. GP] 33; *Czernich/Tiefenthaler,* LGVÜ Art 7 Rz 6; *Geimer/Schütze,* Zivilverfahrensrecht Art 7 EuGVÜ Rz 8; *Gottwald,* MünchKommZPO III Art 7 EuGVÜ Rz 5; *Kropholler,* Zivilprozeßrecht⁶ Art 7 EuGVÜ Rz 2; *Schlosser,* EuGVÜ Art 7 Rz 2).

33 Hat der Beklagte seinen Wohnsitz/Sitz nicht in einem Vertragsstaat, gilt grundsätzlich gem Art 4 Abs 1 EuGVÜ/LGVÜ das nationale Zuständigkeitsrecht des Gerichtsstaates (*Czernich/Tiefenthaler,* LGVÜ Art 7 Rz 6; *Geimer/Schütze,* Zivilverfahrensrecht Art 7 EuGVÜ Rz 8; *Gottwald,* MünchKommZPO III Art 7 EuGVÜ Rz 5). Eine Ausnahme macht jedoch Art 8 Abs 2 EuGVÜ/LGVÜ, wenn der **beklagte Versicherer** zwar keinen Wohnsitz/Sitz, aber eine **Zweigniederlassung, Agentur oder sonstige Niederlassung in einem Vertragsstaat** hat. Näheres s Rz 40 ff.

4. Vorbehalt zugunsten des Art 5 Z 5 EuGVÜ/LGVÜ

Der Vorbehalt zugunsten des Art 5 Z 5 EuGVÜ/LGVÜ bedeutet, daß ein Versicherer, der seinen Wohnsitz/Sitz in einem Vertragsstaat hat, auch in dem **Vertragsstaat** verklagt werden kann, **in dem** sich seine Zweigniederlassung, Agentur oder sonstige **Niederlassung** befindet, sofern es sich um eine Streitigkeit aus deren Betrieb handelt (*Czernich/Tiefenthaler,* LGVÜ Art 7 Rz 7; *Geimer/Schütze,* Zivilverfahrensrecht Art 7 EuGVÜ Rz 21; *Kropholler,* Zivilprozeßrecht[6] Art 7 EuGVÜ Rz 3; LG Stuttgart IPRax 1998, 100). Der erforderliche Bezug zur Niederlassung ist insbesondere dann gegeben, wenn diese den Versicherungsvertrag abgeschlossen hat (*Kropholler,* Zivilprozeßrecht[6] Art 7 EuGVÜ Rz 3; Cass [Italien] Riv dir int priv proc 1995, 116). 34

Dasselbe gilt umgekehrt für Klagen des Versicherers, wenn die beklagte Partei außerhalb ihres Wohnsitzstaates eine Zweigniederlassung, Agentur oder sonstige Niederlassung hat und sich der Streitgegenstand auf deren Betrieb bezieht (*Geimer/Schütze,* Urteilsanerkennung I/1 § 74 IV; *dies,* Zivilverfahrensrecht Art 7 EuGVÜ Rz 22; *Hausmann* in *Wieczorek/Schütze,* ZPO[3] I/1 Art 7 EuGVÜ Rz 2 und Art 11 Rz 2).

B. Gerichtsstände für Klagen gegen den Versicherer (Art 8 EuGVÜ/LGVÜ)

Art 8 EuGVÜ/LGVÜ. Der Versicherer, der seinen Wohnsitz in dem Hoheitsgebiet eines Vertragsstaats hat, kann verklagt werden

1. vor den Gerichten des Staates, in dem er seinen Wohnsitz hat,

2. in einem anderen Vertragsstaat vor dem Gericht des Bezirks, in dem der Versicherungsnehmer seinen Wohnsitz hat, oder

3. falls es sich um einen Mitversicherer handelt, vor dem Gericht eines Vertragsstaats, bei dem der federführende Versicherer verklagt wird.

Hat ein Versicherer in dem Hoheitsgebiet eines Vertragsstaats keinen Wohnsitz, besitzt er aber in einem Vertragsstaat eine Zweigniederlassung, Agentur oder sonstige Niederlassung, so wird er für Streitigkeiten aus ihrem Betrieb so behandelt, wie wenn er seinen Wohnsitz in dem Hoheitsgebiet dieses Staates hätte.

1. Überblick

Hat der Versicherer entweder seinen Wohnsitz/Sitz in einem Vertragsstaat oder hat er eine Zweigniederlassung, Agentur oder sonstige Niederlassung in einem Vertragsstaat und bezieht sich die Klage auf deren Betrieb, dann ist er nach Wahl des Klägers in folgenden Staaten bzw an folgenden Orten gerichtspflichtig: 35

- in seinem Wohnsitz- bzw Sitzstaat (Art 8 Abs 1 Z 1);
- vor dem Gericht des Bezirks, in dem der Versicherungsnehmer seinen Wohnsitz/Sitz hat (Art 8 Abs 1 Z 2);
- wenn mehrere Versicherer zusammen geklagt werden, wo der federführende Versicherer geklagt wird (Art 8 Abs 1 Z 3);
- am Ort der Zweigniederlassung, Agentur oder sonstigen Niederlassung, wenn sich die Streitigkeit auf deren Betrieb bezieht (Art 7 iVm Art 5 Z 5);
- in Haftpflichtversicherungssachen an dem Ort, an dem das schädigende Ereignis eingetreten ist (Art 9 Satz 1) sowie an dem Ort, an dem die Klage des Geschädigten gegen den Versicherten anhängig ist (Art 10 Abs 1);
- in Immobilienversicherungsstreitigkeiten an dem Ort, an dem das schädigende Ereignis eingetreten ist (Art 9 Satz 1).

2. Anknüpfungspunkte

a) Wohnsitz des Versicherers

36 Nach Art 8 Abs 1 Z 1 EuGVÜ/LGVÜ, der nur die internationale Zuständigkeit (*Geimer/Schütze,* Zivilverfahrensrecht Art 8 EuGVÜ Rz 16) regelt, kann der Versicherer vor den Gerichten des Staates geklagt werden, in dem er seinen Wohnsitz oder Sitz hat. Die örtliche Zuständigkeit richtet sich nach dem nationalen Zuständigkeitsrecht (*Czernich/Tiefenthaler,* LGVÜ Art 8 Rz 2; *Geimer/Schütze,* Zivilverfahrensrecht Art 8 EuGVÜ Rz 5 und 16; *Gottwald,* MünchKommZPO III Art 8 EuGVÜ Rz 1). In Österreich kommen §§ 65 ff JN, § 48 VersVG in Betracht.

b) Wohnsitz des Versicherungsnehmers

37 Es wird nur an den Wohnsitz des Versicherungsnehmers, nicht aber an jenen des Versicherten, Begünstigten oder Verletzten angeknüpft (ErläutRV zum LGVÜ [34 BlgNR 20. GP] 33; *Czernich/Tiefenthaler,* LGVÜ Art 8 Rz 3; *Geimer/Schütze,* Zivilverfahrensrecht Art 8 EuGVÜ Rz 6; *Gottwald,* MünchKommZPO III Art 8 EuGVÜ Rz 2; *Kropholler,* Zivilprozeßrecht[6] Art 8 EuGVÜ Rz 2; BGHZ 74, 248 = RIW 1979, 494). Denn nur der Versicherungsnehmer ist Vertragspartner des Versicherers (vgl *Jenard*-Bericht zu Art 8 EuGVÜ; *Geimer/Schütze,* Zivilverfahrensrecht Art 8 EuGVÜ Rz 6; *Hausmann* in *Wieczorek/Schütze,* ZPO[3] I/1 Art 8 EuGVÜ Rz 3; *Kropholler,* Zivilprozeßrecht[6] Art 8 EuGVÜ Rz 2).

Maßgebend ist der Wohnsitz des Versicherungsnehmers **im Zeitpunkt der Klageerhebung** (*Czernich/Tiefenthaler,* LGVÜ Art 8 Rz 3; *Geimer/Schütze,* Zivilverfahrensrecht Art 8 EuGVÜ Rz 8; *Hausmann* in *Wieczorek/Schütze,* ZPO[3] I/1 Art 8 EuGVÜ Rz 3; *Schlosser,* EuGVÜ Art 8 Rz 1).

c) Gerichtsstand des federführenden Versicherers

38 Klagen **gegen mehrere Versicherer** (die sich das Risiko bei einem Großschaden teilen) können (auch) dort eingebracht werden, wo der **federführende Versicherer verklagt** wird. Art 8 Abs 1 Z 3 EuGVÜ/LGVÜ ist einerseits enger als Art 6 Z 1 EuGVÜ/LGVÜ, weil er auf den federführenden Versicherer abstellt, andererseits insofern weiter als nicht nur am Wohnsitz/Sitz des federführenden Mitversicherers, sondern überall dort geklagt werden kann, wo dieser nach Art 8 – 10 und Art 12 EuGVÜ/LGVÜ gerichtspflichtig ist (*Czernich/Tiefenthaler,* LGVÜ Art 8 Rz 4; *Geimer/Schütze,* Zivilverfahrensrecht Art 8 EuGVÜ Rz 9; *Kropholler,* Zivilprozeßrecht[6] Art 8 EuGVÜ Rz 3).

39 Es besteht für den Versicherungsnehmer etc aber **kein Zwang,** alle Mitversicherer gemeinsam (bei einem Gericht) zu klagen (*Schlosser*-Bericht RdN 149; *Czernich/Tiefenthaler,* LGVÜ Art 8 Rz 4; *Geimer/Schütze,* Zivilverfahrensrecht Art 8 EuGVÜ Rz 10; *Gottwald,* MünchKommZPO III Art 8 EuGVÜ Rz 3; *Kropholler,* RIW 1986, 932).

3. Erweiterter Anwendungsbereich gegenüber Versicherern aus Drittstaaten (Art 8 Abs 2 EuGVÜ/LGVÜ)

40 Hat der **beklagte Versicherer** zwar keinen Wohnsitz/Sitz, aber eine **Zweigniederlassung, Agentur oder sonstige Niederlassung in einem Vertragsstaat,** dann wird der Versicherer für **Streitigkeiten aus deren Betrieb** so behandelt **als hätte er** seinen **Wohnsitz/Sitz** in dem Hoheitsgebiet des Vertragsstaates, in dem die Zweigniederlassung, Agentur oder sonstige Niederlassung gelegen ist. Dies hat zur Folge, daß gegen den beklagten Versicherer Art 8 – 12 a EuGVÜ/LGVÜ und nicht bloß der Gerichtsstand der Niederlassung (Art 5 Z 5 EuGVÜ/LGVÜ)

zur Anwendung kommen (*Geimer/Schütze,* Urteilsanerkennung I/1, 411 FN 193; *dies,* Zivilverfahrensrecht Art 8 EuGVÜ Rz 14; *Gottwald,* MünchKommZPO III Art 8 EuGVÜ Rz 4; *Hausmann* in *Wieczorek/Schütze,* ZPO³ I/1 Art 8 EuGVÜ Rz 5; *Kropholler,* Zivilprozeßrecht⁶ Art 8 EuGVÜ Rz 5). Dies bringt für den Versicherer freilich auch insoweit einen Vorteil mit sich, als ihm gegenüber die exorbitanten Zuständigkeitsvorschriften des nationalen Zuständigkeitsrechtes nicht angewendet werden dürfen (ErläutRV zum LGVÜ [34 BlgNR 20. GP] 33; *Czernich/Tiefenthaler,* LGVÜ Art 8 Rz 5; *Geimer/Schütze,* Zivilverfahrensrecht Art 7 EuGVÜ Rz 9; *Kropholler,* Zivilprozeßrecht⁶ Art 8 EuGVÜ Rz 5; *Schlosser,* EuGVÜ Art 8 Rz 2).

Der erweiterte Anwendungsbereich der Art 7 ff EuGVÜ/LGVÜ gilt aber **nur für Klagen gegen den Versicherer.** 41

Art 8 Abs 2 EuGVÜ/LGVÜ regelt nur die **internationale Zuständigkeit,** die örtliche Zuständigkeit richtet sich nach dem nationalen Zuständigkeitsrecht (ErläutRV zum LGVÜ [34 BlgNR 20. GP] 33; *Geimer/Schütze,* Zivilverfahrensrecht Art 8 EuGVÜ Rz 16). 42

C. Gerichtsstand am Ort des schädigenden Ereignisses (Art 9 EuGVÜ/LGVÜ)

Art 9 EuGVÜ/LGVÜ. Bei der Haftpflichtversicherung oder bei der Versicherung von unbeweglichen Sachen kann der Versicherer außerdem vor dem Gericht des Ortes, an dem das schädigende Ereignis eingetreten ist, verklagt werden. Das gleiche gilt, wenn sowohl bewegliche als auch unbewegliche Sachen in ein und demselben Versicherungsvertrag versichert und von demselben Schadensfall betroffen sind.

1. Wesen und Bedeutung

Durch Art 9 EuGVÜ/LGVÜ wird die Gerichtspflichtigkeit des Versicherers bei der Haftpflichtversicherung erweitert. 43

Beim Gerichtsstand nach Art 9 EuGVÜ/LGVÜ handelt es sich, wie aus dem Wort „außerdem" hervorgeht, um einen Wahlgerichtsstand (*Kropholler,* Zivilprozeßrecht⁶ Art 9 EuGVÜ Rz 1). Art 9 EuGVÜ/LGVÜ regelt sowohl die internationale als auch die örtliche Zuständigkeit (*Gottwald,* MünchKommZPO III Art 9 EuGVÜ Rz 1).

2. Anwendungsbereich und Anwendungsvoraussetzung

Art 9 EuGVÜ/LGVÜ kommt nur unter der Voraussetzung zur Anwendung, daß der beklagte Versicherer in dem Vertragsstaat, in dem das schädigende Ereignis eingetreten ist, keinen Wohnsitz/Sitz hat (*Kropholler,* Zivilprozeßrecht⁶ Art 9 EuGVÜ Rz 1). 44

Art 9 EuGVÜ/LGVÜ gilt für **Haftpflichtversicherungen, Versicherungen von unbeweglichen Sachen** sowie für Versicherungen von beweglichen Sachen, die zusammen mit Immobilien in einem einheitlichen Versicherungsvertrag versichert und vom gleichen Schadensfall betroffen sind, wie zB bei der Feuerversicherung, bei der sowohl Haus- und Grundbesitz als auch die darin enthaltene Fahrnis versichert sind (*Czernich/Tiefenthaler,* LGVÜ Art 9 Rz 2; *Kropholler,* Zivilprozeßrecht⁶ Art 9 EuGVÜ Rz 2). Dies trifft auch dann zu, wenn über die Fahrnis ein Zusatzvertrag zum Immobiliarversicherungsvertrag geschlossen worden ist (*Jenard*-Bericht zu Art 9 EuGVÜ; *Geimer/Schütze,* Urteilsanerkennung I/1 § 74 IV 2; *dies,* Zivilverfahrensrecht Art 9 EuGVÜ Rz 1; *Gottwald,* MünchKommZPO III Art 9 EuGVÜ Rz 1; *Kropholler,* Zivilprozeßrecht⁶ Art 9 EuGVÜ Rz 2). 45

3. Anknüpfungspunkt

46 Das Anknüpfungsmerkmal **„Ort, an dem das schädigende Ereignis eingetreten ist"** ist in demselben Sinn zu verstehen wie in **Art 5 Z 3 EuGVÜ/LGVÜ** (*Czernich/Tiefenthaler,* LGVÜ Art 9 Rz 1; *Geimer/Schütze,* Zivilverfahrensrecht Art 9 EuGVÜ Rz 2; *Kropholler,* Zivilprozeßrecht[6] Art 9 EuGVÜ Rz 1). Der Kläger hat somit die Wahl zwischen dem Handlungs- und dem Erfolgsort (*Geimer/Schütze,* Zivilverfahrensrecht Art 9 EuGVÜ Rz 2; *Hausmann* in *Wieczorek/Schütze,* ZPO[3] I/1 Art 9 EuGVÜ Rz 1; aA anscheinend ErläutRV zum LGVÜ [34 BlgNR 20. GP] 34).

4. Derogation

47 Die Parteien können die Zuständigkeit nach Art 9 EuGVÜ/LGVÜ unter den Voraussetzungen des Art 12 Z 3 EuGVÜ/LGVÜ abbedingen (*Czernich/Tiefenthaler,* LGVÜ Art 9 Rz 3; *Geimer/Schütze,* Zivilverfahrensrecht Art 9 EuGVÜ Rz 3; *Kropholler,* Zivilprozeßrecht[6] Art 9 EuGVÜ Rz 3; *Schlosser,* EuGVÜ Art 9).

D. Gerichtsstand der Interventionsklage und der Direktklage (Art 10 EuGVÜ/LGVÜ)

Art 10 EuGVÜ/LGVÜ. Bei der Haftpflichtversicherung kann der Versicherer auch vor das Gericht, bei dem die Klage des Geschädigten gegen den Versicherten anhängig ist, geladen werden, sofern dies nach dem Recht des angerufenen Gerichts zulässig ist.

Auf eine Klage, die der Verletzte unmittelbar gegen den Versicherer erhebt, sind die Artikel 7 bis 9 anzuwenden, sofern eine solche unmittelbare Klage zulässig ist.

Sieht das für die unmittelbare Klage maßgebliche Recht die Streitverkündung gegen den Versicherungsnehmer oder den Versicherten vor, so ist dasselbe Gericht auch für diese Personen zuständig.

1. Interventionsklage (Art 10 Abs 1 EuGVÜ/LGVÜ)

48 Bei der **Haftpflichtversicherung** kann der **Versicherer,** der seinen Wohnsitz/Sitz oder wenigstens seine Zweigniederlassung, Agentur oder sonstige Niederlassung (vgl Art 8 Abs 2 EuGVÜ/LGVÜ) in einem Vertragsstaat hat, **bei dem Gericht verklagt** werden, bei dem die **Klage des Geschädigten gegen den Versicherten anhängig** ist, sofern das Gericht nach dem Recht des Gerichtsstaates über eine Interventionsklage erkennen kann. Durch den Vorbehalt zugunsten des autonomen Rechts unterscheidet sich Art 10 Abs 1 EuGVÜ/LGVÜ von Art 6 Z 2 EuGVÜ/LGVÜ, durch den das nationale Zuständigkeitsrecht in vollem Umfang verdrängt wird (*Geimer/Schütze,* Zivilverfahrensrecht Art 10 EuGVÜ Rz 3).

49 Aufgrund des (vorsorglichen) Vorbehalts in Art V Abs 1 des Prot zum Brüsseler bzw des Prot Nr 1 zum Luganer Abkommen für Deutschland, **Österreich,** Spanien und die Schweiz kann die in Art 10 EuGVÜ/LGVÜ vorgesehene Zuständigkeit in den genannten Ländern nicht geltend gemacht werden (*Czernich/Tiefenthaler,* LGVÜ Art 10 Rz 2). Allerdings kann der Versicherer im Weg der **Streitverkündigung** (§ 21 ZPO) in den Prozeß einbezogen werden (*Czernich/Tiefenthaler,* LGVÜ Art 10 Rz 2).

50 Trotz des Ausschlusses einer direkten Zuständigkeit österreichischer Gerichte ist Art 10 EuGVÜ/LGVÜ – ebenso wie Art 6 Z 2 EuGVÜ/LGVÜ – auch aus österreichischer Sicht bedeutsam, weil Versicherer mit Sitz in Österreich in

anderen Vertragsstaaten (außer der BRD, Spanien und der Schweiz) beim Gerichtsstand der Interventionsklage verklagt werden können, wenn das dortige Recht die Interventionsklage zuläßt und weil die ausländischen Entscheidungen in Österreich anerkannt werden müssen (*Czernich/Tiefenthaler,* LGVÜ Art 10 Rz 3; vgl für die deutsche Rechtslage *Geimer/Schütze,* Zivilverfahrensrecht Art 10 EuGVÜ Rz 5; *Gottwald,* MünchKommZPO III Art 10 EuGVÜ Rz 1; *Kropholler,* Zivilprozeßrecht[6] Art 10 EuGVÜ Rz 2; *Schlosser,* EuGVÜ Art 10 Rz 1).

Beispiel: Ein Österreicher, der bei einer österreichischen Versicherungsgesellschaft versichert ist, verursacht in Frankreich einen Verkehrsunfall und wird in Frankreich von dem geschädigten Franzosen geklagt. In diesem Fall ist die – im französischen Recht vorgesehene – Interventionsklage zulässig, obwohl der Rechtsstreit sich auf einen Versicherungsvertrag zwischen einem österreichischen Versicherungsteilnehmer und einem österreichischen Versicherer bezieht.

Um die Tragweite des Art 10 Abs 1 EuGVÜ/LGVÜ abzuschwächen (vgl *Jenard*-Bericht zu Art 10 Abs 1 EuGVÜ), gestattet es Art 12 Z 3 EuGVÜ/LGVÜ Versicherungsnehmern und Versicherern, die bei Vertragsabschluß ihren Wohnsitz/Sitz in demselben Vertragsstaat haben, die Zuständigkeit der Gerichte dieses Staates zu vereinbaren. Eine solche Vereinbarung muß allerdings nach dem Recht dieses Staates zulässig sein (*Czernich/Tiefenthaler,* LGVÜ Art 10 Rz 4). **51**

Der Versicherer kann nur unter folgenden Voraussetzungen im Weg der Gewährleistungs- bzw Interventionsklage in Haftpflichtsachen verklagt werden: **52**

Erstens: Beklagter (bzw Antragsgegner) des Haftpflichthauptprozesses muß der Versicherte sein. Sind mehrere versicherte Personen wegen des gleichen Schadensfalles vor den Gerichten verschiedener Staaten verklagt, so kann jeder von ihnen den Versicherer an seinem Gerichtsort verklagen.

Zweitens: Der Hauptprozeß muß vor einem zuständigen Gericht anhängig sein (*Geimer/Schütze,* Urteilsanerkennung I/1 § 74 IV 2h; *dies,* Zivilverfahrensrecht Art 10 EuGVÜ Rz 7; aA *Czernich/Tiefenthaler,* LGVÜ Art 10 Rz 1; *Hausmann* in *Wieczorek/Schütze,* ZPO[3] I/1 Art 10 EuGVÜ Rz 1). Der Versicherer kann daher die Unzuständigkeit des angegangenen Gerichts für den Hauptprozeß selbständig rügen, dh soweit er sich noch nicht eingelassen hat, kann er die Unzuständigkeit auch dann noch einredeweise geltend machen, wenn sich bereits der Versicherte rügelos eingelassen hat (*Geimer/Schütze,* Zivilverfahrensrecht Art 10 EuGVÜ Rz 8).

2. Direktklage (Art 10 Abs 2 EuGVÜ/LGVÜ)

Wenn eine Direktklage des Verletzten gegen den Versicherer zulässig ist, kann der Versicherer **vor jedem Gericht,** das nach Art 7–9 EuGVÜ/LGVÜ **für** eine **Klage des Versicherungsnehmers gegen den Versicherer zuständig** ist, verklagt werden. Der Versicherer kann aber weder am Wohnsitz des Versicherten noch am Wohnsitz des Verletzten verklagt werden, weil Art 8 Abs 1 EuGVÜ/LGVÜ nur an den Wohnsitz des Versicherungsnehmers anknüpft (*Auer* in *Bülow/Böckstiegel,* Rechtsverkehr 606 Art 10 EuGVÜ Rz 19; *Geimer/Schütze,* Urteilsanerkennung I/1 § 74 IV 2j; *dies,* Zivilverfahrensrecht Art 10 EuGVÜ Rz 13; *Gottwald,* MünchKommZPO III Art 10 EuGVÜ Rz 2; *Hausmann* in *Wieczorek/Schütze,* ZPO[3] I/1 Art 10 EuGVÜ Rz 4; *Kropholler,* Zivilprozeßrecht[6] Art 10 EuGVÜ Rz 4; *Schack,* IZVR[2] Rz 284; *Schlosser,* EuGVÜ Art 10 Rz 2; LG Saarbrücken IPRsp 1976/148 = VersR 1977, 1164). **53**

Der Versicherer kann auch am Ort seiner Zweigniederlassung, Agentur oder sonstigen Niederlassung (Art 10 Abs 2, Art 5 Z 5, Art 7 EuGVÜ/LGVÜ) **54** verklagt werden, wenn der Streitgegenstand im Zusammenhang mit dem Betrieb der Niederlassung steht. Für die Annahme eines solchen Zusammenhangs reicht es bereits aus, wenn der Versicherte im Gerichtsstand des Art 5 Z 5, Art 7 EuGVÜ/LGVÜ auf Freistellung klagen bzw Rückgriff nehmen könnte (*Geimer/Schütze,* Urteilsanerkennung I/1 § 74 IV 2 j; *dies,* Zivilverfahrensrecht Art 10 EuGVÜ Rz 14).

55 Ob ein Direktanspruch des Geschädigten gegen den Versicherer besteht, richtet sich nach der lex causae, die durch das IPR des Gerichtsstaates bestimmt wird (*Czernich/Tiefenthaler,* LGVÜ Art 10 Rz 6; *Geimer/Schütze,* Zivilverfahrensrecht Art 10 EuGVÜ Rz 15; *Gottwald,* MünchKommZPO III Art 10 EuGVÜ Rz 2; *Kropholler,* Zivilprozeßrecht[6] Art 10 EuGVÜ Rz 4).

56 Nach Art 9 des Haager Übereinkommens über das auf den Straßenverkehr anwendbare Recht (BGBl 1975/387) haben die geschädigten Personen ein unmittelbares Klagerecht gegen die Versicherung des Haftpflichtigen, wenn ihnen ein solches Recht nach dem gem Art 3, 4 oder 5 leg cit anzuwendenden Recht zusteht. Sieht das nach Art 4 oder 5 leg cit anzuwendende Recht des Zulassungsstaates ein unmittelbares Klagerecht nicht vor, so kann es gleichwohl ausgeübt werden, wenn es vom innerstaatlichen Recht des Staates zugelassen ist, in dessen Hoheitsgebiet sich der Unfall ereignet hat. Wenn keines dieser Rechte ein solches Klagerecht vorsieht, so kann es ausgeübt werden, wenn es von dem Recht zugelassen ist, das für den Versicherungsvertrag maßgebend ist.

Von den Vertragsstaaten der Übereinkommen von Brüssel und Lugano haben Belgien, Frankreich, Österreich (BGBl 1975/387), die Niederlande, Luxemburg und Spanien, nicht jedoch Deutschland das Haager Übereinkommen über das auf Straßenverkehrsunfälle anzuwendende Recht ratifiziert.

Eine unmittelbare Klage („action directe") ist nach belgischem, französischem und luxemburgischem Recht in allen Haftpflichtversicherungsfällen zulässig. Nach deutschem Recht ist sie nur bei der obligatorischen Haftpflichtversicherung von Kraftfahrzeugen möglich (*Jenard*-Bericht zu Art 10 EuGVÜ; *Auer* in *Bülow/Böckstiegel,* Rechtsverkehr 606 Art 10 EuGVÜ Rz 18; *Kropholler,* Zivilprozeßrecht[6] 175 FN 4). Das österreichische Recht kennt nach § 26 KHVG eine Direktklage des geschädigten Dritten gegen den Versicherer.

3. Streitverkündigung (Art 10 Abs 3 EuGVÜ/LGVÜ)

57 Wenn der Verletzte den Versicherer im Weg der Direktklage nach Art 10 Abs 2 verklagt hat, so kann dieser dem Versicherungsnehmer und/oder dem Versicherten, nicht aber den sonstigen am Versicherungsverhältnis Beteiligten den Streit verkünden.

58 Allerdings kann der Versicherer nur dann dem Versicherungsnehmer und/oder dem Versicherten den Streit verkünden, wenn die für die Direktklage maßgebliche lex fori die Streitverkündigung vorsieht (*Gottwald,* MünchKommZPO III Art 10 EuGVÜ Rz 3; aA nämlich, daß es auf die lex causae ankommt, *Geimer/Schütze,* Urteilsanerkennung I/1 § 74 IV 1 c; *dies,* Zivilverfahrensrecht Art 10 EuGVÜ Rz 20; die Frage offenlassend *Hausmann* in *Wieczorek/Schütze,* ZPO[3] I/1 Art 10 EuGVÜ Rz 6; *Kropholler,* Zivilprozeßrecht[6] Art 10 EuGVÜ Rz 5).

59 Für den Versicherungsnehmer bzw den Versicherten bringt Art 10 Abs 3 EuGVÜ/LGVÜ freilich nur dann eine Abweichung von den allgemeinen Zuständigkeitsregeln (Art 11 EuGVÜ/LGVÜ), wenn der Verletzte die unmittelbare Klage im Wohnsitz-/Sitzstaat des Versicherers erhoben hat (*Geimer/Schütze,* Zivilverfahrensrecht Art 10 EuGVÜ Rz 21).

Ratio für diese Bestimmung ist, daß im Interesse einer geordneten Rechtspflege sichergestellt sein muß, daß die Ansprüche vor demselben Gericht erhoben werden können, damit nicht durch verschiedene Gerichte Urteile ergehen, die miteinander nicht vereinbar sind. Auch wird der Versicherer durch dieses Verfahren gegen betrügerische Machenschaften geschützt (*Jenard*-Bericht zu Art 10 EuGVÜ; *Czernich/Tiefenthaler,* LGVÜ Art 10 Rz 9; *Geimer/Schütze,* Zivilverfahrensrecht Art 10 EuGVÜ Rz 19; *Kropholler,* Zivilprozeßrecht[6] Art 10 EuGVÜ Rz 5). 60

4. Zuständigkeitsvereinbarungen

Durch eine Gerichtsstandsvereinbarung im Versicherungsvertrag werden die Klagemöglichkeiten nach Art 10 EuGVÜ/LGVÜ nicht betroffen, weil der Verletzte nicht am Vertrag beteiligt ist und die Gerichtsstandsklausel zu Lasten Dritten nicht wirkt (*Schlosser*-Bericht RdN 148; *Czernich/Tiefenthaler,* LGVÜ Art 10 Rz 8; *Geimer/Schütze,* Zivilverfahrensrecht Art 10 EuGVÜ Rz 22; *Gottwald,* MünchKommZPO III Art 10 EuGVÜ Rz 2; *Kropholler,* Zivilprozeßrecht[6] Art 10 EuGVÜ Rz 6). Wohl kann aber zugunsten des Versicherten die Streitverkündungsmöglichkeit des Versicherers ausgeschlossen werden (*Geimer/Schütze* Zivilverfahrensrecht Art 10 EuGVÜ Rz 22). 61

E. Gerichtsstand für Klagen des Versicherten, Widerklage
(Art 11 EuGVÜ/LGVÜ)

Art 11 EuGVÜ/LGVÜ. Vorbehaltlich der Bestimmungen des Artikels 10 Absatz 3 kann der Versicherer nur vor den Gerichten des Vertragsstaats klagen, in dessen Hoheitsgebiet der Beklagte seinen Wohnsitz hat, ohne Rücksicht darauf, ob dieser Versicherungsnehmer, Versicherter oder Begünstigter ist.

Die Vorschriften dieses Abschnitts lassen das Recht unberührt, eine Widerklage vor dem Gericht zu erheben, bei dem die Klage selbst gemäß den Bestimmungen dieses Abschnitts anhängig ist.

1. Wesen

Art 11 Abs 1 EuGVÜ/LGVÜ regelt nur die internationale Zuständigkeit (*Jenard*-Bericht zu Art 11 EuGVÜ; *Geimer/Schütze,* Zivilverfahrensrecht Art 11 EuGVÜ Rz 3; *Kropholler,* Zivilprozeßrecht[6] Art 11 EuGVÜ Rz 1), die örtliche Zuständigkeit richtet sich nach dem nationalen Zuständigkeitsrecht (*Gottwald,* MünchKommZPO III Art 11 EuGVÜ Rz 1; *Schlosser,* EuGVÜ Art 11 Rz 1). Dagegen regelt Art 11 Abs 2 EuGVÜ/LGVÜ sowohl die internationale als auch die örtliche Zuständigkeit. 62

2. Gerichtspflichtigkeit des beklagten Versicherungsnehmers, Versicherten, Begünstigten oder sonstiger am Versicherungsverhältnis Beteiligter

Der Versicherungsnehmer, Versicherte, Begünstigte und die sonstigen am Versicherungsverhältnis Beteiligten können gem Art 11 Abs 1 EuGVÜ/LGVÜ grundsätzlich **nur** in dem **Vertragsstaat** geklagt werden, in dem sie ihren **Wohnsitz/Sitz** haben. 63

Ausnahmen gibt es in folgenden Fällen: 64

- Wenn der Versicherer vom Verletzten im Weg einer **Direktklage** (Art 10 Abs 2 EuGVÜ/LGVÜ) verklagt wird, kann er dem Versicherungsnehmer und/ oder dem Versicherten durch dieses Gericht den Streit verkünden (Art 10 Abs 3 EuGVÜ/LGVÜ).

• wenn der Beklagte seinen Wohnsitz/Sitz in einem Vertragsstaat hat und es sich um eine Streitigkeit aus dem Betrieb der in einem anderen Vertragsstaat befindlichen Zweigniederlassung, Agentur oder sonstigen Niederlassung handelt, kann dieser beim **Gerichtsstand seiner Niederlassung** verklagt werden (*Czernich/Tiefenthaler,* LGVÜ Art 11 Rz 2; *Geimer/Schütze,* Zivilverfahrensrecht Art 11 EuGVÜ Rz 1; *Gottwald,* MünchKommZPO III Art 11 EuGVÜ Rz 1; *Kropholler,* Zivilprozeßrecht[6] Art 11 EuGVÜ Rz 2). Denn der Vorbehalt zugunsten des Art 5 Z 5 EuGVÜ/LGVÜ gilt nicht nur für Klagen gegen den Versicherer (*Geimer/Schütze,* Urteilsanerkennung I/1 § 74 IV 1 a; *dies,* Zivilverfahrensrecht Art 11 EuGVÜ Rz 2; *Hausmann* in *Wieczorek/Schütze,* ZPO[3] I/1 Art 11 EuGVÜ Rz 2; *Kropholler,* Zivilprozeßrecht[6] Art 11 EuGVÜ Rz 2).

65 Ansonsten läßt das Übereinkommen keine Ausnahmen vom Actor-sequitur-forum-rei-Prinzip zu. Das hat vor allem dann mißliche Folgen, wenn der Versicherer, zB weil mehrere Personen den Versicherungsvertrag abgeschlossen haben, mehrere Personen klagen muß. Der Versicherer muß nach Art 11 Abs 1 **jeden Streitgenossen in** seinem **Wohnsitz- bzw Sitzstaat** verklagen. Bei der einheitlichen Streitpartei wird man hier jedoch eine Ausnahme machen müssen. Der materiellrechtliche Zwang zur einheitlichen Entscheidung wirkt hier zuständigkeitsbegründend, sodaß der Versicherer alle Streitgenossen im Wohnsitzstaat eines Streitgenossen klagen kann (*Geimer/Schütze,* Urteilsanerkennung I/1 § 74 1 b; *dies,* Zivilverfahrensrecht Art 11 EuGVÜ Rz 2).

3. Widerklage

66 Durch die Bestimmung des Art 11 Abs 2 EuGVÜ/LGVÜ wird – wenngleich an überraschender Stelle – die Regelung des Art 6 Z 3 EuGVÜ/LGVÜ in den dritten Abschnitt übernommen (*Jenard*-Bericht zu Art 11 EuGVÜ; *Czernich/Tiefenthaler,* LGVÜ Art 11 Rz 3; *Geimer/Schütze,* Zivilverfahrensrecht Art 11 EuGVÜ Rz 4; *Kropholler,* Zivilprozeßrecht[6] Art 11 EuGVÜ Rz 3).

67 Nicht nur dem Versicherungsnehmer, Versicherten, Begünstigen oder dem sonstigen am Versicherungsverhältnis Beteiligten, sondern auch dem Versicherer steht die Möglichkeit der Widerklage offen (*Czernich/Tiefenthaler,* LGVÜ Art 7 Rz 10 und Art 11 Rz 3; *Kropholler,* Zivilprozeßrecht[6] Art 11 EuGVÜ Rz 3; *Schlosser,* EuGVÜ Art 11 Rz 3; im Ergebnis auch *Geimer/Schütze,* Zivilverfahrensrecht Art 8 EuGVÜ Rz 19; aA *Gottwald,* MünchKommZPO III Art 11 EuGVÜ Rz 2, der nur dem Versicherer eine Widerklagemöglichkeit zubilligt).

68 Für die Widerklage nach Art 11 Abs 2 EuGVÜ/LGVÜ gelten dieselben Zulässigkeitsvoraussetzungen wie nach Art 6 Z 3 EuGVÜ/LGVÜ, es ist daher ein Sachzusammenhang zwischen den beiden Klagen erforderlich (*Geimer/Schütze,* Zivilverfahrensrecht Art 11 EuGVÜ Rz 4; *Gottwald,* MünchKommZPO III Art 11 EuGVÜ Rz 2; *Kropholler,* Zivilprozeßrecht[6] Art 11 EuGVÜ Rz 3). Auch kann nicht eine „Widerklage" gegen einen Dritten auf Art 11 Abs 2 EuGVÜ/LGVÜ gestützt werden (*Geimer/Schütze,* Zivilverfahrensrecht Art 11 EuGVÜ Rz 4).

F. Gerichtsstandsvereinbarungen in Versicherungssachen (Art 12 EuGVÜ/LGVÜ)

Art 12 EuGVÜ/LGVÜ. Von den Vorschriften dieses Abschnitts kann im Wege der Vereinbarung nur abgewichen werden,

1. wenn die Vereinbarung nach der Entstehung der Streitigkeit getroffen wird,

2. wenn sie dem Versicherungsnehmer, Versicherten oder Begünstigten die Befugnis einräumt, andere als die in diesem Abschnitt angeführten Gerichte anzurufen,

3. wenn sie zwischen einem Versicherungsnehmer und einem Versicherer, die zum Zeitpunkt des Vertragsabschlusses ihren Wohnsitz oder gewöhnlichen Aufenthalt in demselben Vertragsstaat haben, getroffen ist, um die Zuständigkeit der Gerichte dieses Staates auch für den Fall zu begründen, daß das schädigende Ereignis im Ausland eingetreten ist, es sei denn, daß eine solche Vereinbarung nach dem Recht dieses Staates nicht zulässig ist,

4. wenn sie von einem Versicherungsnehmer abgeschlossen ist, der seinen Wohnsitz nicht in einem Vertragsstaat hat, ausgenommen soweit sie eine Versicherung, zu deren Abschluß eine gesetzliche Verpflichtung besteht, oder die Versicherung von unbeweglichen Sachen in einem Vertragsstaat betrifft, oder

5. wenn sie einen Versicherungsvertrag betrifft, soweit dieser eines oder mehrere der in Artikel 12a aufgeführten Risiken deckt.

1. Allgemeines

a) Zweck

Der schwächere Vertragspartner soll bei der Festlegung der Zuständigkeit nicht überrumpelt werden. Das Übereinkommen läßt daher nur ausnahmsweise eine Zuständigkeitsvereinbarung zu. Da in Versicherungssachen die meisten Verträge formularmäßig geschlossen werden, läßt Art 12 Z 1 EuGVÜ/LGVÜ eine Zuständigkeitswahl grundsätzlich erst nach Entstehung der Streitigkeit zu (*Geimer/Schütze,* Zivilverfahrensrecht Art 12 EuGVÜ Rz 1; *Kropholler,* Zivilprozeßrecht[6] Art 12 EuGVÜ Rz 2). **69**

b) Verhältnis zu Art 17 und 18 EuGVÜ/LGVÜ

Art 17 gilt auch für die Zuständigkeitsvereinbarungen in Versicherungssachen, allerdings wird er durch Art 12 EuGVÜ/LGVÜ modifiziert (*Czernich/Tiefenthaler,* LGVÜ Art 12 Rz 1; *Geimer/Schütze,* Zivilverfahrensrecht Art 12 EuGVÜ Rz 2; *Gottwald,* MünchKommZPO III Art 12 EuGVÜ Rz 1; *Kropholler,* Zivilprozeßrecht[6] Art 12 EuGVÜ Rz 1; *Schlosser,* EuGVÜ Art 12 Rz 1). Nach Art 17 Abs 3 EuGVÜ/LGVÜ sind Gerichtsstandsvereinbarungen, die Art 12 EuGVÜ/LGVÜ zuwiderlaufen unwirksam (*Schlosser,* EuGVÜ Art 12 Rz 1). Auch Art 18 EuGVÜ/LGVÜ ist anwendbar. **70**

c) Überblick über die Zulässigkeit einer Prorogation in Versicherungssachen

In Versicherungssachen ist in folgenden Fällen eine Zuständigkeitsvereinbarung zulässig: **71**

- wenn diese erst nach Entstehen der Streitigkeit geschlossen wurde (Art 12 Z 1);
- wenn diese dem Versicherungsnehmer, Versicherten oder Begünstigten zusätzliche Gerichtsstände einräumt (Art 12 Z 2);
- wenn Versicherungsnehmer und Versicherer die Gerichte ihres gemeinsamen Wohnsitzstaates zuständig machen (Art 12 Z 3);
- wenn es sich um einen Versicherungsnehmer aus einem Drittstaat handelt (Art 12 Z 4);
- bei den in Art 12a angeführten See- und Luftfahrtversicherungen (Art 12 Z 5).

2. Vereinbarung nach Entstehen der Streitigkeit (Art 12 Z 1 EuGVÜ/LGVÜ)

Nach Entstehen einer Streitigkeit kann auch die rechtlich unerfahrene Partei die Tragweite einer Gerichtsstandsvereinbarung übersehen, auch hat sie ausreichend Zeit sich zu überlegen, ob sie eine Gerichtsstandsvereinbarung ab- **72** schließen will oder nicht. Eine Übervorteilung der schwächeren Partei ist dann nicht mehr zu befürchten (*Czernich/Tiefenthaler,* LGVÜ Art 12 Rz 3; *Geimer/Schütze,* Zivilverfahrensrecht Art 12 EuGVÜ Rz 4; *Gottwald,* MünchKomm-ZPO III Art 12 EuGVÜ Rz 2; *Kropholler,* Zivilprozeßrecht[6] Art 12 EuGVÜ Rz 2). Ein Prorogationsverbot zum Schutz der wirtschaftlich schwächeren Partei ist daher nicht vonnöten.

73 Die Zuständigkeitsvereinbarung darf, damit sie Art 12 Z 1 entspricht, erst nach dem Abschluß des Versicherungsvertrages abgeschlossen worden sein. Eine **bedingte Zuständigkeitsvereinbarung** bereits bei Abschluß des Versicherungsvertrages für den Fall des Entstehens einer Streitigkeit ist **unwirksam** (*Geimer/Schütze,* Urteilsanerkennung I/1 § 75 V 1 c; *dies,* Zivilverfahrensrecht Art 12 EuGVÜ Rz 4).

74 Eine **Streitigkeit** ist **bereits entstanden,** wenn die Parteien über einen bestimmten Punkt (wie zB die Auslegung, Abwicklung oder Erfüllung des Vertrages) uneins sind und ein **gerichtliches Verfahren** unmittelbar oder in Kürze **bevorsteht** (*Jenard*-Bericht zu Art 12 EuGVÜ; *Auer* in *Bülow/Böckstiegel,* Rechtsverkehr 606 Art 12 EuGVÜ Rz 17; *Czernich/Tiefenthaler,* LGVÜ Art 12 Rz 4; *Hausmann* in *Wieczorek/Schütze,* ZPO[3] I/1 Art 12 EuGVÜ Rz 6; *Kropholler,* Zivilprozeßrecht[6] Art 12 EuGVÜ Rz 2; *Schlosser,* Art 12 EuGVÜ Rz 1; aA, nämlich, daß eine konkret drohende gerichtliche Auseinandersetzung nicht erforderlich ist, *Geimer/Schütze,* Urteilsanerkennung I/1 § 75 V 2 d; *dies,* Zivilverfahrensrecht Art 12 EuGVÜ Rz 5).

3. Zuständigkeitsvereinbarungen zugunsten des Versicherungsnehmers oder Versicherten oder Begünstigten (Art 12 Z 2 EuGVÜ/LGVÜ)

75 Da die wirtschaftlich schwächere Partei durch Zuständigkeitsvereinbarungen, welche die Gerichtspflichtigkeit des Versicherers erweitern, rechtlich besser gestellt wird, sind derartige Zuständigkeitsvereinbarungen auch bereits vor Entstehung der Streitigkeit zulässig (*Czernich/Tiefenthaler,* LGVÜ Art 12 Rz 5; *Geimer/Schütze,* Urteilsanerkennung I/1 § 75 V 1 e; *dies,* Zivilverfahrensrecht Art 12 EuGVÜ Rz 6; *Gottwald,* MünchKomm ZPO III Art 12 EuGVÜ Rz 3; *Hausmann* in *Wieczorek/Schütze,* ZPO[3] I/1 Art 12 EuGVÜ Rz 7; *Kropholler,* Zivilprozeßrecht[6] Art 12 EuGVÜ Rz 3).

76 Art 12 Z 2 EuGVÜ/LGVÜ ist ein Beispiel für eine einseitig zugunsten einer Partei abgeschlossene Zuständigkeitsvereinbarung iSd Art 17 Abs 4 EuGVÜ/LGVÜ (*Kropholler,* Zivilprozeßrecht[6] Art 12 EuGVÜ Rz 3).

Da die durch die Zuständigkeitsvereinbarung Begünstigten am Abschluß der Gerichtsstandsvereinbarung nicht beteiligt sein müssen, gibt es auch zugunsten Dritter geschlossene Zuständigkeitsvereinbarungen (*Geimer,* NJW 1985, 533; *Geimer/Schütze,* Zivilverfahrensrecht Art 12 EuGVÜ Rz 6; *Gottwald,* MünchKomm ZPO III Art 12 EuGVÜ Rz 3; *Schlosser,* EuGVÜ Art 12 Rz 2; EuGH 14. 7. 1983 Rs 210/82 *„Gerling/Amministrazione del tesoro dello stato"* Slg 1983, 2503 = IPRax 1984, 259 [*Hübner* 237] = RIW 1984, 62).

4. Vereinbarung der Zuständigkeit der Gerichte des gemeinsamen Wohnsitz- oder Aufenthaltsstaates zwecks Derogation des forum delicti commissi (Art 12 Z 3 EuGVÜ/LGVÜ)

77 Art 12 Z 3 EuGVÜ/LGVÜ ermöglicht, wenn Versicherungsnehmer und Versicherer die Zuständigkeit der Gerichte des (im Zeitpunkt des Vertragsabschlusses) gemeinsamen Wohnsitzes oder gewöhnlichen Aufenthalts vereinba-

ren, die Derogation des forum delicti commissi. Durch eine derartige Zuständigkeitsvereinbarung kann **sich** der **Versicherer** davor **schützen,** daß er nach Art 10 Abs 1 EuGVÜ/LGVÜ im Weg einer **Interventionsklage im Ausland** in einen Prozeß gegen den Versicherten hineingezogen wird (*Jenard*-Bericht zu Art 10 EuGVÜ; *Czernich/Tiefenthaler,* LGVÜ Art 12 Rz 6; *Geimer/Schütze,* Zivilverfahrensrecht Art 12 EuGVÜ Rz 7; *Gottwald,* MünchKommZPO III Art 12 EuGVÜ Rz 4; *Kropholler,* Zivilprozeßrecht[6] Art 12 EuGVÜ Rz 4; *Schlosser,* EuGVÜ Art 12 Rz 3).

Die Vereinbarung zwischen Versicherer und Versicherungsnehmer wirkt **78**
auch zugunsten Dritter. Durch sie können aber nicht zu deren Lasten die Zuständigkeiten nach Art 10 Abs 2 und 3 EuGVÜ/LGVÜ abbedungen werden (*Schlosser*-Bericht RdN 148; *Czernich/Tiefenthaler,* LGVÜ Art 12 Rz 7; *Geimer/Schütze,* Zivilverfahrensrecht Art 12 EuGVÜ Rz 7; *Gottwald,* MünchKommZPO III Art 12 EuGVÜ Rz 4; *Kropholler,* Zivilprozeßrecht[6] Art 12 EuGVÜ Rz 4; *Schlosser,* EuGVÜ Art 12 Rz 3; Trib gr inst Paris Rev crit 1987, 415 [*Bigot*].

Die Vereinbarung muß nach dem Recht des gemeinsamen Wohnsitz- bzw **79**
Aufenthaltsstaates zulässig sein. Die Zulässigkeit nach Art 17 EuGVÜ/LGVÜ reicht nicht aus (*Geimer/Schütze,* Zivilverfahrensrecht Art 12 EuGVÜ Rz 8; *Gottwald,* MünchKommZPO III Art 12 EuGVÜ Rz 4; *Kropholler,* Zivilprozeßrecht[6] Art 12 EuGVÜ Rz 5). Nach österreichischem Recht sind § 104 JN und § 48 VersVG zu beachten.

5. Vereinbarungen mit Versicherungsnehmern aus Nichtvertragsstaaten (Art 12 Z 4 EuGVÜ/LGVÜ)

Diese Bestimmung wurde durch das 1. Beitrittsübereinkommen zum EuGVÜ **80**
in das Übereinkommen eingefügt, um den Interessen der britischen Versicherungswirtschaft, die einen Großteil ihres Geschäftsvolumens durch Verträge mit außereuropäischen Kunden erzielt, Rechnung zu tragen (*Geimer/Schütze,* Zivilverfahrensrecht Art 12 EuGVÜ Rz 10; *Kropholler,* Zivilprozeßrecht[6] Art 12 EuGVÜ Rz 6).

Bereits vor Entstehen der Streitigkeit sind Zuständigkeitsvereinbarungen **81**
zulässig, wenn der Versicherungsnehmer seinen Wohnsitz/Sitz nicht in einem Vertragsstaat hat. Es kann dabei sowohl die ausschließliche Zuständigkeit eines Vertragsstaates als auch eines Drittstaates vereinbart werden (*Schlosser*-Bericht RdN 137; *Czernich/Tiefenthaler,* LGVÜ Art 12 Rz 8; *Geimer/Schütze,* Urteilsanerkennung I/1 § 75 V 2 g; *dies,* Zivilverfahrensrecht Art 12 EuGVÜ Rz 9; *Hausmann* in *Wieczorek/Schütze,* ZPO[3] I/1 Art 12 EuGVÜ Rz 10; *Kropholler,* Zivilprozeßrecht[6] Art 12 EuGVÜ Rz 6). Die Wirksamkeit der Vereinbarung richtet sich aber nur dann nach Art 17 EuGVÜ/LGVÜ, wenn die internationale Zuständigkeit eines Vertragsstaates vereinbart wird (*Kropholler,* Zivilprozeßrecht[6] Art 12 EuGVÜ Rz 6; *Schlosser,* EuGVÜ Art 12 Rz 4).

Von der Möglichkeit bereits vor Entstehung einer Streitigkeit mit einem in **82**
einem Drittstaat wohnhaften Versicherungsnehmer eine Zuständigkeitsvereinbarung abschließen zu können, gibt es jedoch in zwei Fällen eine **Ausnahme:**

Erstens, wenn **zum Abschluß der Versicherung** eine **gesetzliche Verpflichtung** besteht, kann wegen der der Versicherungspflicht unterworfenen Risiken von den Bestimmungen des Art 11 EuGVÜ/LGVÜ auch dann nicht vor Entstehung der Streitigkeit abgewichen werden, wenn der Versicherungsnehmer seinen Wohnsitz in einem Nicht-Vertragsstaat hat (*Geimer/Schütze,* Zivilverfahrensrecht Art 12 EuGVÜ Rz 11; *Kropholler,* Zivilprozeßrecht[6] Art 12 EuGVÜ Rz 7).

83 Ein Überblick über die obligatorisch zu versichernden Risiken in den EU-Staaten findet sich im *Schlosser*-Bericht RdN 138.

84 Die zweite Ausnahme betrifft **Grundstücksversicherungen.** Durch sie soll die Anwendbarkeit des Art 9 EuGVÜ/LGVÜ auch dann sichergestellt werden, wenn der Versicherungsnehmer in einem Nichtvertragsstaat seinen Wohnsitz hat. Allerdings verbietet Art 12 Z 4 EuGVÜ/LGVÜ vor Entstehung der Streitigkeit jegliche Zuständigkeitsvereinbarungen und damit auch solche, denen zufolge die in Art 9 EuGVÜ/LGVÜ genannten Gerichte ausschließlich zuständig sein sollen (*Geimer/Schütze,* Zivilverfahrensrecht Art 12 EuGVÜ Rz 12; *Kropholler,* Zivilprozeßrecht⁶ Art 12 EuGVÜ Rz 8).

85 Gerichtsstandsvereinbarungen sind im übrigen im Bereich dieser Ausnahmeregelung auch dann unwirksam, wenn das nationale Recht des Staates, in welchem das Grundstück liegt, eine Prorogation gar nicht für unzulässig erklärt (*Schlosser*-Bericht RdN 139; *Geimer/Schütze,* Zivilverfahrensrecht Art 12 EuGVÜ Rz 12; *Hausmann* in *Wieczorek/Schütze,* ZPO³ I/1 Art 12 EuGVÜ Rz 12; *Kropholler,* Zivilprozeßrecht⁶ Art 12 EuGVÜ Rz 8; *ders,* RIW 1986, 932).

6. Zuständigkeitsvereinbarungen für See- und Luftfahrtversicherungen (Art 12 Z 5 EuGVÜ/LGVÜ)

86 Im Zusammenhang mit See- und Luftfahrtversicherungen sind – soweit diese eines oder mehrere der in Art 12a EuGVÜ/LGVÜ aufgezählten Risiken decken – bereits vor Entstehen der Streitigkeit gem Art 12 Z 5 EuGVÜ/LGVÜ Zuständigkeitsvereinbarungen zulässig. Für reine Landtransportversicherungen gilt allerdings Art 12 Z 1 EuGVÜ/LGVÜ (*Schlosser*-Bericht RdN 140; *Geimer/Schütze,* Zivilverfahrensrecht Art 12 EuGVÜ Rz 13; *Kropholler,* Zivilprozeßrecht⁶ Art 12 EuGVÜ Rz 9).

87 Diese Bestimmung wird damit gerechtfertigt, daß der soziale Schutzgedanke, der hinter der Eindämmung von Gerichtsstandsklauseln im Versicherungsrecht steht, nicht zum Tragen kommen kann, wenn auch als Versicherungsnehmer potente Unternehmungen auftreten (vgl *Schlosser*-Bericht RdN 140; ErläutRV zum LGVÜ [34 BlgNR 20. GP] 34; *Czernich/Tiefenthaler,* LGVÜ Art 12 Rz 10; *Kropholler,* Zivilprozeßrecht⁶ Art 12 EuGVÜ Rz 9; *Schlosser,* EuGVÜ Art 12 Rz 5).

G. Besondere Risiken (Art 12a EuGVÜ/LGVÜ)

Art 12a EuGVÜ/LGVÜ. Die in Art 12 Nummer 5 erwähnten Risiken sind die folgenden:

1. sämtliche Schäden

a) an Seeschiffen, Anlagen vor der Küste und auf hoher See oder Luftfahrzeugen aus Gefahren, die mit ihrer Verwendung zu gewerblichen Zwecken verbunden sind,

b) an Transportgütern, ausgenommen Reisegepäck der Passagiere, wenn diese Güter ausschließlich oder zum Teil mit diesen Schiffen oder Luftfahrzeugen befördert werden;

2. Haftpflicht aller Art, mit Ausnahme der Haftung für Personenschäden an Passagieren oder Schäden an deren Reisegepäck,

a) aus der Verwendung oder dem Betrieb von Seeschiffen, Anlagen oder Luftfahrzeugen gemäß Nummer 1 Buchstabe a, es sei denn, daß nach den Rechtsvorschriften des Vertragsstaats, in dem das Luftfahrzeug eingetragen ist, Gerichtsstandsvereinbarungen für die Versicherungen solcher Risiken untersagt sind,

b) für Schäden, die durch Transportgüter während einer Beförderung im Sinne der Nummer 1 Buchstabe b verursacht werden;

3. finanzielle Verluste im Zusammenhang mit der Verwendung oder dem Betrieb von Seeschiffen, Anlagen oder Luftfahrzeugen gemäß Nummer 1 Buchstabe a, insbesondere Fracht- oder Charterverlust;

4. irgendein zusätzliches Risiko, das mit einem der unter den Nummern 1 bis 3 genannten Risiken in Zusammenhang steht.

1. Allgemeines

In Art 12a EuGVÜ/LGVÜ sind jene See- und Luftfahrtversicherungen aufgelistet, für die gem Art 12 Z 5 EuGVÜ/LGVÜ Gerichtsstandsvereinbarungen bereits im Versicherungsvertrag zulässig sind. **88**

2. Kaskoversicherungen (Art 12 a Z 1 lit a EuGVÜ/LGVÜ)

Unter Art 12a Z 1 lit a EuGVÜ/LGVÜ fallen **Kaskoversicherungen,** nicht aber Haftpflichtversicherungen (*Czernich/Tiefenthaler,* LGVÜ Art 12a Rz 2; *Kropholler,* Zivilprozeßrecht[6] Art 12a EuGVÜ Rz 2). Gegenstand der Versicherung müssen Schäden an Seeschiffen, Anlagen vor der Küste und auf hoher See oder an Luftfahrzeugen aus Gefahren, die mit ihrer Verwendung zu gewerblichen Zwecken verbunden sind, sein. **89**

Seeschiffe sind alle Fahrzeuge, die zum Verkehr auf See bestimmt sind, also nicht nur Schiffe im traditionellen Sinn, sondern auch auf See eingesetzte Luftkissen- und Tragflügelboote, Schlepper, Leichter sowie schwimmende Gerätschaften, die sich nicht aus eigener Antriebskraft fortbewegen können, wie zB Anlagen im Dienste der Ölsuche und -förderung, die auf Wasser bewegt werden. Auf dem Meeresgrund festverankerte Anlagen oder zu verankernde Anlagen sind als „Anlagen vor der Küste“ ausdrücklich erwähnt (*Schlosser*-Bericht RdN 141; *Geimer/Schütze,* Zivilverfahrensrecht Art 12a EuGVÜ Rz 1; *Kropholler,* Zivilprozeßrecht[6] Art 12a EuGVÜ Rz 2). **90**

Art 12a Z 1 lit a EuGVÜ/LGVÜ erfaßt auch im Bau befindliche Schiffe, allerdings nur insoweit als Schäden aufgrund eines Seerisikos eingetreten sind. Das sind Schäden, die dadurch entstanden sind, daß sich das Objekt auf Wasser befindet, nicht also Schäden, die im Trockendock oder in den Werkhallen der Werft aufgetreten sind (*Schlosser*-Bericht RdN 141; *Geimer/Schütze,* Zivilverfahrensrecht Art 12a EuGVÜ Rz 1; *Kropholler,* Zivilprozeßrecht[6] Art 12a EuGVÜ Rz 2). **91**

3. Wertversicherung von Transportgütern (Art 12 a Z 1 lit b EuGVÜ/LGVÜ)

Unter Art 12a Z 1 lit b fallen Wertversicherungen für Transportgüter, ausgenommen ist jedoch das Reisegepäck von Passagieren wegen der typischerweise bestehenden wirtschaftlichen Unterlegenheit dieser Personengruppe (*Schlosser*-Bericht RdN 143; *Geimer/Schütze,* Zivilverfahrensrecht Art 12a EuGVÜ Rz 2; *Gottwald,* MünchKommZPO III Art 12a EuGVÜ Rz 2; *Kropholler,* Zivilprozeßrecht[6] Art 12a EuGVÜ Rz 4; *Schlosser,* EuGVÜ Art 12a Rz 1). Dagegen fallen Haftpflichtversicherungen für Schäden, die von Transportgütern ausgehen, nicht unter Art 12a Z 1 lit b (*Geimer/Schütze,* Zivilverfahrensrecht Art 12a EuGVÜ Rz 2; *Kropholler,* Zivilprozeßrecht[6] Art 12a EuGVÜ Rz 3). **92**

Da für die Beförderung von Waren – man denke nur an Containertransporte – häufig verschiedene Transportmittel nacheinander eingesetzt werden und daher häufig gar nicht festgestellt werden könnte, in welchem Transportabschnitt der Schaden entstanden ist, genügt es aus Praktikabilitätsgründen, wenn die Transportgüter bis zu ihrer Ankunft am Bestimmungsort zum Teil mit Schiffen **93** oder Luftfahrzeugen befördert werden (*Schlosser*-Bericht RdN 142; *Czernich/Tiefenthaler,* LGVÜ Art 12 a Rz 2; *Geimer/Schütze,* Zivilverfahrensrecht Art 12 a EuGVÜ Rz 2; *Kropholler,* Zivilprozeßrecht[6] Art 12 a EuGVÜ Rz 3).

94 Auch wenn der Schaden nachweisbar auf dem Landabschnitt eingetreten ist, ist die Gerichtsstandsvereinbarung wirksam (*Schlosser*-Bericht RdN 142; *Geimer/Schütze,* Zivilverfahrensrecht Art 12 a EuGVÜ Rz 2; *Kropholler,* Zivilprozeßrecht[6] Art 12 a EuGVÜ Rz 3).

95 Art 12 a Z 1 lit b EuGVÜ/LGVÜ gilt auch dann, wenn der Transport nicht über die Grenzen eines Landes hinausgeht (*Schlosser*-Bericht RdN 142; *Czernich/Tiefenthaler,* LGVÜ Art 12 a Rz 2).

4. Haftpflichtversicherungen (Art 12 a Z 2 EuGVÜ/LGVÜ)

96 Art 12 a Z 2 EuGVÜ/LGVÜ betrifft die Versicherung der Haftpflicht aus der Verwendung oder dem Betrieb von Schiffen und Anlagen oder Luftfahrzeugen iSd Z 1 lit b sowie für Schäden, die durch die beförderten Transportgüter verursacht worden sind. Er erfaßt auch alle Haftpflichtversicherungen, die im Zusammenhang mit dem Bau, Umbau oder der Instandsetzung eines Schiffes ausgelöst werden, also auch Haftpflichtversicherungen, welche die Werft gegenüber Dritten trifft und die durch das Schiff selbst verursacht worden sind (*Geimer/Schütze,* Zivilverfahrensrecht Art 12 a EuGVÜ Rz 3; dies offenlassend *Schlosser*-Bericht RdN 144; *Kropholler,* Zivilprozeßrecht[6] Art 12 a EuGVÜ Rz 6).

97 Unter den Begriff „Verwendung im Betrieb" fällt auch eine Probefahrt (*Geimer/Schütze,* Zivilverfahrensrecht Art 12 a EuGVÜ Rz 3; dies offenlassend *Schlosser*-Bericht RdN 144; *Kropholler,* Zivilprozeßrecht[6] Art 12 a EuGVÜ Rz 6).

98 Der Vorbehalt betreffend die Luftfahrzeughaftpflichtversicherung überläßt es den Vertragsstaaten, den Schutz von Versicherungsnehmern und Unfallopfern zu normieren.

99 Grund für die in Z 2 enthaltene Ausnahme für Personenschäden der Passagiere und Schäden am Reisegepäck ist die schlechte Verhandlungsposition der Passagiere gegenüber den Beförderungsunternehmen (*Geimer/Schütze,* Zivilverfahrensrecht Art 12 a EuGVÜ Rz 5; *Kropholler,* Zivilprozeßrecht[6] Art 12 a EuGVÜ Rz 8). Daher können Passagiere erst nach der Entstehung der Streitigkeit eine Zuständigkeitsvereinbarung abschließen, nach der sie außerhalb ihres Wohnsitzstaates geklagt werden können.

5. Versicherung finanzieller Verluste

100 Der Begriff „finanzielle Verluste" ist in demselben Sinn zu verstehen wie in der 1. Richtlinie des Rates v 24. 7. 1973 zur Koordinierung der Rechts- und Verwaltungsvorschriften betreffend die Aufnahme und Ausübung der Tätigkeit der Direktversicherung, ABl 1973 Nr L 228, 3, 17 ff (*Kropholler,* Zivilprozeßrecht[6] Art 12 a EuGVÜ Rz 9). Im Anhang der Richtlinie werden unter der Überschrift „Verschiedene finanzielle Verluste" angeführt:

- Berufsrisiken;
- ungenügende Einkommen (allgemein);
- Schlechtwetter;
- Gewinnausfall;
- laufende Unkosten allgemeiner Art;
- unvorhergesehene Geschäftsunkosten;
- Wertverluste;

- Miet- oder Einkommensausfall;
- indirekte kommerzielle Verluste außer den bereits erwähnten;
- nichtkommerzielle Geldverluste und
- sonstige finanzielle Verluste.

Unter Art 12a Z 3 EuGVÜ/LGVÜ fallen allerdings nur jene finanziellen Verluste, die im Zusammenhang mit der Verwendung oder dem Betrieb von Seeschiffen, Anlagen oder Luftfahrzeugen iSd Z 1 lit a stehen. Ausdrücklich erwähnt sind **Fracht- und Charterverlust.** Ein weiteres Beispiel sind Schäden aus verspäteter Ankunft (*Czernich/Tiefenthaler,* LGVÜ Art 12a Rz 4; *Gottwald,* MünchKommZPO III Art 12a EuGVÜ Rz 4).

6. Zusatzversicherungen (Art 12a Z 4 EuGVÜ/LGVÜ)

Der Begriff des zusätzlichen Risikos deckt sich nicht mit jenem im Anhang zur 1. EG-Richtlinie des Rates v 24. 7. 1973 (*Schlosser*-Bericht RdN 147; *Geimer/Schütze,* Zivilverfahrensrecht Art 12a EuGVÜ Rz 7; *Hausmann* in *Wieczorek/Schütze,* ZPO[3] I/1 Art 12a EuGVÜ Rz 8; *Kropholler,* Zivilprozeßrecht[6] Art 12a EuGVÜ Rz 11). In Art 12a Z 4 EuGVÜ/LGVÜ wird nur verlangt, daß das zusätzliche Risiko mit den in Z 1–3 genannten Hauptrisiken in Zusammenhang steht, das Zusatzrisiko muß aber nicht in der gleichen Police versichert sein wie das Hauptrisiko (*Geimer/Schütze,* Zivilverfahrensrecht Art 12a EuGVÜ Rz 7; *Gottwald,* MünchKomm ZPO III Art 12a EuGVÜ Rz 5; *Kropholler,* Zivilprozeßrecht[6] Art 12a EuGVÜ Rz 11; *Schlosser,* EuGVÜ Art 12a Rz 2). **101**

Beispiele für Zusatzversicherungen (vgl *Schlosser*-Bericht RdN 147; *Czernich/Tiefenthaler,* LGVÜ Art 12a Rz 5; *Geimer/Schütze,* Zivilverfahrensrecht Art 12a EuGVÜ Rz 8; *Gottwald,* MünchKommZPO III Art 12a EuGVÜ Rz 5; *Kropholler,* Zivilprozeßrecht[6] Art 12a EuGVÜ Rz 12; *Schlosser,* EuGVÜ Art 12a Rz 2): **102**

- „Shipowners disbursements", eine Versicherung für außerplanmäßige Betriebskosten, wie Hafengebühren während eines reparaturbedingten Aufenthalts;
- Versicherung für „increased value", durch die der Verlust versichert wird, der dadurch eintreten kann, daß eine Ladung untergeht oder beschädigt wird, die während des Transports wertvoller geworden ist.

Vor § 76: Zum ausschließlichen Gerichtsstand für Ehestreitigkeiten

I. Entstehungsgeschichte des § 76 JN

Das **staatliche Interesse** an der **Gerichtsbarkeit in Ehesachen** brachte es mit sich, daß für Ehestreitigkeiten ein ausschließlicher Gerichtsstand geschaffen wurde. Die ursprüngliche Regelung des besonderen Gerichtsstandes in Ehesachen stellte auf den Wohnsitz der Ehegatten ab. Dieser wurde durch § 19 Abs 1 der 4. DVEheG durch den (gemeinsamen) gewöhnlichen Aufenthalt ersetzt. Weiters legte der (deutsche) Gesetzgeber den Bereich der internationalen Zuständigkeit in § 76 Abs 2 und 3 JN (erstmals) fest. **1**

§ 76 JN idF der 4. DVEheG stellte jedoch primär auf den Ehemann ab und stand daher nicht im Einklang mit dem Gleichheitssatz. § 76 Abs 2 JN wurde deswegen durch Art I des BG 3. 5. 1974 BGBl 283 aufgehoben. Wenig später bekam der zweite Satz des § 76 Abs 1 JN durch Art III Z 4 EheRwG (BGBl 1975/412) eine geschlechtsneutrale, auf Beklagten- und Klägerrolle abstellende Formulierung.

Durch Art II Z 33 ZVN 1983 (BGBl 135) wurde in § 76 Abs 2 JN die internationale Zuständigkeit neu geregelt. Das Erfordernis der (voraussichtlichen)

Anerkennung der österreichischen Entscheidung nach dem Heimatrecht des Mannes wurde abgeschafft und die internationale Zuständigkeit auf alle Fälle erweitert, in denen der klagende Ehegatte im Zeitpunkt der Eheschließung die österreichische Staatsbürgerschaft besaß.

Durch das FamGG (BG 23. 1. 1985, mit dem Bestimmungen über die Zuständigkeiten der Gerichte in Familienangelegenheiten geändert werden [BGBl 70]) kamen die Ehesachen vom GH 1. Instanz zum BG, weswegen § 76 Abs 1 JN durch Art I Z 4 FamGG an die geänderte sachliche Zuständigkeit in Ehesachen angepaßt werden mußte.

II. Grundsätze der Gerichtsbarkeit in Ehesachen

2 § 76 JN enthält zwei wesentliche Grundsätze:

1. Die örtliche Zuständigkeit wird durch den (gemeinsamen) gewöhnlichen Aufenthalt der Ehegatten bestimmt.

2. Für die internationale Zuständigkeit gilt: Wenn auch nur ein Ehegatte die österreichische Staatsbürgerschaft besitzt, ist bereits die österreichische internationale Zuständigkeit gegeben. Besitzt keiner der Ehegatten die österreichische Staatsbürgerschaft, so kann grundsätzlich dann ein österreichisches Gericht entscheiden, wenn einer der Ehegatten seinen gewöhnlichen Aufenthalt im Inland hat. Hat freilich nur der Kläger einen solchen in Österreich, müssen noch die in § 76 Abs 2 Z 3 JN genannten Voraussetzungen erfüllt sein, damit die internationale Zuständigkeit in Ehesachen gegeben ist.

Streitigkeiten aus dem Eheverhältnis

§ 76. (1) Für Streitigkeiten über die Scheidung, die Aufhebung, die Nichtigerklärung oder die Feststellung des Bestehens oder Nichtbestehens einer Ehe zwischen den Parteien ist das Gericht ausschließlich zuständig, in dessen Sprengel die Ehegatten ihren gemeinsamen gewöhnlichen Aufenthalt haben oder zuletzt gehabt haben. Hat zur Zeit der Erhebung der Klage keiner der Ehegatten seinen gewöhnlichen Aufenthalt in diesem Sprengel oder haben sie im Inland einen gemeinsamen gewöhnlichen Aufenthalt nicht gehabt, so ist das Gericht ausschließlich zuständig, in dessen Sprengel der gewöhnliche Aufenthalt des beklagten Ehegatten oder, falls ein solcher gewöhnlicher Aufenthalt im Inland fehlt, der gewöhnliche Aufenthalt des klagenden Ehegatten liegt, sonst das Bezirksgericht Innere Stadt Wien.

(2) Die inländische Gerichtsbarkeit für die im Abs. 1 genannten Streitigkeiten ist gegeben, wenn

1. einer der Ehegatten österreichischer Staatsbürger ist oder

2. der Beklagte, im Fall der Nichtigkeitsklage gegen beide Ehegatten zumindest einer von ihnen, seinen gewöhnlichen Aufenthalt im Inland hat oder

3. der Kläger seinen gewöhnlichen Aufenthalt im Inland hat und entweder beide Ehegatten ihren letzten gemeinsamen gewöhnlichen Aufenthalt im Inland gehabt haben oder der Kläger staatenlos ist oder zur Zeit der Eheschließung österreichischer Staatsbürger gewesen ist.

Überschrift idF Art I Z 3 FamGG, BGBl 1985/70; Abs 1 idF Art I Z 4 FamGG, BGBl 1985/70; Abs 2 idF Art II Z 33 ZVN 1983, BGBl 135

Lit: *Holzhammer,* Das Wesen der ausschließlichen Gerichtsstände, ÖJZ 1960, 561; *Loewe,* Erneuerung des österreichischen internationalen Zivilverfahrensrechts, ZfRV 1983, 180; *Matscher,* Die internationalrechtlichen Bestimmungen der Zivilverfahrens-Novelle

1983, in *BMJ,* Neuerungen im zivilgerichtlichen Verfahrensrecht, Richterwoche 1983 (1984) 201; *Maurer,* Eine besonders unzweckmäßige neue gesetzliche Bestimmung: § 109 zweiter Satz, letzter Halbsatz, JN, RZ 1978, 233; *Schalich,* Überblick über die Zivilverfahrensnovelle 1983, ÖJZ 1983, 253, 287; *ders,* Das neue streitige Eheverfahren, RZ 1985, 13, 26, 50; *Schwimann,* Inländische Gerichtsbarkeit für Personenrechts-, Familienrechts- und Unterhaltssachen, JBl 1990, 760; *Simotta,* Die Änderungen der Zuständigkeit in Ehe- und Familiensachen in der geplanten „Zivilverfahrens-Novelle“, ÖJZ 1982, 29, 66; *dies,* Wann treten in Ehe- und Familiensachen die Bestimmungen der Zivilverfahrens-Novelle 1983 in Kraft? AnwBl 1983, 312; *dies,* Wann treten in Ehe- und Familiensachen die neuen Zuständigkeitsbestimmungen in und die alten außer Kraft? ÖJZ 1986, 705; *dies,* Kann eine Scheidungswiderklage trotz Inkrafttretens des FamGG noch beim GH 1. Instanz erhoben werden? ÖJZ 1987, 546; *dies,* Die internationale Zuständigkeit in Ehe- und Abstammungsstreitigkeiten, Broniewicz-FS (1998) 331.

Übersicht:

I. Allgemeines

A. Ehesachen

1 Unter den Begriff der Ehesachen fallen die **Klagen auf Scheidung, Aufhebung oder Nichtigerklärung und auf Feststellung des Bestehens oder Nichtbestehens einer Ehe zwischen den Parteien** (vgl § 49 Abs 2 Z 2b JN). Zu den Klagen im einzelnen wird auf § 49 JN Rz 35 ff verwiesen.

2 Für **ausländische Streitigkeiten aus dem Eheverhältnis,** die sich **nicht** unter den Begriff der **Ehesachen** subsumieren lassen, gilt – soweit sie nicht rein vermögensrechtlicher Natur sind – der Wahlgerichtsstand des **§ 100 JN.** Näheres s § 100 JN Rz 5 f.

3 **Nicht anwendbar** ist § 76 JN **auf** die **einvernehmliche Scheidung** (§ 55 a EheG) und die Umwandlung einer Scheidung von Tisch und Bett in eine solche dem Bande nach (§ 115 EheG), die zu den **außerstreitigen Eheangelegenheiten** zählen. Deren örtliche und internationale Zuständigkeit ist in § 114 a JN geregelt. Näheres zum Begriff der außerstreitigen Eheangelegenheiten s § 114 a JN Rz 2 ff.

B. Zulässigkeit der Prorogation

4 **„Ausschließlich zuständig"** bedeutet nur, daß der **allgemeine Gerichtsstand ausgeschlossen** wird. Deshalb ist auch in Ehesachen die **Vereinbarung eines anderen Gerichtes** gem § 104 JN innerhalb der Grenzen des § 104 Abs 2 JN **zulässig** (OLG Wien EvBl 1949/672; OLG Wien EvBl 1948/139; OLG Graz EvBl 1946/433). (§ 19 Abs 3 der 4. DVEheG, durch den die Prorogation in Ehesachen ausdrücklich ausgeschlossen wurde, ist durch Art VII Abs 2 Z 13 des G 3. 10. 1945, über Maßnahmen zur Wiederherstellung der österreichischen bürgerlichen Rechtspflege, StGBl 188, aufgehoben worden.) Daher ist die Vereinbarung eines anderen BG nicht ausgeschlossen. Hingegen können Ehesachen durch Zuständigkeitsvereinbarung nicht vor einen GH 1. Instanz gebracht werden (§ 104 Abs 2 JN). Die Möglichkeit einer Gerichtsstandsvereinbarung ist weiters durch die Regeln der internationalen Zuständigkeit begrenzt. Rechtssachen, die gem § 76 Abs 2 JN der internationalen Zuständigkeit entzogen sind, können auch durch Prorogation nicht vor ein inländisches Gericht gebracht werden (§ 104 Abs 5 JN; SZ 48/129 = EFSlg 25.248 – 25.250/5 = EvBl 1976/157 = JBl 1976, 597 = ZfRV 1976, 214 [*Schwind*]; EFSlg 8858 = EvBl 1967/327; SZ 23/293 = EFSlg 3119 = EvBl 1950/516; OLG Linz EFSlg 3118 = EvBl 1947/510).

5 Da im Eheverfahren gem § 460 Z 2 ZPO keine 1. Tagsatzung stattfindet, ist die **Einrede der** prorogablen (sachlichen und örtlichen) **Unzuständigkeit in der ersten mündlichen Streitverhandlung vor Einlassung in die Hauptsache** zu erheben (EFSlg 39.106 [1981]; OLG Wien EvBl 1948/139).

II. Örtliche Zuständigkeit (§ 76 Abs 1 JN) – Anknüpfungspunkte

A. Gemeinsamer gewöhnlicher Aufenthalt

6 Örtlich zuständig ist das Gericht, in dessen Sprengel die **Ehegatten** ihren **gemeinsamen gewöhnlichen Aufenthalt** haben. **Gemeinsam** ist der Aufenthalt, wenn die **Eheleute zusammen leben** (*Holzhammer,* Zivilprozeßrecht², 51; EFSlg 39.102 [1981], 12.223 [1969]; OLG Wien EFSlg 3120 = EvBl 1946/391; OLG Wien DREvBl 1943/259).

7 Davon kann nicht gesprochen werden, wenn Ehegattin und Kinder im Haus ihres Vaters wohnen bleiben und der Ehemann sie nur zum Wochenende, in Krankheitsfällen oder in sonst längeren Abständen aufsucht, ohne seine außerhalb dieses Ortes gelegene Wohnung aufzugeben (EFSlg 12.223 [1969]; OLG Celle MDR 1954, 489). Nur dann, wenn der Wohnung des Ehemannes seit der Eheschließung lediglich die Bedeutung einer vorübergehenden Unterkunft zukommt und sich das Zentrum seiner Lebensführung in die Wohnung der Frau verlagert hat (oder umgekehrt), kann von einem gemeinsamen Aufenthalt gesprochen werden.

8 Entscheidend ist somit der **Mittelpunkt des gemeinsamen ehelichen Lebens** (EFSlg 12.223 [1969], 10.495 [1968]; OLG Wien EFSlg 3120 = EvBl 1946/391). Wehrdienst und Kriegsgefangenschaft gelten nur als vorübergehende Abwesenheit, welche die Gemeinsamkeit des Aufenthaltes nicht beseitigt. Immerhin muß aber – zumindest in der Regel – eine gewisse Dauer des gemeinsamen Aufenthaltes vor diesen Abwesenheiten bestanden haben; ausnahmsweise wird man bei sofortiger Einberufung zum Wehr- und Kriegsdienst einen gemeinsamen Aufenthalt auch dann annehmen können, wenn die Ehegatten nicht bereits vorher einige Zeit zusammen gelebt haben. Maßgebend wird stets sein, ob die **Unterbrechung** des gemeinsamen Aufenthaltes durch Umstände erfolgte, die **vom**

Willen des Abwesenden unabhängig sind und weder unmittelbar (freiwillige Arbeitsannahme an einem anderen Ort) noch mittelbar (Strafhaft) von ihm bewirkt wurden.

Der gemeinsame **gewöhnliche Aufenthalt** entscheidet. Zum Begriff des gewöhnlichen Aufenthalts s § 66 JN Rz 21 ff. Der gewöhnliche Aufenthalt setzt eine **gewisse Dauer** voraus (OLG Wien EvBl 1949/317; OLG Wien EFSlg 3122 = EvBl 1946/391). Ein bloß kurzfristiger Aufenthalt der Ehegatten an einem Wohnort, wie zB ein Aufenthalt während einer Reise oder ein Aufenthalt zu Besuchszwecken (dreitägiger Besuch des Mannes in der Wohnung der Frau), reicht daher nicht aus (OLG Linz EFSlg 23.063 [1974]; OLG Wien EFSlg 14.146 [1970], 8847, 7192 [1967]; SZ 23/77 = EFSlg 3123 [1950]); ebensowenig eine bloß vorübergehende Haushaltsführung (LGZ Wien EFSlg 60.709 [1989]; OLG Wien EFSlg 54.938 [1987], 27.701 [1976]). 9

Das faktische Moment des dauernden Aufenthalts **schließt** eine **vorübergehende Abwesenheit nicht aus.** Die gemeinsame, wenn auch mehrmonatige Abwesenheit der Ehegatten vom gewöhnlichen Aufenthaltsort infolge beruflicher, familiärer oder urlaubsbedingter Umstände vermag den gewöhnlichen Aufenthalt in der Ehewohnung nicht zu beseitigen (OLG Wien EFSlg 27.700 [1976]; EFSlg 12.222 [1969]; SZ 23/77 [1950]). 10

Andererseits ist es aber etwa bei Saisongeschäften usw denkbar, daß **mehrere gemeinsame Aufenthalte** nebeneinander bestehen (EFSlg 66.868 [1991]; OLG Linz EFSlg 23.064 [1974]; SZ 45/60 = EFSlg 18.448 = EvBl 1973/16 = MietSlg 24.450; OLG Wien EFSlg 16.169 [1971], 14.143, 14.145 [1970]; OLG Wien DREvBl 1943/259). Dies kann auch dann der Fall sein, wenn der Arbeitsort eines Ehegatten auswärts ist, er dort eine Wohnung hat und auch der andere Ehegatte größere Teile des Jahres dort verbringt (EFSlg 12.223 [1969]). Bestehen mehrere gewöhnliche gemeinsame Aufenthalte, hat der Kläger die Wahl zwischen den Gerichten. Näheres s § 102 JN. 11

B. Letzter gemeinsamer gewöhnlicher Aufenthalt

Da gerade in Ehestreitigkeiten sehr oft bei Klagseinbringung ein gemeinsamer Aufenthalt nicht (mehr) besteht, ist **subsidiär** das **Gericht des letzten gemeinsamen Aufenthalts** der Ehegatten örtlich ausschließlich zuständig, **sofern noch im Zeitpunkt der Klagserhebung einer der Ehegatten seinen gewöhnlichen Aufenthalt in diesem Sprengel hat** (EFSlg 60.710 [1989]; LGZ Wien EFSlg 34.296 [1979]; EFSlg 3121 = EvBl 1947/831). Maßgeblicher Zeitpunkt für die Bestimmung des letzten gemeinsamen Aufenthalts ist die Auflösung der häuslichen Gemeinschaft (EFSlg 66.868 [1991]; SZ 45/60 = EFSlg 18.448 = EvBl 1973/16). 12

C. Gewöhnlicher Aufenthalt eines der Ehegatten

Hat hingegen keiner der beiden Ehegatten im Zeitpunkt der Klagserhebung seinen gewöhnlichen Aufenthalt im Sprengel des letzten gemeinsamen Aufenthaltes der Ehegatten oder hatten die Ehegatten überhaupt keinen gemeinsamen gewöhnlichen Aufenthalt im Inland (so bei Heirat im Ausland, ohne im Inland gemeinsam zu leben; bei Eheschließung im Inland und sofortiger Abreise ins Ausland oder bei Heirat im Inland, ohne nachher überhaupt faktisch die Ehegemeinschaft aufzunehmen; wenn ein Ehegatte im Inland, der andere im Ausland seinen Wohnsitz hat; bei Ferntrauungen im Krieg, ohne daß nach dessen Ende die Ehegatten jemals faktisch die Ehegemeinschaft aufgenommen hätten), entscheidet der **gewöhnliche Aufenthalt des beklagten Ehegatten.** 13

14 Fehlt ein solcher im Inland, ist das Gericht, in dessen Sprengel der **gewöhnliche Aufenthalt des klagenden Ehegatten** gelegen ist, zuständig.

15 Wenn der **Staatsanwalt gegen beide Ehegatten** (zB wegen Vorliegens einer Namens- oder Staatsbürgerschaftsehe) die **Klage auf Nichtigerklärung der Ehe** erhebt und die Ehegatten im Inland niemals einen gemeinsamen gewöhnlichen Aufenthalt gehabt haben oder keiner der Ehegatten zur Zeit der Klagserhebung seinen gewöhnlichen Aufenthalt im Sprengel ihres letzten gemeinsamen Aufenthalts hat, dann ist, obwohl seit dem FamGG in § 76 Abs 1 JN die Wendung „oder eines der beklagten Ehegatten" fehlt, das **BG** zuständig, **in dessen Sprengel einer der beklagten Ehegatten seinen gewöhnlichen Aufenthalt hat** (so auch *Fasching,* Lehrbuch² Rz 280). Denn die Streichung der Wendung „oder eines der beklagten Ehegatten" ist nur auf ein Redaktionsversehen zurückzuführen (vgl *Simotta,* ÖJZ 1982, 66 FN 37; *dies,* AnwBl 1983, 313; *dies,* ÖJZ 1986, 706 f); hielte man sich streng an den Wortlaut des § 76 Abs 1 JN würde dies einerseits zu einer weiteren unnötigen Belastung des BG Innere Stadt Wien und andererseits für Ehegatten, die nicht in Wien wohnen, zu einem ihnen nicht zumutbaren Zeit- und Kostenaufwand führen (*Simotta,* AnwBl 1983, 313 FN 19).

D. Subsidiäre Zuständigkeit

16 Wenn keiner der Ehegatten seinen gewöhnlichen Aufenthalt in Österreich hat (so bei Ehegatten, die sich dauernd im Ausland aufgehalten haben, insb auch bei Ehegatten, deren allgemeiner Gerichtsstand sich nach § 68 Abs 3 und § 69 JN bestimmt), ist das **BG Innere Stadt Wien** ausschließlich zuständig **(geschlossene Zuständigkeit).**

Zum Begriff des gewöhnlichen Aufenthalts s § 66 JN Rz 21 ff.

III. Die internationale Zuständigkeit in Ehesachen (§ 76 Abs 2 JN)

A. Allgemeines

17 Die internationale Zuständigkeit für Ehesachen ist gegeben, wenn

a) einer der Ehegatten österreichischer Staatsbürger ist; oder

b) der Beklagte – im Fall der Nichtigkeitsklage (des Staatsanwaltes) gegen beide Ehegatten einer von ihnen – seinen gewöhnlichen Aufenthalt im Inland hat; oder

c) der Kläger seinen gewöhnlichen Aufenthalt im Inland hat und beide Ehegatten ihren letzten gemeinsamen gewöhnlichen Aufenthalt im Inland gehabt haben; oder

d) der Kläger seinen gewöhnlichen Aufenthalt im Inland hat und staatenlos ist; oder

e) der Kläger seinen gewöhnlichen Aufenthalt im Inland hat und zur Zeit der Eheschließung österreichischer Staatsbürger gewesen ist.

B. Anknüpfungspunkte

1. Österreichische Staatsbürgerschaft

18 Die österreichischen Gerichte sind, sobald auch nur **ein Eheteil** die **österreichische Staatsbürgerschaft** besitzt, zur Entscheidung in Ehesachen berufen; dies selbst dann, wenn keiner der Gatten seinen Aufenthalt im Inland hat oder die Entscheidung im ausländischen Aufenthaltsstaat nicht anerkannt wird (vgl EFSlg 27.697 [1976]; OLG Wien EFSlg 7194 [1966]).

Der Grundsatz, daß die österreichische Staatsbürgerschaft einer Partei die internationale Zuständigkeit Österreichs begründet, entspricht einer lange zurückreichenden Rechtstradition in Statussachen (vgl ErläutRV zur ZVN 1983 [669 BlgNR 15. GP] 35).

Wer österreichischer Staatsbürger ist, bestimmt sich nach dem StbG (BGBl 1985/311).

Besitzt einer der beiden Teile (oder beide Teile) eine **Doppel- oder Mehrfachstaatsbürgerschaft,** dann ist die internationale Zuständigkeit gegeben, sofern auch nur ein Teil (auch) die **österreichische Staatsbürgerschaft** hat (OLG Wien EFSlg 23.065 [1974]; vgl zu § 21 AußStrG NZ 1993, 107). Es wird aber auch die Ansicht vertreten (vgl SZ 47/97 = EFSlg 23.060/3 = EvBl 1975/63 = ZfRV 1977, 118 [zust *Hoyer*]), daß bei der Doppelstaatsbürgerschaft auf die effektive, die praktizierte Staatsbürgerschaft, abzustellen sei. Effektiver sei die Angehörigkeit zu jenem Staat, mit dem die betreffende Person am engsten verbunden sei. Es müsse hiebei in jedem einzelnen Fall den tatsächlichen Lebensverhältnissen Rechnung getragen werden, um unter Berücksichtigung aller Verknüpfungen der Person mit jedem ihrer Heimatstaaten ihre stärkste Staatsangehörigkeit zu ermitteln. Von maßgebender Bedeutung seien bei dieser Beurteilung Wohnsitz, Aufenthalt, Zeitpunkt des Erwerbes der einzelnen Staatsangehörigkeiten, Beruf und dergleichen mehr. 19

Die Ansicht, daß bei Mehrstaatern die **effektive** und nicht unbedingt die österreichische **Staatsbürgerschaft** vorgehe, ist **abzulehnen.** Denn die Frage, zu welcher der mehreren Staatsbürgerschaften der betreffende Ehegatte eine engere Verbindung hat, wird im Einzelfall nicht immer leicht festzustellen sein. Es ist daher weder für den Kläger noch für das Gericht leicht erkennbar, ob im betreffenden Fall die internationale Zuständigkeit gegeben ist. Dies führt für den Rechtsschutzsuchenden zu einer Rechtsunsicherheit. Außerdem kommt es nach § 76 Abs 2 JN nur auf den Besitz der österreichischen Staatsbürgerschaft, nicht aber auf deren Effektivität an. Daher **genügt** für das Vorliegen der internationalen Zuständigkeit in Ehesachen, **daß** ein **Ehegatte neben einer ausländischen die österreichische Staatsbürgerschaft besitzt.**

Den **österreichischen Staatsbürgern gleichgestellt** sind **Flüchtlinge iSd Genfer Konvention** v 28. 7. 1951 über die Rechtsstellung der Flüchtlinge (BGBl 1955/55 idF des Protokolls v 31. 1. 1967, BGBl 1974/78) im Zusammenhalt mit dem Protokoll v 31. 1. 1967 über die Rechtsstellung von Flüchtlingen (BGBl 1974/78), **die ihren gewöhnlichen Aufenthalt in Österreich haben** (vgl Art 16 der Genfer Flüchtlingskonvention). Konventionsflüchtlinge können daher eine Eheklage in Österreich erheben, auch wenn ihre Gatten im Ausland leben (EFSlg 63.938 [1990]; OLG Wien EFSlg 49.261 [1985], 43.957 [1983]). 20

Wer ein **Flüchtling** ist, bestimmt sich nach Art 1 Abschnitt A der Flüchtlingskonvention im Zusammenhalt mit dem Protokoll über die Rechtsstellung von Flüchtlingen: 21

Artikel 1

A. Als Flüchtling iS dieses Abkommens ist anzusehen, wer:

1. gem den Vereinbarungen vom 12. Mai 1926 und 30. Juni 1928, den Abkommen vom 28. Oktober 1933 und 10. Februar 1938, dem Protokoll vom 14. September 1939 oder der Verfassung der Internationalen Flüchtlingsorganisation als Flüchtling angesehen worden ist.

Entscheidungen, die von der Internationalen Flüchtlingsorganisation während der Zeit ihrer Tätigkeit über die Anerkennung als Flüchtling getroffen worden sind, werden nicht hindern, daß Personen, die die Bedingungen der Z 2 dieses Abschnittes erfüllen, die Rechtsstellung von Flüchtlingen erhalten;

2. sich aus wohlbegründeter Furcht, aus Gründen der Rasse, Religion, Nationalität, Zugehörigkeit zu einer bestimmten sozialen Gruppe oder der politischen Gesinnung ver-

folgt zu werden, außerhalb seines Heimatlandes befindet und nicht in der Lage oder im Hinblick auf diese Furcht nicht gewillt ist, sich des Schutzes dieses Landes zu bedienen; oder wer staatenlos ist, sich außerhalb des Landes seines gewöhnlichen Aufenthaltes befindet und nicht in der Lage oder im Hinblick auf diese Furcht nicht gewillt ist, in dieses Land zurückzukehren.

Falls jemand mehr als eine Staatsangehörigkeit hat, ist unter dem Heimatland jedes Land zu verstehen, dessen Staatsangehöriger er ist; wenn jemand ohne triftige, auf wohlbegründeter Furcht beruhende Ursache sich des Schutzes eines der Staaten, dessen Staatsangehöriger er ist, nicht bedient, soll er nicht als eine Person angesehen werden, der der Schutz des Heimatlandes versagt worden ist.

2. Gewöhnlicher Aufenthalt des Beklagten im Inland

22 Um eine mißbräuchliche Inanspruchnahme der internationalen Zuständigkeit in Ehesachen durch nicht-österreichische Ehegatten hintanzuhalten, fordert § 76 Abs 2 Z 2 und 3 JN ein **genügend starkes Naheverhältnis** der Ehegatten **zu Österreich.**

Ein solches ist zweifellos gegeben, wenn zumindest **der beklagte Ehegatte** seinen **gewöhnlichen Aufenthalt im Inland** hat. In diesem Fall die internationale Zuständigkeit Österreichs zur Verfügung zu stellen, ist rechtspolitisch auch deshalb gerechtfertigt, weil der gewöhnliche Aufenthalt des Beklagten ja **auch in vermögensrechtlichen Angelegenheiten** den **allgemeinen Gerichtsstand** begründet (ErläutRV zur ZVN 1983 [669 BlgNR 15. GP] 35).

Zum Begriff des gewöhnlichen Aufenthalts s § 66 JN Rz 21 ff.

3. Gewöhnlicher Aufenthalt des Klägers im Inland

23 Hat dagegen nur der **klagende Ehegatte** seinen gewöhnlichen Aufenthalt im Inland, so müssen **weitere Umstände** hinzutreten, die Ausdruck eines entsprechend starken Naheverhältnisses der Sache zu Österreich sind. Nur dann nämlich ist es tragbar, daß der beklagte, sich gewöhnlich im Ausland aufhaltende Ehegatte, der sich nicht scheiden lassen will, auch gegen seinen Willen mit der Entscheidung eines österreichischen Gerichtes zu rechnen hat (ErläutRV zur ZVN 1983 [669 BlgNR 15. GP] 36).

§ 76 Abs 2 Z 3 JN sieht – alternativ – drei Voraussetzungen vor, die Ausdruck einer solchen Nahebeziehung sind und die zum gewöhnlichen Aufenthalt des Klägers treten müssen:

a) Letzter gemeinsamer gewöhnlicher Aufenthalt im Inland

24 Liegt die **letzte Gemeinsamkeit** der zu scheidenden Ehe **im Inland** – nämlich der letzte gemeinsame gewöhnliche Aufenthalt der Ehegatten – so ist es gerechtfertigt, die internationale Zuständigkeit zur Verfügung zu stellen, wenn auch zur Zeit der Erhebung der Klage nur noch der Kläger seinen gewöhnlichen Aufenthalt im Inland hat (ErläutRV zur ZVN 1983 [669 BlgNR 15. GP] 36).

Dabei ist es unerheblich, ob der klagende Ehegatte nach der Trennung seinen gewöhnlichen Aufenthalt – nach Wegzug des anderen Ehegatten ins Ausland – im Inland beibehalten hat oder ob er selbst zunächst seinen gewöhnlichen Aufenthalt gleichfalls ins Ausland verlegt hat, später aber wieder nach Österreich zurückgekehrt ist (ErläutRV zur ZVN 1983 [669 BlgNR 15. GP] 36).

Zum Begriff des (letzten) gemeinsamen gewöhnlichen Aufenthalts s Rz 12.

b) Staatenlosigkeit des Klägers

25 **Staatenlose** können in Österreich eine Eheklage erheben, wenn sie **ihren gewöhnlichen Aufenthalt in Österreich** haben. Diese Gleichstellung mit Inländern entspricht der materiellrechtlichen Norm des § 9 Abs 2 IPRG.

Staatenlos sind alle jene **Personen,** die **keine Staatsbürgerschaft besitzen,** sei es, daß sie von ihrem ursprünglichen Heimatstaat durch individuellen Verwaltungsakt ausgebürgert wurden oder nach den Vorschriften des Staatsbürgerschaftsrechtes dieses Staates durch bestimmte Handlungen oder ein bestimmtes Verhalten ipso iure die Staatsbürgerschaft verloren haben (zB durch Eintritt in die Wehrmacht eines fremden Staates) oder durch eine generelle gesetzliche Regelung in ihrem Heimatstaat wegen der Zugehörigkeit zu einem bestimmten Volkstum oder einer bestimmten sozialen, religiösen oder rassischen Gruppe ihrer Staatsbürgerschaft für verlustig erklärt wurden. 26

Den Staatenlosen gleichgestellt sind **Personen mit ungeklärter Staatsangehörigkeit** (vgl § 3 StbG und § 9 Abs 2 IPRG). 27

Nicht unter die Bestimmung des § 76 Abs 2 Z 3 JN fallen diejenigen **Staatenlosen,** auf die die Bestimmungen der **Konvention über die Rechtsstellung** der Flüchtlinge (BGBl 1955/55) und des Protokolls v 31. 1. 1967 (BGBl 1974/78) anzuwenden sind. Für diese ist die internationale Zuständigkeit **nur davon abhängig, ob** sie während des Verfahrens ihren **gewöhnlichen Aufenthalt im Inland** haben (vgl Rz 20). Dazu gehören alle Personen, die im Zuge eines Krieges oder von Nachkriegsereignissen ihre Staatsbürgerschaft verloren haben. 28

c) Österreichische Staatsbürgerschaft des Klägers im Zeitpunkt der Eheschließung

Die Schutzfunktion der österreichischen Gerichtsbarkeit in Ehesachen erstreckt sich auch auf jene Ehen, bei denen der klagende Ehegatte im **Zeitpunkt der Eheschließung** die **österreichische Staatsbürgerschaft** besessen und sie **nach der Eheschließung verloren** hat. Es wird damit mittelbar die Gerichtsbarkeit über österreichische Staatsbürger ausgeübt. 29

In der Praxis kommt es nämlich vor, daß österreichische Staatsbürgerinnen Angehörige von Staaten heiraten, die einem ganz anderen Kulturkreis angehören, dort gemeinsam mit ihrem Ehemann ihren Aufenthalt nehmen und auch – durch einen entsprechenden Willensakt – die Staatsangehörigkeit dieses fremden Staates erwerben, wodurch sie die österreichische Staatsangehörigkeit verlieren. Nach Scheitern der Ehe kehren diese Frauen des öfteren wieder nach Österreich zurück. Es ist nun durchaus sachgerecht, diesen ehemaligen österreichischen Staatsbürgern die internationale Zuständigkeit der österreichischen Gerichte zur Verfügung zu stellen (ErläutRV zur ZVN 1983 [669 BlgNR 15. GP] 36). In diesem Zusammenhang ist auch zu erwähnen, daß nach rechtskräftiger Auflösung der Ehe für Personen, die aus oben genanntem Grund die österreichische Staatsbürgerschaft verloren haben, die Möglichkeit der erleichterten Wiedereinbürgerung besteht (vgl § 13 StbG).

Ob der Ehegatte die Staatsbürgerschaft durch den oft mit einer Eheschließung verbundenen Erwerb einer anderen Staatsbürgerschaft verlor oder erst durch ein nachträglich gestelltes ausdrückliches Ansuchen um Verleihung einer fremden Staatsbürgerschaft, die nicht notwendigerweise die des anderen Ehegatten sein muß, ist nicht entscheidend. 30

C. Maßgeblicher Zeitpunkt für das Vorliegen der Anknüpfungspunkte

Die Voraussetzungen für die internationale Zuständigkeit (österreichische Staatsbürgerschaft, gewöhnlicher Aufenthalt im Inland, Staatenlosigkeit) müssen seit der WGN 1997 nur mehr im Zeitpunkt der **Klagseinbringung** (Gerichtsanhän- 31 gigkeit) gegeben sein. Denn gem § 29 letzter Satz JN gilt nun auch für die internationale Zuständigkeit der **Grundsatz der perpetuatio fori.**

Tritt umgekehrt die internationale Zuständigkeit (zB durch Erwerb der österreichischen Staatsbürgerschaft) erst im Lauf des Verfahrens ein, so ist dies bis Rechtskraft des Urteils zu berücksichtigen (SZ 47/97 = EFSlg 23.060/3 = EvBl 1975/63 = ZfRV 1977, 118 [zust *Hoyer*]; JBl 1946, 395); die Klage darf nicht mehr wegen des früheren Fehlens der internationalen Zuständigkeit zurückgewiesen werden. Der nachträgliche Eintritt der internationalen Zuständigkeit kann auch noch im Rechtsmittelverfahren geltend gemacht werden. Das Neuerungsverbot gilt hier nicht, weil die internationale Zuständigkeit ein von Amts wegen wahrzunehmender Umstand ist (*Böhm,* Anm zu ecolex 1992, 19; *ders,* Anm zu JBl 1988, 386 [389]; *Fasching,* Lehrbuch² Rz 1731; *Mayr* in *Rechberger,* ZPO § 482 Rz 3; OLG Wien AnwBl 1995, 429; aA *Matscher,* JBl 1998, 492f; ZfRV 1995/48; RZ 1996/25 = ZfRV 1996/1 mit der Begründung, die Neuerungserlaubnis gelte nur für Tatsachen, aus denen hervorgeht, daß die Rechtssache der inländischen Gerichtsbarkeit entzogen sei). Außerdem bezieht sich das Neuerungsverbot nur auf neues Tatsachen- und Beweisvorbringen in der Hauptsache (*Böhm,* Anm zu ecolex 1992, 19; *ders,* Anm zu JBl 1988, 386 [389]).

IV. Die internationale Zuständigkeit in Ehesachen nach dem Übereinkommen über die Zuständigkeit und die Anerkennung und Vollstreckung von Entscheidungen in Ehesachen (Brüssel II)

32 Das am 28. 5. 1998 vom Rat der Justizminister unterzeichnete Übereinkommen über die Zuständigkeit und die Anerkennung und Vollstreckung von Entscheidungen in Ehesachen enthält in Art 2 folgende Regelung der internationalen Zuständigkeit:

Art 2. (1) Für Entscheidungen, die die Ehescheidung, die Trennung ohne Auflösung des Ehebandes oder die Ungültigerklärung einer Ehe betreffen, sind die Gerichte des Mitgliedstaats zuständig,

a) in dessen Hoheitsgebiet

– beide Ehegatten ihren gewöhnlichen Aufenthalt haben oder

– die Ehegatten zuletzt beide ihren gewöhnlichen Aufenthalt hatten, sofern einer von ihnen dort noch seinen gewöhnlichen Aufenthalt hat, oder

– der Antragsteller seinen gewöhnlichen Aufenthalt hat, wenn er sich dort seit mindestens sechs Monaten unmittelbar vor Antragstellung aufgehalten hat und entweder Staatsangehöriger des betreffenden Mitgliedstaats ist oder seinen Wohnsitz dort hat,

b) dessen Staatsangehörigkeit beide Ehegatten besitzen oder in dem sie auf Dauer ihren gemeinsamen Wohnsitz genommen haben.

(2) Jeder Mitgliedstaat gibt bei der Notifizierung nach Artikel 47 Absatz 2 in einer Erklärung an, ob er im Rahmen von Absatz 1 das Kriterium der Staatsangehörigkeit oder das des Wohnsitzes anwendet.

(3) Für die Zwecke dieses Übereinkommens ist der Begriff „Wohnsitz" gleichbedeutend mit dem Begriff „domicile" des britischen und des irischen Rechts.

Dieses Übereinkommen ist derzeit noch nicht in Kraft getreten. Die Kommentierung erfolgt in *Fasching*² III bei § 460 ZPO.

§ 76a. Das Gericht, bei dem eine im § 76 Abs. 1 genannte Streitigkeit anhängig ist oder gleichzeitig anhängig gemacht wird, ist für die aus dem gegenseitigen Verhältnis der

Ehegatten entspringenden sonstigen Streitigkeiten einschließlich jener über den gesetzlichen Unterhalt (§ 49 Abs. 2 Z 2 und 2c sowie Abs. 3) ausschließlich zuständig. Das gilt nicht, wenn die Verhandlung über die Scheidung, die Aufhebung, die Nichtigerklärung oder das Bestehen oder Nichtbestehen der Ehe in erster Instanz bereits geschlossen ist.

Eingefügt durch Art I Z 5 FamGG BGBl 1985/70

Lit: *Ballon,* Verfahrensrechtliche Aspekte der Familienrechtsreform 1977/78, in *Ostheim,* Schwerpunkte der Familienrechtsreform 1977/78 (1979) 185; *Loewe,* Erneuerung des österreichischen internationalen Zivilverfahrensrechts, ZfRV 1983, 180; *Matscher,* Die internationalrechtlichen Bestimmungen der Zivilverfahrens-Novelle 1983, in *BMJ,* Neuerungen im zivilgerichtlichen Verfahrensrecht, Richterwoche 1983, (1984) 201; *Ostheim,* Familienrechtsreform und Ausstattungsanspruch, ÖJZ 1978, 505; *Schwimann,* Inländische Gerichtsbarkeit für Personenrechts-, Familienrechts- und Unterhaltssachen, JBl 1990, 760; *Simotta,* Die sachliche Zuständigkeit in Ehe- und Familiensachen, JBl 1980, 348; *dies,* Die Änderungen der Zuständigkeit in Ehe- und Familiensachen in der geplanten „Zivilverfahrens-Novelle", ÖJZ 1982, 29, 66; *dies,* Wann treten in Ehe- und Familiensachen die neuen Zuständigkeitsbestimmungen in und die alten außer Kraft? ÖJZ 1986, 705; *dies,* Kann eine Scheidungswiderklage trotz Inkrafttretens des FamGG noch beim GH 1. Instanz erhoben werden? ÖJZ 1987, 546; *dies,* Die internationale Zuständigkeit in Ehe- und Abstammungsstreitigkeiten, Broniewicz-FS (1998) 331; *Wanke,* Wenig Neues zum Heiratsgut, RdW 1994, 324.

Übersicht:

I. Wesen und Zweck

1 § 76 a JN schafft für Streitigkeiten aus dem Eheverhältnis einen **Gerichtsstand des persönlichen und sachlichen Zusammenhanges** (*Rechberger/Simotta,* Zivilprozeßrecht[5] Rz 780). Der sachliche Zusammenhang besteht darin, daß sich der geltend gemachte Anspruch aus dem Eheverhältnis ergibt, das aufgelöst oder dessen Bestehen oder Nichtbestehen festgestellt werden soll. Ein persönlicher Zusammenhang ist insofern gegeben, als – soweit keine Rechtsnachfolge iSd § 49 Abs 3 JN eingetreten ist (dazu s § 49 JN Rz 115 f) – die Parteien des Eheprozesses mit jenen des Prozesses über die aus dem Eheverhältnis entspringenden Ansprüche identisch sind.

2 Durch § 76 a JN soll erreicht werden, daß ein und derselbe Richter über die Ehesache und die mit ihr zusammenhängenden Streitigkeiten aus dem (aufzulösenden) Eheverhältnis entscheidet und daß die Klagen zu gemeinsamer Verhandlung und Entscheidung verbunden werden können (*Rechberger/Simotta,* Zivilprozeßrecht[5] Rz 780). Die Bestimmung des § 76 a JN dient somit der **Verfahrenskonzentration** (JAB zum FamGG [528 BlgNR 16. GP] 2).

3 § 76 a JN enthält eine **individuelle Zuständigkeit,** bei der es sich aber, obwohl eine abweichende Gerichtsstandsvereinbarung der ratio des § 76 a JN gänzlich widerspricht (vgl *Simotta,* ÖJZ 1982, 32), um **keine Zwangszuständigkeit** handelt (*Mayr* in *Rechberger,* ZPO § 76 a JN Rz 1; *Rechberger/Simotta,* Zivilprozeßrecht[5] Rz 780).

In den Gesetzesmaterialien (JAB zum FamGG [528 BlgNR 16. GP] 2) wird dies – den Umstand übersehend, daß es sich bei § 76 a JN um eine individuelle Zuständigkeit handelt – damit begründet, daß der Gerichtsstand nach § 76 a JN ein ausschließlicher Gerichtsstand sei („sohin sei eine abweichende Gerichtsstandsvereinbarung zulässig").

Daß § 76 a JN – obwohl dies im eklatanten Widerspruch zu seinem Zweck steht – dennoch durch eine Gerichtsstandsvereinbarung abgeändert werden kann, **ergibt sich** in Wirklichkeit **aus § 114 a (Abs 2 und 3) JN.** § 114 a Abs 3 JN bestimmt nämlich analog zu § 76 a JN, daß solange das Eheverfahren in erster Instanz anhängig ist, das Gericht der Ehesache für die dort genannten Eheangelegenheiten zuständig ist. Anders als in § 76 a JN wird aber in § 114 a Abs 3 JN (mit Hilfe eines Verweises auf § 114 a Abs 2 JN) ausdrücklich angeordnet, daß der Attraktionsgerichtsstand die Zulässigkeit einer Vereinbarung über die Zuständigkeit eines anderen Gerichtes nicht ausschließt. Die **Parteien** sollen nämlich **trotz des Attraktionsgerichtsstandes nicht gehindert** werden, **einen ihnen im Einzelfall genehmeren Gerichtsstand in Anspruch zu nehmen** (JAB zum FamGG [528 BlgNR 16. GP] 3). Da es sich bei § 114 a Abs 3 JN um ein Pendant zu § 76 a JN handelt, liegt bezüglich der Prorogabilität eine Gleichbehandlung der beiden Bestimmungen nahe.

II. Anwendungsbereich

A. Sachlicher Anwendungsbereich

1. Allgemeines

4 Der Attraktionsgerichtsstand des § 76 a JN gilt für

- die aus dem gegenseitigen Verhältnis der Ehegatten entspringenden sonstigen Streitigkeiten (§ 49 Abs 2 Z 2 c und § 49 Abs 3 JN);
- die Streitigkeiten über den gesetzlichen Unterhalt eines Ehegatten (§ 49 Abs 2 Z 2 und § 49 Abs 3 JN).

2. Sonstige Streitigkeiten aus dem Eheverhältnis

Anders als der Wahlgerichtsstand nach § 100 JN, der nur für nicht rein vermögensrechtliche Streitigkeiten aus dem Eheverhältnis gilt (Näheres s § 100 JN Rz 1 f), ist § 76a JN – wie sich aus der Zitierung des § 49 Abs 2 Z 2c JN ergibt – sowohl auf die **vermögensrechtlichen als auch** auf die **nicht rein vermögensrechtlichen Ansprüche** aus dem Eheverhältnis anwendbar. Dabei macht es keinen Unterschied, ob sich der geltend gemachte Anspruch aus dem (noch) aufrechten Eheverhältnis ergibt, oder ob dieser erst mit der Scheidung, Aufhebung oder Nichtigerklärung der Ehe entsteht (JAB zum EheRÄG 1978 [916 BlgNR 14. GP] 23; *Ballon* in *Ostheim* 194; *Petschek/Stagel,* Zivilprozeß 441; *Simotta,* JBl 1980, 351 FN 26; OLG Wien EFSlg 12.226 [1969], 10.483 [1968], 5485 [1965], 5471 [1965]). 5

Zusammen mit einer Klage auf Feststellung des Bestehens oder Nichtbestehens der Ehe werden aber auch (Schadenersatz-)Ansprüche wegen Nichtbestehens der Ehe eingeklagt werden können. Hier wird man aus Gründen der Prozeßökonomie für die Begründung der Zuständigkeit nach § 76a JN bereits ein vermeintliches Eheverhältnis genügen lassen müssen.

Aus der Zitierung des § 49 Abs 2 Z 2c und Abs 3 JN folgt, daß § 76a JN nur für solche Ansprüche aus dem Eheverhältnis gilt, für die der **streitige Rechtsweg zulässig** ist. Gehört der Anspruch aus dem Eheverhältnis hingegen – wie zB jener auf Abgeltung der Mitwirkung eines Ehegatten im Erwerb des anderen – ins Außerstreitverfahren, kommt § 114a Abs 3 JN zur Anwendung. Näheres s § 114a JN Rz 38. 6

Zum Begriff der sonstigen Streitigkeiten aus dem Eheverhältnis wird auf die Ausführungen zu § 49 JN Rz 38 ff verwiesen. Als Beispiele wären auf § 97 ABGB gestützte Klagen zu nennen: Der beklagte Ehegatte habe es zu unterlassen, den klagenden Ehegatten aus der Wohnung auszusperren (OLG Wien EvBl 1985/16 = EFSlg 46.601 und 46.602 = WR 110) oder der über die Ehewohnung verfügungsberechtigte Ehegatte habe alles zu unterlassen und vorzukehren, damit der auf die Wohnung angewiesene Ehegatte diese nicht verliere (OLG Wien EFSlg 39.082 [1981]). § 76a JN darf jedenfalls nicht extensiv dahin ausgelegt werden, daß er sich auf sämtliche privatrechtliche Streitigkeiten zwischen Ehegatten bezieht (LGZ Wien EFSlg 63.939 [1990]). 7

Analog zu § 606 Abs 2 Satz 3 dZPO sind durch eine extensive Auslegung aber **auch** die **Streitigkeiten in Ehesachen** (§ 49 Abs 2 Z 2b JN) in den Anwendungsbereich des § 76a JN einzubeziehen. Ansonsten ist es nämlich, wenn der im Eheverfahren Beklagte nicht vom (Wahl-)Gerichtsstand der Widerklage Gebrauch macht, möglich, daß für die Eheklage und die dagegen erhobene Widerklage verschiedene Gerichte (örtlich) zuständig sind. 8

Beispiel. Die Scheidungsklage wurde beim BG, in dessen Sprengel die Ehegatten ihren gemeinsamen gewöhnlichen Aufenthalt haben, eingebracht. Im Zeitpunkt der Erhebung der Widerklage hat keiner der Ehegatten mehr seinen gewöhnlichen Aufenthalt im Sprengel ihres früheren gemeinsamen gewöhnlichen Aufenthalts.

Auf Grund der § 60 Abs 2, § 61 Abs 1, §§ 42 und 28 EheG und der §§ 17 und 18 der 1. DVEheG und des (in Österreich allerdings in sehr eingeschränktem Maß geltenden) Grundsatzes der Einheitlichkeit des Eheverfahrens ist es gerade im Eheverfahren sehr unzweckmäßig, Klage und Widerklage zu trennen (dazu ausführlich *Simotta,* ÖJZ 1987, 546 ff; s ferner *Fasching,* Lehrbuch² Rz 2365; *Holzhammer,* Zivilprozeßrecht², 380; EvBl 1987/111 = JBl 1987, 519; Jud 57 neu = SZ 25/331 = EFSlg 2603 = EvBl 1953/32; RGZ 171, 39 [1943]).

Außerdem ist § 76 a JN doch gerade zu dem Zweck geschaffen worden, eine Verhandlungskonzentration von miteinander in Zusammenhang stehenden Verfahren zu ermöglichen. Weiters ist es ein Anliegen des Gesetzgebers des FamGG gewesen, Kompetenzzersplitterungen für Verfahren mit familienrechtlichem Bezug zu beseitigen (vgl JAB zum FamGG [528 BlgNR 16. GP] 2).

3. Streitigkeiten über den gesetzlichen Unterhalt eines Ehegatten

9 Durch die Zitierung des § 49 Abs 2 Z 2 JN wurde klargestellt, daß **alle Klagen betreffend den gesetzlichen Unterhalt eines Ehegatten** (auch solche auf Feststellung des Nichtbestehens eines Unterhaltsanspruches nach der Ehescheidung, vgl LGZ Wien EFSlg 72.813 [1993]) während der Anhängigkeit eines Eheverfahrens in erster Instanz beim Gericht der Ehesache anhängig gemacht werden müssen (vgl JAB zum EheRÄG 1978 [916 BlgNR 14. GP] 23 und JAB zum FamGG [528 BlgNR 16. GP] 2). Bis zum EheRÄG 1978 war es nämlich strittig, ob außer den nach der Scheidung, Aufhebung oder Nichterklärung der Ehe gebührenden Unterhaltsansprüchen **auch** jene **für die Zeit bis zur Beendigung der Ehe** zusammen mit einer streitigen Ehesache geltend gemacht werden können. Zum Begriff der Streitigkeiten über den gesetzlichen Unterhalt s § 49 JN Rz 15.

Die Geltendmachung von Unterhalt für die Zeit bis zur Beendigung der Ehe oder für den Fall der Eheauflösung im Zusammenhang mit einem anhängigen Eheprozeß bildet den **Hauptanwendungsfall** des § 76 a JN.

B. Zeitlicher Anwendungsbereich

10 § 76 a JN kommt dann zur Anwendung, wenn eine unter § 49 Abs 2 Z 2 und Z 2 c JN subsumierbare Klage entweder **gleichzeitig** mit einer Ehesache anhängig gemacht wird **oder** eine **Ehesache** bereits **(gerichts)anhängig** ist. Die **mündliche Verhandlung über** die **Ehesache** darf aber, da es sich bei der nachträglichen Geltendmachung eines Anspruches aus dem Eheverhältnis um eine Klagserweiterung bzw eine Widerklage handelt (Näheres dazu s Rz 16 ff), **nicht** bereits **in erster Instanz geschlossen** sein (vgl § 96 Abs 2 JN, § 233 Abs 2, § 483 Abs 4 ZPO).

Wird die Eheklage, nachdem der Anspruch aus dem Eheverhältnis eingeklagt worden ist, ab- oder zurückgewiesen oder zurückgezogen, bleibt trotzdem für die Streitigkeit aus dem Eheverhältnis die Zuständigkeit nach § 76 a JN aufrecht (perpetuatio fori). Da es nach § 29 JN nur darauf ankommt, ob das angerufene Gericht im Zeitpunkt der Gerichtsanhängigkeit der Klage aus dem Eheverhältnis für diese zuständig war, würde die Zuständigkeit für die Klage aus dem Eheverhältnis auch dann perpetuiert, wenn das Gericht für die Eheklage unzuständig ist und die Eheklage deswegen dann von einem anderen Gericht behandelt wird. Es käme also, wenn das Gericht der Ehesache unzuständig war und dies nicht geheilt worden ist, auf Grund der perpetuatio fori zu einer Trennung der Verfahren. Da dies prozeßunökonomisch ist und außerdem dem Zweck des § 76 a JN widerspricht, sollte in einem solchen Fall die Klage, mit der ein Anspruch aus dem Eheverhältnis geltend gemacht wird, in Anlehnung an § 31 a Abs 2 JN bzw § 621 Abs 2 dZPO von Amts wegen oder auf Antrag an das Gericht, bei dem die Ehesache augenblicklich anhängig ist, überwiesen werden.

11 Ist (noch) **keine Ehesache anhängig oder** befindet sich der Eheprozeß bereits in höherer Instanz, sind vermögensrechtliche Streitigkeiten aus dem Eheverhältnis **beim allgemeinen Gerichtsstand** der beklagten Partei anhängig zu machen. Nicht rein vermögensrechtliche Streitigkeiten aus dem Eheverhältnis können dagegen entweder beim allgemeinen Gerichtsstand des Beklagten oder gem § 100

JN auch bei dem in § 76 Abs 1 JN bezeichneten Gericht anhängig gemacht werden. Näheres s § 100 JN.

Für Unterhaltsklagen sieht Art 5 Z 2 EuGVÜ/LGVÜ eine örtliche und internationale Wahlzuständigkeit am Wohnsitz oder gewöhnlichen Aufenthalt des Unterhaltsberechtigten vor. Näheres s Rz 29.

Wenn **zuerst** eine **sonstige Streitigkeit aus dem Eheverhältnis** (zB eine Unter- **12**
haltsklage eines Ehegatten) anhängig gemacht und dann erst die Eheklage erhoben wird, kommt § 76a JN nicht zur Anwendung. Es ist dadurch möglich, daß für die Ehesache und die Streitigkeit aus dem Eheverhältnis verschiedene Gerichte zuständig sind. Da dies prozeßunökonomisch ist, wäre hier in Anlehnung an § 621 Abs 3 dZPO eine (amtswegige) Überweisung an das Gericht, bei dem die Ehesache anhängig ist, in Erwägung zu ziehen. Denn nur mit einer Überweisung an das Gericht, bei dem die Ehesache später anhängig gemacht worden ist, läßt sich der aus §§ 76a und 114a Abs 3 JN hervorgehende Grundsatz, daß während der Anhängigkeit eines Eheprozesses in erster Instanz das Gericht der Ehesache für alle die Ehegatten betreffenden Ehefolgesachen zuständig sein soll, wirklich lückenlos verwirklichen.

C. Personeller Anwendungsbereich

Wie aus der Zitierung des § 49 Abs 3 JN hervorgeht, kommt § 76a JN **13**
unabhängig davon zur Anwendung, wer die Streitigkeit über den gesetzlichen Unterhalt eines Ehegatten oder die sonstigen aus dem gegenseitigen Verhältnis der Ehegatten entspringenden Streitigkeiten anhängig macht. Der Attraktionsgerichtsstand des § 76a JN gilt demnach nicht nur, wenn ein unter § 49 Abs 2 Z 2 oder Z 2c JN fallender Anspruch vom **Ehekläger** eingeklagt wird, sondern auch dann, wenn dieser vom **in der Ehesache Beklagten** oder von einem materiellen oder prozessualen **Rechtsnachfolger** (Näheres dazu s § 49 JN Rz 115ff) **eines Ehegatten** geltend gemacht wird.

Wird der Anspruch aus dem Eheverhältnis jedoch von einem Rechtsnachfolger eines Ehegatten (zB der gepfändete Unterhaltsanspruch durch den Überweisungsgläubiger) eingeklagt, dann kann § 76a JN seinen Zweck, die Verhandlung und das Verfahren zu konzentrieren, freilich in nur unzureichendem Maß erfüllen. Denn da das Eheverfahren gem § 460 Z 3 ZPO nicht öffentlich ist, können die beiden Verfahren nicht zu gemeinsamer Verhandlung verbunden werden.

III. Kann eine Streitigkeit aus dem Eheverhältnis mit einer Ehesache verbunden werden?

In § 76a JN ist – anders als in seinen Vorgängerbestimmungen, § 100 Abs 1 **14**
JN idF StGBl 1945/188 sowie § 7a Abs 3, § 50 Abs 2 und § 49a Abs 3 JN idF EheRÄG 1978 – von der Möglichkeit der Verbindung von Streitigkeiten aus dem Eheverhältnis mit einer Ehesache überhaupt nicht mehr die Rede. Mangels einer Sonderbestimmung gilt daher auch für die Verbindung von Streitigkeiten aus dem Eheverhältnis mit einer Ehesache **§ 227 ZPO.** Dieser setzt aber neben der im vorliegenden Fall gegebenen selben sachlichen und örtlichen Zuständigkeit voraus, daß für die gemeinsam geltend gemachten Ansprüche **dieselbe Verfahrensart** zulässig ist.

Darüber, ob nach dem PersEheKindRÄG das **Eheverfahren** noch weiter zu den besonderen Verfahrensarten zu zählen ist, besteht jedoch Uneinigkeit (dies verneinend *Rechberger/Simotta,* Zivilprozeßrecht[5] Rz 773; aA [anscheinend] *Fasching,* Lehrbuch[2] Rz 1120; *Rechberger* in *Rechberger,* ZPO § 236 Rz 6; Näheres s bei § 460 ZPO). Freilich führt die **historisch-teleologische Auslegung** des § 76a JN selbst dann zu einer Bejahung der Verbindungsmöglichkeit, wenn man der Ansicht sein sollte, daß das Eheverfahren eine besondere Verfahrensart sei (vgl *Fasching,* Lehrbuch[2] Rz 1120 und Rz 2333). Die Bestimmung des § 76a JN dient nämlich der Verhandlungskonzentration.

IV. Die dogmatische Einordnung der gemeinsamen Geltendmachung einer Ehesache und eines in § 49 Abs 2 Z 2 und 2c JN genannten Anspruches

Hier sind folgende Fallkonstellationen zu unterscheiden:

A. Gleichzeitige Geltendmachung mit der Eheklage

15 Macht der Kläger gleichzeitig mit der Eheklage einen in § 49 Abs 2 Z 2 und Z 2c JN genannten Anspruch geltend, liegt eine **objektive** (kumulative) **Klagenhäufung** vor, die aber § 76a JN in Abweichung von § 227 ZPO trotz möglicherweise unterschiedlicher Verfahrensart (dazu s die Ausführungen zu § 460 ZPO) ausdrücklich zuläßt (*Fasching,* Lehrbuch[2] Rz 1120; *Rechberger/Simotta,* Zivilprozeßrecht[5] Rz 430/1).

B. Geltendmachung durch den Kläger des Eheprozesses während dessen Anhängigkeit

16 Bringt der Kläger des Eheprozesses die Klage, mit der er einen Anspruch aus dem Eheverhältnis geltend macht, erst während des Eheprozesses ein, liegt eine **Klagserweiterung** vor (ergibt sich e contrario aus OLG Wien EFSlg 8907 [1967]), die aber, da sie im Gesetz ausdrücklich vorgesehen ist, nicht der Zustimmung durch den Beklagten bedarf.

C. Geltendmachung durch den im Eheprozeß Beklagten, der nicht seinerseits auf Auflösung der Ehe klagt

17 Macht der Beklagte – ohne seinerseits auf Auflösung der Ehe zu klagen – einen Anspruch aus dem Eheverhältnis geltend, liegt, da zwischen der Eheklage und der Klage, mit der ein Anspruch aus dem aufrechten oder aufgelösten Eheverhältnis geltend gemacht wird, insofern ein (genetischer) Zusammenhang besteht, als alle Klagen ihre Wurzel in dem zwischen den Parteien bestehenden Eheverhältnis haben, eine **Widerklage** vor. Werden Unterhaltsansprüche für die Zeit nach der Beendigung der Ehe eingeklagt, so ist insofern ein Zusammenhang mit der streitigen Ehesache gegeben, als sich der vermögensrechtliche Anspruch als gesetzliche Folge der Auflösung der Ehe ergibt (so auch GlUNF 5620 [1911]). Daß zwischen dem Begehren auf Unterhalt für die Zeit der noch aufrechten Ehe und der Klage auf Scheidung, Aufhebung oder Nichtigerklärung der Ehe ein Zusammenhang gegeben ist, folgt aus § 382 Abs 1 Z 8 lit a EO, wonach im Zusammenhang mit den genannten Verfahren ein Antrag auf Bestimmung des einstweiligen Unterhaltes für die Dauer des Verfahrens gestellt werden kann.

D. Geltendmachung durch einen (materiellrechtlichen oder prozessualen) Rechtsnachfolger

18 Klagt ein Dritter als materiellrechtlicher oder prozessualer Rechtsnachfolger beim Gericht der Ehesache einen aus dem Eheverhältnis entspringenden Anspruch ein, paßt die Rechtsfigur der **Widerklage nicht ganz,** weil die Parteien des Widerklageprozesses mit den Parteien des Vorprozesses nicht identisch sind.

Die in § 49 Abs 3 JN genannten Personen sind niemals Partei des Eheprozesses. Allerdings kann man sagen, daß der nicht am Widerklageprozeß als Partei teilnehmende Ehegatte durch den (materiellrechtlichen oder prozessualen) Rechtsnachfolger repräsentiert wird, weil letzterer sein materielles Recht und damit sein Recht zur Prozeßführung von ersterem ableitet.

Der Zusammenhang zwischen den beiden Klagen besteht wieder darin, daß beide ihre Wurzel im Eheverhältnis haben. Allerdings ist hier der Zusammenhang viel loser als in dem Fall, in dem ein Ehegatte einen Anspruch aus dem Eheverhältnis geltend macht. Dies deshalb, weil der Rechtsnachfolger ja den eingeklagten Anspruch nicht direkt aus dem Eheverhältnis, sondern von seinem Rechtsvorgänger ableitet.

V. Die internationale Zuständigkeit

A. Die internationale Zuständigkeit für die Geltendmachung von Unterhaltsansprüchen (Art 2, 5 Z 2 EuGVÜ/LGVÜ)

Art 5 Z 2 EuGVÜ/LGVÜ. Eine Person, die ihren Wohnsitz in dem Hoheitsgebiet eines Vertragsstaats hat, kann in einem anderen Vertragsstaat verklagt werden, wenn es sich um eine Unterhaltssache handelt, vor dem Gericht des Ortes, an dem der Unterhaltsberechtigte seinen Wohnsitz oder seinen gewöhnlichen Aufenthalt hat, oder im Falle einer Unterhaltssache, über die im Zusammenhang mit einem Verfahren in bezug auf den Personenstand zu entscheiden ist, vor dem nach seinem Recht für dieses Verfahren zuständigen Gericht, es sei denn, diese Zuständigkeit beruht lediglich auf der Staatsangehörigkeit einer der Parteien.

Lit: *Brückner,* Unterhaltsregreß im internationalen Privat- und Verfahrensrecht (1994); *Fuchs,* Begriff „Unterhaltsberechtigter" in Art 5 Nr 2 EuGVÜ geklärt, IPRax 1998, 327; *Geimer,* Einige Zweifelsfragen zur Abgrenzung nach dem EWG-Übereinkommen vom 27. 9. 1968, RIW 1975, 81; *ders,* Anerkennung und Vollstreckung von ex parte-Unterhaltsentscheidungen aus EuGVÜ-Vertragsstaaten, IPRax 1992, 5; *Hartley,* Civil Jurisdiction and Judgments (1984); *Hausmann,* Der Unterhaltsbegriff in Staatsverträgen des internationalen Privat- und Verfahrensrechts, IPRax 1990, 382; *Jayme,* Fragen der internationalen Verbundszuständigkeit, IPRax 1984, 121; *ders,* Betrachtungen zur internationalen Verbundszuständigkeit, Keller-FS (1989) 451, *Kaye,* Civil Jurisdiction and Enforcement of Foreign Judgments (1987); *Loewe,* Erneuerung des österreichischen internationalen Zivilverfahrensrechts, ZfRV 1983, 180; *Matscher,* Die internationalrechtlichen Bestimmungen der Zivilverfahrens-Novelle 1983, in *BMJ,* Neuerungen im zivilgerichtlichen Verfahrensrecht, Richterwoche 1983 (1984) 201; *Ostheim,* Familienrechtsreform und Ausstattungsanspruch, ÖJZ 1978, 505; *Rahm/Künkel,* Handbuch des Familiengerichtsverfahrens (1994); *Schlosser,* Unterhaltsansprüche vor den Gerichten der Alt-EWG-Staaten, FamRZ 1973, 424; *Schulze,* Internationale Annexzuständigkeit nach dem EuGVÜ, IPRax 1999, 21; *Schwimann,* Inländische Gerichtsbarkeit für Personenrechts-, Familienrechts- und Unterhaltssachen, JBl 1990, 76; *Simotta,* Die internationale Zuständigkeit in Ehe- und Abstammungsstreitigkeiten, Broniewicz-FS (1998) 331; *Wanke,* Wenig Neues zum Heiratsgut, RdW 1994, 324; *Weller,* Zur Abgrenzung von ehelichem Güterrecht und Unterhaltsrecht, IPRax 1999, 14.

1. Selbständige Geltendmachung von Unterhaltsansprüchen

a) Allgemeines

Österreich ist für die Geltendmachung eines Unterhaltsanspruches gem 19
Art 2 EuGVÜ/LGVÜ dann international zuständig, wenn der Beklagte seinen **Wohnsitz in Österreich** hat.

Hat der Beklagte zwar nicht in Österreich, aber in einem anderen Vertragsstaat seinen Wohnsitz, ist gem Art 5 Z 2 EuGVÜ/LGVÜ Österreich dann international zuständig, wenn der **Unterhaltsberechtigte in Österreich seinen Wohnsitz oder gewöhnlichen Aufenthalt** hat.

b) Wesen und Zweck des Art 5 Z 2 EuGVÜ/LGVÜ

20 Art 5 Z 2 EuGVÜ/LGVÜ enthält einen **Klägergerichtsstand** (Näheres s Rz 36). Dieser Privilegierung des Unterhaltsberechtigten liegen dieselben Gründe wie Art 3 Z 2 des Haager Unterhaltsvollstreckungsübereinkommens v 15. 4. 1958 (BGBl 1961/294) und Art 7 Nr 1 des Haager Unterhaltsvollstreckungsabkommens v 2. 10. 1973 (welches von Österreich nicht ratifiziert wurde) zugrunde. Einerseits soll der **Unterhaltsberechtigte nicht gezwungen** sein, seinen Anspruch vor dem **Gericht** geltend zu machen, **das für** den **Unterhaltspflichtigen** zuständig ist (der Unterhaltsberechtigte ist nämlich in der Regel bedürftig und der Unterhaltspflichtige hat sich oft erst nachträglich ins Ausland begeben), andererseits ist das **Gericht am Wohnsitz oder gewöhnlichen Aufenthalt des Unterhaltsberechtigten am besten** in der Lage, die **Unterhaltsbedürftigkeit festzustellen** und den **Unterhaltsbetrag festzulegen** (ErläutRV zum LGVÜ [34 BlgNR 20. GP] 31; *Auer* in *Bülow/Böckstiegel,* Rechtsverkehr 606 Art 5 EuGVÜ Rz 59; *Kropholler,* Zivilprozeßrecht[6] Art 5 EuGVÜ Rz 37; *Schlosser,* EuGVÜ Art 5 Rz 12; aA *Geimer/Schütze,* Zivilverfahrensrecht Art 5 EuGVÜ Rz 105 ff, nach deren Ansicht nur die Erleichterung der Rechtsverfolgung für den Unterhaltsberechtigten und nicht die Beweis- und Rechtsnähe des Wohnsitzes bzw des gewöhnlichen Aufenthalts des Unterhaltsberechtigten die ratio conventionis ist).

c) Anwendungsbereich

aa) Begriff der Unterhaltssache

21 **Der Begriff „Unterhaltssache" ist vertragsautonom** (*Auer* in *Bülow/Böckstiegel,* Rechtsverkehr 606 Art 5 EuGVÜ Rz 63; *Geimer/Schütze,* Urteilsanerkennung I/1 § 74 VI 3; *dies,* Zivilverfahrensrecht Art 5 EuGVÜ Rz 114; *Gottwald,* MünchKommZPO III Art 5 EuGVÜ Rz 17; *Hausmann* in *Wieczorek/Schütze,* ZPO[3] I/1 Art 5 EuGVÜ Rz 37; *Kropholler,* Zivilprozeßrecht[6] Art 5 EuGVÜ Rz 39; *Nagel/Gottwald,* IZPR[4] § 3 Rz 188; *Schlosser,* EuGVÜ Art 5 Rz 12; *Schumann* in *Stein/Jonas,* ZPO[21] I § 23 a Rz 3 FN 6; EuGH 6. 3. 1980 Rs 120/79 *„De Cavel/De Cavel II"* Slg 1980, 731 – IPRax 1981, 19 [*Hausmann* 5] – NJW 1980, 1218), uzw nach Ansicht des EuGH **weit auszulegen** (EuGH 6. 3. 1980 Rs 120/79 *„De Cavel/De Cavel II"* Slg 1980, 731 = IPRax 1981, 19 [*Hausmann* 5] = NJW 1980, 1218; *Gottwald,* MünchKommZPO III Art 5 EuGVÜ Rz 17; *Kropholler,* Zivilprozeßrecht[6] Art 5 EuGVÜ Rz 40; JBl 1998, 184 = ZfRV 1998, 39). Der EuGH rechnet nämlich die prestations compensatoires, die nach Art 270 ff (fr) Code Civil den Charakter einer pauschalen Abgeltung haben und denen deswegen nach französischem Recht eine Entschädigungsfunktion zukommt, schon deshalb zu den Unterhaltssachen, weil sich die finanzielle Verpflichtung nach den beiderseitigen Mitteln und Bedürfnissen der früheren Ehegatten bestimmt.

22 Der Begriff des Unterhalts setzt **nicht** voraus, daß der Anspruch auf **Leistung periodischer Zahlungen** gerichtet ist; Art 5 Z 2 EuGVÜ/LGVÜ kommt **auch** bei Ansprüchen auf **einmalige** (pauschalierte) **Abfindungen** zum Zuge (*Geimer/Schütze,* Zivilverfahrensrecht Art 5 EuGVÜ Rz 124; *Gottwald,* MünchKommZPO III Art 5 EuGVÜ Rz 18; *Schlosser*-Bericht RdN 93; *ders,* EuGVÜ Art 5 Rz 12;

EuGH 27. 2. 1997 Rs C 220/95 „*Boogard/Laumen*" Slg 1997, I-1 = EuZW 1997, 242 = WBl 1997, 165; JBl 1998, 184 = ZfRV 1998, 39; aA *Nagel/Gottwald,* IZPR[4] § 3 Rz 188). Denn auch diese Art der Zahlung kann sehr wohl Unterhaltscharakter haben, da der Betrag des Kapitals so festgesetzt wird, daß er ein zuvor festgesetztes Einkommensniveau sichert (EuGH 27. 2. 1997 Rs C 220/95 „*Boogard/Laumen*" Slg 1997, I-1 = EuZW 1997, 242 = WBl 1997, 165). Als Beispiele wären einmalige Zahlungen nach § 1613 Abs 2 und § 1615 e BGB, Art 5 Abs 4 Satz 3 des italienischen Scheidungsgesetzes v 1. 12. 1970 und Art 285 Code Civil idF des Scheidungsgesetzes v 11. 7. 1975 zu nennen.

Selbst die Begründung dinglicher Sicherheiten und die Übertragung von Vermögensgegenständen, zB nach Art 8 des italienischen Scheidungsgesetzes bzw Art 146 Abs 3 Codice Civile, sind als Unterhalt zu qualifizieren (*Geimer/Schütze,* Zivilverfahrensrecht Art 5 EuGVÜ Rz 125; *Schlosser*-Bericht RdN 93; vgl auch für die Übertragung des Eigentums an bestimmten Gegenständen von einem ehemaligen Ehegatten auf den anderen EuGH 27. 2. 1997 Rs C 220/95 „*Boogard/Laumen*" Slg 1997, I-1 = EuZW 1997, 242 = WBl 1997, 165). **23**

Für das Vorliegen eines Unterhaltsanspruches kommt es auf die Funktion des Anspruches an, dem Begünstigten das Bestreiten seines Lebensunterhaltes zu ermöglichen (*Schlosser,* EuGVÜ Art 5 Rz 12; JBl 1998, 184 = ZfRV 1998, 39). Welchen Begriff die nationale Rechtsordnung dafür verwendet, ist unwesentlich (*Schlosser*-Bericht RdN 91; *Geimer/Schütze,* Urteilsanerkennung I/1 § 74 VI 4 f; *Kropholler,* Zivilprozeßrecht[6] Art 5 EuGVÜ Rz 39; JBl 1998, 184 = ZfRV 1998, 39).

Nach österreichischem Recht fallen unter den Begriff „Unterhaltssachen" Unterhaltsansprüche der Kinder (§§ 140, 141, 166, 182, 182 a ABGB), der Eltern und Großeltern (§§ 143, 166, 182, 182 a ABGB), der Unterhaltsanspruch der Mutter eines unehelichen Kindes gegen dessen Erzeuger (§ 168 ABGB) sowie der Unterhaltsanspruch eines Ehegatten bei aufrechter (§ 94 ABGB) und nach für nichtig erklärter (§ 31 EheG), aufgehobener (§ 42 EheG) oder geschiedener Ehe (§§ 66 ff EheG) sowie der Ausstattungsanspruch von Kindern (§ 1220 ABGB) (*Ostheim,* ÖJZ 1978, 506; *Wanke,* RdW 1994, 325; JBl 1998, 184 = ZfRV 1998, 39; VwGH JUS F 807 [1994]; SZ 45/78 [1972]). **24**

Art 5 Z 2 EuGVÜ/LGVÜ gilt aber **nicht nur** für **gesetzliche,** sondern **auch** für **vertragliche Unterhaltsansprüche,** wenn sie dem Grunde nach **auf dem familienrechtlichen Status beruhen** (*Auer* in *Bülow/Böckstiegel,* Rechtsverkehr 606 Art 5 EuGVÜ Rz 67; *Geimer/Schütze,* Urteilsanerkennung I/1 § 74 VI 4; *dies,* Zivilverfahrensrecht Art 5 EuGVÜ Rz 120; *Gottwald,* MünchKommZPO III Art 5 EuGVÜ Rz 17; *Kropholler,* Zivilprozeßrecht[6] Art 5 EuGVÜ Rz 39; *Nagel/Gottwald,* IZPR[4] § 3 Rz 188; *Schlosser,* EuGVÜ Art 5 Rz 12). Als Beispiel wäre der im Scheidungsvergleich nach § 55 a EheG vereinbarte Unterhalt zu nennen. **25**

Nicht anwendbar ist Art 5 Z 2 EuGVÜ/LGVÜ auf **erbrechtliche Unterhaltsansprüche und ehegüterrechtliche Ansprüche,** weil derartige Ansprüche gem Art 1 Abs 2 Nr 1 EuGVÜ/LGVÜ überhaupt nicht in den Anwendungsbereich des EuGVÜ/LGVÜ fallen (*Geimer/Schütze,* Zivilverfahrensrecht Art 5 EuGVÜ Rz 128 f; *Gottwald,* MünchKommZPO III Art 5 EuGVÜ Rz 18; *Kropholler,* Zivilprozeßrecht[6] Art 5 EuGVÜ Rz 39), sowie nach überwiegender Ansicht auch nicht auf Unterhaltsansprüche als Rechtsfolge eines Delikts, weil diese rechtssystematisch Schadenersatzansprüche sind, auch wenn das Maß des zu leistenden Ersatzes sich nach den Unterhaltsbedürfnissen des Geschädigten bemißt (*Schlosser*-Bericht RdN 92; aA *Geimer/Schütze,* Zivilverfahrensrecht Art 5 EuGVÜ Rz 121 ff, mit der Begründung, daß eine logisch halbwegs durchhaltbare Schei- **26**

delinie zwischen den deliktischen und den sonstigen Unterhaltsansprüchen nicht gefunden werden könne; ebenso *Nagel/Gottwald,* IZPR[4] § 3 Rz 188; vgl auch *Auer* in *Bülow/ Böckstiegel,* Rechtsverkehr 606 Art 5 EuGVÜ Rz 66 und 117).

Für die (mitunter schwierige) Abgrenzung zwischen den Unterhaltsansprüchen und den Ansprüchen auf güterrechtliche Auseinandersetzung oder Schadenersatz soll es darauf ankommen, ob der auf ein familienrechtliches Band gestützten Zahlung Unterhaltsfunktion zukommen soll oder ob Vermögensauseinandersetzung oder Schadenersatz im Vordergrund stehen (*Gottwald,* MünchKommZPO III Art 5 EuGVÜ Rz 17; *Kropholler,* Zivilprozeßrecht[6] Art 5 EuGVÜ Rz 39; *Schlosser*-Bericht RdN 96). Ist eine Leistung dazu bestimmt, den Unterhalt eines bedürftigen Ehegatten zu sichern oder werden die Bedürfnisse und die Mittel beider Ehegatten bei seiner Festsetzung berücksichtigt, so hat die Entscheidung eine Unterhaltspflicht zum Gegenstand. Bezweckt die Leistung dagegen nur die Aufteilung der Güter zwischen den Ehegatten, so betrifft die Entscheidung die ehelichen Güterstände (EuGH 27. 2. 1997 Rs C 220/95 *„Boogard/ Laumen"* Slg 1997, I-1 = EuZW 1997, 242 = WBl 1997, 165).

27 Nach österreichischem Recht fallen demnach alle Unterhaltsansprüche, die nach dem Tod des Unterhaltspflichtigen gegen dessen Nachlaß bzw Erben bestehen (§§ 142, 166, 182 a, 795, 796 ABGB, § 78 EheG), der Anspruch auf Aufteilung des ehelichen Gebrauchsvermögens und der ehelichen Ersparnisse (§§ 83 ff EheG) sowie Schadenersatzrenten mit Unterhaltscharakter (zB nach § 1327 ABGB) nicht unter Art 5 Z 2 EuGVÜ/LGVÜ.

bb) Art des Verfahrens und des Rechtsschutzantrages

28 Für die Anwendung des Art 5 Z 2 EuGVÜ/LGVÜ spielt weder die Verfahrensart noch die Art des Rechtschutzantrages eine Rolle. Art 5 Z 2 EuGVÜ/ LGVÜ gilt daher auch dann, wenn der Unterhaltsanspruch – wie zB jener des minderjährigen ehelichen Kindes (vgl Jud 237 = GlUNF 7608 [1915]) – nach österreichischem Recht im Außerstreitverfahren durchzusetzen ist.

Was die Art des Rechtsschutzantrages anlangt, so werden in der Praxis solche, die auf Leistung des Unterhaltes gerichtet sind, überwiegen, aber auch Klagen auf Feststellung, daß kein Unterhaltsanspruch besteht oder nicht mehr in dem bereits rechtskräftig festgestellten Umfang, sind denkbar.

Zur Frage, bei welchem Gericht die dem österreichischen Recht fremde Unterhaltsabänderungsklage einzubringen ist, s Rz 39 f.

d) Anknüpfungspunkte

29 Art 5 Z 2 EuGVÜ/LGVÜ eröffnet am **Wohnsitz des Unterhaltsberechtigten** und wahlweise an dessen **gewöhnlichem Aufenthalt** eine internationale und örtliche Zuständigkeit (*Czernich/Tiefenthaler,* LGVÜ Art 5 Rz 40; *Geimer/Schütze,* Urteilsanerkennung I/1 § 74 VI 6; *dies,* Zivilverfahrensrecht Art 5 EuGVÜ Rz 131; *Kropholler,* Zivilprozeßrecht[6] Art 5 EuGVÜ Rz 42; *Nagel/Gottwald,* IZPR[4] § 3 Rz 187; *Schlosser,* EuGVÜ Art 5 Rz 14). Dies ist der einzige Fall im EuGVÜ/LGVÜ, wo an den gewöhnlichen Aufenthalt einer Partei angeknüpft wird, weil dadurch eine Übereinstimmung mit den Haager Unterhaltsübereinkommen erzielt werden soll (*Auer* in *Bülow/Böckstiegel,* Rechtsverkehr 606 Art 5 EuGVÜ Rz 76; *Gottwald,* MünchKommZPO III Art 5 EuGVÜ Rz 19; *Kropholler,* Zivilprozeßrecht[6] Art 5 EuGVÜ Rz 42; *Schlosser,* EuGVÜ Art 5 Rz 14).

Der Wohnsitz einer Person bestimmt sich nach Art 52 EuGVÜ/LGVÜ. Näheres s § 66 JN Rz 34 ff. Wonach sich der gewöhnliche Aufenthalt einer Person richtet, ist dagegen im EuGVÜ/LGVÜ nicht geregelt, sondern man wird sich an der Auslegung des Begriffs in den Haager Unterhaltsübereinkommen zu orientieren haben (*Gottwald,* MünchKommZPO III Art 5 EuGVÜ Rz 19; *Kropholler,* Zivilprozeßrecht[6] Art 5 EuGVÜ Rz 42; *Schlosser,* EuGVÜ Art 5 Rz 14). Näheres dazu s § 66 JN Rz 61.

2. Geltendmachung des Unterhaltes verbunden mit einem Statusverfahren

Nach Art 5 Z 2 EuGVÜ/LGVÜ dürfen Unterhaltsentscheidungen als Nebenentscheidungen in Statusverfahren von dem Gericht erlassen werden, das nach seinem Recht für dieses Verfahren zuständig ist, es sei denn, daß diese Zuständigkeit lediglich auf der Staatsangehörigkeit einer der Parteien beruht. Das EuGVÜ/LGVÜ überläßt hier ausnahmsweise die Entscheidung über die internationale Zuständigkeit weitgehend dem autonomen Recht des Forumstaates. Es genügt grundsätzlich, daß das angerufene Gericht nach den für seine internationale Zuständigkeit maßgebenden nationalen Rechtsregeln sowohl über die Statussache als auch über die Unterhaltssache entscheiden darf (*Czernich/Tiefenthaler,* LGVÜ Art 5 Rz 42; *Geimer/Schütze,* Zivilverfahrensrecht Art 5 EuGVÜ Rz 132; *Kropholler,* Zivilprozeßrecht[6] Art 5 EuGVÜ Rz 43; *Schlosser*-Bericht RdN 41). **30**

Das EuGVÜ/LGVÜ verbietet die nach nationalem Recht vorgesehene einheitliche Entscheidung von Status- und Unterhaltssachen freilich dann, wenn das Gericht seine **internationale Zuständigkeit ausschließlich aus der Nationalität einer der beiden Parteien** herleitet. (*Czernich/Tiefenthaler,* LGVÜ Art 5 Rz 43; *Geimer/Schütze,* Zivilverfahrensrecht Art 5 EuGVÜ Rz 134; *Gottwald,* MünchKommZPO III Art 5 EuGVÜ Rz 20; *Kropholler,* Zivilprozeßrecht[6] Art 5 EuGVÜ Rz 44; *Schlosser,* EuGVÜ Art 5 Rz 14).

Begründet wird diese Regelung des Art 5 Z 2 EuGVÜ/LGVÜ damit, daß man dadurch die in Art 3 Abs 2 EuGVÜ/LGVÜ genannten, für den reinen Statusprozeß wegen Art 1 Abs 2 Z 1 EuGVÜ/LGVÜ nicht beseite geschobenen **exorbitanten Zuständigkeiten** in Art 15 Abs 1 belg Code Civil und Art 14 und 15 des französischen und luxemburgischen Code Civil ausschalten wollte (*Kropholler,* Zivilprozeßrecht[6] Art 5 EuGVÜ Rz 44; *Schlosser*-Bericht RdN 41). **31**

Die internationale Zuständigkeit des über das Statusverfahren entscheidenden Gerichtes wird allerdings nur dann nach Art 5 Z 2 EuGVÜ/LGVÜ als exorbitant angesehen, wenn sie ausschließlich auf der Nationalität einer der beiden Parteien beruht. Hängt sie hingegen von der Verwirklichung mehrerer Tatbestandsvoraussetzungen ab, von denen nur eine die inländische Nationalität einer der beiden Parteien ist, so hängt die Entscheidungsbefugnis nicht ausschließlich von der Nationalität einer der beiden Parteien ab (*Kropholler,* Zivilprozeßrecht[6] Art 5 EuGVÜ Rz 44; *Schlosser*-Bericht RdN 41). **32**

Beruht die internationale Zuständigkeit zwar auf der inländischen Staatsangehörigkeit einer der Parteien, haben aber **beide Parteien die gleiche Staatsangehörigkeit,** dann ist nach überwiegender Ansicht die **Verbundszuständigkeit** zu **bejahen** (*Geimer/Schütze,* Urteilsanerkennung I/1 § 94 III 1; *dies,* Zivilverfahrensrecht Art 5 EuGVÜ Rz 135; *Gottwald,* MünchKommZPO III Art 5 EuGVÜ Rz 20; *Jayme,* Keller-FS 454; *Kropholler,* Zivilprozeßrecht[6] Art 5 EuGVÜ Rz 45; *Schlosser,* EuGVÜ Art 5 Rz 14; *Schulze,* IPRax 1999, 23; aA *Kaye,* Jurisdiction 763 FN 1063). Denn wenn beide Parteien die inländische Staatsbürgerschaft haben, wird durch die Anknüpfung an die inländische Staatsbürgerschaft keine Partei besser oder schlechter gestellt als die andere. **33**

34 Gründet sich die internationale Zuständigkeit für den Statusprozeß im Einzelfall nur auf den als exorbitant empfundenen Grund der **Staatsangehörigkeit einer der Parteien,** so wird der **Verbund aufgehoben** (*Geimer/Schütze,* Zivilverfahrensrecht Art 5 EuGVÜ Rz 134; *Gottwald,* MünchKommZPO III Art 5 EuGVÜ Rz 20; *Kropholler,* Zivilprozeßrecht[6] Art 5 EuGVÜ Rz 46). Für den Statusprozeß bleibt es dann bei der sich nach der Nationalität einer der beiden Parteien richtenden internationalen Zuständigkeit. Der Unterhaltsprozeß muß vor einem anderen nach dem EuGVÜ/LGVÜ zuständigen Gericht ausgetragen werden (*Kropholler,* Zivilprozeßrecht[6] Art 5 EuGVÜ Rz 46; *Schlosser*-Bericht RdN 36). Die Auflösung des Verbunds kann sich nachteilig auswirken, wenn der Zuspruch von Unterhalt für den Fall der Scheidung, Aufhebung oder Nichtigerklärung der Ehe begehrt wird. Denn dann kann zumindest nach österreichischem Recht der Unterhalt erst nach erfolgter Scheidung, Aufhebung oder Nichtigerklärung der Ehe zugesprochen werden. Das Eheauflösungsurteil muß erst formell (nach § 24 der 4. DVEheG) anerkannt werden (vgl für die deutsche Rechtslage *Gottwald,* MünchKommZPO III Art 5 EuGVÜ Rz 20).

35 Das österreichische Prozeßrecht normiert in §§ 76a und 76c Abs 1 JN derartige Verbundzuständigkeiten. Im Fall des § 76a JN kann die Klage eines Ehegatten auf Unterhalt für die Zeit bis zur Beendigung der Ehe ebenso wie jene für die Zeit nach der Auflösung der Ehe mit einer Eheklage verbunden werden. Nach § 76c Abs 1 JN kann der Unterhalt eines unehelichen Kindes zusammen mit der Vaterschaftsfeststellungsklage bzw der Mutterschaftsklage geltend gemacht werden. Sowohl bei der Eheklage als auch bei der Vaterschafts- bzw Mutterschaftsklage reicht nach § 76 Abs 2 Z 1 bzw § 76c Abs 3 JN aber bereits die österreichische Staatsbürgerschaft einer der Parteien zur Begründung der internationalen Zuständigkeit aus. Allerdings ist in beiden Fällen die internationale Zuständigkeit Österreichs auch dann gegeben, wenn eine der Parteien ihren gewöhnlichen Aufenthalt in Österreich hat, freilich müssen bei der Eheklage, wenn nur der Kläger seinen gewöhnlichen Aufenthalt in Österreich hat, noch die in § 76 Abs 2 Z 3 JN genannten Voraussetzungen erfüllt sein. Basiert nun die internationale Zuständigkeit ausschließlich darauf, daß eine Partei Österreicher ist, ist gem Art 5 Z 2 EuGVÜ/LGVÜ der Verbund zu trennen.

3. Klagen gegen den Unterhaltsberechtigten

36 Wenngleich seinem Wortlaut nach Art 5 Z 2 EuGVÜ/LGVÜ auch auf Klagen gegen den Unterhaltsberechtigten anwendbar zu sein scheint, so wird man, weil sein Zweck in der Erleichterung der Rechtsverfolgung für den Unterhaltsberechtigten besteht, den Anwendungsbereich des **Art 5 Z 2 EuGVÜ/LGVÜ** auf jene Fälle beschränken müssen, in denen der **Unterhaltsberechtigte** der **Kläger** ist (*Hausmann* in *Wieczorek/Schütze,* ZPO[3] I/1 Art 5 EuGVÜ Rz 44; *Kropholler,* Zivilprozeßrecht[6] Art 5 EuGVÜ Rz 47; *Schack,* IZVR[2] Rz 380; JBl 1998, 184 = ZfRV 1998, 39; aA *Auer* in *Bülow/Böckstiegel,* Rechtsverkehr 606 Art 5 EuGVÜ Rz 71; *Geimer/Schütze,* Urteilsanerkennung I/1 § 74 VI 7; *dies,* Zivilverfahrensrecht Art 5 EuGVÜ Rz 136; *Gottwald,* MünchKommZPO III Art 5 EuGVÜ Rz 21; *Nagel/Gottwald,* IZPR[4] § 3 Rz 190; *Schumann* in *Stein/Jonas,* ZPO[21] I § 23a Rz 4). Aus dem *Schlosser*-Bericht (RdN 107) geht zudem deutlich hervor, daß auch die Verfasser des Übereinkommens davon ausgingen, daß für Klagen des Unterhaltsschuldners gegen den Berechtigten nur der allgemeine Gerichtsstand des Art 2 EuGVÜ/LGVÜ bestehe. Auch steht die Auslegung, wonach Art 5 Z 2 EuGVÜ/LGVÜ auch auf die Klagen des Unterhaltspflichtigen anwendbar ist, in Widerspruch zum Einleitungssatz des Art 5 EuGVÜ/LGVÜ.

Nach diesem ist Voraussetzung für die Wahlgerichtsstände des Art 5 EuGVÜ/LGVÜ, daß die beklagte Partei ihren Wohnsitz nicht im Gerichtsstaat, sondern in einem anderen Vertragsstaat hat. Legt man Art 5 Z 2 EuGVÜ/LGVÜ nun so aus, daß er auch dann anwendbar ist, wenn der Unterhaltsberechtigte der Beklagte ist, dann würde Art 5 Z 2 EuGVÜ/LGVÜ anordnen, daß die Klage entweder beim Wohnsitz oder beim gewöhnlichen Aufenthalt des Beklagten (= Unterhaltsberechtigten) erhoben werden kann.

4. Regreßansprüche gegen den Unterhaltspflichtigen

In allen Rechtsordnungen der Mitgliedstaaten ist vorgesehen, daß für einen Unterhaltspflichtigen, der nicht rechtzeitig den Unterhalt bezahlt, subsidiär Unterhaltspflichtige und notfalls öffentliche Behörden einspringen, die dann ihre Aufwendungen vom (primär) Unterhaltspflichtigen ersetzt verlangen können. Teilweise wird dabei angeordnet, daß der Unterhaltsanspruch in Form einer Legalzession auf denjenigen, der anstelle des Unterhaltspflichtigen den Unterhalt geleistet hat, übergeht, teilweise erhält der den Unterhalt Leistende einen eigenen Ersatzanspruch (*Kropholler,* Zivilprozeßrecht[6] Art 5 EuGVÜ Rz 48; *Schlosser*-Bericht RdN 97). 37

Wie bereits erwähnt, wurde Art 5 Z 2 EuGVÜ/LGVÜ geschaffen, um dem Unterhaltsberechtigten die Rechtsverfolgung zu erleichtern. Es kann daher nicht Sinn dieser besonderen Zuständigkeitsbestimmung sein, für Regreßforderungen die Zuständigkeit der Gerichte am Wohnsitz des Unterhaltsberechtigten oder gar am Sitz der Behörde zu begründen (*Kropholler,* Zivilprozeßrecht[6] Art 5 EuGVÜ Rz 48; *Schlosser*-Bericht RdN 97). Auch läßt sich aus der zu Art 13 EuGVÜ ergangenen Entscheidung des EuGH (19. 1. 1993 Rs C-89/91 *„Shearson/ TVB"* Slg 1993, I-139 = EuZW 1993, 224 = EWS 1993, 71 = IPRax 1995, 71 [*Koch* 92] = NJW 1993, 1251 = RIW 1993, 420 = SZIER 1995, 298 [*Volken*] = ZER 1994, 58) der Grundsatz ableiten, daß Gerichtsstände, die eine bestimmte Person wegen ihrer Schutzwürdigkeit privilegieren, nur dann zur Anwendung kommen, wenn diese Person selbst entweder Kläger oder Beklagter ist (vgl auch *Kropholler,* Zivilprozeßrecht[6] Art 5 EuGVÜ Rz 48). **Art 5 Z 2 EuGVÜ/LGVÜ** kommt daher **auf** Klagen, mit denen **Regreßansprüche gegen den Unterhaltspflichtigen** geltend gemacht werden, weil dieser seiner Unterhaltspflicht nicht nachgekommen ist, **nicht zur Anwendung** (aA *Brückner,* Unterhaltsregreß 154 f; *Hartley,* Jurisdiction 50 N 32; *Kaye,* Jurisdiction 542 f). Dabei macht es weder einen Unterschied, ob es sich um einen auf einer Legalzession beruhenden oder um einen selbständigen Regreßanspruch handelt, noch, ob der Regreßanspruch von einer Privatperson oder von einer öffentlichen Einrichtung geltend gemacht wird. Danach zu differenzieren, wem – einem Privaten oder einer öffentlichen Einrichtung – der Regreßanspruch zusteht, ist sachlich durch nichts gerechtfertigt, weil in beiden Fällen der Anspruchsinhaber nicht in gleicher Weise schutzbedürftig ist wie der Unterhaltsberechtigte (*Auer* in *Bülow/Böckstiegel,* Rechtsverkehr 606 Art 5 EuGVÜ Rz 73; *Kropholler,* Zivilprozeßrecht[6] Art 5 EuGVÜ Rz 48; aA nämlich, daß generell auch Regreßansprüche gegen Unterhaltspflichtige unter Art 5 Z 2 LGVÜ zu subsumieren sind *Nagel/Gottwald,* IZPR[4] § 3 Rz 189; lediglich in bezug auf die Regreßansprüche von Privatpersonen *Geimer/Schütze,* Urteilsanerkennung I/1 § 74 VI 2; *dies,* Zivilverfahrensrecht Art 5 EuGVÜ Rz 137; *Gottwald,* MünchKommZPO III Art 5 EuGVÜ Rz 22).

Für Österreich heißt das, daß sich die internationale Zuständigkeit für die Geltendmachung von Verwendungsansprüchen nach § 1042 ABGB, von Ersatzansprüchen nach den Sozialhilfegesetzen (§ 43 NÖ SHG, § 43 Abs 2 bis 4 Krnt 38

SHG, § 44 Sbg SHG, § 11 Tir SHG, § 27 Wr SHG, § 49 OÖ SHG, § 43 Bgld SHG, § 12 Vlbg SHG) und von Ansprüchen nach § 4 UVG nach Art 2 und nicht nach Art 5 Z 2 EuGVÜ/LGVÜ richtet.

5. Klagen auf Abänderung des Unterhaltstitels

39 Das Übereinkommen begründet keine internationale Zuständigkeit des Staates, dessen Gericht die abzuändernde Unterhaltsentscheidung erlassen hat (*Auer* in *Bülow/Böckstiegel,* Rechtsverkehr 606 Art 5 EuGVÜ Rz 85; *Geimer,* RIW 1975, 83 f; *Geimer/Schütze,* Urteilsanerkennung I/1 § 74 VI 8; *dies,* Zivilverfahrensrecht Art 5 EuGVÜ Rz 138; *Gottwald,* MünchKommZPO III Art 5 EuGVÜ Rz 23; *Hausmann* in *Wieczorek/Schütze,* ZPO[3] I/1 Art 5 EuGVÜ Rz 46; *Jenard*-Bericht zu Art 5 Z 2 EuGVÜ; *Kropholler,* Zivilprozeßrecht[6] Art 5 EuGVÜ Rz 49; *Schlosser*-Bericht RdN 107; *Schlosser,* FamRZ 1973, 426 ff). Sonst würde man nämlich die Parteien zwingen, den Rechtsstreit vor ein – möglicherweise im Zeitpunkt der Erhebung der auf Änderung des Unterhaltstitels gerichteten Klage – weit entferntes Gericht zu bringen (*Gottwald,* MünchKommZPO III Art 5 EuGVÜ Rz 23; *Jenard*-Bericht zu Art 5 Z 2 EuGVÜ; *Kropholler,* Zivilprozeßrecht[6] Art 5 EuGVÜ Rz 50). Im Anwendungsbereich des Übereinkommens ist daher die **internationale Zuständigkeit für Abänderungsklagen neu,** uzw insb nach Art 2 und Art 5 Z 2 EuGVÜ/LGVÜ, **zu bestimmen** (*Geimer/Schütze,* Zivilverfahrensrecht Art 5 EuGVÜ Rz 138; *Gottwald,* MünchKommZPO III Art 5 EuGVÜ Rz 23; *Kropholler,* Zivilprozeßrecht[6] Art 5 EuGVÜ Rz 49; *Schlosser*-Bericht RdN 100). Dies gilt auch dann, wenn das autonome Recht des Gerichtsstaates das Abänderungsverfahren als Rechtsbehelfsverfahren gegen die abzuändernde Entscheidung auffaßt (*Geimer/Schütze,* Urteilsanerkennung I/1 § 74 VI 8; *dies,* Zivilverfahrensrecht Art 5 EuGVÜ Rz 138; *Schlosser*-Bericht RdN 100, 106; *Kropholler* in *Staudinger,* BGB[13] Anh III zu Art 18 EGBGB Rz 14).

Dem Unterhaltsschuldner, der wegen einer Verschlechterung seiner wirtschaftlichen Verhältnisse eine Änderung des Unterhaltstitels anstrebt, steht allerdings nur die internationale Zuständigkeit von Art 2 EuGVÜ/LGVÜ, nämlich am Beklagtenwohnsitz, offen (ErläutRV zum LGVÜ [34 BlgNR 20. GP] 31; *Kropholler,* Zivilprozeßrecht[6] Art 5 EuGVÜ Rz 52; *Schlosser*-Bericht RdN 107).

40 Im Anerkennungs- und Vollstreckbarerklärungsstadium darf das Zweitgericht die Zuständigkeitsvorschriften des EuGVÜ/LGVÜ nicht dadurch überspielen, daß es überprüft, ob der zuerkannte Unterhaltsbetrag noch angebracht ist (*Geimer/Schütze,* Urteilsanerkennung I/1 § 74 VI 8; *dies,* Zivilverfahrensrecht Art 5 EuGVÜ Rz 139; *Hausmann* in *Wieczorek/Schütze,* ZPO[3] I/2 Art 5 EuGVÜ Rz 47). Der Unterhaltsschuldner kann seine verminderte Leistungsfähigkeit weder mittels Widerklage noch mittels Oppositionsklage (Vollstreckungsgegenklage) geltend machen (*Geimer/Schütze,* Zivilverfahrensrecht Art 5 EuGVÜ Rz 139; *Kropholler,* Zivilprozeßrecht[6] Art 5 EuGVÜ Rz 53), sondern er muß eine Klage auf Abänderung des Exekutionstitels erheben (*Kropholler,* Zivilprozeßrecht[6] Art 5 EuGVÜ Rz 53; vgl auch zum deutsch-österreichischen Anerkennungs- und Vollstreckungsabkommen IPRax 1991, 111 [*Böhmer 90*] = IPRSpr 1990/205 = BGH NJW 1990, 1419). Da dem österreichischen Recht eine Abänderungsklage iSd § 323 dZPO fremd ist (dies wurde in den ErläutRV zum LGVÜ [34 BlgNR 20. GP] 31 übersehen), müßte der Unterhaltspflichtige, der eine Herabsetzung des Unterhalts anstrebt, auch dann wenn bereits ein Vollstreckbarerklärungsverfahren anhängig ist, eine Klage auf Feststellung, daß der Unterhaltsanspruch in einer bestimmten Höhe nicht mehr besteht, erheben.

Die Anerkennung einer Entscheidung, mit der ein nach dem EuGVÜ/LGVÜ zuständiges Gericht eines anderen Vertragsstaates den Unterhaltstitel abgeändert hat, darf im Staat des Erstprozesses nicht unter Berufung auf Art 27 Z 3 EuGVÜ/LGVÜ versagt werden (*Kropholler,* Zivilprozeßrecht[6] Art 5 EuGVÜ Rz 54). Denn die Erstentscheidung und die abändernde Entscheidung sind nicht unvereinbar, vielmehr setzt eine Abänderung eine Anerkennung geradezu voraus (*Kropholler,* Zivilprozeßrecht[6] Art 5 EuGVÜ Rz 54). 41

B. Die internationale Zuständigkeit nach innerstaatlichem Recht

§ 76 a JN enthält keine eigene Regelung über die internationale Zuständigkeit für die mit einer Ehesache verbundenen Ansprüche aus dem Eheverhältnis. Es werden jedoch die Bestimmungen über die internationale Zuständigkeit in Ehesachen **(§ 76 Abs 2 JN) analog anzuwenden** sein (*Simotta,* Broniewicz-FS 343 ff; vgl für die Rechtslage vor der WGN 1997 *Loewe,* ZfRV 1983, 181; *Matscher* in *BMJ,* Neuerungen 210; *Mayr* in *Rechberger,* ZPO § 76 a JN Rz 2; dazu krit *Schwimann,* JBl 1990, 762; LGZ Wien EFSlg 72.813 [1993]). 42

Würde man dagegen § 27 a JN anwenden, wäre die internationale Zuständigkeit für mit einer Eheklage verbundene Streitigkeiten aus dem Eheverhältnis bereits dann gegeben, wenn für diese eine örtliche Zuständigkeit nach § 76 a JN besteht (dieser Ansicht scheint vor der WGN 1997 der OGH [ZfRV 1994, 247] gewesen zu sein, der allerdings nach der damals geltenden bedingten Indikationentheorie zusätzlich zur örtlichen Zuständigkeit noch eine hinreichende Inlandsbeziehung verlangte). Es wäre dann ein **leichtes,** die **internationale Zuständigkeit** für sonstige Streitigkeiten aus dem Eheverhältnis **zu erschleichen.** Man bräuchte dazu nur gleichzeitig mit der sonstigen Streitigkeit aus dem Eheverhältnis eine Eheklage in Österreich anhängig zu machen. Dann wäre – auch wenn für die Eheklage die internationale Zuständigkeit nach § 76 Abs 2 JN gar nicht gegeben wäre (!) – auf Grund des § 27 a JN und der Annexzuständigkeit des § 76 a JN die internationale Zuständigkeit für die sonstigen Streitigkeiten aus dem Eheverhältnis gegeben. Aus Art 6 Z 2 EuGVÜ/LGVÜ geht aber hervor, daß (insb bei Gerichtsständen des Zusammenhanges) **Zuständigkeitserschleichungen streng verboten** sind. Da bei einer analogen Anwendung des § 76 Abs 2 JN die Erschleichung der internationalen Zuständigkeit für mit einer Eheklage verbundene Streitigkeiten aus dem Eheverhältnis gänzlich ausgeschlossen ist, ist dieser Ansicht gegenüber jener, die internationale Zuständigkeit liege bereits dann vor, wenn eine örtliche Zuständigkeit bestehe, der Vorzug zu geben.

Als weiteres Argument dafür, daß die internationale Zuständigkeit für mit einer Ehesache verbundene Streitigkeiten aus dem Eheverhältnis gleich zu behandeln ist wie jene für die Ehesachen, kann **§ 76 c Abs 3 JN** ins Treffen geführt werden. In § 76 c Abs 3 JN ist nämlich (durch Zitierung der im Abs 1 genannten Streitigkeiten) die internationale Zuständigkeit für die Streitigkeiten über die Vaterschaft zu einem unehelichen Kind und die mit ihnen verbundenen Streitigkeiten über die dem Vater dem Kind gegenüber gesetzlich obliegenden Pflichten gleich geregelt wie jene für die Streitigkeiten über die Vaterschaft zu einem unehelichen Kind. Daraus kann der Grundsatz abgeleitet werden, daß in den Fällen, in denen das Gesetz in Form eines Attraktionsgerichtsstandes eine Verfahrensverbindung vorschreibt, die internationale Zuständigkeit der miteinander verbundenen Verfahren gleich zu beurteilen ist.

Auch in Deutschland, wo § 621 dZPO eine mit § 76 a JN vergleichbare Zuständigkeitsregelung enthält, wird die Ansicht vertreten, daß sich die internationale Zuständigkeit in Ehesachen auch auf die damit im Verbund stehenden Folgesachen erstreckt (BGH IPRax 1991, 54 = NJW 1990, 636; BGH NJW 1985, 1283; BGH BGHZ 75, 241 = FamRZ 1980, 29 = NJW 1980, 47).

Für eine Gleichbehandlung der internationalen Zuständigkeit für Ehesachen und der sonstigen Streitigkeiten aus dem Eheverhältnis spricht auch, daß diese auch in anderen Belangen verfahrensrechtlich stets gleich behandelt werden (vgl §§ 460, 501, 502 Abs 5 ZPO, § 49 Abs 2 Z 2b und 2c, § 76a und § 100 JN).

43 Keinesfalls darf jedenfalls § 76a JN so ausgelegt werden, daß während der Anhängigkeit einer Eheklage im Ausland das ausländische Gericht für alle aus dem Eheverhältnis entspringenden Streitigkeiten ausschließlich zuständig sei und deswegen für eine im Inland eingebrachte Klage die internationale Zuständigkeit nicht gegeben sei (ZfRV 1994, 247; vgl OLG Düsseldorf IPRax 1983, 129 [zust *Jayme*]), denn ein österreichisches Gesetz kann nicht die Zuständigkeit ausländischer Gerichte begründen (vgl *Walter,* MünchKommZPO II § 621 Rz 143 mwN).

Streitigkeiten über die Vaterschaft

§ 76b. (1) Für Streitigkeiten über die eheliche Abstammung eines Kindes ist das Gericht ausschließlich zuständig, in dessen Sprengel das Kind seinen gewöhnlichen Aufenthalt hat; mangels eines solchen im Inland ist das Gericht ausschließlich zuständig, in dessen Sprengel der Mann, dessen eheliche Vaterschaft vermutet wird, seinen gewöhnlichen Aufenthalt hat. Fehlt auch ein solcher im Inland, so ist das Gericht ausschließlich zuständig, in dessen Sprengel die Mutter des Kindes ihren gewöhnlichen Aufenthalt hat oder zur Zeit ihres Todes gehabt hat, sonst das Bezirksgericht Innere Stadt Wien.

(2) Die inländische Gerichtsbarkeit für die im Abs. 1 genannten Streitigkeiten ist gegeben, wenn das Kind, der Mann, dessen eheliche Vaterschaft vermutet wird, oder die Mutter des Kindes österreichischer Staatsbürger ist oder entweder das Kind oder der Mann seinen gewöhnlichen Aufenthalt im Inland hat.

Überschrift idF Art II Z 34 lit a ZVN 1983 BGBl 135, hier eingefügt durch Art I Z 6 FamGG BGBl 1985/70; Abs 1 idF Art I Z 7 FamGG BGBl 1985/70; Abs 2 idF Art II Z 35 ZVN 1983 BGBl 135

Lit: *Fritscher,* Einige rechtliche und praktische Probleme des Ehelichkeitsbestreitungsverfahrens, ÖA 1977, 1; *Loewe,* Erneuerung des österreichischen internationalen Zivilverfahrensrechts, ZfRV 1983, 180; *Matscher,* Die internationalrechtlichen Bestimmungen der Zivilverfahrens-Novelle 1983, in *BMJ,* Neuerungen im zivilgerichtlichen Verfahrensrecht, Richterwoche 1983 (1984) 201; *Schwimann,* Inländische Gerichtsbarkeit für Personenrechts-, Familienrechts- und Unterhaltssachen, JBl 1990, 760; *Simotta,* Die Änderungen der Zuständigkeit in Ehe- und Familiensachen in der geplanten „Zivilverfahrens-Novelle", ÖJZ 1982, 29, 66; *dies,* Wann treten in Ehe- und Familiensachen die neuen Zuständigkeitsbestimmungen in und die alten außer Kraft? ÖJZ 1986, 705; *dies,* Die internationale Zuständigkeit in Ehe- und Abstammungsstreitigkeiten, Broniewicz-FS (1998) 331.

Übersicht

I. Streitigkeiten über die eheliche Abstammung

1 § 76b JN gilt für folgende Klagen:

- für die **Ehelichkeitsbestreitungsklage;**
- für die **Klage auf Feststellung der Ehelichkeit eines Kindes;**

• für die **Klage auf Feststellung der Ehelichkeit eines Kindes;**

• für die **Klage auf Bestreitung der Legitimation durch nachfolgende Ehe** mit der Begründung, daß das **Kind von einer anderen Frau** als der Ehefrau des Kindesvaters **abstammt** oder daß die **Ehe** gar **nicht wirksam** geschlossen sei (s aber auch Rz 4);

• (zumindest analog) für die **Mutterschaftsklage zu einem ehelichen Kind** (*Mayr* in *Rechberger,* ZPO § 76c JN Rz 1; *Rechberger/Simotta,* Zivilprozeßrecht[5] Rz 988; *Simotta,* ÖJZ 1982, 68; aA *Fasching,* Lehrbuch[2] Rz 2377, nach dem die Mutterschaftsklage beim allgemeinen Gerichtsstand der beklagten Partei einzubringen ist).

Die Mutterschaftsklage zu einem ehelichen Kind ist deshalb unter § 76b JN 2 zu subsumieren, weil auch die **Frage, von wem ein als ehelich geltendes Kind mütterlicherseits abstammt,** die **eheliche Abstammung** betrifft. Stammt das Kind nämlich nicht von der Ehefrau des Kindesvaters ab, dann wird es ebenso wie bei der erfolgreichen Ehelichkeitsbestreitungsklage unehelich.

Für eine Gleichbehandlung der Mutterschaftsklage zu einem ehelichen 3 Kind und der Ehelichkeitsbestreitungsklage spricht auch, daß die beiden Klagen bis zur ZVN 1983 als nicht rein vermögensrechtliche Streitigkeiten aus dem Eltern-Kind-Verhältnis in § 100 Abs 2 JN idF StGBl 1945/188 zuständigkeitsmäßig gleich geregelt waren. Daß § 100 Abs 2 JN idF StGBl 1945/188 durch die ZVN 1983 aufgehoben worden ist, ist nur auf einen Irrtum des Gesetzgebers zurückzuführen, der meinte, daß § 100 Abs 2 JN idF StGBl 1945/188 nach Schaffung der §§ 76b, 76c JN kein Substrat mehr verbliebe (vgl ErläutRV zur ZVN 1983 [669 BlgNR 15. GP] 40).

Weiters spricht für eine (analoge) Anwendung des § 76b JN auf die Frage der Mutterschaft zu einem ehelichen Kind, daß sich ansonsten die Zuständigkeit nach dem allgemeinen Gerichtsstand der beklagten Partei richten würde und daher auf Grund des § 27a JN in Österreich nur dann geklagt werden könnte, wenn die beklagte Partei ihren allgemeinen Gerichtsstand in Österreich hat oder einem Ordinationsantrag nach § 28 JN stattgegeben worden ist. Dies könnte dazu führen, daß eine Österreicherin die Mutterschaftsklage wegen Kindesvertauschung nicht in Österreich erheben könnte, wenn sich das beklagte Kind im Ausland aufhält und der OGH die Rechtsverfolgung im Ausland für möglich oder zumutbar hält. Aus § 76 Abs 2, § 76b Abs 2, § 76c Abs 3, § 113b Abs 1 und 2, § 114a Abs 4 JN geht jedoch deutlich hervor, daß **in Statussachen immer dann in Österreich Rechtsschutz zu gewähren ist, wenn entweder eine Partei die österreichische Staatsbürgerschaft besitzt oder ihren gewöhnlichen Aufenthalt in Österreich hat.**

Nicht anwendbar ist § 76b JN jedoch auf die **Bestreitung der Ehelichkeit** 4 **eines verstorbenen Kindes,** welche gem § 159 Abs 2 ABGB im Außerstreitverfahren zu erfolgen hat und für die das Vormundschaftsgericht zuständig ist (zur internationalen Zuständigkeit s *Simotta,* Broniewicz-FS 352f), sowie auf die **Bestreitung der Ehelichkeit eines durch nachfolgende Ehe seiner Eltern legitimierten Kindes** mit der Begründung, daß das Kind nicht vom Ehemann der Kindesmutter (pater legitimans) abstammt, da diese gem § 161 Abs 3 ABGB nach den Regeln betreffend die Beseitigung der Feststellung der Vaterschaft zu einem unehelichen Kind zu erfolgen hat (Näheres s § 49 JN Rz 31; zur internationalen Zuständigkeit s *Simotta,* Broniewicz-FS 353ff).

Die Zuständigkeit für die Mitwirkung des Gerichtes bei der **Legitimation** 5 **unehelicher Kinder** ist in § 113 JN geregelt. Näheres s dort.

II. Örtliche Zuständigkeit (§ 76b Abs 1 JN)

6 Das **Kind** wird, wenn es (wie zB bei der Klage auf Feststellung seiner Ehelichkeit oder weil das anzuwendende fremde Recht eine Umkehrung der Parteirollen vorsieht) als Kläger auftritt, **privilegiert,** weil immer **zuerst an seinen gewöhnlichen Aufenthalt** (dazu s § 66 JN Rz 21 ff) angeknüpft wird. Erst in Ermangelung eines solchen im Inland ist an jenen des **Mannes,** dessen Vaterschaft vermutet bzw (bei der Klage auf Feststellung der Ehelichkeit) behauptet wird, anzuknüpfen (vgl ErläutRV zur ZVN 1983 [669 BlgNR 15. GP] 37; *Simotta,* ÖJZ 1982, 68).

7 Daß auch an den gegenwärtigen gewöhnlichen Aufenthalt der **Kindesmutter** bzw an jenen im Zeitpunkt ihres Todes angeknüpft wird, hängt damit zusammen, daß die Mutter eine wichtige Zeugin ist (vgl ErläutRV zur ZVN 1983 [669 BlgNR 15. GP] 37) und außerdem **ihre österreichische Staatsbürgerschaft** für die Begründung der **internationalen Zuständigkeit** ausreicht (vgl Rz 9 ff).

8 Für die **Mutterschaftsklage** zu einem ehelichen Kind ist, wenn das Kind keinen gewöhnlichen Aufenthalt im Inland hat, das Gericht ausschließlich zuständig, in dessen Sprengel die Frau, die als eheliche Mutter gilt oder als Mutter in Betracht kommt, ihren gewöhnlichen Aufenthalt hat. Subsidiär ist das BG Innere Stadt Wien zuständig.

III. Internationale Zuständigkeit (§ 76b Abs 2 JN)

9 Nach § 76b Abs 2 JN ist die internationale Zuständigkeit Österreichs für Streitigkeiten über die eheliche Abstammung gegeben, wenn das Kind, der Mann, dessen eheliche Vaterschaft vermutet wird, oder die Mutter des Kindes österreichischer Staatsbürger ist oder entweder das Kind oder der Mann seinen gewöhnlichen Aufenthalt im Inland hat.

10 § 76b Abs 2 JN enthält – vergleicht man ihn mit § 76c Abs 3 JN – eine **Erweiterung der internationalen Zuständigkeit** (vgl zur alten Rechtslage SZ 39/16 = EFSlg 7198 = EvBl 1966/242). Setzen die Streitigkeiten über die Vaterschaft zu einem unehelichen Kind für das Vorliegen der internationalen Zuständigkeit voraus, daß mindestens eine der Streitparteien die österreichische Staatsbürgerschaft besitzt (vgl § 76c JN Rz 27), so ist es für die Streitigkeiten über die eheliche Abstammung ausreichend, daß die **Mutter des Kindes** (die ja nicht selbst Prozeßpartei ist) **österreichische Staatsbürgerin ist.**

Die österreichische Staatsbürgerschaft der Mutter als gerichtsstandsbegründend zu werten, erschien deshalb sachgerecht, weil (bis zur Staatsbürgerschaftsgesetz-Novelle 1983 BGBl 170) das Kind einer österreichischen Staatsbürgerin und eines fremden Staatsangehörigen in der Regel die österreichische Staatsbürgerschaft kraft Abstammung nicht erwarb (ausgenommen bei sonstiger Staatenlosigkeit – § 7 Abs 2 StbG), es aber nach durchgeführter (erfolgreicher) Bestreitung der Ehelichkeit kraft Gesetzes (§ 7 Abs 3 StbG 1965) die österreichische Staatsbürgerschaft erlangte.

Die internationale Zuständigkeit zur Verfügung zu stellen, war gewissermaßen ein Service für potentielle österreichische Staatsbürger (ErläutRV zur ZVN 1983 [669 BlgNR 15. GP] 38).

12 Ist einer der Beteiligten österreichischer Staatsbürger, muß weder das Kind noch der Mann seinen gewöhnlichen Aufenthalt im Inland haben (LGZ Wien IPRE 2/182 = ÖA 1988, 25; vgl auch zur alten Rechtslage OLG Linz EvBl 1948/13). Bei Mehrstaatern mit (auch) österreichischer Staatsbürgerschaft genießt die Inländereigenschaft den Vorzug (vgl zur alten Rechtslage OLG Wien ZfRV 1972, 67 [zust *Mänhardt*]). Siehe auch § 76 JN Rz 19.

13 Hat niemand die österreichische Staatsbürgerschaft, reicht der gewöhnliche Aufenthalt des Kindes oder des Mannes, nicht aber jener der Kindesmutter in Österreich zur Begründung der internationalen Zuständigkeit aus (ähnlich SZ 39/16 = EFSlg 7198 = EvBl 1966/242 zum alten § 100 JN, der freilich noch auf den allgemeinen Gerichtsstand der Parteien abstellte).

14 § 76b Abs 3 JN ist auch auf die Bestreitung der Ehelichkeit eines **staatenlosen Kindes** anwendbar (vgl zur alten Rechtslage SZ 23/377 [1950]).

Im übrigen wird bezüglich aller mit der Staatsbürgerschaft und dem gewöhnlichen Aufenthalt verbundenen Probleme auf § 76 JN Rz 6ff verwiesen.

15 Für die **Mutterschaftsklage** zu einem ehelichen Kind ist die internationale Zuständigkeit dann gegeben, wenn eine Partei entweder die österreichische Staatsbürgerschaft besitzt oder ihren gewöhnlichen Aufenthalt in Österreich hat (*Simotta,* Broniewicz-FS 351).

§ 76c. (1) Für Streitigkeiten über die Feststellung der Vaterschaft zu einem unehelichen Kind und für die damit verbundenen Streitigkeiten über die dem Vater dem Kinde gegenüber gesetzlich obliegenden Pflichten ist das Gericht ausschließlich zuständig, in dessen Sprengel das Kind seinen gewöhnlichen Aufenthalt hat; mangels eines solchen im Inland ist das Gericht ausschließlich zuständig, in dessen Sprengel der in Anspruch genommene Mann seinen gewöhnlichen Aufenthalt hat, sonst das Bezirksgericht Innere Stadt Wien.

(2) Für Klagen eines unehelichen Kindes auf Feststellung der Vaterschaft gegen mehrere Männer ist, sofern nach Abs. 1 verschiedene Bezirksgerichte zuständig wären, das Bezirksgericht ausschließlich zuständig, bei dem das uneheliche Kind die erste, im Zeitpunkt der Anbringung weiterer Klagen noch nicht rechtskräftig erledigte Klage angebracht hat. Werden die Klagen gleichzeitig angebracht, so hat der Kläger unter den in Betracht kommenden Bezirksgerichten die Wahl; das von ihm gewählte Bezirksgericht ist für alle Klagen ausschließlich zuständig.

(3) Die inländische Gerichtsbarkeit für die im Abs. 1 genannten Streitigkeiten ist gegeben, wenn das Kind oder der in Anspruch genommene Mann österreichischer Staatsbürger ist oder eine dieser Personen den gewöhnlichen Aufenthalt im Inland hat.

Eingefügt als § 76a durch Art IV Z 1 UeKindG BGBl 1970/342; Umbenennung von § 76a auf § 76c und Neufassung des Abs 1 durch Art I Z 8 FamGG BGBl 1985/70; Abs 3 angefügt durch Art II Z 34 ZVN 1983 BGBl 135

Lit: *Ballon,* Das Vaterschaftsanerkenntnis aus verfahrensrechtlicher Sicht, JBl 1974, 246; *Fasching,* Die prozessuale Stellung mehrerer im gleichen Vaterschaftsprozeß als Beklagte in Anspruch genommener Männer, Bosch-FS (1976) 161; *Gamerith,* Die Neuordnung der Rechtsstellung des unehelichen Kindes, ÖA 1971, 24; *ders,* Ein Jahr neues Unehelichenrecht in Österreich, NZ 1972, 152; *ders,* Verfahrensrechtliche Probleme des neuen Unehelichenrechts, ÖJZ 1972, 57; *W. Kralik,* Die Neuordnung der Rechtsstellung des unehelichen Kindes, JBl 1971, 273; *Loewe,* Erneuerung des österreichischen internationalen Zivilverfahrensrechts, ZfRV 1983, 180; *Matscher,* Die internationalrechtlichen Bestimmungen der Zivilverfahrens-Novelle 1983, in *BMJ,* Neuerungen im zivilgerichtlichen Verfahrensrecht, Richterwoche 1983 (1984) 201; *Pichler,* Einige Probleme des neuen Unehelichenrechts, RZ 1972, 37; *Schwimann,* Zum Vaterschaftsanerkenntnis nach der neuen Rechtslage, ÖJZ 1973, 294; *ders,* Probleme des fehlerhaften Vaterschaftsanerkenntnisses, JBl 1977, 225; *ders,* Inländische Gerichtsbarkeit für Personenrechts-, Familienrechts- und Unterhaltssachen, JBl 1990, 760; *Simotta,* Die Änderungen der Zuständigkeit in Ehe- und Familiensachen in der geplanten „Zivilverfahrens-Novelle", ÖJZ 1982, 29, 66; *dies,* Wann treten in Ehe- und Familiensachen die neuen Zuständigkeitsbestimmungen in und die alten außer Kraft? ÖJZ 1986, 705; *dies,* Die internationale Zuständigkeit in Ehe- und Abstammungsstreitigkeiten, Broniewicz-FS (1998) 331; *Zemen,* Die Neuordnung der Rechtsstellung des unehelichen Kindes in Österreich, FamRZ 1973, 355.

Übersicht:

I. Örtliche Zuständigkeit (§ 76c Abs 1 und 2 JN)

A. § 76c Abs 1 JN

1. Streitigkeiten über die Feststellung der Vaterschaft zu einem unehelichen Kind

1 Obwohl die Textierung des § 76c JN mit jener des § 49 Abs 2 Z 1 JN nicht übereinstimmt (statt „Streitigkeiten über die Vaterschaft zu einem unehelichen Kind" heißt es „Streitigkeiten über die **Feststellung der** Vaterschaft zu einem unehelichen Kind") fallen unter § 76c JN nicht nur die **Klage auf Feststellung der Vaterschaft zu einem unehelichen Kind** und jene **auf Feststellung der Nicht-Vaterschaft,** sondern auch die Klage **auf Feststellung der Rechtsunwirksamkeit des Vaterschaftsanerkenntnisses** nach § 164b ABGB (*Fasching*[1] IV 935; *ders,* Lehrbuch[2] Rz 283; *W. Kralik,* JBl 1971, 282; *Mayr* in *Rechberger,* ZPO § 76c JN Rz 1; *Rechberger/Simotta,* Zivilprozeßrecht[5] Rz 985; *Schwimann,* JBl 1977, 233; *Simotta,* ÖJZ 1982, 67f; *Zemen,* FamRZ 1973, 363; LGZ Wien EFSlg 64.063 [1990], 23.068 [1974]; dagegen ErläutRV zum UeKindG [6 BlgNR 12. GP] 20, 36; JAB zum UeKindG [155 BlgNR 12. GP] 7; *Dittrich/Tades,* ABGB[34], 228; *Gamerith,* ÖA 1971, 26; *ders,* ÖJZ 1972, 60; *ders,* NZ 1972, 157; *Holzhammer,* PraktZPR I[6], 490). Denn einerseits betrifft die Klage nach § 164b ABGB die Frage der Vaterschaft des Anerkennenden, andererseits wollte der Gesetzgeber des EheRÄG 1978 und des FamGG (vgl JAB zum EheRÄG [916 BlgNR 14. GP] 21 und JAB zum FamGG [528 BlgNR 16. GP] 2f) alle Abstammungsfragen eines bestimmten Kindes von ein und demselben Gericht geklärt wissen. Außerdem lautet seit der ZVN 1983 die §§ 76b und 76c JN gemeinsame Überschrift „Streitigkeiten über die Vaterschaft".

2 Soll hingegen das Vaterschaftsanerkenntnis aus einem in § 164 ABGB genannten Grund für rechtsunwirksam erklärt werden, so ist dafür, da es sich hierbei um eine außerstreitige Familiensache handelt, gem § 114 JN das Vormundschaftsgericht zuständig. In die Zuständigkeit des Vormundschaftsgerichtes fallen gem § 114 Abs 1 JN auch noch die Entgegennahme des Vaterschaftsanerkenntnisses und des dagegen gerichteten Widerspruchs. Näheres s § 114 JN Rz 9.

3 Auf die **Mutterschaftsklage zu einem unehelichen Kind** ist § 76c JN analog anzuwenden (*Mayr* in *Rechberger,* ZPO § 76c JN Rz 1; *Rechberger/Simotta,*

Zivilprozeßrecht[5] Rz 988; aA *Fasching,* Lehrbuch[2] Rz 2377, nach dem die Klage beim allgemeinen Gerichtsstand der Beklagten einzubringen ist).

Die Gleichbehandlung von Mutterschafts- und Vaterschaftsklage liegt nahe, da die Klärung der Frage, wer Mutter des unehelichen Kindes ist, noch viel bedeutsamer ist als die Klärung der Vaterschaftsfrage. Denn das uneheliche Kind leitet von seiner Mutter seinen Familiennamen (§ 165 ABGB) und seine Staatsbürgerschaft (§ 7 Abs 3 StbG) ab. Außerdem steht gem § 166 ABGB primär der Mutter (und nicht dem unehelichen Vater) die Obsorge (Pflege, Erziehung, Vermögensverwaltung sowie gesetzliche Vertretung) zu. Mangels einer ausdrücklichen Regelung der internationalen Zuständigkeit könnte die Mutterschaftsklage zufolge des § 27 a JN sonst nur dann in Österreich erhoben werden, wenn entweder die beklagte Partei ihren allgemeinen Gerichtsstand in Österreich hat oder der OGH nach § 28 Abs 1 Z 2 JN ein örtlich zuständiges Gericht bestimmt hat, weil der Kläger österreichischer Staatsbürger ist oder seinen Wohnsitz oder gewöhnlichen Aufenthalt im Inland hat und die Rechtsverfolgung im Ausland nicht möglich oder unzumutbar ist.

§ 76 c Abs 1 JN gilt nicht für selbständig geltend gemachte Unterhaltsansprüche volljähriger Kinder (LGZ Wien WR 690 [1994]). Im Anwendungsbereich des EuGVÜ/LGVÜ kommen freilich Art 2 und Art 5 Z 2 EuGVÜ/LGVÜ zur Anwendung.

2. Verbindung von Streitigkeiten über die uneheliche Vaterschaft mit Streitigkeiten über die dem Vater dem Kind gegenüber gesetzlich obliegenden Pflichten

In Abweichung von § 227 ZPO ermöglicht es § 76 c Abs 1 JN dem Kind (nicht aber auch der Kindesmutter, vgl ErläutRV zum UeKindG [6 BlgNR 12. GP] 36), trotz unterschiedlicher Verfahrensart (Abstammungsverfahren, normaler Zivilprozeß bzw Außerstreitverfahren) und möglicherweise auch unterschiedlicher örtlicher Zuständigkeit die Klage auf **Feststellung der Vaterschaft mit Streitigkeiten über die dem Vater dem Kind gegenüber gesetzlich obliegenden Pflichten zu verbinden.** Wie nämlich aus Art V Z 7 letzter Satz UeKindG hervorgeht, können mit der Vaterschaftsklage **auch Ansprüche** verbunden werden, **die bei selbständiger Geltendmachung im Außerstreitverfahren zu erledigen wären.** Es handelt sich dabei insb um den Anspruch des unehelichen Kindes auf Unterhalt (§§ 140 ff iVm § 166 ABGB) und auf Bestellung einer Ausstattung (§§ 1220 bzw 1231 ABGB). 4

§ 76 c Abs 1 JN schafft somit für die Streitigkeiten über die dem Vater dem Kind gegenüber gesetzlich obliegenden Pflichten einen **Gerichtsstand des** (persönlichen und sachlichen) **Zusammenhanges.** Der persönliche Zusammenhang besteht darin, daß in beiden Verfahren die Parteien identisch sind, der sachliche Zusammenhang zwischen beiden Klagen darin, daß den Mann nur dann die eingeklagten Verpflichtungen treffen, wenn er als Vater des unehelichen Kindes festgestellt wird. 5

Die Regelung des § 76 c Abs 1 JN weist daher gewisse Ähnlichkeiten mit § 76 a JN auf. Auch der Zweck der beiden Bestimmungen ist derselbe. Ein und derselbe Richter soll über die Statusklage und die sich aus dem Status ergebenden Verpflichtungen entscheiden, wodurch Zeit und Kosten gespart werden sollen. Da mit § 76 c Abs 1 JN derselbe Zweck wie mit § 76 a JN erreicht werden soll und die Verbindungsmöglichkeiten im Ehe- und Abstammungsverfahren früher (in § 100 Abs 1 JN idF StGBl 1945/188 und § 76 a Abs 1 JN idF UeKindG) auch gleich geregelt waren, ist § 76 c Abs 1 JN extensiv, uzw so zu interpretieren, daß das **Gericht, bei dem eine Streitigkeit über die Vaterschaft zu einem unehe-** 6

lichen Kind anhängig ist **oder gleichzeitig anhängig gemacht** wird, **für Streitigkeiten über die dem Vater dem Kind gegenüber gesetzlich obliegenden Pflichten ausschließlich zuständig** ist. Wie in § 76a JN sollte auch der Attraktionsgerichtsstand nach § 76c Abs 1 JN mit dem Schluß der mündlichen Verhandlung erster Instanz zeitlich begrenzt sein.

7 Diese extensive Auslegung des § 76c Abs 1 JN hat den Vorteil, daß der Richter, der über die uneheliche Vaterschaft zu entscheiden hat, **auch** dann über die daraus resultierenden Verpflichtungen des Vaters entscheiden kann, **wenn** die **Streitigkeit** über die dem **Vater** dem Kind gegenüber **obliegenden Verpflichtungen** nicht gleichzeitig mit der Streitigkeit über die Vaterschaft, sondern erst **später anhängig gemacht wird oder** wenn das **Kind** im Abstammungsprozeß (zB bei der Klage auf Feststellung der Rechtsunwirksamkeit des Vaterschaftsanerkenntnisses) **Beklagter** ist.

8 Für den Fall, daß der Beklagte jedoch während des Prozesses die **Vaterschaft anerkennt** und mit der Vaterschaftsklage auch Unterhaltsansprüche oder sonstige dem unehelichen Kind aus dem Verhältnis zwischen Eltern und Kindern zustehende Ansprüche geltend gemacht worden sind, die bei selbständiger Geltendmachung im Verfahren außer Streitsachen zu erledigen wären, verfügt Art V Z 7 letzter Satz UeKindG, daß die Rechtssache insoweit an das nach § 114 JN zuständige Gericht zu überweisen ist. Dies widerspricht jedoch dem Grundsatz der perpetuatio fori.

9 Wird über die Vaterschaft vorweg durch (Teil-)Urteil entschieden, kommt Art V Z 7 UeKindG nicht zur Anwendung.

10 Mit einer **Mutterschaftsklage** zu einem unehelichen Kind können ebenfalls Streitigkeiten über die der Mutter dem Kind gegenüber gesetzlich obliegenden Pflichten (zB Unterhalt und Bestellung der Ausstattung) verbunden werden. Mit Ausnahme des Art V Z 7 UeKindG gilt auch hier das zur Vaterschaftsklage Ausgeführte.

11 Im Fall der Verbindung einer Vaterschaftsklage mit Streitigkeiten über die dem Vater gegenüber dem unehelichen Kind gesetzlich obliegenden Pflichten gilt, wenn deren Streitwert 52.000 S übersteigt, im gesamten Verfahren relative Anwaltspflicht. Davon ausgenommen ist jedoch gem Art XXXIX WGN 1989 der Jugendwohlfahrtsträger.

3. Anknüpfungspunkte

12 § 76c Abs 1 JN **privilegiert** das uneheliche **Kind,** das in der Regel als Kläger auftritt, weil primär an den gewöhnlichen Aufenthalt des Kindes angeknüpft wird. Erst wenn es keinen solchen im Inland hat, ist der gewöhnliche Aufenthalt des **Mannes,** der als Vater in Anspruch genommen wird oder (wenn der Mann die Vaterschaftsklage erhebt) der als solcher in Betracht kommt oder (wenn auf „Feststellung" der Rechtsunwirksamkeit des Vaterschaftsanerkenntnisses geklagt wird) der die Vaterschaft anerkannt hat, für die örtliche Zuständigkeit maßgebend. Hat keiner der beiden seinen gewöhnlichen Aufenthalt in Österreich, ist die internationale Zuständigkeit aber auf Grund der österreichischen Staatsbürgerschaft eines der beiden gegeben, dann ist das **BG Innere Stadt Wien** zuständig (geschlossene Zuständigkeit). Zum Begriff des gewöhnlichen Aufenthalts s § 66 JN Rz 21 ff.

13 Wird die Vaterschaftsklage oder die Klage auf Feststellung der Rechtsunwirksamkeit des Vaterschaftsanerkenntnisses gem § 164d ABGB von Rechtsnachfolgern des verstorbenen Kindes oder des als Vater in Betracht kommenden Mannes bzw des Anerkennenden erhoben oder eine solche gegen die **Rechts-**

nachfolger derselben gerichtet, dann ist so vorzugehen, **als ob die Abstammungsklage im Zeitpunkt des Todes des Rechtsvorgängers erhoben worden wäre.** Dh, ist das **Kind gestorben,** ist an **dessen gewöhnlichen Aufenthalt im Zeitpunkt seines Todes** und nur, wenn es damals einen solchen im Inland nicht gehabt hat, an jenen des als Vater in Betracht kommenden Mannes bzw des Anerkennenden anzuknüpfen.

Wenn hingegen der als Vater in Betracht kommende **Mann** bzw der Anerkennende **gestorben** ist, dann ist **zunächst an den gewöhnlichen Aufenthalt des Kindes** und **erst dann,** wenn dieses keinen gewöhnlichen Aufenthalt im Inland hat, **an den gewöhnlichen Aufenthalt des verstorbenen Mannes im Zeitpunkt seines Todes** anzuknüpfen. 14

Das BG Innere Stadt Wien ist – sofern die internationale Zuständigkeit nach § 76c Abs 3 JN gegeben ist (Näheres s Rz 27 ff) – nur dann zuständig, wenn weder das Kind noch der in Anspruch genommene Mann einen gewöhnlichen Aufenthalt im Inland haben oder einen solchen zum Zeitpunkt ihres Todes gehabt haben. 15

In dem von den Rechtsnachfolgern des Verstorbenen geführten Prozeß geht es ja primär gar nicht um ein Rechtsverhältnis zwischen den Parteien, sondern um die Vaterschaft zu dem Kind, dh darum, ob also das verstorbene uneheliche Kind von dem in der Klage genannten Mann abstammt bzw ob der verstorbene Mann Vater des unehelichen Kindes war. Da somit die **uneheliche Abstammung einer verstorbenen Person bzw** die uneheliche Abstammung **von einer solchen** festgestellt werden soll, ist für die örtliche Zuständigkeit auch an ihren gewöhnlichen Aufenthalt und nicht an jenen ihrer Rechtsnachfolger anzuknüpfen. Mangels eines gewöhnlichen Aufenthaltes im Zeitpunkt der Klagserhebung muß auf den gewöhnlichen Aufenthalt des Verstorbenen im Zeitpunkt seines Todes abgestellt werden. 16

Weiters basiert diese Auslegung des § 76c Abs 1 JN auf einer **Analogie zu § 100 Abs 3 JN** idF StGBl 1945/188 bzw **§ 76b Abs 1 JN,** in denen ebenfalls für die örtliche Zuständigkeit auf den allgemeinen Gerichtsstand bzw den gewöhnlichen Aufenthalt einer verstorbenen Person, die nicht Partei des Verfahrens ist, abgestellt wird. Sie steht weiters in Einklang mit der Regelung des **§ 49 Abs 3 JN,** nach der in streitigen Familiensachen im Fall einer Rechtsnachfolge vor Prozeßbeginn jenes Gericht sachlich zuständig ist, das zuständig wäre, wenn die Rechtsnachfolge nicht eingetreten wäre. 17

Bei (analoger) Anwendung des § 76c Abs 1 JN auf die **Mutterschaftsklage** zu einem unehelichen Kind ist dieser so zu lesen, daß an die Stelle der „Streitigkeiten über die Feststellung der Vaterschaft" „Streitigkeiten über die Mutterschaft", anstatt der „dem Vater ... obliegenden Pflichten" die „der Mutter ... obliegenden Pflichten" und an die Stelle des „in Anspruch genommenen Mannes" die „als Mutter geltende oder in Betracht kommende Frau" treten. 18

B. Vaterschaftsklage(n) gegen mehrere Männer (§ 76c Abs 2 JN)

1. Gemeinsame örtliche Zuständigkeit

§ 76c Abs 2 JN schafft eine gemeinsame örtliche Zuständigkeit für Klagen eines Kindes gegen mehrere Männer. Es sind dabei folgende Fallkonstellationen zu unterscheiden: 19

a) Das Kind erhebt gleichzeitig gegen mehrere Männer Vaterschaftsklage

Hier wird das Modell des Wahlgerichtsstandes der Streitgenossenschaft des § 93 JN auf die Vaterschaftsstreitigkeiten übertragen, obwohl hier die mehreren 20

Männer lediglich als formelle Streitgenossen iSd § 11 Z 2 ZPO anzusehen sind. Bei § 76c Abs 2 JN handelt es sich freilich – anders als bei § 93 JN – um einen **Zwangsgerichtsstand.** Näheres s Rz 26.

Zum Wahlrecht zwischen mehreren Gerichten und seiner Ausübung s § 102 JN. Die Wahlmöglichkeit kann faktisch nur bestehen, wenn das Kind im Inland keinen gewöhnlichen Aufenthalt hat.

b) Das Kind erhebt – noch bevor über die erste Klage rechtskräftig entschieden worden ist – nacheinander gegen mehrere Männer Vaterschaftsklage

21 Hier schafft die erste anhängig gemachte Klage den Gerichtsstand für Klagen gegen alle anderen in Anspruch genommenen Männer. Allerdings dauert dieser Gerichtsstand nur bis zur rechtskräftigen Erledigung der ersten Klage fort. Hier liegt ein Attraktionsgerichtsstand und zugleich ein **Gerichtsstand des Zusammenhanges** vor.

22 Da die Vorschrift des § 76c Abs 2 JN die Konzentration sämtlicher Vaterschaftsstreitigkeiten bezüglich eines Kindes bei einem Gericht bezweckt, muß eine sinnvolle Auslegung dazu führen, daß § 76c Abs 2 JN **auch** dann zur Anwendung kommt, **wenn mehrere Männer** hintereinander dasselbe Kind **auf Feststellung ihrer (Nicht-)Vaterschaft klagen.** Ebenso muß sich dann, wenn von mehreren Vaterschaftsklagen bereits eine oder mehrere rechtskräftig erledigt wurden, aber noch mehrere oder zumindest eine Klage noch anhängig ist, die Zuständigkeit für neu eingebrachte Klagen nach dem Gericht des anhängigen Verfahrens bestimmen.

23 Werden mehrere Männer auf Feststellung der Vaterschaft zum selben Kind geklagt, kommt Art V Z 1 UeKindG zur Anwendung. Da durch diese Bestimmung die Einmaligkeit der positiven Vaterschaftsfeststellung gesichert werden soll, muß sie auch für den (eher unwahrscheinlichen) Fall gelten, daß **mehrere Männer die Feststellung der Vaterschaft** zu demselben Kind **begehren.**

24 § 76c Abs 2 JN kommt aber nur dann zur Anwendung, wenn für die weitere Vaterschaftsklage die internationale Zuständigkeit nach § 76c Abs 3 JN gegeben ist. Es kann also nicht ein Kind, das nicht österreichischer Staatsbürger ist und seinen gewöhnlichen Aufenthalt im Ausland hat, mit Hilfe einer vorgeschobenen Vaterschaftsklage gegen einen x-beliebigen Mann, der entweder die österreichische Staatsbürgerschaft besitzt oder seinen gewöhnlichen Aufenthalt in Österreich hat, den Gerichtsstand des § 76c Abs 2 JN und damit auf Grund des § 27a JN auch die internationale Zuständigkeit für die Vaterschaftsklage gegen den in Wahrheit als Vater in Betracht kommenden Mann erschleichen (dies bei der alten Rechtslage befürchtend *W. Kralik,* JBl 1971, 281). Wie bereits bei § 76a JN (Rz 42) erwähnt, sind aber Erschleichungen der internationalen Zuständigkeit (vgl nur Art 6 Z 2 EuGVÜ/LGVÜ) strengstens verpönt. § 27a JN kann nur dann zum Tragen kommen, wenn es weder eine Norm gibt, welche die internationale Zuständigkeit ausdrücklich anordnet, noch eine solche, die sie ausdrücklich ausschließt.

2. Wesen und Zweck des § 76c Abs 2 JN

25 § 76c Abs 2 JN enthält eine **individuelle Zuständigkeit.** Ihr Zweck besteht darin, alle Vaterschaftsstreitigkeiten bei **einem** Gericht zu konzentrieren und ihre Verbindung zu gemeinsamer Verhandlung zu ermöglichen (*Fasching*[1] IV 937; *ders,* Bosch-FS 163; *ders,* Lehrbuch[2] Rz 284). Nach Art V Z 1 Satz 1 UeKindG sind nämlich, die auf Grund mehrerer Klagen anhängigen Rechtsstreite zur gemeinsamen Verhandlung zu verbinden, falls noch in keinem die mündliche

Verhandlung in erster Instanz geschlossen worden ist. Eine derartige Verbindung ist aber nur dann möglich, wenn **alle** Vaterschaftsstreitigkeiten bei **ein und demselben Gericht** anhängig sind. Durch die Verbindung der einzelnen Vaterschaftsprozesse und die Bestimmungen des Art V Z 1 Sätze 2 und 3 UeKindG will man, da nur ein Mann der Vater sein kann, verhindern, daß mehrere womöglich miteinander in Widerspruch stehende Entscheidungen bezüglich der Vaterschaft zu ein und demselben Kind gefällt werden. Daher ist auch gem Art V Z 1 Satz 2 UeKindG, wenn die Vaterschaft eines Mannes urteilsmäßig festgestellt worden ist, das Verfahren gegen die anderen Beklagten zu unterbrechen, und wenn dann das Vaterschaftsurteil rechtskräftig geworden ist, sind gem Art V Z 1 letzter Satz UeKindG die übrigen Vaterschaftsklagen von Amts wegen als ohne Verzicht auf den Anspruch für zurückgenommen zu erklären.

Könnten die Vaterschaftsklagen in Abweichung von § 76c Abs 2 JN bei **26** verschiedenen Gerichten eingebracht werden, wäre eine Verbindung der verschiedenen Vaterschaftsprozesse unmöglich und es bestünde daher die Gefahr, daß miteinander in Widerspruch stehende Vaterschaftsentscheidungen erlassen werden könnten, weil das Gericht in Unkenntnis dessen, daß bereits ein anderes Gericht die Vaterschaft zu dem betreffenden Kind (urteilsmäßig bzw rechtskräftig) festgestellt hat, seinen Prozeß nicht unterbrochen bzw die Klage nicht als ohne Verzicht auf den Anspruch zurückgenommen erklärt hat. Das Problem der Unkenntnis kann aber nur dann auftreten, wenn die Vaterschaftsklagen nicht bei ein und demselben Gericht anhängig sind.

Eine von § 76c Abs 2 JN abweichende Gerichtsstandsvereinbarung widerspricht daher sowohl dem Zweck des § 76c Abs 2 JN als auch jenem des Art V Z 1 UeKindG, weshalb die Bestimmung des § 76c Abs 2 JN als **Zwangszuständigkeit** aufzufassen ist (aA *Gamerith,* ÖJZ 1972, 60; *Zemen,* FamRZ 1973, 363).

II. Die internationale Zuständigkeit

A. Die internationale Zuständigkeit nach § 76c Abs 3 JN

Die internationale Zuständigkeit für **Klagen auf Feststellung der (Nicht-) Vaterschaft zu einem unehelichen Kind** ist gegeben, wenn das Kind bzw der als **27** Vater in Anspruch genommene bzw als solcher in Betracht kommende Mann österreichischer Staatsbürger ist (LGZ Wien EFSlg 63.940 [1990]) oder eine dieser Personen den gewöhnlichen Aufenthalt im Inland hat.

Für die Vaterschaftsfeststellungsklage **von oder gegen Rechtsnachfolger** ist **28** die internationale Zuständigkeit dann gegeben, wenn

- die überlebende Person (Mann oder Kind) die österreichische Staatsbürgerschaft besitzt oder
- die verstorbene Person (Mann oder Kind) die österreichische Staatsbürgerschaft im Zeitpunkt ihres Todes besessen hat oder
- die überlebende Person (Mann oder Kind) ihren gewöhnlichen Aufenthalt in Österreich hat oder
- die verstorbene Person (Mann oder Kind) im Zeitpunkt ihres Todes ihren gewöhnlichen Aufenthalt in Österreich gehabt hat.

Bei Klagen über die uneheliche Abstammung, die von bzw gegen Rechtsnachfolger erhoben werden, kommt es somit für die internationale Zuständigkeit weder auf die Staatsangehörigkeit noch auf den gewöhnlichen Aufenthalt des Rechtsnachfolgers an. Denn es soll ja weder die Vaterschaft der Rechtsnachfolger noch jene zu den Rechtsnachfolgern festgestellt werden (ausführlich *Simotta,* Broniewicz-FS 361 f).

29 Für die **Klage auf Feststellung der Rechtsunwirksamkeit des Vaterschaftsanerkenntnisses** wird die internationale Zuständigkeit außer in den in § 76c Abs 3 JN geregelten Fällen **auch** dann gegeben sein, wenn **ein von einer österreichischen Behörde** (Gericht, Jugendwohlfahrtsträger, Standesbeamter, Notar, Vertretungsbehörde im Ausland) **beurkundetes Vaterschaftsanerkenntnis für rechtsunwirksam erklärt** werden soll (vgl für die alte Rechtslage *Fasching*[1] IV 937). Aus den Zuständigkeitsbestimmungen für die Nichtigkeits- und Wiederaufnahmsklage und für die Klage auf Aufhebung eines Schiedsspruchs (§§ 532 und 596 iVm § 582 Abs 1 ZPO) läßt sich nämlich der prozessuale Grundsatz ableiten, daß Entscheidungen einer österreichischen Behörde – unabhängig davon, welche Staatsbürgerschaft die Parteien im Zeitpunkt der Erhebung der Rechtsmittel- bzw Aufhebungsklage besitzen und wo sie ihren gewöhnlichen Aufenthalt bzw Wohnsitz haben – immer von österreichischen Gerichten überprüft werden können. Da es sich beim Vaterschaftsanerkenntnis um ein Entscheidungssurrogat handelt – es ersetzt gem § 163b ABGB das Vaterschaftsurteil und entfaltet, wie aus §§ 164 und 164c ABGB hervorgeht, Sperrwirkung – ist der sich aus §§ 532 und 582 Abs 1 ZPO ergebende Grundsatz auch auf die von einem österreichischen Organ beurkundeten bzw in einem österreichischen Geburtenbuch eingetragenen Vaterschaftsanerkenntnisse anzuwenden (*Simotta,* Broniewicz-FS 360).

30 Die internationale Zuständigkeit für eine **Mutterschaftsklage** zu einem unehelichen Kind ist analog zu § 76c Abs 3 JN dann gegeben, wenn das Kind oder die als Mutter geltende oder in Betracht kommende Frau österreichischer Staatsbürger ist oder eine dieser Personen ihren gewöhnlichen Aufenthalt im Inland hat (*Simotta,* Broniewicz-FS 360).

31 Für die mit einer Vaterschafts- bzw Mutterschaftsklage **verbundenen Streitigkeiten über die dem beklagten Elternteil dem Kind gegenüber gesetzlich obliegenden Pflichten** gilt, da sie ebenso wie die Streitigkeiten über die Vaterschaft zu einem unehelichen Kind in § 76c Abs 1 JN genannt sind (vgl § 76c Abs 3 JN: „für die im Abs 1 genannten Streitigkeiten"), ebenfalls die Regelung des **§ 76c Abs 3 JN** (*Loewe,* ZfRV 1983, 182; *Matscher,* Richterwoche 1983, 212; *Mayr* in *Rechberger,* ZPO § 76c JN Rz 3; *Schwimann,* JBl 1990, 763; aM *Fasching,* Lehrbuch[2] Rz 285, nach dem für die mit der Abstammungsklage verbundenen Ansprüche die allgemeinen Regeln gelten). Zu beachten ist aber die Einschränkung der internationalen Zuständigkeit durch Art 5 Z 2 EuGVÜ/LGVÜ. Näheres s Rz 37f.

32 Keine internationale Zuständigkeit Österreichs besteht für die Streitigkeiten über die Vaterschaft zu einem unehelichen Kind und die damit zulässigerweise verbundenen Streitigkeiten, wenn weder das Kind noch der Mann den gewöhnlichen Aufenthalt im Inland haben und keiner von ihnen die österreichische Staatsbürgerschaft besitzt (*Fasching,* Lehrbuch[2] Rz 285). Eine Ausnahme bildet nur die Klage auf Feststellung der Rechtsunwirksamkeit des Vaterschaftsanerkenntnisses (vgl Rz 29).

Zur internationalen Zuständigkeit s im übrigen auch § 76 JN Rz 17ff.

B. Die internationale Zuständigkeit nach dem EuGVÜ/LGVÜ

33 Auf die **Streitigkeiten über die Vaterschaft** zu einem unehelichen Kind ist, weil derartige Streitigkeiten den Personenstand betreffen, das EuGVÜ/LGVÜ gem Art 1 Z 1 **unanwendbar.** Es gilt daher für diese Streitigkeiten das autonome nationale Recht, dh in Österreich § 76c Abs 3 JN (vgl *Gottwald,* MünchKomm-ZPO III Art 1 EuGVÜ Rz 2; *Kropholler,* Zivilprozeßrecht[6] Art 1 EuGVÜ Rz 21).

Was die Streitigkeiten über die dem Vater dem Kind gegenüber gesetzlich obliegenden Verpflichtungen betrifft, so gilt das EuGVÜ/LGVÜ unbestrittenermaßen für den **Unterhaltsanspruch des unehelichen Kindes** (vgl nur Art 5 Z 2 EuGVÜ/LGVÜ). 34

Nach Art 2 EuGVÜ/LGVÜ kann ein uneheliches Kind dann seinen Unterhalt in Österreich geltend machen, wenn der **Unterhaltspflichtige seinen Wohnsitz in Österreich** hat (vgl *Gottwald,* MünchKommZPO III Art 2 EuGVÜ Rz 2). 35

Wenn der **Unterhaltspflichtige** zwar **nicht in Österreich, aber in einem anderen Vertragsstaat** seinen **Wohnsitz** hat, kann das **unterhaltsberechtigte Kind** gem Art 5 Z 2 EuGVÜ/LGVÜ seinen Unterhalt auch vor den Gerichten jenes Ortes geltend machen, an dem **es** seinen **Wohnsitz oder gewöhnlichen Aufenthalt** hat (ErläutRV zum LGVÜ [34 BlgNR 20. GP] 31; *Auer* in *Bülow/Böckstiegel,* Rechtsverkehr 606 Art 5 EuGVÜ Rz 59; *Gottwald,* MünchKommZPO III Art 5 EuGVÜ Rz 19; *Kropholler,* Zivilprozeßrecht[6] Art 5 EuGVÜ Rz 37; *Nagel/Gottwald,* IZPR[4] § 3 Rz 187; *Schlosser,* EuGVÜ Art 5 Rz 14). Dh die internationale Zuständigkeit Österreichs ist in diesem Fall dann gegeben, wenn das **Kind** entweder seinen Wohnsitz oder seinen gewöhnlichen Aufenthalt **in Österreich** hat. 36

Hat das Kind gem § 76c Abs 1 und 3 JN den **Unterhalt zusammen mit einer Klage auf Feststellung der Vaterschaft in Österreich** eingeklagt, dann ist gem Art 5 Z 2 EuGVÜ/LGVÜ die internationale Zuständigkeit Österreichs zur Entscheidung über den Unterhaltsanspruch dann nicht gegeben, wenn die internationale Zuständigkeit Österreichs zur Entscheidung über die Vaterschaftsklage ausschließlich auf der österreichischen Staatsbürgerschaft **einer** der Parteien beruht (vgl *Gottwald,* MünchKommZPO III Art 5 EuGVÜ Rz 20; *Kropholler,* Zivilprozeßrecht[6] Art 5 EuGVÜ Rz 44 ff; *Schlosser,* EuGVÜ Art 5 Rz 14; *Schlosser*-Bericht RdN 41). Dh seit dem Beitritt Österreichs zum EuGVÜ/LGVÜ darf, wenn der Unterhaltspflichtige seinen Wohnsitz in einem Vertragsstaat hat, über den Unterhaltsanspruch eines unehelichen Kindes **nur** dann zusammen mit der Vaterschaftsklage entschieden werden, **wenn** die internationale Zuständigkeit Österreichs deswegen gegeben ist, weil **eine der Parteien** ihren **gewöhnlichen Aufenthalt in Österreich** hat. Näheres zu Art 5 Z 2 EuGVÜ/LGVÜ s § 76a JN Rz 19 ff. 37

Der Ausstattungsanspruch bzw der Anspruch auf Heiratsgut fällt unter den Begriff der Unterhaltssache (iSd Art 5 Z 2 LGVÜ) (JBl 1998, 184 = ZfRV 1998, 39), sodaß das EuGVÜ/LGVÜ anwendbar ist. 38

Verlassenschaftsangelegenheiten

§ 77. (1) Der Gerichtsstand für Klagen, durch welche Erbrechte oder Ansprüche aus Vermächtnissen oder sonstigen Verfügungen auf den Todesfall geltend gemacht werden, sowie für Klagen der Nachlaßgläubiger aus Ansprüchen an den Erblasser oder an den Erben als solchen bestimmt sich, solange die Einantwortung des Nachlasses nicht erfolgt ist, nach dem Sitze des Gerichtes, bei welchem die Nachlaßabhandlung anhängig ist.

(2) Klagen, welche die Teilung der Erbschaft zum Gegenstande haben, gehören vor das Gericht, bei welchem die Nachlaßabhandlung anhängig ist. Dieser Gerichtsstand bleibt auch nach rechtskräftiger Einantwortung des Nachlasses bestehen.

Stammfassung

Lit: *Ferrari-Hofmann-Wellenhof,* Die Erbschaftsklage (1991); *Holzhammer,* Das Wesen der ausschließlichen Gerichtsstände, ÖJZ 1960, 561; *Hoyer,* Italienisches Legats- und Noterbrecht vor österreichischen Gerichten, IPRax 1988, 255.

Übersicht:

I. Gerichtsstand für Erbrechtsstreitigkeiten iwS (§ 77 Abs 1 JN)

A. Sachlicher Anwendungsbereich des § 77 Abs 1 JN

1 Der Gerichtsstand in Verlassenschaftsangelegenheiten nach § 77 Abs 1 JN ist sowohl für **Erbrechtsstreitigkeiten iwS** als auch für **Klagen der Erbschaftsgläubiger gegen den Nachlaß** gegeben.

Zu den **Klagen, durch die Erbrechte oder Ansprüche aus Vermächtnissen oder sonstigen Verfügungen auf den Todesfall geltend gemacht** werden **(Erbrechtsklagen iwS)** gehören:

- Klagen auf Feststellung des stärkeren Erbrechts (Erbrechtsklage);
- Klagen auf Ungültigkeit oder Gültigkeit einer letztwilligen Verfügung oder eines Erbvertrages;
- Klagen auf Auszahlung des Pflichtteiles oder des erhöhten (Schenkungs-) Pflichtteiles;
- Klagen auf Ausfolgung oder Leistung der Vermächtnisse, auf deren Sicherstellung und verhältnismäßige Schmälerung;
- Klagen auf Zuhaltung letztwilliger Auflagen;
- Klagen auf Teilung des Nachlasses;
- Klagen auf eidliche Bekanntgabe des Nachlaßvermögens (durch die Erben oder Nachlaßverwalter) (Spr 150 = AmtlSlg VI, 23 = BlgJMVBl 1891/607 = GlU 13.552 = JBl 1891, 95 = NZ 1891, 61 = ZBl 1891/96).

§ 77 JN kommt jedoch auf diese Klagen nur dann zur Anwendung, soweit sie gegen Personen gerichtet sind, die ihre Stellung zum Nachlaß aus dem Erbrecht oder einem letztwilligen Auftrag ableiten (JBl 1957, 321 = ÖInt 1958, 118; SZ 19/165 [1937]), nicht jedoch dann, wenn die Beklagten in einer anderen rechtlichen oder tatsächlichen Beziehung zum Nachlaß stehen.

Unter § 77 Abs 1 JN fallen auch **Klagen auf Erfüllung eines Auftrages** auf den Todesfall und die Geltendmachung aller Ansprüche aus Schenkungen auf den Todesfall. Selbst die aus einer Gütergemeinschaft auf den Todesfall abgeleiteten Ansprüche sind hierher zu zählen.

2 Neben diesen Erbrechtsklagen iwS ist § 77 JN auch für alle **Klagen der Nachlaßgläubiger gegen den Nachlaß oder den Erben** (nur in seiner Erbeneigenschaft: arg „als solchen") vorgesehen. Gleichgültig ist, ob die Ansprüche bereits vor dem Tod des Erblassers bestanden haben oder erst nachher im Zug der Verwaltung und Geschäftsführung bezüglich des Nachlasses erwachsen sind.

Wird der Nachlaß selbst geklagt, ohne daß Erben bekannt sind oder die bekannten Erben bereits ihre Erbserklärung abgegeben haben, dann ist nach § 811 ABGB über Antrag des Klägers vom Abhandlungs- oder Prozeßgericht (vgl dazu *Knell,* Die Kuratoren im österreichischen Recht (1974) 96; *Schwimann,* ABGB² III § 811 Rz 4; *Weiß* in *Klang*² III 1015f; *Welser* in *Rummel,* ABGB² I § 811 Rz 5) unter gleichzeitiger Verständigung der bekannten Erben ein Kurator für den Nachlaß zu bestellen, der als Vertreter des Nachlasses zu klagen ist. Diesem Kurator steht ohne Rücksicht auf den Ausgang des Rechtstreites gegenüber dem Kläger der Anspruch auf Ersatz seiner Kosten gem § 10 ZPO zu. Ist eine Erbserklärung bereits abgegeben, dann ist die Klage gegen die erbserklärten Erben als Vertreter des Nachlasses zu richten; sind diese Erben minderjährig oder ist für sie gem § 273 ABGB ein Sachwalter bestellt, dann müssen sie zu Handen ihres gesetzlichen Vertreters geklagt werden.

Unter die hier genannten Klagen fallen nicht nur alle **Klagen aus obligatorischen Ansprüchen,** die Gläubiger des Erblassers gegen diesen geltend zu machen in der Lage waren, sondern auch Klagen aus **Ansprüchen** der Gläubiger des ruhenden Nachlasses oder des Erben **wegen einer die Erhaltung, Verwaltung oder Verwertung des Nachlasses betreffenden oder aus Geschäften des Nachlasses entstandenen Forderung,** auch wenn der Erbe im eigenen Namen als Vertreter des Nachlasses aufgetreten ist.

B. Zeitlicher Anwendungsbereich des § 77 Abs 1 JN

3 Der Gerichtsstand des § 77 Abs 1 JN besteht ab dem Zeitpunkt des Todes des Erblassers bis zur rechtskräftigen Beendigung des Verlassenschaftsverfahrens.

Entgegen dem auf die Anhängigkeit des Verlassenschaftsverfahrens abstellenden Wortlaut des § 77 Abs 1 JN muß dieser Gerichtsstand nämlich **auch** in den Fällen Anwendung finden, in denen eine **Verlassenschaftsabhandlung überhaupt noch nicht eingeleitet oder ohne Abhandlung** (zB nach § 8 ZPO) ein **Kurator für** den **Nachlaß bestellt** worden ist. Denn auch ohne Abhandlung setzt der ruhende Nachlaß die Rechtspersönlichkeit des Verstorbenen bis zur Einantwortung fort (vgl Rz 5). § 77 Abs 1 JN trägt diesem materiellrechtlichen Grundsatz im Bereich des Prozeßrechts durch Fortdauer des allgemeinen Gerichtsstandes des Verstorbenen Rechnung. Wird vor oder ohne Eröffnung der Abhandlung eine unter § 77 Abs 1 JN fallende Klage erhoben, ist jenes Gericht zuständig, das zur Durchführung der Abhandlung zuständig gewesen wäre (*Sperl,* Lehrbuch 134).

4 Der Gerichtsstand des § 77 Abs 1 JN besteht grundsätzlich nur **während der Anhängigkeit eines Verlassenschaftsverfahrens** (8 Ob 574/93), dh nur solange als nicht eine Einantwortung des Nachlasses, die Übergabe des erblosen Nachlasses an die Republik Österreich (GlU 8008 [1880]), die Überlassung an Zahlungs Statt (vgl 8 Ob 574/93), die Abtuung armutshalber oder die Eröffnung eines Nachlaßkonkurses rechtskräftig ausgesprochen worden ist. Eine Klagseinbringung nach diesem Zeitpunkt bewirkt nach § 77 Abs 1, § 29 JN örtliche Unzuständigkeit.

5 **Nach** der **Einantwortung** vermag auch die Einleitung einer Nachtragsabhandlung den Gerichtsstand nach § 77 Abs 1 JN **nicht** wieder herzustellen, ebensowenig das bloße nachträgliche Hervorkommen von Nachlaßvermögen (GlU 12.120 = NZ 1888, 139). Die Begrenzung des Gerichtsstandes durch die Einantwortung bzw den sonstigen rechtskräftigen Abschluß der Verlassenschaftsabhandlung gilt für alle in § 77 Abs 1 JN genannten Klagen. Daher sind Erbrechtsansprüche, die nach der Einantwortung nur mehr in Form der Klage auf Herausgabe des Nachlasses gegen den Scheinerben (Erbschaftsklage nach § 823 ABGB) erhoben werden können, oder Ansprüche auf Herausgabe des Pflichtteiles, des Vermächtnisses, des auf den Todesfall geschenkten Gegenstandes usw – sobald die Abhandlung rechtskräftig abgeschlossen ist – nur mehr beim allgemeinen Gerichtsstand des Erben geltend zu machen.

C. Wesen des § 77 Abs 1 JN

6 Der Gerichtsstand nach § 77 Abs 1 JN – also für alle hier genannten Klagen mit Ausnahme der in § 77 Abs 2 JN besonders geregelten Erbteilungsklage – richtet sich nach dem **Sitz des Gerichtes, bei dem die Verlassenschaftsabhandlung geführt wird,** demnach in der Regel gem § 105 JN nach dem BG des letzten allgemeinen Gerichtsstandes des Erblassers. Diese Regelung betrifft nur die **örtliche Zuständigkeit.** Die sachliche Zuständigkeit richtet sich nach dem Streitwert bzw der Eigen- und Kausalzuständigkeit (vgl GlUNF 7601 = GH 1916, 451). Klagen mit einem Streitwert bis einschließlich 130.000 S sind daher im allgemeinen beim Abhandlungsgericht anzubringen, wenn es sich aber in Wien um in die Handelsgerichtsbarkeit (§ 51 Abs 1 Z 1 bis 8b JN) fallende Rechtsstreitigkeiten handelt, beim BGHS Wien. Hingegen gehören Rechtsstreitigkeiten mit einem Wert des Streitgegenstandes über 130.000 S, soweit sie nicht nach § 49 Abs 2 JN in die Eigenzuständigkeit der BG fallen und daher auch beim Abhandlungsgericht klageweise geltend zu machen sind, vor das LG (HG), in dessen Sprengel das Abhandlungsgericht liegt (vgl GlUNF 7601 = GH 1916, 451). Da die sachliche Zuständigkeit durch § 77 Abs 1 JN nicht berührt wird, sind die vor dem HG oder ASG geltend zu machenden Ansprüche durch das HG bzw den Handelssenat (so zB Wechselansprüche gegen den Erblasser) oder das ASG bzw den arbeits- und sozialrechtlichen Senat zu entscheiden.

7 Der Gerichtsstand des § 77 JN wird vom Gesetz als **ausschließlicher Gerichtsstand** bezeichnet. Die Einreihung ist jedoch nicht voll zutreffend. Es ist die Aufgabe der ausschließlichen Gerichtsstände, den allgemeinen Gerichtsstand auszuschließen. Im Fall des § 77 JN bei Verlassenschaftssachen kann ein allgemeiner Gerichtsstand nach den Regeln der §§ 65 bis 75 JN gar nicht gefunden werden, weil der Nachlaß eine physische Person fortsetzt, die bereits gestorben ist und keinen allgemeinen Gerichtsstand haben kann. Daraus ergibt sich, daß die Gerichtsstandsregelung im zweiten Fall des § 77 Abs 1 JN – **Klagen der Gläubiger gegen den Nachlaß oder den Erben** – sich in Wahrheit als **allgemeiner Gerichtsstand des Nachlasses darstellt** (*Fasching,* Lehrbuch[2] Rz 286; *Mayr* in *Rechberger,* ZPO § 77 JN Rz 2; *Neumann,* Kommentar[4] I 191 f; *Pollak,* System[2], 338; *Rechberger/Simotta,* Zivilprozeßrecht[5] Rz 117; aM *Holzhammer,* ÖJZ 1960, 563 f; SZ 59/205 = IPRax 1988, 246 [*Hoyer* 255] = IPRE 2/173 = ZfRV 1988, 134). Daraus folgt, daß für die Klagen der Nachlaßgläubiger gegen den Nachlaß und die Erben der Gerichtsstand des § 77 Abs 1 JN kein ausschließlicher Gerichtsstand im technischen Sinn ist, sondern vielmehr der **allgemeine Gerichtsstand des Nachlasses** (weil dieser die Person des Erblassers fortsetzt). Daher kann an seiner Stelle **auch** ein **Wahlgerichtsstand** angerufen werden (*Neumann,* Kommentar[4] I 193; *Pollak,* System[2], 338; *Rechberger/Simotta,* Zivilprozeßrecht[5] Rz 117), so der Wahlgerichtsstand der Streitgenossenschaft nach § 93 JN oder des Wechselzahlungsortes nach § 89 JN. Der Gerichtsstand der Streitgenossenschaft (§ 93 JN) wird für Klagen der Nachlaßgläubiger aus Ansprüchen an den Erblasser oder den Erben als solchen durch § 77 Abs 1 JN nicht berührt (*Neumann,* Kommentar[4] I 193; *Stohanzl,* ZPO[14] § 77 Anm 2).

Ergibt sich für die Klage des Nachlaßgläubigers **ein besonderer Gerichtsstand** (§§ 76 bis 84 JN), dann **schließt** dieser notgedrungen den Gerichtsstand des **§ 77 Abs 1 JN aus,** so bei Klagen auf Einräumung oder Bestreitung eines dinglichen Rechtes an einer Liegenschaft; daher gilt für eine Klage gegen den Nachlaß auf Rechtfertigung einer Vormerkung der Gerichtsstand des § 81 JN (GlUNF 5051 = ZBl 1910/372).

8 Aber selbst bei den Erbrechtsklagen im weiteren Sinn, wie sie in § 77 Abs 1 JN am Anfang angeführt sind (vgl Rz 1), bei denen sich § 77 Abs 1 JN als echter ausschließlicher Gerichtsstand darstellt, ist die **Prorogation** eines anderen Gerichtes nicht ausgeschlossen (so auch *Mayr* in *Rechberger,* ZPO § 77 JN Rz 4).

9 Im übrigen hat der OGH den Gerichtsstand des § 77 JN auch dort für anwendbar erklärt, wo für dienstrechtliche Ansprüche mangels eines örtlich zuständigen ASG im Inland die Arbeits- und Sozialgerichtsbarkeit nicht gegeben ist und sich der dienstrechtliche Anspruch gegen einen Nachlaß richtet (SZ 26/231 = Arb 5818 [1953]).

II. Gerichtsstand für Erbteilungsklagen (§ 77 Abs 2 JN)

A. Allgemeines

10 Eine Sonderregelung trifft § 77 Abs 2 JN bezüglich der **Erbteilungsklage.** Diese Klagen sind ohne Rücksicht auf den Streitwert vor dem Verlassenschaftsabhandlungsgericht anzubringen, wobei dieser Gerichtsstand auch nach rechtskräftiger Beendigung der Verlassenschaftsabhandlung fortdauert. Dadurch wird die Zuständigkeit der BG in sachlicher Hinsicht im Einzelfall erweitert. Es handelt sich hier um eine gleichermaßen in örtlicher wie in sachlicher Hinsicht wirkende **Individualzuständigkeit** (SZ 51/101 = RZ 1978/139; JBl 1957, 321). Deshalb kommt die – nur die sachliche Zuständigkeit erfassende – Anfechtungsbeschränkung bejahender Zuständigkeitsentscheidungen eines GH nach § 45 JN hier ebensowenig in Betracht (aM SZ 51/101 = RZ 1978/139; EvBl 1954/99) wie auch eine Bindung an die Zuständigkeitsentscheidung eines anderen Gerichtes nach § 46 Abs 1 JN. Hat daher ein GH unter Außerachtlassung der Vorschrift des § 77 Abs 2 JN seine Zuständigkeit für eine Erbteilungsklage bejaht, so ist diese Entscheidung anfechtbar.

B. Anwendungsbereich

11 Die Individualzuständigkeit des § 77 Abs 2 JN ist eingeschränkt auf die **eigentlichen Erbteilungsklagen** (OLG Wien EFSlg 75.965 [1994]; LGZ Wien EvBl 1946/321), deren **Rechtsgrund im Erbrecht** liegen muß. Dazu zählen auch Klagen zur Durchsetzung einer bereits vereinbarten oder durch Richterspruch verfügten Erbteilung (vgl OLG Wien EFSlg 66.869 [1991]; SZ 51/101 = RZ 1978/139; RZ 1934, 20 = ZBl 1933/375). Zum Begriff der Erbteilungsklage s auch EvBl 1954/99; LGZ Wien EvBl 1950/358.

§ 77 Abs 2 JN ist dagegen **nicht anwendbar:**

- auf Klagen, mit denen die Aufhebung einer durch ein Erbübereinkommen begründeten Erwerbsgesellschaft begehrt wird (SZ 25/206 = JBl 1953, 75);
- auf Klagen auf Herausgabe der Erbschaft (Erbschaftsklagen) oder andere unter § 77 Abs 1 fallende Klagen (OLG Wien EFSlg 75.965 [1994]; LGZ Wien EvBl 1946/321);
- auf Klagen auf Ersatz von Vorausempfängen (LGZ Wien EvBl 1950/358);
- auf Klagen auf Zahlung des Pflichtteils (OLG Wien EFSlg 18.452 [1972]);
- wenn der Beklagte als Schuldner der Verlassenschaft in Anspruch genommen wird, mögen auch erbrechtliche Fragen als Vorfragen zu behandeln sein (JBl 1957, 321);
- wenn ein österreichisches Gericht nur Sicherungsmaßnahmen nach § 23 Abs 2 AußStrG setzt (EFSlg 69.743 = ZfRV 1992/47).

C. Wesen und Zweck des § 77 Abs 2 JN

12 § 77 Abs 2 JN ist ein **ausschließlicher Gerichtsstand,** der das Gericht, bei dem die Verlassenschaftsabhandlung anhängig ist bzw anhängig war, für die Erbteilungsklagen **individuell** für **zuständig** erklärt.

Die Ausschließlichkeit des Gerichtsstandes nach § 77 Abs 2 JN betrifft nicht nur die örtliche, sondern auch die **sachliche Zuständigkeit.** Dies nicht nur in dem Sinn, daß Erbteilungsklagen ohne Rücksicht auf den Streitwert vor das Abhandlungsgericht gehören, sondern auch insofern, als Klagen, die in die Kausalzuständigkeit des HG oder ASG gehören würden, von den Abhandlungsgerichten entschieden werden müssen (vgl Arb 7315 = JBl 1961, 433), so Klagen auf Teilung eines Handelsunternehmens, das Gegenstand des Nachlasses ist (solange die Erben noch kein Abkommen über die Weiterführung des Unternehmens getroffen haben).

13 Grund für die Zuweisung der Erbteilungsklagen an das Verlassenschaftsgericht war, daß der Richter des Abhandlungsgerichtes dank seiner Kenntnis der Nachlaßverhältnisse schneller und sachgerechter über die Erbteilungsklage entscheiden wird können als ein anderer Richter (vgl Mat I 74 f).

Obwohl dieser durch die individuelle Zuständigkeit nach § 77 Abs 2 JN angestrebte Effekt durch eine Gerichtsstandsvereinbarung gänzlich zunichte gemacht wird, wird mangels eines ausdrücklichen Prorogationsverbotes eine Prorogation als zulässig angesehen (*Fasching,* Lehrbuch² Rz 193; OLG Wien EvBl 1949/672; aA *Petschek/Stagel,* Zivilprozeß 116; de lege ferenda *Holzhammer,* ÖJZ 1960, 564 FN 24; s auch § 104 JN Rz 155).

III. Internationale Zuständigkeit in Verlassenschaftsangelegenheiten

14 Das **EuGVÜ/LGVÜ** ist gem Art 1 Abs 2 auf Verlassenschaftsangelegenheiten **nicht anwendbar.** § 77 JN enthält keine ausdrückliche Regelung darüber, wann in Verlassenschaftsangelegenheiten die internationale Zuständigkeit gegeben ist. Nach § 27 a JN ist die internationale Zuständigkeit für Verlassenschaftsangelegenheiten daher dann gegeben, wenn es für diese eine **örtliche Zuständigkeit** gibt. Da es sich aber bei den in § 77 JN geregelten Gerichtsständen um Annexzuständigkeiten zur Nachlaßabhandlung handelt, kann die **internationale Zuständigkeit für Verlassenschaftsangelegenheiten nicht weiter** reichen **als** die **internationale Zuständigkeit für die Abhandlung des Nachlasses.** Dh im Fall einer Nachlaßspaltung ist die internationale Zuständigkeit für die Verlassenschaftsangelegenheiten auf jene Klagen beschränkt, die den im Inland abzuhandelnden bzw abgehandelten Nachlaß betreffen.

Wenn sich unbewegliches Nachlaßvermögen im Inland und im Ausland befindet, so erstreckt sich die Zuständigkeit der österreichischen Abhandlungsrechtspflege nur auf das in Österreich gelegene Vermögen des Erblassers. **Vor den österreichischen Gerichten** können **Pflichtteilsansprüche** nicht hinsichtlich des gesamten Nachlasses, sondern **nur hinsichtlich jenes Nachlasses, der der österreichischen Jurisdiktion unterliegt, geltend gemacht** werden. Dagegen sind Pflichtteilsansprüche auf jenes Vermögen, das der österreichischen Verlassenschaftsabhandlung nicht unterliegt, bei dem für dieses Vermögen international zuständigen Gericht geltend zu machen (so ZfRV 1987, 275). Allerdings ist nach stRsp (ZfRV 1987, 275; EFSlg 52.828/3, 51.401/3 [1985]; ZfRV 1977, 294; EFSlg 40.989 [1982]; SZ 24/237 = EFSlg 1524 [1951]) **bei** der **Berechnung** eines den in Österreich abzuhandelnden Nachlaß betreffenden Pflichtteils auch der **Wert der im Ausland gelegenen Liegenschaften und deren rechtliches Schicksal zu be-**

rücksichtigen (so auch *Hoyer,* ZfRV 1977, 296 [Entscheidungsanm]; aA *Ehrenzweig/Kralik,* Erbrecht³, 23, nach dessen Ansicht bei einer Nachlaßspaltung der ausländische Spaltnachlaß bei Anwendung der österreichischen Sachnormen völlig außer Betracht bleibt und sein eigenes Schicksal hat).

Fideikommiß- und Lehenangelegenheiten

§ 78 *gegenstandslos*

Durch das Gesetz über die Vereinheitlichung der Fideikommißauflösung 26. 6. 1935, dRGBl I 785 (§ 1 Abs 1), das Gesetz über das Erlöschen der Familienfideikommisse und sonstiger gebundener Vermögen 6. 7. 1938, dRGBl I 825 (§ 21 Abs 1, § 22) (beide Gesetze traten gem § 1 des 1. BRBG BGBl I 1999/191 mit 31. 12. 1999 außer Kraft) und das Gesetz über Maßnahmen zur Wiederherstellung der österreichischen bürgerlichen Rechtspflege 3. 10. 1945, StGBl 188 (Art III) wurden alle Fideikommiß- und Lehenangelegenheiten der streitigen Gerichtsbarkeit entzogen und dem Außerstreitverfahren zugewiesen. Im außerstreitigen Fideikommißverfahren entschied in erster Instanz für das gesamte Bundesgebiet das OLG Wien (Fideikommißsenat), in zweiter Instanz der OGH. 1

Klagen von Richtern und gegen Richter

§ 79. (1) Klagen gegen Personen, die bei dem nach den Bestimmungen über die sachliche und örtliche Zuständigkeit zur Verhandlung und Entscheidung berufenen Bezirksgerichte als Einzelrichter in Verwendung stehen, gehören vor das Landesgericht, in dessen Sprengel sich das Bezirksgericht befindet. Klagen gegen den Vorsteher eines Gerichtshofes erster Instanz, welche vor diesen Gerichtshof oder vor ein im Sprengel desselben gelegenes Bezirksgericht gehören würden, sind bei einem der Gerichtshöfe erster Instanz anzubringen, deren Sprengel an den jenes ersten Gerichtshofes unmittelbar angrenzt.

(2) Dieselben Vorschriften haben zur Anwendung zu kommen, wenn ein Einzelrichter eine Klage erhebt, für welche an sich das Bezirksgericht, bei dem er zur Zeit tätig ist, zuständig wäre, oder wenn der Vorsteher eines Gerichtshofes erster Instanz in einer Rechtssache als Kläger auftritt, welche durch die Bestimmungen dieses Gesetzes dem Gerichtshofe, dem er vorsteht, oder einem Bezirksgerichte im Gerichtshofsprengel zugewiesen ist.

Abs 1 idF Art XI BGBl 1993/91

Übersicht:

I. Zweck

Der Gerichtsstand des § 79 JN soll verhindern, daß Rechtssachen vor einen Richter kommen, der im konkreten Fall Partei oder gesetzlicher Vertreter einer Partei (Näheres s Rz 7) und deshalb gem § 20 JN ausgeschlossen ist. Dadurch er- 1 spart man sich ein Ablehnungsverfahren und eine möglicherweise notwendige Delegation nach § 30 JN. Auch wird von vornherein der Anschein der Befangenheit des Richters vermieden.

Ein besonderer Gerichtsstand für Klagen von Richtern und gegen Richter ist nur dort erforderlich, wo es nicht schon der Umfang des Gerichtes und die Geschäftsverteilung äußerst unwahrscheinlich machen, daß ein Richter mit seiner eigenen Sache betraut wird. Diese Voraussetzungen sind gegeben, wo Richter eines BG klagen oder geklagt werden.

II. Anwendungsvoraussetzungen

A. Allgemeines

2 Voraussetzung für die Anwendung des § 79 JN ist eine **Klage,** die a) von oder gegen einen **Richter bzw Vorsteher eines BG** oder b) von oder gegen den **Präsidenten eines GH 1. Instanz** erhoben worden ist.

Im Fall a) müßte für die Klage jenes **BG** zuständig sein, **bei dem der Richter bzw Gerichtsvorsteher tätig** ist, im Fall b) müßte für die Klage entweder jener **GH 1. Instanz, dessen Präsident** der Kläger bzw Beklagte ist, **oder ein in seinem Gerichtshofsprengel gelegenes BG zuständig** sein.

Der Richter bzw Gerichtsvorsteher muß **Partei** des Zivilprozesses sein. Näheres s Rz 7.

B. Klage

3 § 79 JN kommt bei **Klagen** von Richtern und gegen Richter zur Anwendung. Als Klagen iSd § 79 JN sind aber nicht nur Klagen im technischen Sinn der ZPO (§ 226 ZPO), sondern **alle einen Zivilprozeß einleitenden Rechtsschutzanträge** zu verstehen. § 79 JN gilt daher auch für die Anträge auf Erlassung eines (Wechsel-)Zahlungsauftrages oder eines Übergabe- oder Übernahmeauftrages und für gerichtliche Aufkündigungen (vgl *Fasching*[1] I 412; *Mayr* in *Rechberger,* ZPO § 79 JN Rz 3; *Neumann,* Kommentar[4] I 196 FN 2).

4 Trotz der Einordnung in den nur für die streitige Gerichtsbarkeit geltenden Teil ist, weil es sonst zu einer sachlich durch nichts gerechtfertigten Ungleichbehandlung käme, § 79 JN analog **auch** auf **verfahrenseinleitende Anträge im Außerstreit-, Exekutions- und Insolvenzverfahren** anzuwenden (so für die außerstreitigen Anträge auch *Mayr* in *Rechberger,* ZPO § 79 JN Rz 3; aA LGZ Wien MietSlg 17.747 [1965]). Denn wenn die Bestimmungen über die Ausgeschlossenheit eines Richters und deren Folgen für alle zivilgerichtlichen Verfahren in gleicher Weise gelten, dann muß auch eine Bestimmung, durch die verhindert werden soll, daß die Sache vor den gem § 20 Z 1 JN ausgeschlossenen Richter kommt, für alle zivilgerichtlichen Verfahren und nicht bloß für den Zivilprozeß gelten.

C. Betroffene Richter

5 § 79 JN gilt nur für **Richter oder Vorsteher eines BG sowie Präsidenten von GH 1. Instanz.** Einzelrichter oder Senatsmitglieder oder Vizepräsidenten der GH 1. Instanz, Mitglieder und Präsidenten der OLG und Präsident und Räte des OGH fallen nicht unter § 79 JN und sind nach den allgemeinen Vorschriften über die örtliche Zuständigkeit bei dem BG oder GH ihres allgemeinen oder besonderen Gerichtsstandes zu klagen.

D. Zuständigkeit des Gerichtes, bei dem der Richter tätig ist

6 § 79 JN setzt voraus, daß der allgemeine Gerichtsstand des beim BG tätigen Richters bzw Gerichtshofpräsidenten bei dem Gericht begründet ist, bei dem dieser tätig ist. Daher schafft § 79 JN keinen allgemeinen Gerichtsstand für Richter.

Liegt der allgemeine Gerichtsstand des Richters bzw Gerichtshofpräsidenten außerhalb des Sprengels des Gerichtes, bei dem er tätig ist, dann ist er beim GH oder BG seines allgemeinen Gerichtsstandes (dh der beim BG tätige Richter bzw der Gerichtshofpräsident beim GH oder BG seines allgemeinen Gerichtsstandes) zu klagen.

E. Richter als Partei

7 Sinnvollerweise wird die Gerichtsstandsregelung des § 79 JN **nicht nur** dann Platz greifen, **wenn** der **Richter selbst Partei** ist (Näheres dazu s § 20 JN Rz 2), sondern **auch** dann, **wenn er gesetzlicher Vertreter einer klagenden oder beklagten Partei** ist (*Fasching*[1] I 413; *Mayr* in *Rechberger,* ZPO § 79 JN Rz 3; aA *Neumann,* Kommentar[4] I 197). Denn Sinn des Gerichtsstandes des § 79 JN ist es, einerseits auf der Gegenseite jeden Anschein einer Rechtsprechung in (mittelbar oder unmittelbar) eigener Sache zu vermeiden und andererseits einer Ausschließung des beteiligten Richters oder einer Befangenheitserklärung der anderen am Gericht tätigen Richter vorzubeugen.

III. Zuständigkeitsregelung

8 Klagen von oder gegen Richter (Gerichtsvorsteher) eines BG gehören gem § 79 JN vor das LG, in dessen Sprengel sich das BG befindet, Klagen von oder gegen Präsidenten eines GH 1. Instanz vor den GH 1. Instanz, der unmittelbar an den Sprengel des GH angrenzt. Zwischen mehreren angrenzenden GH hat der Kläger die Wahl, die mit der Zustellung der Klage an den Beklagten vollzogen ist (vgl § 102 JN).

9 Bestehen in einem Ort mehrere GH 1. Instanz (derzeit in Wien das HG, das ASG Wien und die LG für Zivilrechtssachen und für Strafsachen Wien, in Graz die LG für Zivilrechtssachen und für Strafsachen Graz), dann findet § 79 JN nur auf jene Gerichtshofpräsidenten Anwendung, die bei den dem GH unterstellten BG oder bei dem GH selbst geklagt werden oder dort zu klagen hätten. Deshalb kann der Präsident eines LG für Strafsachen stets ohne Rücksicht auf § 79 JN bei seinem allgemeinen Gerichtsstand geklagt werden.

Beim Präsidenten des HG bzw des ASG Wien findet § 79 JN nur dann Anwendung, wenn es sich um eine in die Zuständigkeit der Handels- bzw Arbeits- und Sozialgerichte fallende Rechtssache handelt und das HG Wien oder das BGHS Wien bzw das ASG Wien örtlich zuständig wäre; hier ist bei dem nächsten auch die Handels- bzw die Arbeits- und Sozialgerichtsbarkeit ausübenden GH zu klagen.

Richter des BGHS Wien als Kläger oder Beklagte in Rechtssachen, die vor dieses Gericht gehören, sind beim HG Wien zu klagen. Diese Richter und der Präsident des HG bzw des ASG Wien sind für den Bereich der nicht in die Handels- bzw die Arbeits- und Sozialgerichtsbarkeit fallenden Rechtssachen ohne Rücksicht auf § 79 JN nach den allgemeinen Vorschriften über die örtliche Zuständigkeit bei den allgemeinen Zivilgerichten zu klagen.

Die Richter der Wiener BG und der Präsident des LGZ Wien sind in allen Handels-, Arbeits- und Sozialrechtssachen nach den allgemeinen Zuständigkeitsvorschriften zu klagen. Dasselbe gilt für den Präsidenten des ASG Wien bezüglich der Handelssachen.

IV. Wesen

10 Der Gerichtsstand des § 79 JN ist ein **ausschließlicher Gerichtsstand** und **schließt** seiner Zwecksetzung entsprechend (unter den eingangs dargestellten Voraussetzungen) **nicht nur den allgemeinen Gerichtsstand** des Richters, **sondern auch** einen **allfälligen besonderen Gerichtsstand aus.**

Beispiele: Eine Eheklage des Richters bzw Gerichtsvorstehers eines BG ist daher beim übergeordneten GH einzubringen. Die gegen einen Gerichtshofpräsidenten gerichtete Mietzinsklage ist, wenn für sie ein in seinem Gerichtshofsprengel gelegenes BG zuständig wäre, beim benachbarten GH zu erheben.

11 Bezüglich des Gerichtsstandes nach § 77 JN gilt folgendes: War der **Erblasser Richter** oder Gerichtshofpräsident, dann ist kein Platz für den Gerichtsstand nach § 79 JN, da dort die aktive Tätigkeit eines Richters vorausgesetzt wird; **§ 77 JN** findet daher Anwendung.

Ist der **Richter** jedoch bei der Klage eines Nachlaßgläubigers als erbserklärter Erbe **Vertreter des beklagten Nachlasses,** dann wird er als voraussehbarer Rechtsnachfolger **in analoger Anwendung des in GlUNF 5497** [1911] ausgesprochenen Grundsatzes beim Gerichtsstand des **§ 79 JN** geklagt werden müssen.

Handelt es sich um eine **Erbteilungsklage** nach § 77 Abs 2 JN, bei der der Richter Kläger oder Beklagter ist, dann ist der Gerichtsstand des **§ 79 JN** und nicht jener des § 77 Abs 2 JN gegeben, obgleich dadurch die Sache nicht vor das Abhandlungsgericht und damit nicht auf Grund der Individualzuständigkeit dieser Gesetzesstelle vor ein BG, sondern umgekehrt ohne Rücksicht auf den Streitwert vor den GH kommt.

Bei den anderen Erbstreitigkeiten nach § 77 Abs 1 JN findet dann, wenn der Richter Kläger oder Beklagter ist und die Sache vom BG, bei dem er als Einzelrichter tätig ist, oder vom GH, dessen Präsident er ist, oder von einem in dessen Sprengel gelegenen BG zu entscheiden wäre, § 79 JN Anwendung.

12 (Materielle) Streitgenossen (nach § 11 Z 1 ZPO) können beim Gerichtsstand des § 79 JN nur dann geklagt werden oder mitklagen, wenn der Anspruch in die sachliche Zuständigkeit des GH fällt und keine (unprorogable) Kausalzuständigkeit dem entgegensteht oder wenn es sich um eine einheitliche Streitpartei handelt (GlUNF 5497 [1911]).

13 § 79 JN begründet ebenso wie § 77 Abs 2 JN eine **individuelle Zuständigkeit,** die sowohl örtliche wie sachliche Zuständigkeitselemente enthält. Daher ist die Anfechtungsbeschränkung des **§ 45 JN** auf Entscheidungen, mit denen ein GH seine sachliche Zuständigkeit bejaht, **nicht anwendbar** (ÖBl 1981, 85). Näheres s § 45 JN Rz 6.

V. Unzulässigkeit einer Prorogation

14 Auf Grund des Zwecks des § 79 JN ist eine Zuständigkeitsvereinbarung nach § 104 JN, durch die das BG, an dem der Richter tätig ist (bzw für den Präsidenten eines GH 1. Instanz dieser GH oder eines der ihm unterstellten BG), zuständig gemacht werden soll (*Matscher,* Zuständigkeitsvereinbarungen 50; *Petschek/Stagel,* Zivilprozeß 106 f), **unzulässig.**

VI. Verfahren

15 Das Verfahren zur Erledigung der gem § 79 JN an sich vor die BG gehörenden Klagen von und gegen Richter, die durch den GH zu entscheiden sind, richtet sich nach **Art XIV EGJN** (vgl Näheres dort).

§ 80 *aufgehoben durch § 15 AHG BGBl 1949/20*

1 § 80 JN regelte den Gerichtsstand für die auf Grund des Syndikatsgesetzes (RGBl 1872/112) erhobenen Ersatzklagen wegen von richterlichen Beamten zugefügten Rechtsverletzungen. Da durch das AHG an Stelle der im Syndikatsgesetz nur für Richter festgelegten Haftung die erweiterte Haftung des Staates für alle in Ausübung der hoheitlichen Tätigkeit beim Vollzug der Gesetze durch seine Organe schuldhaft zugefügten Schädigungen getreten ist, welche auch Rechtsverletzungen der Richter umfaßt, ist nunmehr für diese Klagen der ausschließliche Gerichtsstand des § 9 AHG gegeben. (Nähere Ausführungen s § 92 a JN Rz 16.)

Streitigkeiten um unbewegliches Gut

§ 81. (1) Klagen, durch welche ein dingliches Recht auf ein unbewegliches Gut, die Freiheit von einem solchen Rechte oder die Aufhebung desselben geltend gemacht wird, Teilungs-, Grenzberichtigungs- und Besitzstörungsklagen gehören vor das Gericht, in dessen Sprengel das unbewegliche Gut gelegen ist.

(2) Betrifft die Klage eine Grunddienstbarkeit oder eine Reallast, so ist die Lage des dienenden oder belasteten Grundstückes entscheidend.

Stammfassung

Lit: *Ballon,* Die Rechtsprechung in Zuständigkeitsfragen, Fasching-FS (1988) 55; *Faistenberger/Barta/Call,* Kommentar zum Wohnungseigentumsgesetz 1975 (1976); *Heß,* Probleme der Staatenimmunität bei grenzüberschreitenden Unterlassungsklagen, JBl 1989, 285; *Wilhelm,* Ionisierende Strahlung als grenzüberschreitende Immission, JBl 1986, 696.

Übersicht:

I. Anwendungsbereich und -voraussetzungen

A. Allgemeines

1 Durch § 81 JN wird ein ausschließlicher Gerichtsstand für **Streitigkeiten um unbewegliches Gut** geschaffen. Es fallen hierunter jedoch nur jene **Klagen, bei denen ein dingliches Recht streitig** ist, **nicht** jedoch **obligatorische Ansprüche** (wie zB der Anspruch auf Einräumung eines dinglichen Rechts MietSlg 30.662 [1978], ein nicht verbüchertes Fruchtgenußrecht EFSlg 63.942 [1990], der Anspruch auf Abtretung von Rechten an einer Wohnung LGZ Wien MietSlg 19.511 [1967]). Voraussetzung für die Anwendbarkeit des § 81 JN ist, daß sich die strittigen dinglichen Rechte auf unbewegliches Gut beziehen und diese behauptet oder bestritten werden. Weiters muß das **dingliche Recht** den **Klagsgegenstand** und nicht bloß den Klagegrund bilden (JBl 1988, 323).

B. Dingliche Rechte

2 Ein dingliches Recht an einem unbeweglichen Gut ist jedes Recht, das **nach den Vorschriften des bürgerlichen Rechtes** als dingliches (Sachen-)Recht anzusehen ist. Hierher gehört das **Eigentumsrecht;** dies auch, wenn es sich auf eine originäre Erwerbsart stützt, so bei Ersitzung oder bei Bauführung nach § 418 ABGB (LGZ Wien EvBl 1948/211). Ist jedoch das Eigentumsrecht als solches unbestritten und werden aus ihm nur bestimmte Rechtsfolgen abgeleitet, wie etwa bei der auf das Eigentumsrecht gestützten Räumungsklage gegen einen titellosen Benützer, dann findet § 81 JN keine Anwendung (EFSlg 63.941 = MietSlg 42.484 = WoBl 1991, 67; LGZ Wien MietSlg 37.721 [1985], 34.678 [1982]; OLG Wien MietSlg 33.590 [1981]; LGZ Wien MietSlg 32.623 [1980], 28.556 [1976], 27.622 [1975]; LGZ Wien MietSlg 960 = EvBl 1949/673; LGZ Wien EvBl 1947/459). Dasselbe gilt für die Klage gegen den titellosen Benützer auf Entfernung eines rechtsgrundlos angebrachten Zaunes (LGZ Wien MietSlg 37.721 [1985]).

Nur wenn das **Eigentumsrecht selbst strittig** ist, ist der Gerichtsstand nach § 81 JN gegeben, so bei Klagen auf Räumung einer mit Eigentumsvorbehalt verkauften Liegenschaft, wenn Gültigkeit und Voraussetzungen des Eigentumsvorbehaltes streitig sind (OLG Wien MietSlg 33.590 [1981]; LGZ Wien MietSlg 28.556 [1976], 27.622 [1975]; LGZ Wien EvBl 1938/39). Soll das Eigentumsrecht erst auf Grund einer obligatorischen Verpflichtung, zB eines Kaufvertrages, eingeräumt werden, dann ist für die Anwendung des § 81 JN kein Raum (OLG Wien 29. 5. 1987 REDOK 11.048; LGZ Wien MietSlg 32.623 [1980]; EvBl 1966/453; LGZ Wien EvBl 1948/369), auch wenn das Begehren auf Ausstellung eines einverleibungsfähigen Kaufvertrages und auf Übergabe des Kaufgegenstandes lautet (Spr 93 = GlU 6507 [1877]).

3 Ein dingliches Recht iSd § 81 Abs 1 JN ist ferner das **Pfandrecht** an einer Liegenschaft oder an einem Baurecht. Auch hier gilt, daß der obligatorische Anspruch auf Einräumung eines Pfandrechtes an einer Liegenschaft nicht beim

Gerichtsstand des § 81 JN geltend zu machen ist. Das Pfandrecht muß unmittelbarer und eigentlicher Gegenstand der Klage sein.

Dingliche Rechte sind ferner **Dienstbarkeiten** (vgl § 308 ABGB, Grunddienstbarkeiten, auch wenn sie bücherlich nicht eingetragen sind, und persönliche Dienstbarkeiten, soweit sie nicht lediglich obligatorischen Charakter haben), **Reallasten, Bergwerksberechtigungen** (vgl §§ 22 ff MinroG) und das **Baurecht** (§ 1 BauRG). Als dingliche Rechte müssen schließlich jene obligatorischen Rechte angesprochen werden, die **durch Einverleibung im Grundbuch verdinglicht** werden können. Es sind dies das **Vor- und das Wiederkaufsrecht.** (Das Bestandrecht muß hier hingegen deshalb nicht besonders erwähnt werden, weil der Gerichtsstand für Bestandstreitigkeiten, gleichgültig, ob es sich um einverleibte oder nichteinverleibte Bestandrechte handelt, gem § 83 JN in gleicher Weise durch die Lage der Liegenschaft bestimmt wird). Ansprüche aus einem grundbücherlich einverleibten **Veräußerungs- und Belastungsverbot** nach § 364 c ABGB fallen unter § 81 JN, sofern sie gegen den Liegenschaftseigentümer oder einen gegen dieses Recht verstoßenden Pfandgläubiger gerichtet sind (SZ 16/96 = JBl 1934, 258 [krit *Klang*]). Unter Streitigkeiten um unbewegliches Gut sind auch Anfechtungsklagen zu verstehen, mit denen die Unwirksamkeit von bücherlichen Veräußerungs- und Belastungsverboten geltend gemacht werden (ZfRV 1998/30). 4

Kein dingliches Recht iSd § 81 JN ist hingegen das **Erbrecht.** Erbrechtliche Ansprüche an unbeweglichem Gut richten sich nach § 77 JN bzw nach dem allgemeinen Gerichtsstand des Beklagten. Ist das Erbrecht nicht als dingliches Recht anzusehen, dann kann auch das Recht des Nacherben nicht als ein solches aufgefaßt werden. Nur dann, wenn die Ansprüche des Nacherben grundbücherlich durch ein Veräußerungs- und Belastungsverbot sichergestellt sind, gehören die aus dieser Eintragung abgeleiteten Rechtsansprüche gegen den Eigentümer der Liegenschaft (den Vorerben) vor das in § 81 JN genannte Gericht (vgl ZBl 1928/14). 5

C. Unbewegliches Gut

Der Gerichtsstand des § 81 JN findet nur bei Streitigkeiten um unbewegliches Gut Anwendung. Als **unbewegliches Gut** sind nach den Vorschriften des bürgerliches Rechtes **Grund und Boden, die darauf in der Absicht dauernden Bleibens errichteten Gebäude, die mit ihnen verbundenen Sachen, das Zubehör unbeweglicher Sachen,** Grubenmaße und Überscharen und das **Baurecht** anzusehen, nicht aber Unternehmen. 6

D. Klagsgegenstand

1. Allgemeines

Es muß ein **dingliches Recht** an einem unbeweglichen Gut geltend gemacht oder die **Freiheit von einem solchen Recht** oder die **Aufhebung** desselben behauptet werden (RZ 1998/42). Ferner zählen die **Teilungs-, Grenzberichtigungs- und Besitzstörungsklagen** zu den Streitigkeiten um unbewegliches Gut. 7

Nicht zu den in § 81 JN genannten Klagen gehört zB die Klage auf Entfernung eines Grabsteines von einem Grab, weil der Kläger kein dingliches Recht oder die Freiheit von einem solchen geltend macht (ZBl 1937/437).

2. Geltendmachung eines dinglichen Rechtes

Geltend gemacht wird ein dingliches Recht nicht nur durch die **Eigentumsklage** (in Form einer Feststellungs- oder Leistungsklage), durch die **Pfand-** 8

rechtsklage auf Zahlung bei sonstiger Exekution in die Liegenschaft (JBl 1936, 170) oder die **Klage auf Leistung der Reallast,** selbst wenn diese nicht im Grundbuch eingetragen sein sollte, bei **Geltendmachung der Sachhaftung** (AmtlSlg 1014 = GlUNF 3438 [1906]) sowie die **konfessorische Klage bei Dienstbarkeiten** (Servitutsklage), sondern auch durch eine Rechtfertigungsklage zur Rechtfertigung eines vorgemerkten Eigentumsrechtes (GlUNF 5051 [1910]) oder eines vorgemerkten Pfandrechtes (ZBl 1936/145). Auch bei den Rechtfertigungsklagen wird nämlich der Rechtsgrund aus einem bestrittenen dinglichen Recht abgeleitet. Selbst dann, wenn die Zahlung auf Grund eines vorgemerkten Pfandrechtes begehrt wird, kann im Zusammenhang mit § 91 JN der Gerichtsstand nach § 81 JN geltend gemacht werden, da das Zahlungsbegehren die Rechtfertigung des Pfandrechtes voraussetzt (SZ 5/296 [1923]).

Handelt es sich um Rangstreitigkeiten zwischen den Hypothekaren, dann ist § 81 JN nur dort anwendbar, wo der Liegenschaftseigentümer selbst in Streit gezogen wird, also wenn **zwischen dinglich Berechtigten und Verpflichteten** unmittelbar ein Streit über den Umfang des dinglichen Rechtes entstanden ist, nicht aber dort, wo die Rangstreitigkeiten zwischen den Hypothekaren allein entstehen (AmtlSlg 1179 = GlUNF 4183 = ZBl 1909/330).

Streitigkeiten über die Zession von Hypotheken und Reallasten zwischen Zedent und Zessionar sind keine Streitigkeiten über dingliche Rechte iSd § 81 JN (GlU 3737 [1870]).

3. Freiheit von einem dinglichen Recht und Aufhebung desselben

9 Um die Freiheit eines unbeweglichen Gutes von einem dinglichen Recht oder um die Aufhebung desselben geht es insb bei der **Eigentumsfreiheitsklage,** zu der auch im weiteren Sinn die **Immissionsabwehrklage** zu zählen ist (*Fasching,* Lehrbuch[2] Rz 288; *Mayr* in *Rechberger,* ZPO § 81 JN Rz 2; RdW 1996, 93; OLG Linz JBl 1990, 260; JBl 1989, 239; EvBl 1988/118 = JBl 1988, 459 = NRsp 1988/115 = RdW 1988, 165; JBl 1988, 323; OLG Linz JBl 1987, 577 [zust *Ballon,* Fasching-FS 63 und *Wilhelm,* JBl 1989, 241]; aM OLG Wien WR 271 [1987] und [anscheinend] *Böhm,* JBl 1988, 461 [Entscheidungsbesprechung]), ferner bei Klagen auf Löschung des Eigentumsrechtes, insb auch bei **Löschungsklagen** iSd §§ 61 ff GBG, ebenso bei Klagen auf Löschung eines Pfandrechtes, wenn das Erlöschen zwischen Pfandgläubiger und Pfandschuldner strittig ist. In diesem Fall ist auch das Begehren auf Ausstellung einer Löschungsquittung hier einzureihen. Nur dort, wo sich der Liegenschaftseigentümer dem dinglich noch nicht berechtigten Dritten zur Löschung von Pfandrechten (etwa auf Grund einer Verpflichtung zur Lastenfreiheit anläßlich eines Liegenschaftsverkaufes) verpflichtet hat, ist § 81 JN nicht anwendbar, da hier nur die obligatorische Verpflichtung strittig ist (JBl 1929, 394). Gleiches gilt für die einem Dritten gegenüber übernommene Verpflichtung zur Löschung eines Vor- oder Wiederkaufsrechtes. Hingegen ist das Begehren auf Löschung eines Vor- oder Wiederkaufsrechtes oder eines Belastungs- und Veräußerungsverbotes nach § 364c ABGB, gegenüber dem Berechtigten als Streit iSd § 81 JN anzusehen (SZ 16/96 = JBl 1934, 258); ebenso die Anfechtungsklage, mit der die Unwirksamkeit eines Veräußerungs- und Belastungsverbotes geltend gemacht wird (JBl 1989, 731).

10 In erweiternder Auslegung des § 81 Abs 1 JN sind auch **Klagen auf Zustimmung zur Löschung einer Streitanmerkung** unter diesen Zuständigkeitstatbestand zu subsumieren. Denn die Streitanmerkung hat die Aufgabe, Beeinträchtigungen des strittigen dinglichen Rechts durch einen Gutglaubenserwerb eines Dritten hintanzuhalten. Sie ist dazu bestimmt, dem vom Kläger im ange-

merkten Rechtsstreit behaupteten dinglichen Recht zu dienen und Wirkungen gegenüber jedermann zu üben. Sie schränkt die Wirkungen eines verbücherten Rechts ein; auf Grund dieser Eigenschaft der Streitanmerkung sind Klagen auf Zustimmung zur Löschung einer Streitanmerkung § 81 Abs 1 JN zu unterwerfen (*Mayr* in *Rechberger,* ZPO § 81 JN Rz 2; EvBl 1993/148 = JUS/Z 1315 = NRsp 1993/147).

Die Klage, mit der die Freiheit einer Hypothekarforderung von dem daran zwangsweise erworbenen Pfandrecht geltend gemacht wird, gehört nur dann vor den Gerichtsstand des § 81 JN, wenn es sich nicht um eine der in §§ 35 und 36 EO bezeichneten Klagen handelt (vgl AmtlSlg 1002 = GlUNF 3407 = ZBl 1907/262).

Klagen auf Feststellung des Erlöschens eines Zwangspfandrechtes an einer Liegenschaft oder an einer anderen unbeweglichen Sache gehören nicht vor den Gerichtsstand des § 81 JN, da es sich hier um Klagen sui generis (Oppositions- und Impugnationsklagen) handelt, für die in § 35 Abs 2 bzw § 36 Abs 2 EO Sonderzuständigkeitsregelungen getroffen sind.

Auch die Klage auf Einwilligung in die lastenfreie Abschreibung eines Grundstückes, in der die Klägerin behauptete, daß auf seiten der Beklagten keine Rechtsausübung vorliege, die dinglichen Rechte der Beklagten sich daher nicht auf das abzuschreibende neue Grundstück erstrecken würden, gehört zu den Klagen, mit denen die Freiheit von einem dinglichen Recht geltend gemacht wird (SZ 53/129 = EvBl 1981/130).

Unter die hier zu nennenden Klagen fallen insb auch die **Negatorienklagen,** 11
gleichgültig, ob sie in Form einer Feststellungs- oder Unterlassungsklage erhoben werden. Auch die Klagen zur Geltendmachung der sich nach dem Erlöschen des Baurechtes durch den Grundeigentümer ergebenden Ansprüche müssen hierher gezählt werden.

Nicht unter § 81 Abs 1 JN fallen hingegen die Ausschließungsklage nach 12
§ 22 WEG – es ist daher das Gericht des allgemeinen Gerichtsstandes des Beklagten zuständig (*Faistenberger/Barta/Call,* WEG 592; *Mayr* in *Rechberger,* ZPO § 81 JN Rz 2; OLG Wien MietSlg 33.489 [1981]) – sowie Schadenersatzklagen wegen Beeinträchtigung durch Immissionen (JBl 1988, 323).

4. Teilungsklagen

Teilungsklagen, also **Klagen auf Aufhebung einer Miteigentumsgemein-** 13
schaft nach §§ 830ff, 841ff ABGB fallen nur soweit unter § 81 JN, als sie sich auf Liegenschaften oder dingliche Rechte als Hauptgegenstand beziehen. Die Teilung von größeren Vermögenssachen, etwa des Vermögens eines Unternehmens, auch wenn hiezu Liegenschaften gehören, gehört nicht vor das in § 81 JN bezeichnete Gericht. Auch Klagen auf Teilung der Erträgnisse einer im Miteigentum stehenden Liegenschaft gehören nicht hierher, doch muß das Begehren auf Bestellung eines gemeinsamen Verwalters für die im Miteigentum stehende Liegenschaft als Geltendmachung eines dinglichen Rechtes iSd § 81 JN angesehen werden.

5. Grenzberichtigungsklagen

Grenzberichtigungsklagen iSd §§ 850ff ABGB sind seit der 2. TN ABGB 14
nicht mehr zulässig, da diese Ansprüche **im Außerstreitverfahren** geltend zu machen sind. Soweit eine Grenzänderung im streitigen Verfahren begehrt wird, stützt sich die Klage stets auf ein dingliches oder obligatorisches Recht und ge-

hört daher im ersteren Fall vor das Gericht des § 81 JN, während sie bei obligatorischen Ansprüchen durch das Gericht des allgemeinen Gerichtsstandes des Beklagten zu entscheiden ist.

6. Besitzstörungsklagen

15 Auch Besitzstörungsklagen, die **unbewegliches Gut** betreffen, fallen unter die in § 81 JN bezeichneten Streitigkeiten. Es handelt sich um Klagen, mit denen die Störung des Besitzes festgestellt und der letzte Besitzstand wiederhergestellt werden soll, also um Klagen nach den Vorschriften der §§ 454 bis 459 ZPO.

Für Besitzstörungsklagen, die **bewegliche Sachen** betreffen, ist gem **§ 92 JN** ein **Wahlgerichtsstand** bei dem **Gericht,** in dessen Sprengel die **Störung** erfolgte, neben dem allgemeinen Gerichtsstand des Beklagten eingeräumt worden. Betrifft die Besitzstörungsklage ein **Wasserrecht,** gehört sie gem § 82 JN **ausschließlich** vor das **Gericht des Störungsortes.**

Die örtliche Zuständigkeit in Besitzstörungsklagen ist nicht (wie die sachliche Zuständigkeit der BG in § 49 Abs 2 Z 4 JN) auf Klagen eingeschränkt, deren Begehren nur auf den Schutz und die Wiederherstellung des letzten tatsächlichen Besitzstandes gerichtet ist, sondern erfaßt auch jene Besitzstörungsklagen, bei denen neben dem Begehren auf Feststellung der Störung **auch Ansprüche auf Schadenersatz oder andere Ansprüche erhoben werden.**

16 Analog zur Besitzstörungsklage ist auch die Klage, mit der die Unterlassung von gegen Besitz und Eigentum an Liegenschaften gerichteten Störungen (nämlich des Befahrens eines mit Verbotsschildern versehenen Einbringungsweges) begehrt wird, unter § 81 JN zu subsumieren, ohne daß es darauf ankommt, ob der Beklagte die Störungshandlung durch die Behauptung eines dinglichen Rechts zu begründen versucht oder keinen Rechtstitel für seine Störungshandlung angibt (RdU 1996, 93).

II. Anknüpfungspunkt

17 Der Gerichtsstand des § 81 JN wird durch die **Lage des unbeweglichen Gutes** bestimmt, auch wenn das Grundbuch nicht bei dem Gericht des Sprengels, in dem es gelegen ist, sondern (wie zB die Landtafel) bei einem anderen Gericht geführt wird oder wenn es überhaupt nicht bücherlich eingetragen ist.

Liegt das unbewegliche Gut im Ausland, ist gem Art 16 Z 1 lit a EuGVÜ/LGVÜ bzw § 27a Abs 1 iVm § 104 Abs 4 JN die internationale Zuständigkeit Österreichs nicht gegeben. Näheres s Rz 21 ff, 39 und § 104 JN Rz 117.

In § 81 Abs 2 JN wird für Klagen wegen Grunddienstbarkeiten und Reallasten verfügt, daß die Lage des dienenden bzw belasteten Grundstückes entscheidet. Gleiches muß auch für die Geltendmachung von Nachbarrechten gelten.

Wenn das Grundstück in verschiedenen Gerichtssprengeln liegt, hat der Kläger die Wahl, bei welchem Gericht er die Klage einbringen will (§ 84 JN).

III. Wesen des Gerichtsstandes

18 § 81 JN regelt **nur die örtliche Zuständigkeit** (GlUNF 159 [1898]), nicht jedoch auch die sachliche Zuständigkeit. Diese richtet sich in der Regel nach dem Wert des Streitgegenstandes (für Pfandrechte vgl § 57 JN). Nur Streitigkeiten über den Bestand der Dienstbarkeit des Wohnrechtes, des Ausgedinges und über die Freiheit hievon sowie Besitzstörungsklagen nach § 454 ZPO (nicht auch

ein mit einer Besitzstörungsklage verbundenes Schadenersatzbegehren; eine Verbindung ist hier nur dann zulässig, wenn dessen Streitwert 130.000 S nicht übersteigt), gehören ohne Rücksicht auf den Streitwert vor die BG. Da durch § 81 JN die sachliche Zuständigkeit nicht berührt wird, kann dieser Gerichtsstand grundsätzlich auch beim HG begründet sein (AmtlSlg 317 = GlUNF 1163 [1900]; ggt LGZ Wien MietSlg 28.496 [1976]; SZ 8/19 [1926]), sofern eine der in § 81 JN genannten Streitigkeiten auch unter die Tatbestände des § 51 JN gereiht werden kann.

Der Gerichtsstand des § 81 JN ist ein **ausschließlicher Gerichtsstand.** Er schließt eine abweichende Zuständigkeitsvereinbarung nicht aus. Im Verhältnis zu § 77 JN genießt § 81 JN Vorrang. Klagen der Nachlaßgläubiger wegen eines dinglichen Rechtes gegen den Nachlaß bzw den Erben als dessen Vertreter, gehören vor das in § 81 JN bezeichnete Gericht (GlUNF 5051 = ZBl 1910/372). Näheres s § 77 JN Rz 7. **19**

Der Wahlgerichtsstand des § 91 JN ermöglicht es, mit der Klage auf Geltendmachung des Pfandrechtes an einer Liegenschaft auch die Klage auf Zahlung der pfandgesicherten Forderung zu verbinden. Diese Möglichkeit besteht ohne Rücksicht auf eine entgegenstehende sachliche Zuständigkeit. Die sachliche Zuständigkeit für die gem § 91 JN verbundenen Klagen richtet sich nach der sachlichen Zuständigkeit für die Klage betreffend das dingliche Recht (*Fasching,* Lehrbuch[2] Rz 303; *Holzhammer,* Zivilprozeßrecht[2], 58; *Mayr* in *Rechberger,* ZPO § 91 JN Rz 1). Näheres s § 91 JN Rz 4 und § 95 JN Rz 3. **20**

IV. Die internationale Zuständigkeit

A. Die internationale Zuständigkeit für Streitigkeiten um unbewegliches Gut (Art 16 Z 1 lit a EuGVÜ/LGVÜ)

Art 16 Z 1 lit a EuGVÜ/LGVÜ. Ohne Rücksicht auf den Wohnsitz sind ausschließlich zuständig

1. a) für Klagen, welche dingliche Rechte an unbeweglichen Sachen sowie die Miete oder Pacht von unbeweglichen Sachen zum Gegenstand haben, die Gerichte des Vertragsstaats, in dem die unbewegliche Sache belegen ist.

Lit: *Briggs,* Trusts of land and the Brussels Convention, LQRev 1994, 526; *Coester-Waltjen,* Die Bedeutung des EuGVÜ und des Luganer Abkommens für Drittstaaten, Nakamura-FS (1996) 89; *Coester-Waltjen/Ziegler,* Der Gerichtsstand der Belegenheit nach Art 16 EuGVÜ, Jura 1992, 609; *Geimer,* Eine neue internationale Zuständigkeitsordnung in Europa, NJW 1976, 441; *ders,* Ungeschriebene Anwendungsgrenzen des EuGVÜ: Müssen Berührungspunkte zu mehreren Vertragsstaaten bestehen? IPRax 1991, 31; *Grundmann,* Zur internationalen Zuständigkeit der Gerichte von Drittstaaten nach Art 16 EuGVÜ, IPRax 1985, 249; *Jayme,* Das europäische Gerichtsstands- und Vollstreckungsübereinkommen und die Drittländer – Das Beispiel Österreich, in *Schwind,* Europarecht, Internationales Privatrecht, Rechtsvergleichung (1988) 97; *Kaye,* Creation of an English Resulting Trust of Immovables Held to Fall Outside Article 16 (1) of the European Judgments Convention, IPRax 1995, 286; *Kohler,* Unterlassungs- und Schadenersatzklagen wegen grenzüberschreitender Umweltbeeinträchtigungen im internationalen Privat- und Verfahrensrecht, in Grenzüberschreitender Umweltschutz in Europa (1994) 69; *Kropholler,* Problematische Schranken der Europäischen Zuständigkeitsordnung gegenüber Dritten, Ferid-FS (1988) 239; *Musger,* Grenzüberschreitende Umweltbelastungen im Internationalen Privatrecht (1992); *ders,* Das Übereinkommen von Lugano: Internationales Zivilverfahrensrecht für den Europäischen Wirtschaftsraum, RZ 1993, 192; *Schlosser,* Gläubigeranfechtungsklage nach französischem Recht und Art 16 EuGVÜ, IPRax 1991, 29; *ders,* Vertragsautonome Auslegung, nationales Recht, Rechtsvergleichung und das EuGVÜ, Bruns-GS (1980)

45; *Schröder,* Zur Anziehungskraft der Grundstücksbelegenheit im internationalen Privat- und Verfahrensrecht, IPRax 1985, 145; *Schulte-Beckhausen,* Internationale Zuständigkeit durch rügelose Einlassung im Europäischen Zivilprozeßrecht (1994); *Ulmer,* Neue Tendenzen bei der Auslegung des Art 16 Nr 1 EuGVÜ, IPRax 1995, 72.

1. Allgemeines

21 In Art 16 Z 1 lit a EuGVÜ/LGVÜ wird **nur** die **internationale, nicht** aber auch die **örtliche Zuständigkeit** für Streitigkeiten um unbewegliches Gut geregelt (*Geimer/Schütze,* Zivilverfahrensrecht Art 16 EuGVÜ Rz 20; *Gottwald,* MünchKommZPO III Art 16 EuGVÜ Rz 1; *Kropholler,* Zivilprozeßrecht[6] Art 16 EuGVÜ Rz 1). Die örtliche Zuständigkeit richtet sich nach nationalem Recht, dh in Österreich nach § 81 JN.

2. Wesen der in Art 16 EuGVÜ/LGVÜ geregelten Zuständigkeiten

22 Bei den in Art 16 EuGVÜ/LGVÜ aufgezählten Zuständigkeiten handelt es sich nach österreichischer Terminologie um **Zwangszuständigkeiten** (so auch *Czernich/Tiefenthaler,* LGVÜ Art 16 Rz 2; *Musger,* RZ 1993, 198). Sind die Gerichte eines Vertragsstaates auf Grund von Art 16 EuGVÜ/LGVÜ ausschließlich zuständig, so verdrängt diese Zuständigkeit sowohl die Allzuständigkeit der Gerichte am Wohnsitz des Beklagten (Art 2 EuGVÜ/LGVÜ) als auch die besonderen Zuständigkeiten (Art 5 ff EuGVÜ/LGVÜ) (*Geimer/Schütze,* Zivilverfahrensrecht Art 16 EuGVÜ Rz 21; *Gottwald,* MünchKommZPO III Art 16 EuGVÜ Rz 1; *Kropholler,* Zivilprozeßrecht[6] Art 16 EuGVÜ Rz 3; *Nagel/Gottwald,* IZPR[4] § 3 Rz 258).

Von den Zuständigkeitsvorschriften des Art 16 EuGVÜ/LGVÜ kann weder durch eine Zuständigkeitsvereinbarung noch stillschweigend (Art 17 bzw Art 18 EuGVÜ/LGVÜ) zugunsten der Gerichte eines anderen Vertragsstaates abgewichen werden (*Jenard*-Bericht zu Art 16 EuGVÜ; *Czernich/Tiefenthaler,* LGVÜ Art 16 Rz 1). Ist das Gericht eines Vertragsstaates wegen einer Streitigkeit angerufen, für die das Gericht eines anderen Vertragsstaates ausschließlich zuständig ist, so hat es sich von Amts wegen für unzuständig zu erklären (Art 19 EuGVÜ/LGVÜ). Bei Nichtbeachtung dieser Vorschriften wird die Anerkennung und Vollstreckung versagt (Art 28 und Art 34 EuGVÜ/LGVÜ) (*Czernich/Tiefenthaler,* LGVÜ Art 16 Rz 3; *Gottwald,* MünchKommZPO III Art 16 EuGVÜ Rz 3; *Jenard*-Bericht zu Art 16 EuGVÜ; *Kropholler,* Zivilprozeßrecht[6] Art 16 EuGVÜ Rz 4; *Safferling* in *Bülow/Böckstiegel,* Rechtsverkehr 606 Art 16 EuGVÜ Rz 4).

3. Auslegung

23 Da Art 16 EuGVÜ/LGVÜ Zwangszuständigkeiten enthält, ist er **eng auszulegen.** Er darf, weil er bewirkt, daß den Parteien die ihnen sonst mögliche Wahl des Gerichtsstandes genommen wird und sie vor einem Gericht prozessieren müssen, das für keine von ihnen das Gericht des Wohnsitzes ist, **nicht weiter ausgelegt** werden, **als dies sein Ziel erforderlich macht** (EuGH 9. 6. 1994 Rs C-292/93 *„Lieber/Göbel"* Slg 1994, I-2535 = IPRax 1995, 99 [*M. Ulmer*] = NJW 1995, 37 = RIW 1995, 238; EuGH 10. 1. 1990 Rs C-115/88 *„Reichert/Dresdner Bank"* Slg 1990, I-27 = EuZW 1990, 134 = IPRax 1991, 45 [*Schlosser* 29] = RIW 1991, 331; EuGH 14. 12. 1977 Rs 73/77 *„Sanders/van der Putte"* Slg 1977, 2383 = RIW 1978, 336).

4. Anwendungsbereich und Anwendungsvoraussetzungen des Art 16 EuGVÜ/LGVÜ im allgemeinen

a) Vorliegen des streitgegenstandsbezogenen Zuständigkeitsmerkmales in einem Vertragsstaat

Da Art 16 EuGVÜ/LGVÜ auf den Streitgegenstand abstellt, gilt er **unabhängig von Wohnsitz und Staatsangehörigkeit der Parteien** (*Czernich/Tiefenthaler,* LGVÜ Art 16 Rz 4; *Geimer/Schütze,* Zivilverfahrensrecht Art 16 EuGVÜ Rz 7; *Gottwald,* MünchKommZPO III Art 16 EuGVÜ Rz 4; *Hausmann* in *Wieczorek/Schütze,* ZPO[3] I/1 Art 16 EuGVÜ Rz 4; *Kropholler,* Zivilprozeßrecht[6] Art 16 EuGVÜ Rz 6; *Nagel/Gottwald,* IZPR[4] § 3 Rz 258). Es kommt nur darauf an, daß die in Art 16 EuGVÜ/LGVÜ genannten Zuständigkeitsanknüpfungsmerkmale in einem Vertragsstaat gegeben sind (*Geimer/Schütze,* Zivilverfahrensrecht Art 16 EuGVÜ Rz 7). 24

b) Beziehung zu einem anderen Vertragsstaat nicht erforderlich

Für die Anwendung des Art 16 EuGVÜ/LGVÜ kommt es auch nicht darauf an, ob außer der in Art 16 EuGVÜ/LGVÜ jeweils vorausgesetzten engen Beziehung zu einem Vertragsstaat noch eine Beziehung zu einem anderen Vertragsstaat besteht (*Czernich/Tiefenthaler,* LGVÜ Art 16 Rz 5; *Geimer,* IPRax 1991, 31 f; *Geimer/Schütze,* Urteilsanerkennung I/1 § 29 V 4; *dies,* Zivilverfahrensrecht Art 16 EuGVÜ Rz 9; *Gottwald,* MünchKommZPO III Art 16 EuGVÜ Rz 4; *Kropholler,* Zivilprozeßrecht[6] Art 16 EuGVÜ Rz 7; *Schulte-Beckhausen,* Zuständigkeit 137). 25

c) Maßgebender Anknüpfungspunkt in einem Drittstaat

Liegt der nach Art 16 EuGVÜ/LGVÜ für die Zuständigkeit maßgebende Anknüpfungspunkt in einem Drittstaat (zB in der Türkei), kommt Art 16 EuGVÜ/LGVÜ nicht zur Anwendung. Denn Art 16 EuGVÜ/LGVÜ regelt nur die internationale Zuständigkeit der Vertragsstaaten und nicht die von Drittstaaten (*Czernich/Tiefenthaler,* LGVÜ Art 16 Rz 6; *Geimer/Schütze,* Zivilverfahrensrecht Art 16 EuGVÜ Rz 12; *Gottwald,* MünchKommZPO III Art 16 EuGVÜ Rz 5; *Kropholler,* Zivilprozeßrecht[6] Art 16 EuGVÜ Rz 8; *Sufferling* in *Bülow/Böckstiegel,* Rechtsverkehr 606 Art 16 EuGVÜ Rz 2). 26

Hat der Beklagte in diesem Fall auch seinen Wohnsitz nicht in einem Vertragsstaat, richtet sich gem Art 4 EuGVÜ/LGVÜ die internationale Zuständigkeit nach dem autonomen Recht des Gerichtsstaates. Ist zB die Klage betreffend ein türkisches Grundstück in Österreich eingebracht worden und hat der Beklagte in einem Drittstaat, zB in Slowenien, seinen Wohnsitz, dann ist nach § 81 iVm § 27 a JN die österreichische internationale Zuständigkeit nicht gegeben.

Wenn der **Beklagte** hingegen seinen **Wohnsitz in einem Vertragsstaat** hat, kämen an und für sich wieder die Allzuständigkeit des Wohnsitzsstaates nach Art 2 EuGVÜ/LGVÜ und die besonderen Gerichtsstände nach Art 5 ff EuGVÜ/LGVÜ zum Tragen. Allerdings wird **aus Gründen der internationalen Fairneß – Art 16 EuGVÜ/LGVÜ** gilt auch gegenüber in Drittstaaten wohnhaften Parteien – dieser Artikel **spiegelbildlich** auch dann **anzuwenden** sein, wenn das nach Art 16 EuGVÜ/LGVÜ maßgebliche Zuständigkeitsmerkmal in einem Drittstaat (zB in der Türkei) liegt (*Coester-Waltjen,* Nakamura-FS 105; *Czernich/Tiefenthaler,* LGVÜ Art 16 Rz 6; *Gottwald,* MünchKommZPO III Art 16 EuGVÜ Rz 5; *Hausmann* in *Wieczorek/ Schütze,* ZPO[3] I/1 Art 16 EuGVÜ Rz 7; *Jayme* in *Schwind,* Europarecht 108; *Kropholler,* Zivilprozeßrecht[6] Art 16 EuGVÜ Rz 8;

ders, Ferid-FS 241 f; *Safferling* in *Bülow/Böckstiegel,* Rechtsverkehr 606 Art 16 EuGVÜ Rz 2; *Schack,* IZVR[2] Rz 316; aA *Almeida Cruz/Desantes Real/Jenard*-Bericht Nr 25 d; *Geimer,* NJW 1976, 443; *Geimer/Schütze,* Urteilsanerkennung I/1 § 29 V 3, § 42 VI, § 62 II 1; *dies,* Zivilverfahrensrecht Art 16 EuGVÜ Rz 13). Das nach Art 2 oder Art 5 ff EuGVÜ/LGVÜ zuständige Gericht hat demnach, insb dann, wenn der Drittstaat eine entsprechende Zwangszuständigkeit in seinem Recht kennt (vgl *Jayme* in *Schwind,* Europarecht 108 ff), die **Klage** mit der Begründung **zurückzuweisen,** daß analog zu Art 16 EuGVÜ/LGVÜ **die Gerichte des Drittstaates international (ausschließlich) zuständig** seien.

5. Annexzuständigkeit für persönliche Klagen

27 Für persönliche Klagen, die mit einer dinglichen Klage verbunden werden, sieht Art 6 Z 4 EuGVÜ/LGVÜ eine Annexzuständigkeit vor. Näheres s § 91 JN Rz 8 ff.

6. Zweck des Art 16 Z 1 lit a EuGVÜ/LGVÜ

28 Die ausschließliche Zuständigkeit am Ort der Belegenheit der unbeweglichen Sache wurde deshalb in das EuGVÜ/LGVÜ aufgenommen, weil die Gerichte am Belegenheitsort eines Grundstückes durch ihre **Sachnähe** und das regelmäßig bestehende **öffentliche Interesse** an der **Justizgewährung** zur Beurteilung von Grundstücksstreitigkeiten am besten geeignet erscheinen (*Czernich/Tiefenthaler,* LGVÜ Art 16 Rz 7; *Gottwald,* MünchKommZPO III Art 16 EuGVÜ Rz 6; *Kropholler,* Zivilprozeßrecht[6] Art 16 EuGVÜ Rz 11 und 13; krit *Geimer/Schütze,* Zivilverfahrensrecht Art 16 EuGVÜ Rz 38 f). Weiters wird die Regelung des Art 16 Z 1 lit a Fall 1 EuGVÜ/LGVÜ damit begründet, daß zur Regelung von Streitigkeiten über unbewegliches Gut nicht selten auf **Gebräuche** zurückzugreifen sei, mit denen im allgemeinen **nur die Gerichte des Ortes, in dem die unbewegliche Sache belegen ist,** und auch noch die Gerichte des betreffenden Vertragsstaates **vertraut** sind. Schließlich berücksichtigt die Regelung auch noch die Notwendigkeit, daß die Eintragungen in Grundbücher oder Register vorgenommen werden müssen, die an dem Ort eingerichtet sind, wo das Grundstück belegen ist (*Jenard*-Bericht zu Art 16 EuGVÜ).

7. Anwendungsbereich des Art 16 Z 1 lit a Fall 1 EuGVÜ/LGVÜ

a) Begriff der unbeweglichen Sache

29 Da sich wegen der erheblichen Unterschiede im materiellen Recht der Vertragsstaaten nur unter großen Schwierigkeiten rechtsvergleichend-autonom bestimmen läßt, wann eine unbewegliche Sache vorliegt, wird überwiegend die Ansicht vertreten, daß die Abgrenzung zwischen unbeweglichen und beweglichen Sachen nach der **lex rei sitae** vorzunehmen sei (*Czernich/Tiefenthaler,* LGVÜ Art 16 Rz 8; *Gottwald,* MünchKommZPO III Art 16 EuGVÜ Rz 7; *Kropholler,* Zivilprozeßrecht[6] Art 16 EuGVÜ Rz 12; *Schlosser,* Bruns-GS 58 ff; *ders,* EuGVÜ Art 16 Rz 2; aA *Geimer/Schütze* Urteilsanerkennung I/1 § 85 IX 3; *dies,* Zivilverfahrensrecht Art 16 EuGVÜ Rz 42; *Hausmann* in *Wieczorek/Schütze,* ZPO[3] I/1 Art 16 EuGVÜ Rz 12). Zum Begriff des unbeweglichen Guts nach österreichischem Recht s Rz 6.

b) Klagen, die dingliche Rechte betreffen

30 Art 16 Z 1 lit a EuGVÜ/LGVÜ kommt nur dann zur Anwendung, wenn die **Klage** ein **dingliches Recht an einer unbeweglichen Sache betrifft.** Nicht zur Anwendung kommt er daher, wenn die Klage ein persönliches Recht bzw einen persönlichen Anspruch betrifft. Ausgenommen sind jedoch die in Art 16 Z 1 lit a Fall 2 EuGVÜ/LGVÜ ausdrücklich angeführten Ansprüche aus Miet- und Pachtverhältnissen (*Geimer/Schütze,* Zivilverfahrensrecht Art 6 EuGVÜ Rz 48; *Gottwald,* MünchKommZPO III Art 16 EuGVÜ Rz 8f; *Kropholler,* Zivilprozeßrecht[6] Art 16 EuGVÜ Rz 15; *Safferling* in *Bülow/Böckstiegel,* Rechtsverkehr 606 Art 16 EuGVÜ Rz 7; *Schlosser*-Bericht RdN 169ff; EuGH 9. 6. 1994 Rs C-292/93 *„Lieber/Göbel"* Slg 1994, I-2535 = IPRax 1995, 99 [*M. Ulmer* 72] = NJW 1995, 37 = RIW 1995, 238; EuGH 17. 5. 1994 Rs C-294/92 *„Webb/Webb"* Slg 1994, I-1717 = EuZW 1994, 634 = EWS 1994, 200 = IPRax 1995, 314 [*Kaye* 286] = RIW 1994, 590; OLG Köln IPRax 1985, 161). Daher ist eine Klage auf Entschädigung für gezogenen Nutzen wegen nichtiger Übereignung einer Immobilie nicht unter Art 16 Z 1 lit a EuGVÜ/LGVÜ zu subsumieren (*Geimer/Schütze,* Zivilverfahrensrecht Art 16 EuGVÜ Rz 48; *Kropholler,* Zivilprozeßrecht[6] Art 16 EuGVÜ Rz 27; EuGH 9. 6. 1994 Rs C-292/93 *„Lieber/Göbel"* Slg 1994, I-2535 = IPRax 1995, 99 [*M. Ulmer* 72] = NJW 1995, 37 = RIW 1995, 238).

Der Begriff der dinglichen Rechte ist **vertragsautonom** zu bestimmen (*Czernich/Tiefenthaler,* LGVÜ Art 16 Rz 10; *Geimer/Schütze,* Urteilsanerkennung I/1 § 85 XII 1 und 2; *dies,* Zivilverfahrensrecht Art 16 EuGVÜ Rz 49; *Hausmann* in *Wieczorek/Schütze,* ZPO[3] I/1 Art 16 EuGVÜ Rz 13; *Kropholler,* Zivilprozeßrecht[6] Art 16 EuGVÜ Rz 14; EuGH 9. 6. 1994 Rs C-292/93 *„Lieber/Göbel"* Slg 1994, I-2535 = IPRax 1995, 99 [*M. Ulmer* 72] = NJW 1995, 37 = RIW 1995, 238; EuGH 10. 1. 1990 Rs C-115/88 *„Reichert/Dresdner Bank"* Slg 1990, I-27 = EuZW 1990, 134 = IPRax 1991, 45 [*Schlosser* 29] = RIW 1991, 331; dafür, daß der Begriff zwar vertragsautonom interpretiert wird, die Ausgestaltung durch das nationale Recht aber darüber entscheidet, ob das betreffende Recht den vertragsautonomen Kriterien entspricht: *Schlosser*-Bericht RdN 168; *Gottwald,* MünchKommZPO III Art 16 EuGVÜ Rz 8; *Safferling* in *Bülow/Böckstiegel,* Rechtsverkehr 606 Art 16 EuGVÜ Rz 6; *Schlosser,* Bruns-GS 1980, 63; *ders,* IPRax 1991, 29; *ders,* EuGVÜ Art 16 Rz 4). 31

Das **dingliche Recht** ist dadurch charakterisiert, daß es im Gegensatz zu einem persönlichen Recht, das nur gegen den Schuldner geltend gemacht werden kann, **gegen jedermann wirkt.** Es wirkt daher auch gegen den Erwerber der Sache (*Schlosser*-Bericht RdN 166; *Geimer/Schütze,* Zivilverfahrensrecht Art 16 EuGVÜ Rz 51; *Kropholler,* Zivilprozeßrecht[6] Art 16 EuGVÜ Rz 14; EuGH 9. 6. 1994 Rs C-292/93 *„Lieber/Göbel"* Slg 1994, I-2535 = IPRax 1995, 99 [*M. Ulmer* 72] = NJW 1995, 37 = RIW 1995, 238). Während die meisten Vertragsstaaten einen eng umgrenzten numerus clausus der dinglichen Rechte kennen, ist dies dem common law fremd. Dort kennt man neben den „legal rights" die „equitable interests", die funktionsgleich mit den dinglichen Rechten der kontinentalen Rechtsordnungen sein können, deren Zahl und Gestalt aber unbegrenzt ist. Näheres dazu s *Schlosser*-Bericht RdN 166f. Zur Frage, welche Rechte aus österreichischer Sicht als dingliche Rechte in Betracht kommen s Rz 2ff. 32

Nach Ansicht des EuGH (10. 1. 1990 Rs C-115/88 *„Reichert/Dresdner Bank"* Slg 1990, I-27 = EuZW 1990, 134 = IPRax 1991, 45 [*Schlosser* 29] = RIW 1991, 331) fallen unter Art 16 Z 1 lit a EuGVÜ/LGVÜ **Klagen,** die darauf abzielen, **Umfang oder Bestand einer unbeweglichen Sache,** das **Eigentum,** den **Besitz oder** das **Bestehen anderer dinglicher Rechte hieran zu bestimmen** und den **Inhabern dieser Rechte** den **Schutz der mit ihrer Rechtsstellung verbundenen Vorrechte zusichern.** 33

34 Das **dingliche Recht** muß den **Gegenstand der Klage** bilden (*Geimer/Schütze,* Zivilverfahrensrecht Art 16 EuGVÜ Rz 54; *Gottwald,* MünchKommZPO III Art 16 EuGVÜ Rz 8; *Kropholler,* Zivilprozeßrecht[6] Art 16 EuGVÜ Rz 15). Es reicht nicht aus, daß ein dingliches Recht an einer unbeweglichen Sache von der Klage berührt wird oder die Klage in einem Zusammenhang mit dem dinglichen Recht steht. Die Klage muß **Ausfluß der Ausübung eines dinglichen Rechts** an einer Sache sein (*Kropholler,* Zivilprozeßrecht[6] Art 16 EuGVÜ Rz 15). Daher fällt die Klage gegen den trustee auf Ausstellung der Schriftstücke, derer es bedarf, damit der Kläger Inhaber des „legal ownership" wird, nicht unter Art 16 Z 1 lit a EuGVÜ/LGVÜ (*Geimer/Schütze,* Zivilverfahrensrecht Art 16 EuGVÜ Rz 54; EuGH 17. 5. 1994 Rs C-294/92 *„Webb/Webb"* Slg 1994, I-1717 = EuZW 1994, 634 = EWS 1994, 200 = IPRax 1995, 314 = Rev crit 1995, 123 [krit *Béraudo* 134 ff] = RIW 1994, 590; *Briggs,* LQRev 1994, 529 f; *Kaye,* IPRax 1995, 288 f). Denn mit einer solchen Klage macht der Kläger nicht geltend, daß er bereits Inhaber von Rechten ist, die sich unmittelbar auf die unbewegliche Sache beziehen und gegenüber allen wirken, sondern er beruft sich nur auf Rechte gegenüber dem Beklagten. Ebensowenig ist auch die Anfechtungsklage eines Gläubigers, mit der dieser die (relative) Unwirksamkeit der Verfügungshandlung über ein dingliches Recht an einer unbeweglichen Sache geltend macht, unter Art 16 Z 1 lit a EuGVÜ/LGVÜ zu subsumieren. Denn die Klage hat ihre Grundlage in einem Forderungsrecht, also einem persönlichen Recht des Gläubigers gegenüber seinem Schuldner und sie bewirkt nur eine relative Unwirksamkeit der Verfügung allein gegenüber dem Gläubiger (*Czernich/Tiefenthaler,* LGVÜ Art 16 Rz 12; *Geimer/Schütze,* Urteilsanerkennung I/1 § 85 XII 5 f; *dies,* Zivilverfahrensrecht Art 16 EuGVÜ Rz 54; *Gottwald,* MünchKommZPO III Art 16 EuGVÜ Rz 8; *Hausmann* in *Wieczorek/Schütze,* ZPO[3] I/1 Art 16 EuGVÜ Rz 18; *Kropholler,* Zivilprozeßrecht[6] Art 16 EuGVÜ Rz 18; *Schumann* in *Stein/Jonas,* ZPO[21] I § 24 Rz 10; EuGH 10. 1. 1990 Rs C-115/88 *„Reichert/Dresdner Bank"* Slg 1991, I-27 = EuZW 1990, 134 = IPRax 1991, 45 [*Schlosser* 29] = RIW 1991, 331; immolex 1998/176 = JBl 1998, 380 = RdW 1998, 338 = ZfRV 1998/30).

35 Die Klageart spielt für die Subsumierung unter Art 16 Z 1 EuGVÜ/LGVÜ ebensowenig eine Rolle wie die Verfahrensart. Art 16 Z 1 EuGVÜ/LGVÜ gilt daher sowohl für Feststellungs-, Leistungs- als auch Gestaltungsklagen, wenn diese als dinglich zu qualifizieren sind (*Geimer/Schütze,* Zivilverfahrensrecht Art 16 EuGVÜ Rz 61). Auch auf im Außerstreitverfahren durchzusetzende dingliche Ansprüche ist Art 16 Z 1 EuGVÜ/LGVÜ anzuwenden.

36 Unter **Art 16 Z 1 Fall 1 EuGVÜ/LGVÜ** fallen folgende Streitigkeiten:

- Klagen **aus dem Eigentum an einem Grundstück,** mit denen die Herausgabe des Grundstücks (*Geimer/Schütze,* Zivilverfahrensrecht Art 16 EuGVÜ Rz 56; *Kropholler,* Zivilprozeßrecht[6] Art 16 EuGVÜ Rz 16), die Berichtigung des Grundbuchs **(Löschungsklage)** (*Czernich/Tiefenthaler,* LGVÜ Art 16 Rz 11; *Geimer/Schütze,* Zivilverfahrensrecht Art 16 EuGVÜ Rz 55; *Kropholler,* Zivilprozeßrecht[6] Art 16 EuGVÜ Rz 16) oder die **Feststellung des Eigentums** (*Czernich/Tiefenthaler,* LGVÜ Art 16 Rz 11; *Geimer/Schütze,* Zivilverfahrensrecht Art 16 EuGVÜ Rz 55; *Kropholler,* Zivilprozeßrecht[6] Art 16 EuGVÜ Rz 16) begehrt wird;
- Streitigkeiten zwischen Miteigentümern, ob ihr **Grundstück öffentlich versteigert** werden soll (*Gottwald,* MünchKommZPO III Art 16 EuGVÜ Rz 8; *Kropholler,* Zivilprozeßrecht[6] Art 16 EuGVÜ Rz 16);
- Klagen auf **Feststellung des Bestehens** oder Nichtbestehens **einer Grunddienstbarkeit** oder einer **Reallast** (*Geimer/Schütze,* Zivilverfahrensrecht Art 16 EuGVÜ Rz 55);

● die **actio negatoria,** mit der die Freiheit eines Grundstücks von dinglichen Rechten geltend gemacht wird (*Czernich/Tiefenthaler,* LGVÜ Art 16 Rz 11; *Geimer/Schütze,* Zivilverfahrensrecht Art 16 EuGVÜ Rz 56 und Rz 80; *Schumann* in *Stein/Jonas,* ZPO[21] I § 24 Rz 20);

● Klagen aus dem **Nachbarrecht,** wenn das dingliche Recht den wesentlichen Klagegrund bildet, wie zB bei der Klage wegen Überbaus (*Geimer/Schütze,* Zivilverfahrensrecht Art 16 EuGVÜ Rz 56; *Schlosser,* EuGVÜ Art 16 Rz 4);

● Klagen wegen **Mißbrauchs durch den Nießbraucher** (*Geimer/Schütze,* Zivilverfahrensrecht Art 16 EuGVÜ Rz 56);

● **possessorische Klagen,** wie die Besitzstörungs- und die Besitzentziehungsklage (*Czernich/Tiefenthaler,* LGVÜ Art 16 Rz 11); zwar zählt der Besitz nicht zu den dinglichen Rechten, der Zweck der Bestimmung spricht jedoch dafür auch diese Klagen in Art 16 Z 1 EuGVÜ/LGVÜ einzubeziehen (*Geimer/Schütze,* Zivilverfahrensrecht Art 16 EuGVÜ Rz 84; *dies,* Urteilsanerkennung I/1 § 85 XIX);

● **Grenzberichtigungsverfahren,** soweit sie auf ein dingliches Recht gestützt werden (*Czernich/Tiefenthaler,* LGVÜ Art 16 Rz 11; *Geimer/Schütze,* Zivilverfahrensrecht Art 16 EuGVÜ Rz 86);

● **Teilungsklagen,** soweit sie unmittelbar dem Eigentum bzw dem dinglichen Recht entspringen, nicht jedoch, wenn sie vertragliche Teilungsansprüche zum Gegenstand haben (*Czernich/Tiefenthaler,* LGVÜ Art 16 Rz 11; *Geimer/Schütze,* Zivilverfahrensrecht Art 16 EuGVÜ Rz 88);

● **Streitigkeiten in Wohnungseigentumssachen** (*Geimer/Schütze,* Zivilverfahrensrecht Art 16 EuGVÜ Rz 96; *dies,* Urteilsanerkennung I/1 § 85 XXV in erweiternder Auslegung des Art 16 Z 1 EuGVÜ/LGVÜ);

● **Pfandklagen** (*Czernich/Tiefenthaler,* LGVÜ Art 16 Rz 11);

● Klagen, mit denen durch Einverleibung im Grundbuch **verdinglichte Rechte,** wie Vor- und Wiederkaufsrechte und Veräußerungs- und Belastungsverbote geltend gemacht werden (*Czernich/Tiefenthaler,* LGVÜ Art 16 Rz 11).

Dagegen fallen folgende Streitigkeiten **nicht unter Art 16 Z 1 EuGVÜ/** 37
LGVÜ:

● die **Gläubigeranfechtungsklage** (Näheres s Rz 34);

● Klagen aus Verträgen auf **Einräumung eines dinglichen Rechts oder auf Einwilligung in die grundbücherliche Einverleibung** (*Czernich/Tiefenthaler,* LGVÜ Art 16 Rz 12; *Geimer/Schütze,* Zivilverfahrensrecht Art 16 EuGVÜ Rz 60; *Kropholler,* Zivilprozeßrecht[6] Art 16 EuGVÜ Rz 21; *Schlosser*-Bericht RdN 169 ff; ergänzt durch *Schlosser,* Bruns-GS 62). Daher ist der durch Vormerkung gesicherte Anspruch auf Bestellung einer Bauhandwerkerhypothek nicht beim Gerichtsstand des Art 16 Z 1 EuGVÜ/LGVÜ, sondern beim Gerichtsstand des Erfüllungsortes geltend zu machen (OLG Köln IPRax 1985, 161);

● Klage auf **Entschädigung für gezogene Nutzungen einer Wohnung** nach einer Eigentumsübertragung, deren Nichtigkeit festgestellt worden ist (*Geimer/Schütze,* Zivilverfahrensrecht Art 16 EuGVÜ Rz 48; *Kropholler,* Zivilprozeßrecht[6] Art 16 EuGVÜ Rz 20; EuGH 9. 6. 1994 Rs C-292/93 *„Lieber/Göbel"* Slg 1994, I-2535 = IPRax 1995, 99 [*M. Ulmer* 72] = NJW 1995, 37 = RIW 1995, 238). Denn mit ihr wird kein dingliches Recht, sondern ein persönlicher Anspruch geltend gemacht;

● Zahlungsklagen, wie zB die **Kaufpreisklage für ein Grundstück** (*Geimer/Schütze,* Zivilverfahrensrecht Art 16 EuGVÜ Rz 71);

• **Schadenersatzklagen,** die auf **Verletzung dinglicher Rechte** oder auf die Beschädigung von Grundstücken gestützt sind, an denen dingliche Rechte bestehen. Denn das Bestehen und der Inhalt des dinglichen Rechts sind hier nur von präjudizieller Bedeutung (*Schlosser*-Bericht RdN 163; *Czernich/Tiefenthaler,* LGVÜ Art 16 Rz 12; *Geimer/Schütze,* Zivilverfahrensrecht Art 16 EuGVÜ Rz 75; *Gottwald,* MünchKommZPO III Art 16 EuGVÜ Rz 8; *Kropholler,* Zivilprozeßrecht[6] Art 16 EuGVÜ Rz 22; *Schlosser,* EuGVÜ Art 16 Rz 5);

• **Klage auf Schadenersatz** für Aufwendungen, um eine Baugenehmigung zu erhalten (*Schlosser,* EuGVÜ Art 16 Rz 5; OLG Frankfurt NJW-RR 1993, 182);

• **(nachbarrechtliche) Immissionsabwehrklagen** (*Czernich/Tiefenthaler,* LGVÜ Art 16 Rz 12; *Geimer/Schütze,* Zivilverfahrensrecht Art 16 EuGVÜ Rz 76; *Kohler* in Umweltschutz 74 f; *Kropholler,* Zivilprozeßrecht[6] Art 16 EuGVÜ Rz 22; *Musger,* Grenzüberschreitende Umweltbelastungen 54);

• **Klagen aus ungerechtfertigter Bereicherung** (*Czernich/Tiefenthaler,* LGVÜ Art 16 Rz 12; *Geimer/Schütze,* Zivilverfahrensrecht Art 16 EuGVÜ Rz 77; LG Hamburg IPRspr 1977/23 = RIW 1980, 517);

• **erbrechtliche Klagen,** wie zB die Erbschaftsklage oder die Klage eines Nacherben gegen den Erwerber eines Grundstücks, mit der er die Feststellung begehrt, daß die Verfügung des Vorerben ihm gegenüber unwirksam sei und daher der Erwerber das Grundstück bei Eintritt der Nacherbfolge herauszugeben habe (§ 366 ABGB, Näheres s *Welser* in *Rummel,* ABGB[2] I § 613 Rz 5), weil das Erbrecht kein dingliches Recht ist und außerdem das EuGVÜ/LGVÜ auf erbrechtliche Ansprüche nicht zur Anwendung kommt (*Geimer/Schütze,* Zivilverfahrensrecht Art 16 EuGVÜ Rz 57);

• **gesellschaftsrechtliche Streitigkeiten,** auch wenn die Gesellschaft Grundbesitz hat und der Streit um das Grundeigentum der Gesellschaft oder dingliche Rechte daran geht (*Geimer/Schütze,* Zivilverfahrensrecht Art 16 EuGVÜ Rz 59). Allenfalls kommt aber Art 16 Z 2 EuGVÜ/LGVÜ in Betracht.

8. Anknüpfungspunkt

38 Einziger Zuständigkeitsanknüpfungspunkt ist die **Belegenheit der unbeweglichen Sache.** Liegt das Grundstück in zwei Vertragsstaaten, dann sind die Gerichte dieser Staaten jeweils für den in ihrem Hoheitsgebiet belegenen Teil des Grundbesitzes ausschließlich zuständig (EuGH 6. 7. 1988 Rs 158/77 „*Scherrens/Maenhout*“ Slg 1988, 3791 = IPRax 1991, 44 [*Kreuzer* 25] = RIW 1989, 644). Zur Vermeidung widersprechender Entscheidungen wäre es freilich sinnvoller, wenn jeder Vertragsstaat, in dem das Grundstück belegen ist, für den gesamten Streitgegenstand ausschließlich zuständig wäre (Näheres dazu § 83 JN Rz 18). Welcher der beiden Vertragsstaaten dann im Einzelfall zur Entscheidung befugt wäre, würde sich dann nach Art 21 EuGVÜ/LGVÜ richten.

B. Die internationale Zuständigkeit nach autonomem Recht

39 Ist Art 16 EuGVÜ/LGVÜ nicht anwendbar, ist auf Grund des § 27 a JN die österreichische internationale Zuständigkeit für Streitigkeiten um unbewegliches Gut dann gegeben, wenn ein österreichisches Gericht nach § 81 JN örtlich zuständig ist. Dh ein österreichisches Gericht ist dann international zuständig, wenn das unbewegliche Gut in Österreich gelegen ist. (Wenn das unbewegliche Gut freilich in Österreich gelegen ist, wird im Regelfall auch Art 16 Z 1 EuGVÜ/LGVÜ anwendbar sein.) Der nach § 81 iVm § 27 a JN gegebenen internationalen Zuständigkeit kann nicht derogiert werden (vgl § 104 Abs 4 JN).

Liegt das unbewegliche Gut im Ausland, dann ist die österreichische internationale Zuständigkeit nicht gegeben und kann gem § 104 Abs 4 JN weder durch Vereinbarung nach § 104 Abs 1 JN noch durch Heilung nach § 104 Abs 3 JN begründet werden.

Wasserrechts-Besitzstörungsstreitigkeiten

§ 82. Streitigkeiten wegen Störung des Besitzes (§ 49, Z 4) *[richtig: § 49 Abs 2 Z 4]* **an Wasserrechten gehören vor das Gericht, in dessen Sprengel die Störung erfolgte.**

Stammfassung

I. Allgemeines

1 Der Grundsatz, Besitzstörungsstreitigkeiten möglichst am Ort der Störung zu verhandeln, ist für die Störung des Besitzes an unbeweglichem Gut uneingeschränkt durchgeführt. Bezüglich beweglicher Güter hat dieser Grundsatz hingegen aus Gründen der Prozeßökonomie in § 92 JN zur Einrichtung eines Wahlgerichtsstandes geführt. Für die Verfolgung der Besitzstörung an Wasserrechten ist ebenso wie in § 81 JN für unbewegliches Gut der **Ort der Störung** ausschließlich maßgebend.

II. Anwendungsbereich

2 Der Anwendungsbereich des § 82 JN ist dadurch sehr eingeengt, daß die Störung aller auf öffentlich-rechtlichem Titel beruhenden Wasserrechte nicht auf dem Rechtsweg ieS geltend gemacht werden kann, sondern auf Grund des WRG (BGBl 1959/215) in die Kompetenz der Wasserrechtsbehörden fällt (Näheres s § 1 JN Rz 184 ff). Unter § 82 JN fallen nur Besitzstörungen an Wasserrechten, die privatrechtlichen Ursprungs sind und auf einem Privatrechtstitel beruhen, etwa Besitzstörungen an der Dienstbarkeit des Wasserbezuges an einem Privatgewässer.

Bestandstreitigkeiten

§ 83. (1) Die im § 49 Abs. 2 Z 5 bezeichneten Streitigkeiten gehören vor das Gericht, in dessen Sprengel die Sache liegt.

(2) Dieses Gericht ist auch zur Erlassung der im § 49 Abs. 4 angeführten Verfügungen und Aufträge in Bestandsachen zuständig.

Abs 1 idF Art II Z 36 ZVN 1983 BGBl 135; Abs 2 idF Art IX Z 5 WGN 1989 BGBl 343

Lit: *Matscher,* Zur Zuständigkeit der österreichischen Gerichte für Rechtsstreitigkeiten aus Gastaufnahme- und Beherbergungsverträgen mit ausländischen Gästen, IPRax 1984, 223; *Palten,* Bestandverfahren (1991); *Rueprecht,* Die Rückforderung verbotener Ablösezahlungen, ÖJZ 1989, 555; *Sprung/König,* Rechtsnatur des Garagen-Kurzparkvertrags, RdW 1985, 235; *dies,* Bestimmbarkeit der Bestandsache und Garagen-Kurzparkvertrag, RdW 1986, 200.

Übersicht:

I. Anwendungsbereich

A. Allgemeines

1 § 83 JN ist auf die in § 49 Abs 2 Z 5 JN genannten Bestandstreitigkeiten sowie die in § 49 Abs 4 JN genannten Verfügungen und Aufträge anzuwenden.

B. Begriff der Bestandstreitigkeiten

2 Seit der ZVN 1983 stimmt der in § 83 JN verwendete Begriff der Bestandstreitigkeiten mit jenem des § 49 Abs 2 Z 5 JN überein.

Streitigkeiten aus Bestandverträgen setzen voraus, daß dem Rechtsstreit ein **Bestandvertrag zugrunde liegt.** Dieser Bestandvertrag muß **bereits bestehen oder früher bestanden haben** (ZBl 1937/274). Der Gerichtsstand für Bestandstreitigkeiten gilt auch für nach Auflösung des Bestandverhältnisses eingebrachte Klagen (LGZ Wien MietSlg 15.607 [1963]).

Im übrigen kann auf die Ausführungen zu § 49 Abs 2 Z 5 JN (Rz 74 ff) verwiesen werden.

C. Verfügungen und Aufträge nach § 49 Abs 4 JN

3 Neben den Bestandstreitigkeiten, die in Form einer Klage bei Gericht einzuleiten sind, findet die örtliche Zuständigkeitsnorm des § 83 JN auch auf die Verfügungen des Gerichtes über die gerichtliche **Aufkündigung** von Bestandverträgen über die in § 560 ZPO genannten Gegenstände (Grundstücke, Gebäude, sonstige unbewegliche oder gesetzlich für unbeweglich erklärte Sachen, Schiffsmühlen und Bauwerke auf Schiffen sowie Unternehmen) und die **Erlassung von Aufträgen zur Übergabe bzw Übernahme des Bestandgegenstandes** nach Ablauf der (vereinbarten) Bestandzeit Anwendung.

4 Für die **Seeverklarung** (gerichtliche Schadensaufnahme bei Schädigung oder Verlust der Seefracht; vgl § 49 Abs 4 JN) ist § 83 JN, mangels eines Zusammenhanges mit einem Bestandvertrag, **nicht anwendbar.**

II. Wesen des Gerichtsstandes

5 Bei dem Gerichtsstand für Bestandstreitigkeiten handelt es sich um einen **ausschließlichen Gerichtsstand,** eine **abweichende Gerichtsstandsvereinbarung** (betreffend die örtliche Zuständigkeit) ist **zulässig** (RZ 1983/42; EvBl 1970/230 = MietSlg 22.596; MietSlg 15.608 [1963]; LG Eisenstadt MietSlg 9932 [1962]; MietSlg 2687 [1952]; ZBl 1933/25; ZBl 1928/46; GlUNF 599 [1899]).

Liegt die Bestandsache nicht im Inland, kommt § 83 JN nicht zur Anwendung, weil es dann (mangels einer örtlichen Zuständigkeit) an der internationalen Zuständigkeit mangelt (Näheres s Rz 33 f).

III. Die internationale Zuständigkeit in Bestandstreitigkeiten

A. Die internationale Zuständigkeit nach Art 16 Z 1 EuGVÜ/LGVÜ

Art 16 Z 1 EuGVÜ/LGVÜ. Ohne Rücksicht auf den Wohnsitz sind ausschließlich zuständig

1. a) für Klagen, welche dingliche Rechte an unbeweglichen Sachen sowie die Miete oder Pacht von unbeweglichen Sachen zum Gegenstand haben, die Gerichte des Vertragsstaats, in dem die unbewegliche Sache belegen ist;

b) für Klagen betreffend die Miete oder Pacht unbeweglicher Sachen zum vorübergehenden privaten Gebrauch für höchstens sechs aufeinanderfolgende Monate sind jedoch auch die Gerichte des Vertragsstaats zuständig, in dem der Beklagte seinen Wohnsitz hat, sofern [der Eigentümer und der Mieter oder Pächter natürliche Personen sind und ihren Wohnsitz in demselben Vertragsstaat haben] ***[es sich bei dem Mieter oder Pächter um eine natürliche Person handelt und weder die eine noch die andere Partei ihren Wohnsitz in dem Vertragsstaat hat, in dem die unbewegliche Sache belegen ist].***

Die beiden eckigen Klammern markieren unterschiedliche Textbestandteile von EuGVÜ und LGVÜ (kursiv).

Lit: *Coester-Waltjen/Ziegler,* Der Gerichtsstand der Belegenheit nach Art 16 EuGVÜ, Jura 1992, 609; *Endler,* Urlaubsfreuden: Ferienhausvermittlung und Art 16 Nr 1 EuGVÜ, IPRax 1992, 212; *Gralka,* Time-Sharing bei Ferienhäusern und Ferienwohnungen (1986); *Grundmann,* Zur internationalen Zuständigkeit der Gerichte von Drittstaaten nach Art 16 EuGVÜ, IPRax 1985, 249; *Hüßtege,* Internationale Zuständigkeit deutscher Gerichte bei der Überlassung von Räumen im Ausland, NJW 1990, 622; *Jayme,* Ferienhausvermittlung und Verbraucherschutz: Zur einschränkenden Auslegung des Art 16 Nr 1 EuGVÜ, IPRax 1993, 18; *ders,* „Timesharing-Verträge" im Internationalen Privat- und Verfahrensrecht, IPRax 1995, 234; *ders,* Prozessuale Hindernisse für Timesharing – Anbieter in Auslandsfällen, IPRax 1996, 87; *Kartzke,* Verträge mit gewerblichen Ferienhausanbietern, NJW 1994, 823; *Kohlegger,* Ein Vergleich zwischen EuGVÜ und LGVÜ, ÖJZ 1999, 41; *Kreuzer,* Zuständigkeitssplittung kraft Richterspruch, IPRax 1986, 75; *ders,* Zuständigkeitssplittung kraft Richterspruch II, IPRax 1991, 25; *Lagarde,* Les locations de vacances dans les conventions européennes de droit international privé, Etudes offertes à Bellet (1991) 281; *Leue,* Die grenzüberschreitende „reine Mietzinsklage" beim Ferienhaus, NJW 1983, 1242; *Lorenz,* AGB-Kontrolle bei gewerbsmäßiger Überlassung von Ferienwohnungen im Ausland: Internationale Zuständigkeit für Verbandsklage, IPRax 1990, 292; *Lurger,* Der Timesharing-Vertrag im Internationalen Privatrecht und im Konsumentenschutzrecht, ZfRV 1992, 348; *Mankowski,* Timesharing und internationale Zuständigkeit am Belegenheitsort, EuZW 1996, 177; *Mosconi,* Quando la vacanza finisce in tribunale: competenza giurisdizionale e legge regolatrice della locazione di immobili all'estero, Riv dir int priv proc 1993, 5; *Piroddi,* Competenza giurisdizionale e legge applicabile alle locazioni immobiliari nelle convenzioni di Bruxelles e di Roma, Riv dir int priv proc 1995, 41; *Rauscher,* Die Ferienhausentscheidung des EuGH – Unbilligkeit oder Konsequenz europäischer Rechtspflege, NJW 1985,

892; *Schröder,* Zur Anziehungskraft der Grundstücksbelegenheit im internationalen Privat- und Verfahrensrecht, IPRax 1985, 145; *Trunk,* Die Erweiterung des EuGVÜ-Systems am Vorabend des Europäischen Binnenmarktes (1991); *Ulmer,* Neue Tendenzen bei der Auslegung des Art 16 Nr 1 EuGVÜ, IPRax 1995, 72.

1. Klagen, die Miete oder Pacht von unbeweglichen Sachen zum Gegenstand haben (Art 16 Z 1 lit a EuGVÜ/LGVÜ)

a) Allgemeines

6 Art 16 Z 1 EuGVÜ/LGVÜ regelt nur die internationale, nicht auch die örtliche Zuständigkeit. Die **örtliche Zuständigkeit** richtet sich daher **nach nationalem Recht.** Dh soweit die geltend gemachte Klage unter den Begriff der Bestandstreitigkeiten iSd § 49 Abs 2 Z 5 JN subsumiert werden kann, kommt § 83 JN zur Anwendung. Im übrigen wird auf die allgemeinen Ausführungen zu Art 16 EuGVÜ/LGVÜ verwiesen (s § 81 JN Rz 21 ff).

b) Zweck

7 Diese Zwangszuständigkeit für Klagen, die Miete oder Pacht unbeweglicher Sachen zum Gegenstand haben, wird damit begründet, daß **Miet- und Pachtverhältnisse** meist gesetzlichen **Sonderregelungen** unterliegen, sodaß es sich empfiehlt, mit der Anwendung dieser meist sehr komplizierten Bestimmungen ausschließlich die Gerichte des Staates zu betrauen, in dem sie gelten (*Jenard*-Bericht zu Art 16 Z 1 EuGVÜ; *Czernich/Tiefenthaler,* LGVÜ Art 16 Rz 13; *Kropholler,* Zivilprozeßrecht[6] Art 16 EuGVÜ Rz 23; krit *Geimer/Schütze,* Zivilverfahrensrecht Art 16 EuGVÜ Rz 106). Außerdem sind die Gerichte des Belegenheitsstaates am ehesten in der Lage, sich unmittelbare Kenntnisse über die tatsächlichen Umstände bei Abschluß und Durchführung von Miet- und Pachtverträgen zu verschaffen (EuGH 15. 1. 1985 Rs 241/83 *„Rösler/Rottwinkel"* Slg 1985, 99 = IPRax 1986, 97 [*Kreuzer* 75] = NJW 1985, 905 [*Rauscher* 892]; diese Rechtfertigung wird von *Geimer/Schütze,* Zivilverfahrensrecht Art 16 EuGVÜ Rz 107 abgelehnt).

c) Klagen, die Miete oder Pacht an unbeweglichen Sachen zum Gegenstand haben

8 Die Begriffe **„Miete"** und **„Pacht"** sind **vertragsautonom** auszulegen (*Czernich/Tiefenthaler,* LGVÜ Art 16 Rz 14; *Schlosser,* EuGVÜ Art 16 Rz 7; EuGH 14. 12. 1977 Rs 73/77 *„Sanders/van der Putte"* Slg 1977, 2383 = NJW 1978, 1107 = RIW 1978, 336; AppellationsG Basel-Stadt SZIER 1996, 90). Da den Parteien durch Art 16 Z 1 EuGVÜ/LGVÜ die sonst mögliche Wahl des Gerichtsstandes genommen wird und sie daher möglicherweise an einem Ort prozessieren müssen, an dem keiner von ihnen seinen Wohnsitz hat, darf Art 16 EuGVÜ/LGVÜ **nicht weiter ausgelegt** werden, **als sein Ziel es erfordert** (*Gottwald,* MünchKommZPO III Art 16 EuGVÜ Rz 9; *Kropholler,* Zivilprozeßrecht[6] Art 16 EuGVÜ Rz 24; *Safferling* in *Bülow/Böckstiegel,* Rechtsverkehr 606 Art 16 EuGVÜ Rz 3; OLG Karlsruhe RIW 1999, 463; EuGH 14. 12. 1977 Rs 73/77 *„Sanders/van der Putte"* Slg 1977, 2383 = NJW 1978, 1107 = RIW 1978, 336).

9 Unter Art 16 Z 1 EuGVÜ/LGVÜ fallen alle Rechtsstreitigkeiten, welche die sich **(unmittelbar) aus dem Mietvertrag ergebenden Verpflichtungen des Vermieters und des Mieters** betreffen (EuGH 15. 1. 1985 Rs 241/83 *„Rösler/Rottwinkel"* Slg 1985, 99 = IPRax 1986, 97 [*Kreuzer* 75] = NJW 1985, 905

[*Rauscher* 892]). Dabei macht es keinen Unterschied, um welche Klagsart es sich handelt (*Geimer/Schütze,* Zivilverfahrensrecht Art 16 EuGVÜ Rz 122).

Art 16 Z 1 EuGVÜ/LGVÜ ist daher auf folgende Klagen **anwendbar:** 10

- Klagen auf **Feststellung des (Nicht-)Bestehens des Miet- oder Pachtvertrages** (EuGH 14. 12. 1977 Rs 73/77 *„Sanders/van der Putte"* Slg 1977, 2383 = NJW 1978, 1107 = RIW 1978, 336);
- Klagen betreffend die **Auslegung** eines Miet- oder Pachtvertrages;
- Klagen auf **Ersatz der** vom Mieter oder Pächter verursachten **Schäden;**
- Klagen auf **Wiedereinräumung des Besitzes** an den Vermieter bzw den Verpächter;
- Streitigkeiten über die **Räumung** einer Miet- oder Pachtsache (wie zB die gerichtliche Aufkündigung und der Antrag auf Erlassung eines Übergabe- oder Übernahmeauftrages).

(Vgl zu den genannten Klagen *Jenard*-Bericht zu Art 16 Z 1 EuGVÜ; *Czernich/Tiefenthaler,* LGVÜ Art 16 Rz 15; *Geimer/Schütze,* Urteilsanerkennung I/1 § 86 XII 1; *dies,* Zivilverfahrensrecht Art 16 EuGVÜ Rz 119; *Gottwald,* MünchKommZPO III Art 16 EuGVÜ Rz 9; *Hausmann in Wieczorek/Schütze,* ZPO[3] I/1 Art 16 EuGVÜ Rz 19; *Kropholler,* Zivilprozeßrecht[6] Art 16 EuGVÜ Rz 25; EuGH 15. 1. 1985 Rs 241/83 *„Rösler/Rottwinkel"* Slg 1985, 99 = IPRax 1986, 97 [*Kreuzer* 75] = NJW 1985, 905 [*Rauscher* 892]; EuGH 14. 12. 1977 Rs 73/77 *„Sanders/van der Putte"* Slg 1977, 2383 = NJW 1978, 1107 = RIW 1978, 336);

- Klagen auf **Zahlung des Miet- und Pachtzinses** einschließlich der damit verbundenen Nebenkosten, wie Kosten für Wasser-, Gas- und Stromverbrauch sowie Klagen auf Zahlung von Zinsen und Verzugsschäden wegen Nichterfüllung (*Gottwald,* MünchKommZPO III Art 16 EuGVÜ Rz 9; *Kropholler,* Zivilprozeßrecht[6] Art 16 EuGVÜ Rz 25; *Rauscher,* NJW 1985, 896; EuGH 15. 1. 1985 Rs 241/83 *„Rösler/Rottwinkel"* Slg 1985, 99 = IPRax 1986, 97 [*Kreuzer* 75] = NJW 1985, 905 [*Rauscher* 892]; BGH WM 1985, 1246; OLG München NJW-RR 1988, 1023; aA *Jenard*-Bericht zu Art 16 Z 1 EuGVÜ; ebenso mit der Begründung, daß der Vollstreckungszugriff am Wohnsitz des Schuldners viel wahrscheinlicher ist als am Ort des Mietobjekts, *Geimer/Schütze,* Zivilverfahrensrecht Art 16 EuGVÜ Rz 120 und *Ulmer,* IPRax 1995, 73);
- Klagen auf **Rückzahlung der Mietkaution** (aA *Geimer/Schütze,* Zivilverfahrensrecht Art 16 EuGVÜ Rz 121).

Dagegen fallen Rechtsstreitigkeiten, die sich **nur mittelbar auf die Nutzung** der Mietsache beziehen, wie zB Klagen auf Ersatz für entgangene Urlaubsfreuden und wegen nutzloser Reisekosten im Hinblick auf die Mangelhaftigkeit der Ferienwohnung, **nicht** in die ausschließliche Zuständigkeit des **Art 16 Z 1 EuGVÜ/LGVÜ** (*Geimer/Schütze,* Zivilverfahrensrecht Art 16 EuGVÜ Rz 115; *Gottwald,* MünchKommZPO III Art 16 EuGVÜ Rz 10; *Kropholler,* Zivilprozeßrecht[6] Art 16 EuGVÜ Rz 25; EuGH 15. 1. 1985 Rs 241/83 *„Rösler/Rottwinkel"* Slg 1985, 99 = IPRax 1986, 97 [*Kreuzer* 75] = NJW 1985, 905 [*Rauscher* 892]; krit *Hausmann in Wieczorek/Schütze,* ZPO[3] I/1 Art 16 EuGVÜ Rz 25). Das gilt auch für Ansprüche aus der Verpachtung eines Ladengeschäftes, das in einer vom Verpächter von einem Dritten gemieteten unbeweglichen Sache betrieben wird, uzw unabhängig davon, ob Differenzen über das Bestehen dieses Vertrages vorliegen (*Czernich/Tiefenthaler,* LGVÜ Art 16 Rz 16; *Geimer/Schütze,* Zivilverfahrensrecht Art 16 EuGVÜ Rz 113; *Gottwald,* MünchKommZPO III Art 16 EuGVÜ Rz 10; *Hausmann in Wieczorek/Schütze,* ZPO[3] I/1 Art 16 EuGVÜ Rz 22; *Kropholler,* Zivilprozeßrecht[6] Art 16 EuGVÜ Rz 24; *Rauscher,* NJW 1985, 897; 11

Schlosser, EuGVÜ Art 16 Rz 7; EuGH 14. 12. 1977 Rs 73/77 *„Sanders/van der Putte“* Slg 1977, 2383 = NJW 1978, 1107 = RIW 1978, 336; dagegen hat das OLG Düsseldorf RIW 1990, 669 diese Frage betreffend ein Unterpachtverhältnis über ein Ladenlokal offen gelassen).

Auch eine Klage auf Benützungsentgelt wegen titelloser Benutzung einer Wohnung fällt nicht unter Art 16 Z 1 lit a EuGVÜ/LGVÜ (EvBl 1998/207 = immolex 1999, 51 = JBl 1998, 731 = WoBl 1999, 29 = ZfRV 1998, 69).

12 **Verbandsklagen,** auch wenn sie sich gegen Allgemeine Geschäftsbedingungen zur Vermietung von Wohnungen richten, fallen **nicht** unter Art 16 Z 1 lit a EuGVÜ/LGVÜ. Es fehlt nämlich an einem Bezug zu einem konkreten Grundstück (*Geimer/Schütze,* Zivilverfahrensrecht Art 16 EuGVÜ Rz 116; *Gottwald,* MünchKommZPO III Art 16 EuGVÜ Rz 11; *Hausmann in Wieczorek/Schütze,* ZPO[3] I/1 Art 16 EuGVÜ Rz 26; *Kartzke,* NJW 1994, 824; *Kropholler,* Zivilprozeßrecht[6] Art 16 EuGVÜ Rz 30; *Safferling* in *Bülow/Böckstiegel,* Rechtsverkehr 606 Art 16 EuGVÜ Rz 15; BGH BGHZ 119, 152, 156 = IPRax 1993, 244 [*Lindacher* 228] = IPRspr 1992/192 = NJW 1992, 3158 = RIW 1992, 1025; BGH BGHZ 109, 29, 32 = EuZW 1990, 36 [*A. Nagel* 38] = IPRax 1990, 318 [*W. Lorenz* 292] = IPRspr 1989/195 = NJW 1990, 317; krit *Piroddi,* Riv dir int priv proc 1995, 74 f).

13 Im Anwendungsbereich des Art 16 Z 1 EuGVÜ/LGVÜ ist die **Rechtsnatur** des geltend gemachten Anspruchs **unerheblich,** solange der Streit in der Sache die Miete oder Pacht einer Immobilie betrifft (*Geimer/Schütze,* Zivilverfahrensrecht Art 16 EuGVÜ Rz 118; *dies,* Urteilsanerkennung I/1 XI 5; *Gottwald,* MünchKommZPO III Art 16 EuGVÜ Rz 11; *Kropholler,* Zivilprozeßrecht[6] Art 16 EuGVÜ Rz 26; LG Bochum IPRspr 1985/144 = RIW 1986, 135 [*Geimer* 136]).

14 Art 16 Z 1 EuGVÜ/LGVÜ kommt nur dann zur Anwendung, wenn Gegenstand des Miet- oder Pachtvertrages eine **unbewegliche Sache** ist. Zum Begriff der unbeweglichen Sache wird auf die Ausführungen zu Art 16 Z 1 lit a Fall 1 EuGVÜ/LGVÜ verwiesen (s § 81 JN Rz 29). Die unbewegliche Sache muß **Hauptgegenstand des Miet- bzw Pachtverhältnisses** sein. Bei gemischten Verträgen entscheidet der überwiegende Charakter (*Geimer/Schütze,* Urteilsanerkennung I/1 § 86 IX 2; *dies,* Zivilverfahrensrecht Art 16 EuGVÜ Rz 111; *Hausmann in Wieczorek/Schütze,* ZPO[3] I/1 Art 16 EuGVÜ Rz 24). Wenn daher der Vertrag überwiegend durch andere Leistungen als durch Miete und Pacht charakterisiert ist, dann kommt Art 16 Z 1 EuGVÜ/LGVÜ **nicht** zur Anwendung. So zB bei einem **Reisevermittlungsvertrag über eine Ferienwohnung** (*Czernich/Tiefenthaler,* LGVÜ Art 16 Rz 16; *Endler,* IPRax 1992, 213 ff; *Geimer/Schütze,* Zivilverfahrensrecht Art 16 EuGVÜ Rz 111; *Gottwald,* MünchKommZPO III Art 16 EuGVÜ Rz 11; *Kartzke,* NJW 1994, 823; *Kropholler,* Zivilprozeßrecht[6] Art 16 EuGVÜ Rz 30; *Schlosser,* EuGVÜ Art 16 Rz 9; *Ulmer,* IPRax 1995, 73 f; EuGH 26. 2. 1992 Rs C-280/90 *„Hacker/Euro Relais GmbH“* Slg 1992, I-1111 = EuZW 1992, 219 [*Huff* 220] = IPRax 1993, 31 [*Jayme* 18] = NJW 1992, 1029 = RIW 1992, 581 = SZIER 1993, 364 [*Volken* 367] = ZER 1993, 60; LG Berlin IPRax 1992, 243; LG Hamburg NJW-RR 1987, 370; LG Frankfurt NJW 1982, 1949; aA LG Frankfurt IPRax 1992, 241) oder bei einem **Beherbergungsvertrag;** dies auch dann, wenn der Beherbergungsbetrieb nicht nur das jeweilige Gastzimmer, sondern auch noch Konferenzräume zur Verfügung gestellt hat (OLG Karlsruhe RIW 1999, 463). Denn neben der Überlassung des Feriendomizils werden vom Reiseveranstalter noch weitere Leistungen (wie Auskünfte und Ratschläge, Reservierung von Flügen, Empfang am Ort und gegebenenfalls eine Reiserücktrittsversicherung) angeboten.

Weiters kommt Art 16 Z 1 EuGVÜ/LGVÜ **nicht** auf **Verträge** zur Anwendung, durch die sich ein Vermittler gegenüber dem Hauseigentümer verpflichtet, diesem unentgeltlich **Mieter für ein Ferienhaus** zu **vermitteln** (*Kropholler,* Zivilprozeßrecht[6] Art 16 EuGVÜ Rz 30; OLG Frankfurt IPRspr 1992/183 b, wodurch LG Frankfurt IPRax 1992, 241 [krit *Endler* 212] = IPRspr 1992/183 a aufgehoben worden ist). Denn hier liegt ein Werkvertrag und kein Mietvertrag vor. 15

Ob Art 16 EuGVÜ/LGVÜ auf Streitigkeiten aus einem **Timesharing-Vertrag** zur Anwendung kommt, hängt von der Ausgestaltung des Vertrages ab. Wenn dingliche oder mietrechtliche Elemente im Vordergrund stehen, fallen diese Streitigkeiten unter Art 16 Z 1 EuGVÜ/LGVÜ (*Czernich/Tiefenthaler,* LGVÜ Art 16 Rz 24; *Geimer/Schütze,* Zivilverfahrensrecht Art 16 EuGVÜ Rz 112; *Schlosser,* EuGVÜ Art 16 Rz 10; LG Darmstadt EuZW 1996, 191 [*Mankowski* 177] = IPRax 1996, 121; die Einordnung als Mietvertrag wird dagegen von *Jayme,* IPRax 1996, 87 abgelehnt). 16

Bei einer gesellschaftsrechtlichen Ausgestaltung des Timesharing-Vertrages kann die Anwendung des Art 16 Z 2 EuGVÜ/LGVÜ in Betracht kommen (*Czernich/Tiefenthaler,* LGVÜ Art 16 Rz 24; *Geimer/Schütze,* Zivilverfahrensrecht Art 16 EuGVÜ Rz 112; *Gralka,* Time-Sharing 154 f; *Schlosser,* EuGVÜ Art 16 Rz 10).

Wenn dagegen ein schuldrechtliches Wohnrecht Gegenstand eines Kaufvertrages ist, kommt Art 16 EuGVÜ/LGVÜ nicht zur Anwendung (*Geimer/Schütze,* Zivilverfahrensrecht Art 16 EuGVÜ Rz 112; *Schlosser,* EuGVÜ Art 16 Rz 10; LG Düsseldorf RIW 1995, 415 [*Mankowksi* 364]). Verpflichten die Timesharing-Verträge auch zu Dienstleistungen, wie zB zur Instandhaltung der Ferienwohnung, für die der Erwerber zusätzliche Zahlungen zu erbringen hat, kommt, wenn die Voraussetzungen des Art 13 Abs 1 Z 3 a und b EuGVÜ/LGVÜ gegeben sind, auch eine Anwendung der Bestimmungen über die Verbrauchersachen in Betracht (*Czernich/Tiefenthaler,* LGVÜ Art 16 Rz 24; vgl zur Einordnung von Timesharing-Verträgen unter die Verbraucherverträge *Lurger,* ZfRV 1992, 348; ZfRV 1992/11).

d) Persönlicher Anwendungsbereich

Art 16 Z 1 EuGVÜ/LGVÜ ist **auch** dann anwendbar, wenn **andere Personen** als die Vertragsparteien des Miet- bzw Pachtvertrages prozessieren, so zB im Fall einer Rechtsnachfolge oder wenn ein Dritter Rechte aus dem Mietvertrag geltend macht (*Geimer/Schütze,* Zivilverfahrensrecht Art 16 EuGVÜ Rz 117). 17

e) Anknüpfungspunkt

Für die ausschließliche internationale Zuständigkeit wird in Art 16 Z 1 lit a EuGVÜ/LGVÜ darauf abgestellt, in welchem Staat **die unbewegliche Sache belegen** ist. Dies wirft Probleme auf, wenn der Bestandgegenstand in mehreren Vertragsstaaten belegen ist. Der EuGH spaltet in einem solchen Fall das Bestandverhältnis territorial auf, dh die Gerichte beider Vertragsstaaten sind jeweils für den in ihrem Hoheitsgebiet belegenen Teil des Grundbesitzes ausschließlich zuständig (EuGH 6. 7. 1988 Rs 158/87 *„Scherrens/Maenhout"* Slg 1988, 3791 = IPRax 1991, 44 [*Kreuzer* 25] = RIW 1989, 644). Nur wenn der Grundbesitz ganz überwiegend in einem der beiden Vertragsstaaten belegen ist, kann es in Erwägung gezogen werden, den Besitz als Einheit und als nur in einem Vertragsstaat belegen zu betrachten (*Kropholler,* Zivilprozeßrecht[6] Art 16 EuGVÜ Rz 28). 18

Zur Vermeidung divergierender Entscheidungen und aus verfahrensökonomischen Gründen wäre es jedoch sinnvoll, daß, wenn das Bestandobjekt in mehreren Vertragsstaaten belegen ist, jeder dieser Vertragsstaaten berechtigt ist, über das gesamte Miet- bzw Pachtverhältnis zu entscheiden (*Geimer/Schütze,* Zivilverfahrensrecht Art 16 EuGVÜ Rz 101; *Safferling* in *Bülow/Böckstiegel,* Rechtsverkehr 606 Art 16 EuGVÜ Rz 8).

Wenn Grundstücke, die zu einem landwirtschaftlichen Betrieb gehören, in verschiedenen Vertragsstaaten gelegen sind, dann soll nach Ansicht *Kreuzers* (IPRax 1991, 27) die Lage der Hofstelle für die internationale Zuständigkeit ausschlaggebend sein.

2. Kurzfristige Gebrauchsüberlassungsverträge (Art 16 Z 1 lit b EuGVÜ/LGVÜ)

a) Grund für die Ausnahmeregelung

19 In Art 16 Z 1 lit b enthält das EuGVÜ/LGVÜ eine Sonderregelung für Klagen, welche die Miete oder Pacht einer in einem Vertragsstaat gelegenen unbeweglichen Sache zum vorübergehenden privaten Gebrauch für höchstens sechs aufeinanderfolgende Monate betreffen. Anlaß für diese Sonderregelung war die Entscheidung des EuGH (15. 1. 1985 Rs 241/83 *„Rösler/Rottwinkel"* Slg 1985, 99 = IPRax 1986, 97 [*Kreuzer* 75] = NJW 1985, 905 [*Rauscher* 892]), in der ausgesprochen worden ist, daß für einen Rechtsstreit zwischen dem deutschen Eigentümer eines in Italien gelegenen Ferienhauses und dem ebenfalls deutschen Mieter über die Auslegung des Mietvertrages und den Ersatz für Beschädigung und Nebenkosten ausschließlich die italienischen Gerichte zuständig seien. Obwohl beide Parteien ihren Wohnsitz in Deutschland hatten, mußten sie in Italien prozessieren, was umständlich und teuer war.

b) Anwendungsvoraussetzungen

aa) Vermietung zum privaten Gebrauch

20 Ausgeklammert von der Anwendbarkeit der Ausnahmeregelung des Art 16 Z 1 lit b EuGVÜ/LGVÜ sind Miet- und Pachtverträge, die geschäftlichen Zwekken des Mieters dienen (*Czernich/Tiefenthaler,* LGVÜ Art 16 Rz 23; *Geimer/Schütze,* Zivilverfahrensrecht Art 16 EuGVÜ Rz 126). Es kommt somit auf den im Mietvertrag angegebenen **Verwendungszweck** an. Dagegen spielt es keine Rolle, ob die Vermietung (zB des Ferienhauses) für den Vermieter eine kommerzielle Tätigkeit ist (*Czernich/Tiefenthaler,* LGVÜ Art 16 Rz 23; *Geimer/Schütze,* Zivilverfahrensrecht Art 16 EuGVÜ Rz 127).

bb) Vorübergehender (mit 6 Monaten limitierter) Gebrauch

21 Bei Kettenmietverträgen, dh bei aneinandergereihten Verträgen mit einer Vertragsdauer von jeweils sechs Monaten, liegt kein vorübergehender Gebrauch vor (*Czernich/Tiefenthaler,* LGVÜ Art 16 Rz 23; *Trunk,* Erweiterung 43).

cc) Natürliche Person(en) als Vertragspartner

22 Nach dem **LGVÜ** muß **nur** der **Mieter** bzw Pächter eine **natürliche Person** sein. Damit wird den Bedenken der Mittelmeeranrainerstaaten Rechnung getragen, die Liegenschaftseigentümer könnten durch Gesellschaftsgründungen im Ausland die lokale Mieterschutzgesetzgebung unterlaufen. Außerdem wollte man dadurch sicherstellen, daß sich auch ausländische Immobiliengesellschaften an die lokale Preispolitik halten (ErläutRV zum LGVÜ [34 BlgNR 20. GP] 35).

Dagegen müssen nach dem **EuGVÜ beide Vertragspartner natürliche Personen** sein. Nach Art 16 Z 1 lit b EuGVÜ führt eine Vermietung durch eine juristische Person bereits dazu, daß nur der Belegenheitsstaat international zuständig ist. *Trunk* (Erweiterung 106) freilich will dies nur gelten lassen, wenn die juristische Person als Kläger auftritt. Wenn hingegen der Mieter bzw Pächter klagt, soll der Staat, in dem der Beklagte seinen Sitz hat, international zuständig sein (so auch *Geimer/Schütze,* Zivilverfahrensrecht Art 16 EuGVÜ Rz 128). 23

Gleich den juristischen Personen sind, auch wenn sie keine Rechtspersönlichkeit besitzen, Personenhandelsgesellschaften (OHG und KG) zu behandeln (*Geimer/Schütze,* Zivilverfahrensrecht Art 16 EuGVÜ Rz 129). 24

dd) Kein Wohnsitz der Parteien im Belegenheitsstaat (LGVÜ) – Wohnsitz der Parteien in demselben Vertragsstaat (EuGVÜ)

Nach Art 16 Z 1 lit b **LGVÜ** darf **keine Partei** ihren **Wohnsitz im Belegenheitsstaat** haben. Hat auch nur eine der Parteien ihren Wohnsitz im Belegenheitsstaat, kommt Art 16 Z 1 lit a LGVÜ zur Anwendung. Hat der Beklagte seinen Wohnsitz nicht im Belegenheitsstaat, sondern in einem Drittstaat, so richtet sich – da mangels eines Wohnsitzes in einem Vertragsstaat Art 16 Z 1 lit b LGVÜ nicht angewendet werden kann – die internationale Zuständigkeit ebenfalls nach Art 16 Z 1 lit a LGVÜ (*Czernich/Tiefenthaler,* LGVÜ Art 16 Rz 22; *Trunk,* Erweiterung 45). 25

Im **EuGVÜ** sind die **Voraussetzungen** der Wohnsitzzuständigkeit für Klagen aus befristeten Miet- und Pachtverträgen in Art 16 Z 1 lit b **enger** gezogen als im LGVÜ, indem dort verlangt wird, daß **sowohl** der **Eigentümer als auch** der **Mieter** bzw Pächter ihren **Wohnsitz in demselben Vertragsstaat** haben. 26

Mit Parteien sind die **Vertragspartner des Mietvertrages** und nicht die Streitparteien gemeint (*Czernich/Tiefenthaler,* LGVÜ Art 16 Rz 22; *Trunk,* Erweiterung 45 mwN). Nach Art 16 Z 1 lit b EuGVÜ kommt es jedoch anders als beim LGVÜ dann, wenn Eigentümer und Vermieter nicht die gleichen Personen sind, auf den Wohnsitz des Eigentümers (und nicht auf jenen des Vermieters) an (*Geimer/Schütze,* Zivilverfahrensrecht Art 16 EuGVÜ Rz 132; *Trunk,* Erweiterung 107 f). Maßgeblicher **Zeitpunkt** ist jener **der Gerichtsanhängigkeit** (vgl *Czernich/Tiefenthaler,* LGVÜ Art 16 Rz 22; *Geimer/Schütze,* Zivilverfahrensrecht Art 16 EuGVÜ Rz 132; *Hausmann in Wieczorek/Schütze,* ZPO[3] I/1 Art 16 EuGVÜ Rz 33). 27

c) Alternative Wohnsitzstaatszuständigkeit

Art 16 Z 1 lit b EuGVÜ/LGVÜ beseitigt die internationale Zwangszuständigkeit des Belegenheitsstaates und eröffnet (auch) die internationale Zuständigkeit des Vertragsstaates, in dem der Beklagte seinen **Wohnsitz** hat. 28

Art 16 Z 1 lit b EuGVÜ/LGVÜ regelt nur die internationale, nicht aber auch die örtliche Zuständigkeit. Diese richtet sich nach dem autonomen Recht des Gerichtsstaates. 29

Die in Art 16 Z 1 lit b EuGVÜ/LGVÜ normierte alternative Wohnsitzstaatszuständigkeit kann nicht durch eine Zuständigkeitsvereinbarung abbedungen werden (vgl Art 17 Z 3 EuGVÜ/LGVÜ; *Geimer/Schütze,* Zivilverfahrensrecht Art 16 EuGVÜ Rz 135; *Hausmann in Wieczorek/Schütze,* ZPO[3] I/1 Art 16 EuGVÜ Rz 34; *Kropholler,* Zivilprozeßrecht[6] Art 16 EuGVÜ Rz 32; *Trunk,* Erweiterung 51). 30

d) Anerkennung und Vollstreckung

31 Während gem Art 16 Z 1 lit b EuGVÜ die im Wohnsitzstaat erlassene Entscheidung in den anderen Vertragsstaaten anerkannt und für vollstreckbar erklärt werden muß, sieht Art 1 b des Protokolls Nr 1 zum LGVÜ die Möglichkeit vor, daß sich der Belegenheitsstaat durch einen Vorbehalt von der Anerkennungs- und Vollstreckungspflicht befreit. Andere Vertragsstaaten (als der Belegenheitsstaat) sind hingegen zur Anerkennung und Vollstreckung verpflichtet. Von der Möglichkeit eines Vorbehaltes hat aber bisher nur Frankreich Gebrauch gemacht.

B. Die internationale Zuständigkeit nach autonomem Recht

32 Soweit das EuGVÜ/LGVÜ (dazu s Rz 6ff) nicht zur Anwendung kommt, ist die internationale Zuständigkeit Österreichs immer dann gegeben, wenn das (unbewegliche) **Bestandobjekt in Österreich** belegen ist (§ 83 JN iVm § 27a JN). Da aber Art 16 Z 1 EuGVÜ/LGVÜ immer dann anzuwenden ist, wenn die unbewegliche Sache in Österreich belegen ist, richtet sich die internationale Zuständigkeit nur dann nach §§ 83, 27a JN, wenn es sich um eine Bestandstreitigkeit iSd § 49 Abs 2 Z 5 JN handelt, die nicht eine sich unmittelbar aus dem Miet- oder Pachtvertrag ergebende Verpflichtung zum Gegenstand hat. Die nach § 83 iVm § 27a JN gegebene internationale Zuständigkeit kann nicht durch eine Gerichtsstandsvereinbarung abbedungen werden.

33 Wenn sich das Bestandobjekt im Ausland befindet, kann gem § 104 Abs 4 JN die internationale Zuständigkeit Österreichs weder durch eine Gerichtsstandsvereinbarung iSd § 104 Abs 1 JN noch durch Verabsäumen der (rechtzeitigen) Einrede der internationalen Unzuständigkeit (§ 104 Abs 3 JN) begründet werden. Dies gilt – im Gegensatz zu Art 16 Z 1 lit b EuGVÜ/LGVÜ – (unverständlicherweise) auch dann, wenn es sich um eine kurzfristige Gebrauchsüberlassung handelt.

Vor §§ 83a und 83b JN: Zwangsgerichtsstände

Lit: *Grubmann,* Das Versicherungsvertragsgesetz[4] (1995); *Schoibl,* Die Niederlassung im österreichischen Zivilprozeßrecht, in *Schuhmacher/Gruber,* Rechtsfragen der Zweigniederlassung (1993) 301; *Schwarzer/Csoklich/List,* Das österreichische Währungs- und Devisenrecht[4] (1987).

Übersicht:

I. Allgemeines

1 Eine besondere Form der ausschließlichen Gerichtsstände bilden die **Zwangsgerichtsstände.** Bei ihnen ist ausdrücklich jede abweichende Zuständigkeitsvereinbarung verboten. Solange ein solches Verbot nicht im Gesetz enthalten ist, muß eine Gerichtsstandsnorm auch bei Verwendung der Worte „ausschließlich", „allein" oder „nur" grundsätzlich als ein ausschließlicher Gerichtsstand angesehen werden, der zwar den allgemeinen Gerichtsstand nach §§ 65 bis 75 JN ausschließt, nicht aber eine abweichende Zuständigkeitsvereinbarung zwischen den Parteien verhindert. Ausnahmen bilden jedoch die namentlichen Zuständigkeiten und die individuellen Zuständigkeiten, wenn die Gerichts-

standsvereinbarung dem Zweck der Bestimmung widerspricht. Näheres s § 104 JN Rz 151 ff.

Die Verletzung einer durch einen Zwangsgerichtsstand geschaffenen Zuständigkeitsnorm bewirkt eine **unprorogable Unzuständigkeit** (der einzige Fall unprorogabler Unzuständigkeit im Bereich der örtlichen Zuständigkeit). Diese Unzuständigkeit kann von Amts wegen oder über Einrede des Beklagten solange wahrgenommen werden, als sie nicht nach § 104 Abs 3 JN geheilt ist (§ 240 Abs 2 ZPO). Zur Heilung der unprorogablen (örtlichen) Unzuständigkeit s § 104 JN Rz 180 ff. Weiters kann die unprorogable örtliche Unzuständigkeit nicht mehr wahrgenommen werden, wenn eine bindende Gerichtsentscheidung über die Zuständigkeit vorliegt, wenn also eine ausdrückliche Entscheidung über die örtliche Zuständigkeit rechtskräftig geworden ist (Analogie zu § 42 Abs 3 JN). 2

Das Bestehen eines Zwangsgerichtsstandes **schließt** eine **Delegation** von Amts wegen (§ 30 JN) oder über Antrag (§ 31 a Abs 1 JN) **nicht aus.** Allerdings darf, wenn ein Zwangsgerichtsstand vorliegt, eine Delegation nach § 31 a Abs 1 JN nur unter Einhaltung der in § 104 Abs 3 JN normierten Voraussetzungen erfolgen (*Fasching,* Lehrbuch[2] Rz 211; *Mayr* in *Rechberger,* ZPO § 31 a JN Rz 1; *Rechberger/Simotta,* Zivilprozeßrecht[5] Rz 156). Dies gilt allerdings nicht beim Gerichtsstand des Verbrauchers, weil seit der WGN 1997 gem § 14 Abs 1 KSchG Gerichtsstandsvereinbarungen, die für bereits entstandene Rechtsstreitigkeiten abgeschlossen werden, unbeschränkt zulässig sind. Die Delegation nach § 31 a Abs 1 JN stellt aber nichts anderes als eine nachträgliche Konsensprorogation dar, die während eines bereits anhängigen Rechtsstreits vorgenommen wird. Näheres s Rz 99 f. 3

Im einzelnen bestehen **folgende Zwangsgerichtsstände:** 4

- Gerichtsstand für gehäufte Vaterschaftsklagen (§ 76 c Abs 2 JN);
- Gerichtsstand für Streitigkeiten aus Teilschuldverschreibungen (§ 83 a JN);
- Gerichtsstände für Streitigkeiten aus dem Verbandsverhältnis (§ 83 b JN, § 15 b KuratorenG);
- Zuständigkeit für die Nichtigkeits- und Wiederaufnahmsklage (§ 532 ZPO);
- Gerichtsstand für Klagen aus dem Versicherungsverhältnis (§ 48 VersVG), Näheres s Rz 5 f;
- Gerichtsstand für Arbeitsrechtssachen nach § 50 Abs 1 Z 4 ASGG (§ 4 Abs 1 Z 2 ASGG), Näheres s Rz 7;
- Gerichtsstand für Arbeitsrechtssachen nach § 50 Abs 1 Z 5, 5 a und 6 ASGG (§ 4 Abs 1 Z 3 ASGG), Näheres s Rz 8;
- Gerichtsstand für die in §§ 5 a und 5 b ASGG genannten Arbeitsrechtssachen (§§ 5 a und 5 b ASGG), Näheres s Rz 9;
- Gerichtsstand für Sozialrechtssachen (§ 7 ASGG), Näheres s Rz 10;
- Gerichtsstand für Klagen und einstweilige Verfügungen nach dem Patentgesetz, Halbleiterschutzgesetz, Musterschutzgesetz, Gebrauchsmustergesetz und Sortenschutzgesetz (§ 162 Abs 1 PatG, § 23 Abs 1 HlSchG, § 38 Abs 1 MuSchG, § 44 Abs 1 GMG, § 32 Abs 1 SortSchG), Näheres s Rz 11;
- Gerichtsstand für Klagen gegen die Nationalbank (§ 75 Abs 1 NBG), Näheres s Rz 12;
- Gerichtsstand für Klagen nach dem Vlbg, dem Bgld und dem Sbg LandesvergabeG, Näheres s Rz 13;
- Gerichtsstand für Feststellungsklagen nach Art 21 des Europäischen Übereinkommens über die Staatenimmunität (§ 1 des BG über die Ausübung

der Gerichtsbarkeit iSd Art 21 des Europäischen Übereinkommens über die Staatenimmunität BGBl 1976/433), Näheres s Rz 14;

- Gerichtsstand für Klagen nach § 178g VersVG (§ 178g Abs 2 VersVG), Näheres s Rz 15;
- Gerichtsstände in reinen Exekutionssachen und im Verfahren zur Erlassung einstweiliger Verfügungen (§ 51 EO).

Dagegen ist bei den exekutionsrechtlichen und den sonstigen mit dem Exekutionsverfahren im Zusammenhang stehenden Klagen eine Gerichtsstandsvereinbarung zulässig (*Heller/Berger/Stix*[4] I 605 ff; *Holzhammer,* Zwangsvollstreckungsrecht[4], 75; *Rechberger,* Exekution 174; *Rechberger/Simotta,* Exekutionsverfahren[2] Rz 64; *Walker,* Exekutionsrecht[4], 15 f; EvBl 1972/322; SZ 19/279 = RZ 1938, 27; JBl 1930, 415 = Rsp 1930/367). Ausgeschlossen ist jedoch bei den Klagen nach §§ 35–37 EO die Begründung der internationalen Zuständigkeit durch Parteienvereinbarung nach § 104 Abs 1 JN oder durch rügelose Einlassung nach § 104 Abs 3 JN (§ 38 Abs 2 EO). Desgleichen kann auch, wenn in Österreich ein Exekutionsverfahren anhängig ist, die nach § 35 Abs 2, § 36 Abs 2, § 37 Abs 3 EO iVm § 27a JN gegebene österreichische internationale Zuständigkeit nicht durch eine Parteienvereinbarung ausgeschlossen werden. Ausführlich § 104 JN Rz 117;

- Gerichtsstände nach der KO und AO (§ 172 Abs 2 KO, § 76 Abs 2 AO). Ausführlich § 104 JN Rz 158 ff;
- Gerichtsstände im Außerstreitverfahren (EvBl 1981/150; LGZ Wien EFSlg 10.497 [1968]; EvBl 1959/381; SZ 24/121 [1951]), allerdings ist infolge eines Verweises auf § 104 JN bei den außerstreitigen Eheangelegenheiten eine Gerichtsstandsvereinbarung bezüglich der örtlichen Zuständigkeit zulässig (§ 114a Abs 1 bis 3 JN). Die internationale Zuständigkeit kann dagegen durch eine Gerichtsstandsvereinbarung weder begründet noch ausgeschlossen werden (§ 104 Abs 5 JN). Auch eine Heilung der internationalen Zuständigkeit nach § 104 Abs 3 JN ist nicht möglich. Näheres s § 104 JN Rz 167.

Prorogationsverbote enthält der Gerichtsstand des Verbrauchers (§ 14 KSchG). Näheres s Rz 16 ff.

II. Die nicht in der JN oder ZPO geregelten Zwangsgerichtsstände im einzelnen

A. Der Gerichtsstand für Klagen aus dem Versicherungsverhältnis (§ 48 VersVG)

5 Hat ein Versicherungsagent den Versicherungsvertrag vermittelt oder abgeschlossen, so ist für Klagen aus dem Versicherungsverhältnis gegen den Versicherer das Gericht zuständig, in dessen Sprengel der **Agent zur Zeit der Vermittlung oder des Abschlusses des Vertrages seine gewerbliche Niederlassung oder** in deren Ermangelung seinen **Wohnsitz** hatte (§ 48 Abs 1 VersVG).

Die nach § 48 Abs 1 VersVG begründete Zuständigkeit kann durch Vereinbarung nicht ausgeschlossen werden (§ 48 Abs 2 VersVG).

6 Beim Gerichtsstand nach § 48 VersVG handelt es sich somit um einen **Zwangsgerichtsstand.** Nach anderer Meinung (*Matscher,* Zuständigkeitsvereinbarungen 49 und 66; *Mayr* in *Rechberger,* ZPO § 87 JN Rz 8; *Schoibl* in *Schuhmacher/Gruber,* Zweigniederlassung 352 f; vgl auch *Grubmann,* Versicherungsvertragsgesetz[4], 148 f) liegt ein sog „Wahlzwangsgerichtsstand" vor, der zwar durch Parteiendisposition nicht ausgeschlossen werden kann, neben dem aber weitere (Wahl-)Gerichtsstände prorogiert werden könnten. Dies läßt sich

jedoch mit dem Gesetzestext „ist zuständig" nicht vereinbaren. Näheres s § 104 JN Rz 146.

Soweit das EuGVÜ/LGVÜ anwendbar ist, sind vor allem für die internationale Zuständigkeit Art 7ff zu beachten. Näheres s Vor §§ 76 bis 84 JN Rz 20ff.

B. Der Gerichtstand für Arbeitsrechtssachen nach § 50 Abs 1 Z 4 ASGG (§ 4 Abs 1 Z 2 ASGG)

Für Rechtsstreitigkeiten zwischen juristischen Personen, die zur Gewährung von Ruhegenüssen, Versorgungsgenüssen oder ähnlichen einem früheren Arbeitsverhältnis entspringenden Leistungen errichtet und keine Sozialversicherungsträger sind, und Personen, die solche Leistungen beanspruchen, ist nur das Gericht zuständig, in dessen Sprengel 7

- die juristische Person ihren **Sitz** hat,
- die Ruhegenüsse oder sonstigen Leistungen **auszuzahlen** sind oder
- der Kläger seinen **Wohnsitz oder gewöhnlichen Aufenthalt** hat.

Näheres s *Fink,* ASGG 27; *Kuderna,* ASGG², 76ff.

C. Der Gerichtsstand für Arbeitsrechtssachen nach § 50 Abs 1 Z 5, 5a und 6 ASGG (§ 4 Abs 1 Z 3 ASGG)

Für Rechtsstreitigkeiten über Ansprüche nach dem Bauarbeiter-Urlaubs- und AbfertigungsG, BGBl 1972/414, zwischen der Urlaubskasse und Arbeitgebern oder Arbeitnehmern mit Ausnahme des in § 25 BUAG geregelten Verfahrens, über Ansprüche nach dem Bauarbeiter-SchlechtwetterentschädigungsG 1957, BGBl 129, zwischen der Urlaubs- und Abfertigungskasse und Arbeitgebern und über Ansprüche gegen die Gehaltskasse auf Zahlung der nach dem GehaltskassenG 1959, BGBl 254, gebührenden Bezüge ist nur das Gericht zuständig, in dessen Sprengel 8

- die Bauarbeiter-Urlaubskasse bzw die Gehaltskasse ihren **Sitz** hat oder
- der Kläger seinen **Wohnsitz oder gewöhnlichen Aufenthalt** hat.

Näheres s *Fink,* ASGG 27; *Kuderna,* ASGG², 76ff.

D. Der Gerichtsstand für die in §§ 5a und 5b ASGG genannten Arbeitsrechtssachen

Für Rechtsstreitigkeiten, die sich auf die Konzernvertretung (§§ 88a, 88b ArbVG) beziehen, sind nur die Gerichte örtlich zuständig, in deren Sprengel ein Unternehmen des Konzerns seinen Sitz hat (§ 5a ASGG). Näheres s *Fink,* ASGG 28ff; *Kuderna,* ASGG², 89f. 9

Für Rechtsstreitigkeiten, die sich auf das besondere Verhandlungsgremium (§§ 177 bis 188 ArbVG), auf den Europäischen Betriebsrat (§§ 189 und 191 bis 203 ArbVG), auf das Verfahren zur Unterrichtung und Anhörung der Arbeitnehmer (§ 190 ArbVG) oder auf Vereinbarungen gemäß § 206 ArbVG beziehen, sind nur die Gerichte örtlich zuständig, in deren Sprengel ein Unternehmen seinen Sitz hat. Hat kein Unternehmen seinen Sitz in Österreich, so sind nur die Gerichte örtlich zuständig, in deren Sprengel sich ein Betrieb befindet (§ 5b Abs 1 ASGG). Die internationale Zuständigkeit für diese Rechtsstreitigkeiten ist nur dann gegeben, wenn die zentrale Leitung (§ 171 Abs 3 oder 4 ArbVG) im Inland liegt oder es sich um Angelegenheiten nach § 172 ArbVG handelt (§ 5b Abs 2 ASGG).

E. Der Gerichtsstand für Sozialrechtssachen (§ 7 ASGG)

10 Für die in § 65 Abs 1 Z 1, 2, 4 bis 6 und 8 ASGG genannten Rechtsstreitigkeiten ist nur das Gericht örtlich zuständig, in dessen Sprengel der Wohnsitz oder gewöhnliche Aufenthalt des Versicherten liegt (§ 7 Abs 1 ASGG).

Hat der Versicherte keinen Wohnsitz oder gewöhnlichen Aufenthalt im Inland, so sind gem § 7 Abs 2 ASGG in nachstehender Reihenfolge nur folgende Gerichte örtlich zuständig:

Bei einem Wohnsitz oder gewöhnlichen Aufenthalt des Versicherten

1. in der Bundesrepublik Deutschland das LG Innsbruck sowie nach der Wahl des Versicherten auch die LG Feldkirch, Linz und Salzburg,
2. in Liechtenstein oder der Schweiz das LG Feldkirch,
3. in Italien das LG Innsbruck sowie nach der Wahl des Versicherten auch das LG Klagenfurt,
4. in Bosnien-Herzegowina, der ehemaligen jugoslawischen Republik Mazedonien, Kroatien oder Slowenien das LGZ Graz oder
5. in einem anderen Land oder bei Fehlen eines Wohnsitzes oder gewöhnlichen Aufenthalts das Gericht, in dessen Sprengel der Sitz des Beklagten liegt.

Verlegt der Versicherte während des Verfahrens, jedoch vor Schluß der mündlichen Streitverhandlung erster Instanz seinen Wohnsitz (gewöhnlichen Aufenthalt), sodaß nach § 7 Abs 1 oder 2 ASGG ein anderes als das angerufene Gericht zuständig wäre, so geht, wenn der Versicherte dies geltend macht (§ 38 Abs 3 ASGG), die Zuständigkeit auf das Gericht des neuen Wohnsitzes (gewöhnlichen Aufenthalts) über (§ 7 Abs 3 ASGG).

Für die in § 65 Abs 1 Z 3 ASGG genannten Rechtsstreitigkeiten ist nur das Gericht örtlich zuständig, in dessen Sprengel der Sitz des Klägers liegt. Für die in § 65 Abs 1 Z 7 ASGG genannten Rechtsstreitigkeiten ist nur das Gericht zuständig, in dessen Sprengel sich der Sitz des Gerichtes erster Instanz befindet, das über die Eröffnung des Konkurses oder in einer Angelegenheit nach § 1 Abs 1 Z 1 bis 7 des Insolvenz-Entgeltsicherungsgesetzes (IESG), BGBl 1977/324, einen Beschluß gefaßt oder ein Urteil nach § 1a Abs 1 IESG erlassen hat; hat ein ausländisches Gericht eine dieser Entscheidungen getroffen, die auf Grund von völkerrechtlichen Verträgen im Inland anerkannt wird, ist nur das ASG Wien zuständig (§ 7 Abs 4 ASGG).

Näheres s *Fink,* ASGG 30ff; *Kuderna,* ASGG[2], 93ff.

F. Der Gerichtsstand für Klagen und einstweilige Verfügungen nach dem Patentgesetz, dem Halbleiterschutzgesetz, dem Musterschutzgesetz, dem Gebrauchsmustergesetz und dem Sortenschutzgesetz (§ 162 Abs 1 PatG, § 23 Abs 1 HlSchG, § 38 Abs 1 MuSchG, § 44 Abs 1 GMG, § 32 Abs 1 SortSchG)

11 Für Klagen und einstweilige Verfügungen nach den genannten Gesetzen ist ausschließlich das **HG Wien** zuständig (Senatsbesetzung ohne Rücksicht auf den Streitwert). Da hier eine **namentliche Zuständigkeit** vorliegt, ist eine Gerichtsstandsvereinbarung unzulässig (vgl *Matscher,* Zuständigkeitsvereinbarungen 45f; aA *Fasching*[1] I 390). Näheres s § 104 JN Rz 151.

G. Der Gerichtsstand für Klagen gegen die Nationalbank (§ 75 Abs 1 NBG)

12 Klagen gegen die Nationalbank können nur beim **HG Wien** erhoben werden. Wenn es sich allerdings um Arbeitsrechtssachen handelt, gehören auch gegen die Nationalbank gerichtete Klagen vor die ASG (vgl zum ArbGG

Schwarz/Csoklich/List, Währungs- und Devisenrecht[4], 241; SZ 23/218 [1950]; SZ 51/54 = Arb 9695 = DRdA 1978, 362; aA *Fasching*[1] I 390 mit der nur im Verhältnis zum ArbGG gültigen Begründung, daß es sich beim NBG 1955 um die lex posterior handle). Denn das ASGG ist gegenüber dem NBG die lex posterior. Außerdem geht aus zahlreichen anderen Bestimmungen, zB § 51 Abs 1 Z 3 und 6 JN, § 51 Abs 2 Z 10 JN, § 35 Abs 1 und § 36 Abs 2 EO, § 111 Abs 1 KO, § 9 Abs 3 AHG und § 8 Abs 1 OrgHG hervor, daß für Arbeitsrechtssachen die Zuständigkeit des ASG allen anderen sachlichen Zuständigkeiten vorgeht.

Bereits aus dem Wort **„nur"** kann abgeleitet werden, daß es sich bei § 75 NBG um einen Zwangsgerichtsstand handelt. Darüber hinaus enthält er eine **namentliche Zuständigkeit** des HG Wien, welche nicht durch Parteienvereinbarung abänderbar ist (*Matscher,* Zuständigkeitsvereinbarungen 45 f; aA *Fasching*[1] I 390). Näheres s § 104 JN Rz 151.

In Streitsachen, welche die Erfüllung von Verpflichtungen der Oesterreichischen Nationalbank aus dem EG-Vertrag oder dem ESZB/EZB-Statut betreffen, ist nach § 75 Abs 1, 2. Satz NBG (eingefügt durch BGBl I 1998/60) der Gerichtshof der Europäischen Gemeinschaft zuständig.

H. Die Gerichtsstände für Klagen nach dem Vorarlberger, dem Burgenländischen und dem Salzburger LandesvergabeG

Zur Entscheidung über Schadenersatzansprüche nach den betreffenden LandesvergabeG ist unabhängig vom Streitwert nach § 18 Vlbg VergG (LGBl 1998/20) das LG Feldkirch, nach § 107 Bgld VergG (LGBl 1995/1) das LG Eisenstadt und nach § 14 Sbg LVergG (LGBl 1998/1) das LG Salzburg zuständig. Da es sich hier um **namentliche Zuständigkeiten** handelt, liegen **Zwangsgerichtsstände** vor (*Matscher,* Zuständigkeitsvereinbarungen 45 f). Näheres s § 104 JN Rz 151. **13**

I. Der Gerichtsstand für Feststellungsklagen nach Art 21 des Europäischen Übereinkommens über Staatenimmunität

Nach § 1 des BG über die Ausübung der Gerichtsbarkeit iSd Art 21 des Europäischen Übereinkommens über Staatenimmunität, BGBl 1976/433, ist zur Feststellung, ob die Republik Österreich die Entscheidung eines Gerichtes eines anderen Mitgliedstaates iSd Art 20 des Europäischen Übereinkommens über Staatenimmunität (BGBl 1976/432) zu erfüllen hat, das **LGZ Wien** ausschließlich zuständig. Gleiches gilt für die Erfüllung eines Vergleiches iSd Art 22 des Übereinkommens. Die Gerichtsbarkeit wird ohne Rücksicht auf den Wert des Streitgegenstandes ausgeübt. Da hier eine **namentliche Zuständigkeit** vorliegt, ist eine abweichende Gerichtsstandsvereinbarung unzulässig (*Matscher,* Zuständigkeitsvereinbarungen 45 f). Es liegt somit ein **Zwangsgerichtsstand** vor. **14**

Ist gegen einen Vertragsstaat eine Entscheidung ergangen und erfüllt er sie nicht, so kann nach Art 21 Abs 1 des Europäischen Übereinkommens über Staatenimmunität die Partei, die sich auf die Entscheidung beruft, von dem zuständigen Gericht dieses Staates eine Feststellung darüber verlangen, ob die Entscheidung nach Art 20 erfüllt werden muß. Nach § 1 Abs 3 des BG über die Ausübung von Gerichtsbarkeit iSd Art 21 des Europäischen Übereinkommens über Staatenimmunität iVm Art 21 Abs 1 letzter Satz des Europäischen Über-

J. Der Gerichtsstand für Klagen nach § 178g VersVG

15 Nach § 178g Abs 1 VersVG (BGBl 1959/2) hat der Versicherer eine Änderung der Prämie oder des Versicherungsschutzes unverzüglich der Wirtschaftskammer Österreich, der Bundeskammer für Arbeiter und Angestellte, dem österreichischen Landarbeiterkammertag, der Präsidentenkonferenz der Landwirtschaftskammern Österreichs, dem österreichischen Gewerkschaftsbund, der Finanzprokuratur und dem Verein für Konsumenteninformation mitzuteilen.

Insoweit eine vom Versicherer erklärte Änderung der Prämie oder des Versicherungsschutzes unwirksam ist, besonders weil sie § 178f VersVG und den allgemeinen Versicherungsbedingungen, nach denen die Versicherungsverträge geschlossen sind, widerspricht, sind diese Stellen berechtigt, vom Versicherer die Unterlassung dieser Änderung zu verlangen. Dieser Anspruch erlischt, wenn er nicht binnen dreier Monate gerichtlich geltend gemacht wird; der Versicherer und die betreffende Stelle können die Klagefrist einvernehmlich verlängern.

Für die Klage ist gem § 178g Abs 2 VersVG **nur** das **HG Wien** zuständig. Hat jedoch der Versicherer seinen Sitz im Ausland und keiner der von der umstrittenen Änderung betroffenen Versicherungsnehmer seinen Wohnsitz im Sprengel dieses Gerichts, so ist nach Wahl des Klägers jedes die Gerichtsbarkeit in Handelssachen ausübende LG zuständig, in dessen Sprengel der Wohnsitz wenigstens eines betroffenen Versicherungsnehmers liegt; klagt außerdem eine andere der in § 178g Abs 1 VersVG genannten Stellen denselben Versicherer bei einem anderen Gericht, so ist § 31 a Abs 2 JN sinngemäß anzuwenden.

Der Wert des Streitgegenstands beträgt gem § 178g Abs 3 VersVG höchstens 1 Million Schilling.

III. Der Gerichtsstand des Verbrauchers (§ 14 KSchG)

(1) Hat der Verbraucher im Inland seinen Wohnsitz oder seinen gewöhnlichen Aufenthalt oder ist er im Inland beschäftigt, so kann für eine Klage gegen ihn nach den §§ 88, 89, 93 Abs. 2 und 104 Abs. 1 JN nur die Zuständigkeit des Gerichtes begründet werden, in dessen Sprengel der Wohnsitz, der gewöhnliche Aufenthalt oder der Ort der Beschäftigung liegt; dies gilt nicht für Rechtsstreitigkeiten, die bereits entstanden sind.

(2) Das Fehlen der inländischen Gerichtsbarkeit sowie der örtlichen Zuständigkeit des Gerichts ist in jeder Lage des Verfahrens von Amts wegen wahrzunehmen; die Bestimmungen über die Heilung des Fehlens der inländischen Gerichtsbarkeit oder der sachlichen oder örtlichen Zuständigkeit (§ 104 Abs. 3 JN) sind jedoch anzuwenden.

(3) Eine Vereinbarung, mit der für eine Klage des Verbrauchers gegen den Unternehmer ein nach dem Gesetz gegebener Gerichtsstand ausgeschlossen wird, ist dem Verbraucher gegenüber rechtsunwirksam.

(4) Die Abs. 1 bis 3 sind insoweit zur Gänze oder zum Teil nicht anzuwenden, als nach Völkerrecht oder besonderen gesetzlichen Anordnungen ausdrücklich anderes bestimmt ist.

Abs 1 und 2 idF Art XXIII WGN 1997 BGBl I 140; Abs 3 idF BGBl 1979/140; Abs 4 eingefügt durch Art XXIII WGN 1997 BGBl I 140

Lit: *Berger,* Die verfahrensrechtlichen Bestimmungen des Konsumentenschutzgesetzes, RZ 1980, 1; *Csoklich,* Die Allgemeinen Österreichischen Spediteurbedingungen und das Konsumentenschutzgesetz, ÖJZ 1986, 437; *ders,* Neue AÖSp, Verbesserungen – alte Fehler – Versäumnisse, RdW 1989, 54; *Edlbacher,* Kommentar zum Ratengesetz (1962); *Fasching,* Die Stellung des Notars im Zivilprozeß nach den letzten Änderungen des Zivilverfahrensrechts, Wagner-FS (1987) 117; *Feitzinger,* Verfahrensvorschriften im Konsumentenschutzgesetz, VJ 1979, 23; *Friedberg,* Gerichtsstandsvereinbarungen in Vollmachten,

AnwBl 1979, 250; *Jelinek,* Gerichtszuständigkeit im Verbraucherprozeß (§ 14 KSchG) in *Krejci,* Handbuch zum Konsumentenschutzgesetz (1981) 859; *Kaltenbäck,* Konsumentenschutzgesetz und Anwaltstätigkeit, AnwBl 1979, 354; *Kohlegger,* Konsumentenschutzgesetz (1979); *Kosesnik-Wehrle/Lehofer/G. Mayer,* Konsumentenschutzgesetz (1997); *Krejci,* Grundfragen zum Geltungsbereich des I. Hauptstückes des KSchG, in *Krejci,* Handbuch zum Konsumentenschutzgesetz (1981) 203; *ders,* KSchG und Bauvertragsrecht, in *Krejci,* Handbuch zum Konsumentenschutzgesetz (1981) 671; *ders,* Konsumentenschutzgesetz (1986); *Krejci/Schilcher/Steininger,* Konsumentenschutzgesetz (1978); *Lorenz-Liburnau,* Die Vertragsversicherung und das Konsumentenschutzgesetz, VR 1979, 321; *Martinek/Schwarz,* Ratengesetz (1962); *Moser,* Anwaltsvollmacht und Konsumentenschutz, AnwBl 1979, 337; *Prunbauer,* Ist der Rechtsanwalt Unternehmer im Sinne des KSchG? JBl 1981, 417; *Reindl,* Entstehung und Konzeption des KSchG, in *Krejci,* Handbuch zum Konsumentenschutzgesetz (1981) 71; *Schalich,* Überblick über die Zivilverfahrensnovelle 1983, ÖJZ 1983, 253; *Schobel,* Der verfahrensrechtliche Inhalt des neuen Ratengesetzes, ÖJZ 1962, 57; *Schoibl,* Zum Abschluß von Gerichtsstandsvereinbarungen im deutsch-österreichischen Rechtsverkehr, BeitrZPR IV (1991) 121; *Schragel,* Konsumentenschutz im Zivilprozeß, in *BMJ,* Verbesserter Zugang zum Recht, Richterwoche 1979 (1980) 217; *Schumacher,* Der Gerichtsstand des Wechselzahlungsortes, RdW 1988, 416; *Stölzle,* Nochmals: Substitution und Konsumentenschutzgesetz, AnwBl 1979, 392; *ders,* Gerichtsstand und Konsumentenschutz, AnwBl 1979, 392; *Welser,* Die Beschränkung der Vertragsfreiheit beim Konsumentengeschäft, JBl 1980, 1 und 72; *ders,* Zum Geltungsbereich des I. Hauptstückes des KSchG, in *Krejci,* Handbuch zum Konsumentenschutzgesetz (1981) 193.

A. Allgemeines

§ 14 KSchG, dem § 6 RatG 1896 und § 12 RatG 1961 als Vorbild dienten (*Krejci* in *Rummel,* ABGB² II § 14 KSchG Rz 1), ist eine **zuständigkeitsrechtliche lex fugitiva** (*Jelinek* in *Krejci,* Handbuch 861). 16

§ 14 KSchG schafft keine die JN verdrängende positive Zuständigkeitsordnung für Klagen aus Verbrauchergeschäften, sondern enthält **nur Prorogationsverbote** (*Kosesnik-Wehrle/Lehofer/G. Mayer,* KSchG § 14 Rz 2; *Mayr* in *Rechberger,* ZPO § 14 KSchG Rz 1; SZ 63/188 = EvBl 1991/16 = IPRE 3/193 = JBl 1992, 256 = ÖBA 1991/276; IPRE 3/246 = JBl 1990, 385; SZ 56/159 = EvBl 1984/97 = HS 15.035 und 15.050). Näheres s Rz 68 f. 17

Abs 1 enthält Prorogationsverbote **für Klagen** des Unternehmers **gegen den Verbraucher** (Näheres s Rz 51 ff) und **Abs 3** Prorogationsverbote **für Klagen** des Verbrauchers **gegen den Unternehmer** (Näheres s Rz 83 ff). 18

Die Prorogationsverbote beziehen sich **nur auf die örtliche,** nicht auch auf die sachliche **Zuständigkeit** (*Ballon,* Zivilprozeßrecht⁸ Rz 66; *Jelinek* in *Krejci,* Handbuch 863; *Krejci,* KSchG § 14 Rz 2; *ders* in *Rummel,* ABGB² II § 14 KSchG Rz 2; *Schoibl,* BeitrZPR IV 185). Eine Änderung der sachlichen Zuständigkeit ist daher auch in Verbrauchersachen im Rahmen des § 104 Abs 2 JN zulässig. 19

Soweit die österreichische **internationale Zuständigkeit durch** die **örtliche Zuständigkeit bestimmt** wird (vgl § 27a JN), betrifft das Prorogationsverbot des § 14 Abs 3 KSchG **auch** die (österreichische) **internationale Zuständigkeit.** Würden die Parteien eine Gerichtsstandsvereinbarung treffen, in der entweder sämtliche österreichische Gerichtsstände ausgeschlossen werden oder die ausschließliche Zuständigkeit ausländischer Gerichte vereinbart wird, würden sie damit die internationale Zuständigkeit Österreichs abbedingen. Gerade aber die genannten Zuständigkeitsvereinbarungen sind vom Prorogationsverbot des § 14 Abs 3 KSchG erfaßt. Denn wird die ausschließliche Zuständigkeit eines ausländischen Gerichts vereinbart, werden dadurch alle gesetzlich gegebenen Gerichtsstände in Österreich ausgeschlossen. Wenn der Beklagte allerdings seinen 20

Wohnsitz bzw Sitz in einem Vertragsstaat des EuGVÜ/LGVÜ hat, richtet sich die internationale Zuständigkeit nach Art 13 ff EuGVÜ/LGVÜ.

21 Dagegen enthält § 14 Abs 1 KSchG keine Regelung, die nach der Haager Jurisdiktionsformel für Klagen gegen einen im Inland wohnhaften oder sich gewöhnlich aufhaltenden oder beschäftigten Verbraucher die ausschließliche internationale Zuständigkeit vorschreiben würde (IPRE 3/246 = JBl 1990, 385).

22 § 14 KSchG enthält **keine Beschränkungen der** (durch freiwilligen Verzicht auf die Immunität herbeigeführten) **Unterwerfung** der Immunität genießenden Person **unter die inländische Gerichtsbarkeit** (Art IX EGJN) sowie der Vereinbarung des ordentlichen Gerichtes anstatt des Börsenschiedsgerichtes (Art XIII a EGZPO) (*Jelinek* in *Krejci,* Handbuch 863 f).

Zur Frage, ob Schiedsvereinbarungen (§§ 577 ff ZPO) durch § 14 KSchG berührt werden, s Rz 78, 96.

23 § 14 **Abs 2** KSchG regelt, wie lange die unprorogable örtliche sowie die prorogable internationale Unzuständigkeit in Verbrauchersachen wahrgenommen werden können, und daß diese nach § 104 Abs 3 JN heilen (Näheres s Rz 79 ff).

B. Zweck

24 Durch § 14 KSchG soll der **Verbraucher vor Gerichtsstandsvereinbarungen geschützt** werden, **die ihm** die **Prozeßführung erschweren bzw für ihn nachteilig** sind (ErläutRV zum KSchG [744 BlgNR 14. GP] 15, 33; *Kosesnik-Wehrle/Lehofer/G. Mayer,* KSchG § 14 Rz 1; *Schoibl,* BeitrZPR IV 187; LGZ Wien WR 503 [1991]; EvBl 1991/16; ähnlich *Krejci* in *Rummel,* ABGB[2] II § 14 KSchG Rz 2). Der Verbraucher soll nicht gezwungen werden können, an einem entfernten Gericht zu prozessieren (*Ballon,* Zivilprozeßrecht[8] Rz 66).

25 § 14 KSchG sucht seinen Zweck dadurch zu erreichen, daß von der gesetzlichen Zuständigkeitsregelung ausgegangen wird und nur rechtsgeschäftliche Verschiebungen der Zuständigkeit zum Nachteil des Verbrauchers ausgeschlossen werden und damit die **Zuständigkeitsregelung (einseitig) zwingend** wird (ErläutRV zum KSchG [744 BlgNR 14. GP] 33; *Kosesnik-Wehrle/Lehofer/G. Mayer,* KSchG § 14 Rz 1; LGZ Graz MietSlg 32.258/40 [1980]).

C. Gleichheitswidrigkeit?

26 Obwohl der Verbraucher gegenüber dem Unternehmer privilegiert wird, der Unternehmer aber nicht in allen vom KSchG erfaßten Fällen der wirtschaftlich Überlegene ist, ist § 14 KSchG dennoch **mit dem Gleichheitssatz vereinbar** (dies bezweifelnd *Berger,* RZ 1980, 1). Denn **in der Masse der Fälle,** auf die § 14 KSchG angewendet wird, besteht sehr wohl eine **wirtschaftliche Überlegenheit des Unternehmers.** Nach der Judikatur des VfGH (VfSlg 8942, 8767 [1980], 5318 [1966], 3595 [1959]; vgl *Walter/Mayer,* Bundesverfassungsrecht[8] Rz 1350 mwN) liegt eine Gleichheitswidrigkeit jedoch dann nicht vor, wenn der Gesetzgeber bei einer Regelung von einer Durchschnittsbetrachtung ausgeht und auf den Regelfall abstellt, auch wenn dadurch Härtefälle entstehen.

D. Anwendungsbereich

1. Zeitlicher Anwendungsbereich

27 § 14 KSchG ist nur auf jene **Gerichtsstandsvereinbarungen** anzuwenden, **die** nach dem Inkrafttreten des KSchG, dh **nach dem 30. 9. 1979 abgeschlossen worden sind** (*Kosesnik-Wehrle/Lehofer/G. Mayer,* KSchG § 14 Rz 11). Denn

nach § 39 Abs 1 KSchG ist das KSchG auf Verträge, die vor seinem Inkrafttreten abgeschlossen worden sind, nicht anzuwenden (*Jelinek* in *Krejci,* Handbuch 926; *Mayr* in *Rechberger,* ZPO § 14 KSchG Rz 2; LGZ Wien WR 503 [1991]; aA LGZ Graz MietSlg 32.258/40 [1980] mit der Begründung, daß § 39 Abs 1 KSchG sich nur auf die materiellrechtlichen Bestimmungen des KSchG beziehe, es sich jedoch bei Gerichtsstandsvereinbarungen nach § 104 JN um Tatbestände des Prozeßrechts handle). Vor dem 1. 10. 1979 wirksam abgeschlossene Gerichtsstandsvereinbarungen sind demnach durch das Inkrafttreten des KSchG einem Verbraucher gegenüber nicht rückwirkend unwirksam geworden (LGZ Wien WR 503 [1991]; OLG Wien 21. 8. 1987 REDOK 11.111).

Seit der WGN 1997 unterliegen Gerichtsstandsvereinbarungen **für Rechtsstreitigkeiten, die bereits entstanden sind, nicht den Prorogationsbeschränkungen des § 14 Abs 1 KSchG** (§ 14 Abs 1 letzter Satz KSchG). Nach Art XXXII Pkt 1 lit d WGN 1997 ist die Neufassung des § 14 KSchG ab 1. 1. 1998 anzuwenden. In Übereinstimmung mit § 39 Abs 1 KSchG wird dies wohl dahingehend auszulegen sein, daß – soweit diese erst nach Entstehung der Rechtsstreitigkeit getroffen worden sind – nach **dem 31. 12. 1997 geschlossene Gerichtsstandsvereinbarungen** für Klagen des Unternehmers gegen den Verbraucher auch dann **wirksam** sind, wenn sie den Prorogationsbeschränkungen des § 14 Abs 1 KSchG widersprechen.

2. *Persönlicher Anwendungsbereich*

a) Allgemeines

Für die Anwendbarkeit des § 14 KSchG ist Voraussetzung, daß es sich um 28
Klagen zwischen einem Unternehmer und einem Verbraucher iSd KSchG handelt, wobei im Fall des Abs 1 der Unternehmer und im Fall des Abs 3 der Verbraucher als Kläger auftritt.

b) Unternehmer

Unternehmer iSd § 1 Abs 1 Z 1 KSchG ist **derjenige, für den das in Frage** 29
stehende Rechtsgeschäft zum Betrieb seines Unternehmens gehört. Unter **Unternehmen** iSd § 1 Abs 1 Z 1 KSchG ist **jede auf Dauer angelegte Organisation selbständiger wirtschaftlicher Tätigkeit, mag sie auch nicht auf Gewinn gerichtet sein,** zu verstehen (§ 1 Abs 2 KSchG). **Juristische Personen des öffentlichen Rechts** gelten gem § 1 Abs 2 letzter Satz KSchG immer als Unternehmer.

Der Unternehmensbegriff nach dem KSchG ist sehr weit gefaßt, er deckt 30
sich weder mit dem Kaufmannsbegriff noch mit dem des Handelsgewerbes iSd HGB, sondern erfaßt auch nicht kaufmännische Unternehmer (insb auch Angehörige der freien Berufe und land- und forstwirtschaftliche Tätigkeiten) (*Krejci* in *Rummel,* ABGB² II § 1 KSchG Rz 14).

Unternehmer iSd § 1 KSchG ist etwa 31

- ein Rechtsanwalt im Verhältnis zum Privatklienten (*Friedberg,* AnwBl 1979, 258; *Kohlegger,* KSchG § 1 Rz 8, 22; *Kosesnik-Wehrle/Lehofer/G. Mayer,* KSchG § 1 Rz 8; *Moser,* AnwBl 1979, 337; *Schragel* in *BMJ,* Zugang 220; SZ 54/74 = AnwBl 1982, 37 = EvBl 1981/233 = RZ 1981/67; aA *Kaltenbäck,* AnwBl 1979, 394);
- ein Landwirt (*Krejci* in *Rummel,* ABGB² II § 1 KSchG Rz 18 und 24; OLG Wien 24. 3. 1985 REDOK 1344);
- ein Bestandgeber dann, wenn er dritte Personen (zB einen Hausbesorger) beschäftigt und eine größere Zahl von Bestandverträgen abgeschlossen hat,

die die Einschaltung anderer Unternehmen oder von Erfüllungsgehilfen zur Regel machen (SZ 53/103 = EvBl 1981/5; LGZ Wien MietSlg 31.275/51 [1979]). Den dennoch selbstverwaltenden Bestandgeber trifft die Beweislast, daß die Bewirtschaftung seiner Liegenschaft keine dauernde Organisation erforderlich macht (SZ 53/103 = EvBl 1981/5).

Näheres zum Begriff „Unternehmer" s *Krejci* in *Rummel,* ABGB² II § 1 KSchG Rz 9 ff.

c) Verbraucher

32 Verbraucher iSd § 1 Abs 1 Z 2 KSchG ist der, für den das in Frage stehende Rechtsgeschäft nicht zum Betrieb seines Unternehmens gehört (*Krejci* in *Rummel,* ABGB² II § 1 KSchG Rz 4; RZ 1981/63).

33 Die Frage, ob das Rechtsgeschäft zum Betrieb des Unternehmens gehört, ist analog zu § 344 HGB zu lösen (JBl 1991, 253 = RdW 1991, 109). Näheres s § 51 JN Rz 46 ff.

34 Derjenige, der Rechnungsformulare für sein Unternehmen bestellt, ist nicht Verbraucher (RZ 1981/63).

35 Der Geschäftsführer einer GmbH, der die Bürgschaft für die Schulden der GmbH übernimmt, ist mangels eines eigenen Unternehmens als Verbraucher anzusehen, mag er sich auch für einen Unternehmer verbürgt haben (EvBl 1992/51 = NRsp 1992/44 = ÖBA 1992, 578 = RdW 1992, 75).

Näheres zum Begriff „Verbraucher" s *Krejci* in *Rummel,* ABGB² II § 1 KSchG Rz 4 ff.

d) Rechtsnachfolge

36 Die **Prorogationsverbote** des § 14 KSchG beziehen sich **nur auf den ursprünglichen Geschäftspartner.** Sie gelten daher weder im Fall einer Gesamtrechtsnachfolge auf zumindest einer Seite (zB durch Erbgang oder Fusion) noch im Fall der nachträglichen Änderung der Rechtszuständigkeit, wie zB bei der Forderungsabtretung oder bei Einlösung durch den Bürgen des Verbrauchers (§ 1358 ABGB), der nun gegen den Verbraucher Rückgriff nimmt (*Jelinek* in *Krejci,* Handbuch 872). Der Rechtsnachfolger kann sich daher nicht darauf berufen, daß die Prorogation zum Zeitpunkt ihres Abschlusses gegen § 14 KSchG verstoßen hat. Wenn die Zuständigkeitsvereinbarung allerdings ohne Verstoß gegen § 14 KSchG geschlossen worden ist, wirkt sie auch für oder gegen einen Einzel- oder Gesamtrechtsnachfolger (*Jelinek* in *Krejci,* Handbuch 891; OLG Wien 5. 7. 1985 REDOK 1606).

37 Ist der Rechtsübergang allerdings in Form eines Verbrauchergeschäftes erfolgt, dann gelten die Prorogationsverbote des § 14 KSchG sehr wohl. Daher bindet eine vor dem Inkrafttreten des KSchG zwischen Gläubiger und Schuldner geschlossene Gerichtsstandsvereinbarung den auf Grund eines nach Inkrafttreten des KSchG geschlossenen Vertrages (Schuldbeitrittserklärung zu Bausparдarlehensvertrag) eintretenden Rechtsnachfolger (= Verbraucher) nicht (OLG Wien 22. 3. 1985 REDOK 1378).

e) Nachträglicher Wegfall der Verbraucher- oder Unternehmereigenschaft

38 Wenn die Verbraucher- oder Unternehmereigenschaft nachträglich wegfällt, zB weil der Unternehmer seinen Betrieb eingestellt hat und in Pension gegangen ist, so fällt damit auch das **Schutzbedürfnis des Verbrauchers weg.** Die

Zulässigkeit der Gerichtsstandsvereinbarung ist dann nach allgemeinen Grundsätzen zu prüfen (*Jelinek* in *Krejci,* Handbuch 872).

3. Sachlicher Anwendungsbereich

Unter § 14 KSchG fallen **alle aus Verbrauchergeschäften entspringenden Rechtsstreitigkeiten** (ErläutRV zum KSchG [744 BlgNR 14. GP] 33; *Jelinek* in *Krejci,* Handbuch 867; *Krejci,* KSchG § 14 Rz 3; *ders* in *Rummel,* ABGB² II § 14 KSchG Rz 3; *Mayr* in *Rechberger,* ZPO § 14 KSchG Rz 3). 39

Verbrauchergeschäfte sind **Rechtsgeschäfte,** an denen **einerseits** jemand, für den das Geschäft zum Betrieb seines Unternehmens gehört **(Unternehmer) und andererseits** jemand, für den dies nicht zutrifft **(Verbraucher), beteiligt ist** (§ 1 Abs 1 KSchG). 40

Geschäfte, die eine natürliche Person vor Aufnahme des Betriebs ihres Unternehmens zur Schaffung der Voraussetzungen dafür tätigt (sog **Gründungsgeschäfte),** gehören gem § 1 Abs 3 KSchG noch **nicht zum Betrieb ihres Unternehmens** iSd § 1 Abs 1 Z 1 KSchG (vgl ecolex 1998, 691 = WBl 1998, 456). Zu den Gründungsgeschäften s § 51 JN Rz 53ff. 41

Ein Gründungsgeschäft liegt zB dann nicht vor, wenn ein Landwirt zur Herstellung von Bauernbrot aus eigenen Erzeugnissen einen Backofen kauft (OLG Wien 24. 3. 1985 REDOK 1344). 42

Ausgenommen von der Anwendbarkeit des ersten Hauptstückes und damit auch von jener des § 14 KSchG sind **Verträge,** die jemand **als Arbeitnehmer oder arbeiternehmerähnliche Person mit** dem **Arbeitgeber** schließt (§ 1 Abs 4 KSchG). 43

Beispiele für **Verbraucherverträge:** 44

- ein Bauauftrag an einen Baumeister, wenn der Auftraggeber das zu errichtende Haus nicht zu Erwerbszwecken benützen will (*Krejci* in *Krejci,* Handbuch 674; SZ 56/159 = EvBl 1984/97 = RdW 1984, 75);
- Schadensregulierungen des Haftpflichtversicherers mit einem geschädigten Autofahrer, uzw auch dann, wenn sich letzterer eines Rechtsanwaltes bedient (SZ 54/58 = EvBl 1981/189 = JBl 1982, 313).

Zu den **Streitigkeiten aus einem Verbrauchergeschäft** zählen: 45

- Klagen über Erfüllungsansprüche;
- Klagen über das Bestehen oder Nichtbestehen eines Rechtsverhältnisses, insb Nichtigkeits- und Anfechtungsklagen wegen Irrtums oder arglistiger Täuschung;
- Schadenersatz- und Bereicherungsklagen;
- Klagen, mit denen Herausgabeansprüche geltend gemacht werden (*Jelinek* in *Krejci,* Handbuch 867; *Krejci,* KSchG § 14 Rz 3; *ders* in *Rummel,* ABGB² II § 14 KSchG Rz 3; *Mayr* in *Rechberger,* ZPO § 14 KSchG Rz 3);
- Klagen aus einem über ein Verbrauchergeschäft abgeschlossenen Auflösungsvertrag oder auf Einhaltung eines über die Abwicklung des Auflösungsvertrages geschlossenen außergerichtlichen Vergleichs, ohne daß es darauf ankäme, ob sich der Verbraucher bei dessen Abschluß durch einen Rechtsanwalt vertreten ließ (SZ 56/159 = EvBl 1984/97 = RdW 1984, 75);
- Klagen, die auf einer im I. Hauptstück des KSchG enthaltenen besonderen Bestimmung für Verträge zwischen Unternehmern und Verbrauchern beruhen, wie Klagen über Ansprüche aus dem Rücktrittsrecht (§§ 3, 4 KSchG) oder nach § 11 Abs 2 und § 12 Abs 2 KSchG (*Jelinek* in *Krejci,* Handbuch 867);
- Honorarklagen eines Rechtsanwaltes gegen seinen Mandanten (*Friedberg,* AnwBl 1979, 250; SZ 54/74 = AnwBl 1982, 37 = EvBl 1981/233 = RZ 1981/67);

• Klagen zwischen dem Hausverwalter und dem Wohnungseigentümer des verwalteten Hauses (LGZ Wien HS 13.361 = MietSlg 33.255 [1981]).

46 Dagegen fallen **Geschäfte zwischen Unternehmern** auch bei erheblicher Ungleichheit ihrer wirtschaftlichen Stärke oder Erfahrung **nicht unter** das **KSchG** (SZ 55/51 [1982]).

Zum Begriff des Verbrauchergeschäftes iSd § 1 KSchG wird auf *Krejci* in *Rummel,* ABGB² II § 1 KSchG Rz 1ff und *Welser* in *Krejci,* Handbuch 193ff verwiesen.

4. Prüfung und Nachweis der Anwendbarkeit des § 14 KSchG

47 Ob ein Rechtsgeschäft zwischen einem Verbraucher und einem Unternehmer vorliegt und ob es sich bei den Parteien des Verfahrens um einen Verbraucher und um einen Unternehmer handelt, sind nach § 1 KSchG zu beurteilende **Vorfragen.**

48 Das Gericht darf aber, wenn der Kläger sich auf eine Gerichtsstandsvereinbarung mit einem Unternehmer beruft und einen Anspruch geltend macht, der möglicherweise einem Verbrauchergeschäft entspringen könnte, **in limine litis nicht schon bei bloßen Zweifeln an der Unternehmereigenschaft des Beklagten,** mit einem **Verbesserungsauftrag** die Vorlage der Gerichtsstandsvereinbarung auftragen (aA LG Innsbruck AnwBl 1992, 672 [abl *Grill* 673] sowie *Kosesnik-Wehrle/Lehofer/G. Mayer,* KSchG § 14 Rz 7). Denn gem § 41 Abs 2 JN ist das Gericht bei der Zuständigkeitsprüfung in limine litis **an die Angaben des Klägers in der Klage gebunden, es sei denn, daß dem Gericht deren Unrichtigkeit bekannt** ist. Bloße Zweifel an der Richtigkeit der Klagsangaben berechtigen das Gericht daher – selbst dann, wenn es um das Vorliegen einer unprorogablen (örtlichen) Unzuständigkeit geht – weder zur Erlassung eines Verbesserungsauftrages noch zu amtswegigen Erhebungen (so auch *Grill,* AnwBl 1992, 673 [Entscheidungsanm]).

49 Derjenige, **der sich auf § 14 KSchG beruft,** hat **darzutun,** daß im Zeitpunkt des Abschlusses der Vereinbarung er selbst **Verbraucher,** sein Vertragspartner jedoch **Unternehmer** gewesen ist, und daß das **Rechtsgeschäft zu dessen Unternehmensbetrieb** gehört hat (JBl 1991, 253 = RdW 1991, 109).

50 Gelingt dem Unternehmer der Nachweis einer selbständigen wirtschaftlichen Tätigkeit seines Vertragspartners, dann muß Letztgenannter die Ausnahme von der Regel beweisen (JBl 1991, 253 = RdW 1991, 109).

E. § 14 Abs 1 KSchG

1. Zweck und Bedeutung des § 14 Abs 1 KSchG

51 Zweck des § 14 KSchG ist es, **rechtsgeschäftliche Verschiebungen der gesetzlichen Zuständigkeit zum Nachteil des Verbrauchers zu verhindern.** Solche rechtsgeschäftlichen Zuständigkeitsverschiebungen sind unmittelbar durch eine Gerichtsstandsvereinbarung nach § 104 JN möglich, mittelbar aber auch durch die Vereinbarung eines Erfüllungs- oder Zahlungsortes nach §§ 88, 89 JN und allenfalls nach § 93 Abs 2 JN. Als für den Konsumenten **nicht nachteilig** wird dabei eine **Zuständigkeitsverschiebung** (auf Grund dieser Bestimmungen) dann angesehen, **wenn** dadurch ein **Gericht** zuständig wird, zu dem der **Verbraucher** eine **entsprechende Nahebeziehung** (Wohnsitz, gewöhnlicher Aufenthalt oder Beschäftigung) **hat.**

2. *Anwendungsbereich und -voraussetzungen*

a) Klagen des Unternehmers gegen den Verbraucher

§ 14 Abs 1 KSchG gilt nur für **Klagen des Unternehmers gegen den Verbraucher.** Zum Begriff Unternehmer s Rz 29ff, zu jenem des Verbrauchers Rz 32ff. 52

b) Vorliegen einer Gerichtsstandsvereinbarung oder eines Gerichtsstandes nach §§ 88, 89, 93 Abs 2 JN

Ausdrücklich von § 14 Abs 1 KSchG betroffen sind der **vereinbarte Gerichtsstand** (§ 104 JN), **der Gerichtsstand des Erfüllungsortes** (§ 88 Abs 1 JN), **der Fakturengerichtsstand** (§ 88 Abs 2 JN) und der **Gerichtsstand des Wechselzahlungsortes** (§§ 89, 93 Abs 2 JN). 53

Mittelbar betroffen sind der Gerichtsstand der Streitgenossenschaft (§ 93 Abs 1 JN) und der Gerichtsstand der Widerklage (§ 96 JN), weil sie beide nicht gegeben sind, soweit Prorogationsverbote bestehen (*Jelinek* in *Krejci,* Handbuch 876, 883; *Krejci,* KSchG § 14 Rz 6; *ders* in *Rummel,* ABGB[2] II § 14 KSchG Rz 6; NRsp 1990/158; OLG Wien WR 256 [1986]; HG Wien WR 53 [1984]; ggt OLG Wien 16. 10. 1986 REDOK 9762). 54

Wie *Jelinek* (in *Krejci,* Handbuch 885f) überzeugend nachgewiesen hat, sind jedoch **die in §§ 93 Abs 1 und 96 JN enthaltenen Prorogationsverbote teleologisch auf** die **sachliche Zuständigkeit zu reduzieren,** weshalb auch im Verbraucherprozeß die Gerichtsstände der Streitgenossenschaft und der Widerklage als zulässig anzusehen sind. Da sich, wenn der Verbraucher nicht zusammen mit den übrigen Streitgenossen bzw am Gerichtsstand der Vorklage geklagt werden kann, die Prozeßkosten, die der Verbraucher im Fall seines Unterliegens zu bezahlen hat, erhöhen und der durch § 14 KSchG angestrebte Schutz des Verbrauchers sich zu dessen Nachteil auswirken kann, sind die **Gerichtsstände der Streitgenossenschaft und der Widerklage nicht in** den Anwendungsbereich des **§ 14 KSchG einzubeziehen** (so hinsichtlich des Gerichtsstandes der Widerklage auch *Berger,* RZ 1980, 1; *Mayr* in *Rechberger,* ZPO § 14 KSchG Rz 5; hinsichtlich des Gerichtsstandes der Streitgenossenschaft *Schalich,* ÖJZ 1983, 256). 55

Der Anwendungsbereich des § 14 KSchG reduziert sich somit auf den vereinbarten Gerichtsstand (§ 104 JN), den Gerichtsstand des Erfüllungsortes (§ 88 Abs 1 JN), den Fakturengerichtsstand (§ 88 Abs 2 JN) und den Gerichtsstand des Wechselzahlungsortes (§§ 89, 93 Abs 2 JN). 56

Andere Gerichtsstände als jene nach §§ 104, 88, 89 und 93 Abs 2 JN werden hingegen durch § 14 Abs 1 KSchG nicht betroffen. So kann zB ein Verbraucher beim Gerichtsstand für Bestandstreitigkeiten nach § 83 JN (ErläutRV zum KSchG [744 BlgNR 14. GP] 33; *Krejci,* KSchG § 14 Rz 6; *ders* in *Rummel,* ABGB[2] II § 14 KSchG Rz 6; *Mayr* in *Rechberger,* ZPO § 14 KSchG Rz 5; *Stolzle,* AnwBl 1989, 392) oder vom Rechtsanwalt auf Zahlung seines Honorars beim Gerichtsstand des Hauptprozesses (*Moser,* AnwBl 1979, 337) geklagt werden. Auch die Gerichtsstände nach §§ 81 und 91 JN bleiben von § 14 Abs 1 KSchG unberührt (ErläutRV zum KSchG [744 BlgNR 14. GP] 33; *Stölzle,* AnwBl 1989, 392). 57

c) Wohnsitz, gewöhnlicher Aufenthalts- oder Beschäftigungsort im Inland

Voraussetzung für die Anwendbarkeit des § 14 Abs 1 KSchG ist, daß der **Verbraucher Wohnsitz, gewöhnlichen Aufenthalt oder Beschäftigungsort im Inland** hat. Maßgeblich ist dabei der **Zeitpunkt des Abschlusses der Gerichtsstandsvereinbarung** (Näheres s Rz 70ff). 58

59 Bei dem in Österreich befindlichen Wohnsitz muß es sich nicht um den Hauptwohnsitz des Verbrauchers handeln, auch ein Zweitwohnsitz in Österreich begründet den Gerichtsstand des Verbrauchers (*Schoibl,* BeitrZPR IV 188).

60 Mit Verbrauchern, die weder einen Wohnsitz noch einen gewöhnlichen Aufenthalt noch eine Beschäftigung im Inland haben, ist dagegen – auch wenn das KSchG materiell anzuwenden ist – eine Änderung der örtlichen Zuständigkeit nach § 14 KSchG nicht ausgeschlossen (*Fasching,* Lehrbuch² Rz 293; *Jelinek* in *Krejci,* Handbuch 863 und 888; *Krejci,* KSchG § 14 Rz 4; *ders* in *Rummel,* ABGB² II § 14 KSchG Rz 4; *Mayr* in *Rechberger,* ZPO § 14 KSchG Rz 4; *Schoibl,* BeitrZPR IV 187; EvBl 1998/58 = RIW 1998, 637). Im Anwendungsbereich des EuGVÜ/LGVÜ sind aber Art 13 bis 15 EuGVÜ/LGVÜ zu beachten (Näheres s Rz 101 ff).

61 **Auf** die **Staatsbürgerschaft kommt es** dagegen für die Anwendung des § 14 KSchG **nicht an.** Auslandsösterreicher sind daher im Gegensatz zu Gastarbeitern, die in Österreich arbeiten, nicht geschützt (*Jelinek* in *Krejci,* Handbuch 888).

62 Unter den Begriff des **Wohnsitzes** fallen sowohl das **domicilium voluntarium** (§ 66 JN) als auch der **gesetzliche Wohnsitz** (domicilium necessarium, §§ 68, 69, 71 JN) (*Jelinek* in *Krejci,* Handbuch 880; *Krejci,* KSchG § 14 Rz 7; *ders* in *Rummel,* ABGB² II § 14 KSchG Rz 7). Näheres s § 66 JN Rz 3 ff, § 68 JN Rz 1, § 69 JN Rz 1, § 71 JN Rz 11 ff.

63 Der Begriff **„gewöhnlicher Aufenthalt"** ist wie in § 66 JN zu verstehen. Näheres s § 66 JN Rz 21 ff.

64 Der Begriff **„Beschäftigungsort"** richtet sich nach §§ 75 und 340 ZPO (*Jelinek* in *Krejci,* Handbuch 882).

65 Seit der Erweiterung des § 66 JN (durch die ZVN 1983) deckt sich die in **§ 14 KSchG** getroffene Umschreibung der erforderlichen örtlichen Nahebeziehung des Verbrauchers regelmäßig **mit** dessen **allgemeinem Gerichtsstand** (*Ballon,* Zivilprozeßrecht⁸ Rz 66; *Mayr* in *Rechberger,* ZPO § 14 KSchG Rz 5); denn der Beschäftigungsort bedeutet immer einen gewöhnlichen Aufenthalt (*Ballon,* Zivilprozeßrecht⁸ Rz 66).

d) Die Rechtsstreitigkeit darf noch nicht entstanden sein

66 Seit der WGN 1997 sind in Übereinstimmung mit Art 15 Z 1 EuGVÜ/LGVÜ Gerichtsstandsvereinbarungen, die für Rechtsstreitigkeiten abgeschlossen werden, die bereits entstanden sind, ohne die Beschränkungen des § 14 Abs 1 KSchG wirksam (§ 14 Abs 1 letzter Satz KSchG). Dh, es kann dann auch die Zuständigkeit eines Gerichtes vereinbart werden, in dessen Sprengel der Beklagte weder seinen Wohnsitz oder gewöhnlichen Aufenthalt hat, noch seiner Beschäftigung nachgeht. Damit kann auch die (internationale) Zuständigkeit ausländischer Gerichte vereinbart werden. Im Anwendungsbereich des EuGVÜ/LGVÜ genießen freilich Art 13–15 den Vorrang. Im übrigen wird auf die Ausführungen zu Art 15 Z 1 EuGVÜ/LGVÜ (Rz 147) verwiesen.

3. Inhalt der Regelung

67 Bei den von § 14 Abs 1 KSchG erfaßten Bestimmungen (§§ 104, 88, 89, 93 Abs 2 JN) ist eine **Vereinbarung der Zuständigkeit nur dann zulässig, wenn der Verbraucher im Sprengel des vereinbarten Gerichtes seinen Wohnsitz, gewöhnlichen Aufenthalt oder seine Beschäftigung hat.**

68 § 14 Abs 1 KSchG normiert nur Beschränkungen für gewisse Gerichtsstände und für Gerichtsstandsvereinbarungen, bedeutet aber **nicht, daß** ein **Verbraucher** überhaupt **nur an seinem Wohnsitz, gewöhnlichen Aufenthalt oder**

Beschäftigungsort geklagt werden dürfe (*Jelinek* in *Krejci,* Handbuch 875; *Krejci,* KSchG § 14 Rz 6; *ders* in *Rummel,* ABGB[2] II § 14 KSchG Rz 6; *Mayr* in *Rechberger,* ZPO § 14 KSchG Rz 5). Dem Kläger stehen vielmehr alle Gerichtsstände der JN zur Verfügung, soweit sie nicht durch § 14 Abs 1 KSchG ausdrücklich eingeschränkt sind (*Jelinek* in *Krejci,* Handbuch 876; *Krejci* in *Rummel,* ABGB[2] II § 14 KSchG Rz 6; *Kosesnik-Wehrle/Lehofer/G. Mayer,* KSchG § 14 Rz 2; *Mayr* in *Rechberger,* ZPO § 14 KSchG Rz 5; IPRE 3/246 = JBl 1990, 385; SZ 56/159 = EvBl 1984/97 = HS 15.035 und 15.050 = RdW 1984, 75).

Wenn § 14 Abs 1 KSchG normiert, daß für Klagen des Unternehmers gegen **69** den Verbraucher nur die Zuständigkeit des Gerichts vereinbart werden kann, in dessen Sprengel der Verbraucher seinen Wohnsitz, gewöhnlichen Aufenthalt oder seine Beschäftigung hat, bedeutet dies, daß die Zuständigkeit ausländischer Gerichte nicht vereinbart werden kann. Dh, daß die auf Grund des Wohnsitzes oder gewöhnlichen Aufenthalts (Beschäftigungsort) gem § 66 iVm § 27a JN gegebene österreichische internationale Zuständigkeit für Klagen des Unternehmers gegen den Verbraucher nicht durch eine Gerichtsstandsvereinbarung nach § 104 Abs 1 Z 1 JN ausgeschlossen werden kann. Mit anderen Worten, hat der Verbraucher seinen Wohnsitz, gewöhnlichen Aufenthalt oder seine Beschäftigung in Österreich, muß er grundsätzlich in Österreich geklagt werden, es sei denn, die Parteien schließen nach Entstehung der Rechtsstreitigkeit eine abweichende Parteienvereinbarung.

Soweit das EuGVÜ/LGVÜ anwendbar ist, haben Art 13–15 allerdings Vorrang gegenüber § 14 KSchG.

4. Maßgeblicher Zeitpunkt für die Zulässigkeit der Gerichtsstände nach §§ 88, 89, 93 Abs 2 JN und die Wirksamkeit der Gerichtsstandsvereinbarungen

Für die Frage, ob die Klage zulässigerweise beim Gerichtsstand des Erfül- **70** lungs- oder Wechselzahlungsortes oder dem Fakturengerichtsstand eingebracht werden kann, ist der Wohnsitz, gewöhnliche Aufenthalts- bzw Beschäftigungsort im **Zeitpunkt der Schaffung des Zuständigkeitsgrundes** maßgeblich.

Für die Beurteilung der Wirksamkeit einer Zuständigkeitsvereinbarung **71** **ist der Zeitpunkt ihres Abschlusses** maßgeblich (*Fasching,* Lehrbuch[2] Rz 293; *Jelinek* in *Krejci,* Handbuch 891; *Krejci* in *Rummel,* ABGB[2] II § 14 KSchG Rz 4; *Mayr* in *Rechberger,* ZPO § 14 KSchG Rz 6; *Schoibl,* BeitrZPR IV 188 f; SZ 63/188 = ecolex 1991, 240 = EvBl 1991/16 = IPRE 3/193 = JBl 1992, 256 = ÖBA 1991, 384 = RdW 1991, 110; OLG Wien 28. 7. 1987 REDOK 12.542; OLG Wien 5. 7. 1985 REDOK 1606; LGZ Wien WR 19 [1983]).

Ein späterer Wechsel des Wohnortes (gewöhnlichen Aufenthalts) hat eben- **72** sowenig wie der Wegfall des Beschäftigungsortes einen Einfluß auf die Wirksamkeit der Zuständigkeitsvereinbarung (*Fasching,* Lehrbuch[2] Rz 293; *Jelinek* in *Krejci,* Handbuch 890 f, *Kosesnik-Wehrle/Lehofer/G. Mayer,* KSchG § 14 Rz 5; *Krejci* in *Rummel,* ABGB[2] II § 14 KSchG Rz 4; *Mayr* in *Rechberger,* ZPO § 14 KSchG Rz 6; *Schoibl,* BeitrZPR IV 188; *Schragel* in *BMJ,* Zugang 220; SZ 63/188 = EvBl 1991/16 = IPRE 3/193 = JBl 1992, 256 = ÖBA 1991, 384 = RdW 1991, 110; LGZ Wien WR 19 [1983]). Daß die **Gerichtsstandsvereinbarung im Zeitpunkt der Klagserhebung** (vgl § 29 JN) **nicht mehr zulässig** ist, ist **unschädlich** (*Jelinek* in *Krejci,* Handbuch 891; *Schoibl,* BeitrZPR IV 188). Daher ist zB die Vereinbarung des Erfüllungsortes Wien wirksam, wenn der beklagte Verbraucher im Zeitpunkt des Vertragsabschlusses seinen Beschäftigungsort in Wien hatte, jedoch im Zeitpunkt der Klagserhebung in Wien weder Wohnsitz, Aufenthalt noch Beschäftigung hat (LGZ Wien WR 19 [1983]).

73 Wenn sich nach Abschluß der Zuständigkeitsvereinbarung einer der in § 14 KSchG genannten Anknüpfungspunkte ändert und die Zuständigkeitsvereinbarung auf den allgemeinen Gerichtsstand des Verbrauchers lautet, kann die Klage sowohl beim alten als auch beim neuen allgemeinen Gerichtsstand eingebracht werden (*Ballon,* Zivilprozeßrecht[9] Rz 66; *Jelinek* in *Krejci,* Handbuch 890; *Schragel* in *BMJ,* Zugang 220; LGZ Wien WR 19 [1983]).

74 Umgekehrt verliert nach hM und stRsp der Verbraucher seinen bei Abschluß der Gerichtsstandsvereinbarung gegebenen Schutz nach § 14 KSchG nicht, wenn die ursprünglich unwirksame Zuständigkeitsvereinbarung durch Wegfall der in § 14 KSchG genannten Anknüpfungspunkte (zB durch Übersiedlung ins Ausland) oder durch Begründung eines Wohnsitzes oder Aufenthaltes am vereinbarten Gerichtsort im Zeitpunkt der Klagserhebung nunmehr zulässig wäre (*Krejci* in *Rummel,* ABGB[2] II § 14 KSchG Rz 4; *Mayr* in *Rechberger,* ZPO § 14 KSchG Rz 6; *Schoibl,* BeitrZPR IV 188 f; SZ 63/188 = ecolex 1991, 240 = EvBl 1991/16 = IPRE 3/193 = JBl 1992, 256 = ÖBA 1991, 184 = RdW 1991, 110; OLG Wien 28. 7. 1987 REDOK 12.542). Die im Zeitpunkt ihrer Begründung unwirksame Gerichtsstandsvereinbarung bleibe unwirksam, auch wenn bei Einbringung der Klage jede Inlandsbeziehung des Beklagten fehlt (SZ 63/188 = ecolex 1991, 240 = EvBl 1991/16 = IPRE 3/193 = JBl 1992, 256 = ÖBA 1991, 184 = RdW 1991, 110; OLG Wien 28. 7. 1987 REDOK 12.542). Denn nicht die Inanspruchnahme des vereinbarten Gerichtsstandes, sondern die Vereinbarung eines solchen Gerichtsstandes werde durch § 14 KSchG verboten (*Schragel* in *BMJ,* Zugang 220; ähnlich *Schoibl,* BeitrZPR IV 189; SZ 63/188 = EvBl 1991/16 = IPRE 3/193 = JBl 1992, 256 = ÖBA 1991, 381; vgl auch zu § 12 RatG 1961 *Edlbacher,* Ratengesetz 95; *Martinek/Schwarz,* Ratengesetz 83; *Petschek/Stagel,* Zivilprozeß 131).

75 Es könne sich daher der Verbraucher auf § 14 KSchG berufen, wenn er nach Abschluß der Zuständigkeitsvereinbarung ins Ausland übersiedelt und dort auch beschäftigt ist, es sei denn, daß er nachträglich eine neue Gerichtsstandsvereinbarung schließt (*Krejci* in *Rummel,* ABGB[2] II § 14 KSchG Rz 4; *Mayr* in *Rechberger,* ZPO § 14 KSchG Rz 6; SZ 63/188 = ecolex 1991, 240 = EvBl 1991/16 = IPRE 3/193 = JBl 1992, 256 = ÖBA 1991, 184 = RdW 1991, 110).

76 Dieser Ansicht ist allerdings entgegenzuhalten, daß ja **für** den **Verbraucher** nicht schon der Abschluß der Gerichtsstandsvereinbarung, sondern erst die **Inanspruchnahme des vereinbarten Gerichtsstandes** durch den Unternehmer **nachteilig** ist. Es kann ja sein, daß es zu überhaupt keinem Prozeß kommt oder der Unternehmer von der Gerichtsstandsvereinbarung keinen Gebrauch macht. Auch **widerspricht** die Ansicht, daß die im Zeitpunkt ihres Abschlusses unwirksame Gerichtsstandsvereinbarung auch dann unwirksam bleibt, wenn sie im Zeitpunkt der Klagserhebung zulässig wäre, dem **Zweck** des § 14 KSchG. Es soll nämlich der Verbraucher vor Gerichtsstandsvereinbarungen geschützt werden, die ihm die Prozeßführung erschweren. Wenn der Verbraucher aber im Zeitpunkt der Klagserhebung seinen Wohnsitz, seinen gewöhnlichen Aufenthalt oder seine Beschäftigung am vereinbarten Gerichtsort hat oder er ins Ausland übersiedelt ist, so wird durch die im Zeitpunkt ihres Abschlusses unwirksame Gerichtsstandsvereinbarung seine Prozeßführung nicht mehr erschwert. Denn er wird im ersten Fall ohnedies dort geklagt, wo er nun seinen Wohnsitz, gewöhnlichen Aufenthalt oder seine Beschäftigung hat. Hat der Verbraucher im Zeitpunkt der Klagserhebung weder seinen Wohnsitz noch seinen gewöhnlichen Aufenthalt noch seine Beschäftigung im Inland, macht es für ihn doch keinen Unterschied, ob er bei dem nach dem Gesetz zuständigen oder dem vereinbarten

Gericht geklagt wird. Es wird daher sinnvollerweise darauf abzustellen sein, ob die **Gerichtsstandsvereinbarung auch noch im Zeitpunkt der Klagserhebung unzulässig** ist (so auch *Jelinek* in *Krejci,* Handbuch 888; vgl *Schobel,* ÖJZ 1962, 57 f).

Eine nach dem KSchG unzulässige Gerichtsstandsvereinbarung kann auch nicht als Zusatz zu einem vor Inkrafttreten des KSchG zustande gekommenen Vertragsverhältnis wirksam geschlossen werden (*Krejci,* KSchG § 14 Rz 2; *ders* in *Rummel,* ABGB[2] II § 14 KSchG Rz 2; *Mayr* in *Rechberger,* ZPO § 14 KSchG Rz 2; SZ 54/74 = AnwBl 1982, 37 = EvBl 1981/ 233 = RZ 1981/67). **77**

5. Zulässigkeit einer Schiedsvereinbarung

Eine Schiedsvereinbarung in Verbrauchersachen ist gegenüber dem Verbraucher dann wirksam, wenn das Schiedsgericht an einem Ort tagt, in dem der Verbraucher entweder seinen Wohnsitz, seinen gewöhnlichen Aufenthalt oder seine Beschäftigung hat (*Fasching,* Lehrbuch[2] Rz 2176; *Mayr* in *Rechberger,* ZPO § 14 KSchG Rz 7; EvBl 1995/4; aA, nämlich daß in Verbrauchersachen eine Schiedsvereinbarung überhaupt ausgeschlossen sei, weil durch die Schiedsvereinbarung der Verbraucher in seiner Rechtsdurchsetzung ebenso behindert wird wie durch die durch § 14 KSchG verpönten Gerichtsstandsvereinbarungen, *Ballon,* Zivilprozeßrecht[8] Rz 486; *Csoklich,* ÖJZ 1986, 445; *Jelinek* in *Krejci,* Handbuch 902). Denn die ordentlichen Gerichte stehen zu den privaten Schiedsgerichten im Verhältnis der prorogablen sachlichen Unzuständigkeit. Die in § 14 KSchG normierten Prorogationsverbote beziehen sich aber – wie bereits erwähnt – nur auf die örtliche, nicht auch auf die sachliche Zuständigkeit (*Krejci* in *Rummel,* ABGB[2] II § 14 KSchG Rz 2). **78**

F. Wahrnehmung und Heilung des Mangels der internationalen Zuständigkeit und der örtlichen Zuständigkeit (§ 14 Abs 2 KSchG)

1. Begriff der örtlichen Unzuständigkeit

Eine örtliche Unzuständigkeit iSd § 14 Abs 2 KSchG liegt dann vor, „wenn die als Zuständigkeitsgrund in der Klage herangezogene Zuständigkeitsvereinbarung (oder ein ihr durch § 14 Abs 1 KSchG gleichgestellter Akt) wegen Verstoßes gegen dieses sondergesetzliche Prorogationsverbot unwirksam ist oder wenn das aufgrund eines unmittelbar gesetzlichen Zuständigkeitsgrundes angerufene Gericht unzuständig ist und auch durch Vereinbarung wegen Fehlens der Voraussetzungen des § 14 Abs 1 KSchG nicht zuständig gemacht werden könnte“ (*Jelinek* in *Krejci,* Handbuch 903; *Krejci,* KSchG § 14 Rz 9; *ders* in *Rummel,* ABGB[2] II § 14 KSchG Rz 9). **79**

2. Wahrnehmung und Heilung

§ 14 Abs 2 KSchG sah schon vor der ZVN 1983, also zu einem Zeitpunkt als die (sachliche und örtliche) unprorogable Unzuständigkeit erst mit Rechtskraft der Entscheidung heilte, eine Heilung der unprorogablen (örtlichen) Unzuständigkeit durch qualifizierte Einlassung seitens des Beklagten vor. Seit der ZVN 1983 heilt jedoch jede unprorogable (sachliche und örtliche) Unzuständigkeit auf die ursprünglich in § 14 Abs 2 KSchG, jetzt aber in § 104 Abs 3 JN beschriebene Art und Weise. Es genügt daher diesbezüglich auf § 104 JN Rz 180 zu verweisen. **80**

Die Regelung der Beachtung einer (örtlichen) Unzuständigkeit nach § 14 Abs 2 KSchG weicht insofern von ihren Vorgängerinnen, § 12 RatG 1961 und § 6 RatG 1896, ab, als Streiteinlassung durch eine rechtsanwaltlich oder notariell **81** vertretene Partei ohne Belehrung durch den Richter die (örtliche) Unzuständigkeit behebt (ErläutRV zum KSchG [744 BlgNR 14. GP] 33; *Stölzle,* AnwBl 1979, 392; SZ 56/159 = EvBl 1984/97 = HS 15.035 und 15.050). Außerdem kann – anders als nach § 12 Abs 1 RatG 1961 – ein Verstoß gegen § 14 Abs 1 KSchG nach Rechtskraft der Entscheidung nicht mehr wahrgenommen werden (ErläutRV zum KSchG [744 BlgNR 14. GP] 34; *Fasching,* Lehrbuch[2] Rz 293; SZ 56/159 = EvBl 1984/97).

82 Im Gerichtshofverfahren kann der Beklagte auch noch in der Klagebeantwortung die Unzuständigkeit nach § 14 Abs 1 KSchG einwenden (SZ 56/159 = EvBl 1984/97). Macht er sie jedoch nicht spätestens in der Klagebeantwortung geltend, dann kann sie auch von Amts wegen nicht mehr aufgegriffen werden, dies auch dann nicht, wenn der Beklagte die Unzuständigkeit wegen eines anderen Tatbestandes (Nichtvorliegen des Gerichtsstandes des Erfüllungsortes, weil der Vertrag infolge Stornierung nicht zustandegekommen sei) eingewendet hat (*Kosesnik-Wehrle/Lehofer/G. Mayer,* KSchG § 14 Rz 7; EvBl 1986/85 = HS 17.009 und 17.025).

Seit der WGN 1997 werden die Regeln über die Heilung der unprorogablen sachlichen und örtlichen Unzuständigkeit auch auf die prorogable internationale Unzuständigkeit angewendet. Näheres s § 104 JN Rz 180 ff.

Durch § 14 Abs 2 KSchG wird klargestellt, daß auch die internationale Unzuständigkeit in Verbrauchersachen nach § 104 Abs 3 JN heilt, obwohl Gerichtsstandsvereinbarungen, durch die die internationale Zuständigkeit ausgeschlossen wird, gem § 14 Abs 1 und 3 KSchG unzulässig sind. Soweit das EuGVÜ/LGVÜ anwendbar ist, richtet sich die Heilung dagegen nach Art 18 EuGVÜ/LGVÜ.

G. Prorogationsverbote für Klagen des Verbrauchers gegen den Unternehmer (§ 14 Abs 3 KSchG)

1. Zweck

83 Durch § 14 Abs 3 KSchG werden für Klagen des Verbrauchers gegen den Unternehmer **die nach dem Gesetz gegebenen Gerichtsstände unabdingbar** gemacht (vgl auch § 48 VersVG, § 6 Abs 3 VAG) (*Fasching,* Lehrbuch[2] Rz 199; *Jelinek* in *Krejci,* Handbuch 921; *Krejci,* KSchG § 14 Rz 11; *ders* in *Rummel,* ABGB[2] II § 14 KSchG Rz 11; *Mayr* in *Rechberger,* ZPO § 14 KSchG Rz 9; *Schoibl,* BeitrZPR IV 190). Dem **Verbraucher soll** dadurch die Möglichkeit gewahrt bleiben, **dort sein Recht zu finden, wo er es mangels einer Zuständigkeitsvereinbarung fände** (*Jelinek* in *Krejci,* Handbuch 924). Unternehmer haben nämlich in Verbraucherverträgen wiederholt vorgesehen, daß sie (nur) an anderen als den gesetzlich bestimmten Gerichtsständen oder nur an ausgewählten derselben geklagt werden können (ErläutRV zum KSchG [744 BlgNR 14. GP] 34).

2. Anwendungsbereich und -voraussetzungen

a) Klagen des Verbrauchers gegen den Unternehmer

84 § 14 Abs 3 KSchG gilt für Klagen des Verbrauchers gegen den Unternehmer. Zum Begriff des Verbrauchers s Rz 32 ff, zu jenem des Unternehmers Rz 29 ff.

b) Gesetzliche Gerichtsstände ausschließende Vereinbarungen

85 § 14 Abs 3 KSchG betrifft nur **Vereinbarungen, mit denen** für eine Klage des Verbrauchers gegen den Unternehmer **ein nach dem Gesetz gegebener**

Gerichtsstand ausgeschlossen wird. Es sind dies Derogationsvereinbarungen und Vereinbarungen, mit denen eine gesetzliche Zuständigkeit zum ausschließlichen Gerichtsstand gemacht wird.

Dagegen sind **die Zuständigkeitsordnung ergänzende, positive Gerichtsstandsvereinbarungen zur Begründung von Wahlgerichtsständen** für Klagen des Verbrauchers gegen den Unternehmer **wirksam** (*Csoklich,* ÖJZ 1986, 445; *Jelinek* in *Krejci,* Handbuch 924f; *Krejci,* KSchG § 14 Rz 11; *ders* in *Rummel,* ABGB² II § 14 KSchG Rz 11; *Mayr* in *Rechberger,* ZPO § 14 KSchG Rz 9; *Schoibl,* BeitrZPR IV 190). Die Parteien können daher den gesetzlichen Zuständigkeiten einen weiteren Wahlgerichtsstand hinzufügen, oder auch die unmittelbare gesetzliche Zuständigkeit ausdrücklich zum vereinbarten Gerichtsstand erheben (*Jelinek* in *Krejci,* Handbuch 925; *Schoibl,* BeitrZPR IV 190; vgl zu § 6 RatG 1896 ZBl 1921/149). **86**

Da – soweit nichts anderes bestimmt wird – gem § 27a Abs 1 JN bei Vorliegen eines Gerichtsstandes immer auch die internationale Zuständigkeit gegeben ist, bedeutet das in § 14 Abs 3 KSchG normierte Verbot der Abbedingung gesetzlich gegebener Gerichtsstände, daß auch die nach § 27a Abs 1 JN gegebene **internationale Zuständigkeit** für Klagen des Verbrauchers gegen den Unternehmer **nicht abbedungen** werden darf. Es darf daher weder die österreichische internationale Zuständigkeit durch eine Gerichtsstandsvereinbarung nach § 104 Abs 1 Z 1 JN ausgeschlossen werden, noch darf die ausschließliche internationale Zuständigkeit eines anderen Staates vereinbart werden. Dh, gibt es für die Klage des Verbrauchers gegen den Unternehmer einen inländischen Gerichtsstand, kann der Verbraucher den Unternehmer auch dann in Österreich klagen, wenn eine abweichende Vereinbarung über die internationale Zuständigkeit getroffen worden ist. Allerdings sind auch hier die Art 13ff EuGVÜ/LGVÜ zu beachten. **87**

c) Kein Inlandsbezug des Verbrauchers erforderlich

Anders als nach Abs 1 wird in § 14 Abs 3 KSchG ein besonderer Inlandsbezug des Verbrauchers nicht gefordert (*Jelinek* in *Krejci,* Handbuch 921; *Krejci,* KSchG § 14 Rz 11; *ders* in *Rummel,* ABGB² II § 14 KSchG Rz 11; *Mayr* in *Rechberger,* ZPO § 14 KSchG Rz 9; *Schoibl,* BeitrZPR IV 191). Allerdings muß – weil es sonst keinen gesetzlich gegebenen Gerichtsstand gäbe – ein gewisser Inlandsbezug (zB Wohnsitz oder Sitz des Unternehmers, Vermögen etc) gegeben sein. § 14 Abs 3 KSchG ist jedenfalls immer dann anwendbar, wenn es für die Klage des Verbrauchers gegen den Unternehmer einen Gerichtsstand im Inland gibt. Wenn es sich jedoch um eine grenzüberschreitende Verbrauchersache iSd Art 13 EuGVÜ/LGVÜ handelt und der Beklagte seinen Wohnsitz in einem Vertragsstaat hat, kommen die Art 13ff EuGVÜ/LGVÜ zur Anwendung. Näheres s Rz 102ff. **88**

3. Inhalt der Regelung

Nach § 14 Abs 3 KSchG sind Vereinbarungen, mit denen für eine Klage des Verbrauchers gegen den Unternehmer ein nach dem Gesetz gegebener Gerichtsstand ausgeschlossen wird, dem Verbraucher gegenüber unwirksam. **89**

Das Prorogationsverbot des § 14 Abs 3 KSchG umfaßt **alle nach dem Gesetz gegebenen Gerichtsstände,** dh den allgemeinen Gerichtsstand und alle besonderen Gerichtsstände. **90**

91 So darf zB für eine Klage des Mieters gegen den Vermieter der Gerichtsstand für Bestandstreitigkeiten (§ 83 JN) nicht ausgeschlossen werden (*Jelinek* in *Krejci,* Handbuch 924).

92 Weiters kann aufgrund des § 14 Abs 3 KSchG der Verbraucher den zuerst klagenden Unternehmer daher – soweit die Voraussetzungen des § 96 JN erfüllt sind – immer auch am Gerichtsstand der Widerklage belangen (*Jelinek* in *Krejci,* Handbuch 924 [FN 237]; *Schoibl,* BeitrZPR IV 190; skeptisch *Stölzle,* AnwBl 1979, 392).

93 Das **Prorogationsverbot nach § 14 Abs 3 KSchG betrifft nur gesetzliche, nicht** aber auch **vereinbarte Gerichtsstände.** Haben die Parteien für Klagen des Verbrauchers zusätzliche Gerichtsstände als Wahlgerichtsstände vereinbart, dann können sie diese Vereinbarung auch ohne Verstoß gegen § 14 Abs 3 KSchG wieder aufheben (*Jelinek* in *Krejci,* Handbuch 925).

94 Die einen nach dem Gesetz gegebenen Gerichtsstand **ausschließende Gerichtsstandsvereinbarung** wird nur **dem Verbraucher gegenüber unwirksam (Teilunwirksamkeit)**. Dh der Unternehmer kann, wenn der Verbraucher bei einem gesetzlich vorgesehenen, in der Gerichtsstandsvereinbarung aber ausdrücklich ausgeschlossenen Gerichtsstand die Klage erhebt, nicht die Unzuständigkeitseinrede mit der Begründung erheben, daß der vom Kläger gewählte Gerichtsstand durch eine Gerichtsstandsvereinbarung abbedungen worden wäre.

95 Im umgekehrten Fall – der Verbraucher hält sich an die Gerichtsstandsvereinbarung und klagt bei dem ausschließlich zuständig gemachten Gericht – kann sich der Unternehmer nicht auf die Unwirksamkeit der Gerichtsstandsvereinbarung nach § 14 Abs 3 KSchG berufen.

4. Zulässigkeit von Schiedsvereinbarungen

96 Da **Schiedsgerichtsklauseln** darauf abzielen, gesetzliche Gerichtsstände auszuschließen, **widersprechen** sie **§ 14 Abs 3 KSchG** (*Csoklich,* ÖJZ 1986, 445; *Jelinek* in *Krejci,* Handbuch 925; *Krejci,* KSchG § 14 Rz 12; *ders* in *Rummel,* ABGB² II § 14 KSchG Rz 12; *Mayr* in *Rechberger,* ZPO § 14 KSchG Rz 9).

H. § 14 Abs 4 KSchG

97 Dem § 14 Abs 4 KSchG diente § 104 Abs 5 JN zum Vorbild. Es kann daher auf die Ausführungen zu § 104 JN (Rz 116 ff) verwiesen werden.

I. Zulässigkeit einer Delegation

1. Zulässigkeit einer Delegation nach § 31 JN

98 **Der Zulässigkeit einer zweckmäßigen Delegation** nach § 31 JN steht **§ 14 KSchG nicht entgegen** (7 Nd 501/92; 1 Nd 503/87; ggt 2 Nd 510/86, wonach eine Delegierung gegen den Widerspruch des beklagten Verbrauchers unzulässig ist). Denn § 14 KSchG verfolgt lediglich den Zweck, eine **rechtsgeschäftliche** Verschiebung der gesetzlichen Zuständigkeit zum Nachteil des Verbrauchers zu verhindern (7 Nd 501/92).

2. Zulässigkeit einer Delegation nach § 31 a Abs 1 JN

99 Nach **§ 31 a Abs 1 JN** können die Parteien im Zivilprozeß durch übereinstimmenden Antrag, der spätestens zu Beginn der mündlichen Streitverhandlung gestellt werden muß, die Übertragung der Rechtssache an ein Gericht gleicher Art erreichen. Mit dem Antrag nach § 31 a Abs 1 JN lassen sich somit proroga-

tionsähnliche Wirkungen erzielen, weshalb die Zuständigkeitsübertragung in den Gesetzesmaterialien (ErläutRV zur ZVN 1983 [669 BlgNR 15. GP] 30) auch als **„nachträgliche Konsensprorogation"** (gegen diesen Ausdruck wendet sich *Fasching,* Lehrbuch[2] Rz 211) bezeichnet wird (ähnlich auch *Ballon,* Zivilprozeßrecht[9] Rz 68).

Während aber bei der sachlichen Zuständigkeit auch beim Delegations- **100**
antrag nach § 31 a Abs 1 JN die für die Prorogation geltenden Schranken einzuhalten sind, ist eine Änderung der örtlichen Zuständigkeit durch einen Delegationsantrag nach § 31 a Abs 1 JN unbeschränkt möglich.

Da seit der WGN 1997 eine von § 14 Abs 1 KSchG abweichende Prorogation wirksam ist, wenn sie abgeschlossen worden ist, nachdem die Rechtsstreitigkeit bereits entstanden ist, steht die Delegation nach § 31 a Abs 1 JN nun in Einklang mit § 14 Abs 1 KSchG. Dem Delegationsantrag ist daher ohne vorhergehende Belehrung des nicht durch einen Rechtsanwalt oder Notar vertretenen Beklagten stattzugeben. Denn wenn ein Rechtsstreit bereits anhängig ist, müßten sich die Parteien der Tragweite ihrer zuständigkeitsändernden Prozeßhandlung eigentlich bewußt sein.

J. Die internationale Zuständigkeit in Verbrauchersachen nach Art 13 ff EuGVÜ/LGVÜ

Art 13 EuGVÜ/LGVÜ. Für Klagen aus einem Vertrag, den eine Person zu einem Zweck abgeschlossen hat, der nicht der beruflichen oder gewerblichen Tätigkeit dieser Person (Verbraucher) zugerechnet werden kann, bestimmt sich die Zuständigkeit unbeschadet des Artikels 4 und des Artikels 5 Nummer 5 nach diesem Abschnitt,

1. wenn es sich um den Kauf beweglicher Sachen auf Teilzahlung handelt,

2. wenn es sich um ein in Raten zurückzuzahlendes Darlehen oder ein anderes Kreditgeschäft handelt, das zur Finanzierung eines Kaufs derartiger Sachen bestimmt ist, oder

3. für andere Verträge, wenn sie die Erbringung einer Dienstleistung oder die Lieferung beweglicher Sachen zum Gegenstand haben, sofern

a) dem Vertragsabschluß in dem Staat des Wohnsitzes des Verbrauchers ein ausdrückliches Angebot oder eine Werbung vorausgegangen ist und

b) der Verbraucher in diesem Staat die zum Abschluß des Vertrags erforderlichen Rechtshandlungen vorgenommen hat.

Hat der Vertragspartner des Verbrauchers in dem Hoheitsgebiet eines Vertragsstaats keinen Wohnsitz, besitzt er aber in einem Vertragsstaat eine Zweigniederlassung, Agentur oder sonstige Niederlassung, so wird er für Streitigkeiten aus ihrem Betrieb so behandelt, wie wenn er seinen Wohnsitz in dem Hoheitsgebeit dieses Staates hätte.

Dieser Abschnitt ist nicht auf Beförderungsverträge anzuwenden.

Art. 14. Die Klage eines Verbrauchers gegen den anderen Vertragspartner kann entweder vor den Gerichten des Vertragsstaats erhoben werden, in dessen Hoheitsgebiet dieser Vertragspartner seinen Wohnsitz hat, oder vor den Gerichten des Vertragsstaats, in dessen Hoheitsgebiet der Verbraucher seinen Wohnsitz hat.

Die Klage des anderen Vertragspartners gegen den Verbraucher kann nur vor den Gerichten des Vertragsstaats erhoben werden, in dessen Hoheitsgebiet der Verbraucher seinen Wohnsitz hat.

Diese Vorschriften lassen das Recht unberührt, eine Widerklage vor dem Gericht zu erheben, bei dem die Klage selbst gemäß den Bestimmungen dieses Abschnitts anhängig ist.

Art. 15. Von den Vorschriften dieses Abschnitts kann im Wege der Vereinbarung nur abgewichen werden,

1. wenn die Vereinbarung nach der Entstehung der Streitigkeit getroffen wird,

2. wenn sie dem Verbraucher die Befugnis einräumt, andere als die in diesem Abschnitt angeführten Gerichte anzurufen, oder

3. wenn sie zwischen einem Verbraucher und seinem Vertragspartner getroffen ist, die zum Zeitpunkt des Vertragsabschlusses ihren Wohnsitz oder gewöhnlichen Aufenthalt in demselben Vertragsstaat haben, und die Zuständigkeit der Gerichte dieses Staates begründet, es sei denn, daß eine solche Vereinbarung nach dem Recht dieses Staates nicht zulässig ist.

Lit: *Benicke,* Internationale Zuständigkeit deutscher Gerichte nach Art. 13, 14 EuGVÜ für Schadenersatzklagen geschädigter Anleger, WM 1997, 945; *de Bra,* Verbraucherschutz durch Gerichtsstandsregelungen im deutschen und europäischen Zivilprozeßrecht (1991); *Czernich/Tiefenthaler,* Europäisches Gerichtsstands- und Kollisionsrecht für internationale Bankgeschäfte, ÖBA 1998, 663; *Dahl,* Consumer Protection and the Provisions on Jurisdiction in the 1968 – EEC Judgments Convention, Nord.T.Int.R. 1977, 104; *Endler,* Urlaubsfreuden: Ferienhausvermittlung und Art 16 Nr 1 EuGVÜ, IPRax 1992, 212; *Geimer,* Kompetenzrechtlicher Verbraucherschutz, EuZW 1993, 564; *Jayme,* Die internationale Zuständigkeit bei Haustürgeschäften, Nagel-FS (1987) 123; *ders,* Ferienhausvermittlung und Verbraucherschutz: Zur einschränkenden Auslegung des Art 16 Nr 1 EuGVÜ, IPRax 1993, 18; *ders,* U. S. Supreme Court: Zur Wirksamkeit grenzüberschreitender Gerichtsstandsklauseln in Verbraucherverträgen, IPRax 1993, 42; *Joustra,* Jurisdiction in Consumer Disputes under the Brussels Convention, Kokkini-Iatridou-FS (1994) 233; *Kartzke,* Verträge mit gewerblichen Ferienhausanbietern, NJW 1994, 823; *de Lousanoff,* Die Anwendung des EuGVÜ in Verbrauchersachen mit Drittstaatenbezug, Arens-GdS (1993) 251; *ders,* Neues zum Termin- und Differenzeinwand bei ausländischen Börsentermingeschäften, Nirk-FS (1992) 607; *Lüderitz,* „Verbraucherschutz" im internationalen Vertragsrecht – ein Zuständigkeitsproblem, Riesenfeld-FS (1983) 147; *Mankowski,* Zur Auslegung des Art 13 EuGVÜ, RIW 1997, 990; *Mennie,* Civil Jurisdiction and Consumer Contracts, S. L. T. 1987, 181; *Micklitz,* Cross-Border Consumer Conflicts, Journal of Consumer Policy 1993, 411; *Nassall,* Verbraucherschutz durch europäisches Verfahrensrecht, WM 1993, 1950; *Rudisch,* Grenzüberschreitender Schutz bei Verbrauchergeschäften im Gefüge von internationalem Privatrecht und internationalem Verfahrensrecht, in *Schnyder/Heiss/Rudisch,* Internationales Verbraucherschutzrecht (1995) 191; *Schlosser,* Sonderanknüpfungen von zwingendem Verbraucherschutzrecht und europäisches Prozeßrecht, Steindorff-FS (1990) 1379; *Schoibl,* Die Zuständigkeit für Verbrauchersachen nach europäischem Zivilverfahrensrecht des Brüsseler und des Luganer Übereinkommens (EuGVÜ/LGVÜ), JBl 1998, 700, 767; *Thorn,* Verbrauchergerichtsstand nach EuGVÜ und örtliche Zuständigkeit, IPRax 1994, 426; *Triebel/Peglow,* Positive Funktion des ordre public bei Termingeschäften? ZIP 1987, 613; *Wach/Weberpals,* Inländischer Gerichtsstand für Bereicherungsklagen gegen ausländische Brokerfirmen aus unverbindlichen Termin- und Differenzgeschäften, AG 1989, 193; *Weber-Stecher,* Internationales Konsumvertragsrecht (1997); *Zanobetti,* Les conventions communautaires concernant la compétence judiciaire et l'exécution des décisions en matière civile et commerciale et la protection des consommateurs, in Unification, Sauveplanne-FS (1984) 299; *dies,* Protezione del consumatore e disciplina della giurisdizione nella Cee, in *Jayme/Picchio Forlati,* Giurisdizione e legge applicabile ai contratti nella Cee (1990) 51.

1. Zweck und Wesen der Art 13–15 EuGVÜ/LGVÜ

101 In den Art 13–15 EuGVÜ/LGVÜ wird **aus sozialpolitischen Erwägungen** für Verbrauchersachen eine **eigene Zuständigkeitsordnung** aufgestellt. Der Verbraucher soll als der typischerweise Schwächere kompetenzrechtlich privilegiert werden (*Geimer/Schütze,* Zivilverfahrensrecht Art 13 EuGVÜ Rz 1).

Die Zuständigkeitsordnung für Verbrauchersachen ist **abschließend** geregelt, ein Rückgriff auf die Art 2–6 EuGVÜ/LGVÜ ist daher unzulässig, es sei denn, es wird – wie bei Art 5 Z 5 EuGVÜ/LGVÜ – ausdrücklich auf diese verwiesen (*Geimer/Schütze,* Zivilverfahrensrecht Art 13 EuGVÜ Rz 3). Daher kann der Verbraucher seinen Vertragspartner nicht am Erfüllungsort (Art 5 Z 1

EuGVÜ/LGVÜ) oder am forum delicti commissi (Art 5 Z 3 EuGVÜ/LGVÜ) klagen (*Geimer/Schütze,* Zivilverfahrensrecht Art 13 EuGVÜ Rz 3; *Hausmann* in *Wieczorek/Schütze,* ZPO[3] I/1 Vor Art 13 EuGVÜ Rz 3; *Mankowski,* RIW 1997, 991).

Die Art 17 – allerdings modifiziert durch Art 15 – und Art 18 EuGVÜ/LGVÜ sind jedoch anzuwenden.

2. Anwendungsbereich und -voraussetzungen

a) Wohnsitz oder Sitz des Beklagten in einem Vertragsstaat

Die Anwendbarkeit der Art 13–15 EuGVÜ/LGVÜ setzt voraus, daß der **Beklagte seinen Wohnsitz (Sitz) in einem Vertragsstaat** hat (Art 13 iVm Art 2 EuGVÜ/LGVÜ) (*Geimer/Schütze,* Zivilverfahrensrecht Art 13 EuGVÜ Rz 5; *Gottwald,* MünchKommZPO III Art 13 EuGVÜ Rz 5; *Kropholler,* Zivilprozeßrecht[6] Art 13 EuGVÜ Rz 1; *Nagel/Gottwald,* IZPR[4] § 3 Rz 221; *Schlosser,* EuGVÜ Art 13 Rz 1; EuGH 15. 9. 1994 Rs C-318/93, *„Brenner und Noller/Dean Witter Reynolds"* Slg 1994 I 4275 = IPRax 1995, 315 [*Rauscher* 289]; Vorlagebeschluß BGH EuZW 1993, 518 [*Geimer* 564] = EWS 1993, 265 = IPRspr 1993/142 = RIW 1993, 671 = WM 1993, 1215 [*Nassall* 1950]; Abschlußentscheidung BGH EuZW 1995, 190 = EWS 1995, 51 = IPRax 1995, 316 [*Rauscher* 289] = NJW 1995, 1225 = RIW 1995, 150). Ein Wohnsitzwechsel des Verbrauchers von einem Vertragsstaat in den anderen läßt die Anwendbarkeit der Art 13–15 EuGVÜ/LGVÜ unberührt, beeinflußt aber die internationale Zuständigkeit (vgl Rz 140). 102

Die Anwendbarkeit der Art 13 ff EuGVÜ/LGVÜ wird durch Art 13 Abs 2 EuGVÜ/LGVÜ im Interesse des Verbrauchers erweitert. Der **Vertragspartner des Verbrauchers** wird nämlich, wenn er **zwar in keinem der Vertragsstaaten** seinen **Wohnsitz (Sitz), aber in einem der Vertragsstaaten eine Zweigniederlassung, Agentur oder sonstige Niederlassung** hat, für Streitigkeiten aus deren Betrieb **so** behandelt, **als ob er seinen Wohnsitz (Sitz) in diesem Vertragsstaat hätte** (*Czernich/Tiefenthaler,* LGVÜ Art 13 Rz 5; *Geimer/Schütze,* Zivilverfahrensrecht Art 13 EuGVÜ Rz 6; *Nagel/Gottwald,* IZPR[4] § 3 Rz 221). 103

Aufgrund des Vorbehaltes des Art 13 EuGVÜ/LGVÜ zugunsten des Art 5 Z 5 EuGVÜ/LGVÜ können **Klagen** gegen einen Beklagten mit Wohnsitz in einem Vertragsstaat **auch vor dem Gericht am Ort der Zweigniederlassung, Agentur oder sonstigen Niederlassung erhoben werden,** wenn es sich um **Streitigkeiten aus ihrem Betrieb** handelt. Diese Wahlmöglichkeit ist vor allem für Klagen gegen den Vertragspartner des Verbrauchers relevant. 104

Hat der **Beklagte keinen Wohnsitz in einem Vertragsstaat** und liegt auch kein Fall des Art 13 Abs 2 EuGVÜ/LGVÜ vor, bestimmt sich die **internationale Zuständigkeit** gem Art 4 EuGVÜ/LGVÜ **nach** dem **autonomen Recht,** dh nach österreichischem Recht. 105

b) Vorliegen einer Verbrauchersache

aa) Begriff der Verbrauchersachen und des Verbrauchers

Die Begriffe **„Verbrauchersachen"** und **„Verbraucher",** die mit dem des Art 5 Abs 1 des EG-Schuldvertragsübereinkommens v 19. 6. 1980 und Art 29 EGBGB abgestimmt sind, müssen **vertragsautonom** ausgelegt werden (*Czernich/Tiefenthaler,* LGVÜ Art 13 Rz 6; *Geimer/Schütze,* Urteilsanerkennung I/1 § 74 III 6; *dies,* Zivilverfahrensrecht Art 13 EuGVÜ Rz 13; *Gottwald,* MünchKommZPO III Art 13 EuGVÜ Rz 2; *Kropholler,* Zivilprozeßrecht[6] Art 13 EuGVÜ 106

Rz 5; *Schlosser,* EuGVÜ Art 13 Rz 3; EuGH 19. 1. 1993 Rs C-89/91, *„Shearson Lehmann Hutton Inc/TVB"* Slg 1993 I–139 = EuZW 1993, 224 = NJW 1993, 1251 = ZIP 1993, 826, ebenso schon EuGH 21. 6. 1978 Rs 150/77 *„Bertrand/Ott"* Slg 1978, 1431 = RIW 1978, 685 = Rev crit 1979, 119 [*Mezger*]).

107 Voraussetzung für das Vorliegen einer **Verbrauchersache** ist, daß der Vertrag von einem Verbraucher, dh **zu einem Zweck abgeschlossen** worden ist, **der nicht** seiner (frei)**beruflichen oder gewerblichen Tätigkeit zugerechnet werden kann.** Art 14 und 15 EuGVÜ/LGVÜ sind nur auf **private Endverbraucher** anzuwenden (*Czernich/Tiefenthaler,* LGVÜ Art 13 Rz 6; *Geimer/Schütze,* Urteilsanerkennung I/1 § 74 III 4; *dies,* Zivilverfahrensrecht Art 13 EuGVÜ Rz 14; *Gottwald,* MünchKommZPO III Art 13 EuGVÜ Rz 2; *Hausmann* in *Wieczorek/Schütze,* ZPO[3] I/1 Art 13 EuGVÜ Rz 1 f; *Kropholler,* Zivilprozeßrecht[6] Art 13 EuGVÜ Rz 7; *Nagel/Gottwald,* IZPR[4] § 3 Rz 223; *Schlosser*-Bericht RdN 153; *ders,* EuGVÜ Art 13 Rz 3).

Nichtselbständige berufliche Tätigkeit fällt unter Art 13 Abs 1 EuGVÜ/LGVÜ. Arbeitnehmer, die im Hinblick auf ihren Beruf Verträge abschließen, sind daher Verbraucher (*Geimer/Schütze,* Zivilverfahrensrecht Art 13 EuGVÜ Rz 16; *Hausmann* in *Wieczorek/Schütze,* ZPO[3] I/1 Art 13 EuGVÜ Rz 3; *Schlosser,* EuGVÜ Art 13 Rz 3).

108 Für die Bestimmung des Zwecks ist der innere Wille des Leistungsempfängers irrelevant (*Geimer/Schütze,* Zivilverfahrensrecht Art 13 EuGVÜ Rz 18; *Hausmann* in *Wieczorek/Schütze,* ZPO[3] I/1 Art 13 EuGVÜ Rz 4). Es kommt vielmehr auf die **für** den **Vertragspartner** des Verbrauchers **objektiv erkennbaren Umstände des Geschäftes** an (*Geimer/Schütze,* Zivilverfahrensrecht Art 13 EuGVÜ Rz 18: *Heldrich* in *Palandt,* BGB[56] Art 29 EGBGB Rz 3; *Martiny,* MünchKommBGB[2] VII Art 29 EGBGB Rz 5; *Schlosser,* EuGVÜ Art 16 Rz 3). Ein non liquet geht zu Lasten des Vertragspartners des Verbrauchers. **Im Zweifel** ist daher das Geschäft ein **Verbrauchergeschäft** (*Geimer/Schütze,* Urteilsanerkennung I/1 § 74 III 8; *dies,* Zivilverfahrensrecht Art 13 EuGVÜ Rz 18; *Hausmann* in *Wieczorek/Schütze,* ZPO[3] I/1 Art 13 EuGVÜ Rz 4).

109 Verbrauchersachen sind Streitigkeiten aus folgenden Verträgen:

- aus einem **Kauf beweglicher Sachen auf Teilzahlung;** Näheres s Rz 111 ff;
- aus einem **in Raten zurückzuzahlenden Darlehen** oder einem anderen **Kreditgeschäft, das zur Finanzierung eines Kaufs beweglicher Sachen** bestimmt ist; Näheres s Rz 117 ff;
- aus **anderen Verträgen,** wenn sie die **Erbringung einer Dienstleistung oder die Lieferung beweglicher Sachen** zum Gegenstand haben, sofern dem Vertragsabschluß **im Staat des Wohnsitzes des Verbrauchers** ein ausdrückliches **Angebot oder eine Werbung vorangegangen** ist und der Verbraucher in diesem Staat die zum Abschluß des Vertrages erforderlichen Rechtshandlungen vorgenommen hat. Näheres s Rz 119 ff.

110 **Auf Beförderungsverträge** sind die Art 13 ff EuGVÜ/LGVÜ **nicht anzuwenden** (Art 13 Abs 3 EuGVÜ/LGVÜ). Für sie gelten die allgemeinen Bestimmungen der Art 2 ff EuGVÜ/LGVÜ bzw staatsvertragliche Sonderregelungen iSd Art 57 Abs 1 EuGVÜ/LGVÜ (*Czernich/Tiefenthaler,* LGVÜ Art 13 Rz 20; *Geimer/Schütze,* Zivilverfahrensrecht Art 13 EuGVÜ Rz 38; *Gottwald,* MünchKommZPO III Art 13 EuGVÜ Rz 3; *Schlosser,* EuGVÜ, Art 13 Rz 10). Auf Pauschalreisen sind die Art 13 ff EuGVÜ/LGVÜ hingegen anwendbar (*Geimer/Schütze,* Zivilverfahrensrecht Art 13 EuGVÜ Rz 38; *Jayme,* IPRax 1993, 42 f; *Schlosser,* EuGVÜ Art 13 Rz 10; *Thorn,* IPRax 1994, 426; LG Konstanz IPRax

1994, 448 [*Thorn* 426] = NJW-RR 1993, 638; zweifelnd *Hausmann* in *Wieczorek/ Schütze,* ZPO[3] I/1 Art 13 EuGVÜ Rz 22).

bb) Kauf beweglicher Sachen auf Teilzahlung (Art 13 Abs 1 Z 1 EuGVÜ/LGVÜ)

Die Tatbestandsmerkmale des Art 13 Abs 1 Z 1 EuGVÜ/LGVÜ sind **vertragsautonom** auszulegen *(Geimer/Schütze,* Zivilverfahrensrecht Art 13 EuGVÜ Rz 22). Es kommt weder auf die lex fori noch auf die lex causae an (EuGH 21. 6. 1978 Rs 150/77 *„Bertrand/Ott"* Slg 1978, 1431 = RIW 1978, 685 = Rev crit 1979, 119 [*Mezger*]). **111**

Unter dem **Kauf beweglicher Sachen auf Teilzahlung** ist ein **Kaufgeschäft** zu verstehen, **bei dem** der **Kaufpreis in mehreren Teilzahlungen geleistet wird oder das mit einem Finanzierungsvertrag verbunden ist** *(Auer* in *Bülow/ Böckstiegel,* Rechtsverkehr 606 Art 13 EuGVÜ Rz 25; *Czernich/Tiefenthaler,* LGVÜ Art 13 Rz 12; *Kropholler,* Zivilprozeßrecht[6] Art 13 EuGVÜ Rz 13; *Schlosser,* EuGVÜ Art 13 Rz 5; EuGH 21. 6. 1978 Rs 150/77 *„Bertrand/Ott"* Slg 1978, 1431 = RIW 1978, 685 = Rev crit 1979, 119 [*Mezger*]). **112**

Die Sache muß **im Zeitpunkt des Vertragsabschlusses beweglich** gewesen sein, wird sie nachher durch Einbau oder Verbindung zum Bestandteil einer unbeweglichen Sache, sind dennoch Art 13 ff EuGVÜ/LGVÜ anwendbar (*Geimer/ Schütze,* Zivilverfahrensrecht Art 13 EuGVÜ Rz 23; *Hausmann* in *Wieczorek/ Schütze,* ZPO[3] I/1 Art 13 EuGVÜ Rz 10). **113**

Für die Annahme einer Teilzahlung genügt eine Anzahlung bei vereinbarter Restzahlung nach Lieferung nicht *(Auer* in *Bülow/Böckstiegel,* Rechtsverkehr 606 Art 13 EuGVÜ Rz 28; *Geimer/Schütze,* Zivilverfahrensrecht Art 13 EuGVÜ Rz 24; *Hausmann* in *Wieczorek/Schütze,* ZPO[3] I/1 Art 13 EuGVÜ Rz 11; *Schlosser,* EuGVÜ Art 13 Rz 5; OLG Oldenburg IPRspr 1975/146 = NJW 1976, 1043 = WM 1976, 1288 [*Geimer*]). Bei **drei Teilleistungen** liegt jedoch jedenfalls ein Kauf auf Teilzahlung vor (*Schlosser,* EuGVÜ Art 13 Rz 5). **114**

Auch der **Mietkauf** („hire purchase") (*Auer* in *Bülow/Böckstiegel,* Rechtsverkehr 606 Art 13 EuGVÜ Rz 27; *Czernich/Tiefenthaler,* LGVÜ Art 5 Rz 13; *Geimer/Schütze,* Zivilverfahrensrecht Art 13 EuGVÜ Rz 22; *Kropholler,* Zivilprozeßrecht[6] Art 13 EuGVÜ Rz 16; *Schlosser*-Bericht RdN 157; *ders,* EuGVÜ Art 13 Rz 5) sowie andere Umsatzgeschäfte mit gleicher wirtschaftlicher Zielrichtung wie der Kauf auf Teilzahlung, so zB Leasingverträge, wenn sie auf die Verschaffung des wirtschaftlichen Eigentums an den Leasingnehmer gerichtet sind, fallen unter Art 13 Z 1 EuGVÜ/LGVÜ (*Schlosser,* EuGVÜ Art 13 Rz 5). **115**

Dagegen werden der **Ankauf von Wertpapieren** (*Kropholler,* Zivilprozeßrecht[6] Art 13 EuGVÜ Rz 15; LG Darmstadt EWiR 1994, 1187 [*Summ*] = IPRax 1995, 318 [*Thorn* 294] = IPRspr 1993/149 = NJW-RR 1994, 684 = WM 1994, 1565), **Termingeschäfte an der Börse und** der **Devisenhandel nicht** von Art 13 Abs 1 Z 1 EuGVÜ/LGVÜ erfaßt (*Schlosser,* EuGVÜ Art 13 Rz 5; ausführlich *ders,* Steindorff-FS 1379 ff). **116**

cc) Kreditgeschäfte zur Finanzierung eines Kaufs beweglicher Sachen (Art 13 Abs 1 Z 2 EuGVÜ/LGVÜ)

Unter Art 13 Abs 1 Z 2 EuGVÜ/LGVÜ fallen **Klagen aus Verträgen, die** ein **Verbraucher zur Finanzierung eines Kaufs beweglicher Sachen abgeschlossen** hat, gleichgültig, ob es sich um ein in Raten zurückzuzahlendes Darlehen oder ein anderes Kreditgeschäft handelt (*Auer* in *Bülow/Böckstiegel,* Rechts- **117** verkehr 606 Art 13 EuGVÜ Rz 30 ff; *Kropholler,* Zivilprozeßrecht[6] Art 13 EuGVÜ Rz 18). Entscheidend ist, daß der Kreditnehmer nicht frei über die Darlehenssumme verfügen kann (*Geimer/Schütze,* Zivilverfahrensrecht Art 13 EuGVÜ Rz 26; *Schlosser,* EuGVÜ Art 13 Rz 6).

118 Art 13 Abs 1 Z 2 EuGVÜ/LGVÜ ist auch anwendbar, wenn die Sache selbst (etwa mit den Mitteln aus dem Darlehen) auf einmal bezahlt worden ist (*Geimer/Schütze,* Zivilverfahrensrecht Art 13 EuGVÜ Rz 27; *Kropholler,* Zivilprozeßrecht[6] Art 13 EuGVÜ Rz 18; *Schlosser*-Bericht RdN 157). Allerdings sind die Art 13 ff EuGVÜ/LGVÜ dann nur auf die Klage aus dem Darlehensvertrag (Art 13 Abs 1 Z 2 EuGVÜ/LGVÜ), nicht aber auch auf den Kaufvertrag anwendbar, da die Z 1 einen Teilzahlungskauf verlangt (*Czernich/Tiefenthaler,* LGVÜ Art 13 Rz 14; *Geimer/Schütze,* Zivilverfahrensrecht Art 13 EuGVÜ Rz 27; *Kropholler,* Zivilprozeßrecht[6] Art 13 EuGVÜ Rz 18; *Schlosser,* EuGVÜ Art 13 Rz 6).

Ein Kredit zur Finanzierung einer Dienstleistung fällt nicht unter Art 13 Abs 1 Z 2 EuGVÜ/LGVÜ (*Geimer/Schütze,* Zivilverfahrensrecht Art 13 EuGVÜ Rz 26).

dd) Sonstige Dienstleistungs- und Lieferungsverträge (Art 13 Abs 1 Z 3 EuGVÜ/LGVÜ)

119 Die sonstigen Verbraucherverträge müssen **bewegliche Sachen** betreffen. Daher gilt Art 13 Abs 1 Z 3 EuGVÜ/LGVÜ weder für Verträge über Grundstücke und grundstücksgleiche Rechte noch für Verträge, welche die Übertragung von Rechten (zB von Wertpapieren oder Immaterialgüterrechten) betreffen (*Geimer/Schütze,* Zivilverfahrensrecht Art 13 EuGVÜ Rz 29).

120 Der Begriff **Erbringung von Dienstleistungen** ist **autonom** (*Czernich/Tiefenthaler,* LGVÜ Art 13 Rz 19; *Geimer/Schütze,* Zivilverfahrensrecht Art 13 EuGVÜ Rz 30; *Hausmann* in *Wieczorek/Schütze,* ZPO[3] I/1 Art 13 EuGVÜ Rz 15; *Schlosser,* Steindorff-FS 1383; *ders,* EuGVÜ Art 13 Rz 7; BGH NJW 1994, 262; LG Berlin IPRax 1992, 243 [*Endler* 212]), uzw in demselben Sinn **wie in Art 5 EG-Schuldvertragsübereinkommen 1980** und Art 29 EGBGB zu bestimmen (BGH NJW 1994, 262; aA OLG Düsseldorf RIW 1994, 420).

121 Unter den Begriff der **Dienstleistung** fallen vor allem gewerbliche, kaufmännische, handwerkliche und freiberufliche Tätigkeiten, sofern sie entgeltlich erbracht werden (*Geimer/Schütze,* Zivilverfahrensrecht Art 13 EuGVÜ Rz 30). Zu den Dienstleistungen gehören auch **Werkleistungen** (*Geimer/Schütze,* Zivilverfahrensrecht Art 13 EuGVÜ Rz 30; *Schlosser,* EuGVÜ Art 13 EuGVÜ Rz 7; LG Berlin IPRax 1992, 243).

Bei gemischten Verträgen ist ausschlaggebend, ob die Dienstleistung im Vordergrund steht (*Geimer/Schütze,* Zivilverfahrensrecht Art 13 EuGVÜ Rz 30).

122 Unter die sonstigen **Dienstleistungs- und Lieferungsverträge** iSd Art 13 Abs 1 Z 3 EuGVÜ/LGVÜ sind beispielsweise folgende Verträge zu subsumieren:

- **Reparaturverträge** (*Geimer/Schütze,* Zivilverfahrensrecht Art 13 EuGVÜ Rz 30);
- **Ferienhausvermittlungsverträge** (*Endler,* IPRax 1992, 215; *Jayme,* IPRax 1993, 18 f; *Kartzke,* NJW 1994, 823 f; *Tonner,* VuR 1993, 48 f [Entscheidungsanm]; *Hausmann* in *Wieczorek/Schütze,* ZPO[3] I/1 Art 13 EuGVÜ Rz 15);
- **Beherbergungsverträge** (*Geimer/Schütze,* Zivilverfahrensrecht Art 13 EuGVÜ Rz 30; *Hausmann* in *Wieczorek/Schütze,* ZPO[3] I/1 Art 13 EuGVÜ Rz 15);

• **Pauschalreiseverträge** (*Czernich/Tiefenthaler,* LGVÜ Art 13 Rz 20; *Schlosser,* EuGVÜ Art 13 Rz 10; *Geimer/Schütze,* Zivilverfahrensrecht Art 13 Rz 38; 4 Nd 501/99; 2 Nd 502/99; 2 Nd 510/98);

• **Verträge über** die **Veranstaltung von Ferien- oder Sprachkursen** (*Geimer/Schütze,* Zivilverfahrensrecht Art 13 EuGVÜ Rz 30; *Martiny,* MünchKomm-BGB[2] VII Art 29 EGBGB Rz 9; 4 Nd 514/97);

• **Geschäftsbesorgungsverträge,** wie zB zwischen Treugeber und Treuhänder (*Geimer/Schütze,* Zivilverfahrensrecht Art 13 EuGVÜ Rz 30) oder zwischen Broker und Kunden für die Abwicklung von Börsentermingeschäften, auch wenn der Broker Termingeschäfte in Kommission für den Kunden durchführt (*Geimer/Schütze,* Zivilverfahrensrecht Art 13 EuGVÜ Rz 30; *Gottwald,* MünchKommZPO III Art 13 EuGVÜ Rz 2; *Hausmann* in *Wieczorek/Schütze,* ZPO[3] I/1 Art 13 EuGVÜ Rz 15; *Schlosser,* Steindorff-FS 1383; *ders,* EuGVÜ Art 13 Rz 7; aA *de Lousanoff,* Nirk-FS 629; *Schütze,* EWiR 1989, 681 [Entscheidungsanm]; *Triebel/Peglow,* ZIP 1987, 616; unentschieden BGH IPRax 1989, 163 [*Samtleben* 148] = NJW 1987, 3193; OLG Frankfurt/Main RIW 1989, 399f = WM 1989, 57). Für die Einordnung der Tätigkeit des Brokers als Dienstleistung ist entscheidend, daß er als verlängerter Arm des Anlegers nur für das Zustandekommen des Termingeschäfts zu sorgen hat, er aber nicht für den Erfolg seiner Bemühungen einzustehen hat (*Geimer/Schütze,* Zivilverfahrensrecht Art 13 EuGVÜ Rz 30; *Hausmann* in *Wieczorek/Schütze,* ZPO[3] I/1 Art 13 EuGVÜ Rz 15; *Wach/Weberpals,* AG 1989, 198; OLG Köln ZIP 1989, 838).

Nicht zu den Dienstleistungen zählen **reine Darlehensverträge** (*Geimer/Schütze,* Zivilverfahrensrecht Art 13 EuGVÜ Rz 31; *Schlosser*-Bericht RdN 154; *ders,* EuGVÜ Art 13 Rz 7; *Schoibl,* JBl 1998, 706f; LG Darmstadt EWiR 1994, 1187 [*Summ*] = IPRax 1995, 318 [*Thorn* 294] = IPRspr 1993/149 = NJW-RR 1994, 684 = WM 1994, 1565). Wenn eine Bank aber in Verbindung mit Darlehensverträgen Geschäftsbesorgungen für den Kunden unternimmt, sind die Verträge wegen des Schutzzweckes des Art 13 EuGVÜ/LGVÜ insgesamt Dienstleistungsverträge, sofern die Zusatzverpflichtungen nicht von untergeordneter Bedeutung sind (*Geimer/Schütze,* Zivilverfahrensrecht Art 13 EuGVÜ Rz 30; *Schlosser,* EuGVÜ Art 13 Rz 7). **123**

Für **Versicherungsverträge** gehen die **Art 11–12a EuGVÜ/LGVÜ** als die spezielleren Regelungen den Art 13ff EuGVÜ/LGVÜ vor (*Geimer/Schütze,* Zivilverfahrensrecht Art 13 EuGVÜ Rz 31; *Kropholler,* Zivilprozeßrecht[6] Art 13 EuGVÜ Rz 20; *Schlosser*-Bericht RdN 156; *ders,* EuGVÜ Art 13 Rz 7). **124**

Voraussetzung dafür, daß andere Verbrauchergeschäfte, welche die Erbringung einer Dienstleistung oder die Lieferung beweglicher Sachen zum Gegenstand haben, unter die Art 13ff EuGVÜ/LGVÜ fallen, ist, daß sie **den in Z 3 lit a und b umschriebenen hinreichenden Bezug zum Wohnsitz des Verbrauchers** aufweisen (*Geimer/Schütze,* Zivilverfahrensrecht Art 13 EuGVÜ Rz 28; *Gottwald,* MünchKommZPO III Art 13 EuGVÜ Rz 4; *Kropholler,* Zivilprozeßrecht[6] Art 13 EuGVÜ Rz 19; *Schlosser,* EuGVÜ Art 13 EuGVÜ Rz 7). Die Umschreibung der Verbindung zum Wohnsitzstaat des Verbrauchers in Art 13 Abs 1 Z 3 lit a und b EuGVÜ/LGVÜ stimmt wörtlich mit der Umschreibung in Art 5 II 1. Gedankenstrich des EG-Schuldvertragsübereinkommens 1980 überein (*Kropholler,* Zivilprozeßrecht[6] Art 13 EuGVÜ Rz 22). **125**

Die in Z 3 lit a und b geforderten Voraussetzungen müssen **kumulativ** vorliegen (*Geimer/Schütze,* Zivilverfahrensrecht Art 13 EuGVÜ Rz 32). **126**

Ein **ausdrückliches Angebot** iSd Art 13 Abs 1 Z 3 EuGVÜ/LGVÜ setzt nicht ein Vertragsangebot iSd §§ 861ff ABGB voraus, es genügt auch eine invi- **127** tatio ad offerendum (vgl *Geimer/Schütze,* Zivilverfahrensrecht Art 13 EuGVÜ Rz 33; *Hausmann* in *Wieczorek/Schütze,* ZPO[3] I/1 Art 13 EuGVÜ Rz 18; *Wach/Weberpals,* AG 1989, 199; enger OLG München NJW-RR 1993, 701).

128 Unter **Werbung** iSd Art 13 Abs 1 Z 3 lit a EuGVÜ/LGVÜ fällt grundsätzlich jede absatzfördernde Tätigkeit, die auch im Hinblick auf den Wohnsitzstaat des Verbrauchers betrieben worden ist (*Czernich/Tiefenthaler,* LGVÜ Art 13 Rz 17; *Geimer/Schütze,* Zivilverfahrensrecht Art 13 EuGVÜ Rz 34; *Gottwald,* MünchKommZPO III Art 13 EuGVÜ Rz 4; *Kropholler,* Zivilprozeßrecht[6] Art 13 EuGVÜ Rz 22; *Schlosser*-Bericht RdN 158; *ders,* EuGVÜ Art 13 Rz 8; krit *Lüderitz,* Riesenfeld-FS 158). Darunter fallen Werbung in Presse, Rundfunk, Fernsehen oder Filmtheatern oder mittels speziell in das betreffende Land versandter Kataloge oder die Abgabe persönlicher Verkaufsangebote über einen Handelsvertreter oder Handelsreisenden des ausländischen Anbieters (vgl Bericht *Giuliano* zu Art 5 des EG-Schuldvertrags-übereinkommens ABl 1980 Nr C 282, 24, abgedruckt bei *Kropholler,* Zivilprozeßrecht[6] Art 13 EuGVÜ Rz 22; *Geimer/Schütze,* Zivilverfahrensrecht Art 13 EuGVÜ Rz 34; *Hausmann* in *Wieczorek/Schütze,* ZPO[3] I/1 Art 13 EuGVÜ Rz 19; bezüglich des Handelsvertreters OLG Köln IPRax 1984, 161) oder Telephonmarketing (*Schlosser,* EuGVÜ Art 13 Rz 8). Es muß im Wohnsitzstaat des Verbrauchers selbst geworben worden sein. Hingegen reicht der bloße Vertrieb von Zeitungen mit Werbeanzeigen auch im Ausland nicht als Werbung iSd Art 13 Abs 1 Z 3 lit a EuGVÜ/LGVÜ aus (vgl Bericht *Giuliano* zu Art 5 des EG – Schuldvertragsübereinkommens ABl 1980 Nr C 282, 24, abgedruckt bei *Kropholler,* Zivilprozeßrecht[6] Art 13 EuGVÜ Rz 22; *Geimer/Schütze,* Zivilverfahrensrecht Art 13 EuGVÜ Rz 34; *Schlosser,* EuGVÜ Art 13 Rz 8).

129 Die Werbung muß dem **Vertragsabschluß vorausgegangen** sein, dh der Vertrag muß im räumlichen oder zeitlichen Zusammenhang mit den Werbemaßnahmen im Wohnsitzsstaat des Verbrauchers zustande gekommen sein (*Geimer/Schütze,* Zivilverfahrensrecht Art 13 EuGVÜ Rz 35).

130 Die **Werbung muß** für den Vertragsabschluß **nicht kausal** gewesen sein (*Czernich/Tiefenthaler,* LGVÜ Art 13 Rz 17; *Gaudemet-Tallon,* Rev crit 1993, 329 [Entscheidungsanm]; *Geimer/Schütze,* Zivilverfahrensrecht Art 13 EuGVÜ Rz 35; *Hausmann* in *Wieczorek/Schütze,* ZPO[3] I/1 Art 13 EuGVÜ Rz 19; *Kropholler,* Zivilprozeßrecht[6] Art 13 EuGVÜ Rz 23; *Schlosser,* EuGVÜ Art 13 Rz 8; *Wach/Weberpals,* AG 1989, 199).

131 Aufgrund des Schutzzweckes der Art 13 ff EuGVÜ/LGVÜ sollte Art 13 Abs 1 Z 3 EuGVÜ/LGVÜ **auch** dann angewendet werden, **wenn auf Initiative des Verbrauchers** ein **Angebot** gemacht **oder** das **Werbematerial zur Verfügung gestellt** oder wenn der Auslandskontakt über eine selbständige Tochterfirma im Inland geknüpft wurde (*Geimer/Schütze,* Zivilverfahrensrecht Art 13 EuGVÜ Rz 35; *Gottwald,* MünchKommZPO III Art 13 EuGVÜ Rz 4; *Schlosser,* Steindorff-FS 1385; *ders,* EuGVÜ Art 13 Rz 8; aA *Hausmann* in *Wieczorek/Schütze,* ZPO[3] I/1 Art 13 EuGVÜ Rz 19 FN 46).

132 Die Werbung eines ausländischen Reisebüros in Österreich, die ohne Wissen und Willen des Vertragspartners des inländischen Verbrauchers (= des Reiseunternehmers) erfolgt ist, ist dem Reiseunternehmen nicht zuzurechnen (LG Feldkirch 3 R 101/97 v).

133 Die zum Abschluß des Vertrages **erforderlichen Rechtshandlungen** (schriftliche Erklärungen oder sonstige Beurkundungen des Willens des Verbrauchers, Absendung der Bestellung) müssen gem Art 13 Abs 1 Z 3 lit b EuGVÜ/LGVÜ vom Verbraucher bzw dessen Vertreter **im Wohnsitzstaat des Verbrau-**

chers vorgenommen worden sein (*Geimer/Schütze,* Zivilverfahrensrecht Art 13 EuGVÜ Rz 36).

Liegen die **Voraussetzungen** des Art 13 Abs 1 Z 3 EuGVÜ/LGVÜ **nicht** 134
vor, gibt es, auch wenn vergleichbare enge Beziehungen zum Wohnsitzstaat des Verbrauchers gegeben sind, **keine analoge Anwendung des Art 13** Abs 1 Z 3 EuGVÜ/ LGVÜ, sondern es kommen die allgemeinen Vorschriften nach Art 2ff EuGVÜ/ LGVÜ zur Anwendung (*Geimer/Schütze,* Zivilverfahrensrecht, Art 13 EuGVÜ Rz 37; *Hausmann* in *Wieczorek/Schütze,* ZPO[3] I/1 Art 13 EuGVÜ Rz 21). So zB wenn ein österreichischer Verbraucher mit einem ausländischen Reiseunternehmen telefonisch einen Reisevertrag in Deutschland abgeschlossen hat, ohne daß von diesem Reiseunternehmen eine Werbung in Österreich erfolgt ist (LG Feldkirch 3 R 101/97 v).

c) Verbraucher selbst muß Kläger oder Beklagter sein

Zweck der Art 13ff EuGVÜ/LGVÜ ist es, den Verbraucher als wirtschaft- 135
lich schwächeren und weniger erfahrenen Vertragspartner zu schützen und diesem die gerichtliche Wahrnehmung seiner Rechte zu erleichtern, sodaß sich eine Ausdehnung der für den Verbraucher geschaffenen besonderen Zuständigkeitsregeln auf Personen verbietet, die dieses Schutzes nicht bedürfen. Daher **schützen** die **Übereinkommen den Verbraucher nur, soweit er persönlich Kläger oder Beklagter** in einem Verfahren **ist** (*Czernich/Tiefenthaler,* LGVÜ Art 13 Rz 1; *Kropholler,* Zivilprozeßrecht[6] Art 13 EuGVÜ Rz 1; *Schlosser,* EuGVÜ Art 13 Rz 3).

Daher sind die Art 13ff EuGVÜ/LGVÜ **nicht anwendbar, wenn** ein 136
Rechtsnachfolger des Verbrauchers klagt oder geklagt wird, es sei denn, daß der Rechtsübergang in Form eines nach Art 13 EuGVÜ/LGVÜ geschützten Verbrauchervertrages erfolgt ist, so zB, wenn ein Zessionar eine Forderung aus einem Verbrauchervertrag einklagt, sofern er nicht in Ausübung seiner beruflichen oder gewerblichen Tätigkeit handelt (*Geimer/Schütze,* Zivilverfahrensrecht Art 13 EuGVÜ Rz 14; *Kropholler,* Zivilprozeßrecht[6] Art 13 EuGVÜ Rz 11; *Schlosser,* EuGVÜ Art 13 Rz 3; vgl zu den Verbrauchersachen *Schlosser*-Bericht RdN 153; EuGH 19. 1. 1993 Rs C-89/91, *„Shearson Lehmann Hutton Inc/TVB“,* Slg 1993 I-139 = EuZW 1993, 244 = NJW 1993, 1251 = ZIP 1993, 826; Vorlage BGH NJW 1991, 1632 = WM 1991, 360; Abschlußentscheidung BGH EuZW 1993, 517 [*Geimer* 564] = EWiR 1993, 927 [*Geimer*] = IPRax 1995, 98 [*H. Koch* 71] = IPRspr 1993/138 = NJW 1993, 2683 = RIW 1993, 670. Das EuGVÜ/LGVÜ folgt in der Verbraucherschutzgesetzgebung der allgemeinen Tendenz der EU-Staaten, den Letztverbrauchern angemessene Gerichtsstände zu garantieren (kritisch zu der Sonderregelung *Geimer/Schütze,* Urteilsanerkennung I/1 § 74 III 2). Weiters sind die Art 13ff EuGVÜ/LGVÜ auf **Verbandsklagen nicht anwendbar** (*Geimer/Schütze,* Zivilverfahrensrecht Art 13 EuGVÜ Rz 15; *Schlosser,* EuGVÜ Art 13 Rz 3; *Tonner,* VuR 1993, 49 [Entscheidungsanm]).

3. Internationale Zuständigkeit für Klagen des Verbrauchers (Art 14 Abs 1 EuGVÜ/LGVÜ)

Klagen des Verbrauchers gegen seinen Vertragspartner können nach Wahl 137
des Klägers **entweder vor den Gerichten des Vertragsstaates** erhoben werden, **in dessen Hoheitsgebiet** der **Vertragspartner seinen Wohnsitz hat, oder** vor den Gerichten des Vertragsstaates, **in dessen Hoheitsgebiet der Verbraucher seinen Wohnsitz hat.**

138 Darüber hinaus kann aber **auch** der Vertragspartner des Verbrauchers gem Art 5 Z 5 EuGVÜ/LGVÜ in jenem Vertragsstaat geklagt werden, in dem er seine **Zweigniederlassung,** Agentur oder sonstige Niederlassung hat, wenn die Streitigkeit aus dem Betrieb der Zweigniederlassung, Agentur oder sonstigen Niederlassung herrührt (*Czernich/Tiefenthaler,* LGVÜ Art 14 Rz 2; *Geimer/Schütze,* Zivilverfahrensrecht Art 13 EuGVÜ Rz 5).

Weitere Gerichtsstände als jenen des Art 5 Z 5 EuGVÜ/LGVÜ **kennt** der 4. Abschnitt **nicht.** Daher kann der Verbraucher, wenn er den Verbrauchervertrag mit mehreren Personen abgeschlossen hat, und diese ihren Wohnsitz bzw Sitz in verschiedenen Vertragsstaaten außerhalb des Wohnsitzstaates haben, nicht alle seine Vertragspartner in dem Vertragsstaat verklagen, in dem einer von ihnen seinen Wohnsitz oder Sitz hat. Eine Parallelnorm zu Art 6 Z 1 EuGVÜ/LGVÜ kennt der 4. Abschnitt nicht, weil für eine solche kein Bedürfnis besteht. Denn der Verbraucher kann, weil alle seine Vertragspartner an seinem eigenen Wohnsitz gerichtspflichtig sind, alle zusammen in seinem Wohnsitzstaat verklagen (*Geimer/Schütze,* Urteilsanerkennung I/1 § 74 VI 1; *dies,* Zivilverfahrensrecht Art 14 EuGVÜ Rz 3).

139 Die internationale Wahlzuständigkeit des Art 14 Abs 1 EuGVÜ/LGVÜ bringt **innerstaatliche Schwierigkeiten** mit sich. Da Art 14 EuGVÜ/LGVÜ nur die internationale, und nicht auch die **örtliche Zuständigkeit** regelt, richtet sich diese **nach dem nationalen Recht des Gerichtsstaates.** In den meisten nationalen Zuständigkeitsordnungen fehlt es jedoch an der Regelung einer örtlichen Zuständigkeit für Klagen des Verbrauchers gegen seinen Vertragspartner, so auch in **Österreich. § 14 Abs 3 KSchG** verbietet nämlich nur den Ausschluß von nach dem Gesetz gegebenen Gerichtsständen, **schafft** aber **keinen eigenen Gerichtsstand für Klagen des Verbrauchers gegen den Unternehmer.** Dazu kommt, daß zufolge des Art 3 EuGVÜ/LGVÜ für Klagen des Verbrauchers gegen den Vertragspartner die **Anwendung des Vermögensgerichtsstandes ausgeschlossen** ist. Dh, wenn der Verbraucher, der seinen Wohnsitz in Österreich hat, eine Verbrauchersache gegen seinen Vertragspartner, der in einem anderen Vertragsstaat seinen Wohnsitz hat, in Österreich anhängig machen will, wird es **häufig an einer örtlichen Zuständigkeit fehlen.** In diesem Fall muß der Kläger beim OGH einen **Ordinationsantrag** nach § 28 Abs 1 Z 1 JN stellen (vgl 4 Nd 501/99; 2 Nd 502/99; 2 Nd 510/98; 6 Nd 505/98; 4 Nd 514/97 und AnwBl 1997, 218 = RZ 1997/67 = ZfRV 1997/6). **Sinnvoll** wäre eine Auslegung des Art 14 Abs 1 EuGVÜ/LGVÜ dahingehend, daß **das Gericht am Wohnsitz des Verbrauchers örtlich zuständig** ist (vgl für die deutsche Rechtslage *Auer* in *Bülow/Böckstiegel,* Rechtsverkehr 606 Art 14 EuGVÜ Rz 14; *de Bra,* Verbraucherschutz 182; *Geimer/Schütze,* Zivilverfahrensrecht Art 14 EuGVÜ Rz 9; *Hausmann* in *Wieczorek/Schütze,* ZPO[3] I/1 Art 14 EuGVÜ Rz 4; *Schlosser,* EuGVÜ Art 14 Rz 1 ff; LG Konstanz IPRax 1994, 448 [*Thorn* 426] = NJW-RR 1993, 638). (Bei der geplanten Revision des EuGVÜ/LGVÜ soll Art 14 dahin geändert werden, daß der Verbraucher Klage ua „vor dem Gericht des Bezirks erheben kann, in dem er seinen Wohnsitz [oder gegebenenfalls seinen gewöhnlichen Aufenthalt] hat". Dok 6131/99 JUSTCIV 21 v 23. 2. 1999.)

140 Maßgebend ist der **Wohnsitz (Sitz) im Zeitpunkt der Klagserhebung.** Verlegt der Verbraucher nach Vertragsabschluß seinen Wohnsitz in einen anderen Vertragsstaat, so kann der Verbraucher vor den Gerichten seines neuen Wohnsitzes Klage erheben (*Geimer/Schütze,* Urteilsanerkennung I/1 § 74 V 2; *dies,* Zivilverfahrensrecht Art 14 EuGVÜ Rz 6; *Gottwald,* MünchKommZPO III Art 14 EuGVÜ Rz 3; *Kropholler,* Zivilprozeßrecht[6] Art 14 EuGVÜ Rz 2; aA *de*

Bra, Verbraucherschutz 168f; *Schlosser*-Bericht RdN 161; *ders,* EuGVÜ Art 14 Rz 3, nach deren Meinung dem Vertragspartner des Verbrauchers der Klägergerichtsstand nicht zumutbar ist, wenn er keinerlei Anhaltspunkte dafür hat, daß der Verbraucher auslandsansässig ist oder ins Ausland verziehen wird. Das gelte vor allem dann, wenn in dem neuen Wohnsitzstaat des Verbrauchers keinerlei Werbung oder Vertragsschlußinitiativen iSd Art 13 Abs 1 Z 3 EuGVÜ/LGVÜ unternommen wurden. Denn dann würde der neue Wohnsitzgerichtsstand iSd Art 6 EMRK nicht „fair" sein).

4. Die internationale Zuständigkeit für Klagen des Vertragspartners des Verbrauchers (Art 14 Abs 2 EuGVÜ/LGVÜ)

Klagen gegen den Verbraucher können **nur vor den Gerichten des Vertragsstaates** erhoben werden**, in dessen Hoheitsgebiet** der **Verbraucher seinen Wohnsitz** hat (*Czernich/Tiefenthaler,* LGVÜ Art 14 Rz 3; *Geimer/Schütze,* Zivilverfahrensrecht Art 14 EuGVÜ Rz 10; *Gottwald,* MünchKommZPO III Art 14 EuGVÜ Rz 5; *Schlosser,* EuGVÜ Art 14 Rz 4). 141

Maßgeblich ist der **Wohnsitz des Verbrauchers im Zeitpunkt der Klagserhebung** (*Geimer/Schütze,* Urteilsanerkennung I/1 § 74 V 1; *dies,* Zivilverfahrensrecht Art 14 EuGVÜ Rz 11; *Gottwald,* MünchKommZPO III Art 14 EuGVÜ Rz 5; *Hausmann* in *Wieczorek/Schütze,* ZPO^3 I/1 Art 14 EuGVÜ Rz 8; *Schlosser,* EuGVÜ Art 14 Rz 4). 142

Die **örtliche Zuständigkeit** für Klagen gegen den Verbraucher richtet sich – soweit nicht Art 5 Z 5 iVm Art 13 Abs 1 EuGVÜ/LGVÜ (Gerichtsstand der Niederlassung) oder Art 14 Abs 3 iVm Art 6 Z 3 EuGVÜ/LGVÜ (Gerichtsstand der Widerklage) zur Anwendung kommt – **nach dem nationalen Recht des Gerichtsstaates** (*Geimer/Schütze,* Zivilverfahrensrecht Art 14 EuGVÜ Rz 12; *Gottwald,* MünchKommZPO III Art 14 EuGVÜ Rz 5). Dh hat der **Verbraucher** seinen **Wohnsitz in Österreich,** richtet sich die örtliche Zuständigkeit nach **österreichischem Recht.** 143

5. Die internationale Zuständigkeit für die Widerklage in Verbrauchersachen (Art 14 Abs 3 EuGVÜ/LGVÜ)

Wenn der Verbraucher seinen Vertragspartner jedoch vor dessen Wohnsitzgerichten oder vor dem Gericht des Ortes einer Zweigniederlassung, Agentur oder sonstigen Niederlassung klagt, so kann gem Art 14 Abs 3 EuGVÜ/LGVÜ der Vertragspartner des Verbrauchers in diesem Verfahren eine konnexe **Widerklage** iSd Art 6 Z 3 EuGVÜ/LGVÜ erheben (*Geimer/Schütze,* Zivilverfahrensrecht Art 14 EuGVÜ Rz 15; *Gottwald,* MünchKommZPO III Art 14 EuGVÜ Rz 6). 144

6. Zulässigkeit von Gerichtsstandsvereinbarungen (Art 15 EuGVÜ/LGVÜ)

a) Allgemeines

Von der in Art 14 EuGVÜ/LGVÜ geregelten internationalen Zuständigkeit in Verbrauchersachen kann in den in Art 15 EuGVÜ/LGVÜ geregelten Fällen im Weg einer Gerichtsstandsvereinbarung abgewichen werden. In den Fällen des Art 15 Z 1 und 2 EuGVÜ/LGVÜ wird deshalb eine Ausnahme gemacht, weil hier der Verbraucher nicht schützenswert ist. Im Fall des Art 15 Z 3 EuGVÜ/LGVÜ wird aus Billigkeitsgründen eine Ausnahme zugunsten des Vertragspartners des Verbrauchers gemacht, weil dieser den Verbraucher stets an dessen Wohnsitz klagen muß, während der Verbraucher die Wahl zwischen seinem eigenen Wohnsitz und jenem seines Vertragspartners hat. 145

146 Soweit ausnahmsweise eine Gerichtsstandsvereinbarung nach Art 15 EuGVÜ/LGVÜ zulässig ist, gelten für diese die **Formvorschriften des Art 17 Abs 1 EuGVÜ/LGVÜ** (*Czernich/Tiefenthaler,* LGVÜ Art 15 Rz 1; *Gottwald,* MünchKommZPO III Art 15 EuGVÜ Rz 1; *Kropholler,* Zivilprozeßrecht[6] Art 15 EuGVÜ Rz 1; *Schlosser,* EuGVÜ Art 15 Rz 1).

b) Vereinbarung nach Entstehung der Streitigkeit

147 Ein Bedürfnis, den Verbraucher als schwächere Partei zu schützen, besteht dann nicht, wenn die Rechtsstreitigkeit bereits entstanden ist. Schließt der Verbraucher in diesem Stadium eine Zuständigkeitsvereinbarung ab, so ist er in der Lage, die **Tragweite seiner Vereinbarung klar zu überschauen** (*Geimer/Schütze,* Zivilverfahrensrecht Art 15 EuGVÜ Rz 4).

Eine **Streitigkeit entsteht,** sobald die **Parteien** über einen bestimmten Punkt **uneins** sind **und** ein **gerichtliches Verfahren** unmittelbar oder in Kürze **bevorsteht** (*Jenard*-Bericht zu Art 12 EuGVÜ; *Auer* in *Bülow/Böckstiegel,* Rechtsverkehr 606 Art 15 EuGVÜ Rz 3; *Czernich/Tiefenthaler,* LGVÜ Art 12 Rz 4; *Hausmann* in *Wieczorek/Schütze,* ZPO[3] I/1 Art 12 EuGVÜ Rz 6; *Kropholler,* Zivilprozeßrecht[6] Art 12 EuGVÜ Rz 2; *Schlosser,* EuGVÜ Art 12 Rz 1; aA, nämlich, daß eine konkret drohende gerichtliche Auseinandersetzung nicht erforderlich ist, *Geimer/Schütze,* Urteilsanerkennung I/1 § 75 V 2d; *dies,* Zivilverfahrensrecht Art 12 EuGVÜ Rz 5).

c) Vereinbarung zugunsten des Verbrauchers

148 Die in Art 15 Z 2 EuGVÜ/LGVÜ angeordnete Ausnahme ist ein gesetzlich vorgesehenes Beispiel einer einseitig zugunsten einer Partei getroffenen Zuständigkeitsvereinbarung nach Art 17 Abs 4 EuGVÜ/LGVÜ. Da der Verbraucher durch diese Zuständigkeitsvereinbarung besser gestellt wird, braucht er keinen zusätzlichen Schutz (*Geimer/Schütze,* Zivilverfahrensrecht Art 15 EuGVÜ Rz 6; *Kropholler,* Zivilprozeßrecht[6] Art 12 EuGVÜ Rz 3; *Schlosser,* EuGVÜ Art 15).

Eine Vereinbarung **zugunsten des Verbrauchers liegt** dann vor, wenn durch sie die **Klagemöglichkeiten des Verbrauchers erweitert** werden. Der Verbraucher kann durch sie seinen Vertragspartner auch an Orten klagen, zu denen keine Anknüpfung iSd Art 14 Abs 1 EuGVÜ/LGVÜ besteht (*Geimer/Schütze,* Zivilverfahrensrecht Art 15 EuGVÜ Rz 6).

d) Vereinbarung der Zuständigkeit der Gerichte des gemeinsamen Wohnsitz- oder Aufenthaltsstaates (Art 15 Z 3 EuGVÜ/LGVÜ)

149 Durch Art 15 Z 3 EuGVÜ/LGVÜ soll der Vertragspartner des Verbrauchers davor geschützt werden, daß er zufolge des Art 14 Abs 1 EuGVÜ/LGVÜ, nach dem der Verbraucher nur in jenem Vertragsstaat geklagt werden darf, in dessen Hoheitsgebiet der Verbraucher im Zeitpunkt der Klagserhebung seinen Wohnsitz hat, den Verbraucher in einem anderen Vertragsstaat klagen muß als in jenem, in dem der Verbraucher im Zeitpunkt des Vertragsabschlusses seinen Wohnsitz gehabt hat (*Geimer/Schütze,* Zivilverfahrensrecht Art 15 EuGVÜ Rz 7; *Gottwald,* MünchKommZPO III Art 15 EuGVÜ Rz 2).

150 **Voraussetzung** für die Zulässigkeit der Gerichtsstandsvereinbarung ist, daß **sowohl** der **Verbraucher als auch** sein **Vertragspartner ihren Wohnsitz oder gewöhnlichen Aufenthalt zum Zeitpunkt ihres Vertragsabschlusses in demselben Vertragsstaat** haben, sie die **Zuständigkeit** der Gerichte **dieses Staates begründen und** daß eine solche **Vereinbarung nach dem Recht des betreffenden**

Vertragsstaates zulässig ist (*Auer* in *Bülow/Böckstiegel,* Rechtsverkehr 606 Art 15 EuGVÜ Rz 7 ff; *Geimer/Schütze,* Zivilverfahrensrecht Art 15 EuGVÜ Rz 7; *Gottwald,* MünchKommZPO III Art 15 EuGVÜ Rz 2; *Kropholler,* Zivilprozeßrecht[6] Art 15 EuGVÜ Rz 2; *Nagel/Gottwald,* IZPR[4] § 3 Rz 225; *Schlosser,* EuGVÜ Art 15).

Nach österreichischem Recht ist eine derartige Zuständigkeitsvereinbarung **zulässig,** allerdings darf gem § 14 Abs 1 KSchG als örtlich zuständiges Gericht **nur** das **Gericht vereinbart werden, in dessen Sprengel der Verbraucher entweder** seinen **Wohnsitz oder gewöhnlichen Aufenthalt** hat **oder** seiner **Beschäftigung** nachgeht. **151**

Solange der Verbraucher seinen Wohnsitz in Österreich hat, ist die zwischen dem Verbraucher und seinem Vertragspartner getroffene Gerichtsstandsvereinbarung, weil es sich um einen reinen Binnenfall handelt und diese nur die örtliche Zuständigkeit betrifft, nur nach innerstaatlichem Recht zu beurteilen. Wenn der Verbraucher jedoch nach dem Vertragsabschluß seinen Wohnsitz in einen anderen Vertragsstaat verlegt, dann betrifft die Gerichtsstandsvereinbarung auch die internationale Zuständigkeit Österreichs und ihre Zulässigkeit ist anhand des Art 15 Z 3 EuGVÜ/LGVÜ zu prüfen, wobei sie aber unzulässig ist, wenn sie § 14 Abs 1 KSchG widerspricht. **152**

7. Bedeutung der Sonderregeln für die internationale Zuständigkeit für Verbrauchersachen

Den Regeln über die ausschließliche internationale Zuständigkeit in Verbrauchersachen kommt insoweit große Bedeutung zu, als ihre **Verletzung nach Art 28 EuGVÜ/LGVÜ** einen **Versagungsgrund** für die Anerkennung und Vollstreckung der Entscheidung darstellt (*Geimer/Schütze,* Zivilverfahrensrecht Art 28 EuGVÜ Rz 47 ff; *Gottwald,* MünchKommZPO III Art 28 EuGVÜ Rz 12; *Kropholler,* Zivilprozeßrecht[6] Art 28 EuGVÜ Rz 7 ff; *Linke* in *Bülow/Böckstiegel,* Rechtsverkehr 606, 118 f). Allerdings ist auch bei einem Verstoß gegen Art 13–15 EuGVÜ/LGVÜ eine **Heilung** der internationalen Unzuständigkeit **durch rügelose Einlassung nach Art 18 EuGVÜ/LGVÜ möglich** (*Linke* in *Bülow/Böckstiegel,* Rechtsverkehr 606, 114). **153**

IV. Internationale Zwangszuständigkeiten (Art 16 EuGVÜ/LGVÜ)

Art 16 EuGVÜ/LGVÜ. Ohne Rücksicht auf den Wohnsitz sind ausschließlich zuständig

1. a) für Klagen, welche dingliche Rechte an unbeweglichen Sachen sowie die Miete oder Pacht von unbeweglichen Sachen zum Gegenstand haben, die Gerichte des Vertragsstaats, in dem die unbewegliche Sache belegen ist;

b) für Klagen betreffend die Miete oder Pacht unbeweglicher Sachen zum vorübergehenden privaten Gebrauch für höchstens sechs aufeinanderfolgende Monate sind jedoch auch die Gerichte des Vertragsstaats zuständig, in dem der Beklagte seinen Wohnsitz hat, sofern [der Eigentümer und der Mieter oder Pächter natürliche Personen sind und ihren Wohnsitz in demselben Vertragsstaat haben] ***[es sich bei dem Mieter oder Pächter um eine natürliche Person handelt und weder die eine noch die andere Partei ihren Wohnsitz in dem Vertragsstaat hat, in dem die unbewegliche Sache belegen ist];***

2. für Klagen, welche die Gültigkeit, die Nichtigkeit oder die Auflösung einer Gesellschaft oder juristischen Person oder der Beschlüsse ihrer Organe zum Gegenstand haben, die Gerichte des Vertragsstaates, in dessen Hoheitsgebiet die Gesellschaft oder juristische Person ihren Sitz hat;

3. für Klagen, welche die Gültigkeit von Eintragungen in öffentliche Register zum Gegenstand haben, die Gerichte des Vertragsstaats, in dessen Hoheitsgebiet die Register geführt werden;

4. für Klagen, welche die Eintragung oder die Gültigkeit von Patenten, Warenzeichen, Mustern und Modellen sowie ähnlicher Rechte, die einer Hinterlegung oder Registrierung bedürfen, zum Gegenstand haben, die Gerichte des Vertragsstaates, in dessen Hoheitsgebiet die Hinterlegung oder Registrierung beantragt oder vorgenommen worden ist oder auf Grund eines zwischenstaatlichen Übereinkommens als vorgenommen gilt;

5. für Verfahren, welche die Zwangsvollstreckung aus Entscheidungen zum Gegenstand haben, die Gerichte des Vertragsstaats, in dessen Hoheitsgebiet die Zwangsvollstrekkung durchgeführt werden soll oder durchgeführt worden ist.

Die beiden eckigen Klammern markieren unterschiedliche Textbestandteile von EuGVÜ und LGVÜ (kursiv).

Lit: *Coester-Waltjen,* Die Bedeutung des EuGVÜ und des Luganer Abkommens für Drittstaaten, Nakamura-FS (1996) 89; *Eickhoff,* Inländische Gerichtsbarkeit und internationale Zuständigkeit für Aufrechnung und Widerklage (1985); *Geimer,* Eine neue internationale Zuständigkeitsordnung für Europa, NJW 1976, 441; *ders,* Ungeschriebene Anwendungsgrenzen des EuGVÜ: Müssen Berührungspunkte zu mehreren Vertragsstaaten bestehen? IPRax 1991, 31; *ders,* Internationales Zivilprozeßrecht[3] (1997); *ders,* Schwedische Bank im deutschen Grundbuch: Grundschuld zur Sicherung einer ausländischem Recht unterliegenden Forderung, IPRax 1999, 152; *Grundmann,* Zur internationalen Zuständigkeit der Gerichte von Drittstaaten nach Art. 16 EuGVÜ, IPRax 1985, 249; *Heß,* Auslandssachverhalte im Offenbarungsverfahren, DRPfl 1996, 89; *Jayme,* Das europäische Gerichtsstands- und Vollstreckungsübereinkommen und die Drittländer – Das Beispiel Österreich, in *Schwind,* Europarecht, Internationales Privarrecht, Rechtsvergleichung (1988) 97; *Jayme/Kohler,* Das internationale Privat- und Verfahrensrecht der EG nach Maastricht, IPRax 1992, 346; *Kropholler,* Problematische Schranken der europäischen Zuständigkeitsordnung gegenüber Drittstaaten, Ferid-FS (1988) 239; *I. Meier,* Besondere Vollstreckungstitel nach dem Lugano-Übereinkommen, in *Schwander,* Das Lugano-Übereinkommen (1990) 157; *Musger,* Das Übereinkommen von Lugano: Internationales Zivilverfahrensrecht für den Europäischen Wirtschaftsraum, RZ 1993, 192; *Ras,* De betekenis van het EEG-Executieverdrag voor de rechter van het land waar een onder het verdrag vallende zaak wordt aangebracht, TPR 1975, 888; *Remien,* Rechtsverwirklichung durch Zwangsgeld (1992); *H. Roth,* Die negative Feststellungsklage zur Abwehr drohender Zwangsvollstreckung als Anwendungsfall von Art. 16 Nr. 5 Lugano-Übereinkommen, IPRax 1999, 50; *Schlosser,* Gläubigeranfechtungsklage nach französischem Recht und Art 16 EuGVÜ, IPRax 1991, 29; *Schulte-Beckhausen,* Internationale Zuständigkeit durch rügelose Einlassung im Europäischen Zivilprozeßrecht (1994); *Stoffel,* Ausschließliche Gerichtsstände des Lugano-Übereinkommens und SchKG-Verfahren, insbesondere Rechtsöffnung, Widerspruchsklage und Arrest, Vogel-FS (1991) 357; *Volken,* Rechtsprechung zum Lugano-Übereinkommen (1993), SZIER 1994, 393; *Vouilloz,* La compétence du juge de la mainlevée provisoire solon la Convention de Lugano, SZIER 1995, 51; *G. Walter,* Wechselwirkungen zwischen europäischem und nationalem Zivilprozeßrecht: Lugano-Übereinkommen und schweizer Recht, ZZP 107 (1994) 301; *Wolf,* Das Ausführungsgesetz zu dem EWG-Gerichtsstands- und Vollstreckungsübereinkommen, NJW 1973, 397; siehe auch die weiteren Literaturhinweise zu den einzelnen ausschließlichen Zuständigkeiten (§ 81 JN Rz 21 ff; § 83 JN Rz 6 ff; § 83 b JN Rz 9 ff; § 83 c JN Rz 25 ff).

A. Allgemeines

1. Wesen der in Art 16 EuGVÜ/LGVÜ geregelten Zuständigkeiten

154 Bei den in Art 16 EuGVÜ/LGVÜ aufgezählten Zuständigkeiten handelt es sich nach österreichischer Terminologie um **Zwangszuständigkeiten** (so auch *Czernich/Tiefenthaler,* LGVÜ Art 16 Rz 2; *Musger,* RZ 1993, 198). Sind die Ge-

richte eines Vertragsstaates aufgrund von Art 16 EuGVÜ/LGVÜ ausschließlich zuständig, so verdrängt diese Zuständigkeit sowohl die Allzuständigkeit der Gerichte am Wohnsitz des Beklagten (Art 2 EuGVÜ/LGVÜ) als auch die besonderen Zuständigkeiten (Art 5 ff EuGVÜ/LGVÜ) (*Geimer/Schütze,* Zivilverfahrens recht Art 16 EuGVÜ Rz 21; *Gottwald,* MünchKommZPO III Art 16 EuGVÜ Rz 1; *Kropholler,* Zivilprozeßrecht[6] Art 16 EuGVÜ Rz 3; *Nagel/Gottwald,* IZPR[4] § 3 Rz 258).

Von den Zuständigkeitsvorschriften des Art 16 EuGVÜ/LGVÜ kann weder durch eine Zuständigkeitsvereinbarung noch durch rügelose Einlassung (Art 17 bzw Art 18 EuGVÜ/LGVÜ) zugunsten der Gerichte eines anderen Vertragsstaates abgewichen werden (*Jenard*-Bericht zu Art 16 EuGVÜ; *Czernich/Tiefenthaler,* LGVÜ Art 16 Rz 1). Wird das Gericht eines Vertragsstaates wegen einer Streitigkeit angerufen, für die das Gericht eines anderen Vertragsstaates ausschließlich zuständig ist, so hat es sich von Amts wegen für unzuständig zu erklären (Art 19 EuGVÜ/LGVÜ). Bei Nichtbeachtung dieser Vorschriften wird die Anerkennung und Vollstreckung versagt (Art 28 und Art 34 EuGVÜ/LGVÜ) (*Czernich/Tiefenthaler,* LGVÜ Art 16 Rz 3; *Gottwald,* MünchKommZPO III Art 16 EuGVÜ Rz 3; *Jenard*-Bericht zu Art 16 EuGVÜ; *Kropholler,* Zivilprozeßrecht[6] Art 16 EuGVÜ Rz 4; *Safferling* in *Bülow/Böckstiegel,* Rechtsverkehr 606 Art 16 EuGVÜ Rz 4).

2. Auslegung

Da Art 16 EuGVÜ/LGVÜ Zwangszuständigkeiten enthält, ist er eng auszulegen. Er darf, weil er bewirkt, daß den Parteien die ihnen sonst mögliche Wahl des Gerichtsstandes genommen wird und sie vor einem Gericht prozessieren müssen, das für keine von ihnen das Gericht des Wohnsitzes ist, nicht weiter ausgelegt werden, als dies sein Ziel erforderlich macht (EuGH 9. 6. 1994 Rs C-292/93 *„Lieber/Göbel"* Slg 1994, I-2535 = IPRax 1995, 99 [*M. Ulmer*] = NJW 1995, 37 = RIW 1995, 238; EuGH 10. 1. 1990 Rs C-115/88 *„Reichert/Dresdner Bank"* Slg 1990, I-27 = EuZW 1990, 134 = IPRax 1991, 45 [*Schlosser* 29] = RIW 1991, 331; EuGH 14. 12. 1977 Rs 73/77 *„Sanders/van der Putte"* Slg 1977, 2383 = RIW 1978, 336). **155**

3. Anwendungsbereich

a) Vorliegen des streitgegenstandsbezogenen Zuständigkeitsmerkmales in einem Vertragsstaat

Da Art 16 EuGVÜ/LGVÜ auf den Streitgegenstand abstellt, gilt er **unabhängig von Wohnsitz und Staatsangehörigkeit der Parteien** (*Czernich/Tiefenthaler,* LGVÜ Art 16 Rz 4; *Geimer/Schütze,* Zivilverfahrensrecht Art 16 EuGVÜ Rz 7; *Gottwald,* MünchKommZPO III Art 16 EuGVÜ Rz 4; *Hausmann* in *Wieczorek/Schütze,* ZPO[3] I/1 Art 16 EuGVÜ Rz 4; *Kropholler,* Zivilprozeßrecht[6] Art 16 EuGVÜ Rz 6; *Nagel/Gottwald,* IZPR[4] § 3 Rz 258). Es kommt nur darauf an, daß die in Art 16 EuGVÜ/LGVÜ genannten Zuständigkeitsanknüpfungsmerkmale in einem Vertragsstaat gegeben sind (*Geimer/Schütze,* Zivilverfahrensrecht Art 16 EuGVÜ Rz 7). **156**

b) Beziehung zu einem anderen Vertragsstaat nicht erforderlich

Für die Anwendung des Art 16 EuGVÜ/LGVÜ kommt es auch nicht darauf an, ob außer der in Art 16 EuGVÜ/LGVÜ jeweils vorausgesetzten engen Beziehung zu einem Vertragsstaat noch eine Beziehung zu einem anderen Ver- **157** tragsstaat besteht (*Czernich/Tiefenthaler,* LGVÜ Art 16 Rz 5; *Geimer,* IPRax 1991, 31f; *Geimer/Schütze,* Urteilsanerkennung I/1 § 29 V 4; *dies,* Zivilverfahrensrecht Art 16 EuGVÜ Rz 9; *Gottwald,* MünchKommZPO III Art 16 EuGVÜ Rz 4; *Kropholler,* Zivilprozeßrecht[6] Art 16 EuGVÜ Rz 7; *Schulte-Beckhausen,* Zuständigkeit 137).

c) Maßgebender Anknüpfungspunkt in einem Drittstaat

158 Liegt der nach Art 16 EuGVÜ/LGVÜ für die Zuständigkeit maßgebende Anknüpfungspunkt in einem Drittstaat (zB der Türkei), kommt Art 16 EuGVÜ/LGVÜ nicht zur Anwendung. Denn Art 16 EuGVÜ/LGVÜ regelt nur die internationale Zuständigkeit der Vertragsstaaten und nicht die von Drittstaaten (*Czernich/Tiefenthaler,* LGVÜ Art 16 Rz 6; *Geimer/Schütze,* Zivilverfahrensrecht Art 16 EuGVÜ Rz 12; *Gottwald,* MünchKommZPO III Art 16 EuGVÜ Rz 5; *Kropholler,* Zivilprozeßrecht[6] Art 16 EuGVÜ Rz 8; *Safferling* in *Bülow/Böckstiegel,* Rechtsverkehr 606 Art 16 EuGVÜ Rz 2).

Hat der Beklagte in diesem Fall auch seinen Wohnsitz nicht in einem Vertragsstaat, richtet sich gem Art 4 EuGVÜ/LGVÜ die internationale Zuständigkeit nach dem autonomen Recht des Gerichtsstaates. Ist zB die Klage betreffend ein türkisches Grundstück in Österreich eingebracht worden und hat der Beklagte in einem Drittstaat, zB in Slowenien seinen Wohnsitz, dann ist nach § 81 iVm § 27 a JN die österreichische internationale Zuständigkeit nicht gegeben.

Wenn der **Beklagte** hingegen seinen **Wohnsitz in einem Vertragsstaat** hat, kämen an und für sich wieder die Allzuständigkeit des Wohnsitzsstaates nach Art 2 EuGVÜ/LGVÜ und die besonderen Gerichtsstände nach Art 5ff EuGVÜ/LGVÜ zum Tragen. Allerdings wird **aus Gründen der internationalen Fairneß** – **Art 16 EuGVÜ/LGVÜ** gilt auch gegenüber in Drittstaaten wohnhaften Parteien – dieser Artikel **spiegelbildlich** auch dann **anzuwenden** sein, wenn das nach Art 16 EuGVÜ/LGVÜ maßgebliche Zuständigkeitsmerkmal in einem Drittstaat (zB in der Türkei) liegt (*Coester-Waltjen,* Nakamura-FS 105; *Czernich/Tiefenthaler,* LGVÜ Art 16 Rz 6; *Gottwald,* MünchKommZPO III Art 16 EuGVÜ Rz 5; *Hausmann* in *Wieczorek/Schütze,* ZPO[3] I/1 Art 16 EuGVÜ Rz 7; *Jayme* in *Schwind,* Europarecht 108; *Kropholler,* Zivilprozeßrecht[6] Art 16 EuGVÜ Rz 8; *ders,* Ferid-FS 241f; *Safferling* in *Bülow/Böckstiegel,* Rechtsverkehr 606 Art 16 EuGVÜ Rz 2; *Schack,* IZVR[2] Rz 316; aA *Almeida Cruz/Desantes Real/Jenard* – Bericht Nr 25d; *Geimer,* NJW 1976, 443; *Geimer/Schütze,* Urteilsanerkennung I/1 § 29 V 3, § 42 VI, § 62 II 1; *dies,* Zivilverfahrensrecht Art 16 EuGVÜ Rz 13). Das nach Art 2 oder Art 5ff EuGVÜ/LGVÜ zuständige Gericht hat demnach, insbesondere dann, wenn der Drittstaat eine entsprechende Zwangszuständigkeit in seinem Recht kennt (vgl *Jayme* in *Schwind,* Europarecht 108ff), die **Klage** mit der Begründung **zurückzuweisen,** daß analog zu Art 16 EuGVÜ/LGVÜ **die Gerichte des Drittstaates international (ausschließlich) zuständig** seien.

B. Gerichtsstand für Klagen, welche die Gültigkeit von Eintragungen in öffentliche Register zum Gegenstand haben (Art 16 Z 3 EuGVÜ/LGVÜ)

1. Zweck

159 Grund für die Regelung des Art 16 Z 3 EuGVÜ/LGVÜ ist einerseits, daß es sich bei der Registerführung um einen **hoheitlichen Akt** handelt, es daher ausschließlich eine Angelegenheit des registerführenden Staates ist, wie er sein Register führt (*Kropholler,* Zivilprozeßrecht[6] Art 16 EuGVÜ Rz 40; *Schlosser,* EuGVÜ Art 16 Rz 20), andererseits die **Sach- und Rechtsnähe** der Gerichte des

Staates, in dem das Register geführt wird (*Geimer/Schütze,* Zivilverfahrensrecht Art 16 EuGVÜ Rz 216).

2. Sachlicher Anwendungsbereich

Streitgegenstand muß die **Gültigkeit der Eintragung** in ein öffentliches Register sein. Es geht also um die Überprüfung eines Hoheitsaktes mit besonders förmlichen Voraussetzungen (*Geimer/Schütze,* Zivilverfahrensrecht Art 16 EuGVÜ Rz 218). Bezüglich der Wirkungen der Eintragung besteht dagegen keine internationale Zwangszuständigkeit (*Czernich/Tiefenthaler,* LGVÜ Art 16 Rz 34; *Geimer/Schütze,* Urteilsanerkennung I/1 § 89 IV; *dies,* Zivilverfahrensrecht Art 16 EuGVÜ Rz 218; *Gottwald,* MünchKommZPO III Art 16 EuGVÜ Rz 18; *Hausmann* in *Wieczorek/Schütze,* ZPO[3] I/1 Art 16 EuGVÜ Rz 46; *Kropholler,* Zivilprozeßrecht[6] Art 16 EuGVÜ Rz 41; *Safferling* in *Bülow/Böckstiegel,* Rechtsverkehr 606 Art 16 EuGVÜ Rz 22; im *Jenard*-Bericht zu Art 16 EuGVÜ ist dagegen irrtümlich auch von den Wirkungen der Eintragung die Rede). 160

Der Begriff der öffentlichen Register muß nach dem autonomen Recht jedes Vertragsstaates ausgelegt werden (*Schlosser,* EuGVÜ Art 16 Rz 20). **Öffentliche Register** sind ua **Grund- und Hypothekenbücher, Handelsregister** (Firmenbuch); (*Czernich/Tiefenthaler,* LGVÜ Art 16 Rz 34; *Geimer/Schütze,* Zivilverfahrensrecht Art 16 EuGVÜ Rz 215; *Gottwald,* MünchKommZPO III Art 16 EuGVÜ Rz 18; *Kropholler,* Zivilprozeßrecht[6] Art 16 EuGVÜ Rz 40; *Schlosser,* EuGVÜ Art 16 Rz 20) und **Vereinsregister** (*Gottwald,* MünchKommZPO III Art 16 EuGVÜ Rz 18; *Schlosser,* EuGVÜ Art 16 Rz 20). Zivilstandsregister (standesamtliche Register) scheiden dagegen wegen des Ausschlußtatbestandes des Art 1 Abs 2 Z 1 EuGVÜ/LGVÜ aus (*Geimer/Schütze,* Zivilverfahrensrecht Art 16 EuGVÜ Rz 215). 161

3. Anknüpfungspunkt

Für Klagen, welche die Gültigkeit von Eintragungen in öffentliche Register betreffen, ist der **Vertragsstaat, in dem das öffentliche Register geführt wird,** unabdingbar zuständig. 162

Art 16 Z 3 EuGVÜ/LGVÜ kommt nur dann zur Anwendung, wenn das Register in einem Vertragsstaat geführt wird, nicht aber dann, wenn die Klage die Gültigkeit einer Registereintragung in einem Nicht-Vertragsstaat (zB in Ungarn) betrifft (*Geimer/Schütze,* Zivilverfahrensrecht Art 16 EuGVÜ Rz 217).

C. Gerichtsstand betreffend Verfahren, welche die Zwangsvollstreckung betreffen (Art 16 Z 5 EuGVÜ/LGVÜ)

1. Ratio

Art 16 Z 5 EuGVÜ/LGVÜ trägt vor allem den **Souveränitätsinteressen** der einzelnen Vertragsstaaten Rechnung. Vollstreckungsmaßnahmen sind Hoheitsakte. Ihre Überprüfung und eventuelle Aufhebung oder Abänderung mit Wirkung für den Vollstreckungsstaat kann bereits nach allgemeinem Völkergewohnheitsrecht nur von den Gerichten des Staates vorgenommen werden, auf dessen Gebiet die Zwangsvollstreckung durchgeführt wird oder durchgeführt werden soll *(Czernich/Tiefenthaler,* LGVÜ Art 16 Rz 38; *Geimer,* IZPR[3] Rz 405, 3200; *Geimer/Schütze,* Zivilverfahrensrecht Art 16 EuGVÜ Rz 267; *Kropholler,* Zivilprozeßrecht[6] Art 16 EuGVÜ Rz 57; *Schlosser,* EuGVÜ Art 16 Rz 24; EvBl 1998/96 = IPRax 1999, 47 = JBl 1998, 381 = RdW 1998, 406 = ZfRV 1998, 155; EuGH 26. 3. 1992 Rs C-261/90 *„Reichert/Dresdner Bank II"* Slg 1992, I-2149 = 163

EuZW 1992, 447 = IPRax 1993, 28 [*Schlosser* 17]). Ein weiterer Grund für die Regelung des Art 16 Z 5 EuGVÜ/LGVÜ ist die **Rechtsnähe** (*Geimer/Schütze,* Urteilsanerkennung I/1 § 91 IV 2; *dies,* Zivilverfahrensrecht Art 16 EuGVÜ Rz 268).

2. *Sachlicher Anwendungsbereich*

a) Allgemeines

164 Art 16 Z 5 EuGVÜ/LGVÜ kommt nur auf Verfahren zur Anwendung, welche die Zwangsvollstreckung aus Entscheidungen betreffen. Der Begriff **„Verfahren, welche die Zwangsvollstreckung betreffen"** ist **vertragsautonom** auszulegen *(Geimer/Schütze,* Zivilverfahrensrecht Art 16 EuGVÜ Rz 269; EuGH 26. 3. 1992 Rs C-261/90 *„Reichert/Dresdner Bank II"* Slg 1992, I-2149 = EuZW 1992, 447 = IPRax 1993, 28 [*Schlosser* 17]; aA *Schlosser,* EuGVÜ Art 16 Rz 24).

Nach dem *Jenard*-Bericht zu Art 16 Z 5 EuGVÜ fallen unter „Verfahren, welche die Zwangsvollstreckung betreffen" Verfahren, die sich „**aus der Inanspruchnahme von Zwangsmitteln,** insbesondere bei der Herausgabe oder Pfändung von beweglichen oder unbeweglichen Sachen im Hinblick auf die Vollstreckung von Entscheidungen oder Urkunden ergeben" (vgl auch *Czernich/Tiefenthaler,* LGVÜ Art 16 Rz 39; *Gottwald,* MünchKommZPO III Art 16 EuGVÜ Rz 28; *Kropholler,* Zivilprozeßrecht[6] Art 16 EuGVÜ Rz 59). Es muß sich daher um Verfahren handeln, die einen **unmittelbaren Bezug zur Zwangsvollstreckung** aufweisen. Klagen, die nur mittelbar damit zu tun haben, fallen nicht unter Art 16 Z 5 EuGVÜ/LGVÜ (*Geimer/Schütze,* Zivilverfahrensrecht Art 16 EuGVÜ Rz 272; *Kropholler,* Zivilprozeßrecht[6] Art 16 EuGVÜ Rz 59). Es muß sich aber nicht um Klagen im technischen Sinn handeln, auch sonstige Verfahren, die die Zwangsvollstreckung betreffen, wie zB Einstellungs- und Aufschiebungsanträge, sind unter Art 16 Z 5 EuGVÜ/LGVÜ zu subsumieren (*Geimer/Schütze,* Zivilverfahrensrecht Art 16 EuGVÜ Rz 271; *Schlosser,* EuGVÜ Art 16 Rz 25).

165 Unter **Art 16 Z 5 EuGVÜ/LGVÜ** fallen folgende Klagen und Anträge:

- die **Oppositionsklage** (§ 35 EO) (ErläutRV zum LGVÜ [34 BlgNR 20. GP] 36; *Czernich/Tiefenthaler,* LGVÜ Art 16 Rz 39; vgl für die deutsche Rechtslage betreffend die Vollstreckungsgegenklage bzw Abwehrklage nach § 767 dZPO *Geimer/Schütze,* Urteilsanerkennung § 91 VI; *dies,* Zivilverfahrensrecht Art 16 EuGVÜ Rz 270; *Gottwald,* MünchKommZPO III Art 16 EuGVÜ Rz 28; *Hausmann* in *Wieczorek/Schütze,* ZPO[3] I/1 Art 16 EuGVÜ Rz 61; *Kropholler,* Zivilprozeßrecht[6] Art 16 EuGVÜ Rz 59; *Schlosser,* EuGVÜ Art 16 Rz 25; EuGH 4. 7. 1985 Rs 220/84 *„AS-Autoteile/Malhé"* Slg 1985, 2267 = IPRax 1986, 232 [*Geimer* 208] = NJW 1985, 2892 = RIW 1985, 734; Vorlagebeschluß BGH 9. 6. 1984 IPRsp 1984/139 = ZIP 1984, 1279). Der EuGH (4. 7. 1985 Rs 220/84 *„AS-Autoteile/Malhé"* Slg 1985, 2267 = IPRax 1986, 232 [*Geimer* 208] = NJW 1985, 2892 = RIW 1985, 734) und ihm folgend ein Teil der Lehre (*Czernich/Tiefenthaler,* LGVÜ Art 16 Rz 39; *Gottwald,* MünchKommZPO III Art 16 EuGVÜ Rz 28; *Kropholler,* Zivilprozeßrecht[6] Art 16 EuGVÜ Rz 59) wollen jedoch die Oppositionsklage, in der die Aufrechnung gegen den zu vollstreckenden Anspruch mit einer Forderung geltend gemacht wird, dann von Art 16 Z 5 EuGVÜ/LGVÜ ausgenommen wissen, wenn für die Gegenforderung bei selbständiger Geltendmachung die Gerichte des Vollstreckungsstaates nicht zuständig wären (so auch OLG Hamburg IPRax 1999, 168 = RIW 1998, 889);
- die **Impugnationsklage** (§ 36 EO) (ErläutRV zum LGVÜ [34 BlgNR 20. GP] 36; *Czernich/Tiefenthaler,* LGVÜ Art 16 Rz 39);

• die **Exszindierungsklage** (§ 37 EO) (ErläutRV zum LGVÜ [34 BlgNR 20. GP] 36; *Czernich/Tiefenthaler,* LGVÜ Art 16 Rz 39; vgl für die deutsche Rechtslage betreffend die Drittwiderspruchsklage nach § 771 dZPO *Geimer/Schütze,* Zivilverfahrensrecht Art 16 EuGVÜ Rz 270; *Gottwald,* MünchKomm-ZPO III Art 16 EuGVÜ Rz 28; *Kropholler,* Zivilprozeßrecht[6] Art 16 EuGVÜ Rz 59; *Schlosser,* EuGVÜ Art 16 Rz 25);

• **Oppositions- und Impugnationsgesuch** (§ 40 EO) (*Czernich/Tiefenthaler,* LGVÜ Art 16 Rz 39);

• **Klagen aus Anlaß des Exekutionsverfahrens,** wenn sie die **Wirksamkeit einer** exekutiven **Zwangsmaßnahme** zum Gegenstand haben, wie zB die Klage des Masseverwalters auf Feststellung der Unwirksamkeit exekutiver Pfandrechte gegenüber der Konkursmasse;

• die **Beschwerde nach § 68 EO** (vgl für die deutsche Rechtslage *Geimer/Schütze,* Zivilverfahrensrecht Art 16 EuGVÜ Rz 271);

• Anträge auf **Aufschiebung der Exekution** (§§ 42 ff, 201, 202 Abs 2, § 204 Abs 1, §§ 252 j, 264 a EO; Art XVII EGEO, §§ 34 a, 35 MRG, §§ 18, 19 AbgEO);

• Anträge auf **Einstellung der Exekution** (§§ 39 Abs 1 Z 1, 6, 7 EO);

• Anträge auf **Einschränkung der Exekution** (§§ 41, 96, 263, 377 EO, § 16 AbgEO).

Der österreichische Gesetzgeber war offensichtlich der Ansicht, daß von den exekutionsrechtlichen Klagen und den aus Anlaß des Exekutionsverfahrens entstehenden Streitigkeiten nur jene nach §§ 35–37 EO unter den Begriff „Verfahren, welche die Zwangsvollstreckung betreffen", zu subsumieren sind. Denn nur betreffend die Klagen nach §§ 35–37 EO hat er in § 38 Abs 2 EO verfügt, daß hier (in Übereinstimmung mit Art 17 und 18 EuGVÜ/LGVÜ) die internationale Zuständigkeit weder durch eine Vereinbarung nach § 104 Abs 1 Z 1 JN noch durch rügelose Einlassung nach § 104 Abs 3 JN begründet werden könnte. Hinsichtlich der Anträge und Rechtsbehelfe des Exekutionsverfahrens war eine solche Bestimmung überflüssig, da im reinen Exekutionsverfahren die Prorogation und damit auch eine Heilung der internationalen Unzuständigkeit nach § 51 EO ohnedies ausgeschlossen ist.

Nicht unter Art 16 Z 5 EuGVÜ/LGVÜ fallen dagegen:

• das Verfahren zur **Erlassung einstweiliger Verfügungen** (einstweiliger **166**
Maßnahmen), da für diese die Sondervorschrift des Art 24 EuGVÜ/LGVÜ gilt (*Czernich/Tiefenthaler,* LGVÜ Art 16 Rz 40; *Gottwald,* MünchKommZPO III Art 16 EuGVÜ Rz 30; *Kropholler,* Zivilprozeßrecht[6] Art 16 EuGVÜ Rz 59); das Verfahren zur Vollstreckung der einstweiligen Maßnahmen wird jedoch wohl unter Art 16 Z 5 EuGVÜ/LGVÜ zu subsumieren sein (so bereits *I. Meier* in *Schwander,* Übereinkommen 172 f; ähnlich, allerdings nur für die Bestätigung und die Aufhebung des Arrests; *Ras,* TPR 1975, 888 f);

• die **Verhängung von Zwangsgeld** (= Geldstrafen zur Erzwingung unvertretbarer Handlungen), weil dafür – wie sich aus Art 43 EuGVÜ/LGVÜ ergibt – grundsätzlich die Gerichte im Staat der Hauptverurteilung zuständig sind (*Kropholler,* Zivilprozeßrecht[6] Art 16 EuGVÜ Rz 59; *Remien,* Rechtsverwirklichung 324 ff; *Schlosser,* EuGVÜ Art 16 Rz 26).

• **Schadenersatzklagen wegen unberechtigter Vollstreckung,** weil hier die Rechtmäßigkeit der Zwangsvollstreckung bloß eine Vorfrage bildet (*Geimer,* NJW 1980, 1234 f [Entscheidungsanmerkung]; *Geimer/Schütze,* Urteilsanerkennung I/1 § 91 VII; *dies,* Zivilverfahrensrecht Art 16 EuGVÜ Rz 272; *Gottwald,* MünchKommZPO III Art 16 EuGVÜ Rz 29; *Hausmann* in *Wieczorek/Schütze,* ZPO[3] I/1 Art 16 EuGVÜ Rz 62; *Kropholler,* Zivilprozeßrecht[6] Art 16 EuGVÜ

Rz 60; *Safferling* in *Bülow/Böckstiegel,* Rechtsverkehr 606 Art 16 EuGVÜ Rz 27; aA *Wolf,* NJW 1973, 401);

• **Klagen wegen ungerechtfertigter Bereicherung,** wie zB auf Rückzahlung von Leistungen zur Abwendung der Zwangsvollstreckung (*Geimer/Schütze,* Urteilsanerkennung I/1 § 91 VI; *dies,* Zivilverfahrensrecht Art 16 EuGVÜ Rz 272; *Gottwald,* MünchKommZPO III Art 16 EuGVÜ Rz 29; *Hausmann* in *Wieczorek/Schütze,* ZPO³ I/1 Art 16 EuGVÜ Rz 62);

• Klagen, mit denen ein (im österreichischen Recht begründeter) Anspruch **auf Duldung der Zwangsvollstreckung** geltend gemacht wird (*Schlosser,* IPRax 1991, 31; *ders,* EuGVÜ Art 16 Rz 26);

• **negative Feststellungsklagen** betreffend das Erlöschen eines vollstreckbaren Anspruchs, für den ein Exekutionsverfahren noch nicht anhängig ist (EvBl 1998/96 = IPRax 1999, 47 = JBl 1998, 381 = RdW 1998, 406 = ZfRV 1998, 155; aA *H. Roth,* IPRax 1999, 51 f);

• Klagen **auf Herausgabe der vollstreckbaren Ausfertigung des Titels** (*Schlosser,* EuGVÜ Art 16 Rz 26);

• **Verfahren,** die der **Vorbereitung oder Erleichterung des Zwangsvollstreckungsverfahrens dienen** (vgl Babanaft Co. S.A v Bassatne [1989] 2 W. L.R 232, 248, 259 [C. A.] [Quelle *Gottwald,* MünchKommZPO III Art 16 EuGVÜ Rz 30 und FN 58]);

– das Verfahren zur **Vorlage und zur Unterfertigung eines Vermögensverzeichnisses** (ehemaliges Offenbarungseidverfahren) (vgl für die deutsche Rechtslage *Geimer/Schütze,* Zivilverfahrensrecht Art 16 EuGVÜ Rz 273; *Gottwald,* MünchKommZPO III Art 16 EuGVÜ Rz 30; *Hausmann* in *Wieczorek/Schütze,* ZPO³ I/1 Art 16 EuGVÜ Rz 62; *Heß,* DRPfl 1996, 91; aA *Schlosser,* EuGVÜ Art 16 Rz 25);

– das Verfahren zur **Erteilung und Aufhebung der Vollstreckbarkeitsbestätigung;**

– die einfache **Titelergänzung** nach § 7 Abs 2 und § 9 EO (Nachweis des Eintritts der Rechtsnachfolge, der Fälligkeit und Vollstreckbarkeit sowie des Aufwertungsschlüssels durch geeignete Urkunden) sowie die Titelergänzungsklage (§ 10 EO), weil durch die Titelergänzung erst die Voraussetzungen für die Exekutionsbewilligung geschaffen werden sollen;

• die **Pfandvorrechtsklage** (§ 258 EO), weil sie nicht die Wirksamkeit einer Zwangsvollstreckungsmaßnahme betrifft, sondern es um das Recht auf vorrangige Befriedigung geht;

• die **Drittschuldnerklage,** weil es auch hier nicht um die Wirksamkeit einer Zwangsvollstreckungsmaßnahme, sondern darum geht, ob der Drittschuldner an den durch den Überweisungsgläubiger vertretenen Verpflichteten zu leisten hat;

• die **Interessenklage** (§ 368 EO), weil sie auf Leistung des Interesses wegen Nichterfüllung der dem Verpflichteten obliegenden Verbindlichkeit gerichtet ist;

• Klagen, die aus Anlaß des Exekutionsverfahrens entstanden sind und nicht die Wirksamkeit einer Zwangsmaßnahme betreffen, wie zB Klagen aus Geschäften, die der Zwangsverwalter mit Dritten geschlossen hat;

• das Verfahren zur **Vollstreckbarerklärung ausländischer Titel** (Art 31 ff EuGVÜ/LGVÜ, §§ 79 ff EO), weil es eine der eigentlichen Zwangsvollstreckung vorgelagerte Stufe betrifft (vgl Generalanwalt *Lenz* zu EuGH 20. 1. 1994 Rs C-129/92 *„Owens Bank/Bracco“* Slg 1994, I-133; *Kropholler,* Zivilprozeßrecht⁶ Art 16 EuGVÜ Rz 61). Daß Art 16 Z 5 EuGVÜ/LGVÜ auf die Vollstreckbarerklärung von Entscheidungen aus Drittstaaten nicht anwendbar ist, ergibt sich überdies daraus, daß unter Entscheidungen gem Art 25 EuGVÜ/LGVÜ nur

Entscheidungen aus Vertragsstaaten zu verstehen sind *(Kropholler,* Zivilprozeßrecht[6] Art 16 EuGVÜ Rz 61; EuGH 20. 1. 1994 Rs C-129/92 *„Owens Bank/Bracco"* Slg 1994, I-133).

• die **Gläubigeranfechtungsklage,** weil durch sie eine Verfügungshandlung, die der Schuldner absichtlich zur Beeinträchtigung der Rechte des Gläubigers vorgenommen hat, dem Gläubiger gegenüber für unwirksam erklärt wird *(Geimer/Schütze,* Zivilverfahrensrecht Art 16 EuGVÜ Rz 274; *Jayme/Kohler,* IPRax 1992, 351; *Kropholler,* Zivilprozeßrecht[6] Art 16 EuGVÜ Rz 59; *Hausmann* in *Wieczorek/Schütze,* ZPO[3] I/1 Art 16 EuGVÜ Rz 62; EuGH 26. 3. 1992 Rs C-261/90 *„Reichert/Dresdner Bank II"* Slg 1992, I-2149 = EuZW 1992, 447 = IPRax 1993, 28 [*Schlosser* 17]; aA *Schlosser,* EuGVÜ Art 16 Rz 25);

• die (dem österreichischen Recht fremde) **Abänderungsklage** (§ 323 dZPO; *Gottwald,* MünchKommZPO III Art 16 EuGVÜ Rz 28; *Kropholler,* Zivilprozeßrecht[6] Art 16 EuGVÜ Rz 59);

• „disclosure-Bestandteile" englischer „mareva-injunctions", welche die Preisgabe von Informationen über die Belegenheit von Vermögensgegenständen erzwingen sollen (*Schlosser,* EuGVÜ Art 16 Rz 26; Babanaft Co. S.A v Bassatne [1989] 2 W.L.R 232, 248, 259 [C.A.] [Quelle *Gottwald,* MünchKommZPO III Art 16 EuGVÜ Rz 30 und FN 58]).

b) Besonderheiten des schweizerischen Rechts

Auf das definitive Rechtsöffnungsverfahren des schweizer Rechts (Art 81 **167**
SchKG) ist Art 16 Z 5 EuGVÜ/LGVÜ anzuwenden *(Kropholler,* Zivilprozeßrecht[6] Art 16 EuGVÜ Rz 62; *Schlosser,* EuGVÜ Art 16 Rz 28; *Walter,* ZZP 107 [1994], 312 f mwN). Ob auch das provisorische Rechtsöffnungsverfahren unter Art 16 Z 5 EuGVÜ/LGVÜ fällt, ist dagegen strittig (bejahend *Volken,* SZIER 1994, 404 f; *Vouilloz,* SZIER 1995, 51 ff; verneinend *I. Meier* in *Schwander,* Übereinkommen 202 ff; *Schlosser,* EuGVÜ Art 16 Rz 28; *Stoffel,* Vogel-FS 379 ff; *Walter,* ZZP 1994, 313 ff; Cour de justice civile Genève SZIER 1994, 395 und SZIER 1994, 405 [beide mit Anm *Volken*]; BG Arlesheim SZIER 1995, 42 [*Volken*]).

3. Anknüpfungspunkt

Für Verfahren, welche die Zwangsvollstreckung aus Entscheidungen zum **168**
Gegenstand haben, sind die **Gerichte des Vertragsstaates, in dessen Hoheitsgebiet die Zwangsvollstreckung durchgeführt werden soll** oder durchgeführt worden ist, ausschließlich zuständig.

Art 16 Z 5 EuGVÜ/LGVÜ sagt nichts darüber aus, in welchem Staat zu **169**
vollstrecken ist, das steht im Belieben des betreibenden Gläubigers (*Geimer/Schütze,* Zivilverfahrensrecht Art 16 EuGVÜ Rz 275). Daher kann die Zwangsvollstreckung in einem Vertragsstaat nicht mit der Begründung abgelehnt werden, daß der Verpflichtete in einem anderen Staat viel mehr Vermögen besitze, sodaß der betreibende Gläubiger sich dort einfacher, ergiebiger oder schneller befriedigen könne (*Geimer/Schütze,* Zivilverfahrensrecht Art 16 EuGVÜ Rz 275).

D. Weitere in Art 16 EuGVÜ/LGVÜ geregelte Gerichtsstände

Die übrigen in Art 16 EuGVÜ/LGVÜ geregelten Gerichtsstände werden **170**
an folgenden Stellen behandelt:

• Gerichtsstand für Klagen um unbewegliches Gut (Art 16 Z 1 lit a Fall 1 EuGVÜ/LGVÜ); Näheres s § 81 JN Rz 28 ff.

• Gerichtsstand für Klagen betreffend Miete oder Pacht von unbeweglichen Sachen (Art 16 Z 1 lit a Fall 2 und lit b EuGVÜ/LGVÜ); Näheres s § 83 JN Rz 6 ff;

• Gerichtsstand für Klagen, welche die Gültigkeit, die Nichtigkeit oder die Auflösung einer Gesellschaft oder juristischen Person oder der Beschlüsse ihrer Organe zum Gegenstand haben (Art 16 Z 2 EuGVÜ/LGVÜ); Näheres s § 83 b JN Rz 9 ff;

• Gerichtsstand für Klagen, welche die Eintragung oder die Gültigkeit von Patenten, Warenzeichen, Mustern und Modellen sowie ähnlicher Rechte, die einer Hinterlegung oder Registrierung bedürfen, zum Gegenstand haben (Art 16 Z 4 EuGVÜ/LGVÜ); Näheres s § 83 c JN Rz 26 ff).

Streitigkeiten aus Teilschuldverschreibungen

§ 83 a. (1) Streitigkeiten über Ansprüche, die nach dem Gesetze durch oder gegen einen gemeinsamen Kurator geltend gemacht werden müssen, gehören vor jenen Gerichtshof, der den Kurator zu bestellen hat.

(2) Für Streitigkeiten über Ansprüche aus Teilschuldverschreibungen und ähnlichen Schuldtiteln, auf die gemäß § 17 des Gesetzes vom 24. April 1874, RGBl. Nr. 49, die Bestimmungen dieses Gesetzes keine Anwendung finden, ist das Gericht des allgemeinen Gerichtsstandes des Schuldners ausschließlich zuständig.

(3) Die Änderung dieser Gerichtsstände durch Vereinbarung der Parteien ist unzulässig.

Eingefügt durch Art IV Z 14 der 1. GEN (RGBl 1914/118)

Lit: *Haschek/Braumann/Doralt/Csoklich,* Österreichisches Bank- und Börserecht[3] (1994); *Kubiczek,* Bundeshaftungen für Anleihen und Kredite von Sondergesellschaften und Treuhandgesellschaften, ÖBA 1988, 567; *Wahle,* Die Umänderung der Zuständigkeitsordnung durch die Gerichtsentlastungsnovelle, ZBl 1914, 625.

Übersicht:

I. Allgemeines

1 Der **Zwangsgerichtsstand des § 83 a JN** enthält zwei verschiedene Zuständigkeitsregelungen: Durch Abs 1 werden diejenigen Streitigkeiten, die nach dem Gesetz durch oder gegen einen gemeinsamen Kurator geltend gemacht werden müssen, erfaßt. Für diese Ansprüche ist der GH ausschließlich zuständig, bei dem der Kurator zu bestellen ist. Für andere Streitigkeiten aus Teilschuldverschreibungen (die von der öffentlichen Hand ausgegeben wurden), ist nach Abs 2 das Gericht des allgemeinen Gerichtsstandes des Schuldners ausschließlich zuständig.

II. Von oder gegen einen gemeinsamen Kurator erhobene Klagen aus Teilschuldverschreibungen (§ 83 a Abs 1 JN)

2 Die in Abs 1 genannten Streitigkeiten über Ansprüche, die nach dem Gesetz **durch oder gegen einen gemeinsamen Kurator** geltend gemacht werden müssen, sind im G 24. 4. 1874, RGBl 49, betreffend die gemeinsame Vertretung

der Rechte der Besitzer von auf Inhaber lautenden oder durch Indossament übertragbaren **Teilschuldverschreibungen** und die bücherliche Behandlung der für solche Teilschuldverschreibungen eingeräumten Hypothekarrechte (sogenanntes **KuratorenG,** abgedruckt bei *Haschek/Braumann/Doralt/Csoklich,* Bankrecht[3], 807 ff) geregelt. 2

Danach findet dieses Gesetz (und damit auch der Gerichtsstand des § 83 a Abs 1 JN) nur auf Ansprüche aus **Teilschuldverschreibungen nach § 1 KuratorenG** Anwendung. Für die jeweiligen Besitzer dieser Wertpapiere ist in allen Fällen, in denen ihre Rechte durch den Mangel einer gemeinsamen Vertretung gefährdet oder die Rechte eines anderen in ihrem Gang gehemmt würden (besonders im Fall des Konkurses des aus der Teilschuldverschreibung Verpflichteten), ein **gemeinsamer Kurator** zu bestellen.

Nach § 2 KuratorenG ist der GH (das HG), in dessen Firmenbuch die Firma des Schuldners eingetragen ist (vgl § 120 JN), sonst aber der GH, in dessen Sprengel die Teilschuldverschreibungen ausgestellt wurden oder (falls der Aussstellungsort nicht genannt ist oder im Ausland liegt) der GH des im Inland gelegenen Zahlungsortes zur Kuratorbestellung zuständig. Dieser GH ist daher nach § 83 a Abs 1 JN für die Geltendmachung der Ansprüche aus Teilschuldverschreibungen von und gegen diese Kuratoren ausschließlich zuständig. Aus der Fassung „Gerichtshof" und der Übereinstimmung mit der sachlichen Zuständigkeitsbestimmung des § 2 KuratorenG muß angenommen werden, daß der GH ohne Rücksicht auf die Höhe des Streitwertes sachlich zuständig ist, daß also Abs 1 des § 83 a JN eine **Individualzuständigkeit** schafft (so auch *Mayr* in *Rechberger,* ZPO § 83 a JN Rz 1). 3

§ 15 b KuratorenG normiert für die gleichen Ansprüche einen § 83 a Abs 1 JN inhaltlich gleich geregelten Zwangsgerichtsstand. 4

Ursprünglich waren auch auf Grund des G 24. 4. 1874, RGBl 48, über die Wahrung der Rechte der Besitzer von **Pfandbriefen** und des G 27. 12. 1905, RGBl 213, betreffend fundierte Bankschuldverschreibungen, gemeinsame Kuratoren zur Geltendmachung der Rechte der Besitzer von Pfandbriefen und fundierten Bankschuldverschreibungen bzw zur Geltendmachung der Rechte gegen diese im gleichen Umfang wie nach § 1 KuratorenG bei dem in § 2 KuratorenG genannten Gericht entsprechenden GH zu bestellen. § 83 a JN fand daher auch auf diese Ansprüche Anwendung. Durch Art 8 der V über die Einführung des Hypothekenbankgesetzes und des Gesetzes über die Pfandbriefe und verwandten Schuldverschreibungen öffentlich-rechtlicher Kreditanstalten im Lande Österreich 11. 11. 1938, dRGBl I 1574, GBlÖ 1938/648, wurden diese beiden Gesetze aufgehoben. An ihre Stelle trat das HypothekenbankG 13. 7. 1899, dRGBl 375, idF BGBl I 1998/88. Da dieses Gesetz keine Vorschrift über die gemeinsame Wahrung der Rechte der Besitzer von Hypothekenpfandbriefen enthält, wurde in Art 3 der vorzitierten EV 11. 11. 1938, dRGBl I 1574, ausdrücklich angeordnet, daß dann, wenn die Aufsichtsbehörde die Rechte der Besitzer der Hypothekenpfandbriefe für gefährdet erachtet, sie die Bestellung eines gemeinsamen Kurators beim zuständigen Gericht zu erwirken habe (hier käme nur § 112 Abs 2 JN in Betracht). Für die Geltendmachung der Rechte aus **Hypothekenpfandbriefen** von und gegen einen gemeinsamen Kurator ist somit der GH am Sitz der die Kuratorbestellung veranlassenden Aufsichtsbehörde ausschließlich zuständig. Nur dann, wenn die Hypothekenbank in Konkurs fällt, ist sowohl zur Bestellung des Kurators wie für die gegen und von diesem einzuleitenden Streitigkeiten ausschließlich das Konkursgericht berufen.

III. Klagen aus unter § 17 Kuratorengesetz fallende Teilschuldverschreibungen (§ 83 a Abs 2 JN)

Ausgenommen vom Gerichtsstand des § 83 a Abs 1 JN sind nur Streitigkeiten 5
über Ansprüche aus jenen Teilschuldverschreibungen, auf die § 17 KuratorenG

zutrifft, für die also keine gemeinsamen Kuratoren zu bestellen sind. Es handelt sich um **Teilschuldverschreibungen,** die vom **Bund** (Republik Österreich Rsp 1929/247), von einem **Bundesland,** einem Bezirk (mangels Rechtsfähigkeit derzeit nicht anwendbar) oder einer **Gemeinde** ausgegeben wurden, wenn zur Sicherung der Besitzer der Teilschuldverschreibungen keine Hypothek bestellt wurde. Dabei muß es sich nicht um von den genannten Gebietskörperschaften selbst ausgegebene Schuldverschreibungen handeln, sondern es genügt, wenn die Gebietskörperschaft auf Grund einer in Form eines Gesetzes zustande gekommenen Garantie für Privatunternehmen oder verstaatlichte oder kommunalisierte Unternehmen, etwa Privatbahnen oder Elektrizitätsunternehmen die Teilschuldverschreibungen garantiert (vgl aber *Kubiczek,* ÖBA 1988, 576). Gleiches gilt auch, wenn eine Gebietskörperschaft nachträglich die Schuldverschreibungen eines gesetzlich errichteten Fonds übernommen hat.

In diesen Fällen findet das KuratorenG keine Anwendung. Die Ansprüche aus den Teilschuldverschreibungen sind unmittelbar gegen den Schuldner oder von ihm geltend zu machen. Daher ist für solche Klagen ausschließlich das **Gericht des allgemeinen Gerichtsstandes des Schuldners** (§ 74 JN) zuständig. Hier besteht **keine Individualzuständigkeit.** Ansprüche bis (einschließlich) 130.000 S sind im Gegensatz zu der in § 83 a Abs 1 JN getroffenen Regelung beim BG des allgemeinen Gerichtsstandes des Schuldners nach § 74 JN geltend zu machen.

IV. Wesen des § 83 a JN

6 Es handelt sich in beiden Fällen des § 83 a JN um einen (praktisch bedeutungslosen) **Zwangsgerichtsstand.** Er kann durch eine Gerichtsstandsvereinbarung nicht verändert werden (*Kubiczek,* ÖBA 1988, 575 ff; sowie ihm folgend *Mayr* in *Rechberger,* ZPO § 83 a JN Rz 3, erachten die Vereinbarung eines ausländischen Gerichtsstandes für Streitigkeiten aus Teilschuldverhältnissen österreichischer Emittenten für zulässig, sofern nur überhaupt eine Auslandsbeziehung gegeben ist). Zur Heilung der unprorogablen örtlichen Unzuständigkeit s § 104 JN Rz 181 ff.

Streitigkeiten aus dem Verbandsverhältnisse

§ 83 b. (1) Streitigkeiten aus dem Rechtsverhältnisse zwischen einer Aktiengesellschaft, *[Kommanditgesellschaft auf Aktien, einem Aktienvereine],* **einer Gesellschaft mit beschränkter Haftung oder Erwerbs- und Wirtschaftsgenossenschaft und den Mitgliedern, sofern es sich um Ansprüche handelt, die allen oder einer bestimmten Gruppe von Teilnehmern gemeinsam sind, sowie Klagen wegen Anfechtung der Generalversammlungsbeschlüsse der genannten Vereinigungen gehören vor den sachlich zuständigen Gerichtshof des Sitzes der Vereinigung.**

(2) Die Änderung dieses Gerichtsstandes durch Vereinbarung der Parteien ist unzulässig.

Eingefügt durch Art IV Z 14 der 1. GEN RGBl 1914/118

Lit: *Gellis/Feil,* Kommentar zum GmbH-Gesetz[3] (1995); *Holzhammer/Roth,* Gesellschaftsrecht[2] (1997); *Paschinger,* Die Gesellschaften und Genossenschaften im Zivilprozeß (1979); *Petschek,* Die Anfechtung des Generalversammlungsbeschlusses einer Aktiengesellschaft, ZBl 1930, 179; *Wahle,* Die Umänderung der Zuständigkeitsordnung durch die Gerichtsentlastungsnovelle, ZBl 1914, 625; *Wünsch,* Zulässigkeit und Wirkung der Kündigung im Recht der GmbH, Demelius-FS (1973) 509.

Übersicht:

I. Anwendungsbereich und -voraussetzungen

A. Streitigkeiten zwischen Kapitalgesellschaften bzw Erwerbs- und Wirtschaftsgenossenschaften und ihren Mitgliedern

Der Zwangsgerichtsstand des § 83b JN erfaßt nur Streitigkeiten zwischen Kapitalgesellschaften sowie Erwerbs- und Wirtschaftsgenossenschaften und ihren Mitgliedern (Aktionären, Gesellschaftern oder Genossenschaftern). 1

Als **Kapitalgesellschaften** zählt das Gesetz auf: 2

a) **Aktiengesellschaften:** Rechtsgrundlage bildet das AktG 1965, BGBl 98.

b) **Gesellschaften mit beschränkter Haftung:** Rechtsgrundlage ist das GmbHG, RGBl 1906/58.

c) **Aktienvereine:** Diese sind gem § 20 der 2. V zur Einführung handelsrechtlicher Vorschriften im Lande Österreich 2. 8. 1938, dRGBl I 988, soweit sie nicht mit der Umstellungsverordnung ihre Satzungen den Vorschriften des AktG angepaßt haben und somit AG geworden sind, mit Ablauf des 31. 12. 1941 aufgelöst worden, so daß es **heute keine Aktienvereine mehr** gibt (vgl hiezu *Jabornegg* in *Schiemer/Jabornegg/Strasser,* AktG³ § 1 Rz 9).

d) **Kommanditgesellschaften auf Aktien:** Bei Inkrafttreten des AktG 1965 bestehende Kommanditgesellschaften auf Aktien wurden – soweit sie nicht früher nach Maßgabe der Bestimmungen des früheren Aktiengesetzes verschmolzen, umgewandelt oder aufgelöst oder nach denen des Umwandlungsgesetzes, BGBl 1954/187, umgewandelt worden sind – gem § 265 AktG **mit 31. 12. 1966 aufgelöst.**

Neben diesen Kapitalgesellschaften gehören auch die **Erwerbs- und Wirtschaftsgenossenschaften,** die auf Grund des G über Erwerbs- und Wirtschaftsgenossenschaften 9. 4. 1873, RGBl 70, errichtet wurden, hierher.

B. Allen oder einer bestimmten Gruppe von Teilnehmenden gemeinsame Ansprüche

3 Voraussetzung für die Anwendbarkeit des § 83b JN ist, daß der Streit zwischen der Kapitalgesellschaft oder Genossenschaft und allen oder zumindest einer Gruppe von „Teilnehmern", also Aktionären, Gesellschaftern oder Genossenschaftern, entstanden ist und die **Bedeutung des Streites über die Beziehungen eines einzelnen Teilnehmers zur Gesellschaft hinausgeht** (zu den Ausnahmen von diesem Grundsatz s Rz 5). Dabei ist es bedeutungslos, ob die Gesellschaft oder die Teilnehmenden als Kläger auftreten.

Da die Bedeutung des Streites über den Einzelfall hinausgeht, fällt die Geltendmachung von Minderheitsrechten der Aktionäre (*Fasching,* Lehrbuch[2] Rz 291; *Mayr* in *Rechberger,* ZPO § 83b JN Rz 1; SZ 68/188 [1995]) und von Ersatzansprüchen nach §§ 10, 25, 27, 33 GmbHG unter § 83b JN.

4 Für individuelle Streitigkeiten zwischen der Gesellschaft und einzelnen Mitgliedern gelten dagegen die Zuständigkeitsbestimmungen des § 51 Abs 1 Z 6 oder Z 7 und der §§ 65ff JN. Als Beispiele sind die Klagen der GmbH gegen die Gesellschafter auf Einzahlung der Stammeinlage (OLG Wien ZBl 1938/29), der Genossenschaft gegen die Genossenschafter auf Zahlung von Haftungsbeiträgen (OLG Wien EvBl 1938/118; ggt OLG Graz JBl 1961, 364; SZ 8/120 [1926]) oder auf Zahlung rückständiger Pflichtsparraten (SZ 18/40 [1936]) zu nennen, da es sich in allen diesen Fällen nicht um Minderheitsrechte handelt, die für eine ganze Gruppe typisch sind und stets eine Mehrheit von Gesellschaftern oder Genossenschaftern voraussetzen. Rechtsbeziehungen zwischen der Kapitalgesellschaft oder Genossenschaft und dem Mitglied, die sich überhaupt nicht aus dem Verbandsverhältnis und den wechselseitigen Rechtsbeziehungen auf Grund der Zugehörigkeit zur Gesellschaft usw ergeben, sondern aus einem zwischen den Teilen geschlossenen anderen Vertrag abgeleitet werden, gehören nicht hierher (ZBl 1935/321). Ein Einzelrecht eines Gesellschafters und der Streit um dieses fällt ebensowenig unter § 83b JN, wie zB das Recht des Erwerbers eines Geschäftsanteiles einer GmbH auf Eintragung im Anteilbuch (GH 1937, 17).

5 Ausgenommen von der Einschränkung, daß individuelle Streitigkeiten zwischen der Gesellschaft und einzelnen Mitgliedern nicht unter § 83b JN fallen, ist die Klage auf Anfechtung eines Hauptversammlungsbeschlusses einer AG (§§ 195ff AktG). Weiters gehören aufgrund der inhaltlich mit § 83b JN übereinstimmenden Zuständigkeitsnormen des § 197 Abs 1 AktG und des § 42 Abs 2 GmbHG – auch wenn diese von einem einzelnen Aktionär oder Gesellschafter erhoben werden – auch noch die Klage auf Feststellung der Nichtigkeit eines Hauptversammlungsbeschlusses einer AG (§ 201 AktG), die Klage auf Nichtigerklärung eines Generalversammlungsbeschlusses (§ 41 GmbHG) und die Klage auf Nichtigerklärung einer AG (§ 216 AktG) vor den zur Ausübung der Handelsgerichtsbarkeit zuständigen GH des Sitzes der Gesellschaft. Analoges gilt für die Klage auf Feststellung der Nichtigkeit eines Generalversammlungsbeschlusses einer Erwerbs- und Wirtschaftsgenossenschaft *(Keinert,* Genossenschaftsrecht Rz 316; vgl auch ecolex 1990, 418 [*Thiery*] = EvBl 1989/187 = RdW 1989, 365).

II. Zuständiges Gericht

Örtlich zuständig ist der **GH des Sitzes der Vereinigung** (dh der Gesellschaft oder Genossenschaft, § 75 JN). Sachlich zuständig ist das HG Wien bzw ein LG „als HG". Für die AG und die GmbH folgt dies aus § 51 Abs 1 Z 6 und Z 7 JN bzw § 197 Abs 1 AktG und § 42 Abs 2 GmbHG; analog gilt dies auch für die Erwerbs- und Wirtschaftsgenossenschaften (*Keinert,* Genossenschaftsrecht Rz 316; *Mayr* in *Rechberger,* ZPO § 83 b JN Rz 2; JBl 1947, 111; aM nämlich, daß der allgemeine GH sachlich zuständig sei, *Paschinger,* Gesellschaftsrecht 90, 92 und 98 unter Berufung auf *Fasching*[1] I 324 f). 6

Da der GH ohne Rücksicht auf die Höhe des Streitwertes zuständig ist, liegt hier ebenso wie in §§ 77 Abs 2 und 83 a Abs 1 JN eine **Individualzuständigkeit** vor. Daher ist die sachliche Zuständigkeitsnorm des § 51 Abs 1 Z 6 und Z 7 JN für die Verbandsstreitigkeiten nach § 83 b JN in der Richtung durchbrochen, daß diese auch dann vor den GH bzw das HG gehören, wenn der Streitwert 130.000 S nicht übersteigt (vgl auch die Spezialbestimmungen des § 197 Abs 1 AktG und des § 42 Abs 2 GmbHG).

III. Zweck

Zweck des § 83 b JN ist es, **für alle Beteiligten** eine **einheitliche Rechtsprechung** zu erzielen. Reflexwirkung ist die Erleichterung der Prozeßführung für die Gesellschaft. 7

IV. Rechtsnatur

Der Gerichtsstand beim GH am Sitz der Gesellschaft bzw Genossenschaft ist ein **Zwangsgerichtsstand.** Weder eine ausdrückliche Zuständigkeitsvereinbarung im Einzelfall noch eine abweichende Zuständigkeitsbestimmung in den Statuten kann zur Zuständigkeit eines anderen Gerichtes führen. 8

Dies gilt auch für **Streitigkeiten nach §§ 195, 201, 216 AktG und § 41 GmbHG** (Anfechtung oder Feststellung der Nichtigkeit von Hauptversammlungsbeschlüssen einer AG sowie Klagen auf Nichtigerklärung eines Generalversammlungsbeschlusses oder einer AG), obwohl § 197 Abs 1 AktG bzw § 42 Abs 2 GmbHG lediglich von einem **ausschließlichen Gerichtsstand** sprechen (*Roth* in *Holzhammer/Roth,* Gesellschaftsrecht[2], 242; *Mayr* in *Rechberger,* ZPO § 83 b JN Rz 3; *Reich-Rohrwig,* GmbH-Recht[2], 397, 546 f; *Schiemer* in *Schiemer/Jabornegg/Strasser,* AktG[3] § 197 Rz 4; aA hinsichtlich der AG *Paschinger,* Gesellschaftsrecht 24 unter Berufung auf *Fasching*[1] I 426).

Zur Vereinbarung einer schiedsgerichtlichen Zuständigkeit für die Anfechtung von Gesellschafterbeschlüssen im Aktien- und GmbH-Recht s ecolex 1999, 268.

V. Internationale Zuständigkeit für gesellschaftsrechtliche Streitigkeiten

A. Internationale Zuständigkeit nach Art 16 Z 2 EuGVÜ/LGVÜ

Art 16 EuGVÜ/LGVÜ. Ohne Rücksicht auf den Wohnsitz sind ausschließlich zuständig

.....

2. für Klagen, welche die Gültigkeit, die Nichtigkeit oder die Auflösung einer Gesellschaft oder juristischen Person oder der Beschlüsse ihrer Organe zum Gegenstand haben,

die Gerichte des Vertragsstaats, in dessen Hoheitsgebiet die Gesellschaft oder juristische Person ihren Sitz hat;

.....

Lit: *Bork,* Gerichtsstandsklauseln in Satzungen von Kapitalgesellschaften, ZHR 157 (1953) 48; *Brödermann,* Der europäische GmbH-Gerichtsstand, ZIP 1996, 491; *Bülow,* Vereinheitlichtes Internationales Zivilprozeßrecht in der Europäischen Wirtschaftsgemeinschaft, RabelsZ 1965, 471; *Kaye,* Corporate Jurisdiction under European Judgments Convention, CivJustQ 1991, 220.

Siehe auch die Literaturhinweise bei § 83 b JN.

1. Allgemeines

9 Art 16 Z 2 EuGVÜ/LGVÜ regelt nur die **internationale Zuständigkeit.** Die **örtliche Zuständigkeit** bestimmt sich **nach nationalem Recht,** dh in Österreich nach § 83 b und § 92 b JN. Im übrigen wird auf die allgemeinen Ausführungen zu Art 16 EuGVÜ/LGVÜ verwiesen (s § 81 JN Rz 22 ff).

Art 16 Z 2 EuGVÜ/LGVÜ dienten die Zwangszuständigkeiten des deutschen Gesellschaftsrechtes als Vorbild (vgl *Jenard*-Bericht zu Art 16 Z 2 EuGVÜ; *Kropholler,* Zivilprozeßrecht^{6} Art 16 EuGVÜ Rz 33).

2. Zweck

10 Die Zwangszuständigkeit nach Art 16 Z 2 EuGVÜ/LGVÜ dient der **Wahrung der Rechtssicherheit,** weil durch sie divergierende Entscheidungen über das Bestehen von Gesellschaften und die Gültigkeit der Beschlüsse ihrer Organe vermieden werden (vgl *Jenard*-Bericht zu Art 16 Z 2 EuGVÜ; *Czernich/Tiefenthaler,* LGVÜ Art 16 Rz 26; *Geimer/Schütze,* Urteilsanerkennung I/1 § 87 II; *dies,* Zivilverfahrensrecht Art 16 EuGVÜ Rz 139; *Hausmann in Wieczorek/ Schütze,* ZPO^{3} I/1 Art 16 EuGVÜ Rz 37; *Kropholler,* Zivilprozeßrecht^{6} Art 16 EuGVÜ Rz 33; *Safferling* in *Bülow/Böckstiegel,* Rechtsverkehr 606 Art 16 EuGVÜ Rz 16). Im Sitzstaat werden auch die Förmlichkeiten der Publizität für die Gesellschaft erfüllt (*Jenard*-Bericht zu Art 16 Z 2 EuGVÜ; *Kropholler,* Zivilprozeßrecht^{6} Art 16 EuGVÜ Rz 33; *Safferling* in *Bülow/Böckstiegel,* Rechtsverkehr 606 Art 16 EuGVÜ Rz 16; *Schlosser,* EuGVÜ Art 16 Rz 1). Ferner führt diese Lösung in den meisten Fällen zur Anwendung der herkömmlichen Regel „actor sequitur forum rei" (*Jenard*-Bericht zu Art 16 Z 2 EuGVÜ; *Kropholler,* Zivilprozeßrecht^{6} Art 16 EuGVÜ Rz 33). Außerdem sind dadurch die Gerichte des Staates, dessen Recht für die Gesellschaft maßgebend ist, allein zuständig **(Gleichlaufgedanke)** (*Bülow,* RabelsZ 1965, 491 FN 66; *Czernich/Tiefenthaler,* LGVÜ Art 16 Rz 26; *Hausmann in Wieczorek/Schütze,* ZPO^{3} I/1 Art 16 EuGVÜ Rz 37; *Kropholler,* Zivilprozeßrecht^{6} Art 16 EuGVÜ Rz 33; *Safferling* in *Bülow/ Böckstiegel,* Rechtsverkehr 606 Art 16 EuGVÜ Rz 16; *Schlosser,* EuGVÜ Art 16 Rz 16). Schließlich ist auch noch auf das öffentliche Interesse im Sitzstaat hinzuweisen (*Kropholler,* Zivilprozeßrecht^{6} Art 16 EuGVÜ Rz 33).

3. Anwendungsvoraussetzungen

a) Vorliegen einer Klage

11 Aus dem in Art 16 Z 2 EuGVÜ/LGVÜ verwendeten Wort **„Klage"** folgt, daß nur **kontradiktorische Verfahren,** und nicht auch einseitige Amtsverfahren unter diese Bestimmung fallen (*Geimer/Schütze,* Zivilverfahrensrecht Art 16 EuGVÜ Rz 152; *Gottwald,* MünchKommZPO III Art 16 EuGVÜ Rz 14; *Kropholler,* Zivilprozeßrecht^{6} Art 16 EuGVÜ Rz 33; *Safferling* in *Bülow/Böckstiegel,*

Rechtsverkehr 606 Art 16 EuGVÜ Rz 17). Amtslöschungsverfahren nach § 10 Abs 3 FBG fallen nicht unter Art 16 Z 2 EuGVÜ/LGVÜ.

b) Bestimmter gesellschaftsrechtlicher Streitgegenstand der Klage

Streitgegenstand der Klage muß sein: 12

- die **Gültigkeit oder Nichtigkeit** einer Gesellschaft oder juristischen Person;
- die **Auflösung einer Gesellschaft oder juristischen Person;**
- die **Gültigkeit oder Nichtigkeit der Beschlüsse der Organe einer Gesellschaft oder juristischen Person.**

Der objektive Anwendungsbereich des Art 16 Z 2 EuGVÜ/LGVÜ ist durch vertragsimmanente Definitionen zu bestimmen (*Geimer/Schütze,* Urteilsanerkennung I/1 § 87 XVII 2; *dies,* Zivilverfahrensrecht Art 16 EuGVÜ Rz 140).

Alle anderen Klagen aus dem Gesellschaftsrecht, wie Klagen aus Ansprüchen der Gesellschafter gegen die Gesellschaft (zB auf Auszahlung des Gewinnes oder Auskunftserteilung), Klagen der Gesellschaft gegen die Gesellschafter (zB auf Einzahlung der Stammeinlage), Klagen der Gesellschafter gegen die Organe (zB auf Schadenersatz gegen den Vorstand) und Streitigkeiten unter den Gesellschaftern fallen dagegen unter die **allgemeine Zuständigkeit** der Art 2 ff EuGVÜ/ LGVÜ (*Czernich/Tiefenthaler,* LGVÜ Art 16 Rz 30; *Gottwald,* MünchKommZPO III Art 16 EuGVÜ Rz 17; *Kropholler,* Zivilprozeßrecht[6] Art 16 EuGVÜ Rz 38; *Safferling* in *Bülow/Böckstiegel,* Rechtsverkehr 606 Art 16 EuGVÜ Rz 17; *Schlosser,* EuGVÜ Art 16 Rz 19). Siehe dazu die Kritik an der zu engen Formulierung des Art 16 Z 2 EuGVÜ/LGVÜ von *Geimer/Schütze,* Urteilsanerkennung I/1 § 87 III; *dies,* Zivilverfahrensrecht Art 16 EuGVÜ Rz 142; *Hausmann in Wieczorek/Schütze,* ZPO[3] I/1 Art 16 EuGVÜ Rz 44 FN 95; *Kropholler,* Zivilprozeßrecht[6] Art 16 EuGVÜ Rz 38. 13

c) Klage muß eine juristische Person oder Gesellschaft betreffen

Da das EuGVÜ/LGVÜ gem Art 1 Z 1 nur für Zivil- und Handelssachen gilt, fallen **Klagen betreffend juristische Personen öffentlichen Rechts nicht** unter Art 16 Z 2 EuGVÜ/LGVÜ (*Geimer/Schütze,* Urteilsanerkennung I/1 § 87 X 2; *dies,* Zivilverfahrensrecht Art 16 EuGVÜ Rz 144). Zu den Begriffen der juristischen Person und der Gesellschaft genügt es auf die Ausführungen zu Art 53 EuGVÜ/LGVÜ (§ 75 JN Rz 18) zu verweisen. 14

Aus österreichischer Sicht kommen als juristische Personen die **AG,** die **GmbH,** die **Genossenschaften, Versicherungsvereine** auf **Gegenseitigkeit, Vereine** und **Privatstiftungen** in Betracht (*Czernich/Tiefenthaler,* LGVÜ Art 16 Rz 28). Gesellschaften sind die **OHG** und **KG,** die **eingetragenen Erwerbsgesellschaften** sowie die **EWIV.** Dagegen werden stille Gesellschaften als reine Innengesellschaften nicht von Art 16 Z 2 EuGVÜ/LGVÜ erfaßt (*Gottwald,* MünchKommZPO III Art 16 EuGVÜ Rz 13). 15

4. Anwendungsbereich

a) Klagen, welche die Gültigkeit oder Nichtigkeit einer Gesellschaft oder juristischen Person zum Gegenstand haben

Bei diesen Klagen geht es um die **Wirksamkeit oder Unwirksamkeit der Gründung der Gesellschaft** (*Geimer/Schütze,* Zivilverfahrensrecht Art 16 EuGVÜ Rz 154; *Gottwald,* MünchKommZPO III Art 16 EuGVÜ Rz 15 *Kropholler,* Zivilprozeßrecht[6] Art 16 EuGVÜ Rz 35; *Safferling* in *Bülow/Böckstiegel,* Rechts- 16 verkehr 606 Art 16 EuGVÜ Rz 19). In Österreich fallen darunter die **Klage auf Nichtigerklärung einer AG** (§ 216 AktG) und die Klage **auf Nichtigerklärung einer GmbH** (in analoger Anwendung des § 216 AktG, vgl *Koppensteiner,* GmbHG § 84 Rz 20).

b) Klagen, welche die Auflösung einer Gesellschaft oder juristischen Person zum Gegenstand haben

17 Dazu gehört aus österreichischer Sicht die **Klage auf Auflösung einer Personenhandelsgesellschaft** nach § 133 HGB (*Czernich/Tiefenthaler,* LGVÜ Art 16 Rz 32). Nach fast einhelliger Lehre soll es auch eine **Klage auf Auflösung einer GmbH aus wichtigem Grund** geben (*Kastner/Doralt/Nowotny,* Gesellschaftsrecht[5], 425 FN 33; *Koppensteiner,* GmbHG § 84 Rz 21 ff; vgl auch *Reich-Rohrwig,* GmbH-Recht[2] I 168; aA *Gellis/Feil,* GmbHG[3] § 85 Rz 12; *Wünsch,* Demelius-FS 525 ff; RdW 1996, 264 = ecolex 1996, 757; HS IX/2 [1974]).

Der Begriff der **Auflösung** wird **weit interpretiert.** Er umfaßt auch die Liquidation einer Gesellschaft nach ihrer Auflösung (*Schlosser,* EuGVÜ Art 16 Rz 17), so auch Rechtsstreitigkeiten über die Höhe der einem Gesellschafter auszuzahlenden Anteile (*Schlosser*-Bericht RdN 58; *Czernich/Tiefenthaler,* LGVÜ Art 16 Rz 32; *Gottwald,* MünchKommZPO III Art 16 EuGVÜ Rz 16; *Kropholler,* Zivilprozeßrecht[6] Art 16 EuGVÜ Rz 36; *Safferling* in *Bülow/Böckstiegel,* Rechtsverkehr 606 Art 16 EuGVÜ Rz 20; *Schlosser,* EuGVÜ Art 16 Rz 17). Denn solche Verfahren sind einzelne Schritte auf dem Weg zum endgültigen Ausscheiden der Gesellschaft aus dem Rechtsverkehr (*Schlosser*-Bericht RdN 58).

18 Nicht unter Art 16 Z 2 EuGVÜ/LGVÜ fallen dagegen die Klage auf Ausschluß eines Gesellschafters nach § 140 HGB (*Czernich/Tiefenthaler,* LGVÜ Art 16 Rz 32; *Gottwald,* MünchKommZPO III Art 16 EuGVÜ Rz 16) und die Klage auf Entziehung der Vertretungsmacht eines Gesellschafters einer OHG (*Gottwald,* MünchKommZPO III Art 16 EuGVÜ Rz 16; für die Einbeziehung dieser Klagen in Art 16 Z 2 EuGVÜ/LGVÜ treten dagegen *Geimer/Schütze,* Urteilsanerkennung I/1 § 87 XIX 7 b; *dies,* Zivilverfahrensrecht Art 16 EuGVÜ Rz 181 und *Kropholler,* Zivilprozeßrecht[6] Art 16 EuGVÜ Rz 36 ein).

19 **Nicht** anzuwenden ist Art 16 Z 2 EuGVÜ/LGVÜ auf die **Liquidation** einer Gesellschaft **infolge eines Konkurses,** da gem Art 1 Z 2 EuGVÜ/LGVÜ Konkursverfahren nicht in den Anwendungsbereich der Abkommen fallen. Im *Schlosser*-Bericht (RdN 59) wird zur Abgrenzung zwischen einer Liquidation iSd Art 16 Z 2 EuGVÜ und einer insolvenzrechtlich bedingten Gesellschaftsauflösung folgendes ausgeführt:

„Ist eine Gesellschaft einer kontinentalen Rechtsordnung deshalb aufgelöst, dh ins Liquidationsstadium getreten, weil sie in Konkurs gefallen ist, so sind die Gerichtsverfahren über die ‚Auflösung der Gesellschaft' nur in der Weise denkbar, daß über die Zulässigkeit oder die Art und Weise der Durchführung des Konkursverfahrens gestritten wird. Dem EuGVÜ unterfällt dies alles nicht. Alle übrigen Verfahren, deren Gegenstand es ist, die Auflösung der Gesellschaft festzustellen oder herbeizuführen, sind demgegenüber keine konkursrechtlichen. Eine Prüfung dahin, ob es sich um eine zahlungsfähige oder nicht solvente Gesellschaft handelt, ist entbehrlich. Daran ändert sich auch dann nichts, wenn präjudiziell konkursrechtliche Fragen eine Rolle spielen. Wird etwa darum gestritten, ob eine Gesellschaft deswegen aufzulösen ist, weil eine Person, die ihr angeblich angehört, in Konkurs gefallen ist, so handelt es sich nicht um eine konkursrechtliche Streitigkeit, sondern um eine solche, die dem EuGVÜ unterfällt."

Ein **winding up** einer englischen company fällt meist nicht in den Anwendungsbereich der Abkommen (Näheres dazu *Schlosser*-Bericht RdN 55 ff). 20

c) Klagen, welche die Gültigkeit oder Nichtigkeit der Beschlüsse der Organe einer Gesellschaft oder juristischen Person betreffen

Dazu zählen die Anfechtungsklage von Beschlüssen der Hauptversammlung einer AG (§ 197 AktG) und die Klage auf Feststellung der Nichtigkeit eines Hauptversammlungsbeschlusses (§ 201 AktG) (*Czernich/Tiefenthaler,* LGVÜ Art 16 Rz 33), die Klage auf Nichtigerklärung eines Gesellschafterbeschlusses einer GmbH (§ 41 GmbHG), sowie Klagen auf Feststellung der Nichtigkeit bzw Unwirksamkeit von Beschlüssen einer Personenhandelsgesellschaft, ebenso Klagen auf Feststellung der Nichtigkeit von Generalversammlungsbeschlüssen einer Genossenschaft (§ 228 ZPO) (*Kastner/Doralt/Nowotny,* Gesellschaftsrecht[5], 93, 473; *Keinert,* Genossenschaftsrecht 150 f; *Torggler/Kucsko* in *Straube,* HGB[2] I § 120 Rz 31). 21

5. Anknüpfungspunkt

Art 16 Z 2 EuGVÜ/LGVÜ knüpft an den **Sitz** der Gesellschaft bzw juristischen Person an. Hier genügt es auf die Ausführungen zu Art 53 EuGVÜ/LGVÜ zu verweisen (s § 75 Rz 18 ff). 22

B. Internationale Zuständigkeit nach autonomem Recht

Soweit das EuGVÜ/LGVÜ nicht anwendbar ist (dh bei einer nicht unter Art 16 Z 2 EuGVÜ/LGVÜ fallenden Klage oder wenn der Beklagte in Österreich keinen Wohnsitz hat), ist gem § 83 b bzw § 92 b JN iVm § 27 a JN die internationale Zuständigkeit Österreichs dann gegeben, wenn die **juristische Person bzw Gesellschaft** ihren **Sitz in Österreich** hat. 23

Nach § 104 Abs 4 JN kann die internationale Zuständigkeit Österreichs weder durch eine rügelose Einlassung nach § 104 Abs 3 JN noch durch eine Gerichtsstandsvereinbarung nach § 104 Abs 1 JN begründet werden.

Umgekehrt kann, wenn die juristische Person bzw Gesellschaft ihren Sitz in Österreich hat, die internationale Zuständigkeit der österreichischen Gerichte nicht durch Parteienvereinbarung ausgeschlossen werden.

Streitigkeiten aus gewerblichem Rechtsschutz und Urheberrecht sowie Verbandsklagen

§ 83 c. (1) Sind in den im § 51 Abs. 1 Z 8 b und Abs. 2 Z 9 und 10 angeführten Streitigkeiten Personen geklagt, deren Unternehmen sich im Inland befindet oder die mit Rücksicht auf ihre Tätigkeit bei einem im Inland befindlichen Unternehmen in Anspruch genommen werden, ist hiefür – soweit nicht andere gesetzliche Vorschriften bestehen – ausschließlich das Gericht zuständig, in dessen Sprengel dieses Unternehmen liegt, bei Vorhandensein mehrerer Niederlassungen wahlweise das Gericht der Hauptniederlassung oder derjenigen Niederlassung, auf die sich die Handlung bezieht. In Ermangelung eines Unternehmens im Inland richtet sich die Zuständigkeit nach dem allgemeinen Gerichtsstand des Beklagten. Für Personen, die im Inland weder ein Unternehmen noch ihren allgemeinen Gerichtsstand haben, ist zuständig das Gericht des inländischen Aufenthaltsortes oder, wenn ein solcher nicht bekannt ist, das Gericht, in dessen Sprengel die Handlung begangen worden ist.

(2) Mehrere Personen, für die auf Grund des Abs. 1 der Gerichtsstand bei verschiedenen Gerichten begründet ist, können, wenn sonst die Voraussetzungen des § 11 ZPO gegeben sind, als Streitgenossen vor jedem dieser Gerichte geklagt werden.

(3) Wird die gesetzwidrige Handlung durch den Inhalt von Schriften oder Druckwerken oder durch andere Gegenstände bewirkt, die vom Ausland abgesendet worden sind, so gilt für die Zuständigkeit jeder Ort des Inlandes als Begehungsort, wo der Gegenstand eingelangt oder zur Abgabe oder Verbreitung gelangt ist.

Samt Überschrift eingefügt durch Art II Z 37 ZVN 1983 BGBl 135; Abs 1 idF Art VI der 3. Nov zum BGOrgG BGBl 1992/756

Lit: *Fasching,* Die Zuständigkeit der Gerichte für Klagen der Verwertungsgesellschaften auf Zahlung von Aufführungsentgelten, ÖBl 1983, 100; *Hagen,* Der Gerichtsstand der Niederlassung, JBl 1969, 61; *Herzig,* Nochmals: Inländische Gerichtsbarkeit für Wettbewerbsverstöße aus dem Ausland? RdW 1988, 415; *ders,* Rechtliche Probleme grenzüberschreitender Werbung, WBl 1988, 251; *Igálffy-Igály,* Durch Inländer im Ausland begangene Verstöße gegen die Regeln des lauteren Wettbewerbs, ÖBl 1955, 37; *Konecny,* Übergreifende Ansprüche in Wettbewerbsverfahren, RdW 1986, 36; *König,* Bemerkungen zur Regierungsvorlage einer Zivilverfahrens-Novelle, JBl 1982, 406; *Pöch,* Zur österreichischen internationalen Zuständigkeit bei in Deutschland begangenen Wettbewerbsverstößen, IPRax 1984, 222; *Prunbauer,* Anwendbares Wettbewerbsrecht bei Werbefahrten ins grenznahe Ausland, RdW 1985, 268; *ders,* Inländische Gerichtsbarkeit für Wettbewerbsverstöße aus dem Ausland? RdW 1988, 285; *ders,* Internationale Streitanhängigkeit und Wettbewerbsprozeß, ecolex 1991, 105; *Reimer,* Wettbewerbs- und Warenzeichenrecht[3] (1954); *Schalich,* Überblick über die Zivilverfahrensnovelle 1983, ÖJZ 1983, 253, 287; *Schönherr,* Zuständigkeit der Gerichte in Angelegenheiten des gewerblichen Rechtsschutzes, Vollstreckung von im Schutzland ergangenen Urteilen im Lande des Wohnsitzes des Beklagten, ÖBl 1958, 5; *ders,* Gewerblicher Rechtsschutz und Urheberrecht, Allgemeiner Teil (1982); *Schoibl,* Die Niederlassung im österreichischen Zivilprozeßrecht, in *Schuhmacher/Gruber*, Rechtsfragen der Zweigniederlassung (1993) 348; *Schönherr/Wiltschek,* UWG. Gesetz gegen den unlauteren Wettbewerb[6] (1994); *Seber,* Der Umfang der österreichischen inländischen Gerichtsbarkeit für Klagen im gewerblichen Rechtsschutz und Urheberrecht, ZfRV 1983, 270.

Übersicht:

I. Allgemeines

Durch § 83c JN wurden die in verschiedenen Rechtsquellen enthalten gewesenen und überdies voneinander abweichenden Zuständigkeitsregelungen für Streitigkeiten aus gewerblichem Rechtsschutz, Urheberrecht und Verbandsklagen **vereinheitlicht und in einer Bestimmung zusammengefaßt.** Gleichzeitig wurde die örtliche Zuständigkeit an die Regelung über die sachliche Zuständigkeit angepaßt. Als Vorbild diente dabei der durch die ZVN 1983 aufgehobene § 23 UWG (vgl ErläutRV zur ZVN 1983 [669 BlgNR 15. GP] 38). Durch die 3. Nov zum BGOrgG (BGBl 1992/756) wurden dann die Streitigkeiten nach § 1330 ABGB wegen einer Veröffentlichung in einem Medium (§ 1 Abs 1 Z 1 MedG) in den Anwendungsbereich des § 83c JN einbezogen. 1

Beim Gerichtsstand für Streitigkeiten aus gewerblichem Rechtsschutz und Urheberrecht sowie für Verbandsklagen handelt es sich um einen **ausschließlichen Gerichtsstand** (nicht jedoch um einen Zwangsgerichtsstand wie §§ 83a und 83b JN). Er schließt den allgemeinen Gerichtsstand und die Wahlgerichtsstände aus (*Koppensteiner,* Wettbewerbsrecht³, 775). Eine **abweichende Zuständigkeitsvereinbarung** ist **zulässig** (*Fasching,* ÖBl 1983, 101), sie spielt aber praktisch keine Rolle (*Koppensteiner,* Wettbewerbsrecht³, 775). 2

II. Sachlicher Anwendungsbereich

§ 83c JN ist auf folgende Streitigkeiten anzuwenden: 3

- **Streitigkeiten nach § 1330 ABGB wegen einer Veröffentlichung in einem Medium** (§ 1 Abs 1 Z 1 MedG; Näheres s § 51 Abs 1 Z 8b JN Rz 123f);
- **Streitigkeiten** aus den Rechtsverhältnissen, die sich auf den **Schutz und den Gebrauch von Erfindungen, Mustern, Modellen und Marken** beziehen, insoweit hierfür nicht andere gesetzliche Vorschriften bestehen (Näheres s § 51 Abs 2 Z 9 JN Rz 125ff);
- **Streitigkeiten wegen unlauteren Wettbewerbs** – sofern es sich nicht um eine Arbeitsrechtssache (§ 50 Abs 1 ASGG) handelt –, nach dem **Urheberrechtsgesetz** und nach **§§ 28 bis 30 KSchG** (Näheres s § 51 Abs 2 Z 10 JN Rz 141ff).

Unter die Streitigkeiten wegen unlauteren Wettbewerbs ist auch die Klage auf Feststellung des Nichtbestehens eines wettbewerbsrechtlichen Unterlassungsanspruches zu subsumieren (*Mayr* in *Rechberger,* ZPO § 83c JN Rz 2; *Schoibl* in *Schuhmacher/Gruber,* Zweigniederlassung 350; aA *Schönherr,* Rechtsschutz Rz 523; ÖBl 1989, 61 = RdW 1989, 66; ÖBl 1963, 91).

III. Anknüpfungspunkte (§ 83c Abs 1 und 3 JN)

A. Lage des Unternehmens bzw der Niederlassung

Soweit nicht andere gesetzliche Vorschriften bestehen (wie zB § 162 PatG für die Patentstreitigkeiten), ist jenes Gericht ausschließlich zuständig, in dessen Sprengel **sich das Unternehmen** des Beklagten bzw das Unternehmen **befindet,** bei dem der Beklagte seine Tätigkeit, wegen der er in Anspruch genommen wird, entfaltet hat. 4

Unter einem **Unternehmen** versteht man eine **selbständige organisierte Erwerbsgelegenheit** (EFSlg 57.332 [1988], 48.932 [1985]; HS 9058 = ÖBl 1974, 69; ÖBl 1961, 32). Dabei ist es unerheblich, um welche Art von Unternehmen es sich handelt, ob ein Groß- oder ein Kleinbetrieb vorliegt oder ob es auf Gewinn gerichtet ist oder nicht. Es muß nur **im Inland** liegen und auf eine gewisse Dauer berechnet sein (*Pollak,* System[2], 330). Eine Postannahmestelle etwa ist kein Unternehmen iSd § 83c JN (vgl ÖBl 1961, 32).

5 Gibt es **mehrere Niederlassungen im Inland,** so hat der Kläger zwecks Vermeidung von Zuständigkeitsstreitigkeiten (vgl JAB zur ZVN 1983 [1337 BlgNR 15. GP] 5) die **Wahl zwischen dem Gericht der Hauptniederlassung und jenem derjenigen Zweigniederlassung, auf die sich die Handlung bezieht.**

6 Eine AG kann daher beim Gericht der Zweigniederlassung auch dann geklagt werden (uzw unter der Firma der Zweigniederlassung), wenn die ihr vorgeworfene Handlung nicht im Betrieb der Zweigniederlassung begangen wurde, sofern sie sich nur auf diese Zweigniederlassung bezieht (vgl SZ 40/113 = EvBl 1968/92 = ÖBl 1967, 142).

7 Eine Handelsgesellschaft kann unter der Firma ihrer Zweigniederlassung geklagt werden, wenn diese an dem zugrundeliegenden Geschäft irgendwie beteiligt war (SZ 54/33 = Arb 10.021 = JBl 1982, 217; SZ 40/113 = EvBl 1968/92 = ÖBl 1967, 142); dabei genügt es insb, wenn das Geschäft über sie abgewickelt wurde (ÖBl 1985, 99; EvBl 1975/209 = GesRZ 1975, 135 = RZ 1975, 91). Prozeßpartei ist aber immer der Inhaber des Unternehmens (ÖBl 1985, 99).

8 **Ansprüche aus – auch gleichartigen – Wettbewerbsverstößen verschiedener Niederlassungen** desselben Unternehmens sind bei den **Gerichten der jeweiligen Niederlassung** geltend zu machen, **auf die sich der einzelne Gesetzesverstoß bezieht** (ÖBl 1982, 104 [abl *Böhm,* nach dessen Meinung bei gleichartigen Wettbewerbsverstößen die Unterlassungsklage nach Wahl des Klägers bei jedem Gericht erhoben werden könne, in dessen Sprengel sich eine Niederlassung befindet, auf die sich einer der Verstöße bezieht]). Zur Frage, ob die Einbringung einer solchen Klage gegenüber weiteren Klagen bei anderen Gerichten Streitanhängigkeit begründet, s *Schoibl* in *Schuhmacher/Gruber,* Zweigniederlassung 350 mwN.

9 Die **Ausübung des Wahlrechtes** nach § 83c Abs 1 Satz 1 JN hat **keinerlei materiellrechtliche Auswirkungen.** Auch wenn der Beklagte den Wettbewerbsverstoß nur in einer Niederlassung begangen hat und bei dem dafür zuständigen Gericht geklagt wurde, kann er zur Unterlassung künftiger gleichartiger Verstöße im gesamten Unternehmen verurteilt werden (ecolex 1990, 35 = ÖBl 1990, 87).

10 Der in § 83c JN verwendete Ausdruck **„Niederlassung"** ist **iSd § 87 Abs 1 und 2 JN auszulegen** (vgl *Hagen,* JBl 1969, 66). Auch die von der Rsp zur Anscheinsniederlassung entwickelten Grundsätze sind hier anzuwenden (1 Ob 32/94; SZ 51/29 = HS 10.028 = ÖBl 1979, 25). Näheres zum Begriff der Niederlassung und zur Anscheinsniederlassung s § 87 JN Rz 4ff, 20f.

B. Allgemeiner Gerichtsstand des Beklagten

11 Gibt es kein Unternehmen im Inland, dann ist jenes Gericht zuständig, in dessen Sprengel der **Beklagte** seinen **allgemeinen Gerichtsstand** hat. Zum allgemeinen Gerichtsstand s §§ 65ff JN.

C. Aufenthaltsort des Beklagten

12 Für Personen, die im Inland weder ein Unternehmen noch ihren allgemeinen Gerichtsstand haben, ist **das Gericht des Aufenthaltsortes** im Inland zuständig (vgl *Pollak,* System[2], 331). Zum Begriff des Aufenthaltes s § 67 JN Rz 5ff.

D. Begehungsort

Hat der Beklagte im Inland weder ein Unternehmen noch einen allgemeinen Gerichtsstand noch einen Aufenthalt oder ist ein solcher nicht bekannt, dh bei Anwendung der gewöhnlichen Sorgfalt für den Kläger nicht ermittelbar, so ist das Gericht zuständig, **in dessen Sprengel die Handlung begangen worden ist.** 13

In § 83c Abs 1 letzter Satz JN wird also ähnlich wie in § 92a JN an den Ort angeknüpft, an dem die (verpönte) Handlung begangen worden ist. Wie bei § 92a JN noch näher ausgeführt wird, ist der Begriff „Ort, an dem die Handlung begangen worden ist“ in demselben Sinn auszulegen wie der in Art 5 Z 3 EuGVÜ/LGVÜ verwendete Begriff „Ort, an dem das schädigende Ereignis eingetreten ist“. **Begehungsort** ist demnach (nach der Ubiquitätstheorie) sowohl der **Ort, an dem der Täter gehandelt** hat, als auch der **Ort, an dem der Erfolg** der gesetzwidrigen Handlung **ganz oder teilweise eingetreten** ist (so bereits vor dem Beitritt Österreichs zum LGVÜ und EuGVÜ *Prunbauer,* RdW 1985, 269).

Sind einzelne wettbewerbswidrige Handlungen im Zug einer (in Österreich beginnenden und auch hier endenden) **Werbefahrt ins grenznahe Ausland** und damit räumlich außerhalb von Österreich begangen worden, so ist dennoch davon auszugehen, daß der **Erfolg in Österreich eingetreten** ist, da die Wettbewerbsverletzung ausschließlich gegenüber eigens dafür beworbenen und ins Ausland gebrachten österreichischen Konsumenten begangen wurde und damit ein **inländischer Begehungsort** gegeben ist (*Fasching,* Lehrbuch[2] Rz 292; *Mayr* in *Rechberger,* ZPO § 83c JN Rz 2; *Prunbauer,* RdW 1985, 269; ÖBl 1985, 96 = RdW 1985, 275). Der Wettbewerbsverstoß hat sich nämlich auf den österreichischen Markt ausgewirkt. Außerdem werden durch diese Werbefahrten Interessen ausländischer Konsumenten oder Unternehmer nicht berührt (*Prunbauer,* RdW 1988, 269). 14

E. Begehungsort bei vom Ausland abgesendeten Schriften, Druckwerken und sonstigen Gegenständen (§ 83c Abs 3 JN)

Wird die gesetzwidrige Handlung durch den Inhalt von Schriften oder Druckwerken oder (im Fall eines Verstoßes gegen das Marken- und MusterschutzG) durch andere Gegenstände bewirkt, so ist der inländische Ort maßgebend, von dem aus die **Verbreitung begann** (zB das Schriftstück zur Post gegeben wurde ÖBl 1961, 32), in Ermangelung eines solchen jeder inländische Ort, wo die **Schrift,** das **Druckwerk** oder der **Gegenstand zur Abgabe oder Verteilung gelangt ist** (vgl *Pollak,* System[2], 331; s auch § 92a JN Rz 34). 15

Wenn die Schrift, das Druckwerk oder der Gegenstand aber **vom Ausland abgesendet** worden ist, gilt gem § 83c Abs 3 JN für die Zuständigkeit jeder Ort des Inlandes als Begehungsort, wo der **Gegenstand eingelangt oder zur Abgabe oder Verbreitung gelangt ist** (vgl auch BGH GRUR 1978, 194 = WRP 1977, 487 bezüglich der Verletzung des Persönlichkeitsrechts durch ein österreichisches Nachrichtenmagazin). Nach dieser Gesetzesstelle sind also **mehrere Begehungsorte** als Zuständigkeitskomponenten **möglich** (vgl ÖBl 1966, 19). Der Kläger hat in einem solchen Fall gem § 102 JN die **Wahl** zwischen den verschiedenen in Frage kommenden Gerichten. 16

Wenn allerdings ein **vom Absender verschiedener Dritter** Abschriften eines von einem ausländischen Ort abgesendeten Schriftstücks herstellt, begründet dies **keine zusätzliche Zuständigkeit** nach § 83c Abs 3 JN (ÖBl 1961, 32). Die Klage kann in einem solchen Fall nur dort eingebracht werden, wo das vom Ausland abgesandte Original im Inland eingelangt ist. Denn die Abschriften des 17

Schreibens, die ein Dritter herstellt und verbreitet, sind mit der vom Ausland abgesendeten Schrift oder dem Druckwerk nicht mehr identisch (ÖBl 1961, 32).

18 Von einer **Verbreitung** eines Druckwerkes wird allerdings dann nicht gesprochen werden können, wenn nur ein **Einzelexemplar einer Zeitschrift** verbreitet wird (*Herzig,* WBl 1988, 252 FN 8; *ders,* RdW 1988, 415; vgl BGH GRUR 1978, 194 = WRP 1977, 487).

19 **Vom Ausland abgesandte,** im Inland empfangene **Fernschreiben** sind nach einer extensiven, am Regelungszweck orientierten Interpretation des § 83c JN als vom Ausland abgesandte Schriften, Druckwerke oder andere Gegenstände anzusehen (MR 1986 H 1, 29). In ihnen enthaltene Wettbewerbsverstöße werden **an jenem Ort begangen,** an dem das **Fernschreiben im Inland einlangt** (MR 1986 H 1, 29).

20 Bei gesetzwidrigen Handlungen (insb Verletzungen des Persönlichkeitsrechts), die vom Ausland aus im **Rundfunk, Fernsehen** etc begangen werden, ist analog zu § 83c Abs 3 JN und Art 5 Z 3 EuGVÜ/LGVÜ (s § 92a JN Rz 36) jener Ort als Erfolgsort anzusehen, an dem **die Rundfunk- oder Fernsehsendung empfangen** werden konnte.

21 Die **Bewirkung** einer gesetzwidrigen Handlung kann auch darin liegen, daß (im Ausland) **gesetzwidrig** (§ 56 MSchG, § 9 Abs 2 UWG) **markierte Waren** im Inland **verbreitet,** nämlich zum Verkauf bereit gehalten werden (SZ 60/106 = GRURInt 1988, 431 = ÖBl 1988, 106 = WBl 1987, 279; dazu krit *Prunbauer,* RdW 1988, 286).

22 Ein Markeneingriff durch eine vom **Ausland abgesendete Ware** gilt demnach dort als bewirkt, wo diese **zum Verkauf bereitgehalten** wird (vgl dazu *Herzig,* RdW 1988, 415; *Prunbauer,* RdW 1988, 285; SZ 60/106 = GRURInt 1988, 431 = ÖBl 1988, 106 = WBl 1987, 279).

23 Für die Annahme eines inländischen Begehungsortes iSd § 83c Abs 3 JN **kommt** es **nicht darauf an,** ob der ausländische Verkäufer seine **Waren selbst ins Inland befördert oder sich eines Mittelsmannes bedient** (EvBl 1991/54 = JBl 1991, 800); es **genügt,** daß es der ausländische **Erzeuger bzw Händler in Kauf nimmt, daß bestimmte Gegenstände** (auch) **nach Österreich gebracht werden** (EvBl 1991/54 = JBl 1991, 800 = RdW 1991, 79 [krit *Prunbauer*] = ZfRV 1991/7; SZ 60/106 = GRURInt 1988, 431 = ÖBl 1988, 106 = WBl 1987, 279; anders noch ÖBl 1986, 97 und SZ 62/84 [1989], wonach es darauf ankommt, daß die Eingriffsgegenstände nicht bloß zufällig, sondern bestimmungsgemäß nach Österreich gebracht wurden).

Daher ist § 83c Abs 3 JN etwa auch dann anwendbar, wenn die im Ausland ansässigen Erst- und Zweitbeklagten – wenn auch nur implizit – davon wußten, daß die von ihnen an den Drittbeklagten in einen anderen Staat gelieferte Ware von diesem auch in Österreich vertrieben wird (SZ 60/106 = GRURInt 1988, 431 = ÖBl 1988, 106 = WBl 1987, 279), oder wenn ein österreichischer Bierverkäufer das Bier der Beklagten von deren Sitz im Ausland abholt, um dieses nach Österreich zu bringen und dort zu verkaufen. Denn auch derjenige, der im Ausland einem Abnehmer Bier verkauft, damit dieser es nach Österreich bringt, „liefert" Bier nach Österreich (4 Ob 33/89 zitiert in EvBl 1991/54 = JBl 1991, 800 = RdW 1991, 79 [krit *Prunbauer*]).

IV. Mehrere Beklagte (§ 83c Abs 2 JN)

24 Nach § 83c Abs 2 JN können mehrere Personen, die nach § 83c Abs 1 JN ihren Gerichtsstand vor verschiedenen Gerichten haben, wenn sonst die Vor-

aussetzungen des § 11 ZPO gegeben sind, **als Streitgenossen vor jedem dieser Gerichte** geklagt werden.

§ 83c Abs 2 JN erweitert demnach den Anwendungsbereich des sonst nur für die materielle Streitgenossenschaft und die einheitliche Streitpartei geltenden **Gerichtsstandes der Streitgenossenschaft** (§ 93 Abs 1 JN) **auf** die **formelle Streitgenossenschaft** (OLG Wien ÖBl 1966, 19; SZ 19/313 = Rsp 1938/34). Dh es genügt, wenn gleichartige, auf einem im wesentlichen gleichartigen tatsächlichen Grund beruhende Ansprüche oder Verpflichtungen den Gegenstand des Rechtsstreites bilden. Daher können folgende Personen bei dem in § 83c Abs 1 JN genannten Gericht gemeinsam geklagt werden:

- mehrere Personen, die unabhängig voneinander ein und denselben Unternehmer in sachlich gleichartiger Weise angeschwärzt haben (LGZ Wien 1. 2. 1929, 3 R 58 zitiert bei *Schönherr/Wiltschek*, UWG[6], 994 E 11);
- mehrere Beklagte, denen das gleiche wettbewerbswidrige Verhalten beim Betrieb eines von ihnen gemeinsam geführten Unternehmens zur Last gelegt wird (diese bilden eine einheitliche Streitpartei, EvBl 1963/292 = ÖBl 1964, 9 [abl *Wahle*]);
- Autor und Verleger eines Buches, dessen Inhalt und Aufmachung gegen UrhG, UWG und ABGB verstoßen (sie bilden wegen der gemeinsamen Tathandlung eine materielle Streitgenossenschaft, IPRE 2/212a = MR 1988, 93 [*M. Walter*]).

V. Die internationale Zuständigkeit

A. Die internationale Zuständigkeit nach dem EuGVÜ/LGVÜ

Soweit keine besondere Zuständigkeit nach Art 5ff EuGVÜ/LGVÜ be- **25**
steht, ist gem Art 2 EuGVÜ/LGVÜ Österreich immer dann international zuständig, wenn der Beklagte seinen Wohnsitz oder Sitz in Österreich hat.

Eine Zwangszuständigkeit besteht nach Art 16 Z 4 EuGVÜ/LGVÜ für Klagen, welche die Eintragung oder die Gültigkeit von Patenten, Warenzeichen, Mustern und Modellen sowie ähnlicher Rechte, die einer Hinterlegung oder Registrierung bedürfen, zum Gegenstand haben. Näheres s Rz 30.

Eine Wahlzuständigkeit besteht gem Art 5 Z 3 EuGVÜ/LGVÜ zB für Klagen wegen unlauteren Wettbewerbs. Näheres s § 92a Rz 19ff.

B. Die internationale Zuständigkeit nach Art 16 Z 4 EuGVÜ/LGVÜ

Art 16 EuGVÜ/LGVÜ. Ohne Rücksicht auf den Wohnsitz sind ausschließlich zuständig

.....

4. für Klagen, welche die Eintragung oder die Gültigkeit von Patenten, Warenzeichen, Mustern und Modellen sowie ähnlicher Rechte, die einer Hinterlegung oder Registrierung bedürfen, zum Gegenstand haben, die Gerichte des Vertragsstaates, in dessen Hoheitsgebiet die Hinterlegung oder Registrierung beantragt oder vorgenommen worden ist oder auf Grund eines zwischenstaatlichen Übereinkommens als vorgenommen gilt;

Lit: *Bertrams,* Das grenzüberschreitende Verletzungsverbot im niederländischen Patentrecht, GRURInt 1995, 193; *Huet,* La marque communautaire: La competénce des juridictions des Etats membre pour connaître de sa validité et de sa contrefacon, Clunet 121 (1994) 623; *Kohler,* Kollisionsrechtliche Anmerkungen zur Verordnung über die Gemeinschaftsmarke, Everling-FS I (1995) 651; *W. Neuhaus,* Das EuGVÜ und das LugÜ, soweit hiervon Streitigkeiten des gewerblichen Rechtsschutzes betroffen werden, Mitteilungen der deutschen Patentanwälte 87 (1996) 257; *Pöch,* Zur österreichischen internationalen Zuständigkeit bei in Deutschland begangenen Wettbewerbsverstößen, IPRax 1984, 222; *Scordamaglia,* Die Gerichtsstandsregelung im Gemeinschaftspatentübereinkommen und das Vollstreckungsübereinkommen von Lugano, GRURInt 1990, 777; *Stauder,* Die Anwendung des EWG-Gerichtsstands- und Vollstreckungsübereinkommens auf Klagen im gewerblichen Rechtsschutz und Urheberrecht, GRURInt 1976, 465; *ders,* Die ausschließliche internationale gerichtliche Zuständigkeit in Patentstreitsachen nach dem Brüsseler Übereinkommen – Art. 16 Nr. 4 EuGVÜ, Art. 19 EuGVÜ, IPRax 1985, 76; *ders,* Protokoll über die gerichtliche Zuständigkeit und die Anerkennung von Entscheidungen über den Anspruch auf Erteilung eines europäischen Patents (Anerkennungsprotokoll), in *Beier/Haertel/Schricker,* Europäisches Patentübereinkommen, Münchner Gemeinschaftskommentar 6. Lieferung (1984); *Tetzner,* Die Verfolgung der Verletzung ausländischer Patente vor deutschen Gerichten unter Berücksichtigung des EWG-Gerichtsstands- und Vollstrekkungs-Abkommens, GRUR 1976, 669; *Vivant,* Das Europäische Gerichtsstands- und Vollstreckungsübereinkommen und die gewerblichen Schutzrechte, RIW 1991, 26.

1. Zweck der Bestimmung

26 Die Zwangszuständigkeit im Hinterlegungs- bzw Registrierungsstaat für Streitigkeiten, welche die Eintragung oder die Gültigkeit von Patenten und anderen gewerblichen Schutzrechten zum Gegenstand haben, wird damit begründet, daß die Erteilung dieser Schutzrechte als Ausfluß der nationalen Souveränität gesehen wird (*Jenard*-Bericht zu Art 16 Z 4 EuGVÜ; dazu krit *Geimer/Schütze,* Zivilverfahrensrecht Art 16 EuGVÜ Rz 220). Sachgerechter ist jedoch die Begründung, Art 16 Z 4 EuGVÜ/LGVÜ schaffe wegen der **Rechtsnähe** eine Zwangszuständigkeit des Erteilungsstaates, nicht zuletzt auch wegen der engen Verzahnung des Verfahrensrechts mit dem Sachrecht (*Geimer/Schütze,* Urteilsanerkennung I/1 § 90 V 2; *dies,* Zivilverfahrensrecht Art 16 EuGVÜ Rz 221; *Hausmann* in *Wieczorek/Schütze,* ZPO[3] I/1 Art 16 EuGVÜ Rz 47; *Kropholler,* Zivilprozeßrecht[6] Art 16 EuGVÜ Rz 41).

2. Sachlicher Anwendungsbereich

a) Erfaßte Rechte

27 Art 16 Z 4 EuGVÜ/LGVÜ gilt für alle gewerblichen Schutzrechte, nämlich **Patente, Gebrauchsmuster, Marken** (Warenzeichen), **Geschmacksmuster und ähnliche Rechte.**

28 **„Ähnliche Rechte"** sind den in Art 16 Z 4 EuGVÜ/LGVÜ genannten Rechten verwandte gewerbliche Schutzrechte, die zu ihrer Entstehung einer Hinterlegung oder Registrierung bedürfen (*Geimer/Schütze,* Zivilverfahrensrecht Art 16 EuGVÜ Rz 323; *Gottwald,* MünchKommZPO III Art 16 EuGVÜ Rz 20; *Kropholler,* Zivilprozeßrecht[6] Art 16 EuGVÜ Rz 50). Ein ähnliches Recht ist zB das **Sortenschutzrecht** (*Geimer/Schütze,* Zivilverfahrensrecht Art 16 EuGVÜ Rz 232, 241; *Gottwald,* MünchKommZPO III Art 16 EuGVÜ Rz 20; *Kropholler,* Zivilprozeßrecht[6] Art 16 EuGVÜ Rz 50), nicht aber das Recht an der eingetragenen Firma (*Geimer/Schütze,* Urteilsanerkennung I/1 § 90 II; *dies,* Zivilverfahrensrecht Art 16 EuGVÜ Rz 232; *Hausmann* in *Wieczorek/Schütze,* ZPO[3] I/1 Art 16 EuGVÜ Rz 49; *Kropholler,* Zivilprozeßrecht[6] Art 16 EuGVÜ Rz 50; aA *Stauder,* GRURInt 1988, 376).

29 Art 16 Z 4 EuGVÜ/LGVÜ gilt **auch für Arbeitnehmererfindungen** (*Geimer/Schütze,* Zivilverfahrensrecht Art 16 EuGVÜ Rz 219; EuGH 15. 11. 1983 Rs 288/82 *„Duijnstee/Goderbauer"* Slg 1983, 3663 = IPRax 1985, 92 [*Stauder* 76] = RIW 1984, 483).

b) Erfaßte Klagsarten

Der Begriff **„Klagen, welche die Eintragung oder Gültigkeit von Patenten … zum Gegenstand haben"** ist **als autonomer Begriff** anzusehen, der in allen Vertragsstaaten einheitlich auszulegen ist (*Czernich/Tiefenthaler,* LGVÜ Art 16 Rz 36; *Geimer/Schütze,* Urteilsanerkennung I/1 § 90 X; *dies,* Zivilverfahrensrecht Art 16 EuGVÜ Rz 222; *Gottwald,* MünchKommZPO III Art 16 EuGVÜ Rz 19; *Hausmann* in *Wieczorek/Schütze,* ZPO[3] I/1 Art 16 EuGVÜ Rz 48; *Kropholler,* Zivilprozeßrecht[6] Art 16 EuGVÜ Rz 42; *Schlosser,* EuGVÜ Art 16 Rz 22; EuGH 15. 11. 1983 Rs 288/82 *„Duijnstee/Goderbauer"* Slg 1983, 3663 = IPRax 1985, 92 [*Stauder* 76] = RIW 1984, 483). Es ist also weder die lex fori noch die lex causae (Recht des Staates, in dem die Eintragung oder Hinterlegung beantragt oder vorgenommen worden ist) heranzuziehen. 30

Wegen des Ausnahmecharakters des Art 16 Z 4 EuGVÜ/LGVÜ ist dieser **eng auszulegen** (*Geimer/Schütze,* Zivilverfahrensrecht Art 16 EuGVÜ Rz 224; *Gottwald,* MünchKommZPO III Art 16 EuGVÜ Rz 21; *Kropholler,* Zivilprozeßrecht[6] Art 16 EuGVÜ Rz 43; EuGH 15. 11. 1983 Rs 288/82 *„Duijnstee/Goderbauer"* Slg 1983, 3663 = IPRax 1985, 92 [*Stauder* 76] = RIW 1984, 483).

Zu den Klagen, welche die Eintragung zum Gegenstand haben, gehören nach Ansicht des EuGH (15. 11. 1983 Rs 288/82 *„Duijnstee/Goderbauer"* Slg 1983, 3663 = IPRax 1985, 92 [*Stauder* 76] = RIW 1984, 483) Streitigkeiten um die **Ordnungsgemäßheit der Eintragung** und zu den Klagen, welche die Gültigkeit von Patenten, Warenzeichen, Mustern, Modellen und ähnlichen Rechten betreffen, die Streitigkeiten, in denen es um die **Gültigkeit des Rechtes,** das **Bestehen der Hinterlegung oder Registrierung selbst** geht. 31

Unter **Art 16 Z 4 EuGVÜ/LGVÜ** fallen demnach Rechtsstreitigkeiten über die **Gültigkeit, das Bestehen oder Erlöschen des Patents** oder über die **Geltendmachung eines Prioritätsrechts** aufgrund einer früheren Hinterlegung (*Czernich/Tiefenthaler,* LGVÜ Art 16 Rz 36; *Gottwald,* MünchKommZPO III Art 16 EuGVÜ Rz 21; *Kropholler,* Zivilprozeßrecht[6] Art 16 EuGVÜ Rz 44; EuGH 15. 11. 1983 Rs 288/82 *„Duijnstee/Goderbauer"* Slg 1983, 3663 = IPRax 1985, 92 [*Stauder* 76] = RIW 1984, 483). Im einzelnen unterfallen der Z 4 insb die **Anmelde- und Erteilungsverfahren** sowie die **Einspruchs- und Nichtigkeitsverfahren einschließlich der jeweiligen Rechtsmittel- und Rechtsbehelfsverfahren** (*Gottwald,* MünchKommZPO III Art 16 EuGVÜ Rz 21; *Kropholler,* Zivilprozeßrecht[6] Art 16 EuGVÜ Rz 45). 32

In Österreich und in Deutschland ist das **Eintragungsverfahren** vor dem Patentamt ein **Verwaltungsverfahren,** wobei der Verfahrensgegenstand dem öffentlichen Recht zugerechnet wird. **Trotzdem** ist auch hier **Art 16 Z 4 EuGVÜ/LGVÜ** anzuwenden, denn dieser ist als eine Spezialvorschrift anzusehen, kraft derer die genannten Verfahren des gewerblichen Rechtsschutzes, auch wenn sie in einzelnen Vertragsstaaten zum öffentlichen Recht gehören, ausdrücklich in den Anwendungsbereich des EuGVÜ/LGVÜ einbezogen worden sind (*Gottwald,* MünchKommZPO III Art 16 EuGVÜ Rz 22; *Hausmann* in *Wieczorek/Schütze,* ZPO[3] I/1 Art 16 EuGVÜ Rz 50; *Kropholler,* Zivilprozeßrecht[6] Art 16 EuGVÜ Rz 45; *Schlosser,* EuGVÜ Art 16 Rz 21; *Stauder,* GRURInt 1976, 467; *ders,* IPRax 1985, 78 FN 13; *Geimer/Schütze,* Urteilsanerkennung § 90 II und XIV 1 ff; aA *dies,* Zivilverfahrensrecht Art 16 EuGVÜ Rz 234).

33 Dagegen fallen folgende Rechtsstreitigkeiten **nicht unter Art 16 Z 4 EuGVÜ/LGVÜ:**

• Streitigkeiten der Parteien darüber, wem das Recht auf ein gewerbliches Schutzrecht zusteht (*Geimer/Schütze,* Zivilverfahrensrecht Art 16 EuGVÜ Rz 224; *Gottwald,* MünchKommZPO III Art 16 EuGVÜ Rz 23; *Hausmann* in *Wieczorek/Schütze,* ZPO³ I/1 Art 16 EuGVÜ Rz 52; *Kropholler,* Zivilprozeßrecht⁶ Art 16 EuGVÜ Rz 46), wie zB der Streit zwischen einem Arbeitnehmer, der eine Erfindung gemacht hat, für die ein Patent beantragt oder erteilt worden ist, und seinem Arbeitgeber darüber, wem die sich aus dem Arbeitsverhältnis ergebenden Rechte am Patent zukommen (EuGH 15. 11. 1983 Rs 288/82 *„Duijnstee/Goderbauer"* Slg 1983, 3663 = IPRax 1985, 92 [*Stauder* 76] = RIW 1984, 483);

• Verletzungsklagen aus gewerblichen Schutzrechten, wie zB Schadenersatz- und Unterlassungsklagen (*Czernich/Tiefenthaler,* LGVÜ Art 16 Rz 36; *Geimer/Schütze,* Zivilverfahrensrecht Art 16 EuGVÜ Rz 226, 228; *Hausmann* in *Wieczorek/Schütze,* ZPO³ I/1 Art 16 EuGVÜ Rz 54; *Kropholler,* Zivilprozeßrecht⁶ Art 16 EuGVÜ Rz 48; *Schlosser,* EuGVÜ Art 16 Rz 22; *Stauder,* GRURInt 1976, 513; *Tetzner,* GRUR 1976, 670 f; Paris Rev crit 1982, 135 [*Bonet*]);

• Klagen, die sich auf einen vertraglichen Anspruch oder eine sonstige privatrechtliche Willenserklärung in bezug auf das Schutzrecht gründen, wie zB auf Lizenzverträge, Patent- oder Warenzeichenübertragungen, Nichtanmeldungsverpflichtungen (*Geimer/Schütze,* Zivilverfahrensrecht Art 16 EuGVÜ Rz 227 f; *Kropholler,* Zivilprozeßrecht⁶ Art 16 EuGVÜ Rz 48; *Schlosser,* EuGVÜ Art 16 Rz 22);

• Anträge auf Erteilung einer Zwangslizenz (§ 36 PatG; vgl *Gottwald,* MünchKommZPO III Art 16 EuGVÜ Rz 23; *Kropholler,* Zivilprozeßrecht⁶ Art 16 EuGVÜ Rz 47; *Schlosser,* EuGVÜ Art 16 Rz 22).

34 Für alle Klagen, die nicht die Eintragung oder die Gültigkeit von gewerblichen Schutzrechten zum Gegenstand haben, gelten **die allgemeinen Zuständigkeitsvorschriften des EuGVÜ/LGVÜ** (*Jenard*-Bericht zu Art 16 Z 4 EuGVÜ; *Geimer/Schütze,* Zivilverfahrensrecht Art 16 EuGVÜ Rz 228; *Gottwald,* MünchKommZPO III Art 16 EuGVÜ Rz 24; *Hausmann* in *Wieczorek/Schütze,* ZPO³ I/1 Art 16 EuGVÜ Rz 55; *Kropholler,* Zivilprozeßrecht⁶ Art 16 EuGVÜ Rz 49; *Schlosser,* EuGVÜ Art 16 Rz 22), sofern das EuGVÜ/LGVÜ überhaupt anwendbar ist und es sich nicht um eine öffentlichrechtliche Streitigkeit handelt, wie bei einem Antrag auf Erteilung einer Zwangslizenz nach § 36 PatG. Neben dem allgemeinen Gerichtsstand am Wohnsitz bzw Sitz des Beklagten kommen für Ansprüche aus einem Vertrag der Gerichtsstand des Erfüllungsortes (Art 5 Z 1 EuGVÜ/LGVÜ) und für Verletzungsklagen der Gerichtsstand für Deliktsklagen (Art 5 Z 3 EuGVÜ/LGVÜ) in Betracht.

3. Anknüpfungspunkt

35 Ausschließlich zuständig ist der Vertragsstaat, in dem die **Hinterlegung oder Eintragung** des Patents, Warenzeichens, Musters, Modells oder ähnlicher Schutzrechte **beantragt oder vorgenommen** worden ist **oder nach zwischenstaatlichen Übereinkommen als vorgenommen gilt.** Es genügt ein Antrag auf Eintragung oder Hinterlegung. Art 16 Z 4 EuGVÜ/LGVÜ gilt demnach auch für Klagen, die während des Eintragungsverfahrens, also zwischen Anmeldung und Eintragung, erhoben werden (*Geimer/Schütze,* Zivilverfahrensrecht Art 16 EuGVÜ Rz 230, 243).

Die **Fiktion** am Ende des Art 16 Z 4 EuGVÜ/LGVÜ „auf Grund eines zwischenstaatlichen Übereinkommens als vorgenommen gilt" bezieht sich auf das **Madrider Markenabkommen** von 1891, BGBl 1973/400 und das (in Österreich nicht in Kraft getretene) **Haager Abkommen über die internationale Hinterlegung von gewerblichen Mustern oder Modellen** von 1925 (*Geimer/Schütze,* Zivilverfahrensrecht Art 16 EuGVÜ Rz 242; *Gottwald,* MünchKommZPO III Art 16 EuGVÜ Rz 26; *Hausmann* in *Wieczorek/Schütze,* ZPO[3] I/1 Art 16 EuGVÜ Rz 57; *Kropholler,* Zivilprozeßrecht[6] Art 16 EuGVÜ Rz 52; *Schlosser,* EuGVÜ Art 16 Rz 23). Nach diesen Übereinkommen hat die durch Vermittlung des Ursprungsstaats bei dem Internationalen Büro in Bern vorgenommene Hinterlegung in dem anderen Vertragsstaat die gleiche Wirkung, wie wenn die Marken, Muster und Modelle dort unmittelbar hinterlegt worden wären (*Gottwald,* MünchKommZPO III Art 16 EuGVÜ Rz 27; *Kropholler,* Zivilprozeßrecht[6] Art 16 EuGVÜ Rz 52). Für Streitigkeiten über deren Eintragung oder Gültigkeit in einem Vertragsstaat sind dann dessen Gerichte unabdingbar zuständig.

4. Europäische Patentübereinkommen

Es gibt zwei europäische Patentübereinkommen, nämlich das **Münchner Übereinkommen** vom 5. 10. 1973 **über die Erteilung europäischer Patente,** BGBl 1979/350 und die noch nicht in Kraft getretene **Luxemburger Vereinbarung über Gemeinschaftspatente** vom 21. 12. 1989. **36**

Beide Übereinkommen enthalten für Teilbereiche **besondere Zuständigkeits- und Anerkennungsbestimmungen** (vgl dazu das Protokoll über die gerichtliche Zuständigkeit und die Anerkennung von Entscheidungen über den Anspruch auf Erteilung eines europäischen Patents 5. 10. 1973 BGBl 1979/350 und Art 66 ff des Luxemburger Übereinkommens sowie Art 13 f des dazugehörigen Streitregelungsprotokolls ABl Nr L 401 v 30. 12. 1989). Diese Sonderbestimmungen gehen nach Art 57 EuGVÜ/LGVÜ dem EuGVÜ/LGVÜ vor. Näheres s *Geimer/Schütze,* Zivilverfahrensrecht Art 16 EuGVÜ Rz 244–263 sowie zum Anerkennungsprotokoll *Stauder* in *Beier/Haertel/Schricker*, Patentübereinkommen 6. Lieferung.

5. EG-Verordnung über die Gemeinschaftsmarke

Die (EG-)Verordnung Nr 40/94 des Rates v 20. 12. 1993 ABl Nr L 11 v 14. 1. 1994, verweist zwar in Art 90 Abs 1 auf das EuGVÜ (LGVÜ), doch kommt wegen der zahlreichen Sonderbestimmungen der Markenverordnung **Art 16 Z 4 EuGVÜ/LGVÜ praktisch keine Bedeutung** zu (*Czernich/Tiefenthaler,* LGVÜ Art 16 Rz 37; *Geimer/Schütze,* Zivilverfahrensrecht Art 16 EuGVÜ Rz 264; *Kohler,* Everling-FS I 657; *Kropholler,* Zivilprozeßrecht[6] Art 16 EuGVÜ Rz 56). **37**

C. Die internationale Zuständigkeit nach autonomem Recht

1. Voraussetzungen

Wenn das EuGVÜ/LGVÜ nicht zur Anwendung kommt, sind gem § 27 a JN die österreichischen Gerichte dann zuständig, wenn eine **örtliche Zuständigkeit** (insb nach § 83 c JN) gegeben ist (so bereits vor Inkrafttreten der WGN 1997 MR 1994, 26 [*M. Walter*] = RdW 1994, 106 = ZfRV 1994/12; IPRE 2/212 a = MR 1988, 93 [*M. Walter*]; OLG Linz IPRE 2/256 = ÖBl 1986, 51 [*Prunbauer*]). Dabei wird ein Begehungsort in Österreich immer dann anzunehmen sein, wenn entweder die verpönte Handlung in Österreich begangen worden ist oder der durch **38** sie verursachte Schaden in Österreich eingetreten ist. Daraus folgt, daß Rechtsstreitigkeiten um österreichische Immaterialgüterrechte oder Wettbewerbsverstöße, die sich auf den österreichischen Markt (nachteilig) auswirken, immer vor österreichischen Gerichten geführt werden können (vgl die Rechtslage vor der WGN 1997 *Herzig,* RdW 1988, 415; *Prunbauer,* RdW 1988, 285 f; *Schönherr,* Rechtsschutz AT Rz 911; *Seber,* ZfRV 1983, 270 ff; IPRE 3/103 = MR 1989, 135 [*M. Walter*] = ÖBl 1990, 40; IPRE 3/108 = MR 1988, 208 [*Korn*] = RZ 1990/16; SZ 62/84 [1989]; SZ 60/106 = GRURInt 1988, 431 = IPRE 2/213 = ÖBl 1988, 106 = WBl 1987, 279; IPRE 2/212 a = MR 1988, 93 [*M. Walter*]; MR 1986 H 1, 29).

39 In folgenden Fällen wurden (vor der WGN 1997) von der Rsp (nachteilige) **Auswirkungen auf den österreichischen Markt** und damit die internationale Zuständigkeit bejaht:

• wenn der auf Unterlassung der Verbreitung, Veröffentlichung, Auslieferung und Ankündigung eines Buches mit einem verwechslungsfähigen Titel geklagte Verlag zwar seinen Sitz im Ausland hat, **in** seinem **Verlagsprospekt** aber den inkriminierten **Buchtitel** (unter Anführung eines österreichischen Auslieferers) auch **für Österreich ankündigt.** Der beklagte Verlag ist mit seinen Neuerscheinungen auch auf dem österreichischen Buchmarkt präsent und liefert die von ihm verlegten Bücher auch nach Österreich aus. Seine Verlagsprospekte haben auch Geltung für Österreich (IPRE 3/103 = MR 1989, 135 [*M. Walter*] = ÖBl 1990, 40);

• wenn die auf Unterlassung der Verwendung der Marke erst- und zweitbeklagten Textilerzeuger, die ihren Sitz im Ausland haben, die widerrechtlich mit der österreichischen Marke des Klägers versehenen Jeans in einem anderen Staat anfertigen lassen und sie diese an den drittbeklagten Textilhersteller (mit Sitz im Ausland) liefern, von dem sie aber wissen, daß er die **Ware nach Österreich** liefert (SZ 60/106 = GRURInt 1988, 431 = IPRE 2/213 = ÖBl 1988, 106 = WBl 1987, 279; dazu krit *Prunbauer,* RdW 1988, 285; s dazu auch die Replik von *Herzig,* RdW 1988, 415). Denn die erst- und zweitbeklagten Textilerzeuger sind Mittäter des Drittbeklagten, es kann ihnen daher der in Österreich eingetretene Schaden zugerechnet werden;

• wenn die (auch) im Inland geschützte Marke eines Ausländers (BOSS) durch eine im Ausland begangene Handlung eines Ausländers, der in Österreich weder eine Niederlassung noch einen Aufenthalt hat, dadurch verletzt wird, daß mit einem verwechselbar ähnlichen Zeichen (3OSS) versehene Kleidungsstücke an eine **Spedition** mit dem **Auftrag** übergeben werden, die **Versendung an** einen **österreichischen Handelsvertreter zu besorgen** und der **Handelsvertreter** einen Teil der gelieferten **Ware an** ein **österreichisches Kaufhaus verkauft** (SZ 62/84 [1989]);

• wenn die beklagte GmbH mit Sitz im Ausland durch **Beilagen in einer inländischen Tageszeitung** eine wettbewerbswidrige Handlung setzt (OLG Linz IPRE 2/256 = ÖBl 1986, 51 [*Prunbauer*]);

• wenn die auf Unterlassung der weiteren Veröffentlichung bzw auf Unterlassung des Verlags und Vertriebs geklagte **österreichische Autorin** (die mit dem Kläger einen Verlagsvertrag über die Herstellung und den Vertrieb ihres Naturheilkundebuches abgeschlossen hatte) und der zweitbeklagte Verlag mit Sitz im Ausland ein dem Aussehen nach verwechselbares und inhaltlich gleiches Werk im deutschsprachigen Raum herausgeben und vertreiben (IPRE 2/212 a = MR 1988, 93 [*M. Walter*]);

• wenn die beklagte Gesellschaft mit Sitz im Ausland **an Fernschreibteilnehmer in Österreich** einen mit einer Allonge versehenen **Zahlschein** (zur

Bezahlung der Eintragung in ein internationales Telexverzeichnis) versendet, wobei allerdings der Eindruck erweckt wird, es werde **von der österreichischen Post- und Telegraphenverwaltung** eine **Gebühr vorgeschrieben** (ÖBl 1989, 74; IPRE 3/108 = MR 1988, 208 [*Korn*] = RZ 1990/16);

• wenn ein nachgeahmtes Produkt zwar im Ausland hergestellt und verkauft wird, es dabei aber der ausländische Produzent in Kauf nimmt, daß die **Waren nach Österreich transportiert** werden (EvBl 1991/54 = JBl 1991, 800 = RdW 1991, 79 [*Prunbauer*] = ZfRV 1991/7).

Dagegen ist mangels eines inländischen Begehungs- bzw Schadensorts die internationale Zuständigkeit für das Begehren, der Beklagte sei schuldig, das Anbieten, Verkaufen und/oder Vertreiben von Bekleidungsstücken mit dem Firmenschlagwort und der Marke der klagenden Partei im Ausland zu unterlassen (SZ 62/84 [1989]) ebensowenig gegeben wie für die Schadenersatzklage wegen Verletzung des „jugoslawischen Zweiges" einer internationalen Marke, wenn die inkriminierten Handlungen im (ehemaligen) Jugoslawien begangen worden sind und sie sich ausschließlich auf den jugoslawischen Markt ausgewirkt haben (RdW 1993, 111). **40**

2. Begründung durch Vereinbarung oder rügelose Einlassung

Anders als nach Art 16 Z 4 EuGVÜ/LGVÜ ist es nach autonomen Recht bei den Register-, Patent- und Musterschutzsachen nicht ausgeschlossen, die internationale Zuständigkeit durch eine Gerichtsstandsvereinbarung nach § 104 Abs 1 JN oder durch rügelose Einlassung nach § 104 Abs 3 JN zu begründen, wenn kein (in § 83 c JN geforderter) Anknüpfungspunkt zu Österreich besteht. In den ErläutRV zur WGN 1997 (898 BlgNR 20. GP) 38 wird dies damit begründet, daß der Anfall an grenzüberschreitenden Register-, Patent- und Musterschutzsachen, die Art 16 EuGVÜ/LGVÜ nicht unterliegen, zu vernachlässigen sein dürfte. **41**

3. Ordination

Wenn der Gesetzgeber für die Rechtsschutzgewährung in § 83 c JN auch eigens vorgesorgt und zu diesem Zweck die Grenzen des Tätigkeitsbereiches der inländischen Gerichte außerordentlich weit gezogen hat, so ist dennoch, wenn die Voraussetzungen des § 28 JN gegeben sind, eine Ordination zulässig (vgl für die Rechtslage vor der WGN 1997 *Pöch,* IPRax 1984, 222; IPRax 1984, 214). **42**

Lage der Sache in verschiedenen Sprengeln

§ 84. (1) Ist eine Sache in den Sprengeln mehrerer Gerichte gelegen, so hat in allen Fällen, in welchen die Lage der Sache für die Bestimmung des Gerichtsstandes maßgebend ist, der Kläger die Wahl, bei welchem dieser Gerichte er die Klage anbringen wolle. Gleiches gilt, wenn es mit Rücksicht auf die Grenzen verschiedener Gerichtsbezirke zweifelhaft ist, welches von mehreren Gerichten als das nach dem Orte der gelegenen Sache zuständige anzusehen ist.

(2) Wenn in einer Klage mehrere Ansprüche verbunden werden, welche nach den vorstehenden Bestimmungen mit Rücksicht auf die Lage der Sache, auf welche sie sich beziehen, vor verschiedene Gerichte gehören würden, so kann diese Klage nach Wahl des Klägers bei jedem dieser Gerichte erhoben werden.

Stammfassung

Übersicht:

I. Lage der Sache in mehreren Gerichtssprengeln (§ 84 Abs 1 JN)

1 § 84 JN trifft eine Regelung für jene Gerichtsstände, die durch die Lage einer unbeweglichen Sache bestimmt werden. Es sind dies die Gerichtsstände für Streitigkeiten um unbewegliches Gut nach § 81 JN und für Bestandstreitigkeiten nach § 83 JN. In beiden Fällen ist dann, wenn die Sache in den Sprengeln mehrerer sachlich zuständiger Gerichte gelegen ist, dem **Kläger freigestellt, bei welchem Gericht** er den **Streit anhängig macht.** Die gleiche Regelung gilt auch für den Fall, daß die Sache an der Grenze zweier Gerichtssprengel liegt und aus diesem Grund zweifelhaft sein kann, welches der beiden in Frage kommenden Gerichte zuständig ist.

2 Durch die dem Kläger in § 84 JN eingeräumte Wahlmöglichkeit sollen unnötige schikanöse Zuständigkeitsstreitigkeiten abgeschnitten werden.

II. Verbindungsmöglichkeit (§ 84 Abs 2 JN)

3 § 84 Abs 2 JN ermöglicht es dem Kläger – in Durchbrechung des § 227 Abs 1 Z 1 ZPO – mehrere Ansprüche, für die gem §§ 81, 83 JN **verschiedene Gerichte örtlich zuständig** wären, **in einer Klage** geltend zu machen und diese nach seiner Wahl bei einem der beiden örtlich zuständigen Gerichte einzubringen. Die anderen in § 55 JN bzw § 227 ZPO geforderten Voraussetzungen für eine objektive Klagenhäufung müssen aber gegeben sein.

§ 84 JN findet freilich auf die Zwangsgerichtsstände der §§ 83 a und 83 b JN keine Anwendung. Auch auf § 77 JN kann diese Norm zufolge ihrer Beschränkung auf die Realgerichtsstände nicht angewendet werden.

Schließlich ist § 84 JN auch nicht im Verhältnis zu dem im Ausland gelegenen Ort der Liegenschaft bzw unbeweglichen Sache anwendbar. Hier besteht kein Wahlrecht des Klägers. Siehe auch die Ausführungen zu Art 16 Z 1 EuGVÜ/LGVÜ § 81 JN Rz 38 und § 83 JN Rz 18.

III. Dauer des Wahlrechtes

4 Das Wahlrecht des Klägers zwischen mehreren zuständigen Gerichten erlischt mit der Klagszustellung (vgl § 102 JN). Bis dahin kann der Kläger die Klage zurückziehen und bei einem anderen nach § 84 JN zuständigen Gericht der gelegenen Sache einbringen.

§ 85 *samt Überschrift aufgehoben durch Art VI Z 13 WGN 1997 BGBl I 1997/140*

1 § 85 JN regelte die Anwendbarkeit der §§ 81–83 JN auf Personen, die Immunität genießen.

2. Wahlgerichtsstände

§ 86 *samt Überschrift aufgehoben durch Art II Z 38 ZVN 1983 BGBl 135*

1 § 86 JN regelte den Gerichtsstand des Ortes der Beschäftigung. Durch das Abstellen des allgemeinen Gerichtsstandes auf den gewöhnlichen Aufenthalt

wurde dieser Wahlgerichtsstand überflüssig (ErläutRV zur ZVN 1983 [669 BlgNR 15. GP] 38).

Vor §§ 86a bis 104: Wahlgerichtsstände

Übersicht:

I. Wesen und Verhältnis zu den anderen Gerichtsständen

Neben den ausschließlichen Gerichtsständen, die an die Stelle des allgemeinen Gerichtsstandes treten, sieht die Zuständigkeitsordnung auch Gerichtsstände vor, die **wahlweise anstelle des allgemeinen Gerichtsstandes** angerufen werden können, die **Wahlgerichtsstände.** 1

Die Wahlgerichtsstände treten somit neben den allgemeinen Gerichtsstand. Allerdings ist die Anrufung eines Wahlgerichtsstandes dann ausgeschlossen, wenn für den geltend gemachten Anspruch ein ausschließlicher Gerichtsstand vorgesehen ist. Andererseits ist neben einem Wahlgerichtsstand auch ein vertraglicher Gerichtsstand (im Wege der Vereinbarung – Prorogation) zulässig, wobei diesem Vertragsgerichtsstand, wie sich aus einer Einreihung unter die Wahlgerichtsstände ergibt, im Zweifelsfall nur die Wirkung eines Wahlgerichtsstandes zukommt (vgl auch § 104 JN Rz 90). 2

II. Zweck

Durch die Wahlgerichtsstände soll die **Rechtsverfolgung für den Kläger erleichtert** werden. Hauptanwendungsgebiet ist der Bereich des geschäftlichen Verkehrs (zB §§ 87, 87a, 88 JN). Sie dienen weiters dazu, die Prozeßführung bei einem Gericht zu konzentrieren, und zwar dann, wenn es sich um mehrere Beklagte handelt (zB §§ 89, 93 JN) oder wenn ein bestimmtes Gericht bereits mit der streitgegenständlichen Frage unmittelbar oder mittelbar befaßt ist (zB §§ 94, 96 JN). Schließlich sind mehrere Wahlgerichtsstände als subsidiäre Gerichtsstände eingerichtet, um die Rechtsverfolgung im Inland nicht wegen des Mangels eines örtlich zuständigen Gerichtes scheitern zu lassen oder in übergroßem Ausmaß eine Ordination durch den OGH nach § 28 JN in Anspruch nehmen zu müssen (**Erweiterung der Zuständigkeit** der österreichischen Gerichte, insb durch §§ 92a, 99 JN). 3

III. Auslegung

Der Zweck der Wahlgerichtsstände (Erleichterung der Rechtsverfolgung) fordert nach Tunlichkeit die Vermeidung von Zuständigkeitsstreitigkeiten. Das läßt sich auch mit der Erwägung in Einklang bringen, daß bei Zuständigkeits- 4 streitigkeiten über Wahlgerichtsstände niemals eine unprorogable (örtliche) Unzuständigkeit geltend gemacht wird und damit keine wesentlichen öffentlichen Interessen der Rechtspflege berührt werden. Wird ein Streit über das Vorliegen des angerufenen Wahlgerichtsstandes geführt, dann wird die Zuständigkeitsbestimmung **eher erweiternd auszulegen** und die Zuständigkeit des angerufenen Gerichtes zu bejahen sein. Nur dort, wo wichtige Interessen persönlicher oder wirtschaftlicher Art auf seiten des Beklagten durch die Anhängigmachung des Anspruches bei einem anderen als dem allgemeinen Gerichtsstand betroffen wären, wird man die Zulässigkeit der Anrufung eines Wahlgerichtsstandes strenger beurteilen müssen.

IV. Wahlgerichtsstände außerhalb der JN

Außerhalb der JN geregelte Wahlgerichtsstände sind:

A. Der Gerichtsstand des Zusammenhanges mit einer Arbeitsrechtssache (§ 8 ASGG)

5 Wenn bei einem nach §§ 4 bis 6 ASGG zuständigen Gericht eine Arbeitsrechtssache anhängig ist oder gleichzeitig anhängig gemacht wird, so kann, wenn mindestens eine Person in beiden Rechtsstreitigkeiten Partei ist, bei demselben Gericht – ohne Rücksicht auf §§ 4 bis 6 ASGG – ein damit im sachlichen oder rechtlichen Zusammenhang stehender Anspruch nach § 50 ASGG eingeklagt werden (§ 8 Abs 1 ASGG).

Unter diesen Voraussetzungen kann bei dem in § 8 Abs 1 ASGG bezeichneten Gericht auch ein anderer zivilrechtlicher Anspruch zwischen einem Arbeitgeber und einem Arbeitnehmer, zwischen einem Arbeitgeber und einem Dritten oder einem Arbeitnehmer und einem Dritten eingeklagt werden, sofern für die Geltendmachung dieses Anspruchs nicht eine ausschließliche Zuständigkeit eines anderen Gerichts gegeben ist, die auch durch eine Parteienvereinbarung nicht geändert werden könnte (§ 8 Abs 2 ASGG). Näheres s *Kuderna,* ASGG[2], 98 ff.

B. Der Wahlgerichtsstand für die Interessenklage (§ 368 EO)

6 Die Ansprüche des Gläubigers auf Leistung des Interesses wegen Nichterfüllung der dem Verpflichteten obliegenden Verbindlichkeit oder auf Ersatz des dadurch verursachten Schadens können jederzeit unter Verzicht auf die Fortsetzung des eingeleiteten Exekutionsverfahrens oder nach fruchtloser Durchführung desselben nach Wahl des betreibenden Gläubigers bei dem sonst hiefür zuständigen Gericht oder dem Exekutionsgericht mittels Klage geltend gemacht werden.

Es ist hiebei nicht erforderlich, daß der Gläubiger, um die Interessenklage nach § 368 EO anbringen zu können, vorher vergeblich versucht hat, die Erfüllung der Leistung durch Exekution zu erreichen (ZBl 1923/188). Maßgeblich ist nur, daß der Kläger seinen Klagsanspruch aus der Nichterfüllung der im Exekutionstitel dem Verpflichteten auferlegten Verpflichtung ableitet.

§ 368 EO schafft keinen neuen materiellrechtlichen Anspruch, sondern bestätigt bloß, daß dem Gläubiger durch die Exekutionsführung der Anspruch auf das Interesse und auf Schadenersatz nicht verloren geht (*Rechberger/Simotta,* Exekutionsverfahren[2] Rz 790). Der Anspruch auf Leistung des Interesses, also des nach bürgerlichem Recht zu beurteilenden Schadenersatzes, richtet sich ausschließlich nach den Vorschriften des bürgerlichen Rechtes (ZBl 1923/188). Näheres s *Heller/Berger/Stix*[4] III 2618.

C. Der Wahlgerichtsstand für Klagen auf Befriedigung aus dem kaufmännischen Zurückbehaltungsrecht (§ 371 Abs 4 HGB)

Die Klage auf Gestattung der Befriedigung (aus den auf Grund des kaufmännischen Zurückbehaltungsrechtes in den Händen des Klägers befindlichen Gegenständen) kann bei dem Gericht, in dessen Sprengel der **Gläubiger seinen allgemeinen Gerichtsstand oder** den **Gerichtsstand der Niederlassung** (§ 87 JN) hat, erhoben werden. **7**

Eingeschränkt ist dieser Wahlgerichtsstand ausschließlich auf die **Klage auf Befriedigung** aus den im Weg des kaufmännischen Zurückbehaltungsrechtes (§§ 369 bis 372 HGB) in den Besitz des Klägers gelangten beweglichen Sachen und Wertpapieren. Klagen auf Feststellung, daß ein kaufmännisches Zurückbehaltungsrecht an diesen Gegenständen nicht bestehe oder Klagen auf Herausgabe derselben fallen nicht unter § 371 Abs 4 HGB.

Der Gerichtsstand des § 371 Abs 4 HGB ist ein **Aktivgerichtsstand.** Der Gläubiger kann zur Erleichterung der Rechtsverfolgung die Klage bei seinem eigenen allgemeinen Gerichtsstand oder beim Gerichtsstand seiner Niederlassung erheben. Bei mehreren Niederlassungen ist die Klage bei dem Gericht einzubringen, in dessen Sprengel sich die Niederlassung befindet, auf deren Geschäftsbetrieb sich das kaufmännische Zurückbehaltungsrecht unmittelbar bezieht (*Schuhmacher* in *Straube,* HGB[2] I § 371 Rz 6).

Der Gerichtsstand des § 371 Abs 4 HGB kommt auch dann zur Anwendung, wenn der Schuldner in Konkurs geriet und die Klage gegen den Masseverwalter gerichtet ist (AC 2878 = JBl 1910, 430 = ZBl 1910/412).

Näheres s *Kerschner* in *Jabornegg,* HGB 2366 ff; *Schuhmacher* in *Straube,* HGB[2] I 920 ff.

D. Weitere Wahlgerichtsstände

- Der Wahlgerichtsstand für konkursrechtliche Rechtsstreitigkeiten (§ 178 KO). Näheres s *Mohr,* KO[8], 495 sowie § 50 JN Rz 10. **8**
- Der Wahlgerichtsstand für den Ersatz von Schäden aus Unfällen beim Betrieb von Eisenbahnen und Kraftfahrzeugen (§ 20 EKHG). Näheres s § 92 a JN Rz 10.
- Der Wahlgerichtsstand für Schadenersatz nach dem RohrleitungsG (§ 10 Abs 2 RohrlG). Näheres s § 92 a JN Rz 11.
- Der Wahlgerichtsstand für Schadenersatz nach dem LuftfahrtG (§ 160 LuftfahrtG). Näheres s § 92 a JN Rz 12.
- Der Wahlgerichtsstand für Schadenersatz nach dem Reichshaftpflichtgesetz (Art V der EV zum RHPflG). Näheres s § 92 a JN Rz 13.
- Der Wahlgerichtsstand für Schadenersatzansprüche wegen forstschädlicher Luftverunreinigungen (§ 57 Abs 2 ForstG). Näheres s § 92 a JN Rz 14.
- Der Wahlgerichtsstand für Klagen wegen Schäden durch ionisierende Strahlen (§ 22 Abs 2 AtomHG 1999). Näheres s § 50 JN Rz 13.

§ 86 a. Die Rechtssubjekte, für welche die Finanzprokuratur einzuschreiten hat, können bei den sachlich zuständigen Gerichten in der Landeshauptstadt des Landes geklagt werden, in dem der Kläger seinen allgemeinen Gerichtsstand hat. Für das Land Vorarlberg tritt an die Stelle der Landeshauptstadt die Stadt Feldkirch. Im Bereiche der Stadt Wien sind solche Klagen bei den für den ersten Bezirk örtlich zuständigen Gerichten einzubringen.

Eingefügt durch Art I A Z 5 StGBl 1945/188; Satz 1 idF Art II Z 39 ZVN 1983 BGBl 135; Satz 2 idF Art III BGBl 1988/233.

Lit: *Kremser,* Anwalt und Berater der Republik, Finanzprokuratur-FS (1995); *Kühne,* Nochmals zur Rechtsprechung in Enteignungsangelegenheiten und zur Vertretung der Republik durch die Finanzprokuratur, JBl 1986, 347; *ders,* Finanzprokuratur – „Anwalt und Berater der Republik"? ÖJZ 1998, 201; *Swoboda,* Die Funktion der Finanzprokuratur der Republik Österreich und die österreichische Rechtsanwaltschaft, AnwBl 1987, 567.

Übersicht:

I. Durch die Finanzprokuratur zu vertretende Rechtssubjekte

1 Auf Grund des § 2 ProkG 12. 9. 1945, StGBl 172, ist die für das ganze Bundesgebiet, mit Sitz in Wien, errichtete Finanzprokuratur kraft Gesetzes zur Vertretung der nachstehenden Rechtsträger vor Gericht (und den Verwaltungsbehörden) berufen: der **Republik Österreich** (auch hinsichtlich ihrer Anstalten, Unternehmen, Betriebe und sonstigen Einrichtungen), aller **Fonds, Stiftungen, Anstalten, Unternehmen, Einrichtungen und sonstigen Vermögensmassen mit selbständiger Rechtspersönlichkeit,** welche **von staatlichen Organen unmittelbar verwaltet** werden oder bei denen der **Staat für einen Gebarungsabgang aufzukommen** hat; der Stiftungen überhaupt, soweit es sich um ihre Konstituierung oder um die Einbringung des gestifteten Vermögens zum Zwecke der Konstituierung handelt, der öffentlichen Pfarrarmeninstitute, und der Österreichischen Bundesfinanzierungsagentur.

2 Darüber hinaus wurden durch Verordnung die Vertretung und Rechtsberatung folgender juristischer Personen der Finanzprokuratur übertragen:

1. der Österreichischen Akademie der Wissenschaften (8. ProkV BGBl 1961/88);
2. des Flüchtlingsfonds der Vereinten Nationen (9. ProkV BGBl 1968/368);
3. des Hochkommissärs der Vereinten Nationen für die Flüchtlinge, soweit er durch seinen Vertreter in Österreich handelt (10. ProkV BGBl 1969/155);
4. der Österreichischen Hochschülerschaft (11. ProkV BGBl 1969/330);
5. der Wirtschaftsgenossenschaft der bei der Österreichischen Postsparkasse tätigen Bediensteten, regGenmbH (12. ProkV BGBl 1972/99);
6. der Gesellschaft zur Errichtung und zum Betrieb der internationalen PatentdokumentationszentrumsGmbH (13. ProkV BGBl 1972/388). Das Vermogen der Firma INPADOC wurde freilich auf Grund des Staatsvertrages BGBl 1990/671 an die Europäische Patentorganisation übertragen, die Firma mit Stichtag 31. 12. 1990 gelöscht. Die 13. ProkV ist somit gegenstandslos, wurde aber nicht aufgehoben;
7. des Fonds zur Förderung der wissenschaftlichen Forschung Wien (14. ProkV BGBl 1973/460);
8. der Genossenschaftsküche der bei der Österreichischen Postsparkasse tätigen Bediensteten, regGenmbH (15. ProkV BGBl 1973/461);
9. des Vereines Land- und forstwirtschaftliches Rechenzentrum Wien (16. ProkV BGBl 1973/462);
10. der Kreditgenossenschaft der Bediensteten der Österreichischen Postsparkasse, regGenmbH (17. ProkV BGBl 1975/453).

Nicht unter § 86a JN fallen hingegen jene **Rechtsträger,** für die die **Finanzprokuratur nur über** deren **ausdrückliches Verlangen** die Vertretung bei Gericht übernimmt. Es handelt sich dabei um folgende Rechtsträger: 3

1. die UNRRA (United Nations Relief and Rehabilitation Administration) (3. ProkV BGBl 1948/94);
2. die Theresianische Akademie (3. ProkV BGBl 1948/94);
3. den Salzburger Festspielfonds (Sbg FestspielfondsG BGBl 1950/147);
4. die Austria Tabak AG (5. ProkV BGBl 1951/165);
5. den Insolvenz-Ausfallgeld-Fonds (BGBl 1977/324);
6. die Österreichische Bundesverlags-GmbH (BGBl 1978/670);
7. die Dorotheum Auktions-, Versatz- und Bank-GmbH (BGBl 1979/66);
8. die Österreichische Salinen AG (20. ProkV BGBl 1979/218);
9. die Finanzierungsgarantie-GmbH (BGBl 1983/569);
10. die Bundesimmobilien-GmbH, sowie Gesellschaften, die mittelbar oder unmittelbar im Mehrheitseigentum dieser Gesellschaft stehen (BGBl 1992/419);
11. die Museumsquartier-Errichtungs- und Betriebsgesellschaft (ProkG-Nov BGBl 1992/763 und BGBl 1993/252);
12. die Schloß Schönbrunn Kultur- und Betriebs-GmbH (ProkG-Nov BGBl 1992/763);
13. die Schönbrunner Tiergarten-GmbH (ProkG-Nov BGBl 1992/763);
14. die Österreichische Bundesbahn, sowie Gesellschaften, die mittelbar oder unmittelbar im Mehrheitseigentum dieser Gesellschaft stehen (BGBl 1992/825);
15. die Austro Control-GmbH, sowie Gesellschaften, die mittelbar oder unmittelbar in ihrem Mehrheitseigentum stehen (BGBl 1993/898);
16. die Agrarmarkt Austria (BGBl 1995/298);
17. die Monopolverwaltung GmbH (BGBl 1995/830);
18. die Post- und Telekombeteiligungsverwaltungsgesellschaft, Post und Telekom Austria AG, sowie Unternehmungen, an denen diese zumindest mehrheitlich beteiligt ist (BGBl 1996/201);
19. die Österreichische Postsparkasse AG (BGBl 1996/742 iVm BGBl I 1997/58);
20. die Bundesrechenzentrum GmbH (BGBl 1996/757);
21. die Österreichische Bundesforste AG (BGBl 1996/793);
22. die Bundesversuchswirtschaften GmbH (BGBl 1996/794);
23. die Österreichische Forschungs- und Prüfungszentrum Arsenal GmbH (BGBl I 1997/15);
24. die Autobahnen- und Schnellstraßen-Finanzierungs-AG sowie die Gesellschaften, an denen diese beteiligt ist und auf die sie einen bestimmenden Einfluß hat (BGBl I 1997/113).

Der **allgemeine Gerichtsstand** dieser Rechtsträger richtet sich **nach § 75 Abs 1 JN.** Eine Einklagung beim Wahlgerichtsstand des § 86a JN kommt bei ihnen nicht in Betracht, da sich durch die nur über Ersuchen im Einzelfall erfolgende Übernahme der Vertretung durch die Finanzprokuratur der Gerichtsstand des § 75 Abs 1 JN nicht ändert und der Kläger von vornherein gar nicht weiß, ob die Finanzprokuratur die Vertretung des Beklagten übernehmen wird.

II. Aktivgerichtsstand

Der allgemeine Gerichtsstand der kraft Gesetzes durch die Finanzprokuratur vertretenen Rechtsträger ist gem §§ 74, 75 Abs 2 JN beim Gericht am Sitz 4 der Finanzprokuratur, also beim LGZ Wien, dem HG Wien oder dem BG Innere Stadt Wien bzw dem BGHS Wien. Um die für die in den Bundesländern wohnhaften Kläger mit der Klagseinbringung in Wien verbundenen Schwierigkeiten zu verringern und die **Rechtsverfolgung zu erleichtern,** wurde durch § 86 a JN als Wahlgerichtsstand (in der Rechtspraxis „Prokuratursgerichtsstand" genannt) ein **Aktivgerichtsstand** eingerichtet, der die Einklagung aller gegen die gesetzlich durch die Finanzprokuratur vertretenen Rechtsträger beim sachlich zuständigen Gericht in der **Landeshauptstadt des Landes** (bzw in Feldkirch für Vorarlberg), **in dem** der **Kläger seinen allgemeinen Gerichtsstand** hat, ermöglicht.

Hat der Kläger keinen allgemeinen Gerichtsstand im Inland, dann findet § 86 a JN keine Anwendung.

Im Amtshaftungsverfahren kommt § 86 a JN wegen des ausschließlichen Gerichtsstandes gem § 9 AHG nicht zur Anwendung (*Ballon,* Zivilprozeßrecht[9] Rz 62; *Holzhammer,* Zivilprozeßrecht[2], 56).

Gerichtsstand der Niederlassung

§ 87. (1) Personen, die außerhalb des Gerichtssprengels ihres Wohnsitzes oder ihres gewöhnlichen Aufenthalts ein Bergwerk, eine Fabrik, eine Handelsniederlassung oder eine sonstige Betriebsstätte ihres Geschäftes oder Berufes haben, können in streitigen Rechtssachen, die sich auf ihre geschäftliche oder berufliche Tätigkeit beziehen, bei dem Gericht geklagt werden, in dessen Sprengel sich ihre Niederlassung oder Betriebsstätte befindet.

(2) Wenn Inhaber von Bergwerken, Fabriken, Handels- oder gewerblichen Unternehmungen außerhalb des Sitzes des Unternehmens besondere Niederlassungen haben, so kann gegen sie in streitigen Rechtssachen, die sich auf diese Niederlassungen beziehen, bei dem Gerichte des Ortes geklagt werden, an dem sich die Niederlassung befindet.

(3) Personen, welche ein mit Wohn- oder Wirtschaftsgebäuden versehenes Gut als Eigentümer, Nutznießer oder Pächter bewirtschaften oder durch von ihnen Bestellte bewirtschaften lassen, können aus allen, auf die Bewirtschaftung des Gutes sich beziehenden Rechtsverhältnissen bei dem Gerichte geklagt werden, in dessen Sprengel das Gut gelegen ist.

Abs 1 eingefügt durch Art IV Z 15 der 1. GEN RGBl 1914/118, idF Art II Z 40 ZVN 1983 BGBl 135

Lit: *Ballon,* Die Rechtsprechung in Zuständigkeitsfragen, Fasching-FS (1988) 55; *Baran,* Das Versicherungsaufsichtsgesetz[2] (1987); *Hagen,* Der Gerichtsstand der Niederlassung, JBl 1969, 61; *Hellmer,* Ziviljurisdiktionelle Streifzüge, GZ 1911, 94; *Hermann,* Die Gerichtsentlastungsnovelle (1914); *Kollross,* Die Gewerbegerichtsbarkeit Österreichs (1937); *Mayr,* EuGVÜ/LGVÜ und Jurisdiktionsnorm: Anpassungsbedarf des österreichischen Rechts? in *Bajons/Mayr/Zeiler,* Die Übereinkommen von Brüssel und Lugano (1997) 103; *Schoibl,* Gerichtsstandsfragen im österreichischen Straßengüterbeförderungsrecht, ZVR 1992, 257; *ders,* Die Niederlassung im österreichischen Zivilprozeßrecht, in *Schuhmacher/Gruber,* Rechtsfragen der Zweigniederlassung (1993) 301; *ders,* Die inländische Niederlassung als Anknüpfungspunkt im österreichischen internationalen Zivilprozeßrecht, in *Schuhmacher/Gruber,* Rechtsfragen der Zweigniederlassung (1993) 375; *Stanzl,* Arbeitsgerichtliches Verfahren (1954).

Übersicht:

I. Allgemeines

Der Wahlgerichtsstand nach § 87 JN setzt voraus, daß physische oder juristische Personen außerhalb des Gerichtssprengels ihres Wohnsitzes oder ihres gewöhnlichen Aufenthaltes (§ 66 JN) oder Sitzes (§ 75 JN) eine **gewerbliche Niederlassung bzw sonstige Betriebsstätte** bzw ein bewirtschaftetes Gut haben. 1

Da für den Vermögensgerichtsstand auf Grund einer inländischen Niederlassung (§ 99 Abs 3 JN) dagegen Bedingung ist, daß ein inländischer allgemeiner Gerichtsstand nicht besteht (EvBl 1964/275), stehen diese beiden Bestimmungen zueinander weder im Verhältnis der Konkurrenz noch der Spezialität (*Mayr* in *Rechberger,* ZPO § 87 JN Rz 1; *Schoibl* in *Schuhmacher/Gruber,* Zweigniederlassung 337; OLG Wien RdW 1989, 67). 2

In § 87 JN sind in seiner gegenwärtigen Fassung vier verschiedene Gerichtsstände enthalten: die **Gerichtsstände der Niederlassung und der sonstigen Betriebsstätte** (§ 87 Abs 1 JN), der **Gerichtsstand der Zweigniederlassung** (§ 87 Abs 2 JN) und der **Gerichtsstand des bewirtschafteten Gutes** (§ 87 Abs 3 JN). 3

II. Der Gerichtsstand der Niederlassung und der Betriebsstätte (§ 87 Abs 1 JN)

A. *(Haupt-)Niederlassung*

1. *Allgemeines*

4 Der Wahlgerichtsstand des § 87 Abs 1 JN wird durch die **Hauptniederlassung** oder durch die **einzige Niederlassung bzw einzige Betriebsstätte des Beklagten** begründet (*Mayr* in *Rechberger,* ZPO § 87 JN Rz 2; *Neumann,* Kommentar[4] I 209; *Schoibl* in *Schuhmacher/Gruber,* Zweigniederlassung 319; EvBl 1972/335; SZ 38/18 = EvBl 1965/289). Die Zweigniederlassung wird durch § 87 Abs 2 JN erfaßt.

5 Der Begriff der Niederlassung iSd § 87 Abs 1 JN **deckt sich nicht mit jenem des Handels- und Gewerberechts** (OLG Wien EvBl 1989/144 = IPRE 3/183; SZ 57/206 = IPRE 2/207 = RdW 1985, 212 = RZ 1985/83; SZ 51/29 = ÖBl 1979, 25).

2. *Erwerbsunternehmen*

6 Eine Niederlassung iSd § 87 Abs 1 JN setzt voraus, daß es sich um den Betrieb eines beliebigen Gewerbes iwS (SZ 1/31 [1919]) handelt, also um ein **Erwerbsunternehmen im weitesten Sinn.** Darunter fällt jede auf Erzielung von Vermögensvorteilen gerichtete, nachhaltig betriebene Tätigkeit; **jede auf Erwerb abzielende Unternehmung** (*Mayr* in *Rechberger,* ZPO § 87 JN Rz 3; *Neumann,* Kommentar[4] I 209; *Schoibl* in *Schuhmacher/Gruber,* Zweigniederlassung 320 ff).

7 Zu den Erwerbsunternehmen zählen auch **Betriebe der Urproduktion und der Landwirtschaft, die freien Berufe** (Ärzte, Architekten, Ziviltechniker) (*Fasching,* Lehrbuch[2] Rz 297; *Neumann,* Kommentar[4] I 209; *Pollak,* System[2], 313; AmtlSlg 1363 = GlUNF 5134 = ZBl 1911/469), ferner **künstlerische und erzieherische Tätigkeiten,** wie zB Privatschulen, Fortbildungsanstalten etc (*Hermann,* Gerichtsentlastungsnovelle 71; *Mayr* in *Rechberger,* ZPO § 87 JN Rz 3; *Schoibl* in *Schuhmacher/Gruber,* Zweigniederlassung 321).

8 Weitere Beispiele für Erwerbsunternehmen:

- eine **Rechtsanwaltskanzlei** (*Hellmer,* GZ 1911, 94; *Neumann,* Kommentar[4] I 209; *Pollak,* System[2], 313; *Schoibl* in *Schuhmacher/Gruber,* Zweigniederlassung 321; AmtlSlg 1363 = GlUNF 5134 = ZBl 1911/469);
- eine **Generalrepräsentanz einer** inländischen **Versicherungsgesellschaft** (GlUNF 4265 = ZBl 1908/249);
- eine (inländische) **Vermittlungsagentur einer ausländischen Versicherungsgesellschaft** (SZ 8/12 [1926]);
- eine **Privateisenbahngesellschaft** (GlUNF 1168 = ZBl 1901/453);
- eine **Baukanzlei** (*Pollak,* System[2], 313; GlUNF 5481 = ZBl 1911/377);
- ein (Dampf-)**Sägewerk** (GlUNF 5059 = ZBl 1910/421);
- ein **Steinbruch** und eine **Ziegelei** (*Pollak,* System[2], 313; GlUNF 2096 = ZBl 1903/468);
- unter bestimmten Voraussetzungen auch eine **Schottergrube** (SZ 35/138 = EvBl 1963/150);
- ein **inländisches Büro eines ausländischen Handelsunternehmens,** dessen Angestellte die einzukaufenden Waren ermitteln und dem Stammhaus Preise und Kaufgelegenheiten mitteilen (SZ 27/315 [1954]).

9 **Nicht** als **Erwerbstätigkeit** ist dagegen die **reine Verpachtung eines Unternehmens** anzusehen (*Mayr* in *Rechberger,* ZPO § 87 JN Rz 3). Im bloßen Einnehmen der Erträgnisse seines eigenen Vermögens, wie des Pachtzinses, und in der Vermögensverwaltung liegt keine geschäftliche oder berufliche Tätigkeit iSd

§ 87 Abs 1 JN (*Schoibl* in *Schuhmacher/Gruber,* Zweigniederlassung 322; SZ 27/98 [1954]). Der Verpächter hat also nicht im Sprengel des Unternehmens den Gerichtsstand seiner Niederlassung (*Feil,* JN 220; *Horten,* JN 283; SZ 27/98 [1954]).

3. Zeitdauer und äußere Einrichtung

Ein weiteres Erfordernis für die Annahme einer Niederlassung iSd § 87 JN ist, daß sie **für eine bestimmte Dauer** besteht. Es reicht daher ein Kur- oder sonstiger Saisonbetrieb (*Horten,* JN 284; *Petschek/Stagel,* Zivilprozeß 113; *Schoibl* in *Schuhmacher/Gruber,* Zweigniederlassung 323). Bloße Erwerbstätigkeit, die an einem Standort von vornherein auf wenige Tage beschränkt ist, wie bei Wanderausstellungen, Messen, Märkten (*Horten,* JN 284) oder besonderen einmaligen Anlässen, genügt nicht (*Mayr* in *Rechberger,* ZPO § 87 JN Rz 3; *Schoibl* in *Schuhmacher/Gruber,* Zweigniederlassung 323). 10

Für den Begriff der Niederlassung müssen auch **bestimmte äußere Einrichtungen,** die der **Betrieb eines Gewerbes mit sich bringt,** gefordert werden (*Hagen,* JBl 1969, 64; *Kuderna,* ASGG², 92; *Schenk* in *Straube,* HGB² I § 13 Rz 8; *Schoibl* in *Schuhmacher/Gruber,* Zweigniederlassung 322; SZ 51/29 = ÖBl 1979, 25; GlUNF 5481 = ZBl 1911/377; GlUNF 4265 = ZBl 1908/249). Dazu gehören in der Regel **Geschäftsräume,** eine **ständige Postanschrift** und **Personal,** sofern der Umfang und die Art der Erwerbstätigkeit solches außer dem Inhaber fordern (*Kuderna,* ASGG², 92; *Schoibl* in *Schuhmacher/Gruber,* Zweigniederlassung 322; SZ 51/29 = ÖBl 1979, 25). 11

4. Selbständiges Handeln

Die Niederlassung muß geschäftlich **nicht unbedingt unter selbständiger Leitung** stehen (*Hagen,* JBl 1969, 64; *Schoibl* in *Schuhmacher/Gruber,* Zweigniederlassung 323; SZ 51/29 = ÖBl 1979, 25), **sofern sie** nur, wenn auch oft in sehr eingeschränktem Umfang, das **Recht zu selbständigem Handeln im geschäftlichen Verkehr hat** (vgl hiezu GlUNF 658 = JBl 1899, 627). So bildet zB die (Grazer) Lokalredaktion einer Wiener Tageszeitung, die neben den redaktionellen Tätigkeiten den Vertrieb und die Anzeigenabwicklung selbständig zu besorgen hat, eine Niederlassung iSd § 87 JN (SZ 51/29 = ÖBl 1979, 25). 12

Dabei schadet es für die Begründung des Gerichtsstandes nicht, daß keiner der in der Niederlassung befindlichen Angestellten Prokura oder eine ständige Handlungsvollmacht hat, weil es **auf die internen, handelsrechtlichen Beziehungen zwischen der Niederlassung und dem Stammunternehmen nicht ankommt, sofern nur gewisse selbständige geschäftliche Tätigkeiten von der Niederlassung aus entfaltet werden können** (*Horten,* JN 284 f; *Petschek/Stagel,* Zivilprozeß 113; *Pollak,* System², 313; *Schoibl* in *Schuhmacher/Gruber,* Zweigniederlassung 324; SZ 51/29 = ÖBl 1979, 25; GlUNF 4265 [1908]; GlUNF 1168 = ZBl 1901/453; GlUNF 658 = JBl 1899, 627). Ob eine Abhängigkeit von dem anderen Unternehmen tatsächlich besteht, ist belanglos, solange diese nach außen nicht hervortritt (GlUNF 1168 = ZBl 1901/453). 13

Auf diese Weise bildet die **Niederlassung,** wenngleich häufig in nur sehr eingeschränktem Umfang, den **Mittelpunkt eines** – größeren oder kleineren – **Kreises von Rechtsbeziehungen des Unternehmens zu dritten Personen** (*Petschek/Stagel,* Zivilprozeß 113; *Pollak,* System², 313; *Schoibl* in *Schuhmacher/Gruber,* Zweigniederlassung 324; SZ 51/29 = ÖBl 1979, 25; SZ 8/12 [1926]; SZ 1/31 [1919]; GlUNF 5481 = ZBl 1911/377; GlUNF 5059 = ZBl 1910/421; GlUNF 4265 [1908]). 14

15 Maßgeblich für die Zuständigkeitsanknüpfung ist nur, daß eine **Niederlassung mit tatsächlichem geschäftlichen Betrieb** im Sprengel des angerufenen Gerichts vorliegt (*Kuderna,* ASGG², 92; *Schoibl* in *Schuhmacher/Gruber,* Zweigniederlassung 324; ZBl 1918/203). Zur Anscheinsniederlassung s Rz 20ff.

16 Wenn jedoch die **Niederlassung stets nur auf Weisung der Zentrale geschäftlich handelt,** also **vollkommen unselbständig** ist, dann liegt **keine Niederlassung, sondern** eine (unselbständige) **sonstige Betriebsstätte** vor. Die Betriebsstätte unterscheidet sich nämlich von der Niederlassung dadurch, daß sie als vollkommen unselbständiger Teil eines Unternehmens nicht selbständig im Wirtschafts- und Rechtsleben zu bestehen vermag, wenngleich auch sie den Gerichtsstand des § 87 JN zu begründen vermag (so auch *Schoibl* in *Schuhmacher/Gruber,* Zweigniederlassung 324f).

5. Gewerbemittelpunkt

17 Voraussetzung für den Bestand einer Niederlassung ist, daß das **Gewerbe (iwS) am Ort der Niederlassung seinen Mittelpunkt** hat, wenn auch nur für einen Teil des gesamten Geschäftsumfanges. Niederlassung ist also jeder Betriebsmittelpunkt außerhalb des Sprengels des allgemeinen Gerichtsstandes des Inhabers (*Petschek/Stagel,* Zivilprozeß 113; *Schoibl* in *Schuhmacher/Gruber,* Zweigniederlassung 325).

6. Inhaber

18 **Nicht erforderlich** ist, daß sich der **Beklagte selbst am Ort der Niederlassung** aufhält (*Mayr* in *Rechberger,* ZPO § 87 JN Rz 3; *Schoibl* in *Schuhmacher/Gruber,* Zweigniederlassung 325). Auch entscheidet nicht der **Rechtstitel** des Beklagten an der Niederlassung; ob der Beklagte Eigentümer, Pächter, Nutznießer oder titelloser Inhaber der Niederlassung ist, ist **gleichgültig** (Mat I 78; *Horten,* JN 283), **sofern** die **Niederlassung** nur **unter dem Namen des Beklagten betrieben** wird (*Mayr* in *Rechberger,* ZPO § 87 JN Rz 3).

19 Inhaber der Niederlassung können **natürliche und juristische Personen** sein (*Horten,* JN 283; *Neumann,* Kommentar⁴ I 209; *Schoibl* in *Schuhmacher/Gruber,* Zweigniederlassung 326; GlUNF 6052 = JBl 1913, 551).

7. Anscheinsniederlassung

20 Wird eine Zweigniederlassung einer Firma, die als solche im Firmenbuch eingetragen ist, an einen anderen Ort verlegt, ohne daß die Eintragung im Firmenbuch dementsprechend geändert worden wäre, so ist aufgrund des Vertrauensschutzes des § 15 HGB die **Niederlassung an jenem Ort anzunehmen, der im Firmenbuch aufscheint** (*Mayr* in *Rechberger,* ZPO § 87 JN Rz 3; *Schoibl* in *Schuhmacher/Gruber,* Zweigniederlassung 326; aA *Fasching*[1] I 436; *Hagen,* JBl 1969, 64; *Neumann,* Kommentar[4] I 209; ZBl 1918/203).

21 Eine Niederlassung iSd § 87 JN ist weiters auch dann anzunehmen, wenn zwar faktisch keine Niederlassung besteht, der **Beklagte aber durch sein Verhalten im geschäftlichen Verkehr dolos den Anschein erweckt, als ob eine solche bestünde** (*Ballon,* Fasching-FS 63f; *Fasching,* Lehrbuch[2] Rz 297; *Feil,* JN 219; *Kuderna,* ASGG[2], 92; *Mayr* in *Rechberger,* ZPO § 87 JN Rz 3; *Schenk* in *Straube,* HGB[2] I § 13 Rz 8; *Schoibl* in *Schuhmacher/Gruber,* Zweigniederlassung 328f; RZ 1995/37; SZ 57/206 = HS 15.045 = IPRE 2/207 = RdW 1985, 212 = RZ 1985/83).

Erweckt die beklagte Partei (eine ausländische juristische Person) im geschäftlichen Verkehr mit dem inländischen Kläger durch ihre eigenen Geschäftsunterlagen (Briefpapier, Prospekte, Rechnungen) den Eindruck, daß eine inländische Filiale an einem bestimmten Ort bestehe, so kann sie – auch wenn sie dies nur getan hat, um eine bestimmte Betriebsgröße oder ihre Erreichbarkeit im Inland zu dokumentieren – an diesem Ort nach § 87 Abs 1 JN geklagt werden (SZ 57/206 = HS 15.045 = IPRE 2/207 = RdW 1985, 212 = RZ 1985/83). Für die Annahme eines „dolosen“ Verhaltens der beklagten Partei **kommt** es nämlich **nicht auf die Gründe an, die für die Verwendung der Geschäftsunterlagen maßgebend gewesen sind,** es kommt insbesondere **nicht** etwa **darauf an, daß** die **Absicht bestanden hat, die klagende Partei in Irrtum zu führen. Maßgebend** ist nur, **daß die beklagte Partei eine diesbezügliche Behauptung aufgestellt hat** (SZ 57/206 = HS 15.045 = IPRE 2/207 = RdW 1985, 212 = RZ 1985/83; 2 Ob 598/84).

B. Betriebsstätte

Der Gerichtsstand des § 87 Abs 1 JN setzt aber nicht den Bestand einer Niederlassung voraus, sondern er wird auch durch das Vorhandensein einer bloßen Betriebsstätte hergestellt. Der Begriff der Betriebsstätte iSd § 87 Abs 1 JN **deckt sich weder mit dem „Betrieb“ iSd § 34 ArbVG noch mit der „weiteren Betriebsstätte“ nach §§ 46ff GewO 1994.** 22

Die Betriebsstätte iSd § 87 Abs 1 JN verlangt nur die **Ausübung einer vorübergehenden Erwerbstätigkeit,** ohne daß erforderlich wäre, daß der Betrieb an dieser Stätte für dauernd vorgesehen ist (vgl *Kollross,* Gewerbegerichtsbarkeit 48f; *Mayr* in *Rechberger,* ZPO § 87 JN Rz 4; *Schoibl* in *Schuhmacher/Gruber,* Zweigniederlassung 329; *Stanzl,* Verfahren 114 FN 13; LGZ Wien Arb 6820 [1958]). 23

Es ist auch **nicht erforderlich, daß es sich** bei der in der Betriebsstätte ausgeübten wirtschaftlichen Tätigkeit **um eine selbständige Tätigkeit handelt** (*Mayr* in *Rechberger,* ZPO § 87 JN Rz 4; SZ 35/138 = EvBl 1963/150). Auch ein unselbständiger Bestandteil eines ausländischen Unternehmens, das im Inland keine Niederlassung hat, stellt eine solche Betriebsstätte dar (*Schoibl* in *Schuhmacher/Gruber,* Zweigniederlassung 329; LGZ Wien Arb 6820 [1958]). 24

Es genügt, daß einzelne Stadien einer längeren wirtschaftlichen Tätigkeit (zB ein nur im Zusammenhang bedeutungsvolles Zwischenstadium einer Fertigung oder Erzeugung) in der Betriebsstätte durchgeführt werden (*Feil,* JN 220; *Mayr* in *Rechberger,* ZPO § 87 JN Rz 4; SZ 35/138 = EvBl 1963/150).

Eine **Betriebsstätte** liegt beispielsweise vor, wenn der Beklagte 25

- eine **Werkstätte zur Rohmaterialbearbeitung** eines größeren Unternehmens oder eine **Lackierwerkstätte** einer Fahrzeugfabrik betreibt;
- als **ausländische karitative Organisation,** die eine juristische Person bildet, eine **„Dépendance“ im Inland** unterhält (LGZ Wien Arb 6820 [1958]);
- als ein **ausländisches Handelsunternehmen** (Holzhandlung) im Inland ein Büro mit Angestellten unterhält, die die einzukaufenden Waren ermitteln und dem Stammhaus Preise und Kaufgelegenheiten mitteilen (SZ 27/315 [1954]);
- eine **Baukanzlei** am Ort der Bauführung errichtet und diese dort auch nach Bauvollendung verbleibt (*Kollross,* Gewerbegerichtsbarkeit 49; *Neumann,* Kommentar[4] I 210 FN 4; GlUNF 5481 = ZBl 1911/377);
- eine ihm überlassene **Schottergrube** zur gewerbsmäßigen Gewinnung von Sand und Schotter ausbeutet und in einer von ihm errichteten Bretterhütte sowohl Aufstellungen führt als auch Lieferscheine über die entnommenen Schottermengen ausstellt (SZ 35/138 = EvBl 1963/150).

In der überwiegenden Zahl der Fälle wird wohl aus wirtschaftlichen und betriebstechnischen Gründen eine solche Betriebsstätte auch örtlich in das Ge- 26 samtunternehmen so eingebaut sein, daß beides unter den Begriff der Niederlassung fällt, doch sind bei auswärtigen Büros von Unternehmen, die lediglich Kanzleiarbeiten verrichten (so bei Baukanzleien [aM *Kollross,* Gewerbegerichtsbarkeit 49], bei Realkanzleien oder der Zentralgarage eines Verkehrsbetriebs Arb 5130 [1949]) die Merkmale einer Betriebsstätte iSd § 87 JN gegeben.

C. Bezug auf die geschäftliche oder berufliche Tätigkeit

27 Die Klagen müssen sich auf die geschäftliche oder berufliche Tätigkeit des Beklagten beziehen. Sie müssen also **nicht unbedingt Geschäfte** zum Gegenstand haben, **die unmittelbar durch die Niederlassung abgeschlossen worden sind** (Mat I 78; *Kuderna,* ASGG², 92; *Mayr* in *Rechberger,* ZPO § 87 JN Rz 5; *Schoibl* in *Schuhmacher/Gruber,* Zweigniederlassung 331; GlUNF 5059 = ZBl 1910/421), wohl **aber** muß der **Klagsanspruch zum Geschäftsbetrieb in einem ursächlichen wirtschaftlichen Zusammenhang** stehen (*Holzhammer,* Zivilprozeßrecht², 55 f; *Pollak,* System², 313; *Schenk* in *Straube,* HGB² I § 13 Rz 8; SZ 35/138 = EvBl 1963/150; GlUNF 5059 = ZBl 1910/421; ZBl 1903/258 = AmtlSlg 529; GlUNF 1780 = ZBl 1902/191; GlUNF 658 = JBl 1899, 627) bzw der **Klagegegenstand muß eine Zweckbeziehung zum Geschäftsbetrieb aufweisen** (*Petschek/Stagel,* Zivilprozeß 113).

Es ist hier ein **unmittelbarer wirtschaftlicher Bezug zur Hauptniederlassung erforderlich** (*Fasching,* Lehrbuch² Rz 297; aA *Holzhammer,* Zivilprozeßrecht², 55 f; *Mayr* in *Rechberger,* ZPO § 87 JN Rz 5; *Schoibl* in *Schuhmacher/Gruber,* Zweigniederlassung 332).

28 Die beim Gericht der Niederlassung nach § 87 JN zulässigerweise geltend gemachten Streitigkeiten sind nicht auf **Vertragsklagen** beschränkt, sondern es können **auch Deliktsklagen** (*Pollak,* System², 314; SZ 1/31 [1919]; GlUNF 5059 = ZBl 1910/421; GlUNF 3131 = ZBl 1905/313; GlUNF 1168 = ZBl 1901/453) und **Bereicherungs- und Verwendungsklagen** hier erhoben werden, soweit sie mit der geschäftlichen Tätigkeit der Niederlassung in einem wirtschaftlichen Zusammenhang stehen. Die Klagen sind auch nicht auf rein vermögensrechtliche Klagsansprüche beschränkt (*Neumann,* Kommentar⁴ I 211; *Schoibl* in *Schuhmacher/Gruber,* Zweigniederlassung 332; aM *Pollak,* System², 312), sondern es können **auch Klagen, deren Begehren nicht auf eine geldwerte Leistung lautet,** beim Gerichtsstand des § 87 JN angebracht werden, so zB Klagen auf Unterlassung der Firmenführung ua (so auch *Mayr* in *Rechberger,* ZPO § 87 JN Rz 5).

29 **Nicht unter** die in **§ 87 JN** bezeichneten Streitigkeiten fallen:

- Rechtsstreitigkeiten zwischen den Gesellschaftern einer Gesellschaft, die eine Niederlassung betreibt, wie zB die Klage auf Auflösung einer OHG (*Feil,* JN 220; SZ 21/113 [1948]). Denn hier geht es um Rechtsverhältnisse bzw deren Aufhebung zwischen den Gesellschaftern (aM *Schoibl* in *Schuhmacher/Gruber,* Zweigniederlassung 333, das Klagebegehren könne sich sehr wohl auf die geschäftliche Tätigkeit des Beklagten beziehen);
- Rechtsstreitigkeiten zwischen Gesellschaftern und der Gesellschaft, die eine Niederlassung betreibt (*Feil,* JN 220; SZ 21/113 [1948]; aM *Schoibl* in *Schuhmacher/Gruber,* Zweigniederlassung 333);
- Klagen, welche die Begründung oder Aufhebung einer Niederlassung betreffen, weil § 87 JN nur so verstanden werden kann, daß sowohl die Klage als auch der Klagsgegenstand eine wirtschaftliche Zweckbestimmung zum Geschäftsbetrieb der Niederlassung betreffen oder sich als eine Folge des Betriebes darstellen müssen (LGZ Wien DREvBl 1938/467; aA *Schoibl* in *Schuhmacher/Gruber,* Zweigniederlassung 333);

• Streitigkeiten zwischen den Angestellten der Niederlassung und deren Inhaber (soweit sie nicht ohnehin vor die ASG gehören) oder zwischen der Leitung der Niederlassung und einer Zweigniederlassung;

• Streitigkeiten betreffend familienrechtliche Ansprüche der Angehörigen des Inhabers der Niederlassung gegen diesen, auch wenn sie vermögensrechtlicher Natur sind, wie etwa Unterhaltsansprüche oder ehegüterrechtliche Streitigkeiten (so auch *Schoibl* in *Schuhmacher/Gruber,* Zweigniederlassung 334).

Der Gerichtsstand des § 87 Abs 1 JN kann auch für Klagen des **Zessionars** 30 des ursprünglichen Gläubigers in Anspruch genommen werden (GlUNF 5481 = ZBl 1911/377), ebenso für Klagen des **Erben.** Die Niederlassung kann, wie bereits eingangs ausgeführt, auch von einer juristischen Person betrieben werden; daher kann nicht nur wegen der durch deren Organe abgeschlossenen Geschäfte dort geklagt werden, sondern es können auch die vor der Gründung der Kapitalgesellschaft in deren Namen handelnden, nach dem Gesetz persönlich haftenden Personen am Sitz der Niederlassung dieser Gesellschaft geklagt werden (vgl GlUNF 6052 = JBl 1913, 551).

III. Der Gerichtsstand der Zweigniederlassung (§ 87 Abs 2 JN)

A. Zweigniederlassung

Für die Anwendbarkeit des § 87 Abs 2 JN **ist nicht erforderlich,** daß es sich 31 um eine **Zweigniederlassung iSd HGB** (vgl *Krejci,* Handelsrecht 96ff mwN) handelt (*Neumann,* Kommentar[4] I 210; *Schenk* in *Straube,* HGB[2] I § 13 Rz 8; OLG Wien EvBl 1989/144 = IPRE 3/183; SZ 51/29 = ÖBl 1979, 25; OLG Wien EvBl 1948/486; SZ 8/12 [1926]; GlUNF 4265 = ZBl 1908/249; GlUNF 1168 = ZBl 1901/453). Es genügt das Bestehen einer **von der Hauptniederlassung gesonderten Niederlassung** (GlUNF 4265 = ZBl 1908/249) bzw einer vom Sitz des Unternehmens örtlich getrennten Abteilung (SZ 8/12 [1926]), die den Mittelpunkt des Kreises selbständiger Beziehungen derselben darstellt – mag dieser Kreis auch noch so beschränkt sein (*Neumann,* Kommentar[4] I 210 FN 5; SZ 8/12 [1926]; SZ 1/31 [1919]; GlUNF 5059 = ZBl 1910/421; GlUNF 4265 = ZBl 1908/249) – die mit dem Unternehmen (bzw der Hauptniederlassung) in einem bestimmten wirtschaftlichen (und rechtlichen) Zusammenhang steht (*Neumann,* Kommentar[4] I 210; EvBl 1948/486; SZ 8/12 [1926]; GlUNF 4265 = ZBl 1908/249).

Die Stationen der „Österreichischen Bundesbahnen" sind nicht als deren 32 Zweigniederlassung anzusehen (vgl *Neumann,* Kommentar[4] I 211). Allerdings hat der OGH die Stationen von Privatbahnen, soweit es sich um Ansprüche aus Rechtsgeschäften handelt, die sich auf diese Stationen beziehen, als Niederlassungen iSd § 87 JN angesehen (SZ 2/93 [1920]; SZ 1/31 [1919]; GlUNF 5439 = JBl 1911, 551 = ZBl 1911/450; GlUNF 2957 = JBl 1906, 10 = ZBl 1906/75; GlUNF 3131 = ZBl 1905/313; GlUNF 1924 [1902]).

B. Bezug zur besonderen Niederlassung bzw Zweigniederlassung

Die geltend gemachten Ansprüche müssen sich **auf den engeren Geschäfts-** 33 **betrieb der Zweigniederlassung beziehen.** Der Anspruch muß **aus** einem **Ereignis** herrühren, **das in einem ursächlichen wirtschaftlichen Zusammenhang mit der Niederlassung steht;** der **Klagsanspruch** muß sich also als **Folge dieses Betriebes** darstellen (*Horten,* JN 285; *Mayr* in *Rechberger,* ZPO § 87 JN Rz 6; *Neumann,* Kommentar[4] I 210; *Pollak,* System[2], 313; *Schenk* in *Straube,* HGB[2] I § 13 Rz 8;

EvBl 1972/335; SZ 39/18 = EvBl 1965/289; SZ 27/98 [1954]; SZ 8/12 [1926]; GlUNF 5059 = ZBl 1910/421; GlUNF 1168 = ZBl 1901/453).

34 Es ist allerdings nicht erforderlich, daß das streitgegenständliche Geschäft von der Zweigniederlassung getätigt worden ist. Ihr juristisches Verhältnis zur Hauptniederlassung ist unerheblich, ebenso auch, ob sie selbständige Geschäfte abschließen kann (GlUNF 1168 = ZBl 1901/453; GlUNF 658 = JBl 1899, 627).

35 Im übrigen gelten auch für den Bestand und die Voraussetzungen einer Zweigniederlassung sowie für den Umfang der bei diesem Gerichtsstand zulässigerweise einklagbaren Ansprüche die zu § 87 Abs 1 JN in den Rz 4 bis 21 dargestellten Grundsätze.

IV. Der Gerichtsstand des bewirtschafteten Gutes (§ 87 Abs 3 JN)

A. Bewirtschaftetes Gut

36 Bei dem bewirtschafteten Gut muß es sich um ein **landwirtschaftliches Gut handeln, das mit Wohn- oder Wirtschaftsgebäuden** versehen ist. Daher gehört auch der Besitz eines Kleinbauern hierher. Nur dort, wo es sich lediglich um eine Wohngelegenheit ohne Räume für die Bewirtschaftung handelt, gelangt § 87 Abs 3 JN nicht zur Anwendung. Eine Villa mit Garten, die keinem landwirtschaftlichen Erwerbsbetrieb dient, begründet daher diesen Gerichtsstand nicht (*Horten,* JN 286; *Pollak,* System[2], 313; *Neumann,* Kommentar[4] I 213; GlUNF 2064 = ZBl 1903/491).

Entscheidendes Kriterium ist jedoch nicht, daß es sich um einen landwirtschaftlichen Erwerbsbetrieb im ökonomischen Sinn handelt. Es genügt, daß das **„Wirtschaftsgut" zur Fristung des Lebensunterhaltes und zur Selbstversorgung des Beklagten und seiner Familie dient.** Um so mehr fallen aber die landwirtschaftlichen Erwerbsbetriebe, Großgüter und Erwerbsgärtnereien hierher.

B. Beklagter Eigentümer, Nutznießer oder Pächter

37 Der Beklagte muß **Eigentümer, Nutznießer oder Pächter des Wirtschaftsgutes** sein (Mat I 78; *Horten,* JN 286; *Neumann,* Kommentar[4] I 212f; *Petschek/Stagel,* Zivilprozeß 114; *Sperl,* Lehrbuch 118; GlUNF 2064 = ZBl 1902/491). Nicht erforderlich ist hingegen, daß er das Gut selbst bewirtschaftet, die **Bewirtschaftung** kann auch **durch andere Personen im Namen und auf Rechnung des Beklagten** erfolgen (*Horten,* JN 286; *Neumann,* Kommentar[4] I 213; *Petschek/Stagel,* Zivilprozeß 114).

38 Der Verpächter oder der Eigentümer eines mit dem Fruchtgenuß belasteten Gutes kann nicht bei diesem Gerichtsstand geklagt werden, weil er das Gut nicht bewirtschaftet (*Schoibl* in *Schuhmacher/Gruber,* Zweigniederlassung 339; vgl SZ 27/98 [1954]). Auch derjenige, der ein Wirtschaftsgut ohne Rechtstitel in Besitz genommen hat, fällt streng genommen nicht unter § 87 Abs 3 JN, doch wird man die Zulässigkeit der Klage bei diesem Gericht annehmen können, da dem Kläger nicht zuzumuten ist, vor der Klage Erhebungen darüber anzustellen, aus welchem Rechtsgrund der Beklagte die Bewirtschaftung innehat (so auch *Schoibl* in *Schuhmacher/Gruber,* Zweigniederlassung 340). Aus diesem Grund werden auch Personen, die kraft des familienrechtlichen Naheverhältnisses die Bewirtschaftung führen, hier geklagt werden können (so auch *Schoibl* in *Schuhmacher/Gruber,* Zweigniederlassung 340).

C. Ursächlicher rechtlicher oder wirtschaftlicher Zusammenhang

Der Klagsanspruch muß **in** einem **ursächlichen rechtlichen oder wirtschaftlichen Zusammenhang mit der Bewirtschaftung des Gutes stehen** (*Horten,* JN 286; *Neumann,* Kommentar[4] I 213; *Pollak,* System[2], 313; *Sperl,* Lehrbuch 118; ZBl 1936/487; GlUNF 2096 = ZBl 1903/468). Hierher werden **Ansprüche aus** dem **Verkauf von Wirtschaftsprodukten** (aA GlUNF 5613 = ZBl 1912/21) oder **aus dem Kauf der zur Bewirtschaftung notwendigen Sachen** sowie **Klagen aus Lieferungsverträgen im Zug der Bewirtschaftung** gezählt (so auch *Mayr* in *Rechberger,* ZPO § 87 JN Rz 7; *Schoibl* in *Schuhmacher/Gruber,* Zweigniederlassung 340 f). 39

Dagegen ist mangels eines ursächlichen rechtlichen oder wirtschaftlichen Zusammenhanges mit der Gutsbewirtschaftung die Klage auf Provisionszahlung wegen der Vermittlung des Verkaufes oder der Verpachtung des Gutes ebensowenig hierher zu zählen (ZBl 1936/487; aA *Neumann,* Kommentar[4] I 213 FN 20) wie die Klage auf Zahlung des Kaufschillings oder auf Erfüllung des Kaufvertrages oder wegen anderer, aus dem Verkauf des Gutes abgeleiteter Ansprüche. 40

Ebensowenig wie bei der gewerblichen Niederlassung iSd § 87 Abs 1 und 2 JN gehören hierher die Klagen im Zug von Auseinandersetzungen zwischen mehreren die Bewirtschaftung führenden Personen oder zwischen dem Bewirtschafter und seinen Familienangehörigen oder Bediensteten.

V. Weitere Gerichtsstände der Niederlassung

Neben §§ 83 c, 87, 87 a, 99 Abs 3, § 120 JN gibt es außerhalb der JN noch folgende Gerichtsstände, die an eine (Zweig-)Niederlassung anknüpfen: 41

A. Der Gerichtsstand der Zweigniederlassung nach § 6 ASGG

Ist im Inland keiner der in §§ 4 und 5 ASGG genannten Gerichtsstände gegeben, so ist nach § 6 ASGG auch das Gericht örtlich zuständig, in dessen Sprengel sich eine Zweigniederlassung des Unternehmens befindet (Näheres s *Fink,* ASGG 30; *Kuderna,* ASGG[2], 91; *Schoibl* in *Schuhmacher/Gruber,* Zweigniederlassung 351; *Wresounig,* ASGG 58). 42

B. Der Gerichtsstand für Klagen aus Versicherungsverträgen gegen ein konzessioniertes ausländisches Versicherungsunternehmen (§ 6 Abs 3 VAG)

Der Gerichtsstand des § 99 Abs 3 JN (Näheres s § 99 JN Rz 89 f) darf gem § 6 Abs 3 VAG für Klagen aus dem inländischen Geschäftsbetrieb nicht ausgeschlossen werden. Näheres s *Baran,* Versicherungsaufsichtsgesetz[2] zu § 6 VAG sowie *Schoibl* in *Schuhmacher/Gruber,* Zweigniederlassung 353. 43

C. Der Gerichtsstand der Niederlassung nach § 63 Abs 2 KO

Für das Konkursverfahren ist der GH erster Instanz (Konkursgericht) zuständig, in dessen Sprengel der Gemeinschuldner sein Unternehmen betreibt oder mangels eines solchen seinen gewöhnlichen Aufenthalt hat (§ 63 Abs 1 KO). 44

Betreibt der Gemeinschuldner im Inland kein Unternehmen und hat er im Inland keinen gewöhnlichen Aufenthalt, so ist der GH erster Instanz zuständig, in dessen Sprengel sich eine **Niederlassung,** mangels einer solchen Vermögen des Gemeinschuldners befindet (§ 63 Abs 2 KO).

Diese Zuständigkeitsregeln gelten auch für das Ausgleichsverfahren (*Chalupsky/Ennöckl/Holzapfel,* Insolvenzrecht 51; *Hagen,* JBl 1969, 65; *Holzhammer,* Insolvenzrecht[5], 262; *Schoibl* in *Schuhmacher/Gruber,* Zweigniederlassung 356; s auch IPRE 3/249 [1990]).

Wenn der Schuldner allerdings eine natürliche Person ist und kein Unternehmen betreibt, so ist gem § 182 KO das zum Zeitpunkt der Antragstellung örtlich zuständige BG, in Wien das BG, das für Exekutionssachen nach dem BGOrgG für Wien zuständig ist, zuständig.

Bei diesen Gerichtsständen handelt es sich, da gem § 172 Abs 2 KO iVm § 76 AO Zuständigkeitsvereinbarungen im Insolvenzverfahren unwirksam sind, um **Zwangsgerichtsstände.** Näheres s *Schoibl* in *Schuhmacher/Gruber,* Zweigniederlassung 356 ff.

D. Der Gerichtsstand der Niederlassung nach Art 39 Abs 2 CMR iVm § 439 a HGB

45 Ein Frachtführer, der sein Rückgriffsrecht nach Art 37 und 38 CMR gerichtlich geltend machen will, kann seinen Anspruch vor dem zuständigen Gericht (des Staates) erheben, in dem einer der beteiligten Frachtführer seinen gewöhnlichen Aufenthalt, seine **Hauptniederlassung** oder die **Zweigniederlassung** oder Geschäftsstelle hat, durch deren Vermittlung der Beförderungsvertrag abgeschlossen worden ist. Ein und dieselbe Rückgriffsklage kann gegen alle beteiligten Frachtführer gerichtet sein. Ausführlich dazu *Schoibl,* ZVR 1992, 257; *ders* in *Schuhmacher/Gruber,* Zweigniederlassung 361 ff.

E. Die Gerichtsstandsvereinbarung auf die Handelsniederlassung des Spediteurs nach § 65 lit b AÖSp

46 Der Gerichtsstand für alle Rechtsstreitigkeiten, die aus dem Auftragsverhältnis oder im Zusammenhang damit entstehen, ist gem § 65 lit b AÖSp für alle Beteiligten der Ort derjenigen **Handelsniederlassung** des Spediteurs, an die der Auftrag gerichtet ist; für Ansprüche gegen den Spediteur ist dieser Gerichtsstand ausschließlich. Ausführlich dazu *Schoibl* in *Schuhmacher/Gruber,* Zweigniederlassung 364 ff.

F. Der Gerichtsstand der Zweigniederlassung im Kraftloserklärungsverfahren von Wertpapieren

47 Zur gerichtlichen Kraftloserklärung der von „privaten" juristischen Personen (= AG, Vereinen, Anstalten und Unternehmen, die mit staatlicher Bewilligung errichtet sind und der Aufsicht des Staates unterstehen) ausgegebenen Wertpapiere (insb Aktien, Interimsscheine, Pfandbriefe, Schuldverschreibungen, Genußscheine, Sparbücher) ist gem § 1 Abs 1 des G 3. 5. 1868 RGBl 36 ausschließlich das LG zuständig, in dessen Sprengel sich entweder der Sitz der das Wertpapier **ausgebenden juristischen Person** oder der Sitz ihrer betreffenden **Zweigniederlassung,** von der das zu amortisierende Wertpapier selbständig ausgegeben worden ist, befindet. Näheres s § 115 JN Rz 4 *Mayr* in *Rechberger,* ZPO § 115 JN Rz 4; *Schoibl* in *Schuhmacher/Gruber,* Zweigniederlassung 367.

G. § 371 Abs 4 HGB, § 48 VersVG, § 120 Abs 2 und 3 JN

48 Ferner enthalten noch § 371 Abs 4 HGB (Näheres dazu s Vor §§ 86 a bis 104 JN Rz 8), § 48 VersVG (Näheres s Vor §§ 83 a und 83 b JN Rz 5 f) sowie

§ 120 Abs 2 und 3 JN (Näheres s § 120 JN Rz 6) Gerichtsstände der Niederlassung.

VI. Inländische Niederlassung als Anknüpfungspunkt für die internationale Zuständigkeit

A. Die Gerichtsstände nach Art 31 Abs 1 und 39 Abs 2 CMR

Das Übereinkommen 19. 5. 1956 über den Beförderungsvertrag im internationalen Straßengüterverkehr (CMR) gilt für jeden Vertrag über die entgeltliche Beförderung von Gütern auf der Straße mittels Fahrzeugen, wenn der Ort der Übernahme des Gutes und der für die Ablieferung vorgesehene Ort, wie sie im Vertrag angegeben sind, in zwei verschiedenen Staaten liegen, von denen mindestens einer ein Vertragsstaat ist. Dies gilt ohne Rücksicht auf den Wohnsitz und die Staatsangehörigkeit der Parteien (Art 1 Abs 1 CMR). **49**

Wegen aller Streitigkeiten aus einer diesem Übereinkommen unterliegenden Beförderung kann der Kläger gem Art 31 Abs 1 CMR, außer durch Vereinbarung der Parteien bestimmte Gerichte von Vertragsstaaten, die Gerichte eines Staates anrufen, auf dessen Gebiet

a) der Beklagte seinen gewöhnlichen Aufenthalt, seine **Hauptniederlassung oder** die **Zweigniederlassung** oder Geschäftsstelle hat, durch deren Vermittlung der Beförderungsvertrag geschlossen worden ist, oder

b) der Ort der Übernahme des Gutes oder der für die Ablieferung vorgesehene Ort liegt.

Andere Gerichte können nicht angerufen werden.

Ein Frachtführer, der sein Rückgriffsrecht gerichtlich geltend machen will, kann seinen Anspruch vor dem zuständigen Gericht des Staates erheben, in dem einer der beteiligten Frachtführer seinen gewöhnlichen Aufenthalt, seine Hauptniederlassung oder die Zweigniederlassung oder Geschäftsstelle hat, durch deren Vermittlung der Beförderungsvertrag abgeschlossen worden ist. Ein und dieselbe Rückgriffsklage kann gegen alle beteiligten Frachtführer gerichtet sein (Art 39 Abs 2 CMR). Näheres s *Schoibl* in *Schuhmacher/Gruber,* Zweigniederlassung 361 ff.

Die Zuständigkeitsbestimmungen des CMR gehen dem EuGVÜ/LGVÜ vor (Art 57 EuGVÜ/LGVÜ; *Gottwald* in MünchKommZPO III Art 57 EuGVÜ Rz 4; 7 Nd 515/96 und 7 Nd 510/97).

B. Der Gerichtsstand nach Art 28 Abs 1 des Warschauer Luftverkehrsabkommens 1955

Dieses Abkommen gilt gem Art 1 Abs 1 WA für jede internationale Beförderung von Personen, Reisegepäck oder Gütern, die durch Luftfahrzeuge gegen Entgelt erfolgt. Es gilt auch für unentgeltliche Beförderungen durch Luftfahrzeuge, wenn sie von einem Luftfahrtunternehmen ausgeführt werden. **50**

Klagen auf Schadenersatz nach den Art 17 ff WA müssen in dem Gebiet eines der Vertragsstaaten erhoben werden, und zwar **nach Wahl des Klägers entweder** bei dem **Gericht des Ortes, wo der Luftfrachtführer seinen Wohnsitz hat oder wo sich seine Hauptbetriebsleitung oder diejenige seiner Geschäftsstellen** befindet, durch die der Vertrag abgeschlossen worden ist, oder bei dem **Gericht des Bestimmungsortes** (Art 28 Abs 1 WA).

Die Zuständigkeitsbestimmungen des Warschauer Abkommens gehen dem EuGVÜ/LGVÜ vor (Art 57 EuGVÜ/LGVÜ; *Gottwald* in MünchKommZPO III Art 57 EuGVÜ Rz 4).

C. Der Gerichtsstand der Niederlassung nach Art 5 Z 5 EuGVÜ/LGVÜ

Art 5 EuGVÜ/LGVÜ. Eine Person, die ihren Wohnsitz in einem Vertragsstaat hat, kann in einem anderen Vertragsstaat verklagt werden,

.....

5. wenn es sich um Streitigkeiten aus dem Betrieb einer Zweigniederlassung, einer Agentur oder einer sonstigen Niederlassung handelt, vor dem Gericht des Ortes, an dem sich diese befindet;

.....

Lit: *Fawcett,* Methods of Carrying on Business and Article 5 (5) of the Brussels Convention, EuropLRev 1984, 326; *Geimer,* Die inländische Niederlassung als Anknüpfungspunkt für die internationale Zuständigkeit, WM 1976, 146; *Hunnings,* Agency and Jurisdiction in the EEC, J. B. L. 1982, 244; *Kohler,* Die besonderen Zuständigkeiten des Art 5, in EuGH, Internationale Zuständigkeit und Urteilsanerkennung in Europa (1991) 41; *Kronke,* Der Gerichtsstand nach Art 5 Nr 5 EuGVÜ – Ansätze einer Zuständigkeitsordnung für grenzüberschreitende Unternehmensverbindungen, IPRax 1989, 81; *Linke,* Der „kleineuropäische" Niederlassungsgerichtsstand (Art 5 Nr 5 GVÜ), IPRax 1982, 46; *Schoibl,* Die inländische Niederlassung als Anknüpfungspunkt im österreichischen und internationalen Zivilprozeßrecht, in *Schuhmacher/Gruber,* Rechtsfragen der Zweigniederlassung (1993) 375.

1. Ratio der Bestimmung

51 Der Grund dafür, dem Kläger einen (zusätzlichen) Gerichtsstand am Ort der Niederlassung des Beklagten zur Verfügung zu stellen, ist, daß der Beklagte **von diesem Ort aus (geschäftlich) tätig** geworden ist. Es wäre nun unbillig, der Partei, die am Geschäftsverkehr im Staat der Niederlassung teilnimmt, den Einwand zu gestatten, sie könne nur im Staat ihres Wohnsitzes bzw Sitzes verklagt werden (*Geimer,* WM 1976, 147; *Geimer/Schütze,* Zivilverfahrensrecht Art 5 EuGVÜ Rz 222; *Hausmann* in *Wieczorek/Schütze,* ZPO[3] I/1 Art 5 EuGVÜ Rz 72; *Kropholler,* Zivilprozeßrecht[6] Art 5 EuGVÜ Rz 80).

52 Der Gerichtsstand der Niederlassung ist gleichsam ein **„verkleinerter Wohnsitzgerichtsstand"**, weil an ihm **alle Klagen, die mit** dem Betrieb der **Zweigniederlassung, Agentur oder sonstigen Niederlassung im Zusammenhang stehen,** erhoben werden können, auch wenn der Streitgegenstand zu einem anderen Vertragsstaat eine viel engere Verbindung hat (*Geimer/Schütze,* Zivilverfahrensrecht Art 5 EuGVÜ Rz 224; *Gottwald,* MünchKommZPO III Art 5 EuGVÜ Rz 39).

2. Anwendungsbereich

53 Art 5 Z 5 EuGVÜ/LGVÜ gilt (wie sich aus der ratio der Bestimmung ergibt) **nur für Klagen gegen den Inhaber einer Zweigniederlassung, Agentur oder sonstigen Niederlassung,** nicht aber auch für Klagen des Inhabers einer Niederlassung gegen das Stammhaus oder gegen seine Geschäftspartner (*Geimer/Schütze,* Urteilsanerkennung I/1 § 82 II 1; *dies,* Zivilverfahrensrecht Art 5 EuGVÜ Rz 223; *Gottwald,* MünchKommZPO III Art 5 EuGVÜ Rz 45; *Hausmann* in *Wieczorek/Schütze,* ZPO[3] I/1 Art 5 EuGVÜ Rz 74; *Kropholler,* Zivilprozeßrecht[6] Art 5 EuGVÜ Rz 82; *Linke,* IPRax 1982, 48 f; Generalanwalt *Reischl* zu

EuGH 18. 3. 1981 Rs 138/80 „*Blanckaert & Willems/Trost*" Slg 1981, 819, sowie die in diesem Verfahren abgegebene Stellungnahme der Kommission Slg 1981, 825 f; aA *Schumann* in *Stein/Jonas,* ZPO[21] § 21 Rz 1).

Beim Gerichtsstand der Niederlassung können nicht nur **Kaufleute** oder **sonstige Gewerbetreibende** (erwerbswirtschaftliche Unternehmen), sondern auch **Freiberufler** oder **Landwirte** und **Verbände aller Art** geklagt werden (*Geimer,* WM 1976, 148; *Geimer/Schütze,* Zivilverfahrensrecht Art 5 EuGVÜ Rz 228; *Hausmann* in *Wieczorek/Schütze,* ZPO[3] I/1 Art 5 EuGVÜ Rz 81; *Kropholler,* Zivilprozeßrecht[6] Art 5 EuGVÜ Rz 90). 54

3. Anwendungsvoraussetzungen

a) Wohn- bzw Hauptsitz des Beklagten in einem anderen Vertragsstaat

Art 5 Z 5 EuGVÜ/LGVÜ kommt nur zur Anwendung, wenn der **Beklagte** seinen **Wohn- bzw Hauptsitz in einem anderen Vertragsstaat** als dem Staat, in dem sich die Niederlassung befindet, hat (*Geimer,* WM 1976, 148; *Geimer/Schütze,* Zivilverfahrensrecht Art 5 EuGVÜ Rz 225; *Hausmann* in *Wieczorek/Schütze,* ZPO[3] I/1 Art 5 EuGVÜ Rz 73; *Kropholler,* Zivilprozeßrecht[6] Art 5 EuGVÜ Rz 81). 55

Hat der Beklagte seinen **Hauptsitz in keinem der Vertragsstaaten,** dann kommt gem Art 4 Abs 1 EuGVÜ/LGVÜ **nationales Recht** zur Anwendung, dh in Österreich § 87 JN (vgl *Geimer/Schütze,* Zivilverfahrensrecht Art 5 EuGVÜ Rz 225; *Kropholler,* Zivilprozeßrecht[6] Art 5 EuGVÜ Rz 81). **Ausnahmen gelten** gem Art 8 Abs 2 und Art 13 Abs 2 EuGVÜ/LGVÜ für **Versicherungs- und Verbrauchersachen.** Versicherer und Vertragspartner von Verbrauchern können nämlich, auch wenn sie ihren Wohnsitz oder Sitz in einem Drittstaat haben, vor dem Gerichtsstand der Niederlassung (Art 5 Z 5 EuGVÜ/LGVÜ) geklagt werden (*Geimer/Schütze,* Zivilverfahrensrecht Art 5 EuGVÜ Rz 226; *Kropholler,* Zivilprozeßrecht[6] Art 5 EuGVÜ Rz 81). 56

b) Betriebsbezogenheit der Klage

Der Gegenstand des Rechtsstreits muß sich **auf den Betrieb** einer Zweigniederlassung, einer Agentur oder einer sonstigen Niederlassung beziehen. 57

Unter den Begriff **„Rechtstreitigkeiten aus dem Betrieb"** fallen nach der Rsp des EuGH (22. 11. 1978 Rs 33/78 „*Somafer/Saar Ferngas*" Slg 1978, 2183 = RIW 1979, 56; zust *Gottwald,* MünchKommZPO III Art 5 EuGVÜ Rz 44) folgende Rechtsstreitigkeiten:

- Rechtsstreitigkeiten, in denen es um **vertragliche oder außervertragliche Rechte und Pflichten in bezug auf die eigentliche Führung der** Agentur, der Zweigniederlassung oder der sonstigen **Niederlassung** selbst geht, wie etwa die Rechte und Pflichten im Zusammenhang mit der Vermietung eines Grundstücks, auf dem die Niederlassung errichtet ist, oder mit der am Ort der Niederlassung vorgenommenen Einstellung des dort beschäftigten Personals;
- Rechtsstreitigkeiten, die sich auf **Verbindlichkeiten** beziehen, welche die **Niederlassung im Namen des Stammhauses eingegangen** ist und die **in dem Vertragsstaat zu erbringen** sind, in dem die **Niederlassung** besteht. Der Erfüllungsort iSd Art 5 Z 1 EuGVÜ/LGVÜ muß aber nicht im Gerichtsstaat liegen (EuGH 6. 4. 1995 Rs C-439/93 „*Lloyd's Register of Shipping/Société Campenon Bernard*" Slg 1995 I 961 = RIW 1995, 585; OLG Saarbücken RIW 1980, 796);
- Rechtsstreitigkeiten über **außervertragliche Verpflichtungen,** die aus der **Tätigkeit** entstehen, welche die Zweigniederlassung, Agentur oder sonstige Nie-

derlassung **für Rechnung des Stammhauses** an dem Ort ausgeübt hat, an dem sie errichtet ist.

4. Anknüpfungspunkte: Zweigniederlassung, Agentur oder sonstige Niederlassung

58 Die Begriffe **„Zweigniederlassung“**, **„Agentur“** und **„sonstige Niederlassung“** sind im Interesse einer möglichst einheitlichen Anwendung **vertragsautonom** auszulegen (EuGH 9. 12. 1987 Rs 218/86 *„Schotte/Parfums Rothschild“* Slg 1987, 4905 = IPRax 1989, 96 [*Kronke* 81] = NJW 1988, 625 = RIW 1988, 136 [*Geimer* 220]; EuGH 18. 3. 1981 Rs 138/80 *„Blanckaert & Willems/Trost“* Slg 1981, 819 = IPRax 1982, 64 [*Linke* 46] = NJW 1982, 507 = RIW 1981, 341; EuGH 22. 11. 1978 Rs 33/78 *„Somafer/Saar Ferngas“* Slg 1978, 2183 = RIW 1979, 56; *Auer* in *Bülow/Böckstiegel,* Rechtsverkehr 606 Art 5 EuGVÜ Rz 145; *Geimer/Schütze,* Zivilverfahrensrecht Art 5 EuGVÜ Rz 227; *Kropholler,* Zivilprozeßrecht[6] Art 5 EuGVÜ Rz 83).

59 Mit dem Begriff der Zweigniederlassung, der Agentur oder der sonstigen Niederlassung ist – so der EuGH (18. 3. 1981 Rs 138/80 *„Blanckaert & Willems/Trost“* Slg 1981, 819 = IPRax 1982, 64 [*Linke* 46] = NJW 1982, 507 = RIW 1981, 341; EuGH 22. 11. 1978 Rs 33/78 *„Somafer/Saar Ferngas“* Slg 1978, 2183 = RIW 1979, 56) – „ein **Mittelpunkt geschäftlicher Tätigkeit** gemeint, der **auf Dauer als Außenstelle eines Stammhauses** hervortritt, eine **Geschäftsführung** hat und **sachlich so ausgestattet** ist, daß er in der Weise **Geschäfte mit Dritten betreiben kann,** daß diese, obgleich sie wissen, daß möglicherweise ein Rechtsverhältnis mit dem im Ausland ansässigen Stammhaus begründet wird, sich nicht unmittelbar an dieses zu wenden brauchen, sondern Geschäfte an dem Mittelpunkt geschäftlicher Tätigkeit abschließen können, der dessen Außenstelle ist“.

„Zweigniederlassung“ und „Agentur“ sind überdies dadurch charakterisiert, daß sie der **Aufsicht und Leitung des Stammhauses** unterliegen (EuGH 18. 3. 1981 Rs 138/80 *„Blanckaert & Willems/Trost“* Slg 1981, 819 = IPRax 1982, 64 [*Linke* 46] = NJW 1982, 507 = RIW 1981, 341; EuGH 6. 10. 1976 Rs 14/76 *„De Bloos/Boyer“* Slg 1976, 1497 = NJW 1977, 490 [*Geimer*] = RIW 1977, 42 [*Linke*]; *Gottwald,* MünchKommZPO III Art 5 EuGVÜ Rz 41; *Kropholler,* Zivilprozeßrecht[6] Art 5 EuGVÜ Rz 84). Daran fehlt es jedoch beim Alleinvertriebshändler (EuGH 6. 10. 1976 Rs 14/76 *„De Bloos/Boyer“* Slg 1976, 1497 = NJW 1977, 490 [*Geimer*] = RIW 1977, 42 [*Linke*]; *Geimer/Schütze,* Zivilverfahrensrecht Art 5 EuGVÜ Rz 235; *Gottwald,* MünchKommZPO III Art 5 EuGVÜ Rz 41) sowie bei einem selbständigen Handelsvertreter (Vermittlungsvertreter) (EuGH 18. 3. 1981 Rs 138/80 *„Blanckaert & Willems/Trost“* Slg 1981, 819 = IPRax 1982, 64 [*Linke* 46] = NJW 1982, 507 = RIW 1981, 341; *Geimer/Schütze,* Zivilverfahrensrecht Art 5 EuGVÜ Rz 235; *Kropholler,* Zivilprozeßrecht[6] Art 5 EuGVÜ Rz 85; differenzierend *Gottwald,* MünchKommZPO III Art 5 EuGVÜ Rz 41) und dem selbständigen Handelsmakler (*Kropholler,* Zivilprozeßrecht[6] Art 5 EuGVÜ Rz 87; *Schlosser,* EuGVÜ Art 5 Rz 23; LG Hamburg IPRspr 1974/154).

60 Das Vorliegen einer Niederlassung setzt eine **Tätigkeit von einiger Dauer** an einem bestimmten Ort voraus. Ein kurzfristiger Aufenthalt für die Dauer einer Messe, einer Ausstellung oder vorübergehenden Veranstaltung reicht daher zur Begründung einer Niederlassung nicht aus (*Geimer/Schütze,* Zivilverfahrensrecht Art 5 EuGVÜ Rz 230).

61 Ein Auslandsbüro ohne jegliche selbständige Geschäftstätigkeit und eine Verkaufsstelle ohne Geschäftsführung (*Gottwald,* MünchKommZPO III Art 5 EuGVÜ Rz 40) stellen ebensowenig wie eine bloße Kontakt- oder Anlaufstelle

(*Schlosser,* EuGVÜ, Art 5 Rz 23; LG Wuppertal NJW-RR 1994, 191) oder eine bloße Kundenvermittlungs-GmbH (*Schlosser,* EuGVÜ Art 5 Rz 23; OLG München NJW-RR 1993, 701) eine Niederlassung dar .

Charakteristisch für eine **Niederlassung** ist, daß sich der Beklagte **von dem betreffenden Ort aus am Rechtsverkehr** im Urteilsstaat **beteiligt** *(Geimer/Schütze,* Zivilverfahrensrecht Art 5 EuGVÜ Rz 231). Als Indizien dafür kommen das Anführen der einschlägigen Adresse auf Briefbögen und das Unterhalten eines Büros, das für den Kundenverkehr geöffnet ist, in Frage (vgl EuGH 22. 11. 1978 Rs 33/78 *„Somafer/Saar Ferngas"* Slg 1978, 2183 = RIW 1979, 56; OLG Saarbrücken RIW 1980, 796; *Geimer/Schütze,* Zivilverfahrensrecht Art 5 EuGVÜ Rz 230). **62**

Maßgebend ist, daß die **Niederlassung im eigenen Namen** betrieben wird. Keine Rolle spielt es dagegen, ob der Beklagte Eigentümer, Pächter oder Nutznießer der Niederlassung ist und ob er sie selbst oder durch Vertreter betreibt (*Geimer/Schütze,* Zivilverfahrensrecht Art 5 EuGVÜ Rz 233). **63**

Eine **Tochtergesellschaft** fällt grundsätzlich nicht unter den Begriff der Niederlassung, weil sie typischerweise für sich selbst und nicht für die Muttergesellschaft handelt und in ihren Geschäften auch nicht deren Aufsicht und Leitung unterliegt (*Gottwald,* MünchKommZPO III Art 5 EuGVÜ Rz 42; *Kropholler,* Zivilprozeßrecht[6] Art 5 EuGVÜ Rz 88). **64**

Jedoch kann die Muttergesellschaft, die in einem anderen Vertragsstaat mittels einer selbständigen Tochtergesellschaft tätig wird, am Sitz der Tochtergesellschaft geklagt werden, wenn diese den gleichen Namen wie die Muttergesellschaft führt, die gleiche Geschäftsführung hat, für Rechnung der Mutter verhandelt und auf diese Weise im Handel Geschäfte abschließt (EuGH 9. 12. 1987 Rs 218/86 *„Schotte/Parfums Rothschild"* Slg 1987, 4905 = IPRax 1989, 96 [*Kronke* 81] = NJW 1988, 625 = RIW 1988, 136 [*Geimer* 220]).

Der gegenüber Dritten erweckte **Rechtsschein** kann nämlich die objektiven Merkmale der Begriffe „Zweigniederlassung", „Agentur" und „sonstige Niederlassung" zurücktreten lassen *(Geimer/Schütze,* Zivilverfahrensrecht Art 5 EuGVÜ Rz 239; *Kropholler,* Zivilprozeßrecht[6] Art 5 EuGVÜ Rz 89; *Schlosser,* EuGVÜ Art 5 Rz 23). Erweckt die Niederlassung den Eindruck, daß sie als Mittelpunkt der geschäftlichen Tätigkeit eines ausländischen Unternehmens im Gerichtsstaat tätig wird, so müssen sich Dritte, die Geschäfte mit dieser Niederlassung abschließen, auf den so erweckten Anschein verlassen dürfen, dh daß die Niederlassung als Außenstelle des ausländischen Unternehmens iSd Art 5 Z 5 EuGVÜ/LGVÜ anzusehen ist (EuGH 9. 12. 1987 Rs 218/86 *„Schotte/Parfums Rothschild"* Slg 1987, 4905 = IPRax 1989, 96 [*Kronke* 81] = NJW 1988, 625 = RIW 1988, 136 [*Geimer* 220]). **65**

Die Zweigniederlassung muß nicht im Firmenbuch (Handelsregister) eingetragen sein (*Geimer/Schütze,* Zivilverfahrensrecht Art 5 EuGVÜ Rz 236; *Kropholler,* Zivilprozeßrecht[6] Art 5 EuGVÜ Rz 90). Wenn aber eine Zweigniederlassung, obwohl sie (noch) im Firmenbuch (Handelsregister) eingetragen ist, nicht (mehr) besteht, so gilt die Niederlassung Gutgläubigen gegenüber als existent (*Geimer/Schütze,* Zivilverfahrensrecht Art 5 EuGVÜ Rz 236). Dies gilt auch dann, wenn auf sonstige Weise der Schein einer selbständigen Niederlassung erweckt wird, so zB wenn der Beklagte dem Kläger das Bestehen einer Niederlassung arglistig vorspiegelt (*Geimer/Schütze,* Urteilsanerkennung I/1 § 82 VI 5). **66**

Die Angabe einer mit „c/o" bezeichneten Korrespondenzadresse auf dem Firmenstempel bewirkt allerdings für sich allein noch keinen ausreichenden Rechtsschein (*Geimer/Schütze,* Zivilverfahrensrecht Art 5 EuGVÜ Rz 240). **67**

5. Maßgeblicher Zeitpunkt

68 Maßgeblicher Zeitpunkt, in dem die Niederlassung bestehen muß, ist die **Gerichtsanhängigkeit** (vgl *Geimer/Schütze,* Zivilverfahrensrecht Art 5 EuGVÜ Rz 237; *Schlosser,* EuGVÜ Art 5 Rz 24; aA OLG Saarbrücken RIW 1980, 790, nach dem es auf den Schluß der mündlichen Streitverhandlung ankommt; allerdings ist es – worauf *Schlosser,* EuGVÜ Art 5 Rz 24 hingewiesen hat – nur schwer vorstellbar, daß der Streit aus der Tätigkeit der Niederlassung hervorgegangen ist, wenn diese zur Zeit der klagebegründenden Handlung noch gar nicht als solche existierte).

D. Innerstaatliches Recht

69 Wenn weder das EuGVÜ/LGVÜ noch ein anderer völkerrechtlicher Vertrag (wie zB das Warschauer Abkommen) zur Anwendung kommt, ist die internationale Zuständigkeit gem § 27 a JN dann gegeben, wenn die **Voraussetzungen für den Gerichtsstand der Niederlassung erfüllt** sind. Dh liegt einer der in § 87 JN genannten Anknüpfungspunkte in Österreich, ist ein österreichisches Gericht international zuständig.

Gerichtsstand für Warenforderungen der Kaufleute

§ 87 a. Gegen Kaufleute können protokollierte Kaufleute wegen ihrer Forderungen aus einem im Kreise ihres Geschäftes erfolgten Verkaufe innerhalb zweier Jahre von der letzten Bestellung an gerechnet auch vor dem Gerichte des Ortes ihrer Niederlassung klagen, wenn sie die als Grundlage der Forderung dienende Bestellung und die tatsächliche Übernahme (Ablieferung) der Ware urkundlich nachweisen. Bei Geschäften, die auf Grund einer Bevollmächtigung abgeschlossen wurden, muß die Vollmacht des Bestellers urkundlich nachgewiesen werden.

Eingefügt durch Art IV Z 16 der 1. GEN RGBl 1914/118

Lit: *Hagen,* Der Gerichtsstand der Niederlassung, JBl 1969, 61; *Hellmer,* Der beabsichtigte Vollstreckungs-Rechtshilfevertrag zwischen Österreich und Ungarn und die Frage der Aufnahme ungarischer Gerichtsstände in unser Recht, GZ 1914, 33; *Klein/Engel,* Das Zivilprozeßrecht der Kulturstaaten III – Der Zivilprozeß Österreichs (1927); *C. N.,* Gerichtsstand für Warenforderungen und Vollstreckung in der BRD, RdW 1987, 115; *Schauer,* Über den Vollstreckungsrechtshilfe-Vertrag mit Ungarn, GZ 1914, 185; *Schoibl,* Der Gerichtsstand für Warenforderungen der Kaufleute nach § 87 a JN und der österreichisch-deutsche Anerkennungs- und Vollstreckungsvertrag 1959, AnwBl 1989, 121; *ders,* Die Niederlassung im österreichischen Zivilprozeßrecht, in *Schuhmacher/Gruber,* Rechtsfragen der Zweigniederlassung (1993) 301.

Übersicht:

I. Anwendungsbereich

A. Persönlicher Anwendungsbereich

1 Der Gerichtsstand nach § 87 a JN kommt **nur zwischen Kaufleuten** zur Anwendung. Der Begriff „Kaufleute" bestimmt sich nach den Vorschriften des HGB (§§ 1 ff HGB).

Während der **Kläger** ein **protokollierter** (Voll-)**Kaufmann** sein muß, ist es nicht erforderlich, daß der **Beklagte Vollkaufmann** ist. Der Beklagte kann demnach **auch** ein **Minderkaufmann** sein.

B. Sachlicher Anwendungsbereich

2 Es muß sich um **Forderungen aus einem** im Rahmen des Geschäftsbetriebs des Kaufmannes erfolgten **Verkauf** handeln, wobei aus dem Wortlaut des Gesetzes abzuleiten ist, daß Gegenstand des Handelskaufes nur **Waren,** nicht auch Wertpapiere sein dürfen. Hingegen ist es nicht erforderlich, daß die Klage auf Bezahlung des Kaufpreises für die veräußerte Ware gerichtet ist, sondern es können auch Schadenersatz- und Bereicherungsansprüche aus dem Geschäft (so Erlaß JMVBl 1914/43, 340, ihm folgend *Neumann*, Kommentar[4] I 214 und *Schauer,* GZ 1914, 195; glA sind *Mayr* in *Rechberger,* ZPO § 87 a JN Rz 3; *Schoibl,* AnwBl 1989, 124; *ders* in *Schuhmacher/Gruber,* Zweigniederlassung 347), etwa wegen unberechtigter Zurückweisung der Ware, geltend gemacht werden.

3 Nicht unter § 87 a JN fallen Forderungen aus einem Kauf von Waren durch einen protokollierten Kaufmann, wenn der Kläger als Käufer Ansprüche aus dem Kaufvertrag ableitet. Ebenso gehören Klagen auf Abschluß oder Erfüllung eines Kaufvertrages, die der Käufer als Kläger geltend macht, nicht hierher. Weiters ist § 87 a JN nicht auf Forderungen aus einem Werklieferungsvertrag anwendbar (ZfRV 1992/34).

C. Zeitlicher Anwendungsbereich

4 Die Geltendmachung des Gerichtsstandes des § 87 a JN ist zeitlich auf die Dauer von **2 Jahren, von der letzten Bestellung an gerechnet,** beschränkt, wobei als Zeitpunkt der Bestellung das Einlangen der Bestellung beim Verkäufer, also dem Kläger, anzusehen ist. Die spätere Bestätigung der Bestellung durch den Kläger und der tatsächliche Lieferungstermin für die Waren sind für die Berechnung der Zweijahresfrist ohne Bedeutung. Maßgeblich für die Anwendung des Gerichtsstandes nach § 87 a JN ist, weil auch die Frist für seine Inanspruchnahme von diesem Zeitpunkt an läuft, der **Zeitpunkt der letzten Bestellung** (OLG Wien EvBl 1949/132; SZ 7/95 [1925]). Es müssen also zu diesem Zeitpunkt **beide Streitteile Kaufleute** gewesen sein (*Feil,* JN 221; *Klein/Engel,* Zivilprozeß 114; *Pollak,* System[2], 314; *Schoibl,* AnwBl 1989, 123), auf die Verhältnisse zum Zeitpunkt der Klageerhebung kommt es dagegen nicht an (aA *Fasching*[1] I 440, nach dessen Ansicht der Kläger auch noch im Zeitpunkt der Klagseinbringung [§ 29 JN] protokollierter Kaufmann sein muß).

II. Anknüpfungspunkt

5 Gerichtsstand für Klagen wegen Warenforderungen der Kaufleute ist wahlweise neben dem allgemeinen Gerichtsstand des Beklagten der Gerichtsstand der **Niederlassung des Klägers (Aktivgerichtsstand).** Dies ist eine Umkehrung des Gerichtsstandes der Niederlassung (§ 87 JN), bei dem es auf die Niederlas-

sung des Beklagten ankommt (*Pollak,* System², 314; *Sperl,* Lehrbuch 127). Der Gerichtsstand für Warenforderungen von Kaufleuten (§ 87a JN) stellt eine Ergänzung des Gerichtsstandes der Niederlassung (§ 87 JN) dar (*Hagen,* JBl 1969, 61).

Auch eine Zweigniederlassung begründet den Gerichtsstand des § 87a JN, wenn es sich um eine Zweigniederlassung nach den Vorschriften des Handelsrechts (§§ 13f HGB) handelt und die Warenlieferung durch diese Zweigniederlassung erfolgt ist. Im übrigen gelten für den Begriff der Niederlassung und die Voraussetzungen für den Bestand einer solchen die in § 87 JN dargestellten Grundsätze (vgl § 87 JN Rz 5ff).

III. Urkundlicher Nachweis

A. Gegenstand des Nachweises

6 Erforderlich ist, daß der Kläger sowohl die als Grundlage der Forderung dienende **Bestellung wie auch** die **tatsächliche Übernahme bzw Ablieferung der Ware** und, wenn das Geschäft durch Bevollmächtigte abgeschlossen wurde, auch die **Bevollmächtigung nachweist** (vgl SZ 45/86 [1972]; JBl 1954, 541 sowie Rsp 1929/309; GlUNF 7275 [1915]). Daher vermag die Übersendung unverlangter Ware nicht den Gerichtsstand des § 87a JN zu begründen, selbst wenn diese Ware dann vom Beklagten gekauft wurde. Daraus ergibt sich, daß der Nachweis des Kaufes der Ware an sich nicht für die Annahme einer Bestellung hinreicht (RZ 1933, 124 = ZBl 1933/64), sofern nicht zusammen mit anderen Umständen, etwa einer laufenden Geschäftsverbindung aus der vorgelegten Urkunde neben der Tatsache des Kaufes auch auf die Bestellung der Ware geschlossen werden kann. Die einmal erfolgte Übernahme der Ware wird dadurch nicht ausgeschlossen, daß der Beklagte sie wieder dem Verkäufer zur Verfügung gestellt hat, da er die Annahme nunmehr verweigert (*Neumann,* Kommentar⁴ I 213f; *Schauer,* GZ 1914, 195; ZBl 1929/217; JMVBl 1914/43, 340).

B. Form des Nachweises

7 Der Nachweis der Bestellung, der Ablieferung oder Übernahme der Ware durch den Beklagten sowie einer etwaigen Bevollmächtigung hat **urkundlich** (zB durch Bestell- und Lieferschein) zu erfolgen.

8 Urkunden iSd § 87a JN sind **nicht formgebunden** (ZBl 1916/182). Es genügen Briefe (GlUNF 7689 [1915]), auch wenn sie nicht von den Parteien unterfertigt sind. Selbst wenn die Vorschriften über die Vertretungsbefugnis nach den handelsrechtlichen Vorschriften nicht eingehalten sind, so etwa, wenn von mehreren nur kollektivvertretungsbefugten Gesellschaftern oder Prokuristen nicht alle unterzeichnen (Rsp 1929/309 = ZBl 1929/306), ist die Urkunde als Nachweis der Bestellung und Übernahme hinreichend. Ebenso reicht auch ein Telegramm oder Telefax aus. Ausschlaggebend ist nur, daß der Nachweis schriftlich erfolgt, auch wenn die vorgelegte Urkunde nicht zu dem Zweck geschaffen wurde, um Bestellung und Übernahme festzuhalten, sondern sich aus ihrem Wortlaut nur nebenbei auch diese Tatsachen ergeben. Ein mündlicher Nachweis durch Zeugen oder durch ein gerichtliches Geständnis des Beklagten reicht nur dann aus, wenn die Aussagen in einem anderen Rechtsstreit protokolliert sind und diese Protokolle als Urkunden vorgelegt werden können.

9 Aus dem Inhalt der Urkunde muß sich neben der Ablieferung auch die Bestellung der Ware (und damit die rechtliche Grundlage der Warenforderung)

ergeben. Der Nachweis des Besitzes des Beklagten an der Ware genügt nicht (*Schoibl,* AnwBl 1989, 123 mwN; RZ 1933, 124 = ZBl 1933/64; ZBl 1929/217; ZBl 1916/142; GlUNF 7582 = JBl 1915, 624), sodaß eine schriftliche Mängelanzeige des Beklagten, aus der nicht auch die Bestellung selbst ersichtlich ist oder in der nicht auf diese Bezug genommen wird, nicht ausreicht.

Der Nachweis der Bevollmächtigung iSd § 87a JN ist nicht allein schon durch die Verwendung der Geschäftsstampiglie erbracht (JBl 1954, 541). **10**

C. Zeitpunkt des Nachweises

Der **Nachweis** muß **nicht** schon **in der Klage** durch Beilegung von Urkunden erbracht werden. Die Urkunden müssen **erst über Verlangen des Gerichtes** im Zug der amtswegigen Zuständigkeitsprüfung nach § 41 JN oder bei der über die Einrede des Beklagten erfolgenden Verhandlung über die Zuständigkeit vorgelegt werden (*Fasching,* Lehrbuch[2] Rz 299; *Holzhammer,* Zivilprozeßrecht[2], 56; *Mayr* in *Rechberger,* ZPO § 87a JN Rz 2; *Schoibl,* AnwBl 1989, 124f; SZ 7/128 [1925]). Wohl aber muß der Kläger bereits **in der Klage** die **Umstände behaupten, auf die** er die **Zuständigkeit** des Gerichtes **nach § 87a JN stützt** und die Vorlage der Urkunden anbieten. **11**

Eine Unterlassung der Behauptung der Zuständigkeitstatbestände muß zur Klagszurückweisung führen. Unterläßt der Kläger hingegen nur das Anerbieten, Urkunden vorzulegen, dann wäre eine sofortige Zurückweisung nur möglich, wenn dem Gericht das klägerische Vorbringen, soweit es die Zuständigkeit betrifft, bereits als unrichtig bekannt ist (§ 41 Abs 2 JN). Im übrigen gilt für die Urkundenvorlagepflicht § 77 ZPO.

IV. Auslegungsregeln

Der Rahmen der Anwendung des § 87a JN ist im Gesetz eindeutig bestimmt. Bei allfälligen, dennoch auftretenden Grenzfragen, wird im Zweifel auf die Handelsbräuche und Sitten des Handelsverkehrs (insb bei Bestellung und Übernahme) Bedacht zu nehmen sein (RZ 1933, 124 = ZBl 1933/64). Vgl ferner den Erlaß JMVBl 1914/43, 339, dessen Grundsätze in der hier gegebenen Darstellung und der zitierten Rsp berücksichtigt sind. **12**

Gerichtsstand des Erfüllungsortes

§ 88. (1) Klagen auf Feststellung des Bestehens oder Nichtbestehens eines Vertrages, auf Erfüllung oder Aufhebung desselben sowie auf Entschädigung wegen Nichterfüllung oder wegen nicht gehöriger Erfüllung können bei dem Gerichte des Ortes erhoben werden, an welchem der Vertrag nach Übereinkunft der Parteien vom Beklagten zu erfüllen ist. Die Vereinbarung muß urkundlich nachgewiesen werden.

(2) Unter Personen, welche ein Handelsgewerbe betreiben, wird der Gerichtsstand des Erfüllungsortes auch durch die Annahme einer zugleich mit der Ware oder schon vor ihrem Einlangen übersendeten Faktura begründet, welche mit dem Vermerke versehen ist, daß die Zahlung an einem bestimmten Orte zu leisten ist und daß an demselben Orte die Klagen aus dem Geschäfte angebracht werden können, es sei denn, daß dieser Vermerk oder die Faktura im allgemeinen als vertragswidrig beanständet oder die Faktura ohne Bemerkung zurückgestellt oder die fakturierte Sendung als nicht bestellt zurückgewiesen wird.

IdF Art IV Z 17 der 1. GEN RGBl 1914/118

Lit: *Fasching,* Abgrenzungs- und Anwendungsprobleme beim Gerichtsstand des Erfüllungsortes nach österreichischem Recht, Nagel-FS (1987) 26; *Jelinek,* Gerichtszuständigkeit im Verbraucherprozeß (§ 14 KSchG) in *Krejci,* Handbuch zum Konsumentenschutzgesetz (1981) 859; *Morgenstern,* Fakturengerichtsstand und Zession offener Buchforderungen, JBl 1912, 377; *Pfersmann,* Bemerkenswertes aus der SZ 57, ÖJZ 1987, 106; *Schack,* Der Erfüllungsort im deutschen, ausländischen und internationalen Privat- und Prozeßrecht (1985); *J. Schröder,* Internationale Zuständigkeit (1971); *Schwimann,* Örtliche Zuständigkeit und „inländische Gerichtsbarkeit", RdW 1985, 332; *Sperl,* Vereinbarung der Zuständigkeit und Gerichtsstand des Erfüllungsortes (1897); *Stagel/Michlmayr,* Die Zivilprozeßordnung und die Jurisdiktionsnorm[12] (1960).

Übersicht:

I. Der Gerichtsstand des Erfüllungsortes (§ 88 Abs 1 JN)

A. Allgemeines

1 Beim Gerichtsstand des Erfüllungsortes handelt es sich um eine **Sonderform des „vereinbarten Gerichtsstandes"** nach § 104 JN (*Fasching,* Nagel-FS 27 f; *Matscher,* Zuständigkeitsvereinbarungen 15; *Schröder,* Zuständigkeit 318 f), weil der Gerichtsstand nur bei dem Ort entsteht, an welchem nach Übereinkunft der Parteien der Vertrag vom Beklagten zu erfüllen ist. Zuständigkeitsbegründend ist also die Vereinbarung der Parteien über den Erfüllungsort. Im Gegensatz zur Zuständigkeitsvereinbarung nach § 104 JN wird aber durch die Vereinbarung des Erfüllungsortes stets nur ein **Wahlgerichtsstand** begründet. Es kann auch nur die örtliche, niemals aber die sachliche Zuständigkeit verschoben werden (*Fasching,* Nagel-FS 32).

B. Anwendungsbereich und -voraussetzungen

1. Vorliegen eines Vertrages, in dem ein Erfüllungsort vereinbart wurde

2 Voraussetzung für diesen Gerichtsstand ist das **Bestehen eines Vertrages** (ausgenommen § 2 Abs 1 VersicherungswiederaufbauG 1955, der einen gesetzlichen Erfüllungsort und Gerichtsstand am Ort des Sitzes des Versicherers normiert, s SZ 52/126 = VersRdSch 1981, 155).

3 Was als Vertrag anzusehen, ob dieser zustande gekommen und gültig ist, richtet sich **nach den Bestimmungen des** (nach dem IPRG anzuwendenden) **materiellen Rechts** (*Fasching,* Nagel-FS 30). Denn die Vereinbarung wurde vor Beginn des Rechtsstreits getroffen und die erweisliche Absicht der Parteien ist primär auf die Gestaltung ihrer materiellen Vertragsbeziehung gerichtet. Die prozessuale Wirkung (die Begründung des Gerichtsstandes des Erfüllungsortes) ist eine unabhängige Nebenwirkung der Übereinkunft, die nur eintritt, wenn im Prozeß bestimmte Erfordernisse (entsprechendes Vorbringen und urkundlicher Nachweis) erfüllt werden (*Fasching,* Nagel-FS 30).

4 Bei der Beurteilung der Gültigkeit der Vereinbarung wird vor allem auf § 864a ABGB Bedacht zu nehmen sein, nach dem Bestimmungen ungewöhn-

lichen Inhalts in Allgemeinen Geschäftsbedingungen oder Vertragsformblättern, die ein Vertragsteil verwendet hat, nicht Vertragsbestandteil werden, wenn sie dem anderen Teil nachteilig sind und er mit ihnen auch nach den Umständen, vor allem nach dem äußeren Erscheinungsbild der Urkunde, nicht zu rechnen brauchte, es sei denn, der eine Vertragsteil hat den anderen besonders darauf hingewiesen.

5 Mangels Vorliegens eines Vertrages fallen **weder Bereicherungs- und Verwendungsklagen noch Schadenersatzklagen,** die **auf** ein **deliktisches Verhalten des Beklagten gestützt** sind, in den Anwendungsbereich des § 88 Abs 1 JN. Nur dann, wenn das deliktische Verhalten sich auf einen zwischen Schädiger und Geschädigtem bestehenden oder bestandenen Vertrag bezieht, ist § 88 Abs 1 JN anwendbar.

6 Soweit es sich nicht um ein Verbrauchergeschäft handelt, für das § 14 KSchG gilt (Näheres dazu s Rz 68), besteht innerhalb der Verträge keine Einschränkung für die Anwendbarkeit des Gerichtsstandes des Erfüllungsortes. Daher kann ein nach § 88 Abs 1 JN für die Begründung eines Wahlgerichtsstandes beachtlicher Erfüllungsort, insb bei allen Arten von Kauf-, Werklieferungs-, Werk-, Darlehens-, Leih-, Verwahrungs- und Tauschverträgen, aber auch bei Dauerschuldverhältnissen aller Art (sofern hier nicht eine abweichende sachliche Zuständigkeit, wie bei Dienstverträgen, gegeben ist) vereinbart werden.

7 **Keinesfalls** ist der Gerichtsstand des § 88 Abs 1 JN **auf zwei- oder einseitige Handelsgeschäfte beschränkt.** Es können vielmehr Streitigkeiten aus allen Verträgen, gleichgültig, ob daran Kaufleute beteiligt sind oder ob der Vertrag im Betrieb eines Handelsgewerbes geschlossen wurde, vor dieses Gericht gebracht werden.

2. Vereinbarung des Erfüllungsortes

a) Inhalt

8 Zwischen den Parteien muß ein **Erfüllungsort vereinbart** sein. Es ist erforderlich, daß der **Ort namentlich angeführt** ist (*Fasching,* Nagel-FS 33; RZ 1975/27; EvBl 1951/19; aA *Iro* in *Avancini/Iro/Koziol,* Bankvertragsrecht I Rz 1/150; *Mayr* in *Rechberger,* ZPO § 88 JN Rz 3; *Schröder,* Zuständigkeit 319 f, nach denen es genügt, wenn der Ort so eindeutig und bestimmt umschrieben ist, daß ihn das angerufene Gericht ohne zusätzliche Erhebungen und Schwierigkeiten zweifelsfrei feststellen kann).

9 Die Vereinbarung des Erfüllungsortes muß **ausdrücklich auf diesen Zweck abgestellt** sein (RZ 1964, 40; EvBl 1963/488 = RZ 1963, 199) und **es darf nicht dem Gericht überlassen bleiben, unter Anwendung des materiellen Rechts zu bestimmen, welchen Ort die Parteien als Erfüllungsort gemeint haben,** oder gar, welcher Ort nach dem Gesetz (zB nach § 905 ABGB aus der Natur des Geschäftes) oder Handelsbrauch der Erfüllungsort ist (*Fasching,* Nagel-FS 34; EvBl 1956/370). Das Gericht soll nämlich bei seiner Zuständigkeitsprüfung darauf beschränkt bleiben, zu untersuchen, ob der von den Parteien als Erfüllungsort bezeichnete Ort in den Gerichtssprengel des angerufenen Gerichtes fällt (*Fasching,* Nagel-FS 34).

10 Daher ist ein aus einem Wechsel ersichtlicher Zahlungsort nicht auch schon als ein ausdrücklich vereinbarter Erfüllungsort anzusehen. Auch der in der Offerte enthaltene Hinweis, daß Zahlungen durch Überweisung an eine bestimmte Bank zu leisten seien, reicht hiezu nicht aus; der Sitz der Bank wird dadurch nicht schon zum Erfüllungsort (RZ 1975/27). Die Angabe eines Ablieferungsortes im Frachtbrief begründet nicht einen Erfüllungsort (ZBl 1930/124).

11 Der **Erfüllungsort** muß aber nicht in der Urkunde selbst genannt sein (aM EvBl 1951/19; dazu krit *Fasching,* Nagel-FS 35 FN 35), es genügt, wenn sich der Erfüllungsort **aus einer anderen** mit ihr in einem ausdrücklichen Wechselbezug stehenden und gleichfalls **vorgelegten Urkunde** ergibt (*Fasching,* Nagel-FS 35; *Mayr* in *Rechberger,* ZPO § 88 JN Rz 3). Die Bezugnahme auf eine der Vertragsurkunde nicht beigeschlossene Urkunde genügt hingegen nicht. Darum reicht die in einem Bestellschein enthaltene Klausel, daß am „Ort der Fakturenausstellung" zu zahlen und zu klagen sei, zur Begründung des Gerichtsstandes des Erfüllungsortes nicht aus (HG Wien EvBl 1937/436; SZ 17/106 [1935]).

b) Form und Gültigkeit

12 Für die Vereinbarung des Erfüllungsortes besteht **Formfreiheit.** Es ist daher **nicht erforderlich,** daß der Erfüllungsort **schriftlich oder** durch **zweiseitig unterfertigte Urkunde** zwischen den Parteien vereinbart wurde. Nach dem Erlaß JMVBl 1914/43, 340, **genügt** auch eine **mündliche Vereinbarung** des Erfüllungsortes (*Fasching,* Nagel-FS 33) oder die Unterwerfung unter die entsprechenden Vertragsbestimmungen.

13 Handelt es sich um eine **schriftliche Vereinbarung,** dann kann sie **auch im Weg des Briefwechsels** der Parteien erfolgen (GlUNF 3807 [1907]), so zB durch die Annahme eines schriftlichen Antrages des Bestellers, einen Erfüllungsort zu vereinbaren, durch eine schriftliche Auftragsbestätigung (JBl 1976, 378) oder durch Unterfertigung eines Schlußbriefes, eines Schuldscheines über ein Darlehen (GlUNF 6232 [1913]) oder eines Bestellscheines (ZBl 1912/163; GlUNF 4755 [1909], 4028 [1907]), selbst wenn dieser in einer dem Besteller fremden Sprache abgefaßt ist (GlUNF 5387 [1911]).

14 Soweit es sich hier um **einseitige Erklärungen** handelt, muß aber aus dem Text und Bild der Vereinbarung **klar erkennbar sein, daß die Bestimmung des Erfüllungsortes bereits von der Unterschrift des Antragstellers mitumfaßt war** und daß eine nachträgliche Beifügung ausgeschlossen scheint. Dies ist in Zweifel zu ziehen, wenn sich die Unterschrift bei einer nicht gedruckten Urkunde oberhalb der Vereinbarung des Erfüllungsortes befindet (vgl LGZ Wien EvBl 1934/542). Hingegen muß man bei gedruckten Bestellscheinen im allgemeinen annehmen, daß der Besteller auch eine unter seiner Unterschrift befindliche Vereinbarung eines Erfüllungsortes gelesen und genehmigt hat (sofern sie nicht offenbar zu klein und als nebensächlich an bedeutungslos scheinender Stelle abgedruckt ist) und daß diese Vereinbarung bereits bei der Unterfertigung auf dem Bestellschein abgedruckt war (JBl 1975, 548; EvBl 1961/272 = JBl 1961, 512). Hier muß man im Zweifel vom Besteller die Streichung dieser Klausel voraussetzen. Keinesfalls genügt aber der auf der nicht unterzeichneten Rückseite eines Bestellscheines enthaltene Vordruck der Vereinbarung eines Erfüllungsortes (EvBl 1972/7). Ein Kaufmann muß aber eine auf der Rückseite eines Auftragsformulars abgedruckte Vereinbarung des Erfüllungsortes, auf die auf der Vorderseite in deutlicher Schrift hingewiesen wurde, gegen sich gelten lassen (RZ 1981/63).

15 Enthält der Bestellschein nur die Aufforderung an den Geschäftspartner, einen Erfüllungsort zu bestimmen, dann muß diese Bestimmung schriftlich erfolgen; desgleichen auch die Annahme eines Antrages auf Bestimmung eines bestimmten Erfüllungsortes (SZ 15/23 = ZBl 1933/121).

16 Die Vereinbarung kann **auch durch konkludente Handlungen** erfolgen (*Mayr* in *Rechberger,* ZPO § 88 JN Rz 2; *J. Schröder,* Zuständigkeit 319f; HG Wien WR 254 [1986]; SZ 39/17 = EvBl 1966/240; LGZ Wien EvBl 1936/1055; ggt

EvBl 1972/273; EvBl 1968/306 = JBl 1969, 563; RZ 1964, 40; EvBl 1963/488 = RZ 1963, 199; EvBl 1956/370), so zB durch Unterwerfung unter gedruckte Vertragsbedingungen (SZ 47/146 [1974]), doch muß das Zustandekommen der Vereinbarung urkundlich nachgewiesen werden.

17 Wenn der Beklagte seinen Wohnsitz oder Sitz in einem Vertragsstaat des EuGVÜ/LGVÜ hat, kommen Art 2 oder Art 5 Z 1 EuGVÜ/LGVÜ zur Anwendung.

c) Unwirksamwerden der Vereinbarung des Erfüllungsortes

18 Die Vereinbarung des Erfüllungsortes muß, um unwirksam zu werden, **ausdrücklich oder in einer, jeden Zweifel ausschließenden, konkludenten Form aufgehoben** werden. Durch die einseitige Stornierung des Vertrages wird nicht gleichzeitig auch die Vereinbarung des Erfüllungsortes beseitigt; denn es ergibt sich aus dem Aufgabenkreis dieses Gerichtsstandes, daß auch die Streitigkeiten wegen des Nichtbestandes des Vertrages (wegen der Aufhebung) und wegen Schadenersatz infolge Nichterfüllung noch vor diesen Gerichtsstand gehören, selbst wenn der Vertrag nicht mehr besteht. Daraus ergibt sich, daß die Vereinbarung des Erfüllungsortes ausdrücklich aufgehoben werden muß, um den einmal begründeten Gerichtsstand des Erfüllungsortes zu beseitigen oder aber durch solche Handlungen außer Kraft gesetzt werden muß, die keinen Zweifel daran offen lassen, daß damit der Gerichtsstand des Erfüllungsortes aufgehoben werden soll. Insb vermag zB die zwischen beiden Parteien erfolgte Übersendung und unbeanstandete Annahme einer Faktura über das vertragsgegenständliche Geschäft diesen Gerichtsstand des Erfüllungsortes selbst dann nicht zu beseitigen, wenn die Gerichtsstandsklausel der Faktura mit dem vertraglich vereinbarten Erfüllungsort in Widerspruch steht (GlUNF 7429 [1915]).

3. Urkundlicher Nachweis

a) Urkundlicher Nachweis der Vereinbarung des Erfüllungsortes

19 Muß auch die Vereinbarung selbst nicht schriftlich zustande gekommen sein, so muß sie doch dem **Gericht urkundlich nachgewiesen werden** (ZfRV 1997/58).

Zweck dieser Vorschrift ist es, dem Gericht ein bei der Zuständigkeitsprüfung sofort parates inhaltlich ausreichendes Beweismittel in die Hand zu geben, das weitere Erhebungen über das Vorliegen des Zuständigkeitstatbestandes ausschließt und insb auch ein Eingehen auf die über die Übereinkunft des § 88 Abs 1 JN hinausgehenden Vertragsbeziehungen zwischen den Parteien überflüssig macht (*Fasching,* Nagel-FS 34).

20 Der Nachweis muß zwar **nicht bereits in der Klage selbst** erfolgen (LGZ Wien EvBl 1949/130; im gleichen Sinne für den parallel gelagerten Fall des § 87a JN SZ 7/128 [1925]), jedoch hat **die Klage** selbst bereits die **Behauptung der Vereinbarung eines Erfüllungsortes und das Anbieten des urkundlichen Nachweises** zu enthalten (*Fasching,* Nagel-FS 34). Den **urkundlichen Nachweis** muß der Kläger erst dann erbringen, wenn der **Beklagte** die Unzuständigkeitseinrede erhebt und dabei gleichzeitig die Zuständigkeitsbehauptung oder das Vorliegen eines urkundlichen Nachweises **bestreitet** (*Fasching,* Nagel-FS 34; LGZ Wien EvBl 1949/130). Wenn der Beklagte hingegen nur die Gültigkeit, nicht aber das Vorliegen und den Inhalt der Vereinbarung bestreitet, dann bedarf es – ausgenommen in den Fällen des § 864a ABGB – keines urkundlichen Nachweises (ZBl 1936/189).

Im Zuge der amtswegigen Zuständigkeitsprüfung durch das Gericht nach § 41 JN ist der Kläger nur dann zur Urkundenvorlage aufzufordern, wenn dem Gericht das Vorbringen bereits als **offenbar unrichtig** iSd § 41 Abs 2 JN bekannt ist (OLG Innsbruck EvBl 1988/136). **21**

Stellt der Beklagte das Zuständigkeitsvorbringen des Klägers, es sei ein schriftlicher Erfüllungsort vereinbart worden, **außer Streit,** dann **bedarf es keiner Urkundenvorlage** (ZBl 1936/189). **22**

Im allgemeinen wird der urkundliche Nachweis über eine Vereinbarung des Erfüllungsortes durch die **Vorlage der diesbezüglichen schriftlichen Vereinbarung** erbracht werden können. **23**

Die vorgelegte Urkunde **braucht nur vom Beklagten** (nicht aber von der Person, die sich auf den Gerichtsstand des Erfüllungsortes beruft) **unterschrieben zu sein** (EvBl 1975/64; JBl 1975, 548; SZ 47/146 [1974]; EvBl 1968/306 = JBl 1969, 563). **24**

Dort, wo der Erfüllungsort nicht schriftlich oder nicht eindeutig vereinbart wurde, bedarf es des urkundlichen Nachweises, daß eine Vereinbarung getroffen worden ist. Nur der urkundliche Nachweis der getroffenen Vereinbarung ist zur Begründung des Gerichtsstandes des Erfüllungsortes erforderlich, nicht auch der Umstand, daß der Erfüllungsort selbst schriftlich vereinbart wurde. **25**

Ein Telegramm wird man stets dann als geeignet ansehen müssen (vgl jedoch AmtlSlg 1705 = GlUNF 7411 [1915]), wenn der Kläger den Nachweis der Absendung bzw des Empfanges durch den Beklagten zu erbringen vermag. **26**

b) Urkundlicher Nachweis der Bevollmächtigung

Dort, wo die Vereinbarung des Erfüllungsortes durch Bevollmächtigte getroffen wurde, bedarf es **auch des urkundlichen Nachweises der Bevollmächtigung** (vgl § 87a JN), um den Gerichtsstand des § 88 Abs 1 JN annehmen zu können (RZ 1964, 40; LGZ Wien EvBl 1935/732; GlUNF 7275 [1915]). Nach dem OGH (SZ 45/86 [1972]) braucht allerdings nur die Vollmacht des Beklagten, nicht aber auch jene des Klägers nachgewiesen werden. **27**

Auch der Umstand, daß der Sohn die Geschäftsstampiglie des Vaters verwendet hat, befreit nicht vom Nachweis der Bevollmächtigung des Sohnes (EvBl 1956/132), wie überhaupt die Verwendung einer Geschäftsstampiglie nicht den Nachweis der Bevollmächtigung durch den Geschäftsinhaber ersetzt (JBl 1954, 541). **28**

Die Vertretungsmacht nach § 96 ABGB („Schlüsselgewalt des Ehegatten“) umfaßt auch die Vereinbarung des Erfüllungsortes (LGZ Wien EFSlg 39.108 [1981], 35.247 [1980]). Sie muß daher ebensowenig wie die Bevollmächtigung eines Rechtsanwaltes oder Notars im Prozeß urkundlich nachgewiesen werden (§ 8 Abs 1 RAO; § 5 Abs 4a NO, vgl auch § 30 Abs 2 ZPO; *Fasching,* Nagel-FS 35 FN 36) **29**

4. Persönlicher Anwendungsbereich

a) Gläubiger als Kläger

Das Gericht des Erfüllungsortes kann **nur vom Gläubiger angerufen werden,** also von demjenigen, der auf Grund des Vertrages einen Anspruch auf Erfüllung des Vertrages hat. Dies ergibt sich aus der Aufzählung der Streitigkeiten, die vor diesem Gerichtsstand angebracht werden dürfen und daraus, daß § 88 Abs 1 JN ausdrücklich von einem **Vertrag** spricht, **der „vom Beklagten zu erfüllen ist“** (Spr 263 = AmtlSlgNF 1734 = ZBl 1917/14). Der Schuldner kann den **30**

Gläubiger nicht bei diesem Gerichtsstand klagen. Handelt es sich um **zweiseitig entgeltliche Verträge,** bei denen beide Vertragsteile zu leisten haben und zum Empfang von Leistungen vertraglich berechtigt sind, wie bei Kauf-, Tausch- und Werkverträgen sowie bei Verträgen, in denen eine Zug um Zug Leistung vereinbart worden ist, dann ist **für beide Teile** die **Anrufung des Gerichtsstandes des Erfüllungsortes zulässig** (ZBl 1921/195). Dies gilt auch dann, wenn es sich um zwei selbständige Verträge handelt, die wechselseitig zwischen den Parteien vereinbart und in einer Urkunde festgelegt werden (ZBl 1917/303), so bei gegenseitigen Kaufverträgen.

b) Rechtsnachfolger und der Schuld Beitretende

31 Nicht nur die Vertragsteile, sondern **auch** die **Einzel- und** die **Gesamtrechtsnachfolger** können den Gerichtsstand des Erfüllungsortes für sich in Anspruch nehmen (*Mayr* in *Rechberger,* ZPO § 88 JN Rz 4; *Pollak,* System², 316; LGZ Wien EvBl 1935/351; GlUNF 6232 [1913]), so insb bei einer Vermögensübernahme nach § 1409 ABGB, §§ 22 ff HGB oder bei der Zession.

Dagegen kommt, weil hier keine Schuldübernahme, sondern ein Schuldbeitritt vorliegt, der Gerichtsstand des Erfüllungsortes **nicht** auf **Bürgen** (so auch *Mayr* in *Rechberger,* ZPO § 88 JN Rz 4), Solidarbürgen und **beitretende Mitschuldner** des Schuldners zur Anwendung. Diese können nur dann beim Gerichtsstand des Erfüllungsortes geklagt werden, wenn zugleich der Schuldner vor diesem Gericht belangt wird und daher die Zuständigkeit des Gerichtes für diese Personen als Streitgenossen nach § 93 JN gegeben ist.

c) Scheinvertreter und sonstige Dritte

32 Weiters können Ansprüche aus dem Nichtzustandekommen des Vertrages **gegen Dritte nicht** beim Gerichtsstand des Erfüllungsortes anhängig gemacht werden, auch wenn dieser Dritte das Zustandekommen des Vertrages schuldhaft vereitelt hat. Daher sind die Ansprüche nach Art 8/11 der 4. EVHGB gegen den **Scheinvertreter nicht** beim Gerichtsstand des Erfüllungsortes anhängig zu machen, auch wenn der Kläger vom Scheinvertreter nicht den Schadenersatz, sondern die Erfüllung des Vertrages begehrt. Auch die Ersatzansprüche gegen den Scheinvertreter nach bürgerlichem Recht gehören nicht vor das Gericht des § 88 Abs 1 JN (HG Wien EvBl 1935/238).

5. Sachlicher Anwendungsbereich

33 Im einzelnen sind die Streitigkeiten, die beim Gericht des Erfüllungsortes angebracht werden dürfen, auf nachstehende Klagen beschränkt:

- **Klagen auf Feststellung des Bestehens oder Nichtbestehens des Vertrages;**

Dabei ist es gleichgültig, ob der Bestand oder Nichtbestand von der Wirksamkeit oder Unwirksamkeit des Vertragsabschlusses selbst oder von nachträglich eingetretenen Veränderungen, etwa der Wirksamkeit oder Unwirksamkeit einer Auflösungserklärung, abhängt.

- **Klagen auf Erfüllung des Vertrages;**
- **Klagen auf Aufhebung des Vertrages;**

Dazu zählen die Ansprüche auf Aufhebung eines Vertrages (wegen Nichtigkeit) ex tunc, so wegen Mangels der Geschäftsfähigkeit, Ernstlichkeit und Verständlichkeit der Willensäußerung, mangelnder Willensübereinstimmung, List, Irrtum und Zwang, wegen Unmöglichkeit und Unerlaubtheit; ebenso auch die Ansprüche auf Aufhebung des Vertrages ex nunc, so als Folge der Kündigung, einseitigen Auflösung, des einseitigen oder einverständlichen Rücktrittes, nachträglicher Unmöglichkeit der Leistung, Verletzung über die Hälfte des wahren Wertes usw.

- **Klagen auf Entschädigung wegen Nichterfüllung oder Schlechterfüllung;**
Dazu zählen Klagen wegen Wandlung oder Minderung infolge Gewährleistung, Schadenersatzansprüche wegen Erfüllungsverzug (§§ 918 bis 921 ABGB) usw. Hierher gehören auch die Ansprüche wegen Verzögerung der Wahl beim Spezifikationskauf (§ 375 HGB) und wegen nicht rechtzeitiger Erfüllung beim Fixgeschäft (§ 919 ABGB, § 376 HGB).

Die **Aufzählung des § 88 Abs 1 JN** erfaßt zwar den größten und bedeutendsten Teil der Vertragsansprüche, aber nicht alle. Nicht durch § 88 Abs 1 JN erfaßt sind zB die Klagen auf Rückforderung dessen, was der Kläger aus einem einverständlich aufgelösten Vertrag bereits im voraus geleistet hat, auf Feststellung der erfolgten Erfüllung, auf Ausfolgung des Schuldscheines nach erfolgter Rückzahlung des Darlehens und auf Feststellung, die dem Kläger obliegende Gegenleistung sei verjährt (vgl *Sperl,* Lehrbuch 163). Trotzdem ist die Aufzählung des § 88 Abs 1 JN als eine **taxative** anzusehen (*Fasching,* Nagel-FS 33; *Mayr* in *Rechberger,* ZPO § 88 JN Rz 5; HG Wien EvBl 1935/238), eine ausdehnende Auslegung des § 88 Abs 1 JN ist abzulehnen. 34

Wenn der Erfüllungsort vereinbart worden ist, dann erfaßt der Gerichtsstand alle im § 88 Abs 1 JN genannten Streitigkeiten aus dem betreffenden Vertrag, gleichgültig, wo im Einzelfall die einzelnen Teilleistungen tatsächlich erbracht wurden oder werden. Nur dann, wenn die Übereinkunft selbst für einzelne bestimmte Teilleistungen ausdrücklich verschiedene Erfüllungsorte bestimmt, ist auch prozessual jeder Gerichtsstand des § 88 Abs 1 JN nur für die Streitigkeiten über diese Teilleistungen vorgesehen (*Fasching,* Nagel-FS 32). 35

II. Der Fakturengerichtsstand (§ 88 Abs 2 JN)

A. Allgemeines

Der Gerichtsstand des § 88 Abs 2 JN ist ein **Unterfall des Gerichtsstandes des Erfüllungsortes.** Im Gegensatz zum Gerichtsstand des Erfüllungsortes bedarf es zu seiner Begründung keiner Parteienvereinbarung, sondern es genügt eine **einseitige Erklärung** (RdW 1988, 11). Der Fakturengerichtsstand ist daher ein **gesetzlicher und kein vertraglicher Gerichtsstand.** Es kann daher nicht aus der Verwirklichung der Voraussetzungen des § 88 Abs 2 JN auf die Vereinbarung eines ausschließlichen Gerichtsstandes geschlossen werden, der Fakturengerichtsstand ist **auf jeden Fall** ein **Wahlgerichtsstand** (EvBl 1958/225 = JBl 1958, 407). 36

Das Nicht-Vorliegen des Fakturengerichtsstandes begründet eine **prorogable** örtliche **Unzuständigkeit,** sodaß das Fehlen der Voraussetzungen des Fakturengerichtsstandes **im Widerspruch gegen ein Versäumungsurteil nicht mehr eingewendet** werden kann (EvBl 1983/35). 37

B. Anwendungsbereich und -voraussetzungen

1. Sachlicher Anwendungsbereich

Der Fakturengerichtsstand ist beschränkt auf **Klagen aus Kaufverträgen, bei denen die Ware oder das Erzeugnis versendet bzw geliefert wird** (OLG Innsbruck EvBl 1988/136; EvBl 1968/306 = JBl 1969, 563; SZ 29/6 = EvBl 1956/110; SZ 24/229 [1951]). Es genügt, daß in der Faktura der Wert der gelieferten Ware 38 in Geld angegeben und die Bezahlung in Form anderer Waren freigestellt wird (GlUNF 1975 [1902]).

Auf Tauschverträge ieS findet der Fakturengerichtsstand **keine Anwendung.** Dagegen wird wie *Matscher* (JBl 1969, 566 [Entscheidungsanmerkung]) zutreffend nachgewiesen hat, die Anwendbarkeit des § 88 Abs 2 JN auf **Werklieferungsverträge** zu bejahen sein (so auch *Mayr* in *Rechberger,* ZPO § 88 JN Rz 9; aA EvBl 1968/306 = JBl 1969, 563; SZ 29/6 = EvBl 1956/110; SZ 24/229 [1951]). Denn es wäre eine sachlich nicht gerechtfertige Differenzierung, fielen Werklieferungsverträge, die nach materiellem Handelsrecht dem Handelskauf gleichgestellt sind, nicht in den Anwendungsbereich des Fakturengerichtsstandes.

Weiters ist der Fakturengerichtsstand bei **Forderungen aus Arbeitsleistungen** (SZ 29/6 = EvBl 1956/110; GlUNF 2378 [1903], 1263 [1901]) oder **aus anderen Leistungen höchstpersönlicher Art** (SZ 24/229 [1951]) **nicht anwendbar;** daher auch nicht auf Klagen, bei denen Arbeitsleistungen und Warenlieferungen gemeinsam geltend gemacht werden – hier ist die Zuständigkeit bezüglich der Arbeitsleistungen nicht gegeben – oder wenn ein Saldo aus Warenlieferungen und Arbeitsleistungen eingeklagt wird (SZ 24/229 [1951]).

39 Der **Umfang der Klagen,** die vor dem Fakturengerichtsstand des § 88 Abs 2 JN zulässig sind, **richtet sich,** weil der Fakturengerichtsstand ein Unterfall des Gerichtsstandes des Erfüllungsortes ist, **nach dem Umfang der vor dem Gerichtsstand des Erfüllungsortes zulässigen Klagen.** Es sind dies alle Klagen auf Feststellung des Bestehens oder Nichtbestehens des der Faktura zugrunde liegenden Kaufvertrages, auf Erfüllung und Aufhebung desselben sowie auf Entschädigung wegen Nichterfüllung oder wegen nicht gehöriger Erfüllung. Daher können auch Ansprüche wegen Verzuges, Erfüllungsvereitelung, Gewährleistung, Irreführung usw beim Fakturengerichtsstand erhoben werden.

2. Persönlicher Anwendungsbereich

a) Personen, die ein Handelsgewerbe betreiben

40 Zur Begründung des Fakturengerichtsstandes ist erforderlich, daß **beide** Vertragsteile zu dem Kreis der **Personen** gehören, **die ein Handelsgewerbe betreiben.** Dabei ist nicht erforderlich, daß es sich um Kaufleute handelt, die im Firmenbuch eingetragen sind, da die **handelsrechtliche Kaufmannsqualität** hier **nicht entscheidend** ist (LGZ Wien WR 253 [1986]; SZ 25/94 [1952]; LGZ Wien EvBl 1950/201) Maßgebend ist nur, daß die beiden Parteien ein Handelsgewerbe betreiben, also **gewerbsmäßig in ihrem Geschäftsbetrieb mit Gegenständen Umsatzgeschäfte machen, die mit diesem Betrieb im Zusammenhang stehen, gleichgültig, ob sie diese Gegenstände selbst erzeugen, bearbeiten oder bloß einkaufen und weiterverkaufen** (LGZ Wien WR 253 [1986]; LGZ Wien EvBl 1950/201; GlUNF 6672 [1913], 6649 [1913], 842 [1900]). Es ist aber nicht notwendig, daß die gelieferte Ware auch zum Betrieb des Handelsgewerbes des Empfängers gehört (GlUNF 3641 [1905]), es kann sich vielmehr auch um Warenlieferungen zum privaten Bedarf des Empfängers handeln.

41 Im einzelnen hat der OGH in seinem Gutachten 22. 1. 1898 JMVBl 15 ausdrücklich ausgesprochen, daß der Fakturengerichtsstand des § 88 Abs 2 JN nicht nur im Verkehr der im Firmenbuch (vormals Handelsregister) eingetragenen Firmen und derjenigen Personen Anwendung findet, bei welchen die Gewerbeanmeldung auf den Betrieb des Handels lautet (Minderkaufleute), bei denen also der Handelsbetrieb das alleinige Geschäft bildet, sondern daß er auch unter allen Personen, die mit Erzeugnissen oder Waren Handel treiben, durch die Annahme der Faktura begründet wird, demnach auch unter Personen, bei denen der Handelsbetrieb als Ausfluß des den gewerblichen Produzenten zustehenden Rechtes erscheint, mit ihren Erzeugnissen und Waren Handel zu treiben oder unter Personen, welche gewerbsmäßig in ihrem Geschäftsbetrieb über Gegenstände und Waren Umsatzgeschäfte machen, soweit diese mit dem Betrieb im Zusammenhang stehen, auch wenn die Gegenstände und Waren dort nicht erzeugt oder bearbeitet, sondern nur in ihm verhandelt werden. Allerdings werden **die meisten dieser „Personen, die ein Handelsgewerbe betreiben"**, tatsächlich **durch den Kaufmannsbegriff der §§ 1 – 4 HGB erfaßt.**

Es sind hierher auch **Bauunternehmer, Anstreicher** und **Maler** (GlUNF 42 6672 [1913]), **Sodawassererzeuger und -händler, Restaurateure, Gastwirte und Hoteliers** – ausgenommen reine Herbergswirte (SZ 25/94 [1952]) – **Kreditvermittler** usw zu zählen, soweit diese Personen gelieferte Waren, zB Lacke, Stoffe, Schreibmaschinen in ihrem Gewerbe verwenden und verarbeiten. Gleiches gilt auch für **Friseure** (EvBl 1950/359; LGZ Wien EvBl 1935/1127) und **Kosmetiker.**

Nicht hingegen ist der Fakturengerichtsstand auf **Personen** anzuwenden, 43 **die schon durch die Art und Stellung ihres Berufes aus den Handelsgewerben oder ausdrücklich von der Anwendung der GewO ausgenommen** sind, so zB Ärzte, Zahnärzte (LGZ Wien EvBl 1951/420, 1937/976), Rechtsanwälte, Patentanwälte, Notare, Wirtschaftstreuhänder, Buchprüfer, freischaffende Künstler ua.

Wesentlich ist, daß **auf beiden Seiten Personen** stehen müssen, **die ein** 44 **Handelsgewerbe betreiben.** Daß beide Parteien noch im Zeitpunkt der Klagseinbringung diese Eigenschaft besitzen müssen, ist nicht erforderlich (GlUNF 649 [1899]), sondern maßgebend ist das Vorhandensein dieser Eigenschaft **im Zeitpunkt der Annahme der Faktura.**

Der **Nachweis,** daß die Parteien ein Handelsgewerbe betreiben, **muß nicht** 45 **schon in der Klage erbracht werden.** Wohl sind **aber** in der Klage **alle Behauptungen aufzustellen, die** nach § 88 Abs 2 JN **zur Begründung des Fakturengerichtsstandes erforderlich sind.**

b) Gläubiger als Kläger

Der Fakturengerichtsstand kann ebenso wie der Gerichtsstand des Erfül- 46 lungsortes **nur von demjenigen in Anspruch genommen werden, der einen Anspruch auf Erfüllung hat;** Beklagter muß stets derjenige sein, der auf Grund der Faktura den Vertrag zu erfüllen hat. Der zur Erfüllung Verpflichtete kann diesen Gerichtsstand nicht anrufen.

c) Rechtsnachfolger

Ist der **Fakturengerichtsstand gültig begründet,** dann wirkt er **gegen den** 47 **Gesamtrechtsnachfolger ebenso wie gegen den Einzelrechtsnachfolger,** so gegen den Rechtsnachfolger des Beklagten, zB seinen Schuldübernehmer (LGZ Wien EvBl 1936/672; GlUNF 6139 = NZ 1913, 57; JBl 1900, 252; GlUNF 312 [1898]), auch auf Grund einer Vermögensübernahme nach § 1409 ABGB oder nach §§ 22ff HGB, gegen den Hypothekarschuldner, den exekutiven Ersteher der Liegenschaft oder den erbserklärten Erben (GlUNF 6232 [1913]). Auch die Einleitung eines Ausgleichsverfahrens beseitigt für die wiederauflebende Forderung den Fakturengerichtsstand nicht (HG Wien EvBl 1934/543), ebensowenig ein Zahlungsversprechen des Schuldners nach Beendigung des Ausgleichs. Auch die Gesamt- und Einzelrechtsnachfolge auf seiten des Verkäufers berechtigt dessen Rechtsnachfolger zur Inanspruchnahme des Fakturengerichtsstandes (GlUNF

6293 [1913] ua), so auch den Überweisungsgläubiger (GlUNF 3857 [1907]; AmtlSlg 617 = GlUNF 1995 [1902]).

d) Dritte

48 Anderseits ist der Fakturengerichtsstand ausschließlich auf jene Personen beschränkt, die unmittelbar aus dem zugrunde liegenden Geschäft, über das die Faktura ausgestellt wurde und dessen Umfang durch die Faktura bestimmt wird, verpflichtet sind. Daher sind Bürgen, Garanten und freiwillig beitretende Mitschuldner, insb auch Wechselverpflichtete über einen Fakturenbetrag, nicht unter § 88 Abs 2 JN fallend anzusehen (vgl GH 1902, 252).

e) Ausländer

49 Nicht entscheidend ist, ob der Beklagte In- oder Ausländer ist, wenn er ein Handelsgewerbe betreibt und die übrigen Voraussetzungen des § 88 Abs 2 JN gegeben sind (SZ 9/134 [1927]; AmtlSlg 617 = GlUNF 1995 [1902]). So ist der Fakturengerichtsstand **auch gegen den im Ausland lebenden Käufer** (und seine Rechtsnachfolger) gegeben (AmtlSlg 617 = GlUNF 1995 [1902]). Dies gilt jedoch nur für Klagen, die unmittelbar aus dem Lieferungsgeschäft abgeleitet werden, nicht jedoch für die Einklagung von Nebenverpflichtungen, etwa eines ausländischen Bürgen oder Solidarbürgen (SZ 11/219 [1929]). Im Anwendungsbereich des EuGVÜ/LGVÜ sind allerdings die vorrangigen Art 2 und 5 Z 1 EuGVÜ/LGVÜ zu beachten.

f) Minderjährige, Blinde, Schreibunkundige

50 Der Fakturengerichtsstand wird **unabhängig von der persönlichen Fähigkeit des beklagten Kaufmannes** bei Vorliegen aller Voraussetzungen des § 88 Abs 2 JN **begründet.** Daher kommt er auch durch die Übersendung der Faktura an Minderjährige, die ein Handelsgewerbe betreiben, an Blinde (RZ 1937, 342), Schreibunkundige oder Personen, die die Sprache, in der die Faktura und die Gerichtsstandsklausel abgefaßt worden ist, nicht verstehen können (vgl GlUNF 5387 [1911]), zustande.

3. Annahme der Faktura

a) Allgemeines

51 Der Gerichtsstand kommt durch die Annahme einer Faktura zustande. Dabei ist nicht erforderlich, daß die Faktura auf dem gleichen Weg wie die Ware in die Hände des Beklagten gelangt, maßgeblich ist nur, daß die Faktura nicht nach der Ware beim Beklagten einlangt. Es genügt, wenn die Faktura vom Verkäufer einem Empfangsboten des Käufers ausgehändigt wird, ohne daß es auf das Vorhandensein oder den Umfang der Vollmacht ankäme (RdW 1988, 11). Als Annahme der Faktura ist auch die Annahme einer persönlich, zugleich mit der Ware, übergebenen Faktura zu betrachten (GlUNF 3543 [1906]).

b) Rechtzeitiges Einlangen

52 Die **Faktura muß vor der Ware, spätestens zugleich mit ihr eingelangt sein;** bei Beförderung durch einen Frachtführer ist die Auslieferung durch diesen maßgebend (SZ 36/87 = EvBl 1963/409).

Das Gesetz spricht zwar nur von der zugleich mit der Ware oder vorher erfolgten Absendung der Faktura, aber Lehre und Rsp haben dies als einen ungenauen Ausdruck erkannt und mit Recht angenommen, daß nicht der Zeitpunkt der Absendung, sondern das rechtzeitige Einlangen vor oder zugleich mit der Ware entscheidet. Maßgeblich ist der Zeitpunkt des Einlangens beim Empfänger (RZ 1984/47).

Es ist **nicht erforderlich, daß Ware und Faktura beim gleichen Empfänger eingelangt sein müssen.** Daher kann die Ware auch an eine vom Käufer namhaft gemachte Person abgesandt werden (vgl EvBl 1962/422; Rsp 1923, 277). Maßgeblich ist immer nur, daß die Faktura vor oder spätestens gleichzeitig mit der Ware beim Empfänger (dem Käufer oder einem von ihm namhaft gemachten Dritten) eingelangt ist. 53

Ist die **Faktura erst nach Einlangen der Ware beim Empfänger dem Käufer zugekommen,** dann wird der **Fakturengerichtsstand nicht begründet** (Rsp 1923, 277). Das gleiche gilt überhaupt auch, wenn Ware und Faktura an dieselbe Person abgesandt werden.

Selbst wenn die verspätete Ankunft der Faktura nicht gerügt wird, sondern diese trotz Verspätung anstandslos angenommen wird, wird der Fakturengerichtsstand nicht begründet (RZ 1984/47; SZ 36/87 = EvBl 1963/409; SZ 26/146 [1953]; ZBl 1927/216 [zust *Petschek*]; ggt SZ 6/395 [1924]), dies nicht einmal bei längerdauernder Geschäftsverbindung (SZ 36/87 = EvBl 1963/409; ZBl 1927/216 [zust *Petschek*]; ggt ZBl 1929/171), da § 88 Abs 2 JN als Ausnahmevorschrift nicht ausdehnend ausgelegt und die Anwendbarkeit des Fakturengerichtsstandes nicht von subjektiven Momenten abhängig gemacht werden kann.

Maßgeblich ist, daß die Faktura nicht nach Einlangen der Ware beim Empfänger ankommt. Solange also noch ein selbst geringfügiger Bruchteil der Ware noch nicht geliefert ist, ist eine vor Lieferung des letzten Restes einlangende Faktura rechtzeitig (GlUNF 3516 = ZBl 1906/404). Daraus ergibt sich, daß dann, wenn es sich um ein einheitliches Geschäft handelt, das in mehreren Teillieferungen abgewickelt wird, die unbeanstandete Annahme der Faktura für die erste Lieferung den Fakturengerichtsstand für das ganze Geschäft begründet (SZ 23/169 [1950]; GH 1932, 77; GlUNF 5025 [1910], 4313 [1908], 3977 [1907], 380 [1898]). Ebenso muß auch bei einem Kauf zur Probe die unbeanstandete Gerichtsstandsklausel für die Probelieferung den Fakturengerichtsstand für die auf Grund der Probe erfolgte Hauptlieferung (wenn der Käufer ohne Einschränkung unter Bezugnahme auf die Musterlieferung bestellt hat) begründen (OLG Wien 1 R 171/49, abgedruckt in *Stagel/Michlmayr,* ZPO[12] § 88 Abs 2 JN Anm 18). 54

Umgekehrt ist aber **nicht erforderlich, daß die Ware schon bei Klagsanbringung geliefert ist** (OLG Wien EvBl 1948/12). Dies ist besonders dann der Fall, wenn Vorauszahlung vereinbart war und der Käufer diese Zahlung nicht geleistet hat (SZ 6/118 [1924]; vgl ggt GlUNF 5127 [1910], die von der im Gesetz nicht gedeckten Annahme ausgeht, daß der Fakturengerichtsstand so lange ausgeschlossen sei, als nicht die Ware geliefert worden sei). Eine unbestellt abgesendete Ware ist nur dann zur Begründung des Fakturengerichtsstandes ungeeignet (vgl Jud 176 = AmtlSlg 957 = GlUNF 3574 [1906]), wenn die Ware aus diesem Grund zurückgewiesen wird. 55

Für die Inanspruchnahme des Fakturengerichtsstandes hat der **Kläger** die **Behauptung aufzustellen – und im Bestreitungsfall zu beweisen –,** daß er die **Faktura so abgesendet hat, daß sie rechtzeitig** vor oder spätestens zugleich mit der Ware **eingelangt ist** (EvBl 1962/422; Rsp 1928/221). Ist der **Beweis der rechtzeitigen Absendung erbracht,** insb dadurch, daß Ware und Faktura gleichzeitig abgesendet wurden, dann muß der **Beklagte beweisen, daß die Faktura nach der Ware eingelangt ist** (EvBl 1984/49 = HS 15.046; RZ 1984/47; Rsp 1928/221). 56

c) Begriff der Faktura

57 Was als **Faktura** (Warenrechnung) anzusehen ist, richtet sich **nach den Umständen, insb nach den Handelsbräuchen und dem Inhalt der vorgelegten Urkunde** (GlUNF 6260 = JBl 1913, 166).

Auch eine vorläufige Faktura (Pro-forma-Faktura), die bereits die Gerichtsstandsklausel enthält, begründet für die nachfolgende endgültige Faktura den Fakturengerichtsstand (GlUNF 2639 [1904]). **Maßgeblich** ist, **daß der Faktura ein bereits abgeschlossenes Geschäft zugrunde liegt.** Daher kann der Gerichtsstand des § 88 Abs 2 JN nicht durch das vom Kommittenten an den Verkaufskommissionär übersendete Verzeichnis der Waren und Preisansätze begründet werden, da der Kommissionär erst den Kaufvertrag abzuschließen hat (JBl 1913, 347; GlUNF 3902 [1907] ua; vgl auch RdW 1998, 615). Auch ein Lieferschein ist nicht als Faktura anzusehen, sobald aus ihm zu erkennen ist, daß er nicht die Zahlungsverpflichtung des Beklagten festlegt, sondern diese einer gesonderten Rechnung vorbehält (SZ 17/106 [1935]; JBl 1932, 249). So sind vor allem auch Frachtbriefe, Lade- und Lagerscheine nicht als Faktura anzusehen. Ein dort enthaltener Gerichtsstandsvermerk ist nicht nach § 88 Abs 2 JN zu beurteilen.

d) Fakturenvermerk

58 Die Faktura muß mit dem **Vermerk** versehen sein, daß die **Zahlung an einem bestimmten** (namentlich ausdrücklich genannten) **Ort zu leisten sei und** daß **am selben Ort die Klagen aus dem Geschäft angebracht** werden können.

Daraus ergibt sich, daß der Zahlungsort (iSd § 88 Abs 2 JN) vom Erfüllungsort verschieden sein kann, daß also maßgeblich nur der Zahlungsort ist. Erforderlich ist weiters, daß der **Zahlungsort gleichzeitig auch als Ort der Klagbarkeit bezeichnet** wird. Üblich ist der Vermerk „zahlbar und klagbar in ...". Der Fakturenvermerk muß aber nicht genau den Wortlaut des Gesetzes wiedergeben, sondern es genügt, wenn er dem Gesetz dem Sinn nach entspricht (zB „Erfüllungsort und Gerichtsstand Innsbruck") (EvBl 1984/49 = HS 15.046).

Eine Gerichtsstandsklausel, bei der **Zahlungsort und Ort der Klagbarkeit verschiedene Orte** sind, ist **unwirksam. Ebenso** unwirksam ist eine Klausel, in der die Bestimmung des **Zahlungsortes** so **unklar** ist, daß die Möglichkeit der Zahlung an mehreren Orten offensteht (SZ 10/335 = Rsp 1929/73; SZ 9/231 [1927]; GH 1917, 46; GlUNF 7223 [1913], 5019 [1910], 2674 [1904]), insb, wenn dem Beklagten die Wahl zwischen mehreren Zahlungsorten offengelassen wird (vgl SZ 9/231 [1927]) Hat hingegen der Zessionar einen zweiten Zahlungsort hinzugefügt, dann ist die Anwendbarkeit des § 88 Abs 2 JN nicht aufgehoben (*Morgenstern,* JBl 1912, 378). Ein Unterschied zwischen Zahlungsort und Ort der Klage ist nur dort bedeutungslos, wo Zahlungsort und Klageort innerhalb des Sprengels des sachlich zuständigen Gerichtes liegen (vgl GlUNF 3401 = JBl 1906, 274; GlUNF 1674 [1901]).

59 Der Fakturenvermerk muß **in einer solchen Form** auf der Warenrechnung angebracht sein, daß er **bei üblichem und zumutbarem Geschäftsgang leicht wahrgenommen werden kann** (JBl 1991, 393 = RZ 1991/46; vgl RdW 1991, 81).

60 Daß der Fakturenvermerk zu vorausgegangenen Abmachungen im Schlußbrief in Widerspruch steht, ist für die Zuständigkeitsfrage ebenso belanglos (ZBl 1912/485) wie der Beisatz in der Faktura „gegen Umtausch anderer Artikel" (GlUNF 6260 [1913]).

61 Der Fakturengerichtsstand ist nicht an Distanzgeschäfte gebunden, sondern gilt auch bei Forderungen aus Platzgeschäften (AmtlSlg 1847 [1917]), auch wenn ein anderer Ort als Zahlungs- und Klageort genannt ist.

4. Abwehr des Fakturengerichtsstandes

Trotz rechtzeitigen Einlangens der Faktura und Vorliegens aller anderen Voraussetzungen des § 88 Abs 2 JN ist die **Begründung des Fakturengerichtsstandes ausgeschlossen, wenn der Gerichtsstandsvermerk oder die Faktura beanstandet, die Faktura zurückgestellt oder die fakturierte Sendung als nicht bestellt zurückgewiesen wird.** 62

Nicht jede Beanstandung bewirkt den Ausschluß des Fakturengerichtsstandes (vgl Jud 176 = AmtlSlg 957 = GlUNF 3574 [1906] vor der Novellierung des § 88 JN). Der **Beklagte muß also in Ansehung der Faktura eine Handlung vornehmen, aus welcher hervorgeht, daß er die Faktura ihrem ganzen Inhalt nach oder zumindest bezüglich der Gerichtsstandsklausel nicht annehmen will.** Nicht erforderlich ist eine ausdrückliche Erklärung des Beklagten iSd § 88 Abs 2 JN, insb, wenn der Beklagte vor Absendung der Ware und der Faktura den Rücktritt vom Vertrag erklärt hat und die trotzdem übersendete Ware nicht angenommen wurde (OLG Wien DREvBl 1940/175). 63

Durch die Neufassung des § 88 Abs 2 JN ist klargestellt, daß auch die **Rücksendung der Faktura ohne Bemerkung und ohne weitere Bemängelung** des Beklagten **hinreicht, um den Fakturengerichtsstand auszuschließen.** Das Gesetz stellt also hier die kommentarlose Rücksendung der ausdrücklichen Beanstandung der Faktura oder der in ihr enthaltenen Gerichtsstandsklausel als vertragswidrig gleich. 64

Der **Fakturengerichtsstand** wird **durch** eine **Nichtannahme der Ware** nur dann **ausgeschlossen,** wenn die Zurückweisung deshalb erfolgte, weil die **fakturierte Sendung nicht bestellt wurde.** Daraus ergibt sich, daß grundsätzlich auch durch die Übersendung nicht bestellter Waren der Fakturengerichtsstand begründet werden kann, wenn die Ware nicht zurückgewiesen wird. 65

Als nicht bestellt ist eine Sendung auch dann anzusehen, wenn iSd § 378 HGB ein aliud geliefert wurde, also ein von der Bestellung so abweichender Gegenstand, daß der Verkäufer annehmen mußte, daß der Käufer diese Lieferung nicht genehmigen werde (EvBl 1975/64). Eine Bemängelung der Ware hinsichtlich ihrer Qualität genügt grundsätzlich nicht (LGZ Wien DREvBl 1938/468; GlUNF 6672 [1913]). Nach EvBl 1955/186 kann hingegen die Bemängelung der Qualität und Zurücksendung der Ware unter Umständen der Erklärung, daß die gelieferte Ware nicht bestellt worden sei, gleichzuhalten sein.

Noch weniger ist die Zurückweisung der Ware oder der Faktura wegen einer nicht vereinbarten Zahlungsfrist (GlUNF 2409 [1903]), wegen der auf der Ware haftenden Nachnahme (ZBl 1920/229) oder wegen unrichtiger Deklarierung der Ware hinreichend. Umgekehrt ist bei der Zurückweisung der Ware auch dann anzunehmen, daß sie als nicht bestellt zurückgewiesen wurde, wenn es sich um ein aliud handelt und der Käufer diesen Umstand nicht ausdrücklich in der Bemängelung hervorhob, sondern nur wegen eines Qualitätsmangels zurückwies. Es kommt nicht auf den Wortlaut der Erklärung an, sondern nur auf die objektiven Umstände, ob eine Bestellung nicht erfolgt ist oder ein aliud geliefert wurde.

Das Gesetz setzt zwar keine Frist für die Bemängelung oder Zurückweisung der Faktura oder Ware, doch sind Rsp (vgl JBl 1913, 20; GlUNF 4785 [1909], 3139 [1905], 2319 [1903]) und Lehre (*Neumann,* Kommentar[4] I 233) davon ausgegangen, daß, schon um eine verspätete oder schikanöse Zurückweisung auszuschalten, der **Widerspruch** (bzw die Zurückweisung der Ware) **unverzüglich** zu geschehen habe. Der Widerspruch gegen die Fakturenklausel ist jedenfalls **dann rechtzeitig, wenn er vor Ablauf der Frist erfolgt, innerhalb der ein unter Abwesenden gestellter Antrag anzunehmen ist** (RZ 1937, 342; GlUNF 6581 [1913]; JBl 66

1913, 238; GlUNF 4785 [1909]), also gem § 862 ABGB **bis zu einem Zeitpunkt, bis zu dem der Kläger unter der Voraussetzung, die Faktura sei rechtzeitig beim Beklagten angekommen, bei rechtzeitiger und ordnungsgemäßer Absendung die Bemängelung bzw Rücksendung der Ware erwarten darf** (*Fasching,* Lehrbuch² Rz 301).

Handelt es sich um eine Klage, der ein beiderseitiges Handelsgeschäft zugrunde liegt, ist die Bemängelung der Faktura und der Ware an die Vorschriften des § 377 HGB gebunden. Der **Zeitpunkt, in dem der Widerspruch iSd § 88 Abs 2 JN noch gültig erfolgen kann,** ist richtigerweise **nicht nur nach § 862 ABGB, sondern auch nach § 377 HGB zu bestimmen.** Auch hier ist gefordert, daß der Beklagte „unverzüglich" diejenigen Handlungen setzt, die die Begründung eines Fakturengerichtsstandes ausschließen.

Die **Gefahr der rechtzeitigen Ankunft der Beanstandung der Faktura oder Ware** ist **vom Verkäufer zu tragen** (vgl § 377 Abs 4 HGB) (AmtlSlg 1575 = GlUNF 6462 [1913]; ggt GlUNF 2745 [1904]). Der Käufer und Beklagte hat nur nachzuweisen, daß er die Bemängelung unverzüglich abgesandt hat.

C. Aufhebung des Fakturengerichtsstandes

67 Der einmal begründete Fakturengerichtsstand kann **durch ausdrückliche einverständliche Erklärung** aufgehoben werden. Eine Aufhebung kann aber auch durch Handlungen erfolgen, die keinen Zweifel daran lassen, daß hiedurch der Gerichtsstand beseitigt werden soll, so durch einverständliche Stornierung des Geschäftes.

III. Anwendbarkeitsbeschränkung durch § 14 KSchG

68 Nach § 14 Abs 1 KSchG können **gegen** einen **Verbraucher, der im Inland seinen Wohnsitz oder gewöhnlichen Aufenthalt hat oder der im Inland beschäftigt ist,** sowohl der Gerichtsstand des Erfüllungsortes als auch der Fakturengerichtsstand **nur** dann begründet werden, wenn er in diesem Gerichtssprengel (im Zeitpunkt der Zuständigkeitsbegründung) seinen **Wohnsitz, gewöhnlichen Aufenthalt oder Beschäftigungsort** hat. Näheres s Vor §§ 83 a und 83 b JN Rz 53 ff.

IV. Die internationale Zuständigkeit

A. Die internationale Zuständigkeit nach Art 5 Z 1 EuGVÜ/LGVÜ

Art 5 EuGVÜ/LGVÜ. Eine Person, die ihren Wohnsitz in dem Hoheitsgebiet eines Vertragsstaats hat, kann in einem anderen Vertragsstaat verklagt werden,

1. wenn ein Vertrag oder Ansprüche aus einem Vertrag den Gegenstand des Verfahrens bilden, vor dem Gericht des Ortes, an dem die Verpflichtung erfüllt worden ist oder zu erfüllen wäre; wenn ein individueller Arbeitsvertrag oder Ansprüche aus einem individuellen Arbeitsvertrag den Gegenstand des Verfahrens bilden, vor dem Gericht des Ortes, an dem der Arbeitnehmer gewöhnlich seine Arbeit verrichtet; [verrichtet der Arbeitnehmer seine Arbeit gewöhnlich nicht in ein und demselben Staat, so kann der Arbeitgeber auch vor dem Gericht des Ortes verklagt werden, an dem sich die Niederlassung, die den Arbeitnehmer eingestellt hat, befindet oder befand.] ***[verrichtet der Arbeitnehmer seine Arbeit gewöhnlich nicht in ein und demselben Staat, vor dem Gericht des Ortes, an dem sich die Niederlassung befindet, die den Arbeitnehmer eingestellt hat.]***

Die beiden eckigen Klammern markieren unterschiedliche Textbestandteile von EuGVÜ und LGVÜ (kursiv).

Lit: *Bachmann,* Art 5 Nr 1 EuGVÜ: Wechselrechtliche Haftungsansprüche im Gerichtsstand des Erfüllungsorts? IPRax 1997, 237; *Banniza von Bazan,* Der Gerichtsstand des Sachzusammenhangs im EuGVÜ, dem Lugano-Abkommen und im deutschen Recht (1995); *Baumgärtel,* Die Vereinbarung der internationalen Zuständigkeit nach dem EWG-Übereinkommen und nach § 38 II ZPO, Kegel-FS (1977) 285; *Birk,* Die internationale Zuständigkeit in arbeitsrechtlichen Streitigkeiten nach dem Europäischen Gerichtsstands- und Vollstreckungsübereinkommen, RdA 1983, 143; *Broggini,* Zuständigkeit am Ort der Vertragserfüllung, in *Schwander,* Das Lugano-Übereinkommen (1990) 111; *Clerici,* Forum solutionis e conventione di Roma del 19 giugno 1980 al vaglio della giurisprudenza italiana, Riv dir int priv proc 1997, 873; *Coester-Waltjen,* Gerichtsstand des Erfüllungsortes für Lohnansprüche (Art 5 Nr 1 EuGVÜ), IPRax 1986, 88; *Czernich,* Der Erfüllungsgerichtsstand im Lugano-Übereinkommen, AnwBl 1996, 426; *Deli,* Criteri di giurisdizione e convenzione di Bruxelles del 1968 nelle vendite a catena, Riv dir int priv proc 1993, 305; *Droz,* Delendum est forum contractus? D 1998 (Chron) 351; *Duintjer Tebbens,* L'interprétation dynamique par la Cour de Justice Européenne de la compétence en matière contractuelle (l'art 5, 1 de la Convention de Bruxelles de 1968), Sauveplanne-FS (1984) 65; *ders,* Internationale Kaufverträge und EuGVÜ: Gerichtsstandsklausel in AGB und Erfüllungsort nach EKG, IPRax 1985, 262; *Franchi,* La convenzione di Bruxelles sulla competenza giurisdizionale e l'esecuzione delle sentenze dei rapporiti italo-tedeschi, Riv dir int civ priv proc 1976, 712; *Fuchs,* Erste schottische Urteile zum Erfüllungsort nach Art 5 Nr 1 EuGVÜ, IPRax 1991, 134; *Gaudemet-Tallon,* Les conventions de Bruxelles et de Lugano² (1996); *Geimer,* Das Zuständigkeitssystem des EWG-Übereinkommens vom 27. September 1968, WM 1976, 830; *ders,* Zur Auslegung des Brüsseler Zuständigkeits- und Vollstreckungsübereinkommens in Zivil- und Handelssachen vom 27. September 1968, EuR 1977, 341; *ders,* Die Gerichtspflichtigkeit des Beklagten nach Art 5 Nr 1 und Nr 3 EuGVÜ bei Anspruchskonkurrenz, IPRax 1986, 80; *ders,* Zuständigkeitskonzentration für Klagen gegen den Eigenhändler am Sitz des Lieferanten mittels Art 5 Nr 1 EuGVÜ, IPRax 1986, 85; *Gottwald,* Streitiger Vertragsschluß und Gerichtsstand des Erfüllungsortes (Art 5 Nr 1 EuGVÜ), IPRax 1983, 13; *ders,* Europäische Gerichtspflichtigkeit kraft Sachzusammenhangs, IPRax 1989, 272; *Grunsky,* EWG-Übereinkommen über die gerichtliche Zuständigkeit und die Vollstreckung gerichtlicher Entscheidungen in Zivil- und Handelssachen im deutsch-italienischen Rechtsverkehr, RIW 1977, 1; *Guzmán Zapater,* El articulo 5.1 del Convenio de Bruselas de 27 de septiembre de 1968 y su interpretación iurisprudencial por el Tribunal de Justicia de las Comunidades Europeas, Rev Instituc Eur 1985, 399; *Hackl,* Örtliche Zuständigkeit gemäß Art 5 (1) und (3) des Brüsseler EG-Übereinkommens vom 27. 9. 1968 über die gerichtliche Zuständigkeit und die Vollstreckung gerichtlicher Entscheidungen in Zivil- und Handelssachen, ZfRV 1984, 1; *Hertz,* Jurisdiction in Contract and Tort under the Brussels convention (1998); *Hill,* Jurisdiction in Matters Relating to a Contract under the Brussels Convention, IntCompLQ 1995, 591; *Holl,* Der Gerichtsstand des Erfüllungsortes gemäß Art 5 Nr 1 EuGVÜ, WiB 1995, 462; *ders,* Der Gerichtsstand des Erfüllungsortes nach Art 5 Nr 1 EuGVÜ bei individuellen Arbeitsverträgen, IPRax 1997, 88; *ders,* Der Gerichtsstand des Erfüllungsortes nach Art 5 Nr 1 EuGVÜ bei einem „claim for restitution based on unjust enrichment", IPRax 1998, 120; *Honoratti,* Concorso di responsabilitá contrattuale et extracontrattuale e giurisdizione ai sensi della convenzione di Bruxelles del 1968, Riv dir int priv proc 1994, 281; *Huet,* Die Stellung des Artikels 5 im Gefüge des Übereinkommens, Die Zuständigkeit in Vertragssachen, in EuGH, Internationale Zuständigkeit und Urteilsanerkennung in Europa (1993) 55; *Jayme,* Subunternehmervertrag und Europäisches Gerichtsstands- und Vollstreckungsübereinkommen (EuGVÜ), Pleyer-FS (1986) 371; *ders,* Le competenze speciali previste dalla Convenzione di Bruxelles: novità, problemi insoluti, in *Jayme/Picchio Forlati,* Giurisdizione e legge applicabile ai contratti nella Cee (1990) 15; *ders,* Die Stellung des Artikels 5 im Gefüge des Übereinkommens, Die Zuständigkeit in Vertragssachen, in EuGH, Internationale Zuständigkeit und Urteilsanerkennung in Europa (1993) 63; *ders,* Ein Klägergerichtsstand für den Verkäufer – Der EuGH verfehlt den Sinn des EuGVÜ, IPRax 1995, 13; *Jayme/Kohler,* Europäisches Kollisionsrecht 1994: Quellenpluralismus und offene Kontraste, IPRax 1994, 405; *Jeantet,* Un droit européen des conflits de compétence judicaire et de l'exécution des décisions en matière civile et commerciale, Cahiers dr europ 1972, 397; *Johner,* Die direkte Zuständigkeit der Schweiz bei internationalen Arbeitsverhältnissen unter besonderer Berücksichtigung des Lugano-Übereinkommens (1995); *Klima,* Anwendbarkeit des Art 5 EuGVÜ auf Sachverhalte mit mehreren aufeinanderfolgenden Käufern, RIW 1991, 415; *H. Koch,* AGB Klauseln über Gerichtsstand und Erfüllungsort im europäischen Zivilrechtsverkehr; Größere Gerechtigkeit ohne Parteivereinbarung, IPRax 1997, 405; *R. Koch,* Der besondere Gerichtsstand des Klägers/Verkäufers im Anwendungsbereich des UN-Kaufrechts, RIW 1996, 379; *Kohler,* Die Stellung des Artikels 5 im Gefüge des Übereinkommens, Die Zuständigkeit in Vertragssachen, in EuGH, Internationale Zuständigkeit und Urteilsanerkennung in Europa (1993) 41; *Kren Kostkiewicz,* Vorbehalt von Art 1 a des Protokolls Nr. 1 zum Lugano-Übereinkommen – quo vadis? SJZ 1999, 237; *Leclerc,* Les chaînes de contrats en d. i. p., Clunet 1995, 267; *Lizier Tessiore,* „Forum solutionis", convenzione di Bruxelles del 27 settembre 1968 e giurisprudenza italiana, Riv trim dir proc civ 1980, 113; *Lohse,* Das Verhältnis von Vertrag und Delikt, Eine rechtsvergleichende Studie zur vertragsautonomen Auslegung von Art 5 Nr 1 und Art 5 Nr 3 GVÜ (1991); *Lüderitz,* Fremdbestimmte internationale Zuständigkeit? Versuch einer Neubestimmung von § 29 ZPO, Art 5 Nr 1 EuGVÜ, Zweigert-FS (1981) 233; *Lupoi,* Il luogo dell' esecuzione del contratto come criterio di collegamento giurisdizionale (1978); *ders,* La competenza in materia contrattuale nella convenzione di Bruxelles del 17 settembre 1968, Riv trim dir proc civ 1994, 1263; *Luzzato,* Il luogo di esecuzione dell' obbligazione contrattuale come criterio competenza giurisdizionale, Liebman-FS II (1979) 817; *Mankowski,* Verlöbnisbruch, konkurrierende Deliktsansprüche und Rückforderung von Geschenken im Internationalen Privat- und Zivilprozeßrecht, IPRax 1997, 173; *Mansel,* Kollisions- und zuständigkeitsrechtlicher Gleichlauf der vertraglichen und deliktischen Haftung, ZVglRWiss 86 (1987) 1; *Markus,* Der schweizerische Vorbehalt nach Protokoll Nr 1 Lugano Übereinkommen, Vollstreckungsaufschub oder Vollstreckungshindernis? ZBJV 1999, 57; *Mezger,* Drei Jahre EG-Zuständigkeits- und Vollstreckungsübereinkommen in Frankreich, RIW 1976, 345; *ders,* Einheitlicher Gerichtsstand des Erfüllungsorts verschiedenartiger Ansprüche eines Handelsvertreters (Art 5 Nr 1 GVÜ), IPRax 1983, 153; *ders,* Zur Bestimmung des Erfüllungsorts im Sinne von Art 5 Nr 1 EuGVÜ bei einem gegenseitigen Vertrag, IPRax 1987, 346; *ders,* Anspruch aus Vertrag oder Anspruch aus unerlaubter Handlung im Sinne von Art 5 Nr 1 oder Nr 3 EuGVÜ, IPRax 1989, 207; *Möllers,* Internationale Zuständigkeit bei der Durchgriffshaftung (1987); *Musger,* Das Übereinkommen von Lugano: Internationales Zivilverfahrens-recht für den Europäischen Wirtschaftsraum, RZ 1993, 192; *von Overbeck,* Interprétation traditionelle de l'article 5.–1. des Conventions de Bruxelles et de Lugano: Le coup de grâce? Liber amicorum Droz (1996) 287; *Palsson,* The Unruly Horse of the Brussels and Lugano Conventions: The Forum Solutionis, Lando-FS (1997) 259; *Peel,* Jurisdiction under the Brussels Convention, in *Rose,* Restitution and the conflict of Laws (1995) 1; *Peter,* Ersatz von Inkassokosten im grenzüberschreitenden Rechtsverkehr nach UN-Kaufrecht? IPRax 1999, 159; *Pfeiffer,* Internationale Zuständigkeit und prozessuale Gerechtigkeit (1995); *Piltz,* Die Zuständigkeitsordnung nach dem EWG-Gerichtsstands- und Vollstreckungsübereinkommen, NJW 1979, 1071; *ders,* Der Gerichtsstand des Erfüllungsortes nach dem EuGVÜ, NJW 1981, 1876; *Pocar,* Jurisdiction and the Enforcement of Judgements under the EC Convention of 1968, RabelsZ 42 (1978) 405; *Rauscher,* Verpflichtung und Erfüllungsort in Art 5 Nr 1 EuGVÜ unter besonderer Berücksichtigung des Vertragshändlervertrages (1984); *ders,* Der Arbeitnehmergerichtsstand im EuGVÜ, IPRax 1990, 152; *ders,* Gerichtsstandsbeeinflussende AGB im Geltungsbereich des EuGVÜ, ZZP 104 (1991) 271; *ders,* Prorogation und Vertragsgerichtsstand gegen Rechtsscheinhaftende, IPRax 1992, 143; *Rehbinder,* Internationale Kaufverträge und Gerichtsstandsabstimmung nach EuGVÜ und EKG, IPRax 1987, 289; *Rüßmann,* Der Gerichtsstand des Erfüllungsortes nach Art 5 Nr 1 EuGVÜ bei einer tonnage-to-be-nominated-charter, IPRax 1993, 38; *Salerno,* L'incidenza del diritto applicabile nell' accertamento del forum destinatae solutionis, Riv dir int 1995, 76; *Schack,* Der Erfüllungsort im deutschen, ausländischen und internationalen Privat- und Zivilprozeßrecht (1985); *ders,* Der internationale Klägergerichtsstand des Verkäufers, IPRax 1986, 82; *ders,* Der internationale Klägergerichtsstand des Käufers, IPRax 1987, 215; *ders,* Deutsche internationale Zuständigkeit made in HongKong und der Volksrepublik China, Kegel-FS (1987) 505; *ders,* Abstrakte Erfüllungsortsvereinbarungen: form- oder sinnlos? IPRax 1996, 247; *Schlosser,* Vertragsautonome Auslegung, nationales Recht, Rechtsvergleichung und das EuGVÜ, Bruns-GS (1980) 45; *ders,* EuGVÜbk: Zuständigkeit bei mehreren Beklagten an verschiedenen Wohnsitzen – Begriff der unerlaubten Handlung, RIW 1988, 987; *ders,* Europäisch-autonome Interpretation des Begriffs „Vertrag oder Ansprüche aus einem Vertrag" iSv Art 5 Nr 1 EuGVÜ? IPRax 1984, 65; *Schoibl,* Ausgewählte Zuständigkeitstatbestände in der Rechtsprechung des EuGH: Die gerichtlichen Zuständigkeiten am Erfüllungsort des Vertrages nach Art 5 Nr 1 und die Zuständigkeitsvereinbarung nach Art 17 des Brüsseler und des Luganer Übereinkommens, in *Bajons/Mayr/Zeiler,* Die Übereinkommen von Brüssel und Lugano (1997) 61; *Schütze,* Die Bedeutung des Wiener Kaufrechtsübereinkommens für das internationale Zivilprozeßrecht, Matscher-FS (1993) 423; *Schwenzer,* Internationaler Gerichtsstand für die Kaufpreisklage, IPRax 1989, 274; *Sonnenberger,* Neue Wege der Produzentenhaftung im französischen Recht, Steindorff-FS (1990) 777; *Spellenberg,* Der Gerichtsstand des Erfüllungsortes im europäischen Gerichtsstands- und Vollstreckungsübereinkommen, ZZP 91 (1978) 38; *Stoll,* Gerichtsstand des Erfüllungsortes nach Art 5 Nr 1 EuGVÜ bei strittigem Vertragsschluß, IPRax 1983, 52; *Stone,* Problems with the Forum Loci Solutionis, Anglo American Law Rev 1983, 52; *Tiefenthaler,* LGVÜ: Gerichtsstand am „Erfüllungsort des Bereicherungsanspruchs"? ÖJZ 1998, 544; *Trunk,* Die Erweiterung des EuGVÜ-Systems am Vorabend des Europäischen Binnenmarktes (1991); *ders,* Erste deutsche Rechtsprechung zum Lugano-Übereinkommen: Gerichtsstandsvereinbarung, Gerichtsstand des Erfüllungsorts und intertemporale Fragen, IPRax 1996, 249; *Urlesberger,* Gerichtsstand für Handelsvertreter, DRdA 1993, 519; *Vogel,* Grundriß des Zivilprozeßrechts und des internationalen Zivilprozeßrechts der Schweiz[6] (1999); *Weigand,* Der deutsch-spanische Rechtsverkehr: Zuständigkeit, Anerkennung, Vollstreckung (1992); *Wolf,* Feststellungsklage und Anspruchsgrundlagenkonkurrenz im Rahmen von Art. 5 Nr. 1 und Nr. 3 LugÜ, IPRax 1999, 82; *Wrangel,* Der Gerichtsstand des Erfüllungsortes im deutschen, italienischen und europäischen Recht (1988); *Zimmer,* Ende der Konzernhaftung in „internationalen" Fällen? IPRax 1998, 187.

1. Der Gerichtsstand des Erfüllungsortes für Vertragsklagen

a) Allgemeines

Beim Gerichtsstand des Erfüllungsortes handelt es sich um die in der Praxis **69** wichtigste besondere Zuständigkeit (*Czernich/Tiefenthaler,* LGVÜ Art 5 Rz 4; *Gottwald,* MünchKommZPO III Art 5 EuGVÜ Rz 1; *Kropholler,* Zivilprozeßrecht[6] Art 5 EuGVÜ Rz 1; ecolex 1998, 311 [*Chiwitt-Oberhammer*] = EvBl 1998/33).

b) Zweck

Der Gerichtsstand des Erfüllungsortes dient dem **Schutz der Gläubigerinteressen.** **70** Er gibt dem Gläubiger eine überschaubare und kalkulierbare Zuständigkeitsanknüpfung (*Geimer/Schütze,* Zivilverfahrensrecht Art 5 EuGVÜ Rz 2).

Der Gerichtsstand des Erfüllungsortes läßt sich folgendermaßen rechtfertigen: **71** Dort, wo der Schuldner nach materiellem Recht zu leisten hat, muß er sich auch vor Gericht rechtfertigen (*Geimer/Schütze,* Zivilverfahrensrecht Art 5 EuGVÜ Rz 3; *Gottwald,* MünchKommZPO III Art 5 EuGVÜ Rz 1; *Schlosser,* Bruns-GS 52; *ders,* EuGVÜ Art 5 Rz 1). Der EuGH sieht offenbar die Beweis- und die Rechtsnähe als Rechtfertigungsgründe für den Gerichtsstand des Erfüllungsortes an (EuGH 17. 1. 1980 Rs 56/79 „*Zelger/Salinitri*" Slg 1980, 89 = IPRax 1981, 89 [*Spellenberg* 75] = NJW 1980, 1218 = RIW 1980, 726 = WM 1980, 720 [*Schütze*]). Seiner Ansicht nach stelle Art 5 Z 1 EuGVÜ/LGVÜ „ein Zuständigkeitskriterium auf, dessen Anwendung der Kläger nach seiner Wahl bestimmen kann und das durch eine unmittelbare Verknüpfung zwischen dem Rechtsstreit und dem zu seiner Entscheidung berufenen Gericht gerechtfertigt ist". (Diese Rechtfertigung wird von *Geimer/Schütze,* Zivilverfahrensrecht Art 5 EuGVÜ Rz 5 und 6 abgelehnt.)

c) Wesen

72 Art 5 Z 1 EuGVÜ/LGVÜ regelt nicht nur die internationale, sondern **auch** die **örtliche Zuständigkeit** (*Geimer/Schütze,* Zivilverfahrensrecht Art 5 EuGVÜ Rz 96; *Jenard*-Bericht zu Art 5 und 6 EuGVÜ; *Schoibl* in *Bajons/Mayr/Zeiler,* Übereinkommen 84). Er verdrängt daher in vollem Umfang das nationale Zuständigkeitsrecht, dh in Österreich § 88 JN (*Schoibl* in *Bajons/Mayr/Zeiler,* Übereinkommen 84; ecolex 1998, 313).

73 Beim Gerichtsstand des Erfüllungsortes handelt es sich um einen **Wahlgerichtsstand.** Er tritt damit neben den allgemeinen Gerichtsstand (Art 2 Abs 1 EuGVÜ/LGVÜ) und die anderen Wahlgerichtsstände der Art 5 ff EuGVÜ/LGVÜ, wie zB jenen für die Zahlungsverpflichtung aus Unterhaltsverträgen (Art 5 Z 2 EuGVÜ/LGVÜ) oder jenen für Verträge, die von einer Niederlassung abgeschlossen worden sind (Art 5 Z 5 EuGVÜ/LGVÜ). Allerdings wird Art 5 Z 1 EuGVÜ/LGVÜ – wie jeder andere Gerichtsstand – durch die internationalen Zwangszuständigkeiten nach Art 16 EuGVÜ/LGVÜ verdrängt.

74 Auch wenn er meist nur dann in Anspruch genommen wird, wenn in dem Vertragsstaat geklagt werden kann, in dem der Kläger seinen Wohnsitz oder Sitz hat, handelt es sich beim Gerichtsstand des Erfüllungsortes um **keinen Klägergerichtsstand** (*Geimer/Schütze,* Zivilverfahrensrecht Art 5 EuGVÜ Rz 3). Denn es wird beim Gerichtsstand des Erfüllungsortes ja nicht an ein in der Rechtssphäre des Klägers liegendes, sondern **an ein streitgegenstandsbezogenes Merkmal angeknüpft** (*Geimer/Schütze,* Zivilverfahrensrecht Art 5 EuGVÜ Rz 3).

d) Sachlicher Anwendungsbereich

75 Die Anwendung des Art 5 Z 1 EuGVÜ/LGVÜ setzt voraus, daß ein **Vertrag** oder **Ansprüche aus einem Vertrag** den **Gegenstand des Verfahrens** bilden.

76 Die Begriffe **„Vertrag"** und **„Ansprüche aus einem Vertrag"** sind nach Ansicht des EuGH **autonom,** also aus dem Übereinkommen heraus, zu bestimmen (EuGH 27. 10. 1998 Rs C-51/97 *„Réunion européenne/Spliethoff's Bevrachtingskantoor"* Slg 1998, I-6511 = EuZW 1999, 59 = RIW 1999, 57; EuGH 17. 6. 1992 Rs C-26/91 *„Handte/TMCS"* Slg 1992 I 3967 ff = JZ 1995, 90 [*Pfeifer*] = Rev crit 1992, 726 [*Gaudemet-Tallon*] = RIW 1994, 680; EuGH 8. 3. 1988 Rs 9/87 *„Arcado/Haviland"* Slg 1988, 1539 = IPRax 1989, 227 [*Mezger* 207] = NJW 1989, 1424 = RIW 1988, 987 [*Schlosser* 988]; EuGH 22. 3. 1983 Rs 34/82 *„Peters/Zuid Nederlandse Aannemers Vereniging"* Slg 1983, 987 = IPRax 1984, 85 [*Schlosser* 65] = RIW 1983, 871; glA *Auer* in *Bülow/Böckstiegel,* Rechtsverkehr 606 Art 5 EuGVÜ Rz 16 ff; *Czernich/Tiefenthaler,* LGVÜ Art 5 Rz 5; *Gottwald,* MünchKommZPO III Art 5 EuGVÜ Rz 2; *Hausmann* in *Wieczorek/Schütze,* ZPO³ I/1 Art 5 EuGVÜ Rz 4; *Kropholler,* Zivilprozeßrecht⁶ Art 5 EuGVÜ Rz 5; *Schack,* Erfüllungsort Rz 309; *Schlosser,* EuGVÜ Art 5 Rz 3; *Schoibl* in *Bajons/Mayr/Zeiler,* Übereinkommen 72; *Tiefenthaler,* ÖJZ 1998, 545; ecolex 1998, 311 [*Chiwitt-Oberhammer*] = EvBl 1998/33 = RdW 1998, 200 = RIW 1998, 634 = ZfRV 1998, 163).

Die Auslegung hat sich in erster Linie an der Systematik und den Zielsetzungen der Übereinkommen auszurichten. Es wird somit sowohl eine Qualifikation nach der lex causae (so *Geimer/Schütze,* Urteilsanerkennung I/1 § 83 V 2, § 83 VIII 2; *dies,* Zivilverfahrensrecht Art 5 EuGVÜ Rz 10; *Holl,* WiB 1995, 463; *Lohse,* Verhält-nis 194 ff, 227; *Piltz,* NJW 1981, 1876 f; *Schlosser,* IPRax 1984, 65; *ders,* RIW 1988, 987; *Schumann* in *Stein/Jonas,* ZPO²¹ I § 29 Rz 51 f; *Spellenberg,* ZZP 91 [1978] 44 ff) als auch nach der lex fori (so Cour d'Appel de Paris Rev crit 1979, 444 [*Santa-Croze*]) abgelehnt, weil diese Qualifikationen einer Vereinheitlichung der Zuständigkeitsregeln zuwiderlaufen würden. Richtschnur für die autonome Auslegung ist **Art 10** des **Europäischen Vertragsstatut-Übereinkommens** v 19. 6. 1980 (EVÜ), BGBl III 1998/208 (*Czernich/Tiefenthaler,* LGVÜ Art 5 Rz 5; *Kropholler,* Zivilprozeßrecht[6] Art 5 EuGVÜ Rz 7; EuGH 8. 3. 1988 Rs 9/87 *„Arcado/Haviland"* Slg 1988, 1539 = IPRax 1989, 227 [*Mezger* 207] = NJW 1989, 1424 = RIW 1988, 987 [*Schlosser* 988]).

Unter **Vertrag** ist – so der EuGH (27. 10. 1998 Rs C-51/97 *„Réunion européenne/Spliethoff's Bevrachtingskantoor"* Slg 1998, I-6511 = EuZW 1999, 59 = RIW 1999, 57; 17. 6. 1992 Rs C-26/91 *„Handte/TMCS"* Slg 1992 I 3967 = JZ 1995, 90 [*Pfeifer*] = Rev crit 1992, 726 [*Gaudemet-Tallon*] = RIW 1994, 680) – **jede freiwillige gegenüber einer anderen Person eingegangene Verpflichtung** zu verstehen. Dabei ist es unerheblich, ob es sich um eine vermögensrechtliche oder eine nicht vermögensrechtliche Verpflichtung handelt und ob diese in einem Tun, Dulden oder Unterlassen besteht (*Geimer/Schütze,* Urteilsanerkennung I/1 § 83 VIII 1; *dies,* Zivilverfahrensrecht Art 5 EuGVÜ Rz 17; *Gottwald,* MünchKommZPO III Art 5 EuGVÜ Rz 4; *Hausmann* in *Wieczorek/Schütze,* ZPO[3] I/1 Art 5 EuGVÜ Rz 5). 77

Zu den Verpflichtungen aus einem Vertrag gehören nicht nur die unmittelbaren vertraglichen Pflichten, etwa Leistungs-, Zahlungs- oder Unterlassungspflichten, sondern auch die Verpflichtungen, die an die Stelle einer nicht erfüllten vertraglichen Verbindlichkeit treten, also vor allem Schadenersatz- und Rückerstattungsansprüche, und zwar auch dann, wenn sie (erst) aus dem Gesetz folgen (*Kropholler,* Zivilprozeßrecht[6] Art 5 EuGVÜ Rz 10; *Tiefenthaler,* ÖJZ 1998, 545; JBl 1998, 515 = ZfRV 1998/33; RdW 1998, 552 = ZfRV 1998/43).

Der Anwendungsbereich des Art 5 Z 1 EuGVÜ/LGVÜ wird **weit ausgelegt** (*Geimer/Schütze,* Zivilverfahrensrecht Art 5 EuGVÜ Rz 18; *Gottwald,* MünchKommZPO III Art 5 EuGVÜ Rz 4; *Kropholler,* Zivilprozeßrecht[6] Art 5 EuGVÜ Rz 10; OLG Oldenburg IPRspr 1975/146 = NJW 1976, 1043 = WM 1976, 1288 [*Geimer*]). 78

Die Klagsart bzw Rechtsschutzform spielt für die Zuständigkeit keine Rolle. Es kann sich um eine positive oder negative Feststellungsklage, um eine Leistungsklage oder eine Rechtsgestaltungsklage handeln (*Geimer/Schütze,* Urteilsanerkennung I/1 § 83 VIII 6; *dies,* Zivilverfahrensrecht Art 5 EuGVÜ Rz 39; *Gottwald,* MünchKommZPO III Art 5 EuGVÜ Rz 4; *Schack,* Erfüllungsort Rz 314; OLG Frankfurt RIW 1980, 585). 79

Unter **Art 5 Z 1 EuGVÜ/LGVÜ** fallen etwa folgende Klagen und Ansprüche: 80

- Klagen auf **Feststellung des Bestehens, Fortbestehens oder Nichtbestehens des vertraglich begründeten Rechtsverhältnisses** (*Geimer/Schütze,* Zivilverfahrensrecht Art 5 EuGVÜ Rz 40; *Kropholler,* Zivilprozeßrecht[6] Art 5 EuGVÜ Rz 10; OLG Stuttgart, IPRax 1999, 103; Cass [Italien], Nuova giur civ comm 1986, 1, 689 [*Campeis-Arrigo de Pauli*] = Riv dir int priv proc 1986, 681; Cass Rev crit 1983, 516 [*Gaudemet-Tallon*]; OLG Frankfurt IPRspr 1979/174 = RIW 1980, 585);
- Klagen auf **Feststellung des Bestehens oder Nichtbestehens einer** bestimmten **Vertragspflicht** (*Geimer/Schütze,* Zivilverfahrensrecht Art 5 EuGVÜ Rz 40);
- Klagen auf **Vertragserfüllung** (*Geimer/Schütze,* Urteilsanerkennung I/1 § 83 VIII 6b; *dies,* Zivilverfahrensrecht Art 5 EuGVÜ Rz 18, 41; *Gottwald,* MünchKommZPO III Art 5 EuGVÜ Rz 4; *Schack,* Erfüllungsort Rz 314; BGH RIW 1991, 513), zB auf Zahlung des Anwaltshonorars (EvBl 1999/14 = ZfRV 1999/4);

• Klagen auf **Zahlung von Vertragsstrafen** (*Geimer/Schütze,* Zivilverfahrensrecht Art 5 EuGVÜ Rz 18, 41; OLG Hamm NJW 1990, 652);

• Klagen auf **Bestellung von Sicherheiten** (*Geimer/Schütze,* Zivilverfahrensrecht Art 5 EuGVÜ Rz 18, 41; *Gottwald,* MünchKommZPO III Art 5 EuGVÜ Rz 4; OLG Köln IPRax 1985, 161 [*Schröder* 145]) und Ansprüche auf **Freigabe von Sicherheiten** (OLG Bremen RIW 1998, 63);

• Ansprüche **aus** einem **Abtretungsvertrag,** wie zB der Anspruch des Zessionars gegen den Zedenten auf Zustimmung zur Auszahlung des (durch eine Bankgarantie gesicherten) Betrages durch die Bank (ecolex 1998, 311 [*Chiwitt-Oberhammer*] = EvBl 1998/33 = RdW 1998, 200 = RIW 1998, 634 = ZfRV 1998, 163);

• Klagen auf **Schadenersatz wegen Verzugs** (*Geimer/Schütze,* Zivilverfahrensrecht Art 5 EuGVÜ Rz 18);

• Klagen auf **Schadenersatz wegen Nicht-Zustandekommens des Vertrages** (*Geimer/Schütze,* Urteilsanerkennung I/1 § 83 VIII 6 f; *dies,* Zivilverfahrensrecht Art 5 EuGVÜ Rz 18, 50; *Gottwald,* MünchKommZPO III Art 5 EuGVÜ Rz 4);

• Klagen auf **Schadenersatz wegen Nichterfüllung** oder **nicht gehöriger Erfüllung** (*Geimer/Schütze,* Urteilsanerkennung I/1 § 83 VIII 6 f; *dies,* Zivilverfahrensrecht Art 5 EuGVÜ Rz 18, 50; *Gottwald,* MünchKommZPO III Art 5 EuGVÜ Rz 4; *Schlosser,* EuGVÜ Art 5 Rz 4);

• Klagen **wegen Vertragsbruchs** (breach of contract) (*Geimer/Schütze,* Zivilverfahrensrecht Art 5 EuGVÜ Rz 18, 42; *Gottwald,* MünchKommZPO III Art 5 EuGVÜ Rz 4; EuGH 8. 3. 1988 Rs 9/87 *„Arcado/Haviland"* Slg 1988, 1539 = IPRax 1989, 227 [*Mezger* 207] = NJW 1989, 1424 = RIW 1988, 987 [*Schlosser* 988]);

• Klagen auf **Aufhebung des Vertrages** (*Geimer/Schütze,* Zivilverfahrensrecht Art 5 EuGVÜ Rz 42, 48);

• Klagen auf **Änderung oder Ergänzung des Vertrages,** wie zB Anpassung des Vertrages im Hinblick auf die clausula rebus sic stantibus oder Klagen auf Herabsetzung der Vertragsstrafe oder des Rechtsanwaltshonorares (*Geimer/Schütze,* Zivilverfahrensrecht Art 5 EuGVÜ Rz 48);

• Klagen auf **Anfechtung des Vertrages wegen Willensmängeln** (*Geimer/Schütze,* Zivilverfahrensrecht Art 5 EuGVÜ Rz 44);

• Ansprüche auf **Wandlung oder Minderung** (*Geimer/Schütze,* Urteilsanerkennung I/1 § 83 VIII 6 e; *dies,* Zivilverfahrensrecht Art 5 EuGVÜ Rz 49; *Gottwald,* MünchKommZPO III Art 5 EuGVÜ Rz 4);

• Ansprüche auf **Rückgewähr** nach Ausübung eines vertraglichen oder gesetzlichen Rücktrittsrechts (*Auer* in *Bülow/Böckstiegel,* Rechtsverkehr 606 Art 5 EuGVÜ Rz 21; *Czernich/Tiefenthaler,* LGVÜ Art 5 Rz 5; *Geimer/Schütze,* Zivilverfahrensrecht Art 5 EuGVÜ Rz 19, 46; *Gottwald,* MünchKommZPO III Art 5 EuGVÜ Rz 4; *Schack,* Erfüllungsort Rz 314; OLG Oldenburg IPRspr 1975/146 = NJW 1976, 1043 = WM 1976, 1288 [*Geimer*]);

• **Ansprüche nach Vertragsaufhebung** (*Gottwald,* MünchKommZPO III Art 5 EuGVÜ Rz 4; JBl 1998, 515 = ZfRV 1998/33; BGH BGHZ 78, 257 = NJW 1981, 1158);

• **vorbereitende Hilfsansprüche auf Auskunft** (*Gottwald,* MünchKommZPO III Art 5 EuGVÜ Rz 4; BGH IPRax 1989, 98 [*Mansel* 84]);

• Klagen, in denen darüber gestritten wird, **ob überhaupt** ein **Vertrag vorliegt.** Denn sonst könnte sich der Beklagte durch einfaches Bestreiten dem Gerichtsstand entziehen (*Czernich/Tiefenthaler,* LGVÜ Art 5 Rz 7; *Geimer/Schütze,* Zivilverfahrensrecht Art 5 EuGVÜ Rz 40; *Gottwald,* MünchKommZPO III Art 5 EuGVÜ Rz 3; *ders,* IPRax 1983, 13; *Kohler* in EuGH, Zuständigkeit 46; *Kropholler,* Zivilprozeßrecht[6] Art 5 EuGVÜ Rz 10; *Nagel/Gottwald,*

IZPR[4] § 3 Rz 184; *Schack,* Erfüllungsort Rz 312; ecolex 1998, 313; JBl 1998, 515 = ZfRV 1998/33; ecolex 1998, 313 = ZfRV 1998/6; BAG RIW 1987, 464; Abschlußentscheidung BGH IPRax 1983, 67 [*Stoll* 52] = NJW 1982, 2733; EuGH 4. 3. 1982 Rs 38/81 *„Effer/Kantner"* Slg 1982, 825 = IPRax 1983, 31 [*Gottwald* 13] = RIW 1982, 280; OLG Hamm IPRspr 1979/168 = RIW 1980, 662);

• Ansprüche auf **Schadenersatz wegen mißbräuchlicher Auflösung eines Handelsvertretervertrages,** weil ein solcher Anspruch seinen Grund in der Nichteinhaltung einer Vertragspflicht findet (*Geimer/Schütze,* Zivilverfahrensrecht Art 5 EuGVÜ Rz 20; *Kropholler,* Zivilprozeßrecht[6] Art 5 EuGVÜ Rz 7; *Schoibl* in *Bajons/Mayr/Zeiler,* Übereinkommen 72; EuGH 8. 3. 1988 Rs 9/87 *„Arcado/Haviland"* Slg 1988, 1539 = IPRax 1989, 227 [*Mezger* 207] = NJW 1989, 1424 = RIW 1988, 987 [*Schlosser* 988]); überhaupt Ansprüche nach dem HVG 1993 (Provisionen, Ausgleichsanspruch nach § 24 HVG, Kündigungsentschädigung nach § 23 HVG, Anspruch auf Rechnungslegung und Erstellung eines Buchauszuges nach §§ 14, 16 HVG; RdW 1999, 412);

• Klagen, durch die ein **Verein,** eine sonstige **juristische Person** oder Gesellschaft **gegen** ihre **Mitglieder** (Gesellschafter) **Ansprüche auf Beitragsleistungen** (Einzahlungen) geltend macht (EuGH 22. 3. 1983 Rs 34/82 *„Peters/Zuid Nederlandse Aannemers Vereniging"* Slg 1983, 987 = IPRax 1984, 85 [*Schlosser* 65] = RIW 1983, 871). Denn der Beitritt zu einem Verein udgl schaffe nach Ansicht des EuGH faktisch enge Bindungen gleicher Art wie sie zwischen Vertragsparteien bestehen;

• Klagen aus **Binnenbeziehungen in einer AG** (vgl EuGH 10. 3. 1992 Rs 214/89 *„Duffryn/Petereit"* Slg 1992, I-1745 = EuZW 1992, 252 = IPRax 1993, 32 [*Koch* 19] = NJW 1992, 1671 = RIW 1992, 492 = SZIER 1993, 370 [*Volken*] = ZEUP 1994, 138 [*Karré-Abermann*] = ZHR 1993, 48 [*Bork*]);

• **Durchgriffsbegehren** der abhängigen Gesellschaft gegen die herrschende Gesellschaft (*Möllers,* Zuständigkeit 86; *Schlosser,* EuGVÜ Art 5 Rz 6);

• **Zahlungsansprüche des Wechselnehmers gegen** den **Akzeptanten** (*Bachmann,* IPRax 1997, 239);

• Zahlungsansprüche des Wechselnehmers **gegen den Aussteller beim Eigenwechsel** (*Bachmann,* IPRax 1997, 239 f);

• **Zahlungsansprüche des Indossatars gegen** den **Akzeptanten** (*Bachmann,* IPRax 1997, 241);

• Klagen aus **Fernunterrichtsverträgen** (*Geimer/Schütze,* Zivilverfahrensrecht Art 5 EuGVÜ Rz 22);

• Ansprüche aus **Beherbergungsverträgen** (ecolex 1998, 312 = EvBl 1998/57 = JBl 1998, 379 = ZfRV 1998, 167);

• Ansprüche aus **Bierlieferungsverträgen** (ecolex 1998, 313 = ZfRV 1998/6);

• **Honoraransprüche** eines Rechtsanwaltes (EvBl 1999/14 = ZfRV 1999/4) und anderer Vertreter freier Berufe;

• Ansprüche aus einem **Darlehensvertrag** (OLG Bremen RIW 1998, 63);

• Ansprüche wegen **Zahlung der Lotsen-, Kran-, Waage-, Hafen- und Bohlwerksgebühren,** soweit nicht Schiffahrtsspezialübereinkommen dem EuGVÜ/LGVÜ gem Art 57 vorgehen (*Geimer/Schütze,* Zivilverfahrensrecht Art 5 EuGVÜ Rz 24);

• Ansprüche aus Arbeitsverträgen, allerdings geht hier die Sonderanknüpfung in den HS 2 und 3 des Art 5 Z 1 EuGVÜ/LGVÜ vor (Näheres s Rz 116 ff). Sind allerdings die HS 2 und 3 des Art 5 Z 1 nicht anwendbar, weil der Arbeitnehmer die Arbeit nicht angetreten hat (vgl 9 Ob A 154/98 z), richtet sich die internationale Zuständgkeit nach dem ersten HS des Art 5 Z 1. Es ist daher dort zu klagen, wo vom Beklagten der Arbeitsvertrag zu erfüllen gewesen wäre.

81 Strittig ist, inwieweit Ansprüche aus **culpa in contrahendo** unter Art 5 Z 1 EuGVÜ/LGVÜ fallen. Nach *Schack* (Erfüllungsort Rz 310) soll es darauf ankommen, ob ein Vertrag zustandegekommen ist. Sachgerechter scheint es jedoch danach zu differenzieren, ob Ersatz für die **Verletzung von Aufklärungs- und Beratungspflichten** oder nur für die Verletzung deliktsähnlicher Obhuts- und Erhaltungspflichten verlangt wird (*Gottwald,* MünchKommZPO III Art 5 EuGVÜ Rz 4; ähnlich *Schlosser,* EuGVÜ Art 5 Rz 5). Stehen deliktsähnliche Elemente im Vordergrund, so kommt Art 5 Z 1 EuGVÜ/LGVÜ nicht zur Anwendung (*Geimer/Schütze,* Zivilverfahrensrecht Art 5 EuGVÜ Rz 18 und 51; aA *Czernich/Tiefenthaler,* LGVÜ Art 5 Rz 5, die generell Schadenersatzansprüche aus culpa in contrahendo unter Art 5 Z 1 EuGVÜ/LGVÜ subsumieren). Entscheidend ist, daß ein solcher Anspruch seinen Grund in der Nichteinhaltung einer Vertragspflicht hat (*Geimer/Schütze,* Zivilverfahrensrecht Art 5 EuGVÜ Rz 18; OLG Koblenz IPRax 1991, 241).

82 **Art 5 Z 1 EuGVÜ/LGVÜ** gilt dagegen **nicht** für folgende Klagen und Ansprüche:

- vertragliche Ansprüche, für die Zwangszuständigkeiten nach Art 16 EuGVÜ/LGVÜ bestehen, wie zB für Wohnraumstreitigkeiten (*Czernich/Tiefenthaler,* LGVÜ Art 5 Rz 9; *Geimer/Schütze,* Zivilverfahrensrecht Art 5 EuGVÜ Rz 27; *Kropholler,* Zivilprozeßrecht[6] Art 5 EuGVÜ Rz 13; *Schlosser,* EuGVÜ Art 5 Rz 2; *Schoibl* in *Bajons/Mayr/Zeiler,* Übereinkommen 73; EuGH 14. 12. 1977 Rs 73/77 *„Sanders/van der Putte"* Slg 1977, 2383 = RIW 1978, 236 = NJW 1978, 1107; BAG NJW 1986, 2383);
- Klagen aus Versicherungsverträgen; für sie gelten Art 7 ff EuGVÜ/LGVÜ (*Czernich/Tiefenthaler,* LGVÜ Art 5 Rz 8; *Geimer/Schütze,* Zivilverfahrensrecht Art 5 EuGVÜ Rz 28; *Kropholler,* Zivilprozeßrecht[6] Art 5 EuGVÜ Rz 13; *Schlosser,* EuGVÜ Art 5 Rz 2; *Schoibl* in *Bajons/Mayr/Zeiler,* Übereinkommen 73);
- Ansprüche aus Verbraucherverträgen; für sie gelten Art 13–15 EuGVÜ/LGVÜ (*Czernich/Tiefenthaler,* LGVÜ Art 5 Rz 8; *Geimer/Schütze,* Zivilverfahrensrecht Art 5 EuGVÜ Rz 29; *Kropholler,* Zivilprozeßrecht[6] Art 5 EuGVÜ Rz 13; *Schlosser,* EuGVÜ Art 5 Rz 2; *Schoibl* in *Bajons/Mayr/Zeiler,* Übereinkommen 73);
- Klagen aus Beförderungsverträgen, weil hier die einschlägigen Spezialabkommen, wie zB WA, CIM, CIV und CMR gem Art 57 EuGVÜ/LGVÜ den Vorrang haben (*Czernich/Tiefenthaler,* LGVÜ Art 5 Rz 8; *Geimer/Schütze,* Zivilverfahrensrecht Art 5 EuGVÜ Rz 30; *Kropholler,* Zivilprozeßrecht[6] Art 5 EuGVÜ Rz 13);
- Klagen aus sog Quasikontrakten (zu den frz quasicontrats s *Jeantet,* Cahiers dr europ 1972, 397 f), wie zB die Geschäftsführung ohne Auftrag (*Czernich/Tiefenthaler,* LGVÜ Art 5 Rz 6; *Geimer/Schütze,* Zivilverfahrensrecht Art 5 EuGVÜ Rz 31; *Gottwald,* MünchKommZPO III Art 5 EuGVÜ Rz 5; OLG Düsseldorf IPRax 1998, 210; aA *Hausmann* in *Wieczorek/Schütze,* ZPO[3] I/1 Art 5 EuGVÜ Rz 8; *Schlosser,* IPRax 1984, 66; *ders,* EuGVÜ Art 5 Rz 5);
- Ansprüche aus gesetzlichen Schuldverhältnissen (*Czernich/Tiefenthaler,* LGVÜ Art 5 Rz 6; *Geimer/Schütze,* Zivilverfahrensrecht Art 5 EuGVÜ Rz 32; *Gottwald,* MünchKommZPO III Art 5 EuGVÜ Rz 5; *Wrangel,* Erfüllungsort 14), wie zB die Konzernhaftung der Muttergesellschaft für vertraglich begründete Ansprüche der Tochtergesellschaft (OLG Düsseldorf IPRax 1998, 210; dazu krit *Zimmer,* IPRax 1998, 187) bzw nicht vertragliche Ansprüche, wie Ansprüche aus unerlaubter Handlung, wegen ungerechtfertigter Bereicherung (*Geimer/*

Schütze, Zivilverfahrensrecht Art 5 EuGVÜ Rz 32; *Gottwald,* MünchKommZPO III Art 5 EuGVÜ Rz 5; aA *Schlosser,* IPRax 1984, 66; *ders,* EuGVÜ Art 5 Rz 5), wegen vormundschaftlicher Verwaltung, auf Erteilung einer Quittung oder auf Rückgabe des Schuldscheines (vgl *Geimer/Schütze,* Zivilverfahrensrecht Art 5 EuGVÜ Rz 32);

- Ansprüche aus Verlöbnisbruch (*Nagel/Gottwald,* IZPR[4] § 3 Rz 178; *Schlosser,* IPRax 1984, 66);
- Wechselrückgriffsansprüche (*Bachmann,* IPRax 1997, 240; *Gottwald,* MünchKommZPO III Art 5 EuGVÜ Rz 5; OLG Düsseldorf IPRax 1998, 210; LG Bayreuth IPRax 1989, 230 [*Furtak* 212]);
- die Anfechtungsklage nach der AnfO, weil sie keine Klage aus einem Vertrag ist (vgl *Geimer/Schütze,* Zivilverfahrensrecht Art 5 EuGVÜ Rz 32; EuGH 26. 3. 1992 Rs C-261/90 *„Reichert/Dresdner Bank II"* Slg 1992, I-2149 = EuZW 1992, 447 = IPRax 1993, 32 [*Schlosser* 17]);
- Produkthaftungsansprüche des Endverbrauchers gegenüber dem Produzenten, weil kein Vertragsverhältnis zwischen dem Endabnehmer und dem Produzenten besteht (*Czernich/Tiefenthaler,* LGVÜ Art 5 Rz 6; *Kropholler,* Zivilprozeßrecht[6] Art 5 EuGVÜ Rz 9). Dies gilt auch dann, wenn – wie im französischen Recht – eine Direktklage gegen den Hersteller zulässig ist (*Geimer/Schütze,* Zivilverfahrensrecht Art 5 EuGVÜ Rz 51; *Klima,* RIW 1991, 415; *Sonnenberger,* Steindorff-FS 777; EuGH 17. 6. 1992 Rs C-26/91 *„Handte/TMCS"* Slg 1992, I-3967 = JZ 1995, 90 [*Pfeifer*] = Rev crit 1992, 726 [*Gaudemet-Tallon*] = RIW 1994, 680);
- Klagen, in denen die Haftung aus der Umlauffähigkeit eines Wertpapiers hergeleitet wird, weil hier kein vertraglicher Anspruch besteht (*Schlosser,* IPRax 1984, 66; *ders,* EuGVÜ Art 5 Rz 6; LG Frankfurt IPRax 1997, 258; LG Bayreuth IPRax 1989, 230 [*Furtak* 212]; LG Göttingen RIW 1977, 235).

e) Personeller Anwendungsbereich

Art 5 Z 1 EuGVÜ/LGVÜ kommt nur auf Klagen zwischen den (ursprüng- **83**
lichen) **Parteien des jeweiligen Vertrages bzw deren Rechtsnachfolgern** zur Anwendung (*Auer* in *Bülow/Böckstiegel,* Rechtsverkehr 606 Art 5 EuGVÜ Rz 14; *Geimer/Schütze,* Urteilsanerkennung I/1 § 83 IX; *dies,* Zivilverfahrensrecht Art 5 EuGVÜ Rz 53; *Schoibl* in *Bajons/Mayr/Zeiler,* Übereinkommen 74). Dabei spielt es – mit Ausnahme der Sonderregelung der HS 2 und 3, die im Anwendungsbereich des EuGVÜ nur für vom Arbeitnehmer erhobene Klagen gilt – keine Rolle, welche Vertragspartei geklagt wird (*Auer* in *Bülow/Böckstiegel,* Rechtsverkehr 606 Art 5 EuGVÜ Rz 13; *Czernich/Tiefenthaler,* LGVÜ Art 5 Rz 14; *Geimer/Schütze,* Zivilverfahrensrecht Art 5 EuGVÜ Rz 53). Art 5 Z 1 EuGVÜ/LGVÜ ist demnach auch dann anwendbar, wenn die Haftung Dritter für vertragliche Ansprüche geltend gemacht wird, wie zB bei der OHG oder im Fall einer die selbständige juristische Person ignorierenden Durchgriffshaftung (*Geimer/Schütze,* Zivilverfahrensrecht Art 5 EuGVÜ Rz 13; *Schlosser,* EuGVÜ Art 5 Rz 6).

Art 5 Z 1 EuGVÜ/LGVÜ ist auch anwendbar, wenn der **Masseverwalter** Ansprüche des Gemeinschuldners aus einem Vertrag (zB Ansprüche wegen Freigabe von Sicherheiten) geltend macht (OLG Bremen RIW 1998, 63).

Verlangt der Empfänger von Waren, an denen nach einem Transport zunächst auf See und dann über Land Transportschäden festgestellt worden sind, oder sein Versicherer, der nach Zahlung der Entschädigung an den Empfänger in dessen Rechte eingetreten ist, Ersatz seines Schadens unter Berufung auf das für den Seetransport ausgestellte Konnossement nicht von demjenigen, der dieses Dokument unter seiner Firma ausgestellt hat, sondern von der Person, die der Kläger als den tatsächlichen Verfrachter ansieht, dann ist mangels eines Vertrages zwischen den Verfahrensparteien Art 5 Z 1 EuGVÜ/LGVÜ unanwendbar (EuGH 27. 10. 1998 Rs C-51/97 *„Réunion européenne/Spliethoff's Bevrachtingskantoor"* Slg 1998, I-6511 = EuZW 1999, 59 = RIW 1999, 57).

f) Anspruchs(grundlagen)konkurrenz

84 Im Fall der Konkurrenz von vertraglichen und deliktischen Ansprüchen ist es strittig, ob das nach Art 5 Z 1 EuGVÜ/LGVÜ zuständige Gericht auch über die deliktischen Ansprüche entscheiden darf. Während die überwiegende Lehre (*Geimer* in *Zöller,* ZPO[21] Art 5 EuGVÜ Rz 6; *ders,* IPRax 1986, 82; *Geimer/Schütze,* Zivilverfahrensrecht Art 5 EuGVÜ Rz 34; *Kropholler,* Zivilprozeßrecht[6] Art 5 EuGVÜ Rz 60; *Mansel,* ZVglRWiss 86 [1987] 22; *Schlosser,* EuGVÜ Art 5 Rz 3; *Wolf,* IPRax 1999, 87) aus verfahrensökonomischen Gründen eine Annexzuständigkeit für deliktische Ansprüche bejaht, wird diese (ausdrücklich aber nur für den umgekehrten Fall) vom EuGH verneint (EuGH 27. 9. 1988 Rs 189/87 *„Kalfelis/Schröder"* Slg 1988, 5565 = IPRax 1989, 288 [*Gottwald* 272] = NJW 1988, 3088 [*Geimer*] = RIW 1988, 901 [*Schlosser* 987]; glA *Gottwald,* IPRax 1989, 274; *Holl,* WiB 1995, 463; *Schack,* Erfüllungsort Rz 317; BGH FamRZ 1996, 601 = NJW 1996, 1411). Der EuGH begründet dies damit, daß die in Art 5 und 6 aufgezählten besonderen Zuständigkeiten als Ausnahme vom Grundsatz der Wohnsitzzuständigkeit einschränkend auszulegen seien. Zwar bringe es Nachteile mit sich, wenn über die einzelnen Aspekte eines Rechtsstreits von verschiedenen Gerichten entschieden werde, doch sei zum einen darauf hinzuweisen, daß der Kläger stets die Möglichkeit habe, seine Klage unter sämtlichen Gesichtspunkten vor das Gericht des Wohnsitzes des Beklagten zu bringen und zum anderen darauf, daß Art 22 EuGVÜ/LGVÜ es dem zuerst angerufenen Gericht unter bestimmten Umständen ermögliche, über den gesamten Rechtsstreit zu befinden, wenn zwischen den vor verschiedenen Gerichten erhobenen Klagen ein Zusammenhang besteht (dazu krit *Geimer,* NJW 1988, 3090 [Entscheidungsanm]; *Gottwald,* IPRax 1989, 272 ff).

g) Anknüpfungspunkt

aa) Allgemeines

85 In Art 5 Z 1 EuGVÜ/LGVÜ wird – außer bei den individuellen Arbeitsverträgen – an den Ort angeknüpft, an dem die Verpflichtung erfüllt worden ist oder zu erfüllen wäre. Ein Erfüllungsort, der in einem Nicht-Vertragsstaat liegt, ist freilich bedeutungslos (*Schlosser,* EuGVÜ Art 5 Rz 1; EuGH 15. 2. 1989 Rs 32/88 *„Six Construction/Humbert"* Slg 1989, 341 = IPRax 1990, 173 [*Rauscher* 152] = RIW 1990, 139).

bb) Maßgebliche Verpflichtung

86 Anknüpfungspunkt für die internationale und örtliche Zuständigkeit ist aber nur diejenige (vertragliche) **Verpflichtung, die** konkret den **Gegenstand der Klage bildet** (*Czernich/ Tiefenthaler,* LGVÜ Art 5 Rz 13; *Geimer/Schütze,* Zivilverfahrensrecht Art 5 EuGVÜ Rz 55; *Gottwald,* MünchKommZPO III Art 5 EuGVÜ Rz 7; *Hausmann* in *Wieczorek/Schütze,* ZPO[3] I/1 Art 5 EuGVÜ Rz 13; *Kropholler,* Zivilprozeßrecht[6] Art 5 EuGVÜ Rz 14; *Musger,* RZ 1993, 195; *Schlosser,* EuGVÜ Art 5 Rz 7; *Schoibl* in *Bajons/Mayr/Zeiler,* Übereinkommen 74 f; EvBl 1999/14 = ZfRV 1999/4; ZfRV 1999/11; RdW 1998, 552 = ZfRV

1998/43; ecolex 1998, 695 = JBl 1998, 518 = RdW 1998, 615; ecolex 1998, 311 [*Chiwitt-Oberhammer*] = EvBl 1998/33 = RdW 1998, 200 = RIW 1998, 634 = ZfRV 1998, 163; JBl 1998, 515 = ZfRV 1998/33). Darunter ist diejenige Verpflichtung zu verstehen, die dem vertraglichen Anspruch entspricht, auf den der Kläger seine Klage stützt (EuGH 6. 10. 1976 Rs 14/76 *„de Bloos/Bouyer"* Slg 1976, 1497 = NJW 1977, 490 [*Geimer* 492] = RIW 1977, 42 [*Linke*]). Für die Zuständigkeitsbegründung reicht es daher nicht aus, daß irgendeine Verpflichtung aus dem Vertrag im Gerichtsstaat zu erfüllen ist (*Geimer/Schütze,* Zivilverfahrensrecht Art 5 EuGVÜ Rz 55; *Gottwald,* MünchKommZPO III Art 5 EuGVÜ Rz 7; *Kropholler,* Zivilprozeßrecht[6] Art 5 EuGVÜ Rz 14; *Pocar,* RabelsZ 42 [1978] 414 ff; *Rauscher,* Verpflichtung 922 ff; *Schack,* Erfüllungsort Rz 320 f; EuGH 29. 6. 1994 Rs C-288/92 *„Custom Made Commercial/Stawa Metallbau"* Slg 1994, I-2913 = EuZW 1994, 763 = IPRax 1995, 31 [*Jayme* 13] = JZ 1995, 244 [*Geimer*] = NJW 1995, 183 = RIW 1994, 676 = SZIER 1995, 290 [*Volken*] = ZEUP 1995, 655 [*Schack*] = ZZPInt 1 [1996] 167 [*P. Huber*]; EuGH 6. 10. 1976 Rs 14/76 *„de Bloos/Bouyer"* Slg 1976, 1497 = NJW 1977, 490 [*Geimer* 492] = RIW 1977, 42 [*Linke*]; BGH EuZW 1993, 576 = EWiR 1993, 877 = EWS 1993, 260 = IPRax 1994, 115 [*Geimer* 82] = IPRspr 1993/139 = NJW 1993, 2753 = RIW 1993, 846 = ZZP 107 [1994] 211 [*Leipold*]; OLG Köln RIW 1988, 555; LG Köln RIW 1988, 644; EuGH 15. 1. 1987 Rs 266/85 *„Shenavai/Kreischer"* Slg 1987, 239 = IPRax 1989, 366 [*Mezger* 346] = NJW 1987, 1131 [*Geimer*] = RIW 1987, 213; LG Kaiserslautern IPRax 1987, 368 [*Mezger* 346] = NJW 1988, 652; BGH NJW 1981, 1905 = RIW 1981, 413 = IPRspr 1981/152; sowie die bei *Kropholler,* Zivilprozeßrecht[6], 105 in FN 33 ff zitierte ausländische Rsp).

So kommt es daher etwa bei der Honorarklage des mit der Bauplanung **87** befaßten Architekten, weil er kein (abhängiger) Arbeitnehmer ist, auf diejenige Verpflichtung an, die konkret den Gegenstand der Klage bildet, dh auf die Zahlung des Honorars, und nicht etwa auf die das gesamte Vertragsverhältnis prägende vertragstypische Leistung. Die Klage ist daher am Erfüllungsort für die Geldschuld, dh am Wohnsitz des Beklagten, und nicht am Sitz des Büros des Architekten oder am Ort des geplanten Bauwerks einzubringen (*Kropholler,* Zivilprozeßrecht[6] Art 5 EuGVÜ Rz 15).

Begehrt der Kläger Schadenersatz oder Auflösung des Vertrages wegen **88** eines Verschuldens des Gegners, so ist zur Bestimmung des Erfüllungsortes diejenige **Verpflichtung** heranzuziehen, **deren Nichterfüllung** zur Begründung des Klagebegehrens **behauptet** wird. Verlangt also der Käufer Schadenersatz wegen Vertragsverletzung des Verkäufers, so ist die Klage am Erfüllungsort für die verletzte Lieferpflicht, und nicht am Erfüllungsort der Schadenersatzpflicht zu erheben (*Czernich/Tiefenthaler,* LGVÜ Art 5 Rz 12; *Kropholler,* Zivilprozeßrecht[6] Art 5 EuGVÜ Rz 14; RdW 1998, 552 = ZfRV 1998/43).

Wenn es dagegen um die Erfüllung einer aus einer Leistungsstörung, **89** Wandlung oder Kündigung hervorgehenden sekundären Pflicht geht, ist für die Bestimmung des Erfüllungsortes der Ort maßgebend, an dem die **primäre** (das ist die eigentliche, unmittelbar von den Parteien gewollte) **Hauptleistungspflicht** zu erfüllen ist bzw zu erfüllen gewesen wäre, nicht dagegen der Ort, an dem die aus einer Leistungsstörung, Wandlung, Kündigung udgl hervorgehende sekundäre Pflicht zu erfüllen ist (*Auer* in *Bülow/Böckstiegel,* Rechtsverkehr 606 Art 5 EuGVÜ Rz 31 f; *Geimer/Schütze,* Zivilverfahrensrecht Art 5 EuGVÜ Rz 59; *Kropholler,* Zivilprozeßrecht[6] Art 5 EuGVÜ Rz 14; *Schlosser,* EuGVÜ Art 5 Rz 7; *Tiefenthaler,* ÖJZ 1998, 546; EuGH 15. 1. 1987 Rs 266/85 *„Shenavai/Kreischer"* Slg 1987, 239 = IPRax 1989, 366 [*Mezger* 346] = NJW 1987, 1131

[*Geimer*] = RIW 1987, 213; EuGH 6. 10. 1976 Rs 14/76 „*de Bloos/Bouyer*" Slg 1976, 1497 = NJW 1977, 490 [*Geimer* 492] = RIW 1977, 42 [*Linke*]).

90 Der OGH dagegen knüpft bei Rückforderungsansprüchen, die auf der Anfechtung des Vertrages wegen eines Willensmangels oder einer einvernehmlichen Vertragsauflösung beruhen, stets an die streitgegenständliche Verpflichtung an (RdW 1998, 552 = ZfRV 1998/43; JBl 1998, 515 = ZfRV 1998/33). Dabei war in dem in RdW 1998, 552 = ZfRV 1998/43 veröffentlichen Fall als Zahlungsort für die Kaufpreisschuld Amsterdam vorgesehen und überdies die Anzahlung, auf deren Rückzahlung geklagt worden ist, tatsächlich in Amsterdam geleistet worden. Die von der Judikatur des EuGH und der hM abweichende Rsp des OGH führt dazu, daß einerseits ohne sachliche Rechtfertigung – wie etwa der Sachnähe des angerufenen Gerichts – ein zusätzlicher Gerichtsstand geschaffen wird, und andererseits dazu, daß infolge des Art 21 der „logische Gerichtsstand" für einen Rechtsstreit gesperrt wird (vgl *Tiefenthaler,* ÖJZ 1998, 547). Außerdem ist es für die Vertragsparteien nicht vorhersehbar, welcher Vertragsstaat im Fall eines Rechtsstreites international zuständig sein wird.

91 Auf die das ganze Vertragsverhältnis prägende charakteristische Leistung kommt es hingegen – außer bei den Arbeitsverträgen – nicht an (*Kropholler,* Zivilprozeßrecht[6] Art 5 EuGVÜ Rz 15; *Tiefenthaler,* ÖJZ 1998, 546; EuGH 15. 1. 1987 Rs 266/85 „*Shenavai/Kreischer*" Slg 1987, 239 = IPRax 1989, 366 [*Mezger* 346] = NJW 1987, 1131 [*Geimer*] = RIW 1987, 213; aA *Auer* in *Bülow/Böckstiegel,* Rechtsverkehr 606 Art 5 EuGVÜ Rz 31; *Gaudemet-Tallon* Rz 159; *Piltz,* NJW 1981, 1877; *Rauscher,* Verpflichtung 207; *Spellenberg,* ZZP 91 [1978] 51 ff), andernfalls hätte es nicht einer Ausnahmeregelung für Arbeitsverträge bedurft. Das Abstellen auf die vertragscharakteristische Leistung könnte angesichts der Verschiedenartigkeit und der Vielfalt von Verträgen leicht zu Ungewißheiten über die gerichtlichen Zuständigkeiten führen, die durch das Übereinkommen aber gerade verringert werden sollen. Außerdem würde dies zu einer einseitigen (und häufig grundlosen) Begünstigung des Schuldners der charakteristischen Leistung führen (*Gottwald,* MünchKommZPO III Art 5 EuGVÜ Rz 8; *Kropholler,* Zivilprozeßrecht[6] Art 5 EuGVÜ Rz 13; *Schlosser,* EuGVÜ Art 5 Rz 9).

92 Wird die **Erfüllung mehrerer Hauptpflichten** aus einem Vertragsverhältnis oder sogar aus mehreren Verträgen eingeklagt, so ist **für jede** von ihnen **gesondert zu prüfen,** ob der Erfüllungsort im Gerichtsstaat liegt (*Geimer/Schütze,* Zivilverfahrensrecht Art 5 EuGVÜ Rz 57; *Kropholler,* Zivilprozeßrecht[6] Art 5 EuGVÜ Rz 16). Liegt der Erfüllungsort nur hinsichtlich einer Hauptverpflichtung im Gerichtsstaat, darf das Gericht nicht über die anderen Ansprüche entscheiden (*Geimer/Schütze,* Zivilverfahrensrecht Art 5 EuGVÜ Rz 57).

93 Vertragliche **Nebenpflichten** und durch Leistungsstörungen, Rücktritt, Wandlung, Klage auf Vertragsauflösung usw entstandene **Sekundärpflichten auf Schadenersatz** und alle **auf Erfüllungssurrogate gerichteten Verpflichtungen** werden nicht selbständig angeknüpft, sondern – nach dem Grundgedanken, daß Nebensächliches der Hauptsache folgt – zuständigkeitsrechtlich derjenigen **Haupt(leistungs)verpflichtung** zugeordnet, zu der sie gehören bzw an deren Stelle sie getreten bzw aus der sie hervorgegangen sind (*Geimer/Schütze,* Urteilsanerkennung I/1 § 83 XII; *dies,* Zivilverfahrensrecht Art 5 EuGVÜ Rz 59; *Gottwald,* MünchKommZPO III Art 5 EuGVÜ Rz 9; *Kropholler,* Zivilprozeßrecht[6] Art 5 EuGVÜ Rz 16; *Schlosser,* EuGVÜ Art 5 Rz 7; *Schoibl* in *Bajons/Mayr/Zeiler,* Übereinkommen 75; *Urlesberger,* DRdA 1993, 520; RdW 1999, 412; EuGH 15. 1. 1987 Rs 266/85 „*Shenavai/Kreischer*" Slg 1987, 239 = IPRax 1989, 366 [*Mezger*

346] = NJW 1987, 1131 [*Geimer*] = RIW 1987, 213; BGH NJW 1994, 2699; RIS Justiz RA 0000076 [Oberstes Gericht Irland – Supreme Court 20. 7. 1993, 1/93]). Dies soll einer Gerichtsstandsaufsplitterung entgegenwirken (*Gottwald,* MünchKomm-ZPO III Art 5 EuGVÜ Rz 9; *Kropholler,* Zivilprozeßrecht[6] Art 5 EuGVÜ Rz 16; *Piltz,* NJW 1981, 1877).

Auch wenn **Nebenansprüche ohne** den **dazu gehörenden Hauptanspruch** geltend gemacht werden, ist der Erfüllungsort der Hauptverpflichtung maßgeblich (EuGH 15. 1. 1987 Rs 266/85 *„Shenavai/Kreischer"* Slg 1987, 239 = IPRax 1989, 366 [*Mezger* 346] = NJW 1987, 1131 [*Geimer*] = RIW 1987, 213). 94

Zu den **Neben- bzw Sekundäransprüchen** zählen ua Rückabwicklungsansprüche (*Schlosser,* EuGVÜ Art 5 Rz 7; OLG Düsseldorf IPRax 1987, 235; aA BGH BGHZ 78, 257 = NJW 1981, 1158), Zinsen- und Auskunftsansprüche (*Schlosser,* EuGVÜ Art 5 Rz 7; EuGH 15. 1. 1987 Rs 266/85 *„Shenavai/Kreischer"* Slg 1987, 239 = IPRax 1989, 366 [*Mezger* 346] = NJW 1987, 1131 [*Geimer*] = RIW 1987, 213) sowie die in einem Transportvertrag (neben der Verschiffungspflicht) enthaltene Verpflichtung, ein Schiff zu benennen (*Rüßmann,* IPRax 1993, 40; *Schlosser,* EuGVÜ Art 5 Rz 7; aA House of Lords *Union Transport Group Plc/Continental Lines SA* [1992] All E. R. 161); ferner die Verpflichtung zur Rechnungslegung und zur Erstellung eines Buchauszuges nach §§ 14, 16 HVG (RdW 1999, 412) sowie der Anspruch auf Ersatz vorprozessualer Kosten (wie zB Inkassokosten und Mahnspesen, AG Berlin-Tiergarten IPRax 1999, 172 [*Peter* 159]). 95

Die Abgrenzung zwischen Haupt- und Nebenpflicht hat nach der **lex causae** zu erfolgen (*Auer* in *Bülow/Böckstiegel,* Rechtsverkehr 606 Art 5 EuGVÜ Rz 44; *Bachmann,* IPRax 1997, 238; *Geimer/Schütze,* Urteilsanerkennung I/1 § 83 XII; *Piltz,* NJW 1981, 1877; EuGH 6. 10. 1976 Rs 14/76 *„de Bloos/Bouyer"* Slg 1976, 1497 = NJW 1977, 490 [*Geimer* 492] = RIW 1977, 42 [*Linke*]; aA *Kropholler,* Zivilprozeßrecht[6] Art 5 EuGVÜ Rz 16; *Rüßmann,* IPRax 1993, 39, die für eine autonome Qualifikation eintreten). 96

Bei **Feststellungs- und Gestaltungsklagen** ist zu differenzieren: 97

Kommt es für das Klagebegehren in der Sache auf die Nicht- oder Schlechterfüllung einer bestimmten vertraglichen Verpflichtung des Beklagten an, so ist auf den Erfüllungsort dieser Verpflichtung abzustellen (*Geimer/Schütze,* Zivilverfahrensrecht Art 5 EuGVÜ Rz 62; *Hausmann* in *Wieczorek/Schütze,* ZPO[3] I/1 Art 5 EuGVÜ Rz 21; *Kropholler,* Zivilprozeßrecht[6] Art 5 EuGVÜ Rz 17; *Schlosser,* EuGVÜ Art 5 Rz 9; RdW 1998, 552 = ZfRV 1998/43; JBl 1998, 515 = ZfRV 1998/33; OLG Frankfurt IPRSpr 1979/174 = RIW 1980, 585; Cass [Italien] Riv dir priv proc 1986, 681).

Ist der Vertragsabschluß selbst strittig, so kann überall dort geklagt werden, wo ein Erfüllungsort für eine vertragliche Verpflichtung besteht (*Geimer,* EuR 1977, 355; *ders,* NJW 1977, 493; *Geimer/Schütze,* Urteilsanerkennung I/1 § 83 XII 5, 6; *dies,* Zivilverfahrensrecht Art 5 EuGVÜ Rz 61; *Grunsky,* RIW 1977, 5; *Kropholler,* Zivilprozeßrecht[6] Art 5 EuGVÜ Rz 10, 17; RdW 1998, 552 = ZfRV 1998/43; JBl 1998, 515 = ZfRV 1998/33; aA *Schlosser,* EuGVÜ Art 5 Rz 9, nach dessen Ansicht Art 5 Z 1 EuGVÜ/LGVÜ in einem solchen Fall nur dann zur Anwendung kommt, wenn alle vertraglichen Pflichten am selben Ort zu erfüllen sind, sowie die deutsche Rsp [OLG Stuttgart IPRax 1999, 103; OLG Frankfurt RIW 1980, 585], die auf die für den Kläger maßgebliche Hauptpflicht abstellt, und *Gaudemet-Tallon,* Rev crit 1983, 520 [Entscheidungsanmerkung]; *Huet,* Rev crit 1982, 386, 397 [Entscheidungsanmerkung]; *Wolf,* IPRax 1999, 85, nach deren Meinung es auf den Erfüllungsort der vertragscharakteristischen Leistung ankommt).

cc) Maßgebliche Rechtsordnung zur Bestimmung des Erfüllungsortes

98 Der Erfüllungsort bestimmt sich nach der **lex causae,** also nach dem Recht, das nach den Kollisionsnormen (IPR) des mit dem Rechtsstreit befaßten Gerichts für die streitige Verpflichtung maßgebend ist (ErläutRV zum LGVÜ [34 BlgNR 20. GP] 30; *Czernich/Tiefenthaler,* LGVÜ Art 5 Rz 15; *Geimer/Schütze,* Zivilverfahrensrecht Art 5 EuGVÜ Rz 64 f; *Jayme/Kohler,* IPRax 1994, 410; *Kropholler,* Zivilprozeßrecht[6] Art 5 EuGVÜ Rz 18; *Musger,* RZ 1993, 195; *Schoibl* in *Bajons/Mayr/Zeiler,* Übereinkommen 75; RdW 1999, 412; ZfRV 1999/11; JBl 1999, 333 = RdW 1998, 210 = ZfRV 1999/9; ZfRV 1999/8; EvBl 1999/14 = ZfRV 1999/4; JBl 1998, 515 = ZfRV 1998/33; ecolex 1998, 695 = JBl 1998, 518 = RdW 1998, 615; OLG Bremen RdW 1998, 63; ecolex 1998, 312 = EvBl 1998/57 = JBl 1998, 379 = ZfRV 1998, 167; ecolex 1998, 311 [*Chiwitt-Oberhammer*] = EvBl 1998/33 = RdW 1998, 200 [*Iro* 183] = RIW 1998, 634 = ZfRV 1998, 163; EuGH 29. 6. 1994 Rs C-288/92 *„Custom Made Commercial/Stawa Metallbau“* Slg 1994 I 2913 = EuZW 1994, 763 = IPRax 1995, 31 [*Jayme* 13] = JZ 1995, 244 [*Geimer*] = NJW 1995, 183 = RIW 1994, 676 = SZIER 1995, 290 [*Volken*] = ZEUP 1995, 655 [*Schack*] = ZZPInt 1 [1996] 167 [*P. Huber*]; Cour de Cassation 9. 2. 1994 230/94 RIS Justiz 10.700; Supreme Court Irland 20. 7. 1993 1/93 RIS Justiz RA 00000.76; EuGH 6. 10. 1976 Rs 12/76 *„Tessili/Dunlop“* Slg 1976, 1473 = NJW 1977, 491 [*Geimer*] = RIW 1977, 40 [*Linke* 45]). In Österreich bestimmt sich der Erfüllungsort nach dem gem Art 1 ff EVÜ anwendbaren Recht. Auf das internationale Privatrecht des Forumstaates kommt es nur dann nicht an, wenn materielles Einheitsrecht eingreift und dieses seinen Anwendungsbereich unabhängig vom Kollisionsrecht bestimmt (ZfRV 1999/8; JBl 1999, 333 = RdW 1999, 210 = ZfRV 1999/9; EvBl 1999/14 = ZfRV 1999/4; ecolex 1998, 312 = EvBl 1998/57 = JBl 1998, 379 = ZfRV 1998, 167).

99 Eine vertragsautonome Bestimmung des Erfüllungsortes, die den Vorteil einer einheitlichen europäischen Lösung hätte und die teilweise schwierige Ermittlungen des Erfüllungsortes nach dem anwendbaren Recht überflüssig machen würde (vgl *Schack,* Kegel-FS 505), hielt der EuGH angesichts der Unterschiede, die vor Inkrafttreten des EVÜ zwischen den einzelnen nationalen Rechten bei der Regelung von Verträgen bestanden und in Ermangelung jeder Vereinheitlichung des anwendbaren materiellen Rechts für nicht möglich (EuGH 6. 10. 1976 Rs 12/76 *„Tessili/Dunlop“* Slg 1976, 1473 = NJW 1977, 491 [*Geimer*] = RIW 1977, 40 [*Linke* 45]; für eine autonome Bestimmung treten ein *Broggini* in *Schwander,* Übereinkommen 126; *Huber,* ZZPInt 1 [1996] 178, 181 [Entscheidungsanmerkung]; *Pfeiffer,* Zuständigkeit 677 ff; *Rauscher,* Verpflichtung 181 ff; *Schack,* IZVR[2] Rz 270 ff; *ders,* Erfüllungsort Rz 329 ff; ebenso Generalanwalt *Lenz* in der Causa *Custom Made Commercial/Stawa Metallbau* Slg 1994 I 2915 ff).

100 Die Bestimmung des Erfüllungsortes nach der lex fori (so *Droz,* Rev crit 1976, 124 [Entscheidungsanmerkung]; *Franchi,* Riv dir int civ priv proc 1976, 717 ff; *Lüderitz,* Zweigert-FS 249 f; OLG Celle RIW 1979, 131, allerdings wurde diese E durch den BGH RIW 1979, 710 aufgehoben) wäre zwar einfach, würde aber nicht zu einer einheitlichen Anwendung des Art 5 Z 1 EuGVÜ/LGVÜ in allen Vertragsstaaten führen und die Gefahr mit sich bringen, daß für eine Verpflichtung ein mehrfacher oder gar kein Gerichtsstand des Erfüllungsortes gegeben ist (*Gottwald,* MünchKomm-ZPO III Art 5 EuGVÜ Rz 12; *Kropholler,* Zivilprozeßrecht[6] Art 5 EuGVÜ Rz 20; *Schack,* Erfüllungsort Rz 330). Der Erfüllungsort kann überdies auch deshalb nicht nach der lex fori bestimmt werden, weil einzelne Prozeßordnungen – so zB die niederländische – keinen Gerichtsstand des Erfüllungsortes kennen (*Kropholler,* Zivilprozeßrecht[6] Art 5 EuGVÜ Rz 20).

101 Für die Bestimmung des Erfüllungsortes nach der lex causae spricht die ausgeprägt dem materiellen Recht dienende Funktion dieser besonderen Zuständigkeit (*Kropholler,* Zivilprozeßrecht[6] Art 5 EuGVÜ Rz 19). Der Schuldner ist dort, wo er nach materiellem Recht leisten muß, auch gerichtlich zu belangen (*Geimer/Schütze,* Zivilverfahrensrecht Art 5 EuGVÜ Rz 65; *Gottwald,* MünchKommZPO III Art 5 EuGVÜ Rz 13; *Schlosser,* Bruns-GS 56 ff). Freilich ist die Lösung des EuGH, nach der der Erfüllungsort nach der lex causae zu bestimmen ist, nicht frei von Schwierigkeiten, da sie eine autonome Auslegung (vgl Rz 76 ff) mit einer Verweisung auf die lex causae kombiniert (*Gottwald,* MünchKommZPO III Art 5 EuGVÜ Rz 12).

102 Für die Bestimmung des Erfüllungsortes kann auch das Recht eines dritten Staates maßgeblich sein, so zB wenn die Parteien die Anwendung des US-Rechts vereinbart haben (*Czernich/Tiefenthaler,* LGVÜ Art 5 Rz 15; *Geimer/Schütze,* Zivilverfahrensrecht Art 5 EuGVÜ Rz 70; BGH IPRax 1981, 93 [*Spellenberg* 75] = IPRSpr 1980/137 b = RIW 1980, 725).

103 Der Erfüllungsort ist auch dann der lex causae zu entnehmen, wenn diese das **Einheitliche Kaufgesetz** (Art 57 Wr. UN-Kaufrechtsübereinkommen 14. 4. 1980 BGBl 1988/96, früher Art 59 des Haager Einheitlichen Kaufgesetzes) ist (*Geimer/Schütze,* Zivilverfahrensrecht Art 5 EuGVÜ Rz 67; *Hausmann* in *Wieczorek/Schütze,* ZPO[3] I/1 Art 5 EuGVÜ Rz 25 FN 106; *Schoibl* in *Bajons/Mayr/Zeiler,* Übereinkommen 76; *Schütze,* Matscher-FS 424; EuGH 29. 6. 1994 Rs C-288/92 *„Custom Made Commercial/Stawa Metallbau"* Slg 1994 I 2913 = EuZW 1994, 763 = IPRax 1995, 31 [*Jayme* 13] = JZ 1995, 244 [*Geimer*] = NJW 1995, 183 = RIW 1994, 676 = SZIER 1995, 290 [*Volken*] = ZEUP 1995, 655 [*Schack*] = ZZPInt 1 [1996] 167 [*P. Huber*]; BGH NJW 1994, 2699). Dies führt freilich, weil gem Art 57 Abs 1 des Wr. Kaufrechts die Zahlungspflicht des Käufers am Aufenthaltsort bzw Niederlassungsort des Verkäufers zu erfüllen ist, zu einem **Klägergerichtsstand am Sitz des Verkäufers** (*Gottwald,* MünchKommZPO III Art 5 EuGVÜ Rz 13; *Jayme,* IPRax 1995, 13 f; *Kropholler,* Zivilprozeßrecht[6] Art 5 EuGVÜ Rz 22; OLG Koblenz RIW 1990, 218; OLG Düsseldorf IPRax 1987, 234 [*Schack* 215]; OLG Koblenz IPRax 1986, 105 [*Geimer* 85]; BGH BGHZ 78, 257 = NJW 1981, 1158; OLG Hamm RIW 1980, 662; BGHZ 74, 136 = NJW 1979, 1782; OLG Stuttgart RIW 1978, 545; OLG Bamberg NJW 1977, 505; EuZW 1992, 514 [*Geimer*] = IPRax 1992, 373 [*Jayme* 357] = IPRspr 1992/181 b = RIW 1992, 756; LG Köln IPRax 1989, 290 [*Schwenzer* 274] = RIW 1988, 644; dazu krit *Jayme/Kohler,* IPRax 1994, 410). Diese mißliche Folge nimmt der EuGH im Interesse der Rechtssicherheit und der Vorhersehbarkeit des Gerichtsstandes des Erfüllungsortes bewußt in Kauf (*Kropholler,* Zivilprozeßrecht[6] Art 5 EuGVÜ Rz 22). Der Käufer kann sich allerdings vor dem Klägergerichtsstand durch eine Gerichtsstandsvereinbarung schützen (*Kropholler,* Zivilprozeßrecht[6] Art 5 EuGVÜ Rz 22).

dd) Ort, an dem die Verpflichtung zu erfüllen ist oder zu erfüllen wäre (tatsächlicher und rechtlicher Erfüllungsort)

104 Ist der Vertrag **nicht erfüllt** worden, ist für die Zuständigkeit jener Ort maßgeblich, an dem die Verpflichtung (laut Gesetz oder Vertrag) zu erfüllen gewesen wäre **(rechtlicher Erfüllungsort)** (*Auer* in *Bülow/Böckstiegel,* Rechtsverkehr 606 Art 5 EuGVÜ Rz 52; *Czernich/Tiefenthaler,* LGVÜ Art 5 Rz 10; *Gottwald,* MünchKommZPO III Art 5 EuGVÜ Rz 14; *Kropholler,* Zivilprozeßrecht[6] Art 5 EuGVÜ Rz 23; *Mezger,* RIW 1976, 347; *Schack,* Erfüllungsort Rz 338; *Tiefenthaler,* ÖJZ 1998, 545).

Nach der **Erfüllung** ist dagegen der **tatsächliche Erfüllungsort** maßgebend (*Auer* in *Bülow/Böckstiegel,* Rechtsverkehr 606 Art 5 EuGVÜ Rz 52; *Czernich/Tiefenthaler,* LGVÜ Art 5 Rz 10; *Kropholler,* Zivilprozeßrecht[6] Art 5 EuGVÜ Rz 23; *Mezger,* RIW 1976, 347; *Piltz,* NJW 1981, 1877; *Tiefenthaler,* ÖJZ 1998, 545). Stimmt der tatsächliche Erfüllungsort mit dem rechtlichen Erfüllungsort nicht überein (zB die Parteien haben als Erfüllungsort Wien vereinbart, der Vertrag wird jedoch in München tatsächlich erfüllt), dann ist der tatsächliche Erfüllungsort nur dann zuständigkeitsbegründend, wenn der Gläubiger die Leistung an diesem Ort als vertragsgemäß angenommen hat (*Geimer/Schütze,* Zivilverfahrensrecht Art 5 EuGVÜ Rz 95; *Gottwald,* MünchKommZPO III Art 5 EuGVÜ Rz 14; *Kropholler,* Zivilprozeßrecht[6] Art 5 EuGVÜ Rz 23; *Schack,* Erfüllungsort Rz 339)

ee) Bestimmung des Erfüllungsortes

aaa) Allgemeines

105 **Erfüllungsort** ist jener Ort, an dem die **Leistung erbracht** werden soll (*Koziol/Welser,* Grundriß[10] I 227; ecolex 1998, 312 = EvBl 1998/57 = JBl 1998, 379 = ZfRV 1998, 167). Bei der Bestimmung des Erfüllungsorts sind in erster Linie die Vereinbarungen der Parteien über den Erfüllungsort zu beachten (*Czernich/Tiefenthaler,* LGVÜ Art 5 Rz 11), sofern dies nicht die maßgebliche lex causae verbietet (*Geimer/Schütze,* Zivilverfahrensrecht Art 5 EuGVÜ Rz 87). Wenn keine ausdrückliche Vereinbarung des Erfüllungsorts getroffen wurde, so ist durch Auslegung zu ermitteln, ob die Parteien nicht konkludent den Leistungsort vertraglich festgelegt haben (*Geimer/Schütze,* Zivilverfahrensrecht Art 5 EuGVÜ Rz 87).

Wenn dies nicht der Fall ist, richtet sich der Erfüllungsort nach den gesetzlichen Bestimmungen (*Czernich/Tiefenthaler,* LGVÜ Art 5 Rz 15; *Geimer/Schütze,* Zivilverfahrensrecht Art 5 EuGVÜ Rz 87).

Daraus folgt, daß Art 5 Z 1 EuGVÜ/LGVÜ sowohl den nach dem auf den Vertrag anwendbaren Recht bestimmten Erfüllungsort als auch den vereinbarten Erfüllungsort erfaßt (ecolex 1998, 313; JBl 1998, 515 = ZfRV 1998/33).

106 Die Zuständigkeitsentscheidung des angerufenen Gerichtes wird von mehrstufigen idR materiellen Erwägungen des Gerichts abhängig gemacht:

Zunächst muß das angerufene Gericht anhand seines Internationalen Privatrechts das auf den Vertrag anzuwendende Recht ermitteln (lex causae). Diesem entnimmt es dann den zuständigkeitsbegründenden Erfüllungsort der streitgegenständlichen bzw maßgeblichen Verpflichtung. Erst danach kann vom angerufenen Gericht die offene Zuständigkeitsfrage geklärt und entschieden werden (vgl *Schoibl* in *Bajons/Mayr/Zeiler,* Übereinkommen 77).

bbb) Vereinbarter Erfüllungsort

107 Soweit die maßgebliche lex causae dies zuläßt, können die Parteien auch einen Erfüllungsort vereinbaren (*Auer* in *Bülow/Böckstiegel,* Rechtsverkehr 606 Art 5 EuGVÜ Rz 53; *Geimer/Schütze,* Zivilverfahrensrecht Art 5 EuGVÜ Rz 81; *Gottwald,* MünchKommZPO III Art 5 EuGVÜ Rz 15; *Kropholler,* Zivilprozeßrecht[6] Art 5 EuGVÜ Rz 24; *Schoibl* in *Bajons/Mayr/Zeiler,* Übereinkommen 82; BGH IPRax 1981, 93 [*Spellenberg* 75]; EuGH 17. 1. 1980 Rs 56/79 *„Zelger/Salinitri"* Slg 1980, 89 = IPRax 1981, 89 [*Spellenberg* 75] = NJW 1980, 1218 = RIW 1980, 726 = WM 1980, 720 [*Schütze*]; aA *Piltz,* NJW 1979, 1074; *Pocar,* RabelsZ 42 [1978] 419). Die für Gerichtsstandsvereinbarungen in Art 17 EuGVÜ/LGVÜ vorgeschriebene Form braucht nicht eingehalten zu werden

(*Auer* in *Bülow/Böckstiegel,* Rechtsverkehr 606 Art 5 EuGVÜ Rz 53; *Geimer/Schütze,* Zivilverfahrensrecht Art 5 EuGVÜ Rz 81; *Gottwald,* MünchKommZPO III Art 5 EuGVÜ Rz 15; *Kropholler,* Zivilprozeßrecht[6] Art 5 EuGVÜ Rz 24; *Schlosser,* EuGVÜ Art 5 Rz 11; ecolex 1998, 313 = ZfRV 1998/6; EuGH 17. 1. 1980 Rs 56/79 *„Zelger/Salinitri"* Slg 1980, 89 = IPRax 1981, 89 [*Spellenberg* 75] = NJW 1980, 1218 = RIW 1980, 726 = WM 1980, 720 [*Schütze*]; Abschlußentscheidung BGH RIW 1980, 725 = IPRax 1981, 93 = IPRsp 1980/137b; Lyon Clunet 1980, 888 [*Holleaux*]; aA *Baumgärtel,* Kegel-FS 302; *Grunsky,* RIW 1977, 5f; *Piltz,* NJW 1979, 1074; *Pocar,* RabelsZ 42 [1978] 419; *Schack,* Erfüllungsort Rz 341). Nach österreichischem Recht kann ein Erfüllungsort formfrei vereinbart werden (vgl Rz 12; ecolex 1998, 313 = ZfRV 1998/6).

Ein urkundlicher Nachweis ist bei einer Erfüllungsortsvereinbarung nach Art 5 Z 1 EuGVÜ/LGVÜ nicht notwendig, es genügt, daß die Vereinbarung nach dem auf den Vertrag anwendbaren Recht wirksam ist (JBl 1999, 333 = RdW 1999, 210 = ZfRV 1999/9; ecolex 1998, 313 = ZfRV 1998/6). Der Nachweis, daß die Parteien einen Erfüllungsort vereinbart haben, könnte demnach auch durch Zeugen erbracht werden (ecolex 1998, 313). Der Erfüllungsort muß auch nicht namentlich genannt sein (*Schoibl* in *Bajons/Mayr/Zeiler,* Übereinkommen 83).

Nach Ansicht des EuGH (17. 1. 1980 Rs 56/79 *„Zelger/Salinitri"* Slg 1980, **108**
89 = IPRax 1981, 89 [*Spellenberg* 75] = NJW 1980, 1218 = RIW 1980, 726 = WM 1980, 720 [*Schütze*]) sind diese unterschiedlichen Formerfordernisse deshalb gerechtfertigt, weil Art 5 EuGVÜ/LGVÜ eine unmittelbare Verknüpfung zwischen dem Rechtsstreit und dem zur Entscheidung berufenen Gericht voraussetzt, während Art 17 EuGVÜ/LGVÜ auf jeden objektiven Zusammenhang zwischen Rechtsstreit und vereinbartem Gericht verzichtet.

Die Vereinbarung muß aber, um ohne Einhaltung der Formerfordernisse **109**
des Art 17 EuGVÜ/LGVÜ gerichtsstandsbegründend zu sein, ernsthaft auf die materiellrechtliche Begründung eines tatsächlichen Leistungsortes gerichtet sein. Rein abstrakte Vereinbarungen eines Erfüllungsortes, die nur den Gerichtsstand begründen sollen, sind nach Art 17 EuGVÜ/LGVÜ zu beurteilen (*Czernich/Tiefenthaler,* LGVÜ Art 5 Rz 11; *Geimer/Schütze,* Zivilverfahrensrecht Art 5 EuGVÜ Rz 82; *Gottwald,* MünchKommZPO III Art 5 EuGVÜ Rz 15; *Kropholler,* Zivilprozeßrecht[6] Art 5 EuGVÜ Rz 25; *Schoibl* in *Bajons/Mayr/Zeiler,* Übereinkommen 84; *Tiefenthaler,* ÖJZ 1998, 545; *Wrangel,* Erfüllungsort 18; BGH IPRax 1999, 34; EuGH 20. 2. 1997 Rs C-106/95 *„MSG/Les Gravières Rhénanes"* Slg 1997, I-991; Vorlagebeschluß BGH EuZW 1995, 714 = EWS 1995, 170 = IPRax 1996, 264 [*Schack* 247] = IPRspr 1995/143 = RIW 1995, 410; aA *Schlosser,* EuGVÜ Art 5 Rz 11, nach dessen Ansicht einer solchen Vereinbarung überhaupt keine Gerichtsstandsbestimmung zukommt).

Im Bestreitungsfall muß – weil es sich um eine Zuständigkeitsvoraussetzung **110**
handelt – der Kläger beweisen, daß durch die Vereinbarung ein tatsächlicher Leistungsort begründet werden sollte (*Hausmann* in *Wieczorek/Schütze,* ZPO[3] I/1 Art 5 EuGVÜ Rz 28; *Kropholler,* Zivilprozeßrecht[6] Art 5 EuGVÜ Rz 25; *Rauscher,* ZZP 104 [1991] 306f; *Schoibl* in *Bajons/Mayr/Zeiler,* Übereinkommen 83; aA *Geimer/Schütze,* Urteilsanerkennung I/1 § 83 XIV; *dies,* Zivilverfahrensrecht Art 5 EuGVÜ Rz 83; *Pfeiffer,* Zuständigkeit 603).

ccc) Erfüllungsort nach österreichischem Recht

Unterliegt ein Vertrag österreichischem materiellen Recht, richtet sich der **111**
Erfüllungsort zunächst nach der **Vereinbarung** (e contrario aus § 905 Abs 1 ABGB; *Reischauer* in *Rummel,* ABGB[2] I § 905 Rz 2). Mangels einer besonderen

Vereinbarung bestimmt sich der Erfüllungsort nach **Natur und Zweck der Verbindlichkeit** (§ 1420 iVm § 905 Abs 1 ABGB; *Reischauer* in *Rummel,* ABGB[2] I § 905 Rz 3; ecolex 1998, 311 [*Chiwitt-Oberhammer*] = RdW 1998, 200 = RIW 1998, 634 = ZfRV 1998, 163).

112 Bei der Prüfung, ob sich aus der **Natur des Schuldverhältnisses** der Erfüllungsort ergibt, ist die **Interessenlage** zu berücksichtigen und sind die **Verkehrssitten** heranzuziehen (ecolex 1998, 312 = EvBl 1998/57 = JBl 1998, 379 = ZfRV 1998, 167; IPRax 1984, 215).

113 Kann der Erfüllungsort weder aus der Vereinbarung noch aus der Natur oder dem Zweck des Geschäftes bestimmt werden, so ist an dem **Ort** zu leisten, wo der **Schuldner zur Zeit des Vertragsabschlusses** seinen **Wohnsitz** hatte, oder wenn die Verbindlichkeit **im Betriebe des** gewerblichen oder geschäftlichen **Unternehmens** des Schuldners **entstand,** am Ort der **Niederlassung** (§ 905 Abs 1 ABGB; *Binder* in *Schwimann,* ABGB[2] V § 905 Rz 16; *Czernich/Tiefenthaler,* LGVÜ Art 5 Rz 18; *Reischauer* in *Rummel,* ABGB[2] I § 905 Rz 2 ff; *Tiefenthaler,* ÖJZ 1999, 545; ecolex 1998, 311 [*Chiwitt-Oberhammer*] = EvBl 1998/33 = RdW 1998, 200 [*Iro* 183] = RIW 1998, 634 = ZfRV 1998, 163; ecolex 1998, 312 = EvBl 1998/57 = JBl 1998, 379 = ZfRV 1998, 167; SZ 55/77). **Spätere Änderungen** des Wohnsitzes bzw der Niederlassung des Schuldners sind **unbeachtlich.** Der Erfüllungsort folgt nicht einer Änderung des Wohnsitzes bzw der Niederlassung des Schuldners (EvBl 1999/14 = ZfRV 1999/4).

114 **Geldschulden** sind gemäß § 905 Abs 2 ABGB im Zweifel **Schickschulden** (*Binder* in *Schwimann,* ABGB[2] V § 905 Rz 20; *Koziol/Welser,* Grundriß[10] I 228; *Reischauer* in *Rummel,* ABGB[2] I § 905 Rz 14; EvBl 1999/14 = ZfRV 1999/4; JBl 1998, 515 = ZfRV 1998/33; SZ 38/100 = HS 5272, 5448 = RZ 1965, 162; HS 5271 = RZ 1965, 82; SZ 25/199 = HS 1656 = EvBl 1952/321), ihr Erfüllungsort liegt aber im Zweifel am **Wohnsitz** (an der Niederlassung) des **Schuldners** im Zeitpunkt des Vertragsabschlusses (*Binder* in *Schwimann,* ABGB[2] V § 905 Rz 20; *Reischauer* in *Rummel,* ABGB[2] I § 905 Rz 6; *Tiefenthaler,* ÖJZ 1998, 545; Mat zur 3. TN 272; RdW 1999, 412; ecolex 1998, 313 = ZfRV 1998/6; JBl 1998, 515 = ZfRV 1998/33; EvBl 1999/14 = ZfRV 1999/4; ZfRV 1999/11; SZ 12/229).

115 Im Fall eines **Beherbergungs- und Pensionsvertrages** mit Feriengästen ist es als den Verkehrssitten und den Interessen des Unterkunftgebers entsprechend anzusehen, daß auch das vom Gast zu leistende Entgelt am **Ort der Beherbergung** zu erbringen ist (ecolex 1998, 312 = EvBl 1998/57 = JBl 1998, 379 = ZfRV 1998, 167; IPRax 1984, 215).

2. Gerichtsstand für individuelle Arbeitsverträge

a) Wesen und Zweck

116 Der Zweck der Sonderregelung des Art 5 Z 1 HS 2 und 3 EuGVÜ/LGVÜ liegt darin, dem **Arbeitnehmer** als dem sozial und wirtschaftlich schwächeren Teil einen angemessenen **Schutz** zu gewähren (*Czernich/Tiefenthaler,* LGVÜ Art 5 Rz 33; *Kropholler,* Zivilprozeßrecht[6] Art 5 EuGVÜ Rz 26). Art 5 Z 1 HS 2 und 3 EuGVÜ/LGVÜ führt insoweit zu einem sachgerechten Arbeitnehmerschutz als Arbeitsverträge enge Beziehungen zum Arbeitsort aufweisen (*Gottwald,* MünchKommZPO III Art 5 EuGVÜ Rz 10). Weiters kann sich der Arbeitnehmer am Arbeitsort mit dem geringsten Kostenaufwand an das Gericht wenden oder sich vor diesem als Beklagter zur Wehr setzen (EuGH 13. 7. 1993 Rs C-125/92 „*Mulox/Geels*" Slg 1993, I-4075 = DRdA 1993, 519 [*Urlesberger*] = SZIER 1995, 284 [*Volken*] = ZER 1994, 182).

Außerdem sollen durch die Konzentration des Vertragsgerichtsstandes auf ein Gericht Zuständigkeitszersplitterungen vermieden werden (*Kropholler,* Zivilprozeßrecht[6] Art 5 EuGVÜ Rz 26).

117 In Art 5 Z 1 HS 2 und 3 EuGVÜ/LGVÜ wird nicht nur die internationale, sondern **auch** die **örtliche Zuständigkeit** für individuelle Arbeitsverträge geregelt (*Geimer/Schütze,* Zivilverfahrensrecht Art 5 EuGVÜ Rz 96; *Kropholler,* Zivilprozeßrecht[6] Art 5 EuGVÜ Rz 32; *Schoibl* in *Bajons/Mayr/Zeiler,* Übereinkommen 80). Art 5 Z 1 HS 2 und 3 EuGVÜ/LGVÜ verdrängen somit die autonomen Zuständigkeitsregeln, dh in Österreich §§ 4 bis 6 ASGG.

b) Verhältnis zwischen dem Gerichtsstand für Vertragsklagen und jenem für individuelle Arbeitsverträge

118 Bei individuellen Arbeitsverträgen **schließt** die Sonderregelung der HS 2 und 3 des Art 5 Z 1 EuGVÜ/LGVÜ die Anwendung des **Art 5 HS 1 EuGVÜ/LGVÜ aus** (*Czernich/Tiefenthaler,* LGVÜ Art 5 Rz 33; *Kropholler,* Zivilprozeßrecht[6] Art 5 EuGVÜ Rz 26).

c) Sachlicher Anwendungsbereich

119 Art 5 Z 1 HS 2 und 3 EuGVÜ/LGVÜ kommt dann zur Anwendung, wenn ein **individueller Arbeitsvertrag oder Ansprüche aus einem individuellen Arbeitsvertrag** den **Gegenstand des Verfahrens** bilden.

120 Die Begriffe **„individueller Arbeitsvertrag"** und **„Ansprüche aus einem individuellen Arbeitsvertrag"** sind **vertragsautonom** auszulegen (*Czernich/Tiefenthaler,* LGVÜ Art 5 Rz 35; *Geimer/Schütze,* Zivilverfahrensrecht Art 5 EuGVÜ Rz 74; *Kropholler,* Zivilprozeßrecht[6] Art 5 EuGVÜ Rz 27; *Schoibl* in *Bajons/Mayr/Zeiler,* Übereinkommen 78; EuGH 13. 7. 1993 Rs C-125/92 *„Mulox/Geels"* Slg 1993, I-4075 = DRdA 1993, 519 [*Urlesberger*] = SZIER 1995, 284 [*Volken*] = ZER 1994, 182; aA zumindest in Grenzbereichen *Schlosser,* EuGVÜ Art 5 Rz 8). Bei der Auslegung kann auf Art 6 des EG-Schuldvertragsübereinkommens zurückgegriffen werden (*Czernich/Tiefenthaler,* LGVÜ Art 5 Rz 35; *Geimer/Schütze,* Zivilverfahrensrecht Art 5 EuGVÜ Rz 74; *Kropholler,* Zivilprozeßrecht[6] Art 5 EuGVÜ Rz 27).

121 **Arbeitsverträge** sind demnach Vereinbarungen zwischen Arbeitgeber und Arbeitnehmer, die eine **abhängige, weisungsgebundene Tätigkeit** zum Gegenstand haben (*Jenard*-Bericht zu Art 5 Z 1 EuGVÜ; *Jenard/Möller*-Bericht RdN 37; *Czernich/Tiefenthaler,* LGVÜ Art 5 Rz 35; *Geimer/Schütze,* Zivilverfahrensrecht Art 5 EuGVÜ Rz 74; *Hausmann* in *Wieczorek/Schütze,* ZPO[3] I/1 Art 5 EuGVÜ Rz 30; *Kropholler,* Zivilprozeßrecht[6] Art 5 EuGVÜ Rz 27; *Martiny,* MünchKommBGB[2] VII Art 30 EGBGB Rz 8; *Schoibl* in *Bajons/Mayr/Zeiler,* Übereinkommen 78; EuGH 13. 7. 1993 Rs C-125/92 *„Mulox/Geels"* Slg 1993, I-4075 = DRdA 1993, 519 [*Urlesberger*] = SZIER 1995, 284 [*Volken*] = ZER 1994, 182; EuGH 8. 3. 1988 Rs 9/87 *„Arcado/Haviland"* Slg 1988, 1539 = IPRax 1989, 227 [*Mezger* 207] = NJW 1989, 1424 = RIW 1988, 987 [*Schlosser* 988]; EuGH 15. 1. 1987 Rs 266/85 *„Shenavai/Kreischer"* Slg 1987, 239 = IPRax 1989, 366 [*Mezger* 346] = NJW 1987, 1131 [*Geimer*] = RIW 1987, 213; aA *Schlosser,* EuGVÜ Art 5 Rz 8, nach dem es darauf ankommt, ob nach dem auf den Beschäftigungsvertrag anwendbaren Recht der für Arbeitnehmer typische Sozialschutz anwendbar ist); der Arbeitnehmer ist dabei in einer bestimmten Weise **in** den **Betrieb** des Arbeitgebers **eingebunden** (*Kropholler,* Zivilprozeßrecht[6] Art 5 EuGVÜ Rz 27; EuGH 15. 1. 1987 Rs 266/85 *„Shenavai/Kreischer"* Slg 1987, 239 = IPRax 1989, 366 [*Mezger* 346] = NJW 1987, 1131 [*Geimer*] = RIW 1987,

213; nach *Czernich/Tiefenthaler,* LGVÜ Art 5 Rz 35 ist dagegen der Grad der wirtschaftlichen Abhängigkeit für die Schutzwürdigkeit und die Privilegierung des Dienstnehmers ausschlaggebend).

Hat der Arbeitnehmer mit einem Arbeitgeber zwar einen Arbeitsvertrag abgeschlossen, diesen aber nicht angetreten, findet nicht Art 5 Z 1 HS 2 und 3 EuGVÜ/LGVÜ (8 Ob A 154/98z), sondern Art 5 Z 1 HS 1 Anwendung. Der gem Art 5 Z 1 HS 2 und 3 EuGVÜ/LGVÜ zuständigkeitsbegründenden Arbeitsverrichtung muß nämlich ein gewisses Element der Dauer und Beständigkeit innewohnen.

122 **Keine Arbeitsverträge** sind dagegen Verträge über Dienstleistungen, die in **wirtschaftlicher und sozialer Selbständigkeit** erbracht werden, wie zB Architektenverträge (*Czernich,* AnwBl 1996, 427; *Kropholler,* Zivilprozeßrecht[6] Art 5 EuGVÜ Rz 27; *Schoibl* in *Bajons/Mayr/Zeiler,* Übereinkommen 78; im Ergebnis auch EuGH 15. 1. 1987 Rs 266/85 *„Shenavai/Kreischer"* Slg 1987, 239 = IPRax 1989, 366 [*Mezger* 346] = NJW 1987, 1131 [*Geimer*] = RIW 1987, 213).

123 Art 5 Z 1 HS 2 und 3 EuGVÜ/LGVÜ gilt **nicht** für **Kollektivverträge** (*Jenard/Möller*-Bericht RdN 42; *Czernich/Tiefenthaler,* LGVÜ Art 5 Rz 36; *Lechner/Mayr,* Übereinkommen 68).

d) Persönlicher Anwendungsbereich

124 Der Gerichtsstand für individuelle Arbeitsverträge kommt nur zur Anwendung, wenn der Beklagte seinen Wohnsitz/Sitz in einem anderen Vertragsstaat als dem Gerichsstaat hat. Er kommt daher nicht zum Tragen, wenn der Vertrag, weil der Wohnsitz des Arbeitgebers und jener des Arbeitnehmers und der Arbeitsort in demselben Land liegen, in ein und demselben Land verwirklicht ist.

125 Art 5 Z 1 HS 2 und 3 LGVÜ kommt sowohl bei **Klagen des Arbeitgebers** als auch bei Klagen **des Arbeitnehmers** sowie bei Klagen von oder gegen deren **Rechtsnachfolger** (zB Zessionare, Erben, Sozialversicherungsträger) zur Anwendung.

126 Der EuGH hat die Lösung des LGVÜ, hilfsweise an den Ort der einstellenden Niederlassung anzuknüpfen, heftig kritisiert, weil sie **bei Klagen des Arbeitgebers** zu einem **Klägergerichtsstand** führt, was der Grundkonzeption des EuGVÜ widerspricht (EuGH 15. 2. 1989 Rs 32/88 *„Six Construction/Humbert"* Slg 1989, 341 = IPRax 1990, 173 [*Rauscher* 152] = RIW 1990, 139). Deshalb haben nach Art 5 Z 1 HS 3 **EuGVÜ nur Arbeitnehmer und deren Rechtsnachfolger** am Ort der einstellenden Niederlassung eine **Klagemöglichkeit** (*Geimer/Schütze,* Zivilverfahrensrecht Art 5 EuGVÜ Rz 79f; *Hausmann* in *Wieczorek/Schütze,* ZPO[3] I/1 Art 5 EuGVÜ Rz 33, *Kropholler,* Zivilprozeßrecht[6] Art 5 EuGVÜ Rz 34; *Trunk,* Erweiterung 101; aA bezüglich der Rechtsnachfolger *Schlosser,* EuGVÜ Art 5 Rz 8). Die Bevorzugung des Arbeitnehmers im EuGVÜ wird mit dessen sozialer Schutzbedürftigkeit gerechtfertigt (*Almeida Cruz/Desantes Real/Jenard*-Bericht RdN 23 lit b; *Gottwald,* MünchKommZPO III Art 5 EuGVÜ Rz 11; *Kropholler,* Zivilprozeßrecht[6] Art 5 EuGVÜ Rz 34; *Schoibl* in *Bajons/Mayr/Zeiler,* Übereinkommen 81).

e) Anknüpfungspunkte

aa) Gewöhnlicher Arbeitsort

127 Werden Verpflichtungen aus einem individuellen Arbeitsvertrag eingeklagt, so ist primär das Gericht des **Ort**es zuständig, **an dem der Arbeitnehmer gewöhnlich seine Arbeit verrichtet.** Dies gilt freilich nur dann, wenn der Arbeitsort in einem der Vertragsstaaten liegt, andernfalls richtet sich die internationale

Zuständigkeit nach Art 2 EuGVÜ/LGVÜ (*Czernich/Tiefenthaler,* LGVÜ Art 5 Rz 34; *Gottwald,* MünchKommZPO III Art 5 EuGVÜ Rz 10; EuGH 15. 2. 1989 Rs 32/88 *„Six Construction/Humbert"* Slg 1989, 341 = IPRax 1990, 173 [*Rauscher* 152] = RIW 1990, 139).

Hat der Arbeitnehmer zwar einen Arbeitsvertrag abgeschlossen, die Arbeit aber nicht angetreten, fehlt es an einem gewöhnlichen Arbeitsort, weshalb zwar nicht Art 5 Z 1 HS 2 und 3 (vgl 8 Ob A 154/98 z), wohl aber Art 5 Z 1 HS 1 EuGVÜ/LGVÜ anwendbar ist.

Anders als beim Gerichtsstand des Erfüllungsortes nach Art 5 Z 1 HS 1 **128**
EuGVÜ/LGVÜ wird **beim individuellen Arbeitsvertrag** also nicht darauf abgestellt, wo die streitgegenständliche bzw maßgebliche vertragliche Verpflichtung zu erfüllen ist, sondern darauf, wo die **vertragscharakteristische Leistung** zu erbringen ist (*Schoibl* in *Bajons/Mayr/Zeiler,* Übereinkommen 79; EuGH 13. 7. 1993 Rs C-125/92 *„Mulox/Geels"* Slg 1993, I-4075 = DRdA 1993, 519 [*Urlesberger*] = SZIER 1995, 284 [*Volken*] = ZER 1994, 182; EuGH 15. 2. 1989 Rs 32/88 *„Six Construction/Humbert"* Slg 1989, 341 = IPRax 1990, 173 [*Rauscher* 152] = RIW 1990, 139; EuGH 26. 5. 1982 Rs 133/81 *„Ivenel/Schwab"* Slg 1982, 1891 = IPRax 1983, 173 [*Mezger* 153] = RIW 1982, 908). Die Gerichte des Ortes, an dem die für Arbeitsverträge charakteristische Leistung zu erfüllen ist, seien – so der EuGH – nämlich am besten zur Entscheidung für alle Ansprüche aus dem Arbeitsverhältnis in der Lage.

Der **Ort, an dem** die **Arbeit gewöhnlich verrichtet** wird, ist jener Ort, an **129**
dem der Arbeitnehmer tatsächlich die mit dem Arbeitgeber vereinbarten Tätigkeiten ausführt, unabhängig davon, welches Recht auf den Arbeitsvertrag anzuwenden ist (*Czernich/Tiefenthaler,* LGVÜ Art 5 Rz 33; EuGH 13. 7. 1993 Rs C-125/92 *„Mulox/Geels"* Slg 1993 I 4075 = DRdA 1993, 519 [*Urlesberger*] = SZIER 1995, 284 [*Volken*] = ZER 1994, 182).

Wenn der Arbeitnehmer während des Arbeitsverhältnisses bisweilen in verschiedenen Staaten gearbeitet hat, ist der **hauptsächliche Arbeitsort ausschlaggebend** (*Geimer/Schütze,* Zivilverfahrensrecht Art 5 EuGVÜ Rz 75; EuGH 13. 7. 1993 Rs C-125/92 *„Mulox/Geels"* Slg 1993, I-4075 = DRdA 1993, 519 [*Urlesberger*] = SZIER 1995, 284 [*Volken*] = ZER 1994, 182). Es kommt somit auf den Ort an, den der Arbeitnehmer zum **tatsächlichen Mittelpunkt seiner Berufstätigkeit** gemacht hat (*Schoibl* in *Bajons/Mayr/Zeiler,* Übereinkommen 79 f; EuGH 9. 1. 1997 Rs C-383/95 *„Rutten/Cross Medical Ltd"* Slg 1997, I-57 = EuZW 1997, 143; EuGH 13. 7. 1993 Rs C-125/92 *„Mulox/Geels"* Slg 1993 I 4075 = DRdA 1993, 519 [*Urlesberger*] = SZIER 1995, 284 [*Volken*] = ZER 1994, 182). Daher stellt, wenn der Arbeitnehmer etwa ein Drittel seiner Arbeitszeit auch in anderen Vertragsstaaten tätig ist, das Büro des Arbeitnehmers, wohin er auch nach Arbeitsaufenthalten im Ausland immer wieder zurückkehrt, seinen hauptsächlichen Arbeitsort dar (*Czernich/Tiefenthaler,* LGVÜ Art 5 Rz 33 a; *Geimer/Schütze,* Zivilverfahrensrecht Art 5 EuGVÜ Rz 75; *Schoibl* in *Bajons/Mayr/Zeiler,* Übereinkommen 80; EuGH 9. 1. 1997 Rs C-383/95 *„Rutten/Cross Medical Ltd"* Slg 1997, I-57 = EuZW 1997, 143; aA *Kropholler,* Zivilprozeßrecht[6] Art 5 EuGVÜ Rz 31, nach dessen Ansicht hier ein gewöhnlicher Arbeitsort fehlt und daher der Gerichtsstand der einstellenden Niederlassung zur Anwendung kommt).

Wenn zur Zeit der Klagserhebung das **Arbeitsverhältnis nicht mehr besteht,** **130**
können Ansprüche aus dem (aufgelösten) Arbeitsverhältnis beim **Gericht des letzten gewöhnlichen Arbeitsortes** geltend gemacht werden (*Geimer/Schütze,* Zivilverfahrensrecht Art 5 EuGVÜ Rz 76).

bb) Ort der einstellenden Niederlassung

131 Verrichtet der Arbeitnehmer seine **Arbeit gewöhnlich nicht in ein und demselben Vertragsstaat** und ist er damit ohne Schwerpunktsetzung in mehreren Vertragsstaaten tätig, so können nach Art 5 Z 1 HS 3 LGVÜ Ansprüche aus einem individuellen Arbeitsvertrag vor dem Gericht des Ortes geltend gemacht werden, in dem sich die **Niederlassung, die** den Arbeitnehmer **eingestellt hat, befindet;** nach dem EuGVÜ können sie überdies auch dort geltend gemacht werden, wo sich die einstellende Niederlassung **befand.** Sinnvollerweise wird aber der Gerichtsstand der einstellenden Niederlassung immer dann zur Anwendung kommen, wenn ein hauptsächlicher Arbeitsort nicht feststellbar ist (ähnlich *Czernich/Tiefenthaler,* LGVÜ Art 5 Rz 33; *Kropholler,* Zivilprozeßrecht[6] Art 5 EuGVÜ Rz 31, die allerdings Art 5 Z 1 HS 3 bereits dann anwenden wollen, wenn der Tätigkeitsort des Arbeitnehmers öfters wechselt; aA *Geimer/Schütze,* Zivilverfahrensrecht Art 5 EuGVÜ Rz 75, nach deren Ansicht an jenem Ort zu klagen ist, an dem der Arbeitnehmer seine Arbeitsleistung bei Entstehung der Streitigkeit erbracht hat).

132 Die Subsidiärzuständigkeit des Art 5 Z 1 HS 3 EuGVÜ/LGVÜ greift auch dann ein, wenn sich zwar die **einstellende Niederlassung in** einem **Vertragsstaat** befindet, die **wechselnden Arbeitsorte** aber ganz oder teilweise **außerhalb der Vertragsstaaten** des EuGVÜ/LGVÜ liegen (*Almeida Cruz/Desantes/Jenard*-Bericht RdN 23 lit d; *Kropholler,* Zivilprozeßrecht[6] Art 5 EuGVÜ Rz 33; anders EuGH 15. 2. 1989 Rs 32/88 *„Six Construction/Humbert“* Slg 1989, 341 = IPRax 1990, 173 [*Rauscher* 152] = RIW 1990, 139, allerdings erging diese Entscheidung vor der Sonderregelung im dritten HS des Art 5 Z 1 EuGVÜ).

133 Der dritte HS kommt – wie aus dem Wort „gewöhnlich“ abgeleitet werden kann – dann **nicht zur Anwendung,** wenn der Arbeitnehmer **nur in Einzelfällen und bloß vorübergehend** in einen anderen Staat **entsandt** worden ist (*Czernich/ Tiefenthaler,* LGVÜ Art 5 Rz 37; *Kropholler,* Zivilprozeßrecht[6] Art 5 EuGVÜ Rz 30). Denn sonst hätte es der Arbeitgeber in der Hand, sich den ihm genehmeren Gerichtsstand der einstellenden Niederlassung dadurch zu sichern, daß er den Arbeitnehmer für ein oder zwei unbedeutende Aufträge ins Ausland schickt (*Lagarde,* Rev crit 1994, 576 [Entscheidungsanmerkung]).

134 Der Begriff „Niederlassung“ ist in demselben Sinn wie in Art 5 Z 5 EuGVÜ/LGVÜ zu verstehen, es genügt daher auf die diesbezüglichen Ausführungen (§ 87 JN Rz 58 ff) zu verweisen.

135 Wird die **Niederlassung** vor Klagserhebung **aufgelöst,** dann bleiben – wenn das EuGVÜ anwendbar ist – die Gerichte des Ortes zuständig, in dem **sich** die **Niederlassung befand** (*Kropholler,* Zivilprozeßrecht[6] Art 5 EuGVÜ Rz 35). Wenn die Niederlassung **verlegt** wird, hat der Kläger die **Wahl** zwischen dem Ort, an dem sich die Niederlassung im Zeitpunkt der Einstellung befand, und jenem, an dem sie sich im Zeitpunkt der Klagserhebung befindet (*Kropholler,* Zivilprozeßrecht[6] Art 5 EuGVÜ Rz 35).

136 Soweit das EuGVÜ gilt, können nur der Arbeitnehmer und dessen Rechtsnachfolger beim Gerichtsstand der einstellenden Niederlassung Klage erheben. Siehe auch Rz 126.

137 Der Gerichtsstand nach Art 5 Z 1 HS 2 und 3 EuGVÜ/LGVÜ für individuelle Arbeitsverträge kann aufgrund seines Schutzzweckes **durch** eine **Erfüllungsortsvereinbarung nicht verändert** werden (*Geimer/Schütze,* Zivilverfahrensrecht Art 5 EuGVÜ Rz 84; *Hausmann* in *Wieczorek/Schütze,* ZPO[3] I/1 Art 5 EuGVÜ Rz 35; *Schlosser,* EuGVÜ Art 5 Rz 8; *Trunk,* Erweiterung 36 f).

f) Wahlzuständigkeit nach Art 6 der Entsenderichtlinie und § 4 Abs 1 Z 1 lit e ASGG

138 Die Richtlinie des Rates 96/71/EG vom 16. 12. 1996 über die Entsendung von Arbeitskräften ins Ausland (sog **Entsenderichtlinie,** ABl 1997 Nr L 18,1; CELEX 396 L 00710) enthält in ihrem Art 6 einen Wahlgerichtsstand des Arbeitnehmers für Klagen zur Durchsetzung der in Art 3 der Entsenderichtlinie gewährleisteten Arbeits- und Beschäftigungsbedingungen in dem **Mitgliedstaat, in den er zur vorübergehenden Arbeitsleistung entsendet** worden ist. Zur Umsetzung des Art 6 der Entsenderichtlinie wurde durch das BG, mit dem das AVRAG, das Arbeitskräfteüberlassungsgesetz, das ASGG, das AuslBG und das BVergG 1997, BGBl I 1999/120 geändert wurden, dem § 4 Abs 1 Z 1 ASGG eine neue lit e angefügt. Nach § 4 Abs 1 Z 1 lit e ASGG (der mit 1. 1. 2000 in Kraft trat) ist für Klagen nach § 50 Abs 1 Z 1 bis Z 3 ASGG auch das Gericht zuständig, in dessen Sprengel bei grenzüberschreitender Entsendung oder Arbeitskräfteüberlassung die Arbeit zu leisten ist oder war, hinsichtlich der sich aus dem Arbeitsverhältnis während der Dauer der Arbeitsleistung in Österreich ergebenden Ansprüche.

Nach Art 6 letzter Satz der Entsenderichtlinie berührt die Möglichkeit, in dem Mitgliedstaat zu klagen, in dessen Hoheitsgebiet der Arbeitnehmer entsandt ist oder war, nicht die Möglichkeit, gegebenenfalls gem den geltenden internationalen Übereinkommen über die gerichtliche Zuständigkeit in einem anderen Staat Klage zu erheben.

B. Abdingbarkeit des Art 5 Z 1 EuGVÜ/LGVÜ

139 Den sich aus Art 5 Z 1 EuGVÜ/LGVÜ ergebenden Zuständigkeiten kann derogiert werden. Soweit dabei nur der Erfüllungsort verändert wird, kann dies formlos erfolgen (*Geimer/Schütze,* Zivilverfahrensrecht Art 5 EuGVÜ Rz 99; EuGH 17. 1. 1980 Rs 56/79 *„Zelger/Salinitri"* Slg 1980, 89 = IPRax 1981, 89 [*Spellenberg* 75] = NJW 1980, 1218 = RIW 1980, 726 = WM 1980, 720 [*Schütze*]). Dies gilt auch für die Aufhebung der Erfüllungsortsvereinbarung (*Geimer/Schütze,* Zivilverfahrensrecht Art 5 EuGVÜ Rz 99). Wenn jedoch die Parteien den Erfüllungsort beibehalten und nur die Zuständigkeit abbedingen, liegt eine Gerichtsstandsvereinbarung vor, die der in Art 17 EuGVÜ/LGVÜ vorgeschriebenen Form bedarf (*Geimer/Schütze,* Zivilverfahrensrecht Art 5 EuGVÜ Rz 99).

C. Ausnahmeregelungen für Beklagte mit Wohnsitz/Sitz in der Schweiz und in Luxemburg

140 Personen, die ihren Wohnsitz/Sitz in **Luxemburg** haben und vor einem Gericht eines anderen Vertragsstaates unter Berufung auf Art 5 Z 1 EuGVÜ/LGVÜ verklagt werden, können gem Art I Abs 1 des Protokolls zum EuGVÜ bzw des Protokolls Nr 1 zum LGVÜ die Unzuständigkeit dieses Gerichtes geltend machen. Die Einrede der Unzuständigkeit muß nach Maßgabe der jeweiligen lex fori erfolgen (*Kropholler,* Zivilprozeßrecht[6] Art 5 EuGVÜ Rz 3).

Läßt sich der Beklagte auf das Verfahren nicht ein, so hat sich gem Art I Abs 1 Satz 2 der Protokolle leg cit das Gericht von Amts wegen für unzuständig zu erklären.

Ist jedoch entgegen Art I Abs 1 der Protokolle leg cit eine Entscheidung beim Gerichtsstand des Erfüllungsorts ergangen, so muß sie anerkannt werden, da Art 28 EuGVÜ/LGVÜ für diesen Fall keine Ausnahme von der Anerkennungspflicht vorsieht (*Auer* in *Bülow/Böckstiegel,* Rechtsverkehr 606 Art 5 EuGVÜ Rz 10; *Geimer,* WM 1976, 837; *Gottwald,* MünchKomm-ZPO III Art 5 EuGVÜ Rz 16; *Kropholler,* Zivilprozeßrecht[6] Art 5 EuGVÜ Rz 3; Rev crit 1975, 662 [*Droz*]).

141 Um eine Kollision des LGVÜ mit Art 59 der schweizerischen Bundesverfassung zu vermeiden, der einer Person mit Wohnsitz in der **Schweiz** unabhängig von ihrer Staatsangehörigkeit ihren Gerichtsstand des Wohnsitzes garantiert, machte die Schweiz folgenden **Vorbehalt** zu Art 5 Z 1: Eine in einem anderen Vertragsstaat ergangene Entscheidung wird in der Schweiz unter den in Art Ia Abs 1 lit a–c des Prot Nr 1 zum LGVÜ genannten Voraussetzungen, die kumulativ vorliegen müssen, nicht anerkannt:

- Die Zuständigkeit des Gerichts, das die Entscheidung erlassen hat, stützt sich nur auf Art 5 Z 1 LGVÜ (lit a).
- Der Beklagte muß im Zeitpunkt der Einleitung des Verfahrens seinen Wohnsitz/Sitz in der Schweiz gehabt haben (lit b).

Eine Gesellschaft oder juristische Person hat gem Art Ia Abs 1 lit b des Prot Nr 1 zum LGVÜ dann ihren Sitz in der Schweiz, wenn ihr statutarischer Sitz und der tatsächliche Mittelpunkt in der Schweiz liegen. Der Vorbehalt findet also keine Anwendung, wenn entweder der statutarische Sitz oder der tatsächliche Mittelpunkt der Tätigkeit sich außerhalb der Schweiz befindet.

- Der Beklagte muß gegen die Anerkennung oder die Vollstreckung der Entscheidung in der Schweiz Einspruch erheben. Dies ist allerdings nicht mehr möglich, wenn er auf den Schutz des Art Ia Abs 1 des Prot Nr 1 zum LGVÜ verzichtet hat.

Der Vorbehalt ist gem Art Ia Abs 2 des Prot Nr 1 zum LGVÜ nicht anzuwenden, soweit in dem Zeitpunkt, in dem die Anerkennung oder Vollstreckung beantragt wird, eine Änderung von Art 59 der Schweizerischen Bundesverfassung stattgefunden hat. Diese ist inzwischen durch Art 30 Abs 2 der Schweizer Bundesverfassung erfolgt. Außerdem ist der Vorbehalt gem Art Ia Abs 3 des Prot Nr 1 zum LGVÜ am 31. 12. 1999 unwirksam geworden.

Nach dessen Hinfälligkeit bzw Unwirksamkeit ist es strittig, welche Bedeutung der Vorbehalt für Urteile hat, die während dessen Geltung, gestützt auf Art 5 Z 1 LGVÜ, in einem Vertragsstaat gegen einen Beklagten mit Wohnsitz in der Schweiz gefällt worden sind. Eine Meinung geht dahin, daß der Vorbehalt nun keine Wirkung mehr äußere und das während seiner Wirksamkeit nicht vollstreckbare Urteil nunmehr vollstreckbar sei (*Kren Kostkiewicz,* SJZ 1999, 237 ff; *Vogel,* Grundriß[6], 115 N 45 s). Nach anderer Meinung bleibe der Vorbehalt auch nach seinem Wegfall ein Vollstreckungshindernis. Während seiner Geltung ergangene Urteile könnten in der Schweiz (gegen den Widerstand des Verpflichteten) nicht vollstreckt werden (*Markus,* ZBJV 1999, 57 ff).

D. Die internationale Zuständigkeit nach autonomem Recht

142 Wenn das EuGVÜ/LGVÜ nicht anwendbar ist, ist gem § 27 a Abs 1 JN die internationale Zuständigkeit dann gegeben, wenn die Voraussetzungen des § 88 Abs 1 oder Abs 2 JN erfüllt sind. Einer zusätzlichen Nahebeziehung zu Österreich, wie dies von der Rsp vor der WGN 1997 gefordert worden war (zB JBl 1991, 393 [zust *Pfersmann*] = RdW 1991, 81 = RZ 1991/46 = ZfRV 1991/10), ist nicht erforderlich (so bereits vor der WGN 1997 SZ 57/143 = EvBl 1985/23 = HS 15.047 = IPRE 2/205 = RdW 1985, 340 = ZfRV 1986, 42 [*krit Hoyer*]).

§ 89. Aus einem Wechsel verpflichtete Personen können vom Inhaber des Wechsels bei dem Gerichte des Zahlungsortes belangt werden.

Stammfassung

Lit: *Jelinek,* Gerichtszuständigkeit im Verbraucherprozeß (§ 14 KSchG), in *Krejci,* Handbuch zum Konsumentenschutzgesetz (1981) 859; *Pimmer,* Wechselgesetz und Scheckgesetz[9] (1992); *Schumacher,* Der Gerichtsstand des Wechselzahlungsortes, RdW 1988, 416.

Übersicht:

I. Anwendungsbereich

Der Gerichtsstand des Wechselzahlungsortes ist **für alle Rechtsstreitigkeiten aus einem Wechsel** gegeben, gleichgültig, ob es sich um einen Wechselstreit nach den strengen Verfahrensformen der §§ 556ff ZPO (Wechselmandatsverfahren) handelt oder ob der Wechselanspruch im normalen Klageweg (wobei die Vorlage des Wechsels in der Klage noch nicht erforderlich ist) geltend gemacht wird (Rsp 1931/410 [zust *Wahle*]). 1

Gem Art 59a Abs 1 SchG gilt § 89 JN **auch für** die **Geltendmachung von Rückgriffsansprüchen aus einem Scheck und von Ansprüchen aufgrund der Bestätigung durch die Oesterreichische Nationalbank** (Art 4a SchG). Die Zuständigkeit für die gerichtliche Verfolgung von Schadenersatzansprüchen wegen mangelnder Deckung der Schecks und für Streitigkeiten aus dem unmittelbaren Rechtsverhältnis zwischen dem Inhaber des Schecks und dem Aussteller oder dem unmittelbaren Vormann des Inhabers richtet sich hingegen gem Art 59a Abs 2 SchG nach den allgemeinen Zuständigkeitsbestimmungen für streitige Rechtssachen.

II. Zahlungsort

Vorausgesetzt wird bei einem Wechsel das Vorhandensein der formellen Merkmale nach Art 1 WG 1955 BGBl 49. Nach Art 1 Z 5 WG hat der Wechsel die **Angabe eines Zahlungsortes** zu enthalten. 2

Unter dem Zahlungsort wird eine **Ortschaft** oder **politische Gemeinde** verstanden. Der Beifügung einer Postleitzahl zu dem im Wechsel genannten Zahlungsort kommt keine wechselrechtliche Bedeutung zu (SZ 58/173 = EvBl 1986/59 = JBl 1986, 324).

Der Zahlungsort muß **nicht mit seiner amtlichen Bezeichnung,** wohl aber **mit der im Verkehr üblichen Art** und **mit einer dem Rechtsverkehr genügenden Deutlichkeit** angegeben werden (SZ 44/70 = EvBl 1972/4). Um festzustellen, ob der Wechsel einen Zahlungsort angibt, muß ermittelt werden, ob sich bei der Auslegung der Urkunde **nach der Verkehrssitte** ein Zahlungsort eindeutig ergibt (JBl 1962, 505).

Ob der Zahlungsort **bestimmt genug bezeichnet** ist, ist **nicht vom Standpunkt der Kontrahenten, sondern vom Standpunkt eines dritten Lesers des** 3

Wechsels zu beurteilen. Dabei ist allerdings der Wechsel nicht nach einem Maßstab auszulegen, den ein Dritter einnehmen muß, der den lokalen Verhältnissen der Beteiligten fernsteht (SZ 44/70 = EvBl 1972/4). An die Bestimmtheit dürfen keineswegs Anforderungen gestellt werden, die jeden Irrtum auch bei besonders naiven oder unintelligenten Menschen ausschließen würden. Vielmehr ist **von durchschnittlichen Fähigkeiten** auszugehen (SZ 57/48 = EvBl 1984/149).

Als **hinreichend bestimmt** wurde der **Zahlungsort** in folgenden Fällen angesehen: „Zahlbar bei der Sparkasse für den Bezirk St. Florian", weil sich hier die Identität des Zahlungsortes eindeutig ergibt (SZ 44/70 = EvBl 1972/4), die Angabe der Wohnungsadresse nur mit der Straße, ohne Nennung der Stadt, sofern letztere nach dem Inhalt des Wechsels nicht zweifelhaft ist, die Klausel „zahlbar beim Aussteller", wenn der Wohnort des Ausstellers dem Wechsel zu entnehmen ist (Czel 427 = AJZ 1886, 20). Dagegen ist die Klausel „zahlbar am jeweiligen Aufenthaltsort des Akzeptanten" keine gültige Angabe des Zahlungsortes (GH 1866, 251).

4 Ein **Wechsel mit zwei oder mehreren Zahlungsorten** ist **ungültig** (SZ 58/173 = EvBl 1986/59 = JBl 1986, 324; EvBl 1971/78; SZ 35/117 = EvBl 1963/90 = JBl 1963, 209; SZ 31/132 = EvBl 1959/57 = JBl 1959, 212). So zB ein Wechsel, in dem rechts oben „Zahlungsort: Innsbruck" und links unten nach dem Namen und Wohnort des Bezogenen „zahlbar bei ... in Wien" angegeben wird (SZ 31/132 = EvBl 1959/57 = JBl 1959, 212). Auch wenn ein zweiter Zahlungsort erst nach zunächst formgerechter Ausstellung des Wechsels eingetragen wird, wird der Wechsel ungültig (SZ 35/117 = EvBl 1963/90 = JBl 1963, 209).

5 Die **Unterlassung** der ausdrücklichen Angabe eines Zahlungsortes bewirkt nicht die Ungültigkeit des Wechsels. Vielmehr ist gem Art 2 Abs 3 WG **der beim Namen des Bezogenen angegebene Ort** als **Zahlungsort** anzusehen. Die daraus entstehende Streitfrage, ob bei Fehlen eines ausdrücklichen Zahlungsortes und der **Angabe mehrerer Bezogener mit verschiedenen Wohnorten** einer dieser Orte als Zahlungsort angesehen werden kann, hat die Rsp dahingehend entschieden, daß dann der **Wechsel** überhaupt **ungültig** sei (DREvBl 1938/399; JBl 1914, 290 = ZBl 1914/375 ua). Daraus ergibt sich, daß dann, wenn der Wechsel keinen ausdrücklichen Zahlungsort enthält und mehrere Bezogene genannt sind, die ihren am Wechsel genannten Wohnort in verschiedenen Gerichtshofsprengeln haben, mangels eines gültigen Zahlungsortes die Anrufung des Wahlgerichtsstandes des § 89 JN ebenso wie die Anrufung des Gerichtsstandes der Streitgenossenschaft für mehrere Wechselverpflichtete nach § 93 Abs 2 JN ausgeschlossen ist. Die Wechselverpflichteten sind an ihrem allgemeinen Gerichtsstand zu klagen (wobei nach der zitierten Rsp kein Anspruch aus dem Wechsel besteht, da dieser ungültig ist).

6 Eine **eigenmächtige,** die Lage des Akzeptanten erschwerende **Domizilierung eines Blankowechsels** begründet den Gerichtsstand nach **§ 89 JN nicht** (ÖBA 1990, 226 = RdW 1990, 82; OLG Wien EvBl 1985/44 = HS 15.048; SZ 49/6 = EvBl 1976/196).

7 Ergibt sich der **Zahlungsort aus** dem der Wechselmandatsklage **beigelegten Originalwechsel,** ist eine **Behauptung** über den Zahlungsort **nicht erforderlich** (HG Wien WR 52 [1983]).

III. Eingeschränkte Anwendung gegenüber Verbrauchern (§ 14 KSchG)

8 Gegen einen Verbraucher, der seinen Wohnsitz, gewöhnlichen Aufenthalt oder den Ort der Beschäftigung im Inland hat, kann gem § 14 Abs 1 KSchG der

Gerichtsstand des Wechselzahlungsortes nur dann begründet werden, wenn er bei Eingehung der Wechselverbindlichkeit im Sprengel des Gerichtes des Wechselzahlungsortes seinen Wohnsitz, gewöhnlichen Aufenthalt oder Beschäftigungsort gehabt hat. Maßgeblich ist hier nur der Zeitpunkt der Eingehung der Wechselverbindlichkeit. Selbst wenn der Beklagte nachher (insb im Zeitpunkt der Gerichtsanhängigkeit) seinen Wohnsitz, gewöhnlichen Aufenthalt oder Beschäftigungsort im Sprengel des Gerichtes des Wechselzahlungsortes hat, ist dies bedeutungslos (*Jelinek* in *Krejci,* Handbuch 898; LGZ Wien WR 19 [1983]). Näheres s Vor §§ 83 a und 83 b JN Rz 70.

IV. Sachliche Zuständigkeit und Verfahren

Die **sachliche Zuständigkeit** für Streitigkeiten aus Wechselgeschäften und aus scheckrechtlichen Rückgriffsansprüchen richtet sich nach **§ 51 Abs 1 Z 8 JN.** Danach ist das HG bzw der Handelssenat des LG zuständig, wenn der Streitwert 130.000 S übersteigt, sonst gehört die Rechtssache vor das BG für bzw in Handelssachen. 9

Die besonderen Vorschriften für das Wechselmandats- bzw Scheckrückgriffsmandatsverfahren sind in §§ 556 bis 559 ZPO enthalten, wobei, wie ausgeführt, die Anwendung dieses Verfahrens nicht die Voraussetzung für die Inanspruchnahme der Gerichtsstände der §§ 89 und 93 Abs 2 JN ist.

V. Gerichtsstand bei mehreren Wechselverpflichteten (§ 93 Abs 2 JN)

Mehrere Wechselverpflichtete können gem § 93 Abs 2 JN als Streitgenossen am **Gerichtsstand des Zahlungsortes** gemeinsam geklagt werden. Dasselbe gilt aufgrund des Art 59 a Abs 1 SchG auch bei mehreren aus einem Scheck Verpflichteten. Näheres s § 93 JN Rz 31 f. 10

VI. Die internationale Zuständigkeit für Wechsel- und Scheckstreitigkeiten

Die internationale Zuständigkeit ist nach **Art 2 EuGVÜ/LGVÜ** dann gegeben, wenn der **Beklagte** seinen **Wohnsitz (Sitz) in Österreich** hat. Hat der Beklagte keinen Wohnsitz (Sitz) in einem Vertragsstaat des EuGVÜ/LGVÜ, ist gem **§ 89 JN iVm § 27 a JN** ein österreichisches Gericht jedenfalls dann international zuständig, wenn der **Zahlungsort in Österreich** liegt. 11

§ 90. Streitigkeiten aus der Schiffsmiete, aus dem Dienstverhältnisse der Schiffsmannschaft und aus Seefrachtgeschäften können auch bei dem Gerichte des Ortes angebracht werden, in welchem sich der Beklagte aufhält, wo die Ware abgeliefert werden soll, wo der Transport des Reisenden zu beendigen ist oder wo die Reise abgebrochen wird.

Stammfassung

Lit: *Gaeta,* Gerichtliche Zuständigkeit in streitigen Seeschiffahrtssachen, ZVR 1992, 556.

Dieser Gerichtsstand hat keine praktische Bedeutung (vgl *Fasching,* Lehrbuch[2] Rz 312; *Mayr* in *Rechberger,* ZPO § 90 JN Rz 1; *Rechberger/Simotta,* Zivilprozeßrecht[5] Rz 127). Bereits 1932 meinte *Pollak* (System[2], 316), daß § 90 JN durch den Zusammenbruch der Monarchie entfallen sei. 1

Gerichtsstand der gelegenen Sache

§ 91. (1) Bei dem nach § 81 zuständigen Gerichte kann mit der Klage zur Geltendmachung des Pfandrechtes die Klage auf Zahlung der pfandrechtlich versicherten Forderung, mit der Klage auf Aufhebung (Löschung) des Pfandrechtes die Klage auf Feststellung des Nichtbestehens der pfandrechtlich versicherten Forderung verbunden werden, wenn beide Klagen wider denselben Beklagten gerichtet sind.

(2) Klagen auf die aus einer Reallast rückständigen Leistungen können gegen den Besitzer des belasteten Grundstückes bei dem Gerichte erhoben werden, in dessen Sprengel das belastete Grundstück gelegen ist.

(3) Klagen über Verträge über die Übergabe der im § 560 ZPO angeführten Sachen können – auch wenn sie nicht unter den § 83 fallen – bei dem Gericht erhoben werden, in dessen Sprengel die unbewegliche Sache liegt.

Überschrift idF Art II Z 41 lit a ZVN 1983 BGBl 135; Abs 3 angefügt durch Art II Z 41 lit b ZVN 1983 BGBl 135

Übersicht:

I. § 91 Abs 1 JN

A. Allgemeines

1 Der **Wahlgerichtsstand der gelegenen Sache** nach § 91 Abs 1 JN erweitert die örtliche Zuständigkeit des Gerichtes der gelegenen Sache des § 81 JN über die rein dinglichen Ansprüche hinaus auch auf die mit einem Pfandrecht an einer Liegenschaft verbundenen persönlichen Schuldverhältnisse.

B. Anwendungsbereich und -voraussetzungen

2 Folgende obligatorische Ansprüche können zusammen mit folgenden dinglichen Ansprüchen in einer Klage geltend gemacht werden:

- Mit der Klage des Pfandgläubigers zur Geltendmachung eines Pfandrechtes gegen den Pfandschuldner **(Pfandrechtsklage)** kann auch die gegen denselben Beklagten gerichtete **Klage auf Zahlung der dem Pfandrecht zugrunde liegenden Schuldforderung verbunden** werden.
- Mit der **Klage auf Aufhebung oder Löschung des Pfandrechtes** kann der Pfand- und Personalschuldner die **Klage auf Feststellung des Nichtbestehens der**

Pfandforderung verbinden. Dabei ist nicht erforderlich, daß es sich um die Löschung des gesamten Pfandrechtes und um die Feststellung des Nichtbestandes der Forderung handelt, sondern es müssen hierher auch alle jene Klagen gezählt werden, mit denen die Einschränkung des Pfandrechtes und die Feststellung des Nichtbestandes eines bestimmten Forderungsteiles begehrt wird.

Voraussetzung ist jedoch stets, daß die **Klagen von demselben Kläger gegen denselben Beklagten** gerichtet sind. 3

Daß durch den Tod des Hypothekarschuldners, der gleichzeitig auch Personalschuldner war, der Gerichtsstand des § 91 JN nicht beseitigt wird, ergibt sich daraus, daß der Gerichtsstand nach § 81 JN für dingliche Ansprüche gegen den Erblasser durch § 77 JN unberührt bleibt. Auch die Konkurseröffnung beseitigt den Gerichtsstand des § 91 JN nicht, da § 111 Abs 2 KO ausdrücklich die für dingliche Rechte und die durch diese gesicherten Forderungen (also für Absonderungsrechte) bestehenden Zuständigkeitsvorschriften unberührt läßt.

C. Verbindung

Die Verbindung der in § 91 Abs 1 JN genannten Klagen ist gem § 95 Abs 1 JN auch dann zulässig, wenn das angerufene Gericht nach den Vorschriften über die sachliche Zuständigkeit für die obligatorische Forderung (weil über oder unter der Gerichtshofgrenze liegend) ansonsten nicht zuständig wäre. Maßgeblich ist hier immer die sachliche Zuständigkeit für die Klage bezüglich des dinglichen Rechts (*Fasching,* Lehrbuch[2] Rz 303; *Holzhammer,* Zivilprozeßrecht[2], 58; *Mayr* in *Rechberger,* ZPO § 91 JN Rz 1). 4

Neumann, Kommentar[4] I 228 ff hat zutreffend darauf hingewiesen, daß damit nur die Verbindung einer nicht in die sachliche Zuständigkeit des Gerichtes der gelegenen Sache nach § 81 JN fallenden Klage aus der Personalschuld mit der Pfandklage ermöglicht werden soll, daß aber nicht für die verbundenen Klagsansprüche alle Schranken der sachlichen Zuständigkeit beseitigt werden. Die Vorschrift des § 95 JN soll nur die Möglichkeit auftun, einen nicht in die sachliche Zuständigkeit des nach § 81 JN für die Pfandklage zuständigen Gerichtes fallenden Personalschuldanspruch mit der Pfandklage verbinden zu können. (Der OGH hat in Jud 149, AmtlSlgNF 260 = GlUNF 1156 [1900] und der folgenden ständigen Rsp GlUNF 7544 [1915]; GlUNF 6923 [1914] wesentlich weitergehend, die ursprüngliche Zielsetzung des § 95 JN außer acht lassend, die Anbringung der verbundenen Pfand- und Personalschuldklagen ohne Rücksicht auf die sachliche Zuständigkeit sowohl bei BG wie beim GH nach freier Wahl des Klägers als zulässig erklärt. Vgl jedoch hiezu auch RZ 1937, 554). 5

II. Klagen auf rückständige Leistungen aus einer Reallast (§ 91 Abs 2 JN)

Klagen auf rückständige Leistungen aus einer Reallast sind Ansprüche, mit denen eine vom dinglichen Recht abgeleitete Haftung persönlich gegen den Eigentümer der Liegenschaft geltend gemacht wird. Örtlich zuständig für die Klage auf Geltendmachung des Bestandes oder Nichtbestandes, der Einschränkung oder Erweiterung der Reallast als dingliches Recht ist gem § 81 Abs 2 JN ausschließlich das Gericht, in dessen Sprengel die belastete Sache gelegen ist. Richtet sich der Forderungsanspruch auf rückständige Leistungen gegen den Besitzer der Liegenschaft, dann kann diese Klage, die nur ein Begehren auf Bezahlung einer Schuld zum Gegenstand hat, auch ohne Verbindung mit einem auf den Bestand gerichteten Begehren beim Gericht, in dessen Sprengel die belastete 6

Liegenschaft gelegen ist, angebracht werden, selbst wenn der beklagte Eigentümer der Liegenschaft seinen Wohnsitz oder Aufenthalt außerhalb dieses Gerichtssprengels genommen hat.

Wird die Klage auf Bezahlung rückständiger Leistungen gegen einen früheren Eigentümer der Liegenschaft erhoben, dann findet § 91 Abs 2 JN keine Anwendung. Der Beklagte muß an seinem allgemeinen Gerichtsstand belangt werden.

III. Klagen über Verträge auf Übergabe unbeweglicher Sachen (§ 91 Abs 3 JN)

7 Zur Abrundung des Gerichtsstandes der gelegenen Sache und zur Vermeidung von Zuständigkeitsstreitigkeiten (vgl ErläutRV zur ZVN 1983 [669 BlgNR 15. GP] 38) gilt der Gerichtstand der gelegenen Sache (als Wahlgerichtsstand) für alle Klagen, die **Ansprüche auf Übergabe unbeweglicher oder gem § 560 ZPO als unbeweglich zu behandelnder Sachen** (wie zB Unternehmen, zu denen unbewegliches Gut gehört), zum Gegenstand haben. Zu diesen obligatorischen Ansprüchen auf Überlassung unbeweglichen Guts gehört auch der Anspruch auf Einwilligung in die Einverleibung des Eigentumsrechts an unbeweglichem Gut im Grundbuch (*Fasching,* Lehrbuch² Rz 303; *Mayr* in *Rechberger,* ZPO § 91 JN Rz 3). Ebenso besteht der Gerichtsstand des § 91 Abs 3 JN für eine Klage auf Übergabe von Wohnungsschlüsseln, wenn das Klagebegehren auf die Behauptung gestützt wird, daß die Wohnungsübergabe in den physischen Besitz des Käufers mit der Schlüsselübergabe als vollzogen gelte (EvBl 1998/75).

IV. Die internationale Zuständigkeit

A. Internationale Zuständigkeit nach Art 6 Z 4 EuGVÜ/LGVÜ

Art 6 EuGVÜ/LGVÜ. Eine Person, die ihren Wohnsitz in dem Hoheitsgebiet eines Vertragsstaats hat, kann auch verklagt werden,

.....

4. wenn ein Vertrag oder Ansprüche aus einem Vertrag den Gegenstand des Verfahrens bilden und die Klage mit einer Klage wegen dinglicher Rechte an unbeweglichen Sachen gegen denselben Beklagten verbunden werden kann, vor dem Gericht des Vertragsstaats, in dem die unbewegliche Sache belegen ist.

Lit: *Banniza von Bazan,* Der Gerichtsstand des Sachzusammenhangs im EuGVÜ, dem Lugano-Abkommen und im deutschen Recht (1995); *Geimer,* Fora connexitatis – Der Sachzusammenhang als Grundlage der internationalen Zuständigkeit – Bemerkungen zu Art 6 des EWG-Übereinkommens vom 27. September 1968, WM 1979, 350; *Gottwald,* Europäische Gerichtspflichtigkeit kraft Sachzusammenhangs, IPRax 1989, 272; *Rohner,* Die örtliche und internationale Zuständigkeit kraft Sachzusammenhangs (1991); *Spellenberg,* Örtliche Zuständigkeit kraft Sachzusammenhangs, ZVglRWiss 79 (1980) 89; *Trunk,* Die Erweiterung des EuGVÜ-Systems am Vorabend des Europäischen Binnenmarktes (1991).

1. Allgemeines

8 Bei Art 6 EuGVÜ/LGVÜ handelt es sich um einen **internationalen Wahlgerichtsstand,** der, wie aus seinem Einleitungssatz hervorgeht, nur dann zur Anwendung kommt, wenn der Beklagte in einem (anderen) Vertragsstaat (als dem Gerichtsstaat) seinen Wohnsitz oder Sitz hat. Der Kläger hat die Wahl, ob er den Beklagten in jenem Staat verklagt, in dem er seinen Wohnsitz (Sitz) hat oder wo der Vertrag zu erfüllen ist (Art 5 Z 1 EuGVÜ/LGVÜ), oder ob er die Klage mit jener wegen dinglicher Rechte an unbeweglichen Sachen verbindet und in jenem Staat einbringt, in dem die unbewegliche Sache belegen ist.

In Art 6 Z 4 EuGVÜ/LGVÜ wird die **örtliche Zuständigkeit** nicht geregelt, sie richtet sich nach nationalem Recht, dh in Österreich **nach §§ 91 und 81 JN.** 9

Durch Art 6 Z 4 EuGVÜ/LGVÜ wird der Anwendungsbereich des dinglichen Gerichtsstandes nach Art 16 Z 1 lit a EuGVÜ/LGVÜ erweitert. 10

2. Zweck

Art 6 Z 4 EuGVÜ/LGVÜ liegt der Gedanke zugrunde, Klagen zwischen denen ein Zusammenhang besteht, vor demselben Gericht zu ermöglichen, um widersprechende Entscheidungen zu vermeiden (vgl EB zum LGVÜ [34 BlgNR 20. GP] 32). Er dient überdies der **Erleichterung der Rechtsverfolgung** und der **Prozeßökonomie** (*Kropholler,* Zivilprozeßrecht[6] Art 6 EuGVÜ Rz 43). 11

3. Anwendungsvoraussetzungen

a) Identität der Parteien

Die vertragliche und die dingliche Klage muß **von demselben Kläger gegen denselben Beklagten** erhoben werden (*Jenard/Möller*-Bericht RdN 47; *Geimer/Schütze,* Zivilverfahrensrecht Art 6 EuGVÜ Rz 80; *Hausmann* in *Wieczorek/Schütze,* ZPO[3] I/1 Art 6 EuGVÜ Rz 43; *Kropholler,* Zivilprozeßrecht[6] Art 6 EuGVÜ Rz 47). Der Begriff „ein und derselbe Kläger" schließt selbstredend auch eine Person, auf die eine andere Person ihre Rechte übertragen hat, oder ihren Rechtsnachfolger mit ein (*Jenard/Möller*-Bericht RdN 47). 12

b) Ein Vertrag oder Ansprüche aus einem Vertrag müssen Gegenstand des Verfahrens sein

Die Begriffe „Vertrag" und „Ansprüche aus einem Vertrag" sind wie in Art 5 Z 1 EuGVÜ/LGVÜ **vertragsautonom** auszulegen. Näheres s § 88 JN Rz 76. 13

c) Zusammenhang zwischen der dinglichen Klage und der auf vertragliche Ansprüche gestützten Klage

Zwischen den beiden Klagen muß ein **enger Bezug** bestehen (*Geimer/Schütze,* Zivilverfahrensrecht Art 6 EuGVÜ Rz 81; *Hausmann* in *Wieczorek/Schütze,* ZPO[3] I/1 Art 6 EuGVÜ Rz 44; *Kropholler,* Zivilprozeßrecht[6] Art 6 EuGVÜ Rz 48; *Trunk,* Erweiterung 40), weil sonst die für die Verbindung angeführten Praktikabilitätsgründe (wie Verwertung der gleichen Aussagen, Ortsnähe des Gerichtes und der Beweismittel) nicht eingreifen (*Kropholler,* Zivilprozeßrecht[6] Art 6 EuGVÜ Rz 48; *Trunk,* Erweiterung 40). 14

Ein hinreichender Zusammenhang wird für die Verbindung einer Hypothekarklage mit der Klage aus dem Darlehen gegen den persönlichen Schuldner (*Jenard/Möller*-Bericht RdN 46; *Geimer/Schütze,* Zivilverfahrensrecht Art 6 EuGVÜ Rz 81; *Hausmann* in *Wieczorek/Schütze,* ZPO[3] I/1 Art 6 EuGVÜ Rz 44; *Kropholler,* Zivilprozeßrecht[6] Art 6 EuGVÜ Rz 44) und die Klage auf Befreiung von einer persönlichen Schuld mit der Klage auf Umschreibung oder Löschung der Hypothek (*Geimer/Schütze,* Zivilverfahrensrecht Art 6 EuGVÜ Rz 81) und zwischen der Pfandrechtsklage und der obligatorischen Zahlungsklage (*Czernich/Tiefenthaler,* LGVÜ Art 6 Rz 19) bejaht. Dagegen wird ein Zusammenhang zwischen der Klage auf Zahlung des Grundstückskaufpreises und einem dinglichen Recht verneint (*Geimer/Schütze,* Zivilverfahrensrecht Art 6 EuGVÜ Rz 81; *Hausmann* in *Wieczorek/Schütze,* ZPO[3] I/1 Art 6 EuGVÜ Rz 44).

d) (Zulässige) Verbindung der Klagen

15 Der dingliche Gerichtsstand ist für die Vertragsklage nur dann eröffnet, wenn dort auch aus dem dinglichen Recht geklagt wird.

Eine **isolierte Vertragsklage** kann demnach **nicht** beim Gerichtsstand der gelegenen Sache erhoben werden (*Geimer/Schütze,* Zivilverfahrensrecht Art 6 EuGVÜ Rz 82; *Hausmann* in *Wieczorek/Schütze,* ZPO[3] I/1 Art 6 EuGVÜ Rz 45; *Kropholler,* Zivilprozeßrecht[6] Art 6 EuGVÜ Rz 49; *Trunk,* Erweiterung 41 f).

16 Darüber hinaus muß die **Verbindung nach dem nationalen Prozeßrecht zulässig** sein (*Schlosser,* EuGVÜ Art 6 Rz 13). Das EuGVÜ/LGVÜ läßt dabei die Bestimmungen unberührt, die bereits bestehen oder künftig in die Rechtssysteme der Vertragsstaaten in bezug auf die Verbindung der vorgenannten Klagen aufgenommen werden (*Jenard/Möller*-Bericht RdN 47).

Nach Erhebung der dinglichen Klage tritt **perpetuatio fori** ein. Wird die dingliche Klage zurückgenommen, bleibt für die Vertragsklage die internationale Zuständigkeit des Belegenheitsstaates aufrecht (*Geimer/Schütze,* Zivilverfahrensrecht Art 6 EuGVÜ Rz 82).

18 Der Gerichtsstand nach Art 6 Z 4 EuGVÜ/LGVÜ weist große Ähnlichkeiten mit jenem nach § 91 JN auf (*Czernich/Tiefenthaler,* LGVÜ Art 16 Rz 19; *Mayr* in *Rechberger,* ZPO § 91 Rz 4).

B. Internationale Zuständigkeit nach autonomem Recht

19 Wenn das EuGVÜ/LGVÜ nicht anwendbar ist, richtet sich die internationale Zuständigkeit aufgrund des § 27a JN nach § 91 JN. Dh die internationale Zuständigkeit Österreichs ist dann gegeben, wenn die **unbewegliche Sache,** auf die sich die dingliche Klage bezieht, **in Österreich** gelegen ist.

Gerichtsstand für Besitzstörungsstreitigkeiten

§ 92. Besitzstörungsklagen (§ 49 *[Abs. 2]* Z 4) können, sofern sie nicht eine unbewegliche Sache betreffen, bei dem Gerichte angebracht werden, in dessen Sprengel die Störung erfolgte.

Stammfassung

1 Während Besitzstörungsklagen, denen Besitzstörungen an unbeweglichem Gut zugrunde liegen, gem § 81 JN ausschließlich bei dem Gericht, in dessen Sprengel die Liegenschaft liegt, und Besitzstörungen an Wasserrechten ausschließlich beim Gericht, in dessen Sprengel die Störung erfolgte (§ 82 JN) angebracht werden können, ist für **Besitzstörungen an beweglichem Gut** (an beweglichen Sachen und nicht für unbeweglich erklärten Rechten) grundsätzlich das Gericht des allgemeinen Gerichtsstandes des Beklagten (des Störers oder Entziehers) zuständig. § 92 JN ermöglicht auch hier wahlweise die Anrufung des Gerichtes, in dessen Sprengel die **Störung** stattgefunden hat.

2 Die **internationale Zuständigkeit** Österreichs für Besitzstörungsstreitigkeiten betreffend bewegliche Sachen ist gem **Art 2 EuGVÜ/LGVÜ** dann gegeben, wenn der **Beklagte** seinen **Wohnsitz** (Sitz) in **Österreich** hat. Sofern das EuGVÜ/LGVÜ nicht anwendbar ist, hängt die internationale Zuständigkeit gem § 27a JN davon ab, ob eine örtliche Zuständigkeit gegeben ist. Dh, ein österreichisches Gericht ist dann international zuständig, wenn entweder der Beklagte seinen Wohnsitz oder gewöhnlichen Aufenthalt oder Sitz in Österreich hat oder die **Störung im Inland** erfolgte.

Gerichtsstand der Schadenszufügung

§ 92 a. Streitigkeiten über den Ersatz des Schadens, der aus der Tötung oder Verletzung einer oder mehrerer Personen, aus einer Freiheitsberaubung oder aus der Beschädigung einer körperlichen Sache entstanden ist, können auch bei dem Gericht angebracht werden, in dessen Sprengel das den Schaden verursachende Verhalten gesetzt worden ist.

Samt Überschrift eingefügt durch Art II Z 42 ZVN 1983 BGBl 135

Lit: *Ballon,* Die Rechtsprechung in Zuständigkeitsfragen, Fasching-FS (1988) 55; *Burgstaller,* Prozeßverbindung, Querklage und Interventionsklage, JBl 1994, 69; *Fitz/Purtscheller/Reindl,* Produkthaftung (1988); *M. König,* Buchungsstornierungen im Fremdenverkehr, RdW 1989, 187; *Loewe,* Erneuerung des österreichischen internationalen Zivilverfahrensrechts, ZfRV 1983, 180; *Lorenz,* Internationale Zuständigkeit für die Rückforderung einer italienischen Bank nach fehlerhafter Ausführung einer Giroüberweisung nach Deutschland, IPRax 1993, 44; *ders,* Internationale Zuständigkeit österreichischer Gerichte für Klagen gegen ausländische Produzenten, IPRax 1993, 193; *Matscher,* Die internationalrechtlichen Bestimmungen der Zivilverfahrens-Novelle 1983, in *BMJ,* Neuerungen im zivilgerichtlichen Verfahrensrecht, Richterwoche 1983, 201; *ders,* Zur Zuständigkeit der österreichischen Gerichte für Rechtsstreitigkeiten aus Gastaufnahme- und Beherbergungsverträgen mit ausländischen Gästen, IPRax 1984, 223; *Maxl,* Produkthaftung, internationales Zivilprozeßrecht und internationales Privatrecht, JBl 1992, 156; *Riedler,* Rechtsschutzdefizit im PHG durch den „Wandel des Importeursbegriffes" infolge des Eintritts Österreichs in die EU, WBl 1995, 99; *Schalich,* Überblick über die Zivilverfahrensnovelle 1983, ÖJZ 1983, 253; *Schwimann,* § 28 JN und die Grenzen der inländischen Ziviljurisdiktion in Vermögens- und Wirtschaftsstreitigkeiten, ÖZW 1984, 97.

Übersicht:

I. Anwendungsbereich

1 Der Gerichtsstand der Schadenszufügung kommt **unabhängig davon** zur Anwendung, **ob** es sich um **Schadenersatzansprüche aus Delikt oder Vertragsverletzung** handelt (*Ballon,* Fasching-FS 62; *ders,* Zivilprozeßrecht[8] Rz 62; *Burgstaller,* JBl 1994, 74; *Loewe,* ZfRV 1983, 186; *Mayr* in *Rechberger,* ZPO § 92a JN Rz 1; *Rechberger/Simotta,* Zivilprozeßrecht[5] Rz 130; SZ 67/189 = AnwBl 1995, 581 = ZfRV 1995, 156; SZ 63/105 = RdW 1991, 147; OLG Innsbruck EvBl 1987/67; OLG Wien WR 222 [1986]; aM *Fasching,* Lehrbuch[2] Rz 308; *Matscher,* IPRax 1984, 225). Denn weder dem Gesetzestext noch den Gesetzesmaterialien (ErläutRV zur ZVN 1983 [669 BlgNR 15. GP] 38f) läßt sich eine Einschränkung auf deliktische Schadenersatzansprüche entnehmen.

2 Allerdings kann nur der Ersatz jenes Schadens begehrt werden, der **aus der Tötung oder Verletzung einer oder mehrerer Personen, aus einer Freiheitsberaubung oder aus der Beschädigung einer körperlichen Sache** entstanden ist.

Schadenersatzansprüche wegen **Verletzung unkörperlicher Sachen** (insb von Rechten, wie etwa Vermögensrechten, des Firmen- oder Namensrechts, eines Bestand- oder Fruchtgenußrechts oder gewerblicher Schutzrechte) fallen **nicht** unter § 92a JN (*Fasching,* Lehrbuch[2] Rz 308; OLG Wien EvBl 1990/65).

3 § 92a JN ist weiters **unanwendbar,** wenn **aus** einer **Vertragsverletzung reine Vermögensschäden** (ohne Beschädigung einer körperlichen Sache) geltend gemacht werden (ZfRV 1994, 72 = RdW 1994, 177; SZ 64/123 = RdW 1992, 112; SZ 63/105 = RdW 1991, 147; OLG Wien WR 222 [1986]), so zB wenn Ersatzansprüche aus der Nichterfüllung eines Gastaufnahmevertrages (EvBl 1992/8 = JBl 1992, 331 [*Pfersmann*] = ZfRV 1991, 470) oder der Verbesserungsaufwand für eine an sich (dh ohne Beschädigung) mangelhafte körperliche Sache (SZ 64/123 = RdW 1992, 112) oder Ersatzansprüche wegen des Entzuges der Verfügungsmacht über körperliche Sachen, wie zB über Sparbücher (EvBl 1992/147 = RZ 1993/79 = ZfRV 1992, 384) begehrt werden.

Bei positiver Vertragsverletzung (Begleitschaden, Mängelfolgeschäden) ist § 92a JN hingegen anwendbar (SZ 64/123 = RdW 1992, 112; OLG Wien WR 222 [1986]).

4 Unter den Begriff **„Streitigkeiten über den Ersatz des Schadens“** fallen nicht nur Klagen des Geschädigten gegen den Schädiger auf **Leistung von Schadenersatz,** sondern **auch Klagen auf Feststellung,** daß den Beklagten die Pflicht zum Ersatz des (zukünftigen) Schadens treffe (dies offenlassend OLG Innsbruck EvBl 1987/67 = IPRE 2/217). Ferner gehören hierher **auch Regreßklagen** desjenigen, der den Schaden liquidiert hat, gegen den Schädiger, weil die Schadenersatzpflicht hier die alles entscheidende Vorfrage bildet. § 92a JN gilt daher für Regreßklagen der (Haftpflicht-)Versicherung als Legalzessionar gegen den Schädiger (OLG Wien WR 272 [1986]) bzw gegen die Firma, deren Erfüllungsgehilfen den Schaden herbeigeführt haben (SZ 63/105 = RdW 1991, 147).

5 Anwendungsfälle des § 92a JN sind vor allem Klagen bei deliktischer Haftung, so vor allem **Schadenersatzansprüche aus Verkehrs- und Schiunfällen,** fer-

ner Klagen wegen Verletzung und Zwang zum außerehelichen Beischlaf (OLG Wien EFSlg 66.871 [1991]) sowie Klagen betreffend Schadenersatzansprüche aus Vertragsverletzungen wie zB wegen Beschädigung der gesamten Wohnung und Einrichtung (OLG Wien WR 222 [1986]) oder eines Hauses zufolge eines fahrlässigen Verhaltens der Erfüllungsgehilfen des Beklagten (SZ 63/105 = RdW 1991, 147) oder wegen mangelhafter Unterbringung eines Turnierpferdes, die dafür verantwortlich ist, daß das Pferd entweichen konnte und von einem Zug erfaßt und getötet wurde (SZ 67/189 = AnwBl 1995, 581 = ZfRV 1995, 156).

II. Anknüpfungspunkt

Zuständig ist jenes Gericht, in dessen Sprengel **das den Schaden verursachende Verhalten gesetzt** worden ist. Dabei ist jedes Gericht, in dessen Sprengel ein Tatbestandsmerkmal des schadensbegründenden Verhaltens gesetzt wurde, zuständig (*Fasching,* Lehrbuch[2] Rz 308). Bloße Vorbereitungshandlungen reichen nicht aus. Bei **Unterlassungen** entscheidet der **Ort, wo zu handeln war.** 6

Bei der **Gefährdungshaftung** ist als Handlungsort der **Unfallsort** anzusehen, also jener Ort, an dem sich die Gefahr dadurch verwirklicht, daß die gefährliche Sache außer Kontrolle gerät (*Schwimann* in *Rummel,* ABGB[2] II § 48 IPRG Rz 4 mwN).

Der **Ort des Eintritts der Schadensfolgen** soll nach Ansicht von Lehre (*Mayr* in *Rechberger,* ZPO § 92 a JN Rz 2; *Schalich,* ÖJZ 1983, 256) und Rsp (ecolex 1992, 629 = EvBl 1992/138 = IPRax 1993, 187 [*Lorenz* 193] = JBl 1992, 655 = ZfRV 1993, 32; OLG Innsbruck EvBl 1987/188) bei Auseinanderfallen von Handlungs- und Erfolgsort (grundsätzlich) **außer Betracht** bleiben. 7

Nur bei Distanzhandlungen (zB einem Schuß über die Grenze) soll sowohl der Ort der Einleitung der Handlung als auch der Ort, in welchem die Handlung den Schaden verursacht hat, zuständigkeitsbegründend sein (*Fasching,* Lehrbuch[2] Rz 308). Nach Meinung des OLG Innsbruck soll dies freilich nur dann gelten, wenn der Schädiger – objektiv gesehen – mit Auswirkungen seines Verhaltens jenseits der Grenzen des Handlungsstaates rechnen mußte, also nicht bei Fernwirkung unbeabsichtigter technischer Pannen ausländischer Kernkraftwerke (EvBl 1987/67 = IPRE 2/217). 8

Auf **Produkthaftungsklagen gegen ausländische Produzenten** (zB wegen Material- und Konstruktionsfehlern eines in Schweden hergestellten Panzerabwehrrohres oder wegen schwerer Montagefehler eines japanischen Autoherstellers) ist nach Ansicht der Rsp (ecolex 1992, 629 = EvBl 1992/138 = IPRax 1993, 187 [*Lorenz* 193] = JBl 1992, 655 = ZfRV 1993, 32; OLG Innsbruck EvBl 1987/188) § 92 a JN jedenfalls **nicht anwendbar** (so auch *Fitz/Purtscheller/Reindl,* Produkthaftung, Vorbem § 1 Rz 14, Rz 38, Anh I 147), weil **die den Schaden verursachende Handlung im Ausland** (nämlich am Ort der fehlerhaften Produktion bzw Montage) gesetzt worden ist. 9

Nach dem Beitritt Österreichs zum EuGVÜ/LGVÜ wird sich die Ansicht, daß es auf den Ort, an dem der Schaden eingetreten ist, für die Zuständigkeit nach § 92 a JN nicht ankomme, nicht weiter aufrecht erhalten lassen, sondern **§ 92 a JN** wird **konform mit Art 5 Z 3 EuGVÜ/LGVÜ** (s Rz 31) dahingehend **zu interpretieren** sein, daß der Kläger ein Wahlrecht zwischen dem Forum am Handlungsort und dem Forum am Erfolgsort hat (dies hat schon vor dem Beitritt Österreichs zum EuGVÜ/LGVÜ *Maxl,* JBl 1992, 160 im Fall von Produkthaftungsklagen gegen ausländische Produzenten vorgeschlagen). Dem Geschädigten ist mit dieser Auslegung des § 92 a JN freilich nur dann gedient, wenn ihm ein

Vollstreckungsabkommen die Vollstreckung in dem Land, in dem der Produzent seinen Sitz bzw sein Vermögen hat, ermöglicht (vgl *Riedler,* WBl 1995, 99 ff).

III. Weitere Gerichtsstände der Schadenszufügung

Außerhalb der JN gibt es noch folgende Gerichtsstände der Schadenszufügung:

A. Gerichtsstand für den Ersatz von Schäden aus Unfällen beim Betrieb von Eisenbahnen und Kraftfahrzeugen (§ 20 EKHG)

10 Für Klagen, die auf Grund des EKHG erhoben werden, ist auch das Gericht zuständig, in dessen Sprengel sich der **Unfall ereignet hat.** Bei diesem Gericht können auch anderweitige aus dem Schadensfall abgeleitete Klageansprüche gegen den Betriebsunternehmer oder den Halter oder einen sonst Ersatzpflichtigen erhoben werden.

B. Gerichtsstand für Schadenersatz nach dem RohrleitungsG (§ 10 Abs 2 RohrlG)

11 Nach § 10 Abs 2 RohrlG gilt § **20 EKHG** sinngemäß.

C. Gerichtsstand für Schadenersatz nach dem LuftfahrtG (§ 160 LuftfahrtG)

12 Für Klagen, die auf Grund der §§ 146 ff, 154 ff LuftfahrtG erhoben werden, ist auch das Gericht zuständig, in dessen Sprengel sich der Unfall ereignet hat. Bei diesem Gericht können auch anderweitige aus dem Schadensfall abgeleitete Klageansprüche gegen den Halter oder Beförderer oder einen sonst Ersatzpflichtigen erhoben werden.

Für Klagen, die auf Grund des § 154 LuftfahrtG erhoben werden, ist auch das Gericht des Bestimmungsortes zuständig.

D. Gerichtsstand für Schadenersatz nach dem ReichshaftpflichtG

13 Für Klagen auf Grund des RHPflG ist gem Art V der Verordnung zur Einführung des Reichshaftpflichtgesetzes (dRGBl 1940 I 713) auch das Gericht zuständig, in dessen Bezirk **sich der Unfall ereignet hat.**

E. Gerichtsstand für Schadenersatzansprüche wegen forstschädlicher Luftverunreinigungen (§ 57 Abs 2 ForstG)

14 Für Schadenersatzklagen wegen forstschädlicher Luftverunreinigungen ist auch das Gericht zuständig, in dessen Sprengel die **Immissionsschäden aufgetreten** sind.

F. Gerichtsstand für Schadenersatz nach dem AmtshaftungsG (§ 9 AHG)

15 Zur Entscheidung über die Klage des Geschädigten gegen den Rechtsträger auf Ersatz ist in erster Instanz das mit der Ausübung der Gerichtsbarkeit in bürgerlichen Rechtssachen betraute LG, in dessen Sprengel die **Rechtsverletzung begangen wurde,** ausschließlich zuständig.

Vorbehaltlich des § 9 Abs 4 AHG ist auf Klagen des Rechtsträgers gegen das schuldtragende Organ auf Rückersatz das ASGG anzuwenden.

Wird der Ersatzanspruch aus einer Verfügung des Präsidenten eines GH erster Instanz oder eines OLG oder aus einem kollegialen Beschluß eines dieser

Gerichtshöfe abgeleitet, die nach den Bestimmungen des AHG unmittelbar oder im Instanzenzug zuständig wären, so ist ein anderes Gericht gleicher Gattung zur Verhandlung und Entscheidung der Rechtssache vom übergeordneten Gericht zu bestimmen.

Der Geschädigte kann den Ersatz des Schadens, den ihm ein Organ eines in § 1 AHG genannten Rechtsträgers in Vollziehung des Gesetzes zugefügt hat, gegen das Organ im ordentlichen Rechtsweg nicht geltend machen.

G. Gerichtsstand für Ersatzansprüche nach dem Strafrechtlichen EntschädigungsG (§ 8 StEG)

Zur Entscheidung über Rechtsstreitigkeiten, die einen Ersatzanspruch nach dem StEG betreffen, ist das mit der Ausübung der Gerichtsbarkeit in bürgerlichen Rechtssachen betraute LG ausschließlich zuständig, in dessen Sprengel die eine Ersatzpflicht bewirkende **Anhaltung oder Verurteilung erfolgt ist.** Ist die örtliche Zuständigkeit im Inland nicht begründet, so ist das LGZ Wien ausschließlich zuständig. **16**

Wird der Ersatzanspruch aus einer Entscheidung eines LG oder eines OLG abgeleitet, das nach den Bestimmungen des StEG unmittelbar oder im Instanzenzug zuständig wäre, so ist vom übergeordneten Gericht unter Bedachtnahme auf die Grundsätze der Zweckmäßigkeit, Raschheit, Einfachheit und Kostenersparnis ein anderes Gericht gleicher Gattung zur Verhandlung und Entscheidung der Rechtssache zu bestimmen.

H. Gerichtsstand für Regreßansprüche des geschädigten Rechtsträgers nach dem OrganhaftpflichtG (§ 8 OrgHG)

Vorbehaltlich des § 8 Abs 2 OrgHG ist auf Rechtsstreitigkeiten, die Ersatzansprüche iSd § 1 Abs 1 OrgHG betreffen, das **ASGG** anzuwenden. **17**

Wird der Ersatzanspruch aus einer Verfügung des Präsidenten eines GH erster Instanz oder eines OLG oder aus einem kollegialen Beschluß eines dieser Gerichtshöfe abgeleitet, die nach den Bestimmungen des OrgHG unmittelbar oder im Instanzenzug zuständig wären, so ist vom übergeordneten Gericht unter Bedachtnahme auf die Grundsätze der Zweckmäßigkeit, Raschheit, Einfachheit und Kostenersparnis ein anderes Gericht gleicher Gattung zur Verhandlung und Entscheidung der Rechtssache zu bestimmen.

I. Sonstige Gerichtsstände der Schadenszufügung

• Gerichtsstand für Schadenersatz nach dem AtomhaftpflichtG (§ 22 Abs 2 AtomHG 1999). Näheres s § 50 Rz 13. **18**

• Gerichtsstand für Schadenersatzansprüche nach dem PolizeibefugnisentschädigungsG (§ 9 Abs 3 Satz 1 PolBEG). Näheres s § 50 JN Rz 9.

• Gerichtsstand für Schadenersatzansprüche nach dem FinanzstrafG (§ 192 Abs 1 FinStrG). Näheres s § 50 JN Rz 11.

IV. Die internationale Zuständigkeit

A. Die internationale Zuständigkeit nach Art 5 Z 3 EuGVÜ/LGVÜ

Art 5 EuGVÜ/LGVÜ. Eine Person, die ihren Wohnsitz in dem Hoheitsgebiet eines Vertragsstaats hat, kann in einem anderen Vertragsstaat verklagt werden,

.....

3. wenn eine unerlaubte Handlung oder eine Handlung, die einer unerlaubten Handlung gleichgestellt ist, oder wenn Ansprüche aus einer solchen Handlung den Gegenstand des Verfahrens bilden, vor dem Gericht des Ortes, an dem das schädigende Ereignis eingetreten ist;

Lit: *Behr,* Internationale Tatortzuständigkeit für vorbeugende Unterlassungsklagen bei Wettbewerbsverstößen, GRURInt 1992, 604; *Dietze/Schnichels,* Die aktuelle Rechtsprechung des EuGH zum EuGVÜ, EuZW 1996, 455; *Duintjer Tebbens,* Die besonderen Zuständigkeiten bei Streitigkeiten aus unerlaubter Handlung und aus dem Betrieb einer Sekundärniederlassung, in EuGH, Internationale Zuständigkeit und Urteilsanerkennung in Europa (1993) 77; *Ehmann/Thorn,* Erfolgsort bei grenzüberschreitenden Persönlichkeitsverletzungen, AfP 1996, 20; *Firsching/v. Hoffmann,* Internationales Privatrecht einschließlich der Grundzüge des internationalen Verfahrensrechts[5] (1997); *Frauenberger-Pfeiler,* Transnationale Deliktsklagen, ecolex 1997, 74; *Geimer,* Die Gerichtspflichtigkeit des Beklagten nach Art 5 Nr 1 und Nr 3 EuGVÜ bei Anspruchskonkurrenz, IPRax 1986, 80; *ders,* Streitgenossenzuständigkeit und forum delicti commissi, NJW 1988, 3088; *Gottwald,* Europäische Gerichtspflichtigkeit kraft Sachzusammenhangs, IPRax 1989, 272; *Hackl,* Örtliche Zuständigkeit gem Art 5 (1) und (3) des Brüsseler EG-Übereinkommens v 27. 9. 1968 über die gerichtliche Zuständigkeit und die Vollstreckung gerichtlicher Entscheidungen in Zivil- und Handelssachen, ZfRV 1984, 1; *Heinrichs,* Die Bestimmung der gerichtlichen Zuständigkeit nach dem Begehungsort im nationalen und internationalen Zivilprozeßrecht (1984); *v. Hoffmann,* Das EWG-Übereinkommen über die gerichtliche Zuständigkeit und die Vollstreckung gerichtlicher Entscheidungen in Zivil- und Handelssachen, AWD 1973, 57; *Huber,* Fragen zur Rechtsanhängigkeit im Rahmen des EuGVÜ – Deutliche Worte des EuGH, JZ 1995, 603; *ders,* Verleumdungsklagen und Art 5 Nr 3 EuGVÜ vor englischen Gerichten, IPRax 1992, 263; *Immenga/Mestmäcker,* Kommentar zum Gesetz gegen Wettbewerbsbeschränkungen[2] (1992); *Jayme/Kohler,* Europäisches Kollisionsrecht 1995 – Der Dialog der Quellen, IPRax 1995, 343; *Kartzke,* Verträge mit gewerblichen Ferienhausanbietern, NJW 1994, 823; *Kiethe,* Internationale Tatortzuständigkeit bei unerlaubter Handlung – die Problematik des Vermögensschadens, NJW 1994, 222; *Kohler,* Unterlassungs- und Schadenersatzklagen wegen grenzüberschreitender Umweltbeeinträchtigungen im internationalen Privat- und Verfahrensrecht, in Grenzüberschreitender Umweltschutz in Europa (1994) 69; *Lohse,* Das Verhältnis von Vertrag und Delikt, Eine rechtsvergleichende Studie zur vertragsautonomen Auslegung von Art 5 Nr 1 und Art 5 Nr 3 GVÜ (1991); *W. Lorenz,* Internationale Zuständigkeit für die Rückforderungsklage einer italienischen Bank nach fehlerhafter Ausführung einer Giroüberweisung nach Deutschland, IPRax 1993, 44; *Mankowski,* Zur Anwendbarkeit des Art 5 Nr 3 EuGVÜ auf vorbeugende Unterlassungsklagen, EWS 1994, 305; *Mansel,* Kollisions- und zuständigkeitsrechtlicher Gleichlauf der vertraglichen und deliktischen Haftung, ZVglRWiss 86 (1987) 1; *ders,* Gerichtliche Prüfungsbefugnis im forum delicti, IPRax 1989, 84; *Maxl,* Produkthaftung, Internationales Zivilprozeßrecht und Internationales Privatrecht, JBl 1992, 156; *Mezger,* Anspruch aus Vertrag oder Anspruch aus unerlaubter Handlung im Sinne von Art 5 Nr 1 oder Nr 3 EuGVÜ, IPRax 1989, 207; *Müller-Feldhammer,* Der Deliktsgerichtsstand des Art 5 Nr 3 EuGVÜ im internationalen Wettbewerbsrecht, EWS 1998, 162; *Musger,* Grenzüberschreitende Umweltbelastungen im Internationalen Zivilprozeßrecht (1992); *W. Neuhaus,* Das EuGVÜ und das LugÜ, soweit hiervon Streitigkeiten des gewerblichen Rechtsschutzes betroffen werden, Mitteilungen der deutschen Patentanwälte 87 (1996) 257; *d'Oliveira,* La pollution du Rhin et le droit international privé, in *Hueting/van der Veen/Kiss/d'Oliveira,* Rhine Pollution (1978) 81, 104; *Reinmüller,* Gesamtschaden und internationale Deliktszuständigkeit nach dem EuGVÜ, IPRax 1985, 233; *Riedler,* Der Konnex zwischen österreichischem PHG, EG-Produkthaftungsrichtlinie, EWR-Abkommen, EFTA-Abkommen, EU-Vertrag, Luganer und Brüsseler Gerichtsstands- und Vollstreckungsabkommen, WBl 1996, 428; *Rohe,* Schadensfälle durch Zivilprozeß – fließende Grenzen zwischen IPR und IZPR, IPRax 1997, 14; *Schack,* Das Internationale Prozeßrecht in umweltrechtlichen Streitigkeiten, BerDGesVÖR 32 (1992) 315; *J. Schröder,* Internationale Zuständigkeit (1971); *M. Schwarz,* Der Gerichtsstand der unerlaubten Handlung nach deutschem und europäischem Zivilprozeßrecht (1991); *Stadler,* Die internationale Durchsetzung von Gegendarstellungsansprüchen, JZ 1994, 642; *Stauder,* Die Anwendung des EWG-Gerichtsstands- und Vollstreckungsübereinkommens auf Klagen im gewerblichen Rechtsschutz und Urheberrecht, GRURInt 1976, 465; *Thümmel/Schütze,* Zum Gegendarstellungsanspruch bei ausländischen Presseveröffentlichungen, JZ 1977, 786; *Wenckstern,* Der Ausgang des niederländischen Rheinversalzungsprozesses, RabelsZ 53 (1989) 699.

1. Zweck

Wer einen anderen rechtswidrig schädigt, ist **am Ort der Tat rechenschaftspflichtig** (*Geimer/Schütze,* Urteilsanerkennung I/1 § 84 I; *dies,* Zivilverfahrensrecht Art 5 EuGVÜ Rz 143f; *Gottwald,* MünchKommZPO III Art 5 EuGVÜ Rz 24; *J. Schröder,* Zuständigkeit 269). Dem Geschädigten ist es nicht zumutbar, dem Schädiger an dessen Wohnsitz zu folgen. Die Klägerinteressen haben daher gegenüber dem Interesse des Beklagten, nur an seinem Wohnort geklagt werden zu können (Art 2 Abs 1 EuGVÜ/LGVÜ), Vorrang (*Geimer/Schütze,* Zivilverfahrensrecht Art 5 EuGVÜ Rz 144). Daneben sprechen auch die **größere Beweisnähe** und auch die häufige **Rechtsnähe** für diesen Wahlgerichtsstand (*Gottwald,* MünchKommZPO III Art 5 EuGVÜ Rz 24; nach *Geimer/Schütze,* Zivilverfahrensrecht Art 5 EuGVÜ Rz 144 kommt dem Gesichtspunkt der Beweis- und Rechtsnähe dagegen nur eine untergeordnete Bedeutung zu). 19

2. Wesen der Bestimmung

Art 5 Z 3 EuGVÜ/LGVÜ enthält einen **Wahlgerichtsstand** (*Geimer/Schütze,* Zivilverfahrensrecht Art 5 EuGVÜ Rz 201), in dem nicht nur die **internationale,** sondern auch die **örtliche Zuständigkeit** geregelt wird (*Geimer/Schütze,* Zivilverfahrensrecht Art 5 EuGVÜ Rz 200; *Gottwald,* MünchKommZPO III Art 5 EuGVÜ Rz 24). Für Österreich heißt dies, daß – soweit Art 5 Z 3 EuGVÜ/LGVÜ zur Anwendung kommt – auf § 92a JN nicht zurückgegriffen werden darf. 20

3. Anwendungsvoraussetzungen

a) Allgemeines

- Der Beklagte muß seinen Wohnsitz (Sitz) in einem anderen Vertragsstaat als dem Gerichtsstaat haben. 21
- Gegenstand des Verfahrens muß eine unerlaubte Handlung oder eine Handlung, die einer unerlaubten Handlung gleichgestellt ist, oder ein Anspruch aus einer solchen sein.

b) Begriff der unerlaubten Handlung iwS

Die Begriffe **„unerlaubte Handlung"**, **„Handlung, die einer unerlaubten Handlung gleichgestellt ist"** sowie **„Ansprüche aus einer solchen Handlung"** sind **vertragsautonom,** dh ohne Rückgriff auf die lex fori oder die lex causae auszulegen (*Auer* in *Bülow/Böckstiegel,* Rechtsverkehr 606 Art 5 EuGVÜ Rz 96; *Geimer/Schütze,* Zivilverfahrensrecht Art 5 EuGVÜ Rz 146; *Gottwald,* MünchKommZPO III Art 5 EuGVÜ Rz 26; *Kiethe,* NJW 1994, 223; *Kropholler,* Zivilprozeßrecht[6] Art 5 EuGVÜ Rz 57; *Schack,* ZZP 100 [1987] 450 [Entscheidungsanmerkung]; *M. Schwarz,* Gerichtsstand 112ff, 128; EuGH 26. 3. 1992 Rs 261/90 *„Reichert/Dresdner Bank"* Slg 1992, I-2149 = EuZW 1992, 447 = IPRax 1993, 28 [*Schlosser* 17]; OLG Bremen RIW 1992, 231; EuGH 27. 9. 1988 Rs 189/87 *„Kalfelis/Schröder"* Slg 1988, 5565 = IPRax 1989, 288 [*Gottwald* 272] = NJW 1988, 3088 [*Geimer*] = RIW 1988, 901 [*Schlosser* 987]). Bis 1988 wurden die genannten Begriffe dagegen teilweise nach der lex causae (*Geimer/Schütze,* Urteils- 22 anerkennung I/1 § 84 IV; BGHZ 98, 263 = EWiR 1987, 93 [*Geimer*] = IPRax 1988, 159 = IPRspr 1986/144 = NJW 1987, 592), teilweise nach der lex fori bestimmt (OLG München RIW 1988, 647; Kammergericht VersR 1982, 499).

4. Sachlicher Anwendungsbereich

23 Klagen, die eine „unerlaubte Handlung" oder „Ansprüche aus einer solchen" zum Gegenstand haben, sind alle **Klagen, mit denen eine Schadenshaftung des Beklagten geltend gemacht wird und die nicht an einen Vertrag iS von Art 5 Z 1 EuGVÜ/LGVÜ anknüpfen** (ecolex 1998, 698 = JBl 1998, 517 = RdW 1998, 615; JBl 1998, 515 = ZfRV 1998/33; EuGH 27. 9. 1988 Rs 189/87 *„Kalfelis/Schröder"* Slg 1988, 5565 = IPRax 1989, 288 [*Gottwald* 272] = NJW 1988, 3088 [*Geimer*] = RIW 1988, 901 [*Schlosser* 987]). Art 5 Z 3 EuGVÜ/LGVÜ ist demnach nicht nur auf schuldhafte Verstöße (unerlaubte Handlungen ieS), sondern auch auf Quasidelikte, einschließlich der Gefährdungs- und der Halterhaftung anwendbar (*Geimer/Schütze,* Zivilverfahrensrecht Art 5 EuGVÜ Rz 147; *Gottwald,* Münch-KommZPO III Art 5 EuGVÜ Rz 27).

24 **Unter Art 5 Z 3 EuGVÜ/LGVÜ** fallen folgende Klagen:

• Klagen aus **Straßen-, Schiffs- oder Luftverkehrsunfällen** (*Geimer/Schütze,* Zivilverfahrensrecht Art 5 EuGVÜ Rz 149; *Gottwald,* MünchKommZPO III Art 5 EuGVÜ Rz 27; *Kropholler,* Zivilprozeßrecht[6] Art 5 EuGVÜ Rz 57);

• Klagen wegen **Umweltbeeinträchtigungen** (*Geimer/Schütze,* Zivilverfahrensrecht Art 5 EuGVÜ Rz 150; *Gottwald,* MünchKommZPO III Art 5 EuGVÜ Rz 27; *Kohler* in Umweltschutz 74; *Kropholler,* Zivilprozeßrecht[6] Art 5 EuGVÜ Rz 57; *Schack,* BerDGesVÖR 32 [1992] 330 ff; OLG Karlsruhe RIW 1977, 718); EuGH 30. 11. 1976 Rs 21/76 *„Bier/Mines de Potasse d'Alsace"* Slg 1976, 1735 = NJW 1977, 493 = RIW 1977, 356 [*Linke*]);

• Klagen **wegen unlauteren Wettbewerbs** (*Geimer/Schütze,* Zivilverfahrensrecht Art 5 EuGVÜ Rz 151; *Gottwald,* MünchKommZPO III Art 5 EuGVÜ Rz 27; *Kropholler,* Zivilprozeßrecht[6] Art 5 EuGVÜ Rz 57; OLG München NJW-RR 1994, 190; Cass [Italien] Riv dir int priv proc 1994, 344; BGH IPRax 1989, 98 [*Mansel* 84] = IPRspr 1988/153 = NJW 1988, 1466 = RIW 1988, 397);

• Schadenersatzklagen **wegen fehlerhafter Produkte** (*Geimer/Schütze,* Zivilverfahrensrecht Art 5 EuGVÜ Rz 152; *Gottwald,* MünchKommZPO III Art 5 EuGVÜ Rz 27; *Hausmann* in *Wieczorek/Schütze,* ZPO[3] I/1 Art 5 EuGVÜ Rz 51; *Kropholler,* Zivilprozeßrecht[6] Art 5 EuGVÜ Rz 57; Cass Rev crit 1995, 721 = Bericht *Huet,* Clunet 1995, 143; AG Neustadt IPRspr 1984/133);

• Schadenersatzklagen aufgrund von **Kartellverstößen** (*Geimer/Schütze,* Zivilverfahrensrecht Art 5 EuGVÜ Rz 153; *Gottwald,* MünchKommZPO III Art 5 EuGVÜ Rz 27; *Rehbinder* in *Immenga/Mestmäcker,* GWB[2] § 98 Abs 2 Rz 264; *Kropholler,* Zivilprozeßrecht[6] Art 5 EuGVÜ Rz 57; BGH RIW 1980, 216 [*Böhlke*]);

• Klagen wegen **Eingriffs in das allgemeine Persönlichkeitsrecht** (*Geimer/Schütze,* Zivilverfahrensrecht Art 5 EuGVÜ Rz 154; *Kropholler,* Zivilprozeßrecht[6] Art 5 EuGVÜ Rz 57; EuGH 7. 3. 1995 Rs C-68/93 *„Shevill/Presse Alliance"* Slg 1995, I-415 = NJW 1995, 1881 = ZZPInt 1 [1996] 145 [*Rauscher*]; AG Hamburg RIW 1990, 319; OLG München OLGZ 1987, 216 = IPRspr 1986/142 = RIW 1988, 647) einschließlich der Geltendmachung von Gegendarstellungsansprüchen bei grenzüberschreitenden Funk- und Printveröffentlichungen (*Geimer/Schütze,* Zivilverfahrensrecht Art 5 EuGVÜ Rz 171; *Stadler,* JZ 1994, 648; *Thümmel/Schütze,* JZ 1977, 788);

• Klagen wegen **Eingriffs in Immaterialgüterrechte** (*Geimer/Schütze,* Zivilverfahrensrecht Art 5 EuGVÜ Rz 154, *Gottwald,* MünchKommZPO III Art 5

EuGVÜ Rz 27; *Kropholler,* Zivilprozeßrecht[6] Art 5 EuGVÜ Rz 57; *Stauder,* GRURInt 1976, 473 ff). Auf Verletzungsklagen ist Art 16 Z 4 EuGVÜ/LGVÜ nämlich nicht anwendbar;

• Haftungsklagen wegen **Verletzung von Schutzgesetzen** (*Geimer/Schütze,* Zivilverfahrensrecht Art 5 EuGVÜ Rz 155; *Hausmann* in *Wieczorek/Schütze,* ZPO[3] I/1 Art 5 EuGVÜ Rz 51; *Kropholler,* Zivilprozeßrecht[6] Art 5 EuGVÜ Rz 57) zB lebensmittelrechtlicher Vorschriften (BGHZ 98, 263 = EWiR 1987, 93 [*Geimer*] = IPRax 1988, 159 = IPRspr 1986/144 = NJW 1987, 592);

• Klagen, mit denen ein **allgemeiner Vermögensschaden** geltend gemacht wird, wie zB nach § 1295 Abs 2 ABGB (vgl für die deutsche Rechtslage *Geimer/Schütze,* Zivilverfahrensrecht Art 5 EuGVÜ Rz 155; *Kiethe,* NJW 1994, 223; *Kropholler,* Zivilprozeßrecht[6] Art 5 EuGVÜ Rz 57);

• Klagen aus der **Haftung der Deliktsunfähigen,** für **Tiere** und den Zustand von Gebäuden sowie wegen possessorischer Ansprüche aus verbotener Eigenmacht (*Geimer/Schütze,* Zivilverfahrensrecht Art 5 EuGVÜ Rz 156). Denn auf ein Verschulden kommt es ja nicht an;

• Klagen, mit denen Ansprüche **aus dem Betrieb gefährlicher Anlagen,** wie Kraftfahrzeuge, Schiffe, Flugzeuge, Straßen- und Eisenbahnen und Atomkraftwerke geltend gemacht werden (zB nach dem EKHG oder AtomHG 1999) sowie alle sonstigen Fälle der **Gefährdungshaftung** (*Geimer/Schütze,* Zivilverfahrensrecht Art 5 EuGVÜ Rz 156; *Gottwald,* MünchKommZPO III Art 5 EuGVÜ Rz 28; *Kropholler,* Zivilprozeßrecht[6] Art 5 EuGVÜ Rz 57);

• Klagen auf **Ersatz** bzw Rückersatz **wegen Vollstreckung von später aufgehobenen gerichtlichen Entscheidungen** (*Geimer/Schütze,* Urteilsanerkennung I/1 § 84 III; *dies,* Zivilverfahrensrecht Art 5 EuGVÜ Rz 157; *Gottwald,* MünchKommZPO III Art 5 EuGVÜ Rz 28; vgl *Rohe,* IPRax 1997, 14);

• Klagen, mit denen **Beseitigungs- bzw Unterlassungsansprüche des Grundeigentümers** geltend gemacht werden, zB nach §§ 364 Abs 2, 523 ABGB (vgl für die deutsche Rechtslage *Geimer/Schütze,* Zivilverfahrensrecht Art 5 EuGVÜ Rz 158; *Gottwald,* MünchKommZPO III Art 5 EuGVÜ Rz 28; *v. Hoffmann* in *Staudinger,* BGB[12] Art 38 EGBGB Rz 602; *Kohler* in Umweltschutz 74; *Kropholler,* Zivilprozeßrecht[6] Art 5 EuGVÜ Rz 57);

• Klagen zur **Durchsetzung von Nebenansprüchen,** wie zB das Recht auf Auskunftserteilung (*Geimer/Schütze,* Zivilverfahrensrecht Art 5 EuGVÜ Rz 159; *Hausmann* in *Wieczorek/Schütze,* ZPO[3] I/1 Art 5 EuGVÜ Rz 51; *Kropholler,* Zivilprozeßrecht[6] Art 5 EuGVÜ Rz 57; *Mansel,* IPRax 1989, 84);

• **Regreßklagen bei Haftung mehrerer** aus einer unerlaubten Handlung (*Geimer/Schütze,* Zivilverfahrensrecht Art 5 EuGVÜ Rz 160; *Kropholler,* Zivilprozeßrecht[6] Art 5 EuGVÜ Rz 57; OLG Celle IPRspr 1990/169 = VersR 1991, 234);

• **Verbandsklagen.** Denn die Verwendung oder Empfehlung unwirksamer Allgemeiner Geschäftsbedingungen stellt – da durch sie der Rechtsfrieden gestört wird – eine unerlaubte Handlung dar (*Geimer/Schütze,* Zivilverfahrensrecht Art 5 EuGVÜ Rz 172; *Kartzke,* NJW 1994, 825).

Auch **vorbeugende Unterlassungsklagen** können beim Gerichtsstand des 25
Art 5 Z 3 EuGVÜ/LGVÜ, uzw vor dem Gericht des Ortes erhoben werden, an dem die Begehung der unerlaubten Handlung zu erwarten ist (*Auer* in *Bülow/Böckstiegel,* Rechtsverkehr 606 Art 5 EuGVÜ Rz 100; *Behr,* GRURInt 1992, 607; *Geimer/Schütze,* Urteilsanerkennung I/1 § 84 VII 7; *dies,* Zivilverfahrensrecht Art 5 EuGVÜ Rz 169; *Gottwald,* MünchKommZPO III Art 5 EuGVÜ Rz 31; *Hausmann* in *Wieczorek/Schütze,* ZPO[3] I/1 Art 5 EuGVÜ Rz 54; *Kropholler,* Zivilprozeßrecht[6] Art 5 EuGVÜ Rz 59; *Mankowski,* EWS 1994, 307;

Schack, IZVR[2] Rz 292; s auch Vorlagebeschluß des BGH EWS 1994, 215 = RIW 1994, 678 [diese Rechtssache war beim EuGH zwar anhängig, ist aber – vgl ABl Nr C 331, 4 vom 26. 11. 1994 – wieder gestrichen worden]; aA *Müller-Feldhammer,* EWS 1998, 162; Trib Lodi Riv dir int priv proc 1992, 332; Cass Riv dir int priv proc 1990, 685; Rb Middleburg N. J. 1989/744 [*Schultsz*]). Eine extensive Auslegung des Art 5 Z 3 EuGVÜ/LGVÜ ist hier geboten, weil es sonst zu einer Ungleichbehandlung zwischen dem einstweiligen und dem endgültigen Rechtsschutz käme. Denn nach Art 24 EuGVÜ/LGVÜ und dem nationalen Zuständigkeitsrecht kann einstweiliger Rechtsschutz auch am Ort der drohenden unerlaubten Handlung begehrt werden.

26 **Nicht unter Art 5 Z 3 EuGVÜ/LGVÜ** fallen dagegen:

- Klagen, die auf **Verletzung von vertraglichen Pflichten** gestützt werden.

Der EuGH stellt bei der Abgrenzung zwischen den Delikts- und Vertragsklagen darauf ab, ob die Pflichten, aus deren Verletzung der deliktische Schadenersatzanspruch abgeleitet wird, **in einem so engen Zusammenhang mit dem Vertrag stehen,** daß dieses vertragliche Element ganz im Vordergrund steht und auch den Charakter des deliktischen Rechtsverhältnisses ganz entscheidend prägt. In einem solchen Fall ist Art 5 Z 3 EuGVÜ/LGVÜ unanwendbar, wie zB für Schadenersatzansprüche wegen rechtsmißbräuchlicher Inanspruchnahme einer Bankgarantie oder wegen Veruntreuung bzw Unterschlagung von Wertpapieren, die der Beklagten (Bank) durch Verwahrungsvertrag anvertraut waren (EuGH 27. 9. 1988 Rs 189/87 *„Kalfelis/Schröder“* Slg 1988, 5565 = IPRax 1990, 288 [*Gottwald* 272] = NJW 1988, 3088 [*Geimer*] = RIW 1988, 901 [*Schlosser* 987]);

- **Ansprüche aus ungerechtfertigter Bereicherung** (*Geimer/Schütze,* Zivilverfahrensrecht Art 5 EuGVÜ Rz 165; *Gottwald,* MünchKommZPO III Art 5 EuGVÜ Rz 30; *Kropholler,* Zivilprozeßrecht[6] Art 5 EuGVÜ Rz 58; Trib Milano Riv dir int priv proc 1976, 805 = Riv dir int 1976, 333; unzutreffend Cass Riv dir int priv proc 1991, 772 [krit *Lorenz,* IPRax 1993, 44]);

- **Gläubigeranfechtungsklagen,** uzw deshalb, weil sie nicht auf Schadenersatz, sondern auf Unwirksamerklärung der Verfügungshandlung des Schuldners dem Gläubiger gegenüber, uzw auch im Verhältnis zu dem (uU schuldlosen) Begünstigten gerichtet ist (*Geimer/Schütze,* Zivilverfahrensrecht Art 5 EuGVÜ Rz 173; *Kropholler,* Zivilprozeßrecht[6] Art 5 EuGVÜ Rz 58; EuGH 26. 3. 1992 Rs C-261/90 *„Reichert/Dresdner Bank“* Slg 1992, I-2149 = EuZW 1992, 447 = IPRax 1993, 28 [*Schlosser* 17]).

Strittig ist, wie Ansprüche aus **culpa in contrahendo** einzuordnen sind. Näheres s beim Gerichtsstand des Erfüllungsortes § 88 JN Rz 81.

5. Anspruchskonkurrenz

27 Wird die Klage sowohl auf eine unerlaubte Handlung als auch auf einen Vertrag gestützt, dann lehnt der EuGH (27. 9. 1988 Rs 189/87 *„Kalfelis/Schröder“* Slg 1988, 5565 = IPRax 1990, 288 [*Gottwald* 272] = NJW 1988, 3088 [*Geimer*] = RIW 1988, 901 [*Schlosser* 987]) eine Zuständigkeit kraft Sachzusammenhangs ab (aA *Geimer,* IPRax 1986, 80; *Geimer/Schütze,* Zivilverfahrensrecht Art 5 EuGVÜ Rz 163; *Mansel,* ZVglRWiss 86 [1987] 22). Er begründet dies damit, daß die in Art 5 und Art 6 EuGVÜ/LGVÜ aufgezählten besonderen Zuständigkeiten als Ausnahmen vom Grundsatz der Wohnsitzzuständigkeit einschränkend auszulegen seien. Zwar bringe es Nachteile mit sich, wenn über die einzelnen Aspekte eines Rechtsstreits von verschiedenen Gerichten entschieden werde, doch sei zum einen darauf hinzuweisen, daß der Kläger stets die Möglichkeit habe, seine Klage unter sämtlichen Gesichtspunkten vor das Gericht des Wohnsitzes

des Beklagten zu bringen, und zum anderen darauf, daß Art 22 EuGVÜ/LGVÜ es dem zuerst angerufenen Gericht unter bestimmten Umständen ermögliche, über den gesamten Rechtsstreit zu befinden, wenn zwischen den vor verschiedenen Gerichten erhobenen Klagen ein Zusammenhang bestehe. Diese Argumente sind jedoch zu Recht auf Kritik gestoßen (*Geimer,* NJW 1988, 3090; *Gottwald,* IPRax 1989, 272), weil die Ablehnung der Zuständigkeit kraft Sachzusammenhangs weder mit der Prozeßökonomie noch mit der „bonne administration de la justice" vereinbar ist.

Hinsichtlich der **Vorfragen** besteht dagegen eine unbeschränkte Kompe- **28**
tenz. Am Deliktsgerichtsstand kann darüber entschieden werden, ob die an sich deliktische Handlung (zB eine sonst wettbewerbswidrige Verwendung von Kennzeichnungsrechten) durch einen Vertrag gerechtfertigt ist (*Geimer/Schütze,* Urteilsanerkennung I/1 § 82 XVII; *dies,* Zivilverfahrensrecht Art 5 EuGVÜ Rz 166; *Gottwald,* MünchKommZPO III Art 5 EuGVÜ Rz 30; *Hausmann* in *Wieczorek/Schütze,* ZPO[3] I/1 Art 5 EuGVÜ Rz 57; *Kropholler,* Zivilprozeßrecht[6] Art 5 EuGVÜ Rz 60; IPRax 1989, 89 [*Mansel*] = IPRspr 1988/153 = NJW 1988, 1466 = RIW 1988, 307).

6. Kein Gleichlauf zwischen Zuständigkeit und anzuwendendem Recht

Der nach Art 5 Z 3 EuGVÜ/LGVÜ zuständige Vertragsstaat hat auch dann **29**
Rechtsschutz zu gewähren, wenn sein Sachrecht nach seinem IPR nicht zur Anwendung kommt (*Gottwald,* MünchKommZPO III Art 5 EuGVÜ Rz 28). Eine Zurückweisung der Klage aus Forum-non-conveniens-Gesichtspunkten ist verboten (*Geimer/Schütze,* Urteilsanerkennung I/1 § 84 V; *dies,* Zivilverfahrensrecht Art 5 EuGVÜ Rz 175).

7. Persönlicher Anwendungsbereich

Es spielt **keine Rolle, gegen wen sich die Klage richtet,** ob gegen den Täter, **30**
Mittäter, Anstifter oder Gehilfen oder deren Rechtsnachfolger oder gegen jene Personen, die nach Vertrag oder Gesetz für andere haften, wie zB der Vermögensübernehmer (§ 1409 ABGB), der Arbeit- bzw Dienstgeber (§ 4 DHG), der Gastwirt (§ 1316 ABGB) oder Frachtführer (§ 431 HGB) (*Czernich/Tiefenthaler,* LGVÜ Art 5 Rz 53; *Geimer/Schütze,* Zivilverfahrensrecht Art 5 EuGVÜ Rz 176; *Gottwald,* MünchKommZPO III Art 5 EuGVÜ Rz 34; *Hausmann* in *Wieczorek/Schütze,* ZPO[3] I/1 Art 5 EuGVÜ Rz 63; *Kropholler,* Zivilprozeßrecht[6] Art 5 EuGVÜ Rz 71; *Schlosser,* EuGVÜ Art 5 Rz 15; *Schumann* in *Stein/Jonas* ZPO[21] I § 32 Rz 28). Auch für die Direktklage des Geschädigten gegen den Haftpflichtversicherer ist aufgrund der ausdrücklichen Regelung des Art 9 EuGVÜ/LGVÜ der Gerichtsstand am Ort der unerlaubten Handlung gegeben (*Geimer/Schütze,* Zivilverfahrensrecht Art 5 EuGVÜ Rz 177; *Gottwald,* MünchKommZPO III Art 5 EuGVÜ Rz 34; *Kropholler,* Zivilprozeßrecht[6] Art 5 EuGVÜ Rz 71).

Gleichgültig ist auch, **von wem die Klage erhoben worden ist,** ob vom Verletzten, dessen Rechtsnachfolger oder einem (öffentlich-rechtlichen) Leistungsträger, der Rückgriff nimmt, oder von Dritten, die aus einer unerlaubten Handlung Ansprüche zu haben glauben, wie zB der Sozialversicherungsträger oder der Versicherer nach § 332 ASVG, § 76 VersVG, §§ 158f VersVG, auf den die Ansprüche aus unerlaubter Handlung übergegangen sind (*Czernich/Tiefenthaler,* LGVÜ Art 5 Rz 53; *Geimer/Schütze,* Zivilverfahrensrecht Art 5 EuGVÜ Rz 178; *Gottwald,* MünchKommZPO III Art 5 EuGVÜ Rz 34; *Kropholler,* Zivilprozeßrecht[6] Art 5 EuGVÜ Rz 71; *Schlosser,* EuGVÜ Art 5 Rz 15).

8. *Anknüpfungspunkte*

a) Ort, an dem das schädigende Ereignis eingetreten ist

31 Nach Art 5 Z 3 EuGVÜ/LGVÜ ist die Klage vor dem Gericht des **Ort**es einzubringen, **an dem das schädigende Ereignis eingetreten ist.** Der EuGH hat den Begriff „Ort, an dem das schädigende Ereignis eingetreten ist" **vertragsautonom** (vgl *Gottwald,* MünchKommZPO III Art 5 EuGVÜ Rz 32; ecolex 1998, 698 = JBl 1998, 517 = RdW 1998, 615; JBl 1998, 184 = ZfRV 1998, 39), uzw in dem Sinn interpretiert, daß damit **sowohl** der **Ort, an dem der Schaden eingetreten ist, als auch der Ort des ursächlichen Geschehens** gemeint sei (*Czernich/ Tiefenthaler,* LGVÜ Art 5 Rz 50; *Geimer/Schütze,* Urteilsanerkennung I/1 § 84 XI 3; *dies,* Zivilverfahrensrecht Art 5 EuGVÜ Rz 179; *Gottwald,* MünchKomm-ZPO III Art 5 EuGVÜ Rz 32; *v. Hoffmann,* AWD 1973, 61; *Kropholler,* Zivilprozeßrecht[6] Art 5 EuGVÜ Rz 62 mwN; *Schlosser,* EuGVÜ Art 5 Rz 18; *Wenckstern,* RabelsZ 53 [1989] 699; EuGH 19. 9. 1995 Rs C-364/93 *„Marinari/ Lloyds Bank"* Slg 1995, I-2719 = EuZW 1995, 765 [*Holl*] = JZ 1995, 1107 [*Geimer*]; EuGH 11. 1. 1990 Rs 220/88 *„Dumez France/Hessische Landesbank"* Slg 1990, I-49 = NJW 1991, 631; Corte Suprema di Cassazione 3. 6. 1993 GZ 10.407/93 und 20. 11. 1992 GZ 12.388/92; Kammergericht VersR 1982, 499; OLG Karlsruhe IPRspr 1977/27 = MDR 1978, 61 = RIW 1977, 718; EuGH 30. 11. 1976 Rs 21/76 *„Bier/Mines de Potasse d'Alsace"* Slg 1976, 1735 = NJW 1977, 493 = RIW 1977, 356 [*Linke* 358]). Damit Art 5 Z 3 EuGVÜ/LGVÜ zur Anwendung kommt, braucht freilich nur einer der beiden Orte in einem Vertragsstaat liegen (*Schlosser,* EuGVÜ Art 5 Rz 18).

Der Kläger kann – vorausgesetzt, daß beide Orte in Vertragsstaaten liegen – nach seiner Wahl entweder am Handlungs- oder am Erfolgsort klagen **(Ubiquitätstheorie).** Das Wahlrecht besteht auch dann, wenn der Schädiger wie zB bei der negativen Feststellungsklage der Kläger ist (*Geimer/Schütze,* Zivilverfahrensrecht Art 5 EuGVÜ Rz 180; *Huber,* JZ 1995, 607; *Kropholler,* Zivilprozeßrecht[6] Art 5 EuGVÜ Rz 71; *Schack,* IZVR[2] Rz 295; *Schlosser,* EuGVÜ Art 5 Rz 15; aA *Firsching/v. Hoffmann,* Privatrecht Rz 228).

Wenn Handlungs- und Erfolgsort in mehreren Vertragsstaaten liegen, so ist jeder Vertragsstaat gem Art 5 Z 3 EuGVÜ/LGVÜ international zuständig. Liegen Handlungs- und Erfolgsort in mehreren Gerichtssprengeln desselben Vertragsstaates, dann vermehrt Art 5 Z 3 EuGVÜ/LGVÜ die örtlichen Zuständigkeiten. Jedes Gericht, in dessen Sprengel die Handlung begangen worden ist bzw der Schaden eingetreten ist, ist konkurrierend örtlich zuständig.

b) Handlungs-, Erfolgsort, Ort des weiteren Schadenseintritts

32 **Handlungsort** ist jeder Ort, an dem eine unter Art 5 Z 3 EuGVÜ/LGVÜ fallende **Handlung** (Delikt oder Quasidelikt) **ganz oder teilweise ausgeführt** wurde. Reine Vorbereitungshandlungen genügen nicht. Allerdings begründet bereits die bloße Durchfuhr von Waren zum Zweck des verbotenen Absatzes im Ausland in jedem Gerichtssprengel, durch den die Waren transportiert werden, eine Zuständigkeit nach Art 5 Z 3 EuGVÜ/LGVÜ (*Geimer/Schütze,* Zivilverfahrensrecht Art 5 EuGVÜ Rz 187).

33 Handelt der **Täter nicht allein** oder ist eine Person für eine andere deliktisch oder quasideliktisch verantwortlich, dann ist **auch** der **Ort, an dem** der **Mittäter,** Gehilfe, Verrichtungsgehilfe, für dessen Handeln der Beklagte deliktisch oder quasideliktisch verantwortlich gemacht wird, **gehandelt hat,** für die Zustän-

digkeit nach Art 5 Z 3 EuGVÜ/LGVÜ maßgebend (*Geimer/Schütze,* Urteilsanerkennung I/1 § 84 XIV; *dies,* Zivilverfahrensrecht Art 5 EuGVÜ Rz 187).

Bei in **Briefen, Fernschreiben,** durch **Telefon, Funk, Rundfunk** oder **Fernsehen** begangenen Delikten ist der Handlungsort dort, wo der Täter den Brief aufgab bzw die Nachricht funkte oder sendete (*Geimer/Schütze,* Zivilverfahrensrecht Art 5 EuGVÜ Rz 188). Bei Ehrverletzungen durch Presseveröffentlichungen liegt der Handlungsort dort, wo der Herausgeber der Presseveröffentlichung seine Niederlassung hat (*Czernich/Tiefenthaler,* LGVÜ Art 5 Rz 51; EuGH 7. 3. 1995 Rs C-68/93 *„Shevill/Presse Alliance"* Slg 1995, I-415 = NJW 1995, 1881 = ZZPInt 1 [1996] 145 [*Rauscher*]). **34**

Bei **Unterlassungen** ist Handlungsort der **Ort, an dem zu handeln gewesen wäre** (*Geimer/Schütze,* Zivilverfahrensrecht Art 5 EuGVÜ Rz 189; *Schumann* in *Stein/Jonas,* ZPO[21] § 32 Rz 31). **35**

Der **Erfolgsort** ist (nur) dort, wo das **geschützte Rechtsgut verletzt** worden ist (*Geimer/Schütze,* Zivilverfahrensrecht Art 5 EuGVÜ Rz 188; *Gottwald,* MünchKommZPO III Art 5 EuGVÜ Rz 33; *Schlosser,* EuGVÜ Art 5 Rz 19; BGH NJW 1987, 592). In der Regel ist dies der Ort, an dem die Vermögensminderung eingetreten ist (*Czernich/Tiefenthaler,* LGVÜ Art 5 Rz 50; ecolex 1998, 698 = JBl 1998, 517 = RdW 1998, 615; Corte Cass, Riv dir int priv 1993, 978). Bei durch **Brief, Fernschreiben, Telefon, Funk, Rundfunk oder Fernsehen** begangenen Delikten liegt der Erfolgsort dort, wo die **Äußerung den Empfänger erreichte bzw die Rundfunk- oder Fernsehsendung empfangen werden konnte** (*Czernich/Tiefenthaler,* LGVÜ Art 5 Rz 51; *Geimer/Schütze,* Zivilverfahrensrecht Art 5 EuGVÜ Rz 188; *Schumann* in *Stein/Jonas,* ZPO[21] § 32 Rz 29). **36**

Dagegen wird **keine Zuständigkeit** dadurch begründet, daß außer an dem Ort, an dem der unmittelbar Betroffene durch das haftungsauslösende Ereignis direkt geschädigt worden ist (Ort des Erstschadens), in der Folge **noch an einem weiteren Ort in einem anderen Vertragsstaat** ein **Vermögensschaden oder** eine **Verschlimmerung eingetreten** ist (*Auer* in *Bülow/Böckstiegel,* Rechtsverkehr 606 Art 5 EuGVÜ Rz 115; *Czernich/Tiefenthaler,* LGVÜ Art 5 Rz 52; *Geimer/Schütze,* Zivilverfahrensrecht Art 5 EuGVÜ Rz 191; *Gottwald,* MünchKommZPO III Art 5 EuGVÜ Rz 33; *Hausmann* in *Wieczorek/Schütze,* ZPO[3] I/1 Art 5 EuGVÜ Rz 61; *Jayme/Kohler,* IPRax 1995, 348; *Schlosser,* EuGVÜ Art 5 Rz 19; OLG Stuttgart NJW 1999, 959 = RIW 1998, 809; ecolex 1998, 698 = JBl 1998, 517 = RdW 1998, 615; EuGH 19. 9. 1995 Rs C-364/93 *„Marinari/LLoyd's Bank"* Slg 1995, I-2719 = EuZW 1995, 765 [*Holl*] = JZ 1995, 1107 [*Geimer*]). Der Ort, an dem sich ein bloßer Folgeschaden verwirklicht **(Ort des weiteren Schadenseintritts),** ist also **ohne Belang.** Eine spätere Verschlimmerung der körperlichen Beeinträchtigung nach Rückkehr aus dem Ausland begründet ebensowenig einen Schadensort wie die Folgebeschädigung einer Sache. Dies gilt auch für vermögensrechtliche Folgeschäden. Ist zB der Erstschaden in England durch eine rechtswidrige Beschlagnahme von Eigenwechseln entstanden, sind die in Italien eingetretenen Folgeschäden, die darin bestanden, daß mehrere mit dem Geschädigten geschlossene Verträge infolge der erlittenen Rufschädigung aufgelöst worden sind, nicht zuständigkeitsbegründend (EuGH 19. 9. 1995 Rs C-364/93 *„Marinari/LLoyd's Bank"* Slg 1995, I-2719 = EuZW 1995, 765 [*Holl*] = JZ 1995, 1107 [*Geimer*]). Erleidet ein Anleger von Geldbeträgen einen Vermögensschaden dadurch, daß sein in der Schweiz bei einer Vermögensverwaltungsgesellschaft mit Sitz in der Schweiz errichtetes Anlagekonto durch treuwidriges Verhalten des in dieser Gesellschaft Zeichnungs- und Zugriffsberechtigten entwertet oder geräumt wird, so besteht kein Deliktsgerichtsstand im Inland als dem Staat **37** seines Wohnsitzes. Der „Erfolgsort" liegt nämlich dort, wo sich das Anlagekonto befindet. Der Umstand, daß der Anleger sein Vermögen allgemein gemindert sieht, begründet keinen weiteren „Erfolgsort" an seinem Lebensmittelpunkt (OLG Stuttgart NJW 1999, 959 = RIW 1998, 809).

38 Bei **mittelbarer Schädigung Dritter** liegt, weil ihre Ansprüche akzessorisch zu denen des unmittelbar Geschädigten sind, der **zuständigkeitsbegründende Ort,** an dem der Schaden eingetreten ist, nicht am Wohnsitz oder Sitz des mittelbar Geschädigten, sondern dort, **wo das haftungsauslösende Ereignis den unmittelbar Betroffenen geschädigt hat** (*Czernich/Tiefenthaler,* LGVÜ Art 5 Rz 52; *Geimer/Schütze,* Zivilverfahrensrecht Art 5 EuGVÜ Rz 194; *Gottwald,* MünchKommZPO III Art 5 EuGVÜ Rz 33; *Kropholler,* Zivilprozeßrecht[6] Art 5 EuGVÜ Rz 69). Wenn eine deutsche Tochtergesellschaft eines französischen Unternehmens durch das Verhalten eines deutschen Unternehmens einen unmittelbaren Schaden erleidet, kann die französische Muttergesellschaft ihren mittelbaren Schaden nicht an ihrem eigenen Sitz in Frankreich mit der Begründung geltend machen, dort seien die ihr Vermögen schädigenden Folgen eingetreten (EuGH 11. 1. 1990 Rs 220/88 *„Dumez France/Hessische Landesbank"* Slg 1990, I-49 = NJW 1991, 631; s dazu *Duintjer Tebbens* in EuGH, Zuständigkeit 82; *Hausmann* in *Wieczorek/Schütze,* ZPO[3] I/1 Art 5 EuGVÜ Rz 60). Mittelbar Geschädigte können nur am Ort des Schadenseintritts für den unmittelbar Geschädigten klagen (*Gaudemet-Tallon,* Rev crit 1990, 376 [Entscheidungsanmerkung]; *Huet,* Clunet 1990, 502 f [Entscheidungsanmerkung]; *Kropholler,* Zivilprozeßrecht[6] Art 5 EuGVÜ Rz 69; *Schlosser,* EuGVÜ Art 5 Rz 19).

9. Umfang der Entscheidungsbefugnis

39 Die konkurrierende Zuständigkeit am Handlungs- und Erfolgsort eröffnet grundsätzlich eine **Klagemöglichkeit für den gesamten Schaden,** wo immer er auch entstanden ist, nicht nur für den im Hoheitsgebiet des Gerichtsstaates entstandenen Schaden (*Auer* in *Bülow/Böckstiegel,* Rechtsverkehr 606 Art 5 EuGVÜ Rz 116; *Geimer/Schütze,* Urteilsanerkennung I/1 § 84 XII; *dies,* Zivilverfahrensrecht Art 5 EuGVÜ Rz 183; *Gottwald,* MünchKommZPO III Art 5 EuGVÜ Rz 32; *Hausmann* in *Wieczorek/Schütze,* ZPO[3] I/1 Art 5 EuGVÜ Rz 62; *v. Hoffmann* in *Staudinger,* BGB[12] Art 38 EGBGB Rz 254). Es spielt daher, wenn der Handlungsort in einem Vertragsstaat gelegen ist, keine Rolle, ob der Schaden in einem anderen Vertragsstaat oder in einem Drittstaat eingetreten ist (*Geimer/Schütze,* Zivilverfahrensrecht Art 5 EuGVÜ Rz 184; *Gottwald,* MünchKommZPO III Art 5 EuGVÜ Rz 32).

Das **Gericht des Erfolgsortes** ist jedoch nach Ansicht des EuGH bei grenzüberschreitenden Ehrverletzungen in den Medien (in Druckerzeugnissen, Fernseh- und Rundfunksendungen) **nur für** den **Ersatz des Teils des Gesamtschadens** zuständig, der **in dem Staat des angerufenen Gerichtes verursacht** wurde. Zur Entscheidung über den Ersatz sämtlicher durch die Ehrverletzung entstandenen Schäden ist nur das Gericht am Handlungsort zuständig (*Dietze/Schnichels,* EuZW 1996, 457; EuGH 7. 3. 1995 Rs 68/93 *„Shevill/Presse Alliance"* Slg 1995, I-415 = NJW 1995, 1881 = ZZPInt 1 [1996] 145 [*Rauscher*]).

10. Prüfung des Zuständigkeitstatbestandes

40 Der Umfang der Zuständigkeitsprüfung wird durch die **lex fori** bestimmt (*Auer* in *Bülow/Böckstiegel,* Rechtsverkehr 606 Art 5 EuGVÜ Rz 117; *Gottwald,* MünchKommZPO III Art 5 EuGVÜ Rz 35; *Kropholler,* Zivilprozeßrecht[6] Art 5

EuGVÜ Rz 72). Nach österreichischem Recht ist das Gericht bei der Prüfung der internationalen Zuständigkeit **nicht an die Klagsangaben des Klägers gebunden,** sondern hat das Vorliegen der internationalen Zuständigkeit **von Amts wegen zu prüfen.** Das Gericht hat zu prüfen, ob die Handlung des Beklagten nach dem schlüssigen Vortrag des Klägers als unerlaubte Handlung oder Quasidelikt zu qualifizieren ist und ob der Deliktsort im Gerichtssprengel liegt (*Czernich/Tiefenthaler,* LGVÜ Art 5 Rz 47; vgl für die deutsche Rechtslage *Auer* in *Bülow/Böckstiegel,* Rechtsverkehr 606 Art 5 EuGVÜ Rz 117; *Gottwald,* MünchKomm-ZPO III Art 5 EuGVÜ Rz 35; *Kropholler,* Zivilprozeßrecht[6] Art 5 EuGVÜ Rz 72; vgl dazu BGHZ 124, 237 = IPRax 1995, 101 [*Gottwald* 75] = NJW 1994, 1413 = RIW 1994, 331 = ZZP 108 [1995] 359 [*H. Koch*]). Denn bei einem Zusammenfallen der zuständigkeitsbegründenden und der klagebegründenden Tatsachen genügt die schlüssige Behauptung der zuständigkeitsbegründenden Tatsachen. Das Gericht hat daher keine Erhebungen darüber anzustellen, ob der vom Kläger behauptete Geschehensablauf, der unter Umständen die Klage begründen könnte, auch tatsächlich stattgefunden hat (so aber *Geimer,* NJW 1974, 1046; *Geimer/Schütze,* Urteilsanerkennung § 84 XVIII; *dies,* Zivilverfahrensrecht Art 5 EuGVÜ Rz 198).

Die materielle Begründetheit der Klage, dh ob der vom Kläger behauptete **41**
Sachverhalt das Klagebegehren stützen kann, ist keinesfalls zu prüfen (*Czernich/Tiefenthaler,* LGVÜ Art 5 Rz 47; *Geimer/Schütze,* Zivilverfahrensrecht Art 5 EuGVÜ Rz 198; HG Zürich SZIER 1996, 74).

11. Gerichtsstandserschleichung

Aus dem Verbot des Rechtsmißbrauches ergibt sich, daß sich der Kläger **42**
nicht auf den Gerichtsstand nach Art 5 Z 3 EuGVÜ/LGVÜ berufen kann, wenn er den Gerichtsstand selbst provozierte, indem er als agent provocateur den Beklagten zur Begehung der unerlaubten Handlung veranlaßte (*Geimer/Schütze,* Zivilverfahrensrecht Art 5 EuGVÜ Rz 199). Die Gerichtsstandserschleichung muß vom Beklagten behauptet und bewiesen werden (*Geimer/Schütze,* Urteilsanerkennung I/1 § 84 XIX; *dies,* Zivilverfahrensrecht Art 5 EuGVÜ Rz 199). Stellt das Gericht aufgrund der Einrede des Beklagten eine Gerichtsstandserschleichung fest, hat (kein Ermessen!) das Gericht die Klage mit Beschluß als unzulässig zurückzuweisen (vgl *Geimer/Schütze,* Zivilverfahrensrecht Art 5 EuGVÜ Rz 199).

12. Nach Art 57 EuGVÜ/LGVÜ vorrangige völkerrechtliche Verträge über die internationale Entscheidungszuständigkeit

Eine Reihe von internationalen Zuständigkeitsordnungen gehen gem **43**
Art 57 EuGVÜ/LGVÜ der europäischen Zuständigkeitsordnung und somit Art 5 Z 3 EuGVÜ/LGVÜ vor. Als Beispiel soll hier nur das für Luftverkehrsunfälle geltende Warschauer Abkommen 12. 10. 1928 (BGBl 1961/286) samt Zusatzprotokoll (BGBl 1966/46) erwähnt werden. Art 28 des Warschauer Abkommens geht Art 5 Z 3 EuGVÜ/LGVÜ vor.

B. Die internationale Zuständigkeit nach autonomem Recht

Ist das EuGVÜ/LGVÜ nicht anwendbar, weil der Beklagte nicht in einem **44**
der Vertragsstaaten seinen Wohnsitz oder Sitz hat, ist die internationale Zuständigkeit nach § 27a JN dann gegeben, wenn ein österreichisches Gericht örtlich zuständig ist. Die internationale Zuständigkeit Österreichs ist jedenfalls

dann gegeben, wenn der **Ort, an dem das den Schaden verursachende Verhalten gesetzt worden ist, in Österreich** gelegen ist. Ob die internationale Zuständigkeit auch dann gegeben ist, wenn der unmittelbare Schaden in Österreich eingetreten ist, wird davon abhängen, ob sich die österreichischen Gerichte der vom EuGH vertretenen Ubiquitätstheorie (dazu s Rz 31) anschließen. Im Sinne einer Rechtsvereinheitlichung in Europa wäre dies jedenfalls wünschenswert.

Streitigkeiten aus dem Gesellschaftsverhältnis

§ 92b. Die im § 51 Abs. 1 Z 6 genannten Streitigkeiten, mit Ausnahme von Klagen gegen Dritte, können bei dem Gericht des Ortes angebracht werden, in dem die Gesellschaft ihren Sitz hat.

Samt Überschrift eingefügt durch Art II Z 42 ZVN 1983 BGBl 135

Übersicht:

I. Anwendungsbereich

1 § 92b JN gilt für **die in § 51 Abs 1 Z 6 JN genannten Streitigkeiten mit Ausnahme von Klagen gegen Dritte,** dh für Streitigkeiten aus dem Rechtsverhältnis zwischen den Mitgliedern einer Handelsgesellschaft oder zwischen dieser und ihren Mitgliedern, zwischen den Mitgliedern der Verwaltung und den Liquidatoren der Gesellschaft und der Gesellschaft oder deren Mitgliedern, zwischen dem stillen Gesellschafter und dem Inhaber des Handelsgewerbes, zwischen den Teilnehmern einer Vereinigung zu einzelnen Handelsgeschäften für gemeinschaftliche Rechnung. Näheres zu den in § 51 Abs 1 Z 6 JN genannten Streitigkeiten s § 51 JN Rz 92 ff.

2 § 92b JN sollte nach dem Willen des Gesetzgebers inhaltlich § 51 Abs 1 Z 6 JN entsprechen. Der Gesetzgeber wollte die Zuständigkeit vom Zusammenhang des im Prozeß geltend gemachten Anspruches mit der Funktion bei einer Gesellschaft abhängig machen. Dieser Zusammenhang wird nicht dadurch beseitigt, daß die Gesellschaft aufgelöst wird. Ebenso wie die sachliche Zuständigkeit nach § 51 Abs 1 Z 6 JN gilt daher auch die örtliche Wahlzuständigkeit nach § 92b JN **auch nach der Auflösung der Gesellschaft** weiter (RdW 1989, 366).

3 **Klagen** der Gesellschaft oder der in § 51 Abs 1 Z 6 JN genannten Personen **gegen Dritte** sind hingegen **beim allgemeinen Gerichtsstand des Beklagten** einzubringen.

II. Anknüpfungspunkt

4 Für die in § 51 Abs 1 Z 6 JN genannten Streitigkeiten aus dem Gesellschaftsverhältnis – mit Ausnahme der Klagen gegen Dritte – ist jenes Gericht zuständig, in dessen Sprengel die Gesellschaft ihren **Sitz** hat. Der Sitz einer Gesellschaft bestimmt sich nach § 75 JN. Näheres s § 75 JN Rz 12 ff.

III. Zweck

5 Zweck des § 92 b JN ist es, gesellschaftsrechtliche Streitigkeiten wegen des persönlichen und sachlichen Zusammenhanges bei einem Gericht zu **konzentrieren** (vgl JAB zur ZVN 1983 [1337 BlgNR 15. GP] 4).

IV. Die internationale Zuständigkeit

6 Nach dem **EuGVÜ/LGVÜ** ist die internationale Zuständigkeit dann gegeben, wenn der **Beklagte** seinen **Wohnsitz (Sitz) in Österreich** hat (Art 2 EuGVÜ/LGVÜ). Art 16 Z 2 EuGVÜ/LGVÜ kommt nicht zur Anwendung, weil die in § 51 Abs 1 Z 6 JN genannten Klagen keine Klagen sind, welche die Gültigkeit, die Nichtigkeit oder die Auflösung einer Gesellschaft oder juristischen Person oder der Beschlüsse ihrer Organe zum Gegenstand haben. Kommt das EuGVÜ/LGVÜ nicht zur Anwendung, ist gem **§ 92 b JN iVm § 27 a JN** die internationale Zuständigkeit dann gegeben, wenn die **Gesellschaft** ihren **Sitz in Österreich** hat (vgl auch für die Rechtslage vor der WGN 1997 ecolex 1994, 473 = WBl 1994, 313 = ZfRV 1994, 166). Wenn die Gesellschaft ihren Sitz im Ausland hat, dann kann gem § 104 Abs 4 JN die internationale Zuständigkeit weder durch eine Vereinbarung iSd § 104 Abs 1 JN noch durch Verabsäumen der Einrede der internationalen Unzuständigkeit (§ 104 Abs 3 JN) begründet werden.

Gerichtsstand der Streitgenossenschaft

§ 93. (1) Mehrere Personen, welche ihren allgemeinen Gerichtsstand vor verschiedenen Gerichten haben, können als Streitgenossen, sofern nicht für den Rechtsstreit ein gemeinschaftlicher besonderer Gerichtsstand begründet ist, vor jedem inländischen Gerichte geklagt werden, bei welchem einer der Streitgenossen oder, wenn sich unter ihnen Haupt- und Nebenverpflichtete befinden, einer der Hauptverpflichteten seinen allgemeinen Gerichtsstand hat, es sei denn, daß das Gericht auch durch Vereinbarung der Parteien nicht zuständig gemacht werden kann.

(2) Aus einem Wechsel verpflichtete Personen können als Streitgenossen beim Gerichte des Zahlungsortes geklagt werden.

Abs 1 idF Art IV Z 18 der 1. GEN RGBl 1914/118

Lit: *Jelinek,* Gerichtzuständigkeit in Verbrauchersachen (§ 14 KSchG), in *Krejci,* Handbuch zum Konsumentenschutzgesetz (1981) 859; *Pfersmann,* Bemerkenswertes aus der SZ 60, ÖJZ 1991, 122; *M. Roth,* Neuerungen der Zivilverfahrensnovelle 1983 im Bereich der Klagenhäufung, BeitrZPR II (1986) 209; *Schumacher,* Der Gerichtsstand des Wechselzahlungsortes, RdW 1988, 416.

Übersicht:

I. Gerichtsstand der Streitgenossenschaft ieS (§ 93 Abs 1 JN)

A. Anwendungsvoraussetzungen

1. Passive Streitgenossenschaft

1 Der Gerichtsstand der Streitgenossenschaft setzt eine **Personenmehrheit auf der Beklagtenseite** voraus. Auf Aktivgerichtsstände (zB § 87a JN) ist § 93 JN nicht anwendbar; es wird dadurch nicht mehreren Klägern die Wahl eingeräumt, am Aktivgerichtsstand eines von ihnen zu klagen.

Obwohl § 93 JN allgemein von Streitgenossen spricht, sind nur jene Streitgenossen gemeint, die auf Grund ihrer gemeinsamen (Mitberechtigung oder) Mitverpflichtung aus demselben tatsächlichen Grund oder wegen einer Rechtsgemeinschaft in Ansehung des Streitgegenstandes oder wegen einer solidarischen (Berechtigung oder) Verpflichtung gemeinsam geklagt werden können (**materielle Streitgenossen** nach § 11 Z 1 ZPO) (*Fasching,* Lehrbuch[2] Rz 304; *Mayr* in *Rechberger,* ZPO § 93 JN Rz 1; *Rechberger/Simotta,* Zivilprozeßrecht[5] Rz 132; SZ 60/277 = JBl 1989, 48; LGZ Wien MietSlg 17.751 [1965]; ZVR 1963/277; SZ 26/157 = EvBl 1953/344; LGZ Wien DREvBl 1938/402; SZ 18/175 [1936]). Bei der formellen Streitgenossenschaft nach § 11 Z 2 ZPO wird dagegen vorausgesetzt, daß das angerufene Gericht für alle Streitgenossen sowohl sachlich als auch örtlich zuständig ist (SZ 18/175 [1936]). Da die **einheitliche Streitpartei** ein Sonderfall der materiellen Streitgenossenschaft ist (*Rechberger/Simotta,* Zivilprozeßrecht[5] Rz 202), kommt der Gerichtsstand der Streitgenossenschaft auch bei einer passiven einheitlichen Streitpartei zur Anwendung.

2 Liegt objektiv betrachtet eine materielle Streitgenossenschaft vor, dann ist es unerheblich, ob die Beklagten ihre Verpflichtung aus dem gleichen Grund bestreiten oder sich aus unterschiedlichen Gründen als nicht verpflichtet erachten (AmtlSlg 757 = GlUNF 2525 [1903]). Maßgebend für die Zuständigkeit ist der **Zeitpunkt der Klagseinbringung;** für den Bestand einer materiellen Streitgenossenschaft sind nicht die subjektiven Rechtsmeinungen der Beklagten, sondern die **objektiven Voraussetzungen des § 11 Z 1 ZPO ausschlaggebend.**

Beispielsweise kann der Hypothekargläubiger den Personalschuldner und den Hypothekarschuldner nur dann als Streitgenossen belangen, wenn diese im Einzelfall die Voraussetzungen des § 11 Z 1 ZPO erfüllen, wenn sie also aus dem gleichen tatsächlichen Grund oder solidarisch verpflichtet sind oder in Ansehung des Streitgegenstandes (also der Forderung oder der Liegenschaft) in Rechtsgemeinschaft stehen.

Neben den materiellen Streitgenossen des § 11 Z 1 ZPO können beim Gerichtsstand der Streitgenossenschaft auch jene Streitgenossen geklagt werden, die kraft Gesetzes als Streitgenossen angesehen werden **(gesetzliche Streitgenossenschaft)**. Hier ist besonders auf mehrere Verpflichtete in Rechtsstreitigkeiten aus gewerblichem Rechtsschutz, wegen unlauteren Wettbewerbes und Urheberrechts und bei einer Verbandsklage hinzuweisen; diese können gem § 83c Abs 2 JN auch dann vor dem für einen von ihnen gem § 83c Abs 1 JN zuständigen Gericht geklagt werden, wenn nur eine formelle Streitgenossenschaft vorliegt (vgl für die alte Rechtslage SZ 19/313 [1937]). 3

Maßgebend ist, daß die materielle bzw gesetzliche Streitgenossenschaft **im Zeitpunkt der Klagseinbringung** (Gerichtsanhängigkeit) gegeben ist. Die Klage muß also mehrere Beklagte nennen, wobei es aber unerheblich ist, ob der als Erstbeklagter genannte Streitgenosse seinen allgemeinen Gerichtsstand beim angerufenen Gericht hat oder ob es einer der weiteren angeführten Beklagten ist. Ob eine materielle bzw gesetzliche Streitgenossenschaft vorliegt, ist gem § 41 Abs 2 JN anhand der Klagsangaben zu prüfen. Ist keine materielle oder gesetzliche Streitgenossenschaft gegeben, ist die Klage gegen die anderen Streitgenossen wegen Unzuständigkeit zurückzuweisen (RZ 1977/84). 4

Eine nach Gerichtsanhängigkeit erfolgte Aufhebung der Streitgenossenschaft ist für die einmal begründete Zuständigkeit unbeachtlich (§ 29 JN). Daher bleibt für die übrigen Beklagten die Zuständigkeit des angerufenen Gerichtes auch dann bestehen, wenn die Klage gegen den Streitgenossen, der allein seinen allgemeinen Gerichtsstand bei diesem Gericht hat, zurückgezogen wird (AmtlSlg 1404 = GlUNF 5317 [1911]). Wird hingegen die Klage gegen den Streitgenossen, der allein seinen allgemeinen Gerichtsstand beim angerufenen Gericht hat, etwa wegen Unzulässigkeit des Rechtsweges oder wegen Immunität zurückgewiesen, dann fehlt es an einer Ableitung der Zuständigkeit von einem zulässigerweise dort Beklagten und es ist daher auch die Klage gegen die übrigen Streitgenossen wegen Unzuständigkeit zurückzuweisen (JBl 1956, 260). Maßgebend ist also für die Begründung des Gerichtsstandes der Streitgenossenschaft, daß **wenigstens einer der Beklagten zulässigerweise beim Gericht des allgemeinen Gerichtsstandes belangt werden konnte.**

2. *Verschiedene allgemeine Gerichtsstände*

Der Gerichtsstand der Streitgenossenschaft kommt nur dann zur Anwendung, wenn die **Streitgenossen vor verschiedenen Gerichten ihren allgemeinen Gerichtsstand** haben. Daß einer der Streitgenossen seinen allgemeinen Gerichtsstand bei einem ausländischen Gericht hat, schließt den Gerichtsstand der Streitgenossenschaft nicht aus (SZ 56/162 = EvBl 1984/55; OLG Wien EvBl 1954/172; GlUNF 3330 [1906]). Hat freilich einer der Beklagten seinen Wohnsitz/Sitz in einem Vertragsstaat des EuGVÜ/LGVÜ, kommt Art 6 Z 1 EuGVÜ/LGVÜ, und nicht § 93 JN zur Anwendung. 5

3. *Kein gemeinsamer besonderer Gerichtsstand*

Der Gerichtsstand der Streitgenossenschaft ist nur dann gegeben, wenn **nicht für alle Streitgenossen** für den gegenständlichen Rechtsstreit **ein gemeinsamer besonderer Gerichtsstand gegeben** ist (LGZ Wien WR 223 [1986]; EvBl 1973/91; ZVR 1965/171). Gegenüber diesen Gerichtsständen, sofern sie alle Streitgenossen erfassen, kommt dem Gerichtsstand der Streitgenossenschaft nur subsidiäre Bedeutung zu, wobei es **gleichgültig** ist, **ob** dieser gemeinschaftliche 6

Gerichtsstand ein **ausschließlicher Gerichtsstand** (zB §§ 81, 83 JN) **oder** ein **Wahlgerichtsstand** (zB §§ 87, 88, 92a JN, § 20 EKHG; so auch EvBl 1973/91; ZVR 1965/171) ist. Nur dann, wenn dieser besondere Gerichtsstand nicht allen Beklagten gemeinsam ist (etwa der Fakturengerichtsstand für einen Beklagten), kann der Gerichtsstand der Streitgenossenschaft angerufen werden. Hingegen ist der Gerichtsstand der gelegenen Sache (§ 91 JN) für die Klage gegen die Streitgenossenschaft schon deshalb nicht begründet, da dort der Personenkreis ausdrücklich auf denselben Beklagten eingeschränkt ist.

4. Keine unprorogable Unzuständigkeit

7 Weitere Voraussetzung ist, daß **das angerufene Gericht** für einen oder alle übrigen Beteiligten auch **durch Vereinbarung zuständig gemacht werden könnte.** Es soll nicht im Weg des § 93 JN ein Anspruch, für den eine unprorogable Unzuständigkeit des Gerichtes besteht, bei diesem Gericht anhängig gemacht werden können.

Daraus ergibt sich im Zusammenhalt mit dem Erlaß JMVBl 1914/43, 341, daß die **sachliche Unzuständigkeit wegen Vorliegens der Handelsgerichtsbarkeit** für einen oder mehrere der Beklagten der gemeinsamen Einklagung **nicht im Weg** steht. Daher können Streitgenossen, die selbständig der Handelsgerichtsbarkeit unterliegen, gem § 93 Abs 1 JN auch vor dem allgemeinen Zivilgericht mitgeklagt werden (SZ 7/34 [1925]). Umgekehrt können Nichtkaufleute mit Kaufleuten vor dem Kausalgericht geklagt werden (HG Wien WR 255 [1986]). Die anderen Grenzen der sachlichen Zuständigkeit schränken die gemeinsame Einklagung nach § 93 Abs 1 JN insoweit ein, als wohl bei einem **BG** auch Streitgenossen mitgeklagt werden können, die **wegen der Höhe des** gegen sie geltend gemachten **Anspruches** selbständig vor dem **GH** geklagt werden müßten, **nicht** aber umgekehrt bei einem **GH** Streitgenossen mitgeklagt werden können, die wegen des Wertes des Streitgegenstandes oder wegen der Eigenzuständigkeit nach § 49 Abs 2 Z 1 bis 8 JN **vor dem BG geklagt werden müssen** (OLG Graz RZ 1938, 21; ggt SZ 7/149 [1925]); ebenso dürfen auch die in die **Eigenzuständigkeit des GH fallenden Ansprüche nicht** im Wege des Gerichtsstandes des § 93 Abs 1 JN **vor das BG** gebracht werden.

Ansprüche, die **vor** ein **ASG gehören,** können gem § 9 ASGG **nicht** durch gemeinsame Einklagung nach § 93 Abs 1 JN **vor die allgemeinen Zivilgerichte oder** die **HG** gebracht werden. Umgekehrt können aber Ansprüche, die vor die allgemeinen Gerichte oder die HG gehören, gem § 8 Abs 2 ASGG im Wege der gemeinsamen Einklagung vor die ASG gebracht werden. Doch handelt es sich hier nicht um einen allgemeinen Gerichtsstand eines Streitgenossen, sondern den ausschließlichen Gerichtsstand nach § 8 ASGG, weshalb diese gemeinsame Einklagung nicht aus § 93 Abs 1 JN, sondern ausschließlich aus § 8 ASGG abgeleitet werden kann.

8 Der Gerichtsstand der Streitgenossenschaft ist für Ansprüche nach **§§ 83a, 83b JN** ausgeschlossen. Gegen einen Verbraucher kann der Gerichtsstand der Streitgenossenschaft ohne die Beschränkung des § 14 Abs 1 KSchG begründet werden (*Jelinek* in *Krejci,* Handbuch 885f; *M. Roth,* BeitrZPR II 233ff; aA *Mayr* in *Rechberger,* ZPO § 93 JN Rz 3; KG Steyr RPflSlgE 1993/124; NRsp 1990/158; OLG Wien WR 256 [1986]; HG Wien WR 53 [1984]).

9 Da die Zuständigkeit im Exekutions- und Sicherungsverfahren der Parteienvereinbarung grundsätzlich entzogen ist, findet § 93 Abs 1 JN weder auf die Exekutionsbewilligung gegen mehrere aus einem vollstreckbaren Notariatsakt Verpflichtete (GlUNF 1551 [1901]) noch auf Anträge auf Erlassung einer einst-

weiligen Verfügung gegen mehrere Gegner der gefährdeten Partei Anwendung (SZ 59/128 = IPRax 1988, 33 [*Moschner* 40] = JBl 1987, 115 = ÖBA 1986, 486 [*Koziol*] = RdW 1986, 341; ZBl 1936/437).

B. Anknüpfungspunkt

Der Gerichtsstand der Streitgenossenschaft wird nur am **allgemeinen Gerichtsstand eines der Streitgenossen bzw des Hauptverpflichteten** begründet. Daher können die anderen Streitgenossen **nicht** auch am **Wahlgerichtsstand** eines der Streitgenossen mitgeklagt werden (SZ 7/149 [1925]), wobei aber, wie bereits zu § 77 JN ausgeführt, der Gerichtsstand des § 77 JN (der letzte allgemeine Gerichtsstand des Erblassers) für Klagen der Verlassenschaftsgläubiger gegen den Nachlaß oder den Erben in seiner Erbeneigenschaft als allgemeiner Gerichtsstand des Nachlasses angesehen werden muß; deshalb können echte Streitgenossen auch beim Gericht des § 77 Abs 1 JN geklagt werden (ZBl 1937/81). Ein **vereinbarter Gerichtsstand** eines der Beklagten kann **nicht** zur Begründung des Gerichtsstandes des § 93 Abs 1 JN herangezogen werden, da es sich auch hier nicht um einen „allgemeinen Gerichtsstand" handelt (OLG Wien EvBl 1935/734). 10

Während die echten materiellen Streitgenossen im allgemeinen in gleicher Weise verpflichtet erscheinen und schon deshalb beim allgemeinen Gerichtsstand eines jeden von ihnen geklagt werden können, ist **bei** einer aus Haupt- und Nebenverpflichteten bestehenden **gesetzlichen Streitgenossenschaft** nur die Anrufung des **allgemeinen Gerichtsstandes des Hauptverpflichteten** zur Begründung des Gerichtsstandes der Streitgenossenschaft zulässig. Haupt- und Nebenverpflichtungen sind die nach § 12 ZPO zulässigerweise gemeinsamen klagbaren Verpflichtungen des Hauptschuldners und des Bürgen und Zahlers (JBl 1953, 350), des Hauptschuldners und des Mitschuldners und – soweit nach § 11 Z 1 ZPO zulässig – des Hypothekarschuldners und Personalschuldners. In allen diesen Fällen kann zur Geltendmachung des Gerichtsstandes der Streitgenossenschaft nur der allgemeine Gerichtsstand des Hauptverpflichteten, also des Haupt- oder Urschuldners, und zwar sowohl bei einer Solidarbürgschaft (GlUNF 3823 [1907]) als auch bei einem Beitritt eines Mitschuldners (SZ 16/173 [1934]; ggt GlUNF 4036 [1907]) sowie bei gleichzeitiger Inanspruchnahme von Sach- und Personalhaftung der Gerichtsstand des Personalschuldners (GlUNF 5318 [1911]) angerufen werden. Daß der Nebenverpflichtete seinen allgemeinen Gerichtsstand im Ausland hat, hindert nicht die Anrufung des inländischen allgemeinen Gerichtsstandes des Hauptverpflichteten für alle Streitgenossen (GlUNF 3330 [1906]). Allerdings geht, wenn einer der Beklagten seinen Wohnsitz/Sitz in einem Vertragsstaat des EuGVÜ/LGVÜ hat, Art 6 Z 1 EuGVÜ/LGVÜ dem § 93 JN vor. 11

C. Die internationale Zuständigkeit

1. Die internationale Zuständigkeit nach Art 6 Z 1 EuGVÜ/LGVÜ

Art 6 EuGVÜ/LGVÜ. Eine Person, die ihren Wohnsitz in dem Hoheitsgebiet eines Vertragsstaats hat, kann auch verklagt werden,

1. wenn mehrere Personen zusammen verklagt werden, vor dem Gericht, in dessen Bezirk einer der Beklagten seinen Wohnsitz hat;

....

Lit: *Albicker,* Der Gerichtsstand der Streitgenosssenschaft (1996); *Banniza von Bazan,* Der Gerichtsstand des Sachzusammenhangs (1995); *Geimer,* Fora connexitatis – Der Sachzusammenhang als Grundlage der internationalen Zuständigkeit – Bemerkungen zu Art 6 des EWG-Übereinkommens vom 27. September 1968, WM 1979, 350; *Gottwald,* Europäische Gerichtspflichtigkeit kraft Sachzusammenhangs, IPRax 1989, 272; *Herth,* La pluralité des défendeurs dans le système procédural européen (1991); *König,* Zur Prüfungspflicht beim Gerichtsstand der Streitgenossenschaft (Art 6 Z 1 LGVÜ/EuGVÜ), RZ 1997, 240; *Rohner,* Die örtliche und internationale Zuständigkeit kraft Sachzusammenhangs (1991); *Spellenberg,* Örtliche Zuständigkeit kraft Sachzusammenhangs, ZVglRWiss 79 (1980) 89.

a) Allgemeines

12 Art 6 Z 1 EuGVÜ/LGVÜ regelt die **internationale und die örtliche Zuständigkeit** (*Geimer/Schütze,* Zivilverfahrensrecht Art 6 EuGVÜ Rz 13; *Kropholler,* Zivilprozeßrecht[6] Art 6 EuGVÜ Rz 5).

b) Zweck

13 Art 6 EuGVÜ/LGVÜ, durch den der Grundsatz, daß die Klage im Wohnsitzstaat des Beklagten zu erheben ist, durchbrochen wird, ermöglicht es, daß Klagen, zwischen denen ein Zusammenhang besteht, von demselben Gericht entschieden werden. Dadurch sollen **divergierende Entscheidungen vermieden** werden.

c) Anwendungsbereich

14 Art 6 Z 1 EuGVÜ/LGVÜ gilt **für alle Klagsarten** (*Auer* in *Bülow/Böckstiegel,* Rechtsverkehr 606 Art 6 EuGVÜ Rz 4; *Geimer/Schütze,* Zivilverfahrensrecht Art 6 EuGVÜ Rz 11; *Gottwald,* MünchKommZPO III Art 6 EuGVÜ Rz 2; *Hausmann* in *Wieczorek/Schütze,* ZPO[3] I/1 Art 6 EuGVÜ Rz 5; *Kropholler,* Zivilprozeßrecht[6] Art 6 EuGVÜ Rz 5), **nicht** jedoch für **Versicherungs- und Verbrauchersachen** (*Geimer/Schütze,* Zivilverfahrensrecht Art 6 EuGVÜ Rz 9; *Kropholler,* Zivilprozeßrecht[6] Art 6 EuGVÜ Rz 3).

15 Die Bestimmung des Art 6 Z 1 EuGVÜ/LGVÜ ist – entgegen ihrem Einleitungssatz – **auch auf Streitgenossen ohne Wohnsitz oder Sitz innerhalb des geographischen Anwendungsbereiches des Abkommens** anzuwenden, vorausgesetzt, daß einer der Streitgenossen seinen Wohnsitz oder Sitz in einem Vertragsstaat hat (*Geimer,* WM 1979, 357; *Geimer/Schütze,* Urteilsanerkennung I/1 § 29 VIII; *dies,* Zivilverfahrensrecht Art 6 EuGVÜ Rz 7; *Gottwald,* MünchKommZPO III Art 6 EuGVÜ Rz 3; *Kropholler,* Zivilprozeßrecht[6] Art 6 EuGVÜ Rz 5; aA *Czernich/Tiefenthaler,* LGVÜ Art 6 Rz 3; vgl *Hausmann* in *Wieczorek/Schütze,* ZPO[3] I/1 Art 6 EuGVÜ Rz 4). Denn es ist kaum einzusehen, warum ein Beklagter mit Wohnsitz in einem Vertragsstaat stärker gerichtspflichtig werden soll, als eine Person mit Wohnsitz in einem Nicht-Vertragsstaat, noch dazu, wo die Art 2 ff EuGVÜ/LGVÜ Personen mit Wohnsitz in einem Vertragsstaat privilegieren, nicht aber benachteiligen wollten (*Geimer/Schütze,* Zivilverfahrensrecht Art 6 EuGVÜ Rz 6; *Gottwald,* MünchKommZPO III Art 6 EuGVÜ Rz 3).

d) Anwendungsvoraussetzungen

aa) Klagserhebung gegen mehrere Personen

16 Art 6 Z 1 EuGVÜ/LGVÜ gilt nicht nur für den Fall, daß von Anfang an die Klage gegen mehrere Beklagte erhoben worden ist, sondern **auch** dann, wenn erst **nachträglich** (zB durch einen Parteibeitritt) auf Beklagtenseite eine **Streitge-**

nossenschaft entsteht (*Geimer,* WM 1979, 358; *Geimer/Schütze,* Zivilverfahrensrecht Art 6 EuGVÜ Rz 24; *Kropholler,* Zivilprozeßrecht[6] Art 6 EuGVÜ Rz 9).

Die **Voraussetzungen** für die passive Streitgenossenschaft regelt das **natio-** 17
nale Recht, dh in Österreich §§ 11 und 14 ZPO.

bb) Einer der Beklagten muß seinen Wohnsitz oder Sitz in einem Vertragsstaat haben

Hat auch nur **einer der Beklagten** seinen **Wohnsitz oder Sitz in einem Ver-** 18
tragsstaat, dann können alle anderen Streitgenossen, uzw auch jene ohne Wohnsitz oder Sitz im geographischen Anwendungsbereich des Abkommens, bei dessen Wohnsitzgericht geklagt werden.

Art 6 Z 1 EuGVÜ/LGVÜ ist auch anwendbar, wenn mehrere Beklagte ihren Wohnsitz im selben Vertragsstaat haben (*Schlosser,* EuGVÜ Art 6 Rz 2).

cc) Konnexität

Zwischen den Ansprüchen gegen die einzelnen Beklagten muß ein **Zusammen-** 19
hang bestehen (vgl *Jenard/Möller*-Bericht RdN 45 und ErläutRV zum LGVÜ [34 BlgNR 20. GP] 32, in denen der Fall der Gesamtschuld als Beispiel angeführt wird; ferner *Geimer/Schütze,* Zivilverfahrensrecht Art 6 EuGVÜ Rz 17; *Gottwald,* MünchKommZPO III Art 6 EuGVÜ Rz 5; *Kropholler,* Zivilprozeßrecht[6] Art 6 EuGVÜ Rz 6; *Schlosser,* EuGVÜ Art 6 Rz 4; JBl 1999, 259; IPRax 1998, 111).

Ob ein Zusammenhang vorliegt, ist **vertragsautonom** zu bestimmen 20
(*Geimer/Schütze,* Zivilverfahrensrecht Art 6 EuGVÜ Rz 18; *Gottwald,* MünchKommZPO III Art 6 EuGVÜ Rz 5; *Kropholler,* Zivilprozeßrecht[6] Art 6 EuGVÜ Rz 7; JBl 1999, 259). Dabei ist auf die in **Art 22 Abs 3 EuGVÜ/LGVÜ** enthaltene Definition zurückzugreifen (*Geimer/Schütze,* Zivilverfahrensrecht Art 6 EuGVÜ Rz 18; *Gottwald,* MünchKommZPO III Art 6 EuGVÜ Rz 5; *König,* RZ 1997, 240; *Kropholler,* Zivilprozeßrecht[6] Art 6 EuGVÜ Rz 7; JBl 1999, 259; EuGH 27. 9. 1988 Rs 189/87 *„Kalfelis/Schröder"* Slg 1988, 5565 = IPRax 1989, 288 [*Gottwald* 272] = NJW 1988, 3088 [*Geimer* 3089] = RIW 1988, 901 [*Schlosser* 987]). Klagen stehen demnach in einem Zusammenhang, „wenn zwischen ihnen eine **so enge Beziehung** gegeben ist, daß eine **gemeinsame Verhandlung und Entscheidung geboten** erscheint, um **zu vermeiden,** daß in getrennten Verfahren **widersprechende Entscheidungen** ergehen könnten". Es ist Sache des nationalen Gerichts, in jedem Einzelfall zu prüfen, ob ein derartiger Zusammenhang vorliegt (*Gottwald,* MünchKommZPO III Art 6 EuGVÜ Rz 5; *Kropholler,* Zivilprozeßrecht[6] Art 6 EuGVÜ Rz 7; EuGH 27. 9. 1988 Rs 189/87 *„Kalfelis/Schröder"* Slg 1988, 5565 = IPRax 1989, 288 [*Gottwald* 272] = NJW 1988, 3088 [*Geimer* 3089] = RIW 1988, 901 [*Schlosser* 987]).

Ein Zusammenhang zwischen den Klagen gegen mehrere Beklagte ist zu 21
bejahen, wenn die **Klagen im wesentlichen tatsächlich oder rechtlich gleichartig** sind (*Geimer/Schütze,* Zivilverfahrensrecht Art 6 EuGVÜ Rz 20). Es reicht dabei die **Gleichartigkeit des tatsächlichen oder rechtlichen Grundes.** Es dürften demnach nach österreichischem Recht nicht nur die **einheitliche Streitpartei** (§ 14 ZPO) und die **materielle Streitgenossenschaft** (§ 11 Z 1 ZPO), sondern auch die **formelle Streitgenossenschaft** (§ 11 Z 2 ZPO) von Art 6 Z 1 EuGVÜ/LGVÜ erfaßt werden (vgl für den § 11 Z 2 ZPO weitgehend entsprechenden § 60 dZPO *Gottwald,* IPRax 1989, 272; *Kropholler,* Zivilprozeßrecht[6] Art 6 EuGVÜ Rz 7; *Schlosser,* EuGVÜ Art 6 Rz 4; *Czernich/Tiefenthaler,* LGVÜ Art 6 Rz 5 dagegen vertreten die Ansicht, daß es bei der formellen Streitgenossenschaft auf die Umstände des Einzelfalles ankomme).

22 Nach Ansicht des OGH (JBl 1999, 259) wird der erforderliche Sachzusammenhang immer dann vorliegen, wenn die Entscheidung über den einen Anspruch von dem anderen abhängt oder wenn beide Ansprüche von einer gemeinsamen Vorfrage abhängen. Ob die Abhängigkeit besteht, sei nach der lex causae zu prüfen (JBl 1999, 259). Der OGH legt somit den Begriff „Zusammenhang" iSd der in § 96 JN verwendeten Begriffe „Konnexität" und Präjudizialität" aus. Als **Beispiele für** einen **Zusammenhang** zwischen den Klagen werden in der Literatur (vgl dazu *Geimer/Schütze,* Zivilverfahrensrecht Art 6 EuGVÜ Rz 20f) folgende Fälle angeführt:

- wenn die Beklagten in Ansehung des Streitgegenstandes in **Rechtsgemeinschaft** stehen, wie zB bei Klagen gegen mehrere Miteigentümer oder Gesamthandberechtigte;
- wenn die Beklagten eine **gemeinsame Verpflichtung,** wie Gesamt- und Solidarschuld trifft (vgl *Jenard/Möller*-Bericht RdN 45 und ErläutRV zum LGVÜ [34 BlgNR 20. GP] 32; so auch *Czernich/Tiefenthaler,* LGVÜ Art 6 Rz 5; IPRax 1998, 111);
- wenn **Hauptschuldner und Bürge** gemeinsam geklagt werden;
- wenn der **persönliche Schuldner und** der **Eigentümer der dinglich haftenden Sache** gemeinsam geklagt werden (Ausnahme: bei Immobilien verdrängt Art 16 Z 1 den Art 6 Z 1 EuGVÜ/LGVÜ);
- wenn mit dem Dieb auch der Hehler und der Verarbeiter geklagt werden;
- wenn mehrere für einen Verkehrsunfall verantwortliche Personen geklagt werden;
- wenn der uneheliche Vater die uneheliche Mutter und das Kind auf Rückzahlung zu viel bezahlten Unterhalts klagt;
- wenn mehrere Vertragsbeteiligte auf Feststellung der Wirksamkeit des Vertrages geklagt werden.

dd) Keine Zuständigkeitserschleichung

23 Art 6 Z 1 EuGVÜ/LGVÜ kommt nicht zur Anwendung, wenn die **Klage allein zu dem Zweck erhoben** worden ist, um einen der **Beklagten der Gerichtsbarkeit seines Wohnsitzstaates zu entziehen** (*Jenard/Möller*-Bericht RdN 45; ErläutRV zum LGVÜ [34 BlgNR 20. GP] 32; *Czernich/Tiefenthaler,* LGVÜ Art 6 Rz 7; *Geimer/Schütze,* Urteilsanerkennung I/1 § 74 II 1; *dies,* Zivilverfahrensrecht Art 6 EuGVÜ Rz 23; *Gottwald,* MünchKommZPO III Art 6 EuGVÜ Rz 7; *Kropholler,* Zivilprozeßrecht[6] Art 6 EuGVÜ Rz 12; *Schlosser,* EuGVÜ Art 6 Rz 3; JBl 1999, 259; IPRax 1998, 111; Riv dir int priv proc 1990, 685; EuGH 27. 9. 1988 Rs 189/87 *„Kalfelis/Schröder"* Slg 1988, 5565 = IPRax 1989, 288 [*Gottwald* 272] = NJW 1988, 3088 [*Geimer* 3089] = RIW 1988, 901 [*Schlosser* 987]; Trib Milano Riv dir int priv proc 1984, 768). Das in Art 6 Z 2 EuGVÜ/LGVÜ normierte Mißbrauchsverbot gilt auch hier. Eine mißbräuchliche Inanspruchnahme des Gerichtsstandes der Streitgenossenschaft liegt aber nach Ansicht des OGH (JBl 1999, 259) dann nicht vor, wenn sachliche Gründe für die Inanspruchnahme sprechen (*Czernich/Tiefenthaler,* LGVÜ Art 6 Rz 4, 7). Einen solchen sachlichen Grund stellt zB das Bedürfnis nach einer einheitlichen Entscheidung dar (JBl 1999, 259). Denn die Frage der Rechtswirksamkeit des von der Zweit- und dem Drittbeklagten angestrebten Gesellschafterwechsels, der in diesem Zusammenhang abgegebenen Erklärungen bzw zustandegekommenen Gesellschafterbeschlüsse, aber auch der entsprechenden Firmenbucheintragung betrifft sämtliche Beklagte in gleicher Weise (JBl 1999, 259).

e) Anknüpfungspunkt

Nach Art 6 Z 1 EuGVÜ/LGVÜ hat der Kläger die Wahl zwischen den verschiedenen Wohnsitzen (Sitzen) der Beklagten. Er kann – vorausgesetzt, daß dieser in einem Vertragsstaat liegt – am Wohnsitz (Sitz) eines jeden Streitgenossen klagen. **24**

Zum „Wohnsitz" s Art 52 EuGVÜ/LGVÜ (§ 66 Rz 34 ff) und zum Sitz Art 53 EuGVÜ/LGVÜ (§ 75 Rz 18 ff).

Wenn dagegen der Kläger mit nur einem Beklagten eine Gerichtsstandsvereinbarung abgeschlossen hat, vermag dies nicht auch die Zuständigkeit für die anderen Beklagten zu verändern (*Auer* in *Bülow/Böckstiegel,* Rechtsverkehr 606 Art 6 EuGVÜ Rz 22; *Geimer/Schütze,* Zivilverfahrensrecht Art 6 EuGVÜ Rz 30; *Kropholler,* Zivilprozeßrecht[6] Art 6 EuGVÜ Rz 9). Erhebt der Kläger bei dem mit einem Beklagten vereinbarten Gerichtsstand Klage und deckt sich dieser nicht mit dem Wohnsitz des Beklagten, so kann daraus nicht nach Art 6 Z 1 EuGVÜ/LGVÜ die Zuständigkeit für weitere Beklagte abgeleitet werden. **25**

f) Maßgeblicher Zeitpunkt

Maßgeblich ist, ob der Beklagte, an dessen Wohnsitz zur Begründung der Zuständigkeit angeknüpft wird, **im Zeitpunkt der Gerichtsanhängigkeit** auch tatsächlich seinen Wohnsitz im Sprengel des angerufenen Gerichtes hat. Zum Fall der nachträglichen Streitgenossenschaft s Rz 16. **26**

Die Zuständigkeit nach Art 6 Z 1 EuGVÜ/LGVÜ bleibt aufrecht, wenn es später zu einer **Trennung** der Verfahren kommt (*Geimer/Schütze,* Zivilverfahrensrecht Art 6 EuGVÜ Rz 29) oder die Klage gegen den im Gerichtssprengel wohnenden Beklagten **zurückgenommen** wird oder sich **auf andere Weise** (zB durch einen Vergleich oder ein Teilurteil) **erledigt** (**Grundsatz der perpetuatio fori;** *Czernich/Tiefenthaler,* LGVÜ Art 6 Rz 6; *Kropholler,* Zivilprozeßrecht[6] Art 6 EuGVÜ Rz 10; *Schlosser,* EuGVÜ Art 6 Rz 3). **27**

Weiters ist es grundsätzlich ohne Bedeutung, daß die Klage gegen den im Gerichtssprengel wohnhaften Beklagten **unbegründet oder unzulässig** ist. Dies gilt freilich dann nicht, wenn der gerichtsstandsbegründende Beklagte gar nicht im Gerichtssprengel wohnhaft ist (und auch sonst keinen Wohnsitz im Gerichtsstaat hat) und die örtliche und internationale Zuständigkeit deswegen fehlt (*Geimer,* WM 1979, 358; *Geimer/Schütze,* Zivilverfahrensrecht Art 6 EuGVÜ Rz 25 f; *Kropholler,* Zivilprozeßrecht[6] Art 6 EuGVÜ Rz 13). Zum Verbot der Zuständigkeitserschleichung s Rz 23. **28**

g) Zuständigkeitsvereinbarungen

Der Gerichtsstand der Streitgenossenschaft kann durch eine Gerichtsstandsvereinbarung iSd Art 17 EuGVÜ/LGVÜ (*Geimer/Schütze,* Zivilverfahrensrecht Art 6 EuGVÜ Rz 32; *Gottwald,* MünchKommZPO III Art 6 EuGVÜ Rz 7; *Kropholler,* Zivilprozeßrecht[6] Art 6 EuGVÜ Rz 14; vgl auch BGH IPRspr 1987/124 = NJW 1988, 646 = RIW 1987, 624) oder durch die Vereinbarung eines Schiedsgerichtes abbedungen werden (*Geimer,* WM 1979, 359). **29**

2. Die internationale Zuständigkeit nach autonomem Recht

Ist das EuGVÜ/LGVÜ nicht anwendbar (insb weil die klagsgegenständliche Materie nicht in den Anwendungsbereich fällt), ist gem § 93 Abs 1 JN iVm § 27 a JN die internationale Zuständigkeit Österreichs dann gegeben, wenn **einer** **30**

der Beklagten seinen allgemeinen Gerichtsstand (dh seinen Wohnsitz oder gewöhnlichen Aufenthalt) **in Österreich hat.** Bei Vorliegen der Voraussetzungen des § 93 Abs 1 JN wird die internationale Zuständigkeit **auch gegenüber Personen begründet, die ihren allgemeinen Gerichtsstand nicht in Österreich haben.** Nicht mehr erforderlich ist nun – aufgrund des eindeutigen Wortlautes des § 27a JN – eine zusätzliche und ausreichende Inlandsbeziehung – wie sie vor der WGN 1997 von der Rsp (IPRax 1998, 111; SZ 60/277 = IPRE 2/216 = JBl 1989, 48 [zust *Schwimann*] = RdW 1989, 67; zust *Pfersmann,* ÖJZ 1991, 123f; SZ 59/205 = IPRax 1988, 246 [*Hoyer* 255] = IPRE 2/173 = ZfRV 1988, 134; SZ 56/162 = EvBl 1984/55) gefordert worden ist. Dafür, daß § 93 Abs 1 JN auch gegenüber Personen anwendbar ist, die nicht in Österreich ihren allgemeinen Gerichtsstand haben, spricht auch, daß nach überwiegender Ansicht auch der Gerichtsstand der Streitgenossenschaft nach Art 6 Z 1 EuGVÜ/LGVÜ unter der Voraussetzung, daß wenigstens einer der Beklagten seinen Wohnsitz in einem Vertragsstaat hat, gegenüber Personen angewendet wird, die in einem Drittstaat ihren Wohnsitz haben. Näheres s Rz 15.

II. Der Gerichtsstand mehrerer Wechselverpflichteter (§ 93 Abs 2 JN)

A. Örtliche Zuständigkeit

31 Durch die Bestimmung des § 93 Abs 2 JN wird die Einklagung von Ansprüchen gegen mehrere Wechselverpflichtete am Gerichtsstand des Zahlungsortes ermöglicht, selbst wenn die mehreren Wechselverpflichteten nur eine formelle Streitgenossenschaft bilden sollten. In der Regel wird hier jedoch aufgrund des durch die ZVN 1983 geänderten § 11 Z 1 ZPO eine materielle Streitgenossenschaft vorliegen. Bilden die mehreren Wechselverpflichteten eine materielle Streitgenossenschaft (so mehrere Mitakzeptanten oder Mitbezogene), dann haben diese ihren Gerichtsstand der Streitgenossenschaft am Zahlungsort und nicht beim allgemeinen Gerichtsstand eines der Beklagten (*Neumann,* Kommentar[4] I 233; Spr 208 = AmtlSlg 1448 = GlUNF 6162 [1912]; aA *Fasching*[1] I 460; AmtlSlg 1164 = GlUNF 4129 [1908]). **§ 93 Abs 2 JN schließt** – soweit er anwendbar ist – **die Anwendung des § 93 Abs 1 JN aus** (vgl auch ErläutRV zur ZVN 1983 [669 BlgNR 15. GP] 45: „Der Abs 2 des § 93 JN soll aufrechterhalten werden, um an der herrschenden Ansicht nichts zu ändern, wonach der Abs 2 – soweit die Berufung auf ihn zulässig ist – die Anwendung des Abs 1 des § 93 JN ausschließt"). Der Abs 1 ist demnach gegenüber dem Abs 2 subsidiär, da er nur in Anspruch genommen werden kann, wenn Abs 2 nicht greift (*Mayr* in *Rechberger,* ZPO § 93 JN Rz 5; *M. Roth,* BeitrZPR II 232f; *Schumacher,* RdW 1988, 418).

Gem Art 59a SchG gilt der Gerichtsstand nach § 93 Abs 2 JN **auch für** Klagen gegen mehrere Verpflichtete aus **Scheckrückgriffsansprüchen.**

32 Der Gerichtsstand nach § 93 Abs 2 JN kann gem **§ 14 Abs 1 KSchG** gegenüber einem Verbraucher nur bei dem Gericht begründet werden, in dessen Sprengel der **beklagte Verbraucher seinen Wohnsitz, seinen gewöhnlichen Aufenthalt oder seine Beschäftigung** hat.

B. Internationale Zuständigkeit

1. Internationale Zuständigkeit nach dem EuGVÜ/LGVÜ

33 Soweit das EuGVÜ/LGVÜ anwendbar ist, richtet sich – weil bei Klagen gegen mehrere Wechsel- und Scheckverpflichtete sicherlich der geforderte Zusammenhang iSd Art 22 Abs 3 EuGVÜ/LGVÜ gegeben ist – die internationale

Zuständigkeit nach Art 6 Z 1 EuGVÜ/LGVÜ. Wenn es sich jedoch um eine Verbrauchersache handelt, dann kommen Art 13 ff EuGVÜ/LGVÜ zur Anwendung. Näheres s Vor § 83 a und 83 b JN Rz 101 ff.

2. Internationale Zuständigkeit nach autonomem Recht

34 Ist das EuGVÜ/LGVÜ nicht anwendbar (dh hat keiner der Beklagten seinen Wohnsitz in einem Vertragsstaat), ist gem § 93 Abs 2 JN iVm § 27 a JN die internationale Zuständigkeit Österreichs dann gegeben, wenn der (im Wechsel- oder Scheck angegebene) Zahlungsort in Österreich gelegen ist. Gegenüber einem Verbraucher, der seinen Wohnsitz, gewöhnlichen Aufenthalt oder seine Beschäftigung in Österreich hat, sind jedoch die Beschränkungen des § 14 KSchG zu beachten. Näheres s Vor § 83 a und 83 b JN Rz 51 ff.

Gerichtsstand des Hauptprozesses

§ 94. (1) Klagen, womit ein Anspruch auf eine Sache oder ein Recht geltend gemacht wird, über welchen zwischen anderen Personen ein Rechtsstreit anhängig ist (Hauptintervention), können bis zur rechtskräftigen Entscheidung dieses Prozesses bei demselben Gerichte angebracht werden.

(2) Klagen der Prozeß- und Zustellungsbevollmächtigten wegen Gebühren und Auslagen können beim Gerichte des Hauptprozesses angebracht werden.

Stammfassung

Lit: *Loimer,* Grundsätzliches zur grenzüberschreitenden Durchsetzung von zivilrechtlich begründeten Honoraransprüchen gegen den eigenen Mandaten nach EuGVÜ bzw LGVÜ, AnwBl 1996, 661.

Übersicht:

I. Gerichtsstand für die Hauptinterventionsklage (§ 94 Abs 1 JN)

A. Anwendungsvoraussetzungen

1. Hauptinterventionsklage

1 Dieser Gerichtsstand setzt das **Vorliegen einer Hauptinterventionsklage** (vgl § 16 ZPO) voraus. Eine solche liegt vor, wenn ein **Dritter, der die Sache oder das Recht, worüber** schon z**wischen anderen Personen ein Rechtsstreit anhängig ist,** ganz oder teilweise **für sich in Anspruch nimmt** und die Parteien dieses Rechtsstreits gemeinsam klagt.

Voraussetzung ist, daß die **mit** der **Hauptintervention in Anspruch genommene Sache oder** das begehrte **Recht dieselbe bzw dasselbe** ist **wie** die bzw das **im anhängigen Rechtsstreit.** Ob dies der Fall ist, muß aus dem Wortlaut des Klagebegehrens, zu dessen näherer Bestimmung auch das Sachvorbringen beider Klagen herangezogen werden kann, beurteilt werden.

2 Die Hauptintervention kann nur eine **Sache oder** ein **Recht** zum Gegenstand haben. Dabei kann Gegenstand einer Hauptintervention jede Sache sein, die Gegenstand eines Leistungsbegehrens sein kann, also auch eine Dienstleistung. Darüber hinaus kann die Hauptintervention auch gegen ein Feststellungsbegehren gerichtet sein und auf diesem Weg die Geltendmachung eines Rechtes zum Gegenstand haben, niemals aber die Feststellung einer bestrittenen Tatsache (zB die nach § 228 ZPO zulässige Feststellung der Echtheit oder Unechtheit einer Urkunde oder die im Besitzstörungsverfahren zulässige Feststellung des letzten ruhigen Besitzstandes). Schließlich kann auch gegen Rechtsgestaltungsklagen im Weg der Hauptintervention vorgegangen werden, wenn das aus dem materiellen Recht abgeleitete Recht auf Gestaltung des strittigen Rechtsverhältnisses vom Hauptinterventionskläger für sich in Anspruch genommen wird.

3 Die Hauptinterventionsklage wird durch **zwei Besonderheiten** charakterisiert:

- Die Parteien des anhängigen Rechtsstreites werden als Streitgenossen geklagt. Ihre Vertreter bedürfen keiner besonderen Vollmacht für den Hauptinterventionsprozeß, da gem § 31 Abs 1 Z 1 ZPO die für einen Rechtsstreit erteilte Prozeßvollmacht auch die Bevollmächtigung für einen damit in Zusammenhang stehenden Hauptinterventionsprozeß mitumfaßt.
- Für Hauptinterventionsklagen ist der besondere Wahlgerichtsstand des Hauptprozesses nach § 94 Abs 1 JN eröffnet.

2. Anhängigkeit des Rechtsstreites

4 Der Wahlgerichtsstand des § 94 Abs 1 JN setzt außer einer Hauptinterventionsklage voraus, daß der zugrunde liegende **Rechtsstreit** zwischen den beklagten Parteien des Hauptinterventionsprozesses bei dem anzurufenden Gericht **anhängig** ist.

Das Wort „anhängig" wird wohl richtigerweise iS von **„streitanhängig"** zu verstehen sein. Daher ist eine Hauptinterventionsklage erst ab Zustellung der Klageschrift an den Gegner möglich. Anderseits dauert die Zuständigkeit des Gerichtes des Hauptprozesses **bis zur rechtskräftigen Erledigung** fort, sodaß Hauptinterventionsklagen auch im Rechtsmittelverfahren angebracht werden können; aber auch dann ist stets das Gericht erster Instanz des Hauptprozesses zuständig, niemals ein Gericht höherer Instanz.

Nach rechtskräftiger Erledigung des Hauptprozesses kann (im Gegensatz zu § 94 Abs 2 JN) das Gericht des Hauptprozesses für die Hauptinterventionsklage nicht mehr angerufen werden (§ 94 Abs 1 JN). Nach Rechtskraft des Hauptprozesses kann der Kläger, der das Recht oder die Sache in Anspruch nimmt, vor der Exekutionsführung durch den siegreichen Kläger des Hauptprozesses im Weg einer selbständigen Klage, nach Einleitung der Exekution mit einer Klage nach § 37 EO vorgehen.

Maßgeblich ist, daß der **Hauptprozeß bei Einbringung der Hauptinterventionsklage** bei Gericht **anhängig ist.** Wird diese Anhängigkeit nachher beseitigt, vermag dies der Hauptinterventionsklage nicht zu schaden. Insbesondere kann eine Zurückweisung der Klage des Hauptprozesses wegen (sachlicher, örtlicher oder internationaler) Unzuständigkeit des angerufenen Gerichtes nicht die (sachliche, örtliche oder internationale) Unzuständigkeit der vor der Zurückweisung angebrachten Hauptinterventionsklage bewirken, denn maßgebend ist hier einerseits § 29 JN und andererseits das Wort „anhängig", das nicht unterscheidet, ob die Klage zurecht anhängig war oder nicht, sondern nur auf den objektiven Tatbestand abstellt. Daher vermag auch eine nachträgliche Nichtigerklärung des Vorprozesses wegen Unzulässigkeit des Rechtsweges oder mangelnder inländischer Gerichtsbarkeit aufgrund von Immunität die Zurückweisung der Hauptinterventionsklage nur dann zu rechtfertigen, wenn die Unzulässigkeit des Rechtsweges oder der Mangel der inländischen Gerichtsbarkeit auch das Begehren der Hauptinterventionsklage selbst ergreift. 5

B. Zuständiges Gericht und Gerichtsbesetzung

Gem § 94 Abs 1, § 95 Abs 1 JN kann die Hauptinterventionsklage ohne Rücksicht auf allfällig bestehende sachliche Zuständigkeitsnormen **beim Gericht des Hauptprozesses** angebracht werden **(individuelle Zuständigkeit).** Daher ist weder der Wert des Streitgegenstandes der Hauptinterventionsklage noch eine abweichende Kausalzuständigkeit für dieselbe ein Hindernis zur Anhängigmachung beim Gericht des Hauptprozesses. Wurde also bezüglich einer an sich vor die BG gehörenden Hauptinterventionsklage als Gericht des Hauptprozesses ein GH angerufen, dann greifen gem § 95 Abs 2 JN die Vorschriften über das **Gerichtshofverfahren,** wobei der GH über die Hauptinterventionsklage ohne Rücksicht auf ihren Streitwert **in derselben Besetzung** zu entscheiden hat **wie im Hauptprozeß.** 6

II. Gerichtsstand des Hauptprozesses für Klagen der Bevollmächtigten des Hauptprozesses gegen ihre Vollmachtgeber (§ 94 Abs 2 JN)

A. Anwendungsvoraussetzungen

1. Allgemeines

§ 94 Abs 2 JN kommt nur bei Klagen von Prozeß- und Zustellungsbevollmächtigten wegen ihrer Gebühren und Auslagen zur Anwendung. 7

2. Prozeß- und Zustellungsbevollmächtigte

Prozeßbevollmächtigte (§ 26 ZPO) sind Personen, die **für** die **Parteien** eines Rechtsstreites **Prozeßhandlungen mit Wirksamkeit für diese vornehmen.** Wenngleich es sich in der Regel um Rechtsanwälte handelt (§ 31 ZPO), so können doch auch im Rahmen des § 29 ZPO andere eigenberechtigte Personen als Prozeßbevollmächtigte auftreten. Der Wahlgerichtsstand des § 94 Abs 2 JN ist daher nicht auf prozeßbevollmächtigte Rechtsanwälte eingeschränkt, sondern es können alle eigenberechtigten Personen, denen im Hauptprozeß durch eine Prozeßpartei eine Prozeßvollmacht erteilt wurde (insb alle in § 40 ASGG genannten Personen), das Gericht des Hauptprozesses anrufen. 8

9 Neben den Prozeßbevollmächtigten ist der Gerichtsstand des § 94 Abs 2 JN auch den **Zustellungsbevollmächtigten** eingeräumt. Das sind von der Prozeßpartei namhaft gemachte, von ihr zum Empfang der Schriftstücke bevollmächtigte Personen, die am Gerichtsort wohnen, sei es, daß diese Bevollmächtigung freiwillig (§ 9 ZustG) oder über gerichtlichen Auftrag (§ 10 ZustG) dann erfolgt, wenn die Partei sich nicht nur vorübergehend im Ausland aufhält, sei es, daß ein Zustellungsbevollmächtigter deshalb bestellt werden muß, weil auf der Kläger- oder Beklagtenseite mehrere nicht durch einen gemeinsamen Prozeßbevollmächtigten vertretene Streitgenossen stehen (§ 97 ZPO), wobei in letzterem Fall einer der Streitgenossen oder ein Dritter von Amts wegen als Zustellungsbevollmächtigter bestellt werden kann. Zu den Pflichten des Zustellungsbevollmächtigten s § 99 ZPO.

Aus der Zielsetzung des § 94 Abs 2 JN und aus Gleichheitsgründen wird man jedoch auch den Mandanten der Prozeß- und Zustellungsbevollmächtigten für Feststellungsklagen betreffend die Gebühren und Barauslagen ihrer Bevollmächtigten den Gerichtsstand des Hauptprozesses zur Verfügung stellen (*Pollak,* System^2, 267, 336; *Mayr* in *Rechberger,* ZPO § 94 JN Rz 2).

3. Klagen wegen Gebühren und Auslagen

10 Prozeß- und Zustellungsbevollmächtigte können ihre **Gebühren und Auslagen** (und zwar nur diese) beim Gericht des Hauptprozesses einklagen. Unter Auslagen sind nur die **durch die Prozeßführung verursachten** Barauslagen zu verstehen. Unter die Gebühren und Auslagen fallen alle Ansprüche nach dem Rechtsanwaltstarif, die Barauslagen, Fahrtkosten, Zeitversäumnis (Verdienstentgang), Nächtigungskosten, Verpflegungsgebühren (Verpflegungsaufwand), Stempel- und Rechtsgebühren.

Nicht hierher gehören Kosten, die im Zusammenhang mit der Vertretung vor einer Verwaltungsbehörde entstanden sind (SZ 58/109 = JBl 1986, 191) sowie Schadenersatzansprüche im Zusammenhang mit der Vertretungstätigkeit oder Ansprüche, die nicht unmittelbar mit einer Vertretung in einem Rechtsstreit zusammenhängen, wie etwa Ansprüche auf Ersatz der Beträge, die der Rechtsanwalt für die Bezahlung der Schulden seines Vollmachtgebers aufgewendet hat (SZ 29/40 [1956]).

Aus der Zielsetzung des § 94 Abs 2 JN ergibt sich, daß es sich nur um Klagen des Bevollmächtigten gegen die von ihm vertretene Prozeßpartei handeln kann, **nicht** aber um **Ansprüche des Bevollmächtigten gegen die Gegenpartei** (OLG Wien EvBl 1948/304). Ebenso kann dieser Gerichtsstand nicht für Streitigkeiten des Prozeßbevollmächtigten mit seinen Unterbevollmächtigten angerufen werden, so etwa für Streitigkeiten des Rechtsanwaltes mit seinen Substituten über Höhe und Schuldigkeit der Substitutionskosten (LGZ Wien AnwMitt 1933, 29).

B. Zuständiges Gericht

11 Angebracht werden können diese Klagen der Prozeß- und Zustellungsbevollmächtigten beim **Gericht des Hauptprozesses (individuelle Zuständigkeit).** Schon daraus ergibt sich, daß die Gebühren und Auslagen im Zusammenhang mit der Vertretungstätigkeit im Hauptprozeß erwachsen sein müssen.

Das Gericht des Hauptprozesses ist **dasjenige Gericht, bei dem der Hauptprozeß tatsächlich anhängig ist oder war,** gleichgültig, ob dieses Gericht auf Grund besonderer Zuständigkeitsnormen abweichend vom allgemeinen Gerichtsstand in Anspruch genommen wurde. Es ist daher das Gericht des für eine

Zweigniederlassung geführten Prozesses auch für die Ersatzklage des Prozeßbevollmächtigten gegen die Hauptniederlassung zuständig (GlUNF 2078 [1902]). Ebenso kann auf diesem Weg das Gericht nach § 99 JN für die Klage des Bevollmächtigten auf Ersatz der Kosten, Gebühren und Auslagen gegen den vollmachtgebenden Ausländer, auch wenn dieser im Inland überhaupt kein Vermögen hat oder kein Vermögen im Sprengel des für den Hauptprozeß gem § 99 JN angerufenen Gerichtes hat, angerufen werden. Dies gilt jedoch nicht, wenn der Vollmachtsgeber seinen Wohnsitz oder Sitz in einem Vertragsstaat des EuGVÜ/LGVÜ hat. Denn nach Art 3 Abs 2 EuGVÜ/LGVÜ kann der Gerichtsstand des Vermögens nicht gegen Personen, die ihren Wohnsitz in einem Vertragsstaat haben, geltend gemacht werden.

Der OGH hat das Wort **„Hauptprozeß"** dahin erweitert ausgelegt, daß es sich nicht um einen Zivilprozeß im engen Sinn handeln muß, sondern daß **jedes streitige zivilgerichtliche Verfahren einschließlich der Vollstreckung** darunter verstanden werden kann. Daher können nicht nur die Ersatzklagen der Prozeß- und Zustellungsbevollmächtigten im strengen Zivilprozeß vor dem Prozeßgericht, sondern auch die in einem arbeitsgerichtlichen Verfahren aufgelaufenen Kosten und Gebühren vor dem ASG (RdA 1997, 407; KG Wiener Neustadt Arb 5107 [1949]), und die Kosten des Exekutionsverfahrens vor dem Exekutionsgericht (GlUNF 7631 = AmtlSlg 1728 [1915]) geltend gemacht werden. Das **Außerstreitverfahren** sowie das **Ausgleichs- und Konkursverfahren fallen nicht unter § 94 Abs 2 JN.** 12

Maßgeblich ist nur, daß der Hauptprozeß bei dem angerufenen Gericht **bereits anhängig** gemacht wurde, die Klagsschrift also dem Gegner zugestellt worden ist. Die dadurch begründete Zuständigkeit **endet** gem § 95 Abs 2 JN (im Gegensatz zur Zuständigkeit der Hauptinterventionsklage nach § 94 Abs 1 JN) **nicht mit Rechtskraft der Entscheidung im Hauptprozeß.** 13

C. Gerichtsbesetzung und Verfahren

Auch für die **Klagen der Prozeß- und Zustellungsbevollmächtigten** nach § 94 Abs 2 JN sind gem § 95 Abs 1 JN die einer Anhängigmachung beim Gericht des Hauptprozesses entgegenstehenden sachlichen Zuständigkeitsvorschriften bedeutungslos. Daher können die Ansprüche der Prozeß- und Zustellungsbevollmächtigten auf Ersatz ihrer Gebühren und Auslagen gegen die von ihnen im Hauptprozeß vertretene Partei auch dann beim **Gericht des Hauptprozesses** angebracht werden, wenn dem sonst die Höhe des Streitwertes oder die besondere Kausalzuständigkeit des Hauptprozesses entgegenstünde. 14

Werden Klagen nach § 94 Abs 2 JN trotz eines unter der Gerichtshofgrenze liegenden Streitwertes beim GH eingebracht, dann findet nach Art XIV EGJN für diese Klagen das **Gerichtshofverfahren** Anwendung (aA für Klagen nach rechtskräftiger Erledigung des Hauptprozesses, *Fasching,* Lehrbuch[2] Rz 305). Die **Durchführung eines Mahnverfahrens** vor dem GH erster Instanz ist zufolge Art XIV EGJN zulässig. Bei einem **52.000 S übersteigenden Streitwert** besteht **Anwaltspflicht.** 15

III. Internationale Zuständigkeit

A. Internationale Zuständigkeit nach dem EuGVÜ/LGVÜ

Das EuGVÜ/LGVÜ kennt zwar einen Gerichtsstand des Hauptprozesses (Art 6 Z 2), dieser gilt jedoch (Näheres s Rz 18f) nicht für die Hauptinterven- 16 tionsklage und die Klage der Prozeß- und Zustellungsbevollmächtigten wegen Gebühren und Auslagen. Mangels eines eigenen Gerichtsstandes für die unter § 94 JN fallenden Klagen ist die internationale Zuständigkeit – soweit kein besonderer Gerichtsstand nach Art 5ff EuGVÜ/LGVÜ besteht – dann gegeben, wenn der Beklagte seinen **Wohnsitz oder Sitz in Österreich** hat (Art 2 EuGVÜ/LGVÜ). Ob bei der Hauptinterventionsklage ein besonderer Gerichtsstand nach Art 5ff EuGVÜ/LGVÜ besteht, hängt von der in Anspruch genommenen Sache bzw dem in Anspruch genommenen Recht ab. Bei der Klage der Prozeß- und Zustellungsbevollmächtigten auf Zahlung von Gebühren und Auslagen könnte der Gerichtsstand des Erfüllungsortes (Art 5 Z 1 EuGVÜ/LGVÜ) zur Anwendung kommen.

B. Die internationale Zuständigkeit nach autonomem Recht

17 Nach § 27a JN ist die internationale Zuständigkeit gegeben, wenn die Voraussetzungen für die örtliche Zuständigkeit erfüllt sind. Dh die internationale Zuständigkeit für die Hauptinterventionsklage hängt davon ab, ob ein **Rechtsstreit über die in Anspruch genommene Sache** bzw das in Anspruch genommene Recht **bei einem österreichischen Gericht anhängig** ist. Für die Klage der Prozeß- und Zustellungsbevollmächtigten dagegen ist die internationale Zuständigkeit dann gegeben, wenn der **Hauptprozeß,** für den die Gebühren und Auslagen angefallen sind, entweder **in Österreich anhängig ist oder anhängig war.**

IV. Der Gerichtsstand des Hauptprozesses (Art 6 Z 2 EuGVÜ/LGVÜ)

Art 6 EuGVÜ/LGVÜ. Eine Person, die ihren Wohnsitz in dem Hoheitsgebiet eines Vertragsstaats hat, kann auch verklagt werden

. . . . .

2. wenn es sich um eine Klage auf Gewährleistung oder um eine Interventionsklage handelt, vor dem Gericht des Hauptprozesses, es sei denn, daß diese Klage nur erhoben worden ist, um diese Person dem für sie zuständigen Gericht zu entziehen.

Lit: *Chizzini,* Gerichtspflichtigkeit von Dritten: Interventionsklage und Streitverkündung (Italien), in *Bajons/Mayr/Zeiler*, Die Übereinkommen von Brüssel und Lugano (1997) 163; *Coester-Waltjen,* Die Bedeutung des Art 6 Nr 2 EuGVÜ, IPRax 1992, 290; *Geimer,* Fora connexitatis – Der Sachzusammenhang als Grundlage der internationalen Zuständigkeit, WM 1979, 350, *Goetze,* Vouching In und Third Party Practice (1993); *v. Hoffmann,* Gegenwartsprobleme internationaler Zuständigkeit, IPRax 1982, 217; *v. Hoffmann/Hau,* Probleme der abredewidrigen Streitverkündung im Europäischen Zivilrechtsverkehr, RIW 1997, 89; *Klicka,* Die Bindungswirkung bei Nebenintervention und Streitverkündung – Zur Einführung der §§ 68 und 74 dZPO in Österreich durch den OGH mittels des LGVÜ, JBl 1997, 611; *Mansel,* Streitverkündung und Interventionsklage im europäischen internationalen Zivilprozeßrecht (EuGVÜ/Lugano-Übereinkommen) in *Jayme/Hommelhoff/Mangold,* Europäischer Binnenmarkt: Internationales Privatrecht und Rechtsvergleichung (1994) 161; *ders,* Gerichtspflichtigkeit von Dritten: Streitverkündung und Interventionsklage (Deutschland) in *Bajons/Mayr/Zeiler*, Die Übereinkommen von Brüssel und Lugano (1997) 177; *Mezger,* Gerichtsstands- und andere Klauseln im Geschäftsverkehr mit Frankreich, AWD 1974, 377.

A. Wesen der Gewährleistungs- bzw Interventionsklage

18 Das Wesen der Gewährleistungs- und Interventionsklage besteht darin, daß eine **Partei** (zumeist der Beklagte des Hauptprozesses), die im Falle des Unter-

liegens **gegen** einen **Dritten** einen **Anspruch auf Gewährleistung,** Schadloshaltung oder Freistellung zu haben glaubt, diesen **Dritten in den Rechtsstreit hineinzieht** *(Geimer/Schütze,* Zivilverfahrensrecht Art 6 EuGVÜ Rz 33; *Gottwald,* MünchKommZPO III Art 6 EuGVÜ Rz 8). Durch diese Klagen wird jemand als drittbeteiligter Beklagter **am Ort des Hauptprozesses gerichtspflichtig,** auch wenn das Gericht des Hauptprozesses für den Dritten nach den allgemeinen Regeln (Art 2, 5 EuGVÜ/LGVÜ) gar nicht zuständig ist (*Auer* in *Bülow/Böckstiegel,* Rechtsverkehr 606 Art 6 EuGVÜ Rz 27; *Geimer/Schütze,* Zivilverfahrensrecht Art 6 EuGVÜ Rz 34; *Gottwald,* MünchKommZPO III Art 6 EuGVÜ Rz 8; *Kropholler,* Zivilprozeßrecht[6] Art 6 EuGVÜ Rz 15; EuGH 15. 5. 1990 Rs C-365/88 *„Kongreß Agentur Hagen/Zeehaghe"* Slg 1990, I-1845 = IPRax 1992, 310 [*Coester-Waltjen* 290] = NJW 1991, 2621). Das Interesse des Garantiebeklagten, möglichst nur an seinem Wohnsitz bzw Sitz geklagt zu werden, wird durch das Interesse an der Einheitlichkeit der Entscheidung und durch Erwägungen der Prozeßökonomie verdrängt (*Auer* in *Bülow/Böckstiegel,* Rechtsverkehr 606 Art 6 EuGVÜ Rz 27; *Geimer,* WM 1979, 360 f; *Geimer/Schütze,* Zivilverfahrensrecht Art 6 EuGVÜ Rz 34; *Kropholler,* Zivilprozeßrecht[6] Art 6 EuGVÜ Rz 15; kritisiert wird dieser Gerichtsstand von *Mezger,* AWD 1974, 378).

Im Falle eines Obsiegens des Klägers gegen den ursprünglichen Beklagten 19
wird im gleichen Verfahren auch über die Gewährleistungs- bzw Interventionsklage entschieden (*Geimer/Schütze,* Zivilverfahrensrecht Art 6 EuGVÜ Rz 35). Das **Garantie- bzw Interventionsurteil** entfaltet **gegenüber dem Dritten** die gewöhnlichen Urteilswirkungen, nämlich **Rechtskraft und Vollstreckbarkeit** (*Geimer/Schütze,* Zivilverfahrensrecht Art 6 EuGVÜ Rz 35; *Kropholler,* Zivilprozeßrecht[6] Art 6 EuGVÜ Rz 15). Diese sind in den übrigen Vertragsstaaten anzuerkennen.

B. Vorbehalte Österreichs, Deutschlands, Spaniens und der Schweiz

1. Inhalt

Die aus dem romanischen Rechtsbereich stammende Gewährleistungs- und 20
Interventionsklage ist dem österreichischen, deutschen, spanischen und schweizerischen Prozeßrecht jedoch fremd. Stattdessen gibt es in Österreich, Deutschland, Spanien und der Schweiz die Streitverkündigung. Deshalb wurde in Art V des Protokolls zum EuGVÜ und in Art V des Protokolls Nr 1 zum LGVÜ ein **Vorbehalt** des Inhalts vereinbart, daß die **Zuständigkeit des Art 6 Z 2 und des Art 10 EuGVÜ bzw LGVÜ vor österreichischen und deutschen Gerichten nicht in Anspruch** genommen werden kann (Art V Abs 1 leg cit). Entsprechendes gilt nach Art V des Prot Nr 1 zum LGVÜ auch für Spanien und die Schweiz.

Jede Person, die ihren Wohnsitz in einem anderen Vertragsstaat hat, kann 21
aber durch eine **Streitverkündigung** (in Österreich nach § 21 ZPO, in Deutschland nach §§ 68 und 72 bis 74 dZPO, in Spanien nach Art 1482 des Zivilgesetzbuches und in der Schweiz nach den einschlägigen Vorschriften der kantonalen Zivilprozeßordnungen über die Streitverkündung) vor Gericht geladen werden. Durch die Streitverkündigung kann der Dritte auch vor ein Gericht gezogen werden, das für eine gegen ihn gerichtete Klage international unzuständig wäre (*Geimer/Schütze,* Urteilsanerkennung I/1 § 74 II 2 f; *Kropholler,* Zivilprozeßrecht[6] Art 6 EuGVÜ Rz 19; *Schack,* IZVR[2] Rz 367; aA *v. Hoffmann,* IPRax 1982, 221).

22 Die **Wirkungen,** welche die in diesen Staaten (dh in Österreich, Deutschland, Spanien und der Schweiz) aufgrund einer Streitverkündigung ergangenen Entscheidungen nach Art V Abs 1 der Prot leg cit **gegenüber Dritten haben, werden auch in den anderen Vertragsstaaten anerkannt** (Art V Abs 2 Satz 2 der Prot leg cit).

23 Durch Art V Abs 1 der Prot leg cit wird **nicht** die **Gerichtspflichtigkeit** von in Österreich, Deutschland, Spanien und in der Schweiz wohnhaften Personen vor den Gerichten anderer Vertragsstaaten **beseitigt** (*Geimer/Schütze,* Zivilverfahrensrecht Art 6 EuGVÜ Rz 38; *Kropholler,* Zivilprozeßrecht[6] Art 6 EuGVÜ Rz 17). **Entscheidungen,** die **in** den **anderen Vertragsstaaten aufgrund des Art 6 Z 2 und Art 10 EuGVÜ bzw LGVÜ ergangen** sind, müssen nämlich in Österreich, Deutschland, Spanien und der Schweiz anerkannt und **vollstreckt** werden (Art V Abs 2 Satz 1 der Prot leg cit). Der Umstand, daß diese Institute dem Recht des Vollstreckungsstaates fremd sind, stellt keinen Versagungsgrund dar (ErläutRV zum LGVÜ [34 BlgNR 20. GP] 32).

Der Gerichtsstand nach Art 6 Z 2 EuGVÜ/LGVÜ birgt insb für österreichische Exporteure die große Gefahr einer unerwarteten Gerichtspflicht im Ausland.

Beispiel: Ein österreichischer Exporteur hat nach Frankreich Waren geliefert, die der französische Importeur weiterverkauft hat. Der Käufer klagt den Importeur auf Schadenersatz vor den Gerichten seines Wohnsitzes, zB in Paris. Der französische Importeur kann einen Regreßanspruch gegen den österreichischen Exporteur geltend machen und erhebt gegen ihn vor dem für den Hauptprozeß zuständigen Pariser Gericht eine Gewährleistungsklage. Dieser Gerichtsstand ist nach dem Übereinkommen begründet, obwohl der zur Gewährleistung Verpflichtete seinen Wohnsitz in Österreich hat.

Geimer (WM 1979, 351 FN 13) empfiehlt daher, den Gerichtsstand der Gewährleistungs- und Interventionsklage möglichst **durch eine Zuständigkeitsvereinbarung auszuschließen.**

2. Auswirkungen des Vorbehalts auf die österreichische Rsp zur Streitverkündigung und Nebenintervention

24 Der OGH hat aus Art V Abs 2 letzter Satz des Prot Nr 1 zum LGVÜ abgeleitet, daß die **Wirkungen der Streitverkündigung und der Nebenintervention** nach Maßgabe der durch die österreichische Rsp interpretierten innerstaatlichen Rechtsordnung **den Rechtswirkungen des in einem anderen Vertragsstaat erlassenen Urteils über eine Gewährleistungs- oder Interventionsklage weitgehend gleichzuhalten** seien. Die Wirkungen eines materiell rechtskräftigen zivilgerichtlichen Urteils erstrecken sich daher soweit auf den einfachen Nebenintervenienten und denjenigen, der sich am Verfahren trotz Streitverkündung nicht beteiligte, als diese Personen als Parteien eines als Regreßprozeß geführten Folgeprozesses **keine rechtsvernichtenden oder rechtshemmenden Einreden erheben dürfen, die mit den notwendigen Elementen der Entscheidung in Widerspruch stehen** (ecolex 1998, 307 = RdW 1998, 406 = ZfRV 1998, 168; ecolex 1997, 422 [*Oberhammer*] = immolex 1997/110 = JAP 1997, 41 = JBl 1997, 368 = ÖJZ-LSK 1997/202). In diesem Rahmen sind sie daher an die ihre Rechtsposition belastenden Tatsachenfeststellungen im Urteil des Vorprozesses gebunden, sofern ihnen in jenem Verfahren soweit unbeschränktes rechtliches Gehör zustand. Das gilt jedoch nicht auch für denjenigen, der sich am Vorprozeß nicht beteiligte, dem aber auch gar nicht der Streit verkündet worden war. Diese Entscheidung ist zu Recht heftig kritisiert worden (*Klicka,* JBl 1997, 611; lobend äußerte sich dagegen *Mansel* in *Bajons/Mayr/ Zeiler,* Abkommen 193 ff, 205 f).

C. Sachlicher Anwendungsbereich

Die Begriffe **„Klage auf Gewährleistung“** und **„Interventionsklage“** sind **vertragsautonom** auszulegen *(Auer* in *Bülow/Böckstiegel,* Rechtsverkehr 606 Art 6 EuGVÜ Rz 31; *Geimer,* WM 1979, 361; *Geimer/Schütze,* Zivilverfahrensrecht Art 6 EuGVÜ Rz 39; *Gottwald,* MünchKommZPO III Art 6 EuGVÜ Rz 8; *Kropholler,* Zivilprozeßrecht[6] Art 6 EuGVÜ Rz 23; *Hausmann* in *Wieczorek/Schütze,* ZPO[3] I/1 Art 6 EuGVÜ Rz 20; EuGH 27. 9. 1988 Rs 189/87 *„Kalfelis/Schröder“* Slg 1988, 5565 = IPRax 1990, 288 [*Gottwald* 272] = NJW 1988, 3088 [*Geimer*] = RIW 1988, 901 [*Schlosser* 987]). 25

Art 6 Z 2 EuGVÜ/LGVÜ kommt nicht zur Anwendung, wenn der Beklagte nicht nur einen Regreßanspruch, sondern darüber hinaus einen eigenen Schadenersatzanspruch gegen den Drittbeteiligten geltend macht (*Kropholler,* Zivilprozeßrecht[6] Art 6 EuGVÜ Rz 28). 26

In Verbrauchersachen gilt Art 6 Z 2 EuGVÜ/LGVÜ nicht. Für Versicherungssachen sieht hingegen Art 10 Abs 1 – wie Art 6 Z 2 EuGVÜ/LGVÜ – einen Gerichtsstand der Interventionsklage vor. 27

Die Interventionsklage setzt voraus, daß die **Hauptklage** (schon und noch) **anhängig** ist (*Kropholler,* Zivilprozeßrecht[6] Art 6 EuGVÜ Rz 23). 28

D. Verfahren

Die **Zulässigkeitsvoraussetzungen und** das **Verfahren** des Gewährleistungs- und Interventionsstreits richten sich nach der **lex fori** des Hauptverfahrens *(Auer* in *Bülow/Böckstiegel,* Rechtsverkehr 606 Art EuGVÜ 6 Rz 37; *Geimer,* WM 1979, 361; *Geimer/Schütze,* Zivilverfahrensrecht Art 6 EuGVÜ Rz 43; *Gottwald,* MünchKommZPO III Art 6 EuGVÜ Rz 10; *Kropholler,* Zivilprozeßrecht[6] Art 6 EuGVÜ Rz 26; *Hausmann* in *Wieczorek/Schütze,* ZPO[3] I/1 Art 6 EuGVÜ Rz 23; EuGH 15. 5. 1990 Rs C-365/88 *„Kongreß Agentur Hagen/Zeehaghe“* Slg 1990 I 1845 = IPRax 1992, 310 [*Coester-Waltjen* 290] = NJW 1991, 2621). 29

Wenn allerdings die in Art 6 Z 2 EuGVÜ/LGVÜ aufgestellten Voraussetzungen erfüllt sind, müssen die Vertragsstaaten, die keinen Vorbehalt zu Art 6 Z 2 EuGVÜ/LGVÜ gemacht haben, die Gewährleistungs- bzw Interventionsklage zulassen. Das Übereinkommen begründet insoweit einen **Anspruch auf Justizgewährung** *(Geimer/Schütze,* Urteilsanerkennung I/1 § 74 II 2 c; *dies,* Zivilverfahrensrecht Art 6 EuGVÜ Rz 42; *Gottwald,* MünchKommZPO III Art 6 EuGVÜ Rz 10; EuGH 15. 5. 1990 Rs C-365/88 *„Kongreß Agentur Hagen/Zeehaghe“* Slg 1990 I 1845 = IPRax 1992, 310 [*Coester-Waltjen* 290] = NJW 1991, 2621). 30

E. Anknüpfungspunkt

Zur Entscheidung über die Gewährleistungs- bzw Interventionsklage ist das **Gericht** zuständig, **vor dem** der **Hauptprozeß anhängig** ist. Art 6 Z 2 EuGVÜ/LGVÜ ist allerdings nur anwendbar, wenn **für** die **Hauptklage** eine **Zuständigkeit nach den Übereinkommen** gegeben ist (*Auer* in *Bülow/Böckstiegel,* Rechtsverkehr 606 Art 6 EuGVÜ Rz 30; *Geimer/Schütze,* Zivilverfahrensrecht Art 6 EuGVÜ Rz 41; *Gottwald,* MünchKommZPO III Art 6 EuGVÜ Rz 10; *Kropholler,* Zivilprozeßrecht[6] Art 6 EuGVÜ Rz 27). Denn ansonsten müßten auch Urteile gegen Beklagte mit Wohnsitz in einem Vertragsstaat anerkannt werden, wenn diese an einem exorbitanten Gerichtsstand ergangen sind (*Auer* in *Bülow/Böckstiegel,* Rechtsverkehr 606 Art 6 EuGVÜ Rz 30; *Gottwald,* MünchKommZPO III Art 6 EuGVÜ Rz 10; *Kropholler,* Zivilprozeßrecht[6] Art 6 EuGVÜ Rz 27). 31

F. Verbot der Zuständigkeitserschleichung

32 Die Zuständigkeit des Gerichtes des Hauptprozesses ist dann nicht gegeben, wenn die **Klage im Hauptprozeß nur erhoben** worden ist, um den **Drittbeteiligten** dem für ihn **sonst zuständigen Gericht zu entziehen** (*Auer* in *Bülow/Böckstiegel,* Rechtsverkehr 606 Art 6 EuGVÜ Rz 35; nach dem *Jenard*-Bericht zu Art 6 Z 2 EuGVÜ und der Ansicht von *Czernich/Tiefenthaler,* LGVÜ Art 6 Rz 12 liegt dagegen eine Zuständigkeitserschleichung nur dann vor, wenn die Hauptklage offensichtlich nur zu dem Zweck erhoben worden ist, den auf die Gewährleistung in Anspruch Genommenen außerhalb seines Wohnsitzes zu verklagen). ZB Käufer und Zweitkäufer schließen eine Gerichtsstandsvereinbarung nur zu dem Zweck ab, um dem Käufer vor dem vereinbarten Gericht die Klage gegen den Verkäufer zu ermöglichen.

G. Zuständigkeitsvereinbarungen

33 Die Gerichtspflichtigkeit des in den Hauptprozeß hineingezogenen Dritten entfällt, wenn dem Art 6 Z 2 EuGVÜ/LGVÜ derogiert worden ist *(Geimer/Schütze,* Zivilverfahrensrecht Art 6 EuGVÜ Rz 45; *Gottwald,* MünchKommZPO III Art 6 EuGVÜ Rz 10; *Kropholler,* Zivilprozeßrecht[6] Art 6 EuGVÜ Rz 31). Durch eine Gerichtsstandsvereinbarung, in der für alle Rechtsstreitigkeiten aus einem bestimmten Rechtsverhältnis die Gerichte an einem bestimmten Ort als ausschließlich zuständig vereinbart werden, wird auch die Gerichtspflichtigkeit nach Art 6 Z 2 EuGVÜ/LGVÜ ausgeschlossen (*Gottwald,* MünchKommZPO III Art 6 EuGVÜ Rz 10; BGH NJW 1970, 387 [*Geimer*]).

Soweit die Zuständigkeit nach Art 6 Z 2 EuGVÜ/LGVÜ abbedungen worden ist, lassen sich einander widersprechende Entscheidungen mit Hilfe des Art 22 EuGVÜ/LGVÜ vermeiden (*Gottwald,* MünchKommZPO III Art 6 EuGVÜ Rz 10; *Kropholler,* Zivilprozeßrecht[6] Art 6 EuGVÜ Rz 31).

§ 95. (1) Die in den §§ 91 und 94 bezeichneten Klagen können bei den daselbst benannten Gerichten auch dann angebracht werden, wenn diese Gerichte in Gemäßheit der über die sachliche Zuständigkeit geltenden Bestimmungen zur Entscheidung über den mittels Klage geltend gemachten vermögensrechtlichen Anspruch an sich nicht zuständig wären.

(2) Die gemäß § 94 Abs. 1 bei einem Gerichtshof erster Instanz angebrachten Klagen und die im § 94 Abs. 2 bezeichneten Klagen, wofern sie vor rechtskräftiger Beendigung des Hauptprozesses bei einem Gerichtshofe erster Instanz angebracht werden, gehören ohne Rücksicht auf den Wert des Streitgegenstandes vor den Senat oder Einzelrichter (§ 7a) des Gerichtshofes, vor dem der Hauptprozeß geführt wird. Werden jedoch die im § 94 Abs. 2 bezeichneten Klagen erst später bei einem Gerichtshof erster Instanz angebracht, so bleibt für die Besetzung des Gerichtes der Wert des Streitgegenstandes maßgebend.

Abs 2 angefügt durch Art II Z 11 der 2. GEN StGBl 1920/116

Übersicht:

I. Zweck

1 Um die Zusammenziehung bzw Verbindung verwandter und teilweise auf gleicher Rechts- und Tatsachengrundlage beruhender Rechtsstreitigkeiten zu ermöglichen, hat § 95 JN für einige Arten von Rechtsstreitigkeiten die Schranken der sachlichen Zuständigkeit beseitigt.

II. Anwendungsbereich

2 Es handelt sich dabei um die gemeinsam **mit einer Klage auf Geltendmachung des Pfandrechtes verbundene Klage auf Zahlung der pfandrechtlich gesicherten Forderung** und die **mit der Klage auf Löschung** (Aufhebung) **des Pfandrechtes verbundene Klage auf Feststellung des Nichtbestehens der pfandrechtlich gesicherten Forderung** (beides also Klagen, die wahlweise in Verbindung mit der dinglichen Klage auch beim Gerichtsstand der gelegenen Sache nach § 91 JN angebracht werden können), ferner um die **Hauptinterventionsklage** (§ 94 Abs 1 JN) und die **Klagen der Prozeß- und Zustellungsbevollmächtigten** gegen die von ihnen im Hauptprozeß vertretenen Personen **auf Ersatz ihrer Gebühren und Auslagen** (§ 94 Abs 2 JN).

III. Durchbrechung der sachlichen Zuständigkeit

3 In allen diesen Fällen können die hier genannten Klagen **ohne Rücksicht auf entgegenstehende sachliche Zuständigkeitsnormen** bei dem in §§ 91, 94 JN bezeichneten Gericht der gelegenen Sache bzw des Hauptprozesses angebracht werden.

Die sachliche Zuständigkeit für die gem § 91 JN verbundenen Klagen richtet sich nach jener für die Klage betreffend das dingliche Recht (*Fasching,* Lehrbuch[2] Rz 303; *Holzhammer,* Zivilprozeßrecht[2], 58; *Mayr* in *Rechberger,* ZPO § 91 JN Rz 1).

IV. Gerichtsbesetzung, Verfahren und Anwaltspflicht (§ 95 Abs 2 JN, Art XIV EGJN)

A. Klagen nach § 91 JN

4 Die Gerichtsbesetzung und das Verfahren für beim GH erster Instanz eingebrachte Klagen nach § 91 JN ist in § 95 Abs 2 JN nicht ausdrücklich geregelt, da sich das Verfahren und die Gerichtsbesetzung nach dem verbundenen Klagsanspruch aus dem Liegenschaftspfandrecht richtet. Gehört dieser Anspruch vor den GH, dann richten sich das Verfahren und die Anwaltspflicht nach den allgemeinen Vorschriften des Gerichtshofverfahrens.

B. Hauptinterventionsklage

5 Da die Hauptinterventionsklage eine selbständige Klage ist, bedarf es einer ausdrücklichen Regelung der Besetzung und des Verfahrens für den Fall, daß sie gem § 95 Abs 1 JN trotz eines 130.000 S nicht übersteigenden Streitwertes beim GH erster Instanz eingebracht wurde. Nach § 95 Abs 2 JN sind Hauptinterventionsklagen stets **nach den Bestimmungen des Gerichtshofverfahrens** zu verhandeln. Zur Entscheidung ist **der über den Hauptprozeß erkennende Senat oder Einzelrichter berufen,** der ohne Rücksicht auf die Höhe des Streitwertes der Hauptinterventionsklage, in der für den Hauptprozeß geltenden Verfahrensart

und Gerichtsbesetzung verhandelt. Keine (absolute) Anwaltspflicht besteht bei einem 52.000 S nicht übersteigenden Streitwert, und wenn die Rechtssachen in die Eigenzuständigkeit der BG fallen würden (*Fasching,* Lehrbuch² Rz 287, 1606; *Mayr* in *Rechberger,* ZPO Art XIV EGJN Rz 2).

C. Klagen der Prozeß- und Zustellungsbevollmächtigten

6 Klagen der Zustellungs- und Prozeßbevollmächtigten auf Ersatz ihrer Gebühren und Auslagen werden, wenn sie vor der rechtskräftigen Beendigung des Hauptprozesses anhängig gemacht worden sind, ebenso wie die Hauptinterventionsklage ohne Rücksicht auf die Höhe des Wertes des Streitgegenstandes der Klage nach § 94 Abs 2 JN vor den Senat oder Einzelrichter gebracht, vor dem der Hauptprozeß entschieden wird oder in erster Instanz entschieden wurde.

Wurde die Klage gem § 94 Abs 2 JN erst nach rechtskräftiger Entscheidung des Hauptprozesses anhängig gemacht, dann entscheidet der Senat, wenn der Streitwert 650.000 S übersteigt und die Senatsbesetzung entweder vom Kläger in der Klage oder vom Beklagten in der Klagebeantwortung beantragt worden ist. In allen anderen Fällen entscheidet der Einzelrichter.

Im übrigen gilt für die Klage der Prozeß- und Zustellungsbevollmächtigten das zur Hauptinterventionsklage Ausgeführte.

Vor § 96 JN. Die Widerklage

Übersicht:

I. Allgemeines

1 Die Widerklage ist vor allem in § 96 JN, aber auch in § 31 Abs 1 Z 1, § 57 Abs 2 Z 4, § 233 Abs 2, § 391 Abs 2, § 411 Abs 1 ZPO behandelt, ohne daß diese Vorschriften in völlig erschöpfender Form Umfang und Aufgabe der Widerklage umreißen.

II. Funktionen und Voraussetzungen der Widerklage

Die Widerklage hat zwei Funktionen, die sie miteinander verbindet: sie ist **selbständige Klage** und gleichzeitig auch **Abwehrmittel** (des Beklagten).

A. Widerklage ist selbständige Klage

2 Aus ihrer Natur als **selbständige Klage** ergibt sich, daß die einmal rechtmäßig begründete Zuständigkeit für die Widerklage **durch das prozessuale Schicksal der Vorklage nicht berührt** wird; wird diese also zurückgezogen, wegen des Mangels einer Prozeßvoraussetzung zurückgewiesen oder durch Urteil erledigt, so ist dennoch über die Widerklage selbständig zu entscheiden. Solange

Vorklage und Widerklage nicht verbunden sind, ist daher auch der Eintritt des Ruhens oder der Unterbrechung für jedes Verfahren selbständig zu beurteilen und voneinander unabhängig. Der **in der Widerklage erhobene Anspruch erwächst seinem ganzen Umfang nach** (also über den Rahmen der Abwehrfunktion der Widerklage hinaus) **in materielle Rechtskraft.** Für die Rechtsmittelzulässigkeit ist die Entscheidung über die Widerklage als selbständiges Urteil zu betrachten, dessen Streitwert niemals mit dem Streitwert des Urteiles über die Vorklage zusammenzurechnen ist, wie überhaupt auch für die Verfahrensart selbst der Streitwert der Vorklage und der Widerklage nicht zusammengerechnet werden können (anders ist dies beim Zwischenantrag auf Feststellung, bei dem als unselbständiges Abwehrmittel für die Frage der Verfahrensart und der Zulässigkeit der Rechtsmittel sein Streitwert mit jenem des Klagsanspruches zusammengerechnet wird) (so MietSlg 24.565 [1972]; Jud 65 neu = SZ 29/77 = EvBl 1957/206 = JABl 1957, 40 = JBl 1957, 295).

B. Widerklage ist Abwehrmittel des Beklagten

Aus ihrer Funktion als (stärkstes) **Abwehrmittel** des Beklagten gegen den Klagsanspruch ergibt sich, daß sie als Widerklage nach § 96 Abs 1 JN nur zulässig ist, wenn sie mit dem Anspruch der Hauptklage in einem tatsächlichen oder rechtlichen Zusammenhang steht, oder der mit der Widerklage erhobene Klagsanspruch sich zur Aufrechnung eignet oder die Klage die Feststellung eines im Zug des Vorprozesses streitig gewordenen Rechtes oder Rechtsverhältnisses, von dessen Bestehen oder Nichtbestehen die Entscheidung über das Klagebegehren des Vorprozesses ganz oder teilweise abhängig ist, zum Gegenstand hat. Die Widerklage setzt daher entweder **Konnexität** (Sach- oder Rechtszusammenhang) **oder Kompensabilität** (Aufrechenbarkeit) oder **Präjudizialität** (rechtliche Vorfragenentscheidung) zwischen Vor- und Widerklage voraus. Nur unter diesen Voraussetzungen ergibt sich als Folge ihrer Funktion als Abwehrmittel, daß sie in erweitertem Umfang beim Gericht der Vorklage angebracht werden kann, daß die Verhandlung von Vor- und Widerklage nach Tunlichkeit zu verbinden ist (§ 187 ZPO), daß bei verbundenen Vor- und Widerklagen auch über die bereits allein zur Entscheidung reife Widerklage ein Teilurteil gefällt werden kann (§ 391 Abs 2 ZPO) und daß für die Erhebung der Widerklage keine eigene Prozeßvollmacht notwendig ist (§ 31 Abs 1 Z 1 ZPO), ebenso wie für eine Widerklage eines Ausländers die Leistung einer Prozeßkostensicherheit zu entfallen hat (§ 57 Abs 2 Z 4 ZPO). Allerdings ist es aufgrund des in Art 6 Abs 1 EG-Vertrag (bzw Art 12 Abs 1 in der konsolidierten Fassung des Vertrages von Amsterdam) verankerten Diskriminierungsverbotes verboten, von einem nicht im Inland ansässigen Staatsangehörigen eines anderen Mitgliedsstaates der EU eine Prozeßkostensicherheit zu verlangen (EuGH 2. 10. 1997 Rs C-122/96 *„Saldanha und MTS Securities Corporation/Hiross Holdings AG“* Slg 1997, I-5325; EuGH 20. 3. 1997 Rs C-323/95 *„D. C. Hayes und J. K. Hayes/Kronenberger GmbH“* Slg 1997, I-1711; EuGH 1. 7. 1993 Rs C-20/92 *„Hubbard/Hamburger“* Slg 1993, I-3777). Dies gilt nicht nur dann, wenn der Kläger seinen Wohnsitz in der EU hat, sondern auch dann, wenn er seinen Wohnsitz in einem Drittstaat hat (EuGH 2. 10. 1997 Rs C-122/96 *„Saldanha u. MTS Securities Corporation/Hiross Holding AG“* Slg 1997, I-5325]). 3

Aus ihrer Stellung als Abwehrmittel ergibt sich aber auch, daß die Einbringung einer Widerklage durch den **Schluß der mündlichen Verhandlung erster Instanz über die Vorklage** (§ 96 Abs 2 JN, § 233 Abs 2 ZPO) zeitlich begrenzt ist, während sie andererseits voraussetzt, daß eine Klage (die Vorklage) bereits 4 bei Gericht **streitanhängig** ist (das ergibt sich schon daraus, daß der Beklagte nur dann als Widerkläger auftreten kann, wenn ihm die Klageschrift des Gegners bereits zugestellt ist).

5 Schließlich ergibt sich die durch ihre Aufgabe als Abwehrmittel besonders privilegierte Stellung der Widerklage daraus, daß ihre Anbringung **ohne Rücksicht auf eine abweichende Verfahrensart** für die Vorklage möglich ist, daß also nicht **nur** die Zuständigkeitsschranken bis auf die Schutznormen der **unprorogablen Unzuständigkeit** beseitigt sind, sondern auch, daß die Vorschriften über eine besondere Verfahrensart der Anhängigmachung beim Gericht der Vorklage nicht im Weg stehen. Daher kann gegen eine im allgemeinen Gerichtshofverfahren zu verhandelnde Vorklage eine Widerklage im Mandats- oder Wechselmandatsverfahren eingebracht werden und umgekehrt. Ebenso schließt die Tatsache, daß der Vorprozeß wegen eines 650.000 S nicht übersteigenden Streitwertes durch den Einzelrichter zu entscheiden ist, nicht aus, daß eine Widerklage mit höherem Streitwert, wenn dies rechtzeitig beantragt wurde, durch den Senat desselben Gerichtes entschieden wird.

Immunität genießende Personen, die gegen Private Ansprüche einklagen, können sich in bezug auf konnexe Widerklagen nicht auf ihre Befreiung von der Gerichtsbarkeit berufen (Art 32 Abs 3 WDK, Art 45 Abs 3 WKK, Art 1 Abs 2 lit a des Europäischen Übereinkommens über Staatenimmunität; ausführlich dazu *Geimer,* IZPR[3] Rz 635 ff, 771 mwN).

6 Aus dem Wesen der Widerklage ergibt sich, daß sie **auf die Prozeßparteien selbst beschränkt** ist, **wenngleich** hier **die Parteirollen vertauscht sind.** Daher liegt keine Widerklage iSd § 96 JN vor, wenn in der Widerklage außer dem Kläger des Vorprozesses noch andere Personen als Streitgenossen beklagt werden. Umgekehrt steht auch dem einfachen Nebenintervenienten auf der Beklagtenseite nicht das Recht zur Einbringung einer Widerklage zu, denn einerseits ist der einfache Nebenintervenient im Vorprozeß nicht Partei, und andererseits kann Gegenstand der Widerklage nur ein Anspruch sein, der zwischen Kläger und Beklagtem strittig ist; die Widerklage des einfachen Nebenintervenienten würde einen Eingriff in die Dispositionsmöglichkeit des Beklagten über den Klagsanspruch bedeuten.

III. Unterschied zum Zwischenantrag auf Feststellung

7 Hier ist noch kurz auf den Unterschied zwischen der Widerklage und dem Zwischenantrag auf Feststellung zu verweisen. Dieser ergibt sich daraus, daß dem **Zwischenfeststellungsantrag** die **Selbständigkeit der Widerklage fehlt.** Er ist umfänglich auch dadurch beschränkt, daß er sich nur mit dem dritten Fall der Widerklage, der Präjudizialität, deckt, während die übrigen zulässigen Bereiche der Widerklage, die konnexen und kompensablen Ansprüche im Weg eines Zwischenfeststellungsantrages nicht erfaßt werden können. Als unselbständiges Abwehrmittel kann der Zwischenfeststellungsantrag niemals über die Erledigung der Hauptsache hinaus ein prozessuales Eigenleben führen (Näheres s §§ 236, 259 ZPO). Mit Zurückziehung, Zurückweisung oder Sacherledigung der Klage ist eine gesonderte Entscheidung über den Zwischenfeststellungsantrag ausgeschlossen. Daß über ihn durch Zwischenurteil zu entscheiden ist und daß diesem Zwischenurteil auch über den Rahmen des Rechtsstreites hinaus die materielle Rechtskraftwirkung zukommt, ergibt sich aus seiner Aufgabe als Sachabwehrmittel. Aus seiner unselbständigen Stellung ergibt sich für den Zwischenantrag die Notwendigkeit, im selben Verfahren wie die Klage selbst verhandelt zu wer-

den; daher setzt er (im Gegensatz zur selbständigen Widerklage, bei der die einzuschlagende Verfahrensart unerheblich und die Zuständigkeit nur durch die Grenzen der unprorogablen Unzuständigkeit eingeengt sind) sowohl die gleiche sachliche Zuständigkeit wie die gleiche Verfahrensart wie für die Klage voraus.

IV. Unterschied zur Aufrechungseinrede

Der Hauptunterschied zwischen der Geltendmachung einer Gegenforde- **8**
rung durch Widerklage und jener durch Aufrechnungseinrede besteht darin, daß bei der **Widerklage in jedem Fall über die Gegenforderung zu entscheiden** ist, während bei der **Aufrechnungseinrede nur dann** über die Gegenforderung abgesprochen werden darf, **wenn** die **Hauptforderung zu Recht besteht.** Außerdem kann bei der **Widerklage** auch **über eine die Hauptforderung übersteigende Gegenforderung komplett** entschieden werden, während bei der **Aufrechungseinrede über** die **Gegenforderung nur bis zur Höhe der Hauptforderung** abgesprochen werden kann (§ 411 Abs 1 letzter Satz ZPO).

Bei der Widerklage kann bei Spruchreife über jeden der beiden Anprüche ein **Teilurteil** ergehen (§ 391 Abs 2 ZPO), bei der Aufrechnungseinrede kann hingegen nur über die spruchreife Hauptforderung und nur dann ein Teilurteil ergehen, wenn kein rechtlicher Zusammenhang mit der Gegenforderung besteht (§ 391 Abs 3 ZPO).

Die **Aufrechungseinrede** kann **auch bei** einem sachlich und/oder örtlich **unzuständigen Gericht** erhoben werden (*Fasching,* Lehrbuch[2] Rz 1290; *Holzhammer,* Zivilprozeßrecht[2], 222; SZ 37/1 [1964]; SZ 31/119 [1958]), die **Widerklage** kann hingegen nur dann **beim Gericht der Erstklage** eingebracht werden, wenn dieses für die Gegenforderung **nicht** (sachlich oder örtlich) **unprorogabel unzuständig** ist (§ 96 JN).

Gerichtsstand der Widerklage

§ 96. Bei dem Gerichte der Klage kann eine Widerklage angebracht werden, wenn der mit letzterer geltend gemachte Anspruch mit dem Anspruche der Klage im Zusammenhange steht oder sich sonst zur Kompensation eignen würde, ferner wenn die Widerklage auf Feststellung eines im Laufe des Prozesses streitig gewordenen Rechtsverhältnisses oder Rechtes gerichtet ist, von dessen Bestehen oder Nichtbestehen die Entscheidung über das Klagebegehren ganz oder zum Teile abhängt.

(2) Der Gerichtsstand der Widerklage tritt nicht ein, wenn die Zuständigkeit des Gerichtes für den mit der Widerklage geltend gemachten Anspruch oder für eine derartige Feststellungsklage auch durch Vereinbarung der Parteien nicht begründet werden könnte, oder wenn zur Zeit der Anbringung der Widerklage die mündliche Verhandlung über die Klage in erster Instanz bereits geschlossen ist.

Stammfassung

Lit: *Jelinek,* Gerichtszuständigkeit im Verbraucherprozeß (§ 14 KSchG), in *Krejci,* Handbuch zum Konsumentenschutzgesetz (1981) 859; *Simotta,* Kann eine Scheidungswiderklage trotz Inkrafttretens des FamGG noch beim GH 1. Instanz erhoben werden? ÖJZ 1987, 546.

Übersicht:

I. Anwendungsvoraussetzungen

A. Streitanhängigkeit

1 Der Gerichtsstand der Widerklage setzt voraus, daß die Klage nicht nur bei Gericht eingebracht, sondern auch schon dem Gegner zugestellt, also die Rechtssache bereits **streitanhängig** ist. Maßgeblich ist der **Zeitpunkt der Anbringung der Widerklage bei Gericht;** in diesem Zeitpunkt muß die Vorklage streitanhängig sein. Das bedeutet, daß eine nachträgliche Zurückweisung der Vorklage wegen Fehlens einer Prozeßvoraussetzung nur dann auf die Widerklage wirkt, wenn diese Prozeßvoraussetzung gleichzeitig auch bei der Widerklage fehlt. Wurde die Vorklage wegen Unzulässigkeit des Rechtsweges oder wegen des Mangels der inländischen Gerichtsbarkeit oder der internationalen Zuständigkeit zurückgewiesen, dann kann die Widerklage nur dann wegen des Fehlens dieser Prozeßvoraussetzungen zurückgewiesen werden, wenn diese Prozeßvoraussetzungen auch der Widerklage (als selbständige Klage betrachtet) fehlen. Deshalb kann eine Widerklage nicht schon deshalb wegen Unzuständigkeit zurückgewiesen werden, weil die Vorklage nach Einbringung der Widerklage wegen Unzuständigkeit zurückgewiesen wurde (AmtSlg 1057 = GlUNF 3677 [1907]). Ist die Widerklage rechtmäßig anhängig gemacht worden, dann bleibt gem § 29 JN das Gericht der Vorklage für die Widerklage zuständig, auch wenn die Vorklage wegen Unzuständigkeit zurückgewiesen wird.

Der Gerichtsstand der Widerklage setzt nicht voraus, daß die beiden Prozesse zu gemeinsamer Verhandlung und Entscheidung verbunden werden können. Der Widerkläger kann sich zur Begründung des Gerichtsstandes der Widerklage auf verschiedene, bei dem angerufenen Gericht anhängige Prozesse berufen (EvBl 1965/330).

B. Parteienidentität

2 Die Widerklage setzt voraus, daß ihre **Prozeßparteien** die **Parteien der Vorklage** sind, jedoch **mit umgekehrten Parteirollen.** Im Weg einer Widerklage nach § 96 Abs 1 JN können nicht neue Personen in den Rechtsstreit als Streitgenossen einbezogen werden. Solche Klagen sind nicht nach den Zuständigkeitsnormen des § 96 JN zu beurteilen. Ebenso kann der einfache Nebenintervenient

auf der Beklagtenseite (ebenso wie auf der Klägerseite) keine Widerklage einbringen. Ist jedoch der benannte Auktor unter gleichzeitiger Entbindung des bisherigen Beklagten in den Rechtsstreit eingetreten, dann kann er eine Widerklage erheben.

C. Erhebung einer zweiten Klage

Das Wort „Widerklage" setzt voraus, daß es sich um eine **echte Klage** iSd Gesetzes, nicht aber um einen anderen, das Verfahren einleitenden Antrag handelt, wie zB den Antrag auf Erlassung eines Übergabe- oder Übernahmeauftrages. **3**

Die Widerklage ist eine selbständige Klage (vgl Vor § 96 JN Rz 2). Sie setzt zu ihrer Beachtlichkeit voraus, daß sie in den gesetzlich für die Klagseinbringung vorgesehenen Formen (§ 226 ZPO) bei Gericht eingebracht wird. Sie kann daher weder durch mündliche Erklärung in der Verhandlung noch durch die damit verbundene Protokollierung im Verhandlungsprotokoll (anders der Zwischenantrag auf Feststellung) wirksam bei Gericht angebracht werden (JBl 1936, 502).

Da die Widerklage eine selbständige Klage ist, ist auch, falls die Klagen nicht verbunden sind, das in ihrem Verfahren eingetretene Ruhen oder eine im Verfahren über die Widerklage eingetretene Unterbrechung nicht von einem im Verfahren über die Vorklage eingetretenen Ruhen (AmtSlg 1630 = GlUNF 6908 [1914]) oder einer dort eingetretenen Unterbrechung abhängig. Das Ruhen oder die Unterbrechung des Verfahrens über die Klage steht daher der Aufnahme des ruhenden bzw unterbrochenen Widerklagsprozesses nicht im Weg.

D. Zusammenhang zwischen Klags- und Widerklagsanspruch

Gefordert für eine Widerklage ist, daß der Anspruch der Widerklage eine der nachstehenden drei Voraussetzungen erfüllt: **4**

- Der Anspruch der Widerklage muß mit dem Anspruch der Klage im Zusammenhang stehen **(Konnexität).** Dabei ist nicht gefordert, daß sich beide Ansprüche aus dem gleichen Rechtsgrund ableiten, sondern es reicht auch ein **tatsächlicher Zusammenhang** beider Ansprüche aus (JBl 1936, 258; nicht genügt es jedoch, wenn bloß gleichartige Ansprüche erhoben werden EvBl 1999/41); es reicht also, daß sich die Begehren beider Klagen auf die gleichen Tatsachen stützen oder aus dem gleichen Tatsachenkomplex abgeleitet werden (EvBl 1979/138; EvBl 1973/160). Insb genügt auch ein wirtschaftlicher Zusammenhang zwischen beiden Klagsansprüchen (*Fasching*, Lehrbuch[2] Rz 1304; *Mayr* in *Rechberger,* ZPO § 96 JN Rz 1; *Rechberger/Simotta,* Zivilprozeßrecht[5] Rz 423/1; IPRE 2/211 = JBl 1989, 58 = RdW 1989, 67).
- Darüber hinaus ist eine Widerklage selbst dann zulässig, wenn die Klagsansprüche zwar in keinem Zusammenhang stehen, aber nach den Vorschriften des bürgerlichen Rechtes (§§ 1438 ff ABGB) aufrechenbar sind **(Kompensabilität).** Vgl § 391 ZPO.
- Schließlich ist eine Widerklage dann zulässig, wenn sie auf Feststellung eines im Lauf des Vorprozesses streitig gewordenen Rechtes gerichtet ist, von dessen Bestand oder Nichtbestand die Entscheidung über die Vorklage ganz oder teilweise abhängt **(Präjudizialität).** Trotz der einschränkenden Fassung des § 96 JN („Recht") muß im Zusammenhalt mit § 228 ZPO die Widerklage nicht nur auf die Feststellung von Rechten, sondern auch von Rechtsverhältnissen als zulässig erachtet werden. Hingegen kann im Weg der Widerklage nicht die Feststellung von Tatsachen begehrt werden (auch nicht der Echtheit oder Unechtheit einer Urkunde oder des letzten ruhigen Besitzstandes).

E. Keine unprorogable Unzuständigkeit für die Widerklage

5 Eingeschränkt ist der Gerichtsstand der Widerklage umfänglich nur dadurch, daß **das angerufene Gericht für die Widerklage** an sich **nicht unprorogabel** (sachlich, örtlich oder international) **unzuständig** sein darf; es muß also durch Vereinbarung zuständig gemacht werden können (§ 104 Abs 1 und 2 JN). Während aber bei der unprorogablen sachlichen und örtlichen Unzuständigkeit eine Heilung nach § 104 Abs 3 JN möglich ist (*Ballon,* Zivilprozeßrecht[9] Rz 290; *Fasching,* Lehrbuch[2] Rz 1305; *Mayr* in *Rechberger,* ZPO § 96 JN Rz 2), ist eine solche bei der unprorogablen internationalen Unzuständigkeit ausgeschlossen.

Die Fragebeantwortung des JM zu § 96 JN (JMVBl 1897/44) hat daher mit Recht ausgeführt, daß auch vor das mit der Vorklage befaßte BG im Weg der Widerklage Ansprüche gebracht werden können, die wegen ihres Streitwertes vor die GH gehören. Andererseits kann aber weder ein Anspruch, der selbständig vor das BG gehört, im Weg der Widerklage vor den GH gebracht werden, wie auch Ansprüche, die aufgrund der Eigenzuständigkeitsnormen (wie zB nach § 9 Abs 1 AHG) vor die GH gehören, nicht durch Widerklage bei den BG anhängig gemacht werden können. Eine abweichende Kausalzuständigkeit steht der Anbringung einer Widerklage nur dann im Weg, wenn die Rechtssache in die Zuständigkeit des ASG fällt (vgl § 9 ASGG).

Im Bereich der örtlichen Zuständigkeit können Ansprüche, für die eine Zwangszuständigkeit besteht (s Vor §§ 83a und 83b JN Rz 4ff), nicht im Weg der Widerklage vor andere Gerichte gebracht werden.

Dagegen steht aufgrund seiner Zielsetzung der Gerichtsstand des Verbrauchers (§ 14 KSchG) der Begründung des Gerichtsstandes der Widerklage nicht entgegen (*Ballon,* Zivilprozeßrecht[9] Rz 290; *Fasching,* Lehrbuch[2] Rz 1305; *Mayr* in *Rechberger,* ZPO § 96 JN Rz 2; vgl *Jelinek,* Gerichtszuständigkeit 885f; s auch Vor §§ 83a und 83b JN Rz 55).

Bezüglich der **Schiedsgerichtsbarkeit** muß (vgl OLG Wien EvBl 1935/826) festgehalten werden, daß die Einrede der Schiedsgerichtsbarkeit nur eine Einrede der sachlichen Unzuständigkeit begründet und in diesem Bereich die Grenzen der Schiedsgerichtsbarkeit eben durch Parteienvereinbarung, also den Schiedsvertrag, gezogen werden. Die Schiedsgerichtsbarkeit ist außerdem nur über Einrede wahrzunehmen. Daraus ergibt sich, daß die Anrufung des Gerichtes im Weg der Widerklage auch für einen Anspruch, der durch Schiedsvereinbarung vor ein Schiedsgericht gehört, grundsätzlich zulässig ist, solange der Beklagte nicht die sachliche Unzuständigkeit infolge einer Schiedsvereinbarung einwendet. Selbst diese Einrede kann er aber nicht erfolgreich erheben, wenn das Schiedsgericht nur wahlweise neben dem ordentlichen Gericht vereinbart wurde. Nur bei Vereinbarung der ausschließlichen Schiedsgerichtsbarkeit müßte nach (rechtzeitiger) Erhebung der Unzuständigkeitseinrede durch den Gegner die Widerklage wegen sachlicher Unzuständigkeit zurückgewiesen werden.

6 **Nicht eingeschränkt** hingegen wird die Zulässigkeit der Widerklage **durch eine abweichende Verfahrensart** für die Verhandlung über die Widerklage, wenn keine unprorogable Unzuständigkeit des angerufenen Gerichtes vorliegt. Daher steht einer in Form einer Wechselmandats- oder Mandatsklage eingebrachten Widerklage nicht entgegen, daß die Vorklage im allgemeinen Verfahren abgewickelt wird, oder umgekehrt. Schließlich hindert die Einbringung einer Widerklage auch nicht der Umstand, daß die Widerklage vor den Einzelrichter des GH gehört, während die Vorklage vor dem Senat verhandelt wird, oder umgekehrt (OLG Wien ZBl 1929/17).

F. Kein Instanzschluß

Gleichlautend mit § 233 Abs 2 ZPO begrenzt § 96 Abs 2 JN die Möglichkeit der Anhängigmachung zeitlich mit dem **Schluß der mündlichen Verhandlung in erster Instanz.** Diese Grenze gilt auch für die nicht vom Neuerungsverbot beherrschten Verfahren (Abstammungsverfahren, Verfahren über eine Klage auf Nichtigerklärung der Ehe oder auf Feststellung des Bestehens bzw Nichtbestehens einer Ehe). **7**

Ist ein Teil- oder Zwischenurteil ergangen, kann keine Widerklage gegen den durch Teil- bzw Zwischenurteil erledigten Anspruch mehr erhoben werden.

Die Widerklage kann auch (vgl *Neumann,* Kommentar[4] I 236) noch dann vom Beklagten eingebracht werden, wenn er zwar die Klagebeantwortungsfrist versäumt hat, aber infolge einer rechtzeitigen Anmeldung prozeßhindernder Einreden bei der ersten Tagsatzung noch gem § 398 Abs 2 ZPO vor Erlassung des Versäumnisurteiles eine mündliche Verhandlung über diese Prozeßeinreden durchgeführt werden muß. Erst nach Abschluß dieser Verhandlung ist die Anbringung der Widerklage ausgeschlossen. Wurden also in der ersten Tagsatzung prozeßhindernde Einreden angemeldet, dann schließt der ungenützte Ablauf der Klagebeantwortungsfrist nicht bereits die Widerklage aus (vgl SZ 12/135 [1930]; ZBl 1917/44).

G. Widerklage gegen Widerklage?

Liegen die Voraussetzungen des § 96 JN vor, dann wird auch eine **Widerklage gegen eine Widerklage** für zulässig angesehen werden müssen. Dies nicht nur, soweit die Widerklage auf die Feststellung eines Rechtes oder Rechtsverhältnisses gerichtet ist, sondern auch bei Leistungsansprüchen, weil zufolge der Selbständigkeit der Widerklage die Bedenken unbeachtlich sind, daß auf diese Weise eine unzulässige Klagserweiterung der Vorklage erreicht werden könnte (und so die Widerklage gegen die Widerklage ebenso wie die unzulässige Gegenkompensationseinrede eine Umgehung der Unzulässigkeit der Klagserweiterung gegen den Widerspruch der Partei und die Ablehnung des Gerichtes eröffnen könnte). Es spricht daher nichts gegen die Zulässigkeit einer Widerklage gegen die Widerklage, soweit die Voraussetzungen des § 96 JN auch für diese Klage erfüllt sind (AmtSlg 1098 = GlUNF 3848 [1907]). **8**

II. Prüfung der Voraussetzungen nach § 96 JN

Das Gericht des § 96 JN hat bei einer Widerklage zu prüfen, ob der Klagsanspruch konnex, kompensabel oder präjudiziell ist. Der Kläger muß dies nicht ausdrücklich behaupten, da sich dies aus dem Begehren und dem vorgebrachten Sachverhalt ergeben muß. Wohl aber muß der Kläger behaupten, daß die Vorklage bei dem angerufenen Gericht streitanhängig ist und daß die mündliche Verhandlung über diese Klage noch nicht (in erster Instanz) abgeschlossen ist. Es ist daher in der Widerklage auch die Geschäftszahl der Vorklage anzugeben und die Klage ausdrücklich als Widerklage zu bezeichnen. Die Parteienidentität ergibt sich aus der Parteienangabe der Widerklage; es muß eine solche nicht ausdrücklich behauptet werden. **9**

Fehlt eine der in § 96 JN genannten Voraussetzungen, dann ist die Widerklage wegen Unzuständigkeit des angerufenen Gerichts zurückzuweisen (in den meisten Fällen richtiger: als wegen des Fehlens der gesetzlichen Voraussetzungen für eine Widerklage beim unzuständigen Gericht eingebracht zurückzuwei- **10** sen). Eine Zurückweisung ist jedoch ausgeschlossen, wenn der Klage zwar die gesetzlichen Voraussetzungen für die Widerklage fehlen, die Zuständigkeit des angerufenen Gerichtes aber aus anderen Zuständigkeitstatbeständen gegeben ist.

III. Die internationale Zuständigkeit

A. Die internationale Zuständigkeit nach Art 6 Z 3 EuGVÜ/LGVÜ

Art 6 EuGVÜ/LGVÜ. Eine Person, die ihren Wohnsitz im Hoheitsgebiet eines Vertragsstaats hat, kann auch verklagt werden,

.....

3. wenn es sich um eine Widerklage handelt, die auf denselben Vertrag oder Sachverhalt wie die Klage selbst gestützt wird, vor dem Gericht, bei dem die Klage selbst anhängig ist;

Lit: *Banniza von Bazan,* Der Gerichtsstand des Sachzusammenhangs im EuGVÜ, dem Lugano-Abkommen und im deutschen Recht (1995); *Dageförde,* Aufrechnung und Internationale Zuständigkeit, RIW 1990, 873; *Droz,* Compétence judicaire et effets des jugements dans le Marché commun (1972); *Eickhoff,* Inländische Gerichtsbarkeit und internationale Zuständigkeit für Aufrechnung und Widerklage (1985); *v. Falkenhausen,* Ausschluß von Aufrechnung und Widerklage durch internationale Gerichtsstandsvereinbarungen, RIW 1982, 386; *Gebauer,* Internationale Zuständigkeit und Prozeßaufrechnung, IPRax 1998, 79; *Geimer,* Fora connexitatis – Der Sachzusammenhang als Grundlage der internationalen Zuständigkeit, WM 1979, 350; *ders,* EuGVÜ und Aufrechnung: Keine Erweiterung der internationalen Entscheidungszuständigkeit – Aufrechnungsverbot bei Abweisung der Klage wegen internationaler Unzuständigkeit, IPRax 1986, 208; *ders,* Das Nebeneinander und Miteinander von europäischem und nationalem Zivilprozeßrecht, NJW 1986, 2991; *Gottwald,* Europäische Gerichtspflichtigkeit kraft Sachzusammenhangs, IPRax 1989, 272; *Rohner,* Die örtliche und internationale Zuständigkeit kraft Sachzusammenhangs (1991); *H. Roth,* Gerichtsstand kraft Sachzusammenhangs in dem Vollstreckbarerklärungsverfahren des europäischen Zivilprozeßrechts, RIW 1987, 814; *Schlosser,* Unterhaltsansprüche vor den Gerichten der Alt-EWG-Staaten, FamRZ 1973, 424; *Spellenberg,* Örtliche Zuständigkeit kraft Sachzusammenhangs, ZVglRWiss 79 (1980) 89; *Wolf,* Rechtshängigkeit und Verfahrenskonnexität nach EuGVÜ, EuZW 1995, 365.

1. Zweck und Bedeutung

11 Art 6 Z 3 EuGVÜ/LGVÜ ermöglicht eine einheitliche Entscheidung und Verhandlung zusammengehörender Rechtsstreitigkeiten, um widersprechende Entscheidungen zu vermeiden (ErläutRV zum LGVÜ [34 BlgNR 20. GP] 32; *Geimer/Schütze,* Zivilverfahrensrecht Art 6 EuGVÜ Rz 48). Das Gericht, bei dem die Hauptklage anhängig ist, ist auch für alle Widerklagen, die auf denselben Vertrag oder Sachverhalt wie die Klage gestützt werden, international, sachlich und örtlich zuständig (*Geimer/Schütze,* Zivilverfahrensrecht Art 6 EuGVÜ Rz 48).

2. Begriff

12 Der Begriff der Widerklage ist **autonom** auszulegen (*Eickhoff,* Gerichtsbarkeit 92; *Geimer/Schütze,* Zivilverfahrensrecht Art 6 EuGVÜ Rz 59; *Gottwald,* MünchKommZPO III Art 6 EuGVÜ Rz 12; *Kropholler,* Zivilprozeßrecht[6] Art 6 EuGVÜ Rz 32; *Schlosser,* EuGVÜ Art 6 Rz 9). Die Widerklage ist ein **selbständiger Angriff des Beklagten,** der nur **gegen** den **Kläger des Vorprozesses gerichtet** ist (vgl *Eickhoff,* Gerichtsbarkeit 92 ff; *Gottwald,* MünchKommZPO III Art 6 EuGVÜ Rz 12; *Schlosser,* EuGVÜ Art 6 Rz 9).

3. Anwendungsbereich

13 Art 6 Z 3 EuGVÜ/LGVÜ kommt nur dann zur Anwendung, wenn sich die **Zuständigkeit für** die **Hauptklage nach dem EuGVÜ/LGVÜ** richtet (*Gottwald,* MünchKommZPO III Art 6 EuGVÜ Rz 11; *Kropholler,* Zivilprozeßrecht[6] Art 6 EuGVÜ Rz 34; aA *Auer* in *Bülow/Böckstiegel,* Rechtsverkehr 606 Art 6 EuGVÜ Rz 46; *Eickhoff,* Gerichtsbarkeit 100; krit *Kropholler,* ZZP 100 [1987] 353 [Rez]; *Schlosser,* FamRZ 1973, 430 bei FN 48; *ders,* EuGVÜ Art 6 Rz 9). Es ist nämlich nicht Sinn des Abkommens, die Zuständigkeit für eine Widerklage festzulegen, wenn das Abkommen auf die Hauptklage überhaupt nicht anwendbar ist.

14 Art 6 Z 3 EuGVÜ/LGVÜ gilt **auch in Versicherungs- und Verbrauchersachen** (*Geimer/Schütze,* Zivilverfahrensrecht Art 6 EuGVÜ Rz 49 ff; *Gottwald,* MünchKommZPO III Art 6 EuGVÜ Rz 11; *Kropholler,* Zivilprozeßrecht[6] Art 6 EuGVÜ Rz 33).

15 Entgegen dem Wortlaut seines Einleitungssatzes kommt Art 6 Z 3 EuGVÜ/LGVÜ nicht nur dann zur Anwendung, wenn der **Kläger** seinen Wohnsitz in einem Vertragsstaat hat, sondern **auch** dann, wenn er **außerhalb des geographischen Anwendungsbereiches des EuGVÜ/LGVÜ wohnt, vorausgesetzt, daß auf** die **Hauptklage das EuGVÜ/LGVÜ anwendbar** ist (*Geimer,* NJW 1986, 2993; *Geimer/Schütze,* Urteilsanerkennung I/1 § 29 IX; *dies,* Zivilverfahrensrecht Art 6 EuGVÜ Rz 52; *Gottwald,* MünchKommZPO III Art 6 EuGVÜ Rz 12; *Kropholler,* Zivilprozeßrecht[6] Art 6 EuGVÜ Rz 34; aA *Eickhoff,* Gerichtsbarkeit 100; *Hausmann* in *Wieczorek/Schütze,* ZPO[3] I/1 Art 6 EuGVÜ Rz 30; *Schlosser,* EuGVÜ Art 6 Rz 9; BGH IPRspr 1981/165 = NJW 1981, 2644 = RIW 1981, 703).

4. Anwendungsvoraussetzungen

a) Konnexität

16 Da der Kläger der Hauptklage durch den Gerichtsstand der Widerklage auch dann gerichtspflichtig wird, wenn kein Zuständigkeitsanknüpfungspunkt nach Art 2 ff EuGVÜ/LGVÜ im Gerichtsstaat gegeben ist, soll die Zuständigkeit nach Art 6 Z 3 EuGVÜ/LGVÜ dann nicht bestehen, wenn das Gericht keinen starken Bezug zur Sache hat (*Droz,* Compétence Nr 103; *Geimer/Schütze,* Zivilverfahrensrecht Art 6 EuGVÜ Rz 53; *Kropholler,* Zivilprozeßrecht[6] Art 6 EuGVÜ Rz 35). Es genügt daher – anders als nach autonomem österreichischen Recht – nicht, daß zwischen den in Haupt- und Widerklage geltend gemachten Ansprüchen ein Zusammenhang besteht, sondern die Widerklage muß sich auf **denselben Vertrag oder Sachverhalt** wie die Klage stützen. Die Voraussetzungen für eine Widerklage iSd Art 6 Z 3 EuGVÜ/ LGVÜ sind somit gegenüber Art 22 Abs 3 EuGVÜ/LGVÜ enger (*Czernich/Tiefenthaler,* LGVÜ Art 6 Rz 13; *Geimer/Schütze,* Urteilsanerkennung I/1 § 80 II; *dies,* Zivilverfahrensrecht Art 6 EuGVÜ Rz 53; *Gottwald,* Münch-KommZPO III Art 6 EuGVÜ Rz 13; *Kropholler,* Zivilprozeßrecht[6] Art 6 EuGVÜ Rz 35; großzügiger *Schack,* IZVR[2] Rz 352; differenzierend *Wolf,* EuZW 1995, 367).

17 Soweit sich alle Klagen entweder auf denselben Vertrag oder auf denselben Sachverhalt stützen, sind auch Wider-Widerklagen zulässig (*Eickhoff,* Gerichtsbarkeit 98; *Gottwald,* MünchKommZPO III Art 6 EuGVÜ Rz 13; *Schlosser,* EuGVÜ Art 6 Rz 9).

18 Der Konnexitätsbegriff des Art 6 Z 3 EuGVÜ/LGVÜ, dh die Tatbestandsmerkmale **„derselbe Vertrag"** und **„derselbe Sachverhalt"**, ist **vertragsautonom** zu bestimmen (*Auer* in *Bülow/Böckstiegel,* Rechtsverkehr 606 Art 6 EuGVÜ

Rz 49; *Czernich/Tiefenthaler,* LGVÜ Art 6 Rz 13; *Geimer/Schütze,* Urteilsanerkennung I/1 § 80 V; *dies,* Zivilverfahrensrecht Art 6 EuGVÜ Rz 59; *Hausmann* in *Wieczorek/Schütze,* ZPO³ I/1 Art 6 EuGVÜ Rz 29; *Kropholler,* Zivilprozeßrecht⁶ Art 6 EuGVÜ Rz 35; aA *Schumann* in *Stein/Jonas,* ZPO²¹ I § 33 Rz 46).

19 Keine Konnexität iSd Art 6 Z 3 EuGVÜ/LGVÜ liegt dann vor, wenn die Widerklage sich auf einen anderen Vertrag als die Klage stützt, es sei denn, ihnen läge derselbe Sachverhalt zugrunde (*Kropholler,* Zivilprozeßrecht⁶ Art 6 EuGVÜ Rz 35; ecolex 1999, 168 = RdW 1998, 615 = ZfRV 1998/41). Das Vorliegen desselben Sachverhaltes wurde bei der auf den Rahmenvertrag gestützten Widerklage des Vertragshändlers gegen die auf einzelne Kaufverträge gestützte Zahlungsklage seines Unternehmers bejaht (Cass Bericht *Huet,* Clunet 1995, 150). Keinesfalls genügt es, wenn zwischen den beiden Verträgen ein Zusammenhang besteht (*Kropholler,* Zivilprozeßrecht⁶ Art 6 EuGVÜ Rz 35; HR N.J. 1983/547), wie zB zwischen dem Scheckanspruch und dem Gewährleistungsanspruch aus dem Grundgeschäft (LG Mainz IPRSpr 1983/134 b). Keine Konnexität ist ferner zwischen der Klage des deutschen Bürgen, der den Gläubiger befriedigt hat, gegen den in den Niederlanden wohnhaften Hauptschuldner und der Klage des Hauptschuldners, der vormals Arbeitnehmer des Bürgen war, wegen unrechtmäßiger Kündigung, gegeben (Rb Roermond N. J. 1975/405 = Bericht *J. P. Verheul,* NethIntLRev 1975, 349). Weiters besteht keine Konnexität, wenn die Widerklägerin ihre Gegenansprüche aus bestellungsgemäß durchgeführten Warenlieferungen, der Widerbeklagte jedoch seine mit der Vorklage geltend gemachten Ansprüche aus einem Gesellschaftsvertrag bzw einer mit der Widerklägerin getroffenen Vereinbarung über den Gewinnanteil ableitet (ecolex 1999, 168 = RdW 1998, 615 = ZfRV 1998/41).

20 Leiten sich die mit Klage und Widerklage geltend gemachten Ansprüche nicht aus demselben Vertrag oder demselben Sachverhalt ab (sog inkonnexe Widerklage), kann das Gericht über die Widerklage dann entscheiden, wenn sich entweder die Zuständigkeit aus anderen Vorschriften des EuGVÜ/LGVÜ (zB Art 2, Art 5 Z 1 oder 3, Art 17) ergibt oder der Widerbeklagte (= Kläger der Hauptklage) sich auf die Widerklage nach Art 18 EuGVÜ/LGVÜ einläßt (*Czernich/Tiefenthaler,* LGVÜ Art 6 Rz 14 f; *Geimer/Schütze,* Zivilverfahrensrecht Art 6 EuGVÜ Rz 54; *Gottwald,* MünchKommZPO III Art 6 EuGVÜ Rz 12; *Hausmann* in *Wieczorek/Schütze,* ZPO³ I/1 Art 6 EuGVÜ Rz 34; *Kropholler,* Zivilprozeßrecht⁶ Art 6 EuGVÜ Rz 36).

b) Parteienidentität

21 Art 6 Z 3 EuGVÜ/LGVÜ kommt nur dann zur Anwendung, wenn die Prozeßparteien im Prozeß über die Widerklage mit vertauschten Parteirollen mit jenen des Vorprozesses identisch sind. Art 6 Z 3 EuGVÜ/LGVÜ gilt demnach nicht für parteierweiternde Widerklagen (*Geimer/Schütze,* Urteilsanerkennung I/1 § 80 VI; *dies,* Zivilverfahrensrecht Art 6 EuGVÜ Rz 61; *Hausmann* in *Wieczorek/Schütze,* ZPO³ I/1 Art 6 EuGVÜ Rz 36; *Kropholler,* Zivilprozeßrecht⁶ Art 6 EuGVÜ Rz 37; *Schumann* in *Stein/Jonas,* ZPO²¹ I § 33 Rz 45).

c) Es darf keine Zwangszuständigkeit nach Art 16 EuGVÜ/LGVÜ vorliegen

22 Soweit ein Vertragsstaat nach Art 16 EuGVÜ/LGVÜ ausschließlich zuständig ist, kann diese Zuständigkeit nicht durch Erhebung einer Widerklage vor einem Gericht eines anderen Vertragsstaates unterlaufen werden (*Czernich/Tiefenthaler,* LGVÜ Art 6 Rz 16; *Eickhoff,* Gerichtsbarkeit 149; *Geimer/Schütze,*

Urteilsanerkennung I/1 § 80 VIII; *dies,* Zivilverfahrensrecht Art 6 EuGVÜ Rz 64; *Gottwald,* MünchKommZPO III Art 6 EuGVÜ Rz 12; *Schlosser,* EuGVÜ Art 6 Rz 10).

5. Zuständigkeitsvereinbarungen

Die Derogation des Gerichtsstandes der Widerklage ist zulässig. Zur Frage, ob durch eine Gerichtsstandsvereinbarung immer auch der Gerichtsstand der Widerklage ausgeschlossen wird, s § 104 JN Rz 322 f. 23

6. Zusätzliche nationale Anforderungen

Die sonstigen (dh nicht in Art 6 Z 3 EuGVÜ/LGVÜ geregelten) Zulässigkeitserfordernisse richten sich nach dem nationalen Prozeßrecht des Gerichtsstaates **(lex fori)** (*Auer* in *Bülow/Böckstiegel,* Rechtsverkehr 606 Art 6 EuGVÜ Rz 55; *Geimer/Schütze,* Zivilverfahrensrecht Art 6 EuGVÜ Rz 56; *Kropholler,* Zivilprozeßrecht[6] Art 6 EuGVÜ Rz 37; *Schumann* in *Stein/Jonas,* ZPO[21] I § 33 Rz 44). 24

Da in Art 6 Z 3 EuGVÜ/LGVÜ neben der internationalen Zuständigkeit auch die sachliche und örtliche Zuständigkeit geregelt ist, verdrängt diese Regelung jene des § 96 JN, wonach das Gericht der Hauptklage für die Widerklage nicht unprorogabel unzuständig sein darf. Dh eine nach österreichischem Recht gegebene unprorogable sachliche und örtliche Unzuständigkeit steht der Zulässigkeit der Widerklage nach Art 6 Z 3 EuGVÜ/LGVÜ nicht im Weg (vgl für die gleichgelagerte deutsche Rechtslage *Geimer/Schütze,* Zivilverfahrensrecht Art 6 EuGVÜ Rz 58; *Gottwald,* MünchKommZPO III Art 6 EuGVÜ Rz 15; *Hausmann* in *Wieczorek/Schütze,* ZPO[3] I/1 Art 6 EuGVÜ Rz 35; aA *Schumann* in *Stein/Jonas,* ZPO[21] I § 33 Rz 44). Es kann daher eine arbeitsrechtliche Widerklage auch dann erhoben werden, wenn die Hauptklage nicht bei einem ASG anhängig ist (vgl für die deutsche Rechtslage *Schlosser,* EuGVÜ Art 6 Rz 10; aA *Schumann* in *Stein/Jonas,* ZPO[21] I § 33 Rz 44). 25

Strittig ist, ob nationale Widerklageverbote neben Art 6 Z 3 EuGVÜ/LGVÜ anzuwenden sind. Da dem österreichischen Recht im Gegensatz zum deutschen, wo § 595 Abs 1 dZPO ein Widerklageverbot für den Urkunden- und Wechselprozeß normiert, derartige Verbote fremd sind, wird diesbezüglich auf die Ausführungen bei *Geimer/Schütze,* Zivilverfahrensrecht Art 6 EuGVÜ Rz 56 f; *Gottwald,* MünchKommZPO III Art 6 EuGVÜ Rz 15; *Jayme,* IPRax 1984, 100 (Entscheidungsanmerkung); *Schack,* IZVR[2] Rz 352; *Schumann* in *Stein/Jonas,* ZPO[21] I § 33 Rz 44 verwiesen. 26

7. Aufrechnungseinrede

Strittig ist, ob über eine durch Aufrechnungseinrede geltend gemachte Gegenforderung nur dann entschieden werden darf, wenn das Prozeßgericht dafür international zuständig ist. 27

Das für die Hauptforderung international zuständige Gericht kann über konnexe Gegenforderungen, die mit einer Widerklage gem Art 6 Z 3 EuGVÜ/LGVÜ geltend gemacht werden könnten, entscheiden. Dasselbe gilt, wenn sich der Kläger gem Art 18 EuGVÜ/LGVÜ rügelos auf die Gegenforderung eingelassen hat (EuGH 7. 3. 1985 Rs 48/84 *„Spitzley/Sommer"* Slg 1985, 787 = IPRax 1986, 27 [*Gottwald* 10] = NJW 1985, 2893 = RIW 1985, 313 [*Rauscher* 887]).

Wenn die geltend gemachte Gegenforderung dagegen inkonnex ist, bestimmen sich – weil es sich hier um ein Verteidigungsmittel des Beklagten handelt –

die Voraussetzungen, unter denen sie erhoben werden kann, nicht nach den Übereinkommen, sondern nach nationalem Recht (*Czernich/Tiefenthaler,* LGVÜ Art 6 Rz 17; *Kropholler,* Zivilprozeßrecht[6] Art 6 EuGVÜ Rz 42; *Schlosser,* EuGVÜ Vor Art 2 Rz 15; EuGH 13. 7. 1995 Rs C-341/93 *„Danvaern Produktion/Schuhfabriken Otterbeck"* Slg 1995, I-2053 = EuZW 1995, 639 [*Geimer*] = NJW 1996, 42 [*Bacher* 2140] = ZZP 109 [1996] 373 [*Mankowski*]). Die davor ergangene Rsp des BGH (EWS 1993, 260 = IPRax 1994, 115 [*Geimer* 82] = IPRspr 1993/139 = NJW 1993, 2753 = RIW 1993, 846 = ZZP 107 [1994] 211 [*Leipold*]) ist daher nur mehr insoweit richtig, als das deutsche Recht die Zulässigkeit der Prozeßaufrechnung davon abhängig macht, daß das Gericht der Hauptforderung für die klagsweise Geltendmachung der Gegenforderung international zuständig ist; zu der gegenteiligen Ansicht *Gebauer,* IPRax 1998, 84 mwN. Mit dem EuGVÜ/LGVÜ läßt sich dies freilich nicht mehr begründen (*Kropholler,* Zivilprozeßrecht[6] Art 6 EuGVÜ Rz 42).

Nach österreichischem Recht bildet die internationale Zuständigkeit ebenso wie nach deutschem Recht eine Voraussetzung für die Zulässigkeit der Aufrechnungseinrede (*Fasching*[1] III 578; *ders,* Lehrbuch[2] Rz 1290; *Rechberger/ Simotta,* Zivilprozeßrecht[5] Rz 483/1).

Die bei einer Aufrechnungseinrede auftretenden Probleme werden ausführlich bei *Geimer/Schütze,* Zivilverfahrensrecht Art 6 EuGVÜ Rz 65 ff behandelt.

B. Die internationale Zuständigkeit nach autonomem Recht

28 Soweit EuGVÜ/LGVÜ nicht anwendbar ist, ist gem § 27 a JN die internationale Zuständigkeit für eine Widerklage gegeben, wenn die Voraussetzungen des § 96 JN erfüllt sind.

Gerichtsstand des früheren Wohnsitzes
[richtig: des früheren allgemeinen Gerichtsstandes]

§ 97. (1) Handwerker, Kleinverschleißer, Wirte, Schiffer, Fuhrleute und sonstige Gewerbetreibende, ferner Gesellen, Gehilfen, Dienstleute und sonstige Arbeiter um Lohn können wegen ihrer Forderungen für gelieferte Erzeugnisse und Waren, für geleistete Dienste und Arbeiten innerhalb neunzig Tagen von der Zeit der letzten Lieferung oder Leistung bei dem nach dem früheren allgemeinen Gerichtsstand des Abnehmers oder Arbeitgebers zuständigen Gericht klagen, wenn dieser mittlerweile seinen allgemeinen Gerichtsstand in einen anderen Gerichtsbezirk verlegt hat.

(2) Ein Gleiches steht den Privatlehrern in Betreff ihres Entlohnungsanspruches zu.

Abs 1 idF Art II Z 43 ZVN 1983 BGBl 135; die notwendige Anpassung der Überschrift wurde übersehen

Übersicht:

I. Anwendungsbereich und -voraussetzungen

A. Personeller Anwendungsbereich

1. Allgemeines

Der Gerichtsstand des früheren allgemeinen Gerichtsstandes nach § 97 JN kann von zwei verschiedenen Gruppen von Personen in Anspruch genommen werden: von **Kleingewerbetreibenden und** von **unselbständig Erwerbstätigen.** Beiden Gruppen ist gemeinsam, daß es sich um Teilnehmer am Wirtschaftsleben handelt, die über keine starke wirtschaftliche Position verfügen. Ihre Erwerbstätigkeit ist durch den Umfang ihrer Tätigkeit oder durch ihre unselbständige Stellung stark eingeengt. Sie sollen daher durch den Gerichtsstand des § 97 JN geschützt werden. Es wird ihnen die leichtere Verfolgung ihrer an sich betraglich meist geringfügigen, jedoch für sie wirtschaftlich sehr bedeutungsvollen Ansprüche dadurch ermöglicht, daß sie die Klage beim früheren allgemeinen Gerichtsstand des Beklagten erheben können, auch wenn dieser inzwischen woanders seinen Wohnsitz oder gewöhnlichen Aufenthalt hat. Dadurch soll ihr Kostenaufwand gering gehalten werden (vgl *Neumann,* Kommentar[4] I 238). 1

Wegen seines personellen Anwendungsbereiches bezeichnet *Holzhammer* (Zivilprozeßrecht[2], 56) den Gerichtsstand des „früheren allgemeinen Gerichtsstandes" als **„Gerichtsstand der armen Leute".**

2. Kleingewerbetreibende

Wenngleich § 97 JN nur von **„sonstigen Gewerbetreibenden"** spricht, können darunter nicht alle Gewerbetreibenden verstanden werden. Aus der beispielsweisen Aufzählung der einzelnen Berufsarten ergibt sich vielmehr, daß der Gerichtsstand des § 97 JN ausdrücklich auf **jene Gewerbetreibenden** eingeschränkt sein soll, **deren persönliche Erwerbs- und Berufstätigkeit in der Regel das wirtschaftlich ausschlaggebende Moment des Betriebes** ist, also auf **Kleingewerbetreibende.** Dieser Begriff deckt sich mit dem Begriff des Kleingewerbetreibenden nach § 250 Abs 1 Z 2 EO. Dabei entscheidet der Umfang der gewerblichen Tätigkeit. Ob sie vom Eigentümer des Gewerbebetriebes persönlich ausgeübt wird, ist nicht ausschlaggebend. Es ist auch nicht erforderlich, daß dieser gewerbliche Betrieb den Bestimmungen der GewO unterliegt und daß er von der Gewerbebehörde genehmigt ist. Minderkaufleute sind jedenfalls hierher zu zählen. Andererseits ist der Begriff des Fuhrmannes nicht so eng auszulegen, daß nicht auch die unmittelbar durch den Betrieb eines Spediteurs vorgenommenen Transport- und Lagerleistungen vor dem Gericht des § 97 JN angebracht werden können (GlUNF 6548 [1913]). Wenn auch die „Schiffer" in § 97 JN genannt werden, dann kann sich das nur auf jene **Schiffer** beziehen, die – als Gegenstück zu den Fuhrleuten auf dem Land – **in kleinerem Umfang** auf den Binnengewässern selbst den Transport von Gütern durchführen, während die großen Schiffahrtsunternehmen, die sich als kommerzielle Unternehmen mit eigener kaufmännischer und schiffahrtstechnischer Leitung darstellen (so die großen Donauschiffahrtsunternehmen), nicht hierher gezählt werden können. 2

3. Unselbständig Erwerbstätige

Neben den selbständigen Gewerbetreibenden (mit kleinem Geschäftsumfang) können den Gerichtsstand des § 97 JN auch **jene unselbständig Erwerbstätigen** in Anspruch nehmen, **die in untergeordneten Stellungen tätig sind.** Dies ergibt sich aus der Beschränkung auf Gesellen, Gehilfen, Dienstleute und „son- 3 stige Arbeiter" um Lohn. Angestellte und Personen, deren Tätigkeit außerhalb des Bereiches der manuellen Arbeit liegt, können nicht hierher gezählt werden, denn sonst hätte nicht in § 97 Abs 2 JN auch der **Privatlehrer** als ausdrücklicher Ausnahmefall § 97 JN untergeordnet werden müssen.

Der Gerichtsstand des § 97 JN kommt, auch wenn diese gem § 50 Abs 1 ASGG in die sachliche Zuständigkeit der ASG fallen, auch für Entgeltansprüche für geleistete Dienste und Arbeiten in Betracht, weil § 4 Abs 1 Z 1 ASGG dem Kläger die Möglichkeit gibt, auch einen der in der JN vorgesehenen für den betreffenden Fall in Frage kommenden Gerichtsstand in Anspruch zu nehmen. Dies ergibt sich aus dem in § 4 Abs 1 Z 1 ASGG verwendeten Wort „auch" (*Kuderna,* ASGG², 78; *Wresounig,* ASGG 57).

B. Sachlicher Anwendungsbereich

4 Die Anrufung des in § 97 JN genannten Gerichtes ist nicht nur personell eingeschränkt, sondern auch sachlich begrenzt. Die vorgenannten **selbständigen Gewerbetreibenden** dürfen nur ihre Forderungen **für gelieferte Erzeugnisse und Waren** geltend machen. Dies setzt voraus, daß Lieferungen bereits erfolgt sind. Auch kann stets **nur der Verkäufer bzw Leistende klagen,** nicht jedoch der vertraglich zur Entgeltleistung Verpflichtete. Ansprüche wegen Gewährleistung, Verletzung über die Hälfte oder wegen Nichterfüllung oder Aufhebung des Vertrages gehören nicht hierher, wohl aber Klagen auf Zahlung des Kaufpreises (oder Lieferung der vertraglich an Zahlungs Statt zu leistenden Waren) und Schadenersatzforderungen wegen Zahlungsverzug.

Die **unselbständigen manuellen Arbeiter und** die **Privatlehrer** können nur ihre **Ansprüche auf Entlohnung der von ihnen geleisteten Arbeiten,** allenfalls auch Schadenersatzansprüche wegen nicht rechtzeitiger Entlohnung (gleichgültig, ob es sich um Natural- oder Barentlohnung handelt), nicht jedoch andere Ansprüche geltend machen.

C. Zeitlicher Anwendungsbereich

5 Das Gericht des letzten allgemeinen Gerichtsstandes des Beklagten kann auch dann noch angerufen werden, wenn zwar der Beklagte inzwischen seinen Wohnsitz oder gewöhnlichen Aufenthalt verlegt hat, aber **seit der letzten Lieferung oder Leistung des Klägers nicht mehr als 90 Tage verstrichen** sind. **Maßgeblich** ist also der **Zeitpunkt des Endes der Leistung.** Wann diese begonnen hat oder wann die vertragliche Verpflichtung für die Leistung begründet wurde, ist unerheblich. Der Zeitpunkt der Übersiedlung des Beklagten ist für die Berechnung der neunzigtägigen Frist ebenfalls unerheblich, da sich der Fristbeginn nach der letzten Leistung richtet.

D. Änderung des allgemeinen Gerichtsstandes

6 § 97 JN findet Anwendung, wenn sich innerhalb von 90 Tagen ab der letzten Lieferung oder Leistung an den Beklagten dessen allgemeiner Gerichtsstand geändert hat; dh, wenn der Beklagte seinen **Wohnsitz oder gewöhnlichen Aufenthalt in einen anderen Gerichtssprengel oder ins Ausland verlegt** hat. Es wird fingiert, daß der Beklagte trotz Änderung seines Wohnsitzes oder gewöhnlichen Aufenthaltes noch weiterhin beim Gericht seines früheren Wohnsitzes oder Aufenthaltes seinen allgemeinen Gerichtsstand hat.

Daher kann der Dienstherr, der während der Saison jeweils seinen Betrieb in einen anderen Ort verlegt, auch noch innerhalb von 90 Tagen nach der letzten an ihn erbrachten Leistung an dem Ort seines Saisonaufenthaltes geklagt werden (GlUNF 4073 [1908]).

II. Prüfung der Zuständigkeitsvoraussetzungen

Bei der Prüfung der Zuständigkeit eines nach § 97 JN angerufenen Gerichtes ist zu untersuchen, ob weniger als 90 Tage nach der letzten Leistung verstrichen sind, ob der Beklagte seither seinen Wohnsitz oder gewöhnlichen Aufenthalt oder Sitz gewechselt hat und diesen im Zeitpunkt der letzten Lieferung oder Leistung innerhalb des Sprengels des angerufenen Gerichtes hatte, ob der Kläger zum Kreis der Kleingewerbetreibenden oder ausdrücklich in § 97 JN bezeichneten Erwerbstätigen oder zum Kreis der unselbständigen manuellen Arbeiter oder Privatlehrer gehört und ob die Forderung eine Entgeltforderung für vom Kläger gelieferte Waren und Erzeugnisse oder geleistete Arbeiten ist. Im letzteren Fall ist besonders zu prüfen, ob der erhobene Entgeltanspruch nicht vor die ASG gehört. **7**

Fehlt auch nur eine der in § 97 JN genannten Voraussetzungen, dann ist die Klage wegen örtlicher Unzuständigkeit zurückzuweisen.

Gehört die Rechtssache vor das ASG, dann ist die Klage, wenn sie beim LGZ Wien oder dem HG Wien oder bei einem BG eingebracht worden ist, wegen sachlicher Unzuständigkeit zurückzuweisen. Ist sie sonst bei einem LG eingebracht worden, dann ist nach § 37 ASGG vorzugehen. **8**

Aus dem Gesagten ergibt sich, daß der den Gerichtsstand des § 97 JN anrufende Kläger alle für diesen Zuständigkeitstatbestand erforderlichen Tatsachen in der Klage selbst vorzubringen hat. Die notwendigen Beweise hiefür hat er anzubieten. Durchzuführen sind sie nur über Einrede des Beklagten oder im Weg der amtlichen Zuständigkeitsprüfung, wenn dem Gericht bei Einlangen der Klage gem § 41 Abs 2 JN die Unrichtigkeit der Zuständigkeitsbehauptungen bekannt ist. **9**

III. Die internationale Zuständigkeit

Sind die Voraussetzungen des § 97 JN erfüllt, dann ist zufolge des § 27 a JN die internationale Zuständigkeit Österreichs gegeben. Hat der Beklagte jedoch seinen **Wohnsitz** (Sitz) in einen anderen **Vertragsstaat des EuGVÜ/LGVÜ** verlegt, dann kommt § 97 JN nicht zur Anwendung. Der Beklagte ist – soweit nicht ein besonderer Gerichtsstand nach Art 5 ff EuGVÜ/LGVÜ gegeben ist – in jenem Vertragsstaat zu klagen, in dem er im Zeitpunkt der Klagserhebung seinen **Wohnsitz oder Sitz** hat. **10**

Gerichtsstand der Schiffer und der Schiffsmannschaft

§ 98. Gegen Schiffer und Personen der Schiffsmannschaft können Forderungen der in § 97 bezeichneten Art auch dann bei dem nach dem jeweiligen Aufenthalt des Beklagten zuständigen Gericht geltend gemacht werden, wenn dieser an einem anderen Ort seinen allgemeinen Gerichtsstand hat.

IdF Art II Z 44 ZVN 1983 BGBl 135

Gegen die Schiffer und die Schiffsmannschaft können Forderungen **auf Bezahlung der von ihnen bezogenen Waren und Erzeugnisse** und **auf Entgelt für Dienste und Arbeiten, die ihnen geleistet wurden** (vgl § 97 JN Rz 4), **auch** dann **1** beim **Gericht ihres Aufenthaltes** eingeklagt werden, **wenn** sie **an einem anderen Ort ihren allgemeinen Gerichtsstand** (Wohnsitz oder gewöhnlichen Aufenthalt) haben. Sonst können Personen nach § 67 JN nur dann am Gerichtsstand ihres Aufenthaltes geklagt werden, wenn sie weder im Inland noch anderswo einen Wohnsitz oder gewöhnlichen Aufenthalt haben.

Daß der Kläger zum Personenkreis des § 97 JN gehört, ist nicht erforderlich, da das Gesetz nur auf „Forderungen der im § 97 JN bezeichneten Art" abstellt, nicht aber auch diese Personen als Kläger fordert.

2 *Pollak* (System[2], 311) schrieb bereits im Jahr 1930, daß der **Gerichtsstand** nach § 98 JN zwar nicht aufgehoben, aber **gegenstandslos** sei, weil er sich nur auf die Besatzung von Seeschiffen beziehe, und es für diese mangels Küstenbesitzes kein österreichisches Gericht des Aufenthaltes gebe. Trotzdem wurde § 98 JN bisher nicht aufgehoben, sondern durch die ZVN 1983 an den geänderten allgemeinen Gerichtsstand angepaßt.

Gerichtsstand des Vermögens

§ **99. Gegen Personen, die im Inland keinen allgemeinen Gerichtsstand haben, kann wegen vermögensrechtlicher Ansprüche bei jedem Gericht eine Klage angebracht werden, in dessen Sprengel sich Vermögen dieser Personen oder der mit der Klage in Anspruch genommene Gegenstand selbst befindet. Der Wert des im Inland befindlichen Vermögens darf jedoch nicht unverhältnismäßig geringer sein als der Wert des Streitgegenstandes; für dessen Berechnung gilt der § 55 Abs. 3 nicht.**

(2) Bei Forderungen gilt der Wohnsitz oder der gewöhnliche Aufenthalt des Drittschuldners als der Ort, an welchem sich das Vermögen befindet. Hat der Drittschuldner im Inlande weder einen Wohnsitz noch einen gewöhnlichen Aufenthalt, befindet sich jedoch eine Sache, welche für diese Forderung zur Sicherheit haftet, im Inlande, so ist der Ort, wo diese Sache gelegen ist, für die Bestimmung des Gerichtsstandes maßgebend.

(3) Ausländische Anstalten, Vermögensmassen, Gesellschaften, Genossenschaften und andere Personenvereine können überdies auch bei dem inländischen Gerichte geklagt werden, in dessen Sprengel sich ihre ständige Vertretung für das Inland oder ein mit der Besorgung der Geschäfte solcher Anstalten und Gesellschaften betrautes Organ befindet.

(4) Für Streitigkeiten, welche sich auf Seeschiffe und Seefahrten beziehen, gilt der im Inlande gelegene Heimathafen des betreffenden Seeschiffes als der Ort, an welchem sich das Vermögen befindet.

Abs 1 und 2 idF Art II Z 45 ZVN 1983 BGBl 135

Lit: *Bajons,* Ein österreichisches System der internationalen Zuständigkeit, ZfRV 1972, 91; *dies,* Das Luganer Parallelübereinkommen zum EuGVÜ, ZfRV 1993, 45; *Ballon,* Die Rechtsprechung in Zuständigkeitsfragen, Fasching-FS (1988) 55; *Busl,* Deutsches „internationales" Mahnverfahren – §§ 688ff ZPO und EuGVÜ, IPRax 1986, 270; *Eckstein,* Zum Artikel „Ein Beitrag zur Auslegung des § 99 JN von Oberlandesgerichtsrat Schwalb", JBl 1905, 496; *Fasching,* Österreich und das „Europäische Zivilprozeßrecht", ZZP 105 (1992) 457; *Gaeta,* Gerichtliche Zuständigkeiten in streitigen Seeschiffahrtssachen, ZVR 1992, 356; *Hagen,* Der Gerichtsstand der Niederlassung, JBl 1969, 61; *Hök,* Das grenzüberschreitende Mahnverfahren und das neue Anerkennungs- und Vollstreckungsausführungsgesetz, MDR 1988, 186; *König,* Bemerkungen zur Regierungsvorlage einer Zivilverfahrens-Novelle, JBl 1982, 406; *Kralik,* Die internationale Zuständigkeit, ZZP 74 (1961) 2; *Kropholler,* Möglichkeiten einer Reform des Vermögensgerichtsstandes, ZfRV 1982, 1; *Matscher,* Zur Abgrenzung der inländischen Gerichtsbarkeit, vornehmlich in Vermögenssachen, JBl 1983, 505; *Rechberger,* Gibt es eine „internationale Zuständigkeit" der österreichischen Gerichte? Nagel-FS (1987) 194; *Schack,* Vermögensbelegenheit als Zuständigkeitsgrund – Exorbitant oder sinnvoll? ZZP 97 (1984) 46; *Schlosser,* Das internationale Zivilprozeßrecht der Europäischen Wirtschaftsgemeinschaft und Österreich, Kralik-FS (1986) 287; *Schoibl,* Die

Niederlassung im österreichischen Zivilprozeßrecht, in *Schuhmacher/Gruber,* Rechtsfragen der Zweigniederlassung (1993) 301; *Schwalb,* Ein Beitrag zur Auslegung des § 99 JN, JBl 1905, 473.

Übersicht:

I. Allgemeines

In § 99 JN sind zwei Gerichtsstände enthalten: der **Gerichtsstand des Vermögens** und der **Gerichtsstand des Streitgegenstandes** (SZ 24/105 [1951]). Beiden ist gemeinsam, daß sie **subsidiär** sind. Näheres s Rz 3ff. 1

Der Gerichtsstand des § 99 JN ist, wie sich aus seiner Systematik ergibt, eine **rein örtliche Zuständigkeitsnorm,** die in keiner Weise die sachliche Zuständigkeit für die erhobenen Ansprüche zu ändern vermag (GlUNF 7601 [1915]). 2

II. Gerichtsstand des Vermögens

A. Persönliche Voraussetzungen

1. Weder allgemeiner noch ausschließlicher Gerichtsstand im Inland (Subsidiarität)

Der Gerichtsstand des § 99 JN ist **nur gegen Personen anwendbar,** die **im Inland weder einen allgemeinen Gerichtsstand noch einen ausschließlichen Ge-** 3

richtsstand haben (Subsidiarität) (*Mayr* in *Rechberger,* ZPO § 99 JN Rz 1; EvBl 1988/76; OLG Wien WR 257 [1986]; SZ 48/80 = EvBl 1975/277). Eine weitergehende Einschränkung dieses Gerichtsstandes kann dem Gesetz nicht entnommen werden (SZ 48/80 = EvBl 1975/277; aA *Fasching*[1] I 476; *ders,* Lehrbuch[2] Rz 311; EvBl 1995/145, nach deren Ansicht auch neben gesetzlichen Wahlgerichtsständen die Anrufung des Vermögensgerichtsstandes ausgeschlossen ist).

4 Der **Vermögensgerichtsstand** kann daher **auch** dann angerufen werden, **wenn** ein gesetzlicher oder nach § 104 JN vereinbarter **Wahlgerichtsstand vorliegt** (OLG Wien WR 257 [1986]; EvBl 1961/303; OLG Wien EvBl 1947/460; SZ 11/33 [1929]). So kann auch dann, wenn der vereinbarte Wahlgerichtsstand im Ausland liegt (IPRE 3/192 [1990]; SZ 48/80 = EvBl 1975/277; EvBl 1967/242 = JBl 1967, 382; EvBl 1961/303) oder wenn es sich um eine Wechsel- oder Scheckrückgriffsklage handelt – trotz Vorliegens der Wahlgerichtsstände nach §§ 89 und 93 Abs 2 JN –, die Klage beim Vermögensgerichtsstand erhoben werden (SZ 48/80 = EvBl 1975/277; ggt für den Wechselzahlungsauftrag, uzw mit der Begründung, daß alle für die Erlassung eines Wechselzahlungsauftrages notwendigen Voraussetzungen aus dem Wechsel hervorgehen müßten SZ 16/145 [1934]).

5 Ein **im Ausland gelegener allgemeiner Gerichtsstand** des Beklagten steht der Begründung des Vermögensgerichtsstandes grundsätzlich **nicht im Weg** (IPRE 3/192 [1990]; SZ 48/80 = EvBl 1975/277). Dies gilt jedoch nicht, wenn EuGVÜ/LGVÜ anwendbar ist und der Beklagte seinen Wohnsitz bzw Sitz in einem Vertragsstaat hat (Art 3 EuGVÜ/LGVÜ).

6 Die Anrufung des nach **§ 99 JN** zuständigen Gerichtes ist dagegen **ausgeschlossen,** sobald der **Beklagte im Inland** einen **Aufenthalt** hat, weil dann der allgemeine Gerichtsstand des § 67 JN gegeben ist (so auch *Kropholler,* ZfRV 1982, 6).

7 Es muß stets **der Beklagte selbst weder einen allgemeinen noch einen ausschließlichen Gerichtsstand im Inland haben.** Daher schließt der Umstand, daß der Beklagte einer Gesellschaft angehört, die ihren Sitz im Inland hat, den Gerichtsstand des § 99 JN grundsätzlich nicht aus, ebensowenig wie die Anwendung des § 99 JN gegen die beklagte Gesellschaft ausgeschlossen wird, wenn ein Gesellschafter im Inland seinen Wohnsitz hat (GlUNF 7711 [1915]).

8 Der Gerichtsstand des Verbrauchers (§ 14 KSchG) enthält nur Prorogationsverbote, er verdrängt aber nicht den Gerichtsstand des Vermögens (SZ 56/159 = EvBl 1984/97).

9 Aus der Subsidiarität des Vermögensgerichtsstandes ergibt sich, daß der Kläger **nur dann ausdrücklich das Nichtvorliegen eines inländischen allgemeinen oder ausschließlichen Gerichtsstandes** des Beklagten sowie das **Vorhandensein eines Vermögens** (bzw des Streitgegenstandes) im Sprengel des angerufenen Gerichtes **zu behaupten** hat (vgl JBl 1991, 195; NRsp 1991/10), wenn er die **Zuständigkeit** des angerufenen Gerichtes **ausschließlich auf diesen Gerichtsstand gründet.** Ruft er jedoch das Gericht aus einem anderen Zuständigkeitstatbestand an, dann hat das Gericht, falls es diesen Tatbestand verneint, selbständig und ohne Antrag auf Grund des bisherigen Vorbringens und der Ergebnisse auch zu prüfen, ob es nicht nach § 99 JN zur Entscheidung berufen ist (vgl JBl 1955, 363). So kann auch noch im Zug des Zuständigkeitsstreites durch die Behauptung eines Vermögens des Beklagten (sogar anderer Vermögenswerte als der zur Zuständigkeitsbegründung herangezogenen) dieser Gerichtsstand begründet werden (ZBl 1936/188; ZBl 1927/86). Wenn der Beklagte rechtzeitig die Einrede der örtlichen Unzuständigkeit erhebt, hat der Kläger das Vorhandensein des Vermögens im Sprengel des angerufenen Gerichtes zu beweisen.

2. Kein Wohnsitz oder Sitz des Beklagten in einem Vertragsstaat des EuGVÜ/LGVÜ

10 Wenn der Beklagte seinen Wohnsitz oder Sitz in einem Vertragsstaat des EuGVÜ/LGVÜ hat, kommt – soweit die Rechtssache unter das EuGVÜ/LGVÜ fällt – der Gerichtsstand des Vermögens gem Art 3 Abs 2 EuGVÜ/LGVÜ nicht zur Anwendung (LG Feldkirch AnwBl 1997, 653). Näheres s Rz 97 ff.

3. Staatsbürgerschaft der Parteien belanglos

11 **Beklagter** kann sowohl ein **Ausländer** (vgl GlUNF 3469 und 3439 [1906]) **als auch** ein **Inländer** sein (so auch *Holzhammer,* Zivilprozeßrecht[2], 57). Wenn der Beklagte jedoch seinen Wohnsitz oder Sitz in einem Vertragsstaat des EuGVÜ/LGVÜ hat und das EuGVÜ/LGVÜ anwendbar ist, kommt der Vermögensgerichtsstand nicht zur Anwendung (vgl Art 3 Abs 2 EuGVÜ/LGVÜ, Näheres s Rz 97 f).

Gegen Inländer wird die Anwendung des § 99 JN auch dann in Frage kommen, wenn Kinder geklagt werden, deren gesetzliche(r) Vertreter keinen allgemeinen Gerichtsstand im Inland haben (hat), und für die beklagten Kinder die Bestimmungen der §§ 69 und 71 JN nicht in Betracht kommen.

12 Es ist aber auch für den **Kläger** nicht erforderlich, daß er Inländer ist; den Gerichtsstand des § 99 JN können **Inländer und Ausländer** anrufen, da es für die Begründung des Gerichtsstandes weder auf die Staatsbürgerschaft noch auch auf den Wohnsitz oder gewöhnlichen Aufenthalt des Klägers ankommt (IPRE 2/215 = JBl 1988, 386 [*Böhm*] = MietSlg 39.725; OLG Wien EvBl 1937/778; ZBl 1921/149; Spr 9 = SZ 2/146 [1920]; aA JBl 1919, 381; GlUNF 4825 [1909]; GlUNF 4267 [1908]; GlUNF 4165 [1908]). So können auch zwei Ausländer ihren Rechtsstreit im Inland bei dem nach § 99 JN zuständigen Gericht führen, wenn sie die Aufhebung oder Unwirksamerklärung eines von einem österreichischen Schiedsgericht gefällten Schiedsspruches begehren (SZ 18/24 [1936]).

4. Physische und juristische Personen

13 Den physischen Personen sind die in § 75 JN genannten Rechtssubjekte gleichgesetzt. Sobald diese – **juristischen Personen,** insb Gesellschaften, Vereine und Genossenschaften sowie Zweckvermögen – **im Inland keinen Sitz** haben, findet – außer das EuGVÜ/LGVÜ ist anwendbar – § 99 JN Anwendung. Allerdings ist eine inländische Repräsentanz einer ausländischen Kapitalgesellschaft (für Versicherungsunternehmen vgl nunmehr § 2 Abs 1 VWG) als Sitz im Inland anzusehen. Ihr Vorhandensein schließt die Anrufung des Gerichtsstandes nach § 99 JN aus (GlUNF 2678 [1904]), selbst wenn die inländische Niederlassung bereits in Liquidation befindlich ist (SZ 8/6 [1926]).

B. Sachlicher Anwendungsbereich

1. Vermögensrechtliche Ansprüche

14 Die Gerichtsstände des § 99 JN sind auf **vermögensrechtliche Ansprüche** beschränkt.

Vermögensrechtliche Ansprüche sind ein Gegensatz zu Ansprüchen, die dem Personen- oder Familienrecht angehören (IPRE 3/186 [1989]), sodaß Statusklagen niemals unter § 99 JN fallen können (GlUNF 3343 [1906]). **Bei vermögensrechtlichen Ansprüchen handelt es sich um Ansprüche, die sich entweder aus vermögensrechtlichen Beziehungen ableiten oder die auf Geld oder Geldes-**

wert gerichtet sind (SZ 62/31 = IPRE 3/186 [1989]; ZfRV 1979, 205 [*Schwimann*]; SZ 45/72 = JBl 1973, 43).

15 **Entscheidend** ist die **Natur des Rechtes, dessen Schutz der Kläger begehrt.** Es ist durchaus möglich, daß sich der Anspruch nicht auf ein schuldrechtliches Verhältnis gründet, wohl aber als Gegenstand einen Vermögenswert oder eine vermögenswerte Leistung hat (zB die aus einem Verlöbnisbruch abgeleiteten Schadenersatzansprüche); umgekehrt kann der Grund des Anspruches in einem vermögensrechtlichen Verhältnis liegen, das Begehren jedoch nicht auf Leistung eines Vermögenswertes oder überhaupt nicht auf Leistung gerichtet sein. Daher fallen unter die vermögensrechtlichen Ansprüche **auch reine Feststellungsklagen,** sofern ihnen eine vermögensrechtliche Beziehung zugrunde liegt (*Neumann,* Kommentar[4] I 242); so zB die Feststellungsklage bei Anfechtbarkeit eines Vergleiches (SZ 5/163 [1923]; s ferner OLG Wien EvBl 1950/278) **und Rechtsgestaltungsklagen,** mit denen die Gestaltung eines Vermögensrechtes begehrt wird (zB Ausschluß des Gesellschafters einer Personengesellschaft, Nichtigerklärung von Kapitalgesellschaftsbeschlüssen usw).

Charakteristisch für **vermögensrechtliche Ansprüche** ist, daß sie – zumindest in der Regel – **vererblich oder veräußerlich** sind (SZ 45/72 = JBl 1973, 43).

16 Weitere **Beispiele** für vermögensrechtliche Ansprüche:

- der Anspruch auf Rechnungslegung (ZfRV 1979, 205 [*Schwimann*]);
- Unterhaltsansprüche (IPRE 3/187 [1989]; LGZ Wien EFSlg 20.710 [1973]; ZBl 1927/352);
- ein Begehren auf Unterhaltsherabsetzung (LGZ Wien EvBl 1954/315; ZBl 1935/253);
- Ansprüche nach § 1330 Abs 2 ABGB (SZ 45/72 = JBl 1973, 43);
- Klage auf Unwirksamerklärung eines Schiedsspruches (EvBl 1988/145; SZ 18/24 [1936]);
- Klage auf Feststellung, daß die beklagte Partei dem Kläger für alle Schäden, welche auf den Kläger infolge des Reaktorunglücks von Tschernobyl zukommen, haftet (OLG Wien IPRE 3/185 [1988]; OLG Wien EvBl 1988/76 = IPRE 2/218; OLG Innsbruck EvBl 1987/67 = IPRE 2/217);
- Klage auf Feststellung, daß das vom Kläger abgegebene Schuldanerkenntnis nichtig ist (SZ 62/31 = IPRE 3/186 [1989]);
- Klage auf Herausgabe eines Sparbuches (ZfRV 1993, 252);
- Klage auf Übertragung des Rechtes aus der österreichischen Patentanmeldung (ecolex 1993, 255 = GRURInt 1993, 876 – MR 1993, 149 [krit *M. Walter*] = ZfRV 1993, 149);
- Klage auf Entfernung eines Grabsteines von einem Grab, da mit der Klage nicht personenrechtliche Interessen verfolgt werden (ZBl 1937/437);
- Klage auf Feststellung, daß die Beklagte bezüglich der im Urteilsantrag genannten Marken nicht als Rechtsnachfolgerin der Firma X zu gelten habe (ÖBl 1954, 42).

17 Sind **vermögensrechtliche** Ansprüche **mit nichtvermögensrechtlichen Ansprüchen gekoppelt,** dann entscheidet, falls sich die Ansprüche **nicht trennen lassen,** für die Zuständigkeit der **Hauptanspruch.** Handelt es sich um **gleichrangige Ansprüche,** die **nicht** voneinander **getrennt** werden können, dann wird die **Zuständigkeit nach § 99 JN** anzunehmen sein. Sofern eine **Trennung** der Ansprüche **möglich** ist, wird der **nichtvermögensrechtliche Anspruch nicht** vor das Gericht des **§ 99 JN** gebracht werden können.

2. Verfahren, in denen § 99 JN gilt

Die Anwendung des § 99 JN ist nur auf das **streitige Zivilprozeßverfahren** beschränkt. Daher können die **Prozesse des Exekutionsverfahrens,** für die in der EO (zB §§ 35ff EO) ausschließliche Zuständigkeitsnormen bestehen, **nicht** bei diesem Gerichtsstand durchgeführt werden (GlUNF 1276 [1901]); **auch Rechtsstreitigkeiten im Zug eines Insolvenzverfahrens** gehören **nicht** hierher. Ferner gilt § 99 JN **nicht im Außerstreitverfahren** (so zB für die Bestellung des Heiratsgutes, LGZ Wien EFSlg 39.109 [1981]) **sowie für Anträge auf Erlassung einstweiliger Verfügungen,** die vor Einleitung eines Rechtsstreits oder nach dessen rechtskräftigem Abschluß (vgl § 387 Abs 2 EO) gestellt werden (SZ 59/128 = HS 17.095 = IPRax 1988, 33 [*Pöch*] = IPRax 1988, 40 [*Moschner*] = IPRE 2/57 = JBl 1987, 115 = ÖBA 1986, 486 [*Koziol*] = RdW 1986, 341). § 99 JN gilt dagegen für die während eines anhängigen Zivilprozesses beantragten einstweiligen Verfügungen und jene einstweiligen Verfügungen, für deren Erlassung gem § 387 Abs 3 EO das Gericht zuständig ist, das für den Prozeß in der Hauptsache zuständig wäre. 18

Dagegen ist der Vermögensgerichtsstand **auf Arbeitsrechtssachen nach § 50 Abs 1 Z 1 bis Z 3 ASGG anwendbar** (*Kuderna,* ASGG[2], 78). Denn durch das in der Einleitung des § 4 Abs 1 Z 1 ASGG enthaltene Wort „auch" wird dem Kläger über die Wahlmöglichkeiten innerhalb der Fallgruppe der Z 1 hinaus die Möglichkeit eröffnet, einen der in der JN vorgesehenen für den betreffenden Fall in Betracht kommenden Gerichtsstand in Anspruch zu nehmen. 19

C. Vorliegen eines Vermögens im Inland

1. Allgemeines zum Vermögensbegriff

Vermögen sind nur **jene Güter, die dem Beklagten eine Verfügungsmacht gewähren** (ZfRV 1997/60; EvBl 1987/67 = IPRE 2/217; AnwBl 1985/2171; EvBl 1953/353; DREvBl 1940/24; GlUNF 5001 [1910]), daher alle Güter und Rechte, die wirtschaftlich verwertbar sind (*Fasching,* Lehrbuch[2] Rz 311; ecolex 1993, 322 = RdW 1993, 111 = WBl 1993, 194 = ZfRV 1993/55; OLG Wien IPRE 3/185 [1988]; SZ 51/155 = HS 11.898 = MietSlg 30.668 = RZ 1980/26). 20

Dagegen spielt es für die Beurteilung des Vermögensgerichtsstandes der beklagten Partei, über deren Vermögen im Ausland der Konkurs eröffnet wurde (der Konkurs zeigte im Inland keine Rechtswirkungen), keine Rolle, ob die Verfügungsbefugnis und Prozeßfähigkeit über das im Inland belegene Vermögen dem Gemeinschuldner oder dem Konkurs-(Masse-)Verwalter zusteht (vgl EvBl 1984/125 = GesRZ 1984, 164 = HS 15.049 und 15.183 = IPRE 1/40).

Wenn der Käufer nach der Beanstandung einer gelieferten Ware ein Verfügungsrecht über sie in Anspruch nimmt, bildet sie ein Vermögen (SZ 48/80 = EvBl 1975/277).

Das Vermögen muß mit dem Streit in keinerlei Zusammenhang stehen (*Fasching,* Lehrbuch[2] Rz 311; *Holzhammer,* Zivilprozeßrecht[2], 56). 21

Der Gerichtsstand des Vermögens setzt **ein vom Klagsanspruch verschiedenes und von der Entscheidung über die Rechtsbeständigkeit des Klagsanspruches selbst unabhängiges Vermögen** voraus; dh, daß der Bestand des Vermögens unabhängig vom Prozeßausgang gegeben sein muß. Daher sind erst auf Grund des Ausganges des durchzuführenden Prozesses sich allfällig ergebende Ansprüche nicht zur Begründung des Vermögensgerichtsstandes geeignet (ecolex 1993, 811 = NRsp 1993/273 = RdW 1993, 335 = RZ 1994/77 = ZfRV 1994, 32; NRsp 22

1993/229 = ZfRV 1993, 252; OLG Wien IPRE 3/185 [1988]; EvBl 1978/212 = JBl 1979, 320; SZ 51/34 = EvBl 1978/131 = JBl 1978, 653; EvBl 1961/303).

Demnach sind folgende Ansprüche **zur Begründung des Vermögensgerichtsstandes nicht geeignet:**

- der dem Beklagten auf Grund der eingebrachten Klage auf Aufhebung eines Kaufvertrages wegen Wandlung zustehende Anspruch auf Rückausfolgung der gelieferten Ware (EvBl 1961/303; GlUNF 7626 [1915]);
- die Ansprüche des Beklagten nach der durch die Klage begehrten Auflösung oder Nichtigerklärung eines Vertrages (vgl GlUNF 7574 [1915]);
- Ansprüche auf Rückstellung der Gegenleistung durch den Kläger bei Erfolg der auf Auflösung eines zweiseitigen Vertrages oder auf Erbringung der Gegenleistung durch den Kläger in Erfüllung des eingeklagten Vertrages gerichteten Klage (ecolex 1993, 811 = NRsp 1993/273 = RdW 1993, 335 = RZ 1994/77 = ZfRV 1994, 32; ZBl 1917/42; GlUNF 2596 [1904]).

Aus dem gleichen Grund ist es auch ausgeschlossen, die Klage auf Ausschluß eines Gesellschafters einer Personengesellschaft, der im Inland keinen allgemeinen Gerichtsstand besitzt, beim inländischen Gericht am Sitz der Gesellschaft nur darauf zu stützen, daß dem Beklagten auf Grund des Ausschließungsurteiles ein vermögensrechtlicher Anspruch auf Leistung des Auseinandersetzungsguthabens gegen die Gesellschaft zustehe.

23 Von einem **Vermögen** kann nur dann gesprochen werden, wenn es sich um einen **greifbaren wirtschaftlichen Wert** handelt (LGZ Wien MietSlg 28.559 [1976]; EvBl 1953/353). Haben die Gegenstände **für andere Personen als den Beklagten keinen vermögensrechtlichen Wert** (so die Kleidung, Leibwäsche und Reiseutensilien des Beklagten GlUNF 3897 [1907], seine Akten und Schriften, als Lernbehelfe verwendete Bücher), dann kann von einem Vermögen nicht gesprochen werden (EvBl 1991/182 = IPRax 1992, 164 = NRsp 1991/229 = RdW 1991, 325 = RZ 1993/20; JBl 1974, 269; AnwZ 1936, 212).

24 Es muß sich jedenfalls um ein **„Vermögen" im üblichen Sprachgebrauch** handeln, sodaß ganz **geringwertige Sachen selbst dann nicht** für die Begründung des Vermögensgerichtsstandes in Frage kommen, **wenn** der **Streitwert gering** ist (EvBl 1991/182 = IPRax 1992, 164 = NRsp 1991/229 = RdW 1991, 325 = RZ 1993/20; EvBl 1984/133; LGZ Wien EvBl 1934/301; ZBl 1927/86; SZ 7/296 [1925]).

25 Ausschlaggebend für die Frage, ob ein Vermögen vorliegt, ist, daß der Vermögenswert objektiv gesehen, nicht so geringfügig ist, daß er nicht einmal wirtschaftlich verwertbar oder erfaßbar wäre. So wurde weder ein Postsparkassenguthaben von 855 Kronen – um die man sich nach 1918 kaum zwei Semmeln kaufen konnte – noch ein solches über 3 S als Vermögen angesehen (ZBl 1927/86; SZ 7/296 [1925]).

Reiseutensilien, wie man sie bei vorübergehendem Aufenthalt bei sich führt, begründen den Gerichtsstand nach § 99 JN nicht, weil er sonst schon durch jeden vorübergehenden Aufenthalt begründet werden müßte (AnwZ 1936, 212; GlUNF 3897 [1907]).

Der Wert des im Inland befindlichen Vermögens darf, damit der Gerichtsstand des Vermögens begründet wird, gem § 99 Abs 1 letzter Satz JN nicht unverhältnismäßig geringer sein als der Wert des Streitgegenstandes. Näheres dazu s Rz 64 ff.

26 Seit der ZVN 1983 kommt überdies – zumindest nach Ansicht des OLG Wien – **nur mehr exekutiv verwertbares Vermögen** zur Begründung des Vermögensgerichtsstandes in Betracht (OLG Wien IPRE 3/185 [1988]; OLG Wien

EvBl 1988/76 = IPRE 2/218). Dies folge aus der ratio des § 99 Abs 1 letzter Satz JN, nach dem der Wert des im Inland befindlichen Vermögens nicht unverhältnismäßig geringer sein darf als der Wert des Streitgegenstandes. Dessen ratio liege nämlich darin, daß der Wert des Streitgegenstandes wenigstens zur Deckung der voraussichtlichen Prozeßkosten ausreichen soll. Ob vernünftigerweise erwartet werden kann, daß die Vermögensgegenstände zur Hereinbringung ausreichen, hänge aber nicht nur von ihrem Wert, sondern überhaupt von ihrer exekutiven Verwertbarkeit ab. Der Gläubiger, der im Inland ausschließlich Sachen seines Schuldners vorfindet, die der Exekution entzogen sind, sei wirtschaftlich in der gleichen Lage wie ein Gläubiger, dessen Schuldner im Inland überhaupt kein Vermögen hat. Es wäre willkürlich und unsachgemäß, diese sachlich gleichgelagerten Fälle rechtlich unterschiedlich zu behandeln (OLG Wien IPRE 3/185 [1988]; OLG Wien EvBl 1988/76 = IPRE 2/218).

Wird konsequent nur mehr exekutiv verwertbares Vermögen zur Begrün- 27
dung des Vermögensgerichtsstandes herangezogen, so wird dies in der Praxis zu großen Schwierigkeiten bei der Klärung der Frage führen, ob im Einzelfall der Vermögensgerichtsstand gegeben ist oder nicht. Denn der Wert des pfändbaren Vermögens ist aufgrund der zahlreichen Bestimmungen über den Pfändungsschutz nicht so leicht zu ermitteln. So müßte zB, wenn das Vermögen in Forderungen besteht, geprüft werden, ob es sich um eine absolut oder eine relativ unpfändbare Forderung iSd § 290 EO oder beschränkt pfändbare Geldforderungen iSd § 290a EO handelt. Bei beschränkt pfändbaren Forderungen müßte das Gericht den unpfändbaren Freibetrag ermitteln, wozu es freilich wissen müßte, ob und in welchem Ausmaß der Beklagte unterhaltspflichtig ist. Das Existenzminimum wäre dann vom Wert des Vermögens abzuziehen.

Gehört zum Vermögen wertvolle, aber nach §§ 250, 251 EO unpfändbare Fahrnis, zB eine goldene Rolex-Armbanduhr, die der Beklagte zur Ausübung seines Berufes braucht, so ist es aufgrund der durch die EO-Nov 1995 eingeführten Möglichkeit der Austauschpfändung nicht klar, ob und wenn ja, mit welchem Wert – schließlich ist ja vom betreibenden Gläubiger ein Ersatzstück beizustellen – diese Fahrnis in die Vermögensberechnung einzubeziehen sein wird.

Mit dem Abstellen auf exekutiv verwertbares Vermögen trägt man unnötigerweise die sonst erst im Exekutionsverfahren auftauchenden Probleme des Pfändungsschutzes in den Zivilprozeß hinein. Da in § 99 JN nur gefordert wird, daß ein ausreichendes Vermögen vorliegt, nicht aber auch, daß dieses exekutiv verwertbar sein müsse, wird der **Gerichtsstand des Vermögens auch dann begründet, wenn** das **Vermögen wegen exekutiver Pfändungsbeschränkungen der Exekution entzogen** ist (ZBl 1937/438; GlUNF 6603 [1913]; GlUNF 4165 [1908]; GlUNF 1670 [1901]). Eine **Ausnahme** bildet nur jenes **Vermögen, auf das aus völkerrechtlichen Gründen,** also wegen Immunität **keine Exekution geführt werden kann.**

Daher sind Liegenschaften, auf denen sich die **Botschaft** und das **Kultur-** 28
institut eines ausländischen Staates befinden, sowie deren Einrichtungen, weil sie sachlich immun und daher der Exekution entzogen sind, **kein Vermögen** iSd § 99 JN (OLG Wien IPRE 3/185 [1988]; OLG Wien EvBl 1988/76 = IPRE 2/218).

Der **Missionssitz** einer ausländischen Vertretung bildet **keinen Anknüp-** 29
fungspunkt für einen Vermögensgerichtsstand gegen den ausländischen Staat (OLG Wien EvBl 1988/76; OLG Wien WR 257 [1986]), uzw einerseits deswegen, weil wegen Immunität auf das Gebäude keine Zwangsvollstreckung geführt werden kann, andererseits weil eine Veräußerung der Eigentumsrechte unter

Beibehaltung des Missionsstatus keinen ausreichenden Vermögenswert bringen würde (OLG Wien WR 257 [1986]).

30 Weiters vermag ein inländisches Bankguthaben eines ausländischen Staates oder seiner diplomatischen Vertretung die Zuständigkeit für Klagen gegen diesen ausländischen Staat nur dann zu begründen, wenn er nicht im Rahmen des gegenständlichen Rechtsstreites als immun angesehen werden muß (vgl Art IX EGJN). Gegebenenfalls hat das angerufene Gericht gem Art IX Abs 3 EGJN vorzugehen.

31 Grundlage des Vermögensgerichtsstandes können **auch gepfändete, verpfändete oder sicherungsweise abgetretene Vermögensstücke** sein (JBl 1975, 101; ZBl 1930/95), so zB eine vom Beklagten sicherungsweise abgetretene Forderung (SZ 45/21 = EvBl 1972/259). Auch mit einstweiliger Verfügung nach § 144a StPO gesicherte Vermögenswerte sind geeignet, den Gerichtsstand des Vermögens zu begründen (OLG Wien AnwBl 1995, 582). Stellt man wie die neuere Rsp (vgl Rz 26) auf die exekutive Verwertbarkeit des Vermögens ab, dann werden aufgrund des § 300a EO gepfändete oder verpfändete Forderungen nur dann zur Begründung des Vermögensgerichtsstandes herangezogen werden können, wenn die voraussichtliche hyperocha nicht unverhältnismäßig geringer ist als der Streitwert. Dh bei der Berechnung des Wertes des Vermögens wäre die Höhe der Forderung, zu deren Gunsten die exekutive Pfändung bzw Verpfändung erfolgt, von der Forderung, die der Beklagte gegen den Drittschuldner hat, abzuziehen.

32 Abgetretene Postsparkassenkonti sind kein inländisches Vermögen des Zedenten, auch wenn die vorgeschriebene Verständigung des Postsparkassenamtes unterblieben ist (ZBl 1927/354).

33 Das bücherliche Eigentum an einer inländischen Liegenschaft begründet auch dann den Vermögensgerichtsstand, wenn bereits ein Vorvertrag über die Veräußerung und ein Rangordnungsbescheid besteht (EvBl 1963/280). Dasselbe gilt, wenn die Liegenschaft zwar bereits verkauft und außerbücherlich übergeben wurde, das Verfahren zur grundverkehrsrechtlichen Genehmigung aber noch anhängig ist (SZ 51/155 = MietSlg 30.668 = RZ 1980/26). Denn die Verfügungsmacht geht erst durch die Einverleibung des Käufers auf diesen über.

34 Der Begriff „Vermögen" muß, wie eingangs ausgeführt, auf alle Güter und Rechte erstreckt werden, die eine Verfügungsmacht gewähren. Auch der Geschäftsanteil an einer inländischen GmbH ist ein Vermögen, da er übertragbar und verpfändbar ist. Sein Wert bemißt sich nicht nach der Summe der Stammeinlage, sondern nach dem bei einer Übertragung oder einem exekutiven Verkauf erzielbaren Preis (ecolex 1993, 322 = RdW 1993, 111 = WBl 1993, 194 = ZfRV 1993, 210).

Der Anspruch des Beklagten (als Käufer) auf Übergabe des Kaufgegenstandes ist ein Vermögen iSd § 99 JN (GlUNF 1901 [1902]; vgl hingegen ecolex 1993, 811 = NRsp 1993/273 = RZ 1994/77 = ZfRV 1994, 32; GlUNF 2596 [1904]).

35 Beispiele für das Vorliegen eines Vermögens:

- Forderungen, Näheres s Rz 50ff;
- Herausgabeansprüche;
- Rückstellungsansprüche (EvBl 1953/353);
- Ansprüche auf Benützung von Räumen (ZBl 1936/188), insb von Mieträumen;
- Ansprüche auf Mietzinszahlung aus einem längerdauernden Bestandvertrag (RZ 1937, 546);
- Ansprüche aus Pachtverträgen;

• Ansprüche eines offenen Handelsgesellschafters aus dem Gesellschaftsvertrag (SZ 6/324 [1924]; GlUNF 6603 [1913]);
• Ansprüche des Gesellschafters oder Aktionärs einer Kapitalgesellschaft;
• der Anspruch auf Rückgabe einer Ware, wenn rechtskräftig festgestellt worden ist, daß der Käufer einer gelieferten Ware, die er dem Verkäufer zur Verfügung gestellt hat, den Kaufpreis zu bezahlen nicht schuldig ist (SZ 11/33 [1929]);
• ein Grabstein (ZBl 1937/437);
• das Konto des Beklagten, auf das der Kläger die laufenden Unterhaltsbeträge einzahlt (LGZ Wien EvBl 1954/315);
• das Eigentum an einem Einfamilienhaus (mit einem steuerlichen Einheitswert von 214.000 S; IPRE 3/187 [1989]);
• ein LKW-Zug (OLG Innsbruck AnwBl 1985, 217);
• das Miteigentum an einer Liegenschaft (MietSlg 28.559 [1976]).

2. *Einzelfälle*

a) Immaterielle Güterrechte

Zum Vermögen gehören auch alle vermögenswerten Rechte, insb auch immaterielle Güterrechte wie Urheberrechte, Patent-, Marken- und Musterrechte (vgl für im Inland belegene Marken- und Patentrechte ecolex 1993, 255 = GRURInt 1993, 876 = MR 1993, 149 [krit *M. Walter*] = ZfRV 1993/42; ÖBl 1954, 42). Beim Urheberrecht werden allerdings, wenn man auf die exekutive Verwertbarkeit des Vermögens abstellt, die Exekutionsbeschränkungen des § 25 UrhG zu berücksichtigen sein (vgl EvBl 1988/52 = MR 1993, 148). 36

Nach einem Teil der Rsp (EvBl 1988/52 = IPRE 2/224 = JBl 1988, 322 = ZfRV 1988, 47; SZ 28/29 = ÖBl 1955, 28) begründen dagegen Patent-, Marken-, Muster- und Urheberrechte mangels Lokalisierung dieser Vermögen im Inland nicht den Vermögensgerichtsstand. Näheres zur Lokalisierung von immateriellen Güterrechten s Rz 83.

b) Überschuldetes Vermögen

Stehen sich Aktivwerte und Passivwerte gegenüber, dann entscheidet nur das **Aktivvermögen;** auch ein überschuldetes Vermögen begründet also den Gerichtsstand des Vermögens, wenn überhaupt Aktiven in einem nach den vorgenannten Grundsätzen für § 99 JN beachtlichen Ausmaß vorhanden sind (ZBl 1937/438; RZ 1935, 20). Denn der siegreiche Kläger kann – vorausgesetzt er ist rascher als die übrigen Gläubiger – exekutiv auf das Aktivvermögen greifen. So bildet ein vom Besteller dem Werklöhner zur Verarbeitung übergebener Stoff ein Vermögen iSd § 99 JN für die Klage des Werklöhners gegen den Besteller auf Zahlung des Werklohnes (ZBl 1933/193). Dasselbe gilt für das Eigentum an einer im Betrieb vorhandenen Benzinzapfstelle, auch wenn die Einnahmen (80 bis 100 S monatlich) zur Deckung laufender Verbindlichkeiten an einen Dritten verwendet werden (ZBl 1937/438). Allerdings wird im Einzelfall zu prüfen sein, ob die Aktiven nicht unverhältnismäßig geringer als der Streitwert sind. 37

c) Dem Beklagten (noch nicht) zugekommene Beträge

Geldbeträge, die dem Beklagten zukommen sollen, deren Annahme er aber ausdrücklich verweigert hat (und die deswegen auf ein Devisensperrkonto bei einer Sparkasse erlegt wurden), sind kein geeignetes Vermögen (SZ 30/43 [1957]) – möglicherweise aber die zugrunde liegenden Forderungen. Ob die Geldbeträge dem Beklagten zugekommen sind, ist nach den Vorschriften des 38 bürgerlichen Rechtes über die Zahlung (§§ 1412ff ABGB) zu beurteilen. Eine Zahlung an einen Dritten, der weder zur Empfangnahme der Zahlung berechtigt noch stillschweigend (durch Errichtung eines Kontos) ermächtigt ist, ist nicht als Zahlung an den Beklagten anzusehen und begründet für diesen kein Vermögen nach § 99 JN.

d) Bedingte und noch nicht fällige Rechte

39 Es ist nicht erforderlich, daß die als Vermögenswert anzusehenden **Rechte unbedingt und sofort fällig** sind.

Auflösend bedingte Rechte sind selbstverständlich als Vermögen anzusehen, aber auch befristete Rechte gehören hierher.

Bei aufschiebend bedingten Rechten muß wohl unterschieden werden. Handelt es sich um eine Bedingung, die in ihrem Wesen einer Befristung nahekommt oder die nur von einem Willensakt des Beklagten abhängig ist, dann muß auch dieses Recht als Vermögenswert angesehen werden. Aufschiebend bedingte Rechte, bei denen der Eintritt der Bedingung von vom Willen des Beklagten zumindest teilweise unabhängigen Umständen abhängt oder bei denen der Eintritt der Bedingung im normalen Ablauf nicht vorausgesehen werden kann, können wirtschaftlich für den Beklagten keinen effektuierbaren Vermögenswert bilden. Sie gewähren ihm nur ein Anwartschaftsrecht, das auch im Vermögensverkehr nicht realisierbar ist. Solche nicht realisierbare Anwartschaftsrechte begründen nicht den Vermögensgerichtsstand. Wenn aber die den vermögensrechtlichen Anspruch bildende Forderung bereits dem Grund nach besteht und nur die Höhe dieser Forderung noch ungewiß ist, dann ist § 99 JN jedenfalls anwendbar (RZ 1935, 20).

Im einzelnen ist als Vermögenswert (nach dem Vorgesagten zu Unrecht) das Anwartschaftsrecht des Nacherben aus einer fideikommissarischen Substitution abgelehnt worden (OLG Wien DREvBl 1940/24), während der Gewinnanspruch eines Gesellschafters einer GmbH richtig auch dann als Vermögenswert anerkannt wurde, als noch nicht feststand, ob ein Reingewinn tatsächlich zu erzielen sein wird (RZ 1935, 20).

Bei einem Kauf auf Probe besteht noch kein vermögenswerter Lieferungsanspruch des Käufers, da der Abschluß des Kaufes wohl auch von der Willensentschließung des Beklagten (Käufers), in gleicher Weise aber von dem objektiven Umstand der Brauchbarkeit des Kaufgegenstandes abhängt (GlUNF 2596 [1904]).

e) Beklagtem selbst muß inländisches Vermögen gehören

40 Maßgeblich ist, daß der **Beklagte selbst Eigentümer des inländischen Vermögens ist** (OLG Wien IPRE 3/185 [1988]; OLG Wien EvBl 1988/76 = IPRE 2/218).

Ein deutscher Konkurs-(Masse-)Verwalter kann aber gem § 99 JN dort auf Herausgabe eines ihm (als gesetzlicher Vertreter des Gemeinschuldners) im deutschen (in Österreich aber keinerlei Rechtswirkungen zeigenden) Konkursverfahrens zugekommenen Geldbetrages geklagt werden, wo sich im Inland das (konkursfreie) Vermögen des „Gemeinschuldners" befindet (EvBl 1984/125 = GesRZ 1984, 164 = HS 15.049 und 15.183 = IPRE 1/40). Ist die Zugehörigkeit eines Vermögensobjektes zum Vermögen des Beklagten zweifelhaft geworden, liegt der Vermögensgerichtsstand nicht vor (EvBl 1959/21 = JBl 1959, 38).

41 Steht das Vermögen anderen Personen zu, zB einem Rechtssubjekt mit eigener Rechtspersönlichkeit, an dem der Beklagte rechtlich oder wirtschaftlich

beteiligt ist, dann ist mangels eines Vermögens des Beklagten der Gerichtsstand des § 99 JN nicht gegeben (OLG Wien IPRE 3/185 [1988]; ggt GlUNF 1333 [1901]). Dies gilt auch für eine inländische Forderung einer ausländischen Personengesellschaft, an der der Beklagte beteiligt ist, da ihm die Aktivlegitimation zur Geltendmachung der Forderung fehlt (ggt SZ 51/155 = HS 10.387 und 11.898 = MietSlg 30.668 = RZ 1980/26; SZ 6/324 [1924]) sowie für Forderungen, die dem Beklagten nur formell als indirektem Stellvertreter zustehen (SZ 37/50 [1964]) sowie für Forderungen aus einem vom Beklagten als Kommissionär abgeschlossenen Geschäft (ggt GlUNF 3507 [1906] mit der Begründung, daß der Kommissionär berechtigt sei, sich für seine Ansprüche aus dem Kommissionsgeschäft aus den ausstehenden Forderungen vorzugsweise vor dem Kommittenten und dessen Gläubigern zu befriedigen).

Eine Lebensversicherungspolizze bildet daher dann kein Vermögen des 42 Versicherten, wenn die Polizze zugunsten eines bestimmten Dritten lautet und daher für den Versicherten nicht ohne weiteres verwertbar ist (GlUNF 5001 [1910]).

Ferner kann der Anteil des Beklagten an einer ausländischen GmbH, die 43 eine Forderung an einen inländischen Schuldner hat, nicht als inländisches Vermögen des Beklagten angesehen werden (EvBl 1954/331 = JBl 1954, 515), weil hier der Beklagte und der inländische Forderungsberechtigte zwei verschiedene Rechtssubjekte sind (ggt ZBl 1932/151).

Die dem Beklagten als Verkaufskommissionär zustehende Forderung auf 44 Bezahlung der Kommissionsware ist gegenüber Dritten ein Vermögen des Kommissionärs (§ 392 Abs 1 HGB). Ist jedoch der Kommittent der Kläger, dann kann er den Gerichtsstand des § 99 JN nicht auf die Kaufpreisforderung seines Kommissionärs (des Beklagten) gegen den Käufer stützen, da diese Forderung im Verhältnis zwischen Kläger (Kommittent) und Beklagtem (Kommissionär) gem § 392 Abs 2 HGB als im Eigentum und damit im Vermögen des Klägers stehend gilt.

Inländische Forderungen einer im Inland befindlichen Zweigniederlassung 45 begründen für die Klagen gegen die ausländische Hauptniederlassung den Gerichtsstand des § 99 JN.

Ist der Beklagte Erbe, dann wird der Gerichtsstand des Vermögens nur be- 46 gründet, wenn er sich bereits als Erbe bezüglich des inländischen Vermögens erklärt hat, wobei als zuständiges Gericht jenes anzusehen ist, bei dem sich im Inland Nachlaßvermögen befindet (SZ 6/360 [1924]).

Hat sich der Beklagte **seines Vermögensrechtes bereits freiwillig begeben,** 47 dann liegt **ein Vermögen** nach § 99 JN **nicht mehr** vor, auch wenn es vom Beklagten abhängt, dies wieder rückgängig zu machen. Daher bewirkt die Übertragung des Verfügungsrechtes an eingelagerter Ware auch dann die Ausschließung des Gerichtsstandes nach § 99 JN, wenn der Beklagte diesen Schritt noch rückgängig machen könnte (SZ 5/3 = Rsp 1923, 228).

Bei **Verträgen zugunsten Dritter** (= des Beklagten) liegt nur dann ein 48 vermögensrechtlicher Anspruch vor, wenn der **Beklagte** im Zeitpunkt der Klagseinbringung nach den Vorschriften des bürgerlichen Rechtes (§ 881 ABGB) ein **unmittelbares Recht auf Leistung** gegen den aus dem Vertrag Verpflichteten **erworben** hatte. Daher begründet der Auftrag des ausländischen Hinterlegers an den Verwahrer, die verwahrte Sache einem Dritten auszufolgen, gegen diesen nicht den Gerichtsstand des Vermögens am Wohnsitz des Verwahrers (ZBl 1932/151).

49 Ist jedoch der Anspruch, das **Vermögen** oder die Forderung noch vor dem Klagstag vom Beklagten **an andere Personen überlassen worden,** dann ist die Anrufung des **§ 99 JN** auch dann **ausgeschlossen,** wenn der Beklagte dadurch die Zuständigkeit des Gerichtes beseitigen wollte (vgl GlUNF 1901 [1902]). Bei grundbücherlich sichergestellten Forderungen ist aber erforderlich, daß auch noch die Löschung der Hypothek vor der Klagseinbringung erfolgt ist, denn solange noch das Grundpfandrecht zugunsten des Beklagten eingetragen ist, vermag auch eine außerbücherliche Zession der Hypothekarforderung nicht die Zuständigkeit des § 99 JN zu beseitigen (JBl 1934, 435).

f) Forderungen als Vermögen

50 Besteht das Vermögen iSd § 99 JN in einer Forderung, so muß auch hier stets der Grundsatz im Auge behalten werden, daß eine Forderung **so lange** als **„Vermögen"** anzusehen ist, **als sie Gegenstand des Vermögensverkehrs** sein kann. Dazu ist nicht erforderlich, daß sie im Zeitpunkt der Klagserhebung einbringlich ist (JBl 1936, 369), sofern nicht endgültig feststeht, daß sie auch in Zukunft nicht einbringlich sein wird (vgl SZ 20/18 [1938]). **Solange** aber die **Einbringlichkeit in Zukunft noch möglich ist,** reicht eine solche Forderung des Beklagten zur Begründung des Gerichtsstandes nach **§ 99 JN** aus (GlUNF 7711 [1915]). Daher bilden auch dubiose (zweifelhafte) Forderungen ein Vermögen, sofern sie zum Zeitpunkt der Klagseinbringung noch nicht als nicht zu Recht bestehend erkannt worden sind (*Neumann,* Kommentar[4] I 244; OLG Wien EvBl 1986/4 = HS 17.024; vgl GlUNF 7711 [1915]).

51 Selbst wenn eine Forderung dem Sachverhalt nach zwar besteht, aber mangels einer gesetzlichen Grundlage derzeit nicht klagbar ist (zB Entschädigungsansprüche auf Grund von Staatsverträgen oder innerstaatlichen Enteignungen), muß sie – sofern sie anderweitig geltend gemacht werden kann – als „Vermögen" angesehen werden. Ebenso sind auch gepfändete, verpfändete oder sicherungsweise abgetretene Forderungen zur Begründung des Gerichtsstandes nach § 99 JN geeignet (s auch Rz 31). Stets aber muß die **Richtigkeit** der Forderung **erweislich** sein (JBl 1936, 369). Kann diese nicht erwiesen werden, dann ist sie nicht als geeignetes Vermögen anzusehen. Deshalb muß im Bestreitungsfall durch den Beklagten der Kläger die Richtigkeit der Forderung (ihren Rechtsbestand) beweisen (NZ 1931, 240). Daß die Forderung weder im Klagszeitpunkt einbringlich ist noch später einbringlich sein wird, muß hingegen der Beklagte nachweisen (vgl NZ 1931, 240).

52 Der Umstand, daß zur Hereinbringung der Forderung bereits Exekution geführt wurde, schließt den Vermögensgerichtsstand nicht aus (GlUNF 7308 [1915]). Wenn man aber wie die neuere Rsp (vgl Rz 26) auf die exekutive Verwertbarkeit des Vermögens abstellt, dann wird der Vermögensgerichtsstand nur dann begründet, wenn die voraussichtliche hyperocha nicht unverhältnismäßig geringer als der Streitwert ist.

53 Eine Forderung aus einem Urteil begründet den Vermögensgerichtsstand für eine sie betreffende Anfechtungsklage (nach der AnfO), weil zufolge der relativen Wirkung der Anfechtung der anfechtbare Exekutionstitel dritten Personen gegenüber voll wirksam bleibe (SZ 33/128 [1960]).

54 Auch (rechtskräftige) Kostenforderungen des Beklagten aus Zivilprozessen oder anderen gerichtlichen oder behördlichen Verfahren sind als Vermögen anzusehen (*Mayr* in *Rechberger,* ZPO § 99 JN Rz 6; *Pollak,* System[2], 324 Anm 16; AnwZ 1930, 117; aA ZBl 1930/95, nach der auch noch nicht rechtskräftige Kostenforderungen ein Vermögen darstellen; die Kostenforderung entsteht jedoch

erst mit dem rechtskräftigen Kostenbeschluß), s aber auch Rz 63 betreffend die Erschleichung des Vermögensgerichtsstandes.

Es kann **auch** eine **Forderung des Beklagten gegen den Kläger** zur Begründung des Vermögensgerichtsstandes herangezogen werden (GlUNF 4140 [1908]; GlUNF 820 [1898]), uzw auch eine solche, die nur deshalb noch besteht, weil sie absichtlich deshalb nicht bezahlt wurde, um die Anhängigmachung einer Klage gegen den Beklagten zu ermöglichen (GlUNF 7308 [1915]). 55

Eine Forderung des Beklagten gegen den Kläger kann **dann nicht** zur Begründung des Vermögensgerichtsstandes herangezogen werden, **wenn** der **Kläger** mit seiner Klage **den Bestand eben jener Forderung,** auf die er die Zuständigkeit nach § 99 JN stützt, **bekämpft** (LGZ Wien EFSlg 7197 [1966]). 56

Wird zur Begründung des Gerichtsstandes nach § 99 JN eine Gegenforderung des Beklagten gegen den Kläger herangezogen, dann wird auch **trotz** der **Aufrechenbarkeit** dieser Gegenforderung der Gerichtsstand des **§ 99 JN** begründet (EvBl 1965/452; ZBl 1930/20; ZBl 1924/84; SZ 3/22 [1921]; GlUNF 6741 [1914]; GlUNF 4140 [1908]), außer der Kläger behauptet selbst in der Klage, daß diese Gegenforderung durch Aufrechnung mit dem Klagsanspruch erloschen sei (ZBl 1930/20; ZBl 1924/84; SZ 3/22 [1921]; GlUNF 6741 [1914]). Dies stimmt mit dem Grundsatz des bürgerlichen Rechts, daß zur Aufrechnung eine **Aufrechnungserklärung** erforderlich ist und die vollzogene **Aufrechnung auf den Zeitpunkt zurückwirkt,** in dem die **beiden Forderungen einander erstmalig aufrechenbar gegenüberstanden,** überein. Bestreitet der Beklagte den Bestand der Klagsforderung, stellt er sich damit auf den Standpunkt, daß mangels einer bestehenden Klagsforderung seine Gegenforderung durch Aufrechnung gar nicht erloschen sein kann. 57

Ist die **Gegenforderung** des Beklagten gegen den Kläger vollstreckbar, dann muß sie selbst dann noch als **Vermögen** iSd § 99 JN angesehen werden, wenn der Kläger die nachträgliche Tilgung der Gegenforderung durch Aufrechnung mit der Oppositionsklage geltend gemacht hat (SZ 11/28 = ZBl 1929/218), **sofern nicht** schon zur Zeit der Anhängigmachung der Klage der **Oppositionsprozeß** (bzw das Oppositionsgesuch) **rechtskräftig stattgebend erledigt wurde.** 58

Behauptet der Beklagte eine Forderung gegen den Kläger und bestreitet der Kläger den Bestand dieser Gegenforderung in seinem Klagevorbringen, dann kann die Forderung nicht zur Begründung einer Zuständigkeit nach § 99 JN herangezogen werden (EvBl 1962/422; SZ 11/28 [1929]; GlUNF 5175 [1910]), ebenso auch, wenn der Kläger selbst mit seiner Klage die Feststellung begehrt, daß die Forderung des Beklagten gegen ihn nicht zu Recht bestehe (OLG Wien EvBl 1950/278; GlUNF 1049 [1900]). 59

Auch kann eine Forderung des Beklagten, die niemals auch nur außergerichtlich behauptet oder geltend gemacht wurde, nicht als Vermögen angesehen werden (GlUNF 2922 [1905]). 60

Ein derzeit in gerichtlicher Verwahrung befindliches Sparbuch begründet den Gerichtsstand des Vermögens auch dann, wenn sein Inhaber verpflichtet sein sollte, etwa unrechtmäßig an sich gebrachte Gelder zurückzuzahlen und dann auch Exekution auf das Sparbuch zu dulden (NRsp 1993/229 = ZfRV 1993/95). 61

Die bloße Behauptung, einem ausländischen Staat stünden aus Handels- und Wirtschaftsbeziehungen Forderungen gegen österreichische Firmen zu, vermag den Vermögensgerichtsstand nicht zu begründen (OLG Innsbruck EvBl 1987/67 = IPRE 2/217 [*Ballon,* Fasching-FS 62]), sondern der Kläger hat das Vermögen des Beklagten im einzelnen bekanntzugeben. 62

g) Rechtsmißbrauch (Erschleichung)

63 § 99 JN will die Rechtsverfolgung erleichtern und bei Bestand eines zum Streitwert nicht unverhältnismäßig geringen inländischen Vermögens die Klagbarkeit vor einem inländischen Gericht ermöglichen. Es soll aber dadurch **nicht** eine **inländische Zuständigkeit erschlichen werden können.** Erschleichen der Zuständigkeit, das Rechtsmißbrauch bedeutet, setzt wenigstens ein **absichtliches Herbeiführen des Zuständigkeitstatbestandes durch den Prozeßgegner** voraus (JBl 1975, 101). Deshalb kann der Kläger dadurch, daß er vorher seinen Anspruch bei einem unzuständigen Gericht einklagt, um den Beklagten eine Kostenforderung gegen ihn zu beschaffen, nicht die Zuständigkeit nach § 99 JN für die Klage unter Heranziehung dieser Kostenforderung begründen (SZ 10/347 = AnwZ 1929, 113; GlUNF 6998 [1914]; GlUNF 3003 [1905]; s dazu abl *Schwalb,* JBl 1905, 473 und die Replik von *Eckstein,* JBl 1905, 496). Denn es würde geradezu den Gesetzeswillen in sein Gegenteil verkehren, wenn die mit Erfolg geltend gemachte Unzuständigkeit eines inländischen Gerichtes gerade durch diesen Prozeßerfolg selbst (Kostenzuspruch) vernichtet würde, wenn ein inländisches Gericht, das durch rechtskräftige Entscheidung für unzuständig erklärt wurde, nicht etwa durch einen außerhalb dieses Verfahrens liegenden, neuen Zuständigkeitsgrund, sondern eben durch den Inhalt der die Zuständigkeit verneinenden Entscheidung selbst zuständig gemacht werden sollte (SZ 10/347 = AnwZ 1929, 113).

Wenn jedoch der Kläger veranlaßt hat, daß die dem Beklagten zustehende Forderung nicht beglichen werde, um dadurch den Gerichtsstand des § 99 JN zu erreichen, stellt dies nicht eine Erschleichung dieses Gerichtsstandes dar (GlUNF 7308 [1915]). Es liegt weiters kein rechtsmißbräuchliches Erschleichen des Vermögensgerichtsstandes vor, wenn ein Rechtsanwalt die durch die Empfangnahme des für eine ausländische Partei erstrittenen Geldbetrages gegen ihn entstandene Forderung begründete Zuständigkeit für seine Honorarklage benützt (JBl 1975, 101).

Dagegen ist die Herbeischaffung eines Vermögensstückes des Beklagten gegen dessen Willen oder ohne sein Wissen durch den Kläger in den Sprengel des anzurufenden Gerichtes zum Zweck der Gerichtsstandsbegründung als Erschleichungsakt unwirksam.

D. Nicht unverhältnismäßig geringeres Vermögen als der Wert des Streitgegenstandes

64 Voraussetzung dafür, daß die Klage beim Vermögensgerichtsstand erhoben werden kann, ist seit der ZVN 1983, daß der **Wert des inländischen Vermögens nicht unverhältnismäßig geringer** ist **als der Wert des Streitgegenstandes** (ZfRV 1998/42). Der Wert des im Inland befindlichen Vermögens ist, da von ihm die Zuständigkeit abhängt, in der Klage anzugeben (JBl 1991, 195; NRsp 1991/10).

65 Es kommt ausschließlich auf das **objektive Mißverhältnis** zwischen den beiden genannten Werten an, welches sich allein aus der Wertrelation ergibt. Daß der **Wert des inländischen Vermögens – für sich betrachtet – nicht unerheblich** ist, **spielt keine Rolle** (OLG Wien WR 54 [1984]).

66 Geringwertige Sachen sind für die Begründung des Vermögensgerichtsstandes selbst dann nicht ausreichend, wenn der Streitgegenstand gering ist (EvBl 1991/82 = IPRax 1992, 164 = RdW 1991, 325 = RZ 1993/20; EvBl 1984/133 = ÖJZ 1985, 258; LGZ Wien EvBl 1934/301; ZBl 1927/86; SZ 7/296 [1925]).

67 Nach der Rsp ist bei der Beurteilung der Frage, ob das im Inland befindliche Vermögen nicht unverhältnismäßig geringer als der Streitwert ist, **kein „allzu**

engherziger Maßstab" anzulegen. Das **Vermögen** darf nicht in einem krassen Mißverhältnis, sondern muß **in einer angemessenen Relation zum Streitwert** stehen (EvBl 1991/182 = IPRax 1992, 164 [*Schlosser* 140] = RdW 1991, 325 = RZ 1993/20; EFSlg 63.943 = IPRE 3/191 [1990]; EvBl 1984/133). Dies ist dann geben, wenn das **Vermögen ca 20% des Streitwerts** erreicht (ZfRV 1996/80; RdW 1996, 63 = ZfRV 1996, 77; RdW 1993, 111 = WBl 1993, 194; EvBl 1991/182 = JUS Z 966 = RdW 1991, 325 = RZ 1993/20; AnwBl 1991, 742 [*Graff*] = ZfRV 1991/37; vgl auch EFSlg 63.943 = IPRE 3/191 [1990]; OLG Wien WR 54 [1984]; aM *Fasching,* Lehrbuch² Rz 311; OLG Wien IPRE 3/185 [1988]; OLG Wien IPRE 2/218 = EvBl 1988/76, für die bereits ein 10% übersteigendes Vermögen ausreicht).

Als **ausreichend** wurden angesehen: 68

- ein Vermögen von etwa einem **Drittel** (das Vermögen betrug 60.000 S bei einem Streitgegenstand von 160.000 S; EvBl 1984/133);
- ein Vermögen von 36.500 S bei einem Streitwert von 168.200 S **(= 21,7%)** (EvBl 1991/182 = IPRax 1992, 164 [*Schlosser* 140] = RdW 1991, 325 = RZ 1993/20);
- ein Vermögen von 2.000.000 S bei einem Streitwert von 9.516.497,65 S, dh **25,82%** (AnwBl 1991, 742 [*Graff*] = ZfRV 1991/37).

Dagegen wurden als **nicht ausreichend** angesehen: 69

- ein Vermögen von nicht einmal einem Sechstel. Das Vermögen betrug 140.000 S bei einem Streitwert von 940.000 S (OLG Wien WR 54 [1984]);
- ein Vermögen von 270.000 S bei einem Streitwert von 3.600.000 S (monatlicher Unterhalt von 100.000 S kapitalisiert gem § 56 Abs 1 JN) (EFSlg 63.943 = IPRE 3/191 [1990]).

Auf das **Verhältnis** des Wertes des Vermögens **zu den voraussichtlichen Prozeßkosten kommt es hingegen nicht an** (EvBl 1991/182 = RdW 1991, 325 = RZ 1993/20; EFSlg 63.943 = IPRE 3/191 [1990]; EvBl 1984/133). Das Vermögen muß weder bei der Feststellungsklage zur vollen Deckung aller Prozeßkosten noch bei einer Leistungsklage für die volle Befriedigung im Exekutionsweg ausreichen (OLG Wien IPRE 3/185 [1988]). 70

Bei der Beurteilung des Vorliegens des Vermögensgerichtsstandes ist eine **wirtschaftliche Betrachtungsweise** anzuwenden. Der Vermögensgerichtsstand ist daher nicht gegeben, wenn das **Vermögen** vor Klagseinbringung, wie etwa bei einer Forderung aus einer Warenlieferung, durch Überweisungsauftrag in das Ausland oder Begebung eines Schecks und nachfolgende Gutschrift oder Einlösung **wirtschaftlich im Inland nicht mehr verwertbar** ist (ecolex 1992, 696 [zust *Wilhelm*] = RdW 1992, 374 = ZfRV 1993/16). Denn das gesetzliche Erfordernis von im Verhältnis zum Streitwert ausreichendem Vermögen im Inland soll die Möglichkeit bieten, daß die Verfahrenskosten und die geltend gemachte Forderung nicht nur zu einem geringfügigen Teil auch abgedeckt werden können. Dies trifft aber dann nicht zu, wenn das Vermögen im Zeitpunkt der Klagseinbringung nicht mehr verwertbar ist. 71

Überhaupt darf es sich **nicht** um ein **bloß kurzfristig** (OLG Innsbruck AnwBl 1985, 270) **oder rein zufällig** (*Fasching,* Lehrbuch² Rz 311; EvBl 1991/182 = RdW 1991, 325 = RZ 1993/20) **im Inland befindliches Vermögen handeln.** So wird durch einen Transporter des Beklagten, der sich im Zeitpunkt der Klagserhebung rein zufällig in Österreich befunden hat und durch dessen 60- bis 90minütige Fahrt durch Österreich nicht der Vermögensgerichtsstand begründet (AnwBl 1985, 270). 72

73 Ist **nur** ein **Teilbetrag eingeklagt** worden, so ist gem § 99 Abs 1 letzter Satz JN bei der Berechnung des Streitwertes § 55 Abs 3 JN nicht anzuwenden, sondern **bei** der **Beurteilung der Verhältnismäßigkeit nur** der **tatsächlich geltend gemachte Teilbetrag heranzuziehen.**

74 Wenn sich das inländische Vermögen **an mehreren Orten** befindet, dann ist der **Gesamtwert des Vermögens** maßgebend (ecolex 1993, 322 = RdW 1993, 111 = WBl 1993, 194 = ZfRV 1993/55).

E. Im Inland befindliches Vermögen

75 Das den Gerichtsstand begründende Vermögen muß sich im Inland befinden. Hinsichtlich der Forderungen normiert § 99 Abs 2 JN, welcher Ort als Ort des Vermögens anzusehen ist. Näheres s Rz 79.

Die Unterbeteiligung einer Person, die im Inland weder Wohnsitz noch gewöhnlichen Aufenthalt hat, an einem Geschäftsanteil der inländischen juristischen Person, der einem im Ausland wohnhaften Gesellschafter gehört, stellt kein im Inland befindliches Vermögen dar, weil sich der Wohnsitz dieser Person als Drittschuldner nicht im Inland befindet (ecolex 1994, 473 = ZfRV 1994, 166).

III. Gerichtsstand des Streitgegenstandes

76 Der Gerichtsstand des Streitgegenstandes soll vor allem die Fälle decken, wo der **Gegenstand der Klage nicht zum Vermögen des Beklagten** gehört (ÖBl 1969, 144; SZ 24/105 [1951]). Er setzt voraus, daß sich an Stelle eines Vermögens der **Gegenstand des Rechtsstreites im Sprengel des angerufenen Gerichtes** befindet.

77 **Gegenstand des Rechtsstreites** ist **der in der Klage** durch den Kläger **in Anspruch genommene Gegenstand.** Dabei sind unter Gegenstand **nicht nur körperliche Sachen, sondern auch Rechte** zu verstehen (IPRE 3/189 und 3/190 [1990]; IPRE 3/188 = JBl 1989, 731 = RZ 1990/28). Daher kann auch für eine Feststellungsklage der Gerichtsstand des Streitgegenstandes in Anspruch genommen werden, wenn sich das behauptete Recht oder Rechtsverhältnis im Sprengel des angerufenen Gerichtes befindet (IPRE 3/189 [1990]; IPRE 3/188 = JBl 1989, 731 = RZ 1990/28). Dabei macht es keinen Unterschied, ob es sich um eine positive oder negative Feststellungsklage (zB Klage auf Feststellung der Wirksamkeit urheberrechtlicher Werknutzungsverträge [ÖBl 1969, 144], Eigentumsfreiheitsklagen) handelt. Es ist ebensowenig entscheidend, wer sich im Besitz des Streitgegenstandes befindet. Er kann also auch in Händen Dritter oder des Klägers selbst sein.

78 Ob sich der Anspruch auf den Streitgegenstand als dingliches oder obligatorisches Recht darstellt (ÖBl 1969, 144; SZ 24/105 [1951]), ist gleichgültig, ebenso auch, ob das den Streitgegenstand darstellende Recht ein dingliches oder obligatorisches ist (IPRE 3/189 und 3/190 [1990]; IPRE 3/188 = JBl 1989, 731 = RZ 1990/28). Daher kann für das Begehren auf Einwilligung des Beklagten in die Auszahlung eines Gerichtserlages (SZ 24/105 [1951]) oder für das Begehren auf Feststellung der Rechtsunwirksamkeit urheberrechtlicher Werknutzungsverträge (ÖBl 1969, 144) oder für eine Anfechtungsklage, mit der die Feststellung der Unwirksamkeit eines Veräußerungs- und Belastungsverbotes betreffend eine inländische Liegenschaft geltend gemacht wird (IPRE 3/189 und 3/190 [1990]; IPRE 3/188 = JBl 1989, 731 = RZ 1990/28), der Gerichtsstand des Streitgegenstandes in Anspruch genommen werden.

IV. Anknüpfungspunkte

A. Lage des Vermögens bzw des Streitgegenstandes (§ 99 Abs 1 JN)

Nach § 99 Abs 1 JN ist jenes Gericht zuständig, in dessen Sprengel **sich** 79
entweder das **inländische Vermögen des Beklagten oder der** mit der Klage **in Anspruch genommene Gegenstand befindet.** Wenn sich die Vermögensgegenstände in mehreren Gerichtssprengeln befinden, so hat der Kläger zwischen den mehreren Gerichten die Wahl (RdW 1993, 111 = WBl 1993, 194).

Gegen den Erben ist der Vermögensgerichtsstand an dem Ort begründet, in dem sich ein Vermögen der Verlassenschaft, zu der er sich erbserklärt hat, befindet (SZ 6/360 [1924]).

Der Vermögensgerichtsstand bei einer GmbH als Drittschuldner ist der satzungsmäßige Sitz dieser GmbH, auch wenn die Verwaltung an einem anderen Ort geführt wird (GesRZ 1980, 219 = HS 11.347).

Ist Klagsgegenstand der Anspruch auf Auszahlung eines bei Gericht hinterlegten Geldbetrages, dann wird die Lage des in Anspruch genommenen Gegenstandes durch den Sitz des Verwahrschaftsgerichtes bestimmt (SZ 24/105 [1951]).

B. Ort des Vermögens bei Forderungen (§ 99 Abs 2 JN)

Für **Forderungen** regelt § 99 Abs 2 JN im einzelnen, welcher Ort als Ort 80
des Vermögens oder des Streitgegenstandes anzusehen ist, uzw richtet sich bei Forderungen die Zuständigkeit primär nach dem **Wohnsitz oder gewöhnlichen Aufenthalt des Drittschuldners,** in Ermangelung eines solchen im Inland nach dem **Ort** (im Inland), **an dem sich die für diese Forderung zur Sicherheit haftende Sache befindet.**

ISd § 99 Abs 2 Satz 1 JN ist Sitz des Drittschuldners, der eine GmbH ist, der Ort, den (gem § 4 Z 1 GmbHG) die Satzung als Sitz bezeichnet (GesRZ 1980, 219 = HS 11.347).

Der in § 99 Abs 2 JN verwendete Ausdruck „Sicherheit" umfaßt jede Art 81
der Sicherung einer Forderung durch Entzug der Gewahrsame oder durch bücherliche Einverleibung. Daher fallen hierunter bewegliche Sachen, die verpfändet, zurückbehalten (durch das Zurückbehaltungsrecht nach § 471 ABGB oder §§ 369 ff HGB) oder sicherungsweise übereignet wurden, bei unbeweglichen Sachen die grundbücherliche Sicherstellung durch Pfandrecht.

Die Regel des § 99 Abs 2 JN erstreckt sich nur auf **Forderungen als reine** 82
Schuldrechte. Wertpapiere, bei denen das Recht aus der Forderung mit dem Besitz des Wertpapiers verknüpft ist, fallen **nicht** hierunter, so zB alle Inhaber- und Orderpapier sowie Namenspapiere mit Wertpapiercharakter. Sie sind wie alle anderen Vermögenswerte zu betrachten; nicht der Sitz oder Wohnsitz des aus dem Wertpapier Verpflichteten, sondern der Ort, an dem sich das Wertpapier befindet, ist für die Begründung des Gerichtsstandes des Vermögens oder Streitgegenstandes maßgebend.

C. Lokalisierung von Immaterialgüterrechten

Patent-, Marken-, Muster- und Urheberrechte erstrecken sich auf das ganze 83
Bundesgebiet. Sie sind daher **überall dort belegen, wo sie bestehen** (vgl *M. Walter,* MR 1993, 152). Der **Kläger** hat daher **die Wahl zwischen allen sachlich zuständigen Gerichten des Landes** (so auch das OLG Wien als Rekursgericht zitiert in SZ 28/29 = ÖBl 1955, 28).

Für die Belegenheit des Immaterialgüterrechts danach zu differenzieren, ob das Recht durch die Registrierung oder formfrei entsteht, ist sachlich durch nichts gerechtfertigt. Im ersten Fall sei das Immaterialgüterrecht dann dort belegen, wo das Register geführt wird (so ecolex 1993, 255 = GRURInt 1993, 876 = MR 1993, 149 [krit *M. Walter*] = ZfRV 1993/42; Patentrechte sind am Sitz des österreichischen Patentamts im Wien lokalisierbar; in SZ 29/20 = ÖBl 1955, 28 war diese Ansicht vom OGH noch für das Patent- und Markenrecht als rechtsirrig (!) abgelehnt worden). Im zweiten Fall dagegen sei das Immaterialgüterrecht nicht lokalisierbar und könne nicht zur Begründung des Vermögensgerichtsstandes herangezogen werden (vgl für das Urheberrecht EvBl 1988/52 = MR 1993, 148; in SZ 28/29 = ÖBl 1955, 28 ist dies auch vom Patent- und Markenrecht behauptet worden). Alle Immaterialgüterrechte erstrecken sich nämlich auf das gesamte Bundesgebiet und sind daher nirgendwo bzw überall dort „belegen", wo sie bestehen bzw gewährt werden (vgl *M. Walter,* MR 1993, 151 f). Es ist daher nicht gerechtfertigt, dem Urheberrecht mangels Lokalisierbarkeit die Eignung zur Begründung des Vermögensgerichtsstandes abzusprechen.

Die Lokalisierung österreichischer Patentrechte am Sitz des Patentamtes in Wien wird von der Rsp (ecolex 1993, 255 = GRURInt 1993, 876 = MR 1993, 149 [krit *M. Walter*] = ZfRV 1993/42) damit begründet, daß aufgrund des Eintragungsprinzips dies jener Ort sei, an dem über das Patentrecht verfügt werden könne. Nach § 21 Abs 5 PatG gilt zwar – sofern weder der Vertreter des Patentinhabers noch dieser selbst im Inland einen Wohnsitz oder eine Niederlassung hat – für die das Patent betreffenden Angelegenheiten der Ort, an dem das Patentamt seinen Sitz hat, als Wohnsitz oder Niederlassung eines Patentinhabers. Diese Bestimmung ist aber – wie aus § 162 PatG hervorgeht – nur auf die durch das Patentamt (dh im Verwaltungsweg zu erledigenden) Patentangelegenheiten anwendbar. Für Klagen und einstweilige Verfügungen nach dem PatG ist dagegen gem § 162 PatG das HG Wien individuell zuständig. Die Bestimmung des § 21 Abs 5 PatG ist daher aus zweierlei Gründen nicht geeignet, die Lokalisierung österreichischer Patentrechte beim Patentamt in Wien zu begründen. Erstens, weil § 21 Abs 5 PatG nur gilt, wenn der Verwaltungsweg zulässig ist, und zweitens, weil man mit derselben Begründung, aufgrund des § 162 Abs 1 PatG die Meinung vertreten könnte, das österreichische Patente am Sitz des HG Wien lokalisiert seien.

V. Gerichtsstand der ständigen inländischen Vertretung (§ 99 Abs 3 JN)

84 § 99 Abs 3 JN erweitert den Vermögensgerichtsstand für die dort bezeichneten ausländischen juristischen Personen auch auf das Gericht, in dessen Sprengel sich ihre **ständige Vertretung im Inland oder ein mit der Besorgung** der Geschäfte solcher Anstalten oder Gesellschaften **betrautes Organ** befindet. Es kommt nicht darauf an, welche Vertretungsmacht der inländischen Vertretung tatsächlich zukommt und ob sie ausdrücklich oder konkludent eingeräumt wurde (OLG Wien EvBl 1989/144 = IPRE 3/183; SZ 57/206 = IPRE 2/207 = RdW 1985, 212 = RZ 1985/83; [*Ballon,* Fasching-FS 63]).

85 Der Gerichtsstand ist auch auf ausländische juristische Personen anzuwenden, die durch doloses Verhalten im geschäftlichen Verkehr den Anschein erwecken, sie hätten im Inland eine entsprechende ständige Vertretung bzw sie würden ein mit der Besorgung der Geschäfte beauftragtes Organ haben (*Fasching,* Lehrbuch[2] Rz 297; *Mayr* in *Rechberger,* ZPO § 99 JN Rz 11; *Schoibl* in *Schuhmacher/Gruber,* Zweigniederlassung 345 f; ZfRV 1994/56 = RZ 1995/37;

SZ 57/206 = IPRE 2/207 = RdW 1985, 212 = RZ 1985/83 [zust *Ballon,* Fasching-FS 64]). Auf den äußeren Tatbestand muß der Kläger auch noch bei Klagseinbringung vertraut haben (ZfRV 1994/56 = RZ 1995/37; SZ 57/206 = IPRE 2/207 = RdW 1985, 212 = RZ 1985/83 [zust *Ballon,* Fasching-FS 64]).

Eine ausländische Gesellschaft kann gem § 99 Abs 3 JN am Sitz ihrer in- **86** ländischen Repräsentanz geklagt werden, uzw auch dann, wenn die inländische Repräsentanz sich in Liquidation befindet (RZ 1995/37 = ZfRV 1994/56; SZ 8/6 [1926]). Hat die beklagte Gesellschaft neben ihrem Sitz im Ausland durch ihre ständige inländische Vertretung auch einen Sitz im Inland, dann ist auch eine Anwendung des § 99 JN überhaupt ausgeschlossen, da auch § 99 Abs 3 JN nur dann zur Anwendung kommt, wenn der Beklagte keinen allgemeinen oder ausschließlichen Gerichtsstand im Inland hat (EvBl 1964/275; GlUNF 2678 [1904]).

Ob es sich um ein Organ iSd § 99 Abs 3 JN handelt, ist nicht nur nach der **87** Satzung und den gesetzlichen Grundlagen der beklagten juristischen Person, sondern auch nach den allgemeinen Regeln des geschäftlichen Verkehrs und dem Umfang der Vertretungsbefugnis zu beurteilen (ecolex 1991, 768 = RdW 1992, 211 = ZfRV 1992/8 = ZVR 1992/158). Auch (ausdrücklich oder konkludent) Bevollmächtigte nach §§ 1002 ff ABGB sind mit der Besorgung der Geschäfte betraute Organe (ecolex 1991, 768 = RdW 1992, 211 = ZfRV 1992/8 = ZVR 1992/158; IPRE 3/192 [1990]; EvBl 1977/128; SZ 35/38 = EvBl 1962/322 = JBl 1963, 102), so zB die Generalvertretung der Deutschen Bundesbahnen (SZ 35/38 = EvBl 1962/322 = JBl 1963, 102). Bloße Abschlußvermittler sind dagegen nicht zu den Organen der ausländischen juristischen Person zu zählen (ecolex 1991, 768 = RdW 1992, 211 = ZfRV 1992/8 = ZVR 1992/158).

Die eingeklagten vermögensrechtlichen **Ansprüche müssen sich nicht auf** **88** **die Geschäftstätigkeit dieser Vertretung oder dieses Organes beziehen** (*Mayr* in *Rechberger,* ZPO § 99 JN Rz 11; OLG Wien RdW 1989, 67).

Für **Klagen aus Versicherungsverträgen,** die gegen ein konzessioniertes **89** ausländisches Versicherungsunternehmen aus dem inländischen Geschäftsbetrieb erhoben werden, besteht nach § 6 Abs 3 VAG (neben anderen Gerichtsständen auch) der Gerichtsstand der ständigen inländischen Vertretung nach **§ 99 Abs 3 JN,** der für Klagen aus dem inländischen Geschäftsbetrieb **nicht ausgeschlossen werden darf.**

Trotz dieser Sondernorm des § 99 Abs 3 JN können die dort genannten **90** juristischen Personen auch beim Gerichtsstand des Vermögens oder Streitgegenstandes nach § 99 Abs 1 und 2 JN, und zwar bei dem Gericht, in dessen Sprengel sich der Vermögenswert oder Streitgegenstand befindet, geklagt werden.

VI. Vermögensgerichtsstand des inländischen Heimathafens (§ 99 Abs 4 JN)

§ 6 Abs 1 Seeschiffahrtsgesetz (BGBl 1981/174) normiert, daß sich – falls **91** für den Eigentümer oder für den Kapitän eines österreichischen Seeschiffes ein **allgemeiner Gerichtsstand im Inland nicht begründet** ist – die gerichtliche Zuständigkeit für **Verfahren, die mit dem Erwerb und dem Betrieb dieses Seeschiffes zusammenhängen,** nach dem **Sitz des für die Führung des Seeschiffsregisters zuständigen Gerichtes** (dh des **BG Innere Stadt Wien**) richten (vgl *Gaeta,* ZVR 1992, 356). Daher ist dem § 99 Abs 4 JN durch § 6 Abs 1 SeeschiffahrtsG derogiert worden (*Mayr* in *Rechberger,* ZPO § 99 JN Rz 12; *Stohanzl,* ZPO[14], 179 bezeichnet § 99 Abs 4 JN als gegenstandslos).

VII. Maßgeblicher Zeitpunkt

92 Maßgeblich für die Bejahung der Zuständigkeit nach § 99 JN ist der Zeitpunkt des Einlangens der Klage bei Gericht **(Gerichtsanhängigkeit)** (ecolex 1993, 811 = RZ 1994/77 = ZfRV 1994/3; AnwBl 1991, 742 = ZfRV 1991/37; SZ 52/60 = EvBl 1980/15) **bzw jener der Entscheidung über die Unzuständigkeitseinrede** (vgl § 406 ZPO; ZfRV 1994/16). In einem dieser beiden Zeitpunkte darf der Beklagte weder einen allgemeinen noch einen ausschließlichen Gerichtsstand im Inland haben und muß Vermögen im Sprengel des angerufenen Gerichtes haben.

93 Waren die **Voraussetzungen** für den Vermögensgerichtsstand **im Zeitpunkt der Gerichtsanhängigkeit gegeben,** dann **beseitigt** gem § 29 JN eine **nachträgliche Änderung,** wie etwa die Begründung eines inländischen Wohnsitzes oder Sitzes oder der Wegfall des Vermögens, etwa durch Veräußerung und Verbringung des Erlöses oder durch Bezahlung der den Vermögenswert darstellenden Forderung, **den einmal begründeten Gerichtsstand** des § 99 JN **nicht** (EvBl 1965/186; AmtlSlg 1033 = GlUNF 3507 [1906]).

Zufolge des durch die WGN 1997 geänderten § 29 JN gilt dies auch dann, wenn vom Vorliegen des Vermögensgerichtsstandes die internationale Zuständigkeit Österreichs abhängt (vgl zur Rechtslage vor der WGN 1997 *Kralik,* ZZP 74, 45; *Matscher,* JBl 1983, 516; EFSlg 63.918 [1990] = IPRE 3/158; SZ 60/164 = EvBl 1988/33 = IPRE 2/214 = RZ 1988/19; IPRE 2/215 = JBl 1988, 386 [abl *Böhm*] = MietSlg 39.725; EvBl 1984/133; SZ 52/60 = EvBl 1980/15).

94 Waren im Zeitpunkt der **Gerichtsanhängigkeit** die **Voraussetzungen** für den Vermögensgerichtsstand **nicht gegeben, treten sie aber während des Verfahrens,** uzw vor der Entscheidung über die (Un-)Zuständigkeit ein (zB der Beklagte verlegt seinen Wohnsitz ins Ausland, sodaß er nun keinen allgemeinen Gerichtsstand mehr im Inland hat oder hat nun Vermögen im Inland), dann ist in analoger Anwendung des § 406 ZPO die **frühere Unzuständigkeit geheilt.** Das Gericht kann die Klage nicht mehr wegen Unzuständigkeit zurückweisen (JBl 1975, 101; RZ 1956, 140; Rsp 1926/5 [*Wahle*]). Zur Pflicht des Beklagten, die Zuständigkeitsvoraussetzungen in der Klage zu behaupten, s Rz 9.

VIII. Die internationale Zuständigkeit

95 Der auf inländischem Vermögen basierende **Vermögensgerichtsstand** (nach § 99 Abs 1 und 2 JN) **reicht** nach § 27a JN **für sich allein zur Begründung der internationalen Zuständigkeit aus.** Es bedarf also keiner zusätzlichen Nahebeziehung des Streitgegenstandes oder der Parteien zum Inland (so bereits zur Rechtslage vor der WGN 1997 IPRE 3/187 [1989]; SZ 62/31 = IPRE 3/186 [1989]; IPRE 2/215 = JBl 1988, 386 [*Böhm*] = MietSlg 39.725; SZ 60/164 = EvBl 1988/33 = IPRE 2/214 = RZ 1988/19; SZ 55/95 [1982]).

96 Dies gilt auch für den **Gerichtsstand der ständigen Vertretung** gem § 99 Abs 3 JN (vgl zur Rechtslage vor der WGN 1997 IPRE 3/192 [1990]; IPRE 2/87 = IPRax 1988, 363 [*W. Lorenz* 373] = VersR 1988, 1086; SZ 57/206 = IPRE 2/207 [abl *Schwimann*] = RdW 1985, 212 = RZ 1985/83).

97 Der **Vermögensgerichtsstand** wird in Art 3 Abs 2 **EuGVÜ/LGVÜ als exorbitant bezeichnet** (dazu krit *Bajons,* ZfRV 1993, 47 f Anm 18; *Fasching,* ZZP 105, 460). Dh er kommt gegenüber Personen, die ihren Wohnsitz oder Sitz in einem Vertragsstaat des EuGVÜ/LGVÜ haben, nicht zur Anwendung (LG Feldkirch AnwBl 1997, 653). Allerdings hätte sich im Anwendungsbereich des EuGVÜ/LGVÜ der Kläger auch dann nicht zur Begründung der internationalen

Zuständigkeit auf den Vermögensgerichtsstand berufen können, wenn er in Art 3 Abs 2 EuGVÜ/LGVÜ nicht als exorbitant bezeichnet worden wäre, weil die **Zuständigkeitsordnung des EuGVÜ/LGVÜ** in ihrem Anwendungsbereich die **Zuständigkeitsordnung der JN ersetzt** (ecolex 1998, 693 = JBl 1998, 517 = RdW 1998, 615 = ZfRV 1998/170; siehe für die vergleichbare deutsche Rechtslage, in der ebenfalls der Vermögensgerichtsstand [§ 23 dZPO] ausgeschlossen ist *Geimer/Schütze,* Zivilverfahrensrecht Art 3 EuGVÜ Rz 10; *Gottwald,* MünchKommZPO III Art 2 EuGVÜ Rz 7; *Kropholler,* Zivilprozeßrecht[6] Vor Art 2 EuGVÜ Rz 15f). Im Anwendungsbereich des EuGVÜ/LGVÜ darf deshalb zur Begründung der internationalen Zuständigkeit nicht auf die JN zurückgegriffen werden (vgl *Gottwald,* MünchKommZPO III Art 2 EuGVÜ Rz 7). Auch die örtliche Zuständigkeit darf nicht auf § 99 JN gestützt werden.

Die **Auflistung** der exorbitanten, dh international unerwünschten, Gerichts- 98
stände in Art 3 Abs 2 **hat** daher **für das EuGVÜ/LGVÜ nur deklaratorische Wirkung** (vgl dazu *Busl,* IPRax 1986, 272; *Gottwald,* MünchKommZPO III Art 3 EuGVÜ Rz 3; *Hök,* MDR 1988, 186f). **Relevant** wird die Auflistung der exorbitanten Gerichtsstände **nur** für den Fall, daß sich ein **Vertragsstaat gem Art 59 Abs 1 EuGVÜ/LGVÜ** in einem **Anerkennungs- und Vollstreckungsübereinkommen mit** einem **Drittstaat** (= Nicht-Vertragsstaat) verpflichtet, **Entscheidungen** der Gerichte eines anderen Vertragsstaates gegen Beklagte, die ihren Wohnsitz oder gewöhnlichen Aufenthalt in dem Hoheitsgebiet des Drittstaates haben, **nicht anzuerkennen,** wenn die Entscheidungen in den Fällen des Art 4 EuGVÜ/LGVÜ nur in einem der in **Art 3 Abs 2 EuGVÜ/LGVÜ angeführten Gerichtsstände** ergehen können (vgl *Gottwald,* MünchKommZPO III Art 3 EuGVÜ Rz 3). Die exorbitanten Gerichtsstände bleiben nämlich, wie sich aus Art 4 Abs 1 EuGVÜ/LGVÜ ergibt, zu Lasten von Personen, die ihren Wohnsitz in einem Nicht-Vertragsstaat haben, bestehen (*Gottwald,* MünchKommZPO III Art 3 EuGVÜ Rz 5; *Schlosser,* Kralik-FS 291f; BGH NJW-RR 1988, 172). Für Klagen **gegen Personen,** die ihren **Wohnsitz oder gewöhnlichen Aufenthalt in einem Drittstaat** haben, bleibt der **Vermögensgerichtsstand** daher weiter **anwendbar.**

Die **Anerkennung von Urteilen aus Vertragsstaaten** des EuGVÜ/LGVÜ, 99
die in exorbitanten Gerichtsständen ergangen sind, ist nicht ausgeschlossen, weil gem Art 28 EuGVÜ/LGVÜ die internationale Zuständigkeit im Anerkennungsstaat nicht nachgeprüft werden darf (vgl *Kropholler,* Zivilprozeßrecht[6] Art 3 EuGVÜ Rz 6). Dabei macht es grundsätzlich keinen Unterschied, ob der Beklagte in einem Vertragsstaat oder einem Drittstaat seinen Wohnsitz bzw gewöhnlichen Aufenthalt hat. Eine **Ausnahme** besteht freilich dann, wenn **gem Art 59 Abs 1 EuGVÜ/LGVÜ mit** einem **Drittstaat** ein **Anerkennungs- und Vollstreckungsabkommen** geschlossen wurde, **in dem** die **Anerkennung und Vollstreckung** von Entscheidungen, die gegen eine Person mit Wohnsitz oder gewöhnlichen Aufenthalt in dem betreffenden Drittstaat an einem exorbitanten Gerichtsstand ergangen sind, ausdrücklich **ausgeschlossen** wurde.

Diese Regelung, daß eine Entscheidung, obwohl sie an einem exorbitanten 100
Gerichtsstand ergangen ist, anerkannt und vollstreckt werden kann, und daß dabei auch nicht zwischen Personen, die ihren Wohnsitz oder gewöhnlichen Aufenthalt in einem Vertragsstaat und solchen, die ihn in einem Drittstaat haben, differenziert wird, wird zu Recht heftig kritisiert. Näheres s *Gottwald,* MünchKommZPO III Art 3 EuGVÜ Rz 5; *Kropholler,* Zivilprozeßrecht[6] Art 3 EuGVÜ Rz 6 und Art 28 EuGVÜ Rz 3.

Art 2 Nr 4b des österreichisch-deutschen Anerkennungs- und Vollstrek- 101
kungsvertrages (BGBl 1960/105), in dem ebenfalls der Vermögensgerichtsstand

als exorbitant eingestuft worden war, ist gem Art 55 EuGVÜ/LGVÜ **durch** die Bestimmungen des **EuGVÜ/LGVÜ ersetzt** worden.

Klagen aus dem Eheverhältnis

§ 100. Das im § 76 Abs. 1 bezeichnete Gericht ist auch für andere Klagen wegen nicht rein vermögensrechtlicher Streitigkeiten aus dem Eheverhältnis zuständig.

IdF Art I Z 9 FamGG BGBl 1985/70

Lit: *Loewe,* Neue Fehlleistungen in der Beurteilung der Gesetzgebung durch Theoretiker? ÖJZ 1982, 197; *ders,* Erneuerung des österreichischen internationalen Zivilverfahrensrechts, ZfRV 1983, 180; *Mänhardt,* Das internationale Personen- und Familienrecht Österreichs (1971); *Matscher,* Die internationalrechtlichen Bestimmungen der Zivilverfahrens-Novelle 1983, in *BMJ,* Neuerungen im zivilgerichtlichen Verfahrensrecht, Richterwoche 1983 (1984) 201; *Schwimann,* Vor neuen Fehlleistungen des Gesetzgebers? ÖJZ 1981, 628; *ders,* Inländische Gerichtsbarkeit für Personenrechts-, Familienrechts- und Unterhaltssachen, JBl 1990, 760; *Simotta,* Die internationale Zuständigkeit in Ehe- und Abstammungsstreitigkeiten, Broniewicz-FS (1998) 331.

Übersicht:

I. Nicht rein vermögensrechtliche Streitigkeiten aus dem Eheverhältnis

1 Wie aus dem Wort „andere" hervorgeht, ist § 100 JN die **korrespondierende Bestimmung zu § 49 Abs 2 Z 2c JN.** Ausgenommen sind demnach die Klagen auf Scheidung, Aufhebung, Nichtigerklärung und auf Feststellung des (Nicht-)Bestehens einer Ehe, deren örtliche Zuständigkeit in § 76 Abs 1 JN geregelt ist. Zum Begriff der anderen Streitigkeiten aus dem Eheverhältnis s § 49 JN Rz 38ff.

§ 100 JN gilt allerdings nicht für alle sonstigen Streitigkeiten aus dem Eheverhältnis, sondern nur für jene, die **nicht rein vermögensrechtlicher Natur** sind. Die (auch für die Anwendung des § 460 ZPO bedeutsame) Unterscheidung zwischen vermögensrechtlichen und nicht rein vermögensrechtlichen Streitigkeiten aus dem Eheverhältnis ist nach folgenden Gesichtspunkten vorzunehmen: Vermögensrechtliche Streitigkeiten aus dem Eheverhältnis sind Streitigkeiten, in denen das Begehren auf Geldleistung oder Leistung geldwerter Sachen (also nicht auf die Erfüllung höchstpersönlicher Verpflichtungen, die ausschließlich aus dem Eheverhältnis abgleitet werden) oder auf Feststellung, Gestaltung, Aufhebung oder Abänderung eines Vermögensrechtes gerichtet ist. Eine nicht rein vermögensrechtliche Streitigkeit aus dem Eheverhältnis liegt dagegen dann vor, wenn **höchstpersönliche, aus den Rechten und Pflichten der Ehegatten abgeleitete Leistungs-, Feststellungs- oder Rechtsgestaltungsansprüche geltend gemacht** werden.

2 **Beispiele** für nicht rein vermögensrechtliche Streitigkeiten aus dem Eheverhältnis:

- ausländische Eheklagen, die sich nicht unter den Begriff der Ehesachen subsumieren lassen;
- die Klage auf Unterlassung oder Zulässigkeit der Führung des Ehenamens;

- die Klage auf Unterlassung ehewidriger Beziehungen;
- die Klage auf Unterlassung bzw Schadenersatz nach § 97 ABGB;
- die Klage auf Zutritt zur Ehewohnung;
- die Klage auf nachträgliche Feststellung des Zerrüttungsverschuldens nach anerkannter Auslandsscheidung (*Mayr* in *Rechberger,* ZPO § 100 JN Rz 1; *Rechberger/Simotta,* Zivilprozeßrecht[5] Rz 781).

II. Verhältnis zu § 76a JN

3 Für die nicht rein vermögensrechtlichen Streitigkeiten aus dem Eheverhältnis gibt es seit dem FamGG (BGBl 1985/70) zwei besondere Gerichtsstände, nämlich § 76a JN (der aber auch für vermögensrechtliche Streitigkeiten aus dem Eheverhältnis gilt) und § 100 JN. Das Verhältnis der beiden Gerichtsstände zueinander ergibt sich aus deren Rechtsnatur. Da es sich bei § 76a JN um einen ausschließlichen Gerichtsstand, bei § 100 JN dagegen bloß um einen Wahlgerichtsstand handelt, **schließt § 76a JN den § 100 JN aus.** § 100 JN kommt daher nur dann zur Anwendung, wenn **nicht gleichzeitig** mit der Klage wegen nicht rein vermögensrechtlicher Streitigkeiten aus dem Eheverhältnis eine **Eheklage anhängig gemacht wird oder** eine **Eheklage nicht** (mehr) **anhängig** ist **oder die mündliche Verhandlung über die Eheklage bereits in erster Instanz geschlossen** ist.

III. Zweck

4 Der Zweck des § 100 JN besteht einerseits darin, **Zuständigkeitsstreitigkeiten** in dem Fall **vorzubeugen,** in dem eine zwar nicht im österreichischen, wohl aber in einem ausländischen Recht vorgesehene Eheklage beim Gericht der Ehesache eingebracht wird, anderseits wird durch die gemeinsame örtliche Zuständigkeit eine **Verbindung nach § 187 ZPO** für den Fall ermöglicht, daß nach der Einbringung der Klage aus dem Eheverhältnis eine Ehesache anhängig gemacht wird.

IV. Die internationale Zuständigkeit

A. Anwendbarkeit des EuGVÜ/LGVÜ

5 Soweit die nicht rein vermögensrechtlichen Streitigkeiten aus dem Eheverhältnis den Personenstand betreffen, ist das EuGVÜ/LGVÜ gem Art 1 Abs 2 nicht anwendbar. Von den in Rz 2 angeführten Klagen aus dem Eheverhältnis handelt es sich bei den ausländischen Eheklagen, die sich nicht unter den Begriff der Ehesachen subsumieren lassen, bei der Klage auf nachträgliche Feststellung des Zerrüttungsverschuldens nach anerkannter Auslandsscheidung, bei der Klage auf Unterlassung oder Zulässigkeit der Führung des Ehenamens sowie, da ehewidrige Beziehungen einen Scheidungsgrund bilden können, auch bei der Klage auf Unterlassung ehewidriger Beziehungen um Klagen, die den Personenstand der Parteien betreffen. Dagegen ist es nicht klar, ob das EuGVÜ/LGVÜ auch auf die Klagen, welche die nach § 97 ABGB besonders geschützte Ehewohnung betreffen, anwendbar ist. Da die genannten Klagen dem Eheverhältnis entspringen und nur den Ehegatten ein Anspruch nach § 97 ABGB zukommt, wird die Anwendbarkeit des EuGVÜ/LGVÜ wohl eher zu verneinen sein. Man wird, auch wenn sie nicht rein vermögensrechtlicher Natur sind, die sich auf § 97 ABGB stützenden Klagen unter die Klagen, welche die ehelichen Güterstände betreffen, subsumieren können.

B. Die internationale Zuständigkeit nach innerstaatlichem Recht

6 § 100 JN enthält **keine ausdrückliche Regelung** darüber, wann für nicht rein vermögensrechtliche Streitigkeiten aus dem Eheverhältnis die internationale Zuständigkeit gegeben ist (krit *Schwimann,* ÖJZ 1981, 630; *ders,* JBl 1990, 762). Würde man auch hier – obwohl es sich um nicht rein vermögensrechtliche Streitigkeiten handelt – § 27a JN anwenden, könnte in Österreich dann geklagt werden, wenn der Beklagte seinen allgemeinen Gerichtsstand in Österreich hat oder die Ehegatten einen gemeinsamen gewöhnlichen Aufenthalt in Österreich haben bzw hatten oder der Kläger seinen gewöhnlichen Aufenthalt in Österreich hat (vgl § 76 Abs 1 JN). Dh es käme bezüglich der internationalen Zuständigkeit zu einer unterschiedlichen Behandlung der Ehesachen und der nicht rein vermögensrechtlichen Streitigkeiten aus dem Eheverhältnis. Einerseits würde es bei den nicht rein vermögensrechtlichen Streitigkeiten aus dem Eheverhältnis – anders als bei den Ehesachen (vgl § 76 Abs 2 Z 3 JN) – für die internationale Zuständigkeit bereits genügen, wenn der Kläger (bloß) seinen gewöhnlichen Aufenthalt im Inland hat, andererseits würde bei den nicht rein vermögensrechtlichen Streitigkeiten aus dem Eheverhältnis – anders als bei den Ehesachen (vgl § 76 Abs 2 Z 1 JN) – die österreichische Staatsbürgschaft nicht für sich allein zur Begründung der internationalen Zuständigkeit ausreichen. Diese Diskrepanz wäre unverständlich, da in allen übrigen Fällen die Ehesachen und die nicht rein vermögensrechtlichen Streitigkeiten aus dem Eheverhältnis verfahrensrechtlich gleich behandelt werden (vgl § 49 Abs 2 Z 2b und Z 2c JN, den auf § 76 Abs 1 JN verweisenden § 100 JN, vor allem aber § 460, § 501 Abs 2, § 502 Abs 5 ZPO). Daher wird die Regelung über die **internationale Zuständigkeit in Ehesachen** (§ 76 Abs 2 JN) **analog** auch **auf die nicht rein vermögensrechtlichen Streitigkeiten aus dem Eheverhältnis anzuwenden** sein (so auch *Simotta,* Broniewicz-FS 348 und zur Rechtslage vor der WGN 1997 *Loewe,* ÖJZ 1982, 200; *ders,* ZfRV 1983, 181; *Mänhardt,* Personenrecht 94; *Matscher* in *BMJ,* Neuerungen 210; unschlüssig über die Art der Lückenfüllung dagegen *Schwimann,* ÖJZ 1981, 630; *ders,* JBl 1990, 762).

§ 101 *(Gerichtsstand der Gegenseitigkeit) samt Überschrift aufgehoben durch Art II Z 47 ZVN 1983 BGBl 135*

1 § 101 JN regelte den Gerichtsstand der Gegenseitigkeit für Klagen gegen Ausländer.

Mehrheit von Gerichtsständen

§ 102. Unter mehreren zuständigen Gerichten hat der Kläger die Wahl; dieselbe ist mit der Zustellung der Klage an den Beklagten vollzogen.

Stammfassung

Übersicht:

I. Anwendungsfälle

1 Gleichgültig ist, ob die **mehrfache Zuständigkeit** durch mehrere allgemeine Gerichtsstände (vgl § 66 Abs 3 JN), den allgemeinen Gerichtsstand und einen

der mehreren daneben tretenden Wahlgerichtsstände, durch mehrere Wahlgerichtsstände oder mehrere ausschließliche Gerichtsstände entsteht. § 102 JN findet ferner auch Anwendung bei einer Konkurrenz zwischen Wahlgerichtsständen und einem vereinbarten Wahlgerichtsstand. Wurde hingegen ein ausschließlicher Gerichtsstand vereinbart, dann schließt er sowohl die Wahlgerichtsstände als auch die ausschließlichen Gerichtsstände des Gesetzes aus, weshalb hier § 102 JN ebensowenig zur Anwendung kommt wie dann, wenn Zwangsgerichtsstände (wie zB nach § 76c Abs 2, §§ 83a und 83b JN; § 532 ZPO; § 4 Abs 1 Z 2 und Z 3 ASGG, §§ 5a, 5b, 7 ASGG) neben andere Gerichtsstände treten, da diesen eine alle anderen Gerichtsstände ausschließende Wirkung zukommt.

II. Wahlrecht des Klägers

Ist eine mehrfache gleichrangige örtliche Zuständigkeit gegeben, dann hat der **Kläger die Wahl,** bei welchem Gericht er die Klage einbringen will. 2

Die Wahl (und die damit verbundene Perpetuierung der Zuständigkeit) ist mit der **Zustellung der Klage** an den Gegner vollzogen. Freilich kann der Kläger – allerdings nur aus Zuständigkeitsgründen – auch wenn der in § 237 Abs 1 ZPO genannte Zeitpunkt bereits vorbei ist, die Klage noch ohne Zustimmung des Beklagten und ohne Anspruchsverzicht zurücknehmen (SZ 58/44 = EvBl 1985/141 = RZ 1985/58; SZ 28/220 = EvBl 1956/89). Die Zurücknahme der Klage hat die Bedeutung, daß die Klage als nicht angebracht anzusehen ist, sodaß in allen hier genannten Fällen die neuerliche Anbringung einer gleichen Klage möglich ist und dem Kläger im Rahmen des § 102 JN neuerlich die Wahl zwischen mehreren Gerichten zusteht.

Das dem Kläger in § 102 JN eingeräumte **Wahlrecht** ist insoweit **klagsbezogen,** als es sich ausschließlich auf die betreffende Klage sowie auf den darin geltend gemachten Klagsanspruch und Rechtsgrund (LGZ Wien Arb 8333 [1967]) erstreckt.

Mehrheit von Bezirksgerichten an einem Orte

§ 103. (1) Ist jemand bei dem Bezirksgericht an einem Ort zu klagen, wo mehrere Bezirksgerichte eingerichtet sind, so ist die Klage bei demjenigen Bezirksgericht anzubringen, in dessen Sprengel der Beklagte seinen Wohnsitz, seinen gewöhnlichen Aufenthalt oder – ist keines der Fall – seinen Aufenthalt hat. Wenn hingegen der Beklagte an diesem Orte sich nicht wirklich aufhält, so hat der Kläger zwischen den mehreren Bezirksgerichten die Wahl (§ 102).

(2) Bestehen am Sitz einer zur Vertretung eines Minderjährigen berufenen Bezirksverwaltungsbehörde oder einer zur Anstalts- oder Vereinsvormundschaft berufenen Stelle mehrere Bezirksgerichte, so ist für Klagen, die von der betreffenden Stelle in Vertretung des Minderjährigen bei einem Bezirksgericht erhoben werden, auch das Bezirksgericht zuständig, in dessen Sprengel die die Vertretung besorgende Stelle ihren Sitz hat.

Abs 1 idF Art II Z 48 ZVN 1983 BGBl 135; Abs 2 idF Art VIII Z 3 BGBl 1977/403

Übersicht:

I. Mehrere Bezirksgerichte an einem Ort (§ 103 Abs 1 JN)

1 In § 103 Abs 1 JN wird angeordnet, welches BG örtlich zuständig ist, wenn – wie in Wien – **am Sitz des Beklagten mehrere BG** errichtet sind. Diese Norm betrifft nur die örtliche Zuständigkeit, findet also keine Anwendung auf die Abgrenzung der Aufgabenbereiche zwischen BG und Kausalbezirksgerichten. Ebenso findet § 103 Abs 1 JN keine Anwendung auf den Fall, daß mehrere GH an einem Ort sind (derzeit ist dies nur in Wien der Fall; hier werden die Grenzen zwischen dem LGZ Wien, dem HG Wien und dem ASG Wien durch die Normen der sachlichen Zuständigkeit gezogen).

2 Entscheidend ist der **Wohnsitz des Beklagten,** in Ermangelung desselben **sein gewöhnlicher Aufenthalt** oder in Ermangelung beider dessen **Aufenthalt.** Der Beklagte ist bei dem BG zu klagen, in dessen Sprengel sein Wohnsitz (§ 66 Abs 1 JN) oder, falls keiner vorhanden ist, sein gewöhnlicher Aufenthalt (§ 66 Abs 2 JN), in Ermangelung eines Wohnsitzes oder gewöhnlichen Aufenthalts, sein Aufenthaltsort (§ 67 JN) gelegen ist. Diese Vorschrift gilt auch für die anderen örtlichen Anknüpfungspunkte der einzelnen Zuständigkeitsnormen. Es ist daher nach § 77 JN der letzte Wohnsitz des Erblassers, nach §§ 81, 83 JN die Lage des unbeweglichen Gutes (Bestandgegenstandes), die Lage der Niederlassung des Beklagten (nach § 87 JN) bzw des Klägers (nach § 87 a JN), gem § 103 Abs 1 JN zur Begründung der örtlichen Zuständigkeit beim Vorhandensein mehrerer BG an einem Ort entscheidend; gleiches gilt für den Gerichtsstand der Streitgenossenschaft nach § 93 JN, den Gerichtsstand des früheren Wohnsitzes [richtig: des allgemeinen Gerichtsstandes] (§ 97 JN), auch für Klagen gegen Schiffer und Schiffsmannschaft (§ 98 JN) und für den Gerichtsstand des Vermögens (§ 99 JN).

Jeweils dasjenige von mehreren an einem Ort gelegenen BG ist örtlich zuständig, in dessen Sprengel der örtliche Zuständigkeitsanknüpfungspunkt (zB Wohnsitz, gewöhnlicher Aufenthalt, Aufenthalt, Niederlassung, Vermögen, Streitgegenstand) gelegen ist. Dem Wohnsitz einer natürlichen Person entspricht der Sitz (der Verwaltung) der beklagten juristischen Person (§ 75 JN).

3 Hat hingegen der Beklagte **an diesem Ort keinen wirklichen Aufenthalt** oder geht aus der Zuständigkeitsnorm nicht eindeutig die örtliche Beziehung des Zuständigkeitstatbestandes zu einem der mehreren Gerichte hervor, dann hat der **Kläger nach § 102 JN die Wahl,** bei welchem der mehreren an einem Ort befindlichen Gerichte er die Klage einbringen will. Das ist vor allem beim fiktiven Wohnsitz bzw allgemeinen Gerichtsstand nach §§ 68, 69 JN und dem abgeleiteten allgemeinen Gerichtsstand nach § 71 JN der Fall. Aber auch dort, wo die Zuständigkeitsnorm nur auf den Ort, nicht aber auf den Gerichtssprengel abstellt, hat unter mehreren Gerichten an diesem Ort der Kläger die Wahl, so beim Gerichtsstand des Erfüllungsortes nach § 88 Abs 1 JN oder beim Fakturengerichtsstand nach § 88 Abs 2 JN. In beiden Fällen ist nur der Erfüllungs- oder Zahlungsort im allgemeinen vorausgesetzt. Unter mehreren BG an diesem Ort hat der Kläger die Wahl. (Auf die gleichgelagerten §§ 89, 93 Abs 2 JN kann § 103 JN nicht angewendet werden, weil die dort erfaßten Wechselansprüche, wenn der Streitwert 130.000 S nicht übersteigt, vor das BG für bzw in Handelssachen gehören, es aber auch in Wien nur ein BG gibt, das in Handelssachen entscheidet. Übersteigt der Streitwert 130.000 S, ist § 103 JN deshalb nicht anwendbar, weil die Wechselansprüche dann in die sachliche Zuständigkeit der GH bzw des HG fallen.)

4 Die Bestimmung des § 103 JN stellt sich nur als eine Ergänzungsnorm zur Auslegung der örtlichen Zuständigkeitstatbestände dar, begründet aber keine eigene örtliche Zuständigkeit. Daher schließt diese Vorschrift auch nicht aus,

daß die Parteien, soweit sie nur überhaupt in der Lage sind, eine gültige Vereinbarung über die örtliche Zuständigkeit zu treffen, ein anderes als das in § 103 JN bezeichnete BG am gleichen Ort vereinbaren.

II. Örtliche Zuständigkeit für Klagen des Amtsvormundes (§ 103 Abs 2 JN)

In Wien, wo mehrere BG bestehen, ist gem § 4 Abs 3 Wiener Jugendwohl- 5
fahrtsG (LGBl 1990/36) die **Amtsvormundschaft** über einen Minderjährigen vom Magistrat der Stadt Wien (als Jugendwohlfahrtsträger) auszuüben. Da das Amt für Jugend und Familie in 1030 Wien seinen Sitz hat, ist **für Klagen, die der Magistrat der Stadt Wien in Vertretung eines Minderjährigen erhebt,** auch das **BG Innere Stadt Wien zuständig.**

§ 103 Abs 2 JN schafft aber keinen Aktivgerichtsstand, sondern findet nur dann Anwendung, wenn der Beklagte nach den allgemeinen Zuständigkeitsvorschriften an einem Ort, an dem mehrere BG ihren Sitz haben, dh in Wien, zu klagen ist. Praktische Bedeutung erlangt diese Vorschrift nur dann, wenn der Beklagte in Wien zu klagen ist und der Magistrat der Stadt Wien (als Jugendwohlfahrtsträger) die Klage erhebt.

Eine Anstalts- und Vereinsvormundschaft iSd § 25 JWG 1954 gibt es seit dem JWG 1989 nicht mehr.

III. Die örtlichen und sachlichen Zuständigkeiten der Wiener Bezirksgerichte in bürgerlichen Rechtssachen

Um die Grundlagen der örtlichen und sachlichen Zuständigkeitsgrenzen 6
der Wiener BG in bürgerlichen Rechtssachen darzustellen, werden hier die Abschnitte I und II des Bezirksgerichts-Organisationsgesetzes für Wien 9. 5. 1985, BGBl 203 idF BGBl 1988/291, BGBl 1990/260, BGBl 1992/756, BGBl 1996/761 und BGBl I 1999/57 wiedergegeben:

I. Abschnitt

Organisation der Bezirksgerichte in Wien

§ 1. Unter Bedachtnahme auf die §§ 6, 6a und 6b sind in Wien folgende Bezirksgerichte errichtet:

1. das Bezirksgericht Innere Stadt Wien;
1a. das Bezirksgericht Josefstadt;
2. das Bezirksgericht Favoriten;
2a. das Bezirksgericht Meidling;
3. das Bezirksgericht Hietzing;
4. das Bezirksgericht Fünfhaus;
5. das Bezirksgericht Hernals;
6. das Bezirksgericht Döbling;
7. das Bezirksgericht Floridsdorf;
8. das Bezirksgericht Donaustadt;
9. das Bezirksgericht Liesing;
10. das Bezirksgericht für Handelssachen Wien.

§ 2. Soweit im § 3 nichts anderes bestimmt ist, umfaßt der Sprengel

1. des Bezirksgerichtes Innere Stadt Wien die Bezirke I, III bis VI und XI; außerdem

a) *aufgehoben durch Art I Z I BGBl 1988/291*

b) in allen zivilgerichtlichen Angelegenheiten, die nach einer gesetzlichen Vorschrift dem Bezirksgericht am Sitz eines Gerichtshofes I. Instanz in Wien zugewiesen sind, den Sprengel des betreffenden Gerichtshofes;

c) in allen Angelegenheiten der Führung der Landtafel, soweit die unbeweglichen Sachen, die bisher Gegenstand der Landtafel waren, in Wien, Niederösterreich oder dem Burgenland liegen, das Gebiet dieser Bundesländer;

d) in allen Angelegenheiten der Führung der Bergbücher, soweit das Bergwerkseigentum ganz oder mit seinen Hauptbestandteilen in Wien, Niederösterreich oder dem Burgenland liegt, das Gebiet dieser Bundesländer;

e) in allen Angelegenheiten der Führung des Eisenbahnbuches, soweit es nach den am 12. März 1938 geltenden Vorschriften vom Landesgericht für Zivilrechtssachen Wien zu führen war, das nach diesen Vorschriften bestimmte Gebiet;

1a. des Bezirksgerichtes Josefstadt die Bezirke VII bis IX;

2. des Bezirksgerichtes Favoriten den Bezirk X;

2a. des Bezirksgerichtes Meidling den Bezirk XII;

3. des Bezirksgerichtes Hietzing den Bezirk XIII;

4. des Bezirksgerichtes Fünfhaus die Bezirke XIV und XV;

5. des Bezirksgerichtes Hernals die Bezirke XVI und XVII;

6. des Bezirksgerichtes Döbling die Bezirke XVIII und XIX;

7. des Bezirksgerichtes Floridsdorf die Bezirke XX und XXI;

8. des Bezirksgerichtes Donaustadt die Bezirke II und XXII;

9. des Bezirksgerichtes Liesing den XXIII. Bezirk.

§ 3. Der Sprengel des Bezirksgerichtes für Handelssachen Wien umfaßt die Bezirke I bis XXIII.

§§ 4 und 5 *aufgehoben durch das BGBl 1996/761*

II. Abschnitt

Übergangs- und Schlußbestimmungen

§ 6. (1) In Wien wird das Bezirksgericht Donaustadt errichtet.

(2) Das Bezirksgericht Donaustadt ist zur Ausübung der den Bezirksgerichten übertragenen Gerichtsbarkeit in bürgerlichen Rechtssachen, in Strafsachen (§ 9 Abs. 1 StPO) sowie zur Ausübung der den Bezirksgerichten nach § 17 EO übertragenen Gerichtsbarkeit zuständig, soweit hiezu nicht das Bezirksgericht für Handelssachen Wien, das Bezirksgericht Innere Stadt Wien oder der Jugendgerichtshof Wien berufen sind.

§ 6a. (1) In Wien wird das Bezirksgericht Josefstadt errichtet.

(2) Das Bezirksgericht Josefstadt ist zur Ausübung der den Bezirksgerichten übertragenen Gerichtsbarkeit in bürgerlichen Rechtssachen, in Strafsachen (§ 9 Abs. 1 StPO) sowie zur Ausübung der den Bezirksgerichten nach § 17 EO übertragenen Gerichtsbarkeit zuständig, soweit hiezu nicht das Bezirksgericht für Handelssachen Wien, das Bezirksgericht Innere Stadt Wien oder der Jugendgerichtshof Wien berufen sind.

§ 6b. (1) In Wien wird das Bezirksgericht Meidling errichtet.

(2) Das Bezirksgericht Meidling ist zur Ausübung der den Bezirksgerichten übertragenen Gerichtsbarkeit in bürgerlichen Rechtssachen, in Strafsachen (§ 9 Abs. 1 StPO) sowie zur Ausübung der den Bezirksgerichten nach § 17 EO übertragenen Gerichtsbarkeit zuständig, soweit hiezu nicht das Bezirksgericht für Handelssachen Wien, das Bezirksgericht Innere Stadt Wien oder der Jugendgerichtshof Wien berufen sind.

§ 6c. Das Exekutionsgericht Wien und das Strafbezirksgericht Wien werden aufgelassen.

§§ 7–12. . . .

Wiener Gemeindebezirk	a) Zivilgerichtliche Angelegenheiten (ausgenommen die in nächsten Spalten genannten Angelegenheiten) b) Grundbuch c) alle Exekutionssachen d) Strafsachen	a) Zivilgerichtliche Angelegenheiten, die laut gesetzlicher Vorschrift vom BG am Sitze des GH I. Instanz zu erledigen sind b) Landtafel (Wien, NÖ, Bgld) c) Bergbuch d) Eisenbahnbuch (Wien, NÖ, Bgld)	Handelssachen
I. (Innere Stadt Wien)	BG Innere Stadt Wien		
II. (Leopoldstadt)	BG Donaustadt (ab 1. 1. 2001 BG Leopoldstadt)*		
III. (Landstraße)			
IV. (Wieden)	BG Innere Stadt Wien		
V. (Margareten)			
VI. (Mariahilf)			
VII. (Neubau)			
VIII. (Josefstadt)	BG Josefstadt		
IX. (Alsergrund)			
X. (Favoriten)	BG Favoriten		
XI. (Simmering)	BG Innere Stadt Wien	BG Innere Stadt Wien	BG für Handelssachen
XII. (Meidling)	BG Meidling		
XIII. (Hietzing)	BG Hietzing		
XIV. (Penzing)	BG Fünfhaus		
XV. (Fünfhaus)			
XVI. (Ottakring)	BG Hernals		
XVII. (Hernals)			
XVIII. (Währing)	BG Döbling		
XIX. (Döbling)			
XX. (Brigittenau)	BG Floridsdorf (ab 1. 1. 2001 für den XX. Bezirk BG Leopoldstadt)		
XXI. (Floridsdorf)			
XXII. (Kagran)	BG Donaustadt		
XXIII. (Liesing)	BG Liesing		

*) s BG über die Errichtung des BG Leopoldstadt und die Änderung der Zuständigkeit der BG Floridsdorf und Donaustadt (5. Nov zum Bezirksgerichts-Organisationsgesetz Wien), BGBl I 1999/57.

Vereinbarung über die Zuständigkeit der Gerichte

§ 104. (1) Die Parteien können sich durch ausdrückliche Vereinbarung unterwerfen:

1. der inländischen Gerichtsbarkeit;

2. einem oder mehreren Gerichten erster Instanz namentlich angeführter Orte.

Die Vereinbarung muß urkundlich nachgewiesen werden; eine sonstige Voraussetzung muß nicht erfüllt sein.

(2) Die Vereinbarung hat nur dann rechtliche Wirkung, wenn sie sich auf einen bestimmten Rechtsstreit oder auf die aus einem bestimmten Rechtsverhältnisse entspringenden Rechtsstreitigkeiten bezieht. Jedoch können Angelegenheiten, welche dem Wirkungskreise der ordentlichen Gerichte überhaupt entzogen sind, durch solche Vereinbarungen nicht vor diese Gerichte, Rechtssachen, welche vor ein Bezirksgericht gehören, nicht vor einen Gerichtshof erster Instanz und ausschließlich den Gerichtshöfen erster Instanz zugewiesene Streitigkeiten nicht vor ein Bezirksgericht gebracht werden.

(3) Ein an sich auf Grund des Fehlens der inländischen Gerichtsbarkeit oder der sachlichen oder örtlichen Zuständigkeit unzuständiges Gericht wird auch dadurch zuständig, daß der Beklagte zur Sache vorbringt (§ 74 ZPO) oder mündlich verhandelt, ohne die Einrede des Fehlens der inländischen Gerichtsbarkeit oder der sachlichen oder örtlichen Zuständigkeit zu erheben, sofern er dabei durch einen Rechtsanwalt oder einen Notar vertreten ist oder sofern er vorher durch den Richter über die Möglichkeit einer derartigen Einrede und deren Wirkung belehrt und diese Belehrung im Verhandlungsprotokoll beurkundet worden ist.

(4) In Rechtssachen nach den §§ 81, 83, 83b und 92b kann die inländische Gerichtsbarkeit nach den Abs. 1 oder 3 nicht begründet werden.

(5) Die Abs. 1 bis 4 sind insoweit zur Gänze oder zum Teil nicht anzuwenden, als nach Völkerrecht oder besonderen gesetzlichen Anordnungen ausdrücklich anderes bestimmt ist.

Abs 1 idF Art VI Z 14 WGN 1997 BGBl I 140; Abs 2 idF Art IV Z 21 der 1. GEN RGBl 1914/118; Abs 3 idF Art VI Z 14 WGN 1997 BGBl I 1997/140; Abs 4 und 5 eingefügt durch Art VI Z 14 WGN 1997 BGBl I 1997/140

Lit: *Bajons,* Ein österreichisches System der internationalen Zuständigkeit, ZfRV 1972, 91; *Barchetti,* Die Nichtigkeit im Außerstreitverfahren, ÖJZ 1962, 453; *Baumgärtel,* Wesen und Begriff der Prozeßhandlung einer Partei im Zivilprozeß[2] (1972); *F. Bydlinski,* System und Prinzipien des Privatrechts (1996); *Csoklich,* Die Allgemeinen Österreichischen Spediteurbedingungen und das Konsumentenschutzgesetz, ÖJZ 1986, 437; *Fasching,* Die prozessuale Stellung mehrerer im gleichen Vaterschaftsprozeß als Beklagte in Anspruch genommener Männer, Bosch-FS (1976) 161; *ders,* Abgrenzungs- und Anwendungsprobleme beim Gerichtsstand des Erfüllungsortes nach österreichischem Recht, Nagel-FS (1987) 26; *ders,* Zur Auslegung der Zivilverfahrensgesetze, JBl 1990, 749; *Fink,* Die Heilung von Unzuständigkeiten nach dem ASGG, RdW 1987, 261; *ders,* Nochmals: Zur Heilung von Unzuständigkeiten nach dem ASGG, RdW 1989, 305; *Fucik,* Die Zuständigkeit nach der Zivilverfahrens-Novelle 1983, RZ 1985, 258; *Gamerith,* Verfahrensrechtliche Probleme des neuen Unehelichenrechts, ÖJZ 1972, 57; *Gottwald,* Internationale Gerichtsstandsvereinbarungen, Verträge zwischen Prozeßrecht und materiellem Recht, Henckel-FS (1995) 295; *Hausmann,* Einheitliche Anknüpfung internationaler Gerichtsstands- und Schiedsvereinbarungen? Lorenz-FS (1991) 359; *Henckel,* Prozeßrecht und materielles Recht (1970); *Holzhammer,* Das Wesen der ausschließlichen Gerichtsstände, ÖJZ 1960, 561; *Hoyer,* Die Neuregelung des internationalen Zivilverfahrensrechts in Österreich, ZZP 95 (1982) 151; *ders,* Eine Richtungsänderung im österreichischen internationalen Zivilverfahrensrecht? ZfRV 1983, 64; *Jelinek,* Gerichtszuständigkeit im Verbraucherprozeß (§ 14 KSchG), in *Krejci,* Handbuch zum Konsumentenschutzgesetz (1981) 859; *ders,* Zur Reform des Außerstreitverfahrens – Die Regelungs- und Streitentscheidungsverfahren, in Zur Reform des Außerstreitverfahrens, Veröffentlichungen des Ludwig Boltzmann-Institutes für Rechtsvorsorge und Urkundenwesen II (1984) 82; *ders,* Überlegungen zur Reform des Außerstreitverfahrens, NZ 1984, 73; *Klicka,* Wann ist ein „echtes" und wann ein „unechtes" Versäumungsurteil zu fällen? JBl 1990, 434; *ders,* Die Beweislastverteilung im Zivilverfahrensrecht (1995); *Klicka/Oberhammer,* Außerstreitverfahren[3] (2000); *Kohler,* Internationale Gerichtsstandsvereinbarungen: Liberalität und Rigorismus im EuGVÜ, IPRax 1983, 265; *Konecny,* Zur Prozeßführung durch den Ausgleichsschuldner, JBl 1986, 353; *König,* Die Anfechtung[2] (1993); *Kornblum,* Bemerkungen zur Gerichtsstandsvereinbarung, FamRZ 1973, 416; *W. Kralik,* Die internationale Zuständigkeit, ZZP 74 (1961) 2; *Kropholler,* Handbuch des internationalen Zivilverfahrensrechts I (1982); *Loewe,* Erneuerung des österreichischen internationalen Zivilverfahrensrechtes, ZfRV 1983, 180; *Mänhardt,* Das internationale Personen- und Familienrecht Österreichs (1971); *Matscher,* Zuständigkeitsvereinbarungen im österreichischen und im internationalen Zivilprozeßrecht (1967); *ders,* Zur Funktion und Tragweite der Bestimmung des § 28 JN, Schwind-FS (1978) 173; *ders,* Zur Abgrenzung der inländischen Gerichtsbarkeit, vornehmlich in Vermögenssachen, JBl 1983, 505; *ders,* Die Indikationentheorie an der Schwelle der Integration des österreichischen in das europäische Zivilprozeßrecht, JBl 1996, 277; *ders,* Die Neuregelung der inländischen Gerichtsbarkeit durch die WGN 1997, JBl 1998, 488; *Melichar,* Die Geltendmachung von Gegenforderungen im österreichischen Zivilprozeß- und Exekutionsrecht, JBl 1946, 49; *Novak,* Zur prozessualen Aufrechnungseinrede des österreichischen Rechts, JBl 1951, 504; *Oberhammer,* Internationale Gerichtsstandsvereinbarungen: Konkurrierende oder ausschließliche Zuständigkeit? JBl 1997, 434; *Palten,* Bestandverfahren (1991); *Pfeiffer,* Halbseitig fakultative Gerichtsstandsvereinbarungen in stillschweigend vereinbarten AGB? IPRax 1998, 17; *Pfersmann,* Bemerkenswertes aus der SZ 57, ÖJZ 1987, 106; *ders,* Bemerkenswertes aus der SZ 60, ÖJZ 1991, 122; *ders,* Bemerkenswertes aus der SZ 62/I, ÖJZ 1992, 183; *Pichler/Cap,* Grundzüge des Außerstreitverfahrens für die Praxis des Amtsvormundes, ÖA 1977, 29; *Pimmer,* Zur Reportage über das 9. Zivilrechtsseminar in Lindabrunn, WR 1985/12, 16; *Reiser,* Gerichtsstandsvereinbarungen nach dem IPR-Gesetz und Lugano-Übereinkommen (1995); *Reithmann/Martiny,* Internationales Vertragsrecht[5] (1996); *Rosenberg,* Stellvertretung im Prozeß (1908); *G. Roth,* Internationalrechtliche Probleme bei Prorogation und Derogation, ZZP 93 (1980) 156; *Schiedermair,* Vereinbarungen im Zivilprozeß (1935); *Schneider/Frank/Kirschbichler/Moravec/Roth,* Der elektronische Rechtsverkehr mit den Gerichten (ERV) (1999); *Schoibl,* Zum Abschluß von Gerichtsstandsvereinbarungen im deutsch-österreichischen Rechtsverkehr, BeitrZPR IV (1992) 121; *ders,* Ausgewählte Zuständigkeitstatbestände in der Rechtsprechung des EuGH: Die gerichtlichen Zuständigkeiten am Erfüllungsort des Vertrages nach Art 5 Nr 1 und die Zuständigkeitsvereinbarung nach Art 17 des Brüsseler und des Luganer Übereinkommens, in *Bajons/Mayr/Zeiler,* Die Übereinkommen von Brüssel und Lugano (1997) 61; *Schwimann,* Zur Abgrenzung der inländischen Gerichtsbarkeit bei Fehlen ausdrücklicher Vorschriften, JBl 1984, 9; *Seber,* Der Umfang der österreichischen inländischen Gerichtsbarkeit für Klagen im gewerblichen Rechtsschutz und Urheberrecht, ZfRV 1983, 270; *Siehr,* „Forum Shopping" im internationalen Rechtsverkehr, ZfRV 1984, 124; *Simotta,* Der Überweisungsantrag nach § 230 a ZPO, JBl 1988, 359; *dies,* Die Neuregelung der internationalen Zuständigkeit durch die WGN 1997, Schütze-FS (1999) 831; *Sperl,* Vereinbarung der Zuständigkeit und Gerichtsstand des Erfüllungsortes (1897); *Stagel,* Grundzüge der österreichischen Zivilgerichtsverfassung und des Verfahrens außer Streitsachen (1951); *Stöckl,* Ist im Verfahren außer Streitsachen eine Parteienvereinbarung über die örtliche Zuständigkeit möglich? ÖJZ 1946, 236; *Verschraegen,* Voraussetzungen der Ordination gemäß § 28 JN, ZfRV 1981, 15; *Zemen,* Die Neuordnung der Rechtsstellung des unehelichen Kindes in Österreich, FamRZ 1973, 355.

Übersicht:

I. Rechtsnatur, Schicksal und Auslegung der Gerichtsstandsvereinbarung

A. Rechtsnatur der Gerichtsstandsvereinbarung

1 Die ausdrückliche Vereinbarung der Zuständigkeit ist eine in der Regel außerhalb des Prozesses geschlossene (vgl *Schoibl,* BeitrZPR IV 158; *Sperl,* Vereinbarung 95), somit **vorprozessuale Prozeßhandlung** der Parteien iwS (*Fasching,* Nagel-FS 29; *ders,* Lehrbuch[2] Rz 196; *Horten,* JN 316; *Mänhardt,* Personenrecht 120; *Matscher,* Zuständigkeitsvereinbarungen 20ff, 53ff; *Petschek/Stagel,* Zivilprozeß 127; *Schoibl,* BeitrZPR IV 158; *Sperl,* Vereinbarung 64ff, 115; *ders,* Lehrbuch 140f; ecolex 1998, 627 = ZfRV 1998/61; ZfRV 1996/15; SZ 63/188 = EvBl 1991/16 = JBl 1992, 256 = ÖBA 1991/276; HS 17.026 = WBl 1987, 17; EvBl 1967/242; SZ 37/170 [1964]; SZ 36/138 [1963]; EvBl 1957/386; LGZ Wien EvBl 1936/1055; SZ 10/162 [1928]; vgl für die deutsche Rechtslage *Rosenberg,* Stellvertretung 65, 100; aA *Pollak,* System[2], 298; SZ 53/4 = RZ 1981/26; RZ 1980/63, die in der Prorogation einen in Bezug auf den Prozeß geschlossenen, rein privatrechtlichen Vertrag sehen).

2 Die Prorogation stellt deshalb nach hM eine **Prozeßhandlung** (EvBl 1991/16) bzw einen **Prozeßvertrag** dar *(Fasching,* Lehrbuch[2] Rz 749; *Holzhammer,* Zivilprozeßrecht[2], 151; *Mayr* in *Rechberger,* ZPO § 104 JN Rz 1; *Schoibl,* BeitrZPR IV 158; LGZ Wien EvBl 1936/1055; so auch die hM in Deutschland, vgl nur *Bork* in *Stein/Jonas,* ZPO[21] I § 38 Rz 44 mwN), weil sie ausschließlich **prozessuale Wirkungen** auslöst **(Rechtsfolgentheorie)** und ihre **Voraussetzungen** weitestgehend **im Zivilprozeßrecht,** nämlich in § 104 JN **geregelt** sind (*Schoibl,* BeitrZPR IV 158, 160). Außerdem soll durch die Gerichtsstandsvereinbarung kein Rechtsgeschäft abgeschlossen werden, sondern der in § 104 JN normierte Tatbestand für die Zuständigkeit eines bestimmten, ansonsten unzuständigen Gerichts geschaffen werden (*Neumann,* Kommentar[4] I 255; *Sperl,* Lehrbuch 140f; SZ 37/170 [1964]; SZ 10/162 [1928]). Es soll somit ein Prozeßakt gesetzt werden. Die Gerichtsstandsvereinbarung erscheint ohne Bezug auf einen Zivilprozeß überflüssig und inhaltsleer (*Schoibl,* BeitrZPR IV 159).

3 Die Wirksamkeit (Zulässigkeit und Gültigkeit) sowie die Wirkungen einer Zuständigkeitsvereinbarung nach § 104 JN sind nach hM (*Fasching,* Lehrbuch[2] Rz 196; *Mayr* in *Rechberger,* ZPO § 104 JN Rz 1; *Schoibl,* BeitrZPR IV 158; ZfRV 1996/15; ZfRV 1993/69; SZ 63/188 = EvBl 1991/16 = JBl 1992, 256 = ÖBA 1991/276; HS 17.026 = WBl 1987, 17) **nach den Regeln des** (österreichischen)

(*Mayr* in *Rechberger,* ZPO § 104 JN Rz 1; EvBl 1957/386; Rsp 1931/73; SZ 10/162 [1928]) **Prozeßrechts** zu beurteilen. Auf sie sind daher weder §§ 863, 914 ff ABGB (*Petschek/Stagel,* Zivilprozeß 127; *Schoibl,* BeitrZPR IV 159; *Sperl,* Lehrbuch 141; HS 17.026 = WBl 1987, 17; aA *Rummel* in *Rummel,* ABGB[2] I § 863 Rz 10 und § 914 Rz 24; *Oberhammer,* JBl 1997, 436; Rsp 1928/40 = ZBl 1928/73; ZBl 1930/226 und im Ergebnis SZ 26/13) noch § 864 a oder § 879 Abs 3 ABGB (unmittelbar) anzuwenden (*Schoibl,* BeitrZPR IV 159). Siehe aber auch Rz 8.

4 **Nach materiellem Recht** bestimmen sich dagegen die Fragen, wer **zum Abschluß der Gerichtsstandsvereinbarung befugt** ist, wer dabei **vertretungsbefugt** ist und ob sich infolge einer **Rechtsnachfolge** die Wirkungen der Gerichtsstandsvereinbarung auch auf nicht am Abschluß beteiligte Personen erstrecken (*Schoibl,* BeitrZPR IV 160).

5 In Deutschland wird dagegen überwiegend (*Baumgärtel,* Wesen[2], 229, 279; *Bork* in *Stein/Jonas,* ZPO[21] § 38 Rz 45; *Geimer,* IZPR[3] Rz 1677; *Gottwald,* Henckel-FS 299 f; *Hausmann,* Lorenz-FS 360 ff; *ders* in *Reithmann/Martiny,* Internationales Vertragsrecht[5] Rz 2091 f; *Henckel,* Prozeßrecht 34 f; *Kornblum,* FamRZ 1973, 417 ff; *Kropholler,* IZVR I Kap III Rz 482 ff; *Patzina,* MünchKommZPO I § 38 Rz 10; *G. Roth,* ZZP 93 [1980] 163 f; *Vollkommer,* NJW 1974, 196 [Entscheidungsanmerkung]) die Ansicht vertreten, daß die Prorogation zwar ein Prozeßvertrag sei, daß aber – soweit das Prozeßrecht keine Regelungen enthält – das Zustandekommen und die Wirksamkeit einer Gerichtsstandsvereinbarung nach bürgerlichrechtlichen Grundsätzen zu beurteilen seien (BGH IPRax 1990, 41 [*Schack* 19] = NJW 1989, 1431; OLG Bamberg IPRax 1990, 105 [*Prinzing* 83] = RIW 1989, 221; BGH IPRax 1987, 168 [*G. Roth* 141] = NJW 1986, 1438 [*Geimer*]; OLG Karlsruhe OLGZ 1973, 480; BGHZ 59, 23 = NJW 1972, 1622 = JZ 1972, 598).

Begründet wird dies damit, daß § 38 dZPO (genauso wie § 104 JN) von einer Vereinbarung über die Zuständigkeit spricht, ohne für ihr Zustandekommen nähere Bestimmungen zu treffen. Diese gemischte Betrachtungsweise (vgl *Bork* in *Stein/Jonas,* ZPO[21] § 38 Rz 45) hat zwar den Nachteil, daß bei internationalen Gerichtsstandsvereinbarungen statt der lex fori die lex causae anzuwenden ist, dafür aber den großen Vorteil, daß der Abschluß der Gerichtsstandsvereinbarung, welche in der Regel einen Teil oder Annex des Hauptvertrages darstellt, demselben Recht unterliegt wie der Hauptvertrag (*Gottwald,* Henckel-FS 300 f). Da im Anwendungsbereich des EuGVÜ/LGVÜ überwiegend die Ansicht vertreten wird, daß die in Art 17 nicht geregelten Wirksamkeitsvoraussetzungen nach der lex causae zu beurteilen seien (ErläutRV zum LGVÜ [34. BlgNR 20. GP] 36; *Jenard/Möller*-Bericht RdN 55; *Geimer/Schütze,* Zivilverfahrensrecht Art 17 EuGVÜ Rz 82; *Gottwald,* MünchKommZPO III Art 17 EuGVÜ Rz 14; *Kropholler,* Zivilprozeßrecht[6] Art 17 EuGVÜ Rz 26; *Schoibl* in *Bajons/Mayr/Zeiler,* Übereinkommen 88; EuGH 11. 11. 1986 Rs 313/85 *„Iveco/Van Hool"* Slg 1986, 3337 = IPRax 1989, 383 [abl *Jayme* 361] = NJW 1987, 2155 = RIW 1987, 311), wird – soweit das österreichische Prozeßrecht keine diesbezüglichen Regelungen enthält – aus Gleichheitsgründen auch die Wirksamkeit einer unter § 104 Abs 1 Z 1 JN fallenden internationalen Gerichtsstandsvereinbarung nach materiellem Recht zu beurteilen sein (so im Ergebnis auch *Oberhammer,* JBl 1997, 438).

B. Schicksal der Gerichtsstandsvereinbarung

6 Die Gerichtsstandsvereinbarung **teilt nicht** – wie materiellrechtliche Nebenverträge – **das Schicksal der materiellrechtlichen Hauptvereinbarung;** sie bleibt unabhängig davon bestehen, ob die Hauptvereinbarung bestritten, ihr Bestand

überhaupt verneint oder ihre Auflösung begehrt wird (*Matscher,* Zuständigkeitsvereinbarungen 56; *Mayr* in *Rechberger,* ZPO § 104 JN Rz 1; *Pollak,* System[2], 295; *Schoibl,* BeitrZPR IV 160; *Sperl,* Vereinbarung 94, 100; *ders,* Lehrbuch 141; ZfRV 1996/15; ecolex 1995, 887 = RdW 1995, 426; RZ 1957, 107; LGZ Wien EvBl 1937/58; GH 1932, 164 = JBl 1932, 544 = Rsp 1932/253; SZ 2/62 [1920]; ggt Rsp 1929/236). Sie umfaßt daher auch Streitigkeiten aus Ansprüchen, die aus dem einseitigen Abgehen vom Vertrag abgeleitet werden (*Schoibl,* BeitrZPR IV 160).

Die Gerichtsstandsvereinbarung **muß nicht in** der **Form des Hauptvertrages** 7
abgeschlossen werden (*Schoibl,* BeitZPR IV 160).

Eine Gerichtsstandsvereinbarung kann wegen ihrer prozeßrechtlichen 8
Rechtsnatur **nicht aus materiellrechtlichen Gründen bekämpft und** ihre **Aufhebung nicht wegen eines Willensmangels** (List, Irrtum, Zwang) **begehrt werden** (*Ballon,* Zivilprozeßrecht[9] Rz 143; *Fasching,* Lehrbuch[2] Rz 762; *Mayr* in *Rechberger,* ZPO § 104 JN Rz 1; *Schoibl,* BeitrZPR IV 161; *Sperl,* Vereinbarung 99f; *ders,* Lehrbuch 141; SZ 26/112 [1953]; SZ 2/62 [1920]; aA *F. Bydlinski,* System 86 FN 86; *Henckel,* Prozeßrecht 410; *Schiedermair,* Vereinbarungen 148; JBl 1931, 334 = ZBl 1931/210; Rsp 1929/236).

C. Auslegung von Gerichtsstandsvereinbarungen

Auf die Auslegung einer Gerichtsstandsvereinbarung ist, da diese kein ma- 9
teriellrechtlicher Vertrag ist, primär **Prozeßrecht** anzuwenden. Die Vorschriften des bürgerlichen Rechts über die Auslegung von Verträgen (§§ 914ff ABGB) können daher nach hM (*Ballon,* Zivilprozeßrecht[9] Rz 526; *Fasching,* Lehrbuch[2] Rz 750, 757; *Mayr* in *Rechberger,* ZPO § 104 JN Rz 1; *Schoibl,* BeitZPR IV 161; JBl 1994, 546; SZ 37/170 [1964]; SZ 36/138 = EvBl 1964/85; EvBl 1958/225; aA *Oberhammer,* JBl 1997, 436f; *Pollak,* System[2], 294, 298; *Rummel* in *Rummel,* ABGB[2] I § 863 Rz 10; SZ 44/31 = EvBl 1972/6 = RZ 1971, 196; EvBl 1957/386; SZ 26/13 [1953]; ZBl 1931/210; ZBl 1930/226; Rsp 1928/40 = ZBl 1928/73) nicht unmittelbar herangezogen werden. Soweit das Prozeßrecht keine Auslegungsregeln (dazu *Fasching,* Lehrbuch[2] Rz 126ff; *ders,* JBl 1990, 749ff) zur Verfügung stellt, ist primär der objektive Erklärungswert festzustellen. Wenn dies nicht ausreicht, dann ist entsprechend der für alle Rechtsgebiete wirksamen allgemeinen Auslegungsregel des § 7 ABGB vorzugehen und es sind – soweit der öffentlichrechtliche Charakter dies zuläßt – die **Vorschriften des Privatrechts über Verträge im Analogieweg** lückenfüllend anzuwenden (*Fasching,* Lehrbuch[2] Rz 750; *Pollak,* System[2], 294, 298; *Schoibl,* BeitrZPR IV 162; *Oberhammer,* JBl 1997, 435 FN 15 kritisiert den Verweis auf §§ 6, 7 ABGB, weil diese die Auslegung von Gesetzen und nicht jene von Verträgen regeln).

Freilich darf **nicht durch Beweismittel, die über den Wortlaut der Urkunde** 10
hinausgehen, die **Absicht der Parteien erforscht werden,** etwa durch Zeugen oder andere Urkunden oder Parteienvernehmungen (*Mayr* in *Rechberger,* ZPO § 104 JN Rz 1; *Pollak,* System[2], 298; *Schoibl,* BeitrZPR IV 162; ZfRV 1996/15; JBl 1994, 546; ZfRV 1993/69; SZ 44/31 = EvBl 1972/6 = RZ 1971, 196; EvBl 1963/488; EvBl 1957/386; SZ 17/95 [1935]; ZBl 1930/226). Deshalb kann auch nur dann behauptet werden, daß die Urkunde über die Zuständigkeitsvereinbarung nicht der tatsächlichen Vereinbarung entspricht, wenn der **Nachweis der richtigen Vereinbarung** gleichzeitig **urkundlich** erbracht wird (*Mayr* in *Rechberger,* ZPO § 104 JN Rz 1; *Schoibl,* BeitrZPR IV 162; HS 17.026 = WBl 1987, 17). Die **Beweislast** trifft dabei denjenigen, der die **Richtigkeit des Urkundeninhaltes bestreitet** (*Mayr* in *Rechberger,* ZPO § 104 JN Rz 1; *Schoibl,* BeitrZPR IV 162 und 177; HS 17.026 = WBl 1987, 17).

11 Eine durch Auslegung der Urkunde nicht behebbare **Unklarheit** geht **zu Lasten desjenigen, der sich auf** die **Zuständigkeitsvereinbarung beruft** (*Mayr* in *Rechberger,* ZPO § 104 JN Rz 1; *Schoibl,* BeitrZPR IV 177; HS 17.026 = WBl 1987, 17; aA *Oberhammer,* JBl 1997, 440, nach dem gem § 915 ABGB 2. Alternative Unklarheiten demjenigen anzulasten sind, von dem diese ausgehen). Diesen trifft auch die Beweislast für das Vorliegen der Gerichtsstandsvereinbarung (*Klicka,* Beweislastverteilung 94; *Oberhammer,* JBl 1997, 437).

12 Da zur Auslegung nur Prozeßrecht und Wortlaut der Urkunde herangezogen werden dürfen, kommen auch die Vorschriften über **das internationale Privatrecht und das** dadurch im Einzelfall als anwendbar erklärte **ausländische Recht nicht zur Anwendung** (so auch *Schoibl,* BeitrZPR IV 162; EvBl 1957/386; SZ 26/294 [1953]; Rsp 1931/73; SZ 10/162 [1928]).

II. Parteien der Vereinbarung

13 Die Begründung der Zuständigkeit im Weg der Vereinbarung setzt voraus, daß die Vereinbarung durch die **Parteien des Prozesses oder ihre Rechtsvorgänger** erfolgt bzw erfolgte (*Schoibl,* BeitrZPR IV 165; ZfRV 1997, 246; SZ 36/138 = EvBl 1964/85). Daher kann eine Zuständigkeitsvereinbarung mit einer Person, die beabsichtigt, dem Rechtsstreit als einfacher Nebenintervenient beizutreten, oder sich hiezu verpflichtet, nicht verbindlich sein.

14 Die die Zuständigkeitsvereinbarung abschließenden Personen müssen die **Verfügungsberechtigten über das konkrete streitverfangene Recht** sein, der Anspruch muß also unmittelbar von ihnen oder gegen sie erhoben werden. Es genügt daher nicht, daß die Zuständigkeitsvereinbarung von einem Bürgen einer Partei mit der Gegenpartei abgeschlossen wird, oder daß ein Mitberechtigter oder Mitverpflichteter (Solidarschuldner, Miteigentümer), der selbst nicht klagt oder geklagt werden soll, die Vereinbarung mit einer der Prozeßparteien geschlossen hat. Zum Abschluß durch einen Vertreter s Rz 20ff.

Ein selbständiger Handelsvertreter kann daher den von ihm als Vertreter des Verkäufers vereinbarten Gerichtsstand nicht für seine Klage gegen den Käufer wegen Provisionsentganges und Auslagenersatz in Anspruch nehmen (SZ 36/138 = EvBl 1964/85).

15 Die Zuständigkeitsvereinbarung ist **auch für oder gegen die Gesamt- oder Einzelrechtsnachfolger** jener Personen wirksam, die sie abgeschlossen haben, es sei denn, daß diese Wirkung ausdrücklich ausgeschlossen worden ist. Näheres s Rz 98ff.

III. Zustandekommen der Vereinbarung

A. Erforderliche Fähigkeit zum Abschluß einer Zuständigkeitsvereinbarung

16 Die Fähigkeit zum Abschluß der Gerichtsstandsvereinbarung ist nicht unmittelbar nach materiellem Recht zu beurteilen, sondern es finden die Vorschriften über die **Prozeßfähigkeit** nach §§ 1, 2, 2a, 3 ZPO Anwendung (*Fasching,* Lehrbuch[2] Rz 196; *Horten,* JN 317; *Matscher,* Zuständigkeitsvereinbarungen 54; *Mayr* in *Rechberger,* ZPO § 104 JN Rz 2; *Neumann,* Kommentar[4] I 257; *Petschek/Stagel,* Zivilprozeß 127; *Schoibl,* BeitrZPR IV 165; *Sperl,* Vereinbarung 91; vgl für Deutschland *Schiedermair,* Vereinbarungen 143; ggt *Pollak,* System[2], 298; RZ 1957, 107 sowie in Deutschland *Bork* in *Stein/Jonas,* ZPO[21] I § 38 Rz 51; *Patzina,* MünchKommZPO I § 38 Rz 10, nach deren Ansicht zum Abschluß einer Gerichtsstandsvereinbarung privatrechtliche Handlungsfähigkeit erforderlich ist).

Minderjährige können nur bezüglich jener Ansprüche eine Gerichtsstands- **17**
vereinbarung wirksam treffen, hinsichtlich derer ihnen gem §§ 2, 2a ZPO die Prozeßfähigkeit zukommt.

Gleiches gilt für Personen, denen gem § 273 ABGB ein Sachwalter bestellt **18**
worden ist. Diese können dann eine Gerichtsstandsvereinbarung abschließen, wenn die die Gerichtsstandsvereinbarung betreffende Rechtssache nicht in den Wirkungskreis des Sachwalters fällt. Personen, denen gem § 273 ABGB ein Sachwalter bestellt worden ist, können daher für Rechtssachen, die in den Wirkungskreis des Sachwalters fallen, keine rechtsverbindlichen Vereinbarungen nach § 104 JN abschließen.

Dasselbe gilt für den Gemeinschuldner hinsichtlich der in die Konkursmasse **19**
fallenden Rechte und Rechtsverhältnisse und den Ausgleichsschuldner, dem gem § 3 Abs 2 AO vom Gericht dieselben Verfügungsbeschränkungen auferlegt wurden wie dem Gemeinschuldner. Näheres zur Prozeßfähigkeit des Ausgleichsschuldners s *Konecny,* JBl 1986, 353.

B. Abschluß der Gerichtsstandsvereinbarung durch Vertreter

Wird die Gerichtsstandsvereinbarung durch Vertreter abgeschlossen, ist der **20**
Umfang der Vertretungsmacht nach bürgerlichem Recht zu beurteilen (aA *Schiedermair,* Vereinbarungen 143, nach dem eine zur Prozeßführung genügende Vertretungsmacht erforderlich ist).

Der gesetzliche Vertreter ist namens des von ihm Vertretenen im Rahmen **21**
der Vertretungsbefugnis berechtigt, auch Gerichtsstandsvereinbarungen abzuschließen (so auch *Schiedermair,* Vereinbarungen 143).

Nach § 154a Abs 1 ABGB ist im zivilgerichtlichen Verfahren **nur ein Eltern-** **22**
teil zur Vertretung des Kindes **berechtigt.** Haben sich die Eltern **nicht** darüber **geeinigt,** wer das Kind vertreten soll, und hat das **Gericht nicht** nach § 176 ABGB entweder einen Elternteil oder einen Dritten als **Vertreter bestimmt,** ist nach § 154a ABGB **Vertreter derjenige, der die erste Verfahrenshandlung setzt.** Dh **jeder Elternteil kann** namens des Kindes eine **Gerichtsstandsvereinbarung schließen.**

Wenn sich hingegen die Eltern geeinigt haben, wer von ihnen Vertreter des Kindes im zivilgerichtlichen Verfahren sein wird, oder wenn das Gericht gem § 176 ABGB einen Elternteil oder Dritten als Vertreter bestimmt hat, dann ist nur dieser Elternteil bzw die vom Gericht bestimmte Person zum Abschluß der Gerichtsstandsvereinbarung befugt.

Der gesetzliche Vertreter und der Vormund bedürfen jedoch zum Abschluß **23**
der Gerichtsstandsvereinbarung der gerichtlichen Genehmigung; ohne deren Einholung ist die Gerichtsstandsvereinbarung unwirksam (vgl SZ 24/72 [1951]); gleiches gilt für Kuratoren und Sachwalter.

Ein nach § 273 ABGB bestellter **Sachwalter** darf überdies nur dann eine **24**
Gerichtsstandsvereinbarung abschließen, wenn die **Prozeßführung** in der betreffenden Angelegenheit **in seinen Wirkungskreis fällt.**

Der **Masseverwalter** hat diese Befugnis nur hinsichtlich der von der **Masse** **25**
oder gegen diese erhobenen Forderungen **oder** bezüglich der **Absonderungs- und Aussonderungsansprüche** gegen die Masse.

Vertraglich Bevollmächtigte können gültig eine Gerichtsstandsvereinbarung **26**
abschließen (so auch für die deutsche Rechtslage *Patzina*, MünchKommZPO I § 38 Rz 10; aA *Schiedermair,* Vereinbarungen 143), im Bestreitungsfall ist allerdings auch der **urkundliche Nachweis** der **Bevollmächtigung** notwendig. Näheres s Rz 46.

Eine **ohne (nachgewiesene) Vollmacht abgeschlossene Zuständigkeitsvereinbarung** kann allerdings **durch nachträgliche Zustimmung genehmigt** werden

(SZ 53/4 = RZ 1981/26). Als nachträgliche Zustimmung ist es zB anzusehen, wenn der Kläger die Klage beim vereinbarten Gerichtsstand einbringt, bringt er doch dadurch zum Ausdruck, daß er zu der in seinem Vollmachtsnamen geschlossenen Zuständigkeitsvereinbarung steht (*Mayr* in *Rechberger,* ZPO § 104 JN Rz 2; *Schoibl,* BeitrZPR IV 168; SZ 53/4 = RZ 1981/26; RZ 1980/63; JBl 1980, 43).

27 Die **Prozeßvollmacht** nach § 31 ZPO **deckt** (da sie den Bevollmächtigten auch zu wesentlich schwerer wiegenden Handlungen ermächtigt) auch den **Abschluß einer Gerichtsstandsvereinbarung** durch einen mit Prozeßvollmacht ausgestatteten Anwalt (*Fasching*[1] II 268; *Neumann,* Kommentar[4] I 257; ebenso die deutsche Lehre *Bork* in *Stein/Jonas,* ZPO[21] I § 38 Rz 47; *Patzina,* MünchKomm-ZPO I § 38 Rz 10; *Schiedermair,* Vereinbarungen 143; aA *Pollak,* System[2], 298).

Anwaltliche Mitwirkung ist aber beim Abschluß einer Gerichtsstandsvereinbarung nicht notwendig (*Fasching,* Lehrbuch[2] Rz 196; *Pollak,* System[2], 298).

28 Der **Prokurist** ist **im Rahmen seiner Zeichnungsbefugnis** auch zum Abschluß einer wirksamen **Gerichtsstandsvereinbarung** befugt (*Schinko* in *Straube,* HGB[2] I § 49 HGB Rz 2 ff; *Schoibl,* BeitrZPR IV 167).

29 Der **Handlungsbevollmächtigte** dagegen bedarf zum Abschluß einer Gerichtsstandsvereinbarung ausdrücklich einer (Gattungs-)**Vollmacht,** die ihn zur Prozeßführung und den damit verbundenen Prozeßhandlungen ermächtigt (*Matscher,* Zuständigkeitsvereinbarungen 55; *Schinko* in *Straube,* HGB[2] I Art 6 Nr 10 Rz 1, § 54 Rz 15; *Schoibl,* BeitrZPR IV 167; *Stanzl* in *Klang*[2] IV 811; *Strasser* in *Rummel,* ABGB[2] I §§ 1006–1008 Rz 17).

30 Der Abschluß von Gerichtsstandsvereinbarungen **für Personenhandelsgesellschaften** und **juristische Personen** erfolgt verbindlich **durch** die nach Gesetz bzw Vertrag zur Vertretung berufenen **Gesellschafter bzw Organe** (*Schoibl,* BeitrZPR IV 167).

31 **Gesellschaften bürgerlichen Rechtes** können wirksame Gerichtsstandsvereinbarungen nur **durch alle Gesellschafter** oder durch einen durch alle anderen Gesellschafter hiezu bevollmächtigten Gesellschafter schließen.

C. Ausdrücklichkeit der Vereinbarung

32 Die Vereinbarung der Zuständigkeit zwischen den Parteien muß eine **ausdrückliche** sein. Eine **stillschweigende** oder **schlüssige Zuständigkeitsvereinbarung** ist **ausgeschlossen** (*Fasching,* Lehrbuch[2] Rz 196; *Matscher,* Zuständigkeitsvereinbarungen 52 f; *Neumann,* Kommentar[4] I 255; *Schoibl,* BeitrZPR IV 175; EvBl 1995/124; ZfRV 1992/23; EvBl 1967/242; EvBl 1963/488 = RZ 1963, 199; EvBl 1959/236 = JBl 1959, 502; SZ 24/1062 [1951]; EvBl 1951/19; SZ 2/48 [1920]; ZBl 1920/231; GlUNF 5241 [1910]; aM bezüglich des stillschweigenden Abschlusses *Horten,* JN 317; *Pollak,* System[2], 298).

Für konkludente Parteihandlungen bleibt, weil § 104 Abs 1 JN eine ausdrückliche Vereinbarung verlangt, kein Raum (vgl *Schoibl,* BeitrZPR IV 175; *Holzhammer,* Zivilprozeßrecht[2], 151; *Rummel* in *Rummel,* ABGB[2] I § 863 Rz 10). Es genügt deshalb nicht der Beitritt zu einem Verein, in dessen Satzung eine Zuständigkeitsbestimmung für Streitigkeiten enthalten ist (VfSlg 1419 [1931]).

Nach Art 17 EuGVÜ/LGVÜ sind dagegen auch stillschweigende Gerichtsstandsvereinbarungen zulässig. Näheres s Rz 222.

33 Das in § 104 JN gebrauchte Wort „ausdrücklich" bedeutet keineswegs nur „durch gesprochene Worte". Dies ergibt sich mit besonderer Deutlichkeit aus § 863 ABGB, der zur ausdrücklichen Erklärung nur Worte, also auch geschriebene Worte fordert oder von allgemein angenommenen Zeichen, also auch

Schriftzeichen spricht. Eine ausdrückliche Zuständigkeitsvereinbarung kommt daher auch dadurch zustande, daß eine Urkunde unterfertigt wird, auch wenn über die Vereinbarung des Wahlgerichtsstandes vorher nicht mündlich verhandelt worden ist (EvBl 1995/51 = RdW 1995, 259 = ZfRV 1995/20; Rsp 1936/259). **Wer** eine (eine Gerichtsstandsklausel enthaltende) **Urkunde unterfertigt, dem obliegt es, sich mit ihrem Inhalt bekannt zu machen.** Die Unterfertigung einer Urkunde gilt als Erklärung des Einverständnisses mit ihrem Inhalt und bildet eine rechtsverbindliche Willensäußerung. Eine Ausnahme kann nur für den Fall gelten, daß der Inhalt so ungewöhnlich ist, daß ein Einverständnis nicht angenommen werden kann (EvBl 1995/51 = RdW 1995, 259 = ZfRV 1995/20; Rsp 1936/259). Die Vereinbarung des Gerichtsstandes am Sitz des Gegenkontrahenten im Ausland ist nicht so ungewöhnlich, daß vor der Urkundenunterfertigung darauf hingewiesen werden müßte (Rsp 1936/259).

Keine ausdrückliche Gerichtsstandsvereinbarung kommt zustande: 34

- durch den Anschlag von Geschäftsbedingungen, die eine Gerichtsstandsklausel enthalten, im Geschäftslokal (*Fasching,* Lehrbuch[2] Rz 196; *Mayr* in *Rechberger,* ZPO § 104 JN Rz 5; *Schoibl,* BeitrZPR IV 179; SZ 24/106 [1951]);
- durch das Stillschweigen zu einer Gerichtsstandsklausel in der Auftragsbestätigung (EvBl 1967/242 = JBl 1967, 382);
- durch die Unterfertigung eines Versicherungsantrages, der einen Hinweis auf die nicht im Antrag selbst angeführten, sondern diesem angeschlossenen (angeklebten) Geschäftsbedingungen enthält, die ihrerseits eine Gerichtsstandsklausel aufweisen (GlUNF 3514 [1906]), und zwar selbst dann, wenn die daraufhin erstellte Polizze die Gerichtsstandsklausel im Text enthält und unbeanstandet angenommen wird.

Eine Gerichtsstandsvereinbarung kann allerdings **auch durch Entgegennahme einer einseitigen Unterwerfungserklärung** zustandekommen (OLG Wien EvBl 1951/204). 35

D. Form der Vereinbarung

1. Schriftlichkeit der Vereinbarung

In der Regel wird die Gerichtsstandsvereinbarung **schriftlich** getroffen. Sie muß aber **nicht notwendig in einer Vertragsurkunde** enthalten sein. Die Gerichtsstandsvereinbarung kann auch **durch getrennte schriftliche Erklärung und Gegenerklärung** (*Fasching,* Nagel-FS 34 f; *Matscher,* Zuständigkeitsvereinbarungen 52; *Petschek/Stagel,* Zivilprozeß 128; *Schoibl,* BeitrZPR IV 176) erfolgen, so etwa durch Brief und Gegenbrief (GlUNF 6856 [1914]; GlUNF 5241 [1910]), durch Bestellschein und Bestätigungsschreiben (RZ 1933, 25 = ZBl 1932/274), durch einen Versicherungsantrag und dessen schriftliche Annahme (soweit die Klausel im Text des Antrages und in der Polizze selbst enthalten ist, GlUNF 4086 [1908], 1323 [1901]), durch ein Offertschreiben und seine Annahme (aA ZBl 1931/253), durch Unterfertigung der vom Gegner herrührenden Kommissionsnoten und Bestellscheine (Rsp 1931/248; ZBl 1929/219; Spr 230 = GH 1914, 138 = GlUNF 6739 = JBl 1914, 103 = ZBl 1914/38). Die Einigung über die Zuständigkeit muß aber aus den Schreiben selbst hervorgehen. 36

Eine Zuständigkeitsvereinbarung kann **auch durch** einen unter **Verwendung moderner Kommunikationstechniken** (wie Telegramme, Telex, Telefax) geführten Schriftwechsel oder eine andere Form der Übermittlung zustandekommen, sofern nur der Nachweis der Vereinbarung urkundlich, also durch Text möglich ist (*Schoibl,* BeitrZPR IV 176). 37

2. *Mündliche Vereinbarung mit urkundlichem Nachweis*

38 Es ist **nicht erforderlich,** daß die **Vereinbarung schriftlich** erfolgt. Eine mündliche Vereinbarung genügt, doch muß die Vereinbarung in der Klage behauptet und erforderlichenfalls urkundlich nachgewiesen werden (vgl OLG Wien EvBl 1951/204). Näheres s Rz 55.

Mündliche Vereinbarungen, die im Bestreitungsfall oder auf Grund einer zulässigen amtswegigen Zuständigkeitsprüfung nicht urkundlich nachgewiesen werden können, erfüllen nicht die Voraussetzungen des § 104 JN (*Schoibl,* BeitrZPR IV 176; vgl zur Rechtslage vor der WGN 1989 *Neumann,* Kommentar[4] I 255; *Pollak,* System[2], 298; SZ 24/106 [1951]; ZBl 1930/226).

3. *Allgemeine Geschäftsbedingungen*

39 Allgemeine Geschäftsbedingungen binden den Vertragspartner nur dann, wenn er sie kannte oder grob fahrlässig nicht kannte. Dem Vertragspartner muß daher eine Kenntnisnahme der Allgemeinen Geschäftsbedingungen zumindest möglich gemacht werden (*Csoklich,* ÖJZ 1986, 438 mwN; *Koziol/Welser,* Grundriß[10] I 111 mwN; *Schoibl,* BeitrZPR IV 182; SZ 53/128 [1980]; SZ 42/112 [1969]; SZ 41/16 [1968]). Die Geltung der Allgemeinen Geschäftsbedingungen muß daher **ausdrücklich vertraglich vereinbart** werden oder es muß **eindeutig auf den Vertragsabschluß unter Allgemeinen Geschäftsbedingungen hingewiesen** werden (*Koziol/Welser,* Grundriß[10] I 111; *Rummel* in *Rummel,* ABGB[2] I § 864 a Rz 2).

40 Die Parteien müssen daher in dem von ihnen unterschriebenen Vertrag oder in der zum Nachweis der mündlichen Vereinbarung ausgestellten Urkunde **ausdrücklich auf die** die Gerichtsstandsklausel enthaltenden **Allgemeinen Geschäftsbedingungen Bezug nehmen.** Eine bloße Übergabe oder Beifügung der Allgemeinen Geschäftsbedingungen reicht ebenso wenig (*Csoklich,* ÖJZ 1986, 445) wie deren Anschlag oder Aushängen im Geschäftslokal des Vertragspartners für eine wirksame Gerichtsstandsvereinbarung aus (*Mayr* in *Rechberger,* ZPO § 104 JN Rz 6; vgl auch SZ 39/17 = EvBl 1966/240; EvBl 1963/488; EvBl 1951/19; SZ 24/106 [1951]; SZ 2/48 [1920]; ZBl 1920/231; GlUNF 3514 [1906]).

41 Verwenden die vertragsschließenden Parteien einander **widersprechende Allgemeine Geschäftsbedingungen,** die einander widersprechende Gerichtsstandsklauseln enthalten, dann kommt es mangels einer Willensübereinstimmung der Vertragsparteien **nicht** zum Abschluß einer **Gerichtsstandsvereinbarung** nach § 104 JN (*Schoibl,* BeitrZPR IV 183; vgl ecolex 1998, 627).

4. *Gesetzliche Formvorschriften*

42 Für die Vereinbarung sind die zu ihrer Gültigkeit auch allfällig **erforderlichen gesetzlichen Formvorschriften einzuhalten.** Daher müssen bei Personen, die des Schreibens unkundig sind, die Vorschriften des § 886 ABGB (also die Beisetzung des notariell beglaubigten Handzeichens oder Beisetzung des Handzeichens in Gegenwart von zwei Zeugen, von denen einer auch mit vollem Namen der schreibunkundigen Partei unterzeichnet) eingehalten werden (GlUNF 7585 [1915]).

IV. Urkundlicher Nachweis

A. *Zweck des urkundlichen Nachweises*

43 Der Zweck des Erfordernisses des urkundlichen Nachweises liegt darin, Einwendungen und verfahrensaufwendige Beweisaufnahmen im Zuständigkeitsrecht und damit **Zuständigkeitsstreitigkeiten nach Tunlichkeit auszuschließen**

(*Horten,* JN 318; *Matscher,* Zuständigkeitsvereinbarungen 54; *Oberhammer,* JBl 1997, 436; *Pollak,* System[2], 298; *Schoibl,* BeitrZPR IV 177; *Sperl,* Lehrbuch 141; HS 17.026 = WBl 1987, 17; ZBl 1930/226).

Durch das Erfordernis des urkundlichen Nachweises soll einerseits der **Inhalt** der Vereinbarung **leichter festgestellt** werden können **(Beweissicherungsfunktion)** und andererseits den Parteien Schutz vor Übereilung und damit die Gewähr dafür geboten werden, daß sie sich der Bedeutung der Gerichtsstandsvereinbarung, die im Einzelfall zu wesentlichen Nachteilen für eine Seite führen kann, bewußt sind **(Übereilungsschutz und Warnfunktion)** (*Schoibl,* BeitrZPR IV 177). 44

B. Gegenstand des Nachweises

Urkundlich nachgewiesen werden muß nicht nur eine die (sachliche, örtliche oder internationale) Zuständigkeit begründende Gerichtsstandsvereinbarung, sondern **auch eine Vereinbarung über den Ausschluß von Gerichtsständen oder der internationalen Zuständigkeit** (EvBl 1967/242 = JBl 1967, 382; SZ 24/106 [1961]; ggt GlUNF 5411 [1911]). 45

Ist die Gerichtsstandsvereinbarung von einem Bevollmächtigten oder von einem Rechtsvorgänger abgeschlossen worden, so ist überdies **auch die Vollmacht** (*Neumann,* Kommentar[4] I 257; *Petschek/Stagel,* Zivilprozeß 128; *Schoibl,* BeitrZPR IV 166; *Stanzl* in *Klang*[2] IV 807; SZ 53/4 = RZ 1981/26; JBl 1980, 43; SZ 45/86 [1972]; EvBl 1972/7; EvBl 1968/45; JBl 1954, 541; SZ 10/243 [1928]) bzw der **Rechtsübergang** (ZfRV 1997, 246; vgl Rsp 1930/113 für den Fall der Zession) **durch Urkunde nachzuweisen.** 46

Stützt sich eine Partei aber auf eine von ihrem Prozeßbevollmächtigten getroffene Zuständigkeitsvereinbarung, braucht sie, wenn sie auch im Rechtsstreit von dem als Parteienvertreter auftretenden Rechtsanwalt oder Notar vertreten wird, die Bevollmächtigung nicht nachzuweisen. Es genügt hier, sich gem § 30 Abs 2 ZPO auf die für die Führung des Rechtsstreits bereits erteilte Prozeßvollmacht zu berufen (*Fasching,* Lehrbuch[2] Rz 196; ähnlich auch für die Rechtslage vor der ZVN 1983 RZ 1980/63).

C. Zeitpunkt des Nachweises

Seit der WGN 1989 **genügt** es, wenn der **Kläger** das **Vorliegen einer Gerichtsstandsvereinbarung in** der **Klage behauptet.** Den **urkundlichen Nachweis** hat er **erst im Bestreitungsfall** oder wenn das Gericht im Rahmen seiner (bei der sachlichen und örtlichen Zuständigkeit allerdings aufgrund des § 41 Abs 2 JN sehr beschränkten) amtlichen Zuständigkeitsprüfung Zweifel am Vorliegen der Gerichtsstandsvereinbarung hat (s dazu *Fasching,* Lehrbuch[2] Rz 227; LGZ Wien WR 428 [1989]; LG Innsbruck AnwBl 1992/4252 [abl *Grill*]), zu erbringen. **Auch der Beklagte,** der die **Einrede** der (internationalen, sachlichen oder örtlichen) Unzuständigkeit **auf** das **Vorliegen einer (ausschließlichen) Gerichtsstandsvereinbarung stützt,** muß diese **urkundlich** nachweisen (so auch *Mayr* in *Rechberger,* ZPO § 104 JN Rz 6; SZ 26/294 [1953]; SZ 24/106 [1951]; OLG Wien EvBl 1934/302; ZBl 1928/73; GlUNF 3975 [1907]). 47

Die Vorlage der Urkunde ist **bis** zur **Entscheidung über die** (internationale, sachliche oder örtliche) **Unzuständigkeit bzw über die Einrede der** (internationalen, sachlichen oder örtlichen) **Unzuständigkeit** des Gerichtes möglich (vgl LGZ Wien MietSlg 35.740 [1983]; JBl 1981, 482; JBl 1980, 43; RZ 1966, 165; SZ 39/17 = EvBl 1966/240; OLG Wien EvBl 1954/208; SZ 26/146 [1953]; JBl 1934, 16; GH 1932, 122 = RZ 1932, 115 = ZBl 1932/152; SZ 12/282 [1930]; ZBl 1929/111). 48

49 Diese Möglichkeit spielt vor allem dann eine Rolle, wenn der **Zuständigkeitsgrund der Prorogation erst nachträglich geltend gemacht** wird (SZ 26/146 [1953]; SZ 12/223 [1930]), zB der Kläger beruft sich primär auf einen mit dem Vertragsgerichtsstand zusammenfallenden gesetzlichen Gerichtsstand. Ergibt sich nun im Zug der Verhandlung über die Unzuständigkeitseinrede, daß dieser gesetzliche Gerichtsstand nicht gegeben ist, dann kann der Kläger unter Vorlage der Urkunde über die Gerichtsstandsvereinbarung das angerufene Gericht noch immer als vereinbartes Gericht in Anspruch nehmen. In diesem Fall bedarf es deshalb der Vorlage der Urkunde, weil der Beklagte ja die Zuständigkeit des angerufenen Gerichtes bestritten hat.

50 Ähnlich ist es, wenn der Kläger erst im Zug einer **Klagserweiterung** oder **Klagsänderung** die Gerichtsstandsvereinbarung in Anspruch nehmen muß, um das nunmehr gesetzlich unzuständige Gericht als prorogiertes Gericht beizubehalten (SZ 11/98 [1929]). Hier bedarf es allerdings nur dann der Urkundenvorlage, wenn der Beklagte die Gerichtsstandsvereinbarung bestreitet.

51 Wenn der **Beklagte** durch die Einrede eines vereinbarten anderen Gerichtsstandes (dieser muß aber als ausschließlicher Gerichtsstand vereinbart worden sein) oder durch die Behauptung einer Gerichtsstandsausschließungsvereinbarung die **Unzuständigkeit** des vom Kläger angerufenen gesetzlichen Gerichtsstandes geltend macht, dann ist sinnvollerweise die **Urkunde gleich bei Erhebung der Unzuständigkeitseinrede** vorzulegen, weil das Gericht ja sogleich über die Unzuständigkeitseinrede entscheiden kann (vgl für die alte Rechtslage GlUNF 3975 [1907]).

52 Wenn **durch** die **Gerichtsstandsvereinbarung** die **internationale Zuständigkeit** Österreichs **begründet** wird (Näheres s dazu Rz 115 ff), dann kann, ohne gegen das Neuerungsverbot zu verstoßen, die die Gerichtsstandsvereinbarung **nachweisende Urkunde auch noch im Rechtsmittelverfahren** (JBl 1996, 795; aA *Matscher,* JBl 1998, 492 f; ZfRV 1997/60; RZ 1996/25 = ZfRV 1996/1; ZfRV 1995/48, nach denen nur jene Tatsachen nicht vom Neuerungsverbot betroffen sind, aus denen der Mangel der internationalen Zuständigkeit hervorgeht; vgl dazu *Simotta,* Schütze-FS 874 f) **vorgelegt werden.** Denn der Mangel der internationalen Zuständigkeit kann – soweit nicht eine Heilung nach Art 18 EuGVÜ/LGVÜ (Näheres s Rz 333 ff) oder § 104 Abs 3 JN (Näheres s Rz 180 ff) eingetreten ist – bis Rechtskraft in jeder Lage des Verfahrens wahrgenommen bzw geltend gemacht werden.

D. Grundsätzliche Unabdingbarkeit der Urkundenvorlage

53 Der **urkundliche Nachweis** der Gerichtsstandsvereinbarung ist – vorausgesetzt es wird deren Vorliegen in Zweifel gezogen oder bestritten – **unabdingbar** (vgl OLG Wien EvBl 1951/204). So bedarf auch eine Gerichtsstandsvereinbarung zwischen Spediteuren – trotz § 65 AÖSp – des urkundlichen Nachweises (vgl SZ 39/17 = EvBl 1966/240).

Daher können bloße Schlußfolgerungen, etwa aus der Reaktion der Gegenseite auf das Verlangen nach Abschluß einer Gerichtsstandsvereinbarung, den vom Gesetzgeber geforderten urkundlichen Nachweis nicht ersetzen (so auch *Schoibl,* BeitrZPR IV 176; EvBl 1967/242 = JBl 1967, 383; SZ 24/106 [1951]).

54 Einer **Urkundenvorlage** bedarf es dagegen **nicht,** wenn die **Zuständigkeitsvereinbarung außer Streit** gestellt wird (GH 1932, 164 = JBl 1932, 544 = Rsp 1932/253; GlUNF 2583 [1904]).

Eine **ausdrückliche mündliche Unterwerfung** einer Partei unter die Gerichtsstandsklausel der Gegenpartei kann den Gerichtsstand des § 104 JN begründen, doch **muß nicht nur** die **Unterwerfung, sondern auch** die **Annahme** der Unterwerfung (meist im Zusammenhang mit der Bestätigung des Auftrages) durch den Kläger **urkundlich nachgewiesen werden** (GlUNF 6391 [1913]). Der urkundliche Nachweis der Annahme der Unterwerfung unter die Gerichtsstandsklausel ist jedoch dann nicht erforderlich, wenn sich aus der Klage selbst als Willenserklärung die Inanspruchnahme dieses Gerichtsstandes durch den die Gerichtsstandsklausel aufstellenden Kläger ergibt. Wenn der Kläger zB die eine Gerichtsstandsklausel enthaltende Schuldurkunde zwecks Einklagung der Schuld seinem Anwalt übergibt, dann bildet die, wenngleich nur vom Anwalt des Klägers gefertigte Klagsschrift in Verbindung mit dem vom Beklagten allein unterschriebenen Schuldschein den urkundlichen Nachweis der Zuständigkeitsvereinbarung (ZBl 1931/45). 55

E. Form des Nachweises

1. Allgemeines

Die Gerichtsstandsvereinbarung muß urkundlich nachgewiesen werden. 56 Dieser vom Gesetzgeber geforderte **urkundliche Nachweis** stellt keine Formvorschrift, sondern eine **Beweisregel** dar (*Horten,* JN 318; *Matscher,* Zuständigkeitsvereinbarungen 54; *Neumann,* Kommentar[4] I 256; *Oberhammer,* JBl 1997, 436; *Petschek/Stagel,* Zivilprozeß 128; *Pollak,* System[2], 298; *Schoibl,* BeitrZPR IV 175).

2. Art des Nachweises

Ist die Gerichtsstandsvereinbarung **schriftlich abgeschlossen** worden, dann 57 wird auch die **schriftliche Vereinbarung** meist als urkundlicher Nachweis der Vereinbarung selbst **vorgelegt** werden.

Handelt es sich um eine **Vertragsurkunde,** dann ist erforderlich, daß die 58 **Gerichtsstandsvereinbarung in der Urkunde selbst enthalten** ist; eine Verweisung auf eine andere Urkunde, die die Parteien nicht selbst unterfertigt haben, ist unwirksam (so auch *Schoibl,* BeitrZPR IV 179; EvBl 1972/7; EvBl 1963/488 = RZ 1963, 199; EvBl 1951/19; SZ 24/106 [1951]; ZBl 1931/253; SZ 2/48 [1920]; aA *Pollak,* System[2], 298 mwN; *Mayr* in *Rechberger,* ZPO § 104 JN Rz 3, der es genügen läßt, wenn der vereinbarte Ort in einer anderen, mit der Vertragsurkunde aber in einer ausdrücklichen [Wechsel-]Beziehung stehenden und ebenfalls vorgelegten Urkunde genannt wird). Denn nur, wenn die Zuständigkeitsvereinbarung in der Urkunde selbst enthalten ist, ist gewährleistet, daß den Parteien die Tragweite der Gerichtsstandsvereinbarung bewußt ist (*Schoibl,* BeitrZPR IV 179).

Auch die in die Klageschrift selbst aufgenommene und von beiden Parteien 59 unterfertigte Vereinbarung des angerufenen Gerichtes genügt als urkundlicher Nachweis.

Wie bereits erwähnt, muß aber die Vereinbarung nicht in einer von beiden 60 Teilen unterfertigten gemeinsamen Vertragsurkunde enthalten sein. Der urkundliche Nachweis kann **auch durch Klagseinbringung in Verbindung mit einer** vom Kläger herrührenden, **vom Beklagten allein unterschriebenen Urkunde** erbracht werden (*Fasching,* Lehrbuch[2] Rz 196; *Mayr* in *Rechberger,* ZPO § 104 JN Rz 6; *Neumann,* Kommentar[4] I 256; *Schoibl,* BeitrZPR IV 176, 177; *Sperl,* Lehrbuch 141; EvBl 1975/644; LGZ Wien EvBl 1954/238; OLG Wien EvBl 1954/208; ZBl 1937/525; ZBl 1931/45 [Schuldschein]; Spr 230 = GH 1914, 138 = GlUNF 6739 = JBl 1914, 103 = ZBl 1914/38; aA GlUNF 5411 [1911]).

61 Ist die Gerichtsstandsvereinbarung durch **getrennte schriftliche Erklärungen und Gegenerklärungen** zustandegekommen (GlUNF 6856 [1914], 5241 [1910]), dann sind die **Urkunden,** welche die getrennten Erklärungen der Parteien enthalten, **vorzulegen.**

3. Zweifelsfreie Erkennbarkeit des Inhalts

62 Die vorgelegte Urkunde muß den **Inhalt** der zwischen den Parteien getroffenen Gerichtsstandsvereinbarung **zweifelsfrei** aus ihrem **Text erkennen lassen** (so auch *Schoibl,* BeitrZPR IV 176; GesRZ 1977, 26). Ungeeignet ist eine Urkunde besonders dann, wenn zu ihrer Auslegung andere Beweismittel herangezogen werden müßten, etwa Zeugen, Parteien und andere, erst vorzulegende Urkunden (JBl 1994, 546 = MietSlg 45.609; SZ 17/95 [1935]).

Was als Vereinbarung nicht angesehen werden kann, weil daraus die Willensübereinstimmung und der Vereinbarungsinhalt nicht hervorgehen, kann auch nicht als urkundlicher Nachweis der getroffenen Vereinbarung verwendet werden.

4. Deckung des Inhalts durch die Unterschrift

63 Eine Zuständigkeitsvereinbarung ist aber nur dann als urkundlich nachgewiesen anzusehen, wenn deren **Inhalt durch die folgende Unterschrift gedeckt** ist (*Schoibl,* BeitrZPR IV 177; ZfRV 1992, 310; RdW 1990, 408).

64 **Allgemeine Geschäftsbedingungen** sind nur dann als durch die Unterschrift der Vertragsparteien gedeckt anzusehen, wenn in dem von beiden Parteien unterschriebenen Vertrag **ausdrücklich auf die Allgemeinen Geschäftsbedingungen verwiesen worden** ist (vgl auch Rz 40).

65 Sind die eine Gerichtsstandsklausel enthaltenden Allgemeinen Geschäftsbedingungen **auf** der **Rückseite abgedruckt,** dann wird eine **Deckung** durch die auf der Vorderseite befindliche Unterschrift der Partei dann angenommen werden müssen, **wenn auf der Vorderseite ausdrücklich und deutlich erkennbar auf die umseitig abgedruckten Allgemeinen Geschäftsbedingungen verwiesen** worden ist (EvBl 1995/51 = RdW 1995, 259 = ZfRV 1995/20; RZ 1933, 25 = ZBl 1932/274; aA EvBl 1972/7; vgl auch Rz 248); so zB wenn sich oberhalb der Unterschrift ein vorgedruckter Vermerk befindet, daß der Unterzeichnete dies und die umstehenden Vertragsbedingungen gelesen und zur Kenntnis genommen hat, und überdies die auf der Rückseite abgedruckte Gerichtsstandsklausel auch bei nur flüchtiger Durchsicht auffällt (aA EvBl 1972/7). Denn dann kann davon ausgegangen werden, daß der Unterzeichnete der Verwendung der Allgemeinen Geschäftsbedingungen und damit auch der Gerichtsstandsklausel tatsächlich zugestimmt hat.

66 Dies muß (seit dem Beitritt Österreichs zum LGVÜ und EuGVÜ) auch dann gelten, wenn es sich bei den Vertragspartnern nicht um Kaufleute handelt (aA *Schoibl,* BeitrZPR IV 180 ff; ihm folgend *Mayr* in *Rechberger,* ZPO § 104 JN Rz 6, die dies auf den Fall eingeschränkt wissen wollen, daß es sich um Kaufleute handelt, die in Allgemeinen Geschäftsbedingungen eine branchenübliche Gerichtsstandsvereinbarung treffen; vgl auch HS 13.376 = RZ 1981/63; SZ 53/128 [1980]; SZ 42/112 [1969]). Denn, wenn, wie in Rz 247 näher ausgeführt, eine die internationale Zuständigkeit abändernde Gerichtsstandsvereinbarung nach Art 17 EuGVÜ/LGVÜ wirksam ist, wenn sie in auf der Rückseite einer Vereinbarung abgedruckten Allgemeinen Geschäftsbedingungen enthalten ist und auf der Vorderseite ausdrücklich auf sie hingewiesen wird, muß dies einerseits aus Gründen der Gleichbehandlung auch dann gelten, wenn die internationale Zu-

ständigkeit nach § 104 Abs 1 Z 1 JN vereinbart worden ist und überdies **kraft Größenschlusses** umso mehr für eine bloß die örtliche und/oder die sachliche Zuständigkeit abändernde (nach § 104 JN zu beurteilende) Gerichtsstandsvereinbarung. Nach den zu Art 17 EuGVÜ/LGVÜ entwickelten Lehrmeinungen (*Gottwald,* MünchKommZPO III Art 17 EuGVÜ Rz 18; *Kropholler,* Zivilprozeßrecht[6] Art 17 EuGVÜ Rz 32; *Schlosser,* EuGVÜ Art 17 Rz 20) wird jedoch nicht danach differenziert, ob die Vertragsparteien Kaufleute sind oder nicht. Eine **unterschiedliche Behandlung** der Gerichtsstandsvereinbarung nach § 104 JN und jener nach Art 17 EuGVÜ/LGVÜ wäre **gleichheitswidrig.** Der Verbraucher ist ohnedies durch Art 14 EuGVÜ/LGVÜ bzw § 14 KSchG vor ihn benachteiligenden Gerichtsstandsvereinbarungen geschützt.

Nicht ausreichend für den urkundlichen Nachweis erscheinen: 67

- der (bloße) Hinweis auf etwa im Geschäftslokal angeschlagene bzw ausgehängte Allgemeine Geschäftsbedingungen des Vertragspartners mit einer abweichenden Zuständigkeitsregelung (so auch *Mayr* in *Rechberger,* ZPO § 104 JN Rz 6; SZ 24/106 [1951]; SZ 2/48 [1920]; ZBl 1920/231);
- die generelle Bezugnahme auf Allgemeine Geschäftsbedingungen mit einer Gerichtsstandsklausel, die – ohne selbst unterschrieben zu sein – der Vertragsurkunde oder dem schriftlichen Angebot beigefügt sind (so auch *Csoklich,* ÖJZ 1986, 445 f; *Mayr* in *Rechberger,* ZPO § 104 JN Rz 6; SZ 39/17 = EvBl 1966/240; EvBl 1963/488 = RZ 1963, 199; EvBl 1951/19; GlUNF 3514 [1906]);
- die Verwendung von Geschäftspapier, auf dem zwar der Absender die von ihm aufgestellten Allgemeinen Geschäftsbedingungen mit einer Gerichtsstandsvereinbarung abdrucken ließ, auf die er aber im individuellen Text in keiner Weise Bezug genommen hat, wenn die Unterschrift am Ende des auf einem Folgeblatt weitergeführten Textes geleistet wurde (RdW 1990, 408).

5. Eigenhändige Unterschrift

Die Gerichtsstandsvereinbarung muß unbedingt die **eigenhändige Unterschrift des Beklagten** aufweisen (EvBl 1975/64), eine im Durchschreibeverfahren (nicht aber eine mittels Stampiglie oder Faksimile) hergestellte Unterschrift genügt aber (*Mayr* in *Rechberger,* ZPO § 104 JN Rz 7; *Schoibl,* BeitrZPR IV 178; OLG Wien AnwBl 1989, 581; SZ 53/4 = RZ 1981/26). 68

Bei Verwendung eines Stempels oder der Herstellung einer Faksimile kann nämlich – anders als bei der durchgeschriebenen Unterschrift – nicht die Echtheit der Unterschrift geprüft werden, ein Beisetzen der Unterschrift mittels Stempels oder Faksimile gegen den Willen des Unterfertigenden kann daher nicht ausgeschlossen werden (*Schoibl,* BeitrZPR IV 178; OLG Wien AnwBl 1989, 581; SZ 53/4 = RZ 1981/26).

Die Frage, ob die durchgeschriebene Unterschrift deutlich genug erkennbar ist, stellt eine Beweisfrage dar (*Schoibl,* BeitrZPR IV 178 FN 249; SZ 53/4 = RZ 1981/26). 69

6. Sprache

Die Urkunde kann **auch in einer fremden Sprache** verfaßt sein, wenn sie sonst die nach den bisher dargestellten Grundsätzen erforderlichen Voraussetzungen (inhaltliche Bestimmtheit, Ausdrücklichkeit und Unterschrift) erfüllt. Ob in der Unterfertigung einer Urkunde, die in einer dem Unterzeichnenden fremden Sprache eine Gerichtsstandsklausel enthält, eine Gerichtsstandsvereinbarung gelegen ist, ist nach den Umständen des Einzelfalles zu beurteilen 70

(ZBl 1929/219). Wurde dem Unterzeichnenden von seinem Vertrauensmann zwar der wesentliche Inhalt der Urkunde, nicht aber die Gerichtsstandsvereinbarung übersetzt, so ist die Gerichtsstandsklausel wirksam, weil das Versehen ihres eigenen Vertrauensmannes der unterzeichnenden Partei als Verschulden angerechnet werden kann (GlUNF 5387 [1911]). Fungiert hingegen eine Person, die nicht Vertrauensmann der unterzeichnenden Partei ist, als Übersetzer und übersetzt diese die Gerichtsstandsklausel nicht, so kommt durch die Unterzeichnung der fremdsprachigen Urkunde keine wirksame Gerichtsstandsvereinbarung zustande (ZBl 1929/219). Im internationalen Handel wird man bei Gerichtsstandsvereinbarungen unter Kaufleuten jedoch davon ausgehen müssen, daß fremdsprachige Gerichtsstandsvereinbarungen wirksam sind (s auch Rz 253).

7. Nachweis durch Urschrift oder Fotokopie

71 Der urkundliche Nachweis der Gerichtsstandsvereinbarung kann nicht nur durch eine **Urschrift,** sondern **auch durch** die **Vorlage einer** (nicht beglaubigten) **Fotokopie** erbracht werden, wenn die Qualität der Wiedergabe gut und die Ablichtung unbedenklich ist *(Ballon,* Zivilprozeßrecht[9] Rz 67; *Böhm,* JBl 1988, 388 [Entscheidungsanmerkung]; *Fasching,* Lehrbuch[2] Rz 196; *Mayr* in *Rechberger,* ZPO § 104 JN Rz 7; *Schoibl,* BeitrZPR IV 178; EvBl 1990/123 = RZ 1990/72; OLG Wien AnwBl 1989, 581; aM OLG Wien WR 273 [1987]; LG Innsbruck AnwBl 1986, 727 [abl *Mayr*]).

Denn in § 104 JN wird nur ein **urkundlicher Nachweis, nicht** aber die **Vorlage von Urschriften** gefordert (OLG Wien AnwBl 1989, 581; SZ 54/10 = JBl 1981, 482 f; LG Innsbruck AnwBl 1986, 727 [abl *Mayr*]). Außerdem kann ja der beweispflichtige Kläger bis zur Entscheidung über den Zuständigkeitsstreit immer noch die Originalurkunde vorlegen bzw der Beklagte die Echtheit seiner Unterschrift anerkennen (*Fasching,* Lehrbuch[2] Rz 196; *Schoibl,* BeitrZPR IV 179; EvBl 1990/123; SZ 54/10 = JBl 1981, 482; Spr 230 = GH 1914, 138 = GlUNF 6739 = JBl 1914, 103 = ZBl 1914/38).

Wenn allerdings das Gericht oder der Beklagte an der Echtheit der Fotokopie **Zweifel** hat, hat das Gericht den **Auftrag zur Vorlage der Originalurkunde** zu erteilen (*Schoibl,* BeitrZPR IV 179). Eine Nichtvorlage führt zur Beurteilung der Echtheit der vorliegenden Kopie im Rahmen der freien richterlichen Beweiswürdigung (*Mayr* in *Rechberger,* ZPO § 104 JN Rz 7; *Schoibl,* BeitrZPR IV 179; EvBl 1990/123).

72 Die Vorlage einer **Urkunde in Abschrift genügt** – soweit sie nicht gerichtlich oder notariell beglaubigt ist – dagegen **nicht** zur Erbringung des urkundlichen Nachweises (LGZ Wien EvBl 1948/706). Der urkundliche Nachweis kann jedenfalls dann durch eine Abschrift oder Ablichtung erbracht werden, wenn der Beklagte die Echtheit seiner Urkunde anerkennt (SZ 54/10 = JBl 1981, 482).

V. Inhalt der Vereinbarung

A. Allgemeines

73 Inhalt der Gerichtsstandsvereinbarung kann entweder die Vereinbarung eines (oder mehrerer) an sich nicht zuständigen Gerichte(s) zur Entscheidung eines bestimmten Rechtsstreites sein (sog **Prorogation**), oder aber der **Ausschluß der an sich zuständigen Gerichte** (sog Derogation) (nach *Sperl,* Lehrbuch 144 sind Derogationen hingegen unzulässig). Näheres s Rz 170 ff.

Bei der positiven Gerichtsstandsvereinbarung kann entweder die sachliche oder die örtliche Zuständigkeit (oder beide gemeinsam) abweichend vereinbart werden. Die abweichende Vereinbarung der sachlichen Zuständigkeit ist an die Grenzen des § 104 Abs 2 JN gebunden. Näheres s Rz 130 ff. Weiters können die Parteien in bestimmten Fällen (Näheres s Rz 115 ff) auch die internationale Zuständigkeit der österreichischen Gerichte vereinbaren oder diese ausschließen (vgl § 104 Abs 1 Z 1, Abs 4 und 5 JN, § 38 EO, § 9 Abs 1 a ASGG, § 15 b Abs 1 VersVG).

B. Bestimmtheit oder eindeutige Bestimmbarkeit des Ortes

Wenn sich die Parteien der österreichischen internationalen Zuständigkeit **74**
unterwerfen wollen, genügt es, wenn aus der Vereinbarung deutlich hervorgeht, daß sie in Österreich prozessieren wollen. Formulierungen wie zB „die österreichischen Gerichte sollen zuständig sein" oder „alle sich aus dem betreffenden Vertrag ergebenden Prozesse sollen in Österreich stattfinden" sind daher für die Begründung der internationalen Zuständigkeit ausreichend. Die Parteien können aber auch durch die Vereinbarung der Zuständigkeit eines österreichischen Gerichtes die internationale Zuständigkeit Österreichs vereinbaren. Keinesfalls kommt – wie aus § 28 Abs 1 Z 3 JN hervorgeht – eine Vereinbarung über die internationale Zuständigkeit iSd § 104 Abs 1 Z 1 JN nur dann zustande, wenn die Parteien auch eine Vereinbarung darüber treffen, welches österreichische Gericht örtlich zuständig sein soll.

Dagegen erfordert die Vereinbarung über die sachliche und örtliche Zu- **75**
ständigkeit, daß das vereinbarte Gericht **eindeutig bestimmt oder** wenigstens **eindeutig bestimmbar** ist (*Mayr* in *Rechberger,* ZPO § 104 JN Rz 3). Das Gericht, dem sich die Parteien unterwerfen, muß daher nicht unbedingt namentlich angeführt werden (*Schoibl,* BeitrZPR IV 170; *Sperl,* Vereinbarung 125; Spr 230 = GH 1914, 138 = GlUNF 6739 = JBl 1914, 103 = ZBl 1914/38).

Zur **Bestimmbarkeit** der Gerichtsstandsvereinbarung genügt es, wenn sich **76**
die Parteien dem für eine Gemeinde, die nicht Ort des Gerichtes ist, zuständigen Gericht unterwerfen (RZ 1994/16 = ZfRV 1993/41). Daß nur ein Ort, in dem auch ein Gericht seinen Sitz hat, Gegenstand einer Gerichtsstandsvereinbarung sein kann und dementsprechend dieser Ort auch in der Vereinbarung genannt werden müsse, kann dem Gesetz nicht entnommen werden (*Mayr* in *Rechberger,* ZPO § 104 JN Rz 3). Es ist daher auch eine Zuständigkeitsvereinbarung zulässig, in der etwa das (jeweils) für Vöcklabruck sachlich zuständige Gericht als zuständig vereinbart wird (RZ 1994/16 = ZfRV 1993/41).

Die Vereinbarung der sachlichen und örtlichen Zuständigkeit kann sich **auf** **77**
ein Gericht oder mehrere Gerichte erster Instanz beziehen, wobei sich diese Vereinbarung nicht auf einen Ort beschränken muß (*Schoibl,* BeitrZPR IV 171). Es können wahlweise die Gerichte verschiedener namentlich bestimmter Orte ausdrücklich vereinbart werden (*Mayr* in *Rechberger,* ZPO § 104 JN Rz 3; *Palten,* Bestandverfahren Rz 19; *Pollak,* System², 299; *Schoibl,* BeitrZPR IV 171; *Sperl,* Lehrbuch 142; OLG Wien RdW 1989, 67; GlUNF 7408 [1915]; AmtlSlg 1265 = GlUNF 4588 [1909]; DE des JM 2. 6. 1914, JMVBl 43, 341).

Der vereinbarte Ort muß nicht in der Gerichtsstandsklausel selbst nament- **78**
lich genannt sein, es genügt vielmehr, wenn **dieser (namentlich und) zweifelsfrei der Urkunde zu entnehmen ist** (so auch *Mayr* in *Rechberger,* ZPO § 104 JN Rz 3; *Schoibl,* BeitrZPR IV 170 f; OLG Wien RdW 1989, 67; GH 1932, 164 = JBl 1932, 544 = Rsp 1932/253; aA ZBl 1926/134). Nur muß klar erkennbar sein, daß der Name nicht nachträglich einseitig beigefügt wurde.

Die Parteien können daher wirksam vereinbaren, daß Gerichtsstand der Sitz (Wohnsitz) des Klägers sein soll, wenn in der Urkunde der Sitz (Wohnsitz) beider Parteien genannt ist (JBl 1994, 343; ZfRV 1992/23; OLG Wien RdW 1989, 67). Es genügt ferner die Vereinbarung auf den Sitz der Verwaltung des Käufers, wenn der Ort des Sitzes – wenn auch in anderem Zusammenhang – in der Urkunde namentlich genannt ist und der Verwaltungssitz im Zeitpunkt des Vertragsabschlusses gemeint ist (GH 1932, 164 = JBl 1932, 544 = Rsp 1932/253).

79 Ist nur auf den jeweiligen Sitz der Verwaltung usw verwiesen, dann ist die Gerichtsstandsvereinbarung **ungültig** (GH 1932, 164 = JBl 1932, 544 = Rsp 1932/253).

80 Die Vereinbarung **kann sich,** wie es meistens der Fall sein wird, auf die **örtliche Zuständigkeit beschränken** (Spr 230 = GlUNF 6739 = JBl 1914, 103 = ZBl 1914/38); denn es ist in der Regel nicht erforderlich, auch die Gerichtstype in der Vereinbarung zu bezeichnen. Allerdings enthält die örtliche Zuständigkeitsvereinbarung (so etwa, wenn das Gericht in Vöcklabruck örtlich zuständig sein soll) in sich auch die Vereinbarung einer sachlichen Zuständigkeit, wenn der vereinbarte Ort nur ein Gericht einer bestimmten Type enthält – meist ein BG (so auch *Mayr* in *Rechberger,* ZPO § 104 JN Rz 3; ZBl 1923/180); ob eine solche Vereinbarung zulässig ist, richtet sich dann danach, ob sie sich innerhalb der Grenzen des § 104 Abs 2 JN hält.

81 Werden **mehrere** konkurrierende Gerichte als zuständig vereinbart, dann hat gem § 102 JN der **Kläger die Wahl,** welches dieser Gerichte er anrufen will (so auch *Schoibl,* BeitrZPR IV 171; RZ 1980/63; AmtlSlg 1265 = GlUNF 4588 [1909]).

82 Wenn die **Zuständigkeit der „Gerichte Wiens"** vereinbart worden ist (vgl *Mayr* in *Rechberger,* ZPO § 104 JN Rz 3; nach *Schoibl,* BeitrZPR IV 171 f hingegen wäre dies unzulässig), so ist **§ 103 Abs 1 JN** anzuwenden (*Neumann,* Kommentar[4] I 256; *Petschek/Stagel,* Zivilprozeß 127; *Sperl,* Lehrbuch 142; RZ 1980/63; Spr 230 = GH 1914, 138 = GlUNF 6739 = JBl 1914, 103 = ZBl 1914/38; die Frage offenlassend GlUNF 7408 [1915]).

C. Vereinbarung eines Gerichtes erster Instanz

83 Vereinbart werden kann **nur** ein **Gericht erster Instanz.** Dies ergibt sich daraus, daß § 104 Abs 2 JN nur die sachliche und örtliche Zuständigkeit erfaßt, nicht jedoch die funktionelle Zuständigkeit (*Fasching,* Lehrbuch[2] Rz 197; *Neumann,* Kommentar[4] I 259; *Pollak,* System[2], 295; *Schoibl,* BeitrZPR IV 170), ebenso wie daraus, daß die Einrichtung des Instanzenzuges im österreichischen Prozeßrecht schon durch seine Anlage der Parteiendisposition entzogen sein muß (vgl hingegen § 566 a dZPO, wonach die Parteien unter bestimmten Voraussetzungen die Ausschaltung der zweiten Instanz vereinbaren können: sog „Sprungrevision" des deutschen Prozeßrechtes). Daher können **keine vom gesetzlich geregelten Instanzenzug abweichenden Rechtsmittelgerichte vereinbart** werden (so auch *Mayr* in *Rechberger,* ZPO § 104 JN Rz 3; *Schoibl,* BeitrZPR IV 170), gleichgültig, ob es sich um ein Rechtsmittel oder um eine Rechtsmittelklage handelt. So ist auch die Zuständigkeitsnorm des § 532 ZPO für Nichtigkeits- und Wiederaufnahmsklagen der Parteidisposition entzogen. Näheres s Rz 157.

D. Bestimmter Rechtsstreit oder aus einem bestimmten Rechtsverhältnis entspringende Rechtsstreitigkeiten

84 Das Bestimmtheitserfordernis des § 104 Abs 2 JN dient dazu, unklare Gerichtsstandsvereinbarungen zu verhindern und Zuständigkeitsstreitigkeiten auszuschließen (*Schoibl,* BeitrZPR IV 173f). Die Parteien werden dadurch gezwungen, sich die Tragweite ihrer Vereinbarung zu verdeutlichen und so vor einer übermäßigen und nicht überblickbaren Bindung geschützt (*Matscher,* Zuständigkeitsvereinbarungen 51; *Schoibl,* BeitrZPR IV 174).

Die Gerichtsstandsvereinbarung muß sich **auf einen bestimmten Rechtsstreit oder** – soweit es sich nicht um eine Arbeitsrechtssache nach § 50 Abs 1 Z 1–3 ASGG oder um ein besonderes Feststellungsverfahren nach § 54 Abs 1 ASGG handelt (vgl § 9 Abs 1 ASGG) – **auf die aus einem bestimmten Rechtsverhältnis oder Recht entspringenden Rechtsstreitigkeiten beziehen** (vgl § 104 Abs 2 JN; die Auslassung der Worte „oder Recht" nach dem Wort „Rechtsverhältnis" ist ein offenbarer Redaktionsfehler). Eine Vereinbarung **für „alle aus diesem Vertrag entstehenden Streitigkeiten"** ist daher **zulässig,** eine solche für „alle Streitigkeiten zwischen den Vertragspartnern" hingegen unzulässig (*Fasching,* Lehrbuch² Rz 197; *Mayr* in *Rechberger,* ZPO § 104 JN Rz 4; *Schoibl,* BeitrZPR IV 174). 85

Eine Gerichtsstandsvereinbarung gilt mangels gegenteiliger Vereinbarung auch für Streitigkeiten, die sich auf Abreden beziehen, welche vor, neben oder nach der Errichtung der Vertragsurkunde getroffen wurden (*Schoibl,* BeitrZPR IV 174; *Sperl,* Lehrbuch 141; RdW 1998, 139; MietSlg 34.682 [1982]; EvBl 1973/40; RZ 1966, 165; JBl 1956, 367), insb auch für Streitigkeiten aus einer bewußt unvollständigen Wiedergabe des Vertragsinhaltes, zB aus in der Vertragsurkunde nicht aufscheinenden Nebenabreden (EvBl 1983/40). 86

Alle aus einem bestimmten Recht oder Rechtsverhältnis abgeleiteten **Klagen,** gleichgültig, ob sie sich als Leistungs-, Rechtsgestaltungs- oder Feststellungsklagen (SZ 26/13 [1953]) darstellen, werden von der Gerichtsstandsvereinbarung umfaßt, außer der Wortlaut der Vereinbarung beschränkt die Klagsansprüche ausdrücklich in einer bestimmten Richtung. 87

Die Gerichtsstandsvereinbarung umfaßt – sofern die Parteien keine anderslautende Einschränkung vorgenommen haben – alle aus der Erfüllung des Vertrages entspringenden Streitigkeiten und daher auch Ansprüche aus unerlaubter Handlung (*Schoibl,* BeitrZPR IV 174; RZ 1957, 107).

Zu den Streitigkeiten aus einem Vertrag zählen aber **auch Streitigkeiten über dessen Aufhebung und Auflösung.** Daher gilt etwa der für Streitigkeiten aus einem Schenkungsvertrag vereinbarte Gerichtsstand auch für die Klage über den Widerruf einer Schenkung wegen groben Undanks (SZ 24/195 = EvBl 1951/421). Weiters umfaßt die Gerichtsstandsvereinbarung für alle sich aus einem Vertrag ergebenden Streitigkeiten auch die Anfechtung wegen Irrtums und Wuchers (RZ 1957, 107; ggt ZBl 1930/189). Eine für Streitigkeiten aus einem Vertrag vereinbarte Gerichtsstandsklausel bleibt auch nach Aufhebung des Vertrages oder bei Eintritt eines Dritten gültig (RZ 1966, 165; EvBl 1957/364 = MietSlg 6104). 88

Da die Gerichtsstandsvereinbarung ein von der Hauptvereinbarung und ihrem Bestand völlig unabhängiges Eigenleben führt, gehören **auch Streitigkeiten über den Nichtbestand der** durch die Gerichtsstandsvereinbarung erfaßten **Parteienvereinbarung** hierher; es wird jedoch im Einzelfall aus dem Wortlaut der Vereinbarung selbst der Umfang der anhängig zu machenden Streitigkeiten entnommen werden müssen, sodaß sich erst daraus im Einzelfall ergibt, ob unter die Streitigkeiten aus einer bestimmten Vereinbarung auch die Streitigkeiten über deren Bestand oder Nichtbestand fallen (vgl ZBl 1930/189). Im Zweifel wird aber angenommen werden müssen, daß auch diese Streitigkeiten durch die Gerichtsstandsvereinbarung erfaßt werden. 89

VI. Wirkung der Gerichtsstandsvereinbarung

A. Bei einer Vereinbarung über die örtliche Zuständigkeit

90 Bei der Vereinbarung abweichender örtlicher Zuständigkeiten ist **im Regelfall** anzunehmen, daß der vereinbarte Gerichtsstand **nur** ein **Wahlgerichtsstand** sein soll (*Ballon,* Zivilprozeßrecht[9] Rz 71; *Fasching,* Nagel-FS 31; *ders,* Lehrbuch[2] Rz 196; *Horten,* JN 317; *Mayr* in *Rechberger,* ZPO § 104 JN Rz 8; *Neumann,* Kommentar[4] I 259; *Petschek/Stagel,* Zivilprozeß 127; *Pollak,* System[2], 299; *Schoibl,* BeitrZPR IV 172f; *Sperl,* Lehrbuch 143; EvBl 1994/112 = MietSlg 46.596 = RdW 1994/177 = RZ 1995/97; LGZ Wien MietSlg 35.740 [1983], 32.627 [1980]; SZ 44/31 = EvBl 1972/6 = RZ 1971, 196; EvBl 1970/230; EvBl 1968/160; EvBl 1961/303; EvBl 1958/225 = JBl 1958, 407; EvBl 1957/386; JBl 1955, 628 = RZ 1955, 127; SZ 19/228 [1937]; SZ 17/95 [1935]; ZBl 1934/91; Rsp 1923, 112; SZ 4/94 [1922]).

91 Da zur Auslegung der Vereinbarung nicht die Grundsätze der §§ 914ff ABGB herangezogen werden können (*Fasching,* Lehrbuch[2] Rz 750, 757; *Matscher,* Zuständigkeitsvereinbarungen 18; *Mayr* in *Rechberger,* ZPO § 104 JN Rz 1; JBl 1994, 546; SZ 36/138 = EvBl 1964/85; ggt EvBl 1957/386; Rsp 1928/40 = ZBl 1928/73), weil es sich um eine Prozeßerklärung handelt, ist gem § 6 ABGB **aus dem Wortlaut und Sinn der Erklärung** zu schließen, **ob ein ausschließlicher oder ein Wahlgerichtsstand vereinbart wurde.** Man wird also **nur dann** einen **ausschließlichen Gerichtsstand annehmen** können, **wenn dies ausdrücklich aus dem Wortlaut der Erklärung hervorgeht** (vgl ZBl 1921/149) oder wenn der **eindeutige Sinn der Erklärung keinen anderen Schluß zuläßt** (*Neumann,* Kommentar[4] I 259; *Pollak,* System[2], 299; *Sperl,* Vereinbarung 129; EvBl 1994/112 = MietSlg 46.596 = RdW 1994/177 = RZ 1995/97; LGZ Wien MietSlg 32.627 [1980]; SZ 44/31 = EvBl 1972/6 = RZ 1971, 196; EvBl 1970/230; EvBl 1968/160; EvBl 1960/259; EvBl 1958/225; SZ 19/228 [1937]; SZ 17/95 [1935]; ZBl 1927/115; SZ 4/94 [1922]; GlUNF 2181 [1901] uam). Dabei darf außer der Urkunde kein Beweismittel zur Lösung dieser Frage herangezogen werden (SZ 17/95 [1935]).

92 Die **Ausschließlichkeit** muß also im Interesse der Rechtssicherheit **ausdrücklich vereinbart** werden (*Neumann,* Kommentar[4] I 259; *Schoibl,* BeitrZPR IV 173; *Sperl,* Lehrbuch 143; SZ 44/31 = EvBl 1972/6 = RZ 1971, 196; EvBl 1970/230; ZBl 1927/115; SZ 4/94 [1922]; GlUNF 2181 [1901]). Dabei legt die Rsp, um jeden Zweifel auszuschließen, auf die Verwendung der Worte „ausdrücklich" oder „ausschließlich" besonderen Wert (MietSlg 32.627 [1980]; SZ 44/31 = EvBl 1972/6 = RZ 1971, 196; EvBl 1968/160; ZBl 1927/115; anders aber EvBl 1994/112 = MietSlg 46.596 = RdW 1994/177 = RZ 1995/97).

93 Wurde die ausschließliche Zuständigkeit zweier Gerichte nach Wahl des einen Teils vereinbart, so kann auch der andere Teil vor jedem dieser Gerichte klagen (ZBl 1931/79).

94 Auch die Vereinbarung eines ausländischen Gerichts als ausschließlicher Gerichtsstand ist grundsätzlich zulässig (EvBl 1968/160; SZ 26/13 [1953]). Nach EvBl 1960/259 wird durch eine derartige Vereinbarung die Klage im Inland aber dann nicht ausgeschlossen, wenn das Urteil des ausländischen Gerichtes im Inland nicht anerkannt oder vollstreckt werden würde. Dasselbe gilt, wenn die Rechtsverfolgung im Ausland unmöglich oder unzumutbar erscheint (*Oberhammer,* JBl 1997, 439 FN 40). Hier wird nämlich von einer Wirkungslosigkeit einer ausdrücklichen Derogation der österreichischen Gerichte auszugehen sein (vgl dazu ausführlich *Kropholler,* IZVR I Kap III Rz 561ff).

95 Die Vereinbarung eines örtlich zuständigen Gerichtes ist nur durch die in Rz 145 angeführten Bestimmungen (§§ 83a und 83b JN; § 14 KSchG; § 48

VersVG; § 4 Abs 1 Z 2 und Z 3, §§ 5a, 5b, 7 ASGG) sowie bei den namentlichen Zuständigkeiten (Näheres s Rz 151) und den individuellen Zuständigkeiten, wenn dies der ratio der Bestimmung widerspricht und der Gesetzgeber nicht ausdrücklich anderes angeordnet hat (§ 76c Abs 2; § 532 ZPO; Näheres s Rz 152 bis 157), eingeschränkt. Daher steht einer Zuständigkeitsvereinbarung nicht im Weg, daß das vereinbarte Gericht bereits als allgemeiner Gerichtsstand, als ausschließlicher Gerichtsstand oder als Wahlgerichtsstand in Anspruch genommen werden könnte. Insb kann einer von mehreren gesetzlichen Wahlgerichtsständen ausdrücklich als ausschließlicher Gerichtsstand bezeichnet werden (ZBl 1921/149).

B. Bei einer Vereinbarung über die sachliche Zuständigkeit

Auch ein in der **sachlichen Zuständigkeit** abweichendes Gericht muß im Zweifel nur als **wahlweise vereinbart** angesehen werden, außer es geht aus dem Wortlaut der Urkunde eindeutig hervor, daß dieses Gericht ausschließlich zuständig sein soll. Diese einschränkende Auslegung des § 104 JN ist geboten, da es sich um eine Ausnahme von der gesetzlichen Zuständigkeitsordnung handelt; die Ausnahme sieht in der Regel nur die Erweiterung, nicht die gänzliche Beseitigung der gesetzlichen Ordnung für den Einzelfall vor. Will sie dies, muß die Vereinbarung ausdrücklich dahin gehen. **96**

C. Bei einer Vereinbarung über die internationale Zuständigkeit

Die Rsp macht in der Frage der Ausschließlichkeit einer Gerichtsstandsvereinbarung keinen Unterschied zwischen einer Vereinbarung über die innerstaatliche und einer solchen über die internationale Zuständigkeit. Dh die vereinbarte internationale Zuständigkeit bildet im Regelfall nur einen Wahlgerichtsstand, und nicht eine ausschließliche internationale Zuständigkeit. **97**

Da aber, wie in Rz 311 näher ausgeführt wird, im Anwendungsbereich des EuGVÜ/LGVÜ eine Prorogation der internationalen Zuständigkeit nach Art 17 im Zweifel zu einer ausschließlichen internationalen Zuständigkeit führt, muß nach dem Grundsatz, daß Gleiches gleich zu behandeln ist, auch eine unter § 104 Abs 1 Z 1 JN fallende Vereinbarung der internationalen Zuständigkeit im Zweifel eine ausschließliche internationale Zuständigkeit begründen (so auch *Oberhammer,* JBl 1997, 442). Die Gleichbehandlung einer unter § 104 Abs 1 Z 1 JN fallenden Vereinbarung der internationalen Zuständigkeit und jener nach Art 17 EuGVÜ/LGVÜ hat den großen Vorteil, daß man nicht zu klären braucht, ob EuGVÜ/LGVÜ anwendbar sind oder nicht. Weiters ist eine Ungleichbehandlung – je nachdem, ob das EuGVÜ/LGVÜ anwendbar ist oder nicht – alles andere als dazu angetan, das Vertrauen der Parteien und ihrer Vertreter in eine der Berücksichtigung von Gegebenheiten der Lebenswirklichkeit verpflichtete bürgerliche Rechtspflege zu stärken (*Oberhammer,* JBl 1997, 442).

VII. Wirkungsbereich der Gerichtsstandsvereinbarung

A. Personeller Wirkungsbereich

Die Unterwerfung unter den vereinbarten Gerichtsstand gilt nicht nur **für** die die **Vereinbarung abschließenden Parteien** selbst, sondern **auch für** deren **Rechtsnachfolger,** gleichgültig, ob sie Gesamtrechtsnachfolger oder Übernehmer eines zusammenhängenden einheitlichen Rechtskomplexes (zB Erben, Vermögens- oder Firmenübernehmer) oder Einzelrechtsnachfolger sind (*Horten,* JN **98**

317; *Matscher,* Zuständigkeitsvereinbarungen 55; *Mayr* in *Rechberger,* ZPO § 104 JN Rz 2; *Petschek/Stagel,* Zivilprozeß 127; SZ 36/138 [1963]; LGZ Wien EvBl 1937/438; ZBl 1933/226; Rsp 1930/113; aA *Neumann,* Kommentar[4] I 258 und *Pollak,* System[2], 298, die bei der Einzelrechtsnachfolge nur im Einzelfall eine Wirkungserstreckung annehmen). Voraussetzung ist, daß die Betreffenden nach den Bestimmungen des Sachrechts **in die Rechtsstellung des Berechtigten oder des Verpflichteten eintreten** (*Schoibl,* BeitrZPR IV 165).

99 Daher wirkt die Gerichtsstandsvereinbarung auch auf den privaten Schuldübernehmer, den Zessionar (*Schoibl,* BeitrZPR IV 166; Rsp 1930/113), den durch Legalzession Anspruchsberechtigten (zB nach § 1358 ABGB oder § 332 ASVG, § 190 GSVG, § 67 VersVG), die in Bestand-, Dienst- oder Gesellschaftsverträge Eintretenden oder denjenigen, der durch Bezahlung einer Forderung eines anderen gem § 1422 ABGB in die Rechte des Gläubigers eintritt (*Schoibl,* BeitrZPR IV 166; OLG Wien DREvBl 1940/168). Auch derjenige, der als Rechtsnachfolger in eine Sachhaftung eintritt, tritt in den für deren Geltendmachung vereinbarten Gerichtsstand mit ein (vgl LGZ Wien ZBl 1937/228).

100 Gleichgültig ist, ob die Rechtsnachfolge auf der Klägerseite, auf der Beklagtenseite oder auf beiden Seiten eingetreten ist. Es ist jedoch erforderlich, daß der die Vereinbarung für sich in Anspruch nehmende Rechtsnachfolger den Rechtsübergang ebenso wie das Vorliegen der Vereinbarung in der Klage behauptet und im Bestreitungsfall urkundlich nachweist (ZfRV 1997, 246; vgl für die Rechtslage vor der WGN 1989 *Matscher,* Zuständigkeitsvereinbarungen 56; JBl 1980, 43; GesRZ 1977, 26; RZ 1966, 165; SZ 36/138 [1963]; Rsp 1930/113; aA ZBl 1933/226).

101 Die Inanspruchnahme des prorogierten Gerichtes durch den Rechtsnachfolger oder gegen denselben ist nur dort ausgeschlossen, wo sich aus dem Wortlaut der Vereinbarung eine derartige Einschränkung auf die Vertragsparteien ausdrücklich ergibt (*Horten,* JN 314; *Schoibl,* BeitrZPR IV 165).

B. Zeitlicher Anwendungsbereich

1. Dauer

102 Die **Dauer** der Gerichtsstandsvereinbarung ergibt sich in der Regel **aus dem Gegenstand, auf den sie sich bezieht.** Solange noch irgendwelche Streitigkeiten aus dem Bestand oder behaupteten Nichtbestand der der Vereinbarung zugrunde liegenden Rechtsverhältnisse oder Rechte entstehen können, kann der für diese Streitigkeiten vereinbarte Gerichtsstand angerufen werden.

2. Keine Befristung oder Bedingung

103 Es ist **nicht möglich,** die **Dauer** der Gerichtsstandsvereinbarung bereits in der Vereinbarung selbst rechtswirksam **zu befristen** oder auch den Eintritt der Wirksamkeit der Gerichtsstandsvereinbarung von einem bestimmten späteren Zeitpunkt an zu vereinbaren (*Fasching,* Lehrbuch[2] Rz 758; *Pollak,* System[2], 370; SZ 26/112 [1953]; aA *Matscher,* Zuständigkeitsvereinbarungen 55; *Mayr* in *Rechberger,* ZPO § 104 JN Rz 1; *Schoibl,* BeitrZPR IV 163 für den Fall einer kalendermäßigen Befristung); Prozeßhandlungen können nämlich nicht befristet werden.

104 **Ausgeschlossen** ist weiters eine **bedingte Gerichtsstandsvereinbarung** (*Fasching,* Lehrbuch[2] Rz 758 ff; *Matscher,* Zuständigkeitsvereinbarungen 55; *Mayr* in *Rechberger,* ZPO § 104 JN Rz 1; *Schoibl,* BeitrZPR IV 163; SZ 37/170 [1964]; SZ 26/112 [1953]), da dies dem Grundsatz der Unbedingtheit der Prozeßhandlungen widerspricht.

3. Erlöschen der Gerichtsstandsvereinbarung

105 Eine Gerichtsstandsvereinbarung **erlischt durch Auflösung der Vereinbarung.** Zufolge ihrer zweiseitigen Verbindlichkeit ist eine **einseitige Auflösung nicht wirksam.** Sie muß einverständlich erfolgen, wobei es jedoch nicht erforderlich ist, daß diese Auflösung auch ausdrücklich erfolgt. Es genügen Handlungen, die für beide Teile keinen Zweifel daran lassen, daß hierdurch die Gerichtsstandsvereinbarung aufgelöst ist.

106 Da es sich jedoch bei der Gerichtsstandsvereinbarung – zumindest nach hM – um einen nach Prozeßrecht zu beurteilenden Akt handelt, kann **auch** die **schlüssige Auflösung** einer Gerichtsstandsvereinbarung nur durch prozeßrechtlich erhebliche Handlungen erfolgen.

So bewirkt der nachherige einverständliche Abschluß eines Schiedsvertrages über dasselbe Recht oder Rechtsverhältnis die Auflösung einer vorangegangenen Gerichtsstandsvereinbarung; ebenso folgt aus der unbeanstandeten Annahme einer Faktura mit einer vom prorogierten Gericht abweichenden Gerichtsstandsklausel die Außerkraftsetzung der vorhergehenden Gerichtsstandsvereinbarung.

Die abweichende spätere Vereinbarung eines Erfüllungsortes (§ 88 Abs 1 JN) hingegen bewirkt keine Auflösung der Gerichtsstandsvereinbarung, da § 88 Abs 1 JN nur einen aus dem materiellen Recht abgeleiteten Gerichtsstand schafft, der einen ausdrücklichen Prozeßakt (wie die Vereinbarung nach § 104 JN) nicht zu beseitigen vermag.

107 Nachträglich eingetretene Änderungen von Tatbeständen, die für gesetzliche Zuständigkeitsnormen erheblich sind (zB Änderung der Niederlassung oder des Aufenthaltsortes), wirken nicht auf den vereinbarten Gerichtsstand.

VIII. Zulässigkeit der Gerichtsstandsvereinbarung

A. Zulässigkeit einer Gerichtsstandsvereinbarung betreffend die inländische Gerichtsbarkeit

108 Aus § 104 Abs 5 JN folgt, daß – entgegen dem Wortlaut des § 104 Abs 1 Z 1 JN – **Rechtssachen, die kraft Völkerrechtes der inländischen Gerichtsbarkeit entzogen** sind, **nicht** im Weg einer **Vereinbarung** der österreichischen Gerichtsbarkeit oder eines österreichischen Gerichtes der Entscheidungsgewalt der österreichischen Gerichte unterworfen werden können (vgl für die Rechtslage vor der WGN 1997 *Mayr* in *Rechberger,* ZPO § 104 JN Rz 11; SZ 48/129 [1975]; ZfRV 1970, 136; SZ 23/293 [1950]).

109 Die inländische Gerichtsbarkeit ist vor allem in den Fällen der **Immunität** ausgeschlossen (Näheres s Art IX EGJN Rz 115 ff).

110 **Personen, die an sich Immunität genießen,** können eine wirksame **Gerichtsstandsvereinbarung nur hinsichtlich jener Rechtssachen, in denen sie der inländischen Gerichtsbarkeit unterliegen** (dh hinsichtlich der in Art 31 WDK und Art 43 WKK genannten Angelegenheiten und im Fall des Art 32 Abs 3 WDK) **sowie** dann schließen, **wenn** ein Verzicht auf ihre Immunität (nach Art 32 WDK, Art 45 WKK bzw Art IX EGJN) vorliegt.

111 Im Fall einer Gerichtsstandsvereinbarung mit einer an sich Immunität genießenden Person ist **auch** der **Verzicht urkundlich nachzuweisen.** Zur Frage, wer zum Verzicht auf die Immunität berechtigt ist, s Art IX EGJN Rz 135 ff, 176, 177.

112 Die bloße Vereinbarung eines inländischen Gerichtes durch eine Immunität genießende Person bewirkt noch nicht deren Unterwerfung unter die inländische

Gerichtsbarkeit (vgl *Mayr* in *Rechberger,* ZPO § 104 JN Rz 11 sowie Art IX EGJN Rz 176, 177).

B. Zulässigkeit einer Gerichtsstandsvereinbarung über die internationale Zuständigkeit

1. Verhältnis zwischen Art 17 EuGVÜ/LGVÜ und § 104 JN

113 Inwieweit eine Gerichtsstandsvereinbarung betreffend die internationale Zuständigkeit zulässig ist, hängt davon ab, ob diese Zuständigkeitsvereinbarung unter Art 17 EuGVÜ/LGVÜ oder unter § 104 JN zu subsumieren ist. Im Anwendungsbereich des **EuGVÜ/LGVÜ geht** jedenfalls das EuGVÜ bzw das LGVÜ **dem autonomen österreichischen Recht vor.** Näheres s Rz 302 ff. Dh im Anwendungsbereich des EuGVÜ/LGVÜ entscheidet ausschließlich Art 17 über Zulässigkeit, Form und Wirkungen einer Gerichtsstandsvereinbarung.

2. Zulässigkeit der Vereinbarung nach Art 17 EuGVÜ/LGVÜ

114 Wenn die Klage in den sachlichen und zeitlichen Anwendungsbereich des EuGVÜ/LGVÜ (Art 1 und 54 EuGVÜ/LGVÜ) fällt und wenigstens eine Partei ihren Wohnsitz/Sitz in einem Vertragsstaat hat, dann kann gem Art 17 EuGVÜ/LGVÜ die internationale Zuständigkeit dieses oder eines anderen Vertragsstaates vereinbart werden. Näheres s Rz 209 ff.

3. Zulässigkeit der Vereinbarung nach § 104 JN

115 Soweit die Gerichtsstandsvereinbarung nicht nach Art 17 EuGVÜ/LGVÜ, sondern nach autonomem (österreichischen) Recht zu beurteilen ist, gilt folgendes:

116 Eine **Vereinbarung** der internationalen Zuständigkeit der österreichischen Gerichte ist **unzulässig:**

- wenn es **in dem betreffenden Verfahren überhaupt keine Prorogation gibt,** so im (reinen) Exekutionsverfahren und im Verfahren zur Erlassung einstweiliger Verfügungen (§ 51 EO) (Näheres s Rz 158), im Konkurs- und Ausgleichsverfahren (§ 172 Abs 2 KO, § 76 Abs 2 AO) (Näheres s Rz 161 ff) sowie im Außerstreitverfahren (Näheres s Rz 167 ff);
- wenn die **internationale Zuständigkeit ausdrücklich durch Gesetz geregelt** ist (§ 104 Abs 5 JN).

Dh, sind die im Gesetz für das Vorliegen der internationalen Zuständigkeit Österreichs geforderten Anknüpfungspunkte im Inland nicht gegeben, kann die internationale Zuständigkeit Österreichs nicht durch eine Parteienvereinbarung begründet werden.

Ausdrückliche Regelungen der internationalen Zuständigkeit gibt es für die **Ehesachen** (§ 76 Abs 2 JN), für die **Streitigkeiten über die eheliche Vaterschaft** (§ 76b Abs 2 JN), für die **Streitigkeiten über die uneheliche Vaterschaft** (§ 76c Abs 3 JN), für die **Vormundschafts- und Pflegschaftssachen** (§ 110 JN), für die **Adoptionssachen** (§ 113b JN), für die **Mitwirkung bei der Anerkennung der Vaterschaft** (§ 114 Abs 1 JN), für die für **Unterhaltsansprüche** und sonstige dem **minderjährigen unehelichen Kind** gesetzlich aus dem Verhältnis zwischen Eltern und Kindern zustehende Ansprüche, soweit diese im Außerstreitverfahren zu erledigen sind (§ 114 Abs 2 JN), für **außerstreitige Eheangelegenheiten** (§ 114a Abs 4 JN), für **Todeserklärungen** (§ 12 TEG), für **Verlassenschaftsverfahren betreffend einen Ausländer** (§ 22 AußStrG), für **Rechtsstreitigkeiten,** die sich auf das besondere Verhandlungsgremium (§§ 177 bis 188 ArbVG), auf den europäischen Betriebsrat (§§ 189 und 191 bis 203 ArbVG), auf das Verfahren zur Unterrichtung und Anhörung der Arbeitnehmer (§ 190 ArbVG) oder auf Vereinbarungen gem § 206 ArbVG beziehen **(§ 5b Abs 2 ASGG).**

So kann zB für Ehesachen, für die gem § 76 Abs 2 JN die internationale Zuständigkeit Österreichs nicht gegeben ist, ebensowenig wie für Streitigkeiten über die eheliche oder uneheliche Vaterschaft (§ 76b Abs 2, § 76c Abs 3 JN), die nicht vor die österreichischen Gerichte gehören, ein inländisches Gericht vereinbart werden.

• wenn **völkervertragsrechtliche Regelungen** (dh die ausschließliche oder konkurrierende Gerichtsbarkeit anderer Staaten) entgegenstehen (§ 104 Abs 5 JN);

• in **Sozialrechtssachen** (§ 9 Abs 1 a ASGG); 117

• in **Rechtssachen nach §§ 81, 83, 83b, 92b JN** sowie **§§ 35 bis 37 EO** (§ 104 Abs 4 JN und § 38 Abs 2 EO).

Dh wenn in diesen Rechtssachen der **zuständigkeitsbegründende Anknüpfungspunkt nicht in Österreich** gelegen bzw verwirklicht ist und daher nach § 27a JN mangels einer örtlichen Zuständigkeit auch die internationale Zuständigkeit nicht gegeben ist, kann diese auch nicht **durch** eine **Parteienvereinbarung** iSd § 104 Abs 1 JN **begründet** werden. So kann zB nicht in Österreich über eine Streitigkeit um unbewegliches Gut oder über eine Bestandstreitigkeit entschieden werden, wenn das unbewegliche Gut bzw die unbewegliche Bestandsache nicht in Österreich gelegen ist.

Die Fälle, in denen gem § 104 Abs 4 JN und § 38 EO eine Begründung der internationalen Zuständigkeit durch Parteienvereinbarung ausgeschlossen ist, entsprechen nur teilweise den in Art 16 EuGVÜ/ LGVÜ normierten (internationalen) Zwangszuständigkeiten. So fehlt zB in § 104 Abs 4 JN der § 83c JN, der teilweise mit Art 16 Z 4 EuGVÜ/LGVÜ korrespondiert. In den EB zur WGN 1997 (898 BlgNR 20. GP 38) wird dies damit begründet, daß der Anfall an grenzüberschreitenden Rechtsstreitigkeiten über Gesellschafts-, Register-, Patent- und Musterschutzsachen, die Art 16 Z 2 bis 4 EuGVÜ/LGVÜ nicht unterliegen, zu vernachlässigen sein dürfte. Weiters sind nicht alle unter Art 16 Z 5 EuGVÜ/ LGVÜ fallenden Verfahren, welche die Zwangsvollstreckung betreffen, in § 38 Abs 2 EO aufgezählt. So fehlen zB die Klagen, die aus Anlaß des Exekutionsverfahrens erhoben worden sind und die die Wirksamkeit einer exekutiven Zwangsmaßnahme zum Gegenstand haben, wie zB die Klage des Masseverwalters auf Feststellung der Unwirksamkeit exekutiver Pfandrechte gegenüber der Konkursmasse. Näheres s *Simotta,* Schütze-FS 857.

• **Für Klagen des Verbrauchers gegen den Unternehmer darf** die österreichische **internationale Zuständigkeit nicht ausgeschlossen werden.** Denn nach § 14 Abs 3 KSchG ist eine Vereinbarung, mit der ein nach dem Gesetz gegebener Gerichtsstand ausgeschlossen wird, dem Verbraucher gegenüber unwirksam. Ist aber ein inländischer Gerichtsstand gegeben, dann ist – soweit nicht anderes bestimmt ist – gem § 27a JN auch die internationale Zuständigkeit gegeben. Das Verbot der Derogation gesetzlich gegebener Gerichtsstände beinhaltet demnach auch das Verbot, die nach § 27a JN gegebene internationale Zuständigkeit durch Gerichtsstandsvereinbarung auszuschließen (*Simotta,* Schütze-FS 858).

In den Fällen, in denen die internationale Zuständigkeit nicht durch Prorogation begründet werden kann **(unprorogable internationale Unzuständigkeit),** ist auch **keine Heilung** des Mangels der internationalen Zuständigkeit **nach § 104 Abs 3 JN** möglich. Allerdings **heilt** die unprorogable internationale Unzuständigkeit stets **mit Rechtskraft** der Entscheidung. Eine Aufhebung der rechtskräftigen Entscheidung nach § 42 Abs 2 JN wegen mangelnder internationaler Zuständigkeit ist seit der WGN 1997 ausgeschlossen. 118

119 **Wenn** die **internationale Zuständigkeit nicht ausdrücklich geregelt** ist, sondern gem § 27a JN vom Vorliegen einer örtlichen Zuständigkeit abhängt, ist – soweit **nicht § 104 Abs 4 JN, § 9 Abs 1a ASGG und § 38 Abs 2 EO anderes bestimmen** – die Begründung der internationalen Zuständigkeit durch **Gerichtsstandsvereinbarung zulässig** (vgl für die Rechtslage vor der WGN 1997 *Fasching,* Lehrbuch² Rz 77; *Holzhammer,* Zivilprozeßrecht², 29; *W. Kralik,* ZZP 74 [1961] 42f; *Matscher,* Zuständigkeitsvereinbarungen 36f, 58f; *Schoibl,* BeitrZPR IV 155f mwN; LGZ Wien EFSlg 63.944 [1990]; SZ 55/95 = EvBl 1983/13 = JBl 1983, 541 = ZfRV 1983, 147).

120 In **Arbeitsrechtssachen und Streitigkeiten nach dem Versicherungsvertragsgesetz** ist allerdings eine Gerichtsstandsvereinbarung nur dann zulässig, **wenn** die **Streitigkeit bereits entstanden** ist (§ 9 Abs 1a ASGG, § 15b Abs 1 VersVG). Ähnliches gilt in Verbrauchersachen. Hier ist, wenn eine Streitigkeit bereits entstanden ist, eine Gerichtsstandsvereinbarung ohne die Beschränkung des § 14 Abs 1 KSchG zulässig. § 14 Abs 1 KSchG findet aber nur dann Anwendung, wenn der beklagte Verbraucher seinen Wohnsitz oder gewöhnlichen Aufenthalt in Österreich hat oder im Inland beschäftigt ist. Wenn aber ein derartiger Anknüpfungspunkt zu Österreich gegeben ist, hat der Beklagte einen allgemeinen Gerichtsstand in Österreich, und damit ist nach § 27a Abs 1 JN iVm § 65 JN die internationale Zuständigkeit Österreichs gegeben, weshalb sie nicht mehr durch eine Vereinbarung begründet zu werden braucht (*Simotta,* FS-Schütze 859 FN 136). Zur Frage, wann eine Streitigkeit als bereits entstanden anzusehen ist, wird auf die Ausführungen zu Art 15 EuGVÜ/LGVÜ (Vor §§ 83a und 83b JN Rz 147) verwiesen.

121 Bei der **Vereinbarung** der internationalen Zuständigkeit bedarf es **keiner Nahebeziehung zu Österreich** (ErläutRV zur WGN 1997 [898 BlgNR 20. GP] 35, 37f; *Ballon,* Zivilprozeßrecht⁸ Rz 95; *Matscher,* JBl 1998, 493; so bereits für die Rechtslage vor der WGN 1997 *Fasching,* Lehrbuch² Rz 77; *Holzhammer,* Zivilprozeßrecht², 29; *W. Kralik,* ZZP 74 [1961] 42f; *Matscher,* Zuständigkeitsvereinbarungen 36f; *ders,* Schwind-FS 192; *ders,* JBl 1983, 512f; *ders,* JBl 1996, 277; *Schoibl,* BeitrZPR IV 155; *Seber,* ZfRV 1983, 282f; ZfRV 1998, 256; LGZ Wien EFSlg 63.944 [1990]; SZ 57/143 = EvBl 1985/23 = RdW 1985, 340 = ZfRV 1986, 42). So können zB ein Peruaner mit Wohnsitz in Lima und ein Argentinier mit Wohnsitz in Buenos Aires nach § 104 Abs 1 Z 1 JN vereinbaren, daß für alle aus dem zwischen ihnen abgeschlossenen Kaufvertrag entspringenden Streitigkeiten die österreichischen Gerichte international zuständig sein sollen.

122 Auch ein **besonderes Rechtsschutzbedürfnis,** wie zB die Unzumutbarkeit oder unverhältnismäßige Erschwerung der Rechtsverfolgung im Ausland oder die fehlende gegenseitige Anerkennung und Vollstreckbarkeit ist **nicht erforderlich** (*Simotta,* Schütze-FS 861; aA vor der WGN 1997 *Pfersmann,* JBl 1992, 334 aE, JBl 1996, 795; EvBl 1994/154). Für die Prorogation der internationalen Zuständigkeit dürfen also nicht dieselben Voraussetzungen verlangt werden wie für die Ordination nach § 28 Abs 1 Z 2 JN. Durch die Ordination wird es nämlich dem Kläger ermöglicht, den Beklagten auch gegen dessen Willen in Österreich zu klagen, während bei der Prorogation der übereinstimmende Wille der Parteien dahin geht, daß das Verfahren in Österreich durchgeführt werden soll. Bei der Ordination sind daher, um den Beklagten davor zu schützen, daß er gegen seinen Willen in Österreich geklagt wird, obwohl es gar keine örtliche Zuständigkeit gibt, strengere Anforderungen zu stellen als bei der Prorogation, bei der beide Parteien mit der Prozeßführung in Österreich einverstanden sind. Eine Gleichbehandlung von Ordination und Prorogation ist, weil bei der Progrogation

der Beklagte nicht gegen seinen Willen vor ein österreichisches Gericht gezogen werden kann, gleichheitswidrig.

In den Fällen, in denen eine **Prorogation** der internationalen Zuständigkeit zulässig ist, spricht man von einer **prorogablen internationalen Unzuständigkeit** (ähnlich *Matscher,* JBl 1998, 491 f, der allerdings von prorogabler inländischer Gerichtsbarkeit spricht). Diese heilt gem § 104 Abs 3 JN. Näheres s Rz 180 ff. **123**

Soweit eine Vereinbarung über die internationale Zuständigkeit nach § 104 JN zulässig ist, können auch ausländische Parteien ein inländisches Gericht als zuständig vereinbaren. Dabei ist es seit der WGN 1997 – wie sich auch aus § 28 Abs 1 Z 3 JN ergibt – nicht mehr erforderlich, daß in der Vereinbarung **ausdrücklich ein bestimmtes Gericht als zuständig** bezeichnet wird. Es ist daher auch eine Vereinbarung wirksam, die zwar die internationale Zuständigkeit festlegt, aber ein örtlich bestimmtes Gericht nicht nennt und die Bestimmung des örtlich zuständigen Gerichtes nach § 28 JN dem OGH überläßt. **124**

Weiters ist es auch zulässig, daß für vermögensrechtliche Streitigkeiten von Inländern ein ausländisches Gericht vereinbart wird. Auch diese Vereinbarung ist, wenn die Voraussetzungen des § 104 JN gegeben sind, rechtswirksam. **125**

Die **nachträgliche Änderung des Staatsgebietes,** durch die bewirkt würde, daß ein vor der Änderung inländisches, nun aber im Ausland liegendes Gericht zuständig wäre, hat an sich nicht das Außerkrafttreten dieser Vereinbarung zur Folge; sie behält ihre Gültigkeit, soweit nicht inzwischen kraft ausdrücklicher gesetzlicher Bestimmungen (zB § 76 Abs 2 JN) die internationale Zuständigkeit fortgefallen ist (vgl für Vereinbarungen aus der Zeit zwischen 1938 und 1945 SZ 26/112 [1953]). **126**

Zu unterscheiden ist stets zwischen der Vereinbarung eines ausländischen Gerichtes und der Vereinbarung, ausländisches Recht anzuwenden (vgl ZfRV 1997, 122). Die Vereinbarung, ausländisches Recht anzuwenden, hat keinerlei Rückwirkung auf die Zuständigkeitsfrage *(Geimer/Schütze,* Zivilverfahrensrecht Art 17 EuGVÜ Rz 175; SZ 26/294 [1953]; aA *Oberhammer,* JBl 1997, 438; OLG München NJW 1987, 2166; BGHZ 49, 124 = NJW 1968, 356 = ZZP 82 [1969] 302 [*Walchshöfer*], nach denen die Kombination von Prorogation und Rechtswahl der lex fori ein eindeutiges Indiz für eine ausschließliche Vereinbarung darstellt). **127**

C. Zulässigkeit einer Vereinbarung über die Zulässigkeit des Rechtsweges iwS

Von der Anwendung des **§ 104 JN ausgenommen** sind auch **alle Rechtssachen, für die die Unzulässigkeit des Rechtsweges gegeben ist,** gleichgültig, ob es sich um Unzulässigkeit des Rechtsweges im engeren Sinn (weil nicht ein Gericht, sondern die Verwaltungsbehörde zur Entscheidung berufen ist), um Unzulässigkeit des ordentlichen Rechtsweges (weil wohl ein Gericht, jedoch nicht die ordentlichen Gerichte zu entscheiden haben) oder um Unzulässigkeit des streitigen Rechtsweges (weil wohl die ordentlichen Gerichte, aber nicht im streitigen Verfahren entscheiden müssen) handelt. **Alle Formen der Unzulässigkeit des Rechtsweges schließen eine Prorogation aus** (*Schoibl,* BeitrZPR IV 157), soweit sie nicht ausnahmsweise nach den Regeln über die prorogable sachliche Unzuständigkeit behandelt werden (s dazu § 1 JN Rz 76 f und § 42 JN Rz 4–7). **128**

Daher kann durch Parteienvereinbarung eine vor die ordentlichen Gerichte gehörige Sache nicht wirksam vor Verwaltungsbehörden, Sondergerichte oder ins außerstreitige Verfahren gebracht werden; umgekehrt sind Vereinbarungen unzulässig oder unwirksam, durch die Sachen, die vor Verwaltungsbehörden oder Sondergerichte gehören oder die im Straf-, Exekutions-, Insolvenz- oder Außerstreitverfahren zu entscheiden sind, vor die ordentlichen Gerichte bzw ins streitige Verfahren gebracht werden würden (JBl 1950, 384).

129 Auch innerhalb der verschiedenen nichtstreitigen Verfahrensarten ist eine Prorogation ausgeschlossen (vgl bezüglich der Vereinbarung der Zulässigkeit des außerstreitigen Rechtsweges SZ 24/121 [1951]).

D. Zulässigkeit einer Gerichtsstandsvereinbarung im Zivilprozeß

1. Zulässigkeit einer Vereinbarung betreffend die sachliche Zuständigkeit

a) Verschiebungen zwischen allgemeiner Gerichtsbarkeit und Handelsgerichtsbarkeit

130 **Rechtssachen, die vor** die **BG gehören,** können **nicht vor** ein (allgemeines oder kausales) **LG** gebracht werden, gleichgültig, ob sie in die Zuständigkeit der allgemeinen BG oder eines BG in bzw für Handelssachen fallen (*Schoibl,* BeitrZPR IV 157). Das Gesetz unterscheidet hier nicht, aus welchem Grund die Rechtssache vor ein BG gehört. Daher ist sowohl, wenn das BG wegen der Besonderheit der Rechtssache (Eigenzuständigkeit) als auch wenn es wegen des 130.000 S nicht übersteigenden Streitwertes zuständig ist, die Vereinbarung des LG ausgeschlossen.

131 Für **Rechtssachen, die ausschließlich den LG** zur Entscheidung **zugewiesen** sind (Näheres s bei § 50 JN Rz 5ff, § 51 JN Rz 125ff, 153ff), kann **nicht** im Weg der Vereinbarung die sachliche Zuständigkeit eines (allgemeinen oder kausalen) **BG** begründet werden.

132 Innerhalb der Gerichtshöfe wird jedoch die **Vereinbarung eines örtlich abweichenden Gerichtshofes nicht ausgeschlossen.** Eine **Ausnahme** besteht nur bei den **Klagen von Richtern und gegen Richter.** Für diese darf nicht die Zuständigkeit jenes LG vereinbart werden, dem der Richter angehört bzw bei dem er Präsident ist. Näheres s Rz 156 und § 79 JN Rz 14.

133 **Nicht ausgeschlossen** ist es, wie sich e contrario aus § 104 Abs 2 JN ergibt, **eine kraft Wertzuständigkeit vor** das **LG oder HG gehörige Rechtssache** durch Parteienvereinbarung **vor ein** (allgemeines oder kausales) **BG zu bringen.**

134 Dies gilt **auch für Wechselsachen.** Für Wechselsachen, deren Streitwert 130.000 S übersteigt, kann das allgemeine BG nicht nur dann zulässigerweise vereinbart werden, wenn sie im normalen Klageweg geltend gemacht werden, sondern auch dann, wenn sie im Wechselmandatsverfahren durchgesetzt werden sollen (SZ 46/96 = EvBl 1974/28; ggt SZ 5/227 [1923]). Näheres s Rz 137.

135 Eine **Verschiebung zwischen allgemeiner Gerichtsbarkeit und Handelsgerichtsbarkeit** ist aber nicht nur im Rahmen des § 104 Abs 2 JN, sondern **auch immer dann zulässig, wenn es sich um Verschiebungen innerhalb desselben Gerichtsstyps handelt.** Daher können alle ausschließlich vor den HG (Handelssenaten der LG) anzubringenden Rechtssachen auch vor die allgemeinen LG (allgemeinen Zivilsenate) gebracht werden (EvBl 1965/187), so zB eine Verbandsklage nach §§ 28–30 KSchG. Umgekehrt ist es zB möglich, für eine Scheidungsklage die Zuständigkeit des BG in bzw für Handelssachen zu vereinbaren.

136 Auch dann, wenn **besondere Verfahrensarten** innerhalb des streitigen Zivilprozeßverfahrens vor den ordentlichen Zivilgerichten einzuhalten sind, **hindert** dies eine **abweichende Zuständigkeitsvereinbarung** innerhalb der Schranken des § 104 Abs 2 JN **nicht.**

Deshalb kann für Kündigungen im Bestandverfahren (EvBl 1970/230 = MietSlg 22.596; MietSlg 15.608 [1963]; LG Eisenstadt MietSlg 9932 [1962];

MietSlg 2687 [1952]; ZBl 1933/25; GlUNF 599 [1899]) ebenso wie für Räumungsklagen eine Zuständigkeitsvereinbarung getroffen werden, desgleichen auch für Besitzstörungsklagen (Fragebeantwortung des JM zu § 104 Z 3, JMVBl 1897/44); für beide Arten von Rechtsstreitigkeiten natürlich nur innerhalb der BG.

Für Mandatsklagen ist eine abweichende Zuständigkeitsvereinbarung möglich, und zwar nicht nur örtlich, sondern auch sachlich im Rahmen des § 104 Abs 2 JN.

Der OGH hat in SZ 5/227 [1923] ausgesprochen, daß die Zuständigkeits- **137**
vorschriften für das **Wechselmandatsverfahren** nach §§ 557 ff ZPO unabdingbar seien und begründet dies damit, daß andernfalls der Kläger um den Schutz des beschleunigten Wechselverfahrens gebracht werde und sich außerdem aus § 557 ZPO ergebe, daß eine Prorogation schon deshalb begrifflich ausgeschlossen sei, weil das Wechselmandatsverfahren durch die dort erschöpfend aufgezählten Urkunden bedingt sei und in diesen Urkunden schon nach den zwingenden Vorschriften des Wechselrechtes eine Zuständigkeitsvereinbarung nicht enthalten sein könne. Beide Begründungen vermögen nicht zu überzeugen. Der Schutz des Klägers beruht auf den Vorschriften des Wechselmandatsverfahrens. Wenn zur Durchführung dieses Verfahrens ein anderes Gericht prorogiert wird, geht dadurch nicht die Eigenart des Wechselmandatsverfahrens verloren.

Seit der WGN 1989 braucht die Gerichtsstandsvereinbarung nicht bereits im verfahrenseinleitenden Schriftsatz, sondern erst im Bestreitungsfall urkundlich nachgewiesen zu werden, sodaß durch § 557 ZPO, der eine Aufzählung der im Wechselmandatsverfahren vorzulegenden Urkunden enthält, eine Prorogation nicht begrifflich schon ausgeschlossen wird.

Es wird daher weder durch eine gesetzliche Vorschrift noch durch den Sinn des Wechselmandatsverfahrens eine Zuständigkeitsvereinbarung ausgeschlossen.

Diese Ansicht findet überdies ihre Stütze darin, daß das Gesetz selbst in §§ 89 und 93 Abs 2 JN dem Kläger die Wahl zwischen mehreren Gerichtsständen einräumt, also durchaus nicht die Ausschließlichkeit des Gerichtsstandes fordert. Es kann daher auch für Ansprüche, die im Wechselmandatsverfahren erhoben werden, gem § 104 JN ein abweichendes örtlich zuständiges bzw (im Rahmen des § 104 Abs 2 JN) ein abweichendes sachlich zuständiges Gericht vereinbart werden. Sowohl im Mandats- wie im Wechselmandatsverfahren wird der Beklagte durch die Erlassung des Zahlungsauftrages in seinem Recht, die Unwirksamkeit der Gerichtsstandsvereinbarung geltend zu machen, nicht beschränkt, da ihm zu diesem Zweck die Einwendungen offenstehen.

Für das **Mahnverfahren** (das seit der ZVN 1983 keine besondere Verfah- **138**
rensart, sondern nur ein besonderes Vorverfahren ist) sind die BG (vgl § 448 Abs 1 ZPO) und in Arbeitsrechtssachen die ASG (vgl § 56 ASGG) zuständig. Die Zulässigkeit für die Erlassung eines bedingten Zahlungsbefehles ist jedoch an die bezirksgerichtliche Streitwertgrenze (130.000 S) gekoppelt. Dh es darf **kein Zahlungsbefehl** erlassen werden, wenn in einer **Rechtssache, deren Streitwert 130.000 S übersteigt, statt** des allgemeinen **LG oder HG** ein **BG vereinbart** worden ist.

Wurde durch Parteienvereinbarung eine **Nicht-Arbeitsrechtssache vor** ein **ASG** gebracht, dann kann **nur** dann, **wenn** der Streitwert **130.000 S übersteigt, kein Zahlungsbefehl** erlassen werden. § 56 ASGG ist nämlich sinnvollerweise so auszulegen, daß er für alle Verfahren gilt, in denen die Vorschriften über Arbeitsrechtssachen anzuwenden sind.

Wenn die Parteien jedoch statt des allgemeinen BG ein kausales BG oder **139**
umgekehrt vereinbart haben, braucht der Kläger ebenso wie im Fall der Verein-

barung einer abweichenden örtlichen Zuständigkeit das **Vorliegen der Zuständigkeitsvereinbarung in** der **Mahnklage nur zu behaupten.** Der Beklagte ist dadurch in seinen Rechten keineswegs geschmälert, da er beim Mahnverfahren die (sachliche) Unzuständigkeit durch Erhebung des Einspruches, der die Unwirksamkeit des bedingten Zahlungsbefehls bewirkt, geltend machen kann. Im ordentlichen Verfahren wird der Kläger, wenn der Beklagte in der mündlichen Verhandlung vor der Einlassung in die Hauptsache die Einrede der prorogablen (sachlichen) Unzuständigkeit erhebt, den urkundlichen Nachweis der Gerichtsstandsvereinbarung erbringen müssen.

140 Innerhalb der BG schließt auch die Anwendung der Sondervorschriften des **Eheverfahrens** eine abweichende Zuständigkeitsvereinbarung nicht aus (vgl für die alte Rechtslage SZ 23/293 [1950]); gleiches gilt für alle **Abstammungsstreitigkeiten,** auf die die FamRAnglV (dRGBl 1943 I 80) und Art V UeKG anzuwenden sind.

141 Das Verfahren vor den Schiffahrtsgerichten (BGHS Wien bzw BG in Handelssachen) auf Grund des G 30. 1. 1937 dRGBl I 97 (eingeführt durch V 11. 12. 1939 dRGBl I 2394 GBlÖ 1939/1454 [die V trat gem § 1 des 1. BRBG BGBl I 1999/191 mit 31. 12. 1999 außer Kraft]) und der 4. DV hiezu 26. 6. 1941 (dRGBl I 351) läßt eine abweichende Zuständigkeitsvereinbarung zu (RG DR [A] 1941, 2450). Näheres s § 52 JN Rz 9 ff.

b) Verschiebungen zwischen der allgemeinen oder der Handelsgerichtsbarkeit und der Arbeits- und Sozialgerichtsbarkeit

142 In **Arbeits- und Sozialrechtssachen** kann die sachliche Zuständigkeit durch Parteienvereinbarung **nicht geändert** werden (§ 9 Abs 1 ASGG). Eine Arbeits- und Sozialrechtssache kann daher durch Parteienvereinbarung weder vor ein (allgemeines oder kausales) BG noch vor ein allgemeines LG oder HG gebracht werden.

143 Umgekehrt ist es aufgrund des Gesetzestextes nicht ausgeschlossen, eine vor das allgemeine LG oder das HG gehörende Nicht-Arbeits- oder Sozialrechtssache vor das ASG zu bringen (*Fink,* RdW 1987, 262 f FN 14; *Mayr* in *Rechberger,* ZPO § 104 JN Rz 12; *Rechberger/Simotta,* Zivilprozeßrecht[5] Rz 142; aM *Ballon,* Zivilprozeßrecht[9] Rz 461). Außer in Wien, wo es ein selbständiges ASG gibt, wird jedoch gleichheitswidrigerweise das Verhältnis zwischen dem Zivil- oder Handelssenat (bzw dem Einzelrichter) und dem arbeits- und sozialrechtlichen Senat desselben LG (und umgekehrt) nicht als Frage der sachlichen Unzuständigkeit, sondern als unrichtige Gerichtsbesetzung behandelt. Wird sohin für eine Nicht-Arbeits- oder Sozialrechtssache die Zuständigkeit des ASG vereinbart, so wird – sofern noch keine Heilung der unrichtigen Gerichtsbesetzung eingetreten ist – das Gericht gem § 37 Abs 3 ASGG vorgehen und in der für die Rechtssache richtigen Gerichtsbesetzung (dh ohne Beiziehung der fachkundigen Laienrichter) das Verfahren fortführen.

2. Zulässigkeit der Vereinbarung einer abweichenden örtlichen Zuständigkeit

144 Innerhalb des Bereiches der örtlichen Zuständigkeit ist die Zulässigkeit abweichender Vereinbarungen durch § 104 JN nicht beschränkt. Daher ist grundsätzlich innerhalb der Gerichte des Bundesgebietes eine abweichende örtliche Zuständigkeitsvereinbarung möglich, außer es bestehen Sondernormen, die im Einzelfall eine Prorogation ausschließen. Dies ist nur bei den **Zwangsgerichtsständen** der Fall.

145 Bei folgenden für den Zivilprozeß geltenden Gerichtsständen handelt es sich um **Zwangsgerichtsstände:**

• Gerichtsstand für **Streitigkeiten aus Teilschuldverschreibungen** (§ 83 a JN); Näheres s § 83 a JN Rz 6;

• Gerichtsstände für **Streitigkeiten aus dem Verbandsverhältnis** (§ 83 b JN, § 15 b KuratorenG); Näheres s § 83 b JN Rz 8;

• Gerichtsstand für **Klagen aus dem Versicherungsverhältnis** (§ 48 VersVG); Näheres s Rz 146 f, 170 und Vor §§ 83 a und 83 b JN Rz 5 f;

• Der Gerichtstand für **Arbeitsrechtssachen nach § 50 Abs 1 Z 4 ASGG** (§ 4 Abs 1 Z 2 ASGG); Näheres s Vor §§ 83 a und 83 b JN Rz 7;

• Gerichtsstand für **Arbeitsrechtssachen nach § 50 Abs 1 Z 5, 5 a und 6 ASGG** (§ 4 Abs 1 Z 3 ASGG); Näheres s Vor §§ 83 a und 83 b JN Rz 8;

• Gerichtsstand für **Rechtsstreitigkeiten, die sich auf die Konzernvertretung** (§§ 88 a, 88 b ArbVG) **beziehen** (§ 5 a ASGG). Näheres s Vor §§ 83 a und 83 b Rz 9;

• Gerichsstand für **Rechtsstreitigkeiten,** die sich auf das besondere Verhandlungsgremium (§§ 177 bis 188 ArbVG), auf den Europäischen Betriebsrat (§§ 189 und 191 bis 203 ArbVG), auf das Verfahren zur Unterrichtung und Anhörung der Arbeitnehmer (§ 190 ArbVG) oder auf Vereinbarungen gem § 206 ArbVG beziehen **(§ 5 b Abs 1 ASGG).** Näheres s Vor §§ 83 a und 83 b JN Rz 9;

• Gerichtsstand für **Sozialrechtssachen** (§ 7 ASGG); Näheres s Vor §§ 83 a und 83 b JN Rz 10; s aber auch Rz 205.

Dazu kommt noch der **Gerichtsstand des Verbrauchers** (§ 14 KSchG), der **Prorogationsverbote** enthält. Näheres s Vor §§ 83 a und 83 b Rz 16 ff.

Weiters können, wenn bzw weil dies der ratio der Bestimmung widerspricht, namentliche bzw individuelle Zuständigkeiten nicht durch Parteienvereinbarung geändert werden. Näheres s Rz 151 – 157.

Bei **Streitigkeiten aus Versicherungsvertragsverhältnissen** ist zu unterscheiden: 146

Wurde der **Vertrag durch einen Versicherungsagenten** vermittelt oder abgeschlossen, so ist für **Klagen gegen den Versicherer** (nicht aber für Klagen des Versicherers gegen den Versicherten) das Gericht zuständig, in dessen Sprengel der Agent zur Zeit der Vermittlung oder des Abschlusses des Vertrages seine gewerbliche Niederlassung oder in deren Ermangelung seinen Wohnsitz hatte; dieser Gerichtsstand ist ein **Zwangsgerichtsstand,** der durch Parteienvereinbarung weder abgeändert noch ausgeschlossen werden kann (§ 48 VersVG).

147 Für alle übrigen Streitigkeiten aus Versicherungsverträgen, die zum inländischen Versicherungsbestand gehören, ist gem § 2 Abs 1 VersicherungswiederaufbauG 8. 9. 1955 BGBl 185, das Gericht, in dessen Sprengel sich der Sitz eines inländischen Versicherungsunternehmens oder die inländische Niederlassung eines ausländischen Versicherungsunternehmens befindet, ausschließlich örtlich zuständig; dieser Gerichtsstand ist somit ein ausschließlicher Gerichtsstand, der zwar sowohl den allgemeinen Gerichtsstand wie auch Wahlgerichtsstände ausschließt, aber durch Parteienvereinbarung iSd § 104 JN abgeändert oder ausgeschlossen werden kann.

148 Liegt **kein Zwangsgerichtsstand** vor, dann ist eine **abweichende Vereinbarung der örtlichen Zuständigkeit zulässig.** Insb ist auch bei den ausschließlichen Gerichtsständen eine Prorogation zulässig, da diese nur den allgemeinen Gerichtsstand, nicht aber eine abweichende Zuständigkeitsvereinbarung ausschließen. So ist eine Zuständigkeitsvereinbarung besonders in Ehe-, Bestand-, Nachlaß- und Erbstreitigkeiten sowie in Streitigkeiten über unbewegliches Gut zulässig, soweit sie sich im Rahmen des § 104 Abs 2 JN bewegt.

149 **In Arbeitsrechtssachen** kann gem § 9 Abs 1 ASGG die örtliche Zuständigkeit **nur für einen bestimmten einzelnen Rechtsstreit der in § 50 Abs 1 Z 1 bis 3**

ASGG genannten Art sowie für besondere Feststellungsverfahren nach § 54 Abs 1 ASGG geändert werden.

3. Zulässigkeit einer Vereinbarung betreffend die funktionelle Zuständigkeit

150 Die **funktionelle Zuständigkeit** kann – weil sich die Gerichtstandsvereinbarung auf ein Gericht erster Instanz beziehen muß – durch Parteienvereinbarung **nicht geändert** werden. Näheres s bei Rz 83.

4. Zulässigkeit einer Vereinbarung betreffend die namentliche Zuständigkeit

151 Ordnet das Gesetz durch namentliche Nennung die Zuständigkeit eines bestimmten Gerichtes an, so zB die Zuständigkeit des HG Wien für Patentstreitigkeiten, dann kann diese **namentliche Zuständigkeit nicht durch** eine **Gerichtsstandsvereinbarung geändert** werden (*Matscher,* Zuständigkeitsvereinbarungen 45 f). Dies gilt jedoch nicht für die Fälle der bloß subsidiären namentlichen Zuständigkeit des BG Innere Stadt Wien in § 76 Abs 1, § 76 b Abs 1, § 76 c Abs 1, § 109 Abs 2, § 113 a Abs 1, § 114 Abs 1, § 114 a Abs 1 JN und des LGZ Wien in § 12 TEG.

Im Fall der namentlichen Zuständigkeit **würde** nämlich die Zulässigkeit einer sie abändernden Gerichtsstandsvereinbarung **der ratio des Gesetzes widersprechen.** Hat doch der Gesetzgeber nur deswegen zum ungewöhnlichen Mittel der namentlichen Zuständigkeit gegriffen, weil er das namentlich bezeichnete Gericht wegen des Strebens nach Zentralisierung oder wegen der besonderen Eignung seiner Mitglieder als zur Erledigung bestimmter Rechtssachen am besten geeignet erachtete (*Matscher,* Zuständigkeitsvereinbarungen 46).

Namentliche Zuständigkeiten enthalten zB der Gerichtsstand für Klagen und einstweilige Verfügungen nach dem Patentgesetz, Halbleiterschutzgesetz, Musterschutzgesetz, Gebrauchsmustergesetz und Sortenschutzgesetz (§ 162 Abs 1 PatG, § 23 Abs 1 HlSchG, § 38 Abs 1 MuSchG, § 44 Abs 1 GMG, § 32 Abs 1 SortSchG; Näheres s Vor §§ 83 a und 83 b JN Rz 11), der Gerichtsstand für Klagen gegen die Nationalbank (§ 75 Abs 1 NBG; Näheres s Vor §§ 83 a und 83 b JN Rz 12), der Gerichtsstand für Klagen nach dem Vlbg, dem Bgld und dem Sbg LVergG (§ 18 Vlbg VergG, § 107 Bgld VergG, § 14 Sbg LVergG; Näheres s Vor §§ 83 a und 83 b JN Rz 13), der Gerichtsstand für Feststellungsklagen nach Art 21 des Europäischen Übereinkommens über die Staatenimmunität (§ 1 des BG über die Ausübung der Gerichtsbarkeit iSd Art 21 des Europäischen Übereinkommens über die Staatenimmunität BGBl 1976/433; Näheres s Vor §§ 83 a und 83 b JN Rz 14) sowie der Gerichtsstand für Klagen nach § 178 g VersVG (§ 178 g Abs 2 VersVG; Näheres s Vor §§ 83 a und 83 b JN Rz 15).

Zur namentlichen Zuständigkeit des HG Wien s § 51 JN Rz 154 und 156.

5. Zulässigkeit einer Vereinbarung betreffend die individuelle Zuständigkeit

a) Allgemeines

152 Die **individuelle Zuständigkeit** kann dann durch Parteienvereinbarung **verschoben werden, wenn dies** entweder der **Gesetzgeber** – wie in § 114 a Abs 2 und 3 JN – **ausdrücklich zuläßt oder** es **der ratio der Bestimmung nicht widerspricht** (aA *Fasching,* Lehrbuch² Rz 193, nach dem die individuelle Zuständigkeit nur dann nicht durch eine Zuständigkeitsvereinbarung verschoben werden kann, wenn es das Gesetz im Einzelfall ausdrücklich verbietet). Individuelle Zuständigkeiten, die – wie zB § 94 Abs 2 JN – dem Kläger die Wahl zwischen dem individuell zuständigen Gericht und dem allgemeinen Gerichtsstand des Beklagten

eröffnen, können aber immer durch eine Gerichtsstandsvereinbarung geändert werden.

b) Zulässigkeit einer § 76a JN abändernden Gerichtsstandsvereinbarung

Die ratio des § 76a JN – der für die Ehesache zuständige Richter soll aus prozeßökonomischen Gründen und wegen des Sachzusammenhanges auch über die damit zusammenhängenden Ansprüche aus dem Eheverhältnis entscheiden – spricht an sich für eine Unabänderbarkeit dieses Gerichtsstandes. Aus dem JAB zum FamGG (528 BlgNR 16. GP 3) geht jedoch die Absicht des Gesetzgebers hervor, den Parteien die Möglichkeit einzuräumen, einen ihnen im Einzelfall genehmeren Gerichtsstand zu vereinbaren. Für die Zulässigkeit einer Gerichtsstandsvereinbarung kann auch ins Treffen geführt werden, daß der Gesetzgeber im ähnlich gelagerten Fall des § 114a Abs 2 und 3 JN ausdrücklich eine solche zugelassen hat. **§ 76a JN** enthält daher **keine Zwangszuständigkeit.** **153**

c) Zulässigkeit einer § 76c Abs 2 JN abändernden Gerichtsstandsvereinbarung

Der Zweck des § 76c Abs 2 JN besteht darin, **alle Vaterschaftsstreitigkeiten** betreffend ein und dasselbe Kind **bei einem Gericht zu konzentrieren und** ihre **Verbindung zu gemeinsamer Verhandlung zu ermöglichen** (*Fasching*[1] IV 939f; *ders,* Bosch-FS 161f; *ders,* Lehrbuch[2] Rz 284). Nach Art V Satz 1 UeKG sind nämlich, wenn in noch keinem Verfahren die mündliche Verhandlung in erster Instanz geschlossen ist, die aufgrund mehrerer Klagen anhängigen Rechtsstreite zu gemeinsamer Verhandlung zu verbinden; dies ist aber nur dann möglich, wenn alle Klagen bei demselben Gericht anhängig sind. **Durch** die **Verbindung** der einzelnen Vaterschaftsprozesse und die Bestimmungen des Art V Satz 2 und 3 UeKG **soll,** da nur ein Mann der Vater des unehelichen Kindes sein kann, **verhindert werden,** daß **mehrere, womöglich divergierende Entscheidungen bezüglich der Vaterschaft** zu ein und demselben Kind **gefällt werden.** **154**

Eine von § 76c Abs 2 JN abweichende Gerichtsstandsvereinbarung würde daher sowohl dem Zweck dieser Bestimmung als auch jenem des Art V Z 1 UeKG widersprechen. Die individuelle Zuständigkeit des **§ 76c Abs 2 JN** ist daher eine **Zwangszuständigkeit** (aA *Gamerith,* ÖJZ 1972, 60; *Zemen,* FamRZ 1973, 363).

d) Zulässigkeit einer § 77 Abs 2 JN abändernden Gerichtsstandsvereinbarung

Bei der individuellen Zuständigkeit des Abhandlungsgerichtes für Teilungsklagen (§ 77 Abs 2 JN) würde die ratio der Bestimmung – der **Richter des Verlassenschaftsgerichtes** wird dank seiner Vorkenntnisse **schneller und sachgerechter über die Erbteilungsklage entscheiden können** als ein anderer Richter (vgl Mat I 74f) – für die Annahme einer Zwangszuständigkeit sprechen (so auch *Petschek/Stagel,* Zivilprozeß 116, die allerdings § 77 Abs 2 JN als funktionelle Zuständigkeit ansehen; de lege ferenda *Holzhammer,* ÖJZ 1960, 564; aA *Fasching*[1] I 409; *ders,* Lehrbuch[2] Rz 193; EvBl 1949/672, die die Abänderbarkeit des § 77 Abs 2 JN mit dem Fehlen eines ausdrücklichen Prorogationsverbotes begründen). **155**

Allerdings hat der Gesetzgeber im ähnlich gelagerten Fall des § 114a Abs 2 und 3 JN durch die Zitierung des § 104 JN klar zum Ausdruck gebracht, daß der Disposition der Parteien gegenüber der Entscheidung durch den mit der Sachlage vertrauten Richter der Vorrang einzuräumen ist. Eine § 77 Abs 2 JN abändernde **Gerichtsstandsvereinbarung** ist daher **zulässig.**

e) Zulässigkeit einer § 79 JN abändernden Gerichtsstandsvereinbarung

156 Durch § 79 JN soll verhindert werden, daß Rechtssachen von Richtern entschieden werden, die im konkreten Fall Partei und deswegen ausgeschlossen sind (s § 79 JN Rz 1). Daher ist **nur** eine **Gerichtsstandsvereinbarung ausgeschlossen, durch die gerade das Gericht zuständig gemacht werden würde,** bei dem entweder eine **Partei als Bezirksrichter oder Gerichtshofspräsident tätig** ist, oder das in den Sprengel des Gerichtshofes fällt, bei dem eine Partei Präsident ist (*Matscher,* Zuständigkeitsvereinbarungen 50; *Petschek/Stagel,* Zivilprozeß 106).

f) Zulässigkeit einer § 532 ZPO abändernden Gerichtsstandsvereinbarung

157 Bei der in **§ 532 ZPO** geregelten individuellen Zuständigkeit für Nichtigkeits- und Wiederaufnahmsklagen ist eine **abweichende Gerichtsstandsvereinbarung unzulässig** (*Ballon,* Zivilprozeßrecht[9] Rz 419; *Fasching*[1] IV 522; *ders,* Lehrbuch[2] Rz 2076; *Kodek* in *Rechberger,* ZPO § 532 Rz 1; *Matscher,* Zuständigkeitsvereinbarungen 46; *Petschek/Stagel,* Zivilprozeß 125, 405, 411 [die allerdings § 532 ZPO als Fall der funktionellen Zuständigkeit auffassen]; *Rechberger/Simotta,* Zivilprozeßrecht[5] Rz 891; *Sperl,* Lehrbuch 139 und 687; SZ 60/238 = EFSlg 55.069 = NZ 1989, 11 [*Fink*]). Dies ergibt sich einerseits aus der Textierung (arg „muß") und andererseits aus der ratio des § 532 ZPO, daß das Gericht, das die aufzuhebende Entscheidung erlassen hat, und keinesfalls ein diesem untergeordnetes Gericht über die Aufhebung der angefochtenen Entscheidung entscheiden soll, weil sonst ein untergeordnetes Gericht die Entscheidungen des ihm übergeordneten Gerichtes kontrollieren würde.

E. Zulässigkeit einer Gerichtsstandsvereinbarung im Exekutions-, Insolvenz- und Außerstreitverfahren

1. Zulässigkeit einer Gerichtsstandsvereinbarung im Exekutionsverfahren und den damit zusammenhängenden Prozessen

158 Im (reinen) **Exekutionsverfahren** und im **Verfahren zur Erlassung einstweiliger Verfügungen** sind die **Zuständigkeitsvorschriften** gem § 51 EO **unabdingbar** (*Rechberger/Simotta,* Exekutionsverfahren[2] Rz 63; *Schoibl,* BeitrZPR IV 157).

159 Diese Einschränkung findet jedoch auf Zivilprozesse, die anläßlich eines Exekutionsverfahrens oder im Zusammenhang mit diesem entstehen, keine Anwendung. Daher kann für Oppositions-, Impugnations-, Widerspruchs-, Pfandvorrechts- und (Verteilungs-)Widerspruchsklagen (§§ 35–37, 232, 258, 286 EO) wie auch für alle durch § 17 EO erfaßten Konfliktsklagen eine von den in der EO enthaltenen ausschließlichen Gerichtsständen abweichende Zuständigkeitsvereinbarung getroffen werden (*Heller/Berger/Stix*[4] I 605 f; *Holzhammer,* Zwangsvollstreckungsrecht 72; *Rechberger,* Exekution 174; *Rechberger/Simotta,* Exekutionsverfahren[2] Rz 64; *Walker,* Exekutionsrecht 15; EvBl 1972/322; RG DREvBl 1940/283; SZ 19/279; JBl 1930, 415 = Rsp 1930/367).

160 Allerdings sind auch hier Gerichtsstandsvereinbarungen nur im Rahmen des § 104 Abs 2 JN zulässig. Das bedeutet also, daß nur die örtliche Zuständigkeit für diese Prozesse abweichend vereinbart werden darf. Da seit der EO-Nov 1995 das BG als Bewilligungs-, Exekutions- und als Konfliktsgericht sachlich zuständig ist, kann nicht ein GH sachlich zuständig gemacht werden.

2. Zulässigkeit einer Gerichtsstandsvereinbarung im Insolvenzverfahren und den damit zusammenhängenden Prozessen

Im **Konkurs- und Ausgleichsverfahren** sind **Vereinbarungen über die Zuständigkeit** der Gerichte **unwirksam** (§ 172 Abs 2 KO, § 76 Abs 2 AO; *Schoibl,* BeitrZPR IV 157). 161

Dies **gilt auch für** jene **Prozesse, die aus Anlaß oder im Zusammenhang mit einem Insolvenzverfahren geführt werden und für die das Konkurs- bzw Ausgleichsgericht zuständig ist.** Zwar sind nach § 179 Z 4 KO iVm § 77 AO die §§ 171–177 KO und damit auch § 172 Abs 2 KO, nach dem Vereinbarungen über die Zuständigkeit unwirksam sind, auf Rechtsstreitigkeiten, die vor das Konkurs- bzw Ausgleichsgericht gehören, nicht anzuwenden, bei der Zuständigkeit des Konkurs- bzw Ausgleichsgerichtes handelt es sich jedoch um eine individuelle Zuständigkeit (*Bartsch/Heil,* Grundriß[4], 299; *Holzhammer,* Insolvenzrecht[5], 148; *Konecny* in *Konecny/Schubert,* KO § 111 Rz 2). Individuelle Zuständigkeiten können aber dann nicht durch Parteienvereinbarung geändert werden, wenn dies, wie im vorliegenden Fall, der ratio des Gesetzes (Konzentration der Prozeßführung beim Konkurs- bzw Ausgleichsgericht) widerspricht. Daher ist das Konkurs- bzw Ausgleichsgericht für neu anhängig gemachte Anfechtungsklagen des Masseverwalters und der Konkursgläubiger (§ 43 Abs 5 KO) (*König,* Anfechtung[2] Rz 435), und nach Konkurseröffnung anhängig gemachte Prüfungsprozesse (aA *Konecny* in *Konecny/Schubert,* KO § 111 Rz 2; *König,* Anfechtung[2] Rz 435) – soweit sie nicht Arbeitsrechtssachen betreffen (§ 111 Abs 1 KO) – für Klagen der Gläubiger gegen den Gemeinschuldner auf Grund der §§ 150 und 161 KO nach Aufhebung des Konkurses (§ 162 KO) und für Klagen über Ansprüche nach §§ 47 und 71 AO (§ 72 AO) unabdingbar zuständig (*Stohanzl,* ZPO[14] § 104 JN Anm 1). 162

Prüfungsprozesse, die **Arbeitsrechtssachen** betreffen, gehören seit der ASGG-Nov 1994 gem § 111 Abs 1 letzter Satz KO nicht mehr vor das Konkursgericht, sondern vor das **ASG.** Sie können daher gem § 9 ASGG **durch eine Zuständigkeitsvereinbarung weder vor das Konkursgericht noch vor ein anderes Gericht gebracht** werden. 163

Für **Klagen wegen Ansprüchen auf Aussonderung, Absonderung oder aufgrund von Masseforderungen** gelten gem § 111 Abs 2 KO die allgemeinen Vorschriften über die Zuständigkeit der Gerichte. Eine **abweichende Zuständigkeitsvereinbarung** im Rahmen des § 104 Abs 2 JN ist demnach **zulässig.** Darüber hinaus werden sie wie alle anderen Klagen, für die § 178 KO eine Wahlzuständigkeit des Konkursgerichtes vorsieht, auch **durch Parteienvereinbarung vor das Konkursgericht** gebracht werden können. Denn wenn das Konkursgericht schon durch einen einseitigen Akt des Klägers angerufen werden kann, so muß dies umso eher aufgrund einer zweiseitigen Gerichtsstandsvereinbarung möglich sein (vgl auch § 179 Z 4 KO). 164

Die in § 178 KO genannten **Rechtsstreitigkeiten** (Näheres s § 50 JN Rz 16) **können** demnach aufgrund des § 178 KO bzw § 77 AO **durch Parteienvereinbarung vor das Konkurs- bzw Ausgleichsgericht gebracht werden.** 165

Zuständigkeitsvereinbarungen, die der **Gemeinschuldner vor der Konkurseröffnung getroffen hat,** sind für die vor Konkurseröffnung **anhängig gemachten Rechtsstreitigkeiten** erheblich. Sie wirken aber auch noch **nach Konkurseröffnung** auf alle Rechtsstreitigkeiten über Ansprüche, die **nicht in die Konkursmasse fallen,** also Aussonderungs- und Absonderungsansprüche sowie nicht vermögensrechtliche Ansprüche. 166

Nach der Konkurseröffnung vom Gemeinschuldner getroffene Gerichtsstandsvereinbarungen sind nur hinsichtlich jener Ansprüche wirksam, **die nicht in die Konkursmasse fallen** und über die der Gemeinschuldner frei verfügen kann.

Bezüglich der Konkursmasse kann der Masseverwalter wirksame Gerichtsstandsvereinbarungen hinsichtlich der Masseforderungen, der Aus- und Absonderungsansprüche sowie jener Rechtsstreitigkeiten treffen, die vor das Konkursgericht gehören oder gem § 178 KO vor das Konkursgericht gebracht werden können.

Nach Aufhebung des Konkurses werden alle durch den Gemeinschuldner vor der Konkurseröffnung getroffenen Gerichtsstandsvereinbarungen auch hinsichtlich der dem Konkurs unterfallenen Ansprüche wieder voll wirksam.

3. Zulässigkeit von Vereinbarungen im Außerstreitverfahren und den damit zusammenhängenden Prozessen

167 **Gerichtsstandsvereinbarungen** sind im Außerstreitverfahren **grundsätzlich unzulässig** (*Barchetti,* ÖJZ 1962, 457; *Klicka/Oberhammer,* Außerstreitverfahren[3] Rz 18; *Matscher,* Zuständigkeitsvereinbarungen 46; *Mayr* in *Rechberger,* ZPO § 104 JN Rz 13; *Neumann,* Kommentar[4] I 258, 265; *Ott,* Rechtsfürsorgeverfahren 216; *Pichler/Cap,* ÖA 1977, 30; *Rintelen,* Außerstreitverfahren 12; *Schoibl,* BeitrZPR IV 157; *Stagel,* Grundzüge 35; LGZ Wien EFSlg 39.523 [1981]; EvBl 1981/150; LGZ Wien EFSlg 30.381 [1977], 25.742 [1975]; EFSlg 18.929, 18.928 [1972], 16.714 [1971]; LGZ Wien EFSlg 16.713 [1971], 10.497 [1968]; EvBl 1959/381; LGZ Wien MietSlg 5322 [1956]; EvBl 1956/115 = JBl 1956, 451; LGZ Wien MietSlg 3398 [1953]; JBl 1950, 384; LGZ Wien MietSlg 809 [1949]; SZ 22/107 [1949]), was meist damit begründet wird, daß der die Gerichtsstandsvereinbarung regelnde § 104 JN sich in jenem Teil der JN befindet, der nur für das streitige Verfahren gilt. Eine **Ausnahme** bildet jedoch **§ 114a Abs 1 bis 3 JN,** der **in Eheangelegenheiten** eine die **örtliche Zuständigkeit abändernde Gerichtsstandsvereinbarung** zuläßt.

168 Die Möglichkeit einer Zuständigkeitsvereinbarung (zumindest) im (Streitbereich des) Außerstreitverfahren(s) wird rechtspolitisch schon länger gefordert (vgl *Dolinar,* Außerstreitverfahrensrecht 33, 35; *Holzhammer,* ÖJZ 1960, 565f; *Jelinek,* NZ 1984, 78; *ders,* Reform 82; *Stöckl,* ÖJZ 1946, 236f).

169 Das Außerstreitverfahren enthält für die mit diesem im Zusammenhang stehenden Zivilprozesse keine abweichenden Zuständigkeitsregelungen, sodaß hier die Vorschriften des § 104 JN voll zur Anwendung kommen.

F. Zulässigkeit von Derogationen

170 Wie in Rz 73 bereits erwähnt, sind auch **negative Gerichtsstandsvereinbarungen** grundsätzlich zulässig (*Fasching,* Lehrbuch[2] Rz 199; *Mayr* in *Rechberger,* ZPO § 104 JN Rz 9; *Schoibl,* BeitrZPR IV 163; EvBl 1967/242 = JBl 1967, 382; SZ 24/106 [1951]). Ausgeschlossen sind jedoch negative Gerichtsstandsvereinbarungen in den Fällen des § 14 Abs 3 KSchG, § 48 Abs 2 VersVG, § 6 Abs 3 VAG.

Nach § 14 Abs 3 KSchG ist eine Vereinbarung, mit der für eine Klage des Verbrauchers gegen den Unternehmer ein nach dem Gesetz gegebener Gerichtsstand ausgeschlossen wird, dem Verbraucher gegenüber unwirksam. Näheres s Vor §§ 83a und 83b JN Rz 16ff.

Für Klagen aus dem Versicherungsverhältnis gegen den Versicherer ist, wenn ein Versicherungsagent den Vertrag vermittelt oder abgeschlossen hat, das

Gericht zuständig, in dessen Sprengel der Agent zur Zeit der Vermittlung oder des Abschlusses des Vertrages seine gewerbliche Niederlassung oder in deren Ermangelung seinen Wohnsitz hatte. Diese Zuständigkeit kann gem § 48 Abs 2 VersVG durch Parteienvereinbarung nicht ausgeschlossen werden.

Nach § 6 Abs 3 VAG darf für Klagen aus dem inländischen Geschäftsbetrieb einer ausländischen Versicherung der Gerichtsstand des § 99 Abs 3 JN nicht ausgeschlossen werden.

Für die negativen Gerichtsstandsvereinbarungen gelten **die gleichen Vorschriften wie für die positiven Gerichtsstandsvereinbarungen** (*Mayr* in *Rechberger,* ZPO § 104 JN Rz 9). **171**

Eine **vollständige Derogation** sämtlicher zuständiger inländischer Gerichte ist, wenn sie zu einem **gänzlichen Ausschluß des Rechtsweges** führt, **unzulässig** (*Mayr* in *Rechberger,* ZPO § 104 JN Rz 9; *Petschek/Stagel,* Zivilprozeß 127; *Schoibl,* BeitrZPR IV 163). **172**

IX. Prorogable – unprorogable Unzuständigkeit

A. Sachliche und örtliche Unzuständigkeit

Eine **prorogable (sachliche oder örtliche) Unzuständigkeit** liegt dann vor, wenn das unzuständige Gericht **durch Parteienvereinbarung zuständig gemacht werden könnte,** eine **unprorogable (sachliche oder örtliche) Unzuständigkeit** ist dann gegeben, wenn das unzuständige Gericht **nicht** durch eine Vereinbarung iSd § 104 JN **zuständig gemacht werden kann.** **173**

Beide Arten der (sachlichen oder örtlichen) Unzuständigkeit heilen dadurch, daß der Richter nicht rechtzeitig seine Unzuständigkeit wahrnimmt und der Beklagte nicht rechtzeitig die Unzuständigkeitseinrede erhebt. Die Dauer der Wahrnehmbarkeit der Unzuständigkeit, die Art ihrer Heilung und die Belehrungspflicht des Richters gegenüber der anwaltlich nicht vertretenen Partei hängen davon ab, ob es sich um eine prorogable oder unprorogable (sachliche oder örtliche) Unzuständigkeit handelt. Zwischen den beiden Arten der Unzuständigkeit muß daher strikt unterschieden werden. **174**

Nicht geheilt werden kann dagegen ein Verstoß gegen die **funktionelle Zuständigkeit** (*Mayr* in *Rechberger,* ZPO § 104 JN Rz 14). **175**

Da die Zuständigkeitsnorm des **§ 532 ZPO** wesentliche Elemente der funktionellen Zuständigkeit enthält, ist **§ 104 Abs 3 JN** auf die Zuständigkeitsregelung des § 532 ZPO **nicht** anwendbar (SZ 60/238 = EFSlg 55.069 = NZ 1989, 11 [zust *Fink*]).

Eine Bejahung der Heilung im Fall einer Unzuständigkeit nach § 532 ZPO würde – wenn die Nichtigkeits- bzw Wiederaufnahmsklage beim Berufungsgericht oder gar beim OGH einzubringen ist – zu dem Ergebnis führen, daß mit der **Heilung** eine **grundlegende Änderung des Instanzenzuges** eintreten würde. Im konkreten Fall (SZ 60/238 = EFSlg 55.069 = NZ 1989, 11 [zust *Fink*]) wäre – da die Wiederaufnahmsklage richtigerweise statt beim Erstgericht beim Berufungsgericht einzubringen gewesen wäre – anstelle des vom Gesetz vorgesehenen zweiinstanzlichen Rechtszuges ein Dreiinstanzenzug zur Verfügung gestanden. Eine Anwendung des § 104 Abs 3 JN auf den Fall, daß eine Nichtigkeits- oder Wiederaufnahmsklage beim unzuständigen Gericht eingebracht worden ist, ginge damit weit über die bloße Heilung einer sachlichen oder örtlichen Unzuständigkeit hinaus.

Der Verfahrensökonomie ist diese enge Auslegung des § 104 Abs 3 JN freilich nicht dienlich. Hat doch der OGH, nur weil die Parteien eine Instanz mehr gehabt hätten, das gesamte erst- und zweitinstanzliche Verfahren wegen Unzuständigkeit für nichtig erklärt und die Klage zurückgewiesen. Außerdem ist gerade bei der sehr komplizierten Zuständigkeitsregelung des § 532 ZPO das Risiko, die Nichtigkeits- oder Wiederaufnahmsklage beim unzuständigen Gericht einzubringen, sehr groß.

B. Internationale Unzuständigkeit

176 Seit der WGN 1997 muß, da nun auch der Mangel der internationalen Zuständigkeit heilt, auch bei der internationalen Zuständigkeit zwischen prorogabler und unprorogabler internationaler Unzuständigkeit unterschieden werden. Eine **prorogable internationale Unzuständigkeit** liegt vor, wenn Österreich zwar international unzuständig ist, aber **durch** eine **Parteienvereinbarung** iSd § 104 Abs 1 Z 1 JN **international zuständig gemacht** werden könnte. Näheres s Rz 123 ff.

177 Können dagegen die österreichischen Gerichte nicht durch eine Gerichtsstandsvereinbarung iSd § 104 Abs 1 Z 1 JN international zuständig gemacht werden, spricht man von einer **unprorogablen internationalen Unzuständigkeit.** Näheres s Rz 118.

178 Diese Unterscheidung ist für die Frage, wann eine Heilung der internationalen Unzuständigkeit eintritt, wichtig. Während die **prorogable internationale Unzuständigkeit** unter denselben Voraussetzungen wie die unprorogable sachliche oder örtliche Unzuständigkeit, also **nach § 104 Abs 3 JN, heilt,** tritt eine Heilung der **unprorogablen** internationalen Unzuständigkeit erst **mit Rechtskraft** der Entscheidung ein.

179 **Mangelt** es dagegen wegen Vorliegens von Immunität **an der inländischen Gerichtsbarkeit,** dann kann dieser Mangel **nicht** (einmal durch den Eintritt der Rechtskraft) **behoben** werden. Die rechtskräftige Entscheidung ist nämlich gem § 42 Abs 2 JN auf Antrag des zuständigen Bundesministeriums vom OGH mit Beschluß aufzuheben, das Verfahren für nichtig zu erklären und die Klage zurückzuweisen.

X. Die Heilung der unprorogablen sachlichen oder örtlichen Unzuständigkeit sowie der prorogablen internationalen Unzuständigkeit durch Vorbringen zur Sache (§ 104 Abs 3 JN)

A. Gegenstand der Heilung nach § 104 Abs 3 JN

180 Der Gesetzgeber hatte die Heilungsmöglichkeit nach § 104 Abs 3 JN ursprünglich auf die Fälle der unprorogablen sachlichen bzw örtlichen Unzuständigkeit beschränkt (vgl ErläutRV zur ZVN 1983 [669 BlgNR 15. GP] 40). Seit der WGN 1997 heilt jedoch auch die prorogable internationale Unzuständigkeit nach denselben Regeln wie die unprorogable sachliche oder örtliche Unzuständigkeit.

B. Art und Weise der Heilung

181 Für die Heilung der unprorogablen sachlichen bzw örtlichen Unzuständigkeit und der prorogablen internationalen Unzuständigkeit durch Vorbringen zur Sache ist zu unterscheiden, ob der Beklagte persönlich prozessiert oder ob und durch wen er im Prozeß vertreten wird.

1. Beklagter ist durch Anwalt oder Notar vertreten

a) Allgemeines

Wenn der Beklagte durch einen Rechtsanwalt(sanwärter, vgl § 15 RAO), einen Notar oder im arbeits- und sozialgerichtlichen Verfahren durch eine qualifizierte Person iSd § 40 ASGG vertreten ist oder nach § 28 Abs 1 ZPO persönlich von der Anwaltspflicht befreit ist, dann heilen die unprorogable sachliche oder örtliche Unzuständigkeit und die prorogable internationale Unzuständigkeit dadurch, daß der Vertreter bzw der nach § 28 Abs 1 ZPO rechtskundige **Beklagte schriftlich oder mündlich zur Sache vorbringt** (dazu s JAB zur ZVN 1983 [1337 BlgNR 15. GP] 6; *Fucik,* RZ 1985, 259), **ohne die Einrede der mangelnden internationalen Zuständigkeit bzw der sachlichen oder örtlichen Unzuständigkeit zu erheben** (§ 104 Abs 3 JN; § 38 Abs 1 iVm § 40 ASGG). **182**

b) Zeitpunkt der spätesten Geltendmachung bzw des Eintrittes der Heilung

Die unprorogable sachliche bzw örtliche Unzuständigkeit bzw die prorogable internationale Unzuständigkeit muß durch einen Rechtsanwalt oder Notar spätestens zu folgendem Zeitpunkt geltend gemacht werden bzw heilt zu folgendem Zeitpunkt: **183**

aa) Im bezirksgerichtlichen Verfahren

Im bezirksgerichtlichen Verfahren muß die Einrede **grundsätzlich in der ersten mündlichen Streitverhandlung vor Einlassung in die Hauptsache** erhoben werden (*Mayr* in *Rechberger,* ZPO § 104 JN Rz 15; *Rechberger/Simotta,* Zivilprozeßrecht[5], Tabelle S 100). Bloß wegen einer nicht exakten Reihung im Vorbringen tritt allerdings noch keine Präklusion ein (EvBl 1992/8 = JBl 1992, 331; NBlRA 1955, 31). **184**

Im **Mahnverfahren** erfolgt, weil der Einspruch keine Begründung enthalten muß, auch durch einen begründeten Einspruch keine Streiteinlassung (*Rechberger/Simotta,* Zivilprozeßrecht[5] Rz 753; LG Feldkirch AnwBl 1997, 653; EvBl 1992/8 = JBl 1992, 331; aA *Klicka,* JBl 1990, 437). Daher **heilen** die unprorogable sachliche bzw örtliche Unzuständigkeit und die prorogable internationale Unzuständigkeit **nicht durch einen von einem Rechtsanwalt oder Notar verfaßten Einspruch, auch wenn dieser** bereits **Ausführungen in der Sache enthält** (*Fasching,* Lehrbuch[2] Rz 1642; *Mayr* in *Rechberger,* ZPO § 104 JN Rz 15; *Pimmer,* WR 1985/12, 16; *Rechberger/Simotta,* Zivilprozeßrecht[5] Rz 753; EvBl 1992/8 = JBl 1992, 331 = NRsp 1991/241; aA *Fucik,* RZ 1985, 259; *Klicka,* JBl 1990, 437; *Schneider/Frank/Kirschbichler/Moravec/Roth,* Rechtsverkehr 54). Die **Einreden** der unprorogablen sachlichen bzw örtlichen Unzuständigkeit und der prorogablen internationalen Unzuständigkeit können daher auch noch **in der ersten mündlichen Streitverhandlung vor Einlassung in die Hauptsache** erhoben werden. **185**

Die unprorogable sachliche oder örtliche Unzuständigkeit und die prorogable internationale Unzuständigkeit können **auch** dadurch **heilen,** daß vom Rechtsanwalt oder Notar vor der ersten mündlichen Streitverhandlung ein **vorbereitender Schriftsatz** eingebracht wird (*Mayr* in *Rechberger,* ZPO § 104 JN Rz 15; *Rechberger/Simotta,* Zivilprozeßrecht[5], Tabelle S 100; *Fasching,* Lehrbuch[2] Rz 1642 will dies dagegen auf den aufgetragenen vorbereitenden Schriftsatz eingeschränkt wissen, teilweise anders jedoch Rz 203). **186**

Wurde ein **Versäumungsurteil nach § 442 Abs 1 ZPO** gefällt, dann sind die unprorogable sachliche bzw örtliche Unzuständigkeit und die prorogable inter- **187** nationale Unzuständigkeit **im Widerspruch bzw** in der dagegen erhobenen **Berufung** geltend zu machen. Wenn hingegen ein Wiedereinsetzungsantrag gestellt wurde, dann kann die Unzuständigkeitseinrede auch noch in der ersten mündlichen Streitverhandlung vor Einlassung in die Hauptsache erhoben werden (*Rechberger/Simotta,* Zivilprozeßrecht^{5}, Tabelle S 100).

188 Im **Bestandverfahren** sowie im **Mandats- und Wechselmandatsverfahren** muß die Einrede **in** den **Einwendungen** gegen die Aufkündigung bzw den Übergabe- oder Übernahmeauftrag oder den (Wechsel-) Zahlungsauftrag erhoben werden (*Mayr* in *Rechberger,* ZPO § 104 JN Rz 15; *Rechberger/Simotta,* Zivilprozeßrecht^{5}, Tabelle S 100).

189 Im **Ehe- und Abstammungsverfahren** sind – wie in jedem anderen bezirksgerichtlichen Verfahren – die unprorogable sachliche bzw örtliche Unzuständigkeit und die prorogable internationale Unzuständigkeit **in der ersten mündlichen Streitverhandlung vor Einlassung in die Hauptsache** geltend zu machen.

bb) Im Gerichtshofverfahren

190 **Im Gerichtshofverfahren** müssen die unprorogable sachliche bzw örtliche Unzuständigkeit und die prorogable internationale Unzuständigkeit spätestens **in** der **Klagebeantwortung** (vgl EvBl 1986/85) geltend gemacht werden.

191 Wenn gegen den Beklagten ein **Versäumungsurteil nach § 396 oder § 398 ZPO** erging, dann hat der Beklagtenvertreter die unprorogable sachliche bzw örtliche Unzuständigkeit und die prorogable internationale Unzuständigkeit **im Widerspruch oder in der Berufung** gegen das Versäumungsurteil geltend zu machen. Hat der Beklagte hingegen Wiedereinsetzung in den vorigen Stand begehrt, dann sind die unprorogable sachliche bzw örtliche Unzuständigkeit und die prorogable internationale Unzuständigkeit in der Klagebeantwortung einredeweise geltend zu machen, welche im Fall eines Wiedereinsetzungsantrages gegen ein Versäumungsurteil nach § 398 ZPO zugleich mit dem Wiedereinsetzungsantrag zu erstatten ist.

192 **Im arbeits- und sozialgerichtlichen Verfahren** müssen die unprorogable sachliche bzw örtliche Unzuständigkeit und die prorogable internationale Unzuständigkeit spätestens **in der ersten mündlichen Streitverhandlung vor Einlassung in die Hauptsache** geltend gemacht werden. Dies gilt auch für die vom ASG durchzuführenden Organhaftpflichtverfahren.

2. Beklagter ist nicht durch Anwalt oder Notar vertreten

193 Ist der Beklagte dagegen nicht durch einen Rechtsanwalt oder Notar bzw im arbeits- und sozialgerichtlichem Verfahren nicht durch eine qualifizierte Person iSd § 40 ASGG vertreten und auch nicht gem § 28 Abs 1 ZPO persönlich von der Anwaltspflicht befreit, so heilen die unprorogable sachliche oder örtliche Unzuständigkeit und die prorogable internationale Unzuständigkeit dann, wenn der **Beklagte,** nachdem er **über die Möglichkeit der Einrede der sachlichen oder örtlichen Unzuständigkeit bzw der (prorogablen) internationalen Unzuständigkeit und deren Wirkung belehrt** worden ist, **zur Sache vorbringt und** die **Belehrung** und Einlassung durch den Richter **protokolliert** wurde.

194 Der Richter hat dem Beklagten darzulegen, warum er Bedenken bezüglich seiner (sachlichen oder örtlichen) Zuständigkeit oder des Vorliegens der (prorogablen) internationalen Zuständigkeit hegt und ihn darauf hinzuweisen, daß er die Möglichkeit hat, die Einrede der sachlichen oder örtlichen bzw der (prorogablen) internationalen Unzuständigkeit zu erheben und welche Folgen

diese nach sich zieht. Er wird ihn vor allem auch darüber belehren müssen, daß mit der Einrede der sachlichen oder örtlichen Unzuständigkeit die Sache für ihn nicht erledigt ist, weil der Kläger entweder einen Überweisungsantrag nach § 261 Abs 6 ZPO stellen oder im Fall einer Klagszurückweisung eine neue Klage oder einen Überweisungsantrag nach § 230a ZPO einbringen kann. Im Fall des Vorliegens einer (prorogablen) internationalen Unzuständigkeit gibt es nach dem Gesetzeswortlaut (arg „wenn der Beklagte das Fehlen der sachlichen oder örtlichen Unzuständigkeit einwendet oder das Gericht seine Zuständigkeit von Amts wegen prüft") keinen Überweisungsantrag nach § 261 Abs 6 ZPO. Dies kann aber dann nicht gelten, wenn die internationale Zuständigkeit gem § 27a JN vom Vorliegen einer örtlichen Zuständigkeit abhängt und der Kläger vorsorglich geltend gemacht hat, daß ein anderes (von ihm bezeichnetes) Gericht örtlich zuständig ist, und daß daher die internationale Zuständigkeit doch gegeben ist (vgl dazu ausführlich *Simotta,* Schütze-FS 871f). Der Richter wird den Beklagten im Fall des Vorliegens einer (prorogablen) internationalen Unzuständigkeit dahingehend zu belehren haben, daß der Kläger – unter den oben genannten Voraussetzungen – einen Überweisungsantrag nach § 261 Abs 6 ZPO stellen kann, und daß die Klage im Fall einer Klagszurückweisung zwar nicht mehr in Österreich, wohl aber in einem anderen Land eingebracht werden kann.

Die vom Richter erteilte Belehrung über die Möglichkeit der Einrede der sachlichen oder örtlichen bzw der internationalen Unzuständigkeit und deren Wirkung ist im Verhandlungsprotokoll zu beurkunden. **Vergißt** der **Richter auf** die **Beurkundung** im Verhandlungsprotokoll, tritt **keine Heilung ein** (*Fasching,* Lehrbuch[2] Rz 204; *Fucik,* RZ 1985, 259; *Mayr* in *Rechberger,* ZPO § 104 JN Rz 16; *Rechberger/Simotta,* Zivilprozeßrecht[5] Rz 152). **195**

Wenn der Beklagte **trotz** der beurkundeten richterlichen **Belehrung,** ohne die Einrede der sachlichen oder örtlichen Unzuständigkeit bzw der (prorogablen) internationalen Unzuständigkeit zu erheben, **zur Sache vorbringt** oder verhandelt, sind die **unprorogable sachliche oder örtliche Unzuständigkeit und die prorogable internationale Unzuständigkeit geheilt** und können nicht mehr aufgegriffen oder geltend gemacht werden. **196**

Erfolgt keine Belehrung des Beklagten, bleiben die unprorogable sachliche oder örtliche Unzuständigkeit und die prorogable internationale Unzuständigkeit solange bestehen, bis der (dann) qualifiziert vertretene Beklagte zur Sache schriftlich vorbringt (zB in der Berufung) oder mündlich verhandelt, ohne die entsprechende Einrede zu erheben. **197**

Die **nicht geheilte unprorogable sachliche oder örtliche Unzuständigkeit** sowie die **nicht geheilte prorogable internationale Unzuständigkeit** bilden einen **Nichtigkeitsgrund** nach § 477 Abs 1 Z 3 ZPO. Wird das Urteil des Erstgerichtes vom Berufungsgericht wegen sachlicher oder örtlicher Unzuständigkeit aufgehoben, so hat es gem § 475 Abs 2 ZPO die Rechtssache auf Antrag oder von Amts wegen an das zuständige Gericht zu überweisen. Wenn dagegen eine nicht geheilte internationale Unzuständigkeit vorliegt, hat das Berufungsgericht die Klage mit Beschluß zurückzuweisen. Eine Überweisung an ein ausländisches Gericht ist nirgends im Gesetz vorgesehen. **198**

C. Während des erstinstanzlichen Verfahrens neu auftretende sachliche, örtliche oder internationale Unzuständigkeit

Nach § 29 JN bleibt das Gericht, das bei Gerichtsanhängigkeit für die Rechtssache zuständig war, auch dann (sachlich, örtlich oder international) zu- **199** ständig, wenn sich nachher die für die (sachliche, örtliche oder internationale) Zuständigkeit maßgebenden Umstände geändert haben **(perpetuatio fori** bzw iurisdictionis). Demnach kann **das ursprünglich (sachlich, örtlich oder international) zuständige Gericht nur dann (sachlich, örtlich oder international) unzuständig werden,** wenn ein neuer Sachantrag gestellt oder der alte geändert wird oder wenn wie im Fall des § 7 Abs 3 ASGG der Grundsatz der perpetuatio fori ausnahmsweise nicht gilt.

200 Wird von einer Partei ein **Zwischenantrag auf Feststellung** gestellt, für den das angerufene Gericht unprorogabel sachlich unzuständig ist oder liegt nun eine prorogable internationale Unzuständigkeit vor, dann kann die (sachliche oder internationale) Zuständigkeit nach § 104 Abs 3 JN dadurch begründet werden, daß die Gegenpartei, ohne die Einrede der sachlichen bzw prorogablen internationalen Unzuständigkeit zu erheben, über den Zwischenantrag verhandelt bzw zu diesem vorbringt. Ist die Gegenpartei nicht durch einen Anwalt oder Notar vertreten, tritt die Heilung nur bei entsprechender und beurkundeter Belehrung durch den Richter ein. Bei dem vom Beklagten gestellten Zwischenantrag auf Feststellung erfolgt die Heilung der unprorogablen sachlichen oder prorogablen internationalen Unzuständigkeit ausnahmsweise durch Vorbringen des Klägers.

201 Erhebt der Beklagte – obwohl das Gericht, bei dem die Erstklage anhängig ist, für den mit **Widerklage** geltend gemachten Anspruch unprorogabel unzuständig ist oder es an der prorogablen internationalen Zuständigkeit mangelt – Widerklage, dann ist wie bei jeder anderen Klage eine Heilung nach § 104 Abs 3 JN möglich.

202 Ist **für** die vom Beklagten einredeweise geltend gemachte **Gegenforderung** das angerufene **Gericht unprorogabel** (sachlich oder örtlich) **unzuständig,** so hat dies **keinerlei Konsequenzen,** weil die Geltendmachung der aufzurechnenden Gegenforderung auch dann zulässig ist, wenn das Prozeßgericht für diese sachlich oder örtlich unzuständig ist (*Fasching*[1] III 577; *ders,* Lehrbuch[2] Rz 1290; *Holzhammer,* Zivilprozeßrecht[2], 222; *Melichar,* JBl 1946, 51 f; *Novak,* JBl 1951, 510; *Rechberger/Simotta,* Zivilprozeßrecht[5] Rz 483; *Reiterer,* Aufrechnung 77 f; *Rummel* in *Rummel,* ABGB[2] II § 1438 Rz 25; SZ 37/1 [1964]; SZ 31/119 [1958]).

Wenn dagegen das angerufene **Gericht für** die **Gegenforderung international unzuständig** ist, kann grundsätzlich **über** die **Gegenforderung nicht entschieden** werden (vgl *Rechberger/Simotta,* Zivilprozeßrecht[5] Rz 483/1). Liegt freilich nur eine prorogable internationale Unzuständigkeit vor, dann kann die internationale Zuständigkeit dadurch begründet werden, daß sich der Kläger in das Verfahren über die Gegenforderung, ohne die Einrede der internationalen Unzuständigkeit rechtzeitig zu erheben, gem § 104 Abs 3 JN einläßt (vgl für den Anwendungsbereich des EuGVÜ/LGVÜ Rz 360).

203 Wenn das angerufene Gericht aufgrund einer **Klagsänderung** (Klagserweiterung) **unprorogabel** (sachlich oder örtlich) **unzuständig** wird, dann heilt diese Unzuständigkeit mit Einwilligung des Beklagten, wenn die Voraussetzungen des § 104 Abs 3 JN erfüllt sind (§ 235 Abs 2 ZPO). Nach § 235 Abs 2 letzter Satz ZPO ist die Einwilligung des Beklagten als vorhanden anzunehmen, wenn er, ohne gegen die Änderung eine Einwendung zu erheben, über die geänderte Klage verhandelt. Demnach **heilt** die durch eine Klagsänderung bewirkte unprorogable (sachliche oder örtliche) Unzuständigkeit dann, wenn **der durch einen Rechtsanwalt oder Notar vertretene Beklagte über die geänderte Klage verhandelt, ohne Einwendungen gegen die Klagsänderung** oder die Unzuständigkeitseinrede zu erheben. Ist der Beklagte nicht qualifiziert vertreten, tritt die Heilung nur ein,

wenn er zuvor vom Richter entsprechend belehrt und dies im Verhandlungsprotokoll beurkundet worden ist.

Dasselbe wie für die unprorogable sachliche oder örtliche Unzuständigkeit gilt, wenn aufgrund der Klagsänderung eine prorogable internationale Unzuständigkeit eintritt. Da seit der WGN 1997 die prorogable internationale Unzuständigkeit unter denselben Voraussetzungen heilt wie die unprorogable sachliche oder örtliche Unzuständigkeit, sollte auch die durch eine Klagsänderung bedingte prorogable internationale Unzuständigkeit unter denselben Voraussetzungen heilen wie die durch eine Klagsänderung bedingte unprorogable sachliche oder örtliche Unzuständigkeit.

Wurde nach Ausdehnung des Klagebegehrens über die Zuständigkeitsgrenze des BG eine Unzuständigkeitseinrede nicht erhoben, gibt eine neuerliche Ausdehnung keinen neuen Unzuständigkeitstatbestand (LGZ Wien MietSlg 32.607 [1980]). **204**

In **Sozialrechtssachen** gilt gem § 7 Abs 3 ASGG der Grundsatz der perpetuatio fori nicht. Verlegt der Versicherte während des Verfahrens, jedoch vor Schluß der mündlichen Verhandlung erster Instanz im Inland seinen Wohnsitz (gewöhnlichen Aufenthalt), sodaß er im Sprengel des angerufenen Gerichtes weder Wohnsitz noch gewöhnlichen Aufenthalt hat, so geht, wenn er dies geltend macht, die Zuständigkeit auf das Gericht des neuen Wohnsitzes (gewöhnlichen Aufenthaltes) über. Eine Änderung der (örtlichen) Zuständigkeit nach § 7 Abs 3 ASGG ist aber nur zu beachten, wenn der Versicherte sie unverzüglich, spätestens jedoch am Beginn der nächsten Tagsatzung zur mündlichen Streitverhandlung geltend macht (§ 38 Abs 3 ASGG). Macht er die nach § 7 Abs 3 ASGG eingetretene Zuständigkeitsänderung nicht rechtzeitig geltend, ist die örtliche Unzuständigkeit geheilt. **205**

XI. Amtswegige Wahrnehmung der unprorogablen sachlichen oder örtlichen Unzuständigkeit sowie der prorogablen internationalen Unzuständigkeit

Die **unprorogable sachliche oder örtliche Unzuständigkeit** des Gerichtes kann **solange von Amts wegen wahrgenommen** werden, **als noch keine Heilung nach § 104 Abs 3 JN** eingetreten ist (§ 240 Abs 2 ZPO, vgl aber die Ausnahmebestimmungen der §§ 42 Abs 3, 43 Abs 3, 45, 46 Abs 1 JN). Wenn der Richter in der mündlichen Verhandlung Bedenken gegen die sachliche oder örtliche Zuständigkeit des Gerichtes hat, so darf er aber nicht die Klage sogleich wegen Unzuständigkeit zurückweisen, sondern er hat den Parteien die Gelegenheit zu einer Heilung der Unzuständigkeit nach § 104 Abs 3 JN bzw zur Stellung eines Überweisungsantrages nach § 261 Abs 6 ZPO zu geben (§ 182 Abs 2 ZPO). Hat der Richter entgegen § 182 Abs 2 ZPO dem Kläger nicht die Gelegenheit zu einem Überweisungsantrag nach § 261 Abs 6 ZPO gegeben, dann steht dem Kläger die Möglichkeit offen, einen Überweisungsantrag nach § 230a ZPO zu stellen (*Ballon,* Zivilprozeßrecht[9] Rz 75; *Fasching,* Lehrbuch[2] Rz 218 und 226; *Mayr* in *Rechberger,* ZPO § 104 JN Rz 17; *Rechberger/Simotta,* Zivilprozeßrecht[5] Rz 149; *Simotta,* JBl 1988, 361; EvBl 1993/100). **206**

Wenn im arbeits- und sozialgerichtlichen Verfahren für eine Rechtsstreitigkeit anstelle des angerufenen Gerichtes ein anderes Gericht als ASG zuständig ist, so hat das Gericht diese, sofern seine Unzuständigkeit noch nicht geheilt ist, nach Anhörung des Klägers an das nicht offenbar unzuständige Gericht von Amts wegen zu überweisen (§ 38 Abs 2 ASGG). **207**

Ähnliches wie für die unprorogable sachliche oder örtliche Unzuständigkeit gilt auch für die prorogable internationale Unzuständigkeit. Gem § 42 Abs 1 JN **208** ist diese von Amts wegen solange wahrzunehmen, als noch keine Heilung nach § 104 Abs 3 JN erfolgt ist. Wenn der Richter in der mündlichen Verhandlung Bedenken hat, ob die internationale Zuständigkeit vorliegt, und es sich um eine prorogable internationale Unzuständigkeit handelt, hat er nach § 182 Abs 2 dritter Satz ZPO vorzugehen. Näheres s Rz 194, § 42 JN Rz 3, 18 sowie bei § 182 ZPO.

Ist das Vorliegen der prorogablen internationalen Zuständigkeit fraglich und hängt diese gem § 27a JN vom Vorliegen einer örtlichen Zuständigkeit ab, hat das Gericht von Amts wegen zu prüfen, ob nicht irgendein österreichisches Gericht zuständig ist. ME könnte man daher de lege ferenda – wenn das angerufene Gericht dabei zu dem Ergebnis gekommen ist, daß es zwar örtlich unzuständig, dafür aber ein anderes österreichisches Gericht örtlich zuständig ist – auch eine amtswegige Überweisung an das örtlich zuständige Gericht in Erwägung ziehen. Denn wenn das Gericht bei der Frage, ob die internationale Zuständigkeit gegeben ist, ohnedies schon festgestellt hat, welches (österreichische) Gericht an seiner Stelle zuständig ist, dann ist es ihm auch zumutbar, die Klage an eben dieses Gericht zu überweisen (ausführlich dazu *Simotta,* Schütze-FS 872).

XII. Gerichtsstandsvereinbarungen nach Art 17 EuGVÜ/LGVÜ

Art 17 EuGVÜ/LGVÜ. (1) Haben die Parteien, von denen mindestens eine ihren Wohnsitz in dem Hoheitsgebiet eines Vertragsstaats hat, vereinbart, daß ein Gericht oder die Gerichte eines Vertragsstaats über eine bereits entstandene Rechtsstreitigkeit oder über eine künftige aus einem bestimmten Rechtsverhältnis entspringende Rechtsstreitigkeit entscheiden sollen, so sind dieses Gericht oder die Gerichte dieses Staates ausschließlich zuständig. Eine solche Gerichtsstandsvereinbarung muß geschlossen werden

a) schriftlich oder mündlich mit schriftlicher Bestätigung,

b) in einer Form, welche den Gepflogenheiten entspricht, die zwischen den Parteien entstanden sind, oder

c) im internationalen Handel in einer Form, die einem Handelsbrauch entspricht, den die Parteien kannten oder kennen mußten und den Parteien von Verträgen dieser Art in dem betreffenden Geschäftszweig allgemein kennen und regelmäßig beachten.

Wenn eine solche Vereinbarung von Parteien geschlossen wurde, die beide ihren Wohnsitz nicht im Hoheitsgebiet eines Vertragsstaats haben, so können die Gerichte der anderen Vertragsstaaten nicht entscheiden, es sei denn, das vereinbarte Gericht oder die vereinbarten Gerichte haben sich rechtskräftig für unzuständig erklärt.

(2) Ist in schriftlich niedergelegten „trust“-Bedingungen bestimmt, daß über Klagen gegen einen Begründer, „trustee“ oder Begünstigten eines „trust“ ein Gericht oder die Gerichte eines Vertragsstaates entscheiden sollen, so ist dieses Gericht oder sind diese Gerichte ausschließlich zuständig, wenn es sich um Beziehungen zwischen diesen Personen oder ihre Rechte oder Pflichten im Rahmen des „trust“ handelt.

(3) Gerichtsstandsvereinbarungen und entsprechende Bestimmungen in „trust“-Bedingungen haben keine rechtliche Wirkung, wenn sie den Vorschriften der Artikel 12 oder 15 zuwiderlaufen oder wenn die Gerichte, deren Zuständigkeit abbedungen wird, auf Grund des Artikels 16 ausschließlich zuständig sind.

(4) Ist eine Gerichtsstandsvereinbarung nur zugunsten einer der Parteien getroffen worden, so behält diese das Recht, jedes andere Gericht anzurufen, das auf Grund dieses Übereinkommens zuständig ist.

(5) Bei individuellen Arbeitsverträgen haben Gerichtsstandsvereinbarungen nur dann rechtliche Wirkung, wenn sie nach der Entstehung der Streitigkeit getroffen werden [EuGVÜ: oder wenn der Arbeitnehmer sie geltend macht, um ein anderes Gericht als das am Wohnsitz des Beklagten oder das in Art 5 Nummer 1 bezeichnete anzurufen].

Lit: *Ancel,* La clause attributive de juridiction selon l'article 17 de la Convention de Bruxelles, Riv dir int priv proc 1991, 263; *Aull,* Internationale Gerichtsstandsvereinbarungen bei gemeinsamem Sitz der Parteien in einem Vertragsstaat des EuGVÜ, Jahrbuch für italienisches Recht II (1989) 157; *ders,* Der Geltungsanspruch des EuGVÜ: „Binnensachverhalte" und Internationales Zivilverfahrensrecht in der Europäischen Union, Zur Auslegung von Art 17 Abs 1 S 1 EuGVÜ (1996); *Bariatti,* Sulla interpretazione dell' art 17 della convenzione di Bruxelles del 27 settembre 1968, Riv dir int priv proc 1986, 819; *ders,* La corte di Cassazione Italiana e la convenzione di Bruxelles del 1968, Riv dir int priv proc 1992, 855; *Basedow,* Das forum conveniens der Reeder im EuGVÜ, IPRax 1985, 133; *Baumgärtel,* Die Vereinbarung der internationalen Zuständigkeit nach dem EWG-Übereinkommen und nach § 38 Abs II ZPO, Kegel-FS (1977) 285; *Benecke,* Die teleologische Reduktion des räumlich-persönlichen Anwendungsbereichs von Art 2ff und Art 17 EuGVÜ (1993); *Birk,* Die internationale Zuständigkeit in arbeitsrechtlichen Streitigkeiten nach dem Europäischen Gerichtsstands- und Vollstreckungsübereinkommen, DRdA 1983, 143; *Bonell,* L'art 17 della Convenzione di Bruxelles sulla competenza giurisdizionale in materia civile e commerciale, Riv comm 1977, 214; *Bülow,* Vereinheitlichtes internationales Zivilprozeßrecht in der Europäischen Wirtschaftsgemeinschaft, RabelsZ 1965, 473; *Burgstaller,* Probleme der Prorogation nach dem Lugano-Übereinkommen, JBl 1998, 691; *Carbone,* La disciplina comunitaria della „proroga della giurisdizione" in materia civile e commerciale, Dir com int 1989, 351; *ders,* Disciplina communitaria della giurisdizione e transporto marittimo, in *Jayme/Picchio/Forlatti,* Giurisdizione e legge applicabile ai contratti nella CEE (1990) 29; *Collins,* The Civil Jurisdiction and Judgments Act 1982 (1983); *Dageförde,* Aufrechnung und Internationale Zuständigkeit, RIW 1990, 873; *Deli,* Gli usi del commercio internazionale nel nuovo testo dell' Art 17 della Convenzione di Bruxelles del 1968, Riv dir int priv proc 1989, 27; *Droz,* Compétence judiciaire et effets des jugements dans le Marché commun (1972); *Ebenroth,* Das kaufmännische Bestätigungsschreiben im internationalen Handelsverkehr, ZVglRWiss (1978) 161; *Eickhoff,* Inländische Gerichtsbarkeit und internationale Zuständigkeit für Aufrechnung und Widerklage (1985); *Ekelmans,* Les conditions de validité au regard de l'article 17 de la Convention de Bruxelles du 27–9–1968, d'une clause attributive de juridiction inserée dans un connaissement maritime, CDE 1985, 426; *v. Falkenhausen,* Ausschluß von Aufrechnung und Widerklage durch internationale Gerichtsstandsvereinbarungen, RIW 1982, 386; *ders,* Internationale Gerichtsstandsvereinbarungen und unerlaubte Handlungen, RIW 1983, 420; *Fuchs,* Aspekte der Schriftform nach Art 17 EuGVÜ und nach Art II des UN-Schiedsgerichtsübereinkommens (1985); *Gaudemet-Tallon,* Les Conventions de Bruxelles et de Lugano[2] (1996); *Gebauer,* Internationale Zuständigkeit und Prozeßaufrechnung, IPRax 1998, 79; *Geimer,* Das Zuständigkeitssystem des EWG-Übereinkommens vom 27. September 1965, WM 1976, 830; *ders,* Fora connexitatis, Der Sachzusammenhang als Grund der internationalen Zuständigkeit, WM 1979, 350; *ders,* Zuständigkeitsvereinbarungen zugunsten und zu Lasten Dritter, NJW 1985, 533; *ders,* EuGVÜ und Aufrechnung: Keine Erweiterung der internationalen Entscheidungszuständigkeit – Aufrechnungsverbot bei Abweisung der Klage wegen internationaler Unzuständigkeit, IPRax 1986, 208; *ders,* Die Prüfung der internationalen Zuständigkeit, WM 1986, 117; *Gothot/Holleaux,* La Convention de Bruxelles du 27 septembre 1968 (1985); *Gottwald,* Grenzen internationaler Gerichtsstandsvereinbarungen, Firsching-FS (1985) 89; *ders,* Die Prozeßaufrechnung im europäischen Zivilprozeß, IPRax 1986, 10; *ders,* Die einseitig bindende Prorogation nach Art 17 Abs 3 EuGVÜ, IPRax 1987, 81; *ders,* Internationale Gerichtsstandsvereinbarungen – Verträge zwischen Prozeßrecht und materiellem Recht, Henckel-FS (1995) 295; *Grunsky,* EWG-Übereinkommen über die gerichtliche Zuständigkeit und die Vollstreckung gerichtlicher Entscheidungen in Zivil- und Handelssachen im deutsch-italienischen Rechtsverkehr, RIW 1977, 1; *Grüter,* Gerichtsstandsvereinbarung durch Korrespondenz im EWG-Handel, DB 1978, 381; *Hau,* Durchsetzung von Zuständigkeits- und Schiedsvereinbarungen mittels Prozeßführungsverboten im EuGVÜ: Neuere Rechtsprechung des Court of Appeal zu obligation-based antisuit injunctions, IPRax 1996, 44; *ders,* Positive Kompetenzkonflikte im Internationalen Zivilprozeßrecht – Überlegungen zur Bewältigung von multi-fora disputes (1996); *ders,* Zur schriftlichen Bestätigung mündlicher Gerichtsstandsvereinbarungen, IPRax 1999, 24; *Haymann,* Contract Drafting Problems in the Light of the Lugano Convention, in *Carpenter/Haymann,* The Lugano and San Sebastian

Convention (1990) 33; *Hernández-Breton,* Internationale Gerichtsstandsklauseln in Allgemeinen Geschäftsbedingungen (1993); *Heß,* Gerichtsstandsvereinbarungen zwischen EuGVÜ und ZPO, IPRax 1992, 358; *Hill,* The Law relating to International Commercial Disputes (1994); *Hochbaum,* Mißglückte internationale Schiedsvereinbarungen (1995); *v. Hoffmann,* Das EWG-Übereinkommen über die gerichtliche Zuständigkeit und die Vollstreckung gerichtlicher Entscheidungen in Zivil- und Handelssachen, AWD 1973, 57; *v. Hoffmann/Hau,* Probleme der abredewidrigen Streitverkündung im Europäischen Zivilrechtsverkehr, RIW 1997, 89; *Hofstetter-Schnellmann,* Die Gerichtsstandsvereinbarung nach dem Lugano-Übereinkommen (1992); *Howcroft,* Jurisdiction clauses and the Brussels Convention, Solicitors Journal 132 (1988) 1538; *Hübner,* Der Umfang des Schriftformerfordernisses des Art 17 EGVÜ bei (Versicherungs-)Verträgen zugunsten Dritter und die Folgen der hilfsweisen Einlassung nach Rüge der Zuständigkeit im Hinblick auf Art 18 EGVÜ, IPRax 1983, 237; *Iozzo,* „Forma scritta" e clausola di deroga alla giurisdizione ai sensi dell' art 17 della convenzione de Bruxelles: orientamenti giurisprudenziali, Foro italiano 1991, 3132; *Jayme,* Gerichtsstand und abgelaufener Hauptvertrag in Art 17 EuGVÜ, IPRax 1989, 361; *Jayme/Aull,* Zur Anwendbarkeit des Art 17 EuGVÜ bei Wohnsitz beider Parteien in demselben Vertragsstaat, IPRax 1989, 80; *Jayme/Haack,* Reziproke Gerichtsstandsklauseln – EuGVÜ und Drittstaaten, IPRax 1985, 323; *Jung,* Vereinbarungen über die internationale Zuständigkeit nach dem EWG-Gerichtsstands- und Vollstreckungsübereinkommen und nach § 38 Abs 2 ZPO (1980); *Junge* in *Caemmerer/Schlechtriem,* Komm zum Einheitlichen UN-Kaufrecht² (1990); *Kaye,* Civil Jurisdiction and Enforcement of Foreign Judgements (1987); *Killias,* Die Gerichtsstandsvereinbarung nach dem Lugano-Übereinkommen (1993); *Kim,* Internationale Gerichtsstandsvereinbarungen (1995); *Kohler,* Internationale Gerichtsstandsvereinbarungen: Liberalität und Rigorismus im EuGVÜ, IPRax 1983, 265; *ders,* Pathologisches im EuGVÜ: Hinkende Gerichtsstandsvereinbarungen nach Art 17 Abs 3, IPRax 1986, 340; *ders,* Rigueur et souplesse en droit international privé: Les formes prescrites pour une convention attributive de juridiction „dans le commerce international" par l'article 17. . ., Dir com int 1990, 611; *ders,* Gerichtstandsklauseln in fremdsprachigen AGB: Das clair-obscur des Art 17 EuGVÜ, IPRax 1991, 299; *Krings,* Réflexions au sujet de la prorogation de compétence territoriale et du for contractuel, Rev dr int dr comp 1978, 78; *ders,* Enkele aantekeningen bij de toepassing van de artikelen 5 (1), 5 (3), 17 en 18 van het Verdrag van 27 september 1968, in *Struycken/Krings,* De Rechterlijke Bevoegdheid volgens het E. E. G. Juridictie- en Executieverdrag (1978) 102; *Kropholler,* Die Vereinbarung über die Zuständigkeit nach dem GVÜ, in Hdb IZVR I Kap III § 5; *Kropholler/Pfeifer,* Das neue europäische Recht der Zuständigkeitsvereinbarung, Nagel-FS (1987) 187; *Kubis,* Gerichtspflicht durch Schweigen? – Prorogation, Erfüllungsortvereinbarung und internationale Handelsbräuche, IPRax 1999, 10; *Laenens,* De bevoegdheidsovereenkomsten naar Belgisch recht (1981); *ders,* Bevoegdheidsovereenkomsten in Europese context, Liber amicorum Krings (1991) 635; *Leipold,* Zuständigkeitsvereinbarung und rügelose Einlassung nach dem Europäischen Gerichtsstands- und Vollstreckungsübereinkommen, IPRax 1982, 222; *Lindacher,* Schiedsklauseln und Allgemeine Geschäftsbedingungen im internationalen Handelsverkehr – Einbeziehungsschranken nach Art 2 Abs 2 UN-Übereinkommen und autonomem deutschem Sachrecht, Habscheid-FS (1989) 167; *Magnus* in *Staudinger,* Kommentar zum BGB, Wiener UN-Kaufrecht (CISG)¹³ (1994); *Mankowski,* Seerechtliche Vertragsverhältnisse im Internationalen Privatrecht (1995); *ders,* Versicherungsverträge zugunsten Dritter, Internationales Privatrecht und Art 17 EuGVÜ, IPRax 1996, 427; *Mari,* Rapporte di lavoro, principi constituzionali e deroga alla giurisdizione seconso la convenzione di Bruxelles del 1968, Riv dir int priv proc 1981, 51; *McClellan,* Choice of Jurisdiction Clauses under the EEC Judgments Convention, J. B. L. 1984, 445; *Mezger,* Die Ausschließlichkeit des gewählten Gerichtsstandes (Art 17 EuGVÜ) aus französischer Sicht, IPRax 1984, 331; *Morse,* Forum-Selection Clauses – EEC Style, Afr J Int CompL 1989, 551; *Müller,* Schriftformerfordernis nach Art 17 EG-Zuständigkeits- und Vollstreckungsübereinkommen, RIW 1977, 163; *Oliver,* Future Interpretations of Article 17 of the Convention on Jurisdiction and the Enforcement of Judgements in the European Communities, Cornell LRev 70 (1984–85) 289; *Pieri,* La disciplina della pororoga della competenza della convenzione di Bruxelles nella giurisprudenza della Corte di giustizia della CEE, in L'unificazione del diritto internazionale privato e processuale, Studi memoria Giuliano (1989) 731; *Piltz,* Die Zuständigkeitsordnung nach dem EWG-Gerichtsstands- und Vollstreckungsübereinkommen, NJW 1979, 1071; *Queiroleo,* Art 17 della Convenzione di Bruxelles e clausola attributiva di competenza contenuta in uno statuto societario, Riv dir int priv proc 1993, 69; *Rauscher,* Zuständigkeitsvereinbarung und rügelose Einlassung nach dem EuGÜbk, RIW 1985, 887; *ders,* Gerichtsstandsbeeinflussende AGB im Geltungsbereich des EuGVÜ, ZZP 104 (1991) 271; *ders,* Prorogation und Vertragsgerichtsstand gegen Rechtsscheinhaftende, IPRax 1992, 144; *Reiser,* Gerichtstandsvereinbarungen nach IPR-Gesetz und Lugano-Übereinkommen (1995); *Reithmann/Martiny,* Internationales Vertragsrecht[5] (1996); *Rinoldi,* Autonomia della volontà e foro eletivo nella Convenzione communitaria sulla giurisdizione e il riconoscimento della sentenze, Dir com int 1989, 407; *G. Roth,* Internationalrechtliche Probleme bei Prorogation und Derogation, ZZP 93 (1980) 156; *Saenger,* Internationale Gerichtsstandsvereinbarungen nach EuGVÜ und LugÜ, ZZP 110 (1997) 477; *Samtleben,* Internationale Gerichtsstandsvereinbarungen nach dem EWG-Übereinkommen und nach der Gerichtsstandsnovelle, NJW 1974, 1590; *ders,* Art 17 EuGVÜ und kein Ende, IPRax 1985, 261; *ders,* Gerichtsstandsvereinbarung nach Art 17 EuGVÜ und kartellrechtliches Derogationsverbot, IPRax 1992, 67; *ders,* Europäische Gerichtsstandsvereinbarungen und Drittstaaten – viel Lärm um nichts? RabelsZ 1995, 670; *Sandrock,* Die Prorogation der internationalen Zuständigkeit eines Gerichts durch hilfsweise Sacheinlassung des Beklagten, ZVglRWiss 1979, 177; *ders,* Handbuch der Internationalen Vertragsgestaltung II (1980); *Schack,* Derogation des Vermögensgerichtsstandes zwischen lex fori und ausländischem Prorogationsstatut, IPRax 1990, 19; *Schlosser,* Das internationale Zivilprozeßrecht der Europäischen Wirtschaftsgemeinschaft und Österreich, Kralik-FS (1986) 287; *M.J. Schmidt,* Kann Schweigen auf eine Gerichtsstandklausel in AGB einen Gerichtsstand nach Art 17 EuGVÜ/LuganoÜ begründen? RIW 1992, 173; *Schnichels/Dietze,* Die aktuelle Rechtsprechung des EuGH zum EuGVÜ, EuZW 1994, 366; *Schockweiler* in EuGH, Internationale Zuständigkeit und Urteilsanerkennung in Europa (1993) 107; *Schoibl* in *Bajons/Mayr/Zeiler,* Die Übereinkommen von Brüssel und Lugano (1997) 61; *ders,* Die Zuständigkeit für Verbrauchersachen nach europäischem Zivilverfahrensrecht des Brüsseler und des Luganer Übereinkommens (EuGVÜ/LGVÜ), JBl 1998, 700, 767; *Schütze,* Ausschluß der Zuständigkeit der Garantieklage (Art 6 Nr 2 EuGVÜ) durch internationale Gerichtsstandsvereinbarungen, RIW 1985, 966; *Schwab/Gottwald,* Verfassung und Zivilprozeß (1984); *Schwarz,* Die neuere Rechtsprechung zu Art 17 Abs 4 EuGVÜ, IPRax 1987, 291; *Sieg,* Internationale Gerichtsstands- und Schiedsklauseln in Allgemeinen Geschäftsbedingungen, RIW 1998, 102; *Spellenberg,* Die Vereinbarung des Erfüllungsortes und Art 5 Nr 1 des Europäischen Gerichtsstands- und Vollstreckungsübereinkommens, IPRax 1981, 75; *Staehelin,* Gerichtsstandsvereinbarungen im internationalen Handelsverkehr Europas: Form und Willenseinigung nach Art 17 EuGVÜ/LugÜ (1994); *Stauder,* Die Anwendung des EWG-Gerichtsstands- und Vollstreckungsübereinkommens auf Klagen im gewerblichen Rechtschutz und Urheberrecht, GRURInt 1976, 465; *E. Stöve,* Gerichtsstandsvereinbarungen nach Handelsbrauch, Art 17 EuGVÜ und § 38 ZPO (1993); *Tebbens,* Internationale Kaufverträge und EuGVÜ: Gerichtsstandsklausel in AGB und Erfüllungsort nach EKG, IPRax 1985, 262; *Tosi/Hesse,* Internationale Zuständigkeit bei Gerichtsstandsvereinbarung „nur zugunsten einer Partei", RIW 1984, 480; *Trunk,* Die Erweiterung des EuGVÜ-Systems am Vorabend des Europäischen Binnenmarktes (1992); *Verschuur,* Forum Choice and Jurisdiction of Dutch Courts in International Matters – Some Recent Developments, in Unification, Contributions in Honour of Sauveplanne (1984) 263; *Volken,* Das EG/EFTA-Parallel-Übereinkommen über die gerichtliche Zuständigkeit und die Vollstreckung gerichtlicher Entscheidungen in Zivil- und Handelssachen, SchweizJahrbInt 1987, 97; *Vollkommer,* Gerichtsstandsbegründung durch den Parteiwillen nach der Zivilprozeßnovelle 1974, DRPfl 1974, 129; *Volz,* Harmonisierung des Rechts der individuellen Rechtswahl, der Gerichtsstandsvereinbarung und der Schiedsvereinbarung im Europäischen Wirtschaftsraum (EWR) (1993); *Wagner,* Die Aufrechnung im Europäischen Zivilprozeß, IPRax 1999, 65; *Watte,* Les articles 17 et 18 de la Convention du 27 septembre 1968 sur la compétence judiciaire et l'exécution des décisions, Jur comm bel 1979 V 258; *Weser,* Convention communautaire sur la compétence judiciaire et l'exécution des décisions (1975); *Weyland,* Zur Frage der Ausschließlichkeit internationaler Gerichtsstandsvereinbarungen, Arens-GS (1993) 417; *Wirth,* Gerichtsstandsvereinbarungen im internationalen Handelsverkehr, NJW 1978, 460; *Wolf/Horn/Lindacher,* AGBG[2] (1989).

A. Anwendungsbereich und Anwendungsvoraussetzungen des Art 17 Abs 1 EuGVÜ/LGVÜ

1. Allgemeines

209 Art 17 Abs 1 EuGVÜ/LGVÜ ist nur anwendbar, wenn

- die Klage in den sachlichen und zeitlichen Anwendungsbereich des EuGVÜ/LGVÜ fällt (Art 1 und 54 EuGVÜ/LGVÜ);
- mindestens **eine Partei** ihren **Wohnsitz** oder Sitz **in** dem Hoheitsgebiet eines **Vertragsstaat**es hat;
- die Parteien eine Vereinbarung geschlossen haben, in der die (internationale) **Zuständigkeit** eines Gerichtes oder der Gerichte **eines Vertragsstaates vereinbart** worden ist.

210 Nach Art 17 Abs 3 EuGVÜ/LGVÜ sind den Gerichtsstandsvereinbarungen entsprechende Bestimmungen in trust-Bedingungen gleichgesetzt.

Vereinbarungen über den Erfüllungsort sind **keine Zuständigkeitsvereinbarungen** und unterliegen daher nicht Art 17 (EuGH 17. 1. 1980 Rs 56/79 *„Zelger/Salinitri“* Slg 1980, 89 = IPRax 1981, 89 [*Spellenberg* 75] = NJW 1980, 1218 = RIW 1980, 726 = WM 1980, 720 [*Schütze*]). Dies gilt aber dann nicht, wenn die Erfüllungsortvereinbarung nicht der Festlegung eines Leistungsortes, sondern eines Gerichtsstandes dient (EuGH 20. 2. 1997 Rs C-106/95 *„MSG/Les Gravières Rhénanes“* Slg 1997, I-911 = EuZW 1997, 20). Näheres s § 88 JN Rz 107ff.

2. Wohnsitz/Sitz wenigstens einer Partei in einem Vertragsstaat

211 Mindestens eine der Parteien muß ihren Wohnsitz oder Sitz in einem Vertragsstaat haben. Bei den Versicherungs- und Verbrauchersachen genügt es gem Art 8 Abs 2 bzw Art 13 Abs 2 EuGVÜ/LGVÜ für die Anwendbarkeit des Art 17 EuGVÜ/LGVÜ, wenn der beklagte Versicherer bzw Vertragspartner des Verbrauchers eine Zweigniederlassung, Agentur oder sonstige Niederlassung innerhalb des geographischen Anwendungsbereichs des EuGVÜ/LGVÜ hat, während der Kläger seinen Wohnsitz/Sitz in einem Nichtvertragsstaat hat (*Geimer/Schütze,* Zivilverfahrensrecht Art 17 EuGVÜ Rz 21).

212 Der Wohnsitz bzw der Sitz einer Gesellschaft richtet sich nach Art 52 bzw Art 53 EuGVÜ/LGVÜ.

213 Bei **mehrfachem Wohnsitz** bzw Sitz einer Partei genügt es, daß **ein Wohnsitz** bzw Sitz in einem Vertragsstaat liegt (*Geimer/Schütze,* Zivilverfahrensrecht Art 17 EuGVÜ Rz 18; *Gottwald,* MünchKommZPO III Art 17 EuGVÜ Rz 1; *Kropholler,* Zivilprozeßrecht[6] Art 17 EuGVÜ Rz 1 FN 1). Ein Hauptwohnsitz ist also nicht zu ermitteln.

214 Darauf, **welche Rolle** die Partei **später im Prozeß** spielt, **kommt es** – anders als nach Art 2ff EuGVÜ/LGVÜ – **nicht an** (*Auer* in *Bülow/Böckstiegel,* Rechtsverkehr 606 Art 17 EuGVÜ Rz 57; *Bülow,* RabelsZ 1974, 267; *Droz,* Compétence Nr 229; *Geimer/Schütze,* Zivilverfahrensrecht Art 17 EuGVÜ Rz 16; *Gottwald,* MünchKommZPO III Art 17 EuGVÜ Rz 5; *Kropholler,* Zivilprozeßrecht[6] Art 17 EuGVÜ Rz 1; *Samtleben,* NJW 1974, 1593; *Schlosser,* EuGVÜ Art 17 Rz 5).

215 **Maßgeblich** ist der Wohnsitz/Sitz im **Zeitpunkt des Abschlusses der Gerichtsstandsvereinbarung** (*Auer* in *Bülow/Böckstiegel* Rechtsverkehr 606 Art 17 EuGVÜ Rz 30f; *Bork* in *Stein/Jonas,* ZPO[21] I § 38 Rz 25; *Geimer/Schütze,* Zivilverfahrensrecht Art 17 EuGVÜ Rz 28; *Gothot/Holleaux,* Convention Nr 163f; *Gottwald,* MünchKommZPO III Art 17 EuGVÜ Rz 13; *Hill,* Law 96; *Nagel/Gottwald,* IZPR[4] § 3 Rz 231; *Schlosser,* EuGVÜ Art 17 Rz 5). Nach anderer Ansicht soll es hingegen auf den Zeitpunkt der Klagserhebung bzw jenen der

Fällung der gerichtlichen Entscheidung ankommen, weil die Gerichtsstandsvereinbarung nur eine Zuständigkeitsoption sei, die erst bei Klagserhebung Wirkungen entfalte (*Czernich/Tiefenthaler,* LGVÜ Art 17 Rz 16; *Hausmann* in *Reithmann/Martiny,* Vertragsrecht[5] Rz 2122; *Kropholler,* Zivilprozeßrecht[6] Art 17 EuGVÜ Rz 11; *Samtleben,* RabelsZ 1995, 702 ff; *Schack,* IZVR[2] Rz 465; OLG Köln NJW 1988, 2182 = RIW 1988, 555; OLG Koblenz IPRspr 1987/122 = RIW 1987, 144; EuGH 13. 11. 1979 Rs 25/79 *„Sanicentral/Collin"* Slg 1979, 3423 = NJW 1980, 1218 = RIW 1980, 285). Für das Abstellen auf den Zeitpunkt des Abschlusses spricht der **Vertrauensschutz.** Die Parteien müssen wissen, ob die von ihnen getroffene Gerichtsstandsvereinbarung wirksam ist (*Geimer/Schütze,* Zivilverfahrensrecht Art 17 EuGVÜ Rz 28).

Jedenfalls wird eine ursprünglich wirksame Gerichtsstandsvereinbarung 216
nicht durch Änderung der tatsächlichen Verhältnisse (zB durch Wohnsitzverlegung) unwirksam (*Schlosser,* EuGVÜ Art 17 Rz 9 ff).

Eine zur Zeit ihres Abschlusses unwirksame, aber bei Klagserhebung oder 217
Erlaß der Entscheidung wirksame Gerichtsstandsvereinbarung erlangt dagegen Wirksamkeit, wenn die Klage nach Inkrafttreten des EuGVÜ bzw des LGVÜ (EuGH 13. 11. 1979 Rs 25/79 *„Sanicentral/Collin"* Slg 1979, 3423 = NJW 1980, 1218 = RIW 1980, 285) oder eines Beitrittsübereinkommens (OLG Köln IPRspr 1987/122 = NJW 1988, 2182 = RIW 1988, 555; OLG Koblenz IPRspr 1987/122 = RIW 1987, 144) erhoben worden ist (*Schlosser,* EuGVÜ Art 17 Rz 9 f; aA *Aull,* Geltungsanspruch 63 ff; *Gothot/Holleaux,* Convention Nr 163 ff).

3. Vorliegen einer Vereinbarung oder von trust-Bedingungen

a) Vereinbarung

Art 17 EuGVÜ/LGVÜ setzt voraus, daß die Parteien eine **Vereinbarung** 218
über die Zuständigkeit eines Gerichts oder der Gerichte eines Vertragsstaates geschlossen haben (*Gottwald,* MünchKommZPO III Art 17 EuGVÜ Rz 14; *Kropholler,* Zivilprozeßrecht[6] Art 17 EuGVÜ Rz 21).

Der Begriff der Vereinbarung ist **vertragsautonom** aufzufassen (*Auer* in 219
Bülow/Böckstiegel, Rechtsverkehr 606 Art 17 EuGVÜ Rz 67 f; *Geimer/Schütze,* Zivilverfahrensrecht Art 17 EuGVÜ Rz 15; *Gottwald,* MünchKommZPO III Art 17 EuGVÜ Rz 14; *Kropholler,* Zivilprozeßrecht[6] Art 17 EuGVÜ Rz 21; *Nagel/Gottwald,* IZPR[4] § 3 Rz 235; *Samtleben,* NJW 1974, 1592; *Schlosser,* EuGVÜ Art 17 Rz 2; *Schoibl* in *Bajons/Mayr/Zeiler,* Übereinkommen 87; *Stauder,* GRURInt 1976, 471; EuGH 10. 3. 1992 Rs 214/89 *„Duffryn/Petereit"* Slg 1992, I-1745 = EuZW 1992, 252 = IPRax 1993, 32 [*Koch* 19] = NJW 1992, 1671 = RIW 1992, 492 = SZIER 1993, 370 [*Volken*] = ZER 1993, 86 = ZEUP 1994, 138 [*Karré-Abermann*] = ZHR 1993, 48 [*Bork*]).

Vereinbarung bedeutet **übereinstimmende Willenserklärung der Parteien** über 220
die Zuständigkeitsbegründung oder Derogation (*Geimer/Schütze,* Zivilverfahrensrecht Art 17 EuGVÜ Rz 75; *Gottwald,* MünchKommZPO III Art 17 EuGVÜ Rz 14; BGH NJW 1994, 2699; EuGH 19. 6. 1984 Rs 71/83 *„Russ/Goeminne"* Slg 1984, 2417 = IPRax 1985, 152 [*Basedow* 133] = RIW 1984, 909 [*Schlosser* 914]).

Im internationalen Handel wird die Einigung über eine Gerichtsstandsvereinbarung vermutet, wenn in dem betreffenden Geschäftszweig entsprechende Handelsbräuche bestehen, die den Parteien bekannt sind oder als ihnen bekannt angesehen werden müssen (*Geimer/Schütze,* Zivilverfahrensrecht Art 17 EuGVÜ Rz 75; EuGH 20. 2. 1997 Rs C-106/95 *„MSG/Les Gravières Rhénanes"* Slg 1997, I-911 = EuZW 1997, 209).

221 Eine in der **Satzung** einer AG enthaltene und in Übereinstimmung mit dem anwendbaren nationalen Recht und der Satzung selbst zustande gekommene **Gerichtsstandsklausel,** nach der ein bestimmtes Gericht eines Vertragsstaates über Rechtsstreitigkeiten zwischen der Gesellschaft und ihren Aktionären entscheiden soll, fällt unter den Begriff **„Gerichtsstandsvereinbarung"** iSd Art 17 EuGVÜ/LGVÜ (EuGH 10. 3. 1992 Rs 214/89 *„Duffryn/Petereit"* Slg 1992, I-1745 = EuZW 1992, 252 = IPRax 1993, 32 [*Koch* 19] = NJW 1992, 1671 = RIW 1992, 492 = SZIER 1993, 370 [*Volken*] = ZEUP 1994, 138 [*Karré-Abermann*] = ZHR 1993, 48 [*Bork*]).

222 Art 17 EuGVÜ/LGVÜ enthält zur Bestimmung der Willenseinigung nur **Formerfordernisse, durch deren Einhaltung gewährleistet werden soll,** daß die **Einigung** zwischen den Parteien **„tatsächlich feststeht"** *(Geimer/Schütze,* Zivilverfahrensrecht Art 17 EuGVÜ Rz 75; *Gottwald,* MünchKommZPO III Art 17 EuGVÜ Rz 14; *Lindacher,* Habscheid-FS 170; *Rauscher,* IPRax 1992, 144; *Schlosser,* EuGVÜ Art 17 Rz 3). Daher hat das Gericht zu prüfen, ob die Willenseinigung klar und deutlich zum Ausdruck gekommen ist (*Gottwald,* MünchKommZPO III Art 17 EuGVÜ Rz 14; EuGH 14. 12. 1976 Rs 24/76 *„Colzani/RÜWA"* Slg 1976, 1831 = NJW 1977, 494 = RIW 1977, 104 [*Müller* 163]). Allerdings kann eine **Gerichtsstandsvereinbarung auch stillschweigend** zustande kommen (*Baumgärtel,* Kegel-FS 301; *Geimer/Schütze,* Zivilverfahrensrecht Art 17 Rz 78; *Gottwald,* MünchKommZPO III Art 17 EuGVÜ Rz 14; *Grunsky,* RIW 1977, 6; *v. Hoffmann,* AWD 1973, 62; *Jung/Sandrock* in *Sandrock,* Handbuch II E Rz 125; *Müller,* RIW 1977, 164; *Samtleben,* NJW 1974, 1592; BGH NJW 1994, 2699; EuGH 14. 12. 1976 Rs 24/76 *„Colzani/RÜWA"* Slg 1976, 1831 = NJW 1977, 494 = RIW 1977, 104 [*Müller* 163]; aA *Stauder,* GRURInt 1976, 473; OLG Frankfurt NJW 1977, 506 = RIW 1976, 532).

223 Die Prüfung der sonstigen Wirksamkeitsvoraussetzungen einer Gerichtsstandsvereinbarung (wie zB Geschäftsfähigkeit, Fehlen von Willensmängeln, Stellvertretung) erfolgt aber nach der jeweils anwendbaren lex causae (ErläutRV zum LGVÜ [34. BlgNR 20. GP] 36; *Jenard/Möller*-Bericht RdN 55; *Geimer/Schütze,* Zivilverfahrensrecht Art 17 EuGVÜ Rz 82; *Gottwald,* MünchKommZPO III Art 17 EuGVÜ Rz 14; *Kropholler,* Zivilprozeßrecht[6] Art 17 EuGVÜ Rz 26; *Schoibl* in *Bajons/Mayr/Zeiler,* Übereinkommen 88; EuGH 11. 11. 1986 Rs 313/85 *„Iveco/Van Hool"* Slg 1986, 3337 = IPRax 1989, 383 [abl *Jayme* 361] = NJW 1987, 2155 = RIW 1987, 311; aA nämlich für eine Beurteilung aller nicht geregelten Teilfragen nach dem Recht des forum prorogatum *Kohler,* IPRax 1983, 268).

224 Der EuGH hat jedenfalls die Lösung folgender Fragen dem **nationalen Recht** (dh der nach dem IPR des Gerichtsstaats bestimmten lex causae) überlassen:

- Rechtsnachfolge in eine Zuständigkeitsvereinbarung (EuGH 19. 6. 1984 Rs 71/83 *„Russ/Goeminne"* Slg 1984, 2417 = IPRax 1985, 152 [*Basedow* 133] = RIW 1984, 909 [*Schlosser* 914]);
- Implementierung einer Gerichtsstandsklausel in die Satzung einer juristischen Person oder Gesellschaft (EuGH 10. 3. 1992 Rs C 214/89 *„Duffryn/Petereit"* Slg 1992, I-1745 = EuZW 1992, 252 = IPRax 1993, 32 [*Koch* 19] = NJW 1992, 1671 = RIW 1992, 492 = SZIER 1993, 370 [*Volken*] = ZEUP 1994, 138 [*Karré-Abermann*] = ZHR 1993, 48 [*Bork*]);
- Verlängerung der Laufzeit einer Zuständigkeitsvereinbarung (EuGH 11. 11. 1986 Rs 313/85 *„Iveco/Van Hool"* Slg 1986, 3337 = IPRax 1989, 383 [abl *Jayme* 361] = NJW 1987, 2155 = RIW 1987, 311);

● Bestehen eines internationalen Handelsbrauchs für einen bestimmten Geschäftszweig (EuGH 20. 2. 1997 Rs C-106/95 *„MSG/Les Gravières Rhénanes"* Slg 1997, I-911 = EuZW 1997, 209).

b) Trust-Bedingungen

Einer Vereinbarung nach Art 17 Abs 1 EuGVÜ/LGVÜ stehen gem Abs 2 225
trust-Bedingungen gleich, welche die gerichtliche Zuständigkeit für Klagen gegen den Begründer, den trustee oder den Begünstigten des trust regeln, wenn es sich um Beziehungen zwischen diesen Personen oder um ihre Rechte und Pflichten im Rahmen des trust handelt.

Diese Sonderregelung des Art 17 Abs 2 EuGVÜ/LGVÜ ist notwendig, weil 226
nach englischem Recht ein trust auch durch einseitiges Rechtsgeschäft begründet werden kann (vgl *Geimer/Schütze,* Zivilverfahrensrecht Art 17 EuGVÜ Rz 129; *Kropholler,* Zivilprozeßrecht[6] Art 17 EuGVÜ Rz 27; *Schlosser*-Bericht RdN 178).

c) Aufhebung oder Änderung der Zuständigkeitsvereinbarung

Die Parteien können die Zuständigkeitsvereinbarung **jederzeit** aufheben 227
oder ändern, uzw selbst dann, wenn sie die ausschließliche internationale Zuständigkeit eines Vertragsstaates vereinbart haben (*Geimer/Schütze,* Zivilverfahrensrecht Art 17 EuGVÜ Rz 127).

Als konkludente Aufhebung einer Zuständigkeitsvereinbarung durch die Parteien ist es anzusehen, wenn eine Partei außerhalb des forum prorogatum klagt und die andere (der Beklagte) sich einläßt, ohne die internationale Unzuständigkeit des Gerichtsstaats zu rügen *(Geimer/Schütze,* Zivilverfahrensrecht Art 17 EuGVÜ Rz 128; LG Frankfurt/Main EWS 1994, 403 = IPRspr 1993/140; LG Frankfurt/Main EWS 1993, 299 = RIW 1993, 933; EuGH 24. 6. 1981 Rs 150/80 *„Elefanten-Schuh/Jacqmain"* Slg 1981, 1671 = IPRax 1982, 234 [*Leipold* 222] = NJW 1982, 507 = RIW 1981, 709).

4. Internationaler Anwendungsbereich

a) Allgemeines

Die Sache, auf die sich die Gerichtsstandsvereinbarung bezieht, braucht 228
keinen Bezug zum Gerichtsstaat zu haben *(Czernich/Tiefenthaler,* LGVÜ Art 17 Rz 2; *Geimer/Schütze,* Urteilsanerkennung I/1 § 96 VII 3f, XX 6a; *dies,* Zivilverfahrensrecht Art 17 EuGVÜ Rz 177; *Gottwald,* MünchKommZPO III Art 17 EuGVÜ Rz 42; *Kohler,* IPRax 1983, 269; EuGH 17. 1. 1980 Rs 56/79 *„Zelger/Salinitri"* Slg 1980, 89, 97 = IPRax 1981, 89 [*Spellenberg* 75] = NJW 1980, 1218 = RIW 1980, 726 = WM 1980, 720 [*Schütze*]). Es kann daher auch die Zuständigkeit eines national neutralen Gerichts vereinbart werden (*Schlosser,* EuGVÜ Art 17 Rz 6).

Trotz des weiten Wortlauts des Art 17 EuGVÜ/LGVÜ gilt dieser **nicht für** 229
reine Inlandsfälle (*Burgstaller,* JBl 1998, 693; *Gottwald,* MünchKommZPO III Art 17 EuGVÜ Rz 4; *Schlosser,* EuGVÜ Art 17 Rz 6; *Schoibl* in *Bajons/Mayr/Zeiler,* Übereinkommen 87; aA *Aull,* Geltungsanspruch 89; *Geimer/Schütze,* Urteilsanerkennung I/1 § 96 VII 3e; *dies,* Zivilverfahrensrecht Art 17 EuGVÜ Rz 36).

Art 17 EuGVÜ/LGVÜ setzt aber **nicht** voraus, daß eine **Berührung zu mehreren Vertragsstaaten** vorliegt *(Auer* in *Bülow/Böckstiegel,* Rechtsverkehr 606 Art 17 EuGVÜ Rz 7; *Aull,* Geltungsanspruch 141, 195; *Burgstaller,* JBl 1998,

694; *Geimer,* NJW 1986, 1438; *ders,* IPRax 1991, 31; *Geimer/Schütze,* Urteilsanerkennung I/1 § 29 XV; *dies,* Zivilverfahrensrecht Art 17 EuGVÜ Rz 29; *Gottwald,* MünchKommZPO III Art 17 EuGVÜ Rz 7; *Hausmann* in *Reithmann/ Martiny,* Vertragsrecht[5] Rz 2121; *Killias,* Gerichtsstandsvereinbarung 67; *Kim,* Gerichtsstandsvereinbarungen 153; *Mankowski,* Vertragsverhältnisse 236 ff; *Saenger,* ZZP 110 [1997] 481; aA *Bork* in *Stein/Jonas,* ZPO[21] I § 38 Rz 22; *Kohler,* IPRax 1983, 266; *Piltz,* NJW 1979, 1072; *Samtleben,* NJW 1974, 1593; *ders,* RabelsZ 1995, 700; ecolex 1998, 694 [abl *Oberhammer*] = JBl 1998, 726 = RdW 1998, 615; BGH IPRax 1992, 377 [krit *Hess* 358 f] = NJW 1993, 1070; OLG München IPRax 1991, 46). Die gegenteilige Ansicht entspricht weder dem Wortlaut noch der ratio des Art 17 EuGVÜ/LGVÜ, die darin besteht, die Prorogation eines Vertragsstaatsgerichts auch im Verhältnis zu Drittstaaten unter einheitlichen Voraussetzungen zuzulassen (*Gottwald,* MünchKommZPO III Art 17 EuGVÜ Rz 7).

b) Anwendungsbereich bei positiven Gerichtsstandsvereinbarungen

230 Im Anwendungsbereich des EuGVÜ/LGVÜ sind **Gerichtsstandsvereinbarungen nach Art 17 zu beurteilen,** wenn

• **mindestens eine Partei** ihren **Wohnsitz** oder Sitz **in einem Vertragsstaat** hat, **und**

• die **Zuständigkeit** eines Gerichts oder der Gerichte **eines Vertragsstaates** vereinbart worden ist.

aa) Unter Art 17 EuGVÜ/LGVÜ fallende Gerichtsstandsvereinbarungen

231 Nach dem eingangs Gesagten sind folgende Prorogationen **nach Art 17 Abs 1** EuGVÜ/LGVÜ **zu beurteilen:**

• Prorogation zwischen Parteien mit **Wohnsitz in verschiedenen Vertragsstaaten,** in der die **Zuständigkeit eines beliebigen Vertragsstaates vereinbart** wird (*Auer* in *Bülow/Böckstiegel,* Rechtsverkehr 606 Art 17 EuGVÜ Rz 9; *Gottwald,* MünchKommZPO III Art 17 EuGVÜ Rz 2; *Jenard*-Bericht zu Art 17 EuGVÜ; *Kropholler,* Zivilprozeßrecht[6] Art 17 EuGVÜ Rz 3; *Schlosser,* EuGVÜ Art 17 Rz 6; OLG München IPRspr 1985/133 A = Riv dir int priv proc 1986, 931; anders Cass [Italien] Riv dir int priv proc 1986, 863 [krit *Barlatti* 819]; krit auch *Jayme/Aull,* IPRax 1989, 80).

• Prorogation zwischen **Parteien mit Wohnsitz in demselben Vertragsstaat,** in der die **Zuständigkeit eines anderen Vertragsstaates vereinbart** wird (*Gottwald,* MünchKommZPO III Art 17 EuGVÜ Rz 2, *Jayme/Aull,* IPRax 1989, 80; *Jenard*-Bericht zu Art 17 EuGVÜ; *Kropholler,* Zivilprozeßrecht[6] Art 17 EuGVÜ Rz 3; *Nagel/Gottwald,* IZPR[4] § 3 Rz 227; *Schlosser,* EuGVÜ Art 17 Rz 6; OLG Köln IPRspr 1991/165);

• Prorogation zwischen **Parteien mit Vertragsstaats- und Drittstaatswohnsitz,** in der die **Zuständigkeit der Gerichte eines weiteren Vertragsstaates vereinbart** wird (*Gottwald,* MünchKommZPO III Art 17 EuGVÜ Rz 5; *Schlosser,* EuGVÜ Art 17 Rz 6). Welche Partei ihren Wohnsitz in einem Vertragsstaat hat, ist dabei gleichgültig (*Auer* in *Bülow/Böckstiegel,* Rechtsverkehr 606 Art 17 EuGVÜ Rz 15; *Gottwald,* MünchKommZPO III Art 17 EuGVÜ Rz 5; *Samtleben,* NJW 1974, 1593; OLG München RIW 1989, 901 = ZZP 103 [1990] 84 [*H. Schmidt* 91]).

• Prorogation zwischen **Parteien mit Vertragsstaats- und Drittstaatswohnsitz,** in der die **Zuständigkeit des Vertragsstaates, in dem die eine Partei ihren Wohnsitz hat, vereinbart** wird (*Basedow,* IPRax 1985, 134; *Burgstaller,* JBl 1998,

694; *Geimer* in *Zöller,* Zivilprozeßordnung[21] Art 17 EuGVÜ Rz 3; *Geimer/Schütze,* Urteilsanerkennung I/1 § 29 VI 1–3, XV; *Gottwald,* MünchKommZPO III Art 17 EuGVÜ Rz 6f; *ders,* ZZP 94 [1981] 352; *Kropholler,* Ferid-FS 241; *Nagel/Gottwald,* IZPR[4] § 3 Rz 231; *Schlosser,* EuGVÜ Art 17 Rz 6; aA ecolex 1998, 694 [abl *Oberhammer*] = JBl 1998, 726 = RdW 1998, 615). Näheres s Rz 229.

bb) Nicht unter Art 17 EuGVÜ/LGVÜ fallende Gerichtsstandsvereinbarungen

Dagegen sind, weil sie nicht die in Art 17 EuGVÜ/LGVÜ geforderten Voraussetzungen erfüllen, folgende Prorogationen **nach dem nationalen Recht des gewählten Staates** zu beurteilen: 232

- Prorogation zwischen **Parteien mit Wohnsitz im gleichen oder in verschiedenen Vertragsstaaten,** in der die **Zuständigkeit eines Nichtvertragsstaates** vereinbart wird (*Gottwald,* MünchKommZPO III Art 17 EuGVÜ Rz 8; *Nagel/Gottwald,* IZPR[4] § 3 Rz 230). Zur Derogationswirkung s Rz 237.
- Prorogation zwischen **Parteien mit Wohnsitz im gleichen Vertragsstaat,** in der die **Zuständigkeit** von Gerichten **dieses Vertragsstaates** vereinbart wird (*Gottwald,* MünchKommZPO III Art 17 EuGVÜ Rz 4; *Nagel/Gottwald,* IZPR[4] § 3 Rz 227). Diese ist als **reiner Inlandsfall** nach dem jeweiligen nationalen Recht, dh in Österreich nach § 104 JN zu beurteilen, sofern nicht gleichzeitig der Zuständigkeit eines anderen Vertragsstaates derogiert wird (*Gottwald,* MünchKommZPO III Art 17 EuGVÜ Rz 4; aA *Burgstaller,* JBl 1998, 693; *Kropholler,* Zivilprozeßrecht[6] Rz 4ff).
- Prorogation zwischen **Parteien mit Vertragsstaats- und Drittstaatswohnsitz,** in der die **Zuständigkeit** der Gerichte **eines Nichtvertragsstaates** vereinbart wird (*Gottwald,* MünchKommZPO III Art 17 EuGVÜ Rz 8). Zum Derogationseffekt s Rz 237.
- Prorogation zwischen **Parteien mit Wohnsitz in Nichtvertragsstaaten,** in der die **Zuständigkeit** der Gerichte **eines Vertragsstaates** vereinbart wird (*Gottwald,* MünchKommZPO III Art 17 EuGVÜ Rz 9; *Kropholler,* Zivilprozeßrecht[6] Art 17 EuGVÜ Rz 12; *Schlosser*-Bericht RdN 177; *Schlosser,* EuGVÜ Art 17 Rz 6). Allerdings tritt hier der **Derogationseffekt** des Art 17 Abs 1 Satz 3 EuGVÜ/LGVÜ ein. Die Gerichte der anderen Vertragsstaaten können solange nicht entscheiden, als sich das vereinbarte Gericht oder die vereinbarten Gerichte nicht rechtskräftig für unzuständig erklärt haben (*Gottwald,* MünchKommZPO III Art 17 EuGVÜ Rz 9; *Kropholler,* Zivilprozeßrecht[6] Art 17 EuGVÜ Rz 12; *Schlosser*-Bericht RdN 177; *Schlosser,* EuGVÜ Art 17 Rz 6).

c) Derogationen

Nach Art 17 Abs 1 EuGVÜ/LGVÜ hat die **Prorogation** einen **Derogationseffekt.** Dieser ist daher grundsätzlich ebenso wie die Prorogation zu beurteilen. Dies muß sinngemäß auch für reine Derogationen gelten (*Auer* in *Bülow/Böckstiegel,* Rechtsverkehr 606 Art 17 EuGVÜ Rz 26; *Eickhoff,* Gerichtsbarkeit 150; *Geimer/Schütze,* Urteilsanerkennung I/1 § 29 VI 4, § 76; *Gottwald,* MünchKommZPO III Art 17 EuGVÜ Rz 10; zweifelnd *Kropholler,* Zivilprozeßrecht[6] Art 17 EuGVÜ Rz 15). 233

Eine **Derogation** fällt dann unter Art 17 Abs 1 EuGVÜ/LGVÜ, wenn an ihr **wenigstens eine Partei** beteiligt ist, die ihren **Wohnsitz in einem Vertragsstaat** hat, **und** die **Zuständigkeit eines anderen Vertragsstaates** ausgeschlossen wird (*Gottwald,* MünchKommZPO III Art 17 EuGVÜ Rz 10; *Kropholler,* Zivilprozeßrecht[6] Art 17 EuGVÜ Rz 15). 234

235 Ein **Verzicht auf jeglichen Rechtsschutz** durch Derogation ist jedoch **unzulässig** (*Gottwald,* MünchKommZPO III Art 17 EuGVÜ Rz 10; *Schwab/ Gottwald,* Verfassung 33 f; nach *Kropholler,* Zivilprozeßrecht[6] Art 17 EuGVÜ Rz 15 hingegen ist hier bloß ein strenger Maßstab an die Vereinbarung anzulegen; nach *Geimer/Schütze,* Zivilverfahrensrecht Art 17 EuGVÜ Rz 42 ist im Wege der Auslegung zu prüfen, ob dies die Parteien tatsächlich gewollt haben).

236 Ob eine nach Art 17 Abs 1 EuGVÜ/LGVÜ zu beurteilende Prorogation in dem derogierten Nichtvertragsstaat zulässig und wirksam ist, ist nach dessen nationalem Recht zu beurteilen (*Birk,* RdA 1983, 151; *Gottwald,* MünchKommZPO III Art 17 EuGVÜ Rz 11).

237 Wenn die Zuständigkeit eines Nichtvertragsstaates vereinbart und die Klage vereinbarungswidrig bei einem derogierten Gericht eingebracht worden ist, dann ist die Frage, ob ein Derogationseffekt eingetreten ist, nach dem nationalen Recht des angerufenen Gerichtes und nicht nach Art 17 Abs 1 EuGVÜ/LGVÜ zu beurteilen (*Czernich/Tiefenthaler,* LGVÜ Art 17 Rz 6; *Geimer/ Schütze,* Zivilverfahrensrecht Art 17 EuGVÜ Rz 40; *Gottwald,* MünchKomm-ZPO III Art 17 EuGVÜ Rz 11; *Schlosser*-Bericht RdN 176; *Schlosser,* EuGVÜ Art 17 Rz 4; Cour de Cassation *Dalloz,* Informations rapides 1979, 341; aA Cour d'Appel Versailles Rev crit 1992, 333; BGH NJW 1986, 1438 [*Geimer* 1439]).

Gleiches gilt, wenn Parteien, die beide ihren Wohnsitz im Inland haben, die Zuständigkeit eines Nichtvertragsstaates ausschließen (*Gottwald,* MünchKomm-ZPO III Art 17 EuGVÜ Rz 11).

238 Das EuGVÜ/LGVÜ stellt aber auch in Art 17 Abs 3 selbständig Regeln über die **Grenzen des Derogationseffektes** von Gerichtsstandsvereinbarungen auf (*Gottwald,* MünchKommZPO III Art 17 EuGVÜ Rz 12). Nach Art 17 Abs 3 EuGVÜ/LGVÜ haben nämlich Gerichtsstandsvereinbarungen keine rechtliche Wirkung, wenn in ihnen **Zuständigkeiten nach Art 12, 15 und 16 EuGVÜ/LGVÜ** abbedungen werden. Dies gilt auch im Verhältnis zu Drittstaaten (*Geimer/ Schütze,* Urteilsanerkennung I/1 § 96 VII 4; *dies,* Zivilverfahrensrecht Art 17 EuGVÜ Rz 42; *Gottwald,* MünchKommZPO III Art 17 EuGVÜ Rz 12; *Killias,* Gerichtsstandsvereinbarung 74 ff; *Kropholler,* Zivilprozeßrecht[6] Art 17 EuGVÜ Rz 76; aA *Schlosser*-Bericht RdN 176 und *Schlosser,* Kralik-FS 297). Das Gericht des Drittstaates prüft zwar die Zulässigkeit der Prorogation nur nach eigenem Recht, der Verstoß gegen das EuGVÜ/LGVÜ kann aber zur Nichtanerkennung der im Drittstaat ergangenen Entscheidung in den Vertragsstaaten führen (*Gottwald,* MünchKommZPO III Art 17 EuGVÜ Rz 12).

d) Kein Gleichlauf zwischen Zuständigkeit und anwendbarem Recht

239 Die Prorogation der internationalen Zuständigkeit eines Vertragsstaates setzt nicht voraus, daß in der Sache das Recht des vereinbarten Gerichts zur Anwendung kommt. Das prorogierte Gericht darf daher die Sachentscheidung nicht mit der Begründung verweigern, das forum prorogatum sei non conveniens, weil der Rechtsstreit nach ausländischem Recht zu entscheiden sei (*Geimer/ Schütze,* Zivilverfahrensrecht Art 17 EuGVÜ Rz 172).

Während sich in eine Rechtswahlklausel niemals eine Zuständigkeitsvereinbarung hineininterpretieren läßt (*Geimer/Schütze,* Zivilverfahrensrecht Art 17 EuGVÜ Rz 175; aA *Hausmann* in *Reithmann/Martiny,* Vertragsrecht[5] Rz 2089), bildet dagegen die Zuständigkeitsvereinbarung beim Fehlen einer ausdrücklichen Vereinbarung über das anzuwendende Recht ein Indiz für eine konkludente Rechtswahl (*Geimer/Schütze,* Zivilverfahrensrecht Art 17 EuGVÜ Rz 174; *Martiny* in *Reithmann/Martiny,* Vertragsrecht[5] Rz 76).

B. Form

1. Allgemeines

Nach Art 17 Abs 1 Satz 2 EuGVÜ/LGVÜ muß eine Gerichtsstandsvereinbarung, damit sie wirksam ist, in folgender Form geschlossen werden: **240**

- schriftlich oder mündlich mit schriftlicher Bestätigung (lit a);
- in einer Form, welche den Gepflogenheiten entspricht, die zwischen den Parteien entstanden sind (lit b);
- im internationalen Handel in einer Form, die einem Handelsbrauch entspricht, den die Parteien kannten oder kennen mußten und den Parteien von Verträgen dieser Art in dem betreffenden Geschäftszweig allgemein kennen und regelmäßig beachten (lit c).

Die in Art 17 EuGVÜ/LGVÜ aufgestellten **Formerfordernisse** sind **vertragsautonom auszulegen** (*Geimer/Schütze,* Urteilsanerkennung I/1 § 75 III 1; *dies,* Zivilverfahrensrecht Art 17 EuGVÜ Rz 97; *Gottwald,* MünchKommZPO III Art 17 EuGVÜ Rz 16; *Kropholler,* Zivilprozeßrecht[6] Art 17 EuGVÜ Rz 29; *Schlosser*-Bericht RdN 179; *Schlosser,* EuGVÜ Art 17 Rz 15; EuGH 14. 12. 1976 Rs 24/76 *„Colzani/RÜWA"* Slg 1976, 1831 = NJW 1977, 494 = RIW 1977, 104 [*Müller* 163]; EuGH 14. 12. 1976 Rs 25/76 *„Segoura/Bonakdarian"* Slg 1976, 1851 = NJW 1977, 495). § 104 JN und die dazu ergangene Judikatur können daher nur als Hilfsmittel für eine autonome Auslegung dienen (vgl für die deutsche Rechtslage *Schlosser,* EuGVÜ Art 17 Rz 15). **241**

Die **Beachtung der richtigen Form** ist **Wirksamkeitsvoraussetzung** der Vereinbarung (*Auer* in *Bülow/Böckstiegel,* Rechtsverkehr 606 Art 17 EuGVÜ Rz 66 ff; *Bülow,* RabelsZ 1965, 493; *Geimer/Schütze,* Zivilverfahrensrecht Art 17 EuGVÜ Rz 102; *Gottwald,* MünchKommZPO III Art 17 EuGVÜ Rz 16; *Hausmann* in *Wieczorek/Schütze,* ZPO[3] I/1 Art 17 EuGVÜ Rz 31; *ders* in *Reithmann/Martiny,* Vertragsrecht[5] Rz 2132; *Jung,* Vereinbarungen 151; *Jung/Sandrock* in *Sandrock,* Handbuch II E Rz 126 FN 165; *Kropholler,* Zivilprozeßrecht[6] Art 17 EuGVÜ Rz 29; *Schlosser,* EuGVÜ Art 17 Rz 15; *Weser,* Convention Nr 265.6; EuGH 14. 12. 1976 Rs 24/76 *„Colzani/RÜWA"* Slg 1976, 1831 = NJW 1977, 494 = RIW 1977, 104 [*Müller* 163]; EuGH 14. 12. 1976 Rs 25/65 *„Segura/Bonakdarian"* Slg 1976, 1851 = NJW 1977, 495 [jeweils obiter im ersten Leitsatz]). **242**

Da Art 17 EuGVÜ/LGVÜ selbst die Formvoraussetzungen für Gerichtsstandsklauseln aufstellt, steht es den **Vertragsstaaten nicht frei, zusätzlich** zu den Formvorschriften des Übereinkommens **Formerfordernisse** festzulegen (*Geimer/Schütze,* Urteilsanerkennung I/1 § 96 XXVI 3; *dies,* Zivilverfahrensrecht Art 17 EuGVÜ Rz 97; *Gottwald,* MünchKommZPO Art 17 EuGVÜ Rz 16; *Hausmann* in *Wieczorek/Schütze,* ZPO[3] I/1 Art 17 EuGVÜ Rz 30; *Jung,* Vereinbarungen 147; *Kropholler,* Zivilprozeßrecht[6] Art 17 Rz 29; *Schack,* IZVR[2] Rz 472; EuGH 24. 6. 1981 Rs 150/80 *„Elefanten-Schuh/Jacqmain"* Slg 1981, 1671 = IPRax 1982, 234 [*Leipold* 222] = NJW 1982, 507 = RIW 1981, 709). Dabei spielt es keine Rolle, ob die nationalen Formvorschriften die Formvoraussetzungen des Art 17 erschweren oder erleichtern (*Geimer/Schütze,* Zivilverfahrensrecht Art 17 EuGVÜ Rz 97). Art 17 EuGVÜ/LGVÜ sieht für den Abschluß der Vereinbarung keinen Anwaltszwang vor. Einen solchen kann daher auch das autonome Recht nicht einführen (*Geimer/Schütze,* Zivilverfahrensrecht Art 17 EuGVÜ Rz 96). **243**

Daß die Gerichtsstandsvereinbarung, damit sie wirksam ist, in einer bestimmten Form abgeschlossen werden muß, bedeutet aber nicht, daß der **Nachweis des Zustandekommens** in der vom Gesetz vorgeschriebenen Form **nur durch Urkundenvorlage** geführt werden könnte. Sind die zur Wahrung der Form **244** errichteten Schriftstücke vernichtet worden oder sind sie nicht auffindbar, kann der Beweis des formgerechten Zustandekommens auch durch die Aussage von Zeugen erbracht weren (*Geimer,* IPRax 1986, 87; *Geimer/Schütze,* Zivilverfahrensrecht Art 17 EuGVÜ Rz 103).

2. Schriftlichkeit der Vereinbarung (Art 17 Abs 1 lit a Fall 1 EuGVÜ/LGVÜ)

a) Allgemeine Anforderungen

245 Eine schriftliche Vereinbarung liegt dann vor, wenn **jede Vertragspartei** ihre **Willenserklärung schriftlich** abgegeben hat *(Geimer/Schütze,* Urteilsanerkennung I/1 § 75 III 2; *dies,* Zivilverfahrensrecht Art 17 EuGVÜ Rz 104; *Gottwald,* MünchKommZPO III Art 17 EuGVÜ Rz 17; *Jung,* Vereinbarungen 151; *Kropholler,* Zivilprozeßrecht[6] Art 17 EuGVÜ Rz 30). Diese muß **nicht notwendig in einer Vertragsurkunde** enthalten sein, vielmehr **genügen getrennte Schriftstücke** (*Auer* in *Bülow/Böckstiegel,* Rechtsverkehr 606 Art 17 EuGVÜ Rz 73; *Baumgärtel,* Kegel-FS 301; *Bork* in *Stein/Jonas,* ZPO[21] I § 38 Rz 28; *Geimer/Schütze,* Zivilverfahrensrecht Art 17 EuGVÜ Rz 104; *Gottwald,* MünchKommZPO III Art 17 EuGVÜ Rz 17; *Jung,* Vereinbarungen 152; *Jung/Sandrock* in *Sandrock,* Handbuch II E Rz 127; *Kropholler,* Zivilprozeßrecht[6] Art 17 EuGVÜ Rz 30; *Samtleben,* NJW 1974, 1590, 1592; *Schlosser,* EuGVÜ Art 17 Rz 19; *Vollkommer,* DRPfl 1974, 134; LG Siegen NJW 1978, 2456 = RIW 1980, 286; OLG Karlsruhe IPRspr 1977/122), etwa ein Briefwechsel oder ein Schriftwechsel per Telegramm, Telefax oder Fernschreiben, **wenn** nur die **Einigung über die Zuständigkeit aus den Schreiben** selbst **hervorgeht** (*Geimer/Schütze,* Urteilsanerkennung I/1 § 75 III 2; *dies,* Zivilverfahrensrecht Art 17 EuGVÜ Rz 104 f; *Gottwald,* MünchKommZPO III Art 17 EuGVÜ Rz 17; *Kropholler,* Zivilprozeßrecht[6] Art 17 EuGVÜ Rz 30; BGH NJW 1994, 2699; OLG Köln RIW 1988, 555).

246 Die schriftlichen Erklärungen müssen nicht unterschrieben sein, es genügt daher die Übermittlung durch Telex (*Geimer/Schütze,* Zivilverfahrensrecht Art 17 EuGVÜ Rz 105; *Kropholler,* Zivilprozeßrecht[6] Art 17 EuGVÜ Rz 30). Allerdings muß die Identität der die Erklärung abgebenden Personen feststehen (*Bork* in *Stein/Jonas,* ZPO[21] I § 38 Rz 16; *Geimer/Schütze,* Zivilverfahrensrecht Art 17 EuGVÜ Rz 105; *Killias,* Gerichtsstandsvereinbarung 157; *Hofstetter-Schnellmann,* Gerichtsstandsvereinbarung 104; *Staehelin,* Gerichtsstandsvereinbarungen 50).

b) Allgemeine Geschäftsbedingungen

247 Dem Schriftlichkeitserfordernis des Art 17 EuGVÜ/LGVÜ kann **auch durch Bezugnahme auf Allgemeine Geschäftsbedingungen** Genüge getan werden *(Auer* in *Bülow/Böckstiegel,* Rechtsverkehr 606 Art 17 EuGVÜ Rz 74; *Baumgärtel,* Kegel-FS 301; *Grunsky,* RIW 1977, 6; krit *Bork* in *Stein/Jonas,* ZPO[21] I § 38 Rz 18, 28; *Gottwald,* MünchKommZPO III Art 17 EuGVÜ Rz 18; *Kropholler,* Zivilprozeßrecht[6] Art 17 EuGVÜ Rz 31; *Nagel/Gottwald,* IZPR[4] § 3 Rz 237; *Schlosser,* EuGVÜ Art 17 Rz 20; *H. Schmidt,* ZZP 103 [1990] 97 f [Entscheidungsanmerkung]; *Wolf/Horn/Lindacher,* AGBG, Anh zu § 2 Rz 81; OLG Hamm RIW 1980, 662; EuGH 14. 12. 1976 Rs 24/76 *„Colzani/RÜWA“* Slg 1976, 1831, 1841 = NJW 1977, 494 = RIW 1977, 104 [*Müller* 163]; aA *Vollkommer,* DRPfl 1974, 134). **In dem** von beiden Parteien unterschriebenen **Vertrag** muß aber grundsätzlich **ausdrücklich auf** die **Allgemeinen Geschäftsbedingungen verwiesen** werden (*Geimer/Schütze,* Zivilverfahrensrecht Art 17 EuGVÜ Rz 86 und 107; *Gottwald,* MünchKommZPO III Art 17 EuGVÜ Rz 18; *Kropholler,* Zivil-

prozeßrecht[6] Art 17 EuGVÜ Rz 32; *Schlosser,* EuGVÜ Art 17 Rz 20; EuGH 14. 12. 1976 Rs 24/76 „*Colzani/RÜWA*" Slg 1976, 1831 = NJW 1977, 494 = RIW 1977, 104 [*Müller* 163]; Vorlagebeschluß BGH IPRspr 1976/132 = RIW 1976, 295 = WM 1976, 400, 401; Abschlußentscheidung BGH IPRSpr 1977/125 = RIW 1977, 649 = WM 1977, 795. Ebenso Comm Liège Rev dr com belge 1995, 402 [*Ingber*]; Cass [Italien] Riv dir int priv proc 1994, 410; Comm Bruxelles Rev dr com belge 1991, 430 [*Ekelmans*]; Cass [Italien] Riv dir int priv proc 1989, 161).

Eine bloße Übergabe oder Beifügung von Allgemeinen Geschäftsbedingungen reicht für die Erfüllung des Formerfordernisses ebensowenig aus wie der Abdruck auf der Rückseite einer Rechnung (*Gottwald,* MünchKommZPO III Art 17 EuGVÜ Rz 18; *Kropholler,* Zivilprozeßrecht[6] Art 17 EuGVÜ Rz 32; OLG Hamburg IPRax 1985, 281 [*Samtleben* 261]; LG Hamburg IPRax 1985, 282 [*Samtleben* 261]). **248**

Der Abdruck der Allgemeinen Geschäftsbedingungen auf der **Rückseite** des Vertrages genügt dem Formgebot **nur dann, wenn auf der Vorderseite ausdrücklich und deutlich erkennbar auf sie hingewiesen** wurde; denn nur dann ist sichergestellt, daß die andere Partei ihrer Verwendung tatsächlich zugestimmt hat (*Geimer/Schütze,* Zivilverfahrensrecht Art 17 EuGVÜ Rz 85 f; *Gottwald,* MünchKommZPO III Art 17 EuGVÜ Rz 18; *Kropholler,* Zivilprozeßrecht[6] Art 17 EuGVÜ Rz 32; *Schlosser,* EuGVÜ Art 17 Rz 20).

Ein ausdrücklicher Verweis auf die Allgemeinen Geschäftsbedingungen kann entbehrlich sein, wenn die in Rede stehenden Geschäftsbedingungen seit vielen Jahren den Geschäftsbeziehungen zwischen den Parteien zugrundeliegen, ihre Geltung also einer zwischen ihnen entstandenen Gepflogenheit entspricht (Colmar, Bericht *Huet,* Clunet 1995, 152), oder wenn die Allgemeinen Geschäftsbedingungen aus einem üblicherweise in einer Branche benützten, von einer anerkannten Organisation oder Stelle aufgestellten Klauselwerk herrührten, das den Parteien bekannt sein mußte (*Gottwald,* MünchKommZPO III Art 17 EuGVÜ Rz 18; *Kropholler,* Zivilprozeßrecht[6] Art 17 EuGVÜ Rz 32; Cass Riv dir int priv proc 1984, 130). **249**

Auf die Gerichtsstandsklausel selbst braucht innerhalb der Allgemeinen Geschäftsbedingungen nicht gesondert hingewiesen zu werden (*Bork* in *Stein/Jonas,* ZPO[21] I § 38 Rz 28; *Geimer/Schütze,* Zivilverfahrensrecht Art 17 EuGVÜ Rz 86; *v. Hoffmann,* AWD 1973, 62; *Samtleben,* NJW 1974, 1592; OLG Koblenz IPRax 1987, 308 [*Schwarz* 291] = RIW 1987, 144; EuGH 14. 12. 1976 Rs 24/76 „*Colzani/RÜWA*" Slg 1976, 1831, 1841 = NJW 1977, 494 = RIW 1977, 104 [*Müller* 163]; aA LG Heidelberg RIW 1976, 534; OLG Frankfurt RIW 1976, 532). **250**

Kommt der Vertrag durch **Angebot und Annahme** in verschiedenen Urkunden zustande, so **genügt** der **Hinweis** auf die (eine Gerichtsstandsklausel enthaltenden) **Allgemeinen Geschäftsbedingungen im Angebot,** wenn die eine Partei diesem unter Anwendung normaler Sorgfalt **nachgehen kann** und die genannten Allgemeinen Geschäftsbedingungen dieser Partei **tatsächlich zugegangen** sind (*Geimer* in *Zöller,* Zivilprozeßordnung[21] Art 17 EuGVÜ Rz 9; *Geimer/Schütze,* Zivilverfahrensrecht Art 17 EuGVÜ Rz 87; *Gottwald,* MünchKommZPO III Art 17 EuGVÜ Rz 19; *Kropholler,* Zivilprozeßrecht[6] Art 17 EuGVÜ Rz 33; OLG Celle IPRax 1985, 284 [*Tebbens* 262] = RIW 1985, 571; LG Siegen RIW 1980, 286; EuGH 14. 12. 1976 Rs 24/76 „*Colzani/RÜWA*" Slg 1976, 1831, 1842 [Rz 12] = NJW 1977, 494 = RIW 1977, 104 [*Müller* 163]; aA *Schlosser,* EuGVÜ Art 17 Rz 20; IPRax 1987, 307 [*Rehbinder* 289], nach deren Ansicht es nicht der Überlassung des Textes, der die Gerichtsstandsklausel enthaltenden **251**

Allgemeinen Geschäftsbedingungen bedarf, wenn sich der andere Vertragsteil den Text durch Rückfragen unschwer und prompt verschaffen kann).

Enthält dagegen erst die Annahmeerklärung eine Bezugnahme auf die (eine Gerichtsstandsklausel enthaltenden) Allgemeinen Geschäftsbedingungen, so muß der Anbietende der Einbeziehung der Allgemeinen Geschäftsbedingungen (und damit der Gerichtsstandsklausel) schriftlich zustimmen (*Geimer/Schütze,* Zivilverfahrensrecht Art 17 EuGVÜ Rz 107; *Hausmann* in *Reithmann/Martiny,* Vertragsrecht[5] Rz 2138; BGH NJW 1994, 2099).

252 Eine **stillschweigende oder mittelbare Verweisung** auf einen früheren Schriftwechsel reicht hingegen **nicht** aus *(Geimer* in *Zöller,* Zivilprozeßordnung[21] Art 17 EuGVÜ Rz 9; *Gottwald,* MünchKommZPO III 17 EuGVÜ Rz 19; *Kropholler,* Zivilprozeßrecht[6] Art 17 EuGVÜ Rz 33; LG Siegen RlW 1980, 286; EuGH 14. 12. 1976 Rs 24/76 *„Colzani/RÜWA"* Slg 1976, 1831, 1842 [Rz 12] = NJW 1977, 494 = RIW 1977, 104 [*Müller* 163]).

253 Der EuGH hat die Frage, wer das Sprachrisiko zu tragen hat, wenn die **Gerichtsstandsvereinbarung in fremdsprachigen Allgemeinen Geschäftsbedingungen** enthalten ist, trotz einer entsprechenden Vorlagefrage bisher noch nicht entschieden (EuGH 29. 6. 1994 Rs C 288/92 *„Custom Made Commercial/Stawa Metallbau"* Slg 1994, I-2913 = EuZW 1994, 281 = IPRax 1995, 31 [*Jayme* 13] = JZ 1995, 244 [*Geimer*] = NJW 1995, 183 = RIW 1994, 676, 876 = SZIER 1995, 290 [*Volken*] = ZEUP 1995, 655 [*Schack*]; Vorlagebeschluß BGH EuZW 1992, 514 [*Geimer* 518] = IPRax 1992, 373 [*Jayme* 357] = IPRspr 1992/181 b = RIW 1992, 756). Die deutsche Rsp (OLG Hamm EWS 1994, 288 = NJW-RR 1995, 188; BGH IPRax 1991, 326 [krit *Kohler* 299] = IPRspr 1989/197) bejaht eine wirksame Einbeziehung von für einen Vertragspartner fremdsprachigen Allgemeinen Geschäftsbedingungen trotz dessen Sprachunkenntnis, **wenn in der Verhandlungs- und Vertragssprache auf die Allgemeinen Geschäftsbedingungen hingewiesen** worden ist und der Vertragspartner eine **uneingeschränkte Annahmeerklärung** abgegeben hat (vgl auch *Saenger,* ZZP 110 [1997] 487).

c) Satzung

254 Findet sich die Gerichtsstandsklausel in der Satzung einer Gesellschaft, dann sind die Formerfordernisse des Art 17 EuGVÜ/LGVÜ – unabhängig von der Art und Weise des Erwerbs der Aktien – in bezug auf jeden Aktionär als erfüllt anzusehen, wenn die **Satzung** an einem dem **Aktionär zugänglichen Ort hinterlegt oder in einem öffentlichen Register enthalten** ist *(Geimer/Schütze,* Zivilverfahrensrecht Art 17 EuGVÜ Rz 130; *Hausmann* in *Wieczorek/Schütze,* ZPO[3] I/1 Art 17 EuGVÜ Rz 27; *Schniechels/Dietze,* EuZW 1994, 369 f; *Samtleben,* RabelsZ 1995, 705; Abschlußentscheidung BGHZ 123, 347 = EuZW 1994, 153 = EWS 1994, 33 = IPRspr 1993/148 = NJW 1994, 51 = RIW 1994, 237; EuGH 10. 3. 1992 Rs C 214/89 *„Duffryn/Petereit"* Slg 1992, I-1745 = EuZW 1992, 252 = IPRax 1993, 32 [*Koch* 19] = NJW 1992, 1671 = RIW 1992, 492 = SZIER 1993, 370 [*Volken*] = ZEUP 1994, 138 [*Karré-Abermann*] = ZHR 1993, 48 [*Bork*]). Zur Bindung der Aktionäre an eine Gerichtsstandsklausel in der Satzung der Aktiengesellschaft s *Gottwald,* MünchKommZPO III Art 17 EuGVÜ Rz 18; *Saenger,* ZZP 110 (1997) 492 f; OLG Koblenz NJW 1989, 2776.

d) Formlose Vertragsverlängerung

255 Dient ein schriftlicher Vertrag, der eine Gerichtsstandsvereinbarung enthält und der nur schriftlich verlängert hätte werden können, obwohl er bereits abgelaufen ist, weiterhin als rechtliche Grundlage für die Vertragsparteien, so ist für

die Frage, ob diese Gerichtsstandsvereinbarung den **Formerfordernissen** des Art 17 EuGVÜ/LGVÜ genügt, **danach zu differenzieren, ob nach anwendbarem nationalen Recht eine Vertragsverlängerung ohne Einhaltung der Schriftform möglich** war oder nicht.

Konnten die Parteien nach dem anwendbaren nationalen Recht den ursprünglichen Vertrag ohne Einhaltung der Schriftform verlängern, dann ist auch den Formerfordernissen des Art 17 EuGVÜ/LGVÜ Genüge getan *(Gottwald,* MünchKommZPO III Art 17 EuGVÜ Rz 25; *Kropholler,* Zivilprozeßrecht[6] Art 17 EuGVÜ Rz 39; *Nagel/Gottwald,* IZPR[4] § 3 Rz 238; EuGH 11. 11. 1986 Rs 313/85 *„Iveco/Van Hool"* Slg 1986, 3337 = IPRax 1989, 383 [abl *Jayme* 361] = NJW 1987, 2155 = RIW 1987, 311). Andernfalls sind die Formerfordernisse des Art 17 EuGVÜ/LGVÜ nur dann erfüllt, wenn eine Partei die Vereinbarung oder die Gesamtheit der stillschweigend übernommenen Vertragsbestimmungen, zu denen die Klausel gehört, schriftlich bestätigt hat, ohne daß die andere Partei, der diese Bestätigung zugegangen ist, Einwendungen erhoben hat (*Gottwald,* MünchKommZPO III Art 17 EuGVÜ Rz 25; *Kropholler,* Zivilprozeßrecht[6] Art 17 EuGVÜ Rz 39; EuGH 11. 11. 1986 Rs 313/85 *„Iveco/Van Hool"* Slg 1986, 3337 = IPRax 1989, 383 [abl *Jayme* 361] = NJW 1987, 2155 = RIW 1987, 313; krit *Hausmann* in *Reithmann/Martiny,* Vertragsrecht[5] Rz 2152; *Jayme,* IPRax 1989, 361). 256

3. Schriftliche Bestätigung einer mündlichen Vereinbarung (Art 17 Abs 1 lit a Fall 2 EuGVÜ/LGVÜ)

a) Allgemeines

Die zweite Alternative des Art 17 Abs 1 lit a EuGVÜ/LGVÜ setzt voraus, daß die Parteien zunächst eine **„mündliche Gerichtsstandsvereinbarung"** geschlossen haben und diese von einer Partei **nachträglich schriftlich bestätigt** worden ist (sog **halbe Schriftlichkeit**). 257

b) Mündliche Gerichtsstandsvereinbarung

Die mündliche Willenseinigung **muß sich klar und deutlich auf die Gerichtsstandsklausel erstrecken** *(Gottwald,* MünchKommZPO III Art 17 EuGVÜ Rz 22; *Kropholler,* Zivilprozeßrecht[6] Art 17 EuGVÜ Rz 37; *Schlosser,* EuGVÜ Art 17 Rz 22; EuGH 24. 12. 1976 Rs 24/76 *„Colzani/RÜWA"* Slg 1976, 1831, 1842 [Rz 12] = NJW 1977, 494 = RIW 1977, 104 [*Müller* 163]). Es **genügt** jedoch eine **stillschweigende Gerichtsstandsvereinbarung** (*Gottwald,* MünchKommZPO III Art 17 EuGVÜ Rz 22; *Kropholler,* Zivilprozeßrecht[6] Art 17 EuGVÜ Rz 37). 258

Diesem Erfordernis genügt es, wenn sich die Parteien **mündlich über die in den Allgemeinen Geschäftsbedingungen enthaltene Gerichtsstandsklausel geeinigt** haben und **diese der anderen Vertragspartei vorlagen,** sodaß sie bei Anwendung normaler Sorgfalt davon Kenntnis nehmen konnte (*Bork* in *Stein/Jonas,* ZPO[21] I § 38 Rz 28; *Gottwald,* MünchKommZPO III Art 17 EuGVÜ Rz 22; *Jung/Sandrock* in *Sandrock,* Handbuch II E Rz 138; *Kropholler,* Zivilprozeßrecht[6] Art 17 EuGVÜ Rz 37; *Müller,* RIW 1977, 165; BGH IPRax 1997, 416 [*Koch* 405] = IPRspr 1996/147 = NJW 1996, 1819; BGH EuZW 1992, 125; OLG Hamm NJW 1990, 652). Wichtig ist, daß **auf** die **Allgemeinen Geschäftsbedingungen** bei Vertragsabschluß **ausdrücklich Bezug genommen** wurde (*Auer* in *Bülow/Böckstiegel,* Rechtsverkehr 606 Art 17 EuGVÜ Rz 74 f; *Gottwald,* MünchKommZPO III Art 17 EuGVÜ Rz 87; *Jung/Sandrock* in *Sandrock,* Handbuch II E Rz 138). 259

260 Wenn ein Vertrag im Rahmen laufender Geschäftsbeziehungen zwischen den Parteien mündlich geschlossen wird und feststeht, „daß diese Beziehungen in ihrer Gesamtheit den eine Gerichtsstandsklausel enthaltenden Allgemeinen Geschäftsbedingungen des Urhebers der Bestätigung unterliegen" (Abschlußentscheidung BGH IPRspr 1977/127 = RIW 1977, 432 = WM 1977, 826; EuGH 14. 12. 1976 Rs 25/76 *„Segoura/Bonakdarian"* Slg 1976, 1851, 1861 = NJW 1977, 495 = RIW 1977, 105 [*Müller* 163]; Vorlagebeschluß BGH IPRspr 1976/131 = RIW 1976, 296 = WM 1976, 400; vgl ferner Cass Bericht *Audit,* D. S. 1986, I. R. 267; OLG Celle IPRax 1985, 284 [*Duintjer Tebbens* 262] = IPRspr 1984/134 = RIW 1985, 571; OLG Stuttgart IPRspr 1979/165 = RIW 1980, 365; OLG Düsseldorf IPRspr 1979/156 A = TranspR 1981, 26; vgl für das Konnossement EuGH 19. 6. 1984 Rs 71/83 *„Russ/Goeminne"* Slg 1984, 2417 = IPRax 1985, 152 [*Basedow* 133] = RIW 1984, 909 [*Schlosser* 914]), so liegt eine stillschweigende mündliche Vereinbarung vor (*Gottwald,* MünchKommZPO III Art 17 EuGVÜ Rz 23; *Kropholler,* Zivilprozeßrecht[6] Art 17 EuGVÜ Rz 37).

261 Dem Formerfordernis der „halben Schriftlichkeit" ist dagegen **nicht Genüge getan,** wenn eine Partei zwar bei den Vertragsverhandlungen auf ihre **Allgemeinen Geschäftsbedingungen** hingewiesen hat, diese der anderen Partei jedoch **erst bei der Bestätigung oder noch später zugehen** (*Gottwald,* MünchKommZPO III Art 17 EuGVÜ Rz 23; *Hausmann* in *Reithmann/Martiny,* Vertragsrecht[5] Rz 2143; *Kropholler,* Zivilprozeßrecht[6] Art 17 EuGVÜ Rz 38; EuGH 14. 12. 1976 Rs 25/76 *„Segoura/Bonakdarian"* Slg 1976, 1851 = NJW 1977, 495 = RIW 1977, 105 [*Müller* 163]).

Die Form ist auch dann nicht gewahrt, wenn **Allgemeine Geschäftsbedingungen lediglich auf nicht beigefügte, weitere Allgemeine Geschäftsbedingungen verweisen,** die ihrerseits dann die Gerichtsstandsklausel enthalten (*Gottwald,* MünchKommZPO III Art 17 EuGVÜ Rz 23; aA IPRax 1987, 307 [krit *Rehbinder* 289]).

Das gleiche gilt, falls in einer laufenden Geschäftsbeziehung eine Partei regelmäßig Bestätigungsschreiben oder Rechnungen mit einer (bloß rückseitig abgedruckten) Gerichtsstandsklausel übersendet, **ohne** daß sie je **ausdrücklich** auf sie bzw die sie enthaltenden **Allgemeinen Geschäftsbedingungen hingewiesen** hat (*Auer* in *Bülow/Böckstiegel,* Rechtsverkehr 606 Art 17 EuGVÜ Rz 87; *Geimer/Schütze,* Urteilsanerkennung I/1 § 96 I 2 g; *Gottwald,* MünchKommZPO III Art 17 EuGVÜ Rz 23; *Kropholler,* Zivilprozeßrecht[6] Art 17 EuGVÜ Rz 38; OLG Hamburg IPRax 1985, 281 [*Samtleben* 261] = IPRspr 1984/144 = RIW 1984, 916; LG Heidelberg IPRspr 1982/162 A).

In allen genannten Fällen läßt sich nämlich nicht feststellen, ob sich die Parteien tatsächlich über die Geltung der Klausel geeinigt haben (*Gottwald,* MünchKommZPO III Art 17 EuGVÜ Rz 23; *Samtleben,* IPRax 1985, 261; OLG Hamburg IPRax 1985, 281 = RIW 1984, 916).

c) Schriftliche Bestätigung

262 Wenn die Einigung über den Gerichtsstand bloß mündlich erfolgt ist, bedarf es zu ihrer Wirksamkeit noch der schriftlichen Bestätigung. Die **schriftliche Bestätigung muß sich** dabei **vollinhaltlich mit** der vorherigen **Willenseinigung decken** (*Gottwald,* MünchKommZPO III Art 17 EuGVÜ Rz 24; *Kropholler,* Zivilprozeßrecht[6] Art 17 EuGVÜ Rz 39; OLG Köln RIW 1988, 555).

263 Die Bestätigung muß **in angemessener Zeit** erfolgen. Ob die Bestätigung zeitgerecht erfolgt ist, ist im Einzelfall unter dem Gesichtspunkt von Treu und Glauben zu ermitteln (*Geimer/Schütze,* Zivilverfahrensrecht Art 17 EuGVÜ Rz 110). Jedenfalls kann die andere Partei die mündlich geschlossene Gerichts-

standsvereinbarung dann nicht mehr bestätigen, wenn ihr Vertragspartner seine vertragliche Leistung aus dem Vertrag, auf den sich die Gerichtsstandsvereinbarung bezieht, bereits erbracht hat (*Geimer/Schütze,* Zivilverfahrensrecht Art 17 EuGVÜ Rz 110; *Staehelin,* Gerichtsstandsvereinbarungen 52).

An den Inhalt der Bestätigung sind die **gleichen Anforderungen wie an** den beiderseits **schriftlichen Vertrag** zu stellen (*Auer* in *Bülow/Böckstiegel,* Rechtsverkehr 606 Art 17 EuGVÜ Rz 90; *Gottwald,* MünchKommZPO III Art 17 EuGVÜ Rz 24; *Jung/Sandrock* in *Sandrock,* Handbuch II E Rz 144; *Kropholler,* Zivilprozeßrecht[6] Art 17 EuGVÜ Rz 41). 264

Wird eine Gerichtsstandsklausel **erstmals in einem Bestätigungsschreiben** in das Vertragsverhältnis der Parteien eingeführt, so **bedarf es** zur Formwirksamkeit entweder **einer erneuten Bestätigung** durch die andere Partei (*Ebenroth,* ZVglRWiss 1978, 181 f; *Geimer/Schütze,* Zivilverfahrensrecht Art 17 EuGVÜ Rz 115; *Gottwald,* MünchKommZPO III Art 17 EuGVÜ Rz 24; *Hausmann* in *Reithmann/Martiny,* Vertragsrecht[5] Rz 2148; *Kropholler,* Zivilprozeßrecht[6] Art 17 EuGVÜ Rz 39; *Schlosser,* EuGVÜ Art 17 Rz 22; EuGH 14. 12. 1976 Rs 25/76 *„Segoura/Bonakdarian"* Slg 1976, 1851, 1861 = NJW 1977, 495 = RIW 1977, 104 [*Müller* 163]) oder falls sich die Parteien nach dem ersten Bestätigungsschreiben mündlich einigen, der Bestätigung durch eine der Vertragsparteien. Dabei muß aus der schriftlichen Bestätigung das ausdrückliche Einverständnis mit der Gerichtsstandsklausel hervorgehen; dieses kann nicht durch die Fiktion einer konkludenten Zustimmung ersetzt werden (*Gottwald,* MünchKommZPO III Art 17 EuGVÜ Rz 24; *Kropholler,* Zivilprozeßrecht[6] Art 17 EuGVÜ Rz 39). Daher kann weder aus der brieflichen Aufforderung zur Vertragserfüllung noch aus der bloßen Unterlassung eines Widerspruchs abgeleitet werden, daß die betreffende Partei mit der Gerichtsstandsklausel einverstanden sei (*Geimer/Schütze,* Zivilverfahrensrecht Art 17 EuGVÜ Rz 115; *Kropholler,* Zivilprozeßrecht[6] Art 17 EuGVÜ Rz 39; BGH NJW 1994, 2699 f; OLG Frankfurt IPRspr 1976/137 = NJW 1977, 506 = RIW 1976, 532). 265

d) Bestätigende Partei

Der EuGH (11. 7. 1985 Rs 221/84 *„Berghoefer/ASA"* Slg 1985, 2699 = NJW 1985, 2893 = RIW 1985, 736 = WuB VII B 1 Art 17 EuGVÜ 2.86 [*Welter*]; Abschlußentscheidung BGH NJW 1986, 2196 = WuB VII B 1 Art 17 EuGVÜ 1.86 [*Voltz*]; Vorlagebeschluß BGH IPRax 1985, 280 [*Samtleben* 261]) und der überwiegende Teil der Lehre (*Auer* in *Bülow/ Böckstiegel,* Rechtsverkehr 606 Art 17 EuGVÜ Rz 92; *Geimer/Schütze,* Urteilsanerkennung I/1 § 75 III 3 und § 96 XXVI 5; *dies,* Zivilverfahrensrecht Art 17 EuGVÜ Rz 111; *Gottwald,* MünchKommZPO III Art 17 EuGVÜ Rz 26; *Grüter,* DB 1978, 382; *Hausmann* in *Reithmann/Martiny,* Vertragsrecht[5] Rz 2150; *Kropholler,* Zivilprozeßrecht[6] Art 17 EuGVÜ Rz 42 f) erachten eine **„von einer, gleich welcher der Parteien stammende schriftliche Bestätigung"** grundsätzlich als **ausreichend** (aA *Hübner,* IPRax 1984, 237 f; *Wirth,* NJW 1978, 463; OLG Celle IPRax 1985, 284 [*Duintjer Tebbens* 262] = RIW 1985, 571; OLG München IPRspr 1981/155 = NJW 1982, 1951 = RIW 1981, 848, welche die Bestätigung der Partei, die sich auf die Vereinbarung beruft, als nicht ausreichend ansehen). 266

e) Erhobener Widerspruch

Die Frage, ob und inwieweit etwaige Einwendungen des Empfängers der Bestätigung zu berücksichtigen sind, hat der EuGH (11. 7. 1985 Rs 221/84 *„Berghoefer/ASA"* Slg 1985, 2699 = NJW 1985, 2893 = RIW 1985, 736) in seinen 267 bisherigen Entscheidungen offengelassen. Da in Art 17 Abs 1 lit a EuGVÜ/LGVÜ die Wirksamkeit nicht ausdrücklich davon abhängig gemacht wird, daß die Bestätigung unwidersprochen bleibt, wird die **Gerichtsstandsvereinbarung mit Zugang des Bestätigungsschreibens wirksam.** Ein etwaiger **Widerspruch** des Empfängers hat allenfalls eine **Indizwirkung für die Frage, ob sich die Parteien tatsächlich mündlich geeinigt haben** (*Auer* in *Bülow/Böckstiegel,* Rechtsverkehr 606 Art 17 EuGVÜ Rz 93; *Geimer/Schütze,* Urteilsanerkennung I/1 § 75 III 3, § 96 XXVI 5; *dies,* Zivilverfahrensrecht Art 17 EuGVÜ Rz 114; *Gottwald,* MünchKommZPO III Art 17 EuGVÜ Rz 27; *Kropholler,* Zivilprozeßrecht[6] Art 17 EuGVÜ Rz 44; *Schlosser,* EuGVÜ Art 17 Rz 229; siehe auch OLG Bamberg IPRspr 1976/144 = NJW 1977, 505).

4. Zwischen den Parteien entstandene Gepflogenheit (Art 17 Abs 1 lit b EuGVÜ/LGVÜ)

268 **Gepflogenheiten** sind **Verhaltensweisen, die nicht allgemein, sondern nur zwischen den Parteien regelmäßig beachtet werden** (*Kropholler,* Zivilprozeßrecht[6] Art 17 EuGVÜ Rz 45; vgl zum Wr. Kaufrecht *Magnus* in *Staudinger,* Kommentar Art 9 CISG Rz 13; *Nagel/Gottwald,* IZPR[4] § 3 Rz 239). Voraussetzung ist eine länger dauernde Geschäftsbeziehung (*Geimer/Schütze,* Zivilverfahrensrecht Art 17 EuGVÜ Rz 117; *Kropholler,* Zivilprozeßrecht[6] Art 17 EuGVÜ Rz 45; *Nagel/Gottwald,* IZPR[4] § 3 Rz 239). Die Gepflogenheit setzt somit eine **gewisse Dauer der Übung** voraus, sodaß eine Partei auf eine bestimmte Form als zwischen den Parteien üblich vertrauen kann (*Geimer/Schütze,* Zivilverfahrensrecht Art 17 EuGVÜ Rz 118; *Kropholler,* Zivilprozeßrecht[6] Art 17 EuGVÜ Rz 45).

Art 17 Abs 1 lit b EuGVÜ/LGVÜ ist nicht nur auf Geschäfts- oder Handelsbeziehungen anzuwenden, sondern erfaßt **auch** den **privaten Bereich** (*Geimer/Schütze,* Zivilverfahrensrecht Art 17 EuGVÜ Rz 118; *Hausmann* in *Wieczorek/Schütze,* ZPO[3] I/1 Art 5 EuGVÜ Rz 48; *Trunk,* Erweiterung 47).

5. Vereinbarung nach internationalen Handelsbräuchen (Art 17 Abs 1 lit c EuGVÜ/LGVÜ)

a) Allgemeines

269 Nach Art 17 Abs 1 lit c EuGVÜ/LGVÜ ist eine schriftliche Bestätigung entbehrlich, wenn die Zuständigkeitsvereinbarung im internationalen Handelsverkehr in einer Form getroffen wurde, die den internationalen Handelsbräuchen entspricht, sofern diese den Parteien bekannt sind oder als ihnen bekannt vorausgesetzt werden (Näheres s *Staehelin,* Gerichtsstandsvereinbarungen 53 ff; *Stöve,* Gerichtsstandsvereinbarungen 74 ff). Außerdem müssen die Parteien den Handelsbrauch von Verträgen dieser Art in dem betreffenden Geschäftszweig allgemein kennen und regelmäßig beachten. Diese Formulierung nimmt bewußt auf **Art 9 Abs 2 des Wiener UN-Übereinkommens über den internationalen Warenkauf von 1980 Bezug** (ErläutRV zum LGVÜ [34 BlgNR 20. GP] 36; *Gottwald,* MünchKommZPO III Art 17 EuGVÜ Rz 31; *Jenard/Möller*-Bericht RdN 58; *Kropholler,* Zivilprozeßrecht[6] Art 17 EuGVÜ Rz 46; *Nagel/Gottwald,* IZPR[4] § 3 Rz 240; *Schlosser,* EuGVÜ Art 17 Rz 24).

b) Voraussetzungen

270 Die in Art 17 Abs 1 lit c EuGVÜ/LGVÜ genannten Voraussetzungen sind **vertragsautonom** auszulegen (*Kropholler,* Zivilprozeßrecht[6] Art 17 EuGVÜ Rz 48).

Der Begriff **„Handel"** ist weit aufzufassen; **auf** die **Kaufmannseigenschaft** einer Partei **kommt es nicht an** (*Gottwald,* MünchKommZPO III Art 17 EuGVÜ Rz 28; *Kropholler,* Zivilprozeßrecht[6] Art 17 EuGVÜ Rz 49; *Schlosser,* EuGVÜ Art 17 Rz 25). **Entscheidend** ist, daß das **Geschäft einem gewerblichen** und nicht nur einem privaten **Zweck dient** (*Kropholler,* Zivilprozeßrecht[6] Art 17 EuGVÜ Rz 49; *Schlosser,* EuGVÜ Art 17 Rz 25). 271

Ein **internationaler Handel** liegt dann vor, wenn es sich um eine **grenzüberschreitende Lieferung** handelt oder wenn der **Vertrag,** weil die Parteien ihren Wohnsitz oder Sitz in verschiedenen Staaten haben, **über die Grenzen hinweg geschlossen** wird (*Kropholler,* Zivilprozeßrecht[6] Art 17 EuGVÜ Rz 49). Dagegen wird ein Handel allein durch die unterschiedliche Staatsbürgerschaft der Vertragsparteien nicht zum internationalen Handel, weil nach dem EuGVÜ/LGVÜ die Staatsangehörigkeit keine Rolle spielt (*Kropholler,* Zivilprozeßrecht[6] Art 17 EuGVÜ Rz 49). 272

Ein Vertrag, der von zwei in unterschiedlichen Vertragsstaaten niedergelassenen Unternehmen in einem Bereich wie der Rheinschiffahrt geschlossen wird, ist dem internationalen Handelsverkehr zuzurechnen (EuGH 20. 2. 1997 Rs C-106/95 *„MSG/Les Gravières Rhénanes"* Slg 1997, I-911 = EuZW 1997, 209).

Das Bestehen eines **Handelsbrauches** setzt eine **ständige tatsächliche Übung** voraus (*Kropholler,* Zivilprozeßrecht[6] Art 17 EuGVÜ Rz 50 f). Der Handelsbrauch muß überdies (auch) **im grenzüberschreitenden Verkehr üblich** sein (*Kropholler,* Zivilprozeßrecht[6] Art 17 EuGVÜ Rz 50). Ortsgebundene Handelsbräuche (zB an Warenbörsen, Messen oder Häfen) sind dann für die Einhaltung der Form zu berücksichtigen, wenn die Plätze für den internationalen Handel von Bedeutung sind (so auch zum Wr. Kaufrecht *Junge* in *Caemmerer/Schlechtriem,* UN-Kaufrecht[2] Art 9 Rz 9; *Kropholler,* Zivilprozeßrecht[6] Art 17 EuGVÜ Rz 50). 273

Bei divergierenden Handelsbräuchen am Wohnsitz/Sitz der Parteien reicht es, wenn am Wohnsitz/Sitz einer der Parteien ein entsprechender Handelsbrauch besteht (*Geimer/Schütze,* Zivilverfahrensrecht Art 17 EuGVÜ Rz 124). Die andere Partei wird durch das Erfordernis des Kennens bzw Kennenmüssens und der Branchenüblichkeit genügend geschützt (*Geimer/Schütze,* Zivilverfahrensrecht Art 17 EuGVÜ Rz 124; *Hausmann* in *Wieczorek/Schütze,* ZPO[3] I/1 Art 5 EuGVÜ Rz 54; *Trunk,* Erweiterung 48). 274

Es wird vermutet, daß die Parteien einen **Handelsbrauch kennen,** wenn sie untereinander oder mit anderen in dem betreffenden Geschäftszweig tätigen Vertragspartnern schon früher Geschäftsbeziehungen angeknüpft hatten oder wenn in diesem Geschäftszweig ein bestimmtes Verhalten bei Abschluß einer bestimmten Art von Verträgen allgemein und regelmäßig befolgt wird und daher hinreichend bekannt ist, um als ständige Übung angesehen zu werden *(Geimer/Schütze,* Zivilverfahrensrecht Art 17 EuGVÜ Rz 123; EuGH 20. 2. 1997 Rs C 106/95 *„MSG/Les Gravières Rhénanes"* Slg 1997, I-911 = EuZW 1997, 209). 275

Für das **Kennenmüssen** des Handelsbrauches kommt es sehr auf dessen **Verbreitung** an. So muß mit weltweit geltenden Handelsbräuchen derjenige vertraut sein, der sich in der Branche, in der derartige Handelsbräuche gelten, betätigen will (*Kropholler,* Zivilprozeßrecht[6] Art 17 EuGVÜ Rz 51; so auch zum Wr. Kaufrecht *Magnus* in *Staudinger,* Kommentar Art 9 CISG Rz 26). Dagegen wird es bei internationalen Handelsbräuchen, die von nur regional begrenzter Geltung sind, eine Rolle spielen, ob die Parteien im Verbreitungsgebiet dieser Handelsbräuche ansässig sind (*Kropholler,* Zivilprozeßrecht[6] Art 17 EuGVÜ Rz 51). 276

Die Voraussetzung der Branchenüblichkeit ist Art 9 Abs 2 des Wr. Kaufrechtsübereinkommens entnommen (*Kropholler,* Zivilprozeßrecht[6] Art 17 277

EuGVÜ Rz 52). Damit ein Handelsbrauch **branchenüblich** ist, muß er nicht von allen Personen der betreffenden Branche, wohl aber **von der Mehrheit gekannt und beachtet** werden; um weltweit verbreitete Handelsbräuche muß es sich nicht handeln (*Kropholler,* Zivilprozeßrecht[6] Art 17 EuGVÜ Rz 52; vgl zum Wr. Kaufrecht *Magnus* in *Staudinger,* Kommentar Art 9 CISG Rz 22).

c) Kaufmännisches Bestätigungsschreiben

278 Eine Gerichtsstandsvereinbarung kann im internationalen Handelsverkehr **auch durch Schweigen oder Nicht-Reagieren auf ein kaufmännisches Bestätigungsschreiben** formwirksam getroffen werden *(Ebenroth,* ZVglRWiss 1978, 180 ff; *Geimer/Schütze,* Urteilsanerkennung § 75 III 1, § 96 XXVI 6; *dies,* Zivilverfahrensrecht Art 17 EuGVÜ Rz 121; *Gottwald,* MünchKommZPO III Art 17 EuGVÜ Rz 30; *Jung,* Vereinbarungen 170; *Jung/Sandrock* in *Sandrock,* Handbuch II E Rz 162; *Kropholler,* Zivilprozeßrecht[6] Art 17 EuGVÜ Rz 53; *Schlosser-*Bericht RdN 179; *Schlosser,* EuGVÜ Art 17 Rz 27; *Schütze,* IZPR 56; LG Essen IPRspr 1991/167 = RIW 1992, 227 [zust *M. J. Schmidt* 173, 177] = WM 1992, 1208; BGH IPRax 1999, 34). Auch wenn eine der Parteien widerspruchslos wiederholt Rechnungen der anderen Partei, die eine Zuständigkeitsvereinbarung enthalten, bezahlt, kann dies als Zustimmung zur Gerichtsstandsklausel gelten (EuGH 20. 2. 1997 Rs C-106/95 *„MSG/Les Gravières Rhénanes"* Slg 1997, I-911 = EuZW 1997, 209). Schutz vor Überraschungen bieten die subjektiven Erfordernisse des Art 17 Abs 1 lit c EuGVÜ/LGVÜ, wonach auch der anderen Partei der Handelsbrauch bekannt gewesen sein muß oder sein hätte können (*Geimer/Schütze,* Urteilsanerkennung I/1 § 75 III 3, § 96 XXVI 6; *Gottwald,* MünchKommZPO III Art 17 EuGVÜ Rz 30; *Kropholler,* Zivilprozeßrecht[6] Art 17 EuGVÜ Rz 53; *Kropholler/Pfeifer,* Nagel-FS 157, 162; zweifelnd *Kohler,* IPRax 1983, 270).

Die Möglichkeit eines kaufmännischen Bestätigungsschreibens muß dann als bekannt angesehen werden, wenn **das in der Hauptsache anzuwendende Recht** das **kaufmännische Bestätigungsschreiben als Handelsbrauch** kennt (*Gottwald,* MünchKommZPO III Art 17 EuGVÜ Rz 30; *Kropholler,* Zivilprozeßrecht[6] Art 17 EuGVÜ Rz 53; OLG Köln RIW 1988, 555).

d) Konnossement

279 Da das Seerecht in Art 1 Abs 2 EuGVÜ/LGVÜ nicht vom Anwendungsbereich der Übereinkommen ausgenommen ist, sind Gerichtsstandsvereinbarungen in Seefrachtverträgen ebenfalls nach Art 17 EuGVÜ/LGVÜ zu beurteilen. Daher sind Gerichtsstandsklauseln in einseitig ausgestellten Konnossementen im Verhältnis Verfrachter und Befrachter wirksam (*Geimer/Schütze,* Zivilverfahrensrecht Art 17 EuGVÜ Rz 122; *Gottwald,* MünchKommZPO III Art 17 EuGVÜ Rz 32; *Kropholler,* Zivilprozeßrecht[6] Art 17 EuGVÜ Rz 54; *Kropholler/Pfeifer,* Nagel-FS 157, 164; *Nagel/Gottwald,* IZPR[4] § 3 Rz 241; *Samtleben,* RabelsZ 1995, 707 f).

6. Sonderform für Luxemburg

280 Für **Personen mit Wohnsitz in Luxemburg** ist eine Gerichtsstandsvereinbarung nach Art I Abs 2 des Protokolls Nr 1 zum EuGVÜ bzw LGVÜ nur wirksam, wenn sie diese **„ausdrücklich und besonders" angenommen** haben. Eine besondere Urkunde ist dazu nicht erforderlich, doch muß die Vereinbarung ausdrücklich erklärt und gegenüber anderen Vereinbarungen besonders herausgestellt worden sein *(Gottwald,* MünchKommZPO III Art 17 EuGVÜ Rz 20; *Kropholler,* Zivilprozeßrecht[6] Art 17 EuGVÜ Rz 61). Eine **Bezugnahme auf Geschäftsbedingungen genügt** daher **keinesfalls** (*Auer* in *Bülow/Böckstiegel,* Rechtsverkehr 606 Art 17 EuGVÜ Rz 120; *Gottwald,* MünchKommZPO III Art 17 EuGVÜ Rz 20; *Kropholler,* Zivilprozeßrecht[6] Art 17 EuGVÜ Rz 61; EuGH 6. 5. 1980 Rs 784/79 *„Porta/Prestige"* Slg 1980, 1517 = RIW 1981, 58).

C. Gegenstand und Inhalt einer Zuständigkeitsvereinbarung nach Art 17 EuGVÜ/LGVÜ

1. Inhalt der Zuständigkeitsvereinbarung

Die Parteien können vereinbaren, daß **281**

- ein an und für sich international unzuständiger Vertragsstaat aufgrund der Zuständigkeitsvereinbarung zuständig sein soll **(Prorogation)** und/oder
- ein an und für sich international zuständiger Vertragsstaat international unzuständig sein soll **(Derogation).**

Die Prorogation hat, wenn das forum prorogatum ausschließlich zuständig ist (was im Zweifel anzunehmen ist), gem Art 17 Abs 3 EuGVÜ/LGVÜ eine derogatorische Wirkung. Es sind dann alle anderen Vertragsstaaten international unzuständig.

Obwohl sie in Art 17 EuGVÜ/LGVÜ nicht erwähnt werden, sind **auch reine Derogationsverträge zulässig** (*Geimer/Schütze,* Zivilverfahrensrecht Art 17 EuGVÜ Rz 141 und 184; s auch Rz 233 ff). Die Parteien können die internationale Zuständigkeit eines, mehrerer oder aller Vertragsstaaten ausschließen (*Geimer/Schütze,* Zivilverfahrensrecht Art 17 EuGVÜ Rz 184).

2. Gegenstand der Zuständigkeitsvereinbarung

Gegenstand einer Zuständigkeitsvereinbarung nach Art 17 EuGVÜ/LGVÜ **282** kann die internationale Zuständigkeit oder die örtliche Zuständigkeit, niemals aber, weil diese nicht im Übereinkommen geregelt sind, die sachliche Zuständigkeit oder die Zulässigkeit des Rechtsweges sein (*Geimer/Schütze,* Zivilverfahrensrecht Art 17 EuGVÜ Rz 144).

Art 17 EuGVÜ/LGVÜ schreibt keine Koppelung der Vereinbarung über **283** die internationale und die örtliche Zuständigkeit vor. Zur Frage, wie vorzugehen ist, wenn die internationale Zuständigkeit eines Vertragsstaates vereinbart, aber keine örtliche Zuständigkeit festgelegt worden ist, s Rz 293 f.

Vereinbarungen, die nur die örtliche Zuständigkeit betreffen, richten sich dann nach Art 17, wenn durch sie eine vom EuGVÜ/LGVÜ abweichende örtliche Zuständigkeit begründet werden soll.

Beispiel (vgl *Geimer/Schütze,* Zivilverfahrensrecht Art 17 EuGVÜ Rz 148): Eine Gesellschaft in Salzburg bestellt bei einer Gesellschaft in Mailand Waren; Erfüllungsort soll Wien sein. Die Parteien vereinbaren Linz als örtlich zuständiges Gericht für alle Streitigkeiten aus dem Vertragsverhältnis.

Österreich ist auf jeden Fall international zuständig: Erhebt die in Mailand ansässige Gesellschaft die Klage, dann als Sitzstaat nach Art 2 Abs 1 EuGVÜ/LGVÜ, wird die Klage von der Gesellschaft in Salzburg erhoben, dann gem Art 5 Z 1 EuGVÜ/LGVÜ als Staat, in dem der Erfüllungsort gelegen ist. Durch die Vereinbarung wird also nicht die internationale Zuständigkeit begründet, sondern nur die nach Art 5 Z 1 EuGVÜ/LGVÜ begründete örtliche Zuständigkeit verschoben.

Wenn die Vereinbarung der internationalen Zuständigkeit mit der örtlichen **284** Zuständigkeit gekoppelt ist und eine von ihnen unwirksam ist, so gilt folgendes:

Ist die Vereinbarung über die internationale Zuständigkeit eines Vertragsstaates unwirksam, dann geht die Vereinbarung des örtlich zuständigen Gerichtes innerhalb des vereinbarten Vertragsstaates ins Leere (*Geimer/Schütze,* Zivilverfahrensrecht Art 17 EuGVÜ Rz 149).

Die Unwirksamkeit der Vereinbarung über die örtliche Zuständigkeit führt dagegen nicht zur Unwirksamkeit der Vereinbarung über die internationale Zuständigkeit. Denn die Parteien wollten doch, daß die Gerichte dieses Vertragsstaates entscheiden (*Geimer/Schütze,* Zivilverfahrensrecht Art 17 EuGVÜ Rz 150). Die örtliche Zuständigkeit richtet sich dann nach dem autonomen Recht des prorogierten Vertragsstaates. Läßt sich eine örtliche Zuständigkeit nicht ermitteln, hat nach österreichischem Recht eine Ordination nach § 28 Abs 1 Z 3 JN zu erfolgen. In anderen Staaten sind mangels einer entsprechenden Regelung die Gerichte der Hauptstadt örtlich zuständig (*Geimer,* WM 1976, 832; *Geimer/Schütze,* Urteilsanerkennung I/1 § 96 VI 4 b; *dies,* Zivilverfahrensrecht Art 17 EuGVÜ Rz 150; *Gottwald,* MünchKommZPO III Art 17 EuGVÜ Rz 39).

D. Grenzen der Zulässigkeit von Gerichtsstandsvereinbarungen

1. Bestimmtheitsgrundsatz

a) Bestimmtes Rechtsverhältnis

285 Nach Art 17 EuGVÜ/LGVÜ muß sich die Vereinbarung entweder **auf eine bereits entstandene Rechtsstreitigkeit oder** auf künftige Rechtsstreitigkeiten, die **aus einem bestimmten Rechtsverhältnis** resultieren, beziehen. Die Streitigkeiten, für die die Zuständigkeitsvereinbarung gelten soll, müssen genau bezeichnet werden. Eine **pauschale Unterwerfung** für beliebige, nicht näher bezeichnete Rechtsstreitigkeiten unter ein bestimmtes Gericht ist **unzulässig** (*Geimer/Schütze,* Zivilverfahrensrecht Art 17 EuGVÜ Rz 156).

Keine Zulässigkeitsprobleme gibt es, wenn die Gerichtsstandsklausel Teil des Vertrages ist und für aus diesem entstehende Streitigkeiten gelten soll (*Auer* in *Bülow/Böckstiegel,* Rechtsverkehr 606 Art 17 EuGVÜ Rz 51; *Geimer/Schütze,* Zivilverfahrensrecht Art 17 EuGVÜ Rz 157; *Gottwald,* MünchKommZPO III Art 17 EuGVÜ Rz 37; *Kropholler,* Zivilprozeßrecht[6] Art 17 EuGVÜ Rz 63).

286 Bei der **in** der **Satzung** einer Gesellschaft enthaltenen Gerichtsstandsvereinbarung ist das Erfordernis der hinreichenden **Bestimmtheit** des Rechtsverhältnisses dann erfüllt, wenn die Gerichtsstandsklausel dahin auszulegen ist, daß sie **sich auf die Rechtsstreitigkeiten zwischen der Gesellschaft und ihren Aktionären** als solche **bezieht** (Abschlußentscheidung BGHZ 123, 347 = EuZW 1994, 153 – EWS 1994, 33 – IPRspr 1993/148 – NJW 1994, 51 – RIW 1994, 237; EuGH 10. 3. 1992 Rs C 214/89 *„Duffryn/Petereit"* Slg 1992, I-1745 = EuZW 1992, 252 = IPRax 1993, 32 [*Koch* 19] = NJW 1992, 1671 = RIW 1992, 492 = SZIER 1993, 370 [*Volken*] = ZEUP 1994, 138 [*Karré-Abermann*] = ZHR 1993, 48 [*Bork*]).

287 Für andere Streitigkeiten als die, die aus dem Vertrag unmittelbar entstehen, ist die Klausel nur wirksam, wenn das diesen Streitigkeiten **zugrundeliegende Rechtsverhältnis** zum Zeitpunkt der Vereinbarung nach Art und Gegenstand **hinreichend bestimmbar** ist (*Auer* in *Bülow/Böckstiegel,* Rechtsverkehr 606 Art 17 EuGVÜ Rz 52; *Droz,* Compétence Nr 200; *Gottwald,* MünchKommZPO III Art 17 EuGVÜ Rz 37; *Kropholler,* Zivilprozeßrecht[6] Art 17 EuGVÜ Rz 64). Eine Vereinbarung des Inhalts, daß alle sich aus der vertraglichen Beziehung ergebenden Rechtsstreitigkeiten vor einem bestimmten Gericht entschieden werden sollen, ist hinreichend bestimmt (*Geimer/Schütze,* Zivilverfahrensrecht Art 17 EuGVÜ Rz 157).

Das **Rechtsverhältnis braucht** auch **noch nicht zu bestehen.** Es genügt, wenn im Rahmen laufender Geschäftsbeziehungen wiederkehrende Geschäfte geschlossen werden (*Auer* in *Bülow/Böckstiegel,* Rechtsverkehr 606 Art 17 EuGVÜ Rz 52; *Geimer/Schütze,* Zivilverfahrensrecht Art 17 EuGVÜ Rz 157; *Gottwald,* MünchKommZPO III Art 17 EuGVÜ Rz 37; *Hausmann* in *Reithmann/Martiny,* Vertragsrecht[5] Rz 2172; *Kropholler,* Zivilprozeßrecht[6] Art 17 EuGVÜ Rz 64; *Schlosser,* EuGVÜ Art 17 Rz 13).

Die Zuständigkeitsvereinbarung muß sich nicht unbedingt auf nur ein Rechtsverhältnis beziehen, sondern es können in einer Urkunde auch Zuständigkeitsvereinbarungen betreffend mehrere konkret bezeichnete Rechtsverhältnisse getroffen werden (*Geimer/Schütze,* Zivilverfahrensrecht Art 17 EuGVÜ Rz 158).

Eine für alle Rechtsstreitigkeiten aus einem Vertrag geschlossene Gerichts- **288**
standsklausel gilt auch für einen aus der Rückabwicklung fehlgeschlagener Vertragsabschlüsse hergeleiteten Anspruch und für Klagen auf Feststellung der Wirksamkeit oder der Unwirksamkeit des Vertrages. Denn eine **internationale Gerichtsstandsvereinbarung** ist **unabhängig von der Wirksamkeit des Hauptvertrages** (*Geimer/Schütze,* Zivilverfahrensrecht Art 17 EuGVÜ Rz 94; *Gottwald,* Henckel-FS 303; *Schlosser,* EuGVÜ Art 17 Rz 39). Daher gilt eine Gerichtsstandsvereinbarung auch für eine Klage auf Feststellung der Nichtigkeit des Hauptvertrages (*Schlosser,* EuGVÜ Art 17 Rz 39; EuGH 3. 7. 1997 Rs C-269/95 *„Benincasa/Dentalkit"* Slg 1997, I-3767 = EWS 1997, 270 = RIW 1997, 775; aA Cass Rev crit 1983, 516), wenn der geltend gemachte Nichtigkeitsgrund nicht auch die Gerichtsstandsvereinbarung betrifft, was zB dann der Fall ist, wenn das Fehlen der Vertretungsmacht einer als Bevollmächtigter auftretenden Person geltend gemacht wird.

Die Gerichtsstandsklausel **gilt für alle in Frage kommenden Rechtsschutz-** **289**
formen, dh auch für Feststellungs- und Rechtsgestaltungsklagen (*Schlosser,* EuGVÜ Art 17 Rz 41).

Im übrigen entspricht diese Zulässigkeitsbeschränkung des Art 17 EuGVÜ/ **290**
LGVÜ jener des § 104 Abs 1 JN.

b) Bestimmtes Gericht

Grundsätzlich ist gem Art 17 EuGVÜ/LGVÜ eine Gerichtsstandsvereinba- **291**
rung nur dann wirksam, wenn sich das **zuständige Gericht aus** der **Gerichtsstandsklausel bestimmen läßt** (*Gottwald,* MünchKommZPO III Art 17 EuGVÜ Rz 38; *Hausmann* in *Reithmann/Martiny,* Vertragsrecht[5] Rz 2173; *Kropholler,* Zivilprozeßrecht[6] Art 17 EuGVÜ Rz 65; *Schlosser,* EuGVÜ Art 17 Rz 12). Daher ist eine Gerichtsstandsvereinbarung unwirksam, welche die Bestimmung des Gerichtsstandes ohne jede vorherige Konkretisierung der freien Wahl einer Partei überläßt (*Bork* in *Stein/Jonas,* ZPO[21] I § 38 Rz 29; *Geimer/Schütze,* Zivilverfahrensrecht Art 17 EuGVÜ Rz 171; *Gottwald,* MünchKommZPO Art 17 EuGVÜ Rz 39; *Hausmann* in *Wieczorek/Schütze,* ZPO[3] I/1 Art 17 EuGVÜ Rz 63; *Kropholler,* Zivilprozeßrecht[6] Art 17 EuGVÜ Rz 65; LG Braunschweig AWD 1974, 346 = IPRspr 1974/147; Paris Bericht *Huet,* Clunet 1990, 151).

Die Parteien können jedoch dagegen wirksam eine Vereinbarung des **292**
Inhalts treffen, daß zwei oder mehrere Gerichte zur Entscheidung über mögliche Rechtsstreitigkeiten berufen sein sollen (*Geimer/Schütze,* Zivilverfahrensrecht Art 17 EuGVÜ Rz 170; *Gottwald,* MünchKommZPO III Art 17 EuGVÜ Rz 38; *Hausmann* in *Wieczorek/Schütze,* ZPO[3] Art 17 EuGVÜ Rz 64; *Kropholler,* Zivilprozeßrecht[6] Art 17 EuGVÜ Rz 65; *Schlosser,* EuGVÜ Art 17 Rz 12), insb daß jede Partei **nur vor den Gerichten ihres Heimatstaates verklagt** werden kann

(*Gottwald,* MünchKommZPO III Art 17 EuGVÜ Rz 38; *Hausmann* in *Wieczorek/ Schütze,* ZPO[3] I/1 Art 17 EuGVÜ Rz 64; *Kropholler,* Zivilprozeßrecht[6] Art 17 EuGVÜ Rz 66; Abschlußentscheidung BGH IPRspr 1979/162 = NJW 1979, 2477 = RIW 1979, 713 = WM 1979, 978; EuGH 9. 11. 1978 Rs 23/78 *„Meeth/Glacetal"* Slg 1978, 2133 = NJW 1979, 1100 = RIW 1978, 814; Vorlagebeschluß BGH IPRspr 1978/135 = RIW 1978, 475 = WM 1978, 622). Diese Auslegung über den Wortlaut des Art 17 EuGVÜ/ LGVÜ hinaus ist nach dem Grundsatz der Parteiautonomie gerechtfertigt (*Gottwald,* MünchKommZPO III Art 17 EuGVÜ Rz 38; *Kropholler,* Zivilprozeßrecht[6] Art 17 EuGVÜ Rz 66; EuGH 9. 11. 1978 Rs 23/78 *„Meeth/Glacetal"* Slg 1978, 2133 = NJW 1979, 1100 = RIW 1978, 814). Das gleiche gilt für eine Vereinbarung, daß die Gerichte am Wohnsitz des jeweiligen Klägers zuständig sein sollen (*Gottwald,* MünchKommZPO III Art 17 EuGVÜ Rz 38; *Kropholler,* Zivilprozeßrecht[6] Art 17 EuGVÜ Rz 67; Cass Rev crit 1981, 134 [*Gaudemet-Tallon*] = Bericht *Audit,* D.S. 1981, I. R 158; LG Frankfurt/Main IPRspr 1986/133 = RIW 1986, 543; aA LG Wiesbaden IPRspr 1978/ 146).

c) Keine Bestimmung des örtlich zuständigen Gerichts erforderlich

293 Die Gerichtsstandsvereinbarung kann auch auf die internationale Zuständigkeit eines bestimmten Staates beschränkt werden. Das **örtlich zuständige Gericht** ist dann **nach dem nationalen Verfahrensrecht des prorogierten Staates** zu bestimmen (*Bork* in *Stein/Jonas,* ZPO[21] I § 38 ZPO Rz 29; *Geimer/Schütze,* Zivilverfahrensrecht Art 17 EuGVÜ Rz 23 f, 145; *Gottwald,* MünchKommZPO III Art 17 EuGVÜ Rz 39; *Kropholler,* Zivilprozeßrecht[6] Art 17 EuGVÜ Rz 69; *Schlosser,* EuGVÜ Art 17 Rz 4 und 14).

294 **Fehlt nach diesem Recht** ein **Anknüpfungspunkt für die örtliche Zuständigkeit,** so bleibt die Vereinbarung auch dann wirksam, wenn die Parteien nicht nachträglich eine Ortsbestimmung treffen (aA *Jung,* Vereinbarungen 77); andernfalls würde nämlich der erklärte Wille der Parteien ignoriert werden (*Gottwald,* MünchKommZPO III Art 17 EuGVÜ Rz 39; *Kropholler,* Zivilprozeßrecht[6] Art 17 EuGVÜ Rz 69). Nach Ansicht einiger Autoren (*Droz,* Compétence Nr 212; *Geimer,* WM 1976, 832; *Geimer/Schütze,* Urteilsanerkennung I/1 § 32 III; *dies,* Zivilverfahrensrecht Art 17 EuGVÜ Rz 146; vgl *Gottwald,* MünchKommZPO III Art 17 EuGVÜ Rz 39) seien die Vertragsstaaten in einem solchen Fall völkerrechtlich verpflichtet, für die Begründung einer örtlichen Zuständigkeit zu sorgen. Fehlt aber, weil der betreffende Vertragsstaat dieser völkerrechtlichen Verpflichtung nicht nachgekommen ist, ein solches örtlich zuständiges Gericht, so ist auf eine örtliche **Ersatzzuständigkeit** zurückzugreifen (*Auer* in *Bülow/Böckstiegel,* Rechtsverkehr 606 Art 17 EuGVÜ Rz 59; *Geimer,* WM 1976, 832; *Gottwald,* MünchKommZPO III Art 17 EuGVÜ Rz 39; *Hausmann* in *Reithmann/Martiny,* Vertragsrecht[5] Rz 2175; *Kohler,* IPRax 1983, 268 f; *Kropholler,* Zivilprozeßrecht[6] Art 17 EuGVÜ Rz 71). Nach einer ungeschriebenen Konventionsregel sind in einem solchen Fall die Gerichte der Hauptstadt des prorogierten Vertragsstaates ersatzweise örtlich zuständig (*Auer* in *Bülow/Böckstiegel,* Rechtsverkehr 606 Art 17 EuGVÜ Rz 59; *Geimer,* WM 1976, 832; *Geimer/Schütze,* Urteilsanerkennung I/1 § 33 III, § 96 VI 4 b; *dies,* Zivilverfahrensrecht Art 17 EuGVÜ Rz 146 und 150; *Hausmann* in *Wieczorek/ Schütze,* ZPO[3] I/1 Art 17 EuGVÜ Rz 65; *Kropholler,* Zivilprozeßrecht[6] Art 17 EuGVÜ Rz 71). In Österreich hat jedoch in dem Fall, in dem die Parteien zwar die internationale Zuständigkeit, nicht aber auch eine örtliche Zuständigkeit vereinbart haben, eine Ordination nach § 28 Abs 1 Z 3 JN zu erfolgen.

2. *Prorogationsbeschränkungen im EuGVÜ/LGVÜ*

a) In Versicherungs- und Verbrauchersachen

Art 12 und 15 EuGVÜ/LGVÜ entziehen in Versicherungs- und Verbrauchersachen die Vereinbarung der internationalen Zuständigkeit zum Schutz des sozial Schwächeren (vgl *Geimer/Schütze,* Urteilsanerkennung I/1 § 96 XIX; *dies,* Zivilverfahrensrecht Art 17 EuGVÜ Rz 153) grundsätzlich der Parteidisposition und lassen nur einzeln aufgeführte Ausnahmen zu. Näheres zur Gerichtsstandsvereinbarung in Versicherungssachen s Vor §§ 76 bis 84 JN Rz 69 ff und zu jener in Verbrauchersachen Vor §§ 83 a und 83 b JN Rz 145 ff. **295**

Art 17 Abs 3 EuGVÜ/LGVÜ stellt nochmals klar, daß die in den Art 12, 15 EuGVÜ/LGVÜ vorgesehenen Prorogationsbeschränkungen allgemeine Gültigkeit haben. Daher müssen **nach Art 12 oder 15 EuGVÜ/LGVÜ zulässige Vereinbarungen die Formerfordernisse des Art 17 Abs 1 EuGVÜ/LGVÜ erfüllen** (*Gottwald,* MünchKommZPO III Art 17 EuGVÜ Rz 40; *Hausmann* in *Reithmann/Martiny,* Vertragsrecht[5] Rz 2178; *Kropholler,* Zivilprozeßrecht[6] Art 17 EuGVÜ Rz 72; *Schlosser*-Bericht RdN 161 a; *Schoibl,* JBl 1998, 774; OLG Koblenz IPRspr 1987/122 = RIW 1987, 144; zur Wirkung zugunsten Dritter s Rz 305 ff). Doch kann im Fall eines Verstoßes gegen Art 12 oder 15 EuGVÜ/LGVÜ die Zuständigkeit auch nachträglich durch rügelose Einlassung begründet werden (Näheres s Rz 338). Dh nach österreichischer Terminologie liegt hier zwar eine unprorogable, aber heilbare internationale Unzuständigkeit vor.

b) In den in Art 16 EuGVÜ/LGVÜ aufgezählten Rechtssachen

Die ausschließlichen Zuständigkeiten für die in Art 16 EuGVÜ/LGVÜ aufgezählten Rechtssachen können nicht durch eine Gerichtsstandsvereinbarung abbedungen werden. **296**

Die Parteien können aber auch nicht zusätzlich zu dem gem Art 16 international zuständigen Vertragsstaat andere Vertragsstaaten als international konkurrierend zuständig vereinbaren (*Geimer/Schütze,* Zivilverfahrensrecht Art 17 EuGVÜ Rz 159).

Da in den Fällen des Art 16 EuGVÜ/LGVÜ überdies eine Heilung nach Art 18 EuGVÜ/LGVÜ ausgeschlossen ist, liegt im Fall eines Verstoßes gegen Art 16 EuGVÜ/LGVÜ nach österreichischer Terminologie eine unprorogable und überdies unheilbare internationale Unzuständigkeit vor.

Da vom Prorogationsverbot des Art 17 Abs 3 EuGVÜ/LGVÜ nur die internationale Zuständigkeit betroffen ist, können die Parteien **Vereinbarungen über die örtliche Zuständigkeit nach dem jeweiligen nationalen Recht** treffen (*Geimer/Schütze,* Urteilsanerkennung I/1 § 96 XVIII; *dies,* Zivilverfahrensrecht Art 17 EuGVÜ Rz 160; *Gottwald,* MünchKommZPO III Art 17 EuGVÜ Rz 41; *Jung,* Vereinbarungen 81; *Kropholler,* Zivilprozeßrecht[6] Art 17 EuGVÜ Rz 78). Näheres zu Art 16 EuGVÜ/LGVÜ s § 81 JN Rz 21 ff, Vor §§ 83 a und 83 b JN Rz 154 ff, § 83 JN Rz 6 ff. **297**

c) Betreffend individuelle Arbeitsverträge

Nach Art 17 Abs 5 LGVÜ haben Gerichtsstandsvereinbarungen in Einzelarbeitsverträgen ähnlich wie nach Art 12 Z 1 EuGVÜ/LGVÜ (zugunsten von Versicherungsnehmern) und Art 15 Z 1 EuGVÜ/LGVÜ (zugunsten von Verbrauchern) **nur dann rechtliche Wirkung, wenn** sie **nach** der **Entstehung der Streitigkeiten getroffen** werden (vgl *Volken,* SchweizJahrbIntR 1987, 110). Diese Bestimmung schützt ebenso wie Art 17 Abs 5 EuGVÜ, nach dem allerdings **298** ähnlich wie nach Art 12 Z 2 und Art 15 Z 2 EuGVÜ/LGVÜ auch Gerichtsstandsvereinbarungen zulässig sind, die dem Arbeitnehmer einen zusätzlichen Gerichtsstand gewähren (vgl *Droz,* Rev crit 1989, 1, 28; *Gottwald,* MünchKomm-ZPO III Art 17 EuGVÜ Rz 45; *Kropholler,* Zivilprozeßrecht[6] Art 17 EuGVÜ Rz 88), den wirtschaftlich und sozial schwächeren Vertragsteil (ErläutRV zum LGVÜ [34 BlgNR 20. GP] 36; *Jenard/Möller*-Bericht RdN 60).

299 Die Bevorzugung des Arbeitnehmers bei der Zuständigkeitsvereinbarung nach Art 17 Abs 5 EuGVÜ gilt nur für den Arbeitnehmer selbst und seine Erben, nicht jedoch für sonstige Rechtsnachfolger (*Geimer/Schütze,* Zivilverfahrensrecht Art 17 EuGVÜ Rz 55; *Trunk,* Erweiterung 112). Sie kommt auch nur bei Prozessen zur Anwendung, in denen der Arbeitnehmer oder seine Erben als Kläger auftreten. Daher kann sich der Arbeitnehmer, wenn er vom Arbeitgeber – entgegen einer Gerichtsstandsvereinbarung – in seinem Wohnsitzstaat oder bei dem sich nach Art 5 Z 1 ergebenden Forum geklagt wird, nicht auf die Derogationswirkung der Gerichtsstandsvereinbarung berufen (*Almeida Cruz/Desantes Real/Jenard*-Bericht RdN 27 e und f; *Geimer/Schütze,* Zivilverfahrensrecht Art 17 EuGVÜ Rz 55; *Trunk,* Erweiterung 112).

Anders als bei den Versicherungs- und Verbrauchersachen (vgl Art 13 Z 3 und Art 15 Z 3 EuGVÜ/LGVÜ) hat der Arbeitgeber bei der Gerichtsstandsvereinbarung in Arbeitsrechtssachen keine Möglichkeit, sich durch eine Zuständigkeitsvereinbarung vor Entstehen der Streitigkeit gegen Wohnsitzwechsel kompetenzrechtlich zu schützen und so für Rechtssicherheit zu sorgen (*Geimer/Schütze,* Zivilverfahrensrecht Art 17 EuGVÜ Rz 56). Da überdies ein Arbeitgeber wohl kaum ein Interresse daran haben dürfte, durch eine Gerichtsstandsvereinbarung die Wahlmöglichkeiten des Arbeitnehmers zu vergrößern (vgl *Trunk,* Erweiterung 111), bezeichnen *Geimer/Schütze* (Zivilverfahrensrecht Art 17 EuGVÜ Rz 56) Art 17 Abs 5 EuGVÜ als für die Praxis untauglich.

Ein Nachteil des Art 17 Abs 5 EuGVÜ besteht auch darin, daß er die Prorogation eines dritten Gerichts zwingend verlangt und daher eine bloße Derogation der internationalen Zuständigkeit des Wohnsitzstaates oder des Forums nach Art 5 Z 1 EuGVÜ unzulässig ist (*Geimer/Schütze,* Zivilverfahrensrecht Art 17 EuGVÜ Rz 57; *Trunk,* Erweiterung 114).

300 Die Prorogationsbeschränkung des Art 17 Abs 5 LGVÜ entspricht jener des § 9 Abs 1 ASGG.

d) Europarechtliche Verbote

301 Europarechtliche Verbote wären zwar nach Art 57 Abs 3 EuGVÜ, nicht aber nach dem (Prot Nr 3 zum) LGVÜ zu beachten. Derzeit existieren derartige Verbote aber nicht (*Geimer/Schütze,* Zivilverfahrensrecht Art 17 EuGVÜ Rz 161).

E. Verhältnis zum nationalen Recht

302 Innerhalb seines Anwendungsbereichs ist **Art 17** EuGVÜ/LGVÜ **lex specialis zu § 104 JN und allen anderen nationalen Bestimmungen,** die, wie zB §§ 83 a, 83 b JN, § 14 KSchG, § 4 Abs 1 Z 2 und 3, §§ 5 a, 5 b, § 7 ASGG, Prorogationsbeschränkungen enthalten, da das **Übereinkommen Vorrang vor dem nationalen Recht** genießt (vgl zur deutschen Rechtslage *Geimer/Schütze,* Zivilverfahrensrecht Art 17 EuGVÜ Rz 69 ff; *Gottwald,* MünchKommZPO III Art 17 EuGVÜ Rz 48; *Kropholler,* Zivilprozeßrecht[6] Art 17 EuGVÜ/LGVÜ Rz 16 ff; *Roth,* ZZP 93 [1980] 160 f; *Schlosser,* EuGVÜ Art 17 Rz 7; OLG München NJW 1982, 1951; OLG München RIW 1981, 848 = ZIP 1981, 287; EuGH 13. 11. 1979

Rs 25/79 *„Sanicentral/Collin“* Slg 1979, 3423 = NJW 1980, 1218 = RIW 1980, 285; OLG Bamberg NJW 1977, 505; BGH NJW 1980, 2022; OLG München NJW 1974, 2181).

Die Zulässigkeit, die Form und die Wirkungen einer Gerichtsstandsvereinbarung bestimmen sich daher im Anwendungsbereich des Art 17 EuGVÜ/LGVÜ ausschließlich nach dieser Norm (*Gottwald,* MünchKommZPO III Art 17 EuGVÜ Rz 48; *Kropholler,* Zivilprozeßrecht[6] Art 17 EuGVÜ Rz 17).

Vorschriften nationaler Gesetzgeber, die bei Gerichtsstandsvereinbarungen die Verwendung bestimmter Sprachen vorschreiben, können Zuständigkeitsvereinbarungen erschweren und sind daher im Anwendungsbereich des Art 17 EuGVÜ/LGVÜ unbeachtlich (*Geimer/Schütze,* Zivilverfahrensrecht Art 17 EuGVÜ Rz 73; EuGH 24. 6. 1981 Rs 150/80 *„Elefanten Schuh/Jacqmain“* Slg 1981 1671 = IPRax 1982, 234 [*Leipold* 222] = NJW 1982, 507 = RIW 1981, 709).

F. Verhältnis zwischen Art 17 EuGVÜ und Art 17 LGVÜ

Das Verhältnis zwischen dem EuGVÜ und dem LGVÜ regelt Art 54b LGVÜ. Abgrenzungsprobleme ergeben sich freilich nur dann, wenn der betreffende Staat sowohl das EuGVÜ als auch das LGVÜ ratifiziert hat. **303**

G. Grenzen der Wirkungen einer Zuständigkeitsvereinbarung

1. Subjektive Grenzen der Wirkungen der Gerichtsstandsvereinbarung

a) Wirkung inter partes

Art 17 EuGVÜ/LGVÜ verlangt grundsätzlich eine Vereinbarung **zwischen den Parteien** des Rechtsstreits (vgl *Kim,* Gerichtsstandsvereinbarungen 179ff), daher muß bei passiven Streitgenossen die Zuständigkeitsvereinbarung zwischen dem Kläger und jedem einzelnen Beklagten abgeschlossen worden sein (*Geimer/Schütze,* Zivilverfahrensrecht Art 17 EuGVÜ Rz 199). **304**

Ob die Zuständigkeitsvereinbarung auch im Fall einer Rechtsnachfolge gilt, richtet sich nach dem vom IPR des Gerichtsstaates bestimmten Sachrecht (*Geimer/Schütze,* Zivilverfahrensrecht Art 17 EuGVÜ Rz 200; *Kropholler,* Zivilprozeßrecht[6] Art 17 EuGVÜ Rz 23). Nach österreichischem und deutschem Recht wirkt die Zuständigkeitsvereinbarung **auch für und gegen die Einzel- und Gesamtrechtsnachfolger** (*Horten,* JN 317; *Matscher,* Zuständigkeitsvereinbarungen 55; *Mayr* in *Rechberger,* ZPO § 104 JN Rz 2; *Petschek/Stagel,* Zivilprozeß 127; SZ 36/138 [1963]; LGZ Wien EvBl 1937/438; ZBl 1933/226; Rsp 1930/113; aA *Neumann,* Kommentar[4] I 258 und *Pollak,* System[2], 298, die bei der Einzelrechtsnachfolge nur im Einzelfall eine Wirkungserstreckung annehmen; vgl für die deutsche Rechtslage *Geimer,* NJW 1985, 534; *Geimer/Schütze,* Urteilsanerkennng I/1 § 96 XXIII 3; *dies,* Zivilverfahrensrecht Art 17 EuGVÜ Rz 201; *Gottwald,* MünchKommZPO III Art 17 EuGVÜ Rz 33; *Kropholler,* Zivilprozeßrecht[6] Art 17 EuGVÜ Rz 55).

b) Zuständigkeitsvereinbarungen zugunsten Dritter

Zuständigkeitsvereinbarungen zugunsten Dritter sind – im Gegensatz zu solchen, die zu Lasten Dritter gehen – **zulässig** (*Geimer,* NJW 1985, 533; *Geimer/Schütze,* Zivilverfahrensrecht Art 17 EuGVÜ Rz 204; *Gottwald,* MünchKommBGB[3] II § 328 Rz 75; *ders,* MünchKommZPO III Art 17 EuGVÜ Rz 33; *Hübner,* IPRax 1984, 237ff). Es genügt, wenn die Form im Verhältnis zwischen den Vertragsparteien gewahrt ist. **305**

306 Zu einer **Erstreckung der Wirkungen einer Gerichtsstandsklausel** auf Dritte kann es allerdings kommen, wenn diese in einem **Konnossement,** in **trust-Bedingungen** oder in einem **Versicherungsvertrag** enthalten ist.

307 Eine Gerichtsstandsklausel in einem Konnossement ist **auch gegenüber dem Drittinhaber,** also dem Empfänger der Ware, der selbst keine Gerichtsstandsvereinbarung getroffen hat, **wirksam** *(Gottwald,* MünchKommZPO III Art 17 EuGVÜ Rz 34; *Kropholler,* Zivilprozeßrecht[6] Art 17 EuGVÜ Rz 54, 57). Voraussetzung dafür ist nach der Rsp des EuGH, daß „die Gerichtsstandsklausel zwischen dem Befrachter und dem Verfrachter gültig ist und der Drittinhaber nach dem anwendbaren nationalen Recht mit dem Erwerb des Konnossements in die Rechte und Pflichten des Befrachters eingetreten ist" (EuGH 19. 6. 1984 Rs 71/83 *„Russ/Goeminne"* Slg 1984, 2417 = IPRax 1985, 152 [*Basedow* 133] = RIW 1984, 909 [*Schlosser* 914]; zust *Geimer* NJW 1985, 534).

308 Wird ein trust durch einseitiges Rechtsgeschäft begründet, nimmt in diesem Fall weder der **trustee** noch der **Begünstigte** an der Aufstellung der Gerichtsstandsklausel teil (*Gottwald,* MünchKommZPO III Art 17 EuGVÜ Rz 35; *Kropholler,* Zivilprozeßrecht[6] Art 17 EuGVÜ Rz 59). Dennoch sind sie **an** die **ausschließliche Zuständigkeit des vom trust-Begründer prorogierten Gerichtes gebunden** (*Gottwald,* MünchKommZPO III Art 17 EuGVÜ Rz 35; *Kropholler,* Zivilprozeßrecht[6] Art 17 EuGVÜ Rz 59).

309 Nach Art 12 Z 2 EuGVÜ/LGVÜ können in Versicherungsverträgen durch Vereinbarung mit dem Versicherungsnehmer Gerichtsstandsvereinbarungen **auch zugunsten von Versicherten oder Begünstigten, die nicht mit dem Versicherungsnehmer identisch sind,** getroffen werden, ohne daß diese am Abschluß beteiligt sein müßten *(Gottwald,* MünchKommZPO III Art 17 EuGVÜ Rz 36; *Kropholler,* Zivilprozeßrecht[6] Art 17 EuGVÜ Rz 56; EuGH 14. 7. 1983 Rs 201/82 *„Gerling/Amministrazione del tesoro"* Slg 1983, 2503 = IPRax 1984, 259 [*Hübner* 237] = NJW 1984, 2760 = RIW 1984, 62). Die begünstigten Dritten können sich auf die Gerichtsstandsklausel berufen, wenn sie ihr zwar nicht ausdrücklich durch ihre Unterschrift zugestimmt haben, aber „**das Schriftformerfordernis** des Art 17 EuGVÜ/LGVÜ **im Verhältnis zwischen dem Versicherer und dem Versicherungsnehmer eingehalten** worden **und** die **Zustimmung des Versicherers zu der genannten Klausel klar zum Ausdruck gekommen** ist" (*Gottwald,* MünchKommZPO III Art 17 EuGVÜ Rz 36; *Kropholler,* Zivilprozeßrecht[6] Art 17 EuGVÜ Rz 56; EuGH 14. 7. 1983 Rs 201/82 *„Gerling/Amministrazione del tesoro"* Slg 1983, 2503 = IPRax 1984, 259 [*Hübner* 237] = NJW 1984, 2760 = RIW 1984, 62). Soweit eine Gerichtsstandsvereinbarung (etwa gem Art 12 Z 5, Art 12a EuGVÜ/LGVÜ) zulässig ist, bindet sie den Drittbegünstigten auch dann, wenn sie zu seinen Lasten geht (*Kropholler,* Zivilprozeßrecht[6] Art 17 EuGVÜ Rz 56; *Mankowski,* IPRax 1996, 431).

2. Objektive Grenzen der Wirkungen der Zuständigkeitsvereinbarung

310 Die objektiven Grenzen der Zuständigkeitsvereinbarung werden (auch bei einer Anspruchskonkurrenz) durch den Willen der Parteien festgelegt. Im Zweifel umfaßt eine in einen schuldrechtlichen Vertrag aufgenommene Gerichtsstandsklausel auch deliktische Anspruchsgrundlagen, die mit den vertraglichen konkurrieren (*Geimer/Schütze,* Zivilverfahrensrecht Art 17 EuGVÜ Rz 206). Es bedarf besonderer Anhaltspunkte für eine Zuständigkeitsspaltung nach Anspruchsgrundlagen (*v. Falkenhausen,* RIW 1983, 420; *Geimer/Schütze,* Urteilsanerkennung I/1 § 96 XXV 3; *dies,* Zivilverfahrensrecht Art 17 EuGVÜ Rz 206; *Gottwald,* MünchKommZPO III Art 17 EuGVÜ Rz 37, 54; *Hausmann* in

Wieczorek/Schütze, ZPO[3] I/1 Art 17 EuGVÜ Rz 81; *Kropholler,* Zivilprozeßrecht[6] Art 17 EuGVÜ Rz 63; *Schlosser,* EuGVÜ Art 17 Rz 38).

H. Wirkungen der Zuständigkeitsvereinbarungen

1. (Ausschließliche) Zuständigkeit der prorogierten Gerichte

Nach Art 17 Abs 1 EuGVÜ/LGVÜ wird das Gericht oder werden die Gerichte, dessen bzw deren Zuständigkeit die Parteien vereinbart haben, ausschließlich zuständig (so auch ErläutRV zum LGVÜ [34 BlgNR 20. GP] 36). Allerdings begründet entgegen dem Wortlaut des Art 17 Abs 1 eine Prorogation nicht notwendig eine ausschließliche Zuständigkeit (*Geimer/Schütze,* Urteilsanerkennung I/1 § 96 V; *Gottwald,* IPRax 1987, 81 f; *ders,* MünchKommZPO III Art 17 EuGVÜ Rz 55). Überwiegend wird die Meinung vertreten, daß Art 17 EuGVÜ/LGVÜ **nur eine widerlegliche Vermutung für die ausschließliche Zuständigkeit des prorogierten Gerichts** enthält (*Auer* in *Bülow/Böckstiegel,* Rechtsverkehr 606 Art 17 Rz 136 f; *Bork* in *Stein/Jonas,* ZPO[21] I § 38 Rz 29 a; *Geimer/Schütze,* Urteilsanerkennung I/1 § 96 XXI 4; *dies,* Zivilverfahrensrecht Art 17 EuGVÜ Rz 166; *Gottwald,* MünchKommZPO III Art 17 EuGVÜ Rz 55; *v. Hoffmann,* AWD 1973, 63; *Jayme/Haack,* IPRax 1985, 323; *Kohler,* IPRax 1986, 342; *Nagel/Gottwald,* IZPR[4] § 3 Rz 244; *Schlosser,* EuGVÜ Art 17 Rz 33; *Spellenberg,* IPRax 1981, 75 f; *Gamlestaden Plc/Casa de Suecia SA and Thulin* [1994] 1 Lloyd's Rep 433 [QB]; *„Kurz/Stella Musical VeranstaltungsGmbH"* [1992] 1 All E R 630 [ChD] = RIW 1992, 139 [zust *Ebert-Weidenfeller* 141]; OLG München IPRspr 1980/139 = RIW 1982, 281; BGH RIW 1998, 964; im Ergebnis auch *Kropholler,* Zivilprozeßrecht[6] Art 17 EuGVÜ Rz 98). Die **Parteien können** daher durch Vereinbarung auch einen **Gerichtsstand schaffen, der mit** den **Gerichtsständen des Übereinkommens konkurriert.** 311

Nach Ansicht des EuGH (24. 6. 1986 Rs 22/85 *„Anterist/Credit Lyonnais"* Slg 1986, 1951 = IPRax 1987, 105 [*Gottwald* 81] = RIW 1986, 636; EuGH 17. 1. 1980 Rs 56/79 *„Zelger/Salinitri"* Slg 1980, 89 = IPRax 1981, 89 [*Spellenberg* 75] = NJW 1980, 1218 = RIW 1980, 726 = WM 1980, 720 [*Schütze* 723]; dem folgend BGH RIW 1987, 624 f = WM 1987, 794; OLG Koblenz IPRspr 1987/122 = RIW 1987, 144; OLG Koblenz RIW 1986, 459; OLG München IPRspr 1980/139 = RIW 1982, 281) führt die Prorogation allerdings **im Zweifel** zu einer **ausschließlichen Zuständigkeit.** Sie verdrängt dann andere Gerichtsstände des EuGVÜ/LGVÜ, zB jene nach Art 5 Z 1, Art 6 Z 1 oder Z 2.

Inhalt und Tragweite einer Gerichtsstandsvereinbarung werden primär durch den **Parteiwillen** festgelegt *(Gottwald,* MünchKommZPO III Art 17 EuGVÜ Rz 54; EuGH 24. 6. 1986 Rs 22/85 *„Anterist/Credit Lyonnais"* Slg 1986, 1951 = IPRax 1987, 105 [*Gottwald* 81] = RIW 1986, 636; BGH RIW 1998, 964). Eine Vereinbarung für alle Streitigkeiten aus der Erfüllung eines Vertrages und seiner Auslegung erfaßt regelmäßig auch konkurrierende gesetzliche, insb deliktische Ansprüche (*Gottwald,* MünchKommZPO III Art 17 EuGVÜ Rz 54; *Schlosser,* EuGVÜ Art 17 Rz 38; OLG Stuttgart IPRax 1992, 86 [*H. Roth* 67] = RIW 1991, 333). Denn andernfalls könnte eine als ausschließlich intendierte Prorogation häufig unterlaufen werden (*v. Falkenhausen,* RIW 1983, 420 f; *Gottwald,* MünchKomm-ZPO III Art 17 EuGVÜ Rz 54; Cour d'Appel de Paris RIW 1989, 569 [krit *Sterzing* 570 f]; aA OLG Hamburg RIW 1982, 669). 312

2. Pflicht zur Justizgewährung

313 Der Vertragsstaat, dessen internationale Zuständigkeit gem Art 17 wirksam vereinbart worden ist, ist zur Justizgewährung verpflichtet, uzw auch dann, wenn weder die Parteien noch der Streitgegenstand einen Bezug zu diesem Vertragsstaat haben oder in der Sache fremdes Recht anzuwenden ist (*Geimer/Schütze,* Urteilsanerkennung I/1 § 42 IV, § 96 XX 7; *dies,* Zivilverfahrensrecht Art 17 EuGVÜ Rz 180; *Schack,* RabelsZ 1994, 49f).

3. Derogationswirkung bei einer ausschließlichen Prorogation

314 Vereinbaren die Parteien die ausschließliche internationale Zuständigkeit eines Vertragsstaates, so derogieren sie damit der internationalen Zuständigkeit aller übrigen Vertragsstaaten. Die Parteien können aber auch zwei oder mehrere Staaten als konkurrierend international zuständig vereinbaren, und die internationale Zuständigkeit aller anderen Vertragsstaaten ausschließen (*Geimer/Schütze,* Urteilsanerkennung I/1 § 96 XXI 3; *dies,* Zivilverfahrensrecht Art 17 EuGVÜ Rz 185).

Die Derogationswirkung ist aber keine notwendige Folge der Prorogation. Denn den Parteien steht es, wie in Rz 311f bereits näher ausgeführt, auch frei, internationale Wahlzuständigkeiten zu schaffen. Im Zweifel ist allerdings davon auszugehen, daß die Parteien eine ausschließliche und damit derogierende Prorogation gewollt haben. Die Beweislast für das Fehlen des Derogationswillens trägt die Partei, die sich auf die internationale Zuständigkeit des Gerichtsstaats beruft (*Geimer/Schütze,* Zivilverfahrensrecht Art 17 EuGVÜ Rz 186).

4. Bindung der Gerichte des derogierten Vertragsstaates

a) Das Gericht im prorogierten Vertragsstaat wurde zuerst angerufen

315 Ist **bereits vor dem prorogierten Gericht Klage** erhoben worden und hält es die Zuständigkeitsvereinbarung für wirksam, muß das **später angerufene, derogierte Gericht** nach den Regeln über die **internationale Rechtshängigkeit** (Art 21 EuGVÜ/LGVÜ) vorgehen. Es hat das Verfahren solange zu **unterbrechen, bis die internationale Zuständigkeit des zuerst angerufenen Gerichtes feststeht** bzw wenn diese (bereits) feststeht, sich zugunsten des zuerst angerufenen Gerichtes für international unzuständig zu erklären, dh die Klage wegen internationaler Unzuständigkeit zurückzuweisen (*Geimer/Schütze,* Zivilverfahrensrecht Art 17 EuGVÜ Rz 212; *Gottwald,* MünchKommZPO III Art 17 EuGVÜ Rz 56; *Hausmann* in *Reithmann/Martiny,* Vertragsrecht[5] Rz 2189; *Kropholler,* Zivilprozeßrecht[6] Art 17 EuGVÜ Rz 100).

Hat das prorogierte Gericht eine rechtskräftige Sachentscheidung gefällt, sind deren Wirkungen nach Art 25ff im derogierten Vertragsstaat anzuerkennen (*Geimer/Schütze,* Zivilverfahrensrecht Art 17 EuGVÜ Rz 212; *Gottwald,* MünchKommZPO III Art 17 EuGVÜ Rz 56; *Kropholler,* Zivilprozeßrecht[6] Art 17 EuGVÜ Rz 100). Eine Sachentscheidung im derogierten Staat ist nur dann zulässig, wenn ein Anerkennungsversagungsgrund, wie zB ein Verstoß gegen den ordre public vorliegt (*Geimer/Schütze,* Zivilverfahrensrecht Art 17 EuGVÜ Rz 212).

Hält das zuerst angerufene prorogierte Gericht dagegen die Zuständigkeitsvereinbarung für unwirksam und weist es deswegen die Klage als unzulässig zurück, so sind die Gerichte des derogierten Vertragsstaates an diese Entscheidung gebunden (*Geimer/Schütze,* Zivilverfahrensrecht Art 17 EuGVÜ Rz 213). Ansonsten käme es zu einem negativen Kompetenzkonflikt, den zu vermeiden ein erklärtes Anliegen der Übereinkommen ist (*Geimer/Schütze,* Zivilverfahrensrecht Art 17 EuGVÜ Rz 213).

b) Das Gericht eines derogierten Vertragsstaates wurde zuerst angerufen

Wenn das Gericht im derogierten Vertragsstaat zuerst angerufen wird, darf das Gericht des prorogierten Vertragsstaates während der Rechtshängigkeit (= Streitanhängigkeit) im zuerst angerufenen Vertragsstaat gem Art 21 keine Sachentscheidung fällen (vgl RZ 1999/27). **316**

Hält das Gericht des derogierten Vertragsstaates die Zuständigkeitsvereinbarung für zulässig und wirksam und läßt sich der Beklagte nicht nach Art 18 ein, dann muß es sich gem Art 20 von Amts wegen für unzuständig erklären (ErläutRV zum LGVÜ [34 BlgNR 20. GP] 36; *Geimer/Schütze,* Urteilsanerkennung I/1 § 96 XXII 2; *dies,* Zivilverfahrensrecht Art 17 EuGVÜ Rz 216f; *Gottwald,* MünchKommZPO III Art 17 EuGVÜ Rz 56; *Kropholler,* Zivilprozeßrecht^{6} Art 17 EuGVÜ Rz 99). An die rechtskräftige Zurückweisung der Klage wegen internationaler Unzuständigkeit (aufgrund einer Derogation) sind die Gerichte des prorogierten Vertragsstaates gebunden (*Geimer/Schütze,* Zivilverfahrensrecht Art 17 EuGVÜ Rz 217).

Wenn das Gericht des derogierten Vertragsstaates dagegen die Zuständigkeitsvereinbarung für unzulässig oder unwirksam erachtet und eine Sachentscheidung fällt, ist diese nach Maßgabe der Art 25ff anzuerkennen (*Geimer,* Kralik-FS 187; *Geimer/Schütze,* Zivilverfahrensrecht Art 17 EuGVÜ Rz 218).

5. Beurteilung des Prorogations- und Derogationseffekts, wenn keine der Parteien in einem Vertragsstaat wohnt (Art 17 Abs 1 Satz 3 EuGVÜ/LGVÜ)

Haben die Parteien, von denen keine ihren Wohnsitz/Sitz in einem Vertragstaat hat, die internationale Zuständigkeit eines Vertragsstaates vereinbart, dann kommt das Zuständigkeitsrecht des Übereinkommens nicht zur Anwendung. Ob die **Prorogation zulässig und wirksam** ist, entscheidet daher der Richter im prorogierten Vertragsstaat nach der **lex fori** (*Geimer/Schütze,* Zivilverfahrensrecht Art 17 EuGVÜ Rz 223). **317**

Ruft entgegen der Zuständigkeitsvereinbarung eine Partei das Gericht eines anderen (derogierten) Vertragsstaates an, dann beurteilt sich dessen internationale und örtliche Zuständigkeit nach dessen nationalem Zuständigkeitsrecht. Ist danach das angerufene Gericht unzuständig, ist die Klage zurückzuweisen. Wenn dagegen der angerufene Vertragsstaat nach seinem nationalen Zuständigkeitsrecht international zuständig ist, stellt sich die Frage, ob die Gerichtsstandsvereinbarung und damit die Derogation wirksam ist. Nach Art 17 Abs 1 Satz 3 EuGVÜ/LGVÜ dürfen, solange die Gerichte im prorogierten Vertragsstaat sich nicht für (international) unzuständig erklärt haben, die Gerichte des derogierten Vertragsstaates nicht entscheiden. Verboten sind aber nur die Bejahung der internationalen Zuständigkeit, die Entscheidung in der Hauptsache und die Gewährung einstweiligen Rechtsschutzes, nicht aber die Zurückweisung wegen internationaler Unzuständigkeit (*Geimer/Schütze,* Zivilverfahrensrecht Art 17 EuGVÜ Rz 229).

Art 17 Abs 1 Satz 3 setzt voraus, daß der Beklagte die Einrede der Derogation erhebt. Tut er dies nicht und verhandelt er, ohne die Einrede der internationalen Unzuständigkeit zu erheben, in der Hauptsache, dann ist er nicht schützenswert und Art 17 Abs 1 Satz 3 EuGVÜ/LGVÜ kommt nicht zur Anwendung (*Geimer/Schütze,* Zivilverfahrensrecht Art 17 EuGVÜ Rz 230).

6. *Wirkung von Vereinbarungen nur zugunsten einer Partei (Art 17 Abs 4 EuGVÜ/LGVÜ)*

318 Nach Art 17 Abs 4 EuGVÜ/LGVÜ **behält,** wenn eine Gerichtsstandsvereinbarung nur zugunsten einer Partei getroffen worden ist, diese das **Recht, jedes andere Gericht anzurufen, das aufgrund des EuGVÜ/LGVÜ zuständig ist.** Art 17 Abs 4 EuGVÜ/LGVÜ ist daher als eine **gesetzliche Vermutung** zu deuten, nach der die **einseitig begünstigende Gerichtsstandsvereinbarung** für den Begünstigten nur einen **Wahlgerichtsstand** begründet (*Geimer/Schütze,* Urteilsanerkennung I/1 § 96 V 3, XXI 4; *Gottwald,* IPRax 1987, 81 f; *ders,* MünchKommZPO III Art 17 EuGVÜ Rz 51; *Hausmann* in *Reithmann/Martiny,* Vertragsrecht[5] Rz 2191; *Kohler,* IPRax 1986, 342 f; *Kropholler,* IZVR I Kap III Rz 889, 890).

319 Wenn die Parteien die einseitige Begünstigung nicht ausdrücklich im Vertrag festgelegt haben, so ist mit Hilfe der **Auslegung** festzustellen, ob eine einseitig begünstigende Klausel vorliegt (*Gottwald,* MünchKommZPO III Art 17 EuGVÜ Rz 53; *Schlosser,* EuGVÜ Art 17 Rz 33).

Eine einseitige Begünstigung ist nur dann anzunehmen, wenn sie sich **zweifelsfrei aus dem Parteiwillen** ergibt *(Geimer/Schütze,* Zivilverfahrensrecht Art 17 EuGVÜ Rz 169; *Gottwald,* MünchKommZPO III Art 17 EuGVÜ Rz 51; *Kohler,* IPRax 1983, 265 FN 65; *ders,* IPRax 1986, 340 ff; *Kropholler,* Zivilprozeßrecht[6] Art 17 EuGVÜ Rz 102; *ders,* IZVR I Kap III Rz 890; *Tosi/Hesse,* RIW 1984, 480 f; OLG München IPRspr 1980/139 = RIW 1982, 281; aA *Jayme,* IPRax 1983, 243 [Entscheidungsanmerkung]; *ders,* IPRax 1984, 160 [Entscheidungsanmerkung]; *Schwarz,* IPRax 1987, 291 f; LG Gießen IPRax 1984, 160; OLG Saarbrükken RIW 1984, 478; LG Bonn IPRax 1983, 243, nach deren Ansicht schon objektive Umstände für die Annahme einer einseitigen Begünstigung einer Partei ausreichen). Der Parteiwille zur einseitigen Begünstigung muß sich nach der Rsp des EuGH **„klar aus dem Wortlaut der Gerichtsstandsvereinbarung oder aus der Gesamtheit der dem Vertrag zu entnehmenden Anhaltspunkte oder der Umstände des Vertragsabschlusses ergeben"** (Abschlußentscheidung BGH IPRax 1987, 107 = WuB VII B 1 Art 17 EuGVÜ 1.87 [*v. Westphalen*]; EuGH 24. 6. 1986 Rs 22/85 *„Anterist/Credit Lyonnais"* Slg 1986, 1951 = IPRax 1987, 105 [*Gottwald* 81] = RIW 1986, 636). Ein rein objektives Verständnis der einseitigen Begünstigung würde nämlich den Belangen der Beteiligten nicht gerecht.

320 **Vereinbarungen zum Vorteil einer Partei** sind einerseits solche, die die **Partei, zu deren Gunsten sie getroffen wurden, ausdrücklich nennen;** andererseits solche, die zwar angeben, vor welchen Gerichten jede Partei die andere verklagen muß, die aber **einer der Parteien insoweit eine größere Wahlmöglichkeit einräumen** *(Gottwald,* MünchKommZPO III Art 17 EuGVÜ Rz 53; *Kropholler,* Zivilprozeßrecht[6] Art 17 EuGVÜ Rz 102; EuGH 24. 6. 1986 Rs 22/85 *„Anterist/Credit Lyonnais"* Slg 1986, 1951 = IPRax 1987, 105 [*Gottwald* 81] = RIW 1986, 636; vgl auch Paris D. S. 1989, 255 [*Audit*] = Riv dir int priv proc 1992, 641; bestätigt durch Cass Rev crit 1991, 613 [*Gaudemet-Tallon*] = Bericht *Huet,* Clunet 1992, 198 = Riv dir int priv proc 1992, 644).

321 Eine Gerichtsstandsvereinbarung ist daher **nicht** schon dann als eine iSd Art 17 Abs 4 EuGVÜ/LGVÜ eine Partei **begünstigende Vereinbarung** anzusehen, wenn sie lediglich die **Gerichte** oder ein Gericht **eines Vertragsstaats** für zuständig erklärt, in dem die **„begünstigte" Partei ihren Wohnsitz oder Sitz** hat *(Gottwald,* MünchKommZPO III Art 17 EuGVÜ Rz 53; *Hausmann* in *Reithmann/Martiny,* Vertragsrecht[5] Rz 2193; *Kohler,* IPRax 1986, 344 f; *Kropholler,* Zivilprozeßrecht[6] Art 17 EuGVÜ Rz 103; OLG Koblenz IPRax 1987, 308 [krit

Schwarz 291] = RIW 1987, 144, 147; EuGH 24. 6. 1986 Rs 22/85 *„Anterist/Credit Lyonnais"* Slg 1986, 1951 = IPRax 1987, 105 [*Gottwald* 81] = RIW 1986, 636).

7. Auswirkungen einer Gerichtsstandsvereinbarung auf die Widerklage

Der Gerichtsstand der Widerklage (Art 6 Z 3 EuGVÜ/LGVÜ) kann durch Vereinbarung abbedungen werden, da die abschließende Ausnahmeregelung des Art 17 Abs 3 den Art 6 Z 3 nicht nennt (*Gottwald,* MünchKommZPO III Art 17 EuGVÜ Rz 59; *Kropholler,* Zivilprozeßrecht[6] Art 17 EuGVÜ/LGVÜ Rz 104). Art 17 EuGVÜ/LGVÜ enthält die Vermutung der ausschließlichen Zuständigkeit, sofern die Parteien nichts Abweichendes vereinbart haben. Daher ist **für** die **Widerklage** grundsätzlich nur das **vereinbarte Gericht zuständig** (*Gottwald,* MünchKommZPO III Art 17 EuGVÜ Rz 59; *Kropholler,* Zivilprozeßrecht[6] Art 17 EuGVÜ/LGVÜ Rz 104; *Schlosser,* EuGVÜ Art 17 Rz 40; Hof Amsterdam NJ 1989/233; aA *Geimer/Schütze,* Urteilsanerkennung I/1 § 80 VII, § 96 XXI 10; *dies,* Zivilverfahrensrecht Art 17 EuGVÜ Rz 195; *Hausmann* in *Reithmann/Martiny,* Vertragsrecht[5] Rz 2194; *ders* in *Wieczorek/Schütze,* ZPO[3] I/1 Art 17 EuGVÜ Rz 86; *Saenger,* ZZP 110 [1997] 496, nach deren Ansicht bei Fehlen eines ausdrücklichen Ausschlusses davon auszugehen ist, daß die Widerklagemöglichkeit am forum derogatum nicht abbedungen worden ist). **322**

Erhebt der gem Art 17 Abs 4 EuGVÜ/LGVÜ **einseitig begünstigte Vertragspartner Klage** an einem nur ihm wahlweise zugänglichen Gericht, kann der **Beklagte aufgrund der Bindungswirkung der Vereinbarung dort nicht Widerklage** erheben (*Gottwald,* MünchKommZPO III Art 17 EuGVÜ Rz 59; *Kropholler,* Zivilprozeßrecht[6] Art 17 EuGVÜ Rz 104; vgl zum autonomen deutschen Recht BGHZ 52, 30 = AWD 1969, 188 = NJW 1969, 1536; aA *Geimer/Schütze,* Zivilverfahrensrecht Art 17 EuGVÜ Rz 195; *Rauscher,* RIW 1985, 887 f). Der Widerbeklagte (= Kläger im Erstprozeß) hat es jedoch in der Hand, dem Gericht durch Unterlassung der Zuständigkeitsrüge (gem Art 18) die volle Entscheidungskompetenz zu verschaffen (*Gottwald,* MünchKommZPO III Art 17 EuGVÜ Rz 59; *Kropholler,* Zivilprozeßrecht[6] Art 17 EuGVÜ Rz 104). **323**

8. Auswirkungen einer Gerichtsstandsvereinbarung auf die Aufrechnung

Auch wenn für eine bestimmte Forderung durch eine Vereinbarung nach Art 17 EuGVÜ/LGVÜ die ausschließliche Zuständigkeit eines Gerichts begründet worden ist, kann in einem **vor einem anderen Gericht** anhängigen Verfahren diese Forderung **mittels Aufrechnungseinrede geltend** gemacht werden, vorausgesetzt, daß das Gericht dies mit Wortlaut und Sinn der Gerichtsstandsvereinbarung für vereinbar hält (*Geimer/Schütze,* Zivilverfahrensrecht Art 17 EuGVÜ Rz 193; *Gottwald,* MünchKommZPO III Art 17 EuGVÜ Rz 57; *Kropholler,* Zivilprozeßrecht[6] Art 17 EuGVÜ Rz 105; *Schlosser,* EuGVÜ Art 17 Rz 35; EuGH 7. 3. 1985 Rs 48/84 *„Spitzley/Sommer"* Slg 1985, 787 = IPRax 1986, 27 [*Gottwald* 10] = NJW 1985, 2893 = RIW 1985, 313 [*Rauscher* 887]; EuGH 9. 11. 1978 Rs 23/78 *„Meeth/Glacetal"* Slg 1978, 213 = NJW 1978, 1110 = RIW 1978, 814; EuGH 14. 12. 1976 Rs 24/76 *„Colzani/RÜWA"* Slg 1976, 1831 = NJW 1977, 494 = RIW 1977, 104 [*Müller* 163]). **324**

Dabei macht es keinen Unterschied, ob es sich um eine konnexe Gegenforderung oder um eine Forderung handelt, die auf einem anderen Vertrag oder Sachverhalt als die Hauptforderung beruht (*Gottwald,* MünchKommZPO III Art 17 EuGVÜ Rz 57; *Kropholler,* Zivilprozeßrecht[6] 271 FN 204; EuGH 7. 3. 1985 Rs 48/84 *„Spitzley/Sommer"* Slg 1985, 787 = IPRax 1986, 27 [*Gottwald* 10] =

NJW 1985, 2893 = RIW 1985, 313 [*Rauscher* 887]; Abschlußentscheidung BGH IPRspr 1979/162 = NJW 1979, 2477 = RIW 1979, 713 = WM 1979, 978; EuGH 9. 11. 1978 Rs 23/78 *„Meeth/Glacetal"* Slg 1978, 213 = NJW 1978, 1110 = RIW 1978, 814; Vorlagebeschluß BGH IPRspr 1978/135 = RIW 1978, 475 = WM 1978, 622; EuGH 14. 12. 1976 Rs 24/76 *„Colzani/RÜWA"* Slg 1976, 1831 = NJW 1977, 494 = RIW 1977, 104 [*Müller* 163]).

325 Unbestrittenermaßen ist – trotz Vorliegens einer Gerichtsstandsvereinbarung – die Aufrechnung mit rechtskräftig festgestellten oder unstreitigen Forderungen zulässig (*Gottwald,* MünchKommZPO III Art 17 EuGVÜ Rz 57; *Saenger,* ZZP 110 [1997] 495). **Im Zweifel** ist aber, auch wenn die Gegenforderung streitig ist, soweit die Vereinbarung keine direkte Aussage zur Aufrechnungsbefugnis enthält, **aus der Gerichtsstandsvereinbarung kein Aufrechnungsverbot abzuleiten** (*v. Falkenhausen,* RIW 1982, 389; *Gebauer,* IPRax 1998, 79; *Geimer,* IPRax 1986, 212; *Geimer* in *Zöller,* Zivilprozeßordnung[21] Art 17 EuGVÜ Rz 16; *Geimer/Schütze,* Urteilsanerkennung I/1 § 80 IX, § 96 XXI 9; *dies,* Zivilverfahrensrecht Art 17 EuGVÜ Rz 194; *Gottwald,* IPRax 1986, 10 f; *ders,* MünchKommZPO III Art 17 EuGVÜ Rz 58; *v. Hoffmann,* AWD 1973, 168 f [Entscheidungsanmerkung]; *Rauscher,* RIW 1985, 887 f; OLG Hamburg AWD 1973, 101; OLG Hamm MDR 1971, 217; LG Berlin IPRax 1998, 97; aA BGH IPRspr 1979/162 = NJW 1979, 2477 = RIW 1979, 713 = WM 1979, 978, der die Gerichtsstandsvereinbarung regelmäßig dahin auslegt, daß sie nach dem Parteiwillen ein Aufrechnungsverbot beinhalte).

326 Ergibt die Prüfung das Vorliegen eines Aufrechnungsverbots, so kann dieses durch rügelose Einlassung des Klägers auf die Gegenforderung überwunden werden *(Geimer/Schütze,* Zivilverfahrensrecht Art 17 EuGVÜ Rz 194; *Gottwald,* MünchKommZPO III Art 17 EuGVÜ Rz 58; *Kropholler,* Zivilprozeßrecht[6] Art 17 EuGVÜ Rz 106; EuGH 7. 3. 1985 Rs 48/84 *„Spitzley/Sommer"* Slg 1985, 787 = IPRax 1986, 27 [*Gottwald* 10] = NJW 1985, 2893 = RIW 1985, 313 [*Rauscher* 887]; EuGH 14. 12. 1976 Rs 24/76 *„Colzani/RÜWA"* Slg 1976, 1831 = NJW 1977, 494 = RIW 1977, 104 [*Müller* 163]; vgl *Dageförde,* RIW 1990, 877 ff).

9. Auswirkungen einer Gerichtsstandsvereinbarung auf die Gewährleistungs- und Interventionsklage

327 Ein durch Vereinbarung nach Art 17 EuGVÜ/LGVÜ **derogiertes Gericht** kann auch **nicht** durch **Gewährleistungs- oder Interventionsklage** nach Art 6 Z 2 EuGVÜ/LGVÜ angerufen werden *(Geimer/Schütze,* Zivilverfahrensrecht Art 17 EuGVÜ Rz 197; *Gottwald,* MünchKommZPO III Art 17 EuGVÜ Rz 60; *Jenard-*Bericht zu Art 6 Z 2 EuGVÜ; *Kropholler,* Zivilprozeßrecht[6] Art 17 EuGVÜ Rz 107; *Mezger,* IPRax 1984, 332; *Schlosser,* EuGVÜ Art 17 Rz 40; *Schütze,* RIW 1985, 966; Comm Liège Rev dr com belge 1995, 395 [*Ingber*]; Cass Bericht *Huet,* Clunet 1993, 151; Cass DS 1989, 283 = Bericht *Huet,* Clunet 1991, 155; Cass Rev crit 1983, 658 [*Lagarde*] = Bericht *Holleaux,* Clunet 1983, 405).

328 Zwar kann vor österreichischen Gerichten gem Art V des Protokolls zum EuGVÜ bzw des Protokolls Nr 1 zum LGVÜ die Zuständigkeit nach Art 6 Z 2 EuGVÜ/LGVÜ nicht in Anspruch genommen werden, da aber ausländische Urteile, die im Gerichtsstand des Art 6 Z 2 EuGVÜ/ LGVÜ ergangen sind, in Österreich anerkannt werden müssen, ist die Derogationsmöglichkeit auch für österreichische Gerichte bedeutsam (vgl für die deutsche Rechtslage *Geimer,* WM 1979, 350 ff; *Geimer/Schütze,* Zivilverfahrensrecht Art 17 EuGVÜ Rz 197; *Gottwald,* MünchKommZPO III Art 17 EuGVÜ Rz 60; *Kropholler,* Zivilprozeßrecht[6] Art 17 EuGVÜ Rz 107).

10. Auswirkungen einer Gerichtsstandsvereinbarung auf die Streitverkündung

Da für eine Streitverkündung das Gericht, vor dem das Verfahren anhängig ist, nicht zuständig sein muß, bleibt die Zulässigkeit der Streitverkündung von einer Vereinbarung nach Art 17 EuGVÜ/LGVÜ unberührt (*Geimer/Schütze,* Zivilverfahrensrecht Art 17 EuGVÜ Rz 196; *Gottwald,* MünchKommZPO III Art 17 EuGVÜ Rz 60; *Hausmann* in *Reithmann/Martiny,* Vertragsrecht[5] Rz 2200; *Kropholler,* Zivilprozeßrecht[6] Art 17 EuGVÜ Rz 108; *Schlosser,* EuGVÜ Art 17 Rz 36; aA *v. Hoffmann/Hau,* RIW 1997, 91 f). 329

11. Auswirkungen der Gerichtsstandsvereinbarung auf den einstweiligen Rechtsschutz

Wenn sich der Gerichtsstandsvereinbarung kein entgegenstehender Parteiwille entnehmen läßt, erstreckt sich die **Gerichtsstandsvereinbarung auch auf Maßnahmen des einstweiligen Rechtsschutzes** (*Geimer/Schütze,* Urteilsanerkennung I/1 § 96 XXI 8; *dies,* Zivilverfahrensrecht Art 17 EuGVÜ Rz 192; *Gottwald,* MünchKommZPO III Art 17 EuGVÜ Rz 61; *Kropholler,* Zivilprozeßrecht[6] Art 17 EuGVÜ Rz 109; aA *Collins,* Jurisdiction 90; *Kaye,* Jurisdiction 1088 f; *Schlosser,* EuGVÜ Art 17 Rz 42; AG Leverkusen IPRax 1983, 45). 330

Das kraft Vereinbarung unzuständige Gericht kann seine Zuständigkeit jedoch gem Art 24 EuGVÜ/LGVÜ aus seinem autonomen Recht herleiten (*Gottwald,* MünchKommZPO III Art 17 EuGVÜ Rz 61; *Kropholler,* Zivilprozeßrecht[6] Art 17 EuGVÜ Rz 109).

Im österreichischen Recht besteht die Besonderheit, daß es sich bei den Gerichtsständen für einstweilige Verfügungen (§ 387 Abs 1–3 EO) gem § 51 EO um Zwangsgerichtsstände handelt, welche unabdingbar sind. Zur Erlassung einstweiliger Verfügungen ist gem § 387 Abs 1 und 3 EO das Gericht der Hauptsache bzw gem § 387 Abs 2 EO das Gericht zuständig, in dessen Sprengel der Gegner der gefährdeten Partei im Zeitpunkt der Antragstellung seinen allgemeinen Gerichtsstand in Streitsachen hat, in Ermangelung eines solchen, das Gericht, in dessen Sprengel sich die Sache befindet, in Ansehung derer eine Verfügung getroffen werden soll oder der Drittschuldner seinen Wohnsitz, Sitz oder Aufenthalt hat, oder in dessen Sprengel sonst die dem Vollzug der einstweiligen Verfügung dienende Handlung vorzunehmen ist. (Zur subsidiären Fortgeltung des autonomen Zuständigkeitsrechts für einstweilige Maßnahmen s *Geimer/Schütze,* Zivilverfahrensrecht Art 24 EuGVÜ Rz 23 ff; *Kropholler,* Zivilprozeßrecht[6] Art 24 EuGVÜ Rz 6 ff.) Dementsprechend hängt, wenn hinsichtlich der Hauptsache die internationale Zuständigkeit eines anderen Vertragsstaates vereinbart worden ist, die Zuständigkeit österreichischer Gerichte vom allgemeinen Gerichtsstand des Gegners der gefährdeten Partei, dem Wohnsitz bzw Sitz des Drittschuldners, der Belegenheit des Vollstreckungsgegenstandes und dem Ort, an dem der Vollzug der einstweiligen Verfügung vorzunehmen ist, ab (vgl für die ähnliche, wenngleich in den Anknüpfungspunkten für die Zuständigkeit teilweise abweichende deutsche Rechtslage *Gottwald,* MünchKomm-ZPO III Art 17 EuGVÜ Rz 61; *Kropholler,* Zivilprozeßrecht[6] Art 17 EuGVÜ Rz 110).

I. Amtswegige Prüfung durch den Erstrichter

Wegen der Möglichkeit der Heilung der internationalen Unzuständigkeit durch rügelose Einlassung nach Art 18 EuGVÜ/LGVÜ prüft das Gericht die **Wirksamkeit einer Gerichtsstandsvereinbarung** grundsätzlich **nur auf Einrede** 331

des Beklagten (*Geimer,* WM 1986, 117; *Geimer/Schütze,* Zivilverfahrensrecht Art 17 EuGVÜ Rz 232; *Gottwald,* MünchKommZPO III Art 17 EuGVÜ Rz 62).

332 Eine **Prüfung von Amts wegen** findet nach Art 20 Abs 1 EuGVÜ/LGVÜ **nur** dann statt, **wenn sich der Beklagte nicht auf das Verfahren einläßt** *(Gottwald,* MünchKommZPO III Art 17 EuGVÜ Rz 62; *Geimer/Schütze,* Zivilverfahrensrecht Art 17 EuGVÜ Rz 232). Außerdem ist stets von Amts wegen zu prüfen, **ob** die **Vereinbarung nicht gegen Art 17 Abs 3 EuGVÜ/LGVÜ verstößt** (*Gottwald,* MünchKommZPO III Art 17 EuGVÜ Rz 62; *Geimer/Schütze,* Zivilverfahrensrecht Art 17 EuGVÜ Rz 232; EuGH 24. 6. 1986 Rs 22/85 *„Anterist/Credit Lyonnais"* Slg 1986, 1951 = IPRax 1987, 105 [*Gottwald* 81] = RIW 1986, 636).

XIII. Heilung der internationalen und örtlichen Unzuständigkeit nach Art 18 EuGVÜ/LGVÜ

Art 18 EuGVÜ/LGVÜ. Sofern das Gericht eines Vertragsstaats nicht bereits nach anderen Vorschriften dieses Übereinkommens zuständig ist, wird es zuständig, wenn sich der Beklagte vor ihm auf das Verfahren einläßt. Dies gilt nicht, wenn der Beklagte sich nur einläßt, um den Mangel der Zuständigkeit geltend zu machen, oder wenn ein anderes Gericht auf Grund des Artikels 16 ausschließlich zuständig ist.

Lit: *Burgstaller,* Probleme der Prorogation nach dem Lugano-Übereinkommen, JBl 1998, 691; *de Boer,* Tacit Submission to Jurisdiction: The Scope of Article 18 of the EEC Jurisdiction Convention, in Law and Reality, Voskuil-FS (1992) 27; *Droz,* Compétence judiciaire et effets des jugements dans le Marché commun (1972); *Fucik,* Die Zuständigkeit nach dem LGVÜ, RZ 1996, 241; *Gaudemet-Tallon,* Les Conventions de Bruxelles et de Lugano[2] (1996); *Goldmann,* Un traité fédérateur: La Convention entre les Etats membres de la C. E. E. sur la reconnaisance et l'exécution des décisions en matière civile et commerciale, Rev trim dr europ 1971, 1; *Gothot/Holleaux,* La Convention de Bruxelles du 27 septembre 1968 (1985); *Habscheid,* Anerkennung und Vollstreckung von Urteilen aus EWG-Staaten in der Bundesrepublik Deutschland, ZfRV 1973, 262; *Hill,* The Law relating to International Commercial Disputes (1994); *Leipold,* Zuständigkeitsvereinbarung und rügelose Einlassung nach dem Europäischen Gerichtsstands- und Vollstreckungsübereinkommen, IPRax 1982, 222; *Piltz,* Die Zuständigkeitsordnung nach dem EWG-Gerichtsstands- und Vollstreckungsübereinkommen, NJW 1979, 1071; *Prütting,* Internationale Zuständigkeit kraft rügeloser Einlassung, MDR 1980, 368; *Richter,* Das EWG-Übereinkommen über die gerichtliche Zuständigkeit und die Vollstreckung in Zivil- und Handelssachen aus versicherungsrechtlicher Sicht, VersR 1978, 801; *Rottola,* L'accettazione tacita de la giurisdizione nella convenzione di Bruxelles del 27 settembre 1968, Riv dir int priv proc 1978, 321; *Samtleben,* Internationale Gerichtsstandsvereinbarungen nach dem EWG-Übereinkommen und nach der Gerichtsstandsnovelle, NJW 1974, 1590; *Sandrock,* Die Prorogation der internationalen Zuständigkeit eines Gerichts durch hilfsweise Sacheinlassung des Beklagten – Das Mysterium des Art 18 Satz 2 EuGVÜ, ZVglRWiss 1979, 177; *Schulte-Beckhausen,* Internationale Zuständigkeit durch rügelose Einlassung im Europäischen Zivilprozeßrecht (1994); *Schütze,* Zur internationalen Zuständigkeit aufgrund rügeloser Einlassung, ZZP 90 (1977) 67.

A. Zuständigkeit aufgrund rügeloser Einlassung

1. Wesen und Bedeutung des Art 18 EuGVÜ/LGVÜ

333 Art 18 EuGVÜ/LGVÜ begründet die (internationale) Zuständigkeit des angerufenen Gerichtes, **ohne daß** ein **rechtsgeschäftlicher Wille** des Beklagten zur Unterwerfung unter dessen Entscheidungsgewalt oder ein Annahmewille des Klägers **vorliegt** (*Geimer/Schütze,* Zivilverfahrensrecht Art 18 EuGVÜ Rz 10; *Gottwald,* MünchKommZPO III Art 18 EuGVÜ Rz 1; *Schlosser,* EuGVÜ Art 18 Rz 1). Es liegt somit **keine prorogatio tacita** vor (*Geimer/Schütze,* Zivilverfahrens-

recht Art 18 EuGVÜ Rz 10; *Gottwald,* MünchKommZPO III Art 18 EuGVÜ Rz 1; *Sandrock,* ZVglRWiss 1979, 202 ff; aA *Jenard*-Bericht zu Art 18 EuGVÜ).

Die Regelung des Art 18 EuGVÜ/LGVÜ hat große Bedeutung, da durch sie – ebenso wie innerstaatlich durch § 104 Abs 3 JN – nachträgliche Zuständigkeitsrügen abgeschnitten werden (vgl *Gottwald,* MünchKommZPO III Art 18 EuGVÜ Rz 1). **334**

2. Anwendungsbereich

a) Persönlicher Anwendungsbereich

Entgegen seinem Wortlaut gilt Art 18 EuGVÜ/LGVÜ **nicht nur** für die rügelose **Einlassung des Beklagten, sondern** er ist sinngemäß **auch** auf die **Einlassung des Klägers auf eine Widerklage oder auf** eine **Aufrechungseinrede anzuwenden** *(Geimer/Schütze,* Urteilsanerkennung I/1 § 97 IX; *dies,* Zivilverfahrensrecht Art 18 EuGVÜ Rz 11 und 62; *Gottwald,* MünchKommZPO III Art 18 EuGVÜ Rz 2; *Kropholler,* Zivilprozeßrecht[6] Art 18 EuGVÜ Rz 9; *Schlosser,* EuGVÜ Art 18 Rz 1; *Schulte-Beckhausen,* Zuständigkeit 181 f; OLG Koblenz RIW 1993, 934 f; EuGH 7. 3. 1985 Rs 48/84 *„Spitzley/Sommer"* Slg 1985, 787 = IPRax 1986, 27 [*Gottwald* 10] = NJW 1985, 2893 = RIW 1985, 313 [*Rauscher* 887]). **335**

Art 18 EuGVÜ/LGVÜ ist wegen seines Sachzusammenhanges mit Art 17 EuGVÜ/LGVÜ immer dann anwendbar, **wenn eine der Verfahrensparteien ihren Wohnsitz in einem Vertragsstaat hat** *(Auer* in *Bülow/Böckstiegel,* Rechtsverkehr 606 Art 18 EuGVÜ Rz 11 ff; *Bork* in *Stein/Jonas,* ZPO[21] I § 39 Rz 15; *Bülow,* RabelsZ 1974, 270; *Burgstaller,* JBl 1998, 696; *Czernich/Tiefenthaler,* LGVÜ Art 18 Rz 6; *Droz,* Compétence Nr 221 und 230 f; *Gottwald,* MünchKommZPO III Art 18 EuGVÜ Rz 4; *Kropholler,* Zivilprozeßrecht[6] Art 18 EuGVÜ Rz 3; *Nagel/Gottwald,* IZPR[4] § 3 Rz 252; *Schack,* IZVR[2] Rz 486; *Schlosser,* EuGVÜ Art 18 Rz 1; HR ECC 1987, 282 = NJ 1985/689 [*Schultsz*]; aA *Jenard*-Bericht zu Art 18 EuGVÜ, nach dem Art 18 nur dann zur Anwendung kommt, wenn der Beklagte seinen Wohnsitz in einem Vertragsstaat hat; so auch *Gaudemet-Tallon,* Conventions Nr 144; *Habscheid,* ZfRV 1973, 266; *Piltz,* NJW 1979, 1072; *Samtleben,* NJW 1974, 1594; *Schulte-Beckhausen,* Zuständigkeit 121 ff; nach *Hill,* Law 92 dagegen ohne Rücksicht auf den Wohnsitz). Auch nach Auffassung des OGH (ecolex 1998, 694 = JBl 1998, 726 = RdW 1998, 615) scheint es wegen des systematischen Zusammenhanges mit Art 17 EuGVÜ/LGVÜ gerechtfertigt, dessen Voraussetzungen in Art 18 EuGVÜ/LGVÜ „hineinzulesen". Die Frage, ob der Wohnsitz einer der Verfahrensparteien in einem Vertragsstaat für die Anwendbarkeit des Art 18 EuGVÜ/LGVÜ ausreicht, blieb allerdings offen. **336**

Hat allerdings **keine der Parteien** ihren **Wohnsitz in einem Vertragsstaat,** so ist die **rügelose Einlassung nach österreichischem Prozeßrecht zu beurteilen** (vgl für die deutsche Rechtslage *Gottwald,* MünchKommZPO III Art 18 EuGVÜ Rz 4 f). Dh, nach österreichischem Recht tritt – wenn es sich um eine prorogable internationale Unzuständigkeit handelt – eine Heilung der mangelnden internationalen Zuständigkeit unter den Voraussetzungen des § 104 Abs 3 JN ein. Näheres s Rz 180 ff. **337**

b) Sachlicher Anwendungsbereich

Art 18 EuGVÜ/LGVÜ gilt nur **im sachlichen Anwendungsbereich der Übereinkommen,** also nicht in den in Art 1 Abs 2 und Art 57 EuGVÜ/LGVÜ aufgezählten Fällen. Er kommt auch in Versicherungs-, Verbraucher- und Arbeitsrechtssachen sowie in Verfahren des einstweiligen Rechtsschutzes zur Anwendung (*Geimer/Schütze,* Zivilverfahrensrecht Art 18 EuGVÜ Rz 36 ff). **Keine** **338**

Zuständigkeitsbegründung durch rügelose Einlassung gibt es jedoch **bei** den **internationalen Zwangszuständigkeiten nach Art 16** EuGVÜ/LGVÜ (*Geimer/Schütze,* Urteilsanerkennung I/1 § 97 V; *dies,* Zivilverfahrensrecht Art 18 EuGVÜ Rz 40; *Kropholler,* Zivilprozeßrecht[6] Art 18 EuGVÜ Rz 17; *Schulte-Beckhausen,* Zuständigkeit 112).

Soweit die internationale Zuständigkeit **durch rügelose Einlassung** seitens des Beklagten gem Art 18 EuGVÜ/LGVÜ begründet werden kann, spricht man von einer **heilbaren internationalen Unzuständigkeit,** soweit dies hingegen nicht möglich ist, von einer unheilbaren internationalen Unzuständigkeit. Eine **unheilbare internationale Unzuständigkeit** liegt nur dann vor, wenn eine internationale **Zwangszuständigkeit nach Art 16** EuGVÜ/LGVÜ vorliegt. Die Unterscheidung zwischen heilbarer und unheilbarer internationaler Unzuständigkeit ist für den Umfang des Prüfungsrechtes des angerufenen Gerichtes von großer Bedeutung. Näheres s Rz 353.

339 Durch rügelose Einlassung nach Art 18 EuGVÜ/LGVÜ wird nicht nur die internationale Zuständigkeit, sondern **auch** die **örtliche Zuständigkeit** des angerufenen Gerichts begründet (*Geimer/Schütze,* Urteilsanerkennung I/1 § 97 XVI 1; *dies,* Zivilverfahrensrecht Art 18 EuGVÜ Rz 31; LG Frankfurt/Main EWS 1994, 403 = IPRspr 1993/140; LG Frankfurt/Main RIW 1993, 933 = EWS 1993, 299).

340 Dagegen ist Art 18 EuGVÜ/LGVÜ weder auf die sachliche Unzuständigkeit noch auf die Unzulässigkeit des Rechtsweges anwendbar, da diese beiden Fragenkomplexe nicht Gegenstand der Übereinkommen sind (*Geimer/Schütze,* Zivilverfahrensrecht Art 18 EuGVÜ Rz 34 f).

3. Wirkung

341 Die rügelose Einlassung hat in nahezu allen Fällen **zuständigkeitsbegründende Wirkung.** Sie wirkt – **abgesehen von** der im **Satz 2** ausdrücklich gemachten Ausnahme – **auch** dann, **wenn** die **Zuständigkeit** des Gerichtes **nicht durch Gerichtsstandsvereinbarung hätte begründet werden können** (*Geimer/Schütze,* Zivilverfahrensrecht Art 18 EuGVÜ Rz 45; *Gottwald,* MünchKommZPO III Art 18 EuGVÜ Rz 2; *Hausmann* in *Wieczorek/Schütze,* ZPO[3] I/1 Art 18 EuGVÜ Rz 16; *Kropholler,* Zivilprozeßrecht[6] Art 18 EuGVÜ Rz 17; *Schlosser,* EuGVÜ Art 18 Rz 1) **und** wenn der **Zuständigkeit des angerufenen Gerichtes** vorher durch eine ausschließliche Gerichtsstandsvereinbarung **derogiert** worden war (*Geimer/Schütze,* Zivilverfahrensrecht Art 18 EuGVÜ Rz 45; *Gottwald,* MünchKommZPO III Art 18 EuGVÜ Rz 2; *Kropholler,* Zivilprozeßrecht[6] Art 18 EuGVÜ Rz 18; *Schlosser,* EuGVÜ Art 18 Rz 1; EuGH 24. 6. 1981 Rs 150/80, *„Elefanten Schuh/Jacqmain"* Slg 1981, 1671 = IPRax 1982, 234 [*Leipold* 222] = NJW 1982, 507 = RIW 1981, 709). **Ohne Wirkung** ist die rügelose Einlassung gem Art 18 Satz 2 EuGVÜ/LGVÜ lediglich dann, **wenn** eine **internationale Zwangszuständigkeit nach Art 16 EuGVÜ/LGVÜ vorliegt.** Dh auch in **Versicherungs- und Verbrauchersachen** ist eine **Zuständigkeitsbegründung nach Art 18 EuGVÜ/LGVÜ möglich** (*Auer* in *Bülow/Böckstiegel,* Rechtsverkehr 606 Art 18 EuGVÜ Rz 8; *Gaudemet-Tallon,* Conventions Nr 145; *Geimer/Schütze,* Zivilverfahrensrecht Art 18 EuGVÜ Rz 36; *Goldman,* Rev trim dr europ 1971, 24; *Gothot/Holleaux,* Convention Nr 192; *Kropholler,* Zivilprozeßrecht[6] Art 18 EuGVÜ Rz 17; *Richter,* VersR 1978, 804).

342 Durch die Einlassung nach Art 18 EuGVÜ/LGVÜ kann auch die Unzuständigkeit des angerufenen Gerichtes zur Entscheidung über die Aufrechnungseinrede überwunden werden (*Kropholler,* Zivilprozeßrecht[6] Art 18 EuGVÜ Rz 19; Abschlußentscheidung OLG Koblenz IPRspr 1987/123 = RIW 1987, 629; EuGH

7. 3. 1985 Rs 48/84 *„Spitzley/Sommer"* Slg 1985, 787 = IPRax 1986, 27 [*Gottwald* 10] = NJW 1985, 2893 = RIW 1985, 313 [*Rauscher* 887]); Vorlagebeschluß OLG Koblenz IPRspr 1984/131 = RIW 1984, 396. Dem EuGH folgt der BGH IPRax 1994, 114 [*Geimer* 82] = IPRSpr 1993/135 = NJW 1993, 1399). Dabei macht es keinen Unterschied, ob es sich um konnexe oder nicht konnexe Gegenforderungen handelt (EuGH 9. 11. 1978 Rs 23/78 *„Meeth/Glacetal"* Slg 1978, 2133 = NJW 1978, 1110 = RIW 1978, 814). Dies ergibt sich schon daraus, daß diese gem Art 6 Z 3 EuGVÜ/LGVÜ auch durch eine Widerklage geltend gemacht werden könnten.

4. Verhältnis zum nationalen Recht

In seinem Anwendungsbereich verdrängt Art 18 EuGVÜ/LGVÜ die österreichischen Vorschriften zur rügelosen Einlassung (vgl für die deutsche Rechtslage *Geimer/Schütze,* Zivilverfahrensrecht Art 18 EuGVÜ Rz 15; *Gottwald,* MünchKommZPO III Art 18 EuGVÜ Rz 5; *Kropholler,* Zivilprozeßrecht[6] Art 18 EuGVÜ Rz 5; *Schlosser,* EuGVÜ Art 18 Rz 1). Dh die internationale und die (unprorogable) örtliche Unzuständigkeit heilen entgegen § 104 Abs 3 JN bereits durch rügelose **Einlassung auf das Verfahren** und nicht erst dann, wenn der Beklagte zur Sache vorbringt oder in der Sache verhandelt. Auch entfällt, wenn die beklagte Partei nicht durch einen Rechtsanwalt oder Notar vertreten ist, die Belehrungspflicht durch den Richter (*Czernich/Tiefenthaler,* LGVÜ Art 18 Rz 3f; vgl für die deutsche Rechtslage *Gottwald,* MünchKommZPO III Art 18 EuGVÜ Rz 5; *Schlosser,* EuGVÜ Art 18 Rz 1; LG Frankfurt/Main RIW 1993, 933; aA *Bork* in *Stein/Jonas,* ZPO[21] I § 39 Rz 15). 343

Da das EuGVÜ/LGVÜ aber keine vollständige Verfahrensordnung enthält, ist **für** die **Frage, bis zu welchem Zeitpunkt der Beklagte die Einrede erheben kann** (vgl *Jenard*-Bericht zu Art 18 EuGVÜ; *Kropholler,* Zivilprozeßrecht[6] Art 18 EuGVÜ Rz 6 und 16; EuGH 24. 6. 1981 Rs 150/80 *„Elefanten-Schuh/ Jacqmain"* Slg 1981, 1671 = IPRax 1982, 234 [*Leipold* 222] = NJW 1982, 507 = RIW 1981, 709; aA *Bork* in *Stein/Jonas,* ZPO[21] I § 39 Rz 15) und **wie** der **Begriff der Einlassung** in dem vom EuGVÜ/LGVÜ vorgegebenen Rahmen **zu verstehen ist** (*Jenard*-Bericht zu Art 18 EuGVÜ; *Schütze,* ZZP 90 [1977] 76) **auf das österreichische Prozeßrecht zurückzugreifen** (JBl 1998, 518 [*König*] = ecolex 1998, 695; vgl für die deutsche Rechtslage *Gottwald,* MünchKommZPO III Art 18 EuGVÜ Rz 5; EuGH 24. 6. 1981 Rs 150/80 *„Elefanten-Schuh/Jacqmain"* Slg 1981, 1671 = IPRax 1982, 234 [*Leipold* 222] = NJW 1982, 507 = RIW 1981, 709). Es sind hier die in **§ 104 Abs 3 JN** entwickelten Grundsätze **analog anzuwenden.** 344

B. Anforderungen an eine wirksame Einlassung

1. Einlassung ohne Rüge der internationalen Zuständigkeit

Die Einlassung muß ohne Rüge der internationalen Zuständigkeit erfolgen, dh der Beklagte darf nicht die Einrede der mangelnden internationalen Zuständigkeit erheben. 345

Eine **Rüge** der mangelnden internationalen Zuständigkeit liegt nicht nur dann vor, wenn diese ausdrücklich erfolgt ist, sondern **auch** dann, wenn sie sich **sinngemäß aus dem Vortrag** des Beklagten ergibt *(Geimer/Schütze,* Zivilverfahrensrecht Art 18 EuGVÜ Rz 7; *Gottwald,* MünchKommZPO III Art 18 EuGVÜ Rz 7; *Kropholler,* Zivilprozeßrecht[6] Art 18 EuGVÜ Rz 8; EuGH 24. 6. 1981 Rs 150/80 *„Elefanten-Schuh/Jacqmain"* Slg 1981, 1671 = IPRax 1982, 234 [*Leipold* 222] = NJW 1982, 507 = RIW 1981, 709). So ist zB auch die Einrede des Schiedsvertrages und die Behauptung, nicht der inländischen Gerichtsbarkeit zu unterfallen (*Kropholler,* Zivilprozeßrecht[6] Art 18 EuGVÜ Rz 8), als Rüge der internationalen Zuständigkeit anzusehen; denn durch sie bestreitet der Beklagte jegliche Zuständigkeit des angerufenen Gerichtes (*Kropholler,* Zivilprozeßrecht[6] Art 18 EuGVÜ Rz 8). Das Gleiche gilt, wenn der Beklagte die **Einrede der örtlichen Unzuständigkeit mit der Begründung** erhebt, ein **Gericht** oder die Gerichte **eines anderen Vertragsstaates** seien **zuständig** (*Kropholler,* Zivilprozeßrecht[6] Art 18 EuGVÜ Rz 8; *Schlosser,* EuGVÜ Art 18 Rz 2; *Schütze,* ZZP 90 [1977] 74).

346 Die Rüge ist **verspätet,** wenn sie erst **„nach Abgabe derjenigen Stellungnahme erhoben** wird, **die nach dem innerstaatlichen** (dh österreichischen) Recht **als das erste Verteidigungsvorbringen vor dem angerufenen Gericht anzusehen ist“** (*Burgstaller,* JBl 1998, 696; *Geimer/Schütze,* Zivilverfahrensrecht Art 18 EuGVÜ Rz 5; *Gottwald,* MünchKommZPO III Art 18 EuGVÜ Rz 7; *Kropholler,* Zivilprozeßrecht[6] Art 18 Rz 16; *Nagel/Gottwald,* IZPR[4] § 3 Rz 255; EuGH 24. 6. 1981 Rs 150/80 *„Elefanten-Schuh/Jacqmain“* Slg 1981, 1671 = IPRax 1982, 234 [*Leipold* 222] = NJW 1982, 507 = RIW 1981, 709). Dh, daß die Rüge (Einrede) der internationalen Unzuständigkeit nach österreichischem Recht auf jeden Fall dann **verspätet** ist, wenn der **Beklagte** die **Klagebeantwortung** erstattet **oder sich auf andere Art in den Streit eingelassen hat** (vgl für die deutsche Rechtslage *Gottwald,* MünchKommZPO III Art 18 EuGVÜ Rz 7; *Kropholler,* Zivilprozeßrecht[6] Art 18 EuGVÜ Rz 16; *Leipold,* IPRax 1982, 223; *Schlosser,* EuGVÜ Art 18 Rz 2; ggt OLG Köln NJW 1988, 2182).

Liegen mehrere Ansprüche vor, so ist für jeden Anspruch gesondert festzustellen, ob eine rügelose Einlassung vorliegt (*Geimer/Schütze,* Zivilverfahrensrecht Art 18 EuGVÜ Rz 8). Dasselbe gilt, wenn eine passive Streitgenossenschaft vorliegt (*Geimer/Schütze,* Urteilsanerkennung I/1 § 97 II 6; *dies,* Zivilverfahrensrecht Art 18 EuGVÜ Rz 9).

2. Aufrechterhaltung der Rüge während des gesamten Rechtsstreits

347 Der Beklagte muß **während des ganzen Rechtsstreits** seine **Rüge** der internationalen Unzuständigkeit **aufrechterhalten.** Tut er dies nicht, tritt die zuständigkeitsbegründende Wirkung des Art 18 EuGVÜ/LGVÜ ein (*Geimer/Schütze,* Zivilverfahrensrecht Art 18 EuGVÜ Rz 52).

Gibt das Erstgericht seiner Rüge der internationalen Unzuständigkeit nicht Folge und erläßt es eine Entscheidung in der Sache, muß der Beklagte auch in der Rechtsmittelinstanz die Rüge der internationalen Unzuständigkeit weiterverfolgen (*Geimer,* WM 1986, 118; *Geimer/Schütze,* Urteilsanerkennung I/1 § 97 X; *dies,* Zivilverfahrensrecht Art 18 EuGVÜ Rz 53; *Hausmann* in *Wieczorek/Schütze,* ZPO[3] I/1 Art 18 EuGVÜ Rz 14; aA *Kropholler,* Zivilprozeßrecht[6] Art 18 EuGVÜ Rz 14). Der Beklagte muß seine Rüge solange aufrechterhalten, bis die Entscheidung über die internationale Zuständigkeit nicht mehr angefochten werden kann.

3. Art der Einlassung

348 Der Begriff der **Einlassung** auf das Verfahren ist **vertragsautonom** zu bestimmen (*Czernich/Tiefenthaler,* LGVÜ Art 18 Rz 7; *Kropholler,* Zivilprozeßrecht[6] Art 18 EuGVÜ Rz 7). Unter **Einlassung** auf das Verfahren ist **jede Verteidigung** zu verstehen, **die** unmittelbar **auf Klagsabweisung oder Klagszurückweisung abzielt** (vgl für die deutsche Rechtslage *Kropholler,* Zivilprozeßrecht[6] Art 18 EuGVÜ Rz 7; *Schulte-Beckhausen,* Zuständigkeit 149 ff).

349 Im Gegensatz zu § 104 Abs 3 JN ist jedoch **keine Einlassung auf die Hauptsache erforderlich** (*Czernich/Tiefenthaler,* LGVÜ Art 18 Rz 7; *König,* JBl 1998, 519; vgl für die deutsche Rechtslage *Geimer/Schütze,* Urteilsanerkennung I/1

§ 97 II 2; *dies,* Zivilverfahrensrecht Rz 5 zu Art 18 EuGVÜ; *Kropholler,* Zivilprozeßrecht[6] Art 18 EuGVÜ Rz 7). **Auch** das Erheben von **Einwendungen oder Einreden, die nur das Verfahren betreffen,** kann die **Zuständigkeit** des angerufenen Gerichtes **begründen** (*Auer* in *Bülow/Böckstiegel,* Rechtsverkehr 606 Art 18 EuGVÜ Rz 21; *Gottwald,* MünchKommZPO III Art 18 EuGVÜ Rz 8; *Kropholler,* Zivilprozeßrecht[6] Art 18 EuGVÜ Rz 7; *Sandrock,* ZVglRWiss 1979, 178 FN 3 a; *Schlosser,* EuGVÜ Art 18 Rz 2; *Schütze,* ZZP 90 [1977] 73).

Eine **Einlassung** iSd Art 18 EuGVÜ/LGVÜ liegt zB dann vor, wenn der Beklagte die **Einrede der rechtskräftig entschiedenen** Sache (*Kropholler,* Zivilprozeßrecht[6] Art 18 EuGVÜ Rz 7; *Sandrock,* ZVglRWiss 1979, 178 FN 3 a) oder **nur die Einrede der örtlichen oder sachlichen Unzuständigkeit** erhebt (*Geimer/Schütze,* Zivilverfahrensrecht Art 18 EuGVÜ Rz 6; *Kropholler,* Zivilprozeßrecht[6] Art 18 EuGVÜ Rz 7; *Schütze,* ZZP 90 [1977] 74).

Ein **begründeter Einspruch** des Beklagten gegen den Zahlungsbefehl, in dem die internationale Unzuständigkeit nicht geltend gemacht wird, stellt – entgegen der Auffassung des OGH (EvBl 1999/14 = ZfRV 1999/4; ecolex 1998, 695 = JBl 1998, 518 [abl *König*]) – eine **Einlassung auf das Verfahren** dar und bewirkt daher eine Heilung der internationalen Unzuständigkeit.

Die Einlassung hat aber nur dann zuständigkeitsbegründende Wirkung, **350**
wenn sie nach der lex fori wirksam und beachtlich ist (*Geimer/Schütze,* Zivilverfahrensrecht Art 18 EuGVÜ Rz 56). Daher bewirkt die Klagebeantwortung eines postulationsunfähigen Beklagten keine rügelose Einlassung.

4. Zuständigkeitsrüge und hilfsweise Einlassung zur Sache

Hat der Beklagte die internationale **Unzuständigkeit** des angerufenen **351**
Gerichtes **gerügt,** dann **begründet** eine **gleichzeitige hilfsweise** (= vorsorgliche) **Einlassung** zur Hauptsache oder zu irgendwelchen anderen Aspekten des Verfahrens (zB Rüge von sonstigen Verfahrensmängeln) **oder** eine **hilfsweise erhobene Widerklage nicht die internationale Zuständigkeit** des angerufenen Gerichtes (*Czernich/Tiefenthaler,* LGVÜ Art 18 Rz 10; *Geimer/Schütze,* Zivilverfahrensrecht Art 18 EuGVÜ Rz 46 und 51; *Gottwald,* MünchKommZPO III Art 18 EuGVÜ Rz 9; *Kropholler,* Zivilprozeßrecht[6] Art 18 EuGVÜ Rz 12; *Nagel/Gottwald,* IZPR[4] § 3 Rz 256; *Sandrock,* ZVglRWiss 1979, 214 ff; *Schlosser,* EuGVÜ Art 18 Rz 2; 2 Ob 304/98 i; OLG Koblenz IPRax 1987, 308 [*Schwarz* 291]; BGH RIW 1986, 991; BGHZ 98, 263 = NJW 1987, 592; EuGH 14. 7. 1983 Rs 210/82 „*Gerling/Amministrazione del tesoro dello Stato*" Slg 1983, 2505 = IPRax 1984, 259 [*Hübner* 237] = RIW 1984, 62; EuGH 31. 3. 1982 Rs 25/81 „*W/H*" Slg 1982, 1189= IPRax 1983, 77 [*Sauveplanne* 65] = RIW 1982, 755; EuGH 22. 10. 1981 Rs 27/89 „*Rohr/Ossberger*" Slg 1981, 2431 = IPRax 1982, 238 [*Leipold* 222] = RIW 1982, 48; EuGH 24. 6. 1981 Rs 150/80, „*Elefanten-Schuh/Jacqmain*" Slg 1981, 1671 = IPRax 1982, 234 [*Leipold* 222] = NJW 1982, 507 = RIW 1981, 709; vgl auch ErläutRV zum LGVÜ [34 BlgNR 20. GP] 36).

5. Keine Pflicht zur Teilnahme am Verfahren, nur um die internationale Unzuständigkeit zu rügen

Der Beklagte muß nicht am Verfahren teilnehmen, nur um die interna- **352**
tionale Unzuständigkeit zu rügen. Das Gericht hat, wenn der Beklagte nicht am Rechtsstreit teilnimmt, gem Art 20 Abs 1 EuGVÜ/LGVÜ die internationale Zuständigkeit von Amts wegen zu prüfen und sich für international unzuständig zu erklären, wenn es zu dem Ergebnis kommt, daß die internationale Zuständigkeit zu verneinen ist (*Geimer/Schütze,* Urteilsanerkennung I/1 § 97 XXII 1; *dies,*

Zivilverfahrensrecht Art 18 EuGVÜ Rz 58; *Hausmann* in *Wieczorek/Schütze,* ZPO[3] I/1 Art 18 EuGVÜ Rz 8).

Wenn das Erstgericht freilich seine internationale Zuständigkeit bejaht und eine Sachentscheidung fällt, dann muß der Beklagte – will er eine Heilung nach Art 18 verhindern – im Rechtsmittel die internationale Unzuständigkeit rügen.

C. Prüfung der internationalen Zuständigkeit

353 Soweit die **internationale Zuständigkeit durch rügelose Einlassung begründet werden kann,** darf die internationale Zuständigkeit nicht von Amts wegen, sondern **nur auf Rüge des Beklagten geprüft** werden, wenn der Beklagte am Verfahren teilnimmt. Das Gericht prüft in einem solchen Fall nur, ob nicht eine internationale Zwangszuständigkeit nach Art 16 EuGVÜ/LGVÜ vorliegt (Art 18 Satz 2, Art 19 EuGVÜ/LGVÜ). Sonst hängt es vom Verhalten des Beklagten, nämlich ob dieser rechtzeitig die Einrede der (heilbaren) internationalen Unzuständigkeit erhebt, ab, ob das Gericht in die Zuständigkeitsprüfung eintritt (*Geimer/Schütze,* Urteilsanerkennung I/1 § 97 XXIII; *dies,* Zivilverfahrensrecht Art 18 EuGVÜ Rz 63; *Schulte-Beckhausen,* Zuständigkeit 224). Dh das österreichische Gericht darf eine nach Art 18 EuGVÜ/LGVÜ **heilbare internationale Unzuständigkeit** nicht bei der Klagsprüfung in limine litis von Amts wegen aufgreifen und die **Klage nicht a limine** wegen mangelnder internationaler Zuständigkeit **zurückweisen** (ErläutRV zum LGVÜ [34 BlgNR 20. GP] 37; *Burgstaller,* JBl 1998, 696f; *Fucik,* RZ 1996, 241; *Lechner/Mayr,* LGVÜ 42; *Schoibl* in *Bajons/Mayr/Zeiler,* Übereinkommen 67; RdW 1999, 349; JBl 1998, 726 = ZfRV 1998/39; HG Wien 1 R 40/97 x; OLG Wien ZfRV 1997, 170).

Dasselbe gilt auch für die Prüfung der internationalen Zuständigkeit durch die **Rechtsmittelinstanzen.** Die nach Art 18 EuGVÜ/LGVÜ heilbare internationale Unzuständigkeit kann stets nur über eine Rüge des Beklagten aufgegriffen werden. Eine amtswegige Prüfung kommt auch dann nicht in Frage, wenn der Beklagte die heilbare internationale Unzuständigkeit in der unteren Instanz gerügt hat, weil der Beklagte darüber zu befinden hat, ob er die Einrede der internationalen Unzuständigkeit weiter verfolgen will. So wird er diese zB nicht weiterverfolgen, wenn er in der Sache obsiegt hat (*Geimer/Schütze,* Zivilverfahrensrecht Art 18 EuGVÜ Rz 64).

Dritter Teil

Von der Gerichtsbarkeit in Geschäften außer Streitsachen

Sachliche Zuständigkeit

§ 104 a. Soweit nicht anderes bestimmt ist, sind in Geschäften außer Streitsachen die Bezirksgerichte sachlich zuständig.

Samt Überschrift eingefügt durch Art IV Z 6 BGBl 1978/280

Lit: *Barchetti,* Die Nichtigkeit im Außerstreitverfahren, ÖJZ 1962, 421, 453.

Übersicht:

I. Die Materien des Verfahrens außer Streitsachen

Gem § 1 AußStrG **gehören** nur jene Rechtssachen **in das Verfahren außer Streitsachen,** die durch das Gesetz ausdrücklich oder dem Sinn nach in diesen Bereich verwiesen wurden. Dies sind im einzelnen: 1

A. **Angelegenheiten des Personen-, Ehe- und Kindschaftsrechts**

1. Vormundschafts- und Kuratelsangelegenheiten (§§ 181 ff AußStrG; Zuständigkeit: §§ 109 ff),

2. Unterhaltsansprüche minderjähriger Kinder (Rsp, s bei § 1; Zuständigkeit: §§ 109 ff),

3. Streitigkeiten über das gesetzliche Heiratsgut (Rsp; §§ 1218 ff ABGB; Zuständigkeit: zT §§ 109 ff),

4. Unterhaltsvorschußrecht (§ 10 UVG),

5. Streitigkeiten über die religiöse Kindererziehung (§ 2 Abs 3 BGBl 1985/155),

6. Verfahren zur Bestellung eines Sachwalters für eine behinderte Person (§§ 236 ff AußStrG; Zuständigkeit: §§ 109 ff),

7. Verfahren zur Unterbringung psychisch Kranker in Krankenanstalten (§ 12 UbG) und Tuberkulosekranker (§ 15 TuberkuloseG),

8. Verlängerung und Verkürzung der Minderjährigkeit (§ 266 AußStrG; Zuständigkeit: §§ 109 ff),

9. Erklärung der Ehemündigkeit (§ 266 a AußStrG; Zuständigkeit: §§ 109 ff),

10. Adoption (§§ 257 ff AußStrG; Zuständigkeit: § 113 a),

11. Anerkennung der Vaterschaft (§§ 261 ff AußStrG; Zuständigkeit: § 114),

12. Legitimation eines unehelichen Kindes (§§ 263 ff AußStrG; Zuständigkeit: § 113),

13. Verfahren über die Bestreitung der ehelichen Geburt nach dem Tod des Kindes (§ 159 Abs 2 ABGB; Zuständigkeit: §§ 109 ff),

14. Einvernehmliche Scheidung (§§ 220 ff AußStrG, uU iVm § 98 EheG – Ausfallsbürgschaftsausspruch; Zuständigkeit: § 114 a),

15. Sonstige außerstreitige Eheangelegenheiten (Zuständigkeit: § 114 a), und zwar

a) Abgeltung der Mitwirkung eines Ehegatten im Erwerb des anderen (§§ 229 ff AußStrG),

b) Aufteilung des ehelichen Gebrauchsvermögens und der ehelichen Ersparnisse (§§ 229 ff AußStrG, uU iVm § 98 EheG – Ausfallsbürgschaftsausspruch),

c) Verfahren über gesonderte Wohnungsnahme (§ 92 Abs 3 ABGB),

d) Umwandlung einer Scheidung von Tisch und Bett in eine Scheidung iSd EheG (§ 115 Abs 2 EheG, § 2 der 4. DVEheG),

16. Verfahren nach § 7 G 16. 12. 1953 BGBl 1954/14 (Anerkennung des Zustandekommens von Ehen rassisch od politisch Verfolgter),

17. Todeserklärung (§ 14 TEG),

B. **Verlassenschaftsverfahren**

18. Verlassenschaftsabhandlung (§§ 20 ff AußStrG; Zuständigkeit: §§ 105 ff) und damit zusammenhängende Verfahren (zB AnerbenG),

C. **Sachen- und wohnrechtliche Verfahren**

19. Erneuerung und Berichtigung von Grenzen (§§ 850 ff ABGB; beachte auch § 25 VermG),

20. Festsetzung der Enteignungsentschädigung (insb § 24 EisbEG; vgl § 20 Abs 5 BStG, § 14 Abs 1 ForstG, § 96 Abs 2 LuftfahrtG, § 117 Abs 6 WRG, § 27 AbfallwirtschaftsG, § 6 HochleistungsstreckenG, § 15 LebensmittelbewirtschaftungsG, § 6 RohrleitungsG, § 28 SchiffahrtsG, § 33 StVO, § 14 TelegraphenwegeG, § 5 VermG, § 149 MineralrohstoffG, § 7 VersorgungssicherungsG, § 34 MilitärleistungsG, Art II Abs 3 der 2. WaffG-Nov 1994 BGBl 1107 ua),

21. Miteigentumsstreitgkeiten (§§ 832 ff ABGB),

22. Entscheidung über Anträge gem § 26 WEG 1975,

23. Einräumung von Notwegen (§ 9 Abs 3 NotwegeG),

24. Freiwillige Schätzung und Feilbietung (§§ 267 ff AußStrG; Zuständigkeit: § 117),

25. Entscheidungen über Anträge gem

a) § 37 Abs 1 MRG,

b) § 22 WGG 1979,

c) § 25 HeizKG,
d) § 12 LPG,
e) § 14 KleingartenG,

26. Herausgabeansprüche nach dem KulturgutbereinigungsG BGBl 1969/294 idFd Nov BGBl 1971/311 (Verfahren: § 6 Abs 5; Zuständigkeit des LGZ Wien: § 6 Abs 1 leg cit) oder dem BG BGBl I 1998/67 (vgl zu den zeitlich überholten RückstellungsG und RückgabeG *Fasching*[1] I 157 und „Das österr Recht" V.y; *Danzl,* Geo., Anm 21 zu § 174; vgl auch § 13 1. StVDG BGBl 1956/165),

D. **Urkundenwesen**

27. Führung des Grundbuchs (§§ 75ff GBG), des Berg- und des Eisenbahnbuchs (Zuständigkeit: § 118),

28. Schiffsregistersachen (§ 1 Abs 1 SchiffsregisterO DRGBl 1940 I 1591 idF BGBl 1982/279; s weiters bei *Danzl,* Geo., Anm vor § 446),

29. Führung des Firmenbuchs (§§ 15ff FBG, § 2 Abs 2 ALöschG; Zuständigkeit: § 120),

30. Ausstellung gerichtlicher Zeugnisse, Vidimierung von Abschriften, Beglaubigung von Urkunden (§§ 281ff AußStrG; Zuständigkeit: § 121), gerichtliche Aufnahme letztwilliger Erklärungen,

31. Rechtsbelehrungen, zB gem
a) § 7 FMedG (Zuständigkeit: § 121a),
b) § 92 ASGG,

32. Kraftloserklärung von Urkunden (§ 1 Abs 2 KEG; Zuständigkeit: § 115),

33. Verfahren zur Ersetzung zerstörter oder abhanden gekommener Urkunden (dRGBl 1942 I 395),

E. **Handelssachen**

34. Verfahren vor dem OLG Wien als KartellG und dem OGH als KartelloberG (§ 43 KartG; § 7 Abs 1 NVG),

35. Gewährung von Bucheinsicht für
a) Handelsvertreter (§ 16 HVertrG 1993),
b) Gesellschafter (§§ 118, 166, 183 HGB, § 22 Abs 4 GmbHG),
c) gem § 61 BörseG,

36. Verfahren nach § 14 AktG und § 102 GmbHG (Näheres s § 120 Rz 2)

37. Entscheidung in Meinungsverschiedenheiten zwischen Gesellschaft und Abschlußprüfer (§ 276 HGB),

38. Verfahren gem § 40 PSG,

39. Stimmrechtsentzug gem § 11a Abs 5 VAG,

40. Wechselprotest (Art 44 WG) und Scheckprotest (Art 40f SchG),

41. Scheckstrafverfahren (Art 67 SchG),

42. Zu den zeitlich überholten Entschädigungsverfahren nach § 25 Abs 1 SEBG BGBl 1954/190, § 20 WertpapierbereinigungsG BGBl 1954/188 und § 8 AuslandstitelbereinigungsG BGBl 1954/22 s *Fasching*[1] I 148, 516),

F. **Sonstige Verfahren**

43. Freiwillige Vermögensangabe (Art XLII EGZPO),

44. Gerichtliche Hinterlegung (§ 1425 ABGB; Zuständigkeit: Art XVIII EGJN),

45. Einziehung gerichtlicher Verwahrnisse (§ 7 Abs 1 EinzG BGBl 1963/281),

46. Besondere Feststellungsverfahren beim OGH gem § 54 Abs 2 ASGG (*Fasching,* Lehrbuch[2] Rz 2295).

Da die verschiedenartigen Sondervorschriften großteils erst nach der Kodifikation der JN ergangen sind, enthalten sie meist auch **besondere Zuständigkeitsvorschriften**. In der JN sind neben den Zuständigkeiten hinsichtlich der im AußStrG selbst geregelten Verfahren außer Streitsachen nur wenige andere Zuständigkeiten in Verfahren außer Streitsachen geregelt, insb die die Führung der öffentlichen Bücher und die Kraftloserklärung betreffenden Verfahren. Andere, durchaus wichtige Verfahren außer Streitsachen sind auch in Bezug auf die Zuständigkeit nicht in der JN, sondern in den jeweiligen Materiengesetzen geregelt, wobei nur beispielsweise auf § 14 TEG, § 37 Abs 1 MRG und § 26 Abs 1 WEG verwiesen werden soll. Die Behandlung aller Zuständigkeiten in Verfahren außer Streitsachen würde den Rahmen eines JN-Kommentars sprengen.

II. Die Zuständigkeit

2 Die **sachliche Zuständigkeit** kommt in Verfahren außer Streitsachen **idR** den (allgemeinen – keine Zuständigkeit des BGHS) **BG** zu. Diese nun (seit dem EheRÄndG) im Gesetz festgeschriebene Regel läßt – trotz der Lex-posterior-Regel auch bisherige – Ausnahmen unberührt, in denen die **Zuständigkeit des LG** ausdrücklich bestimmt ist und von denen im Rahmen der JN die Angelegenheiten des **Firmenbuchs** und der handelsrechtlichen Verfahren außer Streitsachen (s bei § 120) und – teilweise – der **Kraftloserklärung** (s bei § 115) zu nennen sind; außerhalb der JN sind va die **Todeserklärung** (§ 13 TEG) und die **arbeitsrechtlichen Verfahren außer Streitsachen** (§ 92 ASGG) anzuführen.

3 In Verfahren außer Streitsachen gibt es idR nur **Einzelrichter** (Ausnahmen im Kartellverfahren gem § 89 KartG und im von manchen als Verfahren außer Streitsachen angesehenen besonderen Feststellungsverfahren nach § 54 Abs 2 ASGG). Es besteht aber auch eine umfangreiche Betrauung von **Rechtspflegern** mit Außerstreitmaterien (s im einzelnen die in den §§ 18 ff RPflG aufgezählten Wirkungskreise der Rpfl in Verlassenschaftssachen, Pflegschaftssachen, Angelegenheiten des Gerichtserlages und der Einziehung gerichtlicher Verwahrnisse [Sparte „A“], in Grundbuchs- und Schiffsregistersachen [Sparte „G“] und in Sachen des Firmenbuchs [Sparte „F“]).

4 Die **örtliche Zuständigkeit** bestimmt sich nach den §§ 105 ff und den Sondergesetzen.

5 Die **Abgrenzung zwischen Zivilprozeß und Verfahren außer Streitsachen** ist im Gesetz zwingend geregelt und der Parteienvereinbarung entzogen (JBl 1950, 384 uva). Das Gesetz sieht sie als Rechtswegschranke. Näheres bei §§ 1, 40 a, 42.

III. Unzuständigkeitsfolgen

6 Die Entscheidung durch ein unzuständiges Gericht im Verfahren außer Streitsachen verstößt gegen zwingende Vorschriften und heilt auch nicht durch Einlassung in die Hauptsache (Ausnahme: § 114 a Rz 4). Die Zuständigkeit ist in jeder Lage des Verfahrens von Amts wegen und nicht nur aufgrund der Angaben des Antragstellers zu prüfen, eine **Unzuständigkeit führt** aber nicht zur Zurückweisung (§ 43), sondern in jeder Lage des Verfahrens **zur Überweisung der Sache an das zuständige Gericht** (§ 44). Innerhalb des außerstreitigen Rechtswegs **heilt** jede Unzuständigkeit allerdings **mit Rechtskraft** der Entscheidung. Die Rsp geht zwar grundsätzlich von der **Nichtigkeit einer Entscheidung eines unzuständigen Gerichts** (JBl 1967, 531; SZ 29/9 = EvBl 1956/115; 1959/381; LGZ Wien EFSlg 67.258; 67.261 [1991]), bei der örtlichen Unzuständigkeit aber zum Teil davon aus, daß nicht jede Unzuständigkeit zur Aufhebung des angefochtenen Beschlusses führt, sondern nur eine solche, die verhindert, daß der angestrebte Rechtsschutz erreicht wird oder die zu einer Beeinträchtigung rechtlich geschützter Interessen führt (*Ott,* Rechtsfürsorgeverfahren 216; LGZ Wien EFSlg 70.161 [1992], 55.375 [1987], 52.512 [1986]; EFSlg 44.414 [1983]; 42.375 [1982]; 32.615 [1978]; SZ 24/339 [1951]); zumindest aber wird nur der Beschluß, nicht das davor liegende Verfahren für nichtig erklärt (JBl 1967, 531; LGZ Wien EFSlg 67.261 [1991]; zum Ganzen vgl *Mayr/Fucik,* Verfahren außer Streitsachen 23; *Klicka/Oberhammer,* Außerstreitverfahren[3] Rz 18 vermissen hier ein klares dogmatisches Profil; krit auch schon *Barchetti,* ÖJZ 1962, 457; *Fasching*[1] I 281).

Mag auch das „klare dogmatische Profil“ fehlen, fällt es doch gerade im Lichte der seit der ZVN 1983 noch ausgebauten Heilungsvorschriften des streitigen – tendenziell viel formstrengeren – Verfahrens (und deren nach Wortlaut und Systematik wohl zwingenden Unanwendbarkeit auf die Verfahren außer Streitsachen) schwer, sich zur uneingeschränkten Nichtigkeitssanktion im Verfahren außer Streitsachen zu bekennen. Für eine Analogie hinsichtlich der Heilungsvorschriften bleibt methodisch allerdings kein Raum, liegt doch nur das vor, was die öffentlich-rechtliche Lehre eine rechtspolitische Lücke nennt.

7 Nur in Eheangelegenheiten sieht § 114a ausdrücklich die **Möglichkeit einer Prorogation** vor. Eine Verschiebung der Zuständigkeit von einem Außerstreitgericht zu einem anderen durch Prorogation ist daher e contrario und aufgrund der systematischen Stellung des § 104 im ausschließlich der streitigen Gerichtsbarkeit gewidmeten Zweiten Teil der JN unzulässig (EvBl 1981/150).

§ 104b *eingefügt durch Art IV Z 6 BGBl 1978/280; aufgehoben durch Art I Z 10 BGBl 1985/70*

1 Die Anlage zur JN hatte 1978 sogenannte Schwerpunktbezirksgerichte mit familienrechtlichen Abteilungen eingerichtet. Diese familienrechtlichen Abteilungen wurden mit dem FamGG 1985 wieder aufgehoben. An ihre Stelle sind – bei allen BG – die Bestimmungen des § 26 Abs 3 GOG idF BGBl 1994/507 (vorher: § 33 GOG idF BGBl 1985/70) getreten, die die Idee der Familiengerichtsbarkeit (Rz 3 zu § 109) von jener der Schwerpunktbezirksgerichte wieder abgekoppelt haben (Text des § 26 Abs 3 GOG bei § 49).

Verlassenschaftsabhandlung

§ 105. Zur Abhandlung von Verlassenschaften ist das Bezirksgericht berufen, bei dem der Verstorbene seinen allgemeinen Gerichtsstand in Streitsachen hatte.

§ 106. Ist ein österreichischer Staatsangehöriger im Auslande gestorben, so ist zur Abhandlung seiner Verlassenschaft das Gericht, bei welchem der Verstorbene seinen letzten allgemeinen Gerichtsstand im Inlande hatte, oder wenn sich dieser nicht ausmitteln läßt, das Gericht zuständig, in dessen Sprengel die in die Verlassenschaft gehörigen unbeweglichen Güter ganz oder zum größeren Teile, und wenn er bloß bewegliches Vermögen besessen hat, der größere Teil des im Inlande befindlichen beweglichen Vermögens gelegen ist.

§ 107. Rücksichtlich der im Geltungsgebiete dieses Gesetzes gelegenen unbeweglichen Güter eines verstorbenen Ausländers kommt die Verlassenschaftsabhandlung dem Bezirksgerichte zu, in dessen Sprengel diese unbeweglichen Güter ganz oder ihrem größeren Teile nach gelegen sind.

§ 108. Wenn nach den darüber bestehenden gesetzlichen Vorschriften die Abhandlung über den beweglichen Nachlaß eines verstorbenen Ausländers von einem im Geltungsgebiete dieses Gesetzes befindlichen Gerichte zu pflegen ist, so ist hiefür das Bezirksgericht zuständig, bei dem der Ausländer seinen allgemeinen Gerichtsstand hatte; wenn sich dieser aber nicht ermitteln läßt, das Bezirksgericht, in dessen Sprengel sich der größere Teil des hinterlassenen beweglichen Vermögens befindet.

§§ 105–107 idF Art II Z 12–14 der 2. GEN StGBl 1920/116; § 108 Stammfassung

Lit: *Geimer,* Internationalrechtliches zum Außerstreitverfahren, in *Kralik/Rechberger,* Symposium Außerstreitreform (1992) 93; *Hellmer,* Die Gerichtsstände des Verfahrens außer Streitsachen, NZ 1913, 109; *Loewe,* Internationale Zuständigkeit in Nachlaßsachen, Wagner-FS (1987) 259; *Schwimann,* Überblick über das internationale Erbrecht Österreichs, NZ 1979, 102.

1 Die JN bringt **keine Regelung der inländischen Gerichtsbarkeit,** sondern nur Normen für die sachliche und örtliche Zuständigkeit zur Verlassenschaftsab-

handlung. Die inländische Gerichtsbarkeit in Verlassenschaftssachen wird durch die §§ 21 bis 25 AußStrG und Staatsverträge umschrieben. Auf diese Vorschriften über die inländische Gerichtsbarkeit nimmt die JN jedoch insoweit Bezug, als sie die Zuständigkeit von der Staatsbürgerschaft des Erblassers und der Lage des unbeweglichen oder beweglichen Vermögens abhängig macht. Diese Anpassung der Zuständigkeitsvorschriften an die Regeln über die inländische Gerichtsbarkeit hat zur vorliegenden Aufspaltung in vier Paragraphen geführt, was die Regelung weder lückenlos gemacht, noch ihre Auslegung erleichtert hat.

Sachlich zuständig ist stets das allgemeine BG. Das sagen die §§ 105, 107 2
und 108 ausdrücklich; es ergibt sich jedoch für § 106 und die sonst ungeregelten Fälle jedenfalls aus § 104 a JN. Doch könnte nach § 31 Abs 1 JN die Abhandlung einer Verlassenschaft aus Zweckmäßigkeitsgründen an einen Gerichtshof erster Instanz delegiert werden; also auch an ein Handelsgericht, das zB ein Insolvenzverfahren über das Vermögen des Erblassers eröffnet hat. Der in § 31 erwähnte umgekehrte Fall, nämlich der der Delegation von einem Gerichtshof an das Bezirksgericht, ist nur historisch erklärbar und bei der gegenwärtigen Gesetzeslage gegenstandslos.

Der **Wirkungskreis des Rechtspflegers** in Verlassenschaftssachen umfaßt gem § 18 3
Abs 1 RpflG die Geschäfte der Verlassenschaftsabhandlung. Dem Richter bleiben gem § 18 Abs 2 RpflG vorbehalten:

1. die Erledigung von Verlassenschaftssachen, wenn die Aktiven des Nachlasses voraussichtlich den Betrag von 1 Million S übersteigen, es sich um den Nachlaß eines protokollierten Einzelkaufmanns oder eines Geschäftsführers einer OHG oder KG handelt, bei der Abhandlung besondere Erbteilungsvorschriften hinsichtl bäuerlicher Liegenschaften anzuwenden sind, der Erblasser nicht österreichischer Staatsbürger war oder seinen gewöhnlichen Aufenthalt im Ausland hatte, eine Substitution angeordnet ist, im Zuge der Abhandlung das Erbrecht bestritten wird oder wenn die Absonderung der Verlassenschaft von dem Vermögen des Erben verlangt wird;

2. die Anordnung von Zwangsmaßnahmen nach § 19 AußStrG. Zum allgemeinen Richtervorbehalt (§ 16 Abs 2 RpflG) s Rz 5 zu § 109.

Die örtliche Zuständigkeit läßt sich in den folgenden vier Regeln zusam- 4
menfassen:

1. Hatte der Erblasser im Zeitpunkt seines Todes seinen **allgemeinen Gerichtsstand in Streitsachen** bei einem Bezirksgerichte im Inland, so ist dieses Bezirksgericht örtlich zuständig (§ 105 JN). Diese Vorschrift gilt, lege non distinguende und zum Unterschied von dem folgenden Paragraphen, sowohl für Inländer wie für Ausländer (RpflSlgA 5954 [1978]). Für Ausländer jedenfalls dann, wenn sowohl über deren inländischen unbeweglichen wie beweglichen Nachlaß in Österreich abzuhandeln ist. Fraglich könnte diese Zuständigkeit nur in dem Falle sein, in dem nach den §§ 22 und 23 AußStrG nur der inländische unbewegliche Nachlaß eines Ausländers der Gegenstand der Abhandlung sein darf, weil § 108 JN die Zuständigkeit des allgemeinen Gerichtsstandes bei Abhandlung des beweglichen Nachlasses wiederholt, § 107 JN aber bei der Abhandlung des unbeweglichen Nachlasses einen Ausländer nicht erwähnt. Dennoch geht aufgrund der allgemeinen Wertungen der vier Paragraphen der allgemeine Gerichtsstand des Ausländers im Inlande auch in diesem Falle dem Gerichtsstand der Lage des unbeweglichen Vermögens vor; ist doch bei einem Inländer in § 106 JN der allgemeine Gerichtsstand vor dem Gerichtsstand der Lage des unbeweglichen Vermögens gereiht und entspricht es der Erfahrung, daß die Beteiligten des Verlassenschaftsverfahrens, Gläubiger und Auskunftspersonen in der Regel am chesten am allgemeinen Gerichtsstand anzutreffen sind.

Der allgemeine Gerichtsstand richtet sich nach den §§ 66ff JN. Er wird daher jetzt auch durch den gewöhnlichen Aufenthalt begründet (RpflSlgA 7687 [1986]). Dabei ist freilich zu beachten, daß für die inländische Gerichtsbarkeit nach § 23 AußStrG nur der Wohnsitz und nicht auch der gewöhnliche Aufenthalt maßgebend ist; andererseits kann die Niederlassung im Inland die inländische Gerichtsbarkeit, nicht aber die örtliche Zuständigkeit nach § 105 JN begründen (SZ 37/180 [1964]; RpflSlgA 5954 [1978]).

Unanwendbar bleibt für die Verlassenschaftsabhandlung allerdings § 67, 2. Satz JN, weil es sich bei dieser Vorschrift, trotz ihrer systematischen Stellung im Gesetz, in Wahrheit nicht um einen allgemeinen Gerichtsstand, sondern um einen besonderen Gerichtsstand für Verbindlichkeiten handelt, die entweder im Inland begründet wurden oder hier zu erfüllen sind. Hingegen sind die Vorschriften über **fiktive** (§§ 68f JN) **und abgeleitete** (§ 71 JN) **allgemeine Gerichtsstände** durchaus anwendbar.

Der Erblasser kann **mehrere Wohnsitze und** selbst daneben auch mehrere **gewöhnliche Aufenthalte** haben, von denen jeder einen allgemeinen Gerichtsstand begründet (§ 66 Abs 3 JN). Demnach können auch mehrere Gerichte nach § 105 JN für die Verlassenschaftsabhandlung örtlich zuständig sein. Welches von mehreren danach örtlich zuständigen Gerichten nun die Verlassenschaft abzuhandeln hat, läßt sich wenigstens an dem Wortlaut des § 66 Abs 3 JN, der nur von Klage und Wahl des Klägers, also vom Zivilprozeß, spricht, nicht unmittelbar ableiten. Doch läßt sich aus dem dieser Bestimmung zugrundeliegenden Gedanken die von Lehre und Rechtssprechung schon vor ihrem Inkrafttreten (ZVN 1983) gebilligte Lösung rechtfertigen, daß das Gericht eines von mehreren allgemeinen Gerichtsständen des Verstorbenen, das zuerst einschreitet, die Zuständigkeit der Gerichte anderer allgemeiner Gerichtsstände des Erblassers ausschließt. Es entscheidet also das Zuvorkommen (*Hellmer,* NZ 1913, 109, der diese Lösung allerdings als ziemlich willkürlich bezeichnet; NZ 1979, 43 = RpflSlgA 6032 [1979]). Zuvorkommen bedeutet hier nicht nur die Einleitung einer Verlassenschaftsabhandlung im engeren Sinne, sondern jede Prozeßhandlung, die im 2. Hauptstück des AußStrG oder in sonst das Verfahren regelnden Vorschriften vorgesehen ist. Daher ist zB bei Nachlässen geringen Wertes (§ 72 Abs 2 AußStrG) auch der Beschluß, die Verlassenschaftsabhandlung nicht einzuleiten, eine Verfahrenshandlung, die die Zuständigkeit anderer allgemeiner Gerichtsstände des Verstorbenen ausschließt, und das Gericht, das diesen Beschluß gefaßt hat, ist allein zur Abhandlung auf Antrag oder infolge später hervorgekommenen weiteren Vermögens (§ 179 Abs 2 AußStrG) zuständig. Der Anlaß für das Zuvorkommen ist gleichgültig und wird bei dem amtswegig einzuleitenden Verfahren vielfach von außergerichtlichen Umständen abhängen; so zB welchem von mehreren örtlich zuständigen Gerichten der Standesbeamte die Sterbeurkunde, ein bloß nach § 28 AußStrG zuständiges Gericht die Akte über die Todfallsaufnahme, die Versiegelung oder die Kundmachung einer letztwilligen Verfügung übersendet oder ein unzuständiges Gericht die Verlassenschaftssache nach § 44 JN überweist.

5 2. Nur **für österreichische Staatsangehörige,** die zur Zeit ihres Todes keinen allgemeinen Gerichtsstand im Inlande haben, gilt die Vorschrift des § 106 JN, daß **der letzte allgemeine Gerichtsstand im Inlande** die örtliche Zuständigkeit in Verlassenschaftssachen begründet. Entgegen dem Wortlaut des Gesetzes kommt es nicht darauf an, ob der Österreicher im In- oder Ausland verstorben ist. Die Vorschrift gilt auch für einen Auslandsösterreicher, der bei einem Besuch von Verwandten oder seiner Heimat im Inlande stirbt. Denn der Sterbeort

im Inland begründet zwar nach § 28 AußStrG die örtliche Zuständigkeit für Todfallsaufnahme, Versiegelung, Testamentseröffnung und unaufschiebbare Vorkehrungen hinsichtlich des Verlassenschaftsvermögens, nicht aber zur Verlassenschaftsabhandlung selbst. Entscheidend ist also nur, daß der Österreicher im Augenblick seines Todes keinen allgemeinen Gerichtsstand im Inlande hatte.

Diese an sich nicht sehr zweckmäßige Vorschrift ist einschränkend auszulegen. Deshalb ist sie auf fiktive allgemeine Gerichtsstände, die der Verstorbene früher einmal als Militärperson oder Beamter hatte (§§ 68, 69 JN), nicht anzuwenden. Auch frühere bloß abgeleitete allgemeine Gerichtsstände nach § 71 JN begründen die Zuständigkeit für die Verlassenschaftsabhandlung nicht. Weiters ist es selbstverständlich, daß die Zuständigkeitsvorschrift nicht eingreifen kann, wenn sich nicht ausmitteln läßt, ob oder wo der Österreicher früher einmal einen allgemeinen Gerichtsstand im Inland hatte. Doch ist aus dem Umstand, daß das Gesetz die Beweisfrage ausdrücklich erwähnt, wohl abzuleiten, daß zur Klärung der Frage, ähnlich wie nach § 25 AußStrG für die Feststellung der Staatsbürgerschaft des Verstorbenen, die sogar für die viel bedeutendere Frage nach der inländischen Gerichtsbarkeit notwendig ist, kein weitwendiges Beweisverfahren durchzuführen ist.

Bei Ermittlung eines früheren allgemeinen Gerichtsstandes sind die Vorschriften des JN darüber in der Fassung anzuwenden, die im Zeitpunkt des Todes des Erblassers gelten und nicht diejenigen, die im Zeitpunkt der Begründung oder des Wegfalls dieses Gerichtsstandes maßgebend waren. Denn Zweck der Zuständigkeitsregel ist es, einen jetzt vom Gesetz für hinreichend angesehenen Anknüpfungspunkt zu finden. Hatte also zB der Österreicher vor dem Inkrafttreten der ZVN 1983 zwar keinen Wohnsitz, wohl aber einen gewöhnlichen Aufenthalt iSd heute geltenden § 66 Abs 2 JN im Inland, so begründet dieser gewöhnliche Aufenthalt einen letzten allgemeinen Gerichtsstand iSd § 106 JN, obwohl er ihn damals nicht begründet hätte.

3. Hatte ein verstorbener **Ausländer** zur Zeit seines Todes, ein Österreicher auch früher, **keinen allgemeinen Gerichtsstand im Inland,** so richtet sich die Zuständigkeit nach der **Lage seines inländischen unbeweglichen Vermögens** (§§ 106, 107 JN). Was unbewegliche Sachen sind, bestimmt ausschließlich das österreichische Recht, insb die §§ 293 ff ABGB. Befinden sich unbewegliche Güter in mehreren Gerichtssprengeln, so ist das BG örtlich zuständig, in dessen Sprengel der „größere Teil" davon gelegen ist. Schon sprachlich ist größerer Teil und wertvollerer Teil nicht dasselbe. Es kommt also nicht auf den Wert der Teile, sondern auf ihr Flächenausmaß an. Das entspricht auch der Verfahrensökonomie, weil sich das Flächenausmaß in der Regel leichter feststellen läßt und Liegenschaftsanteile nicht womöglich bloß wegen der örtlichen Zuständigkeit geschätzt werden müssen. Bei annähernd gleichen Größen der Teile wird auch hier das Zuvorkommen entscheiden. 6

Die örtliche Zuständigkeit richtet sich auch dann nach der Lage des inländischen unbeweglichen Vermögens, wenn **überdies bewegliches Nachlaßvermögen** von den inländischen Gerichten abzuhandeln ist. Für österreichische Erblasser ergibt sich dies deutlich aus dem Texte des § 106 JN. Für ausländische Erblasser fehlt eine derartige Vorschrift, sodaß sich nach den §§ 107, 108 JN verschiedene örtliche Zuständigkeiten für die Abhandlung des unbeweglichen und beweglichen Vermögens ergeben könnten. Da aber eine zweifache Abhandlung im Inland mit einer Nachlaßspaltung in inländisches unbewegliches und bewegliches Vermögen im AußStrG gar nicht vorgesehen ist und ein ungleiches Ergebnis beider Verfahren auch materiell-rechtlich unliebsame Verwirrung stiften könnte, so muß in analoger Anwendung auch für den Nachlaß eines ausländischen Erblassers gelten, daß das Gericht, das für unbeweglichen Nachlaß zuständig ist, auch den beweglichen abzuhandeln hat und die Zuständigkeitsvorschrift des § 108 JN nur dann zur Anwendung kommt, wenn der Ausländer im Inland ausschließlich bewegliches Vermögen hinterlassen hat (NZ 1952, 125; RpflSlgA 5954 [1978] und Z 802 [1987]).

7 4. Hat der Verstorbene – er mag Inländer (§ 106 JN) oder Ausländer (§ 108 JN) sein – kein **unbewegliches Vermögen im Inlande** hinterlassen und fehlt es an einer Zuständigkeit nach den vorstehenden Punkten 1.–3., so ist das BG örtlich zuständig, in dessen Sprengel sich der größere Teil des im Inland gelegenen hinterlassenen beweglichen Vermögens befindet. Maßgebend ist dabei allein die Lage des Vermögens im Zeitpunkt des Todes des Erblassers (GlUNF 1672 [1901]; NZ 1917, 348).

Soweit die Frage nach der Belegenheit einer beweglichen Sache für die Zuständigkeit zu beantworten ist, richtet sie sich stets nach österreichischem Recht, weil für das Verfahrensrecht in der Regel die lex fori gilt. Die Belegenheit **obligatorischer Forderungen** wird analog der Bestimmungen und Grundgedanken der §§ 99 Abs 2 JN und 18 Z 3 EO zu beurteilen sein, sie befinden sich rechtlich dort, wo der Schuldner seinen Wohnsitz, Sitz oder gewöhnlichen Aufenthalt oder, wenn das auf das Inland nicht zutrifft, dann dort, wo im Inland eine Sache liegt, welche für die Forderung zur Sicherheit haftet. Daß sich der Schuldner zur Zeit des Todes im Inland bloß aufhält, wird für die Analogie nicht ausreichen.

Liegt inländisches bewegliches Vermögen in den Sprengeln mehrerer Bezirksgerichte, so ist die **Frage nach dem „größeren Teil"** nicht leicht zu beantworten. Die Antwort allein vom Verkehrswert der Vermögensbestandteile abhängig zu machen (so *Fasching*[1] I 519, 521), verstößt schon gegen die sprachliche Auslegung, denn nichts wäre für den Gesetzgeber einfacher gewesen als statt des Wortes „größere" das eindeutige Wort „wertvollere" zu wählen. Es widerspricht der Verfahrensökonomie, Zuständigkeitsfragen an Wertfeststellungen, die erst im Zuge des Verfahrens geklärt werden können und etwa gar Schätzungen und damit Kosten verursachen, zu knüpfen. Die Frage kann wohl nur auf die praktisch einfachste Art und Weise gelöst werden. Örtlich zuständig ist also das Gericht, in dessen Sprengel nach dem Ergebnis der Todfallsaufnahme jener Teil des beweglichen Vermögens liegt, der voraussichtlich die umfangreicheren Verfahrenshandlungen im Falle von Sicherstellungen oder Inventarisierung erfordern wird. Im Zweifel wird auch hier das Zuvorkommen entscheiden.

8 **Gegenstand** dieser Zuständigkeitsregelung der **JN ist die Verlassenschaftsabhandlung im engeren Sinne,** nämlich das Verfahren, das über Erbserklärung zur Einantwortung führt. Das zeigt der einleitende Nebensatz des § 108 JN besonders deutlich, der das sogenannte Ausfolgungsverfahren der §§ 23, 137 bis 139 AußStrG geradezu von seiner Regelung ausschließt. Diese Beschränkung der Zuständigkeitsvorschriften der JN auf die Verlassenschaftsabhandlung im engeren Sinne hat ihren Grund darin, daß diese Vorschriften lediglich die Verweisung der §§ 21, 22, 28 AußStrG auf das Gesetz über die Zuständigkeit in bürgerlichen Rechtssachen ausfüllen will und damit die **Zuständigkeitsvorschriften des AußStrG,** die andere Tätigkeiten in Verlassenschaftssachen betreffen, aufrecht bestehen läßt (Art I Abs 1 EGJN). Diese Zuständigkeitsvorschriften des AußStrG können eigene Regeln für gewisse Verfahrensschritte aufstellen, wie zB § 28 AußStrG, der für die Todfallsaufnahme, Versiegelung, Testamentskundmachung und unaufschiebbare Vorkehrungen in Beziehung auf das Verlassenschaftsvermögen auch das BG zuständig macht, in dessen Sprengel sich der

Todfall ereignet hat; oder die Individualzuständigkeit des Gerichtes, das tatsächlich abgehandelt hat, für die Behandlung nachträglich aufgefundener letzter Willenserklärungen (§ 180 AußStrG).

Zuständigkeitsvorschriften des AußStrG können aber auch darin bestehen, daß die Verfahren, die nicht unmittelbar unter die Regelung der JN fallen, mehr oder weniger deutlich in die Zuständigkeit desjenigen Gerichtes verweisen, das nach der JN für die Verlassenschaftsabhandlung zuständig wäre. So ist die inländische Behörde, die nach § 23 Abs 2 AußStrG darüber zu entscheiden hat, ob sie die Abhandlung des inländischen beweglichen Nachlasses eines Ausländers dem Auslande überlassen und sich auf das Ausfolgungsverfahren beschränken muß, zweifellos das Gericht, das sonst abzuhandeln hätte. Ebenso ist die „Abhandlungsbehörde", die bei Mangel eines Vermögens oder bei Nachlässen geringen Wertes Verfügungen nach § 72 AußStrG oder bei überwiegendem Schuldenstand nach § 73 AußStrG zu treffen oder einen Nachlaß nach § 130 AußStrG für heimfällig zu erklären hat, das nach der JN für die Verlassenschaftsabhandlung zuständige Gericht.

Die §§ 105 bis 108 JN versagen allerdings, wenn nach § 21 AußStrG über das im Auslande befindliche bewegliche Vermögen eines Inländers abzuhandeln ist, der weder im Zeitpunkte seines Todes noch früher einen allgemeinen Gerichtsstand in Streitsachen im Inlande hatte noch sonst im Inlande bewegliches oder unbewegliches Vermögen hinterlassen hat. In diesem Falle wird der OGH auch bei der heute geltenden Fassung des § 28 JN (für die Rechtslage vor der ZVN 1983 hat das der OGH ZBl 1933, 89 ausgesprochen) selbst wenn weder ein völkerrechtlicher Vertrag Österreich dazu verpflichtet noch die Abhandlung im Auslande (unmöglich oder) unzumutbar wäre, durch **Ordination** ein inländisches Gericht als örtlich zuständig bestimmen müssen. Dies umso mehr, wenn man wie OGH EvBl 1957/9 es getan hat, aus § 21 AußStrG eine ausschließliche Zuständigkeit österreichischer Gerichte herausliest.

Für die **Abhandlung von Nacherbschaften** nach Eintritt des Substitutions- 9
falles fehlt eine ausdrückliche Bestimmung. Doch ist das nicht notwendig, weil die Substitutionsabhandlung als Fortsetzung der Abhandlung nach dem Erblasser anzusehen ist, sodaß das ursprüngliche Abhandlungsgericht nach § 29 JN zuständig bleibt. Der allgemeine Gerichtsstand der Vorerben oder die Lage des Vermögens im Zeitpunkte des Nacherbfalles spielen daher für die örtliche Zuständigkeit keine Rolle (GlUNF 5520 [1911]).

Vormundschaft und Sachwalterschaft (Kuratel)

§ 109. (1) Zur Bestellung des Vormundes oder des Sachwalters (Kurators) und zur Besorgung der sonstigen Geschäfte, die nach den Bestimmungen über die Rechte zwischen Eltern und minderjährigen Kindern sowie über die Vormundschaft und die Sachwalterschaft (Kuratel) dem Gericht obliegen, ist das Gericht zuständig, in dessen Sprengel der Minderjährige oder sonstige Pflegebefohlene seinen gewöhnlichen Aufenthalt, mangels eines solchen im Inland seinen Aufenthalt hat; handelt es sich um eine juristische Person oder ein sonstiges parteifähiges Gebilde, so ist der Sitz maßgebend.

(2) Fehlt ein Aufenthalt im Inland, so ist das Gericht zuständig, in dessen Sprengel der gesetzliche Vertreter seinen gewöhnlichen Aufenthalt hat; mangels eines solchen im Inland, sofern es sich um einen Minderjährigen handelt, das Gericht, in dessen Sprengel ein Elternteil den gewöhnlichen Aufenthalt hat, sofern es sich um einen sonstigen Pflegebefohlenen handelt, das Gericht seines letzten gewöhnlichen Aufenthalts im Inland; sonst das Bezirksgericht Innere Stadt Wien.

Samt Überschrift idF Art II Z 51 ZVN 1983 BGBl 135

Lit: *Gitschthaler,* Einzelne Probleme des neuen Sachwalterrechtes und der Versuch einer Lösung, ÖJZ 1985, 193; *Knoll,* Die Verteilung zweitinstanzlicher Rechtsmittelagenden in Familienrechtssachen unter mehreren Rechtsmittelsenaten „im Radl" ist gesetzwidrig, RZ 1996, 276; *Kremzow,* Österreichisches Sachwalterrecht (1984) 215; *Maurer/Tschugguel,* Das österreichische Sachwalterrecht in der Praxis[2] (1997) 227; *Schwimann,* Inländische Gerichtsbarkeit für Personenstands-, Familienrechts- und Unterhaltssachen, JBl 1990, 760; *Waldstätten,* Das außerstreitige Unterhaltsverfahren, ÖA 1994, 7.

Übersicht:

I. Anwendungsbereich

1 Entgegen der zu engen Überschrift umfaßt der **Anwendungsbereich** des § 109 nicht nur „Vormundschaft und Sachwalterschaft (Kuratel)", sondern die Bestellung eines Vormunds oder Sachwalters (Kurators).

Die hM bezieht § 109 auf alle Kuratorenbestellungen (*Mayr* in *Rechberger,* ZPO § 112 JN Rz 1; *Schwimann,* JBl 1990, 765). Dies führt allerdings zum methodisch bedenklichen Ergebnis, daß § 112 jeder Anwendungsbereich fehlt. Diesem erhielte man einen Restbereich, wenn man von § 109 nur solche Kuratorenbestellungen umfaßt sieht, die fehlende gesetzliche Vertretung für alle (Vormund, Sachwalter) oder einzelne (Sachwalter, Kurator nach §§ 145 a, 145 b, 187, 209, 269 und 196, 212 Abs 2 und 3; uU §§ 271 f, 273, 273 a, § 274 ABGB; § 238 AußStrG) Angelegenheiten Pflegebefohlener ausgleichen sollen, nicht also zB Abwesenheits- und Kollisionskuratelen von Geschäftsfähigen.

Die Besorgung sonstiger Geschäfte, die nach den Bestimmungen über die Rechte zwischen Eltern und minderjährigen Kindern sowie über die Vormundschaft und Sachwalterschaft (Kuratel) dem Gericht obliegen, werden vom Anwendungsbereich des § 109 allerdings (wie sich schon aus der Gesetzessystematik ergibt) nur erfaßt, soweit sie im Verfahren außer Streitsachen zu erledigen sind (*Schwimann,* JBl 1990, 765). Alle streitigen Kindschaftsagenden (Abstammungsprozesse) und alle Angelegenheiten zwischen Eltern und volljährigen Kindern fallen aus dem Anwendungsbereich heraus. Die Vorschrift umfaßt also va die Unterhaltsverfahren minderjähriger Kinder (JBl 1989, 394 = EFSlg 60.716 = RZ 1989/90 ua, zuletzt LGZ Wien EFSlg 82.095 [1996]), die Rechtsfürsorge im Zusammenhang mit der Obsorge, bestehend aus Pflege und Erziehung (samt Aufenthaltsbestimmung, Herausgabe des Kinds), Vermögensverwaltung (einschließlich der Herausgabe des Kindesvermögens: EvBl 1989/32 = NRsp 1988/225) und gesetzlicher Vertretung (samt pflegschaftsgerichtlicher Genehmigung von Vertretungshandlungen, LGZ Wien EFSlg 63.946 [1991] = WR 483). Auch die Verkürzung oder Verlängerung der Minderjährigkeit zählt hier dazu, nicht aber (arg § 113) Legitimations-, (arg § 113 b) Adoptionsagenden und (arg § 114) Agenden im Zusammenhang mit Vaterschaftsanerkenntnissen (*Schwimann,* JBl 1990, 765). § 114 Abs 2 wiederholt – überflüssigerweise – den Inhalt des § 109 im Hinblick auf uneheliche Kinder.

2 § 109 in seiner nunmehrigen Fassung ist auf Verfahren anzuwenden, die seit dem 1. 5. 1983 gerichtsanhängig wurden; vor dem Inkrafttreten der ZVN 1983 rite begründete Zuständigkeiten werden davon jedoch nicht berührt (LGZ Wien

EFSlg 54.940 [1987]; ÖA 1986, 79; EFSlg 52.086 [1986]; EFSlg 49.262/12 = ÖA 1985, 147 = RPflSlgA 1985/7605). Siehe auch *Gitschthaler,* ÖJZ 1985, 231.

II. Geschäftsverteilung

Die Außerstreitangelegenheiten nach §§ 109 bis 114 a sind – ebenso wie die Rechtssachen nach § 49 Abs 2 Z 1 bis 2 c und Abs 3 – derselben Gerichtsabteilung zuzuweisen. Wenn diese Rechtssachen wegen des Geschäftsumfangs mehreren Gerichtsabteilungen zuzuweisen sind, sind sie so zu verteilen, daß alle dieselbe Personengruppe (Eltern und Kinder, Ehegatten und geschiedene Ehegatten) betreffenden familienrechtlichen Angelegenheiten zu derselben Gerichtsabteilung gehören (§ 26 Abs 3 GOG idF BGBl 1994/507). Durch diese **Geschäftsverteilungsvorschrift** wird, der Idee der Familiengerichtsbarkeit folgend (wie durch die Vorläuferbestimmungen des § 49 a JN samt Anlage zur JN idF EheRÄndG BGBl 1978/289; 33 Abs 1 GOG idF FamGG BGBl 1985/70) die „familienrechtliche Abteilung" (wenn auch nicht mehr bloß an „Schwerpunktbezirksgerichten" wie nach §§ 49 a, 104 b aF) verwirklicht. Zur Problematik einer Verteilung in Rotation s *Knoll,* RZ 1996, 276. 3

III. Sachliche Zuständigkeit

Sachlich zuständig ist **immer das BG** (anders für einzelne Agenden noch § 109 Abs 2 idF vor dem KindG BGBl 1977/403, dazu *Fasching*[1] I 527 ff). 4

IV. Rechtspfleger und Richter

Der **Wirkungskreis der Rechtspfleger** in Pflegschaftssachen umfaßt gem § 19 Abs 1 RpflG die Geschäfte in Pflegschaftssachen (einschließlich der Vormundschafts- und Sachwalterschaftssachen), die Entscheidung über Anträge auf Bewilligung einer im § 17 Abs 2 Z 1 RpflG (zwangsweise Pfandrechtsbegründung, Mobiliarexekution) genannten Exekution sowie der Exekution zur Sicherstellung nach § 372 EO durch die in § 374 Abs 1 EO angeführten Exekutionsmittel, ausgenommen die Zwangsverwaltung, aufgrund eines vom Pflegschaftsgericht geschaffenen Exekutionstitels über Unterhaltsbeiträge sowie die Entscheidung über die Bewilligung, Aufhebung oder Einschränkung einer einstweiligen Verfügung nach § 382 a EO. 5

Dagegen bleiben dem **Richter vorbehalten:**

1. nach § 16 Abs 2 RpflG die Berichte an vorgesetzte Behörden, die Schreiben an österreichische Vertretungsbehörden im Ausland, an ausländische Vertretungsbehörden im Inland,

an andere ausländische Behörden und an zwischenstaatliche Organisationen (ebenso wohl an supranationale, etwa den EuGH im Vorabentscheidungsverfahren), die Erledigung von Beschwerden, die Anordnung und Abnahme eines Eids, die Anordnung der Haft sowie die Umwandlung von Geldstrafen in Haft und Entscheidungen, bei denen ausländisches Recht anzuwenden ist;

2. nach § 19 Abs 2 RpflG

a) Verfahren zur Feststellung der Rechtsunwirksamkeit eines Vaterschaftsanerkenntnisses, zur Ehelicherklärung, zur Erklärung der Ehemündigkeit, zur Verlängerung oder Verkürzung der Minderjährigkeit, zur Genehmigung eines Pflegevertrags oder einer späteren Namensgebung, zur Bewilligung der Adoption, zum Widerruf der Bewilligung und zur Aufhebung der Wahlkindschaft;

b) Verfahren zur Regelung und zur Entscheidung einzelner oder aller aus den familienrechtlichen Beziehungen erfließenden rein persönlichen Rechte und Pflichten – ausgenommen die Aufnahme von und die Entscheidung über Vereinbarungen über den persönlichen Verkehr eines Elternteils (von Großeltern) mit seinem Kind (ihrem Enkelkind) und von Vereinbarungen der Eltern gem § 177 Abs 1 ABGB – sowie die Verfahren zur Ersetzung von Einwilligungen und Zustimmungen;

c) die Genehmigung von Vertretungshandlungen und Einwilligungen von gesetzlichen Vertretern, Vormündern, Sachwaltern und Kuratoren, ausgenommen die Ermächtigung zur Erhebung von Klagen auf Feststellung der Vaterschaft und von Klagen auf Leistung des Unterhalts sowie die Genehmigung von Unterhaltsvereinbarungen;

d) die Überwachung der Anlegung, der Verwaltung und der Veränderung am Stand des Vermögens eines Minderjährigen oder sonstigen Pflegebefohlenen, wenn der Wert des Vermögens 500.000 S übersteigt;

e) die Entscheidung über den Ersatz zu Unrecht geleisteten vorläufigen Unterhalts gem § 399 b EO sowie über den Ersatz zu Unrecht gewährter Unterhaltsvorschüsse auf Antrag des Präsidenten des OLG und über die unmittelbare Rückzahlungspflicht an den Bund;

f) die Anordnung von Zwangsmaßnahmen nach § 19 AußStrG;

g) Verfahren zur Bestellung und Enthebung eines Sachwalters für behinderte Personen einschließlich der Beendigung, Einschränkung oder Erweiterung der Sachwalterschaft, eines Sachwalters für Ungeborene (§ 274 ABGB), eines Kurators für Abwesende, wenn sie nicht österreichische Staatsbürger sind oder wenn Anhaltspunkte für deren Aufenthalt im Ausland gegeben sind, sowie für unbekannte Teilnehmer an einem Geschäft (§ 276 ABGB);

h) alle nicht rein vermögensrechtlichen Entscheidungen über Personen, die nicht österreichische Staatsbürger sind (auch Konventionsflüchtlinge fallen unter den Richtervorbehalt, LGZ Wien WR 557 [1992], dagegen ist eine Unterhaltsfestsetzung keine „Verfügung über eine Person", EvBl 1994/180 = ZfRV 1994, 185; SZ 70/269 [1997] = JBl 1998, 596 = EvBl 1998/97) oder die ihren gewöhnlichen Aufenthalt im Ausland haben oder die im geschlossenen Bereich einer Krankenanstalt angehalten (gemeint: „untergebracht") werden sollen oder angehalten werden;

i) die Belehrung von Minderjährigen über das Unrecht strafbarer Handlungen und deren mögliche Folgen aufgrund von der StA zurückgelegter und dem Pflegschaftsgericht übermittelter Anzeigen.

Der Kostenersatz gemäß JWG bleibt nach hA (zuletzt ÖA 1999, 177 (U 278); LG St. Pölten, RpflSlg A 1997, 196 = EFSlg 85.567 mwN auch zur Gegenmeinung) nicht dem Richter vorbehalten.

V. Örtliche Zuständigkeit

6 **Örtlich zuständig** ist in erster Linie jenes BG, in dessen Sprengel der Minderjährige oder sonstige Pflegebefohlene (nicht seinen Wohnsitz, sondern) seinen **gewöhnlichen Aufenthalt,** mangels eines solchen seinen schlichten Aufenthalt hat (EFSlg 60.714 [1989] = RZ 1990/52; EvBl 1984/62 = EFSlg 43.959 [1983] = ÖA 1984, 105). Auf den (Wohnsitz oder) Aufenthalt des gesetzlichen Vertreters kommt es nicht an. Der Aufenthalt des Pflegebefohlenen am Tag der Einleitung des Verfahrens ist maßgebend (LGZ Wien EFSlg 60.713 [1989]), unter mehreren in Betracht kommenden BG entscheidet das **Zuvorkommen** (LGZ Wien EFSlg 60.715 [1989]). Der Aufenthalt muß **rechtmäßig** sein (LGZ Wien EFSlg 60.713

[1989]), doch trifft dies bei getrennt lebenden Elternteilen auf jeden, dem die Obsorge nicht entzogen wurde, zu, der erkennbar will, daß das Kind bei ihm bleibt (EFSlg 60.714 [1989] = RZ 1990/52; EvBl 1984/62 = EFSlg 43.959 [1983]). Um von gewöhnlichem Aufenhalt zu sprechen, müssen Umstände vorliegen, die eine dauerhafte Beziehung zwischen dem Pflegebefohlenen und seinem Aufenthalt anzeigen (EFSlg 60.714 [1989] = RZ 1990/52; EvBl 1984/62 = EFSlg 43.959); ab einer Dauer von sechs Monaten trifft dies jedenfalls zu (EFSlg 66.876 [1991]; JBl 1989, 394 = EFSlg 60.717 = RZ 1989/90 ua), für einen Sommeraufenthalt dagegen nicht (LGZ Wien EFSlg 52.088 [1986] = IPRE 2/188).

Mangels (auch nur schlichten) Aufenthalts des Pflegebefohlenen im Inland 7 kommt es **subsidiär** auf den Aufenthalt des gesetzlichen Vertreters, mangels eines solchen im Inland a) bei Minderjährigen auf den gewöhnlichen Aufenthalt eines Elternteils, b) bei sonstigen auf deren letzten gewöhnlichen Aufenthalt im Inland an. Der Wohnsitz oder letzte gewöhnliche Aufenthalt der Eltern hat nie Bedeutung (LGZ Wien EFSlg 54.941 [1985] = RPflSlgA 1986/7644 = ÖA 1987, 20). Mangels jeden anderen Anknüpfungspunkts ist (inländische Gerichtsbarkeit vorausgesetzt, s bei § 110) letztlich das **BG Innere Stadt Wien** zuständig.

VI. Sondervorschriften

In Unterhaltssachen gewähren Art 5 Nr 2 des **EuGVÜ** wie des **LGVÜ** dem 8 Unterhaltsberechtigten einen Wahlgerichtsstand an seinem Wohnsitz oder gewöhnlichen Aufenthalt. Aus § 109 oder § 110 läßt sich hingegen ebensowenig wie aus § 56c ein Aktivgerichtsstand volljähriger ausländischer Unterhaltsgläubiger ableiten (LGZ Wien WR 690 [1994]).

Für Minderjährige, bei denen aus einem bestimmten Anlaß eine **Gefährdung der persönlichen Entwicklung** zu besorgen ist, bestehen Sonderzuständigkeiten; zuständig ist a) der **JGH Wien** für die Sprengel der in Wien gelegenen BG (als erste – § 23 Z 1 lit a JGG – und zweite Instanz – § 23 Z 2 lit a JGG), b) das **Jugendgericht Graz** für den Sprengel des BGZ Graz (§ 24 Abs 1 Z 1 JGG), c) das **BG Linz-Land** für die Sprengel der BG Linz, Linz-Land und Urfahr-Umgebung (§ 24 Abs 3 Z 1 JGG). 9

§ 109 a *aufgehoben durch Art II Z 52 BGBl 1983/135.*

§ 110. (1) Für die im § 109 genannten Angelegenheiten ist die inländische Gerichtsbarkeit gegeben, wenn der Minderjährige oder sonstige Pflegebefohlene

1. österreichischer Staatsbürger ist oder

2. seinen gewöhnlichen Aufenthalt oder, soweit es um dringende Maßnahmen geht, zumindest seinen Aufenthalt im Inland hat oder

3. Vermögen im Inland hat, soweit es um dieses Vermögen betreffende Maßnahmen geht.

(2) Hat der österreichische Minderjährige oder sonstige Pflegebefohlene seinen gewöhnlichen Aufenthalt oder Vermögen im Ausland oder handelt es sich um einen ausländischen Minderjährigen oder sonstigen Pflegebefohlenen, so kann das Gericht von der Einleitung oder Fortsetzung des Verfahrens absehen, soweit und solange durch die im Ausland getroffenen oder zu erwartenden Maßnahmen die Rechte und Interessen des Minderjährigen oder sonstigen Pflegebefohlenen ausreichend gewahrt werden. Im Falle eines österreichischen Minderjährigen ist vor der Entscheidung die Bezirksverwaltungsbehörde zu hören, in deren Sprengel das Gericht seinen Sitz hat.

Eingefügt durch Art II Z 53 ZVN 1983 BGBl 135 (Stammfassung seit StGBl 1920/116 aufgehoben)

Lit: *Geimer,* Internationalrechtliches zum Außerstreitverfahren, in *Kralik/Rechberger,* Symposium Außerstreitreform (1992) 93; *Matscher,* Die internationalrechtlichen Bestimmungen der Zivilverfahrens-Novelle 1983, in *BMJ,* Neuerungen im zivilgerichtlichen Verfahrensrecht, Richterwoche 1983 (1984) 201; *Roth/Döring,* Das Haager Abkommen über den Schutz von Kindern, ÖA 1999, 163 = JBl 1999, 758; *Schütz,* Die Neuregelung der inländischen Gerichtsbarkeit in Vormundschafts- und Pflegschaftssachen, ÖA 1983, 92; *ders,* Zwischenstaatliche Vereinbarungen, RZ 1995, 242; RZ 1999, 41; *Schwimann,* Das Haager Minderjährigenschutzabkommen und seine Anwendung in Österreich, JBl 1976, 233; *ders,* Grundriß des Internationalen Privatrechts (1982) 240; *ders,* Personen- und familienrechtliche Neuerungen im internationalen Zivilverfahrensrecht Österreichs, FamRZ 1985, 673; *ders,* Inländische Gerichtsbarkeit für Personenrechts-, Familienrechts- und Unterhaltssachen, JBl 1990, 760; *ders,* Internationales Privatrecht² (1999) 119; *Schwind,* Internationales Privatrecht² (1990) Rz 342 ff.

Übersicht:

I. Die inländische Pflegschaftsgerichtsbarkeit

1 § 110 regelt – mangels anwendbarer besonderer Vorschriften (s Rz 6) – die **inländische Gerichtsbarkeit** für die in § 109 angeführten (außerstreitigen) Angelegenheiten. Ist diese gegeben, so entscheidet das österreichische Gericht nach den Verfahrensregeln des AußStrG, auch wenn in der Sache ein fremdes materielles Recht (nach den Regeln des IPR) anzuwenden ist (IPRE 2/32 [1986] = ZfRV 1988, 41 [zust *Hoyer*]). Die Einleitung eines inländischen Verfahrens wird durch ein inhaltsgleiches ausländisches nicht gehindert, zumal wegen Abs 2 das Problem der Streitanhängigkeit nicht auftauchen kann (vgl *Fasching,* Lehrbuch² Rz 1191; JBl 1989, 394 = EFSlg 60.720 = RZ 1989/90).

Wie in allen übrigen Fällen ist die inländische Gerichtsbarkeit auch in Vormundschafts- und Pflegschaftssachen **in jeder Lage des Verfahrens** (LGZ Wien EFSlg 69.745 [1992]; 57.588 [1988]), auch von Amts wegen, **zu prüfen.** § 29 (perpetuatio fori) war nach der aF nicht anzuwenden (LGZ Wien EFSlg 66.877 [1991], sodaß (etwa bei rechtmäßiger Entfernung eines Nichtösterreichers aus Österreich) die inländische Gerichtsbarkeit auch während des Verfahrens wegfallen konnte. Dies ist in der Fassung der WGN 1997 nicht mehr vertretbar, doch bleibt die Unterlassung weiterer Akte iSd Abs 2 unbenommen. Das Verfahren und die Entscheidung trotz fehlender inländischer Gerichtsbarkeit sind **nichtig** (LGZ Wien EFSlg 57.688 [1988]); die Nichtanwendung des Abs 2 dagegen ist höchstens ein – idR nicht wesentlicher – Verfahrensmangel.

Zu den theoretischen Problemen der Regelung vgl *Schwimann,* Internationales Zivilverfahrensrecht 13 ff; *Dolinar,* Außerstreitverfahrensrecht 43 ff; *Geimer* in *Kralik/Rechberger,* Symposion Außerstreitreform 93 ff.

2 Die inländische Gerichtsbarkeit ist immer dann gegeben, wenn es sich beim Pflegebefohlenen um einen **österreichischen Staatsbürger** handelt (Z 1) oder wenn er seinen **gewöhnlichen Aufenthalt** (s § 67; § 109 Rz 6) **in Österreich** hat (Z 2). Es schadet nicht, daß ein österreichischer Staatsbürger noch eine weitere Staatsbürgerschaft besitzt (LGZ Wien EFSlg 75.970 [1994]; IPRE 2/186 = RPflSlgA 1987/7778; WR 274 [1987]; EFSlg 49.227 [1985] = IPRE 2/187; IPRE 2/191 [1984] = ÖA 1986, 23 = RPflSlgA 1984/7573; ua) oder sich – auch dauernd – im

Ausland aufhält (LGZ Wien ZfRV 1993/53; EFSlg 46.614 [1984]; IPRE 2/191 [1984] = ÖA 1986, 23= RPflSlgA 1984/7573), soweit nicht abändernde Bestimmungen eines Vormundschaftsabkommens bestehen (LGZ Wien EFSlg 46.614 [1984]). Wer seinen gewöhnlichen Aufenthalt in Österreich hat, unterliegt der inländischen Gerichtsbarkeit auch, wenn er keine österreichische Staatsbürgerschaft besitzt (IPRax 1986, 45; IPRE 2/183 [1984]). Fehlen sowohl österreichische Staatsangehörigkeit als auch gewöhnlicher Aufenthalt in Österreich, so besteht grundsätzlich keine inländische Gerichtsbarkeit (ZfRV 1993/80; LGZ Wien EFSlg 54.942 [1987] ua), es sei denn, es handle sich a) um eine **dringende Maßnahme** (Z 2 aE) oder b) um eine Maßnahme, die **in Österreich befindliches Vermögen** des Pflegebefohlenen betrifft (Z 3), wie etwa die pflegschaftsbehördliche Genehmigung einer Schadenersatzklage eines ausländischen Pflegebefohlenen gegen einen österreichischen Haftpflichtversicherer (ZVR 1997/32; LGZ Wien EFSlg 79.095 [1995]; EFSlg 79.094 [1995] = ZVR 1996/10; LGZ Wien EFSlg 63.946 [1990] = WR 483) oder eine dringende Maßnahme betreffend Liegenschaften eines iSd § 273 ABGB behinderten Ausländers (IPRE 2/32 = ZfRV 1988, 41), nicht aber dann, wenn der einzige Inlandsbezug ein obligatorisches Recht auf eine inländische Liegenschaft ist (LGZ Wien EFSlg 72.814 [1993]).

Bezieht man §§ 109f auch auf juristische Personen und sonstige parteifähige Gebilde, so ist die inländische Gerichtsbarkeit bei Sitz des Gebildes im Inland gegeben (*Schwimann,* FamRZ 1985, 678 und JBl 1990, 766; *Mayr* in *Rechberger,* ZPO § 110 JN Rz 2).

II. Nichtausübung der inländischen Gerichtsbarkeit

Das Vorliegen der inländischen Gerichtsbarkeit bedeutet noch **nicht,** daß die **Gerichtsbarkeit unter allen Umständen auszuüben** ist (669 BlgNR 15. GP 43; KG Krems EFSlg 60.718 [1989]). Trotz Bestehens der inländischen Gerichtsbarkeit kann das inländische Gericht mit Beschluß entscheiden, daß ein Verfahren nicht eingeleitet oder nicht fortgesetzt wird. Die ZVN 1983 hat die bisherige Regelung des § 111 Abs 3 in die Vorschrift über die inländische Gerichtsbarkeit übernommen (krit zur Systematik *Matscher* in *BMJ,* Neuerungen 215 ff). 3

Ob trotz bestehender inländischer Gerichtsbarkeit ein Verfahren nicht eingeleitet oder nicht fortgesetzt wird, liegt im (gebundenen) Ermessen des Gerichts, daß sich am **Wohl des Pflegebefohlenen** orientieren muß (EFSlg 66.878 [1991] = ZfRV 1992/10; EFSlg 57.686 [1988] ua). Die Verweigerung der Einleitung oder Fortsetzung des Verfahrens ist nach Abs 2 nur statthaft, wenn **gesichert** ist, daß die Rechte und Interessen des Pflegebefohlenen durch die Behörden des ausländischen Staats **ausreichend gewahrt** sind (EFSlg 66.878 [1991] = ZfRV 1992/10; EFSlg 57.686 [1988]; EFSlg 52.089 = ÖA 1987, 139; EFSlg 49.264 = IPRE 2/184 = RPflSlgA 1985/7601 ua; *Schwimann,* FamRZ 1985, 678f und JBl 1990, 767 weist darauf hin, daß die ausreichende Wahrung der Interessen nach dem nach IPR – § 27 IPRG und Staatsverträge – anzuwendenden Sachrecht beurteilt werden muß). Bei einem österreichischen Minderjährigen oder sonstigen Pflegebefohlenen kommt eine solche Maßnahme nur in Frage, wenn er entweder seinen gewöhnlichen Aufenthalt im Ausland hat oder sich die Maßnahme auf ausländisches Vermögen bezieht (*Schwimann,* FamRZ 1985, 678 und JBl 1990, 766). Bei einem **österreichischen Minderjährigen** (nicht sonstigen Pflegebefohlenen) ist vor der Entscheidung zwingend die **Bezirksverwaltungsbehörde** (BH, Magistrat) zu **hören,** in deren Sprengel das Gericht seinen Sitz hat.

Mit einer Vorgangsweise nach Abs 2 erlischt die inländische Gerichtsbarkeit nicht, sondern wird nur nicht ausgeübt, **soweit und solange** durch ausländische Maßnahmen das **Wohl des Pflegebefohlenen ausreichend gewahrt** ist (ZfRV 1994/35; KG Krems EFSlg 60.718 [1989]; EFSlg 49.264 = IPRE 2/184 = RPflSlgA 1985/7601). Soweit und sobald dies nicht mehr zutrifft, ist das inländische Verfahren einzuleiten bzw fortzusetzen (669 BlgNR 15. GP 43; *Schütz,* ÖA 1983, 93).

Die Vorgangsweise nach Abs 2 setzt über den bloßen Gesetzeswortlaut hinaus voraus, daß bereits eine **Entscheidung** der ausländischen Behörde vorliegt oder aufgrund eines anhängigen Verfahrens **konkret** (vgl LGZ Wien EFSlg 54.943 [1987]) und **in angemessener Zeit zu erwarten** ist (EFSlg 75.971 = ZVR 1994/35; Redok 8944 [1986]; LGZ Wien IPRE 2/189 = RPflSlgA 1986/7667; EFSlg 49.263 [1985] = IPRE 2/193; zu den praktischen Problemen der Feststellbarkeit s *Schwimann,* FamRZ 1985, 679 und JBl 1990, 767) und daß diese Entscheidung für den inländischen Rechtsbereich entsprechende Wirkungen entfalten kann (669 BlgNR 15. GP 43; LGZ Wien EFSlg 46.615 [1984]), also in Österreich **anerkannt oder** zumindest **anerkennungsfähig** ist (*Schütz,* ÖA 1983, 92; *Schwimann,* FamRZ 1985, 678 und JBl 1990, 767 mit beachtlichen Hinweisen auf die praktischen Schwierigkeiten). Für die Unterhaltsentscheidungen wird sie wohl besonders selten anwendbar sein (nach *Schwimann,* FamRZ 1985, 679 ist Abs 2 in Unterhaltssachen gänzlich unanwendbar; in JBl 1990, 767 abgeschwächt auf „fast gänzlich unanwendbar". Anders die Rsp, vgl LGZ Wien EFSlg 57.687 [1988] = WR 368; IPRE 2/194 = WR 293 [1987]; EFSlg 46.615 [1984]).

Kasuistik: Hat der Heimatstaat vor kurzem eine Entscheidung erlassen, so muß ein triftiger Grund für die Einleitung oder Fortsetzung des inländischen Verfahrens vorliegen (LGZ Wien WR 140 [1984]); dies wurde etwa verneint, wenn in Israel ein Sorgerechtsverfahren anhängig ist, das österreichisch-israelische Kind seinen Lebensschwerpunkt in Israel hat und österreichische Entscheidungen in Israel nicht vollstreckt werden können (LGZ Wien IPRE 2/186 = RPflSlgA 1987/7778), ebenso reicht aus, wenn der ausländische Unterhaltstitel in Österreich vollstreckbar ist und die ausländischen Gerichte über den Unterhaltsantrag rasch und antragsgemäß entschieden haben (LGZ Wien EFSlg 52.091 [1986]; 46.615 [1984]); Jedenfalls ist das österreichische Verfahren einzuleiten bzw fortzusetzen, wenn das ausländische Verfahren längere Zeit in Anspruch nähme und die Entscheidung in Österreich vollstreckt werden müßte (EFSlg 52.090 [1986] = ÖA 1987, 139); LGZ Graz RPflSlg A 1996, 51 = EFSlg 82.097) wenn bisher nur völlig unzureichende Maßnahmen getroffen wurden (EFSlg 66.878 [1991] = ZfRV 1992/10), wenn die entsprechende Entscheidung nur als möglicher Annex eines anderen Verfahrens, also nicht einmal mit Sicherheit zu erwarten ist (LGZ EFSlg 54.943 [1987]), wenn die ausländische Entscheidung in Österreich nicht durchgesetzt werden könnte (KG Krems EFSlg 60.719 [1989]), wenn die Entscheidung aus dem Aufenthaltsstaat im Gegensatz zu einer österreichischen Entscheidung im Aufenthaltsstaat des Unterhaltspflichtigen nicht vollstreckt werden könnte (LGZ Wien EFSlg 49.265 [1985]), wenn im Ausland nur ein ganz geringer (LGZ Wien EFSlg 57.687 = WR 368 [1988]) oder nur ein vorläufiger Mindestunterhalt (LGZ Wien IPRE 2/194 = WR 293 [1987]) zugesprochen wurde (vgl noch LGZ Wien EFSlg 43.960 [1983]), wenn im Ausland nur ein Strafverfahren eingeleitet wurde (wegen Kindesentführung; LGZ Wien IPRE 2/185 [1986]), wenn der im Ausland ernannte Beistand aus verfahrensrechtlichen Gründen noch nicht tätig werden kann (ZfRV 1993/53).

4 Gegen Entscheidungen, die die Einleitung oder Fortsetzung des Verfahrens verweigern, kann ebenso wie gegen die zulassenden Entscheidungen **Rekurs** erhoben werden (implizite die veröffentlichte Rsp, *Matscher* in *BMJ,* Neuerungen 216; *Schwimann,* JBl 1990, 766 mit der Einschränkung, daß ein bloßes Absehen von der Verfahrenseinleitung mangels Antrags nicht in Beschlußform ergehen müsse; vgl auch ÖA 1993, 114 [zust *Gamerith*] = ZfRV 1993/27, wo eine bloße Mitteilung über den Verfahrensstand als nicht bekämpfbarer Beschluß behandelt wurde).

III. Sondervorschriften

Sondervorschriften über die inländische Gerichtsbarkeit finden sich in 1. **§ 19 Abs 3 StbG** (Sondergerichtsbarkeit für die Ersetzung der Zustimmung zum Antrag auf Verleihung der österreichischen Staatsbürgerschaft; ÖA 1990, 111; SZ 43/228 = EvBl 1971/168; SZ 43/234 = EvBl 1971/246); 2. bi- und multilateralen Abkommen (Übersichten bei *Mayr* in *Rechberger,* ZPO § 110 JN Rz 7 ff; *Schwimann,* Grundriß 243 und IPR 128; *Schwind,* IPR Rz 349 ff), insb im **Haager Minderjährigenschutzabkommens** (MjSchÜbk; BGBl 1975/446 idF BGBl 1990/439). 5

IV. Das Minderjährigenschutzabkommen

Das MjSchÜbk **verteilt die Gerichtsbarkeit für Schutzmaßnahmen** zwischen dem Staat des gewöhnlichen Aufenthalts (Art 1 und 2 MjSchÜbk) und dem Heimatstaat (Art 4 MjSchÜbk). Es geht in seinem Anwendungsbereich den autonomen Kollisions- und Kompetenznormen (auch nach Inkrafttreten des IPRG und der ZVN 1983) vor. Grundsätzlich haben die Gerichte in Anwendung des MjSchÜbk nach dem eigenen Sachrecht zu entscheiden („Gleichlauf" von „Zuständigkeit" und anzuwendendem Recht; vgl va *Schwimann,* Grundriß 250). 6

Das MjSchÜbk ist nach seinem Art 13 Abs 1 auf alle Minderjährigen anzuwenden, die ihren gewöhnlichen Aufenthalt in einem der Vertragsstaaten haben. Seit Zurückziehung des österreichischen Vorbehalts zu Art 13 Abs 3 MjSchÜbk (BGBl 1990/439) mit 7. 8. 1990 gilt dies für alle Minderjährigen – selbst für solche aus Nichtvertragsstaaten – mit gewöhnlichem Aufenthalt in einem der Vertragsstaaten (EFSlg 75.880 = ZfRV 1994/35; 1993/4 und 9; EFSlg 69.657 [1992] = ZfRV 1992/48; EFSlg 82.000 = ZfRV 1996/75). Auch auf österreichische Minderjährige ist es anzuwenden (IPRE 2/160 [1984]; JBl 1981, 434 [*Hoyer*] = EFSlg 36.066 [1980] = IPRE 1/153 = ÖA 1982, 68).

Vertragsstaaten sind außer Österreich noch Deutschland, Frankreich, Italien (BGBl 1995/202), Luxemburg, Niederlande, Portugal, Schweiz, Spanien und die Türkei.

Der gewöhnliche Aufenthalt ist auch für das MjSchÜbk (vgl § 66 Rz 25 ff; § 109 JN Rz 6) der Lebensschwerpunkt des Kinds (vgl SZ 60/212 [1987] = IPRE 2/264 = ÖA 1988, 52: Dauer von 6 Monaten, uU auch weniger; EFSlg 60.660 [1989] = IPRax 1992, 176 = IPRE 3/146: 6 Wochen. Besonders in „Entführungsfällen" sorgfältig zu prüfen, EFSlg 82.005 f = ZfRV 1996/75).

Der Schutzbefohlene muß nach dem Recht des Heimat- und des Aufenthaltsstaats minderjährig sein (Art 12 MjSchÜbk; *Schwimann,* Grundriß 247 und IPR 129; *Schwind,* IPR Rz 344; LGZ Wien EFSlg 69.654 [1992]).

Gem Art 1 MjSchÜbk sind die Behörden am gewöhnlichen Aufenthalt des Kinds verpflichtet, die erforderlichen Schutzmaßnahmen (unter Anwendung des eigenen Sachrechts, Art 2 MjSchÜbk) zu treffen. Die Durchführung der Maßnahmen können sie einvernehmlich den Behörden des Staats übertragen, in dem der Minderjährige Vermögen besitzt (Art 6 Abs 2 MjSchÜbk). Liegen aber gesetzliche Gewaltverhältnisse des Heimatrechts (Art 3 MjSchÜbk; elterliche Obsorge oder gesetzliche Vormundschaft; vgl dazu SZ 63/204 [1990] = EFSlg 63.868 = IPRax 1992/106 [*Zemen*] = IPRE 3/150 = ZfRV 1991, 232) oder Schutzmaßnahmen der Behörden des Heimatstaats (Art 4, 5 Abs 3 MjSchÜbk) vor, so verbleibt den Behörden des Aufenthaltsstaats nur eine Notzuständigkeit zur Abwehr einer „ernsten Gefährdung" von Person und Vermögen des Minderjährigen (Art 8 Abs 1 MjSchÜbk). Von den Aufenthaltsbehörden getroffene Schutzmaßnahmen bleiben nach Aufenthaltsverlegung so lange aufrecht (Art 5

MjSchÜbk), bis sie von den Behörden des neuen Aufenthaltsstaats (nach – auch nachholbarer (SZ 60/234 [1987] = IPRE 2/165) – Verständigung der Behörden des früheren) geändert wurden. Daneben können (müssen aber nicht) die Behörden des Heimatstaats (nach eigenem Sachrecht) Schutzmaßnahmen erlassen, sofern es das Kindeswohl erfordert (Art 4 MjSchÜbk). Davon müssen sie die Behörden des Aufenthaltsstaats verständigen. Mit diesem „Evokationsrecht“ verdrängt der Heimatstaat die Jurisdiktion des Aufenthaltsstaats. Ohne Anerkennungszwang durch die anderen Vertragsstaaten sind daneben eine Gefährdungszuständigkeit nach Art 8 und eine Eilzuständigkeit nach Art 9 MjSchÜbk gegeben (Beispiele bei *Schwimann,* IPR 131).

Was **Schutzmaßnahmen** sind, definiert das MjSchÜbk nicht, sodaß das Sachrecht des berufenen Staats anzuwenden ist. In Österreich zählen dazu alle gerichtlichen Eingriffe in das elterliche Obsorgeverhältnis, zB Obsorgeverteilung während oder nach Auflösung der Ehe (EFSlg 57.641 = EvBl 1988/120 = IPRE 3/142 = ÖA 1990, 19; SZ 60/212 [1987] = IPRE 2/164 = ÖA 1988, 51; EFSlg 29.875 [1978] = EvBl 1978/128 = IPRE 1/156 = ÖA 1979, 22; LGZ Wien IPRE 2/189 = RPflSlgA 1986/7667), Übertragung, Beschränkung oder Entziehung der Obsorge (EFSlg 60.661 [1989]; LGZ Wien EFSlg 75.885, 75.887 [1994]) und des Besuchsrechts (EFSlg 57.641 = IPRE 3/141 = RZ 1988/41; SZ 60/234 [1987] = IPRE 2/165), Bestellung, Kontrolle und Aufhebung von Vormundschaften und Kuratelen (EFSlg 41.571 [1982] = IPRE 1/149; EFSlg 63.871 [1990] = ZfRV 1991, 310), jugendwohlfahrtsrechtliche Maßnahmen (*Schwind,* IPR Rz 345; IPRE 2/167 = ÖA 1988, 24; auch gem § 212 ABGB: EFSlg 63.871 = EvBl 1991/74 = IPRE 3/151 = ÖA 1992, 126 = ZfRV 1991, 310 [*Seidl-Hohenveldern*]) sowie Klagegenehmigungen (LGZ Wien EFSlg 82.018 [1996]) oder Genehmigung von Vergleichen (LGZ Wien EFSlg 85.178 = RPflSlgA 1997, 123); **nicht** hingegen Unterhaltsentscheidungen (EFSlg 60.664 = IPRE 3/169 = JBl 1989, 394 = RZ 1989/90; LGZ Wien EFSlg 49.227 [1985] = IPRE 2/187; die ggt E SZ 53/166 = EFSlg 36.614 = EvBl 1981/85 = JBl 1982, 46 [*Schwimann*] = ZfRV 1981, 217 [*Hoyer*] wird in diesen E abgelehnt), Abstammungsstreitigkeiten (EFSlg 82.017 = ZfRV 1996/38 = SZ 69/76), Sachwalterbestellung iSd §§ 273f ABGB, Adoption (SZ 51/170 [1978] = IPRE 1/143), Legitimation, Erklärung der Volljährigkeit (LGZ Wien EFSlg 66.862 [1989]) oder Ehemündigkeit, im Bereich des Namensrechts (JBl 1983, 159 [zust *Schwimann*] = IPRE 1/38 = ZfRV 1982, 41 [zust *Schwind*]) und strafrechtliche Erziehungsmaßnahmen.

Der für die Beurteilung der inländischen Gerichtsbarkeit maßgebliche Zeitpunkt ist nach bisher hM die Erlassung der Schutzmaßnahme (keine perpetuatio fori). Der nachträgliche Wegfall der Voraussetzungen der inländischen Gerichtsbarkeit hat rückwirkend die Nichtigkeit des gesamten vorangegangenen Verfahrens zur Folge (EFSlg 60.656 – EvBl 1990/35 – IPRE 3/145; SZ 60/234 [1987] = IPRE 2/165; SZ 60/212 [1987] = IPRE 2/164 = ÖA 1988, 51; JBl 1984, 153 [zust *Schwimann*]; EFSlg 41.565 [1982] = IPRE 1/150 = IPRax 1984, 159 [krit *Hoyer,* Haager Minderjährigenschutzabkommen und Wechsel des gewöhnlichen Aufenthalts während des anhängigen Verfahrens, IPRax 1984, 164] = ÖA 1984, 19). Im Lichte der Erstreckung der perpetuatio fori auf die inländische Gerichtsbarkeit durch § 29 idF WGN 1997 ist diese Rsp aufzugeben!

V. Sonstige Abkommen

7 Hinzuweisen ist noch auf folgende Abkommen:

1. multilaterale Abkommen (s zuletzt *Schütz,* RZ 1999, 41):

a) Haager Unterhaltsstatutabkommen BGBl 1961/293, 295;

b) Haager Unterhaltsvollstreckungsübereinkommen BGBl 1961/294;

c) New Yorker Unterhaltsschutzabkommen BGBl 1969/316, 317 idF BGBl 1986/377;

d) Europäisches Übereinkommen über die Anerkennung und Vollstrekkung von Entscheidungen über das Sorgerecht für Kinder und die Wiederherstellung des Sorgerechts BGBl 1985/321, 322;

e) Übereinkommen über die zivilrechtlichen Aspekte internationaler Kindesentführungen BGBl 1988/512, 513;

f) vgl schließlich die Rechtshilfebestimmungen des AuslUG BGBl 1990/160;

2. bilaterale Verträge (Näheres va bei *Schwimann,* Grundriß 243 und IPR 119) mit

a) Deutschland BGBl 1927/269;

b) Italien StGBl 1920/304;

c) Jugoslawien BGBl 1968/378;

d) Liechtenstein BGBl 1956/213;

e) Polen BGBl 1974/79;

f) Tschechische Republik BGBl 1962/309; BGBl III 1997/123.

§ 111. (1) Wenn dies im Interesse eines Mündels oder Pflegebefohlenen gelegen erscheint und namentlich wenn dadurch die wirksame Handhabung des dem Pflegebefohlenen zugedachten vormundschafts- oder kuratelsbehördlichen Schutzes voraussichtlich befördert wird, kann das zur Besorgung der vormundschafts- oder kuratelsbehördlichen Geschäfte zuständige Gericht von Amts wegen oder auf Antrag seine Zuständigkeit zur Gänze oder die Aufsicht und Fürsorge über die Person des Pflegebefohlenen oder die Ausübung der dem Gerichte in Ansehung der Vermögensangelegenheiten des Pflegebefohlenen zukommenden Obliegenheiten ganz oder zum Teile einem anderen Gerichte übertragen.

(2) Die Übertragung wird wirksam, wenn das andere Gericht die Zuständigkeit oder die ihm übertragenen Geschäfte übernimmt. Im Falle der Weigerung des anderen Gerichtes bedarf die Übertragung zu ihrer Wirksamkeit der Genehmigung des den beiden Gerichten zunächst übergeordneten gemeinsamen höheren Gerichtes.

Abs 1 idF Art IV Z 23 der 1. GEN RGBl 1914/118; Abs 2 S 2 idF Art II Z 54 lit a ZVN 1983 BGBl 135; Abs 3 aufgehoben durch Art II Z 54 lit b ZVN 1983 BGBl 135

Lit: *Maurer/Tschugguel,* Das österreichische Sachwalterrecht in der Praxis[2] (1997) 233; *Mayr,* Die Delegation im zivilgerichtlichen Verfahren, JBl 1983, 293; *Reissig,* JGG[2] (1996); *Waldstätten,* Das außerstreitige Unterhaltsverfahren, ÖA 1994, 7.

Übersicht:

I. Allgemeines

Im Gegensatz zu § 31 sieht § 111 für die in § 109 aufgezählten Verfahren außer Streitsachen (insb Vormundschafts- und Pflegschaftssachen, Sachwalterschaftssachen) die **direkte Übertragung** der Besorgung dieser Angelegenheiten an ein anderes BG vor, ohne daß es hiezu einer Entscheidung des gemeinsam übergeordneten Gerichts bedarf (s allerdings Rz 10). Daneben bestehen auch für Vormundschafts- und Pflegschaftsangelegenheiten die Vorschriften des § 31 weiter (zur Abgrenzung s Rz 7). 1

Voraussetzung für die direkte Übertragung ist in formeller Hinsicht, daß das übertragende Gericht ursprünglich zuständig ist (OLG Wien EFSlg 75.974 2

[1994], 72.817 [1993]; LGZ Wien EFSlg 69.747 [1992]; EFSlg 46.616 = NZ 1985, 228 = ÖA 1985, 49 = RPflSlgA 1984/7534; OLG Wien EFSlg 63.947 [1990]); ein unzuständiges Gericht hat nicht nach § 111, sondern nach § 44 vorzugehen, vgl EFSlg 46.616 = NZ 1985, 228 = ÖA 1985, 49 = RPflSlgA 1984/7534), inhaltlich, daß sie im **Interesse eines Mündels oder Pflegebefohlenen** gelegen ist. Als Ausnahmebestimmung (von § 29; LGZ Wien EFSlg 72.815 [1993] uva) ist sie grundsätzlich restriktiv auszulegen (OLG Wien EFSlg 82.105 [1996]; 85.184 [1997]; LGZ Wien EFSlg 72.816 [1993]; EFSlg 79.097 [1995]; OLG Innsbruck EFSlg 41.616 [1982] = NZ 1983, 14 [zust *Mayr*] uva).

3 § 111 bezweckt die Sicherstellung der wirksamsten Handhabung des pflegschaftsbehördlichen Schutzes (EFSlg 79.096 [1995]; LGZ Wien EFSlg 72.815 [1993] uva). Die Bestimmung nimmt darauf Bedacht, daß ein örtliches Naheverhältnis zwischen dem Pflegschaftsgericht und dem Pflegebefohlenen idR zweckmäßig und von wesentlicher Bedeutung ist (EFSlg 75.980 = RPflSlgA 1994, 197). Verlegt daher der Pflegebefohlene seinen ständigen Aufenthalt – und damit den **Mittelpunkt seiner gesamten Lebensführung und wirtschaftlichen Existenz** – in einen anderen Gerichtssprengel, so kann das Gericht die Zuständigkeit an jenes Gericht übertragen, in dessen Sprengel der nunmehrige Lebensmittelpunkt liegt. Die Verlegung des Aufenthalts des gesetzlichen Vertreters allein ist dagegen noch kein Übertragungsgrund (LGZ Wien EFSlg 69.759 [1992]; 66.896 [1991]; ÖA 1987, 20 [krit *Gamerith*] = WR 168; ÖA 1987, 58; WR 169 [1985]), wenn nicht noch weitere Umstände hinzutreten, die die Wahrung der Interessen des Pflegebefohlenen bei Beibehaltung des bisherigen Pflegschaftsgerichts erschweren würden (gelegentlich berücksichtigt der OGH auch die Interessen des gesetzlichen Vertreters; so etwa in EFSlg 82.113 [1996] oder EFSlg 66.898 [1991] = JUS Z 1009; nach diesen E kommt die der Mutter ersparte Zeit und Mühe letztlich auch der Minderjährigen zugute). Auch Verfahrensschritte allein im Interesse Dritter (zB Kostenersatzpflicht der Mutter für Heimunterbringung, LGZ Wien EFSlg 66.881 [1991]; Rückersatzpflicht des Vaters iSd § 29 UVG, LGZ Wien EFSlg 63.964 [1990]) rechtfertigen keine Übertragung.

Kasuistik: Die Übertragung wird insb **bejaht,** wenn dadurch die gemeinsame Führung des Pflegschaftsakts für alle Kinder aus derselben Ehe (EFSlg 79.107 [1994]; LGZ Wien EFSlg 75.936 [1994]; 66.883 [1991] oder Lebensgemeinschaft (LGZ Wien EFSlg 69.751 [1992]) gewährleistet ist (kann selbst bei halbbürtigen Geschwistern zweckmäßig sein, so zB LGZ Wien EFSlg 49.275 [1985]), wenn die neue Umgebung des Kinds erhoben werden soll (EFSlg 66.891 [1991]), wenn jeder Anknüpfungspunkt zum bisherigen Gericht wegfällt (OLG Wien EFSlg 54.962 [1987]), bei Internatsunterbringung (OLG Wien EFSlg 54.948 [1987]; 54.961 [1987]), wenn innerhalb von 13 Jahren Verfahrensdauer eine einzige Vorsprache beim übertragenden Gericht stattgefunden hat (LGZ Wien EFSlg 46.621 [1984]; ähnlich LGZ Wien EFSlg 76.001 [1994]); auch wenn noch **offene Anträge** im Akt erliegen, ist dies **grundsätzlich kein Übertragungshindernis** (EFSlg 85.186 [1997]; 82.122 = ÖA 1997, 171; EFSlg 79.120 [1995]; 66.885 [1991]; offene Kostennote: LGZ Wien EFSlg 60.735 [1989]). Die Übertragung wird etwa **verneint,** wenn noch nicht endgültig über die Obsorge entschieden ist (OLG Wien EFSlg 79.106 [1995]; 69.755 [1992]; LGZ Wien EFSlg 72.826 [1993]), solange der Aufenthalt des gesetzlichen Vertreters und damit des Kinds instabil ist (OLG Wien EFSlg 79.104 [1995]; LGZ Wien EFSlg 52.103 [1986]), wenn der Mj zu seinem Vater zieht, die obsorgeberechtigte Mutter aber erklärt, den Mj nach Schulschluß wieder zu sich nehmen zu wollen (OLG Wien EFSlg 79.108 [1995]; wenn bloß ein Kollisionskurator bestellt werden soll (EFSlg 72.830 [1993]), wenn keine Anordnungen nötig sind, die einen speziellen Bezug zum neuen Aufenthaltsort des Kinds haben (EFSlg 72.834 [1993]), wenn dadurch bloß leichtere Erreichbarkeit für den nicht erziehungsberechtigten Elternteil einträte (EFSlg 57.696 [1988]; LGZ Wien EFSlg 60.725 [1989]), wenn sich bei benachbarten Gerichten die Verkehrsgünstigkeit nicht sehr erheblich verbessert (EFSlg 82.112 [1996]), wenn sich bloß die Geschäftsverteilung geändert hat (LGZ Wien EFSlg 57.695 [1988]), wenn **offene Anträge** vorliegen, zu deren Erledigung das bisher zuständige Gericht, insb nach unmittelbarer (LGZ Wien EFSlg 82.134 [1996]; 76.002 [1994]: nicht bei Rechtshilfe) Beweisaufnahme (EFSlg 85.188 [1997]; 79.113 [1995]; 72.840 [1993]; 63.954 [1990]; LGZ Wien EFSlg 69.770 = RPflSlgA 1992/8140), abgeschlossenen Ermittlungen (EFSlg 72.841 [1993]; OLG Wien EFSlg 79.117 [1995]) oder wegen seiner Tatsachenkenntnisse und seiner eingehenden Vertrautheit mit den Problemen (EFSlg 69.767 [1992]; OLG Wien EFSlg 72.839 [1993]), besser geeignet ist (etwa zur Genehmigung des Scheidungsvergleichs, LGZ Wien EFSlg 75.998 [1994]) oder in der Endphase eines Pflegschaftsverfahrens (LGZ Wien EFSlg 69.754 [1992]; 69.773 [1992]) bzw bei punktuellen Entscheidungen (EFSlg 82.118 = ÖA 1997, 171: Vollzug der Rückgabe des Mj an den ausländischen Vater). Ein Paradebeispiel einer unzweckmäßigen Übertragung liegt vor, wenn der Aufenthalt von Floridsdorf nach Gerasdorf (durch Floridsdorf von Klosterneuburg getrennte Enklave des BG-Sprengels Klosterneuburg) verlegt wurde (LGZ Wien EFSlg 63.971 [1990]).

II. Sonderfälle

Sonderfälle innerhalb des Wiener Sprengels ergeben sich in dreifacher Hinsicht. **1.** Zum einen besteht zwischen den einzelnen Rechtsmittelsenaten des LGZ Wien keine übereinstimmende Judikatur zur Frage, ob innerhalb Wiens gem § 111 zu übertragen ist (der Senat 45 – vormals 47 – nimmt einen weitaus restriktiveren Standpunkt ein als die anderen beiden familienrechtlichen Senate; s dazu insb EFSlg 85.195 [1997]; 82.135 ff [1996]; 79.125 f [1995]; 76.008 [1994]; 72.824 gg [1993]; 69.775 [1992]; 60.745 [1989]. Wenn diese Kontroverse dazu führt, daß Übertragungsbeschlüsse von einem BG zu einem anderen stattfinden können, nicht aber umgekehrt, so sollte diese Judikaturdivergenz beseitigt werden, zumal es sich hier wohl um Interessen der Rechtseinheit und Rechtssicherheit handelt). **2.** Weiters sind die **Übergangsvorschriften des BGOrgG Wien** und seiner jeweiligen Nov anläßlich neuer BG-Sprengel zu beachten (in denen – § 10 Abs 3 BGOrgG Wien BGBl 1985/203, Art VII § 2 Abs 3 der 3. Nov zum BGOrgG Wien BGBl 1992/259, Art VI § 2 Abs 3 der 4. Nov zum BGOrgG Wien BGBl 1996/761 – anders als in § 111 offene Anträge schlechthin als Übertragunghindernis aufscheinen; vgl insb LGZ Wien EFSlg 52.113, 52.123 [1986]). **3.** Schließlich ist auf **§ 23 JGG 1988** zu verweisen: Stellt das Vormundschafts- oder Pflegschaftsgericht im Laufe des Verfahrens fest, daß eine Gefährdung der persönlichen Entwicklung des Minderjährigen zu besorgen ist, so ist die Sache dem JGH (§ 23 JGG, ebenso dem Jugendgericht Graz bzw dem BG Linz-Land nach § 24 JGG) ohne Einhaltung des in § 111 vorgesehenen Verfahrens abzutreten (*Bachner-Foregger,* JGG^3, 34; EvBl 1965/316; OLG Wien EFSlg 66.906 [1991] ua). 4

Da nach § 111 nicht nur die Besorgung aller Vormundschaftsgeschäfte, sondern (historisch sogar schon früher, nämlich vor Art IV Z 23 der 1. GEN) auch die Erledigung **einzelner Angelegenheiten** übertragen werden kann, genügt es, daß bezüglich eines – allerdings rechtlich und tatsächlich absonderbaren – Verfahrensteils, insb zur Geltendmachung einzelner Ansprüche, die Übertragung an ein anderes Gericht erfolgt. Dies setzt freilich voraus, daß die Zweckmäßigkeitserwägungen des § 111 zutreffen, also nicht ständig auf die beim übertragenden Gericht verbleibenden Akteneile und dort laufende Geschäfte Bezug genommen werden muß und die Übertragung eindeutig die Interessen des Pflegebefohlenen wahrt. Dies kann bei der Wahrung der Pflichtteilsansprüche (Übertragung an das Verlassenschaftsgericht), allenfalls auch der Ausstattungsansprüche (§ 1222 ABGB) der Fall sein. Ebenso ist es denkbar, vormundschafts- bzw pflegschaftsbehördliche Agenden verschiedenen Gerichten zu übertragen, 5 sofern dies nach § 111 gerechtfertigt ist. So kann etwa die Vormundschaft beim ursprünglichen Gericht weitergeführt werden, das die Wahrnehmung der Pflichtteilsansprüche dem Verlassenschaftsgericht, die Verwaltung des unbeweglichen Mündelvermögens dagegen dem Gericht der gelegenen Sache überträgt (beides wird allerdings kaum praktiziert, vgl *Waldstätten,* ÖA 1994, 8).

6 § 111 derogiert dem § 31 nur insofern, als für dessen Anwendung kein Raum bleibt, wenn sich die Zweckmäßigkeit der Delegierung aus den Interessen des Pflegebefohlenen ergibt. Wenn der Wechsel des Gerichts aus Gründen notwendig wird, die mit der Pflegschaftsfürsorge nichts zu tun haben (vgl § 31 JN Rz 6f), dann ist auch in den in § 111 aufgezählten Verfahren nach § 31 vorzugehen (vgl JME 2. 6. 1914, JMVBl 43 und krit dazu *Mayr,* JBl 1983, 301).

7 Ergänzt werden die Übertragungsvorschriften durch § 5 Abs 1 JWG, wonach sich die **örtliche Zuständigkeit des Jugendwohlfahrtsträgers** nach dem gewöhnlichen Aufenthalt, mangels eines solchen nach dem Aufenthalt des Betroffenen richtet.

III. Übertragungsverfahren

8 Der Übertragungsbeschluß erfolgt **auf Antrag oder von Amts wegen,** allenfalls auch schon vor Erledigung des Sachantrags (nicht aber vor Klärung der Zuständigkeitsfrage, s Rz 2, und der übrigen Verfahrensvoraussetzungen).

Da den Parteien ein Antragsrecht nach § 111 zusteht, muß ihnen auch ein Rekursrecht gegen die amtswegige Übertragung nach § 111 zuerkannt werden, selbst wenn sich beide Gerichte über die Übertragung einig sind (SZ 12/157 [1930]). Die Rechtsmittelvorschriften richten sich nach dem AußStrG.

9 Das wesentliche Merkmal der Übertragung nach § 111 ist die unmittelbare Abtretung ohne Befassung eines übergeordneten Gerichts. Daraus können sich aber dann Schwierigkeiten ergeben, wenn zwischen dem abtretenden und dem zur Übernahme berufenen Gericht **Meinungsverschiedenheiten über die Übernahme** entstehen. Weigert sich das angerufene Gericht – aus welchen Gründen (Verneinung der Zweckmäßigkeit, der Interessen des Pflegebefohlenen, Ablehnung mangels Prüfung der Verfahrensvoraussetzungen) und in welcher Form (ein formeller Ablehnungsbeschluß ist nicht erforderlich, EFSlg 60.748 [1989]; 34.340 [1979] = ÖA 1981, 56 = RZ 1980/49 ua) auch immer – so bedarf die Übertragung der **Genehmigung des den beiden Gerichten zunächst übergeordneten Gerichts** (LG bei zwei im gleichen LG-Sprengel, OLG bei zwei im gleichen OLG-Sprengel gelegenen BG, sonst der OGH). Diese Gerichte entscheiden im **Senat** (Sonderbestimmungen für das OLG wurden mit Art VI Z 1 GOG-Nov 1994 BGBl 507 aufgehoben), der OGH in einem Dreiersenat (§ 7 Abs 1 lit d OGHG).

10 **Wirksam** wird die Übertragung nach § 111 durch die (uU auch schlüssige) **Übernahme der Geschäfte** (zB Weiterbearbeitung, LGZ Wien EFSlg 52.121 [1986], nicht aber bloße Kalendierung, LGZ Wien EFSlg 52.120 [1986] des Aktes) durch das andere Gericht. Bis zu diesem Zeitpunkt bleibt es **in Schwebe,** ob ein Zuständigkeitswechsel eintritt (LGZ Wien EFSlg 66.905 [1991]). Problematisch ist daher die Beschwer der Parteien betreffend den Übertragungs-[nicht aber den Übernahme-]beschluß: LGZ Wien RPflSlgA 1999, 113; EFSlg 82.140 [1996] gegen 76.010 [1994]; LG Korneuburg, RPflSlgA 1998, 172). Zu Recht empfiehlt daher *Mayr* in *Rechberger,* ZPO § 111 JN Rz 6, den Abtretungsbeschluß in Analogie zu § 44 erst durch das übernehmende Gericht zustellen zu lassen (zust EFSlg 76.010 [1994]). Von diesem Zeitpunkt an ist dieses Gericht zur Erledigung aller das Rechtsfürsorgeverfahren betreffenden Angelegenheiten

ausschließlich zuständig, falls das Verfahren zur Gänze übertragen worden ist. Nach teilweiser Übertragung können Anträge nach wie vor beim übertragenden Gericht eingebracht werden, das sie allenfalls gem § 44 weiter überweist.

Ist zwischen übertragendem und jenem Gericht, das die Sache übernehmen soll, infolge Ablehnung dieser Übernahme und fehlender Akzeptanz der Ablehnung durch das übertragende Gericht (das den Übertragungsbeschluß auch widerrufen und die Sache selbst weiterführen könnte, EFSlg 34.340 [1979] = ÖA 1981, 56 = RZ 1980/49; OLG Wien EFSlg 69.777 [1992]; 63.948 [1990] ua) eine Meinungsverschiedenheit entstanden, so wird der Übertragungsbeschluß erst durch Genehmigung des übergeordneten Gerichts (dem das übertragende Gericht die Sache ohne weitere Beschlußfassung vorlegt, LGZ Wien EFSlg 72.847 [1993]; 60.748 [1989]) wirksam. Den beiden Gerichten gegenüber tritt die Wirksamkeit der Übertragung mit Zustellung des Genehmigungsbeschlusses ein. Für die **Parteien** gelten die allgemeinen Vorschriften (JBl 1956, 367; kein Rekursrecht wird dem Sachwalter in eigenem Namen zuzubilligen sein, LG Korneuburg, 25 R 461/95). Sie **können den Genehmigungsbeschluß** (er stamme denn vom OGH) **anfechten** (SZ 42/86 = EvBl 1969/410). Der Rechtszug geht stets an den OGH, weil die LG ebenso wie die OLG als Rechtsmittelinstanz tätig werden (str: vgl § 30 JN Rz 8; EFSlg 67.281 [1991]; 46.629 = NZ 1985, 228 [abl *Mayr*] = ÖA 1985, 49 = RPflSlgA 1984/7534; aA *Mayr* in *Rechberger* Rz 6 zu § 111 JN; *ders,* NZ 1985, 229; *Kremzow,* Sachwalterrecht 221, die den Rechtszug vom LG zum OLG befürworten).

Abs 3, der die Zulässigkeit der Übertragung vormundschafts- und pfleg- **11**
schaftsbehördlicher Geschäfte an ausländische Gerichte regelte, wurde mit der ZVN 1983 aufgehoben. Seither ist **keine Übertragung der Zuständigkeit an ein ausländisches Gericht** mehr möglich (LG St. Pölten und LGZ Wien EFSlg 69.778 [1992]). Die nun vorgesehene Vorgangsweise ist bei § 110 dargestellt (vgl EFSlg 54.982 [1987]).

§ 112. (1) Welche Gerichte zur Bestellung eines Kurators für einzelne Streitsachen oder Geschäfte berufen sind, ist nach den für einzelne Fälle von Kuratelen erlassenen besonderen Vorschriften, nach den Bestimmungen des bürgerlichen Rechtes und endlich nach den für das gerichtliche Verfahren geltenden Bestimmungen zu beurteilen.

(2) In Ermangelung einer anderweitigen Vorschrift ist für die Bestellung eines Kurators das Bezirksgericht zuständig, bei welchem die um die Bestellung eines Kurators ansuchende Partei zur Zeit des Ansuchens ihren allgemeinen Gerichtsstand in Streitsachen hat.

Stammfassung

Lit: *Gitschthaler,* Verfahrenssachwalter und einstweiliger Sachwalter, ÖJZ 1990, 762; *Knell,* Die Kuratoren im österreichischen Recht (1974) 134.

Für die Bestellung eines **Kurators für einzelne Streitsachen oder Geschäfte** **1**
gelten die in den einzelnen zur Anwendung gelangenden gesetzlichen Vorschriften enthaltenen Zuständigkeitsnormen. Die Bestellung eines Kurators für einzelne Geschäfte richtet sich stets nach §§ 112, während die Kuratorenbestellung zur laufenden Wahrung der persönlichen und vermögensrechtlichen Interessen eines Pflegebefohlenen (Sachwalterschaften) gem §§ 109 f erfolgt.

In den einzelnen Bereichen der Rechtsordnung sind Kuratoren für einzelne **2**
Streitsachen und Geschäfte von den folgenden Gerichten nach den folgenden Bestimmungen zu bestellen: (s auch *Koziol/Welser* II[10], 280 ff)

1. In folgendenen Fällen ist das **Vormundschafts- und Pflegschaftsgericht** zur Bestellung berufen (§ 109):

a) §§ 145a, 145b, 209 ABGB (Sachwalter für Kinder, deren gesetzliche Vertreter in Teilbereichen der Obsorge ausgeschlossen sind; vgl auch die Programmsätze der §§ 187, 269 und 196 ABGB),

b) § 212 Abs 2 (Sachwalterschaft des Jugendwohlfahrtsträgers in Abstammungs- und Unterhaltssachen – Muß-Sachwalterschaft) und Abs 3 (Kann-Sachwalterschaft in anderen Angelegenheiten; s auch § 9 Abs 2 UVG; *Pichler* in *Rummel,* ABGB² I § 212 Rz 4ff),

c) §§ 271f ABGB (Kollisionskuratoren; *Pichler* in *Rummel,* ABGB² I §§ 271, 272 Rz 1ff),

d) §§ 273, 273a ABGB (Sachwalter für behinderte Personen; s auch die einstweiligen Sachwalter gem § 238 Abs 2 und die Verfahrenssachwalter nach § 238 Abs 1 AußStrG und dazu va *Gitschthaler,* ÖJZ 1990, 762),

e) § 274 ABGB (Kurator für Ungeborene),

f) § 276 ABGB (Kurator für Abwesende und unbekannte Teilnehmer an einem Geschäft; nach hA besteht volle Konkurrenz zwischen der Kuratorenbestellung nach § 276 ABGB und nach § 112 ZPO; s *Pichler* in *Rummel,* ABGB² I § 276 Rz 6 mwN),

g) § 11 Abs 2 AVG,

h) § 82 BAO.

2. In folgendenen Fällen ist das **Verlassenschaftsgericht** zur Bestellung berufen (§ 105; vgl auch § 27 AußStrG):

a) § 690 ABGB (Kurator zur Verwaltung eines durch Legate erschöpften Nachlasses),

b) § 811 ABGB (Verlassenschaftskurator),

c) § 812 ABGB (Separationskurator),

d) § 66 Abs 2 AußStrG (Kurator für aus einem mündlichen Testament begünstigten Pflegebefohlenen),

e) § 77 AußStrG (Kurator minderjähriger, unbekannter, ungeborener Erben),

f) §§ 78, 128 AußStrG (Verlassenschaftskuratoren),

g) § 131 AußStrG (Kurator bekannter Erben unbekannten Aufenthalts),

h) § 8 Abs 3 PSG (Kurator zur Eintragung einer Privatstiftung von Todes wegen). Dagegen schreibt § 76 Abs 3 AußStrG dem Verlassenschaftsgericht nur vor, für die Bestellung von Vormündern bzw Kuratoren beim Vormundschafts- und Pflegschaftsgericht (§ 109) Sorge zu tragen (Verständigungspflicht);

3. dem für die **Todeserklärung** zuständigen Gericht (§ 13 TEG; LG des letzten inländischen gewöhnlichen Aufenthalts, subsidiär das LGZ Wien) obliegt die Bestellung eines Kurators für den Verschollenen zur Vertretung im Todeserklärungsverfahren (§ 17 TEG);

4. Sondervorschriften für das **Grundbuchsgericht:**

a) Im Verfahren zur amtswegigen Löschung unzulässiger oder gegenstandsloser Grundbuchseintragungen (§§ 130ff GBG) kann zwar nicht der Beschluß der Ankündigung des Löschungsverfahrens einem Kurator zugestellt werden (§ 134 lit b GBG), wohl aber der die Gegenstandslosigkeit der Eintragung feststellende Beschluß (§ 133 Abs 1 lit c GBG);

b) Bestellung von Kuratoren für Personen, denen die Beschlüsse im Verfahren nach den §§ 15ff LTG nicht (etwa wegen unbekannten Aufenthalts) oder nur in umständlicher Weise zugestellt werden könnten gem § 19 Abs 2 LTG;

c) Maßnahmen gem § 19 AußStrG (§ 147 GV ist nach Abschluß der Grundbuchsumstellung aufgehoben);

5. das **Prozeßgericht** ist in folgenden Fällen zuständig:

a) § 8 ZPO (Prozeßkurator für Prozeßunfähigen ohne gesetzlichen Vertreter bei Gefahr im Verzug für den Gegner),

b) § 116 ZPO (Zustellkurator hinsichtlich Prozeßhandlungslasten auslösender Zustellstücke),

c) § 121 ZPO (inländischer Zustellkurator),

d) § 386 Abs 3 ZPO (Kurator für unbekannte Gegner im **Beweissicherungsverfahren** – innerhalb eines Prozesses ist dies freilich kaum praktisch und wird daher nur vor einem solchen Bedeutung haben, also bei Zuständigkeit des BG, in dessen Sprengel sich das Beweismittel befindet, § 384 Abs 3 ZPO);

6. das **Exekutionsgericht** ist zur Bestellung in folgenden Fällen zuständig:

a) neben dem Verlassenschaftsgericht gem § 34 EO (Kurator für den nach Exekutionsbewilligung verstorbenen Verpflichteten; nicht das Bewilligungsgericht, sondern das Exekutionsgericht ist zuständig; LGZ Wien RpflSlgE 1992/118),

b) §§ 162 Abs 2, 174 EO (Zustellkurator insb für die Ladung zur TS zur Feststellung der Versteigerungsbedingung, das Versteigerungsedikt),

c) § 297 Abs 3, § 310 Abs 4, § 314 Abs 3 EO (Kurator zur Einklagung bzw Einziehung der gepfändeten Forderung); s auch § 559 Geo.;

7. jedes **Außerstreitgericht** kann iSd § 19 AußStrG zur Vollziehung seiner Verfügungen einen Saumsalkurator bzw einen Betreibungskurator bestellen;

8. das gem § 120 zuständige LG (HG Wien) gem § 15a GmbHG (Notgeschäftsführer);

9. Sonderbestimmungen für **Teilschuldverschreibungen:**

a) zur Bestellung eines gemeinsamen Kurators für Teilschuldverschreibungen ist, wenn die Firma des Schuldners im Firmenbuch eines LG (HG Wien) eingetragen ist, dieser Gerichtshof, sonst das LG zuständig, in dessen Sprengel die Teilschuldverschreibungen ausgestellt wurden, bei unbekanntem oder ausländischem Ausstellungsort jenes LG, in dessen Sprengel der Zahlungsort liegt (§ 2 Abs 1 TeilschuldverschreibungsG RGBl 1874/49);

b) § 2 Abs 1 TeilschuldverschreibungsG ist auch auf die Kuratoren für Hypothekenpfandbriefe anzuwenden (Art 3 Abs 5 HypothekenbankG-EV GBlLÖ 1938/648);

c) dagegen werden die §§ 48f EAG heute (anders noch *Fasching*[1] I 541) für gegenstandslos angesehen (*Dittrich/Angst/Auer,* Grundbuchsrecht[4], 743).

Während § 112 Abs 1 ausdrücklich darauf verweist, daß in allen Fällen, in 3
denen die Kuratoren aufgrund von Sondervorschriften bestellt werden, die dort enthaltenen Zuständigkeitsbestimmungen entscheiden, enthält Abs 2 eine **subsidiäre Zuständigkeitsnorm** (EFSlg 25.267 [1975]; SZ 38/45 = EvBl 1966/36; EvBl 1962/212; SZ 34/99 [1961]) für die Kuratorenbestellung, die sowohl gegenüber Abs 1 als auch gegenüber §§ 109ff zurücktritt (und daher einen sehr geringen, nach *Mayr* in *Rechberger,* ZPO § 112 JN Rz 1, gar keinen praktischen **Anwendungsbereich** hat; es kommt darauf an, ob man den Ausdruck „Sachwalterschaft (Kuratel)" in § 109 Abs 1 im weitesten Sinne versteht, wonach dann jeder Anwendungsbereich des § 112 Abs 2 entfiele, oder ob man ihn auf die Fälle beschränkt, in denen es um Probleme der gesetzlichen Vertretung (Minderjähriger, iSd § 273 ABGB Betroffene) geht, sodaß etwa zur Bestellung von Abwesenheitskuratoren, uU auch Kollisionskuratoren ein Bereich für § 112 Abs 2 verbleibt). Nach Abs 2 ist das BG zuständig, bei dem der **Antragsteller** im Zeitpunkt des Antrags seinen **allgemeinen Gerichtsstand** (§§ 65ff) hat.

§ 112 läßt keine Einschränkung der **inländischen Gerichtsbarkeit** zur Kura- 4
torenbestellung erkennen. Daraus darf aber nicht geschlossen werden, daß zur Kuratorenbestellung uneingeschränkt die österreichische Gerichtsbarkeit in An-

spruch genommen werden könnte. Es muß vielmehr im Einzelfall geprüft werden, ob die Ansprüche, zu deren Durchsetzung oder Abwehr die Kuratorenbestellung erfolgen soll, überhaupt in die Entscheidungsgewalt inländischer Gerichte fallen. Dies kann schon durch positive Vorschriften (zB Art IX EGJN; § 76 Abs 2, § 110 JN; § 12 TEG) ausgeschlossen sein. Der **Mangel der inländischen Gerichtsbarkeit für den durchzusetzenden Anspruch** selbst bewirkt auch den Mangel der inländischen Gerichtsbarkeit für den Antrag, einen Kurator zu bestellen (die Differenzierung in *Fasching*[1] I 543 wird nicht aufrecht erhalten).

5 Weitere **meritorische Hindernisse** für die Kuratorenbestellung können sich nach den jeweiligen Vorschriften ergeben, so etwa der Mangel der Gefährdung von Rechten (keine Kuratorenbestellung zur Durchsetzung undurchsetzbarer Ansprüche, Rsp 1930/67, 206) oder die **höchstpersönliche** Natur eines Rechts, zu dessen Durchsetzung im Aktivprozeß kein Kurator zu bestellen ist (**Statusansprüche auf Aktivseite,** SZ 21/44 [1947], OLG Wien EvBl 1949/117, 213).

6 Die Zuständigkeit für die Bestellung von Kuratoren erstreckt sich auch auf deren **Abberufung.**

Legitimation unehelicher Kinder

§ 113. (1) Sofern bei einer Legitimation unehelicher Kinder das Gericht mitzuwirken hat, ist hiezu, wenn für die zu legitimierende Person bereits ein Vormund oder Kurator bestellt ist, die Vormundschafts- oder Kuratelbehörde, sonst aber das Bezirksgericht zuständig, bei dem der Vater des zu legitimierenden unehelichen Kindes den allgemeinen Gerichtsstand in Streitsachen hat.

IdF Art III Z 1 BGBl 1960/58; Abs 2 aufgehoben durch Art IV Z 2 BGBl 1970/342

Lit: *Edlbacher,* Die internationalrechtliche Seite der Reskriptlegitimation nach österreichischem Recht, ZfRV 1969, 161; *Hintermüller,* Ist ein österreichisches Gericht zur Erlassung eines Legitimationsfeststellungsbeschlusses nach § 31 PStG zuständig, wenn es sich um ein in Australien geborenes uneheliches Kind einer Australierin und eines Österreichers handelt? ÖStA 1983, 23; *Mähr,* Aus der gerichtlichen Übung zum internationalen Kindschaftsrecht, ÖJZ 1974, 477; *Matscher,* in *BMJ,* Neuerungen im zivilgerichtlichen Verfahrensrecht, Richterwoche 1983 (1984), 201; *Schwimann,* Streitfragen der inländischen Ziviljurisdiktion, Floretta-FS (1983) 109; *ders,* Personen- und familienrechtliche Neuerungen im internationalen Zivilverfahrensrecht Österreichs, FamRZ 1985, 676; *ders,* Inländische Gerichtsbarkeit für Personen-, Familienrechts- und Vormundschaftssachen, JBl 1990, 760; *Zemen,* Die Einheit der internationalen Zuständigkeit von Verwaltungsbehörde und Gericht bei „zusammengesetzten" Verfahren, ZfRV 1973, 89.

1 Zum materiellen Recht der Legitimation siehe die §§ 161 ff ABGB; zum Verfahrensrecht siehe die §§ 263 ff AußStrG und den Erl BMJ JABl 1921/6 (abgedruckt bei *Edlbacher,* Außerstreitverfahren[2], 562). Bei der Reskriptlegitimation hat sich das Gericht auf die Bekanntgabe der Entschließung des BPräs an die Parteien und das Standesamt zu beschränken, ohne die Legitimierung oder ihre Wirkungen beschlußmäßig festzustellen (EvBl 1984/56 = RZ 1984/51 [1983]).

2 Sachlich zuständig ist ausschließlich (zur Lage vor 1903 siehe *Fasching*[1] I 545) das Bezirksgericht.

3 Die **örtliche Zuständigkeit** ist für die nachfolgenden Fälle verschieden geregelt:

a) Für Minderjährige, über die bereits ein inländischen Vormundschafts- oder Pflegschaftsverfahren eröffnet ist, ist dieses Gericht zuständig.

b) Für Minderjährige, die nicht der inländischen Vormundschafts- und Pflegschaftsgerichtsbarkeit unterliegen oder für die noch kein solches Verfahren eröffnet wurde, besteht diese Zuständigkeit nicht; vielmehr wird hier auf den allgemeinen Gerichtsstand des Vaters des zu Legitimierenden abgestellt (unrichtig daher *Mayr* in *Rechberger,* ZPO § 113 JN Rz 2; *Klicka/Oberhammer,* Außerstreitverfahren[3] Rz 23, wo – de lege ferenda nicht unberechtigt – allgemein das Vormundschaftsgericht für zuständig angesehen wird). Vertretungshandlungen für das Kind (etwa die Bestellung eines Vormunds oder Kollisionskurators) sind dann ebenfalls vom Legitimations-, nicht vom Pflegschaftsgericht zu setzen.

c) Für die Legitimation volljähriger Personen ist das BG zuständig, bei dem der Vater des zu Legitimierenden seinen allgemeinen Gerichtsstand in Streitsachen hat (GlUNF 2659 [1904] ua; unrichtig SZ 26/301 [1953], wo entgegen dem klaren Wortlaut auf den Gerichtsstand des zu Legitimierenden abgestellt wird).

d) Für Fälle, in denen zwar die inländische Gerichtsbarkeit aber kein Gerichtsstand in Österreich gegeben ist, wird die Auffangzuständigkeit des BG Innere Stadt Wien (in Analogie zu § 113 a) anzunehmen sein.

Die **inländische Gerichtsbarkeit** ist nicht ausdrücklich geregelt. Die Analo- 4
gie zu § 113 b (*Schwimann,* JBl 1990, 764; ihm folgend *Mayr* in *Rechberger,* ZPO § 113 JN Rz 3) liegt näher als jene zu § 110 (*Matscher* in *BMJ,* Neuerungen 217). Fehlt die inländische Gerichtsbarkeit, so muß ein Gesuch nach § 162 ABGB über die ausländischen Vormundschaftsbehörden direkt beim BMJ eingebracht werden (EFSlg 9405= RZ 1967, 127= ZfRV 1969, 217).

Annahme an Kindesstatt

§ 113 a. (1) Zur Bewilligung der Annahme an Kindesstatt ist das zur Führung der Vormundschaft oder Pflegschaft über das Wahlkind berufene Gericht, in Ermangelung eines solchen das Bezirksgericht zuständig, in dessen Sprengel das Wahlkind seinen gewöhnlichen Aufenthalt hat. Fehlt ein solcher im Inland, so ist das Bezirksgericht zuständig, in dessen Sprengel der Annehmende, im Falle der Annahme durch Ehegatten einer von ihnen, seinen gewöhnlichen Aufenthalt hat, in Ermangelung eines solchen das Bezirksgericht Innere Stadt Wien.

(2) Die vorstehenden Bestimmungen gelten für den Widerruf der Bewilligung und die Aufhebung der Wahlkindschaft sinngemäß.

Eingefügt durch Art III Z 2 BGBl 1960/58

Lit: *Ent,* Eine Einführung in das neue österreichische Adoptionsrecht, ÖStA 1960, 45, 55, 67.

Zum materiellen Adoptionsrecht siehe §§ 179 ff ABGB, zum Verfahren 1
siehe §§ 257 ff AußStrG und die Erl BMJ JABl 1960, 60; BMI JABl 1960, 84. Der Zuständigkeitstatbestand umfaßt die Bewilligung der Adoption (Abs 1) ebenso wie deren Widerruf und die Aufhebung der Wahlkindschaft (Abs 2).

Sachlich zuständig ist das Bezirksgericht. 2

Die **örtliche Zuständigkeit** ist für die nachfolgenden Fälle verschieden geregelt: 3

Für Minderjährige, über die bereits ein inländisches Vormundschafts- oder Pflegschaftsverfahren eröffnet ist, aber – anders als nach § 113 – auch für solche **Minderjährige,** für die zwar noch kein solches Verfahren eröffnet wurde, **die** aber **der inländischen Vormundschafts- und Pflegschaftsgerichtsbarkeit unterliegen,** ist das Vormundschafts- und Pflegschaftsgericht (§ 109) zuständig. Dadurch wird gewährleistet, daß das zur Führung der Vormundschaft oder Pflegschaft zuständige Gericht stets auch die Kompetenz zur Adoptionsbewilligung hat (EFSlg 43.985 [1983]; ErläutRV 107 BlgNR 9. GP 30).

Für Minderjährige, die nicht der inländischen Vormundschafts- und Pflegschaftsgerichtsbarkeit unterliegen, und für die Adoption volljähriger Personen ist das BG zuständig, bei dem der gewöhnliche Aufenthalt des Wahlkinds, bei Fehlen eines solchen im Inland der des Annehmenden (eines der Annehmenden) liegt. Für Fälle, in denen zwar die inländische Gerichtsbarkeit aber kein Gerichtsstand in Österreich gegeben ist, besteht die **Auffangzuständigkeit des BG Innere Stadt Wien.**

§ 113b. (1) Für die Bewilligung der Annahme an Kindesstatt ist die inländische Gerichtsbarkeit gegeben, wenn

1. der Annehmende, im Falle der Annahme durch Ehegatten einer von ihnen, oder das Wahlkind österreichischer Staatsbürger ist oder

2. auch nur eine dieser Personen staatenlos ist und ihren gewöhnlichen Aufenthalt im Inland hat.

(2) Außer den Fällen des Abs. 1 ist die inländische Gerichtsbarkeit nur gegeben, wenn

1. der Annehmende, im Falle der Annahme durch Ehegatten einer von ihnen und das Wahlkind ihren gewöhnlichen Aufenthalt im Inland haben oder

2. nur eine dieser Personen ihren gewöhnlichen Aufenhalt im Inland hat und überdies entweder die inländische Vormundschafts- oder Pflegschaftsgerichtsbarkeit für das Wahlkind gegeben ist oder keiner der Staaten, denen eine der genannten Personen angehört, in dieser Sache Gerichtsbarkeit für die Annahme an Kindesstatt gewährt.

(3) Die vorstehenden Bestimmungen gelten für den Widerruf der Bewilligung und die Aufhebung der Wahlkindschaft sinngemäß.

Eingefügt durch Art III Z 2 BGBl 1960/58

Lit: *BMJ,* Ist die Zustimmung einer ausländischen Behörde zur Adoption eines Kindes erforderlich? ÖA 1987, 133; *BMJ,* Anerkennung ausländischer Adoptionsbewilligungsbeschlüsse, ÖStA 1991, 49; *Ent,* Internationales Adoptionsrecht, ÖStA 1961, 58, 65, 73, 82; *Pichler,* Zur Frage der Gültigkeit von in Rumänien durchgeführten Adoptionen in Österreich, ÖA 1991, 50; *ders,* Zur Frage der Bestellung eines Kollisionskurators im Namensgebungsverfahren, ÖA 1991, 50; *Schwimann,* Personen- und familienrechtliche Neuerungen im internationalen Zivilverfahrensrecht Österreichs, FamRZ 1985, 676; *ders,* Inländische Gerichtsbarkeit für Personen-, Familienrechts- und Vormundschaftssachen, JBl 1990, 760.

1 Die Regelung der inländischen Gerichtsbarkeit in Adoptionssachen ist durch die ZVN 1983 nicht verändert worden.

2 Das **Übereinkommen** über die behördliche Zuständigkeit, das anzuwendende Recht und die Anerkennung von Entscheidungen auf dem Gebiet der Annahme an Kindesstatt (BGBl 1978/581) geht dem § 113b vor, jedoch nur hinsichtlich der Vertragsstaaten (neben Österreich nur Großbritannien und die Schweiz (BGBl 1984/323). Vom Haager Minderjährigenschutzabkommen sind Adoptionsmaßnahmen nicht umfaßt (s § 110 JN Rz 6).

3 Voraussetzung für die inländische Gerichtsbarkeit ist

a) Österreichische Staatsbürgerschaft des/eines der Annehmenden oder des Wahlkinds;

b) Staatenlosigkeit **und** gewöhnlicher (mangels eines solchen: schlichter) Aufenthalt des/eines der Annehmenden **oder** des Wahlkinds in Österreich;

c) Gewöhnlicher Aufenthalt des/eines der Annehmenden **und** des Wahlkinds in Österreich;

d) Gewöhnlicher Aufenthalt einer dieser Personen in Österreich **und entweder** Vorliegen der inländischen Vormundschafts- oder Pflegschaftsgerichtsbarkeit über das Wahlkind **oder** Nichtgewährung der Adoptionsgerichtsbarkeit in den Heimatstaaten.

Der Beitritt Österreichs zur EU hat an dieser Vorschrft nichts geändert (LGZ Wien EFSlg 82.141 [1996]).

§ 113c. *Eingefügt durch Art III Z 2 BGBl 1960/58; aufgehoben durch Art II Z 55 ZVN 1983 BGBl 135* (§ 113c enthielt spezifische Anerkennungshindernisse. Krit zur Aufhebung Schwimann, FamRZ 1985, 677 = JBl 1990, 764).

Anerkennung der Vaterschaft;
vermögensrechtliche Ansprüche des unehelichen Kindes

§ 114. (1) Hat bezüglich der Anerkennung der Vaterschaft zu einem unehelichen Kinde das Gericht mitzuwirken, so ist das Bezirksgericht zuständig, das zur Führung der Vormundschaft über das uneheliche Kind berufen oder vor Erreichung seiner Volljährigkeit berufen gewesen ist. In Ermangelung eines solchen im Inland ist das Bezirksgericht zuständig, in dessen Sprengel der Anerkennende seinen gewöhnlichen Aufenthalt hat. Fehlt auch ein solcher im Inland, ist aber das Kind oder der Anerkennende österreichischer Staatsbürger, so ist das Bezirksgericht Innere Stadt Wien zuständig.

(2) Das zur Führung der Vormundschaft berufene Bezirksgericht ist auch zur Entscheidung über Unterhaltsansprüche und sonstige dem unehelichen Kinde gesetzlich aus dem Verhältnis zwischen Eltern und Kindern zustehende Ansprüche zuständig, sofern sie im Verfahren außer Streitsachen zu erledigen sind.

Samt Überschrift an Stelle des § 114 der Stammfassung, der die einverständliche Scheidung und Trennung betraf, eingefügt durch Art IV Z 3 UeKindG BGBl 1970/342

Lit: *Ent/Frischengruber,* Jugendwohlfahrtsrecht (1992); *Matscher,* Die internationalrechtlichen Bestimmungen der Zivilverfahrens-Novelle 1983, in *BMJ,* Neuerungen im zivilgerichtlichen Verfahrensrecht, Richterwoche 1983 (1984) 201; *Oberhammer,* Zur internationalen Zuständigkeit für die Mitwirkung österreichischer Gerichte bei der Anerkennung der Vaterschaft, ZfRV 1994, 103; *Rechberger/Simotta,* Die Erweiterte Wertgrenzen-Novelle 1989, Ergänzungsband 1989 zu Zivilprozeßrecht[3] (1989); *Schütz,* Anerkennung der Vaterschaft vor in- und ausländischen Behörden, ÖStA 1987, 9, 17; *Schwimann,* Inländische Gerichtsbarkeit für Personenrechts-, Familienrechts- und Unterhaltssachen, JBl 1990, 760; *Simotta,* Die internationale Zuständigkeit in Ehe- und Abstammungsstreitigkeiten, Broniewicz-FS (1998) 331.

Übersicht:

I. Örtliche Zuständigkeit für die Mitwirkung des Gerichtes bezüglich der Anerkennung der Vaterschaft (§ 114 Abs 1 JN)

A. Anwendungsbereich

1. Allgemeines

1 Die verfahrensrechtliche Bestimmung des § 114 JN ist **unabhängig** davon maßgebend, **welches materielle Anerkennungsrecht** anzuwenden ist (*Mayr* in *Rechberger,* ZPO § 114 JN Rz 1; LGZ Wien EFSlg 66.907 [1991]).

2. Begriff der Mitwirkung des Gerichtes bezüglich der Anerkennung der Vaterschaft

2 **§§ 261–262a AußStrG** regeln die Fälle, in denen das Gericht bezüglich der Anerkennung der Vaterschaft mitzuwirken hat. Das Gericht hat

- eine **Niederschrift über das** (vor ihm abgegebene) **Vaterschaftsanerkenntnis aufzunehmen und** eine Ausfertigung der Niederschrift **dem** nach § 54 PStG zuständigen **Standesbeamten zu übersenden** (§ 261 AußStrG);
- die **Rechtsunwirksamkeit des Vaterschaftsanerkenntnisses aus den in § 164 ABGB genannten Gründen „festzustellen"** (§§ 262, 262a AußStrG; vgl auch ErläutRV zum UeKindG [6 BlgNR 12. GP] 37);
- den **Widerspruch** gegen das Vaterschaftsanerkenntnis **entgegenzunehmen** (vgl § 261b AußStrG idF des UeKindG, aufgehoben durch KindRÄG [BGBl 1989/162]; *Pichler* in *Rummel,* ABGB^2 I § 163d Rz 1).

3 Nach § 163c ABGB idF des UeKindG entfaltete ein Vaterschaftsanerkenntnis – außer es wurde vor der Bezirksverwaltungsbehörde in Angelegenheiten des Vormundschaftswesens abgegeben – nur dann die volle Feststellungswirkung, wenn es vor dem nach § 114 JN zuständigen Gericht erklärt worden war oder wenn die Niederschrift bzw die Ausfertigung der Beurkundung des Anerkenntnisses beim nach § 114 JN zuständigen Gericht eingelangt war. Das Gericht mußte daher – außer das Anerkenntnis wurde gegenüber dem Jugendwohlfahrtsträger abgegeben – unbedingt bei der Anerkennung der Vaterschaft mitwirken.

4 Seit dem KindRÄG (BGBl 1989/162) ist jedoch eine Mitwirkung des Gerichtes bei der Anerkennung der Vaterschaft nicht mehr erforderlich. Die Vaterschaft wird nämlich durch persönliche Erklärung in inländischer öffentlicher oder öffentlich beglaubigter Urkunde anerkannt. Das Anerkenntnis wirkt auch nicht mehr mit dem Zeitpunkt des Einlangens bei dem nach § 114 Abs 1 JN zuständigen Gericht, sondern ab dem Zeitpunkt der Erklärung, sofern die Urkunde oder ihre öffentlich beglaubigte Abschrift dem nach § 54 Abs 2 PStG zuständigen Standesbeamten zukommt. **Für** die **Feststellungswirkung** des Vaterschaftsanerkenntnisses ist somit das **Einlangen beim zuständigen Standesbeamten entscheidend.**

Da seit dem KindRÄG das **Gericht nicht mehr notwendig bei** der **Anerkennung der Vaterschaft zu einem unehelichen Kind mitzuwirken hat** – das Anerkenntnis kann auch in einer privat errichteten, aber inländisch öffentlich beglaubigten Urkunde erfolgen – **gilt** (arg „**Hat** bezüglich der Anerkennung der Vaterschaft zu einem unehelichen Kinde das Gericht **mitzuwirken,**...") **§ 114 Abs 1 JN für das vor einem Gericht abgegebene Vaterschaftsanerkenntnis nicht mehr.** Dh, **für** die **Entgegennahme und** die **Protokollierung eines Vaterschaftsanerkenntnisses** ist **jedes BG zuständig.** 5

Schließlich darf es doch zuständigkeitsmäßig keinen Unterschied machen, ob der Vater des Kindes die Vaterschaft in einer Privaturkunde anerkennt und diese dann von einem Gericht öffentlich beglaubigen läßt oder das Anerkenntnis vor Gericht zu Protokoll gibt. Wenn die Beglaubigung des Vaterschaftsanerkenntnisses gem § 285 AußStrG iVm § 121 JN von jedem BG vorgenommen werden kann, dann muß auch die Entgegennahme und Beurkundung eines Vaterschaftsanerkenntnisses durch jedes BG, und nicht bloß durch das in § 114 Abs 1 JN genannte BG möglich sein. 6

Außerdem wäre es gleichheitswidrig, wenn ein Vaterschaftsanerkenntnis nicht vor jedem BG, sondern nur vor dem in § 114 Abs 1 JN genannten Gericht abgegeben werden könnte, während jeder Standesbeamte (vgl § 53 Abs 1 Z 1 PStG), jeder Jugendwohlfahrtsträger (vgl § 41 JWG), jeder österreichische Notar (vgl § 1 Abs 1, §§ 2, 52ff NO) und unter den Voraussetzungen des § 2 Abs 2 PStG auch jede österreichische Vertretungsbehörde zuständig ist, das Anerkenntnis zu beurkunden und zu beglaubigen. (Dies kritisierten ebenfalls *Mayr* in *Rechberger,* ZPO § 114 JN Rz 1 und das LGZ Wien EFSlg 66.908 [1991].) 7

Darüber hinaus hat es – vorausgesetzt, daß dieses dem nach § 54 PStG zuständigen Standesbeamten zukommt – auf die Wirksamkeit des Vaterschaftsanerkenntnisses keinen Einfluß, wenn dieses nicht vor dem nach § 114 Abs 1 JN zuständigen Gericht abgegeben worden wäre (vgl *Pichler* in *Rummel,* ABGB[2] I § 163c Rz 6 „Unzuständigkeit des Gerichtes ist ein sanierbarer Formmangel"). Es wäre daher bürokratisch, einen Mann, der seine Vaterschaft vor einem unzuständigen BG anerkennen will, an das nach § 114 Abs 1 JN zuständige Gericht zu verweisen. 8

Der **Anwendungsbereich des § 114 Abs 1 JN** beschränkt sich somit seit dem KindRÄG auf folgende Fälle: 9

- die **Entgegennahme des** von der Mutter, dem Kind oder deren Rechtsnachfolgern abgegebenen **Widerspruchs gegen das Vaterschaftsanerkenntnis** (§§ 163d, 164d ABGB);
- die **Feststellung der Rechtsunwirksamkeit** (richtig die Rechtsunwirksamerklärung) **des Vaterschaftsanerkenntnisses aus den in § 164 ABGB genannten Gründen,** nämlich wenn gegen das Anerkenntnis Widerspruch erhoben worden ist, bereits eine Vaterschaft zu dem Kind festgestellt ist, das Anerkenntnis den Formvorschriften nicht entspricht, zu unbestimmt ist, ein Geschäftsunfähiger die Vaterschaft anerkannt hat oder ein beschränkt Geschäftsfähiger die Vaterschaft ohne Zustimmung seines gesetzlichen Vertreters anerkannt hat, es sei denn, diese Zustimmung ist nachträglich erklärt worden oder der Anerkennende hat nach Erlangung der Eigenberechtigung das Anerkenntnis gebilligt.

Wenn hingegen das **Vaterschaftsanerkenntnis für rechtsunwirksam erklärt** werden soll, weil der Anerkennende behauptet, daß sein Anerkenntnis durch List, ungerechte und gegründete Furcht oder Irrtum darüber veranlaßt worden ist, daß er der Mutter innerhalb der gesetzlichen Empfängniszeit beigewohnt hat, oder daß solche Umstände vorliegen, die die Vermutung seiner Vaterschaft ent- 10 kräften und die er zur Zeit der Anerkennung nicht gekannt hat, dann hat dies **gem § 164b ABGB im streitigen Rechtsweg,** uzw **vor dem nach § 76c JN zuständigen BG** zu erfolgen. Näheres s § 76c JN Rz 1.

11 Dabei richtet sich die Frage, ob die Feststellung der Rechtsunwirksamkeit des Vaterschaftsanerkenntnisses im streitigen oder im außerstreitigen Verfahren zu erfolgen hat, auch bei Anwendung ausländischen Sachrechts nach österreichischem Recht, weil sich die Verfahrensart nach der lex fori richtet (IPRE 2/147 = ÖA 1988, 44 = ÖStA 1987, 69 = ZfRV 1987, 68).

B. Anknüpfungspunkte

1. (Aktuelles bzw ehemaliges) Vormundschaftsgericht

12 Für die Entgegennahme des Widerspruchs gegen das Vaterschaftsanerkenntnis und die „Feststellung" der Rechtsunwirksamkeit des Vaterschaftsanerkenntnisses nach § 164 ABGB ist primär jenes BG zuständig, **das zur Führung der Vormundschaft** über das uneheliche Kind **berufen ist oder vor Erreichung seiner Volljährigkeit bzw seinem Tod berufen gewesen ist** (§ 114 Abs 1 Satz 1 JN).

Das zur Führung der Vormundschaft berufene Gericht wird durch § 109 JN bestimmt (s dazu § 109 JN Rz 4, 6, 8f).

13 Mit der **Anknüpfung an das zur Führung der Vormundschaft berufene bzw berufen gewesene Gericht** weicht § 114 Abs 1 JN von § 76c Abs 1 JN ab, weil in § 109 JN nicht nur an den gewöhnlichen Aufenthalt, sondern auch an den Aufenthalt des Kindes und den gewöhnlichen Aufenthalt des gesetzlichen Vertreters bzw eines Elternteiles des Kindes angeknüpft wird. Seit dem KindRÄG ist es, **weil** die **Feststellungswirkung des Vaterschaftsanerkenntnisses nicht mehr vom Einlangen beim Vormundschaftsgericht, sondern von jenem bei dem** nach § 54 Abs 2 PStG zuständigen **Standesbeamten abhängt, nicht mehr zweckmäßig,** daß das zur Führung der Vormundschaft berufene bzw berufen gewesene Gericht zur Entgegennahme des Widerspruchs und für die „Feststellung" der Rechtsunwirksamkeit des Vaterschaftsanerkenntnisses nach § 164 ABGB zuständig ist. Dies **führt** nämlich bei der Feststellung der Rechtsunwirksamkeit des Vaterschaftsanerkenntnisses **zu einer zuständigkeitsmäßigen Ungleichbehandlung,** je nachdem, ob sie wegen eines in § 164 ABGB genannten Grundes im Außerstreitverfahren oder wegen eines in § 164b ABGB genannten Grundes im streitigen Verfahren zu erfolgen hat. (Dabei sprechen die ErläutRV zum UeKindG [6 BlgNR 12. GP] 37 selbst von einem wünschenswerten Gleichklang ähnlicher Bestimmungen.)

2. Gewöhnlicher Aufenthalt des Anerkennenden

14 In Ermangelung eines zur Führung der Vormundschaft berufenen oder berufen gewesenen Gerichtes im Inland ist jenes **BG zuständig, in dessen Sprengel der Anerkennende seinen gewöhnlichen Aufenthalt hat.** Ist der Anerkennende gestorben, ist an seinen gewöhnlichen Aufenthalt im Zeitpunkt seines Todes, und nicht an jenen seiner Rechtsnachfolger anzuknüpfen.

Zum Begriff des gewöhnlichen Aufenthaltes s § 66 JN Rz 21ff.

15 Die Zuständigkeitsvorschrift des § 114 Abs 1 Satz 2 JN stimmt mit jener des § 76c Abs 1 JN überein; Näheres s dort.

3. BG Innere Stadt Wien

16 Wenn es kein zur Führung der Vormundschaft berufenes bzw berufen gewesenes Gericht im Inland gibt und der Anerkennende auch keinen gewöhnlichen Aufenthalt im Inland hat, aber das **Kind oder der Anerkennende österrei-**

chischer Staatsbürger ist, so ist das **BG Innere Stadt Wien** zuständig. Für den Fall, daß das Kind oder der Anerkennende gestorben ist, ist auf die österreichische Staatsbürgerschaft im Zeitpunkt seines Todes abzustellen.

Auch hier schließt die subsidiäre Zuständigkeit des BG Innere Stadt Wien eine Anwendung des § 28 JN aus.

II. Örtliche Zuständigkeit für Unterhaltsansprüche und sonstige dem unehelichen Kind gesetzlich aus dem Verhältnis zwischen Eltern und Kindern zustehende Ansprüche (§ 114 Abs 2 JN und Art 5 Z 2 EuGVÜ/LGVÜ)

A. § 114 Abs 2 JN

1. Allgemeines

Entsprechend § 76c JN für das streitige Verfahren regelt § 114 Abs 2 JN für das Außerstreitverfahren die Zuständigkeit des „Anerkennungsgerichtes" auch für die anderen im Außerstreitverfahren geltend zu machenden Ansprüche des unehelichen Kindes gegenüber seinen Eltern, soweit diese im Außerstreitverfahren selbständig geltend zu machen sind. Bei dem in § 114 Abs 2 JN normierten Gerichtsstand handelte es sich somit ursprünglich um einen Gerichtsstand des sachlichen Zusammenhanges (ErläutRV zum UeKindG [6 BlgNR 12. GP] 38). Mit der Verschiebung der Kompetenz für die Eintragung des Vaterschaftsanerkenntnisses vom Vormundschaftsgericht zum Standesamt ist jedoch dieser Zusammenhang verloren gegangen. Die Zuständigkeit des Vormundschaftsgerichtes läßt sich jetzt nur mehr damit rechtfertigen, daß die Zulässigkeit des außerstreitigen Rechtsweges zur Durchsetzung des Unterhalts minderjähriger Kinder immer mit dem Konnex zwischen dem Unterhalt und der Vormundschaft begründet wird (vgl SZ 62/149 = EFSlg 61.177 = EvBl 1990/2; SZ 44/161 [1971]; SZ 38/163 [1965]; Jud 237 = GlUNF 7608 [1915]). **17**

2. Anwendungsbereich

§ 114 Abs 2 JN gilt für Unterhaltsansprüche unehelicher Kinder und sonstige dem unehelichen Kind gesetzlich aus dem Verhältnis zwischen Eltern und Kindern zustehenden Ansprüche, sofern sie im Verfahren außer Streitsachen zu erledigen sind. **18**

Es handelt sich dabei um folgende Ansprüche: **19**

- **Unterhaltsansprüche des minderjährigen unehelichen Kindes**
  - gegenüber seiner Mutter (§§ 140, 166 ABGB);
  - gegenüber seinem Vater (§§ 140, 166 ABGB);
  - gegenüber den Großeltern (LGZ Wien EFSlg 48.270 [1985]).

Unterhaltsansprüche minderjähriger unehelicher Kinder gegenüber ihrem Vater und gegenüber ihren väterlichen Großeltern sind allerdings nur dann im Außerstreitverfahren durchsetzbar, wenn die Vaterschaft anerkannt oder durch Urteil festgestellt ist (EFSlg 49.286 [1985]; LGZ Wien EFSlg 42.073 [1982]; LG Innsbruck EFSlg 41.641 = ÖA 1982, 41; SZ 5/266 [1923]). An der Zulässigkeit des außerstreitigen Rechtsweges hat sich nämlich durch das UeKindG nichts geändert (EFSlg 18.911 [1972]; SZ 44/161 = EFSlg 16.700 = EvBl 1972/114 = JBl 1972, 104 = RZ 1972, 153).

Wenn die Vaterschaft nicht (iSd § 163c ABGB) festgestellt ist, kann der Unterhalt des unehelichen Kindes gem § 76c JN nur zusammen mit der Vaterschaftsklage im streitigen Rechtsweg geltend gemacht werden. Näheres s § 76c JN Rz 4ff.

Unterhaltsansprüche eines volljährigen unehelichen Kindes sind dagegen, auch wenn die Vaterschaft festgestellt ist, im streitigen Rechtsweg geltend zu machen. Ist die Vaterschaft festgestellt, ist für die Unterhaltsklage das BG zuständig, in dessen Sprengel der Beklagte seinen allgemeinen Gerichtsstand hat. Wenn die Vaterschaft dagegen noch nicht festgestellt ist, ist die Unterhaltsklage zusammen mit der Vaterschaftsklage bei dem nach § 76c JN zuständigen BG einzubringen. Im Anwendungsbereich des EuGVÜ/LGVÜ gilt der Wahlgerichtsstand des Art 5 Z 2 EuGVÜ/LGVÜ. Näheres s Rz 26f.

• **Anspruch auf Heiratsgut bzw Ausstattung** nach § 1220 bzw § 1231 ABGB (*Mayr* in *Rechberger,* ZPO § 114 JN Rz 2; LGZ Wien EFSlg 36.671 [1980]; ggt für die Rechtslage vor dem UeKindG *Weiß* in *Klang*[2] V 740; EFSlg 20.193 [1973]). Auch hier gilt aber Art 5 Z 2 EuGVÜ/LGVÜ. Näheres s Rz 26f.

3. Anknüpfungspunkt

20 Für die Unterhaltsansprüche unehelicher Kinder und sonstige dem unehelichen Kind gesetzlich aus dem Verhältnis zwischen Eltern und Kindern zustehende Ansprüche ist – sofern der außerstreitige Rechtsweg zulässig ist – **das zur Führung der Vormundschaft berufene Gericht** zuständig. Das zur Vormundschaft berufene Gericht wird durch § 109 JN bestimmt. Näheres s § 109 JN Rz 4, 6, 8f.

21 Wenn bei einem Gericht eine Vormundschaftssache anhängig ist, dann ist dieses Gericht, auch wenn einzelne Teilverfahren (zB die neuerliche Unterhaltsbemessung) bereits rechtskräftig abgeschlossen sind, zur Entscheidung über sonstige aus dem Eltern-Kindverhältnis resultierende Ansprüche zuständig (LGZ Wien EFSlg 36.671 [1980]).

22 Auch dann, wenn die Vormundschaft über ein im Ausland (Deutschland) befindliches uneheliches österreichisches minderjähriges Kind (gem Art I des Vormundschaftsabkommens, BGBl 1927/269) von ausländischen (deutschen) Behörden geführt wird, bestehen die internationale Zuständigkeit und eine Restzuständigkeit jenes inländischen Gerichtes weiter, bei welchem die Vormundschaft zuletzt im Inland geführt worden ist. In Ermangelung eines solchen bestimmt sich die örtliche Zuständigkeit des die Restzuständigkeit wahrnehmenden Vormundschaftsgerichtes nach § 109 JN (SZ 50/165 = EFSlg 32.384 = RZ 1978/46).

23 Fehlt es (an der internationalen Zuständigkeit in Vormundschaftssachen und damit) an einem zur Führung der Vormundschaft berufenen Gericht im Inland, kommen § 114 Abs 1 Satz 2 und 3 JN nicht zur Anwendung.

24 Für Unterhaltsansprüche ausländischer im Ausland wohnender unehelicher Kinder gegen im Inland wohnende bzw sich im Inland aufhaltende Väter gibt es, da in § 114 Abs 2 JN nicht an den allgemeinen Gerichtsstand des unterhaltspflichtigen Mannes angeknüpft wird – anders als im streitigen Verfahren – keine örtliche Zuständigkeit. Da dies aber nach der bis zur WGN 1997 herrschenden bedingten Indikationentheorie bedeutet hätte, daß diese Unterhaltsansprüche, obwohl der Unterhaltspflichtige sich im Inland aufhält, nicht in Österreich geltend gemacht werden könnten, hat die Rsp (SZ 47/51 [1974]; EvBl 1970/113) die Ansicht vertreten, daß hier mangels einer Vormundschaftsgerichtsbarkeit in Österreich der außerstreitige Rechtsweg unzulässig sei. Unterhaltsansprüche ausländischer im Ausland wohnender unehelicher Kinder gegen im Inland wohnende bzw sich im Inland aufhaltende Väter seien daher im streitigen Rechtsweg durchzusetzen, falls nicht die Möglichkeit der Vollstreckung einer Entscheidung des ausländischen Gerichts im Inland besteht. (Diesen Umstieg vom außerstrei-

tigen auf den streitigen Rechtsweg kritisierte zu Recht *Schwimann,* JBl 1990, 766.) Die örtliche Zuständigkeit richte sich dann nach dem allgemeinen Gerichtsstand des Beklagten.

Durch den Beitritt Österreichs zum EuGVÜ/LGVÜ hat sich das Problem 25
jedoch entschärft. Nach **Art 2 Abs 1 EuGVÜ/LGVÜ** ist nämlich **die internationale Zuständigkeit** für die Geltendmachung von Unterhaltsansprüchen gegen in Österreich wohnende Unterhaltspflichtige **gegeben.** Für eine Änderung der Rechtswegzulässigkeit besteht somit kein Grund mehr. Auch der Unterhalt ausländischer minderjähriger unehelicher Kinder, die ihren Wohnsitz bzw Aufenthalt im Ausland haben, ist daher **im Außerstreitverfahren durchzusetzen.** Da es aber kein zur Vormundschaft berufenes und damit nach § 114 Abs 2 JN örtlich zuständiges Gericht gibt, muß der **OGH,** wenn von einem ausländischen im Ausland wohnenden Kind gegen einen im Inland wohnenden Unterhaltspflichtigen ein Unterhaltsantrag gestellt wird, von Amts wegen nach § 28 Abs 1 Z 1 JN ein **örtlich zuständiges Gericht ordinieren.** Denn Österreich hat durch seinen Beitritt zum EuGVÜ/LGVÜ staatsvertraglich die Verpflichtung zur Rechtsschutzgewährung übernommen. Es wäre aber, um den OGH zu entlasten, sinnvoll, für die Durchsetzung von Unterhaltsansprüchen minderjähriger ausländischer Kinder, die im Inland weder Wohnsitz noch Aufenthalt haben, eine örtliche Zuständigkeit beim allgemeinen Gerichtsstand des Unterhaltspflichtigen (= Antragsgegners) vorzusehen.

B. Örtliche und internationale Wahlzuständigkeit nach Art 5 Z 2 EuGVÜ/LGVÜ

Wenn der **Unterhaltspflichtige zwar nicht in Österreich, aber in einem an-** 26
deren Vertragsstaat seinen Wohnsitz hat, kann der Unterhaltsantrag gem Art 5 Z 2 EuGVÜ/LGVÜ **entweder bei dem Gericht, in dessen Sprengel der Unterhaltsberechtigte seinen Wohnsitz** hat, **oder** bei jenem, in dessen Sprengel er **seinen gewöhnlichen Aufenthalt hat,** eingebracht werden.

Art 5 Z 2 EuGVÜ/LGVÜ regelt sowohl die internationale Zuständigkeit 27
(dazu s Rz 42 ff) als auch die örtliche Zuständigkeit in Unterhaltssachen. Näheres s § 76 a JN Rz 19 ff.

III. Vaterschaftsanerkenntnis vor dem Prozeßgericht

Wenn ein im Vaterschaftsprozeß beklagter Mann in der mündlichen Ver- 28
handlung die **Vaterschaft zu einem unehelichen Kind anerkennt,** so bestimmt Art V Z 7 Satz 1 UeKindG, daß – sofern im Inland gem § 114 JN ein zur Mitwirkung bei der Anerkennung berufenes Gericht vorhanden ist – über die Anerkennung eine gesonderte Niederschrift aufzunehmen und diesem Gericht zu übersenden ist. Mit dem Einlangen der Niederschrift gilt dann das Anerkenntnis als vor diesem Gericht erklärt.

Aufgrund der durch das KindRÄG eingetretenen Rechtsänderung ist Art V 29
Z 7 Satz 1 UeKindG so auszulegen, daß – sofern die internationale Zuständigkeit für die Anerkennung der Vaterschaft gegeben ist (Näheres s Rz 34 ff) – das Prozeßgericht eine gesonderte **Niederschrift über das Vaterschaftsanerkenntnis aufzunehmen und dieses** aber nicht dem in § 114 Abs 1 JN genannten Gericht, sondern **dem nach § 54 Abs 2 PStG zuständigen Standesbeamten zu übersenden** hat (*Pichler* in *Rummel,* ABGB² I § 163 c Rz 10; *Rechberger/Simotta,* Wertgrenzen-Novelle 1989, 89; aA *Ent/Frischengruber,* § 163 c ABGB Anm 21, nach denen mit Ausnahme des letzten Halbsatzes Art V Z 7 Satz 1 UeKindG unver-

ändert gilt, weil sein Sinn es ja sei, dem nach § 114 JN zuständigen Gericht seine zentrale Funktion in den Angelegenheiten der Vaterschaftsfeststellung zu sichern. Freilich hat das Vormundschaftsgericht seine zentrale Funktion in den Angelegenheiten der Vaterschaftsfeststellung an das nach § 54 Abs 2 PStG zuständige Standesamt verloren).

30 Es würde einen **zeitraubenden Umweg bedeuten,** wenn das Prozeßgericht die Niederschrift an das in § 114 Abs 1 JN genannte Gericht nur zu dem Zweck überweisen müßte, damit es diese an den nach § 54 Abs 2 PStG zuständigen Standesbeamten übersendet. Außerdem würde sich dadurch die **Gefahr, daß** die **Niederschrift infolge Verlustes nicht dem zuständigen Standesbeamten zukommt, unnötig vergrößern** (*Rechberger/Simotta,* Wertgrenzen-Novelle 1989, 89). Außerdem ist gem § 261 AußStrG das Gericht, das die Niederschrift über die Anerkennung der Vaterschaft aufnimmt, verpflichtet, eine Ausfertigung der Niederschrift dem Standesbeamten zu übersenden.

31 Aufgrund des Vaterschaftsanerkenntnisses ist die **Klage,** soweit sie die Feststellung der Vaterschaft begehrt, **von Amts wegen als ohne Verzicht auf den Anspruch für zurückgenommen zu erklären;** bezüglich der Prozeßkosten gilt der Beklagte als im Rechtsstreit vollständig unterlegen (Art V Z 7 Satz 2 UeKindG).

32 Sind gem § 76c Abs 1 JN **mit** der **Klage auch Unterhaltsansprüche oder sonstige dem unehelichen Kind gesetzlich aus dem Verhältnis zwischen Eltern und Kindern zustehende Ansprüche geltend gemacht** worden und wären diese Ansprüche **im Fall ihrer selbständigen Geltendmachung im Verfahren außer Streitsachen zu erledigen,** so ist diese Rechtssache insoweit **an das gem § 114 JN zuständige Gericht zu überweisen** (Art V Z 7 letzter Satz UeKindG).

33 Die **Trennung der Verfahren führt** unverständlicherweise dazu, daß die aufgrund des § 76c Abs 1 JN gegebene **Zulässigkeit des streitigen Rechtsweges** für die Unterhaltsansprüche und die sonstigen Ansprüche aus dem Verhältnis zwischen Eltern und Kindern, die im Fall ihrer selbständigen Geltendmachung im Verfahren außer Streitsachen zu erledigen sind, plötzlich **wegfällt** (*Rechberger/Simotta,* Zivilprozeßrecht[5] Rz 983 FN 153). Die Anordnung des Art V Z 7 letzter Satz UeKindG **widerspricht § 29 JN,** wonach das Gericht, bei dem die Klage rechtmäßig anhängig gemacht worden ist, auch dann zuständig bleibt, wenn sich nach der Gerichtsanhängigkeit die zuständigkeitsbegründenden Umstände ändern. Auch wird die Zulässigkeit des streitigen Rechtsweges perpetuiert, wenn sie im Zeitpunkt der Gerichtsanhängigkeit gegeben war (*Mayr* in *Rechberger,* ZPO § 29 JN Rz 2; *Rechberger/Simotta,* Zivilprozeßrecht[5] Rz 517; EFSlg 64.424 = ÖA 1991, 136 – RZ 1990/117; LGZ Wien EFSlg 41.587 [1982]; EFSlg 41.586 [1982], 28.207 [1976]; RZ 1967, 104; SZ 39/13 = JBl 1966, 480; EvBl 1963/200).

IV. Internationale Zuständigkeit

A. Internationale Zuständigkeit für die Mitwirkung der Gerichte bezüglich der Anerkennung der Vaterschaft

1. Die internationale Zuständigkeit im allgemeinen

34 Entgegen der überwiegenden Ansicht der Lehre (*Matscher* in *BMJ,* Neuerungen 213; *Mayr* in *Rechberger,* ZPO § 114 JN Rz 3; *Schütz,* ÖStA 1987, 11; *Schwimann,* JBl 1990, 763 f) und der Rsp (LGZ Wien EFSlg 66.874 [1991]; IPRE 2/147 [krit *Schwimann*] = ÖA 1988, 44 = ÖStA 1987, 69 = ZfRV 1987, 68) ist die **internationale Zuständigkeit für** die **Mitwirkung** der Gerichte **bei der Anerken-**

nung der Vaterschaft zu einem unehelichen Kind sehr wohl **in § 114 Abs 1 JN geregelt** (so auch *Oberhammer,* ZfRV 1994, 103f; *Simotta,* Broniewicz-FS 368; vgl auch ErläutRV zum UeKG [6 BlgNR 12. GP] 38: „Der § 114 umschreibt mangels einer ausdrücklichen Sonderbestimmung ... auch den Bereich, innerhalb dessen in den Angelegenheiten der Vaterschaftsanerkennung die inländische Gerichtsbarkeit gewährt wird"). Es liegt daher keine Lücke vor, die mit Hilfe der Analogie zu § 110 JN (so *Matscher* in *BMJ,* Neuerungen 213) oder zu § 76c Abs 3 JN (so *Schütz,* ÖStA 1987, 11) geschlossen werden müßte. Auch bedarf es seit der WGN 1997 aufgrund des § 27a JN keinesfalls einer zusätzlichen Nahebeziehung mehr (aA vor der WGN 1997 *Mayr* in *Rechberger,* ZPO § 114 JN Rz 3; LGZ Wien EFSlg 66.874 [1991]; IPRE 2/147 [krit *Schwimann*] = ÖA 1988, 44 = ÖStA 1987, 69 = ZfRV 1987, 68).

Österreichische Gerichte sind für die Mitwirkung bei der Anerkennung zu einem unehelichen Kind dann international zuständig, wenn **35**

- eine internationale Zuständigkeit in Vormundschaftssachen für das Kind gegeben ist bzw – wenn das Kind volljährig ist – gegeben war (§ 114 Abs 1 Fall 1 JN);
- der Anerkennende seinen gewöhnlichen Aufenthalt im Inland hat (§ 114 Abs 1 Fall 2 JN);
- der Anerkennende oder das Kind österreichischer Staatsbürger ist (§ 114 Abs 1 Fall 3 JN).

Da in den meisten Statussachen die internationale Zuständigkeit ausdrücklich geregelt ist, sollte aus systematischen Gründen auch die internationale Zuständigkeit für die Mitwirkung der Gerichte bei der Anerkennung der Vaterschaft ausdrücklich geregelt werden.

2. Internationale Zuständigkeit im Fall einer Rechtsnachfolge nach § 164d ABGB

Wenn die in §§ 163c, 163d und 164 ABGB angeführten Rechtshandlungen von den Rechtsnachfolgern der genannten Personen oder gegen diese gesetzt werden (vgl § 164d ABGB), dann ist die internationale Zuständigkeit dann gegeben, wenn sie im Zeitpunkt des Todes des Kindes bzw des Anerkennenden gegeben gewesen wäre. **36**

Ist das Kind gestorben, so ist die internationale Zuständigkeit gegeben, wenn **37**

- eine internationale Zuständigkeit in Vormundschaftssachen für das Kind im Zeitpunkt seines Todes oder vor Erreichung der Volljährigkeit gegeben war (§ 114 Abs 1 Fall 1 JN);
- der Anerkennende seinen gewöhnlichen Aufenthalt im Inland hat (§ 114 Abs 1 Fall 2 JN);
- der Anerkennende österreichischer Staatsbürger ist oder das Kind im Zeitpunkt seines Todes die österreichische Staatsbürgerschaft besessen hat (§ 114 Abs 1 Fall 3 JN).

Wenn der Mann, dessen Vaterschaft anerkannt worden ist bzw erst anerkannt werden soll, gestorben ist, so ist die internationale Zuständigkeit gegeben, wenn **38**

- eine internationale Zuständigkeit in Vormundschaftssachen für das Kind gegeben ist bzw – wenn das Kind volljährig ist – gegeben war (§ 114 Abs 1 Fall 1 JN);
- der Anerkennende im Zeitpunkt seines Todes seinen gewöhnlichen Aufenthalt im Inland gehabt hat (§ 114 Abs 1 Fall 2 JN);

• der Anerkennende im Zeitpunkt seines Todes die österreichische Staatsbürgerschaft besessen hat oder das Kind österreichischer Staatsbürger ist (§ 114 Abs 1 Fall 3 JN).

39 Wenn hingegen die Mutter des unehelichen Kindes gestorben ist, so ist die internationale Zuständigkeit für den von ihren Rechtsnachfolgern erhobenen Widerspruch gegen das Vaterschaftsanerkenntnis nach wie vor dann gegeben, wenn einer der in § 114 Abs 1 JN genannten Anknüpfungspunkte im Zeitpunkt der Erhebung des Widerspruches oder der Entscheidung über diesen gegeben ist. Denn für die internationale Zuständigkeit zur Mitwirkung des Gerichtes bei der Anerkennung der Vaterschaft kommt es – weil es ja dabei nicht um das Statusverhältnis zwischen der Mutter und dem unehelichen Kind, sondern um jenes zum Vater geht – weder auf die österreichische Staatsbürgerschaft noch auf den gewöhnlichen Aufenthalt der Mutter an. Der Mutter hat der Gesetzgeber doch nur deshalb ein Widerspruchsrecht eingeräumt, weil sie am besten weiß, ob das Vaterschaftsanerkenntnis der Wahrheit entspricht.

Näheres zum Begriff der Rechtsnachfolge s § 49 JN Rz 115ff und zur Rechtsnachfolge in Vaterschaftsstreitigkeiten s § 76c JN Rz 13ff.

3. Gleichheitswidrigkeit

40 Insbesondere seit das Vaterschaftsanerkenntnis durch das KindRÄG neu geregelt worden ist, ist die Regelung des § 114 Abs 1 JN gleichheitswidrig.

Da seit dem KindRÄG das Gericht nicht mehr notwendig beim Vaterschaftsanerkenntnis mitwirken muß, sondern sich die Tätigkeit des Gerichtes auf die Beurkundung und die Übersendung des Vaterschaftschaftsanerkennnisses beschränkt, dürfte es für die Entgegennahme und die Beurkundung des Vaterschaftsanerkenntnisses keine Schranken geben. Auch für die Beglaubigung von Unterschriften und Abschriften sowie die Aufnahme letztwilliger Verfügungen durch das Gericht sieht das Gesetz keine Beschränkungen vor (vgl § 121 JN).

Gegen eine Beschränkung der Befugnisse österreichischer Gerichte, Vaterschaftsanerkenntnisse entgegenzunehmen und zu beurkunden, auf jene Fälle, in denen eine in § 114 Abs 1 JN geforderte Nahebeziehung zu Österreich besteht, spricht vor allem, daß der Mann ja auch die Vaterschaft in einer privat errichteten Urkunde anerkennen, diese beglaubigen lassen und dem zuständigen Standesbeamten übersenden kann.

Auch legt das Gesetz den anderen in Österreich zur Entgegennahme und zur Beurkundung des Vaterschaftsanerkenntnisses berechtigten Organen keine Beschränkungen für ihr Tätigwerden auf. Einzig die österreichischen Vertretungsbehörden im Ausland sind nur unter den in § 2 Abs 2 PStG geregelten Voraussetzungen berechtigt, Vaterschaftsanerkenntnisse entgegenzunehmen und zu beurkunden. Die Einschränkung des § 2 Abs 2 PStG resultiert aber daraus, daß österreichische Vertretungsbehörden im Ausland nur im Interesse österreichischer Staatsbürger und der ihnen gleichgestellten Personen hoheitlich tätig werden dürfen.

41 Weiters ist § 114 Abs 1 JN deshalb gleichheitswidrig, weil er die internationale Zuständigkeit abweichend zu § 76c Abs 3 JN regelt. Dies kann vor allem bei der Feststellung der Rechtsunwirksamkeit des Vaterschaftsanerkenntnisses, die, wenn sie sich auf einen in § 164 ABGB genannten Grund stützt, im streitigen Verfahren, wenn sie sich hingegen auf einen in § 164b ABGB genannten Grund stützt, im außersteitigen Verfahren zu erfolgen hat, zu unterschiedlichen Ergebnissen führen. Für die internationale Zuständigkeit darf es jedoch nach dem Grundsatz „Gleiches ist gleich zu behandeln“ keinen Unterschied machen,

ob die Rechtsunwirksamerklärung des Vaterschaftsanerkenntnisses im streitigen oder im außerstreitigen Verfahren zu erfolgen hat (aA *Schwimann,* JBl 1990, 763).

B. Internationale Zuständigkeit für Unterhaltsansprüche (Art 2 Abs 1 und Art 5 Z 2 EuGVÜ/LGVÜ, § 114 Abs 2 iVm § 110 JN)

1. Internationale Zuständigkeit nach dem EuGVÜ/LGVÜ

Wie bereits erwähnt, ist nach Art 2 Abs 1 EuGVÜ/LGVÜ die **internationale Zuständigkeit** immer dann gegeben, **wenn der Antragsgegner seinen Wohnsitz in Österreich hat.** 42

Hat der **Unterhaltspflichtige** seinen **Wohnsitz** zwar **nicht in Österreich, aber in einem anderen Vertragsstaat,** so kann das **minderjährige uneheliche Kind** gem Art 5 Z 2 EuGVÜ/LGVÜ dann seinen Unterhaltsantrag in Österreich stellen, wenn es seinen **Wohnsitz oder gewöhnlichen Aufenthalt in Österreich** hat. 43

Wenn das minderjährige uneheliche Kind die österreichische Staatsbürgerschaft besitzt, seinen Wohnsitz bzw gewöhnlichen Aufenthalt aber im Ausland hat, kann es – wie sich e contrario aus Art 2 Abs 1 und Art 5 Z 2 EuGVÜ/LGVÜ ergibt – seinen Unterhalt nicht mehr in Österreich geltend machen, wenn der Unterhaltspflichtige in einem anderen Vertragsstaat als Österreich seinen Wohnsitz hat. 44

2. Internationale Zuständigkeit nach § 114 Abs 2 JN

Ist das **EuGVÜ/LGVÜ nicht anwendbar,** weil der Unterhaltspflichtige seinen Wohnsitz nicht in einem der Vertragsstaaten hat, dann richtet sich die **internationale Zuständigkeit** danach, ob die österreichische internationale Zuständigkeit in Vormundschaftsangelegenheiten gegeben ist, dh **nach § 110 JN** (vgl *Schwimann,* JBl 1990, 766). 45

C. Die internationale Zuständigkeit für sonstige dem Eltern- Kindverhältnis entspringende Ansprüche des unehelichen Kindes

Soweit das **EuGVÜ/LGVÜ** gilt, ist die internationale Zuständigkeit gegeben, wenn der **Antragsgegner seinen Wohnsitz in Österreich** hat. Auf den **Ausstattungsanspruch** eines unehelichen Kindes (§ 1220 ABGB) ist das **EuGVÜ/LGVÜ** jedenfalls **anzuwenden** (ARD 4920/14/98 = JBl 1998, 184). 46

Wenn das **EuGVÜ/LGVÜ nicht anwendbar** ist, richtet sich, da es sich bei den sonstigen dem Eltern-Kindverhältnis entspringenden Ansprüchen des unehelichen Kindes um Ansprüche handelt, die in einem engen Konnex mit der Vormundschaftsgerichtsbarkeit stehen, die **internationale Zuständigkeit** gem § 114 Abs 2 JN danach, ob die österreichische internationale Zuständigkeit für Vormundschaftsangelegenheiten gegeben ist, dh **nach § 110 JN.** 47

Eheangelegenheiten

§ 114 a. (1) Für die Zuständigkeit in Eheangelegenheiten gelten die §§ 76 Abs. 1 und 104 sinngemäß.

(2) Ist bei einem Gericht ein Antrag auf Feststellung der Rechtmäßigkeit des Verlangens auf Verlegung der gemeinsamen Wohnung, der Weigerung mitzuziehen oder der gesonderten Wohnungsnahme durch einen Ehegatten, ein Antrag auf angemessene Abgeltung der Mitwirkung im Erwerb des anderen Ehegatten oder auf Aufteilung des ehelichen Gebrauchsvermögens und der ehelichen Ersparnisse [oder ein Antrag auf Untersagung der Namensführung] anhängig und ist das Verfahren hierüber in erster Instanz noch nicht be-

endet, so ist dieses Gericht auch für jeden weiteren derartigen Antrag zuständig; dies schließt jedoch die Zulässigkeit einer Vereinbarung über die Zuständigkeit eines anderen Gerichtes nicht aus.

(3) Der Abs. 2 gilt sinngemäß für ein Gericht, bei dem eine im § 76 Abs. 1 genannte Streitigkeit anhängig, die mündliche Streitverhandlung in erster Instanz aber noch nicht geschlossen ist.

(4) Die inländische Gerichtsbarkeit in Eheangelegenheiten ist gegeben, wenn einer der Ehegatten österreichischer Staatsbürger ist oder seinen gewöhnlichen Aufenthalt im Inland hat.

Überschrift idF Art II Z 56 ZVN 1983 BGBl 135, ansonsten idF Art I Z 11 FamGG BGBl 1985/70; der Antrag auf Untersagung der Namensführung wurde deshalb in Klammer gesetzt, weil § 65 EheG durch Art II NamRÄG BGBl 1995/25 aufgehoben worden ist.

Der durch Art IV Z 3 UeKindG in die JN eingefügte § 114a regelte ursprünglich die ausschließliche internationale Zuständigkeit betreffend die Anerkennung der Vaterschaft zu einem unehelichen Kind. Eigentlicher Vorläufer des § 114a JN idgF war der durch Art III Z 5 EheRwG (BGBl 1975/412) in die JN eingefügte § 114b, welcher durch Art IV Z 7 EheRÄG (BGBl 1978/280) geändert worden war.

Lit: *Aicher,* Ehescheidung und Scheidungsfolgen in *Floretta,* Das neue Ehe- und Kindschaftsrecht (1979); *Berchtold,* Das Recht auf ein Verfahren vor dem gesetzlichen Richter in Österreich, EuGRZ 1982, 246; *Jelinek,* Grundfragen der Erneuerung des Außerstreit- und des Insolvenzverfahrensrechts, in *BMJ,* Verbesserter Zugang zum Recht, Richterwoche 1979 (1979) 107; *Loewe,* Erneuerung des österreichischen internationalen Zivilverfahrensrechts, ZfRV 1983, 180; *Mänhardt,* Die Scheidung im Einvernehmen, in *Ostheim,* Schwerpunkte der Familienrechtsreform 1977/1978 (1979); *Matscher,* Zuständigkeitsvereinbarungen im österreichischen und im internationalen Zivilprozeßrecht (1967); *ders,* Die internationalrechtlichen Bestimmungen der Zivilverfahrens-Novelle 1983, in *BMJ,* Neuerungen im zivilgerichtlichen Verfahrensrecht, Richterwoche 1983 (1984) 201; *Schiedermair,* Vereinbarungen im Zivilprozeß (1935); *Schwimann,* Inländische Gerichtsbarkeit für Personenrechts-, Familienrechts- und Unterhaltssachen, JBl 1990, 760; *Simotta,* Die sachliche Zuständigkeit in Ehe- und Familiensachen, JBl 1980, 348; *dies,* Die Änderung der Zuständigkeit in Ehe- und Familiensachen in der geplanten „Zivilverfahrens-Novelle", ÖJZ 1982, 29, 66; *dies,* Wann treten in Ehe- und Familiensachen die neuen Zuständigkeitsbestimmungen in und die alten außer Kraft? ÖJZ 1986, 705; *dies,* Die einvernehmliche Scheidung während eines anhängigen Eheprozesses, ÖJZ 1987, 129, 167; *dies,* Die Prozeßfähigkeit in außerstreitigen Eheangelegenheiten, ÖJZ 1989, 577; *dies,* Die internationale Zuständigkeit in Ehe- und Abstammungsstreitigkeiten, Broniewicz-FS (1998) 331.

Übersicht:

I. Allgemeines

§ 114a JN regelt **drei Gerichtsstände:** 1

- den Gerichtsstand **für Eheangelegenheiten im allgemeinen** (§ 114a Abs 1 JN, Näheres s Rz 15 ff),
- den Gerichtsstand **für Eheangelegenheiten, wenn bereits** eine andere oder gleichartige **Eheangelegenheit anhängig ist** und das Verfahren hierüber in erster Instanz noch nicht geschlossen ist (§ 114a Abs 2 JN, Näheres s Rz 21 ff) und
- den Gerichtsstand **für Eheangelegenheiten, wenn bereits** ein **streitiges Eheverfahren anhängig ist** und die mündliche Verhandlung über dieses noch nicht in erster Instanz geschlossen ist (§ 114a Abs 3 JN, Näheres s Rz 34 ff).

Bei den Gerichtsständen nach **§ 114a Abs 2 und 3 JN** handelt es sich, da sie die Anhängigkeit einer anderen Eheangelegenheit oder eines Eheprozesses voraussetzen, um **Attraktionszuständigkeiten.**

In welchem Verhältnis die einzelnen, in § 114a Abs 1 bis 3 JN geregelten Gerichtsstände zueinander stehen, wird in Rz 10 ff behandelt.

Außerdem wird im Abs 4 des § 114a JN die internationale Zuständigkeit für die Eheangelegenheiten ausdrücklich normiert. Näheres s Rz 62 ff.

II. Begriff der außerstreitigen Eheangelegenheiten

2 Der durch das EheRÄG in die JN eingeführte Begriff der (außerstreitigen) **Eheangelegenheiten** ist – anders als jener der Ehesachen – **nirgends definiert.**

3 In § 114 Abs 2 JN, im JAB zum EheRÄG (516 BlgNR 14. GP 24) und im Erlaß des BMJ 21. 6. 1978 zur Vollziehung des BG 15. 6. 1978 über Änderungen des Ehegattenerbrechts, des Ehegüterrechts und des Ehescheidungsrechts sowie des BG 30. 6. 1978 über eine Änderung des EheG (JABl 1978/20) werden – allerdings in allen Fällen unvollständig – jene Angelegenheiten aufgezählt, die unter den Begriff der Eheangelegenheiten zu subsumieren sind.

4 Mit jenen Eheangelegenheiten, die in § 114a Abs 2 JN, im JAB zum EheRÄG und im Durchführungserlaß zum EheRÄG aufgezählt sind, erschöpft sich aber keineswegs der Begriff der Eheangelegenheiten. Aus den in § 114a Abs 2 JN, im JAB und im DE zum EheRÄG aufgezählten Eheangelegenheiten läßt sich nämlich folgende Definition der (außerstreitigen) Eheangelegenheiten ableiten: Außerstreitige **Eheangelegenheiten** sind Streitigkeiten, die entweder – wie die einvernehmliche Scheidung – **auf die Auflösung des Eheverhältnisses gerichtet** sind **oder** – wie die Aufteilung des ehelichen Gebrauchsvermögens, die

Abgeltung der Mitwirkung im Erwerb des anderen Ehegatten und der Antrag nach § 92 Abs 3 ABGB – **sich aus dem** (aufrechten oder aufgelösten) **Eheverhältnis** ergeben und die **im außerstreitigen Verfahren zu erledigen** sind.

5 Aufgrund dieser Definition kommen **auch** noch die **Umwandlung einer Scheidung von Tisch und Bett in eine solche iSd EheG** (§ 115 Abs 1 und 2 EheG und § 2 der 4. DVEheG) **sowie** der erst seit 1. 1. 1986 existierende (und daher aus diesem Grund nicht in der aus 1985 stammenden Fassung des § 114a JN aufgezählte) **Antrag, das Gericht möge mit Wirkung für den Gläubiger aussprechen, daß** derjenige **Ehegatte, der im Innenverhältnis zur Zahlung verpflichtet** ist, **Hauptschuldner,** der **andere Ausfallsbürge wird** (§ 98 EheG), als (außerstreitige) Eheangelegenheiten in Frage. Beides sind Angelegenheiten, die im Außerstreitverfahren zu erledigen sind (§§ 98, 115 Abs 2 EheG; § 2 Abs 2 der 4. DVEheG; § 226 Abs 3, § 229 Abs 1 AußStrG). Die Umwandlung der Scheidung von Tisch und Bett in eine solche dem Bande nach ist ebenso wie die einvernehmliche Scheidung auf die (endgültige) Auflösung des Eheverhältnisses gerichtet. Der Ausspruch nach § 98 EheG wurzelt insofern im Eheverhältnis, als er eine für den Fall der Auflösung der Ehe getroffene Vereinbarung bzw Entscheidung darüber, welcher Ehegatte im Innenverhältnis zur Zahlung der Kreditverbindlichkeiten verpflichtet ist, voraussetzt (vgl JAB zum BG, mit dem Bestimmungen zum Schutz des für einen Kredit mithaftenden Ehegatten getroffen werden (729 BlgNR 16. GP 3).

6 Zu den außerstreitigen Eheangelegenheiten zählen demnach (vgl *Mayr* in *Rechberger,* ZPO § 114a JN Rz 1; *Simotta,* JBl 1980, 359f; *dies,* ÖJZ 1989, 577 FN 2; sowie zur Rechtslage vor dem FamGG LGZ Wien EFSlg 41.635 [1982]):

- die **einvernehmliche Scheidung** (§ 55a EheG);
- die **Abgeltung der Mitwirkung eines Ehegatten im Erwerb des anderen** (§§ 98ff ABGB);
- die **Aufteilung des ehelichen Gebrauchsvermögens und der ehelichen Ersparnisse** (§§ 81ff EheG);
- die **Feststellung,** ob das Verlangen eines Ehegatten auf **Verlegung der gemeinsamen Wohnung** oder die **Weigerung** des anderen **mitzuziehen** oder die **gesonderte Wohnungsnahme** durch einen Ehegatten **rechtmäßig war oder ist** (§ 92 Abs 3 ABGB);
- der Antrag, das **Gericht möge mit Wirkung für den Gläubiger aussprechen,** daß derjenige **Ehegatte, der im Innenverhältnis zur Zahlung von Kreditverbindlichkeiten verpflichtet ist, Hauptschuldner,** der **andere Ausfallsbürge wird** (§ 98 EheG);
- die **Umwandlung einer Scheidung von Tisch und Bett in eine Scheidung iS des EheG** (§ 115 EheG; § 2 der 4. DVEheG).

7 **Nicht** zu den **Eheangelegenheiten** gehören dagegen im Außerstreitverfahren zu erledigende **Angelegenheiten, die bloß einen Konnex zur Ehe, zur Eheschließung oder Eheaufhebung aufweisen** und bei denen nicht die (Ex-) Ehegatten Parteien im formellen Sinn sind, wie etwa der **Antrag auf Ehemündigerklärung** (§ 1 Abs 2 EheG), der Antrag **auf Ersetzung der Einwilligung des gesetzlichen Vertreters und des Pflege- und Erziehungsberechtigten zur Eheschließung** (§ 3 Abs 3 EheG) sowie der Antrag **auf Ersetzung der (nachträglichen) Genehmigung der Ehe(schließung)** durch den gesetzlichen Vertreter, wenn die Eheschließung des beschränkt Geschäftsfähigen ohne Einwilligung des gesetzlichen Vertreters erfolgt ist (§ 35 Abs 3 EheG).

8 Denn für eine Eheangelegenheit ist typisch, daß im Verfahren die (Ex-)Ehegatten Parteien im formellen Sinn sind. Außerdem weisen die genannten Anträ-

ge einen engen Konnex zur Vormundschaftsgerichtsbarkeit auf. Darüber hinaus **setzt** eine **Eheangelegenheit,** wie sich aus dem auf § 76 Abs 1 JN verweisenden § 114a Abs 1 JN ergibt, **voraus,** daß eine **Ehe** bereits **besteht oder bestanden hat.** Bei den Anträgen nach § 1 Abs 2 und § 3 Abs 3 EheG geht es jedoch darum, erst die Voraussetzungen für die Ehe bzw die Eheschließung zu schaffen. Beim Antrag nach § 35 Abs 3 EheG steht die Überprüfung der Handlung des gesetzlichen Vertreters im Vordergrund, der Konnex zu den Vormundschaftssachen, bei denen das Gericht sehr häufig die mangelnde Einwilligung oder Zustimmung des gesetzlichen Vertreters ersetzen muß, ist daher viel größer als jener zu den Ehesachen. Denn mit dem Antrag nach § 35 Abs 3 EheG wird die Aufrechterhaltung, und nicht – wie mit den meisten Eheklagen – die Auflösung der Ehe angestrebt. Die Abweisung des Antrages nach § 35 Abs 3 EheG bewirkt jedoch nicht die sofortige Auflösung der Ehe, sondern nur, daß sie mangels nachträglicher Genehmigung durch den gesetzlichen Vertreter mit Aufhebungsklage anfechtbar ist. Die Anträge nach § 1 Abs 2, § 3 Abs 3 und § 35 Abs 3 EheG gehören daher vor das Vormundschaftsgericht und fallen nicht unter § 114a JN.

Weiters fällt nach der derzeitigen Rechtslage die **Geltendmachung des Ehegattenunterhalts nicht unter** den **Begriff der (außerstreitigen) Eheangelegenheiten,** weil dieser im streitigen Verfahren durchzusetzen ist (so auch zur alten Rechtslage LGZ Wien EFSlg 41.635 [1982]). Es ist jedoch geplant, daß auch der Ehegattenunterhalt im Außerstreitverfahren erledigt werden soll. Für die Unterhaltsklage eines Ehegatten ist – soweit keine Eheklage in erster Instanz anhängig ist – das BG zuständig, in dessen Sprengel sich der allgemeine Gerichtsstand des beklagten Ehegatten befindet. Ist eine Eheklage bereits in erster Instanz anhängig oder wird diese gleichzeitig mit der Unterhaltsklage anhängig gemacht, ist gem § 76a JN für die Unterhaltsklage das Gericht der Ehesache ausschließlich zuständig. Im Anwendungsbereich des EuGVÜ/LGVÜ sind die Art 2 und 5 Z 2 zu beachten. 9

III. Das Verhältnis der einzelnen in § 114a Abs 1 bis 3 JN geregelten Gerichtsstände für Eheangelegenheiten zueinander

A. Das Verhältnis des Abs 1 zu Abs 2 und 3 des § 114a JN

In § 114a Abs 1 JN wird der allgemeine Gerichtsstand für Eheangelegenheiten geregelt. Dieser kommt nur dann zur Anwendung, wenn weder der Attraktionsgerichtsstand des § 114a Abs 2 JN noch jener des § 114a Abs 3 JN gegeben ist. Dh, die örtliche Zuständigkeit für eine Eheangelegenheit richtet sich nur dann nach **§ 114a Abs 1 JN**, wenn 10

- eine **andere** oder gleichartige **Eheangelegenheit** entweder **nicht anhängig** ist **oder das Verfahren hierüber bereits in erster Instanz geschlossen** ist **und**
- eine **Ehesache entweder nicht anhängig** ist **oder die mündliche Verhandlung über sie in erster Instanz bereits geschlossen** ist.

Die in **§ 114a Abs 2 und 3 JN** geregelten Gerichtsstände **schließen** somit **§ 114a Abs 1 JN aus.**

B. Das Verhältnis der Abs 2 und 3 zueinander

Das Verhältnis der in § 114a Abs 2 und 3 JN geregelten Gerichtsstände zueinander hängt davon ab, welches Verfahren – jenes über die Eheangelegenheit oder das Eheverfahren – zuerst anhängig gemacht geworden ist. 11

Ist **zuerst die Eheklage anhängig** gemacht worden und werden danach hintereinander zwei Anträge auf Entscheidung einer Eheangelegenheit gestellt (zB von der Frau ein Antrag auf Abgeltung der Mitwirkung im Erwerb des Ehegatten und vom Ehemann ein Antrag auf Feststellung, daß seine gesonderte Wohnungsnahme rechtmäßig war), dann ist gem § 114a Abs 3 JN das Gericht der Ehesache nicht nur für die erste Eheangelegenheit, sondern auch für die zweite Eheangelegenheit zuständig. Zu demselben Ergebnis gelangt man aber, wenn man auf den zweiten Antrag § 114a Abs 2 JN anwendet, nach dem für jeden weiteren Antrag auf Entscheidung einer Eheangelegenheit das Gericht zuständig ist, bei dem die zuerst anhängig gemachte Eheangelegenheit anhängig ist.

12 Wenn dagegen **zuerst eine Eheangelegenheit** (zB ein Antrag nach § 92 Abs 3 ABGB von der Ehefrau) **anhängig** gemacht wird, danach eine Eheklage erhoben und ein Antrag auf Entscheidung einer weiteren Eheangelegenheit (zB auf Abgeltung der Mitwirkung des Ehemannes im Erwerb der Ehefrau) gestellt wird, dann ist für den später gestellten Antrag auf Entscheidung einer Eheangelegenheit das **Gericht, bei dem die Ehesache anhängig ist** oder gleichzeitig anhängig gemacht wird, ausschließlich zuständig. Aus § 76a JN sowie den Materialien zum FamGG (vgl JAB zum FamGG [528 BlgNR 16. GP] 2) geht nämlich deutlich der Wille des Gesetzgebers hervor, **möglichst alle Ehe- und Ehefolgesachen beim Gericht der Ehesache zu konzentrieren.** Aus verfahrensökonomischen Gründen wäre es freilich sinnvoll, wenn es eine mit § 621 Abs 3 dZPO vergleichbare Bestimmung gäbe, wonach alle ehebezogenen Folgesachen, die vor der Ehesache anhängig gemacht worden sind und über die die Verhandlung in erster Instanz noch nicht geschlossen ist, von Amts wegen an das Gericht der Ehesache zu überweisen sind.

C. Wie erhält das Gericht Kenntnis von der Anhängigkeit einer Ehesache oder Eheangelegenheit?

13 Aus dem Verhältnis der einzelnen Gerichtsstände zueinander folgt, daß der **Richter,** um feststellen zu können, ob er für die Eheangelegenheit örtlich zuständig ist, erstens **wissen muß, ob nicht** eine **Ehesache** in erster Instanz anhängig ist **und** zweitens, wenn dies nicht der Fall ist, ob nicht eine andere oder gleichartige **Eheangelegenheit in erster Instanz anhängig ist.**

Der Antragsteller, der seinen **Antrag auf § 114a Abs 1 JN stützt,** wird daher in seinem Antrag sinnvollerweise **angeben,** daß **weder** eine andere **Eheangelegenheit noch** eine **Eheklage in erster Instanz anhängig** ist. Beruft sich der Antragsteller hingegen auf **Abs 2 oder Abs 3** des § 114a JN wird er, weil dies zuständigkeitsbegründend ist, **zwingend angeben müssen,** daß eine **andere Eheangelegenheit bzw** eine **Eheklage anhängig ist und** über diese das **Verfahren in erster Instanz noch nicht geschlossen** ist.

14 Enthält der Antrag auf Entscheidung einer Eheangelegenheit jedoch **keine Angaben** darüber, ob, oder bei welchem Gericht eine Ehesache oder eine Eheangelegenheit in erster Instanz anhängig ist, und hat das Gericht nicht sonstwie davon Kenntnis, dann wird das Gericht, da sich in Eheangelegenheiten die örtliche Zuständigkeit grundsätzlich nach § 114a Abs 1 JN richtet, **an** seiner **örtlichen Zuständigkeit zweifeln.** Da das Gericht – im Außerstreitverfahren – anders als im Zivilprozeß – gem § 41 Abs 3 JN nicht an die Angaben des Antragstellers gebunden ist, sondern **von Amts wegen die für die Zuständigkeit maßgebenden Verhältnisse zu untersuchen** hat, wird es in analoger Anwendung der §§ 84f ZPO einen **Verbesserungsauftrag** erteilen. Es wird darin den Antragsteller zur

Bekanntgabe, ob und bei welchem Gericht eine Eheklage oder Eheangelegenheit anhängig ist, auffordern.

IV. Örtliche Zuständigkeit für außerstreitige Eheangelegenheiten im allgemeinen (§ 114a Abs 1 JN)

15 Sofern weder eine andere Eheangelegenheit noch ein streitiges Eheverfahren in erster Instanz anhängig ist, richtet sich die örtliche Zuständigkeit gem § 114a Abs 1 JN nach dem **sinngemäß** anzuwendenden **§ 76 Abs 1 JN.**

Bei sinngemäßer Anwendung des § 76 Abs 1 JN ist für Eheangelegenheiten **primär** jenes BG zuständig ist, in dessen Sprengel die **Ehegatten ihren gemeinsamen gewöhnlichen Aufenthalt haben oder zuletzt gehabt haben** (vgl EFSlg 49.284 [1985]).

16 Hat zur **Zeit der Antragstellung keiner** der Ehegatten seinen **gewöhnlichen Aufenthalt im Sprengel des letzten gemeinsamen gewöhnlichen Aufenthalts oder** haben sie **im Inland keinen gemeinsamen gewöhnlichen Aufenthalt gehabt,** so ist das Gericht zuständig, in dessen Sprengel der **gewöhnliche Aufenthalt des Antragsgegners** oder, falls ein solcher gewöhnlicher Aufenthalt im Inland fehlt, der **gewöhnliche Aufenthalt des antragstellenden Ehegatten** liegt.

17 Bei Verfahren, in denen es infolge eines gemeinsamen Antrages der Ehegatten **keinen Antragsgegner** gibt, ist jenes **BG** zuständig, **in dessen Sprengel einer der Ehegatten seinen gewöhnlichen Aufenthalt hat** (*Mayr* in *Rechberger,* ZPO § 114a JN Rz 2; *Simotta,* ÖJZ 1982, 69; *dies,* ÖJZ 1987, 130; LGZ Wien EFSlg 54.983 [1987], 52.124 [1986]; aA sind *Mänhardt* in *Ostheim,* Schwerpunkte 135, nach dessen Ansicht die Bestimmung des § 76 Abs 1 Satz 2 JN unanwendbar ist und daher das BG Innere Stadt Wien zuständig ist, sowie das LGZ Wien EFSlg 39.129 [1981], das den Zweitantragsteller als Antragsgegner fingierte und nach dessen gewöhnlichem Aufenthalt die örtliche Zuständigkeit bestimmte; die Ehegatten hatten aber dadurch, daß sie bestimmen konnten, wer Erst- und wer Zweitantragsteller ist, faktisch die Wahl zwischen ihren gewöhnlichen Aufenthaltsorten). Die Ehegatten haben somit bei gemeinsamer Antragstellung die **Wahl** (iSd § 102 JN), ob sie den Antrag bei dem **BG, in dessen Sprengel der Erstantragsteller** seinen gewöhnlichen Aufenthalt hat **oder** bei jenem **BG** einbringen, **in dessen Sprengel der Zweitantragsteller seinen gewöhnlichen Aufenthalt hat.**

18 Eine gemeinsame Antragstellung durch die Ehegatten ist zwingend bei der einvernehmlichen Scheidung vorgesehen (§ 55a EheG). Daneben ist eine **gemeinsame Antragstellung** durch die Ehegatten **auch bei der Abgeltung der Mitwirkung eines Ehegatten im Erwerb des anderen, der Aufteilung der ehelichen Ersparnisse und des ehelichen Gebrauchsvermögens, der Wohnsitzfrage, dem Antrag auf Fällung eines Ausspruches nach § 98 EheG und der Umwandlung einer Scheidung von Tisch und Bett in eine solche dem Bande nach** denkbar. In den meisten der genannten Fälle rufen die Ehegatten den Außerstreitrichter gleichsam als Schiedsrichter für ihre Streitigkeiten an. Die Ehegatten sind sich zB darüber einig, daß der Ehegattin ein Abgeltungsanspruch zusteht, die Festsetzung der Höhe wollen sie jedoch dem Richter überlassen.

19 Haben die Ehegatten **keinen gemeinsamen gewöhnlichen Aufenthalt in Österreich** gehabt **und** hat auch im Zeitpunkt der Antragstellung **keiner** von ihnen **seinen gewöhnlichen Aufenthalt in Österreich,** ist aber infolge der österreichischen Staatsbürgerschaft eines der Ehegatten die internationale Zuständigkeit gegeben (Näheres s Rz 62 ff), dann ist das **BG Innere Stadt Wien** zuständig.

Zu den Begriffen „(letzter) gemeinsamer gewöhnlicher Aufenthalt" und „gewöhnlicher Aufenthalt" s § 76 JN Rz 6ff.

20 Da manche der unter den Begriff der außerstreitigen Eheangelegenheiten fallenden **Anträge,** nämlich jene nach §§ 81ff, 98 EheG und § 98 ABGB, **auch noch bzw erst dann gestellt werden können, wenn die Ehe rechtskräftig aufgelöst** worden ist, ist der in § 76 Abs 1 JN gebrauchte Begriff des oder der **Ehegatten iS von ehemaligem oder ehemaligen Ehegatten** zu lesen.

V. Örtliche Zuständigkeit für Eheangelegenheiten bei Anhängigkeit einer anderen oder gleichartigen Eheangelegenheit (§ 114a Abs 2 JN)

A. Allgemeines

21 Werden **mehrere gleich- oder verschiedenartige Anträge** auf Entscheidung einer Eheangelegenheit **nacheinander anhängig gemacht,** so entscheidet über diese ein und dasselbe Gericht, nämlich das **Gericht, bei dem der erste Antrag auf Entscheidung einer Eheangelegenheit eingelangt** ist. Das Verfahren über die zuerst anhängig gemachte Eheangelegenheit darf allerdings noch nicht in erster Instanz geschlossen sein. Eine abweichende Zuständigkeitsvereinbarung ist jedoch zulässig.

22 § 114a Abs 2 JN, dem § 96 und § 31a Abs 2 JN Pate gestanden haben, schafft einen **Gerichtsstand des persönlichen und sachlichen Zusammenhanges.**

Der **sachliche Zusammenhang** besteht darin, daß alle **Eheangelegenheiten** ihre **Wurzel** entweder **im aufrechten oder im bereits aufgelösten Eheverhältnis** haben. Die einvernehmliche Scheidung und die Umwandlung einer Scheidung von Tisch und Bett in eine solche dem Bande nach sind auf die Auflösung des Eheverhältnisses gerichtet, die anderen Eheangelegenheiten setzen nach materiellem Recht voraus, daß zwischen den Parteien (im formellen Sinn) eine Ehe besteht oder bestanden hat.

Ein **persönlicher Zusammenhang** ist insofern gegeben, als die **Parteien** des ersten Verfahrens mit jenen des zweiten Verfahrens **identisch** sind, in beiden Verfahren sind nämlich die (Ex-)**Ehegatten** die Parteien im formellen Sinn.

B. Der sachliche Anwendungsbereich des § 114a Abs 2 JN

23 Obwohl in § 114a Abs 2 JN nur der Antrag nach § 92 Abs 3 ABGB, die Abgeltung der Mitwirkung im Erwerb des anderen Ehegatten und die Aufteilung der ehelichen Ersparnisse und des ehelichen Gebrauchsvermögens aufgezählt sind, ist § 114a Abs 2 JN dennoch **auch auf** die **einvernehmliche Scheidung** und den **Antrag nach § 98 EheG,** das Gericht möge mit Wirkung für den Gläubiger aussprechen, daß derjenige Ehegatte, der im Innenverhältnis zur Zahlung verpflichtet ist, Hauptschuldner, der andere Ausfallsbürge wird, **anwendbar** (ausführlich *Simotta,* ÖJZ 1986, 710f; *dies,* ÖJZ 1987, 130ff).

§ 114a Abs 2 JN ist vor allem deshalb extensiv auszulegen, weil er der Verfahrenskonzentration dient. Diese kann aber nur dann erreicht werden, wenn § 114a Abs 2 JN auf alle außerstreitigen Eheangelegenheiten anwendbar ist.

C. Der zeitliche Anwendungsbereich des § 114a Abs 2 JN

24 Wie sich aus dem Wortlaut des § 114a Abs 2 JN („Ist bei einem Gericht ein Antrag auf ... anhängig") ergibt, kommt dieser nur dann zur Anwendung, wenn **mehrere Eheangelegenheiten nacheinander,** nicht aber, wenn diese gleichzeitig

anhängig gemacht werden. Bei gleichzeitiger Anhängigmachung durch denselben Ehegatten ergibt sich jedoch (da stets an dasselbe Merkmal angeknüpft werden wird) bereits aus § 114 a Abs 1 JN, daß für alle Anträge dasselbe Gericht zuständig ist.

In dem äußerst unwahrscheinlichen Fall, daß zwei Anträge auf Entscheidung einer Eheangelegenheit, obwohl sie von verschiedenen Personen gestellt werden, **gleichzeitig bei verschiedenen Gerichten anhängig** werden, kann sich jenes **Gericht, welches als erstes von der Anhängigkeit einer Eheangelegenheit bei einem anderen Gericht Kenntnis** erlangt, für unzuständig erklären und die **Rechtssache** nach § 44 JN **an das Gericht überweisen, bei dem die andere Eheangelegenheit anhängig ist.** Denn aus § 114 a Abs 2 JN geht der Wille des Gesetzgebers hervor, daß über alle Verfahren, die eine Eheangelegenheit zum Gegenstand haben, ein und dasselbe Gericht entscheiden soll. 25

Der in § 114 a Abs 2 JN verwendete Ausdruck **„anhängig"** ist, da es im Außerstreitverfahren keine Streitanhängigkeit gibt, iS von **„gerichtsanhängig"** zu verstehen. 26

Der (nur durch eine Gerichtsstandsvereinbarung abänderbare) Zwang, während der Anhängigkeit einer (anderen oder gleichartigen) Eheangelegenheit jede weitere Eheangelegenheit bei dem Gericht einbringen zu müssen, bei dem die erste Eheangelegenheit anhängig ist, fällt weg, wenn das **Verfahren über die zuerst anhängig gewordene Eheangelegenheit in erster Instanz beendet** worden ist. 27

Hat der Richter, wie dies bei der einvernehmlichen Scheidung, der Abgeltung der Mitwirkung im Erwerb des anderen Ehegatten, der Aufteilung des ehelichen Gebrauchsvermögens und der ehelichen Ersparnisse und dem Ausspruch nach § 98 EheG zwingend vorgesehen ist (§ 221 Abs 1, § 230 Abs 1 AußStrG) **mündlich verhandelt,** so ist das Verfahren **mit** dem analog zu § 193 ZPO ausdrücklich auszusprechenden **Schluß der mündlichen Verhandlung beendet.** 28

Wenn hingegen **keine mündliche Verhandlung** stattgefunden hat, dann **endet** das erstinstanzliche **Verfahren mit der Erlassung der Sachentscheidung.** Die Entscheidung wird analog zu § 416 Abs 2 ZPO dann als erlassen anzusehen sein, sobald sie der **Richter in schriftlicher Abfassung zur Ausfertigung in der Gerichtskanzlei abgegeben** hat. 29

Außer durch eine Sachentscheidung kann das Verfahren auch durch eine (rechtskräftige) **Zurückweisung des Antrages** (wegen Mangels einer Prozeßvoraussetzung oder Vorliegens eines Prozeßhindernisses), **durch** eine (fingierte) **Antragszurücknahme oder** durch einen **Prozeßvergleich enden.** In all diesen Fällen erlischt die Gerichtsanhängigkeit und damit die Attraktionszuständigkeit nach § 114 a Abs 2 JN. 30

D. Die Bedeutung des Attraktionsgerichtsstandes nach § 114 a Abs 2 JN

§ 114 a Abs 2 JN dient der **Verfahrenskonzentration.** Durch ihn soll eine **Verbindung von mehreren Eheangelegenheiten zu gemeinsamer Verhandlung und Entscheidung ermöglicht** und überdies sichergestellt werden, daß die denselben familienrechtlichen Personenkreis betreffenden Verfahren von demselben Richter geführt werden (vgl JAB zum FamGG [528 BlgNR 16. GP] 2 f). 31

Sind **mehrere gleichartige Eheangelegenheiten** bei einem Gericht anhängig, wird sich in analoger Anwendung des § 187 ZPO eine **Verbindung zu gemeinsamer Verhandlung und Entscheidung** empfehlen. Denn die Parteien, das Verfahren und die (sachliche und örtliche) Zuständigkeit sind vollkommen identisch. 32

Dadurch, daß der Richter über beide Eheangelegenheiten gemeinsam verhandelt bzw diese gemeinsam behandelt, werden Doppelgleisigkeiten vermieden, wodurch die Erledigung der Eheangelegenheit vereinfacht bzw beschleunigt wird und überdies die Verfahrenskosten vermindert werden. Außerdem wird die Verbindung mehrerer Eheangelegenheiten zu gemeinsamer Verhandlung auch die Vergleichsbereitschaft heben.

33 Werden hingegen verschiedene Eheangelegenheiten hintereinander anhängig gemacht, so wird eine Verbindung zu gemeinsamer Verhandlung und Entscheidung nur dann sinnvoll sein, wenn die Verfahren gleich oder zumindest ähnlich geregelt sind und ein sachlicher Zusammenhang zwischen den einzelnen Eheangelegenheiten besteht. Denn nur dann wird es – wie dies § 187 ZPO für eine Verbindung zu gemeinsamer Verhandlung und Entscheidung verlangt – zu einer Vereinfachung bzw Beschleunigung der Erledigung oder zu einer Verringerung des Kostenaufwandes kommen. So wird es zB zweckmäßig sein, die Verfahren auf Abgeltung der Mitwirkung eines Ehegatten im Erwerb des anderen, auf Aufteilung des ehelichen Gebrauchsvermögens und der ehelichen Ersparnisse und auf Erlassung eines Ausspruches nach § 98 EheG oder das Verfahren auf einvernehmliche Scheidung mit jenem auf Erlassung eines Ausspruches nach § 98 EheG zu verbinden.

VI. Örtliche Zuständigkeit für Eheangelegenheiten bei Anhängigkeit einer Eheklage (§ 114a Abs 3 JN)

A. Allgemeines

34 Der etwas umständlich formulierte § 114a Abs 3 JN besagt, daß während der Anhängigkeit einer Ehesache in erster Instanz für einen Antrag auf Entscheidung einer Eheangelegenheit (Näheres dazu s Rz 38ff) das Gericht der Ehesache ausschließlich zuständig ist, wobei aber eine abweichende Zuständigkeitsvereinbarung zulässig ist.

35 In § 114a Abs 3 JN wird der für das streitige Verfahren in § 76a JN niedergelegte Grundsatz, daß **während der Anhängigkeit eines Eheprozesses in erster Instanz das Gericht der Ehesache auch über die mit der Ehesache zusammenhängenden, sich aus dem Eheverhältnis ergebenden Streitigkeiten** (die sog Ehefolgesachen) entscheiden soll, für die außerstreitigen Eheangelegenheiten übernommen. Beim Gerichtsstand des § 114a Abs 3 JN handelt es sich ebenso wie bei jenem nach § 114a Abs 2 JN um einen **Gerichsstand des persönlichen und sachlichen Zusammenhanges.**

36 Der **persönliche Zusammenhang** zwischen dem Verfahren über die außerstreitige Eheangelegenheit und dem Eheverfahren besteht darin, daß – sofern die Eheklage nicht vom Staatsanwalt erhoben worden ist – Identität der Parteien besteht, dh **in beiden Verfahren die Ehegatten die Parteien** (im formellen Sinn) **sind.**

37 Zwischen der Eheklage und der Eheangelegenheit besteht insofern ein **sachlicher Zusammenhang** als die **Eheangelegenheit in dem Eheverhältnis, das aufgelöst oder dessen Bestehen bzw Nichtbestehen festgestellt werden soll, wurzelt.**

B. Der sachliche Anwendungsbereich des § 114a Abs 3 JN

38 § 114a Abs 3 JN gilt für **alle Eheangelegenheiten, die während aufrechter Ehe anhängig gemacht werden können.** Er gilt demnach nicht für die Aufteilung

des ehelichen Gebrauchsvermögens. § 114 a Abs 3 JN ist dagegen anwendbar auf den Antrag nach § 92 Abs 3 ABGB, auf die Abgeltung der Mitwirkung eines Ehegatten im Erwerb des anderen, wenn sie während noch aufrechter Ehe begehrt wird, den Antrag auf einvernehmliche Scheidung und – sofern die Ehegatten bereits eine Vereinbarung darüber geschlossen haben, wer von ihnen im Innenverhältnis zur Zahlung der Kreditverbindlichkeiten haftet – auch für den während noch aufrechter Ehe gestellten Antrag nach § 98 EheG.

Obwohl in § 114 a Abs 2 JN nicht erwähnt, fallen **auch** die **einvernehmliche Scheidung und** der **Antrag nach § 98 EheG** in den Anwendungsbereich des § 114 a Abs 3 JN.

C. Der zeitliche Anwendungsbereich des § 114 a Abs 3 JN

§ 114 a Abs 3 JN kommt zur Anwendung, wenn eine **Ehesache anhängig** ist, die **mündliche Streitverhandlung über die Ehesache in erster Instanz** jedoch **noch nicht geschlossen** ist. Dabei ist der Ausdruck **„anhängig“** – ebenso wie in § 76 a und § 114 a Abs 2 JN – iS von **„gerichtsanhängig“** zu verstehen. 39

Die **Anwendbarkeit des § 114 a Abs 3 JN endet** aber nicht nur mit dem Schluß der mündlichen Verhandlung erster Instanz über die Eheklage, sondern **auch immer dann, wenn die Gerichtsanhängigkeit der Eheklage erloschen ist,** dh mit der (tatsächlich erfolgten oder nach § 460 Z 5 oder Z 10 ZPO fingierten) Klagszurücknahme oder der rechtskräftigen Zurückweisung der Eheklage. 40

Bei gleichzeitiger Anhängigmachung einer Ehesache und einer Eheangelegenheit ist **ebenfalls das Gericht der Ehesache für beide Angelegenheiten zuständig.** Dies ergibt sich, wenn beide Rechtsschutzanträge von derselben Person gestellt werden, schon aus § 114 a Abs 1 JN. Im eher unwahrscheinlichen Fall, daß die Eheklage und der Antrag auf Entscheidung einer Eheangelegenheit, obwohl sie von verschiedenen Personen erhoben worden sind, gleichzeitig anhängig gemacht worden sind, ist § 114 a Abs 3 JN in Anlehnung an § 76 a JN so zu interpretieren, daß er auch für den Fall der gleichzeitigen Anhängigmachung gilt. 41

D. Die Bedeutung des Attraktionsgerichtsstandes nach § 114 a Abs 3 JN

§ 114 a Abs 3 JN ermöglicht es, beim Gericht der Ehesache, bei dem vielleicht auch noch gem § 76 a JN sonstige Streitigkeiten aus dem Eheverhältnis anhängig sind, einen Antrag nach § 92 Abs 3 ABGB, einen Antrag auf Abgeltung der Mitwirkung im Erwerb und auf Erlassung eines Ausspruches nach § 98 EheG einzubringen. Er **dient** daher ebenso wie § 114 a Abs 2 JN **der Verfahrenskonzentration** (vgl JAB zum FamGG [528 BlgNR 16. GP] 2). 42

Wegen der unterschiedlichen Verfahrensart – die Ehesache ist im streitigen Verfahren, die Eheangelegenheit dagegen im außerstreitigen Verfahren zu erledigen – ist, freilich anders als im Fall des § 114 a Abs 2 JN, eine **Verbindung** der Ehesache mit der Eheangelegenheit zu gemeinsamer Verhandlung und Entscheidung **nicht möglich** (vgl auch JAB zum FamGG [528 BlgNR 16. GP] 2). Freilich bewirkt die Zuständigkeit desselben Gerichtes im Zusammenhalt mit § 26 Abs 3 GOG, nach dem die Geschäftsverteilung bei den BG so zu treffen ist, daß alle dieselben Personen (Ehegatten oder Kinder) betreffenden familienrechtlichen Angelegenheiten (§ 49 Abs 2 Z 1 bis 2 c und Abs 3 und §§ 109 bis 114 a JN) zu derselben Gerichtsabteilung gehören, daß **beide Verfahren vom selben Richter durchzuführen** sind (vgl JAB zum FamGG [528 BlgNR 16. GP] 2 f). 43

VII. Prorogation

A. Allgemeines

44 Die in **§ 114a Abs 1 bis 3 JN** geregelten Gerichtsstände können – wie bereits erwähnt – **durch** eine **Parteienvereinbarung** iSd § 104 JN **geändert** werden. **Im Außerstreitverfahren** sind aber Gerichtsstandsvereinbarungen **ansonsten unzulässig** (Näheres s § 104 JN Rz 167). Außerdem handelt es sich bei den in **§ 114a Abs 2 und 3 JN** geregelten Zuständigkeiten um **individuelle Zuständigkeiten,** bei denen eine **Prorogation** nur dann **zulässig** ist, **wenn sie** der **ratio der Bestimmung nicht widerspricht.** Der **Zweck der Abs 2 und 3 des § 114a JN** liegt jedoch darin, eine **Verfahrenskonzentration** zusammenhängender familienrechtlicher Verfahren zu ermöglichen. Demnach **widerspricht** eine **Gerichtsstandsvereinbarung,** durch die die individuelle Zuständigkeit nach § 114a Abs 2 oder Abs 3 JN geändert wird, dem **Zweck** des § 114a Abs 2 bzw 3 JN. Der Gesetzgeber wollte jedoch den Parteien auch in den in § 114a Abs 2 und 3 JN geregelten Fällen die Möglichkeit eröffnen, einen ihnen im Einzelfall genehmeren Gerichtsstand zu wählen (vgl JAB zum FamGG [528 BlgNR 16. GP] 2f). Er hat somit die **Parteiautonomie über** die **Verfahrensökonomie gestellt.**

45 Die Möglichkeit, für außerstreitige Eheangelegenheiten eine abweichende Gerichtsstandsvereinbarung zu treffen, ist vor allem **im Hinblick auf** die **einvernehmliche Scheidung geschaffen** worden. Denn es würde einen Wertungswiderspruch zwischen streitigem und außerstreitigem Eheverfahren bedeuten, wenn es, obwohl sich §§ 220 bis 228 AußStrG weitgehend an das streitige Eheverfahren anlehnen und § 114a Abs 1 JN auf § 76 Abs 1 JN verweist, zwar im streitigen Eheverfahren, nicht aber auch im Verfahren über die einvernehmliche Scheidung eine Prorogation geben würde (vgl *Aicher* in *Floretta,* Ehe- und Kindschaftsrecht 116 FN 115; *Jelinek,* Grundfragen 126; *Mänhardt* in *Ostheim,* Schwerpunkte 135; *Simotta,* ÖJZ 1982, 69f).

B. Gerichtsstandsvereinbarungen in Verfahren mit Drittbeteiligung

46 Während die Prorogationsmöglichkeit für jene Verfahren, in denen nur die Ehegatten die Parteien sind (dh für die einvernehmliche Scheidung, die Abgeltung der Mitwirkung eines Ehegatten im Erwerb des anderen, den Antrag nach § 92 Abs 3 ABGB und die Umwandlung der Scheidung von Tisch und Bett in eine solche dem Bande nach) zu begrüßen ist, wirft sie hingegen, weil **§ 104 JN** ganz **auf** den **kontradiktorischen Zivilprozeß zugeschnitten** ist, in Verfahren mit Drittbeteiligung (dh im Aufteilungsverfahren und im Verfahren über einen Antrag nach § 98 EheG) Probleme auf.

47 Betrifft die Gerichtsstandsvereinbarung eine Eheangelegenheit, bei der das Gesetz neben den Ehegatten **auch Dritten Parteistellung eingeräumt** hat, dann muß die **Gerichtsstandsvereinbarung,** um wirksam zu sein, **auch von diesen Parteistellung genießenden Dritten abgeschlossen** werden. Dh aufgrund des § 229 AußStrG muß eine das Aufteilungsverfahren betreffende Gerichtsstandsvereinbarung auch von allen durch das Aufteilungsverfahren in ihren Rechten betroffenen Personen und eine ein Verfahren nach § 98 EheG betreffende Prorogation auch vom Kreditgeber getroffen werden. Denn aus § 104 Abs 1 Satz 1 JN folgt, daß eine Gerichtsstandsvereinbarung von allen Parteien abzuschließen ist (vgl auch *Neumann,* Kommentar[4] I 257f).

48 Auch wenn die in § 229 AußStrG genannten Personen weder über die Verfahrenseinleitung noch über den Verfahrensgegenstand disponieren können, muß ihnen das Recht, die (örtliche) Zuständigkeit (mit)zubestimmen, zugebilligt

werden. Denn andernfalls, wenn die Ehegatten allein eine abweichende örtliche Zuständigkeit vereinbaren könnten, wären die in § 229 AußStrG genannten Personen in ihrem verfassungsgesetzlich gewährleisteten **Recht auf den gesetzlichen Richter** verletzt. Nach Art 83 Abs 2 B-VG hat nämlich **jede Verfahrenspartei** ein Recht auf den gesetzlichen Richter, dh ein Recht auf Einhaltung der im Gesetz angeordneten Zuständigkeit (vgl *Berchtold,* EuGRZ 1982, 248). Laut Gesetz wäre aber für die in § 229 AußStrG genannten Personen, weil sie die Gerichtsstandsvereinbarung nicht (mit)abgeschlossen haben, nach § 114a Abs 1 JN das in § 76 Abs 1 JN genannte Gericht und nicht das von den Ehegatten nach § 104 JN vereinbarte BG zuständig.

Außerdem könnten die Ehegatten über den Kopf der in § 229 AußStrG genannten Personen hinweg eine diesen Personen nicht genehme Gerichtsstandsvereinbarung schließen. Durch eine für die in § 229 AußStrG genannten Personen nachteilige Gerichtsstandsvereinbarung – zB die Ehegatten vereinbaren die Zuständigkeit eines BG in Vorarlberg, der Eigentümer des Hauses, in dem die aufzuteilende Ehewohnung liegt, hat jedoch seinen Wohnsitz in Wien – könnte es **den Beteiligten** iSd § 229 AußStrG, obwohl ihnen das Gesetz ausdrücklich eine Parteistellung einräumt, **erschwert** werden, **rechtliches Gehör** zu finden. Weiters können durch für sie nachteilige Gerichtsstandsvereinbarungen den sonstigen Beteiligten zusätzliche Kosten erwachsen. 49

Eine **Gerichtsstandsvereinbarung,** die, obwohl sie **nur von** den **Ehegatten,** und nicht auch von dem in seinen Rechten betroffenen Dritten bzw dem Kreditgeber **abgeschlossen** worden ist, **auch gegenüber** den am Aufteilungsverfahren zu beteiligenden **Dritten wirken** würde, wäre ein **Vertrag zu Lasten Dritter.** Dem **Prozeßrecht** sind jedoch Verträge zu Lasten Dritter **fremd** (*Matscher,* Zuständigkeitsvereinbarungen 56; *Schiedermair,* Vereinbarungen 138f, 158, 160). 50

Daß der Kreditgeber im Verfahren nach § 98 EheG gem § 229 Abs 1 letzter Satz AußStrG im ersten Rechtsgang in erster Instanz nicht beizuziehen ist, vermag nichts daran zu ändern, daß eine nur von den Ehegatten und nicht auch von ihm abgeschlossene Gerichtsstandsvereinbarung ihm gegenüber unwirksam ist. 51

Der **Kreditgeber** erlangt nämlich Parteistellung und damit das Recht auf den gesetzlichen Richter, wenn entweder er selbst oder einer der Ehegatten gegen die Entscheidung nach § 98 EheG Rekurs erhebt. Dh er hat ab diesem Zeitpunkt ein **Recht** darauf, daß **das nach dem Gesetz zuständige Gericht** den **Rekurs behandelt.** Da aber ihm gegenüber die nur von den Ehegatten abgeschlossene Gerichtsstandsvereinbarung nicht wirkt, richtet sich für ihn der **Instanzenzug nach der im Gesetz angeordneten** und nicht nach der von den Ehegatten vereinbarten **Zuständigkeit.** Wenn nun das dem (von den Ehegatten) vereinbarten BG statt des dem nach § 114a JN zuständigen BG übergeordnete LG über den Rekurs entscheidet, ist der Kreditgeber in seinem Recht auf den gesetzlichen Richter verletzt. 52

Wegen der potentiellen Parteistellung des Kreditgebers in zweiter Instanz wird daher – will man nicht riskieren, daß diese sich durch den Parteibeitritt des Kreditgebers nachträglich als unwirksam herausstellt – **auch** der **Kreditgeber** die **Gerichtsstandsvereinbarung unterfertigen** müssen. 53

Wenn dem Richter mit dem Antrag auf Aufteilung des ehelichen Gebrauchsvermögens und der ehelichen Ersparnisse oder auf Fällung eines Ausspruches nach § 98 EheG eine **Gerichtsstandsvereinbarung vorgelegt oder** in einem der genannten Anträge das Vorliegen einer solchen **behauptet** wird, wird er **prüfen** müssen, ob die Gerichtsstandsvereinbarung auch **tatsächlich von allen Parteien abgeschlossen** worden ist. Denn nach § 41 Abs 3 JN hat das Gericht, 54 ohne an die Angaben der Parteien gebunden zu sein, die für die Zuständigkeit maßgebenden Verhältnisse von Amts wegen zu untersuchen. Bei Verfahren mit möglicher Drittbeteiligung ist die durch Vereinbarung begründete Zuständigkeit davon abhängig, daß alle Verfahrensparteien die Gerichtsstandsvereinbarung abgeschlossen haben. Der Richter wird daher feststellen müssen, ob außer den Ehegatten auch noch dritte Personen gem § 229 Abs 1 AußStrG am Verfahren zu beteiligen sind und wer der Kreditgeber ist, der im Fall der Rekurserhebung gem § 229 Abs 1 letzter Satz AußStrG Parteistellung erlangen würde. Es wird für den Außerstreitrichter aber oft nur schwer feststellbar sein, wer aller durch das Aufteilungsverfahren bzw das Verfahren über einen Antrag nach § 98 EheG in seinen Rechten berührt sein könnte und wer daher außer den Ehegatten als Partei die Gerichtsstandsvereinbarung abgeschlossen haben muß, damit diese wirksam und das angerufene Gericht zuständig ist. In Verfahren mit (möglicher) Drittbeteiligung ist eine Gerichtsstandsvereinbarung daher nur wenig praktikabel.

55 Ergibt sich während des Verfahrens, daß **noch andere Personen** als jene, welche die Gerichtsstandsvereinbarung abgeschlossen haben, von Anfang an als Beteiligte iSd § 229 Abs 1 AußStrG **beigezogen hätten werden müssen,** hat dies die **örtliche Unzuständigkeit** des angerufenen Gerichtes zur Folge. Das angerufene Gericht hat sich für örtlich unzuständig zu erklären und die Rechtssache gem § 44 JN an das zuständige Gericht zu überweisen. Der in § 29 JN verankerte Grundsatz der perpetuatio fori kann hier nicht zur Anwendung kommen, weil die Zuständigkeit des prorogierten Gerichtes bereits bei Antragseinbringung nicht gegeben war.

56 Wenn dagegen in das Aufteilungsverfahren **weiteres,** im ursprünglichen Aufteilungsantrag nicht enthalten gewesenes **eheliches Gebrauchsvermögen** oder weitere eheliche Ersparnisse **einbezogen** werden sollen **und dadurch** bisher dem Verfahren **nicht beigezogene Personen Parteistellung** iSd § 229 Abs 1 AußStrG erlangen, die die zuständigkeitsbegründende Gerichtsstandsvereinbarung nicht abgeschlossen haben, dann hat dies **keinen Einfluß auf die Zuständigkeit** des angerufenen Gerichtes. Denn nach § 114a Abs 2 JN ist das Gericht, bei dem ein Antrag auf Aufteilung des ehelichen Gebrauchsvermögens und der ehelichen Ersparnisse in erster Instanz anhängig ist, auch für jeden weiteren derartigen Antrag zuständig. Das gleiche muß aufgrund der ratio des § 114 Abs 2 JN auch gelten, wenn die Einbeziehung zusätzlichen Vermögens nicht in Form eines neuen Aufteilungsantrags, sondern in der Form der Antragserweiterung begehrt wird. Die neu beigezogenen Beteiligten sind daher, weil das Gesetz in § 114a Abs 2 JN eine Attraktionszuständigkeit anordnet, in ihrem Recht auf den gesetzlichen Richter nicht verletzt.

C. Folgen der Anrufung eines nach § 114a Abs 1 bis 3 JN unzuständigen Gerichtes

57 Das System des **Außerstreitverfahrens** baut auf einer **unprorogablen und** überdies **unheilbaren Unzuständigkeit** auf. Damit steht aber die in § 114a Abs 1 bis 3 JN den Parteien erstmals eröffnete Möglichkeit, die örtliche Zuständigkeit für Eheangelegenheiten durch **Gerichtsstandsvereinbarung** ändern zu können, in **krassem Widerspruch.** Im Zusammenhang mit der Zulässigkeit der Prorogation in außerstreitigen Eheangelegenheiten stellt sich die Frage, ob und wann eine örtliche Unzuständigkeit nach § 114a Abs 1 bis 3 JN heilt und wie lange diese wahrgenommen werden kann.

Aus den Materialien zum FamGG folgt, daß der Gesetzgeber in außerstreitigen Eheangelegenheiten **durch** die **Aufnahme des § 104 JN** in den ersten Absatz des § 114a JN nicht nur eine Prorogation, sondern **auch** die **Heilung von Unzuständigkeiten** ermöglichen wollte (JAB zum FamGG [528 BlgNR 16. GP] 2). Demnach hat der Gesetzgeber nicht bloß versehentlich, sondern ganz bewußt in § 114a Abs 1 JN auch den Abs 3 des § 104 JN in außerstreitigen Eheangelegenheiten für anwendbar erklärt, was – geht man von in der im Zivilprozeß üblichen Terminologie aus – zu einem äußerst seltsamen Ergebnis führt. Wird in einer außerstreitigen Eheangelegenheit ein örtlich unzuständiges Gericht angerufen, dann liegt, weil das nach dem Gesetz unzuständige Gericht gem § 114a Abs 1 JN durch Prorogation zuständig gemacht werden könnte, eine **prorogable Unzuständigkeit** vor, die aber aufgrund des in § 114a Abs 1 JN getroffenen Verweises auf § 104 JN **nach den Regeln über die unprorogable Unzuständigkeit heilt.** 58

Bei sinngemäßer Anwendung des § 104 Abs 3 JN ergibt sich für die Heilung der örtlichen Unzuständigkeit in außerstreitigen Eheangelegenheiten folgendes: 59

Bei Verfahren, die **durch** einen **gemeinsamen Antrag** der Ehegatten **eingeleitet** worden sind, tritt – außer es kommt einem durch das Verfahren in seinen Rechten betroffenen Dritten nach § 229 Abs 1 AußStrG Parteistellung zu – mangels eines Antragsgegners eine **Heilung** bereits dann ein, wenn das Gericht im Stadium der Gerichtsanhängigkeit seine örtliche Unzuständigkeit übersieht. Dh **bei der einvernehmlichen Scheidung** ist die **örtliche Unzuständigkeit** stets dann **geheilt,** wenn der **Richter die** (in § 221 Abs 1 AußStrG zwingend vorgeschriebene) **mündliche Verhandlung anberaumt hat.** Kommt neben den Ehegatten aber (wie zB im Aufteilungsverfahren dem Eigentümer des Hauses, in dem sich die Ehewohnung befindet) **auch noch** einem **Dritten Parteistellung** zu, dann ist dieser Dritte, weil er ja nicht den verfahrenseinleitenden Antrag, in dem die Zuständigkeit des angerufenen Gerichtes behauptet wird, eingebracht hat, **als Antragsgegner aufzufassen.** Die örtliche Zuständigkeit kann bei Beteiligung eines Dritten an einem durch gemeinsamen Antrag der Ehegatten eingeleiteten Verfahren solange von Amts wegen wahrgenommen werden, als nicht auch durch den Dritten eine Heilung nach § 104 Abs 3 JN erfolgt ist.

In **Verfahren,** in denen der eine Ehegatte der Antragsteller und der andere Ehegatte **Antragsgegner** ist und es zwingend eine mündliche Verhandlung gibt (Verfahren auf Aufteilung des ehelichen Gebrauchsvermögens und der ehelichen Ersparnisse, auf Erlassung eines Ausspruches nach § 98 EheG sowie auf angemessene Abgeltung der Mitwirkung eines Ehegatten im Erwerb des anderen) tritt die Heilung ein, wenn der **Rechtsanwalt** des Antragsgegners (Notare sind gem § 229 Abs 2 AußStrG in den genannten Verfahren dann nicht vertretungsbefugt, wenn mindestens zwei Rechtsanwälte ihren Sitz am Gerichtsort haben) **zur Sache vorbringt** oder mündlich verhandelt. Ist der **Antragsgegner unvertreten,** heilt die örtliche Unzuständigkeit des angerufenen Gerichtes, wenn er trotz protokollierter **Belehrung durch den Richter** über die Möglichkeit und die Folgen der Unzuständigkeitseinrede zur Sache vorbringt oder verhandelt. Genießen neben den Ehegatten auch noch in ihren Rechten betroffene Dritte Parteistellung, dann ist die örtliche Unzuständigkeit erst dann geheilt, wenn auch seitens des Dritten die in § 104 Abs 3 JN genannten Voraussetzungen erfüllt sind. 60

Im Verfahren über einen **Antrag nach § 92 Abs 3 ABGB** gibt es weder eine Anwaltspflicht noch ist die Abhaltung einer mündlichen Verhandlung zwingend vorgesehen. Hier wird der **Richter,** wenn der **Antragsgegner unvertreten** ist, bei 61

Bedenken hinsichtlich der Zuständigkeit sinnvollerweise eine **mündliche Verhandlung anberaumen,** um die unvertretene Partei § 104 Abs 3 JN entsprechend belehren zu können. Außerdem hat die Abhaltung einer mündlichen Verhandlung für den Antragsteller den Vorteil, daß er persönlich überprüfen kann, ob die örtliche Unzuständigkeit durch den Antragsgegner tatsächlich nach § 104 Abs 3 JN geheilt worden ist oder nicht.

VIII. Internationale Zuständigkeit in außerstreitigen Eheangelegenheiten (§ 114 a Abs 4 JN)

A. Anknüpfungspunkte

62 Nach § 114 a Abs 4 JN ist in außerstreitigen Eheangelegenheiten die internationale Zuständigkeit gegeben, wenn **ein Ehegatte die österreichische Staatsbürgerschaft besitzt oder seinen gewöhnlichen Aufenthalt im Inland** hat.

63 Da viele Eheangelegenheiten wie zB die Aufteilung des ehelichen Gebrauchsvermögens und der ehelichen Ersparnisse erst nach der rechtskräftigen Auflösung der Ehe anhängig gemacht werden (können), ist der in § 114 a Abs 4 JN verwendete Ausdruck **„Ehegatte"** auch iS von **„ehemaligem Ehegatten"** zu verstehen (*Simotta,* Broniewicz-FS 374).

64 Die internationale Zuständigkeit ist nach § 114 a Abs 4 JN schon dann begründet, wenn auch nur einer der (Ex-)Ehegatten Österreicher ist, unabhängig davon, wo die (Ex-)Ehegatten ihren gewöhnlichen Aufenthalt haben. So können sich zB ein Österreicher und eine Filipina in Österreich einvernehmlich scheiden lassen, auch wenn sie ihren gewöhnlichen Aufenthalt in den USA haben.

65 Hat ein (Ex-)Ehegatte seinen gewöhnlichen Aufenthalt im Inland, reicht dies, auch wenn beide (Ex-)Ehegatten Ausländer sind, ohne daß noch weitere Voraussetzungen hinzutreten müßten, für das Vorliegen der internationalen Zuständigkeit aus (*Mayr* in *Rechberger,* ZPO § 114 a JN Rz 5; *Simotta,* Broniewicz-FS 374 f; EvBl 1991/2 = NRsp 1990/238 = ÖA 1991, 109 = ZfRV 1991, 302). So können sich zB ein Grieche, der in Wien seinen gewöhnlichen Aufenthalt hat, und seine italienische Frau, die in Sizilien lebt, in Österreich einvernehmlich scheiden lassen.

66 Daß in § 114 a Abs 4 JN beim gewöhnlichen Aufenthalt eines Ehegatten in Österreich nicht so wie in § 76 Abs 2 JN zwischen Antragsteller und Antragsgegner unterschieden wird, wird damit erklärt, daß im bedeutendsten Anwendungsfall, nämlich bei der einvernehmlichen Scheidung ein gemeinsamer Antrag vorliegen müsse, wodurch die Interessen des sich im Ausland aufhaltenden Ehegatten hinreichend geschützt seien (ErläutRV zur ZVN 1983 [669 BlgNR 15. GP] 44 f; ebenso *Loewe,* ZfRV 1983, 181 f; *Matscher* in *BMJ,* Neuerungen 211; *Mayr* in *Rechberger,* ZPO § 114 a JN Rz 5).

B. Kritik

67 Während bei der einvernehmlichen Scheidung ein Abgehen von der Regelung des § 76 Abs 2 Z 3 JN noch sachlich damit gerechtfertigt werden kann, daß es aufgrund des zwingend vorgeschriebenen gemeinsamen Antrages ausgeschlossen sei, daß ein Ehegatte den anderen gegen dessen Willen vor ein Gericht zwingen könne, zu dem der andere Ehegatte nicht die geringste Nahebeziehung hat, trifft dies auf die anderen Eheangelegenheiten in keiner Weise zu. Anders als bei der einvernehmlichen Scheidung gibt es nämlich in den Verfahren auf Aufteilung des ehelichen Gebrauchsvermögens und der ehelichen Ersparnisse,

auf Erlassung eines Ausspruchs nach § 98 EheG, auf angemessene Abgeltung der Mitwirkung eines Ehegatten im Erwerb des anderen, auf Umwandlung einer Scheidung von Tisch und Bett in eine solche dem Bande nach sowie über einen Antrag nach § 92 Abs 3 ABGB sehr wohl einen Antragsgegner. Aufgrund des nur auf die einvernehmliche Scheidung Bedacht nehmenden § 114a Abs 4 JN kann in diesen Verfahren der **Antragsgegner** bloß deshalb, **weil** der **Antragsteller seinen gewöhnlichen Aufenthalt in Österreich** hat, **vor** ein **österreichisches Gericht** gezwungen werden (*Simotta,* Broniewicz-FS 375).

Auch geht es – außer bei der Umwandlung einer Scheidung von Tisch und Bett in eine solche dem Bande nach – bei den genannten außerstreitigen Eheangelegenheiten nicht wie bei der einvernehmlichen Scheidung um eine Statusentscheidung, sondern um Streitigkeiten aus dem (aufrechten oder bereits aufgelösten) Eheverhältnis. Außerdem handelt es sich – außer beim Antrag nach § 92 Abs 3 ABGB, der nicht vermögensrechtlicher Natur ist – ausschließlich um vermögensrechtliche Streitigkeiten aus dem Eheverhältnis. Die unter den Begriff der Eheangelegenheiten fallenden Materien sind daher von unterschiedlicher Struktur. **68**

Die nicht nach den einzelnen Materien differenzierende Regelung des § 114a Abs 4 JN führt zu zahlreichen Wertungswidersprüchen. **69**

Die Aufteilung des ehelichen Gebrauchsvermögens und der ehelichen Ersparnisse, der Ausspruch nach § 98 EheG und die Abgeltung der Mitwirkung eines Ehegatten im Erwerb des anderen fielen – wären sie im streitigen Verfahren durchzusetzen – unter den Begriff der vermögensrechtlichen Streitigkeiten aus dem Eheverhältnis (iSd § 49 Abs 2 Z 2c JN) und der Antrag nach § 92 Abs 3 ABGB unter jenen der nicht rein vermögensrechtlichen Streitigkeiten aus dem Eheverhältnis (iSd § 100 JN).

Wenn eine Streitigkeit aus dem Eheverhältnis entweder gleichzeitig mit einer Eheklage oder während der Anhängigkeit eines Eheprozesses in erster Instanz anhängig gemacht wird, dann richtet sich – außer bei der Unterhaltsklage, für die Art 2 und Art 5 Z 2 EuGVÜ/LGVÜ gelten – die internationale Zuständigkeit nach dem analog anzuwendenden § 76 Abs 2 JN. Dh die internationale Zuständigkeit für die im Zusammenhang mit einem Eheprozeß zu entscheidenden Streitigkeiten aus dem Eheverhältnis ist immer dann gegeben, wenn die internationale Zuständigkeit für die Ehesache gegeben ist (s dazu ausführlich § 76a JN Rz 42). **70**

Ist kein Eheprozeß anhängig, dann gibt es – soweit nicht Art 2 oder Art 5 Z 2 EuGVÜ/LGVÜ zur Anwendung kommen – für die vermögensrechtlichen Streitigkeiten aus dem Eheverhältnis keine ausdrückliche Regelung der internationalen Zuständigkeit, sodaß diese gem § 27a JN davon abhängt, ob eine örtliche Zuständigkeit gegeben ist. Vermögensrechtliche Ansprüche aus dem Eheverhältnis sind demnach dann in Österreich einklagbar, wenn der Beklagte seinen allgemeinen Gerichtsstand in Österreich hat oder der Vermögensgerichtsstand gegeben ist oder der OGH ein örtlich zuständiges Gericht nach § 28 Abs 1 Z 2 JN bestimmt, weil die Rechtsverfolgung im Ausland nicht möglich oder nicht zumutbar ist. **71**

Für Klagen wegen nicht rein vermögensrechtlicher Streitigkeiten aus dem Eheverhältnis, die anhängig gemacht werden, wenn kein Eheprozeß in erster Instanz anhängig ist, richtet sich – soweit das EuGVÜ/LGVÜ nicht zur Anwendung kommt – die internationale Zuständigkeit nach dem analog anzuwendenden § 76 Abs 2 JN (Näheres s § 100 JN Rz 5). **72**

Daraus folgt, daß sich – **wäre** über die Aufteilung des ehelichen Gebrauchsvermögens und der ehelichen Ersparnisse, den Ausspruch nach § 98 EheG, **73** die Abgeltung der Mitwirkung eines Ehegatten im Erwerb des anderen und den Antrag nach § 92 Abs 3 ABGB **im streitigen Verfahren zu entscheiden** – die **internationale Zuständigkeit meistens nach den für die streitigen Ehesachen geltenden Regeln** richten würde. Jedenfalls wäre es, wenn für die genannten Ansprüche der streitige Rechtsweg zulässig wäre, ausgeschlossen, daß ein österreichisches Gericht entscheidet, obwohl nur die das Verfahren einleitende Partei ihren gewöhnlichen Aufenthalt in Österreich hat. Für die internationale Zuständigkeit **darf** es jedoch **keinen Unterschied machen, ob** ein **Anspruch im streitigen oder im außerstreitigen Verfahren zu erledigen** ist.

74 Die **Umwandlung einer Scheidung dem Bande nach in eine solche nach dem EheG führt** genauso wie das rechtskräftige Scheidungsurteil **zur** endgültigen **Auflösung der Ehe.** Es gibt daher keinen sachlich gerechtfertigten Grund dafür, daß die internationale Zuständigkeit für den Antrag nach § 115 EheG nicht gleich geregelt ist wie für die streitige Scheidung.

75 Die Bestimmung des **§ 114a Abs 4 JN** ist daher, weil sie – außer bei der einvernehmlichen Scheidung – zu einer sachlich nicht gerechtfertigten Differenzierung danach, ob die Rechtssache im streitigen oder im außerstreitigen Verfahren zu erledigen ist, führt, **gleichheitswidrig** (*Simotta,* Broniewicz-FS 377).

76 Bei der **Aufteilung des ehelichen Gebrauchsvermögens und der ehelichen Ersparnisse** ist die Regelung des § 114a Abs 4 JN überdies deshalb problematisch, weil **nicht danach differenziert wird, wo sich das aufzuteilende Gebrauchsvermögen bzw die aufzuteilenden ehelichen Ersparnisse befinden.** Auch im Ausland befindliches Vermögen scheint daher Gegenstand eines Aufteilungsverfahrens in Österreich sein zu können.

77 Dies ist insofern problematisch als **die richterlichen Befugnisse** bei der Aufteilung des ehelichen Gebrauchsvermögens und der ehelichen Ersparnisse nach §§ 86 ff EheG **sehr weitreichend** sind. Das Gericht kann im Rahmen eines Aufteilungsverfahrens sogar das **Eigentum an beweglichen und unbeweglichen Sachen von einem Ehegatten auf den anderen übertragen.** Dh das Gericht kann, da § 114a Abs 4 JN keine Einschränkung auf das im Inland befindliche Vermögen vornimmt, aussprechen, daß die Villa in Florida und das Bankkonto in der Schweiz nach Rechtskraft des Aufteilungsbeschlusses nicht mehr dem Mann, sondern der Frau gehören.

78 Die **Einbeziehung von im Ausland befindlichem unbeweglichen Vermögen in** das in Österreich durchzuführende Aufteilungsverfahren **widerspricht** jedoch den **Grundsätzen des internationalen Verfahrensrechtes** (*Simotta,* Broniewicz-FS 378). So bleibt nach §§ 21 ff AußStrG die Verlassenschaftsabhandlung über im Ausland befindliches unbewegliches Vermögen, unabhängig davon, ob der Erblasser Österreicher oder Ausländer gewesen ist, dem Staat vorbehalten, in dem sich das unbewegliche Vermögen befindet. Nach Art 16 Z 1 EuGVÜ/LGVÜ – der aber hier nicht anwendbar ist, weil das Aufteilungsverfahren den ehelichen Güterstand betrifft – sind – ohne Rücksicht auf den Wohnsitz des Beklagten – für Klagen, welche dingliche Rechte an unbeweglichen Sachen zum Gegenstand haben, die Gerichte des Vertragsstaates, in dem die unbewegliche Sache belegen ist, zwangszuständig. Die in Art 16 Z 1 EuGVÜ/LGVÜ angeordnete internationale Zuständigkeit kann weder durch Parteienvereinbarung iSd Art 17 EuGVÜ/LGVÜ noch durch rügelose Einlassung nach Art 18 EuGVÜ/LGVÜ geändert werden. Einer Entscheidung, die unter Mißachtung des Art 16 EuGVÜ/LGVÜ ergangen ist, wird überdies die Anerkennung und Vollstreckung versagt (Art 28 und 34 EuGVÜ/LGVÜ).

§ 114b *eingefügt durch Art III Z 5 BGBl 1975/412; geändert durch Art IV Z 7 BGBl 1978/230; aufgehoben durch Art II Z 57 ZVN 1983 BGBl 135*

Amortisierung von Urkunden

§ 115. (1) Aufforderungen zum Zwecke der Amortisierung von Staatsobligationen und der denselben gleichgeachteten Kreditpapiere sind bei demjenigen Gerichtshofe erster Instanz zu beantragen, an dessen Amtssitze die bezüglichen Kreditbücher geführt werden.

(2) Für die Amortisierung von abhanden gekommenen Wechseln ist das Handelsgericht (Handelssenat des Landesgerichtes) des Zahlungsortes zuständig.

(3) Der Gerichtsstand zur Einleitung und Bewilligung der Amortisierung aller anderen Urkunden ist nach den darüber erlassenen besonderen Bestimmungen zu beurteilen.

(4) In Ermangelung einer anderweitigen Vorschrift ist für das Amortisierungsverfahren und die Bewilligung der Amortisierung das Bezirksgericht zuständig, bei welchem die um Amortisierung ansuchende Partei zur Zeit des Ansuchens ihren allgemeinen Gerichtsstand in Streitsachen hat.

Stammfassung unter Berücksichtigung des BGBl 1993/91

Lit: *Avancini* in *Avancini/Iro/Koziol,* Bankvertragsrecht I (1987) Rz 6/99; *Edlbacher,* Das Kraftloserklärungsgesetz 1951, ÖJZ 1951, 267; *Sabaditsch,* Die gerichtliche Kraftloserklärung von Urkunden (1947); *ders,* Kraftloserklärung (Amortisation) RL Kra (1958); *Zedtwitz,* Kraftloserklärung von Urkunden (1973).

Übersicht:

I. Anwendungsbereich

1 Das Verfahren zur **Kraftloserklärung von Urkunden** richtet sich (in Ausführung des § 1428 ABGB) nach dem KEG BGBl 1951/86. Nach dessen § 1 können Urkunden, die abhanden gekommen oder vernichtet worden sind, nach den Vorschriften des Verfahren außer Streitsachen durch das Gericht für kraftlos erklärt werden. **Ausgenommen** von der Kraftloserklärung überhaupt sind insb (§ 2 Abs 2 KEG) Staats- und Banknoten (§ 64 NBG BGBl 1955/184), Einlagescheine der Zahlenlotterie und der zu wohltätigen Zwecken veranstalteten Lotterien; die Erneuerungsscheine (Talons) der Wertpapiere; Karten und Marken des täglichen Verkehrs, wie etwa Eintritts- und Fahrkarten, Speisemarken uä.

2 Neben der gerichtlichen Kraftloserklärung kann auch **durch** den aus der Urkunde **Verpflichteten selbst** die Kraftloserklärung ausgesprochen werden: bei Postsparbüchern (§ 15 Abs 5 und 6 PostsparkassenG BGBl 1969/458; bezieht sich nur auf auf den Sparer ausgestellte iSd § 15 Abs 2 leg cit; für Namens- und Überbringersparbücher iSd § 16 Abs 1 leg cit verweist § 16 Abs 2 wieder nur auf das KEG), bei verlorenen Pfandscheinen durch den Pfandleiher (§ 275 j GewO) und bei Aktien in den Ausnahmefällen der §§ 67, 179 AktG (Nichteinreichung zur Berichtigung bzw zum Umtausch) durch die AG.

II. Zuständigkeit

3 Die **sachliche und örtliche Zuständigkeit** für Kraftloserklärungen ist in einer besonders undurchsichtigen und damit nicht gerade zweckmäßigen Weise

geregelt. Der selbst schon allzusehr differenzierende § 115 enthält nur subsidiäre Bestimmungen, denen zahlreiche Sondervorschriften vorgelagert sind. Eine Vereinheitlichung der Zuständigkeit tut not; sie ist anläßlich der Reform des Verfahrens außer Streitsachen auch bereits andiskutiert worden.

4 **Zuständigkeit des LG** (Wien: LGZ Wien) besteht für die Kraftloserklärung von

a) Staatsobligationen (Bundesanleihen; zur Schweizer Tranche: HS 346/40 [1959]) und gleichgestellten Kreditpapieren (SZ 27/176 = ÖBA 1957/271 = HS 2417 [1954]); zuständig ist das LG, in dessen Sprengel die Kreditbücher geführt werden (§ 115 Abs 1);

b) Wertpapieren (insb Aktien, Interimsscheine, Pfandbriefe, Schuldverschreibungen, Darlehenspartialen, Dividenden- und Zinsenscheine [Coupons], Sparkassenbüchel [sic!], Depotscheine, Genußscheine, Kassenanweisungen und ähnliche für den Verkehr bestimmte Papiere), die von AG, Vereinen, Anstalten und Unternehmungen ausgegeben werden, die mit staatlicher Bewilligung errichtet worden sind und der Aufsicht des Staates unterstehen; zuständig ist das LG, in dessen Sprengel der Sitz des Unternehmens bzw der Zweigniederlassung (in weiterem Sinn als § 13 HGB auch jede „Zweig- und Zahlstelle“, s *Avancini* in *Avancini/Iro/Koziol* I Rz 9/99 f), von der das Papier selbständig ausgegeben wurde, liegt (§ 1 G 3. 5. 1868, RGBl 36);

c) von von anderen Körperschaften, Einzelpersonen oder Gemeinden ausgegebenen Wertpapieren, die auf Überbringer lauten oder denen auf Überbringer lautende Zinsencoupons beigegeben sind (auch bei nachträglicher Vinkulierung oder Setzung einer Namensklausel); zuständig ist das LG, in dessen Sprengel der (bei mehreren: der erstgenannte) Ausstellungsort des Papiers liegt (§ 2 leg cit);

d) von der OeNB ausgegebenen Wertpapieren und sonstigen Urkunden; individuell zuständig ist das LGZ Wien (§ 75 NBG; ebenso gem § 28 der Statuten der Creditanstalt-Bankverein für die von der Allgemeinen Boden-Credit-Anstalt und dem Wiener Bankverein ausgegebenen Urkunden).

5 **Zuständigkeit des LG als Handelsgericht** (HG Wien) besteht für die Kraftloserklärung von

a) Wechseln (§ 115 Abs 2 iVm Art 90 WG); örtlich ist der Zahlungsort maßgebend;

b) Schecks (Art 59 Abs 3 SchG); örtlich ist der Zahlungsort maßgebend;

c) kaufmännischen Orderpapieren (§ 363 HGB: kaufmännische Anweisungen und Verpflichtungsscheine, Konnossemente, Ladescheine, Lagerscheine, Bodmereibriefe und Transportversicherungspolizzen) werden nach den für Wechsel geltenden Vorschriften kraftlos erklärt (Art 8 Nr 12 der 4. EVHGB; s auch § 42 OLSchV iVm § 4 der 3. EVHGB); örtlich ist der Ausstellungsort maßgebend (*Zedtwitz* 59 f, 86; *Mayr* in *Rechberger,* ZPO § 115 JN Rz 3);

d) Aktien, Interimsscheinen, Obligationen und sonstigen Urkunden der Creditanstalt-Bankverein (§ 28 der Statuten der CA-BV): individuell zuständig ist das HG Wien (zu dessen weiteren individuellen Zuständigkeiten nach dem BG BGBl 1978/583 und dem WertpapierbereinigungsG BGBl 1954/188 s die bei *Edlbacher,* Außerstreitverfahren², 1030 abgedruckten Vorschriften).

6 **Zuständigkeit des BG** besteht in allen übrigen Fällen; örtlich ist jenes BG zuständig, bei dem der Antragsteller zur Zeit des Ansuchens seinen allgemeinen Gerichtsstand in Streitsachen (§§ 65 ff) hat (§ 115 Abs 4). Unter diese Restzuständigkeit fallen insb Notariatsurkunden (vgl § 93 Abs 2 NO), Bezugscheine über Wertpapiere, die gegen Ratenzahlung verkauft wurden (GlUNF 2794/1904), Namenspapiere von nicht unter staatlicher Aufsicht stehenden Privatpersonen.

Auch vor dem LG bzw HG entscheidet gem § 7 Abs 3 der **Einzelrichter.** Entgegen dem immer noch formell unveränderten Wortlaut („Handelssenat") gilt dies auch für die Kraftloserklärung von Wechseln und ihnen gleichgestellten Papieren. 7

III. Rechtspfleger

Im Zuge des FBG wurde der **Wirkungskreis der Rechtspfleger** (ab 1. 1. 1991) erweitert. Jeder Wirkungskreis eines Rechtspflegers umfaßt nun die Durchführung von Kraftloserklärungsverfahren bis zur Erhebung eines Widerspruchs oder einer vergleichbaren Verfahrenshandlung (§ 16 Abs 1 Z 1 lit b RpflG; eine dem Wirkungskreis Mahnverfahren vergleichbare Übergangsvorschrift für nach altem Recht ausgebildete Rpfl wurde durch entsprechende Novellierung des § 46 RpflG bewußt nicht getroffen). 8

IV. Inländische Gerichtsbarkeit

Die **inländische Gerichtsbarkeit** für Kraftloserklärungssachen ist nicht ausdrücklich festgelegt. Das BMJ (JABl 1927, 45) hat dies damit begründet, daß die **Kraftloserklärung ausländischer Urkunden** schon mangels einer Kompetenzbestimmung ausgeschlossen sei. Dem hat sich der OGH angeschlossen und die Unzulässigkeit der Kraftloserklärung ausländischer Urkunden durch inländische Gerichte betont; die von ausländischen Gerichten ausgesprochene Kraftloserklärung ausländischer Urkunden sei auch in Österreich voll rechtswirksam (SZ 12/93 = GZ 1930, 142 = NZ 1930, 61 = RZ 1930, 75). Allerdings ist das Fehlen einer Kompetenzbestimmung allein noch kein Hindernis für die inländische Gerichtsbarkeit, weil iSd § 28 ordiniert werden könnte. Auch ist eine Urkunde nur dann ausländische Urkunde, wenn Ausstellungsort und Sitz des Verpflichteten im Ausland liegen. Wertpapiere, die von Inländern im Ausland begeben wurden, aber im Inland zu erfüllen sind **(Auslandstitel)** sind **inländische Wertpapiere.** Daher können auch Schuldverschreibungen, die auf Rechnung eines Inländers durch ein ausländisches Kreditinstitut im Ausland aufgelegt und begeben werden, dann, wenn sie unmittelbar den Inländer an seinem Inlandssitz verpflichten, in Österreich für kraftlos erklärt werden (SZ 27/176 = ÖBA 1957/271 = HS 2417 [1954]), selbst wenn die verbriefte Schuld eine Effektivschuld in Auslandswährung ist. Ob sich die von einem Inländer ausgestellte, ihn verpflichtende Urkunde in den Händen eines Ausländers befunden hat und im Ausland in Verlust geraten oder vernichtet worden ist, ist gleichgültig; jedenfalls ist die inländische Gerichtsbarkeit zur Kraftloserklärung gegeben (zB für die Kraftloserklärung des von einem Inländer ausgestellten, von einem Ausländer im Ausland verlorenen Bezugsscheins über Wertpapiere. HS 346/40 [1959]; ZBl 1921/97). Das Fehlen eines inländischen Gerichtsstands führt zur weiteren Frage, ob die Voraussetzungen des § 28 Abs 1 Z 2 für eine Ordination vorliegen (mangels Rechtsschutzbedürfnisses aufgrund des materiellen Rechts des Zahlungsorts Maryland USA im konkreten Fall verneint in SZ 58/194= IPRE 2/220= HS 17.027 [1985]). 9

Eine von einem ausländischen Gericht ausgesprochene Kraftloserklärung einer inländischen Urkunde ist im Inland **nicht anerkennungsfähig** (HS 2418/153 [1958]: „für den österreichischen Rechtsbereich wirkungslos").

§ 116 *gegenstandslos infolge Auflösung der Fideikommisse durch dRGBl 1938 I 825* (Näheres s *Fasching*[1] I 553)

Realangelegenheiten

§ 117. Die Vornahme aller Realakte, als insbesondere eines Augenscheines und Sachverständigenbefundes, einer Inventur, Schätzung, Feilbietung, Einführung eines Verwalters kommt, soferne nicht bezüglich einzelner Akte oder bestimmter Verfahren etwas anderes angeordnet ist, dem Bezirksgerichte zu, in dessen Sprengel sich die Sache befindet.

IdF Art II Z 16 der 2. GEN StGBl 1920/116

1 Aus der Formulierung „Vornahme" ergibt sich die Zuständigkeit nicht nur zum **Vollzug,** sondern auch zur **Bewilligung** der Realakte und das Verfahren für beides.

2 Realakte iSd § 117 sind **alle außerstreitigen** Gerichtshandlungen, die **Liegenschaften** (RZ 1983/21: keine Anwendung auf Fahrnisschätzung) zum Gegenstand haben und aufgrund **selbständiger Anträge** vorzunehmen sind; sie werden nur demonstrativ aufgezählt und umfassen va Augenscheine und Sachverständigenbefunde (s aber Rz 3), Inventur (s aber Rz 3), Schätzung: insb die **freiwillige Schätzung** (§ 268 AußStrG; LG Wien EvBl 1946/278), **freiwillige Feilbietung** (§ 269 AußStrG – für die Zwangsversteigerung gelten ausschließlich die Zuständigkeitsbestimmungen der EO), Einführung eines Verwalters (für die Zwangsverwaltung gelten allerdings ausschließlich die Zuständigkeitsbestimmungen der EO), daneben aber auch die **Erneuerung und Berichtigung von Grenzen** (§§ 850 ff ABGB), die rechtsgestaltenden Entscheidungen zwischen **Miteigentümern** im Verfahren außer Streitsachen nach den §§ 834 f ABGB (E über die Vornahme wichtiger Veränderungen; Benützungsregelung, Genehmigung eines Bestandvertrags zwischen Miteigentümern; weitere Fälle bei *Gamerith* in *Rummel,* ABGB^2 I Rz 10 zu § 835) und die **Bestellung eines Verwalters** nach § 836 ABGB (LG Wien EvBl 1936/168; MietSlg 20.672 [1969]) und die mit einer solchen Verwaltung verbundenen gerichtlichen E.

3 Soll eine Inventur oder Schätzung **im Zuge eines anderen Verfahren außer Streitsachen** (zB Verlassenschafts- oder Pflegschaftsverfahren) vorgenommen werden, so bleibt für die **Bewilligung** der Inventierung oder Schätzung das für das gesamte Verfahren berufene Gericht (Abhandlungs- bzw Pflegschaftsgericht) zuständig. Um den **Vollzug** ist (gem § 37 Abs 2) das iSd § 117 zuständige Gericht zu ersuchen, wenn für die Inventur oder Schätzung eine Besichtigung durch Gerichtsorgane vorzunehmen ist (JMV JMVBl 1915, 154). Andernfalls hat auch der Vollzug durch das für das gesamte Verfahren berufene Gericht (Abhandlungs- bzw Pflegschaftsgericht) zu erfolgen (vgl RZ 1983/21).

4 Die Zuständigkeitsvorschrift des § 117 beschränkt sich auf Realakte des Verfahrens außer Streitsachen. Realakte **im Zuge anderer zivilgerichtlicher Verfahren** (Zivilprozeß, Exekution, Konkurs, Ausgleichsverfahren, Beweissicherung, Provisorialverfahren) richten sich ausschließlich nach den Zuständigkeitsvorschriften der jeweiligen Verfahrensart.

5 Weiters verdrängen **Sonderbestimmungen** den § 117, nämlich § 23 Abs 2 EisbEG (Zuständigkeit des BG, in dessen Sprengel die Enteignung zu vollziehen ist, für die Feststellung der Enteignungsentschädigung), § 9 Abs 2 NWG (Zuständigkeit des BG, in dessen Sprengel die notleidende Liegenschaft gelegen ist, für Notwegeverfahren), § 11 EAG RGBl 1874/70 (Zuständigkeit des BG, in dessen Sprengel das Eisenbahnbuch geführt wird, für die – nicht mit grundbücherlichen Eintragungen [dann § 118] verbundenen – Realakte). Siehe auch § 10 Abs 5 TeilzeitnutzungsG, § 12 Abs 6 BTVG.

6 **Sachlich zuständig** sind ausschließlich die mit Verfahren außer Streitsachen betrauten BG (nicht daher BGHS, JGH, StrafBG Graz).

Inländische Gerichtsbarkeit besteht nur in bezug auf die in Österreich gelegenen Liegenschaften. 7

Anlegung und Führung der öffentlichen Bücher

§ 118. Zur Anlegung und Führung der öffentlichen Bücher, für die das Allgemeine Grundbuchsgesetz 1955 gilt, sind nach der Lage der unbeweglichen Sachen zuständig:

1. bei unbeweglichen Sachen, die Gegenstand der Landtafeln sind,

a) das Bezirksgericht für Zivilrechtssachen Graz für Steiermark,

b) das Bezirksgericht Klagenfurt für Kärnten,

c) das Bezirksgericht Linz für Oberösterreich,

d) das Bezirksgericht Innere Stadt Wien für Wien, Niederösterreich und Burgenland;

2. bei unbeweglichen Sachen, die Gegenstand der Bergbücher sind,

a) das Bezirksgericht für Zivilrechtssachen Graz für den Sprengel des Landesgerichtes für Zivilrechtssachen Graz,

b) das Bezirksgericht Innsbruck für Tirol und Vorarlberg,

c) das Bezirksgericht Klagenfurt für Kärnten,

d) das Bezirksgericht Leoben für den Sprengel des Landesgerichtes Leoben,

e) das Bezirksgericht Salzburg für Salzburg,

f) das Bezirksgericht Steyr für Oberösterreich,

g) das Bezirksgericht Innere Stadt Wien für Wien, Niederösterreich und Burgenland;

3. bei unbeweglichen Sachen, die Gegenstand der Eisenbahnbücher sind,

das Bezirksgericht am Sitze des Gerichtshofes, der nach den besonderen Vorschriften zur Anlegung und Führung der Eisenbahnbücher zuständig war, in Wien das Bezirksgericht Innere Stadt Wien, in Graz das Bezirksgericht für Zivilrechtssachen Graz;

4. bei anderen unbeweglichen Sachen

das Bezirksgericht, in dessen Sprengel die unbeweglichen Sachen ganz oder mit ihren Hauptbestandteilen liegen.

IdF Art II Z 4 BGBl 1955/282; BGBl 1962/282; 1993/91.

Lit: *Feil,* Ist eine Überweisung gemäß § 44 JN im Grundbuchsverfahren bei reinen Grundbuchsstücken (§ 89 GV) zulässig? ÖJZ 1957, 653; *ders,* Österreichisches Grundbuchsrecht (1972) 261; *Rechberger/Bittner,* Grundbuchsrecht (1999) Rz 185 ff.

§ 118 regelt die Zuständigkeit für die Anlegung und Führung der Landtafeln (s aber Rz 5), der **Bergbücher** (Eintragung von Bergwerksberechtigungen; § 67 AllgGAG, §§ 40 ff MinroG (BGBl I 1999/38 ersetzt seit 1. 1. 1999 das BergG), BergBV BGBl 1954/224, abgedruckt bei *Dittrich/Angst/Auer,* Grundbuchsrecht[4], 721), der **Eisenbahnbücher** (Eintragung von Eisenbahngrundstükken, §§ 1 ff EAG RGBl 1874/70; §§ 1 ff EisBV BGBl 1930/77 abgedruckt bei *Dittrich/Angst/Auer,* Grundbuchsrecht[4], 724) und der **Grundbücher** (s auch § 75 GBG). 1

Sachlich zuständig sind (seit GBG 1955 ausschließlich) die (allgemeinen) BG. 2

Inländische Gerichtsbarkeit besteht nur in bezug auf die in Österreich gelegenen Liegenschaften. 3

Örtlich zuständig ist jenes BG, in dessen Sprengel die unbeweglichen Sachen ganz oder mit ihrem Hauptbestand liegen. 4

Für Wien siehe § 122 und BGOrgG Wien (bei § 103).

Die Zuständigkeit des BGZ Graz I ist iSd §§ 1 f BGBl 1962/ 282 auf das BGZ Graz übergegangen.

Die Vorschriften über die Führung der **Landtafel** sind durch die Grundbuchsumstellung auf ADV formell unberührt geblieben, doch sah § 24 GUG die 5

Möglichkeit einer amtswegigen Übertragung landtäflicher Liegenschaften in das allgemeine Grundbuch (auf Anordnung des Präs d OLG) vor, die zu einer vollständigen Auflösung der Landtafel führte. Allen auf landtäfliche Güter bezogenen Vorschriften ist daher der Anwendungsbereich entzogen.

6 § 75 GBG führt die Zuständigkeitsvorschrift des § 118 Z 4 insofern weiter aus, als die Bewilligung einer Eintragung grundsätzlich bei dem Grundbuchsgericht anzusuchen ist, bei dem sich die Einlage, in der die Eintragung erfolgen soll, befindet, aber **Ausnahmen** nach GBG und den Zivilverfahrensgesetzen voraussetzt. Hier sind va zu nennen:

1. Eintragung von **Simultanhypotheken** durch das Grundbuchsgericht der Haupteinlage (§§ 108, 111 GBG);

2. Bewilligung von **Streitanmerkungen** iSd §§ 60 Abs 2 und 61 Abs 1 GBG (§ 43 Abs 3 KO, § 20 Abs 1 AnfO) durch das Prozeßgericht; hinsichtlich der Löschung, für die jedenfalls (auch) das Grundbuchsgericht zuständig ist, vermeinen die E EvBl 1993/136; 1961/207 keine Zuständigkeit des Prozeßgerichts gegeben, während EvBl 1967/165, LG Eisenstadt RpflSlgG 1113 (1968); OLG Innsbruck als Rekursgericht zu RZ 1997/45 (vom OGH meritorisch nicht geprüft), KG Wels RPflSlg 2070/1981; *Feil,* Grundbuchsrecht 261 mit besseren Argumenten wahlweise Zuständigkeit von Prozeß- und Grundbuchsgericht vertreten (vgl auch SZ 11/103);

3. **Verbücherung der Abhandlungsergebnisse** durch das Abhandlungsgericht (betrifft die Verbücherung der Einantwortungsurkunde gem § 177 AußStrG; die Verbücherung einer Amtsbestätigung nach § 178 AußStrG ist dagegen vom Grundbuchsgericht vorzunehmen; vgl §§ 28 bzw 29 LTG; § 532 Geo.);

4. Bewilligung von Eintragungen im Zuge eines **Exekutionsverfahrens** durch das Titelgericht oder das allenfalls vom Grundbuchsgericht verschiedene Exekutionsgericht (Art XIII Z 7 EGEO § 88 Abs 2, § 98, § 134 Abs 2, § 237 Verbücherung nach Zuschlag und Meistbotsverteilung: EO) bzw im Provisorialverfahren (§ 384 Abs 2 EO). Zum Vollzugsersuchen s §§ 144 Abs 8 und 549 Geo.;

5. Anordnung und Löschung von Anmerkungen im **Konkurs- und Ausgleichsverfahren** durch das Konkurs- bzw Ausgleichsgericht (§§ 77, 79 Abs 3 und § 158 Abs 3 KO; § 6, § 58 Abs 3, § 59 Abs 1, § 69 Abs 2 AO);

6. **Sonderbestimmungen** für die Verbücherung von Straßen-, Weg-, Eisenbahn- und Wasserbauanlagen, wenn diese sprengelübergreifend sind (§ 22 LTG) sowie für Ab- und Zuschreibungen (§§ 23f LTG). Zur Urkundenhinterlegung s §§ 2 und 23 UHG.

7 Nach hRsp (EvBl 1993/136; SZ 30/41 = EvBl 1957/212; LGZ Wien RPflSlgG 5 = 1101 [1953]; zustimmend *Rechberger/Bittner,* Grundbuchsrecht Rz 191; *Feil,* ÖJZ 1957, 653; aA LGZ Wien EvBl 1956/237 = NZ 1956, 141) ist die **Überweisung** gem § 44 in Grundbuchssachen **nicht zulässig,** das bei einem unzuständigen Gericht eingelangte Grundbuchsgesuch ist vielmehr abzuweisen (und die Abweisung – außer in den Fällen des § 99 Abs 2 GBG – anzumerken).

8 Der **Wirkungskreis der Rechtspfleger** in Grundbuchssachen umfaßt die Geschäfte des Grundbuchsverfahrens sowie der gerichtlichen Hinterlegung und Einreihung von Urkunden über Rechte an nichtverbücherten Liegenschaften und an Bauwerken; im Verfahren zur Anlegung und zur Ergänzung der Grundbücher die Verfassung der Verzeichnisse über die Grundstücke und Personen, die Anfertigung des Entwurfes der Grundbuchseinlagen, die Verfassung der Grundbuchseinlagen aufgrund der Entwürfe, die Entgegennahme und die Erledigung von Einwendungen gegen die Entwürfe der Grundbuchseinlagen und von

Anmeldungen und Widersprüchen im Richtigstellungsverfahren, sofern die Berichtigung von Schreibfehlern oder anderen offenbaren Unrichtigkeiten begehrt wird (§ 21 Abs 1 RpflG). Dem Richter bleiben gem § 16 RpflG die Verhängung von Ordnungsstrafen über 2.000 S und Entscheidungen vorbehalten, bei denen ausländisches Recht anzuwenden ist (aufgrund des § 31 IPRG kann das nur die Rechtsfähigkeit betreffen, vgl *Schwimann* in *Rummel,* ABGB[2] II § 31 IPRG Rz 3).

Aufkündigung von Hypothekarforderungen

§ 119. Die gerichtliche Aufkündigung einer Hypothekarforderung (§ 60 Allgemeines Grundbuchsgesetz 1955) hat stets bei dem Grundbuchsgerichte zu erfolgen.

Aktualisierte Stammfassung

Kündigungen von Hypothekarforderungen gehören in die Außerstreitabteilungen des nach § 118 Z 4 zuständigen Grundbuchsgerichts. 1

Das Gericht hat einlangende Aufkündigungen nicht auf ihre Richtigkeit (LGZ Wien RPflSlgG 111 = 1167 [1951]), sondern **nur darauf zu überprüfen,** ob überhaupt eine bestimmte, unbedingte Aufkündigung vorliegt (bedingte Aufkündigungen sind zurückzuweisen, EvBl 1936/951 = JBl 1936, 434 = NZ 1937, 14) und mit dem Antrag auf Anmerkung verbunden ist. Bejahendenfalls ist die Zustellung an den Liegenschaftseigentümer (den Hauptpfandgläubiger bei Aufkündigung einer Afterhypothek) zu verfügen (und bei Antrag die Anmerkung vorzunehmen). 2

Die **Anmerkung** der Aufkündigung der Hypothekarforderung hat gem § 60 Abs 3 GBG die **Wirkung,** daß die Fälligkeit der Forderung auch gegen jeden Nachfolger des Schuldners geltend gemacht werden kann. 3

§ 119 bezieht sich ausschließlich auf die Hypothekenkündigung. Zur Entgegennahme der Aufkündigung anderer dinglicher oder dinglich gesicherter Rechte oder Rechtsverhältnisse (zum Bestandrechts §§ 49, 83) sind die Gerichte nicht gehalten. 4

Führung des Firmenbuchs; gesellschaftsrechtliche Angelegenheiten

§ 120. (1) Die mit Handelssachen betrauten Gerichtshöfe erster Instanz sind sachlich zuständig

1. zur Führung des Firmenbuchs;

2. für die nach §§ 146 Abs. 2, 147, 157 Abs. 2, 166 Abs. 3, 270 Abs. 3 bis 5, 282, 283 und 338 Abs. 3 HGB vom Gericht zu erledigenden Angelegenheiten;

3. für die gemäß §§ 225c bis 225 l AktG vom Gericht zu erledigenden Angelegenheiten;

4. für die nach dem SpaltG vom Gericht zu erledigenden Angelegenheiten;

5. für die nach dem UmwG vom Gericht zu erledigenden Angelegenheiten.

(2) Örtlich zuständig ist jenes Gericht (Abs. 1 Z 1 und 2), in dessen Sprengel das Unternehmen seine Hauptniederlassung oder seinen Sitz hat. Dieses Gericht hat auch zu prüfen, ob eine Zweigniederlassung errichtet und ob § 30 HGB beachtet ist; die gesetzlich vorgeschriebenen Unterschriften bezüglich einer Zweigniederlassung sind jedoch bei jenem Gericht zu zeichnen und aufzubewahren, in dessen Sprengel die Zweigniederlassung liegt.

(3) Liegt die Hauptniederlassung oder der Sitz eines Unternehmens im Ausland, so richtet sich die örtliche Zuständigkeit nach dem Ort der inländischen Zweigniederlassung, bei mehreren inländischen Zweigniederlassungen nach dem Ort der frühesten inländischen Zweigniederlassung.

(4) Ist vor der Entscheidung ein anderes als das angerufene oder von Amts wegen eingeschrittene Gericht nach Abs. 2 oder 3 zuständig geworden, so ist die Sache an dieses zu überweisen.

(5) Eine Delegation aus Gründen der Zweckmäßigkeit ist unzulässig.

(5 a) Örtlich zuständig ist jenes Gericht für die Angelegenheiten

1. gemäß Abs. 1 Z 3, in dessen Sprengel die übernehmende Gesellschaft ihren Sitz hat;

2. gemäß Abs. 1 Z 4, in dessen Sprengel die übertragende Gesellschaft ihren Sitz hat;

3. gemäß Abs. 1 Z 5, in dessen Sprengel die umzuwandelnde Kapitalgesellschaft ihren Sitz hat.

(6) Entsteht eine neue Gesellschaft durch Spaltung nach dem SpaltG, so ist für ihre erste Eintragung und für die Auskunftserteilung gemäß § 16 SpaltG das Gericht örtlich zuständig, in dessen Sprengel die übertragende Gesellschaft ihren Sitz hat. Ist nach dem UmwG bei einer Umwandlung ein Nachfolgerechtsträger in das Firmenbuch einzutragen, so ist für dessen Eintragung das Gericht örtlich zuständig, in dessen Sprengel die umzuwandelnde Kapitalgesellschaft ihren Sitz hat.

(7) Werden Gesellschaften verschmolzen, so ist sowohl für die Eintragung bei der übernehmenden Gesellschaft als auch bei der übertragenden Gesellschaft das Gericht zuständig, in dessen Sprengel die übernehmende Gesellschaft ihren Sitz hat. Wird eine Gesellschaft zur Aufnahme gespalten, so ist sowohl für die Eintragung bei der übertragenden Gesellschaft als auch bei der übernehmenden Gesellschaft das Gericht zuständig, in dessen Sprengel die übertragende Gesellschaft ihren Sitz hat.

Eingefügt mit Art XII Z 3 FBG BGBl 1991/10. Abs 6 angefügt durch BGBl 1993/458. Fassung gem Art VII EU-GesRÄG BGBl 1996/304

Lit: *Danzl,* Das neue Firmenbuch (1991) 34, 138; *Cerha/Eiselsberg/Kirschner/Knirsch,* Privatstiftungsgesetz: PSG (1993); *Eiselsberg/Schenk/Weißmann,* Firmenbuchgesetz (1991) 219; *Fink* in *Oberhofer,* Anträge und Anmeldungen zum Firmenbuch (LBl ab 1991) II 6; *Holzhammer,* Handelsrecht[8] (1998) 35; *Krejci,* Grundriß des Handelsrechts (1995) 164; *Rassi,* Verfahrensrechtliche Fragen der Bucheinsicht, ÖJZ 1997, 891; *Schenk* in *Straube,* HGB I[2] (1995) Rz 3ff zu § 8; *Schoibl,* Die Niederlassung im österreichischen Zivilprozeßrecht, in *Schuhmacher/Gruber,* Rechtsfragen der Zweigniederlassung (1993) 367; *Schoibl/Gruber,* Miszellen zum Firmenbuchgesetz, WBl 1991, 109; *ders,* Das neue Firmenbuch in Österreich, DNotZ 1993, 561.

1 **Sachlich zuständig** sind die LG (in Wien das HG Wien).

2 Neben den Firmenbuchsachen zählt § 120 Abs 1 Z 2 (nicht vollständig) die gesellschaftsrechtlichen Angelegenheiten auf, die im Verfahren außer Streitsachen zu erledigen sind, nämlich die Ernennung und Abberufung von Liquidatoren für eine Personenhandelsges oder eingetragene Erwerbsges (§ 146 Abs 2, § 147 HGB), die Bestimmung eines Verwahrers für die Bücher und Papiere einer aufgelösten Gesellschaft (§ 157 Abs HGB), die Anordnung der Vorlage bestimmter Informationen auf Antrag des Kommanditisten (§ 166 Abs 3 HGB), die Bestellung eines Abschlußprüfers gem § 270 Abs 3 und 4 HGB und die Festsetzung seiner Entlohnung (§ 270 Abs 5 HGB), die Prüfung der gem §§ 277 bis 281 HGB eingereichten Unterlagen (§ 282 HGB), die Verhängung von Zwangsstrafen gem § 283 HGB sowie die Mitteilung eines Status oder sonstiger Aufklärungen auf Antrag eines stillen Gesellschafters (§ 183 Abs 3 HGB, durch den der bezogene § 338 Abs 3 HGB schon durch das RLG, also schon vor dem FBG ersetzt worden war), ebenso zählen dazu die Verfahren außer Streitsachen nach dem AktG (§ 14 AktG; EvBl 1991/92 = GesRZ 1991, 158 = RdW 1991, 206 = WBl 1991, 175), insb auch die mit dem EU-GesRÄG neu geregelten Verfahren außer Streitsachen, nämlich die gerichtliche Überprüfung des Umtauschverhältnisses

und der Barabfindung bei Verschmelzungen (§§ 225c bis 225f AktG) sowie bei Spaltung (§ 9 SpaltG) und Umwandlung (§ 2 Abs 3 UmwG), Verfahren gem § 15 Abs 3 SpaltG (Entscheidung über Sicherheitsleistungen für Gläubiger), § 16 SpaltG (Entscheidung über Fragen der Auskunftserteilung), weiters Verfahren außer Streitsachen nach dem GmbHG (§ 102 GmbHG), die Entscheidung über Meinungsverschiedenheiten zwischen der Gesellschaft und dem Rechnungsprüfer (§ 276 HGB) sowie (*Mayr* in *Rechberger,* ZPO § 120 JN Rz 1) die in § 40 PSG genannten Angelegenheiten, nämlich die Bestellung und Enthebung von Stiftungsorganen, die Festsetzung von Vergütungen, die Entscheidung über einen Auskunftsanspruch, über einen Antrag auf Durchführung einer Sonderprüfung, über Meinungsverschiedenheiten zwischen Stiftungsorganen, die Auflösung und die Entscheidung über die Aufbewahrung von Büchern und Schriften nach der Löschung (*Cerha/Eiselsberg/Kirschner/Knirsch,* PSG 88), über die das für den Sitz der Privatstiftung zuständige LG (bzw HG Wien) im Verfahren außer Streitsachen entscheidet; schließlich die Verfahren außer Streitsachen nach dem EWIVG (§ 13 EWIVG BGBl 1995/521).

Alle in Rz 2 genannten Angelegenheiten entscheidet der **Einzelrichter** (§ 7a Abs 3 idF BGBl 1991/10). 3

Der Wirkungskreis der **Rechtspfleger** in Sachen des Firmenbuchs umfaßt alle mit seiner Führung zusammenhängenden Geschäfte (§ 22 Abs 1 RpflG). 4

Dem **Richter** bleiben gem § 22 Abs 2 **vorbehalten:**

1. Der Beschluß über die erste Eintragung von AG, Erwerbs- und Wirtschaftsgenossenschaften, Versicherungsvereinen auf Gegenseitigkeit und sonstigen Rechtsträgern, deren Eintragung gem § 2 Z 12 FBG vorgeschrieben ist, soweit sich die Eintragung nicht auf eine Zweigniederlassung bezieht (§ 22 Abs 2 Z 1 lit a RpflG), der Beschluß über die erste Eintragung einer GmbH mit einem Stammkapital ab 1,000.000 S (lit b), einer Zweigniederlassung einer ausländischen GmbH (lit c), einer Privatstiftung (lit d),

2. der Beschluß über die Eintragung von Änderungen einer Satzung, eines Gesellschaftsvertrags, eines Genossenschaftsvertrags und einer Stiftungsurkunde mit Ausnahme von Änderungen eines Gesellschaftsvertrags einer GmbH mit einem Stammkapital von weniger als 1 Mio S (§ 22 Abs 2 Z 2 lit a RpflG), der Auflösung von Kapitalgesellschaften, Genossenschaften, Versicherungsvereinen auf Gegenseitigkeit und Privatstiftungen, außer wenn die Auflösung schon aufgrund gesetzlicher Vorschriften erfolgt ist (lit b), der Nichtigkeit von Hauptversammlungs-, Generalversammlungs- und Genossenschafterbeschlüssen sowie Beschlüssen des obersten Organs eines Versicherungsvereins auf Gegenseitigkeit (lit c),

3. die Entscheidung über die gerichtliche Bestellung und Abberufung von gesetzlichen Vertretern, besonderen Vertretern und Aufsichtsratsmitgliedern (§ 22 Abs 2 Z 3 lit a RpflG), Gründungs-, Stiftungs-, Sonder- oder Abschlußprüfern, Stiftungskuratoren, Revisoren und Liquidatoren, wenn die E nicht ausschließlich die Auswahl einer bestimmten Person betrifft (lit b),

4. Maßnahmen aufgrund von Anmeldungen auf Eintragung in das Firmenbuch im Zusammenhang mit Verschmelzungen und Vermögensübertragungen nach dem 9. und 10. Teil des AktG, nach § 98 GmbHG, nach dem GenVerschmG und nach den §§ 59f VAG (Z 4 lit a), Umwandlungen nach dem 11. Teil des AktG, dem UmwG und § 61 VAG (lit b), Angelegenheiten nach dem SpaltG und nach Art V Z 1 lit b GesRÄG 1993 sowie

5. Angelegenheiten nach dem EWIVG (BGBl 1995/521).

Dem Richter bleiben schließlich gem § 16 RpflG die Verhängung von Ordnungsstrafen über 2.000 S und Entscheidungen vorbehalten, bei denen ausländisches Recht anzuwenden ist.

5 **Örtlich zuständig** ist das Gericht, in dessen Sprengel das Unternehmen (im Inland) seine **Hauptniederlassung oder** seinen **Sitz** hat (Übergangsvorschriften s bei *Schenk* in *Straube,* HGB² Rz 3 zu § 8. Zur Terminologie s *Schoibl/Gruber,* WBl 1991, 110). Das zuständige Gericht der Hauptniederlassung hat auch alle (inländische) Zweigniederlassungen betreffende Eintragungen vorzunehmen und die Firmenausschließlichkeit iSd § 30 HGB zu prüfen. Das Firmenbuchgericht am Ort der Zweigniederlassung (Begriff iSd § 13 HGB, nicht der §§ 87, 87a und 83c JN zu verstehen, *Schoibl/Gruber,* WBl 1991, 112) hat keine Zuständigkeit, außer zur Annahme und Aufbewahrung der gesetzlich vorgeschriebenen Unterschriften gem § 120 Abs 2.

6 Die früheste (noch bestehende, AB 23 BlgNR 18.GP 54; *Schoibl/Gruber,* WBl 1991, 112) **inländische Zweigniederlassung eines ausländischen Unternehmens** bestimmt die örtliche Zuständigkeit und ist firmenbuchrechtlich wie eine Hauptniederlassung zu behandeln (s § 13 HGB). Bei Auflassung dieser Zweigniederlassung ist wie bei der Verlegung des Sitzes des Rechtsträgers nach § 13a HGB vorzugehen (*Danzl,* Firmenbuch 139). Dagegen können **ausländische Zweigniederlassungen** inländischer Unternehmen nicht in das Firmenbuch eingetragen werden (GesRZ 1993, 112).

7 Ist ein anderes als das angerufene Gericht sachlich oder örtlich zuständig, so hat dieses seine **Unzuständigkeit** in jeder Lage des Verfahrens (von Amts wegen oder auf Antrag) auszusprechen und die Sache an jenes zu **überweisen** (§ 44).

8 Eine weitere Überweisung von Amts wegen sieht Abs 4 **entgegen dem Grundsatz der perpetuatio fori** für den Fall vor, daß das angerufene Gericht zwischen Antrag und Entscheidung unzuständig wird (Ausnahme von § 29).

9 Abs 5 **schließt** in Fortschreibung der bisherigen Rsp (RZ 1979/35) die **Delegierung** aus Gründen der Zweckmäßigkeit (§ 31) **aus.** Auch Zuständigkeitsvereinbarungen sind – wie in allen Verfahren außer Streitsachen außer der Scheidung im Einvernehmen – ausgeschlossen *(Holzhammer,* Handelsrecht⁸, 37).

10 Die Bestimmungen über die örtliche Zuständigkeit in den Bereichen der Verschmelzung, Spaltung und Umwandlung wurden durch das EU-GesRÄG aus systematischen Gründen und aus Gründen der Konzentration bei einem Gericht in den Abs 5a bis 7 zusammengefaßt (1016 BlgNR 18. GP 12; 32 BlgNR 20. GP 112).

Bestätigungen über die Führung der Handelsbücher

§ 120a. Zur Erteilung von Bestätigungen über die gesetzmäßige Beschaffenheit der Handelsbücher ist, wenn die Bücher an einem Orte geführt werden, an welchem ein Handelsgericht oder ein Landesgericht seinen Sitz hat, dieser Gerichtshof, sonst aber das Bezirksgericht zuständig, in dessen Sprengel die Handelsbücher geführt werden.

Als § 120a (bisher § 120) idF Art XII Z 2 BGBl 1991/10 und BGBl 1993/91

1 Die **Bestätigung** (§§ 189f HGB, § 82 AktG, § 22 Abs 1 GmbHG, § 22 Abs 1 GenG) **über die gesetzmäßige Führung der Handelsbücher** (zum Begriff s *Torggler* in *Straube,* HGB II/RLG Rz 36f vor § 189 HGB; *Krejci,* Grundriß 540) ist im Verfahren außer Streitsachen auf Ansuchen jedes zur Buchführung nach Handelsrecht Verpflichteten zu erteilen. Sie hat nach hA praktische Bedeutung nur für die Vorlagepflicht der Handelsbücher in einem Zivilprozeß (§§ 213ff

HGB, § 14 Abs 2 AngG, § 16 HVertrG 1993, Art XLII EGZPO; s auch *Torggler* in *Straube,* HGB II/RLG Rz 4 zu § 215; *Holzhammer,* Handelsrecht[8], 140, 185). Dagegen läßt sich freilich einwenden, daß § 120a schon seiner systematischen Stellung nach nicht in das streitige Verfahren gehört und daher wohl nur für die Fälle anzuwenden ist, in denen ein Verfahren außer Streitsachen vor einem anderen als dem in § 120a genannten Gericht (§ 120 Abs 2) anhängig gemacht wurde. § 120a ist dann als Ausnahmevorschrift zu § 37 (Rechtshilfe) zu verstehen *(Pollak* in *Staub/Pisko,* HGB[4] Anm 3 zu Art 39).

Sachlich zuständig ist das LG (bzw HG Wien), wenn die Bücher an diesem 2
Ort geführt werden, das BG, wenn die Bücher an einem anderen Ort (sei es auch im Sprengel des am Sitz des LG befindlichen BG) geführt werden. Auch beim LG entscheidet der **Einzelrichter** (§ 37 Z 10 GOG).

Örtlich zuständig ist das Gericht, in dessen Sprengel die **Handelsbücher ge-** 3
führt werden. Bei **Zweigniederlassungen** das Gericht, in dessen Sprengel die Bücher der Zweigniederlassung geführt werden.

Beglaubigung von Unterschriften und Abschriften, und Aufnahme letztwilliger Anordnungen

§ 121. Die Beglaubigung von Unterschriften, die Vidimierung von Abschriften und die gerichtliche Aufnahme letztwilliger Anordnungen können von jedem Bezirksgerichte vorgenommen werden.

Stammfassung

Lit: *Danzl,* Geo 783 mwN; *Kaufmann,* Die Beglaubigung der Unterschrift, RPfl 1990/2, 18; 1991/1, 52; 1991/2, 58.

Übersicht:

I. Allgemeines

Die in § 121 aufgezählten Geschäfte sind ebenso wie die Annahme eines 1
gerichtlichen Erlags (Art XVIII EGJN) ausschließlich den (mit Verfahren außer Streitsachen betrauten; *Heller/Berger/Stix*[4] I 295; *Mayr* in *Rechberger,* ZPO § 121 JN Rz 1, nicht daher BGHS, JGH, StrafBG Graz) Bezirksgerichten vorbehalten. **Jedes BG** ist auch örtlich zuständig, keines kann daher die Beglaubigung von Unterschriften, Vidimierung von Abschriften, die gerichtliche Aufnahme einer letztwilligen Erklärung oder den Gerichtserlag wegen örtlicher Unzuständigkeit (oder mangelnder inländischer Gerichtsbarkeit) ablehnen.

II. Beglaubigung

Die **Beglaubigung der Echtheit der Schrift oder Unterschrift in einer Origi-** 2
nalurkunde (§ 285 AußStrG) hat durch den Richter oder den vom Gerichtsvorsteher dazu bestimmten Beamten des Fachdienstes zu erfolgen (§ 56 Abs 2 GOG, § 426 Abs 1 Geo.). Hiebei ist gem § 151 Abs 1 Geo. der Beglaubigungs-

vermerk mit dem in § 68 Abs 1 Geo. bezeichneten Gerichtssiegel zu versehen (Näheres zu Geschäftsbehandlung und Register regeln §§ 426ff Geo. Zu den Gebühren s TP 11 lit a GGG iVm TP 14 GebG).

3 Die **Überbeglaubigung** (§ 430 Geo.) erfolgt gem § 286 AußStrG über Ansuchen der Parteien bei Urkunden, die im Ausland verwendet werden sollen, durch das BMAA nach einer **Zwischenbeglaubigung** durch den Präsidenten des LG (§ 40 GOG). Wird ein Gericht um Überbeglaubigung ersucht, ist die zu beglaubigende Urkunde im Wege des Präsidiums des LG unmittelbar (Dienstweg zum OLG entfällt) dem BMJ vorzulegen, der sie im kurzen Weg an das BMAA befördert.

4 Eine **Beglaubigung** hat **in Grundbuchssachen** bei allen zur Einverleibung dienenden Privaturkunden zu erfolgen (§ 31 Abs 1 GBG 1955 idF § 25 Z 2 GUG BGBl 1980/550). **Ausgenommen** sind nur Beglaubigungen von Unterschriften auf Privaturkunden, die mit der genehmigenden Erklärung einer Behörde des Bundes oder eines Landes versehen ist, die berufen erscheint, die Interessen dessen wahrzunehmen, dessen Recht beschränkt, belastet, aufgehoben oder auf eine andere Person übertragen werden soll (§ 33 Abs 2 GBG 1955) und Urkunden in geringfügigen Grundbuchssachen (§ 34 GBG 1955 idF Art XXIII Z 1 WGN 1989 BGBl 343): Die Beglaubigung wird durch die Mitunterfertigung zweier glaubwürdiger Personen als Zeugen ersetzt, wenn Einverleibung und Urkundenerrichtung im selben LG-Sprengel erfolgen sollen. Nicht anzuwenden ist diese Ausnahme auf (landtäfliche Güter – obsolet; s § 118 JN Rz 5) Vollmachten und Urkunden in denen der Forderungsbetrag, Preis oder Wert der Liegenschaft unbestimmt ist oder im Punktum 8.000 S übersteigt.

Bezüglich der Beglaubigung durch **Legalisatoren** s Art X TirGARG RGBl 1897/77 (abgedruckt bei *Dittrich/Angst/Auer,* Grundbuchsrecht[4], 1025) und Art IV VlbgGARG RGBl 1900/44 (abgedruckt bei *Dittrich/Angst/Auer,* Grundbuchsrecht[4], 1083) sowie die DV TiruVlbgLGBl 1889/9 bzw 1901/15 (abgedruckt bei *Dittrich/Angst/Auer,* Grundbuchsrecht[4], 1034 bzw 1091). Danach kann der Legalisator die Unterschriften nur dann beglaubigen, wenn ihm die betreffende Partei persönlich bekannt ist oder deren Identität durch zwei verläßliche Zeugen bestätigt wird und wenn die Legalisierung innerhalb seines Amtsgebiets erfolgt (für das er vom Präs des OLG Innsbuck ausdrücklich bestellt wird; Art X § 8 TirGARG, bzw Art IV § 8 VlbgGARG). In Vlbg kann der Legalisator Unterschriften von Personen, die außerhalb seines Amtsgebietes wohnhaft sind, nur dann beglaubigen, wenn sich die Urkunde auf eine in seinem Amtsgebiet gelegene Liegenschaft bezieht oder wenn wenigstens eine von mehreren diese Urkunde unterfertigenden Personen ihren Wohnsitz in seinem Amtsgebiet hat (§ 8 Abs 3 leg cit). Aufgrund der von einem Legalisator beglaubigten Privaturkunde kann eine grundbücherliche Einverleibung nur in dem Bundesland erfolgen, in dem der Legalisator seinen Sitz hat (Art X § 2 TirGARG bzw Art IV § 1 VlbgGARG).

III. Vidimierung

5 Die **Vidimierung von Abschriften** (§§ 283f AußStrG), also die gerichtliche Beurkundung der Übereinstimmung gerichtlich oder außergerichtlich verfertigter Abschriften von Urkunden mit dem Original, kann gem § 283 AußStrG durch den vom Gerichtsvorsteher dazu bestimmten Beamten des Fachdienstes erfolgen (§ 56 Abs 2 GOG, § 426 Abs 1 Geo.). Hiebei ist gem § 151 Abs 1 Geo. der Beglaubigungsvermerk mit dem in § 68 Abs 1 Geo. bezeichneten Gerichts-

siegel zu versehen (Näheres zur Geschäftsbehandlung regelt § 431 Geo., zu den Gebührens TP 11 lit b GGG). **Vidimierung fremdsprachiger Abschriften** ist den Gerichten jedenfalls möglich, wenn ein Beamter des Fachdienstes oder ein Richter dieser Fremdsprache hinreichend mächtig ist, nach der Ansicht des BMJ (JABl 1932, 39) aber auch sonst, wobei ein Dolmetsch beigezogen werden kann (was bei längeren Texten zweckmäßig sein wird). Die **Beglaubigung der Übersetzung fremdsprachiger Urkunden** und ihrer Übereinstimmung mit dem Original obliegt den gerichtlich beeideten Dolmetschern (§ 287 AußStrG; zur Beglaubigung durch Notare und ihre Substituten s § 78 NO idF BGBl 1993/692; *Wagner,* NO[4], 278).

IV. Gerichtliches Testament

Die **gerichtliche Aufnahme einer letztwilligen Erklärung** erfolgt in den Fällen der §§ 587 ff (schriftliches oder mündliches Testament), § 568 (Testament einer unter Sachwalterschaft stehenden Person) und § 569 (Testament eines Minderjährigen unter 18 Jahren) ABGB. 6

Die **Testamentserrichtung** geschieht vor einem Richter, dem am Ort der Testamentserrichtung das Richteramt zusteht, und einer zweiten beeideten Gerichtsperson (zB einem Rechtspfleger, Schriftführer), die freilich durch zwei Zeugen ersetzt werden kann (§ 598 ABGB). Diese Personen können sich im Notfall auch in die Wohnung des Erblassers begeben (§ 590 ABGB; dies nicht auf anderswo als in ihrer Wohnung bettlägerige Erblasser auszudehnen, wäre wohl gleichheitswidrig).

Ein **Überschreitung des BG-Sprengels durch den Richter** ist nur bei Gefahr im Verzug (§ 33; zB Lebensgefahr des Testators, SZ 49/24 = JBl 1977, 596 = NZ 1980, 103 = RZ 1976, 243) zulässig; ein Verstoß gegen die Ordnungsvorschrift der §§ 32 f macht das **Testament nicht ungültig** (*Kralik,* Erbrecht 140; *Mayr* in *Rechberger,* ZPO § 121 JN Rz 1; vgl SZ 51/140 [1978]; aA *Welser* in *Rummel,* ABGB[2] I §§ 587–590 Rz 2 und die ältere Lehre).

V. Andere Beurkundungen

Auf **andere gerichtliche Beurkundungen** (Erbverzicht (§ 551 ABGB idF § 54, 3. TN), Erbschaftskauf (§ 1278 ABGB idF § 96, 3. TN), Erklärung, für die an sich Schriftform vereinbart wurde (§ 886 ABGB) sowie auf den **Gerichtserlag** (Näheres bei Art XVIII EGJN) ist § 121 anwendbar, nicht hingegen auf die (nur notariellen) Beurkundungen nach dem AktG (§§ 16, 111, 234 AktG). 7

Beratung und Zustimmungen nach dem Fortpflanzungsmedizingesetz

§ 121 a. Die Beratung und die Protokollierung der Zustimmungs- und Einwilligungserklärungen nach dem Fortpflanzungsmedizingesetz können von jedem zur Gerichtsbarkeit in Vormundschafts- oder Pflegschaftssachen berufenen Bezirksgericht vorgenommen werden.

Eingefügt durch Art IV FMedG BGBl 1992/275

Lit: *Pichler,* Probleme der medizinisch unterstützten Fortpflanzung, ÖA 1993, 53.

Der besonderen Eignung der dort in Familien- und Erbrechtssachen tätigen Richter wegen (ErläutRV 216 BlgNR 18. GP 26) macht § 121 a jedes zur Gerichtsbarkeit in Vormundschafts- und Pflegschaftssachen berufene BG zur Bera- 1 tung und Protokollierung der Zustimmungs- und Einwilligungserklärungen nach dem FMedG zuständig. **Kein Pflegschaftsgericht darf** daher eine solche **Beratung und Protokollierung verweigern** (auch nicht dann, wenn beide Ehegatten ihren gemeinsamen Aufenthalt anderswo haben).

2 Die **inländische Gerichtsbarkeit** kann ebenfalls in keinem praktisch denkbaren Fall verneint werden, zumal auch Ausländer ohne Wohnsitz oder gewöhnlichen Aufenthalt in Österreich argumentierbar Interesse an einer Belehrung haben können, sei es, weil sie die Fortpflanzungsmedizin in Österreich in Anspruch nehmen wollen, sei es, weil sie künftig in Österreich gewöhnlichen Aufenthalt nehmen wollen.

3 Es besteht **keine Rechtspflegerzuständigkeit.**

4 Folgende **Amtshandlungen** kommen in Betracht:

1. Beratung über die rechtlichen Folgen der Zustimmung zu einer medizinisch unterstützten Fortpflanzung bei Lebensgefährten in jedem Fall, bei Ehegatten, wenn der Samen eines Dritten verwendet wird („heterologe Insemination"; Einzelheiten bei *Pichler* in *Rummel,* ABGB² II LI ff).

2. Protokollierung der Zustimmung zu einer medizinisch unterstützten Fortpflanzung bei Lebensgefährten in jedem Fall, bei Ehegatten, wenn der Samen eines Dritten verwendet wird („heterologe Insemination"). Sie kann von Handlungsunfähigen nicht erteilt werden. Beschränkt Handlungsfähige müssen die Zustimmung selbst erteilen, bedürfen aber weiters noch der Einwilligung des gesetzlichen Vertreters (§ 8 Abs 2 FMedG).

Dabei ist § 175 Abs 2 ABGB – „Heirat macht mündig"– zu berücksichtigen (*Pichler,* ÖA 1993, 53), sodaß die Einwilligung des gesetzlichen Vertreters zur Insemination bei Ehegatten nur Bedeutung haben wird, wenn der Mann verbotswidrig vor dem 18. Geburtstag geheiratet hat, praktisch also nur bei Lebensgefährten und unter Sachwalterschaft stehenden Personen vorkommen wird. Bei Minderjährigen wird analog zur Anerkennung der Vaterschaft iSd § 154 Abs 2 ABGB ein Elternteil nur mit Zustimmung des anderen wirksam einwilligen können. Die Einwilligungsbedürftigkeit bei Personen unter Sachwalterschaft iSd § 273 ABGB ist nach deren konkretem Umfang (§ 244 AußStrG) zu beurteilen (*Pichler,* ÖA 1993, 53; ErläutRV 216 BlgNR 18. GP 19).

3. Protokollierung der Einwillung des gesetzlichen Vertreters eines beschränkt Handlungsfähigen, der einer medizinisch unterstützten Fortpflanzung zugestimmt hat. Nicht ganz klar ist, ob eine solche Einwilligung nur dann der qualifizierten Form unterliegt, wenn auch die Zustimmung des beschränkt Handlungsfähigen zu gerichtlichem (oder notariellem) Protokoll abgegeben werden muß, oder in jedem Fall (also auch bei der homologen Insemination mit – ausnahmsweise – nicht voll handlungsfähigem Ehegatten). § 8 Abs 2 FMedG spricht nur davon, daß für die Einwilligung die Formvorschriften des Abs 1 gelten. Für homologe Insemination bei Ehegatten ist aber in Abs 1 nur Schriftform vorgesehen. Diese wird daher auch für die Einwilligung des gesetzlichen Vertreters ausreichend sein.

5 Die **Erklärung hat** nach § 8 Abs 3 FMedG (in sinnvoller, nicht in der gesetzlichen Reihenfolge) **zu enthalten:**

1. den Vor- und Familiennamen (allenfalls Geschlechtsnamen), Geburtstag und -ort, die Staatsangehörigkeit und den Wohnort der Frau und des Ehemannes oder Lebensgefährten;

2. die Zustimmung/Einwilligung zur Durchführung der medizinisch unterstützten Fortpflanzung;

3. die Zustimmung/Einwilligung zur Verwendung von Samen eines Dritten;

4. den Zeitraum, in dem die medizinisch unterstützte Fortpflanzung durchgeführt werden darf (fehlt ein solcher Zeitraum, so gilt die Zustimmung/Einwilligung bis auf weiteres, also bis zum wirksamen – formfreien – Widerruf iSd § 8 Abs 4 FMedG).

Mehrheit von Bezirksgerichten an einem Orte

§ 122. Sind die zur nicht streitigen Gerichtsbarkeit gehörigen Rechtssachen bei dem Bezirksgericht an einem Ort anzubringen, für den mehrere Bezirksgerichte eingerichtet sind, so wird das zuständige Gericht durch den Wohnsitz, den gewöhnlichen Aufenthalt oder, wenn sie an diesem Ort keines von beiden hat, durch den Aufenthalt derjenigen Person bestimmt, deren allgemeiner Gerichtsstand in Streitsachen für die Zuständigkeit entscheiden soll. Hat diese Person an diesem Ort weder Wohnsitz noch Aufenthalt, so kann die Rechtssache bei jedem der an diesem Ort befindlichen Bezirksgerichte anhängig gemacht werden.

IdF Art II Z 58 ZVN 1983 BGBl 135

1 Diese aktuell bloß für Wien bedeutende **Parallelbestimmung zu § 103** regelt die Zuständigkeit in Verfahren außer Streitsachen an Orten, an denen mehrere – sachlich gleichermaßen zuständige – BG ihren Sitz haben. Die Zuständigkeit kommt dann primär demjenigen Gericht zu, in dessen Sprengel diejenige Partei ihren Wohnsitz oder (seit der ZVN 1983) gewöhnlichen Aufenthalt hat, deren **allgemeiner Gerichtsstand in Streitsachen für die Zuständigkeit entscheiden soll.** Dies hat nur dort Bedeutung, wo die konkrete maßgebliche Zuständigkeitsnorm an den allgemeinen Gerichtsstand in Streitsachen anknüpft, wie § 105 für Verlassenschaftssachen, § 112 für Kuratorenbestellung, § 113 für Legitimation (oder wenn ein besonderer Gerichtsstand fehlt – wie zB für die Ausstatungsansprüche der §§ 1218 ff ABGB, EFSlg 82.142 [1996]). § 109 knüpft dagegen seit der ZVN 1983 nicht mehr an den allgemeinen Gerichtsstand in Streitsachen an, doch ergibt sich schon aus dessen Wortlaut („in dessen Sprengel") iVm mit den durch das BGOrgG Wien festgelegten Bezirksgerichtssprengeln Wiens die eindeutige Zuordnung zu den jeweiligen Gerichten.

Subsidiär zu Wohnsitz und gewöhnlichem Aufenthalt steht der schlichte Aufenthalt; fehlt auch ein solcher, kann die Sache bei jedem der im Ort befindlichen Gerichte anhängig gemacht werden.

2 Danach beim **unzuständigen Gericht** eingebrachte Anträge sind nicht zurückzuweisen, sondern gem § 44 an das iSd § 122 zuständige Gericht **zu überweisen.**

3 Näheres zum BGOrgG Wien siehe bei § 103.

Anlage *aufgehoben durch Art I Z 12 BGBl 1985/70*

1 Die (durch Art IV Z 8 BGBl 1978/280 eingefügte) Anlage zur JN hatte iVm §§ 49 a und 104 b sogenannte Schwerpunktbezirksgerichte mit familienrechtlichen Abteilungen eingerichtet. An ihre Stelle sind – bei allen BG – die Bestimmungen des § 26 Abs 3 GOG idF BGBl 1994/507 (vorher: § 33 GOG idF BGBl 1985/70) getreten, die die Idee der Familiengerichtsbarkeit (vgl § 109 JN Rz 3) von jener der Schwerpunktbezirksgerichte wieder abgekoppelt hat.

Sachregister

Das Sachregister verweist zuerst in Fettdruck auf die Einleitung bzw auf Normen (lateinische Ziffern = Artikel des EGJN, arabische Ziffern = Paragraphen der JN), danach in Normaldruck auf Randzahlen. An (ebenfalls fett gedruckten) Abkürzungen wurde verwendet: „Anh“ für Anhang und „Einl“ für Einleitung; „Vor“ bezeichnet die Vorbemerkungen vor einigen Normen.

Beispiele: Lex fori Einl 119ff, **Vor IX** 90, 95, **39** 1ff verweist auf Einleitung, Rz 119ff, Vor Art IX, Rz 90 und 95, und § 39 JN, Rz 1ff; oder: **Rechtsauskünfte 38** 21, **Anh A 38–40** 62 verweist auf § 38 JN Rz 21 sowie Anhang A zu den §§ 38–40 JN Rz 62.

A

C

N

O

P

Q

R

S

T

Z